Harald Thomé [Hrsg.]

Leitfaden
SGB II | SGB XII

Bürgergeld und
Sozialhilfe von A bis Z

Ausgabe 2023/2024

32. Auflage

Zitiervorschlag: Thomé Leitfaden SGB II/SGB XII ... Rn. ...

Die Deutsche Nationalbibliothek verzeichnet diese Publikation in der Deutschen Nationalbibliografie; detaillierte bibliografische Daten sind im Internet über http://dnb.d-nb.de abrufbar.

ISBN 978-3-8487-8590-2 (Print)
ISBN 978-3-7489-4161-3 (ePDF)

Die Vorauflagen sind bei DVS (Digitaler Vervielfältigungs- und VerlagsService) erschienen.

32. Auflage 2023
© Nomos Verlagsgesellschaft, Baden-Baden 2023. Gesamtverantwortung für Druck und Herstellung bei der Nomos Verlagsgesellschaft mbH & Co. KG. Alle Rechte, auch die des Nachdrucks von Auszügen, der fotomechanischen Wiedergabe und der Übersetzung, vorbehalten.

Vorwort

Dies ist nun die 32. Auflage des Leitfadens.

Durch die Umfirmierung des bisherigen Hartz IV-Systems in das neue sog. Bürgergeld musste auch der Titel verändert werden. Ebenfalls war ein Verlagswechsel überfällig: Das „Leitfaden-Projekt" wird nun durch den Nomos-Verlag als *dem* Verlag für das Sozialrecht betreut, in dessen Programm sich der Leitfaden nahtlos einfügt. Die redaktionelle Arbeit und Koordination lag weitgehend in meinen Händen, sodass ich auch als alleiniger Herausgeber fungiere.

Thematisch ist dies der erste Leitfaden zum neuen Bürgergeld. Mit dem Bürgergeldgesetz proklamiert die Bundesregierung die Überwindung des „Hartz IV-Systems". Dem ist allerdings aus zahlreichen Gründen zu widersprechen: Zwar sind die Sanktionen moderater geworden; aber nicht, weil der Gesetzgeber das aus Überzeugung so wollte, sondern weil das Bundesverfassungsgericht es mit seinem Urteil vom 5. November 2019 vorgegeben hatte. Auch die methodische Unterdeckung der Regelleistungen besteht weiterhin, der komplette Leistungsausschluss von EU-Bürger*innen ebenfalls. Darüber hinaus werden die Unterkunfts- und Heizkosten in fast 500.000 Fällen nicht in kompletter Höhe übernommen, Strom ist weiterhin pauschal in die Regelleistungen eingefasst und wurde nicht den Unterkunftskosten zugeordnet. Selbst 100 Prozent-Sanktionen sind weiterhin durch Versagungs- und Entziehungsbescheide wegen fehlender Mitwirkung oder durch vorläufige Zahlungseinstellung möglich, und die Leistungsbeziehenden des SGB XII werden gezielt gegenüber den Leistungsbeziehenden nach dem SGB II benachteiligt. Dazu kommt noch die systematische Diskriminierung der Geflüchteten, obwohl das Bundesverfassungsgericht immer wieder klargestellt hat, dass Menschenwürde durch migrationspolitische Erwägungen nicht relativierbar ist. Das System „Hartz IV", also die systematische Unterdeckung und Rechtslosstellung, besteht weiterhin. „Hartz IV" ist nicht überwunden, sondern einfach nur umbenannt. Eine umfassende Darstellung und Kritik finden Sie im Beitrag **Bürgergeld** (→ 28).

In dieser brisanten Gemengelage erscheint der neue Leitfaden.

Als Autor*innen liefern wir **unseren Teil für ein solidarisches Miteinander und gegen die Spaltung in dieser Gesellschaft.** Wir wollen die von diesem Drangsalierungssystem Betroffenen stützen, ihnen Mut machen, sich zu widersetzen und Wege aufzeigen, wie sie sich wehren können.

Wir wollen mit diesem Leitfaden dazu beitragen und dazu ermutigen, dass

- Erwerbslose selbstbewusst ihre noch existierenden Rechte durchsetzen und sich gegen die fortschreitende Entrechtung und Zumutungen der Jobcenter/Sozialämter wehren,
- sie bei Sozialberater*innen, Anwält*innen, aber auch fitten Behördenmitarbeiter*innen die parteiische Unterstützung für die rechtliche Gegenwehr erhalten, die sie dringend benötigen,
- sich Erwerbslose lokal organisieren und gemeinsam ihre Interessen vertreten und
- solidarische Bündnisse zwischen Erwerbslosen, Beschäftigten, sowohl von länger hier lebenden als auch neu angekommenen Menschen sowie anderen vom Sozialabbau betroffenen Gruppen geschmiedet werden, die dem sozialen Kahlschlag und Lohndumping und der scheinbaren „Alternative", den Rassist*innen und Nazis den Kampf ansagen.

Als Herausgeber und Verantwortlicher dieser Ausgabe des Leitfadens möchte ich mich bei meinen 15 Mitautor*innen Matthias Butenob, Volker Gerloff, Inge Hannemann, Helge Hildebrandt, Annette Höpfner, Frank Jäger, Lars Johann, Uwe Klerks, Claudia Mehlhorn, Volker Mundt, Joachim Schaller, Florian Schilz, Sven Schumann, S. Simon und Claudius Voigt ganz herzlich bedanken!

S. Simon konnte kurzfristig als Mitautor gewonnen werden, nachdem jemand anderes wegen Arbeitsüberlastung ausgefallen ist. Das war super und herzlichen Dank an den Kollegen, ich hoffe und denke, dass er für weitere Leitfäden erhalten bleibt. Ebenso neu hinzugekommen ist

Vorwort

Florian Schilz, einer der Tacheles-Mitstreiter, der jetzt auch fest im Leitfadenteam mitmachen wird.

Auch möchte ich mich bei Rüdiger Böcker bedanken, den ich jederzeit zu allen Details der Zusammensetzung der Regelleistungen fragen konnte.

Dann möchte ich auch meinem Sohn Miguel Thomé danken, der als gnadenloser Lektor mit aller Geduld alle, manchmal ganz schön schwierigen, Beiträge durchgeackert hat. Dabei hat er uns immer wieder auf nicht mehr existierende Paragrafen und auf Widersprüche in den Argumentationen hingewiesen und um Korrekturen und Klarstellungen gebeten. Ohne seine nicht sichtbare Arbeit würde der Leitfaden so nicht existieren. Herzlichen Dank auch an ihn.

Ich danke auch den Partner*innen, Familien und Kindern, Kolleg*innen und Freund*innen, die den Autor*innen den Rücken für den Leitfaden freigehalten und/oder uns auf vielfältige Art bei dieser Arbeit unterstützt haben. Eure Unterstützung ist ebenfalls ein wesentlicher Punkt für den Erfolg des Projekts.

Der Leitfaden soll alle zwei Jahre erscheinen, die nächste Ausgabe ist für Sommer 2025 geplant.

Juni 2023   Harald Thomé

www.harald-thome.de
www.tacheles-sozialhilfe.de
auf Twitter: @hatho05
auf Facebook: harald.thome.3

Inhaltsverzeichnis

Vorwort 5
Autorinnen und Autoren vom Leitfaden 2023/2024 11
Abkürzungsverzeichnis 13

1	Aids-Erkrankte/HIV-Infizierte	17
2	Akteneinsicht	20
3	Alleinerziehende	24
4	Ältere Menschen	29
5	Altersvorsorge (private)	34
6	Amtsarzt*Amtsärztin	39
7	Antragstellung	43
8	Anwält*innen	63
9	Arbeitsgelegenheiten (Ein-Euro-Jobs)	69
10	Arbeit(spflichten)	82
11	Arbeitslose	105
12	Aufrechnung (von Erstattungs- und Ersatzansprüchen)	109
13	Auskunftsrecht und -pflicht	116
14	Auszubildende	120
15	Bedarfs-/Einzelberechnung	126
16	Bedarfsgemeinschaft	133
17	Befangenheit von Amtsträger*innen	139
18	Behinderung/Menschen mit Behinderung	142
19	Beistand/Begleitung zum Amt	146
20	Beratung	149
21	Beratungshilfe	164
22	Bescheid	173
23	Beschwerde (Dienstaufsichts- und Fachaufsichtsbeschwerde)	177
24	Bestattungskosten	180
25	Bevollmächtigte	185
26	Bewerbungen	188
27	Bildung und Teilhabe	192
28	Bürgergeld	200
29	Bürgergeldbonus	208
30	Darlehen	209
31	Datenabgleich	223
32	Datenschutz	228
33	Deutsche im Ausland	238
34	Eigenheim/Eigentumswohnung	241
35	Eingliederungsvereinbarung/Kooperationsplan	253
36	Eheähnliche Gemeinschaft (Einstehensgemeinschaft)	269
37	Einkommen	284
38	Einkommensbereinigung	299
39	Einkommensgrenzen	305
40	Einmalige Beihilfen/Erstausstattungsbedarfe	307
41	Einstweiliger Rechtsschutz	319
42	Elterngeld	327
43	Erbe	337

44	Ermessen	345
45	Erwerbsfähigkeit	347
46	(Volle) Erwerbsminderung	350
47	Erwerbstätige	352
48	Fahrtkosten	361
49	Frauenhaus	363
50	Geflüchtete (Asylbewerberleistungsgesetz)	370
51	Grundsicherung (GSi)	400
52	„Härtefallmehrbedarfe" – Mehrbedarf für laufende und einmalige unabweisbare Bedarfe	406
53	Hausbesuch	429
54	Haushaltsgemeinschaft	436
55	Haushaltshilfe	444
56	Hausrat	448
57	Heizkosten	453
58	Jugendliche und junge Erwachsene	469
59	Kaution	477
60	Kinder	480
61	Kindergeld	484
62	Kindergrundsicherung	489
63	Kinderzuschlag	490
64	Klage	501
65	Kleidung	506
66	Konto	511
67	Kostenerstattung	520
68	Kraftfahrzeug	526
69	Krankenkostzulage	529
70	Krankenversicherung	534
71	Krankheit	542
72	Kur	553
73	Lebensversicherung	557
74	Mehrbedarfe	560
75	Miete (Kosten der Unterkunft [KdU])	562
76	Mietnebenkosten	593
77	Mietschulden	601
78	Minderjährigenhaftungsbeschränkung	609
79	Mitwirkungspflichten	611
80	Nachzahlung (vorenthaltener Leistungen)	619
81	Nicht-deutsche Staatsangehörige (Drittstaatangehörige und Unionsbürger*innen)	628
82	Nothelfer	659
83	Öffentlich-rechtlicher Vertrag	662
84	Ortsabwesenheit	664
85	Pfändung/P-Konto	673
86	Pflegebedürftige	682
87	Prozesskostenhilfe	683
88	Räumung	687
89	Regelbedarf (Regelsatz)	690
90	Renovierung	720
91	Rentenversicherung	727
92	Rückforderung (von Leistungen)	740
93	Rundfunkbeitrag	761

Inhaltsverzeichnis

94	Sachleistungen	763
95	Sanktionen	767
96	Schenkungen	779
97	Schlichtungsverfahren	783
98	Schmerzensgeld	785
99	Schulden	785
100	Schüler*innen	790
101	Schwangerschaft (Geburt)	798
102	Schwangerschaftsabbruch	805
103	„Schwarzarbeit"	806
104	Selbstständige	808
105	Sozialgeld – jetzt: „Bürgergeld für nichterwerbsfähige Leistungsberechtigte"	815
106	Sozialpass	817
107	Sterbegeldversicherung/Bestattungsvorsorge	818
108	Strafgefangene	820
109	Strom	830
110	Studierende	839
111	Umgangskosten	847
112	Umzug	853
113	Untätigkeit der Behörde/Vorschuss	859
114	Unterhalt für Kinder	863
115	Unterhaltspflicht	865
116	Unterhaltsvorschuss	888
117	Verhütungsmittel	890
118	Verjährung/Ausschlussfristen	893
119	Vermögen	896
120	Verwaltungsrichtlinien	905
121	Vorläufige Entscheidung	908
122	Warmwasser	923
123	(Sich) Wehren	929
124	Weiterbildung (berufliche)	931
125	Weiterbildungsgeld und -prämie	948
126	Widerspruch	949
127	Wohngeld „Wohngeld Plus"	956
128	Wohngemeinschaft	964
129	Wohnungsbeschaffungs- und Umzugskosten	966
130	Wohnungslose	969
131	Zuständigkeit	973

Bürgergeld/Sozialhilfe und Recht im Internet	978
Bürgergeld- und Sozialhilfe-Beratung	981
Literaturverzeichnis	983
Stichwortverzeichnis	985

Autorinnen und Autoren vom Leitfaden 2023/2024

Matthias **Butenob**, LAG Schuldnerberatung Hamburg e.v. und BA Hamburg-Eimsbüttel, Straffälligen- und Gerichtshilfe, Hamburg
(Konto, Pfändung/P-Konto, Schulden, Verjährung/Ausschlussfristen)

Volker **Gerloff**, Rechtsanwalt, Berlin
(Behinderung/Menschen mit Behinderung, Datenschutz, (Volle) Erwerbsminderung, Geflüchtete (Asylbewerberleistungsgesetz))

Inge **Hannemann**, Autorin, Publizistin
(Arbeitsgelegenheiten(Ein-Euro-Jobs), Arbeit(spflichten), Arbeitslose, Bewerbungen, Eingliederungsvereinbarung/Kooperationsplan, Minderjährigenhaftungsbeschränkung, Schlichtungsverfahren)

Helge **Hildebrandt**, Rechtsanwalt, Kiel
(Anwält*innen, Beratungshilfe, Prozesskostenhilfe)

Annette **Höpfner**, Rechtsanwältin, Fachanwältin für Sozialrecht, Halle
(Bedarfsgemeinschaft, Bestattungskosten, Eheähnliche Gemeinschaft (Einstehensgemeinschaft), Schmerzensgeld, Umzug, Wohngemeinschaft, Wohnungsbeschaffungs- u. Umzugskosten)

Frank **Jäger**, Tacheles e.V. und Dozent für Sozialrecht, Wuppertal
(Aids-Erkrankte/HIV-Infizierte, Alleinerziehende, Ältere Menschen, Altersvorsorge (private), Bürgergeld, Eigenheim/Eigentumswohnung, Fahrtkosten, Grundsicherung (GSi), Kinderzuschlag, Regelbedarf (Regelsatz), Schenkungen, Sozialgeld – jetzt: „Bürgergeld für nichterwerbsfähige Leistungsberechtigte", Sozialpass, Sterbegeldversicherung/Bestattungsvorsorge, Strafgefangene, Umgangskosten, Wohngeld „Wohngeld Plus", Wohnungslose)

Lars **Johann**, Rechtsanwalt, Fachanwalt für Sozialrecht, Wuppertal
(Kaution, Kinder, Kindergeld, Kraftfahrzeug, Selbstständige, Vermögen)

Uwe **Klerks**, Rechtsanwalt, Fachanwalt für Sozial- und Versicherungsrecht, Duisburg
(Aufrechnung, Bedarfs-/Einzelberechnung, Einkommen, Einkommensbereinigung, Einkommensgrenzen, Erbe, Ermessen, Erwerbsfähigkeit, (Volle) Erwerbsminderung, Erwerbstätige, Haushaltsgemeinschaft, Hausrat, Lebensversicherung, Ortsabwesenheit, Rückforderung (von Leistungen), Vorläufige Entscheidung)

Claudia **Mehlhorn**, Dozentin für Krankenversicherungsrecht, Berlin
(Haushaltshilfe, Krankenkostzulage, Krankenversicherung, Krankheit, Kur, Pflegebedürftige, Schwangerschaftsabbruch)

Volker **Mundt**, Rechtsanwalt, Fachanwalt für Sozialrecht, Berlin
(Darlehen, Heizkosten, Jugendliche und junge Erwachsene, Sanktionen, Schwarzarbeit, Strom, Warmwasser, Widerspruch)

Joachim **Schaller**, Rechtsanwalt Hamburg
(Auszubildende, Bildung und Teilhabe, Rundfunkbeitrag, Schüler*innen, Studierende, Unterhaltsvorschuss)

Florian **Schilz**, Sozialarbeiter und Berater im Tacheles e.V., Wuppertal
(Beistand/Begleitung zum Amt, Beratung, Bevollmächtigte, Kindergrundsicherung, Mitwirkungspflichten)

Sven **Schumann**, Rechtsanwalt, Stein bei Nürnberg
(Elterngeld, Miete (Kosten der Unterkunft [KdU]), Mietnebenkosten, Mietschulden, Räumung, Renovierung, Rentenversicherung, Unterhalt für Kinder, Unterhaltspflicht)

Autorinnen und Autoren vom Leitfaden 2023/2024

S. **Simon**, Sozialarbeiter, Stuttgart
(Bürgergeldbonus, Weiterbildung (berufliche), Weiterbildungsgeld u. -prämie)

Harald **Thomé**, Tacheles e.V. und Dozent für Sozialrecht, Wuppertal
(Akteneinsicht, Amtsarzt*Amtsärztin, Antragstellung, Auskunftsrecht u. -pflicht, Befangenheit von Amtsträger*innen, Bescheid, Beschwerde (Dienstaufsichts- u. Fachaufsichtsbeschwerde), Datenabgleich, Deutsche im Ausland, Einmalige Beihilfen/Erstausstattungsbedarfe, Einstweiliger Rechtsschutz, Frauenhaus, „Härtefallmehrbedarfe" – Mehrbedarf für laufende und einmalige unabweisbare Bedarfe, Hausbesuch, Klage, Kleidung, Kostenerstattung, Mehrbedarfe, Nachzahlung (vorenthaltener Leistungen), Nothelfer, Öffentlich-rechtlicher Vertrag, Sachleistungen, Schwangerschaft (Geburt), Untätigkeit der Behörde/Vorschuss, Verhütungsmittel, Verwaltungsrichtlinien, (Sich) Wehren, Zuständigkeit)

Claudius **Voigt**, Sozialarbeiter, Gemeinnützige Gesellschaft zur Unterstützung Asylsuchender e.V. (GGUA Flüchtlingshilfe), Münster
(Nicht-deutsche Staatsangehörige (Drittstaatsangehörige und Unionsbürger*innen))

Weitere Mitarbeiter*innen
Miguel **Thomé**, Lektorat, Berlin
(hat alles umfangreich bearbeitet)

Zur Nutzung des Leitfadens:
Unter „→ ..." finden Sie einen Verweis auf die Schlagworte und unter „→ ... Rn. ..." einen Hinweis auf eine bestimmte Randnummer im jeweiligen Schlagwort.
Nur der Hinweis „→ Rn. ..." bezieht sich auf die Randnummer im jeweiligen Schlagwort.
Zu Beginn jeden Schlagworts steht eine Gliederungsübersicht, in welcher Sie eine Übersicht bekommen, was wo zu finden ist. Die Zahlen rechts neben der Gliederung sind die jeweiligen Randziffern im Schlagwort.

Abkürzungsverzeichnis

aA	anderer Ansicht
AA	Agentur für Arbeit
ABM	Arbeitsbeschaffungsmaßnahmen
Abs.	Absatz
Abt.	Abteilung (der EVS)
AG	Amtsgericht
AGH	Arbeitsgelegenheiten
Alg	Arbeitslosengeld (I)
Alg II-V	Verordnung zur Berechnung von Einkommen und Vermögen bei Alg II/ Sozialgeld
AO	Abgabenordnung
Art.	Artikel
AsylbLG	Asylbewerberleistungsgesetz
AufenthG	Aufenthaltsgesetz
Az.	Aktenzeichen
BA	Bundesagentur für Arbeit
BAB	Berufsausbildungsbeihilfe
BAföG	Berufsausbildungsförderungsgesetz
BAG	Bundesarbeitsgericht
BAG-SHI	Bundesarbeitsgemeinschaft der Erwerbslosen- und Sozialhilfeinitiativen
BAMF	Bundesamt für Migration und Flüchtlinge
BEEG	Gesetz zum Elterngeld und zur Elternzeit
BerHG	Beratungshilfegesetz
BeschV	Verordnung über die Beschäftigung von Ausländerinnen und Ausländern
BFH	Bundesfinanzhof
BG	Bedarfsgemeinschaft
BGB	Bürgerliches Gesetzbuch
BGBl.	Bundesgesetzblatt
BGH	Bundesgerichtshof
BHO	Bundeshaushaltsordnung
BMAS	Bundesministerium für Arbeit und Soziales
BMFSFJ	Bundesministerium für Familie, Senioren, Frauen und Jugend
BMG	Bundesmeldegesetz
BORA	Berufsordnung der Rechtsanwältinnen und Rechtsanwälte
BR-Drs.	Bundesrats-Drucksache
BSG	Bundessozialgericht
BSHG	Bundessozialhilfegesetz
BT-Drs.	Bundestags-Drucksache
BüMA	Bescheinigung über die Meldung als Asylsuchender
Bürgergeld-V	Verordnung zur Berechnung von Einkommen sowie zur Nichtberücksichtigung von Einkommen und Vermögen beim Bürgergeld
BVerfG	Bundesverfassungsgericht
BVerwG	Bundesverwaltungsgericht
bzw.	beziehungsweise
dh	das heißt
DV	Deutscher Verein für öffentliche und private Fürsorge
DT	Düsseldorfer Tabelle
EAO	Erreichbarkeitsanordnung
EFA	Europäisches Fürsorgeabkommen

Abkürzungsverzeichnis

EinV	Eingliederungsvereinbarung
ESF	Europäischer Sozialfonds
EStG	Einkommensteuergesetz
EuGH	Europäischer Gerichtshof
EVS	Einkommens- und Verbrauchsstichprobe
f., ff.	folgende Seite(n)
FamRZ	Zeitschrift für das gesamte Familienrecht
FAZ	Frankfurter Allgemeine Zeitung
FEVS	Fürsorgerechtliche Entscheidungen der Verwaltungs- und Sozialgerichte
FM	Fallmanager*in
FR	Frankfurter Rundschau
FreizügG/EU	Freizügigkeitsgesetz EU
FRL	Frankfurter Richtlinien
FTD	Financial Times Deutschland
FW	Fachliche Weisungen der Bundesagentur für Arbeit
GA	Geschäftsanweisung
GG	Grundgesetz
ggf.	gegebenenfalls
GSi	Grundsicherung im Alter und bei Erwerbsminderung
HEGA	Handlungsempfehlung Geschäftsanweisung der Bundesagentur für Arbeit
Hrsg.	Herausgeber
HzL	Hilfe zum Lebensunterhalt (Sozialhilfe)
IAB	Institut für Arbeitsmarkt- und Berufsforschung
IDAS	Informationsdienst der Diakonie für ambulante Sozialarbeit
idR	in der Regel
info also	Informationen zum Arbeitslosen- und Sozialhilferecht
iVm	in Verbindung mit
KP	Kooperationsplan
LG	Landgericht
LHO	Landeshaushaltsordnung
LPK	Lehr- und Praxiskommentar
LSG	Landessozialgericht
MiLoG	Mindestlohngesetz
mtl.	monatlich
NDV	Nachrichtendienst des Deutschen Vereins
NDV-RD	NDV-Rechtsdienst
NJW	Neue Juristische Wochenschrift
Nr.	Nummer
NRW	Nordrhein-Westfalen
NVwZ	Neue Zeitschrift für Verwaltungsrecht
oÄ	oder Ähnliche/s
OLG	Oberlandesgericht
OVG	Oberverwaltungsgericht
pAp	persönlicher Ansprechpartner (Arbeitsvermittler*in/Fallmanager*in)
PSA	Personalserviceagentur
Rbs	Regelbedarfsstufe
Rn.	Randnummer
RL	Richtlinie
SG	Sozialgericht
SGB	Sozialgesetzbuch
SGB I	Allgemeiner Teil
SGB II	Bürgergeld, Grundsicherung für Arbeitssuchende

Abkürzungsverzeichnis

SGB III	Arbeitsförderung
SGB V	Gesetzliche Krankenversicherung
SGB VI	Gesetzliche Rentenversicherung
SGB IX	Rehabilitation und Teilhabe behinderter Menschen
SGB X	Verwaltungsverfahren
SGB XII	Sozialhilfe
SGG	Sozialgerichtsgesetz
SHR	Sozialhilferichtlinien
SoVD	Sozialverband Deutschlands
SZ	Süddeutsche Zeitung
u.a.	und anderes mehr, unter anderem
usw	und so weiter
VG	Verwaltungsgericht
VGH	Verwaltungsgerichtshof
vgl.	vergleiche
VO	Verordnung
VV RVG	Vergütungsverzeichnis Rechtsanwaltsvergütungsgesetz
VwGO	Verwaltungsgerichtsordnung
VwV	Verwaltungsvorschrift zum AufenthG und zum FreizügG/EU
VwVfG	Verwaltungsverfahrensgesetz
WoGG	Wohngeldgesetz
zB	zum Beispiel
ZfF	Zeitschrift für das Fürsorgewesen
ZfSH/SGB	Zeitschrift für Sozialhilfe und Sozialgesetzbuch
ZKG	Zahlungskontengesetz
ZPO	Zivilprozessordnung
zT	zum Teil

1
Aids-Erkrankte/HIV-Infizierte

1. Bürgergeld, Hilfe zum Lebensunterhalt oder Grundsicherung? 1
   1.1 Regelbedarfserhöhung 2
   1.2 Mehrbedarf bei Gehbehinderung 8
   1.3 Mehrbedarf für kostenaufwendige Ernährung (Krankenkostzulage) .. 9
   1.4 Höhere Unterkunftskosten 13
   1.5 Einmalige Beihilfen 14
2. Beiträge zur Krankenversicherung und Zusatzbetrag 17
3. Leistungen zur Pflege 18
4. Vorbeugende Gesundheitshilfe 19
5. Eingliederungshilfe für Menschen mit Behinderung (zweiter Teil SGB IX) 20
6. Haushaltshilfe 21
7. Zuzahlungen im Krankheitsfall 24
8. Forderungen 25
9. Anlaufstellen 26

1. Bürgergeld, Hilfe zum Lebensunterhalt oder Grundsicherung?

1 Sind Sie mit dem Humane-Immundefizienz-Virus (HIV) infiziert bzw. an Aids erkrankt, können Sie zur Sicherung Ihres Lebensunterhalts je nach Fallkonstellation „Bürgergeld", „Bürgergeld für Nichterwerbsfähige" oder Hilfe zum Lebensunterhalt (HzL) bzw. Grundsicherung (GSi) der Sozialhilfe beziehen.

a. Solange Sie als erwerbsfähig (→ 45) oder teilweise erwerbsgemindert gelten, haben Sie Anspruch auf **Bürgergeld** (ehemaliges Alg II; → 28).
b. Wenn Sie durch die Behörde als nicht erwerbsfähig, dh voll erwerbsgemindert (→ 46) eingestuft werden, die Rentenversicherung Sie hingegen **nicht** als **dauerhaft und** voll erwerbsgemindert anerkennt, haben Sie Anspruch auf HzL der Sozialhilfe.
c. Leben Sie aber als **nicht dauerhaft** voll erwerbsgeminderte Person mit einem*r erwerbsfähigen Partner*in oder einem 15- bis 24-jährigen Kind zusammen in einer Bedarfsgemeinschaft (→ 16), erhalten Sie **Bürgergeld für Nichterwerbsfähige** nach dem SGB II (→ 105; § 19 Abs. 1 S. 2 SGB II, ehemaliges Sozialgeld).
d. Wenn Sie von der Rentenversicherung als dauerhaft **und** voll erwerbsgemindert anerkannt sind oder das gesetzliche Regelrentenalter erreicht haben, haben Sie Anspruch auf **Grundsicherung** (→ 51) im Alter und bei Erwerbsminderung (GSi) nach dem SGB XII.

Dabei stand die Hartz IV-Reform früher einmal unter der Devise „Hilfe aus einer Hand".

1.1 Regelbedarfserhöhung

2 In der HzL/GSi der Sozialhilfe gilt: Wenn Sie einen erhöhten Hygienebedarf haben (durch Fieber, Pilzbefall, Hautausschläge, Schweißausbrüche usw), brauchen Sie mehr Körperpflegemittel und Wäsche als im Regelbedarf vorgesehen.

Beziehen Sie HzL/GSi, kann der Regelbedarf aufgrund des überdurchschnittlichen Bedarfs erhöht werden, wenn der Bedarf für „eine Dauer von voraussichtlich mehr als einem Monat […] unausweichlich in mehr als geringem Umfang oberhalb durchschnittlicher Bedarfe liegt" (§ 27a Abs. 4 S. 1 Nr. 2 SGB XII); zB um eine mtl. Hygienepauschale von 20,45 EUR (SG Berlin 22.3.2005 – S 49 SO 204/05). Ein Darlehen darf das Sozialamt nicht gewähren. Wenn Sie Essen auf Rädern benötigen, aber die Kosten dafür höher sind als im Regelbedarf vorgesehen, ist es ebenfalls möglich, dass dieser erhöht wird. Das gilt auch, wenn Sie eine **Haushaltshilfe** (→ 55) benötigen.

3 Für das **Bürgergeld** ist geregelt: die individuelle Erhöhung der SGB II-Leistung in Form eines **Mehrbedarfszuschlages** (→ 74) ist möglich: „Bei Leistungsberechtigten wird ein Mehrbedarf anerkannt, soweit im Einzelfall ein unabweisbarer, besonderer Bedarf besteht; bei einmaligen Bedarfen ist weitere Voraussetzung, dass ein Darlehen nach § 24 Abs. 1 ausnahmsweise nicht zumutbar oder wegen der Art des Bedarfs nicht möglich ist" (§ 21 Abs. 6 SGB II). Dieser sogenannte **Härtefallmehrbedarf** (→ 52) wurde durch ein Urteil des Bundesverfassungsgerichts über die Verfassungsmäßigkeit der Regelbedarfe (→ 89) am 9.2.2010 eingeführt (1 BvL 1, 3, 4/09) und 2011 als Mehrbedarf nach § 21 Abs. 6 SGB II in das Gesetz aufgenommen.

4 So können zB Kosten für einen erheblichen Hygienebedarf, nicht verschreibungs-

pflichtige Medikamente, Fahrten zu Ärzt*innen oder Behandlungen und Haushaltshilfen im Rahmen der Härtefallregelung übernommen werden. Zum 1.1.2021 wurde die Regelung unter strengen Vorgaben auf einmalige Bedarfe ausgeweitet (Härtefallmehrbedarf, → 52 Rn. 52 ff.). Zuvor wurde der „Härtefallmehrbedarf" nur bei laufenden, nicht nur einmaligen Bedarfen gewährt.

5 Nach Ansicht der BA ist es Leistungsberechtigten „*vorrangig zumutbar, einen höheren Bedarf in einem Lebensbereich durch geringere Ausgaben in einem anderen Lebensbereich auszugleichen*" (FW 21.38). Ein hoher Bedarf besteht dann, wenn er nicht „*durch die Zuwendungen Dritter [zB Kranken- oder Pflegekasse, Angehörige usw] sowie unter Berücksichtigung von Einsparmöglichkeiten*" gedeckt ist (§ 21 Abs. 6 S. 2 SGB II). Bei der Entscheidung sind aber immer die Besonderheiten des Einzelfalles zu berücksichtigen (FW 21.38). Die BA listet Beispiele auf, wann ein besonderer Bedarf vorliegt (FW 21.41). Genannt werden u.a. „*Hygieneartikel bei ausgebrochener HIV-Infektion*" sowie „*Putz-/Haushaltshilfe für körperlich stark beeinträchtigte Personen*". Die Liste der BA ist nicht vollständig, sondern kann, falls nötig, ergänzt werden.

6 **Tipp 1:** Welche mtl. Aufwendungen besonders hoch sind und wann ein besonderer/atypischer Bedarf vorliegt, ist im Gesetz nicht ausdrücklich geregelt. Die Kosten sind auch zu übernehmen, wenn es sich um einen Bedarf von weniger als zehn Prozent des Regelbedarfes handelt (BSG 4.6.2014 – B 14 AS 30/13 R). Gegen einen solchen ablehnenden Bescheid können Sie **Widerspruch** (→ 126) einlegen und **Klage** (→ 64) erheben.

7 **Tipp 2:** Wollen Sie die Härtefallregelung in Anspruch nehmen, sollten Sie sich von Ihrem*r Arzt*Ärztin eine Bescheinigung über die Notwendigkeit der Mehraufwendungen besorgen, sowie eine Kostenaufstellung der Apotheke.

1.2 Mehrbedarf bei Gehbehinderung

8 Ihnen steht ein Mehrbedarf in Höhe von **17 Prozent** des für Sie geltenden Regelbedarfs zu, wenn Sie

- nach Rentenrecht voll erwerbsgemindert sind oder das Regelrentenalter erreicht haben, Leistungen nach SGB XII beziehen und
- über einen Schwerbehindertenausweis mit Merkzeichen „G" oder „aG" verfügen (§ 30 Abs. 1 SGB XII).

Das gilt im SGB II nur für voll erwerbsgeminderte Beziehende von Bürgergeld mit einem Schwerbehindertenausweis mit Merkzeichen „G" oder „aG" (§ 23 Nr. 4 SGB II).

1.3 Mehrbedarf für kostenaufwendige Ernährung (Krankenkostzulage)

9 In den neuen „*Empfehlungen des Deutschen Vereins zur Gewährung des Mehrbedarfs gemäß § 30 Abs. 5 SGB XII*" (DV 20/12, September 2020, 10) werden an Aids erkrankten Personen nicht mehr explizit als Berechtigte eines Mehrbedarfs für eine kostenaufwendige Ernährung (Krankenkost, → 70) aufgeführt. Die Liste der hier aufgeführten Erkrankungen ist aber nicht abschließend. Deshalb kann Aids-Erkrankten eine solche Zulage in Höhe von zehn Prozent ihres Regelbedarfs zustehen, wenn sie unter „*krankheitsassoziierter Mangelernährung*" (bisher bezeichnet als „*konsumierende Erkrankungen*") leiden. Das wäre vor allem der Fall, wenn die Erkrankung einen besonders schweren Verlauf nimmt oder eine gesicherte Diagnose einer Mangelernährung vorliegt. Auf diese Empfehlungen beziehen sich die Leistungsträger und die Sozialgerichte. Sie sind auch auf das SGB II anzuwenden. Ein darüberhinausgehender Ernährungsbedarf muss von dem*r Kranken selbst nachgewiesen werden.

10 Nach Ansicht des DV liegen Anzeichen einer Mangelernährung vor, wenn der Body-Mass-Index (BMI) infolge der Krankheit unter 20 liegt (bei über 70-Jährigen unter 22) oder der*die Betroffene innerhalb der letzten sechs Monate aufgrund seiner*ihrer Erkrankung mehr als fünf Prozent oder in einem Zeitraum von über sechs Monaten mehr als zehn Prozent an Gewicht verloren hat.

11 **Tipp 1:** Leiden Sie unter starkem Gewichtsverlust, sollten Sie diesen von Ihrem*r Arzt*Ärztin dokumentieren lassen.

12 **Tipp 2:** Verlangt die Behörde ein ärztliches Attest, das eine kostenaufwendige Ernährung oder einen besonderen Bedarf bescheinigt, muss sie gemäß der Gebührenordnung der Ärzt*innen die Kosten auch übernehmen (FW 21.30). Sie haben aber nur einen Anspruch auf Erstattung der vorgeleisteten Kosten, wenn Sie dies beantragen (§ 65a SGB I).

1.4 Höhere Unterkunftskosten

13 Für Ihre Wohnung müssen unter Umständen auch unangemessen hohe Mieten (→ 75) übernommen werden, wenn Ihnen ein Umzug „nicht möglich oder nicht zuzumuten ist" (§ 22 Abs. 1 S. 3 SGB II; § 35 Abs. 2 S. 2 SGB XII). Ist Ihre Wohnung für Sie ungeeignet (zB feucht, kalt), haben Sie Anspruch auf eine geeignete Wohnung und die Finanzierung des Umzugs (→ 112). Falls Sie krankheitsbedingt mehr Wärme benötigen und deshalb stärker heizen müssen, werden die höheren Heizkosten (→ 57) übernommen.

1.5 Einmalige Beihilfen

14 Für einmalige Anschaffungen (zB Ersatzbeschaffung einer defekten Waschmaschine) wird als „unabweisbarer Bedarf" nur ein Darlehen gewährt. Die Kosten werden von der laufenden Leistung wieder abgezogen (§ 24 Abs. 1 SGB II iVm § 42a Abs. 2 SGB II, § 37 Abs. 1 und 4 SGB XII; Einmalige Beihilfen, → 40).

15 **Tipp:** Beantragen Sie schriftlich, dass diese Rückforderungsansprüche von der Behörde erlassen werden, weil „deren Einziehung nach Lage des Einzelfalles unbillig wäre" (§ 44 SGB II). Das geht nur bei Bezug von Bürgergeld nach dem SGB II.

16 Die **Deutsche AIDS-Stiftung** gewährt auf schriftlichen Antrag einmalige Beihilfen für bedürftige HIV-Positive und an Aids erkrankte Menschen in Not. Wenden Sie sich an die örtliche Aids-Hilfe oder an die AIDS-Stiftung direkt. Bekommen Sie Beihilfe von der Stiftung, wird sie ihnen nicht auf das Einkommen angerechnet. „Zuwendungen Dritter [...] sind nicht zu berücksichtigen, soweit ihre Berücksichtigung für die leistungsberechtigte Person entweder grob un-

billig wäre oder sie die Lage der Empfängerin oder des Empfängers nicht so günstig beeinflussen würden, dass daneben Leistungen der Grundsicherung für Arbeitsuchende nicht gerechtfertigt wären" (FW 11.102). Leistungen nach dem HIV-Hilfe-Gesetz dürfen ebenfalls nicht angerechnet werden (FW 11.81; Einkommen, → 37 Rn. 47 ff.).

2. Beiträge zur Krankenversicherung und Zusatzbetrag

17 Siehe zum Zusatzbetrag unter dem Beitrag Krankenversicherung (→ 71 Rn. 18 ff.).

3. Leistungen zur Pflege

18 HIV-Infizierte im klinischen Stadium 2b (ARC) oder Aids-Vollbild-Erkrankte haben regelmäßig Anspruch auf Leistungen der Pflegeversicherung (SGB XI), wenn sie bei einzelnen Verrichtungen des täglichen Lebens Unterstützung brauchen. Reichen die Leistungen der Pflegeversicherung nicht aus, können unter Umständen zusätzliche Leistungen der Hilfe zur Pflege (Siebtes Kapitel SGB XII) vom Sozialamt erbracht werden. Beziehen Sie Leistungen der Hilfe zur Pflege, HzL oder GSi der Sozialhilfe, werden unterhaltsverpflichtete Eltern oder volljährige Kinder nur zum Unterhalt herangezogen, wenn deren Jahreseinkommen 100.000 EUR übersteigt (§ 94 Abs. 1a SGB XII).

4. Vorbeugende Gesundheitshilfe

19 Seit 1999 gehört der **Aids-Test** zu den Kassenleistungen, wenn die Krankheitszeichen auf eine Infektion hindeuten. In vielen Gesundheitsämtern wird der Test anonym und kostenlos oder gegen eine geringe Gebühr durchgeführt, genauso bei den zahlreichen Stellen der Deutschen Aidshilfe. Im Rahmen der vorbeugenden Gesundheitshilfe (§ 47 S. 1 SGB XII) müssen Kosten für einen Aids-Test bei Personen einer Risikogruppe übernommen werden, denn er dient der „Früherkennung von Krankheiten". Kassenleistungen sind hier jedoch immer vorrangig in Anspruch zu nehmen. Kondome werden von den Gesundheitsämtern vielerorts kostenlos oder als freiwillige Leistung der

Städte und Kreise über deren Sozialbehörden ausgegeben.

5. Eingliederungshilfe für Menschen mit Behinderung (zweiter Teil SGB IX)

20 Ist die Krankheit ausgebrochen, können Sie bei erheblichen gesundheitlichen Einschränkungen Eingliederungshilfe beantragen. Diese umfasst Hilfsmittel wie Autolifter, Diktiergeräte usw sowie alles, was zur Linderung der Behinderung beiträgt, wie etwa Beschaffung und Erhaltung einer behindertengerechten Wohnung oder Hilfen zur Teilnahme am Leben in der Gemeinschaft. Unter letzteres fallen zB Leistungen wie Ambulant Betreutes Wohnen oder eine Assistenz zur Freizeitgestaltung.

6. Haushaltshilfe

21 Wenn Sie aufgrund Ihrer Krankheit **vorübergehend** nicht in der Lage sind, den Haushalt weiterzuführen, können Sie die Kostenübernahme für eine Haushaltshilfe (→ 55) nach § 70 SGB XII beim Sozialamt beantragen.

22 Benötigen Sie **dauerhaft** eine Hilfe bei der Haushaltsführung, kann der Bedarf
- bei Beziehenden von HzL und GSi der Sozialhilfe durch eine Erhöhung des Regelbedarfs (§ 27a Abs. 4 S. 1 SGB XII; → Rn. 2 f.),
- bei Beziehenden von Bürgergeld im Rahmen des Härtefallmehrbedarfs (§ 21 Abs. 6 SGB II; → Rn. 15) übernommen werden.

23 Bei **Pflegebedürftigen** (→ 86) ist der Bedarf vorrangig durch Leistungen der Pflegeversicherung (SGB XI) oder durch ergänzende Hilfe zur Pflege (Siebtes Kapitel SGB XII) zu decken (→ Rn. 18).

7. Zuzahlungen im Krankheitsfall

24 Therapiepflichtige mit HIV infizierte Personen und Erkrankte mit dem Vollbild Aids müssen als chronisch Kranke im Jahr „nur" **ein Prozent** ihres jährlichen Bruttoeinkommens bzw. des aufs Jahr hochgerechneten Regelbedarfs zuzahlen. Sammeln Sie alle Belege bis zum Erreichen der *„Belastungsgren-*

ze" und beantragen Sie bei der Krankenkasse die **Befreiung** von der Zuzahlung. Die Belastungsgrenze für Chroniker*innen bei Bürgergeld/Sozialhilfe beträgt 60,24 EUR bei einem Regelbedarf von 502 EUR (2023), nicht chronisch Erkrankte zahlen im Krankheitsfall 120,48 EUR (zwei Prozent) zu. Für nähere Informationen sehen Sie im Beitrag Krankheit (→ 71 Rn. 17, 41 f.).

8. Forderungen

25 Höhere Regelbedarfsanteile für gesunde Ernährung und medizinische/hygienische Versorgung! Erhöhung des Regelbedarfs auch bei einem geringfügig dauerhaft erhöhten krankheitsbedingten Bedarf entsprechend der Härtefallregelung im SGB II!

9. Anlaufstellen

26 Deutsche AIDS-Hilfe, www.aidshilfe.de

Deutsche AIDS-Stiftung, www.aids-stiftung.de

27 **Aids-Beratungsstellen** in Deutschland können über die **Deutsche AIDS-Hilfe** telefonisch unter 0180/331 94 11 abgefragt oder online abgerufen werden über www.aidshilfe.de/adressen

Informationen zum persönlichen, telefonischen oder online-Beratungsangebot der Aids-Hilfe unter https://aidshilfe-beratung.de

2
Akteneinsicht

1. Bürgergeld/Sozialhilfe: Akteneinsicht zur Geltendmachung rechtlicher Interessen 1
   1.1 Umfang der Akteneinsicht 5
      1.1.1 Akteneinsicht in Zeiten der Kontaktvermeidung 7
   1.2 Aktenführungspflicht der Behörde – „Wahrheitspflicht" 8
   1.3 Elektronische Akte 10
   1.4 Einsicht in medizinische Gutachten 11
   1.5 Einsicht in „Profiling"-Daten 13
   1.6 Einsicht in die Bewerberangebotskartei 14
   1.7 Kosten 16

2. Einsicht in Sozialdaten 17
3. Aufbewahrungsfristen von Akten 18
4. Akteneinsicht in der Behörde 19
5. Informantenschutz 20
6. Rechtsweg 22

1. Bürgergeld/Sozialhilfe: Akteneinsicht zur Geltendmachung rechtlicher Interessen

1 Sie haben einen Rechtsanspruch darauf, Ihre Akte einzusehen, „soweit deren Kenntnis zur Geltendmachung oder Verteidigung Ihrer rechtlichen Interessen erforderlich ist" (§ 25 Abs. 1 SGB X). Dies ist dann erforderlich, wenn Sie beabsichtigen, Widerspruch einzulegen oder schon eingelegt haben. Dann können Sie diejenigen Teile Ihrer Akte einsehen, die das Verfahren betreffen. Darüber hinaus besteht Anspruch auf Akteneinsicht auch bei Überprüfungsanträgen nach § 44 SGB X (Schütze SGB X § 25 Rn. 19). Außerhalb eines Widerspruchsverfahrens hingegen steht es im Ermessen der Behörde, ob diese Ihnen Akteneinsicht zugesteht (BVerwG 1.7.1983 – 2 C 42.82).

2 Der Anspruch auf Akteneinsicht gehört ebenso wie der Anspruch auf rechtliches Gehör zu den **tragenden Prinzipien eines rechtsstaatlichen Verwaltungsverfahrens**. Er ist eine wesentliche Voraussetzung dafür, dass die Beteiligten – also Sie – ihren Anspruch auf rechtliches Gehör realisieren können.

3 Werden die Beteiligten durch **Bevollmächtigte** (→ 25) vertreten, können auch diese Einsicht in die Akten nehmen, **Beistände** (→ 19) hingegen haben kein eigenständiges Akteneinsichtsrecht. Das ergibt sich aus ihren begrenzten Befugnissen in § 13 Abs. 4 SGB X (Schütze SGB X § 25 Rn. 17). Beistände können aber selbstverständlich Betroffene bei einer Akteneinsicht zur Behörde begleiten; dies darf nicht verwehrt werden.

4 Um Ihre Akte einzusehen, müssen Sie schriftlich oder mündlich einen **Antrag** stellen. Die aktenführende Behörde hat Ihnen einen baldigen Termin zu geben. Sie können auch einen Beistand (→ 19) mitnehmen. Die Akteneinsicht erfolgt idR bei der Behörde. Sie kann auch in den Räumlichkeiten des*r Betroffenen durchgeführt werden, wenn diese*r aufgrund von Krankheit oder Behinderung die Einsicht nur zu Hause vornehmen kann (LPK-SGB X § 25 Rn. 15), oder aber auch in der jeweiligen örtlichen Gemeindevertretung oder jeder anderen Behörde im Wege der Amtshilfe (jurisPK-SGB X § 25 Rn. 29). Sie können **Abschriften** anfertigen oder sich von der Behörde **Kopien** anfertigen lassen (§ 25 Abs. 5 SGB X). Das Abfotografieren der Dokumente mit dem Smartphone ist unserer Auffassung nach durch diese Regelung gedeckt.

1.1 Umfang der Akteneinsicht

5 Der Anspruch betrifft die Gesamtheit der Schriftstücke, die der Sozialleistungsträger im Original, als Abschrift oder als Kopie für das jeweilige konkrete Verfahren angefertigt oder herangezogen hat. Ausgenommen sind Entscheidungsentwürfe und vorbereitende Arbeiten: darunter fallen auch hinzugezogene Gutachten, Zeichnungen, Notizen, Filme, Fotos oder Tonaufzeichnungen, die ggf. notwendig sind, um sich ein vollständiges Bild von der Entscheidungsgrundlage der Behörde zu machen (jurisPK-SGB X § 25 Rn. 19). Wird ein Sachverhalt im Zusammenhang mit Kosten der Unterkunft und Heizung geprüft, erstreckt sich das Recht auf Akteneinsicht auch auf Unterlagen, die Aufschluss darüber geben, wie ein schlüssiges Konzept erstellt und begründet wurde (Schütze SGB X § 25 Rn. 14). Das Akteneinsichtsrecht ist aber auf die erforderlichen Akten begrenzt, denn es besteht nur für diejenigen Akten, *„deren Kenntnis zur Geltendmachung oder Verteidigung Ihrer rechtlichen Interessen erforderlich ist"* (§ 25 Abs. 1 SGB X).

6 **Tipp**: Wollen Sie feststellen, in welcher Höhe, zu welchem Zeitpunkt und an wen Ihre Leistungen vom Amt gezahlt wurden, sollten Sie sich eine „Zahlliste", auch Horizontal- oder Kontenübersicht genannt, aushändigen lassen. Diese kann mit jedem Computerprogramm der Leistungsabteilung erstellt werden. Der Anspruch auf diese Zahlliste ergibt sich über das Recht auf Akteneinsicht.

1.1.1 Akteneinsicht in Zeiten der Kontaktvermeidung

7 Der Anspruch auf Akteneinsicht kann nicht mit Verweis auf **Corona** und Kontakt-

2 Akteneinsicht

vermeidung verweigert werden. Wenn die Behörde eine Akteneinsicht im Hause ablehnt, muss sie andere zeitgemäße Alternativen anbieten (§ 17 Abs. 1 Nr. 1 SGB I): in der Regel den elektronischen Download der Akte, zumindest aber den elektronischen Zugang auf die Daten per Stick oder CD/DVD.

1.2 Aktenführungspflicht der Behörde – „Wahrheitspflicht"

8 Aus dem Recht auf Akteneinsicht folgt, dass die Behörde zu einer sachgerechten Dokumentation ihrer Vorgänge verpflichtet ist, um diesen Anspruch nicht ins Leere laufen zu lassen (LSG Baden-Württemberg 5.2.2010 – L8 AL 66/08). Der*die Beteiligte muss bei der Akteneinsicht davon ausgehen, dass ihm*r alle relevanten Unterlagen vorgelegt werden und die Akteneinsicht mithin vollständig ist. Die Behörde ist gehalten, sämtliche Unterlagen vorzulegen, auch wenn diese getrennt voneinander aufbewahrt werden (BSG 20.11.2003 – B 13 RJ 41/03 R).

9 Auch Behördenmitarbeiter*innen unterliegen der Wahrheitspflicht. Bei der Dokumentation oder Vorlage unwahrer Aussagen unterliegen Behördenbedienstete denselben Strafen wie Privatpersonen (zB §§ 153 ff. StGB bei Falschaussagen vor Gericht; §§ 186, 187 StGB bei übler Nachrede und Verleumdung), so die Antwort des Niedersächsischen Innenministeriums bei der Sitzung des Landtages am 13.5.2015 (vgl. dazu https://www.mi.niedersachsen.de/startseite/aktuelles/presseinformationen/beantwortung-der-muendl-anfrage-der-cdu-zur-wahrheitspflicht-bei-behoerden-und-kommunen--133686.html, letzter Zugriff: 9.1.2023).

1.3 Elektronische Akte

10 Bei Sozialbehörden verbreitet sich zunehmend die **elektronische Aktenführung**. Bei Vorsprachen werden idR nur noch elektronische Aktenvermerke angefertigt. Das Recht auf Akteneinsicht im jeweiligen Verfahren schließt also auch das Recht ein, Ihre elektronische Akte beim Jobcenter oder Sozialamt einzusehen.

1.4 Einsicht in medizinische Gutachten

11 Auch hier haben Sie das Recht auf Akteneinsicht. Die Behörde kann allerdings den Inhalt durch eine*n Arzt*Ärztin vermitteln lassen, zB wenn medizinische Unterlagen Laien nicht verständlich sind. **Ein*e Arzt*Ärztin soll hinzugezogen werden**, wenn ein unverhältnismäßiger gesundheitlicher Nachteil für den*die Betroffene*n zu befürchten ist, falls diese*r unvorbereitet Einsicht nimmt (§ 25 Abs. 2 S. 2 SGB X).

12 **Tipp:** Durch ärztliche oder psychologische Untersuchungen wird festgestellt, ob Sie als erwerbsfähig oder nicht erwerbsfähig eingestuft werden. Sie können in Ihrem Interesse versuchen, darauf Einfluss zu nehmen, indem Sie die zugrunde liegenden Gutachten prüfen.

1.5 Einsicht in „Profiling"-Daten

13 Das Recht auf Akteneinsicht bezieht sich auch auf Daten Dritter, zB vom Jobcenter beauftragte Träger, die Profiling (Potenzialanalyse), Trainingsmaßnahmen, Qualifizierung oder sonstige Eingliederungsmaßnahmen durchführen.

1.6 Einsicht in die Bewerberangebotskartei

14 Das Recht auf Akteneinsicht bezieht sich auch auf die Daten, die das Jobcenter Arbeitgebern zur Verfügung stellt, wenn es erforderlich ist, Ihre rechtlichen Interessen geltend zu machen. Im Zweifelsfall können Sie vom Amt die Auskunft verlangen, welche Daten an wen gegangen sind (§ 83 Abs. 1 Nr. 2 SGB X). Näheres finden Sie unter **Auskunftsrecht** (→ 13 Rn. 7).

15 **Tipp:** Wird Ihnen Akteneinsicht verweigert, können Sie bei der Fachaufsicht deswegen Beschwerde (→ 23) einlegen. Wenn das nichts hilft, verbleibt Ihnen nur der normale Rechtsweg mit Widerspruch (→ 126) und Klage (→ 64).

1.7 Kosten

16 Für Kopien „kann" die Behörde „Ersatz ihrer Aufwendungen in angemessenem Umfang verlangen" (§ 25 Abs. 5 S. 2 SGB X). Normalerweise werden 25 Cent pro Seite verlangt. Die Behörde sollte unserer Mei-

2 Akteneinsicht

nung nach die Kosten bei Beziehenden von Bürgergeld und HzL/GSi der Sozialhilfe erlassen (§ 59 Abs. 1 Nr. 1 iVm § 105 Abs. 1 Nr. 2 Bundeshaushaltsordnung iVm § 367 Abs. 1 SGB III für SGB II; § 59 Landeshaushaltsordnung für SGB XII). Ansonsten ist die Akteneinsicht **kostenfrei**.

2. Einsicht in Sozialdaten

17 Sie können Einsicht in die zu Ihrer Person gespeicherten Sozialdaten nehmen (→ 13 Rn. 1 ff.).

3. Aufbewahrungsfristen von Akten

18 Akten sind aus Behördensicht Beweismittel. Sie müssen zu Prüfungszwecken für andere Ämter, Gerichte und andere Institutionen („berechtigte Dritte") aufbewahrt werden, allerdings nicht ewig. Die Regelfrist beträgt fünf Jahre, bei bestehenden Forderungen (zB Darlehen, Rückforderungen, Erstattungsansprüchen usw) mit Beginn des auf den Eingang der letzten Einnahme folgenden Jahres. Die Aufbewahrungsfrist für medizinische Unterlagen ist längstens zehn Jahre (entsprechend § 304 Abs. 1 S. 1 iVm § 292 SGB V).

Das BSG hat, zumindest für den Zeitraum vor Wirksamwerden der DSGVO am 24.5.2018, entschieden, dass die Jobcenter Kontoauszüge **bis zu zehn Jahre lang speichern** dürfen (BSG 14.5.2020 – B 14 AS 7/19 R). Denn das Jobcenter kann bis zu zehn Jahre lang unter bestimmten Voraussetzungen nachträgliche Bescheidkorrekturen durchführen, daher ist hier die Speicherung der Daten erforderlich und somit auch zulässig.

4. Akteneinsicht in der Behörde

19 Die Akteneinsicht „soll" in der Behörde erfolgen. Das ist jedoch nicht zwingend. Ist es aus medizinischen Gründen nicht möglich, ins Amt zu kommen, kann sie auch in der Wohnung des*r Betroffenen erfolgen. Im Sozialrecht kann die Akteneinsicht nach § 25 Abs. 4 SGB X auch bei einer anderen Behörde vorgenommen werden, zB in ländlichen Regionen nach Übersendung an die Gemeindeverwaltung. Beim Arbeitslosengeld nach dem SGB III wird auch durchaus mal eine Leistungsakte an Beratungsstellen oder Anwält*innen versandt.

Es wird von Behörden öfter behauptet, dass Sie Akteneinsicht nur im Amt bekommen können. Sie sollten prüfen, inwieweit die Soll-Regel richtig ausgelegt wurde. Das Jobcenter Wuppertal übersendet Verfahrensbevollmächtigten die Akte mittlerweile elektronisch zum Download, so sollte es grundsätzlich sein und macht allen Beteiligten das Leben einfacher, dies ist eine sinnvolle Auslegung der Soll-Vorschrift unter Berücksichtigung der Einführung einer elektronischen Aktenführung.

5. Informantenschutz

20 Das Akteneinsichtsrecht wird durch § 25 Abs. 3 SGB X eingeschränkt, denn: *„Die personenbezogenen Daten eines Behördeninformanten, der einem Sozialhilfeträger unaufgefordert Informationen über einen Leistungsempfänger übermittelt hat, sind durch das Sozialdatengeheimnis geschützt"* (BVerwG 4.9.2003 – 5 C 48/02).

21 Tipp: Diesen Denunziantenschutz kann man durchbrechen, wenn man Akteneinsicht beim Sozialgericht verlangt (§ 120 Abs. 1 SGG). Allerdings kann auch dort die übermittelnde Behörde die Akteneinsicht in Teilen ausschließen (§ 120 Abs. 1 SGG).

6. Rechtsweg

22 Verweigert die Behörde die Akteneinsicht durch einen Bescheid, können Sie dagegen Widerspruch (→ 126) einlegen und ggf. Klage (→ 64) erheben. Wird der Antrag nicht bearbeitet, ist eine Beschwerde (→ 23) und Untätigkeitsklage (→ 113) möglich. Allerdings ist strittig, ob Akteneinsicht in einem getrennten Verfahren oder nur zusammen mit dem Hauptanliegen gerichtlich durchsetzbar ist. Hier sollte im Zweifelsfall eine Beschwerde bei der Fachaufsichtsbehörde eingelegt werden.

3
Alleinerziehende

1. Alleinerziehende 1
   1.1 Wer ist alleinerziehend? 2
   1.2 Gemeinsame Sorge und Mehrbedarf 9
   1.3 Pflegegeld nach § 39 SGB VIII 12
2. Bürgergeld/Sozialhilfe 13
   2.1 Regelbedarf 14
   2.2 Mehrbedarfszuschlag für Alleinerziehende 15
   2.3 Erhöhte Wohnungsgröße oder Mietkosten 19
3. Unterhalt und Weiteres 24
   3.1 Unterhaltspflicht der Eltern 24
   3.2 Unterhalt für Kinder 26
   3.3 Unterhaltsvorschuss 27
   3.4 Umgangsrecht des getrennt lebenden Elternteils 28
   3.5 Arbeitspflicht 29
   3.6 Beiträge für Kindergarten und Krippe 30
4. Kritik 33
5. Anlaufstellen 35

1. Alleinerziehende

1 Fast jede fünfte Familie mit minderjährigen Kindern ist eine Einelternfamilie. 2021 lebten in Deutschland etwa 1,49 Mio. Alleinerziehende (1996: 1,3 Mio.) mit 2,35 Mio. Kindern (1996: 2 Mio.; Ergebnisse Mikrozensus 2021, abrufbar unter: https://www.de statis.de/DE/Themen/Gesellschaft-Umwelt/Be voelkerung/Haushalte-Familien/Tabellen/2-5 -familien.html). Insgesamt 570.605 Alleinerziehende bezogen im Juli 2022 Leistungen nach dem SGB II (BA, Monatsberichte Arbeitsmarkt 11/2022).

1.1 Wer ist alleinerziehend?

2 Alleinerziehende sind *„Personen, die mit einem oder mehreren minderjährigen Kindern zusammenleben und allein für deren Pflege und Erziehung sorgen"* (§ 21 Abs. 3 SGB II; § 30 Abs. 3 SGB XII). Sie müssen also nicht Mutter oder Vater des Kindes, ja nicht einmal mit ihm verwandt sein, um als alleinerziehend zu gelten. Sie müssen auch nicht das Sorgerecht haben oder volljährig sein. Entscheidend ist, dass Sie mit einem Kind *„zusammenleben"* und es *„alleine erziehen"*.

„Ein ‚alleinerziehender' Hilfeempfänger sorgt [...] dann nicht allein für die Pflege und Erziehung, wenn ihn eine andere Person so nachhaltig bei der Pflege und Erziehung des Kindes unterstützt, wie es sonst der andere Elternteil zu tun pflegt" (OVG Niedersachsen 8.7.1997 – 4 L 3222/97).

Allein bedeutet nicht, dass außer Ihnen kein weiterer Mensch (zB Lehrer*in, Kindergärtner*in, Eltern, Geschwister, *„Super Nanny"* usw) Ihre Kinder erzieht oder *„pflegt"*. Auch wenn Ihr Kind in den Kindergarten, die Schule und den Kinderhort geht (oder zu Hause vor dem Fernseher sitzt), sind Sie weiterhin der alleinerziehende Elternteil.

3 Beziehen Sie Leistungen zum Lebensunterhalt, haben Sie **Anspruch** auf einen **Mehrbedarfszuschlag** für Alleinerziehende (§ 21 Abs. 3 SGB II; § 30 Abs. 3 SGB XII; → Rn. 16 ff.). Der steht Ihnen nach herrschender Rechtsprechung zu, *„wenn der hilfebedürftige Elternteil während der Betreuungszeit von dem anderen Elternteil, Partner oder einer anderen Person nicht in einem Umfang unterstützt wird, der es rechtfertigt, von einer nachhaltigen Entlastung auszugehen. Entscheidend ist danach, ob eine andere Person in **erheblichem Umfang** bei der Pflege und Erziehung mitwirkt"* (BSG 12.11.2015 – B 14 AS 23/14 R, Rn. 14).

4 Sie haben diesen Anspruch, wenn Ihr*e Partner*in

- im Gefängnis sitzt (SG Trier 25.6.2012 – S 4 AS 239/12 ER),
- schwer krank oder pflegebedürftig ist (VG Bremen 27.2.2008 – S 3 K 447/06),
- länger im Krankenhaus/in Kur ist oder
- an einem anderen Ort arbeitet und dort einen zweiten Haushalt führt.

SGB II und SGB XII machen keine Zeitangaben, ab wann Alleinerziehung vorliegen kann. Es kann sich auch um kürzere bzw. befristete Zeiträume handeln.

5 Sie haben außerdem Anspruch, wenn

- Sie mit einem*r **Freund*in** zusammenleben, der*die sich nur unwesentlich oder gar nicht an der Erziehung und Pflege Ihres Kindes beteiligt (VG Stuttgart 10.12.2001 – 8 K 3630/01). Das gilt vor allem, wenn **keine** eheähnliche Gemein-

schaft besteht (SG Düsseldorf 18.4.2005 – S 23 AS 104/05 ER),
- der geschiedene oder getrennt lebende Elternteil regelmäßig sein **Umgangsrecht** wahrnimmt (SG Lüneburg 31.5.2007 – S 24 AS 82/07), auch wenn er im gleichen Wohnhaus wohnt (SG Berlin 14.2.2006 – S 104 AS 271/06 ER), solange Sie den maßgeblichen Anteil von Pflege und Erziehung leisten,
- Sie in einer **Haushaltsgemeinschaft** oder im Frauenhaus (→ 49) leben, aber in der Pflege und Erziehung Ihrer Kinder **nicht** oder nur **in geringem Umfang** von Ihren Mitbewohner*innen unterstützt werden (OVG Lüneburg 8.7.1997 – 4 L 3222/97).

Das LSG Berlin-Brandenburg meint, dass Einkaufen, Kochen und Wäsche waschen (also Beteiligung an der „*Pflege*") für das Kind eines*r Partners*Partnerin dessen*deren Mehrbedarf für Alleinerziehung ausschließen (16.6.2006 – L 14 14B 1138/05 AS ER) würde. **Aber:** Die Beteiligung an der Erziehung ist ausschlaggebend, nicht die hauswirtschaftliche Versorgung. Es heißt alleinerziehend, nicht alleinversorgend.

6 Deshalb erziehen Sie idR alleine,
- wenn Sie in einer **Wohngemeinschaft** leben,
- wenn Sie durch eine **Haushaltshilfe** unterstützt werden (OVG Niedersachsen 28.3.1979 – IV A 172/77),
- wenn Sie mit einem minderjährigen **und** mit einem volljährigen Kind in einem Haushalt wohnen (SG Münster 1.3.2007 – S 16 AS 199/06) oder
- wenn Sie mit einem Kind im **Haushalt** ihrer Eltern und/oder
- mit dem Kind zusammen mit Ihren Geschwistern wohnen (für die letzten beiden Punkte: BSG 23.8.2012 – B 4 AS 167/11 R).

Es ist nicht entscheidend, dass sich andere Personen an der Kinderbetreuung hätten beteiligen können.

Erst wenn die Eltern der Mutter „*für mindestens gleiche Teile des Tages mit der Erziehung oder Pflege betraut sind*", gelten Mütter nicht mehr als alleinerziehend (SG Oldenburg 16.1.2007 – S 45 1800/06; → Rn. 24 ff.). Das gilt auch für Väter.

7 **Schüler*innen, Studierende** und **Auszubildende**, die ihr Kind allein erziehen, haben ebenfalls Anspruch auf den Mehrbedarf für Alleinerziehende (§ 27 Abs. 2 SGB II; Studierende, → 110 Rn. 13, 19; Schüler*innen, → 100 Rn. 14; Auszubildende, → 14 Rn. 22).

8 **Tipp:** Selbst wenn Sie als Studierende*r keinen Anspruch auf Bürgergeld oder Sozialhilfeleistungen zum Lebensunterhalt haben, können Sie den Mehrbedarfszuschlag und Leistungen für Ihr Kind idR beim Jobcenter beantragen.

1.2 Gemeinsame Sorge und Mehrbedarf

9 Haben die getrennt lebenden Eltern das gemeinsame Sorgerecht und **teilen** sich die Erziehung des Kindes/der Kinder **zu gleichen Teilen** (Wechselmodell), ist der Mehrbedarf (→ 74) für Alleinerziehende jeweils anteilig bei jedem Elternteil zu berücksichtigen.

Das BSG geht davon aus, dass der Mehrbedarfszuschlag hälftig aufgeteilt wird, wenn ein Kind im Wechsel zB eine Woche beim Vater und eine Woche bei der Mutter lebt und die Eltern auch die Erziehungskosten zu gleichen Teilen übernehmen (BSG 3.3.2009 – B 4 AS 50/07 R).

Das OLG Koblenz spricht von einem solchen Wechselmodell, wenn sich die Eltern die Erziehungs- und Betreuungszeiten außerhalb der Kita teilen (3.7.2008 – 11 WF 547/078).

10 Als Orientierung für die Beurteilung, ob ein Elternteil alleinerziehend ist, können unterhaltsrechtliche Entscheidungen herangezogen werden. Liegt **kein** Wechselmodell mit ausgeglichenen Betreuungszeiten und Verantwortlichkeiten vor, muss im Einzelfall geprüft werden, welches „*das deutliche Schwergewicht der Betreuung*" und die „*Hauptverantwortung für das Kind*" trägt (OLG Schleswig 27.2.2008 – 10 UF 212/07). Diesem Elternteil stünde dann auch der Mehrbedarf für Alleinerziehende zu.

Wenn zB ein Elternteil sein Kind **nur an zwei Tagen** die Woche betreut, hat der andere Elternteil Anspruch auf den ungeminderten Mehrbedarfszuschlag für Alleinerziehende (LSG Niedersachsen-Bremen 13.5.2008 – L 9 AS 119/08 ER, zit. nach Geiger

3 Alleinerziehende

2022, 295). Auch wenn der Elternteil zu **40 Prozent** für die Betreuung verantwortlich ist, steht ihm nach Ansicht des LSG Schleswig-Holstein kein anteiliger Mehrbedarf zu (23.3.2011 – L 11 AS 40/09, zit. nach Geiger 2022, 296). Schließlich komme eine anteilige Zuerkennung des Mehrbedarfs für Alleinerziehende nicht in Betracht, wenn sich die getrennt lebenden Eltern „*die Pflege und Erziehung des Kindes nicht in etwa hälftig teilen*" (BSG 11.2.2015 – B 4 AS 26/14 R).

11 Eine zeitweise mtl. Anerkennung eines Mehrbedarfszuschlages ist zudem **ausgeschlossen**, wenn sich das Kind etwa nur **vorübergehend** überwiegend beim umgangsberechtigten Elternteil aufhält, wie es zB ausnahmsweise in einzelnen Ferienmonaten auftreten kann. „*Mit dem Merkmal der alleinigen Sorge [...] ist die Anerkennung des Mehrbedarfs wegen Alleinerziehung nicht an einen besonderen zeitlichen Umfang der Kinderbetreuung geknüpft, sondern daran ausgerichtet, ob die Verantwortung für die dem Kindeswohl gerecht werdende Versorgung allein bei einer Person liegt*" (BSG 12.11.2015 – B 14 AS 23/14 R, Rn. 18).

1.3 Pflegegeld nach § 39 SGB VIII

12 Auch Pflegemütter, die allein ein Pflegekind versorgen, betreuen und Pflegegeld erhalten, haben Anspruch auf den Mehrbedarfszuschlag (BSG 27.1.2009 – B 14/7b AS 8/07 R).

2. Bürgergeld/Sozialhilfe

13 Für Alleinerziehende in Bürgergeld/Sozialhilfe gelten besondere Regeln, was den Regelbedarf sowie Mehrbedarfszuschläge angeht, uU besteht auch Anspruch auf größeren Wohnraum.

2.1 Regelbedarf

14 Wenn Sie alleinerziehend sind, beträgt Ihr Regelbedarf **immer 100 Prozent**, dh 502 EUR (§ 20 Abs. 2 SGB II, Stand 2023). Das gilt auch für alleinerziehende junge Erwachsene unter 25 Jahren. Auch dann, wenn Sie im Haushalt Ihrer Eltern leben und wenn Sie noch minderjährig sind. Die volle Regelleistung wird auch für Alleinerziehende gezahlt, die in einer Bedarfsgemeinschaft mit einem*r Partner*in leben, der*die **nicht** leiblicher Elternteil ist **und** sich nicht gleichermaßen an der Erziehung des Kindes beteiligt (SG Düsseldorf 18.4.2005 – S 23 AS 104/05).

2.2 Mehrbedarfszuschlag für Alleinerziehende

15 Sie erhalten einen Mehrbedarfszuschlag von **36 Prozent** Ihres Regelbedarfs, dh 180,72 EUR, wenn Sie mit

- einem Kind **unter** sieben Jahren **oder**
- zwei oder drei Kindern unter 16 Jahren zusammenleben.

16 Sie erhalten einen Mehrbedarfszuschlag von **12 Prozent** Ihres Regelbedarfs, dh 60,24 EUR **für jedes Kind,** wenn Sie mit

- einem Kind **über** sieben Jahren **oder**
- einem Kind unter 16 und einem oder mehreren Kindern zwischen 16 und 18 Jahren oder
- einem Kind unter 18 Jahren zusammenleben.

17 Wenn Sie vier Kinder haben, liegt Ihr Mehrbedarf bei 4 x 12 % = 48 Prozent des Regelbedarfs (240,96 EUR).

Wenn Sie fünf und mehr Kinder haben, erhalten Sie 60 Prozent des Regelbedarfs (301,20 EUR). **60 Prozent** ist die **Höchstgrenze** für den Mehrbedarf für Alleinerziehende (Höhe der angegebenen Mehrbedarfszuschläge: Stand 2023).

18 Wenn Sie **Hilfe zum Lebensunterhalt** (HzL) oder **Grundsicherung** der Sozialhilfe beziehen, gelten die Mehrbedarfszuschläge nur, „*soweit kein abweichender Bedarf besteht*" (§ 30 Abs. 3 SGB XII). Wenn Sie zB mit zwei oder drei Kindern unter sieben Jahren zusammenleben, kann Ihnen ein höherer Mehrbedarfszuschlag zustehen (VG Hannover 13.6.1989 – 3 VG 294/88).

2.3 Erhöhte Wohnungsgröße oder Mietkosten

19 Weil nach den landesrechtlichen Ausführungsbestimmungen des Gesetzes über soziale Wohnraumförderung (WoFG) Alleinerziehenden eine größere Wohnfläche zusteht,

galt das nach Ansicht des LSG Berlin-Brandenburg (29.7.2008 – L 14 B 248/08 AS ER) und des LSG Niedersachsen-Bremen (27.7.2010 – L 12 AS 77/06) auch für Leistungsberechtigte nach dem SGB II und SGB XII (Miete, → 75 Rn. 47, 17). Das **BSG** hat diese Auffassung in einem Urteil zurückgewiesen. Demnach sei es egal, ob zwei Erwachsene oder Mutter mit Kind eine Wohnung bewohnen. Beim Bezug von Leistungen richte sich die „angemessene" Wohnfläche nach der Zahl der betroffenen Bewohner*innen. Abweichungen könne es nur unter Berücksichtigung des **Einzelfalles** geben, wenn aus individuellen, etwa gesundheitlichen Gründen mehr Wohnraum erforderlich ist (BSG 22.8.2012 – B 14 AS 13/12 R).

20 **Tipp 1:** Wenn Sie als Alleinerziehende*r eine größere Wohnung beanspruchen wollen, müssen Sie den Einzelfall darlegen. Das („*schwierige*") Alter der Kinder, plus Erkrankung/en oder andere Umstände können ggf. einen erhöhten Wohnraumbedarf ergeben.

21 **Tipp 2:** Wenn Sie zum Umzug (→ 112) aufgefordert werden, weil Ihre Wohnung zu groß/zu teuer ist, können Sie sich unter Umständen darauf berufen, dass ein Umzug nicht zumutbar oder unwirtschaftlich wäre (Miete, → 75).

22 Nach neuerer BSG-Rechtsprechung können Alleinerziehende, die SGB II-Leistungen beziehen, unter Umständen eine **größere und teurere Wohnung** durch das Jobcenter finanzieren lassen, wenn sie mit einem unter 25-jährigen Kind zusammenleben, das seinen Bedarf mit eigenen Einkommen (zB Unterhalt, UVG, Wohngeld und Kindergeld) decken kann. Hier werden die tatsächlichen Aufwendungen für die Unterkunft nach Kopfanteilen auf die Personen aufgeteilt. Die vom Jobcenter als angemessen anzuerkennenden Unterkunftskosten orientieren sich dann an der **angemessenen Wohnungsgröße** der SGB II-berechtigten Mitglieder der Bedarfsgemeinschaft. Das Kind mit bedarfsdeckendem Einkommen wird nicht mitgezählt. Die alleinerziehende Person und ggf. weitere Kinder im SGB II-Bezug profitieren dann von dem **höheren Kopfanteil der Kosten**, der regelmäßig bei den angemessenen Unterkunftskosten kleinerer Haushalte zu berücksichtigen sein wird. Das Kind mit eigenem Einkommen muss allerdings in der Lage sein, seinen entsprechenden Anteil der Unterkunftskosten mit eigenem Einkommen zu finanzieren (BSG 25.4.2018 – B 14 AS 14/17 R) Das gilt auch bei SGB XII-Leistungsbezug, allerdings nur, wenn die leistungsberechtigte Person einen eigenen Mietvertrag hat.

23 **Tipp:** Jobcenter prüfen solche Fallkonstellationen idR nicht von selbst. Suchen Sie bei Bedarf eine Beratungsstelle auf oder legen Sie im Zweifelsfall unter Berufung auf das BSG-Urteil Widerspruch (→ 126) ein.

3. Unterhalt und Weiteres

3.1 Unterhaltspflicht der Eltern

24 Bei Eltern entfällt die Unterhaltspflicht gegenüber deren schwangeren Kindern und gegenüber deren Kindern, die ihr eigenes Kind bis zur Vollendung des sechsten Lebensjahres betreuen, **immer** (§ 33 Abs. 2 Nr. 3 SGB II; § 94 Abs. 1 S. 4 SGB XII).

Das gilt auch, wenn Sie das 25. Lebensjahr noch nicht vollendet haben **und** im Haushalt Ihrer Eltern wohnen (§ 9 Abs. 3 SGB II) **oder**

Ihre Erstausbildung noch nicht abgeschlossen haben (§ 33 Abs. 2 Nr. 3 SGB II).

(Unterhaltspflicht, → 115 Rn. 10 ff.; „*Hartz-IV-Sonderunterhaltspflicht*" der Eltern gegenüber unter 25-Jährigen: Jugendliche und junge Erwachsene, → 58 Rn. 7 ff.)

Schwangere und Eltern, die ein eigenes Kind unter sechs Jahren betreuen, dürfen demnach **nicht** auf Unterhaltsleistungen der eigenen Eltern verwiesen werden.

25 **Freiwillige** Unterhaltszahlungen der Eltern zählen dagegen immer als Einkommen und werden auf das Bürgergeld oder HzL/GSi der Sozialhilfe angerechnet (Einkommen, → 37 Rn. 14). Ein kleines „Taschengeld" zählt jedoch nicht als Leistung zum Unterhalt und ist idR anrechnungsfrei.

3.2 Unterhalt für Kinder

26 Für den **Unterhalt für Kinder** sei auf den Beitrag dazu (→ 114) verwiesen.

3 Alleinerziehende

3.3 Unterhaltsvorschuss
27 Zum **Unterhaltsvorschuss** schlagen Sie bitte unter dem entsprechenden Beitrag nach (→ 116).

3.4 Umgangsrecht des getrennt lebenden Elternteils
28 Näheres finden Sie unter dem Beitrag **Umgangskosten** (→ 111).

3.5 Arbeitspflicht
29 Für Alleinerziehende ist die Arbeitspflicht eingeschränkt. Ab wann und in welchem Umfang Arbeit zumutbar ist, finden Sie unter dem Beitrag **Arbeit** (→ 10 Rn. 47 ff.).

3.6 Beiträge für Kindergarten und Krippe
30 Reguläre **Beiträge für die Kindertagesstätte** werden Haushalten mit geringem Einkommen idR im Rahmen von kommunalen Befreiungsregelungen ganz oder teilweise erlassen. Mit dem *„Gute-KiTa-Gesetz"* wurden für die Gebührenbefreiung zum 1.8.2019 bundeseinheitliche Vorgaben gemacht (§ 90 Abs. 4 SGB VIII): Für Kindertagesstätten soll der Kostenbeitrag **auf Antrag** erlassen oder vom Träger der öffentlichen Jugendhilfe übernommen werden, *„wenn die Belastung durch Kostenbeiträge den Eltern und dem Kind nicht zuzumuten ist. Nicht zuzumuten sind Kostenbeiträge immer dann, wenn Eltern oder Kinder"*

- Bürgergeld nach dem SGB II,
- HzL oder GSi nach dem SGB XII,
- Leistungen nach §§ 2 und 3 des AsylbLG,
- Kinderzuschlag (§ 6a BKGG) oder Wohngeld beziehen.

31 **Tipp**: Erkundigen Sie sich bei der Kommune – diese ist gesetzlich zur Beratung verpflichtet – und stellen Sie entsprechende Anträge.

32 Sie können die Übernahme zusätzlicher Kosten einer Kinderbetreuung unter Umständen beim Jugendamt beantragen (Kinder, → 60) bzw. die Kosten als Werbungskosten vom Arbeitseinkommen absetzen (Erwerbstätige, → 47).

4. Kritik
33 Seit Jahren arbeiten die Hartz IV-Parteien daran, Partner*innen in neuen Beziehungen möglichst frühzeitig zum vollen Unterhalt für diese und deren Kinder heranzuziehen (eheähnliche Gemeinschaft, → 36). Spätestens nach einjährigem Zusammenleben (in der Praxis oft schon nach dem Zusammenziehen) zwingen Jobcenter den*die neue*n Partner*in, auch für alle Kinder aus früheren Beziehungen der anderen Partnerin oder des anderen Partners voll einzustehen (Bedarfsgemeinschaft, → 16). Diese Praxis führt dazu, dass es besonders für alleinerziehende Eltern, die auf Leistungen zum Lebensunterhalt angewiesen sind, sehr schwer ist, neue Beziehungen einzugehen und damit im besten Fall den Grundstein für eine „neue" Familie zu legen. Wie viel Geld man aus dem*r neuen Partner*in herausholen kann, interessiert die Hartz IV-Parteien offensichtlich mehr als familien- und kinderfreundliche Sozialpolitik.

34 Familienfreundlich geben sie sich nur noch beim Elterngeld für Erwerbstätige. Doch das Elterngeld für Hartz IV-Familien ohne Hinzuverdienst hat die schwarz-gelbe Bundesregierung schon 2011 abgeschafft. Kinder sind hier offensichtlich unerwünscht. Das trifft besonders Alleinerziehende, die aufgrund fehlender Kinderbetreuung oft keiner Erwerbstätigkeit nachgehen können. Hier schließt sich der Kreis: Deutlich über ein Viertel aller alleinerziehenden Haushalte waren 2021 armutsgefährdet und ein noch größerer Anteil von 28,4 Prozent der Alleinerziehenden und deren Kinder lebten 2021 in überlegten Wohnungen (www.destatis.de, PM Nr. 327 vom 4.8.2022 und PM Nr. N 067 vom 17.11.2022).

5. Anlaufstellen
35 **Verband alleinerziehender Mütter und Väter (VAMV)**
Bundesverband, Hasenheide 70, 10967 Berlin, Tel. 030/69 59 78-6, www.vamv.de

Informationsbroschüren: www.vamv.de/publikationen/vamv-broschueren

4 Ältere Menschen

1. Leistungen 1
2. Rentenversicherung 2
   2.1 Übergang von Bürgergeld in die Regelaltersrente 3
   2.1.1 Überbrückungsdarlehen bei Renteneintritt 9
   2.2 Übergang in die vorgezogene Altersrente mit Abschlägen 13
   2.2.1 Vorübergehend ausgesetzt: Zwangsverrentung älterer Arbeitsloser 15
   2.2.2 Wann ist vorgezogener Rentenbezug nicht zumutbar? ... 18
   2.2.3 Was heißt: hilfebedürftig im Alter werden? 23
   2.2.4 Ermessensentscheidung 27
   2.2.5 Lauf des Verfahrens 29
3. Eingliederung älterer und behinderter Erwerbsloser in Arbeit 38
4. Altenhilfe 39

1. Leistungen

1 Beziehende von Altersrente und vergleichbaren Ruhestandsbezügen (Beamtenpensionen und Knappschaftsausgleichsleistungen) haben **keinen** Anspruch auf Bürgergeld nach dem SGB II (§ 7 Abs. 4 SGB II). Menschen, die das gesetzliche Rentenalter erreicht haben (vgl. § 7a SGB II und § 41 Abs. 2 SGB XII), haben regelmäßig den vorrangigen Anspruch auf **Grundsicherung im Alter** (GSi; → 51) nach dem Vierten Kapitel SGB XII, aber nur, wenn die Rente nicht zum Leben reicht.
Ältere Menschen haben zudem Anspruch auf Altenhilfe (→ Rn. 39 ff.) nach § 71 SGB XII.

2. Rentenversicherung

2 Unter dem Beitrag Rentenversicherung (→ 91) finden Sie die wichtigsten Leistungen zu eben jener, zu der Grundsicherung für langjährig Versicherte und zu dem hierzu geschaffenen Freibetrag bei Renteneinkommen im SGB XII, SGB II und beim Wohngeld.

2.1 Übergang von Bürgergeld in die Regelaltersrente

3 Wechseln Sie vom Bürgergeld-Bezug in die Regelaltersrente, besteht Anspruch auf Bürgergeld nach dem SGB II idR **bis zur Vollendung** des Monats, in dem das **reguläre Rentenalter** erreicht wurde (§ 7 Abs. 1 Nr. 1 iVm § 7a SGB II).

4 Hier entsteht regelmäßig eine **Bedarfsdeckungslücke**, weil das letzte Bürgergeld idR am Ende des Monats **vor** dem letzten Monat des Leistungsbezugs ausgezahlt wird, während die erste Rente am Ende des Monats **nach** Eintritt in die Rente fließt.

Diese Lücke wurde zum 1.7.2017 zumindest formal für diejenigen geschlossen, deren künftige Rente **nicht** zum Leben reicht, die also nach Erreichen des Regelrentenalters ihre Rente mit Sozialhilfe aufstocken und einen Antrag auf GSi stellen müssen (→ Rn. 9 ff.).

5 Für alle, die künftig das Existenzminimum mit ihrer Rente (ggf. plus Wohngeld) abdecken können, kommt diese Möglichkeit nicht in Betracht, weil sie nicht leistungsberechtigt nach dem SGB XII sind.

6 **Tipp 1:** Wenn Ihre künftige Rente zum Leben reicht, Sie aber die Bedarfsdeckungslücke schließen müssen, fragen Sie am besten beim Jobcenter, ob Sie dort auf Kulanz ein Darlehen erhalten. Sie haben darauf zwar keinen Rechtsanspruch, aber das klappt öfter als man denkt. Sie sparen sich unter Umständen den Gang zum Sozialamt, weil auch dort ein Darlehen bei vorübergehender Notlage (§ 38 SGB XII) erbracht werden kann.

7 **Tipp 2:** Vereinbaren Sie schriftlich eine Tilgung des Darlehens, die Ihrer finanziellen Leistungsfähigkeit entspricht.

8 Da in anderen vielen Ländern das Eintrittsalter für die Regelaltersrente niedriger liegt als in Deutschland, ist es möglich, dass ein **im Ausland erworbener Altersrentenanspruch** bereits vor Erreichen der Regelaltersrentengrenze ausgezahlt wird. Erhalten Sie eine solche Rentenzahlung aus dem Ausland, prüfen Jobcenter, ob die Leistung in ihrer Funktion und Struktur einer *„Rente wegen Alters"* entspricht. *„Ist dies der Fall, liegt ein Ausschluss nach § 7 Absatz 4 Satz 1 SGB II vor"* (FW 7.114) und Sie müssen bei Bedarf Hilfe zum Lebensunterhalt nach dem SGB XII beantragen.

29

2.1.1 Überbrückungsdarlehen bei Renteneintritt

9 Wenn Ihre künftige Rente nicht zum Leben reicht und Sie leistungsberechtigt nach dem SGB XII sind, können Sie beim Sozialamt ein **Darlehen** beantragen, um die Bedarfsdeckungslücke bis zur ersten Rentenzahlung zu schließen (§ 37a SGB XII).

10 Das Darlehen muss Ihnen auf Antrag gewährt werden. Es ist ab dem Folgemonat in Raten zu fünf Prozent des Eckregelsatzes (Regelbedarfsstufe/RB 1: 502 EUR = 25,10 EUR) zurückzuzahlen und wird automatisch mit der zustehenden Leistung aufgerechnet (§ 37a Abs. 3 iVm § 44b SGB XII). Die Tilgung des Überbrückungsdarlehens ist auf den Maximalbetrag in Höhe des halben Eckregelsatzes (**251 EUR**, Stand 2023) beschränkt (§ 37a Abs. 2 SGB XII).

11 **Beispiel:** Hat das Sozialamt Ihnen ein Überbrückungsdarlehen in Höhe von 450 EUR gewährt, darf es max. 251 EUR davon in zehn Raten zu 25,10 EUR von Ihnen zurückfordern. Die Restschuld in Höhe von 199 EUR ist per Gesetz zu erlassen.

12 Ein solches Überbrückungsdarlehen ist Ihnen **auch bei anderen** erst am Monatsende fälligen **Einkünften** zu gewähren (§ 37a Abs. 2 S. 2 SGB XII), zB bei sonstigen Renten und Pensionen, Abfindungen sowie Unterhaltsbeiträgen.

2.2 Übergang in die vorgezogene Altersrente mit Abschlägen

13 Beim Übergang in die vorgezogene Altersrente mit Abschlägen erlischt die Anspruchsberechtigung auf Bürgergeld nach dem SGB II erst **bei Bezug der** vorgezogenen Rentenleistung (§ 7 Abs. 4 S. 1 SGB II). Das Jobcenter darf nicht einfach die Leistungen einstellen, wenn der Rentenversicherungsträger die vorgezogene Altersrente per Bescheid bewilligt hat, sondern erst, wenn diese tatsächlich ausgezahlt wurde, nämlich wenn der*die Leistungsberechtigte „*Rente wegen Alters oder Knappschaftsausgleich oder ähnliche Leistungen öffentlich-rechtlicher Art [tatsächlich] bezieht*" (§ 7 Abs. 4 S. 1 SGB II; SG Berlin 15.1.2016 – S 149 AS 119/16 ER; aA LSG Rheinland-Pfalz 17.8.2015 – L 3 AS 370/15 B ER).

14 Entsteht beim Übergang in die vorgezogene Altersrente eine **Bedarfsdeckungslücke**, steht Ihnen ein Überbrückungsdarlehen (→ Rn. 9 ff.) zu, wenn Sie trotz vorgezogener Altersrente einen Anspruch auf HzL nach dem SGB XII haben.

2.2.1 Vorübergehend ausgesetzt: Zwangsverrentung älterer Arbeitsloser

15 Haben Sie bis zum 31.12.2022 SGB II-Leistungen bezogen, konnte das Jobcenter Sie **ab Vollendung des 63. Lebensjahres** auffordern, einen Antrag auf vorgezogene Altersrente mit Abschlägen zu stellen (§ 12a SGB II – vorrangige Leistungen). Kamen Sie dieser Aufforderung nicht nach, **durfte** das Amt für Sie den Rentenantrag auch gegen Ihren Willen stellen. Wird eine solche Frühverrentung durch den Rentenversicherungsträger bewilligt, drohen Ihnen aktuell (Stand 2023) lebenslängliche Rentenabschläge bis zu 10,5 Prozent, die sich mit der Rente ab 67 schrittweise für jüngere Geburtsjahrgänge (ab 1958) auf bis zu 14,4 Prozent summieren können.

16 Natürlich können Sie auch weiterhin **ohne Aufforderung freiwillig** die vorgezogene Altersrente beantragen, wenn Sie vom Jobcenter genug haben und die Abschläge bei den Rentenzahlungen in Kauf nehmen.

Seit dem 1.1.2023 darf das **Jobcenter** Sie aber vorerst **weder auffordern**, die Rente zu beantragen, **noch** bei Weigerung **das** Antragsverfahren an Ihrer Stelle betreiben. „*Für die Zeit vom 1.1.2023 bis zum Ablauf des 31. Dezembers 2026 findet Satz 2 Nummer 1 mit der Maßgabe Anwendung, dass Leistungsberechtigte **nicht verpflichtet sind**, eine Rente wegen Alters vorzeitig in Anspruch zu nehmen*" (§ 12a S. 3 SGB II). Die Zwangsverrentung wurde demnach mit dem Bürgergeldgesetz für drei Jahre ausgesetzt. Eine ursprünglich beabsichtigte dauerhafte Abschaffung der Regelung ist mutmaßlich am Widerstand der FDP innerhalb der Ampelkoalition gescheitert. Was nach Ablauf der Frist geschieht, ist derzeit nicht vorhersehbar.

17 Daher existieren auch weiterhin die für die vorzeitige Inanspruchnahme der vorgezogenen Altersrente mit Abschlägen geschaffe-

4 Ältere Menschen

nen, umfassenden gesetzlichen Regularien in Form der sogenannten „Unbilligkeitsverordnung" (UnbilligkeitsV). Auch die von der Rechtsprechung entwickelten hohen Anforderungen an den Entscheidungsprozess der Zwangsverrentung bestehen fort, kommen aber vorerst nicht zur Anwendung. Gesetzt den Fall, dass die Zwangsverrentung nach drei Jahren Zwangspause wieder zum Leben erweckt wird, werden die Rahmenbedingungen im Folgenden vorsorglich erläutert.

2.2.2 Wann ist vorgezogener Rentenbezug nicht zumutbar?

18 Sollte die Regelung über den 31.12.2026 hinaus fortbestehen, ist eine Zwangsverrentung nach aktueller Auffassung des Bundesarbeitsministeriums „unbillig", dh nicht zumutbar, wenn

- diese zum **Verlust von Alg-Ansprüchen** führen würde (§ 2 Unbilligkeitsverordnung),
- eine abschlagsfreie **Rente bevorsteht** (§ 3 UnbilligkeitsV),
- bei **Ausübung einer Erwerbstätigkeit** ein „entsprechend" hohes Einkommen erzielt wird (§ 4 UnbilligkeitsV),
- die Aufnahme einer **Erwerbstätigkeit in Aussicht** steht (§ 5 UnbilligkeitsV) und
- Leistungsberechtigte dadurch **hilfebedürftig im Alter** werden würden (§ 6 UnbilligkeitsV, gültig seit 1.1.2017, → Rn. 23 ff.).

19 Diese Aufzählung ist nach Auffassung des BSG **abschließend**. Weitere Unbilligkeitsfälle sind demnach nur denkbar, wenn ein „atypischer Härtefall" vorliegt (BSG 19.8.2015 – B 14 AS 1/15 R).

Hierüber hat das Jobcenter durch Ausübung des pflichtgemäßen Ermessens (→ 44) zu entscheiden: Es **kann** „den Antrag stellen sowie Rechtsbehelfe und Rechtsmittel einlegen" (§ 5 Abs. 3 S. 1 SGB II) oder auch davon absehen.

20 Darüber, wann ein „atypischer Härtefall" vorliegt, hat das BSG sich leider nicht konkret geäußert, sondern nur **Hinweise** gegeben. Eine atypische Unbilligkeit, die vorgezogene Altersrente mit Abschlägen beantragen zu müssen, **kann** demnach vorliegen, wenn

a. **Bürgergeld** und **Krankengeld** bezogen werden. Hier würde mit der Zwangsverrentung der Krankengeldanspruch verloren gehen,
b. eine **andere Sozialleistung** (zB Erwerbsminderungsrente bei Bezug von Bürgergeld für Nichterwerbsfähige oder Verletztengeld) mit SGB II-Leistungen aufgestockt wird, deren Anspruch verloren gehen würde,
c. der*die **Partner*in** innerhalb der nächsten sechs Monate eine **Beschäftigung** mit bedarfsdeckendem Einkommen aufnimmt und dies glaubhaft dargelegt werden kann,
d. bei Ausübung eines **Minijobs** die ungünstigeren Erwerbstätigenfreibeträge der Sozialhilfe zum Einkommensverlust führen würden (LSG NRW 19.5.2015 – L 7 AS 260/14 B ER; nach dem BSG-Urteil vom 19.8.2015 eher fraglich),
e. der Leistungsbezug durch Erzielung eines einmaligen **Einkommens** oder höheren **Vermögens** (zB Erbschaft) unterbrochen wird oder
f. durch den Bezug der vorzeitigen Altersrente die Erzielung von **Rentenansprüchen** vereitelt würde, was bei Personen der Fall sein kann, die Angehörige pflegen.

21 Nach den strikten Vorgaben des BSG ist davon auszugehen, dass sowohl Jobcenter als auch Rechtsprechung bei der Frage der Unbilligkeit sehr **strenge Maßstäbe** anlegen werden.

22 **Tipp:** Auch wenn Sie die genannten Voraussetzungen nicht erfüllen, können Sie sich gegen eine Zwangsverrentung wehren oder das Verfahren zumindest hinauszögern. Wenn das Jobcenter Sie schriftlich per **Bescheid** auffordert, einen Rentenantrag zu stellen, können Sie unter Umständen Widerspruch (→ 126) einlegen, weil eine Zwangsverrentung unbillig wäre. Das kann der Fall sein, wenn eine der oben aufgeführten Voraussetzungen erfüllt ist.

Ziel dieses Verfahrens könnte sein, als „Härtefall" anerkannt zu werden. Außerdem können Sie nur gewinnen, nämlich Zeit: Jeder Monat, den Sie später in Zwangsrente geschickt werden, erhöht Ihre Rente bis zum Lebensende um 0,3 Prozent.

4 Ältere Menschen

2.2.3 Was heißt: hilfebedürftig im Alter werden?

23 Von diesem seit dem 1.1.2017 geltenden Unbilligkeitsgrund sollen ältere Personen profitieren, die voraussichtlich nur einen Anspruch auf eine **Minirente unterhalb des Grundsicherungsniveaus** haben werden und deren Rente allein nicht zum Leben reicht.

„Unbillig ist die Inanspruchnahme, wenn Leistungsberechtigte dadurch hilfebedürftig im Sinne der Grundsicherung im Alter und bei Erwerbsminderung [...] werden würden" (§ 6 S. 1 UnbilligkeitsV). Dies sei „*insbesondere anzunehmen, wenn der Betrag in Höhe von 70 Prozent der bei Erreichen der Altersgrenze (§ 7a SGB II) zu erwartenden monatlichen Regelaltersrente* **niedriger** *ist als der zum Zeitpunkt der Entscheidung über die Unbilligkeit maßgebende*" Bedarf zum Lebensunterhalt (§ 6 S. 2 UnbilligkeitsV). „Insbesondere" heißt, dass auch andere Fallkonstellationen denkbar sind und im Rahmen einer Ermessensentscheidung durch das Jobcenter geprüft werden müssen.

24 Die **Formulierung** „*unbillig ist die Inanspruchnahme, wenn Leistungsberechtigte dadurch hilfebedürftig [...] werden würden*" ist **missverständlich** und lässt eine andere Deutung zu: Die vorzeitige Verrentung wäre nach dem Wortlaut von § 6 S. 1 UnbilligkeitsV **nicht** unbillig, wenn Ihre Rente so niedrig ist, dass sie ohnehin mit HzL und später GSi aufgestockt werden müsste – die Hilfebedürftigkeit also nicht durch die Rentenabschläge hervorgerufen würde. Dann müsste durch den vorzeitigen Bezug von Altersrente zB Hilfebedürftigkeit nach der HzL in Kauf genommen werden und unter Umständen SGB II-Schonvermögen verbraucht (zB ein im SGB II geschütztes **Altersvorsorge**-Vermögen; → 5) oder müssten in seltenen Fällen Angehörige zum Unterhalt herangezogen werden (Unterhaltspflicht, → 115).

Durch die im § 6 S. 2 UnbilligkeitsV formulierte „Obergrenze" des zu erwartenden Rentenniveaus stellt das Bundesministerium für Arbeit jedoch eindeutig klar, **dass** auch **niedrigere Rentenansprüche unter den Unbilligkeitsgrund fallen.**

25 Dem folgt das SG Berlin, denn § 6 UnbilligkeitsV setze **nicht** voraus, „*dass* **allein** *durch die Abschläge auf die Altersrente bei vorzeitiger Beantragung Hilfebedürftigkeit nach dem SGB XII entsteht. Maßgeblich ist vielmehr, ob Leistungsberechtigte bei Ausscheiden aus dem Leistungsbezug nach dem SGB II* **überhaupt** *nach dem SGB XII anspruchsberechtigt wären*" (SG Berlin 1.9.2017 – S 179 AS 9879/17 ER). Dies ergebe sich zum einen aus dem Wortlaut des § 6 S. 2 UnbilligkeitV, zum anderen aus dessen Entstehungsgeschichte und der Verordnungsbegründung.

26 **Tipp:** Sollte Ihr Jobcenter anderer Meinung sein und Sie mit der Aussicht auf eine niedrigere Rente zur Antragstellung auffordern, legen Sie Widerspruch (→ 126) ein. Die BA geht zudem davon aus, dass bei einer geringfügigen Überschreitung des 70-prozentigen Regelalter-Rentenniveaus durch den aktuellen Bedarf zum Lebensunterhalt von „*bis zu 10 Prozent des maßgebenden Regelbedarfs [...] von der Aufforderung im Ermessenswege (§ 5 Absatz 3 SGB II) Abstand zu nehmen [ist]. Damit wird die Hilfebedürftigkeit im Alter infolge regelmäßiger Regelbedarfserhöhungen vermieden*" (FW 12a.42). Achten Sie darauf, dass dieser Sicherheitsaufschlag berücksichtigt wird.

2.2.4 Ermessensentscheidung

27 Das Jobcenter darf Sie erst auffordern, einen Rentenantrag zu stellen, wenn im Rahmen einer **Ermessensentscheidung** (→ 44) geprüft wurde, ob eine vorgezogene Altersrente für Sie eine unbillige Härte bedeuten würde, dh mit außergewöhnlichen Nachteilen verbunden wäre. Wird im Bescheid, mit dem Sie aufgefordert werden, einen Rentenantrag zu stellen, das Ermessen **nicht begründet**, ist die Aufforderung **rechtswidrig** (BSG 19.8.2015 – B 14 AS 1/15 R; LSG NRW 12.1.2015 – L 19 AS 2211/14 B ER; LSG Sachsen-Anhalt 10.12.2014 – L 2 AS 520/14 B ER; LSG Berlin-Brandenburg 5.11.2014 – L 25 AS 2731/14 B ER).

28 **Tipp:** Über die Aufforderung, einen Rentenantrag zu stellen, entscheiden die Jobcenter idR nach „Schema F". Legen Sie dann Widerspruch ein, wenn kein Ermessen ausgeübt wurde und es an einer entsprechenden Begründung mangelt.

4 Ältere Menschen

2.2.5 Lauf des Verfahrens

29 Wenn das Amt Sie auffordert, Ihren Rentenverlauf zu klären, lassen Sie sich viel Zeit und fordern Sie ggf. schriftlich eine Fristverlängerung. Die Aufforderung, den Rentenantrag selbst zu stellen, ist ein **Verwaltungsakt** (BSG 16.12.2011 – B 14 AS 138/11 B), gegen den Sie Widerspruch einlegen und Klage erheben können. **Widerspruch und Klage entfalten an dieser Stelle keine aufschiebende Wirkung** (§ 39 Nr. 1 SGB II).

30 **Tipp: Die aufschiebende Wirkung müssen Sie vom zuständigen Sozialgericht per einstweiliger Anordnung (→ 41) verfügen lassen. Das gilt bei allen oben genannten Widerspruchsverfahren.**

31 Die Einsetzung der aufschiebenden Wirkung durch das Sozialgericht wird allerdings nur Erfolg haben, wenn

- unter Umständen eine unbillige Härte vorliegt und eine Zwangsverrentung nicht zugemutet werden kann (→ Rn. 18 ff.) **oder**
- das Jobcenter bei der Entscheidung das Ermessen nicht pflichtgemäß ausgeübt hat (→ Rn. 27 f.).

32 Erst wenn Sie sich weigern, den Rentenantrag selbst zu stellen, **kann das Jobcenter die Antragstellung an Ihrer Stelle vornehmen** (§ 5 Abs. 3 SGB II). Bei einer Weigerung, den Antrag zu stellen, darf das Jobcenter Ihre Leistungen jedoch **nicht** wegen fehlender Mitwirkung versagen (LSG NRW 10.2.2014 – L 19 AS 54/14 B ER). Sollten Sie erfahren, dass das Jobcenter Ihre Rente **hinter Ihrem Rücken** bereits beantragt hat, schreiben Sie an den Rentenversicherungsträger und nehmen Sie den Rentenantrag vorsorglich zurück. Ihnen entstehen dadurch keine Nachteile.

33 **Tipp: Eine vom Jobcenter verfrüht vorgenommene Rentenantragstellung stellt im weiteren Sinn einen belastenden Verwaltungsakt dar. Sie können dagegen mit einem Widerspruch vorgehen. Außerdem müssen Sie beim Sozialgericht die Herstellung der aufschiebenden Wirkung beantragen (→ 126 Rn. 38). Wird dem stattgegeben, muss das Jobcenter den Rentenantrag zurückziehen** (LSG Berlin-Brandenburg 16.12.2014 – L 5 AS 2740/14 B ER).

34 War die Aufforderung des Jobcenters, den Rentenantrag zu stellen, rechtswidrig und wurde die Rentenantragsstellung mithilfe eines Widerspruchs zurückgenommen, stellt das einen wirksamen Verzicht auf Leistungen nach § 46 Abs. 1 SGB I dar (LSG Hessen 24.5.2011 – L 7 AS 88/11 B ER; LSG Sachsen 3.11.2010 – L 7 AS 677/10 B ER). Das heißt, Sie erhalten dann keine Rente und haben weiterhin Anspruch auf Bürgergeld.

35 Wird ein vom Jobcenter gestellter **Rentenantrag abgelehnt** oder wird die Altersrente versagt, weil Sie gegenüber dem Rentenversicherungsträger Ihren **Mitwirkungspflichten** nicht nachgekommen sind – zB erforderliche Dokumente nicht eingereicht haben –, darf das Jobcenter Ihre Leistungen nicht kürzen oder ganz entziehen. Es gibt zwar eine zum 1.1.2017 in Kraft getretene Regelung, die Leistungsberechtigte bei Androhung der Leistungsversagung zur Mitwirkung gegenüber vorrangigen Leistungsträgern verpflichten soll. Diese ist aber nicht auf die vorzeitige Inanspruchnahme einer Rente wegen Alters anzuwenden (§ 5 Abs. 3 S. 3–6 SGB II).

36 **Tipp 1: Werden Ihnen trotzdem die Leistungen versagt, können Sie Widerspruch einlegen und dessen aufschiebende Wirkung mit einer einstweiligen Anordnung vom Sozialgericht einsetzen lassen.**

37 **Tipp 2: Informieren Sie sich bei Bedarf vor Ablauf der oben dargelegten Aussetzung der vorrangigen Inanspruchnahme einer vorzeitigen Altersrente mit Abschlägen am 31.12.2026 über die ab dem 1.1.2027 gültige Rechtslage.**

3. Eingliederung älterer und behinderter Erwerbsloser in Arbeit

38 Zur Eingliederung älterer und behinderter Erwerbsloser in Arbeit können Lohnzuschüsse (§§ 88 f. SGB III) gezahlt werden. Liegen besondere „*Vermittlungshemmnisse*" vor, ist eine Beschäftigungsförderung nach § 16e SGB II möglich (Arbeit, → 10 Rn. 74).

33

4. Altenhilfe

39 Angebote der städtischen **Altenhilfe** haben das Ziel, alten Menschen eine möglichst selbstständige Teilhabe am Gemeinschaftsleben zu sichern. Die Altenhilfe nach § 71 SGB XII umfasst daher ganz unterschiedliche Leistungen. Angebote der Kommunen, die über die Pflichtberatung für ältere Menschen hinausgehen, sind freiwillig, dh, es besteht kein Rechtsanspruch.

Über die örtliche Altenhilfe können Sie zB

- Informationen zum Bezug von **Essen auf Rädern** erhalten,
- sich in Fragen des **altersgerechten Wohnens** beraten lassen,
- evtl. kostenlose bzw. verbilligte **Urlaubs- und Freizeitangebote** wahrnehmen,
- sich evtl. Ihre **Wohnung** altersgerecht einrichten lassen oder
- evtl. mit einem örtlichen **Sozialpass** kostenlos bzw. verbilligt öffentliche Einrichtungen bzw. den öffentlichen Nahverkehr nutzen (Sozialpass, → 106; auch bei der Deutschen Bahn gibt es Ermäßigungen).

40 Erkundigen Sie sich bei der zuständigen Stadtverwaltung, dem Bürgerbüro oder in einer Sozialberatungsstelle. In vielen Kommunen können Sie sich über ein örtliches Senioren- oder Bürgertelefon über Leistungen der Altenhilfe informieren. Beratungsangebote, die mit **Pflege**, **Heimaufnahme** oder **altersgerechten Diensten** zu tun haben, werden auch von den sogenannten **Pflegestützpunkten** erbracht.

41 Leistungen der Altenhilfe werden nicht auf die Grundsicherung angerechnet.

5
Altersvorsorge (private)

1. Riester- und Rürup-Rente 1
   1.1 Riester-Rente als Vermögen
      geschützt 2
   1.2 Rürup-Rente ebenfalls geschützt .. 5
2. Bürgergeld nach dem SGB II 7
   2.1 Zusätzliches Altersvorsorgevermögen 8
   2.2 Altersvorsorgevermögen bei Selbständigkeit 11
   2.3 Betriebsrente 13

2.4 Härtefall 16
2.5 Beiträge zur Altersvorsorge vom
    Einkommen absetzen 17
2.6 Gesetzliche Rentenversicherung ... 18
3. Kritik 19
4. HzL/GSi der Sozialhilfe 25
   4.1 Zusätzliche Altersvorsorgebezüge
      in der Sozialhilfe anrechnungsfrei 26
   4.2 Altersvorsorgevermögen mit der
      Härtefallregelung schützen 31
5. Neuer Freibetrag für Renteneinkommen von langjährig Versicherten 33

1. Riester- und Rürup-Rente

1 Innerhalb der beiden Altersvorsorgen Riester- und Rürup-Rente gelten jeweils Regelungen, die es bei Bezug von Sozialleistungen zu beachten gilt, dennoch sind sie grundsätzlich geschützt.

1.1 Riester-Rente als Vermögen geschützt

2 Für alle Beziehende von **Bürgergeld**, **Hilfe zum Lebensunterhalt** (HzL) und **Grundsicherung** (GSi) der Sozialhilfe ist eine staatlich geförderte Altersvorsorge einschließlich ihrer Erträge als Vermögen geschützt. Die förderungsfähige Höchstgrenze beträgt bei der Riester-Rente 2.100 EUR pro Jahr (§ 10a Abs. 1 EStG). Das gilt allerdings nur, solange Sie den Vertrag nicht vorzeitig kündigen und verwerten (§ 12 Abs. 1 Nr. 3 SGB II; § 90 Abs. 2 Nr. 2 SGB XII).

3 Darunter fallen alle Altersvorsorgeverträge, die seit 1.1.2002 staatlich gefördert werden, seien es private Altersvorsorgeverträge (u.a. in Form einer Lebensversicherung [→ 73], von Fonds- oder Banksparplänen usw) oder Altersvorsorgen nach dem Betriebsrentengesetz (Pensionsfonds, Pensionskassen oder Direktversicherungen; → Rn. 13 ff.).

4 Auf einen Riester-Vertrag müssen jährlich mindestens 60 EUR Eigenleistung angespart werden. Vom Einkommen der Leistungsberechtigten können nur der „Mindesteigenbeitrag" abgesetzt werden, der sich idR aus vier Prozent der beitragspflichtigen Einnahmen des Vorjahres errechnet (§ 86 Abs. 1 EStG). Bei Bezug von Bürgergeld, HzL oder GSi im Vorjahr sind lediglich 5 EUR/mtl. Mindesteigenbeitrag (1/12 des Sockelbetrages nach

5 Altersvorsorge (private)

§ 86 Abs. 1 S. 4 EstG) fällig und vom Einkommen abzusetzen.

1.2 Rürup-Rente ebenfalls geschützt

5 Seit 1.1.2005 gibt es die sogenannte Rürup-Rente. Hier waren 2022 die Beiträge bis zum Höchstbetrag von 25.639 EUR pro Jahr zu 94 Prozent steuerlich absetzbar. Bis 2025 sollte der steuerlich absetzbare Anteil schrittweise auf 100 Prozent erhöht werden. Mit dem Jahressteuergesetz 2022 wurde der vollständigen Sonderausgabenabzugs für Altersvorsorgeaufwendungen (nach § 10a EstG; wie der Rürup-Rente) auf 2023 vorgezogen. Rürup-Rente wird als Leibrente im Rentenalter bis zum Ende des Lebens ausgezahlt und ist nicht kündbar. Stirbt der*die Versicherte vorher, ist das Geld verloren.

Seit dem 1.1.2023 zählt beim **Bürgergeld** eine Rürup-Rente in unbegrenzter Höhe als geschütztes Altersvorsorgevermögen (§ 12 Abs. 1 Nr. 3 SGB II). Sie galt auch nach alter Rechtslage bis zum 31.12.2022 als nicht verwertbar (FW 12.8). Selbst wenn das hier angesparte Alterssicherungsvermögen den geschützten Betrag von 750 EUR pro Lebensjahr übersteigt, führte das nicht zum Leistungsausschluss.

6 Das gilt auch für Personen, die **HzL der Sozialhilfe oder GSi** wegen Erwerbsminderung beziehen und das Regelrentenalter noch nicht erreicht haben. Erst im Rentenalter wird die Leibrente als Einkommen (→ 37) angerechnet, allerdings werden seit 2018 Freibeträge in akzeptabler Höhe anerkannt (→ Rn. 26 ff.).

2. Bürgergeld nach dem SGB II

7 Mit Einführung des Bürgergelds zum 1.1.2023 haben sich einige Regelungen für die Altersvorsorge im SGB II-Bezug geändert.

2.1 Zusätzliches Altersvorsorgevermögen

8 Beim Bürgergeld ist seit dem **1.1.2023** zusätzliche Altersvorsorge unter erleichterten Bedingungen als Vermögen geschützt. *„Nicht zu berücksichtigen sind [.] für die Altersvorsorge bestimmte Versicherungsverträge; zudem andere Formen der Altersvorsorge, wenn sie nach Bundesrecht ausdrücklich als Altersvorsorge gefördert werden […]"* (§ 12 Abs. 1 Nr. 3 SGB II). Nach dem Willen der Bundesregierung sollen *„für die Altersvorsorge bestimmte Versicherungsverträge künftig vollständig von der Vermögensberücksichtigung ausgenommen werden. Dazu gehören auch alle Versicherungsverträge in der nach Bundesrecht ausdrücklich geförderten Altersvorsorge („Riester"). In dieser kann es zudem auch andere Formen als Versicherungsverträge geben (zum Beispiel Banksparpläne). Auch diese sind – wie bisher – vollständig geschützt"* (BT-Drs. 20/3873, 77).

9 Eine **Höchstgrenze** für die zu berücksichtigende Altersvorsorge ist demnach **nicht vorgesehen**, ebenso der Abschluss eines **Verwertungsausschlusses** (§ 168 VVG) vor dem Erreichen des Rentenalters. Da keine Übergangsregelungen vorgesehen sind, profitieren **alle Leistungsberechtigten** von der Änderung, zB auch Bestandsfälle, die bisher bestimmte Anlageformen für die Altersvorsorge im Rahmen der COVID-19-Sonderregelungen (§ 67 SGB II) schützen konnten. Der offen gefasste Begriff, was als Altersvorsorge zu berücksichtigen ist, lässt bei der Zuordnung von Vermögenswerten zum zusätzlich geschützten Altersvorsorgevermögen allerdings mehr oder weniger großzügige Interpretationen zu. Hier sind Klagen vorprogrammiert und die Sozialgerichte werden klare Bewertungsmaßstäbe entwickeln müssen.

10 **Tipp:** Legen Sie Widerspruch ein, wenn das Jobcenter als Altersvorsorge deklarierte Anlageformen nicht anerkennt.

2.2 Altersvorsorgevermögen bei Selbständigkeit

11 Auch für Selbständige und ehemals Selbständige, die in diesen Erwerbsphasen keine Beiträge an die gesetzliche Rentenversicherung gezahlt haben, sind die Regelungen seit 1.1.2023 insgesamt verbessert und konkreter geregelt. Zum einen profitiere diese Gruppe von den unter → Rn. 8 ff. beschriebenen Verbesserungen beim **allgemeinen Altersvorsorgevermögen**, auf der anderen Seite werden zusätzliche *„Vermögensgegenstände"* unabhängig von ihrer Anlageform anerkannt, wenn sie von den Besitzenden *„als für die*

5 Altersvorsorge (private)

Altersvorsorge bestimmt bezeichnet werden" (§ 12 Abs. 1 Nr. 4 SGB II). Was die Höhe des zu berücksichtigenden Schonvermögens betrifft, tritt eine klare gesetzliche Regelung anstelle des unbestimmten Rechtsbegriffs der Vorgängerregelung, bei der die Höhe der Altersvorsorge vom Einzelfall abhängig nach den Vorgaben der Rechtsprechung zu ermitteln war.

12 Seit **1.1.2023** ist *„für jedes angefangene Jahr einer hauptberuflich selbständigen Tätigkeit, in dem keine Beiträge an die gesetzliche Rentenversicherung, an eine öffentlich-rechtliche Versicherungseinrichtung oder an eine Versorgungseinrichtung einer Berufsgruppe entrichtet wurden"* (§ 12 Abs. 1 Nr. 4 SGB II), ein Höchstbetrag zur Altersvorsorge anzuerkennen, der sich an der Beitragshöhe der allgemeinen Rentenversicherung bei einem durchschnittlichen Einkommen orientiert. Dieser Betrag errechnet sich aus dem zum Zeitpunkt der Antragsstellung gültigen Beitragssatz der gesetzlichen Rentenversicherung, der mit dem letzten verfügbaren endgültigen Durchschnittsentgelt nach Anlage 1 (SGB VI) multipliziert wird. Das Produkt wird auf den nächsten durch 500 teilbaren Betrag aufgerundet (BT-Drs. 20/3873, 77). Für das Jahr **2023** bemisst sich nach dieser Methode **für jedes angefangene Jahr** der Selbständigkeit ein zusätzlich geschütztes **Altersvorsorgevermögen** in Höhe von **8.000 EUR**.

2.3 Betriebsrente

13 Betriebliche Altersvorsorge blieb schon nach alter Rechtslage als **Vermögen** außer Betracht, wenn sie ausschließlich arbeitgeberfinanziert und ein Zugriff auf sie vor Eintritt des Versorgungsfalls nicht möglich gewesen ist. Das ist bei Direktversicherungen, Pensionsfonds und -kassen immer der Fall. War sie arbeitnehmerfinanziert, wurde zumindest für den selbst finanzierten Teil der betrieblichen Altersvorsorge geprüft, ob eine Verwertung möglich war (FW 12.7 – alt).

14 Infolge der Änderungen des Bürgergeldgesetzes zum **1.1.2023** unterfallen Betriebsrenten regelmäßig dem allgemeinen zusätzlichen Altersvorsorgevermögen (§ 12 Abs. 1 Nr. 3 SGB II; → Rn. 8 ff.) und sind in unbeschränkter Höhe vor der Verwertung geschützt.

15 **Beiträge zur betrieblichen Altersvorsorge,** die direkt vom Bruttolohn abgezogen werden, werden nicht als Einkommen an das Bürgergeld angerechnet, soweit sie 30 EUR mtl. nicht übersteigen. Liegt der mtl. Beitrag darüber und haben Sie die Betriebsrente schon vor dem Bezug von SGB II-Leistungen abgeschlossen, ist Ihnen eine Schonfrist bis zur ersten rechtlichen Änderungsmöglichkeit des Rentenvertrages einzuräumen, damit Sie die Rentenbeiträge an die 30-Euro-Grenze anpassen können (BSG 9.11.2010 – B 4 AS 7/10 R).

2.4 Härtefall

16 Auch Ersparnisse oberhalb der Vermögensfreibeträge können im Einzelfall als Härtefall geschützt sein, wenn es Rücklagen zur Altersvorsorge sind, Sie kurz vor dem Rentenalter stehen, keine ausreichende Rente beziehen würden und Ihnen eine Verwertung nicht zuzumuten wäre (§ 12 Abs. 1 Nr. 7 SGB II; FW 12.29).

2.5 Beiträge zur Altersvorsorge vom Einkommen absetzen

17 Für Näheres zur Absetzung der Beiträge für die **Rürup-Rente** oder anderer **Altersvorsorge bei Selbständigen,** schauen Sie unter dem Beitrag Einkommensbereinigung (→ 38 Rn. 17, 15), zur Absetzung der Beiträge für die **Riester-Rente** unter → 38 Rn. 17.

2.6 Gesetzliche Rentenversicherung

18 Für detaillierte Informationen zur gesetzlichen **Rentenversicherung** schauen Sie unter dem entsprechenden Beitrag (→ 91).

3. Kritik

19 Bis zum Dezember 2010 waren SGB II-Beziehende rentenversichert. Sie erwarben aber nach der letzten Rentenkürzung 2007 nach einem Jahr gerade noch einen lächerlichen Rentenanspruch von mtl. 2,09 EUR. Zum Januar 2011 hat die schwarz-gelbe Bundesregierung die Rentenzahlungen für „Hartz IV-Abhängige" komplett gestrichen. Diese Kürzung stand unter dem Motto *„Die*

5 Altersvorsorge (private)

Grundpfeiler unserer Zukunft stärken" und sollte in den Jahren 2011 bis 2014 7,2 Mrd. EUR einsparen helfen (Meldung v. 7.6.2010, www.bundesregierung.de). Um die Krise zu meistern, werden Arbeitslose zur Kasse gebeten. Das hat bei der Altersvorsorge seit 1999 Tradition: Die für Langzeitarbeitslose pro Jahr gezahlten durchschnittlichen Rentenbeiträge sind seitdem in vier Schritten von 2.500 EUR auf null gefahren worden (vgl. PM Schröder, BIAJ-Kurzmitteilung v. 11.6.2010). Für die Zukunft von Arbeitslosen haben die Hartz IV-Parteien eben nicht besonders viel übrig.

20 Um Rentenkürzungen mit einer privaten Minirente auszugleichen, hatte die damalige Bundesregierung 2010 den Freibetrag für private Altersvorsorge im SGB II auf 750 EUR pro Lebensjahr verdreifacht. Mit dem Bürgergeldgesetz wurde 2023 das für die Altersvorsorge geschützte Vermögen erneut deutlich erhöht und flexibler gestaltet. Dabei haben nur wenige Neuantragstellende überhaupt noch so „viel" privates Alterssicherungsvermögen, um von solchen Freibeträgen zu profitieren.

21 Versicherungskonzerne fordern diese Anhebung schon lange. Sie sind am Ausbau des privaten Marktes und an gesetzlichen Armutsrenten finanziell interessiert. Die Riester-Rente (September 2012: ca. 15,6 Mio. Verträge) verschafft den Versicherungskonzernen Milliarden an Beitragseinnahmen. Die Bundesregierung förderte die Anlage nach eigener Aussage bis Anfang 2010 mit 6,5 Mrd. EUR pro Jahr.

22 SGB II- bzw. HzL-Beziehende haben weder von der gesetzlichen noch von der privaten Altersvorsorge viel zu erwarten. Vor allem Geringverdienende und Personen, die länger im Leistungsbezug sind, werden im Alter größtenteils auf die Grundsicherung (→ 51) angewiesen sein. Eine Zunahme der Altersarmut ist seit langem zu beobachten. So stieg die Zahl der Beziehenden von Leistungen der Grundsicherung, die das Regelrentenalter erreicht haben, von 257.734 Ende 2003 auf 588.780 im Dezember 2021 (www.destatis.de).

23 Nicht zuletzt auf Geheiß der Versicherungslobby wurden 2018 zumindest für ältere Bezieher*innen von Grundsicherung die Freibeträge für Einkünfte aus privater Altersvorsorge (Riester & Co) attraktiver gestaltet. Es hatte sich herumgesprochen, dass sich Riestern für Arme nicht lohnt. Jetzt bieten zusätzlich angesparte, private Altersrenten zumindest die Möglichkeit, viel zu niedrige Grundsicherungsleistungen etwas aufzubessern (→ Rn. 26 ff.). Das ist vor allem dann lukrativ, wenn Leistungsberechtigte nach SGB II und SGB XII während der Ansparphase ihre „Riester"-Beiträge vom Einkommen absetzen können (→ Rn. 17).

24 **Tipp:** Private Vorsorge, die nur staatliche Leistungen ersetzt, sie aber nicht übersteigt, ergibt keinen Sinn. Rechnen Sie Ihre Rentenansprüche durch und überprüfen Sie, ob sich die „private Vorsorge" für Sie überhaupt lohnt. Lesen Sie aber bitte zunächst diesen Beitrag zu Ende.

4. HzL/GSi der Sozialhilfe

25 Bezüge aus Altersvorsorgeanlagen können auch für Beziehende von HzL/GSi ganz oder teilweise anrechnungsfrei gestellt werden.

4.1 Zusätzliche Altersvorsorgebezüge in der Sozialhilfe anrechnungsfrei

26 **Zum 1.1.2018** wurde für Beziehende von HzL/GSi ein **Freibetrag neu eingeführt.** Er wird für Einkommen aus einer freiwilligen zusätzlichen Altersvorsorge gewährt, die nach Erreichen des Regelrentenalters als Leibrente ausgezahlt wird. Von diesen Einkünften bleibt zunächst ein „Grundfreibetrag" von 100 EUR mtl. anrechnungsfrei. Leibrenteneinkünfte, die den 100-Euro-Grundbetrag übersteigen, sind zu 30 Prozent anrechnungsfrei zu stellen. Die Höhe des Freibetrages ist mtl. auf 50 Prozent des Eckregelsatzes in Höhe von **251 EUR** (Stand 2023) beschränkt (§ 82 Abs. 4 SGB XII).

„Einkommen aus einer zusätzlichen Altersvorsorge im Sinne des Absatzes 4 ist jedes monatlich bis zum Lebensende ausgezahlte Einkommen, auf das der Leistungsberechtigte vor Erreichen der Regelaltersgrenze auf freiwilliger Grundlage Ansprüche erworben hat und das dazu bestimmt und geeignet ist,

5 Altersvorsorge (private)

die Einkommenssituation des Leistungsberechtigten gegenüber möglichen Ansprüchen aus Zeiten einer Versicherungspflicht [...] zu verbessern" (§ 82 Abs. 5 S. 1 SGB XII).

27 Darunter zählen auch Zahlungen aus

„1. einer **betrieblichen Altersvorsorge** *im Sinne des Betriebsrentengesetzes"* (Betriebs- und Werksrenten oder Rente einer betrieblichen Zusatzversorgungskasse),

„2. *einem nach § 5 des Altersvorsorgeverträge-Zertifizierungsgesetzes zertifizierten Altersvorsorgevertrag"* (Riester-Rente) und

„3. *einem nach § 5a des Altersvorsorgeverträge-Zertifizierungsgesetzes zertifizierten Basisrentenvertrag"* (Rürup-Rente)

(§ 82 Abs. 5 S. 2 SGB XII).

Der Begriff freiwillige zusätzliche Altersvorsorge ist offen formuliert und nicht auf die unter 1. bis 3. aufgezählten Altersvorsorgeeinkünfte beschränkt, wie von Sozialämtern immer wieder behauptet wurde. Wichtig ist, dass die Ansprüche auf eine Leibrente freiwillig erworben wurden. *„In welchem Alterssicherungssystem die Ansprüche erworben wurden und ob daneben auch Ansprüche aus einer Versicherungspflicht bestehen, schränkt das Gesetz nicht ein"* (Grube/Wahrendorf/Flint SGB XII § 82 Rn. 114).

28 Die Altersvorsorgebezüge können auch aus diversen privaten Altersvorsorgeverträgen oder aus Versicherungszeiten resultieren, in denen eine von der Versicherungspflicht befreite Personen nach § 7 oder § 232 SGB VI freiwillig Beiträge in die gesetzliche Rentenversicherung eingezahlt hat.

29 Der Freibetrag wird nur gewährt, wenn aus der freiwilligen zusätzlichen Altersvorsorge ein **Anspruch auf Monatsleistungen** in Form einer Leibrente entsteht. Diese mtl. Ansprüche können auch ohne Nachteile für **längere Zeiträume** bis maximal zwölf Monate **zusammengefasst ausgezahlt** werden (zB vierteljährlich, halbjährlich oder jährlich). In diesem Fall sind die Einkünfte gleichmäßig auf den Zeitraum zu verteilen, für den die Auszahlung erfolgte (§ 82 Abs. 5 S. 3 SGB XII). Über eine solche Auszahlungsphase hinweg wird auch eine für mehrere Monate zusammengefasst ausgezahlte Leibrente nicht als Vermögen berücksichtigt (§ 90 Abs. 2 Nr. 2 SGB XII). Selbst wenn Ihr Schonvermögen mit dem Barbetrag von 10.000 EUR schon ausgeschöpft ist, können Sie einen übersteigenden Betrag, der aus einer Leibrentenauszahlung resultiert, über die Auszahlungsphase hinweg verbrauchen.

30 **Beispiel:** Felix Fuchs, 66 Jahre alt, hat nur eine geringe Altersrente, die er mit Leistungen der GSi aufstocken muss. Er erhält zusätzlich eine mtl. Leibrente aus seinem Riester-Rentenvertrag in Höhe von 55 EUR und eine vierteljährliche Zahlung aus einer Rürup-Rente in Höhe von 360 EUR. Die Rürup-Einkünfte werden auf drei Monate verteilt angerechnet. Felix erzielt demnach mtl. 175 EUR zusätzliche Altersvorsorge-Einkünfte, die auf freiwilliger Basis angespart wurden. Davon sind der Grundbetrag in Höhe von 100 EUR plus 30 Prozent des 100 EUR überschreitenden Einkommens, hier 22,50 EUR (30 Prozent von 75 EUR), als Vorsorgeeinkommen fürs Alter anrechnungsfrei zu stellen. 52,50 EUR werden bedarfsmindernd an die GSi angerechnet.

4.2 Altersvorsorgevermögen mit der Härtefallregelung schützen

31 Ältere Erwerbslose mit verminderter Leistungsfähigkeit können kurz vor Erreichen des Regelrentenalters als voll erwerbsgemindert eingestuft und vom Bürgergeld in die Sozialhilfe abgeschoben werden (Erwerbsfähigkeit, → 45). Neben Riester- und Rürup-Rente ist aber in der Sozialhilfe kein weiteres Altersvorsorgevermögen geschützt. Beziehenden von HzL/GSi steht lediglich ein Vermögensfreibetrag von 10.000 EUR für jede erwachsene Person und 500 EUR pro Kind zu (§ 1 Abs. 1 Nr. 1, 2 BarBetrV; Vermögen, → 119). Gerade in Bezug auf Altersvorsorgevermögen sind die Freibeträge im SGB II jedoch deutlich günstiger als in der Sozialhilfe. Personen mit bedarfsdeckendem Rentenanspruch laufen dann Gefahr, kurz vor Erreichen des Regelrentenalters ihre Altersvorsorge aufbrauchen zu müssen.

32 **Tipp:** Wenn Sie kurz vor der Verrentung stehen und nur vorübergehend auf Sozialhilfe angewiesen sind, können Sie einen Härtefall geltend machen, um Ihr Altersvorsorge-

vermögen zu schützen (§ 90 Abs. 3 S. 1 SGB XII).

5. Neuer Freibetrag für Renteneinkommen von langjährig Versicherten

33 Beziehende von Bürgergeld, HzL/GSi der Sozialhilfe und Wohngeld profitieren unter Umständen vom 2021 eingeführten Freibetrag für Rentenversicherte, die die „Grundrentenzeiten" der Rentenversicherung (→ 91 Rn. 52 ff.) erfüllen.

6
Amtsarzt*Amtsärztin

1. Erforderlichkeit der ärztlichen Untersuchung 1
   1.1 Vorrang von Stellungnahmen der behandelnden Ärzte/Ärztinnen 2
   1.2 Pflicht zur Mitwirkung 5
   1.3 Widerspruch gegen Aufforderung nicht möglich 8
   1.4 Unmöglichkeit einer Untersuchung 10
   1.5 Beistand........................ 12
   1.6 Medizinische Akten und Stellungnahmen 13
   1.7 Widerspruch gegen Untersuchungsbefunde..................... 14
2. Leistungsversagung, wenn Sie Untersuchungen nicht wahrnehmen 16
   2.1 Leistungsversagung im Bürgergeld 18
3. Erstattung notwendiger Kosten 20
   3.1 Kosten für Atteste und Gutachten . 21
4. Anlaufstellen 24

1. Erforderlichkeit der ärztlichen Untersuchung

1 Für das Sozialleistungssystem gilt: *„Wer Sozialleistungen beantragt oder erhält, soll sich auf Verlangen des zuständigen Leistungsträgers ärztlichen und psychologischen Untersuchungsmaßnahmen unterziehen, soweit diese für die Entscheidung über die Leistung erforderlich sind"* (§ 62 SGB I). Sie müssen sich nur ärztlich untersuchen lassen, wenn die Untersuchung erforderlich ist. Nicht erforderlich sind unnötige Untersuchungen, zB zur Feststellung der Arbeitsfähigkeit bei einem Bandscheibenvorfall. Es ist auch unnötig, eine Stuhlprobe abzugeben oder sich einer Blutuntersuchung zu unterziehen. Nicht erforderlich sind auch Untersuchungen, die rein vorsorglich oder grundlos vorgenommen werden. All dies verstößt gegen den **Sozialdatenschutz** (Art. 6 Abs. 1 lit. e DSGVO iVm § 67a Abs. 1 SGB X; → 32).

1.1 Vorrang von Stellungnahmen der behandelnden Ärzte/Ärztinnen

2 Die Behörde bestimmt Art und Umfang der Ermittlungen. Sie ist nicht an Einlassungen des*r Betroffenen gebunden (§ 20 Abs. 1 S. 2 SGB X). Sie hat aber die für die*den Betroffene*n günstigen Umstände zu berücksichtigen (§ 20 Abs. 2 SGB X). Solche Betroffeneneinlassungen sind ärztliche Atteste und Stellungnahmen der eigenen behandelnden Ärzte*Ärztinnen. Leistungsbezieher*innen haben hier kein Mitbestimmungsrecht.

3 **Nicht erforderlich** sind Untersuchungen auch, wenn ein medizinischer Sachverhalt schon umfassend geprüft wurde und entsprechende Unterlagen bei einem anderen Sozialleistungsträger bereits vorhanden sind (Art. 6 Abs. 1 lit. e DSGVO iVm § 67a Abs. 1 SGB X). In dem Fall hat sich der Sozialleistungsträger im Rahmen der Amtshilfe (§§ 3 ff. SGB X) die schon vorhandenen Unterlagen zu beschaffen bzw. die*den Leistungsberechtigte*n aufzufordern, der Vorlage dieser Beweisdokumente zuzustimmen (§ 60 Abs. 1 Nr. 1 SGB I). Allerdings müssen Sie den*die Arzt*Ärztin, die Klinik oder den anderen Sozialleistungsträger zuvor durch eine schriftliche Erklärung von ihrer Schweigepflicht entbinden.

4 Unserer Auffassung nach sind Untersuchungen erst dann erforderlich, wenn die Behörde an den Attesten Ihres*r Arztes*Ärztin berechtigte Zweifel hat. Dann sollte der*die Amtsarzt*Amtsärztin zB die Notwendigkeit einer Krankenkostzulage (→ 69) überprüfen können. Die Ermittlungsbefugnis beschränkt sich nur auf die Behebung eigener Zweifel. Die Behörde braucht daher, sofern sich nicht aus der Gesamtlage des Falles Bedenken aufdrängen, einem Tatbestand nicht durch eigene Ermittlungen nachzugehen (Begründung BT-Drs. 8/2034, 32; Schütze SGB X § 20 Rn. 8).

1.2 Pflicht zur Mitwirkung

5 Die Pflicht, sich ärztlichen oder psychologischen Untersuchungen zu unterziehen, gehört zu den Mitwirkungspflichten (→ 79; § 62 SGB I). Kommen Sie Ihren Mitwirkungspflichten **nach vorheriger schriftlicher Belehrung** ohne wichtigen Grund nicht nach, kann – nicht muss – die Behörde die Leistungen ganz oder teilweise einstellen. Das aber nur, wenn dadurch die Aufklärung des Sachverhalts **erheblich** erschwert wird und deswegen die Voraussetzungen für den Leistungsbezug nicht nachgewiesen werden können (§ 66 Abs. 1 SGB I).

6 Beispiel: Ihr Umzug (→ 112) steht bevor und ist bereits vom Jobcenter genehmigt. Sie haben wegen eines schweren Rückenleidens die Übernahme der Kosten eines Umzugsunternehmens beantragt. Sie kommen aber der Aufforderung nicht nach, sich einer ärztlichen Untersuchung zu unterziehen, die feststellen soll, dass die Hilfe eines Umzugsunternehmens aus medizinischen Gründen notwendig ist. In diesem Fall darf Ihnen nicht die gesamte Leistung gestrichen werden, nur die beantragten Umzugskosten können ganz oder teilweise abgelehnt werden.

7 Tipp: Sie brauchen nicht mitzuwirken, wenn eine behördlich vorgeschriebene Untersuchung nicht „*in einem angemessenen Verhältnis zu der in Anspruch genommenen Sozialleistung steht*" (§ 65 Abs. 1 Nr. 1 SGB I). Wenn also zB der Geldbetrag, den Sie bekommen, niedriger ist als die Kosten der Untersuchung. Oder wenn diese zB mit einer langen Wegstrecke verbunden oder nur unter großer körperlicher Anstrengung zu bewältigen ist (§ 65 Abs. 1 Nr. 2 SGB I).

1.3 Widerspruch gegen Aufforderung nicht möglich

8 Die Aufforderung, zum*r Amtsarzt*Amtsärztin zu gehen, ist kein Verwaltungsakt. Sie können also keinen Widerspruch einlegen.

Sie können aber die Behörde bitten darzulegen, warum die ärztliche Untersuchung erforderlich ist, was festgestellt werden soll und welche Untersuchungen dazu vorgenommen werden sollen. Sie können erklären, dass Sie bis zur Klärung des Sachverhalts den Termin bei dem*r Amtsarzt*Amtsärztin nicht wahrnehmen. Da Sie sich nicht weigern mitzuwirken, sondern zunächst nur wissen wollen, was und warum untersucht werden soll, ist eine Leistungskürzung (→ Rn. 16) nicht zulässig.

9 Tipp: Sollte Ihnen die Behörde wegen fehlender Mitwirkung die Leistung versagen oder einfach nicht zahlen, so entfaltet der Widerspruch (→ 126) gegen den Versagungsbescheid wegen fehlender Mitwirkung (→ 79) bei SGB II-Beziehenden seit dem 1.8.2016 keine aufschiebende Wirkung mehr (→ 128 Rn. 38), dh, die Leistung wird trotzdem versagt. Im SGB XII hingegen muss sie bis zur endgültigen Klärung weitergezahlt werden.

1.4 Unmöglichkeit einer Untersuchung

10 Wenn die Mitwirkung – aus welchen Gründen auch immer – nicht möglich ist, sollten Sie das dem Amt gegenüber schriftlich erklären. Das Amt darf Leistungen wegen fehlender Mitwirkung nicht versagen, wenn ein wichtiger Grund vorliegt (§ 65 Abs. 1 Nr. 2 SGB I): „*Unter einem wichtigen Grund sind die die Willensbildung bestimmenden Umstände zu verstehen, die die Weigerung bzw. die Nichterfüllung der Mitwirkungshandlung entschuldigen und sie als berechtigt erscheinen lassen. Dabei sind auch Umstände seelischer, familiärer und sozialer Art zu berücksichtigen*" (LSG Berlin-Brandenburg 5.11.2008 – L 34 B 1982/08 AS ER).

11 Nicht immer ist bei Betroffenen die Einsicht vorhanden, dass sie unter einer Erkrankung, insbesondere einer psychischen, leiden oder dass eine von Amts wegen angeordnete Untersuchung erforderlich ist. Liegen Anhaltspunkte vor, dass der*die Betroffene seine*ihre Erkrankung nicht wahrhaben will, muss die Behörde persönlich beraten (§ 14 SGB I, § 14 Abs. 2 SGB II) und prüfen, ob sie nicht auf anderem Weg an die gewünschten Informationen kommen kann. Zum Beispiel kann sie medizinische Berichte bei einem anderen Leistungsträger anfordern (§§ 3 ff. SGB X), den Sachverhalt durch einen Hausbesuch (→ 53) klären oder ggf. gänzlich von der Untersuchung Abstand nehmen. Bei Vor-

6 Amtsarzt*Amtsärztin

liegen einer psychischen Erkrankung und Krankheitsuneinsichtigkeit darf wegen fehlender Bereitschaft, sich untersuchen zu lassen, **niemals** die Leistung teilweise oder ganz versagt werden.

1.5 Beistand

12 Die Anwesenheit ist dem Beistand (→ 19) auch bei behördlich veranlassten Begutachtungen des Beteiligten gestattet (LSG NRW 2.11.2009 – L 12 B 57/09 SO, juris Rn. 16). Damit haben Sie auch einen gerichtlich festgestellten Anspruch auf einen Beistand bei ärztlichen Untersuchungen: und zwar nicht nur bis vor die Tür, sondern auch im Untersuchungszimmer selbst. Das BSG stellt fest: „*Grundsätzlich steht es dem Betroffenen dabei frei, eine Vertrauensperson zu einer gutachterlichen Untersuchung mitzunehmen*" (BSG 27.10.2022 – B 9 SB 1/20 R). Denn der*die Arzt*Ärztin entscheidet über Sachverhalte, die Einfluss auf die Leistungen der Behörde haben und arbeitet im Auftrag der Behörde. In der Rechtsprechung wird das zum Teil anders gesehen: die ärztliche Untersuchung sei keine „Behördenangelegenheit", daher würde hier das Beistandsrecht nicht greifen.

1.6 Medizinische Akten und Stellungnahmen

13 Über medizinische Sachverhalte entscheiden die medizinischen Dienste, nicht Ihr*e Sachbearbeiter*in. Er*sie kann nur Prüfungsaufträge veranlassen. Alle Stellungnahmen von Ärzten*Ärztinnen oder Krankenhäusern, insbesondere psychologische Stellungnahmen, gehen daher den*die Sachbearbeiter*in nichts an. Sie können entsprechende Stellungnahmen direkt an den medizinischen Dienst weitergeben oder in einem verschlossenen Umschlag weitergeben lassen. Der medizinische Dienst kann sich auch Vollmachten geben lassen, um die notwendigen Informationen direkt bei den behandelnden Ärzten*Ärztinnen einzuholen. Auch Sie selbst können sich dort Einsicht in medizinische Gutachten verschaffen (→ 2).

1.7 Widerspruch gegen Untersuchungsbefunde

14 Wenn Sie mit Untersuchungsergebnissen nicht einverstanden sind, können Sie dagegen **keinen** Widerspruch (→ 126) einlegen, da diese keine Verwaltungsakte sind. Erst wenn es aufgrund der Untersuchungsbefunde zu einer Entscheidung der Behörde kommt, können Sie im Rahmen eines Widerspruchs dagegen vorgehen.

15 **Beispiel:** Auf Grundlage einer amtsärztlichen Begutachtung werden bestimmte Tätigkeiten für Sie und Ihre Gesundheit für zumutbar gehalten. Das Jobcenter macht Ihnen entsprechende Arbeitsangebote, die Sie ablehnen, weil Sie Ihrer Ansicht nach körperlich nicht dazu in der Lage sind, diese Tätigkeiten auszuführen. Wenn Sie daraufhin vom Jobcenter sanktioniert werden, können Sie dagegen Widerspruch einlegen und ggf. klagen. Im Rahmen des Widerspruchs haben Sie das Recht auf Akteneinsicht (→ 2) in das amtsärztliche Gutachten. Im Rahme eines Klageverfahrens kann unter Umständen ein alternatives medizinisches Gutachten gefordert werden. Ein gewichtiges Argument kann dabei die mangelnde fachliche Qualifikation des*r Amtsarztes*Amtsärztin sein. So kann ein*e Allgemeinmediziner*in ohne Zusatzausbildung psychische, orthopädische, chirurgische, gynäkologische oder geriatrische Sachverhalte in vielen Fällen nicht ausreichend beurteilen. Allerdings empfehlen wir, es gar nicht erst auf die Sanktion ankommen zu lassen. Machen Sie, unmittelbar nachdem Ihnen das Jobcenter Ihre scheinbar medizinisch festgestellte Arbeitsfähigkeit bekannt gegeben hat, eine Einrede, widersprechen Sie der Feststellung und weisen Sie darauf hin, dass diese von dem*r Arzt*Ärztin möglicherweise unzureichend geprüft wurde.

2. Leistungsversagung, wenn Sie Untersuchungen nicht wahrnehmen

16 Das Nichterscheinen zu einem angeordneten Untersuchungstermin ist ein Verstoß gegen die Mitwirkungspflicht (→ 79; § 62 SGB I), sofern kein wichtiger Grund vorliegt. Die **Leistung** kann dann **ganz oder teilweise versagt** werden (§§ 66 und 67 SGB I). Wenn Sie die Mitwirkung nachholen, muss die Leistung wieder erbracht werden. Nur die je-

weils beantragte Leistung darf bei fehlender Mitwirkung versagt werden, nicht die Gesamtheit der Leistungen. Eine Leistung zu versagen ist nur zulässig, wenn durch die fehlende Mitwirkung „*die Aufklärung des Sachverhaltes erheblich erschwert*" wird (§ 66 Abs. 1 S. 1 SGB I). Die Aufklärung nur leicht zu erschweren, darf also nicht dazu führen, dass eine Leistung verweigert wird.

17 **Tipp: Ein Widerspruch gegen einen Versagungsbescheid wegen fehlender Mitwirkung entfaltet bei Beziehenden von Sozialhilfe aufschiebende Wirkung (§ 86a Abs. 1 S. 1 SGG), dh, der Sachverhalt muss erst geklärt werden, bevor ein Bescheid vollstreckt werden kann. Für Beziehende von Bürgergeld gilt das seit dem 1.8.2016 nicht mehr (§ 39 S. 1 Nr. 1 SGB II). Letztere müssen die aufschiebende Wirkung des Widerspruchs (→ 126) mit einem Antrag auf einstweilige Anordnung (→ 41) vom Sozialgericht anordnen lassen.**

2.1 Leistungsversagung im Bürgergeld

18 Wenn Bürgergeld-Beziehende zu einem durch eine **Meldeaufforderung** angeordneten ärztlichen oder psychologischen Untersuchungstermin ohne wichtigen Grund nicht erscheinen, wird der Regelsatz für einen Monat **um zehn Prozent gekürzt** (§ 32 Abs. 1 SGB II). Das Nichterscheinen gilt als Verstoß gegen die „*allgemeine Meldepflicht*" (§ 59 SGB II iVm § 309 SGB III). Näheres dazu unter Sanktionen (→ 95).

19 **Tipp: Prüfen Sie immer, ob es sich um eine Meldeaufforderung nach § 59 SGB II oder um eine Aufforderung zur Mitwirkung nach § 62 SGB I handelt. Die Rechtsfolgen unterscheiden sich deutlich.**

3. Erstattung notwendiger Kosten

20 Werden Sie zu Untersuchungen aufgefordert, hat Ihnen die Behörde die „notwendigen Auslagen" auf Antrag zu erstatten (§ 65a Abs. 1 SGB I). Darunter fallen vor allem die notwendigen **Reise-** und **Fahrtkosten** (→ 48; in der Regel öffentliche Verkehrsmittel, in COVID-19-Zeiten für besonders gefährdete Personen auch Taxifahrten), aber auch notwendige Kosten von **Begleitpersonen** (§ 309 Abs. 4 SGB III), **Kinderbetreuungskosten**

oder **Dolmetscherkosten**. Aufgrund einer Entscheidung des BSG (6.12.2007 – B 14/7b AS 50/06 R), die zum Kostenersatz bei Meldeaufforderungen nach § 59 SGB II erfolgte, dürfte es nicht länger haltbar sein, kleinere Fahrtkostenbeträge von unter 7 EUR nicht zu übernehmen. Auch diese sind für SGB II/SGB XII-Beziehende erheblich. Näheres unter Kostenerstattung (→ 67).

3.1 Kosten für Atteste und Gutachten

21 Wenn Sie von Ihrer Behörde aufgefordert werden, „*Beweisurkunden*", also zB ärztliche Atteste über Ihren Gesundheitszustand oder Gutachten über Erkrankungen etc, vorzulegen, sind Ihnen bzw. den Gutachter*innen die notwendigen Auslagen für diese Atteste und Gutachten zu erstatten: „*Falls die Behörde Zeugen, Sachverständige und Dritte herangezogen hat, erhalten sie auf Antrag [...] eine Entschädigung oder Vergütung; mit Sachverständigen kann die Behörde eine Vergütung vereinbaren*" (§ 21 Abs. 3 S. 4 SGB X).

22 Übersteigen die Kosten einer vom Jobcenter geforderten ärztlichen Bescheinigung die Höhe der Attestkosten, die nach der Gebührenordnung für Ärzte*Ärztinnen regelmäßig übernommen werden, muss das Jobcenter auch für die darüber liegenden Kosten aufkommen (SG Braunschweig 13.1.2016 – S 17 AS 3211/12; Anspruchsgrundlage: § 21 Abs. 3 S. 4 SGB X iVm § 670 BGB).

23 Verlangen Jobcenter/Sozialämter **Übersetzungen** von ausländischen Krankenberichten oder Attesten/Gutachten, ist zunächst zu prüfen, ob die Übersetzung nicht durch eine*n Mitarbeiter*in der Behörde mit Sprachkenntnissen angefertigt werden kann (§ 19 Abs. 2 S. 2 SGB X). Ist das nicht der Fall, sind die Übersetzungskosten zu übernehmen. Näheres unter dem Beitrag **Antragstellung** (→ 7 Rn. 49 ff.).

4. Anlaufstellen

24 Bayerischer Landesbeauftragter für den Datenschutz, Erhebung medizinischer Daten durch Sozialbehörden (Zusammenfassung und Pressemitteilung dazu: https://ddrm.de/datenschutz-bei-krankheitsdaten-in-bayris

chen-kommunalen-jobcentern-mangelhaft/, letzter Zugriff: 10.1.2023)

Bundesanstalt für Arbeit, Leitfaden für die arbeitsamtsärztliche Begutachtung und Beratung, 2000

GKV-Spitzenverband, Begutachtungsanleitung Arbeitsunfähigkeit (AU), 2011

Beides zu finden auf der Seite des Arbeitskreises sozialmedizinisch interessierter Ärzte e.V. (http://sozialmediziner.de/arbeitshilfen/)

7 Antragstellung

1. Antrag auf Bürgergeld/Sozialgeld	1
1.1 Leistungen nur auf Antrag	2
1.1.1 Bewilligungszeitraum	5
1.1.2 Grundsätze der Antragstellung	7
1.2 Wer kann Anträge stellen?	9
1.3 Wo sind Anträge zu stellen?	10
1.4 Wie sind Anträge zu stellen?	11
1.5 Rückwirkende Geltung von Anträgen	15
1.6 Bestimmte Leistungen müssen extra beantragt werden	19
1.7 Anspruch verwirkt nicht	20
1.8 Sozialrechtlicher Herstellungsanspruch kann Antrag ersetzen	21
1.8.1 Spontanberatung	24
1.8.2 Mietschulden müssen nicht extra beantragt werden	28
1.9 Rückwirkende Antragstellung bei Ablehnung einer anderen Sozialleistung / wiederholte Antragstellung	29
1.10 Grundsatz der „Meistbegünstigung"	34
1.11 Antrag bei unzuständigen Leistungsträgern/Gemeinden	36
1.12 Bürgergeld-Antrag umfasst fast alle Leistungen	40
1.12.1 Ein Antrag für alle Mitglieder der Bedarfsgemeinschaft – oder auch nicht?	43
1.13 „Amtssprache Deutsch" – Dolmetscher, Übersetzungen	45
1.13.1 Vorlage von Dokumenten	48
1.13.2 Übersetzungen/Dolmetscher*innen bei EU-Bürger*innen im Rahmen der Arbeitnehmerfreizügigkeit	49
1.13.3 Übersetzungen/Dolmetscher*innen für Flüchtlinge	53
1.13.4 Übersetzungskosten im Rahmen des Vermittlungsbudgets	54
1.13.5 Übersetzungen/ Dolmetscher*innenkosten in anderen Fällen	55
2. Antrag auf Sozialhilfe	56
2.1 HzL der Sozialhilfe ab Kenntnis der Notlage	57
2.2 Sicherheitshalber immer einen Antrag stellen	59
2.2.1 Ausnahme: Übernahme von Bestattungskosten	62
2.3 Anspruch auf rückwirkende Sozialhilfeleistung?	63
2.4 GSi der Sozialhilfe: Antrag erforderlich	64
2.5 Gesonderte Beantragung bei der GSi	67
3. Antragsverfahren	69
3.1 Vorleistungspflicht bei Zuständigkeitsstreitigkeiten	70
3.2 Anträge sind schnell zu bearbeiten	71
3.3 Anspruch auf einen Vorschuss	72
3.3.1 Bürgergeld und GSi: Vorläufige Leistungserbringung / Anspruch auf Vorschuss?	74
3.3.2 Vorschussregelungen gelten definitiv weiter in der HzL	77
3.3.3 „Vorzeitige" Erbringung von Leistungen: 100-EUR-Vorschuss im Bürgergeld	78
3.3.4 Kritik	80
3.4 Behörden müssen ausreichendes Personal haben	82
3.5 Ortswechsel: Pflicht zur vorübergehenden Weiterleistung	83
3.6 Was tun, wenn ein Antrag nicht schnell bearbeitet wird?	84
3.7 Anträge schriftlich stellen!	85
3.8 Eingangsbestätigung auf der Kopie!	87
3.8.1 Übersendung per Mail / E-Government-Gesetz	89
3.8.2 Umfang von Unterlagenverlusten / Anspruch auf Eingangsbestätigung	91
3.9 Keine Originale abgeben!	95
4. Bewilligung	96
4.1 Bewilligungszeiträume	97
4.2 Bürgergeld: Weiterbewilligungs- und Folgeantrag	100
4.3 Deckung des Bedarfs erst nach Antragstellung?	104
4.4 Nicht auf mündliche Zusicherung verlassen!	108
5. Unterlagen für die Antragstellung	109

43

6. Wann darf ein Antrag abgelehnt werden? 111
7. Verzicht auf Sozialleistungen 116
7.1 Wirksamkeit von Widerrufen 117
7.2 Verzicht in der Praxis 120
8. Adressen 126

1. Antrag auf Bürgergeld/Sozialgeld

1 Im Folgenden erfahren Sie alles, was Sie bei der Beantragung von Bürgergeld/Sozialgeld wissen und beachten müssen.

1.1 Leistungen nur auf Antrag

2 *„Leistungen der Grundsicherung für Arbeitsuchende werden auf Antrag erbracht"* (§ 37 Abs. 1 SGB II).

3 **Tipp 1:** Aufgepasst beim Ausfüllen des Antragsformulars: eine Reihe von Fragen müssen Sie gar nicht beantworten (→ 32 Rn. 5).

4 **Tipp 2:** Bevor Ihr Arbeitslosengeld I ausläuft, müssen Sie rechtzeitig einen Antrag auf Bürgergeld stellen, um nahtlos Leistungen zu erhalten. Darauf müssen Sie von der Bundesagentur für Arbeit im Rahmen der Beratungspflicht (→ 20) hingewiesen werden (FW 37.14).

1.1.1 Bewilligungszeitraum

5 Bürgergeld ist in der Regel für **zwölf Monate** zu bewilligen (§ 41 Abs. 3 S. 1 SGB II). Wenn über den Antrag vorläufig entschieden wurde oder ein Kostensenkungsverfahren wegen unangemessener Unterkunfts- und Heizkosten eingeleitet wurde, jedoch regelmäßig nur für sechs Monate (§ 41 Abs. 3 S. 2 SGB II; → Rn. 97 ff.). Nach Ablauf des Bewilligungszeitraums **müssen** Sie einen **Weiterbewilligungsantrag** stellen. Das **Jobcenter muss** rechtzeitig vor Ablauf eines Bewilligungsabschnittes einen Hinweis geben, dass ein Fortsetzungsantrag gestellt werden muss. Wurde dies versäumt, liegt ein **schwerwiegender Beratungsfehler** nach § 14 SGB I und § 14 Abs. 2 SGB II des Jobcenters vor, weswegen im Rahmen des „sozialrechtlichen Herstellungsanspruchs" ein Nachzahlungsanspruch (→ 80) entsteht (BSG 18.1.2011 – B 4 AS 29/10 R; LSG Niedersachsen - Bremen 24.2.2015 – L 7 AS 187/14; BGH 2.8.2018 – III ZR 466/16).

6 Wenn Sie im Haushalt Ihrer Eltern leben und das 25. Lebensjahr vollendet haben, müssen Sie einen **eigenen Antrag** auf Bürgergeld stellen. Das Jobcenter hat Sie im Rahmen seiner Beratungspflicht darauf hinzuweisen.

1.1.2 Grundsätze der Antragstellung

7 Bürgergeld-Leistungen werden auf Antrag erbracht. Die Antragstellung ist an keine Form gebunden (→ Rn. 11). Der Antrag ist eine einseitige, sogenannte empfangsbedürftige Willenserklärung, mit der der*die Antragsteller*in dem Leistungsträger gegenüber zum Ausdruck bringt, eine Sozialleistung in Anspruch nehmen zu wollen. Das Jobcenter ist gehalten, den wirklichen Willen des*r Antragstellenden – ggf. durch Rückfragen – zu erforschen und den Antrag auszulegen. Hierbei ist mit Blick auf § 2 Abs. 2 SGB I im Zweifel davon auszugehen, dass der*die Bürger*in die ihm*ihr günstigere Leistung aus dem von ihm*ihr angegangenen Sozialleistungsbereich in Anspruch zu nehmen wünscht (FW 37.1).

8 Die BA schreibt ferner vor: *„Bei der Ermittlung des Willens [...] des Antragstellers ist auch zu erfragen, ob die Leistungen ab einem bestimmten Zeitpunkt begehrt werden (Antragstellung mit Wirkung zum ...)"* (FW 37.2). Das kann wichtig sein, weil der Zeitpunkt der Antragstellung für Sie günstige Regelungen beinhalten kann, zB wenn Sie im Antragstellungsmonat eine einmalige Einnahme erzielen, wie eine Lohnsteuerrückerstattung oder eine Nachzahlung einer anderen Sozialleistung. Diese würde das Jobcenter voll anrechnen müssen. Wenn Sie Ihren Antrag aber erst ab dem Folgemonat stellen, würde diese Einnahme zu ihrem Vermögen zu rechnen sein. Die Behörden sind verpflichtet, Sie darauf hinzuweisen (Beratung als Amtspflicht, → 20 Rn. 1 ff.).

1.2 Wer kann Anträge stellen?

9 Ab dem Alter von 15 Jahren können Personen Anträge auf Sozialleistungen stellen und Sozialleistungen entgegennehmen (§ 36 Abs. 1 S. 1 SGB I). Der Sozialleistungsträger unterrichtet allerdings die Eltern von Minderjährigen davon (§ 36 Abs. 1 S. 2 SGB I;

FW 37.3). Auch Dritte können für handlungsunfähige Leistungsberechtigte Anträge stellen. Diese sind wirksam, das Amt kann aber die nachträgliche Vorlage einer Vollmacht verlangen (§ 13 Abs. 1 SGB X). Das trifft zB zu, wenn Sie akut im Krankenhaus behandelt werden (FW 37.4).

1.3 Wo sind Anträge zu stellen?

10 Informieren Sie sich, bevor Sie einen Antrag stellen, welche Behörde überhaupt zuständig ist. In der Regel finden Sie das über einen Anruf bei der Stadt- oder Kreisverwaltung oder der Arbeitsagentur/Jobcenter heraus. Jeder Sozialleistungsträger ist zur Auskunft über die Zuständigkeit (→ 131) verpflichtet (§ 15 Abs. 2 SGB I).

Haben Sie den zuständigen oder unzuständigen Sozialleistungsträger (Anträge bei unzuständigen Leistungsträgern, → 36 ff.) oder sonstige Behörde gefunden, darf diese *„die Entgegennahme von Erklärungen oder Anträgen, die in ihren Zuständigkeitsbereich fallen, nicht deshalb verweigern, weil sie die Erklärung oder den Antrag in der Sache für unzulässig oder unbegründet hält"* (§ 20 Abs. 3 SGB X).

1.4 Wie sind Anträge zu stellen?

11 Der Antrag ist an keine Form gebunden (§ 9 SGB X; FW 37.1). Als Antrag gilt jede schriftliche, mündliche oder fernmündliche Erklärung, die erkennen lässt, dass Leistungen begehrt werden. Das sollten Sie sich allerdings schriftlich bestätigen lassen. Besser ist es, einen „beweissicheren" schriftlichen Antrag **per Fax** (mit Sendeprotokoll) zu stellen oder ihn **persönlich** gegen **Eingangsbestätigung** bei der Behörde einzureichen. Das ist sicherer, da Sie den Eingang des Antrags bei der Behörde nachweisen müssen, falls er dort verloren geht. Der Antrag gilt mit Eingang beim Amt als gestellt.

12 Manche SGB II-Sachbearbeiter*innen meinen, ein Antrag sei erst gestellt, wenn das über 20-seitige Antragsformular vollständig ausgefüllt und eingereicht ist. Das ist falsch. Der Eingang des formlos gestellten Antrags gilt als **Datum der Antragstellung**. Da die Behörden den Sachverhalt von Amts wegen ermitteln muss, ist sie aber berechtigt, von Ihnen im Rahmen Ihrer **Mitwirkungspflicht** (→ 79) die Verwendung der Antragsformulare zu fordern (§ 60 Abs. 2 SGB I). Hauptzweck der Verwendung von Antragsformularen ist es jedoch, die Verwaltung zu vereinfachen und die Ermittlung der Sachverhalte zu erleichtern. Sind die Antragsformulare **fehlerhaft** oder **unvollständig** ausgefüllt, ist ein Versagen der Leistung wegen fehlender Mitwirkung nicht zulässig (Mrozynski SGB I § 60 Rn. 38). Vielmehr ist der Leistungsträger verpflichtet, dafür Sorge zu tragen, dass unvollständige Angaben ergänzt werden (§ 16 Abs. 3 SGB I). Im Einzelfall heißt das: in vorhandenen Unterlagen nachzuschauen, ob die gewünschte Information dort vorhanden ist oder sich im Rahmen der Mitwirkungspflichten (§ 60 Abs. 1 S. 1 Nr. 1 SGB I) bei Ihnen die Befugnis zu holen, die gewünschten Informationen selbst bei Dritten abzufragen zu dürfen.

13 Das SGB I verpflichtet die Behörden zu *„allgemein verständlichen Antragsvordrucken"* (§ 17 Abs. 1 Nr. 3 SGB I). Die Leistungsträger sind auch verpflichtet, den wirklichen Willen des*r Antragstellenden im Rahmen der allgemeinen Beratungspflicht zu erforschen (§ 14 SGB I), den Antrag ggf. entsprechend auszulegen und dafür Sorge zu tragen, dass *„unverzüglich klare und sachdienliche Anträge gestellt und **unvollständige Angaben ergänzt werden"*** (§ 16 Abs. 3 SGB I; BSG 28.10.2009 – B 14 AS 56/08 ER).

14 Bei Antragstellenden, die der deutschen Sprache nicht mächtig sind, ist die Verwendung des (deutschen) Antragsformulars nicht erforderlich. Bei dessen Verwendung handelt es sich um eine **Soll**-Vorschrift, von der im Einzelfall abgewichen werden kann (Mrozynski SGB I § 60 Rn. 38; Vorlage von Dokumenten, → Rn. 48).

1.5 Rückwirkende Geltung von Anträgen

15 „Leistungen der Grundsicherung für Arbeitsuchende werden nicht für Zeiten vor der Antragstellung erbracht" (§ 37 Abs. 2 S. 1 SGB II), allerdings wirkt ein Antrag auf den Ersten des Monats zurück, in dem er gestellt wird (§ 37 Abs. 2 S. 2 SGB II). Von diesem „allgemeinen" Antrag auf SGB II-Leis-

tungen sind vom Grundsatz her alle weiteren Rechtsanspruchsleistungen umfasst (Ausnahmen, → Rn. 19).

16 Der Antrag auf Leistungen zu Bildung und Teilhabe (§ 28 SGB II; → 27) ist vom Grundantrag umfasst und muss seit August 2018 nicht mehr gesondert beantragt werden. Ausnahme: der Nachhilfeunterricht nach § 28 Abs. 5 SGB II muss weiterhin gesondert beantragt werden (§ 37 Abs. 1 S. 2 SGB II).

17 Für Nichtleistungsbeziehende wurde für das Jahr 2023 eine Sonderregel der Nachwirkung von Anträgen für Heizkosten geschaffen: Nach einer im Bürgergeldgesetz enthaltenen SGB II-Übergangsregelung, können dort vorübergehend im Jahr 2023 Leistungsansprüche, die durch einmalige Heizkosten (und nicht Betriebskosten, aber in den Betriebskosten enthaltene Heizkosten) entstehen, mit einer erweiterten Frist geltend gemacht werden. Anträge auf SGB II-Leistungen, die *„für einen einzelnen Monat [...] in dem aus Jahresabrechnungen von Heizenergiekosten oder aus der angemessenen Bevorratung mit Heizkosten resultierenden Aufwendungen für die Heizung fällig sind"*, können demnach rückwirkend *„bis zum Ablauf des dritten Monats nach dem Fälligkeitsmonat"* gestellt werden. (§ 37 Abs. 2 S. 3 SGB II). Die Regelung gilt nur für das Jahr 2023 und auch nicht im SGB XII.

18 Der **Antrag auf Leistungen zu Bildung und Teilhabe** (§ 28 SGB II; → 27) ist vom Grundantrag umfasst und muss seit August 2018 nicht mehr gesondert beantragt werden. Ausnahme: der Nachhilfeunterricht nach § 28 Abs. 5 SGB II muss weiterhin gesondert beantragt werden (§ 37 Abs. 1 S. 2 SGB II).

1.6 Bestimmte Leistungen müssen extra beantragt werden

19 Das betrifft

- unabweisbaren Bedarf (§ 24 Abs. 1 SGB II; Einmalige Beihilfen, → 40),
- Erstausstattung der Wohnung (Hausrat, → 56) und Kleidung (→ 65),
- Leistungen bei Schwangerschaft (→ 101) und Geburt und

- Eigenanteile und Zuzahlungen für orthopädische Schuhe sowie Reparatur und Miete von therapeutischen Geräten (Brillenreparatur) (§ 24 Abs. 3 SGB II; Einmalige Beihilfen, → 40),
- vorfällige Zahlungen/Vorschüsse bis 100 EUR (§ 42 Abs. 2 SGB II),
- Lernförderung (§ 28 Abs. 5 SGB II) und
- Mehrbedarf für kostenaufwendige Ernährung nach § 21 Abs. 5 SGB II aufgrund BSG-Rechtsprechung (BSG 20.2.2014 – B 14 AS 65/12 R; Mehrbedarfe, → 74).

Auch hier wirkt der Antrag idR auf den Monatsersten zurück.

1.7 Anspruch verwirkt nicht

20 Ein formlos gestellter Antrag auf Bürgergeld gilt auch dann noch, wenn der Anspruch aus dem Grundantrag erst **sechs Monate später** geltend gemacht wird. Die Behörde ist verpflichtet, darauf hinzuwirken, dass klare, sachdienliche Anträge gestellt werden und **unvollständige Angaben** ergänzt werden (§ 16 Abs. 3 SGB I). Meldet sich der*die Antragsteller*in nicht mehr, hat das Jobcenter den*die Antragsteller*in über die Mitwirkungspflichten aufzufordern, den Antrag zu vervollständigen (BSG 28.10.2009 – B 14 AS 56/08 R). Das BSG hat klargestellt: ein Leistungsantrag verwirkt nicht, er verjährt nur, und zwar nach vier Jahren (§ 45 Abs. 1 SGB I).

1.8 Sozialrechtlicher Herstellungsanspruch kann Antrag ersetzen

21 Das Jobcenter hat wie alle anderen Sozialleistungsträger die Pflicht zur **Beratung** (→ 20) und zur **Auskunft** (→ 13). Wird diese Pflicht verletzt und haben Sie infolgedessen keinen oder keinen vollständigen Antrag gestellt, müssen Sie von der Behörde so behandelt werden, als hätten Sie rechtzeitig einen Antrag gestellt (LSG Niedersachsen-Bremen 24.2.2015 – L 7 AS 187/14). Das entspricht der Rechtsprechung des Bundessozialgerichts. Voraussetzung ist eine behördliche Pflichtverletzung (zB wurden Sie über offensichtliche Ansprüche nicht informiert), die Rechtswidrigkeit der Pflichtverletzung, eine fehlende gesetzliche Regelung der Rechtsfolgen der Pflichtverletzung, ein

Schaden, die Verursachung des Schadens durch die Pflichtverletzung und die Möglichkeit, den Schaden durch eine Korrektur der Amtshandlung zu beheben (SG Augsburg 6.9.2005 – S 1 AS 228/05; vgl. dazu BSG 5.8.1999 – B 7 AL 38/98 R).

22 Der sozialrechtliche Herstellungsanspruch hat für Bürgergeld-Beziehende eine große Bedeutung, weil die Beratungsfehler bei den Jobcentern sehr zahlreich auftreten. Außerdem haben Sachbearbeiter*innen/ Arbeitsvermittler*innen eine weitgehende Beratungs- und Aufklärungspflicht auch über den jeweiligen Anlass der Beratung hinaus (Eicher/Luik/Harich § 14 Rn. 7 ff.; BSG 27.7.2004 – B 7 SF 1/03 R; LSG Bayern 27.2.2014 – L 7 AS 642/12: zur Pflicht des Leistungsträgers, unaufgefordert zu beraten).

23 Mit dem Neunten SGB II-Änderungsgesetz wurde zum 1.8.2016 der Anspruch auf Beratung gestärkt. Die Beratung wurde in den Leistungskatalog der Grundsicherung aufgenommen (§ 1 Abs. 3 S. 1 Nr. 1 SGB II). „Art und Umfang der Beratung richten sich nach dem Beratungsbedarf der leistungsberechtigten Person" (§ 14 Abs. 2 S. 4 SGB II). Offensichtlich erkennt der Gesetzgeber an, dass Bürgergeld-Beziehende in besonderem Maße beratungsbedürftig sind und die Akzeptanz der Rechte und Pflichten von dem Wissen darüber abhängt. Mit diesem gestärkten Beratungsanspruch wird bei fehlerhafter oder unterlassener Beratung auch der sozialrechtliche Herstellungsanspruch an sich gestärkt. Sie müssen ihn idR „nur" vor dem Sozialgericht durchsetzen (Nachzahlung, → 80 Rn. 1 ff.). Grundlegend dazu sei die frei verfügbare Arbeit von Kai Grötschel empfohlen (Der (sozialrechtliche) Herstellungsanspruch, Download: https://d-nb.info/ 1139361007/34, letzter Zugriff: 18.1.2023).

1.8.1 Spontanberatung

24 Die Leistungsträger sind zur **Spontanberatung von Amts wegen verpflichtet** (BSG 24.7.1985 – 10 RKg 18/84; BSG 13.12.1984 – 11 RA 68/83). Voraussetzung hierfür ist ein konkreter Anlass zwischen Ihnen und der Behörde, der eine Beratung notwendig macht. Das können der laufende Leistungsbezug oder Detailfragen sein, die sich für die Behörde erschließen. Ein Beispiel: Sie teilen als langzeitarbeitslose*r Bürgergeld-Beziehende*r Ihrem*r Arbeitsvermittler*in mit, dass Sie eine versicherungspflichtige Tätigkeit aufnehmen. In der Regel werden solche Arbeitsaufnahmen mit einem Einstiegsgeld nach § 16b SGB II gefördert, in Wuppertal zB mit sechsmal 300 EUR. Diese Förderung erhalten Sie nur, wenn der Antrag vor Arbeitsaufnahme gestellt wurde. Hat das Jobcenter unterlassen, Sie auf diese Fördermöglichkeit hinzuweisen, stellt das einen schwerwiegenden Beratungsunterlassungsfehler da. Ein nachträglich gestellter Antrag auf Einstiegsgeld ist dann im Rahmen des sog. sozialrechtlichen Herstellungsanspruchs so zu werten, als hätten Sie diesen rechtzeitig gestellt. Das Jobcenter wäre hier **spontanberatungspflichtig gewesen, das bedeutet:** die Verpflichtung der Behörde, auf **sich aus dem Einzelfall ergebende**, rechtliche für die*den Leistungsberechtigte*n **günstige** und auch **nachteilige Fallgestaltung** von Amts wegen **hinweisen** zu müssen (ständige Rspr.: BSG 4.9.2013 – B 12 AL 2/12 R; BGH 2.8.2018 – III ZR 466/16).

25 Ein weiteres Beispiel: Sie wollen eine Wohnung mieten, aber der Leistungsträger hat Sie nicht darauf hingewiesen, dass die Übernahme der Kaution vorher zugesichert sein muss und das Jobcenter lehnt die Übernahme der Kaution wegen des Fehlens einer vorherigen Zusicherung ab (SG Lüneburg 13.11.2006 – S 25 AS 163/06).

26 Diese Spontanberatung ist jedoch nicht auf Rechtsberatung beschränkt, sondern umfasst jedwede Beratung mit dem Ziel, Leistungen zu erhalten und Eingliederung in Arbeit sowie Vermittlung von Unterhaltsleistungen zu ermöglichen, wenngleich die Grenzen zur Rechtsberatung fließend sind. Ist eine Person aufgrund von Sprachbarrieren nicht in der Lage, ein Widerspruchsschreiben, eine Klage- oder eine Berufungsschrift zu verfassen, ist der Leistungsträger verpflichtet, ihr bei der Abfassung des Schreibens behilflich zu sein (BSG 14.6.1988 – 7 Bar 58/88). Im Rahmen der allgemeinen (§ 14 SGB I) und verschärften Beratungspflicht im SGB II (§ 1 Abs. 3 Nr. 1 SGB II iVm § 14 Abs. 2 SGB II) sind deshalb sämtli-

che erforderlichen Hilfeleistungen nichtrechtlicher Art zur Überwindung von Sprach-, Verständnis- und Formulierungsschwierigkeiten vom Jobcenter oder anderen Ämtern zu erbringen.

27 Der **Bundesgerichtshof** hat in einem enorm bedeutsamen Urteil deutlich auf die Beratungspflicht von Sozialleistungsträgern hingewiesen. Der Kläger, ein Mann, der mit seiner Behinderung eigentlich eine Erwerbsminderungsrente hätte bekommen müssen, hat diese wegen lückenhafter Beratung beim Sozialamt aber nicht beantragt. Stattdessen beantragte er nur die deutlich niedrigere Grundsicherung. Seit dem Jahr 2004 seien ihm dadurch mehr als 50.000 EUR entgangen. Der Bundesgerichtshof sprach dem Kläger nun gemäß § 839 BGB iVm Art. 34 GG (Amtshaftungsanspruch) Schadensersatz zu.

Als Begründung führte der BGH aus: „*Ist anlässlich eines Kontakts des Bürgers mit einem anderen Sozialleistungsträger für diesen ein zwingender rentenversicherungsrechtlicher Beratungsbedarf eindeutig erkennbar, so besteht für den aktuell angegangenen Leistungsträger auch ohne ein entsprechendes Beratungsbegehren zumindest die Pflicht, dem Bürger nahezulegen, sich (auch) von dem Rentenversicherungsträger beraten zu lassen (vgl. § 2 Abs. 2 Hs 2, § 17 Abs. 1 SGB I)*" (BGH 2.8.2018 – III ZR 466/16; siehe dazu auch **Beratung** als Amtspflicht, → 20 Rn. 19 ff.).

1.8.2 Mietschulden müssen nicht extra beantragt werden

28 Das BSG hat entschieden, dass zur Übernahme von Mietschulden kein förmlicher Antrag erforderlich ist. Die Information, dass eine Wohnungskündigung droht, reicht aus, den Übernahmeanspruch auszulösen. Auch geht der Anspruch auf ein Darlehen vom Jobcenter nicht automatisch verloren, wenn Bekannte zunächst privat die Mietschulden übernehmen. Das BSG hat auch klargestellt, dass eine drohende Wohnungslosigkeit keine zwingende Voraussetzung für ein Wohnraumsicherungsdarlehen ist (BSG 13.7.2022 – B 7/14 AS 52/21 R).

1.9 Rückwirkende Antragstellung bei Ablehnung einer anderen Sozialleistung / wiederholte Antragstellung

29 Haben Sie einen Antrag auf eine Sozialleistung gestellt, und wird diese Sozialleistung (zB Alg I, Kinderzuschlag (→ 63), Wohngeld (→ 127) usw) abgelehnt, können Sie im Rahmen der wiederholten Antragstellung rückwirkend die stattdessen richtige Sozialleistung erhalten. Der Anspruch auf die dann richtige Sozialleistung wirkt auf den Zeitpunkt der falsch gestellten Sozialleistung zurück, maximal aber ein Jahr. Der Antrag muss im allgemeinen Sozialrecht binnen **sechs Monaten** gestellt werden (§ 28 SGB X). Wenn Sie stattdessen Bürgergeld rückwirkend haben wollen, müssen Sie den Antrag „*unverzüglich nach Ablauf des Monats, in dem die Ablehnung oder Erstattung der anderen Leistung bindend geworden ist*", stellen (§ 40 Abs. 7 SGB II).

30 **Beispiel:** Sie stellen am 1.6. einen Antrag auf Alg I. Mit Bescheid vom 6.10. wird der Alg I-Antrag abgelehnt, weil Sie nicht lange genug sozialversicherungspflichtig beschäftigt waren. Die Entscheidung wird am 9.11. bindend, da Sie keinen Widerspruch (→ 126) eingelegt haben. Wenn Sie bis Ende November einen Antrag auf Bürgergeld stellen (das machen Sie allerdings besser schon früher), wirkt dieser Antrag auf den 1.6. zurück, dh, Sie werden so gestellt, als hätten Sie den Antrag auf Bürgergeld schon am 1.6 gestellt.

31 Das gilt auch, wenn Sie zB einen Kinderzuschlag bewilligt bekommen haben, ihn aber wegen nachträglich geänderter Einkommensverhältnisse erstatten müssen und der Bescheid zurückgenommen wurde. Wenn Sie dann rechtzeitig einen Antrag auf Bürgergeld stellen, wirkt dieser ein Jahr zurück (§ 28 S. 1 SGB X; FW 37.28).

32 Haben Sie anstelle des Antrags auf „*wiederholte Antragstellung*" unwissentlich einen Überprüfungsantrag nach § 44 SGB X (oder Widerspruch) gestellt (Nachzahlung, → 80 Rn. 40), ist dieser von Amts wegen entsprechend **umzudeuten**, auch wenn dies ausdrücklich nicht beantragt wurde (BSG 19.10.2010 – B 14 AS 16/09 R).

33 Tipp: Wurde ein Antrag auf andere Sozialleistungen abgelehnt, sollten Sie prüfen, ob Sie nicht einen rückwirkenden Anspruch auf Bürgergeld haben. Auch wenn die meisten Jobcenter vorgeben, diesen Paragrafen nicht zu kennen, es gibt ihn!

1.10 Grundsatz der „Meistbegünstigung"

34 Neben der wiederholten Antragstellung gibt es im sozialrechtlichen Verfahren den Grundsatz der Meistbegünstigung. Danach stellt ein Antrag eine einseitige, „empfangsbedürftige", öffentlich-rechtliche Willenserklärung dar. Auf diese werden mangels speziellerer sozialrechtlicher Regelungen die Vorschriften des Bürgerlichen Gesetzbuches (BGB) angewendet (BSG 17.7.1990 – 12 RK 10/89, Rn. 20). Es ist durch Auslegung zu ermitteln, welche Leistungen der*die Antragstellende begehrt. Hierbei ist nach dem Grundsatz der Meistbegünstigung zu entscheiden (BSG 21.7.1977 – 7 Rar 132/75, Rn. 24), das heißt, der*die Antragstellende soll die maximalen Leistungen bekommen, die ihm*r zustehen. Es ist davon auszugehen, dass der*die Hilfebedürftige auch die Leistung beantragt, die ihm*r nach der Rechtslage zusteht und von der er*sie den größten Nutzen hat, sofern er*sie nicht ausdrücklich anderes zu erkennen gibt (BSG 26.8.2008 – B 8/9b SO 18/07 R; SG Berlin 25.11.2009 – S 160 AS 7256/08; SG Berlin 19.12.2008 – S 37 AS 17404/07).

35 Allerdings beinhaltet zB ein Alg I-Antrag nicht automatisch einen Bürgergeld-Antrag (BSG 2.4.2014 – B 4 AS 29/13 R), da es sich um einen *„expliziten Antrag"* auf Alg I handelt. Würde aber auf dem Alg I-Antrag handschriftlich ergänzt werden, *„es wird diese und jede andere in Frage kommende Sozialleistung beantragt"*, dann schon.

1.11 Antrag bei unzuständigen Leistungsträgern/Gemeinden

36 Anträge auf Bürgergeld können auch bei sogenannten unzuständigen Leistungsträgern (nach §§ 18–29 SGB I) gestellt werden. Darunter fallen Träger der Kranken-, Unfall-, Arbeitslosen- oder Rentenversicherung, Wohngeldstellen, Jugendämter, Leistungsträger für Kindergeld, Elterngeld usw (§ 16 Abs. 2 S. 1 SGB I).

„Ist die Sozialleistung von einem Antrag abhängig, gilt der Antrag als zu dem Zeitpunkt gestellt, in dem er [bei einer unzuständigen Stelle] eingegangen ist" (§ 16 Abs. 2 S. 2 SGB I). Dazu zählen bei Städten und Gemeinden auch der*die Bürgermeister*in, das Rathaus/Bürgerbüro oder kommunale Außenstellen (BSG 20.6.2016 – B 8 SO 5/15 R).

Die Anträge sind unverzüglich an die zuständige Behörde weiterzuleiten. Wenn Sie zB bei der Arbeitsagentur einen Antrag auf die Übernahme von Bestattungskosten stellen, muss diese den Antrag an das Sozialamt weiterleiten und Sie darüber informieren.

37 Für EU-Bürger*innen und Flüchtlinge in **EU-Ländern** gilt zudem, dass Anträge, Erklärungen oder Rechtsbehelfe bei jeder Behörde, einem Träger oder einem Gericht eines anderen Mitgliedstaats eingereicht werden können (§ 30 Abs. 2 SGB I iVm Art. 81 S. 1 VO (EG) 883/2004; → Rn. 36).

38 Es ist rechtswidrig, einen Antrag wegen Unzuständigkeit abzulehnen. Genauso rechtswidrig ist es, einen Antrag wegen Unzuständigkeit nicht an die zuständige Behörde weiterzuleiten (SG Düsseldorf 20.4.2006 – S 35 AS 102/06 ER).

Wenn das Jobcenter einen Antrag, für den das Sozialamt zuständig ist, wegen Unzuständigkeit zurückweist und ihn nicht an das Sozialamt weiterleitet, ist es verpflichtet, Ihnen *„in diesem Fall als der zuerst angegangene Leistungsträger Leistungen vorläufig zu erbringen"* (SG Düsseldorf 20.4.2006 – S 35 AS 102/06 ER, mit Verweis auf § 43 Abs. 1 SGB I.).

39 Allerdings umfasst die Pflicht zur Entgegennahme und Weitergabe bei unzuständigen Leistungsträgern/Gemeinden **nur Anträge**. Wenn allerdings für den Antrag erforderliche Unterlagen nachgereicht werden, wie Kontoauszüge zum Nachweis der Hilfebedürftigkeit, Unterlagen über Einkommen und Vermögen oder eine Kopie des Personalausweises, dann umfasst die Pflicht zur Entgegennahme und Weiterleitung **auch diese mit der Antragstellung verbundenen Dokumente**, so auch § 20 Abs. 3 SGB X.

1.12 Bürgergeld-Antrag umfasst fast alle Leistungen

40 Wenn Sie Bürgergeld-Leistungen beantragen, haben Sie Anspruch auf alle Leistungen, die Ihnen nach dem SGB II als Rechtsanspruch ausgestaltet zustehen. Diese können bis zum Januar des Vorjahres rückwirkend geltend gemacht werden (§ 40 Abs. 1 S. 2 SGB II, § 48 Abs. 1 S. 2 Nr. 1 SGB X), insofern die benötigten Leistungen im laufenden Leistungsbezug lagen. Dazu gehören zB Betriebs- oder Heizkostennachforderungen, die während des Leistungsbezugs zu zahlen sind (BSG 22.3.2010 – B 4 AS 62/09; BSG 16.5.2007 – B 7b AS 40/06 R), sowie die Mehrbedarfe und laufende und einmalige Unterkunftskosten in tatsächlicher Höhe (FW 37.7). Allerdings entschied das BSG, dass der Mehrbedarf für kostenaufwendige Ernährung nicht rückwirkend geltend gemacht werden kann (BSG 20.2.2014 – B 14 AS 65/12 R).

41 **Tipp:** Wurden og Leistungen vorenthalten, können Sie einen Überprüfungsantrag stellen und die betreffenden Bescheide überprüfen lassen (§ 44 SGB X; Nachzahlung, → 80 Rn. 17).

42 Seit 2011 müssen manche Leistungen gesondert beantragt werden (→ Rn. 19).

1.12.1 Ein Antrag für alle Mitglieder der Bedarfsgemeinschaft – oder auch nicht?

43 Das Jobcenter vermutet, dass der*die Antragstellende bevollmächtigt ist, für alle Mitglieder der Bedarfsgemeinschaft SGB II-Leistungen zu beantragen und entgegenzunehmen (§ 38 Abs. 1 SGB II). Demnach genügt ein*e Antragstellende*r für alle.

44 Diese Vermutung gilt solange, *„soweit dem Anhaltspunkte nicht entgegenstehen"* (§ 38 Abs. 1 S. 1 SGB II). Sobald ein Mitglied der Bedarfsgemeinschaft sich beim Jobcenter beklagt, dass die ihm zustehenden Leistungen nicht bei ihm ankommen, ergibt sich ein solcher *„Anhaltspunkt"*. Jetzt muss der Sachverhalt ermittelt werden, und das Jobcenter muss ggf. anbieten, die Leistungen direkt zu zahlen. Betroffene können dies auch beantragen. Ist die Vermutung der Bevollmächtigung widerlegt, sind die Leistungsansprüche für jedes nicht vertretene Mitglied separat zu bescheiden und zu überweisen (FW 38.9).

Wenn das Geld bei einer Person nicht ankommt, hat diese einen Direktzahlungsanspruch, auch wenn Sachbearbeiter*innen dies wegen des damit verbundenen Aufwands nur ungern machen.

1.13 „Amtssprache Deutsch" – Dolmetscher, Übersetzungen

45 Mit dem Hinweis auf die *„Amtssprache Deutsch"* wird in deutschen Amtsstuben regelmäßig das Sprechen in anderen Sprachen abgelehnt, selbst wenn sie auf dem Amt gesprochen werden (§ 19 Abs. 1 S. 1 SGB X). Diese Norm wird häufig missbräuchlich und rigoros angewendet. Dabei gäbe es durchaus Spielräume:

- Ist ein formloser Antrag auf eine Sozialleistung gestellt worden, hat die Behörde den Antrag von Amts wegen zu vervollständigen (§ 16 Abs. 3 SGB I). Sind Antragsformulare in anderen Sprachen vorhanden, hat der Leistungsträger darauf zu verweisen. Die BA hat Bürgergeld-Anträge zB in einer Reihe von Sprachen vorliegen.
- Im Rahmen der Beratungs- und Auskunftspflicht (§§ 14, 15 SGB I) **darf** ein*e Behördenmitarbeiter*in, der*die über die nötigen Sprachkenntnisse verfügt, jederzeit die **Muttersprache** des*r ausländischen Antragstellenden **verwenden** (BSG 24.4.1997 – 11 Rar 89/96; Kopp/Ramsauer VwVfG § 23 Rn. 34).
- Bei fremdsprachigen Anträgen und Dokumenten ist eine Übersetzung nur zu verlangen, *„insofern [die Behörde] nicht in der Lage ist, Anträge und Dokumente zu verstehen"* (§ 19 Abs. 2 S. 1 SGB X). Diese Norm ist selbstverständlich im Rahmen der weiten Auslegung sozialer Rechte (§ 2 Abs. 2 SGB I) auch auf Gespräche anzuwenden. Dh, die Behörde hat zunächst zu prüfen, ob sie über hinreichend qualifizierte Mitarbeiter*innen mit entsprechenden Sprachkenntnissen verfügt. Damit könnte das Mitbringen eines*r Dolmetschers*Dolmetscherin oder die Anfertigung von Übersetzungen vermieden werden.

46 Dazu gibt es eine Weisung der BA aus dem internen **Handbuch der Jobcenter** zur „Inanspruchnahme von Übersetzungs- und Dolmetscherdiensten", in der die Weisungslage und Rechtslage aus Sicht der BA dargelegt wird. Diesen Handbuchhinweis gibt es hier: https://harald-thome.de/files/pdf/redakteur/Harald_2021/%C3%9Cbersetzungshilfen%20und%20Kommunikation shilfen%20-%20Sept.%202021.pdf (letzter Zugriff: 18.1.2023), dazu ergänzend die BA-Weisung 201611028 vom 21.11.2016 zu Dolmetscher- und Übersetzerdiensten: https://www.arbeitsagentur.de/datei/weisung201611028_ba014503.pdf (letzter Zugriff: 18.1.2023).

47 **Tipp:** Viele Wohlfahrtsverbände und Beratungsstellen bieten Behördendolmetscherdienste an, fragen Sie bei den örtlichen Migrationsberatungsstellen an.

1.13.1 Vorlage von Dokumenten

48 Das deutsche Recht bestimmt: werden in einer fremden Sprache Anträge, Eingaben, Belege und Urkunden vorgelegt, muss die zuständige Behörde diese entgegennehmen (§ 20 Abs. 3 SGB X). Die Behörde soll eine **Übersetzung** von dem*r Betroffenen einfordern (§ 19 Abs. 2 S. 1 SGB X). Diese Übersetzung hat im Regelfall nicht über eine*n beeidigte*n Dolmetscher*in zu erfolgen, sie kann auch von Bekannten, Freund*innen oder Familienangehörigen angefertigt werden (jurisPK-SGB X § 19 Rn. 31). Das ist für die*den Antragstellende*n nicht mit Kosten verbunden. Wird ein Dokument in einer „*gängigen Fremdsprache*" vorgelegt, dessen Inhalt „*ohne größere Schwierigkeiten lesund verstehbar ist*", soll das Dokument sogar ohne Übersetzung berücksichtigt werden (VG Frankfurt 5.6.1994 – 5 G 41143/94.A, in Bezug auf Englisch).

1.13.2 Übersetzungen/Dolmetscher*innen bei EU-Bürgern im Rahmen der Arbeitnehmerfreizügigkeit

49 Im vor dem deutschen Recht vorrangigen EU-Recht wird bestimmt, das im Rahmen der Freizügigkeit innerhalb der EU Arbeitnehmer*innen in jedem Mitgliedsland eine Beschäftigung ohne Beschränkung aufnehmen können. „*Für diesen Personenkreis soll [...] der Zugang zu den Beratungs- und Sozialleistungen der BA nicht durch Sprachbarrieren erschwert werden. Daher können Dolmetscher- und Übersetzungsdienste im erforderlichen Umfang in Anspruch genommen werden*" (BA-Weisung 201611028 vom 21.11.2016 zu Dolmetscher- und Übersetzerdiensten, Quelle: https://www.arbeitsagentur.de/datei/weisung201611028_ba014503.pdf).

Bürger*innen der Europäischen Union können nach Art. 76 Abs. 7 Verordnung (EG) Nr. 8893/2004 ihre Anträge und Eingaben in der Amtssprache ihres Herkunftslandes einreichen oder vorbringen. Das gilt aufgrund von Abkommen zwischen der EU und u.a. der Türkei auch für Personen türkischer Staatsangehörigkeit (EuGH 4.5.1999 – C-262/96 – Sürül).

50 Sonderregeln des internationalen Rechts haben Vorrang vor nationalem Recht (§ 30 Abs. 2 SGB I). Im EU-Recht gibt es eine Reihe von Regelungen zur Anerkennung der Sprachen eines anderen Mitgliedslandes im jeweiligen Inland. Diese ordnen an, dass der Gebrauch der Sprache in einem anderen Mitgliedsland ohne Nachteil bleiben muss (EWG-VO 1408/71; EG-VO Nr. 883/2004, ABl. EU L 166/1).

51 Weiterhin besteht ein Anspruch auf Übersetzungsdienstleistungen für EU-Bürger*innen, die innerhalb der Gemeinschaft zu- und abwandern. Danach gehört es zu den Aufgaben der Verwaltungskommission der EU, auf Antrag der Bürger*innen kostenlose Übersetzungen aller Unterlagen der zuständigen Behörden, Träger und Gerichte, die sich auf die Anwendung der Verordnung „soziale Sicherheit" beziehen, anzufertigen; insbesondere die Übersetzung der Anträge von Personen, die nach dieser Verordnung anspruchsberechtigt sind (Art. 81 der Verordnung (EWG) Nr. 1048/71 des Rates über die Anwendung der Systeme der sozialen Sicherheit auf Arbeitnehmer und Selbständige sowie deren Familienangehörige; HEGA 05/11 – 08).

52 **Tipp:** Lassen Sie sich im Jobcenter zu diesem kostenlosen Übersetzungsdienst der EU-Verwaltung beraten, der Anspruch be-

steht nach § 14 SGB I und nach § 14 Abs. 2 S. 2 SGB II.

1.13.3 Übersetzungen/Dolmetscher*innen für Flüchtlinge

53 Auch „*Staatenlose und Flüchtlinge mit Wohnort in einem Mitgliedstaat [...] sowie [...] ihre Familienangehörigen und Hinterbliebenen*" (Art. 2 Abs. 1 der VO (EWG) Nr. 883/2004) haben wie EU-Bürger*innen Anspruch auf Dolmetscher*innen- und Übersetzungsleistungen bzw. die Übernahme der hierdurch entstehenden Kosten. Im Bereich der Flüchtlinge aus der Ukraine ist festzustellen, dass diese Pflicht bei den Jobcentern vielerorts funktioniert.

1.13.4 Übersetzungskosten im Rahmen des Vermittlungsbudgets

54 Kosten für die Übersetzung von Zeugnissen, Abschlüssen und Arbeitsbescheinigungen können bei erwerbsfähigen Leistungsberechtigten auch aus dem **Vermittlungsbudget** übernommen werden (§ 16 Abs. 1 SGB II iVm § 44 SGB III), wenn sie der Integration auf dem Arbeitsmarkt dienen.

1.13.5 Übersetzungen/Dolmetscher*innenkosten in anderen Fällen

55 Dolmetscher*innenkosten können auch in außergewöhnlichen Bedarfslagen entstehen, zB im Rahmen von Psychotherapien von traumatisierten Menschen. Da diese Kosten nicht in den Arzthonoraren enthalten sind, müssen sie von den Patient*innen erbracht werden. Da gem. § 630e BGB der*die Arzt*Ärztin verpflichtet ist, den*die Patient*in über Art, Umfang und Risiken der Behandlung aufzuklären, begründet sich der Anspruch nach § 21 Abs. 6 SGB II (LSG Niedersachsen-Bremen 30.1.2018 – L 4 KR 147/14; Härtefallregelung, → 52). Im SGB XII könnten diese Kosten über eine individuelle Erhöhung des Regelbedarfs gedeckt werden (§ 27a Abs. 4 S. 1 SGB XII; SG Münster 8.6.2020 – S 20 AY 3/17), oder über die Hilfe in sonstigen Lebenslagen (§ 73 SGB XII; SG Hildesheim 1.12.2011 – S 34 SO 217/10).

2. Antrag auf Sozialhilfe

56 Im Folgenden erfahren Sie alles, was Sie bei der Beantragung von Sozialhilfe wissen und beachten müssen.

2.1 HzL der Sozialhilfe ab Kenntnis der Notlage

57 Diese Leistung ist **antragsunabhängig**. „*Die Sozialhilfe [...] setzt ein, sobald dem Träger der Sozialhilfe oder der von ihm beauftragten Stelle bekannt wird, dass die Voraussetzungen für die Gewährung vorliegen*" (§ 18 Abs. 1 SGB XII).

Wenn Sie Ihrem*r Sachbearbeiter*in von Ihrer Notlage berichten oder diese*r von Dritten davon erfährt, ist dem Sozialamt bekannt, dass die Voraussetzungen für die Gewährung vorliegen. Das Sozialamt darf sich nicht damit herausreden, dass kein Antrag gestellt wurde. „*Die Behörde ermittelt den Sachverhalt von Amts wegen*" (§ 20 Abs. 1 SGB X). Ab dem Tag des Bekanntwerdens besteht der Leistungsanspruch. Eine rückwirkende Leistungsgewährung ist ausgeschlossen, da die Prinzipien der Sozialhilfe vorgeben, dass „*keine Hilfe für die Vergangenheit*" geleistet wird (Grube/Wahrendorf/Flint SGB XII § 18 Rn. 29 f.).

58 Erfolgt die mündliche Mitteilung über die Bedürftigkeit bei einem*r Sozialarbeiter*in des kommunalen Sozialdienstes oder des Jugendamtes usw, wird dort „*bekannt*", dass Sozialhilfe beansprucht wird (§ 18 Abs. 1 SGB XII). Das gilt auch, wenn Sie Sozialhilfe beim Jobcenter, bei einem nicht zuständigen Sozialamt, einer nicht zuständigen Gemeinde oder zB der Betreuungsstelle des Kreises (SG Frankfurt 27.9.2013 – S 30 SO 138/11) beansprucht haben. Wurden Wohlfahrtsverbände im Sinne des § 5 Abs. 5 SGB XII mit Durchführung von Aufgaben betraut, muss sich deren Kenntnis der Notlage im Sinne des § 18 Abs. 1 SGB XII der Sozialhilfeträger zurechnen lassen (BSG 3.12.2015 – B 4 AS 44/15 R). Dann „*sind die darüber bekannten Umstände dem zuständigen Träger der Sozialhilfe [...] unverzüglich mitzuteilen*" (§ 18 Abs. 2 SGB XII). Wenn diese Mitteilungspflicht von der anderen Stelle nicht erfolgte, müssen Sie die Antragstellung bei der falschen Stelle nachwei-

sen, das Zugangsrisiko tragen Sie. Die Nichtweiterleitung muss über den sozialrechtlichen Herstellungsanspruch fingiert werden (Mrozynski SGB I § 16 Rn. 14). Das Sozialamt muss von dem Tag an zahlen, an dem einer nicht zuständigen Behörde bekannt wurde, dass Sie Sozialhilfe beansprucht haben (§ 18 Abs. 2 S. 2 SGB XII).

Durch diesen antragsunabhängigen Anspruch auf Sozialhilfe muss das HzL-Amt also von Amts wegen tätig werden, es darf nicht abwarten, bis ein Antrag gestellt ist. Der sog. Kenntnis- und Amtsgrundsatz soll einen niedrigschwelligen Zugang zur Sozialhilfe sicherstellen.

2.2 Sicherheitshalber immer einen Antrag stellen

59 Sie sollten sich aber nicht darauf verlassen, dass Ihre Notlage dem Amt ohne Antrag bekannt wird oder dass der § 18 SGB XII (→ Rn. 57 ff.) dem Amt bekannt ist. Stellen Sie möglichst immer einen Antrag.

60 Tipp: Warten Sie mit der Antragstellung nicht, bis Sie eine*n Sachbearbeiter*in erreichen und einen Termin vereinbaren können. Das kann dauern. Stellen Sie den Antrag schriftlich (mit Datum) und formlos schon vor Ihrem Termin. Geben Sie ihn am besten gegen Eingangsbestätigung bei dem*r Pförtner*in im Beisein eines*r Zeugen*Zeugin ab oder übersenden Sie diesen per Fax (mit Sendebericht) (LPK-SGB XII § 18 Rn. 2) oder schicken Sie eine E-Mail.

61 Beachten Sie: Der HzL-Antrag wirkt nicht auf den Monatsersten zurück, sondern gilt genau ab Eingang der Kenntnis der Notlage/des Antrages.

Unzuständiger Träger: Erfolgt die Kenntnis der Notlage bei einem unzuständigen Leistungsträger oder einer unzuständigen Gemeinde(struktur), setzt die Sozialhilfe ab Kenntnis bei dieser unzuständigen Stelle ein (§ 18 Abs. 2 SGB XII).

2.2.1 Ausnahme: Übernahme von Bestattungskosten

62 Eine Ausnahme vom Prinzip „Keine Hilfe für die Vergangenheit" ist der Anspruch auf Übernahme von Bestattungskosten (§ 74 SGB XII; → 24). Dabei handelt es sich um einen sozialhilferechtlichen Anspruch eigener Art. In dem Fall spielt es keine Rolle, dass die Bestattung bereits vor Unterrichtung des Sozialhilfeträgers durchgeführt wurde und die Kosten vor seiner Entscheidung beglichen wurden. Denn die sozialhilferechtliche Bedarf ist nicht die Bestattung, sondern die Entlastung der Verpflichteten von deren Kosten (BSG 25.8.2011 – B 8 SO 20/10 R).

2.3 Anspruch auf rückwirkende Sozialhilfeleistung?

63 Inwieweit Sie rückwirkenden Anspruch auf Sozialhilfeleistungen haben, finden Sie im Beitrag Nachzahlung (→ 80 Rn. 17 ff.).

2.4 GSi der Sozialhilfe: Antrag erforderlich

64 Die Grundsicherung im Alter und bei Erwerbsminderung (GSi) ist als einzige Leistung der Sozialhilfe von einem Antrag abhängig (§ 44 Abs. 1 SGB XII). Der Antrag wirkt auf den Ersten des Antragsmonats zurück (§ 44 Abs. 2 S. 1 SGB XII).

Da GSi antragsabhängig ist, gelten die Regelungen der „wiederholten Antragstellung" wie beim Bürgergeld (→ Rn. 29 ff.). Genauso gibt es auch einen sozialrechtlichen Herstellungsanspruch, wenn ein Antrag auf GSi wegen mangelnder Beratung oder falscher Auskünfte nicht gestellt wurde (→ Rn. 21 ff.) und die Möglichkeit, einen Überprüfungsantrag nach § 44 SGB X zu stellen (→ 80 Rn. 16 ff.).

65 Anders als beim Bürgergeld, muss bei der GSi eigentlich kein Weiterbewilligungsantrag gestellt werden. Der einmal gestellte Grundantrag wirkt über die jeweiligen Bewilligungszeiträume von zwölf Monaten hinaus fort (BSG 20.9.2009 – B 8 SO 13/08 R). Wir empfehlen aber dringend, diesen doch zu stellen, denn sonst bekommen Sie kein Geld. Wenn Sie es aber versäumt haben, den Weiterbewilligungsantrag zu stellen und dann das GSi-Amt nicht rückwirkend zahlen will, dann sollten Sie mit der BSG-Entscheidung argumentieren.

66 Entstehen innerhalb eines Bewilligungszeitraums die Anspruchsvoraussetzungen zB auf einen weiteren, bisher nicht bekannten

Bedarf oder Mehrbedarf wegen Krankenkost (→ 69), müssen Sie dies der Behörde mitteilen. Der Anspruch gilt dann erst ab Kenntnis des Trägers (BSG 20.4.2016 – B 8 SO 5/15 R). Sie können sich in diesem Fall nicht auf die Dauerwirkung Ihres Grundantrages berufen.

2.5 Gesonderte Beantragung bei der GSi

67 Bestimmte Leistungen sind gesondert zu beantragen und nicht im Grund- und Folgeantrag enthalten (§ 44 Abs. 1 S. 2 SGB XII). Durch die Einführung der gesonderten Beantragung will der Gesetzgeber natürlich Ihren Leistungsanspruch einschränken. Im Detail müssen gesondert beantragt werden:

- alle **Mehrbedarfe** nach § 30 SGB XII,
- **Erstausstattung der Wohnung** (Hausrat, → 56) und Bekleidung (→ 65),
- Leistungen bei **Schwangerschaft** (→ 101) und Geburt,
- **orthopädische Schuhe** und Reparatur und Miete von therapeutischen Geräten (Brillenreparatur) (§ 31 Abs. 1 SGB XII; einmalige Beihilfen, → 40),
- Bedarfe für eine **Kranken- u. Pflegeversicherung** (§ 32 SGB XII),
- angemessene **Alterssicherung** (§ 33 Abs. 1) oder ein angemessenes **Sterbegeld** (§ 33 Abs. 1, 2 SGB XII),
- sowie Bedarfe für **Bildung und Teilhabe** (§ 34 Abs. 5 SGB XII),
- ergänzende **Darlehen** (§ 42 Nr. 5 iVm § 37 Abs. 1 SGB XII) und
- Darlehen bei am Monatsende zufließenden Einkünften (§ 37a Abs. 1 S. 1 SGB XII; Darlehen, → 30 Rn. 45).

68 Die dahin gehend gestellten Anträge wirken auf den Monatsersten zurück (§ 44 Abs. 2 S. 1 SGB XII), ansonsten müssen Sie diese gesonderte Antragstellung im Blick haben.

Diese Regelung ist im Übrigen **erheblich schärfer** als im Bürgergeld.

3. Antragsverfahren

69 Im Folgenden erfahren Sie alles darüber, wie das Antragsverfahren verläuft bzw. zu verlaufen hat.

3.1 Vorleistungspflicht bei Zuständigkeitsstreitigkeiten

70 Wenn sich Jobcenter, Sozialamt oder andere Ämter über die Zuständigkeit streiten, ist die Behörde, bei der Sie den Antrag zuerst gestellt haben, zur Vorleistung verpflichtet. Sie erbringt die Leistungen vorläufig, bis die Behörden sich geeinigt haben, wer zuständig ist. Sie müssen dann, wenn beide Sie wegschicken, bei der Behörde, die Sie zuerst angegangen haben, die **Vorleistung** beantragen (§ 43 Abs. 1 S. 2 SGB I). Lassen Sie sich nicht abwimmeln, die Vorleistungspflicht beginnt ab Antragstellung! Dem Antrag ist **spätestens einem Monat** nach Eingang des gesonderten Antrages **stattzugeben** (§ 43 Abs. 1 S. 2 SGB I).

Für weitere Informationen siehe auch unter Zuständigkeit (→ 131).

3.2 Anträge sind schnell zu bearbeiten

71 *„Die Leistungsträger sind verpflichtet, darauf hinzuwirken, dass [...] jeder Berechtigte die ihm zustehenden Sozialleistungen in zeitgemäßer Weise, umfassend und zügig erhält"* (§ 17 Abs. 1 SGB I). *„Das Verwaltungsverfahren ist einfach, zweckmäßig und zügig durchzuführen"* (§ 9 S. 2 SGB X).

Unter zügig ist nicht zu verstehen, bei Mittellosigkeit zwei, drei Wochen auf Geld warten zu müssen oder, wie es bei den Jobcentern häufiger vorkommt, sogar Monate. *„Die Bearbeitung eines auf die Bewilligung von Regelsatzleistungen gerichteten Hilfeantrags, [...] duldet keinen Aufschub und ist wegen des existentiellen Gewichts einer schnellen und wirksamen Bearbeitung baldmöglichst abzuschließen. [...] Dem Hilfesuchenden kann nicht zugemutet werden, bis zum Abschluss der Ermittlungen [...] auf das für seinen Lebensunterhalt Notwendige zu verzichten"* (BVerwG 23.6.1994 – 5 C 16.92).

Bei einer gegenwärtigen Notlage ist *„sofort und ohne jeden Aufschub"* zu zahlen, der Leistungsträger hat geeignete Maßnahmen ergreifen, um der Notlage zu begegnen. Auf die Überziehung seines Kontos kann ein*e Empfänger*in von Hilfe zum Lebensunterhalt nicht verwiesen werden (VGH Hessen 18.7.2018 – 1 B 2029/17).

3.3 Anspruch auf einen Vorschuss

72 Wenn Sie einen Anspruch auf eine Sozialleistung haben und die Behörde für die Berechnung zu lange braucht, haben Sie Anspruch auf einen **Vorschuss**. Die Behörde „*hat Vorschüsse [...] zu zahlen, wenn der Berechtigte es beantragt*" (§ 42 Abs. 1 S. 2 SGB I). Der Vorschuss **muss** spätestens einen Kalendermonat nach Eingang Ihres Antrags gezahlt werden. Es **kann** Ihnen aber auch vorher ein Vorschuss gezahlt werden. Es ist unzumutbar, einen Monat ohne Geld auskommen zu müssen. Wenn Sie mittellos sind, reduziert sich das **Ermessen auf null**.

73 Die Gewährung von **Sachleistungen** (→ 94) als Vorschuss ist im Rahmen einer Antragstellung **nicht zulässig**. Verweise auf ergänzende Angebote der Wohlfahrtsverbände oder Lebensmitteltafeln sind rechtswidrig (SG Bremen 20.3.2009 – S 26 AS 528/09 ER). Auch der Verweis auf einen Bankkredit ist nicht zumutbar (VGH Hessen 18.7.2018 – 1 B 2029/17).

3.3.1 Bürgergeld und GSi: Vorläufige Leistungserbringung / Anspruch auf Vorschuss?

74 Zum **1.8.2016** wurden im SGB II und zum 1.7.2017 im SGB XII bei der GSi neue Regelungen zur vorläufigen Entscheidung über Leistungen eingeführt (§ 41a SGB II, § 44a Abs. 1 Nr. 2 SGB XII; → 121). Nach Ansicht der Bundesregierung wurde infolgedessen „*Vorschuss und vorläufige Entscheidung [...] für den Bereich der Grundsicherung für Arbeitsuchende spezialgesetzlich in einer Vorschrift zusammengefasst*" (BT-Drs. 18/8041, 52).

Daher verdrängen diese neu eingeführten Regelungen der vorläufigen Leistungsgewährung des § 41a Abs. 1 S. 1 Nr. 2 SGB II bzw. § 44a Abs. 1 Nr. 2 SGB XII als spezielle Regelung für den Bereich des Bürgergelds und seit 1.7.2017 auch in der GSi die Vorschussregelung des § 42 SGB I, wonach der zuständige Leistungsträger Vorschüsse binnen eines Monats zahlen muss, wenn dies extra beantragt wird (§ 42 Abs. 2 S. 2 SGB I). Die Vorschussregelung im SGB I bezieht sich nur auf Geldleistungen, die Regelungen auf vorläufige Leistungsgewährung beziehen sich auf Geld- und Sachleistungen.

75 Die Regelungen im SGB II/SGB XII gehen inhaltlich über die allgemeine Vorschussregelung nach § 41 SGB I hinaus, weil die vorläufige Entscheidung nach § 41a SGB II / § 44a SGB XII **auch greift, wenn noch nicht abschließend feststeht, ob der Anspruch dem Grunde nach besteht**, sondern es vielmehr genügen lässt, dass der Anspruch mit **hinreichender Wahrscheinlichkeit** besteht und ausdrücklich als „**Muss-Regelung**" ausgestaltet ist.

Der große Nachteil ist, dass im Gesetz jeweils **kein Stichtag** genannt wird, bis wann die Leistung bewilligt werden muss.

76 Allerdings wurde die Vorschussregelung im SGB II in Bezug auf das SGB II/SGB XII bzw. GSi **nicht per Gesetz abgeschafft**. Nach wie vor regelt § 37 S. 1 SGB I, dass hier das SGB I anzuwenden ist. Deshalb ist unserer Auffassung nach die **Vorschussregelung** auch **weiterhin anzuwenden**, wenn, insbesondere bei Mittellosigkeit, einen Monat nach Antragstellung weder Leistungen bewilligt noch erbracht wurden (→ 74 ff.).

3.3.2 Vorschussregelungen gelten definitiv weiter in der HzL

77 Da in der HzL keine Regelung mit vorläufiger Leistungsgewährung getroffen wurde, gilt dort die Vorschussregelung des SGB I. Demnach sind Leistungen spätestens einen Monat nach Eingang eines gesonderten Antrages zu erbringen (§ 42 Abs. 1 S. 2 SGB I).

3.3.3 „Vorzeitige" Erbringung von Leistungen: 100-EUR-Vorschuss im Bürgergeld

78 Zum 1.8.2016 wurde ein Anspruch auf einen „Mini-Vorschuss" gesetzlich eingeführt. „*Auf Antrag der leistungsberechtigten Person können durch Bewilligungsbescheid festgesetzte, zum nächsten Zahlungszeitpunkt fällige Leistungsansprüche vorzeitig erbracht werden*" (§ 42 Abs. 2 S. 1 SGB II). In einer Bedarfsgemeinschaft können auf Antrag auch mehrere Personen diese vorläufige Leistung erhalten, der Anspruch ist auf maximal 100 EUR pro Person begrenzt. Beim

Antrag, den jede Person idR für sich stellen muss, ist eine Notwendigkeit des Vorschusses zu begründen (FW 42.2).

79 Der „Mini-Vorschuss" verringert den Auszahlungsanspruch im Folgemonat. Ist das nicht mehr möglich, im Monat danach (§ 42 Abs. 2 S. 3–4 SGB II). Die vorzeitige Leistung ist ausgeschlossen, wenn im folgenden Monat bereits eine Aufrechnung zu erwarten ist, der Leistungsanspruch durch eine Sanktion gemindert ist oder der „Mini-Vorschuss" bereits in einem der vorangegangenen zwei Kalendermonate in Anspruch genommen wurde (§ 42 Abs. 2 S. 5 Nr. 1–3 SGB II).

3.3.4 Kritik

80 Mit dem „Mini-Vorschuss", der Leistungsberechtigten idR im Folgemonat in voller Höhe abgezogen wird, ist die Bedarfsunterdeckung vorprogrammiert: die Notlage wird in die nahe Zukunft verschoben. Die Bundesregierung verfolgt damit offensichtlich das Ziel, die Gewährung von Darlehen vor allem für einen vom Regelbedarf umfassten, unabweisbaren Bedarf (§ 24 Abs. 1 SGB II; einmalige Beihilfe, → 40) drastisch einzuschränken. Die bestehenden Darlehensregeln gewährleisten aber immerhin einen gewissen Schutz vor Unterdeckung, weil die Aufrechnung auf zehn Prozent des Regelbedarfs bis 30.6.2023 und **ab 1.7.2023 auf 5 Prozent** des Regelbedarfs der darlehensnehmenden Person begrenzt ist.

Für die Jobcenter ist es attraktiv, einen „Mini-Vorschuss" zu zahlen, weil sie das Geld zeitnah und ohne Aufrechnung zurückbekommen. Daher ist zu erwarten, dass Leistungsberechtigte vermehrt darauf verwiesen werden und reguläre Darlehen versagt bekommen. Die Neuregelung schließt auch in Zukunft Darlehen nach bestehendem Recht nicht aus, es wird aber schwerer, sie durchzusetzen.

81 **Tipp**: Beantragen Sie schriftlich ein Darlehen und begründen Sie dies mit dem Schutz vor Bedarfsunterdeckung, sobald der Bedarf, den Sie decken müssen, unabweisbar ist und die monatliche Aufrechnungsrate von zehn/fünf Prozent des Regelbedarfs (502 EUR bei Alleinstehenden im Regelsatz 2023) deutlich übersteigt.

3.4 Behörden müssen ausreichendes Personal haben

82 Die Leistungsträger sind verpflichtet, *„darauf hinzuwirken, dass [...] die zur Ausführung von Sozialleistungen erforderlichen Dienste und Einrichtungen rechtzeitig und ausreichend zur Verfügung stehen"* (§ 17 Abs. 1 Nr. 2 SGB I).

Bei vielen Bürgergeld-Behörden ist das auch 17 Jahre nach der Einführung von Hartz IV, jetzt umbenannt in Bürgergeld, immer noch nicht der Fall. Sie bearbeiten wachsende Fallzahlen mit demselben oder sogar mit weniger Personal. Es ist längst keine Ausnahme mehr, wenn ein*e Sachbearbeiter*in für 300 bis 400 Personen zuständig ist.

3.5 Ortswechsel: Pflicht zur vorübergehenden Weiterleistung

83 *„Hat die örtliche Zuständigkeit gewechselt, muss die bisher zuständige Behörde die Leistungen noch solange erbringen, bis sie von der nunmehr zuständigen Behörde fortgesetzt werden"* (§ 2 Abs. 3 SGB X). Laut BA-Weisungsrecht gilt das nur für 30 Tage (FW 36.16). Das wäre allerdings rechtswidrig, wenn der neue Leistungsträger länger zur Leistungsgewährung benötigt.

3.6 Was tun, wenn ein Antrag nicht schnell bearbeitet wird?

84 Schlagen Sie bei Untätigkeit (→ 113) nach, beantragen Sie eine **vorläufige Leistungserbringung** (→ 121 Rn. 7 ff.) im Bürgergeld/GSi oder einen Vorschuss nach § 42 Abs. 1 S. 2 SGB II bei der HzL. Bringt das alles nichts und sind Sie ohne Mittel, um Ihre Existenz zu sichern, können Sie beim Sozialgericht **einstweiligen Rechtsschutz** (→ 41) beantragen.

3.7 Anträge schriftlich stellen!

85 Anträge auf Sozialleistungen können Sie schriftlich oder mündlich stellen; **schriftlich** ist **sicherer**. Die Sachbearbeiter*innen sind verpflichtet, jeden schriftlichen Antrag zu den Akten zu nehmen und zu bearbeiten (§ 20 Abs. 3 SGB X).

7 Antragstellung

86 Tipp: Verlangen Sie am besten gleich bei der Antragstellung einen schriftlichen Bescheid (→ 22).

3.8 Eingangsbestätigung auf der Kopie!

87 Oft verschwinden Anträge. Wir empfehlen deshalb, von Ihrem Antrag immer eine Kopie oder Abschrift zu machen. Lassen Sie sich von einem*r Sachbearbeiter*in, einem*r Pförtner*in oder der Poststelle der Behörde den Eingang des Antrags mit Datum und Stempel auf der Kopie bestätigen. Das ist der sicherste Zugangsnachweis und Sie behalten den Überblick über Ihre Anträge.

Die BA hat mit Weisung 201806011 vom 20.6.2018 bestimmt: *„Die BA befürwortet die Ausstellung von Eingangsbestätigungen durch Jobcenter trotz fehlender gesetzlicher Verpflichtung auf ausdrücklichen Wunsch der Leistungsberechtigten sowie für fristwahrende Schreiben wie Widersprüche und Anträge"* (https://www.arbeitsagentur.de/da tei/weisung-201806011_ba018017.pdf, letzter Zugriff: 18.1.2023). Mit „auf ausdrücklichen Wunsch der Leistungsberechtigten" meint die BA: in allen anderen Angelegenheiten, bspw. bei Änderungsmitteilungen und einzureichenden Unterlagen nach Mitwirkungsaufforderungen.

88 Sie können auch eine*n Zeugen*Zeugin mitnehmen, der*die bestätigen kann, dass Sie den Antrag gestellt bzw. eingeworfen haben. Von Einschreiben mit Rückschein ist abzuraten, da diese zu teuer und im Zweifelsfall nutzlos sind. Besser ist eine Faxübersendung (mit Sendebericht). Das wird als Zugangsbeweis anerkannt (BSG 20.10.2009 – B 5 R 84/09 B). Sicherheitshalber sollten Sie den Antrag parallel noch einmal per Post übersenden.

3.8.1 Übersendung per Mail / E-Government-Gesetz

89 Grundsätzlich trägt der*die Antragsteller*in die Beweislast für den Zugang des Antrags, dh der abrufbaren Speicherung der E-Mail im elektronischen Postfach des JC (vgl. BSG 26.7.2007 – B 13 R 4/06 R). Nach Entscheidung des BSG gilt die Übersendung per einfacher E-Mail an die vom Jobcenter öffentlich angezeigten oder benutzten E-Mails als bewiesener Zugang. Im Bestreitensfall muss zum Nachweis ein Ausdruck aus dem Postfach „Gesendete Nachrichten", aus dem die korrekte E-Mail des Jobcenters ersichtlich wird, vorgelegt werden (BSG 12.7.2019 – B 14 AS 51/18 R).

90 Ein beweisbarer, rechtssicherer **Zugang per De-Mail** wäre auch möglich, insofern der Empfänger hierfür einen Zugang eröffnet hat (§ 36a Abs. 1 SGB I). Für Bundesbehörden gilt seit August 2013 das E-Government-Gesetz des Bundes. In den Ländern gelten die E-Government-Gesetze der Länder.

Für die Jobcenter als gemeinsame Einrichtung gilt das E-Government-Gesetz des Bundes, für die Jobcenter in Optionskommunen gelten die E-Government-Gesetze der Länder. Allen gemeinsam ist, dass die Jobcenter von der Pflicht, einen gesicherten E-Mailzugang zu erstellen, ausgenommen sind, so § 1 Abs. 5 Nr. 3 EGovG (Bund) oder bspw. § 1 Abs. 4 Nr. 3 EGovG NRW, und ihnen der Gesetzgeber damit die Möglichkeit einräumt, weiter in einem **grundrechtsfreien Raum** zu agieren.

Die HzL-/GSi-Behörden sind kommunale Leistungsträger, für die es jeweils nach Landesgesetz eine Pflicht gibt, einen gesicherten elektronischen E-Mail-Zugang zu eröffnen. Gibt es das Landesgesetz und hat das HzL-/GSi-Amt versäumt, in der Rechtsmittelbelehrung auf die Möglichkeit des Widerspruchs per E-Mail hinzuweisen, gilt übrigens eine Widerspruchsfrist von einem Jahr (§ 66 Abs. 2 SGG).

3.8.2 Umfang von Unterlagenverlusten / Anspruch auf Eingangsbestätigung

91 Eine Umfrage über „Kundenzufriedenheit" bei Wuppertaler Bürgergeld-Beziehenden im Jahr 2009/2010 hat ergeben, dass fast 45 Prozent aller Befragten **mehr als dreimal** Erfahrungen mit dem Verlust von eingereichten Unterlagen gemacht haben (http://w ww.frank-jaeger.info/fachinformationen/Beri cht-Umfrage.pdf/view, S. 18 ff., letzter Zugriff: 18.1.2023). Dieser Befund ist noch heute aktuell. Er macht deutlich, warum es notwendig ist, **Beweise** für den Zugang beim Amt eingereichter Unterlagen zu **sichern**.

92 Es gibt im Sozialgesetzbuch keinen Paragrafen, der jede Behörde verpflichtet, auf Verlangen eine Eingangsbestätigung herauszugeben.

Aber: Der Anspruch auf eine Eingangsbestätigung ist aus dem Grundrecht auf ein faires und rechtsstaatliches Verfahren ableitbar. Dieser Anspruch gehört zu den wesentlichen Grundsätzen eines rechtsstaatlichen Verfahrens und wird als allgemeines Prozessgrundrecht qualifiziert. Seine Wurzeln werden im Rechtsstaatsprinzip (Art. 20 Abs. 3 GG) gesehen, das sich mit den Freiheitsrechten und Art. 1 Abs. 1 GG verbindet.

93 Es wird die Auffassung vertreten, dass sich ein Anspruch aus § 71b Abs. 3 S. 1 VwVfG iVm § 71a Abs. 2 VwVfG und § 88 SGG ergibt (GK-SGB II § 37 Rn. 30). Danach haben Leistungsträger und Kommunen die Pflicht, als öffentliche Einrichtungen eine Empfangsbestätigung auszustellen, wenn es sich um einen Antrag, Widerspruch, eine Willenserklärung, Änderungsmitteilung oder um für eine Bearbeitung erforderliche Unterlagen handelt; obwohl nach § 2 Abs. 2 Nr. 4 VwVfG die VwVfG eben nicht im Sozialrecht gilt. Die Kommentator*innen leiten dies im Sinne der Leistungsberechtigten ab. Das ist zu begrüßen. Wie in → Rn. 87 beschrieben, hat die BA mit Weisung 201806011 zumindest bestimmt, dass die Ausstellung von Eingangsbestätigungen zu „befürworte[n]" ist. Wir vertreten die Auffassung, dass die Bestätigung des Eingangs von eingereichten Unterlagen zum Anspruch auf ein faires und rechtsstaatliches Verfahren gehört und dass endlich der Rechtsanspruch auf eine Eingangsbestätigung ins SGB I eingeführt werden muss.

94 Tipp: Sollten auch von Ihnen eingereichte Unterlagen regelmäßig verschwinden, können Sie ein Schreiben an den*die Amtsleiter*in schicken und ihn*sie bitten, die Vorgänge im Rahmen der Fachaufsicht (Beschwerde, → 23) zu prüfen.

3.9 Keine Originale abgeben!

95 Da so manches in den Behörden verloren geht, sollten Sie **nur Kopien** und niemals die Dokumente im Original abgeben. Einzelne Jobcenter haben mit der Digitalisierung der Akten bereits begonnen und bitten Sie, keine Originale zu übersenden, da diese ein paar Wochen später **vernichtet** werden.

4. Bewilligung

96 Im Folgenden erfahren Sie alles über den Bewilligungsprozess.

4.1 Bewilligungszeiträume

97 Im Bürgergeld sollen die Leistungen jeweils für zwölf Monate bewilligt und monatlich im Voraus erbracht werden (§ 41 Abs. 3 SGB II). Von diesem Grundsatz soll abgewichen werden und der Zeitraum auf **sechs Monate** verkürzt werden. Insbesondere wenn **Leistungen vorläufig bewilligt** werden oder eine Kostensenkung der Unterkunftskosten bevorsteht (§ 41 Abs. 3 S. 2 Nr. 1 und 2 SGB II). In Ausnahmefällen, etwa wenn Ihr Leistungsanspruch früher endet (zB wegen Erreichens des Regelrentenalters), kann der Bewilligungszeitraum auch noch weiter verkürzt werden.

Bei **zu erwartenden Änderungen** sind Leistungen vorläufig zu gewähren (→ 121 Rn. 6 ff.).

98 Bei der HzL der Sozialhilfe ist der Bewilligungszeitraum nicht gesetzlich geregelt. In der Praxis wird Sozialhilfe für einen Monat bewilligt. Die Bewilligung wirkt fort, solange die Zahlung nicht durch einen Aufhebungsbescheid zurückgenommen wird. „*Ein Verwaltungsakt bleibt wirksam, solange und soweit er nicht zurückgenommen, widerrufen, anderweitig aufgehoben [...] oder auf andere Weise erledigt ist*" (§ 39 Abs. 2 SGB X).

Ändern sich die Verhältnisse, müssen Sie das mitteilen (Mitwirkungspflicht, → 79), ohne dass ein neuer Antrag nötig ist. In der Praxis werden bei der HzL die Leistungen auch ohne Rechtsnorm für ein Jahr bewilligt, insofern keine Gründe für eine kürzere Bewilligung vorliegen.

99 Bei der GSi beträgt der Bewilligungszeitraum zwölf Monate (§ 44 SGB Abs. 3 XII). Es ist rechtswidrig, danach die Zahlung einzustellen, selbst wenn Sie keinen Weiterbewilligungsantrag gestellt haben (BSG 20.9.2009 – B8 SO 13/08 R; → Rn. 64). Liegen die Voraussetzungen für einen weiteren Bezug von GSi vor, muss nahtlos weitergezahlt werden. Das ist idR der Fall, wenn Sie im Rahmen Ihrer Mitwirkungspflicht (→ 79) keine Änderungen mitgeteilt haben.

Wird allerdings **vorläufig** entschieden (→ Rn. 74, → 121), dann gilt seit Juli 2017, dass der Bewilligungszeitraum auf **höchstens sechs Monate** „verkürzt" werden soll (§ 44 Abs. 3 S. 2 SGB XII). Bei einer Kostensenkungsaufforderung ist, anders als beim Bürgergeld, keine vorläufige Leistungsgewährung zulässig.

4.2 Bürgergeld: Weiterbewilligungs- und Folgeantrag

100 Ungefähr sechs Wochen vor Ablauf des Bewilligungszeitraums sollten Sie vom Jobcenter eine schriftliche Aufforderung bekommen, den Weiterbewilligungsantrag zu stellen. Dieser wird im Regelfall zusammen mit einer Einkommenserklärung und -bescheinigung verschickt (FW 37.15).

Laut BSG muss für jeden Bewilligungszeitraum ein neuer Antrag gestellt werden, wenn der SGB II-Leistungsträger über die Notwendigkeit eines Folgeantrages informiert hat (BSG 18.1.2011 – B 4 AS 99/10 R; LSG Niedersachen-Bremen 24.2.2015 – L 7 AS 187/14).

101 Durch die **Rückwirkung** des Bürgergeld-Antrags auf den Ersten des Monats (→ Rn. 15) gibt es weniger Probleme, wenn Sie den Folgeantrag nicht rechtzeitig stellen. Auch wenn Sie den Antrag erst im Monat **nach Ablauf** des Bewilligungszeitraums stellen, wirkt dieser auf den Ersten des Monats zurück. Sie bekommen die Leistung zwar verspätet, aber immerhin wird sie nachgezahlt.

Wenn Sie den Antrag **über einen Monat** nach Ablauf des alten Bewilligungszeitraums einreichen, müssen Sie mit einer „Zahlungslücke" rechnen.

102 **Tipp 1:** Die Behörde muss im Zweifel den rechtzeitigen postalischen Zugang des Weiterbewilligungsantrages beweisen (§ 37 Abs. 2 S. 3 SGB X). Nur so erhalten Sie überhaupt die Möglichkeit, den Antrag rechtzeitig zu stellen. Ist das Formular für den Folgeantrag nicht zugegangen und wurden Sie nicht über die Notwendigkeit des Folgeantrages informiert, müssen Leistungen nahtlos weitergewährt werden.

103 **Tipp 2:** Um unnötigen Ärger mit der Behörde zu vermeiden und einen nahtlosen Leistungsbezug sicherzustellen, denken Sie mit und stellen Sie den geforderten Weiterbewilligungsantrag am besten rechtzeitig vor Ablauf des Bewilligungszeitraums.

4.3 Deckung des Bedarfs erst nach Antragstellung?

104 Die Rechtsprechung des BSG stellt klar, dass ein Leistungsanspruch auch rückwirkend besteht, selbst wenn Sie den Bedarf bereits gedeckt haben (→ Rn. 40 ff.). Das gilt **nicht**, wenn eine gesonderte Beantragung gefordert ist (→ Rn. 67 ff.).

105 Ist der Anspruch vom Grund- und Folgeantrag umfasst und müssen die Bedarfe **nicht** gesondert beantragt werden, zB Nachzahlungen für Betriebs- und Heizkosten, Kosten einer Einzugsrenovierung, Umzugskosten nach Genehmigung des Umzuges usw, kann der Bedarf **notfalls** gedeckt werden, **bevor** er bei der Behörde geltend gemacht wird. In Bezug auf Mietschulden hat das BSG entschieden, dass die reine Information und sogar darlehensweise Übernahme der Schulden einem Anspruch nicht entgegensteht (BSG 13.7.2022 – B 7/14 AS 52/21 R; → Rn. 105).

In den Fällen, bei denen eine gesonderte Beantragung erforderlich ist, **muss** der Bedarf **zuerst beantragt** werden, bevor er gedeckt wird. Für nähere Informationen siehe auch: für das Bürgergeld unter → Rn. 19, für HzL unter → Rn. 28 ff., für GSI unter → Rn. 67 ff.

106 In der Praxis empfehlen wir, möglichst **immer zuerst** den Antrag zu stellen bzw. den Bedarf geltend zu machen und erst **nach** der Bewilligung der Leistung den Bedarf zu decken. Oft verfügen Leistungsbeziehende nicht über ausreichende finanzielle Mittel, um in Vorleistung zu gehen. Wenn Sie Bedarfe „auf Pump" decken, tragen Sie das Risiko, dass der Betrag nicht in voller Höhe vom Amt bewilligt und ausgezahlt wird. Mussten Sie dennoch in **Vorleistung** treten, um einen Bedarf zeitnah zu befriedigen, ist es nicht zu-

lässig, den Antrag mit der Begründung abzulehnen, der Bedarf sei bereits gedeckt.

107 **Tipp:** Auch bei einmaligen Bedarfen wie Hausrat, Mietkaution usw besteht auf Antrag weiterhin der Anspruch auf eine alsbaldige vorläufige Leistungsgewährung (bei Bürgergeld und GSi) oder einen Vorschuss bei der HzL (§ 42 Abs. 1 S. 2 SGB I). Bei Bürgergeld und GSi muss das Amt die Leistungen unverzüglich erbringen, denn die Leistungen werden mit der Antragstellung fällig (§ 41 SGB I), bei einem gesonderten Antrag in der HzL spätestens nach einem Monat. Ist der Bedarf akut und haben Sie dies gegenüber dem Leistungsträger begründet, sind Leistungen auch vorher zu bewilligen (§ 42 Abs. 1 S. 2 SGB I; → Rn. 72 ff.).

4.4 Nicht auf mündliche Zusicherung verlassen!

108 Im Sozialrecht wird bei einer Reihe von Stellen eine **Zusicherung** verlangt, zB vor Anmietung einer Wohnung, Auszug eines unter 25-Jährigen aus dem Elternhaus oder bei Ortsabwesenheit. Eine Zusicherung ist eine von der zuständigen Behörde erteilte Zusage, einen bestimmten Verwaltungsakt später zu erlassen oder zu unterlassen. Die Zusicherung eines*r Sachbearbeiters*Sachbearbeiterin, dieses oder jenes zu bewilligen oder zuzustimmen, *„bedarf zu ihrer Wirksamkeit der schriftlichen Form"* (§ 34 Abs. 1 SGB X). Für Näheres siehe auch unter **Bescheid** (→ 22 Rn. 7).

Daher passen Sie auf und fordern Sie von dem*r Sachbearbeiter*in eine schriftliche Bestätigung ein, weil die Zusicherung nur so wirksam ist. Sie haben nach § 33 Abs. 2 S. 2 SGB X einen **Anspruch auf eine schriftliche Bestätigung**.

5. Unterlagen für die Antragstellung

109 Für einen SGB II/SGB XII-Antrag werden in der Regel mindestens die nachfolgenden Unterlagen benötigt.

Sie ersparen sich Lauferei und Wartezeiten, wenn Sie je nach Bedarf folgende Unterlagen vorlegen:

- Personalausweis oder Meldebescheinigung,
- unter Umständen Aufenthaltsgenehmigung,
- Nachweis über Einkünfte wie Lohnbescheinigung, Bescheide über Arbeitslosengeld, Rente, Wohngeld, Kindergeld etc, Nachweise über Unterhalt usw,
- Mietvertrag, Mietquittung, Heizkostenabrechnung, Nebenkostenabrechnung, Belege über die Abschlagszahlung beim Energieversorger (Jahresabrechnung),
- Unterlagen über Versicherungsbeiträge (Hausrat, Haftpflicht, Sterbegeld, freiwillige Krankenversicherung, Kfz-Versicherung usw),
- Nachweis über Unterhaltszahlungen, gepfändete Einkünfte,
- Nachweis über Erwerbsminderung und ggf. Nachweis über die Aussteuerung von Ihrer Krankenkasse,
- Atteste bei Diät oder Pflegebedürftigkeit,
- Heiratsurkunde, Geburtsurkunden der Kinder, ggf. Scheidungsurkunde,
- Unterlagen über Vermögen, Sparbücher, Nachweise über Einzahlsumme und Rückkaufswert einer Lebensversicherung und
- Kontoauszüge der letzten drei Monate (Konto, → 66).

Sie können Unterlagen auch nachreichen. Der Antrag gilt trotzdem als gestellt.

110 Fordern Sie Ihre*n Sachbearbeiter*in gleich bei Antragstellung auf, Ihnen einen **vollständigen „Laufzettel"** zu geben, welche Unterlagen benötigt werden und wo Sie überall Nachweise besorgen müssen. In welchem Umfang Sie mitwirken müssen und welche Daten die Behörde erheben darf, finden Sie unter den Beiträgen Datenschutz (→ 32) und Mitwirkungspflicht (→ 79).

6. Wann darf ein Antrag abgelehnt werden?

111 Eine Leistung darf nur abgelehnt werden,

- wenn tatsächlich kein Bedarf besteht,
- wenn Umstände, die für die Entscheidung wesentlich sind, nicht aufgeklärt werden können oder
- andere Ausschlustatbestände vorliegen.

Bei der Prüfung des Antrags muss die Behörde den Sachverhalt sorgfältig von Amts wegen untersuchen und alle für den*die Antragsteller*in sprechenden Umstände berücksichtigen (§ 20 Abs. 3 SGB X). Sind Sie akut hilfebedürftig, müssen Ihnen die Leistungen bei Bürgergeld/GSi vorläufig gewährt werden, bei HzL ist ein Vorschuss zu leisten (→ Rn. 71 bzw. vorläufig Leistungen zu erbringen → 121).

112 Nicht selten werden Antragstellende trotz eines tatsächlichen Bedarfs mit rechtswidrigen Begründungen weggeschickt, wie zB:

- *„Selbständige haben keinen Anspruch."*
- *„Überziehen Sie erst mal Ihr Girokonto."*
- *„Verkaufen Sie erst mal Ihr Auto."*
- *„Leihen Sie sich irgendwo Geld."*
- *„Ohne polizeiliche Anmeldung gibt's keine Leistungen."*
- *„Ohne Mietbescheinigung Ihres Vermieters wird die Miete nicht übernommen."*
- *„Urteile eines Gerichts gelten bei uns nicht."*
- *„Machen Sie erst mal Unterhaltsansprüche bei Ihren Eltern geltend."*

Und vieles mehr.

113 Lassen Sie sich in solchen Fällen die Antragstellung bestätigen und bestehen Sie auf einem **schriftlichen Bescheid** (→ 22), auf dem die Ablehnung begründet ist. Die Behörde ist dazu verpflichtet (§ 33 Abs. 2 S. 2 SGB X). Es ist unzulässig, Antragstellende abzuweisen und ihnen dann bei erneuter Antragstellung vorzuhalten, sie hätten ja überlebt und dies begründe Zweifel an Ihrer Hilfebedürftigkeit (LSG NRW 1.8.2005 – L 19 AS 14/05 ER).

114 **Tipp 1:** Auch wenn Sie voraussichtlich vorrangige Sozialleistungen oder Unterhaltszahlung erwarten, die Ihnen aber erst mit zeitlicher Verzögerung zufließen, sind Ihnen Bürgergeld- bzw. HzL-/GSI-Leistungen zunächst zu bewilligen, um die aktuelle Mittellosigkeit zu überbrücken. Das jeweilige Amt muss dann beim eigentlich zuständen Leistungsträger einen Erstattungsanspruch geltend machen.

115 **Tipp 2:** Nur wenn Sie eine falsche Aufklärung und Beratung (→ 20) bei der Antragstellung **nachweisen** können, haben Sie Anspruch auf Nachzahlung (→ 80), wenn Ihnen dadurch ein materieller Nachteil entstanden ist.

7. Verzicht auf Sozialleistungen

116 Grundsätzlich können Sie jederzeit auf Sozialleistungen verzichten. Der Verzicht kann jederzeit mit Wirkung für die Zukunft widerrufen werden (§ 46 Abs. 1 SGB I). Es werden immer mehr Fälle bekannt, in denen die Jobcenter EU-Bürger*innen oder auch Leistungsberechtigte, die eine Arbeit aufgenommen haben, auffordern, eine Verzichtserklärung abzugeben.

7.1 Wirksamkeit von Widerrufen

117 Dazu folgende Grundsätze: Wenn Menschen Sozialleistungen beantragen, hat die Behörde über den Antrag zu entscheiden, entweder bewilligt sie ihn oder sie lehnt ihn ab. Bevor das Amt ablehnt, muss sie den*die Antragstellende*n nach § 24 SGB X anhören und ihm*r damit die Möglichkeit auf rechtliches Gehör einräumen.

Nach dem rechtlichen Gehör hat sie einen rechtsmittelfähigen Versagungsbescheid zu erlassen, um dem*r Antragstellenden so das förmliche Rechtsmittelweg zu eröffnen.

Danach kommt die Entscheidung, ob der*die Antragstellende Leistungen bekommt oder nicht. Als Alternative könnte noch versucht werden, von dem*r Antragstellenden eine Verzichtserklärung nach § 46 SGB I abzuverlangen. Das Zurückziehen eines Antrages ist faktisch eine Verzichtserklärung.

118 Allerdings regelt das Gesetz, dass **ein Verzicht auf Sozialleistungen nach § 46 Abs. 2 SGB I unwirksam ist,** wenn:

- damit Rechtsvorschriften umgangen werden (wenn wegen behördlicher Falschbehauptung, dass kein Anspruch mehr bestünde, die Verzichterklärung wegen behördlicher Umgehung von Rechtsvorschriften zurückgezogen wurde),
- damit andere Personen belastet werden; das liegt immer dann vor, wenn im SGB II mehr als eine Person Antragstellende ist,
- Minderjährige, die im Sinne des § 36 SGB I sozialrechtsfähig sind, ohne Zustimmung des gesetzlichen Vertreters auf den Antrag verzichtet haben.

Der Verzicht bedarf gemäß § 46 Abs. 1 SGB I der **Schriftform**.

119 Ein wirksamer Verzicht kann jederzeit mit **Wirkung für die Zukunft widerrufen** werden. Der Widerruf ist formlos, der*die Berechtigte muss lediglich zum Ausdruck bringen, dass er*sie die Sozialleistung in Zukunft wieder in Anspruch nehmen will. Der Widerruf kann daher zB auch aus einem Widerspruch oder Überprüfungsantrag gefolgert werden und ist behördlicherseits so auszulegen.

7.2 Verzicht in der Praxis

120 Ein Leistungsantrag ist bis **zur Bestandskraft des dahin gehenden Bescheides** widerrufbar (FW zu § 46 SGB I, Nr. 1.3.2). Sowohl Widerruf als auch Rücknahme des Antrages sind in der Leistungsakte durch eine schriftliche Erklärung des*r Antragstellenden zu dokumentieren, so die BA in den FW zu 37.8.

121 Der Verzicht wirkt sich nur auf die künftig fällig werdenden Leistungsansprüche aus, auf bereits „abgewickelte" Leistungsansprüche kann sich der Verzicht nach § 46 SGB I nicht erstrecken (SG Berlin 29.7.2013 – S 197 AS 15266/10).

122 Das LSG Bayern hat entschieden, dass die Rücknahme eines Antrags möglich ist und die Antragswirkung auf einen anderen Zeitpunkt verschoben werden kann (LSG Bayern 27.2.2014 – L 7 AS 642/12). Zudem müsse das Jobcenter bezüglich der optimalen Antragstellung pflichtmäßig beraten. Geschieht dies wie im verhandelten Fall nicht, ist der*die Betroffene über den sozialrechtlichen Herstellungsanspruch im Nachhinein so zu stellen, als hätte er*sie den Antrag für seine Zwecke optimal terminiert. Die zentrale Argumentation des LSG lautete: *„Durch die Dispositionsfreiheit bei der Antragstellung hat der Betroffene auch das Recht, seinen Leistungsanspruch im Rahmen der Gesetze zu optimieren. Er handelt nicht rechtsmissbräuchlich. Nach § 2 Abs. 2 SGB I haben Sozialbehörden sicherzustellen, dass die sozialen Rechte möglichst weitgehend verwirklicht werden. Der Leistungsträger ist gemäß § 17 Abs. 1 Nr. 1 SGB I verpflichtet, darauf hinzuwirken, dass jeder Leistungsberechtigte die ihm zustehenden Sozialleistungen umfassend erhält"* (LSG Bayern 27.2.2014 – L 7 AS 642/12).

123 Da BA regelt in ihren Weisungen: *„Der Antrag kann als Willenserklärung bis zum Zugang der Bewilligung widerrufen werden. [...] Nach Zugang des Antrags kann dieser bis zur Bestandskraft der Entscheidung hierüber zurückgenommen werden"* (FW 37.8; Eicher/Luik/Harich § 37 Rn. 24). Dann sagt die BA: *„Antragstellerinnen und Antragsteller sind jedoch nicht befugt, durch nachträgliche Beschränkung oder teilweise Rücknahme des Antrags nach Antragstellung zugeflossenes Einkommen in Vermögen zu wandeln"* (FW 37.8).

124 Das BSG hat diese Rechtsposition bestätigt und erklärt, dass Bürgergeld-Leistungsberechtigte nicht befugt seien, einen einmal gestellten Antrag zurückzunehmen, um auf diesem Wege zugeflossenes Einkommen in Vermögen umzuwandeln, um so für sich positive Vermögensdispositionen treffen zu können (BSG 24.4.2015 – B 4 AS 22/14 R).

125 **Wir vertreten die Auffassung,** dass eine Antragsrücknahme auf künftig fällig werdende Leistungsansprüche, die noch nicht bereits vom Jobcenter „abgewickelt", also zur Auszahlung gebracht wurden, möglich sein muss. Denn Leistungsberechtigte müssen das Recht haben, durch die Dispositionsfreiheit bei der Antragstellung die für sie günstigsten Leistungsansprüche maximal zu gestalten. Die BSG-Entscheidung aus 2015 ist maximal leistungsausschließend und muss vor dem Hintergrund, dass 2016 die Einkommensanrechnung zu einem „behördlichen Vermögensraub" mutiert wurde, neu betrachtet werden. Bis 2016 wurde bei einmaligen Zahlungen differenziert: wenn diese aus einem laufenden Leistungsanspruch entstammen, waren sie ausschließlich nur im Zuflussmonat als Einkommen anzurechnen, Überschüsse wurden dann zu Vermögen. Zum 1.8.2016 wurde durch den Gesetzgeber bestimmt, dass, wenn die einmalige Zahlung aus vorangegangenen Zeiträumen entstammt, sie dann wie eine einmalige Einnahme anzurechnen ist und im Zweifelsfall auf sechs Monate zu verteilen ist (§ 11 Abs. 3 S. 2 SGB II). Diese Rechtsänderung stellt be-

hördlich verordneten Vermögensraub da. Da der Gesetzgeber diesen Weg des Vermögensraubes geht, muss die Möglichkeit der Rücknahme eines gestellten, aber mind. noch nicht abgewickelten Leistungsantrages möglich sein. Diese Position wird in der Rechtsprechung zu prüfen sein.

8. Adressen

126 Adressen der örtlichen Jobcenter/Agenturen für Arbeit erhalten Sie unter: www.jobcenter-ge.de.

Adressen der Sozialverwaltungen (zuständig für HzL/GSi der Sozialhilfe) finden Sie auf der Internetseite Ihrer Kommune/Ihres Landkreises oder im örtlichen Telefonbuch.

8 Anwält*innen

1. Wie finde ich den*die richtige*n Anwalt*Anwältin?	1
2. Anwalt*Anwältin vor Ort oder Distanzmandat?	4
3. Erste Kontaktaufnahme	6
4. Welche Unterlagen werden benötigt?	7
5. Wie wird der*die Anwalt*Anwältin bezahlt?	8
6. Jobcenter darf nicht gegen Anwaltskosten aufrechnen	12
7. Wann kann der*die Anwalt*Anwältin ein Beratungshilfemandat ablehnen?	15
8. Kann der*die Anwalt*Anwältin die Vorlage eines Berechtigungsscheins verlangen?	18
9. Rechte und Pflichten im Mandatsverhältnis	21
9.1 Rechtsanwalt*Rechtsanwältin als unabhängiges Organ der Rechtspflege	22
9.2 Grundpflichten des*r Rechtsanwalts*Rechtsanwältin	23
9.3 Widerstreitende Interessen	24
9.4 Mitteilung der Ablehnung eines Auftrages	25
9.5 Pflicht zur Übernahme der Prozessvertretung	26
9.6 Pflicht zur Übernahme der Beratungshilfe	27
9.7 Anwaltsvergütung bei Selbstzahlern	28
9.8 Handakten des*r Rechtsanwalts*Rechtsanwältin	31
9.9 Unterrichtung des*r Mandanten*Mandantin	32
9.10 Unterrichtung bei Mandatswechsel	33
9.11 Hinweis auf Beratungs- und Prozesskostenhilfe	34
9.12 Akteneinsicht durch den*die Anwalt*Anwältin	35
10. Adressen von Anwält*innen,	36

1. Wie finde ich den*die richtige*n Anwalt*Anwältin?

1 Anders als in der Vergangenheit sind heute viele Anwält*innen bereit, sozialrechtliche Mandate anzunehmen. Dies ist maßgeblich auf den seit 2005 sprunghaft angestiegenen Beratungsbedarf vor allem durch die Einführung von „Hartz IV" (seit dem 1.1.2023 Bürgergeld) zurückzuführen, der sich auch an der Verdoppelung der Fachanwaltschaften für Sozialrecht in den Jahren 2005 bis 2012 ablesen lässt. Viele Kanzleien bieten heute Sozialrecht mit an, einige Anwält*innen haben sich sogar ausschließlich auf sozialrechtliche Mandate spezialisiert. Näheres zum Thema **Beratungshilfe** finden Sie unter dem entsprechenden Beitrag (→ 21).

2 Die Möglichkeiten, nach einem*r Anwalt*Anwältin für Sozialrecht zu suchen, sind heute vielgestaltig. Viele Anwält*innen inserieren in den örtlichen Telefonbüchern oder lassen sich im Internet über eine Stichworteingabe (etwa: „Rechtsanwalt für Sozialrecht Wuppertal") in den gängigen Suchmaschinen finden. Nur weil ein*e Anwalt*Anwältin damit wirbt, im „Sozialrecht" zu vertreten, bedeutet das jedoch noch nicht, dass diese*r auch Fachwissen und Berufserfahrung in diesem Rechtsgebiet mitbringt. Gerade viele junge Rechtsanwält*innen werben damit, in fast allen Rechtsgebieten zu vertreten – das können aber selbst sehr erfahrene Anwält*innen nicht leisten. Der Titel „**Fachanwalt/Fachanwältin für Sozialrecht**" ist ein Hinweis darauf, dass Sie hier mit Ihrem sozialrechtlichen Anliegen richtig liegen könnten, mehr aber auch nicht. In den meisten Städten und Gemeinden haben sich Anwält*innen in den verschiedenen Rechtsgebieten einen gewissen Ruf erworben. **Soziale Einrichtungen** wie Erwerbsloseninitiativen oder Beratungsstellen

der Wohlfahrtsverbände führen oft Listen mit Anwält*innen, mit denen sie gute Erfahrungen gemacht haben. Auch einige Amtsgerichte führen solche Listen.

Eine gute Informationsmöglichkeit bieten auch die **Internetauftritte** von Rechtsanwält*innen (Websites, Blogs), in denen Anwält*innen über ihre Tätigkeit berichten, sowie einschlägige Adressdateien im Internet (→ Rn. 36). Auch Empfehlungen von Freund*innen oder Bekannten, die bereits gute Erfahrungen mit einem*r Anwält*in im Sozialrecht gemacht haben, können bei der Anwaltswahl helfen.

3 Demgegenüber ist vor Anwält*innen zu warnen, die etwa vor den Jobcentern oder flächendeckend in ganzen Stadtteilen Flyer verteilen, weil sie hier das große Massengeschäft wittern. Erfahrungsgemäß haben diese Anwält*innen weniger die Interessen ihrer Mandant*innen als ihre eigenen Geldbeutel im Blick. Entsprechend schlecht und im Ergebnis für Mandant*innen weniger erfolgversprechend können dann auch ihre anwaltlichen Aktivitäten ausfallen.

2. Anwalt*Anwältin vor Ort oder Distanzmandat?

4 Immer mehr Anwaltskanzleien werben auch im Sozialrecht damit, Mandant*innen im gesamten Bundesgebiet zu vertreten. In Einzelfällen können über Distanz geführte Mandate sinnvoll sein, etwa dann,

- wenn einzelne Rechtsanwält*innen über **besondere Expertise** in rechtlich besonders anspruchsvollen Rechtsgebieten verfügen, die kein*e Anwalt*Anwältin vor Ort besitzt,
- oder wenn vor allem in ländlichen Regionen keine mit sozialrechtlichen Mandaten vertraute Anwält*innen vor Ort ansässig sind.

5 IdR ist jedoch von solchen Distanzmandaten eher abzuraten. Denn gerade im Sozialrecht kommt es häufig auf den **persönlichen Kontakt** an. Bescheide müssen gelegentlich vor Ort „per Hand" mit Einkreisungen und Markierungen erklärt werden. Die für das Sozialrecht typische Papierfülle – schon einzelne Bescheide mit 60 Seiten sind keine Seltenheit – per Post, Fax oder als E-Mail-Anhang zu versenden, ist aufwendig und viele Mandant*innen verfügen auch gar nicht über die technischen Voraussetzungen dafür. Gerade im Sozialrecht kommt es zudem häufig auf die **Kenntnis der Behördenpraxis** und Rechtsprechung vor Ort an, über die in der Regel nur die im Sozialrecht tätigen Rechtsanwält*innen vor Ort verfügen. Gleiches gilt für den persönlichen Kontakt zu den Behördenmitarbeiter*innen vor Ort, der es nicht selten ermöglicht, für den*die Mandanten*Mandantin „auf dem kurzen Dienstweg" vor allem eilige Angelegenheiten kurzfristig zu erledigen.

3. Erste Kontaktaufnahme

6 Haben Sie eine*n Anwalt*Anwältin gefunden, kontaktieren Sie diese*n per Telefon oder E-Mail und fragen Sie, ob er*sie sich auf SGB II-/SGB XII-Mandate **spezialisiert** hat. Das ist wichtig, denn allein das SGB hat zwölf Bücher und die wenigsten Sozialrechtsanwält*innen sind Expert*innen in allen zwölf Rechtsgebieten, zu denen auch Spezialgebiete wie Renten- oder Krankenversicherungsrecht gehören.

Haben Sie den*die richtige*n Anwalt*Anwältin gefunden, schildern Sie ihm*r Ihr Problem und fragen Sie ihn*sie, ob er*sie Sie vertreten kann. Sie sollten jetzt auch schon die **Kostenfrage** ansprechen: Leben Sie von Sozialleistungen, haben Sie in der Regel einen Anspruch auf **Beratungshilfe**. Klären Sie mit dem*r Anwalt*Anwältin, ob Sie zu dem ersten Beratungstermin einen **Berechtigungsschein** vom Amtsgericht mitbringen sollen oder der*die Anwalt*Anwältin für Sie die Beratungshilfe (→ 21) nachträglich beantragt.

4. Welche Unterlagen werden benötigt?

7 Das hängt davon ab, ob Sie dem/r Anwalt*Anwältin einen Berechtigungsschein für Beratungshilfe mitbringen oder er*sie für Sie nachträglich Beratungshilfe beantragen soll. Bringen Sie einen Berechtigungsschein bei, benötigt Ihr*e Anwalt*Anwältin lediglich alle Unterlagen, die für die Bearbeitung des Mandats erforderlich sind (Bescheide,

Abrechnungen, Schriftwechsel mit der Behörde etc).

Regelmäßig wird Ihnen Ihr*e Anwalt*Anwältin bei der Terminvereinbarung genau sagen, welche Unterlagen er*sie benötigt und es Ihnen danken, wenn Sie Ihre Unterlagen gut sortiert mitbringen. Für die nachträgliche Beantragung von Beratungshilfe braucht Ihr*e Anwalt*Anwältin zudem alle für die Beratungshilfebeantragung erforderlichen Unterlagen (→ 21 Rn. 4).

5. Wie wird der*die Anwalt*Anwältin bezahlt?

8 Anwält*innen müssen von ihrer Arbeit leben, auch wenn sie im Sozialrecht tätig sind. Vertritt Ihr*e Anwalt*Anwältin Sie in einem Widerspruchsverfahren und ist das Widerspruchsverfahren zu 100 Prozent erfolgreich, **muss die Behörde die Kosten** von Ihrem*r Anwalt*Anwältin übernehmen (§ 63 SGB X). In der Regel erstatten die Behörden die sogenannte Schwellengebühr, die seit dem 1.1.2021 bei der Vertretung einer Person bei 359 EUR (Nr. 2302 VV RVG) zuzüglich der Pauschale für Entgelte für Post- und Telekommunikationsdienstleitungen (Nr. 7002 VV RVG) sowie der gesetzlichen Umsatzsteuer liegt, die dem*r Anwalt*Anwältin im Regelfall eine kostendeckende Bearbeitung ermöglicht.

9 Für eine Tätigkeit im Verwaltungsverfahren oder dann, wenn der Widerspruch keinen Erfolg hat, haben Sie einen Anspruch auf Beratungshilfe (→ 21). Die Gebühren für den*die Anwalt*Anwältin liegen hier seit dem 1.1.2021 zwischen 38,50 EUR (Beratung) bis 93,50 EUR (Vertretung einer Person) netto. Ihr*e Anwalt*Anwältin kann darüber hinaus nur eine **Selbstbeteiligung von 15 EUR** netto (vgl. Nr. 2500 VV RVG) verlangen (§ 8 Abs. 2 BerHG), die er*sie Ihnen aber auch **erlassen** kann. Wird die Beratungshilfe bei nachträglicher Beantragung durch den*die Rechtsanwalt*Rechtsanwältin (§ 6 Abs. 2 BerHG) allerdings abgelehnt, so hat der*die Anwalt*Anwältin einen Anspruch auf seine*ihre gesetzliche Vergütung in Höhe von 359 EUR netto zuzüglich Telekommunikationspauschale und Umsatzsteuer bei der Vertretung einer Person, wenn er

Sie bei der Mandatsaufnahme hierauf **hingewiesen** hat (§ 8 Abs. 4 BerHG). In Höhe der voraussichtlich entstehenden Gebühren kann der*die Anwalt*Anwältin einen Vorschuss verlangen (§ 9 RVG).

10 **Tipp 1:** Gerade dann, wenn die Gewährung von Beratungshilfe nicht sicher ist (etwa im Anhörungsverfahren; Beratungshilfe, → 21 Rn. 19 f.), sollten Sie sich **vor dem Termin** bei dem*r Anwalt*Anwältin einen Berechtigungsschein besorgen, damit Sie bei Ablehnung von Beratungshilfe nicht Gefahr laufen, mit hohen Anwaltskosten konfrontiert zu werden.

11 **Tipp 2:** Wird Beratungshilfe abgelehnt, sprechen Sie Ihre*n Anwalt*Anwältin darauf an. Häufig können Anwält*innen für Sie den Beratungshilfeanspruch doch noch durchsetzen. Viele Anwält*innen im Sozialrecht lassen außerdem über die Kosten mit sich reden. Es ist nicht unüblich, für eine Beratung etwa 50 EUR zu vereinbaren, für die viele Anwält*innen auch Formulierungshilfen (etwa im Rahmen eines Anhörungsverfahrens) geben.

6. Jobcenter darf nicht gegen Anwaltskosten aufrechnen

12 Das Bundessozialgericht hat mit Urteilen vom 20.2.2020 zu den Az. B 14 AS 3/19 R, B 14 AS 17/19 R sowie B 14 AS 4/19 R entschieden, dass eine **Aufrechnung des Jobcenters gegen den anwaltlichen Vergütungsanspruch** gemäß § 63 SGB X nach einem erfolgreichen Widerspruchsverfahren mit eigenen Erstattungsforderungen gegenüber dem*r Leistungsempfänger*in nicht zulässig ist. In den vom BSG entschiedenen Fällen hatten Anwält*innen ihre Mandant*innen im Widerspruchsverfahren gegenüber den Jobcentern erfolgreich vertreten. Die geltend gemachten Anwaltskosten hatten die Jobcenter zwar dem Grunde und der Höhe nach als erstattungsfähig anerkannt, eine **Zahlung** aber trotzdem **abgelehnt**. Sie hatten nämlich die Kostenerstattungsansprüche mit anderen Erstattungsforderungen gegenüber den Widerspruchsführern **aufgerechnet**.

13 Diese Aufrechnung war **unzulässig**. Denn einer wirksamen Aufrechnung steht ein aus dem Sinn und Zweck des § 63 SGB X folgen-

des **Aufrechnungsverbot** entgegen, das sich nach Ansicht des BSG aus den Funktionen des Kostenerstattungsanspruchs nach § 63 SGB X ergibt:
- § 63 SGB X kompensiert den Umstand, dass die Verwaltung die an sie auf Art. 20 Abs. 3 GG gestützte Erwartung, sie werde nach **Gesetz und Recht handeln**, nicht erfüllt hat.
- § 63 SGB X sichert die **Widerspruchsführer** vor der **Kostenlast** bei einem erfolgreichen isolierten Vorverfahren ab.
- § 63 SGB X gibt im Wege des Freistellungsanspruchs **Rechtsanwält*innen** die Sicherheit, ihre **Gebühren und Auslagen** auch bei Vertretung von unbemittelten Widerspruchsführern **zu erhalten**.
- § 63 SGB X soll gewährleisten, dass auch **unbemittelte Widerspruchsführer** Anwält*innen finden, die **zu ihrer Vertretung bereit** sind, weil sie im Erfolgsfall dieselbe Vergütung erwarten können wie bei bemittelten Mandant*innen.

14 Diese Funktionen würden nach der Rechtsprechung des BSG **vereitelt**, wenn Anwält*innen damit rechnen müssten, dass Grundsicherungsträger, welche die Kosten des Vorverfahrens zu erstatten haben, ihrerseits mit Forderungen gegenüber Widerspruchsführern wirksam **aufrechnen** könnten. Die Aufrechnung betreffe zudem die **Rechtsschutzgleichheit** von Unbemittelten und Bemittelten insbesondere im Bereich des SGB II, in dem Widerspruchsführer **typischerweise unbemittelt** sind. Denn Rechtsanwält*innen müssten aufgrund der **großen Anzahl von Erstattungsbescheiden** im Bereich des SGB II (vgl. nur BT-Drucks 19/12241, 2) befürchten, ihre Vergütung nicht über den Kostenerstattungsanspruch nach § 63 SGB X zu erhalten. Es bestehe deshalb die **Gefahr**, dass sie die Übernahme entsprechender Mandate **ablehnen**. Letztlich könnten Jobcenter durch gezielte Anweisung zur Aufrechnung von Erstattungsforderungen verhindern, dass Leistungsberechtigte anwaltliche Beratung und Vertretung finden.

7. Wann kann der*die Anwalt*Anwältin ein Beratungshilfemandat ablehnen?

15 Der*die Rechtsananwalt*Rechtsanwältin kann die Beratungshilfe im Einzelfall aus wichtigem Grund ablehnen oder beenden (§ 49a Abs. 1 S. 2 BRAO). Ein wichtiger Grund kann in der Person des*r Rechtsanwalts*Rechtsanwältin selbst oder in der Person oder dem Verhalten des*r Mandanten*Mandantin liegen (§ 16a Abs. 3 S. 2 BORA).

Ein **wichtiger Grund** liegt insbesondere vor, wenn der*die Anwalt*Anwältin durch Erkrankung oder durch berufliche Überlastung an der Beratung/Vertretung gehindert ist, der*die beratungshilfeberechtigte Mandant*in die für die Mandatsbearbeitung erforderliche Mitarbeit verweigert, das Vertrauensverhältnis zwischen Anwalt*Anwältin und Mandant*in aus Gründen, die im Verhalten oder in der Person des*r Rechtsanwalts*Mandantin liegen, schwer gestört ist oder sich herausstellt, dass die Einkommens- oder Vermögensverhältnisse (→ 21 Rn. 6) des*r Mandanten*Mandantin die Bewilligung von Beratungshilfe nicht rechtfertigen (§ 16a Abs. 3 S. 3 BORA).

16 Auch **fehlende Rechtskenntnisse** oder Erfahrungen des*r Anwalt*Anwältin in einem Rechtsgebiet können im Einzelfall dann eine Mandatsablehnung rechtfertigen, wenn dem*r Anwalt*Anwältin eine kurzfristige Einarbeitung in zumutbarer Weise nicht möglich ist (Bescheid des Bundesministeriums der Justiz vom 13.3.2009, abgedruckt in BRAK-Mitt. 2/2009, 66).

17 In der Praxis gibt es hier tatsächlich selten Probleme, denn Rechtssuchende haben für gewöhnlich kein Interesse daran, irgendeine*n Anwalt*Anwältin zu haben, sondern eine*n gute*n und engagierte*n Anwalt*Anwältin. Wenn der*die Anwalt*Anwältin aber bereits von sich aus erklärt, das Rechtsgebiet nicht zu beherrschen oder einfach auch nur Desinteresse signalisiert, werden Ratsuchende von sich aus eine*n andere*n Anwalt*Anwältin konsultieren.

8. Kann der*die Anwalt*Anwältin die Vorlage eines Berechtigungsscheins verlangen?

18 Nach Auffassung des Bundesministeriums der Justiz kann der*die Anwalt*Anwältin die Vorlage eines Beratungshilfe-Berechtigungsscheins nicht verlangen, wenn sich der*die Rechtsuchende direkt an ihn*sie wendet (Bescheid des Bundesministeriums der Justiz vom 13.3.2009, abgedruckt in BRAK-Mitt. 2/2009, 66).

Ob diese Rechtsauffassung nach der Reform des Beratungshilferechts noch Bestand haben kann, erscheint zweifelhaft. Auch spricht der Wortlaut von § 16a Abs. 2 BORA („*Der Rechtsanwalt ist nicht verpflichtet, einen Beratungshilfeantrag zu stellen*") eher dafür, dass mit dieser Formulierung nicht allein gemeint ist, dass der*die Rechtsanwalt*Rechtsanwältin das Beratungshilfeformular nicht für seine*n Mandanten*Mandantin ausfüllen muss, sondern es ihm*r freisteht, „*den Mandanten auf die Möglichkeit der Inanspruchnahme von Beratungshilfe zu verweisen und die Übernahme des Mandats davon abhängig machen kann, dass der Mandant zunächst selbst den Antrag bei dem zuständigen Amtsgericht stellt und einen Berechtigungsschein beibringt*" (Anwaltskammer München, http://rak-muenchen.de/berufsrecht/pkhberatungshilfe/).

Jedenfalls wird man dem*r Anwalt*Anwältin dieses Recht zusprechen müssen, wenn diese*r – und sei es nur aufgrund der ihm*r bekannten Gewährungspraxis des zuständigen Amtsgerichts – **begründete Zweifel** an einer nachträglichen Beratungshilfegewährung hat.

19 Allerdings gibt es hier in der Praxis wenig Probleme, da die Vorlage eines Berechtigungsscheins im Regelfall im Interesse sowohl des*r Anwalt*Anwältin als auch des*r Rechtsuchenden liegt (→ Rn. 6; → 21 Rn. 2 f.). Lediglich dann, wenn der*die Rechtsuchende einen **weiten Weg zum Amtsgericht** zurücklegen muss oder etwa gehbehindert ist, stellt der Weg zum Amtsgericht im Einzelfall eine echte Hürde dar. In derartigen Fällen wird jede*r vernünftige Anwalt*Anwältin nachträgliche Beratungshilfe gewähren. Gleiches gilt für Fälle, in denen **Fristen** ablaufen oder die sehr eilig sind.

20 In der **Corona-Pandemie** war der Zugang zu den Amtsgerichten, bei denen Beratungshilfe bewilligt und Berechtigungsscheine ausgestellt werden, stark eingeschränkt. Die Amtsgerichte verwiesen Rechtsuchende regelmäßig auf das schriftliche Antragsverfahren, das nicht wenige Rechtsuchende überfordert und sich bisweilen so lange hingezogen hat, dass **Fristen** wie etwa Widerspruchsfristen oder – wenn die Beratung über die Erfolgsaussichten einer Klage begehrt wurde – Klagefristen längst **abgelaufen** waren, wenn den Rechtsuchenden der Berechtigungsschein endlich vorlagt und ein Termin bei einem*r Rechtsanwalt*Rechtsanwältin stattfinden konnte. Aus diesem Grunde empfahl sich in der pandemischen Lage, die nachträgliche **Beantragung der Beratungshilfe durch den*die Anwalt*Anwältin** auf digitalem Wege über sein*ihr „besonderes elektronisches Anwaltspostfach" (beA).

9. Rechte und Pflichten im Mandatsverhältnis

21 Die Rechte und Pflichten des*r Anwalt*Anwältin sind in der Bundesrechtsanwaltsordnung (BRAO) und der Berufsordnung für Rechtsanwälte (BORA) geregelt. Die wichtigsten Rechte und Pflichten sollen hier kurz dargestellt werden.

9.1 Rechtsanwalt*Rechtsanwältin als unabhängiges Organ der Rechtspflege

22 Der*die Rechtsanwalt*Rechtsanwältin ist ein unabhängiges Organ der Rechtspflege und unabhängige*r Berater*in und Vertreter*in seines*ihres oder seiner*ihrer Mandanten*Mandantin (§ 1 Abs. 1, § 3 Abs. 1 BRAO). Als solche*r ist der*die Anwalt*Anwältin **nicht an die Rechtsauffassung seines*r Mandanten*Mandantin gebunden**. Der*die Anwalt*Anwältin ist nicht gezwungen, rechtliche Ausführungen zu machen, welche er*sie selbst für unzutreffend hält. Er ist nicht „verlängerter Schreibarm" seines*r Mandanten*Mandantin. Über die Gestaltung seiner*ihrer Schriftsätze, die er*sie mit seiner*ihrer Unterschrift zu beglaubigen hat, entscheidet er*sie selbst. Lückenhaften Sach-

vortrag muss er*sie auf Mandant*innenweisung selbstverständlich vervollständigen.

9.2 Grundpflichten des*r Rechtsanwalts*Rechtsanwältin

23 Zu den Grundpflichten eines*r Rechtsanwalts*Rechtsanwältin gehört seine*ihre Pflicht zur **Verschwiegenheit**. Diese Pflicht bezieht sich auf alles, was ihm*r in der Ausübung seines*ihres Berufes bekannt geworden ist. Die Verschwiegenheitspflicht gilt allerdings nicht für Tatsachen, die offenkundig sind oder ihrer Bedeutung nach keiner Geheimhaltung bedürfen. Der*die Anwalt*Anwältin ist zur Sachlichkeit verpflichtet, dh, er*sie darf insbesondere keine Unwahrheiten verbreiten oder sich ohne Anlass herabsetzend äußern (§ 43a BRAO).

9.3 Widerstreitende Interessen

24 Der*die Rechtsanwalt*Rechtsanwältin darf nicht tätig werden, wenn er*sie eine andere Partei in derselben Rechtssache im widerstreitenden Interesse bereits beraten oder vertreten hat oder mit dieser Rechtssache in sonstiger Weise befasst war (§ 3 Abs. 1 BORA, §§ 45, 46 BRAO).

9.4 Mitteilung der Ablehnung eines Auftrages

25 Will der*die Rechtsanwält*in einen Auftrag nicht annehmen, muss er*sie dies **unverzüglich** erklären. Er*sie hat den Schaden zu ersetzen, der aus einer schuldhaften Verzögerung dieser Erklärung entsteht (§ 44 BRAO).

9.5 Pflicht zur Übernahme der Prozessvertretung

26 Der*die auf Prozesskostenhilfebasis beigeordnete Anwalt*Anwältin muss im gerichtlichen Verfahren die Vertretung einer Partei übernehmen (§ 48 Abs. 1 Nr. 1 BRAO iVm § 121 ZPO). Der*die Anwalt*Anwältin kann allerdings die Aufhebung der Beiordnung beantragen, wenn hierfür ein wichtiger Grund – etwa eine unüberbrückbare Zerstörung des Vertrauensverhältnisses zu dem*r Mandanten*Mandantin – vorliegt (§ 48 Abs. 2 BRAO).

9.6 Pflicht zur Übernahme der Beratungshilfe

27 Es besteht eine anwaltliche Pflicht zur Übernahme von Beratungshilfe (§ 49a BRAO; → Rn. 15 ff.)

9.7 Anwaltsvergütung bei Selbstzahlern

28 Liegen die Beratungs- oder Prozesskostenhilfevoraussetzungen nicht vor (→ 21 Rn. 5 ff.), müssen Sie ihre Anwaltskosten selbst zahlen. Dem*r Anwalt*Anwältin ist es grundsätzlich untersagt, geringere Gebühren zu vereinbaren, als es das Rechtsanwaltsvergütungsgesetz vorsieht. Im **Einzelfall** ist es dem*r Anwalt*Anwältin aber gestattet, **besonderen Umständen** in der Person seines*r Mandanten*Mandantin – insbesondere dessen*deren Bedürftigkeit – durch Ermäßigung oder Erlass von Gebühren nach Erledigung des Auftrages Rechnung zu tragen (§ 49b BRAO). In außergerichtlichen Angelegenheiten kann eine **niedrigere** als die gesetzliche Vergütung vereinbart werden (§ 4 Abs. 1 S. 1 RVG).

29 In sozialrechtlichen Angelegenheiten rechnet der*die Rechtsanwalt*Rechtsanwältin **für eine Vertretung** in der Regel die sogenannte **Betragsrahmengebühr** ab. Der Betragsrahmen reicht von 60 EUR bis 768 EUR (Nr. 2302 VV RVG). Innerhalb dieses Rahmens kann der*die Anwalt*Anwältin seine*ihre Gebühr nach Umfang, Schwierigkeit, Bedeutung für den*die Mandanten*Mandantin sowie dessen*deren Einkommens- und Vermögensverhältnissen bestimmen. Eine Vergütung von mehr als 359 EUR kann der*die Anwalt*Anwältin nur fordern, wenn die Tätigkeit umfangreich oder schwierig war (Nr. 2302 S. 2 VV RVG). In Höhe der voraussichtlich entstehenden Gebühren kann der*die Anwalt*Anwältin einen Vorschuss verlangen (§ 9 RVG).

30 **Tipp:** Sprechen Sie den*die Anwalt*Anwältin auf die zu erwartenden Gebühren an, er*sie hat hier viel Spielraum, Ihnen entgegenzukommen. Unterstützen Sie Ihre*n Anwalt*Anwältin bei seiner*ihrer Arbeit. Das reduziert seinen*ihren Arbeitsumfang und Ihre Kosten.

9.8 Handakten des*r Rechtsanwalts*Rechtsanwältin

31 Der*die Anwalt*Anwältin muss durch Anlegung von Handakten ein geordnetes Bild über die von ihm*r entfaltete Tätigkeit geben können. Die Handakten hat der*die Anwalt*Anwältin in der Regel für die Dauer von fünf Jahren nach Beendigung des Auftrages aufzubewahren. Die Herausgabe der Akten kann er*sie verweigern, bis er*sie seine*ihre vollständige Vergütung erhalten hat, es sei denn, dass dies nach den Umständen unangemessen wäre (§ 50 BRAO).

9.9 Unterrichtung des*r Mandanten*Mandantin

32 Der*die Anwalt*Anwältin muss Sie über alle den Fortgang der Sache wesentlichen Vorgänge unverzüglich unterrichten und Ihnen insbesondere alle wesentlichen erhaltenen und versandten Schriftstücke zur Kenntnis geben sowie Ihre Anfragen unverzüglich beantworten (§ 11 BORA).

9.10 Unterrichtung bei Mandatswechsel

33 Übernimmt der*die Rechtsanwalt*Rechtsanwältin ein Mandat von einem*r Kollegen*Kollegin, muss er*sie diese*n von der Mandatsübernahme unverzüglich unterrichten.

9.11 Hinweis auf Beratungs- und Prozesskostenhilfe

34 Der*die Anwalt*Anwältin ist standesrechtlich verpflichtet, bei begründetem Anlass – etwa aufgrund der ihm*r bekannt gewordenen Einkommensverhältnisse – von sich aus auf die Möglichkeiten von Beratungs- und Prozesskostenhilfe hinzuweisen (§ 16 Abs. 1 BORA). Nach Bewilligung von Prozesskostenhilfe oder Inanspruchnahme von Beratungshilfe darf der*die Anwalt*Anwältin von seinem*r Mandanten*Mandantin oder Dritten Zahlungen oder Leistungen nur annehmen, die freiwillig und in Kenntnis der Tatsache gegeben werden, dass der*die Mandant*in oder der Dritte zu einer solchen Leistung nicht verpflichtet ist (§ 16 Abs. 2 BORA). Etwaige Zahlungen sind dann aber von dem*r Anwalt*Anwältin anzugeben (§ 55 Abs. 5 S. 3 RVG) und auf die Beratungshilfe (§ 9 BerHG iVm § 58 Abs. 1 RVG) bzw. Prozesskostenhilfe (§ 58 Abs. 2 RVG) anzurechnen.

9.12 Akteneinsicht durch den*die Anwalt*Anwältin

35 Die dem*r Anwalt*Anwältin im Wege der Akteneinsicht in seine*ihre Kanzlei übersandte Verwaltungsakte (§ 120 Abs. 2 S. 2 SGG) darf diese*r nur an Mitarbeiter*innen der Kanzlei aushändigen, Mandant*innen aber Kopien überlassen, soweit das Akteneinsichtsrecht nicht zulässig beschränkt wurde (§ 19 BORA).

10. Adressen von Anwält*innen,

36 Adressen von Anwält*innen, die sich mit Bürgergeld/Sozialhilfe beschäftigen, können Sie im Internet unter www.my-sozialberatung.de bzw. www.sozialportal.net abfragen bzw. als **Anwält*in** selbst einstellen.

9 Arbeitsgelegenheiten (Ein-Euro-Jobs)

1. Arbeitsgelegenheiten (AGH) – letztes Mittel (Nachrangigkeit) 1
2. Sozialversicherungspflichtige Arbeitsgelegenheiten 9
3. Ein-Euro-Jobs (AGH-MAE) 10
   3.1 Erforderlichkeit für die Eingliederung 11
   3.2 Zumutbarkeit 15
   3.3 Arbeitszeit 16
   3.4 Dauer der Maßnahme 19
   3.5 Höhe der Mehraufwandsentschädigung (MAE) 21
   3.6 Qualifizierung 25
   3.7 Ein-Euro-Jobs müssen zusätzlich sein................................ 26
   3.8 Ein-Euro-Jobs müssen „im öffentlichen Interesse" sein 29
   3.9 Neues Kriterium: Wettbewerbsneutralität 31
4. Möglichkeiten der Gegenwehr 35
   4.1 Anspruch auf tarifliche Vergütung? 40
   4.2 Anspruch auf Festeinstellung?..... 45
   4.3 Heranziehung nur über Eingliederungsvereinbarung und Kooperationsplan 48

9 Arbeitsgelegenheiten (Ein-Euro-Jobs)

4.4 Heranziehung nur bei Bestimmtheit der Zuweisung 49
4.5 Keine Fortzahlung der MAE bei Krankheit und Urlaub 50
4.6 Andere Möglichkeiten der Gegenwehr 53
5. Eingliederungsbilanz 57
6. Kritik an Ein-Euro-Jobs 60
7. Hinweis zu alternativen Instrumenten: „Teilhabe am Arbeitsmarkt" nach §§ 16e, 16i SGB II 63
7.1 § 16e Eingliederung von Langzeitarbeitslosen 64
7.2 § 16i Teilhabe am Arbeitsmarkt ... 65
8. Forderungen 69

1. Arbeitsgelegenheiten (AGH) – letztes Mittel (Nachrangigkeit)

1 Vorbemerkung: Der Kooperationsplan (→ 35) gilt ab 1.7.2023. Die Zuweisung in eine Arbeitsgelegenheit läuft bis dahin über die bisherige Eingliederungsvereinbarung oder den Verwaltungsakt (→ 35 Rn. 73).

2 *„Erwerbsfähige Leistungsberechtigte können zur Erhaltung oder Wiedererlangung ihrer Beschäftigungsfähigkeit, die für eine Eingliederung in Arbeit erforderlich ist, in Arbeitsgelegenheiten zugewiesen werden"* (§ 16d Abs. 1 S. 1 SGB II). Es gibt nur noch **Arbeitsgelegenheiten gegen Mehraufwandentschädigung**, die sog. **Ein-Euro-Jobs** (→ Rn. 3). Sozialversicherungspflichtige Arbeitsgelegenheiten (→ Rn. 2) und Arbeitsbeschaffungsmaßnahmen (ABM) wurden abgeschafft.

3 Seit 2010 werden die Eingliederungsmittel des Bundes kontinuierlich zurückgefahren. Darunter haben auch die bei den Kommunen so beliebten Arbeitsgelegenheiten (AGH) stark „zu leiden". Auch wenn die AGH gegen Mehraufwandsentschädigung in den letzten Jahren stark eingeschränkt wurden, birgt die Bewilligungspraxis viele Problemfelder, die hier etwas ausführlicher dargestellt werden sollen.

4 AGH sind grundsätzlich *„immer nachrangig gegenüber einer Vermittlung in Arbeit und Ausbildung sowie Maßnahmen der Berufsvorbereitung, der Berufsausbildung und der beruflichen Weiterbildung (ultima ratio)"* (FW 16d 1.3). *„Als AGH nach § 16d SGB II werden ausschließlich Maßnahmen geför-* *dert, in denen die Teilnehmenden zusätzliche, im öffentlichen Interesse liegende und wettbewerbsneutrale Arbeiten verrichten. Mit AGH sollen arbeitsmarktferne Menschen ihre Beschäftigungsfähigkeit erhalten bzw. wiedererlangen und Integrationsfortschritte erzielen. AGH begründen kein Arbeitsverhältnis und stellen keine Gegenleistung für erbrachte Sozialleistungen dar. AGH sollen eine (soziale) Teilhabe am Arbeitsleben ermöglichen und als mittelfristige Brücke das Ziel einer Integration in den allgemeinen Arbeitsmarkt unterstützen"*, so die BA zu den AGH (FW 16d 1.1, 16d.1.2).

5 Zuerst sind alle Möglichkeiten auszuschöpfen, selbst Arbeit zu suchen bzw. mithilfe von Eingliederungsmaßnahmen nach SGB III und SGB II eine Erwerbstätigkeit aufzunehmen Arbeit, → 10 Rn. 5 ff.). Auch Leistungen zur Eingliederung in Arbeit *„haben Vorrang gegenüber einer Zuweisung in eine Arbeitsgelegenheit"* (§ 16d Abs. 5 SGB II). Mit dem Bürgergeld fällt die Pflicht für erwerbsfähige leistungsberechtigte Personen, eine ihnen angebotene zumutbare Arbeitsgelegenheit annehmen zu müssen.

6 *„Wenn eine Erwerbstätigkeit auf dem allgemeinen Arbeitsmarkt in absehbarer Zeit nicht möglich ist, hat die erwerbsfähige leistungsberechtigte Person eine ihr angebotene zumutbare Arbeitsgelegenheit zu übernehmen"* (§ 2 Abs. 1 S. 3 SGB II). Die Behörde muss also eine Prognose stellen, ob Sie in absehbarer Zeit wieder Arbeit auf dem allgemeinen Arbeitsmarkt werden finden können (SG Berlin 27.6.2005 – S 37 AS 4507/05 ER). Als „absehbare Zeit" gilt ein Zeitraum von mindestens sechs Monaten im Bürgergeld-Bezug (LPK-SGB II § 2 Rn. 33).

7 **Tipp:** Prüfen Sie, ob das auf Sie zutrifft. Fragen Sie Ihre Integrationsfachkraft, wieso eine Arbeitsaufnahme für Sie nicht möglich sein soll. Fragen Sie, welches Ermessen er*sie ausgeübt hat, Ihnen die zahlreichen Eingliederungsmaßnahmen nahezubringen. Denn auch dass eröffnet Möglichkeiten, eine Stelle auf dem allgemeinen Arbeitsmarkt zu finden.

8 **Hinweis:** Beachten Sie, dass Sie auch bei einer Arbeitsgelegenheit in der Lage sein müssen, bestimmte Arbeit körperlich, geistig

oder seelisch auszuüben (ausführlich zur Zumutbarkeit: § 10 SGB II; → 10 Rn. 17 ff.).

2. Sozialversicherungspflichtige Arbeitsgelegenheiten

9 Sozialversicherungspflichtige Arbeitsgelegenheiten wurden in den vergangenen Jahren massiv abgebaut. Der damaligen Hartz IV-Reform selbst fielen 200.000 AGH der Entgeltvariante nach dem alten Bundessozialhilfegesetz (BSHG) zum Opfer. Mit monatlich knapp 55.000 geförderten Personen in Arbeitsgelegenheiten im Jahr 2021 lag der Wert halb so niedrig wie noch 2013 und damit so niedrig wie nie zuvor (Institut Arbeit und Qualifikation der Universität Duisburg-Essen, Geförderte Personen in Arbeitsgelegenheiten im SGB II 2006 – 2021, abrufbar unter: https://www.sozialpolitik-aktuell.de/files/sozialpolitik-aktuell/_Politikfelder/Arbeitsmarkt/Datensammlung/PDF-Dateien/abbIV63.pdf).

3. Ein-Euro-Jobs (AGH-MAE)

10 An die Stelle sozialversicherungspflichtiger Jobs traten 2005 die billigeren „**Arbeitsgelegenheiten gegen Mehraufwandsentschädigung**" (AGH-MAE), sogenannte Ein-Euro-Jobs. Im November 2022 gab es derer 50.416 (BA Arbeitsmarktbericht November 2022, 35). Ein-Euro-Jobber*innen müssen sich parallel um reguläre Arbeit bemühen, trotzdem fallen sie aus der Arbeitslosenstatistik heraus und werden als Erwerbstätige gezählt. Die Ein-Euro-Jobs begründen **kein Arbeitsverhältnis** im Sinne des Arbeitsrechts. Es wird kein Lohn gezahlt, sondern eine sogenannte Mehraufwandsentschädigung. Deshalb gibt es auch weder Weihnachtsgeld, Urlaubsgeld, Lohnfortzahlung im Krankheitsfall noch andere betriebliche Sozialleistungen. Es werden keine Beiträge zur Sozialversicherung abgeführt (§ 16d Abs. 7 S. 2 SGB II). Ein-Euro-Jobber*innen sind über das Bürgergeld sozialversichert. Nach dem Bundesurlaubsgesetz steht Ihnen aber ein **Mindesturlaub** von zwei Tagen je Beschäftigungsmonat zu. Es gelten die allgemeinen Vorschriften über den **Arbeitsschutz** (Mutterschutz, Jugendarbeitsschutz, Arbeitsstättenverordnung, Unfallverhütungsvorschriften usw) und Sie sind über den Träger **unfallversichert** (FW 16d 2.23).

3.1 Erforderlichkeit für die Eingliederung

11 Zunächst gilt: „*Leistungen zur Eingliederung in Arbeit […], mit denen die Aufnahme einer Erwerbstätigkeit auf dem allgemeinen Arbeitsmarkt unmittelbar unterstützt werden kann, haben Vorrang gegenüber der Zuweisung in Arbeitsgelegenheiten*" (§ 16d Abs. 5 SGB II; → Rn. 1). Die Teilnahme an einer AGH soll ab 1.7.2023 in einem Kooperationsplan (→ 35) festgehalten werden. Sollte Ihre Integrationsfachkraft für Sie einen Ein-Euro-Job vorsehen, muss diese sich dazu äußern, warum gerade Sie dafür geeignet sind und wie dieser dazu beitragen kann, Sie dauerhaft einzugliedern. Fragen Sie ihn*sie also. Denn: „*Die Integrationsfachkraft (IFK) legt im Rahmen des pflichtgemäßen Ermessens fest, ob eine AGH für die weitere Eingliederungsstrategie notwendig und zielführend ist. Durch die IFK ist festzustellen, welches auf die bzw. den Teilnehmenden bezogene Eingliederungskonzept mit der AGH verfolgt wird*" (Integrationsstrategie, FW 16d 1.6).

12 Arbeitsgelegenheiten bzw. Kooperationspläne, die diese Voraussetzungen für Eingliederungen nicht berücksichtigen sind rechtswidrig. „*Die Praxis der ARGE, Langzeitarbeitslosen Eingliederungsmaßnahmen ohne ein konkretes, individuell auf sie bezogenes Eingliederungskonzept zuzuweisen, ist nach Auffassung des Vorsitzenden der Kammer 53 rechtlich nicht haltbar*" (Pressemeldung SG Hamburg 30.11.2005 zum Verfahren SG Hamburg 7.11.2005 – S 53 AS 1088/05). Laut Begründung zum Gesetzesentwurf geht es um eine „*maßgeschneiderte Ausrichtung der Eingliederungsleistungen auf den erwerbsfähigen Hilfebedürftigen*" (BR-Drs. 558/03, 101). Wenn Ihnen der Anzug nicht passt, ist er nicht maßgeschneidert. Das gilt auch für Ein-Euro-Jobs.

13 Als „erforderlich" gelten solche Jobs aber auch, um die **Beschäftigungsfähigkeit** wiederherzustellen und darüber die Eingliederung indirekt zu fördern. Hier geht es um die Gewöhnung an Zeitstrukturen, Arbeitsbelastung usw.

9 Arbeitsgelegenheiten (Ein-Euro-Jobs)

14 **Tipp:** Wenn Sie in dieser Hinsicht keine Probleme haben, wenn Sie also „beschäftigungsfähig" sind, sind Ein-Euro-Jobs für Sie nicht erforderlich. Wenn Sie schon geringfügig beschäftigt sind, wenn Sie gerade erst Ihre Stelle verloren haben und kürzer als ein halbes Jahr arbeitslos sind oder wenn Sie eine Stelle konkret in Aussicht haben, ist Ihre Beschäftigungsfähigkeit nicht eingeschränkt. Somit ist in diesen Fällen ein Ein-Euro-Job zu Ihrer Eingliederung nicht erforderlich.

3.2 Zumutbarkeit

15 Wenn Ihnen Arbeit nicht zumutbar ist, sind es auch Arbeitsgelegenheiten nicht. Ausführliche Informationen zu Zumutbarkeit finden Sie im Beitrag Arbeit (→ 10 Rn. 17 ff.).

3.3 Arbeitszeit

16 Die Arbeitszeit bei Ein-Euro-Jobs ist gesetzlich nicht festgelegt. Das Bundessozialgericht setzt bei Ein-Euro-Jobs keine starren Arbeitszeitgrenzen. Der zeitliche Umfang der Maßnahme ist unter Berücksichtigung ihrer Erforderlichkeit im Einzelfall mit Blick auf die geforderten Eigenbemühungen zur beruflichen Eingliederung und die besonderen Belastungen der Teilnehmer*innen festzulegen. Die häufig geforderte Beschäftigungszeit von **30 Stunden** wöchentlich ist dabei unbedenklich, wenn der*die Ein-Euro-Jobbende dazu gesundheitlich in der Lage ist (BSG 16.12.2008 – B 4 AS 60/07 R).

17 **Tipp:** Wenn Sie der Ansicht sind, dass in Anbetracht Ihrer persönlichen Belastungen (gesundheitliche Einschränkungen, Kinderbetreuung, Pflege usw) die Arbeitszeit zu umfangreich ist, um sich auf dem ersten Arbeitsmarkt bewerben zu können, verlangen Sie eine Herabsetzung der Stunden.

18 Bei der Beurteilung, ob Ihnen genug Zeit zur Jobsuche bleibt, spielt auch der tägliche **Arbeitsweg** eine Rolle. Bei einer Wochenarbeitszeit von 30 Stunden zuzüglich einer täglichen Wegezeit von 90 Minuten kann eine ernsthafte Stellensuche schon erheblich eingeschränkt sein (LSG Rheinland-Pfalz 18.3.2008 – L 3 AS 127/08). Termine, die Sie für Bewerbungen auf dem allgemeinen Arbeitsmarkt brauchen, haben Vorrang.

Sie können auch den Ein-Euro-Job selbst jederzeit „kündigen", wenn Sie etwas Besseres auf dem ersten Arbeitsmarkt gefunden haben. Dann brauchen Sie keine „Leistung zur Eingliederung" mehr.

3.4 Dauer der Maßnahme

19 Bürgergeld-Beziehende *„dürfen innerhalb eines Zeitraums von fünf Jahren nicht länger als insgesamt 24 Monate in Arbeitsgelegenheiten zugewiesen werden"* (§ 16d Abs. 6 S. 1 SGB II). Vor dem damaligen Alg II waren es maximal drei Monate. Mit der Höchstdauer von 24 Monaten soll sichergestellt sein, dass *„kein dauerhafter Einsatz in AGH erfolgen kann"* (https://www.jobcenter-eu-aktiv.de/beratung-fuer-arbeitsuchende/arbeitsgelegenheiten/fachliche-weisungen). Wenn aber die Beschäftigungsfähigkeit weiterhin erhalten und wiedererlangt werden muss **und** sichergestellt ist, dass Leistungen zur Eingliederung in den ersten Arbeitsmarkt vorrangig sind, können Bürgergeld-Beziehende *„nach Ablauf der 24 Monate bis zu zwölf weitere Monate in Arbeitsgelegenheiten zugewiesen werden"* (§ 16d Abs. 6 S. 3 SGB II). Das gilt seit 1.8.2016 und dürfte auf so gut wie jede*n Ein-Euro-Jobber*in zutreffen. Die Bundesregierung hätte auch in § 16d Abs. 6 S. 1 SGB II die Höchstdauer auf 36 Monate erhöhen können.

20 **Tipp:** Die Dauer der Maßnahme hängt auch von der Haltung der Integrationsfachkraft, der „Geschäftspolitik" des örtlichen Jobcenters, vor allem aber von der Art der Maßnahme und der individuellen Integrationsstrategie ab (FW 16d 1.4). Lassen Sie sich Ziel und Strategie von Ihrer Integrationsfachkraft darlegen.

3.5 Höhe der Mehraufwandsentschädigung (MAE)

21 Auch über die Höhe der MAE steht nichts im Gesetz. Sie soll *„angemessen"* sein. Früher galt sie als angemessen, wenn sie *„nicht unter 1 €"* lag (BA Arbeitshilfe 2005, 8). Die Fachlichen Hinweise der BA seit 2009 verzichten auf konkrete Vorgaben. Die örtlichen Träger können die Höhe der MAE selbst regeln. Es darf auch weniger als 1 EUR die Stunde sein. Das war 2010 bei

9 Arbeitsgelegenheiten (Ein-Euro-Jobs)

1,3 Prozent der Ein-Euro-Jobs der Fall. Der Durchschnitt lag im ersten Halbjahr 2010 allerdings bei **1,27 EUR** (BA Sonderbericht AGH 2010, Tab. 5.2). Inzwischen sind auch höhere Sätze wie **1,75 EUR** pro Stunde keine Seltenheit. In Wuppertal werden für MAE- „Anleiter*innen" sogar fürstliche 2,50 EUR pro Stunde gezahlt. Bei Krankheit, Urlaub oder an Feiertagen/Wochenenden wird keine MAE gezahlt, sondern nur Bürgergeld (→ Rn. 50).

22 „Die Mehraufwandsentschädigung, die alle Aufwendungen im Zusammenhang mit der Teilnahme an AGH MAE abdeckt, kann dem Teilnehmer als pauschalierte Leistung gewährt werden" (FW 16d 2.9). Sie ist also kein „Arbeitsanreiz", kein Betrag zu Ihrer freien Verfügung, sondern dient nur der **Entschädigung** für den Mehraufwand, den Sie wegen Ihrer Arbeit haben. Von dem einen Euro pro Stunde sollen Sie alle Aufwendungen für **Arbeitskleidung** und **Fahrtkosten** zur Arbeit, für den Mehraufwand an Verpflegung und Getränken, für Körperreinigung und zusätzliche Wäsche bezahlen. Einen Anspruch auf Erhöhung der MAE haben Sie nur, wenn Sie dem Träger nachweisen, dass ihre Arbeitsaufwendungen die MAE übersteigen (BSG 13.11.2008 – B 14 AS 66/07 R). Ist der Träger dann nicht bereit, die MAE entsprechend anzuheben, liegt nach unserer Auffassung **ein wichtiger Grund** vor, die Arbeitsgelegenheit abzulehnen: Dass Sie selbst Geld beischießen müssen, geht nicht.

23 **Tipp:** Die Träger der Ein-Euro-Jobs erhalten vom Jobcenter eine „**Maßnahmenkostenpauschale**" für „*die unmittelbar im Zusammenhang mit der Verrichtung von [AGH-]Arbeiten [...] erforderlichen Kosten*", darunter fallen auch Personalkosten für „*besondere Anleitung, eine tätigkeitsbezogene Unterweisung oder eine sozialpädagogische Betreuung*" (§ 16d Abs. 8 SGB II). Regen Sie an, dass auch die Fahrtkosten aus der Maßnahmenkostenpauschale getragen werden. Das steht im Ermessen des Trägers, er muss es aber nicht tun (BSG 13.11.2008 – B 14 AS 66/07 R). In Kleve und Herford wird zB die Monatskarte für den öffentlichen Nahverkehr (noch) übernommen.

24 Da das Bürgergeld plus MAE weder als Arbeitseinkommen noch überhaupt als Einkommen gelten, können Werbungskosten, Versicherungen oder die KfZ-Haftpflicht nicht vom Einkommen (→ 37) abgezogen werden.

3.6 Qualifizierung

25 „*AGH sollen eine (soziale) Teilhabe am Arbeitsleben ermöglichen und als mittelfristige Brücke das Ziel einer Integration in den allgemeinen Arbeitsmarkt unterstützen*" (FW 16d.1.2). Qualifizierung selbst ist im Rahmen von Ein-Euro-Jobs **kein Ziel mehr**. Deshalb hat die Bundesregierung 2012 auch die dafür vorgesehenen Mittel gestrichen. Überwiegend wird das Ausüben der Tätigkeit selbst schon als Qualifizierung betrachtet. Eine zusätzliche Qualifizierung **kann** das Jobcenter im Rahmen von anderen Eingliederungsleistungen (insbesondere nach § 16 Abs. 1 SGB II iVm § 45 SGB III; → 10 Rn. 112) „vor, während oder nach einer AGH" erbringen (FW 16d 1.4). Stellen Sie bei Bedarf einen Antrag.

3.7 Ein-Euro-Jobs müssen zusätzlich sein

26 „*Arbeiten sind zusätzlich, wenn sie ohne die Förderung nicht, nicht in diesem Umfang oder erst zu einem späteren Zeitpunkt durchgeführt würden. Arbeiten, die auf Grund einer rechtlichen Verpflichtung durchzuführen sind [...], sind nur förderungsfähig, wenn sie ohne die Förderung voraussichtlich erst nach zwei Jahren durchgeführt würden*" (§ 16d Abs. 2 S. 1, 2 SGB II). 2012 wurden Kriterien für Zusätzlichkeit von Ein-Euro-Jobs erstmals ins Gesetz aufgenommen. Weitere mögliche Einsatzbereiche sind „*Naturkatastrophen und sonstige außergewöhnlichen Ereignisse*" (§ 16d Abs. 2 S. 3 SGB II).

27 „*Arbeiten, die keinen zeitlichen Aufschub dulden, erfüllen nicht das Kriterium der Zusätzlichkeit. Nicht förderfähig sind Aufgaben, für deren Erledigung eine rechtliche Verpflichtung besteht, Pflichtaufgaben im Rahmen der Pflegeversicherung, Arbeiten, die zur Wahrnehmung von Verkehrssicherungspflichten gehören (z. B. Schneeräumung auf Verkehrswegen) sowie laufende Instandsetzungs- und Unterhaltungsarbeiten,*

9 Arbeitsgelegenheiten (Ein-Euro-Jobs)

soweit sie von der Natur der Sache her unaufschiebbar sind" (FW 16d 2.2).
Achten Sie darauf!

28 **Kritik:** Das Bundesarbeitsministerium begründete 2016 die Ein-Euro-Jobs mit der schwierigen Lage für Langzeitarbeitslose. Ihnen sei es *„auch bei guter Konjunktur kaum möglich, vom Aufbau der Beschäftigung zu profitieren und auf dem allgemeinen Arbeitsmarkt Fuß zu fassen"* (BT-Drs. 18/8909, 30). Diese Jobs sollen wettbewerbsneutral und zusätzlich sein und im öffentlichen Interesse liegen. Es ist den Unternehmen verboten, sozialversicherungspflichtige Beschäftigungen abzubauen, um billigere, subventionierte Ein-Euro-Jobber*innen einzustellen. Und trotzdem sieht man sie als zusätzliche Arbeitskräfte in Alten- und Pflegeheimen, Kindergärten, Schulen, Museen, Sozialkaufhäusern oder sonstigen öffentlichen Einrichtungen. Das ist nur möglich, weil die Definition der Zusätzlichkeit schwammig ist. Werden auf der einen Seite Gelder für öffentliche Einrichtungen gekürzt, fehlt auf der anderen Seite das eigentlich notwendige Personal. Somit können Ein-Euro-Jobber*innen zusätzlich für das notwendige Stammpersonal eingesetzt werden und verrichten offizielle Tätigkeiten. Notwendiges Stammpersonal wird durch die Ein-Euro-Jobs vernichtet.

3.8 Ein-Euro-Jobs müssen „im öffentlichen Interesse" sein

29 Sollten vor Hartz IV die AGH noch „gemeinnützig" sein (§ 19 Abs. 2 BSHG aF), müssen die Ein-Euro-Jobs nun „im öffentlichen Interesse" sein: *„Arbeiten liegen im öffentlichen Interesse, wenn das Arbeitsergebnis der Allgemeinheit dient"* (§ 16d Abs. 3 S. 1 SGB II).

„Einnahmen infolge von durch die AGH ausgeübten Arbeiten schließen alleine noch kein öffentliches Interesse und damit eine Förderung aus", sondern erst, *„wenn es sich um überwiegend erwerbswirtschaftliche auf Gewinn gerichtete Arbeiten handelt"* (FW 16d.2.3). Ein-Euro-Jobs – ggf. als Arbeitnehmerverleih – in der Privatwirtschaft sind nach den Fachlichen Hinweisen der BA nicht grundsätzlich ausgeschlossen, wenn es sich dabei nur um „Maßnahmen" handelt. Im Gegensatz dazu hält das LAG Düsseldorf Versuche, AGH in der Privatwirtschaft zu installieren, für rechtswidrig (LAG Düsseldorf 25.2.2005 – 9 Sa 1843/04).

30 **Kritik:** Der Begriff „öffentliches Interesse" ist ebenso schwammig wie die „Zusätzlichkeit". Ist es ein „öffentliches Interesse", wenn eine kommunale Müllabfuhr statt festem Stammpersonal Ein-Euro-Jobber*innen beschäftigt, um doch dieselbe Arbeit zu verrichten wie ihre festangestelltenKolleg*innen des öffentlichen Dienstes? Parkreinigung, Gehwegreinigung oder das Leeren von Mülleimern gehören zur Tätigkeit einer Kommune, die in diesem Fall durch billige Arbeitskräfte ausgeführt werden. Man vermeidet den Kampf um höhere öffentliche Gelder durch den Bund und weicht auf scheinbares „soziales Engagement" aus.

3.9 Neues Kriterium: Wettbewerbsneutralität

31 *„Arbeiten sind wettbewerbsneutral, wenn durch sie eine Beeinträchtigung der Wirtschaft infolge der Förderung nicht zu befürchten ist und Erwerbstätigkeit auf dem allgemeinen Arbeitsmarkt weder verdrängt noch in ihrer Entstehung verhindert wird"* (§ 16d Abs. 4 SGB II). Schöne Worte. Das Kriterium „wettbewerbsneutral" wurde 2012 zusätzlich zur Zusätzlichkeit (→ Rn. 26) mit ins Gesetz aufgenommen. Es soll die Zusätzlichkeit im Bereich der privaten Wirtschaft abdecken. Es ist schon bezeichnend, dass zwei Begriffe, die für den Arbeitsmarkt exakt die gleiche Bedeutung haben, als Dopplung in den § 16d SGB II eingefügt wurden. Ganz nach dem Motto: Man muss es nur oft genug wiederholen, dann wird man uns die guten Absichten schon irgendwann abkaufen.

32 **Kritik:**
Straßenreinigen, Heckenschneiden und Laubkehren in Grünanlagen oder Friedhöfen, Schwimmbäder putzen, Sportanlagen pflegen, Wäschereiarbeiten im Krankenhaus, Ausleihe in Bibliotheken, Hausmeistertätigkeiten in Schulen usw sind keine zusätzlichen/wettbewerbsneutralen Arbeiten; egal, ob sie vorher durch den öffentlichen Dienst

oder ein privates Unternehmen erledigt wurden.

Wenn neben Ihnen jemand die gleiche Arbeit für normalen Lohn verrichtet, kann Ihre Arbeit nicht zusätzlich/wettbewerbsneutral sein.

Auch wenn Ihre Arbeit eine (gestrichene) Planstelle ersetzt oder Sie auf einer (nicht besetzten) Planstelle arbeiten, kann man nicht von Zusätzlichkeit/Wettbewerbsneutralität reden. Ebenso wenig bei Urlaubs-, Krankheits- und Schwangerschaftsvertretungen oder beim Einsatz als Streikbrecher*in (FW 16d 2.4).

33 Der Bundesrechnungshof stellte 2010 fest, *„dass insbesondere kommunale Körperschafen Arbeitsgelegenheiten dazu nutzen, ihren – meist auf ein Minimum reduzierten – regulären Personalkörper zu ergänzen [...], um ihre Aufgaben trotz einer oftmals schwierigen Haushaltslage in gewohntem Umfang erfüllen zu können. Ähnliches gilt für Maßnahmenträger aus dem sozialen und Weiterbildungsbereich"* sowie, *„dass öffentlich geförderte Beschäftigung nicht mehr nur im sozialen oder öffentlichen Bereich sondern auch am allgemeinen Markt für Güter und Dienstleistungen reguläre Beschäftigung verdrängt und ungeförderte Unternehmen benachteiligt"* (BRH, Az. VI 6 2009 – 0740, 43).

34 Die ehemalige schwarz-gelbe Bundesregierung und die damalige Arbeitsministerin von der Leyen wussten, dass Ein-Euro-Jobs massenhaft reguläre Arbeit verdrängen. Ihnen kam die Kritik des Rechnungshofs gelegen, um 2012 mit verschärften gesetzlichen Kriterien für die Vergabe von AGH die Reißleine zu ziehen. Ziel des Bundes war und ist es, seine Ausgaben für Eingliederung drastisch herunterzufahren.

Das Argument, den Missbrauch der Kommunen bei den Ein-Euro-Jobs und Verdrängungseffekte auf dem Arbeitsmarkt einschränken zu wollen, ist allerdings durchsichtig. Der Bund ist maßgeblich an der Trockenlegung der kommunalen Haushalte beteiligt und hat durch Steuersenkungen und Privatisierungspolitik dem Kahlschlag bei der öffentlichen Daseinsfürsorge sowie im

9 Arbeitsgelegenheiten (Ein-Euro-Jobs)

Sozial- und Bildungsbereich Vorschub geleistet. Es ist also kein Wunder, dass sich klamme Städte und Landkreise an den (noch) verfügbaren Eingliederungsmitteln des Bundes bedienen, um ihre Versorgungslöcher mit billigen Ein-Euro-Arbeitskräften zu stopfen.

4. Möglichkeiten der Gegenwehr

35 Wenn Sie den Abschluss eines Kooperationsplans (bis 30.6.2023 Eingliederungsvereinbarung, → 35) ablehnen, weil Sie den darin angebotenen Ein-Euro-Job für rechtswidrig halten, erfolgen Aufforderungen zu erforderlichen Mitwirkungspflichten mit Rechtsfolgebelehrungen. Das erfolgt auch, wenn ein Kooperationsplan nicht fortgeschrieben werden kann (§ 15 Abs. 6 SGB II nF ab 1.7.2023). Wenn Sie den Ein-Euro-Job dann nicht antreten, kann der*die Arbeitsvermittler*in Sie mit Leistungsminderungen (→ 95) belegen.

36 **Hinweis:** Mit dem Bürgergeld bzw. ab 1.7.2023 gibt es den vorherigen Verwaltungsakt der Eingliederungsvereinbarung (Kooperationsplan, → 35 Rn. 73) nicht mehr! Insbesondere bei Maßnahmen nach § 16d ist eine Rechtsfolgebelehrung vorgesehen (§ 15 Abs. 5 SGB II). Wenn Sie sich konsequent gegen rechtswidrige Ein-Euro-Jobs wehren wollen, bleibt Ihnen nach der überwiegenden Meinung der Rechtsprechung als letztes Mittel nur der Abbruch der Maßnahme mit dem Risiko einer Sanktion. Bereiten Sie sich gut vor und wägen Sie Ihre Chancen ab. Sie sollten im Vorfeld Beratung durch einen Verband, eine Initiative, Beratungsstelle oder eine*n Anwältin*Anwalt (→ 8) einholen.

37 Sie haben **verschiedene Möglichkeiten, Ihr Recht durchzusetzen:**

a. Sie können ein Schlichtungsverfahren (→ 97) beim Jobcenter beantragen (§ 15a SGB II nF ab 1.7.2023). Unter Hinzuziehung einer unbeteiligten und nicht weisungsgebundenen Person innerhalb oder außerhalb der Dienststelle können so Meinungsverschiedenheiten geklärt werden (§ 15a Abs. 1 SGB II). Bei diesem Verfahren soll ein gemeinsamer Lösungsweg gefunden werden. Währenddessen darf es nicht zu Leistungsminderungen (→ 95) kommen (§ 15a

9 Arbeitsgelegenheiten (Ein-Euro-Jobs)

Abs. 3 SGB II). Das Verfahren endet mit einer Einigung oder spätestens mit Ablauf von vier Wochen (§ 15a Abs. 4 SGB II).

b. Sie können auch den Ein-Euro-Job beginnen, ihre Arbeitsaufträge und Einsatzgebiete protokollieren und die Arbeit einstellen, wenn die Stelle tatsächlich nicht „*im öffentlichen Interesse liegend*" bzw. nicht zusätzlich/wettbewerbsneutral ist oder die Arbeitsbedingungen unzulässig sind. Gegen die darauffolgende Sanktion legen Sie Widerspruch ein und lassen die Zulässigkeit der Maßnahme ggf. gerichtlich überprüfen.

c. Weicht die zu verrichtende Tätigkeit von der Zuweisung ab, sollten Sie nach Arbeitsaufnahme Ihre Arbeitsaufträge und Einsatzgebiete protokollieren, um nachzuweisen, dass Sie nicht zusätzlich sind bzw. zum normalen Betriebsablauf gehören. Dann müssen Sie Ihre Integrationsfachkraft darauf hinweisen, dass die Ihnen abverlangte Arbeit nicht durch die Zuweisung gedeckt ist. Wenn die Behörde darauf nicht reagiert, können Sie die Zulässigkeit der Ein-Euro-Job-Zuweisung mit einer Feststellungsklage (§ 55 Abs. 1 Nr. 1 SGG) vor dem Sozialgericht überprüfen lassen.

38 Besonders in den Fällen b. und c. müssen Sie konfliktfreudig sein und möglichst ein finanzielles Polster im Hintergrund haben (zB Schonvermögen), um mögliche Leistungskürzungen zu überbrücken. Wenn Sie nicht anhand eindeutiger Belege glaubhaft machen können, dass der Job selbst, der damit verbundene Kooperationsvertrag (→ Rn. 82) oder die Zuweisung (→ Rn. 82) rechtswidrig sind, wird es schwer sein, den einstweiligen Rechtsschutz (→ 41) vor Gericht und damit die aufschiebende Wirkung von Widerspruch und Klage durchzusetzen.

39 Wenn Sie sich gegen eine bestimmte Zuweisung zur Wehr setzen, sind Sie während des laufenden Verfahrens nicht vor anderen Ein-Euro-Job-Angeboten sicher, wenn diese durch einen Kooperationsvertrag gedeckt sind.

4.1 Anspruch auf tarifliche Vergütung?

40 Ein-Euro-Jobs begründen **kein Arbeitsverhältnis**. Arbeitsrechtliche Ansprüche gegenüber dem Maßnahmenträger erwerben Sie nach Ansicht des Bundesarbeitsgerichts (BAG) auch dann nicht, wenn Sie im Rahmen der Maßnahme eine **reguläre Tätigkeit** ausgeübt haben, die nicht den Maßgaben des § 16 Abs. 3 S. 2 SGB II entspricht (BAG 26.9.2007 – 5 AZR 857/06). Das soll einer Klagewelle auf reguläre Lohnzahlung oder Festeinstellung bei den Arbeitsgerichten einen Riegel vorschieben.

41 Ein-Euro-Jobber*innen sind also in einem öffentlich-rechtlichen Rechtsverhältnis „gefangen". Lohn- oder Kündigungsschutzklagen vor den Arbeitsgerichten sind nur auf Grundlage eines privatrechtlichen Arbeitsverhältnisses (→ Rn. 45) möglich. Die Zuständigkeit liegt demnach im Regelfall bei den **Sozialgerichten**. Hier haben Klagen gegen den SGB II-Träger auf einen „**Wertersatz**" Aussicht auf Erfolg, wenn der*die Ein-Euro-Jobber*in nachweisen kann, dass die Maßnahme nicht zusätzlich/wettbewerbsneutral war und durch die Tätigkeit ein Vermögensvorteil entstanden ist. Auch das **BSG** sieht die Möglichkeit eines Wertersatzes im Rahmen des **öffentlich-rechtlichen Erstattungsanspruch**, zB wenn die rechtlichen Voraussetzungen für eine AGH-MAE nicht erfüllt sind, weil es zB an der Zusätzlichkeit/ Wettbewerbsneutralität mangelt oder die Zuweisung an sich schon rechtswidrig war.

42 Wurde im Rahmen des Ein-Euro-Jobs zB eine „nicht zusätzliche", dh reguläre Tätigkeit ausgeübt, entsteht ein fiktiver Vermögensvorteil bei dem Jobcenter, das die Zuweisung zum Maßnahmenträger veranlasst hat. Die Maßnahmenteilnehmer*innen haben dann einen öffentlich-rechtlichen Erstattungsanspruch in Form eines Wertersatzes gegenüber dem Jobcenter. Zur Ermittlung der **Höhe der Erstattung** muss der reguläre Tariflohn der im gleichen Zeitraum erhaltenen **MAE plus Bürgergeld-Leistung** (inklusive der Aufwendungen für Kranken- und Pflegeversicherung) gegenübergestellt werden. Die Differenz ist als Wertersatz zu erstatten (BSG 13.4.2011 – B 14 AS 98/10 R; 13.4.2011 – B 14 AS 101/10R; 27.8.2011

– B 4 AS 1/10 R). Konkret hat das BSG im Fall eines Umzugshelfers und einer Raumpflegerin bei einem Wohlfahrtsverband einen Wertersatz anerkannt. Sie müssen allerdings das Jobcenter rechtzeitig auf die rechtswidrigen Umstände Ihres Ein-Euro-Jobs hinweisen. Erst, wenn dort keine Konsequenzen gezogen werden, können Sie den Erstattungsanspruch geltend machen (BSG 22.8.2013 – B 14 AS 75/12 R; nach Geiger 2022, 857).

43 **Tipp 1:** Prüfen Sie, ob sich eine Klage auf Wertersatz überhaupt lohnt. Ermitteln Sie für den streitigen Zeitraum den Netto-Tariflohn für die entsprechende Teilzeitbeschäftigung (gemessen an der Arbeitszeit der AGH) und stellen Sie dem die im Zeitraum gezahlten SGB II-Leistungen gegenüber (MAE, Bürgergeld, KV/PV). Nur wenn die Lohnforderung höher ausfällt, muss das Jobcenter erstatten.

44 **Tipp 2:** Wenn Sie beim Sozialgericht einen **Wertersatz** einklagen wollen, sollten Sie die Art Ihrer Tätigkeit und ihren Umfang möglichst täglich protokollieren, um nachzuweisen, dass die Arbeiten nicht zusätzlich sind. Wenn Sie auf tarifliche Vergütung klagen, müssen Sie damit auch nachweisen, inwieweit Ihre Arbeit die Tatbestandsmerkmale der angestrebten Vergütungsgruppe erfüllt.

4.2 Anspruch auf Festeinstellung?

45 Als Ein-Euro-Jobber*in können Sie keinen Anspruch auf Festeinstellung durchsetzen, weil im Normalfall kein privatrechtliches Arbeitsverhältnis begründet wurde (→ Rn. 41; BAG 26.9.2007 – 5 AZR 857/06). Sie können auf Festeinstellung klagen, wenn kein öffentlich-rechtliches, sondern ein **privatrechtliches Arbeitsverhältnis** begründet worden ist. Haben Sie **zusätzlich** zur Zuweisung der Bürgergeld-Behörde einen **unbefristeten** Vertrag mit dem Maßnahmeträger abgeschlossen, der als Arbeitsvertrag gewertet werden kann, besteht nämlich ein unbefristetes Arbeitsverhältnis, das nur durch eine Kündigung beendet werden kann (ArbG Leipzig 24.3.2000 – 3 Ca 6464/99).

46 Ein **faktisches Arbeitsverhältnis** zwischen Ein-Euro-Job-Träger und Ein-Euro-Jobber*in entsteht auch **ohne Vertrag**, wenn

- die vom Maßnahmeträger zugewiesene Arbeit nicht mit der Zuweisung bzw. dem Einsatzplan übereinstimmt **und**
- sich der Maßnahmeträger durch den maßnahmewidrigen Einsatz dem Regelungskreis des § 16d SGB II entzieht.

Wenn das Beschäftigungsverhältnis nicht deutlich gegenüber den Arbeitsverhältnissen abgegrenzt ist, die der Maßnahmeträger als Arbeitgeber des ersten Arbeitsmarktes geschlossen hat, entsteht ein faktisches Arbeitsverhältnis (BAG 7.7.1999 – 7 AZR 661/97). Selbst wenn der Arbeitgeber Ihre Dienste nicht mehr in Anspruch nimmt, besteht dennoch ein Arbeitsverhältnis mit Anspruch auf das ortsübliche oder tarifliche Entgelt.

„Kommt der Dienstberechtigte mit der Annahme der Dienste in Verzug, so kann der Verpflichtete für die in Folge des Verzugs nicht geleisteten Dienste die vereinbarte Vergütung verlangen, ohne zur Nachleistung verpflichtet zu sein" (§ 615 BGB). Ob unter gleichen Voraussetzungen eine **Lohnklage** zulässig ist, ist umstritten, da das BAG die Zuständigkeit für Ein-Euro-Jobs mit Ausnahme von Kündigungsschutzklagen bei den Sozialgerichten sieht (BAG 17.1.2007 – 5 AZB 43/06). Die Autor*innen vertreten demgegenüber der Ansicht, dass bei Vorliegen eines faktischen Arbeitsverhältnisses eine Lohnklage vor dem Arbeitsgericht zulässig ist und auch Chancen hat.

47 **Tipp:** Wer auf Festeinstellung klagen will, muss dem Maßnahmeträger mit Ablauf des faktischen Arbeitsverhältnisses schriftlich seine Arbeitskraft anbieten und binnen Monatsfrist Klage einreichen.

4.3 Heranziehung nur über Eingliederungsvereinbarung und Kooperationsplan

48 Die Zuweisung in eine Arbeitsgelegenheit kann nur über den Kooperationsplan (bzw. bis 30.6.2023 die Eingliederungsvereinbarung, → 35) erfolgen. Eine sog. „Blindzuweisung" ohne vorheriges Gespräch darf es nicht geben.

9 Arbeitsgelegenheiten (Ein-Euro-Jobs)

„Die Teilnahme an einer AGH wird entweder mit einer konkreten und den Erfordernissen an die Bestimmtheit der AGH entsprechenden individuellen Eingliederungsvereinbarung, die mit der bzw. dem Teilnehmenden vor Maßnahmeeintritt abgeschlossen wurde, oder dem diese Eingliederungsvereinbarung ersetzenden Verwaltungsakt [...] festgelegt" (FW 16d.2.17). Die Zuweisung in Ein-Euro-Jobs ist zumindest nach Meinung des SG Berlin nur rechtmäßig, wenn eine Eingliederungsvereinbarung abgeschlossen wurde (SG Berlin 27.6.2005 – S 37 AS 4507/05 ER). Es muss ferner eine „Potentialanalyse" (früher „Profiling") stattgefunden haben und die Frage geprüft worden sein, ob besondere Probleme bei der Eingliederung in den Arbeitsmarkt bestehen. Der Ein-Euro-Job muss nämlich für Sie erforderlich sein (→ Rn. 11). Fehlt beides oder kommt ein Kooperationsplan nicht rechtmäßig zustande, können Sie sich weigern, den Ein-Euro-Job anzutreten, ohne dass Leistungsminderungen (→ 95) rechtmäßig wären.

4.4 Heranziehung nur bei Bestimmtheit der Zuweisung

49 Wenn Ihnen Arbeitsinhalte, wöchentliche Arbeitszeit und ihre Verteilung, Höhe der Mehraufwandsentschädigung sowie Dauer des Arbeitseinsatzes nicht vorab mitgeteilt werden, ist die Zuweisung unbestimmt und deswegen rechtswidrig (BSG 16.12.2008 – B 4 AS 60/07; BVerwG 10.2.1983 – 5 C 115/81). Nur wenn das Angebot bestimmt ist, können Erwerbslose **prüfen**, ob die angebotene Arbeit nach den Bestimmungen des SGB II abgelehnt werden darf, ohne eine Kürzung des Regelsatzes befürchten zu müssen (LSG Hamburg 11.7.2005 – L 5 B 16/05 ER AS). Es ist also rechtswidrig, wenn das Jobcenter Sie ohne nähere Angaben einer Einsatzstelle zuweist. Sie müssen prüfen können, ob der Ein-Euro-Job angemessen, erforderlich und geeignet ist. Wenn nicht, können Sie dagegen vorgehen (→ Rn. 37).

4.5 Keine Fortzahlung der MAE bei Krankheit und Urlaub

50 Ein-Euro-Jobber*innen haben **keinen** gesetzlichen Anspruch auf Zahlung der Mehraufwandsentschädigung (MAE) bei Krankheit und Urlaub. Bezüglich des Urlaubsentgelts ist das klar geregelt (§ 16d Abs. 7 S. 2 Hs. 3 SGB II).

51 **Tipp:** Bei Krankheit müssen Sie sich dennoch umgehend beim Maßnahmeträger arbeitsunfähig melden, weil Sie sonst den Abbruch der Maßnahme und eine Leistungsminderung riskieren.

52 **Kritik:**

Obwohl die MAE als Entschädigung für den arbeitsbedingten Mehraufwand gezahlt wird, vertreten wir die Auffassung, dass sie auch bei Krankheit, an gesetzlichen Feiertagen und während des Urlaubs gezahlt werden müsste, wie in einem „ordentlichen" Arbeitsverhältnis.

Arbeitsverhältnisse zweiter Klasse sind auch im öffentlich-rechtlichen Rechtsverhältnis nicht akzeptabel. Krankheiten treten oft in unmittelbarem Zusammenhang mit der verrichteten Arbeit auf. Die Streichung der MAE führt dann zur doppelten Bestrafung. Auch der Erholungsurlaub ist dazu bestimmt, die Regeneration der Arbeitskraft zu unterstützen. Der Anspruch auf Erholung leitet sich direkt aus der Arbeitsbelastung ab. Das gilt für privatrechtliche Arbeitsverhältnisse genauso wie für öffentlich-rechtliche Arbeitsgelegenheiten. Wie soll denn ein*e Ein-Euro-Jobber*in den Mehraufwand für die Regeneration seiner*ihrer Arbeitskraft im Erholungsurlaub aufbringen? Über den Regebedarf ist dieser Bedarf jedenfalls nicht abgedeckt. Dafür muss die Mehraufwandsentschädigung weiter zur Verfügung stehen.

Wer seine Arbeitskraft unter unwürdigen Bedingungen einbringt, wird nicht eingegliedert, sondern an den Rand gedrängt. Das läuft dem erklärten Zweck der Eingliederung über Ein-Euro-Jobs zuwider. Eine derartige Diskriminierung kann aber nur politisch, nicht juristisch bekämpft werden.

4.6 Andere Möglichkeiten der Gegenwehr

53 Personalräte können bei *„Entscheidungen zur Abgrenzung der Einsatzbereiche und der dort anfallenden Tätigkeiten unter dem Gesichtspunkt der Zusätzlichkeit"* mitbestimmen (BVerwG 26.1.2000 – 6 P 2/99).

9 Arbeitsgelegenheiten (Ein-Euro-Jobs)

Das gilt auch für Ein-Euro-Jobs (VG Mainz 24.6.2005 – 5 K 193/05; SG Oldenburg 22.6.2005 – 9 A 1738/05). Die Beschäftigung von Ein-Euro-Jobber*innen ist **mitbestimmungspflichtig**. Das geht u.a. auch aus § 77 Abs. 2a Hessisches Personalvertretungsgesetz hervor (entsprechende Regelungen gibt es auch in anderen Bundesländern). Ohne Zustimmung des Personalrats dürfen Ein-Euro-Jobber*innen nicht eingestellt werden. Ein-Euro-Jobs sind zwar keine Arbeitsverhältnisse, die entsprechenden Personen werden aber in die Dienststellen eingegliedert und verüben weisungsgebundene Tätigkeiten (BAG 2.10.2007 – 5 ATR 857/06).

54 **Tipp:** Personalräte, die der Einrichtung von Ein-Euro-Jobs für Regelaufgaben zustimmen, fördern den Personalabbau. Personalräte sollten Übersichten über die Stellenentwicklung an den Einsatzstellen der Ein-Euro-Jobber*innen anfertigen, um nachzuweisen, dass diese „Jobs" Ausdruck des Personalabbaus sind, statt diesen zu fördern.

55 **Betriebsräte** haben das Recht, Personalplanungsunterlagen anzufordern (§ 92 BetrVG). Aus diesen muss hervorgehen, in welchen Funktionen und mit wie vielen Stunden welche Arbeitnehmer*innen beschäftigt sind. Hieraus ergeben sich Anhaltspunkte, ob neu geschaffene Ein-Euro-Jobs zusätzlich sind oder nicht. Arbeitgeber sind auch verpflichtet, den Betriebsrat über die Planung der Arbeitsgelegenheiten zu informieren (§ 90 Abs. 1 Nr. 4 BetrVG). Der Betriebsrat kann seine Zustimmung zur Einstellung von Bürgergeld-Beziehenden verweigern, wenn deren Tätigkeiten nicht zusätzlich sind. Das Mitbestimmungsrecht schließt auch Beschäftigte ein, die keine Arbeitnehmer*innen des Betriebs sind. Auch für Leiharbeitnehmer*innen ist der Betriebsrat zuständig, obwohl sie nicht Arbeitnehmer*innen des aufnehmenden Betriebes sind. Wird der Betriebsrat nicht informiert bzw. beteiligt, kann er die Entfernung des*r Beschäftigten aus dem Betrieb erwirken (§ 101 BetrVG) (vgl. GEW, Ein-Euro-Jobs. Einflussmöglichkeiten von Betriebs- und Personalräten bei „Arbeitsangelegenheiten", abrufbar unter: http://www.soliserv.de/pdf/GEW-Broschuere_Ein-Euro-Jobs.pdf).

56 Betriebs- und Personalräten wird das Mitbestimmungsrecht bei der Einstellung von Ein-Euro-Jobber*innen inzwischen sowohl vom BAG (BAG 2.10.2007 – 5 ATR 857/06) als auch vom BVerwG zugestanden (21.3.2007 – 6 P 4/06 und 6 P 8/06). Mitarbeitervertretungen in **evangelischen** Einrichtungen wird ein Mitbestimmungsrecht eingeräumt, in **katholischen** jedoch (noch) nicht (Geiger 2022, 859).

5. Eingliederungsbilanz

57 Nach dem Arbeitsmarktbericht der Bundesagentur für Arbeit befanden sich im November 2022 rund 50.400 Teilnehmer*innen in einer Arbeitsgelegenheit. Das waren 13 Prozent weniger als im Jahr 2021. Im Jahresdurchschnitt 2021 befanden sich rund 54.200 Erwerbslose in einer Arbeitsgelegenheit. 2020 waren es 59.400, 2019 73.700, 2018 71.900 und 2017 79.700. Es ist erkennbar, dass die Zahl stark rückläufig ist. „*Auf diese Beschäftigung schaffende Maßnahmen entfällt rund ein Siebtel der Geförderten in der Grundsicherung für Arbeitsuchende – die anderen Förderungen richten sich auf Instrumente mit arbeitsmarktnäheren Wirkungen*" (BA Arbeitsmarktbericht November 2022, 35).

58 In § 55 SGB II soll die Wirkung der verschiedenen Maßnahmen erforscht werden. Es muss eine Bilanz erstellt werden, in welcher Weise Ein-Euro-Jobs der Eingliederung gedient haben. Wenn sich zeigt, dass sie diesem Ziel nicht entsprechen, sind sie abzuschaffen. In der Eingliederungsbilanz 2021 wurde die „**Eingliederungsquote**" bei Arbeitsgelegenheiten nach § 16d SGB II (Beschäftigung schaffende Maßnahmen) für das Jahr 2020 bundesweit mit **9,1 Prozent** angegeben (BA Eingliederungsbilanzen SGB II 2021, Tab. 6 E, abrufbar unter: https://statistik.arbeitsagentur.de/DE/Navigation/Statistiken/Themen-im-Fokus/Eingliederungsbilanzen/Eingliederungsbilanzen-Nav.html). Die Quote stellt den Anteil der Personen dar, die zwischen Januar und Dezember 2020 aus Arbeitsgelegenheiten ausgeschieden waren und sechs Monate später eine sozialversicherungspflichtige Beschäftigung einschließlich Minijob ausgeübt haben. Allerdings waren

9 Arbeitsgelegenheiten (Ein-Euro-Jobs)

nur 6 Prozent der ausgeschiedenen Personen „ohne Folgeförderung" sozialversicherungspflichtig beschäftigt (BA Eingliederungsbilanzen, 2021, Tab. 6). Gerade weil die Ein-Euro-Jobs mit Integration auf dem ersten Arbeitsmarkt so gut wie nichts zu tun haben, haben Arbeitsmarktkosmetiker*innen der BA den Namen „Beschäftigung schaffende Maßnahmen" für sie kreiert. Das ist zumindest ehrlicher als frühere Bezeichnungen, zB „INjobs" = „Integrationsjobs". Beschäftigung schaffende Maßnahmen sind für sich genommen schon die Eingliederung: *„Arbeitsgelegenheiten sind für arbeitsmarktferne Leistungsempfänger oft ein erster Schritt in Richtung Arbeitsmarkt und dienen vorrangig der Herstellung oder dem Erhalt der Beschäftigungsfähigkeit"* (BA Arbeitsmarktbericht November 2022, 35).

59 **Beschäftigungsfähigkeit** sichern fast ohne Aussicht auf Beschäftigung? Die BA hat sich schon von den Paragrafen-Phrasen des SGB II verabschiedet. Sie entwickelt eigene Definitionen. Wie soll aber die Beschäftigungsfähigkeit erhalten werden, wenn die Ein-Euro-Jobs nach sechs bis zwölf Monaten beendet sind? In 2020 gab es insgesamt 114.188 Austritte aus der Erwerbslosigkeit in eine Beschäftigung, die durch unterschiedlichste Förderungen, wie den Eingliederungszuschuss, das Einstiegsgeld für Arbeitgeber*innen oder der Förderung Selbstständiger gefördert wurden (BA Eingliederungsbilanzen SGB II 2021, Tab. 6 D, E).

6. Kritik an Ein-Euro-Jobs

60 Die Ein-Euro-Jobs sollten mit der Einführung 2005 insbesondere „arbeitsmarktferne" Alg II-Beziehende an den allgemeinen Arbeitsmarkt heranführen. Allerdings wurden auch immer wieder „arbeitsmarktnahe" Erwerbslose in diese Maßnahmen vermittelt. Gerade für die Beschäftigungsträger war das sehr angenehm, da diese Gruppe weniger Begleitung benötigte. Die Arbeitsgelegenheiten dienen dazu, um sich an eine regelmäßige Tagesstruktur und Arbeitsabläufe zu gewöhnen. Gleichzeitig kann damit vonseiten der Jobcenter die Eignung, die Motivation und die Leistungsbereitschaft der Geförderten überprüft werden. Wer sich weigert, kann sanktioniert werden. Das Institut für Arbeitsmarkt und Berufsforschung hat die Ein-Euro-Jobs nach der Instrumentenreform 2012 untersucht. Die Instrumentenreform 2012 schränkt u.a. die automatische Vermittlung von unter 25-Jährigen und über 58-Jährigen in Ein-Euro-Jobs ein, wenn sofort nach der Alg II-/Bürgergeld-Beantragung keine Vermittlung in Arbeit oder in Ausbildung möglich ist. Das hat zur Folge, dass tatsächlich *„in stärkerem Maße arbeitsmarktferne Personen in Ein-Euro-Jobs vermittelt"* werden (IAB-Kurzbericht 22/2019, 3). Die Kritik, dass Ein-Euro-Jobs die Beschäftigungschancen nicht erhöhen, wird durch das IAB erneut bestätigt: *„Tatsächlich lagen die Beschäftigungsquoten [...] der Geförderten in den drei Jahren nach Förderbeginn deutlich unter denjenigen ihrer statistischen Zwillinge. Auch die Wahrscheinlichkeit, ALG II zu beziehen, steigt aufgrund der Teilnahme an Ein-Euro-Jobs in den folgenden drei Jahren, statt zu sinken"*. Die Forscher*innen weisen aber darauf hin, dass *„die Integration in reguläre Beschäftigung bestenfalls ein sehr langfristiges Ziel von Ein-Euro-Jobs ist"* (IAB-Kurzbericht 22/2019, 8). Demnach sind Euro-Euro-Jobs Beschäftigungsmaßnahmen für arbeitsmarktferne Langzeitarbeitslose und für Menschen, die nicht sofort in eine Tätigkeit vermittelt werden sollen. Als Alternative für Langzeitarbeitslose, die sofort vermittelbar sind, weisen die Forscher*innen auf das Förderinstrument nach § 16i SGB II hin (→ Rn. 63).

61 Alg II-/Bürgergeld-Leistungsberechtigte gewinnen Ein-Euro-Jobs häufig positive Seiten ab. Für sie können Ein-Euro-Jobs kurzfristig eine **Erleichterung** darstellen. Sich wenigstens ein paar Monate etwas mehr leisten zu können, neue soziale Kontakte zu gewinnen und unter Umständen etwas Neues zu lernen, ist nicht das Schlechteste. Wenn auch noch ihre Motivation und ihre Fertigkeiten berücksichtigt werden, kann man auch aus solchen Arbeiten eine gewisse Befriedigung ziehen. Die Erfahrung aber zeigt, dass die Befriedigung im Laufe der Zeit abnimmt, wenn man inzwischen die dritte oder vierte Maßnahme durchlaufen hat, ohne dass sich die Perspektiven verbessert hätten.

9 Arbeitsgelegenheiten (Ein-Euro-Jobs)

62 Auch die **Beschäftigungsträger** haben ein starkes Interesse, an den Ein-Euro-Jobs festzuhalten, da sie sich damit selbst finanzieren. Sie bekommen eine Pauschale, die im Jahr 2021 zwischen 264 EUR in Mecklenburg-Vorpommern und 986 EUR in Hamburg betrug. Der Durchschnitt lag bundesweit allerdings zwischen 400 EUR und 500 EUR. Die Pauschale dient vor allem dazu, die Mehraufwandsentschädigung auszuzahlen und den Betreuungs- und Sachkostenaufwand zu decken. Darüber hinaus werden die Kosten für zusätzliches in der Maßnahme eingestelltes Personal in ortsüblicher, tariflicher oder gesetzlicher Höhe und die Kosten einer notwendigen sozialpädagogischen Betreuung übernommen. Die Pauschale für Arbeitsgelegenheiten nach § 5 AsylbLG werden gesondert abgerechnet. Wenn Kommunen ihr Personal mit Ein-Euro-Jobber*innen ausgleichen, sparen sie damit Personal ein. Das ist natürlich ein kostengünstiges Modell. Auch wenn die Kommunen unter Geldmangel leiden, ist es nicht die Aufgabe der Erwerbslosen, deren Geldmangel auszugleichen. Dafür ist der Bund zuständig.

7. Hinweis zu alternativen Instrumenten: „Teilhabe am Arbeitsmarkt" nach §§ 16e, 16i SGB II

63 Für Langzeitarbeitslose wurden 2020 mit §§ 16e, 16i SGB II zwei neue Instrumente zur „Teilhabe am Arbeitsmarkt" eingeführt. Diese Instrumente richten sich an langzeitarbeitslose Personen, die nur geringe Chancen auf dem allgemeinen Arbeitsmarkt haben.

7.1 § 16e Eingliederung von Langzeitarbeitslosen

64 **Zielgruppe:** Personen, die seit mind. zwei Jahre arbeitslos sind.

- Zuschuss zum Arbeitsentgelt für 24 Monate: Im ersten Jahr in Höhe von 75 Prozent und im zweiten Jahr iHv 50 Prozent des regelmäßig gezahlten Arbeitsentgelts. Die Bemessungsgrundlage bezieht sich auf das tarifliche oder, wenn keine tarifliche Regelung besteht, auf das ortsübliche Arbeitsentgelt, zuzüglich des pauschalierten Anteiles der Arbeitgeber iHv 19 Prozent des Gesamtsozialversicherungsbeitrags – ohne Beitrag zur gesetzlichen Arbeitslosenversicherung.
- Gefördert werden sozialversicherungspflichtige Beschäftigungsverhältnisse bei allen Arbeitgebern mit dem Ziel der Integration in den allgemeinen Arbeitsmarkt.
- Flankierend zum Lohnkostenzuschuss erfolgt eine beschäftigungsbegleitende Betreuung während der gesamten Förderdauer („Coaching"; § 16e Abs. 4 SGB II).
- Qualifizierungsmaßnahmen können nach den allgemeinen Vorschriften des SGB II in Anspruch genommen werden.

7.2 § 16i Teilhabe am Arbeitsmarkt

65 **Zielgruppe:** Personen, die über 25 Jahre alt sind, mind. sechs der letzten sieben Jahren Leistungen nach dem SGB II bezogen haben, nur kurzzeitig erwerbstätig waren und bislang weniger als fünf Jahre Zuschüsse zum Arbeitsentgelt erhalten haben.

- Zuschuss zum Arbeitsentgelt für die Arbeitgeber: In den ersten beiden Jahren Zuschuss von 100 Prozent zum Mindestlohn; in jedem weiteren Jahr wird dieser Zuschuss um 10 Prozentpunkte gekürzt, bei einer maximalen Förderdauer von fünf Jahren (§ 16i Abs. 2 SGB II).

66 Der Referenzlohn ist zumindest der Mindestlohn beziehungsweise bei tarifgebundenen Betrieben das Entgelt der untersten Tarifstufe. Gefördert werden sozialversicherungspflichtige Beschäftigung bei Arbeitgebern, sozialen Einrichtungen oder Kommunen. Nach § 16i Abs. 4 SGB II sollen geförderte Beschäftigte ganzheitlich während der gesamten Förderdauer unterstützt und betreut („Coaching") werden. Erforderliche Weiterbildungen und betriebliche Praktika sind möglich und Weiterbildungskosten werden bis zu 3.000 Euro übernommen (§ 16i Abs. 5 SGB II).

67 Bei beiden Programmen können sich auch Arbeitgeber*innen durch einen Coach beraten lassen. Beide Instrumente wurden mit dem Bürgergeld als dauerhafte Förderungen unbefristet übernommen.

68 **Kritik:** Beide Instrumente zur „Teilhabe am Arbeitsmarkt" leben von den Lohnkostenzuschüssen an Arbeitgeber und folgen da-

10 Arbeit(spflichten)

mit einer Subventionslogik der bereits bestehenden Eingliederungszuschüssen für Arbeitslose mit Vermittlungshemmnissen (§ 88 SGB III). Diese Zuschüsse können (und sollen) verwendet werden, um neue Arbeitsplätze zu generieren, die es ansonsten nicht geben würde. Mit der restriktiven Begrenzung auf maximal 150.000 Förderungsberechtigte wird eine mögliche übermäßige Inanspruchnahme des Instruments vermieden und ist damit eher eine haushälterische als eine sachlogische Entscheidung. Wie bei allen anderen Instrumenten zur Eingliederung in Arbeit oder der Teilnahme an sogenannten Trainingsmaßnahmen greift auch hier der Sanktionsmechanismus, der dazu führen kann, dass die Zuweisung in den Arbeitsmarkt unter Zwang erfolgt, obwohl man ja eigentlich den Langzeitarbeitslosen etwas Gutes tun will. Inwiefern dann das begleitende Coaching seinen Sinn erfüllt, bleibt abzuwarten. Der größte offene Punkt ist jedoch das Fehlen von Beitragszahlungen in die gesetzliche Arbeitslosenversicherung. Damit ist garantiert, dass nach Ende der Förderung ein Teil der Arbeitslosen erneut im Jobcenter stehen und wieder Bürgergeld wird beantragen müssen, wenn sie nicht übernommen werden. Somit sind sie wieder genau dort wie zu Beginn der Förderung: in den Mühlen der Jobcenter.

8. Forderungen

69 Ersetzung der befristeten SGB II-Jobs durch unbefristete, sozialversicherungspflichtige Arbeitsverhältnisse!

Tarifliche Bezahlung öffentlicher Arbeitsplätze für ehemalige Arbeitslose und deren Finanzierung durch Rücknahme der Gewinnsteuersenkungen!

Abschaffung der Ein-Euro-Jobs!

Solange die SGB II-Jobs nicht abgeschafft sind: Es ist unzumutbar, dass jede*r Bürgergeld-Beziehende*r selbst prüfen muss, ob die ihr*m zugewiesene Arbeit zusätzlich ist. Und das unter der Drohung, die Leistung gekürzt zu bekommen, weil ein Widerspruch gegen eine Leistungsminderung keine aufschiebende Wirkung hat. Die Zusätzlichkeit jedes Arbeitsplatzes muss vorher festgestellt werden.

Dabei müssen Personalräte, Gewerkschaften und Organisationen von Erwerbslosen mitwirken.

Fortzahlung der MAE bei Krankheit und Urlaub!

Keine Anwendung von SGB II-Leistungsminderungen!

Solange Kommunen und Beschäftigungsträger Ein-Euro-Jobs als Hilfsmittel für Personalabbau missbrauchen, hat die Kürzung von Bürgergeld bei Weigerung, Ein-Euro-Arbeit zu leisten, den Charakter eines Zwangsmittels zur Durchsetzung von Lohndumping.

10
Arbeit(spflichten)

1. Erwerbsfähige Leistungsberechtigte im SGB II: „Fördern und Fordern" 1
1.1 Wer als „leistungsberechtigt" gilt   2
1.2 Vorrang der eigenen Arbeitsuche? 5
1.2.1 „Sofortangebote" schon bei Antragstellung? 9
1.2.2 Bewerbungen 13
1.2.3 Abweisung, weil sie eine Stelle finden könnten 14
1.2.4 Abweisung wegen erwarteten ersten Lohns 16
1.3 Zumutbare Arbeit 17
1.3.1 Qualifikation 18
1.3.1.1 Neue Grundfreibeträge von Einkommen junger Menschen unter 25 Jahren 24
1.3.2 Beschäftigungsort und Wohnort 26
1.3.3 Höhe des Lohns 28
1.3.3.1 Zumutbarkeit von untertariflicher Bezahlung – tariflicher/gesetzlicher Mindestlohn 29
1.3.3.2 Ausnahmen vom gesetzlichen Mindestlohn 40
1.3.3.3 Zumutbarkeit von Minijobs und geringfügiger Beschäftigung 41
1.3.3.4 Lohnwucher schon bei Löhnen unterhalb des Bürgergeld-/ Sozialhilfeniveaus 42
1.3.4 Zumutbarkeit von Leiharbeit 44

1.3.5 Zumutbarkeit abhängig von körperlicher, geistiger oder seelischer Verfassung 46
1.3.6 Zumutbarkeit und Kindererziehung 47
1.3.6.1 Betreuungspersonen mit Kindern unter drei Jahren 48
1.3.6.2 Betreuungspersonen mit Kindern zwischen drei und sechs Jahren 52
1.3.7 Zumutbarkeit und Pflege ... 61
1.3.8 Wichtige Gründe, die der Arbeitsaufnahme entgegenstehen 65
2. Leistungen der Eingliederung in Arbeit 68
2.1 „Eingliederungsleistungen" des SGB II 70
2.1.1 Kommunale Eingliederungsleistungen (§ 16a SGB II) 71
2.1.2 Einstiegsgeld (§ 16b SGB II) 72
2.1.3 Leistungen zur Eingliederung von Selbstständigen (§ 16c SGB II) 77
2.1.4 Arbeitsgelegenheiten (Ein-Euro-Jobs) (§ 16d SGB II) ... 81
2.1.5 Eingliederung von Langzeitarbeitslosen (§ 16e SGB II) .. 82
2.1.5.1 Eingliederungszuschuss nach dem SGB III (Arbeitslosengeld I) 85
2.1.6 Freie Förderung (§ 16f SGB II) 89
2.1.7 Leistungen bei Wegfall der Hilfebedürftigkeit (§ 16g SGB II) 90
2.1.8 Förderung schwer zu erreichender junger Menschen (§ 16h SGB II) 91
2.1.9 Teilhabe am Arbeitsmarkt (§ 16i SGB II) 96
2.2 Eingliederungsleistungen nach dem SGB III 99
2.2.1 Berufsberatung 102
2.2.2 Vermittlung 103
2.2.2.1 Vermittlungsbudget 104
2.2.2.2 Aktivierungs- und Vermittlungsgutschein 109
2.2.3 Bewerbungskosten 111
2.2.4 Trainingsmaßnahmen 112
2.2.5 Berufliche Weiterbildung (Umschulung) 119
2.2.6 Eingliederungszuschüsse – Lohnsubventionen 120
2.2.6.1 Zuschüsse für schwer Vermittelbare 121
2.2.6.2 Zuschuss für Jugendliche und junge Erwachsene 123
2.2.6.3 Zuschuss für erwerbsfähige Menschen mit Behinderung 124

3. Ablehnung „zumutbarer Arbeit" 126
4. Sozialhilfe – Grundsicherung 127
5. Kritik 128
6. Forderungen 129

1. Erwerbsfähige Leistungsberechtigte im SGB II: „Fördern und Fordern"

1 Die deutsche Sozialpolitik rühmt sich so gerne mit dem Credo des „Fördern und Forderns", dass sogar das Erste Kapitel des SGB II danach benannt ist. Es entbehrt jedoch nicht einer gewissen Ironie, dass von diesen scheinbar gleichberechtigten Punkten dann nur der des Forderns einen eigenen Paragrafen bekommen hat: *„Erwerbsfähige Leistungsberechtigte und die mit ihnen in einer Bedarfsgemeinschaft lebenden Personen haben in eigener Verantwortung alle Möglichkeiten zu nutzen, ihren Lebensunterhalt aus eigenen Mitteln und Kräften zu bestreiten. Erwerbsfähige Leistungsberechtigte müssen ihre Arbeitskraft zur Beschaffung des Lebensunterhalts für sich und die mit ihnen in einer Bedarfsgemeinschaft lebenden Personen einsetzen"* (§ 2 Abs. 2 S. 1, 2 SGB II).

1.1 Wer als „leistungsberechtigt" gilt

2 Das SGB II dehnt nicht nur die Bedarfsgemeinschaft (→ 16) auf Personen aus, die gar nicht hilfebedürftig sind, es macht auch jedes erwerbsfähige Mitglied dieser Bedarfsgemeinschaft zum*r *„Leistungsberechtigten"* (vormals „Hilfebedürftigen"), wenn die Bedarfsgemeinschaft insgesamt Anspruch auf Leistungen hat (→ 15). Wenn eine vierköpfige Familie Anspruch auf 1.000 EUR Bürgergeld hat, werden auch Eltern, die mit Erwerbsarbeit ihren eigenen Lebensunterhalt selbst bestreiten können, zu Leistungsberechtigten ernannt, weil sie den Lebensunterhalt der beiden Kinder in der Bedarfsgemeinschaft nicht voll decken können. Dann werden sie vom Gesetz angehalten, *„in eigener Verantwortung alle Möglichkeiten zu nutzen, ihren Lebensunterhalt aus eigenen Mitteln und Kräften zu bestreiten"* (§ 2 Abs. 2 S. 1 SGB II). Das aber tun sie sowieso schon Tag für Tag.

3 Tipp: Sind Sie erwerbstätig und dadurch ausreichend auf dem Arbeitsmarkt integriert, müssen Sie idR keinen Kooperations-

plan (→ 35; bis 30.6.2023 Eingliederungsvereinbarung) abschließen. Sollten Sie dennoch in die Eingliederungsmühlen der Behörde geraten, legen Sie ggf. Widerspruch ein.

4 Wenn Sie als **Alg I-Beziehende*r** aufstockendes Bürgergeld bekommen, gelten Sie auch als erwerbsfähige*r Leistungsberechtigte*r. Trotzdem ist seit dem **1.1.2017** die **Agentur für Arbeit** für alle Leistungen zur Eingliederung zuständig (§ 5 Abs. 4 SGB II iVm § 22 Abs. 4 S. 5 SGB III). Vor diesem Stichtag waren es idR die Jobcenter.

Die wichtigsten Eingliederungsleistungen, die Ihnen als Aufstocker*in zustehen, finden Sie unter → Rn. 68 ff.

1.2 Vorrang der eigenen Arbeitssuche?

5 Das SGB II nennt sich Grundsicherung für Arbeitsuchende. *„In eigener Verantwortung alle Möglichkeiten nutzen"* bedeutet, dass Sie Bürgergeld im Prinzip nur bekommen, wenn Sie Arbeit suchen. Die Einschränkung besteht darin, dass die Arbeitssuche und auch die gefundene Arbeit selbst zumutbar sein müssen.

6 Als Vertreter*in der Behörde schließt Ihr „persönlicher Ansprechpartner", kurz pAp, also Ihre Integrationsfachkraft, mit Ihnen einen Kooperationsplan ab, bis 30.6.2023 heißt dieser noch Eingliederungsvereinbarung (EinV). Welche Unterschiede mit dem neuen Kooperationsplan einhergehen, finden Sie detailliert in dem eigenen Beitrag (→ 35). Darin soll festgelegt werden, *„welche Bemühungen erwerbsfähige Leistungsberechtigte in welcher Häufigkeit zur Eingliederung in Arbeit mindestens unternehmen müssen und in welcher Form diese Bemühungen nachzuweisen sind"* (§ 15 Abs. 2 Nr. 2 SGB II aF bis 30.6.2023) bzw. *„in diesem werden das Eingliederungsziel und die wesentlichen Schritte zur Eingliederung festgehalten"* (§ 15 Abs. 2 S. 1 SGB II ab 1.7.2023).

7 Die EinV *„soll regelmäßig, spätestens jedoch nach Ablauf von sechs Monaten, gemeinsam überprüft und fortgeschrieben werden"* (§ 15 Abs. 3 S. 1 SGB II aF) bzw. soll der Kooperationsplan *„spätestens nach Ablauf von jeweils sechs Monaten gemeinsam aktualisiert und fortgeschrieben werden"* (§ 15 Abs. 3 S. 2 SGB II).

8 **Tipp:** Wenn die Behörde Ihnen sofort ungeeignete Arbeitsangebote unterbreitet, sollten Sie sich auf die Abschaffung des Vermittlungsvorrangs berufen und auf geeignete Arbeitsstellen, die Ihren Fähigkeiten entsprechen, in Textform im Kooperationsplan bestehen: *„Die erste Einladung zum Gespräch zur Erstellung der Potenzialanalyse und des Kooperationsplans erfolgt ohne Belehrung über die Rechtsfolgen bei Nichtteilnahme"* (§ 15 Abs. 4 SGB II).

Trotzdem müssen Sie weiterhin auf alle Stellen- und Maßnahmenangebote des Jobcenters **reagieren**, denn seit 1.1.2023 gilt der neue Grundsatz: *„Vorrangig sollen Leistungen erbracht werden, die die unmittelbare Aufnahme einer Ausbildung oder Erwerbstätigkeit ermöglichen, es sei denn, eine andere Leistung ist für die dauerhafte Eingliederung erforderlich"* (§ 3 Abs. 1 S. 3 SGB II). Das ist ein grundlegender Paradigmenwechsel, der hier stattfindet, denn das bedeutet: Mit dem Bürgergeld wurde der Vermittlungsvorrang aufgehoben, dh, dass notwendige Eingliederungen in Arbeit oder Ausbildungen, wie Qualifizierungen oder Weiterbildungen (→ 124), Vorrang vor einer Arbeitsvermittlung haben sollen: *„Vorrangig sollen Leistungen erbracht werden, die die unmittelbare Aufnahme einer Ausbildung oder Erwerbstätigkeit ermöglichen, es sei denn, eine andere Leistung ist für die dauerhafte Eingliederung erforderlich. Von der Erforderlichkeit für die dauerhafte Eingliederung ist insbesondere auszugehen, wenn leistungsberechtigte Personen ohne Berufsabschluss Leistungen zur Unterstützung der Aufnahme einer Ausbildung […] oder an einer […] zu fördernden beruflichen Weiterbildung teilnehmen oder voraussichtlich teilnehmen werden"* (§ 3 Abs. 1 S. 3, 4 SGB II). Das muss im Kooperationsplan ebenso festgehalten werden, sofern eine Eignung der leistungsberechtigten Person vorliegt (§ 15 Abs. 2 S. 1 SGB II, § 3 Abs. 1 S. 1 SGB II). Aber Achtung: Auch hier hat die Gesetzgebung erneut die Kann-Regelung vorgesehen: *„Leistungen zur Eingliederung in Arbeit können erbracht werden"* (§ 3 Abs. 1 S. 1 SGB II). Neu hinzugekommen ist auch die Berücksichtigung Ihres gesundheitlichen Zustandes und ein möglicher medizinischer oder beruflicher Rehabilitationsbedarf (§ 15 Abs. 2 S. 2 Nr. 6 SGB II).

1.2.1 „Sofortangebote" schon bei Antragstellung?

9 Auch wenn die Sofortangebote für bestimmte Zielgruppen (§ 15a SGB II aF) zum 1.8.2016 aus dem SGB II gestrichen wurden, leben sie im Grundsatz des § 3 Abs. 2 SGB II weiter. Und zwar in der Form, dass dies jetzt für alle gilt, die Leistungen beantragen, und dass es sich auf alle Eingliederungsmaßnahmen bezieht, die das SGB II bereithält.

10 Bei den „alten" Sofortangeboten war die Praxis bundesweit sehr uneinheitlich: Es gab bereits im Erstgespräch „Sofortangebote", es gab aber auch die Möglichkeit, diese erst in den Folgegesprächen auszugeben. Leider gibt es bis heute die Praxis, dass im Erstgespräch Eingliederungsvereinbarungen/Kooperationspläne (→ 35) sofort abgeschlossen werden. Da man beim Erstkontakt jedoch keine „passgenauen" Vereinbarungen abschließen kann, die auf die individuellen Bedürfnisse der Antragstellenden zugeschnitten sind, sollte unbedingt darauf aufmerksam gemacht werden, dass diese individuell zugeschnitten sein müssen. Genauere Informationen finden Sie im Beitrag Kooperationsplan (→ 35 Rn. 44, 50).

11 **Tipp:** Unterschreiben Sie nicht vorschnell einen Kooperationsplan, sondern informieren Sie sich vorher genau. Wenn die Behörde Ihnen sofort ungeeignete Arbeitsangebote unterbreitet, sollten Sie sich auf den Vorrang der eigenen Arbeitssuche berufen und diesen zunächst für den in dem Kooperationsplan festgelegten Zeitraum durchzusetzen.

12 Inwieweit bei der Antragstellung für bestimmte Zielgruppen (zB junge Antragstellende, Hochschulabsolvierende, Arbeitslose ohne Anspruch auf Alg I) Ein-Euro-Jobs oder Trainingsmaßnahmen „erbracht werden", hängt oft von der „Geschäftspolitik" der jeweiligen Jobcenter ab. Solche „Maßnahmen" hatten schon immer das Ziel, *„die Bereitschaft des Hilfebedürftigen zur Arbeitsaufnahme zu prüfen"* (BT-Drs. 16/1410, 21). *„Mit solchen Schritten kann eine Konzentration der Mittel auf die wirklich Bedürftigen erreicht werden"* (SPD-Experte Brandner, FTD 19.4.2006).

1.2.2 Bewerbungen

13 Alles rund um Bewerbungen (wie viele Bewerbungen Sie monatlich nachweisen müssen, ob eine pauschale Anzahl verlangt werden kann, wie es mit den Fahrtkosten geregelt ist), finden Sie in dem eigenen Beitrag (→ 26).

1.2.3 Abweisung, weil sie eine Stelle finden könnten

14 Die schon früher bei einigen Sozialämtern verbreitete Praxis, Hilfebedürftige mit der Aussage abzuweisen, dass sie doch eine Stelle finden könnten, ist rechtswidrig. Bürgergeld-Leistungen dürfen Hilfebedürftigen nur abgelehnt werden, wenn ihr Einkommen ihren Bedarf bzw. ihr Schonvermögen (→ 119) die jeweiligen Freibeträge übersteigt: nicht aber deshalb, weil sie theoretisch Arbeit finden **könnten**. Die Leistung kann allenfalls **gekürzt** werden, wenn zumutbare Eigenbemühungen nicht eingehalten (Bewerbungen, → 26) und zumutbare Arbeiten oder Maßnahmen abgelehnt werden (Sanktionen, → 95).

15 **Tipp:** Gegen ablehnende Bescheide können Sie Widerspruch (→ 126) einlegen und die Behörde mit einer Eilklage im Rahmen des einstweiligen Rechtsschutzes (→ 41) zur Zahlung verpflichten. Auch eine mündliche Ablehnung ist ein Verwaltungsakt (Bescheid). Wenn Sie es ausdrücklich verlangen, muss das Jobcenter aufgrund der mündlichen Ablehnung einen schriftlichen Bescheid (→ 22) erlassen (§ 33 Abs. 2 S. 2 SGB X).

1.2.4 Abweisung wegen erwarteten ersten Lohns

16 Es ist ebenfalls rechtswidrig, Hilfebedürftige abzuweisen, weil diese im folgenden Monat ihren ersten Lohn erwarten. Bürgergeld muss weitergezahlt werden. Lohn ist erst in dem Monat Einkommen (→ 37), in dem er tatsächlich zufließt (FW 11.5 ff.). Das gilt zB, wenn Sie eine Arbeit aufnehmen und der erste Lohn im Folgemonat gezahlt wird.

1.3 Zumutbare Arbeit

17 Nicht alle Beziehenden von Bürgergeld müssen Arbeit suchen. Und sie müssen auch nicht jede Arbeit zu jeder Bedingung anneh-

men. Die Bundesregierung bemüht sich jedoch, die Zumutbarkeiten in diese Richtung auszudehnen. Die Gründe für Unzumutbarkeit von Arbeit finden sich in § 10 Abs. 1 SGB II und auch in den Weisungen zu § 10 der BA (FW 10.5 ff.).

1.3.1 Qualifikation

18 Für Bürgergeld-Beziehende gilt:
„Eine Arbeit ist nicht allein deshalb unzumutbar, weil
1. *sie nicht einer früheren beruflichen Tätigkeit entspricht, für die die erwerbsfähige leistungsberechtigte Person ausgebildet ist oder die früher ausgeübt wurde,*
2. *sie im Hinblick auf die Ausbildung der erwerbsfähigen leistungsberechtigten Person als geringerwertig anzusehen ist"* (§ 10 Abs. 2 Nr. 1, 2 SGB II).

Bürgergeld-Beziehende genießen also keinen Qualifikationsschutz.

19 Unzumutbar ist nur eine Arbeit, durch die *„die künftige Ausübung der bisherigen überwiegenden Tätigkeit wesentlich erschwert würde, weil die bisherige Tätigkeit besondere körperliche Anforderungen stellt"* (§ 10 Abs. 1 Nr. 2 SGB II).

Ein*e arbeitslose*r Konzertpianist*in darf nicht in den Steinbruch abkommandiert werden, wohl aber ins Archiv einer Bibliothek.

20 Dennoch spielt die **Qualifikation** eine bedeutende **Rolle**. Die Behörde soll mit Ihnen einen Kooperationsplan abschließen, der bestimmt, welche Leistungen Sie zur Eingliederung in Arbeit erhalten und wie sich diese mit Ihren persönlichen Merkmalen, individuellen Stärken und beruflichen Fähigkeiten in Einklang bringen lassen; dazu soll auch die vorgesehene Potentialanalyse dienen (§ 15 Abs. 1 S. 1 SGB II).

21 **Tipp:** Drängen Sie darauf, dass Ihre *„beruflichen Fähigkeiten"* und Qualifikationen bei konkreten Schritten zur *„Eingliederung"* berücksichtigt werden. Überlegen Sie selbst, welche Ihrer Fähigkeiten und Qualifikationen bei der Arbeitssuche eine Rolle spielen sollten und machen Sie Vorschläge.

22 Dass es unsinnig ist, keine Rücksicht auf bereits erworbene Qualifikationen zu nehmen, wenn hingegen der künftigen Qualifikation eine besondere Bedeutung bei der Beendigung der Arbeitslosigkeit zukommen soll, hat nun scheinbar und mit langem Anlauf auch endlich die Bundesregierung eingesehen. Hier hat es einen Fortschritt beim Bürgergeld gegeben. Der sogenannte Vermittlungsvorrang wurde abgeschafft. Stattdessen soll auf Qualifizierung und Weiterbildung gesetzt werden. Dafür gibt es zukünftig monatlich einen Bonus. Wer sich mindestens acht Wochen in einer Weiterbildung befindet, erhält pro abgeleisteten Monat einen Bürgergeldbonus in Höhe von 75 EUR: *„Erwerbsfähige Leistungsberechtigte erhalten einen Bonus in Höhe von 75 Euro für jeden Monat der Teilnahme an einer der folgenden Maßnahmen"* (§ 16j SGB II). Dazu zählen Maßnahmen zur beruflichen Weiterbildung, berufsvorbereitende Bildungsmaßnahmen, Maßnahmen in der Vorphase der Assistierten Ausbildung sowie Maßnahmen zur Förderung schwer zu erreichender junger Menschen (§ 16j Abs. 1–3 SGB II). Die bisher geltende Weiterbildungsprämie in Höhe von 150 EUR gem. § 87a Abs. 1 SGB III, die für abschlussorientierte Weiterbildungen gilt, wird zukünftig entfristet (Weiterbildungsgeld gem. § 16 Abs. 1 S. 2 Nr. 4 SGB II). Zum einen soll die Prämie als *„Anreizwirkung"* bei erfolgreicher Zwischen- und Abschlussprüfung wirken, zum anderen soll sie auch *„einen Beitrag dazu leisten, um Mehraufwendungen durch die Teilnahme an einer mehrjährigen berufsabschlussbezogenen Weiterbildung zu decken, wie z. B. Aufwendungen für digitale Angebote oder für die Beschaffung von zusätzlicher Fachliteratur und Arbeitsmaterialien oder für besondere Fahr- und Verpflegungsaufwendungen und andere Aufwendungen, die z. B. im Zusammenhang mit der Bildung von Lerngemeinschaften entstehen können und die von arbeitslosen Teilnehmenden nicht ohne weiteres über das Arbeitslosengeld bei beruflicher Weiterbildung getragen werden können"* (BT-Drs. 20/3873, 101). Sie wird auch bei Maßnahmen gezahlt, die in Teilqualifikationen zum Berufsabschluss führen. Ebenso wird das Weiterbildungsgeld unabhängig vom Arbeitslosenstatus allen erwerbsfähigen Leistungsberechtigten gezahlt, die die Vor-

aussetzung des § 87a Abs. 1 SGB III erfüllen. „Das Weiterbildungsgeld umfasst somit auch Beschäftigte, die ergänzend zum Erwerbseinkommen Bürgergeld beziehen" (BT-Drs. 20/3873, 86).

23 Die Abschaffung des Vermittlungsvorrangs „Hauptsache Arbeit" und der neue Gedanke an Qualifizierung und abschlussorientierte Weiterbildung ist positiv zu bewerten. Die Agenda 2010 war von Beginn an durch den Arbeitszwang geprägt. Das hatte zur Folge, dass Leistungsberechtigte, auch mit hoher Qualifikation, oftmals in Helfertätigkeiten vermittelt wurden und dort hängen blieben. Auf diese Art und Weise fand eine Dequalifizierung ihrer bisherigen Ausbildung oder Studium statt. Parallel dazu zementierte es den Niedriglohnsektor – insbesondere die Zeitarbeit, die einen Aufschwung wie nie zuvor erlebte. So stieg die Anzahl der Zeitarbeitnehmer*innen von 444.000 im Jahr 2005 auf knapp über eine Million im Jahresdurchschnitt im Jahr 2017, um seit der Coronapandemie bei knapp 800.000 zu stagnieren (https://de.statista.com/statistik/daten/studie/72785/umfrage/anzahl-der-zeitarbeitnehmer-im-jahresdurchschnitt-seit-2002/). Für die Jobcenter war die Vermittlung in die Zeitarbeit ein Garant für eine schnelle Vermittlung. Selbst dann, wenn sie nicht nachhaltig war. Es bleibt nun abzuwarten, ob eine mind. achtwöchige Qualifizierung den Leistungsberechtigten neue berufliche Chancen bringt oder es bei Beschäftigungsmaßnahmen bleibt. Auch bleibt abzuwarten, ob es eine Steigerung für abschlussorientierte Weiterbildungen gibt. Gerade diese sind notwendig, um den Menschen ohne bisherige Berufsausbildung eine Chance auf dem allgemeinen Arbeitsmarkt zu ermöglichen. Da Sie zunächst einmal selbst Arbeit suchen können bzw. müssen (→ Rn. 9), suchen Sie natürlich bevorzugt Stellen, die Ihrer Qualifikation entsprechen. Umgekehrt gilt: *„Reichen die beruflichen Qualifikationen bzw. Erfahrungen für die Ausübung der Beschäftigung nicht aus, ist die Tätigkeit unzumutbar"* (FW 10.9).

1.3.1.1 Neue Grundfreibeträge von Einkommen junger Menschen unter 25 Jahren

24 Mit dem Bürgergeld treten auch neue Regelungen zu den Grundfreibeträgen **ab 1.7.2023** für junge Menschen unter 25 Jahren ein, wenn sie eine allgemein- oder berufsbildende Schule besuchen oder in den Schulferien einen Ferienjob ausüben: *„Nicht als Einkommen zu berücksichtigen sind Einnahmen von Schülerinnen und Schülern allgemein- oder berufsbildender Schulen, die das 25. Lebensjahr noch nicht vollendet haben, aus Erwerbstätigkeiten, die in den Schulferien ausgeübt werden"* (§ 11a Abs. 7 S. 1 SGB II), mit Nachwirkungsregel bis drei Monate nach Beendigung der Schule (§ 11b Abs. 2b S. 1 Nr. 4 SGB II).

Für junge Menschen in Ausbildung gilt ab 1.7.2023, dass eine Ausbildungsvergütung bis 520 EUR (Mini-Job-Grenze) ohne Anrechnung auf das Bürgergeld hinzuverdient werden kann. Die 520-EUR-Anrechnungsfreiheit gilt ebenso für Studierende (§ 11b Abs. 2b S. 1 Nr. 1 SGB II) und Schüler*innen, beim Bundesfreiwilligendienst oder beim Freiwilligen Sozialen Jahr (§ 11b Abs. 2b S. 1 Nr. 3 SGB II). Für dezidierte Informationen dazu schauen Sie bitte im Beitrag Einkommensanrechnung (→ 38).

25 Dass die Grundfreibeträge von jungen Menschen in Bedarfsgemeinschaften nun höher angesetzt worden sind, ist eine seit langem formulierte Forderung von vielen Eltern, aber auch von den jungen Menschen selbst. Dadurch erhöht sich das Einkommen innerhalb dieser Bedarfsgemeinschaften. Für junge Menschen kann es ein „Signal" sein, dass sich ein Ferienjob oder ein Minijob „lohnt". Sie dürfen ihr Geld zukünftig behalten, so dass nicht ein Großteil vom Jobcenter einkassiert wird. Die Chance, sich persönliche Wünsche zu erfüllen, ist mit der höheren Einkommensfreigrenze eher gegeben. Der politische Hintergedanke ist natürlich, dass sich „Arbeit lohnen muss" und die jungen Menschen an die Erwerbstätigkeit heranzuführen. Trotzdem bleibt ein fader Beigeschmack zurück, wenn Schüler*innen als Zeitungsausträger*innen arbeiten müssen, um den Regelsatz des Bürgergeldes aufzusto-

cken, um sich persönliche Wünsche erfüllen zu können.

1.3.2 Beschäftigungsort und Wohnort

26 Jede Arbeit ist zumutbar, auch wenn *„der Beschäftigungsort vom Wohnort der erwerbsfähigen leistungsberechtigten Person weiter entfernt ist als ein früherer Beschäftigungs- oder Ausbildungsort"* (§ 10 Abs. 2 Nr. 3 SGB II).

Zumutbar sind demnach **Pendelzeiten:**

- bis zu insgesamt 2,5 Stunden Hin- und Rückfahrt bei einer Arbeitszeit von mehr als sechs Stunden (BA, FW Arbeitslosengeld Drittes Buch Sozialgesetzbuch – SGB III § 140 SGB III Zumutbare Beschäftigungen, § 140 SGB III Abs. 4, gültig ab 18.3.2022 fortlaufend) und
- insgesamt 2 Stunden bei einer Arbeitszeit unter sechs Stunden (§ 140 Abs. 4 SGB III).

In Regionen, in denen längere Pendelzeiten üblich sind, verlängert sich die Zumutbarkeit dementsprechend. Allerdings können längere Pendelzeiten auch aus wirtschaftlichen Gründen unzumutbar sein (FW 10.37).

27 **Umzüge** in Wohnorte außerhalb des zumutbaren Pendelbereichs sind für Alg I- wie Bürgergeld-Beziehende nach drei Monaten Arbeitslosigkeit *„in der Regel zumutbar"*, es sei denn ein *„wichtiger Grund"* steht dem entgegen (§ 140 Abs. 4 S. 6 SGB III). *„Ein wichtiger Grund kann sich insbesondere aus familiären Bindungen ergeben"* (§ 140 Abs. 4 S. 7 SGB III; FW 10.31), dh, eine besondere Situation von Ehe- und Lebenspartner*innen, Kindern, pflegebedürftigen Angehörigen usw kann einen Umzug unzumutbar machen. Ebenso das Alter, der Gesundheitszustand oder ortsgebundene Aktivitäten (zB Ehrenämter usw). Wenn Sie umziehen müssen, kann die Behörde Ihnen eine **Umzugskostenbeihilfe** aus dem sogenannten Vermittlungsbudget in unbestimmter Höhe bewilligen (§ 44 Abs. 1 SGB III iVm § 16 Abs. 2 S. 2 SGB II).

Eine Beschäftigung, die *„vorübergehend eine getrennte Haushaltsführung erfordert"*, ist ebenfalls zumutbar (§ 140 Abs. 5 SGB III).

1.3.3 Höhe des Lohns

28 *„Erwerbsfähige Leistungsberechtigte und die mit ihnen in einer Bedarfsgemeinschaft lebenden Personen müssen alle Möglichkeiten zur Beendigung oder Verringerung ihrer Hilfebedürftigkeit ausschöpfen"* (§ 2 Abs. 1 S. 1 SGB II).

Dazu gehören nicht nur sozialversicherungspflichtige Arbeitsverhältnisse, sondern auch Minijobs, Midijobs, Gelegenheitsarbeiten oder selbstständige Tätigkeiten. Auch befristete Jobs sind zumutbar. *„Alle Möglichkeiten"* bedeutet aber nicht, dass Sie unter dem derzeitigen Mindestlohn putzen gehen müssen (BA, FW Arbeitslosengeld Drittes Buch Sozialgesetzbuch – SGB III § 140 SGB III Zumutbare Beschäftigungen, § 140 Abs. 2 SGB III).

1.3.3.1 Zumutbarkeit von untertariflicher Bezahlung – tariflicher/gesetzlicher Mindestlohn

29 Die Arbeitslosenverwaltung zwingt Arbeitslose schon seit Jahren zu Lohndumping. Je niedriger der zumutbare Lohn ist, desto besser für Unternehmen. Hartz IV und auch jetzt noch das Bürgergeld förder(te)n diese Entwicklung, weil Niedriglöhne, die nicht zum Leben reichen, aufgestockt werden.

30 Wenn Sie Arbeit in Betrieben aufnehmen, die **tarifgebunden** sind, sind untertarifliche Löhne nicht zumutbar. Die entsprechenden Tarife gelten auch für Sie. Wenn Sie Arbeit in Branchen aufnehmen, in denen Mindestlöhne gelten, haben Sie Anspruch auf den entsprechenden **Mindestlohn**.

31 Der allgemeine gesetzliche Mindestlohn beträgt seit Oktober 2022 je Zeitstunde 12 EUR (§ 1 Abs. 2 S. 1 MiLoG). Zwischen 1.7. und 30.9.2022 betrug er 10,45 EUR, bis zum 30.6.2022 gar nur 9,82 EUR. Über weitere Erhöhungsschritte befindet die Mindestlohnkommission dann wieder am 30.6.2023 mit Wirkung zum 1.1.2024.

32 In der Zeitarbeit gab es zum April 2021 eine Ost-West Angleichung. Das bedeutet, dass im Osten und im Westen in der Arbeitnehmerüberlassung der gleiche Mindestlohn bezahlt werden muss. Eine gesonderte Entgelttabelle für den Osten gibt es nicht mehr.

10 Arbeit(spflichten)

Der Mindestlohn in der Zeitarbeit liegt von Januar bis März 2023 bei 12,43 EUR, ab April 2023 sind 13 EUR geplant und ab Januar 2023 13,50 EUR (Lohn Info, Mindestlöhne Zeitarbeit, abrufbar unter: https://www.lohn-info.de/mindestlohn_zeitarbeit.html). Die Zeitarbeitsbranche unterliegt verschiedensten Tätigkeitsfeldern und damit auch unterschiedlichsten Tarifen und den damit verbundenen Löhnen. Trotzdem gilt für alle eine sogenannte Lohnuntergrenze, welche als Mindeststundenentgelt über alle Branchen der Zeitarbeit hinweg festgelegt wird. Diese darf nicht unterschritten werden.

33 **Tipp:** Bevor Sie eine Stelle zu einem möglicherweise untertariflichen oder „*sittenwidrigen*" Lohn annehmen, bitten Sie um Bedenkzeit, damit Sie sich zB bei der zuständigen **Gewerkschaft** nach dem Tariflohn/Mindestlohn, dem ortsüblichen Lohn bzw. dem Lohnniveau in Ihrer Region erkundigen können.

34 Sollten Sie von der Behörde unter Androhung von Kürzungen gezwungen werden, eine untertarifliche Bezahlung in tarifgebundenen Bereichen anzunehmen, können Sie die Arbeit als unzumutbar ablehnen. Sie können die Arbeit aber auch annehmen und nach der Einstellung Ihre Tarifansprüche gegen den Arbeitgeber gerichtlich durchsetzen (BAG 28.3.2000 – 1ABR 16/99), was leichter ist, wenn Sie gewerkschaftlich organisiert sind.

In Unternehmen, die **nicht tarifgebunden** sind, sind alle Löhne zumutbar, sofern sie nicht unter dem **gesetzlichen Mindestlohn** von 12,00 EUR (seit 1.10.2022) liegen (§ 1 MiLoG; Ausnahmen → Rn. 39) oder sittenwidrig sind – zB dort, wo der Mindestlohn nicht gilt.

35 **Sittenwidrig** ist ein Lohn, wenn er in einem *„auffälligen Missverhältnis zu der Leistung"* steht (§ 138 Abs. 2 BGB). Das ist nach Auffassung des Bundesarbeitsgerichts der Fall, wenn die Entlohnung nicht einmal zwei Drittel eines in der betreffenden Branche und Wirtschaftsregion üblicherweise gezahlten Tariflohns beträgt (BAG 22.4.2009 – 5 AZR 436/08).

36 **Vergleichsgrundlage für Sittenwidrigkeit** sind die Tariflöhne des jeweiligen Wirtschaftszweigs, nicht die Tariflöhne der Branche (BAG 22.4.2009 – 5 AZR 436/08). Für Beschäftigte in Leiharbeitsfirmen gilt also nicht der Tariflohn der Branche des Entleihbetriebs, sondern der Tariflohn bzw. übliche Lohn in der Leiharbeitsbranche.

37 Sittenwidrige Löhne sind **Lohnwucher** und dieser ist **strafbar**. „*Wer die Zwangslage [...] eines anderen dadurch ausbeutet, dass er sich oder einem Dritten [...] Vermögensvorteile versprechen oder gewähren lässt, die in einem auffälligen Missverhältnis zu der Leistung stehen, wird [...] bestraft*" (§ 291 Abs. 1 S. Nr. 3 StGB). Sie können in diesem Fall das Unternehmen verklagen, das Ihnen den Hungerlohn zahlt.

38 Sittenwidrig ist ebenso ein Stellenangebot in der Prostitution. Es ist auch dann sittenwidrig und unzumutbar, wenn sie in der Vergangenheit bereits ausgeübt wurde (SG Berlin-Brandenburg 15.6.2022 – S 134 AS 8396/20; BSG 6.5.2009 – B 11 AL 11/08 R).

39 **Jobcenter** können von Arbeitgebern, die ihren Beschäftigten gesetzes- oder tarifwidrige Löhne zahlen, Entschädigungen fordern, wenn die Beschäftigten aufgrund des Niedriglohns auf aufstockendes Bürgergeld angewiesen sind. Die Behörde kann nur die Differenz zum rechtmäßigen Lohn einfordern, abzüglich der Absetzbeträge und des Erwerbstätigenfreibetrags (→ 38) sowie des rechtmäßigen Lohnanteils, der über dem Bürgergeld liegt (LAG Mecklenburg-Vorpommern 2.11.2010 – 5 Sa 91/10). Diese Lohnanteile stehen dem*r Arbeitnehmer*in zu, wenn er*sie die Forderung gegenüber dem Arbeitgeber durchsetzt.

1.3.3.2 Ausnahmen vom gesetzlichen Mindestlohn

40 Der gesetzliche Mindestlohn gilt nicht für:

- Jugendliche unter 18 Jahren ohne abgeschlossene Berufsausbildung, Auszubildende – unabhängig von ihrem Alter – im Rahmen der Berufsausbildung,
- Langzeitarbeitslose während der ersten sechs Monate ihrer Beschäftigung nach Beendigung der Arbeitslosigkeit,
- Praktikant*innen, wenn das Praktikum verpflichtend im Rahmen einer schuli-

schen oder hochschulischen Ausbildung stattfindet,
- Praktikant*innen, wenn das Praktikum freiwillig bis zu einer Dauer von drei Monaten zur Orientierung für eine Berufsausbildung oder Aufnahme eines Studiums dient,
- Jugendliche, die an einer Einstiegsqualifizierung als Vorbereitung zu einer Berufsausbildung oder an einer anderen Berufsbildungsvorbereitung nach dem Berufsbildungsgesetz teilnehmen sowie
- ehrenamtliche Tätige (§ 22 MiLoG).

Einen Anspruch auf den Mindestlohn haben hingegen auch Untersuchungs- oder Strafgefangene, die innerhalb von Haftanstalten arbeiten.

1.3.3.3 Zumutbarkeit von Minijobs und geringfügiger Beschäftigung

41 Sie müssen auch Minijobs oder andere geringfügige Beschäftigungen annehmen, da diese zur angesprochenen „*Verringerung [I]hrer Hilfebedürftigkeit*" (§ 2 S. 1 SGB II) führen. Bei Minijobs ist die Arbeitszeit nicht vorgeschrieben. Es ist zB zulässig, 20 bis 25 Stunden wöchentlich zu arbeiten. Allerdings gilt auch bei Minijobs der Mindestlohn von 12,00 EUR pro Stunde. Bei einem max. Monatslohn von 520 EUR ergibt das eine maximale monatliche Arbeitszeit von rund 43 Stunden.

1.3.3.4 Lohnwucher schon bei Löhnen unterhalb des Bürgergeld-/ Sozialhilfeniveaus

42 Löhne unterhalb von Bürgergeld/Sozialhilfe entsprechen nach Meinung des arbeitgeberfreundlichen Bundesarbeitsgerichts und der Hartz IV-/Bürgergeld-Parteien den guten Sitten des Kapitals. Lohnwucher liegt aber nach Meinung anderer Gerichte schon vor, wenn der Lohn für eine Vollzeitstelle noch unter dem Sozialhilfebedarf eines*r Alleinstehenden liegt (SG Berlin 27.2.2006 – S 77 AL 742/05; SG Fulda 17.3.2004 – S 1 AL 77/03; ArbG Bremen 30.8.2000 – 5 Ca 5151/5198/00).

43 Unserer Meinung nach ist Lohnwucher bei Vollzeitjobs auch dann gegeben, wenn der **Nettolohn** unter dem Bürgergeld-Bedarf eines*r Alleinstehenden inklusive Freibetrag liegt. Der durchschnittliche Bedarf belief sich zB im April 2022 zwischen 824 EUR pro Monat für einen Single-Haushalt und 2.868 EUR für einen Paar-Haushalt mit drei und mehr Kindern (vgl. Institut für Arbeit und Qualifikation der Universität Duisburg-Essen, abrufbar unter: https://www.sozialpolitik-aktuell.de/files/sozialpolitik-aktuell/_Politikfelder/Sozialstaat/Datensammlung/PDF-Dateien/abbIII59.pdf). Allerdings muss beachtet werden, dass es regionale Unterschiede in der Übernahme der Kosten der Unterkunft (→ 75) gibt. Die Kosten der Unterkunft werden nur im angemessenen Rahmen übernommen, die ebenso regional unterschiedlich sind. Selbiges gilt für die Nebenkosten. Bürgergeld bleibt Armut per Gesetz.

1.3.4 Zumutbarkeit von Leiharbeit

44 „*Die Arbeit bei einer Zeitarbeitsfirma (Personalleasing) ist zumutbar, auch wenn erstmals eine solche Arbeit ausgeübt wird*" (FW 10.39). Die „*Vermittlung in ein Leiharbeitsverhältnis, das den Vorgaben des AÜG [Arbeitnehmerüberlassungsgesetz] entspricht, [ist] einem Arbeitslosen nicht generell – also ohne Berücksichtigung besonderer Umstände des Einzelfalles – nicht zuzumuten*" (BSG 8.11.2001 – B 11 AL 31/01 R).

45 **Tipp:** Unzumutbar kann Leiharbeit aber sein, wenn gesetzliche Mindestbestimmungen, zB bei Lohnfortzahlung, Urlaub usw vor allem aber beim Lohn selbst nicht eingehalten werden. Prüfen Sie, ob der Lohn untertariflich oder sittenwidrig ist (→ Rn. 28).

1.3.5 Zumutbarkeit abhängig von körperlicher, geistiger oder seelischer Verfassung

46 Jede Arbeit ist zumutbar, es sei denn, Sie sind „*körperlich, geistig oder seelisch nicht in der Lage*", sie auszuüben (§ 10 Abs. 1 Nr. 1 SGB II).

Wenn Sie einen Bandscheibenvorfall hatten, können Sie nicht beim Spargelstechen eingesetzt werden. Wenn Sie schwerhörig, gehbehindert, schwer asthmakrank oder zu alt sind usw, sind Sie für bestimmte Arbeiten nicht geeignet. Das Gleiche kann gelten, wenn Sie unter starken Ängsten leiden. Inwieweit das alles der Fall ist, kann durch den ärztlichen Dienst der Agentur für Arbeit, dem die Jobcenter angegliedert sind, mithilfe einer Untersuchung festgestellt werden. In diesem Fall müssen Sie aber damit rechnen, dass Sie nicht unbedingt von einem*r Facharzt*Fachärztin für Ihre Beschwerden untersucht werden. Legen Sie selbst ein Gutachten vor, müssen Sie dieses idR selbst veranlassen und mögliche Kosten auch selbst übernehmen. Trotzdem kann es passieren, dass das ärztliche Gutachten durch das Jobcenter einen höheren Stellenwert hat als des Ihres*r Facharztes*Fachärztin. Verweigern Sie den Termin zum ärztlichen Dienst, kann der Regelbedarf um zehn Prozent gekürzt werden (Sanktionen, → 95). Verweigern Sie die Abgabe des vom Jobcenter ausgegebenen Gesundheitsfragebogens und der Schweigepflichtsentbindungen, kann das Jobcenter Ihre Leistungen nach § 66 SGB I wegen „fehlender Mitwirkung" einstellen. Die Zahlung erfolgt erst dann wieder, wenn Sie den Gesundheitsfragebogen komplett (verschlossen) beim Jobcenter oder direkt beim ärztlichen Dienst der zuständigen Agentur für Arbeit eingereicht haben. Beachten Sie die Grenzen der Mitwirkung (→ 79).

1.3.6 Zumutbarkeit und Kindererziehung

47 Leistungsberechtigten ist jede Arbeit zumutbar, es sei denn, dass „*die Ausübung der Arbeit die Erziehung ihres Kindes oder des Kindes ihrer Partnerin oder ihres Partners gefährden würde*" (§ 10 Abs. 1 Nr. 3 SGB II). Das hängt jedoch vom Alter des Kindes und der Art des Betreuungsbedarfs ab.

1.3.6.1 Betreuungspersonen mit Kindern unter drei Jahren

48 § 10 Abs. 1 Nr. 3 SGB II sagt, dass sich ein Elternteil darauf berufen kann, dass Kind selbst zu betreuen und somit in dieser Zeit nicht für die Aufnahme einer Erwerbstätigkeit zur Verfügung stehen muss: „*Einer erwerbsfähigen leistungsberechtigten Person ist jede Arbeit zumutbar, es sei denn, dass die Ausübung der Arbeit die Erziehung ihres Kindes oder des Kindes ihrer Partnerin oder ihres Partners gefährden würde; die Erziehung eines Kindes, das das dritte Lebensjahr vollendet hat, ist in der Regel nicht gefährdet, soweit die Betreuung in einer Tageseinrichtung oder in Tagespflege im Sinne der Vorschriften des Achten Buches oder auf sonstige Weise sichergestellt ist*". In einer Familie ist jedoch zu beachten, dass sich „*nicht beide für dieselben Zeiträume auf Unzumutbarkeit berufen können*" (FW 10.16).

49 Das gilt auch, wenn Sie noch **weitere Kinder** haben, die älter sind als drei Jahre. Sie beziehen dann zwar Grundsicherung für Arbeitsuchende, müssen aber als Betreuungsperson weder Arbeit suchen noch einen Kooperationsplan unterschreiben.

50 Zwar hat die BA seit 1.7.2021 in ihre Fachliche Weisung aufgenommen, dass „*die Teilnahme an einer Maßnahme und die Aufnahme einer Erwerbstätigkeit zumutbar*" sein kann (FW 10.18). Dabei beruft sich die Bundesagentur für Arbeit auf das Bundessozialgerichtsurteil (15.12.2010 – B 14 AS 92/09 R). Nur wenn andere wichtige Gründe dagegensprechen, ist die Teilnahme an einer Maßnahme oder einer Erwerbstätigkeit unzumutbar. Die Jobcenter müssen hierbei „*die gesamte familiäre Situation berücksichtigen, insbesondere bei Alleinerziehenden*" (FW 10.18). Trotzdem bleibt die **Betreuung des Kindes** durch eine Tageseinrichtung oder Tagespflege **stets eine freiwillige Entscheidung der Erziehungsberechtigten** (FW 10.18). Aber Achtung: Ist eine Arbeitsaufnahme zumutbar, kann die Integrationsfachkraft die Integration in den Arbeitsmarkt auch zukünftig verbindlich (Kooperationsplan, → 35) gestalten, dh auch mit Androhungen von Leistungsminderungen (→ 95) in den Vermittlungsvorschlägen. Das stellt gegenüber den bisherigen Regelungen bei Kindern unter drei Jahren eine Verschärfung dar – insbesondere gegenüber Alleinerziehenden.

51 **Hinweis:** Auch, wenn dem Grunde nach keine Pflicht zur Aufnahme einer Erwerbstätigkeit besteht, kann die Integrationsfachkraft Sie als Erziehende*n beraten und „betreuen". Umgekehrt haben Sie auch das Recht, Leistungen zur Eingliederung oder Beratungsleistungen in Anspruch zu nehmen. Alle diese Leistungen, seien es Vorschläge durch die Integrationsfachkraft oder durch

Sie selbst, sind freiwillig und dürfen nicht sanktioniert werden.

1.3.6.2 Betreuungspersonen mit Kindern zwischen drei und sechs Jahren

52 Sobald das Kind das dritte Lebensjahr vollendet hat, ist die Erziehung des Kindes nicht mehr gefährdet und eine Arbeitsaufnahme ist in der Regel zumutbar, *„wenn eine bedarfsgerechte Betreuung des Kindes durch Dritte oder den anderen Elternteil sichergestellt ist"* (BA FW 10.19; § 10 Abs. 1 Nr. 3 SGB II). Die Behörde soll darauf hinwirken, dass Ihnen ein Platz zur Tagesbetreuung angeboten wird.

53 **Hinweis:** Sie können sich nicht auf Unzumutbarkeit berufen, wenn Sie den Ihnen angebotenen und geeigneten Kita-/Kigaplatz nicht in Anspruch nehmen. Sie sollten dann nachweisen und dokumentieren, warum dieses Betreuungsangebot nicht in Anspruch genommen werden kann (FW 10.19; § 10 SGB II).

54 Was aber passiert, wenn Sie mit der Art der angebotenen Betreuung (Tagesmutter) oder dem Kindergarten bzw. der Kita (zB einer bestimmten Konfession etc) nicht einverstanden oder der Meinung sind, dass Sie Ihr Kind bis zum Schulalter selbst großziehen wollen? Im Grundgesetz heißt es: *„Pflege und Erziehung der Kinder sind das natürliche Recht der Eltern und die zuvörderst ihnen obliegende Pflicht"* (Art. 6 Abs. 2 GG). Dieses Grundrecht ist im Vorschulalter nicht durch eine gesetzliche Kindergartenpflicht bzw. Betreuungspflicht durch Tagesmütter eingeschränkt. Die Integrationsfachkraft darf nicht versuchen, Ihnen gegen Ihren Willen einen Ganztagskindergartenplatz aufzuzwingen. Nur Sie haben ein Aufenthaltsbestimmungsrecht für Ihr Kind.

55 Die Behörde versucht jedoch, Ihnen indirekt eine **Betreuungspflicht** aufzuzwingen: Bei Kindern, die das 3. Lebensjahr vollendet haben, ist die Arbeitsaufnahme in der Regel zumutbar, wenn eine bedarfsgerechte Betreuung des Kindes durch Dritte oder den anderen Elternteil sichergestellt ist (FW 10.19; § 10 Abs. 1 Nr. 3 SGB II). Die Jobcenter gehen also davon aus, dass die vorgehaltenen Betreuungsangebote Ihnen und Ihrem Kind zuzumuten sind. Wenn Sie dann ein Jobangebot für die durch das Amt gewährleistete Betreuungszeit ablehnen, kann eine Leistungsminderung (→ 95) erfolgen, wenn Sie sich auf einen Vermittlungsvorschlag nicht bewerben oder eine Trainingsmaßnahme nicht antreten.

56 **Tipp 1:** Legen Sie im Einzelnen schriftlich dar, warum Sie ein solches Betreuungsangebot nicht annehmen können oder warum ein bestimmtes Angebot für Ihr Kind nicht geeignet ist. Legen Sie, falls vorhanden, entsprechende Atteste vor.

57 **Tipp 2:** Grundsätzlich ist die Betreuungssituation der Kinder und *„der sich daraus ergebende Umfang für eine zumutbare Arbeit"* (FW 10.16) mit Ihnen und ggf. mit Ihrem*r erwerbslosen Partner*in in der Bedarfsgemeinschaft gemeinsam zu besprechen und zu dokumentieren. Dabei sind die Betreuungszeiten des Kindes oder der Kinder, die Wegezeiten zur Arbeit und zu Kita/Schule oder sonstigen Betreuungsangeboten zu berücksichtigen. Beachten Sie, dass es nicht überall Ganztagsschulen gibt.

58 **Tipp 3:** Ein erhöhter Betreuungsbedarf kann bei verhaltensauffälligen Kindern (zB hyperaktiven Kinder), bei Kindern in besonderen vorschulischen Vorbereitungsmaßnahmen sowie bei Kindern mit Behinderung, gesundheitlichen Einschränkungen und lfd. therapeutischen Maßnahmen anerkannt werden (FW 10.16).

59 **Tipp 4:** Die Betreuung minderjähriger oder Kinder mit Behinderung fällt unter die Leistungen *„für die Eingliederung [...] in das Erwerbsleben"* (§ 16a Nr. 1 SGB II). Auch wenn Ihre Integrationsfachkraft verlangen könnte, dass Sie die Suche nach einem Kindergartenplatz nachweisen, darf eine solche Verpflichtung nicht in den Kooperationsplan (bis 30.6.2023 Eingliederungsvereinbarung) aufgenommen werden. Ein entsprechender Kooperationsplan wäre rechtswidrig und damit nichtig (§ 58 Abs. 2 Nr. 1 SGB X).

60 Die durch die Jobcenter geforderten Arbeitszeiten sind gerade für Alleinerziehende, aber auch für Paare mit Kind/ern auf dem allgemeinen Arbeitsmarkt teilweise sehr unterschiedlich bzw. auch sehr von der Integrationsfachkraft abhängig. Einheitliche Ur-

10 Arbeit(spflichten)

teile gibt es auch nicht. So urteilte das VGH Hessen, dass eine Halbtagstätigkeit bei schulpflichtigen Kindern möglich sei (VGH Hessen 31.8.1992 – 9 TG 1104/92). Das Bundesverfassungsgericht war 1995 der Meinung, dass Alleinerziehende mit einem 9-jährigen Kind höchsten halbtags arbeiten können (BVerwG 17.5.1995 – 5 C 20/93). Das Bundessozialgericht urteilte bei Kindern unter drei Jahren für eine Arbeitsaufnahme, solange die Erziehung des Kindes tatsächlich nicht gefährdet sei (BSG 15.12.2010 – B 14 AS 92/09 R). Die Beweislast gegenüber dem Jobcenter liegt also bei den Eltern selbst, wenn sie feststellen, dass das Betreuungsangebot für ihr Kind nicht passt. Das Jobcenter ist in der Position, soweit die Arbeitsaufnahme zumutbar ist, da ein Betreuungsplatz vorhanden ist, entsprechend den Kooperationsplan (bis 30.6.2023 die EinV) verbindlich festzulegen. Das kann auch eine Leistungsminderung (→ 95) zur Folge haben, sofern die auferlegten Pflichten nicht eingehalten werden (Bewerbungen um einen Arbeitsplatz, Besuch von Trainingsmaßnahmen, sozialer Arbeitsmarkt). Die Verschärfung, dass eine Arbeitsaufnahme zumutbar ist, auch wenn das Kind jünger als drei Jahre ist, ist zu kritisieren. Das nimmt den Eltern(teilen) die Freiheit, das Kind/die Kinder zuhause zu lassen bzw. selbst zu betreuen.

1.3.7 Zumutbarkeit und Pflege

61 Jede Arbeit ist zumutbar, es sei denn, dass *„die Ausübung der Arbeit mit der Pflege einer oder eines Angehörigen nicht vereinbar wäre und die Pflege nicht auf andere Weise sichergestellt werden kann"* (§ 10 Abs. 1 Nr. 4 SGB II).

62 Wie viel Stunden Arbeit pro Tag als zumutbar gelten, hängt vom Grad der Pflegebedürftigkeit des*r Angehörigen ab. Bei Pflegegrad 1 hält die BA eine Vollzeitarbeit für zumutbar, bei Pflegegrad 2 und 3 ebenfalls, jedoch abhängig von der erforderlichen Präsenz der Pflegeperson bis zu 6 Stunden pro Tag. Ab Pflegegrad 4 hält die BA eine Arbeit der pflegenden Person für nicht mehr zumutbar (FW 10.22). Diese Richtlinien sind **lebensfremd**. Bei Pflegegrad 2 kann die zeitliche Belastung bis zu drei Stunden, bei Pflegegrad 3 bis zu fünf Stunden am Tag reichen.

Die Zeit, in der Pflegebedürftige (insbesondere Personen mit erhöhtem Betreuungsaufwand) beaufsichtigt werden müssen, ist in den Pflegezeiten nicht enthalten. Bei Pflegegrad 2 ist dreimal täglich Pflege zu verschiedenen Tageszeiten gefordert. Die als zumutbar geltenden Arbeitszeiten sind mit all dem nicht zu vereinbaren. Daher gibt die BA zu, dass sich *„bei Pflegegrad 1 bis 3 [...] aus der Pflege zudem Einschränkungen hinsichtlich Dauer, Lage und Verteilung der Arbeitszeit ergeben"* können (FW 10.22).

63 **Tipp:** Weisen Sie individuelle Einschränkungen und die tatsächliche Pflegezeit nach und bestehen Sie auf eine einzelfallbezogene Entscheidung darüber, ob und wie viel Arbeit Ihnen wann zuzumuten ist.

64 **Häusliche Pflege** durch andere zu erbringen, zählt ebenfalls zu den Leistungen der Eingliederung in das Erwerbsleben (§ 16a Nr. 1 SGB II). Sie können aufgefordert werden, Pflege zu organisieren, um mehr arbeiten zu können. Auch das ist von Sanktionen bedroht. Es ist aber unzumutbar, einem*r Pflegebedürftigen gegen seinen*ihren Willen ambulante Pflege aufzuzwingen.

1.3.8 Wichtige Gründe, die der Arbeitsaufnahme entgegenstehen

65 Jede Arbeit ist zumutbar, es sei denn, dass *„der Ausübung der Arbeit ein sonstiger wichtiger Grund entgegensteht"* (§ 10 Abs. 1 Nr. 5 SGB II).

66 Wichtige Gründe sind u.a.:

- die angebotene Arbeit ist wegen **Lohnwuchers** sittenwidrig,
- trotz Tarifbindung oder vorgeschriebenem Mindestlohn soll **untertariflich** gearbeitet werden,
- Arbeiten verstoßen gegen **andere** gesetzliche Regelungen, zB das Arbeitszeit-, Jugendschutz- oder das Arbeitsstättengesetz usw,
- Sie lehnen ein Arbeitsangebot ab, weil Sie zu Ihrem*r Partner*in an einen anderen Wohnort ziehen wollen,
- Sie treten in wenigen Wochen ohnehin eine **neue Stelle** an oder **beenden** aus anderen Gründen die **Hilfebedürftigkeit** (FW 10.26),

93

10 Arbeit(spflichten)

- Sie betreuen eine*n Schwerpflegebedürftige*n und wollen eine bis zu sechsmonatige Pflegezeit nach dem Pflegezeitgesetz in Anspruch nehmen (FW 10.26),
- Sie besuchen noch die **Schule** (Schüler*innen, → 100; FW 10.26 f.).
- Sie wollen Ihre (Zweit-)**Ausbildung** beenden (FW 10.26),
- Sie treten eine **Erstausbildung** an, weil Sie noch keine Berufsausbildung haben (FW 10.26),
- Sie beginnen eine berufsvorbereitende Bildungsmaßnahme (FW 10.26),
- Sie unterliegen nach Beendigung der Schulzeit bis zum Erreichen der Volljährigkeit der **Berufsschulpflicht** und das steht einer Arbeit entgegen (FW 10.27),
- Sie absolvieren einen **Jugend-/Bundesfreiwilligendienst** oder einen Dienst in einem entsprechenden Programm (FW 10.26),
- Sie können als Angehörige*r einer bestimmten Volksgruppe, Religionsgemeinschaft oder eines anderen Kulturkreises eine bestimmte Beschäftigung aufgrund **kultureller oder religiöser Konflikte** nicht ausüben (FW 10.29),
- Sie wollen als **Prostituierte*r** Ihren Beruf nicht weiter ausüben (FW 10.26),
- Sie gefährden Ihre Gesundheit oder die Arbeitsaufnahme wäre ein unzumutbares Risiko für Ihre Gesundheit (FW 10.26) oder
- Sie waren bereits schon mal bei einem Arbeitgeber beschäftigt und dieses Arbeitsverhältnis wurde aus einem wichtigen Grund außerordentlich gekündigt (FW 10.26).

67 „*Der Auffangtatbestand der Nummer 5 [sonstiger wichtiger Grund] ist restriktiv [dh eingeschränkt] anzuwenden*", weil die persönlichen Interessen hinter den Interessen der Allgemeinheit, die die Arbeitslosen aus Steuermitteln finanziert, „*grundsätzlich*" zurückstehen müssen (BT-Drs. 15/1516, 53). Die BA setzt das in ihren Durchführungshinweisen wie folgt um: „*Bei der Entscheidung inwieweit Zumutbarkeit gegeben ist, muss eine Abwägung der persönlichen Interessen der Leistungsberechtigten mit den Interessen der Allgemeinheit erfolgen*" (FW 10.32).

2. Leistungen der Eingliederung in Arbeit

68 Eingliederungsleistungen sind fast nur „Kann-Leistungen", die im Ermessen (→ 44) der Integrationsfachkraft liegen. Ermessen auszuüben bedeutet nicht, Entscheidungen im rechtsfreien Raum zu treffen, sondern: Möglichkeiten abzuwägen, mit denen der angegebene Zweck des Gesetzes, die Eingliederung in den „*Ersten Arbeitsmarkt*", erreicht werden kann.

Wenn jedoch die Integrationsfachkraft „Eingliederungsmaßnahmen" im Kooperationsplan vorschreibt, sind Sie gezwungen, sie anzunehmen, wollen Sie keine Kürzungen des Regelbedarfs riskieren.

69 **Tipp:** Im Kooperationsplan (→ 35) sollten Sie die Eingliederungsmaßnahmen ausführlich mit der Integrationsfachkraft verhandeln. Dieses Recht haben Sie! Unterschreiben Sie nichts sofort und schlafen Sie ruhig auch mehrere Nächte darüber.

2.1 „Eingliederungsleistungen" des SGB II

70 Mit dem *Gesetz zur Neuausrichtung der arbeitsmarktpolitischen Instrumente* wurden die Eingliederungsleistungen des SGB II zum 1.1.2009 ergänzt und in den §§ 16–16g SGB II neu geordnet. Zum 1.4.2011 wurden im Zuge der sogenannten „*Instrumentenreform*" die Eingliederungsleistungen des SGB III „*gestrafft*" und umstrukturiert sowie die SGB II-Leistungen eingeschränkt. Mit dem Neunten SGB II-Änderungsgesetz wurden zum 1.8.2016 Leistungen neu formuliert und zT ergänzt, ohne hierfür die notwendigen Haushaltsmittel einzuplanen.

Während der Bundeshaushalt im Jahr 2005 noch ca. 9,6 Mrd. EUR für Eingliederungsleistungen nach dem SGB II (inkl. Bundesprogramme) vorsah, waren es 2010 immerhin noch 6,35 Mrd. EUR, 2016 dafür nur noch 3,6 Mrd. EUR (ohne Mittel für Geflüchtete) und 2021 rund 3,8 Milliarden (Bremer Institut für Arbeitsmarktforschung und Jugendberufshilfe, abrufbar über: http://biaj.de/images/2022-06-04_jc-ge-sgb2-egl-egt-umschichtung-2021-vwk-2018-2021.pdf). „*Gestrafft*" wurden vor allem die Ausgaben für solche Leistungen.

2020 traten mit dem neuen Eingliederungsinstrument „Teilhabe am Arbeitsleben"

10 Arbeit(spflichten)

(§§ 16e, 16i SGB II) neue Förderinstrumente in Kraft (→ Rn. 82, 96 f.; Arbeitsgelegenheiten, → 9). Die Eingliederungsleistungen im Jahr 2020 wurden immerhin auf 4,0 Mrd. EUR erhöht, beliefen sich damit aber nach wie vor auf nur 9 Prozent aller SGB II-Kosten. Für 2022 sind immerhin 4,8 Mrd. EUR veranschlagt worden (BIAJ 6.9.2021). Für den Bundeshalt 2023 wurden allerdings, trotz fast 1 Mio. Ukrainegeflüchteter, nur 4,2 Mrd. EUR Eingliederungsleistungen veranschlagt (BIAJ 15.7.2022).

2.1.1 Kommunale Eingliederungsleistungen (§ 16a SGB II)

71 Die kommunalen Träger können Leistungen erbringen (und finanzieren), *„die für die Eingliederung der oder des erwerbsfähigen Leistungsberechtigten in das Erwerbsleben erforderlich sind"* (§ 16a SGB II). Der Gesetzgeber nennt hier abschließend:

Angebote zur Betreuung minderjähriger oder behinderter Kinder (→ Rn. 51), häusliche Pflege von Angehörigen, Schuldnerberatung, psychosoziale Betreuung und Suchtberatung (→ Rn. 61).

Die Integrationsfachkraft kann solche *„Leistungen"* im Kooperationsplan (bis 30.6.2023 Eingliederungsvereinbarung; → 35) verordnen.

2.1.2 Einstiegsgeld (§ 16b SGB II)

72 *„Zur Überwindung der Hilfebedürftigkeit kann erwerbsfähigen Leistungsberechtigten bei Aufnahme einer sozialversicherungspflichtigen oder selbstständigen Erwerbstätigkeit ein Einstiegsgeld erbracht werden, wenn dies zur Eingliederung in den allgemeinen Arbeitsmarkt erforderlich ist"* (§ 16b Abs. 1 S. 1 SGB II). Das Einstiegsgeld wird als anrechnungsfreier Zuschuss zum Bürgergeld erbracht. Zwischen Januar und Oktober 2022 wurden rund 71.000 Personen damit gefördert. Das waren rund 3.000 mehr als im selben Zeitraum ein Jahr zuvor (BA, Monatsbericht zum Arbeits- und Ausbildungsmarkt November 2022, 35).

Einstiegsgeld soll u.a. **Selbstständige** unterstützen, allerdings mit mickrigen Beträgen. Bei neu eingestellten, sozialversicherungspflichtig Beschäftigen kann es in Form eines **Lohnzuschusses** erbracht werden, wenn die neue Beschäftigung 15 Wochenstunden überschreitet und das Entgelt nicht oder kaum über Ihrem bisherigen Bürgergeld liegt. Das Einstiegsgeld kann auch bei einer befristeten oder bei einer Teilzeitstelle genehmigt werden. Das ist davon abhängig, ob sich Ihre Chancen auf dem Arbeitsmarkt damit langfristig verbessern. Seit dem 1.1.2022 kann das Einstiegsgeld auch an Rehabilitand*innen erbracht werden (FW 16b.11).

73 **Hinweis:** Um Einstiegsgeld zu erhalten, müssen Sie unmittelbar vor Arbeitsaufnahme Bürgergeld erhalten. Eine Arbeitslosigkeit ist keine Voraussetzung für eine Förderung. Eine Förderung ist zB auch im unmittelbaren Anschluss an eine Eingliederungsmaßnahme oder im direkten Anschluss an die Elternzeit möglich (FW 16b.11). Die Beschäftigung muss sozialversicherungspflichtig sein, dh, von Ihrem Entgelt werden Beiträge an die Sozialversicherung abgeführt. Die Tätigkeit sollte gute Aussichten aufweisen, dass Sie nicht mehr auf Bürgergeld angewiesen sind. Das Einstiegsgeld muss im Voraus beantragt werden, bevor Sie die neue Tätigkeit beginnen. Auch für eine Existenzgründung kann es Einstiegsgeld geben, sofern auch diese mindestens 15 Stunden/Woche umfasst.

74 Über die **Höhe** des Einstiegsgelds entscheidet idR die Integrationsfachkraft. Diese soll dabei die Dauer der Arbeitslosigkeit und die Größe der Bedarfsgemeinschaft berücksichtigen (§ 16b Abs. 2 S. 2 SGB II). Es gibt keinen rechtlichen Anspruch auf einen bestimmten Betrag. So spielt es eine Rolle, ob Sie alleine oder mit anderen Personen in einer Bedarfsgemeinschaft leben. Zu Beginn einer neuen Beschäftigung kann das Einstiegsgeld höher sein als am Ende des Bewilligungszeitraums. Der Zuschuss soll höchstens für 24 Monate gezahlt werden und wird nicht auf das Bürgergeld angerechnet. Der Grundbetrag vom Einstiegsgeld beträgt 50 Prozent vom Regelbedarf (→ 89) des Bürgergeldes (ohne Kosten der Unterkunft). Bei einer vorherigen Arbeitslosigkeit von mindestens zwei Jahren oder besonderen Vermittlungshemmnissen und einer Arbeitslosigkeit von sechs Monaten soll dieser um 20 Prozent der Regelleistung erhöht werden. Außerdem erhöht sich der Zuschuss mit je-

dem zusätzlichen Mitglied der Bedarfsgemeinschaft um 10 Prozent auf max. 100 Prozent der Regelleistung (FW 16b.57). Abhängig vom Bürgergeld-Träger kann Einstiegsgeld auch in Form einer Pauschale bei besonders zu fördernden Personengruppen (FW 16b.58) erbracht werden, die 75 Prozent der Regelleistung nicht übersteigen darf (§ 2 ES-GV; FW 16b.61). Besonders zu fördernde Personengruppen sind Langzeitarbeitslose, Menschen mit gesundheitlichen Einschränkungen, mit Migrationshintergrund, Ältere, Alleinerziehende und Frauen in Partner*innen-Bedarfsgemeinschaften mit und ohne Kinder.

Die Förderentscheidung soll einmalig für den gesamten Bewilligungszeitraum getroffen werden, um den Geförderten Planungssicherheit zu geben. Bei längeren Förderzeiträumen als sechs Monaten kann das Einstiegsgeld auch degressiv (abschmelzend) oder stufenweise gemindert bewilligt werden, um zB bei Selbstständigen den Anreiz zur Gewinnerzielung zu erhöhen. Endet die Erwerbstätigkeit oder wird sie nicht mehr hauptberuflich ausgeübt oder erfolgt ein Arbeitgeberwechsel, entfällt das Einstiegsgeld (FW 16b.48).

75 Das Einstiegsgeld kann auch erbracht werden, wenn die Hilfebedürftigkeit durch oder nach Aufnahme der Erwerbstätigkeit entfällt (§ 16b Abs. 1 S. 2 SGB II). Wenn Sie aufgrund von Einkommen aus der Hilfebedürftigkeit herausfallen, soll es trotzdem bis zum Ende des zuvor bewilligten Zeitraumes gezahlt werden.

76 **Tipp:** Lassen Sie sich nicht mit einer Förderdauer von sechs Monaten abspeisen. Das reicht nicht, um eine Existenz zu gründen oder auf dem „Ersten Arbeitsmarkt" Fuß zu fassen. Lassen Sie sich über die Dauer und Höhe des Einstiegsgeldes einen schriftlichen Bescheid ausstellen.

2.1.3 Leistungen zur Eingliederung von Selbstständigen (§ 16c SGB II)

77 Zur Aufnahme einer selbstständigen, hauptberuflichen Tätigkeit können Leistungen in Form von **Zuschüssen oder Darlehen** gewährt werden, „*wenn zu erwarten ist, dass die selbstständige Tätigkeit wirtschaftlich tragfähig ist und die Hilfebedürftigkeit durch die selbstständige Tätigkeit innerhalb eines angemessenen Zeitraums dauerhaft überwunden oder verringert wird*" (§ 16c Abs. 3 S. 1 SGB II). Um das nachzuweisen, sollten Sie eine Stellungnahme bei einer fachkundigen Stelle, zB der IHK oder einer Unternehmens- bzw. Steuerberatung, einholen. Liegen diese Fördervoraussetzungen vor, können zur Beschaffung von „*notwendigen und angemessenen*" Sachgütern Darlehen und Zuschüsse erbracht werden. **Zuschüsse** sind auf max. **5.000 EUR** begrenzt (§ 16c Abs. 1 S. 2 SGB II).

78 **Tipp 1:** Ein Darlehen kann für Ihre Existenzgründung eine erhebliche Belastung darstellen. Beantragen Sie ausdrücklich den Zuschuss.

79 **Tipp 2:** Darlehen oder Zuschuss für die Existenzgründung schließen eine Förderung mit Einstiegsgeld nach § 16b SGB II (→ Rn. 72) nicht aus.

80 Daneben können seit 2012 Selbstständige „*durch geeignete Dritte durch Beratung oder Vermittlung von Kenntnissen und Fertigkeiten gefördert werden*" (§ 16c Abs. 2 S. 1 SGB II). Hierbei handelt es sich **nicht** um berufliche Weiterbildung, sondern um die Vermittlung spezieller Kenntnisse für Selbstständige, etwa im Rahmen eines **Existenzgründerkurses** (zB Vermittlung von Grundlagen des Steuerrechts, der Buchhaltung und des Marketings).

2.1.4 Arbeitsgelegenheiten (Ein-Euro-Jobs) (§ 16d SGB II)

81 Für alle Informationen zu Arbeitsgelegenheiten bzw. Ein-Euro-Jobs schauen Sie bitte unter dem eigenen Beitrag (→ 9).

2.1.5 Eingliederung von Langzeitarbeitslosen (§ 16e SGB II)

82 Neu ist seit 2020 die Förderung von „Eingliederung von Langzeitarbeitslosen" (§ 16e SGB II). Voraussetzung ist eine Arbeitslosigkeit von mindestens zwei Jahren. Wie nach § 16i SGB II (→ Rn. 96) soll eine ganzheitliche, beschäftigungsbegleitende Betreuung (*Coaching*) durch die Agentur für Arbeit oder das Jobcenter gewährleistet werden (§ 16e Abs. 4 S. 1 SGB II). Gefördert

werden sozialversicherungspflichtige Beschäftigungsverhältnisse bei allen Arbeitgebern mit dem Ziel der Integration in den allgemeinen ersten Arbeitsmarkt. Arbeitgeber können mit Lohnzuschüssen rechnen, wenn der Arbeitsvertrag mindestens auf zwei Jahre geschlossen wird. Der Zuschuss zum Arbeitsentgelt beträgt:

- im ersten Jahr: 75 Prozent und
- im zweiten Jahr: 50 Prozent (§ 16e Abs. 2 S. 2 SGB II).

83 Die Bemessungsgrundlage bezieht sich auf das tarifliche oder, wenn keine tarifliche Regelung besteht, auf das ortsübliche Arbeitsentgelt, zuzüglich des pauschalierten Anteils des Arbeitgebers iHv 19 Prozent des Gesamtsozialversicherungsbeitrags (ohne Beitrag zur gesetzlichen Arbeitslosenversicherung). Die Bundesregierung hatte für die neuen Förderprogramme insgesamt vier Milliarden EUR zur Verfügung gestellt. Rund 150.000 geförderte Arbeitsplätze sollten damit geschaffen werden. Ende 2020 wurden rund 42.900 Menschen nach § 16i SGB II und rund 12.200 nach § 16e SGB II gefördert (BT-Drs. 19/28664). Im Rahmen des neuen Bürgergeldes werden beide Programme entfristet.

84 **Hinweis:** Ein Anspruch auf Arbeitslosengeld I wird damit nicht erworben!

2.1.5.1 Eingliederungszuschuss nach dem SGB III (Arbeitslosengeld I)

85 *„Arbeitgeber können zur Eingliederung von Arbeitnehmerinnen und Arbeitnehmern, deren Vermittlung wegen in ihrer Person liegender Gründe erschwert ist, einen Zuschuss zum Arbeitsentgelt zum Ausgleich einer Minderleistung erhalten (Eingliederungszuschuss)* (§ 88 SGB III; FW 88–92 SGB III).

86 Gründe für eine erschwerte Vermittlung können sein:

- Dauer oder Häufigkeit der Arbeitslosigkeit,
- familienbedingte Unterbrechung der Berufstätigkeit,
- gesundheitliche Einschränkungen,
- fehlende Berufserfahrungen/fehlender Berufsabschluss,
- unzureichende Deutschkenntnisse usw.

87 Die Höhe des Eingliederungszuschusses nach dem SGB III (§§ 88 ff. SGB III) unterscheidet sich nicht groß von den Bedingungen nach dem SGB II. Auch hier gibt es max. 50 Prozent für maximal zwölf Monate und einer Nachbeschäftigungsfrist bei einer „Vermittlungserschwernis" und einer „Minderleistung" bezogen auf den zu besetzenden Arbeitsplatz. Arbeitgeber, die Arbeitnehmer*innen über 50 Jahre einstellen, können statt der zwölf Monate bis zu 36 Monate einen Zuschuss erhalten, wenn die Förderung bis zum 31.12.2023 begonnen hat (§ 89 SGB III). Selbiges gilt für Erwerbslose, die von Langzeitarbeitslosigkeit bedroht sind. Sonderkonditionen gibt es für Menschen mit (Schwer)-Behinderung, sofern die Bundesagentur für Arbeit zuständiger Reha-Leistungsträger ist. In diesem Fall erhält der Arbeitgeber maximal 70 Prozent Förderung bis zu einer Dauer von maximal zwei Jahren, diese Förderdauer kann in Ausnahmefällen bis zu 60 Monate betragen. Bei besonders betroffenen schwerbehinderten Menschen, die das 55. Lebensjahr vollendet haben, kann die Förderung bis zu 96 Monate betragen (§ 90 Abs. 2 S. 1 SGB III). Der Eingliederungszuschuss ist nach zwölf Monaten um zehn Prozent jährlich zu vermindern, aber nicht um mehr als max. 70 Prozent. Bei besonders betroffenen schwerbehinderten Menschen ist er nach Ablauf von zwei Jahren zu vermindern.

88 **Hinweis:** Der Antrag auf einen Eingliederungszuschuss muss vor Arbeitsaufnahme erfolgen (FW 88.3). Die Dauer der Nachbeschäftigung entspricht der Förderdauer, jedoch maximal zwölf Monate. Ausnahme: Bei schwerbehinderten Menschen ist keine Nachbeschäftigung erforderlich.

2.1.6 Freie Förderung (§ 16f SGB II)

89 Die SGB II-Träger können Eingliederungsmittel für Förderleistungen einsetzen, um *„die Möglichkeiten der gesetzlich geregelten Eingliederungsleistungen durch freie Leistungen zur Eingliederung in Arbeit [zu] erweitern"* (§ 16f Abs. 1 S. 1 SGB II). Dabei dürfen andere gesetzliche Eingliederungsleistungen nicht umgangen oder aufgestockt werden. Lediglich bei Langzeitarbeitslosen und unter 25-Jährigen mit schweren Vermitt-

lungshemmnissen dürfen Eingliederungsleistungen durch Mittel der freien Förderung umgangen bzw. aufgestockt werden (§ 16f Abs. 2 S. 4 SGB II).

Hier gibt es Ermessenspielräume für individuelle Förderung, zB

- Finanzierung des Führer- bzw. Personenbeförderungsscheins,
- Reparatur oder Beschaffung eines Pkw (→ 68),
- Übernahme des Mietanteils fürs Atelier bei bürgergeldbeziehenden Künstler*innen (BSG 23.11.2007 – B 11b AS 3/05 R) oder
- Förderung von Projektstellen.

2.1.7 Leistungen bei Wegfall der Hilfebedürftigkeit (§ 16g SGB II)

90 Entfällt die Hilfebedürftigkeit, **kann** eine Eingliederungsleistung weiter gewährt werden, wenn es wirtschaftlich erscheint und **Aussicht auf einen erfolgreichen Abschluss** besteht (§ 16g Abs. 1 SGB II). Die Vorschrift, nach der die Förderung als Darlehen erbracht werden soll, entfiel zum **1.8.2016**.

Dafür wird im zweiten Absatz klargestellt, dass „zur nachhaltigen Eingliederung in Arbeit" alle hier aufgeführten SGB II-Eingliederungsleistungen inklusive kommunaler Leistungen und Maßnahmen zur beruflichen Stabilisierung (kommunale Eingliederungsleistungen, freie Förderung, Coaching) „bis zu sechs Monate nach Beschäftigungsaufnahme auch erbracht werden, wenn die Hilfebedürftigkeit" aufgrund des erzielten Einkommens beendet worden ist (§ 16g Abs. 2 S. 1). Für diese Nachförderungsphase sollen Sie einen Kooperationsplan (bis 30.6.2023 eine Eingliederungsvereinbarung) abschließen. Das bedeutet eine deutliche Verbesserung und Klarstellung gegenüber der Vorgängerregelung.

2.1.8 Förderung schwer zu erreichender junger Menschen (§ 16h SGB II)

91 Nach dem Bundesverfassungsgerichtsurteil vom November 2019 (1 BvL 7/16) zu den Sanktionen (→ 95) hat man sich darauf „geeinigt", dass man die bisherigen verschärften Sanktionen bei den unter 25-Jährigen nicht mehr anwendet. Damit waren Vollsanktionen erst einmal vom Tisch. Auch mit dem Bürgergeld wurden diese nicht mehr eingeführt. Trotzdem stellen die unter 25-Jährigen immer noch eine besondere Gruppe dar:

92 Seit 1.8.2016 können Jobcenter unter 25-jährigen Bürgergeld-Beziehenden Leistungen erbringen, um deren situationsbedingte Schwierigkeiten zu überwinden,

„*1. eine schulische, ausbildungsbezogene oder berufliche Qualifikation abzuschließen oder anders ins Arbeitsleben einzumünden und*
2. Sozialleistungen zu beantragen und anzunehmen" (§ 16h Abs. 1 S. 1 SGB II).

Zu diesem Zweck können „*zusätzliche Betreuungs- und Unterstützungsleistungen*" erbracht werden, damit Bürgergeld in Anspruch genommen wird, „*erforderliche therapeutische Behandlungen eingeleitet werden und an Regelangebote dieses Buches zur Aktivierung und Stabilisierung und eine frühzeitige intensive berufsorientierte Förderung herangeführt wird*" (§ 16h Abs. 1 SGB II).

93 Die genannten Leistungen sollen bereits erbracht werden, wenn die Anspruchsvoraussetzungen **voraussichtlich** vorliegen oder „*eine Leistungsberechtigung dem Grunde nach besteht*". Damit die Förderung niedrigschwellig einsetzen kann, können Leistungen ohne Antragstellung gewährt werden (§ 16h Abs. 2 S. 2 SGB II).

Über die Leistungserbringung sollen sich Jobcenter und Jugendamt abstimmen (§ 16h Abs. 3 SGB II).

94 Ob Jobcenter die Jugendlichen und jungen Erwachsenen, die zuvor oft infolge von Null-Sanktionen und damit einhergehendem Wohnungsverlust aus dem Leistungsbezug hinausbefördert wurden, mit bislang noch nicht konzipierten Betreuungs- und Unterstützungsleistungen wieder ins Bürgergeld und in die Förderung holen können, bleibt immer noch abzuwarten. Ebenso unklar ist, wie solche Maßnahmen trägerübergreifend von Jobcenter und Jugendamt organisiert werden sollen. Eines dagegen ist bereits abzusehen: Weil keine zusätzlichen Mittel für die „*Förderung schwer zu erreichender junger Menschen*" bereitgestellt werden, müssen die erforderlichen Mittel von der freien För-

derung und dem Beschäftigungszuschuss nach § 16e SGB II abgezogen werden. Faktisch findet die Förderung von schwer zu erreichenden jungen Menschen bisher kaum Anwendung; nur in wenigen Modellprojekten wird das erprobt.

95 Für die Förderung von Arbeitsverhältnissen nach § 16e SGB II, die freie Förderung nach § 16f SGB II und die Förderung der jungen Leistungsberechtigten nach § 16h SGB II werden die Mittel nach der Zahl der erwerbsfähigen Leistungsberechtigten zugrunde gelegt (§ 46 Abs. 2 S. 2 SGB II).

2.1.9 Teilhabe am Arbeitsmarkt (§ 16i SGB II)

96 Für Langzeitarbeitslose ab dem vollendeten 25. Lebensjahr ist 2019 mit § 16i SGB II ein neues Instrument, „Teilhabe am Arbeitsleben", eingeführt wurden. *„Gefördert wird eine sozialversicherungspflichtige Beschäftigung auf dem allgemeinen und sozialen Arbeitsmarkt"* (BMAS, 2020). Parallel zur Arbeitsaufnahme soll durch *„eine ganzheitliche beschäftigungsbegleitende Betreuung (Coaching) sehr arbeitsmarktfernen Langzeitarbeitslosen soziale Teilhabe ermöglicht werden"* (BMAS, 2020). Arbeitslose müssen dabei mindestens sechs Jahre innerhalb der letzten sieben Jahre Bürgergeld/Alg II bezogen haben und dürfen nur kurzzeitig erwerbstätig gewesen sein. Menschen mit einer Schwerbehinderung und Personen mit mindestens einem minderjährigen Kind in einer Bedarfsgemeinschaft können bereits nach fünf Jahren gefördert werden (§ 16i Abs. 3 SGB II). Gefördert werden sozialversicherungspflichtige Beschäftigungen bei Arbeitgebern, sozialen Einrichtungen oder Kommunen. Eine Förderung ist bis zu fünf Jahren möglich. Sie wird geleistet, indem ein degressiver Lohnkostenzuschuss von bis zu fünf Jahren gezahlt wird. Parallel dazu wird während der gesamten Förderdauer ein ganzheitliches Coaching übernommen. Erforderliche Weiterbildung und betriebliche Praktika sind möglich. Weiterbildungskosten werden bis zu 3.000 EUR übernommen.

97 Der Zuschuss zum Arbeitsentgelt beträgt in den fünf Jahren (§ 16i Abs. 2 S. 1–4 SGB II):

- in den ersten beiden Jahren: Zuschuss von 100 Prozent zum Mindestlohn,
- im dritten Jahr: Zuschuss von 90 Prozent,
- im vierten Jahr: Zuschuss von 80 Prozent und
- im fünften Jahr: Zuschuss von 70 Prozent.

98 Bemessungsgrundlage ist:

- die arbeitsvertragliche vereinbarte Arbeitszeit,
- Höhe des allgemeinen Mindestlohns nach dem Mindestlohngesetz (MiLogG) und
- bei tarifgebundenen oder tariforientierten Arbeitgebern, die nach kirchlichen Arbeitsrechtsregelungen entlohnen, erfolgt die Bemessung auf Basis des zu zahlenden Arbeitsentgelts.

2.2 Eingliederungsleistungen nach dem SGB III

99 Viele Leistungen zur Eingliederung aus dem SGB III sind Bürgergeld-Beziehenden regelmäßig als Kann-Leistung zugänglich. Dies ist in § 16 SGB II in Verbindung mit den jeweiligen SGB III-Normen geregelt. Diese Leistungen zahlt jedoch nicht die Arbeitslosenversicherung (zwecks Schonung der Arbeitgeberbeiträge), sondern der Bund (§ 46 Abs. 1 SGB II). Die wichtigsten Leistungen werden nachfolgend aufgeführt.

100 Zusätzlich zu den hier beschriebenen SGB III-Eingliederungsleistungen können **Alg I-Beziehende**, die **aufstockend Bürgergeld** beziehen und für deren Beratung, Vermittlung und Förderung seit **1.1.2017** die **Agentur für Arbeit** allein zuständig ist, den (Existenz-)Gründungszuschuss beantragen (§§ 93, 94 SGB III).

101 **Tipp: Fragen Sie bei Bedarf Ihre Integrationsfachkraft.**

2.2.1 Berufsberatung

102 Die Jobcenter haben allen Bürgergeld-Berechtigten Berufsberatung für Arbeitnehmer*innen und Auszubildende anzubieten, die ihre Neigung, Eignung und Leistungsfähigkeit berücksichtigt. Die Eignung kann mit Einverständnis der Erwerbslosen durch ärzt-

10 Arbeit(spflichten)

liche oder psychologische Gutachten festgestellt werden. Bei Schüler*innen kann die Berufsorientierung unterstützt werden (§§ 29 ff. SGB III).

2.2.2 Vermittlung

103 Die Jobcenter sind für die Arbeitsvermittlung der Bürgergeld-Berechtigten zuständig (nach den Regeln der §§ 35 ff. SGB III). Neben den **Arbeitsangeboten** der Jobcenter sind die beiden nachfolgend dargestellten SGB III-Vermittlungsleistungen wichtig (→ Rn. 103, 108).

2.2.2.1 Vermittlungsbudget

104 Finanzielle Hilfen bei der Stellensuche können nach § 16 Abs. 1 SGB II iVm § 44 SGB III erbracht werden. Seit 2009 gibt es dieses sogenannte Vermittlungsbudget, aus dem Kosten erstattet werden können, die bei der Suche und Aufnahme einer Beschäftigung anfallen. Kosten werden aber nur übernommen, wenn die Förderung „notwendig" ist. Darüber entscheidet die Integrationsfachkraft.

105 Leistungen aus dem Vermittlungsbudget sind vage formuliert, es fehlt an konkreten finanziellen Vorgaben und die Bewilligung erfordert eine bürokratische Einzelfallprüfung. Letztlich führt die gesetzliche Unklarheit zur Beschneidung von Ansprüchen und zu Kürzungen bei den Eingliederungsleistungen. Das Vermittlungsbudget ersetzt eine Reihe von Regelungen zur Übernahme der Kosten für die Stellensuche und zur Anbahnung einer Beschäftigung. Diese alten Leistungen, die zum Januar 2009 aus dem SGB III gestrichen wurden, können unserer Meinung nach weiterhin als **Orientierung** für das Vermittlungsbudget herangezogen werden.

106 Leistungen aus dem Vermittlungsbudget können sein:

- Kosten für **Bewerbungsunterlagen** wie Mappe, Kopien, Foto und Porto bis 360 EUR pro Jahr, in der Regel 6 EUR pro nachgewiesene Bewerbung (§ 45 S. 2 Nr. 1 SGB III aF; manche Jobcenter zahlen inzwischen nur pauschal 3 bis 4 EUR oder nachgewiesene Kosten), für Online-Bewerbungen werden manchmal 0,20 EUR pro Bewerbung bezahlt,
- **Bewerbungsfotos:** idR ist eine Erstattung iHv 50 EUR pro Jahr möglich,
- Fahrten zur Arbeitsagentur bzw. Jobcenter (auf Antrag),
- Kosten für **Dokumente**, wie beglaubigte Kopien, Bescheinigung des Gesundheitsamtes oder Übersetzungen, Schufa usw,
- **Umzugskosten**, wenn für eine neue Arbeitsstelle nötig ist,
- Fahrten zu **Vorstellungsgesprächen:** Hier setzen die meisten Jobcenter 0,20 EUR pro gefahrenen Kilometer an, sofern Sie mit dem PKW gefahren sind. Weiterhin müssen Sie eine Bestätigung des Unternehmens beilegen, dass das Unternehmen, bei dem Sie sich beworben haben, diese Kosten nicht übernimmt. Bahnfahrten werden in 2. Klasse übernommen, Sonderpreise müssen berücksichtigt werden,
- **Übernachtungskosten** bei einem Vorstellungsgespräch außerhalb des Tagespendelbereichs, sofern nachweislich notwendig, inkl. Verpflegungsmehraufwand in Höhe der günstigsten Unterkunftsmöglichkeit. Der Verpflegungsmehraufwand wird idR mit 12 EUR pro Tag festgelegt,
- Übernahme der **Kosten für die täglichen Pendelfahrten** zwischen Wohnung und Arbeitsstätte innerhalb des zumutbaren Tagespendelbereiches, max. 0,20 EUR pro gefahrenen Kilometer für die kürzeste Strecke, höchstens jedoch Übernahme Kosten für öffentliche Verkehrsmittel. Maximale Förderung: drei Monate,
- Übernahme **doppelte/getrennte Haushaltsführung** bei Arbeitsaufnahme außerhalb des zumutbaren Tagespendelbereichs: Förderdauer maximal sechs Monate,
- für **Arbeitskleidung** oder Werkzeuge, die für eine neue Arbeit angeschafft werden müssen, bis 260 EUR pro Jahr (§ 53 Abs. 2 Nr. 2, § 54 Abs. 2 SGB III aF),
- Übernahme eines **Gebraucht-PKW**, von **Reparaturkosten** oder der Kosten für den **Ersterwerb eines PKW-Führerscheins** oder Übernahme von **MPU-Kosten**. Die Entscheidungen hierzu liegen bei der Integrationsfachkraft. Eine Förderung ist auch dann möglich, wenn zwar kein Arbeitsangebot vorliegt, aber gerade ein Führer-

10 Arbeit(spflichten)

schein zur Verbesserung von Vermittlungsaussichten führt. Bei der Kostenübernahme einer MPU-Prüfung ist eine umfängliche Einzelfallprüfung auf Erfolgswahrscheinlichkeit notwendig.
- Unterstützung der **Persönlichkeit**: Friseur*in, persönliches Erscheinungsbild (Erwerb von Bekleidung für ein Vorstellungsgespräch). Entscheidung und Höhe erfolgt im Einzelfall durch die Integrationsfachkraft

107 **Tipp 1**: Wenn Sie als Bürgergeld-Beziehende*r Bewerbungs-, oder Fahrtkosten zu einem Vorstellungsgespräch nicht vorstrecken können, beantragen Sie einen Vorschuss.

108 **Tipp 2**: Anträge auf Erstattung von Kosten der Stellensuche und der Arbeitsaufnahme sollten schriftlich gestellt werden, bevor die Kosten anfallen.

2.2.2.2 Aktivierungs- und Vermittlungsgutschein

109 Sind Sie länger als sechs Wochen arbeitslos und wurden innerhalb einer Frist von drei Monaten nicht vermittelt oder in Maßnahmen aktiviert, kann Ihnen das Jobcenter als *„Leistung zur Eingliederung"* einen Aktivierungs- und Vermittlungsgutschein aushändigen. Damit können Sie
- die Dienste eines*r zugelassenen privaten Arbeitsvermittler*in in Anspruch nehmen,
- eine Aktivierungs- oder Eingliederungsmaßnahme bei einem zugelassenen Träger oder
- eine betriebliche Aktivierungsmaßnahme bei einem Arbeitgeber absolvieren

(§ 16 Abs. 1 SGB II iVm § 45 Abs. 4–7 SGB III).

Dem früheren Vermittlungsgutschein wurden also noch Aktivierungsmöglichkeiten angehängt. Sie bekommen dann den Gutschein für Ihre Trainingsmaßnahme (→ Rn. 112) in die Hand gedrückt.

Der Vermittlungsgutschein in Höhe von 2.500 EUR (bei Langzeitarbeitslosen; bei behinderten Arbeitslosen 3.000 EUR) gilt für jeweils drei Monate. Er wird an den*die Vermittler*in übergeben, wenn diese*r eine versicherungspflichtige Stelle von mindestens 15 Wochenstunden vermittelt (§ 45 Abs. 6 SGB III).

110 **Kritik**: Private Arbeitsvermittlung wurde 2002 legalisiert. Sie gilt „Arbeitsmarktreformern" als effiziente Alternative zur „schwerfälligen" Arbeitslosenverwaltung. Laut Bundesrechnungshof lag die durchschnittliche Dauer der vermittelten Beschäftigungsverhältnisse bei sieben Monaten. Gerade lang genug, um die Gebühr zu kassieren (FR 16.9.2006). Das IAB fand heraus, dass sich die Arbeitsmarktchancen der Geförderten durch die Beauftragung Dritter im Bereich der Vermittlung kaum verbessern (IAB-Kurzbericht 11/2011, 2). Die privaten Vermittler*innen bringen es also genauso wenig wie die BA. Eine neue Studie des Instituts für Arbeitsmarkt- und Berufsforschung (IAB) aus 2022 stellte zudem fest, *„dass die Zahl der ausgegebenen Gutscheine zwischen 2013 und 2020 von 330.000 auf rund 47.000 im Jahr sank. Die Zahl der eingelösten Gutscheine sank im selben Zeitraum von 42.800 auf rund 6.900"* (IAB-Forschungsbericht, 3, abrufbar unter: https://doku.iab.de/forschngsbericht/2022/fb0622.pdf). Die Untersuchungen ergaben auch, dass Personen, die den Gutschein einlösten, öfter in Leiharbeit beschäftigt waren und dass sie im Durchschnitt Tätigkeiten mit niedrigerem Anforderungsniveau und geringeren Entgelten annahmen als Personen, die den Gutschein nicht einlösten.

Dies alles bestätigt die langanhaltende Kritik, dass gerade die Vermittlungsgutscheine häufig dazu dienen, die eigene eher erfolglose Vermittlungstätigkeit der Jobcenter auszulagern, um sich nicht mit Langzeiterwerbslosen beschäftigen zu müssen. Vor allem verschwinden die Empfänger*innen der Gutscheine vorübergehend aus der Arbeitslosenstatistik.

2.2.3 Bewerbungskosten

111 Für alle Informationen zu Bewerbungen und Bewerbungskosten schauen Sie bitte in dem eigenen Beitrag (→ 26).

2.2.4 Trainingsmaßnahmen

112 Ihr*e Integrationsfachkraft kann Sie zu Trainingsmaßnahmen abkommandieren, die Ihre *„berufliche Eingliederung durch*

10 Arbeit(spflichten)

1. *Heranführung an den Ausbildungs- und Arbeitsmarkt,*
2. *Feststellung, Verringerung oder Beseitigung von Vermittlungshemmnissen,*
3. *Vermittlung in eine versicherungspflichtige Beschäftigung,*
4. *Heranführung an eine selbständige Tätigkeit oder*
5. *Stabilisierung einer Beschäftigungsaufnahme unterstützen"* (§ 45 Abs. 1 S. 1 SGB III).

113 Maßnahmen zur Vermittlung beruflicher Kenntnisse dürfen die Dauer von acht **Wochen** und betriebliche Maßnahmen (kostenlose Praktika) die Dauer von sechs **Wochen** nicht überschreiten (§ 45 Abs. 2 S. 2, 3 SGB III). Bei Langzeitarbeitslosen mit besonderen Vermittlungshemmnissen kann die Dauer der betrieblichen Praktika auf bis zu zwölf **Wochen** verlängert werden (§ 45 Abs. 8 SGB III). Praktika sind im SGB II unter „Teilhabe am Arbeitsmarkt" nach § 16i SGB II erwähnt. Dort spricht die Gesetzgebung allerdings nur von einer angemessenen Zeit, was oftmals nur zwei Wochen sind.

Während der Trainingsmaßnahme zahlt das Jobcenter Bürgergeld weiter und zusätzlich eine Fahrtkostenpauschale.

114 Maßnahmen zur Unterstützung der Arbeitssuche und Vermittlung oder Maßnahmen zum Erlernen von Kenntnissen, die eine Vermittlung oder Weiterbildung erleichtern, werden meist bei Beschäftigungsträgern durchgeführt. **Die häufigsten Trainingsmaßnahmen sind:**

- Bewerbungs-, Coachingtrainings oder umfangreichere Maßnahmen, in denen Arbeitslose bei der Arbeitsplatzsuche beraten und unterstützt werden sollen,
- Kurse, um kurzfristig behebbare Qualifikationsdefizite abzubauen (zB Computerlehrgänge, Internetkurse etc),
- Kurse zur Vorbereitung einer Existenzgründung,
- Maßnahmen zur Überprüfung der Mitwirkung am „*Integrationsprozess*" und
- immer öfter: betriebliche Praktika.

115 Die **Qualität** dieser Maßnahmen lässt häufig zu wünschen übrig. Das liegt an den oft zweifelhaften Zielen und Inhalten, aber auch an der Zusammensetzung der Kurse: Sie werden nicht selten mit Teilnehmenden unterschiedlicher Qualifikationen und Interessen gefüllt. Immer häufiger werden auch Trainingszentren eingerichtet, um die Arbeitsbereitschaft und -fähigkeit der Teilnehmenden zu prüfen. Hier steht die Abschreckung im Vordergrund.

116 Durch ein unentgeltliches **betriebliches Training** entsteht kein Arbeitsverhältnis. Zweck der betrieblichen Maßnahme darf es daher nicht sein, überwiegend Arbeit zu leisten, für die sonst normaler Lohn gezahlt werden müsste. Eine Trainingsmaßnahme ist außerdem unzumutbar, wenn mehr als die Hälfte des Unterrichtsangebots die Arbeitslosen stark unterfordert, zB wenn Sie als Fachmann wochenlang Anfängerwissen vorgesetzt bekommen. Dann dient das „*Training*" nicht der Verbesserung der Eingliederungsaussichten (LSG Hessen 24.3.2003 – L 6/10 AL 1404/01). Es ist vielmehr ein Mittel, Sie zum Abbruch zu provozieren und dann Ihre Leistungen zu kürzen.

117 Tipp: Legen Sie Widerspruch gegen solche Willkürakte ein. Trainingsmaßnahmen sind Leistungen der Eingliederung in Arbeit. Diese müssen also „*zur Vermeidung oder Beseitigung, Verkürzung oder Verminderung der Hilfebedürftigkeit für die Eingliederung erforderlich*" sein (§ 3 Abs. 1 SGB II). Und sie müssen die „*individuelle Lebenssituation*" berücksichtigen (§ 3 Abs. 1 S. 2 SGB II).

118 Kritik: Trainingsmaßnahmen wie Coaching oder das klassische Bewerbungstraining (inkl. Coaching) werden in Massen und im Vorfeld über Ausschreibungen der Bundesagentur für Arbeit durch die Regionalen Einkaufszentren (REZ) eingekauft. Diese Plätze müssen, auch aus wirtschaftlichen Gründen, irgendwie besetzt werden. Eine genaue Suche bei den „Kunden" durch die Mitarbeiter*innen der Jobcenter kann idR aus Zeitgründen nicht stattfinden, so dass Erwerbslose, wenn sie nicht sanktioniert werden wollen, gezwungen sind, das x-te Bewerbungstraining oder unpassende Trainingsmaßnahmen zu absolvieren. Als Beispiel sei genannt: IT-Fachfrau sitzt in einer Maßnahme „Grundkurs EDV". Maßnahmeteilnehmer*innen gelten nicht mehr als ar-

beitslos, sondern nur noch als arbeitssuchend und werden in der Arbeitslosenstatistik nicht mehr erwähnt. Indem die Maßnahmen unter Zeitdruck irgendwie gefüllt werden müssen, laufen die Zuweisungen am Gesetz vorbei. Oftmals folgen bei den erwerbslosen Teilnehmenden im Laufe der Maßnahmen Demotivation, Frust oder das Gefühl von Sinnlosigkeit.

2.2.5 Berufliche Weiterbildung (Umschulung)

119 Alles zu beruflichen Weiterbildungen, Umschulungen, Bildungsgutscheinen zum nachträglichen Erwerb eines **Hauptschulabschlusses** finden Sie im Beitrag Weiterbildung (→ 124).

2.2.6 Eingliederungszuschüsse – Lohnsubventionen

120 Lohnzuschüsse nach dem SGB III, der sogenannte Kombilohn, wird Arbeitgebern gezahlt, wenn sie Erwerbslose unterschiedlicher Zielgruppen einstellen. Diese Leistungen stehen auch Bürgergeld-Beziehenden zu.

2.2.6.1 Zuschüsse für schwer Vermittelbare

121 *„Arbeitgeber können zur Eingliederung von Arbeitnehmerinnen und Arbeitnehmern, deren Vermittlung wegen in ihrer Person liegender Gründe erschwert ist, einen Zuschuss zum Arbeitsentgelt zum Ausgleich einer Minderleistung erhalten (Eingliederungszuschuss)"* (§ 88 SGB III).

122 Der Lohnzuschuss (in Prozent des berücksichtigungsfähigen Arbeitsentgelts) beträgt unabhängig vom Alter der Geförderten:
- max. 50 Prozent des Arbeitsentgelts für eine Dauer von zwölf **Monaten** bei schwer vermittelbaren Personen, zB Geringqualifizierten, Berufsrückkehrer*innen oder jüngeren Arbeitnehmer*innen mit abgeschlossener außerbetrieblicher Ausbildung (§ 89 SGB III),
- max. 70 Prozent im 1. Jahr und max. 60 Prozent im 2. Jahr für eine Dauer von **24 Monaten** bei schwerbehinderten oder sonstigen behinderten Menschen,
- max. 70 Prozent im 1. und 2. Jahr, danach jährlich eine Absenkung um 10 Prozent, mindestens jedoch 30 Prozent des

10 Arbeit(spflichten)

Arbeitsentgelts für eine Dauer von **60 Monaten** bei besonders betroffenen schwerbehinderten Menschen und
- max. 70 Prozent im 1. und 2. Jahr, danach jährlich eine Absenkung um 10 Prozent, mindestens jedoch 30 Prozent des Arbeitsentgelts für eine Dauer von **96 Monaten** bei besonders betroffenen schwerbehinderten Menschen über **55 Jahren** (§ 90 Abs. 2 SGB III).

2.2.6.2 Zuschuss für Jugendliche und junge Erwachsene

123 Für Jugendliche und junge Erwachsene gibt es besondere Leistungen zur Eingliederung, zB ausbildungsbegleitende Hilfen, außerbetriebliche Ausbildung oder Lohnzuschüsse für junge Menschen mit „Vermittlungshemmnissen" (Jugendliche und junge Erwachsene, → 58 Rn. 28 ff.).

2.2.6.3 Zuschuss für erwerbsfähige Menschen mit Behinderung

124 Für erwerbsfähige Menschen mit Behinderung gibt es ebenfalls spezielle Lohnzuschüsse und Eingliederungsleistungen (Menschen mit Behinderung, → 18 Rn. 3 ff.).

125 **Kritik:** In den Jahren 2005 bis 2019 unterlagen die Eingliederungszuschüsse starken Schwankungen. So wurden im Jahr 2005 60.300 Zuschüsse insgesamt bewilligt (18.600 im SGB II, 41.700 im SGB III). Den Höhepunkt erreichten sie 2009 mit rund 136.000, bis 2019 sind sie jedoch auf insgesamt 53.900 gesunken. Dabei wurden 24.700 im SGB II und 29.200 Eingliederungszuschüsse im SGB III vergeben (Arbeitsmarktpolitische Instrumente, BA 2020). Von November 2021 bis November 2022 wurden rund 80.000 Leistungsberechtigte gefördert. Das waren, laut der Bundesagentur für Arbeit, rund 16.000 weniger als ein Jahr zuvor. Die Eingliederungszuschüsse sind sogenannte „Kann-Leistungen", die nach Begründungen durch die Arbeitgeber bewilligt werden können. Der Bundesrechnungshof kritisierte 2015 die Eingliederungszuschüsse bei Zeitarbeitsfirmen als **Steuerverschwendung**. So heißt es, dass Zeitarbeitsfirmen *„ungerechtfertigt begünstigt"* werden, da sie selbst nicht vor Ort Minderleistungen bei Arbeitnehmer*innen ausgleichen. Das machen die Un-

ternehmen selbst und haben damit „*den Aufwand für die Behebung der Minderleistung*". Trotzdem kassieren aber die Zeitarbeitsunternehmen den Zuschuss – ohne einen entsprechenden Aufwand zu haben. Der Bundesrechnungshof wird noch schärfer, indem er von „*Lohnsubvention für einzelne Unternehmen*" spricht. Allein in den Jahren 2013 und 2014 wird von einer Fördersumme von knapp zehn Millionen EUR gesprochen. Die Bundesagentur für Arbeit wies diese Kritik zurück und begründet die Förderung mit dem Sammeln von Berufserfahrungen für die Erwerbslosen. Für die Bundesagentur für Arbeit sind die Zuschüsse ein lukratives Geschäft: Schwer vermittelbare „Kunden" werden sie los und nebenbei können sie auf einfacherem Weg ihre eigene Arbeitslosenstatistik aufpolieren. Mit Beginn der Agenda 2010 stieg die Zeitarbeit rasant an. Waren es zu Beginn noch rund 300.000 Leiharbeiter*innen waren es im Jahresdurchschnitt 2021 rund 815.900. Jedes zweite Arbeitsverhältnis endete allerdings innerhalb von sechs Monaten (BA, Entwicklungen in der Zeitarbeit, Dezember 2021). Die Kritik des Bundesrechnungshofes ist anhand dieser Zahlen mehr als nachvollziehbar. Zeitarbeit bleibt damit eine Unternehmensform, die oftmals mit „hire and fire" einhergeht und am Ende vor allem dem Unternehmen selbst, aber kaum den Arbeitnehmer*innen nützt.

3. Ablehnung „zumutbarer Arbeit"

126 „*Leistungen zur Eingliederung in Arbeit*" sind Kann-Leistungen, die im Ermessen Ihrer Integrationsfachkraft liegen. Sie haben **keinen Anspruch** darauf.

Bietet Ihr*e Vermittler*in Ihnen aber einen Maßnahme- oder Arbeitsplatz an, so ist das ein **Angebot, das sie nicht ablehnen können**. Bei Ablehnung oder Abbruch einer Beschäftigung drohen Ihnen sonst harte „Geldstrafen" bzw. **Sanktionen** → 95.

4. Sozialhilfe – Grundsicherung

127 Hilfe zum Lebensunterhalt (HzL) oder Grundsicherung im Alter und bei Erwerbsminderung (GSi) der Sozialhilfe beziehen idR Personen,

- die nicht erwerbsfähig sind, dh die weniger als drei Stunden am Tag auf dem allgemeinen Arbeitsmarkt arbeiten können oder
- die das Regelrentenalter erreicht haben.

Dennoch kann der Wunsch nach einer Tätigkeit geäußert werden:

„*Äußern Leistungsberechtigte (...) den Wunsch, durch die Aufnahme einer zumutbaren Tätigkeit Einkommen zu erzielen, können sie hierbei durch Angebote von geeigneten Maßnahmen eine erforderliche Vorbereitung unterstützt werden*" (§ 11 Abs. 3 S. 3 SGB XII).

Diese Arbeitsobliegenheit zielt zB auf Personen ab, die in einer Werkstatt für behinderte Menschen arbeiten oder arbeiten könnten oder deren (Teil-)Erwerbsminderungsrente mit der Grundsicherung nach dem SGB XII aufgestockt wird.

5. Kritik

128 Ca. 45,7 Millionen Menschen galten im Oktober 2022 als erwerbstätig (Statistisches Bundesamt, Pressemitteilung Nr. 500 v. 30.11.2022). Jeder Fünfte der Erwerbstätigen war 2019 atypisch beschäftigt (WSI 06/19). Als atypisch gilt, wer 20 Stunden oder weniger pro Woche arbeitet, wer einen befristeten Arbeitsvertrag besitzt und/oder wer sich in Leiharbeit befindet. Als „Jobwunder" wird die steigende Zahl der Erwerbstätigen medial aufbereitet: Noch nie sei die Zahl der Beschäftigten so hoch gewesen. Dafür ist die Gruppe viel zu heterogen und der genauere Blick zeigt, dass ein „Normaljob" mit 40 Stunden pro Woche und unbefristetem Arbeitsvertrag eben längst nicht mehr der Normalzustand für die Mehrheit der Bevölkerung ist. Lohnkostenzuschüsse, Eingliederungsprogramme für Erwerbslose, Trainingsmaßnahmen und Ein-Euro-Jobs klingen nach sozialer Wohltat für die Erwerbslosen. Dass es auch Statistikmaßnahmen sind, zeigt die monatliche Arbeitslosenstatistik, in der regelmäßig rund 900.000 Personen nicht mit einberechnet werden, weil sie älter als 58 Jahre sind, sich in Elternzeit oder einer Trainingsmaßnahme befinden oder ihre Angehörigen pflegen. Den „Job-

wundererfolg" ergibt sich aus den atypischen Beschäftigungen und dem Verschieben der Erwerbslosen in teure Maßnahmen, die mehr die Finanzindustrie der Bildungsträger subventionieren als die Erwerbslosen selbst. Es geht schon lange nicht mehr um die Erwerbslosen, sondern vielmehr darum, den anvisierten Niedriglohnsektor auszubauen und weiterhin zu zementieren. Es braucht ein Bündnis zwischen Gewerkschaften, Erwerbslosen und Beschäftigten, damit Erwerbslose nicht weiterhin als Lohndrücker fungieren müssen. Denn nicht sie haben den Niedriglohnsektor zu verantworten.

6. Forderungen

129 Mindestlohn von 15 EUR/Stunde ab sofort

Keine Ausnahmen beim gesetzlichen Mindestlohn bei regulären Arbeitsverhältnissen

Eckregelbedarfe im Bürgergeld und Grundsicherung von mindestens 724 EUR ab sofort

Herausnahme der Haushaltsenergie aus den Regelleistungen, Einfügung in die Kosten der Unterkunft

Übernahme der einmaligen Bedarfe wie Brille, weiße Ware, Pässe (entsprechend Beschluss des BVerfG 23.7.2014 – 1 BvL 10/12, 1 BvL 12/12, 1 BvR 1691/13)

Existenzsichernde Kindergrundsicherung

Gesonderte Bedarfe für Menschen mit Behinderung im SGB II/SGB XII/AsylbLG

Einführung eines Sonderregelsatzes von zusätzlich 20 Prozent ab 60 Jahren im SGB II/SGB XII/AsylbLG

11
Arbeitslose

1. Grundsätzliches 1
   1.1 Meldung bei der Agentur für Arbeit 1
   1.2 Ansprüche an die Arbeitslosenversicherung 2
   1.3 Alg I reicht nicht: aufstockendes Bürgergeld beantragen 9

2. Bürgergeld 11
   2.1 Bürgergeld während Sperrzeiten von Alg I? 12
3. Arbeitslosenzahlen 15
4. Interessenvertretung selbst gründen ... 17
5. Informationen 18

1. Grundsätzliches

1.1 Meldung bei der Agentur für Arbeit

1 Auch wenn Sie keinen Anspruch auf Alg I oder Bürgergeld haben, sollten Sie sich arbeitslos melden, wenn Sie arbeitslos sind.

- Die Meldung ist Voraussetzung für die Anerkennung von Anrechnungszeiten in der Rentenversicherung. Diese zählen als Wartezeiten. Bei Ansprüchen auf eine Rente wegen Erwerbsminderung muss zB eine Wartezeit von fünf Jahren erfüllt sein.
- Arbeitslose, die das 18., aber noch nicht das 21. Lebensjahr vollendet haben, müssen sich arbeits- bzw. ausbildungssuchend melden, um Anspruch auf Kindergeld zu haben (§ 2 Abs. 2 Nr. 1 BKGG).
- Wenn Sie sich nicht arbeitsuchend melden, verschwindet wieder ein*e Arbeitslose*r aus der offiziellen Statistik. Wollen Sie das?

1.2 Ansprüche an die Arbeitslosenversicherung

2 Ansprüche an die Arbeitslosenversicherung gelten erst ab dem Tag der Antragstellung. Zuständig ist die örtliche **Agentur für Arbeit**.

3 **Anwartschaftszeit:** Um Anspruch auf Arbeitslosengeld I zu haben, müssen Sie eine sogenannte Anwartschaftszeit erfüllen. Diese haben Sie erreicht, wenn Sie in den 30 Monaten vor Ihrer Arbeitslosmeldung und Arbeitslosigkeit in der Arbeitslosenversicherung mindestens 12 Monate pflicht- oder freiwillig versichert waren (§ 142 SGB III). Hier werden alle Beschäftigungen, auch wenn diese mit Unterbrechungen waren, innerhalb der letzten 30 Monate zusammengerechnet. Dazu zählen auch Kindererziehungszeiten bis zum 3. Lebensjahr, der Bezug von Krankengeld, der freiwillige Wehrdienst, Bundesfreiwilligendienst oder der Jugendfreiwilligendienst.

105

11 Arbeitslose

4 Sie haben **Anspruch auf Arbeitslosengeld (Alg I)**
- für ein halbes Jahr, wenn Sie innerhalb der letzten 30 Monate mindestens zwölf Monate versicherungspflichtig gearbeitet haben;
- für acht Monate, wenn Sie innerhalb der letzten 30 Monate 16 Monate beitragspflichtig gearbeitet haben;
- für zehn Monate, wenn Sie innerhalb der letzten 30 Monate 20 Monate beitragspflichtig gearbeitet haben und
- für ein Jahr, wenn Sie die gesamten 24 Monate beitragspflichtig gearbeitet haben.

5 **Über 50-Jährige** haben nach ununterbrochenem Versicherungspflichtverhältnis einen Anspruch auf Alg I für 15 Monate, wenn sie zuvor 30 Monate beitragspflichtig gearbeitet haben,

über 55-Jährige für 18 Monate, wenn sie zuvor 36 Monate beitragspflichtig gearbeitet haben und

über 58-Jährige für 24 Monate, wenn sie zuvor 48 Monate beitragspflichtig gearbeitet haben.

6 Nach § 150 SGB III gibt es einen Bemessungszeitraum und Bemessungsrahmen. Der Bemessungsrahmen umfasst ein Jahr und endet mit dem letzten Tag der sozialversicherungspflichtigen Tätigkeit. Der Bemessungszeitraum umfasst die sozialversicherungspflichtigen Tätigkeiten. Beim Bemessungszeitraum bleiben **außer Betracht**:

- Zeiten, in den Übergangsgeld gezahlt wurde (Teilhabe am Arbeitsleben, Teilübergangsgeld, Teilarbeitslosengeld),
- Zeiten einer Beschäftigung als Freiwillige*r im Sinne des Jugendfreiwilligendienstes (JFGD: FSJ, JÖF) oder des Bundesfreiwilligendienstes (BFDG),
- Zeiten, in denen Elterngeld oder Erziehungsgeld bezogen wurde. Das gilt auch, wenn der*die Anspruchsberechtigte aufgrund des Einkommens keinen Anspruch hatte,
- Zeiten, in denen ein Kind unter drei Jahren betreut und erzogen wurde, weswegen das Arbeitsentgelt oder die durchschnittliche wöchentliche Arbeitszeit reduziert wurde,
- Pflegezeiten nach § 3 Abs. 1 S. 1 des Pflegezeitgesetzes, wenn deswegen das Arbeitsentgelt oder die durchschnittliche wöchentliche Arbeitszeit reduziert wurde und
- Arbeitszeiten, die um 20 Prozent, aber mindestens um fünf Stunden wöchentlich reduziert waren, wenn die bisherige Beschäftigung mit einer höheren Arbeitszeit von mindestens sechs zusammenhängenden Monaten innerhalb der letzten dreieinhalb Jahre ausgeübt wurde. Eine Teilzeitvereinbarung nach dem Altersteilzeitgesetz ist davon ausgenommen.

7 **Wichtig!** Nach Auslaufen Ihres Alg I oder wenn dieses unterhalb des Existenzminimums liegt (→ 15), haben Sie auf Anspruch auf **Bürgergeld** (→ 28).

8 **Kritik**: Trotz erweiterter Rahmenfrist für den Anspruch auf Alg I bleibt die Bezugsdauer unverändert, so dass bereits oftmals nach einem Jahr das Bürgergeld beantragt werden muss. Auch wenn mit dem Bürgergeld die Grenze des Schonvermögens (→ 119) im ersten Jahr erhöht wurde und die tatsächlichen Mietkosten übernommen werden, ist dieses Jahr der Arbeitslosigkeit schnell vorüber. Leistungsminderungen (→ 95) sind auch weiterhin möglich, wenn auf Vermittlungsvorschläge durch die Jobcenter nicht reagiert wird. Auch bisher galt, dass diese nach der Eingliederungsvereinbarung (ab 1.7.2023: Kooperationsplan, → 35) passgenau sein sollten. Und doch erlaubt das System nach dem Matching-Verfahren bzw. nach dem Algorithmus, dass jemand als Lagerhelfer*in eingesetzt wird, weil er*sie einmal kurzweilig als Übergang in diesem Bereich gearbeitet hat; obwohl sie oder er eigentlich eine kaufmännische Ausbildung besitzt. Es bleibt abzuwarten, ob die versprochene Augenhöhe mit dem Bürgergeld und die Abschaffung des Vermittlungsvorrang in der Realität umgesetzt wird und umgesetzt werden kann.

1.3 Alg I reicht nicht: aufstockendes Bürgergeld beantragen

9 Wenn Alg I nicht reicht, um Sie und ggf. Ihre Familie zu ernähren, können Sie zunächst versuchen, den Bedarf zu Lebensunterhalt zu decken, indem Sie **Wohngeld**

(→ 127), unter Umständen in Kombination mit dem **Kinderzuschlag** (→ 63), zu beantragen.

Reicht auch das aller Voraussicht nicht aus, stellen Sie am besten mit dem Alg I auch gleich beim Jobcenter einen Antrag auf Bürgergeld. Das nennt sich **ergänzendes Bürgergeld**. Auch über eine **Sperrzeit** von der Arbeitsagentur können Sie sich mit aufstockendem Bürgergeld retten, auch wenn Ihr Bürgergeld-Anspruch gleich mitgekürzt wird (→ Rn. 12).

10 Wenn Sie als Alg I-Bezieher*in ergänzend Bürgergeld bekommen, ist seit dem **1.1.2017** die **Agentur für Arbeit** für **alle** Leistungen zur Eingliederung zuständig (§ 5 Abs. 4 SGB II iVm § 22 Abs. 4 S. 6 SGB III). Vor diesem Stichtag sind (waren) es idR die Jobcenter.

Näheres dazu finden Sie im Beitrag Arbeit (→ 10 Rn. 100).

2. Bürgergeld

Bürgergeld dient nicht als Lohnersatzleistung. Es trägt den Namen Arbeitslosengeld zu Unrecht. Es ist eine modernisierte Sozialhilfe für Arbeitslose und Niedrigverdienende.

Sie müssen weder sozialversicherungspflichtig beschäftigt gewesen sein, um Anspruch auf Bürgergeld zu haben, noch eine Anwartschaftszeit erfüllen. Sie müssen vorher auch keinen Anspruch auf Alg I gehabt haben. Sie müssen nur **erwerbsfähig** (→ 45), hilfebedürftig und zwischen **15 Jahren** und dem **Rentenalter** alt sein sowie ihren gewöhnlichen Aufenthalt in Deutschland haben. Das unterscheidet Bürgergeld von der alten Arbeitslosenhilfe. Zuständig für Bürgergeld sind die **Jobcenter**, mancherorts auch unter anderem Namen.

11 **Tipp:** Verbrauchen Sie nicht Ihre Ersparnisse bzw. Ihren letzten Lohn, bevor Sie einen Bürgergeld-Antrag stellen. Beides ist als Vermögen (→ 119) innerhalb bestimmter Grenzen geschützt. Machen Sie keine Schulden, um Zeiten ohne Leistungen zu überbrücken. Die ersetzt ihnen keiner. Ausnahme: Wenn Sie eine andere Sozialleistung erhalten (Kindergeld, Krankengeld, Wohngeld, Unterhaltsvorschuss usw), die Ihren Bedarf zum Lebensunterhalt nicht decken, können Sie Ansprüche auf Bürgergeld auch noch rückwirkend geltend machen (→ 7 Rn. 29; → 15).

2.1 Bürgergeld während Sperrzeiten von Alg I?

12 Sperrzeiten sind das schärfste Druckmittel der Arbeitsagentur. Ihr Arbeitslosengeld kann bis zu 12 Wochen gesperrt werden. Die Anspruchsdauer vermindert sich um die Sperrzeit. Alleine im Oktober 2022 wurden 27.000 Sperrzeiten gegen Arbeitslosengeldberechtigte verhängt (BA, Monatsbericht zum Arbeits- und Ausbildungsmarkt Dezember und Jahr 2022).

In diesem Fall haben Sie **Anspruch auf Bürgergeld**, allerdings in der ersten Stufe um 30 Prozent gekürzt (§ 31 Abs. 2 Nr. 3 SGB II, § 31b Abs. 1 S. 2 SGB II).

Das gekürzte Alg II wird **ab dem Eintritt der Sperrzeit** gezahlt, nicht erst ab dem Folgemonat (§ 31b Abs. 1 S. 2 SGB II).

Das Jobcenter kann das für die Dauer der Sperrzeit gewährte Bürgergeld wegen sozialwidrigem Verhalten nach § 34 SGB II zurückfordern (→ 92 Rn. 49 ff.).

13 Bei Alg II selbst gibt es keine Sperrzeiten. Hier heißt das Sanktionen (→ 95) bzw. im Juristendeutsch *„Absenkung und Wegfall"*. Wenn Sie zumutbare Arbeit usw ablehnen, oder gegen die Pflichten des Kooperationsplans (→ 35) verstoßen, wird die Leistung nach dem Urteil vom 5.11.2019 des Bundesverfassungsgerichts (1 Bvl 7/16, Rn. 137, 158, 159) bis zu 30 Prozent in mehreren Schritten und bis zu drei Monaten gekürzt.

14 **Tipp:** Versuchen Sie, Sperrzeiten oder Sanktionen mit einem Widerspruch vom Tisch zu bekommen. Arbeitslose nehmen sie häufig hin, auch wenn sie rechtswidrig sind. Im Jahr 2022 lag die Erfolgsquote von Widersprüchen (insg. 403.856) bei 33 Prozent, bei Klagen (50.893) sogar bei 35 Prozent (BA Presseinfo Nr. 3 vom 10.1.2023). Diese Zahlen beziehen sich im Übrigen nur auf die Jobcenter in gemeinsamer Einrichtung, das heißt, sie beziehen sich nur auf die 302 Jobcenter und müssten noch um die Zahlen der 102 kommunalen Jobcenter ergänzt werden. Die in der BA-Pressemitteilung genannten,

11 Arbeitslose

absoluten Zahlen dürften sich schätzungsweise noch um ca. ein Drittel erhöhen.

Widersprüche schieben die Sperrzeit und die Sanktionen (Leistungsminderungen, → 95) nicht auf. Wenn Ihr Widerspruch aber erfolgreich war, bekommen Sie Arbeitslosengeld nachgezahlt. Das nachgezahlte Alg I wird dann, dank neuester Rechtsänderung aus dem SPD-geführten Arbeitsministerium, als einmalige Einnahme angerechnet, auf sechs Monate verteilt und somit zur Gänze vom JC „geklaut". Mit dem neuen Bürgergeld ändert sich diese Rechtsprechung ab Juli 2023 und Einnahmen sind für den Monat zu berücksichtigen, in dem sie zufließen (§ 11 Abs. 2 S. 1 SGB II).

3. Arbeitslosenzahlen

15 Viele Arbeitslose tauchen in den offiziellen Statistiken der Arbeitslosenverwaltung nicht auf.

Mit Inkrafttreten des *„sechsten SGB III-Änderungsgesetzes"* im Januar 2008 wurden die Arbeitslosenzahlen erneut bedeutend reduziert. Zwar werden die über 58-jährigen Erwerbslosen, die ein Jahr lang SGB II-Leistungen beziehen, ohne dass ihnen eine sozialversicherungspflichtige Beschäftigung angeboten wurde (§ 53a Abs. 2 SGB II – aF) wieder in die Arbeitslosenstatistik einberechnet, aber Erwerbslose, die zB eine Weiterbildung absolvieren, werden weiterhin aus der Statistik herausgerechnet. Außerdem können seit 2008 die über 63-jährigen Alg II-bzw. Bürgergeld-Beziehenden mit Abschlägen in die Zwangsrente geschickt werden (§ 12a SGB II; ältere Menschen, → 4). Hier gilt aktuell eine Übergangsregelung, so dass in der Zeit vom 1.1.2023 bis zum 31.12.2026 Leistungsberechtigte nicht mehr dazu verpflichtet sind, eine vorzeitige Rente wegen Alters in Anspruch zu nehmen (§ 12a Abs. 3 SGB II). Danach bleibt es dabei: Bei gleichzeitig verlängerter Lebensarbeitszeit bedeutet der erzwungene Renteneintritt für ältere Erwerbslose eine schmerzhafte Rentenkürzung. Das Sozialgericht Dresden schränkte die Zwangsverrentung allerdings ein (SG Dresden 21.2.2014 – S 28 AS 567/14 ER). Sie ist unzulässig, wenn zuvor durch die Jobcenter keine umfassende Interessenabwägung vorgenommen wurde. Dh., die konkrete Rentenhöhe muss zuvor ermittelt werden. Folgt auf einen vorzeitigen Rentenbezug und den damit möglichen Abschlägen ein lebenslanger Bezug auf Grundsicherung im Alter (SGB XII), wäre eine Zwangsverrentung durch ein Jobcenter rechtswidrig.

16 Ebenfalls nicht in den monatlichen Arbeitslosenzahlen enthalten sind zwischen 800.000 und 900.000 arbeitslose, arbeitsuchende *„Maßnahmenteilnehmende"*, Erwerbslose, die vorübergehend keine Arbeit suchen können (zB arbeitsunfähig Erkrankte, Krankengeldbeziehende, Kindererziehende und Pflegende). Ganz zu schweigen von den „Nicht-Gemeldeten", der sogenannten „stillen Reserve". Auch wenn Sie krankgeschrieben sind, werden Sie zum Zwecke der Optimierung der Arbeitslosenstatistik als nicht mehr arbeitsuchend verbucht.

4. Interessenvertretung selbst gründen

17 Unabhängige Beratung und Unterstützung für Arbeitslose sind vielerorts kaum noch zu finden. Deshalb sollten sich Arbeitslose zusammenschließen, um solidarische Selbsthilfe zu organisieren. Diese beginnt mit der gegenseitigen Unterstützung als Beistand (→ 19) bei Ämterterminen und geht bis zur selbstorganisierten Beratungsinitiative. Bilden Sie freie Gruppen und versuchen Sie mit Mitstreiter*innen bei einer Kirchengemeinde, Gewerkschaft, der Kommune usw einen Raum aufzutreiben. Die Koordinierungsstelle gewerkschaftlicher Arbeitslosengruppen und BAG Prekäre Lebenslagen (http://www.bag-plesa.de/) unterstützen solche Initiativen mit Tipps, Beratungswissen und möglichen regionalen Ansprechpartnern.

5. Informationen

18 Arbeitslosenprojekt TuWas: Leitfaden für Arbeitslose. Der Rechtsratgeber zum SGB III, 36. Aufl. 2022, Fachhochschulverlag.

19 Koordinierungsstelle Gewerkschaftlicher Arbeitslosengruppen: Erste Hilfe bei bevorstehender) Arbeitslosigkeit, Stand: Januar 2021.

20 Ein umfassendes Verzeichnis mit Beratungsstellen finden Sie u.a. auf der Internetseite von Tacheles e.V. unter: www.my-sozialberatung.de bzw. www.sozialportal.net (→ Beratung)

21 Adressen von Arbeitslosengruppen/-zentren sowie Beratungsmöglichkeiten finden Sie im Anhang.

12 Aufrechnung (von Erstattungs- und Ersatzansprüchen)

1. Aufrechnung beim Bürgergeld	1
1.1 Voraussetzung: bestandskräftiger Aufhebungs- und Erstattungsbescheid	4
1.2 Zehnprozentige bzw. fünfprozentige Aufrechnung	7
1.3 Dreißigprozentige Aufrechnung	8
1.4 Gegen wen darf aufgerechnet werden?	10
1.5 Ermessen ausüben, ob aufgerechnet wird	11
1.6 Weitere Alternative: Aushandlung der Rückzahlung	13
1.7 Aufschiebende Wirkung des Widerspruchs	14
1.8 Ablauf der Widerspruchsfrist	16
1.9 Dauer der Aufrechnung	17
2. Aufrechnung früherer Sozialhilfe	22
3. Aufrechnung bei HzL/GSi der Sozialhilfe	23
3.1 Dauer der Aufrechnung	29
3.2 Widerspruch entfaltet aufschiebende Wirkung	30
4. Was tun bei rechtswidriger Aufrechnung?	31
5. Aufrechnung von Kostenersatz bei „sozialwidrigem Verhalten"	33
6. Forderung	34

1. Aufrechnung beim Bürgergeld

1 Grundsätzlich darf das sozialhilferechtliche Existenzminimum in Form von SGB II-/SGB XII-Leistungen auch bei Ansprüchen der Behörden, sei es aufgrund von Darlehen, Beitragsrückständen oder Rückforderungen, nicht unterschritten werden (§ 42 Abs. 4 SGB II, § 17 Abs. 1 SGB XII). Abweichend hiervon bestehen aber für die Leistungsträger mehrere Möglichkeiten, mit eigenen Ansprüchen gegen laufende Ansprüche nach dem SGB II bzw. SGB XII aufzurechnen. Damit wird der Leistungsanspruch geschmälert, obwohl das Bundesverfassungsgericht noch 2010 festgestellt hatte, dass das „verfassungsrechtlich garantierte Existenzminimum" nicht dauerhaft unterschritten werden darf (BVerfG 9.2.2010 – 1 BvL 1/09). Die Rechtsprechung geht allerdings überwiegend davon aus, dass die Aufrechnung verfassungsgemäß ist (BSG 9.3.2016 – B 14 AS 20/15 R; so auch Guttenberger NZS 2021, 201).

2 Aufrechnen bedeutet, dass die Behörde eigene Ansprüche/Forderungen von der laufenden Leistung abziehen kann, obwohl diese das Existenzminimum abbildet und nicht gepfändet oder abgetreten werden darf (§ 54 SGB I, § 42 Abs. 4 SGB II). Eine Aufrechnung setzt eine sog. Aufrechnungslage und eine Aufrechnungserklärung voraus:

- Eine **Aufrechnungslage** besteht, wenn zwei Personen einander gleichartige Leistungen schulden, die aufzurechnende Forderung durchsetzbar und die Forderung der anderen Person mindestens erfüllbar ist. Dh, das Jobcenter muss Ihnen die Zahlung von Geld schulden (Bürgergeld) und Sie müssen dem Jobcenter die Zahlung von Geld schulden (Erstattung von Leistungen).

- Das Jobcenter muss gem. § 43 Abs. 4 S. 1 SGB II die Aufrechnung durch Verwaltungsakt verfügen.

3 Das Jobcenter hat **Darlehen** (→ 30) in Höhe von **zehn Prozent** des maßgeblichen Regelbedarfs bis 30.6.2023 und iHv von **fünf Prozent** des maßgeblichen Regelbedarfs ab 1.7.2023 aufzurechnen (§ 42a Abs. 2 SGB II). Erstattungsansprüche wegen Überzahlung oder Ersatzansprüche können je nach Grund des Anspruchs in Höhe von **zehn Prozent** oder **30 Prozent** des maßgeblichen Regelbedarfs der Person, gegen die der Anspruch besteht, aufgerechnet werden (§ 43 Abs. 2 SGB II). Als Grund für die Erstattungs- und Ersatzansprüche muss nicht einmal ein „Verschulden" eines*r Leistungsbeziehenden vorliegen. Es wird auch im laufenden Leistungsbezug aufgerechnet, wenn das Jobcenter die Überzahlung verursacht hat. Das Verschulden spielt eher bei der Höhe der

12 Aufrechnung (von Erstattungs- und Ersatzansprüchen)

Aufrechnung eine Rolle, weil die Höhe der Aufrechnung in den Fällen, in denen kein Verschulden des*r Leistungsberechtigten vorliegt, zehn Prozent der Regelleistung beträgt und in den Fällen, in denen ein Verschulden des*r Leistungsberechtigten vorliegt, 30 Prozent der Regelleistung (§ 43 Abs. 2 S. 1 SGB II; → Rn. 7 f.). Näheres über die Aufrechnung von Darlehen finden Sie in dem eigenen Beitrag (→ 30 Rn. 14 ff.). Näheres zum Entstehen von Ersatz- und Erstattungsansprüchen finden Sie unter Rückforderung (→ 92).

1.1 Voraussetzung: bestandskräftiger Aufhebungs- und Erstattungsbescheid

4 Voraussetzung für die Aufrechnung ist ein idR kombinierter Aufhebungs- und Erstattungsbescheid (§§ 45, 48, 50 SGB X), der bestandskräftig ist. Die Widerspruchsfrist muss also abgelaufen sein. Außerdem muss das Jobcenter die Aufrechnung verfügen. Das kann getrennt vom anderen Bescheid erfolgen oder in Form einer Kombination von aufhebungs-, erstattungs- und aufrechnungsverfügendem Bescheid (§ 43 Abs. 4 S. 1 SGB II). Weitere mögliche Ansprüche der Jobcenter, die eine Aufrechnung erlauben, sind (§ 43 Abs. 1 SGB II):

- Ersatzansprüche nach §§ 34, 34a SGB II (§ 43 Abs. 1 Nr. 2 SGB II),
- Erstattungsansprüche nach § 34b SGB II (§ 43 Abs. 1 Nr. 3 SGB II),
- Erstattungsansprüche nach § 41a Abs. 6 S. 3 SGB II (§ 43 Abs. 1 Nr. 3 SGB II).

5 Tipp: Liegt ein Erstattungsanspruch nach § 41a Abs. 6 S. 4 SGB II vor, ist eine Aufrechnung nicht statthaft (LPK-SGB II, 8. Aufl. 2023, § 41a Rn. 87).

6 Der Widerspruch gegen den erstattungs- und den aufrechnungsverfügenden Bescheid entfaltet jeweils **aufschiebende Wirkung** (§ 86a Abs. 1 SGG). Solange das Widerspruchs- und ggf. Klageverfahren nicht abgeschlossen ist, darf das Jobcenter nicht aufrechnen.

Näheres finden Sie unter Darlehen (→ 30 Rn. 17).

1.2 Zehnprozentige bzw. fünfprozentige Aufrechnung

7 Folgende Erstattungsansprüche aufgrund von Überzahlungen können in Höhe von **zehn Prozent der Regelbedarfe** (ab 1.7.2023: **fünf Prozent**) aller überzahlten Mitglieder einer Bedarfsgemeinschaft aufgerechnet werden (§ 43 Abs. 2 S. 1 SGB II):

- **Vorläufige Entscheidungen** (→ 121; § 41a Abs. 6 S. 3 SGB II): SGB II-Leistungen können vorläufig gewährt werden, wenn die genaue Einkommenshöhe oder die Voraussetzungen für den Anspruch noch nicht feststehen. Erstattungsansprüche sind durch Rückforderungsbescheide geltend zu machen.
- **Nachträglicher Zufluss von Einkommen** (§ 48 Abs. 1 S. 2 Nr. 3 SGB X iVm § 50 SGB X): Wurde, nachdem ein Bewilligungsbescheid auf Dauer ergangen ist, Einkommen erzielt bzw. Vermögen verwertbar und dies dem Jobcenter angezeigt, entsteht ein Erstattungsanspruch, ohne dass es auf ein Verschulden der leistungsberechtigten Person ankommt (Rückforderung, → 92 Rn. 7 ff.).

1.3 Dreißigprozentige Aufrechnung

8 Folgende Erstattungsansprüche aufgrund von Überzahlungen können in Höhe von **30 Prozent der Regelbedarfe** aller überzahlten Mitglieder einer Bedarfsgemeinschaft aufgerechnet werden (§ 43 Abs. 2 S. 1 Hs. 2 SGB II):

- **Überzahlungen aufgrund arglistiger Täuschung, Drohung oder Bestechung oder falscher Angaben** (§ 45 Abs. 2 S. 3 Nr. 1, 2 SGB X) oder aufgrund von Angaben, die der*die Begünstigte **vorsätzlich** oder **grob fahrlässig** im Wesentlichen **unrichtig** oder **unvollständig** gemacht hat (§ 45 Abs. 2 S. 3 Nr. 1, 2 SGB X).
- **Überzahlungen, die das Jobcenter verursacht hat**, die der*die Betroffene aber erkannt oder grob fahrlässig nicht erkannt hat (§ 45 Abs. 2 S. 3 Nr. 3 SGB X).
- **Überzahlungen aufgrund nachträglichen Zuflusses von Einkommen oder Verwertbarkeit von Vermögen** (§ 48 Abs. 1 S. 2 Nr. 2 SGB X), wenn der*die Leistungsberechtigte das dem Amt nicht unverzüglich

12 Aufrechnung (von Erstattungs- und Ersatzansprüchen)

mitgeteilt hat oder die Mitteilung nicht nachweisen kann.
- Jede andere Rückforderung, die nicht unter die 10-Prozent-Regelung (ab 1.7.2023: 5-Prozent-Regelung) fällt (§ 43 Abs. 2 S. 1 SGB II). Darunter fallen zB Rückforderungen aufgrund von Verstößen gegen die Erreichbarkeitsanordnung (§ 7 Abs. 4a SGB II, ab 1.7.2023 § 7b SGB II; Ortsabwesenheit, → 84), aber auch zB Aufhebungen mit Rückwirkung, weil der*die Betroffene wusste oder grob fahrlässig nicht wusste, dass der sich aus dem Verwaltungsakt ergebende Anspruch kraft Gesetzes zum Ruhen gekommen oder ganz oder teilweise weggefallen ist (§ 48 Abs. 1 S. 2 Nr. 4 SGB X).
- **Ersatzansprüche wegen sozialwidrigen Verhaltens** (§ 34 SGB II): Hat jemand vorsätzlich oder grob fahrlässig und ohne wichtigen Grund seine*ihre oder die Hilfebedürftigkeit der Mitglieder der Bedarfsgemeinschaft herbeigeführt, erhöht, aufrechterhalten oder nicht verringert, ist er*sie zum Ersatz der daraus entstehenden Leistungen verpflichtet (§ 34 Abs. 1 SGB II; → 92).
- Ersatzansprüche bei rechtswidrig erbrachten Sozialleistungen (§ 34a SGB II): Damit sollen Personen, die durch vorsätzliches oder grob fahrlässiges Verhalten die Leistungsgewährung gegenüber Dritten herbeigeführt haben, zum Kostenersatz herangezogen werden. Und alle von der Überzahlung Begünstigten sollen gesamtschuldnerisch für alle Forderungen haftbar gemacht werden. Damit eröffnet sich für die Behörde die bequeme Möglichkeit, Überzahlungen bei jedem Mitglied der Bedarfsgemeinschaft einzutreiben (Rückforderung, → 92 Rn. 98 f.).
- Erstattungsansprüche bei Doppelleistungen (§ 34b SGB II): Diese greifen, wenn ein vorrangig verpflichteter Leistungsträger seine Leistungen zunächst nicht erbringt, während das Jobcenter bereits SGB II-Leistungen gewährt, und keinen Erstattungsanspruch nach §§ 102 ff. SGB X beim vorrangig verpflichteten Leistungsträger geltend gemacht hat. Oder wenn die vorrangige Leistung trotz übergeleitetem Anspruch an die*den Berechtigte*n statt an das Jobcenter gezahlt wird (Rückforderung, → 92 Rn. 108).

9 Kritik: Mit dem Neunten SGB II-Änderungsgesetz, der sogenannten „*Rechtsvereinfachung*", wurden zum 1.8.2016 die Aufrechnungsregelungen im SGB II erheblich verschärft: Der Katalog der Erstattungs- und Ersatzansprüche wurde ausgeweitet, die dreißigprozentigen Aufrechnungen auch.

Vereinfacht hat sich dadurch nichts, ganz im Gegenteil, die Lage der Leistungsberechtigten hat sich deutlich verschlechtert. Skandalös ist die 30-prozentige Aufrechnung besonders bei Überzahlungen, die die Jobcenter selbst verursacht haben. Betroffene werden durch derart unverhältnismäßige Strafaufrechnung genauso sanktioniert wie Personen, die in betrügerischer Absicht gehandelt haben.

1.4 Gegen wen darf aufgerechnet werden?

10 Die Aufrechnungsbefugnis besteht **gegenüber jeder Person** in der Bedarfsgemeinschaft, wenn gegen sie ein entsprechender Aufhebungs- und Erstattungs- und Aufrechnungsbescheid erlassen wurde und **bestandskräftig ist** (§ 43 Abs. 1 SGB II). „*Die Aufrechnung ist gegenüber der leistungsberechtigten Person schriftlich durch Verwaltungsakt zu erklären*" (§ 43 Abs. 4 S. 1 SGB II). Der Verwaltungsakt muss bestimmt sein (§ 33 Abs. 1 SGB X), dh, der*die Betroffene muss Klarheit u.a. über den Beginn der Aufrechnung haben. Ergibt sich dies nicht aus dem Verwaltungsakt, ist er rechtswidrig (LSG BB 15.11.2017 – L 18 AS 2067/16). **Dabei ist zu beachten**, dass insbesondere **Kinder**, die im Haushalt leben, häufig **nicht zur Bedarfsgemeinschaft gehören**, da sie ihren Lebensunterhalt mit eigenem Einkommen oder Vermögen sicherstellen können (§ 7 Abs. 3 Nr. 4 SGB II). Das ist dann der Fall, wenn die Kinder ihren Bedarf (Regelbedarf, ggf. Mehrbedarfe, kopfanteilige Miete und Heizung) mit Kindergeld, Unterhalt/ UVG, BAföG/BAB, Ausbildungsvergütung usw decken können. Da sie dann keine „*leistungsberechtigte Personen*" sind, kann es gegen sie keine Aufrechnung geben.

1.5 Ermessen ausüben, ob aufgerechnet wird

11 Die Jobcenter „*können*" aufrechnen (§ 43 Abs. 1 S. 1 SGB II). Sie müssen also Ermessen (→ 44) ausüben, ob überhaupt aufgerechnet werden soll. Kommt ein Jobcenter zu dem Ergebnis, dass es aufrechnen will, ist es an die gesetzlich vorgeschriebenen Aufrechnungsbeträge von zehn (ab 1.7.2023: fünf) bzw. 30 Prozent des maßgeblichen Regelbedarfs gebunden. In Bezug auf die Höhe gibt es kein Ermessen.

12 Leben neben der Person, die die Aufrechnung verursacht hat, weitere Personen in einer Bedarfsgemeinschaft (→ 16), die zwangläufig davon betroffen sind, wird das Jobcenter im Rahmen der **pflichtgemäßen Ermessensausübung** regelmäßig zu dem Ergebnis kommen müssen, dass es aus den folgenden Gründen **nicht aufrechnen darf**:

a. Erfolgt eine Aufrechnung gegen eine Person, die die Aufrechnung nicht verursacht hat, wird deren sozialrechtlicher **Individualanspruch** in unzulässiger Weise eingeschränkt. Hier werden Unbescholtene für das Verhalten eines Dritten in „**Sippenhaftung**" genommen.

b. Eine Aufrechnung gegen **minderjährige Kinder**, die ja die Überzahlung nicht verursacht haben können, ist verfassungsrechtlich bedenklich. Kinder werden zwar von ihren Eltern gesetzlich vertreten und das Handeln des*r Vertreters*Vertreterin wirkt gegen die*den Vertretene*n – mit der rigiden Aufrechnungsvorgabe des § 43 SGB II wird jedoch dem **Minderjährigenschutz**, der auch in der sozialgerichtlichen Rechtsprechung entwickelt wurde, entgegengewirkt. Eine pflichtgemäße Ausübung des Ermessens müsste regelmäßig zum Ergebnis kommen, dass Minderjährigen eine Aufrechnung von Ersatz- und Erstattungsansprüchen nicht zuzumuten ist.

c. Wird gegen mehr als eine Person in Höhe von 30 Prozent des Regelbedarfs aufgerechnet, tritt eine **Bedarfsunterdeckung** ein, die nicht mehr zu vertreten ist.

d. Eine 30-prozentige Kürzung ist nach herrschender Meinung bei **Sanktionen** maximal für eine **Dauer von drei Monaten** möglich. Aufrechnungen enden jedoch „*spätestens*" nach 36 Monaten (§ 43 Abs. 4 S. 2 SGB II). Demgegenüber ist eine Leistungsminderung bereits nach höchstens drei Monaten beendet (§ 31b Abs. 2 SGB II). Diese Wertung des Gesetzgebers ist mit zu berücksichtigen. Das Jobcenter wird demnach im Rahmen einer zweiten Ermessensentscheidung zu prüfen haben, wie lange aufgerechnet wird, dh, wie lange die Aufrechnung im konkreten Einzelfall zumutbar ist (Darlehen, → 30 Rn. 24).

e. Laut Art. 1 GG gibt es ein Grundrecht auf Gewährleistung des menschenwürdigen Existenzminimums. Darunter ist nicht nur die Sicherung der physischen Existenz zu verstehen, sondern auch die Gewährung eines Mindestmaßes an gesellschaftlicher Teilhabe. Die menschenwürdige Existenz ist aber aufgrund von Aufrechnungshöhe und -dauer nicht mehr gewährleistet. Auch weitere besondere Belastungen der Bedarfsgemeinschaft müssen bei dieser Ermessensabwägung eine Rolle spielen.

1.6 Weitere Alternative: Aushandlung der Rückzahlung

13 Das Jobcenter kann, statt aufzurechnen, mit den Betroffenen eine Regelung über die freiwillige Rückzahlung von Erstattungs- und Ersatzansprüchen treffen. Wenn diese Vereinbarungen nicht die gesetzlich vorgeschriebenen Beträge der Aufrechnung beinhalten (zehn oder 30 Prozent des Regelbedarfs), handelt es sich nicht um einen öffentlich-rechtlichen Vertrag (→ 83), sondern um eine Verzichtserklärung (§ 46 Abs. 1 SGB I), die Sie gegenüber dem Jobcenter abgeben. Hier sind alle Beträge verhandelbar und zulässig.

Ein solcher **Verzicht** kann jederzeit mit Wirkung für die Zukunft widerrufen werden (§ 46 Abs. 2 SGB I). Ferner kann das Jobcenter den Vorgang auch an den Forderungseinzug der Regionaldirektion geben (→ 30 Rn. 32; öffentlich-rechtlicher Vertrag, → 83 Rn. 9).

12 Aufrechnung (von Erstattungs- und Ersatzansprüchen)

1.7 Aufschiebende Wirkung des Widerspruchs

14 Aufgerechnet werden darf erst, wenn der Aufrechnungsbescheid bestandskräftig ist (→ Rn. 6).

Der Widerspruch gegen Aufrechnungen entfaltet aufschiebende Wirkung (LSG Bayern 21.6.2013 – L 7 AS 329/13 B ER; LSG Sachsen-Anhalt 27.12.2011 – L 5 AS 473/11 B ER; → 126 Rn. 38 ff.).

15 **Tipp:** Legen Sie also Widerspruch (→ 126) gegen den die Aufrechnung bestimmenden Bescheid (→ 22 Rn. 38) ein. Sollte das Jobcenter die aufschiebende Wirkung nicht anerkennen, müssen Sie diese über den einstweiligen Rechtsschutz (→ 41) herstellen lassen.

1.8 Ablauf der Widerspruchsfrist

16 Wenn die Widerspruchsfrist abgelaufen ist, gibt es noch folgende Möglichkeiten:

- Fehlt ein Aufrechnungsbescheid für jede einzelne Person, können Sie einen **Überprüfungsantrag** (§ 44 SGB X) stellen, mit dem Sie die ungeminderte Höhe der Leistungen beanspruchen. Wird die Überprüfung abgelehnt, können Sie Widerspruch gegen den Bescheid einlegen und dessen aufschiebende Wirkung mittels einstweiligen Rechtsschutzes (→ 41) vom Gericht herstellen lassen. Wird Ihrem Antrag stattgegeben, gilt die aufschiebende Wirkung ab Eingang des Antrags bei Gericht.
- Wurde gegen Personen aufgerechnet, die nicht zur Bedarfsgemeinschaft gehören, sollte ebenfalls ein Überprüfungsantrag gestellt (→ 30 Rn. 7 ff.) und dann wie oben verfahren werden.
- Stellen Sie einen **Erlass- oder Stundungsantrag**, wenn die Aufrechnung zur existenziellen Notlage führt. Das gilt v.a. dann, wenn das Jobcenter die Kürzung nicht durch Sachleistungen ausgleicht. Sie müssen im Antrag die Notlage glaubhaft darlegen. Wird dieser abgelehnt, können Sie Widerspruch einlegen und die Herstellung der aufschiebenden Wirkung bei Gericht beantragen. Näheres dazu finden Sie unter Darlehen (→ 30 Rn. 17).

1.9 Dauer der Aufrechnung

17 Die Befugnis zur Aufrechnung von Erstattungs- und Ersatzansprüchen endet spätestens nach drei Jahren (§ 43 Abs. 4 S. 2 SGB II). Dies gilt entsprechend auch für Aufrechnungen gem. § 42a Abs. 2 SGB II (SG Köln 7.2.2022 – S 45 AS 3461/20 WA). Wenn eine Aufrechnung jedoch **unbillig** ist, kann das Jobcenter sie auch schon nach zwei oder drei Monaten beenden. Das SG Berlin hält eine Unterschreitung des Existenzminimums von zehn Prozent des Regelbedarfs für einen Zeitraum von mehr als 20 Monaten (aufgrund eines Darlehens) schon für unzulässig (SG Berlin 30.9.2011 – S 37 AS 24431/11 ER). Demzufolge werden höhere Aufrechnungsbeträge über kürzere Zeiträume genauso eine unzulässige Unterschreitung des Existenzminimums darstellen. Demgegenüber hält das BSG sogar eine Aufrechnung mit 30 Prozent des Regelbedarfs für einen Zeitraum von 36 Monaten für statthaft (BSG 9.3.2016 – B 14 AS 20/15 R). Hier kommt es aber auf den Einzelfall an, dh darauf, wie es zur Überzahlung gekommen ist und inwieweit die Sicherung des Lebensunterhalts durch die Aufrechnung gefährdet ist.

18 Das Jobcenter hat hinsichtlich der **Dauer** Ermessen auszuüben. Dabei wird der Grund der Aufrechnung zu würdigen sein, zB ob das Jobcenter selbst die Überzahlung verursacht hat. Es wird die Schwere des Verschuldens der Leistungsbeziehenden zu berücksichtigen haben und ob die Überzahlung irrtümlich oder grob fahrlässig herbeigeführt wurde. Auch der spezielle Bedarf des*r Leistungsbeziehenden wird zu berücksichtigen sein, zB krankheitsbedingte Mehrkosten. Im Einzelfall kann auch ganz von einer Aufrechnung abgesehen werden (Hohm, Gemeinschaftskommentar zum Sozialgesetzbuch Zweites Buch/Groth, Stand Juli 2012, SGB II § 43 Rn. 53, zur alten Rechtslage).

Der Bescheid, der die Aufrechnung bestimmt, entfaltet, wenn sie zusammen mit dem Bewilligungsbescheid ergeht, eine Bindungswirkung nur für den Bewilligungsabschnitt; wenn Sie unabhängig davon erfolgt, über diesen hinaus (Hohm, Gemeinschaftskommentar zum Sozialgesetzbuch Zweites

12 Aufrechnung (von Erstattungs- und Ersatzansprüchen)

Buch/Groth, Stand Juli 2012, SGB II § 43 Rn. 49, zur Rechtslage bis 3/2011).

19 **Tipp 1:** Wurde im Aufrechnungsbescheid kein Aufrechnungszeitraum genannt, können Sie Widerspruch einlegen und diesen hinsichtlich der Dauer umfassend begründen. Ist der Bescheid rechtskräftig, können Sie einen Überprüfungsantrag stellen.

20 **Tipp 2:** Bevor ein Aufrechnungsbescheid erlassen wird, der Ihre Leistungen herabsetzt, muss die Behörde Sie anhören (§ 24 SGB X). Nutzen Sie das, um darzulegen, welche besonderen Aspekte bei der Entscheidung über Berechtigung und Dauer der Aufrechnung berücksichtigt werden müssen.

21 Folgende Aspekte spielen bei einer **sachgerechten Ermessensausübung** eine Rolle:
- Gegen wen richtet sich die Aufrechnung (zB gegen ein Kind oder neu in die Bedarfsgemeinschaft aufgenommene*n Partner*in)?
- Liegen besondere Bedarfslagen vor, die nicht unter die Härtefallregelung fallen?
- Welche Umstände haben zur Überzahlung geführt (Versäumnisse des Jobcenters, Unbeholfenheit des*r Leistungsberechtigten)?
- Welche Auswirkungen hat die Aufrechnung? (Wurden Leistungen schon längere Zeit durch Darlehenstilgungen aufgerechnet? Wie viele Personen sind betroffen?)
- Welche Auswirkung hat die Aufrechnung auf das Selbsthilfepotential des*r Leistungsbeziehenden?
- Läuft ein Überprüfungsantrag wegen der Rückforderung?
- Beruht die Rückforderung auf einer zweifelhaften Rechtslage (unterschiedliche Rechtsprechung, angekündigte Änderung, Abhilfersuchen im Petitionsausschuss)?

2. Aufrechnung früherer Sozialhilfe

22 Erstattungsansprüche, die der Sozialhilfeträger aus Sozialhilfeansprüchen nach dem BSHG bzw. dem SGB XII hat, können unter den Voraussetzungen des § 65e SGB II „auf[ge]rechnet" werden. Entgegen dem Wortlaut handelt es sich **nicht** um eine **Aufrechnung**, sondern um eine **Verrechnung** (vgl. § 52 SGB I), da der Leistungsträger nicht mit eigenen Ansprüchen gegen laufende Ansprüche der leistungsberechtigten Person aufrechnet, sondern mit Erstattungsansprüchen nach dem BSHG bzw. dem SGB XII (vgl. auch Eicher/Luik/Harich SGB II § 65e Rn. 1 f.). Allerdings ist diese Regelung auf die ersten zwei Jahre des SGB II-Leistungsbezuges beschränkt (§ 65e S. 2 SGB II). Beziehen Sie schon länger Alg II (jetzt Bürgergeld), wäre eine Aufrechnung rechtswidrig.

3. Aufrechnung bei HzL/GSi der Sozialhilfe

23 § 26 Abs. 1 SGB XII erlaubt die **Einschränkung der Leistungen** (bei Verminderung von Einkommen bzw. Vermögen oder Fortsetzung eines unwirtschaftlichen Verhaltens; die Einschränkung kann bis zu 30 Prozent der Regelbedarfsstufe 1 betragen, § 26 Abs. 1 S. 2 SGB XII), § 26 Abs. 2 SGB XII die **Aufrechnung**. § 26 SGB XII ist durch das Bürgergeld-Gesetz zum 1.1.2023 geändert worden. Bis zum 31.12.2022 war geregelt, dass die „Leistung" „bis auf das jeweils Unerlässliche" mit Ansprüchen des Trägers der Sozialhilfe aufgerechnet werden konnte. Zum 1.1.2023 sind beide Formulierungen ersetzt worden:

- Statt „*Leistung*" wird der Begriff „*Geldleistung*" verwendet; diese Änderung hat klarstellenden Charakter, da eine Aufrechnungslage (→ Rn. 2) nur bestehen kann, wenn die Forderung und die Gegenforderung gleichartig (Ansprüche auf Geld) sind.
- Statt „bis auf das Unerlässliche" ist jetzt festgelegt, dass die Aufrechnung „*mit einem monatlichen Betrag vorgenommen werden [kann], der bis zu 30 Prozent der Regelbedarfsstufe 1 nach der Anlage zu § 28 entspricht*" (§ 26 Abs. 2 S. 2 SGB XII). Der Gesetzgeber zieht damit die Konsequenz aus dem Urteil des Bundesverfassungsgerichts vom 5.11.2019 (1 BvL 7/16), wonach die zulässige Höhe der Verminderung einer Leistung zu bestimmen und damit auch zu begrenzen ist (BT-Drs. 20/3873, 108).

24 Die Aufrechnung ist – wie nach altem Recht – nur in den folgenden Fällen statthaft:
a. Fälle des § 26 Abs. 2 SGB XII:
aa. Der Anspruch des Trägers der Sozialhilfe betrifft die „zu Unrecht erbrachte[n] Leistungen der Sozialhilfe, die die leistungsberechtigte Person durch *vorsätzlich oder grob fahrlässig unrichtige oder unvollständige Angaben oder durch pflichtwidriges Unterlassen veranlasst hat*" (§ 26 Abs. 2 S. 1 Nr. 1 SGB XII). Bei den Erstattungsansprüchen aufgrund **vorsätzlich oder grob fahrlässig unrichtiger oder unvollständiger Angaben** handelt es sich um Ansprüche gem. § 45 Abs. 1 S. 3 Nr. 2 SGB X (Rückforderung, → 92). Sie sind erfüllt, wenn Sie zB Arbeitseinkünfte, Zuwendungen durch Partner*in, Eltern usw oder Vermögen bei Ihrem Antrag verschwiegen haben. Bei den Erstattungsansprüche wegen eines pflichtwidrigen Unterlassens von Angaben handelt es sich um Ansprüche gem. § 48 Abs. 1 S. 2 Nr. 2 SGB X (vorsätzliche oder grob fahrlässige Nichterfüllung *„einer durch Rechtsvorschrift vorgeschriebenen Pflicht zur Mitteilung wesentlicher für ihn nachteiliger Änderungen der Verhältnisse"*; Rückforderung, → 92). Alle anderen Erstattungsansprüche **dürfen nicht aufgerechnet werden**. Dazu gehören Fälle des Zuflusses von Einkommen und Vermögen nach Antragstellung oder Erlass des Verwaltungsakts (ohne dass Ihnen ein Verschuldensvorwurf gemacht werden kann, § 48 Abs. 1 S. 2 Nr. 3 SGB X) und Erstattungsansprüche, die aufgrund von vermuteter Kenntnis der Rechtswidrigkeit ergangen sind (§ 45 Abs. 2 S. 3 Nr. 3 SGB X, § 48 Abs. 1 S. 2 Nr. 4 SGB X).
bb. Der Anspruch des Trägers der Sozialhilfe betrifft *„Ansprüche auf Kostenersatz nach den §§ 103 und 104"* (→ 92).

b. Fälle des § 26 Abs. 3 SGB X: Wenn das Sozialamt **Schulden** für Dinge übernommen hat, die schon durch Sozialhilfeleistungen gedeckt waren, zB Mietschulden (→ 77), obwohl die Miete schon bezahlt war, oder Stromschulden (→ 109 Rn. 14 ff.), obwohl der Strom mit dem Regelbedarf schon bezahlt gewesen sein soll, kann die Aufrechnung nach § 26 Abs. 2 SGB XII erfolgen. Sind die Miet- oder Energieschulden allerdings **vor** dem Leistungsbezug entstanden, ist eine Aufrechnung des dafür gewährten Darlehens im Leistungsbezug rechtswidrig. Ein Darlehen darf nur dann aufgerechnet werden, wenn der Bedarf zuvor durch den Sozialhilfeträger erbracht wurde.

25 **Nur** in diesen Fällen darf das Sozialamt die Rückforderung über eine Aufrechnung mit laufender Sozialhilfe eintreiben. Voraussetzung ist auch hier ein Aufhebungs- und Erstattungsbescheid (§ 50 SGB X), ein die Aufrechnung verfügender Bescheid oder ein die Darlehensaufrechnung verfügender Bescheid.

26 Die Aufrechnung ist nicht statthaft, *„soweit dadurch der Gesundheit dienende Leistungen gefährdet werden"* (§ 26 Abs. 4 SGB XII). Eine Gefährdung ist anzunehmen, wenn mit hinreichender Wahrscheinlichkeit der Erfolg dieser Leistungen beeinträchtigt oder in Frage gestellt wird (Grube/Wahrendorf/Flint SGB XII § 26 Rn. 20). Das muss anhand des konkreten Einzelfalls geprüft werden.

27 Weitere Fälle der Aufrechnung sind die Aufrechnung bei der **Rückzahlung** von ergänzenden Darlehen (§ 37 Abs. 1, 4 SGB XII, höchstens 5 Prozent der Regelleistung) und bei der **Überzahlung** von vorläufig bewilligten Leistungen (§ 44a Abs. 7 S. 3 SGB XII, § 44b Abs. 2 S. 1 SGB XII, höchstens 5 Prozent).

28 Ob eine Aufrechnung erfolgt, steht im Ermessen (→ 44) des Leistungsträgers („kann"). Auch die Entscheidung, **in welcher Höhe** aufgerechnet werden kann, steht im Ermessen des Leistungsträgers. Sie *„kann [...] mit einem monatlichen Betrag [...] bis zu 30 Prozent der Regelbedarfsstufe 1"* vor-

genommen werden (§ 26 Abs. 2 S. 2 SGB XII). Damit ist ein Höchstwert festgelegt. Ob der Leistungsträger den Höchstwert wählt oder unterhalb des Höchstwerts aufrechnet, muss er nach seinem Ermessen entscheiden und begründen.

3.1 Dauer der Aufrechnung

29 Aufgrund eines Erstattungsbescheides darf maximal **drei Jahre** lang aufgerechnet werden (§ 26 Abs. 2 S. 3 SGB XII). Auch hierbei ist Ermessen (→ 44) auszuüben (Grube/Wahrendorf/Flint SGB XII § 26 Rn. 18). Der Zeitraum kann also auch deutlich kürzer sein (→ Rn. 17). Bei Darlehen für Bedarfe, die bereits durch Sozialhilfeleistungen gedeckt waren, ist keine zeitliche Obergrenze normiert. Hier ist aber auch von einem kürzeren Zeitraum auszugehen, da das *"verfassungsrechtlich garantierte Existenzminimum"* nicht dauerhaft unterschritten werden darf (BVerfG 9.2.2010 – 1 BvL 1/09). Über die Dauer ist im Einzelfall nach Ermessen zu entscheiden. Der Zeitraum bezieht sich auf die Aufrechnung **einer** Forderung. Bei einer weiteren Aufrechnung fängt die Frist von vorne an.

3.2 Widerspruch entfaltet aufschiebende Wirkung

30 Legen Sie Widerspruch gegen den Aufhebungs- und Erstattungsbescheid sowie den Aufrechnungsbescheid ein, entfaltet dieser bei der HzL/GSi der Sozialhilfe **immer** aufschiebende Wirkung (§ 86a Abs. 1 SGG). Das Sozialamt darf erst aufrechnen, wenn der Bescheid rechtskräftig ist.

4. Was tun bei rechtswidriger Aufrechnung?

31 Sowohl für **Bürgergeld** als auch in der **HzL/GSi der Sozialhilfe** gilt:

Wenn die Behörde überzahlte Leistungen aufrechnet, ohne die rechtlichen Voraussetzungen zu beachten, sollten Sie gegen den die Aufrechnung verfügenden Bescheid **Widerspruch** einlegen. Der Widerspruch hat aufschiebende Wirkung (→ Rn. 18, 31). Allerdings kann die aufschiebende Wirkung aufgehoben werden, indem die Behörde die sofortige Vollziehung der Aufrechnung anordnet (§ 86a Abs. 2 Nr. 5 SGG). Dann werden Sie zum einstweiligen Rechtsschutzverfahren (→ 41) gezwungen.

32 Ist der Aufrechnungsbescheid bereits rechtskräftig, können Sie die **Überprüfung** eines rechtswidrigen, belastenden Verwaltungsaktes beantragen (§ 44 SGB X; → Rn. 18; → 80 Rn. 18 ff.).

5. Aufrechnung von Kostenersatz bei „sozialwidrigem Verhalten"

33 Alle Informationen zu Kostenersatzansprüchen bei „sozialwidrigem Verhalten" finden Sie im Beitrag Rückforderung (→ 92 Rn. 51 ff.).

6. Forderung

34 Keine Aufrechnung unter das Existenzminimum!

13
Auskunftsrecht und -pflicht

1. Allgemeines Recht auf Auskunft der Behörde (§ 15 SGB I) 1
   1.1 Anspruch auf Auskunft 4
   1.2 Auskunftspflicht 5
   1.3 Falsche Auskünfte 6
2. Auskunft über gespeicherte Sozialdaten (nach deutschem Recht) 7
3. Einschränkungen des Auskunftsrechts 11
4. Auskunft über gespeicherte Sozialdaten (nach EU-Recht/Datenschutz-Grundverordnung) 13
   4.1 Umfang des Auskunftsrechts 14
   4.2 Anspruch auf Kopie von Daten ... 15
   4.3 Form und Frist der Auskunftserteilung 16
   4.4 Berichtigungs- und Löschungsrecht 17

1. Allgemeines Recht auf Auskunft der Behörde (§ 15 SGB I)

1 Zur Auskunft verpflichtet sind die kommunalen Behörden wie Gemeinden, Landkreise und Bezirksämter sowie die Träger von Sozialleistungen wie Sozialämter, Jobcenter, die gesetzlichen Krankenkassen, die Rentenversicherung usw. Diese sind verpflichtet, jedem die zuständigen Leistungs-

träger zu nennen (§ 15 Abs. 2 S. 1 SGB I). Angesichts der verwirrenden **Zuständigkeiten** (→ 131) beim Bürgergeld ist es besonders wichtig zu wissen, wer überhaupt zuständig ist. Die Auskunftspflicht wird ergänzt durch die **Beratungs**pflicht (→ 20) nach § 14 SGB I, § 14 Abs. 2 SGB II und § 11 SGB XII.

2 Die Behörden müssen Ihnen in allen Sach- und Rechtsfragen Auskunft erteilen, die für Sie „*von Bedeutung sein können*" (§ 15 Abs. 2 SGB I); für das Bürgergeld hat sich die Beratung nach dem Beratungsbedarf des*r Leistungsberechtigten zu richten (§ 14 Abs. 2 S. 3 SGB II), das heißt, das Amt hat auch in fremden Sprachen und in einfacher Sprache zu beraten sowie bei Analphabetismus und Behinderung Verständigungsbrücken zu bauen, denn sie hat sich am Empfängerhorizont zu orientieren. Es sei denn, die jeweilige Behörde ist dazu aufgrund ihrer Kompetenzen nicht imstande. Die Behörde ist also verpflichtet, Ihnen zB mitzuteilen, wie die Regelung zu den angemessenen Unterkunftskosten aussieht. Sie muss Ihnen auch Auskunft darüber geben, welche*r Sachbearbeiter*in für was zuständig ist.

3 Personen und Beratungsstellen können bei Behörden auch die Herausgabe von Verwaltungsrichtlinien (→ 120), Mitarbeiter*innenlisten und Informationen über Zuständigkeitsbereiche etc in Kopie oder elektronischer Form einfordern. Diese Auskunftsersuchen haben aber nichts mit dem Auskunftsrecht nach § 15 SGB I zu tun, sondern stützen sich auf die **Informationsfreiheitsgesetze** (IFG) von Bund und Ländern. Der Auskunftsanspruch nach sonstigen Gesetzen geht dem Anspruch nach dem IFG vor (§ 1 Abs. 3 IFG). Näheres finden Sie unter dem Beitrag **Verwaltungsrichtlinien** (→ 120).

1.1 Anspruch auf Auskunft

4 Einen Anspruch auf Auskunft haben jeder Mensch, jede juristische Person (zB Vereine oder Vereine in Gründung) sowie Zusammenschlüsse von Betroffenen. Ein eingetragener Verein zu sein, ist keine Voraussetzung. Auskünfte sind kostenfrei (§ 64 SGB X). Sie müssen kurzfristig erteilt werden, denn die „*Leistungsträger sind verpflichtet, darauf*

13 Auskunftsrecht und -pflicht

hinzuwirken, dass [...] jeder Berechtigte die ihm zustehenden Sozialleistungen in zeitgemäßer Weise, umfassend und zügig erhält" (§ 17 Abs. 1 Nr. 1 SGB I). Wenn Ihnen Auskünfte verweigert werden, können Sie Dienst- oder Fachaufsichtsbeschwerde (→ 23 Rn. 1, 5) oder Widerspruch (→ 126) einlegen und Klage (→ 64) einreichen (LPK-SGB I § 15 Rn. 12).

Die BA regelt in ihren Dienstanweisungen zum SGB I, dass der Anspruch auf Beratung **natürliche** und **juristische Personen** betrifft, also nicht nur Leistungsberechtigte, sondern auch Beratungsstellen oder Angehörige, unabhängig von Wohn- und Aufenthaltsort und Nationalität (FW zu § 14 SGB I).

1.2 Auskunftspflicht

5 Auskunftspflichtig sind die nach Landesrecht für Sozialleistungen zuständigen Stellen (§ 15 Abs. 1 SGB I), idR Kommunen und Landkreise sowie die Träger der gesetzlichen Kranken- und Rentenversicherung. Die Auskunftsstellen sind untereinander zur Zusammenarbeit verpflichtet, damit Ihnen eine Stelle möglichst umfassend Auskunft erteilen kann (§ 15 Abs. 3 SGB I).

1.3 Falsche Auskünfte

6 Entstehen Ihnen durch fehlerhafte, unvollständige oder verweigerte Auskünfte wirtschaftliche Schäden, haftet die zuständige Behörde dafür. Sie können einfordern, dass Sie so gestellt werden, als hätten Sie aufgrund einer richtigen Auskunft den richtigen Antrag gestellt. Das nennt sich **sozialrechtlicher Herstellungsanspruch** und ist eine von der Sozialgerichtsbarkeit entwickelte Rechtsauffassung, nach der wie bei einer Amtspflichtverletzung (Art. 34 GG, § 839 BGB; BGH 2.8.2018 – III ZR 466/16) korrigiert werden muss. Näheres dazu finden Sie unter den Beiträgen **Nachzahlung** (→ 80 Rn. 3 ff.) und **Antragstellung** (→ 7 Rn. 21 ff.).

2. Auskunft über gespeicherte Sozialdaten (nach deutschem Recht)

7 „*Die betroffene Person soll in dem Antrag auf Auskunft gemäß Artikel 15 der Verordnung (EU) 2016/679 die Art der Sozialdaten,*

13 Auskunftsrecht und -pflicht

über die Auskunft erteilt werden soll, näher bezeichnen. Sind die Sozialdaten nicht automatisiert oder nicht in nicht automatisierten Dateisystemen gespeichert, wird die Auskunft nur erteilt, soweit die betroffene Person Angaben macht, die das Auffinden der Daten ermöglichen, und der für die Erteilung der Auskunft erforderliche Aufwand nicht außer Verhältnis zu dem von der betroffenen Person geltend gemachten Informationsinteresse steht" (§ 83 Abs. 2 SGB X).

8 Sozialdaten sind *„personenbezogene Daten [der Betroffenen]"*, die von der Sozialbehörde *„im Hinblick auf ihre Aufgaben [...] verarbeitet werden"* (§ 67 Abs. 2 S. 1 SGB X). Sozialdaten sind sowohl in schriftlichen Akten als auch elektronischen Dateien zu finden.

Auskunft ist auch über **Empfänger*innen** zu erteilen, an die der Sozialleistungsträger Sozialdaten weitergegeben hat, zB andere Leistungsträger, Polizei, Verfassungsschutz usw (Art. 15 DSGVO iVm § 83 Abs. 1 S. 1 Nr. 2 SGB X).

9 Die Auskunft sollte innerhalb einer angemessenen Frist von zwei bis drei Wochen nach Antragstellung erfolgen (LPK-SGB X § 83 Rn. 2), nach DSGVO besteht ein unverzüglicher Auskunftsanspruch, dh spätestens nach einem Monat (Art. 12 Abs. 3 DSGVO).

10 Anders als bei der Akteneinsicht (→ 2) brauchen Sie keine Gründe anzugeben, warum Sie Auskunft haben wollen. Sie sollten im Antrag aber möglichst Angaben über die Art der verlangten Sozialdaten machen. Neben der Einsichtnahme können Sie auch das Recht wahrnehmen, **Daten berichtigen, sperren oder löschen** zu lassen (§ 84 SGB X) oder Schadenersatz zu verlangen, wenn Ihnen durch fehlerhafte Dateneingabe ein Schaden entstanden ist (Art. 82 DSGVO iVm § 82 SGB X).

3. Einschränkungen des Auskunftsrechts

11 Ihr Recht auf Auskunft ist unabdingbar und darf nicht *„durch Rechtsgeschäfte ausgeschlossen oder beschränkt werden"* (§ 84a Abs. 1 SGB X). Nur die *„Form der Auskunftserteilung"* liegt im Ermessen der Behörde (§ 83 Abs. 1 S. 3 SGB X).

Auskünfte können jedoch abgelehnt werden, wenn zB dadurch die Aufgaben der Behörde nicht mehr ordnungsgemäß erfüllt werden könnten oder die öffentliche Sicherheit bzw. das *„Wohl des Bundes oder eines Landes"* gefährdet wären oder die berechtigten Interessen eines Dritten verletzt würden (§ 83 Abs. 4 SGB X), zB die eines*r Informanten*Informantin.

12 Wenn Ihr Auskunftsantrag nicht oder nur teilweise erfüllt wird, können Sie die*den **Bundes- oder Landesbeauftragte*n für Datenschutz und Informationsfreiheit** einschalten und sie*ihn um Prüfung bzw. Unterstützung bitten (§ 83 Abs. 6 SGB X). Diese Prüfung des Sachverhalts durch die „Bürgerbeauftragten" ist für Sie kostenlos, während bei einer Klage je nach Behörde Gerichtskosten auf Sie zukommen können.

Auskünfte über Sozialdaten sind **kostenfrei** (§ 83 Abs. 7 SGB X), ebenso Auskünfte über Zuständigkeiten sowie Sach- und Rechtsfragen.

4. Auskunft über gespeicherte Sozialdaten (nach EU-Recht/ Datenschutz-Grundverordnung)

13 Seit dem 25.5.2018 gilt in allen Mitgliedstaaten der EU die Datenschutz-Grundverordnung (DSGVO; → 32). Nationales Recht der Mitgliedstaaten, das ihr widerspricht, darf seit diesem Zeitpunkt nicht mehr angewandt werden. Gleichzeitig wurde das Bundesdatenschutzgesetz (BDSG) umfassend geändert. Viele Vorschriften des BDSG wurden durch Regelungen der DSGVO ersetzt. Grundsätzlich gelten die Regelungen des SGB I und des SGB X. Durch die Sonderregelung in § 37 S. 2 SGB X gelten in Verbindung mit § 30 Abs. 2 SGB I die Regelungen der DSGVO unmittelbar vorrangig vor deutschem Recht. Wir denken, die genaue Beschäftigung mit der DSGVO und dem neuen BDSG wird bestimmt noch einige interessante Fragestellungen und Probleme für die beteiligten Behörden, beauftragten Stellen und Beschäftigungsträger bringen.

4.1 Umfang des Auskunftsrechts

14 Nach Art. 15 Abs. 1 DSGVO steht Ihnen ein umfassendes Auskunftsrecht zu. Dem-

13 Auskunftsrecht und -pflicht

nach können Sie vom Jobcenter/HzL/GSi oder auch von Beschäftigungsträgern, zu denen das Jobcenter Menschen geschickt hat, eine Bestätigung darüber verlangen, ob dort personenbezogene Daten von Ihnen verarbeitet werden und, sollte dies der Fall sein, um welche Daten genau es sich dabei handelt. Darüber hinaus sind vom Verantwortlichen nach Art. 15 Abs. 1 DSGVO vor allem noch Informationen mitzuteilen:

- über die Verarbeitungszwecke,
- über die Kategorien personenbezogener Daten, die verarbeitet werden,
- über die gegebenen oder möglichen Datenempfänger bzw. Kategorien von Empfängern,
- soweit möglich über die geplante Speicherdauer,
- über die Rechte auf Berichtigung, Löschung, Einschränkung der Verarbeitung sowie über ein Widerspruchsrecht nach Art. 21 DSGVO,
- über das Beschwerderecht bei der Aufsichtsbehörde,
- über die Herkunft der Daten, soweit sie diese nicht von der betroffenen Person selbst erhoben haben,
- soweit zutreffend über das Bestehen einer automatisierten Entscheidungsfindung, einschließlich Profiling.

4.2 Anspruch auf Kopie von Daten

15 Nach § 15 Abs. 3 DSGVO hat der Verantwortliche, also die Sozialleistungsträger, eine Kopie der personenbezogenen Daten, die Gegenstand der Verarbeitung sind, zur Verfügung zu stellen (Art. 15 Abs. 3 DSGVO). Wird der Antrag elektronisch gestellt, „so sind die Informationen in einem gängigen elektronischen Format zur Verfügung zu stellen" (Art. 15 Abs. 3 S. 3 DSGVO).

4.3 Form und Frist der Auskunftserteilung

16 Die Auskunftserteilung an Sie kann je nach Sachverhalt schriftlich, elektronisch oder mündlich erfolgen (Art. 12 Abs. 1 S. 2, 3 DSGVO). Dabei ist Ihnen eine Kopie der personenbezogenen Daten, die Gegenstand der Verarbeitung sind, zur Verfügung zu stellen. Als datenschutzfreundlichste Möglichkeit wird ein Fernzugriff der betroffenen Person auf ihre eigenen Daten genannt (Nr. 63 S. 4 ErwGr).

Auskunftserteilungen müssen gemäß Art. 12 Abs. 3 DSGVO **unverzüglich** erfolgen, **spätestens aber innerhalb eines Monats**. Die Monatsfrist darf nur in begründeten Ausnahmefällen überschritten werden.

4.4 Berichtigungs- und Löschungsrecht

17 Auch die neue DSGVO ist mit einem Berichtigungs- und Löschungsrecht ausgestattet. Allerdings wurden deren Voraussetzungen und die Grundlagen für eine Berichtigung reformiert.

Während eine Berichtigung, zu der ausdrücklich auch die Vervollständigung gezählt wird, nach Art. 16 DSGVO dann verlangt werden kann, wenn die erhobenen Daten unrichtig sind, muss das Amt/der Beschäftigungsträger dem Anspruch auf Löschung dann Rechnung tragen, wenn

- der Zweck der Datenverarbeitung erreicht wurde und die personenbezogenen Daten insofern nicht mehr erforderlich sind,
- der*die Betroffene seine*ihre Einwilligung widerrufen hat und keine anderweitige (gesetzliche) Rechtsgrundlage für die Verarbeitung im Sinne von Art. 6 Abs. 1 lit. b–f DSGVO eingreift,
- der*die Betroffene gegen die Verarbeitung Widerspruch im Sinne des Art. 21 DSGVO eingelegt hat,
- die personenbezogenen Daten unrechtmäßig, also nicht von Art. 6 DSGVO gedeckt, erhoben, verarbeitet oder genutzt wurden oder
- der*die Betroffene seine*ihre Einwilligung als Minderjährige*r gemäß Art. 8 DSGVO abgegeben hat und die Löschung verlangt.

18 Ausführliche Informationen finden Sie im eigenen Beitrag **Datenschutz** (→ 32).

Siehe auch: **Sozialdatenschutz – Die Bürger und ihre Daten im Netz der sozialen Sicherheit** (Der Bundesbeauftragte für den Datenschutz, Mai 2020), Download: https://www.bfdi.bund.de/SharedDocs/Downloads/DE/Broschueren/INFO3.pdf, letzter Zugriff: 10.1.2023.

14
Auszubildende

1. Berufsausbildungsbeihilfe (BAB) 1
   1.1 Anspruch auf BAB 3
   1.2 Höhe des BAB-Bedarfssatzes 4
   1.3 Höhe des Ausbildungsgeldes 6
2. Anspruch auf Bürgergeld, wenn Ausbildungsvergütung und BAB nicht reichen 7
   2.1 Abschaffung des generellen Leistungsausschlusses für Auszubildende 8
      2.1.1 Anspruch auf aufstockendes Bürgergeld 9
      2.1.2 Kein Anspruch auf Bürgergeld 11
   2.2 SGB II-Leistungen für Auszubildende 12
      2.2.1 Auszubildende mit Anspruch auf Bürgergeld ... 13
      2.2.2 SGB II-Bezug bei Ausbildungsaufnahme 19
      2.2.3 SGB II-Leistungen für vom SGB II-Bezug ausgeschlossene Auszubildende 21
         2.2.3.1 Mehrbedarfszuschläge 22
         2.2.3.2 Einmalige Beihilfen 23
         2.2.3.3 Besondere Härtefälle 25
         2.2.3.4 SGB II-Darlehen bei Ausbildungsaufnahme, wenn ein Leistungsausschluss vorliegt 29
   2.3 Weitere Ansprüche auf nicht-ausbildungsgeprägte Bedarfe 31
   2.4 Schuldenübernahme zur Wohnraumsicherung 32
3. Einkommen: Bereinigung, Freibetrag, Unterhalt, Kindergeld 34
   3.1 Einkommensbereinigung wie bei Erwerbstätigen 35
   3.2 Ausbildungsvergütung nicht zum Unterhalt der Eltern einsetzen 36
   3.3 Kindergeld 37
4. Kritik 38
5. Forderungen 39
6. Information 40

1. Berufsausbildungsbeihilfe (BAB)

1 Oft reicht Auszubildenden die Ausbildungsvergütung nicht zum Leben. Sie können sie aber mit Berufsausbildungsbeihilfe (ggf. Ausbildungsgeld) und bei Bedarf mit Bürgergeld aufstocken. BAB wird nach den §§ 56–72 SGB III gezahlt

- für die erste Berufsausbildung in einem staatlich anerkannten Ausbildungsberuf, egal ob betrieblich oder außerbetrieblich,
- für eine betriebliche Altenpflegeausbildung,
- ausnahmsweise für eine Zweitausbildung, wenn dadurch eine Eingliederung erwartet werden kann,
- für berufsvorbereitende Maßnahmen, zB das Berufsgrundbildungsjahr, Maßnahmen, die mit einem Betriebspraktikum verbunden sind, oder die Vorbereitung des nachträglichen Erwerbs eines Hauptschulabschlusses (§§ 51 ff. SGB III).

2 Menschen mit Behinderung, die an einer Berufsausbildung oder berufsvorbereitenden Maßnahme einschließlich einer Grundausbildung teilnehmen, haben (statt des Anspruchs auf BAB) Anspruch auf **Ausbildungsgeld** (→ Rn. 6). Das gilt auch für behinderte Menschen, die eine individuelle betriebliche Qualifizierung im Rahmen einer unterstützten Beschäftigung oder eine Maßnahme im Eingangsverfahren oder Berufsbildungsbereich einer Werkstatt für behinderte Menschen absolvieren, wenn kein Anspruch auf Übergangsgeld besteht (§ 122 SGB II; → Rn. 6 ff.).

1.1 Anspruch auf BAB

3 Einen Anspruch auf BAB haben

- **volljährige** Auszubildende, die **nicht** im Haushalt der Eltern oder eines Elternteils wohnen (Ausnahme: Azubis mit Behinderung; Azubis, die in der Wohnung der Eltern zur Untermiete wohnen und einen eigenen Haushalt führen),
- Azubis **unter 18 Jahren**, die nicht im Haushalt der Eltern wohnen, wenn die Ausbildungsstätte von der Wohnung eines Elternteils nicht in angemessener Zeit erreichbar ist (tägliche Hin- und Rückfahrt inkl. Wegezeiten bis zwei Stunden).

Azubis **unter 18 Jahren** bekommen **außerdem BAB**,

- wenn sie selbst ein Kind haben oder verheiratet sind oder
- wenn schwerwiegende soziale Gründe gegen das Wohnen im Haushalt der Eltern sprechen

(§ 60 SGB III).

1.2 Höhe des BAB-Bedarfssatzes

4 Der BAB-Bedarfssatz orientiert sich am BAföG-Satz für Studierende. Er beträgt seit 1.8.2022:

- Bei Ausbildung **781 EUR** mtl. (§ 61 SGB III iVm § 13 Abs. 1 Nr. 1 BaföG, § 13 Abs. 2 Nr. 2 BaföG). Hinzu kommen Kosten für Ausbildungsbedarf, zB Arbeitskleidung iHv **15 EUR**, Fahrtkosten, Kinderbetreuung (160 EUR je Kind) usw. Azubi-Vergütung, Einkommen von Ehepartner*innen und einzusetzendes Einkommen der Eltern werden angerechnet. **Kindergeld** wird auf BAB **nicht** angerechnet (außer im Rahmen der Vorausleistung).
- Bei berufsvorbereitenden Bildungsmaßnahmen **262 EUR** mtl., wenn Sie bei den Eltern wohnen. Bei Unterbringung außerhalb der Wohnung der Eltern **632 EUR** (§ 62 SGB III iVm § 12 Abs. 1 Nr. 1 BaföG). Dazu kommen Lehrgangsgebühren, Lernmittel usw.

Diese BAB bei berufsvorbereitenden Bildungsmaßnahmen ist nicht vom Einkommen der Berechtigten und ihrer Eltern abhängig (§ 71 Abs. 4 SGB III).

5 **Tipp:** Haben Sie Anspruch auf BAB/Ausbildungsgeld und wohnen nicht bei Ihren Eltern, können Sie sich vom Rundfunkbeitrag (→ 93) befreien lassen.

1.3 Höhe des Ausbildungsgeldes

6 Die Höhe des Ausbildungsgeldes variiert je nach Maßnahme, Alter und Wohnsituation behinderter Auszubildender. Sie ist geregelt

- bei Berufsausbildung in § 123 SGB III,
- bei berufsvorbereitenden Bildungsmaßnahmen, bei unterstützter Beschäftigung und bei Grundausbildung in § 124 SGB III und
- bei Maßnahmen in anerkannten Werkstätten in § 125 SGB III.

2. Anspruch auf Bürgergeld, wenn Ausbildungsvergütung und BAB nicht reichen

7 Unter bestimmten Umständen haben auch Auszubildende einen Anspruch auf SGB II-Leistungen.

2.1 Abschaffung des generellen Leistungsausschlusses für Auszubildende

8 Zum **1.8.2016** wurde der Leistungsausschluss für Auszubildende, *„deren Ausbildung [...] dem Grunde nach"* BAB-förderungsfähig ist (§ 7 Abs. 5 SGB II aF), aufgehoben. Das ist eine deutliche Verbesserung gegenüber der alten Regelung. Für bestimmte Auszubildende (→ Rn. 11), einige Schüler*innen (→ 100) und viele Studierende (→ 110) besteht der Leistungsausschluss jedoch fort.

2.1.1 Anspruch auf aufstockendes Bürgergeld

9 Alle Auszubildenden in Berufsausbildung oder in einer berufsvorbereitenden Bildungsmaßnahme haben Anspruch auf Bürgergeld, sofern sie nicht beim Ausbilder, in einem Wohnheim oder einem Internat untergebracht sind. Einen Anspruch auf Bürgergeld haben zB auch Auszubildende in einer Zweitausbildung, die regelmäßig eine BAB-Förderung ausschließt. Außerdem haben Auszubildende, deren **berufliche Weiterbildung** (→ 124) über das SGB III zB mit einem Bildungsgutschein gefördert wird, grundsätzlich Anspruch auf Bürgergeld (BSG 30.8.2010 – B 4 AS 97/09 R; LSG NRW 30.11.2010 – L 6 AS 35/09, die früher für eine Weiterbildung zwingend verlangte Verkürzung der Regelausbildungsdauer aufgrund von Vorkenntnissen wurde zum 1.7.2023 abgeschafft).

10 **Tipp:** Aufstockende SGB II-Leistungen stehen auch den Auszubildenden zu, deren BAB aufgrund von Elterneinkommen abgelehnt wurde. Lassen Sie sich nicht vom Jobcenter abwimmeln!

2.1.2 Kein Anspruch auf Bürgergeld

11 Dahingegen haben diejenigen Auszubildenden keinen Anspruch auf Bürgergeld, de-

ren Ausbildung mit BAB oder Ausbildungsgeld „*dem Grunde nach förderungsfähig*" (§ 7 Abs. 5 S. 1 SGB II) ist,

- die eine Berufsausbildung absolvieren, wenn sie „*mit voller Verpflegung in einem Wohnheim, einem Internat oder in einer anderen sozialpädagogisch begleiteten Wohnform im Sinne des Achten Buches [SGB VIII] untergebracht*" sind (§ 61 Abs. 2 S. 1 SGB III),
- die eine berufsvorbereitende Bildungsmaßnahme absolvieren, wenn sie „*mit voller Verpflegung in einem Wohnheim oder einem Internat untergebracht*" sind (§ 62 Abs. 3 S. 1 SGB III),
- die als Menschen mit Behinderung eine Berufsausbildung absolvieren, „*bei Unterbringung in einem Wohnheim, Internat oder in einer besonderen Einrichtung für Menschen mit Behinderungen*" (§ 123 Nr. 2 SGB III) oder
- die als Menschen mit Behinderung eine berufsvorbereitende Bildungsmaßnahme oder eine Grundausbildung absolvieren, „*bei Unterbringung in einem Wohnheim, einem Internat oder einer besonderen Einrichtung für Menschen mit Behinderungen*" (§ 124 Nr. 2 SGB III).

2.2 SGB II-Leistungen für Auszubildende

12 Im Folgenden wird dargelegt, welche SGB II-Leistungen anspruchsberechtigte Auszubildende erhalten können. Unter bestimmten Umständen können auch die wenigen von Leistungen zur Sicherung des Lebensunterhalts ausgeschlossenen Auszubildenden Geld vom Jobcenter bekommen.

2.2.1 Auszubildende mit Anspruch auf Bürgergeld

13 Auszubildende mit Anspruch auf Bürgergeld (→ Rn. 13), deren Ausbildungsvergütung und BAB nicht reichen, um den Bedarf zum Lebensunterhalt zu decken, können zusätzlich Bürgergeld beantragen und Leistungen aufstocken. Der Bedarf zum Lebensunterhalt berechnet sich nach den Regelungen des SGB II (Bedarfsberechnung, → 15). Dabei wird der maßgebliche Regelbedarf (→ 89) (ggf. der Mehrbedarf, → 74) plus der angemessenen Unterkunftskosten (Miete,

→ 75) dem bereinigten Gesamteinkommen gegenübergestellt. Zum Einkommen (→ 37) gehören neben der Ausbildungsvergütung und der BAB auch das Kindergeld oder die Unterhaltszahlung der Eltern. Die Einkommensbereinigung (→ 38) ist nach § 11b SGB II vorzunehmen.

14 Die Ausbildungsvergütung ist wie Einkommen Erwerbstätiger (→ 47) zu bereinigen und **anzurechnen** (§ 11b Abs. 2 S. 1–3 SGB II). Ab 1.7.2023 wird vom Netto-Erwerbseinkommen (Ausbildungsvergütung und Nebenjob) bei erwerbsfähigen Leistungsberechtigten, die das 25. Lebensjahr noch nicht vollendet haben und die eine nach § 57 Abs. 1 SGB III mit BAB dem Grunde nach förderungsfähige Berufsausbildung, eine nach § 51 SGB III dem Grunde nach förderungsfähige berufsvorbereitende Bildungsmaßnahme oder eine nach § 54a SGB III geförderte Einstiegsqualifizierung durchführen, ein Betrag in Höhe der Minijob-Grenze (geringfügige Beschäftigung nach § 8 Abs. 1a SGB IV, 2023: 520 EUR) nicht als Einkommen angerechnet (§ 11a Abs. 2b SGB II; im Bereich des SGB XII gilt diese Regelung nach § 82 Abs. 1 S. 2 Nr. 7 SGB XII schon seit 1.1.2023). Gar nicht als Einkommen zu berücksichtigen sind ab 1.7.2023 Einnahmen von Schüler*innen allgemein- oder berufsbildender Schulen, die das 25. Lebensjahr noch nicht vollendet haben, aus Erwerbstätigkeiten, die in den Schulferien ausgeübt werden (diese Sonderregelung nach § 11a Abs. 7 SGB II gilt aber nicht für die reguläre Ausbildungsvergütung). Eine ähnliche Regelung gilt bis zum 30.6.2023 für bis zu 2.400 EUR kalenderjährlich aus Erwerbstätigkeiten in den Schulferien (§ 1 Abs. 1 Nr. 16 Bürgergeld-V). Dieser Anreiz zu Nebenjobs in den Schulferien wird ohne diese Begrenzung ab 1.1. 2023 für Auszubildende, auf die das SGB XII anzuwenden ist (§ 82 Abs. 1 S. 2 Nr. 6 SGB XII).

15 Wird keine Ausbildungsvergütung gezahlt und kein sonstiges Erwerbseinkommen erzielt, ist von der BAB und dem Ausbildungsgeld ein Betrag von „mindestens" 100 EUR für Versicherungsbeiträge, geförderte Altersvorsorge und Werbungskosten bzw. ausbildungsbedingte Kosten abzuset-

zen. Nachgewiesene höhere Kosten können in tatsächlicher Höhe berücksichtigt werden (bis 30.6.2023 § 11b Abs. 2 S. 5 SGB II, ab 1.7.2023 § 11b Abs. 2b S. 2 SGB II; → 47 Rn. 10 ff.). Diese Regelung zum Mindestabsetzbetrag gilt auch für Auszubildende, die bereits den 25. Geburtstag feiern konnten. Das **Vermögen** von Auszubildenden wird unter Abzug des Schonvermögens nach § 12 SGB II berücksichtigt. Für die Aufnahme oder Fortsetzung der Berufsausbildung oder der Erwerbstätigkeit unentbehrliche Gegenstände sind nicht anzurechnen (§ 7 Abs. 1 Bürgergeld-V).

16 Allerdings können die Eltern bei Leistungsfähigkeit zum Unterhalt herangezogen werden, wenn Auszubildende „das 25. Lebensjahr noch nicht vollendet und die Erstausbildung noch nicht abgeschlossen" haben (§ 33 Abs. 2 Nr. 2 b SGB II; Unterhaltspflicht, → 115 Rn. 43 ff.).

17 **Tipp:** Klären Sie Ihre Azubi-Kolleg*innen über den möglichen SGB II-Anspruch auf. Die Behörden behandeln ihn oft als „Geheimsache".

18 Unterkunfts- und Heizkosten werden nicht übernommen, wenn Sie **ohne Zustimmung** des Jobcenters **vor** Vollendung des 25. Lebensjahres aus der elterlichen Wohnung **ausgezogen** sind oder wenn Sie als Auszubildende*r vor Beantragung der Leistung in der Absicht um- bzw. ausgezogen sind, die Voraussetzungen für den Leistungsbezug herbeizuführen (§ 22 Abs. 5 SGB II). Dann wird auch Ihr Regelbedarf auf 402 EUR mtl. beschränkt (§ 20 Abs. 3 SGB II).

2.2.2 SGB II-Bezug bei Ausbildungsaufnahme

19 Auszubildende können bei Ausbildungsaufnahme auch vorübergehend überbrückende SGB II-Leistungen beantragen, wenn die Ausbildungsvergütung erst im Folgemonat fließt oder es voraussichtlich längere Zeit dauert, bis die BAB bewilligt und ausgezahlt wird (§ 43 SGB I iVm §§ 102 ff. SGB X oder § 27 Abs. 3 S. 3 SGB II). Das Jobcenter kann dann einen **Anspruch** auf die zu erwartende BAB bei der Arbeitsagentur **auf sich überleiten.** Die nachgezahlte BAB wird dann direkt an das Jobcenter gezahlt. Das ist jedoch nur in Höhe des auf den Bürgergeld-Bedarf anzurechnenden Einkommens möglich.

20 **Tipp:** Verlangen Sie vom Jobcenter einen Bescheid, welche BAB-Ansprüche übergeleitet und wie diese berechnet wurden. Liegt Ihr mtl. Einkommen über dem Bürgergeld-Bedarf, steht der darüber liegende Anteil der BAB-Nachzahlung Ihnen zu.

2.2.3 SGB II-Leistungen für vom SGB II-Bezug ausgeschlossene Auszubildende

21 Auszubildende, die keinen Anspruch auf aufstockendes Bürgergeld haben (→ Rn. 11), können nach § 27 SGB II zusätzliche Leistungen nach dem SGB II für **nicht ausbildungsgeprägte Bedarfe** beanspruchen, die nicht im BAB-/BAföG-Satz berücksichtigt sind. Darüber hinaus stehen unter Umständen **Darlehen** in besonderen Lebenslagen zu Verfügung.

Dieser Abschnitt gilt auch für → **Schüler*innen** (→ 100) und → **Studierende** (→ 110), die vom SGB II-Bezug ausgeschlossen sind.

2.2.3.1 Mehrbedarfszuschläge

22 „Leistungen werden in Höhe der Mehrbedarfe nach § 21 Absatz 2, 3, 5 und 6 [...] erbracht, soweit die Mehrbedarfe nicht durch zu berücksichtigendes Einkommen oder Vermögen gedeckt sind" (§ 27 Abs. 2 SGB II).

Das betrifft Mehrbedarf (→ 74) bei Schwangerschaft (→ 101), Alleinerziehende (→ 3), Krankenkost (→ 69) und die Härtefallmehrbedarfsregelung (→ 52).

Näheres finden Sie auch im Beitrag Studierende (→ 110 Rn. 13 ff.).

2.2.3.2 Einmalige Beihilfen

23 „Leistungen werden [...] in Höhe der Leistungen nach § 24 Absatz 3 Nummer 2 erbracht, soweit die Mehrbedarfe nicht durch zu berücksichtigendes Einkommen oder Vermögen gedeckt sind" (§ 27 Abs. 2 SGB II).

Das betrifft lediglich **Erstausstattungen** für Bekleidung (→ 65) sowie **Schwangerschaft** (→ 101) **und Geburt.** Auch hier sind Einkommen und Vermögen einzusetzen, da es sich um einen einmaligen „Mehrbedarf" handelt.

14 Auszubildende

24 Erstausstattungen für die **Wohnung** (§ 24 Abs. 3 Nr. 1 SGB II) sind für Auszubildende, die vom SGB II-Bezug ausgeschlossen sind, **nicht** vorgesehen, selbst wenn sie zum Zweck der Ausbildung aus dem Elternhaus ausgezogen sind. Ebenso wenig sind einmalige Beihilfen „*für Anschaffung und Reparaturen für orthopädische Schuhe, Reparaturen von therapeutischen Geräten und Ausrüstungen sowie die Miete von therapeutischen Geräten*" (§ 24 Abs. 3 Nr. 3 SGB II) für Auszubildende vorgesehen, die vom SGB II-Bezug ausgeschlossen sind, obwohl beides zur Sicherung des menschenwürdigen Existenzminimums dazugehört.

2.2.3.3 Besondere Härtefälle

25 „*Leistungen können für Regelbedarfe, den Mehrbedarf nach § 21 Absatz 7, Bedarfe für Unterkunft und Heizung, Bedarfe für Bildung und Teilhabe und notwendige Beiträge zur Kranken- und Pflegeversicherung* **als Darlehen** *erbracht werden, sofern der Leistungsausschluss nach § 7 Absatz 5 eine besondere Härte bedeutet*" (§ 27 Abs. 3 S. 1 SGB II).

Das gilt vor allem für Auszubildende, die **keinen Anspruch aufstockendes Bürgergeld** haben, weil sie zB Ausbildungsgeld oder BAB beziehen und in einem Internat untergebracht sind (→ Rn. 11). Auch hier sind aufgrund des stark eingeschränkten BAB/Ausbildungsgelds Bedarfe oft ungedeckt. Gerade solche Auszubildende können idR auch nicht auf einen Zuverdienst verwiesen werden wie Studierende (→ Rn. 3).

Näheres finden Sie unter Studierende (→ 110 Rn. 15).

26 „**Besondere Härten**" sind zB dann gegeben,

- wenn der Ausbildungsabbruch übermäßig hart wäre, weil **nachweislich** Aussichten bestehen, dass der Abschluss der Ausbildung **in absehbarer Zeit** erfolgt und „*wenn der Lebensunterhalt während der Ausbildung durch [...] BAföG-/ SGB III-Leistungen oder [mit] anderen finanziellen Mitteln[n] [...] gesichert war, die kurz vor Abschluss der Ausbildung entfallen*" (BSG 6.9.2007 – B 14/7b AS 28/06 R). Wenn also zB ein*e verdienende*r Lebenspartner*in während der Ausbildung auszieht oder Eltern keinen Unterhalt mehr zahlen können,
- wenn eine Unterbrechung „*der bereits weit fortgeschrittenen und bisher kontinuierlich betriebenen Ausbildung*" aufgrund der konkreten Umstände des Einzelfalls **wegen einer Behinderung oder Erkrankung** droht (BSG 6.9.2007 – B 14/7b AS 28/06 R),
- wenn aufgrund besonderer sozialer oder persönlichkeitsbedingter Problemlagen „*die Ausbildung objektiv belegbar die einzige Zugangsmöglichkeit zum Arbeitsmarkt darstellt*" (BSG 6.9.2007 – B 14/7b AS 36/06 R*)* oder
- wenn eine Ausbildung oder Berufsvorbereitungsmaßnahme notwendig ist, um die*den Hilfebedürftige*n in das Erwerbsleben zu integrieren, der Abbruch der Ausbildung oder Maßnahme aufgrund einer nicht gedeckten Bedarfslage droht und eine **besondere Schutzbedürftigkeit** des*r Hilfebedürftigen aufgrund der besonderen Umstände des Einzelfalls besteht, die den Leistungsausschluss als unzumutbar und in hohem Maße unbillig erscheinen lässt (BSG 19.10.2016 – B 14 AS 40/15 R: Minderjähriger, der trotz internatsmäßiger Unterbringung in der Woche eine weitere Unterkunft für die Wochenenden und die Ferien benötigte).

27 SGB II-Leistungen bei Härtefällen gibt es für Auszubildende **nur als Darlehen** (→ 30). Anders ist dies in bestimmten Fällen bei Schüler*innen über 45 Jahren (Schüler*innen, → 100 Rn. 16).

28 **Tipp:** Härtefall-Darlehen für Auszubildende sind erst **nach Abschluss der Ausbildung fällig**, so dass eine Aufrechnung mit laufenden Leistungen unzulässig ist. Über die Rückzahlung des ausstehenden Betrags soll eine Vereinbarung unter Berücksichtigung der wirtschaftlichen Verhältnisse des*r Darlehensnehmenden getroffen werden (§ 42a Abs. 5 SGB II iVm § 42a Abs. 4 S. 2 SGB II). Beantragen Sie ggf., dass das Jobcenter Ihnen die Rückzahlung des Darlehens erlässt. Das kommt in Betracht, „*wenn deren Einziehung [der Forderung] nach Lage des einzelnen Falles unbillig wäre*" (§ 44 SGB II). Das ist unserer Ansicht bei besonders erschwer-

ten Bedingungen nach der Ausbildung der Fall, zB aufgrund von Erkrankung oder Behinderung.

2.2.3.4 SGB II-Darlehen bei Ausbildungsaufnahme, wenn ein Leistungsausschluss vorliegt

29 Für den Monat der Aufnahme einer Ausbildung können Leistungen als Darlehen erbracht werden, soweit in dem Monat, für den die Leistungen erbracht werden, voraussichtlich Einnahmen anfallen (§ 27 Abs. 3 S. 3 SGB II, § 24 Abs. 4 S. 1 SGB II). Dieses Darlehen können Auszubildende, die vom Leistungsausschluss nach § 7 Abs. 5 S. 2 SGB II erfasst werden (→ Rn. 11), zur Überbrückung beantragen, wenn die erste Ausbildungsvergütung oder BAB bzw. Ausbildungsgeld zu Beginn des Monats noch nicht gezahlt wird, aber zB Kindergeld oder anderes Einkommen voraussichtlich bis zum Monatsende ausgezahlt wird und der aktuelle Bedarf zum Lebensunterhalt damit nicht gedeckt ist. Auch dieses Überbrückungsdarlehen ist erst nach Ende der Ausbildung fällig.

30 **Tipp:** Wenn Sie nicht genau wissen, ob Ihre Einkünfte am Monatsende zufließen und ausreichen, um den SGB II-Bedarf zu decken, können Sie als Auszubildende*r zur Überbrückung **vorsorglich aufstockendes Bürgergeld** beantragen. Zufließende Einkommen werden dann im Zuflussmonat angerechnet.

2.3 Weitere Ansprüche auf nichtausbildungsgeprägte Bedarfe

31 **Hinweis:** Dieser Abschnitt gilt auch für Schüler*innen (→ 100) und Studierende (→ 110).

Neben Mehrbedarfszuschlägen, Leistungen nach der Härtefallregelung (→ Rn. 22) und Erstausstattung für Bekleidung und bei Schwangerschaft und Geburt (→ Rn. 23), die als nicht ausbildungsgeprägter Bedarf gelten und auch bei Auszubildenden **ohne SGB II-Anspruch** zu übernehmen sind, haben Sie unter Umständen Anspruch auf Leistungen nach dem **Fünften bis Neunten Kapitel SGB XII**. Das sind alle Sozialhilfeleistungen, die keine Leistungen zur Sicherung des Lebensunterhalts sind, zB

- Hilfe zur Pflege,
- Hilfe zur Überwindung besonderer sozialer Schwierigkeiten,
- Hilfe zur Weiterführung des Haushalts,
- Blindenhilfe,
- Hilfe in sonstigen Lebenslagen oder
- Bestattungskostenübernahme.

Außerdem besteht auch Anspruch auf Eingliederungshilfe für behinderte Menschen (§§ 90 ff. SGB IX) und ggf. auf Leistungen der Jugendhilfe nach dem SGB VIII.

2.4 Schuldenübernahme zur Wohnraumsicherung

32 Leistungen, idR als **Darlehen**, für Auszubildende, Schüler*innen und Studierende können erbracht werden, wenn Mietschulden aufgelaufen sind und **Wohnungslosigkeit** droht oder unter bestimmten Voraussetzungen bei Energieschulden und einer bevorstehenden **Energiesperre** (Mietschulden, → 77; Strom, → 109). Die Übernahme von Mietschulden von Menschen in Ausbildung nach Ansicht des LSG Berlin-Brandenburg nicht gerechtfertigt, wenn das Jobcenter zuvor den Zuschuss zu den Unterkunftskosten gezahlt hat und trotzdem Mietschulden aufgelaufen sind (2.6.2010 – L 5 AS 557/10 B ER). Allerdings muss eine solche Entscheidung immer die Umstände des Einzelfalles berücksichtigen.

33 Für Leistungen zur Wohnraumsicherung von Auszubildenden, die **kein aufstockendes Bürgergeld beziehen**, sind nach § 36 SGB XII die **Sozialämter** zuständig. Das resultiert aus der Streichung des früheren § 27 Abs. 5 SGB II, in dem die Miet- und Energieschuldenübernahme für **alle** Menschen in Ausbildung durch die Jobcenter bis zum 31.7.2016 geregelt war.

Auszubildende, Schüler*innen und Studierende, die **aufstockendes Bürgergeld beziehen**, erhalten Bürgergeld *„für den Bedarf für Unterkunft und Heizung"*. Demnach ist die Voraussetzung zur Erbringung von Leistungen zur Wohnraumsicherung nach § 22 Abs. 8 SGB II gegeben; die **Jobcenter sind zuständig** (→ Rn. 8).

3. Einkommen: Bereinigung, Freibetrag, Unterhalt, Kindergeld

34 Im Folgenden wird kurz behandelt, wie das Einkommen / die Vergütung von Auszubildenden zu behandeln ist.

3.1 Einkommensbereinigung wie bei Erwerbstätigen

35 Das **Einkommen** Auszubildender wird bereinigt wie bei Erwerbstätigen (BVerwG 16.2.1972 – V C 6.71). Ihnen steht auch der **Freibetrag** für Erwerbstätige zu. Die speziellen Einzelheiten, die bei der Anrechnung von Einkommen von Auszubildenden zu beachten sind, werden in → Rn. 13 dargestellt (siehe auch FW 11.159 ff.).

3.2 Ausbildungsvergütung nicht zum Unterhalt der Eltern einsetzen

36 Azubi-Vergütung darf ebenso wenig wie BAB oder BAföG zum Unterhalt anderer Haushaltsangehöriger herangezogen werden. Das gilt, wenn Sie noch mit Eltern und Geschwistern zusammenwohnen. Nur das nicht zur Bedarfsdeckung des*r Auszubildenden benötigte **Kindergeld** (→ 61) darf beim kindergeldberechtigten Elternteil (→ Rn. 37) als Einkommen auf das Bürgergeld angerechnet werden.

3.3 Kindergeld

37 Wenn Sie **volljährig** sind, ist Kindergeld grundsätzlich Einkommen der Eltern (BVerwG 17.12.2003 – 5 C 25.02). Wenn das Kindergeld an ein nicht im Haushalt der Eltern lebendes Kind weitergeleitet wird, wird es nicht bei den Eltern angerechnet und zählt zum Einkommen des Kindes (§ 1 Abs. 1 Nr. 8 Bürgergeld-V). Die Familienkasse kann das Kindergeld **auf Antrag** auch direkt an das Kind auszahlen, wenn der kindergeldberechtigte Elternteil keinen oder keinen ausreichenden Unterhalt leistet (Abzweigung nach § 74 EStG).

4. Kritik

38 Wohnen Auszubildende noch bei ihren Eltern, werden sie auf deren Unterhaltszahlungen verwiesen, wenn die Ausbildungsvergütung nicht zum Leben reicht. Sind sie bereits ausgezogen, reicht die Berufsausbildungsbeihilfe oft nicht aus, um Lebensunterhalt und Unterkunft zu finanzieren. Das liegt daran, dass die Unterkunftssätze, die nach dem BAföG bemessen werden, zu niedrig sind. Auszubildende haben die Möglichkeit, beim Jobcenter aufstockendes Bürgergeld zu beantragen, was gegenüber dem Zuschuss zu den Unterkunftskosten (bis 31.7.2016) eine deutliche Verbesserung darstellt. Von dieser Regelung ausgenommen sind allerdings alle Auszubildenden, die in Wohnheimen, Internaten etc untergebracht sind und dort voll verköstigt werden. Das trifft sehr häufig Menschen mit Behinderung, die Ausbildungsgeld für eine Ausbildung zB in Berufsbildungswerken beziehen und nicht einmal ein angemessenes Taschengeld, geschweige denn die Mietkosten für die eigene Wohnung gezahlt bekommen.

5. Forderungen

39 Existenzsichernde Mindestausbildungsvergütung!

BAB auch für Auszubildende, die zu Hause wohnen!

BAB unter Berücksichtigung angemessener Unterkunftskosten!

Die Möglichkeit der Aufstockung mit Bürgergeld für alle Auszubildenden, deren Existenzminimum nicht gedeckt ist!

6. Information

40 Arbeitslosenprojekt TuWas, Leitfaden für Arbeitslose, Frankfurt 2022:
- BAB: Abschnitt M (426–447)
- Ausbildungsgeld: 549–552.

15
Bedarfs-/Einzelberechnung

1. HzL/GSi der Sozialhilfe	1
1.1 Wer ist leistungsberechtigt/hilfebedürftig?	2
1.2 Vorteil der Einzelberechnung	3
1.3 Antrag nur für die sozialhilfeberechtigten Haushaltsangehörigen stellen	5

15 Bedarfs-/Einzelberechnung

2. Bürgergeld 6
  2.1 Beispiel Bedarfsberechnung 8
  2.2 Vertikale Anrechnungsmethode ... 9
  2.3 Wie der Bedarf seit Einführung des SGB II berechnet werden soll .. 10
3. Aus Einzelanspruch folgt nicht Einzelberechnung 13
  3.1 Einzelberechnung in Mischhaushalten (sog. Gemischte Bedarfsgemeinschaft) 18
4. Bedarfsberechnung für Kinder 21
  4.1 Bedarfsberechnung für minderjährige Kinder 22
  4.2 Bedarfsberechnung für volljährige Kinder 24
  4.3 Bedarfsberechnung für im Haushalt lebende Kinder, die schwanger sind oder ein Kind unter 6 Jahren haben 25
5. Einzelberechnung für getrennt lebende Ehegatt*innen 26
6. Forderungen 27

1. HzL/GSi der Sozialhilfe

1 Im Folgenden wird dargelegt, was bei der Bedarfsberechnung für HzL/GSi der Sozialhilfe zu beachten ist.

1.1 Wer ist leistungsberechtigt/hilfebedürftig?

2 „*Hilfe zum Lebensunterhalt [HzL] ist Personen zu leisten, die ihren notwendigen Lebensunterhalt nicht oder nicht ausreichend aus eigenen Kräften und Mitteln bestreiten können. [...] Bei nicht getrennt lebenden Ehegatten oder Lebenspartnern sind das Einkommen und Vermögen beider Ehegatten oder Lebenspartner gemeinsam zu berücksichtigen*" (§ 27 Abs. 1, 2 S. 2 SGB XII). Entsprechendes gilt für die Grundsicherung (GSi) (§ 19 Abs. 2 SGB XII).

Daraus folgt umgekehrt, dass jemand, dessen*deren Einkommen und Vermögen seinen*ihren Sozialhilfebedarf übersteigt, keine Leistungen erhält, folglich auch kein*e Sozialhilfeempfänger*in ist. „Nach § 11 Abs. 1 BSHG [dem Vorläufer von §§ 19, 27 SGB XII] hat jeder einzelne Hilfesuchende einen eigenen Anspruch auf Hilfe. Daran ändert sich auch nichts, wenn eine Familie hilfebedürftig ist" (BVerwG 22.10.1992 – 5 C 11/89).

Und: „*Als sozialhilfeberechtigt ist [...] nicht eine ‚Bedarfsgemeinschaft' mehrerer sozialhilfebedürftiger Personen anzusehen*" (BVerwG 22.10.1992 – 5 C 11/89), sondern eben jede*r Einzelne.

1.2 Vorteil der Einzelberechnung

3 Die vom Bundesverwaltungsgericht vorgeschriebene Einzelberechnung hat für Sie dann Vorteile, wenn Ihr Einkommen wenigstens Ihren Sozialhilfebedarf deckt (→ Rn. 8 ff.).

Einkommen und Vermögen, das Ihren Bedarf bzw. Ihr Schonvermögen übersteigt, wird zwar für nicht getrennt lebende Ehegatt*innen oder Lebenspartner*innen bzw. Ihre minderjährigen unverheirateten Kinder „berücksichtigt", wenn diese ihren Lebensunterhalt nicht eigenständig decken können. Dadurch werden Sie selbst aber nicht zum*r Hilfebedürftigen. Damit unterliegen Sie auch nicht den Pflichten, die das Sozialamt einfordern kann.

4 Tipp: Wenn Sie Einkommen unter dem Sozialhilfebedarf haben, ist die Einzelberechnung allerdings nur überflüssige Arbeit.

1.3 Antrag nur für die sozialhilfeberechtigten Haushaltsangehörigen stellen

5 Wenn Sozialämter trotz eindeutiger Rechtslage keine Einzelberechnung anerkennen, sollten Sie nur einen Antrag für die sozialhilfeberechtigten Haushaltsangehörigen stellen. Wenn zB nur ein*e Ehegatte*Ehegattin und die minderjährigen Kinder sozialhilfeberechtigt sind, sollte der*die Ehegatte*Ehegattin nur für sich und die Kinder einen Antrag stellen.

Da Sie einen Rechtsanspruch auf Einzelfallberechnung haben (→ Rn. 2), haben Sie auch Anspruch auf einen entsprechenden Bescheid

2. Bürgergeld

6 „*Hilfebedürftig ist, wer seinen Lebensunterhalt nicht oder nicht ausreichend aus dem zu berücksichtigenden Einkommen und Vermögen sichern kann*" (§ 9 Abs. 1 SGB II).

„*Bei Personen, die in einer Bedarfsgemeinschaft leben, sind auch das Einkommen und Vermögen des Partners zu berücksichtigen.*

15 Bedarfs-/Einzelberechnung

Bei unverheirateten Kindern, die mit ihren Eltern oder einem Elternteil in einer Bedarfsgemeinschaft leben und die ihren Lebensunterhalt nicht aus eigenem Einkommen oder Vermögen sichern können, sind auch das Einkommen und Vermögen der Eltern oder des Elternteils und dessen [...] Partnerin oder [...] Partners zu berücksichtigen (§ 9 Abs. 2 SGB II).

7 Im Gegensatz zum SGB XII erklärt das SGB II Sie auch dann für hilfebedürftig, wenn Sie es gar nicht sind, wenn Sie also Ihren eigenen Lebensunterhalt selbst bestreiten können, aber nicht den Ihres*r Partners*Partnerin und/oder den der unter 25-jährigen Kinder im Haushalt. Dies liegt daran, dass Einkommen und Vermögen nicht nur auf Ihren Bedarf, sondern auch auf den Bedarf der anderen in einer Bedarfsgemeinschaft lebenden Personen angerechnet werden (für Näheres → Rn. 10 ff.).

Der Gesetzgeber bewirkt damit, dass die gesamte Bedarfsgemeinschaft allen Pflichten des SGB II unterworfen und vor allem Sie in die Pflicht genommen werden, alles zu tun, um die Hilfsbedürftigkeit der **Bedarfsgemeinschaft** (→ 16) zu verringern oder zu beseitigen (Grundsatz des Forderns: § 2 Abs. 1 SGB II). Daneben sind Sie dadurch aber auch berechtigt, Eingliederungsleistungen gem. §§ 16 ff. SGB II in Anspruch zu nehmen.

2.1 Beispiel Bedarfsberechnung

8 Eva und Max S. haben eine 4-jährige Tochter, Doris. Max ist arbeitslos geworden und bekommt mtl. 866 EUR Arbeitslosengeld I. Eva arbeitet nicht. Miete/NK und Heizung betragen mtl. 630 EUR.

2.2 Vertikale Anrechnungsmethode

9 A) Bedarf

	Bürgergeld	Bürgergeld	Bürgergeld für Kind	Gesamtbedarf
	Max S.	Eva S.	Doris S.	
Regelbedarf	451,00 EUR[1]	451,00 EUR[2]	318,00 EUR[3]	1.220,00 EUR
+ Miete	210,00 EUR[4]	210,00 EUR	210,00 EUR	630,00 EUR
Bedarf gesamt	(661,00 EUR)	661,00 EUR	528,00 EUR	(1.850,00 EUR)

B) Einkommen Alg

	Max S.	Eva S.	Doris S.	Gesamt
Einkommen Alg	836,00 EUR			
Einkommen Kindergeld			250,00 EUR	
Zwischensumme Bedarf – Einkommen	661,00 EUR - 836,00 EUR 0,00 EUR	661,00 EUR	528,00 EUR - 250,00 EUR 278,00 EUR	939,00 EUR
überschüssiges Einkommen	175,00 EUR			

---

1 Werte im Jahre 2023, § 65 Abs. 5 SGB II, Tabelle in der Anlage zu § 28 SGB XII iVm § 134 Abs. 2 SGB XII.
2 Werte wie bei Max S.
3 Werte im Jahre 2023, § 65 Abs. 5 SGB II, Tabelle in der Anlage zu § 28 SGB XII iVm § 134 Abs. 2 SGB XII.
4 Die Unterkunftskosten werden nach der sog. Kopfteilmethode aufgeteilt, dh anteilig auf jedes Mitglied der Bedarfsgemeinschaft umgelegt. Zur Kopfteilmethode ausführlich unter Miete (→ 75 Rn. 12).

C) Leistung Gesamtberechnung

	Max S.	Eva S.	Doris S.	Gesamt
Bedarf	661,00 EUR	661,00 EUR	528,00 EUR	1.850,00 EUR
Alg	836,00 EUR			836,00 EUR
Kindergeld			250,00 EUR	250,00 EUR
Bedarf − Einkommen	661,00 EUR - 836,00 EUR 0,00 EUR	661,00 EUR	528,00 EUR - 250,00 EUR 278,00 EUR	939,00 EUR
überschüssiges Einkommen	- 175,00 EUR			

Das Einkommen von Max übersteigt seinen Bedarf um 175 EUR. Er ist nicht hilfebedürftig. Max S. hat also keinen Bürgergeld-Anspruch. Eva und Doris haben dagegen Anspruch auf Leistungen, wobei nur das Kindergeld auf den Bedarf von Doris angerechnet wird. Sollte man zumindest meinen, wenn man – wie früher – den Einzelbedarf ausrechnet.

2.3 Wie der Bedarf seit Einführung des SGB II berechnet werden soll

10 Nach dem SGB II muss ganz anders gerechnet werden. Die Bedarfsgemeinschaft wird quasi als Gesamtperson behandelt. *„Ist in einer Bedarfsgemeinschaft nicht der gesamte Bedarf aus eigenen Kräften und Mitteln gedeckt, gilt jede Person der Bedarfsgemeinschaft im Verhältnis ihres eigenen Bedarfs zum Gesamtbedarf als hilfebedürftig, dabei bleiben Bedarfe nach § 28 außer Betracht"* (§ 9 Abs. 2 S. 3 SGB II). Das nennt sich „**Bedarfsanteilsmethode**" oder **horizontale Anrechnungsmethode**.

11 Als (neuer) Gesamtbedarf gilt jetzt 1.850 EUR, da der Bedarf von Max miteinbezogen wird.

Das Einkommen von Max gilt nicht mehr als sein persönliches Einkommen, sondern als Einkommen der Bedarfsgemeinschaft und wird auf deren Mitglieder verteilt (horizontale Berechnung).

	Max S.	Eva S.	Doris S.	Gesamt
Bedarf	451,00 EUR <u>210,00 EUR</u> 661,00 EUR	451,00 EUR <u>210,00 EUR</u> 661,00 EUR	318,00 EUR <u>210,00 EUR</u> 528,00 EUR	1.850,00 EUR
Kindergeld			250,00 EUR	250,00 EUR
Zwischensumme	661,00 EUR	661,00 EUR	278,00 EUR	1.600,00 EUR
Bedarfsanteil	41,31 %[5]	41,31 %	17,38 %[6]	100 %
Verteilung Einkommen Max S. 836,00 EUR	345,35 EUR[7]	345,35 EUR	145,30 EUR[8]	836,00 EUR
Ergebnis	315,65 EUR	315,65 EUR	132,70 EUR	764,00 EUR

Max ist plötzlich „hilfebedürftiger" als seine Tochter, obwohl er mit seinem Einkommen über seinem individuellen Bedarf liegt und daher überhaupt nicht hilfebedürftig ist.

---

[5] 661 EUR : 1.600 EUR = 0,413125 = (gerundet) 41,31 Prozent.
[6] 278 EUR : 1.600 EUR = 0,17375 = (gerundet) 17,38 Prozent.
[7] 836 EUR x 41,31 Prozent = (gerundet) 345,35 EUR.
[8] 836 EUR x 17,38 Prozent = (gerundet) 145,30 EUR.

15 Bedarfs-/Einzelberechnung

Wenn ihm Hilfebedürftigkeit aufgezwungen wird, unterliegt er wie ein „*erwerbsfähiger Leistungsberechtigter*" allen Pflichten nach dem SGB II. So muss er sich zB vor einer Ortsabwesenheit (→ 84) beim Jobcenter abmelden. Seit dem 1.1.2017 kann ihn das Jobcenter allerdings nicht mehr nach Herzenslust fordern und fördern. Als Bezieher von Arbeitslosengeld I hat ihn die Bundesregierung ab dem Stichtag für alle aktiven Leistungen zur Eingliederung der Bundesagentur für Arbeit zugeteilt (§ 5 Abs. 4 SGB II, § 22 Abs. 4 S. 5 SGB III). Für seine Frau Eva hingegen ist das Jobcenter für Eingliederungsleistungen zuständig.

12 **Kritik:** Einzelberechnungen entwickeln sich mit dem SGB II zur Parodie.

Wenn Ehegatt*innen/Lebenspartner*innen Einkommen haben, das sie unabhängig von Bürgergeld macht, wird eine Einzelberechnung **nicht** angestellt, um das ihren Bedarf übersteigende Einkommen auf die übrigen Haushaltsangehörigen zu verteilen. Sie wird als Fiktion ausgeführt, um den Grad der Hilfebedürftigkeit von „*Nicht-Hilfebedürftigen*" zu bestimmen.

Diese Berechnung führt in Verbindung mit der Anrechnungsmethode des § 19 Abs. 3 SGB II dazu, dass Einkommen vor allem dem Bund zugutekommt. Der Bund zahlt Regelbedarfe und Mehrbedarfe voll und trägt von den Unterkunftskosten einen Anteil (§ 46 SGB II). Das zu berücksichtigende Einkommen und Vermögen der Hilfebedürftigen mindert zuerst die Zahlungen des Bundes. Wenn das Einkommen des*r Nichthilfebedürftigen zuerst diesem*r selbst zugutekäme (vertikale Berechnung, → Rn. 9 ff.), käme es dem Bund nicht vollständig zum Ausgleich seiner Kosten zugute. Erst wenn die Ausgaben des Bundes gedeckt sind, profitieren die Kommunen vom Einkommensrest.

Durch die Leistungen für **Bildung und Teilhabe** (Schüler*innen, → 100; § 28 SGB II) ist diese Bedarfsberechnung noch komplizierter geworden. Die Leistungen für Kinder und Schüler*innen werden erst nach Abschluss der „normalen" Berechnung nach der „Bedarfsanteilsmethode" als Bedarf des jeweiligen Kindes zugeordnet und berücksichtigt (FW 9.47 ff.). Viel Spaß beim Nachrechnen!

3. Aus Einzelanspruch folgt nicht Einzelberechnung

13 Das Bundesverfassungsgericht hat es ausdrücklich verboten, „*einen Einsatzpflichtigen durch Entzug der für seinen eigenen Lebensunterhalt notwendigen Mittel selbst sozialhilfebedürftig zu machen. Eine solche Auslegung würde gegen das Grundrecht auf Achtung und Schutz der Menschenwürde (Art. 1 Abs. 1 GG) verstoßen, weil sie denjenigen, der sich selbst helfen könne, verpflichtete, seine Mittel für andere einzusetzen, mit der Folge, dass er dadurch selbst mittellos werde und dadurch auf staatliche Hilfe angewiesen sei*" (SG Schleswig 13.6.2006 – S 9 AS 834/05), indem es unterstrichen hat: „*Der in der verwaltungsgerichtlichen Rechtsprechung [...] zur Sozialhilfe entwickelte Grundsatz eines Individualanspruchs gilt auch im Leistungssystem des SGB II*" (BVerG 25.9.1992 – 2 BvL 5/91, 2 BvL 8/91, 2 BvL 14/91).

14 Auch nach unserer Ansicht wird ein*e Nichthilfebedürftige*r (zB Max S.) nicht selbst bedürftig, wenn er*sie als Bevollmächtigte*r für die Bedarfsgemeinschaft Anträge (nach § 38 SGB II) stellt.

Nach der Auffassung des Gesetzgebers aber schon: Nach der Gesetzesbegründung ist beabsichtigt, „*dass künftig einheitlich die Leistungsberechnung für [...] Familien in der Regel gemeinsam erfolgt und die Leistungsberechnung nur dann für einzelne Familienmitglieder durchgeführt wird, wenn zum Beispiel minderjährigen Kindern ausreichend eigenes Einkommen und Vermögen zur Verfügung steht*" (BT-Drs. 15/1514, 56). Die Fiktion, dass jede Person einer Bedarfsgemeinschaft im Verhältnis ihres Bedarfs zum Gesamtbedarf als hilfebedürftig gilt, hat den Zweck, die Verteilung der Einkommen in einer Bedarfsgemeinschaft zwischen Bund und Kommunen zu regeln. Wenn sie dazu genutzt wird, nichthilfebedürftige Personen in Hilfebedürftige zu verwandeln (wie Max S. in unserem Beispiel), ist sie nach alter Rechtsprechung jedenfalls verfassungswidrig. Die aktuelle Regierung (in der 20. Legislaturperiode) hatte im Koalitionsvertrag eine Vereinbarung aufgenommen: „*Um den individuellen Charakter des Bürgergelds zu stärken, werden wir auch im SGB II von der horizontalen auf die vertikale Einkommensanrechnung umstellen"* (Koalitionsvertrag vom 7.12.2021, Mehr Fortschritt wagen. Bündnis für Freiheit, Gerechtigkeit und Nachhaltigkeit, 61). Bei der Schaffung des Bürgergeld-Gesetzes ist diese Vereinbarung aber nicht umgesetzt worden.

15 Auch im SGB II gibt es einen **individuellen Leistungsanspruch**. Das hat das BSG in einem Urteil am 7.11.2006 betont (B 7b AS 8/06 R). Daraus ergibt sich auch, dass Aufrechnungen/Rückforderungen nur bei derjenigen Person erfolgen können, die zu Unrecht Leistungen bezogen hat und nicht bei der gesamten Bedarfsgemeinschaft (SG Koblenz 14.6.2006 – S 11 AS 305/05; vgl. auch BSG 29.11.2012 – B 14 AS 6/12 R). Das gleiche gilt bei Sanktionen. Sie werden nur gegen diejenige Person verhängt, die gegen SGB II-Pflichten verstoßen hat und nicht gegen die gesamte Familie.

16 Gleichzeitig hat das BSG an der *„neuen"* Bedarfsanteilsmethode nicht gerüttelt, da der Gesetzgeber sie ausdrücklich gewollt habe. Damit ist die **Einzelberechnung im SGB II tabu**. Umstritten und **verfassungsrechtlich bedenklich** ist die Bedarfsanteilsmethode allerdings, wenn die Person, die ihren Bedarf mit eigenem Einkommen decken kann, dem Reglement des SGB II unterworfen wird, sie zB eine Eingliederungsvereinbarung bzw. einen Kooperationsplan (→ 35) abschließen oder sanktioniert werden soll. Diesem Problem soll laut BSG *„durch – eine ggf. verfassungskonforme – Auslegung Rechnung getragen werden"* (BSG 7.11.2006 – B 7b AS 8/06 R), was bedeutet, bei diesem Personenkreis ist auf Sanktionen etc zu verzichten.

17 **Tipp:** Wenn das Jobcenter Sie trotzdem in die Mangel nimmt, können Sie Widerspruch (→ 126) einlegen und dagegen klagen (→ 64).

3.1 Einzelberechnung in Mischhaushalten (sog. Gemischte Bedarfsgemeinschaft)

18 In einigen Haushalten leben Beziehende von **Bürgergeld und Grundsicherung (GSi)** der Sozialhilfe wild durcheinander (sog. Gemischte Bedarfsgemeinschaft). Die BA musste hier einräumen, dass mit der Definition der Hilfebedürftigkeit durch das SGB II auch Beziehende von Sozialhilfe zu SGB II-Beziehenden werden, wenn sie mit Bürgergeld-Beziehenden in einer Bedarfsgemeinschaft leben. Das wird aber an anderer Stelle des Gesetzes (u.a. in § 7 Abs. 1 oder § 7 Abs. 4 SGB II) klar ausgeschlossen. Daher kann die *„Bedarfsberechnung"* nach → Rn. 9 ff. trotz fehlender gesetzlicher Grundlage hier nicht gelten.

19 Die Rechtsprechung hat sich mehrfach mit diesem Problem befasst, wobei die gemischte Bedarfsgemeinschaft aus der Sicht des SGB II und aus der Sicht des SGB XII behandelt wurde. Geht es um **GSi**, sind zunächst die **Bedarfe der Mitglieder der Einsatzgemeinschaft** nach den Vorschriften des SGB XII zu ermitteln (BSG 9.6.2011 – B 8 SO 20/09 R). Auf ihren Bedarf ist ihr eigenes Einkommen und Vermögen gem. §§ 82 ff. SGB XII, §§ 90 f. SGB XII anzurechnen; bleibt nach der Anrechnung noch Einkommen bzw. Vermögen, ist der Überschuss auf den Bedarf der anderen Person anzurechnen (BSG 9.6.2011 – B 8 SO 20/09 R). Hat die andere Person Einkommen oder Vermögen, ist es gem. §§ 82 ff. SGB XII, §§ 90 f. SGB XII anzurechnen (BSG 20.9.2012 – B 8 SO 13/11 R). Besonderheiten der Anrechnung nach dem SGB II sind im Rahmen der Anwendung der Härtefallregel des § 82 Abs. 3 S. 3 SGB XII (BSG 9.6.2011 – B 8 SO 20/09 R) bzw. des § 90 Abs. 3 SGB II (BSG 18.7.2019 – B 8 SO 6/18 R) zu berücksichtigen.

20 Geht es um das **Bürgergeld**, sind zunächst die Bedarfe der Mitglieder der Bedarfsgemeinschaft nach dem SGB II zu ermitteln (BSG 15.4.2008 – B 14/7b AS 58/06 R; BSG 16.4.2013 – B 14 AS 71/12 R). Dem Bedarf der anderen Person (die GSi-berechtigt ist) ist ihr Einkommen und Vermögen gegenüberzustellen. Verbleibt noch ein Resteinkommen bzw. Restvermögen, ist es auf den Bedarf der leistungsberechtigten Person anzurechnen. Dem Bedarf der leistungsberechtigten Person nach dem SGB II ist – abweichend von § 9 Abs. 2 S. 3 SGB II – das eigene Einkommen und Vermögen nach der vertikalen Berechnungsmethode gegenüberzustellen (BSG 15.4.2008 – B 14/7b AS 58/06 R; BSG

15 Bedarfs-/Einzelberechnung

11.11.2021 – B 14 AS 89/20 R). Die Anrechnung erfolgt idR nach §§ 11, 12 SGB II (BSG 14.6.2018 – B 14 AS 13/17 R) und ausnahmsweise bei Vorliegen besonderer Gründe nach den Vorschriften des SGB XII (BSG 16.4.2013 – B 14 AS 71/12 R: Anwendung §§ 85 ff. SGB XII.).

4. Bedarfsberechnung für Kinder

21 Je nachdem, ob die Ihre Kinder minderjährig oder volljährig sind, ergeben sich unterschiedliche Ansätze in der Bedarfsberechnung.

4.1 Bedarfsberechnung für minderjährige Kinder

22 Minderjährige Kinder zählen nur dann zur Bedarfsgemeinschaft (→ 16), wenn sie unverheiratet sind und *„den notwendigen Lebensunterhalt aus ihrem Einkommen oder Vermögen nicht bestreiten"* können (§ 27 Abs. 2 S. 3 SGB XII, vergleichbar § 9 Abs. 2 S. 2 SGB II). Verheiratete minderjährige Kinder müssen immer einzeln berechnet werden.

23 Wenn unter 25-Jährige im Ergebnis einer Einzelberechnung ihren notwendigen Lebensunterhalt selbst beschaffen können, weil ihr Einkommen (zB Unterhalt, Azubi-Vergütung, Kindergeld usw) höher ist als ihr Bedarf, sind sie ebenfalls kein Teil der Bedarfsgemeinschaft mehr.

Achtung! Das übersteigende Einkommen darf dann – mit Ausnahme des Kindergeldes – nicht für den Lebensunterhalt der Eltern eingesetzt werden.

Beispiel: Der 17-jährige Martin lebt im Haushalt seiner Eltern, die beide Bürgergeld beziehen. Er verfügt als Azubi über eine um Absetzbeträge und den Erwerbstätigenfreibetrag bereinigte Azubi-Vergütung von 650 EUR im Monat (Einkommensbereinigung, → 38). Miete, Neben- und Heizkosten betragen 600 EUR im Monat. Martin hätte „dem Grunde nach" Anspruch auf Bürgergeld, weil er bei den Eltern wohnt.

Bedarfsberechnung Martin

Regelbedarf Haushaltsangehöriger 17 Jahre	420,00 EUR
Mietanteil 1/3	200,00 EUR
= Bedarf Martin	620,00 EUR
bereinigter Nettolohn	650,00 EUR
+ Kindergeld	250,00 EUR
= Einkommen	900,00 EUR

Martin hat keinen Bürgergeld-Anspruch, weil sein Einkommen in Höhe von 900 EUR höher ist als sein Bedarf in Höhe von 620 EUR. Das übersteigende Erwerbseinkommen in Höhe von 30 EUR (650 EUR – 620 EUR) darf Martin für sich behalten und muss es nicht für seine Eltern einsetzen. Dies gilt aber nicht für das Kindergeld (§ 11 Abs. 1 S. 5 SGB II). Wenn er es – wie in diesem Beispiel – gar nicht für seinen Lebensunterhalt benötigt, wird es dem kindegeldberechtigten Elternteil (hier: 250 EUR) angerechnet. Dort muss es aber bereinigt werden, zB um die Versicherungspauschale von 30 EUR (→ 38).

4.2 Bedarfsberechnung für volljährige Kinder

24 ■ In der **Sozialhilfe** gilt:
Volljährige Kinder **im Haushalt** bedürftiger Eltern müssen in Sozialhilfehaushalten immer einzeln berechnet werden, da sie kein Teil der Einsatzgemeinschaft mehr sind. Sie müssen also einen eigenen Antrag stellen. Ihr Regelbedarf ist dann auf 100 Prozent (520 EUR) zu erhöhen, wenn Sie sich am Haushalt beteiligen, dh, wenn ein Mindestmaß an eigener Haushaltsführung vorhanden ist (BSG 23.7.2014 – B 8 SO 14/13 R; B 8 SO 31/12 R, B 8 SO 12/13 R; Regelbedarf, → 89). Haben Kinder eigenes Einkommen und Vermögen, darf es nicht voll zum Lebensunterhalt ihrer Eltern herangezogen werden. Volljährige Kinder leben gegebenenfalls in einer **Haushaltsgemeinschaft** (→ 54) mit ihren Eltern. Übersteigt ihr Einkommen und Ver-

mögen ihren Bedarf bzw. die Schongrenzen, kann allenfalls vermutet werden, dass sie ihren Eltern etwas zuwenden (§ 9 Abs. 5 SGB II; → 54 Rn. 15).

- Für das **Bürgergeld** gilt: Bis zum 1.8.2006 galten Volljährige, die im Haushalt ihrer Eltern wohnen, als alleinstehend und bekamen den vollen Regelbedarf. Seitdem gelten sie wie Minderjährige als Teil der Bedarfsgemeinschaft und haben bis zum 25. Lebensjahr nur Anspruch auf 402 EUR (Jugendliche, → 58 Rn. 4 ff.). Eine Einzelberechnung wird nicht durchgeführt.

Wenn sie allerdings – wie oben der 17-jährige Martin (→ Rn. 23) – eigenes Einkommen und Vermögen haben, mit dem sie ihren Bedarf selbst decken können, oder wenn sie verheiratet sind, sind unter 25-jährige Erwachsene **kein Teil** der Bedarfsgemeinschaft mehr (§ 7 Abs. 3 Nr. 4 SGB II). Dann ist eine Einzelberechnung notwendig (§ 9 Abs. 2 SGB II).

Ab 25 Jahren gelten volljährige Kinder im Haushalt der Eltern immer als alleinstehend, sind kein Teil der Bedarfsgemeinschaft mehr und haben Anspruch auf den vollen Regelbedarf.

4.3 Bedarfsberechnung für im Haushalt lebende Kinder, die schwanger sind oder ein Kind unter 6 Jahren haben

25 „*Lebt eine Person bei ihren Eltern oder einem Elternteil und ist sie schwanger oder betreut ihr leibliches Kind bis zur Vollendung des 6. Lebensjahres, werden Einkommen und Vermögen der Eltern oder des Elternteils nicht berücksichtigt*" (§ 19 Abs. 4 SGB XII, entsprechend § 9 Abs. 3 SGB II). In diesen Fällen muss immer eine Einzelfallberechnung gemacht werden. Einkommen und Vermögen der Eltern spielen keine Rolle (FW 9.43).

5. Einzelberechnung für getrennt lebende Ehegatt*innen

26 Eine Bedarfsgemeinschaft kann nur bei nicht getrennt lebenden Ehegatt*innen bestehen, die gemeinsam wirtschaften.

Wenn Ehegatt*innen
- in ihrer Wohnung getrennt leben (OVG Lüneburg 4.11.1987 – 4 B 352/87) oder
- vorübergehend getrennt leben, zB wenn die Frau im Frauenhaus (→ 49) bzw. eine*r der beiden im Gefängnis ist,

muss jede*r Ehegatte*Ehegattin **einzeln** berechnet werden.

6. Forderungen

27 Generelle Einzelberechnung von Leistungen nicht nur im SGB XII, sondern auch im SGB II!

Vollständige Übernahme der Bürgergeld-Kosten durch den Bund!

16
Bedarfsgemeinschaft

1. Bedarfsgemeinschaft 1
   1.1 Wer zur Bedarfsgemeinschaft (BG) gehört 2
   1.2 Eheähnliche Gemeinschaft 5
   1.3 Wer nicht zu einer BG gehört 8
2. Ausweitung von Unterhaltspflichten innerhalb der BG 11
   2.1 Erwerbsfähige Personen in Wohngemeinschaften 12
   2.2 Eltern im Verhältnis zu ihren volljährigen, unverheirateten Kindern 15
   2.3 Stiefeltern im Verhältnis zu den Kindern ihrer Ehegatt*innen bis zum 25. Lebensjahr 17
   2.4 Eheähnliche Partner*in im Verhältnis zu den unter 25-jährigen Kindern des*der Partners*Partnerin 22
3. Vertretung der Bedarfsgemeinschaft ... 24
4. „Sippenhaftung" innerhalb der BG ... 25
5. Temporäre Bedarfsgemeinschaft bei Ausübung des Umgangsrechts 26
6. Einsatzgemeinschaft bei HzL/GSi der Sozialhilfe 27
7. Kritik 30
8. Forderungen 31

1. Bedarfsgemeinschaft

1 Lebt eine erwerbsfähige leistungsberechtigte Person mit anderen Personen – zumeist im Familienverband – zusammen, so wird, einerseits, unter bestimmten Voraussetzungen bei der Berechnung der Leistungen nicht

nur deren Situation betrachtet, sondern auch das Einkommen und Vermögen der anderen Personen herangezogen. Andererseits führt das Zusammenleben auch dazu, dass bestimmte Personen überhaupt erst Leistungen nach dem SGB II erhalten (vgl. § 7 Abs. 2 S. 1 SGB II). Voraussetzung ist das Zusammenleben in einer sogenannten Bedarfsgemeinschaft (BG).

„Grundsätzlich wird unabhängig von etwaigen Unterhaltsansprüchen nach dem BGB [...] von jedem Mitglied der BG erwartet, dass es sein Einkommen und Vermögen zur Deckung des Gesamtbedarfs aller Angehörigen der BG einsetzt" (FW 7.64).

Für diese Personen besteht daher eine im Sozialrecht begründete gesteigerte Unterhaltspflicht (→ 115). Sie sind gesetzlich verpflichtet, ihr Einkommen und Vermögen füreinander einzusetzen.

1.1 Wer zur Bedarfsgemeinschaft (BG) gehört

2 Alle Personen, die in § 7 Abs. 3 SGB II genannt sind, gehören zur BG. Mindestens ist ein*e **erwerbsfähige*r Leistungsberechtigte*r** erforderlich. Hinzu kommen weitere Personen, die mit dieser Person in Beziehung stehen:

- **Eltern** oder **Elternteile**, die mit ihren unter 25-jährigen unverheirateten **Kindern** in einem Haushalt zusammenleben (§ 7 Abs. 3 Nr. 2 SGB II). Die Ausnahmen werden unter → Rn. 8 geschildert,
- **Partner*in**, dies können sein: die nicht dauernd getrenntlebenden **Ehegatt*innen**, **Lebenspartner*innen** oder der*die in eheähnlicher oder lebenspartnerschaftsähnlicher Gemeinschaft lebende **Partner*in** (→ 36 Rn. 9) (§ 7 Abs. 3 Nr. 3a–c SGB II) und
- die zum Haushalt gehörenden unverheirateten **Kinder unter 25 Jahren**, *„soweit sie die Leistungen zur Sicherung ihres Lebensunterhalts nicht aus eigenem Einkommen und Vermögen beschaffen können"* (§ 7 Abs. 3 Nr. 4 SGB II).

3 Eine sogenannte „**gemischte Bedarfsgemeinschaft**" bilden die genannten Personen, wenn sie unter unterschiedliche Leistungsgesetze fallen, zB wenn erwerbsfähige SGB II-Bezieher*innen zusammen mit nicht erwerbsfähigen GSi-beziehenden Partner*innen leben (BSG 16.10.2007 – B 8/9b SO 2/06 R). Zur Berücksichtigung von Einkommen und Vermögen der Partner*innen schauen Sie im Beitrag Grundsicherung (→ 51 Rn. 11, 18 ff.).

4 Eine Bedarfsgemeinschaft bilden auch Personen, die wie einige Auszubildende (→ 14) oder Studierende (→ 110) **keinen vollen Anspruch** auf Leistungen nach dem SGB II haben und mit leistungsberechtigten Personen in einem Haushalt zusammen leben, zB mit ihren nicht erwerbsfähigen Kindern unter 15 Jahren. Die Kinder haben dann Anspruch auf Bürgergeld (→ 28).

1.2 Eheähnliche Gemeinschaft

5 Partner*innen in einer eheähnlichen Gemeinschaft (→ 36) werden so behandelt, als ob sie Eheleute wären und bilden folglich eine BG. Gleiches gilt für gleichgeschlechtliche Partner*innen in einer partnerschaftsähnlichen Gemeinschaft. Voraussetzung ist jedoch immer, dass sie eine sogenannte Einstehensgemeinschaft bilden.

„Zur Bedarfsgemeinschaft gehören [...] eine Person, die mit der erwerbsfähigen leistungsberechtigten Person in einem gemeinsamen Haushalt so zusammenlebt, dass nach verständiger Würdigung der wechselseitige Wille anzunehmen ist, Verantwortung füreinander zu tragen und füreinander einzustehen" (§ 7 Abs. 3 Nr. 3c SGB II).

Das bedeutet auch, dass nicht jede Partnerschaft automatisch eine Bedarfsgemeinschaft ist. Nur wenn zwischen den Partner*innen der wechselseitige Wille des Füreinandereinstehens gegeben ist, dürfen sie mit Ehepartner*innen verglichen und ebenso behandelt werden.

6 Um möglichst einfach bei vielen unverheirateten Paaren eine „**Einstehensgemeinschaft**" unterstellen zu können, wurden ins SGB II feste Kriterien aufgenommen, bei denen das Jobcenter eine solche Verantwortungs- und Einstehensgemeinschaft **vermuten** darf.

16 Bedarfsgemeinschaft

Die Vermutung greift, „*wenn Partner*
1. *länger als ein Jahr zusammenleben,*
2. *mit einem gemeinsamen Kind zusammenleben,*
3. *Kinder oder Angehörige im Haushalt versorgen oder*
4. *befugt sind, über Einkommen oder Vermögen der anderen zu verfügen*"
(§ 7 Abs. 3a SGB II).
Diese Vermutung muss durch Sie **widerlegt** werden.

Ausgangspunkt einer Einstehensgemeinschaft ist allerdings immer das Vorliegen einer **Partnerschaft** – dafür reicht selbst eine intensive Freundschaft gerade nicht aus (SG Schleswig 7.3.2016 – S 16 AS 48/16 ER) – **und** das Zusammenleben in einem **gemeinsamen Haushalt**. Dabei liegt nicht jedes Mal, wenn Menschen in einer Wohnung zusammenleben, auch ein gemeinsamer Haushalt vor. Hierfür müssten sich beide an der Haushaltsführung beteiligen und wesentliche Kosten des Haushalts müssen gemeinsam bestritten werden (BSG 23.8.2012 – B 4 AS 34/12 R). Für diese objektiven Kriterien trägt das Jobcenter die Beweislast. Erst nachdem diese von Amts wegen ermittelt sind, können die Vermutungskriterien des § 7 Abs. 3a Nr. 1–4 SGB II in Betracht kommen. Auch wenn Sie zB länger als ein Jahr mit jemandem zusammenwohnen, kann es sein, dass Sie mit demjenigen nur eine **Wohngemeinschaft** bilden. Dann sollten Sie dem Jobcenter gegenüber die getrennten Lebens- und Wirtschaftsbereiche darlegen.

7 Auch bei den Vermutungsregeln gilt jedoch der Amtsermittlungsgrundsatz. Das heißt, das Jobcenter muss darlegen, dass die Vermutungskriterien erfüllt sind. Wenn Sie sich darauf berufen, dass Sie trotz Bestehens einer Partnerschaft und Erfüllung eines der Vermutungskriterien keine eheähnliche Gemeinschaft bilden, weil sie eben nicht wie in einer Ehe zusammenleben, hat das Jobcenter Ihre Ausführungen nach § 20 SGB X zu berücksichtigen. Es sind keine allzu hohen Anforderungen an die Widerlegung der Vermutung zu stellen. Ihre Darlegungen müssen schlüssig, also nachvollziehbar sein.
Wenn keines der Kriterien zutrifft, bilden Sie regelmäßig **keine** eheähnliche Gemeinschaft, also keine Einstehensgemeinschaft und dürfen das im Antrag (→ 7) auf Leistungen keinesfalls ankreuzen.

1.3 Wer nicht zu einer BG gehört

8 Nicht einer BG angehörig sind
- dauernd getrenntlebende Ehegatt*innen und Lebenspartner*innen: ausschlaggebend dafür ist der nach außen erkennbare Trennungswille (BSG 18.2.2011 – B 4 AS 49/09 R), nicht die räumliche Trennung,
- zusammenlebende Personen, die sich finanziell nicht unterstützen (in Abgrenzung zur eheähnlichen Gemeinschaft, → 36 Rn. 16),
- über 25-jährige Kinder (→ Rn. 15),
- minderjährige und volljährige Kinder bis zum Alter von 25 Jahren,
  – die ein eigenes Kind versorgen, wenn sie selbst erwerbsfähig sind,
  – die verheiratet sind oder mit einem*r Partner*in in einer Einstehensgemeinschaft zusammenleben oder
  – die ihren „*Lebensunterhalt aus eigenem Einkommen oder Vermögen bestreiten*" können (FW 7.77).

Aber: „*Einkommen und Vermögen der zur Bedarfsgemeinschaft gehörenden unverheirateten Kinder sind nicht auf den Bedarf der Eltern anzurechnen*" (FW 9.44).

9 Bei einem Kind unter 25 Jahren, das **schwanger** ist oder ein eigenes **Kind bis zum Alter von sechs Jahren** betreut und im Haushalt der Eltern lebt, entfällt die Pflicht der Eltern, das eigene Einkommen und Vermögen für das Kind einzusetzen (§ 9 Abs. 3 SGB II, § 33 Abs. 2 Nr. 3 SGB II). Der volle Regelbedarf fällt diesen Kindern aber erst zu, wenn sie als Erwerbsfähige mit dem eigenen Kind im Haushalt der Eltern eine **eigene BG** bilden (§ 7 Abs. 3 Nr. 1 u. 4 SGB II).

10 Ferner gehören **nicht** zur BG: in einem Haushalt zusammenlebende
- Großeltern und Enkelkinder,
- Onkel und Tanten, Nichten und Neffen,
- Pflegekinder und Pflegeeltern,
- ohne Eltern zusammenlebende Geschwister,
- sonstige Verwandte und Verschwägerte,

- Freunde oder Freundinnen bzw.
- nicht verwandte Personen.

Diese Personen gehören allenfalls zu einer **Haushaltsgemeinschaft** (→ 54).

2. Ausweitung von Unterhaltspflichten innerhalb der BG

11 Mit der Hartz IV-Reform wurden per Gesetz massenhaft Bedarfsgemeinschaften (mit gesteigerter Unterhaltspflicht) geschaffen, deren Mitglieder nach bürgerlichem Recht überhaupt nicht oder jedenfalls nicht in gesteigertem Maße zueinander unterhaltspflichtig sind. Der Begriff „Bedarfsgemeinschaft" als erweiterte Unterhaltsgemeinschaft wird seitdem durch Bezugnahmen auch in anderen Teilen des Sozialrechts eingeführt (vgl. u.a. § 5 Abs. 1 Nr. 3 WoGG). Prüfen Sie jedoch immer genau, ob die Voraussetzungen einer BG tatsächlich gegeben sind und wehren Sie sich, wenn dies fälschlicherweise angenommen wird!

2.1 Erwerbsfähige Personen in Wohngemeinschaften

12 § 7 Abs. 3 regelt: *„Zur Bedarfsgemeinschaft gehören 1. die erwerbsfähigen Leistungsberechtigten, [...] "* (§ 7 Abs. 3 Nr. 1 SGB II) und *„3. als Partnerin oder Partner der erwerbsfähigen Leistungsberechtigten*

a) *[...]*
b) *die nicht dauernd getrenntlebende Lebenspartnerin oder der nicht dauernd getrennte Lebenspartner"* (§ 7 Abs. 3 Nr. 3 lit. 3b SGB II) *und*
c) *„eine Person, die mit der erwerbsfähigen leistungsberechtigten Person in einem gemeinsamen Haushalt so zusammenlebt, dass nach verständiger Würdigung der wechselseitige Wille anzunehmen ist, Verantwortung füreinander zu tragen und füreinander einzustehen"* (§ 7 Abs. 3 Nr. 3 lit. 3c SGB II).

13 In der Praxis kommt es häufig vor, dass die Jobcenter immer dann, wenn Personen in einer Wohnung zusammenleben, eine eheähnliche Gemeinschaft oder lebenspartnerschaftsähnliche Gemeinschaft annehmen, wodurch auch Wohngemeinschaften (→ 128) zu Bedarfsgemeinschaften erklärt

werden. Deren „erwerbsfähige Leistungsberechtigte" sollen dann ihr gesamtes Einkommen und Vermögen wechselseitig füreinander einsetzen. Damit werden auch Personen zu Hilfebedürftigen gemacht, die zwar ihren eigenen Lebensunterhalt bestreiten können, nicht aber den der in ihrer vermeintlichen Bedarfsgemeinschaft lebenden Personen (→ 15 Rn. 8 ff.).

14 Nach einem Jahr des Zusammenlebens greift die Vermutung, dass Personen füreinander einstehen, als wären sie verheiratet, nur dann, wenn es sich um eine **Partnerschaft** in einem gemeinsamen Haushalt handelt. Ein reines Zusammenwohnen in einer Wohnung ist dabei nicht gleichzusetzen mit Zusammenleben in einem Haushalt. Das Vorliegen einer Partnerschaft und eines gemeinsamen Haushaltes unterliegt nicht der gesetzlichen Vermutung und ist daher nicht von Ihnen zu widerlegen, sondern vom Jobcenter **nachzuweisen**. (→ Rn. 6; vgl. auch eheähnliche Gemeinschaft, → 36 Rn. 46).

2.2 Eltern im Verhältnis zu ihren volljährigen, unverheirateten Kindern

15 § 7 Abs. 3 regelt weiter: *„Zur Bedarfsgemeinschaft gehören [...] 4. die dem Haushalt angehörenden unverheirateten Kinder der in den Nummern 1 bis 3 genannten Personen, wenn sie das 25. Lebensjahr noch nicht vollendet haben, soweit sie die Leistungen zur Sicherung des Lebensunterhalts nicht aus eigenem Einkommen und Vermögen bestreiten können"* (§ 7 Abs. 3 Nr. 4 SGB II; ebenso § 9 Abs. 2 S. 2 SGB II).

Solange sie das 25. Lebensjahr noch nicht vollendet haben, gehören Kinder, die im Haushalt ihrer Eltern wohnen, zur Bedarfsgemeinschaft (§ 7 Abs. 3 Nr. 4 SGB II). Damit werden Volljährige entgegen § 1603 Abs. 2 BGB wie Minderjährige behandelt (vgl. Jugendliche und junge Erwachsene, → 58 Rn. 7 ff.).

Voraussetzung hierfür ist allerdings, dass die unter 25-jährigen Erwachsenen gemeinsam mit ihren Eltern wirtschaften, dh, einen **gemeinsamen Haushalt** führen und **nicht** in einer **Wohngemeinschaft** zusammenleben (LSG Bayern 4.5.2007 – L 7 AS 392/06) und dass die Kinder nicht über ausreichend Ein-

16 Bedarfsgemeinschaft

kommen und Vermögen verfügen, um ihren eigenen SGB II-Bedarf zu decken.

16 Anders als von den Jobcentern gerne behauptet wird, sind Eltern volljähriger, unter 25-jähriger Kinder auch nicht verpflichtet, die Kinder im Haushalt zu behalten. Vielmehr können Sie gerade bei Konflikten das Zusammenleben grundsicherungsrechtlich folgenlos beenden (LSG Berlin-Brandenburg 12.9.2016 – L 25 AS 2137/16 B ER).

2.3 Stiefeltern im Verhältnis zu den Kindern ihrer Ehegatt*innen bis zum 25. Lebensjahr

17 § 7 Abs. 3 Nr. 4 SGB II weitet damit außerdem die Unterhaltspflicht auf Personen aus, die nach dem BGB gar nicht unterhaltspflichtig sind. Unter die Nummern 1 bis 3 fallen erwerbsfähige Leistungsberechtigte, Eltern oder Elternteile **und** ihre Partner*innen (Ehegatt*innen, eingetragene Lebenspartner*innen). Die BA erklärt deshalb in ihren Hinweisen ausdrücklich, dass unter 25-jährige Stiefkinder und der Stiefelternteil eine BG bilden (FW 9.26).

Das war vor Hartz IV rechtswidrig. Nur *„Verwandte in gerader Linie sind verpflichtet, einander Unterhalt zu gewähren"* (§ 1601 BGB). Stiefeltern gehörten ebenso wenig dazu wie Onkel und Tanten. Sie waren mit ihren Stiefkindern lediglich verschwägert und nur im Rahmen einer Haushaltsgemeinschaft (→ 54) eingeschränkt zum Unterhalt verpflichtet.

18 In § 9 Abs. 2 SGB II wird ausdrücklich erklärt, dass Einkommen und Vermögen des*r in der Bedarfsgemeinschaft lebenden Partners*Partnerin eines Elternteils für die unverheirateten Kinder des*r Lebensgefährt*in zu berücksichtigen sind. Das bedeutet, dass der*die Partner*in, der*die nicht Elternteil des Kindes ist, hier zum Unterhalt verpflichtet wird und das sogar bis zur Vollendung des 25. Lebensjahres.

19 Das führt außerdem dazu, dass nicht titulierte **Unterhalts**zahlungen (→ 114) gegenüber den **eigenen**, getrenntlebenden **Kindern** hinter der „Zwangsunterhaltsverpflichtung" für die unter 25-jährigen im Haushalt lebenden **Kinder des*der Partners*Partnerin** zurückstehen müssen.

20 Das **Bundessozialgericht** hat die Verfassungswidrigkeit der Stiefelternhaftung verneint und die von zahlreichen Sozialgerichten geäußerten Bedenken verworfen. *„Der Gesetzgeber darf bei der Gewährung von Sozialleistungen unabhängig von bestehenden bürgerlich-rechtlichen Unterhaltspflichten die Annahme von Hilfebedürftigkeit davon abhängig machen, ob sich für den Einzelnen typisierend aus dem Zusammenleben mit anderen Personen Vorteile ergeben, die die Gewährung staatlicher Hilfe nicht oder nur noch in eingeschränktem Umfang gerechtfertigt erscheinen lassen"* (BSG 13.11.2008 – B 14 AS 2/08 R; LSG NRW 29.10.2009 – L 9 AS 24/08 und BSG 23.5.2013 – B 4 AS 67/11 R).

21 Wir bleiben dennoch bei unserer Auffassung: Im Sozialhilferecht wurde eine derart übersteigerte Unterhaltspflicht noch als Verletzung der Menschenwürde angesehen. Sozialgerichte befanden u.a. eine *„verfassungswidrige Überspannung des Einkommenseinsatzes"* (SG Oldenburg 11.1.2007 – S 44 AS 1265/06 ER), die *„willkürliche Schlechterstellung gegenüber SGB XII-Leistungsberechtigten"* oder eine *„Familien sprengende Einstandshaftung"* (SG Berlin 20.12.2006 – S 37 AS 11401/06 ER).

2.4 Eheähnliche Partner*in im Verhältnis zu den unter 25-jährigen Kindern des*der Partners*Partnerin

22 Auch Partner*innen in einer eheähnlichen Gemeinschaft (→ 36) oder einer lebenspartnerschaftsähnlichen Gemeinschaft (→ 36 Rn. 63) gehören zu den Personen, mit denen die im Haushalt lebenden unverheirateten Kinder unter 25 Jahren eine Bedarfsgemeinschaft bilden sollen (§ 7 Abs. 3 Nr. 3c SGB II).

Eheähnliche Partner*innen werden auf diese Weise faktisch zu Stiefeltern gemacht. Dass die auferlegten Unterhaltsansprüche zivilrechtlich nicht einklagbar sind, interessiert weder Bundesregierung noch BA. Das steht eindeutig im Widerspruch zu den gesetzlichen Unterhaltspflichten des BGB.

23 Wenn der gesteigerte Stiefelternunterhalt in einer Ehe verfassungsrechtlich bedenklich ist (→ Rn. 20), gilt das schon lange für ein

Konstrukt in einer eheähnlichen Gemeinschaft. Durch das Urteil des BSG (BSG 13.11.2008 – B 14 AS 2/08 R) sind aber auch in dieser Konstellation die Chancen, auf dem Klageweg aus der überzogenen Unterhaltspflicht herauszukommen, erheblich eingeschränkt worden. Es muss jedoch angenommen werden, dass, wenn sich der*die Partner*in, der*die nicht Elternteil des Kindes ist, weigert, dem Kind Unterhaltsleistungen zukommen zu lassen, keine Bedarfsgemeinschaft zwischen diesen beiden vorliegt (so auch LPK-SGB II § 7 Rn. 103).

3. Vertretung der Bedarfsgemeinschaft

24 Alle Mitglieder in der BG haben einen eigenen Anspruch auf Leistungen, aber es müssen nicht auch alle selbst gegenüber dem Jobcenter auftreten. Hier ist auch die Vertretung der Mitglieder der BG durch eines der Mitglieder möglich. Näheres finden Sie unter **Bevollmächtigte** (→ 25 Rn. 12 ff.).

4. „Sippenhaftung" innerhalb der BG

25 Das Konstrukt der BG hat weitreichende Konsequenzen auch bei der Minderung von Leistungen für ein Mitglied der BG (vgl. Sanktionen, → 95).

5. Temporäre Bedarfsgemeinschaft bei Ausübung des Umgangsrechts

26 Wenn ein Kind sich abwechselnd in den Haushalten der getrennten Elternteile aufhält, liegt eine temporäre BG vor (Umgangskosten, → 111 Rn. 13 ff.).

6. Einsatzgemeinschaft bei HzL/GSi der Sozialhilfe

27 Bei HzL und GSi der Sozialhilfe und den sonstigen Hilfen im SGB XII gibt es den Begriff der BG nicht. Hier sind die Personen der sog. „Einsatzgemeinschaft" verpflichtet, ihr Einkommen und Vermögen für die*den Leistungsberechtigte*n einzusetzen. Wobei die Personen, die nach dem SGB XII zur Einsatzgemeinschaft gehören, je nach Leistungsart verschieden sein können (§ 27 Abs. 2, § 43 Abs. 1 S. 2, § 19 Abs. 3 SGB XII). Hierzu zählen im Wesentlichen nur die Partner*innen und Kinder. Der Begriff der BG im SGB II ist daher wesentlich weiter.

„*Personen, die in eheähnlicher oder lebenspartnerschaftsähnlicher Gemeinschaft leben, dürfen hinsichtlich der Voraussetzungen sowie des Umfangs der Sozialhilfe nicht besser gestellt werden als Ehegatten*" (§ 20 SGB XII). Im SGB XII gibt es, anders als im SGB II, keine Vermutungsregelung, wann von einem wechselseitigen „Füreinandereinstehen" der Partner*innen auszugehen ist. Das Zusammenleben in einem **Haushalt** und der gemeinsame **Wille**, füreinander einzustehen, sind hier entscheidend; nur dann kann man sie Ehepartner*innen gleichstellen. Ist dies bei Ihnen und Ihrem*r Partner*in nicht der Fall, sind Sie ggf. eine Haushalts- oder Wohngemeinschaft und brauchen die eheähnliche Gemeinschaft im Antrag auch nicht anzukreuzen.

28 Zur Einsatzgemeinschaft in der **Sozialhilfe** (SGB XII) zählen außerdem, anders als im SGB II, nicht:

- Stiefeltern im Verhältnis zu ihren Stiefkindern und
- eheähnliche Partner*innen im Verhältnis zu den Kindern des*der Partners*Partnerin, die aus einer anderen Beziehung stammen.

29 Das Vorliegen der eheähnlichen oder partnerschaftsähnlichen Gemeinschaft ist vom Sozialamt im Wege der Amtsermittlung zu ermitteln (§ 20 SGB X) und nachzuweisen.

7. Kritik

30 Im SGB XII als direktem Nachfolger des BSHG wird der gemeinsame Einsatz des gesamten Einkommens und Vermögens auf Ehegatt*innen mit ihren minderjährigen, unverheirateten Kindern und auf eingetragene Lebenspartner*innen sowie eheähnliche Gemeinschaften beschränkt (§ 27 Abs. 2, § 43 Abs. 1, § 19 Abs. 3, § 20 SGB XII). Hier nennt sich das „Einsatzgemeinschaft".

Das SGB II dehnt den Einsatz des Einkommens und Vermögens füreinander auf alle Haushalte aus, in denen Erwachsene und unter 25-jährige Kinder zusammenleben. Der Einkommens- und Vermögenseinsatz sollte jedoch in beiden Gesetzen einheitlich sein und dabei auf diejenigen beschränkt sein, die auch nach dem BGB zum Unterhalt verpflichtet sind. Alles andere stellt eine überzogene Haftung für andere dar, die zudem dazu führt, dass die in die Haftung genommenen Menschen ihrerseits bestehende Verpflichtungen zum Unterhalt nicht erfüllen können.

8. Forderungen

31 Ersatzlose Streichung der Konstruktion der Bedarfsgemeinschaft im SGB II! Individuelle Ansprüche erfordern die Einzelberechnung des Bedarfs!

17
Befangenheit von Amtsträger*innen

1. Befangenheit 1
2. Ausschlussgründe per Gesetz 2
3. Weitere Gründe für Befangenheit 3
4. Zurückweisung von Sachbearbeiter*innen 6
5. BSG stellt sich gegen Betroffene 8
6. Wahl der Mittel 10
7. Befangenheit im Gerichtsverfahren 13

1. Befangenheit

1 Bürgergeld-Beziehende, früher Hartz IV-Beziehende, werden im „Neusprech" der BA „Kunden" genannt. Allerdings fühlen sich „Jobcenter-Kunden" selten als König. Das liegt zT an den Arbeitsbedingungen der Mitarbeiter*innen dort und vor allem an den Vorgaben der BA-Zentrale in Nürnberg und der örtlichen Geschäftsführungen. Mehrere Befragungen von den früher Alg II-Beziehenden, die von Erwerbsloseninitiativen oder Wohlfahrtsverbänden durchgeführt wurden, haben ergeben, dass die Atmosphäre in Jobcentern häufig als unfreundlich und abweisend bezeichnet wird und der Umgangston zu wünschen übrig lässt. Daran können Sie wenig ändern, genauso wie sich durch die bloße Umbenennung des Hartz IV-Systems in Bürgergeld nichts ändern wird. Wenn aber Ihr*e Sachbearbeiter*in oder Fallmanager*in Ihnen gegenüber voreingenommen,

offen feindlich oder schikanös auftritt oder Sie mit ihm*r in Ihrem nächsten privaten Umfeld zu tun haben, können Sie ihn*sie wegen Befangenheit ablehnen.

2. Ausschlussgründe per Gesetz

2 Befangenheit wird per Gesetz angenommen, wenn Behördenmitarbeiter*innen selbst Beteiligte sind, wenn sie Angehörige eines*r Beteiligten sind, eine*n Beteiligte*n per Vollmacht vertreten oder dessen*deren Beistand sind, wenn sie Angehörige einer Person sind, die eine*n Beteiligte*n in dem Verfahren vertreten, eine*n Beteiligte*n beschäftigen oder dessen*deren Vorstand sind oder wenn sie außerhalb amtlicher Tätigkeiten ein Gutachten abgegeben haben oder sonst wie tätig sind (§ 16 Abs. 1 SGB X). In diesen Fällen ist es egal, ob im Einzelfall Anhaltspunkte dafür bestehen, dass der*die Ausgeschlossene sich von unsachlichen Motiven leiten lässt.

3. Weitere Gründe für Befangenheit

3 Die Befangenheitsregelungen (§ 17 SGB X) ergänzen die Regelungen der ausgeschlossenen Personen im Verwaltungsverfahren nach § 16 SGB X. *„Die Besorgnis der Befangenheit verlangt einen gegenständlichen vernünftigen Grund, der die Beteiligten von ihrem Standpunkt aus befürchten lassen kann, dass der Amtsträger nicht unparteiisch sachlich entscheiden werde. Fälle dieser Art können z.B. eine bestehende Freundschaft oder Feindschaft zwischen dem Amtsträger und einem der Beteiligten, die Berührung wirtschaftlicher oder sonstiger persönlicher Belange des Amtsträgers, unsachliche Äußerungen zu Anträgen eines Beteiligten, vorzeitige Festlegung in einer bestimmten Rechtsauffassung, offenbare Voreingenommenheit u.ä. sein"* (BT-Drs. 7/910, 47 zu § 17 SGB X). Die Gründe müssen objektiv vorliegen und dürfen nicht nur in Ihrer Vorstellung bestehen. Die Gründe sollten zudem gewichtig sein, denn kein*e Behördenchef*in wird seine*ihre Mitarbeiter*innen ohne wichtigen Grund Schwierigkeiten machen.

Die Besorgnis der Befangenheit erfordert einen vernünftigen Grund, der die Beteiligten aus ihrer Sicht befürchten lassen kann, dass der*die Amtsträger*in nicht unparteiisch und allein sachbezogen entscheidet. Es kommt nicht darauf an, ob die für die Behörde tätige Person tatsächlich befangen ist oder sich für befangen hält. Entscheidend ist allein, ob ein*e am Verfahren Beteiligte*r bei vernünftiger Würdigung aller Umstände Anlass hat, an der Unvoreingenommenheit des*r Amtsträgers*Amtsträgerin zu zweifeln (BVerfG 18.6.2003 – 2 BvR 383/03).

Gründe können sein

- eine persönliche oder auf früheren dienstlichen Anlässen beruhende Feindschaft zwischen Ihnen und dem*r Amtsträger*in,
- eine private Bekanntschaft oder Abhängigkeit (zB Angehörige*r von Vermieter*innen),
- die Möglichkeit, wirtschaftliche Vorteile zu erlangen (Schütze SGB X § 17 Rn. 5),
- beleidigende Äußerungen jeglicher Art, zB Unterstellungen, Sie wären „arbeitsscheu", hätten Ihr Kind nur bekommen, um sich vor der Arbeit zu drücken usw,
- die voreilige und vorschnelle Festlegung bei Sachverhalten, dh keine gründliche, unvoreingenommene Prüfung.

4 Nicht ausreichend sind sachliche Meinungsäußerungen zu den Erfolgsaussichten eines*r Beteiligten, dafür aber unangemessenes Drängen auf die Rücknahme eines Antrags. Letzteres hat eine große Bedeutung, weil insbesondere in den Jobcentern viel zu viele Mitarbeiter*innen beschäftigt sind, die ohne fundierte Kenntnisse des SGB II falsche Behauptungen aufstellen und diese auch noch gegen Sie durchsetzen wollen. Die Voreingenommenheit kann sich auch in der Art und Weise äußern, wie ein Kooperationsplan (ehemals: Eingliederungsvereinbarung; → 35) durchgesetzt wird. Wenn zB rechtswidrige Dinge vereinbart werden sollen, willkürliche Auflagen gemacht werden oder keinerlei Eingehen auf Ihre persönliche Situation festzustellen ist.

5 Voreingenommenheit ist die Grundlage dafür, jemanden als befangen zurückzuweisen.

Die BA hat einen Verhaltenskodex für die Beschäftigten aufgestellt, da „alle Aktivitäten der BA [...] in der Öffentlichkeit aufmerksam und kritisch verfolgt" werden. Darin heißt es: „Eine korrekte und unparteiische Aufgabenerfüllung ist unsere Aufgabe" (vgl. dazu https://www.arbeitsagentur.de/ueber-uns/compliance/verhaltenskodex-der-ba). An diesen Verhaltenskodex sollte der*die ein oder andere Mitarbeiter*in ab und zu erinnert werden.

4. Zurückweisung von Sachbearbeiter*innen

6 Wenn Sachbearbeiter*innen als Amtsträger*in Ihnen gegenüber ihr Amt nicht „unparteiisch" ausüben, müssen Sie das äußern und begründen: „wird von einem Beteiligten [also von Ihnen] das Vorliegen eines solchen Grundes behauptet, hat [der Amtsträger] den Leiter der Behörde [...] zu unterrichten und sich auf dessen Anordnung der Mitwirkung zu enthalten" (§ 17 Abs. 1 SGB X).

Wir empfehlen, den **Befangenheitsantrag** nicht bei dem*r betreffenden Sachbearbeiter*in zu stellen, sondern direkt bei seinem*r Vorgesetzten – und zwar **schriftlich**. Das erhöht den Druck. Wenn Sie einen schriftlichen Antrag stellen, bekommen Sie in der Regel auch einen schriftlichen Bescheid. Die Ablehnung, Ihnen eine*n andere*n Sachbearbeiter*in zuzuweisen, ist ein Verwaltungsakt, gegen den Widerspruch (→ 126) möglich ist.

7 Wenn Sie den*die Amtsleiter*in selbst der Befangenheit beschuldigen, hat diese*r die jeweilige Aufsichtsbehörde (beim Bürgergeld die Bundesagentur oder das zuständige Landesministerium, bei den optierenden Kommunen und der Sozialhilfe den*die Bürgermeister*in und den*die Regierungspräsident*in) davon in Kenntnis zu setzen (§ 47 Abs. 1 und 2 SGB II).

5. BSG stellt sich gegen Betroffene

8 Mit Urteil vom 22.9.2009 (B 4 AS 13/09 R) stärkte das BSG die Position der Arbeitsvermittler*innen / Fallmanager*innen im „Eingliederungsprozess". Der*die Betroffene habe weder Anspruch auf eine bestimmte Eingliederungsmaßnahme noch auf eine*n unbefangene*n und qualifizierte*n persönliche*n Ansprechpartner*in. Es bestünde

kein subjektiv-öffentliches Recht, eine*n andere*n Mitarbeiter*in benannt zu bekommen. Allerdings ist diese Entscheidung zur Wahlfreiheit von Betroffenen beim Abschluss eines Kooperationsplan (früher: Eingliederungsvereinbarung; → 35) nicht unmittelbar auf andere Situationen übertragbar.

Unserer Auffassung nach ist es wichtig, gegen Befangenheit von Behördenmitarbeiter*innen mit Dienstaufsichtsbeschwerden und in besonders gravierenden Fällen mit Befangenheitsanträgen vorzugehen, um Fehlverhalten aktenkundig zu machen.

9 Wird der Befangenheitsantrag abgelehnt, ist dagegen kein **Rechtsmittel** wie Klage und Widerspruch möglich. Rechtlich ist nur der Widerspruch gegen den jeweiligen Bescheid möglich, der von einem*r befangenen Mitarbeiter*in durchgeführt wurde.

6. Wahl der Mittel

10 Sie können in einer ersten Stufe eine **Dienstaufsichtsbeschwerde** stellen. Wenn danach die voreingenommenen Äußerungen und Handlungen des*r Amtsträgers*Amtsträgerin weitergehen oder sich gar verstärken, sollten Sie einen Befangenheitsantrag stellen. Zu prüfen wäre auch eine **Fachaufsichtsbeschwerde** (→ 23 Rn. 1 u. 5).

Ein Befangenheitsantrag kann auch „ganz oben" gestellt werden, zB beim Arbeits- und Sozialministerium des jeweiligen Bundeslandes oder bei der Regionaldirektion der BA. Der Antrag wandert dann die Dienstgrade langsam nach unten und alle bekommen den Vorgang mit.

11 **Tipp 1:** Verschießen Sie Ihre Munition nicht auf einen Schlag. Das ist vielleicht gut für ihr Selbstbewusstsein, nutzt Ihnen aber in der Sache nichts. Fangen Sie also mit dem leichtesten Mittel an, und arbeiten Sie sich bei Bedarf langsam hoch.

12 **Tipp 2:** Auch wenn der Befangenheitsantrag formell nicht möglich ist, zeigt er der Behördenleitung, dass da etwas nicht stimmt und kann trotzdem zu einem Wechsel des*r Sachbearbeiters*Sachbearbeiterin führen. Daher sollten Sie Ihren Befangenheitsantrag auch stellen.

7. Befangenheit im Gerichtsverfahren

13 Haben Sie den Eindruck, dass im sozialgerichtlichen Verfahren ein*e Richter*in oder Sachverständige*r nicht unparteiisch, sondern unsachlich, voreingenommen oder gar feindlich auftritt, kann auch diese Person wegen möglicher Befangenheit abgelehnt werden (§ 60 SGG iVm §§ 41 ff. ZPO).

Die sogenannte **Besorgnis der Befangenheit** liegt vor, wenn ein geeigneter Grund vorhanden ist, Misstrauen gegen die Unparteilichkeit eines*r Richters*Richterin (oder Sachverständigen) zu rechtfertigen. Geeignet hierfür sind nur objektive Gründe, die vom Standpunkt des*r Ablehnenden aus und bei vernünftiger Betrachtungsweise die Befürchtung wecken können, der*die Richter*in stehe der Sache nicht unvoreingenommen und unparteiisch gegenüber.

14 Die bloße **unterschiedliche Beurteilung der Sachlage** durch den*die Richter*in stellt keinen objektiven Befangenheitsgrund dar, auch die Erteilung von gebotenen Verfahrenshinweisen begründet die Besorgnis der Befangenheit nicht (BSG 18.11.2009 - B 1 KR 74/08 B). Auch der Umstand, dass ein*e Richter*in bereits in der Vergangenheit eine für die*den Betroffene*n nachteilige Entscheidung getroffen hat, rechtfertigt die Besorgnis der Befangenheit nicht (BSG 2.7.2013 - B 9 SB 2/13 C), ebenso wenig die Teilnahme eines*r Richters*Richterin an Tagungen zu aktuellen Rechtsfragen (BSG 18.7.2007 - B 13 R 28/06 R). Hingegen kann eine „*instanzübergreifende Richterehe*" ein Ablehnungsgrund sein (BSG 24.11.2005 - B 9a VG 6/05 B), also die Tätigkeit des*r Ehegatten*Ehegattin des*r Richters*Richterin in der Rechtsanwaltskanzlei, welche die Gegenseite vertritt (BGH 15.3.2012 - V ZB 102/11) oder aber beleidigende Äußerungen des*r Richters*Richterin.

18 Behinderung/Menschen mit Behinderung

1. Behinderung	1
2. Sozialhilfe	2
2.1 Eingliederungshilfe für behinderte Menschen	3
2.2 Mehrbedarf für erwerbsgeminderte oder ältere Menschen mit Gehbehinderung	7
3. Bürgergeld	8
3.1 Leistungen zur Eingliederung	9
3.2 Mehrbedarf zur Teilhabe am Arbeitsleben	12
4. Sozialgeld	15
5. Höhe des Mehrbedarfszuschlags	17
6. Grundsicherung (GSi)	18
7. Kindergeld für Menschen mit Behinderung	20
8. Geschütztes Bausparvermögen für Wohnraum von behinderten oder pflegebedürftigen Menschen	21
9. Information	27

1. Behinderung

1 *„Menschen mit Behinderung sind Menschen, die körperliche, seelische, geistige oder Sinnesbeeinträchtigungen haben, die sie in Wechselwirkung mit einstellungs- und umweltbedingten Barrieren an der gleichberechtigten Teilhabe an der Gesellschaft mit hoher Wahrscheinlichkeit länger als sechs Monate hindern können. Eine Beeinträchtigung nach Satz 1 liegt vor, wenn der Körper- und Gesundheitszustand von dem für das Lebensalter typischen Zustand abweicht"* (§ 2 Abs. 1 S. 1 und 2 SGB IX).

„Zu den Menschen mit Behinderung zählen Menschen, die langfristige körperliche, seelische, geistige oder Sinnesbeeinträchtigungen haben, welche sie in Wechselwirkung mit verschiedenen Barrieren an der vollen, wirksamen und gleichberechtigten Teilhabe an der Gesellschaft hindern können" (Art. 1 UN-BRK).

2. Sozialhilfe

2 Menschen mit Behinderung können Anspruch auf Eingliederungshilfe für behinderte Menschen sowie Mehrbedarfe haben.

2.1 Eingliederungshilfe für behinderte Menschen

3 Eingliederungshilfe für behinderte Menschen können Personen bekommen, die durch eine Behinderung im Sinne des SGB IX *„wesentlich in der gleichberechtigten Teilhabe an der Gesellschaft eingeschränkt sind [...] oder von einer solchen wesentlichen Behinderung bedroht sind "* (§ 99 Abs. 1 SGB IX). Sie müssen also nicht nur behindert, sondern wesentlich behindert sein.

4 Der **Begriff der Behinderung** ist bewusst weit gefasst, dabei kann es sich sowohl um eine körperliche, geistige als auch seelische Behinderung handeln. Unter letzteres fallen chronische psychische Erkrankungen, Persönlichkeitsstörungen und Suchterkrankungen.

5 Ob Ihnen Leistungen der Eingliederungshilfe zur **Teilhabe am Arbeitsleben**, zur **Teilhabe an Bildung**, zu **Sozialer Teilhabe** oder zur **medizinischen Rehabilitation** zustehen und welche Leistungen von welchem Träger in Betracht kommen, können Sie bei verschiedenen Beratungsstellen erfahren (bspw. den Ergänzenden Unabhängigen Teilhabeberatungen: www.teilhabeberatung.de/beratung/beratungsangebote-der-eutb, letzter Zugriff: 9.1.2023).

6 Leistungen der Eingliederungshilfe für Menschen mit Behinderung, die (in der Regel) vom Sozialhilfeträger erbracht werden, bestimmen sich nach der Besonderheit des Einzelfalles, insbesondere nach der Art des Bedarfes, den persönlichen Verhältnissen, dem Sozialraum und den eigenen Kräften und Mitteln; dabei ist auch die Wohnform zu würdigen (§ 104 Abs. 1 S. 1 SGB IX). Dabei umfasst die Eingliederungshilfe:

- Beratung und Unterstützung (§ 106 SGB IX),
- Leistungen zur medizinischen Rehabilitation (§§ 42 ff. SGB IX),
- Leistungen zur Teilhabe am Arbeitsleben (§§ 49 ff. SGB IX),
- Leistungen zur Teilhabe an Bildung (§ 75 SGB IX) und
- Leistungen zur Sozialen Teilhabe (§§ 76 ff. SGB IX).

18 Behinderung/Menschen mit Behinderung

2.2 Mehrbedarf für erwerbsgeminderte oder ältere Menschen mit Gehbehinderung

7 Altersrentner*innen oder voll erwerbsgeminderte Personen mit einer **Gehbehinderung** (Merkzeichen G oder aG) haben Anspruch auf einen **Mehrbedarf** (→ 74) von **17 Prozent** des maßgebenden Regelsatzes (§ 30 Abs. 1 SGB XII). Eine volle Erwerbsminderung liegt eindeutig vor, wenn die Deutsche Rentenversicherung (DRV) eine Rente wegen voller Erwerbsminderung aus medizinischen Gründen (keine „Arbeitsmarktrente") gewährt. Wenn es keinen Bescheid von der DRV gibt, weil Sie die versicherungsrechtlichen Voraussetzungen nicht erfüllen (insbes. nicht genügend Beitragszeiten haben) oder weil sich das Verfahren bei der DRV hinzieht, dann muss der Sozialhilfeträger selbst die Erwerbsminderung ermitteln. Anders ist es leider in Bezug auf die Schwerbehinderung und das Merkzeichen „G" bzw. „aG". Hier zählt nur die Feststellung durch das zuständige Versorgungsamt. Der Mehrbedarf kann nicht rückwirkend gewährt werden, auch wenn das Versorgungsamt feststellt, dass die Voraussetzungen für die Vergangenheit bestanden haben. Erst ab dem Monat, in dem der Bescheid des Versorgungsamtes beim Sozialamt vorgelegt wird, kann der Mehrbedarf gewährt werden (BSG 25.4.2018 – B 8 SO 25/16 R).

3. Bürgergeld

8 Auch Menschen mit Behinderung, die erwerbsfähig sind und Bürgergeld beziehen, können Anspruch auf Eingliederungshilfe für behinderte Menschen sowie Mehrbedarfe haben.

3.1 Leistungen zur Eingliederung

9 Nach dem **SGB II und SGB III** können Leistungen zur Eingliederung natürlich auch von erwerbsfähigen Menschen mit Behinderung, die Bürgergeld beziehen, beansprucht werden (→ 10 Rn. 8 ff.).

10 Im SGB III gelten Menschen als behindert, „*deren Aussichten, am Arbeitsleben teilzunehmen oder weiter teilzuhaben, wegen Art und Schwere ihrer Behinderung im Sinne* von § 2 Abs. 1 des Neunten Buches nicht nur vorübergehend wesentlich gemindert sind und die deshalb Hilfen zur Teilhabe am Arbeitsleben benötigen, einschließlich Menschen mit Lernbehinderungen.

(2) Menschen mit Behinderungen stehen Menschen gleich, denen eine Behinderung mit den in Absatz 1 genannten Folgen droht" (§ 19 SGB III).

11 Leistungen zur **Teilhabe am Arbeitsleben** nach dem **SGB III** können erwerbsfähigen behinderten Menschen, die Bürgergeld beziehen, auch unter begünstigenden Bedingungen erbracht werden (§ 16 Abs. 1 S. 3 SGB II).

Das sind u.a.

- vermittlungsunterstützende Leistungen (§§ 115 Nr. 1, 116 Abs. 1 SGB III),
- Förderung der beruflichen Ausbildung (§§ 115 Nr. 2, 116 Abs. 2 SGB III; ohne Berufsvorbereitung und BAB),
- Förderung beruflicher Weiterbildung (§§ 115 Nr. 3, 116 Abs. 2 und 5 SGB III),
- besondere Maßnahmen der beruflichen Aus- und Weiterbildung in Werkstätten für behinderte Menschen, wenn aufgrund der Behinderung keine andere Möglichkeit besteht, wieder am Arbeitsleben teilzuhaben. Dazu zählen u.a. Maßnahmen in Berufsförderungs- oder Berufsbildungswerken (§ 117 SGB III). Übernommen werden hier für Bürgergeld-Beziehende die Teilnahmekosten für eine Maßnahme. Dazu gehören die Lehrgangskosten, Lernmittel sowie Arbeitsausrüstung und -bekleidung, Kosten für Unterkunft und Verpflegung, Reisekosten, Kosten für Haushaltshilfe und Kinderbetreuung und eingliederungsbegleitende Dienste (§§ 118 S. 1 Nr. 3, 127, 128 SGB III). Diese Leistungen können auch als trägerübergreifendes persönliches Budget erbracht werden (§ 118 S. 2 SGB III).

3.2 Mehrbedarf zur Teilhabe am Arbeitsleben

12 Einen **Mehrbedarfszuschlag** (→ 74) in Höhe von **35 Prozent** des für Sie maßgebenden Regelsatzes steht Ihnen zu (§ 21 Abs. 4 SGB II), wenn Sie im Rahmen der Eingliede-

rungshilfe Leistungen zur Teilhabe am Arbeitsleben beziehen. Diese Hilfen können zB sein:

- Hilfen zur Erhaltung oder Erlangung eines Arbeitsplatzes einschließlich Leistungen zur Aktivierung und beruflichen Eingliederung (§ 49 Abs. 3 Nr. 1 SGB IX),
- die individuelle betriebliche Qualifizierung im Rahmen unterstützter Beschäftigung (§ 49 Abs. 3 Nr. 3 SGB IX),
- die berufliche Anpassung und Weiterbildung, auch soweit die Leistungen einen zur Teilnahme erforderlichen schulischen Abschluss einschließen (§ 49 Abs. 3 Nr. 4 SGB IX),
- die Förderung der Aufnahme einer selbstständigen Tätigkeit (§ 49 Abs. 3 Nr. 6 SGB IX),
- sonstige Hilfen zur Förderung der Teilhabe am Arbeitsleben, um Menschen mit Behinderungen eine angemessene und geeignete Beschäftigung oder eine selbstständige Tätigkeit zu ermöglichen und zu erhalten (§ 49 Abs. 3 Nr. 7 SGB IX),
- Leistungen zur Teilhabe an Bildung (§ 112 SGB IX) – ggf. flankiert von Leistungen für medizinische, psychologische und pädagogische Hilfen,
- Hilfen zur Unterstützung bei der Krankheits- und Behinderungsverarbeitung (§ 49 Abs. 6 Nr. 1 SGB IX)
- Hilfen zur Aktivierung von Selbsthilfepotentialen (§ 49 Abs. 6 Nr. 2 SGB IX),
- Information und Beratung von Partner*innen und Angehörigen sowie von Vorgesetzten und Kolleg*innen, wenn die Leistungsberechtigten dem zustimmen (§ 49 Abs. 6 Nr. 3 SGB IX),
- die Vermittlung von Kontakten zu örtlichen Selbsthilfe- und Beratungsmöglichkeiten (§ 49 Abs. 6 Nr. 4 SGB IX),
- Hilfen zur seelischen Stabilisierung und zur Förderung der sozialen Kompetenz, unter anderem durch Training sozialer und kommunikativer Fähigkeiten und im Umgang mit Krisensituationen (§ 49 Abs. 6 Nr. 5 SGB IX),
- das Training lebenspraktischer Fähigkeiten (§ 49 Abs. 6 Nr. 6 SGB IX),
- das Training motorischer Fähigkeiten (§ 49 Abs. 6 Nr. 7 SGB IX),
- die Anleitung und Motivation zur Inanspruchnahme von Leistungen zur Teilhabe am Arbeitsleben (§ 49 Abs. 6 Nr. 8 SGB IX) und
- die Beteiligung von Integrationsfachdiensten im Rahmen ihrer Aufgabenstellung (§ 49 Abs. 6 Nr. 9 SGB IX).

13 Um diesen Mehrbedarf zu erhalten, müssen Sie den Bewilligungsbescheid des jeweiligen Rehabilitationsträgers vorlegen, der die hier dargestellten Leistungen erbringt (FW 21.21). Reha-Träger für Leistungen zur Teilhabe am Arbeitsleben können außer der Bundesagentur für Arbeit zB sein: die Rentenversicherung, die Unfallversicherung oder die öffentliche Jugendhilfe.

14 Der Mehrbedarf kann übergangsweise auch **nach Beendigung** der Eingliederungsleistung und insbesondere während der Einarbeitung weiter geleistet werden. *„Die Dauer sollte drei Monate nicht überschreiten"* (FW 21.23; dazu: LSG Hessen 12.11.2021 – L 6 AS 123/21).

4. Sozialgeld

15 Anspruch auf Sozialgeld (→ 105) haben voll erwerbsgeminderte Personen, die mit erwerbsfähigen Hilfebedürftigen in einer Bürgergeld-Bedarfsgemeinschaft leben.

Menschen mit Behinderung, die Sozialgeld beziehen und das 15. Lebensjahr vollendet haben, haben Anspruch auf einen **Mehrbedarf**, wenn sie bestimmte Leistungen zur Teilhabe am Arbeitsleben erhalten (→ Rn. 12; § 23 Abs. 1 Nr. 2 und 3 SGB II). Der Mehrbedarf beträgt auch hier **35 Prozent** des maßgebenden Regelsatzes.

16 Im SGB II gibt es (wie in der Sozialhilfe) einen **Mehrbedarf** von **17 Prozent** der maßgebenden Regelleistung für **voll erwerbsgeminderte** Sozialgeldbeziehende, die einen Schwerbehindertenausweis mit Merkzeichen „G" oder „aG" besitzen (§ 23 Abs. 1 Nr. 4 SGB II, → Rn. 7).

5. Höhe des Mehrbedarfszuschlags

17 Der Mehrbedarf bezieht sich immer auf den maßgebenden Regelsatz (→ 89) im Jahr 2023.

18 Behinderung/Menschen mit Behinderung

Maßgebender Regelsatz in EUR für 2023	17 % Mehrbedarf	35 % Mehrbedarf
Alleinstehend/Alleinerziehend 502 EUR	85,34 EUR	175,70 EUR
Partner*in 451 EUR	76,67 EUR	157,85 EUR
18- bis 24-jährige 402 EUR	68,34 EUR	140,70 EUR
15- bis 17-jährige 420 EUR	71,40 EUR	147,00 EUR

6. Grundsicherung (GSi)

18 Wenn Sie über 18 Jahre alt und dauerhaft voll erwerbsgemindert sind, haben Sie Anspruch auf Grundsicherung (→ 51).

19 Einer Feststellung der dauerhaften vollen Erwerbsminderung durch den Rentenversicherungsträger bedarf es nicht, wenn *„der Fachausschuss einer Werkstatt für behinderte Menschen über die Aufnahme in eine Werkstatt oder Einrichtung eine Stellungnahme [...] abgegeben und dabei festgestellt hat, dass ein Mindestmaß an wirtschaftlich verwertbarer Arbeitsleistung nicht vorliegt"* (§ 45 S. 3 Nr. 4 SGB XII).

Behinderte und voll erwerbsgeminderte Menschen, die dauerhaft in einer Werkstatt aufgenommen sind, erhalten demnach regelmäßig GSi der Sozialhilfe.

7. Kindergeld für Menschen mit Behinderung

20 Näheres finden Sie unter dem Beitrag Kindergeld (→ 61 Rn. 8 f.).

8. Geschütztes Bausparvermögen für Wohnraum von behinderten oder pflegebedürftigen Menschen

21 Geschützt ist ein

„Vermögen, solange es nachweislich zur baldigen Beschaffung oder Erhaltung eines Hausgrundstücks oder einer Eigentumswohnung von angemessener Größe bestimmt ist, und das Hausgrundstück oder die Eigentumswohnung von Menschen mit Behinderung oder pflegebedürftigen Menschen zu Wohnzwecken dient oder dienen soll und dieser Zweck durch den Einsatz oder die Verwertung des Vermögens gefährdet würde"

(§ 12 Abs. 1 Nr. 6 SGB II; fast wortgleich § 90 Abs. 2 Nr. 3 SGB XII).

22 Blinde Menschen wurden im alten BSHG ebenfalls erwähnt. Sie fallen jetzt unter den Begriff behinderte Menschen. Die behinderten und pflegebedürftigen Menschen können gem. § 16 Abs. 5 SGB X auch entfernte Verwandte sein, die nicht der Bedarfsgemeinschaft angehören. Die Regelung soll vor allem Eltern behinderter Kinder begünstigen, bei denen eine Ansammlung von Bausparvermögen vorliegt (vgl. BT-Drs. 11/391, 5).

23 Nicht nur Neubau oder Erwerb, sondern auch Um- und Ausbau, Instandsetzung, Modernisierung und Sanierung eines Hauses sind mit dem Begriff *„Beschaffung und Erhaltung eines Hausgrundstücks"* gemeint.

Außer einem Bausparvertrag sind auch andere Formen eines Vermögens, die dem oben genannten Zweck dienen, geschützt, zB Vermögen aus Lebensversicherungen oder Sparvermögen.

Vom ausgezahlten Bausparvermögen müssen die Arbeitnehmer-Sparzulage plus Sparprämien abgezogen werden, die bei vorzeitiger Auflösung zurückverlangt werden. Ebenso Steuern, die nachgezahlt werden müssen (OVG Nordrhein-Westfalen 17.1.2000 – 22 A 4467/95).

Der behinderte oder pflegebedürftige Mensch muss selbst nicht hilfebedürftig sein. Das Vermögen muss nur nachweislich seinen Wohnzwecken dienen.

24 Zusammengefasst müssen folgende Voraussetzungen erfüllt sein:
- Das Vermögen dient zur baldigen Beschaffung oder Erhaltung eines Hausgrundstücks.
- Das Vermögen muss „nachweislich bestimmt" sein.
- Das zu beschaffende oder zu erhaltende Hausgrundstück muss von angemessener Größe sein.
- Das Hausgrundstück muss zu Wohnzwecken behinderter oder pflegebedürftiger Menschen dienen oder dienen sollen.

- Der Wohnzweck für behinderte oder pflegebedürftige Menschen muss durch die Verwertung des Vermögens gefährdet sein.

25 Unter **„baldiger"** Beschaffung versteht die BA einen Zeitraum grundsätzlich bis zu einem Jahr (FW 12.33). Letztlich muss eine Prognoseentscheidung getroffen werden, so dass ein starrer Jahreszeitraum generell ungeeignet ist. Dabei muss unter Berücksichtigung aller Besonderheiten des Einzelfalles bewertet werden, ob Sie mit dem vorhandenen Vermögen, der Art der Vermögens-Anlage und gegebenenfalls mit dem ergänzenden Sparplan voraussichtlich in der Lage sein werden, das angestrebte Objekt baldig zu beschaffen. Dazu gehört auch, dass die späteren laufenden Kosten der angestrebten Wohnung für Sie voraussichtlich bezahlbar sind und bei zusätzlich erforderlicher Finanzierung mit vorgesehenen Krediten deren Rückzahlung möglich erscheint (LSG Hessen 26.1.2009 – L 9 SO 48/07, Rn. 14). Vor allem muss aber auch berücksichtigt werden, dass der Gesetzgeber es Ihnen auch ermöglichen wollte, noch ausreichend Zeit zu bekommen, das nötige Vermögen fertig anzusparen, um das Vorhaben zu beginnen (BT-Drs. 11/391, 5).

26 **Nachgewiesen** ist die Zweckbestimmung insbesondere, wenn zB ein Kauf- oder Bauobjekt bereits ausgewählt wurde, die Finanzierung gesichert ist und Baupläne oder Kaufverträge oder Vorverträge vorliegen (jurisPK-SGB II § 12 Rn. 174).

9. Information

27 Leitfaden Sozialhilfe für Menschen mit Behinderungen und bei Pflegebedürftigkeit von A-Z, AG TuWas (Hrsg.), 10. Aufl., Frankfurt 2018

BAG SELBSTHILFE von Menschen mit Behinderung und chronischer Erkrankung und ihren Angehörigen e.V. (BAG SELBSTHILFE e.V.), Kirchfeldstr. 149, 40215 Düsseldorf, Tel: 0211/3 10 06–0, E-Mail: info@bag-selbsthilfe.de, www.bag-selbsthilfe.de

19 Beistand/ Begleitung zum Amt

1. Das Recht auf Beistand 1
2. Einer oder mehrere Beistände 5
3. Ausweispflicht von Beiständen 8
4. Beistand bei Untersuchungen durch den Amtsarzt oder medizinischen Dienst 10
5. Zurückweisung von Beiständen 11
   5.1 Zurückweisung von Beiständen in Coronazeiten 14
   5.2 Folgen der (rechtswidrigen) Zurückweisung eines Beistands ... 16
6. Beistandschaft durch Beratungsstellen/Erwerbsloseninitiativen 17

1. Das Recht auf Beistand

1 Sie haben das Recht, eine Person Ihres Vertrauens mit zu persönlichen Vorsprachen bei einer Behörde zu nehmen, einen sogenannten **Beistand** (§ 13 Abs. 4 SGB X).

In der Praxis hat sich gezeigt, dass die Behördenmitarbeiter*innen oft respektvoller mit Leistungsbeziehenden umgehen, wenn diese mit einem Beistand bei der Behörde erscheinen, weil sie nicht alleine sind und ein*e Zeuge*Zeugin dabei ist. Insbesondere wenn Sie ängstlich sind oder es bereits in der Vergangenheit zu Konflikten gekommen ist, empfiehlt es sich, einen Beistand mitzunehmen. Dabei ist allerdings zu beachten, dass das, was der Beistand sagt, von der Behörde so behandelt werden muss, als hätten Sie es selbst gesagt. Es sei denn, Sie widersprechen unverzüglich (§ 13 Abs. 4 S. 2 SGB X).

2 Grundsätzlich handelt es sich bei einem Beistand um eine **Vertrauensperson**. Der Beistand tritt **nicht für, sondern neben dem*r** Beteiligten bei Verhandlungen und Besprechungen auf. Die Beistandschaft ist deshalb **auf mündliche Erörterungen beschränkt**. Die Beistandschaft setzt die persönliche Anwesenheit des*r Beteiligten und des Beistands voraus. Eine vorherige Anmeldung oder gar eine Genehmigung der Behörde für die Anwesenheit des Beistands ist nicht erforderlich. Es genügt, wenn der Beistand zusammen mit Ihnen erscheint (jurisPK-SGB X/Pitz § 13 SGB X Rn. 20 f.).

19 Beistand/Begleitung zum Amt

3 Der Beistand kann mit Ihnen an allen notwendigen Terminen im Rahmen der Beantragung und des Bezugs von Sozialleistungen teilnehmen. Er oder sie kann bei jeder Vorsprache anwesend sein und darf nur in Ausnahmen von Gesprächen ausgeschlossen werden (→ Rn. 5 ff.). Das gilt auch für Gespräche über einen Kooperationsplan (früher *Eingliederungsvereinbarung*; → 35), für Eignungsuntersuchungen im Rahmen eines „Profilings" oder für medizinische Untersuchungen durch den*die Amtsarzt*Amtsärztin (→ 6) oder medizinischen Dienst (→ Rn. 10).

4 **Tipp:** Bereiten Sie sich vor einem Behördentermin zusammen mit Ihrem Beistand gründlich vor. Besprechen Sie den Sachverhalt, und entwickeln Sie eine gemeinsame Gesprächsstrategie.

2. Einer oder mehrere Beistände

5 Gerade im Zuge von offensiverem Auftreten von Erwerbslosen kommt es immer wieder zum Streit, ob der Begriff „*Beistand*" des § 13 Abs. 4 SGB X sich auf eine Person oder mehrere Personen bezieht. Nach Sinn und Zweck der Regelung können Betroffene sich durchaus von zwei oder drei Beiständen unterstützen lassen (SG Kassel 12.9.2008 – S 7 AS 554/08 ER; Hauck/Noftz SGB X § 13 Rn. 20). Die Beistände müssen nur für die Aufgabe geeignet sein (→ 6 Rn. 12).

6 Es ist jedoch fraglich, ob eine Beistandschaft, bestehend aus drei oder mehr Personen, geeignet ist, eine ruhige und sachliche Gesprächssituation herbeizuführen. Deshalb ist unserer Ansicht nach in der Regel von der Begleitung durch mehrere Beistände eher abzuraten. Je nach Gesprächstaktik kann die Begleitung durch mehrere Beistände dennoch sinnvoll sein.

7 **Tipp:** Die Begleitung zum Amt kann mit unterschiedlichen Zielsetzungen durchgeführt werden. Je nachdem, ob der Behördentermin eher klärenden, Ansprüche einfordernden oder demonstrativen Charakter hat, kann die Zahl der Beistände von einer Person bis zur aktionsfähigen Kleingruppe variieren. Wichtig ist nur, dass sich die Beteiligten über ihr Ziel und die Rollenverteilung einig sind.

3. Ausweispflicht von Beiständen

8 Verschiedene Sozialgerichte haben eine Ausweispflicht von Beiständen bejaht: Das LSG NRW begründet dies damit, dass „*die den Behörden obliegende Prüfung der Zurückweisung eines Beistandes nach § 13 Abs. 5 und 6 SGB X ansonsten nicht möglich wäre*" (LSG NRW 24.9.2021 – L 7 AS 1260/20). Insbesondere müsse die Behörde kontrollieren können, ob der Beistand eine nach § 3 RDG in Verbindung mit § 13 Abs. 5 SGB X unzulässige Rechtsdienstleistung erbringt (SG Köln 3.3.2020 – S 28 AS 5110/18; SG Stuttgart 28.11.2014 – S 4 AS 6236/14 ER). Das SG Stuttgart begründet die Ausweispflicht außerdem damit, dass das Jobcenter zur Ausübung des Hausrechts einen Anspruch habe zu erfahren, wer sich innerhalb des Behördengebäudes aufhält, zB um die Einhaltung von Hausverboten kontrollieren zu können (SG Stuttgart 28.11.2014 – S 4 AS 6236/14 ER).

9 **Kritik:** Wir vertreten die Ansicht, dass, entgegen der Auffassung der Sozialgerichte, eine Erfassung der Personalien von Beiständen in der überwiegenden Zahl der Fälle nicht notwendig ist und daher alleine aus Gründen des Datenschutzes unzulässig ist. Die behördliche Ermittlung des Namens eines Beistandes ist erst dann „*erforderlich*" im Sinne des § 67a Abs. 1 S. 1 SGB X, wenn die Behörde zu dem begründeten Eindruck kommt, dass der Beistand gegen Rechtsvorschriften verstößt bzw. er nicht als Beistand geeignet ist. Nach § 13 Abs. 5 SGB X sind Bevollmächtigte und Beistände zurückzuweisen, wenn sie entgegen § 3 RDG Rechtsdienstleistungen erbringen. Eine Rechtsdienstleistung im Sinne dieses Gesetzes ist jede Tätigkeit in konkreten fremden Angelegenheiten, sobald eine rechtliche Prüfung des Einzelfalls erfordert (§ 2 Abs. 1 RDG). Sitzt der Beistand nur dabei oder vermittelt er zwischen Ihnen und dem*r Sachbearbeiter*in, findet keine Rechtsdienstleistung statt.

Die Kontrolle von Ausweisen und Personalien mit dem Hausrecht der Behörde zu begründen, ist aus unserer Sicht auch eine fragwürdige Argumentation und stellt eine Kriminalisierung von Sozialleistungsbeziehenden dar, denn auch in anderen Behörden ist die grundsätzliche Kontrolle von Ausweisen nicht üblich. Eine Feststellung der Personalien, ohne dass dafür ein begründeter Anlass besteht, ist gerade deshalb abzulehnen, weil die „normalen" Umgangsformen auch im Jobcenter oder Sozialamt gewahrt bleiben müssen.

4. Beistand bei Untersuchungen durch den Amtsarzt oder medizinischen Dienst

10 Auch zu behördlich veranlassten medizinischen Begutachtungen können Sie einen Beistand mitnehmen (BSG 27.10.2022 – B 9 SB 1/20 R; LSG NRW 2.11.2009 – L 12 B 57/09 SO; VG Münster 16.5.2012 – 4 L 113/12). Eine grundsätzliche Ablehnung der Anwesenheit von Beiständen bei amtsärztlichen Untersuchungen (→ 6) ist nicht zulässig. Nur wenn triftige Gründe bestehen, einen Beistand von der Untersuchung – oder Teilen davon – auszuschließen, ist der **Ausschluss** möglich (LSG NRW 2.11.2009 – L 12 B 57/09 SO, juris Rn. 19). Soweit die Anwesenheit des Beistands zu einer möglichen Verfälschung des Begutachtungsergebnisses geführt hat, hat der*die Sachverständige in seinem*ihrem Gutachten darauf hinzuweisen.

5. Zurückweisung von Beiständen

11 Ein Beistand kann nur zurückgewiesen werden, wenn er zum „*sachgemäßen Vortrag*" nicht fähig ist (§ 13 Abs. 6 SGB X), also zB „dummes Zeug" redet oder die Amtsmitarbeiter*innen beschimpft oder anschreit.

12 Er kann auch zurückgewiesen werden, wenn er geschäftsmäßig fremde Rechtsangelegenheiten besorgt, ohne dazu befugt zu sein (§ 13 Abs. 5 SGB X). Das liegt aber nur vor, wenn „*[die Angelegenheit] eine rechtliche Prüfung des Einzelfalls erfordert*" (§ 2 Abs. 1 RDG). Wenn Sie ohne rechtliche Prüfung des Einzelfalls andere begleiten, handelt es sich nicht um Besorgung fremder Rechtsangelegenheiten im Sinne des Rechtsdienstleistungsgesetzes (RDG). Dann ist die Begleitung „*geschäftsmäßig*", dh auch wiederholt oder mit Wiederholungsabsicht zulässig.

13 Personen, die nach § 73 Abs. 2 S. 1 und 2 Nr. 3 bis 9 des SGG zur Vertretung im sozialgerichtlichen Verfahren befugt sind, dürfen nicht zurückgewiesen werden (§ 13 Abs. 5 S. 2 SGB X). Dazu gehören u.a. Rechtsanwält*innen, Rechtslehrende (Professor*innen), Rentenberater*innen, Steuerberater*innen, Steuerbevollmächtigte, Wirtschaftsprüfer*innen, Rechtssekretär*innen und Sozialrechtsreferent*innen.

5.1 Zurückweisung von Beiständen in Coronazeiten

14 Es ist verschiedentlich bekannt geworden, dass in der Zeit nach dem Lockdown Beistände generalpräventiv von Jobcentern zurückgewiesen wurden. So hat beispielsweise das JC Rhein-Kreis Neuss Meldeaufforderungen nach § 59 SGB II mit folgenden Hinweisen versendet: „*Beachten Sie bitte darüber hinaus, dass Sie den Beratungstermin ausschließlich alleine wahrnehmen können und verzichten Sie daher auf Begleitpersonen.*"

Derartige Verwaltungspraktiken und Meldeaufforderungen sind rechtswidrig, denn sie verstoßen gegen das unabdingbare Recht auf Beistand, welches auch nicht durch Corona eingeschränkt werden darf (§ 13 Abs. 4 SGB X iVm § 31 SGB I). Eine Meldeaufforderung von Jobcentern mit der Anweisung, nicht mit Beistand zu erscheinen, ist als Verwaltungsakt anzusehen, gegen den Widerspruch (→ 126) eingelegt werden kann, welcher nach § 86a Abs. 1 SGG aufschiebende Wirkung hat. Das bedeutet: die Betreffenden können mit Beistand erscheinen. Wird der Besuch dann von Seiten der Behörde abgebrochen, ist eine Sanktion rechtswidrig.

15 Die Sozialleistungsträger führen in der Coronazeit zunehmend **Meldeaufforderungen** durch Telefontermin durch; diese sind auch kritisch zu bewerten, weil dadurch ein Beistand ausgeschlossen wird. Wer nicht alleine mit der Behörde den Kontakt sucht, kann diesen Telefonmeldetermin ablehnen. Dies auch aus dem Grund, dass bei Meldeaufforderungen nach § 59 SGB II iVm 309 SGB III ausschließlich Meldungen in Form eines persönlichen Erscheinens vorgesehen sind. Eine Sanktion bei Weigerung einen tele-

fonischen Meldetermin durchzuführen ist daher nicht zulässig.

5.2 Folgen der (rechtswidrigen) Zurückweisung eines Beistands

16 Wenn ein Beistand zurückgewiesen wird, muss das sowohl Ihnen, als auch dem Beistand, schriftlich mitgeteilt werden (§ 13 Abs. 7 SGB X), natürlich mit Begründung. Sie können und sollten dagegen mit Widerspruch (→ 126) und ggf. Klage (→ 64) vor dem Sozialgericht vorgehen.

Wenn Sie einen Termin zum Abschluss eines Kooperationsplans (früher *Eingliederungsvereinbarung*; → 35) oder einen Untersuchungstermin nicht wahrnehmen, weil Ihr Beistand rechtswidrig zurückgewiesen wurde, darf das nicht gegen Sie ausgelegt werden, sondern muss als *„wichtiger Grund"* anerkannt werden, der eine Sanktion (→ 95) ausschließt (§ 31 Abs. 1 S. 2 SGB II).

Auch Ihre Mitwirkungspflichten (→ 79) haben Sie in diesem Fall nicht verletzt, denn Sie hatten auch hier einen *„wichtigen Grund"* (§ 65 Abs. 1 Nr. 2 SGB I).

6. Beistandschaft durch Beratungsstellen/ Erwerbsloseninitiativen

17 Erwerbsloseninitiativen und Beratungsstellen organisieren vermehrt Begleitungen bei Behördengängen. Diese Form solidarischer Unterstützung wird zunehmend gebraucht um die passende Antwort auf allseits überhandnehmende „Aktivierung" bzw. „Schikanierung" durch die Arbeitslosenverwaltung. Organisierte Beistandschaft ist zudem eine einfache und praktische Möglichkeit, sich gemeinsam gegen behördliche Willkür und Schikanen zur Wehr zu setzen, die oft zu kurzfristigen Erfolgen führt. Die Beteiligten benötigen kein besonderes Fachwissen, sondern lediglich Grundkenntnisse und gewisse kommunikative Fähigkeiten im Umgang mit dem Amt. Diese Form der Begleitung und Beistandschaft ist keine Vertretung oder Besorgung in fremden Rechtsangelegenheiten und wird vom **Rechtsdienstleistungsgesetz** als unentgeltliche Rechtsleistung *„in nachbarschaftlichen oder ähnlichen persönlichen Beziehungen"* gedeckt (§ 6 Abs. 2 S. 1 RDG).

Beratungsstellen und Erwerbsloseninitiativen in Ihrer Nähe finden Sie im Internet zB unter

- www.sozialportal.net, www.my-sozialberatung.de
- www.erwerbslos.de/adressen

20 Beratung

1. Beratung als Aufgabe und Pflicht von Sozialbehörden 1
   1.1 Gesetzliche Regelungen in den Sozialgesetzbüchern 6
      1.1.1 Allgemein 10
      1.1.2 Bei Leistungen vom Jobcenter nach SGB II 11
      1.1.3 Bei Leistungen vom Sozialamt nach SGB XII 13
      1.1.4 Beratung für Menschen mit Behinderung 18
   1.2 Wann muss die Behörde beraten? – Beratungsanspruch 19
      1.2.1 Umfang der behördlichen Beratung 21
      1.2.2 Informations- und Aufklärungspflicht 25
   1.3 Der erweiterte Beratungsauftrag der Jobcenter 32
      1.3.1 Welche Ansprüche müssten sich aus diesem Beratungsauftrag konkret ableiten lassen? 40
      1.3.2 Die „aufsuchende und sozialraumorientierte" Beratung der Jobcenter 41
2. Der sozialrechtliche Herstellungsanspruch bei Beratungsfehlern 43
3. Behördenunabhängige Beratung 50
   3.1 Vom Rechtsberatungsgesetz zum Rechtsdienstleistungsgesetz 53
   3.2 Wo finde ich unabhängige Beratung? 60
      3.2.1 Beratung für Erwerbslosen- und Sozialhilfegruppen   61
      3.2.2 Beratung durch Gewerkschaften und Sozialverbände 62
      3.2.3 Beratung durch Amtsgerichte/Anwaltskammern 63
      3.2.4 Beratung durch Anwält*innen 64
      3.2.5 Beratung über das Internet .. 65
4. Forderungen 66

1. Beratung als Aufgabe und Pflicht von Sozialbehörden

1 Für alle Behördenmitarbeiter*innen besteht eine **Amtspflicht** zur Beratung und Aufklärung der Bürger*innen. Diese Pflicht ergibt sich direkt aus dem Grundgesetz und dem dort geregelten *Grundsatz der rechtmäßigen Verwaltung* (Art. 20 Abs. 3 GG). Nach der ständigen Rechtsprechung des Bundesgerichtshofs (BGH 2.2.1997 – III ZR 241/95; BGH 26.4.2018 – III ZR 367/16; BGH 2.8.2018 – III ZR 466/16; BeckOGK/Dörr BGB § 839 Rn. 183) ergibt sich Folgendes:

Auskünfte, die ein*e Behördenmitarbeiter*in erteilt, müssen vollständig, richtig und unmissverständlich sein, so dass Sie sich auf diese Auskünfte verlassen und danach planen und handeln können. Vor allem, wenn der*die Behördenmitarbeiter*in bei Ihnen keine Rechts- oder Fachkenntnisse voraussetzen kann, muss er*sie Form und Inhalt der Auskunft so gestalten, dass bei Ihnen Missverständnisse möglichst ausgeschlossen sind. Das heißt also auch, dass bei komplizierteren Themen die Auskunft schriftlich zu erfolgen hat, wenn nur so Missverständnisse vermieden werden können. Die Mitarbeiter*innen der Behörde können sich bei einer Falschauskunft nicht auf ihre Unkenntnis berufen. Das heißt, Sie dürfen davon ausgehen, dass jede*r einzelne*r von ihnen die aktuelle Rechtslage, inklusive der aktuellen Rechtsprechung, kennt (BGH 20.2.1992 – III ZR 188/90).

2 Darüber hinaus können besondere Lagen und Verhältnisse nach ständiger Rechtsprechung des BGH für den*die Behördenmitarbeiter*in **zusätzliche (Fürsorge-)Pflichten** begründen. Wenn der*die Mitarbeiter*in bspw. erkennt oder erkennen muss, dass Sie die Rechts- oder Sachlage zur Erreichung Ihrer Ziele nicht richtig überblicken (können), dann muss diese*r Ihnen beratend und helfend zur Seite stehen, damit Sie Ihre Ziele möglichst bald und möglichst umfassend erreichen können. Insbesondere darf der*die Mitarbeiter*in der Behörde nicht „sehenden Auges" zulassen, dass Sie Schäden erleiden, die er*sie durch einen kurzen Hinweis, eine Belehrung mit wenigen Worten oder eine entsprechende Aufklärung über die Sach- und Rechtslage vermeiden könnte (zB BGH 7.12.1995 – III ZR 141/94; 9.10.2003 – III ZR 414/02; 3.3.2005 – III ZR 186/04; 20.4.2017 – III ZR 470/16). Diese zusätzlichen Aufklärungs- und Belehrungspflichten ergeben sich aus dem Grundsatz, dass Behördenmitarbeiter*innen nicht nur Vollstrecker*innen staatlichen Willens, nicht nur Diener*innen des Staates, sondern zugleich „Helfer*innen des*r Bürgers*Bürgerin" sein sollen. Diese Pflichten betreffen Fallkonstellationen, in denen sich die notwendige Hilfe oder eine andere gebotene Verhaltensweise situationsbedingt aufdrängen (BGH 9.10.2003 – III ZR 414/02; BeckOGK/Dörr BGB § 839 Rn. 181, 195).

3 Besondere Beratungs- und Betreuungspflichten bestehen im Sozialrecht für die Sozialleistungsträger. Denn eine umfassende Beratung ist die Grundlage für das Funktionieren des immer komplizierter werdenden sozialen Leistungssystems. Im Vordergrund steht dabei nicht mehr nur die Beantwortung von Fragen oder Bitten um Beratung, sondern die verständnisvolle Förderung der Leistungsbeziehenden. Also die aufmerksame Prüfung durch die*den Sachbearbeiter*in, ob Anlass besteht, die Leistungsbeziehenden auch **von Amts wegen auf Gestaltungsmöglichkeiten oder Nachteile hinzuweisen**, die sich mit deren Anliegen verbinden. Denn schon gezielte Fragen setzen Sachkunde voraus, über die Leistungsbeziehende oft nicht verfügen (BGH 6.2.1997 – III ZR 241/95). Der Leistungsträger kann sich nicht auf die Beantwortung konkreter Fragen oder abgegrenzter Bitten beschränken, sondern muss sich bemühen, das konkrete Anliegen des*der Ratsuchenden zu ermitteln. Und er muss auch, unter dem Gesichtspunkt einer verständnisvollen Förderung, prüfen, ob über eine konkrete Fragestellung hinaus Anlass besteht, auf Gestaltungsmöglichkeiten, Vor- oder Nachteile hinzuweisen, die sich mit dem Anliegen verbinden (BGH 6.2.1997 – III ZR 241/95; BeckOGK/Dörr BGB § 839 Rn. 185; Pressemitteilung BGH Nr. 130/2018 zu BGH 2.8.2018 – III ZR 466/16).

4 Die Beratungspflicht ist dabei nicht unbedingt nur auf die Normen beschränkt, die

der betreffende Sozialleistungsträger direkt umzusetzen hat. Das Bundessozialgericht (zB BSG 22.10.1996 – 13 RJ 69/95; BSG 30.9.2009 – B 9 VG 3/08 R) geht in ständiger Rechtsprechung davon aus, dass die allgemeine Beratungspflicht nicht nur die Behörde betrifft, die eine Leistung zu erbringen hat. Auch eine „andere Behörde" kann beratungspflichtig sein. Im Klartext: Wenn bspw. dem Jobcenter bekannt wird, dass bei Ihnen ein Rehabilitationsbedarf besteht (bzgl. Teilhabe am Arbeitsleben, Teilhabe am sozialen Leben, Teilhabe an Bildung, medizinische Reha etc), dann kann sich die Beratungspflicht des Jobcenters auch auf Möglichkeiten für Reha-Leistungen erstrecken, obwohl es für solche Leistungen eigentlich nicht zuständig ist. Das kommt insbesondere dann in Betracht, wenn die Zuständigkeitsbereiche beider Stellen materiellrechtlich eng miteinander verknüpft sind und das Jobcenter zum maßgeblichen Zeitpunkt aufgrund eines bestehenden Kontakts der „aktuelle Ansprechpartner" für Sie ist und wegen ihm bekannten Umständen erkennen kann, dass bei Ihnen im Hinblick auf Reha-Leistungen ein dringender Beratungsbedarf besteht. Kontaktieren Sie also bspw. das Jobcenter und wird für die Behörde ein zwingender Reha-Beratungsbedarf ersichtlich, so besteht für das Jobcenter auch ohne ein entsprechendes Beratungsbegehren, durch das in der Regel die Beratungspflicht erst ausgelöst wird, zumindest die Pflicht, Ihnen nahezulegen, sich (auch) von einem zuständigen Reha-Träger beraten zu lassen. Eine solche *Spontanberatungspflicht* (→ Rn. 19 ff., → 7 Rn. 24) bzgl. einer für die Behörde fachfremden Angelegenheit kommt aber nur dann in Betracht, wenn die in dem konkreten Behördenkontakt zutage tretenden Umstände insoweit eindeutig sind, als dass sie ohne weitere Ermittlungen zB einen dringenden Reha-Beratungsbedarf erkennen lassen (BSG 6.5.2010 – B 13 R 44/09 R).

5 Die hier dargestellten Grundsätze, die sich vor allem aus dem Amtshaftungsrecht ergeben, wurden weitgehend nach der Entscheidung des BGH (BGH 2.8.2018 – III ZR 466/16) zitiert. In dieser Entscheidung ging es um einen Beziehenden von Grundsicherungsleistungen, der vom Sozialamt zu rentenrechtlichen Fragen hätte beraten werden müssen. Nach Ansicht des BGH hätte das Sozialamt zumindest darauf hinweisen müssen, dass er sich dringend Beratung von der zuständigen Rentenversicherung einholen soll.

1.1 Gesetzliche Regelungen in den Sozialgesetzbüchern

6 Die Beratungspflicht der Behörden und Ihr Recht auf Beratung wird außerdem in diversen Vorschriften der verschiedenen Sozialgesetzbücher konkretisiert. Die einzelnen Rechtsnormen, auf die Sie sich im Zweifel berufen können, werden im Folgenden aufgelistet. All diese Normen zeigen, wie hoch der Anspruch an Art und Umfang der Beratung durch die Sozialbehörden ist.

7 Nun mag jede*r selbst diesen Anspruch mit der Realität „auf dem Amt" vergleichen … .

Die Sachbearbeiter*innen arbeiten oft selbst unter schlechten Bedingungen und hohem Druck. Unter solchen Bedingungen ist es für die Angestellten der Behörden schwierig, wirkliche Kompetenzen zu entwickeln, und für eine gute Beratung ist natürlich eigenes, sicheres Fachwissen unverzichtbar. An dieser Stelle ist anzumerken, dass der **Dienstherr** (also der Bund und/oder die Kommunen) verpflichtet ist, seine Behörde personell und materiell so auszustatten, dass sie ihre Aufgaben effektiv und gesetzestreu erfüllen kann. Scheitert gute Beratung also an fehlendem oder schlecht ausgebildetem Personal, dann liegt eine Amtspflichtverletzung des Dienstherrn vor.

8 Bestehen Sie darauf, dass Ihnen ein*e persönliche*r Ansprechpartner*in genannt wird und verlangen Sie von diesem*r freundlich, aber bestimmt eine Beratung zu allen leistungsrelevanten Fragen. Fragen Sie nach rechtlichen Grundlagen, wenn von Ihnen etwas verlangt wird. Und bestehen Sie auf die Einhaltung der im Folgenden zitierten Gesetzesvorschriften.

9 **Tipp:** Sie können Beratungsanfragen auch schriftlich stellen und um eine schriftliche Auskunft oder einen Termin bei Ihrem*r Sachbearbeiter*in bitten.

1.1.1 Allgemein

10 § 2 Abs. 2 Hs. 2 SGB I:

Bei der Auslegung sozialer Rechte nach dem SGB *„ist sicherzustellen, dass die sozialen Rechte möglichst weitgehend verwirklicht werden."*

§ 14 SGB I:

„Jeder hat Anspruch auf Beratung über seine Rechte und Pflichten nach diesem Gesetzbuch."

§ 15 Abs. 1 und 2 SGB I:

*„Die nach Landesrecht zuständigen Stellen [...] sind verpflichtet, über alle sozialen Angelegenheiten nach diesem Gesetzbuch Auskünfte zu erteilen. Die Auskunftspflicht erstreckt sich auf die **Benennung der für die Sozialleistungen zuständigen Leistungsträger** sowie **auf alle Sach- und Rechtsfragen,** die für die Auskunftssuchenden von Bedeutung sein können und zu deren Beantwortung die Auskunftsstelle imstande ist."*

§ 17 Abs. 1 SGB I:

„Die Leistungsträger sind verpflichtet, darauf hinzuwirken, dass
1. *jeder Berechtigte die ihm zustehenden Sozialleistungen in zeitgemäßer Weise, umfassend und zügig erhält,*
2. *Die zur Ausführung von Sozialleistungen erforderlichen sozialen Dienste und Einrichtungen rechtzeitig und ausreichend zur Verfügung stehen,*
3. *der Zugang zu den Sozialleistungen möglichst einfach gestaltet wird, insbesondere durch Verwendung allgemein verständlicher Antragsvordrucke und*
4. *Ihre Verwaltungs- und Dienstgebäude frei von Zugangs- und Kommunikationsbarrieren sind und Sozialleistungen in barrierefreien Räumen und Anlagen ausgeführt werden."*

1.1.2 Bei Leistungen vom Jobcenter nach SGB II

11 § 1 Abs. 3 Nr. 1 SGB II:

„Die Grundsicherung für Arbeitsuchende umfasst Leistungen zur [...] Beratung."

§ 4 Abs. 2 S. 1 SGB II:

*„Die [...] zuständigen Träger wirken darauf hin, dass erwerbsfähige Leistungsberechtigte und die mit ihnen in einer Bedarfsgemeinschaft lebenden Personen die erforderliche **Beratung und Hilfe anderer Träger,** insbesondere der Kranken- und Rentenversicherung, erhalten."*

§ 14 Abs. 2 SGB II:

*„Leistungsberechtigte Personen erhalten Beratung. [...] Aufgabe der Beratung ist [...] die Erteilung von Auskunft und Rat, insbesondere zur **Berechnung der Leistungen** zur Sicherung des Lebensunterhalts, zum Eingliederungsprozess und den **Mitwirkungspflichten und Selbsthilfeobliegenheiten** sowie dem **Schlichtungsverfahren,** zu den **Leistungen der Eingliederung** nach diesem Abschnitt sowie zur **Möglichkeit der Inanspruchnahme von Leistungen anderer Träger.** Art und Umfang der Beratung richten sich nach dem Beratungsbedarf der leistungsberechtigten Person."*

§ 14 Abs. 3 SGB II:

*„Die Agentur für Arbeit soll eine **persönliche Ansprechpartnerin** oder einen persönlichen **Ansprechpartner** für jede erwerbsfähige leistungsberechtigte Person und die mit dieser in einer Bedarfsgemeinschaft lebenden Personen benennen. Die Beratung kann aufsuchend und sozialraumorientiert erfolgen."*

12 Speziell zur **Beratung zur Eingliederung in Arbeit** ist wichtig:

§ 14 Abs. 2 S. 2 SGB II:

*„Im Rahmen der Beratung wird gemeinsam eine **individuelle Strategie** zur Erreichung der in Absatz 1 genannten Ziele [Eingliederung in Arbeit und Überwindung der Hilfebedürftigkeit] erarbeitet und deren schrittweise Umsetzung begleitet.*

§ 16 Abs. 1 S. 2 Nr. 1 SGB II iVm § 29 SGB III:

*„(1) Die Agentur für Arbeit hat jungen Menschen und Erwachsenen, die am Arbeitsleben teilnehmen oder teilnehmen wollen, **Berufsberatung,** einschließlich einer **Weiterbildungsberatung,** und Arbeitgebern **Arbeitsmarktberatung,** einschließlich einer **Qualifizierungsberatung,** anzubieten.*

(2) Art und Umfang der Beratung richten sich nach dem Beratungsbedarf der oder des Ratsuchenden. Die Agentur für Arbeit be-

rät *geschlechtersensibel. Insbesondere wirkt sie darauf hin, das Berufswahlspektrum von Frauen und Männern zu erweitern.*

(3) Die Agentur für Arbeit hat Auszubildenden, Arbeitnehmerinnen und Arbeitnehmern Beratung auch zur Festigung des Ausbildungs- oder Arbeitsverhältnisses nach Beginn einer Berufsausbildung oder nach der Aufnahme einer Arbeit anzubieten.

(4) Die Agentur für Arbeit soll bei der Beratung die Kenntnisse über den Arbeitsmarkt des europäischen Wirtschaftsraumes und die Erfahrungen aus der Zusammenarbeit mit den Arbeitsverwaltungen anderer Staaten nutzen."

[Wenn hier von „Agentur für Arbeit" die Rede ist, gilt das ebenso für das Jobcenter.]

§ 16a Nr. 2 und 4 SGB II:

„Zur Verwirklichung einer ganzheitlichen und umfassenden Betreuung und Unterstützung bei der Eingliederung in Arbeit können die folgenden Leistungen, die für die Eingliederung der oder des erwerbsfähigen Leistungsberechtigten in das Erwerbsleben erforderlich sind, erbracht werden: [...] die Schuldnerberatung, [...] die Suchtberatung."

§ 16c Abs. 2 S. 1 SGB II:

„Erwerbsfähige Leistungsberechtigte, die eine selbständige, hauptberufliche Tätigkeit ausüben, können durch geeignete Dritte durch Beratung oder Vermittlung von Kenntnissen und Fertigkeiten gefördert werden, wenn dies für die weitere Ausübung der selbständigen Tätigkeit erforderlich ist."

Mehr zu den Beratungspflichten der Jobcenter finden Sie unter → Rn. 32.

1.1.3 Bei Leistungen vom Sozialamt nach SGB XII

13 § 8 SGB XII:

„Die Sozialhilfe umfasst [...] die jeweils gebotene Beratung und Unterstützung."

§ 10 Abs. 2 SGB XII:

„Zur Dienstleistung gehören insbesondere die Beratung in Fragen der Sozialhilfe und die Beratung und Unterstützung in sonstigen sozialen Angelegenheiten."

§ 11 SGB XII:

„(1) Zur Erfüllung der Aufgaben dieses Buches werden die Leistungsberechtigten beraten und, soweit erforderlich, unterstützt.

(2) Die Beratung betrifft die persönliche Situation, den Bedarf sowie die eigenen Kräfte und Mittel sowie die mögliche Stärkung der Selbsthilfe zur aktiven Teilnahme am Leben in der Gemeinschaft und zur Überwindung der Notlage. [...] Die Beratung umfasst auch eine gebotene Budgetberatung nach § 29 des Neunten Buches. Leistungsberechtigte nach dem Dritten und Vierten Kapitel erhalten die gebotene Beratung für den Umgang mit dem durch den Regelsatz zur Verfügung gestellten monatlichen Pauschalbetrag (§ 27a Absatz 3 Satz 2).

[...]

(4) Auf die Möglichkeit der Beratung und Unterstützung durch Verbände der freien Wohlfahrtspflege, durch Angehörige der rechtsberatenden Berufe und durch sonstige Stellen ist hinzuweisen. Ist die Beratung durch eine Schuldnerberatungsstelle oder andere Fachberatungsstellen geboten, ist auf ihre Inanspruchnahme hinzuwirken. Angemessene Kosten einer Beratung nach Satz 2 sollen übernommen werden, wenn eine Lebenslage, die Leistungen der Hilfe zum Lebensunterhalt erforderlich macht oder erwarten lässt, sonst nicht überwunden werden kann; in anderen Fällen können Kosten übernommen werden. Die Kostenübernahme kann auch in Form einer pauschalierten Abgeltung der Leistung der Schuldnerberatungsstelle oder anderer Fachberatungsstellen erfolgen."

14 Speziell zur **Familienplanung** gilt:

§ 49 S. 1 SGB XII:

„Zur Familienplanung werden die ärztliche Beratung, die erforderliche Untersuchung und die Verordnung der empfängnisregelnden Mittel geleistet."

§ 51 SGB XII:

„Bei einer durch Krankheit erforderlichen Sterilisation [wird] die ärztliche [...] Beratung [...] geleistet."

15 Speziell zur **Hilfe zur Pflege:**

§ 64f Abs. 2 SGB XII:

„*Ist neben der häuslichen Pflege nach § 64 eine Beratung der Pflegeperson geboten, sind die angemessenen Kosten zu übernehmen.*"

Speziell zur **Hilfe zur Überwindung besonderer sozialer Schwierigkeiten:**

§ 68 Abs. 1 S. 1 SGB XII:

„*Die Leistungen umfassen [...] insbesondere Beratung [...] für die Leistungsberechtigten und ihre Angehörigen [...].*"

16 Speziell zur **Hilfe zur Weiterführung des Haushalts:**

§ 70 Abs. 3 S. 3 SGB XII:

„*Ist neben oder anstelle der Weiterführung des Haushalts [...] eine Beratung [...] geboten, sind die angemessenen Kosten zu übernehmen.*"

17 Speziell zur **Altenhilfe:**

§ 71 Abs. 2 Nr. 3 und 4 SGB XII:

„*Als Leistungen der Altenhilfe kommen insbesondere in Betracht: [...] Beratung und Unterstützung im Vor- und Umfeld von Pflege, insbesondere in allen Fragen des Angebots an Wohnformen bei Unterstützungs-, Betreuungs- oder Pflegebedarf sowie an Diensten, die Betreuung oder Pflege leisten; Beratung und Unterstützung in allen Fragen der Inanspruchnahme altersgerechter Dienste.*"

1.1.4 Beratung für Menschen mit Behinderung

18 § 20 Abs. 1 S. 1 und 2 SGB IX:

„*Mit Zustimmung der Leistungsberechtigten kann der für die Durchführung des Teilhabeplanverfahrens nach § 19 verantwortliche Rehabilitationsträger zur gemeinsamen Beratung der Feststellungen zum Rehabilitationsbedarf eine Teilhabeplankonferenz durchführen. Die Leistungsberechtigten, die beteiligten Rehabilitationsträger und die Jobcenter können dem nach § 19 verantwortlichen Rehabilitationsträger die Durchführung einer Teilhabeplankonferenz vorschlagen.*"

§ 32 SGB IX:

„*(1) Zur Stärkung der Selbstbestimmung von Menschen mit Behinderungen und von Behinderung bedrohter Menschen fördert das Bundesministerium für Arbeit und Soziales eine von Leistungsträgern und Leistungserbringern unabhängige ergänzende Beratung als niedrigschwelliges Angebot, das bereits im Vorfeld der Beantragung konkreter Leistungen zur Verfügung steht. Dieses Angebot besteht neben dem Anspruch auf Beratung durch die Rehabilitationsträger.*

(2) Das ergänzende Angebot erstreckt sich auf die Information und Beratung über Rehabilitations- und Teilhabeleistungen nach diesem Buch. Die Rehabilitationsträger informieren im Rahmen der vorhandenen Beratungsstrukturen und ihrer Beratungspflicht über dieses ergänzende Angebot.

(3) Bei der Förderung von Beratungsangeboten ist die von Leistungsträgern und Leistungserbringern unabhängige ergänzende Beratung von Betroffenen für Betroffene besonders zu berücksichtigen. [...]"

1.2 Wann muss die Behörde beraten? – Beratungsanspruch

19 Die entscheidende Frage ist nun: Wann muss die Behörde Sie beraten und all die oben dargestellten Grundsätze einhalten? Muss die Behörde nur beraten, wenn Sie ausdrücklich darum bitten? Oder muss die Beratung von Amtswegen erfolgen (sogenannte „Spontanberatung")?

Dazu ergibt sich schon einiges aus den Darstellungen zur Amtshaftung – grundsätzlich muss die Behörde nicht von Amts wegen tätig werden, es sei denn, die **Umstände des Einzelfalls** gebieten das. Wenn also keine besonderen Umstände vorliegen, muss die Behörde Sie nur beraten, wenn Sie ausdrücklich eine Beratung wünschen. Daher sind Sie letztlich nur auf der sicheren Seite, wenn Sie stets nachfragen und um Beratung bitten, sobald Ihnen etwas unklar ist. Achten Sie auch darauf, dass Ihre Bitte um Beratung aktenkundig wird! Im Zweifel reichen Sie eine schriftliche Bitte um Beratung ein, die dann zur Akte genommen wird.

20 Im SGB II besteht ein **erweiterter Anspruch auf Beratung durch die Jobcenter**, aus dem sich auch eine grundsätzliche Pflicht für Spontanberatungen ableiten lässt. Diese An-

20 Beratung

sprüche werden unter → Rn. 32 genauer beschrieben.

1.2.1 Umfang der behördlichen Beratung

21 Beratung ist die **umfassende** und **gezielte Information** der einzelnen Person über ihre **Rechte und Pflichten** nach dem Sozialgesetzbuch. Der Begriff der Beratung umfasst auch **Rechtsberatung**, die **Hilfestellung bei der Antragstellung** und ggf. beim **Anfertigen von Schriftsätzen**. Dazu gehört auch, dass das Amt eigeninitiativ bestimmte rechtliche Gestaltungsmöglichkeiten aufzeigt (SG Duisburg 9.6.2006 – S 27 AS 289/05; LSG NRW 20.11.2006 – L 20 AS 89/06). Beratung heißt auch, die Rechtslage verständlich zu erläutern, auf anhängige Verfahren bei den obersten Gerichten aufmerksam zu machen und ggf. auf bevorstehende Gesetzesänderungen hinzuweisen (BSG 17.5.2001 – B 12 RJ 1/01 R).

22 Wie oben beschrieben, müssen Behörden auch **eigeninitiativ** beratend tätig werden – nämlich dann, wenn die Umstände des Einzelfalls es gebieten. Zu einer solchen **Spontanberatung** der Behörde kann zB gehören, dass Menschen mit Migrationserfahrung, die der deutschen Sprache nicht mächtig sind, in ihrer Muttersprache beraten werden oder sie darauf hingewiesen werden, dass ein Anspruch auf Übernahme der Kosten für eine*n Dolmetscher*in oder Übersetzer*in bestehen kann (→ 7 Rn. 45 ff.).

23 Auch wenn Zweifel an Ihrer Bedürftigkeit bestehen, muss die Behörde Sie beraten, wie Sie diese **Zweifel ausräumen** können. Sie ist verpflichtet, *„dem Antragsteller den Weg zur Gewährung der Sozialleistung aufzuzeigen"* (SG Düsseldorf 26.1.2005 – S 35 AS 6/05 ER). Es ist rechtswidrig, bei Zweifeln dem*der Hilfebedürftigen die Beweislast darüber aufzubürden, dass er*sie bedürftig ist. *„Diese Sicht der Dinge verkennt die Aufklärungspflichten der [Behörde]. [...] Stattdessen ist die Behörde verpflichtet, bestehende Zweifel [...] durch geeignete eigene Ermittlungen auszuräumen. [...] In diesem Rahmen kann sie den Antragsteller zur Mitwirkung verpflichten"* (SG Düsseldorf 26.1.2005 – S 35 AS 6/05 ER).

24 Das SG Düsseldorf folgt damit *„ausdrücklich nicht der [...] Rechtsprechung der Verwaltungsgerichtsbarkeit, wonach allein Zweifel der Behörde an der Hilfebedürftigkeit [...] ausreichend sein sollen, um der Antragstellerin die Beweislast für ihre Vermögenslosigkeit aufzuerlegen"* (SG Düsseldorf 1.2.2005 – S 35 SO 9/05 ER). Das Bundesverfassungsgericht hat diese Rechtsauffassung bestätigt: SGB II-Leistungen dürfen nicht verweigert werden, ohne dass dem*der Antragstellenden konkret dargelegt wird, welche Pflichten diese*r verletzt hat und was er*sie tun muss, um den Anspruch zu verwirklichen (BVerfG 12.5.2005 – 1 BvR 569/05). Dies entspricht auch dem gesetzlichen vorgeschriebenen Untersuchungsgrundsatz: *„Die Behörde hat alle für den Einzelfall bedeutsamen, auch die für die Beteiligten günstigen Umstände zu berücksichtigen"* (§ 20 Abs. 2 SGB X).

1.2.2 Informations- und Aufklärungspflicht

25 *„Die Leistungsträger [...] sind verpflichtet, im Rahmen ihrer Zuständigkeit die Bevölkerung über die Rechte und Pflichten nach diesem Gesetzbuch aufzuklären"* (§ 13 SGB I).

Aufklärung, zB in Form von Ratgebern, Merkblätter, Flyern, Internetseiten usw, ist ebenfalls eine Form der Beratung, zu der die Sozialleistungsträger gesetzlich verpflichtet sind. Dabei muss die Behörde u.a. auf eine einfache Sprache achten.

„Die nach Landesrecht zuständigen Stellen, die Träger der gesetzlichen Krankenversicherung und der sozialen Pflegeversicherung sind verpflichtet, über alle sozialen Angelegenheiten nach diesem Gesetzbuch Auskünfte zu erteilen. [...] Die Auskunftspflicht erstreckt sich auf die Benennung der für die Sozialleistungen zuständigen Leistungsträger sowie auf alle Sach- und Rechtsfragen, die für die Auskunftsuchenden von Bedeutung sein können und zu deren Beantwortung die Auskunftsstelle imstande ist" (§ 15 Abs. 1, 2 SGB I).

26 Neben dieser allgemeinen **Auskunftspflicht** sollen Bundesbehörden seit 2006 außerdem nach dem **Informationsfreiheitsgesetz** des Bundes (IFG) ihre **Verwaltungsanweisungen** veröffentlichen, in der Regel im Internet (§ 1 iVm § 11 IFG). Seit 2011 gilt

für alle SGB II-Leistungen, einschließlich der kommunalen Leistungen (Kosten der Unterkunft, Erstausstattung, Wohnraumsicherung, Bildungs- und Teilhabepaket und kommunale Leistungen nach § 16a SGB II), das Informationsfreiheitsgesetz des Bundes (§ 50 Abs. 4 SGB II).

27 In Baden-Württemberg, Berlin, Brandenburg, Bremen, Hamburg, Hessen, Mecklenburg-Vorpommern, NRW, Rheinland-Pfalz, Saarland, Sachsen-Anhalt, Schleswig-Holstein und Thüringen, also allen Bundesländern bis auf Bayern, Niedersachsen und Sachsen gibt es inzwischen Landesinformationsfreiheitsgesetze. Zudem gibt es eine Reihe von Kommunen, die „Informationsfreiheitssatzungen" verabschiedet haben, nach denen die kommunalen Behörden zur Auskunftserteilung verpflichtet sind.

28 Danach hat jede*r Bürger*in Anspruch auf die Herausgabe von landesspezifischen oder kommunalen Informationen, zB örtliche Richtlinien zu Kosten der Unterkunft, Listen der Erstausstattungsbedarfe, Berechnungsgrundlagen für Sozialpässe usw. Auch Protokolle von Sozialausschusssitzungen, Trägerversammlungen und von Sitzungen der Jobcenter-Beiräte sind auf diese Weise einzusehen. Im Bereich der Unterkunftskosten im SGB II sehen entsprechende Landesgesetze eine spezielle Veröffentlichungspflicht vor.

29 Arbeitslose und Sozialhilfebeziehende kennen häufig ihre Rechte nicht, haben noch nie das SGB II bzw. das SGB XII gesehen, geschweige denn die *Verwaltungsrichtlinien* (→ 120) bzw. die Fachlichen Weisungen der BA, nach denen die Behörden Leistungen erbringen sollen. Daher ist zu fordern, dass die Behörden grundsätzlich ihre Fachlichen Weisungen und sonstige Weisungen, nach denen sie im Wesentlichen handeln, frei und einfach zugänglich machen.

30 **Kritik:**
Die Bundesregierung, verschiedene Parteien und Medien tragen zu der Meinung bei, dass Aufklärung und Beratung über gesetzliche Ansprüche auf Leistungen selbst schon Missbrauch wären. Das frühere Bundesministerium für Wirtschaft und Arbeit unter Wolfgang Clement klagte uns als Autor*innen dieses Leitfadens an, wir würden „*Beihilfe zum Betrug*" statt Beratung betreiben. Der Spiegel bescheinigte uns, dieser Leitfaden enthalte „*alle Informationen, die für den höchstmöglichen Bezug staatlicher Leistungen von Nöten sind*" (Spiegel 43/2005, 42). Gerade das stört und wird von den Oberen als Betrugsversuch empfunden.

Es ist aber genau umgekehrt – vielerorts findet massenhafter behördlicher Sozialleistungsbetrug statt: „*Wenn wir die Leute über ihren Anspruch aufklären würden, wären wir schnell pleite. Um überleben zu können, müssen wir gesetzesuntreu sein, und wir sind es auch*" (Aussage eines Trierer Sozialamtsleiters über die Aufklärungspflicht der Behörden nach dem SGB I, zit. im Spiegel Nr. 52/1976, 52). Das gilt auch heute noch.

31 Der frühere Arbeitsminister Clement kreidete uns dieses Zitat an. Er sprach von einem „*angeblichen Zitat*", mit dem wir unter Beweis stellen würden, dass wir die Behörden als „*natürliche Gegner*" ansehen. In der Tat sehen wir Behörden, die vorsätzlich Gesetze brechen, als natürliche Gegner an. Wir plädieren aber dringend dafür, dass Behörden sich rechtstreu verhalten und (wie es der BGH fordert) sich mehr als Diener der Bürger*innen begreifen und nicht ihrerseits die Antragstellenden als „natürlichen Gegner" betrachten. Auch und vor allem das zuständige Ministerium sollte rechtsuntreue Behörden als Problem betrachten, was aber angesichts der Tatsache, dass das Bundesministerium für Arbeit und Soziales durch die personelle Unter- und Schlechtbesetzung der Behörden Teil des Rechtsbruch-Problems ist, natürlich viel verlangt ist.

1.3 Der erweiterte Beratungsauftrag der Jobcenter

32 Im SGB II ist die allgemeine bestehende Beratungspflicht, wie sie in den vorherigen Kapiteln beschrieben wurde, sogar noch weiter gefasst und aus verschiedenen Rechtsnormen im SGB II ergeben sich weitgehende Beratungsverpflichtungen der Jobcenter.

33 So zB, dass an das Beratungsbegehren **keine hohen Anforderungen** gestellt werden sollen. Die Beantragung oder auch nur die

Frage nach bestimmten Leistungen muss stets so ausgelegt werden, dass auch eine Beratung dazu gewünscht wird, wie diese Leistungen schnell und umfassend erreicht werden können und ob ggf. weitere Anträge in diesem Zusammenhang sinnvoll wären. Das Sozialrecht im Allgemeinen und das SGB II im Besonderen sind kompliziert – wie sollen Sie aber um Beratung zu etwas bitten können, was Sie selbst nicht vollständig verstehen? Es muss daher als ausreichend angesehen werden, wenn sich aus den Informationen, die dem Jobcenter vorliegen bzw. wenn sich aus der Akte ergibt, dass spezifische Hilfebedarfe bestehen (könnten) und Sie dazu Beratung benötigen (könnten).

34 § 1 Abs. 3 SGB II bezeichnet drei Leistungen, die gleichberechtigt nebeneinanderstehen und die vom Bürgergeld-Antrag umfasst sind:

„1. Beratung,
2. Beendigung oder Verringerung der Hilfebedürftigkeit insbesondere durch Eingliederung in Ausbildung oder Arbeit und
3. Sicherung des Lebensunterhalts."

Daraus lässt sich schlussfolgern, dass Beratungsleistungen zu allen Fragen der Eingliederung und zur Sicherung des Lebensunterhalts mit dem Antrag auf Bürgergeld bereits mitbeantragt wurden und somit ein ausdrückliches Beratungsersuchen immer vorliegt. Wenn also etwa eine Schwangerschaft aktenkundig ist, dann muss die Behörde von sich aus auf die Gewährung von Mehrbedarfen (→ 74) und Einmalleistungen hinwirken. Wenn eine Erkrankung aktenkundig ist, bei der eine kostenaufwändige Ernährung nötig sein kann, dann muss die Behörde Sie darauf hinweisen, dass Sie gegebenenfalls Anspruch auf einen Mehrbedarf haben und Ihnen die entsprechenden Antragsformulare aushändigen etc.

35 In § 4 Abs. 2 S. 1 SGB II verpflichtet das Gesetz die Jobcenter zudem, dafür zu sorgen, dass Sie auch „die erforderliche Beratung und Hilfe anderer Träger" (Kranken-, Pflege-, Rentenversicherung, Agentur für Arbeit, Jugendamt etc) erhalten. Das Gesetz sieht es also als unverzichtbar an, dass auch diese (eigentlich sachfremden) Beratungsleistungen erbracht werden, um das Ziel der Eingliederung in Ausbildung oder Arbeit und die Sicherung des Lebensunterhalts zu erreichen. Wenn das so ist, lässt sich schlussfolgern, dass auch diese Beratungsleistungen durch den Hauptantrag automatisch mit beantragt sind. Das heißt zB bei aktenkundiger Krankheit, wenn Sie einen Familienangehörigen pflegen, wenn Ansprüche auf Leistungen der Rentenversicherung bestehen könnten, wenn sich Reha-Leistungen aufdrängen, wenn Jugendhilfeleistungen in Frage stehen etc, muss Ihnen das Jobcenter zumindest aufzeigen, wie Sie an sachkundige Beratung und Hilfe kommen können und wo die entsprechenden Anträge gestellt werden können.

36 Auch § 14 Abs. 2 SGB II muss in diesem Zusammenhang hervorgehoben werden: *„Leistungsberechtigte Personen erhalten Beratung. Im Rahmen der Beratung wird gemeinsam eine individuelle Strategie zur Erreichung der in Absatz 1 genannten Ziele [Eingliederung in Arbeit und Überwindung der Hilfebedürftigkeit] erarbeitet und deren schrittweise Umsetzung begleitet. Aufgabe der Beratung ist darüber hinaus die Erteilung von Auskunft und Rat, insbesondere zur Berechnung der Leistungen zur Sicherung des Lebensunterhalts, zum Eingliederungsprozess und den Mitwirkungspflichten und Selbsthilfeobliegenheiten sowie dem Schlichtungsverfahren, zu den Leistungen der Eingliederung nach diesem Abschnitt sowie zur Möglichkeit der Inanspruchnahme von Leistungen anderer Träger. Art und Umfang der Beratung richten sich nach dem Beratungsbedarf der leistungsberechtigten Person."*

37 Um all diese Beratungsanforderungen erfüllen zu können, muss die Behörde Ihren „Fall" natürlich sehr genau kennen und es müssen die Kapazitäten bestehen, diese Beratungen auch sachgerecht zu leisten. § 14 Abs. 3 SGB II sieht dafür vor, dass zwingend ein*e **persönliche*r Ansprechpartner*in** zu benennen ist, der*die Sie durch das Dickicht der Sozialgesetzbücher manövriert. Hier ist anzumerken, dass die notorisch unterbesetzten Jobcenter mit Mitarbeiter*innen in teilweise prekären Verhältnissen diesen Ansprüchen nicht gerecht werden (können). Bund und Kommunen trifft hier die Amtspflicht,

ihre Behörden personell und materiell so auszustatten, dass sie ihre Aufgaben effektiv und im Sinne des § 2 Abs. 2 Hs. 2 SGB I erfüllen können: *„[Es] ist sicherzustellen, dass die sozialen Rechte möglichst weitgehend verwirklicht werden"*. Der Ist-Zustand der meisten Jobcenter dokumentiert somit eine andauernde Amtspflichtverletzung des Bundes und der Kommunen. Dieser Zustand kann aber keine Rechtfertigung für die Vernachlässigung der Beratung sein – ein rechtswidriger Zustand kann nie irgendetwas rechtfertigen.

38 **Kritik:** Der Gesetzgeber wollte mit dieser seit dem 1.8.2016 geltenden Regelung vor allem *„das Verhältnis und die Akzeptanz der leistungsberechtigten Personen für die Grundsicherung für Arbeitsuchende [...] verbessern"* (BT Drs. 18/8041, 36). Das klingt leider sehr danach, dass bei den Jobcentern keine Fehler erkannt wurden, die Leistungsempfänger*innen hingegen nur ein wenig mehr Erklärungen bräuchten, um zu verstehen, dass alles seine Ordnung hat. Unabhängig davon, ob diese polemische Auslegung zutrifft: Der Gesetzgeber hat bis heute nicht anerkannt, dass die Beratung durch Jobcenter im Argen liegt. Daher genügt bloße „Gesetzeskosmetik" nicht. Die Jobcenter müssen mit ausreichend geschultem Personal ausgestattet werden, um die schöne Gesetzeslyrik in eine bürgerfreundliche Praxis zu verwandeln. Anspruch und Wirklichkeit dürfen nicht weiter so drastisch auseinanderklaffen.

39 Sie sollten nach **individuellen Strategien** suchen, um den Beratungsanspruch für Ihre eigenen Interessen einzusetzen. Allerdings wird es weiterhin nicht leicht sein, dem Jobcenter eine nicht erfolgte, unzureichende oder fehlerhafte Beratung nachzuweisen und daraus einen Wiedergutmachungsanspruch abzuleiten (→ Rn. 2; → 80 Rn. 1 ff.).

Auch wenn das Jobcenter zu (noch) umfassenderer Beratung verpflichtet ist, wird es nicht gegen die „faktisch eigenen Interessen" beraten – gesetzestreue Jobcenter würden freilich Ihr Interesse an der effektiven und umfassenden Durchsetzung sozialer Rechte zu ihrem eigenen Interesse machen. Deshalb schränkt auch der erweiterte Beratungsauftrag der Jobcenter den Anspruch auf Beratungshilfe (→ 21) nicht ein. Eine Auslegung, *„dass es einem Rechtsuchenden zumutbar sei, selbst kostenlos Widerspruch einzulegen und dabei die Beratung derjenigen Behörde in Anspruch zu nehmen, die zuvor den Ausgangsverwaltungsakt erlassen hatte, wird den verfassungsrechtlichen Anforderungen nicht gerecht"* (BVerfG 11.5.2009 – 1 BvR 1517/08). Nutzen Sie also (auch) unabhängige Beratungsangebote (→ Rn. 50 f.)!

1.3.1 Welche Ansprüche müssten sich aus diesem Beratungsauftrag konkret ableiten lassen?

40 Schauen wir uns die in § 14 Abs. 2 SGB II genannten Beratungsthemen einmal genauer an, um zu schlussfolgern, welche konkreten Beratungspflichten der Jobcenter sich daraus ableiten lassen.

a. **Erteilung von Auskunft und Rat zur Berechnung der Leistungen zur Sicherung des Lebensunterhalts**

Da Sie Ihre Leistungen zum Lebensunterhalt nicht selbst berechnen müssen, kann damit nur gemeint sein, dass Sie durch das Jobcenter beraten und aufgeklärt werden müssen, wie Ihre Leistungen berechnet und welche Lebensumstände dabei berücksichtigt wurden. Diese *„Information und Erläuterung des Leistungssystems"* können Sie nutzen, indem Sie die Leistungsbewilligung für sich nachvollziehbarer und transparenter machen. Auch hier sollten Sie die Möglichkeit eines zeitnahen persönlichen Termins beim Jobcenter in Betracht ziehen, um Fragen zur Leistungshöhe, Zusammensetzung der Leistungen und anderen Leistungsangelegenheiten zu klären.

b. **Erteilung von Auskunft und Rat zum Eingliederungsprozesses und zum Schlichtungsverfahren**

Eines der wichtigsten Instrumente des Eingliederungsprozesses ist der **Kooperationsplan** (→ 35), der im neuen Bürgergeld (ab Juli 2023) die bisher übliche **Eingliederungsvereinbarung** ersetzen wird. Der Kooperationsplan soll, laut der Begründung zum Bürgergeldgesetz, *„die vom Integrationsfachkräften und erwerbsfähigen Leistungsberechtigten gemeinsam entwickelte Eingliederungsstra-*

tegie" dokumentieren. Es ist damit zu rechnen, dass sich hier aber, abgesehen von der Bezeichnung, wenig ändern wird und SGB II-Beziehende idR den Kooperationsplan ohne vorherige Absprache oder Beratung vorgelegt bekommen. Für Verhandlungen auf Augenhöhe oder „gemeinsam entwickelte Eingliederungsstrategien", die auf die individuellen Bedürfnisse der Leistungsbeziehenden zugeschnitten sind, wird voraussichtlich auch weiterhin häufig kein Platz sein im rauen Jobcenter-Alltag.

Der gesetzliche Beratungsauftrag an die Jobcenter kann in diesem Zusammenhang aber offensiv genutzt werden, um den Aushandlungsprozess zu beeinflussen und eine umfangreiche Aufklärung über alle individuell in Frage kommenden Eingliederungsleistungen einzufordern.

Neu ist auch das **Schlichtungsverfahren** (→ 97), dass eingeleitet werden soll, wenn „*die Erstellung, oder die Fortschreibung eines Kooperationsplans aufgrund von Meinungsverschiedenheiten zwischen Agentur für Arbeit oder kommunalem Träger und leistungsberechtigter Person nicht möglich [ist]*" (§ 15a SGB II). Auch hierzu sollen die Jobcenter explizit beraten. Da damit zu rechnen ist, dass der Ablauf von Schlichtungsverfahren kommunal sehr unterschiedlich ausgestaltet sein wird, ist diesbezügliche Beratung auch dringend notwendig.

c. Erteilung von Auskunft und Rat zu Mitwirkungspflichten

Sie unterliegen einer Fülle von *Mitwirkungspflichten* (→ 79) (§§ 60 ff. SGB I, §§ 56 ff. SGB II). Diese werden Ihnen in umfangreichen und schwer verständlichen Rechtsfolgenbelehrungen in den Bescheiden oder sonstigen Schreiben des Jobcenters dargelegt. Eigentlich sollten Sie unaufgefordert in verständlicher und umfassender Weise durch Ihre*n persönliche*n Ansprechpartner*in über Ihre Mitwirkungspflichten aufgeklärt werden. Das können Sie bei Bedarf nutzen, um bei bestehenden Unklarheiten, zB in welcher Form geforderte Nachweise zu erbringen sind, zeitnah einen persönlichen Termin zu vereinbaren.

d. **Erteilung von Auskunft und Rat zu Selbsthilfeobliegenheiten und zur Möglichkeit der Inanspruchnahme von Leistungen anderer Träger**

Zu den Selbsthilfeobliegenheiten (§§ 2 Abs. 2 und § 12a iVm § 5 Abs. 3 SGB II) gehört insbesondere die Beantragung vorrangiger Sozialleistungen. Dieser Punkt wurde daher mit der Bürgergeldreform nun im § 14 Abs. 2 SGB II auch konkret benannt. Da die Beantragung von Sozialleistungen aber mit einer Vielzahl von Hürden verbunden sein kann, besteht die Möglichkeit, **beratende Unterstützung** durch das Jobcenter in Anspruch zu nehmen. Diese Beratung sollte in der Lage sein, Sie durch den Behördendschungel zu lotsen und die Flut an Nachweisforderungen und auszufüllender Formulare zu bewältigen.

1.3.2 Die „aufsuchende und sozialraumorientierte" Beratung der Jobcenter

41 Mit Inkrafttreten der Bürgergeldreform regelt § 14 Abs. 3 S. 2 SGB II, dass „*[d]ie Beratung [der Jobcenter] aufsuchend und sozialraumorientiert erfolgen [kann]*". Dieser Satz wurde erst im Zuge einer Änderung des Gesetzesentwurfes zum Bürgergeld nachträglich hinzugefügt und wie folgt begründet:

„*In vielen Jobcentern liegen gute Erfahrungen mit aufsuchenden und sozialraumorientierten Formen der Beratung vor. Die Ergänzung stellt klar, dass diese Beratungsformen möglich sind. Sie stellen freiwillige Angebote dar*" (Ausschussdrucksache 20(11)243 vom 4.11.22, S. 15, abrufbar unter https://tacheles-sozialhilfe.de/files/Aktuelles/2022/20-11-24 3.pdf, letzter Zugriff: 11.1.2023).

Insgesamt sieht die Bürgergeldreform an mehreren Stellen „aufsuchende" Formen der Kommunikation mit den Leistungsbeziehenden vor. So auch bei der sogenannten *ganzheitlichen Betreuung* bzw. Coaching durch Drittanbieter*innen (§ 16i SGB II), das ebenfalls aufsuchend und/oder beschäftigungsbegleitend (also am Arbeits- oder Ausbildungsplatz) erfolgen kann oder auch bei der persönlichen Anhörung vor einer Leistungsminderung (→ 95), um mögliche „Härtefälle" zu identifizieren, so die Begründung des Gesetzgebers (BT-Drs. 20/3873, 4).

42 **Kritik:** Zwar ist insbesondere bei der *ganzheitlichen Betreuung* klar geregelt, dass diese freiwillig erfolgt und deshalb nicht sanktionsbewehrt ist (§ 16k Abs. 4 SGB II), jedoch bietet eine derart in die Privatsphäre der Betroffenen eingreifende Regelung ein höchst bedenkliches Missbrauchspotential und öffnet Schikane und Drangsalierung durch Behördenmitarbeiter*innen bis in die eigenen vier Wände Tür und Tor. Wir wollen deshalb hier nochmal klarstellen: **Sie sind nicht verpflichtet, derartige Beratungs- oder Coachingangebote anzunehmen!** Stellen Sie notfalls klar, dass Sie nicht vom Jobcenter oder von diesem beauftragten Dritten „aufgesucht" werden möchten – am besten schriftlich und nachweisbar.

2. Der sozialrechtliche Herstellungsanspruch bei Beratungsfehlern

43 Entsteht Ihnen bei Bürgergeld-/Sozialhilfebezug durch eine falsche, unzureichende oder missverständliche Beratung oder durch eine unterlassene Beratung ein nachweisbarer Schaden, weil Ihnen Rechtsansprüche vorenthalten wurden, dann sollen Sie so gestellt werden, als hätten Sie rechtzeitig einen entsprechenden Antrag gestellt (zum Herstellungsanspruch bspw.: LSG Niedersachsen-Bremen 24.2.2015 – L 7 AS 187/14; LSG Bayern 27.2.2014 – L 7 AS 642/12). Das nennt man „**sozialrechtlicher Herstellungsanspruch**" (→ 80 Rn. 8; → 7 Rn. 58; → Rn. 44).

44 Aber Vorsicht! Wer leichtfertig auf einen sozialrechtlichen Herstellungsanspruch setzt, landet oft schnell auf dem harten Boden der Realität. Die Voraussetzungen für einen solchen Anspruch sind tückisch und meist scheitert der Anspruch an mindestens einer dieser Voraussetzungen (vgl. bspw.: BSG 30.3.2011 – B 12 AL 2/09 R; BSG 18.1.2011 – B 4 AS 29/10 R):

a) Pflichtverletzung der Behörde – hier Beratungspflicht;
b) Schaden bei Ihnen;
c) Kausalität zwischen Pflichtverletzung und Schaden (die Pflichtverletzung muss wesentliche Bedingung für den Schaden sein);
d) Schaden kann durch rechtmäßiges Behördenhandeln beseitigt werden;
e) die Korrektur durch einen Herstellungsanspruch darf dem Gesetzeszweck nicht widersprechen.

45 Oft scheitert der Herstellungsanspruch schon daran, dass die Pflichtverletzung nicht bewiesen werden kann. Daher ist es wichtig, **Nachweise** zu schaffen, dass Sie um Beratung nachgesucht haben und Ihnen diese Beratung nicht oder nicht richtig / vollständig gegeben wurde. Reichen Sie Beratungsersuchen am besten schriftlich ein. Bestehen Sie darauf, dass ein Aktenvermerk erstellt wird, wenn Sie im persönlichen Gespräch um Beratung gebeten haben. Nehmen Sie einen *Beistand* (→ 19) als Zeugen*Zeugin mit zu persönlichen Gesprächen. Fertigen Sie sofort nach persönlichen Gesprächen Gedächtnisprotokolle an. Notieren Sie sich stets den Namen Ihres*r Gesprächspartners*Gesprächspartnerin. Wenn Beratungen mündlich erfolgen, bestehen Sie auch hier auf einen Beratungsvermerk, der zur Akte genommen wird oder bestehen Sie auf einer schriftlichen Beratung.

46 Viele Jobcenter gehen auch dazu über, alle denkbaren Beratungsthemen in **Broschüren** etc zu packen. Wenn Ihnen also Info-Broschüren, Beratungsformulare etc ausgehändigt werden: Vorsicht! Unterschreiben Sie nichts, von dem Sie nicht absolut sicher sind, dass Sie alles gelesen und verstanden haben! Im Zweifel verweigern Sie die Entgegennahme/Unterschrift und bitten darum, den Text erst einmal unverbindlich mitnehmen zu dürfen, um zu lesen und zu verstehen und in einem späteren Vorsprachetermin dazu Fragen stellen zu können. Wenn Sie eine Leseschwäche haben oder generell Schwierigkeiten haben, längere Texte zu verstehen, erklären Sie das und bitten Sie ausdrücklich um eine mündliche Beratung. Seien Sie selbstbewusst und fordern Sie die für Sie geeignete Beratungsform ein und – einmal mehr – achten Sie darauf, dass alles Wesentliche auch schriftlich in der Akte landet und Ihnen ggf. auch in Schriftform ausgehändigt wird.

47 Sie sehen: schon bei dieser ersten Voraussetzung für einen sozialrechtlichen Herstellungsanspruch wird es in der Praxis oft sehr eng. Und dann muss auch noch der **Schaden**

nachgewiesen werden. Das kann im Einzelfall auch schwierig werden, wird aber in der Regel vergleichsweise einfach sein. Ein Beispiel: Das Jobcenter weiß, dass Sie schwanger sind und tut pflichtwidrig nichts, um Ihnen eine Erstausstattung zur Schwangerschaft und/oder einen Mehrbedarf für werdende Mütter zu verschaffen – der Schaden ist in diesem Fall die entgangene Erstausstattung und/oder der entgangene Mehrbedarf.

Bei der **Kausalität** kommt es vor allem darauf an, ob die Pflichtverletzung der Behörde die einzige Ursache für den Schaden ist und, wenn es weitere Ursachen gibt, welche Ursache die „wesentliche Bedingung" für den Schaden ist. Hatte das Jobcenter Sie bspw. eingeladen, um die Schwangerschaftsbedarfe zu besprechen und Sie sind ohne wichtigen Grund nicht zu diesem Termin erschienen, dann wird dieses Nichterscheinen als wesentlich für den Schaden angesehen werden. Pauschale Checklisten können hier allerdings nicht funktionieren – es kommt immer auf den Einzelfall an.

48 Wenn durch einen Beratungsfehler Leistungen verhindert wurden, ist es einfach: die Behörde kann durch eine **Nachbewilligung** den Schaden beseitigen. Wenn es aber um Tatsachen oder Anspruchsvoraussetzungen geht, die fehlen, weil die Beratung falsch war, dann kann die Behörde diesen Schaden oft nicht durch rechtmäßiges Handeln beseitigen und der Herstellungsanspruch scheitert daran. Ein Beispiel: Sie beantragen Bürgergeld, haben aber eine private Lebensversicherung mit einem Rückkaufswert von 50.000 EUR. Das Jobcenter hat Sie nicht dazu beraten, dass Sie nur dann einen Leistungsanspruch haben, wenn Sie einen Verwertungsausschluss in Ihren Versicherungsvertrag aufnehmen (→ 119). Dann kann das Jobcenter unmöglich rückwirkend diesen Verwertungsausschluss in Ihrem Versicherungsvertrag vornehmen oder auch nur fingieren. Sie sehen, auch hier kann es tückisch werden.

49 Schließlich muss auch genau geprüft werden, ob es um einen sozialrechtlichen Herstellungsanspruch geht oder um **Amtshaftung** (ein*e Behördenmitarbeiter*in hat schuldhaft nicht oder falsch beraten und dadurch einen Schaden verursacht, für den Sie nun Entschädigung verlangen). Der Herstellungsanspruch wird im Streitfall vor dem Sozialgericht – gerichtskostenfrei – verhandelt. Der Amtshaftungsanspruch muss dagegen vor dem Landgericht verhandelt werden. Das bedeutet: Anwaltspflicht und Gerichtskosten; und das wiederum heißt, Sie tragen ein erhebliches Kostenrisiko (Kosten für eigene*n und gegnerische*n Anwalt*Anwältin sowie die Gerichtskosten).

3. Behördenunabhängige Beratung

50 Sie sollten sich, wenn möglich, (auch) behördenunabhängig beraten lassen. Doch nicht überall, wo *Behördenunabhängigkeit* draufsteht, ist sie auch drin.

Die Beratungsstelle eines Beschäftigungsträgers/Wohlfahrtsverbandes, der als Maßnahmenträger mit dem Jobcenter kooperiert und zB Ein-Euro-Jobs nutzt, dürfte kaum geeignet sein, Ihnen eine gute Beratung darüber zu bieten, wie Sie sich gegen diesen Kooperationspartner (das Jobcenter) zur Wehr setzen können. Das kann – je nach Träger und Personal – auch für Arbeitslosenzentren gelten.

51 **Tipp:** Erkundigen Sie sich, wenn möglich, vorher über die Qualität des jeweiligen Beratungsangebots und holen Sie bei Bedarf eine „zweite Meinung" bei einer anderen Stelle ein. Das gilt für alle unter → Rn. 61 beschriebenen Beratungsmöglichkeiten.

52 Das SGB I verpflichtet im Übrigen die Sozialleistungsträger *„in Zusammenarbeit mit gemeinnützigen und freien Einrichtungen und Organisationen darauf hinzuwirken, dass sich die Tätigkeit der Leistungsträger und der Einrichtungen und Organisationen zum Wohle der Leistungsempfänger wirksam ergänzen"* (§ 17 Abs. 3 SGB I). Unter die hier genannten Organisationen fallen auch Selbsthilfeorganisationen (LPK-SGB I § 17 Rn. 29). Das kann im Einzelfall die Position unabhängiger Beratung gegenüber der Behörde stärken. Die Leistungsbeziehenden haben ein **Wunsch- und Wahlrecht** (§ 33 S. 2 SGB I), ob sie sich durch die Behörde oder unabhängige Dritte beraten lassen möchten.

3.1 Vom Rechtsberatungsgesetz zum Rechtsdienstleistungsgesetz

53 Nach 75 Jahren wurde das aus der Nazizeit stammende Rechtsberatungsgesetz (RBerG) endlich abgeschafft und zum Juli 2008 durch das Rechtsdienstleistungsgesetz (RDG) ersetzt. Das Rechtsberatungsgesetz diente im Dritten Reich dazu, jüdische Menschen aus der Rechtsberatung auszuschließen. Auch danach wurde es immer wieder benutzt, um unliebsame oder „freche" Sozialhilfe- oder Erwerbslosengruppen und streitbare Einzelpersonen, die Erwerbslose gegen die Ämter unterstützten, wegen angeblicher Verstöße gegen das RBerG einzuschüchtern. Es war eine Art Damoklesschwert, das über der von Behörden und Anwälten **unabhängigen** Sozialberatung hing. Damit ist endlich Schluss!

54 Nach dem RDG sind *„unentgeltliche Rechtsdienstleistungen außerhalb familiärer, nachbarschaftlicher oder ähnlich enger persönlicher Beziehungen"* erlaubnisfrei und zulässig (§ 6 Abs. 2 RDG). Erwerbslosengruppen, -initiativen oder -vereine können nach dieser neuen Regelung **Beratungsdienstleistung für Mitglieder** anbieten. In diesem Rahmen können sie auch ohne Probleme als *Beistand* (→ 19) und sogar als *Verfahrensbevollmächtigte* (→ 24) auftreten (Rechtsdienstleistungsgesetz/Henssler, 1. Aufl. 2008, S. XIX).

55 Eine Erwerbslosengruppe oder -initiative, die nach innen berät, fällt unserer Meinung nach unter die Rubrik *„unentgeltliche Rechtsdienstleistungen"*. Sie braucht somit keine*n Anwalt*Anwältin im Hintergrund, der*die die fachliche Aufsicht führt und rechtliche Standards sicherstellt. Wir empfehlen unabhängigen Erwerbslosengruppen und -initiativen dennoch, mit Anwält*innen und erfahrenen Fachleuten aus der Sozialberatung zu kooperieren. Sollte eine Beratung im Rahmen der Aufklärung über Rechte und Pflichten von Ratsuchenden angeboten werden, die keine *„Prüfung des Einzelfalls"* erfordert, liegt kein Konflikt mit dem RDG vor (§ 2 Abs. 1 RDG). Unterstützung bei der Antragsstellung und beim Ausfüllen von Formularen ist beispielsweise laut BSG (26.8.2022 – B 9 SB 5/20 R) nicht als eine solche *„Prüfung des Einzelfalls"* zu werten und stellt daher auch keine Rechtsdienstleistung im Sinne des RDG dar.

56 Erreicht die anfangs überschaubare, größtenteils auf persönlichen Kontakten basierende Beratungsarbeit eine mengenmäßig und vom Organisationsgrad höhere Stufe, bedarf es eines juristischen *„Anleiters"*. Das ist der Fall, wenn **in größerem Stil Rechtsberatung und -dienstleistung** unentgeltlich oder gegen Gebühr erbracht werden, die nach außen gerichtet sind. Unentgeltlich meint nicht gänzlich kostenfrei, sondern **nicht auf Gewinnerzielung ausgerichtet**. Mitgliedsbeiträge oder Aufwandsentschädigungen in Form von Gebühren stehen der Unentgeltlichkeit nicht entgegen.

57 Unter Anleitung ist eine **Kooperation mit einem*r Volljuristen*Volljuristin** zu verstehen. Diese Fachkraft kann durch einen Kooperationsvertrag mit der Gruppe verbunden sein. Sie kann auch auf Landes- oder Bundesebene einer übergeordneten Organisation angehören, muss jedoch einweisen und fortbilden, und es muss die Möglichkeit bestehen, im Einzelfall nachzufragen (§ 6 Abs. 2 RDG). Die sozialrechtliche Fortbildung kann aber auch an anderer Stelle durchgeführt werden.

Weiter sieht das RDG vor, dass Berufs- und Interessenvereinigungen und Genossenschaften, also auch Vereine und Gewerkschaften, ihre Mitglieder beraten und für diese Rechtsdienstleistungen erbringen dürfen (§ 7 Abs. 1 RDG). Diese müssen zur Erfüllung der Aufgaben über die personelle, fachliche und finanzielle Ausstattung verfügen und die Anleitung durch eine*n Volljuristen*Volljuristin sicherstellen.

58 Mit *„öffentlichen Mitteln geförderte"*, zB durch kommunale-, Landes-, Bundes- oder EU-Mittel unterstützte Einrichtungen gelten als öffentlich anerkannte Stellen. Diese Einrichtungen und auch Wohlfahrtsverbände dürfen für Nichtmitglieder Beratungs- und Rechtsdienstleistungen anbieten (§ 8 Abs. 1 Nr. 4 RDG). Auch hier müssen die Beratenden qualifiziert sein, unter Anleitung stehen und sich regelmäßig fachlich fortbilden.

59 **Fazit:** Durch das RDG sind der unabhängigen Beratung auf der einen Seite die

20 Beratung

Fesseln genommen worden, auf der anderen Seite werden von ihr höhere Qualitätsstandards gefordert. Mehr Fachlichkeit, Praxisnähe und engere Kooperation kann aber beiden Seiten, sowohl Anwält*innen als auch Beratungsanbietern, nicht schaden. Daher sollte die Chance genutzt werden, Kooperationsverbünde zu schaffen, um der Sozialberatung mehr Schlagkraft und Fachkompetenz zu geben.

3.2 Wo finde ich unabhängige Beratung?

60 Es gibt verschiedene Möglichkeiten, ob im Internet oder vor Ort, sich unabhängig beraten zu lassen, jedoch gibt es dabei einige Dinge, die die Suche einfacher machen oder die Sie beachten müssen.

3.2.1 Beratung durch Erwerbslosen- und Sozialhilfegruppen

61 Erwerbslosengruppen und -initiativen sind in der ganzen Bundesrepublik zu finden. Einige haben eigene Räume und Zentren, andere treffen sich in Gaststätten oder Wohnzimmern. Durch die Proteste gegen die Agenda 2010 und Hartz IV haben sich erfreulicherweise bundesweit eine Vielzahl von zumeist kleinen Gruppen und Initiativen gegründet. Aber Vorsicht: **Neonazis** versuchen zunehmend, Sozialberatung anzubieten, um ihre braune Propaganda zu verbreiten. Achten Sie darauf und bedenken Sie: **Nazis können nie der richtige Ansprechpartner sein!** Wie Sie Adressen von guten Erwerbsleninitiativen finden können, beschreiben wir im Anhang.

3.2.2 Beratung durch Gewerkschaften und Sozialverbände

62 Gewerkschaften dürfen Erwerbslose und Sozialhilfebeziehende, die Mitglieder sind, rechtlich beraten und vertreten, da sie berufsständische Vereinigungen sind (§ 7 Abs. 1 Nr. 1 RDG). Gleiches gilt für die großen Sozialverbände wie VdK, SoVD oder den Arbeitslosenverband.

Die Kosten für Beratung und rechtliche Vertretung sind mit den Mitgliedsbeiträgen abgedeckt. Mitgliedsbeiträge können von jeder Art von Einkommen abgesetzt werden (§ 11b Abs. 12 Nr. 5 SGB II; → 38 Rn. 21).

Sie können aber auch als notwendige Kosten im Rahmen der Kostenerstattung (→ 67 Rn. 4) bei Widersprüchen geltend gemacht werden.

Prüfen Sie bei diesen Angeboten stets, ob das Beratungspersonal auch ausreichend kompetent und geschult ist und holen Sie sich im Zweifel eine zweite Meinung ein.

3.2.3 Beratung durch Amtsgerichte/ Anwaltskammern

63 Amtsgerichte leisten manchmal auch direkte Beratungshilfe. In einigen Städten gibt es auch kostenlose **„Armenberatung"** durch die jeweiligen Anwaltskammern.

3.2.4 Beratung durch Anwält*innen

64 Detaillierte Informationen zur Beratung durch Anwält*innen finden Sie unter den Beiträgen *Anwalt*Anwältin* (→ 8), *Beratungshilfe* (→ 21) und *Prozesskostenhilfe* (→ 87).

3.2.5 Beratung über das Internet

65 Beratung (→ 20) und Information über das Internet haben wachsende Bedeutung. Zu fast allen Rechtsgebieten gibt es Anbieter mit umfassenden Informationsangeboten und Diskussionsforen. Zum Thema SGB II und SGB XII sind die Seiten von Tacheles e.V. aus Wuppertal (www.tacheles-sozialhilfe.de) und der Koordinierungsstelle gewerkschaftlicher Erwerbslosengruppen (www.erwerbslos.de) zu empfehlen.

Informatives zum Bereich Bürgergeld/Alg II und Sozialhilfe finden Sie auch über Suchmaschinen im Internet. Es gibt auch eine Reihe von Diskussionsforen im Netz, in denen sozialrechtliche Fragen gestellt werden können. Hier sollten Sie aber vorsichtig sein, wenn Sie die Fachkompetenz der Auskunftsperson nicht einschätzen können.

Grundsätzlich sollten Sie nicht alles glauben, was im Internet geschrieben steht. Gerade in Foren kursieren häufig äußerst eigenwillige Auslegungen der Sozialgesetze, die mit Realität oft wenig zu tun haben. Aber auch seriös wirkende Seiten verbreiten häufig (unwissentlich) Falschinformationen. Oft finden Sie im Internet auch veraltete Informationen, die wegen Gesetzesänderungen oder Rechtsprechung nicht mehr aktuell sind. Seien Sie daher kritisch und fragen Sie im Zweifel bei einer Beratungsstelle nach.

In Zukunft wird es auch immer mehr „Legal Tec"-Anwaltsbüros geben. Das sind Anwaltsbüros, die fast ausschließlich im Internet existieren und die mit „künstlicher Intelligenz" (KI) arbeiten. Sie scannen bspw. Ihren Leistungsbescheid ein, machen diverse Angaben zu Ihrem Fall und die KI ermittelt, ob der Bescheid fehlerhaft ist. Das mag für einige attraktiv sein – wir raten jedoch eher zur Skepsis, da eine KI immer nur so schlau ist, wie diejenigen Personen, die sie programmiert haben. Und das sind in der Regel keine Sozialrechtsexpert*innen. Zudem erscheint es uns widersinnig, sich bei der anwaltlichen Beratung zum Objekt einer KI zu machen, wo Sie doch gerade dem Zustand entkommen wollen, „Objekt von Behördenhandeln" zu sein.

4. Forderungen

66 Aufstockung und bessere Schulung des Personals der Behörden und Bereitstellung der notwendigen (finanziellen) Mittel

Rechtsanspruch auf öffentliche Finanzierung von unabhängigen Strukturen für Erwerbslosen- und Sozialhilfeberatung in jeder Kommune / jedem Kreis über § 17 Abs. 3 SGB I

Veröffentlichung aller kommunalen Sozialrichtlinien entsprechend § 11 IFG

Keine Kriminalisierung der Rechtsberatung für Sozialleistungsbeziehende

21
Beratungshilfe

1. Beratungshilfe	1
2. Benötigte Nachweise für den Beratungshilfeantrag......................	4
3. Voraussetzungen für Beratungshilfe ...	5
3.1 Anwaltskosten können nicht aufgebracht werden	6
3.2 Keine andere zumutbare Hilfsmöglichkeit	7
3.2.1 Mitgliedschaft in einer Beratungsorganisation	8
3.2.2 Rechtsschutzversicherungen	10
3.2.3 Büros der Bürgerbeauftragten	11
3.2.4 Öffentliche Rechtsberatung	12
3.2.5 Schuldnerberatungsstellen ..	13
3.2.6 Kostenlose Rechtsberatung durch (anwaltliche*n) Berufsbetreuer*in	14
3.2.7 Rechtsanwalt*Rechtsanwältin „pro bono" oder gegen Honorar?	15
3.3 Keine mutwillige Inanspruchnahme der Beratungshilfe	16
3.3.1 Keine Beratungshilfe für jedes einzelne Mitglied einer Bedarfsgemeinschaft	17
3.3.2 Erhöhungsgebühr bei Vertretung einer Bedarfsgemeinschaft	18
3.3.3 Beratungshilfe für eine Vertretung im Verwaltungsverfahren?	19
3.3.4 Beratungshilfe für die Durchführung eines Widerspruchsverfahrens	22
3.3.5 Bagatellgrenze	23
3.3.6 Weitere Einzelfälle	24
4. Rechtsschutz bei Ablehnung von Beratungshilfe	25
4.1 Anspruch auf förmlichen Beschluss über den Beratungshilfeantrag	26
4.2 Erinnerung gegen den Beschluss des*r Rechtspflegers*Rechtspflegerin	27
4.3 Rechtsschutz gegen den Richterbeschluss	28
5. Anwaltswechsel und Beratungshilfe ...	31
6. Höhe der Beratungshilfevergütung	32

1. Beratungshilfe

1 Haben Sie einen Konflikt mit einem Sozialleistungsträger und verfügen Sie nur über ein geringes Einkommen, können Sie Beratungshilfe bekommen, um sich von einem*r Rechtsanwalt*Rechtsanwältin (→ 8) rechtlich beraten und, soweit erforderlich, auch vertreten zu lassen. Wird Ihnen Beratungshilfe gewährt, sind der anwaltliche Rat und die anwaltliche Vertretung für Sie kostenlos. Der*die Anwalt*Anwältin kann lediglich eine **Beratungshilfegebühr von 15 EUR** von Ihnen verlangen, die er*sie Ihnen aber auch erlassen kann (VV 2500 RVG) – was viele Anwält*innen auch machen. Beratungshilfe kann auf allen Rechtsgebieten, also auch im Sozialrecht, erteilt werden. Lediglich in Angelegenheiten des Strafrechts und des Ord-

21 Beratungshilfe

nungswidrigkeitsrechts wird Beratungshilfe nur für eine Beratung und nicht auch für eine Vertretung gewährt (§ 2 Abs. 2 BerHG). Anwält*innen sind standesrechtlich zur Übernahme von Beratungshilfemandaten verpflichtet (§ 49a BRAO).

2 Um Beratungshilfe zu bekommen, müssen Sie einen Antrag auf Beratungshilfe bei dem für Sie zuständigen **Amtsgericht** stellen. Bei Vorliegen der Beratungshilfevoraussetzungen stellt Ihnen der*die Rechtspfleger*in am Amtsgericht dann einen **Berechtigungsschein** mit der genauen Bezeichnung der Angelegenheit aus, mit dem Sie eine*n Anwältin*Anwalt ihrer Wahl aufsuchen können (§ 6 Abs. 1 BerHG). Sie können sich aber auch direkt an den*die Rechtsanwalt*Rechtsanwältin wenden. Alle Anwält*innen halten das amtliche Beratungshilfeformular vor und können für Sie den Beratungshilfeantrag auch nachträglich stellen (§ 6 Abs. 2 BerHG). Das Beratungshilfeformular muss in diesem Fall **vor** der anwaltlichen Beratung ausgefüllt und von Ihnen unterzeichnet werden (BVerfG 16.1.2008 – 1 BvR 2392/07). Der Antrag ist seit Januar 2014 **innerhalb von vier Wochen** nach Beginn der Beratungstätigkeit zu stellen (§ 6 Abs. 2 S. 2 BerHG; bis 31.12.2013 keine zeitliche Befristung; BVerfG 19.12.2007 – 1 BvR 1984/06 u.a.).

3 **Tipp:** Besorgen Sie sich bei dem für Sie zuständigen Amtsgericht einen Berechtigungsschein, bevor Sie eine*n Anwältin*Anwalt aufsuchen. Für die Anwält*innen bedeutet das Ausfüllen des Beratungshilfeantrages sowie das Kopieren der Einkommens- und Vermögensnachweise viel Arbeit. Außerdem ist der*die Rechtsanwalt*Rechtsanwältin bei Vorlage eines Berechtigungsscheins auf der sicheren Seite, dass er*sie später seine*ihre Beratungshilfevergütung bekommt und Sie müssen nicht befürchten, im Falle der Ablehnung von Beratungshilfe auf Ihren Anwaltskosten sitzen zu bleiben. Viele Anwält*innen nehmen aufgrund zunehmender Streitigkeiten mit den Amtsgerichten um die Bewilligung von Beratungshilfe Beratungshilfemandate ohnehin nur noch gegen Vorlage eines Berechtigungsscheins an.

2. Benötigte Nachweise für den Beratungshilfeantrag

4 Bringen Sie nach Möglichkeit gleich beim ersten Gang zum Amtsgericht alle Unterlagen mit, die der*die Rechtspfleger*in benötigt, um über Ihren Antrag auf Beratungshilfe positiv entscheiden zu können (§ 4 Abs. 3 Nr. 1 BerHG, § 4 Abs. 4 BerHG). Dazu gehören

- Ihr **Personalausweis**,
- **Einkommensnachweise** (Gehaltsabrechnungen der letzten drei Monate, Bürgergeldbescheid, Grundsicherungsbescheid, Wohngeldbescheid oÄ),
- lückenlose **Kontoauszüge** der letzten – je nach Amtsgericht – 4 bis 8 Wochen und gegebenenfalls Nachweise über sonstige Konten/Sparbücher sowie,
- soweit Ihre tatsächliche Miete über der vom Grundsicherungsträger anerkannten Miete liegt und sich deswegen nicht aus Ihrem Leistungsbescheid ergibt, auch einen **aktuellen Mietnachweis**.

Im Einzelfall und nur soweit es erforderlich ist, sollten Sie Nachweise zu sonstigen Belastungen (kostenaufwändige Ernährung, Abzahlungsverpflichtungen oÄ) mitnehmen.

Unbedingt mitnehmen sollten Sie die Unterlagen (Schreiben, Bescheide der Behörde oÄ), aus denen sich Ihr Rechtsproblem ergibt.

3. Voraussetzungen für Beratungshilfe

5 Grundsätzlich wird Beratungshilfe nur für die Wahrnehmung von Rechten **außerhalb eines gerichtlichen Verfahrens** gewährt (§ 1 Abs. 1 BerHG). Für die anwaltliche Vertretung ab Klageerhebung kann Ihnen bei Vorliegen der Voraussetzungen nur noch **Prozesskostenhilfe** (PKH; → 87) bewilligt werden. Deswegen sollten Sie sich vor Erhebung einer Klage überlegen, ob Sie anwaltlichen Rat benötigen. Haben Sie erst einmal selbst Klage erhoben, können Sie sich von einem*r Anwalt*Anwältin nicht mehr auf Beratungshilfebasis über die Erfolgsaussichten Ihrer Klage beraten lassen und die Prozesskostenhilfegewährung ist oft langwierig und hängt davon ab, ob das Prozessgericht Ihrer Klage Aussicht auf Erfolg beimisst. Benötigen Sie anwaltlichen Rat außerhalb eines gerichtli-

chen Verfahrens, hängt die Bewilligung von drei Voraussetzungen ab:

3.1 Anwaltskosten können nicht aufgebracht werden

6 Ihr Einkommen und Vermögen müssen so gering sein, dass Ihnen Prozesskostenhilfe (→ 87) ohne Eigenanteil zusteht (§ 1 Abs. 2 S. 1 BerHG). Bei Bezug von GSi, HzL und Bürgergeld liegt das Einkommen regelmäßig innerhalb der Freigrenzen. Bürgergeld-Beziehende müssen aber auf die **Vermögensfreigrenzen** achten (§ 115 Abs. 3 ZPO iVm § 90 Abs. 2 Nr. 9 SGB XII iVm § 1 Abs. 1 BarBetrVO v. 16.12.2022): Geschützt sind seit 1.1.2023 für jede volljährige Person sowie für jede alleinstehende minderjährige Person 10.000 EUR sowie 500 EUR für jede weitere Person, der Unterhalt gezahlt wird.

3.2 Keine andere zumutbare Hilfsmöglichkeit

7 Voraussetzung ist weiter, dass Ihnen keine anderen Möglichkeiten für eine Hilfe zur Verfügung stehen, deren Inanspruchnahme Ihnen zumutbar ist (§ 1 Abs. 1 Nr. 2 BerHG).

3.2.1 Mitgliedschaft in einer Beratungsorganisation

8 Möglichkeiten für eine zumutbare andere Hilfe sind etwa bei einer Mitgliedschaft in einem **Mieterverein** der Mieterverein für das Rechtsgebiet Mietrecht, bei Mitgliedschaft in einem **Sozialverband** der entsprechende Verband für das Rechtsgebiet Sozialrecht, bei Mitgliedschaft in einer **Gewerkschaft** die Gewerkschaft für die Rechtsgebiete Arbeitsrecht und gegebenenfalls Sozialrecht – nachfragen! – oder bei Mitgliedschaft in einem **Selbsthilfeverein** eben jener (BVerfG 10.1.2014 – 1 BvR 256/14 u.a.). Im Vorfeld einer Rentenantragstellung kann das Amtsgericht eine*n Ratsuchende*n an den beratungspflichtigen Rentenversicherungsträger verweisen (§ 14 SGB I; BVerfG 14.12.2011 – 1 BvR 2735/11; 4.4.2016 – 1 BvR 2607/15), nicht aber, wenn sich der*die Hilfesuchende mit einem Widerspruch gegen eine Entscheidung des Rentenversicherungsträgers wehren will (BVerfG 29.4.2015 – 1 BvR 1849/11).

9 **Tipp:** Insbesondere einige Gewerkschaften bieten Ihren Mitgliedern auch Rechtsberatung im Sozialrecht an, ohne über das hierfür erforderliche Fachwissen und entsprechend geschultes Personal zu verfügen. Viele Rechtspfleger*innen an den Amtsgerichten wissen das und gewähren etwa Gewerkschaftsmitgliedern trotzdem Beratungshilfe, weil deren Inanspruchnahme besonders in komplizierter gelagerten Fällen nicht „zumutbar" ist (§ 1 Abs. 1 Nr. 2 BerHG). Häufig genügt es, den Rechtspfleger*innen glaubhaft zu versichern, dass Sie sich um Rechtsrat bei Ihrer Gewerkschaft bemüht haben, diese Ihnen aber nicht weiterhelfen konnte. Einige Gewerkschaften bescheinigen dies auch schriftlich für die Amtsgerichte. In letzterem Fall ist Ihnen stets Beratungshilfe zu bewilligen.

3.2.2 Rechtsschutzversicherungen

10 Da Rechtsschutzversicherungen im Regelfall nur Rechtsschutz **ab dem gerichtlichen Verfahren** bieten, stellen diese regelmäßig keine andere Hilfsmöglichkeit dar. Nur sehr wenige Altverträge decken auch die Kosten einer außergerichtlichen Beratung und Vertretung ab. Bietet Ihnen Ihre Versicherung Kostendeckung auch für außergerichtlichen Rechtsschutz, sollten Sie bei Ihrer Versicherung erfragen, ob auch das **Rechtsgebiet Sozialrecht** abgedeckt ist und wie hoch Ihr Eigenanteil ist. In vielen Versicherungsverträgen ist ein **Eigenanteil** von 150 EUR vereinbart, der weit über den Beratungshilfegebühren liegt. In diesem Fall steht Ihnen trotz einer Rechtsschutzversicherung für Sozialrecht im vorgerichtlichen Bereich Beratungshilfe zu.

3.2.3 Büros der Bürgerbeauftragten

11 Keine andere zumutbare Möglichkeit für eine Rechtsberatung sind die Büros der Bürgerbeauftragten der Bundesländer, denn Bürger*innen, die sich an die*den Bürgerbeauftragte*n wenden, führen eine Petition. Das in der Verfassung verankerte Petitionsrecht beruht ausnahmslos auf Freiwilligkeit. Aus diesem Grunde kann das Führen einer Petition nicht Voraussetzung für die Gewährung von Beratungshilfe sein (Stellungnahme der Bürgerbeauftragten des Landes

Schleswig-Holstein vom 4.9.2009 sowie vom 25.2.2016).

3.2.4 Öffentliche Rechtsberatung

12 In den Stadtstaaten Hamburg und Bremen gibt es eine öffentliche Rechtsberatung für Bürger*innen mit geringem Einkommen. Die hierfür eingerichteten öffentlichen Beratungsstellen (ÖRA) erteilen Rechtsrat und, soweit erforderlich, auch praktische Hilfe und Unterstützung (etwa durch Schreiben an die Gegenseite, Akteneinsicht usw) unter vergleichbaren Voraussetzungen, unter denen sonst Beratungshilfe gewährt wird (keine Mitgliedschaft in einer Beratungsorganisation → Rn. 8 f., keine Rechtschutzversicherung → Rn. 10, keine vorherige Beratung durch eine*n Rechtsanwalt*Rechtsanwältin → Rn. 31). In Bremen müssen zudem die Einkommens- und Vermögensverhältnisse so gering sein, dass Beratungshilfe zu gewähren wäre, und es wird geprüft, ob die Inanspruchnahme der ÖRA als „mutwillig" (→ Rn. 16 ff.) zu gelten hat. Der Eigenanteil beträgt in Hamburg 15 EUR und kann bei geringem Einkommen auf 4 EUR ermäßigt werden. Unter Hinweis auf die öffentlichen Beratungsstellen lehnen die Amtsgerichte in Bremen und Hamburg Beratungshilfe für die anwaltliche Beratung regelmäßig ab. In Berlin haben Ratsuchende ein Wahlrecht zwischen ÖRA-Beratung und beratungshilfefinanziertem anwaltlichem Rechtsrat.

3.2.5 Schuldnerberatungsstellen

13 Die Gewährung von Beratungshilfe für den außergerichtlichen Schuldenbereinigungsversuch gemäß § 305 Abs. 1 Nr. InsO ist grundsätzlich möglich. Soweit vor Ort für den*die Schuldner*in kostenlos arbeitende Schuldnerberatungsstellen existieren, stellen diese aber eine andere Möglichkeit der Hilfe dar, auf die das Amtsgericht verweisen kann. Bei zu langen Wartezeiten kann der Verweis im Einzelfall allerdings unzumutbar sein, so dass Beratungshilfe für eine*n Anwältin*Anwalt zu gewähren ist (BVerfG 4.9.2006 – 1 BvR 1911/06).

3.2.6 Kostenlose Rechtsberatung durch (anwaltliche*n) Berufsbetreuer*in

14 In der Praxis der Amtsgerichte kommt es immer wieder vor, dass **betreuten Rechtsuchenden** Beratungshilfe mit der Begründung verwehrt wird, ihr*e (anwaltliche*r oder auch nicht anwaltliche*r) Berufsbetreuer*in könne sie rechtlich beraten oder vertreten – etwa indem er*sie Widerspruch bei einer Behörde für sie einlegt. Diese Praxis ist evident rechtswidrig. **Nicht anwaltliche Berufsbetreuer*in** dürfen bereits keine Rechtsdienstleistungen erbringen. Aber auch **anwaltliche Berufsbetreuende** sind nicht zu einer kostenlosen rechtlichen Beratung seiner*ihrer Betreuten verpflichtet. Sie können diese gemäß § 1877 Abs. 3 BGB nach anwaltlichem Gebührenrecht abrechnen (BGH 14.5.2014 – XII ZB 683/11, zur Vorgängervorschrift § 1835 Abs. 3 BGB). Deswegen stellte die Beratung durch den*die anwaltliche*n Berufsbetreuer*in keine „andere zumutbare Hilfsmöglichkeit" im Sinne von § 1 Abs. 1 Nr. 2 BerHG dar. Ein*e Rechtsanwalt*Rechtsanwältin als Berufsbetreuer*in **muss** nach den Grundsätzen der kostensparenden Amtsführung für die*den Betreute*n deswegen sogar Beratungshilfe in Anspruch nehmen (AG Tempelhof-Kreuzberg 7.11.2013 – 70a II 3276/13) und kann mit der Beratung oder Vertretung der Betreuten auch eine*n fachkundige*n Kollegen*Kollegin beauftragen.

3.2.7 Rechtsanwalt*Rechtsanwältin „pro bono" oder gegen Honorar?

15 Die Möglichkeit, sich durch eine*n Rechtsanwältin*Rechtsanwalt unentgeltlich („pro bono") oder gegen Vereinbarung eines Erfolgshonorars beraten oder vertreten zu lassen, begründet keine andere Hilfemöglichkeit (§ 1 Abs. 2 S. 2 BerHG).

3.3 Keine mutwillige Inanspruchnahme der Beratungshilfe

16 Zuletzt darf die Inanspruchnahme der Beratungshilfe nicht mutwillig erscheinen (§ 1 Abs. 1 Nr. 3 BerHG). **Mutwilligkeit** liegt nach § 1 Abs. 1 Nr. 3 BerHG vor, wenn Beratungshilfe in Anspruch genommen wird, obwohl ein*e Rechtsuchende*r, der*die keine Beratungshilfe beansprucht, bei verständiger

21 Beratungshilfe

Würdigung aller Umstände der Rechtsangelegenheit davon absehen würde, sich auf eigene Kosten rechtlich beraten oder vertreten zu lassen. Bei der Beurteilung der Mutwilligkeit sind die **Kenntnisse und Fähigkeiten des*r Antragstellers*Antragstellerin** sowie seine*ihre besondere wirtschaftliche Lage zu berücksichtigen. Mit dieser Formulierung hat der Gesetzgeber zum 1.1.2014 die bisherige Rechtsprechung des BVerfG zur „zumutbaren Selbsthilfe" umgesetzt. Das Sozialrecht ist eine Spezialmaterie, die besondere Rechtskenntnisse und Erfahrungen erfordert, so dass **bei sozialrechtlichen Problemen im Regelfall anwaltliche Hilfe notwendig ist** (BVerfG 6.9.2010 - 1 BvR 440/10; 11.5.2009 - 1 BvR 1517/08; zur PKH: BT-Drs. 8/3068, 22 f.). Anwaltlicher Rat kann dabei nicht nur bei Rechtsfragen erforderlich sein, sondern auch bei schwierigen **Tatsachenfragen** (BVerfG 7.10.2015 - 1 BvR 1962/11). Gerade um Bürger*innen in ungünstigen wirtschaftlichen Verhältnissen auch in sozialrechtlichen Fragen eine Beratung durch den*die „Anwalt*Anwältin des Vertrauens" zu ermöglichen, wurde das Sozialrecht im Jahre 1994 als eines der Gebiete, für das Beratungshilfe gewährt werden kann, in § 2 Abs. 2 BerHG aF ausdrücklich aufgeführt (BT-Drs. 12/7009, 6).

3.3.1 Keine Beratungshilfe für jedes einzelne Mitglied einer Bedarfsgemeinschaft

17 Legt ein*e Rechtsanwalt*Rechtsanwältin für jedes einzelne Mitglied einer Bedarfsgemeinschaft Widerspruch gegen denselben Bescheid aufgrund der gleichen Rechtsfrage ein, gibt es nur für eines der Bedarfsgemeinschaftsmitglieder Beratungshilfe. Denn ist die Parallelität der Fallgestaltungen offenkundig, ist es den Mitgliedern einer Bedarfsgemeinschaft zuzumuten, sich im Widerspruchsverfahren selbst zu vertreten und in ihren Verfahren auf die Anwaltsschriftsätze des anwaltlich vertretenen Bedarfsgemeinschaftsmitgliedes zu verweisen (BVerfG 8.2.2012 - 1 BvR 1120/11).

3.3.2 Erhöhungsgebühr bei Vertretung einer Bedarfsgemeinschaft

18 Vertritt ein*e Rechtsanwalt*Rechtsanwältin mehrere Mitglieder einer SGB II-Bedarfsgemeinschaft, die alle betroffen und damit beschwert sind, kommt die Erhöhungsgebühr nach VV 1008 RVG zur Entstehung. Dies gilt auch, wenn nur ein Mitglied der Bedarfsgemeinschaft Beratungshilfe beantragt und nur diesem durch die Ausstellung eines Berechtigungsscheines Beratungshilfe bewilligt worden ist (LG Kiel 5.7.2018 - 7 T 8/18).

3.3.3 Beratungshilfe für eine Vertretung im Verwaltungsverfahren?

19 Bereits in mehreren Entscheidungen hat das BVerfG die Auffassung vertreten, dass Rechtsuchende im **Verwaltungsverfahren** sowie im Verfahrensstadium der **Anhörung** über eine Rückforderung von Leistungen auf die zur Beratung verpflichtete Behörde (§ 14 SGB I) verwiesen werden dürfen. Das BVerfG argumentiert, die Behörde habe nach § 2 Abs. 2 SGB I die sozialen Rechte bei der Auslegung der Vorschriften und der Ausübung von Ermessen zu beachten. Von einer Gegnerschaft zwischen Behörde und Rechtsuchenden könne erst im Widerspruchsverfahren gesprochen werden (BVerfG 30.6.2009 - 1 BvR 470/09). Bemittelte Rechtsuchende müssten darüber hinaus die Kosten der Rechtsverfolgung für das Verwaltungsverfahren selbst tragen. Aufwendungen für die Hinzuziehung anwaltlicher Unterstützung würden im Erfolgsfall erst für das Widerspruchsverfahren, nicht aber für das Verwaltungsverfahren erstattet (§ 63 Abs. 2 SGB X). Daher stünde auch Unbemittelten eine solche Kostenerstattung nicht zu (BVerfG 7.2.2012 - 1 BvR 804/11).

20 Diese Entscheidungen sind zu **kritisieren**. Aufgabe der Beratungshilfe ist es gerade, rechtliche Auseinandersetzungen zu vermeiden und zu einem **frühestmöglichen Zeitpunkt** eine Streitbeilegung zu erwirken. Ein **Rechtskonflikt** kann zudem auch bereits im Verwaltungsverfahren oder im Anhörungsverfahren vorliegen. In keinem anderen Rechtsgebiet wird zudem die Gewährung von Beratungshilfe davon abhängig gemacht,

ob im Fall des Obsiegens ein Kostenerstattungsanspruch gegen den Gegner besteht. Letztlich liegt eine möglichst frühzeitige Klärung des Rechtskonfliktes auch im Interesse der Sozialleistungsträger und der Steuerzahlenden, die bei einem erfolgreichen Widerspruchsverfahren Anwaltskosten tragen müssen, die rund das Dreifache der Beratungshilfegebühr betragen.

21 Tipp: Versuchen Sie in solchen Fällen ruhig, sich den Berechtigungsschein für die Beratungshilfe zu besorgen. Der*die Rechtspfleger*in beim Amtsgericht kann Ihnen durchaus Beratungshilfe gewähren, muss es aber nicht.

3.3.4 Beratungshilfe für die Durchführung eines Widerspruchsverfahrens

22 Grundsätzlich nicht zumutbar ist es einem*r Rechtsuchenden, selbst Widerspruch gegen einen Bescheid einer Behörde einzulegen und dabei die Beratung derjenigen Behörde in Anspruch zu nehmen, die zuvor den Ausgangsverwaltungsakt erlassen hat (BVerfG 4.4.2022 – 1 BvR 1370/21; grundlegend 11.5.2009 – 1 BvR 1517/08; dem folgend: 29.4.2015 – 1 BvR 1849/11; 30.6.2009 – 1 BvR 470/09; 31.8.2010 – 1 BvR 2318/09; 14.9.2009 – 1 BvR 40/09; Beschlüsse vom 6.8.2009 – 1 BvR 1554/08; 1 BvR 321/09; 1 BvR 320/09; 1 BvR 319/09; 1 BvR 281/09; 1 BvR 1550/08; 1 BvR 1551/08; 1 BvR 1552/08; 1 BvR 322/09). Die Vertretungsgebühr kann der*die Rechtsanwalt*Rechtsanwältin allerdings nur abrechnen, wenn er*sie den Widerspruch auch begründet (LG Kiel 2.7.2018 – 7 T 12/18).

3.3.5 Bagatellgrenze

23 Mutwillig ist idR die Beantragung von Beratungshilfe bei einer Bagatellforderung von unter **10 EUR**, weil wegen des Missverhältnisses von Kosten und Nutzen ein*e Nichtbedürftige*r auf die Konsultation eines*r Rechtsanwaltes*Rechtsanwältin verzichten würde (AG Halle 22.8.2011 – 103 II 1513/11). Der Antrag auf Beratungshilfe zur Durchsetzung einer Forderung von **29,84 EUR** ist **nicht mutwillig** (AG Kiel 14.4.2015 – 7 UR II 11433/14).

3.3.6 Weitere Einzelfälle

24 ■ Für die anwaltliche Androhung eines einstweiligen Verfügungsverfahrens zwecks Durchsetzung der **Barauszahlung** von existenzsichernden Sozialleistungen innerhalb der 7-Tage-Frist des § 55 Abs. 1 SGB I aF ist Beratungshilfe zu gewähren (BVerfG 9.11.2010 – 1 BvR 787/10).

■ Der **Verweis** auf eine **Erstberatung** bei der Verbraucherzentrale kann zumutbar sein (BVerfG 20.2.2012 – 1 BvR 2695/11).

■ Die **Abwehr einer Sanktion** wegen Vorliegens eines wichtigen Grundes setzt eine juristische Wertung, die Verhängung einer Sanktion auf Grundlage der komplexen Norm des § 31 SGB II eine rechtliche Durchdringung voraus, die von einem juristischen Laien nicht geleistet werden kann, so dass – nicht zuletzt vor dem Hintergrund der Sicherung des Existenzminimums – die Beantragung von Beratungshilfe nicht mutwillig ist (BVerfG 28.9.2010 – 1 BvR 623/10).

■ Für die Abwehr der **Anrechnung** eines **Betriebskostenguthabens** auf den Leistungsanspruch und dessen – mit der höchstrichterlichen Rechtsprechung tatsächlich nicht zu vereinbaren – Aufteilung auf einen Zeitraum von sechs Monaten ist Beratungshilfe zu gewähren, der Vorhalt des Amtsgerichts, die Rechtsverfolgung sei „mutwillig", „nicht nachvollziehbar" (BVerfG 4.4.2022 – BvR 1370/21).

■ Für die **Beratung über die Erfolgsaussichten einer Klage** gegen einen Widerspruchsbescheid ist gesondert Beratungshilfe zu bewilligen. Die Beratungstätigkeit bildet gebührenrechtlich **keine einheitliche Angelegenheit** mit dem vorausgegangenen Widerspruchsverfahren (AG Kiel 1.9.2020 – 7 UR II 21/20, unter Hinweis auf § 17 Nr. 1a RVG).

■ Vor allem bei **Aufhebungs- und Erstattungsbescheiden** stellt sich stets die sowohl in rechtlicher als auch tatsächlicher Hinsicht häufig schwierige Frage, ob die strengen Voraussetzungen

21 Beratungshilfe

für eine rückwirkende Aufhebung eines begünstigenden Verwaltungsaktes vorliegen (BVerfG 8.2.2012 – 1 BvR 1120/11).

- Das Amtsgericht darf Beratungshilfe nicht mit dem pauschalen Hinweis ablehnen, die bloße *Einlegung* des Widerspruches durch die*den Rechtsuchende*n selbst wahre ihre*seine Rechte genauso effektiv wie die Einlegung eines *begründeten* Widerspruches durch eine*n Rechtsanwältin*Rechtsanwalt. Denn regelmäßig führt nicht bereits die bloße Erhebung des Widerspruches zur begehrten Änderung der angefochtenen Entscheidung, sondern erst dessen **sorgfältige Begründung** (BVerfG 7.10.2015 – 1 BvR 1962/11).
- Der undifferenzierte Hinweis des Amtsgerichts auf das angebliche Bestreben des*r Rechtsuchenden, *„für jegliche Lebenslagen eine anwaltliche Vertretung zu erlangen"*, trägt nicht die Annahme der „Mutwilligkeit" des Antrags auf Beratungshilfe für ein **konkretes Widerspruchsverfahren** (BVerfG 7.10.2015 – 1 BvR 1962/11).
- Ist für die*den Rechtsuchende*n ohne Schwierigkeiten zu erkennen, dass es in weiteren Bescheiden um **die gleiche rechtliche** und tatsächliche **Problematik** geht, ist es ihr*m zuzumuten, selbst Widerspruch einzulegen (BVerfG 2.9.2010 – 1 BvR 1974/08; vgl. auch 30.5.2011 – 1 BvR 3151/10).
- Keine Beratungshilfe ist für die **Überprüfung** sämtlicher Bescheide ab 1.1.2005 „wegen verfassungsrechtlicher Bedenken" zu gewähren, denn eine verzögerte Überprüfung ohne konkrete Anhaltspunkte nimmt nur derjenige vor, für den Kosten keine Rolle spielen (BVerfG 19.8.2010 – 1 BvR 465/10).
- Für ein **erfolgreiches Überprüfungsverfahren** nach § 44 SGB X steht dem*r Rechtsanwalt*Rechtsanwältin die Erledigungsgebühr nach VV 1002 RVG iVm VV 2508 Abs. 1 RVG zu (LG Kiel 12.11.2019 – 5 T 53/19).
- Vor Einholung anwaltlicher Hilfe kann zunächst **zumutbare Eigeninitia**tive etwa durch Nachfragen bei der Behörde sowie die Beschaffung der wesentlichen Unterlagen bei dieser abverlangt werden (BVerfG 15.7.2010 – 1 BvR 2681/09).
- **Analphabetentum** begründet keinen Anspruch auf Beratungshilfe, weil diese kein Instrument der allgemeinen Lebenshilfe ist (BVerfG 12.6.2007 – 1 BvR 1014/07).
- Trotz *„der in der Beratungshilfe ohnehin zu niedrigen Gebühren"* ist es *„noch vertretbar"*, wenn das Amtsgericht bei der Beratung über **Kindesunterhalt** und das **Umgangsrecht** des Vaters von einer Angelegenheit ausgeht und deswegen nur einmal Beratungshilfe bewilligt (BVerfG 31.10.2001 – 1 BvR 1720/01).
- Beratungshilfe kann versagt werden, wenn der*die Rechtsanwalt*Rechtsanwältin lediglich **Unterlagen nachreicht** (BVerfG 7.2.2012 – 1 BvR 804/11) **oder** wenn das **Jobcenter noch ermittelt**, ohne eine rechtsverbindliche Entscheidung getroffen zu haben (BVerfG 9.1.2012 – 1 BvR 2852/11).
- Verwaltungsverfahren und Widerspruchsverfahren sind verschiedene Angelegenheiten, für die jeweils Beratungshilfe bewilligt werden kann, vgl. § 17 Nr. 1a RVG (AG Rendsburg 30.9.2015 – 5 UR II 1622/15).
- Ein **neues Mieterhöhungsverlangen** ist eine neue Angelegenheit, für die **erneut** Beratungshilfe zu bewilligen ist (AG Halle 18.1.2011 – 103 II 6570/10; AG Kiel 26.2.2018 – 7 UR II 6453/17).

4. Rechtsschutz bei Ablehnung von Beratungshilfe

25 An vielen Amtsgerichten wird es für Rechtsuchende immer schwieriger, Beratungshilfe zu erhalten. Beratungshilfe ist eine Sozialleistung und wie bei allen Sozialleistungen gilt auch bei der Beratungshilfe, dass Betroffene für ihre Rechte gelegentlich kämpfen müssen.

21 Beratungshilfe

4.1 Anspruch auf förmlichen Beschluss über den Beratungshilfeantrag

26 Es kommt immer wieder vor, dass sich Rechtspfleger*innen an Amtsgerichten weigern, Beratungshilfeanträge überhaupt anzunehmen oder über gestellte Beratungshilfeanträge förmlich durch Beschluss zu entscheiden. Stattdessen verweisen sie die Rechtsuchenden in sozialrechtlichen Angelegenheiten an die Behörden oder erteilen selbst Rechtsauskünfte und erklären die Angelegenheit damit für erledigt (§ 6 Abs. 1 BerHG). Diese Praxis ist **grob rechtswidrig**.

Haben Sie ausdrücklich einen Berechtigungsschein für die Konsultation eines*r Rechtsanwalts*Rechtsanwältin beantragt und haben sich Ihre Fragen durch die Auskunft des*r Rechtspflegers*Rechtspflegerin aus Ihrer Sicht nicht erledigt, haben Sie einen **Anspruch** darauf, dass Ihr Antrag angenommen und über diesen förmlich **durch Beschluss entschieden** wird (BVerfG 29.4.2015 – 1 BvR 1849/11). Zudem entspricht es ständiger Rechtsprechung des BVerfG, dass ein*e Rechtsuchende*r jedenfalls für die Beratung über die Erfolgsaussichten eines Widerspruchsverfahrens nicht an dieselbe Behörde verwiesen werden darf, gegen die er*sie sich mit seinem*ihrem Widerspruch wenden will (→ Rn. 22).

4.2 Erinnerung gegen den Beschluss des*r Rechtspflegers*Rechtspflegerin

27 Gegen den Beschluss des*r Rechtspflegers*Rechtspflegerin, durch den Ihr Antrag auf Bewilligung von Beratungshilfe zurückgewiesen worden ist, ist das **Rechtsmittel der Erinnerung** statthaft (§ 7 BerHG). Über Ihre Erinnerung entscheidet der*die am Amtsgericht für Beratungshilfesachen zuständige Richter*in. Die Erinnerung ist **an keine Frist gebunden**. Gegen die **Ablehnung von Beratungshilfe** durch Richterbeschluss ist **kein Rechtsmittel** gegeben. Gegen die **Höhe der Vergütungsfestsetzung** durch Richterbeschluss – etwa bei Fragen zur Mehrvertretungspauschale oder Erledigungsgebühr – ist die **Beschwerde** zum Landgericht zulässig, wenn entweder der **Beschwerdewert von 200 EUR** erreicht ist (§ 56 Abs. 2 S. 1 RVG iVm § 33 Abs. 3 S. 1 RVG) oder das Amtsgericht die **Beschwerde wegen grundsätzlicher Bedeutung zugelassen** hat (§ 33 Abs. 3 S. 2 RVG). Die Nichtzulassung der Beschwerde durch das Amtsgericht ist nicht anfechtbar (§ 33 Abs. 4 S. 4 Hs. 2 RVG). Wollen Sie gegen einen etwaigen ablehnenden Beschluss des Amts- oder Landgerichts **Verfassungsbeschwerde** erheben (→ Rn. 28), müssen Sie den nicht befristeten Rechtsbehelf der Erinnerung allerdings innerhalb der für das Verfassungsbeschwerdeverfahren geltenden Einlegungsfrist von **einem Monat** erheben (BVerfG 25.11.2009 – 1 BvR 2464/09). Für das Beratungshilfeverfahren (einschließlich Erinnerungsverfahren und Gehörsrüge) muss **keine Verfahrenskostenhilfe** gewährt werden – wie für das PKH-Verfahren im Regelfall keine PKH gewährt werden muss (BVerfG 9.11.2017 – 1 BvR 2440/16; 1 BvR 2441/16).

4.3 Rechtsschutz gegen den Richterbeschluss

28 Gegen die Ablehnung von Beratungshilfe durch Richterbeschluss ist kein Rechtsmittel zu einem weiteren Fachgericht gegeben (→ Rn. 27). Allerdings haben Sie die Möglichkeit, sich gegen einen die Beratungshilfegewährung ablehnenden Beschluss an das **Bundesverfassungsgericht** zu wenden und eine Verletzung Ihres Anspruches auf Rechtswahrnehmungsgleichheit zu rügen (Art. 3 Abs. 1 GG iVm Art. 20 Abs. 1, 3 GG).

Der*die Rechtsanwalt*Rechtsanwältin kann bei Ablehnung eines Antrages auf nachträgliche Bewilligung von Beratungshilfe nur dann die gesetzliche Vergütung verlangen, wenn er*sie Sie bei der Mandatsaufnahme darauf hingewiesen hat (§ 8a Abs. 4 S. 1 BerHG). Ohne diesen Hinweis liegt das Kostenrisiko bei dem*r Rechtsanwalt*Rechtsanwältin, wenn auf nachträglich gestellten Antrag Beratungshilfe abgelehnt wird. Sie selbst sind deshalb nur dann in Ihrer Rechtsschutzgleichheit betroffen und können den Anspruch auf Beratungshilfe geltend machen, wenn der*die Anwalt*Anwältin Ihnen einen solchen Hinweises tatsächlich erteilt hat (BVerfG 23.3.2016 – 1 BvR 2831/15; 12.2.2018 – 1 BvR 975/17). Die Erteilung dieses Hinweises sollte deswegen von dem*r Rechtsanwalt*Rechtsanwältin **aktenkundig** gemacht und von Ihnen **schriftlich bestätigt** werden.

29 Die Gründe für eine Grundrechtsverletzung müssen von Ihnen in der Verfassungsbeschwerde **substantiiert dargelegt** werden (§ 23 Abs. 1 S. 2; § 92 BVerfGG). Der Grundsatz der Subsidiarität der Verfassungsbeschwerde verlangt darüber hinaus, dass Sie die Umstände, die Sie Ihrer Meinung nach in Ihrem Grundrecht auf Rechtswahrnehmungsgleichheit verletzen, auch schon beim Amtsgericht vorgetragen haben. Waren Sie im Beratungshilfe-Bewilligungsverfahren nicht anwaltlich vertreten, darf die Darlegungslast dabei allerdings nicht zu hoch angesetzt werden (BVerfG 30.5.2011 – 1 BvR 3151/19). Vor dem BVerfG besteht **kein Anwaltszwang**, dh, Sie können sich selbst vertreten. Das Verfahren ist grundsätzlich **gerichtskostenfrei**. Nur in sehr seltenen Ausnahmefällen gewährt das BVerfG Prozesskostenhilfe (→ 87) und ordnet eine*n Rechtsanwältin*Rechtsanwalt bei. Steht die **Höhe der Vergütung** im Streit – etwa, weil das Amtsgericht mehrere Angelegenheiten gebührenrechtlich zu einer Angelegenheit zusammenfasst –, sind nicht Sie beschwert, sondern allein Ihr*e **Rechtsanwalt*Rechtsanwältin**. Jene*r kann in diesem Fall Verfassungsbeschwerde erheben und einen Eingriff in ihre*seine **Berufsausübungsfreiheit** (Art. 12 GG) rügen (BVerfG 11.4.2011 – 1 BvR 2390/10; 31.10.2001 – 1 BvR 1720/01).

30 **Tipp:** Sollten Sie erwägen, sich gegen einen etwaigen ablehnenden Beschluss des Amtsgerichts vor dem BVerfG zur Wehr zu setzen, sollten Sie bereits die Erinnerung gegen den ablehnenden Rechtspflegerbeschluss sehr gewissenhaft begründen und schon an dieser Stelle darauf hinweisen, dass und warum Sie sich durch die Ablehnung von Beratungshilfe durch den*die Rechtspfleger*in in Ihrem Grundrecht auf Rechtswahrnehmungsgleichheit verletzt sehen.

5. Anwaltswechsel und Beratungshilfe

31 Beratungshilfe für eine anwaltliche Beratung wird für dieselbe Angelegenheit idR **nur einmal gewährt** (§ 4 Abs. 2 Nr. 2 BerHG). Deswegen sollten Sie im Vorfeld einer Mandatierung genau erfragen, ob der*die von Ihnen ins Auge gefasste Rechtsanwalt*Rechtsanwältin der*die richtige für Sie ist. Sind Sie mit der Arbeit Ihres*r Anwalts*Anwältin trotz sorgfältiger Auswahl nicht zufrieden, können Sie diese*n nur unter der Maßgabe wechseln, dass Sie die*den zweite*n Anwältin*Anwalt aus eigener Tasche bezahlen. Sind Ihrem*r Rechtsanwalt*Rechtsanwältin nachweislich **schwere Fehler** wie etwa Fristversäumnisse oder Verfahrensfehler **unterlaufen**, so dass Sie das Vertrauen zu ihm*r verloren haben, sollten Sie das Gespräch mit Ihrem*r Anwalt*Anwältin suchen. Die meisten Rechtsanwält*innen werden in diesem Fall Verständnis für Ihren Wunsch nach einem Anwaltswechsel haben und Ihrem*r neuen Anwalt*Anwältin die Beratungshilfegebühren überlassen. Ein Druckmittel in Ihrer Hand wäre die Meldung eklatanter Fehler bei der zuständigen Anwaltskammer.

6. Höhe der Beratungshilfevergütung

32 Zum 1.1.2021 wurde die Anwaltsvergütung erstmals seit rund **siebeneinhalb Jahren** – die letzte Erhöhung erfolgte zum 1.8.2013 – um ganze **10 Prozent** angehoben. Das entspricht einer jährlichen Vergütungssteigerung von 1,35 Prozent im Jahr und ist damit nicht viel mehr als ein Inflationsausgleich. Zum Vergleich: Die Löhne stiegen in Deutschland in diesem Zeitraum um rund 4 Prozent im Jahr. Obwohl auch von den Gerichten immer wieder bestätigt wird, dass die **Anwaltsvergütung im Bereich der Beratungshilfe „nicht auskömmlich"** ist, hat sich der Gesetzgeber in Abweichung zur Erhöhung aller übrigen Gebührentatbestände ausgerechnet bei der Beratungshilfe dazu entschieden, bei der 10-Prozent-Erhöhung **nicht einmal auf den vollen Euro aufzurunden**. Zur Begründung dieser **aberwitzig kleinlichen** Entscheidung ist auf Seite 97 des Regierungsentwurfes zum Kostenrechtsänderungsgesetzes 2021 nachzulesen: *„Da bei den Nummern 2501 und 2503 VV RVG die angestrebte Zielgröße des Erhöhungsvolumens deutlich übertroffen würde, wenn die gegenüber dem geltenden Recht um 10 Prozent erhöhten Gebührenbeträge auf volle Euro gerundet würden, **und weil diese Gebühren für die Belastung der***

Länderhaushalte von ganz erheblicher Bedeutung sind, wird hier von einer Rundung abgesehen". Was der Gesetzgeber für eine ganz erhebliche Belastung der Justizkasse hält, lässt sich in Zahlen ausdrücken: Die Beratungsgebühr nach VV 2501 RVG wurde von 35,00 EUR auf 38,50 EUR anstatt auf 39,00 EUR erhöht, die Vertretungsgebühr (Geschäftsgebühr) gemäß VV 2503 RVG von 85,00 EUR auf 93,50 EUR anstatt auf 94,00 EUR. Hier zeigt sich, was dem Gesetzgeber das **Grundrecht auf Rechtswahrnehmungsgleichheit** der Schwächsten der Gesellschaft tatsächlich wert ist: Man schafft extra eine Sonderregelung, um 50 Cent bei ihrer Rechtsberatung zu sparen.

22
Bescheid

1. Was ist ein Verwaltungsakt?	1
2. Schriftlichkeit des Verfahrens	3
2.1 Mündliche Zusicherungen hat keine Bindungswirkung	7
3. Anforderungen an den Bescheid	9
3.1 Wirksamkeit eines Verwaltungsaktes	12
3.2 Bescheide müssen begründet sein	13
3.3 Umdeutung von fehlerhaften Verwaltungsakten	14
3.4 Bürgergeld/GSi: vorläufiger Bescheid über Leistungen	16
4. Wann gilt ein Bescheid als bekanntgegeben?	17
5. Widerspruchsfrist	23
6. E-Government-Gesetze und Folgen für die Widerspruchsfrist	26

1. Was ist ein Verwaltungsakt?

1 Beim Bürgergeld und bei der GSi der Sozialhilfe leitet die Behörde **auf Antrag** (§ 37 Abs. 1 SGB II; § 44 Abs. 1 SGB XII) ein Verwaltungsverfahren ein. Bei HzL der Sozialhilfe besteht, wie bei den Leistungen nach dem Fünften bis Neunten Kapitel SGB XII, ein Anspruch **ab Kenntnis** der Notlage (§ 18 Abs. 1 SGB XII). Der Bescheid ist der Verwaltungsakt, der das Verwaltungsverfahren abschließt. Ein Verwaltungsakt ist jede **hoheitliche Entscheidung** oder Maßnahme, die eine Behörde zur **Regelung des Einzelfalls** auf dem Gebiet des öffentlichen Rechtes mit unmittelbarer **Rechtswirkung** nach außen trifft (§ 31 SGB X).

2 Ein Verwaltungsakt kann darin bestehen, dass Leistungen ganz, teilweise oder gar nicht erbracht werden. Auch die Einstellung von Leistungen, auf die ein Anspruch besteht, ist ein Verwaltungsakt. Die gesetzlichen Regelungen zum Thema Verwaltungsakt finden Sie in den §§ 31 bis 50 des SGB X. *„Ein Verwaltungsakt kann schriftlich, elektronisch, mündlich oder in anderer Weise erlassen werden"* (§ 33 Abs. 2 S. 1 SGB X).

Verwaltungsakte werden in der Regel schriftlich erlassen. Die schriftliche Bekanntgabe eines Aktes der Verwaltung ist der **Bescheid**. Den Zugang eines Bescheides muss im Zweifel die Behörde nachweisen (§ 37 Abs. 2 SGB X).

2. Schriftlichkeit des Verfahrens

3 Grundsätzlich ist der Verwaltungsakt nicht an eine bestimmte Form gebunden (§ 33 Abs. 2 S. 1 SGB X). Wegen seiner Verbindlichkeit ist die Schriftform aber die Regel. Ergeht ein Verwaltungsakt nur mündlich, muss die Behörde ihn **schriftlich bestätigen**, wenn der*die Betroffene es **unverzüglich verlangt** und ein berechtigtes Interesse hat (§ 33 Abs. 2 S. 2 SGB X). Oft sind Sachbearbeiter*innen nicht bereit, mündliche Ablehnungen schriftlich zu bestätigen. Sie sollten in diesem Fall darauf bestehen und Ihrem*r Sachbearbeiter*in den Paragrafen nennen. Die Weigerung, einen schriftlichen Bescheid zu erteilen, stellt ein Dienstvergehen dar. Sie können Ihrem*r Sachbearbeiter*in mit einer Dienstaufsichtsbeschwerde (→ 23 Rn. 1 ff.) drohen. **Unverzüglich** bedeutet in diesem Fall: innerhalb von vier Wochen. Berechtigt ist Ihr Interesse, wenn Sie prüfen wollen, ob der Verwaltungsakt korrekt ist oder ob Sie Widerspruch (→ 126) einlegen sollen.

4 Liegt eine wirksame **Bevollmächtigung** vor, so muss sich die Behörde an die*den Bevollmächtigte*n wenden (§ 13 Abs. 3 S. 1 SGB X). Daher ist es der Behörde grundsätzlich verwehrt, sich unter Umgehung des*r Bevollmächtigten unmittelbar an die*den Be-

teiligte*n zu wenden. Wendet sich die Behörde wider die Vollmacht mit einem Bescheid direkt an den*die Vollmachtgeber*in oder auch Betreuer*in und versäumt der*die Bevollmächtigte deshalb die Widerspruchsfrist, ist Wiedereinsetzung in den vorigen Stand gemäß § 27 SGB X zu gewähren (VGH Baden-Württemberg 29.6.1987 – 7 S 243/87), dh, die Frist gilt als nicht versäumt (Bevollmächtigte, → 25).

5 Gibt es nur einen mündlichen oder einen „auf andere Weise" erlassenen Verwaltungsakt (zB Bürgergeld-Zahlung ohne Bescheid) und fehlt ein Bescheid mit **Rechtsmittelbelehrung**, beträgt die **Widerspruchsfrist ein Jahr** (§ 66 Abs. 2 SGG).

6 Tipp: Auch gegen einen Verwaltungsakt, der mündlich erlassen wurde oder einfach nur in Form der Einstellung von Leistungen ergeht, können Sie Widerspruch (→ Rn. 2 f.; → 126) einlegen.

2.1 Mündliche Zusicherungen hat keine Bindungswirkung

7 Wenn Ihr*e Sachbearbeiter*in Ihnen eine mündliche Zusicherung gibt (zB: *die Unterkunftskosten sind angemessen; Sie können die Wohnung anmieten, wir übernehmen die Umzugskosten* usw), hat das **keine bindende Wirkung**. Denn *„eine von der zuständigen Behörde erteilte Zusage [...] bedarf zu ihrer Wirksamkeit der schriftlichen Form"* (§ 34 Abs. 1 SGB X). Schriftliche Zusicherungen dürfen nur nach einer entsprechenden Änderung der Sach- oder Rechtslage wieder zurückgenommen werden (§ 34 Abs. 3 SGB X). Das heißt, ohne Änderung ist die Behörde an ihre schriftlich erteilte Zusicherung gebunden. Zusicherungen gibt es beim SGB II/SGB XII in Bezug auf Unterkunftskosten, die Anmietung von Wohnungen (§ 22 Abs. 4 SGB II), den Auszug unter 25-Jähriger (§ 22 Abs. 5 SGB II), der Übernahme von Wohnungsbeschaffungs- und Umzugskosten sowie von Kaution bzw. Genossenschaftsanteilen (§ 22 Abs. 6 SGB II) und bei der Genehmigung einer Ortsabwesenheit (→ 84; § 7 Abs. 4a SGB II).

8 Tipp: Fordern Sie Ihre*n Sachbearbeiter*in zu Ihrer eigenen Sicherheit auf, die Zusage schriftlich zu bestätigen. Eine Verweigerung wäre ein Dienstrechtsverstoß, weswegen Sie mit dem*r Vorgesetzten reden oder eine Dienstaufsichtsbeschwerde (→ 23 Rn. 1 f.) einlegen können.

3. Anforderungen an den Bescheid

9 Bescheide müssen hinreichend klar und deutlich formuliert sein (§ 33 Abs. 1 SGB X). Voraussetzung für einen wirksamen Bescheid (Verwaltungsakt) ist, dass er eine vollständige und eindeutige Regelung trifft, die die*den Beteiligte*n erkennen lässt, was die Behörde regelt (BSG 30.8.2011 – B 4 RA 114/00 R; BSG 15.12.2010 – B 14 AS 92/09 R; BSG 17.12.2009 – B 4 AS 30/09 R). Der Bescheid muss in sich widerspruchsfrei sein. Unklarheiten bezüglich der Bestimmtheit gehen zulasten der Behörde.

Es reicht jedoch aus, wenn sich der Regelungsinhalt eines Bescheides aus den Umständen oder dem Zusammenhang ergibt. Maßgebender Zeitpunkt der Bestimmtheit ist der Zugang des Bescheides. Umstände, die nach Bekanntgabe des Bescheides hinzutreten, können nicht zu dessen Verständnis herangezogen werden (Rückforderung, → 92).

10 Aufhebungsbescheide (§ 48 SGB X) und Rücknahmebescheide (§ 45 SGB X) müssen erkennen lassen, wer Adressat*in des Bescheides ist, welche Leistungsbewilligung für welchen Zeitraum und in welchem Umfang aufgehoben wird (LSG Sachsen 24.5.2012 – L 3 AS 208/11).

11 Tipp: Ist der Bescheid nicht hinreichend bestimmt, ist er rechtswidrig. Sie können Widerspruch (→ 126) einlegen, weil Sie Anspruch auf eine eindeutige Regelung haben.

3.1 Wirksamkeit eines Verwaltungsaktes

12 Ein Verwaltungsakt wird **gegenüber** derjenigen Person wirksam, für die er bestimmt oder die von ihm betroffen ist. Er wird wirksam zum **Zeitpunkt**, an dem er der Person zugeht (§ 39 Abs. 1 S. 1 SGB X). Der Verwaltungsakt wird **mit dem Inhalt wirksam**, mit dem er bekannt gegeben wird (→ Rn. 17; § 39 Abs. 1 S. 2 SGB X). Er bleibt so lange wirksam, wie er nicht zurückgenommen, widerrufen oder aufgehoben wird (§ 39 Abs. 2 SGB X). Weitere Informationen zum Zugang

von Bescheiden bei **Bevollmächtigten** finden Sie unter dem entsprechenden Beitrag (→ 25).

Die Beweispflicht des **Zugangs** des Bescheides trifft die Behörde (§ 37 Abs. 2 S. 3 SGB X).

3.2 Bescheide müssen begründet sein

13 Im Bescheid müssen die *„wesentlichen tatsächlichen und rechtlichen Gründe"* dargelegt werden, *„die die Behörde zu ihrer Entscheidung bewogen haben"* (§ 35 Abs. 1 SGB X). Ferner müssen Bescheide die Rechtsgrundlagen enthalten.

Bei Ermessensentscheidungen (dh bei „Kann-", „Soll-" oder „Darf-Leistungen") müssen die Maßstäbe der Ausübung des Ermessens (→ 44) dargelegt werden.

Ist das nicht der Fall, ist der Bescheid formell rechtswidrig, aber dennoch nicht etwa unwirksam. Nichtig, also nicht gültig, ist ein Bescheid nur dann, wenn er *„an einem besonders schwerwiegenden Fehler"* leidet (§ 40 Abs. 1 SGB X). Dazu zählen Formfehler, wie zB eine fehlende Begründung, in der Regel nicht. Die Behörde kann Formfehler nachträglich korrigieren, und zwar noch bis zum Ende des Gerichtsverfahrens der zweiten Instanz (§ 41 Abs. 2 SGB X).

Nichtig wäre ein Bescheid auch, wenn er von einer Firma erlassen wird, die mit dem Jobcenter kooperiert, aber kein Amt und auch nicht befugt ist, hoheitlich zu handeln, wie dies über Jahre beim Jobcenter Wuppertal, über eine Amtshelferfirma, gehandhabt wurde.

Sie können nur dann einen Bescheid wegen Formfehlern anfechten, wenn auch eine andere Entscheidung in der Sache hätte getroffen werden können bzw. müssen (§ 42 SGB X).

3.3 Umdeutung von fehlerhaften Verwaltungsakten

14 Ein fehlerhafter Verwaltungsakt kann nur umgedeutet, dh in eine gültige Ersatzregelung umgewandelt werden, wenn diese auf das gleiche Ziel gerichtet ist und die Behörde sie so rechtmäßig hätte erlassen können (§ 43 Abs. 1 SGB X).

15 Das ist nicht möglich, wenn der Verwaltungsakt eine erkennbar andere Absicht hatte oder die Rechtsfolgen für die*den Betroffene*n ungünstiger sind (§ 43 Abs. 2 SGB X). Eine durch ein Gesetz gebundene Entscheidung darf nicht in eine Ermessensentscheidung umgedeutet werden (§ 43 Abs. 3 SGB X).

3.4 Bürgergeld/GSi: vorläufiger Bescheid über Leistungen

16 Den Komplex der vorläufigen Leistungsgewährung im Bereich Bürgergeld/GSi schauen Sie bitte unter dem Beitrag **vorläufige Entscheidung** (→ 121) nach.

4. Wann gilt ein Bescheid als bekanntgegeben?

17 Ein schriftlicher Verwaltungsakt gilt **am dritten Tag** nach der Aufgabe zur Post als bekannt gegeben (§ 37 Abs. 2 S. 1 SGB X). Das nennt man **Bekanntgabefiktion**. Der Tag, an dem der Brief zur Post gegeben wird, wird hier nicht mitgezählt (§ 26 Abs. 1 SGB X). Die Fiktion des Zugangs greift auch dann, wenn der für die Bekanntgabe maßgebende dritte Tag nach der Aufgabe zur Post auf einen Samstag, Sonntag oder Feiertag fällt (BSG 6.5.2010 – B 14 AS 12/09 R).

18 Die Drei-Tages-Zugangsfiktion des § 37 Abs. 2 S. 1 SGB X setzt voraus, dass der Sozialleistungsträger den Tag der Aufgabe des Schriftstückes zur Post in der Akte vermerkt hat (BSG 3.3.2009 – B 4 AS 37/08 R, Rn. 17; LSG NRW 16.7.2020 – L 21 AS 574/20 B, juris Rn. 8). Es existiert kein allgemeiner Grundsatz, wonach ein Verwaltungsakt am Tag seiner Erstellung (oder an einem bestimmten anderen nachfolgenden Tag) auch die Behörde verlässt, so dass die Grundsätze des Anscheinsbeweises (vgl. dazu auch BSG 26.7.2007 – B 13 R 4/06 R, Rn. 19) nicht gelten, zumal der Behörde die Möglichkeit der förmlichen Zustellung offensteht. Gibt es keinen internen Vermerk darüber, wann der Bescheid bei der Post aufgegeben wurde, tritt keine Bekanntgabefiktion ein (LSG Bayern 23.3.2021 – L 10 AL 71/20; LSG NRW 31.7.2018 – L 19 AS 616/18 B). Greift die Bekanntgabefiktion nicht, hat die Behörde im Zweifel den Zeit-

22 Bescheid

punkt des Zugangs des Verwaltungsaktes nachzuweisen.

19 Auf den sogenannten **Anscheinsbeweis**, der auf einen typischen, nicht aber den tatsächlichen Geschehensablauf abstellt, kann der Zugangsnachweis hingegen nicht gestützt werden (LSG NRW 16.7. 2020 – L 21 AS 574/20 B).

Allerdings gilt das nur, wenn Ihnen der Bescheid tatsächlich zugegangen ist. Ist er später zugegangen, sollten Sie das dokumentieren und bei Bedarf glaubhaft machen.

20 Im Zweifel muss die Behörde **beweisen**, dass der Bescheid zugegangen ist und wenn ja, wann (§ 37 Abs. 2 S. 3 SGB X). Die Zugangsfiktion gilt im Übrigen für alle Behördenschreiben, die zB Fristen auslösen. Auch hier liegt die Beweislast für den Zugang bei der Behörde.

21 Wird der Zugang eines Schreibens von dem*r Leistungsberechtigten bestritten, muss die Behörde den Zugang beweisen, dies gilt auch dann, wenn Darstellungen des*r Klägers*Klägerin nicht in jedem Falle der Wahrheit entsprochen haben (LSG Sachsen 28.5.2020 – L 3 AS 64/18).

22 Tipp: Bei den gemeinsamen Einrichtungen werden die Allegro-Leistungsbescheide (Software für die Jobcenter in sog. gemeinsamen Einrichtungen) zentral in Nürnberg gedruckt. Bei diesen Bürgergeld-Bewilligungsbescheiden gibt es oft neben dem normalen Datum oben rechts, an dem der Bescheid erstellt wurde, ein zweites Datum quer unten links, an dem der Bescheid gedruckt und verschickt wurde. Beide Daten können bis zu einer Woche voneinander abweichen. Das idR spätere Datum unten links gilt als Tag der Postaufgabe zuzüglich der drei Tage Postlaufzeit.

5. Widerspruchsfrist

23 Ausgehend von der Zugangsfiktion ergibt sich die „**Rechtsmittelfrist**", innerhalb der Sie Widerspruch (→ 126) gegen einen Bescheid einlegen können. Diese beträgt bei Sozialleistungsbescheiden regelmäßig **einen Monat** (§ 84 Abs. 1 SGG). Die Monatsfrist beginnt am Tag, der auf die Bekanntgabe der Frist folgt (§ 26 Abs. 2 SGB X, § 64 SGG).

Fällt das Ende einer Frist auf einen Sonntag, einen gesetzlichen Feiertag oder einen Sonnabend, endet die Frist mit dem Ablauf des nächstfolgenden Werktages (§ 26 Abs. 2 SGB X).

24 Fehlt bei einem Bescheid die Rechtsmittelbelehrung, ist diese unrichtig oder handelt es sich um einen mündlichen Verwaltungsakt (zB eine Ablehnung), verlängert sich die Widerspruchsfrist auf **ein Jahr** (§ 66 Abs. 2 SGG).

25 Tipp: Beachten Sie, dass ein Widerspruch gegen einen Bescheid immer nur für den entsprechenden Bewilligungszeitraum gilt. Beginnt ein neuer Bewilligungsabschnitt, muss, sofern es sich um den gleichen Sachverhalt handelt, erneut Widerspruch gegen den neuen Bewilligungsbescheid eingelegt werden.

6. E-Government-Gesetze und Folgen für die Widerspruchsfrist

26 Ein beweisbarer, rechtssicherer **Zugang per De-Mail** wäre auch möglich, insofern der*die Empfänger*in hierfür einen Zugang eröffnet hat (§ 36a Abs. 1 SGB I). Für Bundesbehörden gilt seit 08/2013 das E-Government-Gesetz des Bundes. In den Ländern gelten die E-Government-Gesetze der Länder.

27 Für die Jobcenter als gemeinsame Einrichtung gilt das E-Government-Gesetz des Bundes, für die kommunalen Träger gelten die E-Government-Gesetze der Länder. Allen gemeinsam ist, dass die **Jobcenter von der Pflicht**, einen gesicherten E-Mail-Zugang zu erstellen, **ausgenommen sind**, so § 1 Abs. 5 Nr. 3 EGovG (Bund) oder beispielsweise § 1 Abs. 4 Nr. 3 EGovG NRW. Damit räumt ihnen der Gesetzgeber die Möglichkeit ein, weiter in einem **grundrechtsfreien Raum** zu agieren.

28 Die HzL-/GSi-Behörden sind kommunale Leistungsträger, für die es je nach Landesgesetz eine Pflicht gibt, einen gesicherten elektronischen E-Mail-Zugang zu eröffnen. Gibt es das Landesgesetz und hat das HzL/GSi-Amt versäumt, in der Rechtmittelbelehrung auf die Möglichkeit des Widerspruchs per E-Mail hinzuweisen, gilt eine **Widerspruchsfrist von einem Jahr** (§ 66 Abs. 2 SGG).

Die Rechtsbehelfsbelehrung muss einen Hinweis auf die Möglichkeit der Widerspruchseinlegung per **elektronischem Gerichts- und Verwaltungspostfach (EGVP)** beinhalten, denn auch nicht anwaltlich vertretene Bürger*innen können sich ein solches Postfach besorgen. Ist der EGVP-Hinweis nicht erfolgt, handelt es sich um eine **unvollständige Rechtsbehelfsbelehrung** und löst eine Frist zum Widerspruch von einem **Jahr** aus (LSG Niedersachen-Bremen 9.9.2021 – L 13 AS 345/21 B ER und LSG Schleswig-Holstein 6.5.2021 – L 6 AS 64/21 B ER); einen umfassenden Text dazu finden Sie unter: https://ervjustiz.de/lsg-schleswig-zur-widerspruchsbelehrung (letzter Zugriff: 12.1.2023).

23 Beschwerde (Dienstaufsichts- und Fachaufsichtsbeschwerde)

1. Dienstaufsichtsbeschwerde 1
2. Fachaufsichtsbeschwerde 5
3. Wie eine Beschwerde einzulegen ist ... 7
3.1 Anspruch auf Beantwortung einer Beschwerde 9
4. Beratungsstellen oder Erwerbslosen- und Sozialhilfeinitiativen als Beschwerdeführer 10
5. An wen richten Sie die Beschwerde? .. 11
5.1 Wirkung von Beschwerden 14
6. Kundenreaktionsmanagement 15
7. Bürgerbeauftragte, Beschwerdestelle/ Ombudsstelle 16
8. Andere Möglichkeiten 18

1. Dienstaufsichtsbeschwerde

1 *„Jedermann hat das Recht, sich [...] schriftlich mit [...] Beschwerden an die zuständigen Stellen [...] zu wenden"*, heißt es im Grundgesetz (Art. 17 GG). Eine solche Beschwerde kann mündlich, schriftlich oder per E-Mail und Fax geführt werden. Man nennt dieses Grundrecht auf Behördendeutsch *„Petitionsrecht"*.

2 Die Dienstaufsichtsbeschwerde ist eine besondere Form des Petitionsrechts. Wenn Sachbearbeiter*innen

- Ihnen gegenüber abfällige oder beleidigende Äußerungen machen,
- Ihnen unbegründet Leistungen vorenthalten oder
- einfach untätig sind bzw.
- schlampig arbeiten,

können Sie oder eine Beratungsstelle, Initiative oder sonstige befreundete Person, die unrechtmäßiges oder unrichtiges Handeln der Behörden mitbekommen, über eine Dienstaufsichtsbeschwerde Vorgesetzte des*r Sachbearbeiters*Sachbearbeiterin darüber informieren. Vorgesetzte müssen das dienstliche Verhalten oder Benehmen ihrer Sachbearbeiter*innen überprüfen und ggf. einschreiten.

3 Tipp: Wenn die Beschwerde von einer anderen Stelle oder Person erfolgt, sollte dieser immer eine Vollmacht zur datenschutzrechtlichen Entbindung der Behörde gegenüber dem*r Beschwerdeführer*in beigefügt sein, denn sonst darf die Behörde sich in ihrer Antwort nicht an den*die Beschwerdeführer*in wenden.

Dienstaufsichtsbeschwerden sind **keine** Widersprüche und ersetzen diese nicht. Sie können aber neben einem Widerspruch betrieben werden. Vergessen Sie also über Ihrer Beschwerde nicht, fristgemäß Widerspruch (→ 126) einzulegen. Die Beschwerde muss in angemessener Frist beschieden werden. Die Angemessenheit ergibt sich aus dem Einzelfall.

4 Tipp: Wenn die Behörde nicht auf ihre Beschwerde reagiert, haken Sie schriftlich nach, ggf. bei dem*r Vorgesetzten. Wenn Sie nach drei Monaten immer noch keine schriftliche Antwort haben, können Sie Untätigkeitsklage einreichen (→ 113; § 75 VwGO).

Für eine Klage auf Bescheidung einer Dienstaufsichtsbeschwerde gegen Mitarbeiter*innen eines Jobcenters ist nach dem LSG Berlin-Brandenburg der Verwaltungsrechtsweg eröffnet (LSG Berlin-Brandenburg 6.12.2011 – L 5 AS 2040/11 B). Bei einem Rechtsstreit über ein Hausverbot ist der Rechtsweg zur Sozialgerichtsbarkeit gegeben, wenn ein Rechtsverhältnis zwischen der Behörde, die das Hausverbot ausspricht, und dem*r Adressaten*Adressatin des Hausverbots besteht und für Streitigkeiten aus diesem

Rechtsverhältnis der Rechtsweg zur Sozialgerichtsbarkeit eröffnet ist (BSG 21.7.2014 – B 14 SF 1/14 R). Diese Position wird als zutreffend angesehen, was besonders wichtig ist, da in der Sozialgerichtsbarkeit Kostenfreiheit herrscht, beim Verwaltungsgericht nicht (→ 17).

2. Fachaufsichtsbeschwerde

5 Die Fachaufsichtsbeschwerde wendet sich gegen den sachlichen Inhalt von Entscheidungen, aber auch gegen fachlich zweifelhafte Praktiken von Mitarbeiter*innen oder gar einer Behörde. Kommen zB Bescheide wiederholt zwei Wochen zu spät an (Differenz zwischen dem Datum auf dem Bescheid und dem Umschlag), kann das Anlass für eine solche Beschwerde sein.

6 Fachaufsichtsbeschwerden sind gerade dann sinnvoll, wenn in einer Behörde häufig und über den Einzelfall hinaus das gleiche Problem auftritt. Wird zB immer ein Hausbesuch durchgeführt, wenn eine Erstausstattung für eine Geburt beantragt wird, ist dies ein nicht zu rechtfertigender rechtswidriger Generalverdacht, dass es an der Bedürftigkeit fehlen würde. In solchen Fällen kann eine Fachaufsichtsbeschwerde durchaus Abhilfe schaffen.

3. Wie eine Beschwerde einzulegen ist

7 Sie sollten bei jeder Form von Beschwerde alle Vorkommnisse möglichst genau aufschreiben, immer mit Datum, Gesprächsinhalt und Beweis oder Zeugenangabe (→ 19).

8 Dienst- und Fachaufsichtsbeschwerden können mündlich oder schriftlich, als Brief, Fax oder E-Mail erhoben werden. Schriftliche werden aber eher ernst genommen. Schließen Sie die schriftliche Beschwerde am besten mit dem Vermerk ab: *„Setzen Sie mich bitte unaufgefordert über Ergebnisse der Beschwerde in Kenntnis."*

3.1 Anspruch auf Beantwortung einer Beschwerde

9 Die Behörde muss Beschwerden prüfen und dem*r Beschwerdeführer*in in einer angemessenen Frist die Art der Erledigung schriftlich mitteilen (BVerfG 22.4.1953 – 1 BvR 162/51; BVerwG 28.11.1975 – VII C 53.73). Das könnten Sie sogar einklagen. Sie haben jedoch keinen Anspruch darauf, dass eine Behörde dienstrechtliche Maßnahmen gegen eine*n Verwaltungsbedienstete*n einleitet. Bei unbearbeiteten Beschwerden gegenüber Sozialleistungsträgern, dürfte die Rechtswegzuständigkeit bei den Sozialgerichten liegen, so zumindest das BSG in Bezug von Hausverboten (BSG 21.7.2014 – B 14 SF 1/14 R; → Rn. 4).

4. Beratungsstellen oder Erwerbslosen- und Sozialhilfeinitiativen als Beschwerdeführer

10 Um das Beschwerderecht auszuüben, muss man laut Grundgesetz nicht selbst betroffen sein. Auch juristische Personen sind Grundrechtsträger (Art. 19 Abs. 3 GG). Wenn Beratungsstellen oder Initiativen das Beschwerderecht wahrnehmen, fällt das nicht unter unerlaubte Rechtsberatung (→ 20 Rn. 53 ff.), sondern unter den Schutz des Grundgesetzes.

5. An wen richten Sie die Beschwerde?

11 Wenn Sie **Bürgergeld** von einem Jobcenter beziehen, können Adressaten sein:

a. die direkten Vorgesetzten (Teamleiter*in, Abteilungsleiter*in, Leiter*in des Jobcenters), dann:
   – für die Jobcenter als **gemeinsame Einrichtungen** von BA und Kommune/Landkreis (das sind bundesweit 335)
b. die jeweilige Regionaldirektion der BA,
c. die Zentrale der BA in Nürnberg und
d. das Bundarbeitsministerium (§ 47 Abs. 1 SGB II),
   – für die Jobcenter bei einem **zugelassenen kommunalen Träger** (Optionskommunen; das sind bundesweit 110)
e. der*die Oberbürgermeister*in / Landrat*Landrätin,
f. das jeweilige Landesministerium für Arbeit und Soziales und
g. das Bundesarbeitsministerium (§ 48 Abs. 1 SGB II).

23 Beschwerde (Dienstaufsichts- und Fachaufsichtsbeschwerde)

12 Wenn Sie HzL / GSi der Sozialhilfe beziehen, können Adressaten sein:
a. die direkten Vorgesetzten (Teamleiter*in, Abteilungsleiter*in, Dienststellenleiter*in),
b. die Amtsleitung,
c. der*die Dezernent*in / Beigeordnete für Soziales,
d. der*die Oberbürgermeister*in / Landrat*Landrätin,
e. die Fachaufsicht bei dem*r Regierungspräsident*in,
f. das jeweilige Landesministerium für Arbeit und Soziales.

Eine Beschwerde über den Rahmen der kommunalen Verwaltung hinaus kann sehr wirkungsvoll sein, da sich der*die Bearbeiter*in der Beschwerde und die Person, gegen die sich die Beschwerde richtet, nicht kennen und idR genauer geprüft wird.

13 **Tipp:** Erkundigen Sie sich zB bei Beratungsstellen, Wohlfahrtsverbänden, Stadtverordneten, Journalist*innen, Parteien usw, wer der*die geeignete Ansprechpartner*in für die Beschwerde ist. Eine richtig platzierte Beschwerde bringt am meisten. Über die zentrale Telefonvermittlung der Stadt / des Landkreises können Sie die Namen der jeweiligen Vorgesetzten des Sozialamts erfragen. Bei den Jobcentern dürfte das schwieriger sein. Sie können auch Ihre Sachbearbeiter*innen nach deren Vorgesetzten fragen und sich dort erkundigen. Es besteht ein Rechtsanspruch auf Auskunft über die zuständige Stelle (Auskunftsrecht, → 13).

Weitere Quellen sind Telefonlisten auf Internetseiten der Kommunen/Kreise.

5.1 Wirkung von Beschwerden

14 Dass Vorgesetzte und Aufsichtsbehörden eingeschaltet werden, empfinden die Sachbearbeiter*innen, gegen die sich die Beschwerde richtet, in der Regel als unangenehm. Sie verändern häufig das beanstandete Verhalten bzw. werden zumindest vorsichtiger. Beschwerden können amtsinterne Rügen bzw. Vermerke in der Personalakte auslösen. Einige Behördenleiter*innen achten sehr genau darauf, wie oft Beschwerden über Mitarbeiter*innen eingehen. Sie wollen schließlich den Eindruck einer *„bürgerfreundlichen*

Verwaltung" erwecken. Gehäuftes Auftreten von Beschwerden kann zu höherer Aufmerksamkeit und ggf. auch zu Konsequenzen führen.

6. Kundenreaktionsmanagement

15 Für den Bereich des SGB II und des SGB III gibt es ein „Kundenreaktionsmanagement" (KrM), also eine Beschwerdestelle. Sie existiert in jedem größeren Jobcenter auf Landesebene und in Nürnberg auf Bundesebene. Im Einzelfall ist es sinnvoll, sich an das KrM in Nürnberg zu wenden. Das prüft Ihre Beschwerde und greift ein, wenn die Verwaltungspraxis zu bemängeln ist. Wir hören immer wieder von Fällen, in denen der Einsatz des KrM zu einem Erfolg im Sinne des*r Verfassers*Verfasserin der Beschwerde geführt hat.

Das bundesweite KrM ist zu erreichen unter:

Bundesagentur für Arbeit
BA-Service-Haus
Kundenreaktionsmanagement
Regensburger Str. 104
90478 Nürnberg
Tel.: 0911/ 179–0, Fax: 0911/ 179–2123
E-Mail: Service-Haus.Kundenreaktionsmanagement@arbeitsagentur.de

7. Bürgerbeauftragte, Beschwerdestelle/ Ombudsstelle

16 Bei den Jobcentern gibt es örtlich oft sehr unterschiedliche Beschwerdestellen. Manchmal sind es im Jobcenter integrierte Stellen, die mehr oder weniger abhängig dort ihre Tätigkeit verrichten. Beim Jobcenter Wuppertal, einem zugelassenen kommunalen Träger, ist das Beschwerdemanagement im Vorzimmer des Chefs (Vorstandsvorsitzenden) angesiedelt. Beim Jobcenter in Duisburg gab es einen Ombudsmann, der vom dortigen Geschäftsführer einen Maulkorb verhängt bekommen hat und daraufhin kündigte usw. Erkundigen Sie sich vor Ort, vielleicht können die jeweiligen Beschwerdestellen Ihnen weiterhelfen.

17 Auch kann es sinnvoll sein, sich an Petitionsausschüsse und Bürgerbeauftragte des Bundes oder der Bundesländer zu wenden.

Auch die Landtage und Bürgerschaften der Bundesländer verfügen über Petitionsausschüsse. Fast alle Bundesländer haben zudem den elektronischen Einreichungsweg für Petitionen eingeführt. Einige Bundesländer verfügen zusätzlich über eine*n parlamentarischen Bürgerbeauftragte*n. Auch dort können Sie Probleme thematisieren. Immer muss der Sachverhalt glaubhaft gemacht werden, bei gut dargestelltem Sachverhalt können auch auf diesem Wege Lösungen gefunden werden. Beachten Sie aber immer: der Beschwerdeweg ersetzt **nie das Rechtsmittelverfahren.**

8. Andere Möglichkeiten

18 Wie Sie sich sonst noch wehren können, ohne den Rechtsweg einzuschlagen, ist unter dem Stichwort **Wehren ohne Rechtsweg** (→ 123) nachzulesen.

24 Bestattungskosten

1. Verpflichtung zur Kostentragung	1
1.1 Zuständigkeit der Ordnungsbehörde	5
2. Wann Verpflichteten die Tragung der Bestattungskosten unzumutbar ist	6
2.1 Unzumutbarkeit aus wirtschaftlichen Gründen	7
2.2 Unzumutbarkeit aus persönlichen Gründen	10
3. Erforderliche Kosten der Bestattung	12
3.1 Nicht erforderliche Kosten	19
3.2 Anonyme Bestattung durch das Sozialamt	21
4. Welches Sozialamt für die Kostenübernahme zuständig ist	23
5. Kostenübernahme nur bei Antrag vor der Beerdigung?	24
6. Was, wenn Sie eine Bestattung in Auftrag geben, ohne verpflichtet zu sein?	25
7. Sind Rücklagen für die Beerdigung geschütztes Vermögen?	26
7.1 Sozialhilfe	27
7.2 Bürgergeld	29
8. Forderung	30
9. Information	31

1. Verpflichtung zur Kostentragung

1 *„Die erforderlichen Kosten einer Bestattung werden übernommen, soweit den hierzu Verpflichteten nicht zugemutet werden kann, die Kosten zu tragen"* (§ 74 SGB XII). Das gilt, wenn mittellose Menschen, zB Bezieher*innen von Bürgergeld, GSi und HzL, verpflichtet sind, die Kosten einer Bestattung zu tragen, diese aber nicht zahlen können. Dabei ist nicht notwendig, dass die verstorbene Person Sozialleistungen bezogen hat. Es ist auch nicht Voraussetzung für die Übernahme der Kosten, dass diejenige Person, die die Kosten zahlen muss, Sozialleistungen bezieht.

2 **Anspruchsberechtigt** für die Übernahme der Kosten der Bestattung sind Sie, wenn Sie verpflichtet sind, die Bestattungskosten zu tragen. Dies kann sein, weil:

- Sie dazu vertraglich verpflichtet sind, zB durch eine Vereinbarung im Altenteil oder eine mündliche Vereinbarung mit der verstorbenen Person (SG Oldenburg 2.12.2011 – S 21 SO 231/09),
- Sie Erbe*Erbin sind, gesetzlich oder testamentarisch,
- Sie unterhaltspflichtig sind, zB nach § 1615m BGB,
- eine öffentlich-rechtliche Bestattungspflicht nach den Landesbestattungsgesetzen (BSG 29.9.2009 – B8 SO 23/08 R) besteht.

3 Wer aufgrund öffentlich-rechtlicher Bestattungspflicht zu den Verpflichteten gehört, ist in den Bestattungsgesetzen der Länder geregelt. In NRW sind die „Hinterbliebenen" in folgender Reihenfolge verpflichtet, die Kosten zu tragen: Ehegatt*innen, Lebenspartner*innen, volljährige Kinder, Eltern, volljährige Geschwister, Großeltern und volljährige Enkelkinder (§ 8 BestG NRW). Demnach können zB auch Geschwister als Verwandte zweiten Grades zur Übernahme der Bestattungskosten verpflichtet sein (LSG Hessen 6.10.2011 – L 9 SO 226/10). Hier gibt es in jedem Bundesland entsprechende Gesetze, die auch jeweils unterschiedliche Regelungen, etwa zur Rangfolge der Verpflichteten enthalten.

Die Pflicht zur Bestattung besteht nach den landesrechtlichen Bestattungsgesetzen unabhängig davon, ob jemand Erbe*Erbin ist. Sind Sie aufgrund eines Bestattungsgesetzes zur Bestattung verpflichtet und mittellos und sind Sie nicht Erbe*Erbin geworden, zB weil Sie mangels Informationen über die Vermögenswerte der verstorbenen Person das **Erbe ausgeschlagen** haben, hat die Übernahme der Bestattungskosten durch das Sozialamt, bei Vorliegen der weiteren Voraussetzungen, insbesondere der Erforderlichkeit (→ Rn. 12), zu erfolgen. Haben Erb*innen von ihrem Recht, das Erbe auszuschlagen, Gebrauch gemacht, muss das Sozialamt dies grundsätzlich hinnehmen. Die Erbausschlagung bewirkt, dass die Erbschaft nicht zugefallen ist und nicht auf die vorrangig einzusetzenden Nachlasswerte zugegriffen werden kann (SG Karlsruhe 30.10.2015 – S 1 SO 1842/15).

4 Besteht für Sie keine der oben genannten Verpflichtungen zur Bestattung, können die Kosten vom Sozialamt auch dann nicht übernommen werden, wenn Sie eine Bestattung veranlasst haben, zB weil Sie aus moralischen Gründen gehandelt haben und daher gegenüber dem Bestattungsunternehmen zur Zahlung der Kosten verpflichtet sind. Dies wurde so angenommen für die Bestattungskosten bei einer Fehlgeburt, denn hier sind nicht die mittellosen Eltern, sondern die Klinik bestattungspflichtig gewesen (LSG NRW 14.10.2019 – L 20 SO 219/16 R).

1.1 Zuständigkeit der Ordnungsbehörde

5 Wenn keine Verpflichteten vorhanden sind oder diese nicht rechtzeitig für die Bestattung sorgen, übernimmt die Ordnungsbehörde die Kosten. Es muss schließlich eine Bestattungsfrist zwischen, je nach Bundesland, vier und 14 Tagen eingehalten werden. Lassen sich nachträglich Verpflichtete ermitteln, wird **Kostenersatz** von ihnen gefordert.

2. Wann Verpflichteten die Tragung der Bestattungskosten unzumutbar ist

6 Im Einzelfall kann es durchaus sein, dass es für eine Person unzumutbar ist, die Bestattungskosten tragen zu müssen, sei es aus finanziellen oder persönlichen Gründen.

2.1 Unzumutbarkeit aus wirtschaftlichen Gründen

7 Die Zumutbarkeit der Kostentragung ist im Einzelfall festzustellen. Es wird Ihnen stets zuzumuten sein, vorhandenen **Nachlass** ohne Abzug von Nachlassverbindlichkeiten, Bestattungsvorsorgeverträge und ggf. Ihnen zustehende Beträge aus einer Sterbegeldversicherung für die Beerdigung einzusetzen (LSG NRW 20.8.2012 – L 20 SO 302/11). Dies gilt auch für andere Leistungen aus Anlass des Todes, zB Schadensersatzzahlungen.

8 Besteht ein **Ausgleichsanspruch** gegen eine ebenfalls verpflichtete Person, zB den*die testamentarische*n Erben*Erbin, so sind diese geltend zu machen. Das Sozialamt kann Sie auf die Geltendmachung dieser Ausgleichsansprüche jedoch dann nicht verweisen, wenn diese wirtschaftlich wertlos sind. Sie müssten also als bestattungspflichtige Person darlegen, dass Sie vergeblich versucht haben, einen Erstattungsanspruch bei dem*r vorrangig Verpflichteten geltend zu machen. Falls es eine*n vorrangig Verpflichtete*n gibt, darf das Sozialamt die Kostenübernahme nur dann ablehnen, wenn Sie die Chance haben, die Ausgleichsansprüche von diesem*r auch zu bekommen. Das ist zB nicht der Fall, wenn Erb*innen nicht ermittelbar sind oder die Zahlung ablehnen, die dann gerichtlich oder im Ausland geltend gemacht werden müssten (BSG 29.9.2009 – B 8 SO 23/08 R; LSG Hessen 6.10.2011 – L 9 SO 226/10). Ein Verweis auf vorrangig Verpflichtete kann allenfalls dann in Betracht kommen, wenn zum Zeitpunkt, in dem der Bedarf eintritt, die Existenz und die Identität eines*r vorrangig Verpflichteten bereits endgültig und unwiderruflich feststeht (LSG Schleswig-Holstein 25.9.2019 – L 9 SO 8/16). Ggf. kann das Sozialamt Ausgleichsansprüche gegen Dritte auf sich überleiten (§ 93 SGB XII) und selbst geltend machen.

9 Ist der für die Bestattung nötige Betrag nicht im Nachlass vorhanden oder nicht ausreichend, wird geprüft, ob es Ihnen zumutbar ist, **eigenes Einkommen und Vermögen** einzusetzen. Wenn Ihr bereinigtes Einkommen (→ 37) unter der Einkommensgrenze (→ 39) nach § 85 SGB XII liegt, ist es Ihnen nicht zumutbar, die Bestattungskosten zu tragen. Dies wird zumeist bei Beziehenden von Bürgergeld, GSi und HzL der Fall sein (BSG 29.9.2009 – B 8 SO 23/08 R). Liegt Ihr Einkommen über der Einkommensgrenze, ist

es zumutbar, das übersteigende Einkommen „in *angemessenem Umfang*" einzusetzen (§ 87 Abs. 1 SGB XII). Auch wenn das über der Einkommensgrenze liegende Einkommen nicht ausreicht, um die Bestattungskosten insgesamt zu bezahlen, kann eine Zumutbarkeit der Kostentragung durch die verpflichtete Person bejaht werden. Nach einer Entscheidung des BSG kommt es auf die Umstände des Einzelfalles an (BSG 4.4.2019 – B 8 SO 10/18 R). So kann geprüft werden, ob eine Aufteilung auf mehrere Monate, zB durch eine Ratenzahlung, Stundung oder ggf. sogar eine Kreditaufnahme für die verpflichtete Person möglich ist. Dabei ist auch die verwandtschaftliche Nähe zur verstorbenen Person von Bedeutung. Dabei können Sie für sich und ihre unterhaltsberechtigten Angehörigen „*besondere Belastungen*" berücksichtigen (Unterhaltspflicht, → 115), zB sind Schuldverpflichtungen absetzbar.

Der Einsatz von Vermögen unterhalb der Freibeträge ist nicht zuzumuten (Vermögen, → 119 Rn. 27, 22 ff.).

2.2 Unzumutbarkeit aus persönlichen Gründen

10 Wenn ein schweres vorwerfbares Fehlverhalten der verstorbenen Person gegenüber der verpflichteten Person vorliegt, zB aufgrund sexueller Misshandlung, schwerer Körperverletzung oder grober Verletzung der Unterhaltsverpflichtungen, besteht idR ein **Härtefall**, der Sie von der Kostenübernahme entbindet, auch wenn ein hohes Einkommen oder Vermögen vorhanden ist (LSG Hamburg 20.11.2014 – L 4 SO 22/12).

11 **Nahe Verwandte** müssen hingegen Beerdigungskosten auch dann übernehmen, wenn das Verhältnis zur verstorbenen Person zerrüttet war (OVG Niedersachsen 19.5.2003 – 8 ME 76/03) oder wenn es an Kontakt bzw. Nähe fehlte (VGH Mannheim 19.10.2004 – 1 S 681/04; zu beiden Kriterien: LSG Hessen 6.10.2021 – L 9 SO 226/10).

3. Erforderliche Kosten der Bestattung

12 Wenn feststeht, dass Ihnen als verpflichteter Person die Zahlung der Bestattungskosten unzumutbar ist, sind als Rechtsfolge die erforderlichen Kosten vom Sozialamt zu übernehmen. Dies sind dementsprechend nicht alle entstehenden Kosten, sondern nur diejenigen, die unmittelbar der Bestattung dienen und untrennbar damit verbunden sind (BSG 25.8.2011 – B 8 SO 20/10 R). Dies sind die Kosten einer würdigen, ortsüblichen und einfachen Bestattung. Was **ortsüblich** ist, bestimmt sich nach der jeweiligen Friedhofssatzung (LSG NRW 30.10.2008 – L 9 SO 22/07; VGH Baden-Württemberg 19.12.1990 – 6 S 1639/90).

13 Das Sozialamt darf Sie nicht grundsätzlich auf eine kostengünstigere Form der Bestattung verweisen, wenn dies angemessenen Wünschen oder glaubensgebundenen Vorstellungen der verstorbenen Person widerspricht (VG Hannover 23.4.2004 – 7 A 4014/03). Der Eindruck eines Armenbegräbnisses muss vermieden werden (LSG Hessen 20.3.2008 – L 9 SO 20/08).

14 Der VGH Baden-Württemberg (27.3.1992 – 6 S 1736/90) betrachtet einen angemessenen **Grabstein** immer als erforderlich. Das gilt auch für jüdische Friedhöfe (VG Hannover 7.7.1998 – 15A 2895/98). Zur ortsüblichen Bestattung gehören auch die Kosten für Leichenschau, Leichenbeförderung, Grabgebühren, Sargträger, Sarg, Kranz und Blumen (für 118 EUR: VG Göttingen 1.8.2000 – 2A 2523/97; für 51 EUR: VG Hannover 6.6.2000 – 3A 5028/99), für das Zurechtmachen der Leiche und die Kosten der Grabstätte inkl. Erstbepflanzung, für einen einfachen Grabstein, Einäscherungskosten, Urne usw (SG Aachen 28.4.2009 – S 20 SO 88/08).

15 Die **Höhe** der im unmittelbaren Zusammenhang einer Bestattung entstehenden **Kosten** ist sehr verschieden. Die Preise schwanken erheblich nach Bestattungsunternehmen und Region. Die durchschnittlichen Bestattungskosten lagen im Jahr 2021 bei ca. 13.000 EUR (vgl. https://www.caritas-nrw.d e/rechtinformationsdienst/bestattung-bestatt ungsrecht-bestattungsp#Fu%C3%9Fnote% 2034, letzter Zugriff: 12.1.2023).

16 Die **Angemessenheit** der Bestattungskosten darf vom Sozialamt nicht nach Maßgabe pauschaler Vergütungssätze begrenzt werden, sondern ist individuell zu ermitteln.

Hinterbliebene sind angesichts der besonderen Situation nicht verpflichtet, unterschiedliche Angebote bei Bestattungsunternehmen im erweiterten Umkreis einzuholen, um das billigste auszuwählen. *„Vielmehr müssen alle Kostenansätze akzeptiert werden, die sich nicht außerhalb der Bandbreite eines wettbewerbsrechtlich orientierten Marktpreises bewegen"* (BSG 25.8.2011 – B 8 SO 20/10 R).

17 Das VG Göttingen hält auch eine *„bescheidene"* **Todesanzeige** (51 EUR für eine 5x9 cm große Annonce) für erforderlich (VG Göttingen 1.8.2000 – 2 A 2523/97). Anderer Ansicht ist der VGH Hessen (10.2.2004 – 10 UE 2497/03), wenn es sich um eine großstädtisch geprägte Region handelt, wo Todesanzeigen nicht ortsüblich sind.

18 Die **Überführung eines Toten ins Ausland** ist nur dann erforderlich, wenn zB am Sterbeort keine Beerdigung nach islamischem Brauchtum möglich und üblich ist (OVG Hamburg 21.2.1992 – Bf IV 44/90). Eine entsprechende Bestattung dürfte inzwischen auch in Deutschland möglich und zumutbar sein.

3.1 Nicht erforderliche Kosten

19 Nicht erforderlich ist die Übernahme der Kosten für die laufende **Grabpflege** (LSG NRW 21.9.2006 – L 20 B 63/06 SO NZB) sowie Danksagungen, **Leichenschmaus**, Anreisekosten (LSG NRW 16.7.2012 – L 20 SO 40/12) und **Bekleidung** (OVG Hamburg 12.3.1991 – Bs IV 85/91). Nur in Bayern werden die Gebühren für einen Geistlichen als Bestattungskosten übernommen. Ist die Grabpflege in der Friedhofssatzung jedoch ausdrücklich vorgeschrieben, soll das Sozialamt entsprechende Kosten übernehmen (Spranger, ZfSH/SGB 1998, 334 f.).

20 Bestimmte Positionen, die pauschal im Regelbedarf (→ 89) enthalten sind, müssen also von Ihnen sowohl als Hinterbliebene als auch als Trauergast daraus bestritten werden. Dies betrifft Trauerkleidung, Reisekosten und Bewirtungskosten. Sie können im Einzelfall nur als Darlehen (→ 30) übernommen werden, wenn ein „unabweisbarer" (§ 24 Abs. 1 SGB II) oder *„unabweisbar gebotener"* (§ 37 Abs. 1 SGB XII) Bedarf besteht (→ 52).

3.2 Anonyme Bestattung durch das Sozialamt

21 Unzulässig ist es, wenn Sozialämter Hinterbliebene dazu drängen, für die Verstorbenen die kostengünstigste Bestattungsart zu wählen. Ein behördliches Drängen auf die kostengünstigste Art, zB anonyme Bestattung oder Feuerbestattung, ist rechtswidrig. Der Wille der Verstorbenen bzw. der Angehörigen ist ausschlaggebend (Spranger, ZfF 6/2000, 323–327; SG Düsseldorf 23.3.2011 -S 17 SO 57/10, info also 1998, 88).

22 **Tipp**: Geben Sie noch zu Lebzeiten eine entsprechende Willenserklärung schriftlich mit Unterschrift ab und informieren Sie Ihre Angehörigen/Bekannten über Ihre Wünsche im Hinblick auf die Bestattung.

4. Welches Sozialamt für die Kostenübernahme zuständig ist

23 Für Bestattungskosten ist das Amt zuständig, das *„bis zum Tod der leistungsberechtigten Person Sozialhilfe leistete, in den anderen Fällen der Träger der Sozialhilfe, in dessen Bereich der Sterbeort liegt"* (§ 98 Abs. 3 SGB XII).

5. Kostenübernahme nur bei Antrag vor der Beerdigung?

24 Es ist rechtswidrig, wenn Sozialämter die Bestattungskosten nur zahlen, wenn vor der Beerdigung ein Antrag gestellt wurde. Die Kostenübernahme ist *„ein sozialhilferechtlicher Anspruch eigener Art"* (Senatsverwaltung für Integration, Arbeit und Soziales Berlin, Ausführungsvorschriften über Bestattungskosten nach § 74 SGB XII, abrufbar unter: https://www.berlin.de/sen/soziales/service/berliner-sozialrecht/kategorie/ausfuehrungsvorschriften/av_bestattungskosten-571 919.php, letzter Zugriff: 12.1.2023). Die Regelung unterscheidet sich von anderen Leistungen der Sozialhilfe dadurch, dass der Bedarf auch bereits gedeckt sein kann, zB auch dadurch, dass die Rechnung beim Bestattungsunternehmen bereits beglichen wurde. Die Kostenübernahme des Sozialamts setzt nach § 74 SGB XII nur voraus, dass die ggf. bereits beglichenen Kosten erforderlich sind

24 Bestattungskosten

und es der verpflichteten Person nicht zugemutet werden kann, diese Kosten endgültig zu tragen (vgl. BSG 29.9.2009 – B 8 SO 23/08 R). Es reicht im Notfall aus, wenn Sie das Sozialamt **nach der Beerdigung** informieren (BVerwG 5.6.1997 – 5 C 13.96). Das kann innerhalb einer angemessenen Frist, etwa eines Zeitraums von **bis zu zwei Monaten geschehen** (LSG Schleswig-Holstein 21.7.2008 – L 9 SO 10/07PKH).

6. Was, wenn Sie eine Bestattung in Auftrag geben, ohne verpflichtet zu sein?

25 Geben Sie, ohne dass eine Verpflichtung zur Bestattung besteht (→ Rn. 2), diese zB aus moralischen Gründen in Auftrag, bleiben die Bestattungskosten (möglicherweise) an Ihnen hängen (VG Aachen 21.3.2006 – 2 K 1862/04; OVG Schleswig-Holstein 18.3.1999 – 1 L 37/98). Sie müssten sich zwecks Erstattung der Kosten an die verpflichteten Personen, zB Erb*innen, halten.

7. Sind Rücklagen für die Beerdigung geschütztes Vermögen?

26 Auch wenn Vermögensrückstellungen offenkundig für würdevolle Bestattungen angedacht worden sind, drängen Sozialämter schamlos darauf, diese im Fall von Hilfebedürftigkeit aufzulösen. Dennoch gibt es in der Sozialhilfe und beim Bürgergeld Möglichkeiten, Bestattungsvorsorgevermögen vor den Behörden zu schützen.

7.1 Sozialhilfe

27 Sozialämter wollen in wachsendem Maße auf Gelder zugreifen, die Sie in Form eines **Grabpflege-** oder **Bestattungsvorsorgevertrages** angelegt haben. Wenn das eingezahlte Geld aber nicht verfügbar ist, da es idR unkündbar vertraglich gebunden ist, ist es auch nicht verwertbar im Sinne des § 90 Abs. 1 SGB XII. Unabhängig davon ist ein Bestattungsvorsorgevertrag *„Schonvermögen im Sinne der Härtefallregelungen"* nach § 90 Abs. 3 SGB XII (BSG 18.3.2008 – B 8/9b SO 9/06 R, Rn. 22; BVerwG 11.12.2003 – 5 C 84.02; vgl. BT-Drs. 16/239, 10, 15, 17). Denn nach der Entscheidung des BVerwG (11.12.2003 – 5 C 84.02) ist dem Wunsch des Menschen, für die Zeit nach seinem Tod durch eine angemessene Bestattung und Grabpflege vorzusorgen, Rechnung zu tragen. Vermögen aus einem Bestattungsvorsorgevertrag – sowohl für eine angemessene Bestattung als auch für eine angemessene Grabpflege – ist als Schonvermögen im Sinne der Härtefallregelungen anzusehen. Auf das Vermögen wird nur dann zugegriffen, wenn der Bestattungsvorsorgevertrag unmittelbar vor dem Eintritt der Hilfebedürftigkeit abgeschlossen wird, um die Hilfebedürftigkeit herbeizuführen. Einen entsprechenden Vorsatz müsste jedoch das Sozialamt beweisen.

Das SG Düsseldorf hat zusammengestellt, was *„instanzgerichtlich"* als angemessenes Bestattungsvorsorgevermögen anerkannt wurde: die Beträge liegen zwischen 3.200 und 7.000 EUR (SG Düsseldorf 23.3.2011 – S 17 SO 57/10).

28 **Achtung!** Eine normale **Sterbegeldversicherung** (→ 107) oder Lebensversicherung ohne Zweckbindung für die Bestattung werden regelmäßig nicht als Härtefall-Schonvermögen anerkannt, da solche Verträge vorzeitig aufgelöst werden können und eine zweckentsprechende Verwendung der Mittel nicht gewährleistet ist.

7.2 Bürgergeld

29 Beim Bürgergeld muss eine Vermögensrückstellung für eine würdevolle Bestattung *„kurz vor dem Rentenalter"* nicht aufgelöst werden, zB ein Bestattungssparbuch, ein Treuhandvermögen oder ein Grabpflegevertrag. Sie gilt als Härtefall nach § 12 Abs. 3 Nr. 6 SGB II (FW 12.40). Das Rentenalter beginnt für die BA schon mit 60 Jahren (FW 12.21).

8. Forderung

30 Angemessene Rücklagen für Beerdigungen müssen immer geschütztes Vermögen sein!

9. Information

31 Aeternitas e.V. – Verbraucherinitiative Bestattungskultur, Ratgeber Sozialbestattung, 2020, https://www.aeternitas.de/filea

dmin/user_upload/Downloads/Spalte1/ratgeber_sozialbestattung.pdf, letzter Zugriff: 26.12.2022

Eike Westermann, Begriffe des Verpflichteten und der Zumutbarkeit gemäß § 15 BSHG, ZfF 5/2001, 105–108

25 Bevollmächtigte

1. Grundsätze 1
2. Zurückweisung von Bevollmächtigten 8
3. Bevollmächtigte bei Bedarfsgemeinschaften (BG) im SGB II 12
3.1 Grundsätze der Bevollmächtigungsfiktion 13
3.2 Widerruf der Bevollmächtigungsfiktion in einer BG 15
3.3 Antragsbevollmächtigung gleich Widerspruchsbevollmächtigung? .. 17
3.4 Darlehensbevollmächtigte im SGB II 19

1. Grundsätze

1 Sie können sich bei der Kommunikation mit Behörden auch von anderen vertreten lassen. Diese Bevollmächtigten können zB Freund*innen, Verwandte, Rechtsanwält*innen sowie auch Vertreter von Wohlfahrts- oder Sozialverbänden oder Erwerbslosengruppen sein. Um sich von jemand anderem vertreten zu lassen, müssen Sie eine **Vollmacht** ausstellen. Die Vollmacht ermächtigt zu allen Handlungen, die das Verfahren betreffen, sofern sich aus dem Inhalt der Vollmacht nichts anderes ergibt (§ 13 Abs. 1 SGB X). Der*die Bevollmächtigte muss eine rechtsfähige Person sein. Ein Verein oder eine Beratungsstelle, die keine zuständige Person benennt, kann nicht bevollmächtigt werden. Wenn der*die Bevollmächtigte an Ihrer statt zum Amt geht, muss er*sie sich ausweisen.

2 Man unterscheidet zwischen einem* **Bevollmächtigen** und einem **Beistand** (→ 19). Ein*e Bevollmächtigte*r handelt im Rahmen des Umfangs, der in der Vollmacht festgeschrieben ist. Bevollmächtigte können **Anträge** stellen, **Widersprüche** und **Klagen** einlegen, **Akten einsehen**, **Erörterungen** mit der Behörde durchführen und alle notwendigen Handlungen **stellvertretend** für Sie vornehmen. Beistände hingegen können lediglich unterstützend bei mündlichen Erörterungen zusammen mit Ihnen erscheinen.

3 Die **Schriftform** ist für die Bevollmächtigung nicht vorgeschrieben. Sie ist aber auf Verlangen der Behörde schriftlich nachzuweisen (§ 13 Abs. 1 S. 3 SGB X). Der Nachweis per **Telefax ist ausreichend** (LSG Schleswig-Holstein 12.6.2014 – L 6 AS 522/13 B PKH, juris Rn. 7). Analog wird eine Übersendung per Mail als ausreichend anzusehen sein. In der Vollmacht muss der*die Vollmachtgeber*in, der*die Bevollmächtigte, der Inhalt und der Umfang der Vollmacht sowie der Zeitpunkt genannt werden, ab dem die Vollmacht gilt. Es steht im Ermessen der Behörde, ob sie im Einzelfall die Vorlage einer schriftlichen Vollmacht verlangt oder auf eine solche verzichtet. Die Vollmacht ist grundsätzlich für alle Verfahrenshandlungen zulässig.

4 Bei widersprechenden Erklärungen des*der Vertretenen und des*der Bevollmächtigten hat der zuletzt erklärte Wille Vorrang; ansonsten muss die Behörde selbst den Sachverhalt ermitteln (§ 20 SGB X). Der*die Vertretene kann die Vollmacht auch jederzeit **widerrufen**.

5 Liegt eine wirksame Bevollmächtigung vor, so **muss sich die Behörde an die*den Bevollmächtigte*n wenden** (§ 13 Abs. 3 S. 1 SGB X). Daher ist es der Behörde grundsätzlich verwehrt, sich unter Umgehung des*der Bevollmächtigten unmittelbar an die*den Vertretene*n zu wenden. Wendet sich die Behörde trotz Vollmacht mit einem Bescheid direkt an den*die Vertretene und nicht an die*den Bevollmächtigte*n und versäumt diese*r deshalb die Widerspruchsfrist, **ist Wiedereinsetzung in den vorigen Stand** gemäß § 27 SGB X zu gewähren (VGH Baden-Württemberg 29.6.1987 – 7 S 243/87). Das heißt, die Frist gilt nicht als versäumt: dem Bescheid kann noch widersprochen werden. Dasselbe gilt ebenso für rechtliche Betreuer*innen, die vom Grundsatz her Bevollmächtigten gleichzustellen sind, wenn ein Gericht sie in Behördenangelegenheit bestellt hat.

25 Bevollmächtigte

6 In der Vollmacht müssen Name und Anschrift der Person, welche die Vollmacht erteilt und Name und Anschrift des*der Bevollmächtigten genannt sein.

7 **Beispiel:** „Hiermit bevollmächtige ich ... Name ... Straße ... Wohnort ...
Herrn/Frau X ... Straße ... Wohnort ...,
mich in meinen Bürgergeld-/ Sozialhilfe-/Grundsicherungsangelegenheiten gegenüber der Behörde Y der Stadt Z ... zu vertreten.
Die Vollmacht bezieht sich auf folgende Sachverhalte .... Sie umfasst die Übersendung der Schriftstücke an die Adresse des Bevollmächtigten.
Die Behörde ist gegenüber dem Bevollmächtigten von allen datenschutzrechtlichen Bestimmungen entbunden. Die Vollmacht gilt bis zu ihrem Widerruf.
Ort, Datum und Unterschrift"

Ggf. könnte es sinnvoll sein, die Vollmacht um den Zusatz zu ergänzen, dass die Behörde berechtigt ist, per Fax oder Mail mit dem*der Bevollmächtigen zu kommunizieren.

2. Zurückweisung von Bevollmächtigten

8 Wenn Sie als Bevollmächtigte*r Familienangehörigen oder auch Nachbar*innen helfen, ist das nach dem Rechtsdienstleistungsgesetz in der Regel kein Problem. Wenn Sie aber für verschiedene Personen Verfahrensbevollmächtigte*r werden sollten, könnte die Behörde Ihnen unerlaubte Rechtsberatung vorwerfen und Sie deshalb als Bevollmächtigte*n zurückweisen (→ 20 Rn. 53 ff.). Daher sollten Sie nur in begrenztem Umfang als Bevollmächtigte*r bei der Behörde in Erscheinung treten.

9 Außerdem können Bevollmächtigte zurückgewiesen werden, wenn sie „zum Vortrag ungeeignet" sind (§ 13 Abs. 6 SGB X). Allerdings soll die Behörde nur in Ausnahmefällen von ihrem Recht auf Zurückweisung Gebrauch machen, und zwar dann, wenn der*die Bevollmächtigte ersichtlich keine Hilfe für die*den Vertretene*n im Verfahren ist.

10 Nicht zurückgewiesen werden können Personen, die nach § 73 Abs. 2 S. 1 und 2 Nr. 3–9 SGG zur Vertretung im sozialgerichtlichen Verfahren befugt sind. Dazu gehören u.a. Rechtsanwält*innen, Rechtslehrende (Professor*innen), Rentenberater*innen, Steuerberater*innen, Steuerbevollmächtigte, Wirtschaftsprüfer*innen, Rechtssekretär*innen und Sozialrechtsreferent*innen (§ 13 Abs. 6 S. 2 SGB X).

11 Sollte eine bevollmächtigte Person zurückgewiesen werden, kann nur sie selbst gegen die Zurückweisung **Rechtsmittel** (Widerspruch, Klage) einlegen, nicht die von ihr vertretene Person (LSG Baden-Württemberg 10.8.2022 – L 3 SB 417/22).

3. Bevollmächtigte bei Bedarfsgemeinschaften (BG) im SGB II

12 In Bedarfsgemeinschaften gilt eine Bevollmächtigungsfiktion. Nachfolgend die Details dazu.

3.1 Grundsätze der Bevollmächtigungsfiktion

13 Das Gesetz geht davon aus, dass die Person, die den Antrag auf Bürgergeld stellt, Bevollmächtigte*r der restlichen Mitglieder der Bedarfsgemeinschaft ist (§ 38 SGB II). Die Vertretungsbefugnis bezieht sich ausschließlich auf die Antragstellung und Entgegennahme von Leistungen. Der Gesetzgeber wollte mit dieser **Bevollmächtigungsfiktion** aus Gründen der Verwaltungsökonomie verhindern, dass er es mit einer Vielzahl von Ansprechpartner*innen zu tun hat. Müssen Unterlagen vorgelegt werden, muss sich die Behörde im Rahmen des sog. Direkterhebungsgrundsatzes direkt an den*die jeweilige*n Antragsteller*in wenden (§ 67a Abs. 2 S. 1 SGB X). Der*die Bevollmächtigte darf nur den Antrag auf Bürgergeld stellen und die Leistungen entgegennehmen. Die Bevollmächtigung gilt für eine Bedarfsgemeinschaft.

14 Sozialrechtliche **Handlungsfähigkeit** besteht für die Beantragung und die Verfolgung einer Sozialleistung und deren Entgegennahme **ab dem 15. Lebensjahr** (§ 36 SGB I). Alle, die das 15. Lebensjahr vollendet haben, können demnach die Vertretung der BG übernehmen. Das ist unter Umständen dann

wichtig, wenn ein alleinerziehender Elternteil dauerhaft erkrankt ist oder auch wenn bei Menschen mit Migrationshintergrund Sprachbarrieren bestehen. In solchen Fällen kann ein jugendliches Kind Sozialleistungen beantragen und mit der Behörde Kontakt aufnehmen.

3.2 Widerruf der Bevollmächtigungsfiktion in einer BG

15 Die Bevollmächtigungsfiktion in § 38 Abs. 1 SGB II beinhaltet keine gesetzliche Bevollmächtigung, wie oben beschrieben, sondern die Bevollmächtigung **wird vermutet** und kann daher **jederzeit widerlegt werden.** Sie gilt, solange dem Amt keine Anhaltspunkte vorliegen, dass diese ungültig ist. Solche der Vermutung entgegenstehenden Anhaltspunkte können zB sein: Trennung der Partnerschaft bei Verbleib in der Wohnung und ein*e Partner*in erklärt, dass bei ihm*r kein Geld ankommt oder wenn das Geld zB wegen Suchtproblematiken nicht sachgemäß verwendet wird.

16 Sie können der Vermutung durch eine entsprechende Erklärung **widersprechen.** So muss zB der Hinweis, dass Leistungen an andere BG-Mitglieder überwiesen werden sollen, das Jobcenter veranlassen, die Leistungen entsprechend auszuzahlen (§ 38 S. 1 SGB II). Die Bundesagentur schreibt dazu in ihren fachlichen Weisungen zum § 38 SGB II:

„*Die Bevollmächtigungsvermutung ist jedenfalls widerlegt, wenn ein Mitglied der Bedarfsgemeinschaft gegenüber dem Träger erklärt, seine Interessen selbst wahrnehmen zu wollen*" (FW 38.6.).

„*Ist die Bevollmächtigungsvermutung widerlegt, sind die Alg II-Gelder [bzw. Bürgergeld-Leistungen] für jedes nicht vertretene Mitglied separat zu bescheiden und zu überweisen*" (FW 38.9).

3.3 Antragsbevollmächtigung gleich Widerspruchsbevollmächtigung?

17 Die gesetzlich fingierte Antragsbevollmächtigung („einer für alle") beinhaltet streng genommen nicht die Bevollmächtigung, Widersprüche für alle Mitglieder der Bedarfsgemeinschaft zu stellen. Sind von

25 Bevollmächtigte

einer Entscheidung der Behörde alle Mitglieder der BG betroffen, müsste also theoretisch jedes BG-Mitglied einzeln Widerspruch einlegen. Das BSG hat allerdings entschieden, dass mit der Bevollmächtigung alle Verfahrenshandlungen erfasst sind, die mit der Antragstellung und der Entgegennahme der Leistungen zusammenhängen und der Verfolgung des Antrags dienen. Dazu gehört auch die Einlegung von Widersprüchen (BSG 7.11.2006 – 7b AS 8/06 R). Entsprechend kann also ein BG-Mitglied stellvertretend für alle Mitglieder der BG Widerspruch einlegen.

18 **Hinweis: Klagen müssen im Namen eines*r jeden Leistungsberechtigten einzeln eingelegt werden (Klage, → 64). Haben Sie das versäumt, gibt in der Regel das Gericht einen Hinweis.**

3.4 Darlehensbevollmächtigte im SGB II

19 Aufpassen müssen Sie, wenn Sie ein **Darlehen** beantragen. Hier gilt nämlich dieselbe Regel: Das Jobcenter nimmt an, dass Sie das Darlehen **für alle** beantragen (§ 38 SGB II), wenn Sie dem nicht widersprechen. Das bedeutet, das Schonvermögen **jedes*r** Darlehensnehmenden muss ggf. vorrangig eingesetzt werden und das Darlehen muss in Höhe von fünf Prozent des Regelsatzes **aller** Darlehensnehmenden getilgt bzw. aufgerechnet werden (bis zum 30.6.2023 gilt 10 Prozent des RS, ab 1.7.2023 gilt 5 Prozent des RS) (§ 42a Abs. 2 SGB II).

Allerdings scheiden minderjährige Kinder als Darlehensnehmende generell aus, denn damit würde der **Minderjährigenschutz** umgangen (→ 30 Rn. 10).

20 Zudem kann bei Darlehen für bestimmte Zwecke nur diejenige Person Darlehensnehmer*in sein, die dafür **zivilrechtlich verantwortlich** ist. So kann nur diejenige Person ein Darlehen zur Übernahme von Energieschulden beantragen, die den Energieversorgungsvertrag abgeschlossen hat. Nur die Person, die den Mietvertrag unterschrieben hat, kann ein Darlehen zur Übernahme von Mietschulden oder einer Mietkaution erbitten usw. Nähere Informationen dazu finden Sie unter Darlehen (→ 30).

21 **Tipp: Widersprechen Sie der Vermutung, die gesamte Bedarfsgemeinschaft zu vertre-**

ten und beantragen Sie das Darlehen für sich alleine. Dann müssen nur Sie als Darlehensnehmer*in Ihr Schonvermögen einsetzen, und nur Ihr Regelsatz kann mit fünf Prozent zur Tilgung aufgerechnet werden (→ 30 Rn. 7).

26 Bewerbungen

1. Anforderungen an Bewerbungen sind individuell abzustimmen 1
2. Persönliche Verhältnisse und Arbeitsmarktchancen 3
3. Pauschal allenfalls wenige Bewerbungen monatlich 5
4. Bewerbungskosten 7
5. Fahrtkosten zu Vorstellungsgesprächen 15
6. In welcher Form Bewerbungen nachweisen? 18
7. Ohne Regelungen über Unterstützung durch das Amt ist der Kooperationsplan unwirksam 20
8. Kürzung des Regelsatzes bei nicht erfüllten Bewerbungsauflagen 21
9. Bewerbungstraining 26
10. Kritik 27
11. Forderungen 28

1. Anforderungen an Bewerbungen sind individuell abzustimmen

1 Im SGB II gibt es keine Aussage, wie viele Bewerbungen Sie monatlich nachweisen müssen. Das wäre auch unsinnig. Wie viele Bewerbungen sinnvoll sind, hängt von konkreten Bedingungen des Einzelfalls, den persönlichen Verhältnissen, der individuellen Arbeitsfähigkeit, der Arbeitsmarktlage und den Erfolgsaussichten von Bewerbungen ab. Die Anforderungen an Bewerbungsnachweise dürfen *„nicht überspannt werden"* (BVerwG 17.5.1995 – 5 C 20/93). Das BSG hat offengelassen, ob das Verlangen, mindestens sechs Bewerbungen pro Monat für sozialversicherungspflichtige Beschäftigungsverhältnisse zu unternehmen und hierüber Nachweis zu führen, rechtswidrig war (BSG 23.6.2016 – B 14 AS 42/15 R). Die BA schrieb hierzu in einer älteren Geschäftsanweisung: *„Bemühungen sind **individuell** auf die Person und die vorliegenden Umstände abzustimmen. Das gilt auch für die ggf. geforderte Anzahl von Bewerbungen"* (BA GA 28/2006, 2). Das gilt noch immer.

2 **Tipp:** Pauschal von jedem Arbeitslosen zehn, 15 oder sogar 30 Bewerbungen monatlich oder fünf Bewerbungen wöchentlich zu verlangen, ist Rechtsbruch. Verlangen Sie, dass die Anzahl der Bewerbungen individuell auf Ihre Verhältnisse abgestimmt wird. Das LSG NRW hält pro Monat acht – nicht zwingend schriftliche – Bewerbungen für zulässig (LSG NRW 10.12. 2020 – L 7 AS 1662/20 B ER), das LSG Sachsen mindestens vier (LSG Sachsen 5.9.2019 – L 3 AS 520/19 B ER) und der 12. Senat des LSG NRW sogar nur vier Bewerbungen pro Monat (LSG NRW 19.2.2020 – L 12 AS 635/19 ZVW). Eine gewisse Erfolgsaussicht muss dabei aber gegeben sein, es darf keine Beschäftigungstherapie sein (Hauck/Noftz SGB II § 15 Rn. 50).

2. Persönliche Verhältnisse und Arbeitsmarktchancen

3 *„Gesundheitliche Einschränkungen physischer und psychischer Art"*, zB Schwerbehinderung und Alter (VG Hannover 26.6.2000 – 7 B 2588/00) Familienstand, bisherige Dauer der Arbeitslosigkeit, Vor- und Ausbildung, individuelle Kenntnisse und Fähigkeiten usw müssen berücksichtigt werden.

Es ist unsinnig, von 59-jährigen Bauarbeiter*innen Bewerbungen zu verlangen, als ob Ihnen die Erwerbswelt noch offenstehen würde. Es ist unsinnig, von Menschen mit Behinderung Bewerbungen zu verlangen, als hätten sie keine Behinderung. Es ist unsinnig, von Alleinerziehenden mit Schulkindern Bewerbungen zu verlangen, als wären ihre Arbeitsmöglichkeiten nicht eingeschränkt. Wer geringere Chancen auf dem Arbeitsmarkt hat, kann das auch nicht ausgleichen, indem er sich doppelt so häufig bewirbt.

4 Ein Maßstab für Arbeitsmarktchancen ist die Zahl Ihrer bisherigen Bewerbungen. Wenn Sie sich schon 200-mal beworben und kaum Rückmeldungen bekommen haben, ist es unsinnig, Ihnen zehn Bewerbungen pro Monat abzuverlangen. Das SG Berlin *„hält es für nicht zumutbar, einem ernsthaft um Eingliederung bemühten Arbeitsuchenden, woran hier keine Zweifel bestehen, die Verpflichtung aufzubürden, sein Monatspensum*

mit aussichtslosen Blindbewerbungen aufzufüllen" (12.5.2006 – S 37 AS 11713/05).

3. Pauschal allenfalls wenige Bewerbungen monatlich

5 Unter Berücksichtigung all dieser Bedingungen muss die Zahl der pauschal (dh ohne Rücksicht auf den Einzelfall) zumutbaren Bewerbungen relativ gering ausfallen.

Die Rechtsprechungen der Landessozialgerichte gehen von vier bis zehn Bewerbungen aus, das BSG hält sechs Bewerbungen noch nicht für rechtswidrig (BSG 23.6.2016 – B 14 AS 42/15 R). Das Bewerbungsverlangen darf nicht zur reinen Beschäftigungstherapie verkommen (Hauck/Noftz SGB II § 15 Rn. 50). Eine allgemeingültige Richtschnur über die Höhe der Bewerbungsauflagen ist hier nicht möglich. Es wird immer auf den **Einzelfall** ankommen, Alter Gesundheit, Arbeitsmarktnähe und Ferne und vieles mehr.

6 **Tipp:** Rechnen Sie Ihrer Integrationsfachkraft vor, wie viele offene Stellen in Ihrer Region und Ihrem Tagespendelbereich auf wie viele Arbeitslose kommen. Das könnte eventuellen Übereifer dämpfen. Arbeitgeber werden abgeschreckt, wenn Ihnen dank der Jobcenter massenweise Bewerbungen ins Haus flattern, nur weil Arbeitslose ihre Pflicht tun müssen. Anhaltspunkt für eine sinnvolle Zahl von Bewerbungen kann auch sein, wie viele Bewerbungen Sie finanzieren können (→ Rn. 7).

4. Bewerbungskosten

7 Bürgergeld-Empfänger*innen *„können aus dem Vermittlungsbudget der Agentur für Arbeit bei der Anbahnung oder Aufnahme einer versicherungspflichtigen Beschäftigung gefördert werden"* (§ 16 Abs. 2 S. 2 SGB II iVm § 44 Abs. 1 SGB III; → 10 Rn. 104 ff.). Bewerbungskosten fallen auch darunter, Sie haben darauf allerdings keinen Rechtsanspruch. Bis 2009 war für Bewerbungskosten ein Betrag von 260 EUR jährlich gesetzlich vorgesehen (§ 46 Abs. 1 SGB III aF). Da in den Regelungen zum neuen Vermittlungsbudget konkrete Angaben über Bewerbungskosten fehlen, sollten Sie sich an den alten Beträgen orientieren. Die detaillierten Leistungen werden jeweils durch die einzelnen Jobcenter in Ihrer Region festgelegt und nennen sich meistens „individuelle Ermessensleistung durch das Jobcenter" oder „Ermessensleistung der aktiven Arbeitsförderung". Dazu müssen Sie arbeitslos oder von Arbeitslosigkeit bedroht und in der Arbeitsvermittlung gemeldet sein. Nicht selten wird in der Eingliederungsvereinbarung bzw. ab 1.7.2023 im Kooperationsplan (→ 35) ausgemacht, dass die Stellensuche auf einen bestimmten Umkreis beschränkt ist. So ist es möglich, dass eine Kostenübernahme einer Bewerbung auf eine Tätigkeit in 200 km Entfernung abgelehnt wird, weil die Eingliederungsvereinbarung eine Stellensuche bis 100 km Entfernung beinhaltet.

8 **Tipp:** Wollen Sie Ihre Stellensuche im Umkreis erweitern, teilen Sie dieses Ihrem Jobcenter mit und bestehen Sie darauf, dass diese Änderung in der Eingliederungsvereinbarung bzw. im Kooperationsplan „nachjustiert" wird.

9 Bewerbungskosten bestehen aus Kosten für Lichtbilder, Beglaubigungen, Gesundheitszeugnisse, Bewerbungsmappen, Kosten des Besuchs eines Internetcafés, für Telefongespräche mit Arbeitgebern bzw. Bewerbungsfaxe, Umschlag, Porto usw. Alle Kosten müssen belegt werden.

Die Behörde kann Bewerbungskosten pauschal mit **5 EUR** pro Bewerbung abgelten, wenn die Bewerbung nachgewiesen wird (§ 3 Abs. 1, 2 der BA-Anordnung zur Unterstützung der Beratung und Vermittlung, 2003 – A-UBV). Das galt auch für **Onlinebewerbungen** (§ 4 A-UBV). Allerdings verliert die BA über die Höhe der Pauschale aus dem Vermittlungsbudget neuerdings kein Wort mehr (FW zum SGB III 44.06, 44.10, 44.12).

Bei Bewerbungskosten von 5 EUR pro Bewerbung und einer max. Förderung von 260 EUR jährlich steht Ihnen nur Geld für höchstens 52 Bewerbungen im Jahr oder vier bis fünf Bewerbungen im Monat zur Verfügung. Wenn Ihre Bewerbungsmappen aufwendiger sind und zB im Durchschnitt 7,50 EUR kosten, könnten Sie sich nur 35 Bewerbungen oder drei Bewerbungen monatlich leisten.

26 Bewerbungen

Bewerbungskosten werden gesenkt, wenn Sie auf Kosten des Jobcenters Bewerbungen fotokopieren und verschicken können. Wenn Sie keine konkreten Bewerbungskosten nachweisen können, weil Sie sich von zu Hause online bewerben, wird eine pauschale Übernahme der Kosten immer häufiger von den Jobcentern abgelehnt. Manche Jobcenter übernehmen pro Online-Bewerbungen pauschal 0,20 Euro.

10 **Tipp:** Weisen Sie Ihre Integrationsfachkraft darauf hin, dass die Zahl der verlangten Bewerbungen finanziell zumutbar sein muss. „*Die Festlegung einer Obergrenze in der Eingliederungsvereinbarung, insbesondere bei der Förderung von Bewerbungskosten, wird empfohlen*" (FW 44.10).

Die BA schreibt eine verbindliche Kostenerstattungsregelung für die im Kooperationsplan (→ 35) ausgemachte schriftliche Bewerbungen vor:

Es „*ist ergänzend eine Kostenerstattungsregelung des JC [...] insbesondere für schriftliche Bewerbungen sowie Reisekosten zu Vorstellungsgesprächen in die EinV aufzunehmen*" (FW 15.19).

Zudem ist zu berücksichtigen, wenn sich Leistungsbeziehende aus finanziellen Gründen nicht in der geforderten Häufigkeit bewerben können. Enthält der Kooperationsplan keine Regelung über die Erstattung und werden keine zusätzlichen Mittel gewährt, liegt jedenfalls ein wichtiger Grund iSv § 31 Abs. 1 S. 2 SGB II vor, mit der Folge, dass eine Sanktion rechtswidrig ist (LSG NRW 16.11.2012 – L 19 AS 2098/12 B-ER).

Aber auch ohne Kooperationsplan müssen sich die Eigenbemühungen immer am Förderbetrag orientieren. Werden Bewerbungen von Ihnen verlangt, ohne Ihnen die Kosten zu ersetzen, wird Ihr Regelsatz umso mehr gekürzt, je mehr Sie sich bewerben. Sie werden für Ihre Bemühungen bestraft. So raubt man Motivation.

11 **Hinweis:** Bewerbungskosten für Minijobs werden nicht erstattet, da die Arbeitslosigkeit damit idR nicht beendet wird. Bewerbungskosten können auch für selbst gesuchte Arbeitsstellen erstattet werden. Ein Midi-Job kann aus dem Vermittlungsbudget gefördert werden, da dieser der Versicherungspflicht unterliegt. Die wöchentliche Arbeitszeit ist hier ohne Bedeutung (FW 44.04). Ein Vermittlungsvorschlag durch das Jobcenter ist nicht erforderlich. Alle Leistungen aus dem Vermittlungsbudget sind immer im Voraus zu beantragen! Es gilt das Datum der Antragstellung.

12 **Weitere Leistungen** können nach dem Bewerbungsprozess **als Kann-Leistungen** aus dem Vermittlungsbudget übernommen werden:

- Pendelfahrten zur neuen Arbeitsstelle (oftmals befristet),
- Unterstützung des persönlichen Auftretens (Friseurbesuch, Bekleidung für das Vorstellungsgespräch),
- Doppelte Haushaltsführung,
- Anschaffung eines Pkw, Kleinkraftrads, Fahrrads, wenn es keinen ÖPNV gibt, und bei Vorlage eines sozialversicherungspflichtigen Arbeitsplatzes,
- Führerschein, wenn der neue oder voraussichtliche Arbeitgeber die Kostenübernahme ablehnt und bei Vorlage eines sozialversicherungspflichtigen Arbeitsplatzes und
- Umzugskosten – oftmals mit einer bestimmten Frist versehen, bis wann der Umzug zu erfolgen hat. IdR müssen bis zu drei Kostenvoranschläge von Umzugsunternehmen vorgelegt werden (Arbeit, → 10).

13 **Tipp:** Sie müssen die Bewerbungskosten vorlegen, obwohl sie nicht im Regelsatz enthalten sind. Oft werden sie erst Wochen oder Monate später erstattet, wenn überhaupt. Weisen Sie Ihre Integrationsfachkraft darauf hin, dass Sie nicht monatelang vorlegen können. Fordern Sie, dass Bewerbungskosten monatlich erstattet werden. Unter besonderen Umständen (zB wegen fehlender Liquidität bei Aufstocker*innen) ist eine Vorauszahlung aus dem Vermittlungsbudget möglich (FW 44.06).

14 Da Bewerbungskosten mit der (zukünftigen) Erzielung eines Einkommens notwendig verbundene Ausgaben sind (§ 11 Abs. 2 Nr. 5 SGB II), können sie auch von Ihrem Erwerbseinkommen (über 400 EUR brutto) abgesetzt werden (Einkommensbereinigung, → 38).

5. Fahrtkosten zu Vorstellungsgesprächen

15 Für eine alleinstehende Person sind im Regelbedarf 45,02 EUR im Jahr 2023 für die Nutzung von öffentlichen Verkehrsmitteln vorgesehen. Die Kosten für Fahrten zur Berufsberatung, Vermittlung, Eignungsfeststellung und zu Vorstellungsgesprächen konnten früher im Rahmen der Mobilitätshilfen übernommen werden. Heute ist eine Übernahme aus dem **Vermittlungsbudget** möglich (§ 44 Abs. 1 SGB III; Arbeit, → 10 Rn. 104 ff.). Übernachtungen und Tagegelder können ebenfalls bezahlt werden.

16 Tipp 1: Beantragen Sie die Übernahme von Bewerbungskosten, Fahrtkosten und anderen mit dem Vorstellungsgespräch verbundenen Kosten unbedingt, **bevor** sie entstehen. Anderenfalls kann das Jobcenter die Erstattung ablehnen.

17 Tipp 2: Sie können auf Antrag eine Monatskarte für den Nahbereich bezahlt bekommen, wenn mit einer ausreichend hohen Zahl von Bewerbungen in dem entsprechenden Monat zu rechnen ist (§ 5 A-UBV). Fahrten müssen Sie nachweisen.

6. In welcher Form Bewerbungen nachweisen?

18 Die Behörde muss mit Ihnen im Kooperationsplan (→ 35) festlegen, in welcher Form Sie Ihre Bewerbungen nachzuweisen haben (§ 15 Abs. 1 S. 1, § 15 Abs. 2 S. 1 SGB II).

Ausreichend ist zB auch die Dokumentation von Mails. Als Nachweise schriftliche Ablehnungen von Unternehmen bzw. einen Stempel des Arbeitgebers zu verlangen, hat keine gesetzliche Grundlage und ist reine Schikane. Unterbleibt – wie so oft – die förmliche Ablehnung oder weigert sich das Unternehmen, den Bewerbungsnachweis zu stempeln, ist das kein Beleg dafür, dass Sie sich nicht beworben haben. Ein sanktionsbewährter Verstoß liegt immer nur dann vor, wenn der Verstoß in Ihrem Einflussbereich liegt.

19 Um Bewerbungsnachweise zu erbringen, können Sie sich einen einfachen Vordruck für Bewerbungsbescheinigungen anfertigen, den Sie selbst abzeichnen. Er sollte den Namen des Unternehmens, den Ansprechpartner*in, das Datum der Anfrage/Bewerbung und den Grund der Ablehnung enthalten. Nachweise wären Ihre Schreiben, auch monatliche Standardanfragen bei immer denselben Unternehmen, Notizen über Telefonanrufe und Anfragen sowie über Vorstellungsgespräche und Firmenkontakte, entsprechende E-Mails usw Zum **Bewerbungsprozess** kann auch gehören, dass Sie Stellen suchen, aber in Zeitungen oder Internet keine finden, auf die Sie sich hätten bewerben können. Auch das müssten Sie dokumentieren.

7. Ohne Regelungen über Unterstützung durch das Amt ist der Kooperationsplan unwirksam

20 Das BSG bestimmt, dass ein Kooperationsplan (früher: Eingliederungsvereinbarung) ohne Regelung, welche „individuellen, konkreten und verbindlichen" Unterstützungsleistungen, dh bei Bewerbungen natürlich auch die Bewerbungskosten, für die Bewerbung gewährt werden, unwirksam ist (BSG 23.6.2016 – B14 AS 30/15 R; siehe auch LSG NRW 31.8.2017 – L 2 AS 488/17).

8. Kürzung des Regelsatzes bei nicht erfüllten Bewerbungsauflagen

21 Wenn Sie die Bewerbungsauflagen des Kooperationsplans (→ 35) *„trotz schriftlicher Belehrung über die Folgen oder deren Kenntnis"* ohne wichtigen Grund nicht erfüllen, wird Ihr Regelsatz beim ersten Verstoß für zehn Prozent für einen Monat, beim zweiten Verstoß für 20 Prozent für zwei Monate und beim dritten Verstoß um 30 Prozent für drei Monate gekürzt (§ 31 Abs. 1 Nr. 1 SGB II; → 95).

22 Leistungsminderungen können nur ausgesprochen werden, wenn das Maß der geforderten Eigenbemühungen in einem Kooperationsplan festgehalten worden ist (VG Bremen 15.11.2005 – S 2 V 2149/05). Sie dürfen nicht sanktioniert werden, wenn Sie unter Druck einen Kooperationsplan abgeschlossen haben, in dem die überzogene Bewerbungsbemühungen gefordert wurden, die Kosten nicht mehr von der Bewerbungskostenerstattung (nach § 44 Abs. 1 SGB III) ge-

deckt sind. Die Regelleistung ist so eng bemessen, dass damit nicht auch noch zusätzliche Bewerbungskosten finanziert werden können (vgl. BSG 6.12.2007 – B 14/7b AS 50/06 R, zu Fahrtkostenerstattung, so auch LPK-SGB II § 15 Rn. 29).

23 **Tipp:** Fehlen Ihnen die Mittel für Bewerbungen, ist das ein wichtiger Grund, warum Sie die vereinbarten Pflichten nicht erfüllen können.

24 Das sieht auch das BSG so: Es erklärte Sanktionen wegen nicht erfüllter Bewerbungsauflagen für rechtswidrig, weil im Kooperationsplan zwar Bewerbungsbemühungen festgelegt waren, jedoch keine Übernahme der Bewerbungskosten. „*Denn die sanktionsbewehrten Verpflichtungen des Klägers zu den in den Vereinbarungen bestimmten Bewerbungsbemühungen sind unangemessen im Verhältnis zu den vom Jobcenter übernommenen Leistungsverpflichtungen zur Eingliederung in Arbeit*" (BSG 23.6.2016 – B 14 AS 30/15 R, Medieninformation Nr. 12/16 vom 23.6.2016).

25 **Vorsicht!** Vergessen Sie kein einziges Bewerbungsgespräch, auch wenn Sie 50 Bewerbungen laufen haben. Das Bundessozialgericht meint, dass so etwas unentschuldbar wäre und eine Sperrzeit erforderlich sei (BSG 14.7.2004 – B 11 AL 67/03 R). Also lieber nur so viele Bewerbungen, wie vorgeschrieben werden, damit Sie den Überblick nicht verlieren.

9. Bewerbungstraining

26 Im Kooperationsplan kann auch die Teilnahme an einem Bewerbungstraining gefordert werden (→ 10 Rn. 112). Um eine Kürzung des Bürgergelds zu vermeiden, müssen Sie dem nachkommen, auch wenn Sie schon genug trainiert worden sind.

10. Kritik

27 Die Übernahme der Bewerbungskosten ist immer wieder ein Streitpunkt zwischen Jobcenter und Erwerbslosen. Die Ursache liegt oftmals darin, dass jede Region ihre eignen Regelungen zu den Erstattungen aus dem Vermittlungsbudget aufstellt. Bis heute sind viele Kostenübernahmen sogenannte Kann-Regelungen, die dann vom Gutdünken der einzelnen Sachbearbeitung abhängen. Wenn nach persönlicher Sympathie entschieden wird, kann von Willkür gesprochen werden. Es ist sinnlos und Verschwendung von Steuergeldern, wenn Jobcenter über Jahre fordern, dass sich Erwerbslose bei den immer selben Arbeitgebern bewerben, obwohl dort eine Anstellung aussichtslos ist. Trotz geringer Chance auf einen möglichen Arbeitsplatz fordern die Jobcenter teilweise Bewerbungsaktivitäten auf Stellenangebote, die entweder nicht auf die Person passen oder aus unterschiedlichsten Gründen (Gesundheit, fehlende Qualifizierung, Alter) nicht ausgeübt werden können. Der Druck auf die Jobcentermitarbeiter*innen, eine vorgegebene Anzahl von Vermittlungsvorschlägen innerhalb einer bestimmten Zeit zu versenden, läuft am Bedarf und der Notwendigkeit der Erwerbslosen komplett vorbei. Hier kann nur gehofft werden, dass mit der Abschaffung des Vermittlungsvorrangs im Rahmen des Bürgergeldes dieser Druck ein Ende hat. Mit dem Druck, Erwerbslosen Gelder zu streichen, wenn sie sich nicht bewerben, wird hier ein Machtinstrument aufgebaut, was nur unnötige Kosten und Zeit verschwendet.

11. Forderungen

28 Vollständige Übernahme der tatsächlichen Bewerbungskosten

Keine pauschalen Bewerbungsauflagen

Bewerbungsaufforderungen nach den regionalen Arbeitsmarktbedingungen und Voraussetzungen

Überprüfung und Evaluierung des „passgenauen" Kooperationsplan und der Beendigung des Vermittlungsvorrangs

27
Bildung und Teilhabe

1. Bildungs- und Teilhabebedarfe nicht vom Regelbedarf umfasst 1
2. Wer hat Anspruch? 2

3. Welche Leistungen für Bildung? 7
3.1 Schulausflüge und Klassenfahrten   7
3.2 Schulbedarfspauschale 12
3.3 Schülerbeförderungskosten 17
3.4 Lernförderung 18
3.5 Mittagsverpflegung in Schulen
    und Kitas 20
4. Was sind Leistungen für Teilhabe? 21
5. Regelungen zur Antragstellung und
   Erstattung 27
6. Schulkosten auf andere Weise decken 33
7. Schülerbeförderung 37
8. Einmalige Beihilfen 39
9. Schularbeitenhilfe 43
10. Forderungen 44

1. Bildungs- und Teilhabebedarfe nicht vom Regelbedarf umfasst

1 Mit dem Urteil zur Verfassungsmäßigkeit der Regelbedarfe hat das BVerfG im Februar 2010 den Gesetzgeber aufgefordert, die Regelbedarfe für Kinder ab 2011 anhand einer eigenen, geeigneten Verbrauchserhebung zu ermitteln. Zuvor waren die Kinderregelsätze prozentual vom Eckregelbedarf der Erwachsenen abgeleitet (→ 89 Rn. 45 ff.). Bei den seit 2011 geltenden Regelbedarfen für Kinder sind Ausgaben für (Schul-)Bildung minimal und für gesellschaftliche Teilhabe nur zum Teil berücksichtigt worden. Um diese Bedarfe abzudecken, hat die Bundesregierung ein Leistungspaket für Bildung und Teilhabe geschnürt. Diese Leistungen werden im Bedarfsfall idR auf Antrag und in Form von Gutscheinen oder Direktzahlungen an die jeweiligen Anbieter erbracht. Statt höhere Kinderregelbedarfe auszuzahlen, damit Eltern die Mittel für ihre Kinder eigenverantwortlich und individuell einsetzen können, wurde mit dem Bildungs- und Teilhabepaket ein kostenaufwendiges, bürokratisches und für Kinder und Eltern diskriminierendes Leistungssystem geschaffen, das wenig Gebrauchswert hat.

2. Wer hat Anspruch?

2 Anspruchsberechtigt sind Kinder, Jugendliche und junge Erwachsene in Haushalten von Beziehenden von Bürgergeld (§§ 28 f. SGB II), HzL/GSi der Sozialhilfe (§§ 34 ff. SGB XII), Wohngeld (→ 127) und Kinderzuschlag (→ 63) (beides nach § 6b BKGG; nachfolgend werden Gesetzesstellen nur für das SGB II angegeben) sowie Leistungsberechtigten nach dem AsylbLG (§ 3 Abs. 3 AsylbLG iVm §§ 34 ff. SGB XII).

3 Auszubildende, Schüler*innen und noch nicht volljährige Studierende (→ 110), die wegen des Leistungsausschlusses keinen Anspruch auf Bürgergeld haben, können, wenn der Leistungsausschluss eine besondere Härte bedeutet, auch für Bedarfe für Bildung und Teilhabe ein **Härtefalldarlehen** des Jobcenters bekommen (§ 27 Abs. 3 S. 1 SGB II), das erst nach Ende der Ausbildung zurückgezahlt werden muss.

4 Die Leistungen für **Bildung** stehen insbesondere allen **unter 25-jährigen Schüler*innen** (→ 100) zu, die eine allgemein- oder berufsbildende Schule besuchen und keine Ausbildungsvergütung erhalten (§ 28 Abs. 1 SGB II). Leistungen für **Mittagsverpflegung** und **Ausflüge** stehen außerdem Vorschulkindern in Kindertagesstätten zu. Die Leistungen für „*Teilhabe am sozialen und kulturellen Leben in der Gemeinschaft*" stehen **allen** minderjährigen Leistungsberechtigten zu (§ 28 Abs. 7 SGB II).

5 Von den Leistungen für Bildung und Teilhabe muss nur noch die Lernförderung (§ 28 Abs. 5 SGB II) einzeln und für jedes Kind gesondert **beantragt** werden (§ 37 Abs. 1 S. 2 SGB II; → Rn. 18).

6 „*Im Einzelfall kann ein Nachweis über die zweckentsprechende Verwendung der Leistung verlangt werden*" (§ 29 Abs. 5 SGB II). Wenn Sie den nicht erbringen können, **soll** die Bewilligungsentscheidung widerrufen werden.

3. Welche Leistungen für Bildung?

3.1 Schulausflüge und Klassenfahrten

7 Für Schüler*innen und Kinder in Kindertageseinrichtungen (Kitas) werden die **tatsächlichen** Aufwendungen für

- (Schul-)**Ausflüge** und
- mehrtägige **Klassenfahrten** im Rahmen der schulrechtlichen Bestimmungen bzw. Fahrten für Kitakinder übernommen (§ 28 Abs. 2 SGB II).

Die Aufwendungen dürfen nicht durch das Jobcenter/Sozialamt auf bestimmte Beträge begrenzt oder pauschaliert werden. Auch höhere Kosten einer Abschlussfahrt ins Ausland, die mit den schulrechtlichen Bestimmungen in Einklang steht, sind angemessen. Das SGB II sieht als Altersbegrenzung für eine Kostenübernahme die Vollendung des 25. Lebensjahres vor. Die volle Übernahme von Ausflügen und Klassenfahrten dient dazu, dass Kinder von Erwerbslosen und Armen nicht von gemeinsamen Klassenfahrten ausgeschlossen werden und Bildungsreisen nicht vom Geldbeutel abhängig sind. Das hat das BSG im Zusammenhang mit mehrtägigen Klassenfahrten entschieden (13.11.2008 – B 14 AS 36/07 R).

8 Auch die Kosten für einen dreiwöchigen **Schüleraustausch** in die USA können im Rahmen der Bildungsleistungen in voller Höhe übernommen werden, wenn die Fahrt pädagogisch sinnvoll ist, außerhalb der Schule stattfindet und mehrere Schüler*innen daran beteiligt sind. Voraussetzung ist jedoch, dass der Austausch nach landesrechtlichen Schulbestimmungen einer Klassenfahrt gleichgesetzt werden kann (BSG 22.11.2011 – B 4 AS 204/10 R).

9 Die **Vorschriften der Bundesländer** sind maßgeblich. Als Klassenfahrten gelten demnach auch *„Veranstaltungen zu einzelnen Unterrichtsbereichen – z.B. religiöse Freizeiten, Seminare zur Sucht- und Drogenvorbeugung, Schulorchesterfreizeiten, Veranstaltungen zur Berufsorientierung, Schullandheimaufenthalte mit sportlichem Schwerpunkt [...]. Dabei ist es für ein Schulorchester geradezu charakteristisch, dass dieses sich nicht aus Schülern eines bestimmten Klassen- oder Kursverbandes zusammensetzt"* (SG Dortmund 9.6.2010 – S 29 AS 209/08; NRW-Richtlinien für Schulwanderungen und Schulfahrten).

10 Solche weiter ausgelegten Regelungen zur Erstattung der Kosten für Schulausflüge sind auch auf entsprechende **Angebote von Kindertageseinrichtungen** anzuwenden, zB einer mehrtägigen Ferienfreizeit des Hortes während der Schulferien, die allen Hortkindern angeboten wurde (SG Speyer 23.2.2016 – S 15 AS 857/15).

11 Die **Aufwendungen** für Ausflüge und Klassenfahrten sollen regelmäßig **direkt** an die Schule/Kita **gezahlt** werden. Sie können aber auch **in bar an die Eltern** ausgezahlt werden, wenn die Kommune/der Kreis diese Möglichkeit vorsieht (§ 29 Abs. 1 S. 2 SGB II).

3.2 Schulbedarfspauschale

12 Für **persönlichen Schulbedarf** der Schüler*innen werden 2023 jeweils zum Schuljahresbeginn im August **116 EUR** und zum Halbjahresbeginn im Februar **58 EUR** bewilligt (§ 28 Abs. 3 S. 1 SGB II, seit 2022 erfolgt jährlich eine Dynamisierung). Diese Leistung muss **nicht** gesondert beantragt werden. Sie steht allen Schulkindern zu, die jeweils zu den Stichtagen 1. August und 1. Februar im Leistungsbezug sind. Es gibt eine Ausnahmeregelung für Schüler*innen *„die im jeweiligen Schuljahr nach den [...] Stichtagen erstmalig oder aufgrund einer Unterbrechung ihres Schulbesuches erneut in eine Schule aufgenommen werden"*; sie bekommen im Aufnahmemonat je nach Zeitpunkt 1/3, 2/3 oder 3/3 des Jahresbetrags ausgezahlt (§ 34 Abs. 3 S. 2 SGB XII). Damit soll vor allem den Bedürfnissen von geflüchteten Schulkindern Rechnung getragen werden, die aufgrund ihrer Flucht idR nicht zu den regulären Terminen ein- bzw. umgeschult werden können (BT-Drs. 18/8909, 31 f.).

13 Mit den Beträgen von ursprünglich 70 plus 30 EUR war nach Ansicht der Bundesregierung der regelmäßig anfallende Schulbedarf gedeckt (mit Ausnahme der unter → Rn. 17-20 aufgeführten Leistungen). Die 2016 veröffentlichte Studie des Sozialwissenschaftlichen Instituts der EKD, *„Schulbedarfskosten in Niedersachsen"*, kam zu einem anderen Befund: Demnach lagen die durchschnittlichen Schulbedarfskosten pro Schuljahr zwischen 208 EUR in Förderschulen und 302 EUR in Gymnasien und damit weit über der 100-EUR-Pauschalleistung. Daneben gibt es Schuljahre mit abweichenden, besonders hohen finanziellen Belastungen, zB bei der Einschulung oder in der 5. Klasse (Ev.-luth. Landeskirche Hannover, Schulbedarfe Bildungs- und Teilhabegerechtigkeit für Kinder und Jugendliche, Rote Reihe 6, 22 f.). Die niedrige, einheitliche und starre Pauschale kann den Anforderungen

auch nach der Erhöhung auf 100 plus 50 EUR im Jahr 2019, bei der erneut keine systematische Bedarfsermittlung erfolgte, und der inzwischen geltenden Dynamisierung auf 116 plus 58 EUR nicht gerecht werden.

14 Die Bundesregierung hat eine Erhöhung der Leistung nach der Besonderheit des Einzelfalles gesetzlich nicht vorgesehen. Damit besteht die Möglichkeit, **erhebliche und belegte Mehrausgaben** für die Schule, die dauerhaft und vom Bedarf her unabweisbar sind, in besonderen Ausnahmefällen im Rahmen der „**Härtefallmehrbedarfsregelung**" (→ 52) zu beantragen und notfalls vor Gericht durchzusetzen. Nachdem die Rechtsprechung in verfassungskonformer Auslegung einen Anspruch nach § 21 Abs. 6 SGB II für Schulbücher zuerkannt hatte, wenn keine vollständige Lernmittelfreiheit durch unentgeltliche Ausleihe besteht (BSG 8.5.2019 – B 14 AS 13/18 R), wurde **zum 1.1.2021** für Aufwendungen zur Anschaffung oder Ausleihe von **Schulbüchern** oder gleichstehenden Arbeitsheften aufgrund der jeweiligen schulrechtlichen Bestimmungen oder schulischen Vorgaben ein **gesonderter Mehrbedarf** anerkannt (§ 21 Abs. 6a SGB II), was in den Bundesländern relevant ist, die keine vollständige Lernmittelfreiheit vorsehen. Der Streit, ob die Kosten zB für **Tablet, Notebook oder PC und Drucker** sowie Standardsoftware für den Schulunterricht im Rahmen der Härtefallregelung vom Jobcenter übernommen werden müssen oder nur ein Anspruch auf ein Darlehen besteht, wurde vom Bundessozialgericht für die bis 2020 geltende Rechtslage negativ entschieden (BSG 12.5.2021 – B 4 AS 88/20 R). Die Bundesagentur für Arbeit hat den Anspruch auf digitale Endgeräte für den Schulunterricht mit Weisung vom 1.2.2021 zumindest bei Teilnahme am pandemiebedingten Distanz-Schulunterricht anerkannt und sieht vor, dass die Höhe des Mehrbedarfs im Einzelfall (soweit vorhanden) auf der Grundlage der schulischen Vorgaben zu ermitteln ist und im Regelfall den Gesamtbetrag von 350 EUR je Schüler*in für alle benötigten Endgeräte (zB Tablet/PC jeweils mit Zubehör, Drucker, Erstbeschaffung von Druckerpatronen usw) nicht übersteigen sollte. Es ist damit zu rechnen, dass die Hürden für mit dem Schulbesuch zusammenhängende Bedarfe nach der „Härtefallregelung" eher höher werden. Nähere Informationen dazu finden Sie im Beitrag Härtefallmehrbedarfe (→ 52 Rn. 21 ff.).

15 Schulnotwendige spezielle Berufskleidung (Set für Berufseinstiegsklasse Lebensmittelhandwerk und Gastronomie), nicht aber eine Zweitausstattung war in verfassungskonformer Auslegung von § 21 Abs. 6 SGB II vom Jobcenter zu übernehmen (LSG Niedersachsen-Bremen 26.5.2020 – L 11 AS 793/18), nicht dagegen im schulischen Kochunterricht zu tragende Kleidung (weiße Hose, weißes T-Shirt und rutschfeste Schuhe), die auch im Alltag genutzt werden kann (LSG Niedersachsen-Bremen 15.4.2020 – L 11 AS 922/18 NZB).

16 „*Im begründeten Einzelfall kann ein Nachweis über eine zweckentsprechende Verwendung der Leistung verlangt werden*" (§ 29 Abs. 5 S. 1 SGB II). Können Sie den Nachweis nicht erbringen, soll das Jobcenter/Sozialamt die Bewilligungsentscheidung widerrufen und das Geld zurückfordern. Eine routinemäßige und unbegründete Nachweisforderung eines Jobcenters gegenüber allen Antragstellenden wäre allerdings rechtswidrig, weil Leistungsberechtigte hierdurch pauschal diskriminiert würden.

3.3 Schülerbeförderungskosten

17 **Schülerbeförderungskosten** zur nächstgelegenen Schule des gewählten Schulzweigs werden auf Antrag nur übernommen, wenn die Distanz zur Schule dies erfordert und die Nutzung regulärer Schülerbeförderung oder durch die Schulbehörde (teil-)finanzierter Schülermonatskarten für den ÖPNV nicht möglich ist (§ 28 Abs. 4 SGB II). Leistungen Dritter gehen den Leistungen für Bildung und Teilhabe regelmäßig vor. Ob Fahrtkosten übernommen werden, hängt von den entsprechenden schulrechtlichen Bestimmungen der Bundesländer ab (→ Rn. 37 f.).

3.4 Lernförderung

18 Ergänzend zu schulischen Angeboten können Schüler*innen auf Antrag eine **angemessene Lernförderung** erhalten, soweit diese geeignet und zusätzlich erforderlich ist,

um die nach den schulrechtlichen Bestimmungen festgelegten wesentlichen Lernziele zu erreichen. Auf eine bestehende Versetzungsgefährdung kommt es dabei nicht an (§ 28 Abs. 5 SGB II). Dazu benötigt Ihr Kind einen geeigneten Nachweis, zB eine entsprechende Bescheinigung der Lehrkraft/Schule. Die Nachhilfe wird von speziellen Anbietern erbracht, die von der Kommune/dem Kreis beauftragt sind. Sie wird mit Gutscheinen oder Direktzahlungen an den Anbieter vergütet. Auch freiberufliche Anbieter können beauftragt werden, insbesondere wenn Ihr Kind oder Sie diese bevorzugen.

19 Der Nachhilfeunterricht muss im Einzelfall geeignet sein, die Leistungen des*r Schülers*Schülerin zu verbessern. Die Freiwilligkeit des Förderangebots dürfte dafür die Voraussetzung sein. Wenn zwar die Versetzung gefährdet ist, sich jedoch trotz Lernförderung die Noten des*r Schülers*Schülerin weiter verschlechtern, ist eine Übernahme der Nachhilfekosten nicht erforderlich (SG Frankfurt/M 5.5.2011 – S 26 AS 463/11 ER). In NRW soll im Einzelfall entschieden werden. Beschränkungen bei Maßnahmen zur Herstellung der Sprachfähigkeit und zur Unterstützung bei Lese-/Rechtschreibschwäche und Dyskalkulie fallen genauso weg wie die Einschränkungen im Zusammenhang mit Lernförderung bei Gesamtschulen, Förderschulen und in der Schuleingangsphase. Gefördert werden darf auch, wenn das Lernniveau der Schüler*innen dadurch gesteigert werden kann. Ziel dieser erweiterten Auslegung ist es, die Chancen auf dem Ausbildungsmarkt und bei der weiteren Entwicklung im Beruf zu verbessern. Damit käme auch eine Lernförderung in Betracht, wenn eine Empfehlung zum Wechsel in eine höhere Schulform angestrebt wird (Erlass des Ministeriums für Arbeit, Integration Gesundheit und Soziales NRW vom 18.7.2012, Umsetzung des Bildungs- und Teilhabepakets in NRW).

3.5 Mittagsverpflegung in Schulen und Kitas

20 Mehraufwendungen für gemeinschaftliche Mittagsverpflegung in Schulen und Kitas werden ebenfalls erstattet (§ 28 Abs. 6 SGB II). Die Vergütung der Mehraufwendung wird kommunal geregelt und entweder über ein Gutscheinsystem oder über Direktzahlungen an die Schule/Kita sichergestellt. Damit soll die zweckentsprechende Verwendung der Mittel sichergestellt werden.

4. Was sind Leistungen für Teilhabe?

21 Zur Teilhabe am sozialen und kulturellen Leben in der Gemeinschaft wird für minderjährige Kinder ein Betrag von mtl. 15 EUR berücksichtigt (§ 28 Abs. 7 SGB II). Dieser mickrige Betrag kann ausgezahlt werden, aber auch durch Gutscheine oder in Form von Direktzahlungen an Vereine und andere Leistungserbringer erbracht werden.

Damit sollen gezahlt werden:

- Mitgliedsbeiträge in Sport-, Musik- oder kulturellen Vereinen,
- Musikunterricht oder Kurse der künstlerischen bzw. kulturellen Bildung idR bei öffentlichen Anbietern (zB VHS),
- aber auch Ferienfreizeiten etc, die von der Kommune, Wohlfahrtsverbänden oder Kirchengemeinden angeboten werden. Dafür dürfen Sie 15 EUR mtl. ansparen.

22 Außerdem sollen „weitere tatsächliche Aufwendungen berücksichtigt werden, wenn sie im Zusammenhang mit der Teilnahme [...] entstehen und es den Leistungsberechtigten im begründeten Ausnahmefall nicht zugemutet werden kann", diese zu zahlen (§ 28 Abs. 7 S. 2 SGB II, § 34 Abs. 7 S. 2 SGB XII). Die zusätzlichen Kosten sollen laut Bundesregierung nur dann übernommen werden, wenn das Mitmachen bei einem Angebot daran scheitert, „dass die nötige Ausrüstung fehlt (zum Beispiel Musikinstrumente, Schutzkleidung für bestimmte Sportarten)" (BT-Drs. 17/12036, 7). Wie das in der Praxis aussehen soll, ist noch immer unklar. Einerseits sind hier viele Bedarfslagen denkbar, andererseits schränkt die Regierung die Anwendung von vornherein stark ein, weil „eine Mehrzahl der hierfür in Frage kommenden Bedarfe" vom Kinderregelbedarf umfasst sein soll (BT-Drs. 17/12036, 7).

23 Nach alter Rechtslage kamen Leihgebühren für Instrumente, zB ein Cello, nicht als SGB II-Leistungen für Schüler*innen in Frage

(BSG 10.9.2013 – B 4 AS 12/13 R, hier nach § 21 Abs. 6 SGB II). Das gilt nicht mehr: **Tatsächliche Aufwendungen können berücksichtigt werden**, wenn sie im Zusammenhang mit Musikunterricht oder Sport entstehen und im begründeten Ausnahmefall die Bestreitung aus dem Regelbedarf nicht zugemutet werden kann. Nach der neuen Vorschrift haben Schüler*innen zB monatlich insgesamt 30 EUR für Teilnahme am Instrumentalunterricht zugesprochen bekommen (SG Detmold 27.9.2016 – S 7 AS 2145/13; dazu Anm. Spindler info also 2017, 183).

24 **Tipp**: Weil bei dieser Regelung restriktive Bewilligung vorprogrammiert ist, müssen Sie bei Ablehnung von Instrumenten, Sportausrüstungen usw ggf. Widerspruch (→ 126) einlegen und klagen.

25 Werden die Leistungen als Gutschein erbracht, haben Sie zumindest die Möglichkeit, sie zB für Ferienangebote **anzusparen**. Anderenfalls sollten Kommunen/Kreise die Möglichkeit anbieten, mtl. Beträge für solche Ferienangebote anzusparen. Das Abrufen von höheren Beträgen hängt immer davon ab, ob Sie zuvor genug Zeit hatten, für ein bestimmtes Angebot (zB in den Sommerferien) anzusparen. Ist das nicht der Fall, kann das Jobcenter/Sozialamt im Rahmen einer Ermessensentscheidung auch Leistungen im Voraus erbringen, damit Ihr Kind ein geeignetes Angebot zur Teilhabe in den Sommerferien auch tatsächlich nutzen kann. Neue Regeln für die Antragstellung kommen Ihnen hier entgegen (→ Rn. 27 ff.).

26 Wenn die Teilhabeleistung selbst nur 15 EUR beträgt, stellt sich die Frage, wie **Fahrtkosten** bestritten werden sollen, die unmittelbar im Zusammenhang mit der Teilhabe entstehen. Das BVerfG hat mit einer verfassungskonformen Auslegung der Regelung vorgegeben, dass auch solche Kosten im Einzelfall in tatsächlicher Höhe übernommen werden müssen (BVerfG 23.7.2014 – 1 BvL 10/12, Rn. 132, 148). Stellen Sie bei Bedarf einen Antrag!

5. Regelungen zur Antragstellung und Erstattung

27 Die Lernförderung wird **nur auf gesonderten Antrag** gewährt (§ 37 Abs. 1 S. 2 SGB II), der nur auf den Ersten des Monats zurückwirkt, in dem der Zusatzbedarf anfällt (§ 37 Abs. 2 S. 2 SGB II). Für alle anderen Bedarfe für Bildung und Teilhabe ist kein gesonderter Antrag mehr erforderlich, so dass diese auch noch nachträglich geltend gemacht werden können; ein Überprüfungsantrag nach § 44 SGB X wirkt aber nur auf das vergangene Kalenderjahr zurück (§ 40 Abs. 2 Nr. 2 SGB II).

28 Das Prinzip der *„berechtigten Selbsthilfe"* sieht vor:

Stellen Sie einen berechtigten **Antrag** auf Bildung und Teilhabe, der nicht rechtzeitig bewilligt wird, und waren Sie **gezwungen**, für die Leistung in **Vorkasse** zu treten, ist der Träger *„zur Übernahme der berücksichtigungsfähigen Aufwendungen verpflichtet"*: Das gilt auch, wenn es Ihnen *„nicht möglich [war], rechtzeitig einen Antrag zu stellen"* (§ 30 SGB II, § 34b SGB XII). Ein Antrag ist demnach in diesem **besonderen** Fall nicht mehr nötig, er gilt fiktiv als gestellt, wenn Sie die Leistung in berechtigten Fällen vorstrecken mussten. Das gilt nicht für die Lernförderung.

29 **Kritik**:

Bei der Gewährung der Bildungs- und Teilhabeleistungen müssen sich „Hartz IV-Kinder" oft in ihrem sozialen Umfeld outen. Leistungen als Gutschein oder Sachleistung (Direktzahlung) sind tendenziell diskriminierend und schränken die Verfügungsfreiheit ein. Daher ist der Gebrauchswert dieser Leistungen für Kinder sehr begrenzt und hängt stark von der Qualität des örtlichen Angebots ab. Ein Jahr nach der Einführung des „Bildungs- und Teilhabe-Pakets" wurde in NRW im ersten Halbjahr 2012 nur die Hälfte der dafür vorgesehenen Bundesmittel ausgeschöpft (Schreiben des MAGS-NRW vom 19.11.2012 an den Ausschuss für Arbeit, Gesundheit und Soziales, Anlage 1). Nicht gerade eine Erfolgsstory, doch diese hat sich so fortgesetzt: Der Deutsche Kinderschutzbund (DKSB) und der Paritätische Wohlfahrtsverband sahen das Bildungs- und Teilhabepaket fünf Jahre nach seiner Einführung als gescheitert an, weil *„die Leistungen [...] in ihrer Höhe unzureichend und in der bestehenden Form nicht geeignet [seien], Bildung* *und Teilhabe für benachteiligte Kinder und Jugendliche zu ermöglichen"* (gemeinsame Pressemitteilung DKSB und der Paritätische, 7.4.2016).

30 174 EUR pro Jahr pauschal für Schulbedarf vom Ranzen über den Malkasten bis zur Sportbekleidung: Das reicht schon nicht aus, wenn keine Grundausstattung zur Einschulung oder keine Ersatzbeschaffung der Sportsachen nach einem Wachstumsschub fällig sind. Der Betrag ist erst recht unzureichend, wenn ein besonderer Schulbedarf notwendig ist, weil Kinder musisch gefördert werden oder in einer privaten Einrichtung besser aufgehoben wären. Eine Schulerstausstattung, die der Deutsche Kinderschutzbund (DKSB) anhand von Informationsblättern mehrerer Schulen zusammengestellt hat, kostete 2016 bereits 200 EUR (Pressemitteilung DKSB und Paritätischer, 7.4.2016). Hier sind die während des Schuljahrs anfallenden Kosten nicht einmal berücksichtigt.

31 Der Leistungsinhalt des „Teilhabepakets" ist zynisch und erfüllt vor allem die Aufgabe, Ausgaben zu begrenzen. Arme Kinder werden zum Spartarif von mtl. 15 EUR mit Sachleistungen abgespeist. Was ist mit der nötigen Sport- bzw. Freizeitausrüstung, den Kostümen, der Literatur oder einem Musikinstrument? Wie kommen die Kids überhaupt zum Teilhabeangebot, wenn die Fahrtkosten zur Teilhabe beim Paket einfach „vergessen" wurden? Die oben geschilderte Nachbesserung, dass tatsächliche Aufwendungen übernommen werden **können**, oder die Vorgaben des BVerfG, im **Einzelfall** Fahrtkosten zu bewilligen (BVerfG 23.7.2014 – 1 BvL 10/12, Rn. 132, 148), sind Notreparaturen ohne Gebrauchswert für die Praxis. Selbst wenn all diese Klippen umschifft sind, bleibt immer noch die Gefahr, mit einem Gutschein in der Hand als Leistungsbezieher*in ertappt zu werden oder ihn gar nicht einlösen zu können, weil keine passenden Angebote vor Ort verfügbar sind.

32 Um das Bildungs- und Teilhabepaket öffentlich vorzubereiten, hat man sich der üblichen Vorurteile bedient: Arbeitslose Eltern würden die Leistungen ihrer Kinder für Alkohol und Konsum verpulvern. Nur in Form von Gutscheinen und Chipkarten könne der Missbrauch verhindert werden und würde die Leistung überhaupt bei den Kindern ankommen.

Um den Vorgaben des BVerfG für den 2011 entwickelten Kinderregelbedarf zu genügen, hat die Bundesregierung ein „Bürokratiemonster" geschaffen. Bedarfe für Bildung und Teilhabe wurden kurzerhand ausgelagert. Das Ergebnis kann sich sehen lassen: Für jeden Euro, der in „Bildung und Teilhabe" gesteckt wird, gingen allein 30 Cent für die Verwaltung des „Pakets" drauf (SZ, 12.12.2012). Diese Kosten und das angerichtete Verwaltungschaos werden gerne in Kauf genommen, weil die Kinderregelbedarfe insgesamt nicht wegen des Bildungs- und Teilhabebedarfs steigen dürfen. Damit soll der Erhöhung des „Hartz IV"-/Bürgergeld-Niveaus bei Familien mit Kindern entgegengewirkt werden. Nur so kann der Anstieg von Familien, die „Hartz IV"/Bürgergeld aufstocken, gebremst werden.

6. Schulkosten auf andere Weise decken

33 Schulmaterialien im kleineren Rahmen können **zur Not** auch als **Darlehen** bewilligt werden (§ 24 Abs. 1 SGB II). Voraussetzung dafür ist, dass ein vom Regelbedarf *„umfasster Bedarf"* nicht ausreichend befriedigt und unabweisbar ist. Man muss also froh sein, dass auch nach der Einführung der *„neuen"* Kinderregelbedarfe und der Leistungen für Bildung und Teilhabe noch ein kleiner Rest der Bildungskosten im Regelbedarf erhalten geblieben ist.

34 **Tipp:** Wenn Sie ein **Darlehen** beantragen müssen, beantragen Sie gleichzeitig, dass Ihnen die Einziehung des Darlehens erlassen werden soll, weil das unbillig wäre (§ 44 SGB II). Es ist mit Sicherheit unbillig, Eltern und Kindern mit Regelbedarfssenkungen dafür zu strafen, dass die Kinder schulpflichtig sind.

Aufwendungen für **besondere Bedarfslagen** können unter Umständen im Rahmen des *„Härtefallmehrbedarfs"* erbracht werden (→ Rn. 21 ff., → Rn. 52 ff.).

35 **Tipp 1: Bürgergeld-/Sozialhilfe-Beziehende sind meist von Zahlungen bei der entgeltlichen Ausleihe von Lernmitteln befreit.**

27 Bildung und Teilhabe

Das sollten Sie in Anspruch nehmen. Es nützt aber nichts, wenn die verlangten Lernmittel, zB Atlanten, gar nicht ausgeliehen werden können.

36 **Tipp 2:** In vielen Städten werden **Lernmittel auf Antrag beim zuständigen Schulamt erstattet oder bezuschusst.**

Einige Städte, darunter Wuppertal, haben diese freiwillige Leistung 2012 mit Verweis auf Bildungs- und Teilhabeleistungen ersatzlos gestrichen. Die betroffenen Familien stehen jetzt schlechter da als 2010 vor der Einführung.

7. Schülerbeförderung

37 Die Schülerbeförderung wird von den jeweiligen Bundesländern gefördert und ist regelmäßig gegenüber der Schülerbeförderung im Rahmen von Bildung und Teilhabe vorrangig. Schüler*innen der Klassen 1 bis 4 haben idR Anspruch auf Fahrtkostenerstattung, wenn der Schulweg bis zur zuständigen Grundschule länger ist als 2 km. Bei den Klassen 5 bis 10 dürfen es 3 oder 3,5 km bis zur nächstgelegenen aufnahmefähigen Schule sein. Ab der 11. Klasse und bei Berufsschulen müssen je nach Landesregelung auch weitere Schulwege bis 5 km in Kauf genommen werden.

Die Anträge sind beim Schulamt oder über die Schule zu stellen.

38 Unter Anrechnung des schulrechtlichen Anspruchs auf Schülerbeförderung, dessen Umfang je nach Bundesland unterschiedlich sein kann, besteht der Anspruch auf Übernahme der Schülerbeförderungskosten (→ Rn. 17; § 28 Abs. 4 SGB II).

8. Einmalige Beihilfen

39 Einmalige Beihilfen (→ 40), die Schüler*innen früher über Sozialhilfe zuerkannt wurden, wurden 2005 in den Regelbedarf aufgenommen und „verstecken" sich seit 2011 gut getarnt im Paket für Bildung und Teilhabe. Um einen Eindruck über Bedarfe zu vermitteln, die jetzt größtenteils aus der jährlichen 174-EUR-Pauschale für persönlichen Schulbedarf gedeckt werden müssen, dokumentieren wir frühere Leistungen nach dem bis 2004 geltenden BSHG mit den damals zugesprochenen Beträgen, also ohne die Preissteigerungen seit damals:

- Beihilfen bei **Einschulung**, zB für Schulranzen (mindestens 25 EUR), Schultüte (13 EUR: BVerwG 21.1.1993 – 5 C 34/92), Lernmittel (72 EUR: BVerwG 28.3.1996 – 5 C 33/95) und Turnbeutel (8 EUR: VG Hannover 13.11.2002 – 7 A 4735/02),
- **Fahrtkosten**, die notwendig sind und nicht von Schulämtern über Schülerfahrkarten übernommen worden sind,
- besondere **Lernmittel** wie Atlanten, Duden, Wörterbücher, Formelsammlungen, Schulbücher usw Hierunter fiel **schon damals** mehr und mehr auch ein Computer. Das OVG Lüneburg hatte den Computer als notwendiges Lernmittel anerkannt, wenn die Schule die Nutzung eines PC erwartet und die schulischen PC-Angebote nicht ausreichen (OVG Lüneburg 11.6.2003 – 4 LB 279/02; Härtefallmehrbedarf, → 52 Rn. 21 ff.),
- **Möbel** für Schulaufgaben,
- **Kleiderbedarf** bei Einschulung, Schulwechsel oder -entlassung,
- Kosten einer **eintägigen Klassenfahrt**,
- **Nachhilfeunterricht** sowie
- **Schulmaterialien** bei Beginn des Schuljahres (bewilligt wurden 2004 zwischen 31 EUR und 100 EUR pro Schuljahr).

40 **Aber:** Das SG Berlin hat 2012 eine einmalige Beihilfe für die Erstbeschaffung eines gebrauchten Schülerschreibtisches (Wert 70 EUR) im Rahmen der Erstausstattung für die Wohnung anerkannt (§ 24 Abs. 3 Nr. 1 SGB II): In der Wohnung gebe es keinen anderen Platz, wo die Schülerin in Ruhe ihre Aufgaben erledigen könne (SG Berlin 15.2.2012 – S 174 AS 28285/11 WA).

41 **Tipp:** Der Einzelfall zählt. Versuchen Sie es mit einem entsprechenden Antrag.

42 In einigen Kommunen und Kreisen wurden 2007/2008 freiwillige Beihilfen für Schulmaterialien zur Einschulung oder zum Beginn des Schuljahres wieder eingeführt. Das erfolgte regelmäßig, weil örtliche Gruppen oder Bündnisse öffentlichen **Druck auf die Kommunalpolitik** ausgeübt hatten. Wir hoffen auch hier, dass die Kommunen diese

Leistungen nicht alle wieder kassiert haben, weil sie mit der Einführung von Bildungs- und Teilhabeleistungen entbehrlich wurden.

9. Schularbeitenhilfe

43 Schularbeitenhilfe läuft als Hilfe zur Erziehung über die Jugendhilfe (§ 27 SGB VIII). Sie dient überwiegend dazu, das Sozialverhalten der Kinder und ihre individuelle Entwicklung zu fördern. Sie ist mit Hausaufgabenhilfe und sozialpädagogischer Betreuung verbunden, beschränkt sich aber nicht darauf. Die Schularbeitenhilfe kann einkommensunabhängig in Anspruch genommen werden. Kinder zB mit **Legasthenie** (Lese- und Rechtschreibschwäche) können auch im Rahmen der Eingliederungshilfe (§ 35a SGB VIII) gefördert werden (nähere Informationen dazu unter www.bvl-legasthenie.de).

10. Forderungen

44 Tatsächliche Lernmittelfreiheit in allen Bundesländern!

Kostenloses Schul- und Kitamittagessen für alle!

Abschaffung der Bildungs- und Teilhabeleistungen und Erhöhung der Kinderregelsätze plus individuelle Leistungen!

28
Bürgergeld

1. „Bürgergeld" statt Arbeitslosengeld II 1
   1.1 Hartz IV überwinden? 2
   1.2 Koalition der Willigen? 5
   1.3 Rolle rückwärts 9
2. Veränderungen durch das Bürgergeldgesetz 12
   2.1 Was tritt wann in Kraft? 13
   2.2 Die wesentlichen Änderungen auf
       einen Blick 17
3. Kritik am Bürgergeld 27

1. „Bürgergeld" statt Arbeitslosengeld II

1 Das Wort *„Bürgergeld"* hat zum **1.1.2023** im Sozialgesetzbuch Zweites Buch (SGB II) die Begriffe *„Arbeitslosengeld II"* (Alg II) und *„Sozialgeld"* ersetzt. Das SGB II heißt seitdem: *Bürgergeld, Grundsicherung für Arbeitsuchende.*

Mit dem Bürgergeldgesetz möchte die Bundesregierung Hartz IV überwinden: *„Anstelle der bisherigen Grundsicherung (Hartz IV) werden wir ein Bürgergeld einführen"* (Mehr Fortschritt wagen, Koalitionsvertrag 2021–2025 zwischen SPD, BÜNDNIS 90/DIE GRÜNEN UND FDP, 75). *„Das Bürgergeld ist eine sehr umfassende Reform. Da geht es um mehr, beispielsweise, dass wir zum 1. Januar das Hartz-IV-System überwinden werden"* (Bundesarbeitsminister Heil im Interview mit der Landeszeitung Lüneburg am 25.8.2022). Die Grundsicherung gibt es offensichtlich noch immer – was aber ist mit Hartz IV?

Mit dem Bürgergeldgesetz wurde auch eine Reihe von Änderungen in anderen Sozialgesetzen vorgenommen. Wir beschränken uns hier v.a. auf die Neuerungen im SGB II und SGB XII.

1.1 Hartz IV überwinden?

2 Als die rot-grüne Regierungskoalition unter Kanzler Gerhard Schröder im Rahmen des Zukunftsprogramms *„Agenda 2010"* und unter dem Leitmotiv *„Fördern und Fordern"* das *„Vierte Gesetz für moderne Dienstleistungen am Arbeitsmarkt"* Ende 2003 durch den Bundestag gebracht hat, war der Name „Hartz IV", der in dem Gesetz und den zugehörigen Materialien nicht einmal vorkommt, schon in die Welt gesetzt. Die Bundesregierung selbst und ihr zuständiger Minister Wolfgang Clement haben den Arbeitsmarktreformen, die auf den Vorschlägen einer durch die Regierung eingesetzten Expert*innenkommission unter dem Vorsitz von Peter Hartz (Ex-Betriebsratsvorsitzende von VW) basieren, den griffigen Namen „Hartz-Gesetze" (I-IV) verpasst.

3 Als der Name in der Welt gewesen war, hat sich Hartz IV als Synonym für die Grundsicherung für Arbeitssuchende und das SGB II beharrlich gehalten. Während Hartz I bis III schnell in Vergessenheit gerieten, hat sich der Begriff Hartz IV durchgesetzt – sowohl in der öffentlichen Debatte als auch in der Alltagsprache. Allerdings hat er zum Leidwesen vor allem der SPD (und auch

des Peter Hartz') immer mehr einen negativen Beigeschmack erhalten, weil Hartz IV zunehmend mit Armut per Gesetz, Sanktionen, Zwang in schlechte Arbeit, übermächtigen Jobcentern und überbordender Bürokratie in Verbindung gebracht wurde. So verwundert es nicht, dass die SPD spätestens im September 2013 mit Bildung der großen Koalition, in der die SPD das Ministerium für Arbeit und Soziales bekleidete, alles daran gesetzt hat, den inzwischen mit Häme verwendeten Spitznamen des SGB II, der in seiner negativen Geltung zumeist mit der SPD in Verbindung gebracht wurde, endgültig loszuwerden.

4 Insbesondere mit dem sogenannten „Rechtsvereinfachungsgesetz I", das zum 1.8.2016 in Kraft getreten ist, und dem Anfang 2019 in Kraft getretenen „Teilhabechancengesetz" wurde versucht, das Image der Grundsicherung für Arbeitssuchende aufzubessern – ohne jedoch den Namen Hartz IV abstreifen zu können. Als kleinere Regierungspartei neben der Union gelang es der SPD einfach nicht, weitreichendere Änderungen am „Hartz IV-System" durchzusetzen. Dabei war der Veränderungsdruck stark angestiegen – nicht zuletzt aufgrund der zunehmenden Kritik der Verbände sowie der Entscheidungen des Bundesverfassungsgerichts zu den „Hartz IV-Regelsätzen" (23.7.2014 – 1 BvL 10/12, 1 BvL 12/12, 1 BvR 1691/13) und den „Hartz IV-Sanktionen" (5.11.2019 – 1 BvL 7/16).

1.2 Koalition der Willigen?

5 Mit der Ampelkoalition unter Führung der SPD, die aus der Bundestagswahl am 15.10.2021 hervorgegangen ist, schienen sich die Bedingungen für eine Reform der Grundsicherung zu verändern. Die Bürgergeld-Reform erhielt im Koalitionsvertrag viel Raum und wurde detaillierter vorskizziert wie kaum ein anderes Reformprojekt. Neben den zweijährigen Karenzzeiten beim Schonvermögen und bei den Unterkunftskosten (→ Rn. 18) sollte das Bürgergeld „*die Potenziale der Menschen und Hilfen zur nachhaltigen Integration in den Arbeitsmarkt in den Mittelpunkt*" stellen und gesellschaftliche Teilhabe ermöglichen. Zu diesem Zweck wollte man eine Teilhabevereinbarung einführen, bei der eine sechsmonatige Vertrauenszeit gilt, außerdem sollte der Vermittlungsvorrang im SGB II gegenüber von Weiterbildungsangeboten abgeschafft werden (Mehr Fortschritt wagen, Koalitionsvertrag 2021–2025 zwischen SPD, BÜNDNIS 90/DIE GRÜNEN UND FDP, 75 f.).

6 Doch schon kurz nach dem Start der Ampelkoalition ist die Bundesregierung durch die Folgen des russischen Angriffskrieges auf die Ukraine und die hierdurch verstärkte Energiekrise ausgebremst worden. Die neue Situation, die ein schnelles und eigentlich beherztes Regierungshandeln erfordert hat, brachte den Zeitplan und – noch mehr – den Finanzplan heftig durcheinander. Einerseits wurden hastig milliardenschwere „Entlastungspakete" zur Verhinderung von Energiearmut geschnürt, rasch das Wohngeld (→ 127) erhöht, ohne jedoch der Bürokratie die nötige Vorlaufzeit zu gewähren und das Wohngeld – wie im Koalitionsvertrag angekündigt – besser mit den nachrangigen Sozialleistungen zu verzahnen, während auf der anderen Seite konkrete Regierungspläne, wie die Einführung einer Kindergrundsicherung, für ungewisse Zeit auf Eis gelegt wurden.

7 Die Bürgergeld-Reform ist dann auch im Mai 2022 von Arbeitsminister Heil für den 1.1.2023 als zusätzliche Maßnahme gegen Energiearmut angekündigt worden (Bundesarbeitsminister Heil im Interview mit der Berliner Morgenpost am 28.5.2022), was vorwegnahm, dass die jährlich vorgeschriebene Anpassung der Regelbedarfe ebenfalls mit dem Bürgergeldgesetz verbunden werden sollte. Am 9.8.2022 wurde schließlich der Referentenentwurf für ein „Zwölftes Gesetz zur Änderung des Zweiten Buches Sozialgesetzbuch und anderer Gesetze – Einführung eines Bürgergeldes" durch das SPD-geführte Bundesministerium für Arbeit und Soziales offiziell vorgestellt. Nach einer ersten Anhörungsrunde von Fachverbänden zum Gesetzentwurf und nach der regierungsinternen Abstimmung wurde am 14.9.2022 der erste Regierungsentwurf für das Bürgergeldgesetz vorgelegt. Bereits hier ist zu erkennen, dass einige aus unserer Sicht positive Veränderungen gegenüber dem Referentenentwurf wie-

der gestrichen wurden, wie etwa die unbeschränkte Anerkennung eines Kfz als Schonvermögen oder die dauerhafte Abschaffung der Zwangsverrentung ab 63 Lebensjahren. Offensichtlich waren nicht alle Koalitionsparteien mit der Reichweite der Veränderungen einverstanden. Weitere Änderungen sollten bis zur endgültigen Verabschiedung des Gesetzes folgen.

8 Für das Bürgergeldgesetz war bereits Ende September abzusehen gewesen, dass das Gesetzgebungsverfahren unter großen Zeitdruck stattfinden würde, damit Teile des Gesetzes überhaupt zum 1.1.2023 in Kraft treten konnten – zumal die Union bereits öffentlich die Reformdebatte angeheizt und den Widerstand der Unionsländer im Bundesrat ankündigt hat. Das bestätigte sich durch den heftigen Schlagabtausch, den sich Regierung und Opposition bei der Ersten Lesung des Gesetzes am 13.10.2022 im Bundestag geliefert hatten. Bis zur Anhörung zum Bürgergeldgesetz im Ausschuss für Arbeit und Soziales am 7.11.2022 wurden durch die Ampel weitere Änderungen in dem Gesetzentwurf vorgenommen. Das hektische Verändern und Aushandeln der Koalition hinter den Kulissen hatte damit aber noch kein Ende. Zur Zweiten/Dritten Lesung im Bundestag am 10.11.2022 wurde erneut eine veränderte Beschussempfehlung des Ausschusses für Arbeit und Soziales am 9.11.2022 vorgelegt. Bundestagsabgeordnete, die die neuen Änderungen beim Bürgergeld im Einzelnen hätten prüfen wollen, hätten sich wohl die Nacht um die Ohren schlagen müssen, denn am Folgetag wurde das Gesetz schließlich inklusive frischer Beschlussempfehlungen mit Mehrheit der Stimmen der Regierungskoalition gegen die Stimmen der Opposition vom Deutschen Bundestag verabschiedet.

1.3 Rolle rückwärts

9 Die Union machte Ernst: Bei der Sitzung am 14.11.2022 versagte der Bundesrat dem Bürgergeldgesetz die Zustimmung. Der Vermittlungsausschuss wurde angerufen. Am 22.11.2022, am Tag vor der Sitzung des Vermittlungsausschusses, trafen sich Vertreter*innen der Regierungskoalition und der Union zu einem informellen Treffen, das bis in die Nacht hinein andauerte, und haben den Kompromiss ausgehandelt, der dann am kommenden Tag vom Vermittlungsausschuss offiziell als Einigungsvorschlag angenommen wurde. Das Bürgergeldgesetz ist entsprechend der Beschlussempfehlung am **25.11.2022** zuerst vom Bundestag, dann vom Bundesrat verabschiedet worden.

10 Das **Ergebnis** enthält Zugeständnisse der Ampel gegenüber der Union in zentralen Punkten der „Reform":

- Die Karenzzeit (→ Rn. 18) wird von zwei Jahren auf ein Jahr halbiert. Bei erstmaligem Leistungsbezug im SGB II und SGB XII sind die tatsächlichen Unterkunftskosten für ein Jahr zu übernehmen. Im SGB II wird zusätzlich für ein Jahr eine höheres Schonvermögen anerkannt.
- Aber auch dieses vorübergehend erhöhte Schonvermögen wurde deutlich reduziert: für eine leistungsberechtigte Person von 60.000 EUR auf 40.000 EUR und für alle weiteren Personen von 30.000 EUR auf reguläre 15.000 EUR Schonvermögen (→ Rn. 20).
- Die Regelung „Vertrauenszeit und Kooperationszeit" wurde ersatzlos gestrichen. Das ermöglicht Sanktionen von Beginn des Leistungsbezuges an und schafft auch später bei Wohlverhalten keine „Schuträume" gegen Leistungskürzungen.
- Sanktionen sind seit dem 1.1.2023 unter dem neuen Namen „*Leistungsminderung*" ermöglicht, was dazu führt, dass das am 1.7.2022 angelaufene einjährige Sanktionsmoratorium klammheimlich sechs Monate früher aufgehoben wurde. Dafür wird die Sanktionsdauer seit 1.1.2023 bei der ersten und zweiten Pflichtverletzung differenziert auf ein bzw. zwei Monate begrenzt.
- Offensichtlich auf Wunsch der Union wurde ein Härtefallregelung bei der Anerkennung von Immobilienbesitz im Rahmen des Schonvermögens eingeführt. Diese gilt nur im SGB II und ergänzt die dort eingeführte, großzügige Wohnflächenregelung.

11 Mit der Verkürzung der Karenzzeiten, der Reduzierung des Schonvermögens, dem Wegfall der Vertrauenszeit und dem Abbruch

des Sanktionsmoratoriums gab die Ampel über Nacht wesentliche Positionen preis, die sie im Koalitionsvertrag noch als wichtige Bestandteile der Bürgergeld-Reform zur Achtung der Würde der Leistungsberechtigten bezeichnet hatte. Selbst Friedrich Merz, Vorsitzender der Unionsfraktion im deutschen Bundestag und Verhandlungsführer der Union in jener Nacht des „Kompromisses", zeigte sich überrascht, wie schnell die Ampel beim Bürgergeld strittige Positionen aufgegeben hatte.

2. Veränderungen durch das Bürgergeldgesetz

12 Die Ablösung der sogenannten Hartz IV-Regelungen durch Einführung eines Bürgergeldes zum 1.1.2023 wird vor allem durch die Ersetzung der Begriffe *„Arbeitslosengeld II"* und *„Sozialgeld"* durch *„Bürgergeld"* im SGB II symbolisiert. Da der Begriff *„Hartz IV"* nirgends im SGB II verwendet wurde, konnte man ihn nicht ersetzen. Die Jobcenter dürfen die alten Begriffe weiterhin bis zum 30.6.2023 in ihren Schreiben, Bescheiden und Veröffentlichungen verwenden. Aus der „Umetikettierung" resultieren allerdings keine materiellrechtlichen Konsequenzen. Die relevanten gesetzlichen Neuerungen erstrecken sich auf diverse Bereiche des SGB II, SGB III, SGB XII und angrenzender Rechtsbereiche. Wir beschränken uns bei der nachfolgenden inhaltlichen Darstellung vor allem auf die Existenzsicherungsleistungen nach dem SGB II und SGB XII.

2.1 Was tritt wann in Kraft?

13 In Artikel 13 des Bürgergeldgesetzes ist das Inkrafttreten der einzelnen Normen geregelt. Das Artikelgesetz erhält Änderungen in insgesamt 26 Gesetzen und neun Verordnungen. Oft handelt es sich lediglich um redaktionelle Änderungen, die den Begriff „Bürgergeld" oder veränderte Paragraphen im SGB II, SGB II oder SGB XII in andere Gesetze und Verordnungen übertragen.

14 Die meisten Änderungen mit materiellrechtlicher Wirkung sind zum **1.1.2023** in Kraft getreten. Das gilt grundsätzlich für alle Änderungen im Leistungsrecht des **SGB XII**. Als zweiter wichtiger Termin für relevante Änderungen wurde der 1.7.2023 gesetzt. Weitere Regelungen, die zum 1.1.2024 in Kraft treten werden, sind für die Beratung in sozialen Angelegenheiten kaum relevant, auf ihre Darstellung wird daher verzichtet.

Die sechsmonatige Verzögerung ist vor allem gewährt worden, um den Jobcentern und der Bundesagentur für Arbeit genug Vorbereitungszeit für die Umsetzung der Normen zu geben. Die meisten Normen, die zum 1.7.2023 in Kraft treten, betreffen das SGB II und das SGB III und gliedern sich in die nachfolgenden Themenbereiche:

15 SGB II (ab 1.7.2023):
- Erreichbarkeit,
- Einkommen,
- Sanktionen infolge des neuen Kooperationsplanverfahrens,
- Verfahren: Fünf-Prozent-Aufrechnung bei Darlehen,
- Leistungen zur Eingliederung in Arbeit,
- Sonstiges: Neuregelung zur Arbeitsunfähigkeitsbescheinigung.

16 SGB III (ab 1.7.2023):
Alle SGB III-Änderungen; diese betreffen den Bereich „Leistungen zur Eingliederung in Arbeit".

2.2 Die wesentlichen Änderungen auf einen Blick

17 Die relevanten Gesetzesänderungen werden im Folgenden nach Themenfeldern unterteilt im Überblick dargestellt und mit Verweisen auf die jeweiligen Beiträge versehen, die sich ausführlich mit den Themen auseinandersetzen. Soweit nicht abweichend angegeben, sind die Regelungen zum 1.1.2023 in Kraft getreten. Weitere redaktionelle Änderungen bleiben hier außer Betracht.

18 **Karenzzeiten bei erstmaligem Leistungsbezug:**

SGB II und SGB XII
- Die Karenzzeit, während der bei **Erstbezug** von Leistungen die tatsächlichen **Unterkunftskosten** anerkannt werden, wurde auf ein Jahr verkürzt. Sie gilt im **Bürgergeld** und **SGB XII** gleichermaßen (§ 22 Abs. 1 S. 2 SGB II, § 35 Abs. 1 S. 2 SGB XII; Miete, → 75).

- Verstirbt ein Mitglied der SGB II-/SGB XII-Bedarfs- bzw. Haushaltsgemeinschaft ist die Senkung der bisher angemessenen KdU für eine Karenzzeit von zwölf Monate nicht zumutbar (§ 22 Abs. 1 S. 4 SGB II; § 35 Abs. 3 SGB XII; Miete, → 75).

SGB II

- Die einjährige Karenzzeit, in der bei Erstbezug ein (moderat) erhöhtes **Schonvermögen** anerkannt wird, gilt nur im Bürgergeld (§ 12 Abs. 3, 4 SGB II; Vermögen, → 119).
- Bei Bürgergeldanträgen für einen Monat wegen einmalig erhöhter **Aufwendungen für Heizung** (unter Berücksichtigung ggf. vorhandenen Einkommens) gilt in Bezug auf den Vermögensschutz **keine Karenzzeit**. Es wird vermutet, dass kein verwertbares Vermögen vorliegt, wenn dies im Antrag angegeben wird (§ 12 Abs. 6 SGB II).

19 Leistungen:

Die gesetzlich vorgeschriebene Fortschreibung der **Regelbedarfe** (→ 89) wurde in das Bürgergeldgesetz aufgenommen. Sie wird bis zur Neufestsetzung der Regelbedarfe im Jahr 2026 befristet um einen Zuschlag erhöht, um der aktuellen Preissteigerung gerecht zu werden. Der im Rahmen der Basisfortschreibung ermittelte Betrag wird mit dem Ergebnis der *„ergänzenden Fortschreibung"* addiert (§ 28a SGB XII). Das Fortschreibungsverfahren wird gleichermaßen für das Bürgergeld, die Leistungen nach dem SGB XII und für Leistungen nach dem AsylbLG angewendet.

SGB II

- Ein zur Deckung von Heizkosten **für einen einzelnen Monat** gestellter Antrag wirkt im Jahr 2023 auf den Ersten des Fälligkeitsmonats zurück, wenn er bis zum Ablauf des dritten Monats nach dem Fälligkeitsmonat gestellt wird (§ 37 Abs. 2 S. 3, 4 SGB II; Heizkosten, → 57).

SGB XII

- § 35 SGB XII, der die wesentlichen Regelungen zu den **Unterkunftskosten** enthält, wird neu gefasst und an Formulierung und Struktur der entsprechenden SGB II-Regelung angeglichen. Auf die Gewährungspraxis werden die Änderungen kaum Auswirkungen haben. § 35 wird um § 35a SGB XII ergänzt, in dem die Übernahme der Instandhaltungskosten, der Mietkaution und die Direktzahlung der Unterkunftskosten an Dritte geregelt ist. Mietkautionsdarlehen können mit 5 Prozent des Regelbedarfs aufgerechnet werden. Der alte § 35a wird zu § 35b SGB XII (Miete, → 75).
- Ein **Härtefallmehrbedarf** für einmalige Bedarfe im SGB XII wird analog der SGB II-Regelungen eingeführt (§ 30 Abs. 10 SGB XII; → 52 Rn. 52).

20 Vermögen (→ 119):

SGB II

- Die allgemeinen **Vermögensfreibeträge** nach Ablauf der Karenzzeit werden auf 15.000 EUR pro Person in der Bedarfsgemeinschaft erhöht. Die Beträge können innerhalb der Bedarfsgemeinschaft **übertragen** werden (§ 12 Abs. 2 SGB II).
- Rücklagen für die **Altersvorsorge** werden idR freigestellt. Für Zeiten der Selbständigkeit wird zusätzliches Altersvorsorgevermögen anerkannt (§ 12 Abs. 1 Nr. 3, 4 SGB II).
- Für die Anerkennung eines angemessenen selbst genutzten Wohneigentums als geschütztes Vermögen werden feste, deutlich großzügigere Wohnraumgrößen gesetzlich festgelegt als durch die bisherige Rechtsprechung anerkannt. Außerdem wird eine zusätzliche Härtefallregelung geschaffen (§ 12 Abs. 1 Nr. 5 SGB II).

SGB XII

- Das Schonvermögen, der sogenannte **Barbetrag**, wird auf **10.000 EUR** pro erwachsene Person verdoppelt, während Kinder unverändert 500 EUR behalten dürfen (§ 1 S. 1 Nr. 1 der Verordnung zur Durchführung des § 90 Abs. 2 Nr. 9 SGB XII).
- Ein *„angemessenes"* Kfz (→ 68) wird als geschütztes Vermögen anerkannt (§ 90 Abs. 2 Nr. 10 SGB XII; als angemessen werden ein Kfz-Wert von 7.500 EUR angesehen).

21 Einkommen (→ 37):
- Sowohl im *SGB II* als auch im *SGB XII* werden für **unter 25-Jährige** die **Erwerbstätigenfreibeträge** für Einkommen aus Schüler*innen- und Studierendenjobs sowie für Auszubildende und Absolvent*innen eines Freiwilligendienstes deutlich erhöht (§ 11b Abs. 2a SGB II, § 82 Abs. 6 S. 4 SGB XII) und für Schüler*innen Einkommen aus **Ferienjobs** anrechnungsfrei gestellt (§ 11a Abs. 7 SGB II, § 82 Abs. 6 S. 1 SGB XII; SGB XII: ab 1.1.2023, SGB II ab 1.7.2023; → 47).
- Mit unterschiedlichem Inkrafttreten im *SGB II* bzw. *SGB XII* (SGB XII seit 1.1.2023; SGB II ab 1.7.2023) erfolgen folgende Änderungen:
  – Steuerprivilegierte **Aufwandsentschädigungen** oder Einnahmen aus nebenberuflichen Tätigkeiten werden anrechnungsfreigestellt, wenn sie einen Betrag in Höhe von 3.000 EUR pro Jahr nicht überschreiten (§ 11a Abs. 1 Nr. 5 SGB II, § 82 Abs. 1 Nr. 8 SGB XII).
  – **Mutterschaftsgeld** (§ 11a Abs. 1 Nr. 6 SGB II, § 82 Abs. 1 Nr. 5 SGB XII) **und**
  – **Erbschaften** (§ 11a Abs. 1 Nr. 7 SGB II, § 82 Abs. 1 Nr. 9 SGB XII) sind nicht als Einkommen zu berücksichtigen.

SGB II (ab 1.7.2023)
- Der **Erwerbstätigenfreibetrag** wird im Einkommensbereich von 520 EUR bis 1.000 EUR um zehn Prozent erhöht (§ 11b Abs. 3 S. 2 Nr. 2 SGB; → 47).
- **Einmalige Einnahmen** werden, wie andere Einkünfte, ausschließlich im Zuflussmonat angerechnet (§ 11 Abs. 2 SGB II, Aufhebung der Spezialnorm). Nur eine als Nachzahlung zufließende Einnahme soll weiterhin **auf sechs Monate verteilt** angerechnet werden (§ 11 Abs. 3 SGB II).

22 Sanktionen/ Leistungskürzungen (→ 95):
SGB II
- Beim Bürgergeld werden die früheren Sanktionen in *„Leistungsminderungen"* umbenannt und gemäß den Vorgaben des BVerfG-Urteils vom 5.11.2019 (1 BvL 7/16) seit dem **1.1.2023** neu geregelt (§§ 31 ff. SGB II).
- Gleichzeitig ist das **Sanktionsmoratorium** zum 30.12.2022 außer Kraft gesetzt (Aufhebung § 84 SGB II aF) und von den Neuregelungen abgelöst worden.
- Wird eine Eingliederungsvereinbarung (→ 35; ab 1.7.2023 Kooperationsplan) bis zum 30.6.2023 abgeschlossen, ist eine Sanktionierung nach der bis zum 30.6.2022 geltenden Fassung des Sanktionsparagrafen weiterhin möglich (§ 65 Abs. 6a SGB II).
- Wenn Aufforderungen zur Pflichterfüllung ab 1.7.2023 auf Grundlage eines Kooperationsplans erfolgen oder wenn ein solcher nicht zustande kommt und Aufforderungen zur Pflichterfüllung ohne Kooperationsplan erfolgen, erhalten diese grundsätzlich eine **Rechtsfolgenbelehrung**. Entsprechende Pflichtverletzungen können dann nach neuer Norm sanktioniert werden (§ 31 Abs. 1 Nr. 1 SGB II; gültig ab 1.7.2023).

SGB XII
- Streichung der Sanktion (→ 95) wegen Verweigerung der Aufnahme einer Tätigkeit (§ 39a SGB XII aF).
- Erhöhung der SGB XII-Strafkürzung bzw. -Aufrechnung von 25 auf bis zu 30 Prozent (§ 26 Abs. 1 S. 2 SGB XII; Rückforderung, → 92).

23 Erreichbarkeit:
SGB II (ab 1.7.2023)
- Die Regelungen zur Erreichbarkeit (Ortsabwesenheit, → 84 Rn. 26) werden in einem eigenen Paragrafen neu gefasst. Die Norm ist zwar verständlicher, was ggf. mehr Rechtssicherheit schafft, sie erhält aber nur wenige substanzielle Verbesserungen (§ 7b SGB II; Ortsabwesenheit, → 84).
- Wie bisher existiert die Ermächtigung für das BMAS, eine Verordnung zur Erreichbarkeit zu erlassen (§ 13 Abs. 2 SGB II), um Näheres zu regeln. Davon wurde bis Redaktionsschluss keinen Gebrauch gemacht.

24 Verfahrensregelungen:
SGB II
- Eine Bagatellgrenze für **Rückforderungen** (→ 92) wegen Überzahlungen wird für Beträge unter 50 EUR geschaffen (§ 40 Abs. 1 S. 2 SGB II, § 41a Abs. 6 SGB II).

- **Beschränkung der Minderjährigenhaftung** (→ 78): Bei Eintritt der Volljährigkeit müssen junge Menschen für Forderungen des Jobcenters aus Überzahlungen, die während ihrer Minderjährigkeit entstanden sind, nur mit ihrem Vermögen haften, dass zu diesem Zeitpunkt den Betrag von 15.000 Euro übersteigt (§ 40 Abs. 9 SGB II).
- **Forderungen**, die entstanden sind, weil eine bedarfsdeckende sozialversicherungspflichtige Beschäftigung aufgenommen wurde, sind mit 10 Prozent des maßgebenden Regelbedarfs zu tilgen, wenn hierdurch keine Hilfebedürftigkeit ausgelöst wird (§ 40 Abs. 10 SGB II; Rückforderung, → 92).
- **Darlehen** (→ 30) nach dem SGB II werden nach dem Monat der Auszahlung durch Aufrechnung von **fünf** (statt bisher zehn) **Prozent** der maßgebenden Regelleistung getilgt. Außerdem erfolgt eine Neuregelung der Reihenfolge der Aufrechnung bei Zusammentreffen von Darlehen und Aufrechnungen von Überzahlungen (§ 42a Abs. 2 SGB II; ab 1.7.2023).

25 **Leistungen zur Eingliederung in Arbeit** (→ 10):

SGB II (ab 1.7.2023)
- **Einschränkung des Vermittlungsvorrangs**, was die Möglichkeiten der Aus- und Weiterbildung stärken und ein drittes Umschulungsjahr ermöglichen soll (§ 3 Abs. 1 S. 3–5 SGB II).
- Ersetzung der Eingliederungsvereinbarung durch den **Kooperationsplan** (→ 35) zur Verbesserung der Eingliederung bzw. „*Teilhabe*" an Arbeit, der nach gemeinsamer Erstellung einer **Potenzialanalyse** zwischen Arbeitsuchendem*r und Jobcenter abgeschlossen wird (§ 15 SGB II).
- Einführung eines vorgeschriebenen **Schlichtungsverfahrens**, wenn ein Kooperationsplan nicht zustande kommt (§ 15a SGB II).
- Übernahme der Neuregelung „**Weiterbildungsprämie und Weiterbildungsgeld**" (§ 87a SGB II) ins SGB III. Bei Teilnahme an einer geförderten beruflichen Weiterbildung, die zu einem Abschluss in einem Ausbildungsberuf führt, wird ein Zuschusses in Höhe von mtl. **150 EUR** gewährt. Dies gilt abweichend zu § 87a Abs. 2 SGB III im Bürgergeld auch bei Weiterbildungen im Rahmen eines bestehenden Arbeitsverhältnisses. Zusätzlich können **Weiterbildungsprämien** bei erfolgreichem Absolvieren von Zwischen- und Abschlussprüfungen bis zur Höhe von **1.500 EUR** gewährt werden (§ 16 Abs. 3b SGB II iVm § 87a SGB III).
- Die Entfristung der Regelungen zum „**Sozialen Arbeitsmarkt**" (§ 16i SGB II) über das Jahr 2024 (Aufhebung des § 81 SGB II aF; Arbeit, → 10 Rn. 96).
- Schaffung eines **Bürgergeldbonus** in Höhe von **75 EUR** mtl. bei Maßnahmen zur beruflichen Weiterbildung ohne Weiterbildungsgeldanspruch, bei berufsvorbereitenden Bildungsmaßnahmen (auch bei assistierter Ausbildung) und bei Maßnahmen nach § 16h SGB II (§ 16j SGB II).
- Einführung einer Regelnorm, als Anspruchsvoraussetzung für eine „*ganzheitliche und gegebenenfalls aufsuchende Betreuung*", das sogenannte „*Coaching*" (§ 16k SGB II).

26 **Sonstige Regelungen:**

SGB II
- Die Regelungen zur **Zwangsverrentung** werden bis zum 31.12.2026 ausgesetzt (§ 12a S. 3 SGB II; ältere Menschen, → 4 Rn. 15 ff.).
- Wegfall der **58er-Regelung**, mit der jahrelang die Arbeitslosenstatistik geschönt wurde (53a Abs. 2 SGB II aF; Arbeitslose, → 11).
- Die Verpflichtung zur Vorlage einer Arbeitsunfähigkeitsbescheinigung (AU-Bescheinigung) wird ohne Bezug auf die Eingliederungsvereinbarung neu geregelt. Klarstellung: Die Pflicht zur Vorlage der AU-Bescheinigung gilt nicht für erwerbsfähige Leistungsberechtigte, die einen Anspruch auf Arbeitslosengeld oder Teilarbeitslosengeld haben (§ 56 Abs. 2 SGB II; ab 1.7.2023).

SGB III
- Der Anspruch auf **Arbeitslosengeld** läuft nach einer Weiterbildung mindestens für drei Monate weiter (§ 148 Abs. 3 SGB III; ab 1.7.2023).

3. Kritik am Bürgergeld

27 Auch wenn mit dem Bürgergeldgesetz eine Reihe von Gesetzesänderungen beschlossen wurden, führen diese nach Meinung der Autor*innen zu **keinen strukturellen Veränderungen** des Leistungsrechts, die die Behauptung rechtfertigen, das Hartz IV-System sei mit diesen Maßnahmen überwunden worden. Ein Großteil der Leistungsberechtigten wird im Alltag von den zum Teil speziellen und punktuellen Verbesserungen nicht profitieren und kaum spürbare Veränderungen wahrnehmen. Das ungleiche Verhältnis zwischen allmächtigen Behörden und Leistungsberechtigten, die mit vergleichbar schwacher Rechtsposition ausgestattet sind, wird fortbestehen.

28 Die Fortentwicklung der **Regelbedarfe** (→ 89), die mit oder ohne „Bürgergeldreform" zum 1.1.2023 hätte erfolgen müssen, ist unter Berücksichtigung der Versäumnisse vergangener Jahre völlig unzureichend und führt darüber hinaus mit Blick auf die aktuelle Preissteigerung bei den regelbedarfsrelevanten Waren und Dienstleistungen zum realen Kaufkraftverlust. Dass die Regelbedarfe mit der Einführung des Bürgergelds spürbar erhöht wurden und dass diese Erhöhung eine materielle Verbesserung darstellt, die Armut wirksam bekämpfen kann, ist ein Bluff, der bedauerlicherweise meist ungeprüft wiedergegeben wurde. Um materiell und soziale Teilhabe zu gewährleisten und mithin Armut wirksam zu bekämpfen, müsste die Regelbedarfsstufe 1 bei den Preisen im Januar 2023 auf 725 Euro angehoben werden (Aust / Schabram, Regelbedarfe 2023: Fortschreibung der Paritätischen Regelbedarfsforderung. Kurzexpertise, 2022).

29 Die erkennbaren Verbesserungen werden oft nur im SGB II wirksam, jedoch gar nicht oder nur in verschlechterter Form ins SGB XII aufgenommen. Dadurch wird der **Abstand zwischen den Leistungssystemen** SGB II und SGB XII noch größer. Insbesondere in Bezug auf die Berücksichtigung von Einkommen und Vermögen führt dies zu erheblichen materiellen Nachteilen, die ohnehin infolge ihres Alters, ihrer Gesundheitseinschränkungen oder ihrer Behinderung gegenüber erwerbsfähigen Beziehenden von Bürgergeld bereits benachteiligt sind. Dass ein Leistungssystem, das sozialstaatliche Mindeststandards sicherstellen soll, in Bezug auf die Zielgruppen in zweierlei Klassen unterteilt ist, ist nach unserer Auffassung nicht vertretbar.

30 Verschärfte **Aufrechnungs-, und Kürzungsregelungen** werden teilweise vom SGB II ins SGB XII übertragen, ohne jedoch im Sozialhilferecht die entsprechenden Schutznormen in Form von Aufrechnungsobergrenzen zu implementieren. Hier laufen vor allem die oben genannten SGB XII-Leistungsberechtigten Gefahr, durch Aufrechnung von Darlehen, Ersatzansprüchen und Überzahlungen in unzumutbarer Weise unter das Existenzminimum gedrückt zu werden.

31 Im neuen Bürgergeldgesetz fehlen auch im SGB II Schutznormen, um eine Reihe von legalen **Kürzungen unter das Existenzminimum** wirksam zu beschränken. Das betrifft vor allem die oft unverhältnismäßige Anwendung der Leistungsversagung wegen „fehlender Mitwirkung", das Instrument der vorläufigen Leistungseinstellung und die Aufrechnung infolge von Ersatzansprüchen: alles Instrumente, die als Ersatzsanktionen eingesetzt werden können und zur dauerhaften Unterschreitung des Existenzminimums führen können. Lange, andauernde Kürzungen in Höhe von 30 Prozent des maßgeblichen Regelbedarfs sind zB im SGB II bei Zusammentreffen mehrerer Aufrechnungen oder einer sogenannten Strafaufrechnung möglich. Im SGB XII fehlt sogar eine 30-Prozent-Obergrenze bei Zusammentreffen von Aufrechnungen nach § 26 SGB XII und ggf. mehrerer Darlehen und steht im Ermessen der Sachbearbeiter*innen.

32 Im neuen Bürgergeldgesetz wurden **überfällige Verbesserung abermals „umschifft"**: Der Zugang zu Sozialleistungen für Arbeitsmigrant*innen ohne Beschäftigung und ihre Angehörigen bleibt unverändert prekär und EU-Freizügigkeit wird im Sozialsystem unter dem Vorzeichen der Exklusion ausgeführt. Ein Maßstab für menschenwürdiges Wohnen wird im Bürgergeld ebenso ausgeblendet wie wirksame Maßnahmen gegen Unterfinanzierung bei den laufenden Unterkunftskosten.

Energiearmut könnte im Bürgergeld mit der Übernahme auskömmlicher Strombedarfe im Rahmen der Unterkunftskosten begegnet werden – das wird aber nicht getan. Erwerbstätigenfreibeträge differenziert nach SGB II und SGB XII werden nur im Ansatz weiterentwickelt, die Schaffung lebensnaher Absetzbeträge beim Einkommen und wirksame Bagatellgrenzen bei bestimmten Einkommensarten und Rückforderungen werden durch das Bürgergeldgesetz ebenso ausgelassen wie ein wirksamer Schutz der Leistungsberechtigten vor Durchleuchtung des Alltags, in dem anstelle des vorherrschenden unterschwelligen Missbrauchsverdachts Vertrauen im Vordergrund steht.

33 Die „teuren" Karenzregelungen für Erstbezug zur Übernahme der tatsächlichen KdU sind nicht durch Bundesmittel ausfinanziert und schaffen bei den kommunalen Trägern Anreize, an anderer Stelle bei den Unterkunftskosten zu sparen. Diese Verschiebung wirkt sich vor allem zulasten der „Bestandskunden" aus. Auch die im Ansatz gut gemeinte Ausweitung der **Weiterbildungs- und Bereuungsangebote** läuft dann ins Leere, wenn – wie 2023 geschehen – im Haushalt der Jobcenter nicht die nötigen Mittel für nötiges Personal und qualitativ bessere Weiterbildungsangebote bereitgestellt werden.

34 Schließlich ist die fortgeführte Hierarchisierung von Leistungsberechtigten nach Staatsbürgerschaft bzw. Aufenthaltsstatus abzulehnen. Das **menschenwürdige Existenzminimum** muss Geflüchteten und Asylbewerber*innen gleichermaßen sichergestellt werden wie Menschen aus Drittstaaten, EU-Bürger*innen und deutschen Leistungsberechtigten. Eine Verteilung der Menschen, die auf existenzsichernde Leistungen angewiesen sind, auf unterschiedlichen Sozialleistungssysteme ist daher abzulehnen. Nach der Konzeption der Bürgergeld-Reform werden die bisherigen Strukturen jedoch konsequent unter neuem Namen weitergeführt.

29 Bürgergeldbonus

1 Nach § 16j SGB II erhalten ab 1.7.2023 Teilnehmer*innen an bestimmten Maßnahmen einen monatlichen Bürgergeldbonus in Höhe von 75 EUR. Voraussetzung ist die Teilnahme an einer der folgenden Maßnahmen:

- **Maßnahmen der beruflichen Weiterbildungen (§ 16j Nr. 1 SGB II):**
Zu den Maßnahmen der beruflichen Weiterbildungen zählen alle Maßnahmen nach §§ 81, 82 SGB III (→ 124), die über mindestens acht Wochen laufen und für die kein Weiterbildungsgeld gezahlt wird, zB Maßnahmen zum Erwerb von Grundkompetenzen, zur Nachholung des Hauptschulabschlusses, zur Anerkennung eines ausländischen Bildungsabschlusses, zur Anpassung an den Strukturwandel und zur beruflichen Weiterbildung Beschäftigter.
Teilnehmende an Umschulungen, Teilqualifizierungen oder Vorbereitungskursen zur Externenprüfung nach § 81 Abs. 2 SGB III erhalten keinen Bürgergeldbonus, dafür aber das Weiterbildungsgeld (→ 125; nach § 87a Abs. 2 SGB III) in Höhe von 150 EUR.
Außerdem können auch behinderte oder von Behinderung bedrohte Maßnahmeteilnehmende an einer beruflichen Weiterbildung nach § 49 Abs. 3 Nr. 4 SGB IX einen Bürgergeldbonus erhalten.
- **Berufsvorbereitende Bildungsmaßnahmen (§ 16j Nr. 2 SGB II):**
Berufsvorbereitende Bildungsmaßnahmen sind in diesem Zusammenhang neben der klassischen BvB nach § 51 SGB III auch Maßnahmen in der Vorphase zur Assistierten Ausbildung nach § 75a SGB III und berufsvorbereitende Maßnahmen aus den Leistungen zur Teilhabe für behinderte Menschen nach § 49 Abs. 3 Nr. 2 SGB IX, unabhängig davon, ob es sich um allgemeine oder besondere Teilhabeleistungen nach § 113 SGB III handelt.
Da in der Einstiegsqualifizierung im Gegensatz zu den vorgenannten Maßnahmen

Arbeitsentgelt gezahlt wird, werden diese anders behandelt. Auf das Einkommen aus diesen Maßnahmen gibt es ab 1.7.2023 einen auf 520 EUR erhöhten Grundfreibetrag nach § 11 Abs. 2b Nr. 2 SGB II.

- Maßnahmen zur Förderung schwer zu erreichender junger Menschen nach § 16h SGB II (§ 16j Nr. 3 SGB II):
  - Mit den Maßnahmen nach § 16h SGB II sollen junge Menschen erreicht werden, die sozialpädagogischen Angeboten und Maßnahmen eher kritisch gegenüberstehen. Der Bürgergeldbonus wird an Teilnehmende solcher Maßnahmen gezahlt. Die Zahlung des Bürgergeldbonus kann ihnen hierbei ein zusätzlicher Anreiz sein, sich auf die Verbindlichkeit einzulassen und die Maßnahme nicht vorzeitig abzubrechen.
  - Sind diese Voraussetzungen erfüllt, wird der Bürgergeldbonus in Höhe von monatlich 75 EUR bewilligt.

2 Dafür sollen folgende Regelungen gelten:

- Monatliche Zahlung – nach der Gesetzesbegründung soll er abweichend von § 42 Abs. 1 SGB II nachträglich gezahlt werden, dies ist aber gesetzlich nicht festgeschrieben. Da es keine gesetzliche Grundlage für eine Abweichung gibt, ist trotz der Gesetzesbegründung eigentlich von einer Vorauszahlung auszugehen,
- bei Teilmonaten zu Beginn und Ende der Maßnahme soll je Kalendertag 1/30 der 75 EUR, also täglich 2,50 EUR ausgezahlt werden,
- bei Abbruch der Maßnahme wird der Bonus nicht weitergezahlt – unabhängig davon, ob der*die Maßnahmeteilnehmende den Abbruch verursacht hat oder nicht.

30 Darlehen

1. Darlehen während des Bürgergeld-Bezugs 1
   1.1 Viele Möglichkeiten der Darlehensgewährung 3
   1.2 Vermögenseinsatz vor Anspruch auf Darlehen 5
   1.3 Vermögenseinsatz bei Darlehen zur Wohnraumsicherung 6
   1.4 Anzahl an Darlehensnehmer*innen 7
   1.5 Minderjährigenschutz bei der Darlehensvergabe 10
   1.6 Verfahren der Darlehenstilgung 13
   1.7 Aufrechnungshöhe auf fünf bzw. zehn Prozent des maßgeblichen Regelsatzes begrenzt 14
   1.8 Aufschiebende Wirkung des Widerspruchs 17
   1.9 Umgang mit bestandskräftigem Bescheid 19
   1.10 Aufrechnung des Darlehens auf Grundlage einer Erklärung 20
   1.11 Darlehenstilgung bei illegaler Darlehensgewährung 22
   1.12 Dauer der Aufrechnung, Unterschreitung des Existenzminimums: Schuldenerlass 24
2. Darlehen bei HzL/GSi der Sozialhilfe und unabweisbarer Bedarf nach § 24 Abs. 1 SGB II 29
   2.1 Darlehensgewährung bei HzL/GSi der Sozialhilfe 30
   2.2 Unabweisbarer Bedarf: Sachleistung oder Geldleistung? 31
   2.3 Tilgungsvereinbarung /Verzicht auf Leistungen 32
3. Darlehen bei nicht sofort verwertbarem Vermögen 35
4. Darlehen, wenn Einkommen zu erwarten ist oder vorzeitig verbraucht wurde 44
   4.1 Überbrückungsdarlehen, wenn im selben Monat Einkommen zu erwarten ist 45
   4.2 Wohngeld über wiederholte Antragstellung 51
   4.3 Darlehen bei vorzeitigem Verbrauch einer einmaligen Einnahme 52
5. Darlehen bei kurzer Dauer des Hilfebezugs: HzL/GSi der Sozialhilfe .. 53
6. Darlehen bei Miet- und Energieschulden 57
7. Darlehen für Auszubildende, Schüler*innen und Studierende 58
   7.1 Härtefalldarlehen 59
   7.2 Darlehen bei Ausbildungsbeginn .. 61
   7.3 Darlehen zur Sicherung der Unterkunft 62
8. Darlehen wird durch Forderungseinzug eingetrieben 63
9. Stundung und Erlass von Forderungen 67
10. Informationen 69
11. Forderungen 70

30 Darlehen

1. Darlehen während des Bürgergeld-Bezugs

1 Bürgergeld und HzL/GSi der Sozialhilfe müssen Sie vom Grundsatz her nicht zurückzahlen. Leistungen zum Lebensunterhalt sind keine Darlehen, sondern Zuschüsse. Es ist nicht zulässig, nachträglich eine Zahlung in ein Darlehen umzuwandeln. Da die existenzsichernden Leistungen oft das verfassungsrechtlich gedeckte Existenzminimum nicht decken können, sollte bei Entstehen eines aktuellen Bedarfes bei nicht vorhandenem Geld ein Antrag auf diese Leistung und hilfsweise ein Darlehensantrag unter Berufung auf das Sozialstaatsprinzip gestellt werden.

Unter bestimmten Voraussetzungen ist es möglich, Bürgergeld und HzL/GSi der Sozialhilfe für bestimmte Bedarfe als Darlehen zu vergeben. Diese Darlehen durften früher nur in wenigen Ausnahmen während des Leistungsbezugs aus dem Regelbedarf getilgt werden. Diese Tilgung nennt man Aufrechnung (→ 12). Zu beachten ist, dass die Aufrechnung von Darlehen ohne zeitliche Begrenzung möglich ist und die Aufrechnung von Erstattungs- und Ersatzansprüchen längstens 3 Jahre durchgeführt werden darf (§ 43 Abs. 4 SGB II).

2 Mit dem „Regelbedarfsermittlungsgesetz" wurden 2011 die Regelungen zur Darlehensgewährung im SGB II erheblich verschlechtert. Seitdem ist vor der Gewährung eines Darlehens das Schonvermögen vorrangig einzusetzen. Früher wurden lediglich Darlehen aufgrund eines vom Regelbedarf umfassten, unabweisbaren Bedarfs in Höhe von bis zu 10 Prozent des zu zahlenden Regelbedarfs getilgt. Seit 2011 sind fast alle Darlehen starr mit 10 Prozent der Regelsätze der Mitglieder einer Bedarfsgemeinschaft aufzurechnen, die das Darlehen beantragt haben – aber nur, wenn sie volljährig sind. Ab dem 1.7.2023 wird nunmehr mit 5 Prozent aufgerechnet (§ 42a Abs. 2 S. 1 SGB II). Auch bei mehreren Darlehen ist die Aufrechnungshöhe auf insgesamt 10 bzw. 5 Prozent des Regelsatzes begrenzt (§ 42a Abs. 2 S. 1 SGB II; FW 42a 13; Ausnahmen unter → Rn. 16). Ebenfalls anders getilgt wird nach § 42 Abs. 2 SGB II, der eine vorzeitige Auszahlung von 100 EUR der nächsten fälligen SGB II-Leistungen auf Antrag zulässt. Diese 100 EUR werden aber sofort und vollständig von der nächsten SGB II-Leistung abgezogen und nicht bloß in Höhe von 10 Prozent (→ Rn. 45 ff.). Bei der HzL/GSi der Sozialhilfe gelten (noch) „erleichterte" Regelungen zur Darlehensgewährung.

Was es alles zu beachten gibt, wenn Sie bei Bürgergeld-Bezug ein Darlehen erhalten, tilgen oder aufgerechnet bekommen, erfahren Sie im Folgenden.

1.1 Viele Möglichkeiten der Darlehensgewährung

3 Folgende Leistungen werden beim Bürgergeld als Darlehen erbracht (mit Übersicht über die Regelung zur Aufrechnung):

- Darlehen für **Mietkaution** (→ 59) und seit 1.8.2016 auch für **Genossenschaftsanteile** (§ 22 Abs. 6 S 3 SGB II, § 35a Abs. 2 S. 4 SGB XII), Aufrechnung während des Leistungsbezugs (§ 42a Abs. 2 SGB II),
- Darlehen für **Miet- und Energieschulden** (§ 22 Abs. 8 SGB II; → 77; Strom, → 109 Rn. 20 ff.), Aufrechnung während des Leistungsbezugs (§ 42a Abs. 2 SGB II),
- Darlehen für **unabweisbaren, vom Regelsatz umfassten Bedarf** (§ 24 Abs. 1 SGB II; einmalige Beihilfen, → 40 Rn. 15), Aufrechnung während des Leistungsbezugs (§ 42a Abs. 2 SGB II),
- Darlehen bei im Leistungsmonat **zu erwartendem Einkommen** (→ 37; § 24 Abs. 4 S. 1 SGB II), Aufrechnung während des Leistungsbezugs (§ 42a Abs. 2 SGB II),
- Darlehen, wenn Sie eine **einmalige Einnahme**, zB ein Erbe, **vorzeitig verbraucht** haben (§ 24 Abs. 4 S. 2 SGB II), Aufrechnung während des Leistungsbezugs (§ 42a Abs. 2 SGB II),
- Darlehen, wenn der sofortige Verbrauch oder die **Verwertung von Vermögen** (→ 119) **nicht möglich** ist oder eine besondere Härte bedeuten würde (§ 24 Abs. 5 SGB II), Fälligkeit nach erfolgter Vermögensverwertung (§ 42a Abs. 3 S. 1 SGB II),
- Darlehen für **Instandhaltung und Reparatur** bei **Eigenheimen** (→ 34; § 22 Abs. 2 S. 2 SGB II), Aufrechnung während des Leistungsbezugs (§ 42a Abs. 2 SGB II),
- „**Härtefall**darlehen" für **Auszubildende** oder **Überbrückungsdarlehen** für den Mo-

nat der Ausbildungsaufnahme (§ 27 Abs. 3 SGB II; → 14 Rn. 25, Fälligkeit nach Abschluss der Ausbildung (§ 42a Abs. 5 SGB II),
- Darlehen zur **Eingliederung von Selbstständigen** (→ 104; § 16c Abs. 1 SGB II), hier gilt die monatliche Aufrechnung nach § 42a SGB II nicht (FW 42a.3). Die Rückzahlung hat von den Einnahmen aus der Selbstständigkeit zu erfolgen,
- die vorzeitige Auszahlung von 100 EUR nach § 42 Abs. 2 SGB II, hier erfolgt idR die sofortige Aufrechnung im nächsten Leistungsmonat in voller Höhe.

4 In der Praxis sind die Darlehen für Mietkaution, für Miet- und Energieschulden, für unabweisbare, vom Regelbedarf umfasste Bedarfe und bei zu erwartendem Einkommen im Leistungsmonat am häufigsten. Monatlich werden zwischen 10.000 bis 20.000 Darlehen gewährt. Die Gesamtforderungen aus dem Rechtskreis des SGB II (inkl. Darlehen) lagen im Januar 2021 bei 2.889.454.456 EUR (BT-Drs. 19/27674, 6). Ein deutliches Zeichen dafür, dass die Regelleistungen zu niedrig sind.

1.2 Vermögenseinsatz vor Anspruch auf Darlehen

5 Bevor ein Anspruch auf ein Darlehen besteht, muss das gesamte verfügbare Vermögen des*r jeweiligen Darlehensnehmers*Darlehensnehmerin eingesetzt werden (§ 42a Abs. 1 S. 1 SGB II).

Durch die Rechtsänderungen im Bürgergeldgesetz sind hier jetzt die 15.000 EUR verwertbares Vermögen pro Person (§ 12 Abs. 2 SGB II) – nach Ablauf der Karenzzeit – gemeint. Für Näheres schlagen Sie unter dem Beitrag Vermögen nach (→ 119).

1.3 Vermögenseinsatz bei Darlehen zur Wohnraumsicherung

6 Handelt es sich um ein Darlehen wegen Miet- und Energieschulden (§ 22 Abs. 8 SGB II), ist vor der Darlehensgewährung auch hier das geschützte Schonvermögen einzusetzen. Eine Darlehensgewährung kommt nur dann in Betracht, wenn die Verwertung des Vermögens unbillig oder auch zeitlich nicht möglich ist.

1.4 Anzahl an Darlehensnehmer*innen

7 „Darlehen können an einzelne Mitglieder von Bedarfsgemeinschaften oder an mehrere gemeinsam vergeben werden" (§ 42a Abs. 1 S. 2 SGB II).

Die gesetzliche Regelung enthält **keine Ermächtigung** für das Jobcenter, zu bestimmen, ob das Darlehen **gegen den Willen** einzelner Mitglieder der Bedarfsgemeinschaft **an alle** oder nur **an eine Person** vergeben wird. Ein Darlehen zur Begleichung von Stromschulden ist allein der **zivilrechtlichen Vertragspartei** zu gewähren (LSG Sachsen 24.2.2015 – L 2 AS 1444/14 B ER). In Bezug auf ein Darlehen zur Begleichung von Mietschulden argumentiert das BSG entsprechend (BSG 18.11.2014 – B 4 AS 3/14 R). Das Jobcenter kann demnach nicht nach Belieben die Darlehensnehmer*innen bestimmen, sondern der*die Darlehensnehmer*in bzw. die Darlehensnehmenden ergeben sich aus den konkreten Umständen des Einzelfalls. Das Kopfteil-Prinzip ist auf Leistungen für eine Mietkaution nicht anzuwenden, weil eine mit der Rückzahlungsverpflichtung nach § 42a Abs. 1 S. 3 SGB II einhergehende faktische Mithaftung der nicht am Mietvertrag Beteiligten, insbesondere auch der Kinder einer Bedarfsgemeinschaft, für unerfüllte Mietvertragsforderungen verhindert werden soll (LSG NRW 19.5.2022 – L 2 AS 662/22 B ER; vgl. LSG NRW 10.6.2020 – L 6 AS 718/20 B ER; LSG Sachsen-Anhalt 18.10.2018 – L 5 AS 295/18).

Ausschlaggebend ist also:
- bei Mietkautionsdarlehen, wer den Mietvertrag abgeschlossen hat,
- bei Darlehen zur Begleichung von Energieforderungen, wer den Vertrag mit dem Energieversorgungsunternehmen abgeschlossen hat,
- bei einem Darlehen für Ersatzbeschaffung, wer zB die Waschmaschine anschaffen wird usw.

Ein Zwangsdarlehen an minderjährige Kinder ist unter den Voraussetzungen des Minderjährigenschutzes nicht zulässig (→ Rn. 7, 10).

8 An einer gemeinsamen Vergabe eines Darlehens **an alle** Mitglieder der Bedarfsgemein-

schaft dürfte das Jobcenter allerdings Interesse haben, weil damit vorrangig das Vermögen **aller Darlehensnehmer*innen** einzusetzen wäre und bei mehreren Personen das Darlehen in Höhe von 10 Prozent bzw. ab Juli 2023 in Höhe von 5 Prozent **aller** Regelleistungen schneller getilgt wäre. Die Weisung der BA (FW 42a.6) regelt die Entscheidung über die Darlehensbewilligung danach, für wen der Antrag gestellt wurde und bei wem „eine spezielle Bedarfssituation" besteht. Von daher ist die oft praktizierte Vergabe an alle Mitglieder der Bedarfsgemeinschaft in diesen Fällen mit einem Widerspruch (→ 126) anzugreifen.

9 **Tipp:** Da die antragstellende Person idR die Bedarfsgemeinschaft vertritt und stellvertretend Leistungen für alle beantragt (§ 38 Abs. 1 SGB II), müssen Sie ausdrücklich erklären, dass Sie das Darlehen nur als Einzelperson bzw. als Eltern beantragen.

1.5 Minderjährigenschutz bei der Darlehensvergabe

10 Ein Darlehen ist allein mit der zivilrechtlichen Vertragspartei zulässig. In der Rechtsprechung setzt sich folgende Auffassung durch: Wird ein Darlehen auf alle Mitglieder der Bedarfsgemeinschaft verteilt, folgt daraus eine **faktische Mithaftung** der nicht am jeweiligen Vertrag Beteiligten für unerfüllte Vertragsschulden. Das träfe insbesondere auch die **minderjährigen Kinder**. Es wird daher als sachgerecht angesehen, nur die durch den Vertrag zivilrechtlich verpflichteten Personen als Darlehensnehmer anzusehen (LSG NRW 10.6.2020 – L 6 AS 718/20 B ER).

11 Zudem ist die Erweiterung der Darlehensgewährung auf minderjährige Mitglieder einer Bedarfsgemeinschaft auch deshalb ermessensfehlerhaft und damit rechtswidrig, weil sie den gesetzlichen Minderjährigenschutz umgeht (LSG Sachsen-Anhalt 18.10.2018 – L 5 AS 295/18; LSG NRW 17.9.2013 – L 19 AS 1501/13 B; zum Minderjährigenschutz allgemein: BSG 7.7.2011 – B 14 AS 153/10 R). Sorgeberechtigte Eltern dürfen ohne Zustimmung des Familiengerichts **keine Verträge zulasten ihrer Kinder** abschließen (§ 1643 Abs. 1 BGB iVm § 1822 Nr. 8 BGB). Das gilt auch für Darlehensverträge. Diese Grundsätze wurden in den Fachlichen Weisungen vom 4.8.2016 zumindest teilweise beachtet. Darlehen dürfen danach nur noch an Minderjährige gewährt werden, wenn die Leistungen diesen persönlich zugutekommen. Eine gesamtschuldnerische Haftung des*r Minderjährigen ist laut den Weisungen „zu vermeiden". Nach hiesiger Auffassung wäre diese rechtswidrig. Immerhin soll die Darlehensvergabe an Minderjährige nur in Ausnahmefällen erfolgen (FW 42a.5, 42a.7). Damit ist den vorgehenden rechtlichen Ausführungen aber nur teilweise Rechnung getragen. Die Reform zur Minderjährigenhaftung des § 40 Abs. 9 SGB II zum 1.1.2023 lässt diese Haftung bei Eintritt der Volljährigkeit erst bei Vermögen ab 15.000 EUR zu (→ 78 Rn. 5).

12 **Tipp:** Mit dem Hinweis auf Minderjährigenschutz können bestehende Aufrechnungsverfügungen durch einen Überprüfungsantrag angegriffen werden (§ 40 Abs. 1 S. 1 SGB II iVm § 44 Abs. 1 SGB X) und eine Erklärung, mit der einer Darlehenstilgung zugestimmt wurde, kann mit Verweis auf Unwirksamkeit aufgrund von „Umgehung von Rechtsvorschriften" als unwirksam erklärt werden (§ 46 Abs. 2 SGB I). Sollten die Kinder aber zu ihrem 18. Geburtstag aus der Bedarfsgemeinschaft ausgeschieden sein, so wird das auch den Rückzahlungsanspruch zum Erlöschen nach § 40 Abs. 9 SGB II bringen.

1.6 Verfahren der Darlehenstilgung

13 Im Leistungsbezug ist das Darlehen ab dem Monat, der auf die Auszahlung folgt, durch mtl. Aufrechnung **zu tilgen**. Die Aufrechnung ist vorher gegenüber den Darlehensnehmer*innen schriftlich durch **Verwaltungsakt** zu erklären (§ 42a Abs. 2 S. 1 SGB II).

Das Jobcenter hat also **keine** Wahl der Mittel, wie es die Schulden wieder eintreibt. Es gibt im Leistungsbezug **ausschließlich** den Weg der Aufrechnung. Ein Vertrag über eine freiwillige Herabsetzung des Regelbedarfs um 100 EUR, damit das Darlehen schnellstmöglich abgezahlt ist, wäre genauso **rechtswidrig** wie die Beauftragung des Forderungseinzugs der Regionaldirektion oder der Stadtkasse.

1.7 Aufrechnungshöhe auf fünf bzw. zehn Prozent des maßgeblichen Regelsatzes begrenzt

14 Darlehen im SGB II, egal welcher Art, sind in Höhe von 10 Prozent, ab 1.7.2023 jedoch nur noch 5 Prozent des maßgeblichen Regelbedarfs des*r Darlehensnehmers*Darlehensnehmerin aufzurechnen. Maßgeblich sind nur die Regelbedarfe, nicht aber Mehrbedarfe, Miete und Heizung. Den Jobcentern steht bei Festlegung der Tilgungsrate, im Gegensatz zu früher, kein Ermessensspielraum nach unten mehr zu.

„Um dem Betroffenen ausreichend Mittel zur Bestreitung des Lebensunterhaltes zu belassen, ist die Tilgung für mehrere Darlehen insgesamt auf 10 Prozent des maßgebenden Regelbedarfs begrenzt" (BT-Drs. 17/3982, 24). Auch wenn mehrere Darlehen parallel anfallen, ist die Aufrechnung von **10 Prozent und ab 1.7.2033 von 5 Prozent** des Regelbedarfs die **Obergrenze**.

15 Bis März 2016 wurde durch Weisung der BA bei mehreren Darlehen mit bis zu 30 Prozent der Regelleistung aufgerechnet. Nach Intervention von Tacheles wurde diese Verwaltungspraxis aufgegeben und die Aufrechnung auf 10 Prozent der Regelleistung, entsprechend der Rechtslage, reduziert. Im Jahr 2022 wurde von Tacheles zur Kompensation der Preissteigerungen anlässlich der Inflation ein „Aufrechnungsmoratorium" gefordert. Im Ergebnis ist zum 1.7.2023 die Aufrechnung von Darlehen von 10 Prozent auf 5 Prozent der Regelleistung monatlich reduziert worden (§ 42a Abs. 2 S. 1 SGB II; → 12 ff.).

16 Die **Aufrechnung von Darlehen ist ausgeschlossen**, wenn SGB II-Leistungen auf Darlehensbasis erbracht werden, zB wegen vorzeitigen Verbrauchs einer einmaligen Einnahme (§ 24 Abs. 4 S. 2 SGB II) oder wenn der sofortige Verbrauch von zu berücksichtigendem Vermögen nicht möglich ist oder eine besondere Härte bedeutet (§ 24 Abs. 5 SGB II) oder wenn bei Studierenden SGB II-Leistungen im Rahmen der Härtefallregelung auf Darlehensbasis nach § 27 Abs. 3 S. 1 SGB II erbracht werden (§ 42a Abs. 2 S. 4 SGB II). Eine Aufrechnung von Darlehen ist auch ausgeschlossen, wenn die Summe der Aufrechnungen wegen Rückforderung- und Erstattungsansprüchen nach § 43 SGB II mehr als 20 Prozent des Regelsatzes übersteigt (§ 42a Abs. 2 S. 4 2. Hs. SGB II).

1.8 Aufschiebende Wirkung des Widerspruchs

17 Ein Widerspruch (→ 126) gegen den die Aufrechnung feststellenden Bescheid bei Darlehen (§ 42a Abs. 2 S. 1 SGB II) entfaltet aufschiebende Wirkung (§ 86a Abs. 1 SGG). Zwar entfalten Widersprüche im „Hartz IV-/Bürgergeld-Sonderrecht" in den meisten Fällen keine aufschiebende Wirkung (§ 39 SGB II), aber bei Widersprüchen gegen einen die Aufrechnung verfügenden Bescheid ist die aufschiebende Wirkung gegeben (FW 43.20; LSG Bayern 21.6.13 – L 7 AS 329/13 B ER; LSG Sachsen-Anhalt 27.12.2011 – L 5 AS 473/11 B ER); → 126 Rn. 38.

18 Eine Aufrechnungsverfügung muss allerdings nach Auffassung des LSG Bayern nicht für jeden Bewilligungszeitraum neu festgesetzt werden, denn es handele sich lediglich um eine wiederholende Verfügung (LSG Bayern 21.6.13 – L 7 AS 329/13 B ER). Eine Aufrechnung kann demnach im nächsten Bewilligungsabschnitt fortgesetzt werden, ohne dass ein Widerspruch zulässig wäre (andere Ansicht: LSG NRW 22.6.2015 – L7 AS 671/15 B). In der Regel wird ein Widerspruch gegen eine Aufrechnung im Leistungsbescheid für zulässig erachtet. Sicherheitshalber sollte der Widerspruch zusätzlich „hilfsweise" auch als Überprüfungsantrag gestellt werden (→ 126).

1.9 Umgang mit bestandskräftigem Bescheid

19 Ist der Aufrechnungsbescheid bestandskräftig, gibt es folgende Möglichkeiten:

- einen **Überprüfungsantrag** stellen (§ 40 Abs. 1 S. 1 SGB II iVm § 44 Abs. 1 SGB X; Nachzahlung, → 80 Rn. 16 ff.), wenn die Aufrechnung rechtswidrig war. Der Bescheid kann zB rechtswidrig sein, wenn
  - der*die Darlehnsnehmer*in nicht der*die zivilrechtliche Schuldner*in ist (→ Rn. 7 ff.),
  - gegen minderjährige Kinder aufgerechnet wird (→ Rn. 10),

30 Darlehen

- mehr als fünf bzw. zehn Prozent des Regelbedarfs des*r Darlehensnehmers*Darlehensnehmerin aufgerechnet werden (→ Rn. 14) oder
- die Leistung nur auf Zuschussbasis hätte gewährt werden dürfen (zB Finanzierung eines Kfz zur Aufnahme in eine oder zum Erhalt einer Beschäftigung, Finanzierung eines Führerscheins, wiederholter Erstausstattungsbedarf wegen besonderer Umstände usw; → Rn. 22 f.);
- einen **Antrag auf Erlass** insbesondere bei Härtefällen, zB wenn schon länger als ein Jahr getilgt wurde, stellen (→ Rn. 24 f.).

1.10 Aufrechnung des Darlehens auf Grundlage einer Erklärung

20 Obwohl die Aufrechnung von Darlehen per Bescheid im SGB II zwingend vorgeschrieben ist (§ 42a Abs. 2 SGB II), übergeben einige Jobcenter die Forderung stattdessen dem Forderungseinzug der Regionaldirektion der BA oder einer kommunalen Einzugsstelle (→ Rn. 63 f.). Hier wird idR zuvor eine Ratenvereinbarung oder eine Aufrechnungserklärung abgeschlossen. Oft wird das Darlehen nur gewährt, wenn Sie zuvor „freiwillig" erklärt haben, dass Sie mit der Ratenzahlung/Aufrechnung einverstanden sind.

21 Diese Erklärung bzw. Vereinbarung ist ein **öffentlich-rechtlicher Vertrag** (→ 83). Der ist allerdings nur zulässig, wenn er nicht gegen geltendes Recht verstößt (§ 53 Abs. 1 SGB X). Da Darlehen im Leistungsbezug **ausschließlich** durch einen die Aufrechnung verfügenden Bescheid aufzurechnen sind, ist eine vertragliche Regelung über die Tilgung **immer rechtswidrig** und **unwirksam** (BSG 22.3.2012 – B 4 AS 26/10 R). Sie sollten diese Erklärung trotzdem widerrufen und mitteilen, dass die Erklärung nicht nur widerrufen wird, sondern auch für die Vergangenheit unwirksam war (§ 46 Abs. 2 SGB I).

1.11 Darlehenstilgung bei illegaler Darlehensgewährung

22 Wurden Ihnen zu Unrecht Leistungen als Darlehen gewährt, die von Rechts wegen als Zuschuss hätten gewährt werden müssen, ist das rechtswidrig. Das ist zB der Fall bei

- der Finanzierung eines Kfz oder eines Führerscheins zur Aufnahme oder zum Erhalt einer Beschäftigung auf Darlehensbasis,
- wiederholtem Erstausstattungsbedarf wegen besonderer Umstände, der als Darlehen gewährt wird (→ 40; → 56) oder
- Nachforderungen von dem*r Vermieter*in / dem Energieversorger, die den Bedarf der Unterkunftskosten betreffen und nur darlehensweise übernommen werden (→ 126; → 80 Rn. 16 ff.). Energiekostenschulden sind dagegen nach § 22 Abs. 8 SGB XII, § 36 Abs. 1 SGB XII Darlehensschulden.

23 **Tipp:** Beantragen Sie sowohl die Aufhebung des Darlehensbescheides mit der Begründung, es wurden Rechtsvorschriften umgangen, als auch des Aufrechnung verfügenden Bescheides und in Folge die Rückerstattung aller aufgrund dieser rechtswidrigen Bescheide geleisteten Zahlungen. Wurden die zu Unrecht erhobenen Zahlungen an den Forderungseinzug der Regionaldirektion oder die Stadt- bzw. Kreiskasse gezahlt, haben Sie dort einen Rückerstattungsanspruch. Erfolgte die Zahlung an das Jobcenter, müssen Sie sich dorthin wenden.

1.12 Dauer der Aufrechnung, Unterschreitung des Existenzminimums: Schuldenerlass

24 Darlehen sind nach dem Gesetzeswortlaut ohne Ausnahme aufzurechnen. Sind mehrere Darlehen hintereinander gewährt worden, kann über Jahre aufgerechnet werden, weil es **kein** gesetzliches **Limit** bei der Dauer mehrerer Aufrechnungen gibt. Dies führt zu einer dauerhaften Unterschreitung des verfassungsrechtlich garantierten Existenzminimums. Die in der Bürgergeldreform geregelte Bagatellgrenze von 50 EUR dürfte bei Rückzahlungen von Darlehen leider keine Anwendung finden, da es hier um Überzahlungen und nicht um Darlehen geht (§ 41a Abs. 6 S. 3 SGB II).

25 Das BVerfG hat mit dem Regelsatzurteil vom 9.2.2010 (1 BvL 1/09) vorgegeben, dass das Existenzminimum zwar vorübergehend unterschritten werden darf, jedoch **nicht dauerhaft.** Bei Erstattungs- und Ersatzansprüchen sind Aufrechnungen deshalb auf

einen Zeitraum von **höchstens drei Jahren** beschränkt (§ 43 Abs. 4 SGB II). Zeiten, in den die Aufrechnung nicht vollziehbar ist, zB wegen eines laufenden Widerspruchs, verlängern den Aufrechnungszeitraum (§ 43 Abs. 4 SGB II). Werden gleichzeitig zur Darlehensaufrechnung Erstattungsansprüche aufgerechnet oder Leistungen aufgrund von Sanktionen (→ 95) gekürzt, reduziert dies das Existenzminimum zusätzlich. Bei **Sanktionen** muss daher seit 1.8.2016 die Darlehens- und sonstige **Aufrechnung** sofort **ausgesetzt** werden, sobald Ihr Regelbedarf **um über 20 Prozent unterschritten** wird (§ 42a Abs. 2 S. 4 SGB II iVm § 43 Abs. 3 S. 1 SGB II). Können Darlehensnehmer*innen die dauerhafte Tilgung durch zehnprozentige Aufrechnung nicht mehr leisten, kann nur über einen **Erlass** der Darlehensforderungen Abhilfe geschaffen werden (§ 44 SGB II). Diesen Erlass müssen Sie **beantragen** (→ Rn. 67 f.).

26 Ob eine dauerhafte fünf- bzw. zehnprozentige Unterschreitung des Regelsatzes, insbesondere beim Mietkautionsdarlehen und bei Genossenschaftsanteilen, verfassungsgemäß ist, **war zweifelhaft**, da der Bedarf der Mietkaution wohl den überwiegenden Teil der SGB II-Beziehenden irgendwann treffen wird. Dann über Jahre hinweg zu kürzen, verstößt nach hiesiger Auffassung gegen das Sozialstaatsgebot, so auch LSG NRW (29.6.2017 – L 7 AS 607/17). Das BSG hat am 28.11.2018 diese begrüßenswerte Entscheidung wieder verworfen (B 14 AS 31/17 R), so dass die Mietkautionsaufrechnung **weiterhin rechtens** ist. Die diesbezügliche Pressemitteilung zu diesem Urteil merkt zur Unterdeckung des verfassungsrechtlich garantierten Existenzminimums an: *„Zur Vermeidung einer solchen Unterdeckung im Einzelfall stehen im SGB II indes mehrere Instrumente zur Verfügung, wie die abweichende von der Soll-Regelung in § 22 Abs. 6 Satz 3 SGB II mögliche Erbringung der Mietkaution als Zuschuss, die zeitliche Aufrechnungsbegrenzung auf drei Jahre in entsprechender Anwendung von § 43 Abs. 4 SGB II oder ein Erlass oder Teilerlass des Darlehens nach § 44 SGB II"*. Diese sollten Sie also nutzen. Hilfreiche Argumente für einen Erlassantrag finden sich in einem Gutachten des wissenschaftlichen Dienstes des Bundestages (Az.

WD 6 – 3000 – 056/17, abrufbar unter: https://www.bundestag.de/resource/blob/536688/00d2aca84c02fc0b9154c90208439866/wd-6-056-17-pdf-data.pdf, letzter Zugriff: 19.2.2023). Aus der Gesamtheit der Rechtsprechung ist zu folgern, dass bei der nun im Bürgergeld ab 1.7.2023 erleichternd geregelten 5-Prozent-Tilgungsregelung keine gerichtliche Hilfe hinsichtlich dieses Problems mehr zu erlangen ist (LSG Hessen 10.03.21 – B 14 AS 31/17 R). Ein Härtefallantrag kann bei Vorliegen der Voraussetzungen natürlich trotzdem gestellt werden, wobei im Jahr 2021 von 1.227.823 Fällen behördlicher Forderung (Rückforderung und Darlehen) lediglich in 35 Fällen Gesamt- oder Teilerlassanträgen nach § 44 SGB II stattgegeben wurde (BT-Drs. 20/4987, 5).

27 Der Erlass einer Darlehensforderung kommt in Betracht, wenn zusätzlich zur dauerhaften Belastung durch die Aufrechnung weitere **besondere Belastungen** auftreten. Diese können vorliegen, wenn

- Sie erhebliche Anteile der Unterkunftskosten aus dem Regelbedarf zahlen,
- deutlich höhere Stromkosten anfallen, als im Regelbedarf vorgesehen sind,
- Zahnbehandlungskosten anfallen, die nicht übernommen werden,
- eine notwendige Ersatzbeschaffung bevorsteht (zB eine Waschmaschine) oder
- besondere Belastungen aufgrund einer chronischen Erkrankung vorliegen usw.

28 **Tipp:** Sie müssen Ihre Gründe im Antrag auf einen Schuldenerlass glaubhaft machen. Bei Ablehnung durch das Jobcenter müssen Sie gegen den Ablehnungsbescheid Widerspruch einlegen und die Anordnung der aufschiebenden Wirkung beim Sozialgericht beantragen.

2. Darlehen bei HzL/GSi der Sozialhilfe und unabweisbarer Bedarf nach § 24 Abs. 1 SGB II

29 Im SGB XII sind die Darlehensregeln nicht so hart wie beim Bürgergeld. *„Kann im Einzelfall ein von den Regelbedarfen umfasster und nach den Umständen unabweisbar gebotener Bedarf auf keine andere Weise gedeckt werden, sollen auf Antrag hierfür Dar-*

lehen gewährt werden" (§ 37 Abs. 1 SGB XII). Das Darlehen kann bis zur Höhe von jeweils 5 Prozent des Eckregelbedarfs der Darlehensnehmer*innen einbehalten werden (§ 37 Abs. 4 SGB XII). Das Gleiche gilt für Bezieher*innen von Grundsicherung (§ 42 Nr. 5 SGB XII).

2.1 Darlehensgewährung bei HzL/GSi der Sozialhilfe

30 Hier können die folgenden Leistungen als Darlehen erbracht werden:
- Darlehen bei besonderen **Härtefällen** von Auszubildenden (→ 14). Hier können die Leistungen als Zuschuss oder als Darlehen erbracht werden (§ 22 Abs. 1 S. 2 SGB XII); keine Aufrechnung während des Leistungsbezugs,
- Darlehen für **Mietkaution** (→ 59; § 35a Abs. 2 S. 4 SGB XII); Aufrechnung während des Leistungsbezugs (§ 35a Abs. 2 S. 5 SGB XII),
- Darlehen für **Miet- und Energieschulden** (→ 77) können als Zuschuss **oder** Darlehen erbracht werden (§ 36 Abs. 1 SGB XII; Strom, → 109); Aufrechnung während des Leistungsbezugs nach Ermessen,
- ergänzende Darlehen für vom Regelbedarf umfasste, unabweisbare Bedarfe (§ 37 Abs. 1 SGB XII, § 42 S. 1 Nr. 5 SGB XII; einmalige Beihilfen, → 40); Aufrechnung während des Leistungsbezugs nach Ermessen,
- Darlehen zur Vorauszahlung der **Zuzahlungen bei der Krankenkasse** (§ 37 Abs. 2 SGB XII; Krankheit, → 71 Rn. 59); Aufrechnung während des Leistungsbezugs auf zwölf Monate verteilt (§ 37 Abs. 4 S. 2 SGB XII),
- Darlehen bei am Monatsende fälligen Einkünften (§ 37a Abs. 1 SGB XII); monatliche Aufrechnung, nach Tilgung von der Hälfte des Regelbedarfs automatischer Erlass (§ 37a Abs. 2 SGB XII),
- Darlehen bei **vorübergehender Notlage** (§ 38 Abs. 1 S. 1 SGB XII); keine Aufrechnung während des Leistungsbezugs,
- Leistungen in **sonstigen Lebenslagen** auf Darlehen (§ 73 S. 1 SGB XII); keine Aufrechnung während des Leistungsbezugs,

- Darlehen bei **nicht verwertbarem Vermögen** (→ 119; § 91 S. 1 SGB XII); keine Aufrechnung während des Leistungsbezugs, aber ggf. dingliche Sicherung.

2.2 Unabweisbarer Bedarf: Sachleistung oder Geldleistung?

31 Bei Bürgergeldbezug **kann** das Darlehen als Sach- **oder** Geldleistung (→ 94) gewährt werden (§ 24 Abs. 1 S. 1 SGB II). Die Behörde könnte Ihnen also zB einen Wintermantel oder eine Waschmaschine zukommen lassen, Ihnen den Anschaffungswert in Rechnung stellen und in Raten vom Regelbedarf abziehen. § 24 Abs. 1 S 1 SGB II und § 37 Abs. 1 SGB XII stellen die Öffnungsklauseln dar, wenn zB die unzureichenden, im Regelbedarf anzusparenden Teilbeträge für Bekleidung, Haushaltsgeräte, Computer (→ Rn. 59 f.) etc nicht angespart werden konnten und diese Bedarfe trotzdem zur Wahrung des Existenzminimums aktuell benötigt werden. Die zu kritisierende Entscheidung, dass Tablets und Lerncomputer keinen Mehrbedarf darstellen (BSG 12.5.2021 – B 4 AS 88/20 R), wurde durch § 21 Abs. 6 S. 2 SGB II zum 1.1.2021 geheilt. Diese Leistungen sind als **Zuschuss** zu gewähren. Weitere Infos dazu im Beitrag Härtefallmehrbedarfe (→ 52 Rn. 21 ff.). Im SGB XII sollen die „notwendigen Leistungen" erbracht werden (§ 37 Abs. 1 SGB XII). Die Form bleibt zunächst offen. Allerdings haben **Geldleistungen Vorrang** vor Gutscheinen und Sachleistungen (§ 10 Abs. 3 SGB XII; BSG 19.5.22 – B 8 SO 1/21 R).

2.3 Tilgungsvereinbarung /Verzicht auf Leistungen

32 Weil Sozialämter nicht generell im Leistungsbezug aufrechnen dürfen wie Jobcenter beim Bürgergeld, wird oft zulasten der Betroffenen getrickst. Wird Ihnen bei **HzL/GSi** ein Darlehen für eine Kaution, die Übernahme von Energieschulden oder bei vorübergehender Notlage angeboten, wird häufig eine Tilgungserklärung vorgelegt und Sie erhalten das Darlehen nur dann, wenn Sie sich „freiwillig" bereit erklären, die Forderung während des Leistungsbezugs zurückzuzahlen. In diesem Fall haben Sie oft keine andere Wahl, wenn Sie einen Bedarf mit einem Darlehen

decken müssen. Und vielleicht denken Sie, Sie könnten aus der Tilgungsvereinbarung nicht mehr aussteigen. **Das stimmt nicht!**

33 Forderungen der Behörde aufgrund von Darlehen dürfen **nicht** im Leistungsbezug aufgerechnet werden (§ 51 Abs. 1 SGB I), wenn im jeweiligen Gesetz nichts anderes bestimmt ist (§ 37 S. 1 SGB I). Beim Bürgergeld ist seit April 2011 in den meisten Fällen die Aufrechnung während des Leistungsbezugs zulässig (→ Rn. 13 ff.), bei HzL/GSi der Sozialhilfe nur in den unter → Rn. 30 genannten Beispielen. In **allen** anderen Fällen darf bei HzL/GSi ein Darlehen **nicht** im Leistungsbezug aufgerechnet werden.

34 Haben Sie eine solche Tilgungserklärung zur Aufrechnung eines Darlehens im Leistungsbezug unterschrieben, ist dies **kein** öffentlich-rechtlicher Vertrag (→ 83), da dieser gegen geltendes Recht verstößt und deswegen unwirksam ist (§ 53 Abs. 1 S. 1 SGB X). Eine solche Tilgungserklärung stellt einen **Verzicht auf Sozialleistungen** dar (§ 46 Abs. 1 SGB I), kann jederzeit mit Wirkung für die Zukunft widerrufen werden (§ 46 Abs. 1 S. 2 SGB I) und ist, *„soweit [...] Rechtsvorschriften umgangen werden"*, **un**wirksam – auch für die Vergangenheit (§ 46 Abs. 2 SGB I; BSG 22.3.2012 – B 4 AS 26/10 R, in Bezug auf SGB II; → Rn. 20 f.).

3. Darlehen bei nicht sofort verwertbarem Vermögen

35 Im **Bürgergeld** gilt:

„Soweit Leistungsberechtigten der sofortige Verbrauch oder die sofortige Verwertung von zu berücksichtigendem Vermögen nicht möglich ist oder für sie eine besondere Härte bedeuten würde, sind Leistungen als Darlehen zu erbringen. Die Leistungen können davon abhängig gemacht werden, dass der Anspruch auf Rückzahlung dinglich oder in anderer Weise gesichert wird" (§ 24 Abs. 5 S. 1, 2 SGB II; → 119 Rn. 6 ff.).

36 Für die **HzL/GSi der Sozialhilfe** ist geregelt:

„Soweit nach § 90 für den Bedarf der nachfragenden Person Vermögen einzusetzen ist, jedoch der sofortige Verbrauch oder die sofortige Verwertung des Vermögens nicht möglich ist oder für die, die es einzusetzen hat, eine Härte bedeuten würde, soll die Sozialhilfe als Darlehen geleistet werden" (§ 91 SGB XII).

37 In der Praxis heißt das: Die Sozialleistungen werden nur noch als Darlehen gewährt und das Sozialamt sichert sich diese Zahlungen beispielsweise durch Eintragung einer Sicherungshypothek im Grundbuch. Bei Verwertung der Immobilie, zB nach dem Tod des*r Sozialleistungsbeziehenden, wird die Behörde dann aus dem Verkaufs- oder Versteigerungserlös befriedigt. Gutachterkosten und die Kosten der dinglichen Sicherung hat die jeweilige Behörde zu erbringen (→ 67 Rn. 18).

38 Sowohl beim **Bürgergeld** als auch in der **HzL/GSi der Sozialhilfe** ist nicht möglich:

- die sofortige Verwertung eines Erbes, wenn Sie aufgrund von Streitigkeiten der Erb*innengemeinschaft keinen Zugriff auf das Erbe haben oder
- die Verwertung einer Immobilie, die Sie nicht selbst bewohnen, wenn Sie Miteigentümer*innen haben, die nicht verkaufen wollen usw.

Mit der Darlehensregelung wird die Verwertung des nicht geschützten Vermögens auf die Zukunft verschoben.

39 Wenn beim Bürgergeld die Verwertung **innerhalb von zwölf Monaten** nicht möglich ist, muss die Leistung als **Zuschuss** gezahlt werden. Allerdings müssen auch weiterhin zumutbare Schritte unternommen werden, um das Vermögen in Zukunft zu verwerten und damit künftigen Bürgergeld-Bezug zu beenden oder zu verringern (BSG 27.1.2009 – B 14 AS 42/07 R). In der **Sozialhilfe** hat das BSG entschieden, dass Vermögen innerhalb von zwölf Monaten verwertbar sein muss (BSG 2.9.2021 – B 8 SO 4/20 R). Vorher galt auch hier eine Verwertungsfrist von maximal **sechs Monaten** (Grube/Wahrendorf/Flint SGB XII § 38 Rn. 5). Wenn sich nach **zwölf Monaten** herausstellt, dass das Vermögen nicht verwertbar ist, muss die Darlehensgewährung rückwirkend aufgehoben und in einen Zuschuss umgewandelt werden (LPK-SGB XII § 38 Rn. 6).

40 Wenn die Verwertung einer Immobilie aufgrund von **Nießbrauch** in absehbarer Zeit unmöglich ist, stellt sie kein verwertbares Vermögen dar (BSG 6.12.2007 – B 14/7b AS 46/06 R). Allerdings sind Immobilien auch dann verwertbares Vermögen, wenn diese übertragen oder belastet werden können. Auch wenn die Immobilie selbstbewohnt ist, hindert das den Grundsicherungsträger nicht daran, diese bei unangemessener Größe als Vermögen zu verwerten (BSG 12.10.2016 – 4 AS 4/16 R).

41 Eine **Härte** kann bei **HzL/GSi der Sozialhilfe** zB vorliegen, wenn sie eine Lebensversicherung mit Verlusten von 10 Prozent auflösen sollen, obwohl diese in absehbarer Zeit ausbezahlt wird. Oder wenn Sie chronisch krank sind und ein nicht geschütztes Kfz haben, das Sie regelmäßig für Arztbesuche und Einkäufe benötigen. Angemessene Kraftfahrzeuge (→ 68), dh in einem Wert von bis zu 7.500 EUR (Hinweisschreiben BMAS v. 29.11.2022, Az.: Vb4–50240, Nr. 2.6), sind seit 1.1.2023 in § 90 Abs. Nr. 10 SGB XII ausdrücklich geschützt. Von Bürgergeld-Beziehenden verlangt der Gesetzgeber mehr als von Nichterwerbsfähigen. Nur bei **besonderer Härte** „*sind Leistungen als Darlehen zu erbringen*". Was auch immer eine besondere Härte bedeutet: Liegt sie vor, gibt es bei der Entscheidung **kein Ermessen** (→ 44) mehr. Man gesteht Arbeitslosen zwar ein höheres Vermögen zu, verlangt aber auch schneller dessen Verwertung (Vermögen, → 119 Rn. 50 f.).

42 Das Darlehen kann bei Bürgergeld und HzL/GSi der Sozialhilfe von einer **dinglichen Sicherung** abhängig gemacht werden, dh von der Eintragung einer Grundschuld oder Hypothek oder von der Sicherungsabtretung einer Lebensversicherung oder eines Bausparvertrags bzw. von einer Bürgschaft (§ 24 Abs. 5 SGB II, § 91 S. 2 SGB XII).

43 **Tipp:** Werden Ihre Leistungen komplett als Darlehen gewährt, haben Sie Anspruch auf Wohngeld (§ 7 Abs. 1 S. 2 Nr. 1 WoGG; → Rn. 49).

4. Darlehen, wenn Einkommen zu erwarten ist oder vorzeitig verbraucht wurde

44 Inwieweit im Bürgergeld damit umzugehen ist, wenn Einnahmen, auch aus anderen Sozialleistungen, entweder zu erwarten oder vorzeitig verbraucht worden sind, finden Sie im Folgenden erklärt.

4.1 Überbrückungsdarlehen, wenn im selben Monat Einkommen zu erwarten ist

45 „*Leistungen zur Sicherung des Lebensunterhalts können als Darlehen erbracht werden, soweit in dem Monat, für den die Leistungen erbracht werden, voraussichtlich Einnahmen anfallen*" (§ 24 Abs. 4 SGB II).

46 Bis zum 30.6.23 gilt: Einnahmen werden im Monat des Zugangs als Einkommen (→ 37) gerechnet, auch wenn sie erst am Monatsende zufließen (§ 11 Abs. 2 SGB II). Da Bürgergeld mtl. im Voraus zu erbringen ist, entsteht eine Bedarfsdeckungslücke, bis Sie Ihr Gehalt bekommen. In solchen Fällen können Darlehen erbracht werden. Seit April 2011 besteht der Anspruch nur noch, wenn Sie kein bereites Vermögen mehr besitzen (→ Rn. 5).

Voraussetzung für die darlehensweise Gewährung von Leistungen ist, dass der Zufluss des Einkommens bereits **feststeht**. Vorbeugend ein Darlehen zu gewähren, weil Sie **möglicherweise** Einkommen erzielen könnten, ist rechtswidrig. Im Regelfall ist auch bei einer Arbeitsaufnahme davon auszugehen, dass Ihr Bürgergeld weitergezahlt wird. Sollten Sie dann tatsächlich im selben Monat Einkommen erzielen, können der Bescheid immer noch rückwirkend aufgehoben und überzahlte Leistungen zurückgefordert werden (→ 92).

47 **Ab dem 1.7.2023** wird sich die Problematik entschärfen, da dann zumindest das nicht regelmäßig oder in größeren Zeitabständen als einem Monat zufließende Einkommen durch die Neufassung des § 11 Abs. 2, 3 SGB II großzügiger angerechnet wird (→ 37 Rn. 58, 64). Ebenfalls zu beachten ist, dass bis zum 30.6.2023 gem. § 85 SGB II ein **Wahlrecht zwischen SGB II und Wohngeld** besteht. Der Wohngeldanspruch schließt bis dahin nicht zwingend den SGB II-Anspruch aus (→ 127; § 85 SGB II).

48 **Tipp 1:** Sollte das Einkommen wider Erwarten nicht am Monatsende, sondern am Ersten des Folgemonats oder später eingehen, oder der Arbeitgeber das Gehalt verspätet oder auf ein falsches Konto überwiesen haben, muss das Darlehen in einen **Zuschuss** umgewandelt werden. Stellen Sie einen entsprechenden Antrag.

49 **Tipp 2:** Wird Ihnen Bürgergeld oder HzL/GSi auf Darlehensbasis gewährt, haben Sie während der Zeit Anspruch auf **Wohngeld**, ansonsten wäre es im Bürgergeld-/HzL-/GSi-Bezug ausgeschlossen (§ 7 Abs. 1 S. 3 Nr. 1 WoGG). Bei der Berechnung des Wohngeldanspruchs werden die Leistungen, die Sie als Darlehen erhalten, nicht berücksichtigt. Durch den Bezug von **Wohngeld** (→ 127) können Sie Ihre Rückzahlungsverpflichtungen deutlich reduzieren. Darauf weisen die Jobcenter und Sozialämter Sie idR aber nicht hin.

50 **Tipp 3:** Hat die Behörde Sie nicht darauf hingewiesen, dass ein Anspruch auf Wohngeld besteht, hat sie ihre **Beratungspflicht** (→ 20) verletzt. Es besteht unter Umständen ein sozialrechtlicher Herstellungsanspruch (→ 80 Rn. 8 ff.).

4.2 Wohngeld über wiederholte Antragstellung

51 Andererseits besteht die Möglichkeit, innerhalb von **sechs Monaten** nach Aufhebung des ursprünglichen Bürgergeld-/Sozialhilfebescheides im Rahmen der *„wiederholten Antragstellung"* rückwirkend einen Wohngeldantrag zu stellen und das entgangene Wohngeld geltend zu machen (→ 7 Rn. 29; § 28 SGB X). Das sollte auch gelten, wenn Ihre Bürgergeld-/Sozialhilfeleistung aufgehoben und nur noch darlehensweise gewährt wird.

4.3 Darlehen bei vorzeitigem Verbrauch einer einmaligen Einnahme

52 Für nähere Informationen zu Darlehen bei vorzeitigem Verbrauch einer einmaligen Einnahme (§ 24 Abs. 4 S. 2 SGB II) schauen Sie bitte unter dem Beitrag **Einkommen** (→ 37 Rn. 22).

5. Darlehen bei kurzer Dauer des Hilfebezugs: HzL/GSi der Sozialhilfe

53 *„Sind Leistungen nach § 27a Absatz 3 und 4 [Regelbedarf], der Barbetrag nach § 27b Absatz 2 sowie nach den §§ 30 [Mehrbedarfe], 32 [Kranken- und Pflegeversicherung], 33 [Vorsorgebeiträge] und 35 [Kosten der Unterkunft und Heizung] voraussichtlich nur für kurze Dauer zu erbringen, können Geldleistungen als Darlehen gewährt werden"* (§ 38 S. 1 SGB XII).

Es können nur laufende Geldleistungen als Darlehen vergeben werden, Leistungen nach § 31 SGB XII, zB Erstausstattung für die Wohnung, sind hier nicht vorgesehen.

Im SGB XII ist mit *„kurzer Dauer"* ein **Zeitraum bis sechs Monate** gemeint, was allerdings hier als *„äußerste Grenze"* zu verstehen ist. Das Sozialamt muss hierüber eine Ermessensentscheidung treffen, wobei die Dauer des darlehensweisen Leistungsbezugs auch von Ihren Selbsthilfemöglichkeiten abhängt und bei älteren oder kranken Menschen eher niedriger ausfallen wird als bei jungen (LPK-SGB XII § 38 Rn. 6). Sollten die sechs Monate aus der Nichtbescheidung von zB Pflegeversicherungsleistungen oder Erwerbsunfähigkeitsrenten resultieren, die eine mindestens sechsmonatige Beeinträchtigung voraussetzen, so ist eine darlehensweise Gewährung auch wegen § 102 SGB X rechtswidrig.

54 Die kurze Dauer des Leistungsbezuges **muss** bei Antragstellung klar erkennbar sein. Wenn die Prüfung ergibt, dass Sie voraussichtlich länger Sozialhilfe erhalten und dann doch vor Ablauf von sechs Monaten aus der Sozialhilfe ausscheiden, darf ebenfalls nicht in ein Darlehen umgewandelt werden (§ 47 Abs. 2 S. 2 SGB X). Wenn die Voraussetzung **nicht** eingetroffen ist, dass Sie nur für kurze Dauer Sozialhilfe beziehen, **muss** das Darlehen in eine Beihilfe umgewandelt werden. Sozialhilfebeziehende, bei denen sich erst nachträglich herausstellt, dass sie langfristig auf Leistungen angewiesen sind, dürfen nicht schlechter gestellt werden als diejenigen, bei denen es von vornherein feststeht.

55 **Tipp:** Auch hier haben Sie bei Darlehensgewährung Anspruch auf Wohngeld (→ 127).

30 Darlehen

56 Nach § 38 SGB XII **können** Leistungen bei voraussichtlich kurzer Dauer des Leistungsbezugs als Darlehen vergeben werden, müssen aber nicht (→ 44). Es ist also rechtswidrig, automatisch Darlehen zu bewilligen. Dabei spielt auch eine Rolle, ob Sie das Darlehen überhaupt zurückzahlen können. Wenn bei Antragstellung feststeht, dass Ihr **Einkommen** in absehbarer Zeit so **gering** sein wird, dass Sie ein Darlehen nicht zurückzahlen können, ohne wieder hilfebedürftig zu werden, darf kein Darlehen vergeben werden (BVerwG 19.7.2000 – 8 C 20/99). Selbst dann nicht, wenn Sie voraussichtlich nur für kurze Dauer Sozialhilfe beziehen (OVG Bremen 23.9.1985 – 2 B 95/85). Das gilt auch, wenn Sie **besondere Belastungen** haben, zB aufgrund von Krankheit, Schulden, Unterhaltspflichten, Versicherungen usw (Grube/Wahrendorf/Flint SGB XII § 38 Rn. 7).

6. Darlehen bei Miet- und Energieschulden

57 Mietschulden (→ 77) von Bürgergeld- und HzL-/GSi-Beziehenden können übernommen werden (§ 22 Abs. 8 SGB II, § 36 Abs. 1 SGB XII). Ebenso Energieschulden, die zu einer *„vergleichbaren Notlage"* führen (→ 109 Rn. 20 ff.; → 52 Rn. 38 ff.). Es kann prognostiziert werden, dass diese Normen angesichts der inflationären Entwicklung der Miet- und Energiepreise eine verstärkte Anwendung erfahren werden und Darlehen angeboten werden. Grundsätzlich sind die angemessenen Kosten der Unterkunft und Heizung auch weiterhin als Zuschuss zu leisten (LSG NRW 3.12.20 – L 6 AS 1651/17; Miete, → 75; Wohngeld, → 127).

„Geldleistungen können als Beihilfe oder als Darlehen erbracht werden" (§ 36 Abs. 1 S. 3 SGB XII). In der Sozialhilfe muss Ermessen ausgeübt werden. Wenn trotz der Kann-Bestimmung kein Ermessen ausgeübt worden ist, war die Darlehensgabe rechtswidrig (LSG Niedersachsen-Bremen 24.6.2021 – L 8 SO 50/18). Dann können Sie bei Aufforderung zur Rückzahlung Widerspruch (→ 126) einlegen. Bei vorübergehenden Notlagen werden Schulden eher als Darlehen übernommen. Wenn Sie das Darlehen voraussichtlich nicht zurückzahlen können, ist eine Beihilfe sinnvoll. Bei Bürgergeld-Bezug *„sollen"* Miet- und Stromschulden als Darlehen übernommen werden (§ 22 Abs. 8 S. 4 SGB II). Beihilfen sind also nur in außergewöhnlichen Fällen möglich.

Hinsichtlich der nun gefestigten mietrechtlichen Rechtsprechung (BGH 13.10.21 – VIII ZR 91/20), das Mieter*innen bei Mietrückstand nicht mehr einfach nach § 569 Abs. 3 Nr. 2 BGB dem*r Vermieter*in die fällige Miete nachzahlen können, um die Wohnung zu sichern, da der*die Vermieter*in nun auch die Wohnung hilfsweise ordentlich kündigen darf, dürfte das zu Versagungen im gerichtlichen Eilrechtsschutz nach § 22 Abs. 8 SGB II und § 36 Abs. 1 SGB XII führen. Die gesetzlich geforderte „Sicherung der Unterkunft" kann den Ämtern aber nachgewiesen werden, falls der*die Vermieter*in sich schriftsätzlich bereit erklärt, bei Zahlung des Rückstandes durch das Amt auf die Kündigung/Räumung zu verzichten. Das sollte in solchen Fällen versucht werden (Hahn info also 02/2022, 51 ff.; → 41).

7. Darlehen für Auszubildende, Schüler*innen und Studierende

58 Für die Gruppe der Auszubildenden, Schüler*innen und Studierenden gelten eigenen Regelungen, was die Vergabe von Darlehen angeht.

7.1 Härtefalldarlehen

59 In *„besonderen Härtefällen"* ist es möglich, Auszubildenden (→ 14), Schüler*innen (→ 100) oder Studierenden (→ 110) ein Darlehen zu zahlen, auch wenn sie in der Regel keinen Anspruch auf Leistungen zum Lebensunterhalt nach SGB II/SGB XII haben (§ 7 Abs. 6 SGB II). Sind diese Personen dagegen in einer Bedarfsgemeinschaft, gelten die vorgenannten Regelungen zur Darlehensgewährung. Besondere Härte meint dabei nicht, dass die Ausbildung wegen fehlender Mittel nicht absolviert werden kann, sondern, dass der Leistungsausschluss als in hohem Maße unbillig erscheint. Dass diese strengen Regelungen, die Auszubildende, Schüler*innen und Studierende vor der vor dem Hintergrund des soziokulturellen Existenzminimums oft unzureichende BAföG oder BAB verweist, bleibt kritikwür-

dig. Dieser Meinung hat sich auch das Bundesverwaltungsgericht angeschlossen (BVerwG 20.5.2021 – 5 C 11.18). § 27 SGB II wurde nicht novelliert. Lediglich die Hinzuverdienstgrenzen im Bürgergeldgesetz wurden erhöht (Einkommen, → 37).

Eine Darlehensgewährung ist weiterhin im Wesentlichen nur bei folgenden Fallgruppen möglich:

a. Studierenden, die nicht bei den Eltern wohnen und die bei Ausbildungsbeginn mittellos sind, weil das BAföG-Amt zu viel Zeit für die Bearbeitung des Antrags benötigt,
b. Studierenden während des Abschlusssemesters, wenn aufgrund von Abschlussarbeit und Prüfungen eine zusätzliche Arbeit nicht zumutbar ist,
c. alleinerziehenden Studierenden, bei denen idR neben Studium und Erziehung eine zusätzliche Arbeit nicht zuzumuten ist,
d. sonstigen Härtefällen, zB der*die einkommenserzielende Partner*in ist verstorben und Fremdfinanzierung nicht möglich,
e. besonderen Bedarfen von Studierenden/Schüler*innen, zB für die Übernahme einer Mietkaution oder der Kosten für die Wohnungserstausstattung bei notwendigem Auszug aus dem Elternhaus,
f. Studierenden mit Behinderung, die voll erwerbsgemindert sind und aufgrund ihrer Behinderung das Studium nicht innerhalb der BAföG-Förderungshöchstdauer abschließen können (idR SGB XII-Anspruch),
g. Auszubildenden mit Behinderung mit Anspruch auf Ausbildungsgeld, die in einem Wohnheim oder Internat untergebracht sind und eine eigene Wohnung bewohnen, zur Finanzierung derselben oder
h. Geflüchteten, die eine Schulausbildung oder ein Studium absolvieren, ohne Anspruch auf BAföG, weil sie noch nicht lange genug in Deutschland sind (der Anspruch entsteht erst nach 15 Monaten Aufenthalt) und die keine anderen Ansprüche auf Leistungen zum Lebensunterhalt haben.

60 Wenn Auszubildende, Schüler*innen oder Studierende nicht erwerbsfähig sind, dh Sozialhilfe beziehen können, kann die Leistung *„als Beihilfe oder Darlehen gewährt werden"* (§ 22 Abs. 1 S. 2 SGB XII). Bei Erwerbsfähigen wird **nur** ein Darlehen gezahlt (§ 27 Abs. 3 S. 1 SGB II). Es sei denn, es handelt sich um Mehrbedarfsleistungen des § 27 Abs. 2 SGB II, zB Mehrbedarf bei kostenaufwändiger Ernährung, Schwangerschaft, Erstausstattung für und Bekleidung bei Schwangerschaft und Geburt oder um einen unabweisbaren laufenden Bedarf nach § 21 Abs. 6 SGB II, welcher **als Zuschuss** ohne Ermessen zu gewähren ist.

7.2 Darlehen bei Ausbildungsbeginn

61 Auszubildende (→ 14), die aus dem Bürgergeld-Bezug heraus eine Berufsausbildung beginnen und deren bedarfsdeckende Ausbildungsvergütung erst **am Ende des Monats** zufließt, können zur Überbrückung ein Darlehen beantragen (§ 27 Abs. 3 S. 4 SGB II).

7.3 Darlehen zur Sicherung der Unterkunft

62 Die Übernahme von **Miet- und Energieschulden** (→ 77; Strom, → 109) von Auszubildenden (→ 14), Schüler*innen (→ 100) und Studierenden (→ 110) ist als eigenständiger Anspruch **zum 1.8.2016** aus dem SGB II gestrichen worden.

Beziehen diese jedoch aufstockend SGB II-Leistungen, ist eine darlehensweise Übernahme der Mietschulden nach § 22 Abs. 8 SGB II durch das Jobcenter möglich.

Haben sie keinen Anspruch auf aufstockende SGB II-Leistungen, ist das Sozialamt für die Übernahme von Mietschulden zuständig (§ 36 SGB XII). Auch hier dürften anlässlich der inflationären Miet- und Energiekostensteigerung erleichterte Anspruchsvoraussetzungen zu prüfen sein. Verfassungsrechtlich sind durch die Beachtung des Existenzminimums auch unter Berücksichtigung der Abschaffung des Vorrangs der Vermittlung zum 1.1.2023 endlich auch durch Rechtsprechung gesicherte Ansprüche für die Personengruppen der Auszubildenden, Schüler*innen und Studierenden zu schaffen. Durch die vorübergehenden Erleichterungen der Leistungsgewährung anlässlich der nun weggefallenen Änderungen bzgl. der Covid-19-Pandemie, ist dieses Problem nun wieder im Vordergrund und sollte auch infolge der beim Bundesverfassungsgericht anhängigen Normenkontrollklage mit Widerspruch und Klage verfolgt werden.

8. Darlehen wird durch Forderungseinzug eingetrieben

63 Im Bürgergeld gilt:

Obwohl die Aufrechnung von Darlehen im SGB II verbindlich vorgeschrieben ist, geben manche Jobcenter die Forderungen an die Regionaldirektionen bzw. kommunale Kassen (Stadt- oder Kreiskasse) weiter, die den Forderungseinzug betreiben. Das ist zwar rechtswidrig, im Prinzip für Sie aber günstiger, weil damit die Möglichkeit der Aufrechnung im Leistungsbezug (§ 42a SGB II) entfällt. **Regionaldirektion/Stadt- oder Kreiskassen** sind wie normale Gläubiger, nur dass diese öffentlich-rechtlicher Natur sind. Beim Einzug der Forderung gilt die **Pfändungsfreigrenze** (→ 85; § 42 Abs. 4 SGB II), was idR im Leistungsbezug dazu führen wird, dass Sie gar nichts zahlen müssen, weil die Forderung bei Ihnen nicht gepfändet werden kann.

64 Regionaldirektion/Stadt- oder Kreiskassen sollten mit sozialen Belangen vertraut sein und **können** Ihnen verträgliche und geeignete Möglichkeiten der Tilgung, Stundung oder bis hin zum Erlass der Forderung anbieten, die Ihrer Leistungsfähigkeit und persönlichen Situation entsprechen. Auch wenn sich entsprechende **Zahlungsaufforderungen** nicht immer freundlich anhören und Ihnen eine 14-tägige Frist zur Begleichung der Forderung setzen, läuft das Verfahren regelmäßig glimpflicher ab. Diese Aufforderung an sich stellt keinen Verwaltungsakt dar, gegen den Sie Widerspruch einlegen können (BSG 26.5.2011 – B 14 AS 54/10 R). Die Regionaldirektion/Stadt- oder Kreiskasse ist nicht befugt, Mahngebühren zu erheben (BSG 26.5.2011 – B 14 AS 54/10 R, in Bezug auf das SGB II). Das kann nur das Jobcenter selbst, das ist aber nicht üblich.

Wenn Sie zahlen können, wird die Forderung nicht in einer Summe fällig, auch wenn das häufig dem ersten Schreiben zu entnehmen ist. Der Forderungseinzug „weiß", dass bei Ihnen nichts zu holen ist und man nur mit Geduld und „sozialverträglichen" Lösungen bei Ihnen Geld eintreiben kann. Im Umgang mit diesen Stellen ist in den meisten Fällen zu empfehlen, auf Schreiben zu **reagieren** und zB Tilgungsangebote zu machen oder Stundung, Niederschlagung bzw. Erlass zu beantragen (→ Rn. 67 f.) und das Vorliegen einer **Härte** mit Ihrer wirtschaftlichen und persönlichen Situation zu begründen. Diese Härte ist dann gegeben, wenn Sie durch die Tilgung weniger haben als beim Sozialleistungsbezug und das soziokulturelle Existenzminimum bzw. die Pfändungsfreigrenze damit unterschritten sind. Die Pfändungsfreigrenzen finden Sie im entsprechenden Beitrag (→ 85 Rn. 12 ff.).

Ebenfalls werden die Forderungen vollumfänglich geltend gemacht, wenn Sie aus dem SGB II-/SGB XII-Bezug zB wegen Aufnahme einer Arbeit oder Vermögenszufluss ausscheiden und der Leistungsträger zB deshalb nicht mehr aufrechnen kann. Beachten Sie, dass auch hier die Pfändungsfreigrenzen zu beachten sind und Ihnen bei mangelndem ausreichendem Vermögen nur Ratenzahlungen zuzumuten sind.

65 Was die **Tilgung** angeht, gibt es folgende Alternativen:

- Sie können die Darlehensforderung in kleinen Raten abstottern, zB auch in Kleinbeträgen von 5, 10 oder 20 EUR. In diesem Fall sollten Sie innerhalb der gesetzten Frist ein entsprechendes **Tilgungsangebot** unterbreiten, weil sonst Verzugszinsen anfallen. Wird mit Ratenzahlung getilgt, fallen regelmäßig **keine Zinsen** an.
- Wenn Sie in ein **Insolvenz**verfahren gehen, ist es unter Umständen sinnvoll, die Forderungen auflaufen zu lassen und im Vorfeld des Verfahrens keine Gläubiger mehr zu bedienen. Klären Sie das mit Ihrer Schuldnerberatung ab (→ 99).

66 In der **HzL/GSi der Sozialhilfe** gilt:

Forderungen gehen hier nur an die **Stadt- oder Kreiskasse**. Es gelten aber prinzipiell die gleichen Regeln wie beim Bürgergeld, die Pfändungsfreiheit ergibt sich aus § 54 SGB I.

9. Stundung und Erlass von Forderungen

67 Die Regionaldirektionen oder kommunalen Einzugsstellen sind seit Einführung von Hartz IV erheblich mit SGB II-/SGB XII-Forderungen beschäftigt. Deren Mitarbeiter*innen sind bei ihrer Arbeit täglich mit der Realität der Armut konfrontiert und sollten wissen, dass Bürgergeld- und Sozialhilfebeziehende mit Ihren Leistungen regelmäßig nur eingeschränkt oder gar keine Forderungen begleichen können.

Aus diesem Grund gibt es Vorschriften zur **Veränderung von Ansprüchen**, die entsprechenden Gestaltungsspielraum bieten (§ 34 Abs. 1, § 59 Abs. 1 BHO; entsprechend die jeweiligen LHO; § 76 Abs. 2 SGB IV, bei Forderungen nach dem SGB II entsprechend anzuwenden):

- die Forderung darf **gestundet** werden, *„wenn die Einziehung mit erheblichen Härten […] verbunden wäre und der Anspruch durch die Stundung nicht gefährdet wird"* (§ 59 Abs. Nr. 1 BHO),
- sie darf **niedergeschlagen** werden, *„wenn feststeht, dass die Einziehung keinen Erfolg haben wird"* oder der Behörde dadurch unverhältnismäßige Kosten entstehen (§ 59 Abs. 1 Nr. 2 BHO) und
- die Forderung darf **erlassen** werden, *„wenn die Einziehung nach Lage des einzelnen Falles […] eine besondere Härte bedeuten würde"* (§ 59 Abs. 1 Nr. 3 BHO).

Erlassen bedeutet auch teilerlassen. Erfahrungsgemäß sind einige Regionaldirektionen durchaus bereit, Teilerlasse gegen Ratenzahlungsangebote durchzuführen, oder gar Vergleiche: Der*die Schuldner*in zahlt in einer Summe einen Teil der Forderung – idR ein Drittel bis die Hälfte der Forderung –, der Rest wird danach erlassen.

68 **Tipp:** Wichtig ist, dass Sie die Gründe, die eine solche besondere Härte darstellen können, der Regionaldirektion darlegen und glaubhaft machen (→ Rn. 26 f.).

10. Informationen

69 Erlassregelungen eines kommunalen Jobcenters (Wuppertal) finden Sie hier: https://tacheles-sozialhilfe.de/informationen/weisungen-wuppertal.html.

Vereinbarungen, die Sie mit der Regionaldirektion usw über die Rückzahlung eines Darlehens oder sonstiger Forderungen treffen, sind öffentlich-rechtliche Verträge (→ 83; § 53 ff. SGB X). Diese sind zunächst für beide Seiten bindend.

Bei Unzumutbarkeit oder Änderung der Verhältnisse können Sie eine **Anpassung** verlangen. Ist diese nicht möglich, können Sie **kündigen** (§ 59 Abs. 1 SGB X).

Näheres finden Sie unter → Rn. 24 ff. und dem Beitrag öffentlich-rechtlicher Vertrag (→ 83).

11. Forderungen

70 Der Verein Tacheles hat in seiner Stellungnahme zum Referentenentwurf des Bürgergeldes Änderungsforderungen gestellt (abrufbar unter: https://www.tacheles-sozialhilfe.de/files/Aktuelles/2022/Tacheles-Stellungnahme-zum-Buergergeldgesetz-Final-22-08-2022-E.pdf), von denen lediglich die Absenkung der zehn- auf eine fünfprozentige Rückzahlungskürzung der Regelleistung ab dem 1.7.2023 umgesetzt wurden. Es bleibt jedoch weiterhin zu fordern:

- Den Verbrauch des Schonvermögens nicht zur Bedingung der Darlehensgewährung zu machen!
- Als Darlehensnehmer*innen nur die das Darlehen beantragenden Personen oder die zivilrechtlichen Vertragspartner*innen ohne Anwendung der Bedarfsgemeinschaftsvorschriften zu regeln!
- Keine Aufrechnung von Darlehen unter Verletzung des Existenzminimums durch Beachtung der allgemeinen Pfändungsfreigrenzen!

31 Datenabgleich

1. Automatisierter Datenabgleich 1
1.1 Abgleichzeiträume Bürgergeld 9
1.2 Abgleichzeiträume Sozialhilfe ... 10
2. Überprüfung von Kfz-Halter*innen ... 12
3. Sonstige Anfragen 14
3.1 Kontenabruf 16
3.2 Kontenabruf auch bei Bürgergeld-
Bezug möglich 17

3.3 Kontenabruf durch andere Sozialbehörden 19
3.4 Rechtsschutz gegen Kontenabrufverfahren? 20
4. Routinemäßige Datenabfrage ist verfassungswidrig 21

1. Automatisierter Datenabgleich

1 Grundsätzlich sollen Sozialdaten bei der betroffenen Person (§ 67a Abs. 2 S. 1 SGB X) erhoben werden. Ausnahmen sind in SGB X und SGB I nur unter engen Voraussetzungen vorgesehen. Dennoch: Die Jobcenter/ Sozialämter haben weitreichende Möglichkeiten, Daten automatisch mit anderen Stellen abzugleichen. Daten werden dann weder bei dem*r Betroffenen erhoben, noch muss die Datenerhebung erforderlich sein. Angeblicher Zweck: Eindämmung des missbräuchlichen Bezugs von Sozialleistungen.

2 Für **Bürgergeld/Sozialhilfe** gilt:
- Seit 1.8.2006 überprüfen die **Alg II-/Bürgergeld**-Behörden automatisch alle drei Monate zum 1.1., 1.4., 1.7. und 1.10. die entsprechenden Datenbestände (§ 52 Abs. 1 SGB II). Seit dem **1.8.2016** „können" Jobcenter sogar **jeden Monat** überprüfen. Der automatisierte Datenabgleich ist grundsätzlich vierteljährlich durchzuführen, sagt die BA. „*Abweichend hiervon können die Träger eigenverantwortlich entscheiden, ob der Abgleich mit Beschäftigungsdaten monatlich erfolgen soll*" (FW 52.3).
- Jobcenter würden „*dadurch früher über die Aufnahme einer Beschäftigung informiert werden und damit [können] Überzahlungen vermieden oder reduziert werden*".
- Die HzL-Behörde dagegen muss keine Daten abgleichen, sondern **kann** es (§ 118 Abs. 1 SGB XII).
- Daten dürfen nur bei Personen abgeglichen werden, die Leistungen beziehen, nicht bei Personen, die einen Antrag stellen oder keine Leistungen mehr beziehen. Das galt bis zum 31.7.2016 auch beim **Alg II/Bürgergeld**.

3 Seit 1.8.2016 dürfen Jobcenter auch Daten von Personen abgleichen, die **selbst nicht leistungsberechtigt** sind, aber mit Personen, die SGB II-Leistungen beziehen, **in einer Bedarfsgemeinschaft** leben (§ 52 Abs. 1 S. 2 SGB II). Das können zB Partner*innen bzw. Elternteile von Leistungsberechtigten sein, die das Regelrentenalter erreicht haben oder dauerhaft voll erwerbsgemindert sind.

Das gilt nicht für Personen, die nicht zur Bedarfsgemeinschaft, aber zum **Haushalt** gehören, zB Kinder, Jugendliche und junge Erwachsene, die mit eigenem Einkommen oder Vermögen ihren Lebensunterhalt sicherstellen können (§ 7 Abs. 3 Nr. 4 SGB II).

Hinsichtlich dieser Regelung für **Nicht**leistungsbeziehende werden erhebliche verfassungsrechtliche Bedenken angemeldet, weil sie einen schweren Eingriff in das Grundrecht auf informelle Selbstbestimmung darstellen und unverhältnismäßig sind (Eicher/ Luik/Harich SGB II § 52 Rn. 4a).

4 **Tipp:** Sollte das Jobcenter bei diesen Personen rechtswidrig Daten abfragen, können Sie die*den Beauftragte*n für Datenschutz (→ 32) einschalten.

5 Arbeitslosenbehörden müssen und Sozialämter können Daten abgleichen, um festzustellen,
- ob, in welcher Höhe und wann Sie Leistungen der gesetzlichen **Unfall- oder Rentenversicherung** beziehen oder bezogen haben,
- ob und in welchem Umfang Sie während des Leistungsbezugs sozialversicherungspflichtig oder geringfügig **beschäftigt** sind bzw. waren (Abgleich mit der Datenstelle der Rentenversicherungsträger; Schwarzarbeit, → 103),
- ob und in welcher Höhe Freistellungsaufträge beim Bundesamt für Finanzen und ausländische **Zinserträge** auf **Konten und Depots** innerhalb der EU bei der Bundeszentrale für Steuern registriert sind,
- ob die als Vermögen geschützte **Riester-Rente** noch dem Zweck der Altersvorsorge dient,
- ob, in welcher Höhe und wann Sie Leistungen der BA nach dem SGB III beziehen oder bezogen haben (§ 52 Abs. 1 Nr. 1–5 SGB II, § 118 Abs. 1 Nr. 1–4 SGB XII),
- ob, in welcher Höhe und wann Sie Leistungen bei einem anderen Träger der Sozi-

alhilfe beziehen oder bezogen haben (§ 118 Abs. 2 SGB XII); Letzteres kann nur das **Sozialamt** überprüfen. Und
- ob, in welcher Höhe und wann Sie von anderen Jobcentern Leistungen nach dem SGB II beziehen oder bezogen haben (§ 52 Abs. 1 Nr. 6 SGB II); Letzteres überprüfen nur die Jobcenter.

6 Das Jobcenter darf an die entsprechenden Stellen nur übermitteln:
- Name und Vorname,
- Geburtsdatum und -ort,
- Anschrift und
- Versicherungsnummer (§ 52 Abs. 2 SGB II).

7 Das Sozialamt darf darüber hinaus noch
- Nationalität und
- Geschlecht

übermitteln (§ 118 Abs. 1 S. 2 SGB XII).

8 Alle Daten, die das Jobcenter über Sie und Ihre Bedarfsgemeinschaften erhebt, können seit 1.8.2006 auch *„bei der Durchführung des automatisierten Datenabgleichs nach § 52 sowie bei der Bekämpfung von Leistungsmissbrauch"* (§ 51b Abs. 4 Nr. 4 und 5 SGB II) genutzt werden.

1.1 Abgleichzeiträume Bürgergeld

9 Beim Bürgergeld dürfen nur die Daten des **vorangegangenen Kalendervierteljahres** abgeglichen werden (§ 1 Abs. 1 S. 1 Verordnung über den automatisierten Datenabgleich bei Leistungen der Grundsicherung für Arbeitsuchende (GrSiDAV) zu § 52 Abs. 1 SGB II). Davon abweichend dürfen Daten für Freistellungsaufträge und Zinserträge auch für das **vorausgegangene Jahr** abgefragt werden (§ 1 Abs. 1 S. 2 GrSiDAV).

Immer wieder wird bekannt, dass Jobcenter Daten aus Zeiträumen ermitteln, die mehrere Jahre vor dem Leistungsbezug liegen. Diese Daten werden **rechtswidrig erhoben**, ihre Weitergabe ist unzulässig und sie dürfen aufgrund unzulässiger Erhebung nicht verwendet werden. Hier gilt das sogenannte **Beweisverwertungsverbot**.

1.2 Abgleichzeiträume Sozialhilfe

10 In der Sozialhilfe dürfen nur die Daten des vorangegangenen Kalendervierteljahres abgeglichen werden (§ 2 Abs. 2 Nr. 1 SozhiDAV zu § 118 SGB XII).

Die Sozialämter wollen *„zur Vermeidung rechtswidriger Inanspruchnahme von Sozialhilfe"* (§ 118 Abs. 4 SGB XII) mehr wissen als die Jobcenter.

Sie können mit den entsprechenden Stellen auch regelmäßig abgleichen,
- wann und wo Sie geboren sind,
- welchen Personen- und Familienstand Sie haben,
- wie lange, zu welcher Miete und wo Sie wohnen,
- seit wann und in welcher Höhe Sie Strom, Gas, Wasser, Fernwärme und Leistungen der Abfallentsorgung beziehen und
- ob Sie Kfz-Halter sind (§ 118 Abs. 4 Nr. 1–6 SGB XII).

11 **Grundsicherung der Sozialhilfe:**
Bei GSi-Beziehenden ist ein automatisierter Datenabgleich nicht zulässig (§ 118 Abs. 1 S. 1 SGB XII).

2. Überprüfung von Kfz-Halter*innen

12 **Sozialhilfe:**
Seit Januar 2023 gilt auch im SGB XII ein „angemessenes" Kfz als geschont (§ 90 Abs. 2 Nr. 10 SGB XII). Das BMAS geht hier in seiner dahin gehenden Weisung vom 29.11.2022 von 7.500 EUR aus, soweit der Wert eines Kraftfahrzeugs diesen Wert jedoch überschreitet, ist für den übersteigenden Betrag auch der Vermögensfreibetrag von 10.000 EUR nach § 90 Abs. 2 Nr. 9 SGB XII heranzuziehen, sofern dieser noch nicht erschöpft ist (BMAS 29.11.2022, Az.: Vb4–50240, Nr. 2.6, Abruf unter: https://tacheles-sozialhilfe.de/files/Weisungen /Sozi/2022/BMAS-22-11-29-BMAS-Infomati onsschreiben-Buergergeld-Gesetz.pdf, letzter Zugriff: 18.1.2023).

Um das zu prüfen, können Sozialämter im Wege des automatisierten Datenabgleichs mit dem Kraftfahrt-Bundesamt Daten über *„die Eigenschaft als Kraftfahrzeughalter"* abrufen. Das Bundesamt übermittelt bis zu einem Jahr nach dem Datum des Abgleichs Angaben darüber, ob Sie Fahrzeughalter*in waren oder sind bzw. ein Kfz stillgelegt oder abgemeldet haben. Fahrzeugtyp, Kennzeichen, Baujahr, Erstzulassung oder andere Daten, aus denen sich eine Vermutung über den Wert des Autos ableiten ließe, werden nicht übermittelt.

Auch abgemeldete Kfz sind Vermögen. Bei Anmeldung eines Kfz bzw. fehlender Angabe eines Kfz wird verschwiegenes Einkommen bzw. Vermögen unterstellt.

Wenn der Besitz eines nicht angegebenen Kfz bekannt wird, kann das bei Überschreitung der Schonvermögensgrenzen zu Rückforderungen von Sozialhilfe kommen, falls die Prüfung ergibt, dass der Wert des Kfz-Vermögens über den **Vermögens**freibeträgen (→ 119) lag.

13 **Bürgergeld:**
Hier ist der automatisierte Datenabgleich mit den Kfz-Zulassungsstellen abgeschafft. Neu eingeführt wurde die Möglichkeit „zur Bekämpfung von Leistungsmissbrauch" beim Kraftfahrt-Bundesamt. Es kann nun „Daten über ein Fahrzeug, für das die Person als Halter eingetragen ist", einholen, wenn es erforderlich ist (§ 52a Abs. 1 Nr. 1 SGB II). Es können Daten über Halter*in, Art, Hersteller und Typ des Fahrzeugs sowie das Kfz-Kennzeichen eingeholt werden (§ 39 Abs. 1 Nr. 5 und 11 Straßenverkehrsgesetz). Das Jobcenter hat aber keine Ermächtigung, einen regelmäßigen, automatisierten Datenabgleich beim Kraftfahrt-Bundesamt vorzunehmen. Die Abfrage ist nur dann zulässig, wenn sie zur Bekämpfung von Leistungsmissbrauch erforderlich ist (§ 52 Abs. 1 SGB II).

3. Sonstige Anfragen

14 „**Sozialbehörden**" dürfen außerdem, soweit dies „zur Bekämpfung von Leistungsmissbrauch erforderlich ist" (§ 52a Abs. 1 SGB II, entsprechend § 118 Abs. 4 SGB XII), Daten bei den **Melderegistern** abfragen. Das sind, neben den durch die oben genannten Abfragen ohnehin schon bekannten Daten, zB die früheren Adressen, Tag des Ein- und Auszugs, Vor- und Familiennamen sowie Anschrift des*r (getrennt lebenden) Ehegatten*Ehegattin / Lebenspartners*Lebenspartnerin usw.

15 Das Jobcenter „darf" bei Personen, die SGB II-Leistungen beantragt haben, beziehen oder bezogen haben, Auskünfte beim Ausländerzentralregister einholen (§ 52a Abs. 1 S. 1 Nr. 2 SGB II). Das „dürfen" fällt auch hier unter den Grundsatz, dass dies erforderlich sein muss. Dazu gehören die Grunddaten nach § 14 AZRG (Gesetz über das Ausländerzentralregister) und die abweichenden Daten nach § 18a AZRG. Ansonsten ist die Datenerhebung und Abfrage bei Ausländer*innen, die sich nicht nur vorübergehend (dh länger als drei Monate) in Deutschland aufhalten sowie Daten u.a. von Ausländer*innen, die einen Aufenthaltstitel haben oder hatten, sowie von solchen, die Asyl begehren, begehrt hatten oder anerkannte Asylbewerber*innen sind, zulässig (FW 52a.23). Eine solche Datenabfrage ist bei EU-Bürger*innen unzulässig (FW 52a.25).

3.1 Kontenabruf

16 Seit April 2005 können nicht nur Finanzämter, sondern auch Sozialbehörden auf eine Datenbank beim Bundesministerium für Finanzen (BMF) zugreifen. Aus dieser ist ersichtlich, welche*r Kontoinhabende (mit Geburtsdatum) welche Konten (oder Depots) mit welchen Kontonummern im Inland bei welcher Bank unterhält. Der Tag der Einrichtung bzw. Auflösung eines Kontos (Depots) kann ebenso abgefragt werden wie Name und Anschrift von Kontobevollmächtigten. Die Jobcenter können beim Bürgergeld bis zu sechs Monate vor dem Leistungsbezug abfragen (Geschäftsanweisung BA 27/2007, Rn. 5). Kontostände können nicht abgefragt werden. Die Zahl der Kontenabrufe beim Bundeszentralamt für Steuern hat sich mit 1,015 Millionen im Jahr 2021 gegenüber 2015 mehr als verdreifacht. Dies teilte die Bundesregierung in einer Antwort auf eine Kleine Anfrage mit (Drs. 19/26831). 16.088 Abrufe erfolgten von Jobcentern, 6.401 Abrufe von Sozialämtern.

3.2 Kontenabruf auch bei Bürgergeld-Bezug möglich

17 Kontenabruf war früher nur bei Beziehenden von HzL/GSi der Sozialhilfe möglich. Im August 2007 wurde er auch beim Alg II,

31 Datenabgleich

jetzt Bürgergeld, eingeführt (§ 93 Abs. 8 AO). Der Kontenabruf durch die jeweiligen Ämter muss aber geeignet, erforderlich und verhältnismäßig sein. Voraussetzung dafür ist, dass ein vorheriges Auskunftsersuchen der Behörde nicht zum Ziel geführt hat oder keinen Erfolg verspricht. Ebenso müssen Betroffene zuvor über die Möglichkeit des Kontenabrufs hingewiesen worden sein, wozu ein Hinweis auf Vordrucken oder Merkblättern ausreichen soll. Nach dem Kontenabruf **müssen Betroffene** über den Abruf und das Ergebnis **informiert werden** (Art. 14 DSGVO, § 93 Abs. 9 AO). Die Rechtmäßigkeit eines Kontenabrufs kann vom Sozialgericht überprüft werden (BVerfG 4.2.2005 – 2 BvR 308/04). Das BSG sieht das Kontenabrufverfahren als rechtmäßig und zur Bekämpfung von Leistungsmissbrauch erforderlich an (BSG 24.4.2015 – B 4 AS 39/14 R).

18 Ergibt der Kontenabruf, dass Sie über zwei oder drei Konten verfügen, obwohl Sie nur ein Konto angegeben haben, kann die Behörde von Ihnen verlangen, den Kontostand im Rahmen der Mitwirkungspflichten offenzulegen, um möglicherweise nicht angegebene Einnahmen oder Vermögen festzustellen. Das Kontenabrufverfahren bezieht sich auch auf PayPal, Prepaid-Kreditkarten und vergleichbare Bezahldienstkonten, denn diese müssen eine Bankzulassung haben und sind dadurch automatisch beim BMF erfasst.

3.3 Kontenabruf durch andere Sozialbehörden

19 Kontenabruf ist außerdem den Trägern der Kranken-, Renten- und Unfallversicherung erlaubt, und zwar bei Bezug von BAföG, Wohngeld, Erziehungsgeld, Unterhalt für Wehrdienstpflichtige und Leistungen der sozialen Wohnraumförderung. Sonst nicht.

3.4 Rechtsschutz gegen Kontenabrufverfahren?

20 Der Kontenabruf stellt einen sog. Realakt dar. Dieser ist nicht selbstständig anfechtbar. Zur Überprüfung der Rechtmäßigkeit des Kontenabrufs bleibt den Betroffenen entweder die rückwirkende Überprüfung des auf den Kontenabruf zurückzuführenden Leistungs- bzw. Rückforderungsbescheides oder die Feststellungsklage (→ 64) mit dem Ziel der Feststellung der Rechtswidrigkeit des Kontenabrufs. Die Unrechtmäßigkeit eines Kontenabrufs führt allerdings nicht regelmäßig zu einem Beweisverwertungsverbot.

Sie können nur im Rahmen der Feststellungsklage feststellen lassen, dass das Abrufverfahren rechtswidrig war, Sie können auch die*den Datenschutzbeauftragten (→ 32) einschalten und die Rechtswidrigkeit von dieser*m feststellen lassen. Etwaig überzahlte Gelder müssen Sie aber trotz rechtswidriger Datenerhebung zurückzahlen.

4. Routinemäßige Datenabfrage ist verfassungswidrig

21 Die routinemäßige und „anlasslose" Überprüfung aller Finanzdaten von Erwerbslosen im In- und EU-Ausland verstößt unserer Auffassung nach gegen das Grundrecht auf informationelle Selbstbestimmung (Art. 2 Abs. 1 iVm Art. 1 Abs. 1 GG). Es handelt sich nicht um eine Einzelfallprüfung zur Ermittlung von rechtsmissbräuchlichem Leistungsbezug, sondern um eine grundlose Regelüberprüfung. Es bestehen erhebliche Zweifel an der Angemessenheit und der Verfassungsmäßigkeit dieser Maßnahme, anlasslose Routineabrufe „ins Blaue hinein" sind „hart an der Grenze des verfassungsrechtlich zulässigen" (LPK-SGB II § 52 Rn. 8 ff.).

Denn grundsätzlich gilt, dass Sozialdaten bei der betroffenen Person selbst zu erheben sind (§ 67a Abs. 2 S. 1 SGB X). Flankiert wird dieser Grundsatz durch die Mitwirkungspflichten der Leistungsbeziehenden (vgl. § 60 Abs. 1 Nr. 1 SGB I). Eine Datenerhebung ist nur dann im Sinne von § 67a Abs. 1 S. 1 SGB X erforderlich, wenn sie nicht bei dem*r Betroffenen erhoben werden können. Daher halten wir anlasslose Datenanfragen für unzulässig.

22 „*Jeder Kontenabruf stellt einen Eingriff in das Grundrecht auf informationelle Selbstbestimmung dar*", erklärte der Bundesdatenschutzbeauftragte Ulrich Kelber in einer Stellungnahme vom 29.1.2020. Ebenso

wies er darauf hin, dass es im Jahr 2012 noch 72.000 solcher Abrufersuchen gab, im Jahr 2019 hingegen mehr als 900.000 Kontenabrufe durch Behörden durchgeführt wurden: „Ich bezweifle, ob die Kontenabrufe angesichts der seit Jahren steigenden Zahlen noch verhältnismäßig sind" (BdFI Pressemitteilung 02/2020).

32 Datenschutz

1. Sozialgeheimnis 1
2. Erhebung von Sozialdaten muss erforderlich sein 4
   2.1 Das Antragsformular bei Bürgergeld 5
   2.2 Erhebung von Vermieternamen ... 8
   2.3 Vorlage des vollständigen ungeschwärzten Arbeitsvertrags 9
   2.4 „Sozialdaten sind bei der betroffenen Person zu erheben" 10
      2.4.1 Erhebung von Sozialdaten bei Dritten? 11
      2.4.2 Gehaltsnachweis nur durch Bescheinigung der Arbeitgeber? 12
   2.5 Einreichung von Kontoauszügen .. 15
   2.6 Informationspflichten 16
3. Schutz von personenbezogenen Daten (Sozialgeheimnis) 19
   3.1 Ausnahmeregelung: Direktzahlung von Unterkunftskosten 22
4. Erhebung medizinischer Daten durch Sozialbehörden 30
5. Datenverarbeitung und -nutzung, datenschutzrechtliche Verantwortung 31
   5.1 Öffnung des Datenpools der BA für private Unternehmen/Träger .. 32
   5.2 Strafen bei Verstößen gegen den Datenschutz 37
   5.3 Löschung von Daten 42
   5.4 Berichtigung, Einschränkung der Verarbeitung, Widerspruch 43
6. Datenschutzbeauftragte 47
7. Kritik 53
8. Forderungen 56
9. Informationen 57

1. Sozialgeheimnis

1 Laut Bundesverfassungsgericht gehört das **Recht auf informationelle Selbstbestimmung** zu den Grundrechten aller Bürger*innen dieses Landes (BVerfG 15.12.1983 – 1 BvR 209/83). Es besagt, dass jede*r grundsätzlich selbst entscheiden kann, wann und innerhalb welcher Grenzen persönliche Sachverhalte offenbart werden. Das Bundesverfassungsgericht erklärt es für verfassungswidrig, *„wenn der Staat das Recht für sich in Anspruch nehmen könnte, den Menschen zwangsweise in seiner ganzen Persönlichkeit zu registrieren und zu katalogisieren, [...] und ihn damit wie eine Sache zu behandeln, die einer Bestandsaufnahme in jeder Beziehung zugänglich ist"* (BVerfG 16.7.1969 – 1 BvL 19/63).

Datenschutz ist der Sammelbegriff für alle allgemeinen gesetzlichen Regelungen, die das Recht auf informationelle Selbstbestimmung sichern sollen (§ 35 SGB I; §§ 67–85a SGB X).

2 **Sozialdaten** sind personenbezogene Daten, die von einem Leistungsträger (BA/Jobcenter/Sozialamt) im Hinblick auf ihre gesetzlichen Aufgaben verarbeitet werden (§ 67 Abs. 2 S. 1 SGB X). „Personenbezogene Daten" sind alle Informationen, die sich auf Sie und Ihre physische, physiologische, genetische, psychische, wirtschaftliche, kulturelle oder soziale Identität beziehen (Art. 4 Nr. 1 DSGVO). Vom „Verarbeiten" sind automatisierte Verfahren aber auch alle damit im Zusammenhang stehenden Maßnahmen umfasst: Erheben, Erfassen, Organisieren, Ordnen, Speichern, Anpassen, Verändern, Auslesen, Abfragen, Verwenden, Offenlegen, Verbreitung oder sonstige Bereitstellung, Abgleich, Einschränkung, Löschung, Vernichtung (Art. 4 Nr. 2 DSGVO).

Im Rahmen des Datenschutzes gilt: *„Jeder hat Anspruch darauf, dass die ihn betreffenden Sozialdaten [...] von den Leistungsträgern [BA/Jobcenter/Sozialamt] nicht unbefugt verarbeitet werden"* (§ 35 SGB I) Das ist das sogenannte **Sozialgeheimnis**.

3 **Schutzwürdig** sind also alle Angaben über Sie, nicht nur medizinische Gutachten, sondern zB auch Name, Anschrift oder der Umstand, dass Sie Bürgergeld oder HzL/GSi der Sozialhilfe beziehen.

32 Datenschutz

Behörden verstoßen dann nicht gegen den Datenschutz, wenn sie

- nur Sozialdaten erheben, die erforderlich sind,
- die Sozialdaten nur bei dem*r Betroffenen selbst erheben,
- den Zweck der Erhebung angeben oder
- die Erhebung nicht erforderlicher Daten auf einer Rechtsgrundlage beruht.

2. Erhebung von Sozialdaten muss erforderlich sein

4 *„Die Erhebung von Sozialdaten […] ist zulässig, wenn ihre Kenntnis zur Erfüllung einer Aufgabe der erhebenden Stelle […] erforderlich ist"* (§ 67a Abs. 1 SGB X; Art. 5 Abs. 1 lit. b, c DSGVO; LSG Hessen 29.1.2020 – L 4 SO 154/19 B).

Wenn Sie keine Nachweise über Ihr Vermögen oder keinen Nachweis über Mietzahlungen vorlegen würden, könnte die Behörde ihre Aufgabe, die Leistung zu berechnen, nicht erfüllen. Sie sind verpflichtet, entsprechende Angaben zu machen, wenn Sie Bürgergeld oder HzL/GSi der Sozialhilfe bekommen wollen (§ 60 SGB I; → 79).

2.1 Das Antragsformular bei Bürgergeld

5 Frühere Mängel im Antragsformular wurden bereits vor längerer Zeit behoben. Insbesondere beschränkt sich das aktuelle Antragsformular (Stand 01.2023) auf die Ermittlung des Einkommens und Vermögens von Mitgliedern der Bedarfsgemeinschaft. Es wird auch darüber informiert, dass automatisierte Datenabgleiche (§ 52 SGB II) zum Einkommen und Vermögen erfolgen (zB zu Arbeitsentgelten, Kapitalerträgen, Renten).

Früher wurde nach allen unterhaltspflichtigen Angehörigen außerhalb der Haushaltsgemeinschaft gefragt (mit Geburtsdatum, versteht sich). In der aktuellen Antragsfassung beschränken sich die Fragen auf tatsächlich relevante Umstände bzgl. des Unterhalts.

6 Die früher verwendeten Antragsformulare, mit denen massenhaft nicht erforderliche Daten erhoben wurden, wurden mittlerweile weitgehend korrigiert. Dennoch gilt es, im Einzelfall aufmerksam zu prüfen, ob die abgefragten Daten tatsächlich erforderlich sind. Das gilt vor allem, wenn Ihr Jobcenter selbstgestrickte Zusatzformulare verwendet, wie zB den *„Antrag auf einen Antrag"* oder Formulare, mit denen Sozialbehörden ermächtigt werden, selbst Einblick in Bankkonten vorzunehmen. Solche „Formulare" werden regelmäßig von Aufsichtsbehörden und Datenschutzbeauftragten „kassiert".

7 Tipp: Wenn Daten zur Erfüllung der Aufgaben der Behörde nicht erforderlich sind, *„besteht keine Auskunftspflicht, […] und keine Pflicht zur Vorlegung oder Auslieferung von Schriftstücken",* Akten und Dateien (§ 35 Abs. 3 SGB I). Lesen Sie zuerst das Antragsformular und die Ausfüllhinweise. Halten Sie einzelne abgefragte Informationen nicht für erforderlich, bemühen Sie sich um Aufklärung und Beratung dazu. Wenn dieses Bemühen scheitert, streichen Sie die entsprechenden Zeilen durch oder versehen Sie sie mit einem Fragezeichen. Antragsformulare, die aus sich heraus nicht eindeutig verständlich sind, verstoßen zudem gegen das Gebot der einfachen Verständlichkeit (§ 17 Abs. 1 Nr. 3 SGB I).

2.2 Erhebung von Vermieternamen

8 Vermieternamen sind für die Leistungsgewährung grundsätzlich unerheblich und dürfen daher nicht erhoben werden (BfDI vom 30.9.2021, Rundschreiben Nr. 8 zum Datenschutz in den gemeinsamen Einrichtungen (Jobcenter), abrufbar unter: https://www.bfdi.bund.de/SharedDocs/Downloads/DE/DokumenteBfDI/Rundschreiben/Jobcenter/8-Rundschreiben-Jobcenter-GF.pdf). Die Anlage KDU zum Bürgergeldantrag verlangt daher auch ausdrücklich keine Angaben zum Vermieternamen, es sei denn, es soll die Miete direkt an den*die Vermieter*in gezahlt werden. Wenn Sie Ihren Mietvertrag beim Jobcenter einreichen, heißt das, dass Sie den Namen des*der Vermieters*Vermieterin schwärzen dürfen.

2.3 Vorlage des vollständigen ungeschwärzten Arbeitsvertrags

9 Die Vorlage des Arbeitsvertrages ist grundsätzlich unerlässlich. Aber Arbeitsverträge enthalten oft Regelungen zur Ausgestaltung des Arbeitsverhältnisses etc, die nicht leistungsrelevant sind. Solche Passagen

229

dürfen geschwärzt werden (BfDI vom 28.6.2021, Rundschreiben Nr. 7 zum Datenschutz in den gemeinsamen Einrichtungen (Jobcenter), abrufbar unter: https://www.bfdi.bund.de/SharedDocs/Downloads/DE/DokumenteBfDI/Rundschreiben/Jobcenter/7-Rundschreiben-Jobcenter-GF.pdf).

2.4 „Sozialdaten sind bei der betroffenen Person zu erheben"

10 In § 67a Abs. 2 SGB X steht es explizit: *„Sozialdaten sind bei der betroffenen Person zu erheben"*; das ergibt sich auch aus Verfassungsrecht (LSG Hessen 17.4.2013 – L 4 SO 285/12 mwN). Allerdings können sich Betroffene auch durch eine*n Bevollmächtigte*n (→ 25) vertreten lassen – dann sind die Sozialdaten über die*den Bevollmächtigte*n zu erheben (§ 13 SGB X). Im SGB II gilt grds., dass der „Kopf der Bedarfsgemeinschaft" die gesamte BG vertritt (§ 38 SGB II). Zu dieser Beantragungs- und Geldentgegennahmebefugnis gehört aber nicht die Herausgabe von Sozialdaten dritter BG-Mitglieder. Wenn das Jobcenter Unterlagen über Einkommen und Vermögen haben möchte, muss es sich an die jeweilige bedürftige Person individuell wenden und diese im Rahmen der Mitwirkungspflichten auffordern, diese Unterlagen vorzulegen. Denn der § 38 SGB II regelt nur die Vermutung auf Bevollmächtigung zur Beantragung von SGB II-Leistungen und Geldentgegennahme von SGB II-Leistungen.

Das Antragsformular (Stand: 01.2023) enthält dazu nicht ganz zutreffende Hinweise:

„Sofern zu Ihrer Bedarfsgemeinschaft noch weitere Personen gehören, sollten Sie als Vertreterin/Vertreter beim Ausfüllen des Antrags alle Mitglieder einbeziehen und die wesentlichen sowie die sie betreffenden Angaben mit ihnen abstimmen. Stellen Sie zudem bitte sicher, dass alle Mitglieder alle notwendigen Informationen (zum Beispiel Bescheide) erhalten".

Zwar wird also darauf hingewiesen, dass Angaben zu den weiteren BG-Mitgliedern mit diesen abgestimmt werden sollten; es sollte jedoch eindeutig herausgestellt werden, dass Sie auch als „Kopf der BG" nicht befugt sind, Daten ohne Zustimmung der anderen BG-Mitglieder weiterzugeben und dass sich das Jobcenter im Falle der Verweigerung einer solchen Zustimmung direkt an das betreffende BG-Mitglied wenden wird.

2.4.1 Erhebung von Sozialdaten bei Dritten?

11 Bei Dritten dürfen Ihre Sozialdaten ohne Ihre Mitwirkung/Zustimmung vor allem dann erhoben werden, wenn eine Rechtsvorschrift das zulässt (§ 67a Abs. 2 Nr. 2a SGB X). Anrufe des Jobcenter bei Arbeitgebern, bei (ehemaligen) Vermieter*innen (BSG 25.1.2012 – B 14 AS 65/11 R) oder bei den Stadtwerken sind genauso wenig von einer Rechtsvorschrift gedeckt, wie das Ausforschen von Nachbar*innen (SG Düsseldorf 23.11.2005 – S 35 AS 343/05 ER, bezüglich der Befragung von Vermieter*innen). Wenn Sozialdaten berechtigt bei Dritten erhoben werden, muss die Behörde den Dritten auf seine Auskunftspflicht unter Nennung der Rechtsvorschrift hinweisen (§ 82a Abs. 2 SGB X) und Sie müssen umfassend informiert werden (§ 82a Abs. 1 SGB X; Art. 14 DSGVO: a) Bezeichnung der datenerhebenden Behörde, b) Kontaktdaten des zuständigen Datenschutzbeauftragten, c) Zweck und Rechtsgrundlage der Datenerhebung, d) Bezeichnung der erhobenen Daten, e) Bezeichnung der Empfänger personenbezogener Daten, f) Dauer der geplanten Datenspeicherung, g) Belehrung zu Auskunfts- Berichtigungs-, Löschungs-, Widerspruchs-, Beschwerderechten).

2.4.2 Gehaltsnachweis nur durch Bescheinigung der Arbeitgeber?

12 Die Höhe des Einkommens von Arbeitnehmer*innen oder der Zahlungszeitpunkt kann ohne Probleme durch Verdienstbescheinigungen / Arbeitsverträge / Kontoauszüge durch die Betroffenen nachgewiesen werden.

13 Wenn beispielsweise ein Arbeitsvertrag und Verdienstbescheinigungen vorgelegt wurden und sich daraus alle leistungsrelevanten Daten ergeben (Höhe des Arbeitsentgelts und Zeitpunkt der Auszahlung), dann darf das Jobcenter nicht zusätzlich auf das Formular „Einkommensbescheinigung – Vom Arbeitgeber auszufüllen" bestehen (BfDI vom 30.9.2021, Rundschreiben Nr. 8

32 Datenschutz

zum Datenschutz in den gemeinsamen Einrichtungen (Jobcenter): https://www.bfdi.bund.de/SharedDocs/Downloads/DE/Dokumente BfDI/Rundschreiben/Jobcenter/8-Rundschreiben-Jobcenter-GF.pdf?__blob=publicationFile&v=1, zuletzt abgerufen am 11.1.2023).

14 Wenn noch keine Nachweise zum Einkommen vorgelegt wurden, darf das Jobcenter ebenfalls nicht auf das Formular „Einkommensbescheinigung – Vom Arbeitgeber auszufüllen" bestehen. Der Zwang zur Vorlage des Formulars bei Ihrem oder Ihrer Arbeitgeber*in stellt einen stärkeren Eingriff in Ihre Datenschutzrechte dar, als die bloße Vorlage des Arbeitsvertrages. Daher hat die Vorlage des Arbeitsvertrags und gegebenenfalls der Verdienstbescheinigungen und Kontoauszüge Vorrang vor der Einholung einer Einkommensbescheinigung von dem oder der Arbeitgeber*in.

2.5 Einreichung von Kontoauszügen

15 Kontoauszüge sind eine der wichtigsten Informationsquellen für die Leistungsbehörden. Grundsätzlich ist daher die Einreichung von Kontoauszügen erforderlich und geboten und verstößt nicht gegen Datenschutzrecht (BSG 14.5.2020 – B 14 AS 7/19, Rn. 20 ff.). Die Daten auf den Kontoauszügen zu Empfänger*innen von Zahlungsabgängen dürfen geschwärzt werden, soweit diese Zahlungsabgänge nicht leistungsrelevant sind (BSG 14.5.2020 – B 14 AS 7/19, Rn. 22). Darauf muss die Behörde bei der Anforderung der Kontoauszüge auch hinweisen (BSG 14.5.2020 – B 14 AS 7/19, Rn. 23). Beim Nachweis von Einkommen bei Selbständigen dürfen Schwärzungen nicht mit dem Einwand vorgenommen werden, dass die Daten der Auftraggeber zu schützen seien – es sind also grundsätzlich ungeschwärzte Kontoauszüge vorzulegen (LSG Sachsen-Anhalt 31.8.2022 – L 5 AS 463/22 B ER). Zur Prüfung eines Leistungsantrags dürfen grundsätzlich Kontoauszüge bis rückwirkend drei Monate vor Antragstellung verlangt werden (BSG 14.5.2020 – B 14 AS 7/19, Rn. 22 mit weiteren Nachweisen).

2.6 Informationspflichten

16 Werden bei Ihnen direkt personenbezogene Daten erhoben, muss Ihnen die Behörde folgende Informationen geben, soweit die Behörde nicht sicher weiß, dass Sie diese Informationen bereits haben (Art. 13 DSGVO):

a) Namen und Kontaktdaten der erhebenden Behörde,
b) Kontaktdaten des*der zuständigen Datenschutzbeauftragten,
c) Zweck und Rechtsgrundlage für die Datenverarbeitung,
d) berechtigte Interessen der Behörde oder anderer, wenn die Datenerhebung mit der Wahrung solcher Interessen der Behörde oder anderer gerechtfertigt wird,
e) ggf. die Empfänger*innen der erhobenen Daten,
f) Dauer der Datenspeicherung – falls das nicht möglich ist: Kriterien für die Festlegung dieser Dauer,
g) Recht auf Auskunft; Recht auf Berichtigung; Recht auf Löschung; Recht auf Einschränkung der Verarbeitung; Widerspruchsrecht; Recht auf Datenübertragbarkeit,
h) ggf. Recht auf Widerruf der Einwilligung,
i) Recht auf Beschwerde bei einer Aufsichtsbehörde,
j) ggf. Verpflichtung zur Datenbereitstellung und mögliche Folgen bei Nicht-Bereitstellung sowie
k) ggf. Bestehen einer automatisierten Entscheidungsfindung inklusive involvierter Logik dabei und die Auswirkungen auf Sie.

17 Werden Daten über Sie bei anderen erhoben, dann sind Sie von der Behörde über Folgendes zu informieren (Art. 14 DSGVO):

a)–i) wie oben,
j) Kategorien der Daten, die verarbeitet werden,
k) Quelle der Daten und ggf. ob es eine öffentlich zugängliche Quelle ist sowie
l) ggf. Bestehen einer automatisierten Entscheidungsfindung inklusive involvierter Logik dabei und die Auswirkungen auf Sie.

18 Die Informationen müssen Ihnen in präziser, transparenter, verständlicher und leicht zugänglicher Form in einer klaren und einfachen Sprache gegeben werden, wobei Schrift-

lichkeit die Regel sein soll (Art. 12 Abs. 1 DSGVO).

3. Schutz von personenbezogenen Daten (Sozialgeheimnis)

19 *„Die Wahrung des Sozialgeheimnisses umfasst die Verpflichtung, auch innerhalb des Leistungsträgers sicherzustellen, dass die Sozialdaten nur Befugten zugänglich sind oder nur an diese weitergegeben werden"* (§ 35 Abs. 1 S. 2 SGB I). Die Realität genügt diesem Anspruch nicht immer: Im März 2015 war bekannt geworden, dass SGB II-Leistungsakten des Jobcenters des Kreises Steinfurt im öffentlichen Müll eines nahegelegenen Einkaufszentrums entsorgt wurden (vgl. dazu https://www.hartziv.org/news/201 50304-jobcenter-entsorgte-hartz-iv-akten-im -oeffentlichen-muell-eines-einkaufszent rums/).

Weder darf der Name von Erwerbslosen öffentlich aufgerufen werden, wenn sie zur Vorsprache gebeten werden, noch dürfen unbefugte Personen im selben Raum das Gespräch mithören, wenn Sie das nicht möchten. Der Bundesdatenschutzbeauftragte (BfDI) hat sogar die Verwendung des Jobcenterlogos auf Briefumschlägen des Jobcenters für unzulässig erachtet, da so unbefugten Dritten der Leistungsbezug bekannt wird (BfDI 27.5.2014 – II-302-2 II#1743).

20 Das Sozialgeheimnis innerhalb des *„Leistungsträgers"* soll durch das ALLEGRO-Programm gesichert werden. Verantwortlich für die Einhaltung datenschutzrechtlicher Vorgaben ist jeweils das bearbeitende Jobcenter, wobei durch ALLEGRO freilich eine zentrale Datenverarbeitung bundesweit besteht. Um unberechtigte Datenzugriffe innerhalb des „Leistungsträgers" zu verhindern, gibt es das sogenannte Rollen- und Berechtigungskonzept, womit sichergestellt werden soll, das jeweils nur der*die zuständige Sachbearbeiter*in auf Daten zugreifen kann, die er*sie für die Erledigung einer konkreten Aufgabe benötigt (Antwort der Bundesregierung auf eine kleine Anfrage am 12.7.2018, BT-Drs. 19/02916, insbes. Antwort zu Frage 4). Sollten Sie Anhaltspunkte dafür haben, dass in Ihrem Jobcenter unbefugte Mitarbeiter*innen Zugriff auf Ihre Daten haben, sollten Sie die*den Datenschutzbeauftragte*n einschalten.

21 Die Behörde darf weder Vermieter*innen noch Nachbar*innen und Verwandten mitteilen, dass Sie Leistungsempfänger*in sind. Sie darf auch die **Bank** auf dem Überweisungsbeleg nicht darüber informieren, dass Sie Sozialhilfe beziehen (BVerwG 23.6.1994 – 5 C 16.92, BVerwGE 96, 147). Das Gleiche gilt für Bürgergeld/GSi (BSG 25.1.2012 – B 14 AS 65/11 R; LSG Hessen 17.4.2013 – L 4 SO 285/12: zu Auskunftsverlangen gegenüber potenziell Unterhaltspflichtigen).

3.1 Ausnahmeregelung: Direktzahlung von Unterkunftskosten

22 2011 wurde die Ausnahme geschaffen, dass unter bestimmten Voraussetzungen Leistungen für Miete und Heizung direkt an Vermieter*innen und Energieversorger*innen zu zahlen sind. Das ist insbesondere der Fall, wenn bereits **Miet- oder Energierückstände** aufgelaufen sind oder wenn konkrete Anhaltspunkte für ein **krankheits- oder suchtbedingtes Unvermögen** vorliegen, die Mittel zweckentsprechend zu verwenden (§ 22 Abs. 7 SGB II).

23 Wenn Sie ausdrücklich beantragen, dass Miete und/oder Heizkosten direkt an den*die Vermieter*in und/oder Energieversorger gezahlt werden sollen, dann muss das Jobcenter dies auch tun (§ 22 Abs. 7 S. 1 SGB II).

24 In folgenden Fällen soll das Jobcenter auch ohne Ihre Einwilligung Direktzahlungen vornehmen:

1. Es bestehen Mietrückstände, die eine fristlose Kündigung durch den*die Vermieter*in rechtfertigen (§ 543 Abs. 2 Nr. 3 BGB);
2. Es bestehen Energiekostenrückstände, die zur Unterbrechung der Energieversorgung berechtigen (§ 19 StromGVV; dazu: Heindl/Liessem, Ursachen von Stromsperren in Privathaushalten: Empirische Ergebnisse aus der Allgemeinen Sozialberatung, in: Sozialer Fortschritt 67/2018, 595–619);
3. Es bestehen konkrete Anhaltspunkte für ein krankheits- oder suchtbedingtes Un-

vermögen, die Mittel zweckentsprechend zu verwenden;
4. Sie sind im Schuldverzeichnis eingetragen und es bestehen konkrete Anhaltspunkte dafür, dass Sie die Mittel nicht zweckentsprechend verwenden.

Diese Aufzählung ist nicht abschließend. Das Jobcenter kann also auch ähnliche Gründe anführen, die zur Annahme führen, dass die Mittel nicht zweckentsprechend verwendet werden, zB die früher bereits notwendig gewordene Schuldenübernahme.

25 Rechtsprechung und Datenschutzbeauftragte werden zu klären haben, wie lange eine solche behördliche Entmündigung wirken darf. Wir sind der Auffassung, dass eine Direktzahlung nur zulässig ist, solange konkrete Anhaltspunkte bestehen, dass die Gefahr einer nicht dem Zweck entsprechenden Verwendung der Mittel weiterhin vorhanden ist und die Direktzahlung ausschließlich in Ihrem Interesse ist.

26 Die klassische Entmündigung durch die Bestellung eines Vormundes für Volljährige wurde 1992 abgeschafft. Dafür gab es zahlreiche Gründe, u.a. die diskriminierende und stigmatisierende Wirkung einer solchen Entmündigung und nicht zuletzt auch die gesundheitsgefährdende Komponente (BT-Drs. 11/4528, 49 f.). Ziel des Sozialstaats im Allgemeinen und des SGB II im Besonderen soll es sein, den Hilfebedürftigen zu helfen! Eine Entmündigung ohne Ihren Willen oder gegen Ihren Willen wird jedoch in der Regel zu einer Verschärfung der Hilfebedürftigkeit, auf keinen Fall aber zu einer Besserung führen. Hier umgeht der Gesetzgeber die Abschaffung der altertümlichen Entmündigung und führt sie teilweise wieder ein. Das ist ein gesellschaftlicher Rückschritt. Im Ergebnis muss Ihr Wille den Ausschlag geben und die Verminderung der Hilfebedürftigkeit muss im Zentrum jeder Überlegung stehen. Gegen die so verstandene Direktzahlung zur Abwendung einer konkreten Notsituation ist nichts einzuwenden. Eine dauerhafte Direktzahlung gegen Ihren Willen muss jedoch unzulässig sein. Das Jobcenter hat stattdessen geeignete Hilfemaßnahmen vorzuschlagen, die die Ursache der Zweckfremdung der Mittel angehen (SG Dresden 16.5.2014 – S 12 AS 3729/13: bevor belastende Maßnahmen erfolgen, sind ggf. Betreuungs- und Unterstützungsleistungen zur psychischen, sozialen und rechtlichen Stabilisierung zu gewähren). Es wäre wünschenswert, dass das Gesetz hier entsprechend angepasst wird und zumindest eine enge zeitliche Vorgabe eingeführt wird.

27 Soweit auf eine Eintragung im Schuldnerverzeichnis abgestellt wird (→ Rn. 24), stellt sich die Frage, wie das Jobcenter von diesem Umstand Kenntnis erlangen soll. Die Jobcenter dürfen nicht bei allen Bürgergeld-Beziehenden oder Antragstellenden die Vorlage eines Auszugs aus dem Schuldnerverzeichnis verlangen. Das kommt nur dann in Frage, wenn eine Entscheidung über die Frage „Direktzahlung ja oder nein?" getroffen werden muss. Erklären Sie sich zB „freiwillig" mit einer Direktzahlung einverstanden, ist die Vorlage eines Eintrages im Schuldnerverzeichnis nicht erforderlich.

28 In der Vergangenheit gab es Fälle, in denen Jobcenter im Zusammenhang mit Bürgergeld-Anträgen Schufa-Auskünfte verlangt haben. Ein solches Verlangen ist definitiv unzulässig, weil es für die Leistungsgewährung nicht erforderlich ist (§ 67a Abs. 1 S. 1 SGB X) und deswegen auch nicht zu den Mitwirkungspflichten nach § 60 Abs. 1 Nr. 3 SGB I gehört.

29 Das Amt kann den Schuldnerlisteneintrag auch selbst beim Amtsgericht anfordern. Das kann jede*r. Aber auch hier gilt, dass die Behörde nicht per se ermitteln darf, sondern nur in Fällen, in denen konkrete Anhaltspunkte für eine nicht zweckentsprechende Verwendung der Mittel vorliegen.

4. Erhebung medizinischer Daten durch Sozialbehörden

30 Für Näheres schauen Sie unter dem Beitrag Amtsarzt*Amtsärztin (→ 6 Rn. 13).

5. Datenverarbeitung und -nutzung, datenschutzrechtliche Verantwortung

31 Wer Daten verarbeitet und nutzt (hier die Jobcenter), trägt auch die datenschutzrechtliche Verantwortung. Das heißt, es müs-

sen geeignete technische und organisatorische Maßnahmen umgesetzt werden, um sicherzustellen, dass die gesetzlichen Vorgaben zum Schutz Ihrer Rechte und Freiheiten auch eingehalten werden.

5.1 Öffnung des Datenpools der BA für private Unternehmen/Träger

32 *„Die Träger der Leistungen nach diesem Buch dürfen abweichend von § 80 Abs. 5 des Zehnten Buches zur Erfüllung ihrer Aufgaben nach diesem Buch einschließlich der Erbringung von Leistungen zur Eingliederung in Arbeit und Bekämpfung von Leistungsmissbrauch nichtöffentliche Stellen mit der Erhebung, Verarbeitung und Nutzung von Sozialdaten beauftragen, auch soweit die Speicherung der Daten den gesamten Datenbestand umfasst"* (§ 51 SGB II; sinngleich § 395 Abs. 2 SGB III).

Nicht öffentliche Stellen sind zB private Arbeitsmakler*innen, private Maßnahmenträger*innen bzw. von Arbeitsagentur und Sozialamt gemeinsam gebildete private Stellen, aber auch Telefonbefragungen durch Call-Center, die damit Hoheitsaufgaben zugewiesen bekommen, oder Rechtsanwaltskanzleien, die Jobcenter im Widerspruchsverfahren oder vor Gericht vertreten (Definition: § 67 Abs. 11 SGB X).

33 Der Einsatz von verdeckt ermittelnden sogenannten Sozialdetektiv*innen dürfte bestenfalls in extremen Missbrauchsverdachtsfällen zulässig sein. Die Einschaltung solcher „nicht öffentlicher Stellen" entbindet nicht von der Pflicht, Ihnen stets Auskunft darüber zu geben, wer welche Daten zu welchem Zweck über Sie erhebt, verarbeitet, speichert usw. Der verfassungsrechtliche Grundsatz, dass Sie entscheiden sollen, ob und welche Sozialdaten das Jobcenter oder Sozialamt erhält, muss beachtet werden – darüber hinaus kann auch nur mit Ihrer Einbindung in die Datenerhebung gesichert werden, dass nicht etwa unzutreffende oder nicht mehr aktuelle Daten ermittelt werden (LSG Thüringen 25.11.2010 – 3 KO 527/08, Rn. 42 mVwa SFMK/Mann SGB VIII § 62 Rn. 31 mwN). Aber die „nicht öffentlichen Stellen" sollen vor allem in Fällen des Missbrauchsverdachts eingeschaltet werden, so

dass oft die Information an Sie unterbleiben wird, weil sonst der Zweck der Maßnahme gefährdet würde (vgl. § 82 Abs. 2 SGB X iVm Art. 14 Abs. 5 lit. c). Der Grund für die „verdeckte Ermittlung" muss aktenkundig gemacht werden (§ 82 Abs. 3 S. 2 SGB X) und die Öffentlichkeit muss über die Maßnahme informiert werden (§ 82 Abs. 3 S. 1 SGB X). Sie müssen so schnell wie möglich über die Maßnahme informiert werden – spätestens 2 Wochen nachdem die Maßnahme abgeschlossen wurde (§ 82 Abs. 4 SGB X).

34 Die „nicht öffentlichen Stellen" haben sich an die gleichen Datenschutzregelungen zu halten, wie die Jobcenter und Sozialämter selbst. Die Jobcenter und Sozialämter haben sich von den „nicht öffentlichen Stellen" eine entsprechende Verpflichtung geben zu lassen (§ 78 Abs. 1 S. 2 SGB X). Schließlich muss das Bundesministerium für Arbeit und Soziales bzw. das zuständige Landessozialministerium schriftlich über die Beauftragung einer „nicht öffentlichen Stelle" informiert werden (§ 80 Abs. 1 SGB X).

35 Die Erhebung und Verarbeitung von Sozialdaten im Auftrag durch nichtöffentliche Stellen ist aber **nur zulässig**, *„wenn 1. beim Verantwortlichen sonst Störungen im Betriebsablauf auftreten können oder 2. die übertragenen Arbeiten beim Auftragsverarbeiter erheblich kostengünstiger besorgt werden können"* (§ 80 Abs. 3 SGB X). Es dürfen sogar private Rechenzentren im Ausland, bzw. „anderen Mitgliedstaat der Europäischen Union" und „Vertragsstaaten des Abkommens über den Europäischen Wirtschaftsraum und die Schweiz" eingeschaltet werden (§ 80 Abs. 2 SGB X, § 35 Abs. 7 SGB I).

36 Die Nutzung von Call-Centern als „nichtöffentliche Stellen" ist eine Entscheidung der jeweiligen Jobcenter-Trägerversammlung. Ob und wenn ja, welche vertragliche Regelungen zwischen Jobcenter und Call-Center in Bezug auf den Datenschutz bestehen, können Sie mithilfe eines Antrags nach dem Informationsfreiheitsgesetz erfahren (→ 120).

5.2 Strafen bei Verstößen gegen den Datenschutz

37 Werden Sozialdaten unbefugt erhoben oder verarbeitet bzw. zum Abruf bereitgehalten (dh nicht gelöscht), können Sie eine Ordnungswidrigkeitenanzeige erstatten (§ 85a Abs. 1 SGB X iVm § 41 BDSG). Im Fall eines Verstoßes kann eine Geldbuße von bis zu 20 Mio. EUR verhängt werden – die Geldbuße muss wirksam, verhältnismäßig und abschreckend sein (Art. 83 DSGVO). Aber: Die DSGVO normiert nur die Möglichkeit, Unternehmen und sonstige nicht-öffentliche Stellen zu sanktionieren. Für Behörden und öffentliche Stellen wird es den Mitgliedstaaten freigestellt, ob die Verhängung von Bußgeldern ermöglicht werden soll (Art. 83 Abs. 7 DSGVO). § 85a Abs. 3 SGB X setzt das um und schreibt vor, dass gegen eine Behörde kein Bußgeld erhoben werden darf. Gerechtfertigt wird diese Regelung damit, dass zum einen Behörden ohnehin verfassungsrechtlich zum gesetzmäßigen Handeln verpflichtet sind und es zum anderen mit der Amtshaftung bereits ein Mittel zur Ahndung von Rechtsverstößen gäbe, so dass ein Bußgeldverfahren entbehrlich sei (SJTK/Schwartmann/Jacquemain DS-GVO Art. 83 Rn. 16 mVwa Paal/Pauly/Frenzel DS-VGO Art. 83 Rn. 27 f.; BeckOK DatenschutzR/Holländer DS-GVO Art. 83 Rn. 79.1).

38 Ein Bußgeldverfahren gegen konkrete Mitarbeitende der Behörde ist ebenfalls ausgeschlossen (Kühling/Martini DS-GVO S. 275). Allerdings kann hier eine strafrechtliche Sanktionierung greifen (Art. 84 DSGVO iVm § 83 Abs. 1 SGB X iVm § 42 Abs. 1 und 2 BDSG).

39 Kritik: Das Argument, dass die Behörden ohnehin an das Gesetz gebunden und damit Sanktionen nicht erforderlich seien, überzeugt nicht. Gerade diese Pflicht zu gesetzmäßigem Handeln muss zwingend eine spürbare Folge für den Fall eines Verstoßes nach sich ziehen (vgl. Kühling/Buchner/Bergt DS-GVO Art. 83 Rn. 26). Die erlebte Praxis des real existierenden Behördenverhaltens gibt auch keinen Anlass dazu, anzunehmen, dass eine Sanktionierung von Rechtsverstößen entbehrlich sei. Es wird zu beobachten sein, ob es Feststellungen zu Datenschutz-Verstößen geben wird und ob diese Feststellungen zu einer nachhaltigen Abhilfe führen werden. Ergeben sich Anhaltspunkte, dass Behörden wiederholt gegen Datenschutzrecht verstoßen, muss der Gesetzgeber handeln und Bußgelder gegen Behörden ermöglichen.

40 Zum Verweis auf die Amtshaftung ist anzumerken, dass die Möglichkeit der Amtshaftung sicher kein geeignetes Mittel als „Ersatz" für ein Bußgeld sein kann. Im Bußgeldverfahren müssen Sie lediglich eine Anzeige machen und danach muss von Amts wegen ermittelt werden – Sie werden weder inhaltlich noch finanziell weiter mit diesem Verfahren belastet. Einen Amtshaftungsanspruch müssen Sie dagegen darlegen und beweisen und im Zweifel vor dem zivilrechtlichen Landgericht einklagen. Dort fallen Gerichtskosten an und es besteht Anwaltszwang, so dass für Sie ein dreifaches Kostenrisiko entsteht (Gerichtskosten, eigene Anwaltskosten, gegnerische Anwaltskosten). Ein Staat, der effektiv für eine Einhaltung der Gesetzmäßigkeit der Verwaltung sorgen will, würde seine Bürger*innen nicht auf die Amtshaftung verweisen!

41 Ob ein Bußgeld gegen die Behörde selbst sinnvoll wäre, mag bezweifelt werden, da sich die Frage stellen würde, aus welchem Budget solche Bußgelder (bis zu 20 Mio. EUR: Art. 83 DSGVO) gezahlt werden sollten. Daher erschiene es sachgerechter, die Bußgelder gegen den Rechtsträger (also in der Regel die Kommune, das Land oder den Bund) zu richten. Damit dürfte die Motivation gesteigert werden, für eine gesetzmäßige Verwaltung zu sorgen.

5.3 Löschung von Daten

42 Um festzustellen, ob Daten unbefugt gespeichert werden, haben Sie das Recht auf Akteneinsicht (→ 2) bzw. Einsicht in Ihre Dateien (§ 83 SGB X iVm Art. 15 DSGVO). *„Die betroffene Person hat das Recht, von dem Verantwortlichen eine Bestätigung darüber zu verlangen, ob sie betreffende personenbezogene Daten verarbeitet werden; ist dies der Fall, so hat sie ein Recht auf Auskunft über diese personenbezogenen Daten"* (Art. 15 Abs. 1 DSGVO: mit weiteren konkreten Informationen, die an Sie herauszuge-

ben sind). Sie können verlangen, dass über Sie erhobene Daten gelöscht werden, wenn zB a) die Daten für die Behörde nicht mehr notwendig sind (vgl.: LSG Berlin-Brandenburg 30.4.2019 – L 26 AS 2621/17: Anspruch auf Löschung einer Kopie des Personalausweises in der Leistungsakte), b) Sie eine nötige Einwilligung widerrufen haben, c) Sie Widerspruch gegen die Datenverarbeitung eingelegt haben und die Behörde keine guten Gründe für die weitere Speicherung hat, d) die Daten rechtswidrig erhoben wurden (§ 17 Abs. 1 DSGVO iVm § 84 SGB X). Sie können einen Nachweis verlangen, dass gelöscht wurde, in dem Sie zB erneut Einsicht in Ihre Daten nehmen.

5.4 Berichtigung, Einschränkung der Verarbeitung, Widerspruch

43 Neben der Löschung können Sie auch die Berichtigung von Daten verlangen, wenn diese unzutreffend sind (Art. 16 DSGVO iVm § 84 SGB X). Das Recht auf Einschränkung der Verarbeitung umfasst vor allem die Pflicht der Behörde, vor einer Verarbeitung Ihre Einwilligung einzuholen. Ihre Einwilligung ist in solchen Fällen nur entbehrlich, wenn das dem Schutz berechtigter Interessen anderer dient oder wichtige öffentliche Interessen betroffen sind (Art. 18 Abs. 2 DSGVO). Ihr Recht auf Einschränkung können Sie geltend machen, wenn a) Sie die Richtigkeit erhobener Daten in Zweifel ziehen (für den Zeitraum, den die Behörde zur Überprüfung braucht), b) die Daten rechtswidrig erhoben wurden, Sie aber die Löschung ablehnen, c) die Behörde die Daten nicht mehr benötigt, für Sie aber die weitere Speicherung von Interesse ist, um Ihre Rechtsansprüche nicht zu gefährden, d) Sie Widerspruch gegen eine Datenverarbeitung erhoben haben (für den Zeitraum der Prüfung, ob Ihre Interessen oder die der Behörde überwiegen) (Art. 18 Abs. 1 DSGVO iVm § 84 SGB X).

44 Gegen die Verarbeitung aller Sie betreffender Daten können Sie grds. jederzeit Widerspruch erheben – eine bestimmte Form oder Frist muss nicht eingehalten werden (Art. 21 Abs. 1 DSGVO). Auf dieses Recht sind Sie von der Behörde bei der ersten Antragstellung in einer verständlichen und von anderen Informationen getrennten Form hinzuweisen (Art. 21 Abs. 4 DSGVO). Der Widerspruch hemmt die weitere Verarbeitung Ihrer Daten, es sei denn, die Behörde kann „zwingende schutzwürdige Gründe" dagegen anführen (Art. 21 Abs. 1 S. 2 DSGVO). Wenn eine Rechtsvorschrift zur Datenverarbeitung verpflichtet oder ein zwingendes öffentliches Interesse an der Datenverarbeitung besteht, dann soll das Widerspruchsrecht entfallen (§ 84 Abs. 5 SGB X). Aus unserer Sicht verstößt dieser Ausschluss des Widerspruchsrechts gegen die DSGVO. Wenn ein öffentliches Interesse oder eine Rechtsnorm die Datenverarbeitung rechtmäßig machen, dann wird der Widerspruch scheitern – das Recht auf Widerspruch für solche Fälle vollständig zu versagen, erscheint rechtsstaatsfeindlich. Denn in einem Rechtsstaat ist der effektive Rechtsschutz (Art. 19 Abs. 4 GG bzw. Art. 13 EMRK) ein hohes Gut. Es kann auch nicht gesagt werden, dass der Widerspruchsausschluss notwendig wäre, denn in diesen Fällen hat der Widerspruch keine datenverarbeitungshemmende Wirkung. Europarechts- und verfassungsrechtskonform kann § 84 Abs. 5 SGB X also nur so ausgelegt werden, dass der direkte Weg zum Sozialgericht eröffnet ist. Ob das vom Gesetzgeber gewollt war?

45 Nach Art. 23 DSGVO darf der Gesetzgeber u.a. das Widerspruchsrecht grds. beschränken. Der hier kritisierte Ausschluss von Widersprüchen kann darauf aber nicht gestützt werden. Art. 23 DSGVO verlangt bestimmte, sehr gewichtige Gründe für die Beschränkung von Rechten (Abwehr von Gefahren für Staat und Gesellschaft; Kampf gegen Kriminalität uÄ) und verlangt zudem, dass der Wesensgehalt des beschränkten Rechts nicht berührt wird und der Grundsatz der Verhältnismäßigkeit beachtet wird. Ein Widerspruch gegen eine Datenverarbeitung, die vermeintlich im zwingenden öffentlichen Interesse steht, wird die nationale Sicherheit jedoch nicht gefährden – stattdessen dürfte aber der Wesensgehalt des Widerspruchsrechts (effektiver Rechtsschutz gegen jede staatliche belastende Maßnahme) berührt sein.

46 Für Sie bleibt festzuhalten: Sie erheben stets Widerspruch, wenn Sie Zweifel an der Rechtmäßigkeit einer Datenerhebung bzw. -verarbeitung haben – wenn Ihnen das Widerspruchsrecht abgestritten wird, gehen Sie direkt zum Sozialgericht. Die mit dem neuen Recht entstandenen schwierigen, offenen Rechtsfragen müssen nicht Sie klären.

6. Datenschutzbeauftragte

47 Für das **Bürgergeld** gilt:
- Wenn die Behörde unzulässige Daten von Ihnen erheben will oder erhebt, haben Sie das Recht, sich an die*den zuständige*n Datenschutzbeauftragte*n des Bundes zu wenden (§ 81 SGB X). Damit können Sie Druck auf die Behörden ausüben, sich an die Gesetze zu halten.
- Für die Jobcenter, die als gemeinsame Einrichtung von BA und kommunalen Trägern organisiert sind, ist der*die Bundesdatenschutzbeauftragte zuständig (§ 50 Abs. 4 S. 3 SGB II).
- Für Jobcenter, die unter der alleinigen Verantwortung der Kommune stehen (Optionskommunen), ist der*die jeweilige Landesdatenschutzbeauftragte zuständig (§ 6a SGB II).

48 Allerdings hat die frühere christlich-soziale Koalition „*kafkaeske Zustände*" geschaffen, mit denen die gesetzlich vorgeschriebene Kontrolle durch die Datenschutzbeauftragten ausgehebelt wird (http://www.dvs-buch.de/pdf/lf_datenschutz.pdf, S. 6, letzter Zugriff: 15.2.2023). Jobcenter, Kommunen und BA schieben die Schuld für Verstöße gegen den Datenschutz auf den jeweils anderen, so dass sich keiner für zuständig erklärt. Das Unabhängige Landeszentrum für Datenschutz Schleswig-Holstein/ULD formulierte vorsichtig: „*Ein Schelm könnte den Eindruck haben, hier würden bürokratische Abläufe aufgebaut, um die Arbeitslosen daran zu hindern, ihre Rechte wahrzunehmen. Die aktuellen Verhältnisse führen tatsächlich dazu.*"

49 Falls Sie auch an anderer Stelle Beschwerde (→ 22) einreichen wollen: Für den Teil des Jobcenters in gemeinsamer Trägerschaft, der der BA unterliegt, wird die **Fachaufsicht** an die Regionaldirektionen der BA delegiert (§ 47 Abs. 1 SGB II). Für den kommunalen Teil des Jobcenters und bei den zugelassenen kommunalen Trägern (Optionskommunen) obliegt die Fachaufsicht den jeweiligen Landesbehörden (§ 47 Abs. 2 SGB II).

50 **Tipp**: Wenn Sie sich zur Überprüfung möglicher Datenschutzverstöße der Jobcenter an die*den falsche*n Datenschutzbeauftragte*n oder die falsche Fachaufsicht gewendet haben, wird diese*r Ihre Anfrage gewiss an die richtige Stelle weiterleiten. Grds. dürfte es freilich nie zu Unklarheiten kommen, da Sie von der Behörde stets über die*den zuständige*n Datenschutzbeauftragte*n zu informieren sind (§ 82a Abs. 1 SGB X; Art. 14 DSGVO).

51 In der HzL/GSi der Sozialhilfe sind die Landesbeauftragten für Ihre Datenschutzeingaben zuständig. Die Fachaufsicht liegt bei der Bezirksregierung.

52 **Tipp**: Datenschutzbeauftragte haben sich in einer Reihe von Fragen positiv für die Rechte von Leistungsbeziehenden engagiert. Viele leistungsrelevante Sachverhalte betreffen den Datenschutz. Eine Unterstützung durch Datenschutzbeauftragte ist kostenlos. Nehmen Sie sie ruhig in Anspruch! Wenn sich Datenschutzbeauftragte zu Ihrer Eingabe äußern, übersenden Sie die Stellungnahme bitte an Tacheles eV, damit sie ggf. weiter veröffentlicht werden kann.

7. Kritik

53 Wenn der Grundsatz des Sozialgeheimnisses tatsächlich ernst genommen werden soll, dann muss das gesamte System der Datenerhebung und -verarbeitung bei Jobcentern überarbeitet werden. Die Antragsformulare sind bereits so umfangreich und kompliziert, dass sie eine erhebliche Barriere beim Zugang zu Leistungen darstellen. Ein Indiz dafür, dass die Antragsformulare zu kompliziert sind, ist auch der Umstand, dass während der Covid-19-Pandemie „vereinfachte Antragsformulare" verwendet wurden, da „untypische" Klientelen Alg II (heute Bürgergeld) beantragen mussten (insbesondere pandemiegeschädigte Unternehmer*innen).

54 Die Datenerhebung zum Umfeld des*r Hilfebedürftigen geht zu weit: Das Konstrukt der Bedarfsgemeinschaft, das die Unterhaltsregeln des BGB umgeht, die zwingende Beteiligung des Arbeitgebers bei der Datenerhebung usw lassen den Eindruck entstehen, dass jede*r, die*der sich mit einem*r Hilfebedürftigen einlässt, überprüft werden soll. Hier wäre eine Abkehr vom System des Generalverdachts „Die betrügen doch alle!" wünschenswert.

55 Der beste Datenschutz nützt nichts, wenn die Betroffenen keine realistische Chance haben, ihre Rechte zu kennen und die staatlichen Behörden keine Sanktionen fürchten müssen. Bisher gab es, nach hiesiger Kenntnis, kein einziges Bußgeld- oder Strafverfahren gegen Sozialleistungsbehörden (als das noch möglich war), obwohl viel dafür spricht, dass dort massenhaft gegen den Sozialdatenschutz verstoßen wird. Die Umsetzung der DSGVO hat die Lage noch unübersichtlicher gemacht. Wer sich über seine Rechte informieren will, muss sich durch kaum verständliche und viel zu lange Gesetzestexte der Sozialgesetzbücher I und X, der DSGVO und weiterer Gesetze quälen.

8. Forderungen

56 Ausgabe eines Antragsformulars, mit dem die erhobenen Daten auf ein erforderliches Mindestmaß beschränkt werden!

Ermöglichung der konsequenten Anwendung des Ordnungsrechtes bei Verstößen gegen den Sozialdatenschutz bei Behörden!

Verwendung der Ordnungsgelder für die Finanzierung von Erwerbslosenarbeit!

Schaffung eines eigenständigen Datenschutz SGB, in dem alle Regelungen zum Sozialdatenschutz in einfacher und verständlicher Sprache zusammengefasst sind!

Effektive und verständliche Beratung und Aufklärung durch die Behörden über die geltenden Datenschutzregelungen!

9. Informationen

57 Landkreistag, Arbeitshilfe zum Sozialdatenschutz in Jugendberufsagenturen, abrufbar unter: https://www.landkreistag.de/images/stories/themen/Langzeitarbeitslose/2109_Arbeitshilfe_Sozialdatenschutz.pdf

Unabhängiges Landeszentrum für Datenschutz Schleswig-Holstein, Datenschutz im Sozialamt – häufig gestellte Fragen, abrufbar unter: https://www.datenschutzzentrum.de/sozialdatenschutz/faq-sozialamt/

Sozialdatenschutz – Die Bundesbeauftragte für den Datenschutz und die Informationsfreiheit, Rechte der Versicherten, April 2020 u.a. zu SGB II, abrufbar unter: https://www.bfdi.bund.de/SharedDocs/Downloads/DE/Broschueren/INFO3.pdf?__blob=publicationFile&v=18

Bieresborn, Der „neue" Datenschutz und Grundsicherungsträger, ZFSH/SGB 2020, 436–450

Der BfDI versendet in regelmäßigen Abständen Rundschreiben an die gemeinsamen Einrichtungen (Jobcenter) mit aktuellen Informationen für diesen Bereich, abrufbar unter: https://www.bfdi.bund.de/DE/DerBfDI/Dokumente/Rundschreiben/Jobcenter/Rundschreiben-Jobcenter-node.html

33
Deutsche im Ausland

1. Alg I 1
2. Bürgergeld 3
3. HzL/GSi 7
4. Kritik 8

1. Alg I

1 Alg I-Beziehende können zum Zweck der **Arbeitssuche** für drei Monate in EU-, EWR-Staaten oder die Schweiz reisen und dort Leistungen beziehen (eine Verlängerung auf bis zu sechs Monate ist nach Ermessen möglich, → 44). Ein vorübergehender, dh bis zu **sechsmonatiger Auslandsaufenthalt** lässt den gewöhnlichen Aufenthalt im Sinne des § 7 Abs. 1 S. 1 Nr. 4 SGB II fortbestehen, wenn der deutsche Wohnsitz beibehalten wird und eine Rückkehr beabsichtigt ist (Geiger 2022, 14; SG Bayreuth 3.5.2006 – S 5 As 608/05; SG Hamburg 12.10.2007 – S 56 SO 350/06; LSG Baden-Württemberg 22.1.2013 – L 11 EG 3335/12; LSG Bayern 8.3.2018 – L 9 EG

33 Deutsche im Ausland

24/169). Mögliche Ansprüche bei vorübergehendem Auslandsaufenthalt könnten die KdU sein, diese sind wegen der Residenzpflicht in Bezug auf Ortsanwesenheit (→ 84) nach § 7 Abs. 4a SGB II in der Eingliederungsvereinbarung (bis 30.6.2023) und ab 1.7.2023 im Kooperationsplan (→ 35) zu klären.

2 **Tipp:** Zum Bezug des Alg I im Ausland sollten Sie rechtzeitig vor der geplanten Abreise ins Gastland bei der Arbeitsagentur die Mitnahme-Bescheinigung „Portable Document (PD) U2" beantragen. Diese soll zeitnah ausgestellt werden. Danach brauchen Sie nur noch von Ihrer Krankenkasse eine „Europäische Krankenversicherungskarte" (für nähere Informationen: Leitfaden für Arbeitslose 2022, 117 ff.). In Coronazeiten achten Sie auf etwaige sinnvolle und notwendige Zusatzversicherungen. Vor Ihrer Abreise müssen Sie bei der Arbeitsagentur mindestens vier Wochen arbeitslos gemeldet gewesen sein (Ausnahmen sind möglich) und einen Antrag auf ein Formular U2 (früher: E 303) stellen (Genehmigung, Ihre Leistungen bei Arbeitslosigkeit mitzunehmen). Weitere Informationen zur „Übertragung von Leistungen bei Arbeitslosigkeit" finden Sie auf der Webseite der EU (https://europa.eu/youreurope/citizens/work/unemployment-and-benefits/transferring-unemployment-benefits/index_de.htm, letzter Zugriff: 9.2.2023).

2. Bürgergeld

3 „Die Regelung gilt nach ihrem Wortlaut nur für erwerbsfähige Leistungsberechtigte. Für die Zustimmung zu Ortsabwesenheiten solcher Personen, die vorübergehend nicht eingliederbar sind oder bei denen eine Eingliederung unwahrscheinlich ist (Beispiel: Alleinerziehende, der eine Arbeitsaufnahme vorübergehend nicht zumutbar ist, nichterwerbsfähige Bürgergeldbezieherinnen und Bürgergeldbezieher allgemein), ist im Einzelfall zu entscheiden, ob die Anwendung des Erreichbarkeitserfordernisses sinnvoll ist", so die BA in FW 7.129. Wenn Sie Ihren gewöhnlichen Aufenthalt in Deutschland haben und sich zum Zweck der Erwerbstätigkeit (→ 47) zeitweilig im Ausland aufhalten, können Sie aufstockendes Bürgergeld beziehen, das hatte die BA in ihrer Weisung bis 31.12.2022 richtig unter FW 7.124 formuliert. In ihrer Weisung ab 1.1.2023 wurde diese Formulierung aus nicht nachvollziehbaren Gründen gestrichen. Alle anderen, die Bürgergeld beziehen, können bestenfalls nach Abmeldung bei dem*r Arbeitsvermittler*in für 21 Tage pro Jahr im Ausland eine genehmigte Abwesenheit/„Urlaub" in Anspruch nehmen. Das betrifft die Rechtslage nach § 7 Abs. 4a SGB II bis zum 30.6.2023.

4 **Ab 1.7.2023** greift im Bürgergeld eine **neue Rechtslage** (§ 7b SGB II). Der § 7b SGB II setzt für den Bezug von Leistungen voraus, dass eine Erreichbarkeit besteht.

„Erreichbar sind erwerbsfähige Leistungsberechtigte, wenn sie sich im näheren Bereich des zuständigen Jobcenters aufhalten und werktäglich dessen Mitteilungen und Aufforderungen zur Kenntnis nehmen können" (§ 7 Abs. 1 S. 1).

Der Aufenthalt im näheren Bereich wird in § 7b Abs. 1 S. 3 SGB II geregelt und schließt den näheren Bereich des grenznahen Auslands ein (§ 7b Abs. 1 S. 4 SGB II).

Erreichbarkeit liegt vor, „wenn es der erwerbsfähigen leistungsberechtigten Person möglich ist,

- eine Dienststelle des zuständigen Jobcenters,
- einen möglichen Arbeitgeber oder
- den Durchführungsort einer Integrationsmaßnahme im örtlichen Zuständigkeitsbereich des Jobcenters

in einer für den Vermittlungsprozess angemessenen Zeitspanne ohne unzumutbaren oder die Eigenleistungsfähigkeit übersteigenden Aufwand aufzusuchen" (§ 7b Abs. 1 S. 3 SGB II).

5 Das BMAS soll dazu eine Verordnung erlassen, in der „nähere Bestimmungen zum näheren Bereich im Sinne des § 7b Absatz 1 Satz 2" getroffen werden und ebenso, „für welchen Zeitraum und unter welchen Voraussetzungen erwerbsfähige Leistungsberechtigte bei einem Aufenthalt außerhalb des näheren Bereichs einen Leistungsanspruch haben können, ohne erreichbar zu sein" (§ 13 Abs. 2 SGB II – gültig ab 1.7.2023). Bei Redaktionsschluss lag die VO noch nicht vor.

6 Die Möglichkeit, werktäglich Mitteilungen und Aufforderungen des Jobcenters zur Kenntnis zu nehmen, ist im Gesetz nicht näher definiert. Nach dem Wortlaut des § 7b Abs. 1 S. 2 SGB II, *"werktäglich dessen [des Jobcenters] Mitteilungen und Aufforderungen zur Kenntnis nehmen [zu] können"*, liegt die Möglichkeit der Kenntnisnahme nicht nur – wie nach altem Recht – vor, wenn die Möglichkeit zur persönlichen Kenntnisnahme von Briefpost besteht. Vielmehr ist damit auch die Möglichkeit der Kenntnisnahme durch Nutzung moderner Kommunikationsmittel in dem datenschutzrechtlich möglichen Umfang und durch die Beauftragung Dritter mit der Sichtung der eigenen Briefpost erfasst (BT-Drs. 20/3873, 74.). Mit dieser Neuregelung ist ein temporärer Aufenthalt von Deutschen im grenznahen Ausland möglich, insofern die Erreichbarkeit sichergestellt ist (→ 84 Rn. 4 ff.).

3. HzL/GSi

7 *"Deutsche, die ihren gewöhnlichen Aufenthalt im Ausland haben, erhalten keine Leistungen"* (§ 24 Abs. 1 SGB XII).

Ausnahmen gibt es nur, wenn das wegen einer *"außergewöhnlichen Notlage unabweisbar ist"* und zugleich eine Rückkehr nach Deutschland nicht möglich ist, wegen

- Pflege und Erziehung eines Kindes, das aus rechtlichen Gründen im Ausland bleiben muss,
- längerfristiger stationärer Betreuung oder Schwere der Pflegebedürftigkeit oder
- hoheitlicher Gewalt, zB bei strafrechtlichen Ermittlungen (§ 24 Abs. 1 Nr. 1, 3 SGB XII).

Eine Pandemiesituation ist in der abschließenden Aufzählung nicht enthalten, hier dürfte aber der Anspruch über verfassungskonforme Auslegung oder über die Hilfe in sonstigen Lebenslagen nach § 73 SGB XII herstellbar sein. Zum **vorübergehenden Auslandsaufenthalt** schauen Sie bitte im Beitrag Ortsabwesenheit (→ 84 Rn. 31 ff.).

4. Kritik

8 Sozialhilfe konnte bis zum 31.12.2003 auch an Deutsche im Ausland gezahlt werden. Sie war für diejenigen gedacht, die im Ausland nicht nur vorübergehend ihren Lebensmittelpunkt hatten und dort arm wurden. Ein „gewöhnlicher Aufenthalt" im Ausland als Voraussetzung der Sozialhilfe für Deutsche im Ausland besteht an dem Ort im Ausland, an dem der Hilfebedürftige nicht nur vorübergehend den Mittelpunkt seiner Lebensbeziehungen hat; die dafür erforderliche Verfestigung der Lebensverhältnisse an dem betreffenden Ort setzt regelmäßig voraus, dass der Aufenthalt auf Dauer angelegt ist und eine entsprechende Dauer auch erlangt hat (BVerwG 31.8.1995 – 5 C 11/94).

In der Krise 1992/93 heizten Politiker und Medienkonzerne die Stimmung gegen „Sozialhilfe unter Palmen" kräftig an und schafften den Anspruch 1995 faktisch ab. Sozialhilfe konnte nur noch *„in besonderen Notfällen"* gezahlt werden, dh, wenn eine Heimkehr aufgrund eines bedeutenden Gesundheitsschadens oder der Gefährdung einer angemessenen Schulbildung nicht zumutbar war (BVerwG 5.6.1997 – 5 C 3/97). Soziale Bindungen spielten keine Rolle mehr.

In der nächsten Krise ab 2001 brauchte man weiteres Futter für Stimmungsmache. BILD und Bundesregierung fanden es in *„Florida-Rolf"*, der nichts weiter getan hatte, als mithilfe von Verwaltungsgerichten trotz stark erschwerter Bedingungen Ansprüche durchzusetzen. Der Kampf gegen Rolf J. endete damit, dass nahezu allen Deutschen im Ausland die Sozialhilfe gestrichen wurde. 2010 bezogen nur noch 476 Personen, darunter 170 Inhaftierte, Sozialhilfeleistungen im Ausland (BMAS, Übersicht über das Sozialrecht 2012/2013, 721). Die Hetzkampagne gegen *„Florida-Rolf"* bereitete letztlich auch den Boden für die Einführung von Hartz IV, die Abschaffung der Arbeitslosenhilfe und Kürzung der Sozialhilfe. In Wirklichkeit ging es darum, die „Sozialhilfe für Deutsche im Inland" zusammenzustreichen (Brühl, Florida-Rolf, Viagra-Kalle und Yacht-Hans, abrufbar unter: https://tacheles-sozialhilfe.de/aktuelles/archiv/albrecht-bruehl--florida-rolf-viagra-kalle-und-yacht-hans.html).

9 Zum 1.7.2017 wurde der § 41a SGB XII für die Altersrentner*innen und voll erwerbsgeminderte Personen eingeführt. Da-

nach haben Leistungsberechtigte, die sich länger als 28 Tage ununterbrochen im Ausland aufhalten, erst ab ihrer nachgewiesenen Rückkehr ins Inland wieder Anspruch auf GSi-Leistungen. Mit dieser Neuregelung der damals verantwortlichen sozialdemokratischen Arbeitsministerin Andrea Nahles wurden Menschen, die keiner Arbeitspflicht mehr unterliegen, residenzpflichtig gemacht. Im Grunde geht es hierbei auch nur darum, Hebel zu finden, um Leistungen streichen zu können. Besonders heftig ist, dass in der Neuregelung des § 41a SGB XII keine Härtefallregelungen getroffen wurden. Nach dem Willen von Frau Nahles sind nun bei Reiseunfähigkeit erkrankter GSi-Leistungsbeziehender oder bei kurzfristiger Reiseunfähigkeit durch einen Defekt des Autos, Streik oder Inhaftierung ohne Ausnahme die Leistungen komplett zu streichen.

34 Eigenheim/ Eigentumswohnung

1. Kosten der Unterkunft bei Eigenheim/ Eigentumswohnung 1
1.1 Ein Jahr Karenzzeit: die tatsächlichen Aufwendungen werden anerkannt 2
1.2 Angemessene und unangemessene Kosten für das Eigenheim 5
1.3 Notwendig anzuerkennende Ausgaben 14
1.3.1 Schuldzinsen 15
1.3.2 Grundbesitzsteuern und sonstige öffentliche Abgaben 16
1.3.3 Versicherungsbeiträge 17
1.3.4 Erhaltungsaufwand/Kosten der Instandhaltung 18
1.3.4.1 Was gehört zum Erhaltungsaufwand? 19
1.3.4.2 Erhaltungsaufwand in welcher Höhe? 21
1.3.4.3 Erhaltungspauschale bei Eigentumswohnungen 24
1.3.5 Sonstige Aufwendungen für Bewirtschaftung 26
2. Tilgungs- und Heizkosten 28
2.1 Schuldentilgung als Unterkunftskosten? 29
2.2 Angemessene Heizkosten 35

3. Hausbesitz als Vermögen 44
3.1 Selbst genutzt? 47
3.2 Miteigentümerschaft 52
3.3 Angemessene Wohnfläche 53
3.3.1 Corona-Sonderregelungen: Keine Prüfung der Angemessenheit einer selbstgenutzten Immobilie 61
3.4 Angemessene Grundstücksfläche.. 66
3.4.1 Bürgergeld 66
3.4.2 HzL/GSi der Sozialhilfe 67
3.5 Angemessener Verkehrswert 68
3.5.1 Bürgergeld 68
3.5.2 HzL/GSi der Sozialhilfe 70
4. Verwertung des unangemessenen Teils 72
4.1 Bürgergeld 73
4.2 HzL/GSi der Sozialhilfe 77
5. Forderungen 78

1. Kosten der Unterkunft bei Eigenheim/ Eigentumswohnung

1 Wenn Sie in einem Eigenheim oder einer Eigentumswohnung wohnen, müssen wie bei Mietwohnungen zunächst die *„tatsächlichen Aufwendungen"* als Unterkunftskosten anerkannt werden (→ 75).

1.1 Ein Jahr Karenzzeit: die tatsächlichen Aufwendungen werden anerkannt

2 *„Für die Anerkennung der Bedarfe für Unterkunft gilt eine Karenzzeit von einem Jahr ab Beginn des Monats, für den erstmals Leistungen nach diesem Buch bezogen werden. Innerhalb dieser Karenzzeit werden die Bedarfe für Unterkunft in Höhe der tatsächlichen Aufwendungen anerkannt"* (§ 22 Abs. 1 S. 2 u. 3 SGB II, wortgleich: § 35 Abs. 1 S. 2 u. 3 SGB XII).

Das gilt für alle Leistungsberechtigten nach dem SGB II und SGB XII, die Ihren Anspruch ab 1.1.2023 *„erstmals"* geltend machen, egal, ob sie eine Mietwohnung, ein Eigenheim oder eine Eigentumswohnung bewohnen. Eine Übergangsregelung bestimmt, dass Leistungszeiträume bis zum 31.12.2022 bei der Karenzzeit nicht berücksichtigt werden (§ 65 Abs. 3 SGB II, wortgleich: § 140 Abs. 1 SGB XII). Daraus folgt, dass das Jahr Karenzzeit auch bei Berechtigten anzuwenden ist, die bereits 2022 Leistungen nach dem SGB II oder SGB XII bezogen haben. Eine neue Karenzzeit beginnt, wenn zuvor mindestens drei Jahre keine SGB II-/SGB XII-

Leistungen bezogen wurden. Bei einer Unterbrechung des Leistungsbezuges um mindestens einen Monat ist die Karenzzeit jeweils um die vollen Monate ohne Leistungsbezug zu verlängern (§ 22 Abs. 1 S. 4 u. 5 SGB II, wortgleich: § 35 Abs. 1 S. 4 u. 5 SGB XII).

3 Die mit dem Bürgergeldgesetz eingeführte Karenzzeit hat das Ziel, das Grundbedürfnis „Wohnen" zu schützen (BT-Drs. 20/3873, 87). Allerdings wurde die ursprünglich beabsichtigte Dauer der Karenzzeit im Vermittlungsausschuss von Bundestag und Bundesrat auf Druck der Union von zwei Jahren auf ein Jahr verkürzt. Zudem sind mit den tatsächlichen Aufwendungen für die Unterkunft weder die Heizkosten (→ Rn. 35 ff.) noch die Instandhaltungskosten bzw. der Erhaltungsaufwand (→ Rn. 18 ff.) einer Immobilie enthalten. Immerhin werden im „Karenzjahr" die angemessenen Heizkosten anhand der **tatsächlichen Wohnfläche** bestimmt (Deutscher Bundestag, Ausschuss für Arbeit und Soziales, Ausschussdrs. 20(11)243, Formulierungshilfe für einen Änderungsantrag zur BT-Drs. 20/3873, 19).

4 Nach **Ablauf der Karenzzeit** werden nach einer zusätzlichen, idR sechsmonatigen Kostensenkungsfrist nur noch die angemessenen Kosten für die Unterkunft anerkannt – egal ob für die Mietwohnung oder das Eigenheim.

1.2 Angemessene und unangemessene Kosten für das Eigenheim

5 *„Soweit die Aufwendungen für die Unterkunft und Heizung den der Besonderheit des Einzelfalles angemessenen Umfang übersteigen, sind sie nach Ablauf der Karenzzeit als Bedarf so lange anzuerkennen, wie es [...] nicht möglich oder nicht zuzumuten ist, durch einen Wohnungswechsel, durch Vermieten oder auf andere Weise die Aufwendungen zu senken, in der Regel jedoch längstens für sechs Monate"* (§ 22 Abs. 1 S. 7 SGB II; sinngleich: § 35 Abs. 3 S. 1 u. 2 SGB XII).

Bei **unangemessen** hohen Kosten von Eigenheimen kann die Frist **im Ausnahmefall** auf zwölf Monate erweitert werden (SG Aurich 18.10.2005 – S 25 AS 167/05 und 15.12.2005 – S 15 AS 341/05 ER).

6 Mit Blick auf die **Gleichbehandlung** von Immobilienbesitzenden und Mieter*innen schreibt das BSG allerdings auch bei unangemessenen Kosten für selbstgenutztes Wohneigentum eine „Regelhöchstfrist" zur Kostensenkung von sechs Monaten vor (BSG 19.9.2008 – B 14 AS 54/07 R, in Bezug auf unangemessene Heizkosten). Nur *„in seltenen Ausnahmefällen"* können die tatsächlichen Kosten für einen längeren Zeitraum übernommen werden, etwa wenn die Unmöglichkeit nachgewiesen wird, eine alternative Unterkunft zu beziehen, oder wenn ein Wohnungswechsel subjektiv unzumutbar ist (BSG 23.8.2011 – B 14 AS 91/10 R; → 112).

7 *„Die Kosten der Unterkunft werden wie in der Sozialhilfe in tatsächlicher, angemessener Höhe berücksichtigt"*, heißt es in der Gesetzesbegründung zum SGB II (BT-Dr. 15/1516, 57). Was als **angemessene Aufwendungen** bei Eigenheimen in der Sozialhilfe anerkannt wird, ist im § 7 der Verordnung zu § 82 SGB XII geregelt. Dieser Paragraf findet auch im SGB II Anwendung (BSG 7.7.2011 – B 14 AS 51/10 R; Eicher/Luik/Harich SGB II § 22 Rn. 72).

Die Norm bestimmt, wie Einnahmen aus Vermietung und Verpachtung berechnet und welche Kosten dabei als **notwendige Ausgaben** anerkannt werden. Diese notwendigen Ausgaben sollten auch bei Eigenheimbesitzenden als Unterkunftskosten anerkannt werden. Die Durchführungshinweise der BA nehmen dazu nicht Stellung, weil im SGB II die Kommunen und Landkreise für die Festlegung der angemessenen Unterkunftskosten zuständig sind.

8 Bei selbst genutztem Wohneigentum liegen die als Vermögen (→ 119) geschützten Haus- bzw. Wohnungsgrößen über den *„angemessenen"* Wohnungsgrößen von Mietwohnungen (→ Rn. 44 ff.). Hier entsteht ein „**Wertungswiderspruch**" zwischen geschütztem Vermögen und den auf kleinere Wohneinheiten ausgerichteten angemessenen Unterkunftskosten. Beim Bürgergeld ist seit dem **1.1.2023** zB bei einem Ein- bis Vierpersonenhaushalt ein freistehendes Eigenheim bis 140 m² als geschütztes Vermögen anerkannt (§ 12 Abs. 1 S. 2 Nr. 5 SGB II). Die angemessene Größe einer Mietwohnung würde aber

nur (abhängig vom Bundesland) 85 – 95 m² betragen. Das LSG Niedersachsen-Bremen meinte dazu, dass beim Wohneigentum die der tatsächlichen Wohnungsgröße entsprechenden angemessenen Unterkunftskosten anerkannt werden müssen (8.6.2006 – L7 AS 443/05 ER). Viele Sozialgerichte teilten diese Ansicht.

9 Das BSG hat dem widersprochen: *„Art. 3 Abs. 1 GG (Gleichbehandlungsgrundsatz) ist dagegen tangiert, wenn es um die Übernahme der Unterkunftskosten von Mietern einerseits und Haus- bzw. Wohnungseigentümern andererseits geht, etwa im Hinblick auf die Höhe der Kaltmiete einerseits und der Darlehenskosten andererseits sowie in Bezug auf die Heizungs- und sonstigen Nebenkosten. Im Rahmen der Angemessenheitsprüfung bei § 22 Abs. 1 SGB II wird eine Privilegierung von Eigentümern gegenüber Mietern nicht zu rechtfertigen sein"* (BSG 7.11.2006 – B 7b AS 2/05).

10 Die **Vermögens**privilegierung führt also nicht zur gleichzeitigen Privilegierung bei der Übernahme der **laufenden Kosten** der Unterkunft (BSG 2.9.2009 – B 14 AS 32/07). Demnach werden, selbst wenn sich die sonstigen laufenden Kosten des Eigenheims im Rahmen der Angemessenheit für Mietwohnungen bewegen, regelmäßig höhere Tilgungskosten (Zinsen und Gebühren; → Rn. 15) den Rahmen der angemessenen Unterkunftskosten sprengen.

11 Kritik: Mit dem *„Wohn-Riester"* unterstützt die Bundesregierung seit 1.1.2008 Riester-Sparer*innen beim Erwerb oder der Tilgung von Wohneigentum zur Alterssicherung. Die Hartz IV-/Bürgergeld-Parteien, die das Eigenheim fördern, fordern von Arbeitslosen, dass sie ihre eigenen vier Wände als Alterssicherung aufgeben, weil die über der Angemessenheit liegenden Tilgungskosten beim Bürgergeld nicht mehr übernommen werden.

12 **Angemessenheitskriterien** für die Unterkunftskosten von **Mietwohnungen** sind dem BSG zufolge für alle nachfolgend aufgeführten Betriebskosten von Immobilieneigentum als **Obergrenze** maßgebend. Doch bei der Beurteilung der angemessenen Unterkunftskosten von Wohneigentum müssen auch die Besonderheiten des Einzelfalles eine Rolle spielen.

„Das Vorliegen einer besonderen Härte ist unter Berücksichtigung der Lebensumstände im Einzelfall zu prüfen; wie zB [.] voraussichtliche Dauer der Hilfebedürftigkeit" (FW 12.21), meint die BA in Bezug auf die **Wohnflächen** bzw. den **Wert** einer als Vermögen geschützten Immobilie. Das gilt **nicht** automatisch für die Übernahme der laufenden Unterkunftskosten bei Wohneigentum (→ Rn. 10), **kann** aber im Einzelfall berücksichtigt werden.

13 Einmalige nicht laufende Kosten, wie Nachforderungen auf Neben- und Heizkosten, gehören dabei grundsätzlich im Fälligkeitsmonat zu den Unterkunftskosten. *„Ebenso verhält es sich bei Aufwendungen für Eigentumswohnungen und Eigenheime, weil insbesondere die Betriebskosten für Eigenheime regelmäßig nicht monatlich, sondern ggf. jährlich, halbjährlich oder vierteljährlich anfallen"* (BSG 8.5.2019 – B 14 AS 20/18 R). Das gilt auch, wenn lediglich im Monat der Fälligkeit Hilfebedürftigkeit nach dem SGB II oder SGB XII entsteht (→ Rn. 40).

1.3 Notwendig anzuerkennende Ausgaben

14 Nach § 7 der VO zu § 82 SGB XII gelten als notwendig anzuerkennende Ausgaben:

1.3.1 Schuldzinsen

15 Schuldzinsen und dauernde Lasten (zB Erbpacht; SG Duisburg 10.1.2006 – S 2 AS 98/05 ER; SG Oldenburg 6.4.2006 – S 46 AS 764/05), jedoch in Anlehnung an die Kosten einer angemessenen Mietwohnung (BSG 8.5.2019 – B 14 AS 20/18 R; BSG 15.4.2008 – B 14/7b AS 34/06).

1.3.2 Grundbesitzsteuern und sonstige öffentliche Abgaben

16 Zum Beispiel Kanalgebühren, Straßenreinigung, Müllabfuhr, Anliegerbeiträge (BSG 7.11.2006 – B 7b AS 8/06 R).

1.3.3 Versicherungsbeiträge

17 Versicherungsbeiträge wie Gebäudebrandversicherung, Diebstahl-, Haftpflichtversicherung gegen Feuer-, Sturm- und Was-

serschäden usw (BSG 7.11.2006 – B 7b AS 8/06 R).

1.3.4 Erhaltungsaufwand/Kosten der Instandhaltung

18 „Als Bedarf für die Unterkunft werden auch unabweisbare Aufwendungen für Instandhaltung und Reparatur bei selbst bewohntem Wohneigentum im Sinne des § 12 Absatz 1 Satz 2 Nummer 5 anerkannt, soweit diese unter Berücksichtigung der im laufenden sowie den darauffolgenden elf Kalendermonaten anfallenden Aufwendungen insgesamt angemessen sind" (§ 22 Abs. 2 S. 1 SGB II, sinngleich: § 35a Abs. 1 S. 1 SGB XII). Das gilt seit April 2011 im SGB II sowie seit **1.1.2023** im SGB XII und ist eine Klarstellung der bisherigen Rechtsprechung, die eine Übernahme notwendiger Reparaturen im Rahmen des Erhaltungsaufwandes anerkennt. Die Kosten der Instandhaltung werden nur in Form **einmaliger Beihilfen** (→ 40) erbracht, wenn die Maßnahmen **notwendig** sind.

1.3.4.1 Was gehört zum Erhaltungsaufwand?

19 Nur die Ausgaben für Instandsetzung und Instandhaltung gehören zu den anzuerkennenden Kosten der Unterkunft, nicht die Ausgaben für Verbesserungen.

„Die Abgrenzung von wertsteigernden Erneuerungsmaßnahmen zum Erhaltungsaufwand ist am Kriterium der Notwendigkeit zu messen: Ist die Maßnahme notwendig und entspricht sie den Grundsätzen der Wirtschaftlichkeit und Sparsamkeit [§ 3 Abs. 2 S. 3 SGB II], handelt es sich um einen Erhaltungsaufwand" (SG Leipzig 15.11.2005 – S 9 AS 855/05 ER). Das kann auch bedeuten, dass zB bei Erneuerung einer Heizanlage eine Instandsetzung mit moderner Technik mit Blick auf strengere Emissionsgrenzwerte und mangels anderer Möglichkeiten ebenfalls als Erhaltungsaufwand gelten muss.

20 Notwendige **Reparaturen** müssen, insoweit sie der *„Instandhaltung und Instandsetzung"* dienen, **in voller Höhe** als Unterkunftskosten anerkannt werden, soweit sie angemessen sind. Wenn Sie also Ihre defekte Heizungsanlage (zB einen Ölbrenner) für 1.100 EUR wieder instand setzen müssen, gehört das zum notwendigen Erhaltungsaufwand (SG Leipzig 28.11.2006 – S 19 AS 1714/06 ER); genauso wie ein neuer Warmwasserboiler für 900 EUR (LSG Baden-Württemberg 26.5.2009 – L 12 AS 575/09). Zum Erhaltungsaufwand gehören zB die Instandsetzung des Dachs, der beschädigten Fassade, des Kamins usw. Es handelt sich hier nicht um Vermögensbildung, sondern um notwendige Aufwendung, um die Bewohnbarkeit Ihrer Unterkunft auf Dauer sicherzustellen.

1.3.4.2 Erhaltungsaufwand in welcher Höhe?

21 Mit dem Bürgergeldgesetz hat die „Ampel-Koalition" die bisherige SGB II-Regelung zum 1.1.2023 ins SGB XII übernommen. Dies stellt aus unserer Sicht eine deutliche Verschlechterung dar, weil sie vorsieht, auch notwendige Instandhaltungskosten zum Teil als Beihilfe und zum Teil als Darlehen zu erbringen. Hierbei wird der Darlehensanteil in der Gewährungspraxis klar überwiegen, was zu hoher Verschuldung im Leistungsbezug mit einer durch die Darlehensaufrechnung verursachten langanhaltenden Unterschreitung des Existenzminimums führt. Bisher waren im SGB XII *„tatsächliche Aufwendungen für eine Instandsetzung oder Instandhaltung, soweit diese nicht zu einer Verbesserung des Standards des selbstgenutzten Eigenheims führen und sie angemessen sind"* als Beihilfe zu berücksichtigen (BSG 3.3.2009 – B 4 AS 38/08 R). Die damalige Entscheidung zum SGB II war vor Inkrafttreten des Bürgergeldgesetzes auf die Rechtslage in der Sozialhilfe anzuwenden.

22 Nun schreibt der Gesetzgeber in beiden Rechtskreisen vor, dass die Kosten für Erhaltungsaufwand/Instandhaltung **angemessen** sind, wenn sie **zusammen** mit den **laufenden** Unterkunftskosten **für ein Jahr** die im Jahr anfallenden Kosten einer entsprechenden „angemessenen" Mietwohnung nicht übersteigen (§ 22 Abs. 2 S. 1 SGB II, sinngleich: § 35a Abs. 1 S. 1 SGB XII). *„Übersteigen unabweisbare Aufwendungen für Instandhaltung und Reparatur den Bedarf für die Unterkunft nach Satz 1, kann der kommunale Träger zur Deckung dieses Teils der Aufwen-*

34 Eigenheim/Eigentumswohnung

dungen ein Darlehen erbringen, das dinglich gesichert werden soll" (§ 22 Abs. 2 S. 2 SGB II, sinngleich: § 35a Abs. 1 S. 2 SGB XII).

23 **Beispiel:** Die laufenden Kosten für das abgezahlte Eigenheim der vierköpfigen Familie Schmidt betragen ohne Heizkosten pro Jahr 6.000 EUR (500 EUR x 12). Für einen vierköpfigen Haushalt erkennt das Jobcenter insgesamt 9.000 EUR (750 EUR x 12) jährlich als „angemessene" kalte Unterkunftskosten (Bruttokaltmiete) an. Die Schmidts müssen für eine erforderliche umfangreichere Instandsetzung ihres Dachs 7.500 EUR zahlen. Das Jobcenter bewilligt eine **Beihilfe** für Instandsetzung in Höhe von **3.000 EUR** (9.000 EUR – 6.000 EUR). Um die vollen Reparaturkosten zahlen zu können, bekommen die Schmidts zusätzlich ein **Darlehen** (→ 30) von 4.500 EUR bewilligt, das mit zehn Prozent (ab 1.7.2023 mit fünf Prozent) des Regelbedarfs aufgerechnet wird. Das Jobcenter lässt das Darlehen durch Eintrag ins Grundbuchamt dinglich absichern.

1.3.4.3 Erhaltungspauschale bei Eigentumswohnungen

24 Das BSG vertritt die Auffassung, dass bei selbstgenutztem Wohneigentum nur Erhaltungsaufwand in Höhe des **tatsächlichen** Bedarfs geltend gemacht werden kann (BSG 3.3.2009 – B 4 AS 38/08 R). Das **freiwillige** Ansparen einer Erhaltungspauschale ist daher nicht möglich. Ob eine Erhaltungspauschale im Rahmen der laufenden Unterkunftskosten anerkannt wird, die als mtl. **Zwangsabgabe** von einer Eigentümergemeinschaft gefordert wird, ließ das BSG in diesem und einem weiteren Urteil offen (BSG 3.3.2009 – B 4 AS 38/08 R; BSG 22.8.2012 – B 14 AS 1/12 R).

25 Eine Erhaltungspauschale wird bei Eigentumswohnungen häufig im Rahmen des mtl. abzuführenden *„Hausgeldes"* von allen Wohnungseigentümer*innen gefordert. Wenn die Hauskosten inklusive der geforderten Erhaltungspauschale nicht die „angemessenen" Kosten einer entsprechenden Mietwohnung überschreiten, müssten diese mit Blick auf die Gleichbehandlung anerkannt werden. Anderenfalls wäre der*die betroffene Wohnungseigentümer*in gezwungen, sich bei der Eigentümergemeinschaft zu verschulden. Daher wird Erhaltungsaufwand im Zuge einer solchen mtl. **Instandhaltungsrücklage** bei Eigentumswohnung regelmäßig anerkannt (LSG Saarland 13.4.2010 – L 9 AS 18/09; LSG NRW 3.7.2009 – L 12 B 42/09 AS; LSG Baden-Württemberg 26.1.2007 – L 12 AS 3932/06, mit Differenzierung in Erhaltungsaufwand und Wertsteigerung). Als Erhaltungsaufwand kann auch eine von der Eigentümerschaft mehrheitlich beschlossene **Sonderumlage** für die Instandsetzung zum Gemeinschaftseigentum gehörender baufälliger Balkone übernommen werden (LSG NRW 28.2.2013 – L 7 AS 506/11, bestätigt vom BSG 18.9.2014 – B 14 AS 48/13 R). Das BSG hat bei dem hier genannten Urteil aber einen wichtigen Aspekt ergänzt: Unabweisbare Aufwendungen für die Instandsetzung oder Instandhaltung von selbstgenutztem Wohneigentum sind als Bedarf für die Unterkunft in Höhe der tatsächlichen Aufwendungen anzuerkennen, wenn zuvor die Kosten der Unterkunft nicht mittels Kostensenkungsaufforderung durch den Träger auf die Höhe der angemessenen Aufwendungen begrenzt wurden (BSG 18.9.2014 – B 14 AS 48/13 R).

1.3.5 Sonstige Aufwendungen für Bewirtschaftung

26 Sonstige Aufwendungen für Bewirtschaftung (§ 7 Abs. 2 Nr. 5 der VO zu § 82 SGX XII) wie Wassergeld, Schornsteinreinigung, Allgemeinstrom (zB Treppenhausbeleuchtung in Mehrfamilienhäusern), Entgelte für Hausverwalter*innen, Wartungskosten für die Heizungsanlage, Müllabfuhr, Straßenreinigung usw werden **in tatsächlicher Höhe** als notwendig anerkannt. **Ohne Nachweis** werden sie nur in Höhe von einem Prozent der Jahresroheinnahmen, dh des ortsüblichen Mietwerts übernommen.

27 **Tipp:** Achten Sie darauf, Grundsteuer, Versicherungsbeiträge und, bei einer Zwangsabgabe, die Erhaltungspauschale im Antrag auf Bürgergeld/Sozialhilfe anzugeben. Nicht alle Aufwendungen werden im Antrag als Teil der nachzuweisenden Kosten der Unterkunft abgefragt. Sonst müssen Sie sie aus Ihrem Regelbedarf bezahlen.

245

2. Tilgungs- und Heizkosten

28 Bei der Anerkennung von sowohl Tilgungsraten als auch angemessenen Heizkosten als Unterkunftskosten von Eigenheimen gibt es mittlerweile recht strenge Regelungen, die aber jedoch unter Umständen (teils länderspezifische) Ausnahmen zulassen.

2.1 Schuldentilgung als Unterkunftskosten?

29 Raten zur **Tilgung** von Eigenheimschulden werden idR nicht als Unterkunftskosten anerkannt. „*Die Leistungen nach dem SGB II sind auf die aktuelle Existenzsicherung beschränkt und sollen nicht der Vermögensbildung dienen*" (BSG 7.11.2006 – B 7b AS 8/06 R).

Nach § 22 Abs. 1 SGB II sind die tatsächlichen Aufwendungen für Unterkunft und Heizung zu übernehmen, soweit diese angemessen sind (entsprechend § 35 Abs. 1 S. 1 SGB XII). Die Tilgungs**kosten** (Zinsen) gehören zu diesen tatsächlichen Aufwendungen. Wird aber die Tilgung an sich über einen längeren Zeitraum nicht anerkannt, werden Sie ggf. früher oder später gezwungen sein, das Wohneigentum aufzugeben, selbst wenn die tatsächlichen Aufwendungen inklusive Tilgung für das Eigenheim von der Höhe her „angemessen" sind.

30 Nur in **besonderen Ausnahmefällen** lässt das BSG die Übernahme von Tilgungsraten im Rahmen der Unterkunftskosten zu, „*wenn es um die Erhaltung von Wohneigentum geht, dessen Finanzierung im Zeitpunkt des Bezugs von Grundsicherungsleistungen bereits weitgehend abgeschlossen*" ist (16.2.2012 – B 4 AS 14/11 R). Dann sei lediglich noch eine Restschuld abzutragen und der Aspekt der privaten Vermögensbildung trete in den Hintergrund (BSG 7.7.2011 – B 14 AS 79/10 R).

31 Das BSG hat in einem Fall entschieden, dass die Tilgung zusammen mit den laufenden Kosten der Unterkunft dann übernommen werden soll, wenn „*bei einer relativ geringen Belastung durch Darlehenszinsen und einer vergleichsweise hohen Tilgungslast das selbst genutzte Wohneigentum bereits weitgehend finanziert ist und es deshalb nicht um den Aufbau, sondern um den Erhalt bereits bestehender Vermögenswerte geht*" (18.6.2008 – B 14/11b AS 67/06 R).

32 Ein weiterer Umstand, der eine Übernahme der Tilgungslast als Zuschuss rechtfertigt, ist neben der Feststellung, dass die **Finanzierung der Immobilie weitgehend abgeschlossen ist**, die absehbar **vorübergehende Dauer** des Leistungsbezuges. Das ist etwa der Fall, wenn der Bezug einer Altersrente bevorsteht, und künftige Tilgungsraten mit den zu erwartenden höheren Renteneinnahmen bestritten werden können (BSG 3.12.2015 – B 4 AS 49/14 R).

33 **Tipp:** Prüfen Sie nach, welche Unterkunftskosten die Behörde bei einer vergleichbaren Mietwohnung anerkennt. Bestehen Sie auf Anerkennung der mtl. Tilgung, wenn Ihre Unterkunftskosten inklusive Tilgung die Kosten einer „angemessenen" Mietwohnung nicht übersteigen. Das ist erfolgsversprechend, wenn die Finanzierung des Wohneigentums weitgehend abgeschlossen bzw. der Leistungsbezug vorübergehender Natur ist und durch Übernahme der Tilgung die Unterkunft dauerhaft gesichert werden kann.

Wenn Sie wegen Nicht-Anerkennung der Tilgung im Rahmen der laufenden Unterkunftskosten in **Zahlungsrückstand** geraten und infolgedessen der Wohnungsverlust durch Zwangsversteigerung droht, können rückständige Tilgungsbeträge auch als **Darlehen** (→ 30) übernommen werden (BVerwG 24.4.1975 – V C 61.73).

Schulden „*sollen übernommen werden, wenn dies gerechtfertigt und notwendig ist und sonst Wohnungslosigkeit einzutreten droht*" (§ 36 Abs. 1 SGB XII; entsprechend § 22 Abs. 8 S. 2 SGB II).

Eine darlehensweise Übernahme der Eigenheimschulden bei Zahlungsrückstand kommt aber allenfalls in Betracht, wenn die Finanzierung der Immobilie weitgehend abgeschlossen ist und die Unterkunft dadurch dauerhaft gesichert werden kann. Näheres finden Sie unter dem Beitrag **Mietschulden** (→ 77).

34 **Kritik:** Die Nichtanerkennung der Tilgung führt zu einer mehr oder weniger massiven Senkung des Regelbedarfs. Eigenheim-

besitzende können in ihrem geschützten Eigenheim entweder eine Hungerexistenz weit unterhalb des SGB II-/Sozialhilfeniveaus fristen oder, wenn sie das nicht mehr aushalten, die Bedienung des Kredits einstellen. Dann wird der Kredit fällig, es folgt die Zwangsversteigerung und die Eigenheimbesitzenden in spe sind gezwungen, in eine Mietwohnung umzuziehen.

Vorteil für die Behörde: Ein vormals geschütztes Vermögen (→ 119) verwandelt sich in einen Geldbetrag, dessen Verwertung vorrangig verlangt wird.

2.2 Angemessene Heizkosten

35 Bei der Berücksichtigung von Eigenheimen/Eigentumswohnungen als Schonvermögen (→ Rn. 44 ff.) ist eine größere Wohnfläche angemessen als bei Mietwohnungen (→ 75 Rn. 44 ff.). Deswegen wurden **früher** die **angemessenen Heizkosten** (→ 57) in diesem Rahmen für die tatsächliche Wohnfläche anerkannt (LSG Niedersachsen-Bremen 8.6.2006 – L 7 AS 443/05 ER).

36 Inzwischen gilt aber auch bei den Heizkosten die **Gleichbehandlung** von Eigenheimbesitzenden und Mieter*innen. Allerdings nicht in Form einer **Gesamtbetrachtung** der Unterkunftskosten, bei der man erhöhte Heizkosten mit niedrigeren sonstigen Bewirtschaftungskosten des Eigenheims ausgleichen könnte.

„Die [...] am Einzelfall orientierte Angemessenheitsprüfung für die Heizkosten hat grundsätzlich getrennt von der Prüfung der Angemessenheit der Unterkunftskosten zu erfolgen" (BSG 2.7.2009 – B 14 AS 33/08 R).

Damit orientieren sich auch die Richtwerte für die Heizkosten der idR größeren Eigenheime an den Quadratmeterzahlen einer Mietwohnung, die für die jeweilige Bedarfsgemeinschaft angemessen wäre. Um die Kosten auf das angemessene Maß zu senken, wären Sie ggf. gezwungen, ihre Unterkunft nur zum Teil zu beheizen.

Näheres finden Sie unter dem Beitrag Heizkosten (→ 57 Rn. 17 ff.).

34 Eigenheim/Eigentumswohnung

37 Unter Umständen setzen sich andere Kriterien durch:

Seit April 2011 ist es Kommunen und Kreisen erlaubt, die örtlich angemessenen Unterkunftskosten in Satzungen zu regeln und diese auch unter Einbeziehung angemessener Heizkosten als „*Gesamtangemessenheitsgrenze*" zu bestimmen (§ 22b Abs. 1 S. 3 SGB II; derzeit sind solche Satzungen aufgrund landesrechtlicher Bestimmungen in Berlin, Hessen, Sachsen und Schleswig-Holstein möglich; → 75 Rn. 91 ff.). Eine solche Satzung wäre regelmäßig auch für die Unterkunftskosten bei HzL und GSi der Sozialhilfe gültig.

Mit Inkrafttreten des Neunten SGB II-Änderungsgesetzes **zum 1.8.2016** ist *„zur Beurteilung der Angemessenheit der Aufwendungen für Unterkunft und Heizung [...] die Bildung einer Gesamtangemessenheitsgrenze zulässig"* (§ 22 Abs. 10 SGB II). Jede Kommune/jeder Landkreis kann selbst entscheiden, ob von der Möglichkeit Gebrauch gemacht wird. Mit Blick auf die aktuellen Preissteigerungen bei Energiekosten ist es zwar sachgerecht, die angemessenen Unterkunftskosten ohne Einbeziehung der Heizkosten zu bewerten, weil bei der getrennten Prüfung der Heizkosten auf ihre Angemessenheit immer die aktuellen Energiepreise zu berücksichtigen sind, für Eigenheimbesitzende mit größeren Wohnflächen kann die Einbeziehung der Heizkosten in die Angemessenheitsgrenze unter Umständen von Vorteil sein.

38 Wird in Ihrer Stadt/Ihrem Landkreis die Gesamtangemessenheitsgrenze angewendet, dann wäre es Mieter*innen **und Wohneigentümer*innen** möglich, höhere Heizkosten durch niedrigere sonstige laufende Unterkunftskosten auszugleichen. Diese Regelung wurde mit dem Bürgergeldgesetz zum **1.1.2023** in das Sozialhilferecht übernommen (§ 35 Abs. 7 SGB XII). Aktuell kommt es eher selten vor, dass die angemessenen Unterkunftskosten im Rahmen einer Gesamtangemessenheitsgrenze bestimmt werden.

39 Tipp: Fragen Sie bei der Kommune/dem Landkreis nach, ob eine solche Änderung bei den Unterkunftskosten geplant ist.

40 Bei der **Bevorratung mit Brennstoffen**, zB der Befüllung eines Heizöltanks mit einem

247

Jahresvorrat an Heizöl, können einmalig hohe Kosten entstehen. Diese sind als **aktueller Bedarf** für Unterkunft und Heizung **im Monat der Fälligkeit** gemäß § 22 Absatz 1 S. 1 SGB II auch dann anzuerkennen, wenn durch die Bevorratung mit Heizmaterial nur für den jeweiligen Monat **Hilfebedürftigkeit entsteht**. Diese Auffassung hat das BSG in einem Urteil vom 8.5.2019 bekräftigt (B 14 AS 20/18 R). Im SGB II gebe es **keine Rechtsgrundlage**, einen in einem bestimmten Monat anfallenden Bedarf für Heizmaterial, das für einen längeren Zeitraum gekauft worden ist, auf einen längeren Zeitraum verteilt als Bedarf zu berücksichtigen. Das gilt auch für das SGB XII. Ebenso wenig sah das BSG im vorliegenden Fall (Jahresbevorratung von Heizöl im Wert von 1.385,23 EUR für eine fünfköpfige Familie) die Voraussetzungen für einen Ersatzanspruch des Jobcenters wegen sozialwidrigen Verhaltens nach § 34 Abs. 1 SGB II gegeben.

41 **Tipp:** Wenn Sie wegen der Kosten der Brennstoffbevorratung bedürftig werden, müssen Sie im Monat der Fälligkeit (idR Rechnungsstellung bzw. Liefertermin) einen vollständigen Bürgergeld-/Sozialhilfe-Antrag beim Amt stellen. Lediglich für das Jahr 2023 hat der Gesetzgeber im SGB II eine Ausnahmeregelung geschaffen, wonach Anträge bis zu drei Monate nach dem Fälligkeitsmonat gestellt werden können (§ 37 Abs. 2 S. 3 u. 4 SGB II). Das gilt auch, wenn Sie im Folgemonat Ihren Lebensunterhalt wieder unabhängig von Leistungen bestreiten können.

42 **Stromkosten** für den Betrieb von **Heizpumpe und Brenner** gehören zu den Heizkosten und sind in tatsächlicher Höhe zu übernehmen, soweit die Heizkosten insgesamt im Vergleich zu einer entsprechenden Mietwohnung angemessen sind. Entweder die Stromkosten können mittels Ablesegerät in tatsächlicher Höhe ermittelt werden oder sie sind anhand einer *„realitätsnahe[n] Schätzung des Energieanteils, der auf die Heizung entfällt"* festzulegen (BSG 7.7.2011 – B 14 AS 51/10 R; → 57 Rn. 59).

43 Stromkosten für die **Gartenpflege** und die **Außenbeleuchtung** eines Eigenheims sind dagegen dem Haushaltstrom zuzuordnen und vom Regelbedarf zu zahlen (BSG 7.7.2011 – B 14 AS 51/10 R).

3. Hausbesitz als Vermögen

44 Ihr Eigenheim bzw. Ihre Eigentumswohnung ist für die Behörde Vermögen.

45 Im **Bürgergeld nach dem SGB II** gilt:

Mit dem Bürgergeldgesetz wurden erstmals zum 1.1.2023 konkrete Wohnungsgrößen als Maßstab für angemessenen selbstgenutzten Immobilienbesitz in SGB II aufgenommen. Als Vermögen *„nicht zu berücksichtigen sind [...] 4. ein selbst genutztes Hausgrundstück mit einer Wohnfläche von bis zu 140 Quadratmetern oder eine selbst genutzte Eigentumswohnung von bis zu 130 Quadratmetern; bewohnen mehr als vier Personen das Hausgrundstück beziehungsweise die Eigentumswohnung, erhöht sich die maßgebende Wohnfläche um jeweils 20 Quadratmeter für jede weitere Person; höhere Wohnflächen sind anzuerkennen, sofern die Berücksichtigung als Vermögen eine besondere Härte bedeuten würde [...]"* (§ 12 Abs. 1 Nr. 5 SGB II).

46 In der HzL/GSi der Sozialhilfe ist nach wie vor ein angemessenes Hausgrundstück geschützt,

*„das von der nachfragenden Person oder einer anderen in den § 19 Abs. 1 bis 3 genannten Person [dh Ihrer Ehegatt*in bzw. Lebenspartner*in und minderjährigen, unverheirateten Kindern] allein oder zusammen mit Angehörigen ganz oder teilweise bewohnt wird und nach ihrem Tod von ihren Angehörigen bewohnt werden soll. Die Angemessenheit bestimmt sich nach der Zahl der Bewohner, dem Wohnbedarf (zum Beispiel behinderter, blinder oder pflegebedürftiger Menschen), der Grundstücksgröße, der Hausgröße, dem Zuschnitt und der Ausstattung des Wohngebäudes sowie dem Wert des Grundstücks einschließlich des Wohngebäudes"* (§ 90 Abs. 2 Nr. 8 SGB XII).

3.1 Selbst genutzt?

47 **Geschützt** ist bei **SGB II-Bezug** nur Wohneigentum, das Sie **selbst bewohnen**.

Bei Bezug von HzL/GSi der Sozialhilfe ist es in diesem Fall ebenfalls **geschützt**. Dies gilt aber auch dann, wenn es neben Ihrem*r Ehe- oder Lebenspartner*in bzw. Ihren minderjährigen Kindern von anderen **Angehöri-**

34 Eigenheim/Eigentumswohnung

gen bewohnt wird, die nicht zur Einstandsgemeinschaft (→ 16) gehören. Außerdem, wenn Sie in ein Pflegeheim kommen und Ihr*e Ehepartner*in oder Ihre minderjährigen Kinder noch im Eigenheim leben.

48 **Die Einbeziehung von Angehörigen**, die nicht zur Einstandsgemeinschaft gehören, ist bei der Sozialhilfe ein Vorteil gegenüber dem Bürgergeld. Durch die Einbeziehung weiterer Bewohner*innen erhöht sich die angemessene Wohnfläche eines geschützten Eigenheims (→ Rn. 53 ff.). Das Wohnen leistungsberechtigter Personen mit Angehörigen „unter einem Dach" kann **auch bei SGB II-Bezug** entsprechend berücksichtigt werden, zB wenn sich die Angehörigen für den Erhalt der Immobilie selbst verschuldet haben oder ebenfalls auf Leistungen zum Lebensunterhalt nach den SGB II oder SGB XII angewiesen sind. In diesem Fall stellt die Verwertung des gemeinsam bewohnten Eigenheims eine besondere Härte dar (§ 12 Abs. 3 S. 1 Nr. 6 SGB II; BSG 12.12.2013 – B 14 AS 90/12 R).

49 Geschützt ist Ihr Wohneigentum im SGB II-/HzL-/GSi-Bezug auch, wenn Sie **es nicht selbst bewohnen,** aber andere Personen dort lebenslanges **Nießbrauchrecht** (Wohnrecht) besitzen. Hier ist der Verkauf auf absehbare Zeit regelmäßig ausgeschlossen (BSG 6.12.2007 – B14/7b AS 46/06 R). Allerdings kann eine **Beleihung** in Betracht kommen (BSG 12.7.2012 – B 14 AS 158/11 R). Das Darlehen müssten Sie dann vorrangig zum Lebensunterhalt verbrauchen.

50 Daraus folgt umgekehrt bei **HzL-/GSi-Bezug:**

Nicht geschützt ist Ihr Haus- oder Wohneigentum, wenn „nur" Ihr volljähriges Kind ggf. mit eigener Familie darin wohnt oder es „nur" von Brüdern, Schwestern, Enkeln oder Tanten bewohnt wird. Ebenso ist es nicht geschützt, wenn Sie es alleine bewohnt haben und nun dauerhaft in einem Heim leben müssen.

Allerdings kann die Verwertung auch hier eine besondere Härte bedeuten (§ 90 Abs. 3 SGB XII).

51 **Nicht geschützt** sind ferner bei Bezug von **Bürgergeld/HzL/GSi:**

- Zweitwohnungen oder ein (Ferien-)Haus, das Sie nicht bewohnen.

Das trifft insbesondere ausländische Familien hart, wenn sie angeben, in ihrer Heimat ein Haus zu besitzen. Besondere Lebensverhältnisse von ausländischen Familien können einen Härtefall darstellen (§ 12 Abs. 3 Nr. 6 SGB II; § 91 Abs. 3 SGB XII). Das könnte der Fall sein, wenn Sie im Alter zurückkehren wollen oder wenn Ihre Eltern in Ihrem Haus wohnen. Aber auch dann, wenn der Marktpreis des Hauses in Ihrem Herkunftsland um mehr als zehn Prozent unter seinem Kaufpreis liegt,

- bei einem Zweifamilienhaus der Teil des Hauses, den Sie nicht selbst bewohnen,
- Grundstücke, die nicht Wohnzwecken dienen (nicht gewerblich genutzte Äcker, Wiesen, unbebaute Grundstücke usw).

3.2 Miteigentümerschaft

52 Sind Sie Miteigentümer*in eines Hauses, ist bei der Prüfung der Angemessenheit „*nur auf den aufgrund des Miteigentumsanteils als Wohnstatt genutzten Teil des Grundstücks abzustellen*" (BVerwG 25.6.1992 – 5 C 37.88).

3.3 Angemessene Wohnfläche

53 Im **Bürgergeld** gilt:

Seit dem **1.1.2023** wird als **Maßstab** für den als Vermögen geschützten Immobilienbesitz die **Wohnfläche** bestimmt und konkret im Gesetz geregelt: Für Haushalte **bis vier Personen** gelten bei einem selbst genutzten **Hausgrundstück** die Wohnfläche bis **140 m²** und bei einer selbst genutzten **Eigentumswohnung 130 m²** als angemessen. Für **jede weitere Person** werden **20 m²** aufgeschlagen. Zudem sind höhere Wohnflächen anzuerkennen, „*sofern die Berücksichtigung als Vermögen eine besondere Härte darstellen würde*" (§ 12 Abs. 1 Nr. 5 SGB II). Infolge der Neuregelung wird bei der Bewertung lediglich auf das Kriterium der Wohnfläche abgestellt, nicht aber auf weitere Kriterien, etwa die Lage der Immobilie (zB Stadt-Land-Gefälle; SG Koblenz 3.5.2007 – S 11 AS 187/06) oder deren Verkehrswert im Regelfall, außer Acht lässt. Auf der anderen Seite sind die nun gesetzlich festgelegten Wohnflächen deutlich

34 Eigenheim/Eigentumswohnung

großzügiger bemessen als die Vorgaben der alten BSG-Rechtsprechung.

54 Für den Zeitraum **bis zum 31.12.2022** hatte das BSG am 7.11.2006 die Angemessenheitsgrenzen für selbst genutztes Wohneigentum konkretisiert (B 7b AS 2/05). In Anlehnung an das 2. Wohnungsbaugesetz hat es einer vierköpfigen Haushaltsgemeinschaft eine **Eigentumswohnung** mit einer Wohnfläche von bis zu 120 m² zugestanden. Analog dazu erfolgte die Orientierung bei angemessenem **Hausbesitz** bei 130 m² Wohnfläche (BSG 16.5.2007 – B 11b AS 37/06 R). Für jede **weitere** Person im Haushalt erhöhte sich die Wohnfläche um 20 m². Neu an der Regelung war die Reduzierung der angemessenen Wohnfläche bei kleineren Haushalten. Bei drei Personen im Haushalt wurden demnach 20 m², bei nur zwei Personen 40 m² vom Ursprungswert **abgezogen**. Als **Untergrenzen** für angemessenen Wohnraum von Ein- und Zweipersonenhaushalten galten demnach 80 m² bei Eigentumswohnungen und 90 m² bei Eigenheimen. Diese niedrigen Werte wurden aber in der Praxis als Orientierungsmaßstab, nicht als fester Grenzwert herangezogen (FW 12.28 – alt), was Spielraum für die Anerkennung größerer Wohnflächen bot.

55 Darüber hinaus hatte das BSG, statt sich an den bisherigen Lebensumständen zu orientieren und die Wohnfläche als „familiären" Wohneigentum weiterhin als angemessen anzuerkennen, wenn Kinder als Erwachsene die elterliche Wohnung längst verlassen haben, die Vorgaben 2016 verschärft: Das Gericht urteilte, dass die angemessene Wohnfläche nach dem Auszug von Kindern regelmäßig an die im Eigentum verbleibenden Personen angepasst werden müsse. Die angemessenen Wohnungsflächen nach § 82 Abs. 2 S. 2 II. WoBauG seien im SGB II **nicht** (mehr) im Sinne einer Bestandsschutzregelung anzuwenden (BSG 12.10.2016 – B 4 AS 4/16 R). Dieser strengere Maßstab führte in der Praxis dazu, dass bislang geschützte Immobilien plötzlich verwertet werden mussten. Infolge der deutlichen Erhöhung der **Untergrenzen** seit dem **1.1.2023** (zB beim Hausgrundstück von 90 m² auf 140 m² Wohnfläche) dürfte der behördliche Druck zur Verwertung von selbst genutztem Wohneigentum spürbar abnehmen.

56 **Tipp:** Wenn eine durch das Jobcenter geforderte Verwertung einer Immobilie bis zum 31.12.2022 nicht möglich war, profitieren Sie ab dem 1.1.2023 von der Erhöhung der Wohnflächen.

57 Für die **HzL/GSi** der Sozialhilfe gilt: Angemessen ist hier ein Eigenheim, wenn ein Haushalt mit bis zu vier Personen bis zu 130 m² und eine Eigentumswohnung bis zu 120 m² hat (§ 39 Abs. 1 II. WoBauG). Bei **pflegebedürftigen** Personen kommen 20 Prozent der Wohnfläche hinzu (§ 39 Abs. 1 und § 82 II. WoBauG). **Rollstuhlfahrer*innen** haben einen zusätzlichen Flächenbedarf von **15 m²** (BVerwG 1.10.1992 – 5 C 28.89, NDV 1993, 238).

Für jede weitere Person im Haushalt erhöht sich die Fläche um 20 m². Wenn weniger Personen im Haushalt leben, kann die angemessene Fläche um 20 m² pro Person verringert werden, also bei drei Personen auf 110 m² usw.

58 Der bislang im SGB XII gültige Maßstab für die Anerkennung von Immobilien als Schonvermögen, der sich an der Wohnfläche nach dem Wohnbaugesetzes orientiert, benachteiligt Leistungsberechtigte der HzL oder GSi gegenüber Besitzer*innen eines selbst genutzten Wohneigentums in SGB II-Bezug. So wäre es denkbar, dass Leistungsberechtigte, die aufgrund einer vollen Erwerbsminderung oder des Erreichens des Regelrentenalters vom SGB II ins SGB XII verschoben werden, ihre nach SGB II-Kriterien geschützte Immobilie im SGB XII-Bezug verwerten müssen.

59 **Tipp:** Die in § 90 Abs. 2 Nr. 8. SGB XII formulierte Norm ist offen für die Entwicklung neuer Bewertungskriterien, beispielsweise die Übertragung der größeren SGB II-Wohnflächen in das SGB XII. Daher vertreten wir die Auffassung, dass SGB XII-Leistungsberechtigte, deren selbst genutztes Eigenheim nach SGB II-Kriterien als angemessen gilt, dies auch gegenüber dem Sozialamt vertreten und bei Bedarf mit Widerspruch und Klage durchsetzen sollen.

60 Sowohl im **Bürgergeld** und der **Hzl/GSi der Sozialhilfe** gilt: Wenn besondere persönliche Gründe (Krankheit, Behinderung) oder berufliche Bedürf-

34 Eigenheim/Eigentumswohnung

nisse vorliegen (zB gewerbliche Werkstatt), kann die angemessene Wohnfläche überschritten werden (Härtefall).

Zweifamilienhäuser werden bis 200 m² Wohnfläche staatlich gefördert, sind idR aber nicht geschützt. Wenn allerdings eine achtköpfige Familie beide Wohnungen bewohnt, wäre die Gesamtgröße des Hauses angemessen.

3.3.1 Corona-Sonderregelungen: Keine Prüfung der Angemessenheit einer selbstgenutzten Immobilie

61 Wer zwischen dem **1.3.2020** und dem **31.12.2022** einen Antrag auf SGB II-Leistungen, HzL oder GSi stellte oder ohne vorherige Vermögensprüfung Leistungen weiter bewilligt bekommt, profitiert unter Umständen vom erleichterten Zugang zu Sozialleistungen, der im Rahmen der Corona-Pandemie geschaffen wurde. Die Regelung lief Ende 2022 aus, entfaltet aber zB für Bewilligungszeiträume, die im Dezember 2022 begannen, noch **bis max. zum 31.5.2023** Wirkung.

62 Wenn bis zum 31.12.2022 ein Bewilligungszeitraum begonnen hat, ist **Vermögen** (nach § 12 SGB II, § 90 SGB XII) **für die Dauer von sechs Monaten nicht zu berücksichtigen**. Antragstellende müssen lediglich erklären, dass **kein erhebliches Vermögen** vorhanden ist (§ 67 Abs. 2 SGB II, § 141 Abs. 2 SGB XII). Unter erheblichem Vermögen versteht der Gesetzgeber in Anlehnung an das Wohngeldgesetz (WoGG) verwertbares Vermögen in Höhe von **mehr als** 60.000 EUR für das erste zu berücksichtigende Haushaltsmitglied und mehr als 30.000 EUR für jedes weitere zu berücksichtigende Haushaltsmitglied.

63 *„Diese Höchstgrenze ist erforderlichenfalls nur anhand der Vermögensgegenstände zu prüfen, die kurzfristig verwertbar sind. […] Nicht in die Prüfung der Erheblichkeitsgrenze einzubeziehen sind demnach Vermögensgegenstände, die nicht frei verfügbar und damit nicht geeignet sind, kurzfristig zur Bestreitung des Lebensunterhalts eingesetzt werden zu können. Dazu gehören insbesondere selbstgenutzte Wohnimmobilien, typische Altersvorsorgeprodukte wie Kapitallebens- oder -rentenversicherungen"* (FW § 67

Nr. 1.2, 5). Das sollte auch für HzL und GSi der Sozialhilfe gelten.

64 Wurden Ihnen im oben genannten Zeitraum unter den angeführten Voraussetzungen vom Jobcenter oder Sozialamt Leistungen zum Lebensunterhalt nur als **Darlehen gewährt**, weil Ihr selbstgenutztes Wohneigentum (das gilt auch für die Grundstücksfläche, → Rn. 66 f.) nach einer Vermögensprüfung als **nicht angemessen** eingestuft wurde, ist gegen Verfahrensgrundsätze verstoßen worden, die den erleichterten Zugang gewährleisten sollen. Wenn für den Zeitraum von sechs Monaten keine Prüfung von Immobilienvermögen erfolgen soll, hätte Ihnen statt des Darlehens eine Beihilfe bewilligt werden müssen.

65 **Tipp:** Stellen Sie einen Antrag auf Überprüfung der entsprechenden Bescheide nach § 44 SGB X und verlangen Sie eine Umwandlung des Darlehens in eine Beihilfe (Nachzahlung, → 80 Rn. 19 ff.).

3.4 Angemessene Grundstücksfläche

3.4.1 Bürgergeld

66 Da die Bewertung eines selbst genutzten Hausgrundstücks seit 1.1.2023 nach § 12 Abs. 1 Nr. 9 SGB II auf der Grundlage der Wohnfläche zu erfolgen hat, ist die Bewertung der Grundstücksfläche idR entbehrlich. Ausnahmen sind daher lediglich bei besonders großen Grundstücken denkbar, zB wenn die Separierung eines Teilgrundstücks möglich und der Teilverkauf zuzumuten ist.

3.4.2 HzL/GSi der Sozialhilfe

67 Im SGB XII wurden die gesetzlichen Vorgaben nicht an das SGB II angepasst. Demnach sind bei der Bewertung der Grundstücksgröße wie bisher die Empfehlungen des Deutschen Vereins (für öffentliche und private Fürsorge, DV 17/21) heranzuziehen: *„Eine Grundstücksfläche von 500 qm im städtischen und von 800 qm im ländlichen Bereich ist in der Regel als angemessen anzusehen."* Allerdings kann geprüft werden, ob *„ein Grundstück für eine weitere Bebauung teilbar und wirtschaftlich selbstständig verwertbar ist. Für Eigentumswohnungen bleibt die Grundstücksfläche im Gemeinschaftsei-*

gentum außer Betracht" (Empfehlungen des DV für den Einsatz von Einkommen und Vermögen in der Sozialhilfe, DV 17/21, Rn. 221).

3.5 Angemessener Verkehrswert

3.5.1 Bürgergeld

68 Bei SBG II-Bezug spielt „*[d]ie Grundstücksgröße [...] für die Vermögensprüfung keine Rolle*", wenn die angemessene Wohnfläche im konkreten Fall nicht überschritten wird (FW 12.23; → Rn. 53). Im SGB II-Antrag brauchen Sie dann keine Angaben über den Verkehrswert zu machen.

Der Verkehrswert des Hausgrundstücks spielt unter Umständen neben den Möglichkeiten einer Teilverwertung eine Rolle, wenn es sich um ein besonders großes Grundstück handelt (→ Rn. 66).

69 Der Verkehrswert kann durch ein Verkehrswertgutachten (nicht älter als drei Jahre), durch Bodenwertrichttabellen (bei unbebauten Grundstücken) oder Auskünfte aus der Kaufpreissammlung der Gutachterausschüsse bei den Katasterämtern (bei bebauten Grundstücken) festgestellt werden. Hier werden die Kaufpreise vergleichbarer Immobilien bzw. Grundstücke registriert.

Die Kosten dafür hat die Behörde zu tragen (→ 67 Rn. 18).

„*Bei der Feststellung des Werts einer Immobilie sind dingliche Belastungen (Grundschuld, Hypotheken und Nießbrauch) zu berücksichtigen. Andere Verbindlichkeiten bleiben außer Betracht*" (FW 12.39).

3.5.2 HzL/GSi der Sozialhilfe

70 Wenn ein Haus- oder Wohneigentum der Größe bzw. Grundstücksfläche nach angemessen ist, ist damit anders als beim Bürgergeld nicht automatisch auch der Verkehrswert geschützt. Dieser kann trotzdem unangemessen hoch, also teilweise ungeschützt sein (OVG Bremen 17.10.1996 – 2 B 27/96). Als Maßstab für die Angemessenheit des Verkehrswerts dienen die Verhältnisse am Wohnort. Der Verkehrswert muss sich im unteren Bereich der Verkehrswerte vergleichbarer Häuser am Wohnort halten, nicht im Landesdurchschnitt (BVerwG 17.1.1991 – 5 C 53.86 und 1.10.1992 – 5 C 28.89).

„*Als Anhalt können für jeden Quadratmeter der anzuerkennenden Wohn- und Grundstücksfläche die im Bereich des örtlichen Trägers der Sozialhilfe üblichen Baukosten (Gesamtkosten ohne Baugrundstück) sowie die aus der einschlägigen Kaufpreissammlung ersichtlichen Bodenrichtwerte [...] herangezogen werden*" (DV 17/21, Rn. 223). Die üblichen Baukosten können beim Bauamt erfragt werden.

„*Der Hilfesuchende, der Sozialhilfe für sein Leben am Wohnort begehrt, darf nicht deshalb abgewiesen werden, weil er an einem anderen Ort billiger leben könnte*" (BVerwG 17.1.1991 – 5 C 53.86).

Der Deutsche Verein meint, dass beim Einsatz des Immobilienvermögens „*vom Verkehrswert [auszugehen ist], wobei Belastungen des Grundstücks außer Betracht zu bleiben haben. Diese Belastungen sind nur bei der Frage des Umfanges und der Grenzen der Verwertung und des Einsatzes zu berücksichtigen*" (DV 17/21, Rn. 223).

71 Tipp: Aufgrund der kleinlichen Angemessenheitsprüfung in der Sozialhilfe kann es vorkommen, dass ein*e nichterwerbsfähige*r Miteigentümer*in eines Hauses in stärkerem Maße herangezogen werden müsste als dessen*deren erwerbslose*r Partner*in, der*die Bürgergeld bezieht. Bestehen Sie darauf, dass einheitlich die günstigeren Regeln des SGB II angewendet werden, weil die Verwertung eine Härte bedeuten würde (§ 90 Abs. 3 SGB XII).

4. Verwertung des unangemessenen Teils

72 „*Der Begriff der Verwertbarkeit ist ein rein wirtschaftlicher und beurteilt sich sowohl nach den tatsächlichen als auch nach den rechtlichen [zB Besitz-] Verhältnissen*" (BSG 22.3.2012 – B 4 AS 99/11 R). „*Tatsächlich nicht verwertbar sind Vermögensgegenstände, für die in absehbarer Zeit kein Käufer zu finden sein wird, etwa weil Gegenstände dieser Art nicht (mehr) marktgängig sind oder weil sie, wie Grundstücke infolge sinkender Immobilienpreise, über den Marktwert hinaus belastet sind*" (BSG

6.12.2007 – B 14/7b AS 46/06 R; → 119 Rn. 7 f.).

4.1 Bürgergeld

73 Der Teil des Hausgrundstücks bzw. der Immobilie, der die angemessene Größe übersteigt, wird mit dem anteilig errechneten Wert (Verkehrswert minus Verbindlichkeiten pro m²) bewertet.

„Ist die Größe einer selbst genutzten Immobilie nicht angemessen, ist die Verwertung von eigentumsrechtlich abtrennbaren Grundstücksbestandteilen durch Verkauf oder Beleihung zu verlangen, zB durch Bildung in sich abgeschlossener Eigentumswohnungen" (FW 12.22).

74 Eine Abtrennung und der dann folgende Verkauf des abgetrennten Teils sind in der Realität meist nicht möglich. Bleibt die **Beleihung**. Sie müssten dann Ihren Lebensunterhalt auf Kreditbasis bestreiten und dafür auch noch Zinsen zahlen. Vorteil wäre, dass Sie das verwertete Vermögen nicht so ausgeben müssen, als wären Sie Leistungsbezieher*in (→ 119).

75 Bürgergeld/Sozialhilfe kann auch bis zur Höhe des ungeschützten Vermögens als **Darlehen** (→ 30) gezahlt werden, solange der unangemessene Teil nicht verwertet werden kann.

Das Darlehen *„kann davon abhängig gemacht werden, dass der Anspruch auf Rückzahlung dinglich oder in anderer Weise gesichert wird"* (§ 91 S. 2 SGB XII; entsprechend § 24 Abs. 5 S. 2 SGB II). Es ist zulässig, ein Darlehen zum Lebensunterhalt abzulehnen, wenn Sie die Eintragung ins Grundbuch verweigern (BSG 22.3.2012 – B 4 AS 99/11 R).

Kosten, die aus einer dinglichen Sicherung entstehen, hat die Behörde zu tragen, Gutachterkosten ebenfalls (§ 64 Abs. 2 SGB X iVm § 21 SGB X).

76 Solange Sie in Ihrem „unangemessenen" Haus wohnen bzw. Angehörige, die Nutzungsrechte haben, kann das Haus oder Teile davon idR nicht verkauft, dh verwertet werden. Hier ist zunächst zu prüfen, ob eine Beleihung möglich ist. Kommt das nicht in Frage und ist eine **Verwertung auf absehbare Zeit nicht möglich** (idR innerhalb des jeweiligen Bewilligungszeitraums), haben Sie dennoch Anspruch auf **Bürgergeld als Beihilfe**, nicht als Darlehen (BSG 27.1.2009 – B 14 AS 42/07 R; BSG 30.8.2010 – B 4 AS 70/09 R).

4.2 HzL/GSi der Sozialhilfe

77 Wenn Ihr Eigenheim oder Ihre Eigentumswohnung nicht als angemessenes Schonvermögen anerkannt wird, muss der unangemessene Teil grundsätzlich verwertet werden. Der angemessene Teil bleibt geschützt. Allerdings kann die Verwertung aufgeschoben werden, indem die Leistung bis zur Höhe des zu verwertenden Vermögens auf Darlehensbasis (→ 30) gezahlt wird. Das Darlehen kann dinglich gesichert werden (§ 91 SGB XII). Auch eine Beleihung der Immobilie kann unter Umständen verlangt werden.

5. Forderungen

78 Anerkennung von Tilgungszahlungen im Rahmen des Gleichstellungsprinzips von Mieter*innen und Eigenheimbesitzenden bei angemessenen Kosten des Eigenheims!

Anerkennung der vollen Kosten der Unterkunft inklusive Heizung bei geschützten, selbst bewohnten Eigenheimen!

Gleichbehandlung der SGB XII-Leistungsberechtigten beim Schonvermögen für selbst genutztes Wohneigentum durch Anwendung der SGB II-Wohnflächen.

35 Eingliederungsvereinbarung/ Kooperationsplan

1. Kooperationsplan ersetzt Eingliederungsvereinbarung 1
   1.1 Was im Kooperationsplan „vereinbart" wird 7
      1.1.1 Leistungen der Eingliederung in Arbeit 11
      1.1.2 Bemühungen zur Eingliederung in Arbeit 13
      1.1.3 Integrationskurse und Berufssprachkurse 16
      1.1.4 Schadensersatz – nicht mehr! 17

35 Eingliederungsvereinbarung/Kooperationsplan

1.1.5 Anzeige- und Bescheinigungspflicht der Arbeitsunfähigkeit 19
1.2 Leistungen zur Eingliederung müssen erforderlich sein 23
1.2.1 Wer keinen Kooperationsplan abschließen muss 25
1.2.2 Kooperationsplan in einer Bedarfsgemeinschaft 30
2. **Abschluss von Kooperationsplan/ EinV: was zu beachten ist** 37
2.1 Voraussetzung: „Profiling"/ „Potenzialanalyse" 39
2.2 Mindeststandards beim Abschuss einer EinV – gilt bis zum 30.6.2023 44
2.3 Mindeststandards beim Abschluss eines Kooperationsplans 49
2.4 Kooperationsplan: wer was mit wem vereinbart 53
2.5 Eingliederungsvereinbarung: öffentlich-rechtlicher Vertrag 60
2.5.1 Kooperationsplan: Kein öffentlich-rechtlicher Vertrag 66
2.6 Dauer der EinV 67
2.6.1 Dauer des Kooperationsplans 70
2.7 Eingliederungsvereinbarung: Rechtsanspruch auf Leistungszusagen 71
2.7.1 Kooperationsplan: Rechtsanspruch auf Leistungszusagen 72
3. **Eingliederungsvereinbarung: Sie können sich nicht einigen – Was dann?** ... 73
3.1 Kooperationsvertrag: Sie können sich nicht einigen – Was dann? 75
3.2 Mindestanforderungen bei der „Eingliederungsverwaltungsakt" bis 30.6.2023 76
3.3 Eingliederungsvereinbarung: Keine Leistungsminderung bei Weigerung 77
3.3.1 Kooperationsplan: Keine Leistungsminderung bei Weigerung 79
3.4 Widerspruch gegen den Eingliederungsverwaltungsakt – keine aufschiebende Wirkung 80
4. **Mindestanforderungen an den Kooperationsplan und die EinV** 82
5. **Strafen nach der EinV und dem Kooperationsplan ab Juli 2023** 83
6. **Übersicht Rechtsdurchsetzung bei der Eingliederungsvereinbarung** 89
7. **Übersicht „Rechtsdurchsetzung" beim Kooperationsplan** 90
8. **Kritik** 91

1. Kooperationsplan ersetzt Eingliederungsvereinbarung

1 Der Kooperationsplan tritt zum 1.7.2023 in Kraft und ersetzt die bisherige Eingliederungsvereinbarung (EinV). Die Regeln der Eingliederungsvereinbarung gelten bis zum 30.6.2023 fort (zur Übergangsregel → Rn. 11). Wie zuvor die Eingliederungsvereinbarung ist auch der Kooperationsplan der Dreh- und Angelpunkt des Credos *„Fordern und Fördern"* im SGB II.

2 In der Eingliederungsvereinbarung heißt es bis zum 30.6.2023:

„Die Agentur für Arbeit soll unverzüglich zusammen mit jeder erwerbsfähigen leistungsberechtigten Person die für die Eingliederung erforderlichen persönlichen Merkmale, berufliche Fähigkeiten und die Eignung feststellen (Potenzialanalyse)" (§ 15 Abs. 1 S. 1 SGB II). Zumeist wird die schriftliche Eingliederungsvereinbarung beim ersten Gespräch mit der Integrationsfachkraft im Jobcenter besprochen und für die Folgemonate vereinbart. Die Gesetzgebung schreibt vor: Die Eingliederungsvereinbarung *„soll mit jeder erwerbsfähigen leistungsberechtigten Person abgeschlossen werden"* (§ 15 Abs. 2 S. 1 SGB II). In der Eingliederungsvereinbarung sollen dann folgende Punkte mit der erwerbsfähigen leistungsberechtigten Person besprochen und schriftlich festgehalten werden:

„1. Welche Leistungen zur Eingliederung in Ausbildung oder Arbeit nach diesem Abschnitt die leistungsberechtigte Person erhält,

2. Welche Bemühungen erwerbsfähige Leistungsberechtigte in welcher Häufigkeit zur Eingliederung in Arbeit mindestens unternehmen sollen und in welcher Form diese Bemühungen nachzuweisen sind,

3. Wie Leistungen anderer Leistungsträger in den Eingliederungsprozess einbezogen werden" (§ 15 Abs. 2 S. 2 SGB II).

„Die Eingliederungsvereinbarung kann insbesondere bestimmen, in welche Tätigkeiten oder Tätigkeitsbereiche die leistungsberechtigte Person vermittelt werden soll" (§ 15 Abs. 2 S. 3 SGB II).

35 Eingliederungsvereinbarung/Kooperationsplan

3 Die Eingliederungsvereinbarung bekommen Sie anschließend durch die Integrationsfachkraft ausgehändigt. Ein Exemplar bleibt im Computersystem des Jobcenters. Sind Sie mit den Inhalten der Eingliederungsvereinbarung einverstanden, unterschreiben Sie und das Jobcenter diese. Sind Sie damit nicht einverstanden, brauchen Sie die Eingliederungsvereinbarung nicht zu unterschreiben und es erfolgt damit ein sog. „Verwaltungsakt". Eine Leistungsminderung (→ 95) darf dadurch nicht erfolgen. Die Eingliederungsvereinbarung gilt jeweils für sechs Monate und sollte regelmäßig mit Ihnen zusammen neu besprochen werden:

„Die Eingliederungsvereinbarung soll regelmäßig, spätestens jedoch nach Ablauf von sechs Monaten, gemeinsam überprüft und fortgeschrieben werden. Bei jeder folgenden Eingliederungsvereinbarung sind die bisher gewonnenen Erfahrungen zu berücksichtigen. Soweit eine Vereinbarung nach Absatz 2 nicht zustande kommt, sollen die Regelungen durch Verwaltungsakt getroffen werden" (§ 15 Abs. 3 SGB II).

4 Mit der **Bürgergeld-Reform** wird die Eingliederungsvereinbarung **ab 1.7.2023 durch den Kooperationsplan ersetzt**. Auch hier gilt, wie zuvor bei der Eingliederungsvereinbarung, der „**Grundsatz des Forderns**":

„Eine erwerbsfähige leistungsberechtigte Person muss aktiv an allen Maßnahmen zu ihrer Eingliederung in Arbeit mitwirken, insbesondere einen Kooperationsplan abschließen" (§ 2 Abs. 1 S. 2 SGB II). Neu ist, dass es keinen **Verwaltungsakt** mehr gibt. Denn ist zuvor die Eingliederungsvereinbarung vonseiten der Leistungsberechtigten nicht unterschrieben worden, unterschob nur das zuständige Jobcenter und unterließ damit ein sog. Verwaltungsakt. Gegen diesen Verwaltungsakt konnte dann im Rahmen eines Rechtsverfahrens zB Widerspruch eingelegt werden. Diese Möglichkeit wurde nun **mit dem Kooperationsplan aufgehoben**.

5 Für Sie kann im **Kooperationsplan** festgelegt werden:
- welche Leistungen zur Eingliederung in Ausbildung oder Arbeit Sie erhalten,
- welche Eigenbemühungen Sie mindestens unternehmen und nachweisen müssen, um Ihre Hilfebedürftigkeit, vor allem durch Eingliederung in Arbeit oder Ausbildung, zu beenden,
- das Festhalten an einem Integrationskurs nach dem Aufenthaltsgesetz oder die Teilnahme an einer berufsbezogenen Deutschsprachförderung,
- wie Leistungen anderer Leistungsträger in den Eingliederungsprozess einbezogen werden,
- in welche Ausbildung, Tätigkeiten oder Tätigkeitsbereiche vermittelt werden soll und
- ob ein möglicher Bedarf für Leistungen zur beruflichen oder medizinischen Rehabilitation mit dem Ziel einer entsprechenden Antragstellung in Betracht kommt (§ 15 Abs. 2 S. 1 Nr. 1–6 SGB II).

Auch kann festgehalten werden:
- *„welche Maßnahmen und Leistungen der aktiven Arbeitsförderung im Hinblick auf mögliche gesundheitliche Beeinträchtigungen, die einer Integration in den Arbeitsmarkt entgegenstehen, in Betracht kommen und welche anderen Leistungsträger im Hinblick auf diese Beeinträchtigungen voraussichtlich zu beteiligen sind und*
- *welche Leistungen für Personen in Betracht kommen, die mit dem*r erwerbsfähigen Leistungsberechtigten in einer Bedarfsgemeinschaft leben, um Hemmnisse der leistungsberechtigten Person zu beseitigen oder zu verringern; diese Personen sind hierbei zu beteiligen"* (§ 15 Abs. 2 S. 3 SGB II).

6 Im Rahmen der Bürgergeld-Reform gibt es auch eine neue Regelung zur **Leistungsabsprache** nach § 12 SGB XII. Diese ist sinngemäß das Gegenstück zur Eingliederungsvereinbarung im SGB XII. Zuvor sollte innerhalb von vier Wochen in einer schriftlichen Leistungsabsprache festgelegt werden, wie die eigene Notlage überwunden werden kann und bei Bedarf ein entsprechender Förderplan erstellt; dies wurde in Teilen aufgehoben. Die Unterstützung richtet sich zukünftig nach § 11 SGB XII und inkludiert eine Beratung der persönlichen Situation, den Bedarf, die eigenen Kräfte und Mittel (Auskommen mit dem Budget der Grundsicherung) sowie die mögliche Stärkung der

35 Eingliederungsvereinbarung/Kooperationsplan

Selbsthilfe zur aktiven Teilnahme am Leben in der Gemeinschaft und zur Überwindung der Notlage. Hierzu gehört auch ein gesellschaftliches Engagement (§ 11 Abs. 2 SGB XII). Neu aufgenommen wurde auch der Hinweis auf eine Beratung und Unterstützung durch Verbände der freien Wohlfahrtspflege, durch Angehörige der rechtsberatenden Berufe oder sonstige Stellen (§ 11 Abs. 4 SGB XII). Hierfür können die angemessenen Kosten, zB für eine Schuldnerberatung, übernommen werden. Beim Wunsch einer Tätigkeitsaufnahme kann mit dem Grundsicherungsträger eine schriftliche Vereinbarung abgeschlossen werden. Diese kann die notwendige Unterstützung nach § 11 SGB XII enthalten. In geeignetem zeitlichem Abstand soll diese Vereinbarung gemeinsam überprüft und gegebenenfalls angepasst werden (§ 12 Abs. 2 SGB XII).

1.1 Was im Kooperationsplan „vereinbart" wird

7 Im Kooperationsplan „soll festgelegt werden,

- welche Leistungen zur Eingliederung in Ausbildung oder Arbeit nach diesem Abschnitt in Betracht kommen,
- welche für eine erfolgreiche Überwindung von Hilfebedürftigkeit, vor allem durch Eingliederung in Ausbildung oder Arbeit, erforderlichen Eigenbemühungen erwerbsfähige Leistungsberechtigte mindestens unternehmen und nachweisen,
- eine vorgesehene Teilnahme an einem Integrationskurs nach § 43 des Aufenthaltsgesetzes oder an einer Maßnahme der berufsbezogenen Deutschsprachförderung nach § 45a des Aufenthaltsgesetzes,
- wie Leistungen anderer Leistungsträger in den Eingliederungsprozess einbezogen werden,
- in welche Ausbildung, Tätigkeiten oder Tätigkeitsbereiche die erwerbsfähige leistungsberechtigte Person vermittelt werden soll und
- ob ein möglicher Bedarf für Leistungen zur beruflichen oder medizinischen Rehabilitation mit dem Ziel einer entsprechenden Antragstellung in Betracht kommt" (§ 15 Abs. 2 S. 1 SGB II ab 1.7.2023).

8 Mit dem Bürgergeld wurde der § 15 SGB II um die Personen ergänzt, die mit der leistungsberechtigten Person im Haushalt eine **Bedarfsgemeinschaft** bilden. So kann „im Kooperationsplan [...] auch festgehalten werden,

- *welche Maßnahmen und Leistungen der aktiven Arbeitsförderung im Hinblick auf mögliche gesundheitliche Beeinträchtigungen, die einer Integration in den Arbeitsmarkt entgegenstehen, in Betracht kommen und welche anderen Leistungsträger im Hinblick auf diese Beeinträchtigungen voraussichtlich zu beteiligen sind und*
- *welche Leistungen für Personen in Betracht kommen, die mit der oder dem erwerbsfähigen Leistungsberechtigten in einer Bedarfsgemeinschaft leben, um Hemmnisse der erwerbsfähigen leistungsberechtigten Person zu beseitigen oder zu verringern; diese Personen sind hierbei zu beteiligen"* (§ 15 Abs. 2 S. 2 SGB II ab 1.7.2023).

9 Neu **ab 1.7.2023** ist insbesondere

- die Teilnahme an einem Integrationskurs oder einer berufsbezogenen Deutschförderung,
- die Prüfung, ob ein möglicher Bedarf für Leistungen zur beruflichen oder medizinischen Rehabilitation besteht, um einen entsprechenden Antrag zu stellen und
- die Benennung anderer Personen in der Bedarfsgemeinschaft und deren Einbeziehung, um mögliche Hemmnisse zu beseitigen.

10 Damit ist zumindest auf dem Papier verankert, dass eine Eingliederung in Ausbildung oder in Arbeit unter **dem ganzheitlichen Aspekt** (Gesundheit oder berufliche Rehabilitation) berücksichtigt werden soll.

1.1.1 Leistungen der Eingliederung in Arbeit

11 Hinweis: Die vorherige Eingliederungsvereinbarung (EinV) (gültig bis 30.6.2023) darf sich nur noch auf Leistungen der Eingliederung in Arbeit beziehen, nicht aber auf Leistungen zum Lebensunterhalt und damit im Zusammenhang stehende Mitwirkungspflichten (BSG 22.9.2009 – B 4 AS 13/09 R; BSG 2.4.2014 – B 4 AS 26/13 R). Allerdings besteht eine **Übergangsregelung** nach § 65

Abs. 4 SGB II, die es erlaubt, bei bis zum 30.6.2023 geschlossenen Eingliederungsvereinbarungen weiterhin den alten § 15 anzuwenden, bis erstmals ein Kooperationsplan nach dem neuen § 15 erstellt worden ist, längstens aber bis zum 31.12.2023. Gegenstand der bis Ende Juni 2023 laufenden Eingliederungsvereinbarung dürfen ferner nur Ermessensleistungen (Kann-Leistungen) sein, nicht Pflichtleistungen. Das ergibt sich daraus, dass die EinV ein öffentlich-rechtlicher Vertrag (→ 83) ist, für den die entsprechenden Vorschriften gelten (§ 53 Abs. 2 SGB X; → 83).

12 Die Leistungen zur Eingliederung in Arbeit sind idR Kann-Leistungen und ausführlich in den Stichworten Arbeit (→ 10 Rn. 68), Arbeitsgelegenheiten (→ 9), Behinderte (→ 18), Jugendliche (→ 58 Rn. 28 ff.) und Weiterbildung (→ 124) aufgeführt. Es versteht sich, dass nur zumutbare Arbeit vereinbart werden darf (→ 10 Rn. 17 ff.). Personen ohne abgeschlossene Berufsausbildung sollten den Kooperationsplan nutzen, um dem Jobcenter Maßnahmen der Förderung der Aufnahme und des erfolgreichen Abschlusses einer Ausbildung abzutrotzen, da mit dem Bürgergeld der **Vermittlungsvorrang abgeschafft** wurde. Demnach gilt eine Ausbildung oder Qualifizierung vorrangig vor einer Arbeit. Insbesondere dann, wenn sie als nicht nachhaltig bewertet werden kann (zB eine Helfertätigkeit).

1.1.2 Bemühungen zur Eingliederung in Arbeit

13 Die im Kooperationsplan festzulegenden Bemühungen zur Eingliederung in Arbeit sind insbesondere eigene (Initiativ-)Bewerbungen und Bewerbungen (→ 26) auf Stellenangebote des Jobcenters.

14 Sie können aber auch **soziale Maßnahmen** betreffen: Der Kooperationsplan kann die Verpflichtung zur Schuldnerberatung, psychosozialen Beratung, Suchtberatung usw als *„Leistung zur Eingliederung in Arbeit"* vorsehen, ebenso wie Unterstützung bei Kinderbetreuung und häuslicher Pflege. Allerdings nur, wenn der finanziell zuständige kommunale Träger zustimmt. Auch Sie sollten mit einem solchen Angebot einverstanden sein. Wenn Sie zB mit einer Beratung und Unterstützung gegen Ihr Einverständnis „zwangsbetreut" werden sollen, wird das in der Regel nicht zum Erfolg führen. Zwischen Ihnen und der Beratungsstelle wird kaum das nötige Vertrauensverhältnis entstehen. **Achtung!** Die Beratungsstelle darf unter Umständen Informationen an das Jobcenter weitergeben (§ 18a Abs. 1 S. 2 SGB II, § 61 Abs. 1 S. 1 SGB II).

15 **Tipp:** Sie müssen in diesem Fall keine „Schweigepflichtentbindung" unterschreiben, denn die Datenweitergabe von Dritten an das Jobcenter ist grundsätzlich freiwillig und hängt von Ihrer Zustimmung ab (→ 32). Eine Schweigepflichtentbindung darf kein Bestandteil des Kooperationsplans sein, die Nichtunterzeichnung darf nicht sanktioniert werden.

1.1.3 Integrationskurse und Berufssprachkurse

16 Im Kooperationsplan sollen Integrations- und Berufssprachkurse vorgeschrieben werden, wenn Geflüchtete mit frischer Aufenthaltserlaubnis oder Aufenthaltstitel nach § 23 Abs. 2 AufenthG sowie Spätaussiedler*innen nicht ausreichend deutsch sprechen (FW 15.26). Die Ausländerbehörde kann, angeregt durch die Integrationsfachkraft oder den*die Fallmanager*in eine Verpflichtung dazu aussprechen (§ 44a AufenthG). Die „Fachlichen Weisungen für Agenturen für Arbeit (AA) für die Umsetzung der Deutschförderung: Integrationskurse und Berufssprachkurse" (https://www.arbeitsagentur.de/datei/dok_ba146714.pdf) regelt die Umsetzung der Deutschförderung für die Integrationskurse und Berufssprachkurse für die Jobcenter.

Nähere Informationen dazu finden Sie im Beitrag Weiterbildung (→ 124).

1.1.4 Schadensersatz – nicht mehr!

17 Bis zum 31.7.2016 durften in einer Eingliederungsvereinbarung mögliche Schadensersatzansprüche des Jobcenters vereinbart werden:

„Wird in der Eingliederungsvereinbarung eine Bildungsmaßnahme vereinbart, ist auch zu regeln, in welchem Umfang und unter welchen Voraussetzungen die oder der er-

werbsfähige Leistungsberechtigte schadenersatzpflichtig ist, wenn sie oder er die Maßnahme aus einem von ihr oder ihm zu vertretenden Grund nicht zu Ende führt" (§ 15 Abs. 3 SGB II aF).

18 Diese Regelung wurde gestrichen. Seit 1.8.2016 dürfen Sie beim Abbruch einer Bildungsmaßnahme nicht zusätzlich zur drohenden Sanktion/Leistungsminderung (→ 95) noch mit einer festgelegten Schadensersatzforderung belangt werden. Bei grob fahrlässigem oder vorsätzlichem Verhalten, das zum Abbruch einer Maßnahme führt, kann das Jobcenter Schadensersatz ggf. über einen Ersatzanspruch geltend machen (→ 92 Rn. 49 ff.). Dies gilt auch für den zukünftigen Kooperationsplan.

1.1.5 Anzeige- und Bescheinigungspflicht der Arbeitsunfähigkeit

19 Seit 1.8.2016 gilt:

„Die Agentur für Arbeit soll erwerbsfähige Leistungsberechtigte, die Leistungen zur Sicherung des Lebensunterhalts beantragt haben oder beziehen, in der Eingliederungsvereinbarung oder in dem diese ersetzenden Verwaltungsakt [...] verpflichten,

1. eine eingetretene Arbeitsunfähigkeit und deren voraussichtliche Dauer unverzüglich anzuzeigen und
2. spätestens vor Ablauf des dritten Kalendertages nach Eintritt der Arbeitsunfähigkeit eine ärztliche Bescheinigung über die Arbeitsunfähigkeit und deren voraussichtliche Dauer vorzulegen.

§ 31 Absatz 1 findet keine Anwendung" (§ 56 Abs. 1 S. 1, 2 SGB II).

Die **allgemeine Anzeige- und Bescheinigungspflicht** der Arbeitsunfähigkeit, die bisher für **alle** erwerbsfähigen Leistungsberechtigten gegolten hat, soll demnach bis zum 30.6.2023 weiterhin in die Eingliederungsvereinbarung bzw. den Eingliederungsverwaltungsakt aufgenommen werden. § 56 Abs. 1 S. 2 SGB II stellt jedoch klar: Die Nichterfüllung dieser Pflicht darf **keine** Sanktionen/Leistungsminderung (→ 95; § 31 Abs. 1 SGB II) nach sich ziehen.

20 Nach der Gesetzesbegründung wird damit lediglich „die Anzeige- und Bescheinigungspflicht bei Arbeitsunfähigkeit flexibilisiert" (BT-Drs. 18/8041, 58). Bislang unterlagen alle erwerbsfähigen (ehemals) Alg II-Beziehenden dieser Verpflichtung – auch über 15-jährige Schüler*innen, Mütter, die ein Kind unter drei Jahren betreut haben und Personen, die einem Vollzeitjob nachgegangen sind. Künftig müssen sich nur diejenigen beim Jobcenter krankmelden, die dem Eingliederungsprozedere tatsächlich zur Verfügung stehen. Das ergibt Sinn und entlastet die Verwaltung.

21 **Tipp:** Machen Sie Ihre Integrationsfachkraft darauf aufmerksam, wenn diese Ihnen Sanktionen androht.

22 **Neu ab 1.7.2023:** Weiterhin gilt, dass eine Arbeitsunfähigkeit und deren voraussichtliche Dauer unverzüglich zu melden sind. Ebenso muss spätestens am dritten Kalendertag nach Eintritt der Arbeitsunfähigkeit eine Arbeitsunfähigkeitsbescheinigung und deren voraussichtliche Dauer beim Jobcenter vorgelegt werden (§ 56 Abs. 1, 2 SGB II). Hier hat sich also nichts geändert. Eine Änderung ergibt sich im Kooperationsplan: Dass diese Regelung nicht mehr, wie zuvor in der Eingliederungsvereinbarung, schriftlich fixiert wird. Somit kann ein Verstoß dagegen **nicht mit einer Leistungsminderung** (→ 95) wegen eines Pflichtversäumnisses **bestraft werden** (§ 56 Abs. 1 S. 2 SGB II). Allerdings ist das Jobcenter dazu berechtigt, eine Arbeitsunfähigkeitsbescheinigung auch früher zu verlangen. Hält die Erkrankung länger an, muss eine neue Bescheinigung vorgelegt werden. Neu ist, dass diese Bescheinigung für die Krankenkasse von dem*r Arzt*Ärztin einen Vermerk über den Befund und voraussichtliche Dauer enthalten muss. Sollte das Jobcenter an der Arbeitsfähigkeit zweifeln, können sie den Medizinischen Dienst der Krankenkasse nach § 275 Abs. 1 Nr. 3 lit. b, § 275 Abs. 1a SGB V zur Überprüfung einschalten (§ 56 Abs. 1 S. 1). Die Kosten trägt die Bundesagentur für Arbeit. Leistungsberechtigte, die Teilarbeitslosengeld I oder Arbeitslosengeld I beziehen, können von der Überprüfung durch den Medizinischen Dienst der Krankenkasse befreit werden, sofern die Eingliederung in Arbeit oder Ausbildung nicht gefährdet wird (§ 56 Abs. 1 S. 2).

35 Eingliederungsvereinbarung/Kooperationsplan

1.2 Leistungen zur Eingliederung müssen erforderlich sein

23 Einerseits sollen Jobcenter mit jedem*r Bürgergeld-Beziehenden eine EinV bzw. ab 1.7.2023 einen Kooperationsplan abschließen, andererseits aber nur, wenn Eingliederungsleistungen überhaupt erforderlich sind.

„Leistungen zur Eingliederung in Arbeit können erbracht werden, soweit sie zur Vermeidung oder Beseitigung, Verkürzung oder Verminderung der Hilfebedürftigkeit für die Eingliederung erforderlich sind. Bei den Leistungen zur Eingliederung sind zu berücksichtigen
1. *die Eignung der erwerbsfähigen Leistungsberechtigten,*
2. *die individuelle Lebenssituation [...], insbesondere die familiäre Situation,*
3. *die voraussichtliche Dauer der Hilfebedürftigkeit [...] und*
4. *die Dauerhaftigkeit der Eingliederung der erwerbsfähigen Hilfebedürftigen zu berücksichtigen"* (§ 3 Abs. 1 S. 1, 2 SGB II).

24 Eine Eingliederungsvereinbarung bzw. ein Kooperationsplan sollen also entgegen § 15 Abs. 2 SGB II **nicht mit jedem*r** abgeschlossen werden. „*Auf den Abschluss einer EinV [oder eines Kooperationsplans] kann z. B. verzichtet werden, wenn ein eLb [erwerbsfähige*r Leistungsberechtigte*r] bereits auf dem allgemeinen Arbeitsmarkt integriert ist und nicht zu erwarten ist, dass der Leistungsbezug durch*
- *eine Änderung im Beschäftigungsverhältnis,*
- *einen Stellenwechsel oder*
- *das Angebot von Eingliederungsmaßnahmen (z. B. berufsbegleitende Fortbildung)*

nachhaltig gesenkt oder beendet werden kann" (FW 15.9). Viele Jobcenter schließen oftmals mit **jedem*r** Leistungsbeziehenden eine EinV ab, das ist **unzulässig**.

1.2.1 Wer keinen Kooperationsplan abschließen muss

25 Sie brauchen keine/n Kooperationsplan/Eingliederungsvereinbarung abzuschließen,
- wenn Sie bereits eine ggf. längerfristige Zusage für einen Arbeits- oder Ausbildungsplatz in der Tasche haben,
- wenn Sie innerhalb von etwa acht Wochen eine Stelle antreten werden,
- wenn eine Erwerbstätigkeit vorübergehend nicht zumutbar ist, zB wenn Sie Kinder unter drei Jahren haben bzw. Ihren Familienpflichten nachkommen,
- wenn Sie schwerstpflegebedürftige Angehörige pflegen,
- wenn noch geprüft wird, ob Sie überhaupt erwerbsfähig sind,
- wenn Sie Jugendliche*r in Vollzeitschulpflicht,
- unter 25-Jährige*r in einer allgemein- oder berufsbildenden Schule sind, vorausgesetzt, Sie stehen nicht kurz vor dem Ende der Schulausbildung (→ Rn. 27) oder
- wenn Sie nicht in der Lage sein sollten, die Folgen eines Kooperationsplanes (bzw. der EinV) zu überschauen, zB bei Sucht und psychischen Erkrankungen, mangelnder Auffassungsgabe usw.

In all diesen Fällen sind Leistungen zur Eingliederung nicht erforderlich. Sie werden aus der Arbeitslosenstatistik entfernt, da Sie keine Arbeit suchen. In der Regel wird alle sechs Monate überprüft, ob die oben genannten Voraussetzungen noch vorliegen.

26 Erforderlich ist ein/e Kooperationsplan/ EinV regelmäßig auch dann nicht, wenn Sie schon **auf dem allgemeinen Arbeitsmarkt tätig** sind, denn das ist die allgemeine Definition der BA für den Erfolg der Eingliederung (→ Rn. 36; → Rn. 9).

27 Schüler*innen sollen frühzeitig vor der Schulentlassung durch das Jobcenter bei Berufsorientierung und -beratung sowie Bewerbungs- und Vermittlungsbemühungen unterstützt werden. Das ist aber erst erforderlich, wenn Ihr Schulabschluss in zwölf bis 18 Monaten bevorsteht. Hier können bestenfalls die Teilnahme an einer Berufsberatung der Arbeitsagentur oder, bei bislang erfolglosen

Eigenbemühungen, angemessene Bemühungen um einen Ausbildungs- bzw. Studienplatz und deren Nachweise in den **Kooperationsplan** aufgenommen werden. Die Vorlage von Zeugnissen kann nur auf freiwilliger Basis erfolgen, und hat *„den Charakter eines „gemeinsamen Fahrplans"*, was nicht sanktioniert werden darf (WDB-Beitrag Nr. 150007, Stand 4.9.2019, abrufbar unter: https://www.arbeitsagentur.de/wissensdatenbank-sgbii/15-buergergeld-eingliederungsvereinbarung).

28 **Hinweis:** *„Der Abschluss einer EinV mit einem erwerbsfähigen Minderjährigen bedarf der Zustimmung des gesetzlichen Vertreters"*, der zuvor über die Rechtsfolgen belehrt werden muss (FW 15.11).

29 **Tipp:** Prüfen Sie, ob in Ihrem konkreten Fall überhaupt *„Leistungen"* zur Eingliederung in Arbeit erforderlich sind. Wenn keine erforderlich sind, können Sie dem Verlangen widersprechen, einen **Kooperationsplan** (bzw. eine EinV) abzuschließen.

1.2.2 Kooperationsplan in einer Bedarfsgemeinschaft

30 Auch wenn Ihr Einkommen (zB aus Erwerbsarbeit) ausreicht, um Ihren eigenen Lebensunterhalt zu bestreiten, werden Sie mit Zusammenwohnenden in eine Bedarfsgemeinschaft (→ 16) gepresst und dadurch mit dem Stempel *„leistungsberechtigt"* versehen (früher hieß das *„hilfebedürftig"*; Einzelberechnung, → 15).
Im SGB II steht: *„Die Agentur für Arbeit soll [...] mit jeder erwerbsfähigen leistungsberechtigten Person [...] die für ihre Eingliederung erforderlichen Leistungen vereinbaren (Eingliederungsvereinbarung)"* (§ 15 Abs. 2 S. 1 SGB II aF bis 30.6.2023).

31 **Neu ab 1.7.2023:** *„Die Agentur für Arbeit soll [...] nach der Potenzialanalyse mit jeder erwerbsfähigen leistungsberechtigten Person [...] gemeinsam einen Plan zur Verbesserung der Teilhabe (Kooperationsplan) erstellen"* (§ 15 Abs. 2 S. 1 SGB II).

32 Trifft das auch für Vollzeitbeschäftigte zu, die zweifelsfrei eingegliedert sind? Sind solche Vereinbarungen *„erforderlich"*, wenn Sie trotz eingeschränkter Leistungsfähigkeit schon einer Teilzeitbeschäftigung nachgehen?
Ja, denn: *„Eine Arbeit ist nicht allein deshalb unzumutbar, weil [...] sie mit der Beendigung einer Erwerbstätigkeit verbunden ist"* (§ 10 Abs. 2 Nr. 5 SGB II).

Das Jobcenter kann Sie also unter Umständen zwingen, einen Job aufzugeben, um einen besser bezahlten aufnehmen zu können. Damit würden Sie vielleicht die Hilfebedürftigkeit Ihrer Bedarfsgemeinschaft verringern oder beenden.

33 **Tipp 1:** Lassen Sie sich anhand Ihres *„Profilings"* (Potenzialanalyse) schriftlich darlegen, warum ein solcher Schritt und die damit verbundenen Bewerbungsbemühungen erforderlich und erfolgversprechend sind, um die Hilfebedürftigkeit zu verringern oder zu beenden.

34 **Tipp 2:** Achten Sie darauf, dass Sie nicht einen sicheren Job für ein paar Euro mehr gegen einen unsicheren und befristeten eintauschen müssen. Das steht Ihrer Eingliederung entgegen und gehört auch nicht in eine EinV oder einen Kooperationsplan.

35 **Tipp 3:** Sind Sie bereits beschäftigt, haben Sie weniger Zeit, um sich zu bewerben. Das muss bei der Anzahl der festgelegten Bewerbungen berücksichtigt werden.

36 **Außerdem gilt:** *„Auf den Abschluss einer EinV kann z. B. verzichtet werden, wenn ein eLb bereits auf dem allgemeinen Arbeitsmarkt integriert ist und nicht zu erwarten ist, dass der Leistungsbezug durch eine Änderung im Beschäftigungsverhältnis, einen Stellenwechsel oder das Angebot von Eingliederungsmaßnahmen (z. B. berufsbegleitende Fortbildung) nachhaltig gesenkt oder beendet werden kann"* (FW 15.9).

2. Abschluss von Kooperationsplan/EinV: was zu beachten ist

37 Der Kooperationsplan bzw. die Eingliederungsvereinbarung (EinV) sollten immer in einem persönlichen Gespräch erstellt werden, das sicherstellen soll, dass Ihre Stärken und Fähigkeiten (insbesondere die beruflichen) im Kooperationsplan bzw. in der EinV berücksichtigt werden (Potenzialanalyse) (BT-Drs. 20/4360, 31–33).

35 Eingliederungsvereinbarung/Kooperationsplan

38 **Hinweis:** Die erste Einladung zu einem Beratungsgespräch zur gemeinsamen Erstellung der Potenzialanalyse und des Kooperationsplans erfolgt immer ohne Rechtsfolgebelehrung. Bei Nichterscheinen erfolgt keine Leistungsminderung. Die zweite Einladung erfolgt dann allerdings mit einer Rechtsfolgebelehrung, die bei Nichterscheinen mit einer Geldkürzung sanktioniert werden kann.

2.1 Voraussetzung: „Profiling"/ „Potenzialanalyse"

39 In der bisherigen Eingliederungsvereinbarung gilt:

„Die Agentur für Arbeit soll unverzüglich zusammen mit jeder erwerbsfähigen leistungsberechtigten Person die für die Eingliederung erforderlichen beruflichen und persönlichen Merkmale, berufliche Fähigkeiten und die Eignung feststellen (Potenzialanalyse). Die Feststellungen erstrecken sich auch darauf, ob und durch welche Umstände die berufliche Eingliederung voraussichtlich erschwert sein wird" (§ 15 Abs. 1 S. 1, 2 SGB II aF bis 30.6.2023). Nur *„unter Berücksichtigung der Feststellungen nach Absatz 1"* darf das Jobcenter mit Ihnen eine EinV überhaupt abschließen (§ 15 Abs. 2 S. 1 SGB II). Ein umfassendes und systematisches **„Profiling"** *(„Potenzialanalyse")* im Rahmen eines Beratungsgesprächs muss unverzüglich durchgeführt werden und hat jeder EinV vorauszugehen. Sie müssen erdulden, dass eine solche Potenzialanalyse ggf. im Auftrag des Jobcenters von einem Maßnahmenträger durchgeführt wird (§ 62 Abs. 2 Nr. 2 SGB II).

40 **Tipp:** Es ist rechtswidrig, wenn Sie bei Erstantragstellung sofort eine EinV unterschreiben sollen. Erst muss die Potenzialanalyse durchgeführt werden, dann kann auf dieser Grundlage eine EinV abgeschlossen werden. Berufen Sie sich darauf.

41 Das „Profiling" teilt Sie in sog. „Marktnähe" ein:

- Marktnah, wenn eine Integration innerhalb von sechs Monaten zu erwarten ist und
- nicht marktnah, wenn eine Integration voraussichtlich erst nach mehr als sechs Monaten gelingt.

(BA, Weisung 201611035 v. 16.11.2016, abrufbar unter: https://www.arbeitsagentur.de/datei/weisung201611035_ba023770.pdf).

42 **Ab dem 1.7.2023 gilt:**

„Die Agentur für Arbeit soll unverzüglich zusammen mit jeder erwerbsfähigen leistungsberechtigten Person die für die Eingliederung in Ausbildung oder Arbeit erforderlichen persönlichen Merkmale, die beruflichen Fähigkeiten und die Eignung feststellen; diese Feststellungen erstrecken sich auch auf die individuellen Stärken sowie darauf, ob und durch welche Umstände die berufliche Eingliederung voraussichtlich erschwert sein wird (Potenzialanalyse)" (§ 15 Abs. 1 S. 1 SGB II). Weiter heißt es, wie bereits bei der Eingliederungsvereinbarung, dass eben zunächst eine Potenzialanalyse (Profiling) erfolgen muss!

43 **Tipp:** Es ist rechtswidrig, wenn Sie bei Erstantragstellung sofort einen Kooperationsplan unterschreiben sollen. Erst muss die Potenzialanalyse durchgeführt werden, dann kann auf dieser Grundlage ein Kooperationsplan abgeschlossen werden. Berufen Sie sich darauf.

2.2 Mindeststandards beim Abschuss einer EinV – gilt bis zum 30.6.2023

44 Wenn die Potenzialanalyse als Grundlage fehlt oder unzureichend durchgeführt wurde und Ihnen im Rahmen des **Aushandlungsprozesses** kein individuelles, aus der Analyse abgeleitetes Angebot gemacht wird, ist das Verfahren schon unzulässig.

Ein vorgefertigtes oder aus Textbausteinen zusammengesetztes Standardformular, das Ihnen als EinV zur Unterschrift vorgelegt wird, ist nach vorherrschender Meinung der Sozialgerichte rechtswidrig (LSG NRW 7.2.2008 – L 7 B 201/07 AS ER; SG Nürnberg 24.5.2007 – S 20 AS 465/07; SG Hamburg 23.4.2007 – S 12 AS 820/07; SG Braunschweig 15.12.2005 – S 19 AS 866/05; BSG 23.6.2016 – B 14 AS 42/15 R).

Auch die **„Angebote"**, auferlegten **Pflichten** und geforderten Nachweise für Eigenbemühungen müssen klar in der EinV bestimmt sein. Das gilt auch für Ein-Euro-Jobs (→ 9). Hier müssen der Maßnahmenträger, Arbeits-

35 Eingliederungsvereinbarung/Kooperationsplan

zeit, Tätigkeit und Aufwandsentschädigung benannt werden (SG München 18.6.2008 – S 19 AS 923/08; SG Berlin 25.9.2015 – S 61 AS 19243/15 ER; BSG 16.12.2012 – B 4 AS 60/07 R).

45 **Hinweis:** Werden Sie auf sogenannte Massenveranstaltungen eingeladen, wie zB Zeitarbeitsmessen oder „Wie bewerbe ich mich?" und müssen Sie dort vorgefertigte, nicht auf ihre individuellen Bedürfnisse abgestimmte Eingliederungsvereinbarungen oder einen Kooperationsplan unterschreiben, dürfen Sie dies verweigern. Eine Leistungsminderung (→ 95) darf nicht erfolgen. Die Eingliederungsvereinbarung und der Kooperationsplan sollen erst mit Ihnen in einem persönlichen Gespräch und nach einer Potenzialanalyse erfolgen!

46 Eine EinV muss immer **verhandelbar** sein. Sie müssen also Gelegenheit haben, eigene **Vorschläge** zu unterbreiten oder einen Alternativentwurf als Verhandlungsgrundlage vorzulegen. Ihr Angebot darf niemals unbegründet vom Tisch gefegt werden.

Außerdem dürfen **keine Bewerbungsauflagen** in eine EinV aufgenommen werden, **ohne** die Übernahme von **Bewerbungskosten** (→ 26) durch das Jobcenter verbindlich **zu regeln**. Ein Verstoß gegen solche unzureichenden Auflagen darf vom Jobcenter nicht sanktioniert werden (BSG 23.6.2016 – B 14 AS 30/15 R).

47 **Tipp 1:** Versuchen Sie, realistische Ziele und eine realistische Selbsteinschätzung zu entwickeln. Überlegen Sie, welche „Leistung" dazu dienen könnte, Ihre Chancen auf dem Arbeitsmarkt zu verbessern und welche Bemühungen zur Eingliederung in Arbeit wie gefördert werden könnten (Bewerbungen, → 26). Machen Sie Ihrer Integrationsfachkraft / Ihrem*r Fallmanager*in Vorschläge und verhandeln Sie mit ihm*r. Warten Sie nicht, bis sich jemand etwas für Sie ausdenkt. Je mehr Sie einbringen können, desto eher werden Maßnahmen nicht mit Strafen gegen Ihren Willen durchgesetzt. **Fordern Sie** also die Eingliederungsleistungen, die Ihrer Meinung nach für Sie geeignet sind. Sie finden diese unter den Beiträgen Arbeit (→ 10 Rn. 68 ff.), Arbeitsgelegenheiten (→ 9), Behinderte (→ 18), Jugendliche (→ 58) und Weiterbildung (→ 124).

Nicht alle Eingliederungsleistungen sind unserer Meinung nach sinnvoll. Ein-Euro-Jobs (→ 9) oder überflüssige Trainingsmaßnahmen etwa lehnen wir ab.

48 **Tipp 2:** Sie können trotz gültiger EinV zusätzlich einen Antrag auf eine Eingliederungsleistung stellen und eine verbindliche Entscheidung darüber verlangen. Bei Ablehnung können Sie mit Widerspruch und ggf. Klage dagegen vorgehen.

2.3 Mindeststandards beim Abschluss eines Kooperationsplans

49 **Auch hier gilt:** Ohne vorherige Potenzialanalyse kein Kooperationsplan; Angebote, die Ihnen in diesem Rahmen unterbreitet werden, sind unzulässig.

50 Vonseiten des Jobcenters müssen Ihre Leistungen schriftlich ausformuliert werden (→ Rn. 1). Der Kooperationsplan muss verhandelbar sein und Ihren Stärken und Fähigkeiten für eine Ausbildung oder Arbeit entsprechen. Sie müssen also Gelegenheit haben, **eigene Vorschläge** zu unterbreiten oder einen Alternativentwurf als Verhandlungsgrundlage vorzulegen. Ihr Angebot darf niemals unbegründet vom Tisch gefegt werden.

51 **Hinweis:** Innerhalb der ersten sechs Monate besteht zwischen Ihnen und dem Jobcenter eine sogenannte **Kooperationszeit**. Das bedeutet für Sie, dass in dieser Zeit und im Kooperationsplan grundsätzlich keine Rechtsfolgebelehrungen enthalten sind (§ 15 Abs. 4 SGB II). Aber Achtung: Wenn Sie innerhalb dieser Zeit gegen die Pflichten, die im Kooperationsplan festgeschrieben sind (zB Bewerbungen auf Vermittlungsvorschläge, Teilnahme an Weiterbildungen) verstoßen, soll das Jobcenter nach Überprüfung Rechtsfolgebelehrungen verbindlich festgelegen. Damit können dann auch innerhalb der sechs Monate Leistungsminderungen (→ 95) nach § 31 SGB II erfolgen. Insbesondere bei Maßnahmen nach §§ 16, 16d SGB II (→ 9) sind Rechtsfolgebelehrungen im Kooperationsplan zu fixieren (§ 15 Abs. 5 SGB II).

52 **Kritik:** Auch, wenn der Kooperationsplan den Fokus der Potenzialanalyse mehr auf die Ausbildung oder Arbeit legt und die sogenannte Kooperationszeit von sechs Monaten beim ersten Abschluss besteht, hat der

Gesetzgeber die indirekte Drohkulisse eingebaut, dass man eben doch nicht gegen die Pflichten verstoßen darf. Dann nämlich dürfen Rechtsfolgebelehrungen mit Sanktionsandrohungen im Nachhinein wieder eingebaut werden. Frei nach dem Motto: „Und bist du nicht willig, so brauch' ich Gewalt". Die versprochene Augenhöhe und der versprochene Respekt gegenüber Erwerbslosen ist das nicht. Es ist nur anders verpackt oder versteckt.

2.4 Kooperationsplan: wer was mit wem vereinbart

53 *„Die Agentur für Arbeit soll eine persönliche Ansprechpartnerin einen persönlichen Ansprechpartner für jede erwerbsfähige leistungsberechtigte Person und die mit dieser in einer Bedarfsgemeinschaft lebenden Personen benennen"* (§ 14 Abs. 3 SGB II).

54 Neu ab 1.7.2023 ergänzend: *„Die Beratung kann aufsuchend oder sozialraumorientiert erfolgen"* (§ 14 Abs. 3 S. 2 SGB II). Das bedeutet, dass ein Dritter, wie ein außenstehender Träger, die leistungsberechtigte Person zuhause aufsuchen kann. Oder dass die leistungsberechtigte Person den Auftrag erhält, einen Sozialträger aufzusuchen.

55 Ihr *„persönlicher Ansprechpartner"*, kurz pAp, oder auch Integrationsfachkraft, schließt mit Ihnen die Vereinbarung bzw. den Kooperationsplan ab. Ihr Schicksal hängt von den Fähigkeiten, der Qualifikation und dem Einfühlungsvermögen einer einzigen Person ab, die vom SGB II mit weitreichenden Befugnissen ausgestattet wurde. Anders als im SGB XII gibt es für den pAp im SGB II keine Qualifikationsanforderungen. Er muss weder von seiner Person her geeignet sein, noch über eine entsprechende Ausbildung verfügen, wie es im § 6 SGB XII vorgeschrieben ist. Er kann also auch befristet beschäftigt sein und zB aus dem Ordnungsamt stammen.

56 Mit jeder erwerbsfähigen hilfebedürftigen Person sollen die Jobcenter die für die *„Eingliederung erforderlichen Leistungen* vereinbaren" (§ 15 Abs. 2 S. 1 SGB II aF bis 30.6.2023). Das gilt auch, wenn mehrere erwerbsfähige Hilfebedürftige in einer Bedarfsgemeinschaft zusammenleben.

57 Neu ab 1.7.2023: *„Die Agentur für Arbeit soll [...] nach der Potenzialanalyse mit jeder erwerbsfähigen leistungsberechtigten Person [...] gemeinsam einen Plan zur Verbesserung der Teilhabe (Kooperationsplan) erstellen"* (§ 15 Abs. 2 S. 1 SGB II).

58 Mit nicht erwerbsfähigen Mitgliedern einer Bedarfsgemeinschaft (zB Kindern unter 15 Jahren; GSi-Empfänger*innen) kann keine EinV und kein Kooperationsplan abgeschlossen werden, da sie keine *„Leistungen zur Eingliederung in Arbeit"* erhalten können. In einer EinV und im Kooperationsplan kann aber auch vereinbart werden, *„welche Leistungen für Personen in Betracht kommen, die mit der oder dem erwerbsfähigen Leistungsberechtigten in einer Bedarfsgemeinschaft leben, um Hemmnisse der erwerbsfähigen leistungsberechtigten Person zu beseitigen oder zu verringern; diese Personen sind hierbei zu beteiligen"* (§ 15 Abs. 2 S. 2 Nr. 2 SGB II ab 1.7.2023). Das bezieht sich vor allem auf die Übernahme von Kosten für Kinderbetreuung bzw. die häusliche Pflege, wenn damit die Eingliederung der Erwerbsfähigen in das Erwerbsleben gefördert oder ihre Hilfebedürftigkeit verringert werden kann (§ 7 Abs. 2 SGB II, § 16a Nr. 1 SGB II).

59 Tipp: Sie haben das Recht, zu den Verhandlungen über eine EinV und über einen Kooperationsvertrag einen Beistand (→ 19) mitzunehmen.

2.5 Eingliederungsvereinbarung: öffentlich-rechtlicher Vertrag

60 Die Eingliederungsvereinbarung ist ein öffentlich-rechtlicher Vertrag (→ 83). Die Behörde kann mit erwerbsfähigen Hilfebedürftigen einen solchen Vertrag schließen, anstatt einen Verwaltungsakt zu erlassen (§ 53 Abs. 1 SGB X). Die EinV ist dem Verwaltungsakt gewissermaßen vorgeschaltet. Da Sie einen Vertrag schließen, müssen Sie **verhandeln**, wenn Sie ein Ergebnis erzielen wollen, dass Sie auch tatsächlich unterschreiben können. Sie müssen sich also Gedanken darüber machen, was in die EinV Ihrer Meinung nach enthalten soll, damit Sie unterschreiben können (→ Rn. 42). Wenn Sie die EinV als *„Vertragspartner*in"* eines öffentlich-rechtlichen Vertrags unterschreiben, können Sie

nachher dagegen **keinen Widerspruch** einlegen. Das könnten Sie nur, wenn die EinV ein Verwaltungsakt wäre, der Ihnen gegenüber erlassen wurde (→ Rn. 74). Sie müssen also vor Abschluss dieses Vertrags widersprechen, wenn Sie eine festgelegte Maßnahme nicht für geeignet halten und versuchen, sich mit Ihrem pAp auf einen **Kompromiss** zu einigen.

61 **Tipp 1:** Sie müssen **nicht sofort** unterschreiben. Ihnen ist eine **Bedenkzeit** einzuräumen, damit Sie sich geeignete Eingliederungsangebote überlegen können. In der Rechtsprechung wird eine *„angemessene Überlegungsfrist"* vorausgesetzt (LSG Baden-Württemberg 16.4.2008 – L 7 AS 1398/08 ER-B; LSG NRW 7.2.2008 – L 7 B 201/07; LSG Berlin Brandenburg 28.11.2005 – L 10 B 1293/05 AS ER; LSG Sachsen-Anhalt 10.2.2014 – L5 AS 997/13 B ER). Eine Woche muss mindestens drin sein, um das zu überschlafen bzw. Rat einzuholen.

62 **Tipp 2:** Bringen Sie im persönlichen Gespräch gegenüber dem pAp Ihre Vorstellungen in die **Verhandlung** ein und versuchen Sie, ihn*sie zu überzeugen. Sie können dazu auch einen Beistand Ihres Vertrauens hinzuziehen bzw. bei Nichteinigung eine Beratung und Entscheidung durch die*den Vorgesetzte*n des*r Fallmanagers*Fallmanagerin verlangen (LPK-SGB II § 15 Rn. 19). Das Ende der Verhandlungsphase muss der pAp durch Vorlage eines konkreten **Abschlussangebots** signalisieren. Machen Sie sich eigene Notizen zum Verlauf der Verhandlung.

63 **Tipp 3:** Wenn Sie eine EinV unterschrieben haben und zu der Auffassung gelangen, dass eine Vereinbarung rechtswidrig ist, auf Sie nicht mehr zutrifft oder unzumutbar ist, können Sie schriftlich die EinV ganz oder teilweise aufkündigen bzw. eine **Änderung** beantragen. Etwa für den Fall, dass Sie mit 20 Bewerbungen im Monat die Unternehmen in Ihrem strukturschwachen Landkreis nerven sollen und in unserem Leitfaden lesen, dass allenfalls fünf bis acht Bewerbungen (→ 26) zulässig sind.

64 **Tipp 4:** Sie müssen eine rechtswidrige oder unzumutbare EinV gar nicht **unterzeichnen.** Dann können Sie gegen den die EinV ersetzenden Verwaltungsakt Widerspruch (→ 126) einlegen.

65 **Tipp 5:** Wenn der pAp Sie unter Druck gesetzt und zur Unterzeichnung einer EinV genötigt hat, Sie aber deren Inhalte nicht akzeptieren können, ist es möglich, die **Rechtmäßigkeit** anschließend im Rahmen einer **Feststellungsklage** vor Gericht überprüfen zu lassen (SG München 18.6.2008 – S 19 AS 923/08; SG Hamburg 21.2.2007 – S 53 AS 352/07 ER; LSG Bayern 15.1.2007 – L 7 B 889/06 AS ER).

2.5.1 Kooperationsplan: Kein öffentlich-rechtlicher Vertrag

66 Im Gegensatz zur Eingliederungsvereinbarung ist der Kooperationsplan **kein öffentlich-rechtlicher Vertrag.** Damit ist er rechtlich unverbindlich und kann deshalb freier gestaltet werden, ohne Rechtsfolgebelehrungen. Die komplizierten rechtlichen Regeln, die für einen öffentlich-rechtlichen, rechtssicheren Vertrag gelten, fallen weg. Damit folgt die neue Gesetzgebung den Studien durch das Institut für Arbeitsmarkt- und Berufsforschung (IAB) und der Prüfung durch den Bundesrechnungshof, dass die hohen Rechtsanforderungen an eine Eingliederungsvereinbarungen durch das Bundessozialgericht *„in der Praxis von Fällen nicht mehr rechtssicher umsetzbar war[en]"* (BT-Drs. 20/3873, 82 f.). Leistungsminderungen (→ 95) können damit nicht mehr direkt aus dem Kooperationsplan erfolgen. Somit werden sie auch nicht im Kooperationsplan erwähnt. Stattdessen werden die Leistungsminderungen zukünftig jeweils direkt in den Aufforderungen, wie zB Vermittlungsvorschlägen, Bildungsmaßnahmen oder im Nachweis von Bewerbungen, per Verwaltungsakt angedroht. Allerdings: Da der Kooperationsplan kein öffentlich-rechtlicher Vertrag mehr ist, können Leistungen, die darin enthalten sind, nun auch nicht mehr eingeklagt werden, wenn sich das Jobcenter nicht daranhält.

2.6 Dauer der EinV

67 *„Die Eingliederungsvereinbarung soll regelmäßig, **spätestens** jedoch nach Ablauf von **sechs Monaten**, gemeinsam überprüft und fortgeschrieben werden. Bei jeder folgenden*

35 Eingliederungsvereinbarung/Kooperationsplan

Eingliederungsvereinbarung sind die bisher gewonnenen Erfahrungen zu berücksichtigen" (§ 15 Abs. 3 S. 1, 2 SGB II). *„Soll"* heißt, dass in Ausnahmefällen auch eine längere Laufzeit festgelegt werden kann, falls eine Änderung der Situation in absehbarer Zeit nicht zu erwarten ist. Diese *„Ermessenserwägung"* ist im Einzelfall zu begründen (BSG 14.2.2013 – B 14 AS 195/11/R).

68 In der seit 1.8.2016 gültigen Fassung wurde aus der starren sechsmonatigen Laufzeit einer EinV eine sechsmonatige Regelhöchstdauer. *„Spätestens"* danach muss die EinV überprüft und fortgeschrieben werden. Da es daher keine gesetzlich vorgeschriebene Gültigkeitsdauer mehr gibt, werden in vielen Jobcentern mittlerweile unbefristete Verträge (bis auf Weiteres) geschlossen, die alle sechs Monate überprüft und möglicherweise angepasst werden. Das macht es für Sie jedoch einfacher, eine Anpassung der EinV **vor** Ablauf der sechs Monate zu verlangen, wenn Änderungsbedarf besteht. Nach Abschluss eines öffentlich-rechtlichen Vertrages können Sie dessen **Anpassung** verlangen, wenn sich die Verhältnisse so wesentlich geändert haben, dass es Ihnen nicht mehr zuzumuten ist, am Vertrag festzuhalten (§ 59 Abs. 1 SGB X).

69 **Tipp:** Sollte sich herausstellen, dass zB die Anforderungen an Bewerbungen unerfüllbar sind, sollten Sie eine Änderung der EinV verlangen, um Leistungsminderungen (→ 95) zu vermeiden. Formulieren und begründen Sie die Anpassung am besten als Antrag.

2.6.1 Dauer des Kooperationsplans

70 *„Der Kooperationsplan soll **spätestens** nach Ablauf von jeweils sechs Monaten gemeinsam aktualisiert und fortgeschrieben werden"* (§ 15 Abs. 3 S. 1 SGB II).

2.7 Eingliederungsvereinbarung: Rechtsanspruch auf Leistungszusagen

71 Sind bestimmte Maßnahmen zur Eingliederung in der EinV vereinbart, gelten sie als bewilligt. *„Die EinV ist für beide Vertragsparteien verbindlich"* (FW 15.2), auch für die Behörde. Das zwingt das Jobcenter zur Vorsicht, da die Eingliederungsleistungen immer nur abhängig vom jeweiligen Eingliede-

rungsbudget und dessen Kassenstand angeboten werden können. Und dieses Budget ist seit 2010 kontinuierlich geschrumpft.

2.7.1 Kooperationsplan: Rechtsanspruch auf Leistungszusagen

72 Der Kooperationsplan kann zukünftiger freier gestaltet werden, da er kein öffentlich-rechtlicher Vertrag (→ Rn. 66) ist, der dementsprechend auch keine Rechtsfolgebelehrungen enthält. Für den Rechtsanspruch auf Leistungszusagen bedeutet es für Bürgergeld-Beziehende, das vereinbarte Maßnahmen zur Eingliederung **nicht** eingeklagt werden können, wenn sie durch das Jobcenter dann doch nicht erbracht werden.

3. Eingliederungsvereinbarung: Sie können sich nicht einigen – Was dann?

73 *„Soweit eine Vereinbarung nach Absatz 2 nicht zustande kommt, sollen die Regelungen [vor allem Eingliederungsleistungen und Eigenbemühungen] durch Verwaltungsakt getroffen werden"* (§ 15 Abs. 3 S. 3 SGB II). Leistungen zur Eingliederung und der Umfang der Eigenbemühungen können auch **ohne Ihre Zustimmung** verfügt werden. „Nicht zustande kommen" bedeutet in diesem Fall, dass zumindest eine Einigung im Gespräch gesucht wurde und Sie den Abschluss **abgelehnt** haben (BSG 14.2.2013 – B 14 AS 195/11 R). Der Verwaltungsakt (VA) setzt **nicht** voraus, dass Sie die Ablehnung einer EinV **verschuldet** haben. Allerdings hat das Jobcenter vor Erlass des Eingliederungsverwaltungsakts den Versuch zu unternehmen, mit Ihnen konsensual eine Eingliederungsvereinbarung abzuschließen. Ferner trägt es die Beweislast dafür, zunächst mit entsprechenden Verhandlungen auf ein Zustandekommen der EinV hingewirkt zu haben (SG Köln 7.12.2015 – S 37 AS 3523/15 ER).

74 Weitere Gründe, eine Eingliederungsvereinbarung durch einen Verwaltungsakt zu ersetzen, können in der Person des Erwerbslosen liegen: Wenn zB die Person unter Betreuung steht, Analphabet*in ist oder eine seelische oder geistige Behinderung hat (SG Lüneburg 4.4.2007 – S 24 AS 342/07 ER). Hier ist allerdings immer darauf zu achten, ob

überhaupt eine Eingliederungsvereinbarung und damit ersatzweise ein Verwaltungsakt erforderlich ist. Es muss nicht zwingend mit jeder leistungsberechtigten Person eine Eingliederungsvereinbarung geschlossen werden (LSG Baden-Württemberg 8.11.2016 – L 9 AS 4164/15).

3.1 Kooperationsvertrag: Sie können sich nicht einigen – Was dann?

75 **Neu ab 1.7.2023:** Über einen **Kooperationsplan** nach Verwaltungsakt ist bei Redaktionsschluss nichts bekannt. Neu eingesetzt wird hingegen ein **Schlichtungsverfahren** (→ 97), wenn die Erstellung, Fortschreibung oder eine Einigung zum Kooperationsplan nicht möglich sind.

3.2 Mindestanforderungen an den „Eingliederungsverwaltungsakt" bis 30.6.2023

76 Als Verwaltungsakt muss die gescheiterte EinV inhaltlich hinreichend bestimmt sein (§ 33 Abs. 1 SGB X; → 22 Rn. 9, 13). Ist dort lediglich geregelt, dass Sie *„alle verfügbaren Möglichkeiten und Initiative nutzen sollen, um die Hilfebedürftigkeit zu beenden"*, fehlt es an Bestimmtheit: Der Bescheid ist rechtswidrig (LSG NRW 9.9.2014 – L 7 AS 1220/14 B ER). Der Verwaltungsakt muss folglich auch die Leistungen, die Sie erhalten sollen, und den Umfang der Eigenbemühungen **konkret** benennen sowie die Form, in der sie nachzuweisen sind. Er muss auch das Ermessen (→ 44) begründen, das zur Entscheidung für eine bestimmte Eingliederungsleistung geführt hat. Und auch hier gilt: Keine Bewerbungsauflagen ohne verbindliche Regelung der Übernahme von Bewerbungskosten (BSG 23.6.2016 – B 14 AS 30/15 R).

3.3 Eingliederungsvereinbarung: Keine Leistungsminderung bei Weigerung

77 Da die Weigerung, eine EinV zu unterzeichnen, **seit 2011** nicht mehr sanktioniert werden darf, haben Sie nichts zu befürchten, wenn Sie mit dem „Angebot" des Jobcenters nicht einverstanden sind. Sie können es ablehnen und abwarten, bis ein „**Eingliederungsverwaltungsakt**" erlassen wird. Dann können Sie gegen den Verwaltungsakt Widerspruch (→ 126) einlegen, weil zB die geforderten Eigenbemühungen so umfangreich sind, dass Sie sie kaum erfüllen können.

78 Ist der Verwaltungsakt allerdings **rechtskräftig**, weil Sie keinen Widerspruch eingelegt haben (oder das Widerspruchs- und Klageverfahren verloren haben), sind die im Eingliederungsverwaltungsakt festgelegten Pflichten für Sie **bindend**. Wenn Sie sie nicht einhalten, droht Ihnen eine **Sanktion** (→ 95)!

3.3.1 Kooperationsplan: Keine Leistungsminderung bei Weigerung

79 Grundsätzlich erfolgt die erste Einladung zum Gespräch zur Erstellung der Potenzialanalyse und des Kooperationsplans ins Jobcenter ohne Rechtsfolgebelehrungen (§ 15 Abs. 4 SGB II). Eine Leistungsminderung erfolgt bei Nichterscheinen nicht. **Achtung:** Folgetermine werden mit Androhungen von Leistungsminderung versendet. Kommt es beim zukünftigen Termin zu keiner Einigung im Kooperationsplan, wird auf Verlangen einer oder beider Seiten ein **Schlichtungsverfahren** (→ 97) eingeleitet (§ 15a Abs. 1 S. 1 SGB II). Während des Schlichtungsverfahrens darf keine Leistungsminderung (→ 95) erfolgen (§ 15a Abs. 3 SGB II).

3.4 Widerspruch gegen den Eingliederungsverwaltungsakt – keine aufschiebende Wirkung

80 Seit 2009 hat der Widerspruch gegen eine EinV, die als Verwaltungsakt erlassen wurde, **keine** aufschiebende Wirkung mehr (§ 39 Nr. 1 SGB II). Sie müssen also trotz eingelegter Rechtsmittel die im Verwaltungsakt festgelegten Pflichten erfüllen, sonst drohen Sanktionen.

81 **Tipp:** Wenn Sie allerdings eine Verpflichtung, die hier geregelt ist, für unzumutbar halten und dagegen Widerspruch einlegen, können Sie zunächst beim Jobcenter und bei Ablehnung beim Sozialgericht beantragen, die aufschiebende Wirkung des Widerspruchs anordnen zu lassen (→ 126 Rn. 38 ff.).

35 Eingliederungsvereinbarung/Kooperationsplan

4. Mindestanforderungen an den Kooperationsplan und die EinV

82 An das rechtmäßige Zustandekommen einer **EinV** und eines **Kooperationsplans** sind folgende Voraussetzungen geknüpft:

a. Eine EinV und ein Kooperationsplan müssen auf der Grundlage eines qualifizierten „**Profilings**" bzw. einer **Potentialanalyse** getroffen werden und individuell auf Ihre Situation zugeschnitten sein (→ Rn. 39).
b. Auf „Profiling"/Potentialanalyse folgt der **Aushandlungsprozess**. Hier sind Ihre begründeten Veränderungsvorschläge zu berücksichtigen. Es darf nicht starr an einer vorgefertigten Vereinbarung festgehalten werden. Zur Verhandlungsphase gehört, dass Ihnen eine angemessene „**Überlegungsfrist**" eingeräumt wird. Das Ende der Verhandlungsphase muss durch die Vorlage eines Abschlussangebots des pAp deutlich gemacht werden (→ Rn. 44; → Rn. 62).
c. Die festgelegten Pflichten müssen in einem **angemessenen Verhältnis** zur Gegenleistung des Jobcenters stehen. Ist in einer EinV eine Gegenseitigkeit nicht erkennbar, kann eine Pflichtverletzung keine Sanktion nach sich ziehen (LSG Niedersachsen-Bremen 12.1.2012 – L 7 AS 242/B; BSG 23.6.2016 – B 14 AS 26 /15 R und B 14 AS 29/15 R).
d. Die Vereinbarungen, Maßnahmenangebote und Nachweispflichten müssen klare Festlegungen enthalten. Sie müssen inhaltlich hinreichend bestimmt sein (LPK-SGB II § 15 Rn. 22 ff.; → Rn. 44).

5. Strafen nach der EinV und dem Kooperationsplan ab Juli 2023

83 Nach dem Urteil des Bundesverfassungsgerichts vom 5.11.2019 (1 BvL 7/16) ist eine Bestrafung, also eine Geldkürzung bei Hartz IV und beim neuen Bürgergeld, nur noch bis zu maximal 30 Prozent erlaubt; alles darüber hinaus ist verfassungswidrig. Werden Sie maximal sanktioniert (drei Verstöße), bedeutet das eine Kürzung des Bürgergeldes für eine alleinstehende Person (502 EUR/Monat) von 150,60 EUR für die jeweils kommenden drei Monate. Eine Vollsanktion bei den unter 25-Jährigen gibt es, wie in der Vergangenheit, auch zukünftig nicht.

84 Haben Sie eine EinV oder einen Kooperationsplan abgeschlossen oder wird die EinV per Verwaltungsakt eingesetzt, wird bei über 25-Jährigen jede Verletzung der „*in der Eingliederungsvereinbarung festgelegten Pflichten*" mit einer Kürzung in der ersten Stufe von 10 Prozent für einen Monat geahndet (§ 31 Abs. 1 Nr. 1 SGB II; Leistungsminderung, → 95). Pro Monat sind das 50,20 EUR weniger für eine alleinstehende Person. Bei der zweiten Pflichtverletzung erfolgt eine Kürzung um 20 Prozent für zwei Monate und bei der dritten Pflichtverletzung um 30 Prozent für drei Monate. Bei drei Monaten und 30 Prozent wären das dann schon 451,80 EUR über drei Monate verteilt. Nach dem Bundesverfassungsgerichtsurteil vom November 2019 wurde der Gesetzgebung ein Riegel bei den 100-Prozent-Sanktionen vorgeschoben. Auch die Kosten der Unterkunft dürfen seit diesem Zeitpunkt nicht mehr sanktioniert werden. Junge Menschen unter 25 Jahren werden mit dem Bürgergeld den über 25-Jährigen gleichgestellt. Würde die Leistungsminderung (→ 95) im Einzelfall eine außergewöhnliche Härte bedeuten, darf sie auch nicht erfolgen (§ 31 Abs. 3 SGB II).

85 **Hinweis:** Die neuen Regelungen zu den Leistungsminderungen gelten seit 1.1.2023 und werden auch entsprechend in der EinV festgehalten. Der Kooperationsplan gilt ab 1.7.2023.

86 Leistungsminderungen sind nicht möglich, wenn Sie einen „*wichtigen Grund*" haben, die in der EinV oder im Kooperationsplan festgelegten Pflichten nicht zu erfüllen (§ 31 Abs. 1 S. 2 SGB II).

Ein **wichtiger Grund** liegt zB vor,
- wenn Sie sich verpflichten sollen, auch bei Krankheit an einer Trainingsmaßnahme teilzunehmen (SG Hamburg 27.1.2006 – S 56 AS 10/06 ER),
- wenn Sie sich zu einer ärztlichen Untersuchung zur Feststellung Ihrer Erwerbsfähigkeit verpflichten sollen (LSG Rheinland-Pfalz 5.7.2007 – L 3 ER 175/07 AS),
- wenn Sie gegen Ihren Willen zur Durchführung einer Heilbehandlung oder

35 Eingliederungsvereinbarung/Kooperationsplan

Schuldner- bzw. Suchtberatung verpflichtet werden sollen, da hier Freiwilligkeit vorausgesetzt werden muss (SG Braunschweig 11.9.2006 – S 21 AS 962/06 ER; SG Schleswig 22.10.2013 – S 16 AS 158/13 ER),

- wenn Sie Ihre Bewerbungsauflagen nicht erfüllen konnten, weil die Übernahme der Bewerbungskosten nicht verbindlich geregelt wurde (BSG 23.6.2016 – B 14 AS 30/15 R) oder
- wenn die Mindestanforderungen an Form und Inhalt der EinV nicht erfüllt sind (LSG Baden-Württemberg 22.1.2007 – L 13 AS 4160/06 ER-B; → Rn. 82).

87 Weitere wichtige Gründe können sein:
- Aufenthalt im Frauenhaus (→ 49),
- **außergewöhnliche Härte**,
- nicht erhaltene Einladungen oder Vermittlungsvorschläge; das Jobcenter trägt die Beweislast (§ 37 Abs. 2 SGB X),
- fehlende Kinderbetreuung bei Kindern unter drei Jahren oder
- Pflege von Angehörigen (§ 10 Abs. 1 S. 4 SGB II) – Erwerbstätigkeit muss mit der Angehörigenpflege vereinbar sein.

Legen Sie Widerspruch (→ 126) ein!

88 Eine **außergewöhnliche Härte** liegt vor, wenn eine atypische Ausgangslage vorliegt und diese einen härteren Einschnitt bedeutet als eine Sanktion/Leistungsminderung. Das ist der Fall, wenn zwar die Mitwirkungspflicht erfüllt werden könnte, es aber unzumutbar erscheint, das Nichterfüllen der Mitwirkungspflicht zu sanktionieren. Diese Regelung gilt nicht nur für die sanktionierte Person, sondern für jedes Mitglied einer Bedarfsgemeinschaft. Die Bundesagentur für Arbeit nennt in ihren Fachlichen Hinweisen „drohende Obdachlosigkeit", „Gefährdung der Restschuldbefreiung bei einer Privatinsolvenz" oder „außergewöhnliche Umstände wie familiäre oder gesundheitliche Probleme".

6. Übersicht Rechtsdurchsetzung bei der Eingliederungsvereinbarung

89 Aus der im „*partnerschaftlichen Umgang*" zu entwickelnden Eingliederungsvereinbarung ist im rauen Jobcenteralltag ein Eingliederungsdiktat geworden. Das Eingliederungsverfahren weist jedoch in der Praxis so viele Mängel auf, dass es erhebliche Spielräume zur rechtlichen Gegenwehr eröffnet.

a. Fehlt es an einem „**Profiling**" (Potenzialanalyse), auf dessen Grundlage eine EinV erlassen wird, ist das Verfahren von vornherein rechtswidrig.
b. Nutzen Sie die Möglichkeit zu **verhandeln** und unter günstigen Bedingungen eine Ihren Interessen entgegenkommende EinV zu vereinbaren (→ Rn. 47).
c. Ist die EinV rechtswidrig, unzumutbar oder nicht mehr aktuell, können Sie schriftlich eine **Änderung** beantragen (→ 83 Rn. 11).
d. Ist die EinV unter Druck zustande gekommen und rechtswidrig, unzumutbar bzw. formal oder inhaltlich mangelhaft, können Sie sie mit einer **Feststellungsklage** überprüfen lassen (→ 64 Rn. 5).
e. Ist die EinV rechtswidrig, unzumutbar bzw. formal oder inhaltlich mangelhaft, sollten Sie diese erst gar nicht unterzeichnen. Wird sie dann als Verwaltungsakt erlassen, können Sie **Widerspruch** (→ 126) **und Klage** (→ 64) erheben. Sie müssen die aufschiebende Wirkung von Widerspruch und Klage anordnen zu lassen (→ 126 Rn. 38).
f. Gegen eine Leistungsminderung aufgrund der Nichterfüllung einer EinV oder eines Eingliederungsverwaltungsaktes können Sie ebenfalls **Widerspruch und Klage** erheben und einen Antrag auf Anordnung der aufschiebenden Wirkung stellen (→ 126 Rn. 81).

7. Übersicht „Rechtsdurchsetzung" beim Kooperationsplan

90 a. Einem Kooperationsplan muss immer ein Profiling (Potenzialanalyse) vorausgehen.
b. Nutzen Sie die Möglichkeit zu „verhandeln" und einen Ihren Interessen entgegenkommenden Kooperationsplan zu vereinbaren.
c. Kommen Sie mit Ihrem Jobcenter zu keiner Einigung, verlangen Sie ein **Schlichtungsverfahren** (→ 97).

d. Verlangen Sie, dass bei **persönlicher oder beruflicher Veränderung** der Kooperationsplan, jedoch spätestens nach sechs Monaten, aktualisiert und **angepasst wird.**

8. Kritik

91 Die Eingliederungsvereinbarung zwischen Jobcentern und erwerbsfähigen Leistungsberechtigten haben immer wieder zu Diskussionen geführt. Insbesondere dann, wenn die Eingliederungsvereinbarung ohne vorheriges Gespräch mit dem Jobcenter „erlassen" worden ist. Dann ist sie weder persönlich noch verhandelt worden. Dabei soll sie auf „Augenhöhe" zwischen Erwerbslosen und Jobcenter verhandelt und schlussendlich vereinbart werden. Gerade „Neulingen" im Jobcenter sind die Bestimmungen zur Eingliederungsvereinbarung oftmals unbekannt. Aus Angst davor, Sanktionen oder keine Leistung zu erhalten, unterschreiben sie diese und stellen erst im Nachhinein fest, dass ihre Pflichten möglicherweise nur schwer zu erfüllen oder gar rechtswidrig sind. Gerade für die passgenauen Inhalte fehlt den Jobcentern die Zeit, diese ausführlich und nach der Potenzialanalyse zu besprechen. Die notwendigen Informations-, Auskunfts- und Beratungspflichten der Sozialleistungsträger (§§ 13–15 SGB I) werden damit vollständig, auf Kosten der Erwerbslosen, negiert. Bereits 2018 kritisierte der Bundesrechnungshof die Bundesagentur für Arbeit für die hohe Fehlerquote aufgrund unpassender, unkorrekter oder unvollständiger Eingliederungsvereinbarungen. Zusätzlich stellt sich immer wieder die Frage, inwieweit die Eingliederungsvereinbarung zur Integration in den Arbeitsmarkt beitragen. Dazu gibt es verschiedene Studien. In einem Modellprojekt, welche die Denkfabrik der Bundesagentur für Arbeit, das Institut für Arbeitsmarkt- und Berufsforschung (IAB) veröffentlicht hat, stellen sie fest, dass eine Eingliederungsvereinbarung *„im Mittel nicht signifikant dazu beigetragen hat, Personen in Beschäftigung zu bringen oder die Dauer ihren Leistungsbezugs zu verkürzen"* (IAB-Forschungsbericht, Verträge zwischen Arbeitslosen und ihrem Jobcenter: Die Wirkung von Eingliederungsvereinbarungen im Rechtskreis SGB II, S. 14, abrufbar unter: https://doku.iab.de/forschungsbericht/2022/fb1622.pdf). Dabei war es unerheblich, ob die Eingliederungsvereinbarungen mit oder ohne Rechtsfolgebelehrungen versehen waren. Die Studie weist auch darauf hin, dass die Eingliederungsvereinbarungen selbst für viele Jobcenter-Mitarbeiter*innen zu lang, zu kompliziert und bürokratisch sind. Eine Eingliederungsvereinbarung besteht immer aus Textbausteinen, die durch die Mitarbeiter*innen in den Jobcentern im internen Programm abgerufen werden können. Parallel dazu haben sie jedoch auch die Möglichkeit, eigene Texte zu verfassen. Die Frage ist jedoch, ob dafür Zeit bleibt. Mit dem neuen Kooperationsplan und dem Versprechen der Kommunikation auf Augenhöhe soll sich das ab Juli 2023 ändern. Es soll mehr Zeit für Erwerbslose und den persönlichen Gesprächen bleiben. Es wird sich zeigen, ob sich das im Kooperationsplan – als ersten Schritt im persönlichen Gespräch – niederschlagen wird.

36
Eheähnliche Gemeinschaft (Einstehensgemeinschaft)

1. Was ist eine eheähnliche Gemeinschaft 1
   1.1 Erste Voraussetzung: Partnerschaft 8
   1.2 Zweite Voraussetzung: Wohn- und Wirtschaftsgemeinschaft 11
       1.2.1 Häusliche Gemeinschaft 12
       1.2.2 Gemeinsames Wirtschaften 14
   1.3 Dritte Voraussetzung: Verantwortungs- und Einstehensgemeinschaft 18
       1.3.1 Innere Bindungen zwischen den Partner*innen 22
       1.3.2 Zusammenleben für länger als ein Jahr 25
       1.3.3 Zusammenleben mit einem gemeinsamen Kind 28
       1.3.4 Versorgung von Kindern und Angehörigen im Haushalt 29
       1.3.5 Wechselseitiges Verfügen über Einkommen und Vermögen 32

36 Eheähnliche Gemeinschaft (Einstehensgemeinschaft)

1.4 Freiwillige Sicherung des gemeinsamen Lebensunterhalts	33
2. Auswirkungen auf die Leistungsbewilligung	39
2.1 HzL/Grundsicherung der Sozialhilfe	40
2.2 Bürgergeld	42
3. Beweislast	46
4. Gegenstand der Vermutungsregel	49
5. Angaben bei der Antragstellung	50
6. Rechtswidrige Annahme einer Verantwortungs- und Einstehensgemeinschaft	54
7. Haushaltsgemeinschaft statt eheähnlicher Gemeinschaft	58
7.1 Bürgergeld	59
7.2 HzL	60
7.3 GSi der Sozialhilfe	61
8. Unterhalt für die Kinder des*r Partners*Partnerin	62
9. Eingetragene Lebenspartnerschaften und lebenspartnerschaftsähnliche Gemeinschaft	63
10. Auskunftspflicht von Partner*innen über Einkommen und Vermögen	64
11. Versagung der Leistung aufgrund fehlender Mitwirkung	71
12. Hausbesuche	74
13. Ermittlungen durch Befragungen Dritter	76
14. Kritik	78
15. Forderungen	82

1. Was ist eine eheähnliche Gemeinschaft

1 2021 lebten in Deutschland etwa 16 Prozent aller Paare in gemischt- oder gleichgeschlechtlichen Lebensgemeinschaften (www.destatis.de/DE/Themen/Gesellschaft-Umwelt/Bevoelkerung/Haushalte-Familien/Tabellen/3-3-lr-paarformen.html, letzter Zugriff: 13.1.2023).

2 Nach der Rechtsprechung des BVerfG ist eine eheähnliche Gemeinschaft eine auf Dauer angelegte Lebensgemeinschaft zwischen Mann und Frau, die keine weitere Lebensgemeinschaft gleicher Art zulässt und sich durch innere Bindung auszeichnet, also über die Beziehung in einer Haushalts- und Wirtschaftsgemeinschaft hinausgeht (BVerfG 17.11.1992 – BvL 8/87). Das BSG knüpft an das Bestehen einer eheähnlichen Gemeinschaft drei Voraussetzungen, die nach der Rechtsprechung des BVerfG und des BSG „*kumulativ*", dh aufeinander aufbauend, vorliegen müssen: „*Es muss sich 1. um Partner handeln, die 2. in einem gemeinsamen Haushalt zusammenleben, und zwar 3. so, dass nach verständiger Würdigung der wechselseitige Wille anzunehmen ist, Verantwortung füreinander zu tragen und füreinander einzustehen*". Erst wenn objektiv festgestellt ist, dass 1. eine Partnerschaft sowie 2. eine Wohn- und Wirtschaftsgemeinschaft vorliegt, kann 3. die subjektive Voraussetzung des „*Einstehens- und Verantwortungswillens*" geprüft werden (BSG 23.8.2012 – B 4 AS 34/12 R, Rn. 14).

3 In der **Hilfe zum Lebensunterhalt** (HzL) gilt:

„*Personen, die in eheähnlicher oder lebenspartnerschaftsähnlicher Gemeinschaft leben, dürfen hinsichtlich der Voraussetzungen sowie des Umfangs der Sozialhilfe nicht besser gestellt werden als Ehegatten. § 39 [Haushaltsgemeinschaft, → 54] gilt entsprechend*" (§ 20 SGB XII).

„*Bei nicht getrennt lebenden Ehegatten oder Lebenspartnern sind das Einkommen und Vermögen beider Ehegatten oder Lebenspartner gemeinsam zu berücksichtigen*" (§ 27 Abs. 2 S. 2 SGB XII).

4 Für die **Grundsicherung (GSi)** heißt es:

„*Einkommen und Vermögen des nicht getrennt lebenden Ehegatten oder Lebenspartners sowie des Partners einer eheähnlichen oder lebenspartnerschaftsähnlichen Gemeinschaft, die dessen notwendigen Lebensunterhalt […] übersteigen, sind zu berücksichtigen*" (§ 43 Abs. 1 S. 2 SGB XII).

5 Im **Bürgergeld** ist es so:

„*Zur Bedarfsgemeinschaft gehören […] eine Person, die mit der erwerbsfähigen leistungsberechtigten Person in einem gemeinsamen Haushalt so zusammenlebt, dass nach verständiger Würdigung der wechselseitige Wille anzunehmen ist, Verantwortung füreinander zu tragen und füreinander einzustehen*" (§ 7 Abs. 3 Nr. 3c SGB II).

6 Das gesamte Einkommen und Vermögen eheählicher und auch „*lebenspartnerschaftsähnlicher*" Partner*innen (→ Rn. 63) wird wie bei Ehegatt*innen auf den Bedarf des*r Partners*Partnerin angerechnet. Darüber hinaus wird dieses Einkommen im SGB II auch auf den Bedarf der Kinder und

der Kinder des*r Partners*Partnerin angerechnet.

7 Auch wenn die Jobcenter in der Praxis immer wieder versuchen, bei allen möglichen Formen des Zusammenwohnens eine Bedarfsgemeinschaft anzunehmen, sind diese auf **Partner*innen** beschränkt (→ Rn. 8). Eine Freundschaft alleine, selbst wenn es eine enge emotionale Bindung gibt, ist nicht ausreichend. Die Gesetzesbegründung (BT-Dr. 16/1410, 19) bezieht sich eindeutig nur auf das Zusammenleben von Partner*innen.

1.1 Erste Voraussetzung: Partnerschaft

8 *„Von dem Bestehen einer Partnerschaft [...] ist auszugehen, wenn eine gewisse Ausschließlichkeit der Beziehung gegeben ist, die keine vergleichbare Lebensgemeinschaft daneben zulässt", außerdem muss eine „rechtlich zulässige Möglichkeit der Heirat bzw. der Begründung einer Lebenspartnerschaft" bestehen"* (BSG 18.7.2019 – B 8 SO 6/18 R). Bei der Prüfung dieses Kriteriums sind zB sexuelle Beziehungen, anderweitige partnerschaftliche Bindung und das gemeinsame Auftreten außerhalb des häuslichen Bereichs zu berücksichtigen (BSG 23.8.2012 – B 4 AS 34/12 R, Rn. 20). Liegt keine Partnerschaft vor, handelt es sich um eine reine Wohngemeinschaft (WG; → 128) und nicht um eine Einstehensgemeinschaft (LSG Sachsen 18.12.2008 – L 7 B 737/08 AS-ER).

9 Wenn Sie darlegen, dass Sie keine Partner*innen sind und mit Ihrem*r Mitbewohner*in zB in einer WG **räumlich getrennt wohnen**, greift die Vermutung nicht. Eine räumliche Trennung liegt vor, wenn durch entsprechende Aufteilung der Zimmer jedem*r eine Privatsphäre ermöglicht wird. Wenn Sie mit mehreren Personen in einer WG zusammenwohnen, wird die Vermutung, dass eine eheähnliche Einstandsgemeinschaft vorliegt, regelmäßig keinen Bestand haben. Denkbar wäre allenfalls eine Wohngemeinschaft mehrerer Paare. Allerdings ist die räumliche Trennung innerhalb der Wohnung nicht das einzige Merkmal, um eine Einstehensgemeinschaft auszuschließen. Denn es gibt auch Partnerschaften, die aufgrund des Fehlens der weiteren Voraussetzungen (gemeinsames Wirtschaften, Für-einandereinstehen) nicht vergleichbar sind mit eheähnlichen Gemeinschaften und daher nicht als solche gelten können. Es kommt dabei insbesondere **nicht darauf an, ob zwischen den Partner*innen geschlechtliche Beziehungen bestehen** (BMAS 9.5.2006 auf eine kleine Anfrage, BT-Dr 16/1328, 5).

10 Ein klares **Indiz** gegen eine eheähnliche Gemeinschaft sind Beziehungen zu dritten Partner*innen, die regelmäßig in die Wohnung zu Besuch kommen (LSG Thüringen 20.2.2007 – L7 AS 942/06 R).

1.2 Zweite Voraussetzung: Wohn- und Wirtschaftsgemeinschaft

11 Für das Bestehen einer eheähnlichen Gemeinschaft ist es unerlässlich, dass gemeinsam gewohnt wird und eine Wirtschaftsgemeinschaft vorliegt.

1.2.1 Häusliche Gemeinschaft

12 Im Gegensatz zur Ehe setzt eine eheähnliche Gemeinschaft *„zwingend"* ein *„Zusammenleben"* in einer **gemeinsamen Wohnung** voraus (BSG 23.8.2012 – B 4 AS 34/12 R, Rn. 22).

Nach einem Urteil des SG Stuttgart soll jedoch auch bei Ehepartner*innen relevant sein, ob sie in einem gemeinsamen Haushalt zusammenleben. Demnach wäre ein Getrenntlebend und damit keine Bedarfsgemeinschaft anzunehmen, wenn die Ehepartner*innen trotz fehlendem Trennungswillen nicht nur vorübergehend keinen gemeinsamen Haushalt führen (vgl. SG Stuttgart 4.12.2018 – S 8 AS 3575/18).

Wenn Sie getrennte Wohnungen haben, spricht das trotz einer Liebesbeziehung gegen eine eheähnliche Gemeinschaft (LSG Sachsen 18.5.2017 – L 7 AS 184/17 B ER). Wenn Sie Besuche von einer nicht gleichgeschlechtlichen Person haben, wenn jemand bei Ihnen übernachtet, wenn Sie ein Doppelbett haben, in dem jemand schlafen könnte, wenn Zeichen früherer Besuche einer nicht gleichgeschlechtlichen Person aufgespürt werden (Bekleidung oder Hygieneartikel), wenn Sie mit jemandem in den Urlaub fahren, wenn Sie eine Wochenendbeziehung pflegen (SG Berlin 13.6.2005 – S 37 AS 3125/05 ER), bedeutet das nicht, dass Sie mit dieser Person in einer Wohnung zusammenleben.

13 Eine eheähnliche Gemeinschaft liegt auch dann nicht vor, wenn Sie ein gemeinsames Kind mit einer Person haben, die getrennt von Ihnen lebt und das Kind und damit auch Sie nur besucht (OLG Köln 19.10.2001 – 25 WF 185/01). Eine eheähnliche Gemeinschaft setzt immer eine gemeinsame Wohnung voraus, weil erst hierdurch eine Verbundenheit nach außen dokumentiert wird, die mit der von Ehepartner*innen vergleichbar ist.

1.2.2 Gemeinsames Wirtschaften

14 Eine Ehe kann bestehen, ohne dass gemeinsam gewirtschaftet wird (BSG 18.2.2010 – B 4 AS 49/09 R), eine eheähnliche Gemeinschaft nicht. Ohne Haushalts- und Wirtschaftsgemeinschaft (→ 128 Rn. 1) kein eheähnliches Verhältnis (BSG 23.8.2012 – B 4 AS 34/12 R).

„Die Anforderungen an das gemeinsame Wirtschaften gehen daher über die gemeinsame Nutzung von Bad, Küche und ggf. Gemeinschaftsräumen hinaus. Auch der in Wohngemeinschaften häufig anzutreffende gemeinsame Einkauf [...] aus einer von allen Mitbewohnern zu gleichen Teilen gespeisten Gemeinschaftskasse begründet noch keine Wirtschaftsgemeinschaft" (BSG 23.8.2012 – B 4 AS 34/12 R, Rn. 23).

15 Indiz für eine **Wirtschaftsgemeinschaft** kann die gemeinsame Verfügung über ein einziges Konto sein bzw. eine gegenseitige Kontovollmacht oder die Befugnis, über Einkommen und Vermögen des*r Partners*Partnerin tatsächlich verfügen zu können (vgl. auch § 7 Abs. 3a Nr. 4 SGB II). Die gemeinsame Verfügung über ein Auto kann als Indiz für gemeinsames Wirtschaften angenommen werden (LSG Berlin-Brandenburg 2.3.2006 – L 14 B 18/06 AS ER). Auch der gemeinsame Kauf einer Immobilie kann ein Indiz für gemeinsames Wirtschaften sein, oder mehrere gemeinsame Wohnungswechsel (LSG Niedersachsen-Bremen 30.5.2005 – L 8 AS 95/05 ER).

16 Geeignete Nachweise, dass **keine** Wohn- und Wirtschaftsgemeinschaft besteht, wären zB

- ein erfüllter Untermietvertrag (LSG Sachsen 22.1.2008 – L 3 B 359/07 AS-ER),
- mtl. Geldüberweisungen für die Miete auf das Konto des*r Mitbewohners*Mitbewohnerin (LSG Baden-Württemberg 12.1.2006 – L 7 SO 5532/05 ER-B) und/oder
- getrennte Bankkonten und keine weiteren finanziellen Verflechtungen.

17 Von der hier als Voraussetzung für die eheähnliche Gemeinschaft erforderlichen Wohn- und Wirtschaftsgemeinschaft ist die Haushaltsgemeinschaft (→ 54) zu unterscheiden. Bei einer reinen Haushaltsgemeinschaft kann nur bei Bezug von HzL der Sozialhilfe (§ 39 SGB XII) vermutet werden, dass die andere Person Sie unterstützt (→ 54 Rn. 9) Bei Bezug von **GSi** ist ausdrücklich bestimmt, dass nichts vermutet werden darf (§ 43 Abs. 6 SGB XII).

Das **SGB II** kennt eine solche Vermutung nur bei Verwandten oder Verschwägerten (§ 9 Abs. 5 SGB II).

1.3 Dritte Voraussetzung: Verantwortungs- und Einstehensgemeinschaft

18 Gemeinsames Wohnen und Wirtschaften von Partner*innen ist **keine** ausreichende Bedingung für eine eheähnliche Gemeinschaft. Beide objektiven Kriterien müssen aber zuerst festgestellt werden, bevor das dritte Kriterium geprüft wird (BSG 23.8.2012 – B 4 AS 34/12 R, Rn. 25).

Eine eheähnliche Gemeinschaft liegt **nur** vor, „wenn zwischen den Partnern so enge Bindungen bestehen, dass von ihnen ein gegenseitiges Einstehen in den Not- und Wechselfällen des Lebens erwartet werden kann [Verantwortungs- und Einstehensgemeinschaft]" (BVerfG 17.11.1992 – 1 BvL 8/87).

19 Wenn eine Verantwortungs- und Einstehensgemeinschaft nicht existiert, sind Mann und Frau auch dann keine eheähnliche Gemeinschaft, wenn sie gemeinsam wohnen und wirtschaften (OVG Niedersachsen 26.1.1998 – 12 M 5498/98, FEVS 1998, 545 f.; OVG Saarlouis 3.4.1998 – 8 V 4/98, FEVS 1998, 557 f.). Im Klartext heißt das, dass nicht jede Partnerschaft eine eheähnli-

che Gemeinschaft ist. Es kommt also nicht in erster Linie darauf an, ob man unter einem einzigen Wohnsitz angemeldet ist (BVerG 2.9.2004 – 1 BvR 1962/04), einen gemeinsamen Eintrag im Telefonbuch hat, einen gemeinsamen Mietvertrag hat (LSG Sachsen-Anhalt 6.4.2006 – L 2 B 14/06 AS ER), ob man gemeinsam kocht und isst (LSG Niedersachsen-Bremen 9.3.2006 – L 9 AS 86/06) oder die Wäsche gemeinsam wäscht (LSG Hessen 16.3.2006 – L 7 AS 23/06 ER), ob der Kühlschrank getrennte Fächer hat, die Badutensilien getrennt aufbewahrt werden oder die Wohnung gemeinschaftlich genutzt wird (SG Gelsenkirchen 15.3.2007 – S 11 AS 43/07 ER).

„Dass gemeinsam gekocht, geputzt und eingekauft wird, hält der Senat bei freundschaftlichen Beziehungen ebenso für üblich, wie die ermittelte Tatsache, dass offenbar auch Wäsche von beiden in gemeinsamen Waschgängen gereinigt wird" (LSG Hessen 16.3.2006 – L 7 AS 23/06 ER). Allein aus einem freundschaftlichen Zusammenleben in einer Zweckgemeinschaft ergibt sich noch nicht die Vermutung, dass Unterhalt in vollem Umfang wie in einer Ehe geleistet wird (LSG NRW 25.6.2012 – L 19 AS 1397/11).

20 Andererseits können eheähnliche Partner*innen ebenso wie Ehe- oder Lebenspartner*innen in einer (noch) gemeinsamen Wohnung dauerhaft getrennt leben, wenn sie ihre Beziehung aufgelöst haben und jemand nicht auszieht, weil noch keine andere bezahlbare Wohnung zu finden ist. Die *„Trennung von Tisch und Bett"* ist auch innerhalb einer Wohnung möglich (BGH 24.10.2001 – XII ZR 284/99). *„Dem hilfebedürftigen Partner muss es [...] zumindest für eine Übergangszeit, in der er eine neue Wohnung sucht, möglich sein, in der bisherigen gemeinsamen Wohnung zu verbleiben, ohne dass er dadurch seinen Hilfeanspruch verliert"* (OVG Lüneburg 20.3.2006 – S1 B 89/06). Dann kann man keine Einstehensgemeinschaft mehr erwarten.

21 Wie kann man nun anhand geeigneter Indizien (Hinweistatsachen) feststellen, ob ein gegenseitiges Einstehen füreinander vorliegt? Nach dem Wortlaut des § 7 Abs. 3a SGB II löst jedes der unter → Rn. 25-32 genannten Kriterien für sich genommen die Vermutung aus, dass eine Verantwortungs- und Einstehensgemeinschaft existiert: dass also die Zusammenlebenden voll füreinander und für die Kinder des*r Partners*Partnerin aufkommen müssen. Doch zunächst wird erläutert, welche Kriterien diese Vermutung nicht auslösen.

1.3.1 Innere Bindungen zwischen den Partner*innen

22 Vor dem Urteil des Bundesverfassungsgerichts von 1992 wurde die Wohn- und Wirtschaftsgemeinschaft als ausschlaggebend für eine eheähnliche Gemeinschaft angesehen. Auf innere Bindungen kam es nicht an. Diese Auffassung ist jetzt verfassungswidrig (Leitsatz Nr. 3 des Urteils des BVerfG 17.11.1992 – 1 BvL 8/87). Eine eheähnliche Gemeinschaft ist vielmehr gerade durch eine innere Bindung der Partner*innen gekennzeichnet, die ein gegenseitiges Einstehen füreinander begründet.

Nicht wenige Ermittler*innen, Medien, Behörden und Minister*innen riechen das Eheähnliche dennoch schon, wenn sie Spuren eines andersgeschlechtlichen Wesens entdecken: Warum stehen in der Wohnung eines Junggesellen Damenschuhe am Bett? Warum hängen Frauen- und Herrenwäsche gemeinsam auf der Leine? Warum kocht eine alleinstehende Frau acht Liter Linsensuppe? Andere schließen aus der Existenz eines Doppelbettes oder aus einem in Unterhose angetroffenen Mann auf eine faktische Ehe. Nichts von alledem ist jedoch relevant.

23 Das ehemalige Bundesministerium für Wirtschaft und Arbeit unter W. Clement bezeichnete Alg II-Bezug als *„Sozialmissbrauch"*, wenn vermutliche sexuelle Beziehungen und *„gefühlte"* Wirtschaftsgemeinschaften bestehen (Vorrang der Anständigen – Gegen Missbrauch, *„Abzocke"* und Selbstbedienung im Sozialstaat, August 2005).

Verfassungsrechtlich ist es jedoch unzulässig, Nachforschungen über das Intimleben von Partner*innen anzustellen (BVerfG 17.11.1992 – 1 BvL 8/87; BVerwG 7.4.1995 – 5B 36.94). Außerdem verstößt das gegen den Datenschutz (→ 32). Falls intime Beziehungen dennoch bekannt geworden

36 Eheähnliche Gemeinschaft (Einstehensgemeinschaft)

sind, können sie allerdings ein Anhaltspunkt für innere Bindungen sein (LSG Sachsen 5.7.2007 – L 3 AS 32/06).

24 Die Kriterien, nach denen nun das Jobcenter einen wechselseitigen Willen des Füreinandereinstehens, also die innere Bindung, vermuten darf, regelt § 7 Abs. 3a Nr. 1–4 SGB II. Diese sind:

1.3.2 Zusammenleben für länger als ein Jahr

25 Das Bundesverfassungsgericht wertet *„langjähriges Zusammenleben"* (BVerfG 17.11.1992 – 1 BvL 8/87) als Indiz für eine Verantwortungs- und Einstandsgemeinschaft. Vor die eheähnliche Gemeinschaft ist gewissermaßen eine Probezeit geschaltet. Das Zusammenleben muss *„auf Dauer angelegt"* sein (BVerfG 17.11.1992 – 1 BvL 8/87).

Häufig erkennen Behörden diese Vorgaben des Bundesverfassungsgerichts nicht an, obwohl sie laut Grundgesetz Gesetzescharakter haben. Sie unterstellen rechtswidriger Weise immer wieder schon **beim Einzug** eines*r Partners*Partnerin oder **nach wenigen Monaten** des Zusammenlebens eine eheähnliche oder lebenspartnerschaftsähnliche Gemeinschaft.

26 Seit 2006 ist im SGB II gesetzlich geregelt, dass **nach einem Jahr** des Zusammenlebens *„ein wechselseitiger Wille"* füreinander einzustehen (§ 7 Abs. 3a Nr. 1 SGB) vermutet werden darf.

Seit wann aber ist einjähriges Zusammenleben das *„langjährige Zusammenleben"*, wie es das Bundesverfassungsgericht fordert? *„Langjährig"* bedeutet immer mehrere Jahre. Der Bundesgerichtshof urteilte demzufolge, dass man frühestens nach zwei bis drei Jahren beurteilen könne, ob Partner*innen nur probeweise zusammenleben oder eine verfestigte Gemeinschaft bilden (BGH 12.3.1997 – XII ZR 153/95, NJW 1997, 1851).

Das Bundessozialgericht forderte eine dreijährige Dauer der Beziehung als Voraussetzung (BSG 29.4.1998 – B 7 AL 56/97 R). Da eine Ehe erst dann unwiderlegbar gescheitert ist, wenn die Ehegatt*innen drei Jahre getrennt leben (§ 1566 Abs. 2 BGB), dürften im Umkehrschluss eheähnliche Verhältnisse erst nach drei Jahren angenommen werden.

Diese Grenze ist allerdings nach Auffassung des BSG keine absolute zeitliche Mindestgrenze (u.a. BSG 17.10.2002 – B 7 AL 96/00). *„Bei einem Zusammenleben von kürzerer Dauer als drei Jahren [können] andere Umstände von gleichem Gewicht an die Stelle der bisherigen Dauer der Beziehung treten"* (BSG 17.10.2002 – B 7 AL 72/00; → Rn. 28 ff.; → Rn. 43).

27 Das SGB II bestimmt beim Bürgergeld die Jahresfrist zur Regel, obwohl sie nach Auffassung des BSG allenfalls eine Ausnahme sein kann, wenn besondere *„Umstände von gleichem Gewicht"* vorliegen. Das Kriterium „ein Jahr zusammenleben" ist daher ausreichend, um die Einstehensgemeinschaft zu unterstellen, ohne weitere „Hinweistatsachen" berücksichtigen zu müssen.

1.3.3 Zusammenleben mit einem gemeinsamen Kind

28 Ein gemeinsames Kind (BVerwG 20.1.1977 – 5 C 62.75, FEVS 25, 278) wird als Hinweistatsache für eine eheähnliche Gemeinschaft genommen. Dieses Indiz ist in § 7 Abs. 3a Nr. 2 SGB II als festes Kriterium definiert: *„Ein wechselseitiger Wille, [...] füreinander einzustehen, wird vermutet, wenn Partner [...] mit einem gemeinsamen Kind zusammenleben"*.

Dass ein nur kurz zusammenwohnendes Paar ein gemeinsames Kind erwartet, genügt nicht, um die *„Vermutungsregel"* auszulösen (LSG Hamburg 28.1.2008 – L 5 B 21/08 ER AS). Es müssen weitere Kriterien außer der Schwangerschaft vorliegen.

1.3.4 Versorgung von Kindern und Angehörigen im Haushalt

29 Als Kriterium für die Vermutung, dass Zusammenwohnende füreinander einstehen, gilt außerdem, *„Kinder oder Angehörige im Haushalt [zu] versorgen"* (§ 7 Abs. 3a Nr. 3 SGB II). Die Versorgung von Kindern des*r Partners*Partnerin, die nicht die eigenen sind, begründet die Vermutung für die Einstehensgemeinschaft. Für die Versorgung eines pflegebedürftigen Elternteils des*r Partners*Partnerin im gemeinsamen Haushalt

gilt das Gleiche. Die Versorgung eigener Kinder oder Angehöriger lässt übrigens keinen Rückschluss auf die Einstehensgemeinschaft zu.

30 Wenn jemand demnach mit einer alleinerziehenden Person zusammenzieht, ist er aufgrund der Kinder im Haushalt schneller zwangsverheiratet, als wenn zwei kinderlose Menschen zusammenziehen. Soll das abschrecken, Beziehungen zu alleinerziehenden Frauen und Männern einzugehen? Voller Unterhalt für das Kind des*r Partners*Partnerin hat in dieser Konstruktion sogar Vorrang vor den nicht titulierten Unterhaltszahlungen an das eigene Kind, mit dem man nicht zusammenlebt (→ Rn. 42).

31 Das Zusammenleben mit dem Kind oder pflegebedürftigen Angehörigen des*r Partners*Partnerin in einem Haushalt kann für die Konstruktion einer Bedarfsgemeinschaft nicht ausreichen. Der Gesetzgeber spricht hier ausdrücklich von **versorgen**. Das bedeutet, dass man maßgeblich – nicht nur gelegentlich – an der Versorgung beteiligt ist (LSG Sachsen-Anhalt 17.11.2009 – L5 AS 385/09 B ER; → 3).

1.3.5 Wechselseitiges Verfügen über Einkommen und Vermögen

32 Das BVerfG nannte als weitere Voraussetzung für eine eheähnliche Gemeinschaft auch die „*Befugnis, über Einkommen und Vermögensgegenstände des Partners zu verfügen*" (BVerfG 17.11.1992 – 1 BvL 8/87). Auch das wurde von der schwarz-roten Bundesregierung als Kriterium für die Vermutung, dass eine Einstehensgemeinschaft vorliegt, ins SGB II aufgenommen: „*Ein wechselseitiger Wille, [...] füreinander einzustehen, wird vermutet, wenn Partner [...] befugt sind, über Einkommen und Vermögen des anderen zu verfügen*" (§ 7 Abs. 3a Nr. 4 SGB II).

Wenn das (zB über eine Kontovollmacht) nicht gegeben ist, spricht das gegen eine Einstehensgemeinschaft, da sich der*die Partner*in nicht einfach das vom anderen nehmen kann, was er*sie zum Leben braucht. Wenn regelmäßige Zahlungen für die anteilige Miete und sonstige Aufwendungen auf dem Konto des*r Partners*Partnerin eingehen, spricht auch das gegen eine eheähnliche Gemeinschaft (LSG NRW 25.6.2012 – L 19 AS 1397/11; LSG Baden-Württemberg 12.1.2006 – L 7 SO 5532/05 ER-B).

1.4 Freiwillige Sicherung des gemeinsamen Lebensunterhalts

33 Die wohl entscheidendste Voraussetzung für das Vorliegen einer Einstehensgemeinschaft ist, dass die Partner*innen den gemeinsamen Lebensunterhalt freiwillig vorrangig vor der Befriedigung eigener Bedürfnisse und Verpflichtungen sicherstellen. „*Die Bundesregierung geht von den vom Bundesverfassungsgericht aufgestellten Voraussetzungen für das Bestehen einer eheähnlichen Gemeinschaft aus*", zumindest behauptet sie das (BMAS am 9.5.2006 in der Antwort auf eine Kleine Anfrage BT-Drs. 16/1328).

Teilweise stimmt das sogar, denn das Gericht hat erklärt, dass sich eine eheähnliche Gemeinschaft „*in der Verwaltungspraxis nur anhand von Indizien feststellen*" lasse (BVerfG 17.11.1992 – 1 BvL 8/87). Gemeint sind die unter → Rn. 25 ff. genannten Hinweistatsachen, die – mit Ausnahme des „*langjährigen Zusammenlebens*" – in das SGB II aufgenommen wurden.

34 Das BVerfG stellt gleichzeitig jedoch auch fest, dass für die eheähnliche Gemeinschaft nicht Indizien entscheidend sind, nach denen eine Unterstützung erwartet werden kann, sondern die Frage, ob diese Unterstützung tatsächlich erfolgt.

„*Nur wenn sich die Partner einer Gemeinschaft so sehr füreinander verantwortlich fühlen, dass sie zunächst den gemeinsamen Lebensunterhalt sicherstellen, bevor sie ihr persönliches Einkommen zur Befriedigung eigener Bedürfnisse verwenden, ist ihre Lage mit derjenigen nicht dauernd getrennt lebender Ehegatten im Hinblick auf die verschärfte Bedürftigkeitsprüfung vergleichbar*" (BVerfG 17.11.1992 – 1 BvL 8/87). Hier geht es nicht um Indizien, sondern um reale Zahlungen, die ausschließlich vom **Willen** der Beteiligten abhängen.

35 Eine Einstehensgemeinschaft besteht nicht, wenn ein*e Partner*in das eigene Ein-

kommen und Vermögen ausschließlich zur Befriedigung eigener Bedürfnisse oder zur Erfüllung eigener Verpflichtungen verwendet (BVerfG 17.11.1992 – 1 BvL 8/87). Letztlich entscheidend ist also nicht die innere Bindung, die zu der Annahme bzw. der Erwartung führt, dass der*die eine den*die andere*n voll unterstützt (§ 7 Abs. 3 Nr. 3c SGB II), sondern die reale Unterstützung.

36 Die Bundesregierung dagegen beschränkt sich auf **Erwartungen**, unabhängig davon, ob die Unterstützung real geleistet wird oder nicht. Das senkt die Ausgaben.

Nach Auffassung des Bundesverfassungsgerichts jedoch liegt keine *„eheähnliche"*, dh mit einer Ehe vergleichbare Gemeinschaft vor, wenn jemand eigenes Einkommen und Vermögen **zunächst für die eigenen Bedürfnisse** verwendet, **bevor** der*die Partner*in unterstützt wird.

„Die Ehegatten sind einander verpflichtet, durch ihre Arbeit und mit ihrem Vermögen die Familie angemessen zu unterhalten" (§ 1360 S. 1 BGB). Die eheähnliche Gemeinschaft kann also nur dann gegeben sein, wenn die Unterhaltspflicht durch freiwillige tatsächliche Leistungen ersetzt wird. Deshalb *„können Leistungen nur dann entfallen, wenn sie durch andere Leistungen in gleicher Höhe tatsächlich ersetzt werden"* (SG Düsseldorf 19.5.2005 – S 35 AS 112/05 ER, vor der Gesetzesänderung 2006).

37 Die eheähnliche Gemeinschaft begründet keinen einklagbaren Unterhaltsanspruch. Deshalb kann eine Person nicht auf das Einkommen eines*r anderen verwiesen werden, wenn diese*r nicht zahlt. *„Eine ‚eheähnliche' Gemeinschaft' kann daher nur angenommen werden, wenn die Partner ausdrücklich bestätigen [finanziell] – auch in Zukunft – füreinander einstehen zu wollen, denn nur so ist das Kriterium der ‚Eheähnlichkeit', das in Anlehnung an § 1360 BGB ein gegenseitiges ‚Unterhalten' fordert, erfüllt"* (SG Dresden 18.5.2005 – S 23 AS 175/05 ER, vor der Gesetzesänderung 2006).

38 Wichtig ist, dass Sie für den Fall, dass eine eheähnliche oder lebenspartnerschaftsähnliche Gemeinschaft vom Jobcenter angenommen wird, all die genannten Kriterien

genau hinterfragen. Wenn also der*die Partner*in sein*ihr Geld für sich selbst ausgibt oder sich nicht an den Haushaltskosten beteiligt oder jede*r für sich selbst lebt, dann fehlt es entweder schon an einer Wirtschaftsgemeinschaft oder aber es gibt gerade keine innere Bindung, kein Füreinandereinstehen, das vermutet werden darf. Denn die Verantwortung von Partner*innen füreinander ist letztlich das maßgebliche Kriterium für die Annahme, dass auch eheähnliche Gemeinschaften als Bedarfsgemeinschaften herangezogen werden.

2. Auswirkungen auf die Leistungsbewilligung

39 Je nachdem, ob Sie HzL/Grundsicherung der Sozialhilfe oder Bürgergeld beziehen, unterscheiden sich die Kriterien, die zur Feststellung einer eheähnlichen Gemeinschaft herangezogen werden dürfen, erheblich.

2.1 HzL/Grundsicherung der Sozialhilfe

40 Das SGB XII regelt nur, dass eine eheähnliche oder partnerschaftsähnliche Gemeinschaft nicht bessergestellt werden darf als die Ehe (§ 20 SGB XII). Eine Definition enthält das Gesetz jedoch nicht. Hier gelten die unter → Rn. 2 ff. beschriebenen Beurteilungskriterien des Bundesverfassungsgerichts zur Feststellung, ob eine eheähnliche Gemeinschaft vorliegt oder nicht. Die entsprechenden Kriterien – auf Dauer angelegte Lebensgemeinschaft, keine weitere Lebensgemeinschaft gleicher Art, innere Bindung (→ Rn. 2) – müssen vorhanden sein, insbesondere auch der Wille, Einkommen und Vermögen vorrangig für den gemeinsamen Lebensunterhalt anstatt für eigene Bedürfnisse einzusetzen. Das SGB XII enthält keine gesetzlich normierten Positivkriterien, nach denen die Behörde das Vorliegen einer eheähnlichen Gemeinschaft vermuten darf. Es existiert also gerade keine Vorschrift entsprechend § 7 Abs. 3a SGB II. Ob eine solche eheähnliche oder partnerschaftsähnliche Gemeinschaft vorliegt, dafür trägt das **Sozialamt die alleinige Beweislast**.

41 **Tipp:** Häufig wenden Sozialämter auch im SGB XII die Vermutungsregeln an, die ge-

setzlich nur beim Bürgergeld zum Tragen kommen (→ Rn. 42). Streicht Ihnen das Sozialamt zB mit der Begründung die Leistung, Sie würden länger als ein Jahr mit Ihrem*r Partner*in zusammenleben und diese*r könnte nun schließlich für Sie aufkommen, müssen Sie sich mit Widerspruch (→ 126) und ggf. einstweiligem Rechtsschutz (→ 41) dagegen wehren.

2.2 Bürgergeld

42 Die klaren Kriterien zur eheähnlichen Gemeinschaft, die das BVerfG und die Rechtsprechung aufgestellt haben, werden durch das SGB II wesentlich verschärft. Aufgrund § 7 Abs. 3a wird bei SGB II-Leistungsberechtigten kraft Gesetzes vermutet, dass der Wille füreinander einzustehen besteht, sobald feststehende Kriterien erfüllt sind.

43 *„Ein wechselseitiger Wille, Verantwortung füreinander zu tragen, und füreinander einzustehen, wird* **vermutet***, wenn Partner*

1. *länger als ein Jahr zusammenleben,*
2. *mit einem gemeinsamen Kind zusammenleben,*
3. *Kinder oder Angehörige im Haushalt versorgen oder*
4. *befugt sind, über Einkommen oder Vermögen des anderen zu verfügen"*

(§ 7 Abs. 3a SGB II).

Ihre eigenen Verpflichtungen, wie zB Zahlung von nicht tituliertem Unterhalt an ein leibliches Kind aus einer anderen Beziehung, Schulden usw sind dann bedeutungslos und die Bedarfe Ihres*r Partners*Partnerin und ggf. seiner*ihrer Kinder haben regelmäßig Vorrang, sobald Sie als Paar zB „nur" ein Jahr zusammenleben. Dann greift die Vermutung, dass Sie als Partner*innen füreinander einstehen und Sie müssen beweisen, dass diese nicht zutrifft (→ Rn. 46).

44 Teilweise wird angenommen, dass der Wille, Verantwortung füreinander zu tragen und füreinander einzustehen, auch ohne die Kriterien des § 7 Abs. 3a SGB II gegeben ist. *„Bei Partnern, die kürzer als ein Jahr zusammenleben, können nur besonders gewichtige Gründe die Annahme einer Einstehensgemeinschaft im Sinne von § 7 Abs. 3 Nr. 3c SGB II rechtfertigen"* (LSG NRW 4.7.2007 – L 19 B 56/07 AS ER).

45 Ein **wichtiger Grund** für die Vermutung einer Einstehensgemeinschaft kann – selbst wenn keines der unter → Rn. 43 genannten Kriterien zutrifft – vorliegen,

- wenn beide Partner*innen ihr Vermögen für den Kauf eines gemeinsamen Kfz zusammenlegen,
- wenn eine*r für den*die andere*n Schulden zurückzahlt (LSG NRW 7.2.2007 – L 1 B 45/06 AS ER),
- bei Begünstigung des*r Partners*Partnerin in einer Versicherungspolice (LSG Sachsen 13.9.2007 – L 2 B 312/07 AS-ER),
- wenn die Wohnung für das Zusammenleben umgebaut wird (VGH Baden-Württemberg 14.4.1997 – 7 S 1816/95, FEVS 48, 29) oder
- wenn ein*e Partner*in für den*die andere*n und dessen*deren Kind in der Vergangenheit freiwillig für den Unterhalt aufgekommen ist (LSG Niedersachsen-Bremen 9.5.2012 – L 13 AS 105/11).

3. Beweislast

46 Grundsätzlich gilt für Träger von Sozialleistungen: *„Die Behörde ermittelt den Sachverhalt von Amts wegen"* (§ 20 Abs. 1 SGB X). *„Die Behörde hat alle für den Einzelfall bedeutsamen, auch für die Beteiligten günstigen Umstände zu berücksichtigen"* (§ 20 Abs. 3 SGB X).

Jedenfalls hat das Jobcenter die objektiven Kriterien der Partnerschaft, der Haushalts- und Wirtschaftsgemeinschaft und das Vorliegen der Vermutungskriterien nach § 7 Abs. 3a Nr. 1–4 SGB II von Amts wegen zu ermitteln. Das Amt hat also die Beweislast dafür, ob jemand zB tatsächlich sein Einkommen und Vermögen vorrangig für den gemeinsamen Lebensunterhalt ausgibt oder nicht. So argumentierte auch das BVerwG (24.6.1999 – 5 B 114/98).

Allerdings haben Sie als Antragsteller*in grundsätzlich die Beweislast für das Vorliegen des Anspruchs auf Leistungen nach dem SGB II. Wenn das Gesetz nunmehr die Vermutung aufstellt, dass Sie mit Ihrem*r Partner*in eine Einstehensgemeinschaft bilden, müssen Sie darlegen und beweisen, dass die Vermutung des Gesetzes nicht zutrifft. Das kann in der Praxis sehr schwierig sein.

36 Eheähnliche Gemeinschaft (Einstehensgemeinschaft)

„Ausreichend ist nicht die Behauptung, dass der Vermutungstatbestand nicht erfüllt sei; erforderlich ist, dass der Betroffene darlegt und mit geeigneten Nachweisen beweist, dass alle vermuteten Kriterien des § 7 Abs. 3a nicht erfüllt werden bzw. die Vermutung durch andere Umstände entkräftet wird" (BT - Drs. 16/1410, 19).

Dabei reicht es nicht aus darzulegen, dass Sie dem*r Partner*in keinen Unterhalt leisten, sondern Sie müssen anhand von **äußeren Tatsachen** glaubhaft machen, dass der **inneren Wille** nicht vorhanden ist, für die*den andere*n einzustehen.

47 **Allerdings** dürfen an diesen *„Gegenbeweis nicht so hohe Anforderungen gestellt werden, dass er im Ergebnis unmöglich wird. […] Dies ergibt sich aus verfassungsrechtlicher Sicht auch schon daraus, dass das BVerfG in seinem Urteil vom 9. 2. 2010 (1 BvL 1/09 u.a., Rn. 136) nochmals darauf hingewiesen hat, dass Hilfesuchende nicht auf Ansprüche gegen andere verwiesen werden dürfen, die sie nicht durchsetzen können, weil ihnen insoweit kein subjektives Recht zur Seite steht"* (LSG Niedersachsen-Bremen 12.12.2011 - L 11 AS 79/11 B ER).

„[…] die Vermutung ist als widerlegt anzusehen, wenn nach verständiger Würdigung der wechselseitige Wille der Partner anzunehmen ist, keine Verantwortung füreinander zu tragen und nicht füreinander einzustehen" (LSG Sachsen 24.7.2007 - L 3 B 198/07 AS-ER; 9.1.2008 - L 3 B 552/07 AS-ER, zit. nach Geiger 2022, 88).

Aus dem Amtsermittlungsgrundsatz nach § 20 SGB X ergibt sich vielmehr, dass auch die für die leistungsberechtigte Person günstigen Umstände zu berücksichtigen sind, diese also diese im Rahmen der Amtsermittlung zu prüfen sind.

48 Alle **Kriterien** für das Vorliegen einer Einstehensgemeinschaft nicht zu erfüllen, ist auf die Dauer unmöglich. Spätestens wenn Partner*innen **länger als ein Jahr** zusammenleben, ist ein Kriterium erfüllt und man ist gezwungen, dem Jobcenter gegenüber darzulegen, das dennoch kein Füreinandereinstehen vergleichbar einer Ehe vorliegt.

Die **Vermutung**, nach einem Jahr faktisch eine der Ehe vergleichbare Beziehung eingegangen zu sein, kann allein durch die Erklärung, das nicht zu **wollen**, nicht entkräftet werden, sondern letztlich nur *„durch andere Umstände"*. Die von Ihnen vorgetragenen Umstände sind dann jedoch vom Jobcenter im Wege des Untersuchungsgrundsatzes (§ 20 SGB X) von Amts wegen zu berücksichtigen und zu prüfen.

4. Gegenstand der Vermutungsregel

49 Erst wenn die unter → Rn. 8 ff. und → Rn. 11 ff. beschriebenen **objektiven Voraussetzungen** (Partnerschaft sowie Wohn- und Wirtschaftsgemeinschaft) festgestellt sind, können zur Vermutung der **subjektiven Voraussetzung** (Verantwortungs- und Einstehensgemeinschaft) die unter → Rn. 43 beschriebenen Kriterien herangezogen werden. Weitere als die im Gesetz genannten Vermutungen darf das Jobcenter übrigens nicht anstellen. Insbesondere dürfen die in § 7 Abs. 3a SGB II genannten Kriterien als solche nicht vermutet werden. **Es muss also feststehen**, dass Partner*innen zB länger als ein Jahr zusammenleben um die Vermutung des Füreinandereinstehens zu begründen. Es darf jedoch nicht vermutet werden, dass wenn Partner*innen zusammen leben, sie bereits länger als ein Jahr zusammen leben. Auch nicht, wenn sie widersprüchliche Angaben zur Dauer des Zusammenlebens gemacht haben (SG München 18.5.2021 - S 8 AS 2502/19).

5. Angaben bei der Antragstellung

50 In der Jobcenter-Praxis kommt es immer wieder vor, dass Paare **vom ersten Tag des Zusammenzuges** an als eheähnliche Gemeinschaft behandelt werden.

Oft passiert das, weil aus Unwissenheit im **Antragsformular** angegeben wird, dass man mit dem*r Partner*in *„in einer Verantwortungs- und Einstehensgemeinschaft („eheähnliche Gemeinschaft")"* lebt (im Hauptantrag unter Punkt 3.2), ohne zu wissen, was das überhaupt bedeutet. Hier sollten Sie das Kreuz nur setzen, wenn Sie tatsächlich mit der anderen Person eine Wohn- **und** Wirtschaftsgemein-

36 Eheähnliche Gemeinschaft (Einstehensgemeinschaft)

schaft bilden und sie als Partner*innen füreinander einstehen wollen.

Wenn Sie angeben, dass Sie mit sonstigen Personen zusammenleben, wird ggf. von Ihnen verlangt werden, dass Sie die Anlage VE ausfüllen und dort Angaben zum Bestehen einer etwaigen Verantwortungs- und Einstehensgemeinschaft machen.

51 **Tipp:** Hier sollten Sie möglichst keine Angaben machen, vor allem dann nicht, wenn die sonstige Person nicht Ihr*e Partner*in ist, denn dann scheidet eine Verantwortungs- und Einstehensgemeinschaft schon grundsätzlich aus. Insofern ist das Formular, das eine Wohngemeinschaft benennt, aber die Prüfung einer Einstehensgemeinschaft beabsichtigt, irreführend. Sie müssen sich nicht erklären, wenn die Vermutungsregelung nicht greift und Ihr*e Partner*in sein*ihr Einkommen und Vermögen nicht vorrangig für Sie einsetzen will, bevor er*sie seine*ihre eigenen Bedürfnisse und Verpflichtungen erfüllt.

52 Die Ausfüllhinweise der BA sind ebenfalls irreführend soweit dort der Hinweis enthalten ist: *„Neben den Vermutungsregelungen können auch andere äußere Tatsachen das Vorliegen einer Verantwortungs- und Einstehensgemeinschaft begründen. [...] Hierzu kann es erforderlich sein, weitere Daten zu erheben"* (Ausfüllhinweise der BA zu den Antragsvordrucken auf Bürgergeld nach dem Zweiten Buch Sozialgesetzbuch (SGB II), Jobcenter-AH.01.2023, S. 3, abrufbar unter https://www.arbeitsagentur.de/datei/hinweise-algii-antrag_ba013180.pdf, letzter Zugriff: 13.1.2023).

Es fragt sich nur, wodurch die vermeintliche Ermittlungsverpflichtung der Behörde ausgelöst werden soll. Die gemeinsame Nutzung einer Wohnung mit „sonstigen Personen" ist nicht ausschlaggebend, sondern das **partnerschaftliche Verhältnis** und **gemeinsames Wohnen und Wirtschaften** *„aus einem Topf"*.

53 **Tipp:** Haben Sie bei der Antragstellung irrtümlich angekreuzt, dass Sie mit dem*r Mitbewohner*in eine Haushaltsgemeinschaft bilden oder erklärt, Sie wären eine *„Einstehensgemeinschaft"*, ohne sich der rechtlichen Tragweite der Begriffe bewusst gewesen zu sein und wollen aber Ihr Einkommen und Vermögen nicht voll füreinander einsetzen, können Sie Ihre Erklärung jederzeit wieder zurückziehen. Denn was Sie unter Haushaltsgemeinschaft, Verantwortungs- und Einstehensgemeinschaft oder eheähnlicher Gemeinschaft verstehen und was die herrschende Rechtsauffassung ist, kann völlig verschieden sein.

„Soweit sich der Antragsteller selbst als in eheähnlicher Gemeinschaft lebend ansieht, hat dies isoliert betrachtet, kaum Bedeutung, da zu dieser Feststellung eine juristische Wertung unter Beachtung der Rechtsprechung erforderlich ist, die juristischen Laien regelmäßig nicht abverlangt werden kann" (LSG NRW 21.12.2005 – L 19 B 81/05 AS ER; ebenso 17.2.2006 – L 19 B 85/05 AS ER).

6. Rechtswidrige Annahme einer Verantwortungs- und Einstehensgemeinschaft

54 Wenn das Jobcenter fälschlicherweise eine Einstehensgemeinschaft annimmt, obwohl die Voraussetzungen dafür nicht gegeben sind, zB leben Sie zwar länger als ein Jahr zusammen, stehen aber nicht füreinander ein, müssten Sie erklären, dass Ihr*e Partner*in die ihm*r unterstellten Pflichten nicht anerkennt und Sie keine Zahlungen oder keine ausreichenden Zahlungen von ihm*r bekommen. Wenn Sie über kein oder kein ausreichendes Einkommen verfügen, muss die Behörde grundsätzlich Leistungen erbringen.

Sie darf Sie nicht durch voreilige Leistungseinstellung einer **Notlage** aussetzen. Demnach muss das Amt zuvor die **Gewissheit** haben, dass Ihre Existenz und ggf. die Ihrer Kinder, der Krankenversicherungsschutz usw durch tatsächliche Unterhaltsleistungen des*r Partners*Partnerin sichergestellt sind. Ist eine solche Gewissheit nicht zu erreichen, ist die Leistung zumindest vorläufig nach § 41a SGB II zu bewilligen (LSG NRW 6.2.2007 – L 20 B 136/07 AS ER; LSG Berlin-Brandenburg 5.9.2006; zit. nach Geiger 2022, 92).

55 Haben Sie die Vermutung des Gesetzes in § 7 Abs. 3a SGB II widerlegt und können konkrete andere Tatsachen, die eine Einste-

hensgemeinschaft belegen, nicht ermittelt werden, trägt das Jobcenter die Beweislast für das Vorliegen einer Bedarfsgemeinschaft (LSG Sachsen 7.1.2011 – L7 AS 115/09).

56 **Tipp:** Wenn sich die Behörde dennoch weigert zu zahlen, müssten Sie einstweiligen Rechtsschutz (→ 41) vor Gericht beantragen. Das geht allerdings erst, wenn Sie Ihre bereiten Mittel zum Lebensunterhalt bereits verbraucht haben, zB weil Notdarlehen von Dritten nicht weitergezahlt werden und/ oder Ihr „Schonvermögen" aufgebraucht ist.

57 Selbst wenn Ihr*e Freund*in Ihnen im Rahmen der **Nothilfe** anstelle des Amts einen Vorschuss zahlt bzw. Ihre Mietzahlungen stundet, ist damit noch nicht bewiesen, dass jetzt die Einstehensgemeinschaft besteht. „*Die Intention, bedarfsdeckende Leistungen [...] nur vorschussweise im Wege der ‚Nothilfe' anstelle des Sozialhilfeträgers zu erbringen, ist unvereinbar mit der Annahme einer eheähnlichen Gemeinschaft*" (BVerwG 17.5.1995 – 5 C 20.93, NJW 1995, 2803 in Bezug auf Sozialhilfe; SG Freiburg 21.7.2006 – S 9 AS 3120/06 ER, in Bezug auf Alg II/ Bürgergeld).

Ansonsten könnten Jobcenter eine eheähnliche Gemeinschaft erzwingen, indem sie einfach bei allen Zusammenwohnenden nach einem Jahr die Leistungen einstellt und dadurch den*die Partner*in zwingt, zB die Mietzahlungen zu stunden oder Unterhalt zu leisten.

7. Haushaltsgemeinschaft statt eheähnlicher Gemeinschaft

58 Wenn Ihr*e Partner*in sein*ihr Einkommen und Vermögen nicht für Sie einsetzen will, Sie aber gemeinsam wohnen und wirtschaften, bilden Sie keine Verantwortungs- und Einstehensgemeinschaft, also keine eheähnliche Gemeinschaft. Die Frage, ob stattdessen eine Haushaltsgemeinschaft anzunehmen ist, lässt sich nicht einheitlich beantworten.

7.1 Bürgergeld

59 Bei Bürgergeld-Beziehenden kann nur dann *vermutet* werden, dass sie innerhalb einer Haushaltgemeinschaft materiell unterstützt werden, wenn sie mit einem*r Verwandten oder Verschwägerten zusammenleben (§ 9 Abs. 5 SGB II). Ein*e Partner*in ist aber weder ein*e Verwandte*r noch ein*e Verschwägerte*r. Deshalb kann das Jobcenter hier keine Vermutung der Unterstützung anstellen.

7.2 HzL

60 Im § 20 SGB XII, der die eheähnliche Gemeinschaft regelt, steht als zweiter Satz: „*§ 39 gilt entsprechend*". Dieser regelt: „*Lebt eine nachfragende Person gemeinsam mit anderen Personen in einer Wohnung [...], so wird vermutet, dass sie gemeinsam wirtschaften und dass die nachfragende Person von den anderen Personen Leistungen zum Lebensunterhalt erhält*" (§ 39 S. 1 SGB XII). Hier reicht es also, dass jegliche, auch nicht verwandte Personen zusammenleben, um entsprechende Vermutungen auszulösen.

Im § 39 SGB XII steht klipp und klar: „*Soweit [...] die nachfragende Person von den Mitgliedern der Haushaltsgemeinschaft keine ausreichenden Leistungen zum Lebensunterhalt erhält, ist ihr Hilfe zum Lebensunterhalt zu gewähren*" (§ 39 S. 2 SGB XII).

Nur in dem Maße, wie der*die Partner*in Sie tatsächlich unterstützt, kann die Hilfe für Sie gekürzt werden.

7.3 GSi der Sozialhilfe

61 Bei Bezug von **GSi** ist ausdrücklich bestimmt, dass die Unterhaltsvermutung innerhalb einer Haushaltsgemeinschaft nicht zum Tragen kommt: „*§ 39 Satz 1 ist nicht anzuwenden*" (§ 43 Abs. 6 SGB XII).

8. Unterhalt für die Kinder des*r Partners*Partnerin

62 Laut SGB II bilden eheähnliche Partner*innen auch eine **Bedarfsgemeinschaft** mit den Kindern ihres*r Partners*Partnerin. Sie sollen ihr Einkommen und Vermögen voll für diese einsetzen, bis sie 25 Jahre alt geworden sind. Für weitere Informationen lesen Sie im Beitrag Bedarfsgemeinschaft (→ 16).

9. Eingetragene Lebenspartnerschaften und lebenspartnerschaftsähnliche Gemeinschaft

63 Unter Lebenspartner*innen sind im SGB II und SGB XII nur eingetragene Lebenspartner*innen nach dem Lebenspartnerschaftsgesetz zu verstehen (§ 33b SGB I). *„Zwei Personen gleichen Geschlechts begründen eine Lebenspartnerschaft, wenn sie gegenseitig [...] erklären, miteinander eine Partnerschaft auf Lebenszeit führen zu wollen. [...] Die Erklärungen werden wirksam, wenn sie vor der zuständigen Behörde erfolgen"* (§ 1 Abs. 1 Lebenspartnerschaftsgesetz). Die Lebenspartner*innen sind dann zum gegenseitigen Unterhalt verpflichtet, als ob sie Ehegatt*innen wären (§§ 1360a und b BGB). Seit Oktober 2017 ist diese Eintragung einer Lebenspartnerschaft nicht mehr möglich, vielmehr können eingetragene Lebenspartnerschaften wegen § 20a LPartG in eine Ehe umgewandelt werden. Die Eingehung der Ehe auch zwischen gleichgeschlechtlichen Partner*innen ist 2017 rechtlich ermöglicht worden.

Konsequenterweise wurde die Konstruktion eheähnliche Gemeinschaft auch auf **nicht eingetragene** gleichgeschlechtliche Partnerschaften als *„lebenspartnerschaftsähnliche Gemeinschaften"* angewandt (§ 7 Abs. 3 Nr. 3c SGB II; § 20 SGB XII). Für die Grundsicherung im Alter gilt das ebenso (§ 43 Abs. 1 S. 2 SGB XII).

10. Auskunftspflicht von Partner*innen über Einkommen und Vermögen

64 Auskunftspflichtig sind Partner*innen, wenn sie angeben, eine eheähnliche Gemeinschaft zu führen. Wenn eine Person erklärt, keine eheähnliche Gemeinschaft mit einem*r Mitbewohner*in zu bilden, gehört sie weder einer Haushaltsgemeinschaft (im SGB II nur bei Verschwägerten und Verwandten) noch einer Bedarfsgemeinschaft mit ihrem*r Mitbewohner*in an. Dann gilt: *„Weder dieser [der*die Mitbewohner*in] noch sie selbst sind daher zu Angaben über ihre [gemeinsamen] persönlichen Verhältnisse verpflichtet"* (BVerfG 2.9.2004 – 1 BvR 1962/04).

65 Weil nach einem Jahr Zusammenleben eine eheähnliche Gemeinschaft vermutet wird, soll sich auch die Auskunftspflicht auf diese Personen, die länger als ein Jahr zusammenleben, erstrecken. *„Sind Einkommen oder Vermögen des Partners zu berücksichtigen [das ist der Fall, weil nach einem Jahr eine Bedarfsgemeinschaft unterstellt wird], haben 1. dieser Partner [...] der Agentur für Arbeit auf Verlangen hierüber Auskunft zu erteilen"* (§ 60 Abs. 4 SGB II).

66 Wenn die Einstehensgemeinschaft nach einem Jahr unterstellt wird und Ihnen die Existenzmittel entzogen werden, übt das allerdings einen realen Zwang aus: Ihr*e Partner*in wäre gezwungen, seine*ihre finanziellen Verhältnisse offenzulegen, um nachzuweisen, dass er*sie eigene vorrangige Bedürfnisse und Verpflichtungen hat, die er*sie zuerst befriedigt und somit nicht einem*r Verheirateten gleichgestellt werden kann.

Wenn Ihr*e Partner*in über seine*ihre Einkommens- und Vermögensverhältnisse aber keine Auskunft geben will, weil er*sie eine Einstehensgemeinschaft wie in einer Ehe bestreitet, darf Ihnen allein wegen der fehlenden Mitwirkung des*r Partners*Partnerin Bürgergeld **nicht** versagt werden (→ Rn. 71). Der*die hilfebedürftige Partner*in selbst kann nicht dazu verpflichtet werden, über die Einkommens- und Vermögensverhältnisse der mit ihm*r zusammenlebenden Person Auskunft zu geben (LSG Niedersachsen-Bremen 14.1.2008 – L 7 AS 772/07 ER).

67 Die Behörde muss zuerst die Einstehensgemeinschaft **feststellen**, bevor sie von dem*r Partner*in direkt Auskunft verlangen kann (LSG Bayern 29.5.2006 – L7 B 235/06 AS ER; VG Breisgau 8.4.2003 – 8 K 672/01). Dabei hat das Jobcenter darzulegen, warum es von einer Partnerschaft (→ Rn. 8) und einer Wohn- und Wirtschaftsgemeinschaft (→ Rn. 11 ff.) bzw. von den Kriterien, die eine gesetzliche Vermutung der Einstehensgemeinschaft (→ Rn. 18 ff.) erlauben, ausgeht (BSG 1.7.2009 – B 4 AS 78/08). Hierzu hat es den Sachverhalt von Amts wegen zu ermitteln und dabei alle Möglichkeiten auszuschöpfen.

68 Zur Feststellung der Einstehensgemeinschaft kann das Jobcenter den*die Partner*in / Mitbewohner*in nach § 12 Abs. 2

SGB X zur Überprüfung der Leistungsvoraussetzungen hinzuziehen und nach § 21 Abs. 2 SGB X verpflichten, Tatsachen und Beweismittel anzugeben. Außerdem kann der*die vermeintliche Partner*in vom Jobcenter auch als Zeuge*Zeugin vernommen werden (BSG 16.5.2007 – B 11b AS 37/06 B; LSG Baden-Württemberg 14.12.2017 – L 17 SO 1138/17, zit. nach Geiger 2022, 90).

69 Werden Auskünfte über die persönlichen Verhältnisse des*r Partners*Partnerin **nicht freiwillig** herausgegeben, muss das Jobcenter zur Durchsetzung der Auskunftspflicht die folgenden Voraussetzungen für ein nachvollziehbares Feststellungs- und Auskunftsverfahren erfüllen:

a) Das Rechtsverhältnis „Verantwortungs- und Einstehensgemeinschaft" muss unter Würdigung der maßgeblichen Hinweistatsachen und Tatbestandsvoraussetzungen von der Behörde durch einen widerspruchsfähigen Verwaltungsakt festgestellt werden.
b) Der*die hilfebedürftige Partner*in muss die Einwilligung erteilen, dass Auskünfte von dem*r nichthilfebedürftigen Partner*in eingeholt werden können. Diese Einwilligung kann im Rahmen der Mitwirkungspflicht (§§ 60 ff. SGB I) durch die Behörde eingefordert werden.
c) Die Auskunfts- und Mitwirkungspflicht des*der vermeintlich unterhaltspflichtigen Partners*Partnerin nach § 60 Abs. 4 S. 1 Nr. 1 SGB II muss durch einen Verwaltungsakt bekannt gemacht werden. Bei fortgesetzter Weigerung kann diese auf dem Weg der Verwaltungsvollstreckung durchgesetzt werden.
d) Kommt der*die zur Auskunft verpflichtete Partner*in der Aufforderung nicht nach, droht ihm*r ein **Bußgeld** bis zu 2.000 EUR (§ 63 Abs. 2 SGB II). Eine Ordnungswidrigkeit setzt jedoch ein vorsätzliches oder fahrlässiges Verhalten voraus.

70 Auch im Rahmen der Haushaltsgemeinschaft (→ 54) gibt es eine Auskunftspflicht, aber nur wenn *„unwiderlegt vermutet wird, dass Sie Leistungen zum Lebensunterhalt an andere Mitglieder der Haushaltsgemeinschaft erbringen"* (§ 117 Abs. 1 S. 3 SGB XII; ähnlich § 60 Abs. 2 SGB II iVm § 7 Abs. 3a SGB II). Das gilt bei Bürgergeld allerdings nur zwischen Verwandten und Verschwägerten. Zudem sind Sozialdaten zunächst immer bei dem*r jeweils Berechtigten zu erheben. Das heißt, auch wenn Sie „beantragende Person" im Sinne des § 38 SGB II sind, hat sich das Jobcenter bei der Erhebung der Daten immer an den*die jeweils Berechtigte*n zu wenden. Das nennt man „Direkterhebungsgrundsatz", so § 67a Abs. 2 S. 1 SGB X.

11. Versagung der Leistung aufgrund fehlender Mitwirkung

71 Wenn das Amt mit welcher Begründung auch immer **feststellt**, dass eine Einstehensgemeinschaft vorliegt und Sie auffordert, Nachweise über das Einkommen und Vermögen des*der vermeintlichen Partners*Partnerin einzureichen, können Sie möglicherweise diese Nachweise gar nicht erbringen. Vielleicht ist Ihr*e Partner*in / Mitbewohner*in der Ansicht, dass er*sie nicht gesetzlich zum Unterhalt und zur Offenlegung seiner*ihren persönlichen Verhältnisse verpflichtet ist. Wenn er*sie die geforderten Nachweise nicht freiwillig herausrückt, haben Sie keinen Zugang zu Dokumenten.

72 **Tipp:** Legen Sie gegenüber der Behörde schriftlich dar, dass Ihr*e Partner*in nicht bereit ist, Ihnen seine*ihre persönlichen Unterlagen zur Vorlage beim Amt auszuhändigen. Das kann auch als Indiz dafür gewertet werden, dass keine eheähnliche Gemeinschaft besteht.

73 Sie haben dann alles Mögliche getan, um Ihre Mitwirkungspflichten zu erfüllen. Die Behörde darf Ihnen dann nicht mit Verweis auf § 66 SGB I (Folgen fehlender Mitwirkung) Leistungen versagen (LSG Niedersachsen-Bremen 14.1.2008 – L 7 AS 772/07 ER).

Das Jobcenter muss also zunächst das Vorliegen einer eheähnlichen Gemeinschaft feststellen, um daraufhin die Auskunft direkt **bei dem*r Partner*in** einzuholen (LSG Bayern 29.5.2006 – L7 B 235/06 AS ER). Nähere Informationen finden Sie unter → Rn. 64 ff. oder dem Beitrag Mitwirkung (→ 79).

36 Eheähnliche Gemeinschaft (Einstehensgemeinschaft)

12. Hausbesuche

74 Hausbesuche (→ 53) tragen nicht dazu bei festzustellen, ob eine eheähnliche Gemeinschaft existiert, ob also auf Freiwilligkeit beruhende Unterstützungsleistungen tatsächlich gezahlt werden, die der gesetzlichen Unterhaltspflicht entsprechen (LSG Hessen 29.6.2005 – L 7 AS 1/05 ER und 21.7.2005 – L 7 AS 29/05 ER; SG Düsseldorf 22.4.2005 – S 35 AS 119/05 ER).
Sie sind ungeeignet, das Bestehen einer eheähnlichen Gemeinschaft zu belegen (SG Lüneburg 20.4.2006 – S 25 AS 385/06 ER; LSG Sachsen-Anhalt 22.4.2005 – L 2 B 9/05 AS ER).

Die Ablehnung eines Hausbesuchs darf folglich auch nicht als Eingeständnis einer eheähnlichen Gemeinschaft gewertet werden oder eine **Leistungsversagung** aufgrund fehlender Mitwirkung nach sich ziehen. Sie ist durch das Grundrecht der Unverletzlichkeit der Wohnung gedeckt (LSG Baden-Württemberg 22.1.2008 – L 7 AS 6003/07 ER-B; SG Lübeck 14.2.2008 – AS 106/08 ER).

75 **Tipp:** Wenn die Behörde Sie aber mit Nachweisverpflichtungen überzieht, weil Sie eine eheähnliche Gemeinschaft mit einem*r Mitbewohner*in vermutet, können Sie eine „Inaugenscheinnahme" ihrer Wohnung auch offensiv dazu nutzen, den Verdacht auszuräumen. Wenn die räumliche Aufteilung und getrennte Privatsphären in der Wohnung offensichtlich auf eine Wohngemeinschaft hindeuten, können Sie einen Hausbesuch zur Klärung einfordern. Vereinbaren Sie mit der Behörde einen Termin, ziehen Sie eine Person Ihres Vertrauens als Zeugen*Zeugin hinzu, nehmen Sie Einblick in das Prüfprotokoll und lassen Sie sich möglichst eine Kopie davon aushändigen. Was es dabei alles zu beachten gilt, lesen Sie unter dem Beitrag Hausbesuch (→ 53).

13. Ermittlungen durch Befragungen Dritter

76 Die Behörde darf ohne Ihr Einverständnis und ohne Ihr Wissen nicht bei Nachbar*innen, Freund*innen, Vermieter*innen usw Ermittlungen dazu anstellen, ob Sie in einer eheähnlichen Gemeinschaft leben (SG Düsseldorf 23.11.2005 – S 35 AS 343/05 ER).

Erfolgt dies dennoch, erheben Ermittler*innen unbefugt Sozialdaten (→ 32). Grundsätzlich sind Befragungen Dritter und verdeckte Ermittlungen durch Sozialdetektive rechtswidrig (OVG Thüringen 25.11.2010 – 8 KO 527/08).

77 Das LSG NRW sah eine Observation allerdings als zulässig an, wenn datenschutzrechtliche Vorgaben eingehalten und weniger belastende Maßnahmen keine belastbaren Erkenntnisse einbringen (8.6.2012 – L 12 AS 201/11 B ER, zit. nach Geiger 2022, 89).

14. Kritik

78 „Künftig muss es [für eine Einstandsgemeinschaft] genügen, wenn zwei zusammenleben und sich Bett und Schrank teilen", stellt sich Peter Clever, Mitglied der Hauptgeschäftsführung der Bundesvereinigung der Deutschen Arbeitgeberverbände (BDA), die eheähnliche Gemeinschaft der Zukunft vor (Focus Nr. 1/2006).

Aber: „Es sind mittlerweile viele Fälle bekannt, in denen Männer und Frauen über viele Jahre zusammenleben, ohne eine Not- und Einstehensgemeinschaft zu bilden. Während früher das Zusammenleben von Mann und Frau stets die Vermutung einer „Einstehensgemeinschaft" erlaubt haben mag, ist die Annahme von der gesellschaftlichen Realität nicht mehr gedeckt" (LSG Niedersachsen-Bremen 6.3.2006 – L 9 AS 89/06).

Der Standpunkt des Staates ist reaktionär, weil das seinem Interesse nützt: da er für Arbeitskräfte, die er aussortiert, nicht „unterhaltspflichtig" gemacht werden will, besteht das ökonomische Interesse, die Unterhaltspflichten der Lohnabhängigen untereinander maximal auszudehnen. Je weniger der Staat für Erwerbslose ausgibt, desto mehr können Gewinnsteuern gesenkt werden.

79 Zwar kennen die Urteile des Bundesverfassungsgerichts von 1992 und 2004 und das Bürgerliche Gesetzbuch keine Unterhaltspflicht für Nichtverheiratete, denn Unterhalt zwischen nicht verheirateten Paaren kann nur auf Freiwilligkeit beruhen. Um aber die Folgen der Arbeitslosigkeit auf die Lohnabhängigen verlagern zu können und den Bezug von Bürgergeld/Sozialhilfe so un-

bequem wie möglich zu machen, haben Bundesregierung und Bundestag die fehlende Unterhaltspflicht durch behördliche Leistungsverweigerung ersetzt, die den Unterhalt erzwingen soll. Das fördert Trennungen von Paaren und führt dazu, dass Paare erst gar nicht zusammenziehen.

80 Die Konstruktion der eheähnlichen Gemeinschaft richtet sich vor allem gegen Frauen. Sie werden rechtlos gestellt, indem sie und ihre Kinder auf einen Unterhaltsanspruch verwiesen werden, den sie gar nicht haben. Ein Grund für die Zunahme eheähnlicher Gemeinschaften ist der Umstand, dass Trennungen einfacher sind als bei Ehen und nicht mit gegenseitigen Unterhaltszahlungen belastet werden. Die Zunahme eheähnlicher Gemeinschaften ist eine indirekte Kritik an der jetzigen Form der Ehe. Auf drei Ehen, die geschlossen werden, kommt heute mehr als eine, die geschieden wird. 1960 gab es nur eine Scheidung auf zehn Ehen.

81 Eheähnliche Gemeinschaften sind trotz der Vorteile bei Scheidung im Allgemeinen nicht besser, sondern schlechter gestellt als Ehen.

1. Sie werden steuerlich als unverheiratet eingestuft. So etwas wie *„Ehegattensplitting"* gibt es bei eheähnlichen Gemeinschaften nicht. Die Summen, mit denen Bürgergeld-/Sozialhilfe-Partner*innen unterstützt werden, können bestenfalls steuerlich geltend gemacht werden.
2. Eheähnliche Partner*innen werden von der Krankenkasse nicht familienversichert, so dass zusätzliche Kosten für Krankenversicherung entstehen.
3. Eheähnliche Gemeinschaften stehen nicht wie die Ehe unter dem Schutz des Grundgesetzes. Sie profitieren demnach nicht von einer Vielzahl weiterer rechtlicher und materieller Privilegien und Schutznormen, die sich durch unser Rechtsystem ziehen.

Wer sich bewusst gegen die Institution „Ehe" und ihre Vorteile entscheidet oder sich bezüglich einer eingegangenen Bindung noch nicht sicher ist, darf auf der anderen Seite nicht mit Unterhaltspflichten überzogen werden, die sich einzig aus dem bürgerlich-rechtlichen Vertrag der Eheschließung ergeben.

15. Forderungen

82 Die Bundestagsabgeordneten, die dieses für Erwerbslose und Arme geltende Gesetz beschlossen haben, haben für sich selbst beschlossen, dass bei der Festsetzung ihrer Bezüge nicht geprüft werden darf, ob eine eheähnliche Gemeinschaft besteht (SZ 10./11.2005). Gleichstellung von Erwerbslosen und Armen mit Bundestagsabgeordneten!

37
Einkommen

1. Einkommen	1
1.1 Was gehört zum Einkommen?	2
1.1.1 Einnahmen in Geld	4
1.1.2 Einnahmen in Geldeswert	6
1.2 Pflicht, vorrangige Leistungen zu beantragen	12
1.3 Anrechenbares Einkommen	13
1.3.1 Unterhaltsansprüche	14
1.3.2 Künftiges Einkommen	15
1.3.3 Vermögenswirksame Leistungen (Arbeitgeberanteil)	17
1.3.4 Gepfändetes Einkommen	18
1.3.5 Titulierte bzw. notariell beurkundete Unterhaltszahlungen	19
1.3.6 Abgetretene Einkünfte	20
1.3.7 Einkommen, das Sie schon wieder ausgegeben haben	21
1.3.8 Einkommen, das Ihre Bank mit Kontoüberziehungen verrechnet	23
1.4 Einkommen nur anrechenbar, wenn es endgültig zur Verfügung steht	24
1.4.1 Darlehen	25
1.4.2 Ursprünglich bewilligte, aber später aufgehobene Sozialleistungen	26
1.4.3 Einkommen aus Straftaten	27
2. Was wird nicht als Einkommen angerechnet?	28
2.1 Leistungen nach SGX II/SGB XII selbst	29
2.2 Grundrenten	30
2.3 Renten und Beihilfen	31
2.4 Schmerzensgeld	32
2.5 Elterngeld/Mutterschaftsgeld	33
2.6 Leistungen von Stiftungen	34

2.7 Rentenerhöhungen aufgrund einer Kindererziehungsleistung .. 35
2.8 Zweckbestimmte Leistungen 36
  2.8.1 Aufwandsentschädigungen 38
  2.8.2 Aufwendungsersatz und Erziehungsbeitrag bei Pflegekindern 39
  2.8.3 Aufwendungen für Jugend- und Bundesfreiwilligendienst 41
  2.8.4 Entschädigung bei überlanger Dauer eines Gerichtsverfahrens 45
2.9 Zuwendungen der Wohlfahrtspflege 46
2.10 Zuwendungen anderer 47
2.11 Geschenke und Zuwendungen Dritter 49
2.12 Pflegegeld 50
2.13 Stiftungsmittel, freiwillige Werksbeihilfen von Betrieben usw 51
2.14 Einkommen aus „Ferienjobs" ... 52
2.15 Trinkgeldeinnahmen 54
2.16 Einnahmen bis 10 EUR monatlich 55
2.17 Einnahmen aus Kapitalvermögen 56
2.18 Geldgeschenke für Minderjährige 57
3. Laufende oder einmalige Einnahmen .. 58
  3.1 Laufende Einnahmen 59
  3.2 Einmalige Einnahmen 64
  3.3 Einmaliges Einkommen vorzeitig verbraucht – Neuantrag vor Ablauf der Sechsmonatsfrist 78
  3.4 Einmaliges Einkommen trifft laufendes Einkommen 85
4. Abgrenzung Einkommen und Vermögen 87
5. Einkommen und Vermögen in einer „gemischten" Bedarfsgemeinschaft ... 93
6. Datenabgleich 94

1. Einkommen

1 Einkommen und Vermögen (→ 119) werden angerechnet, wenn Sie Bürgergeld oder HzL/GSi der Sozialhilfe beziehen wollen (§ 9 Abs. 1 SGB II, § 19 Abs. 1, 2 SGB XII). Einkommen darf nur angerechnet werden,

- wenn es um notwendige Ausgaben bereinigt worden ist (→ 38) und
- wenn es tatsächlich vorhanden ist und Sie darüber **verfügen** können (→ Rn. 13 ff.).

1.1 Was gehört zum Einkommen?

2 **Bis zum 31.7.2016** gab es beim damaligen Alg II und HzL/Gsi der Sozialhilfe bei der Bewertung von Einkommen einheitliche Maßstäbe:

Zum Einkommen gehörten „Einnahmen" bzw. „alle Einkünfte" „in Geld oder Geldeswert" (§ 11 Abs. 1 S. 1 SGB II aF, § 82 Abs. 1 SGB XII).

3 Mit dem Neunten SGB II-Änderungsgesetz wurde mit Wirkung zum **1.8.2016** der Einkommensbegriff beim **Alg II** und jetzt beim **Bürgergeld** eingeschränkt: „Als Einkommen zu berücksichtigen sind Einnahmen in Geld" (§ 11 Abs. 1 S. 1 SGB II). Das ist eine Verbesserung, weil Sacheinnahmen, „Einnahmen in Geldeswert", in gewissem Umfang von der Anrechnung freigestellt werden. Angerechnet werden nach der neuen Regelung allerdings „Einnahmen in Geldeswert, die im Rahmen einer Erwerbstätigkeit des Bundesfreiwilligendienstes oder des Jugendfreiwilligendienstes zufließen" (§ 11 Abs. 1 S. 2 SGB II). Es muss demnach bei „Einnahmen in Geldeswert" genauer zwischen Bürgergeld und Sozialhilfe unterschieden werden.

1.1.1 Einnahmen in Geld

4 Einnahmen in Geld sind Zuflüsse von Zahlungsmitteln (Bargeld) und Zuflüsse, die zu unmittelbaren Einnahmen in Geld führen (Kontogutschriften). Dazu können auch Schecks gehören. Damit ist eine Einnahme in Geld idR alles, was an Geld zufließt und zum Lebensunterhalt zur Verfügung steht. Der Begriff des Einkommens ist aber kompliziert. Zunächst kann ein Zufluss Einkommen oder Vermögen sein (zur Abgrenzung von Einkommen und Vermögen → Rn. 87 ff.); ist es Einkommen, muss es auch verfügbar sein (→ Rn. 13 ff.) und der betroffenen Person endgültig zustehen (→ Rn. 24). Ist diese Frage geklärt, muss geprüft werden, ob es ausnahmsweise nicht angerechnet wird (→ Rn. 28 ff.), ob und welche Abzüge vorgenommen werden können (→ 38) und ob es als laufende oder einmalige Einnahme zu berücksichtigen ist (→ Rn. 58 ff.).

5 In diesem Sinne gehören idR zu den Einnahmen in Geld
- Einkommen aus nichtselbstständiger Erwerbstätigkeit (→ 47), aus selbstständiger (→ 104) Tätigkeit,
- Kurzarbeitergeld (wird wie Einkommen aus Erwerbstätigkeit behandelt, also mit Abzug des Erwerbstätigenfreibetrags; BSG 14.3.2012 – B 14 AS 18/11 R),
- Insolvenzgeld (wird wie Einkommen aus Erwerbstätigkeit behandelt; BSG 13.5.2009 – B 4 AS 29/08 R),
- Arbeitslosengeld I (Alg I),
- Krankengeld (BSG 27.9.2011 – B 4 AS 180/10 R), Krankenhaustagegeld (BSG 18.1.2011 – B 4 AS 90/10 R),
- Renten, einschließlich Verletztenrente nach § 56 SGB VII; sind in vollem Umfang als Einkommen zu rechnen (BSG 5.9.2007 – B 11 AS 15/06 R; vgl. zu nicht anrechenbaren Grundrenten → Rn. 30),
- Zinsen und andere Kapitalerträge (soweit sie die Freibeträge übersteigen),
- Kindergeld (→ 61),
- Unterhaltsvorschuss (→ 116) bzw. Unterhaltszahlungen,
- BAföG, Bundesausbildungsbeihilfe (BAB) und Reisekosten zur Teilhabe am Arbeitsleben nach § 127 Abs. 1 S. 1 SGB III (§ 11a Abs. 3 Nr. 3–5 SGB II),
- Überbrückungsgeld (§ 11a Abs. 6 SGB II) nach der Haftentlassung von Strafgefangenen (→ 108 Rn. 46 ff.),
- Wohngeld (→ 127), sofern Sie es erhalten usw.

1.1.2 Einnahmen in Geldeswert

6 **Im Bürgergeld** gilt:

Einnahmen in Geldeswert sind Zuflüsse, die einen Marktwert haben (BSG 17.6.2010 – B 14 AS 46/09 R). Bei Sachbezügen wie Kost und Logis, zB einem Sonntagsbraten bei den Eltern, Krankenhausverpflegung usw oder Geschenken (→ Rn. 49) wurde beim Alg II schon vor der Gesetzesänderung meist ein Auge zugedrückt. Vieles wurde anrechnungsfrei gestellt.

7 Seit 1.8.2016 müssen **Sacheinnahmen** unterschiedlich bewertet werden, je nachdem, ob sie „*im Rahmen einer Erwerbstätigkeit, des Bundesfreiwilligendienstes oder des Jugendfreiwilligendienstes zufließen*" (§ 11 Abs. 1 S. 2 SGB II) oder nicht.

Fließen Sacheinnahmen nicht im Rahmen einer beruflichen Tätigkeit zu, wird ihr Wert im Zuflussmonat nicht mehr als Einkommen angerechnet und sie werden wie Vermögen (→ 119) behandelt. Solche Sachbezüge sind im Rahmen des Schonvermögens anrechnungsfrei zu stellen. Das gilt beispielsweise für
- ein angemessenes Kfz als Geschenk/Erbe eines*r Verwandten (LSG Sachsen-Anhalt 26.8.2015 – L 4 AS 83/14),
- eine angemessene selbstgenutzte Eigentumswohnung als Geschenk/Erbe der Eltern,
- ein Sportfahrrad als Geschenk eines*r Freundes*Freundin, der*die es nicht mehr benötigt oder
- eine Waschmaschine als Geschenk von Bekannten, weil die alte kaputt gegangen ist.

Zur Anrechnung einer geldwerten Einnahme als Vermögen schauen Sie unter dem entsprechenden Beitrag (→ 119).

8 Die Anrechnung von Sacheinnahmen bereitete Jobcentern in der Vergangenheit viel Mühe, da es oft schwierig und aufwendig ist, den Verkehrswert einer Einnahme in Geldeswert zu ermitteln. Die Nichtberücksichtigung von Sacheinnahmen als Einkommen entspricht der Lebenswelt von Leistungsberechtigten und ist als Maßnahme zum Bürokratieabbau zu begrüßen. Schade nur, dass diese „Rechtsvereinfachung" nicht auch für die HzL und Gsi der Sozialhilfe gilt.

9 Die Bewertung der im Zusammenhang mit einer beruflichen Beschäftigung entstehenden geldwerten Einnahmen (zB bereitgestellte Verpflegung, Mobiltelefone, Kfz-Nutzung) erfolgt gem. § 2 Abs. 5, 6 Bürgergeld-V (vgl. dazu BSG 5.8.2021 – B 4 AS 83/20 R). Für die Vollverpflegung am Arbeitsplatz wird täglich ein Prozent des maßgebenden Regelbedarfs (5,02 EUR) angesetzt, wobei für das Frühstück ein Anteil von 20 Prozent (ca. 1,00 EUR) und für das Mittag- und Abendessen ein Anteil von je 40 Prozent (ca. 2,01 EUR) entfallen (§ 2 Abs. 5 Bürgergeld-V). Sonstige geldwerte Einnahmen werden mit dem Verkehrswert bewertet (§ 2 Abs. 6 Bürgergeld-V).

10 **Tipp:** Sie müssen sich ggf. mit dem Jobcenter über die Bewertung nicht näher definierter Sachbezüge beim Bürgergeld auseinandersetzen. Verlangen Sie immer einen nachvollziehbaren Beleg, wie ein Sachwert bemessen wurde.

11 In der HzL/Gsi der Sozialhilfe gilt: Die Bewertung von Sachbezügen wird auf der Grundlage der Sozialversicherungsentgeltverordnung (SvEV; vgl. § 17 Abs. 1 S. 1 Nr. 4 SGB IV) vorgenommen (§ 2 der VO zu § 82 SGB XII).

1.2 Pflicht, vorrangige Leistungen zu beantragen

12 Unter den Voraussetzungen des § 12a S. 1 SGB II sind Leistungsberechtigte verpflichtet, Sozialleistungen anderer Träger in Anspruch zu nehmen. Das Jobcenter kann auch an Ihrer Stelle den Antrag stellen (§ 5 Abs. 3 S. 3 SGB II). Die Pflicht, nach Vollendung des 63. Lebensjahres eine Altersrente vorzeitig in Anspruch zu nehmen (vgl. § 12a S. 2 Nr. 1 SGB II), ist seit dem 1.1.2023 für die Zeit bis zum 31.12.2026 ausgesetzt (§ 12a S. 3 SGB II; → 91 Rn. 20); in dieser Zeit soll ermittelt werden, ob die Aussetzung der Pflicht – wie vom Gesetzgeber erhofft – auch den Effekt hat, dass Personen dem Arbeitsmarkt für eine längere Zeit zur Verfügung stehen (vgl. BT-Drs. 20/3873, 82). Hat Sie das Jobcenter vor dem 1.1.2023 zur Beantragung einer solchen Rente aufgefordert, darf es den Rentenantrag bei dem Rentenversicherungsträger nach dem 31.12.2022 nicht stellen (§ 65 Abs. 2 SGB II). Wohngeld und Kinderzuschlag müssen Sie nur beantragen, wenn dadurch die Hilfebedürftigkeit aller Mitglieder der Bedarfsgemeinschaft für mindestens drei Monate beseitigt wird (§ 12a S. 2 Nr. 2 SGB II).

Wirken Sie im Rahmen der Antragstellung gegenüber dem anderen Sozialleistungsträger nicht mit, kann Ihnen auch die Leistung nach dem SGB II entzogen werden (§ 5 Abs. 3 S. 3 SGB II); dies gilt aber nur, wenn Sie zuvor schriftlich auf die Folgen hingewiesen worden sind (§ 5 Abs. 3 S. 4 SGB II). Für die Jobcenter ist die Vorschrift nur schwer anwendbar, weil bei der Aufforderung zahlreiche Voraussetzungen zu beachten sind (vgl. dazu SG Duisburg 12.2.2019 – S 49 AS 5042/18 ER).

1.3 Anrechenbares Einkommen

13 Einkommen ist nur anrechenbar, wenn es tatsächlich als „bereites Mittel" zur Verfügung steht. Damit darf nicht auf „fiktives" Einkommen verwiesen werden (BSG 12.12.2013 – B 14 AS 76/12 R); Besonderheiten gelten allerdings beim **Einmaleinkommen** (→ Rn. 21 f., → Rn. 64 ff.).

1.3.1 Unterhaltsansprüche

14 Unterhaltsansprüche sind nur Einkommen, wenn der Unterhalt tatsächlich gezahlt wird (LSG Rheinland-Pfalz 23.4.2009 – L 5 AS 81/07). Das Gleiche gilt für Kindergeld (→ 61). Steht es nicht zur Verfügung, darf es nicht angerechnet werden (SG Berlin 11.10.2019 – S 37 AS 6694/19).

1.3.2 Künftiges Einkommen

15 Wenn Einkommen erst **in einigen Tagen oder Wochen** zufließt, darf Ihnen Bürgergeld/ Sozialhilfe nicht mit der Begründung verweigert werden, dass Sie doch Einkommen zu erwarten hätten; fließt das Einkommen aber voraussichtlich in dem laufenden Monat zu, kann unter den Voraussetzungen des § 24 Abs. 4 S. 1 SGB II ein Darlehen (→ 30) gewährt werden (vgl. LSG Schleswig-Holstein 19.1.2016 – L 7 R 181/15). Für diesen Fall trifft § 40 Abs. 10 SGB II eine Sonderregelung: Sie müssen das Darlehen nicht sofort in voller Höhe erstatten, wenn das Erwerbseinkommen zufließt, sondern sind verpflichtet, es in Höhe von 10 Prozent bzw. ab 1.7.2023 iHv 5 Prozent des maßgebenden Regelbedarfs (bei einem Regelbedarf in Höhe von 502,00 EUR also in Höhe von 50,20 EUR bzw. 25,10 EUR monatlich) zu zahlen. Damit soll erreicht werden, dass nicht sofort wieder alle Geldmittel für das Jobcenter eingesetzt werden müssen, sondern dass die Rückzahlung gestreckt wird (vgl. BT-Drs. 20/4360, 36). Werden Sie wieder hilfebedürftig, weil Sie die Arbeit verloren haben, richtet sich die Erstattung des Darlehens für das erste Arbeitseinkommen nach § 43 SGB II (→ 12).

16 **Beispiel:** Wenn Sie zum 1. Juni eine Arbeit aufnehmen und am 5. Juli die erste

Lohnzahlung bekommen, muss Bürgergeld im Juni weitergezahlt werden. Der Lohn kann erst im Juli auf Ihren Bedarf angerechnet werden (FW 11.5).

1.3.3 Vermögenswirksame Leistungen (Arbeitgeberanteil)

17 Vermögenswirksame Leistungen sind zweckbestimmte Einnahmen und kein Einkommen (FW 11.23), weil sie nicht ausgezahlt werden und damit nicht zur Deckung des Bedarfs bereitstehen.

1.3.4 Gepfändetes Einkommen

18 Gepfändetes Einkommen ist kein Einkommen, da es nicht verfügbar ist (Pfändung, → 85). Dies soll aber nur gelten, wenn die Pfändung „aus Rechtsgründen überhaupt nicht oder nicht ohne Weiteres" rückgängig gemacht werden kann (BSG 10.5.2011 – B 4 KG 1/10 R); dazu trifft das Jobcenter aber eine Beratungspflicht (vgl. zur Durchsetzung von Ansprüchen gegen Vermieter*innen: BSG 16.5.2012 – B 4 AS 132/11 R).

1.3.5 Titulierte bzw. notariell beurkundete Unterhaltszahlungen

19 Titulierte bzw. notariell beurkundete Unterhaltszahlungen sind vom Einkommen abzusetzen (§ 11b Abs. 1 Nr. 7 SGB II). Das dafür verwendete Einkommen ist nicht verfügbar. Zwingende Voraussetzung ist aber, dass es einen Titel oder eine notarielle Urkunde gibt (die Jugendämter können eine solche Urkunde gem. § 59 Abs. 1 S. 1 Nr. 3, 4 SGB VIII, § 60 SGB VIII kostenfrei erstellen) (BSG 9.11.2010 – B 4 AS 78/10 R).

1.3.6 Abgetretene Einkünfte

20 Abgetretene Einkünfte (zB Steuerrückzahlungen), die Sie an Gläubiger schon längere Zeit (mind. sechs Monate) **vor** Beginn des Leistungsbezuges wirksam abgetreten haben, sind nicht verfügbar und dürfen nicht angerechnet werden (vgl. dazu etwa LSG Baden-Württemberg 20.5.2020 – L 3 AS 227/20).

1.3.7 Einkommen, das Sie schon wieder ausgegeben haben

21 Nach altem Recht musste das Jobcenter die Zahlung wieder aufnehmen, wenn Einkommen vorzeitig verbraucht wurde, zB mit einer Steuerzahlung Schulden zurückgezahlt wurden; es kam dann ein Ersatzanspruch wegen sozialwidrigen Verhaltens in Betracht (BSG 29.11.2012 – B 14 AS 33/12 R; → 92 Rn. 50 ff.).

22 Seit dem 1.1.2017 gilt aber die **Sonderregel** des § 24 Abs. 4 S. 2 SGB II: Wird eine einmalige Einnahme vorzeitig (vor dem in § 11 Abs. 3 S. 4 SGB II aF bzw. ab 1.7.2023 in § 11 Abs. 3 SGB II geregelten Verteilzeitraum) verbraucht, kommt nur noch die Gewährung eines **Darlehens** in Betracht.

1.3.8 Einkommen, das Ihre Bank mit Kontoüberziehungen verrechnet

23 Einkommen, das Ihre Bank mit Kontoüberziehungen verrechnet, stellt im ersten Monat der Einkommensberücksichtigung einen Zufluss im Sinne eines wertmäßigen Zuwachses dar. Hätte es dagegen (als Einmaleinkommen, → Rn. 64 ff.) auf mehrere Monate verteilt werden müssen, ist es aber durch die Verrechnung „untergegangen", kann es nicht mehr als „bereites Mittel" angesehen werden; die leistungsberechtigte Person muss auch nicht erneut einen Dispositionskredit in Anspruch nehmen, um ihren Bedarf zu decken (BSG 24.6.2020 – B 4 AS 9/20 R). Für die Zeit ab 1.7.2023 gelten die Regelungen über das Einmaleinkommen nur noch sehr eingeschränkt, so dass eine Verteilung des Einkommens nur noch ausnahmsweise in Betracht kommt.

1.4 Einkommen nur anrechenbar, wenn es endgültig zur Verfügung steht

24 Das Einkommen muss der leistungsberechtigten Person auch endgültig zur Verfügung stehen (→ Rn. 13; BSG 17.6.2010 – B 4 AS 46/09 R).

1.4.1 Darlehen

25 Einnahmen aus einem zivilrechtlichen Darlehen muss die leistungsberechtigte Person zurückzahlen, weshalb sie nicht als Einkommen angerechnet werden können. Um zu ermitteln, ob ein Darlehen oder eine Schenkung vorliegen, prüfen die Jobcenter intensiv, ob der Darlehensvertrag wirksam ist (BSG 8.12.2020 – B 4 AS 30/20 R; BSG

17.6.2010 – B 4 AS 46/09 R). Dagegen sind darlehensweise gewährte Sozialleistungen gem. § 11 Abs. 1 S. 3 SGB II anzurechnen, soweit sie dem Lebensunterhalt dienen.

1.4.2 Ursprünglich bewilligte, aber später aufgehobene Sozialleistungen

26 Wird die Bewilligung von Sozialleistungen (Alg I, Kindergeld), die auf den Bedarf angerechnet wurden, später aufgehoben, bleiben sie anzurechnendes Einkommen; nach der Rechtsprechung entsteht die Rückzahlungspflicht mit dem Aufhebungsbescheid (BSG 23.8.2011 – B 14 AS 165/10 R). In diesen Fällen kann nur ein Erlassantrag bei dem Träger der anderen Sozialleistung (zB nach § 227 AO, § 76 SGB IV) gestellt werden.

1.4.3 Einkommen aus Straftaten

27 Es ist umstritten, ob Einkommen aus Straftaten bedarfsmindernd angerechnet werden. Teilweise wird dies verneint mit der Begründung, das Opfer habe einen Anspruch auf Rückzahlung (BSG 6.4.2000 – B 11 AL 31/99 R; LSG Berlin-Brandenburg 9.1.2017 – L 23 SO 327/16 B ER). Teilweise wird die Ansicht vertreten, dass das Einkommen in jedem Fall angerechnet werden muss, weil es tatsächlich zur Bedarfsdeckung zur Verfügung stand (SG Duisburg 29.5.2020 – S 49 AS 3304/16). Das Einkommen sollte jedenfalls dann nicht angerechnet werden, wenn es dazu verwendet wird, das Opfer zu entschädigen.

2. Was wird nicht als Einkommen angerechnet?

28 § 11a SGB II, § 1 Bürgergeld-V, § 82 Abs. 1 SGB XII regeln, welche Leistungen nicht als Einkommen angerechnet werden können. Daneben ist § 11 Abs. 1 S. 1 SGB II zu beachten, wonach Einnahmen nicht berücksichtigt werden, „die nach anderen Vorschriften nicht als Einkommen im Sinne dieses Buches zu berücksichtigen sind". Mit dieser für die Zeit ab 1.7.2023 geltenden Regelung wird klargestellt, dass das spezialgesetzlich geregelte Berücksichtigungsverbot etwa für Leistungen der Pflegeversicherung (§ 13 Abs. 5 SGB XI) oder nach dem Contergan-stiftungsgesetz (§ 18 Abs. 1 ContStiftG) auch im Rahmen des SGB II gilt.

2.1 Leistungen nach SGX II/SGB XII selbst

29 „Leistungen nach diesem Buch" (§ 11a Abs. 1 S. 1 Nr. 1 SGB II, § 82 Abs. 1 S. 1 SGB XII) werden nicht angerechnet. Die Berücksichtigung solcher Leistungen im Rahmen der Bedarfsdeckung wäre sinnlos. Zu Leistungen nach diesem Buch gehören alle existenzsichernden Leistungen (laufende Leistungen, Nachzahlungen von Leistungen) nach dem SGB II, dem SGB XII und dem AsylbLG (BSG 25.6.2015 – B 14 AS 17/14 R; BSG 25.10.2017 – B 14 AS 35/16 R; BSG 9.6.2011 – B 8 SO 20/09 R).

2.2 Grundrenten

30 Nicht als Einkommen angerechnet werden Grundrenten nach dem **Bundesversorgungsgesetz** (BVG; ab 1.1.2024 SGB XIV) und nach Gesetzen, die eine entsprechende Anwendung des BVG vorsehen (zB Grundrenten für Contergangeschädigte, Wehrdienst- oder Zivildienstopfer, Impfgeschädigte, Opfer von Gewalttaten usw; § 11a Abs. 1 Nr. 2 SGB II). Kommt aufgrund des Bezugs einer **Verletztenrente** der Anspruch auf eine Grundrente zum Ruhen, ist diese in Höhe der Grundrente anrechnungsfrei zu stellen (BSG 29.4.2015 – B 14 AS 10/14 R). Demzufolge ist auch bei Bürgergeld und GSi der Sozialhilfe neuerdings Verletztenrente, die Wehrdienstleistende der ehemaligen Nationalen Volksarmee beziehen, bis zur Höhe der entsprechenden Grundrente nach dem BVG anrechnungsfrei zu stellen (§ 1 Abs. 3 Bürgergeld-V, § 43 Abs. 3 SGB XII; Bundeswehrangehörige erhalten anstelle der Verletztenrente eine Grundrente).

2.3 Renten und Beihilfen

31 Nicht angerechnet werden Renten und Beihilfen nach dem **Bundesentschädigungsgesetz für Opfer der Nazis** (BEG) bis zur Höhe der Grundrente, genauso Entschädigungsrenten nach dem Gesetz über Entschädigung für NS-Opfer der ehemaligen DDR (§ 11a Abs. 1 Nr. 3 SGB II; FW 11.80; § 82 Abs. 1 S. 1 SGB XII).

2.4 Schmerzensgeld

32 Auch andere **Entschädigungen** *"wegen eines Schadens, der kein Vermögensschaden ist"*, sind anrechnungsfrei (§ 11a Abs. 2 SGB II, § 83 Abs. 2 SGB XII). Hierunter fallen zB auch Ausgleichszahlungen, die Bürgergeld-Berechtigte wegen einer Diskriminierung im Rahmen eines Bewerbungsverfahrens erhalten (BSG 22.8.2012 – B 14 AS 164/11 R). Angespartes Schmerzensgeld ist auch als Vermögen (→ 119) geschützt. Erzielen Sie aber mit angespartem Schmerzensgeld (→ 98) Zinsen, sind diese als Einkommen anzurechnen (BSG 22.8.2012 – B 14 AS 103/11 R). Schauen Sie zur Behandlung des Entschädigungsanspruchs bei überlanger Verfahrensdauer eines Gerichtsverfahrens gem. § 198 GVG unter → Rn. 45.

2.5 Elterngeld/Mutterschaftsgeld

33 **Elterngeld/Mutterschaftsgeld** wird seit Januar 2011 als Einkommen **angerechnet**; die teilweise Anrechnungsfreiheit gegenüber Sozialleistungen, deren Zahlung von anderen Einkommen abhängig ist (§ 10 Abs. 1 BEEG), gilt nicht für Leistungen nach dem SGB II und dem SGB XII (§ 10 Abs. 5 BEEG). Dagegen ist das Mutterschaftsgeld gem. § 11 Abs. 1 Nr. 7 SGB II (ab 1.7.2023) bzw. gem. § 82 Abs. 1 S. 2 Nr. 5 SGB XII (seit 1.1.2023) anrechnungsfrei.

2.6 Leistungen von Stiftungen

34 Für Stiftungsleistungen von zB *"Mutter und Kind"* bzw. *"Familie in Not"* schauen Sie unter dem Beitrag Schwangerschaft (→ 101).

2.7 Rentenerhöhungen aufgrund einer Kindererziehungsleistung

35 Rentenerhöhungen aufgrund einer Kindererziehungsleistung für Frauen der Jahrgänge 1921 (West) bzw. 1927 (Ost) und älter sind für jedes Kind in Höhe des zweifachen aktuellen Rentenwerts bei Sozialhilfeleistungen anrechnungsfrei zu stellen (§§ 294 ff. SGB VI). Seit 1.7.2016 sind das mtl. 62,06 EUR (West) und 59,38 EUR (Ost).

Frauen der Geburtsjahrgänge nach 1921 werden dadurch nicht benachteiligt (LSG Berlin-Brandenburg 15.1.2010 – L 23 SO 68/09).

2.8 Zweckbestimmte Leistungen

36 Zweckbestimmte Leistungen, die einem anderen Zweck als Bürgergeld/Sozialhilfe dienen, sind kein Einkommen (§ 11a Abs. 3 S. 1 SGB II, § 83 Abs. 1 SGB XII).

37 **Zum Beispiel:** Arbeitnehmersparzulage, Arbeitsförderungsgeld in einer Werkstatt für Behinderte (WfbM) (§ 59 Abs. 2 SGB IX), Anpassungshilfe an ältere landwirtschaftliche Arbeitnehmende aus Mitteln der Gemeinschaftsaufgabe „Verbesserung der Agrarstruktur und des Küstenschutzes", Begrüßungsgelder für Neugeborene (auch Geburtshilfe für türkische Staatsbürger*innen), Blindenführhundleistungen.

2.8.1 Aufwandsentschädigungen

38 Aufwandsentschädigungen für Ehrenamtliche gehören zwar seit 2011 zum Einkommen, sind aber nach besonderen Regeln zu bereinigen (→ 47 Rn. 39 ff.).

2.8.2 Aufwendungsersatz und Erziehungsbeitrag bei Pflegekindern

39 Das Pflegegeld für die **Vollzeitpflege** (§ 39 SGB VIII) besteht aus einem **Aufwendungsersatz** für den notwendigen Lebensunterhalt des Kindes und einem **Erziehungsbeitrag**. Die Höhe des Erziehungsbeitrags variiert je nach Betreuungsaufwand und soll die *„Kosten der Erziehung"* abdecken.

Der Aufwendungsersatz zählt nicht als Einkommen von Pflegeeltern der Vollzeitpflege. Der Erziehungsbeitrag für das erste und zweite Pflegekind zählt ebenfalls nicht. Beim dritten Pflegekind werden 75 Prozent und ab dem vierten Pflegekind 100 Prozent des Erziehungsbeitrages als Einkommen angerechnet (§ 11a Abs. 3 Nr. 1 SGB II; FW 11.90 ff.).

40 **Aber:** Leistungen nach § 23 SGB VIII für die Kindertagespflege sind gem. § 11a Abs. 1 S. 2 SGB II als Einkommen zu berücksichtigen (FW 11.94). Sie können nach § 3 Bürgergeld-V und § 11b SGB II bereinigt werden (→ 104; → 38).

2.8.3 Aufwendungen für Jugend- und Bundesfreiwilligendienst

41 Für das **Bürgergeld** ist geregelt:

Rechtslage bis 30.6.2023: Taschengeld für Absolvierende des Freiwilligen Sozialen Jahrs (FSJ) und des Bundesfreiwilligendienstes (sog. „Bufdis"), wird bis zum 30.6.2023 für unter 25-Jährige und über 25-Jährige in identischer Art als Einkommen angerechnet. Es ist bis **250 EUR** anrechnungsfrei (§ 11b Abs. 2 S. 6 SGB II). Etwaige drüber gehende Beträge sind **ohne** Erwerbstätigenfreibetrag anzurechnen, da diese Freiwilligendienste „ohne Erwerbsabsicht" durchgeführt würden (§ 2 Nr. 2 lit. a, b BFDG, § 2 Abs. 1 Nr. 1 JFDG). Das hat zur Rechtsfolge, dass überschüssige Beträge eben nicht um einen weiteren Erwerbstätigenfreibetrag zu bereinigen sind.

42 **Rechtslage ab 1. Juli 2023:**

Hier muss jetzt in **zwei Gruppen** differenziert werden. In Bezug auf die unter 25-Jährigen beläuft sich der Grundfreibetrag auf den „Betrag nach § 8 Abs. 1a SGB IV", das sind aktuell **520 EUR** (§ 11b Abs. 2a S. 1 SGB II). Für die über 25-Jährigen sollen ab 1.7.2023 250 EUR monatlich anrechnungsfrei bleiben (§ 11b Abs. 2b S. 2 SGB II), weil mit BT-Drs. 20/6442 vom 19.4.2023 dahingehend das Gesetz geändert werden soll.

43 **Tipp:** Hier ist es sinnvoll, nach Erscheinen dieses Leitfadens in das Gesetz zu schauen, denn es ist davon auszugehen, dass das Gesetz dahin gehend noch geändert werden wird

44 In der **HzL/Gsi** gilt:

Hier gilt seit 1.1.2023 für die unter 25-Jährigen ein Freibetrag von derzeit 520 EUR (§ 82 Abs. 1 Nr. 7 SGB XII) und für die über 25-Jährigen ein Freibetrag von 250 EUR (§ 82 Abs. 2 S. 2 SGB XII).

Näheres dazu finden Sie im Beitrag Erwerbstätige (→ 47 Rn. 44 ff.).

2.8.4 Entschädigung bei überlanger Dauer eines Gerichtsverfahrens

45 Die Entschädigung bei überlanger Dauer eines Gerichtsverfahrens gem. § 198 GVG ist gem. § 11a Abs. 3 SGB II anrechnungsfrei.

Das BSG stuft § 198 GVG als öffentlichrechtliche Vorschrift im Sinne des § 11a Abs. 3 SGB II ein, wobei die Entschädigung zu einem ausdrücklich genannten Zweck (Wiedergutmachung immaterieller Nachteile durch die unangemessene Dauer eines Gerichtsverfahrens) gewährt wird (BSG 11.11.2021 – B 14 AS 15/20 R).

2.9 Zuwendungen der Wohlfahrtspflege

46 Zuwendungen der Wohlfahrtspflege sind anrechnungsfrei, *„soweit sie die Lage der Hilfeempfänger nicht so günstig beeinflussen, dass daneben Leistungen nach diesem Buch nicht gerechtfertigt wären"* (§ 11a Abs. 4 SGB II, entsprechend § 84 Abs. 1 SGB XII). Darunter fallen auch Zuwendungen von Sozialvereinen ebenso von „**Tafeln**", **und zwar unabhängig davon**, ob sie einem Wohlfahrtsverband angeschlossen sind oder nicht. Auch sie ergänzen Bürgergeld-/Sozialhilfeleistungen und ersetzen sie nicht. Dazu gehören auch Motivationsprämien der freien Wohlfahrtspflege (BSG 28.2.2013 – B 8 SO 12/12 R).

In welcher Höhe die Zuwendungen anrechnungsfrei zu stellen sind, ist eine Frage des Einzelfalls; dazu ist die Situation des*r Beziehenden von Leistungen nach § 11a Abs. 4 SGB II mit der Situation anderer leistungsberechtigter Personen nach dem SGB II in ähnlicher Situation zu vergleichen (BSG 17.9.2020 – B 4 AS 3/20 R).

2.10 Zuwendungen anderer

47 Zuwendungen anderer, ohne dass diese eine rechtliche oder sittliche Zuwendungspflicht haben, sollen nicht angerechnet werden, soweit dies eine besondere Härte wäre (§ 84 Abs. 2 SGB XII, entsprechend § 11a Abs. 5 Nr. 1 SGB II). Hier wird bei der „Gerechtfertigkeit" der Anrechnung auf die Umstände des Einzelfalls abgestellt; entsprechend der Zuwendungen der Wohlfahrtspflege (→ Rn. 46). Die Bestimmung stellt darauf ab, dass der Dritte die Leistung **aus freien Stücken** (zB aus Mitleid) erbringt. Indizien hierfür sind das Fehlen von Vereinbarungen und die Ungewissheit der Weitergewährung in der Zukunft (Hauck/Noftz SGB II § 11b Rn. 282). Ein allgemeines sittliches Gebot, in

Not Geratenen zu helfen, ist auch unter Verwandten nicht privilegierungsschädlich (LSG Bayern 12.7.1989 – L 8 AL 280/87), entsprechende Zuwendungen werden also nicht angerechnet. Eine berücksichtigungsfreie freiwillige Zuwendung kann beispielsweise anzunehmen sein, wenn eine Mutter ihre arbeitslose, nicht unterhaltsberechtigte Tochter unterstützt (SG Hamburg 8.11 1990 – 13 Ar 117/90) oder wenn eine sozialhilfebedürftige Mutter Kost und Logis gewährt (LSG Niedersachsen-Bremen 22. 6. 1999 – L 7 AL 251/98). Beide Urteile in Bezug auf Arbeitslosenhilfe müssten auch im SGB II so anzuwenden sein (Hauck/Noftz SGB II § 11b Rn. 285). Demnach sind anrechnungsfrei etwa Trinkgelder (SG Karlsruhe 30.3.2016 – S 4 AS 2297/15; siehe aber → Rn. 54) oder Taschengeld von Großeltern (BT-Drs. 17/3404, 95).

48 **Weitere Beispiele:** Gesellschaftliche Preise zur Ehrung von Zivilcourage, Ehrengaben aus öffentlichen Mitteln (Altersjubiläum, Lebensrettung), Spenden aus Tombolas für bedürftige Menschen (insbesondere in der Vorweihnachtszeit), Entschädigungen für Blut-/Plasmaspendende, Leistungen aus Härtefonds für NS-Verfolgte, Zuwendungen aus dem Fonds Heimerziehung (alle Angaben: FW 11.102).

2.11 Geschenke und Zuwendungen Dritter

49 Anrechnungsfrei sind auch Geschenke und Zuwendungen Dritter, die ohne „eine rechtliche oder sittliche Pflicht" erbracht werden, *„soweit sie die Lage der Hilfeempfänger nicht so günstig beeinflussen, dass daneben Leistungen nach diesem Buch nicht gerechtfertigt wären"* (§ 11a Abs. 5 Nr. 2 SGB II; FW 11.102 ff.; entsprechend § 84 Abs. 2 SGB XII).

Als Beispiele werden genannt: *„gesellschaftliche Preise zur Ehrung von Zivilcourage, Ehrengaben [...] (Altersjubiläum, Lebensrettung), Entschädigungen für Blut-/Plasma-/Erythrozyten-/Thrombozytenspender/innen, Leistungen aus Härtefonds für NS-Verfolgte, Zuwendungen aus dem Fonds Heimerziehung West oder Ost zum Ausgleich von Folgeschäden aus einer Heimunterbringung in den Jahren 1949*

– 1975/90, Leistungen der Stiftung Anerkennung und Hilfe und Leistungen nach dem Mehrlingsgeburtenerlass des Landes Mecklenburg-Vorpommern [und] [m]aterielle Leistungen in Anerkennung des Leids der katholischen Kirche Deutschlands nach der „Ordnung für das Verfahren zur Festsetzung materieller Leistungen in Anerkennung des Leids für Betroffene sexuellen Missbrauchs an Minderjährigen und schutz- oder hilfebedürftigen Erwachsenen durch Kleriker und sonstige Beschäftigte im kirchlichen Dienst der katholischen Kirche in Deutschland"' (FW 11.102). Darüber hinaus beeinflussen aber idR auch Geschenke zu gewöhnlichen Anlässen, zB Geburtstag oder Weihnachten, Ihre Lage „nicht so günstig", dass das Jobcenter sie Ihnen gleich von Ihren Leistungen abziehen kann.

2.12 Pflegegeld

50 Pflegegeld ist gem. § 13 Abs. 5 S. 1 SGB XI anrechnungsfrei, wenn es an die leistungsberechtigte Person ausgezahlt wird. Zahlt diese es an eine sozialhilfebeziehende Person als Ausgleich für Pflegeleistungen, ist es in Höhe der Zuwendungen anrechnungsfrei (BVerwG 4.6.1992 – 5 C 82/88). Das gilt auch für Bürgergeld-Beziehende, die als Pflegeperson nicht steuerpflichtige Einnahmen für Leistungen der Grundpflege und hauswirtschaftlichen Versorgung haben (§ 1 Abs. 1 Nr. 4 Bürgergeld-V). Pflegegeld soll der Erhaltung der Pflegebereitschaft dienen. Damit wäre eine Anrechnung nicht zu vereinbaren.

2.13 Stiftungsmittel, freiwillige Werksbeihilfen von Betrieben usw

51 Schauen Sie dafür unter → Rn. 46.

2.14 Einkommen aus „Ferienjobs"

52 Für Einkommen aus „Ferienjobs" von Schüler*innen allgemeinbildender oder berufsbildender Schulen, die das 25. Lebensjahr noch nicht vollendet haben und Einkommen aus „Ferienjobs" erzielen, gilt **im Bürgergeld seit 1.1.2023** folgende Rechtslage:
Mit Verkündung der Elften Verordnung zur Änderung der Bürgergeld-Verordnung am

15.2.2023 (BGBl. I Nr. 38) gilt, anders als ursprünglich vorgesehen, bereits rückwirkend seit 1.1.2023, dass Einkünfte von Schüler*innen unter 25 Jahren aus Ferienjobs bis zu einer Höhe von 2.400 EUR anrechnungsfrei zu stellen sind (§ 1 Abs. 1 Nr. 16 Bürgergeld-V).

Ab 1.7.2023 sind Einkünfte von Schülerinnen und Schüler unter 25 Jahren aus Ferienjobs ohne Begrenzung anrechnungsfrei (§ 11a Abs. 7 SGB II, gültig ab 1.7.2023). Ferienjobs von Schüler*innen über 25 Jahre sind wie normales Erwerbseinkommen anzurechnen (100 EUR Grundfreibetrag + 20 Prozent Erwerbstätigenfreibetrag) (§ 11b Abs. 2 S. 1 SGB II; § 11b Abs. 3 S. 1 Nr. 1 SGB II).

53 Für die **HzL/Gsi** gilt:
Hier gibt es keine spezielle Privilegierung von Ferienjobs, aber sind *„Schülerinnen und Schüler allgemein- oder berufsbildender Schulen während der Schulzeit erwerbstätig"*, ist ein Betrag von *„520 Euro monatlich bei Leistungsberechtigten, die das 25. Lebensjahr noch nicht vollendet haben"*, anrechnungsfrei (§ 82 Abs. 1 Nr. 7 lit. c SGB XII). Diese Regelung gilt im **SGB XII** seit **1.1.2023**.

2.15 Trinkgeldeinnahmen

54 Trinkgeldeinnahmen sind laut SG Karlsruhe *„grundsätzlich"* nicht anzurechnen (SG Karlsruhe 30.3.2016 – S 4 AS 2297/15). Dagegen steht die wohl überwiegende Ansicht, dass Trinkgeld als Arbeitseinkommen anzurechnen sei (LSG Nordrhein-Westfalen 3.2.2019 – L 7 AS 1376/19). Das BSG hat nun entschieden, dass Trinkgelder als Zuwendungen im Sinne des § 11a Abs. 5 SGB II nicht anrechnungsfähig sind, wobei es als Grenze der Nichtanrechnung „typisierend" 10 Prozent des jeweils maßgebenden Regelbedarfs angegeben hat (BSG 13.7.2022 – B 7/14 AS 75/20 R). Wenn Sie also eine Regelleistung von 502 EUR erhalten, sind Trinkgelder bis 50,20 EUR monatlich anrechnungsfrei.

2.16 Einnahmen bis 10 EUR monatlich

55 Einnahmen bis 10 EUR monatlich sind für jedes Mitglied der Bedarfsgemeinschaft (§ 1 Abs. 1 Nr. 1 Bürgergeld-V) anrechnungsfrei. Das gilt **nicht** für die Sozialhilfe.

2.17 Einnahmen aus Kapitalvermögen

56 Nicht anzurechnen sind Einnahmen aus Kapitalvermögen

- bei **Bürgergeld**-Bezug, soweit sie **100 EUR pro Jahr** nicht übersteigen (§ 1 Abs. 1 Nr. 3 Bürgergeld-V) und
- bei Bezug von **GSi** der Sozialhilfe, soweit sie **26 EUR pro Jahr** nicht übersteigen (§ 43 Abs. 2 SGB XII). Das gilt **nicht** bei HzL.

2.18 Geldgeschenke für Minderjährige

57 Nicht anzurechnen sind Geldgeschenke für Minderjährige anlässlich der **Firmung, Kommunion, Konfirmation** oder vergleichbarer religiöser Feste sowie der Jugendweihe, soweit sie das Kinderschonvermögen in Höhe von **3.100 EUR** nicht überschreiten (§ 1 Abs. 1 Nr. 12 Bürgergeld-V). Die zu § 12 Abs. 2 SGB II aF geltende Regelung ist nach Neustrukturierung des § 12 SGB II nicht geändert worden. Demnach gibt es das Kinderschonvermögen nicht mehr, sondern gilt für jede Person in der Bedarfsgemeinschaft ein Betrag in Höhe von 15.000 EUR (§ 12 Abs. 2 S. 1 SGB II); dies gilt auch in der Karenzzeit (§ 12 Abs. 4 S. 1 SGB II). § 1 Abs. 1 Nr. 12 Bürgergeld-V ist so zu verstehen, dass der alte Vermögensfreibetrag in diesem Zusammenhang weitergelten soll. In der Sozialhilfe gibt es keine vergleichbare Vorschrift.

3. Laufende oder einmalige Einnahmen

58 Das Gesetz unterscheidet zwischen **laufenden** Einnahmen (§ 11 Abs. 2 SGB II) und **einmaligen** Einnahmen (§ 11 Abs. 3 SGB II). Nach dem **bis zum 30.6.2023** geltenden Recht unterscheiden sie sich durch den Anrechnungszeitpunkt (§ 11 Abs. 2 S. 1 SGB II: im Monat des Zuflusses; § 11 Abs. 3 S. 1, 3 SGB II: im Monat des Zuflusses oder im Monat nach dem Zufluss) und den Anrechnungszeitraum (§ 11 Abs. 2 S. 1 SGB II: nur im Monat des Zuflusses; § 11 Abs. 3 S. 1, 4 SGB II: für einen Monat oder Verteilung auf sechs Monate). Für die Zeit **ab 1.7.2023** gelten neue Regelungen: § 11 Abs. 2 SGB II er-

fasst nur noch „Einnahmen"; das Merkmal „laufende" ist gestrichen worden. Es bleibt bei der Anrechnung im Zuflussmonat. Auch der Begriff „einmalige Einnahmen" ist in § 11 Abs. 3 SGB II gestrichen worden. Einmalige Einnahmen sind nur noch die „als Nachzahlung zufließenden Einnahme[n], die nicht für den Monat des Zuflusses erbracht" werden (§ 11 Abs. 3 SGB II). Es fehlt auch die Sonderregelung, dass die Anrechnung erst im Monat nach dem Zufluss beginnt; vielmehr beginnt sie wie im Fall der „laufenden" Einnahme im Monat des Zuflusses.

3.1 Laufende Einnahmen

59 Laufende Einnahmen sind Einnahmen, die auf demselben Rechtsgrund beruhen und regelmäßig (monatlich) erbracht werden (BSG 24.4.2015 – B 4 AS 32/14 R) wie zB Arbeitslohn, Alg I, Renten usw.

60 Im **Alg II bzw. Bürgergeld** gilt bis 30.6.2023:

„*Laufende Einnahmen sind in dem Monat zu berücksichtigen, in dem sie zufließen*" (§ 11 Abs. 2 S. 1 SGB II).

Wenn Sie ein **laufendes Erwerbseinkommen** aus sozialversicherungspflichtiger (Erwerbstätige, → 47) oder selbstständiger Beschäftigung erzielen, ist dieses oft schwankend, dh, der tatsächliche Anspruch kann erst festgestellt werden, nachdem Sie das Einkommen erzielt und dem Jobcenter nachgewiesen haben. In diesem Fall ergeht keine endgültige Entscheidung, sondern eine vorläufige Entscheidung (→ 121).

Laufende Einnahmen sind für den Monat zu berücksichtigen, in dem sie zufließen (§ 11 Abs. 2 S. 1 SGB II). Da Bürgergeld-Anträge auf den Monatsersten zurückgerechnet werden (§ 37 Abs. 2 S. 2 SGB II), wird auch das Einkommen angerechnet, das Sie im gleichen Monat **vor** der Antragstellung erzielt haben.

61 **Tipp:** Es kann sich für Sie lohnen, den Neuantrag auf Bürgergeld auf den Folgemonat zu verschieben, wenn Sie in einem Monat ein höheres Einkommen erwarten. So wird das zugeflossene Einkommen vom Zufluss- auf den Zuflussfolgemonat als Vermögen (→ 119) gewertet.

62 **Ab 1.7.2023 gilt im Bürgergeld:** Für die Einnahmen ändert sich ab 1.7.2023 nichts. Sie werden weiterhin im Zuflussmonat angerechnet.

63 In der **HzL und GSi der Sozialhilfe** gilt: „*Bei der Berechnung der Einkünfte ist von den monatlichen Bruttoeinnahmen auszugehen*" (§ 3 Abs. 3 S. 1 der VO zu § 82 SGB XII). Auch hier sind laufende Einkommen zu bereinigen (→ 47 Rn. 8 ff.) und in tatsächlicher Höhe in dem Monat zu berücksichtigen, in dem sie zufließen. Seit dem 1.7.2017 gibt es für den Bereich der Grundsicherung auch die Vorgabe der vorläufigen Bewilligung von Leistungen, dies ist in § 44 a SGB XII geregelt. Inhaltlich entspricht diese Regelung zu großen Teilen der Regelung des SGB II (§ 41a SGB II; → 121).

3.2 Einmalige Einnahmen

64 Einmalige Einnahmen sind nach Rechtslage **bis zum 30.6.2023** solche Einnahmen, die (nicht wie die laufenden Einnahmen) **nur einmal** erbracht werden; daneben gelten die Vorschriften über einmalige Einnahmen gem. § 11 Abs. 2 S. 3 SGB II auch für laufende Einnahmen, die in größeren als monatlichen Zeitabständen zufließen. Dazu gehören Urlaubs- und Weihnachtsgeld (BSG 27.9.2011 – B 4 AS 180/10 R), Krankenhaustagegeld (BSG 18.1.2011 – B 4 AS 90/10 R), Zinsgutschriften aus Kapitalvermögen (BSG 30.9.2008 – B 4 AS 57/07 R), Erstattung von Stromkosten (BSG 19.5.2009 – B 8 SO 35/07 R) und Einkommensteuerzahlungen (BSG 30.9.2008 – B 4 AS 29/07 R), Einnahmen aus Spielgewinnen (BSG 15.6.2016 – B 4 AS 41/15 R) und Beitragsrückerstattungen einer privaten Krankenversicherung (BSG 20.2.2020 – B 14 AS 52/18 R).

65 Im **Alg II bzw. Bürgergeld** gilt bis 30.6.2023:

Seit dem **1.8.2016** werden auch einmalige, für einen Monat vor dem Zufluss erbrachte Zahlungen **aus einem laufenden Anspruch**, wie Nachzahlungen von Lohn, Renten, Arbeitslosen-, Kinder-, Krankengeld usw als einmalige Einnahmen behandelt (§ 11 Abs. 3 S. 2 SGB II).

37 Einkommen

66 Bis zum 31.7.2016 zufließende Nachzahlungen wurden nach der Rechtsprechung des BSG (17.7.2014 – B 14 AS 25/13 R; 24.4.2015 – B 4 AS 32/14 R) wie laufende Einnahmen behandelt. Das führte idR zu einer für Leistungsbeziehende günstigeren Einkommensanrechnung lediglich im Zuflussmonat und ermöglichte, Werbungskosten und den Erwerbstätigenfreibetrag mehrfach zu berücksichtigen.

67 **Kritik:** Die Bundesregierung hat mit der Gesetzesänderung die Rechtsprechung des BSG ausgehebelt und einseitig die Anrechnungsregeln zulasten der Bürgergeld-Beziehenden verschoben. Während Nachzahlungen für einen laufenden Anspruch nun auf sechs Monate verteilt und verschärft angerechnet werden, wurden keine Vorkehrungen für den Fall getroffen, dass laufende Ansprüche (zB Kindergeld) nachträglich wegfallen und zurückgezahlt werden müssen. Obwohl die Leistungen unter Anrechnung des Einkommens gewährt wurden, das nachträglich wegfällt, gibt es keine Korrekturpflicht des SGB II-Trägers für die Vergangenheit. Leistungsberechtigte bleiben auf zT erheblichen Forderungen sitzen.

„Abweichungen vom strikten Zuflussprinzip aus Gerechtigkeitsgründen muss es in beide Richtungen geben, ansonsten leidet hier extrem das Gerechtigkeitsempfinden" (Bernd Eckhardt sozialrecht justament 4/2016, 19).

68 **Tipp:** Wenn Sie aber Ihre auf Forderungen bestehende Rechtspositionen bereits einige Zeit **vor dem Leistungsbezug** abgetreten oder verkauft haben, zB um bestehende Schulden zu tilgen, steht Ihnen der nachgezahlte Betrag nicht mehr zum Lebensunterhalt zur Verfügung. Um unnötige Diskussionen mit dem Amt zu vermeiden, sollten Abtretungen möglichst direkt an den*die Empfänger*in fließen.

69 *„Einmalige Einnahmen sind in dem Monat, in dem sie zufließen, zu berücksichtigen"* (§ 11 Abs. 3 S. 1 SGB II).

Ausnahme: Alg II/Bürgergeld ist für diesen Monat schon ausgezahlt worden, was sehr oft der Fall ist. Dann wird die einmalige Einnahme im Folgemonat berücksichtigt (§ 11 Abs. 3 S. 3 SGB II).

70 *„Entfiele der Leistungsanspruch durch die Berücksichtigung in einem Monat, ist die einmalige Einnahme auf einen Zeitraum von sechs Monaten gleichmäßig aufzuteilen und monatlich mit einem entsprechenden Teilbetrag zu berücksichtigen"* (§ 11 Abs. 3 S. 4 SGB II). Das gilt entsprechend für **laufende Einnahmen,** *„die in größeren als monatlichen Zeitabständen zufließen"* (§ 11 Abs. 2 S. 3 SGB II).

Das bedeutet, dass das Einkommen in diesem Fall **sechs Monate** lang verteilt auf Ihr Alg II/Bürgergeld angerechnet wird. Dazu ist der Bedarf in einem Monat zu ermitteln (→ 15); dem Bedarf ist das in dem Monat zu berücksichtigende Einmaleinkommen (und – wenn vorhanden – auch das laufende Einkommen) gegenüberzustellen (vgl. etwa BSG 20.2.2020 – B 14 AS 52/18 R, Rn. 17).

71 **Bei „höheren" Beträgen,** zB einer Erbschaft (→ 43 Rn. 16 ff.) oder Abfindung, kann es sein, dass Ihr **Gesamtbedarf** zum Lebensunterhalt (inklusive Krankenversicherungsbeiträge) durch das Einkommen länger als sechs Monate **gedeckt** ist. Dann verlieren Sie den Anspruch auf Alg II/Bürgergeld, die Leistungen werden wegen fehlender Hilfebedürftigkeit abgelehnt. In diesem Fall müssen Sie den Leistungsausschluss und die damit verbundenen Belastungen, zB durch die freiwillige **Krankenversicherung** in Kauf nehmen. Nach **Ablauf der sechs Monate** „dürfen" Sie wieder neue Leistungen beantragen (Neuantrag). Falls Ihr vor sechs Monaten zugeflossenes Einkommen noch nicht vollständig verbraucht ist, dürfen Sie den Rest im Rahmen des für Sie vorgesehenen **Schonvermögens** (→ 119 Rn. 19 ff.) behalten.

72 Wird die einmalige Einnahme **über mehrere Monate** verteilt angerechnet, sind Steuern, Sozialversicherungsbeiträge, die mit der Einkommenserzielung verbundenen Kosten und (bei Erwerbseinkommen, Weihnachts- oder Urlaubsgeld) der Erwerbstätigenfreibetrag *„vorweg abzusetzen"* (§ 11b Abs. 1 S. 2 SGB II; → 47). In den **darauffolgenden Monaten** können vom verteilten Einkommensbetrag also nur noch die Versicherungspauschale, ggf. Kfz-Haftpflichtversicherung und die laufenden Kosten für Altersvorsorgebeiträge wie die Riester-Rente abgesetzt wer-

den. Zu den abzuziehenden Beträgen kann auch die Absetzung für die Kosten der Kranken- und Pflegeversicherung gehören; entweder sind diese Kosten von dem Einkommen abzuziehen (§ 11b Abs. 1 S. 1 Nr. 3 lit. a SGB II) oder der Bedarf erhöht sich in Höhe der Zuschüsse gem. § 26 SGB II (vgl. BSG 29.4.2015 – B 14 AS 10/14 R).

73 **Ab 1.7.2023 gilt im Bürgergeld:**
Für die Zeit ab 1.7.2023 gelten die Regelungen für das Einmaleinkommen nur noch für die *„als Nachzahlung zufließende [] Einnahme, die nicht für den Monat des Zuflusses erbracht wird"* (§ 11 Abs. 3 SGB II). Sie gelten nicht mehr für sonstige früher als Einmaleinkommen geltenden Einnahmen wie Urlaubsgeld, Weihnachtsgeld, Krankenhaustagegeld, Zinsgutschriften aus Kapitalvermögen, Erstattung von Stromkosten und Einkommensteuerzahlungen, Einnahmen aus Spielgewinnen sowie Beitragsrückerstattungen einer privaten Krankenversicherung. Diese Einnahmen werden nach § 11 Abs. 2 SGB II behandelt, dh, sie sind im Monat des Zuflusses Einkommen und werden im Folgemonat als Vermögen behandelt (BT-Drs. 20/3873, 75), wobei Ihnen die Freibeträge gem. § 12 Abs. 2, 3 SGB II zugutekommen können. Das Erbe, das nach alter Rechtslage als Einmaleinkommen berücksichtigt werden konnte (→ 43 Rn. 16 ff.), gilt ab 1.7.2023 nicht mehr als anrechnungsfähiges Einkommen (§ 11a Abs. 1 Nr. 7 SGB II).

Damit ist die Anwendung auf die ab 1.8.2016 geltende Regelung (bis zum 30.6.2023: § 11 Abs. 3 S. 3 SGB II) beschränkt. Dies bedeutet: Ist das Einkommen im Monat des Zuflusses niedriger als der Bedarf, wird es auf den Bedarf in diesem Monat angerechnet. Ist das Einkommen im Monat des Zuflusses höher als der Bedarf in diesem Monat, wird es auf sechs Monate gleichmäßig verteilt und für den Monat des Zuflusses und die fünf folgenden Monate angerechnet.

74 Unverständlich ist, warum der Gesetzgeber die Regelung über das Einmaleinkommen nicht abgeschafft, sondern hinsichtlich der „als Nachzahlung zufließenden Einnahme[n]" (§ 11 Abs. 3 SGB II) beibehalten hat. Er begründet diese Sonderregelung damit, dass die Berücksichtigung von Nachzahlungen nur im Zuflussmonat *„missbräuchlich genutzt werden"* könnte und die *„Berücksichtigung einer Nachzahlung in nur einem Monat die Leistungsberechtigten unangemessen bevorteilen"* würde (BT-Drs. 20/3873, 75). Dies ist aber nur eine Behauptung, die nicht belegt wird. Vielmehr führt die Regelung zu gravierenden Nachteilen, wenn Sie Leistungen nach dem SGB II deshalb nicht beantragen, weil Sie andere Leistungen – wie Arbeitsentgelt oder Krankengeld – erwarten. Wenn dann Bürgergeld bewilligt wird und die Nachzahlung kommt, wird es auf den laufenden Bedarf und nicht für die Zeit angerechnet, für die das Geld eigentlich gedacht war. Sie müssen dann sehen, wie Sie die „Lücke" stopfen können. Was daran „missbräuchlich" sein soll, wenn Sie versuchen, die „Lücke" zu stopfen, ist nicht einsichtig.

75 Für **HzL und GSi der Sozialhilfe** ist geregelt:

„Einmalige Einnahmen, bei denen für den Monat des Zuflusses bereits Leistungen ohne Berücksichtigung der Einnahme erbracht worden sind, werden im Folgemonat berücksichtigt" (82 Abs. 74 S. 1 SGB XII). Wie beim Alg II/Bürgergeld (in der Zeit bis zum 30.6.2023) wird seit dem 1.1.2016 auch in der Sozialhilfe das Einkommen **verteilt auf sechs Monate** angerechnet, wenn der Leistungsanspruch durch die Berücksichtigung in einem Monat wegfallen würde (§ 82 Abs. 7 S. 2 SGB XII). Allerdings ist *„in begründeten Einzelfällen [...] der Anrechnungszeitraum [...] angemessen zu verkürzen"* (§ 82 Abs. 7 S. 3 SGB XII).

Bei Einkommen aus nichtselbstständiger Arbeit sind *„Sonderzuwendungen, Gratifikationen und gleichartige Bezüge und Vorteile, die in größeren als monatlichen Zeitabständen gewährt werden, [...] wie einmalige Einnahmen zu behandeln"* (§ 3 Abs. 3 S. 2 der VO zu § 82 SGB XII).

76 **Andere Einkünfte**, die weder Erwerbseinkommen, Einkommen aus Kapitalvermögen noch aus Vermietung und Verpachtung sind und die nicht mtl. oder mtl. in unterschiedlicher Höhe erzielt werden, sind *„als Jahreseinkünfte zu berechnen"* (§ 8 Abs. 1 der VO

zu § 82 SGB XII). Das heißt, sie werden **auf zwölf Monate verteilt** als Einkommen angerechnet. Das Einkommen ist entsprechend zu bereinigen (§ 82 Abs. 2 SGB XII). Das trifft zB auf Aufwandsentschädigungen zu, die halbjährlich oder jährlich ausgezahlt werden.

77 Diese Regelungen sind – anders als die Regelungen zum Bürgergeld – nicht geändert worden. Einmalige Einnahmen im Sinne des SGB XII werden jetzt also anders behandelt als einmalige Einnahmen im Sinne des SGB II.

3.3 Einmaliges Einkommen vorzeitig verbraucht – Neuantrag vor Ablauf der Sechsmonatsfrist

78 Wenn Ihnen Alg II/Bürgergeld verwehrt wird, weil Sie Ihren Gesamtbedarf (inklusive freiwillige Krankenversicherung) mit Ihrem einmaligen Einkommen sechs Monate lang decken sollen, kann es sein, dass das Geld schon vor Ablauf der Frist verbraucht ist. In diesem Fall dürfen Ihnen bei **Neuantrag**stellung existenzsichernde Leistungen **nicht** vorenthalten werden.

79 Für **Alg II/Bürgergeld** gilt:

Nach Ansicht des **BSG** ist die Behörde verpflichtet, das **Existenzminimum sicherzustellen**, selbst wenn die Einmalzahlung eigentlich leistungsmindernd (für sechs Monate) hätte angerechnet werden müssen (BSG 12.12.2013 – B 14 AS 76/12 R; 29.11.2012 – B 14 AS 33/12 R). Seit dem 1.1.2017 sieht § 24 Abs. 4 S. 2 SGB II die Gewährung eines Darlehens vor (vgl. dazu Geiger ASR 2017, 2 ff.). Dadurch entfällt die frühere Möglichkeit, den Verbrauch mit einem Ersatzanspruch wegen sozialwidrigen Verhaltens zu „sanktionieren" (BT-Drs. 18/8041, 42). Voraussetzung für die Anwendung des § 24 Abs. 4 S. 2 SGB II ist der „Verbrauch" des Einkommens, also die willentliche Ausgabe. Steht das Einkommen ohne Ihren Willen nicht mehr zur Verfügung (etwa durch Pfändung oder durch Diebstahl), ist für die Gewährung eines Darlehens kein Raum und es muss ein Zuschuss gezahlt werden.

80 Die Gewährung eines Darlehens bei vorzeitigem Verbrauch steht im Ermessen des Jobcenters (§ 24 Abs. 4 S. 2 SGB II verweist auf § 24 Abs. 4 S. 1 SGB II, wonach Leistungen als Darlehen erbracht werden „können"). Ob und unter welchen Voraussetzungen Zuschüsse erbracht werden können bzw. müssen, ist bisher nicht geklärt. Hier kommt es darauf an, ob der Verbrauch erfolgt ist, um einen nachvollziehbaren Bedarf zu decken. Dazu könnten die folgenden Fälle zählen:

- Sie verwenden das Einkommen für eine teure **und** notwendige Reparatur Ihres Kfz,
- Sie nehmen eine Beschäftigung auf und erwerben **dafür** ein angemessenes Kfz zur Bewältigung des Arbeitswegs,
- Sie verwenden das Einkommen für die Nachzahlung von Energielieferungen,
- Sie verwenden das Einkommen für eine teure Ersatzbeschaffung eines Haushaltsgeräts oder eines Möbelstücks.

81 Dagegen kommt ein Darlehen wohl in den folgenden Fällen in Betracht:

- Sie haben aufgrund besonderer Umstände (Umzug, Krankheit, Spielsucht, Existenzgründung etc) erhöhte Ausgaben,
- Sie zahlen „*freiwillig*" Schulden zurück,
- Sie nehmen eine sinnvolle, aber nicht unbedingt erforderliche Anschaffung vor.

82 **Tipp:** Sollte das Einkommen vorzeitig verbraucht sein, sollten Sie sich sofort an das Jobcenter wenden und die Gewährung von Leistungen beantragen. Sie sollten auch alle Belege sammeln, damit Sie dem Jobcenter nachweisen können, dass und für welche Zwecke Sie das Einkommen verbraucht haben. Eine **Sanktion** kann nur verhängt werden, wenn „*Einkommen und Vermögen in der Absicht vermindert*" wurde, den Leistungsbezug herbeizuführen (§ 31 Abs. 2 Nr. 1 SGB II).

Ob wegen vorzeitigen Verbrauchs Bürgergeld nur als Darlehen gewährt wird oder wegen absichtlichen „Geldausgebens" eine Sanktion verhängt werden kann, hängt vom Sachverhalt ab. Die Behörde muss prüfen, ob Sie das einmalige Einkommen sinnvoll und nach wirtschaftlichen Gesichtspunkten ausgegeben haben und die Entscheidung begründen.

83 Für die **HzL und GSi der Sozialhilfe** gilt: Im SGB XII gilt eine differenzierte Verteilungsregel bei einmaligen Einnahmen; in der

Regel wird das Einkommen auf sechs Monate verteilt, der Anrechnungszeitraum ist aber „in begründeten Einzelfällen" angemessen zu verkürzen (§ 82 Abs. 7 S. 2, 3 SGB XII). Wird in diesem Fall Einkommen vorzeitig verteilt, kommt ein Ersatzanspruch wegen sozialwidrigen Verhaltens gem. § 103 Abs. 1 SGB XII und eine Einschränkung der Leistungen auf das bis zum Lebensunterhalt Unerlässliche gem. § 26 Abs. 1 S. 1 Nr. 1 SGB XII in Betracht.

Näheres dazu finden Sie in den Beiträgen Sanktionen (→ 95) und Rückforderung (→ 92).

84 **Kritik:** Die Behörden haben das Interesse, einen möglichst hohen Teil Ihrer Einnahmen zu kassieren: Deshalb die Erfindung, Einnahmen fiktiv auf sechs Monate zu verteilen, ganz gleich, ob sie noch vorhanden sind oder nicht. Selbst wenn Sie aus dem Bezug herausgefallen sind, werden Sie daran gehindert, Ihre Einnahmen so auszugeben, wie Sie es wollen. Jobcenter und Sozialamt wollen Sie vielmehr dazu zwingen, Einnahmen, die Sie von Bürgergeld/Sozialhilfe unabhängig machen, über einen längeren Zeitraum so einzuteilen, als wenn Sie von Bürgergeld/Sozialhilfe leben müssten. Nicht selten werden Anträge auf Leistungen rechtswidrig gar nicht entgegengenommen oder abgelehnt, wenn Einkommen „*vorzeitig*" verbraucht wurde. Mit Sanktionen und Kostenersatzforderungen sind die Behörden schnell zur Stelle. Noch einfacher macht es das Recht den Jobcentern künftig mit der Darlehensgewährung. Das nennt sich dann „*Rechtsvereinfachung*".

3.4 Einmaliges Einkommen trifft laufendes Einkommen

85 Im **Bürgergeld** werden beide Einkünfte zusammengerechnet. Wenn der Bedarf für einen laufenden Monat aufgrund der zusätzlichen einmaligen Einnahme gedeckt ist, erfolgt eine **Verteilung des Einmaleinkommens auf sechs Monate** (→ Rn. 64).

86 Die Verteilung des einmaligen Einkommens auf sechs Monate entfällt aber, wenn Sie in dem Monat, in dem das einmalige Einkommen zufließt, oder während des sechsmonatigen Verteilzeitraums alleine aufgrund eines **laufenden (Erwerbs-)Einkommens** aus dem Leistungsbezug fallen. Da Sie im Monat, in dem das laufende Einkommen zufließt, nicht mehr bedürftig sind, verwandelt sich das einmalige Einkommen bei Antragstellung im Folgemonat in Vermögen (BSG 30.9.2008 – B 4 AS 29/07 R).

4. Abgrenzung Einkommen und Vermögen

87 Einkommen und Vermögen (→ 119 Rn. 1 ff.) werden nach der sog. modifizierten Zuflusstheorie nach der folgenden Formel unterschieden (BSG 24.5.2017 – B 14 AS 32/16 R):

- Einkommen ist alles, was in der Bedarfszeit zufließt,
- Vermögen ist alles, was bei Eintritt der Hilfebedürftigkeit schon vorhanden ist.

Für Leistungen nach dem SGB II und nach dem SGB XII sind aber Besonderheiten zu beachten.

88 Für das **Bürgergeld** gilt:

Maßgebliche Grenze ist hier **einerseits der Antrag auf Leistungen** gem. § 37 SGB II und andererseits der Zufluss. Leistungen nach dem SGB II werden auf Antrag gebracht. Es gilt aber die Besonderheit, dass der Antrag auf Leistungen zur Sicherung des Lebensunterhalts auf den Ersten des Monats zurückwirkt (§ 37 Abs. 2 S. 2 SGB II). Damit sind die folgenden Fälle zu unterscheiden:

Beispiel 1: Sie bekommen am 28. Januar Ihren letzten Lohn oder das letzte Alg I für Januar ausgezahlt und stellen am 1. Februar einen Antrag auf Bürgergeld. Der nicht verbrauchte Teil des Lohns oder des Alg I ist im Februar nicht Einkommen, sondern Vermögen.

Beispiel 2: Sie bekommen den Lohn oder das Alg I am 28. Januar ausgezahlt und stellen den Antrag auf Bürgergeld noch im Januar. Dann gilt der Lohn oder das Alg I im Monat Januar als Einkommen; dies gilt unabhängig davon, ob Sie den Antrag auf Leistungen am 1. Januar, am 15. Januar oder am 31. Januar stellen.

89 Es ist nicht zulässig, einen einmal gestellten Antrag zurückzunehmen, um nach Antragsrücknahme zugeflossenes Einkommen

in Vermögen umzuwandeln (BSG 24.4.2015 – B 4 AS 22/14 R).

90 **Tipp:** Überlegen Sie sich, wann es am günstigsten ist, den Antrag zu stellen. Beantragen Sie Bürgergeld erst im Monat nach Eingang von Zahlungen, können Sie zB Schulden vorrangig begleichen bzw. die Zahlungen als Vermögen behandeln.

91 Andererseits kommt es auf den **Zufluss des Geldes** an. IdR ist der tatsächliche Zufluss maßgeblich (Zeitpunkt, zu dem das Geld tatsächlich zur Verfügung steht). In einzelnen Fällen ist aber auch der **normative** Zufluss maßgeblich, dh, es kommt zu einer Abweichung vom tatsächlichen Zufluss. So kommt es für Zahlungen aufgrund eines Erbes nach Rechtslage bis zum 30.6.2023 nicht auf den Zufluss des Geldes, sondern darauf an, wann der Erbfall eingetreten ist (§ 1922 BGB; BSG 29.4.2015 – B 14 AS 10/14 R). Ab 1.7.2023 gilt das Erbe (→ 43) als nicht anrechnungsfähiges Einkommen (§ 11a Abs. 1 Nr. 7 SGB II; im SGB XII gilt dies seit 1.1.2022, § 82 S. 2 Nr. 9 SGB XII). Der Kinderzuschlag (→ 63) gem. § 6a BKGG wird nicht im Monat des Zuflusses angerechnet, sondern für den Monat, für den der Kinderzuschlag bewilligt worden ist (BSG 25.10.2017 – B 14 AS 35/16 R).

92 Im **SGB XII** gilt:

Für Leistungen nach dem Vierten Kapitel des SGB XII gilt das Antragsprinzip (§ 44 Abs. 1 S. 1 SGB XII), weshalb die Abgrenzung zwischen Einkommen und Vermögen wie im SGB II erfolgt. Für Leistungen nach dem Dritten Kapitel des SGB XII gilt aber der Kenntnisgrundsatz (§ 18 SGB XII); hier erfolgt die Abgrenzung nach dem Bedarfszeitraum (BSG 9.6.2011 – B 8 SO 20/09 R); dies ist in der Regel der jeweilige Kalendermonat. Damit ist Einkommen, was im Bedarfszeitraum zufließt, und Vermögen, was im Bedarfszeitraum schon vorhanden ist.

5. Einkommen und Vermögen in einer „gemischten" Bedarfsgemeinschaft

93 Näheres dazu finden Sie im Beitrag Grundsicherung (→ 51 Rn. 18 ff.).

6. Datenabgleich

94 Die Behörde überprüft spätestens alle drei Monate im Wege des automatisierten Datenabgleichs (→ 31), ob und in welcher Höhe Sie zB

- Leistungen der Bundesagentur für Arbeit,
- der Sozialhilfe,
- der Unfall- oder Rentenversicherung,
- sozialversicherungspflichtige Einkommen bzw. Einkommen aus geringfügiger Beschäftigung bezogen oder
- Freistellungsaufträge für Zinseinnahmen haben

(§ 52 SGB II, § 118 SGB XII).

38 Einkommensbereinigung

1. Einkommen und Einkommensbereinigung 1
2. Pflichtbeiträge zur Sozialversicherung einschließlich der Beiträge zur Arbeitsförderung 5
3. Beiträge zu angemessenen öffentlichen oder privaten Versicherungen 6
   3.1 Gesetzlich vorgeschriebene Versicherung 12
   3.2 Nach Grund und Höhe angemessene Beiträge 13
   3.3 Beiträge zur freiwilligen Altersvorsorge 15
4. Geförderte Beiträge zur Altersvorsorge 17
5. Sonstige notwendige Ausgaben 20
   5.1 Beiträge zu Gewerkschaften und Sozialverbänden 21
   5.2 Weitere mit der Erzielung von Einkommen verbundene Ausgaben ... 22
6. Unterhaltsverpflichtungen 24
7. Ausbildungsbedarf beim BAföG/BAB/Ausbildungsgeld 25
8. Aufwandsentschädigung/„Übungsleiterpauschale" 26
9. Aufwendungen der Freiwilligendienste 27

1. Einkommen und Einkommensbereinigung

1 Wenn Einkommen (→ 37) auf Bürgergeld und HzL/GSi der Sozialhilfe angerechnet wird, ist es grundsätzlich zuvor zu bereinigen. Das anzurechnende Einkommen ver-

38 Einkommensbereinigung

mindert sich also um Geldbeträge, die Ihnen für bestimmte Zwecke belassen werden.

Voraussetzung für die Absetzbarkeit ist aber in jedem Fall, dass Sie ein Einkommen erzielen und dass es angerechnet werden darf (→ 37). Es kann Erwerbseinkommen sein, Unterhalt, eine andere Sozialleistung oder Einkünfte in Geldeswert, insofern die Geldeswerteinkünfte mit Arbeitseinkommen in Verbindung stehen (zB vom Arbeitgeber zur Verfügung gestelltes Essen, Kfz usw oder bei HzL/GSi der Sozialhilfe geerbte Sachwerte). Ansonsten sind seit dem 1.8.2016 im Alg II/ Bürgergeld Einkünfte in Geldeswert als Einkommen nicht mehr anzurechnen (Änderung in § 11 Abs. 1 S. 1 SGB II).

2 Die Vorschriften zur Einkommensbereinigung finden sich für das Bürgergeld in § 11b SGB II und für die HzL/GSi der Sozialhilfe in § 82 Abs. 2 ff. SGB XII.

Die besonderen Regelungen, mit denen Erwerbseinkommen bereinigt werden, finden Sie

- für Einkommen aus nichtselbstständiger Arbeit unter dem Beitrag Erwerbstätige (→ 47),
- für Einkommen aus selbstständiger Arbeit unter dem Beitrag Selbstständige (→ 104 Rn. 34).

3 Besonders bei selbstständig tätigen Personen kann die „Einkommensbereinigung" auf drei Ebenen erfolgen:
- entweder sind Kosten (zB Versicherungen) schon auf der Bedarfsseite zu berücksichtigen (vgl. etwa § 26 SGB II, §§ 32, 42 Nr. 2 SGB XII)
- oder sie sind als Betriebsausgaben direkt vom erzielten Einkommen abzuziehen (§ 3 Abs. 2 Bürgergeld-V, § 4 Abs. 3 VO zu § 82 SGB XII)
- oder sie sind als Abzugsposten von dem um Ausgaben verminderten Einkommen abzuziehen (§ 11b SGB II, § 82 Abs. 2 ff. SGB XII)

4 Die folgenden Absetzmöglichkeiten gelten für alle, die Einkommen beziehen, ob Erwerbseinkommen oder sonstiges Einkommen. An dieser Stelle werden nur die wichtigsten Absetzmöglichkeiten dargestellt.

2. Pflichtbeiträge zur Sozialversicherung einschließlich der Beiträge zur Arbeitsförderung

5 Gem. § 11b Abs. 1 S. 1 Nr. 2 SGB II, § 82 Abs. 2 S. 1 Nr. 2 SGB XII sind die Pflichtbeiträge zur Sozialversicherung einschließlich der Beiträge zur Arbeitsförderung vom Einkommen abzusetzen. Zur Sozialversicherung gehören die Kranken-, Unfall- und Rentenversicherung, die Alterssicherung der Landwirte und die soziale Pflegeversicherung. Pflichtbeiträge sind Beiträge, die bezogen auf die jeweilige Person entstehen und von ihr gezahlt werden. Maßgebliche Vorschriften sind:

- **Krankenversicherung** (→ 70): Beiträge zur Versicherungspflicht gem. § 5 SGB V oder bei freiwilliger Versicherung §§ 9, 188 Abs. 4 SGB V; Berechnung der Beiträge §§ 226 ff. SGB V; Tragung der Beiträge §§ 249 ff. SGB V,
- **Pflegeversicherung**: Versicherungspflicht §§ 20, 21 SGB XI, Berechnung der Beiträge §§ 54 ff. SGB XI, Tragung der Beiträge §§ 58 ff. SGB XI,
- **Rentenversicherung**: Versicherungspflicht §§ 1, 2 SGB VI (auch Minijobbende § 5 Abs. 2 S. 1 Nr. 1 SGB VI; aber Antrag auf Befreiung von der Rentenversicherungspflicht möglich, § 6 Abs. 1b SGB VI), zu Beiträgen und Verfahren §§ 157 ff. SGB VI,
- **Unfallversicherung**: Versicherungspflicht §§ 2, 3 Abs. 1 Nr. 1 SGB VII, zu Beiträgen §§ 150 ff. SGB VII,
- **Arbeitslosenversicherung**: Versicherungspflicht §§ 25, 26 SGB III (auch bei Antrags-Arbeitslosenversicherung § 28a SGB III), zu Beiträgen §§ 341 ff. SGB III.

3. Beiträge zu angemessenen öffentlichen oder privaten Versicherungen

6 „Vom Einkommen sind abzusetzen [...] Beiträge zu öffentlichen oder privaten Versicherungen oder ähnlichen Einrichtungen, soweit diese Beiträge gesetzlich vorgeschrieben oder nach Grund und Höhe angemessen sind" (§ 11b Abs. 1 S. 1 Nr. 3 SGB II; ebenso: § 82 Abs. 2 S. 1 Nr. 3 SGB XII). Das Gesetz unterscheidet zwischen gesetzlich vorgeschriebenen (dazu → Rn. 12) und nach

Grund und Höhe angemessenen Beiträgen (dazu → Rn. 13); sie werden teilweise als Absetzungsbetrag unterschiedlich berücksichtigt, vgl. etwa § 6 Abs. 1 Nr. 1, 2 Bürgergeld-V einerseits, § 6 Abs. 1 Nr. 3 Bürgergeld-V andererseits. Wenn Sie kein Einkommen haben, besteht kein Anspruch auf Übernahme der Beiträge, da die Versicherungsbeiträge nicht zur Sicherung des Lebensunterhalts gehören (LSG Baden-Württemberg 30.6.2005 – L 8 AS 2374/05 ER-B).

7 **Bürgergeld-V:**
Beiträge für gesetzlich vorgeschriebene Versicherungen werden seit dem 1.8.2016 in Höhe des Zwölftels der zum Zeitpunkt der Entscheidung über den Leistungsanspruch nachgewiesenen Jahresbeiträge berücksichtigt (§ 6 Abs. 1 Nr. 3 Bürgergeld-V); für Leistungen bis zum 31.7.2016 wurde dies teilweise ebenso gesehen (Durchschnittsbetrag, LSG Nordrhein-Westfalen 11.6.2014 – L 2 AS 275/14 B), teilweise wurden die Beiträge nur für den Monat berücksichtigt, in dem sie entstanden und gezahlt worden sind (LSG Berlin-Brandenburg 30.8.2018 – L 32 AS 1423/15).

8 Für Beiträge für nach Grund und Höhe angemessene Versicherungen wird pauschal ein Betrag in Höhe von **30 EUR** vom Einkommen **jedes volljährigen Mitglieds** einer Bedarfsgemeinschaft abgesetzt (§ 6 Abs. 1 Nr. 1 Bürgergeld-V). **Pauschal** abgesetzt bedeutet: Auch wenn Sie keine Versicherungen abgeschlossen haben, können Sie trotzdem 30 EUR behalten, um eventuell Versicherungen abzuschließen. Sie können das Geld natürlich auch für andere Zwecke ausgeben. Reicht dagegen Ihr Einkommen nicht aus, um alle Versicherungen zu bezahlen, *„können Restbeträge auch vom Einkommen anderer volljähriger Mitglieder der BG [Bedarfsgemeinschaft] abgesetzt werden"* (FW 11.134).

9 Minderjährige Leistungsbeziehende können die 30-Euro-Versicherungspauschale nur von ihrem Einkommen absetzen, wenn diese eine *„entsprechende Versicherung abgeschlossen"* haben, die *„nach Grund und Höhe angemessen"* ist (§ 6 Abs. 1 Nr. 2 Bürgergeld-V). Dabei genügt es, wenn das Kind Begünstigter einer von den Eltern abgeschlossenen Versicherung ist (BSG 10.5.2011 – B 4 AS 139/10 R). Was hier angemessen ist, muss im Einzelfall entschieden werden (→ Rn. 13).

10 **Tipp: Kindergeld als Einkommen des Kindes** ist um die Versicherungspauschale zu bereinigen, wenn Ihr Kind eigene angemessene Versicherung abgeschlossen hat. Wird das nicht zur Bedarfsdeckung des Kindes benötigte Kindergeld bei den Eltern als Einkommen angerechnet, ist es dort um die Versicherungspauschale zu bereinigen. Das ist zB bei volljährigen Kindern oder Kindern, für die Unterhalt gezahlt wird, oft der Fall. Erfolgt keine Bereinigung, legen Sie Widerspruch ein bzw. stellen Sie einen Überprüfungsantrag nach § 44 SGB X (→ 80 Rn. 19; → 61 Rn. 12).

11 **HzL/GSi der Sozialhilfe:**
Hier gibt es keinen Pauschalbetrag. Für jede Versicherung wird geprüft, ob sie als Pflichtversicherung oder als dem Grund und der Höhe nach angemessen anzuerkennen ist; die Kosten sind für den Monat zu berücksichtigen, in dem der Beitrag fällig ist (LSG Baden-Württemberg 17.12.2015 – L 7 SO 1475/15).

3.1 Gesetzlich vorgeschriebene Versicherung

12 Gesetzlich vorgeschriebene Versicherungen sind solche Versicherungen, die abgeschlossen werden müssen. Sie werden nur anerkannt, wenn sie einen spezifischen Bezug zu den Zielen des SGB II aufweisen (also entweder einem in die Existenzsicherung einbezogenen Bedarf oder der Eingliederung in Arbeit zuzuordnen sind) (BSG 8.2.2017 – B 14 AS 10/16 R; ähnlich zur Kfz-Versicherung BSG 4.4.2019 – B 8 SO 10/18 R: nur dann, wenn die Kfz-Haltung sozialhilferechtlich zu billigen ist, dann Berücksichtigung gem. § 82 Abs. 2 S. 1 Nr. 4 SGB XII). Dazu gehören:

- die **private Krankenversicherung** (§ 193 Abs. 3 VVG) und die **private Pflegepflichtversicherung** (§ 23 Abs. 1 SGB XI) (die Beiträge für gesetzlich versicherte Personen werden gem. § 11b Abs. 1 S. 1 Nr. 2 SGB II, § 82 Abs. 2 S. 1 Nr. 2 SGB XII berücksichtigt [zur Höhe: BSG 18.1.2011 – B 4 AS 108/10 R und § 26 SGB II, § 32 SGB II]); hier kann auch ein Anspruch auf

Zuschuss gem. § 26 SGB II bzw. gem. § 32 SGB XII bestehen, wenn der Abzug vom Einkommen nicht oder nicht vollständig möglich ist,
- eine **Berufshaftpflichtversicherung** für Angehörige freier Berufe (§ 113 Abs. 1 VVG),
- die **Kfz-Haftpflichtversicherung** (FW 11.128), wenn dies für die Aufnahme einer Erwerbstätigkeit förderlich ist (BSG 8.2.2017 – B 14 AS 10/16 R; im Sozialhilferecht gem. § 82 Abs. 2 S. 1 Nr. 4 SGB XII; BSG 4.4.2019 – B 8 SO 10/18 R und – nach alter Rechtsprechung – zu einem sozialhilferechtlich anerkannten Zweck erforderlich [OVG Lüneburg 15.12.1988 – 4 B 373/88: Transport der Kinder mit einem Kfz in den Kindergarten, weil andere Verkehrsmittel nicht zur Verfügung stehen und für den Besuch des Kindergartens beachtliche Gründe bestehen]; ansonsten keine Berücksichtigung, weil es leistungsberechtigten Personen grundsätzlich zuzumuten ist, auf die Haltung eines Kfz zu verzichten (SG Frankfurt/Main 27.3.2019 – S 27 SO 23/19).

3.2 Nach Grund und Höhe angemessene Beiträge

13 Eine Versicherung ist dem Grunde nach angemessen, wenn sie dem bei Inanspruchnahme staatlicher Fürsorgeleistungen zugrunde liegenden Lebensstandard entspricht (BT-Drs. 15/1516, 53). Zur Höhe gibt es keine Vorgaben. Dies führt dazu, dass die Voraussetzungen kaum prüfbar sind (kritisch gegenüber diesem Ansatz: HdBEx/Klerks Kap. 20 Rn. 163). Stattdessen wird das Kriterium der Üblichkeit einer solchen Versicherung gewählt; es ist dann erfüllt, wenn mehr als 50 Prozent der Haushalte knapp oberhalb der Sozialhilfegrenze eine entsprechende Versicherung abschließen (BSG 29.9.2009 – B 8 SO 13/08 R). Dazu gehören:
- die **Haftpflichtversicherung** (BVerwG 28.5.2003 – 5 C 8/02; nicht dagegen für zweijährige – deliktsunfähige – Kinder: SG Chemnitz 11.11.2010 – S 35 AS 1612/10);
- die **Hausratversicherung** (OVG Lüneburg 29.11.1989 – 4 A 205/88);
- die **Unfallversicherung** (SG Chemnitz 4.8.2010 – S 3 AS 6295/09; FW 11.131),
- die **Rechtsschutzversicherung**, wenn eine Absicherung gegen bestimmte Kosten der gerichtlichen Rechtsverfolgen notwendig ist (BSG 29.9.2009 – B 8 SO 13/08 R). Hauptargument ist, dass es die Prozesskostenhilfe (→ 87) gibt; wenn aber besondere Umstände gegen den Verweis auf PKH sprechen, kann eine Rechtsschutzversicherung anerkannt werden,
- die **Sterbegeldversicherung**; angemessene Beiträge zur Sterbegeldversicherung müssen seit dem 1.7.2017 als Bedarf berücksichtigt werden, wenn die Aufwendungen schon vor der Bedürftigkeit bestanden, § 33 Abs. 2 SGB XII (dazu BSG 9.6.2011 – B 8 SO 11/10 R).

14 Nicht zu berücksichtigen sind
- die **Ausbildungsversicherung** (LSG Bayern 25.6.2010 – L 7 AS 404/10 B ER),
- die **Zusatzkrankenversicherung** für das Kind; nur, wenn wegen eines besonderen gesundheitlichen Risikos notwendig (BSG 16.2.2012 – B 4 AS 89/11 R),
- die **fondsgebundene Kinderrentenversicherung** (BSG 16.2.2012 – B 4 AS 89/11 R),
- die **Hundehaftpflichtversicherung** (BSG 8.2.2017 – B 14 AS 10/16 R).

3.3 Beiträge zur freiwilligen Altersvorsorge

15 Beiträge zur freiwilligen Altersvorsorge etwa für
- **Versorgungswerke**, zB für Architekt*innen und Rechtsanwält*innen (BSG 30.7.2008 – B 14 AS 44/07 R),
- **private Versicherungen** einschließlich Lebensversicherungen (LSG Bayern 11.5.2010 – L 7 AS 232/10 B ER) und
- **Pensionskassen** (BSG 9.11.2010 – B 4 AS 7/10 R)

sind für Personen zu berücksichtigen, die von der Versicherungspflicht in der gesetzlichen Rentenversicherung befreit sind (§ 6 SGB VI); eine Versicherungsfreiheit gem. § 5 SGB VI oder von Selbständigen außerhalb des Katalogs in § 2 SGB VI genügt nicht (BSG 7.5.2009 – B 14 AS 35/08 R). Die Angemessenheit bestimmt sich danach, ob die Altersvorsorge einen Schutz gewährleistet, der dem in der gesetzlichen Rentenversicherung entspricht; der Höhe nach wird der

Mindesteigenbeitrag für die Riester-Förderung anerkannt (→ Rn. 17), wobei es darauf ankommt, ab wann die Beiträge geändert werden können („Schonfrist", BSG 9.11.2010 – B 4 AS 7/10 R). Der Mindestbeitrag in der gesetzlichen Rentenversicherung ist in jedem Fall anzuerkennen (FW 11.133).

16 Beachten Sie, dass im SGB II anstelle der Abzüge gem. § 11b Abs. 1 S. 1 Nr. 3 SGB II bei Ausübung einer Erwerbstätigkeit (§ 11b Abs. 2 S. 1, 2 SGB II), einer ehrenamtlichen Tätigkeit (§ 11b Abs. 2 S. 3 SGB II (bis 30.6.2023) bzw. § 11a Abs. 1 Nr. 4 SGB II (ab 1.7.2023), § 82 Abs. 2 S. 2 SGB XII), bei Ausbildungsförderleistungen (§ 11b Abs. 2 S. 5 SGB II (bis 30.6.2023) bzw. § 11b Abs. 2b SGB II (ab 1.7.2023)) und bei Leistungen nach dem Bundesfreiwilligengesetz oder dem Jugendfreiwilligengesetz (§ 11b Abs. 2 S. 6 SGB II (bis 30.6.2023) bzw. § 11b Abs. 2b S. 1 Nr. 3 SGB II (ab 1.7.2023)) (höhere) monatliche Pauschalbeträge zwischen 100 EUR und 520 EUR bzw. – bei den ehrenamtlichen Tätigkeiten – Jahrespauschalen anzusetzen sind (→ Rn. 23; → 47 Rn. 39 ff.).

4. Geförderte Beiträge zur Altersvorsorge

17 Da Ihr Riester-Vermögen geschützt ist, können Sie auch Beiträge zur Riester-Rente während des Bürgergeld-, HzL-/GSi-Bezugs von Ihrem Einkommen absetzen.

„Vom Einkommen sind abzusetzen [...] geförderte Altersvorsorgebeiträge nach § 82 des Einkommensteuergesetzes, soweit sie den Mindesteigenbetrag nach § 86 des Einkommensteuergesetzes nicht überschreiten" (§ 11b Abs. 1 Nr. 4 SGB II; ebenso: § 82 Abs. 2 S. 1 Nr. 3 SGB XII).

Der Mindesteigenbetrag bei der Riester-Rente beträgt gem. § 86 Abs. 1, § 10a EStG vier Prozent des beitragspflichtigen Vorjahreseinkommens, abzüglich der jährlichen Grundzulage (§ 84 EStG) und einer Kinderzulage für jedes Kind (§ 85 EStG). Gem. § 6 Abs. 1 Nr. 4 Bürgergeld-V ist als Pauschalbetrag *„ein Betrag in Höhe von 3 Prozent des Einkommens, mindestens 5 Euro"* abzusetzen, wobei sich *„der Prozentwert [...] um 1,5 Prozentpunkte je zulageberechtigtes Kind im Haushalt [mindert]"*. Für das SGB XII gilt eine ähnliche Regelung (§ 82 Abs. 2 S. 1 Nr. 3, § 33 Abs. 1 S. 2 Nr. 5 SGB XII).

Haben Sie ein Bruttoarbeitseinkommen unter 400 EUR, sind die Beiträge zur Riester-Rente schon im Grundfreibetrag von 100 EUR enthalten (→ 47 Rn. 32).

18 Beachten Sie im HzL-/GSi-Bezug: seit 1.1.2018 gilt dort durch das „Betriebsrentenstärkungsgesetz" ein neuer Anrechnungsfreibetrag für eine zusätzliche private, monatlich ausgezahlte Altersvorsorge. Zunächst bleibt ein „Grundfreibetrag" von 100 EUR anrechnungsfrei, aus den übersteigenden Einkünften sind weitere 30 Prozent anrechnungsfrei (§ 82 Abs. 5 SGB XII).

19 Im SGB II sind anstelle der Abzüge gem. § 11b Abs. 1 S. 1 Nr. 4 SGB II bei Ausübung einer Erwerbstätigkeit (§ 11b Abs. 2 S. 1, 2 SGB II), einer ehrenamtlichen Tätigkeit (§ 11b Abs. 2 S. 3 SGB II (bis 30.6.2023) bzw. § 11a Abs. 1 Nr. 4 SGB II (ab 1.7.2023), § 82 Abs. 2 S. 2 SGB XII), bei Ausbildungsförderleistungen (§ 11b Abs. 2 S. 5 SGB II (bis 30.6.2023) bzw. § 11b Abs. 2b SGB II (ab 1.7.2023)) bzw. bei Leistungen nach dem Bundesfreiwilligengesetz oder dem Jugendfreiwilligengesetz (§ 11b Abs. 2 S. 6 SGB II (bis 30.6.2023) bzw. § 11b Abs. 2b S. 1 Nr. 3 (ab 1.7.2023)) (höhere) monatliche Pauschalbeträge zwischen 100 EUR und 520 EUR bzw. – bei ehrenamtlichen Tätigkeiten – Jahrespauschalen anzusetzen (→ 47 Rn. 43 ff.).

5. Sonstige notwendige Ausgaben

20 *„Vom Einkommen sind abzusetzen [...] die mit der Erzielung des Einkommens verbundenen notwendigen Ausgaben"* (§ 11b Abs. 1 Nr. 5 SGB II; ebenso § 82 Abs. 2 Nr. 4 SGB XII).

Es heißt Einkommen, nicht Erwerbseinkommen. Notwendige Ausgaben können also von jedem Einkommen abgesetzt werden, *„wenn die Zielrichtung der Aufwendung mit der Einkunftsart in einer Beziehung steht"* (BSG 27.9.2011 – B 4 AS 180/10 R). Der Begriff der „Notwendigkeit" wird wie folgt eingegrenzt:

38 Einkommensbereinigung

- Die Ausgaben müssen durch die Erzielung des Einkommens bedingt sein (kausale Verknüpfung zwischen den Aufwendungen und der Erzielung des Einkommens, BSG 15.6.2016 – B 4 AS 41/15 R),
- mindestens muss die Verbindung zu eng sein, dass eine Einstellung des Aufwands nicht erwartet oder nicht ohne Weiteres reduziert werden kann (BSG 27.9.2011 – B 4 AS 180/18 R).

Zu den notwendigen Ausgaben, die nicht unmittelbar mit Einkommen Erwerbstätiger (→ 47) in Verbindung stehen, gehören:

5.1 Beiträge zu Gewerkschaften und Sozialverbänden

21 Beiträge zu **Gewerkschaften** und **Berufsverbänden** müssen nicht nur vom Einkommen absetzbar sein, wenn Sie lohnabhängig sind, sondern auch wenn Sie arbeitslos geworden sind. Sie sind zB bei Bezug einer Erwerbsminderungsrente vom Einkommen „Rente" abzusetzen (BSG 27.9.2011 – B 4 AS 180/10 R). Das gilt auch, wenn Sie Grundsicherung beziehen. Gewerkschaftsbeiträge und Beiträge zu **Sozialverbänden** wie VdK oder SoVD sind immer absetzbar, wenn Sie Rentner*in sind (→ 51 Rn. 12).

Beiträge zu **Erwerbslosen- und Sozialhilfegruppen** sollten allgemein ebenfalls absetzbar sein, ggf. auch Beiträge und Gebühren von Sozialberatungsstellen. Diese Ausgaben dienen der „Erzielung, Sicherung und Erhaltung der Einnahmen", also dem Zweck, den die BA für die Anerkennung der „notwendige[n] Aufwendungen" voraussetzt (FW 11.139). Auch wenn Bürgergeld bzw. HzL/GSi der Sozialhilfe selbst nicht als Einkommen zählen, sind diese Aufwendungen mit der Erzielung vorrangiger Einkommensarten (Minijob, Selbständigkeit, Erwerbsminderungsrente, Kindergeld usw) notwendig verbundene Ausgaben. Versuchen Sie es!

5.2 Weitere mit der Erzielung von Einkommen verbundene Ausgaben

22 Neben den klassischen „Werbungskosten" bei Erwerbseinkommen gibt es andere Kostenarten, die mit bestimmten Einkommen verbunden sein können, zB

- **Fahrtkosten** (Berechnung nach § 6 Abs. 1 Nr. 5, § 6 Abs. 2 Bürgergeld-V; vgl. BSG 9.11.2011 – B 4 AS 7/10 R; vgl. auch LSG Sachsen 19.5.2005 – L 3 B 44/05 AS-ER [höhere Fahrtkosten oberhalb der Pauschale bei Unzumutbarkeit der Benutzung öffentlicher Verkehrsmittel], SG Neuruppin 18.8.2010 – S 26 AS 2002/08 [bei Transport von Material und Werkzeug]),
- **Weiterbildungskosten** (LSG Baden-Württemberg 25.9.2012 – L 13 AS 3794/12 ER-B; 27.2.2014 – L 12 AS 4836/12),
- **Telefonkosten** (BSG 26.5.2011 – B 14 AS 93/10 R),
- Ausgaben bei Verkauf eines ererbten Hauses und für die Beerdigung des Erblassers (LSG Niedersachsen-Bremen 9.2.2015 – L 11 AS 1352/14 B ER).

23 Im SGB II sind anstelle der Abzüge gem. § 11b Abs. 1 S. 1 Nr. 5 SGB II bei Ausübung einer Erwerbstätigkeit (§ 11b Abs. 2 S. 1, 2 SGB II), einer ehrenamtlichen Tätigkeit (§ 11b Abs. 2 S. 3 SGB II (bis 30.6.2023) bzw. § 11a Abs. 1 Nr. 4 SGB II (ab 1.7.2023), § 82 Abs. 2 S. 2 SGB XII), bei Ausbildungsförderleistungen (§ 11b Abs. 2 S. 5 SGB II (bis 30.6.2023) bzw. § 11b Abs. 2b SGB II (ab 1.7.2023)) bzw. bei Leistungen nach dem Bundesfreiwilligengesetz oder dem Jugendfreiwilligengesetz (§ 11b Abs. 2 S. 6 SGB II (bis 30.6.2023) bzw. § 11b Abs. 2b S. 1 Nr. 3 (ab 1.7.2023)) (höhere) monatliche Pauschalbeträge zwischen 100 EUR und 520 EUR bzw. – bei ehrenamtlichen Tätigkeiten – Jahrespauschalen anzusetzen (→ Rn. 16; → 58 Rn 46).

6. Unterhaltsverpflichtungen

24 Unterhaltsverpflichtungen können vom Einkommen abgesetzt werden (§ 11b Abs. 1 Nr. 7 SGB II), aber nur wenn sie tituliert sind und den laufenden Unterhalt betreffen und nicht das Abbezahlen von Unterhaltsschulden. Näheres finden Sie im Beitrag **Unterhalt für Kinder** (→ 114 Rn. 4 ff.).

7. Ausbildungsbedarf beim BAföG/BAB/ Ausbildungsgeld

25 Bei Schüler*innen (→ 100), Studierenden (→ 110) und Auszubildenden (→ 14),

- die **aufstockende SGB II-Leistungen** oder
- ein **Härtefalldarlehen** beziehen/beantragen,

muss bei der Berechnung des SGB II-Anspruchs eine Bedarfsermittlung (→ 15) vorgenommen werden. Vom Einkommen wird anstelle der Absetzbeträge gem. § 11b Abs. 1 S. 1 Nr. 3, 4 SGB II seit dem 1.8.2016 ein Pauschalbetrag in Höhe von monatlich 100 EUR abgezogen, wenn die Absetzbeträge nicht bereits im Rahmen eines Erwerbseinkommens oder einer Aufwandsentschädigung abgesetzt wurden (§ 11b Abs. 2 S. 4 SGB II (bis 30.6.2023) bzw. § 11b Abs. 2b S. 1 SGB II (ab 1.7.2023)).

8. Aufwandsentschädigung/ „Übungsleiterpauschale"

26 Zur Aufwandsentschädigung und der sog. Übungsleiterpauschale finden Sie Näheres im Beitrag Erwerbstätige (→ 47 Rn. 39 ff.).

9. Aufwendungen der Freiwilligendienste

27 Näheres zum FSJ/„Freiwilliges Soziales Jahr" (Jugendfreiwilligendienst) und „Bundesfreiwilligendienst" finden Sie im Beitrag Erwerbstätige (→ 47 Rn. 44 ff.).

39 Einkommensgrenzen

1 Beziehende von Bürgergeld oder Hilfe zum Lebensunterhalt (HzL)/Grundsicherung (GSi) der Sozialhilfe haben unter Umständen **Anspruch** auf weitere Sozialhilfeleistungen der

- Hilfe zur Gesundheit (§§ 47–52 SGB XII),
- Hilfe zur Pflege (§§ 61–66a SGB XII),
- Hilfe zur Überwindung besonderer sozialer Schwierigkeiten (§§ 67–69 SGB XII),
- Hilfe in anderen Lebenslagen, zB Hilfe zur Weiterführung des Haushalts (Haushalts-

hilfe, → 55), Altenhilfe, Blindenhilfe, Hilfe in sonstigen Lebenslagen sowie Bestattungskosten (§§ 70–74 SGB XII) nach dem Fünften bis Neunten Kapitel des SGB XII (früher: „Hilfe in besonderen Lebenslagen"; Leistungen nach dem früheren Sechsten Kapitel „Eingliederungshilfe" sind seit dem 1.1.2020 in Teil 2 des SGB IX geregelt).

2 Anspruch haben auch Personen, deren Einkommen **über** dem Bedarf von Berechtigten von Bürgergeld, GSi und HzL liegt. Maßgeblich dafür ist eine **Einkommensgrenze** (§ 85 Abs. 1 SGB XII); ausnahmsweise – in den Fällen des § 68 Abs. 2 SGB XII (Hilfe zur Überwindung besonderer sozialer Schwierigkeiten in Form von Dienstleistungen), des § 71 Abs. 4 SGB XII (Altenhilfe in Form der Beratung und Unterstützung) und des § 18 Abs. 2 S. 3 ContStifG – gilt die Einkommensgrenze nicht bzw. nicht vollständig. Mit der Einkommensgrenze wird bezweckt, von dem anzurechnenden Einkommen mehr Mittel zu belassen, damit den leistungsberechtigten und den weiteren zum Einsatz ihres Einkommens verpflichteten Personen mehr Mittel belassen werden (vgl. ausführlich Kirchhoff, Die Einkommensgrenze nach § 85 SGB XII, SGb 2021, 261 ff.).

3 Sie beträgt 2023:

- **1.004 EUR Grundbetrag** für die „nachfragende Person" (doppelter „Eck"-Regelbedarf; → 89) **plus**
- **351,40 EUR Familienzuschlag** für nicht getrennt lebende Ehegatt*innen/Lebenspartner*innen und von ihnen überwiegend unterhaltene Personen (70 Prozent des Eckregelbedarfs) **plus**
- die „*Aufwendungen für die Unterkunft, soweit diese den der Besonderheit des Einzelfalles angemessenen Umfang nicht übersteigen*" (§ 85 Abs. 1 Nr. 2 SGB XII). Mit dieser Neuregelung zum 1.1.2016 bestimmte die Bundesregierung, dass nur die Kosten der Unterkunft **ohne Heizkosten** anzuerkennen sind. Damit sollte Rechtsprechung des BSG neutralisiert werden, welche bei der alten Formulierung „Kosten der Unterkunft" die Heizkosten bei der Bemessung der Einkommensgrenze mit einbezog (Bruttowarmmiete; BSG

25.4.2013 – B 8 SO 8/12 R). Das BSG hat aber auch zum neuen Recht die Auffassung vertreten, dass die Heizkosten zu berücksichtigen sind (BSG 30.4.2020 – B 8 SO 1/19 R).

Mehrbedarfszuschläge sind **nicht** vorgesehen.

4 Die (kalten) Unterkunftskosten sollten idR als angemessen anerkannt werden. Es gelten nicht die niedrigen Angemessenheitsgrenzen von Bürgergeld, HzL und GSi (vgl. Kirchhoff SGb 2021, 264).

5 Ihr **Einkommen** (→ 37) wird **bereinigt** um Steuern, Sozialversicherungsbeiträge usw (§ 82 Abs. 2 SGB XII). Ein Freibetrag für Erwerbstätigkeit wird nicht generell anerkannt, sondern nur im Rahmen bestimmter Leistungen berücksichtigt. So bei der Hilfe zum Lebensunterhalt und der GSi (§ 82 Abs. 3 S. 1 SGB XII; → 47) und bei erwerbstätigen Personen, die Leistungen der Hilfe zur Pflege, der Blindenhilfe und der Eingliederungshilfe nach dem SGB IX erhalten (§ 82 Abs. 6 SGB XII). Für die Zeit seit 1.1.2020 ist das Eingliederungshilferecht nicht mehr Teil des Sozialhilferechts, sondern Teil des SGB IX. Es beinhaltet besondere Regeln zur Behandlung des Einkommens, bei dem die leistungsberechtigten Personen einen Beitrag aus ihrem Einkommen zahlen müssen, das Einkommen dabei aber zu einem großen Teil anrechnungsfrei bleibt (§§ 135 ff. SGB IX). Neu ist auch, dass ein Teil von Einkommen aus einer zusätzlichen Altersvorsorge anrechnungsfrei ist (§ 82 Abs. 4 f. SGB XII).

6 Liegt das so ermittelte Einkommen **über** der Einkommensgrenze, ist die Aufbringung der Mittel *„in angemessenem Umfang"* zuzumuten (§ 87 Abs. 1 S. 1 SGB XII). Wie der angemessene Umfang zu ermitteln ist, ergibt sich aus § 87 Abs. 1 S. 2 SGB XII; bei der Prüfung sind *„insbesondere"* (also nicht ausschließlich) *„die Art oder Schwere der Behinderung oder der Pflegebedürftigkeit, die Dauer und Höhe der erforderlichen Aufwendungen sowie besondere Belastungen der nachfragenden Person und ihrer unterhaltsberechtigten Angehörigen zu berücksichtigen"*. Dazu können etwa Schuld- oder Unterhaltsverpflichtungen, selbst zu tragende Behandlungskosten usw zählen. Näher konkretisiert ist dies nur bei Pflegebedürftigen der Pflegegrade 4 und 5 und blinden Menschen nach § 72 SGB XII; in diesen Fällen ist der Einsatz des Einkommens über der Einkommensgrenze in Höhe von mindestens 60 Prozent nicht zuzumuten (§ 87 Abs. 1 S. 3 SGB XII).

7 Wenn Sie mit Ihrem so berechneten Einkommen **unter** der Einkommensgrenze liegen, haben Sie in der Regel vollen Anspruch auf die oben genannten Leistungen. Ausnahmsweise kann unter den Voraussetzungen des § 88 SGB XII die Aufbringung der Mittel auch dann verlangt werden, *„soweit das Einkommen unter der Einkommensgrenze liegt"*.

8 **Kritik:**

Die allgemeine Einkommensgrenze der früheren Hilfen in besonderen Lebenslagen soll angeblich eine Lebensführung oberhalb des Sozialhilfebedarfs ermöglichen. Es verbleibt aber bestenfalls nur eine geringe Differenz. Denn nach dem Gesetz werden Mehrbedarfszuschläge sowie der Erwerbstätigenfreibetrag nur bei einzelnen Leistungen anerkannt und dann auch nur die „angemessenen", nicht die tatsächlichen Unterkunftskosten. Wenn Sie Erwerbseinkommen erzielen, von dem Freibeträge abgezogen werden können, sind diese Freibeträge niedrig, so dass Ihre Einkommensgrenze nicht viel höher das Niveau der HzL/GSi ist.

Um das Bild abzurunden, wurden die Familienzuschläge 2005 von 80 auf 70 Prozent gesenkt, so dass sie noch unter dem Regelbedarf von über 14-jährigen Haushaltsangehörigen liegen. Je größer die Familie, desto tiefer rutscht die Einkommensgrenze in Richtung Sozialhilfeniveau. Hilfebeziehende und ihre Angehörigen werden stärker herangezogen, um die Haushaltslöcher ein bisschen zu stopfen, die durch die massiven Gewinn- und Einkommenssteuersenkungen für Besserverdienende gerissen wurden.

Aufgrund gestiegener Energiepreise sind Heizkosten (→ 57) inzwischen zur zweiten Miete mutiert. Deren offenbar durch den Gesetzgeber beabsichtigte Aberkennung zum Januar 2016 sollte zu einer erneuten drastischen Senkung der Einkommensgrenze führen. Das BSG jedoch hat die Nichtberücksichtigung der Heizkosten zu Recht als „systemwidrig" bezeichnet (BSG 25.4.2013 – B 8 SO 8/12 R). Durch die Gesetzesänderung hat sich zwar der Wortlaut geändert, nicht aber der Normzweck, so dass auch nach neuem Recht die Heizkosten zu berücksichtigen sind (BSG 30.4.2020 – B 8 SO 1/19 R).

Problematisch ist auch, dass es hinsichtlich der Ermittlung des angemessenen Umfangs im Sinne des § 87 Abs. 1 SGB XII keine näheren Kriterien gibt und so der Umfang des angemessenen Umfangs kaum vorhergesagt werden kann.

40
Einmalige Beihilfen/ Erstausstattungsbedarfe

1. Erstausstattungsbedarfe 1
  1.1 Nicht im Regelsatz enthalten 2
  1.2 Frühere einmalige Beihilfen, jetzt im Regelbedarf 5
2. Ansparen statt Beihilfen beziehen 8
  2.1 Schutz des „Ansparvermögens" ... 10
  2.2 Bezugsdauer reicht nicht zum Ansparen 12
3. Was ist ein unabweisbarer Bedarf? 15
  3.1 Zuschuss zu Erstausstattungsbedarfen für Nichtleistungsbeziehende 16
  3.2 Darlehen bei unabweisbarem Bedarf 19
  3.3 Bedarf aus dem Vermögen decken 22
  3.4 „Unabweisbarer Bedarf" als Geld- oder Sachleistung 26
  3.5 Tilgung des Darlehens 29
  3.6 Darlehen an einzelne Personen der Bedarfsgemeinschaft 31
4. Einmalige Beihilfe für kranke und behinderte Menschen 33
  4.1 Orthopädische Schuhe 34
  4.2 Therapeutische Geräte 35
  4.3 Brillenreparaturen 37
5. Leistungen für unabweisbare „sonstige [atypische] Lebenslagen" 38
6. Leistungen für Bildung und Teilhabe (BUT) 40
  6.1 Darlehen für unabweisbaren Bedarf für Nichtleistungsbeziehende 41
  6.2 Einmalige Bedarfe im Rahmen der Härtefallregelung 43
7. Kritik 44
8. Forderungen 47

1. Erstausstattungsbedarfe

1 Seit dem 1.1.2005 sind nahezu alle Leistungen, die früher in der Sozialhilfe als einmalige Beihilfen gezahlt wurden, pauschaliert im Regelbedarf (→ 89) von Bürgergeld und HzL/GSi der Sozialhilfe enthalten. Die Bundesregierung erwartet, dass Sie davon während des Leistungsbezuges Rücklagen bilden. Das BVerfG hat in seinem Urteil von 2014 darauf hingewiesen, dass die Regelsätze in einer Höhe festgesetzt wurden, dass sie kurz vor Verfassungswidrigkeit sind (BVerfG 23.7.2014 – 1 BvL 10/12). Das BVerfG hat hier verschiedene Änderungsbedarfe angemerkt, so insbesondere in den Bereichen der Elektrogroßgeräte, der Brillen (BVerfG 23.7.2014 – 1 BvL 10/12, Rn. 120) und der einmaligen Bedarfe (BVerfG 23.7.2014 – 1 BvL 10/12, Rn. 116) und hat die Sozialgerichte aufgefordert, die jeweiligen Bedarfe bis zur Schaffung einer Anspruchsgrundlage durch verfassungskonforme Auslegung zu gewähren (BVerfG 23.7.2014 – 1 BvL 10/12, Rn. 116). Mit dem „Schulbuchurteil" vom Mai 2019 hat das BSG eine solche verfassungskonforme Auslegung vorgenommen, indem es eigentlich einmalig anzuschaffende, aber laufend benötigte Schulbücher in den Härtefallmehrbedarf nach § 21 Abs. 6 SGB II aF einsortiert hat, in dem in der alten Fassung „einmalige Bedarfe" nicht zulässig waren (BSG 8.5.2019 – B 14 AS 6/18 R und B 14 AS 13/18 R). Damit hat das BSG die vom BVerfG geforderte Lücke vom Grundsatz her geschlossen. Im SGB XII wurde für einmalige, dem normalen Lebensunterhalt zuzuordnende Bedarfe keine Anspruchsgrundlage geschaffen, hier sind die Gerichte gefordert, Anspruchsgrundlagen durch verfassungskonforme Auslegung zu gewähren (BVerfG 23.7.2014 – 1 BvL 10/12, Rn. 116).

Zum 1.1.2021 wurden nun vom Gesetzgeber die Härtefallmehrbedarfe auch für einmalige Bedarfe geöffnet. Es heißt nun im Gesetz: *„Bei Leistungsberechtigten wird ein Mehrbedarf anerkannt, soweit im Einzelfall ein unabweisbarer, besonderer Bedarf besteht; bei einmaligen Bedarfen ist weitere Voraussetzung, dass ein Darlehen nach § 24 Absatz 1 ausnahmsweise nicht zumutbar oder wegen der Art des Bedarfs nicht möglich ist"* (§ 21

40 Einmalige Beihilfen/Erstausstattungsbedarfe

Abs. 6 SGB II). Die Details zur neuen Rechtslage finden Sie unter Härtefallmehrbedarfe (→ 52).

1.1 Nicht im Regelsatz enthalten

2 Im Regelsatz nicht enthalten sind **Erstausstattungsbedarfe** wie:

- für die **Wohnung**, einschließlich **Haushaltsgeräten** (§ 24 Abs. 3 Nr. 1 SGB II; § 31 Abs. 1 Nr. 1 SGB XII; → 56). Bei jungen Erwachsenen bis zu 25 Jahren aber nur, wenn der **Auszug** erlaubt wurde (→ 58); für **Kinder/Jugendliche**, wenn ein Erstausstattungsbedarf nicht vom Regelbedarf umfasst ist (→ 60 Rn. 11 ff.); **Jugendbett** statt Kindergitterbett (BSG 23.5.2013 – B 4 AS 79/12 R);
- für **Bekleidung** (→ 65),
- bei **Schwangerschaft** (→ 101) und **Geburt** (§ 24 Abs. 3 Nr. 2 SGB II, § 31 Abs. 1 Nr. 2 SGB XII),
- die *„Anschaffung und Reparaturen von orthopädischen Schuhen, Reparaturen von therapeutischen Geräten und Ausrüstungen sowie die Miete von therapeutischen Geräten"* (§ 24 Abs. 3 Nr. 2 SGB II, § 31 Abs. 1 Nr. 3 SGB XII; → Rn. 33 ff.) sowie **Brillenreparaturen** (→ Rn. 37),
- Leistungen für Bildung und Teilhabe nach § 28 SGB II / § 34 SGB XI, darunter fallen eintägige **Ausflüge** der Schule oder Kindertagesstätte, aber nur als Gutschein oder Direktzahlung (§ 28 Abs. 2 Nr. 1 SGB II, § 34 Abs. 2 Nr. 1 SGB XII; → 100),
- mehrtägige **Klassenfahrten** (→ 27 Rn. 7) im Rahmen der schulrechtlichen Bestimmungen und entsprechende Fahrten bei Kindern, die eine Kita besuchen (§ 28 Abs. 2 Nr. 2 SGB II, § 34 Abs. 2 Nr. 2 SGB XII),
- die Ausstattung des **persönlichen Schulbedarfspakets** von 174 EUR (2023) pro Jahr (§ 27 Abs. 3 SGB II, § 34 Abs. 3 SGB XII),
- die **Teilhabeleistungen** (→ 27) von 15 EUR monatlich für minderjährige Kinder und Jugendliche für angeleitete Aktivitäten im Bereich Sport, Spiel und Kultur (§ 27 Abs. 8 SGB II, § 34 Abs. 7 SGB XII) sowie
- **Schulbücher** über den seit Januar 2021 geltenden Mehrbedarf für Aufwendungen zur Anschaffung oder Ausleihe von Schulbüchern oder gleichstehenden Arbeitsheften (§ 21 Abs. 6a SGB II, § 30 Abs. 9 SG XII), in Umsetzung der Urteile des BSG zu Schulbüchern (BSG 8.5.2019 – B 14 AS 6/18 R und B 14 AS 13/18 R).

3 **Im Bereich Unterkunft und Heizung:**

Heiz- und Betriebskostennachzahlungen (→ 76), Bevorratungskosten, einmalige Beschaffungskosten von Heizmaterial zur Füllung von Tanks und sonstigen Lagerstätten zur Bevorratung mit Öl, Gas oder Pellets, sowie Holz und Kohle, **Kautionen** (→ 59), Maklergebühren, **Mietschulden** (→ 77), Renovierungen (→ 90) bei Auszug/Einzug, Kleinreparaturen, **Umzugs**kosten (→ 112) und Wohnungsbeschaffungskosten sind keine einmaligen Beihilfen, sondern *„Leistungen für [die] Unterkunft"* (§ 22 SGB II, § 35 SGB XII). Sie haben einen Anspruch darauf, dass Unterkunftsleistungen **zusätzlich** zum Regelsatz übernommen werden.

4 **Tipp:** Stellen Sie immer schriftlich einen Antrag auf Kostenübernahme, bevor Sie den Bedarf decken.

1.2 Frühere einmalige Beihilfen, jetzt im Regelbedarf

5 Im Regelsatz soll jetzt der gesamte, über die Erstausstattungsbedarfe hinausgehende Aufwand für frühere einmalige Beihilfen enthalten sein, zB

- **Hausrat** (→ 56) und **Möbel** wie Waschmaschine, Toilettenschrank, Kinderbadewanne, Spiegel, Wäscheständer, Föhn usw; Garderobe, Kleiderständer und Haken, Tische, Schulschreibtisch mit Lampe und Stuhl, Laufstall, Kinderhochstuhl; Herd, Kühlschrank, Küchenschrank, Hängeschrank, Unterteile, Küchentisch, -stühle (auch für Besuch), -eckbank, Spüle, Abfalleimer usw; Geschirr-, Hand-, Küchen- und Wischtücher, Tischdecken, Kochtöpfe, Bratpfanne, Ess- u. Kaffeeservice, Gläser, Besteck, Schüsseln, Küchenset, Handfeger, Schrubber, Besen; Kleiderschrank, Betten (Ausnahme Jugendbett → Rn. 2), Sprungrahmen, Lattenroste, Matratzen, Federbetten, Decken, Kopfkissen, Bettwäsche; Wohnzimmerschrank, Couch, Sessel,

Polstermöbel; Gardinen oder Rollos und Lampen, Bügeleisen, Bügelbrett, Nähmaschine, Staubsauger und Staubsaugerbeutel, Teppichboden, Aufwendungen für einen Waschsalon usw sowie
- **Transportkosten und Reparaturen** von Haushaltsgeräten, Möbeln oder kleinere Reparaturen in der Wohnung (Instandhaltung der Wohnung, seit 2011 auch Schönheitsreparaturen) und Werkzeug;
- **Kleidung** (→ 65) **und Schuhe** sowie deren Reparaturkosten (Instandsetzung) und Kleiderbedarf bei besonderen Anlässen (Hochzeit, Krankenhaus usw),
- **Gebrauchsgüter von längerer Gebrauchsdauer** und höherem Anschaffungswert wie Fahrrad, Fernseher usw (auch Modem und Zimmerantenne bei Umstellung auf digitales Fernsehen), sogar Computer oder
- **Spielzeug**, zB Dreirad oder Roller, Lego-Basisbaukasten, Spielesammlung, Bilderbücher, Kinderposter, Babypuppen, Konstruktionsspielzeug usw sowie
- einmalige Beihilfen für **besondere Anlässe** wie Bewirtungskosten bei runden Geburtstagen ab 70 Jahren, Hochzeit (auch Eheringe usw), Kommunion/Konfirmation, Jugendweihe, Taufe oder Beerdigung,
- **Fahrtkosten** zu **Hochzeiten**, Kommunion/Konfirmation, runden Geburtstagen ab 70 Jahren, zu Verwandten, die ernstlich erkrankt sind, zum monatlichen Besuch von nächsten Angehörigen in einer JVA, zur Teilnahme an Bestattungen von Ehegatt*innen und Verwandten in gerader Linie oder zur Familienheimfahrt anlässlich des Weihnachtsfestes sowie
- **Passgebühren**, Passbilder, Gebühren für Personalausweis und sonstige Gebühren

(Vgl. Abc einmaliger Leistungen in: LPK-BSHG, 355–357).

6 **Tipp: Gebühren für einen Personalausweis „können" für SGB II-/SGB XII-Beziehende erlassen werden (§ 34 Nr. 8 PAuswG iVm § 1 Abs. 6 PAuswGebV). Das gilt auch für den Reisepass (§ 20 Abs. 2 PaßG iVm § 17 PassV).** Nehmen Sie einen aktuellen Bewilligungsbescheid als Nachweis mit und beantragen Sie bei der Meldestelle einen Erlass. Näheres zu Personalausweiskosten finden Sie unter den Beiträgen Kostenerstattung (→ 67 Rn. 21) und Härtefallmehrbedarf (→ 52 Rn. 77).

7 Im Regelbedarf sind übrigens Kosten für einen Personalausweis in Höhe von mtl. 0,31 EUR zum Ansparen vorgesehen (BT-Drs. 19(11)830, 14). Daher müssen Sie der Meldestelle unter Umständen besondere finanzielle Belastungen nachweisen, um von der Gebühr befreit zu werden, die Kosten können nach der Personalausweisgebührenverordnung erlassen werden (→ 67 Rn. 21). Das BSG hat entschieden, dass die Kosten für Pässe von Nichtdeutschen auch im RB enthalten und als unabweisbarer Bedarf (nach § 24 Abs. 1 SGB II) auf Darlehensbasis zu übernehmen seien. Erst wenn es sich um „extrem hohe Kosten", also Kosten oberhalb von 217 EUR handeln würde, bestünde eine Anspruchsgrundlage auf Zuschussbasis (BSG 12.9.2018 – B 4 AS 33/17 R). Welche das ist, hat das BSG allerdings nicht genannt. Infrage käme ein „Null-Darlehen" (Bewilligung nach § 24 Abs. 1 SGB II, Erlass nach § 44 SGB II). Näheres dazu auch in den Beiträgen Kostenerstattung (→ 67 Rn. 21) und Härtefallmehrbedarf (→ 52 Rn. 77).

2. Ansparen statt Beihilfen beziehen

8 Beziehende von Bürgergeld / HzL / GSi der Sozialhilfe sollen, um ihren Bedarf zu decken, Beträge für die früheren einmaligen Beihilfen ansparen. Diese sollen jetzt im Regelbedarf enthalten sein. Wie hoch diese Beträge im Einzelnen sind, wird überwiegend geheim gehalten. Soweit sie bekannt wurden, finden Sie sie unter dem Beitrag Regelbedarf (→ 89).

Sie sollen also Beträge in unbekannter Höhe für noch nicht bekannte Bedarfe ansparen. Am besten in vielen kleinen Sparbüchsen.

9 *„Über die Verwendung der zur Deckung des Regelbedarfs erbrachten Leistungen entscheiden die Leistungsberechtigten eigenverantwortlich, dabei haben sie das Eintreten unregelmäßig anfallender Bedarfe zu berücksichtigen"* (§ 20 Abs. 1 S. 4 SGB II; sinngemäß § 27a Abs. 3 S. 3 SGB XII).

Daraus leitet sich unserer Ansicht nach keine gesetzliche Verpflichtung ab, für (unbekannte) Bedarfe der Zukunft (unbekannte) Beträge anzusparen (SG Aurich 6.12.2005 – S 25 AS 254/05 ER). Werden keine Rücklagen für

„unregelmäßig anfallende Bedarfe" gebildet, können Sie nicht bestraft werden (LPK-SGB XII § 27a Rn. 17).

Auch im Rahmen der Corona-Pandemie wurden von diversen Gerichten Anträge auf einen Pandemie-Mehrbedarf abgelehnt. „Sollte es im Einzelfall zu unvermeidbaren Mehrkosten kommen, lägen diese in einem Bereich von wenigen Euro. Dies sei vom Leistungsberechtigten im Rahmen der pauschalen Betrachtung des Regelbedarfs hinzunehmen. Auch die zusätzlichen Aufwendungen für Hygieneartikel, Ernährungskosten stellten keinen unabweisbaren Mehrbedarf dar, da Aufwendungen für Seife und vergleichbare Reinigungsmittel im Regelbedarf enthalten seien. Auch die eingeführte Maskenpflicht in Baden-Württemberg führe ebenfalls zu keinem höheren Bedarf, da auch Schals und Tücher hierfür geeignet und erlaubt seien" (SG Stuttgart 6.5.2020 – S 15 AS 1315/20 ER). Auch wurden erhöhte Regelleistungen aufgrund von Pandemie und Inflation abgelehnt, die Regelleistungen seien trotz Inflation weiter verfassungsgemäß (LSG Niedersachsen-Bremen 24.8.2022 – L 8 SO 56/22 B ER; LSG Baden-Württemberg 20.7.2022 – L 13 AS 1162/22). Mit kaltem, technokratischem Ton und Formalien, wie, dass der Bedarf nicht glaubhaft gemacht wurde oder die Bedarfe ausreichend durch die Entlastungspakete gedeckt seien, wird eine verfassungswidrig zu niedrige Regelleistung zu einer verfassungskonformen umgeurteilt. Armut und die systematische Bedarfsunterdeckung wurden durch solche Entscheidungen zementiert.

2.1 Schutz des „Ansparvermögens"

10 **Bürgergeld:**

Da man Sie schlecht zum Sparen auffordern kann, um Ihnen dann das Gesparte als nicht geschütztes Vermögen wieder abzunehmen, durften Sie im alten Alg II, gültig bis 31.12.2022, bis zu 750 EUR pro Angehörigen der Bedarfsgemeinschaft ansparen, ohne dass dieser Betrag als Vermögen zu verwerten ist. „Da davon ausgegangen wird, dass der Leistungsberechtigte aus dieser Regelleistung Ansparungen für größere Anschaffungen, wie z.B. für Haushaltsgeräte oder den Wintermantel, erbringt, müssen diese Ansparungen konsequenterweise bei der Vermögensanrechnung unberücksichtigt bleiben" (BT-Drs. 15/1516, 53). Das war die Position des Gesetzgebers im Jahr 2003 zur Einführung der Hartz IV-Gesetze. Im Jahre 2011 wurde dann Folgendes geregelt: Sollte ein*e Alg II-/Bürgergeld-Bezieher*in es ausnahmsweise nicht geschafft haben, aus dem Regelbedarf für zukünftige Bedarfe Gelder zurückzulegen, ist nur dann ein Darlehen dafür zu gewähren, wenn er*sie sich zuvor restlos entreichert und alles verfügbare Vermögen eingesetzt hat, so auch den 750-EUR-Ansparbetrag (§ 42 Abs. 1 S. 1 SGB II). Seit 2023 ist der Ansparbetrag gestrichen und in das gesamte Schonvermögen von 15.000 EUR pro Person umgewandelt worden (§ 12 Abs. 2 SGB II).

11 **HzL/GSi der Sozialhilfe:**

Hier müssen Leistungsbeziehende auch ansparen. Aber es gibt **einen zusätzlichen Schutz Ihres Ansparvermögens**. Also passen Sie auf, dass das Sozialamt Ihre Ansparungen nicht als „Vermögen" einkassiert. Wenn Sie nachweislich von den laufenden Leistungen zum Lebensunterhalt Rücklagen für unregelmäßig anfallende Bedarfe bilden und dadurch Ihr Schonvermögen (→ 119 Rn. 7 ff.) überschritten wird, stellt die Verwertung dieses „Ansparvermögens" eine Härte dar (LPK-SGB XII § 37 Rn. 6). Besondere finanzielle Belastungen, die nicht vom SGB XII abgedeckt werden und für die Barvermögen vorgehalten werden muss, erhöhen nicht den allgemeinen Schonvermögensbetrag, können aber zu einer Härte des Vermögenseinsatzes führen. Im vorliegenden Fall ging es um einen in Vollzeit erwerbstätigen, schwerstpflegebedürftigen Empfänger: von Leistungen der Hilfe zur Pflege ist von seinem aus dem Erwerbseinkommen angesparten Vermögen ein Freibetrag zu belassen, der dem eines erwerbsfähigen Hilfebedürftigen nach dem SGB II entspricht (LPK-SGB XII § 90 Rn. 88; BSG 28.3.2018 – B 8 SO 1/17 R).

2.2 Bezugsdauer reicht nicht zum Ansparen

12 Der Posten „*Waschmaschine*" wird zusammen mit Wäschetrockner, Geschirrspül-

40 Einmalige Beihilfen/Erstausstattungsbedarfe

und Bügelmaschinen für 1,85 EUR im Regelbedarf (Stand 2023) veranschlagt (→ 52 Rn. 66 ff.). Wenn eine Gebrauchsdauer von zehn Jahren und dieselbe Regelbedarfshöhe unterstellt wird, hätte man zehn Jahre nach Antragstellung 192 EUR angespart. Was aber, wenn der Bedarf schon nach einem oder zwei Jahren auftritt?

13 Die Bundesregierung ging bei ihren Kostenberechnungen davon aus, dass Bürgergeld-Beziehende durchschnittlich elf Monate im Bezug sind. Das traf 2004 auf die Beziehenden von Arbeitslosenhilfe zu. Die Realität heute sieht anders aus: Mehr als die Hälfte, nämlich 51,4 Prozent, der erwerbsfähigen Leistungsberechtigten wies im Dezember 2021 eine **Verweildauer von vier oder mehr Jahren** im SGB II-Leistungsbezug auf (Institut Arbeit und Qualifikation der Universität Duisburg-Essen, Verweildauern von 4 Jahren und mehr im SGB II-Bezug, 2021, abrufbar unter:

https://www.sozialpolitik-aktuell.de/files/sozialpolitik-aktuell/_Politikfelder/Sozialstaat/Datensammlung/PDF-Dateien/abbIII104.pdf, letzter Zugriff: 6.1.2023) – viel Zeit zum Ansparen.

14 Doch auch wer die Zeit hätte, im Leistungsbezug anzusparen: die für größere Anschaffungen benötigten Summen kommen nicht zusammen. Bei den Experimenten zur Pauschalierung der Sozialhilfe, die 2001 bis 2003 durchgeführt wurden, konnte nur rd. ein Drittel der Haushalte überhaupt etwas ansparen (BAG-SHI Rundbrief 02/2004, 14).

Die Jobcenter gewährten Alg II-/Bürgergeld-Empfänger*innen 2017 nach Auskunft der BA Darlehen wegen unabweisbaren Bedarfs in Höhe von insgesamt 73 Mio. EUR: Das sind jeden Monat durchschnittlich 13.700 Personen. Gegenüber den Vorjahren sind es zwar weniger Schuldner*innen, dafür aber mit höheren Darlehenssummen (O-Ton Arbeitsmarkt 7.12.2018). Wenn Beziehende von Bürgergeld und HzL/GSi der Sozialhilfe eine Waschmaschine oder andere Dinge kaufen müssen, die sie gar nicht ansparen konnten, führt das zu einer massiven indirekten Regelbedarfssenkung.

3. Was ist ein unabweisbarer Bedarf?

15 Dass Sie einfach nur zu wenig Geld haben, reicht nicht. Ihr Bedarf muss unabweisbar sein, dh nicht aufschiebbar. Wenn Sie zB im Dezember einen Wintermantel brauchen und im Hochsommer einen Kühlschrank oder wenn eine Alleinerziehende mit zwei Kleinkindern eine Waschmaschine braucht, ist der Bedarf unabweisbar.

In der Rechtsprechung wird oft die Auffassung vertreten, dass ein notwendiger Bedarf erst unabweisbar ist, wenn seine Befriedigung dazu führt, dass das Regelbedarfsniveau um 20 Prozent – also etwa 100 EUR – unterschritten wird (LSG NRW 14.7.2006 – L 1 B 23/06 AS ER; LSG Hessen 11.4.2006 – L9 SV 43/06 ER). Das LSG Niedersachsen-Bremen geht schon bei 10 Prozent Bedarfsunterdeckung von einem unabweisbaren Bedarf aus (30.1.2006 – L 9 AS 7/06 ER). Eine solche Entscheidung darf aber nicht pauschal erfolgen, sondern muss immer unter Würdigung sämtlicher Umstände des Einzelfalles getroffen werden (LPK-SGB XII § 37 Rn. 6). In Zeiten von durch die Decke gehender Inflation, den Folgen des Krieges gegen die Ukraine und Verknappung immer weiterer Gebrauchsgüter und damit Verteuerung immer weiterer Güter des täglichen Lebens wird die Regel sehr eng und zugunsten der Leistungsberechtigten auszulegen sein. Dies insbesondere, da das BVerfG in seiner letzten Regelsatzentscheidung den Gesetzgeber aufgefordert hat, eine Anspruchsgrundlage für einmalige Bedarfe, die nicht auf Darlehensbasis zu erbringen sind, zu schaffen (BVerfG 23.7.2014 – 1 BvL 10/12, Rn. 116). Diese Forderung hat der Gesetzgeber im SGB II zum 1.1.2021 aufgenommen und normiert, dass diese zu bewilligen sind, aber nur unter der Voraussetzung, dass ein (Anspar-)Darlehen nach § 24 Abs. 1 ausnahmsweise nicht zumutbar ist (§ 21 Abs. 6 SGB II). Bei der Unzumutbarkeit ist darauf abzustellen, in welcher Höhe die jeweiligen Beträge im Regelsatz vorhanden sind und ob sie daraus in absehbarer Zeit tilgbar sind. Der Verein Tacheles hat im Rahmen der vorherigen Verbändeanhörung zum Bürgergeld-Gesetz als Gesetzesänderung vorgeschlagen: Ein einmaliger unabweisbarer Bedarf liegt vor, wenn ein Darlehen nach § 24 Abs. 1 wegen der Höhe der im Regelbedarf für diesen Bedarf vorgesehenen Beträge nicht zumutbar ist. Nicht zumutbar ist ein Darlehen immer dann, wenn mit dem Betrag, der im Regelbedarf für diesen Bedarf berücksichtigt ist, der Bedarf nicht in 24 Monaten gedeckt werden kann (Tacheles-Stellungnahme zum Bürgergeldgesetz, S. 24, abrufbar unter: https://tacheles-sozialhilfe.de/files/Aktuelles/2022/Tacheles-Stellungnahme-zum-Buergergeldgesetz-Final-22-08-2022-E.pdf, zuletzt abgerufen: 5.1.2023).

3.1 Zuschuss zu Erstausstattungsbedarfen für Nichtleistungsbeziehende

16 Erstausstattungsbedarfe nach SGB II/ SGB XII können Sie auch bekommen, wenn Sie keinen Anspruch auf laufende Bürgergeld- und HzL-/GSi-Leistungen für den Lebensunterhalt, Unterkunft und Heizung haben, aber eine der oben genannten Erstausstattungen an Hausrat, Babybedarfen, Möbeln und Bekleidung, die Eigenbeteiligung für orthopädische Schuhe oder Kosten für Miete und Reparaturen therapeutischer Geräte „*aus eigenen Kräften und Mitteln nicht voll decken können*" (§ 24 Abs. 3 S. 3 SGB II, ebenso § 31 Abs. 2 SGB XII bzw. § 42 Nr. 3 SGB XII).

17 **Beispiel:** Berechnung des Zuschusses Nadja Schlau musste sich Hals über Kopf von ihrem erwerbslosen Mann trennen und ist mit ihrer sechsjährigen Tochter Ann-Katrin in eine eigene Wohnung gezogen. Da sie nur einen Teil der Wohnungsausstattung mitnehmen kann, hat sie einen Erstausstattungsbedarf in Höhe von 800 EUR. Das bereinigte Einkommen ihrer Bedarfsgemeinschaft (Nadjas Teilzeitjob sowie Ann-Katrins Kindergeld und Unterhaltsvorschuss) übersteigt deren Regelbedarf um 60 EUR. Die Behörde bewilligt die beantragte Erstausstattung in voller Höhe. „*In diesem Falle kann das Einkommen berücksichtigt werden, das Hilfebedürftige innerhalb eines Zeitraumes von bis zu sechs Monaten nach Ablauf des Monats erwerben, in dem über die Leistung entschieden worden ist*" (§ 24 Abs. 3 S. 4 SGB II, ebenso § 31 Abs. 2 S. 2 SGB XII).

Der Monat der Entscheidung plus sechs weitere Monate ergeben insgesamt sieben Monate. Das überschießende Einkommen darf also bis zu sieben Mal angerechnet werden. Die Anrechnung ist eine Kann-Vorschrift. Die Behörde darf Ihr übersteigendes Einkommen nicht ohne Prüfung des Einzelfalls routinemäßig für sieben Monate anrechnen. Das Ermessen (→ 44) muss ausgeübt und begründet werden, besondere Bedarfslagen sind hier zu berücksichtigen. Wenn Nadja Schlau die übersteigenden 60 EUR für sieben Monate einsetzen müsste, müsste sie im ungünstigsten Fall 7 x 60 EUR = 420 EUR als Eigenanteil in den Folgemonaten zurückzahlen. Den Rest von 380 EUR muss die Behörde als Beihilfe übernehmen.

18 Bei Studierenden (→ 110), die nicht im Elternhaus leben, besteht, obwohl sie sonst aus den Existenzsicherungsleistungen ausgeschlossen sind, der Anspruch auf die nichtausbildungsgeprägten Erstausstattungsbedarfe für Bekleidung, Schwangerschaft und Geburt (§ 27 Abs. 2 SGB II). Warum sich dieser Anspruch nicht auf die anderen einmaligen Beihilfen des § 24 Abs. 3 SGB II bezieht, ist nicht nachvollziehbar. Gerade den Erstausstattungsbedarf für Wohnungen, der bei mittellosen Auszubildenden, Schüler*innen und Studierenden anlässlich des Ausbildungsbeginns häufig entsteht, wollen Sozial- und Bildungspolitiker*innen der Bundesregierung partout nicht als Bedarf anerkennen.

3.2 Darlehen bei unabweisbarem Bedarf

19 Die Hartz IV-/Bürgergeld-Parteien tun alles, um die Regelleistungen so niedrig wie möglich zu halten. Das passiert, indem sie einmalige Bedarfe in den Regelsatz einordnen und für die Bedarfe, die Sie unabweisbar brauchen, dann ein Darlehen vorgesehen ist. Das ist Existenzsicherung auf Pump, da das Darlehen die Regelleistungen gleichzeitig nicht verfassungswidrig werden lässt. Die Gerichte, die eigentlich dafür zuständig sein sollten, solche Regelungen immer wieder auf Herz und Nieren zu prüfen und im Zweifelsfall die Vorschriften verfassungskonform auszulegen, sichern dieses Herrschaftssystem immer wieder ab und winken die Rechtsvorschriften durch. Damit wird Armut per Gesetz, ob es nun Hartz IV oder Bürgergeld genannt wird, fast immer wieder bestätigt, → Rn. 10.

40 Einmalige Beihilfen/Erstausstattungsbedarfe

20 **Bürgergeld:**

„Kann im Einzelfall ein vom Regelbedarf zur Sicherung des Lebensunterhalts umfasster und nach den Umständen unabweisbarer Bedarf nicht gedeckt werden, erbringt die Agentur für Arbeit bei entsprechendem Nachweis den Bedarf als Sachleistung oder als Geldleistung und gewährt der oder dem Leistungsberechtigten ein entsprechendes Darlehen" (§ 24 Abs. 1 S. 1 SGB II).

Um zu bekräftigen, dass die 502 EUR (Regelsatz 2023) reichen müssen, wurde der Satz hinzugefügt: *„Weitergehende Leistungen sind ausgeschlossen"* (§ 24 Abs. 1 S. 3 SGB II). Der Satz ist weder verfassungskonform, noch stimmt der mit der neuen Rechtslage von § 21 Abs. 6 SGB II überein, in dem ja weitere Leistungen eingeschlossen wurden, → Rn. 10.

Zuvor müssen Sie allerdings versuchen, den Bedarf durch Einsatz Ihres **Schonvermögens** (→ 119) und des Schonvermögens Ihres Kindes/Ihrer Kinder zu decken (→ Rn. 22 ff.).

21 **HzL/GSi der Sozialhilfe:**

„Kann im Einzelfall ein von den Regelbedarfen umfasster und nach den Umständen unabweisbar gebotener Bedarf auf keine andere Weise gedeckt werden, sollen auf Antrag hierfür notwendige Leistungen als Darlehen erbracht werden" (§ 37 Abs. 1 SGB XII).

3.3 Bedarf aus dem Vermögen decken

22 **Bürgergeld:**

Ist der Bedarf als unabweisbar anerkannt, müssen Sie zuerst auf Ihr Vermögen (→ 119) zurückgreifen, bevor ein Anspruch auf ein Darlehen besteht. Das gilt seit dem 1.4.2011 für fast alle Darlehen beim Bürgergeld-Bezug (§ 42a Abs. 1 S. 1 SGB II).

Ausnahme: Darlehen zur Wohnraumsicherung nach § 22 Abs. 8 SGB II, hier ist das Vermögen nach § 12 Abs. 1 SGB II vorrangig einzusetzen.

Vorrangig zu verbrauchen ist also das Schonvermögen von 15.000 EUR (§ 12 Abs. 1 S. 1 SGB II).

Sie müssen also auch das Vermögen einsetzen, dass Ihnen bei Antragstellung noch für Sie und Ihre Bedarfsgemeinschaft als Schonvermögen anerkannt wurde.

23 **Tipp:** Beantragen Sie das Darlehen für einen unabweisbaren Bedarf am besten als Einzelperson, nicht aber für die ganze Bedarfsgemeinschaft. Damit reduzieren Sie ggf. den Einsatz des Schonvermögens und die Tilgungshöhe, mit der das Darlehen mit Ihrem laufenden Regelbedarf aufgerechnet wird, denn aufgerechnet werden darf nur bei dem*r Darlehensnehmer*in (§ 42a Abs. 2 S. 1 SGB II; → 30 Rn. 7 ff.). Eine Ausdehnung der Darlehenserbringung auf zu Bedarfsgemeinschaften gehörende minderjährige Kinder wird als ermessensfehlerhaft angesehen, weil sie den gesetzlichen Minderjährigenschutz umgeht (Eicher/Luik/Harich SGB II § 42a Rn. 26; LSG NRW 17.9.2013 – L 19 AS 1501/13 B). In Bezug auf Kautionsdarlehen: Der Anspruch steht den beiden minderjährigen Kindern schon deshalb nicht zu, weil sie nach dem Mietvertrag nicht zivilrechtlich zur Zahlung der Kaution verpflichtet sind. Das Kopfteil-Prinzip ist auf Leistungen für eine Mietkaution nicht anzuwenden, weil eine mit der Rückzahlungsverpflichtung nach § 42a Abs. 1 S. 3 SGB II einhergehende faktische Mithaftung der nicht am Mietvertrag Beteiligten, insbesondere auch der Kinder einer Bedarfsgemeinschaft, für unerfüllte Mietvertragsforderungen verhindert werden soll (LSG NRW 19.5.2022 – L 2 AS 662/22 B ER; vgl. LSG NRW 10.6.2020 – L 6 AS 718/20 B ER; LSG Sachsen-Anhalt 18.10.2018 – L 5 AS 295/18; in Bezug auf Mietschulden mit gleicher Argumentation: BSG 18.11.2014 – B 4 AS 3/14 R; zum Minderjährigenschutz allgemein: BSG 7.7.2011 – B 14 AS 153/10 R).

24 **HzL/GSi der Sozialhilfe:**

Sozialhilfebeziehende hatten noch nie einen Freibetrag für notwendige Anschaffungen, im SGB II ist dieser 2023, zu Beginn der Umetikettierung von Alg II zu Bürgergeld, gestrichen worden. Hier gibt es Versuche, Sie auf Ihr Schonvermögen zu verweisen, wenn Sie nicht genügend Geld für notwendige Anschaffungen haben. Das macht die Bundesregierung (BT-Drs. 15/1514, 61, zu § 38 SGB XII), aber auch Sozialämter und deren Mitarbeitenden. Das ist **rechtswidrig**. Denn *„Sozialhilfe darf nicht abhängig gemacht werden vom Einsatz oder der Verwertung [...] kleiner Barbeträge"* (§ 90 Abs. 2 Nr. 9

313

SGB XII). In der HzL/GSi hat der Gesetzgeber, anders als bei der SGB XII-Darlehensregel unter § 42a Abs. 1 S. 1 SGB II, keine Regelung über den vorrangigen Einsatz von Schonvermögen getroffen. Deshalb darf der Einsatz des Schonvermögens auch nicht gefordert werden (LPK-SGB XII § 37 Rn. 6). Genau dazu aber werden Sie vielfach rechtswidrig aufgefordert, wenn das Schonvermögen für einen unabweisbaren Bedarf an Hausrat angegriffen werden soll.

25 **Tipp:** Wehren Sie sich dagegen, wenn Sie etwas anderes mit Ihrem Vermögen geplant haben.

3.4 „Unabweisbarer Bedarf" als Geld- oder Sachleistung

26 Es gilt als grundsätzlich zumutbar, dass Sie Ihren Bedarf mit gebrauchten, gut erhaltenen Möbeln und Hausratsgegenständen (BVerwG 14.3.1991 – 5 C 70.86, 397; LSG Rheinland-Pfalz 12.5.2005 – L 3 ER 45/05 AS; SG Dresden 29.5.2006 – S 23 AS 802/ER) und mit gebrauchter Kleidung (OVG Niedersachsen 15.3.2005 – 12 LC 165/04) befriedigen. Der Gesetzgeber hat im SGB II normiert, dass auch Sachleistungen (→ 94) zumutbar seien.

Laut BVerwG „*darf der Hilfeempfänger – nicht zuletzt aus Gründen der Sparsamkeit im Umgang mit öffentlichen Haushaltsmitteln – auch auf ihm zumutbare Sachleistungen verwiesen werden*" (BVerwG 14.3.1991 – 5 C 70.86). Das steht auch in der Gesetzesbegründung (BT-Drs. 15/1516, 57).

Der Regelbedarf ist so knapp bemessen, dass gebrauchte Möbel und Kleidung ohnehin „*eigenverantwortlich*" gekauft werden müssen, um über die Runden zu kommen.

Entscheidend für die Frage nach der Zulässigkeit ist letztlich, ob der Bedarf gedeckt ist. „*Das Wahl- und Wunschrecht des Hilfesuchenden wie das Auswahlermessen [Sachleistung oder nicht] des Sozialhilfeträgers sind daher nur auf solche Hilfealternativen bezogen, bei denen kein sozialhilferechtlicher Bedarf offen bleibt*" (BVerwG 2.9.2004 – 5 B 18.04).

Da die Hartz IV-/Bürgergeld-Parteien die Nutzung von Gebrauchtwarenlagern und Kleiderkammern vor die Vergabe eines Darlehens vorgeschaltet haben, ist der Verweis nur in dem Maße zulässig, wie der Bedarf dadurch gedeckt werden kann. Die Gegenstände müssen „*in Bezug auf Qualität, Gebrauchstauglichkeit und hygienischen Zustand einwandfrei*" sein (OVG Niedersachsen 15.3.2005 – 12 LC 165/04). Kleidungsstücke müssen „*zeitgemäß gestaltet*" sein. Bei langlebigen Haushaltsgeräten sollte darauf geachtet werden, dass Sie nahezu neuwertig sind und einer günstigen Energieeffizienzklasse angehören. Wie sollen Sie sonst mit Ihrem Regelbedarfsanteil von 40,73 EUR (RB 2023) Ihren Haushaltsstrom bezahlen können? Ist der notwendige Bedarf nicht zu decken oder werden Waren aus nachvollziehbaren Gründen abgelehnt, kommt ein Darlehen für den Neukauf in Frage.

27 Der Verweis auf kostenlose Second-Hand-Lager der Wohlfahrtsverbände oder Ausgabestellen der Tafeln etc darf nicht die Regel sein, da Zuwendungen der Wohlfahrtsverbände nicht auf Bürgergeld/Sozialhilfe angerechnet werden dürfen. „*Zuwendungen der freien Wohlfahrtspflege bleiben als Einkommen außer Betracht*" (§ 84 Abs. 1 SGB XII; entsprechend: § 11a Abs. 4 SGB II; Einkommen, → 37). Unter „*Wohlfahrtspflege*" sind auch andere freie gemeinnützige Träger zu verstehen (Hauck/Noftz SGB XII § 84 Rn. 4), zB das Tafelwesen.

28 Dass der Verweis auf Wohlfahrtspflege sehr brüchig ist, hat die Lockdown-Zeit zu Anfang der Coronapandemie bewiesen; und erst recht die Überlastung der Wohlfahrtspflege anlässlich der Geflüchteten aus der Ukraine und angesichts der massiven Inflation, was dazu geführt hat, dass die meisten Tafeln über Monate geschlossen waren oder völlig überlaufen sind. Selbst vermeintlich banale Dinge, wie die Versorgung von Obdachlosen mit Trinkwasser, führten zu massiven Problemen. Durch die europaweite Bürgerinitiative „Right2Water – Wasser ist ein Menschenrecht" wurde ein europäisches Recht auf trinkbares und sauberes Wasser gesetzlich festgeschrieben (Richtlinie (EU) 2020/2184 v. 16.12.2020 über die Qualität von Wasser für den menschlichen Gebrauch).

Ausgehend von dieser Richtlinie müssen die öffentlichen Verwaltungen Zugang zu kostenlosem Trinkwasser etwa für wohnsitzlose oder nicht sesshafte Menschen sicherstellen. Daher gilt es unbedingt darauf zu achten, dass Wohlfahrtszuwendungen in keinem Fall dem sozialrechtlichen Anspruch entgegengestellt werden. Die Lage stellt sich anders dar, wenn Wohlfahrtsverbände in Kooperation mit dem Jobcenter/Sozialamt ein Sozialkaufhaus betreiben bzw. wenn die Behörde einen direkten und erheblichen Einfluss auf die Second-Hand-Läden hat (VGH Baden-Württemberg 16.3.1994 – 6 S 1591/92). In diesem Fall kann das Amt Sie vorrangig auf das Gebrauchtangebot verweisen.

3.5 Tilgung des Darlehens

29 **Bürgergeld:**

Rückzahlungsansprüche werden *„durch monatliche Aufrechnung in Höhe von 10 Prozent des maßgebenden Regelbedarfs getilgt"* (§ 42a Abs. 3 S. 1 SGB II). Das sind im Bürgergeld immerhin 50,20 EUR im Monat (Regelbedarf 2023). Ab dem 1.7.2023 reduziert sich die Aufrechnung für Alt- und Neudarlehen auf 5 Prozent des Regelsatzes (→ 30 Rn. 14).

Spielraum gibt es aber bei der Frage, wie viele Personen aus der Bedarfsgemeinschaft als Darlehensnehmer*in auftreten. Danach richtet sich auch die Höhe der mtl. Tilgungsbeträge (→ Rn. 7 ff.).

30 **HzL/GSi der Sozialhilfe:**

„Für die Rückzahlung des Darlehens [...] können [...] Teilbeträge bis zur Höhe von jeweils 5 vom Hundert der Regelbedarfsstufe 1 [...] einbehalten werden" (§ 37 Abs. 4 SGB XII).

5 Prozent vom Eckregelbedarf, dh **25,10 EUR** (Regelbedarf 2023), sind die **Obergrenze**. Es liegt also im Ermessen des*r Sachbearbeiters*Sachbearbeiterin, wie hoch die Rückzahlung des Darlehens festgesetzt wird. Dabei müssen sowohl Ihre Leistungsfähigkeit als auch Ihre besondere persönliche Situation berücksichtigt werden. Näheres finden Sie unter dem Beitrag Darlehen (→ 30 Rn. 29 ff.).

3.6 Darlehen an einzelne Personen der Bedarfsgemeinschaft

31 Im **Bürgergeld** gilt:

„Darlehen können an einzelne Mitglieder von Bedarfsgemeinschaften oder an mehrere gemeinsam vergeben werden" (§ 42a Abs. 1 S. 2 SGB II). Diese Regelung schafft Spielraum beim Einsatz von Schonvermögen und bei der Höhe des mtl. Aufrechnungsbetrags. Sie enthält keine Ermächtigung für das Jobcenter zu bestimmen, ob das Darlehen an eine oder mehrere Personen vergeben wird.

Wenn Sie nur Ihren **eigenen Bedarf** decken müssen, weil Sie zB ein Darlehen für ein neues Bett oder eine neue Matratze benötigen, liegt es auf der Hand, dass Sie nur als einzelne Person ein Darlehen benötigen und als alleinige*r Darlehensnehmer*in auftreten. Dh, nur Ihr Schonvermögen muss – falls vorhanden – vorrangig herangezogen werden und auch die mtl. Tilgungsrate beschränkt sich auf 10 Prozent Ihres Regelbedarfs bis Juni 2023 und 5 Prozent des Regelsatzes ab Juli 2023.

Auch wenn ein unabweisbarer Bedarf für **mehrere Mitglieder der Bedarfsgemeinschaft** mittels Darlehen gedeckt werden muss, ist es unserer Auffassung nach möglich, dass **nur eine Person** (als Haushaltsvorstand*Haushaltsvorständin) das Darlehen beantragt und als Darlehensnehmer*in auftritt. Auf diese Weise kann ggf. das Schonvermögen der anderen geschont und die Tilgungsrate auf 10 bzw. 5 Prozent des Regelbedarfs des*r Darlehensnehmers*Darlehensnehmerin beschränkt werden.

Falls das Jobcenter sich darauf nicht einlassen will, wäre es hilfsweise möglich, ein Darlehen für die ganze Familie nur über die Eltern laufen zu lassen. Die dürfen nämlich ohne Zustimmung des Familiengerichts auf ihre minderjährigen Kinder gar keine Schulden aufnehmen (→ 30 Rn. 10; → 78). Dann bliebe zumindest das Schonvermögen der (minderjährigen) Kinder verschont und die Tilgungsrate wäre geringer.

32 **Achtung:** Da durch das Gesetz fingiert wird, dass die antragstellende Person bevollmächtigt ist, einen SGB II-Antrag für die ganze Bedarfsgemeinschaft zu stellen, müs-

sen Sie darauf achten, dass Sie das Darlehen unmissverständlich als einzelne*r Darlehensnehmer*in beantragen.

Näheres dazu finden Sie unter dem Beitrag Darlehen (→ 30 Rn. 7 ff.).

4. Einmalige Beihilfe für kranke und behinderte Menschen

33 Seit dem 1.4.2011 werden Leistungen für „*Anschaffung und Reparatur von orthopädischen Schuhen, Reparaturen von therapeutischen Geräten und Ausrüstungen sowie die Miete von therapeutischen Geräten*" zusätzlich erbracht (§ 24 Abs. 3 Nr. 2 SGB II; § 31 Abs. 1 Nr. 3 SGB XII). Sie müssen dafür einen gesonderten Antrag stellen (§ 37 Abs. 1 SGB II). Jobcenter und Sozialamt übernehmen nur die **Eigenbeteiligung**, die über die gesetzlichen Zuzahlungen der Krankenversicherung hinausgeht.

4.1 Orthopädische Schuhe

34 „*[Kranken-]Versicherte haben Anspruch auf Versorgung mit [...] orthopädischen und anderen Hilfsmitteln, die im Einzelfall erforderlich sind, um den Erfolg der Krankenbehandlung zu sichern, einer drohenden Behinderung vorzubeugen oder eine Behinderung auszugleichen, soweit die Hilfsmittel nicht als allgemeine Gebrauchsgegenstände des täglichen Lebens anzusehen [...] sind*" (§ 33 Abs. 1 S. 1 SGB V).

Zu den **Kassenleistungen** im Zusammenhang mit **orthopädischen Schuhen** gehören orthopädische Maßschuhe, Therapieschuhe, orthopädische Schuhzurichtungen an Konfektionsschuhen und diabetesadaptierte Fußbettungen. Sie haben ggf. einen Anspruch auf die Erstversorgung mit orthopädischen Maßschuhen sowie deren Änderung, Reparatur und die notwendige Ersatzbeschaffung. Dazu gehören zB

- alle zwei Jahre zwei Paar orthopädische Straßenschuhe,
- alle vier Jahre ein Paar orthopädische Hausschuhe (bei Rollstuhlfahrer*innen soll ein zusätzliches Paar Hausschuhe bewilligt werden),
- alle vier Jahre ein Paar Sport- und Badeschuhe zu Übungsbehandlungen im Wasser oder zur Krankengymnastik oder für den Schulsport und
- ein Paar orthopädische Interimsschuhe zur Versorgung während der frühen Krankheits- und Rehabilitationsphase.

Sie müssen für jeden dieser Spezialschuhe eine **Eigenbeteiligung** leisten, weil es sich dabei sowohl um medizinische Hilfsmittel als auch um Gebrauchsgegenstände des täglichen Lebens handelt. Die Eigenbeteiligung beträgt **pro Paar Schuhe 76 EUR**. Diesen Betrag bekommen Sie als einmalige Beihilfe **vom Jobcenter/Sozialamt** erstattet. Hinzu kommt ggf. die gesetzliche Zuzahlung in Höhe von 10 EUR, die nicht vom Amt übernommen wird (FW 24.23).

4.2 Therapeutische Geräte

35 „*Die Reparatur von therapeutischen Geräten und Ausrüstungen sowie die Miete von therapeutischen Geräten können als Sonderleistung erbracht werden*" (FW 24.24). Kassenleistungen und Leistungen eines Rehabilitationsträgers (zB der Unfallversicherung) sind hier immer vorrangig in Anspruch zu nehmen. Zu den Reparaturkosten gehört nach Ansicht der BA nicht der Austausch von Verschleißteilen wie etwa einer Batterie (FW 24.24).

36 Hinweise, was unter therapeutischen Geräten zu verstehen ist, gibt eine Sonderauswertung der EVS des Statistischen Bundesamtes, hier sind u.a. aufgeführt:

Elektrische und feinmechanische Gebrauchsgüter wie Hörgeräte, Massagegeräte, Bestrahlungsgeräte, Blutzucker- und Blutdruckmessgeräte, Ultraschall- und Kontaktlinsenreinigungsgeräte, andere therapeutische Geräte und Ausrüstungen sowie Krankenfahrstühle und -betten (vgl. Fachserie 15, EVS 2003, Heft 7, S. 103, www.destatis.de).

4.3 Brillenreparaturen

37 Das BSG hat nun entschieden, dass die Reparatur von Brillen auch zu den vom Jobcenter zu übernehmenden Kosten gehört und auf Zuschussbasis zu übernehmen ist. Denn Brillen gehören zu therapeutischen Geräten, daher sind Reparaturkosten in tatsächlicher Höhe vom Jobcenter zu übernehmen. Unter

Reparatur (von lateinisch „reparare" bedeutet: wiederherstellen bzw. instandsetzen) wird der Vorgang verstanden, bei dem ein defekter Gegenstand in den ursprünglichen, funktionsfähigen Zustand zurückversetzt wird. Eine Reparatur liegt ohne Zweifel dann vor, wenn das Gestell kaputt geht und repariert wird oder wenn zB nach einem Sturz das Glas zerbrochen ist und nun ein Ersatzglas eingesetzt werden muss (BSG 25.10.2017 – B 14 AS 4/17 R; FW 24.24). Für das SGB XII hat das BSG entschieden, dass die Kosten für den Ersatz von Brillengläsern dann keine Reparaturkosten sind, wenn der Austausch wesentlich ursächlich wegen einer Änderung der Sehstärke erfolgt (BSG 18.7. 2019 – B 8 SO 13/18 R). Im RB (2023) sind therapeutische Mittel und Geräte (einschl. Eigenanteile) unter der Code-Nummer 0613 900 in nachfolgenden Höhen enthalten (BT-Drs.: 19/22750, 27):

RB Stufe	Betrag in EUR
RB Stufe 1 / Alleinstehende	2,58 EUR
RB Stufe 2 / Partnerregelsatz	2,32 EUR
RB Stufe 3 / 18– < 25 J. im Elternhaus	2,07 EUR
RB Stufe 4 / 14–17 J.	Keine Bezifferung*
RB Stufe 5 / 6–13 J.	2,15 EUR
RB Stufe 6 / 0–5 J.	1,24 EUR

*Für die RB Stufe 4 gibt es keinen bezifferten Wert, weil zu wenige EVS-Haushalte ausgewertet wurden und bei weniger als 100 Haushalten mit derartiger Ausgabe kein bezifferter Wert ausgewiesen wird.

5. Leistungen für unabweisbare „sonstige [atypische] Lebenslagen"

38 „*Leistungen können auch in sonstigen Lebenslagen erbracht werden, wenn sie den Einsatz öffentlicher Mittel rechtfertigen*" (§ 73 SGB XII).
39 Bis zur Entscheidung des BVerfG zum Hartz IV-Regelbedarf (→ 89) am 9.2.2010 konnten atypische Bedarfslagen auch von Alg II- / jetzt Bürgergeld-Beziehenden nach § 73 SGB XII übernommen werden. Mit der Regelbedarfsentscheidung hat das BVerfG eine solche „*Härtefallregelung*" im SGB II selbst eingeführt. Inzwischen wurden die **Härtefallbedarfe** (→ 52) für einen „*unabweisbaren, laufenden, nicht nur einmaligen besonderen Bedarf*" (§ 21 Abs. 6 SGB II) ins Gesetz aufgenommen. Seit Januar 2021 wurde formell in § 21 Abs. 6 SGB II die Regelungslücke für einmalige Bedarfe geschlossen, einmalige Bedarfe sind nun möglich. Näheres finden Sie unter → Rn. 15 und unter dem Beitrag Härtefallmehrbedarfe (→ 52 Rn. 56 ff.).

6. Leistungen für Bildung und Teilhabe (BuT)

40 BuT wird erbracht für Kinder, Jugendliche und Jungerwachsene, die das 25. Lebensjahr nicht vollendet haben, eine allgemein- oder berufsbildende Schule besuchen sowie weder eine Ausbildungsvergütung (§ 28 Abs. 1 S. 2 SGB II) noch Bürgergeld (§§ 28 ff. SGB II), Sozialhilfe (§ 34, 34a SGB XII), Wohngeld (→ 127), Kinderzuschlag (→ 63; § 6b BKGG) oder AsylbLG (§ 3 Abs. 3 AsylbLG iVm § 34 f. SGB XII) erhalten. BuT wird auch erbracht für Kinder und Jugendliche in SGB II-Haushalten, die selbst keine Bürgergeld-Leistungen, Kinderzuschlag oder Kinderwohngeld erhalten (§ 6b Abs. 1 S. 2 BKGG).

Anspruch auf BuT haben auch Haushalte, wenn sie BuT-Bedarfe nicht aus eigenen Mitteln vollständig bestreiten können und nicht im laufenden SGB II-/SGB XII-Bezug stehen. Hier ist für arbeitsfähige und nicht arbeitsfähige Antragstellende das Sozialamt zuständig (§ 34a Abs. 1 S. 2 SGB XII).

6.1 Darlehen für unabweisbaren Bedarf für Nichtleistungsbeziehende

41 Da der überwiegende Teil der früheren einmaligen Beihilfen im Zuge der Hartz IV-Reform durch die Möglichkeit der Darlehensvergabe (nach § 24 Abs. 1 SGB II, § 37 Abs. 1 SGB XII) ersetzt wurde, drängt sich die Frage auf, wie akute Bedarfsspitzen (zB neue Waschmaschine) von Menschen gedeckt werden, die mit ihrem regelmäßigen

40 Einmalige Beihilfen/Erstausstattungsbedarfe

Einkommen knapp über dem sozialhilferechtlichen Existenzminimum liegen. Personen, die dem SGB XII zuzuordnen sind und die mit einem Einkommen knapp über dem Sozialhilfeniveau liegen, haben einen Anspruch auf ein Darlehen für unabweisbaren Bedarf, wenn dieser nicht aus dem verfügbaren Einkommen finanziert werden kann (LPK-SGB XII § 37 Rn. 3; Grube/Wahrendorf/Flint SGB XII § 37 Rn. 10). Der Anspruch ist durch Antrag beim zuständigen Sozialamt geltend zu machen und von diesem gemäß der in → Rn. 16 dargelegten Kriterien zu prüfen. Die Höhe der Tilgungsraten richtet sich nach den nachgewiesenen Einkommensverhältnissen.

42 Der Anspruch auf ein Darlehen für Nichtleistungsbeziehende mit einem Einkommen nur geringfügig über dem Bürgergeld-Bedarf ist nach dem Wortlaut des SGB II nicht vorgesehen. Dies führt zu einem *„verfassungsrechtlich bedenklichen"* Ergebnis (LPK-SGB II § 24 Rn. 7), weshalb die Autor*innen die Ansicht vertreten, dass nach verfassungskonformer Auslegung des § 24 Abs. 1 SGB II die Regelung entsprechend anzuwenden ist.

6.2 Einmalige Bedarfe im Rahmen der Härtefallregelung

43 Zum 1.1.2021 wurde nun vom Gesetzgeber der Härtefallmehrbedarf auch für einmalige Bedarfe geöffnet. Es heißt nun im Gesetz: *„Bei Leistungsberechtigten wird ein Mehrbedarf anerkannt, soweit im Einzelfall ein unabweisbarer, besonderer Bedarf besteht; bei einmaligen Bedarfen ist weitere Voraussetzung, dass ein Darlehen nach § 24 Absatz 1 ausnahmsweise nicht zumutbar oder wegen der Art des Bedarfs nicht möglich ist"* (§ 21 Abs. 6 SGB II). Die Details zur neuen Rechtslage finden Sie unter Härtefallmehrbedarfe (→ 52).

7. Kritik

44 Mit der Hartz-Reform 2005 wurde der Regelbedarf der Sozialhilfe von 297 EUR um 48 EUR auf 345 EUR (West) erhöht. Der mtl. Erhöhungsbetrag als Pauschale für die weitgehende Abschaffung der einmaligen Beihilfen entsprach dem mtl. Durchschnittsbetrag, der in der Sozialhilfe für einmalige Beihilfen an Alleinstehende ausgezahlt wurde (16,2 Prozent des Regelbedarfs). Der monatliche Durchschnittsbetrag für einmalige Beihilfen in der Sozialhilfe lag bei Familien mit Kindern um gut zwei Prozent darüber. Bei ihnen wurden mit der Hartz-Reform die Leistungen gekürzt. Einmalige Beihilfen waren in den Jahren zuvor schon erheblich zusammengestrichen worden. 1980 betrugen die einmaligen Beihilfen noch durchschnittlich 23,1 Prozent der laufenden Regelbedarfe. Die damalige rot-grüne Regierung erklärte stolz: *„Damit [mit der Pauschalierung der einmaligen Beihilfen] haben die Bezieherinnen und Bezieher von Sozialhilfe mehr Möglichkeiten, über die Verwendung des Geldes selbst zu bestimmen"* (info also 2004, 190): mehr Selbstbestimmung über weniger Geld.

45 Auch die Beziehenden von GSi bekamen mit der neuen Pauschale weniger. Bis Ende 2004 bekamen sie rd. 342 EUR (297 EUR plus 15 Prozent des Regelbedarfs) und konnten diesen Betrag zusätzlich mit einmaligen Beihilfen aufstocken. Mit Hartz IV fiel diese Möglichkeit weg. Der Hauptzweck der Einbeziehung der einmaligen Beihilfen in den Regelbedarf war die Kürzung der zur Verfügung stehenden Leistungen, um durch strategische Unterfinanzierung die Pflicht zur Annahme jeder noch so schlecht bezahlten Arbeit durchzusetzen. Die Erhöhung der Regelleistungen um 53 EUR zum 1.1.2023, verpackt in das wohlklingende Wort „Bürgergeld", ist zwar mit Abstand die höchste Regelsatzanpassung, stellt aber lediglich den Inflationsausgleich dar. Die Lebenshaltungskosten sind spätestens seit dem Angriffskrieg gegen die Ukraine massiv gestiegen. Qualitativ bewegt sich die Regelleistungserhöhung aber nur auf dem Niveau, die Regelleistungen nicht offen verfassungswidrig werden zu lassen. Daher ist hier der richtige Begriff statt Bürgergeld „Bürgerharz", denn nichts anderes ist es: Existenzsicherung auf unterstem Niveau.

46 Die fast vollständige Pauschalierung des früheren Kleidergelds hat gewiss ein paar Vorteile: Sie müssen keine Quittungen mehr vorlegen. Es gibt keine Karenzzeit von sechs

Monaten mehr, in der man kein Kleidergeld bekommt. Es gibt keine Gutscheine mehr. Man wird nicht mehr zu Kleiderkammern geschickt, in denen man das findet, was man nicht braucht. Die entwürdigende Gängelung ist aber ersetzt worden durch die *„Freiheit"*, Beträge ansparen zu müssen, die im Bedarfsfall niemals reichen. Pauschalen für einmalige Beihilfen sind im Prinzip sinnvoll. Sie bringen aber nur dann mehr Selbstbestimmung, wenn sie erheblich höher sind als die heutigen Beträge.

8. Forderungen

47 Eine gesetzliche Öffnungsklausel für Sonderbedarfe als einmalige Beihilfen, zB für Kühlschränke, Waschmaschinen oder Brillen!

Erlass von Darlehen, wenn sich Leistungsbeziehende wiederholt hoch verschulden müssen, um unabweisbare Bedarfslagen zu decken!

Erstausstattung für Wohnungen von Auszubildenden, Schüler*innen und Studierenden!

Erhöhung des Regelbedarf auf mindestens 725 EUR!

41 Einstweiliger Rechtsschutz

1. Einstweiliger Rechtsschutz (ER) und die Voraussetzungen	1
1.1 Begründeter Rechtsanspruch (Anordnungsanspruch)	6
1.2 Dringende Notlage (Anordnungsgrund)	8
1.2.1 Dringende Notlage auch bei Eingliederungsleistungen	11
1.2.2 Dringende Notlage – ab welchem Einkommen	12
1.2.3 Dringende Notlage – ab welchem Vermögen	15
1.2.4 Nur 80 Prozent des Leistungsniveaus zuerkennen?	16
1.2.5 Unterkunfts- und Heizkosten in Eilverfahren	18
1.3 Widerspruch als Voraussetzung des ER	21
1.4 Einstweiliger Rechtsschutz erst, wenn das Amt nicht handelt	22
2. Wie den Antrag auf einstweiligen Rechtsschutz stellen?	24
2.1 Wo den Antrag stellen?	25
2.2 Antrag selbst stellen?	27
2.3 Zwei Varianten des einstweiligen Rechtsschutzes	30
2.3.1 Antrag auf Anordnung der aufschiebenden Wirkung	31
2.3.2 Antrag auf Anordnung der vorläufigen Leistungsgewährung	33
3. Gang des Verfahrens	34
3.1 Akteneinsicht	38
3.2 Beschluss	39
3.2.1 Zwangsgeld gegen Jobcenter	41
3.2.2 Pfändung/Zwangsvollstreckung gegen Jobcenter	43
3.3 Beschwerde	45
4. Kosten des einstweiligen Rechtsschutzes	46
5. Zuständigkeit der Gerichte	47
6. Überlange ER-Verfahren	48
7. Forderungen	49
8. Informationen	50

1. Einstweiliger Rechtsschutz (ER) und die Voraussetzungen

1 Es ist bei Bürgergeld- und Sozialhilfeangelegenheiten häufig nicht zumutbar, Entscheidungen im normalen **Klageverfahren** (→ 64) abzuwarten. Bis eine Entscheidung in der ersten Instanz ergeht, können durchaus ein bis zwei Jahre ins Land ziehen. Bis ein Rechtsstreit vom Bundessozialgericht entschieden wird, können sogar drei, vier oder mehr Jahre vergehen. Deshalb wird über einen beträchtlichen Teil der bei Sozialgerichten anhängigen Verfahren **vorläufig**, dh „einstweilig" im Eilverfahren entschieden.

2 Nach aktueller, zum 10.1.2023 veröffentlichter Statistik der BA gab es im Jahr 2022 insgesamt 50.852 Klagen und **13.666 Eilverfahren** im Bereich des SGB II. Die Widerspruchs- und Klagen-Statistik der BA ist hier abrufbar: https://statistik.arbeitsagentur.de/SiteGlobals/Forms/Suche/Einzelheftsuche_Formular.html. Diese Zahlen beziehen sich im Übrigen nur auf die Jobcenter in gemeinsamer Einrichtung, das heißt, sie beziehen sich auf 302 Jobcenter, die Zahlen müssten noch um die Zahlen der 102 kommunalen Jobcenter ergänzt werden. Somit dürften sich die Zahlen schätzungsweise um ca. ein Drittel

gegenüber den in der Statistik genannten Zahlen erhöhen.

3 **Einstweiliger Rechtsschutz (ER)** sind Anträge auf Eilverfahren oder auf „vorläufigen Rechtsschutz". Es geht schneller, weil es keine Klagen sind. Dh, das Gericht prüft „summarisch", ob auf die begehrte Leistung ein **Anspruch besteht** (Anordnungsanspruch) und ob eine **besondere Dringlichkeit** (Anordnungsgrund) vorliegt. Wenn die Richter*innen zu dem Ergebnis kommen, dass man in einem normalen Klageverfahren mit überwiegender Wahrscheinlichkeit zu dem gleichen Ergebnis kommen würde, wird der ER stattgegeben.

Wenn im Eilverfahren eine vollständige Aufklärung nicht möglich ist, soll die Entscheidung so abgewogen werden, dass „*die Gerichte [...] sich schützend und fördernd vor die Grundrechte des Einzelnen stellen*" (BVerfG 12.5.2005 – 1 BvR 569/05). Hört sich gut an.

4 In der Regel ist ein Eilverfahren in zwei bis sechs Wochen abgeschlossen, in besonders dringenden Fällen auch erheblich schneller. Im Eilverfahren sind Sie nicht Kläger*in, sondern Antragsteller*in. Es gibt auch kein Urteil, sondern einen Beschluss, häufig aber auch einen Vergleich, mit dem Ihnen zumindest ein Teil der Leistungen zuerkannt wird. Der Antrag auf ER ersetzt **nicht die Klage** in der Hauptsache. Die Klage (→ 64) muss gesondert innerhalb der Klagefrist erhoben werden. Hier ist es möglich, dass sowohl eine positive als auch eine negative Entscheidung des Eilverfahrens aufgehoben wird. Die Entscheidung ist also nur vorläufig.

5 **Tipp:** Wenn Sie feststellen, dass die Behörde vermutlich rechtswidrig entschieden hat, lohnt es oft nicht, lange zu verhandeln oder die Entscheidung im Widerspruchsverfahren abzuwarten. Stellen Sie, wenn die Voraussetzungen für eine ER vorliegen, möglichst früh einen Antrag auf einstweiligen Rechtsschutz. Der Beschluss des Gerichts regelt nämlich immer nur die Leistungsansprüche, die für den Zeitraum **ab dem Eingang des ER-Antrags bei Gericht bis zum Ende des jeweiligen Bewilligungsabschnitts** geltend gemacht werden.

Wenn die **Leistung** gänzlich **versagt** wurde, kommt eine Begrenzung auf den jeweiligen Bewilligungszeitraum nicht in Betracht (BSG 6.9.2007 – B 14/7b AS 16/07 R, Rn. 12). Gleiches dürfte auch für HzL/GSi der Sozialhilfe gelten.

1.1 Begründeter Rechtsanspruch (Anordnungsanspruch)

6 Wenn ein Verstoß gegen Rechtsansprüche glaubhaft gemacht werden kann, hat die ER **Aussicht auf Erfolg** (§ 86b Abs. 2 S. 1 SGG), zB wenn die Behörde

- bei einem Erstantrag nicht die tatsächliche Miete zahlt,
- Ihnen ein Einkommen unterstellt, das Sie nicht haben,
- Ihnen eine eheähnliche Gemeinschaft unterstellt, die nicht besteht,
- Sie sanktioniert, obwohl Sie einen „*wichtigen Grund*" für Ihr Verhalten hatten,
- Sie sanktioniert, ohne dass Sie Sachleistungen vom Amt erhalten,
- die Kaution einer Wohnung nicht zahlt, obwohl sie der Anmietung zugestimmt hat,
- Kühlschrank, Herd und Waschmaschine als Erstausstattung verweigert oder
- Ihnen mit Verweis auf ein nicht zur Verfügung stehendes Einkommen oder Vermögen Leistungen verweigert.

7 Bei „**Kann-Vorschriften**", dh bei Ermessensentscheidungen werden Sie im Eilverfahren nur Erfolg haben, wenn das Ermessen (→ 44) **auf null** reduziert ist und die beantragte Leistung die einzige Möglichkeit der behördlichen Entscheidung sein kann.

1.2 Dringende Notlage (Anordnungsgrund)

8 Sie können eine einstweilige Anordnung nur beantragen,

„*wenn sie zur Abwendung wesentlicher Nachteile nötig erscheint*" (§ 86b Abs. 2 S. 2 SGG), Sie also in einer „*dringenden Notlage*" sind. Sie müssen daher darlegen, dass es keine Möglichkeit gibt, sich anderweitig zu behelfen. Wenn Sie nicht in einer aktuellen Notlage sind und „nur" Fehler aus vergangenen Zeiträumen angreifen, ist eine ER idR nicht zulässig, und Sie werden auf das normale Klageverfahren verwiesen (LSG Sachsen 21.11.2005 – L 3 B 152/05 AS ER).

9 Das LSG München hat die Voraussetzungen dafür, wann ein Antrag als eilbedürftig gilt, in einer lehrbuchartigen Entscheidung zusammengefasst (LSG München 28.1.2019 – L 18 SO 320/18 B ER). Ein Prüfschema nach der Entscheidung des LSG München hat Roland Rosenow erstellt und kann nachfolgend abgerufen werden unter: https://sozialrecht-rosenow.de/files/alle/Formulare/Eilverfahren_Praesentation.pdf.

10 **Ausnahme:** Es geht um die Geltendmachung eines konkreten *„Nachholbedarfes"*, der aus dem rechtswidrigen Handeln entstanden ist (LSB Berlin-Brandenburg 6.2.2006 – L 14 B 1177/05 AS ER).

Dringenden Bedarf haben Sie beispielsweise immer, wenn Sie

- überhaupt keine oder deutlich zu wenig Leistungen bekommen, obwohl Sie mittellos sind,
- notwendigen Hausrat dringend benötigen, die Behörde Ihnen diesen aber verweigert,
- nicht krankenversichert sind, aber behandelt werden müssen,
- eine Stromsperre droht (LSG Berlin-Brandenburg 22.6.2006 – L 25 B 459/06 AS ER; LSG NRW 20.10.2006 – L 9 B 103/06 AS ER) oder schon eingetreten ist,
- eine Kündigung des*r Vermieters*Vermieterin ausgesprochen wurde (LSG NRW 25.3.2015 – L 6 AS 419/15 B ER; LSG Berlin-Brandenburg 27.5.2014 – L 34 AS 1150/14 B ER).

1.2.1 Dringende Notlage auch bei Eingliederungsleistungen

11 Eine dringende Notlage könnte auch vorliegen, wenn Sie zB einen Arbeitsplatz deshalb nicht bekommen, weil Ihnen Leistungen aus dem Vermittlungsbudget verweigert werden (Arbeit, → 10 Rn. 104 ff.), zB Fahrtkosten, Vermittlungsgutschein usw oder wenn Reparaturkosten für Ihr Auto abgelehnt werden, Sie es aber dringend benötigen, um zur Arbeit zu kommen. Dies wiegt genauso schwer wie der drohende Verlust eines Arbeitsplatzes und rechtfertigt deshalb eine Klärung von Ermessensentscheidungen im Eilverfahren (Uwe Berlit, Vorläufiger gerichtlicher Rechtsschutz im Leistungsrecht der Grundsicherung für Arbeitsuchende – ein Überblick, info also 2005, 11).

1.2.2 Dringende Notlage – ab welchem Einkommen

12 Es ist immer wieder strittig, ab welcher Unterschreitung des Regelbedarfs ein Anordnungsgrund besteht. Es gibt zumindest keine Rechtsgrundlage dafür, dass ein Anordnungsgrund erst ab **30 Prozent** Unterschreitung des Regelbedarfs besteht (LSG Niedersachsen-Bremen 4.6.2008 – L 13 B 177/07 AS). Das kann schon bei einer Unterschreitung von 12,90 EUR wegen nicht übernommener Heizkostenabschlagszahlung (LSG NRW 23.5.2007 – L 20 B 77/07 AS ER) oder bei einer Unterschreitung von **mehr als zehn Prozent** des jeweiligen Regelbedarfs (SG Lüneburg 10.12.2007 – S 25 AS 1585/07 ER) der Fall sein. Dagegen hält das SG Duisburg eine Unterschreitung von **14 Prozent** noch für **zumutbar** (21.10.2007 – S 32 AS 334/07 ER).

13 *„Eine dauerhafte Unterschreitung des verfassungsrechtlich garantierten Existenzminimums ist unzulässig"* (BVerfG 9.2.2010 – 1 BvL 1/09, 1 BvL 3/09, 1 BvL 4/09, Rn. 136). Das BSG hat in Bezug auf einen Mehrbedarfszuschlag (§ 21 Abs. 6 SGB II) entschieden, dass auch geringere Beträge als zehn Prozent des Regelbedarfs *„unabweisbar"* sind (BSG 4.6.2014 – B 14 AS 30/13 R; 22.2.2013 – S 37 AS 25006/12; SG Mainz 12.12.2014 – S 3 AS 130/14, Vorlagebeschluss zur Prüfung der Verfassungskonformität einer Absenkung der Unterkunftskosten, den das BVerfG aus Formalgründen abgewiesen hat: Beschl. v. 6.10.2017 – 1 BvR 617/14).

14 Klar ist: Je gravierender die rechtswidrige Entscheidung einer Behörde von der allgemein anerkannten Auslegung einer Norm abweicht, desto eher sind die Gerichte bereit, auch bei geringfügiger Unterschreitung einen Anordnungsgrund anzuerkennen. Unserer Meinung nach muss jede Unterschreitung des Leistungsniveaus von Bürgergeld, HzL/GSi der Sozialhilfe für den einstweiligen Rechtsschutz berechtigen. Das ergibt sich auch aus § 51 Abs. 2 SGB I, der regelt, dass

bei der Erstattung von Ansprüchen das sozialhilferechtliche Existenzminimum nicht unterschritten werden darf.

1.2.3 Dringende Notlage – ab welchem Vermögen

15 Eine ganze Palette von geschütztem Vermögen (→ 119) (zB von Rücklagen für Altersvorsorge, Eigenheim, Kfz usw) ist nicht verwertbar. Geschütztes, nicht verwertbares Vermögen muss auch geschützt bleiben, wenn man es wagt, gegen die Behörde zu klagen, die einem den Schutz dieses Vermögens zugesteht.

Wenn weiteres, wenn auch geschontes Vermögen bis zu 15.000 EUR pro Person im SGB II (§ 12 Abs. 2 SGB II) und bis zu 10.000 EUR im SGB XII (§ 1 S. 1 Nr. 1 SGB12§ 90Abs2DV) vorhanden ist, wird das einem einstweiligen Rechtsschutzverfahren entgegenstehen, weil Schonvermögen zur vorrangigen Sicherung der Existenz **bereitsteht**. Ist Vermögen verwertbar, liegt demnach kein Anordnungsgrund, also keine dringende Notlage vor. Ob der Einsatz von Vermögen zuzumuten ist, hängt mithin vom Einzelfall und der Einzelmeinung des*r jeweiligen Richters*Richterin ab.

1.2.4 Nur 80 Prozent des Leistungsniveaus zuerkennen?

16 Vielerorts erkennen Gerichte den Antragsteller*innen auch bei „gewonnener" ER nur 80 Prozent der Regelleistung zu (SG Düsseldorf 26.1.2005 – S 35 AS 6/05 ER). Das wird mit dem *„vorläufige[n] Charakter"* des ER-Verfahrens begründet. Das Bundesverfassungsgericht hat das bestätigt. *„Diese besonderen Anforderungen an Eilverfahren [gemeint ist der Schutz der Grundrechte und der Würde des Menschen] schließen andererseits nicht aus, dass die Gerichte den Grundsatz der unzulässigen Vorwegnahme der Hauptsache vermeiden, indem sie zum Beispiel Leistungen nur mit einem Abschlag zusprechen"* (BVerfG 12.5.2005 – 1 BvR 569/05 Rn. 26). Die Würde des Menschen ist also trotz eines (höchstwahrscheinlichen) Rechtsverstoßes einer Behörde auch mit 401,60 EUR statt mit 502 EUR (RB Stufe 1 im Jahr 2023) gewährt. Das ist untragbar.

17 Diese höchstrichterliche Meinung wird glücklicherweise von immer mehr Gerichten nicht mehr geteilt. Im einstweiligen Rechtsschutzverfahren sind **in der Regel 100 Prozent** des Regelbedarfs zuzusprechen (LSG NRW 31.3.2011 – L 6 B 86/09 AS, mit weiteren Nachweisen). Das Bürgergeld ist so knapp, dass es wegen der langen Dauer eines Hauptsacheverfahrens nicht zumutbar ist, in diesem Zeitraum nur einen abgesenkten Leistungssatz zuzubilligen (LSG NRW 31.3.2011 – L 6 B 86/09 AS; LSG Niedersachsen-Bremen 13.2.2008 – L 13 AS 237/07 ER). Der elementare Lebensbedarf eines Menschen kann nur in dem Augenblick befriedigt werden, in dem er entsteht (Gegenwärtigkeitsprinzip). Deshalb kann die durch eine (generelle) Leistungskürzung verursachte Beeinträchtigung nachträglich nicht mehr ausgeglichen werden (BVerfG 12.5.2005 – 1 BvR 569/05, Rn. 19).

1.2.5 Unterkunfts- und Heizkosten in Eilverfahren

18 Es gab insbesondere vom LSG NRW eine Rechtsprechung, nach der die Übernahme der Unterkunftskosten im Eilverfahren regelmäßig abgelehnt wurde, solange keine Wohnungslosigkeit drohe. Diese drohe nach der bisherigen Rechtsprechung in NRW erst, wenn die vermietende Person schon eine Räumungsklage eingereicht habe.

19 Das BVerfG hat entschieden (BVerfG 1.8.2017 – 1 BvR 1910/12), dass damit gegen das Grundrecht auf effektiven **Rechtsschutz** verstoßen wird und die LSGs die Prüfung der Eilbedürftigkeit *„übermäßig streng"* auslegen. Ob die vorläufige Übernahme der Unterkunftskosten besonders eilig sei, könne nicht allein von einer Mietkündigung oder Räumungsklage abhängig gemacht werden.

Denn Bürgergeld-/Hartz IV-Beziehende hätten **Anspruch auf Sicherstellung ihres Existenzminimums**. Dazu gehöre auch, in **der gewählten Wohnung zu bleiben**. Gerichte müssten daher auch die **negativen Folgen finanzieller, sozialer, gesundheitlicher** und **sonstiger Art** prüfen, wenn der Verlust gerade der konkreten Wohnung drohe. Dies sei hier unterlassen worden.

41 Einstweiliger Rechtsschutz

Würde die Gewährung vorläufiger Unterkunftsleistungen pauschal vom Vorliegen einer Mietkündigung und einer Räumungsklage abhängen, könnte zu diesem Zeitpunkt der Verlust der Wohnung unter Umständen nicht mehr verhindert werden, mahnte das Bundesverfassungsgericht.

20 Unter „negativen Folgen" sind beispielsweise Kosten gemeint, die durch fristlose oder ordentliche Kündigung entstehen. Dazu gehören zB Anwaltskosten, Mahngebühren, Ab- und Anschaltkosten für Energie, aber auch keine saubere Mietschuldenfreiheitsbescheinigung. „*Dazu gehört es, den gewählten Wohnraum in einem bestehenden sozialen Umfeld nach Möglichkeit zu erhalten*" (BVerfG 1.8.2017 – 1 BvR 1910/12).

1.3 Widerspruch als Voraussetzung des ER

21 Bevor Sie einen Antrag auf einstweiligen Rechtsschutz stellen, müssen Sie Widerspruch (→ 126) gegen den Ablehnungsbescheid bei der Behörde einlegen. Ein ER-Verfahren ersetzt nicht den normalen Rechtsweg. Es ist auch möglich, den Widerspruch über das Gericht an die Behörde weiterleiten zu lassen.

1.4 Einstweiliger Rechtsschutz erst, wenn das Amt nicht handelt

22 Die Sozialgerichte sind mit Hartz IV-/Bürgergeld-Verfahren völlig überlastet. Daher versuchen die Gerichte massiv, Klagen und ER abzuwimmeln. Sie sollten daher zunächst immer versuchen, Ihre Ansprüche gegenüber dem Amt direkt geltend zu machen. Erst wenn das Amt nicht oder nicht zeitnah genug reagiert und es Ihnen nicht mehr zumutbar ist, weiterhin zu warten, sollten Sie zum Gericht gehen. Andererseits ist es keine Voraussetzung für ER, dass sich ein*e Antragsteller*in zunächst an den Leistungsträger wendet (LSG NRW 23.11.2009 – L 19 B 262/09 AS).

„*Nur bei besonderen Umständen kann [...] das Recht abgesprochen werden, zur Existenzsicherung gerichtlichen Rechtsschutz in Anspruch zu nehmen.*" (LSG NRW 11.1.2011 – L 6 AS 1602/10 B) „*Solange er [der*die Antragsteller*in] die ihm zumutbaren Möglichkeiten nicht ausgeschöpft hat, das erstrebte Ziel auch ohne Einschaltung des Gerichts zu erlangen, fehlt es an der Notwendigkeit gerichtlichen Eingreifens*" (LSG NRW 19.4.2011 – L 6 AS 399/11 B ER; ebenso LSG NRW 31.3.2011 – L 6 B 86/09 AS).

Daher gilt: Nicht zu früh, aber auch nicht zu spät zum Sozialgericht gehen.

23 **Tipp:** Setzen Sie der Behörde schriftlich eine kurze Frist (zB 5–7 Tage), um Ihnen Leistungen zu gewähren, und kündigen Sie an, dass Sie nach Ablauf der Frist ER beantragen werden.

2. Wie den Antrag auf einstweiligen Rechtsschutz stellen?

24 Im Folgenden wird dargelegt, worauf bei einem Antrag auf einstweiligen Rechtsschutz zu achten ist.

2.1 Wo den Antrag stellen?

25 Stellen Sie ihn direkt bei der Geschäftsstelle/Rechtsantragsstelle des Sozialgerichts. Nehmen Sie Ihren Personalausweis mit. Rufen Sie vorher an und fragen nach den Öffnungszeiten (meist von 8 bis 12 Uhr). Sie können den Antrag mündlich zur Niederschrift vortragen. Die Rechtspfleger*innen des SG helfen Ihnen kostenlos beim Formulieren des Antrags und schreiben ihn nieder. Sie achten auch darauf, dass alle Formalien erfüllt werden. Sie erhalten dort eine Durchschrift des Antrags.

26 **Tipp:** Bringen Sie sämtliche Nachweise und Beweise mit, die Ihre Notlage belegen, insbesondere die letzten Kontoauszüge. Das SG Düsseldorf hat deutlich gemacht, dass mit der Vorlage des letzten Kontoauszugs die Notlage zunächst ausreichend belegt sei (SG Düsseldorf 26.1.2005 – S 35 AS 6/05 ER; 1.2.2005 – S 35 SO 9/05 ER). Ggf. sollten Sie auch entsprechende eidesstattliche Versicherungen von Zeug*innen mitbringen. Je besser Ihre „Beweisführung" ist, desto eher kann das Gericht den Sachverhalt nachvollziehen und sich Ihnen anschließen. Lieber zu viele Beweise vorbringen als zu wenig.

2.2 Antrag selbst stellen?

27 Wenn Sie sich das zutrauen, können Sie sich selbst vertreten.

Stellen Sie den Antrag **schriftlich** von zu Hause, müssen Sie die Voraussetzungen für den ER erfüllen. Zum Beispiel gehört unter die Antragsschrift die eidesstattliche Versicherung: *„Die in der Antragsschrift gemachten Angaben werden hiermit im Wissen der strafrechtlichen Folgen falscher eidesstattlicher Versicherungen eidesstattlich versichert"*.

Die Antragsschrift und alle Dokumente (auch um die dringende Notlage zu belegen, → Rn. 8) sollten in zweifacher Ausfertigung übersandt werden. Um den Vorgang zu beschleunigen, können Sie den Schriftsatz **vorab per Fax** senden (lassen). In den ersten beiden Instanzen gibt es keinen Anwaltszwang. Der beginnt erst beim Bundessozialgericht.

28 Wenn Sie eine*n **Anwältin*Anwalt** (→ 8) nehmen und den ER trotz Ablehnung der Prozesskostenhilfe (→ 87) weiterverfolgen, bleiben Sie auf den Anwaltskosten sitzen, wenn Sie **verlieren**.

29 **Tipp:** Erkundigen Sie sich bei Bedarf bei örtlichen Erwerbslosen- und Sozialhilfegruppen über im SGB II/SGB XII erfahrene Anwält*innen oder schauen Sie nach bei www.my-sozialberatung.de bzw. bei www.sozialportal.net.

2.3 Zwei Varianten des einstweiligen Rechtsschutzes

30 Es gibt zwei Varianten des ER, die im Existenzsicherungsrecht des SGB II und SGB XII von Bedeutung sind:

2.3.1 Antrag auf Anordnung der aufschiebenden Wirkung

31 Das Sozialgericht kann auf Antrag *„in den Fällen, in denen Widerspruch oder Anfechtungsklage keine aufschiebende Wirkung haben, die aufschiebende Wirkung ganz oder teilweise anordnen"* (§ 86b Abs. 1 S. 1 Nr. 2 SGG). Dann tritt der Bescheid erst einmal nicht in Kraft.

32 Der ER ist also dann statthaft, wenn bereits Widerspruch gegen einen Bescheid des Jobcenters eingelegt bzw. Klage erhoben wurde. Und auch dann, wenn (wie im SGB II) Widerspruch und Klage gegen einen Bescheid, der u.a. Leistungen aufhebt, zurücknimmt, widerruft, entzieht oder mindert, keine aufschiebende Wirkung entfalten (§ 39 SGB II). Der Antrag auf Anordnung der aufschiebenden Wirkung ist dann begründet, wenn das Gericht Ihr Klärungsinteresse für wichtiger erachtet als das Vollzugsinteresse der Behörde. Oder wenn ernsthafte Zweifel an der Rechtmäßigkeit des Bescheides bestehen. Schließlich kann eine Güter- und Folgenabwägung den Ausschlag für die Anordnung der aufschiebenden Wirkung geben, wenn der Vollzug sonst mit wesentlichen Nachteilen für den*die Antragsteller*in verbunden wäre.

Ignoriert ein Jobcenter die aufschiebende Wirkung von Widerspruch und Anfechtungsklage in den Fällen, in denen diese im SGB II **noch** existieren, wird diese idR deklaratorisch durch das Sozialgericht angeordnet (LSG Sachsen-Anhalt 25.7.2013 - L 5 AS 711/13 B ER; LSG Sachsen 15.1.2013 - L 3 AS 1010/12 B PKH).

2.3.2 Antrag auf Anordnung der vorläufigen Leistungsgewährung

33 Das Sozialgericht kann im Eilverfahren den einstweiligen Rechtsschutz auch *„in Bezug auf den Streitgegenstand treffen, wenn die Gefahr besteht, dass durch eine Veränderung des bestehenden Zustands die Verwirklichung eines Rechts des Antragstellers vereitelt oder wesentlich erschwert werden könnte"* (§ 86b Abs. 2 S. 1 SGG).

Ein Antrag auf Erlass des einstweiligen Rechtsschutzes hat dann Aussicht auf Erfolg, wenn dem*r Antragsteller*in nicht zugemutet werden kann, die Hauptsacheentscheidung, also die Entscheidung über Widerspruch und Klage, abzuwarten; wenn zB Mittellosigkeit vorliegt und das Jobcenter einen Vorschussantrag nicht bearbeitet, einen Umzug nicht bewilligt, die Übernahme von Mietschulden verweigert, obwohl die vermietende Person bereits Räumungsklage eingelegt hat oder sich bei der Gewährung einer Erstausstattung für die Wohnung unendlich viel Zeit lässt.

3. Gang des Verfahrens

34 Das Gericht faxt der jeweiligen Behörde den Antrag zu und fordert sie auf, sich innerhalb einer kurzen Frist zum Sachverhalt zu äußern und die Akten zu übersenden.

35 Wenn der Antragsgegner (die Behörde) die begehrte Leistung teilweise zusagt, werden Sie oft gefragt, ob der ER damit für Sie erledigt sei. Das Gericht will natürlich möglichst viele Klagen durch „Einigung" vom Tisch bekommen, um nicht in einer Flut von Klagen zu ersticken. Prüfen Sie, ob das „Angebot" der Behörde auch das ist, was Sie wollen. Wenn ja, können Sie die Sache für erledigt erklären. Sie können aber auch sagen, dass Sie die Klage in den Punkten aufrechterhalten, in denen es keine Zugeständnisse gab.

36 Es gehört zur Taktik von Sozialleistungsträgern, die begehrte Leistung zu bewilligen, um zu verhindern, dass ein Beschluss ergeht. Die Behörde stellt den ER dann „klaglos" ein. Ein Beschluss hätte nämlich **in allen vergleichbaren Fällen bindende Wirkung** für das Amt.

37 Um Sie hinzuhalten, gibt die gegnerische Behörde in ihrer Stellungnahme oft unverschämte Äußerungen von sich und stellt den Sachverhalt andersherum dar. Lassen Sie sich davon nicht einschüchtern. Verdrehungen, Übertreibungen und Abstreitung gehören zum Geschäft. Wenn die Behörde nachweislich die Unwahrheit sagt, müssen Sie das dem Gericht aufzeigen. Sie sollten **in jedem Fall erwidern**, die strittigen Punkte klarstellen und Ihre Position untermauern. Sie können das wieder über die Geschäftsstelle/Rechtsantragsstelle mündlich erledigen oder schriftlich mit der Post (ggf. vorab per Fax).

3.1 Akteneinsicht

38 Sie haben das Recht, Ihre Akte einzusehen (→ 2), soweit die übersendete Behörde das nicht ausschließt (§ 120 Abs. 1 SGG). Ein Ausschluss ist nur möglich, wenn ansonsten anderen Personen, zB Informant*innen, unzumutbare Nachteile entstehen würden. Gegen eine Gebühr können Sie sich ggf. auch auf der Geschäftsstelle des Gerichts Abschriften/Kopien von der Gerichtsakte machen lassen (§ 120 Abs. 2 SGG). Unter den Anspruch auf Abschriften fällt auch das Fotografieren mit dem Smartphone.

3.2 Beschluss

39 Wenn das Verfahren nicht durch das Nachgeben der gegnerischen Behörde endet, ergeht ein Beschluss. Auch wenn der einstweilige Rechtsschutz abgelehnt wird (zB wegen fehlendem Anordnungsgrund, → Rn. 8 ff.), kann der Beschluss entscheidende Hinweise darauf enthalten, dass der Bedarf in einer normalen **Klage** (→ 64) anerkannt werden würde. Oder er kann die Bedingungen nennen, unter denen das Gericht einen Anspruch auf einstweiligen Rechtsschutz anerkennen würde. Lesen Sie also den Beschluss genau durch, und nutzen Sie ihn ggf., um Ihre Ansprüche weiter zu verfolgen. Wenn der Beschluss für Sie positiv ist, muss die Behörde zahlen. In diesem Fall können Sie auch Ihre **Kosten** (Fahrtkosten, Porto, Fotokopien usw) geltend machen. **Alle Belege aufheben!**

40 Haben Sie eine*n Anwältin*Anwalt (→ 8) eingeschaltet, wird diese*r ihre*seine Kosten selbst beim Antragsgegner geltend machen. Eine **Verrechnung** des Anspruchs auf Erstattung des Anwaltshonorars mit Forderungen des Jobcenters gegen die*den Leistungsberechtigte*n ist **rechtswidrig** (LSG Rheinland-Pfalz 6.5.15 – L 6 AS 288/13 und L 6 AS 34/15).

3.2.1 Zwangsgeld gegen Jobcenter

41 Fordern Sie am besten die Behörde eine Woche nach Zugang des Gerichtsbeschlusses mit Durchschrift an das Gericht zur **Zahlung** auf. Setzen Sie eine **Frist** von einer weiteren Woche. Kommt die Behörde dem nicht nach, sollten Sie als nächsten Schritt bei Gericht einen Antrag auf Androhung und **Festsetzung eines Zwangsgeldes/Mutwillgebühr** nach § 201 SGG stellen. Ihnen ist nicht länger zuzumuten, auf das Geld zu warten.

42 Folgt das Gericht dem Antrag, setzt es der Behörde eine Frist zur Zahlung der Leistung. Zahlt die Behörde nicht innerhalb der Frist, kann das Gericht ein Zwangsgeld von bis zu 1.000 EUR erlassen (SG Berlin

23.10.2012 – S 37 AS 23126/12 ER; SG Fulda 5.9.2012 – S 4 U 8/06; SG Düsseldorf 27.9.2012 – S 37 AS 1564/11: 500 EUR oder SG Düsseldorf 27.4.2016 – S 35 AS 159/15: 150 EUR, jeweils gegen das Jobcenter Wuppertal).

Behalten Sie dabei die **Monatsfrist** im Auge. Wenn nach drei Wochen nichts passiert ist, sollten Sie als nächsten Schritt den Pfändungsbeschluss (→ Rn. 43) beantragen.

3.2.2 Pfändung/Zwangsvollstreckung gegen Jobcenter

43 Hier müssen Sie zunächst einen **Zwangsvollstreckungsauftrag** beim Amtsgericht beantragen. Allerdings fallen dafür Gebühren an, die Sie vorleisten müssen. Daher sollten Sie beim Amtsgericht auch einen Antrag auf **Prozesskostenhilfe** (→ 87) stellen. Wird PKH bewilligt, werden Ihnen die Gebühren wieder erlassen. Erhalten Sie keine PKH, müssen Sie die Gebühren dem Jobcenter in Rechnung stellen.

Im Juni 2012 hat ein Bürgergeld-Bezieher gegen das Jobcenter Leipzig medienwirksam eine Zwangsvollstreckung durchgesetzt. Das Jobcenter Leipzig erlitt dadurch einen beträchtlichen Imageverlust und sah sich genötigt, öffentlich Stellung zu nehmen.

44 Überlegen Sie sich Ihre **Strategie**, und nehmen Sie für diese Schritte ggf. anwaltliche Hilfe in Anspruch. Hat allerdings die Behörde die Leistung versprochen und das Versprechen nicht gehalten oder haben Sie als rechtsunkundige*r Bürger*in die Notwendigkeit der Vollstreckung nicht erkannt und dadurch die **Monatsfrist** versäumt, ist eine Wiedereinsetzung in den vorherigen Stand möglich (§ 67 SGG; MKL, 9. Aufl. 2008, SGG § 86b Rn. 46).

3.3 Beschwerde

45 Sie können **innerhalb eines Monats** nach Bekanntgabe gegen den ablehnenden ER-Beschluss schriftlich oder mündlich (zur Niederschrift) Beschwerde beim Sozialgericht oder direkt beim Landessozialgericht einlegen. In der zweiten Instanz besteht (noch) kein Anwaltszwang. Seit 2008 ist für die zweite Instanz aber ein **Mindeststreitwert** von 750 EUR erforderlich, oder dem Verfahren muss eine grundlegende Bedeutung beigemessen werden (§ 144 SGG) **und** das SG hat aus diesem Grund die Berufung zugelassen. Damit liegen die Hürden vor den LSG ziemlich hoch. Über die Beschwerde entscheidet das LSG durch Beschluss (§ 176 SGG).

4. Kosten des einstweiligen Rechtsschutzes

46 Es entstehen Ihnen **keine Gerichtskosten** oder Gebühren. Solche Verfahren sind grundsätzlich (noch) kostenfrei (§ 183 SGG). Selbst wenn Sie verlieren, fallen keine gegnerischen Anwaltskosten an, da die Behörde zwar eine*n Anwältin*Anwalt beauftragen kann, jedoch keinen Anspruch auf Kostenersatz hat (§ 193 Abs. 4 SGG iVm § 184 Abs. 1 SGG). Nur Ihre eigenen **Anwaltskosten** (→ 8) müssen Sie im Falle einer Niederlage tragen, es sei denn, Sie haben PKH bewilligt bekommen, dann werden über die PKH die Anwaltskosten übernommen.

5. Zuständigkeit der Gerichte

47 Für SGB II-/SGB XII-Verfahren sind die Sozialgerichte zuständig (§ 51 Abs. 1 Nr. 4a, 6a SGG). Sie können sich über die Stadtverwaltung nach dem zuständigen Gericht erkundigen oder im Internet unter: https://www.justizadressen.nrw.de/de/justiz/suche.

6. Überlange ER-Verfahren

48 Auch ein ER kann unzumutbar in die Länge gezogen werden. Der 2011 eigeführte *„Rechtsschutz bei überlangen Gerichtsverfahren"* ist auch auf ER-Verfahren anzuwenden (§ 198 Abs. 6 Nr. 1 GVG). Näheres finden Sie unter Klage (→ 64 Rn. 29 ff.). Entschädigungszahlungen wegen überlanger Gerichtsverfahren sind anrechnungsfrei, → 37 Rn. 32.

7. Forderungen

49 Jede Unterschreitung des Existenzminimums muss als Anordnungsgrund für einstweiligen Rechtsschutz anerkannt werden!

Drohender Verlust der Unterkunft ab der ersten Mahnung muss als Anordnungsgrund anerkannt werden!

Keine Regelbedarfskürzung bei gewonnenen Eilverfahren!

Senkung des Streitwertes von 750 EUR auf 150 EUR (= 30 Prozent des Regelbedarfes)!

Auferlegung von Gerichtskosten auf die Jobcenter, wenn diese verlieren!

8. Informationen

50 Uwe Berlit, Vorläufiger gerichtlicher Rechtsschutz im Leistungsrecht der Grundsicherung für Arbeitslose – ein Überblick, info also 1/2005, 3–12

LPK-SGB II, Anhang Verfahren, wo in 41 Seiten Grundsätze des Verwaltungsverfahrens dargestellt werden

Geiger 2022, Hinweise zu Verfahren ab S. 1062 und Hinweise zu Rechtsschutz ab S. 1117

BA, Praxishandbuch für das Verfahren nach dem Sozialgerichtsgesetz, Stand: 09/2020, abrufbar unter: https://harald-thome.de/files/pdf/redakteur/Harald_2020/Praxishandbuch-Sozialgerichtsgesetz_9-2020.pdf, letzter Zugriff: 31.1.2023 (Anmerkung: Tipps und Hinweise zum Rechtsmittelverfahren)

Eilrechtsschutz und Klageverfahren in der Sozialen Arbeit, Walhalla Verlag, 2011 (inkl. CD mit Formulierungshilfen)

42 Elterngeld

1. Leistungen für Kinderbetreuung	1
2. Allgemeines zum Elterngeld	3
2.1 Anspruch auf Elterngeld	4
2.2 Höhe und Bezugsdauer des Elterngeldes	9
2.3 Höhe und Bezugsdauer des „Elterngeld Plus" und „Partnerschaftsbonus"	15
2.4 Elterngeld – anrechenbares Einkommen	19
2.5 Sonderregeln aus Anlass der Coronapandemie	24
3. Elternzeit – Auszeit für Kinderbetreuung (§§ 15–21 BEEG)	27
4. Bayerisches Betreuungs- bzw. Familiengeld sowie Bayerisches Krippengeld	31
5. Antrag	37
6. Erstattung von Elterngeld	40
7. Kritik	41
8. Forderungen	42
9. Informationen	43

1. Leistungen für Kinderbetreuung

1 Am 1.1.2007 wurde mit dem Gesetz zum Elterngeld und zur Elternzeit (BEEG) das Elterngeld eingeführt. Es gilt für alle Kinder, die ab diesem Datum geboren wurden und ersetzt das bisherige Erziehungsgeld. Elterngeld gibt es in drei Varianten: Basiselterngeld (im Folgenden kurz: Elterngeld, § 4 Abs. 1 S. 1 Alt. 1 BEEG), ElterngeldPlus (§ 4 Abs. 1 S. 1 Alt. 2 BEEG) und Partnerschaftsbonus (§ 4 Abs. 4 S. 1 iVm § 4b Abs. 1 BEEG), die miteinander kombiniert werden können. Bitte beachten Sie, dass die nachfolgenden Ausführungen die **Rechtslage** darstellen, die **für Kinder** anwendbar ist, **die ab dem 1.9.2021 geboren** oder mit dem **Ziel der Adoption** aufgenommen worden sind. Für Kinder, die vor dem 1.9.2021 geboren oder mit dem Ziel der Adoption aufgenommen worden sind, sind die §§ 2–22 BEEG in der bis zum 31.8.2021 geltenden Fassung weiter anzuwenden (§ 28 Abs. 1 BEEG), welche hier nicht im Einzelnen dargestellt werden können und teilweise Abweichungen von der derzeitigen Rechtslage beinhalten. Sie sollten sich daher insoweit von einer zuständigen Stelle beraten lassen.

2 Zum 1.8.2013 wurde nach kontroverser öffentlicher Debatte das **Betreuungsgeld** für Eltern eingeführt, die ihr Kind zwischen dem 15. und 36. Lebensmonat zu Hause betreuen. Allerdings wurde es bereits am 21.7.2015 vom Bundesverfassungsgericht (BVerfG) wieder **für nichtig erklärt**, da der Bund gar nicht die Gesetzgebungskompetenz habe, ein solches Gesetz zu erlassen. Seit dem 1.7.2015 gibt es mit dem „**Elterngeld-Plus**" eine Teilzeitvariante des Elterngeldes, mit flexiblen und verlängerten Bezugszeiten. Ebenfalls seit 1.7.2015 greift schließlich eine **flexiblere Variante** der **Elternzeit**. Deutschland liegt mit 160 verschiedenen Zuwendungen für Familien ausgabenmäßig weltweit auf einem Spitzenplatz (SZ 25./26.7.2015).

Angesichts dieser Fülle von Leistungen und Regelungen, die Erziehung und Betreuung von Babys und Kindern ermöglichen sollen, sollte man meinen, Deutschland wäre ein kinderfreundliches Land.

2. Allgemeines zum Elterngeld

3 Nachfolgend werden u.a. die Anspruchsvoraussetzungen und die Höhe des Elterngeldes in den jeweiligen Varianten (Elterngeld, ElterngeldPlus und Partnerschaftsbonus) dargestellt. Elterngeld können Sie bekommen als Elternpaar oder als alleinerziehender Elternteil (§ 4c BEEG) oder als getrennt Erziehende*r. Als alleinerziehend gelten Sie, wenn der andere Elternteil weder mit Ihnen noch mit dem Kind zusammenlebt und bei Ihnen die steuerrechtlichen Voraussetzungen für den Entlastungsbetrag für Alleinerziehende nach § 24b Abs. 1, 3 EStG vorliegen (§ 4c Abs. 1 Nr. 1 BEEG). Getrennt erziehend sind Sie, wenn Sie als Eltern getrennt voneinander leben und sich die Betreuung Ihres Kindes bzw. Ihrer Kinder aufteilen. Hierbei ist Voraussetzung, dass das Kind bei jedem Elternteil mindestens ein Drittel der Zeit wohnt. Wenn es bei einem Elternteil weniger als ein Drittel der Zeit wohnt, steht diesem Elternteil kein Elterngeld zu. Zu beachten ist, dass Elterngeld zwar monatsweise gezahlt wird, allerdings nicht nach Kalendermonaten, sondern nach Lebensmonaten, welche nicht am Ersten des Kalendermonats, sondern je nach dem Geburtstag Ihres Kindes beginnen (§ 4 Abs. 1 S. 2, 3 ff. BEEG). Wenn Ihr Kind am 12.2.2022 geboren ist, dann ist der erste Lebensmonat vom 12.2.2022 bis zum 11.3.2022.

2.1 Anspruch auf Elterngeld

4 Elterngeld und „ElterngeldPlus" bekommen Sie **nach der Geburt** von Kindern und Mehrlingen, wenn Sie

- Ihren Wohnsitz bzw. gewöhnlichen Aufenthalt in Deutschland haben,
- mit Ihrem Kind in einem Haushalt leben,
- die Betreuung und Erziehung dieses Kindes übernehmen und
- keiner oder keiner vollen Erwerbstätigkeit nachgehen, dh keiner durchschnittlichen wöchentlichen Arbeitszeit von über 32 Stunden (§ 1 Abs. 1 S. 1 iVm § 1 Abs. 6 BEEG). Bei Mehrlingsgeburten besteht nur ein Anspruch auf Elterngeld und nicht für jedes Kind ein eigener Anspruch auf Elterngeld (§ 1 Abs. 1 S. 2 BEEG).

Keinen Anspruch haben Personen, deren durchschnittlich zu versteuerndes Einkommen vor der Geburt des Kindes bei Alleinerziehenden 250.000 EUR bzw. bei Elternteilen, die das Kind entweder gemeinsam oder getrennt betreuen und erziehen, insgesamt 300.000 EUR übersteigt (§ 1 Abs. 8 BEEG).

5 **Nicht-deutsche Staatsangehörig**, dh Unionsbürger und Drittstaatsangehörige (→ 81), die freizügigkeitsberechtigt sind (dh aus den Mitgliedsstaaten der EU), haben Anspruch auf Elterngeld. Seit dem 1.3.2020 haben auch deutlich mehr nicht freizügigkeitsberechtigte Ausländer*innen Anspruch auf Elterngeld als vorher (Näheres hierzu: https://www.der-paritaetische.de/fileadmin/user_u pload/Publikationen/doc/broschuere_MBE _familienleistungen_2020_web.pdf, letzter Zugriff: 19.2.2023).

6 Der Anspruch ist davon abhängig, welcher Aufenthaltstitel vorliegt. Geregelt ist dies in § 1 Abs. 7 BEEG. Danach besteht ein Anspruch mit folgenden Aufenthaltspapieren:

1. mit Niederlassungserlaubnis und Erlaubnis zum Daueraufenthalt-EU (§ 1 Abs. 7 S. 1 Nr. 1 BEEG),
2. mit Blauer Karte EU, ICT-Karte, Mobiler-ICT-Karte oder einer Aufenthaltserlaubnis, wenn diese für einen Zeitraum von mindestens sechs Monaten zur Ausübung einer Erwerbstätigkeit berechtigen oder berechtigt haben oder eine konkrete Erwerbstätigkeit erlauben (§ 1 Abs. 7 S. 1 Nr. 2 BEEG). Diese Voraussetzung ist bei fast allen Aufenthaltserlaubnissen erfüllt.

Ausgeschlossen vom Anspruch auf Elterngeld bleiben danach nur folgende Aufenthaltserlaubnisse (§ 1 Abs. 7 S. 1 Nr. 2 lit. a BEEG):
- § 16e AufenthG (studienbezogenes Praktikum-EU)
- § 19c Abs. 1 AufenthG (zum Zweck der Beschäftigung als Au-Pair oder zum Zweck der Saisonbeschäftigung),

- § 19e AufenthG (Europäischer Freiwilligendienst) sowie
- § 20 Abs. 1, 2 AufenthG (Arbeitsplatzsuche für Fachkräfte aus dem Ausland).

Spezielle Voraussetzungen gelten für folgende Aufenthaltserlaubnisse (§ 1 Abs. 7 S. 1 Nr. 2 lit. b BEEG):
- § 16b AufenthG (Studium),
- § 16d AufenthG (Anerkennung ausländischer Berufsqualifikationen) sowie
- § 20 Abs. 3 AufenthG (Arbeitsplatzsuche nach Studium oder Berufsabschluss in Deutschland).

Diese Gruppen haben dann einen Elterngeldanspruch, wenn sie erwerbstätig sind, in Elternzeit sind oder Arbeitslosengeld I bzw. laufende Leistungen nach dem SGB III beziehen.

3. Ferner wurde der Anspruch auf Elterngeld für Personen mit **bestimmten humanitären Aufenthaltserlaubnissen** erweitert (§ 1 Abs. 7 S. 1 Nr. 2 lit. c BEEG, § 1 Abs. 7 S. 1 Nr. 3, 4 BEEG):
Für § 23 Abs. 1 AufenthG wegen eines Krieges im Heimatland oder nach den § 23a AufenthG oder § 25 Abs. 3–5 AufenthG besteht seit 1.3.2020 ein Anspruch auf Elterngeld, wenn die leistungsberechtigte Person entweder erwerbstätig ist, sich in Elternzeit befindet oder Arbeitslosengeld I bzw. laufende Leistungen nach dem SGB III bezieht (§ 1 Abs. 7 S. 1 Nr. 3 BEEG) oder bereits seit 15 Monaten in Deutschland lebt (§ 1 Abs. 7 S. 1 Nr. 4 BEEG; anzurechnen ist die gesamte Zeit des Aufenthalts). Für minderjährige Leistungsberechtigte ist die Erwerbstätigkeit auch innerhalb der ersten 15 Monate keine Voraussetzung (§ 1 Abs. 7 S. 2 BEEG).

4. Auch mit einer **Beschäftigungsduldung** (§ 60d iVm § 60a Abs. 2 S. 3 AufenthG) besteht Anspruch auf Elterngeld (§ 1 Abs. 7 S. 1 Nr. 5 BEEG).

7 **Kein Anspruch** besteht weiterhin mit einer Ausbildungsduldung (§ 60a Abs. 2 S. 3 iVm § 60c AufenthG), einer „normalen" Duldung (§ 60a AufenthG), einer „Duldung für Personen mit ungeklärter Identität" (§ 60a iVm § 60b AufenthG) sowie einer Aufenthaltsgestattung (§ 55 AsylbLG). Wegen der komplizierten Rechtslage sollten Sie sich von einer zuständigen Stelle beraten lassen.

8 Für **Adoptivkinder** wird Elterngeld ebenfalls gezahlt. Dies gilt auch, wenn das Adoptionsverfahren noch läuft (sog. Adoptionspflege). Voraussetzung hierfür ist, dass Sie das Kind bereits in Ihren Haushalt aufgenommen haben und das Kind das 8. Lebensjahr noch nicht vollendet hat (§ 1 Abs. 3 S. 1 Nr. 1 BEEG, § 1 Abs. 3 S. 2 iVm § 4 Abs. 1 S. 5 BEEG). Auch für **Stiefkinder** kann Elterngeld gezahlt werden, wenn Sie diese betreuen und versorgen. **Verwandte bis zum dritten Grad** und ihre Partner*innen können unter besonderen Voraussetzungen (Behinderung, Krankheit oder Tod der Eltern) Elterngeld erhalten, wenn sie anstatt der Eltern das Kind versorgen (§ 1 Abs. 3, 4 BEEG). Beziehen Sie Bürgergeld oder HzL/GSi der Sozialhilfe, haben Sie auch einen Anspruch auf Elterngeld, es wird aber als Einkommen angerechnet (→ Rn. 19 f.).

2.2 Höhe und Bezugsdauer des Elterngeldes

9 Das Elterngeld beträgt grundsätzlich 67 Prozent des durchschnittlichen Nettoeinkommens der letzten zwölf Monate vor Geburt des Kindes (§ 2 Abs. 1 S. 1 BEEG; zum maßgeblichen „Bemessungszeitraum" vgl. § 2b BEEG; zur Berechnung des maßgeblichen durchschnittlichen Nettoeinkommens vgl. §§ 2b ff. BEEG). War das durchschnittliche Nettoeinkommen vor der Geburt des Kindes höher als 1.200 EUR, reduziert sich der Prozentsatz schrittweise auf bis zu 65 Prozent und zwar um 0,1 Prozentpunkte für je 2 EUR, um die dieses Einkommen den Betrag von 1.200 EUR überschreitet. War das Einkommen geringer als 1.000 EUR, erhöht sich der Prozentsatz von 67 Prozent schrittweise um 0,1 Prozentpunkte für je 2 EUR, um die dieses Einkommen den Betrag von 1.000 EUR unterschreitet, auf bis zu 100 Prozent; betrug das Einkommen vor der Geburt 998 EUR beträgt der Prozentsatz 67,1 Prozent, bei 996 EUR 67,2 Prozent und so weiter (§ 2 Abs. 2 BEEG; für Beispielsberechnungen vgl. BMFSFJ, Broschüre: Elterngeld und Elternzeit. Das Bundeselterngeld- und Elternzeitgesetz, Stand: Juli 2022, S. 35 ff.,

abrufbar unter: www.bmfsfj.de/resource/blo b/185424/5b90c242725e545669b2e753650 3c75b/elterngeld-und-elternzeit-data.pdf, letzter Zugriff: 19.2.2023). Es werden **maximal 1.800 EUR** Elterngeld gezahlt (§ 2 Abs. 1 S. 2 BEEG). Der Mindestbetrag beläuft sich auf 300 EUR, den Sie auch erhalten, wenn Sie bisher kein Erwerbseinkommen hatten oder wenn Sie nach der Geburt genauso viel Einkommen haben wie vor der Geburt, zB weil Sie in Teilzeit weiterarbeiten.

Das Erwerbseinkommen wird nach steuerrechtlichen Vorschriften ermittelt. Einmalige Einnahmen werden nicht berücksichtigt, jedoch regelmäßig vom Arbeitgeber gezahlte Umsatzprovisionen (BSG 10.2.2010 – B 10 EG 3/09 R). Gehaltsnachzahlungen, die der*die Elterngeldberechtigte außerhalb der für die Bemessung des Elterngeldes maßgeblichen zwölf Monate vor dem Monat der Geburt des Kindes (Bemessungszeitraum) „erarbeitet" hat, sind der Bestimmung der Höhe des Elterngeldes zugrunde zu legen, wenn sie im Bemessungszeitraum zugeflossen sind (BSG 27.6.2019 – B 10 EG 1/18 R).

Haben Sie vor der Geburt des Kindes **kein Erwerbseinkommen** erzielt, erhalten Sie den Sockelbetrag von **300 EUR** (§ 2 Abs. 4 BEEG).

10 Leben Sie mit zwei Kindern unter drei Jahren oder mindestens drei Kindern unter sechs Jahren im Haushalt, bekommen Sie zusätzlich einen „Geschwisterbonus" von 10 Prozent des zustehenden Elterngeldes, mindestens jedoch 75 EUR (§ 2a Abs. 1 BEEG). Dies gilt auch, wenn in Ihrem Haushalt mindestens ein weiteres Kind mit Behinderung lebt, das noch keine 14 Jahre alt ist (§ 2a Abs. 2 S. 3 BEEG). Bei Mehrlingsgeburten erhöht sich der Anspruch um 300 EUR für jedes weitere neu geborene Kind (§ 2a Abs. 4 S. 1 BEEG). Mehrlinge zählen allerdings nicht bei den „Geschwistern". Mit dem Geschwisterbonus erhöhen sich auch der Höchst- und der Mindestbetrag des Elterngelds, was bedeutet, dass dann das Elterngeld mindestens 370 EUR und höchstens 1.980 EUR beträgt.

11 Auf das Elterngeld werden die in § 3 BEEG aufgeführten Einnahmen **angerechnet**. Hierbei ist zu berücksichtigen, dass aufgrund der Änderungen des Bürgergeldgesetzes seit 1.1.2023 das **Mutterschaftsgeld** gemäß § 19 des Mutterschutzgesetzes **nicht** mehr auf das Elterngeld **angerechnet** wird (§ 10 Abs. 5 S. 4 BEEG).

12 Das Elterngeld wird für zwölf Monate gezahlt (§ 4 Abs. 3 S. 1 BEEG, § 4 Abs. 4 S. 1 BEEG). Wenn der zweite Elternteil für mindestens zwei Monate seine Arbeitszeit auf wenigstens 32 Stunden reduziert, kommen zwei weitere Monate hinzu (§ 4 Abs. 3 S. 2 BEEG, § 4 Abs. 4 S. 2 BEEG, § 1 Abs. 1 S. 1 Nr. 4 iVm Abs. 6 BEEG). Alleinerziehende haben auch ohne Partner*in Anspruch auf 14 Monate Elterngeld (§ 4c Abs. 1 BEEG).

13 Eltern können selbst entscheiden, wer von ihnen wie lange Elterngeld bezieht (§ 4 Abs. 3 iVm Abs. 4 S. 1 BEEG). Die 14 Monate Bezugsdauer können flexibel untereinander aufgeteilt werden, wobei jeder Elternteil mindestens 2 Monate beantragen muss und nur einer maximal 12 Monate beantragen darf.

14 Wenn Ihr Kind mindestens sechs Wochen vor dem errechneten Geburtstermin als **Frühchen** zur Welt kommt, können Sie länger Elterngeld erhalten, wobei bis vier zusätzliche Monate Elterngeld möglich sind, abhängig vom Geburtstermin. Sie erhalten bei Geburt mindestens sechs Wochen vor dem errechneten Termin einen zusätzlichen Monat Elterngeld, mindestens acht Wochen vor dem errechneten Termin zwei zusätzliche Monate, mindestens zwölf Wochen vor dem errechneten Termin drei zusätzliche Monate und bei einer Geburt mindestens 16 Wochen vor dem errechneten Termin vier zusätzliche Monate Elterngeld (§ 4 Abs. 5 BEEG).

2.3 Höhe und Bezugsdauer des „Elterngeld Plus" und „Partnerschaftsbonus"

15 Das aufgrund von **Teilzeitarbeit** wegfallende Einkommen wird wie beim normalen Elterngeld abhängig vom vorherigen Einkommen zu 65 bis 100 Prozent ersetzt (§ 2 Abs. 2 BEEG). Das „ElterngeldPlus" beträgt **maximal die Hälfte** des zustehenden Elterngeldes, das den Eltern ohne Teilzeiteinkommen nach der Geburt zustände (§ 4a Abs. 2 BEEG). Es wird **für den doppelten Zeitraum**, im Normalfall 24 Monate, gezahlt und kann

folglich über den 14. Lebensmonat des Kindes hinaus bezogen werden (§ 4 Abs. 1 S. 3 iVm § 4 Abs. 3 S. 1 BEEG).

16 Eltern können in Form des **Partnerschaftsbonus zwei bis vier zusätzliche ElterngeldPlus-Monate** erhalten, wenn sie sich in dieser Zeit die Betreuung des Kindes teilen und beide Elternteile mindestens 24 und höchstens 32 Wochenstunden in Teilzeit arbeiten. Ferner ist Voraussetzung, dass beide Eltern den Partnerschaftsbonus gleichzeitig nutzen und diesen für mindestens zwei und höchstens vier aufeinanderfolgende Lebensmonate beantragen (§ 4b BEEG).

17 Auch bei **Alleinerziehenden**, die mit einer reduzierten Teilzeitbeschäftigung „ElterngeldPlus" beziehen können, verlängert sich der Anspruch in Form des „**Partnerschaftsbonus**" um bis zu vier zusätzliche Monate, wenn sie in mindestens zwei bis höchstens vier aufeinanderfolgenden Lebensmonaten nicht weniger als 24 und nicht mehr als 32 Wochenstunden im Durchschnitt des Lebensmonats erwerbstätig sind und eine der Voraussetzungen des § 4c Abs. 1 Nr. 1–3 BEEG vorliegt (§ 4c Abs. 2 BEEG). Den Bonus gibt es also auch ohne Partner*in. Bezugszeiten von Elterngeld und „ElterngeldPlus" sind frei kombinierbar (§ 4 Abs. 1, 2 S. 3 BEEG, § 4 Abs. 3 S. 1 BEEG).

18 Auf das Elterngeld Plus werden die in § 3 BEEG aufgeführten Einnahmen **angerechnet** (§ 4a Abs. 2 S. 1 iVm § 3 BEEG). Hierbei ist zu berücksichtigen, dass aufgrund der Änderungen des Bürgergeldgesetzes seit 1.1.2023 das **Mutterschaftsgeld** gemäß § 19 des Mutterschutzgesetzes **nicht** mehr auf das Elterngeld **angerechnet** wird (§ 10 Abs. 5 S. 4 BEEG; → 37 Rn. 33). Gezahltes Krankengeld ist auf den Elterngeldanspruch für Monate der Inanspruchnahme von ElterngeldPlus anzurechnen (BSG 18.3.2021 – B 10 EG 3/20 R).

2.4 Elterngeld – anrechenbares Einkommen

19 Wenn Sie Bürgergeld oder HzL/GSi der Sozialhilfe beziehen, wird Elterngeld seit 2011 in voller Höhe als Einkommen angerechnet (§ 10 Abs. 5 S. 1 BEEG). Es ist dann allerdings wie normales Einkommen zu bereinigen, also um Versicherungspauschale, Kfz-Haftpflichtversicherung und Sozialversicherungszusatzbeiträge, Riester-, Gewerkschafts- und Sozialverbandsbeiträge (Einkommensbereinigung, → 38).

20 **Ausnahme!** Haben Sie aber **vor der Geburt des Kindes Erwerbseinkommen erzielt**, bleibt Elterngeld in Höhe des im Jahr zuvor durchschnittlich erzielten Erwerbseinkommens **bis zu 300 EUR** im Monat unberücksichtigt (§ 10 Abs. 5 S. 2 BEEG). Sie dürfen es trotz Bürgergeld-/Sozialhilfebezuges behalten. Das übrige Elterngeld ist wie normales Einkommen anzurechnen und zu bereinigen, also abzüglich Versicherungspauschale und, wenn vorhanden, Kfz-Versicherung, Riester, Gewerkschafts- und Sozialverbandsbeiträge. Bei „ElterngeldPlus"-Bezug verringern sich die Beträge um die Hälfte (§ 10 Abs. 5 S. 3 BEEG). Jobcenter/Sozialamt legen für das anrechnungsfrei zu stellende Einkommen das im **Elterngeldbescheid** festgelegte **durchschnittliche Jahreseinkommen** zugrunde.

21 Häufig akzeptiert das Jobcenter bzw. das Sozialamt eine Erwerbstätigkeit vor der Geburt zur Begründung des Elterngeldfreibetrages gem. § 10 Abs. 5 S. 2 BEEG nur, wenn sich diese Erwerbstätigkeit aus dem Elterngeldbescheid bzw. der dortigen Elterngeldberechnung ergibt.

22 Wurden vor der Geburt des Kindes aber durchschnittlich weniger als 340 EUR verdient, wirkt sich der Verdienst nicht mehr erhöhend auf das Elterngeld aus. Die Elterngeldstelle wird daher dazu im Elterngeldbescheid auch keine Berechnung machen und der Elternteil ist nicht verpflichtet, im Antrag auf Elterngeld für die Höhe des Elterngeldes nicht relevantes Einkommen anzugeben.

23 Da aber bei Erwerbseinkommen vor der Geburt des Kindes das Elterngeld bis zu einer Höhe von 300 EUR anrechnungsfrei bei Bezug von Bürgergeld- bzw. Sozialhilfebezug ist (§ 10 Abs. 5 S. 2 BEEG), sind **auch Erwerbseinkünfte von weniger als 340 EUR** maßgebend. Sollte daher in diesen Fällen aus den vorgenannten Gründen eine Berücksichtigung des Erwerbseinkommens im Elterngeldbescheid fehlen, kann das Jobcenter die Berücksichtigung des Elterngeldfreibetrages wegen Erwerbstätigkeit nicht damit ablehnen, dass in dem Elterngeldbescheid Feststel-

lungen der Elterngeldstelle zu vorangegangenem Einkommen fehlen. Das Jobcenter muss dann den Elterngeldfreibetrag bzw. die in den zwölf Kalendermonaten vor der Geburt durchschnittlich erzielten Einkünfte zur Gewährleistung einer korrekten Einkommensanrechnung des Elterngeldes unter Berücksichtigung des Elterngeldfreibetrages selbst ermitteln (SG Berlin 14.5.2012 – S 183 AS 10693/11).

2.5 Sonderregeln aus Anlass der Coronapandemie

24 Die Coronapandemie hatte zur Folge, dass eine steigende Zahl von Eltern die Voraussetzungen für das Elterngeld nicht mehr einhalten konnten, weil sie zu systemrelevanten Berufen gehörten und daher mehr als geplant arbeiten mussten oder weil sie zB von Kurzarbeit betroffen waren. Damit Eltern beim Elterngeld möglichst keine Nachteile durch die Folgen der Coronapandemie entstanden, wurden vorübergehende gesetzliche Änderungen im Hinblick auf Einkommensverlust, Bezugs-/Bemessungszeitraum sowie Änderung der Arbeitszeit vorgenommen (§ 2b Abs. 1 S. 4, § 27 BEEG iVm Beschäftigungssicherungsgesetz (BeschSiG)).

25 Bestimmte Regelungen setzten voraus, dass eine **systemrelevante Tätigkeit** ausgeübt wurde. Wann eine derartige Tätigkeit vorlag, konnte der Verordnung zur Bestimmung kritischer Infrastrukturen nach dem Gesetz über das Bundesamt für Sicherheit in der Informationstechnik (BSI-Gesetz), der Verordnung zu Abweichung vom Arbeitszeitgesetz infolge der COVID-19-Epidemie und den landesrechtlichen Bestimmungen für die Berechtigung zur Inanspruchnahme von Kindernotfallbetreuung entnommen werden. Hierfür war notwendig, dass dem Arbeitgeber ein entsprechender Nachweis vorgelegt werden konnte (bei Selbständigen: plausible Erklärung).

26 Es wurde u.a. folgendes geregelt:
- Geringeres Einkommen im Bezugszeitraum (§ 2b Abs. 1 S. 4 BEEG):
Für die Höhe des Elterngeldes ist das Einkommen im Bezugszeitraum maßgebend. Einkommensverluste, die zwischen dem 1.3.2020 und dem 23.9.2022 wegen der Coronapandemie erlitten wurden (zB durch Kurzarbeit, Freistellung, Arbeitslosigkeit oder Schließung des ausgeübten Gewerbes), können von der berechtigten Person auf Antrag bei der Berechnung des Elterngeldes ausgeklammert werden. Das bedeutet: Diese Monate werden übersprungen und stattdessen das Einkommen aus davorliegenden Monaten für die Elterngeldbemessung berücksichtigt (§ 2b Abs. 1 S. 4 BEEG). Dies gilt auch bei einer selbstständigen Erwerbstätigkeit oder wenn sowohl Einkünfte aus einer selbstständigen Tätigkeit als auch Einkünfte aus einer nichtselbständigen Tätigkeit erzielt wurden. Dann verschiebt sich auf Antrag der berechtigten Person der Bemessungszeitraum auf das Kalenderjahr davor (§ 2b Abs. 2 S. 2 iVm § 2b Abs. 1 S. 3, 4 BEEG). Trotz anderslautendem Gesetzeswortlaut des § 2b Abs. 2 S. 2 BEEG war es der Wille des Gesetzgebers, nicht nur auf Abs. 1 S. 2 und 3, sondern auch auf Abs. 1 S. 4 BEEG zu verweisen und somit auch den selbstständig erwerbstätigen Personen die Möglichkeit zu geben, Zeiträume mit geringem Einkommen aus dem Bezugszeitraum auszuklammern (Redaktionsversehen des Gesetzgebers: HK-MuSchG/Lenz/Wagner BEEG § 2b Rn. 12a)
Zu den Einkommensminderungen aufgrund der Coronapandemie zählten auch mittelbare Änderungen der Einkommenssituation, wie zum Beispiel die Reduzierung der Arbeitszeit zugunsten der Kinderbetreuung.
- Verschiebung von Bezug von Elterngeld bei Tätigkeit in systemrelevantem Beruf (§ 27 Abs. 1 BEEG):
Wenn Sie in einem systemrelevanten Beruf gearbeitet haben, konnten Elterngeldmonate, die ursprünglich zwischen dem 1.3.2020 und dem 31.12.2020 in Anspruch genommen werden sollten, auf die Zeit nach der Krise verschoben werden. Der verschobene Elterngeldbezug musste jedoch bis spätestens 30.6.2021 angetreten werden. Die entstehende Lücke im Bezug war für das Elterngeld kein Problem. Denn es konnte auch Basiselterngeld genommen werden, obwohl das Kind dann bereits älter als 14 Monate war.

■ Auswirkungen auf Partnerschaftsbonus: Partnerschaftsbonusmonate, die schon beantragt worden sind, aber noch nicht begonnen haben, und ganz oder teilweise in die Zeit vom 1.3.2020 bis 23.9.2022 fielen, konnten unter den Voraussetzungen des § 27 Abs. 1 BEEG verschoben werden, wobei ausreichend war, dass nur ein Elternteil einen systemrelevanten Beruf ausübt (§ 27 Abs. 2 S. 1 BEEG). Auch hier mussten die aufgeschobenen Partnerschaftsbonusmonate spätestens bis zum 30.6.2021 angetreten werden. Zu beachten ist auch, dass die vier Partnerschaftsbonusmonate von beiden Elternteilen aufgeschoben und zusammenhängend genommen werden mussten. Lücken vor Beginn der Partnerschaftsbonusmonate waren unschädlich.

Ist der Partnerschaftsbonus bereits beantragt worden und hat der Bezug des Partnerschaftsbonus ganz oder teilweise zwischen dem 1.3.2020 und 23.9.2022 gelegen, haben Eltern ihren Partnerschaftsbonus nicht verloren, wenn sie aufgrund der Coronapandemie mehr oder weniger gearbeitet haben als geplant und somit die Voraussetzungen des Bezugs nicht einhalten konnten. Denn es gelten hinsichtlich der Höhe des Einkommens und des Umfangs der Arbeitszeit die Angaben bei Antragstellung (§ 27 Abs. 3 BEEG).

■ Änderung der Regelung des § 3 Abs. 1 S. 1 Nr. 5 BEEG (Anrechnung von anderen Einnahmen) für die Zeit vom 1.3.2020 bis 31.12.2021 (§ 27 Abs. 4 BEEG in der Fassung ab 1.1.2021):

§ 27 Abs. 4 BEEG aF wurde durch das Zweite Gesetz zur Änderung des Bundeselterngeld- und Elternzeitgesetzes vom 15.2.2021 aufgehoben, da sich mit der Einführung der Neuregelung in § 3 Abs. 1 S. 4 BEEG die befristete coronabedingte Spezialregelung zugunsten einer dauerhaften Regelung desselben Inhalts erledigte (HK-MuSchG/Lenz/Wagner BEEG § 27 Rn. 9).

3. Elternzeit – Auszeit für Kinderbetreuung (§§ 15–21 BEEG)

27 Betreuen und erziehen Arbeitnehmer*innen ihr Kind selbst, haben sie bis zur Vollendung des dritten Lebensjahres des Kindes Anspruch auf 36 Monate Elternzeit (§ 15 Abs. 2 S. 1 BEEG). Das gilt für beide Elternteile. Die Eltern können 24 Monate Elternzeit zwischen dem dritten und achten Geburtstag des Kindes einsetzen (§ 15 Abs. 2 S. 2 BEEG). Eine Zustimmung des Arbeitgebers ist nicht mehr erforderlich, wenn die Elternzeit für den Zeitraum bis zum 3. Lebensjahr des Kindes spätestens sieben Wochen und für den Zeitraum zwischen dem 3. Geburtstag und dem vollendeten 8. Lebensjahr des Kindes spätestens 13 Wochen vor Beginn der Elternzeit **schriftlich** beim Arbeitgeber angemeldet wurden (§ 15 Abs. 2 S. 1, 2 BEEG, § 16 Abs. 1 S. 1 Nr. 1, 2 BEEG). Die Eltern können die Elternzeit auf **drei** statt bisher zwei **Zeitabschnitte** pro Elternteil verteilen (§ 16 Abs. 1 S. 6 BEEG) und dem Wunsch auf **Teilzeitbeschäftigung** mehr Nachdruck verleihen, weil Arbeitgeber diese nur noch mit dringenden betrieblichen Gründen ablehnen können (§ 15 Abs. 4 S. 3, 4 BEEG bzw. § 15 Abs. 5 ff. BEEG).

28 Während der Elternzeit besteht idR **Kündigungsschutz**. Dieser beginnt mit der Anmeldung der Elternzeit, frühestens jedoch acht Wochen vor Beginn einer Elternzeit bis zum vollendeten 3. Lebensjahr des Kindes und frühestens 14 Wochen vor Beginn einer Elternzeit zwischen dem 3. Geburtstag und dem vollendeten 8. Lebensjahr des Kindes (§ 18 Abs. 1 BEEG).

29 Elternzeit kann für einen oder beide Elternteil/e auch als **Teilzeitbeschäftigung** zwischen 15 und 32 Wochenstunden gewährt werden. Das ist möglich in Betrieben ab 15 Beschäftigten und soweit betriebliche Gründe dem nicht entgegenstehen (Näheres hierzu: § 15 Abs. 5 ff. BEEG).

30 Die Elternzeit gemäß § 15 BEEG kann auch dazu führen, dass der Arbeitnehmerstatus im Sinne des FreizügG/EU erhalten bleibt und daher der Bezug von Bürgergeldleistungen nicht gemäß § 7 Abs. 1 S. 2 SGB II ausgeschlossen ist. Das BSG hat entschieden, dass auch eine in Deutschland mit gewöhnlichem Aufenthalt lebende Arbeitnehmerin, die einem Mitgliedstaat der EU angehört, sich während der Elternzeit nach § 15 BEEG auf ein Aufenthaltsrecht als eine freizügigkeits-

berechtigte Arbeitnehmerin berufen kann (§ 2 Abs. 1, 2 Nr. 1 FreizügG/EU) und deshalb nicht entsprechend § 7 Abs. 1 S. 2 SGB II von der Gewährung von Leistungen nach dem SGB II ausgenommen ist (BSG 9.3.2022 – B 7/14 AS 91/20 R). Diese Person bleibt während des Erziehungsurlaubs eine Arbeitnehmerin im Sinne des Unionsrechts.

4. Bayerisches Betreuungs- bzw. Familiengeld sowie Bayerisches Krippengeld

31 Wie in → Rn. 2 Dargestellt, wurde das Betreuungsgeld gemäß §§ 4a-4d BEEG aF am 21.7.2015 vom Bundesverfassungsgericht (BVerfG) für nichtig erklärt, da der Bund gar nicht die Gesetzgebungskompetenz habe, ein solches Gesetz zu erlassen. Die CSU und die bayerische Landesregierung, beide Befürworter des Betreuungsgeldes, haben daraufhin ein **Bayerisches Betreuungsgeldgesetz** als Leistung auf Landesebene eingeführt. Das am 21.6.2016 vom Landtag verabschiedete Gesetz ist am Folgetag in Kraft getreten. Es schloss nahtlos an die Bundesregelung an, dh Leistungen, die nach dem 21.7.2015 in Bayern beantragt wurden, sollten rückwirkend erbracht werden.

Das Bayerische Betreuungsgeld ist zum 1.9.2018 durch das **Bayerische Familiengeld** (BayFamGG) abgelöst worden. Der Freistaat Bayern gewährt den Eltern für jedes Kind im zweiten und dritten Lebensjahr, dh vom 13. bis zum 36. Lebensmonat, 250 EUR pro Monat, ab dem dritten Kind sogar 300 EUR pro Monat. Das Familiengeld erhalten Eltern für ihre Kinder, die ab dem 1.10.2015 geboren sind (vgl. Art. 1 ff. BayFamGG).

32 Nach der gesetzlichen Regelung des Bayerischen Familiengeldgesetzes (Art. 1 BayFamGG) dient das Familiengeld der frühen Erziehung und Bildung der Kinder einschließlich gesundheitsförderlicher Maßnahmen und somit anderen Zwecken als der Existenzsicherung, so dass es nicht auf existenzsichernde Sozialleistungen angerechnet werden soll (Art. 1 S. 2, 3 BayFamGG). Es darf daher **nicht auf Bürgergeld** oder HzL/GSi der Sozialhilfe **angerechnet** werden.

33 **Tipp:** Sollte bei Ihnen das Familiengeld in der Vergangenheit oder aktuell auf das Bürgergeld bzw. Alg II angerechnet worden sein bzw. werden, sollten Sie sich hiergegen mit Widerspruch bzw. Überprüfungsantrag gem. § 44 SGB X wehren.

34 Der Freistaat Bayern hat mit Wirkung zum 1.1.2020 das **Bayerische Krippengeld** (Art. 23a BayKiBiG) eingeführt. Damit werden Eltern bereits ab dem ersten Geburtstag ihres Kindes mit monatlich bis zu 100 EUR pro Kind bei den Elternbeiträgen für Kitas oder Tagespflege entlastet, wenn sie diese tatsächlich tragen und ihr Kind in einer nach dem Bayerischen Kinderbildungs- und Kinderbetreuungsgesetz (BayKiBiG) geförderten Kindertageseinrichtung oder Tagespflege („Tagesmutter") betreut wird. Bei der Tagespflege ist darauf abzustellen, ob für das konkrete Tagespflegeverhältnis Ihres Kindes eine Förderung nach BayKiBiG erfolgt.

35 Das Bayerische Krippengeld erhalten nur Eltern, deren Einkommen eine bestimmte haushaltsbezogene Einkommensgrenze (bis 60.000 EUR und zusätzlich 5.000 EUR für jedes weitere Kind im Kindergeldbezug) nicht übersteigt (Art. 23a Abs. 3–5 BayKiBiG). Für die Einkommensermittlung ist das Kalenderjahr maßgeblich, in dem das Kind sein erstes Lebensjahr vollendet (Art. 23a Abs. 6 S. 1 BayKiBiG). Neben den Eltern können auch Adoptionspflegeeltern und Pflegeeltern vom Krippengeld profitieren. Das Bayerische Krippengeld erhalten Eltern für ihre Kinder, die nach dem 1.1.2017 geboren und bereits ein Jahr alt sind. Es wird bis zum 31. August des Jahres gewährt, in dem das Kind drei Jahre alt wird. Für die Gewährung ist ein schriftlicher **Antrag** erforderlich (Art. 23a Abs. 10 S. 1 BayKiBiG). Eine rückwirkende Antragstellung ist für **zwölf Monate** möglich, **sofern** der Antrag spätestens bis zum 31. August des Jahres gestellt wird, in dem das Kind das dritte Lebensjahr vollendet (Art. 23a Abs. 10 S. 4 BayKiBiG). Anspruch auf Krippengeld besteht **parallel** zum Anspruch auf Basiselterngeld, ElterngeldPlus, Partnerschaftsbonusmonate und Bayerisches Familiengeld.

Eine **Anrechnung** des Krippengeldes auf Bürgergeld- bzw. SGB II-Leistungen erfolgt **nicht**. Wie bereits erwähnt, können Sie das Krippengeld nur dann erhalten, wenn Sie die für die Betreuung Ihres Kindes anfallenden Elternbeiträge auch tatsächlich selbst tragen.

36 **Tipp:** Wenn Sie eine der folgenden Leistungen erhalten, können Sie im Rahmen der wirtschaftlichen Jugendhilfe auf Antrag vollständig von den Elternbeiträgen befreit werden (§ 90 Abs. 4 S. 2 SGB VIII):

- Leistungen zur Sicherung des Lebensunterhalts nach SGB II (Bürgergeld und Bildung und Teilhabe),
- Leistungen zur Sicherung des Lebensunterhalts nach dem 3. (HzL) und 4. Kapitel (GSi) des SGB XII,
- Leistungen nach den §§ 2, 3 des Asylbewerberleistungsgesetzes,
- Kinderzuschlag (§ 6a BKGG) oder
- Wohngeld (WoGG).

Sofern Sie solche Leistungen beziehen, sollten Sie für künftige Zeiträume statt Krippengeld die wirtschaftliche Jugendhilfe gemäß § 90 Abs. 4 S. 2 SGB VIII beim zuständigen Jugendamt beantragen. So können Sie vollständig von den Elternbeiträgen entlastet werden (beim Krippengeld: maximal 100 EUR pro Kind und pro Kalendermonat). Sofern Sie das Krippengeld bereits beantragt haben oder beziehen, müssen Sie dem Zentrum Bayern Familie und Soziales (ZBFS) mitteilen, wenn das Jugendamt (oder eine andere öffentliche Stelle) Elternbeiträge übernimmt.

5. Antrag

37 Sie müssen den Antrag auf Elterngeld **schriftlich** und rechtzeitig stellen (§ 7 Abs. 1 S. 1 BEEG). In den Bundesländern Berlin, Brandenburg, Bremen, Hamburg, Mecklenburg-Vorpommern, Niedersachsen, Rheinland-Pfalz, Sachsen, Sachsen-Anhalt, Schleswig-Holstein und Thüringen (Stand: Juli 2022) können Sie Elterngeld auch online beantragen über den Antrag-Assistenten **ElterngeldDigital** (www.elterngeld-digital.de). Elterngeld wird **rückwirkend** nur für die letzten drei Lebensmonate vor Beginn des Lebensmonats geleistet, in dem der Antrag auf Elterngeld bei der zuständigen Stelle eingegangen ist (§ 7 Abs. 1 S. 2 BEEG).

38 Im Antrag ist anzugeben, für welche Lebensmonate (Basis-)Elterngeld, für welche Lebensmonate ElterngeldPlus oder für welche Lebensmonate Partnerschaftsbonus beantragt wird (§ 7 Abs. 1 S. 3 BEEG). Hierbei ist jedoch zu berücksichtigen, dass Sie ihren Antrag nachträglich noch **ändern** können. Wenn die Änderungen nur zukünftige Lebensmonate betreffen, ist dies immer möglich. Änderungen, die bereits vergangene Lebensmonate betreffen und daher Rückwirkung haben, sind nur für die letzten drei Lebensmonate ab Eingang des Änderungsantrages möglich. Nach dem Ende des Zeitraums, für den Sie Elterngeld bekommen haben, sind gar keine Änderungen mehr möglich. Weiter ist zu beachten, dass für die Monate, für die das Elterngeld bereits ausgezahlt wurde, Änderungen nur in besonderen Härtefällen möglich sind, zB bei schwerer Krankheit oder wenn der andere Elternteil stirbt (hierzu im Einzelnen: § 7 Abs. 2 S. 2 ff. BEEG). Anders ist dies beim Bezug von ElterngeldPlus. Hier können Sie für die Monate, in denen Sie ElterngeldPlus bekommen haben, nachträglich (Basis-)Elterngeld erhalten, auch wenn das ElterngeldPlus bereits ausgezahlt wurde (§ 7 Abs. 2 S. 4 BEEG).

39 **Elterngeldstellen** finden Sie meistens bei den Behörden der Landkreise oder Kreisfreien Städte. Die für Sie zuständige Elterngeldstelle können Sie über www.familienportal.de ermitteln.

6. Erstattung von Elterngeld

40 Im Bürgergeld-Bezug darf das Jobcenter das Elterngeld nicht als Einkommen anrechnen, solange es nicht zur Auszahlung gebracht wird, weil es nicht als „bereites Mittel" zufließt (§ 11 Abs. 1 S. 1 SGB II). Bürgergeld muss dann in voller Höhe erbracht werden. Das Jobcenter soll dann aber bei der Elterngeldstelle einen Erstattungsanspruch nach §§ 102 ff. SGB X stellen. Nachzuzahlendes Elterngeld wird dann von der Elterngeldstelle direkt an das Jobcenter ausgezahlt. § 104 Abs. 3 SGB X bestimmt, dass sich hierbei „*der Umfang des Erstattungsanspruchs [...] nach den für den vorrangig verpflichteten Leistungsträger geltenden Rechtsvorschriften*" richtet. Das bedeutet, der Jobcenter darf die Erstattung nur unter Abzug der Versicherungspauschale (und wenn vorhanden: Kfz-Versicherung, Riester, Gewerk-

schafts- und Sozialverbandsbeiträge) geltend machen. Hier liegt die Rechtsfehlerquote annähernd bei 100 Prozent. Was ist zu tun: Wenn das Jobcenter sich zu viel hat erstatten lassen und die Elterngeldstelle einen Bescheid erlässt, in der die Erstattung bekanntgegeben wird und der zudem mit einer Rechtsmittelbelehrung versehen ist, dann muss von Ihnen gegen den feststellenden Bescheid der Elterngeldstelle Widerspruch (→ 126) eingelegt werden. Denn Ihr Anspruch auf Elterngeld gegenüber der Elterngeldstelle ist nur in dem Umfang erloschen, in welchem dem Jobcenter gegenüber der Elterngeldstelle auch ein wirksamer Erstattungsanspruch im Sinne der §§ 102 ff. SGB X zusteht (§ 107 Abs. 1 SGB X). Hat die Elterngeldstelle dem Jobcenter von dem Ihnen eigentlich zustehendem Elterngeld in Höhe von 2.100 EUR einen Betrag in Höhe von 2.100 EUR erstattet und an das Jobcenter ausgezahlt, obwohl diesem ein wirksamer Erstattungsanspruch gemäß §§ 102 ff. SGB X nur in Höhe von 2.000 EUR zusteht, haben Sie gemäß § 107 Abs. 1 SGB X gegenüber der Elterngeldstelle einen Anspruch auf Elterngeld in Höhe von 100 EUR, da in dieser Höhe kein Erstattungsanspruch des Jobcenters besteht und somit Ihr Anspruch auf Elterngeld gegenüber der Elterngeldstelle in dieser Höhe von 100 EUR nicht gemäß § 107 SGB X erloschen ist. Die Elterngeldstelle muss sich dann das zu viel gezahlte Elterngeld in Höhe von 100 EUR vom Jobcenter wiederholen (§ 112 SGB X). Die Elterngeldstelle darf die Zahlung der 100 EUR an Sie nicht mit der Begründung verweigern, Sie selbst müssten sich die 100 EUR vom Jobcenter holen.

7. Kritik

41 Das Elterngeld ist für Erwerbstätige ein gewisser Fortschritt. Es hat nicht mehr, wie das Erziehungsgeld, die Funktion, den Ausstieg aus der Erwerbsarbeit zu fördern. Es ist eine Lohnersatzleistung und gleicht Einkommensnettoeinkommensverluste bei Familiennettoeinkommen bis 2.770 EUR im ersten Lebensjahr des Kindes weitgehend aus. Was allerdings danach kommt, bleibt im Dunkeln. Mit ElterngeldPlus versucht die Regierung, durch Streckung der Mittel eine zweijährige Teilzeitoption zu schaffen, die allerdings von der Arbeitswelt erst noch angenommen werden muss. Nach wie vor mangelt es vielerorts an bezahlbaren Krippen- und Ganztagsplätzen in Kindergärten und Schulen. Fraglich ist auch, ob der Lohnersatz hoch genug ist, um den Eltern wirklich eine freie Entscheidung zu ermöglichen.

Durch Elterngeld sollen *"positive Anreize zur Erwerbsarbeit gesetzt"* werden. Der Bedarf von Erwerbslosen sei mit Bürgergeld allerdings ausreichend gedeckt (Pressemitteilung BMFSFJ, 11.5.2006). Deshalb wird das Elterngeld bürgergeldbeziehenden Eltern seit Januar 2011 **voll** auf die Leistung angerechnet, wenn sie vor der Geburt des Kindes keine Erwerbseinkünfte erzielt haben. Arbeitslose Eltern und ihre Kinder benötigen offenbar keine Förderung, sie verlieren durch die Anrechnung 3.600 EUR. Elterngeld ist eben nicht dazu gedacht, die Bereitschaft zu fördern, Kinder in die Welt zu setzen und zu erziehen, sondern die Bereitschaft, trotz Kindererziehung zu arbeiten.

8. Forderungen

42 Flächendeckender Ausbau von kostenlosen Ganztagskrippen, -kindergärten und -schulen!

Deutliche Erhöhung der Regelbedarfe von Eltern und Kindern!

Familienförderung, die allen Eltern ermöglicht, frei zu entscheiden, wie sie ihre Kinder im Alter von 0 bis 3 Jahre betreuen möchten!

9. Informationen

43 Bundesministerium für Familie, Senioren, Frauen und Jugend (BMFSFJ), Elterngeld und Elternzeit – Das Bundeselterngeld- und Elternzeitgesetz, Broschüre, 169 Seiten, 26. Aufl., Stand: Juli 2022 (www.bmfsfj.de/bmfsfj/service/publikationen/elterngeld-und-elternzeit--185102 bzw. www.bmfsfj.de/resource/blob/185424/5b90c242725e545669b2e7536503c75b/elterngeld-und-elternzeit-data.pdf)

Elterngeldrechner: www.familien-wegweiser.de/Elterngeldrechner

Bundesministerium für Familie, Senioren, Frauen und Jugend: www.bmfsfj.de

Richtlinien zum BEEG: https://www.bmfsfj.d e/blob/156526/809880621377ee7aafdf207c a733c571/richtlinien-zum-beeg-data.pdf

Bayerisches Familiengeld: https://www.zbfs.b ayern.de/familie/familiengeld/index.php

Bayerisches Krippengeld: https://www.zbfs.b ayern.de/familie/krippengeld/index.php

Der Paritätische Gesamtverband, Broschüre „Familienleistungen – Ansprüche für Menschen ohne deutsche Staatsangehörigkeit", 72 Seiten, Stand: Dezember 2020 (https://w ww.der-paritaetische.de/fileadmin/user_uplo ad/Publikationen/doc/broschuere_MBE_fami lienleistungen_2020_web.pdf)

43
Erbe

1. Kostenersatz bei Erbe	1
1.1 Kostenersatz aus dem Nachlass von Bürgergeld-Beziehenden abgeschafft	2
1.2 Sozialhilfebeziehende sterben – was passiert mit dem Nachlass?	3
1.2.1 Vererbt werden kann nur, was Ihnen gehört	6
1.2.2 Kostenersatz nur für die letzten 10 Jahre	7
1.2.3 In welcher Höhe wird Sozialhilfe zurückverlangt?	8
1.2.4 In welcher Höhe wird der Nachlass herangezogen?	9
1.2.5 Wann und wie muss der Kostenersatz geltend gemacht werden?	11
1.2.6 Gegen wen muss der Kostenersatz geltend gemacht werden?	12
1.2.7 Härtefall	13
2. Bürgergeld-/Sozialhilfebeziehende erben	15
2.1 Erbschaft: Einkommen oder Vermögen?	16
2.1.1 Die Behandlung der Erbschaft nach altem Recht (SGB II bis 30.6.2023, SGB XII bis 31.12.2022)	17
2.1.2 Die Behandlung der Erbschaft nach neuem Recht (SGB II ab 1.7.2023, SGB XII ab 1.1.2023)	21
2.2 Erbschaft vorzeitig verbraucht	23
2.3 Neue Bürgergeld-Regelung: geerbte Sachwerte sind kein Einkommen	30
2.4 Sonderfall: Geerbte Immobilie	32
2.5 Anspruch auf den Pflichtteil	33
2.6 Kann der Erblasser Vermögen vor dem Zugriff der Behörde schützen?	34
2.6.1 Wie funktioniert es nicht?	35
2.6.2 „Berliner Testament": Erbverzicht möglich, aber sanktionierbar	36
2.6.3 „Behindertentestament": Wie funktioniert es?	38
3. Kritik	40
4. Information	41

1. Kostenersatz bei Erbe

1 Im Folgenden wird dargelegt, inwieweit Erb*innen zum Kostenersatz erbrachter Sozialleistungen verpflichtet sind.

1.1 Kostenersatz aus dem Nachlass von Bürgergeld-Beziehenden abgeschafft

2 Seit dem **1.8.2016** müssen Erb*innen von SGB II-Leistungsberechtigten nicht mehr befürchten, dass deren Nachlass zum Kostenersatz für bezogene SGB II-Leistungen herangezogen wird. § 35 SGB II wurde mit Gesetz vom 26.7.2016 (BGBl. I 1824) aus Gründen der Verwaltungsvereinfachung (BT-Drs. 18/8041, 45) ersatzlos gestrichen.

1.2 Sozialhilfebeziehende sterben – was passiert mit dem Nachlass?

3 Bei Bezug von Sozialhilfe wird Ihnen zu Lebzeiten ein geschütztes **Vermögen** (→ 119) zugestanden, zB Hausrat, ein selbstbewohntes Eigenheim, in Sonderfällen ein Auto oder ein bescheidenes Barvermögen.

Nach Ihrem Tode greift das Sozialamt auf das zu, was es Ihnen zu Lebzeiten noch gelassen hat. Es verlangt von den Erb*innen des*r Leistungsbeziehenden **Kostenersatz** für die bezogenen Sozialhilfeleistungen. Der*die Erbe*Erbin muss den zum Zeitpunkt des Erbfalls vorhandenen Nachlass dafür einsetzen (§ 102 Abs. 1 SGB XII).

Aus dem eigenen Vermögen muss der*die Erbe*Erbin natürlich nichts zuzahlen.

4 Der Kostenersatz betrifft die „Kosten der Sozialhilfe" (siehe § 8 SGB XII) mit Ausnah-

me der Grundsicherung und der Kosten der Tuberkulosehilfe (§ 102 Abs. 5 SGB XII). Die Eingliederungshilfe gehört seit dem 1.1.2020 nicht mehr zur Sozialhilfe, sondern ist nunmehr als Teil 2 des SGB IX in §§ 90 ff. SGB IX geregelt. Die Sozialhilfe muss rechtmäßig erbracht worden sein; ist sie rechtswidrig erbracht worden, ergibt sich eine Ersatzpflicht nicht aus § 102 SGB XII, sondern aus §§ 45, 50 SGB X (BSG 23.3.2010 – B 8 SO 2/09 R).

5 Lebten Partner*innen/Ehegatt*innen getrennt, besteht keine Ersatzpflicht für die Kosten, die während des **Getrenntlebens** angefallen sind (§ 102 Abs. 1 S. 3 SGB XII).

1.2.1 Vererbt werden kann nur, was Ihnen gehört

6 Wenn Sie zB ein Eigenheim (→ 34) besitzen, das als Vermögen geschützt ist, und es bereits **zu Lebzeiten** an Ihre Kinder verschenken oder an den*die Ehegatten*Ehegattin übertragen, gehört es nicht mehr zum Nachlass (→ 96). An die Stelle tritt jedoch ein Schenkungsrückforderungsanspruch gem. § 528 BGB, der grundsätzlich zu berücksichtigen ist (BSG 16.3.2013 – B 14 AS 71/12 R; 2.2.2010 – B 8 SO 21/08 R). Das Sozialamt kann diesen Rückforderungsanspruch gem. § 93 SGB XII auf sich überleiten. Nach der Rechtsprechung ist er nicht auf Herausgabe des Eigenheims selbst, sondern auf Zahlung einer dem Wert der Schenkung entsprechenden Geldsumme gerichtet (BGH 20.11.2018 – X ZR 115/16). Sie können dann nicht einwenden, dass das Eigenheim gem. § 90 Abs. 2 Nr. 8 SGB XII geschützt war und bei Rückgabe an Sie wieder geschützt wäre. Durch die Übergabe des Geschenks haben Sie sich dieses Schutzes „begeben" (so Grube/Wahrendorf/Flint SGB XII § 93 Rn. 21).

1.2.2 Kostenersatz nur für die letzten 10 Jahre

7 Ersetzt werden müssen „nur" alle Kosten, die **innerhalb der letzten zehn Jahre** vor dem Erbfall aufgelaufen sind (§ 102 Abs. 1 S. 2 SGB XII).

1.2.3 In welcher Höhe wird Sozialhilfe zurückverlangt?

8 Ersetzt werden müssen Kosten für Sozialleistungen, die bei der Sozialhilfe die Bagatellgrenze von **3.012 EUR** (Stand 2023) übersteigen (§ 102 Abs. 1 S. 2 SGB XII; das Dreifache des Grundbetrags nach § 85 Abs. 1 SGB XII [→ 39], also das Sechsfache der Regelbedarfsstufe 1). Es gilt dabei die Höhe des Grundbetrags zum Zeitpunkt des Erbfalls.

1.2.4 In welcher Höhe wird der Nachlass herangezogen?

9 Die Rückzahlungsverpflichtung ist auf die Höhe des Nachlasses beschränkt. Nachlass ist gem. § 1967 Abs. 2 BGB das Aktivvermögen abzüglich der Nachlassverbindlichkeiten (LSG Nordrhein-Westfalen 20.7.2017 – L 9 SO 240/16) einschließlich der Bestattungskosten (→ 24) gem. § 1968 BGB (LSG Bayern 23.2.2012 – L 8 SO 113/09), der Kosten für Nachlassverwaltung, für eine*n Rechtsanwältin*Rechtsanwalt und für die Testamentsvollstreckung sowie für die Erbschaftssteuer.

10 Vom übrigen Nachlass bleiben **frei**:
- ein Erbe unter dem Betrag von **3.012 EUR**, auch wenn der Erstattungsbetrag die unter → Rn. 8 genannte Bagatellgrenze überschreitet (§ 102 Abs. 3 Nr. 1 SGB XII),
- ein Betrag von **15.340 EUR**, wenn der*die Erbe*Erbin auch der*die Ehegatte*Ehegattin / Lebenspartner*in des*r verstorbenen Empfängers*Empfängerin war **oder** mit ihm*r verwandt war **und** nicht nur vorübergehend bis zum Tode des*r Leistungsempfängers*Leistungsempfängerin mit diesem*r in häuslicher Gemeinschaft gelebt **und** ihn*sie gepflegt hat (§ 102 Abs. 3 Nr. 2 SGB XII). Eine häusliche Gemeinschaft besteht schon bei einem Wohnen unter einem gemeinsamen Dach und muss keine Haushaltsgemeinschaft bestehen; sie ist nicht nur vorübergehend, wenn sie auf eine längere Zeit geplant worden ist; eine bestimmte Mindestzeit ist nicht erforderlich. Der Begriff der Pflege ist in § 61a Abs. 1 SGB XII geregelt.

Insgesamt bleibt beim Kostenersatz aus dem Nachlass eines*r Sozialhilfebeziehenden also immer ein **Selbstbehalt von mindestens 3.012 EUR**.

1.2.5 Wann und wie muss der Kostenersatz geltend gemacht werden?

11 Die Behörde muss ihre Forderung **innerhalb von drei Jahren** nach Ablauf des Jahres, in dem der*die Leistungsbeziehende von Sozialhilfe verstorben ist, gegenüber den Erb*innen geltend machen. Danach erlischt der Anspruch auf Kostenersatz (§ 102 Abs. 4 SGB XII). Der Kostenersatz wird durch Verwaltungsakt geltend gemacht; zur Höhe des Kostenersatzes kann die Behörde gem. § 117 SGB XII Auskunft über die Höhe des Erbes verlangen.

1.2.6 Gegen wen muss der Kostenersatz geltend gemacht werden?

12 Der Kostenersatz muss gegen den oder die Erb*innen geltend gemacht werden. Wer Erbe*Erbin ist, ergibt sich aus den Vorschriften des BGB. Ist ein Erbschein vorhanden, sind die im Erbschein benannten Personen Erb*innen, solange der Schein nicht eingezogen ist (BSG 23.3.2010 – B 8 SO 2/09 R; 23.8.2013 – B 8 SO 7/12 R). Sind mehrere Erb*innen vorhanden, haften sie als Gesamtschuldner*innen. Der Sozialhilfeträger kann jede*n Erbin*Erben in voller Höhe in Anspruch nehmen, muss dabei aber Ermessen (→ 44) ausüben (BSG 23.8.2013 – B 8 SO 7/12).

1.2.7 Härtefall

13 Kostenersatz von den Erb*innen soll nicht gefordert werden, „*soweit die Inanspruchnahme des Erben nach der Besonderheit des Einzelfalles eine besondere Härte bedeuten würde*" (§ 102 Abs. 3 Nr. 3 SGB XII). Als Härtegründe kommen Gründe in der Person des*r Erben*Erbin und Gesichtspunkte wirtschaftlicher Art in Betracht, zB ob er*sie durch die Erfüllung des Ersatzanspruchs sozialhilfebedürftig wird oder die Sozialhilfebedürftigkeit droht; daneben kann auch geltend gemacht werden, dass der Nachlass für den*die Erben*Erbin selbst Schonvermögen wäre. Dagegen soll es nicht darauf ankommen, dass das Vermögen zu Lebzeiten des Erblassers gem. § 90 Abs. 2 Nr. 8 SGB XII (angemessenes Hausgrundstück) geschützt war (BSG 27.2.2019 – B 8 SO 15/17 R).

14 **Kein Härtefall** liegt zB vor, wenn die Erb*innen die Eltern eines*r contergangeschädigten Sozialhilfebeziehenden sind und der Nachlass insbesondere durch nicht anrechenbare Kapitalentschädigung sowie eine Rente der Stiftung „Hilfswerk für behinderte Kinder" entstanden ist (BSG 23.10.2010 – B 8 SO 2/09 R).

2. Bürgergeld-/Sozialhilfebeziehende erben

15 Erbt ein*e Sozialhilfebezieher*in von seinem*ihrer Ehepartner*in oder von jemand anderem, muss er*sie seine*ihre **früher bezogene Sozialhilfe** natürlich nicht daraus zurückzahlen (§ 102 Abs. 1 S. 4 SGB XII). Das gilt auch für Bürgergeld-Beziehende. Das Erbe muss **nur für die Zukunft** eingesetzt werden. Wie ein Erbe behandelt wird, richtet sich danach, ob der Zufluss des Erbes bis zum 30.6.2023 oder nach dem 30.6.2023 (SGB II) bzw. bis zum 31.12.2022 oder nach dem 31.12.2022 erfolgt. Im SGB II gilt gem. § 11a Abs. 1 Nr. 7 SGB II **ab 1.7.2023**, dass eine **Erbschaft nicht als Einkommen** zu berücksichtigen ist. Eine ähnliche Regelung für die **Sozialhilfe** enthält § 82 Abs. 1 S. 2 Nr. 9 SGB XII mit dem Unterschied, dass sie schon **seit 1.1.2023** gilt. Diese hinsichtlich des Wirksamwerdens der Regelung unterschiedlichen Anordnungen sind nicht nachvollziehbar.

2.1 Erbschaft: Einkommen oder Vermögen?

16 Die Beantwortung dieser Frage richtet sich danach, ob altes oder neues Recht anwendbar ist.

2.1.1 Die Behandlung der Erbschaft nach altem Recht (SGB II bis 30.6.2023, SGB XII bis 31.12.2022)

17 Ob das Erbe als Einkommen oder Vermögen gilt, bestimmt sich nach altem Recht anhand zweier Faktoren (Einkommen, → 37 Rn. 73):
- zum Ersten danach, wann das Erbe zugeflossen ist; hierbei kommt es aber nicht

auf den Eingang von Zahlungen oder ähnlichem aus dem Erbe an, sondern auf den Erbfall (§ 1922 BGB),
- zum Zweiten danach, ob der Erbfall vor oder nach der Beantragung (§ 37 SGB II) von Leistungen bzw. vor oder in dem Bedarfszeitraum liegt.

Ein Erbe, das **vor dem Bezug** von Alg II bzw. Bürgergeld/Sozialhilfe zufließt, ist **Vermögen** (→ 119); es ist im Rahmen der Vermögensfreibeträge geschützt. Das ist der Fall, wenn Sie erst im Monat, der auf den Zufluss des Erbes folgt, einen Antrag auf Sozialleistungen stellen. Ausschlaggebend ist in diesem Fall der **Zeitpunkt**, zu dem der Erbfall eintritt, nicht der Zeitpunkt, an dem die Erbschaft verwertbar ist (BSG 25.1.2012 – B 14 101/11 R); das Erbe ist auch dann Vermögen, wenn zwischen dem Erbfall und der Auszahlung ein Zeitraum von mindestens einem Monat liegt, in dem die betroffene Person nicht bedürftig war (BSG 8.5.2019 – B 14 AS 15/18 R).

18 Ein Erbe, das **während des Bedarfszeitraums** zufließt, wird demnach als **einmaliges Einkommen** (→ 37) bewertet und muss, wenn es höher ist als der monatliche Bedarf (vgl. § 11 Abs. 3 S. 1, S. 4 SGB II aF), über einen längeren Zeitraum verteilt angerechnet werden. Die Erbschaft ist mit dem Erbfall Einkommen. *„Dieses Einkommen ist jedoch erst ab dem Zeitpunkt [...] anzurechnen, zu dem der Vermögenszuwachs aus der Erbschaft tatsächlich zu realisieren war und [...] als 'bereite Mittel' zur Verfügung stand"* (BSG 25.1.2012 – B 14 AS 101/11 R).

19 Demnach gilt **im Alg II/Bürgergeld** ein Erbe als einmaliges Einkommen und ist auf einen **Zeitraum von sechs Monaten** verteilt anzurechnen (§ 11 Abs. 3 SGB II aF). Übersteigt das Erbe den Alg II-/Bürgergeld-Bedarf für sechs Monate, entfällt der Leistungsanspruch völlig. Sie können allerdings nach sechs Monaten erneut einen Antrag auf Bürgergeld stellen. Der nicht zum Lebensunterhalt verbrauchte Teil Ihres Erbes ist dann **Vermögen** und ist im Rahmen der Vermögensfreibeträge geschützt.

20 Auch bei **HzL/GSi der Sozialhilfe** wird das Erbe auf einen längeren Zeitraum verteilt angerechnet. Der Verteilzeitraum beträgt bei einmaligem Einkommen ab 1.1.2016 im Regelfall **sechs Monate** (§ 82 Abs. 7 S. 2 SGB XII). *„In begründeten Einzelfällen ist der Anrechnungszeitraum [...] angemessen zu verkürzen"* (§ 82 Abs. 7 S. 3 SGB XII). Wann ein begründeter Einzelfall vorliegt, wird nicht erläutert. Es muss ein Grund geltend gemacht werden, das Erbe über einen kürzeren Zeitraum als sechs Monate zu verteilen, damit die Sozialhilfe wieder früher einsetzen kann. Der nach dem Anrechnungszeitraum nicht verbrauchte Teil des Erbes ist Vermögen.

2.1.2 Die Behandlung der Erbschaft nach neuem Recht (SGB II ab 1.7.2023, SGB XII ab 1.1.2023)

21 Im Bürgergeld gilt:

Gem. § 11a Abs. 1 Nr. 7 SGB II ist eine Erbschaft *„nicht als Einkommen zu berücksichtigen"*. Damit gilt die Abgrenzung zwischen Einkommen und Vermögen (→ Rn. 17 ff.) nicht mehr. Vielmehr gelten jetzt die folgenden Grundsätze:

- eine Erbschaft ist Einkommen,
- das Einkommen ist nicht zu berücksichtigen; dies gilt für den Monat, in dem das Erbe zufließt (BT-Drs. 20/4360, 29), also etwa auf Ihrem Konto gutgeschrieben wird,
- ist die Erbschaft im Monat nach dem Zuflussmonat (also in dem Folgemonat oder in den Folgemonaten) noch vorhanden, ist sie als Vermögen zu berücksichtigen. Ob Sie die Erbschaft einsetzen müssen, hängt davon ab, ob sie über den Vermögensfreibeträgen (§ 12 Abs. 2 SGB II bzw. § 12 Abs. 3 S. 1 SGB II, § 12 Abs. 4 S. 1 SGB II) liegt.

22 In der HzL/GSi der Sozialhilfe gilt:

Gem. § 82 Abs. 1 S. 2 Nr. 9 SGB XII gehört eine Erbschaft nicht zum Einkommen. Auch hier gilt die Abgrenzung zwischen Einkommen und Vermögen (→ Rn. 17 ff.) nicht mehr, sondern gelten die folgenden Grundsätze:

- eine Erbschaft ist Einkommen,
- das Einkommen ist nicht zu berücksichtigen; dies gilt für den Monat, in dem das Erbe zufließt (BT-Drs. 20/4360, 39),

■ im Folgemonat ist die Erbschaft als Vermögen zu berücksichtigen. Ob Sie die Erbschaft einsetzen müssen, hängt davon ab, ob sie über den Vermögensfreibeträgen liegt, insbesondere über dem sog. kleinen Barbetrag von 10.000 EUR (§ 90 Abs. 2 Nr. 9 SGB XII, § 1 S. 1 Nr. 1 VO zu § 90 Abs. 2 Nr. 9 SGB XII).

2.2 Erbschaft vorzeitig verbraucht

23 Ein Erbe darf nach altem Recht (→ Rn. 17) über einen Verteilzeitraum hinweg nur bedarfsmindernd berücksichtigt werden, wenn es als bereites Mittel **zur Verfügung steht**, um den konkreten Bedarf im jeweiligen Monat zu decken. Ist es vorzeitig verbraucht, weil zB Schulden getilgt wurden, **müssen** Jobcenter Leistungen zum Lebensunterhalt gewähren (BSG 29.11.2012 – B 14 AS 33/12 R; 12.12.2013 – B 14 AS 76/12 R). Das gilt auch für HzL und GSi der Sozialhilfe.

24 Bei **HzL/GSi der Sozialhilfe** gilt:
Bei vorzeitigem Verbrauch der Erbschaft kann die Behörde aber einen **Kostenersatz** geltend machen (→ 92; § 103 SGB XII). Ein Kostenersatzanspruch kann aber nur bei *„sozialwidrigem Verhalten"*, dh **vorsätzlichem oder grob fahrlässigem Verhalten**, das Hilfebedürftigkeit herbeiführt, geltend gemacht werden (→ 92 Rn. 54 ff.). Das wird bei Verschwendung zur Herbeiführung der Hilfebedürftigkeit angenommen (SG Braunschweig 23.2.2010 – S25 AS 1128/98); nach einer anderen Ansicht ist dies aber erst dann der Fall, wenn der Verbrauch in der Absicht erfolgte, wieder Leistungen zu beziehen (LSG Mecklenburg-Vorpommern 7.5.2019 – L 10 AS 632/16). Wenn Sie daher von Ihrem Erbe leben und lediglich etwas mehr Geld zum Leben ausgeben, als Ihnen als SGB XII-Leistungsberechtigte*r zur Verfügung gestanden hätte, bedeutet das noch lange nicht, dass Sie sozialwidrig gehandelt haben. Insbesondere, wenn der anzurechnende Nachlass so hoch ist, dass im Verteilzeitraum von sechs Monaten gar keine Leistungen mehr vom Sozialamt gezahlt werden.

25 Für **Alg II/Bürgergeld** gilt:
Seit dem **1.1.2017 (bis zum 30.6.2023)** können allerdings bei vorzeitigem Verbrauch von einmaligen Einnahmen, die über den Zeitraum von sechs Monaten angerechnet werden, **Leistungen** nur **als Darlehen** erbracht werden (§ 24 Abs. 4 S. 2 SGB II). Die Möglichkeit der Jobcenter, Kostenersatz geltend zu machen, entfällt damit. Die Rückzahlung des Darlehens darf nur durch Aufrechnung mit den laufenden Leistungen erfolgen (§ 42a Abs. 2 SGB II).

Ob bei vorzeitigem Verbrauch zB eines Erbes SGB II-/Bürgergeld-Leistungen darlehensweise erbracht werden, muss im Rahmen einer **Ermessensentscheidung** (→ 44) entschieden und im Einzelfall begründet werden. Liegen **wichtige Gründe** für den vorzeitigen Verbrauch der Einnahme vor (zB Ersatzbeschaffung Waschmaschine, Reparatur Kfz usw) müssen Sie diese dem Jobcenter darlegen.

26 Unklar ist, was unter **vorzeitigem Verbrauch** einer einmaligen Einnahme zu verstehen ist. Nach der Rechtsprechung des BSG (29.11.2012 – B 14 AS 33/12 R) ist der Grundgedanke einer Rückzahlungsverpflichtung der, dass Leistungsbeziehende die Notlage **schuldhaft** herbeigeführt haben, weil sie die einmalige Einnahme nicht zur Deckung des Lebensunterhaltes vorrangig eingesetzt haben. Das setzt jedoch einerseits voraus, dass Sie diese Verpflichtung zum vorrangigen Einsatz für den Lebensunterhalt kennen, weil Sie hierüber informiert wurden (BSG 12.12.2013 – B 14 AS 76/12 R) und dass Sie überhaupt die Möglichkeit hatten, das Geld zum Lebensunterhalt zu verwenden. Dies ist gerade nicht der Fall, wenn Ihnen Mittel gegen Ihren Willen entzogen werden, zB ein Gläubiger im Rahmen einer Pfändung auf Geld zugreift, ohne dass Sie dies verhindern können oder dass Diebstahl vorliegt. Der Begriff „vorzeitig" muss also auch hier so ausgelegt werden, dass nur dann eine Darlehensbewilligung hingenommen werden muss, wenn es keinen zu billigenden Grund für die Verwendung des Nachlasses durch den*die Erben*Erbin vor Ablauf des Verteilzeitraums gibt.

Es ist damit zu rechnen, dass Jobcenter bei Beziehenden von einmaligen Einnahmen, die einen Neuantrag vor Ablauf der Sechsmonatsfrist gestellt haben, Leistungen bis zur Erfüllung der Frist regelmäßig nur noch als

Darlehen gewähren. Damit wird die Rechtsprechung des BSG, das eine Gewährung von Leistungen als Beihilfe auch bei vorzeitigem Verbrauch von einmaligen Einnahmen gefordert hat (BSG 12.12.2013 – B 14 AS 76/12 R), neutralisiert. Achten Sie also besonders darauf, ob die Darlehensgewährung im Rahmen einer Ermessensentscheidung nach § 24 Abs. 4 SGB II rechtmäßig ist.

27 **Tipp 1:** Jobcenter müssen Ermessen ausüben und die darlehensweise Gewährung von Leistungen begründen. Legen Sie ggf. Widerspruch und Klage ein. Nur über die Rechtsprechung kann einer ausufernden Darlehensgewährung Einhalt geboten werden.

28 **Tipp 2:** Wenn Ihnen wegen vorzeitigen Verbrauchs ein Darlehen gewährt wird, haben Sie Anspruch auf Wohngeld (§ 7 Abs. 1 S. 3 Nr. 1 WoGG), und zwar auf den Höchstsatz. Das wird dann als Einkommen angerechnet, mindert aber die zurückzuzahlenden Alg II-/Bürgergeld-Leistungen.

29 Nach neuem Recht (→ Rn. 21 ff.) ist die Frage des vorzeitigen Verbrauchs eines Erbes anders zu beantworten. Im Monat des Zuflusses ist die Erbschaft als Einkommen nicht zu berücksichtigen. Wenn Sie das Erbe im Folgemonat oder in den Folgemonaten nach Ansicht des Jobcenters oder des Sozialamts zu schnell zu verbrauchen und der Betrag höher ist als der jeweilige Vermögensfreibetrag, ist nur ein Ersatzanspruch wegen „sozialwidrigen Verhaltens" möglich (zu § 103 SGB XII → Rn. 23 ff., → 92 Rn. 54; zu § 34 SGB II → 92 Rn. 50).

2.3 Neue Bürgergeld-Regelung: geerbte Sachwerte sind kein Einkommen

30 Für die Zeit vom **1.8.2016 bis zum 30.6.2023** sind Sachen, die als Erbe zufließen, kein anzurechnendes Einkommen (→ 37): *„Als Einkommen zu berücksichtigen sind Einnahmen in Geld [...]"* (§ 11 Abs. 1 S. 1 SGB II nF; Streichung der Wörter *„oder Geldeswert"*). Das gilt auch für ein **Erbe in Geldeswert**, etwa eine **Immobilie** oder ein **Kfz**. Eine Einnahme in Geldeswert ist im Folgemonat **Vermögen** (→ 119) und muss dann ggf. als Vermögen vorrangig zum Lebensunterhalt eingesetzt werden (FW 11.77). Das gilt jedoch nur unter der Voraussetzung, dass das Vermögen für den Lebensunterhalt zur Verfügung steht. Das ist zB dann nicht der Fall, wenn erst noch eine Erbauseinandersetzung stattfinden muss oder die Immobilie nicht verwertbar ist, weil ein*e Miterbe*Miterbin noch im Haus wohnt.

31 Fällt das Erbe in Geldeswert aber unter das **Schonvermögen**, ist es vor der Verwertung geschont. Auf diese Weise sind künftig ein selbst genutztes angemessenes **Eigenheim** (→ 34) oder ein angemessenes **Kraftfahrzeug** (→ 68), welches Bürgergeld-Beziehende erben, vor dem Zugriff der Jobcenter geschützt. Auch Hausrat kann künftig im üblichen Rahmen geerbt werden, ohne dass dies leistungsrechtliche Probleme aufwirft.

Unter Umständen führt die Neuregelung zu einem verbesserten Erhalt des Familienvermögens bei den Erb*innen. Beziehenden von Sozialhilfeleistungen wollte man diese bescheidene Verbesserung allerdings nicht zugestehen.

2.4 Sonderfall: Geerbte Immobilie

32 Problematisch ist **im SGB XII** die Bewertung des Erbes als anzurechnendes Einkommen bzw. im Folgemonat als vorrangig zu verwertendes Vermögen bei geerbten **Immobilien, die nicht sofort verwertbar** sind: wenn zB das Erbe aus dem Teil eines Hauses besteht, in dem noch Miterb*innen wohnen. Denn hier sind auch Einnahmen mit Geldwert als Einkommen anzurechnen (§ 82 Abs. 1 SGB XII).

Die Erbschaft ist nach der Entscheidung des BSG (25.1.2012 – B 14 AS 101/11 R) auch in dieser Konstellation bei Leistungen für den Lebensunterhalt erst bei möglicher Verwertung der Immobilie anzurechnen, wenn „bereite Mittel" zu realisieren sind.

Im SGB II hingegen ist es als anrechnungsfreie Einnahme mit Geldwert und als Vermögen ab dem Folgemonat des Zuflusses anzusehen (→ Rn. 30).

2.5 Anspruch auf den Pflichtteil

33 Auch wenn Bürgergeld-/Sozialhilfebeziehende vom Erblasser **enterbt wurden**, besteht immer ein Anspruch auf einen Pflichtteil, dh

auf die Hälfte des Wertes des gesetzlichen Erbteils (§ 2303 BGB). Der Pflichtteilsanspruch ist nur unter sehr engen Voraussetzungen ausgeschlossen (§ 2333 BGB). Es handelt sich um einen geldwerten Anspruch, der sich gegen den*die Erben*Erbin richtet und seit 1.8.2016 zum Vermögen gehört (→ Rn. 30). Die Behörde kann den Anspruch auf den Pflichtteil **auf sich überleiten**.

Ein **Pflichtteilsverzicht** ist zwar weder sittenwidrig noch unwirksam (BGH 19.1.2011 – IV ZR 7/10; → Rn. 37), kann sich bei Bürgergeld-/Sozialhilfebeziehenden jedoch nachteilig auswirken (→ Rn. 37).

2.6 Kann der Erblasser Vermögen vor dem Zugriff der Behörde schützen?

34 Der Erblasser – also diejenige Person, die vererbt – kann frei verfügen, wem das Vermögen nach dem eigenen Tode zufließen soll (Testierfreiheit). Das wird in einem Testament oder einem Erbvertrag geregelt.

2.6.1 Wie funktioniert es nicht?

35 Die Verfügungsfreiheit ist durch die Pflichtteilsregelung eingeschränkt. Es ist zwecklos, das Erbe vor dem Zugriff der Behörde schützen zu wollen, indem der Erblasser die*den erbberechtigte*n Bürgergeld-/Sozialhilfebeziehende*n enterbt. Denn diese*r hat auf jeden Fall **Anspruch auf den Pflichtteil**. Wenn erbberechtigte Bürgergeld-/Sozialhilfebeziehende einen Erbteil bekommen, der den Pflichtteil unterschreitet, können sie von den Miterb*innen die Differenz zum Pflichtteil verlangen. Sogar von **Schenkungen** des Erblassers im Zeitraum von bis zu zehn Jahren vor seinem Tode kann rückwirkend ein Pflichtteil verlangt werden. Alle diese Ansprüche des*r Bürgergeld/Sozialhilfe beziehenden Erben*Erbin sind **zugleich** Ansprüche der Behörde.

2.6.2 „Berliner Testament": Erbverzicht möglich, aber sanktionierbar

36 Das sogenannte „Berliner Testament", mit dem sich Ehepartner*innen gegenseitig als Alleinerb*innen einsetzen, hat das Ziel, das Gesamtvermögen für eine*n Ehepartner*in zu erhalten, wenn der*die andere verstirbt. Hier ist es regelmäßig so, dass entweder die bei Eintritt des Erbfalles pflichtteilsberechtigten Kinder schon zu Lebzeiten einen Pflichtteilsverzicht vor dem*r Notar*in erklären oder das Berliner Testament eine sog. Strafklausel enthält. Diese beinhaltet regelmäßig, dass das Kind, das gegenüber dem*r überlebenden Ehegatten*Ehegattin seinen Pflichtteil geltend macht, auch bei Versterben des*r zweiten Ehegatten*Ehegattin nur den Pflichtteil erhält.

37 In der Rechtsprechung und juristischen Literatur war es lange Zeit umstritten, ob ein solcher **Pflichtteilsverzicht** „*zu Lasten des Sozialhilfeträgers*" sittenwidrig und damit nichtig ist. Laut Bundesgerichtshof ist bei einem Pflichtteilsverzichts eines behinderten Kindes, das auf Leistungen nach dem SGB XII angewiesen ist, eine Sittenwidrigkeit jedoch nicht zu erkennen. Rechtsgeschäfte seien grundsätzlich aufgrund der verfassungsmäßig gewährleisteten Privatautonomie der Beteiligten solange wirksam, als sie nicht gegen entgegenstehende Gesetze verstoßen (BGH 19.1.2011 – IV ZR 7/10). Das Urteil ist vom Grundsatz her auf andere Fallkonstellationen, zB Erwerbslose oder erwerbsgeminderte Menschen, **übertragbar**. Demnach entsteht kein Anspruch, den der Sozialhilfeträger/das Jobcenter auf sich überleiten kann.

Allerdings hat der BGH ausgeführt, dass „*die pflichtwidrige Herbeiführung der eigenen Bedürftigkeit [...] innerhalb des sozialrechtlichen Regelungssystems mit Leistungskürzungen sanktioniert werden*" kann (BGH 19.1.2011 – IV ZR 7/10; → 95). Sollte der Träger von dieser Möglichkeit Gebrauch machen, wären **Einschränkungen der Leistung** gem. § 26 Abs. 1 SGB XII bis zu 30 Prozent des Regelbedarfs und etwaige **Kostensatzansprüche** denkbar, weil Hilfebedürftigkeit vorsätzlich herbeigeführt wurde (→ 92 Rn. 50 ff.; → 12 Rn. 23 ff.). Entscheidungen der Sozialgerichte, ob solche drakonischen Maßnahmen insbesondere bei Menschen mit Behinderungen überhaupt rechtmäßig wären, liegen bislang noch nicht vor.

Demgegenüber hat das BSG für den Fall, dass eine Strafklausel existiert, damit aber die Geltendmachung des Pflichtteilanspruchs grundsätzlich möglich ist, Folgendes ausgeführt: Hier scheidet eine Anrechnung nur aus, wenn sie eine unbillige Härte darstellt. Etwa weil der*die Erbe*Erbin gezwungen wäre, zur Erfüllung des Pflichtteilsanspruchs das bewohnte Haus zu veräußern (BSG 6.5.2010 – B 14 AS 2/09 R).

2.6.3 „Behindertentestament": Wie funktioniert es?

38 Der Erblasser kann einem*r Erben*Erbin, der*die regelmäßig Sozialhilfe bezieht, die Verfügung über den Erbteil entziehen. Damit hat auch die Behörde keinen Zugriff auf das Vermögen mehr.

1. Dazu muss er ihn*sie als **Vorerben*Vorerbin** einsetzen, welche*r verpflichtet ist, die Substanz des Erbes für eine*n **Nacherben*Nacherbin** zu erhalten (§ 2100 BGB). Voraussetzung dafür ist, dass der*die Vorerbe*Vorerbin keine freien Entscheidungen treffen kann, die den Wert des Erbes vermindern. Er*sie muss ein*e „nicht befreite*r Vorerbe*Vorerbin" sein. Der*die Vorerbe*Vorerbin kann aufgrund der Beschränkungen, von denen er*sie „nicht befreit" ist, nicht über das Erbe verfügen. Der*die Nacherbe*Nacherbin aber auch nicht. Der*die Nacherbe*Nacherbin (zB ein Geschwisterteil) braucht beim Tode des*r sozialhilfebeziehenden, nicht befreiten Vorerben*Vorerbin keinen Kostenersatz für dessen*deren Sozialhilfe zu leisten. Er*sie ist ja der*die Erbe*Erbin des Erblassers, nicht des*r sozialleistungsbeziehenden Vorerben*Vorerbin. Gleichzeitig kann der*die Vorerbe*Vorerbin nicht über das Vermögen verfügen und durch dessen*deren Verwertung nicht unabhängig von Sozialhilfe leben.
2. Zudem muss der Erblasser eine*n **Testamentsvollstrecker*in** einsetzen und damit dem*r Erben*Erbin die Verfügung über das Erbe noch stärker entziehen (§ 2211 Abs. 1 BGB). Der Testamentsvollstrecker vollstreckt den Willen des Erblassers.
Der Erblasser kann ausdrücklich anordnen, dass der Sozialhilfeträger nicht durch Nachlassmittel entlastet werden darf. Er kann zudem anordnen, dass dem*r sozialhilfebeziehenden Vor-

erben*Vorerbin entsprechende Mittel aus dem Erbe (zB Zinsen) zufließen, um die Kosten für Gesundheitsausgaben, Kuren, einen jährlichen Urlaub oder ein Hobby zu decken.

39 Diese Form der Gestaltung wird in der Praxis vor allem von Eltern behinderter, sozialhilfebeziehender Kinder gewählt, um sicherzustellen, dass das Erbe nicht für den Lebensunterhalt einzusetzen ist, sondern dem behinderten Kind anderweitig zugutekommen kann. Der BGH hat das „Behindertentestament" zuletzt mit Urteil von Januar 2011 (BGH 19.1.2011 – IV ZR 7/10) für rechtmäßig erklärt und darauf verwiesen, dass der Gesetzgeber inzwischen länger als 20 Jahre Zeit gehabt hätte, auf die BGH-Rechtsprechung (BGH 21.3.1990 – IV ZR 169/89; BGH 20.10.1993 – IV ZR 231/92) zu reagieren und entsprechende Vorschriften im Sozialhilferecht zu ändern. Zudem wurde auch der Verzicht auf den Pflichtteil des Erbes als nicht sittenwidrig angesehen (→ Rn. 36 f.) und die mögliche Anwendung dieser Testamentsform auf den Pflichtteil erweitert.

Offen ist aber, ob dies auch auf Nachlässe von erheblichem Wert anzuwenden ist.

3. Kritik

40 Der **Kostenersatz** aus dem Erbe ist ein Altbestand der Rückzahlungspflicht für Fürsorgeleistungen, die es in den Anfängen der Bundesrepublik noch gab. Für Erb*innen von Bürgergeld-Beziehenden wurde das zum August 2016 abgeschafft, weil es Jobcentern übermäßigen Arbeitsaufwand und wenig Ertrag einbrachte. In der Sozialhilfe jedoch, bei der Leistungsberechtigte oft während des Leistungsbezugs versterben, wird das Relikt der Erbenhaftung gepflegt.

Theoretisch müssten Sozialämter bei jedem Wegfall des Bezugs durch Tod prüfen, ob jemand beerbt worden ist. Auch bei Wegfall des Bezuges aus anderen Gründen müssten Sozialämter bis zu zehn Jahre nach Ende des Bezuges prüfen, ob jemand verstorben ist und eine Erbschaft hinterlassen hat. Das würde in den Ämtern viele Arbeitsplätze schaffen. Aber es gibt nicht einmal eine Auskunftspflicht des*r potenziellen Erben*Erbin oder des*r ehemaligen Leistungsbeziehenden. Und so laufen Behördenansprüche in der Praxis oft ins Leere.

4. Information

41 Bundesverband für körper- und mehrfachbehinderte Menschen (Hrsg.), Katja Kruse / Günther Hoffmann, Vererben zugunsten behinderter Menschen, 8. Aufl. 2018, 39 ff., abrufbar unter: https://bvkm.de/wp-content/uploads/2019/08/vererben_2018_web.pdf.

44
Ermessen

1. „Kann"-Leistungen 1
   1.1 Grundsätzliches zur Ermessensausübung 3
   1.2 Ermessensausübung muss im Einzelfall begründet sein 7
2. Überprüfung des Ermessens im Widerspruchs- und Klageverfahren 9

1. „Kann"-Leistungen

1 Ermessensentscheidungen unterscheiden sich von sog. **gebundenen Entscheidungen**. Gebundene Entscheidungen erkennen Sie daran, dass im Gesetzestext die Hilfsverben „hat", „muss", „ist zu (gewähren)", „wird geleistet" oder „darf nicht (versagt werden)" verwendet werden. Bei Ermessensentscheidungen werden die Hilfsverben „kann", „darf", „ist berechtigt" oder „ist befugt" verwendet; dies gilt etwa für Leistungen zur Eingliederung in Arbeit (§ 3 Abs. 1 S. 1 SGB II), bei der Übernahme von Wohnungsbeschaffungs- und Umzugskosten (§ 22 Abs. 6 SGB II) oder Miet- und Energieschulden (§ 22 Abs. 8 SGB II), bei der Aufrechnung (§ 43 Abs. 1 SGB II) oder bei der Entscheidung über einen Erlassantrag (§ 44 SGB II). Gebundene und Ermessensentscheidungen unterscheiden sich hinsichtlich der Rechtsfolge: liegen die Voraussetzungen für eine **gebundene Entscheidung** vor, muss der Leistungsträger die Entscheidung treffen; geht es um eine Sozialleistung, besteht ein Rechtsanspruch auf diese Leistung (§ 38

SGB I). Liegen die Voraussetzungen für eine **Ermessensentscheidung** vor, kann der Leistungsträger aber grundsätzlich **zwischen mehreren Rechtsfolgen wählen**, dh, er kann zB eine Leistung gewähren oder sie ablehnen. Dabei hat er aber die Grenzen des Ermessens zu beachten (§ 39 Abs. 1 S. 1 SGB I).

Neben den „reinen" Ermessensentscheidungen und den „reinen" gebundenen Entscheidungen gibt es noch die „Soll"-Bestimmungen: bei ihnen ist im Regelfall kein Ermessen auszuüben; liegt aber ein atypischer Fall vor, ist wieder Ermessen auszuüben (BSG 27.7.2000 – B 7 AL 42/99 R).

2 Die Leistungsträger sind bei Ermessensentscheidungen nicht völlig frei, sondern durch § 39 Abs. 1 S. 1 SGB I gebunden; Sie haben Anspruch darauf, dass dieses Ermessen auch ausgeübt wird:

„Auf pflichtgemäße Ausübung des Ermessens besteht ein Anspruch" (§ 39 Abs. 1 S. 2 SGB I). Bei der Ausübung des Ermessens gibt es keinen rechtsfreien Raum (BeckOGK SGB I § 39 Rn. 2). Es muss eine dem Einzelfall entsprechende, angemessene und sachgerechte Lösung gefunden werden (→ Rn. 3 ff.).

1.1 Grundsätzliches zur Ermessensausübung

3 Ist der Sozialleistungsträger befugt, Ermessen auszuüben, muss er davon Gebrauch machen. Er muss also zunächst von Amts wegen (§ 20 SGB X) die Voraussetzungen für die Ausübung des Ermessens klären. Er muss ermitteln, ob ihm überhaupt ein Ermessensspielraum zusteht und welchen Rahmen der Gesetzgeber ihm dafür einräumt.

Es wird dabei zwischen **Entschließungs-** und **Auswahlermessen** unterschieden. Das **Entschließungsermessen** bezieht sich auf die Entscheidung der Behörde, ob sie eine in ihr Ermessen gestellte Maßnahme ergreifen bzw. Leistung erbringen wird oder nicht. Das **Auswahlermessen** gilt, wenn es mehreren Möglichkeiten gibt, zwischen denen sich der Leistungsträger entscheiden muss.

§ 39 Abs. 1 S. 1 SGB I gibt den Leistungsträgern hinsichtlich der Ermessensentscheidung vor, dass sie „ihr Ermessen entsprechend dem Zweck der Ermächtigung auszuüben und die gesetzlichen Grenzen des Ermessens einzuhalten" haben. Wie das Ermessen auszuüben ist, wird teilweise näher konkretisiert, so in § 33 SGB I und in § 3 Abs. 1 S. 2 SGB II.

4 Verwaltungsrichtlinien können vorbestimmen, wie Ermessen auszuüben ist. Sie sorgen dafür, dass Sachverhalte, die in der Vergangenheit auf eine ganz bestimmte Weise behandelt wurden, nach dem Gleichheitsprinzip auch zukünftig auf diese Art und Weise geregelt werden. In dem Fall spricht man von **Selbstbindung der Verwaltung.** (Art. 3 Abs. 1 GG). Sie sind nach außen verbindlich und verschaffen dem*r Bürger*in einen Rechtsanspruch auf eine bestimmte Entscheidung der Verwaltung; ein Verstoß gegen Richtlinien ist ermessensfehlerhaft, wenn ohne nachvollziehbare Gründe von ihnen abgewichen wird (BeckOGK SGB I § 39 Rn. 17). Die Richtlinie einer Verwaltung ist allerdings kein Gesetz, sie kann sogar dagegen verstoßen.

5 Seit 2011 haben Sie bei allen Jobcentern einen Anspruch auf Herausgabe der kommunalen Richtlinien (u.a. für Kosten der Unterkunft und Erstausstattung; → 120). Viele Richtlinien finden Sie unter: https://harald-thome.de/informationen/bundesweite-dienstanweisungen-kdu.html.

6 Obwohl eine Entscheidung im Ermessen des Leistungsträgers steht, kann im Einzelfall nur eine Entscheidung richtig sein, wenn jede andere Entscheidung ermessensfehlerhaft wäre; dann spricht man von einer Ermessensreduzierung auf null (BSG 12.10.2017 – B 11 AL 24/16 R).

1.2 Ermessensausübung muss im Einzelfall begründet sein

7 Besteht ein Anspruch auf die pflichtgemäße Ermessensausübung, muss der*die Leistungsberechtigte (und die Sozialgerichtsbarkeit) diese Entscheidung nachvollziehen und überprüfen können (→ Rn. 9). „In der Begründung sind die wesentlichen tatsächlichen und rechtlichen Gründe mitzuteilen, die die Behörde zu ihrer Entscheidung bewogen haben. Die Begründung von Ermessensentscheidungen muss auch die Gesichtspunkte erkennen lassen, von denen die Behörde bei der Ausübung ihres Ermessens ausgegangen ist" (§ 35 Abs. 1 S. 2, 3 SGB X). „Formelhafte **Wendungen**, etwa dass ‚keine Besonderheiten gegeben' seien oder ‚hinsichtlich der Umstände nichts Besonderes ersichtlich' sei, reichen für die vorgeschriebene Begründung von Ermessensentscheidungen **nicht** aus, weil bei derartigen ‚Leerformeln' nicht nachgeprüft werden kann, ob der Leistungsträger von seinem Ermessen überhaupt und ggf. in einer dem Zweck der ihm erteilten Ermächtigung entsprechenden Weise Gebrauch gemacht hat. Erforderlich ist eine **auf den Einzelfall** eingehende Darlegung, dass und welche Abwägung der einander gegenüberstehenden Interessen stattgefunden hat und welchen Erwägungen dabei die tragende Bedeutung zugekommen ist, damit dem Betroffenen bzw. dem Gericht die Prüfung ermöglicht wird, ob die Ermessensausübung den gesetzlichen Vorgaben entspricht" (LSG NRW 12.1.2015 – L 19 AS 2211/14 B ER).

8 **Tipp:** Achten Sie auf die Begründung und fordern Sie diese bei Bedarf ein.

2. Überprüfung des Ermessens im Widerspruchs- und Klageverfahren

9 Das Ermessen kann im Widerspruchsverfahren voll überprüft werden, weil sich die Nachprüfung auf die „*Rechtmäßigkeit und Zweckmäßigkeit des Verwaltungsaktes*" (§ 78 Abs. 1 S. 1 SGG) bezieht. Im gerichtlichen Verfahren erfolgt die Prüfung nur insoweit, ob „*die gesetzlichen Grenzen dieses Ermessens überschritten sind oder von dem Ermessen in einer dem Zweck der Ermächtigung nicht entsprechenden Weise Gebrauch gemacht ist*" (§ 54 Abs. 2 S. 2 SGG). Solche Ermessensfehler kommen in drei Fällen vor:

10 **Ermessensnichtgebrauch bzw. Ermessensunterschreitung:** Der Leistungsträger stellt überhaupt keine Ermessenserwägungen an (und legt sie auch im Bescheid entgegen § 35 Abs. 1 S. 3 SGB X nicht dar) oder schöpft den ihm zustehenden Ermessensspielraum nicht aus (vgl. etwa BSG 29.4.2015 – B 14 AS 19/14 R: bei einer Vielzahl gleichlautender Meldeaufforderungen).

11 **Ermessensüberschreitung:** Der Leistungsträger wählt eine Rechtsfolge, die nicht mehr

im Rahmen der Ermessensvorschrift liegt (SG Cottbus 11.11.2009 – S 14 AS 516/08: Bewilligung einer nicht vorgesehenen Vermittlungsprämie statt des beantragten Vermittlungsgutscheins).

12 **Ermessensfehlgebrauch:** Der Leistungsträger nutzt das eingeräumte Ermessen nicht ausreichend bzw. fehlerhaft (LSG Hamburg 17.1.2020 – L 4 AS 269/18: Verwendung nur formelhafter Wendungen bzw. Satzbausteinen).

13 Hat das Amt gebunden, also nach seinen Richtlinien entschieden, ohne Ermessen auszuüben, hat „die Behörde [...] keine Möglichkeit der Umdeutung [...], da es eine Ermessensentscheidung ist", sie aber kein Ermessen ausgeübt hat (§ 43 Abs. 3 SGB X; LSG NRW 9.11.2007 – L 20 B 189/07 AS ER). Für eine Ermessensentscheidung reicht es eben nicht aus, das Wort „Ermessen" im Bescheid zu erwähnen.

45
Erwerbsfähigkeit

1. Anspruch auf Bürgergeld – nur bei Erwerbsfähigkeit 1
1.1 „Krankheit oder Behinderung" ... 3
1.2 Beschäftigte in Werkstätten für behinderte Menschen (WfbM) 4
1.3 Fehlende Erwerbsfähigkeit aufgrund des Aufenthalts in stationären Einrichtungen 6
1.4 Fehlende Erwerbsfähigkeit aufgrund eines Beschäftigungsverbots 9
2. Anspruch auf Hilfe zum Lebensunterhalt (HzL) – nur bei vorübergehender voller Erwerbsminderung 10
3. Anspruch auf Grundsicherung (GSi) – nur bei dauerhafter voller Erwerbsminderung 11
4. Feststellung der vollen Erwerbsminderung 12
5. Kritik 16

1. Anspruch auf Bürgergeld – nur bei Erwerbsfähigkeit

1 Ob Sie Bürgergeld oder Hilfe zum Lebensunterhalt (HzL)/Grundsicherung (GSi) nach dem SGB XII (Sozialhilfe) bekommen, hängt nicht davon ab, ob Sie dem Arbeitsmarkt zur Verfügung stehen, sondern in erster Linie davon, ob Sie erwerbsfähig sind oder nicht. Anspruch auf Bürgergeld haben Sie nur, wenn Sie erwerbsfähig sind **und** das 15. Lebensjahr vollendet, aber noch nicht die Altersgrenze zum Eintritt in die Altersrente erreicht haben.

„*Erwerbsfähig ist, wer nicht wegen Krankheit oder Behinderung auf absehbare Zeit außerstande ist, unter den üblichen Bedingungen des allgemeinen Arbeitsmarkts mindestens drei Stunden täglich erwerbstätig zu sein*" (§ 8 Abs. 1 SGB II).

Mit dieser Definition der Erwerbsfähigkeit lehnt sich der Gesetzgeber an die Definition der vollen Erwerbsminderung des Rentenversicherungsrechts (§ 43 Abs. 2 S. 2 SGB VI) an. Erwerbsfähig ist also, wer aufgrund seines gesundheitlichen Zustands auf absehbare Zeit **imstande** ist, unter den üblichen Bedingungen des allgemeinen Arbeitsmarkts mindestens **drei Stunden** täglich zu arbeiten. Auch Beziehende einer sogenannten Arbeitsmarktrente (es besteht ein Leistungsvermögen für eine Arbeitszeit von mehr als 3, aber weniger als 6 Stunden, aber der Arbeitsmarkt gilt als „verschlossen", dh, weder die BA noch der Rentenversicherungsträger können nen innerhalb eines Jahres einen passenden Teilzeitarbeitsplatz anbieten; in diesem Fall wird eine Rente wegen voller Erwerbsminderung gezahlt) gelten als erwerbsfähig im Sinne des SGB II.

2 Der „**allgemeine Arbeitsmarkt**" umfasst alle Erwerbstätigkeiten. Sie müssen in der Lage sein, auf dem allgemeinen Arbeitsmarkt irgendetwas zu tun. Welchen Beruf Sie erlernt haben oder was Sie konkret gerne tun möchten, spielt dabei keine Rolle. „**Absehbare Zeit**" bezeichnet ein Zeitraum von **sechs Monaten** (LPK-SGB II § 8 Rn. 17). Wer die Erwerbsfähigkeit nicht in diesem Zeitraum herstellen kann, ist nicht erwerbsfähig und hat nur Anspruch auf Hilfe zum Lebensunterhalt oder Grundsicherung in der Sozialhilfe bzw. auf Sozialgeld, wenn er mit einem*r Erwerbsfähigen in einer Bedarfsgemeinschaft lebt.

1.1 „Krankheit oder Behinderung"

3 „*Krankheit oder Behinderung*" isd § 8 Abs. 1 SGB II heißt, dass Sie nur unter diesen

Bedingungen als nicht erwerbsfähig anerkannt werden können. Soziale Umstände, die sich nicht in Krankheit oder Behinderung äußern, zählen nicht. Schwierig wird es, wenn Sie körperlich leistungsfähig sind, aber Drogen- oder Alkoholsucht, Depressionen, Neurosen, Psychosen und andere psychische Erkrankungen oder Störungen einer Arbeitsaufnahme entgegenstehen. Immerhin gehen mehr als 40 Prozent aller Renten wegen Erwerbsminderung auf psychische Erkrankungen zurück. Bei solchen Krankheiten oder Behinderungen ist entscheidend, ob von Ihnen innerhalb des nächsten halben Jahres eine *„zumutbare Willensanstrengung"* erwartet werden kann, mehr als drei Stunden täglich arbeiten zu gehen (LPK-SGB II § 8 Rn. 11; vgl. BSG 6.9.2001 – B 5 RJ 42/00 R). Wenn zB Ihre Sucht, Ihre Ängste, Ihre Aggressionen oder Ihre Wahnvorstellungen Sie so beherrschen, dass Sie diese mit Ihrem Willen auf absehbare Zeit nicht ausreichend beeinflussen können, um mindestens drei Stunden täglich zu arbeiten, dann sind Sie nicht erwerbsfähig. Gegen diese besondere Voraussetzung der „zumutbaren Willensanstrengung" werden allerdings Bedenken geltend gemacht und daran appelliert, sie nicht mehr anzuwenden (Kahlert NZS 2016, 563; Peters-Lange SGb 08/2019, 464 (471)).

1.2 Beschäftigte in Werkstätten für behinderte Menschen (WfbM)

4 Beschäftige in WfbM gelten dann als erwerbsfähig, wenn sie in der Lage sind, mehr als drei Stunden täglich auf dem allgemeinen Arbeitsmarkt zu arbeiten; die Beurteilung dieser Frage richtet sich nach § 8 SGB II. Demgegenüber stellt die BA darauf ab, dass zwar das Vorliegen einer Behinderung eine Erwerbsfähigkeit nicht ausschließt, dass aber im Eingangsverfahren idR von einer vollen, aber nicht dauerhaften Erwerbsminderung auszugehen ist. Im Arbeitsbereich geht man allerdings idR von einer vollen Erwerbsminderung auf Dauer aus. Letzteres könne aber durch ein Gutachten des Rentenversicherungsträgers widerlegt werden (FW 8.7 – 8.10a). Gegen diese Weisungslage spricht, dass die Erwerbsfähigkeit einer erwerbsfähigen leistungsberechtigten Person gem. § 44a Abs. 1 S. 7 SGB II fingiert wird. Die Wirkung des § 44a Abs. 1 S. 7 SGB II kann nur durch ein Verfahren gem. § 44a Abs. 1 S. 1 ff. SGB II unter Beteiligung u.a. des Sozialhilfeträgers beseitigt werden. Nur auf diese Weise ist der „nahtlose" Übergang von einem Leistungssystem in ein anderes Leistungssystem gewährleistet (vgl. auch SG Dortmund 12.10.2016 – S 19 AS 1355/14). Gem. § 41 Abs. 3a SGB XII, eingeführt durch Gesetz vom 10.12.2019 (BGBl. I 2135), erhalten behinderte Menschen, die älter als 18 Jahre sind und in einer Werkstatt für behinderte Menschen oder bei einem anderen Leistungsanbieter das Eingangsverfahren und den Berufsbildungsbereich durchlaufen, Leistungen der Grundsicherung. Sind aber das Eingangsverfahren und der Berufsbildungsbereich beendet, muss entschieden werden, ob die Erwerbsfähigkeit oder eine Erwerbsminderung besteht. Der Fachausschuss gibt hierzu nach Beendigung des Berufsbildungsbereichs eine Stellungnahme ab (BT-Drs. 19/13399, 31). Es ist aber möglich, die Erwerbsfähigkeit oder Erwerbsminderung auch durch Sachverständige in einem Gerichtsverfahren feststellen zu lassen.

5 **Tipp:** Arbeiten Sie im Berufsbildungsbereich einer Werkstatt und steht Ihre Eingliederung auf dem allgemeinen Arbeitsmarkt bevor, sollten Sie beim Jobcenter einen Antrag auf Bürgergeld stellen. Beziehen Sie nämlich SGB II-Leistungen, stehen Ihnen eine Reihe von Eingliederungsleistungen zur Verfügung (→ 10 Rn. 70 ff.).

1.3 Fehlende Erwerbsfähigkeit aufgrund des Aufenthalts in stationären Einrichtungen

6 Bürgergeld erhält **nicht**, *„wer in einer stationären Einrichtung untergebracht ist"* (§ 7 Abs. 4 S. 1 SGB II). Das gilt auch für Untersuchungs- und Strafgefangene (→ 108) in einem Gefängnis (§ 7 Abs. 4 S. 2 SGB II).

Trotz Aufenthalt in einer stationären Einrichtung erhält jedoch Bürgergeld,

1. *„wer voraussichtlich für weniger als sechs Monate in einem Krankenhaus [...] untergebracht ist oder*

45 Erwerbsfähigkeit

2. *wer in einer stationären Einrichtung [...] untergebracht und unter den üblichen Bedingungen des allgemeinen Arbeitsmarktes mindestens 15 Stunden wöchentlich erwerbstätig ist"* (§ 7 Abs. 4 S. 3 SGB II).

7 Bürgergeld-Bezug ist demnach weiter möglich

- während eines „normalen" Krankenhausaufenthalts (→ 71 Rn. 38) oder einer medizinischen Rehabilitation (Behandlungsdauer voraussichtlich weniger als sechs Monate),
- bei Personen, die in einem Wohnheim untergebracht sind und einer regelmäßigen Erwerbstätigkeit nachgehen oder
- bei Personen, die zwar in einer Einrichtung stationäre Leistungen erhalten und dort zwar formell aufgenommen, jedoch nicht im „engeren Sinne" untergebracht sind. Eine **stationäre Unterbringung** besteht erst, *"wenn der Träger der Einrichtung nach Maßgabe seines Konzeptes die Gesamtverantwortung für die tägliche Lebensführung und die Integration des Hilfebedürftigen übernimmt"* (BSG 5.6.2014 – B 4 AS 32/13 R). Das ist idR bei Einrichtungen für Wohnungslose (→ 130 Rn. 14 f.) **nicht** der Fall.

8 Dagegen sind Strafgefangene seit dem 1.8.2016 vom ersten Tag des Aufenthalts in einer Einrichtung zum Vollzug richterlich angeordneter Freiheitsentziehung vom Leistungsbezug nach dem SGB II ausgeschlossen, weil § 7 Abs. 1 S. 2 SGB II nur auf § 7 Abs. 1 S. 1 SGB II verweist, nicht dagegen auf § 7 Abs. 1 S. 3 SGB II (→ 108).

1.4 Fehlende Erwerbsfähigkeit aufgrund eines Beschäftigungsverbots

9 Näheres dazu finden Sie im Beitrag nichtdeutsche Staatsangehörige (→ 81).

2. Anspruch auf Hilfe zum Lebensunterhalt (HzL) – nur bei vorübergehender voller Erwerbsminderung

10 HzL der Sozialhilfe erhalten nur hilfebedürftige Personen, die vorübergehend (befristet) **nicht erwerbsfähig**, dh nicht dauerhaft voll erwerbsgemindert (→ 46) sind.

Ausnahme: Vorübergehend voll erwerbsgeminderte Personen, die mit Erwerbsfähigen in einer Bürgergeld-Bedarfsgemeinschaft leben, erhalten vorrangig **Bürgergeld** nach dem SGB II.

3. Anspruch auf Grundsicherung (GSi) – nur bei dauerhafter voller Erwerbsminderung

11 GSi (→ 51) erhalten hilfebedürftige, nicht erwerbsfähige Personen nur, wenn sie *"unabhängig von der jeweiligen Arbeitsmarktlage voll erwerbsgemindert [...] sind und bei denen unwahrscheinlich ist, dass die volle Erwerbsminderung behoben werden kann"* (§ 41 Abs. 3 SGB XII). Man nennt das auch unbefristete volle Erwerbsminderung.

4. Feststellung der vollen Erwerbsminderung

12 Beim **Bürgergeld** und der **HzL** der Sozialhilfe gilt:

„Die Agentur für Arbeit stellt fest, ob die oder der Arbeitsuchende erwerbsfähig ist. Der Entscheidung können widersprechen:
1. *Kommunale Träger,*
2. *ein anderer Träger, der bei voller Erwerbsminderung zuständig wäre, oder*
3. *die Krankenkasse, die bei Erwerbsfähigkeit Leistungen der Krankenversicherung zu erbringen hätte.*

[...] Im Widerspruchsfall entscheidet die Agentur für Arbeit, nachdem sie eine gutachterliche Stellungnahme eingeholt hat. [...] Bis zu der Entscheidung über den Widerspruch erbringen die Agentur für Arbeit und der kommunale Träger bei Vorliegen der übrigen Voraussetzungen Leistungen der Grundsicherung für Arbeitsuchende" (§ 44a Abs. 1 SGB II).

Für die *„gutachterliche Stellungnahme"* ist der Rentenversicherungsträger zuständig (§ 44a Abs. 1 S. 5 SGB II). Die Behörden sind an die Entscheidung des Rentenversicherungsträgers **gebunden** (§ 44a Abs. 2 SGB II).

13 **Tipp:** Sollten Sie mit dem Gutachten nicht einverstanden sein, können Sie erst gegen den Bescheid (→ 22) Widerspruch (→ 126) einlegen, der auf das Gutachten hin

349

erlassen wird, zB gegen den Aufhebungsbescheid des Jobcenters.

Selbst wenn Sie Ihren Antrag beim falschen Leistungsträger gestellt haben und dieser Ihnen zu Recht Leistungen versagt, muss Ihnen der dann zuständige Träger rückwirkend Leistungen bis zum Tag der Erstantragstellung erbringen, wenn Sie dies beantragen (Antragstellung, → 7 Rn. 36 ff.).

14 Für HzL/GSi der Sozialhilfe ist geregelt: Wenn Sie das Rentenalter noch nicht erreicht haben und nicht erwerbsfähig, dh nicht dauerhaft voll erwerbsgemindert sind, haben Sie zunächst einmal Anspruch auf HzL der Sozialhilfe. Das Sozialamt wiederum kann den Rentenversicherungsträger ersuchen zu prüfen, ob bei Ihnen die Voraussetzungen für GSi wegen dauerhafter voller Erwerbsminderung (→ Rn. 11) vorliegen. „Die Entscheidung des Trägers der Rentenversicherung ist für den ersuchenden Träger der Sozialhilfe bindend" (§ 45 S. 1, 2 SGB XII).

15 Behinderte Menschen, die auf Grundlage einer Stellungnahme des Fachausschusses einer WfbM dauerhaft zur Beschäftigung im Arbeitsbereich der Werkstatt aufgenommen werden, haben idR Anspruch auf GSi. Eine rentenrechtliche Feststellung der dauerhaften vollen Erwerbsminderung ist nicht erforderlich (§ 45 S. 3 Nr. 3 SGB XII).

5. Kritik

16 Die Frage, ob jemand erwerbsfähig ist oder nicht, entscheidet darüber, wer die Kosten trägt – Bund oder Kommunen.

17 Unter dem Zuständigkeits- und Kostenfilter „Erwerbsfähigkeit" zerfallen zahllose Haushalte in Personen, die in wechselnden Kombinationen Bürgergeld, HzL oder GSi der Sozialhilfe beziehen und damit unter die Regie verschiedener Behörden fallen. Dabei wurden die Leistungen nach dem SGB II einmal als „Hilfe aus einer Hand" angepriesen.

18 Es gelten dann die Grundsätze der sog. gemischten Bedarfsgemeinschaft: Beziehen Sie HzL/GSi und ist die andere Person erwerbsfähig, werden zunächst die Bedarfe der Mitglieder der Einsatzgemeinschaft nach den Vorschriften des SGB XII ermittelt (BSG 9.6.2011 – B 8 SO 20/09 R). Auf Ihren Bedarf wird Ihr Einkommen und Vermögen gem. §§ 82 ff., 90 f. SGB XII angerechnet und nur das überschießende Einkommen und Vermögen auf den Bedarf der anderen Person anzurechnen (BSG 9.6.2011 – B 8 SO 20/09 R). Hat die andere Person Einkommen oder Vermögen, ist es auf deren Bedarf anzurechnen; dabei sind die §§ 82 ff., 90 f. SGB XII anzuwenden. Die besonderen Absetzungsregelungen des SGB II sind über die Härtefallregel des § 82 Abs. 3 S. 3 SGB XII (BSG 9.6.2011 – B 8 SO 20/09 R) bzw. des § 90 Abs. 3 SGB XII zu berücksichtigen (BSG 18.7.2019 – B 8 SO 6/18 R).

19 Beziehen Sie Bürgergeld und ist die andere Person nicht erwerbsfähig, sind zunächst die Bedarfe der Mitglieder der Bedarfsgemeinschaft nach dem SGB II zu ermitteln (BSG 16.4.2013 – B 14 AS 71/12 R). Auf Ihren Bedarf wird Ihr eigenes Einkommen und Vermögen nach den Vorschriften des SGB II angerechnet und nur das überschießende Einkommen und Vermögen auf den Bedarf der anderen Person (BSG 15.4.2008 – B 14/7b AS 58/06 R). Dem Bedarf der anderen ist Ihr Einkommen und Vermögen gegenüberzustellen. Verbleiben noch Einkommen und Vermögen („überschießendes" Einkommen bzw. Vermögen), ist es auf Ihren Bedarf anzurechnen. Die Anrechnung erfolgt idR nach §§ 11 ff., § 12 SGB II (BSG 14.6.2018 – B 14 AS 13/17 R) und ausnahmsweise bei Vorliegen besonderer Gründe nach den Vorschriften des SGB XII (BSG 16.4.2013 – B 14 AS 71/12 R: Leistungen nach dem Fünften bis Neunten Kapitel und Anwendung der §§ 85 ff. SGB XII).

46
(Volle) Erwerbsminderung

1. Begriff der (vollen) Erwerbsminderung 1
    1.1 Wer ist voll erwerbsgemindert? ... 2
    1.2 Teilweise erwerbsgemindert 5
2. Mehrbedarf für voll erwerbsgeminderte 6
3. Renten wegen voller oder teilweiser Erwerbsminderung 7
4. Arbeitsmarktrente 8
5. Arbeit 10

46 (Volle) Erwerbsminderung

1. Begriff der (vollen) Erwerbsminderung

1 Die (volle) Erwerbsminderung hieß früher **Erwerbsunfähigkeit** und ist die Voraussetzung für den Bezug von **Hilfe zum Lebensunterhalt** oder **Grundsicherung** nach dem SGB XII.

- Sind Sie von der Rentenversicherung als **dauerhaft** (bzw. unbefristet) voll erwerbsgemindert anerkannt, haben Sie Anspruch auf Grundsicherung (GSi, → 51; § 19 Abs. 2 ivm § 41 Abs. 1 SGB XII).
- Sind Sie nur **vorübergehend** (bzw. befristet) voll erwerbsgemindert, haben Sie Anspruch auf Hilfe zum Lebensunterhalt (HzL; § 19 Abs. 1 ivm § 27 SGB XII).
- Sind Sie aber vorübergehend voll erwerbsgemindert **und** leben mit einem*r erwerbsfähigen Partner*in oder einem erwerbsfähigen 15- bis 24-jährigen Kind zusammen in einer **Bedarfsgemeinschaft**, erfüllen Sie die Anspruchsvoraussetzung für Leistungen nach dem SGB II. Dann erhalten Sie statt der Hilfe zum Lebensunterhalt vorrangig **Sozialgeld** nach § 7 Abs. 2, § 19 Abs. 1, § 23 SGB II (ivm § 21 SGB XII).

1.1 Wer ist voll erwerbsgemindert?

2 Sie sind voll erwerbsgemindert, wenn Sie

„auf nicht absehbare Zeit außerstande sind, unter den üblichen Bedingungen des Arbeitsmarktes mindestens drei Stunden täglich erwerbstätig zu sein" (§ 43 Abs. 2 SGB VI).

Das ist der Fall,

- wenn Sie **vorübergehend** oder auf **Dauer** eine Rente wegen voller Erwerbsminderung (aus medizinischen Gründen) beziehen, aber auch,
- wenn Sie keine Rente beziehen, weil Sie *„auf absehbare Zeit"* zwar die gesundheitlichen Voraussetzungen für die volle Erwerbsminderung, aber nicht die versicherungsrechtlichen Voraussetzungen erfüllen (§ 8 Abs. 1 SGB II; → 45).

Als voll erwerbsgemindert stuft die BA auch alle Beschäftigten ein, die im Eingangsverfahren oder Berufsbildungsbereich in anerkannten **Werkstätten für behinderte Menschen** arbeiten (FW 8.8.). Dieses Pauschalurteil ist nach unserer Auffassung nicht zulässig (vgl. LSG Rheinland-Pfalz 29.9.2009 – L 3 AS 24/08; → 45 Rn. 4). Die BA verkennt, dass es maßgeblich darauf ankommt, ob eine Einsatzfähigkeit auf dem allgemeinen Arbeitsmarkt tatsächlich behinderungsbedingt ausgeschlossen ist (§ 43 Abs. 2 S. 3 Nr. 1 SGB VI; SG Dortmund 12.10.2016 – S 19 AS 1355/14; Hauck/Noftz SGB II § Rn. 32). Bei diesem ganzen Konstrukt kann oder muss gefragt werden, ob überhaupt eine Vereinbarkeit mit der UN-Behindertenkonvention besteht. Aus Art. 27 UN-BRK in Verbindung mit der Menschenwürde und dem Diskriminierungsverbot ergibt sich, dass es keinen Raum für eine Einteilung in „wirtschaftlich verwertbare" und „wirtschaftlich unverwertbare" Behinderte geben darf. Jeder Mensch mit Behinderung hat grundsätzlich das Recht, zu arbeiten. Daher kann ein Automatismus, dass Menschen, die in einer Werkstatt für behinderte Menschen tätig sind, zwingend als voll erwerbsgemindert anzusehen sind, nicht überzeugen.

Für Beschäftigte im Arbeitsbereich einer anerkannten Werkstatt für behinderte Menschen sieht die BA zumindest die Möglichkeit der Widerlegung der Annahme der vollen Erwerbsminderung vor (FW 8.9.).

3 Wenn der **Ärztliche Dienst** der Arbeitsagentur durch Gutachten eine nicht dauerhafte volle Erwerbsminderung von länger als sechs Monaten prognostiziert (Amtsarzt*Amtsärztin, → 6), führt das noch nicht zwingend dazu, dass Sie den Anspruch auf Bürgergeld verlieren und HzL nach dem SGB XII oder Sozialgeld nach dem SGB II bekommen. Eine solche Feststellung des Ärztlichen Dienstes führt zur Aufforderung, einen Antrag bei der Rentenversicherung auf Rente wegen Erwerbsminderung zu stellen (§ 5 Abs. 3 SGB II). Lehnt die Rentenversicherung eine medizinische Prüfung ab, weil schon die versicherungsrechtlichen Voraussetzungen nicht erfüllt sind, leitet der Sozialhilfeträger diese medizinische Prüfung bei der Rentenversicherung ein (§ 44a SGB II, § 45 SGB XII).

4 Eine sechsmonatige **Arbeitsunfähigkeit** (Krankschreibung durch den*die behandelnde*n Ärzt*in) reicht für die Einstufung als voll erwerbsgemindert **nicht** aus.

1.2 Teilweise erwerbsgemindert

5 Personen, die in der Lage sind, unter den üblichen Bedingungen des Arbeitsmarktes zwischen drei und unter sechs Stunden zu arbeiten, gelten als teilweise erwerbsgemindert. Sie haben Anspruch auf **Bürgergeld** und bei Vorliegen der Anspruchsvoraussetzungen auf Rente wegen teilweiser Erwerbsminderung.

2. Mehrbedarf für voll Erwerbsgeminderte

6 Bis zum Erreichen des Rentenalters steht Ihnen unter Umständen ein Mehrbedarf (→ 74) in Höhe von 17 Prozent des maßgebenden Regelsatzes zu. Aber nur dann, wenn die volle Erwerbsminderung rentenrechtlich anerkannt ist **und** wenn Sie zudem einen Schwerbehindertenausweis mit dem Merkzeichen „G" oder „aG" besitzen, Ihre Bewegungsfähigkeit also erheblich beeinträchtigt ist (§ 30 Abs. 1 SGB XII, § 23 Abs. 4 SGB II).

3. Renten wegen voller oder teilweiser Erwerbsminderung

7 Als Versicherte*r der gesetzlichen Rentenversicherung (→ 91 Rn. 26 ff.) erhalten sie eine Rente wegen voller oder teilweiser Erwerbsminderung, wenn Sie entsprechende Beitrags- und Wartezeiten erfüllen und die medizinischen Voraussetzungen vorliegen.

4. Arbeitsmarktrente

8 Die sog. Arbeitsmarktrente stellt einen besonderen Fall dar, bei dem die medizinischen Gründe für eine volle Erwerbsminderung nicht vorliegen und dennoch eine Rente wegen voller Erwerbsminderungsrente bezogen wird. Grund dafür ist, dass der Arbeitsmarkt manchmal tatsächlich verschlossen ist. Wenn also aus medizinischen Gründen eine teilweise Erwerbsfähigkeit vorliegt (Leistungsfähigkeit auf dem allgemeinen Arbeitsmarkt von 3 bis unter 6 Stunden) und die Deutsche Rentenversicherung keinen leidensgerechten (Teilzeit-)Arbeitsplatz benennen kann, dann wird eine Arbeitsmarktrente gewährt.

9 Das Besondere an der Arbeitsmarktrente ist also, dass aus medizinischer Sicht eine teilweise Erwerbsfähigkeit vorliegt und dennoch eine Rente wegen voller Erwerbsminde-

rung gewährt wird. Die Arbeitsmarktrente schließt damit den Bezug von SGB II Leistungen nicht aus (§ 8 Abs. 1 SGB II; FW 8.5.).

5. Arbeit

10 Wenn voll erwerbsgeminderte Beziehende von Sozialhilfe und GSi arbeiten, können Sie 30 Prozent ihres nicht bereinigten Einkommens behalten, allerdings können Sie aus Arbeitseinkommen nicht die ersten 100 EUR (sog. Grundfreibetrag) wie im Bürgergeld behalten. Bei kleineren Einkünften ist die HzL/ GSi-Regelungen deutlich nachteilig (§ 82 Abs. 3 SGB XII; → 47 Rn. 35 ff.).

47
Erwerbstätige

1. Wer gilt als erwerbstätig?	1
2. Einkommen, Anrechnung, Freibeträge	4
2.1 Nachweis von Einkommen aus Lohnarbeit	5
2.2 Anrechnung von Einkommen aus nichtselbstständiger Arbeit	7
2.2.1 Werbungskosten	10
2.2.1.1 Arbeitsmittel	11
2.2.1.2 Notwendige Aufwendungen bei doppelter Haushaltsführung	12
2.2.1.3 Mehraufwendungen für Verpflegung	13
2.2.1.4 Ausgaben für Kinderbetreuung	14
2.2.1.5 Beiträge zu Gewerkschaften und Sozialverbänden	15
2.2.2 Aufwendungen für Fahrten zwischen Wohnung und Arbeitsplatz	16
2.2.3 Absetzbeträge Sozialhilfe (HzL/GSi)	28
2.3 Freibetrag für Erwerbstätige	29
2.3.1 Erwerbstätigenfreibetrag bei Bürgergeld-Bezug	30
2.3.2 Freibetrag bei Bürgergeld-Beziehenden unter 15 Jahren	34
2.3.3 Freibetrag bei Sozialhilfebezug (HzL/GSi)	35
2.4 Schwankende Erwerbseinkommen	37
2.5 Andere Einkommen	38
3. Aufwandsentschädigung/„Übungsleiterpauschale"	39
4. Jugend- und Bundesfreiwilligendienst	44

1. Wer gilt als erwerbstätig?

1 Erwerbstätige sind alle, die ein Arbeitseinkommen haben, egal, wie hoch es ist, ob sie nichtselbstständig oder selbstständig arbeiten und ob sie Auszubildende (→ 14), Minijobber*innen oder Honorarkräfte sind. Entgelte, die eine Vergütung für geleistete Arbeit darstellen, werden wie Erwerbseinkommen behandelt, weshalb die Freibeträge bei Erwerbseinkommen abzuziehen sind. Dies gilt auch für **Kurzarbeitergeld** (BSG 14.3.2012 – B 14 AS 18/11 R) und Insolvenzgeld (BSG 13.5.2009 – B 4 AS 29/08 R). Erwerbstätig sind Sie auch dann, wenn Ihre Arbeit nicht versicherungspflichtig bzw. steuerfrei ist. Als Erwerbstätige werden nur Personen ab 15 Jahren anerkannt. Zur **Anrechnung von Einkommen aus selbstständiger Arbeit** schlagen Sie unter Selbstständige (→ 104) nach.

2 Im August 2022 waren 813.000 der erwerbsfähigen leistungsberechtigten Personen erwerbstätig. Davon waren (Stand Mai 2022) 419.000 Personen sozialversicherungspflichtig beschäftigt (Vollzeit 92.000, Teilzeit 282.000), 45.000 Personen in Ausbildung und 326.000 geringfügig beschäftigt bzw. lag für sie keine Meldung zur Art der Beschäftigung vor (BA, Monatsbericht zum Arbeits- und Ausbildungsmarkt Dezember und Jahr 2022, 29).

3 **Ehrenamtliche Tätigkeit** hingegen ist keine Erwerbstätigkeit. Aufwandsentschädigungen für ehrenamtliche Tätigkeiten oder die sog. „Übungsleiterpauschale" werden aber ähnlich behandelt wie Erwerbseinkommen (zu ehrenamtlicher Tätigkeit und „Übungsleiterpauschale" → Rn. 39 ff.). Das gilt auch für das „Taschengeld", das Personen erhalten, die den Jugend- bzw. Bundesfreiwilligendienst absolvieren (→ Rn. 44 ff.).

2. Einkommen, Anrechnung, Freibeträge

4 Wie Einkommen von erwerbstätigen Personen in den Bereichen des SGB II und SGB XII angerechnet und bereinigt wird und wann welche Freibeträge zu beachten sind, wird nachfolgend ausführlich dargestellt.

2.1 Nachweis von Einkommen aus Lohnarbeit

5 Sie haben auf Verlangen des Jobcenters eine Bescheinigung Ihres Arbeitgebers vorzulegen, aus der sich Art und Dauer der Erwerbstätigkeit sowie die Höhe des Lohns ergeben (§ 58 SGB II). Ihr*e Chef*in weiß damit, dass Sie Bürgergeld beziehen. Sie sind verpflichtet, dem Arbeitgeber diese Bescheinigung vorzulegen (§ 58 Abs. 2 SGB II) und Ihr*e Chef*in ist verpflichtet, sie auszufüllen und „*unverzüglich auszuhändigen*" (§ 58 Abs. 1 SGB II).

6 **Kritik:**

Reichen Sie nur Ihre Lohn-, Gehaltsabrechnung und ggf. Ihren Arbeitsvertrag als Nachweis ein, haben Sie alle leistungsrelevanten Angaben belegt. Das ist auch die Meinung der Datenschutzbeauftragten. Das Jobcenter hat aber gem. § 58 SGB II weitergehende Rechte. Für Bürgergeld-Beziehende gelten eben andere Regeln als für normale Bürger*innen. Denn für diese gilt: Sozialdaten sind grundsätzlich bei dem*r Betroffenen zu erheben (§ 67a Abs. 2 SGB X; → 32 Rn. 10 ff.). Es sollen auch nur die Daten erhoben werden, die für die Leistungsgewährung erforderlich sind. Im SGB III müssen Arbeitgeber eine Arbeitsbescheinigung ausstellen (§ 312 SGB III); dies geschieht aber idR erst nach Beendigung des Beschäftigungsverhältnisses. Eine Nebeneinkommensbescheinigung müssen Arbeitgeber gem. § 313 SGB III ausstellen, wenn neben dem Bezug von Arbeitslosengeld ein Nebeneinkommen erzielt wird.

Selbstständige (→ 104) müssen seit 2006 keine Bescheinigung ihrer „Arbeitgeber", also der Auftraggeber, mehr vorlegen. Das verstößt offensichtlich gegen den Datenschutz. Lohnabhängige müssten gleichbehandelt werden. Sie könnten ihr Erwerbseinkommen problemlos durch Lohnabrechnungen, Arbeitsvertrag oder Kontoauszüge nachweisen.

Für die Bearbeitung Ihres Antrags braucht das Jobcenter keine Angaben über die Arbeitszeit, die Art der Beschäftigung und die Dauer des Arbeitsverhältnisses. Das ist überflüssig und könnte, falls erforderlich, auch durch Ihre eigenen Angaben ergänzt werden. Aber Ihnen glaubt man dort grundsätzlich nichts.

2.2 Anrechnung von Einkommen aus nichtselbstständiger Arbeit

7 Ausgangspunkt für die Anrechnung von Erwerbseinkommen sind **alle erzielten Einnahmen** und Sachbezüge. Auch steuerfreie Zuschläge für Nachtarbeit, Sonn- und Feiertage sind nach Auffassung des BSG voll anzurechnen (1.6.2010 – B 4 AS 89/09 R). Zur Begründung wird ausgeführt, dass allein zweckgebundene Leistungen des Arbeitgebers anrechnungsfrei bleiben können. Der Zweck muss dabei außerhalb der allgemeinen Lebensführung liegen. Die Erschwernisse durch Nacht-, Sonn- und Feiertagsarbeit gehören offensichtlich zur allgemeinen Lebensführung von Erwerbstätigen.

8 Im Bürgergeld wird bei der Einkommensbereinigung nicht das Bruttoeinkommen inklusive der Zuschläge angerechnet, sondern das **bereinigte Nettoeinkommen**. Es wird berechnet, indem Sie vom Bruttoeinkommen die folgenden Beträge absetzen, dh abziehen:

- **Steuern**, die auf das Einkommen entrichtet werden (§ 11b Abs. 1 S. 1 Nr. 1 SGB II),
- **Sozialversicherungsbeiträge** (§ 11b Abs. 1 S. 1 Nr. 2 SGB II; → 38 Rn. 5),
- **Versicherungsbeiträge** für öffentliche oder private Versicherungen, **pauschal 30 EUR** (→ 38 Rn. 6 ff.),
- Beiträge zu gesetzlich vorgeschriebenen Versicherungen wie **Kfz-Haftpflicht** (→ Rn. 12) (§ 11b Abs. 1 S. 1 Nr. 3 SGB II),
- **Gewerkschafts- und Sozialverbandsbeiträge** (§ 11b Abs. 1 S. 1 Nr. 3 SGB II; FW 11.139),
- Beiträge zur **Altersvorsorge** (→ 5; → 38 Rn. 17) (§ 11b Abs. 1 S. 1 Nr. 4 SGB II),
- **Werbungskosten:** „*die mit der Erzielung des Einkommens verbundenen notwendigen Ausgaben*" (§ 11b Abs. 1 S. 1 Nr. 5 SGB II); nach Grund und Höhe (→ Rn. 10 ff.) und
- **Fahrtkosten** zum Betrieb, **pauschal 0,20 EUR** pro Entfernungskilometer zum Arbeitsplatz oder mehr (→ Rn. 16 ff.).

9 Bei Einkommen **bis 400 EUR** brutto sind Werbungs- und Fahrtkosten sowie Versicherungs- und Altersvorsorgebeiträge im anrechnungsfreien **Grundfreibetrag** von 100 EUR enthalten (→ Rn. 30). Sie können erst wie nachfolgend beschrieben abgesetzt werden, wenn das Einkommen 400 EUR übersteigt.

2.2.1 Werbungskosten

10 Als Werbungskosten können nur „*die mit der Erzielung des Einkommens verbundenen notwendigen Ausgaben*" (§ 11b Abs. 1 S. 1 Nr. 5 SGB II) in nachgewiesener Höhe geltend gemacht werden. Sie müssen dann eine Gesamtaufstellung machen und die Ausgaben belegen. Zu den Werbungskosten gehören nicht nur die steuerlich anerkannten Werbungskosten, sondern alle mit der Erzielung, Sicherung und Erhaltung des Arbeitseinkommens verbundenen notwendigen Aufwendungen. Die Ausgaben müssen durch die Erzielung des Einkommens bedingt sein, dh es muss eine kausale Verknüpfung zwischen den Aufwendungen und der Erzielung des Einkommens bestehen (BSG 15.6.2016 – B 4 AS 41/15 R). Was zu den klassischen Werbungskosten gehört, die mit der Erzielung des Einkommens verbunden sind, wird nachfolgend in → Rn. 11–15 skizziert:

2.2.1.1 Arbeitsmittel

11 Arbeitsmittel wie Werkzeuge, Arbeitsmaterial, Arbeitskleidung, Bücher, IT/Telefon.

2.2.1.2 Notwendige Aufwendungen bei doppelter Haushaltsführung

12 Notwendige Aufwendungen bei doppelter Haushaltsführung sind in voller Höhe anzuerkennen. Im SGB II ist eine Begrenzung der Höhe nicht vorgesehen. Die Miete des doppelten Haushalts ist abzugsfähig, wenn tägliche Pendelfahrten nicht möglich oder nicht zumutbar sind (LSG Bayern 6.8.2018 – L 11 AS 712/18 NZB).

Wenn Sie außerhalb Ihres Wohnortes beschäftigt sind und weder Umzug noch tägliche Rückkehr zumutbar sind, sind zu übernehmen:

- die notwendigen Kosten der auswärtigen **Unterkunft**. Es gelten die Angemessenheitskriterien für Alleinstehende (FW 11.142),

- ohne Prüfung „*mindestens*" eine Heimfahrt im Monat bzw. zwei bei Ehepaaren/Lebenspartner*innen, jeweils in Höhe der Kosten für eine Bahnfahrt 2. Klasse unter Ausnutzung bestehender Tarifvergünstigungen (FW 11.144). Bei Paaren fördert das nicht gerade die Beziehung. Vier Heimfahrten pro Monat sind notwendig (LSG Thüringen 8.3.2005 – L 7 AS 112/05 ER),
- ein **Mehraufwand von 51 EUR** als Absetzbetrag, da der*die auswärts Beschäftigte als faktisch Alleinstehende*r eigentlich 502 EUR statt 451 EUR bekommen müsste (FW 11.143). Durch die aktuellen Regelleistungen 2023 (502 EUR, 451 EUR) ergibt sich so die Differenz von 51 EUR.

Unserer Meinung nach sind **beide** Ehegatt*innen/Partner*innen faktisch alleinstehend. Darum müsste jedem*r 502 EUR als Regelbedarf zuerkannt werden. Legen Sie ggf. Widerspruch ein!

2.2.1.3 Mehraufwendungen für Verpflegung

13 Mehraufwendungen für Verpflegung können in Höhe von **6 EUR** pro Tag abgesetzt werden, wenn Sie nicht am regulären Arbeitsort beschäftigt sind und **mindestens zwölf Stunden** von Ihrer Wohnung abwesend sind (§ 6 Abs. 3 Bürgergeld-V). Die Beschränkung auf einen Pauschbetrag ist aber unwirksam, weil sie keine Öffnungsklausel vorsieht (BSG 11.12.2012 – B 4 AS 27/12 R). Es bietet sich eine Anwendung der Sätze des Bundesreisekostengesetzes an.

2.2.1.4 Ausgaben für Kinderbetreuung

14 Wenn Sie nur arbeiten können, wenn Ihr Kind betreut ist, sind die Gebühren für Kindergarten bzw. -krippe oder auch Tagespflege mit der Erzielung Ihres Einkommens „*verbunden*" und „*notwendig*". Von daher müssen sie abgesetzt werden (FW 11.145; LSG Niedersachsen-Bremen 3.12.2009 – L 13/6 AS 8/06). Als vorrangig wird jedoch angesehen, dass Gebühren und Beiträge ganz oder teilweise erlassen oder vom Jugendamt übernommen werden, wenn die Belastung den Eltern nicht zumutbar ist (§ 90 Abs. 3 SGB VIII; FW 11.145). Das ist bei Bürgergeld-Berechtigten idR der Fall.

2.2.1.5 Beiträge zu Gewerkschaften und Sozialverbänden

15 Näheres dazu finden Sie im Beitrag Einkommensbereinigung (→ 38 Rn. 21).

2.2.2 Aufwendungen für Fahrten zwischen Wohnung und Arbeitsplatz

16 Es wird nicht mehr wie früher gefragt, ob das Auto notwendig ist, um zur Arbeit zu fahren.

„Als Pauschalbeträge sind abzusetzen [...] bei Benutzung eines Kraftfahrzeuges für die Fahrt zwischen Wohnung und Arbeitsstätte für Wegstrecken zur Ausübung der Erwerbstätigkeit 0,20 Euro für jeden Entfernungskilometer der kürzesten Straßenverbindung, soweit der oder die erwerbsfähige Leistungsberechtigte nicht höhere notwendige Ausgaben nachweist" (§ 6 Abs. 1 Nr. 5 Bürgergeld-V). Entfernungskilometer sind die Kilometer der Entfernung zwischen Wohnung und Arbeitsstätte (einfache Wegstrecke).

Sie können diese Aufwendungen auch dann geltend machen, wenn Sie mit einem geliehenen Pkw zur Arbeit fahren. Die *„Benutzung eines Kraftfahrzeugs"* zählt.

17 **Beispiel:** Sie arbeiten im Monat 20 Tage. Sie haben 15 Entfernungskilometer zum Betrieb. Sie können also 3,00 EUR (15 x 0,20 EUR) pro Arbeitstag oder 60 EUR im Monat pauschal absetzen.

18 Die geltend gemachte **Entfernungspauschale** muss im Vergleich zu der bei der *„Benutzung eines zumutbaren öffentlichen Verkehrsmittels anfallenden Fahrtkosten"* angemessen sein (§ 6 Abs. 2 Bürgergeld-V). Kfz-Kosten werden demnach nur bis zu einer bestimmten Obergrenze als angemessen anerkannt. Diese Grenze wäre nach alter Rechtsprechung zum BSHG überschritten, wenn die Kfz-Kosten **mehr als 30 Prozent** über den Kosten öffentlicher Verkehrsmittel liegen. In diesem Fall wären nur angemessene Kosten (ÖPNV-Kosten plus 30 Prozent) absetzbar. Aber nicht nur die Kosten, sondern auch die Fahrtzeiten sind zu berücksichtigen. Wenn die Fahrtzeiten zur Arbeit mit dem Pkw erheblich geringer sind, sind auch höhere Pkw-Kosten angemessen (LSG Sachsen 15.9.2005 – L 3 B 44/05 AS-ER).

47 Erwerbstätige

19 Wenn die Erwerbstätigkeit **ohne eigenen Pkw nicht möglich ist**, weil öffentliche Verkehrsmittel nicht nutzbar sind (früher Arbeitsbeginn, Schichtarbeit, flexible Arbeitszeiten, Einsatz im Kundendienst usw), sind die Fahrtkosten in voller Höhe zu übernehmen (LSG Hessen 12.7.2006 – L 9 AS 69/06 ER; weitere Nachweise: Einkommensbereinigung, → 38 Rn. 22), soweit *„höhere notwendige Ausgaben"* nachgewiesen werden.

Das LSG Hessen ermittelte die angemessenen Fahrtkosten mit der Formel *„Arbeitstage x Kilometer für Hin- und Rückfahrt x Durchschnittsverbrauch an Benzin pro 100 km geteilt durch 100 km x Benzinpreis"* (LSG Hessen 12.7.2006 – L 9 AS 69/06 ER). Der Verbrauch für den genutzten Pkw-Typ ergibt sich aus dem von der Deutschen Automobil-Treuhand herausgegebenen Leitfaden für Kraftstoffverbrauch und Co2-Emissionen (abrufbar unter: https://www.dat.de/fileadmin/media/LeitfadenCO2/LeitfadenCO2.pdf).

20 **Beispiel**: Einfache Entfernung 33 km

19 Arbeitstage x (33 km x 2) x 7,4 Liter = 9.279,6

geteilt durch 100 = 92,796

multipliziert mit 1,77 EUR/Liter = 164,25 EUR

21 Um die tatsächlichen Fahrtkosten zu ermitteln, können Sie natürlich auch ein Fahrtenbuch führen und die Tankbelege etc sammeln (LSG NRW 19.7.2011 – L 19 AS 455/11 B).

22 Zusätzlich sind auch **Wartungs**kosten, TÜV-Gebühren und **Reparatur**kosten zu 80 Prozent absetzbar (LSG Hessen 12.7.2006 – L 9 AS 69/06 ER; LSG Sachsen 15.9.2005 – L 3 B 44/05 AS-ER), ebenfalls die **Finanzierungs**kosten für Ihr Kfz, wenn es zur Ausübung der Arbeit angeschafft wurde (LSG Hessen 12.7.2006 – L 9 AS 69/06 ER, im konkreten Fall in Höhe von 177,54 EUR; gilt nicht für Kfz-Kauf im Alg II- bzw. Bürgergeld-Bezug: LSG Hessen 27.11.2006 – L 9 AS 213/06 ER).

23 Wenn Sie Ihr Kind mit dem Auto in den **Kindergarten** bringen, um überhaupt arbeiten zu können, sind das keine Fahrten zwischen Wohnung und Arbeitsstätte. Es sind aber die *„mit der Erzielung des Einkommens verbundenen notwendigen Ausgaben"* (§ 11b Abs. 1 S. 1 Nr. 5 SGB II). Folglich müssen die zusätzlich gefahrenen Kilometer voll absetzbar sein.

24 Für die Fahrten zwischen **mehreren Arbeitsstätten** sind Kosten nur in Höhe von 0,10 EUR je gefahrenem Kilometer absetzbar. Das BSG hat dies aus „Gründen der Verwaltungsvereinfachung" so geschätzt (BSG 11.11.2021 – B 14 AS 41/20 R). Es können aber auch **höhere Ausgaben im Einzelfall** nachgewiesen werden (Benzinkosten, Parkgebühren).

25 **Tipp**: Führen Sie in solchen Fällen unbedingt ein Fahrtenbuch und listen Sie alle entstandenen Kosten wie Benzin-, Reparatur- und Parkkosten vollständig auf. Wenn Sie ein Arbeitseinkommen und ein Auto haben, muss die Kfz-Haftpflicht immer als gesetzlich vorgeschriebene Versicherung vom Nettoeinkommen abgezogen werden.

26 **Tipp**: Benutzen Sie auf dem Weg zur Arbeit öffentliche Verkehrsmittel, können Sie anstelle der Fahrtkostenpauschale den Preis des jeweils günstigsten (Monats-)Tickets absetzen.

27 **Kritik**: 2004 wurden bei Arbeitslosenhilfebeziehenden und Ihren Partner*innen als Kilometerpauschale noch 0,30 EUR für jeden Entfernungskilometer anerkannt (2002 noch 0,36 EUR). Das wären bei 15 Kilometern und 20 Arbeitstagen pro Monat pauschal 90 EUR anstatt der 60 EUR heute. Wollen Sie dagegen die tatsächlichen Kosten durch Fahrtenbuch belegen, ist das mit erheblichem Aufwand verbunden.

2.2.3 Absetzbeträge Sozialhilfe (HzL/GSi)

28 Bei der Bereinigung des Bruttoeinkommens werden wie im Bürgergeld die folgenden Beträge **abgesetzt** (§ 82 Abs. 2 SGB XII iVm § 3 der VO zu § 82 SGB XII):

- **Steuern** und
- **Sozialversicherungsbeiträge**,
- **Versicherungsbeiträge** für öffentliche oder private Versicherungen (Einkommensbereinigung, → 38 Rn. 6 ff.). Die **Kfz-Haftpflicht** ist jedoch nur absetzfähig, wenn ein Kfz erforderlich ist (→ 38 Rn. 12),
- Beiträge zur **Altersvorsorge** (→ 5; → 38 Rn. 15 f.) und

- **Werbungskosten:** *„die mit der Erzielung des Einkommens verbundenen notwendigen Ausgaben"* (§ 82 Abs. 2 S. 1 Nr. 4 SGB XII).
Dazu gehören:
  a. **Arbeitsmittel** in Höhe von pauschal 5,20 EUR, soweit nicht höhere Aufwendungen nachgewiesen werden (§ 3 Abs. 5 der VO zu § 82 SGB XII),
  b. **notwendige Fahrtkosten zur Arbeitsstätte** idR für das günstigste (Monats-)Ticket bei öffentlichen Verkehrsmitteln. Ist zB ein Kfz notwendig, gilt eine mtl. Pauschale von 5,20 EUR/km für die einfache Wegstrecke zum Arbeitsplatz, jedoch nicht mehr als für 40 km (§ 3 Abs. 6 der VO zu § 82 SGB XII),
  c. Beiträge zu **Gewerkschaften und Sozialverbänden** und
  d. notwendige Aufwendungen bei **doppelter Haushaltsführung**, bis zu 130 EUR im Monat plus eine Heimfahrt im Monat (§ 3 Abs. 7 der VO zu § 82 SGB XII).

2.3 Freibetrag für Erwerbstätige

29 Die Regelbedarfe werden auf der Basis des Bedarfs von Nichterwerbstätigen festgesetzt. Da für Erwerbstätige ein höherer Bedarf an Ernährung, Körperpflege, Kosten für Kommunikation usw angesetzt wird, hatten Sie im BSHG früher einen Mehrbedarfszuschlag wegen Erwerbstätigkeit. Daraus ist der heutige Freibetrag für Erwerbstätige entstanden. Erwerbstätige sind alle nichtselbstständig und selbstständig Beschäftigten.

2.3.1 Erwerbstätigenfreibetrag bei Bürgergeld-Bezug

30 Der Erwerbstätigenfreibetrag ändert sich ab 1.7.2023. Bis 30.6.2023 gilt noch die **alte Regel:**

„Bei erwerbsfähigen Hilfebedürftigen, die erwerbstätig sind, ist von dem monatlichen Einkommen aus Erwerbstätigkeit ein weiterer Betrag abzusetzen. Dieser beläuft sich
1. für den Teil des monatlichen Einkommens, das 100 EUR übersteigt und nicht mehr als 1.000 EUR beträgt, auf 20 Prozent und
2. für den Teil des monatlichen Einkommens, das 1.000 EUR übersteigt und nicht mehr als 1.200 EUR beträgt, auf 10 Prozent.

Anstelle des Betrags von 1.200 EUR tritt für erwerbsfähige Hilfebedürftige, die entweder mit mindestens einem minderjährigen Kind in Bedarfsgemeinschaft leben oder die mindestens ein minderjähriges Kind haben, ein Betrag von 1.500 EUR" (§ 11b Abs. 3 SGB II).

31 **Ab 1.7.2023** gilt die **neue Regel:**

„Bei erwerbsfähigen Hilfebedürftigen, die erwerbstätig sind, ist von dem monatlichen Einkommen aus Erwerbstätigkeit ein weiterer Betrag abzusetzen. Dieser beläuft sich
1. für den Teil des monatlichen Einkommens, das 100 EUR übersteigt und nicht mehr als 520 EUR beträgt, auf 20 Prozent,
2. für den Teil des monatlichen Einkommens, der 520 EUR übersteigt und nicht mehr als 1.000 EUR beträgt, auf 30 Prozent und
3. für den Teil des monatlichen Einkommens, der 1.000 EUR übersteigt und nicht mehr als 1.200 EUR beträgt, auf 10 Prozent.

Anstelle des Betrags von 1.200 EUR tritt für erwerbsfähige Hilfebedürftige, die entweder mit mindestens einem minderjährigen Kind in Bedarfsgemeinschaft leben oder die mindestens ein minderjähriges Kind haben, ein Betrag von 1.500 EUR" (§ 11b Abs. 3 SGB II; → Rn. 33 / Beispiele unten).

I. Der Grundfreibetrag von 100 EUR bleibt immer anrechnungsfrei

32 *„Bei erwerbsfähigen Hilfebedürftigen, die erwerbstätig sind, ist anstelle der Beträge nach Absatz 1 S. 1 Nr. 3 bis 5 ein Betrag von insgesamt 100 EUR monatlich vom Einkommen aus Erwerbsarbeit abzusetzen"* (§ 11b Abs. 2 S. 1 SGB II).

Die Pauschale soll alle Ausgaben für

- Beiträge zu öffentlichen und privaten Versicherungen, auch Kfz-Haftpflicht (§ 11b Abs. 1 S. 1 Nr. 3 SGB II),
- „riestergeförderte" Altersvorsorge (→ 5; § 11b Abs. 1 S. 1 Nr. 4 SGB II) und

- die mit der Erzielung des Einkommens verbundenen notwendigen Ausgaben wie Fahrtkosten, Arbeitsmittel, Gewerkschaftsbeitrag usw (§ 11b Abs. 1 S. 1 Nr. 5 SGB II; → Rn. 11 ff.) abdecken.

Diese Regelung gilt bei **Erwerbs**einkommen **bis 400 EUR brutto**. Mehr wird nicht anerkannt, auch wenn Ihre Werbungskosten höher sind (zur Sonderregelung, wenn Sie Erwerbseinkommen **und** eine Aufwandsentschädigung für ein Ehrenamt oder eine „Übungsleiterpauschale" beziehen, → Rn. 39 ff.).

Wenn Sie aber Erwerbseinkommen und sonstige Einkommen haben, mit denen Sie auf über **400 EUR** kommen, sind diese Ausgaben in voller Höhe absetzbar, wenn sie 100 EUR übersteigen:

„Beträgt das monatliche Einkommen aus Erwerbstätigkeit mehr als 400 EUR, gilt S. 1 [die Begrenzung der Absetzbeträge auf 100 EUR] nicht, wenn der erwerbsfähige Hilfebedürftige nachweist, dass die Summe der Beträge nach Absatz 1 S. 1 Nr. 3 bis 5 den Betrag von 100 EUR übersteigt" (§ 11b Abs. 2 S. 3 SGB II).

II. **Was vom Einkommensbetrag, der den 100-EUR-Grundfreibetrag übersteigt, frei bleibt**

33 Nach bisheriger Rechtslage bleiben frei (bis 30.6.2023):

- 20 Prozent der Differenz bis zu einem Bruttoeinkommen von 1.000 EUR (max. 20 Prozent von 900 EUR),
- 10 Prozent ab 1.000 EUR bis 1.200 EUR brutto bzw. bis 1.500 EUR brutto, wenn Sie mindestens ein minderjähriges Kind haben (max. 10 Prozent von 200 EUR bzw. 500 EUR Differenzbetrag).

Nach neuer Rechtslage (ab 1.7.2022):

- 20 Prozent der Differenz bis zu einem Bruttoeinkommen von 520 EUR (max. 20 Prozent von 420 EUR),
- 30 Prozent der Differenz zwischen 520 EUR und 1.000 EUR brutto (max. 30 Prozent von 480 EUR),
- 10 Prozent der Differenz zwischen 1.000 EUR und 1.200 EUR brutto bzw. 1.500 EUR brutto, wenn Sie mindestens ein minderjähriges Kind haben (max. 10 Prozent von 200 EUR bzw. 500 EUR Differenzbetrag).

Beispiel: Minijob 520 EUR
Frau Klein hat einen Minijob von 400 EUR mtl.
Berechnung (bis 30.6.2023 und ab 1.7.2023):
Betrag in EUR

Bruttoeinkommen	520,00
= Nettoeinkommen	520,00
minus Grundfreibetrag	100,00
	420,00
Freibetrag	84,00
20 Prozent von 420 EUR	

Frau Klein behält den 100-EUR-Grundfreibetrag + 84 EUR Freibetrag = 184 EUR.
Hat Frau Klein höhere tatsächliche Kosten als 100 EUR und kann sie diese nachweisen, kann sie statt des 100-EUR-Grundbetrages die tatsächlichen Kosten absetzen.

Beispiel: Vollzeitjob 1.200 EUR brutto
Herr Schwarz arbeitet fünf Tage in der Woche. Die Wohnung ist 20 km vom Betrieb entfernt. Er fährt mit dem Zug: Monatsticket 75 EUR. Er hat ein Kfz; die Kfz-Haftpflicht beträgt 40 EUR.
Bisherige Berechnung (bis 30.6.2023)
Betrag in EUR

Bruttoeinkommen	1.200,00
Nettoeinkommen	920,93
Freibetrag (vom Bruttoeinkommen):	
Grundfreibetrag	145,00 (statt 100,00 EUR)
20 Prozent von 100 bis 1.000 EUR	180,00
10 Prozent von 1.000 bis 1.200 EUR	20,00
Summe	345,00
anzurechnendes Einkommen	575,93 (920,93 − 345)

Herrn Schwarz werden 345 EUR seines Arbeitseinkommens (145 EUR [Versicherungspauschale 30 EUR + Kfz-Haftpflicht 40 EUR + Monatskarte 75 EUR] + 200 EUR) nicht angerechnet. Lägen seine Versicherungs-, Werbungs- und Fahrtkosten unter dem 100-EUR-Grundfreibetrag,

würde dieser anstatt der Absetzbeträge vom Nettoeinkommen abgezogen. Dann wären 300 EUR anrechnungsfrei.
Neue Berechnung (ab 1.7.2023)
Betrag in EUR

Bruttoeinkommen	1.200,00
Nettoeinkommen	920,93
Freibetrag (vom Bruttoeinkommen):	
Grundfreibetrag	145,00 (statt 100,00 EUR)
20 Prozent von 100 bis 520 EUR	84,00
30 Prozent von 520 bis 1.000 EUR	144,00
10 Prozent von 1.000 bis 1.200 EUR	20,00
Summe	393,00
anzurechnendes Einkommen	527,93 (920,93 – 393)

Herrn Schwarz werden 345 EUR seines Arbeitseinkommens (145 EUR [30 EUR + 40 EUR + 75 EUR] + 200 EUR) nicht angerechnet. Lägen seine Versicherungs-, Werbungs- und Fahrtkosten unter dem 100-EUR-Grundfreibetrag, würde dieser anstatt der Absetzbeträge vom Nettoeinkommen abgezogen. Dann wären 348 EUR anrechnungsfrei.

2.3.2 Freibetrag bei Bürgergeld-Beziehenden unter 15 Jahren

34 Hier bleiben Einnahmen aus Erwerbstätigkeit bis zu 100 EUR frei (Grundfreibetrag; § 1 Abs. 1 Nr. 9 Bürgergeld-V). Sog. Schülereinkommen war nach § 1 Abs. 4 Alg II-V bis zu 2.400 EUR kalenderjährlich anrechnungsfrei, soweit es innerhalb von vier Wochen der Schulferien erarbeitet worden war (vgl. zu den Voraussetzungen BSG 11.11.2021 – B 14 AS 33/20). Für die Zeit vom 1.1.2023 bis 30.6.2023 wurde eine Übergangsregelung geschaffen: Nach dieser sind in den Schulferien erzielte Arbeitseinkünfte von Schüler*innen, die die allgemein- oder berufsbildende Schulen besuchen und das 25. Lebensjahr noch nicht vollendet haben, ohne die 4-Wochen-Begrenzung bis zu einem Betrag von 2.400 Euro kalenderjährlich anrechnungsfrei (§ 1 Abs. 1 Nr. 16 Bürgergeld-V). Ab 1.7.2023 ist Schülereinkommen unabhängig von der Höhe und ohne Wochenbegrenzung vollständig anrechnungsfrei (für Erwerbstätigkeiten in den Schulferien, § 11 Abs. 7 SGB II) und es gilt – für Erwerbstätigkeiten außerhalb der Schulferien – ein Betrag nach § 8 Abs. 1a SGB IV (aktuell 520 EUR) als Grundfreibetrag (§ 11b Abs. 2b S. 1 Nr. 4 SGB II).

2.3.3 Freibetrag bei Sozialhilfebezug (HzL/GSi)

35 „Bei der Hilfe zum Lebensunterhalt und Grundsicherung im Alter und bei Erwerbsminderung ist ferner ein Betrag in Höhe von 30 vom Hundert des Einkommens aus selbstständiger und nichtselbstständiger Tätigkeit der Leistungsberechtigten abzusetzen", höchstens jedoch 50 Prozent des Regelbedarfs oder 223 EUR (§ 82 Abs. 3 SGB XII). Die Höchstgrenze wurde Ende 2006 von der rot-schwarzen Bundesregierung eingeführt, um den „Missbrauch" der leistungsgeminderten Erwerbsunfähigen zu begrenzen (BT-Drs. 16/2711, 9, 12). Der Freibetrag beträgt 30 Prozent des Bruttoeinkommens (BSG 25.4.2018 – B 8 SO 24/16 R; Grube/Wahrendorf/Flint SGB XII § 82 Rn. 107).

36 **Beispiel:** Herr Kling ist nicht erwerbsfähig und arbeitet acht Stunden in der Woche als Zeitungsausträger. Er bekommt dafür 272 EUR im Monat. Auch er darf sein Einkommen bereinigen. Unterstellen wir, dass er keine Fahrtkosten zur Arbeit hat, aber 15 EUR mtl. für private Versicherungen aufwendet. Mit der Pauschale von 5,20 EUR für Arbeitsmittel und dem Versicherungsbeitrag kann er **20,20 EUR vom Einkommen absetzen** (→ Rn. 28 f.). Er darf zudem den Freibetrag von 30 Prozent des Einkommens oder **81,60 EUR behalten. 101,80 EUR wären also anrechnungsfrei.**

Kritik: Auch hier ist erheblich gekürzt worden. Voll Erwerbsgeminderte hatten in der alten Sozialhilfe 30 Prozent des Regelbedarfs als Grundbetrag, zuletzt 89,10 EUR, plus einen Steigerungsbetrag von 25 Prozent für das Einkommen, das über den Grundbetrag hinausging (Blinde und Schwerstbehinderte: 50 Prozent plus 25 Prozent). Herr Kling hätte damals 158,90 EUR anrechnungsfrei behalten dürfen. Heute liegt der Freibetrag bei

30 Prozent vom Einkommen, nicht vom Regelbedarf. Früher brauchte man ein bereinigtes Einkommen von 89,10 EUR, um den Grundbetrag zu bekommen. Heute muss das Einkommen ca. 300 EUR betragen, um auf diesen Betrag zu kommen. Erwerbsgeminderte, die heute trotz gesundheitlicher Einschränkungen noch Leistung erbringen, werden von der „Leistungsgesellschaft" abgestraft. Ein Sonderfall ist in § 82 Abs. 6 SGB XII geregelt: Bei Personen, die Hilfe zur Pflege, Blindenhilfe oder Eingliederungshilfe nach dem SGB IX erhalten, bleibt das Einkommen aus selbstständiger oder nichtselbstständiger Tätigkeit in Höhe von 40 Prozent des Einkommens frei, höchstens aber 65 Prozent der Regelbedarfsstufe 1 (aktuell 2023 502 EUR [anrechnungsfrei 65 Prozent = 326,30 EUR]).

2.4 Schwankende Erwerbseinkommen

37 Ist Ihr Erwerbseinkommen nicht mtl. konstant, werden Leistungen **vorläufig** idR für sechs Monate bewilligt (§ 41a Abs. 1 S. 1 Nr. 1 SGB II iVm § 41 Abs. 3 S. 2 SGB II).

Näheres dazu finden Sie im Beitrag vorläufige Entscheidung (→ 121 Rn. 6 ff.).

2.5 Andere Einkommen

38 Hinweise zur Anrechnung von Weihnachtsgeld, Urlaubsgeld, Lohnsteuerrückzahlungen, vermögenswirksamen Leistungen usw finden Sie im Beitrag Einkommen (→ 37).

3. Aufwandsentschädigung/ „Übungsleiterpauschale"

39 Bei den sog. Aufwandsentschädigungen und „Übungsleiterpauschalen" ergeben sich für die Zeit ab 1.7.2023 Änderungen.

40 Situation **bis 30.6.2023**:

Vom Einkommen aus ehrenamtlicher bzw. nebenberuflicher Tätigkeit (zB als Übungsleiter*in), das den Charakter einer Aufwandsentschädigung hat, ist ein Betrag in Höhe des Einkommens von bis zu **250 EUR mtl.** anrechnungsfrei. Können Sie **höhere**, mit der Tätigkeit verbundene **Kosten** nachweisen, sind diese in tatsächlicher Höhe vom Einkommen abzusetzen (§ 11b Abs. 2 S. 3 SGB II [bis 30.6.2023]; sinngleich § 82 Abs. 2 S. 2, 3 SGB XII [bis 31.12.2022]).

41 Unter diese Regelung fallen Aufwandsentschädigungen

- die nach **Bundes-** oder **Landesrecht** gezahlt werden (zB für Wahlhelfer*innen; § 3 Nr. 12 EStG),
- für ehrenamtliche **Betreuer*innen** nach § 1835a BGB (jetzt § 1878 BGB) (§ 3 Nr. 26b EStG) (Anrechnung nur einmal jährlich; BSG 24.8.2017 – B 4 AS 9/16 R; dazu LPK-SGB II § 11b Rn. 47),
- die im Rahmen einer **gemeinnützigen oder mildtätigen** Tätigkeit gezahlt werden oder von einer kirchlichen Organisation bzw. von Körperschaften des öffentlichen Rechts (§ 3 Nr. 26a EStG),
- für Mitglieder **kommunaler Vertretungen** und Ausschüsse, zB für politische Tätigkeiten im Stadtteilparlament (OVG Berlin 24.11.1988 – 6 B 71.87) und
- steuerfreie Einnahmen aus nebenberuflicher Tätigkeit, zB als **Übungsleiter*in**, Ausbilder*in, Erzieher*in, Betreuer*in, aus nebenberuflicher künstlerischer Tätigkeit oder der Pflege alter, kranker oder behinderter Menschen bis zur Höhe von 2.400 EUR jährlich (§ 3 Nr. 26 EStG; → 104 Rn. 41).

42 Situation **ab 1.7.2023**:

Aufwandspauschalen nach § 1878 BGB sind **bis zu 3.000 EUR jährlich** nicht als Einkommen zu berücksichtigen (§ 11a Abs. 1 Nr. 4 SGB II); dies gilt auch für steuerfreie Aufwandsentschädigungen oder Einnahmen aus nebenberuflichen Tätigkeiten (§ 11a Abs. 1 Nr. 5 SGB II).

43 Üben Sie nebeneinander **Erwerbstätigkeit und ehrenamtliche** bzw. **nebenberufliche Tätigkeit** aus, sind Absetzbeträge für jede Tätigkeit **gesondert** anzusetzen und können nebeneinander Anwendung finden: dh der erhöhte Grundbetrag in Höhe des Einkommens aus Ehrenamts-/Übungsleitertätigkeit oder Aufwandsentschädigung bis max. 3.000 EUR jährlich **und** der Grundbetrag beim Erwerbseinkommen in Höhe des Erwerbseinkommens aus regulärer Arbeit bis max. 100 EUR. Können Sie für die jeweiligen Ein-

kommensarten **höhere**, mit der Erzielung des Einkommens verbundene **Kosten** nachweisen, sind diese anstelle der **jeweiligen** Grundbeträge abzusetzen.

Der **Erwerbstätigenfreibetrag** beim Erwerbseinkommen steht Ihnen freilich weiterhin zu (→ Rn. 30; dort finden Sie auch, wann und wie höhere nachgewiesene Kosten vom Erwerbseinkommen abzusetzen sind).

4. Jugend- und Bundesfreiwilligendienst

44 Jugendliche bzw. junge Erwachsene, die ein sogenanntes „**Freiwilliges Soziales Jahr**" (FSJ) absolvieren, sowie Beschäftigte im **Bundesfreiwilligendienst** (Bufdis) sind sozialversichert und erhalten als Aufwandsentschädigung ein „Taschengeld" sowie häufig freie Unterkunft und Verpflegung und ggf. Fahrtkostenerstattung. Sie haben Anspruch auf aufstockendes Bürgergeldleistungen. Auch hier ergeben sich Änderungen.

45 **Bürgergeld-Rechtslage bis 30.6.2023:**

Vom Taschengeld dürfen die unter 25-Jährigen und über 25-Jährigen in identischer Art anstelle der 30-EUR-Versicherungspauschale (→ 38 Rn. 8 f.), ggf. Kfz-Haftpflichtbeiträge (→ 38 Rn. 12), Beiträge für Riester-Rente und Fahrt- und Werbungskosten (§ 11b Abs. 1 S. 1 Nr. 3–5 SGB II) einen Freibetrag von **bis zu 250 EUR** anrechnungsfrei (§ 11b Abs. 2 S. 6 SGB II) behalten. Etwaige darüber hinausgehende Beträge sind ohne Erwerbstätigenfreibetrag anzurechnen, da der Bundesfreiwilligendienst und das Freiwillige Soziale Jahr „ohne Erwerbsabsicht" durchgeführt würden (§ 2 Nr. 2 lit. a, b BFDG, § 2 Abs. 1 Nr. 1 JFDG). Das hat zur Rechtsfolge, das überschüssige Beträge eben nicht um einen weiteren Erwerbstätigenfreibetrag zu bereinigen sind.

46 **Bürgergeld-Rechtslage ab 1.7.2023:**

Hier muss jetzt in zwei Gruppen differenziert werden. In Bezug auf die unter 25-Jährigen beläuft sich der Grundfreibetrag auf den „Betrag nach § 8 Abs. 1a SGB IV", das sind aktuell 520 EUR (§ 11b Abs. 2a S. 1 SGB II). Für die über 25-Jährigen sollen ab 1.7.2023 250 EUR monatlich anrechnungsfrei bleiben (§ 11b Abs. 2b S. 2 SGB II), sollen weil mit BT-Drs. 20/6442 vom 19.04.2023 dahingehend das Gesetz geändert werden soll.

47 Bei freier **Vollverpflegung** wird pro Arbeitstag ein Prozent des Regelbedarfs für die Sachzuwendung „Essen" auf die Leistung angerechnet. Bei Teilverpflegung werden entsprechende Anteile hiervon abgezogen: für das Frühstück 20 Prozent, für das Mittag- und Abendessen jeweils 40 Prozent (§ 2 Abs. 5 Bürgergeld-V).

Bei freier **Unterkunft** werden natürlich keine Unterkunftskosten bezahlt, aber nur, wenn der Hauptwohnsitz aufgegeben wurde.

48 In der **HzL/GSi** gilt:
Es gilt ab 1.1.2023 für die unter 25-Jährigen ein Freibetrag von derzeit 520 EUR (§ 82 Abs. 1 Nr. 7 SGB XII) und für die über 25-Jährigen ein Freibetrag von **250 EUR** (§ 82 Abs. 2 S. 2 SGB XII).

48 Fahrtkosten

1. Im Regelbedarf von
   Bürgergeld/HzL/GSi enthalten? 1
2. Fahrtkosten: Gruppen und Anlässe ... 2
   2.1 Alte Menschen 3
   2.2 Schule und Klassenfahrten/
       Ausflüge 4
   2.3 Fahrtkosten zum Besuch Ihrer
       getrennt lebenden Kinder 5
   2.4 Sonderbedarf an Fahrtkosten 6
   2.5.1 Fahrtkosten zum Sozialamt 9
   2.5.2 Fahrtkosten zum Jobcenter ... 10
   2.5.3 Fahrtkosten zur Weiterbildung 12
   2.5.4 Fahrtkosten zum Ein-Euro-Job 13
3. Fahrtkosten anlässlich der Arbeit 14
4. Kraftfahrzeug 15
5. Verbilligte Monatskarten 16
6. Forderungen 17

1. Im Regelbedarf von Bürgergeld/HzL/GSi enthalten?

1 Im Regelbedarf von 502 EUR (2023) sind 45,02 EUR für Fahrtkosten enthalten (Rüdiger Böker, Aufteilung nach EVS-Abteilungen des Regel-Bedarfs im Jahr 2023, abrufbar unter: https://harald-thome.de/files/pdf/2022/Ruediger-Boeker-Aufteilung-Regel-Bedarf-20

18-2019-2020-2021-2022-2023_nach-EVS-Abteilungen.pdf, letzter Zugriff: 13.1.2023). Damit dürfen Sie sich am öffentlichen Nahverkehr mit Bus und Bahn, PKW und Fahrrad beteiligen. Pro Tag können Sie also 1,50 EUR verfahren.

Bis 1.7.1990 waren im Regelbedarf des Haushaltsvorstandes noch zwölf Einzelfahrscheine für Nahverkehrsmittel und eine Bahnfahrkarte für eine Hin- und Rückfahrt über 30 km im Wert von damals etwa 36 DM (18,41 EUR) enthalten. Gemessen an der Preisentwicklung ist das ein Absturz!

Fahrtkosten, die früher in der Sozialhilfe zusätzlich als einmalige Beihilfe (→ 40) genehmigt werden konnten, sollen Sie jetzt ebenfalls von den 45,02 EUR bestreiten.

2. Fahrtkosten: Gruppen und Anlässe

2 Für einige Gruppen und in bestimmten Situationen/Umständen werden die Fahrtkosten übernommen.

2.1 Alte Menschen

3 Bei alten Menschen können noch Fahrtkosten für Besuchsreisen im Rahmen der Altenhilfe übernommen werden, um ihnen *„die Verbindung mit nahestehenden Personen [zu] ermöglichen"* (§ 71 Abs. 2 Nr. 6 SGB XII).

2.2 Schule und Klassenfahrten/Ausflüge

4 Sozialamt und Jobcenter müssen die Kosten einer mehrtägigen Klassenfahrt als einmalige Beihilfe übernehmen. Eintägige **Ausflüge** werden seit 2011 idR in Form von Gutscheinen/Direktzahlungen an die Schule, in Ausnahmen direkt an die Eltern übernommen. In besonderen Fällen können auch Fahrtkosten zur Schule übernommen werden. Dies ist in den **Leistungen für Bildung und Teilhabe** geregelt (§§ 28 f. SGB II; §§ 34 f. SGB XII).

Näheres finden Sie im Beitrag Schüler*innen (→ 100).

2.3 Fahrtkosten zum Besuch Ihrer getrennt lebenden Kinder

5 Für ausführliche Informationen dazu sehen Sie bitte unter dem eigenen Beitrag **Umgangskosten** (→ 111 Rn. 34 ff.).

2.4 Sonderbedarf an Fahrtkosten

6 Wenn Sie Fahrtkosten haben, um an Beerdigungen naher Angehöriger oder an der Hochzeit Ihrer Kinder teilzunehmen, wenn Sie Ihre*n Partner*in oder nahe Angehörige im Krankenhaus besuchen wollen usw, gibt es im SGB II und SGB XII die Möglichkeit, ein **Darlehen** zu bekommen, da es sich um einen einmaligen Bedarf handelt (§ 24 Abs. 1 SGB II, § 37 Abs. 1 SGB XII). Voraussetzung ist aber, dass der Bedarf als unabweisbar anerkannt wird (→ 40 Rn. 15). Die Rückzahlung kann unter Umständen erlassen werden (→ 30 Rn. 24 ff.; § 44 SGB II; für die HzL/GSi § 59 der Landeshaushaltsordnung (LHO) und in den dazu ergangenen Verwaltungsvorschriften).

7 Bei Bezug von HzL/GSi der Sozialhilfe kann bei einer unabweisbaren, **regelmäßigen** und **erheblichen** Überschreitung des Bedarfs durch Fahrtkosten auch der **Regelbedarf** erhöht werden (→ 89; § 27a Abs. 4 SGB XII). Das wären zB erhebliche Kosten für regelmäßige weitere Besuchsfahrten zu nahen Angehörigen im Gefängnis oder einer stationären Einrichtung oder wenn Fahrtkosten aus medizinischen Gründen notwendig sind.

Beim Bürgergeld ist das im Rahmen der **Härtefallmehrbedarf** (→ 52 Rn. 15 ff.) nach § 21 Abs. 6 SGB II möglich.

8 Mit der Neuregelung im Härtefallbedarf nach § 21 Abs. 6 SGB II können im SGB II seit 1.1.2021 auch einmalige Bedarfe gedeckt werden. In der HzL/GSi wurde diese Gesetzeslücke mit dem Bürgergeldgesetz zum 1.1.2023 geschlossen. Hier wurde in § 30 Abs. 10 SGB XII ein Mehrbedarf für einen einmaligen, unabweisbaren, besonderen Bedarf geschaffen. Näheres dazu unter dem Beitrag Härtefallmehrbedarf (→ 52).

2.5.1 Fahrtkosten zum Sozialamt

9 *„Bei einem Verlangen des zuständigen Leistungsträgers nach § 61 [SGB I – Persönliches Erscheinen] sollen Aufwendungen nur in Härtefällen ersetzt werden"* (§ 65a Abs. 1 S. 2 SGB I).

Härtefälle liegen immer dann vor, wenn die Aufwendung wirtschaftlich nicht zumutbar ist. Mit Sicherheit ist das dann der Fall, wenn die Behörde weit entfernt liegt (→ 67 Rn. 12 ff.).

2.5.2 Fahrtkosten zum Jobcenter

10 Die Fahrtkosten zum Jobcenter sind auf Antrag zu übernehmen, wenn Leistungsbeziehende zum Meldetermin vorgeladen wurden.

11 **Tipp:** Es können immer die tatsächlichen Fahrtkosten geltend gemacht werden, auch wenn der Betrag unterhalb der „Bagatellgrenze" von sechs Euro liegt (BSG 6.12.2007 – B 14/7 b AS 50/06 R; → 67 Rn. 12 ff.). Weisen Sie Ihre*n Arbeitsvermittler*in darauf hin. Kommen Sie mit dem Kfz zum Jobcenter, können nach dem Bundesreisekostengesetz 0,20 EUR je km der zurückgelegten Strecke geltend gemacht werden – und zwar auf der verkehrsgünstigsten Strecke (LSG Bayern 27.3.2012 – L 11 AS 774/10).

2.5.3 Fahrtkosten zur Weiterbildung

12 Informationen dazu finden Sie unter dem Beitrag Weiterbildung (→ 124 Rn. 48 ff.).

2.5.4 Fahrtkosten zum Ein-Euro-Job

13 Informationen dazu finden Sie unter dem Beitrag Arbeitsgelegenheit (→ 9 Rn. 22 ff.).

3. Fahrtkosten anlässlich der Arbeit

14 Fahrtkosten, die im Arbeitskontext entstehen,

- werden von den Behörden bei der Bereinigung des **Erwerbseinkommens** anerkannt (→ 38 Rn. 22) oder
- bei **Selbstständigen** (→ 104) bei der Gewinnermittlung berücksichtigt.

4. Kraftfahrzeug

15 Für Näheres sehen Sie bitte unter dem eigenen Beitrag Kraftfahrzeug (→ 68).

5. Verbilligte Monatskarten

16 In vielen Orten können Sie als Bezieher*in von Bürgergeld und HzL/GSi der Sozialhilfe verbilligt Monatskarten für öffentliche Verkehrsmittel kaufen (→ 106).

6. Forderungen

17 Nicht vom Regelbedarf gedeckte Fahrtkosten zu besonderen Anlässen müssen als einmalige Beihilfen und nicht als Darlehen übernommen werden!

Nulltarif bei der Nutzung des öffentlichen Nahverkehrs; hilfsweise Sozialtickets, die vom Regelbedarf finanziert werden können!

49 Frauenhaus

1. Frauenhäuser in Deutschland 1
   1.1 Hilfe zum Lebensunterhalt 2
      1.1.1 Regelbedarf im Frauenhaus 3
      1.1.2 Mehrbedarf für Alleinerziehende 5
      1.1.3 Unterbringungskosten im Frauenhaus 6
      1.1.4 EU-Bürgerinnen und Frauen aus Drittstaaten 7
      1.1.5 Selbstzahlerinnen des Frauenhauses 11
      1.1.6 Frauenhaus bei Vermögen .. 12
      1.1.7 Auszubildende und Frauenhaus 15
      1.1.8 Kosten für die bisherige Wohnung 18
      1.1.9 Zuständigkeit bei Doppelmieten 20
   1.2 Psychosoziale Betreuung 24
   1.3 Leistungen bei Auszug in eine eigene Wohnung 25
2. Zuständigkeit für Frauenhauskosten .. 26
   2.1 Schnelle Hilfe 27
   2.2 Arbeitspflicht 30
3. Unterhaltspflicht des getrennt lebenden Ehemannes 31
4. Männerhäuser 36
5. Forderungen 37
6. Anlaufstellen 38

1. Frauenhäuser in Deutschland

1 Jährlich suchen rund 40.000 Frauen mit ihren Kindern Schutz vor Misshandlungen durch Ehemänner und „Partner" in den 367 Frauenhäusern und 41 Schutzwohnungen in Deutschland. Da aber nicht genügend Plätze für Betroffene vorhanden sind, mussten im Jahr 2016 in über 13.000 Fällen Schutzsuchende abgewiesen werden (BuzzFeed News, 2.11.2017). Trotzdem haben Frauenhäuser keinen Rechtsanspruch auf Förderung und

49 Frauenhaus

sind auf freiwillige Leistungen der Kommunen und Länder angewiesen.

Häusliche Gewalt hat während des ersten Corona-bedingten Lockdowns deutlich zugenommen: in Brandenburg beispielsweise um 22,5 Prozent. Trotzdem berichteten Beratungsstellen in dieser Zeit von einer „gespenstischen Stille" in der Beratung (RBB 24, 7.7.2020).

1.1 Hilfe zum Lebensunterhalt

2 Über 90 Prozent der von Männergewalt betroffenen Frauen sind erwerbsfähig (→ 45) und gehören daher in das System des Bürgergelds. Wenn Sie als nicht erwerbsfähig gelten, bekommen Sie Sozialhilfe.

1.1.1 Regelbedarf im Frauenhaus

3 **Bürgergeld:**

Bei Bürgergeld-Anspruch bekommen Sie die volle Regelleistung einer alleinstehenden Person von **502 EUR**. Wenn Sie zusätzlich alleinerziehend sind, dann erhalten Sie auch den **Mehrbedarf für Alleinerziehende** (→ 3; § 20 Abs. 2 SGB II, § 21 Abs. 2 SGB II).

Die Leistung für Ihre unter 15-jährigen Kinder nennt sich Sozialgeld (→ 105).

Auch bei kurzfristigem Bezug wird Bürgergeld als **Beihilfe** und nicht als Darlehen gewährt.

Auch wenn Sie die **Energiekosten** im Frauenhaus nicht selbst zahlen, ist ein Abzug der Stromkosten (→ 109) vom Regelbedarf nicht zulässig (§ 20 Abs. 1 S. 3 SGB II; BSG 24.11.2011 – B 14 AS 151/10 R). Viele Frauenhäuser erheben aber inzwischen die Stromkosten direkt bei den Frauen. Diese **sind dann aber als Unterkunftskosten** nach § 22 Abs. 1 SGB II vom Jobcenter zu zahlen. Zu den Unterkunftskosten gehören alle Kosten, die anlässlich der Nutzung einer Unterkunft, somit auch eines Frauenhauses, anfallen. Diese sind in tatsächlicher Höhe vom Jobcenter zu übernehmen (§ 22 Abs. 1 S. 1 SGB II).

4 **HzL/GSi der Sozialhilfe:**

Frauenhäuser werden als sogenannte Selbstversorgereinrichtungen geführt, in der Sie selbst haushalten können und müssen. Daher ist Ihnen als Sozialhilfebezieherin der volle Regelbedarf zu zahlen. Würde das Frauenhaus die Versorgung für Sie organisieren, könnte das Sozialamt den Regelbedarf entsprechend kürzen. Dies wäre gerechtfertigt, wenn zB die Kosten für Ernährung und Stromversorgung durch die Einrichtung getragen werden würden. In diesem Fall könnte der Anteil für Ernährung (Regelbedarf, → 89) und Strom (→ 109) gekürzt werden.

1.1.2 Mehrbedarf für Alleinerziehende

5 „*Grundsätzlich kann davon ausgegangen werden, dass die Voraussetzungen für den Mehrbedarf vorliegen, wenn der Regelbedarf für Alleinstehende/Alleinerziehende anerkannt wird und mindestens ein minderjähriges Kind im Haushalt lebt*" (FW 21.9). Das gilt beim Bürgergeld und idR bei der Sozialhilfe auch für den Aufenthalt im Frauenhaus (→ 3 Rn. 2 ff.).

1.1.3 Unterbringungskosten im Frauenhaus

6 Da Frauenhäuser meistens nicht ausreichend finanziert werden, müssen diese Unterbringungsverträge mit ihren Bewohnerinnen abschließen. Die Unterbringungskosten oder Nutzungsentgelte beinhalten Kosten für Wohnen, Heizung und Energie, Möbelnutzung, sozialpädagogische Betreuung und Unterstützung sowie natürlich den Schutz des Hauses.

Diese Tagessätze werden in den meisten Fällen als Unterkunftskosten im Bürgergeld und der Sozialhilfe übernommen. Die **Tagessätze** in Frauenhäusern schwanken zwischen ca. 8 EUR und 160 EUR am Tag.

1.1.4 EU-Bürgerinnen und Frauen aus Drittstaaten

7 Bei EU-Bürgerinnen und Frauen aus Drittstaaten, die keinen SGB II-/SGB XII-Anspruch haben, wird die Gewährung der sonstigen Leistungen des Leistungskatalogs nach § 8 Nr. 6 SGB XII in das Ermessen des zuständigen Sozialhilfeträgers gestellt (§ 23 Abs. 1 S. 3 SGB XII). Zu den sonstigen Leistungen gehört auch die „**Hilfe zur Überwindung besonderer sozialer Schwierigkeiten**" (§§ 67–69 SGB XII). Dazu können auch gewaltgeprägte Lebensumstände gehören, also

Gewalterfahrung oder -bedrohung, die so intensiv und aktuell ist, dass sie die Lebenssituation einer Person bestimmt. Das kann beim Ausstieg aus der Prostitution oder bei der Misshandlung in der Familie oder Partnerschaft sein (Grube/Wahrendorf/Flint SGBB XIII § 67 Rn. 10).

8 Diese Hilfen können gewährt werden, „soweit dies im Einzelfall gerechtfertigt ist". Das Sozialamt hat also einen weitgehenden **Ermessensspielraum**, was die Voraussetzungen der Leistungsgewährung und deren Höhe sowie Art betrifft (Oestreicher/Decker SGB XII § 23 Rn. 113). Weitere Voraussetzungen müssen nicht erfüllt sein, damit das behördliche Ermessen eröffnet wird.

9 Die Hilfen zur „Überwindung besonderer sozialer Schwierigkeiten" sind dann zu gewähren, wenn *„besondere Lebensverhältnisse mit sozialen Schwierigkeiten verbunden sind"* und wenn Leistungsberechtigte *„aus eigener Kraft hierzu nicht fähig"* sind (§ 67 S. 1 SGB XII). *„Die Leistungen umfassen alle Maßnahmen, die notwendig sind, um die Schwierigkeiten abzuwenden, zu beseitigen, zu mildern oder ihre Verschlimmerung zu verhüten."* Dazu gehören *„insbesondere Beratung und persönliche Betreuung für die Leistungsberechtigten und ihre Angehörigen, Hilfen zur Ausbildung, Erlangung und Sicherung eines Arbeitsplatzes sowie Maßnahmen bei der Erhaltung und Beschaffung einer Wohnung"* (§ 68 Abs. 1 SGB XII).

Darunter ist eindeutig zu verstehen, dass die Kosten für die Unterbringung in einem Frauenhaus vom Sozialamt zu tragen sind. Wenn die Frauenhäuser bei mittellosen und aus dem Leistungssystem ausgeschlossenen Frauen Pauschalen für Ernährung, Hygiene und Verköstigung erheben und dies Teil des Unterbringungsvertrags ist, müssen diese Kosten im Rahmen der Hilfen zur „Überwindung besonderer sozialer Schwierigkeiten" nach §§ 67, 68 SGB XII übernommen werden.

10 Vom SGB II ausgeschlossene EU-Bürgerinnen haben mindestens Anspruch auf **Überbrückungsleistungen** nach § 23 Abs. 3 S. 3 ff. SGB XII. Das LSG Hessen hat unlängst entschieden, dass Unionsbürgerinnen ohne materielles Aufenthaltsrecht einen Leistungsanspruch zu jeder Zeit während eines tatsächlichen Aufenthalts in Deutschland haben und dass die Begrenzung auf einen Monat unzulässig ist (LSG Hessen 18.4.2018 – L 4 SO 120/18). Im Ergebnis bedeutet dies, dass auch für EU-Bürgerinnen ohne materielles Aufenthaltsrecht über den Monat hinaus Kosten zum Lebensunterhalt, und damit auch Kosten für das Frauenhaus, gewährt werden.

Zu Wohnsitzbeschränkungen und Frauenhaus für **nicht-deutsche Staatsangehörige** schauen Sie unter dem entsprechenden Beitrag (→ 81 Rn. 22 ff.).

1.1.5 Selbstzahlerinnen des Frauenhauses

11 Immer wieder müssen auch Frauen, die über eigenes Einkommen verfügen, ins Frauenhaus flüchten.

In dem Fall sind alle Regelleistungen, Mehrbedarfe, sämtliche von der Bewohnerin zu erbringenden Frauenhauskosten und ggf. Krankenkasse und Pflegeversicherung als sozialrechtlicher Bedarf zu ermitteln. Dem Bedarf ist dann das tatsächlich zur Verfügung stehende Einkommen, abzüglich des Grundfreibetrags und Erwerbstätigenfreibetrags, entgegen zu stellen. Das bedeutet, dass bei einer Vielzahl von Fällen der Selbstzahlerinnen noch ein aufstockender SGB II-/SGB XII-Bedarf besteht.

Für Näheres schauen Sie im Beitrag Einkommen (→ 37).

1.1.6 Frauenhaus bei Vermögen

12 Auch Frauen mit eigenem Vermögen müssen immer wieder Frauenhäuser in Anspruch nehmen. Vermögen können dabei Anteile an Immobilien sein, die zuvor bewohnt wurden, aber auch Ferienhäuser oder sonstiges Vermögen. Wenn diese Immobilien aufgrund nicht gewährleisteter Sicherheit nicht selbstgenutzt sind, sind sie auch nicht vor der Verwertung geschützt, dann sind Bürgergeld-/HzL- oder GSi-Leistungen zunächst einmal auf Darlehensbasis zu gewähren (§ 24 Abs. 5 SGB II; § 91 SGB XII). Wenn erstmalig Bürgergeld bezogen wird, gilt im Rahmen einer einjährigen Karenzzeit ein Freibetrag von 40.000 EUR und 15.000 für jede weitere Person (§ 12 Abs. 2 SGB II), wenn wieder-

holt SGB II-Leistungen bezogen werden 15.000 EUR für jede Person in der BG (→ 119).

13 Das BSG hat klargestellt, das Vermögen innerhalb von 12 Monaten verwertbar sein muss, ist das nicht der Fall, muss ein Darlehen wegen Unverwertbarkeit in einen nicht zurückzuzahlenden Zuschuss umgewandelt werden (BSG 2.9.2021 – B 8 SO 4/20 R). Die gleichen Regeln der Nichtverwertbarkeit gelten in der HzL/GSi.

Im SGB XII sind lediglich 10.000 EUR geschont und 500 EUR für Kinder (§ 1 Abs. 1, 2 Vo zu § 90 SGB XII).

Für Näheres schauen Sie im Beitrag Vermögen (→ 119).

14 **Tipp:** Wurden Bürgergeld-/HzL- oder GSi-Leistungen auf Darlehensbasis gewährt, besteht ein Anspruch auf Wohngeld, und zwar auf den Höchstsatz (§ 7 Abs. 1 S. 3 Nr. 1 WoGG). Das Wohngeld wird bei Bürgergeld/Sozialhilfe zwar als Einkommen angerechnet, allerdings muss dann weniger zurückgezahlt werden.

1.1.7 Auszubildende und Frauenhaus

15 **Bürgergeld:**

Vom Grundsatz her gilt zunächst der allgemeine Leistungsausschluss für Auszubildende, die eine grundsätzlich BAföG- bzw. BAB-förderungsfähige Ausbildung durchführen (§ 7 Abs. 5 1. Teilsatz SGB II).

Seit dem 1.8.2016 gilt, dass auch Auszubildende **einen vollen ergänzenden SGB II-Anspruch haben, unabhängig davon, ob** sie einen BAföG- oder BAB-Anspruch haben oder nicht (§ 7 Abs. 6 Nr. 2 SGB II). Dieser volle Leistungsanspruch bezieht sich auf alle Auszubildenden, **bis auf Studierende, die außerhalb des Elternhauses** wohnen. Wenn Sie studieren und vor Gewalt im Elternhaus ins Frauenhaus flüchten mussten, gehören Sie nunmehr zu der Gruppe, die kein Bürgergeld bekommt. Der Leistungsausschluss auf Lebensunterhalt nach § 7 Abs. 5 SGB II besteht stets bei Studierenden an Höheren Fachschulen, Akademien und Hochschulen, die nicht bei den Eltern wohnen. Dieser Personenkreis hat einen Bedarf nach § 13 Abs. 1 Nr. 2 in Verbindung mit Abs. 2 Nr. 2 BAföG.

16 Sollten Sie aus den oben genannten Gründen keinen Anspruch auf Bürgergeld haben, kann Ihnen dieser im Rahmen der „Härtefallregelung" vom Jobcenter doch gewährt werden (§ 27 Abs. 3 S. 1 SGB II). *„Trotz eines Anspruchs auf BAföG, BAB oder Abg können Leistungen […] in Form eines Darlehens erbracht werden, soweit besondere Umstände* **die Nichtgewährung des Alg II als außergewöhnlich hart und deshalb unzumutbar erscheinen lassen**", so die FW 27.7.

Eine Flucht ins Frauenhaus dürfte auf jeden Fall eine solche „besondere Härte" bedeuten. Hier ist dann die Bürgergeld-Leistung als Darlehen zu erbringen, das betrifft aber nicht die „nicht ausbildungsgeprägten Bedarfe", die nach § 7 Abs. 5 2. Teilsatz SGB II iVm 27 Abs. 2 SGB II nicht für Auszubildende ausgeschlossen sind (im Wesentlichen: Alleinerziehenden- und Schwangerenmehrbedarf). Wenn Bürgergeld ansonsten auf Darlehensbasis gewährt wird, besteht außerdem noch ein Anspruch auf **Wohngeld** (→ 127 Rn. 11 f.).

17 **HzL/GSi:**

Auch hier gilt der Leistungsausschluss für Auszubildende (§ 22 Abs. 1 SGB XII). In der HzL/GSi gelten aber nicht die Rückausnahmen wie im Bürgergeld, so dass die meisten Auszubildenden doch wieder einen Anspruch haben. Ausnahme sind Studierende, die nicht mehr bei den Eltern wohnen (→ Rn. 15).

In dem Fall kann HzL/GSi nur noch im Rahmen der Härtefallregelung des SGB XII gewährt werden (§ 22 Abs. 1 S. 2 SGB XII). Diese eröffnet grundsätzlich die Optionen auf „Beihilfe oder Darlehen", so dass Sie zunächst ersteres versuchen und eine Beihilfegewährung beantragen sollten. Diese sollten Sie auch hinterher mit einem Überprüfungsantrag prüfen lassen.

Weitere Informationen finden Sie unter dem Beitrag Auszubildende (→ 14).

1.1.8 Kosten für die bisherige Wohnung

18 Haben Sie Ihre alte Wohnung verlassen und wird diese nicht von dem Mann bewohnt, vor dem Sie geflohen sind, müssen Sie für die Mietkosten aufkommen. Diese

sind dann vom Bürgergeld-, HzL- oder GSi-Amt als tatsächlich anfallende und rechtlich geschuldete Unterkunftskosten (§ 22 Abs. 1 S. 1 SGB II; § 35 Abs. 1 S. 1 SGB XII) zu übernehmen. Diese KdU-Kosten sind so lange zu übernehmen, bis es Ihnen möglich ist, die alte Wohnung zu kündigen. Wenn die vermietende Person mit einer vorzeitigen Kündigung nicht einverstanden ist, dann **auch über die vollen drei Monate.**

19 Nach der Flucht ins Frauenhaus ist Ihnen aber auch eine gewisse Orientierungszeit zu geben, in der Sie sich entscheiden sollten, wie sich Ihre Wohnsituation in Zukunft gestalten soll.

Doppelmieten sind nur zu übernehmen, wenn sie **tatsächlich anfallen** und **unvermeidlich** sind (BSG 30.10.2019 – B 14 AS 2/19 R). Unvermeidlich sind sie bis Ablauf der Kündigungsfrist, wenn Sie ins Frauenhaus geflüchtet sind (SG Berlin 31.5.2012 – S 150 AS 25169/09; SG Braunschweig 9.4.2014 – S 49 AS 185/12). Hier müssen Sie dem jeweiligen Amt nachweisbar belegen, dass sie versucht haben, vorzeitig aus dem Mietvertrag entlassen zu werden. Daher sollten Sie unbedingt Gesprächsnotizen erstellen, Mails ausdrucken und den Schriftverkehr dokumentieren.

Beabsichtigen Sie, in Ihre alte Wohnung zurückzukehren, wäre auch eine Übernahme der Mietkosten der alten Wohnung im Rahmen der „Hilfe zur Überwindung besonderer sozialer Schwierigkeiten" nach §§ 67–69 SGB XII möglich. Dazu gehören auch *„alle Maßnahmen, die notwendig sind, um die Schwierigkeiten abzuwenden, zu beseitigen, zu mildern oder ihre Verschlimmerung zu verhüten [...] sowie Maßnahmen bei der Erhaltung und Beschaffung einer Wohnung"* (§ 68 Abs. 1 S. 1 SGB XII). Diese Hilfen nach dem achten Kapitel des SGB XII sind auch für SGB II-Berechtigte möglich (§ 21 S. 1 SGB XII).

1.1.9 Zuständigkeit bei Doppelmieten

20 Die Zuständigkeit für die Kostenübernahme hängt vom zukünftigen Wohnort ab:

21 Im **Bürgergeld** gilt:

a. Beabsichtigen Sie, in die alte Wohnung oder den alten Ort zurückzukehren, ist das Jobcenter des Herkunftsorts zuständig, da dort durch Ihre Rückkehrabsicht der **gewöhnliche Aufenthalt** begründet ist (§ 36 Abs. 1 S. 2 SGB II).

b. Wollen Sie definitiv nicht mehr an den Herkunftsort zurück oder wissen Sie noch nicht, wo Sie in Zukunft leben wollen, dann ist das Jobcenter am Ort des **tatsächlichen Aufenthalts**, also des Frauenhauses, zuständig (§ 36 Abs. 1 S. 4 SGB II).

Ob im letzteren Fall die Sachbearbeiterin, die normalerweise die „Frauenhausfälle" bearbeitet, zuständig ist oder eine Mitarbeiterin aus der „normalen" Sachbearbeitung, muss das Jobcenter vor Ort klären.

22 Sollte es Schwierigkeiten bei den Zuständigkeiten geben, beachten Sie die Regelungen der „vorläufigen Leistungsgewährung", nach der bei einer doppelten Verweissituation derjenige Leistungsträger die Leistungen zu erbringen hat, der zuerst angegangen wurde (§ 43 Abs. 1 SGB I). Näheres dazu finden Sie unter **Antrag** (→ 7 Rn. 70).

Von zentraler Bedeutung ist hier das relativ neue BSG-Urteil, welches bestimmt, dass tatsächlich anfallende und unvermeidbare **Doppelmieten als KdU zu übernehmen sind** (BSG 30.10.2019 – B 14 AS 2/19 R).

23 Bei **HzL/GSi** gilt folgende Regel:

Zuständig für alle Belange ist das Amt an dem Ort, wo sich die Leistungsberechtigte tatsächlich aufhält (§ 98 Abs. 1 S. 1 SGB XII), also am Ort des Frauenhauses.

1.2 Psychosoziale Betreuung

24 *„Die Erstattungspflicht [des zuständigen Bürgergeld-Trägers] erfasst auch die Aufwendungen für die psychosoziale Betreuung. Deren Bewilligung richtet sich für die Mutter unmittelbar nach § 16 Abs. 2 Nr. 3 SGB II. Die Bewilligung dieser Leistung an die Kinder erfolgte auf der Grundlage des § 7 Abs. 2 Satz 2 Nr. 2 SGB II"* (SG Aachen 20.7.2007 – S 8 AS 17/07; LSG NRW 23.2.2011 – L 1 AS 36/09). Der Begriff der psychosozialen Betreuung ist dabei weit auszulegen (LSG Baden-Württemberg 21.10.2011 – L 12 AS 3169/10).

1.3 Leistungen bei Auszug in eine eigene Wohnung

25 Wenn Sie eine neue Wohnung beziehen und sich Ihr Ex-Partner weigert, Ihnen Hausrat zu überlassen, ist der dadurch entstehende Bedarf als **Erstausstattung** für die Wohnung zu werten und als einmalige Beihilfe zu übernehmen (→ 56 Rn. 3 ff., 23 ff.) (§ 24 Abs. 3 Nr. 1 SGB II; § 31 Abs. 1 Nr. 1 SGB XII; BSG 19.9.2008 – B 14 AS 64/07 R; LSG NRW 13.7.2011 – L 12 AS 2155/10).

Es handelt sich um einen **dringenden Bedarf**, der nicht gerichtlich eingeklagt werden muss. Für die Kostenübernahme ist der Träger am neuen Wohnort zuständig, da es sich normalerweise nicht um einen *„frauenhaustypischen"* Bedarf handelt (LSG NRW 13.7.2011 – L 12 AS 2155/10).

Wenn bereits eine Wohnung gefunden und bewilligt wurde, während man noch im Frauenhaus lebt, lassen sich einige Ämter gerne etwas Zeit bei der Bewilligung der Erstausstattung an Hausrat. Ist dies zu erwarten, sollten die Leistungen als Vorschuss nach § 42 Abs. 1 S. 2 SGB I beantragt werden und je nach Fallkonstellation mit einer Frist von nur ein paar Tagen versehen werden (→ 7 Rn. 71 ff.).

2. Zuständigkeit für Frauenhauskosten

26 Bei Bezug von Bürgergeld ist für die Kosten dasjenige Jobcenter zuständig, an dessen Ort sich das Frauenhaus befindet (§ 36a SGB II), in der HzL/GSi nach § 98 Abs. 1 S. 1 SGB XII dasjenige am Ort des Aufenthalts (für die Zuständigkeit in anderen Fällen → Rn. 20 ff.).

2.1 Schnelle Hilfe

27 Die Behörde soll Anträge von Frauen, die von häuslicher Gewalt betroffen sind, bevorzugt bearbeiten und für eine schnelle Bewilligung von Leistung sorgen. Ggf. sind Ihnen Vorschüsse, bei nicht geklärten Ansprüchen vorübergehende Leistungen oder Darlehen zu gewähren. Bei Bedarf soll der Nachweis Ihrer Identität durch die Behörde unterstützt werden. Auch der Zugang zu psychosozialer Hilfe soll umgehend ermöglicht werden. Auf dem Amt sollen Frauen für Sie als persönliche Ansprechpartnerinnen zur Verfügung stehen (DV, Empfehlungen des Deutschen Vereins zu Hilfeleistungen an von häuslicher Gewalt betroffene Frauen und ihre Kinder insbesondere im Rechtskreis des SGB II, 2008, 6 ff.; NDV 2008, 365 ff.).

28 Die meisten Frauen, die ins Frauenhaus flüchten müssen, haben nicht alle Ausweispapiere wie Vermögensnachweise, Heirats-, Geburts- oder Scheidungsurkunden bei sich. Auch Kontoauszüge der letzten Monate werden auf der Flucht meist nicht mitgenommen. Wenn alle diese Unterlagen fehlen, dann muss das Bürgergeld- und GSi-Amt die Leistungen vorläufig gewähren (§ 41a Abs. 1 SGB II; § 44a Abs. 1 SGB XII) oder bei der Sozialhilfe trotzdem Leistungen als Vorschuss erbringen (§ 42 Abs. 1 SGB I). Näheres dazu unter **Antrag** (→ 7 Rn. 72 ff.).

29 Das jeweilige Amt möchte, dass die Antragstellende die notwendigen Unterlagen vorweist. Diese Mitwirkungspflicht endet aber bei Vorliegen eines wichtigen Grundes. Der liegt immer dann vor, wenn ein Beweisdokument derzeit nicht beschafft werden kann (§ 65 Abs. 1 Nr. 2 SG I). Die Mitwirkungspflicht besteht auch nicht, wenn *„der Leistungsträger sich durch einen geringeren Aufwand als der Antragsteller [...] die erforderlichen Kenntnisse selbst beschaffen kann"* (§ 65 Abs. 1 Nr. 3 SGB I).

Weitere Informationen finden Sie unter **Mitwirkungspflichten** (→ 79).

2.2 Arbeitspflicht

30 Bürgergeld hat als *„Grundsicherung für Arbeitsuchende"* die Eingliederung in das Erwerbsleben als Ziel. Das würde bedeuten, dass Frauen, die in Frauenhäuser geflüchtet sind, sofort Arbeit suchen müssen bzw., wenn sie unter 25 Jahre alt sind, sofort in eine Arbeit vermittelt werden.

Das würde aber die Verarbeitung der Gewaltsituation und ihre Lösung erschweren, welche für eine gewisse Zeit vorrangig sein sollte.

Der Aufenthalt im Frauenhaus müsste im Bedarfsfall als *„wichtiger Grund"* anerkannt werden, der der Ausübung von Arbeit oder

der Annahme eines „Sofortangebots" entgegensteht (§ 10 Abs. 1 Nr. 5 SGB II).

Die 14. Konferenz der Gleichstellungs- und Frauenminister der Länder (GFMK) forderte am 5.10.2004, dass die Arbeitssuche für drei Monate nicht zumutbar sein sollte (info also 6/2004, 282). Diese Forderung wurde aber bis heute nicht umgesetzt.

3. Unterhaltspflicht des getrennt lebenden Ehemannes

31 **Bürgergeld:**

Eine Bedarfsgemeinschaft (→ 16) mit dem verlassenen Ehemann liegt nicht mehr vor, wenn die Ehegatten „dauernd getrennt leben". Das ist aber nur dann der Fall, wenn „zwischen ihnen keine häusliche Gemeinschaft besteht und der Ehegatte sie erkennbar nicht herstellen will, weil er die eheliche Lebensgemeinschaft ablehnt" (§ 1567 BGB, zum Getrenntleben). Solange die ins Frauenhaus geflüchtete Frau die eheliche Lebensgemeinschaft nicht ablehnt und nicht ausschließt, wieder mit ihrem Mann zusammenzuziehen, besteht die Bedarfsgemeinschaft eigentlich weiter.

Nach Auffassung der BA bilden Sie jedoch nach dem Umzug in ein Frauenhaus keine Bedarfsgemeinschaft mit Ihrem Ehemann mehr, weil sich darin der Wille zur Trennung ausdrücke (FW 7.66).

Es ist positiv zu bewerten, dass die BA über die enge Definition des BGB hinausgeht:

- liegt keine Bedarfsgemeinschaft vor, kann ein gewalttätiger Ehepartner für die vor ihm geflüchtete Frau auch nicht mehr vertretungsberechtigt sein,
- liegt keine Bedarfsgemeinschaft vor, tritt die Unterhaltspflicht ein und der BGB-Unterhaltsanspruch geht per Gesetz auf das Jobcenter über (§ 33 Abs. 1 SGB II).

32 **Tipp 1:** Haben Sie keinen Zugriff auf ggf. bereits an den Mann ausgezahlte Leistungen, soll Ihr Bedarf aufgrund fehlender bereiter Mittel ab Antragstellung für den laufenden Monat neu festgesetzt und Bürgergeld als Zuschuss bewilligt werden (DV, Empfehlungen des Deutschen Vereins zu Hilfeleistungen an von häuslicher Gewalt betroffene

Frauen und ihre Kinder insbesondere im Rechtskreis des SGB II, 2008, 10.).

33 **Tipp 2:** Erbringt der unterhaltspflichtige Ehegatte/Elternteil die Unterhaltsleistungen nicht und muss deshalb das Jobcenter Bürgergeld-Leistungen erbringen, geht der BGB-Unterhaltsanspruch in Höhe der erbrachten Bürgergeld-Leistungen per Gesetz auf das Jobcenter über. Oft versuchen dann die Jobcenter Druck auf die Frauen auszuüben und sie dazu zu bewegen, selbst den gewalttätigen Ehemann/Elternteil zu verklagen. Das ist unzulässig, da der Unterhaltsanspruch nur „im Einvernehmen mit der Empfängerin oder dem Empfänger der Leistungen auf diese oder diesen zur gerichtlichen Geltendmachung rückübertragen" werden darf (§ 33 Abs. 4 SGB II). Im Einvernehmen heißt: wenn Sie das möchten. Wenn Sie das nicht möchten, dann darf das Jobcenter Ihnen gegenüber dahin gehend keinen Druck ausüben.

34 **Sozialhilfe:**

Den Unterhaltsanspruch überzuleiten kann aber nach Meinung des Deutschen Vereins eine „unbillige Härte" sein, soweit „die Zielsetzung der Leistungen im Frauenhaus in der Gewährung von Schutz und Zuflucht vor dem gewalttätigen Partner besteht und diese durch die Mitteilung der Hilfe an den Unterhaltspflichtigen gefährdet erscheint oder durch die Heranziehung eine durch die Frau angestrebte Versöhnung mit dem Partner vereitelt würde" (Deutscher Verein, Empfehlungen zur Heranziehung Unterhaltspflichtiger in der Sozialhilfe, DV 35/13 AF III 12.3.2014 – Rn. 13).

„Von der Inanspruchnahme nach bürgerlichem Recht Unterhaltspflichtiger ist abzusehen, soweit dies den Erfolg der Hilfe gefährden würde" (§ 68 Abs. 2 S. 2 SGB XII). Der Erfolg der Hilfe wäre zB gefährdet, wenn die Unterhaltspflicht die Lösung der familiären Probleme erschweren würde oder die Frau nur zu Ihrem Mann zurückkehrt, um dessen Heranziehung zum Unterhalt zu vermeiden.

Deshalb haben Frauenhäuser oft ausgehandelt, dass die Behörden für eine gewisse Zeit auf Unterhaltsansprüche gegen den Mann verzichten oder sie zurückstellen.

Die GFMK empfiehlt, das Partnereinkommen im ersten Monat des Aufenthalts im

Frauenhaus nicht heranzuziehen (info also 6/2004, 282).

35 Ehemänner, die ihre Frauen mit Gewalt und/oder Gewaltandrohung aus der Wohnung vertreiben, können jedoch zum **Ersatz der Kosten** des Frauenhauses herangezogen werden, zumindest für die erste Zeit (VGH Baden-Württemberg 28.1.1998 – 6 S 1669/96, FEVS 1999, 101 f.).

4. Männerhäuser

36 Es gibt in Deutschland inzwischen insgesamt zwölf Männerschutzwohnungen, in denen männliche Opfer häuslicher Gewalt Schutz finden (https://www.maennergewalt schutz.de/beratungsangebote/maennerschutz einrichtungen/). Sie sind das Pendant zu den Frauenhäusern, und die oben beschriebenen Regelungen für schutzsuchende Frauen sind grundsätzlich auch auf von häuslicher Gewalt betroffene Männer anzuwenden.

5. Forderungen

37 Nach Artikel 8 der Istanbul-Konvention verpflichtet sich die Bundesrepublik, die angemessenen finanziellen Mittel für die Umsetzung von Maßnahmen zur Verhütung und Bekämpfung von Gewalt gegen Frauen und häuslicher Gewalt bereitzustellen, einschließlich der von nicht-staatlichen Organisationen und der Zivilgesellschaft durchgeführten Maßnahmen. Artikel 22 und 23 der Konvention verpflichten zur Sicherung der Bereitstellung von Unterstützungsdiensten und Schutzunterkünften.

Realität ist jedoch: die Finanzierung von Schutzunterkünften und Unterstützungsdiensten ist in keiner Weise gesichert und unterschreitet den Mindeststandard. Die Lückenhaftigkeit, Inkonsistenz und Komplexität von Finanzierungsregelungen in diesem Bereich wirken sich als Zugangshindernisse primär für Frauen in besonders prekären Lebenssituationen aus.

Eine Tagessatzfinanzierung der Schutzunterkünfte über SGB II und XII lässt mehrere Gruppen von Betroffenen außen vor: Schülerinnen, Studentinnen, Auszubildende, Asylsuchende, Migrantinnen mit ungesichertem Aufenthaltsstatus, Diplomatenfrauen und UN-Angehörige sowie neu zugezogene EU-Bürgerinnen. Frauen mit eigenem Einkommen müssen Sozialleistungen beantragen und/oder sich verschulden, da die Tagessätze ein durchschnittliches Einkommen deutlich übersteigen. Die Mischfinanzierung erschwert auch wesentlich die Aufnahme von Frauen aus anderen Kommunen oder Bundesländern.

Dahingehend ist eine konsequente Umsetzung der Regelungen der Istanbul-Konvention durch die Bundesregierung zu fordern! Der effektive Zugang zu Schutzunterkünften und Unterstützungsdiensten wie insbesondere vertraulicher Beratung ist auch durch deren verlässliche Finanzierung zu garantieren. Gewaltschutz und Unterstützung gewaltbetroffener Frauen sind staatliche Pflichtaufgaben.

Ihre angemessene und insbesondere bedarfsdeckende Finanzierung ist durch bundeseinheitliche klare und konsistente Regelungen sowie die Bereitstellung entsprechender Haushaltsmittel zu garantieren.

6. Anlaufstellen

38 www.autonome-frauenhaeuser-zif.de (Zentrale Informationsstelle autonomer Frauenhäuser)
www.frauen-gegen-gewalt.de
www.frauenhauskoordinierung.de
www.maennergewaltschutz.de/

50 Geflüchtete (Asylbewerberleistungsgesetz)

1. Menschenwürdige Existenzsicherung
   – Grundrecht auch für Asylsuchende .. 1
2. Migrationsrechtliche Restriktionen ... 10
   2.1 Unterbringung 11
      2.1.1 Sondereinrichtungen 13
      2.1.2 Recht auf Wohnen 14
   2.2 Residenzpflicht und Wohnsitzauflagen 15
   2.3 Beschäftigungserlaubnis bei Duldung oder Aufenthaltsgestattung 16

50 Geflüchtete (Asylbewerberleistungsgesetz)

2.3.1 Ausschlüsse 18
2.3.2 Beschäftigungserlaubnis mit Zustimmung der Agentur für Arbeit 22
2.3.3 Beschäftigungserlaubnis ohne Zustimmung der Agentur für Arbeit 23
2.3.4 Besondere Duldungen 24
3. Welche Ausländer*innen fallen unter das AsylbLG? 25
3.1 Anwendungsbereich des AsylbLG 26
3.2 Ende der Anwendung 27
3.3 Ausländer*innen in Bedarfsgemeinschaft mit Bürgergeld-/Sozialhilfeberechtigten 31
4. Leistungen nach §§ 3, 3a, 4, 6 AsylbLG 33
4.1 Grundleistungen nach §§ 3, 3a AsylbLG 34
4.2 Der Grundbedarf 2b – Alleinstehende und Alleinerziehende in Sammelunterkünften 55
4.3 Kosten der Sammelunterkunft, Miete für eine Wohnung, Mietnebenkosten, Möbel und Hausrat, Strom, Schönheitsreparaturen 58
4.4 Medizinische Versorgung (§§ 4, 6 AsylbLG) 61
4.4.1 Keine Zuzahlungen und Eigenleistungen 71
4.4.2 Keine Beschränkung auf zugelassene Therapeut*innen 73
4.5 Sonstige Leistungen (§ 6 AsylbLG)...................... 74
4.6 Einkommen und Vermögen (§ 7 AsylbLG)...................... 78
4.7 Gemeinnützige Arbeit, Integrationskurse (§§ 5, 5b AsylbLG) 83
4.8 Sanktionen und Kürzungen (§§ 1a, 5, 5b, 11 AsylbLG) 86
4.8.1 Kürzungsgründe: Leistungskürzungen nach § 1a AsylbLG 88
4.8.1.1 Leistungskürzungen nach § 1a Abs. 1 AsylbLG – vorwerfbares Scheitern der Ausreise/Abschiebung 99
4.8.1.2 Leistungskürzungen nach § 1a Abs. 2 AsylbLG – Einreise, um AsylbLG-Leistungen zu beziehen ... 101
4.8.1.3 Leistungskürzungen nach § 1a Abs. 3 AsylbLG – Verweigerung der Mitwirkung an der Abschiebung 104
4.8.1.4 Leistungskürzungen nach § 1a Abs. 4 S. 1 AsylbLG – „relocated people" 110
4.8.1.5 Leistungskürzungen nach § 1a Abs. 4 S. 2 Nr. 1 AsylbLG – Internationaler Schutz in EU-Staat 113
4.8.1.6 Leistungskürzungen nach § 1a Abs. 4 S. 2 Nr. 2 AsylbLG – sonstiger Aufenthaltsstatus in EU-Staat 115
4.8.1.7 Leistungskürzungen nach § 1a Abs. 5 AsylbLG – asylrechtliche Mitwirkungsverstöße 116
4.8.1.8 Leistungskürzungen nach § 1a Abs. 6 AsylbLG – Täuschung über Vermögen 119
4.8.1.9 Leistungskürzungen nach § 1a Abs. 7 AsylbLG – Dublin-Fälle 123
4.8.2 Verweigerte Arbeits- und Integrationsmaßnahmen 125
4.8.2.1 § 5 Abs. 4 AsylbLG: verweigerte Arbeitsgelegenheit 126
4.8.2.2 § 5b Abs. 2 AsylbLG: verweigerter Integrationskurs 127
4.8.3 Sonstige Leistungskürzungen........................... 128
4.8.3.1 § 11 Abs. 2 S. 1, 3 AsylbLG: Besonderheit bei Verstoß gegen Residenzpflichtverstoß 129
4.8.3.2 § 11 Abs. 2 S. 2, 3 AsylbLG: Besonderheit bei Verstoß gegen Wohnsitzauflage 132
4.8.3.3 § 11 Abs. 2a S. 1 AsylbLG: Leistungskürzung bis zur Ausstellung eines Ankunftsnachweises (1) 133
4.8.3.4 § 11 Abs. 2a S. 5 Nr. 1 AsylbLG: Leistungskürzung bis zur Ausstellung eines Ankunftsnachweises (2) 134
4.8.3.5 § 11 Abs. 2a S. 5 Nr. 2 AsylbLG: Leistungskürzung bis zur Ausstellung eines Ankunftsnachweises (3) 135
4.8.3.6 § 1 Abs. 4 AsylbLG: kompletter Leistungsausschluss bei internationalem Schutz in EU-Staat.... 136
4.9 Dauer der Kürzungen nach AsylbLG 137
4.9.1 Erst-Anwendung der Leistungskürzung 138
4.9.2 Verlängerung der Leistungskürzung................... 139

371

5. Nach 18 Monaten Leistungen in Höhe der Sozialhilfe (§ 2 AsylbLG) ... 142
5.1 Rechtsmissbräuchliche Beeinflussung der Aufenthaltsdauer 147
5.2 Welche Zeiten angerechnet werden 150
5.3 Anmieten von Wohnungen 151
6. Informationen 153

1. Menschenwürdige Existenzsicherung – Grundrecht auch für Asylsuchende

1 Verschiedene Ausländer*innen, insbesondere Asylbewerber*innen und Duldungsinhaber*innen, erhalten anstelle der Sozialhilfe (nach dem SGB XII) bzw. des Bürgergelds (nach dem SGB II) nur Leistungen nach Asylbewerberleistungsgesetz (§ 1 AsylbLG). Voraussetzung dafür ist, wie bei den anderen Existenzsicherungsleistungen auch, die materielle Bedürftigkeit, dh kein ausreichendes Einkommen und Vermögen zu haben (§ 7 AsylbLG). Das AsylbLG regelt zudem die Versorgung bei Krankheit, Behinderung und Pflegebedürftigkeit, also all das, was für „normale Menschen" im SGB V (Krankenversicherung), SGB IX (Leistungen bei Behinderung) und SGB XI (Pflege) geregelt ist. Für „normale Menschen" gelten also fünf dicke Gesetzbücher (SGB II/V/IX/XI/XII), um ein menschenwürdiges Leben zu garantieren – das AsylbLG kommt mit 28 Paragrafen aus. Schon daraus spricht die tiefe Verachtung des Gesetzgebers gegenüber den hier Betroffenen, die durch die fehlende Sorgfalt bei der Abfassung der paar Paragrafen noch bekräftigt wird. Im Klartext muss man sagen: Das AsylbLG ist ein schlampig hingerotztes Gesetz und in Gesetzesform gegossener Rassismus. Dennoch ist es ein real existierendes Gesetz, das einer ernsthaften Betrachtung bedarf. Dass man sich mit so einem abgrundtief üblen Gesetz überhaupt auseinandersetzen muss und dass es in der Praxis gegenüber Behörden und Gerichten ernsthaft notwendig ist, mit großem Aufwand zivilisatorische Selbstverständlichkeiten zu erklären, ist ein Skandal und beschämend. Dieses Gesetz gehört als „dunkles Kapitel" ins Museum!

2 Wer seinen notwendigen Lebensunterhalt mangels ausreichenden Einkommens und Vermögens nicht selbst sichern kann, hat Anspruch auf staatliche Leistungen zur Existenzsicherung. Das Bundesverfassungsgericht (BVerfG) hat in seinen Grundsatzurteilen zum damaligen Alg II, jetzt Bürgergeld, und zum AsylbLG festgestellt, dass sich aus Art. 1 (Menschenwürde) und Art. 20 (Sozialstaat) des Grundgesetzes ein Grundrecht auf ein menschenwürdiges Existenzminimum ergibt (zum damaligen Alg II: BVerfG 9.2.2010 – 1 BvL 1/09; zum AsylbLG: BVerfG 18.7.2012 – 1 BvL 10/10).

3 Dieses Grundrecht steht laut BVerfG-Urteil zum AsylbLG deutschen und ausländischen Staatsangehörigen, die sich in Deutschland aufhalten, gleichermaßen zu. Es umfasst neben dem Schutz der physischen Existenz (durch Unterkunft, Heizung, Kleidung, Hygiene, Gesundheit und medizinische Versorgung) auch ein Mindestmaß an Teilhabe am gesellschaftlichen, kulturellen und politischen Leben sowie die Zusicherung, zwischenmenschliche Beziehungen pflegen zu können (BVerfG 18.7.2012 – 1 BvL 10/10, Leitsätze 1 und 2).

4 Das BVerfG stellt fest, dass Art. 1 des Grundgesetzes diesen Anspruch als Menschenrecht begründet. Migrationspolitische Erwägungen, die Leistungen für Flüchtlinge niedrig zu halten, um Anreize für Wanderungsbewegungen zu vermeiden, rechtfertigen nicht von vornherein das Absenken der Leistungen unter das physische und soziokulturelle Existenzminimum. Das BVerfG stellt klar, dass das Existenzminimum in jedem Fall und zu jeder Zeit sichergestellt sein muss und dass die im Grundgesetz garantierte Menschenwürde migrationspolitisch nicht zu relativieren ist (BVerfG 18.7.2012 – 1 BvL 10/10, Rn. 120, 121).

5 Das BVerfG hält – unabhängig von Aufenthaltsstatus und Aufenthaltsprognose – eine Beschränkung auf ein etwaiges abgesenktes Existenzminimum für einen spezifischen niedrigeren Bedarf allenfalls bei Kurzaufenthalten für möglicherweise gerechtfertigt. Die seinerzeit für 48 Monate gegenüber dem SGB II/SGB XII geminderten Leistungen nach § 3 AsylbLG erklärte das BVerfG für verfassungswidrig, da nach 48 Monaten die Spanne eines Kurzaufenthaltes deutlich überschritten sei (BVerfG 18.7.2012 – 1 BvL 10/10, Rn. 100, 101, 102, 119). Zudem sind

besondere Leistungen für Ausländer*innen nur dann verfassungsrechtlich möglich, wenn der Bedarf an existenznotwendigen Leistungen signifikant von dem der anderen Bedürftigen abweicht und dies folgerichtig in einem inhaltlich transparenten Verfahren anhand des tatsächlichen Bedarfs gerade dieser Gruppe belegt werden kann (BVerfG 18.7.2012 – 1 BvL 10/10, Rn. 73)

6 Aufgrund des BVerfG-Urteils zum AsylbLG wurde dieses geändert und die Bedarfsermittlung für die Grundleistungen nach § 3 AsylbLG und deren jährliche Anpassung an die Einkommens- und Preisentwicklung an die Maßgaben zum Bürgergeld angeglichen. Die AsylbLG-Beträge wurden etwa 10 Prozent niedriger als die Bürgergeld-Regelsätze (→ 89) festgesetzt, weil nach AsylbLG der Bedarf für Hausrat und Möbel nicht in den Regelsätzen enthalten, sondern separat zu gewähren ist (→ Rn. 58).

7 Nach 18 Monaten Aufenthaltsdauer in Deutschland konnten Leistungen gemäß § 2 AsylbLG in Höhe und Umfang der Sozialhilfe nach SGB XII einschließlich einer vollwertigen Gesundheitskarte beansprucht werden, wenn der*die Leistungsberechtigte seine*ihre Aufenthaltsdauer nicht rechtsmissbräuchlich beeinflusst hat (→ Rn. 142 ff.). Dann endete auch die eingeschränkte medizinische Versorgung nach §§ 4, 6 AsylbLG (→ Rn. 61 ff.).

8 Der Sachleistungsvorrang wurde auf Asylsuchende beschränkt, die in einer „Aufnahmeeinrichtung" nach AsylG wohnen müssen. Im Anschluss sind für Leistungsberechtigte in Gemeinschaftsunterkünften oder Wohnungen vorrangig Geldleistungen zur Selbstversorgung zu erbringen. **Zum 21.8.2019** wurde die Wartezeit im § 2 Abs. 1 AsylbLG für die Erlangung von analogen Sozialhilfeleistungen nach SGB XII **von 15 auf 18 Monate verlängert.**

9 **Zum 1.9.2019** wurde ein vollständig neues System von Grundbedarfen nach §§ 3, 3a AsylbLG eingeführt (→ Rn. 34 ff.). Zugleich wurden auch die Leistungsminderungen nach § 1a AsylbLG neu sortiert und ausgeweitet. Damit bestehen nun in Deutschland folgende Bedarfsgruppen, die alle sich für beanspruchen, das menschenwürdige Existenzminimum zu sichern (Stand 2023 für alleinstehende Erwachsene):

- Regelbedarf nach SGB II/SGB XII: 502 EUR,
- Grundbedarf nach §§ 3, 3a AsylbLG: 410 EUR,
- unabweisbarer Bedarf nach § 1a AsylbLG: 224 EUR.

Den Regelbedarf und den Grundbedarf kann man nicht ohne Weiteres eins zu eins miteinander vergleichen (→ Rn. 34). Um aber zu erkennen, dass der unabweisbare Bedarf nichts mehr mit einem menschenwürdigen Existenzminimum zu tun hat, muss man nicht studiert haben. Auch der Gesetzgeber weiß daher sehr gut, dass er hier gegen die Verfassung verstößt. Das wird aber in Kauf genommen, da die Betroffenen keine starke Lobby haben und der Einspareffekt zu verlockend scheint.

2. Migrationsrechtliche Restriktionen

10 Ausländer*innen unterliegen diversen migrationsrechtlichen Restriktionen. Hier werden die sozialrechtlich relevanten Restriktionen überblicksartig dargestellt.

2.1 Unterbringung

11 Am Anfang des Aufenthalts erfolgt die Unterbringung in einer Aufnahmeeinrichtung (§ 47 AsylG). Es bestand bis zum 20.8.2019 nach § 47 Abs. 1 AsylG aF die **Pflicht**, bis zu sechs Wochen und maximal **bis zu 6 Monaten** in einer (Erst)Aufnahmeeinrichtung „zu wohnen". Diese Regelung wurde **zum 21.8.2019 massiv verschärft:**

Nun gilt eine maximale Dauer der Verpflichtung, in einer Aufnahmeeinrichtung „zu wohnen", von **18 Monaten.** Für minderjährige Kinder und ihre Eltern sowie volljährige unverheiratete Geschwister bleibt es jedoch bei den maximal 6 Monaten. Neu ist zudem eine Ausnahme, die für folgende Personengruppen eine **dauerhafte Unterbringung** in der Aufnahmeeinrichtung vorsieht: zum einen bei Mitwirkungsverweigerung bzgl. bestimmter Pflichten im Asylverfahren (§ 47 Abs. 1 S. 3 Nr. 1, 2 AsylG), zum anderen bei Täuschung über Identität oder Staatsangehörigkeit oder fortgesetzt falsche Angaben

(§ 47 Abs. 1 S. 3 Nr. 3 AsylG), darüber hinaus bei Weigerung der Mitwirkung bei der Abschiebung.

Nur in extremen Ausnahmefällen kann von der Unterbringung in einer Aufnahmeeinrichtung abgesehen werden (§ 49 Abs. 2 AsylG).

12 Nach der (Erst-)Aufnahmeeinrichtung erfolgt eine Verteilung in eine Gemeinschaftsunterkunft innerhalb des zugewiesenen Bundeslandes (§ 53 AsylG). Ein Absehen von der Unterbringung kann nur in atypischen Fällen erfolgen. Dann ist auch, noch während des AsylbLG-Bezuges, der Umzug in eine Wohnung möglich.

2.1.1 Sondereinrichtungen

13 Die Länder können **Ausreiseeinrichtungen** für vollziehbar ausreisepflichtige Ausländer*innen schaffen (§ 61 Abs. 2 AufenthG). In den Ausreiseeinrichtungen soll durch „Betreuung und Beratung" die **Bereitschaft zur freiwilligen Ausreise gefördert** und die Erreichbarkeit für Behörden und Gerichte sowie die Durchführung der Ausreise gesichert werden.

Einige Bundesländer haben von dieser Möglichkeit Gebrauch gemacht. Zugespitzt kann zusammengefasst werden, dass diese Einrichtungen eine verschärfte Form der Gemeinschaftsunterkünfte sein sollen, in denen das Leben so unerträglich gemacht werden soll, dass die Motivation zur freiwilligen Ausreise gesteigert wird. Ob und welche „Erfolge" diese Praxis bisher gebracht hat, ist nicht bekannt. Für die Bundesländer ist zudem die Möglichkeit eröffnet, „**besondere Aufnahmeeinrichtungen**" zu schaffen (§ 46 Abs. 1 AsylG). Dort werden ggf. folgende Gruppen von Asylsuchenden untergebracht: a) aus sicheren Herkunftsstaaten, b) mit dem Vorwurf der Identitätstäuschung / falscher Angaben, c) mit dem Vorwurf, den Pass vernichtet zu haben, d) Folgeantragstellende, e) Vorwurf des Asylantrags zur Verzögerung einer Abschiebung. Ausnahmen für Kinder, Kranke oder sonstige besonders Schutzbedürftige sind nicht vorgesehen.

Von den Öffnungsklauseln des Gesetzes macht insbesondere Bayern exzessiv Gebrauch. Die berüchtigten **zentralen Aufnahme-, Entscheidungs- und Rückführungseinrichtungen (AnKER-Zentren)** fallen darunter.

2.1.2 Recht auf Wohnen

14 Es stellt sich die Frage, ob mit den besagten Unterkünften der existenzsichernde Bedarf „Wohnen" tatsächlich adäquat gedeckt werden kann. Es ist anerkannt, dass eine angemessene **Wohnung Teil des menschenwürdigen Existenzminimums** ist (Art. 25 Nr. 1 Allgemeine Erklärung der Menschenrechte, Art. 28 Abs. 1 S. 1 VerfBln: „*Jeder Mensch hat das Recht auf angemessenen Wohnraum*"; Art. 17 Abs. 2 VerfMV: „*Land, Gemeinden und Kreise wirken im Rahmen ihrer Zuständigkeit darauf hin, dass jedem angemessener Wohnraum zu sozial tragbaren Bedingungen zur Verfügung steht*"; Art. 47 Abs. 1 VerfBbg: „*Das Land ist verpflichtet, im Rahmen seiner Kräfte für die Verwirklichung des Rechts auf eine angemessene Wohnung zu sorgen*"; Art. 40 Abs. 1 VerfLSA: „*Das Land und die Kommunen [...] haben durch [...] geeignete Maßnahmen die Bereitstellung ausreichenden, menschenwürdigen Wohnraumes zu angemessenen Bedingungen für alle zu fördern*"; Art. 15 S. 1 VerfThüringen: „*Es ist ständige Aufgabe des Freistaats, darauf hinzuwirken, dass in ausreichendem Maße angemessener Wohnraum zur Verfügung steht*"; Art. 7 Abs. 1 VerfSachsen: „*Das Land erkennt das Recht eines jeden Menschen auf ein menschenwürdiges Dasein, insbesondere [...] auf angemessenen Wohnraum, [...] als Staatsziel an*"; Art. 14 Abs. 1 S. 1 VerfBremen: „*Jeder Bewohner der Freien Hansestadt Bremen hat Anspruch auf eine angemessene Wohnung*"; Art. 6a VerfNds: „*Das Land wirkt darauf hin, [...] dass die Bevölkerung mit angemessenem Wohnraum versorgt ist*"; Art. 63 VerfRhPf: „*Das Land, die Gemeinden und Gemeindeverbände wirken auf die Schaffung und Erhaltung von angemessenem Wohnraum hin*"; Art. 106 Abs. 1 VerfBay: „*Jeder Bewohner Bayerns hat Anspruch auf eine angemessene Wohnung*"; BSG 4.9.1979 – 7 RAr 115/78; BSG 25.3.1999 – B 7 AL 28/98 R; BSG 5.6.2003 – B 11 AL 55/02 R: Anerkennung des „Grundbedürfnis Wohnen"). Das bedeutet also, dass alle Staatsgewalten verfas-

sungsrechtlich verpflichtet sind, ein Abweichen von dieser Norm zu beseitigen. Jedem Eingriff in die Menschenwürde haben schließlich alle Staatsgewalten effektiv entgegenzuwirken. Wenn aber Menschen über Jahre mangels Wohnung keine Privatsphäre und keine Individualität durch Wohnen haben, dann ist das ein massiver Eingriff in die Menschenwürde.

2.2 Residenzpflicht und Wohnsitzauflagen

15 Eine **Wohnsitzauflage** bestimmt, wo jemand den Wohnsitz zu nehmen hat. Davon zu unterscheiden ist die **Residenzpflicht**, wonach ein zugewiesenes Gebiet nur mit Erlaubnis von der Ausländerbehörde verlassen werden darf. Die Regelungen zu Wohnsitzauflagen und Residenzpflichtregelungen sind mittlerweile so umfangreich und komplex, dass es hier den Rahmen sprengen würde, darauf detailliert einzugehen. Daher nur ein grober Überblick, wo dazu Regelungen zu finden sind:

- Wohnsitzauflage während Asylverfahren (§ 60 Abs. 1 AsylG),
- Residenzpflicht während Asylverfahren (§§ 56, 59, 59a, 59b, 71 Abs. 7 AsylG),
- Wohnsitzauflage nach erfolgreichem Asylverfahren (§ 12a AufenthG),
- Wohnsitzauflage gegenüber vollziehbar ausreisepflichtigen Ausländer*innen (§ 46 Abs. 1 AufenthG),
- Wohnsitzauflage während Duldung (§ 60b Abs. 5 S. 3 AufenthG, § 61 Abs. 1d, 1e AufenthG),
- Bußgeld bei Verstoß gegen Wohnsitzauflage (§ 98 Abs. 3 Nr. 2a AufenthG),
- Strafbarkeit bei Verstoß gegen Wohnsitzauflage (§ 95 Abs. 1 Nr. 6a AufenthG),
- Residenzpflicht bei Visum oder Aufenthaltserlaubnis (§ 12 Abs. 2–4 AufenthG, § 51 Abs. 6 AufenthG),
- Residenzpflicht für „Straftäter und Gefährder" (§ 56 Abs. 2 AufenthG),
- Residenzpflicht bei Duldung (§ 61 Abs. 1–1c AufenthG, § 51 Abs. 6 AufenthG),
- Bußgeld bei Verstoß gegen Residenzpflicht (§ 98 Abs. 3 Nr. 5a AufenthG),
- Strafbarkeit bei Verstoß gegen Residenzpflicht (§ 95 Abs. 1 Nr. 6a, 7 AufenthG).

2.3 Beschäftigungserlaubnis bei Duldung oder Aufenthaltsgestattung

16 Wann und wie die Erlaubnis zur Erwerbstätigkeit erteilt wird, ist höchst komplex geregelt. Die Regel lautet, dass eine Beschäftigungserlaubnis durch die Ausländerbehörde nach Zustimmung durch die Agentur für Arbeit erteilt werden kann. Die Agentur für Arbeit ermittelt, ob die Beschäftigung nachteilige Auswirkungen auf den Arbeitsmarkt hätte. Was das konkret bedeutet, legen die jeweiligen Agenturen für Arbeit fest. Eine Vorrangprüfung – also die Prüfung, ob für die offene Arbeitsstelle deutsche Arbeitslose zur Verfügung stehen – findet nicht statt.

17 Es ergeben sich verschiedene Varianten der Erteilung der Beschäftigungserlaubnis:

- Ausschluss der Erteilung (insbes. § 32 Abs. 1 S. 1 BeschV, § 60a Abs. 6 AufenthG, § 61 Abs. 1 AsylG),
- Erteilung nach Zustimmung der Agentur für Arbeit (§ 39 AufenthG, § 32 Abs. 1, 3 BeschV),
- Erteilung ohne Zustimmung der Agentur für Arbeit (§ 32 Abs. 2 BeschV).

2.3.1 Ausschlüsse

18 Solange ein*e Asylbewerber*in verpflichtet ist, in einer Aufnahmeeinrichtung zu wohnen, gilt grundsätzlich ein **absolutes Beschäftigungsverbot** (§ 61 Abs. 1 S. 1 AsylG). Da diese Verpflichtung nun für verschiedene Personenkreise verschieden lang gilt (maximal 6 oder 18 Monate oder dauerhaft), wurde zum 21.8.2019 ein **Ausnahmetatbestand** geschaffen (§ 61 Abs. 1 S. 2 AsylG): Trotz Wohnsitzverpflichtung in einer Aufnahmeeinrichtung ist die Beschäftigung zu erlauben, wenn

- das Asylverfahren nicht innerhalb von neun Monaten nach der Stellung des Asylantrags unanfechtbar abgeschlossen ist,
- die Bundesagentur für Arbeit zugestimmt hat oder durch Rechtsverordnung bestimmt ist, dass die Ausübung der Beschäftigung ohne Zustimmung der Bundesagentur für Arbeit zulässig ist,
- der*die Ausländer*in nicht Staatsangehörige*r eines sicheren Herkunftsstaates (§ 29a) ist und

50 Geflüchtete (Asylbewerberleistungsgesetz)

- der Asylantrag nicht als offensichtlich unbegründet oder als unzulässig abgelehnt wurde, es sei denn das Verwaltungsgericht hat die aufschiebende Wirkung der Klage gegen die Entscheidung des Bundesamtes angeordnet.

19 Eine noch weitergehende Ausnahme sieht § 61 Abs. 2 S. 1 AsylG vor: Wenn die Bundesagentur für Arbeit zugestimmt hat oder durch Rechtsverordnung bestimmt ist, dass die Ausübung der Beschäftigung ohne Zustimmung der Bundesagentur für Arbeit zulässig ist, dann soll eine Beschäftigungserlaubnis im Asylverfahren auch schon nach drei Monaten Aufenthalt möglich sein.

20 Generell gilt für alle Geduldeten ein absolutes Arbeitsverbot für die ersten drei Monate des Aufenthalts (§ 32 Abs. 1 S. 1 BeschV). Für Geduldete ergeben sich zudem aus § 60a Abs. 6 AufenthG folgende Arbeitsverbotstatbestände:

- Einreise, um Leistungen nach dem AsylbLG zu beziehen (§ 60a Abs. 6 Nr. 1 AufenthG),
- Abschiebung aus von dem*r Ausländer*in zu vertretenden Gründen nicht durchführbar (§ 60a Abs. 6 Nr. 2 AufenthG),
- Herkunft aus „sicherem Herkunftsstaat" plus nach 31.8.2015 gestellter und abgelehnter Asylantrag (§ 60a Abs. 6 Nr. 3 AufenthG).

21 Seit dem 21.8.2019 gilt durch § 60b Abs. 5 S. 2 AufenthG ein neues Arbeitsverbot für alle Inhabenden einer Duldung mit dem Zusatz „für Personen mit ungeklärter Identität".

2.3.2 Beschäftigungserlaubnis mit Zustimmung der Agentur für Arbeit

22 Der Grundsatz der Erteilung nach der Zustimmung der Agentur für Arbeit gilt für alle Fälle, für die kein Ausschluss besteht und auch sonst keine besonderen Regelungen gelten.

2.3.3 Beschäftigungserlaubnis ohne Zustimmung der Agentur für Arbeit

23 Die Zustimmung der Agentur für Arbeit entfällt nach § 32 Abs. 2 BeschV vollständig für folgende Konstellationen:

- Praktikum nach § 22 Abs. 1 S. 2 Nr. 1–4 MiLoG,
- Berufsausbildung in einem staatlich anerkannten oder vergleichbar geregelten Ausbildungsberuf,
- privilegierte Beschäftigungen: § 32 Abs. 2 Nr. 3 BeschV,
- mithelfende Familienangehörige,
- 4 Jahre Aufenthalt,
- Bundesfreiwilligendienst/Freiwilliges Soziales Jahr (§ 14 BeschV).

2.3.4 Besondere Duldungen

24 Für die Beschäftigung von Geduldeten gelten zwei besondere Duldungsvarianten: die **Ausbildungsduldung** (§ 60c AufenthG) und die **Beschäftigungsduldung** (§ 60d AufenthG). Für weitere Informationen dazu sei die Arbeitshilfe des Paritätischen empfohlen: Arbeitshilfe zum Thema Flucht und Migration. Ausbildung und Arbeit als Wege zu einem sicheren Aufenthalt? Die Ausbildungs- und Beschäftigungsduldung (Oktober 2020, abrufbar unter: https://www.der-parit aetische.de/fileadmin/user_upload/Publikatio nen/doc/ausbildungsduldung-2020_web .pdf).

3. Welche Ausländer*innen fallen unter das AsylbLG?

25 Der Kreis der Ausländer*innen, die unter das AsylbLG fallen, ist über die Jahre immer größer geworden. Daher ist schon die Frage, wer eigentlich von diesem Gesetz betroffen ist, in einigen Fällen recht kompliziert geworden und es kommt durchaus immer wieder vor, dass Menschen AsylbLG-Leistungen beziehen, die eigentlich Anspruch auf Bürgergeld oder Sozialhilfe hätten. Bei AsylbLG-Fällen muss also immer zuerst geprüft werden: Ist das Gesetz eigentlich auf die konkrete Person anwendbar?

50 Geflüchtete (Asylbewerberleistungsgesetz)

3.1 Anwendungsbereich des AsylbLG

26 Folgende Personengruppen sind von den Sondernormen des AsylbLG betroffen (§ 1 Abs. 1 AsylbLG):

1. Inhaber*innen einer Aufenthaltsgestattung:
Hier kommt es nicht auf den Besitz einer Bescheinigung über die Aufenthaltsgestattung an (§§ 63, 63a AsylG) – entscheidend ist natürlich, dass die Aufenthaltsgestattung kraft Gesetzes besteht (§ 55 Abs. 1 AsylG),
1a. seit 1.9.2019: Personen, die ein Asylgesuch geäußert haben, aber a) keine Gestattung haben, b) nicht im „Flughafenverfahren" sind, c) nicht vollziehbar ausreisepflichtig sind, d) bei denen kein Zweit- oder Folgeantrag vorliegt; diese Regelung wurde nötig, um auf die Änderung im AsylG zu reagieren, wonach die Aufenthaltsgestattung nicht mehr mit dem Asylgesuch entsteht,
2. Personen im „Flughafenverfahren",
3. Inhaber*innen von folgenden Aufenthaltserlaubnissen:
   - § 23 Abs. 1 AufenthG: Aufenthalt auf Anordnung der obersten Landesbehörde,
   - § 25 Abs. 4 S. 1 AufenthG: vorübergehender Aufenthalt aus humanitären Gründen für nicht vollziehbar ausreisepflichtige Ausländer*innen,
   - § 25 Abs. 5 AufenthG: Aufenthalt aus humanitären Gründen für vollziehbar ausreisepflichtige Ausländer*innen – wenn Aussetzung der Abschiebung noch keine 18 Monate andauert,
4. Inhaber*innen einer Duldung nach § 60a AufenthG; darunter fallen **alle Duldungen!** Auch die Duldungen nach §§ 60b-60d AufenthG, § 72 Abs. 4 S. 1 AufenthG, § 81 Abs. 3 S. 2 AufenthG, § 43 Abs. 3 AsylG sind jeweils Duldungen nach § 60a AufenthG,
5. sonstige vollziehbar ausreisepflichtige Ausländer*innen; hier geht es um Personen, die zwar vollziehbar ausreisepflichtig sind, aber keine Duldung haben,
6. Ehegatt*innen, Lebenspartner*innen oder mdj. Kinder der oben genannten Personen; keine Anwendung auf deutsche Kinder (LSG Baden-Württemberg 8.1.2007 – L 12 AS 5604/06 ER-B),
7. Personen, die einen Folge- (§ 71 AsylVfG) oder Zweitantrag (§ 71a AsylVfG) gestellt haben; hier muss aufgepasst werden, da diese Personen auch Duldungen haben. Sie fallen aber unter Nr. 7 und nicht unter Nr. 4, sowie
8. seit 1.6.2022: spezielle Regelung für Geflüchtete aus der Ukraine, die a) eine Aufenthaltserlaubnis nach § 24 AufenthG haben, wenn die Aufenthaltserlaubnis nach dem 24.2.2022 und vor dem 1.6.2022 erteilt wurde oder b) eine Fiktionsbescheinigung haben, wenn diese aufgrund eines Antrags auf Erteilung einer Aufenthaltserlaubnis nach § 24 AufenthG nach dem 24.2.2022 und vor dem 1.6.2022 erteilt wurde. Außerdem müssen zusätzlich folgende Voraussetzungen vorliegen: Es ist noch keine erkennungsdienstliche Behandlung durchgeführt worden, es sei denn, eine erkennungsdienstliche Behandlung ist gar nicht vorgesehen und es wurden noch keine Daten im Ausländerzentralregister gespeichert.

3.2 Ende der Anwendung

27 Seit dem 1.9.2019 heißt es: Die Leistungsberechtigung endet mit der Ausreise oder mit Ablauf des Monats, in dem die Leistungsvoraussetzung entfällt. Damit verlängert sich der AsylbLG-Bezug. Wenn das BAMF eine Anerkennung (Asyl, Flüchtlingseigenschaft oder subsidiärer Schutz) ausspricht oder durch ein Gericht dazu verpflichtet wird, muss der*die Betroffene auf die Unanfechtbarkeit der Entscheidung warten, bevor er*sie ins SGB II wechseln kann (§ 67 Abs. 1 S. 1 Nr. 6 AsylG iVm § 1 Abs. 1 Nr. 1 AsylbLG). Die offizielle Begründung ist, dass Rückabwicklungsschwierigkeiten vermieden werden sollen, wenn das BAMF gegen eine positive Gerichtsentscheidung erfolgreich Rechtsmittel einlegt (BT-Drs. 19/10052, 18). Wenn ein Verwaltungsgericht verpflichtet, ist darauf abzustellen, wann der BAMF-Bescheid, der das Urteil umsetzt, bestandskräftig wird (vgl. FW 7.58).

50 Geflüchtete (Asylbewerberleistungsgesetz)

28 Wird im Asylverfahren nur ein Abschiebungsverbot anerkannt, so ist weder der Bescheid des BAMF, noch dessen Bestandskraft, noch eine Rechtskraft eines Urteils entscheidend – hier richtet sich der „Rechtskreiswechsel" nach dem Zeitpunkt der Erteilung der Aufenthaltserlaubnis nach § 25 Abs. 3 AufenthG.

29 Für minderjährige Kinder, die eine Aufenthaltserlaubnis nach § 25 Abs. 5 AufenthG besitzen und die mit ihren Eltern in einer Haushaltsgemeinschaft leben, endet die Leistungsberechtigung auch dann, wenn die Leistungsberechtigung eines Elternteils, der eine Aufenthaltserlaubnis nach § 25 Abs. 5 AufenthG besitzt, entfallen ist (§ 1 Abs. 3 S. 2 AsylbLG).

30 Seit dem 1.6.2022 gilt speziell für Geflüchtete aus der Ukraine der § 1 Abs. 3a AsylbLG. Es handelt sich um eine Ergänzung zur Regelung des § 1 Abs. 1 Nr. 8 AsylbLG. Alle Geflüchteten aus der Ukraine, die nicht bereits durch die Regelung des § 1 Abs. 1 Nr. 8 AsylbLG aus dem AsylbLG fallen und somit Zugang zum SGB II haben, erhalten hier eine weitere Chance, dem AsylbLG zu entkommen, wenn folgende Voraussetzungen vorliegen:

- Erkennungsdienstliche Behandlung ist erfolgt, es sei denn, es ist gar keine erkennungsdienstliche Behandlung vorgesehen,
- Antrag auf Erteilung einer Aufenthaltserlaubnis nach § 24 AufenthG wurde gestellt,
- eine entsprechende Fiktionsbescheinigung wurde ausgestellt.

3.3 Ausländer*innen in Bedarfsgemeinschaft mit Bürgergeld-/Sozialhilfeberechtigten

31 Ausländer*innen, die nach ihrem Aufenthaltsstatus unter das AsylbLG fallen, erhalten auch dann **nicht** HzL/GSi oder Bürgergeld, wenn sie in Bedarfsgemeinschaft mit einer Person leben, die Sozialhilfe oder Bürgergeld erhält. Dies gilt nach der Rechtsprechung des BSG auch für nach ihrem Status unter das AsylbLG fallende (zB geduldete oder asylsuchende) **Familienangehörige** anerkannter und subsidiär geschützter **Flüchtlinge**.

32 In solchen gemischten Bedarfsgemeinschaften ist aber zu beachten, dass bei Partner*innen der Regelbedarfssatz 1 statt 2 (→ 89) anzuwenden sein kann. Ob und wie darauf ein Anspruch besteht, ist noch nicht endgültig geklärt (BSG 6.10.2011 – B 14 AS 171/10 R: RBS 1 bejaht für alte Rechtslage; BSG 12.10.2017 – B 4 AS 37/16 R: RBS 1 verneint für Rechtslage 2014; BSG 15.2.2023 – B 4 AS 2/22 R: verneint für Rechtslage 2017 [schriftliches Urteil lag bei Redaktionsschluss noch nicht vor; bleibt zu hoffen, dass Verfassungsbeschwerde erhoben wird]). Es empfiehlt sich, den RBS 1 geltend zu machen, um eine Klärung durch das BVerfG herbeizuführen. Anwaltliche Hilfe (→ 8) ist dabei dringend zu empfehlen.

4. Leistungen nach §§ 3, 3a, 4, 6 AsylbLG

33 **Wichtig:** Das nachfolgend unter → Rn. 34–82 beschriebene abgesenkte Leistungsniveau nach §§ 3, 3a, 4, 6 AsylbLG gilt **nicht** für Bezieher*innen von Leistungen nach § 2 AsylbLG (→ Rn. 142 ff.). Auch auf Berechtigte nach § 2 AsylbLG anwendbar sind jedoch die unter → Rn. 83–136 beschrieben Maßnahmen und Sanktionen.

4.1 Grundleistungen nach §§ 3, 3a AsylbLG

34 Die Grundleistungen unterteilen sich in drei Blöcke:

- notwendiger Bedarf (§ 3 Abs. 1 S. 1 AsylbLG, § 3a AsylbLG): Ernährung, Kleidung, Gesundheitspflege, Gebrauchs- und Verbrauchsgüter des Haushalts,
- notwendiger persönlicher Bedarf (§ 3 Abs. 1 S. 2 AsylbLG): Verkehr, Nachrichtenübermittlung, Freizeit, Unterhaltung, Kultur, andere Waren und Dienstleistungen,
- weitere Bedarfe (§ 3 Abs. 3 S. 3 AsylbLG): Unterkunft, Heizung, Hausrat, Wohnungsinstandhaltung, Haushaltsenergie.

35 Ob diese Bedarfe durch Sachleistungen, Wertgutscheine oder Bargeld gedeckt werden, richtet sich nach einem komplexen Regelungssystem:

50 Geflüchtete (Asylbewerberleistungsgesetz)

36 **Innerhalb** von Aufnahmeeinrichtungen:
- notwendiger Bedarf: Sachleistungen (§ 3 Abs. 2 S. 1 AsylbLG); wenn Kleidung nicht möglich: Gutscheine oder andere unbare Abrechnungen (§ 3 Abs. 2 S. 2 AsylbLG),
- Gebrauchsgüter des Haushalts: leihweise nach Ermessen (§ 3 Abs. 2 S. 3 AsylbLG),
- notwendiger persönlicher Bedarf: soweit möglich durch Sachleistungen (§ 3 Abs. 2 S. 4 AsylbLG), wenn Sachleistungen nicht möglich: Wertgutscheine, andere unbare Abrechnungen oder Geld nach Ermessen (§ 3 Abs. 2 S. 5 AsylbLG),
- Unterkunft, Heizung, Hausrat, Wohnungsinstandhaltung, Haushaltsenergie: Geld oder Sachleistung (§ 3 Abs. 3 S. 3 AsylbLG).

37 **Außerhalb** von Aufnahmeeinrichtungen:
- Notwendiger Bedarf: vorrangig Geldleistungen (§ 3 Abs. 3 S. 1 AsylbLG); soweit nach den Umständen erforderlich: unbare Abrechnungen, Wertgutscheine oder Sachleistungen nach Ermessen (§ 3 Abs. 3 S. 2 AsylbLG),
- Unterkunft, Heizung, Hausrat, Wohnungsinstandhaltung, Haushaltsenergie: Geld oder Sachleistung (§ 3 Abs. 3 S. 3 AsylbLG),
- Gebrauchsgüter des Haushalts: leihweise nach Ermessen (§ 3 Abs. 3 S. 4 iVm Abs. 2 S. 3 AsylbLG),
- notwendiger persönlicher Bedarf: Geld (§ 3 Abs. 3 S. 5 AsylbLG); Ausnahme: in Gemeinschaftsunterkünften auch Sachleistungen nach Ermessen möglich.

38 Leistungen in Geld oder Geldeswert sollen **persönlich** ausgehändigt werden (§ 3 Abs. 5 S. 1 AsylbLG).

39 Wenn Bedarfe durch Sachleistungen gedeckt werden, ist darauf zu achten, dass diese Sachleistungen die Bedarfe auch tatsächlich decken. Wenn das nicht der Fall ist, ist Abhilfe zu verlangen. Wenn bspw. nur ungenießbares Essen serviert wird, dann ist der Bedarf an Ernährung nicht gedeckt; wenn bspw. kein Tiefkühlfach oder kein Rundfunkgerät zur Verfügung steht, dann ist der Bedarf an Hausrat nicht gedeckt usw.

40 Für den Fall der Geldleistungen gelten folgende Sätze in EUR (Stand 2023):

§ 3a AsylbLG – Bedarfssätze der Grundleistungen	notw. pers. Bedarf	notw. Bedarf	gesamt
Abs. 1, 2 Nr. 1: Erwachsene in Wohnung / Jugendliche ohne mind. ein Elternteil in Wohnung	182	228	410
Abs. 1, 2 Nr. 2 lit. a: Erwachsene mit Partner*in in Whg.	164	205	369
Abs. 1, 2 Nr. 2 lit. b: Erwachsene in Sammelunterkunft	164	205	369
Abs. 1, 2 Nr. 3 lit. a: 18- bis 24-Jährige, unverheiratet, mit mind. einem Elternteil in Wohnung	146	182	328
Abs. 1, 2 Nr. 3 lit. b: Erwachsene in stationärer Einrichtung	146	182	328
Abs. 1, 2 Nr. 4: 15- bis 17-Jährige	124	240	364
Abs. 1, 2 Nr. 5: 6- bis 14-Jährige	122	182	304
Abs. 1, 2 Nr. 6: bis 5-Jährige	117	161	278

Nicht vergessen! Zusätzlich zu erbringen sind: Unterkunft, Heizung, Hausrat, Gebrauchs- und Verbrauchsgüter des Haushalts, Kosten der Wohnungsinstandhaltung, Haushaltsenergie (Strom), Warmwasser, Bildungs- und Teilhabeleistungen.

41 Diese deutlich niedrigeren Sätze als beim Regelsatz im SGB II/SGB XII (→ 89) ergeben sich durch konsequentes Herausrechnen von Bedarfen. Der Gesetzgeber hat sich also den Regelsatz als Ausgangspunkt genommen und dann Punkt für Punkt jeden Einzelbedarfsposten geprüft. Dabei wurden dann folgende Posten herausgerechnet:

Bedarfe, die (vermeintlich) regelmäßig als Sachleistung erbracht werden:

42 Aus **Abteilung 04** – Wohnen, Energie und Wohnungsinstandhaltung:
- Strom,
- Ausgaben für Instandhaltung und Schönheitsreparaturen, Eigenleistungen Mie-

ter*innen/Untermieter*innen für Haupt-, Zweit- und Freizeitwohnungen,
- Ausgaben für Instandhaltung und Schönheitsreparaturen, Fremdleistungen Mieter*innen/Untermieter*innen für Haupt-, Zweit- und Freizeitwohnungen.

43 Aus **Abteilung 05** – Innenausstattung, Haushaltsgeräte und -gegenstände, laufende Haushaltsführung:
- Möbel und Einrichtungsgegenstände,
- Teppiche und elastische Bodenbeläge,
- Heimtextilien,
- Kühlschränke, Gefrierschränke und -truhen,
- Waschmaschinen, Wäschetrockner, Geschirrspül- und Bügelmaschinen,
- sonstige größere Haushaltsgeräte,
- kleine elektrische Haushaltsgeräte,
- Glaswaren, Geschirr und andere Haushaltsgegenstände,
- andere Gebrauchsgüter fürs Haus (Metallwaren, Elektroartikel),
- nicht elektrische Werkzeuge (inkl. Reparaturen, Miete),
- Verbrauchsgüter für die Haushaltsführung.

44 Aus **Abteilung 09** – Freizeit, Unterhaltung, Kultur:
- Fernseh- und Videogeräte, TV-Antennen.

45 Wenn also irgendetwas davon tatsächlich nicht durch Sachleistungen gedeckt wird, dann ist der entsprechende Geldbetrag zu verlangen, bis die Sachleistung erbracht wird.

46 Folgende Bedarfe sollen regelmäßig anderweitig erbracht werden:

Aus **Abteilung 06** – Gesundheitspflege:
- pharmazeutische Erzeugnisse – für gesetzlich Krankenversicherte – mit Rezept (nur Eigenanteil/Zuzahlung),
- andere medizinische Erzeugnisse – für gesetzlich Krankenversicherte – mit Rezept (nur Eigenanteil/Zuzahlung),
- therapeutische Mittel und Geräte (einschl. Eigenanteile).

47 Auch hier ist im Einzelfall genau zu prüfen, ob diese Leistungen auch tatsächlich „anderweitig" erbracht werden. Gerichtlich wird zu klären sein, ob es generell zulässig ist, diese Geldbeträge zu streichen, wenn der Gesundheitsbedarf tatsächlich nicht besteht. Menschen im SGB II-/SGB XII-Bezug müssen schließlich auch nicht nachweisen, dass bei ihnen tatsächlich jeden Monat alle Einzel-Bedarfspositionen aus dem Regelsatz anfallen.

48 Und folgende Bedarfe werden als komplett unbeachtlich angesehen:

49 Aus **Abteilung 07** – Verkehr:
- Kauf oder Leasing von Fahrrädern.

50 Aus **Abteilung 09** – Freizeit, Unterhaltung, Kultur:
- Datenverarbeitungsgeräte sowie System- und Anwendungssoftware (einschl. Downloads und Apps),
- langlebige Gebrauchsgüter und Ausrüstungen für Sport, Camping und Erholung, Musikinstrumente,
- außerschulische Sport- und Musikunterrichte, Hobbykurse.

51 Die gesamte **Abteilung 10** – Bildung.

52 Aus **Abteilung 12**:
- Anschaffung eines Personalausweises.

53 Wir sind der Auffassung, dass dieses Herausrechnen von Bedarfen aus dem Regelsatz verfassungswidrig ist, so dass das gesamte Konstrukt des Grundbedarfs als Existenzminimum unterhalb des menschenwürdigen Existenzminimums verfassungswidrig ist. Das BVerfG verlangt eine wissenschaftliche, transparente und nachvollziehbare Bedarfsermittlung für die Bestimmung des Existenzminimums (BVerfG 9.2.2010 – 1 BvL 1/09; BVerfG 18.7.2012 – 1 BvL 10/10). Dieses stumpfsinnige Herausrechnen von Bedarfen ist erkennbar vom Einsparwillen getragen, orientiert sich aber nicht an den Bedarfen der Betroffenen. Es fehlt eine Erhebung dazu, welche tatsächlichen Bedarfe Personen in Aufnahmeeinrichtungen, Gemeinschaftsunterkünften, Lagern und Wohnungen haben, die vom AsylbLG erfasst werden.

54 Vor allem aber ist zu beachten, dass das BVerfG in seiner Sanktionsentscheidung (5.11.2019 – 1 BvL 7/16, Rn. 190) klargestellt hat, dass der Regelsatz nur deshalb gerade noch so verfassungsgemäß ist, weil er als Gesamtpauschale in Geld ausgezahlt wird

und somit ein unterstes Mindestmaß an Selbstbestimmung bei der Verwendung des Geldes verbleibt. Gerade der Umstand, dass der Regelsatz Bedarfe enthält, die nicht jeden Monat anfallen (bei vielen nie anfallen), rettet ihn vor der Einstufung als verfassungswidrig zu niedrig. Gerade dieses Konzept wird nun aber vom Grundbedarf beerdigt. Alle Bedarfe, die nicht auf jeden Fall monatlich anfallen, wurden gestrichen, so dass kein Raum mehr für selbstbestimmtes Verwenden der Leistungen bleibt. Beim BVerfG ist zur Frage der Verfassungswidrigkeit ein Verfahren anhängig (Vorlagebeschluss des LSG Niedersachen-Bremen vom 26.1.2021 – L 8 AY 21/191, Aktenzeichen beim BVerfG: BvL 5/21).

4.2 Der Grundbedarf 2b – Alleinstehende und Alleinerziehende in Sammelunterkünften

55 Die Einsparungen durch das Herunterrechnen des Grundbedarfs 1 haben noch nicht gereicht, also wurde der Gesetzgeber erfinderisch: alleinstehende und alleinerziehende Erwachsene sollten nur noch Anspruch auf 90 Prozent der (ohnehin schon gekürzten) Leistungen haben, wenn sie in einer Sammelunterkunft untergebracht sind, was auf die allermeisten zutrifft. Der Gesetzgeber meinte, die Alleinstehenden in Sammelunterkünften könnten – wie Ehepartner*innen – gemeinsam wirtschaften und so Einsparungen erzielen. Da hier fremde Menschen wie Ehepartner*innen behandelt wurden, lief diese Praxis unter dem Stichwort Zwangsverpartnerung.

56 Am 24.11.2022 hat das BVerfG dazu seine Entscheidung vom 19.10.2022 veröffentlicht (1 BvL 3/21). Das BVerfG hat diese Zwangsverpartnerung für die Analogleistungen (dort galt eine identische Regelung: § 2 Abs. 1 S. 4 Nr. 1 AsylbLG) **für verfassungswidrig erklärt.** Das BMAS hat daraufhin erklärt, dass auch der Grundbedarf 2b nicht mehr angewendet werden soll. Zuvor hatten diverse Verbände sehr deutliche Stellungnahmen zur Verfassungswidrigkeit abgegeben (bspw. Pro Asyl, Stellungnahme v. 25.2.2022, abrufbar unter: https://www.pro asyl.de/wp-content/uploads/220225-Stellung nahme-BVerfG-1BvL-3.21-PRO-ASYL.pdf).

57 Im Ergebnis **darf also der Grundbedarf 2b (Zwangsverpartnerung) nicht mehr angewendet werden** und es ist gegen alle Bescheide Widerspruch und Klage zu erheben, die das dennoch weiter tun.

4.3 Kosten der Sammelunterkunft, Miete für eine Wohnung, Mietnebenkosten, Möbel und Hausrat, Strom, Schönheitsreparaturen

58 Zusätzlich zu den aufgezeigten Grundleistungen sind nach § 3 Abs. 3 S. 3 AsylbLG die Kosten *„für Unterkunft, Heizung und Hausrat sowie für Wohnungsinstandhaltung und Haushaltsenergie"* zu übernehmen, soweit sie notwendig und angemessen sind.

Unterkunft und Hausrat werden *„als Geld- oder Sachleistung"* erbracht. Wenn es also migrationsrechtlich möglich ist (keine Wohnsitzauflage, die jeden Wohnsitz außerhalb einer Sammelunterkunft ausschließt), dann kann das Sozialamt den Umzug in eine Wohnung nach Ermessen zulassen. Für die Wohnung sind dann Geldleistungen zu erbringen, wobei es dabei kompliziert werden kann. Für „normale Menschen" sind die Bedarfe für Strom und Schönheitsreparaturen etc im Regelsatz enthalten. Hier müssen diese Bedarfe nun a) konkret geltend gemacht werden und b) wird die Notwendigkeit und Angemessenheit geprüft. Wer also eine Wohnung bewohnt und Stromkosten hat, muss diese Stromkosten zunächst gegenüber dem Sozialamt nachweisen und geltend machen und das Sozialamt übernimmt dann die notwendigen und angemessenen Stromkosten (angesichts gestiegener Energiekosten werden die AsylbLG-Betroffenen dadurch sogar privilegiert, da sie nicht auf den unzureichenden Regelsatzanteil für Haushaltsenergie verwiesen werden dürfen). Wenn es dabei zu Bearbeitungsverzögerungen oder Streit kommt, drohen Stromschulden mit allen Konsequenzen. Hier hat der Gesetzgeber also für Betroffene und Behörden Mehraufwand geschaffen. Entscheidend ist aber, dass hier Bestandteile des menschenwürdigen Existenzminimums (Haushaltsenergie und Wohnungsinstandhaltung) unter einen Ermessens-Vorbehalt gestellt werden. Das halten wir für verfassungswidrig. Das BVerfG hat sehr deutlich gesagt, dass sämtliche Bestandteile des Existenzminimums als eindeutiger Anspruch zu gewähren sind (BVerfG 18.7.2012 – 1 BvL 10/10; 2/11, Rn. 89).

Aus **politischen Gründen** (Abschreckung potenzieller Asylsuchender) verweigern manche Länder und Kommunen Asylsuchenden generell die Anmietung von Wohnungen, knüpfen diese an zusätzliche Voraussetzungen (besondere Schutzbedürftigkeit, Mindestaufenthaltsdauer von 12 Monaten usw) oder an Atteste zur Unzumutbarkeit der Gemeinschaftsunterkunft wegen Krankheit. Spätestens dann besteht auch ein Rechtsanspruch auf Übernahme der Miete, ebenso im Falle einer Leistungsberechtigung nach § 2 AsylbLG. Berlin ermöglicht seit 2003 AsylbLG-Berechtigten nach drei Monaten generell die Anmietung von Wohnungen, ebenso Bremen seit 2013 (zu den Konditionen in Berlin: https://fluechtlingsrat-berlin.de/wp-content/uploads/av_wohnen_tabelle_2022.pdf).

59 Werden die Kosten einer **Mietwohnung** übernommen, müssen zudem als „Kosten der Unterkunft" neben der Miete (→ 75) auch die **Mietneben-** (→ 76) und **Heizkosten** (→ 57), Neben- und Heizkostennachzahlungen, ggf. die Mietkaution bzw. Genossenschaftsanteile (→ 59) und ggf. dem*r Mieter*in in rechtlich zulässiger Weise vertraglich auferlegte **Renovierungen** (→ 90) übernommen werden. Nach der Systematik der AsylbLG-Grundleistungsbeträge sind bei dezentraler Warmwasserbereitung wie im SGB II/SGB XII zusätzlich die **Warmwasserkosten** (→ 122) zu übernehmen.

Beim Hausrat (→ 56) ist es wie beim Strom: Er wird zusätzlich gewährt, wenn er notwendig und angemessen ist. Neben Möbeln, Kühlschrank, Waschmaschine etc gehören auch Putz- und Waschmittel (vgl. BT-Drs. 17/3404, 54) zum Haushalt. Das bedeutet also, dass die Quittungen für die Anschaffung von diesen Sachen beim Sozialamt eingereicht werden müssen, dort auf Notwendigkeit und Angemessenheit überprüft werden und dann die Kosten erstattet werden. Die Hoffnung des Gesetzgebers ist sicher, dass viele diesen Aufwand scheuen oder gar nicht erst erkennen, dass sie die Quittungen einreichen könnten.

60 Bei Anmietung einer **Wohnung** kann eine Erstausstattung an Hausrat und Möbeln beantragt werden, wie Herd, Kühlschrank, Waschmaschine, Betten, Stühle, Tische, Schränke, Kochtöpfe, Geschirr, Besteck, Handtücher, Bettwäsche usw (→ 56).

In **Gemeinschaftsunterkünften** wird der Bedarf an Hausrat einschließlich Bettwäsche und Handtüchern durch den Wohnheimbetreiber als **Sachleistung** erbracht. Neben Erstausstattungen ist dabei auch der laufende Ergänzungsbedarf zu übernehmen, zB für defektes Geschirr und Kochgerät. Auch Spül-, Putz- und Waschmittel (und die zugehörigen Gerätschaften) sind kostenfrei bereitzustellen. Bedarfe, die die Gemeinschaftsunterkunft nicht stellt, können beim **Sozialamt** beantragt werden (zB bei fehlender Waschmaschine die Kosten für den Waschsalon).

4.4 Medizinische Versorgung (§§ 4, 6 AsylbLG)

61 Die hier beschriebenen Einschränkungen der medizinischen Versorgung gelten **nicht** für Leistungsberechtigte, die nach § 2 AsylbLG Anspruch auf eine vollwertige Gesundheitskarte einer Krankenkasse haben (→ Rn. 142 ff.).

62 Nicht unter § 2 AsylbLG fallende Berechtigte erhalten je nach Bundesland und Landkreis entweder Krankenscheine des Sozialamts oder eine AsylbLG-Gesundheitskarte (→ Rn. 142). Damit kann gemäß § 4 Abs. 1 AsylbLG und § 6 Abs. 1 AsylbLG eine Krankenbehandlung beansprucht werden:

- bei **akuten Erkrankungen**,
- bei **akut behandlungsbedürftigen** Erkrankungen,
- bei Erkrankungen, die mit **Schmerzen** verbunden sind und
- bei Erkrankungen, deren Behandlung **zur Sicherung der Gesundheit unerlässlich** ist.

Die Behauptung, **nur akute** Krankheiten seien nach AsylbLG zu behandeln, **ist falsch**. Unterbleibt zB bei Diabetes die Behandlung, wird die chronische Krankheit sofort akut. Eine strenge Unterscheidung zwischen **chronischer** und akuter Krankheit ist medizinisch meist nicht möglich. Maßstab kann daher immer nur der **akute Behandlungsbedarf** sein. Dabei ist auch eine Behandlung chronischer Krankheiten regelmäßig zur Sicherung der Gesundheit (§ 6 AsylbLG) unerlässlich. Auch aus Artikel 1, 2, 20 GG (Menschenwürde, Recht auf Leben und körperliche Unversehrtheit, Sozialstaatsprinzip), der ärztlichen Ethik und nicht zuletzt aus den Menschenrechten folgt ein Behandlungsanspruch bei allen hierzulande behandelbaren Krankheiten entsprechend der gesetzlichen Krankenversicherung (dazu ausführlich: Hillmann, Rechtliche Gestaltungsvorgaben für die Gesundheitsversorgung Geflüchteter, in: Brecht-Heitzmann (Hrsg.), Die Integration Geflüchteter als Herausforderung für das Sozialrecht, S. 83, 98 ff.; Born, Europa- und verfassungsrechtliche Anforderungen an die Leistungen für Asylbewerber, 2014, S. 378 f.; jurisPK-SGB XII/Frerichs AsylbLG § 4 Rn. 24; Greiser/Frerichs SGb 2018, 213; Siefert/Krauß AsylbLG § 6 Rn. 39 mwN; im Erg. auch Eichenhofer ZAR 2013, 169; SG Kassel 17.5.2019 – S 12 AY 8/19 ER; LSG MV 28.8.2019 – L 9 AY 13/19 B ER).

63 Das **LSG Hessen** hat dies mit Beschluss vom 11.7.2018 (L 4 AY 9/18 B ER) erstmals deutlich bestätigt. Es hat daher für einen Ausländer mit Duldung eine antivirale Hepatitis C-Therapie nach §§ 4, 6 AsylbLG bewilligt. Zwar sei die Erkrankung weder akut noch schmerzhaft. Nach Auffassung des LSG ist § 6 AsylbLG aber verfassungskonform „weit auszulegen", weshalb bis auf wenige Ausnahmen alle Leistungen im gleichen Umfang wie für gesetzlichen Krankenversicherte erbracht werden müssten. Alles andere würde dem Grundgesetz (Menschenwürdegrundsatz und Sozialstaatsprinzip, Art. 1, 20 GG) widersprechen.

64 Bereits nach dem insoweit eindeutigen **Wortlaut** des **§ 4 AsylbLG sind ohne Einschränkung** auch folgende Leistungen stets in gleichem Umfang wie für gesetzlich Krankenversicherte zu erbringen:

- alle Leistungen bei **Schwangerschaft** (→ 101) und Entbindung, einschl. **Hebammenhilfe** (Geburtsvorbereitung, Nachsorge) und **Vorsorge** (§ 4 Abs. 2 AsylbLG),
- alle empfohlenen **Vorsorgeuntersuchungen**, zB Zahnvorsorge, Kinderuntersuchungen, Krebsvorsorge, Gesundheitsuntersuchung etc (§ 4 Abs. 1 S. 2 AsylbLG) und
- alle empfohlenen **Schutzimpfungen** (https://www.rki.de/DE/Content/Kommissionen/STIKO/Empfehlungen/Impfempfehlungen_node.html), bei drohender Abschiebung auch im Hinblick auf den nötigen Schutz im Herkunftsland (§ 4 Abs. 1 S. 2 AsylbLG, § 4 Abs. 3 S. 2 AsylbLG).

65 Auf **Zahnersatz** besteht nach AsylbLG nur Anspruch, soweit dies *„aus medizinischen Gründen unaufschiebbar"* ist (§ 4 Abs. 1 AsylbLG). Das ist jedenfalls dann der Fall, wenn bei Nichtbehandlung Folgeschäden am Gebiss oder gar am Magen drohen. Zumindest muss ein „Gebiss" in einfacher Ausfertigung zur Verfügung gestellt werden. Die normale Zahnbehandlung (Karies, Wurzelentzündung, Zahnfleischerkrankung usw) ist uneingeschränkt zu gewähren, da es sich um akute oder schmerzhafte Erkrankungen handelt oder die Behandlung zur Sicherung der Gesundheit (Zahnerhalt) unerlässlich ist.

Zu den Leistungen nach AsylbLG gehören auch Heil- und **Hilfsmittel** wie Brillen, Hörgeräte, Prothesen, Rollstühle, orthopädische Schuhe, Physiotherapie usw, ggf. als *„sonstige zur Genesung, zur Besserung oder zur Linderung von Krankheiten oder Krankheitsfolgen erforderliche Leistungen"* (§ 4 Abs. 1 S. 1 AsylbLG, § 6 Abs. 1 AsylbLG). Es gelten jedoch die gleichen Beschränkungen bzw. Voraussetzungen, wie bei einer gesetzlichen Krankenversicherung (dazu: HK-AsylbLG/ Deibel AsylbLG § 6 Rn. 165–171).

66 Ergänzend zu den medizinischen Leistungen nach § 4 AsylbLG sind in **verfassungskonformer Auslegung** des AsylbLG als **zur Sicherung der Gesundheit unerlässliche Leistungen** nach § 6 AsylbLG (→ Rn. 74 ff.) u.a. folgende Leistungen zu erbringen:

- medizinisch notwendige Behandlungen chronischer Erkrankungen sowie nicht schmerzhafter Erkrankungen,
- zur Diagnostik, ärztlichen Aufklärung sowie Psychotherapie nötige Dolmetscherkosten,
- Leistungen zur ambulanten und stationären Pflege behinderter und pflegebedürftiger Menschen,

50 Geflüchtete (Asylbewerberleistungsgesetz)

- Eingliederungshilfeleistungen für behinderte Kinder,
- Eingliederungshilfeleistungen für Erwachsene zur sozialen und psychischen Eingliederung und aufgrund des durch das Integrationsgesetz eröffneten Zugangs zu Arbeit und Integrationskursen ggf. auch Hilfeleistungen zur schulischen und beruflichen Eingliederung,
- psychotherapeutische Behandlung,
- Mehrkosten für besonderen Ernährungsbedarf bei Krankheit oder Schwangerschaft,
- Schwangerschaftsverhütung und Vorsorge gegen sexuell übertragbare Krankheiten.

67 Eine Untersuchung und **Diagnosestellung** durch eine*n Ärztin*Arzt – und damit auch die Ausgabe eines **Krankenscheins** – ist zur Klärung des Behandlungsbedarfs stets unerlässlich. Ein*e medizinisch nicht qualifizierte*r Sachbearbeiter*in darf ohne ärztliche Untersuchung keine negative Entscheidung über Krankenscheine bzw. medizinische Leistungen treffen!

Unterschiede zwischen dem auf das „Maß des Notwendigen" (§ 12 Abs. 1 SGB V) beschränkten Anspruchs gesetzlich Krankenversicherter und dem Anspruch AsylbLG-Berechtigter lassen sich weder medizinisch, noch ethisch, noch menschenrechtlich rechtfertigen (Eichenhofer, Gesundheitsleistungen für Flüchtlinge, ZAR 5–6/2013, 169). Verweigert ein*e Arzt*Ärztin eine notwendige Behandlung, kann er*sie wegen Verstoßes gegen die Berufsordnung von der Ärztekammer belangt werden. Ärzt*innen und Sachbearbeiter*innen können sich wegen unterlassener Hilfeleistung auch **strafbar** machen.

68 Ein **Schwangerschaftsabbruch** (→ 102) ist keine Leistung nach dem AsylbLG. AsylbLG-Bezieherinnen können aber mit einem Einkommensnachweis (AsylbLG-Bescheid) als nicht gesetzlich krankenversicherte Frauen für den Abbruch eine **Kostenübernahmebescheinigung** gemäß § 19 ff. SchKG von der **gesetzlichen Krankenkasse** erhalten. Asylbewerberinnen ohne Krankenversicherung können zu diesem Zweck eine Krankenkasse an ihrem Wohnort frei auswählen (§ 21 Abs. 1 SchKG). Die Kasse muss dann „unverzüglich" den Kostenübernahmebescheid für den Abbruch ausstellen. Das Bundesland erstattet dann der Krankenkasse die Kosten.

69 **Zahlreiche Bundesländer und Kommunen** haben Verträge mit gesetzlichen Krankenkassen gemäß § 264 Abs. 1 SGB V über die Ausgabe von speziellen **Gesundheitskarten** nach §§ 4, 6 AsylbLG geschlossen. Die ambulante und stationäre Behandlung wird dort über die AsylbLG-Gesundheitskarte weitgehend nach den Maßgaben für gesetzlich Krankenversicherte erbracht. Genehmigungspflichtig ist in der Praxis meist nur, was auch bei gesetzlich Versicherten geprüft wird, zB Zahnersatz oder Psychotherapien. Rechtlich besteht allerdings kein erweiterter Anspruch. Eilantrag, Widerspruch und Klage wegen verweigerter Behandlung richten sich gegen die Krankenkasse, man sollte die Sozialbehörde im Sozialgerichtsverfahren „beiladen" lassen (§ 75 SGG).

70 **Tipp:** Mancherorts werden nach AsylbLG rechtswidrig nur „unabweisbare" oder „lebensnotwendige" Behandlungen gewährt. Behandlungen, die zur Sicherung der Gesundheit unerlässlich sind, werden verschleppt oder verweigert, ebenso Impfungen, die Behandlung durch Fachärzt*innen, kostenaufwändige Diagnostik (MRT), Hilfsmittel, Prothesen usw. Hier sollten alle Mittel zur Durchsetzung genutzt werden (Rechtsmittel, politische Gremien, Öffentlichkeit usw.).

4.4.1 Keine Zuzahlungen und Eigenleistungen

71 Das AsylbLG enthält – anders als die gesetzliche Krankenversicherung – **keine** Rechtsgrundlage für Zuzahlungen und Eigenleistungen. Daher dürfen **keine Zuzahlungen** verlangt werden (Ausnahme: Leistungsberechtigte nach § 2 AsylbLG; → Rn. 142 ff.). Krankenhäuser, Apotheken, Krankentransporte, Physiotherapeut*innen usw können ihre Leistungen nach §§ 4, 6 AsylbLG zu 100 Prozent mit dem Sozialamt abrechnen. Verlangen sie dennoch eine Zuzahlung, kassieren sie doppelt und machen sich wegen Abrechnungsbetrugs strafbar. Die Leistungsberechtigung ergibt sich aus dem Eintrag des Sozialamts auf dem AsylbLG-Krankenschein bzw. der AsylbLG-Gesund-

heitskarte. Der*die Arzt*Ärztin **muss** dies **auf dem Rezept vermerken**, das mit dem Sozialamt abzurechnen ist. Das genügt den Apotheken usw für die volle Erstattung.

72 Auch für **Brillen, Hörgeräte, Physiotherapie, orthopädische Schuhe, Zahnersatz, Dolmetscherkosten, Fahrten zur ambulanten Krankenbehandlung, rezeptfreie Medikamente** usw muss man – anders als gesetzlich Versicherte – **keine Eigenleistung** erbringen, vorausgesetzt die medizinische Notwendigkeit liegt vor. **Zahnärzt*innen** müssen nach § 4 AsylbLG – ebenso wie für SGB II-/SGB XII- und § 2 AsylbLG-Berechtigte (vgl. § 55 Abs. 2 SGB V) – stets eine **zuzahlungsfreie** Behandlungsvariante anbieten.

4.4.2 Keine Beschränkung auf zugelassene Therapeut*innen

73 Dadurch, dass die AsylbLG-Gesundheitskarte keine gesetzliche Krankenversicherung begründet und maßgeblich die §§ 4, 6 AsylbLG bleiben, greift die Beschränkung auf zugelassene Therapeut*innen (wie im SGB V) **nicht**. Es können also auch Kosten für Behandlungen bei nicht zugelassenen Therapeut*innen übernommen werden (LSG Hamburg 18.6.2014 – L 1 KR 52/14 B ER).

4.5 Sonstige Leistungen (§ 6 AsylbLG)

74 *„Sonstige Leistungen können insbesondere gewährt werden, wenn sie im Einzelfall zur Sicherung des Lebensunterhalts oder der Gesundheit unerlässlich, zur Deckung besonderer Bedürfnisse von Kindern geboten oder zur Erfüllung einer verwaltungsrechtlichen Mitwirkungspflicht erforderlich sind"* (§ 6 Abs. 1 S. 1 AsylbLG).

Infrage kommen neben den bereits unter → Rn. 61 ff. genannten medizinischen Leistungen nach § 6 AsylbLG u.a. Erstausstattungen bei **Schwangerschaft** und **Geburt**, Eingliederungshilfen für **behinderte** Kinder und Erwachsene, Leistungen zur ambulanten oder stationären **Pflege** (aber kein pauschales Pflegegeld), Bestattungskosten sowie **Pass**beschaffungskosten für Geduldete (auch zum Verbleib in Deutschland) einschließlich Fahrt zur Botschaft (OVG Sachsen 3.6.2008 – 4 A 144/08).

75 Zu den Kosten verwaltungsrechtlicher Mitwirkungspflichten zählen auch **Kosten der Mitwirkung im Asylverfahren** nach § 15 AsylG, zB die Beschaffung und Übersetzung von Dokumenten.

Achtung: Während des Asylverfahrens und nach Flüchtlingsanerkennung ist jeder Kontakt zu Behörden des Herkunftslandes (auch zur Passbeschaffung) zu unterlassen, da dies zur Ablehnung des Asylantrags bzw. zum Widerruf des Flüchtlingsschutzes führen kann!

Eine sehr wichtige verwaltungsrechtliche Mitwirkungspflicht ist die unverzügliche Beschaffung von qualifizierten ärztlichen Bescheinigungen (§ 60a Abs. 2c, 2d AufenthG). Solche Bescheinigungen sind sowohl im Asylverfahren als auch zur Begründung gesundheitsbedingter Abschiebungshindernisse vorzulegen. Die Anforderungen an diese Bescheinigungen werden von Behörden und Gerichten oft völlig überzogen, so dass viele Ärzt*innen den Aufwand scheuen oder hohe Gebühren (bis zu 3.000 EUR) dafür verlangen. Da es sich aber um eine verwaltungsrechtliche Mitwirkungspflicht handelt, kann der*die Arzt*Ärztin gebeten werden, einen Kostenvoranschlag zu erstellen, der dann mit dem Antrag zur Kostenübernahme beim Sozialamt eingereicht wird. Gegenüber dem BAMF oder der Ausländerbehörde ist dann der Kostenantrag nachzuweisen, da so auch nachgewiesen ist, dass man unverzüglich die ärztliche Bescheinigung vorlegen wird. Unverzüglich im juristischen Sinne heißt schließlich „ohne schuldhaftes Zögern" und für die Verzögerung durch die Kostenübernahmeentscheidung kann man ja nichts.

76 **Besonders schutzbedürftige Asylsuchende** wie behinderte und schwer kranke Menschen, Schwangere und Alleinerziehende, Minderjährige und Ältere, Traumatisierte und Folteropfer haben gemäß § 6 AsylbLG iVm Artikel 19 ff. *„Asylaufnahmerichtlinie"* (RL 2013/33/EU) Anspruch auf die *„erforderliche medizinische oder sonstige Hilfe, einschließlich erforderlichenfalls einer geeigneten psychologischen Betreuung"*. Psychotherapien, Therapien und Hilfsmittel für **Menschen mit Behinderung** sind dann im *„erforderlichen"* Umfang zu erbringen, also

nach den gleichen Maßstäben wie für Deutsche. Bei der Eingliederungshilfe für Behinderte gilt dies für Kinder und Jugendliche in jedem Fall, ebenso für Erwachsene zur sozialen und psychischen Eingliederung, nach Ermessen aber auch zur Eingliederung in Integrationskurse, Arbeit und Bildung.

77 Die Mehrbedarfe aus dem „normalen" Sozialleistungsrecht (§ 30 SGB XII, § 21 SGB II) gelten hier nicht. Eine analoge Anwendung der „normalen" Normen aus SGB II/SGB XII scheidet aus, so dass die Betroffenen keinen Zugang zu den Mehrbedarfen haben (BSG 25.10.2018 – B 7 AY 1/18 R). Dennoch sollte man immer wieder Mehrbedarfe über § 6 AsylbLG geltend machen – die Bedarfe müssen dann aber so genau wie möglich bezeichnet und nachgewiesen werden. In Berlin werden immerhin die Mehrbedarfe bei Schwangerschaft und für Warmwasser gewährt (Rundschreiben Soz Nr. 09/2019 über die Bedarfssätze Grundleistungen nach § 3a Asylbewerberleistungsgesetz (AsylbLG), Punkt 4, abrufbar unter: https://www.berlin.de/sen/soziales/service/berliner-sozialrecht/archiv/rundschreiben/2019_09-1068490.php).

4.6 Einkommen und Vermögen (§ 7 AsylbLG)

78 § 7 AsylbLG ist nicht auf Leistungsberechtigte nach § 2 **AsylbLG** anwendbar, für die die Einkommens- und Vermögensfreibeträge des SGB XII gelten (→ 37; → 119).

79 Verfügbares Einkommen und Vermögen des*r Leistungsberechtigten, seiner*ihrer im Haushalt lebenden **Familienangehörigen** und des*r **ehelähnlichen Partners*Partnerin** sind vorrangig einzusetzen. Dabei gilt nach § 7 Abs. 5 AsylbLG ein **Vermögensfreibetrag von 200 EUR** pro Leistungsberechtigtem*r und jedem*r im Haushalt lebenden Familienangehörigen. Nicht angerechnet werden Vermögensgegenstände, die zur Ausbildung oder Erwerbstätigkeit unentbehrlich sind (soweit zutreffend Kfz usw). Hat ein*e Familienangehörige*r Anspruch auf Existenzsicherung nach § 2 AsylbLG, Bürgergeld, HzL oder GSi der Sozialhilfe, BAföG usw, muss ihm*ihr dieser Anspruch inklusive der Einkommens- und Vermögensfreibeträge **ungekürzt** erhalten bleiben.

Unklar ist nach dem Gesetzeswortlaut, ob auch Einkommen und Vermögen weiterer in **Haushaltsgemeinschaft** (→ 54) lebender Familienangehöriger (Onkel, Schwester, Großeltern etc) herangezogen werden dürfen, und wie hoch ggf. der Selbstbehalt dieser Angehörigen ist. Rechtsprechung und Kommentierung gehen jedoch überwiegend davon aus, dass es nur auf Einkommen und Vermögen des*r **Ehepartners*Ehepartnerin** und der minderjährigen **Kinder** ankommt (LSG Niedersachsen-Bremen 29.6.2007 – L 11 AY 80/06; BSG 26.6.2013 – B 7 AY 6/11 R, Rn. 24; für erwachsene Kinder im Haushalt: BSG 26.6.2013 – B 7 AY 6/11 R; SG Berlin 30.1.2018 – S 70 AY 232/17 ER; LSG Berlin-Brandenburg 10.4.2018 – L 15 AY 5/18 B ER).

80 Erwerbstätige Flüchtlinge können einen „**Freibetrag**" in Höhe von 25 Prozent ihres Einkommens beanspruchen, maximal jedoch 50 Prozent des Grundleistungsbetrags der erwerbstätigen Person nach § 3 Abs. 1, 2 AsylbLG, also bis zu 50 Prozent von 410 EUR, dh 205 EUR. Dieser Freibetrag wird aus dem Bruttoeinkommen errechnet. Er steht für jeden Monat der Erwerbstätigkeit zu, unabhängig davon, in welchem Monat das erzielte Einkommen tatsächlich zufließt. Vom Einkommen sind Steuern und Sozialabgaben, die mit der Erzielung des Einkommens verbundenen Ausgaben wie Fahrtkosten und Arbeitsmittel und der errechnete Freibetrag abzuziehen. Was übrig bleibt, wird auf die Leistungen nach AsylbLG angerechnet (§ 7 Abs. 3 AsylbLG; → 38).

Für Einnahmen aus Ehrenamt gelten seit dem 1.9.2019 die gleichen Regeln wie im SGB II/ SGB XII (§ 7 Abs. 3 S. 2, 4, 5 AsylbLG = § 82 Abs. 2 S. 2 SGB XII und § 11b Abs. 2 S. 3 SGB II).

Erwerbstätige Flüchtlinge müssen die **Kosten der Unterbringung** in Gemeinschaftsunterkünften „*in angemessener Höhe*" erstatten, wenn nach Deckung ihres Eigenbedarfs ein Restbetrag übrig bleibt. Voraussetzung ist nach Rechtsprechung und Kommentierung zudem eine der rechtlichen Mindestanforderungen genügende kommunale Gebührensatzung oder zumindest ein entsprechender Nutzungsvertrag. Die Gebühr muss gemessen an den Prinzipien der Sozialstaatlichkeit und Verhältnismäßigkeit „angemessen" sein. Erstattungen für Kosten der Sozialbetreuung, Heimleitung, Security etc dürfen nicht verlangt werden (vgl. Rechtsprechung in Classen, Ratgeber für Geflüchtete in Berlin, Kap. 7.5; VGH Bayern 12.5.2018 – 12 N 18.9; 14.4.2021 – 12 N 20.2529; Öztürkyilmaz, Gebühren und Entgelte für die Unterbringung in Niedersachsen, Asylmagazin 6/2022, 201 ff.; Schank, Unterkunftsgebühren in Bayern, Asylmagazin 6/2022, 195 ff.; Gerloff, Wucherpreise für Sammelunterkünfte in Berlin?, Asylmagazin 6/2022, 189 ff.).

81 Wie bei Bürgergeld/Sozialhilfe werden **Schmerzensgeld** (§ 7 Abs. 5 AsylbLG) sowie **Pflegegeld** der Pflegeversicherung (§ 13 Abs. 5 S. 1 SGB XI) nicht als Einkommen bzw. Vermögen angerechnet. Auch Leistungen der **Stiftung Mutter und Kind** dürfen nicht angerechnet werden (§ 5 MuKiStiftG). Anrechnungsfrei sind auch Entschädigungsrenten für **Gewaltopfer** und weitere Leistungen nach Bundesversorgungs- und Bundesentschädigungsgesetz (§ 7 Abs. 2 AsylbLG). „Aufwandsentschädigungen" für Arbeitsdienste nach § 5 AsylbLG gelten nicht als Einkommen.

82 Eine Überblicks-Tabelle zu Einkommensanrechnung nach §§ 1a, 2, 3 AsylbLG, SGB II/SGB XII liefert die GGUA Flüchtlingshilfe (https://ggua.de/fileadmin/downloads/tabellen_und_uebersichten/einkommensanrechnung.pdf).

4.7 Gemeinnützige Arbeit, Integrationskurse (§§ 5, 5b AsylbLG)

83 §§ 5, 5b AsylbLG und die zugehörigen Sanktionen sind auf Leistungsberechtigte nach § 2 **AsylbLG** und nach §§ 3–7 **AsylbLG** gleichermaßen anwendbar (§ 2 Abs. 1 S. 1 AsylbLG). Für eine „Aufwandsentschädigung" von 80 **Cent/Stunde** können Leistungsberechtigte, die nicht mehr im schulpflichtigen Alter sind, nach § 5 AsylbLG zu Arbeitsgelegenheiten in Asylunterkünften, bei kommunalen und gemeinnützigen Trägern verpflichtet werden. Eine Arbeitserlaubnis ist dafür nicht nötig. Die Aufwandsentschädigung betrug seit 1993 2 DM/Stunde bzw. 1,05 EUR/Stunde. Sie wurde mit dem „Integrationsgesetz" vom August 2016 auf 80 Cent/Stunde gesenkt.

Die Aufwandsentschädigung beinhaltet den **Mehraufwand** (Werbungskosten) für Fahrtkosten usw. Nur wer nachweislich einen höheren Mehraufwand für die Tätigkeit hat, kann eine höhere Aufwandsentschädigung beanspruchen (§ 5 Abs. 2 AsylbLG). Die Tätigkeit muss zusätzlich sein, darf also keine regulären Arbeitskräfte ersetzen. Für die Heranziehung gelten dieselben Voraussetzungen wie bei Ein-Euro-Jobs (→ 9).

84 § 5b AsylbLG sieht vor, dass die Sozialbehörde Asylbewerber*innen, bei denen ein rechtmäßiger dauerhafter Aufenthalt zu erwarten ist (§ 44 Abs. 4 AufenthG), zum „*Integrationskurs*" verpflichten kann. Dies betrifft nach Auffassung der Bundesregierung derzeit nur Asylsuchende aus Iran, Irak, Eritrea und Syrien. Ein Anspruch auf Teilnahme besteht nur im Rahmen verfügbarer freier Plätze.

85 Die Tätigkeiten und der Integrationskurs können aus „*wichtigem Grund*" wie zeitliche Unvereinbarkeit mit weiterführenden Integrations-, Bildungs- oder Beschäftigungsangeboten, Schulbesuch, berufliche Ausbildung, Studium, Erwerbsarbeit, Kinderbetreuung, Erwerbsunfähigkeit, Krankheit, Rentenalter etc abgelehnt werden (§ 5 Abs. 3 AsylbLG, § 5b Abs. 2 AsylbLG, jeweils iVm § 11 Abs. 4 SGB XII). Solange Leistungsberechtigte gemeinnützige Arbeit oder Integrationskurs „*unbegründet*" ablehnen, wird die Leistung entsprechend § 1a Abs. 1 AsylbLG gekürzt (→ Rn. 137).

4.8 Sanktionen und Kürzungen (§§ 1a, 5, 5b, 11 AsylbLG)

86 Das AsylbLG enthält eine **Reihe von Sanktionsgründen**, die bei „missbräuchlichem Verhalten" Leistungskürzungen ermöglichen. Ob die Kürzungen auch auf Leistungsberechtigte nach § 2 **AsylbLG** anwendbar sind, ist umstritten (zum Streitstand: LSG Hessen 2.6.2020 – L 4 AY 7/20 B ER, Rn. 26). Es wird vertreten, dass die analoge Anwendung des SGB XII (über § 2 AsylbLG) die Anwendung von § 1a AsylbLG ausschlie-

ßen würde – nur noch Normen des SGB XII seien anwendbar (SG Duisburg 2.11.2020 – S 48 AY 34/20 ER; SG Landshut 28.2.2018 – S 11 AY 66/18 ER, Rn. 107). Das wird aber leider juristisch nicht haltbar sein, da auch Leistungen nach § 2 AsylbLG weiter AsylbLG-Leistungen bleiben (LSG Schleswig-Holstein 6.7.2020 – L 9 AY 78/20 B ER, Rn. 26 ff.). Aber immerhin: Es ist eine umstrittene Frage.

Es ist nach unserer Auffassung klar, dass die Kürzungen im Hinblick auf das Grundrecht auf ein menschenwürdiges Existenzminimum und das ohnehin bereits gegenüber dem SGB II/SGB XII geringere Leistungsniveau des AsylbLG verfassungswidrig sind (vgl. Janda info also 2020, 103 ff.; Mülder SGb 2020, 30 ff.; Kanalan/Seidl info also 2022, 57 ff.; Rosenow Kritische Justiz 4/2021, 413 ff.; Voigt, Asylmagazin 1–2/2020, S. 12 ff.). Derzeit gilt aber noch der real existierende § 1a AsylbLG, so dass eine Auseinandersetzung mit dieser unwürdigen Norm unerlässlich ist.

87 **Generelle Voraussetzungen für eine Kürzung** können sein:
1. Die Sozialbehörde muss einen **die Kürzung konkret begründenden Bescheid** (Verwaltungsakt) erlassen, der den vorgeworfenen Tatbestand und die Rechtsgrundlage für die Kürzung nennt (Paragraf und Absatz). Die Kürzung tritt also nicht automatisch ein, sobald ein Missbrauchstatbestand vorliegt. Das ergibt sich auch daraus, dass Kürzungen gemäß § 14 AsylbLG zu befristen sind und § 11 Abs. 4 AsylbLG für Kürzungen einen Verwaltungsakt vorsieht. Eine Kürzung tritt auch nicht dadurch automatisch ein, dass die Ausländerbehörde einen Missbrauchstatbestand mitteilt. Vielmehr muss die Sozialbehörde den Kürzungstatbestand eigenständig prüfen (LSG Mecklenburg-Vorpommern 21.6.2018 – L 9 AY 1/18 B ER). Eine rückwirkende Kürzung ist unzulässig.
2. Kürzungen nach AsylbLG sind **auf maximal 6 Monate zu befristen** (§ 14 AsylbLG; → Rn. 137). Ein Kürzungsbescheid ohne Befristung ist von Anfang an unwirksam (LSG Bayern 19.3.2018 – L 18 AY 7/18 B ER). Nach dem Wortlaut der Norm muss die Leistungskürzung immer 6 Monate dauern. Natürlich darf die Behörde die Befristung aber auch kürzer ansetzen. Dies ergibt sich bereits aus dem zwingend anzuwenden Verhältnismäßigkeitsgebot (Oppermann ZESAR 2017, 55, 57; BT-Drs. 18/6185, 65). Die Behörde muss bei der Festsetzung der Befristung Ermessen ausüben. Wenn im Bescheid also keine Ermessenserwägungen erkennbar sind, ist der Bescheid schon deshalb rechtswidrig (SG Neuruppin 20.1.2022 – S 27 AY 2/22 ER).
3. Die Sozialbehörde muss im Kürzungsbescheid die geforderten Verhaltensänderungen bzw. **Mitwirkungshandlungen** konkret benennen. Die Mitwirkung muss eine gesetzliche Grundlage haben und zumutbar sein. Die Behörde darf keine einfachere Möglichkeit haben, sich die zur Aufenthaltsbeendung nötigen Informationen oder Dokumente selbst zu beschaffen.
4. Die Leistungsberechtigten sind vor der Entscheidung über die Kürzung zu dem vorgeworfenen Missbrauchstatbestand **anzuhören**. Ihnen ist dann von der Sozialbehörde eine angemessene Frist zur Änderung des leistungsmissbräuchlichen Verhaltens zu setzen, damit sie die beabsichtigte Kürzung noch abwenden können (LSG Bayern 13.9.2016 – L 8 AY 21/16 B ER).
5. Umstritten ist, ob auch eine Rechtsfolgenbelehrung – wie bei Sanktionen im SGB II – erfolgen muss. Danach müsste also zunächst eine Aufforderung zur Mitwirkung erfolgen – mit Fristsetzung – und es müsste verständlich erklärt werden, welche Rechtsfolge droht, wenn nicht fristgerecht mitgewirkt wird. Es ist zu fordern, dass für diese Rechtsfolgenbelehrung die gleichen Anforderungen gelten müssen wie im SGB II (ähnlich schon: SG Mannheim 2.7.2013 – S 9 AY 988/13, Rn. 26).
6. Der Kürzungsbescheid muss – auch im Hinblick auf das Grundrecht auf ein verfassungskonformes Existenzminimum – eine individuelle Begründung zum **Umfang der Leistungen** enthalten. Es muss

also erkennbar werden, welche konkreten Bedarfe durch welche konkreten Leistungen noch gedeckt werden sollen und warum keine weiteren Bedarfsdeckungen in Betracht kommen sollen.
7. Wenn die BVerfG-Entscheidung zu Sanktionen im SGB II (5.11.2019 – 1 BvL 7/16) ernst genommen wird, ist auch zu fordern, dass im Bescheid eine **Prognose** erkennbar werden muss, ob und warum die Leistungskürzung hier Aussicht auf Erfolg haben wird. Es muss also dargestellt werden, warum das gewünschte Verhalten durch die Leistungskürzung zu erreichen sein soll (SG Potsdam 1.3.2021 – S 20 AY 5/21 ER).
8. Will man gegen die Kürzung vorgehen, ist zu prüfen, ob der angegebene **Kürzungsgrund** vorliegt. Zu prüfen ist auch der **Aufenthaltsstatus**, da manche Kürzungsgründe nur auf Ausländer*innen mit Duldung und/oder auf vollziehbar Ausreisepflichtige ohne Duldung, andere nur auf Asylbewerber*innen und/oder auf Asylfolgeantragsteller*innen anwendbar sind. Zudem ist zu prüfen, ob die Sozialbehörde die genannten formalen Voraussetzungen einer Kürzung eingehalten hat. Schließlich sind die nach dem AsylbLG zulässige **Dauer** und die **Höhe** der Kürzung zu prüfen (→ Rn. 137).

4.8.1 Kürzungsgründe: Leistungskürzungen nach § 1a AsylbLG

88 Die Rechtsfolgen sind für alle Tatbestände des § 1a AsylbLG gleich:
- Anspruch auf Leistungen nach §§ 2, 3, 6 AsylbLG entfällt,
- Anspruch auf Leistungen zur Deckung folgender Bedarfe entsteht:
- Ernährung, Körper- und Gesundheitspflege, Unterkunft einschließlich Heizung („Bett-Brot-Seife"),
- Ermessensanspruch auf Leistungen zur Deckung der Bedarfe für Kleidung und Gebrauchs- und Verbrauchsgüter des Haushalts im Einzelfall,
- Leistungen sollen als Sachleistung erbracht werden.

89 Der Leistungsanspruch nach §§ 2, 3, 6 AsylbLG entfällt also vollständig. Es wird ein neuer Anspruch geschaffen, der lediglich den Kern des physischen Existenzminimums („Bett-Brot-Seife") abdecken soll. Die Bedarfe des physischen Existenzminimums für Bekleidung und Schuhe sowie Gebrauchs- und Verbrauchsgüter des Haushalts sollen ausdrücklich nur im Einzelfall unter besonderen Umständen erbracht werden. Bedarfe des soziokulturellen Bedarfs sind vollständig ausgeschlossen.

90 Schließlich wird hier das **Sachleistungsprinzip als Sollbestimmung** eingeführt. Damit kommt nur in atypischen Fällen eine Geldleistung in Betracht. Angesichts der BVerfG-Rechtsprechung (BVerfG 18.7.2012 – 1 BvL 10/10, Rn. 109) ist dabei besonders darauf zu achten, dass die tatsächlich gewährten Sachleistungen auch wirklich die entsprechenden Bedarfe decken. Wenn also die Ernährung durch Sachleistungen gesichert wird, so muss gewährleistet werden, dass ausreichende Mahlzeiten mit adäquater Qualität verfügbar sind. Nur wenn der Ernährungsbedarf tatsächlich durch die angebotene Sachleistung gedeckt wird, ist die Leistungspflicht erfüllt. Daher muss auch auf religiöse, kulturelle, gesundheitsbedingte oder weltanschauungsbedingte Ernährungsmodalitäten Rücksicht genommen werden.

91 Soweit auch Leistungen nach § 6 AsylbLG ausgeschlossen werden, ist das vor allem bzgl. der Gesundheitsversorgung problematisch. Wenn, wie oben dargestellt, verfassungskonforme Gesundheitsleistungen nur über § 4 **und** § 6 AsylbLG erreicht werden können, dann führt der Ausschluss von § 6 AsylbLG dazu, dass die Gesundheitsversorgung nur über § 4 AsylbLG verfassungswidrig wird. Im Ergebnis darf daher § 1a AsylbLG nicht auf Personen angewendet werden, die auf Gesundheitsleistungen nach § 6 AsylbLG angewiesen sind (Behandlung chronischer Krankheiten, Pflege, Eingliederungshilfe etc).

92 Wenn Geldleistungen gewährt werden, bestimmt sich die Leistungshöhe wie folgt:

2022:

Nahrungsmittel und Getränke (Abteilungen 1 und 2)	EUR 155,79
Ernährungsbedarfe (Abteilung 11)	EUR 11,73
Gesundheitspflege (Abteilung 6)	EUR 17,03
Körperpflege (Anteil aus Abteilung 12)	EUR 27,37
Gesamt (gerundet):	**EUR 212,00**

2023:

Nahrungsmittel und Getränke (Abteilungen 1 und 2)	EUR 174,04
Ernährungsbedarfe (Abteilung 11)	EUR 13,09
Gesundheitspflege (Abteilung 6)	EUR 19,03
Körperpflege (Anteil aus der Abteilung 12)	EUR 30,58
Gesamt (gerundet):	**EUR 237,00**

Diese Beträge sind durchaus umstritten. Niemand weiß genau, welche Beträge hier eigentlich gelten sollen, wodurch die Norm schon zu unbestimmt sein dürfte. Die ArGeFlü (ein inoffizieller und intransparenter Verbund von Landes- und Bundesministerialbeamt:innen, die [unveröffentlichte] Handlungsvorschläge zur Anwendung des AsylbLG an die Kommunen herausgeben) schlägt für 2023 beispielsweise einen Betrag von 216 EUR vor.

93 Kaum ein „1a-Bescheid" weist diese Beträge tatsächlich aus – sehr oft wird noch weniger bewilligt. Meist ist das darauf zurückzuführen, dass auch hier der Grundbedarf 2b herangezogen wird, weil die Betroffenen meist in Sammelunterkünften leben. Das ist unzulässig! § 3a AsylbLG findet hier keine Anwendung. Die Bedarfssätze des § 1a Abs. 1 AsylbLG ergeben sich ausschließlich aus dem Regelbedarf 1 (SG Cottbus 23.11.2022 – S 21 AY 31/22 ER).

94 Das Gesetz bietet die Möglichkeit, soweit im Einzelfall besondere Umstände vorliegen, weitere Leistungen zu gewähren (§ 1a Abs. 1 S. 3 AsylbLG). Es kommen aber nur Leistungen für Kleidung und Gebrauchs- und Verbrauchsgüter des Haushalts infrage.

95 Da der Wortlaut des Gesetzes offensichtlich den Vorgaben des BVerfG widerspricht, wonach das Existenzminimum unteilbar aus dem physischen und dem soziokulturellen Existenzminimum besteht, wird vertreten, dass die Norm verfassungskonform auszulegen ist (LSG Hessen 26.2.2020 – L 4 AY 14/19 B ER, Rn. 49; aA LSG NRW 13.3.2020 – L 20 AY 48/19 B ER). Im begründeten Einzelfall sollen daher alle Bedarfe gedeckt werden können – also auch das soziokulturelle Existenzminimum (notwendiger persönlicher Bedarf). Nach dieser Auffassung soll die Sanktion dann darin bestehen, dass Leistungen nicht mehr pauschal monatlich bewilligt werden, sondern alle Bedarfe (die über die Deckung der Bedarfe für Ernährung, Unterkunft, Heizung, Körper- und Gesundheitspflege hinausgehen) konkret geltend gemacht werden müssen. Ob sich diese Ansicht durchsetzen wird und ob das wirklich ein „Gewinn" wäre, bleibt abzuwarten. Andere Gerichte begrenzen die Leistungskürzung prozentual und damit gegen den klaren Wortlaut der Norm (LSG Sachsen 16.12.2021 – L 8 AY 8/21 B ER: Höhe der Leistungen muss mindestens maßgeblicher Grundbedarfssatz minus 30 Prozent sein; SG Dresden 19.5.2021 – S 20 AY 34/21 ER: Höhe der Leistungen muss mindestens maßgeblicher Regelsatz nach SGB II/XII minus 30 Prozent sein; wegen verfassungsrechtlicher Bedenken muss Anwendung von § 1a AsylbLG im Eilverfahren stets gestoppt werden: SG Bayreuth 21.12.2021 – S 13 AY 45/21 ER; SG Stade 26.8.2021 – S 5 AY 5/21 ER).

96 Zu bedenken ist, dass das BVerfG bereits festgestellt hat, dass Ermessensleistungen grundsätzlich nicht geeignet sind, das menschenwürdige Existenzminimum zu decken (BVerfG 18.7.2012 – 1 BvL 10/10, Rn. 89). Zu denken ist auch an das ganz praktische Problem, dass verschiedene Behörden Ermessen sehr unterschiedlich ausüben können – es wird also zur „Lotterie", ob weitere Leistungen bewilligt werden oder nicht. Vor allem

ist aber zu berücksichtigen, dass sich alle Bestandteile des Regelbedarfs aus dem Menschsein ergeben. Wenn also gesagt wird, dass das Bestehen von einzelnen Regelbedarfen im Einzelfall nachzuweisen ist, dann heißt das letztlich, dass das Anerkennen des Menschseins unter den Vorbehalt des Nachweises gestellt wird; im Klartext: Man muss nachweisen, dass man wirklich ein Mensch ist. Denn wenn das Menschsein geklärt ist, dann ist auch geklärt, dass alle Bedarfe des Regelbedarfs bestehen; oder anders gesagt: Niemand hat sich dafür zu rechtfertigen, dass er das Existenzminimum wirklich benötigt (LSG Berlin-Brandenburg 25.9.2020 – L 15 SO 124/20 B ER, Rn. 4).

97 Bemerkenswert ist, dass nach dem Wortlaut der Norm und auch nach der verfassungskonformen Auslegung unter keinen Umständen Leistungen zur Wohnungsinstandhaltung und Haushaltsenergie erbracht werden dürfen. In der Praxis würde das bedeuten, dass in den Zimmern der Betroffenen die Steckdosen unbrauchbar zu machen wären (bspw. Verplombung), das Licht von der Stromversorgung abzutrennen wäre und sämtlicher Zugang zu stromverbrauchenden Verrichtungen in der Unterkunft für die Betroffenen zu sperren wäre. Zudem dürften erforderliche Reparaturen an und in der Unterkunft nicht durchgeführt werden, soweit ein*e Betroffene*r von § 1a AsylbLG davon (mit)profitieren würde. Im Ergebnis wären wohl Sondereinrichtungen ohne Stromversorgung und in baufälligem Zustand zu schaffen, um die Vorgaben des Gesetzes zu erfüllen. Freilich handelt es sich lediglich um eine der zahlreichen Unüberlegtheiten mangels Sorgfalt bei der Gesetzgebung. In der Praxis wird weiter Strom zur Verfügung gestellt und notwendige Reparaturen werden unabhängig vom Leistungsbezug der Bewohner*innen durchgeführt.

98 Das BVerfG hat mittlerweile in einer Entscheidung (am Rande) sehr deutlich erklärt, dass die aktuelle Fassung des § 1a AsylbLG verfassungswidrig ist (BVerfG 12.9.2021 – 1 BvR 2682/17, insbesondere Rn. 24). Es wurde festgestellt, dass eine Praxis, wonach unter keinen Umständen Bedarfe des soziokulturellen Existenzminimums gedeckt werden dürften, verfassungswidrig wäre – genau das schreibt aber § 1a Abs. 1 AsylbLG vor und deshalb ist diese Norm verfassungswidrig. Nun muss sich nur noch ein geeigneter Fall finden, der es bis zum BVerfG schafft…

4.8.1.1 Leistungskürzungen nach § 1a Abs. 1 AsylbLG – vorwerfbares Scheitern der Ausreise/Abschiebung

99 Dieser Tatbestand ist auf folgende Betroffene anwendbar: vollziehbar Ausreisepflichtige (§ 1 Abs. 1 Nr. 5 AsylbLG). Insbesondere Betroffene mit Duldung können von dieser Leistungskürzung also nicht erfasst werden, wodurch der praktische Anwendungsbereich sehr gering bleibt.

100 Die Tatbestandsvoraussetzungen sind: Ausreisetermin steht fest und Ausreisemöglichkeit steht fest; Ausreise fand nicht statt, aus Gründen, die der*die Betroffene zu vertreten hat.

4.8.1.2 Leistungskürzungen nach § 1a Abs. 2 AsylbLG – Einreise, um AsylbLG-Leistungen zu beziehen

101 Der persönliche Anwendungsbereich umfasst hier Duldungsinhaber*innen (§ 1 Abs. 1 Nr. 4 AsylbLG), sonstige vollziehbar Ausreisepflichtige (§ 1 Abs. 1 Nr. 5 AsylbLG) sowie deren Familienangehörige (§ 1 Abs. 1 Nr. 6 AsylbLG). Alle sonstigen Leistungsberechtigten nach § 1 Abs. 1 AsylbLG fallen bereits nicht in den Anwendungsbereich der Norm. Sobald also bspw. ein Asylfolgeantrag anhängig ist, kommt eine Leistungskürzung nach diesem Absatz nicht in Betracht, da § 1 Abs. 1 Nr. 7 AsylbLG nicht erwähnt wird (LSG BW 4.2.2014 – L 7 AY 288/14 ER-B).

102 Der Tatbestand ist übersichtlich: Begeben in den Geltungsbereich des AsylbLG (Einreise nach Deutschland), mit Einreisemotiv des Bezugs von Leistungen nach AsylbLG.

103 Die Norm bestraft also ausschließlich ein Verhalten aus der Vergangenheit, das nicht mehr abgeändert werden kann. Eine solche rein repressive Sanktionierung verstößt aber gegen die Verfassung (LSG Hessen 31.3.2020 – L 4 AY 4/20 B ER, mit Bezug

auf: BVerfG 5.11.2019 – 1 BvL 7/16). Daneben scheitert die Anwendung der Norm in der Praxis regelmäßig daran, dass die Behörde für die Motivation des AsylbLG-Bezugs darlegungs- und beweispflichtig ist. Sobald andere Motive bei der Einreise im Vordergrund standen, greift der Tatbestand nicht. Zudem muss das AsylbLG bei Einreise den Betroffenen bekannt gewesen sein – nur wer das AsylbLG kennt, kann auch dessen Leistungen begehren.

4.8.1.3 Leistungskürzungen nach § 1a Abs. 3 AsylbLG – Verweigerung der Mitwirkung an der Abschiebung

104 Der persönliche Anwendungsbereich der Norm erstreckt sich hier sowohl auf vollziehbar Ausreisepflichtige (§ 1 Abs. 1 Nr. 5 AsylbLG) als auch auf Duldungsinhaber*innen (§ 1 Abs. 1 Nr. 4 AsylbLG). Auch hier sind bspw. Duldungsinhaber*innen mit einem anhängigen Asylfolgeantrag nicht erfasst, da dieser Personenkreis unter § 1 Abs. 1 Nr. 7 AsylbLG fällt.

105 Der Tatbestand enthält folgende Merkmale: aufenthaltsbeendende Maßnahmen können nicht vollzogen werden; der*die Betroffene hat dies selbst zu vertreten; Vollziehbarkeit einer Abschiebungsandrohung oder Abschiebungsanordnung.

106 Das **Vertretenmüssen der Betroffenen** wird in der Praxis regelmäßig den **Hauptstreitpunkt** darstellen. Oft scheitert die Abschiebung an mehreren Gründen. Wenn der*die Betroffene davon auch nur einen Grund nicht selbst zu vertreten hat, darf es keine Leistungskürzung geben (BSG 27.2.2019 – B 7 AY 1/17 R). Auch eingelegte Rechtsmittel, die die Abschiebung verhindern, dürfen nicht zu einer Leistungskürzung führen, obwohl das natürlich von dem*r Betroffenen zu vertreten ist. Erforderlich ist daher auch eine Vorwerfbarkeit des Verhaltens (BVerwG 4.12.1998 – 1 C 8/98). An dieser Vorwerfbarkeit fehlt es auch, wenn Mitwirkungshandlungen wegen einer Pandemie unmöglich oder unzumutbar sind (SG Neuruppin 23.3.2020 – S 27 AY 3/20 ER). Auch die Inanspruchnahme von Kirchenasyl ist kein vorwerfbares Verhalten (BSG 24.6.2021 – B 7 AY 4/20 R).

107 Meist wird der Vorwurf der fehlenden Mitwirkung bei der Beschaffung von Reisedokumenten zu einer Leistungskürzung führen. Hier ist genau zu prüfen, ob ein Vertretenmüssen bejaht werden kann. Vor allem folgende Voraussetzungen sind zu beachten:

- Aufforderung zur Mitwirkung mit konkreten Angaben zur geforderten Mitwirkungshandlung (dazu ausführlich: VG Lüneburg 22.5.2019 – 6 B 27/19) plus konkreten Bezug zur betreffenden Person und deren Lebensumständen, die in engem zeitlichem Zusammenhang mit der Leistungskürzung stehen (SG Neuruppin 24.4.2019 – S 27 AY 5/19 ER: zeitlicher Zusammenhang zwischen Pflichtverstoß und Leistungskürzung ist zwingend; SG Frankfurt/Oder 15.6.2018 – S 9 AY 20/18 ER: keine Leistungskürzung, wenn Textbaustein-Mitwirkungsaufforderung und letzte Aufforderung vor einem Jahr),
- geforderte Mitwirkungshandlung kann auf eine gesetzliche Grundlage gestützt werden (OVG Niedersachsen 11.12.2002 – 4 LB 471/02),
- geforderte Mitwirkungshandlung muss geeignet und zumutbar sein (VGH Baden-Württemberg 7.3.1996 – 13 S 1443/95) oder
- für die Ausländerbehörde besteht keine einfachere Möglichkeit, die geforderten Dokumente/Informationen zu beschaffen (Streit/Hübschmann ZAR 1998, 266, 269).

108 Die verweigerte Abgabe einer „Ehrenerklärung" (Erklärung, dass man freiwillig in die „Heimat" zurückzukehren möchte) ist nicht vorwerfbar, weil niemand gezwungen werden kann, zu lügen (BSG 30.10.2013 – B 7 AY 2/12 R).

109 Bevor die Ausländerbehörde und/oder das Sozialamt Mitwirkungsaufforderungen mit der Drohung der Anwendung von § 1a AsylbLG verbinden, ist zu fordern, dass **zunächst alle denkbaren migrationsrechtlichen Sanktionen/Vollstreckungsmaßnahmen** versucht worden und gescheitert sind. § 1a Abs. 3 AsylbLG ist die drastischste Verknüpfung migrationsrechtlicher Mitwirkungsverstöße mit sozialrechtlichen Sanktionen.

50 Geflüchtete (Asylbewerberleistungsgesetz)

Wenn so etwas überhaupt als zulässig angesehen werden sollte, dann zumindest nur, wenn der Staat sonst tatsächlich hilflos und ohnmächtig der Verweigerungshaltung der Betroffenen gegenüberstünde. Anerkannt ist zumindest, dass eine **restriktive Anwendung der Norm** zu verlangen ist (LSG Berlin-Brandenburg 13.6.2019 – L 15 AY 4/19 B ER; LSG Hessen 6.1.2014 – L 4 AY 19/13 B ER). Man stelle sich nur vor, jemand parkt regelmäßig im Halteverbot und bezieht Leistungen nach SGB II oder SGB XII und die Ordnungsbehörde findet, dass eine drastische Leistungskürzung viel wirksamer wäre als Bußgelder, Punkte in Flensburg oÄ und die Sozialleistungsbehörde würde auf Zuruf der Ordnungsbehörde tatsächlich die Leistungen auf „Bett-Brot-Seife" absenken dürfen... Nichts anderes passiert hier durch § 1a Abs. 3 AsylbLG (Kürzung auf Zuruf ohne eigene Ermittlungen ist natürlich rechtswidrig, aber ständige Praxis).

4.8.1.4 Leistungskürzungen nach § 1a Abs. 4 S. 1 AsylblG – „relocated people"

110 Vom persönlichen Anwendungsbereich sind hier Leistungsberechtigte mit Aufenthaltsgestattung (§ 1 Abs. 1 Nr. 1 AsylbLG), nach Asylgesuch, aber noch ohne Ankunftsnachweis (§ 1 Abs. 1 Nr. 1a AsylbLG) und vollziehbar Ausreisepflichtige (§ 1 Abs. 1 Nr. 5 AsylbLG) betroffen. Das bedeutet einmal mehr, dass Betroffene, für die ein Duldung besteht, nicht von dieser Norm betroffen sein können (SG Stade 9.1.2019 – S 29 AY 11/18). Gegen die Einbeziehung von Inhabenden einer Aufenthaltsgestattung bestehen erheblich verfassungsrechtliche Bedenken, so dass einige Gerichte die Anwendung in diesen Fällen zurecht verweigern (vgl. SG Hamburg 8.7.2019 – S 28 AY 48/19 ER).

111 Der Tatbestand ist auch hier sehr übersichtlich: Sanktioniert wird die bloße Zugehörigkeit zur Gruppe der „relocated people". Dazu sollen Drittstaatler*innen gehören, für deren Asylverfahren Deutschland nach den Dublin III-Regeln nicht zuständig ist und für die eine Verteilungsentscheidung getroffen wurde, die von der Regelzuständigkeit nach Dublin III abweicht (sog. Relokationsbeschlüsse des Rates der Europäischen Union mit Quotenregelungen).

112 Der Tatbestand ist aus unserer Sicht verfassungswidrig, da er nicht an ein beeinflussbares Verhalten, sondern an einen unabänderbaren Status anknüpft. Damit handelt es sich – wie bei § 1a Abs. 2 AsylbLG – um eine reine Repressionsnorm.

4.8.1.5 Leistungskürzungen nach § 1a Abs. 4 S. 2 Nr. 1 AsylbLG – Internationaler Schutz in EU-Staat

113 Betroffen sind hier Personen mit Aufenthaltsgestattung (§ 1 Abs. 1 Nr. 1 AsylbLG), nach Asylgesuch, aber noch ohne Ankunftsnachweis (§ 1 Abs. 1 Nr. 1a AsylbLG) und vollziehbar Ausreisepflichtige (§ 1 Abs. 1 Nr. 5 AsylbLG). Der Tatbestand ist abermals übersichtlich: Ein anderer EU-Mitgliedstaat hat bereits internationalen Schutz gewährt und das entsprechende Aufenthaltsrecht besteht in diesem anderen EU-Mitgliedstaat fort.

114 Die Norm ist nach unserer Ansicht ebenfalls verfassungswidrig, weil auch hier allein an einen Status angeknüpft wird und durch kein Verhalten die Leistungskürzung vermieden werden kann. Die meisten Gerichte lösen die Sache hier aber über die Nicht-Absicherung eines ausreichenden menschenwürdigen Existenzminimums im Staat, in den abgeschoben werden soll (LSG NRW 27.3.2020 – L 20 AY 20/20 B ER; SG Berlin 23.12.2019 – S 50 AY 166/19 ER; SG München 12.12.2018 – S 42 AY 342/18 ER; SG Magdeburg 5.12.2018 – S 25 AY 35/18 ER; LSG Bayern 17.9.2018 – L 8 AY 13/18 B ER; aA LSG Sachsen-Anhalt 2.8.2018 – L 8 AY 2/18 B ER). Es wird schließlich auch vertreten, dass die Norm zumindest dann nicht mehr angewendet werden darf, wenn sich der*die Betroffene schon 18 Monate und länger in Deutschland aufhält (LSG Hessen 2.6.2020 – L 4 AY 7/20 B ER).

4.8.1.6 Leistungskürzungen nach § 1a Abs. 4 S. 2 Nr. 2 AsylbLG – sonstiger Aufenthaltsstatus in EU-Staat

115 Statt internationalen Schutz in einem anderen EU-Staat geht es hier um sonstige

Aufenthaltstitel in einem anderen EU-Staat, die dort fortbestehen. Im Übrigen gilt das gleiche wie für § 1a Abs. 4 S. 2 Nr. 1 AsylbLG.

4.8.1.7 Leistungskürzungen nach § 1a Abs. 5 AsylbLG – asylrechtliche Mitwirkungsverstöße

116 Vom persönlichen Anwendungsbereich sind Asylbewerber*innen mit einer Aufenthaltsgestattung (§ 1 Abs. 1 Nr. 1 AsylbLG), nach Asylgesuch, aber noch ohne Ankunftsnachweis (§ 1 Abs. 1 Nr. 1a AsylbLG) oder mit einem anhängigen Asylfolge- oder Zweitantrag (§ 1 Abs. 1 Nr. 7 AsylbLG) umfasst.

117 Der Tatbestand knüpft an folgende Mitwirkungsverstöße nach dem AsylG an (§ 1a Abs. 5 S. 1 Nr. 1–7):

1. Verletzung der Pflicht zur unverzüglichen Asylantragstellung (§ 13 Abs. 3 S. 3 AsylG),
2. Verletzung der Pflicht zur Passvorlage (§ 15 Abs. 2 Nr. 4 AsylG):
Zumindest für Gestattete stellt dieser Tatbestand einen Verstoß gegen Art. 20 Abs. 1 Aufnahme-RL dar, der eine abschließende Auflistung enthält, bei welchem „Fehlverhalten" eine Leistungskürzung für Asylsuchende zulässig ist. Zudem kein Raum zur Anwendung der Norm bestehen, da die Behörde den tatsächlichen Besitz eines Passes zu beweisen hat, was nur gelingen dürfte, wenn die Behörde selbst den Pass besitzt,
3. Verletzung der Pflicht zur Vorlage von Unterlagen (vom BAMF festgestellt) (§ 15 Abs. 2 Nr. 5 AsylG):
Auch hier ist Art. 20 EU-Aufnahme-RL zumindest für Gestattete zu beachten. Die Norm nennt als zulässigen Grund für eine Leistungskürzung, wenn Asylsuchende „Melde- und Auskunftspflichten" nicht nachkommen. Die Pflicht nach § 15 Abs. 2 Nr. 5 AsylG geht aber darüber hinaus. Im konkreten Einzelfall wir also auch hier eine Europarechtswidrigkeit zu prüfen sein,
4. Verletzung der Pflicht zur Mitwirkung bei Beschaffung von Identitätspapieren (vom BAMF festgestellt) (§ 15 Abs. 2 Nr. 6 AsylG):

Erneut ist die Vereinbarkeit mit Art. 20 Aufnahme-RL (für Gestattete) problematisch. Eine Pflicht zur Mitwirkung bei der Beschaffung von Identitätspapieren findet sich in der Auflistung nicht.
Zu berücksichtigen ist, dass das Verlangen der Beschaffung von Identitätspapieren während des Asylverfahrens generell problematisch ist. Regelmäßig werden solche Papiere nur mittels Einschaltung der Botschaft zu erlangen sein. Wenn sich aber Asylbewerber*innen an die Botschaft des Herkunftsstaates wenden, kann dies als Indiz gegen eine echte Verfolgungsgefahr gewertet werden, was zur Ablehnung des Asylantrags führen würde (Siefert AsylbLG § 1a Rn. 69). Daher ist im Einzelfall zu prüfen, ob das verlangte Papier tatsächlich für das Asylverfahren erforderlich ist und ob der*die Betroffene durch die geforderte Handlung das Asylverfahren gefährden könnte,

5. Verletzung der Pflicht zur Duldung erkennungsdienstlicher Maßnahmen (§ 15 Abs. 2 Nr. 7 AsylG):
Auch hier gilt für Gestattete, dass dieser Tatbestand europarechtswidrig ist. Abermals findet sich dieser Tatbestand nicht in der Auflistung des § 20 Aufnahme-RL.
Unabhängig vom Europarecht erscheint der Tatbestand auch verfassungswidrig, da eine sozialrechtliche Sanktion aufgrund einer migrationsrechtlichen Pflichtverletzung bestenfalls dann gerechtfertigt sein könnte, wenn die migrationsrechtlich zuständige Behörde sonst hilf- und machtlos der Verweigerungshaltung des*der Betroffenen gegenüberstünde (→ Rn. 104 ff.). Hier kann aber die Pflicht zur Duldung erkennungsdienstlicher Maßnahmen ohne Weiteres mittels Verwaltungsvollstreckung erzwungen werden,
6. Verletzung der Pflicht zur Wahrnehmung des Termins zur Asylantragstellung,
7. Verletzung der Pflicht zu Angaben über Identität und Staatsangehörigkeit (§ 30 Abs. 3 Nr. 2 Alt. 2 AsylG):
Ob dieser Tatbestand erfüllt ist, wird vom BAMF im Asylbescheid entschie-

den. Wenn der Tatbestand als erfüllt angesehen wird, wird der Asylantrag als offensichtlich unbegründet abgelehnt. Dann erlischt aber auch die Aufenthaltsgestattung, so dass der personelle Anwendungsbereich entfällt. Offenbar verlangt der Gesetzgeber also, dass der Sozialleistungsträger selbst (noch vor dem BAMF) den Tatbestand des § 30 Abs. 3 Nr. 2 Alt. 2 AsylG feststellt. Ob das praxistauglich ist, darf bezweifelt werden (vgl. Siefert AsylbLG § 1a Rn. 74).

118 Zusätzlich müssen bei allen Mitwirkungsverstößen folgende Voraussetzungen vorliegen: Die Pflichtverletzung ist von dem*r Betroffenen zu vertreten und es lag kein wichtiger Grund für die Pflichtverletzung vor; zusätzlich für Gestattete: Entscheidung nach Art. 20 Abs. 5 Aufnahme-RL.

Aus Art. 20 Abs. 6 Aufnahme-RL ergibt sich, dass für Betroffene, die ein Asyl(erst)verfahren betreiben, erst dann eine Leistungsminderung wirksam werden kann, wenn eine Entscheidung nach Art. 20 Abs. 5 Aufnahme-RL ergangen ist. Dort heißt es, dass die Entscheidung jeweils für den Einzelfall, objektiv und unparteiisch getroffen und begründet werden muss. Weiter ist die Entscheidung aufgrund der besonderen Situation der betreffenden Personen unter Berücksichtigung des Verhältnismäßigkeitsprinzips zu treffen. Und schließlich ist in jedem Fall Zugang zur medizinischen Versorgung und ein würdiger Lebensstandard zu gewährleisten. Im Klartext wird hier eine Ermessensentscheidung beschrieben und gefordert. Da § 1a AsylbLG aber ausdrücklich kein Ermessen zulässt, ist die Norm für alle Tatbestände, die auf Gestattete anwendbar sind, europarechtswidrig.

4.8.1.8 Leistungskürzungen nach § 1a Abs. 6 AsylbLG – Täuschung über Vermögen

119 Der personelle Anwendungsbereich umfasst hier alle volljährigen Leistungsberechtigten nach § 1 Abs. 1 AsylbLG.

120 Die Tatbestandmerkmale sind: Es bestand Vermögen, das gem. § 7 Abs. 1, 5 AsylbLG vor Eintritt von Leistungen aufzubrauchen war und

- dieses Vermögen wurde nicht angegeben oder
- der Bestand dieses Vermögen wurde nicht unverzüglich mitgeteilt.

Daraus ergeben sich die Vorwürfe des Vorsatzes oder der groben Fahrlässigkeit bezüglich der Pflichtverstöße, von zu Unrecht bezogenen Leistungen nach AsylbLG und von einer Kausalität zwischen Pflichtverletzung und unrechtmäßigem Leistungsbezug.

121 Hier muss in der Praxis mit dem Grundrecht auf menschenwürdiges Existenzminimum argumentiert werden. Da die zu Unrecht erbrachten Leistungen von der Behörde zurückgefordert werden müssen und somit durch eine parallele Sanktion massive finanzielle Belastungen entstehen können, wird im Einzelfall zu prüfen sein, ob durch die Leistungskürzung eine unzumutbare Unterdeckung des Existenzminimums eintritt.

122 Schließlich liegt zwar ein vorwerfbares Verhalten vor – dieses Verhalten kann aber nicht mehr geändert werden, so dass der*die Betroffene keine Möglichkeit hat, die Leistungsminderung durch eigenes Verhalten zu stoppen. Es handelt sich um eine reine Bestrafungsmaßnahme, was jedoch nach der Rechtsprechung des BVerfG nicht zulässig ist (BVerfG 5.11.2019 – 1 BvL 7/16, Rn. 132 ff.).

4.8.1.9 Leistungskürzungen nach § 1a Abs. 7 AsylbLG – Dublin-Fälle

123 Personell umfasst sind hier Gestattete (§ 1 Abs. 1 Nr. 1 AsylbLG) und vollziehbar Ausreisepflichtige (§ 1 Abs. 1 Nr. 5 AsylbLG). Die Tatbestandsmerkmale sind: BAMF hat Asylantrag als unzulässig abgelehnt (Unanfechtbarkeit muss noch nicht vorliegen) (§ 29 Abs. 1 Nr. 1 AsylG iVm § 31 Abs. 6 AsylG), Abschiebungsanordnung (§ 34a Abs. 1 S. 1 Alt. 2 AsylG) sowie keine gerichtliche Anordnung der aufschiebenden Wirkung.

124 Da auch hier ein vorwerfbares Verhalten als geschriebenes Tatbestandsmerkmal fehlt, muss – wie in → Rn. 101-115 – verlangt werden, dass das Tatbestandsmerkmal „vorwerfbares Verhalten" erfüllt ist. Ein vorwerfbares Verhalten kann hier aber beim

besten Willen nicht konstruiert werden. Die Norm dürfte damit verfassungswidrig sein. Auch hier ist für Gestattete Art. 20 Abs. 5, 6 Aufnahme-RL zu beachten (→ Rn. 116 ff.).

4.8.2 Verweigerte Arbeits- und Integrationsmaßnahmen

125 Analog zu § 1a AsylbLG werden ebenso Leistungen gekürzt bei der Verweigerung von Arbeits- und Integrationsmaßnahmen.

4.8.2.1 § 5 Abs. 4 AsylbLG: verweigerte Arbeitsgelegenheit

126 Hiernach werden die Leistungen gekürzt, wenn Leistungsberechtigung nach AsylbLG, Arbeitsfähigkeit, keine Erwerbstätigkeit, eine wirksame Verpflichtung zur Ableistung einer Arbeitsgelegenheit und keine Schulpflicht mehr bestehen sowie die Arbeitsgelegenheit (→ 9) zumutbar ist (vgl. § 11 Abs. 4 SGB XII). Darüber hinaus muss eine Rechtsfolgenbelehrung erfolgt, die Belehrung in einer für die Betroffenen verständlichen Sprache verfasst (SG Leipzig 7.6.2018 – S 10 AY 4/18 ER) und die Arbeitsgelegenheit abgelehnt worden sein, wofür es zudem keinen wichtigen Grund gegeben hat. Die Kürzung endet, sobald die Teilnahmebereitschaft (wieder) besteht. Für Gestattete ist diese Leistungskürzung europarechtswidrig, da sich diese Variante nicht in der Auflistung von Art. 20 Aufnahme-RL findet.

4.8.2.2 § 5b Abs. 2 AsylbLG: verweigerter Integrationskurs

127 Die Voraussetzungen für eine Leistungskürzung sind hier ähnlich ganz ähnlich gelagert: Leistungsberechtigung nach AsylbLG, Arbeitsfähigkeit, keine Erwerbstätigkeit, keine Schulpflicht, Volljährigkeit, eröffneter Zugang zum Integrationskurs (§ 44 Abs. 4 S. 2 Nr. 1–3 AufenthG), Zuweisung per Verwaltungsakt, Zumutbarkeit, Rechtsfolgenbelehrung in verständlicher Sprache sowie eine verweigerte Aufnahme oder Fortführung ohne das Vorhandensein eines wichtigen Grundes. Die Kürzung endet, sobald die Teilnahmebereitschaft (wieder) besteht. Für Gestattete liegt abermals Europarechtswidrigkeit vor, da sich auch diese Variante nicht in der Auflistung von Art. 20 Aufnahme-RL findet.

4.8.3 Sonstige Leistungskürzungen

128 Darüber hinaus werden nachfolgend weitere Situationen dargestellt, in denen Leistungskürzungen vorgenommen werden.

4.8.3.1 § 11 Abs. 2 S. 1, 3 AsylbLG: Besonderheit bei Verstoß gegen Residenzpflichtverstoß

129 Die Norm besagt, dass Leistungsberechtigten in den Teilen der Bundesrepublik Deutschland, in denen sie sich einer räumlichen Beschränkung (Residenzpflicht) zuwider aufhalten, von der für den tatsächlichen Aufenthalt zuständigen Behörde regelmäßig nur eine **Reisebeihilfe** zur Deckung des unabweisbaren Bedarfs für die Rückfahrt zu ihrem rechtmäßigen Aufenthaltsort gewährt werden. Die Leistungen können als Sach- oder Geldleistung erbracht werden.

130 Hier ist zu fordern, dass die Norm streng am Wortlaut und im Lichte der Bedeutung der Existenzsicherung ausgelegt wird. Allgemein wird die Norm so ausgelegt, dass die örtliche Zuständigkeit wechselt, wenn der Tatbestand der Norm erfüllt ist, mit dem Ergebnis, dass die Behörde am Wohnort keine Leistungen mehr erbringen dürfe (bspw. BeckOK SozR/Korff AsylbLG § 11 Rn. 10 mit Bezug auf: LSG Niedersachsen-Bremen 23.10.2019 – L 8 AY 39/19 B ER). Das ergibt sich aber nicht aus dem Wortlaut – die örtliche Zuständigkeit der Behörde am Wohnort/Zuweisungsort wird nicht beendet und es wird vor allem kein Ausschluss vom Zugang zu Leistungen nach §§ 2, 3, 4, 6 AsylbLG geregelt. Hier wird lediglich klargestellt, dass Leistungsberechtigte von der Behörde am tatsächlichen Aufenthaltsort nicht mehr als „das unabweisbar Notwendige" (in der Regel eine Beihilfe zur Rückreise) verlangen können – die Behörde am Wohnort/Zuweisungsort bleibt aber für die Grundleistungsgewährung zuständig und muss weiter die Grundbedarfe iSd §§ 2, 3, 4, 6 AsylbLG sichern. Dass diese Fragen noch ungeklärt und sehr strittig sind, hat zuletzt das LSG Hessen festgestellt (22.12.2020 – L 4 AY 24/20 B ER).

131 Wenn eine Rückreise (bspw. aus familiären oder gesundheitlichen Gründen) unmöglich oder unzumutbar ist, dann kann un-

50 Geflüchtete (Asylbewerberleistungsgesetz)

ter dem „unabweisbar Notwendigen", das die Behörde am tatsächlichen Aufenthaltsort zu erbringen hat, auch ausnahmsweise die vollständige Gewährung der Bedarfe nach §§ 2, 3, 4, 6 AsylbLG zu verstehen sein.

4.8.3.2 § 11 Abs. 2 S. 2, 3 AsylbLG: Besonderheit bei Verstoß gegen Wohnsitzauflage

132 Seit dem 21.8.2019 gilt das unter → Rn. 129 ff. Gesagte auch für Verstöße gegen eine Wohnsitzauflage. Ein solcher Verstoß liegt vor, wenn tatsächlich der Wohnsitz entgegen einer wirksamen Auflage verlagert wurde.

4.8.3.3 § 11 Abs. 2a S. 1 AsylbLG: Leistungskürzung bis zur Ausstellung eines Ankunftsnachweises (1)

133 Leistungsberechtigte nach § 1 Abs. 1 Nr. 1a AsylbLG erhalten bis zur Ausstellung eines Ankunftsnachweises (§ 63a AsylG) lediglich Leistungen analog § 1a AsylbLG. Es gelten aber Ausnahmen, bei denen volle Leistungen gewährt werden, wenn:
- die asylrechtlich vorgeschriebene erkennungsdienstliche Behandlung bereits erfolgt ist,
- der*die Leistungsberechtigte von der zuständigen Aufnahmeeinrichtung bereits aufgenommen wurde und
- der*die Leistungsberechtigte die fehlende Ausstellung des Ankunftsnachweises nicht zu vertreten hat (BT-Drs. 18/7538, 24).

4.8.3.4 § 11 Abs. 2a S. 5 Nr. 1 AsylbLG: Leistungskürzung bis zur Ausstellung eines Ankunftsnachweises (2)

134 Bis zur Ausstellung eines Ankunftsnachweises werden die Leistungen auch für vollziehbar Ausreisepflichtige ohne Duldung, die aus einem sicheren Drittstaat unerlaubt eingereist sind und als Asylsuchende nach den Vorschriften des AsylG oder des AufenthG erkennungsdienstlich zu behandeln sind, auf das Niveau analog § 1a AsylbLG reduziert.

Es gilt das unter → Rn. 133 Dargestellte entsprechend.

4.8.3.5 § 11 Abs. 2a S. 5 Nr. 2 AsylbLG: Leistungskürzung bis zur Ausstellung eines Ankunftsnachweises (3)

135 Bis zur Ausstellung eines Ankunftsnachweises werden die Leistungen auch für Leistungsberechtigte, die einen Folge- oder Zweit-Asylantrag gestellt haben, die einer Wohnverpflichtung (§ 71 Abs. 2 AsylG oder § 71a Abs. 2 S. 1 AsylG iVm §§ 47–50 AsylG) unterliegen, auf das Niveau entsprechend § 1a AsylbLG reduziert.

Es gilt auch hier das unter → Rn. 133 Dargestellte entsprechend.

4.8.3.6 § 1 Abs. 4 AsylbLG: kompletter Leistungsausschluss bei internationalem Schutz in EU-Staat

136 Diese unsägliche Norm ist nur auf vollziehbar Ausreisepflichtige ohne Duldung (§ 1 Abs. 1 Nr. 5 AsylbLG) anwendbar. Sobald also eine Duldung ausgestellt ist oder ein Anspruch auf eine Duldung besteht, greift die Norm nicht. Der praktische (legale) Anwendungsbereich dürfte daher sehr gering sein. Der Tatbestand verlangt lediglich, dass in einem anderen EU-Staat internationaler Schutz gewährt wurde und der daraus folgende legale Aufenthaltsstatus in diesem anderen EU-Staat fortbesteht. Als Rechtsfolge entfällt jeder Leistungsanspruch. Im Übrigen gelten Regelungen, die identisch mit denen des § 23 Abs. 3 S. 3 ff. SGB XII (→ 81) sind, wobei die Regeldauer für Überbrückungsleistungen hier mit zwei Wochen bemessen ist.

4.9 Dauer der Kürzungen nach AsylbLG

137 Je nachdem, ob es sich um eine erstmalige oder eine Anschluss-Leistungskürzung handelt, sind verschiede Aspekte zu beachten.

4.9.1 Erst-Anwendung der Leistungskürzung

138 Nach § 14 Abs. 1 AsylbLG ist die Anwendung von Leistungskürzungen zeitlich zwingend **auf 6 Monate zu befristen**. Bzgl. der maximalen Dauer der Anwendung mag dies so absolut gelten – es steht der Behörde jedoch selbstverständlich auch frei, einen kürzeren Zeitraum zu wählen (Oppermann

ZESAR 2017, 55, 57; BT-Drs. 18/6185, 65). Die Dauer der Befristung ist im Bescheid zu begründen (Ermessenserwägungen), wobei erklärt werden muss, warum eine so drastische Beschränkung der Menschenwürde für die Dauer der festgesetzten Frist angewandt werden soll. Fehlt eine solche Begründung, ist der Bescheid schon deshalb rechtswidrig (SG Neuruppin 20.1.2022 – S 27 AY 2/22 ER). In der Praxis erfolgt oft gar keine Befristung und schon gar keine Begründung – das ist rechtswidrig (LSG Bayern 1.3.2018 – L 18 AY 2/18 B ER; LSG Mecklenburg-Vorpommern 21.8.2018 – L 9 AY 1/18 B ER). Auf § 1 Abs. 4 AsylbLG ist § 14 AsylbLG wohl nicht anwendbar, weil dort speziellere Regeln zur Dauer der „Aussetzung der Menschenwürde" gelten.

4.9.2 Verlängerung der Leistungskürzung

139 § 14 Abs. 2 AsylbLG eröffnet die Möglichkeit von Anschluss-Leistungskürzungen, soweit die gesetzlichen Voraussetzungen weiter vorliegen. Insbesondere für den zeitlichen Zusammenhang zwischen konkreten Mitwirkungsverletzungen und der konkreten Leistungskürzung dürfte dies stets problematisch werden. Grds. dürften Dauer- und Ketten-Leistungskürzungen unzulässig sein (Oppermann ZESAR 2017, 55, 57; SG Landshut 17.10.2018 – S 11 AY 153/18 ER; aA LSG Berlin-Brandenburg 20.9.2018 – L 23 AY 19/18 B ER).

140 Eine Verlängerung der Sanktion setzt eine neue Verwaltungsentscheidung (mit Anhörung) auf der Basis einer erneuten Überprüfung der Sach- und Rechtslage voraus, und nicht nur eine bloße wiederholende Mitteilung der Behörde. Eine offene Rechtsfrage ist, wie die Befristung einer Verlängerung konkret zu erfolgen hat. In der Praxis wird überwiegend von einem 6-Monatszeitraum ausgegangen. Es wird aber auch vertreten, dass mangels einer klaren Vorgabe im Gesetzeswortlaut auch deutlich längere Befristungen möglich wären – nur unbefristete Verlängerungen scheiden aus (LSG Berlin-Brandenburg 13.6.2019 – L 15 AY 4/19 B ER). Den Gesetzesmaterialien ist lediglich zu entnehmen, dass zur Wahrung des Verhältnismäßigkeitsgrundsatzes eine Sanktionierung nicht fortwirken soll, wenn ein zurückliegendes Fehlverhalten nicht mehr änderbar oder sogar bereits korrigiert worden ist (BT-Dr. 18/6185, 47f.; LSG Berlin-Brandenburg 13.6.2019 – L 15 AY 4/19 B ER; LSG Berlin-Brandenburg 20.9.2018 – L 23 AY 19/18 B ER).

141 Eine Verlängerung scheidet in jedem Fall aus, wenn überhaupt kein abänderbares Fehlverhalten sanktioniert wird – soweit für diese Fälle nicht ohnehin eine Unzulässigkeit der Leistungskürzung angenommen wird. Das trifft auf § 1a Abs. 2, 4, 6, 7 AsylbLG zu.

5. Nach 18 Monaten Leistungen in Höhe der Sozialhilfe (§ 2 AsylbLG)

142 Leistungsberechtigte nach AsylbLG erhalten seit dem 21.8.2019 nach § 2 AsylbLG *„abweichend von den §§ 3 und 4 sowie 6 bis 7 AsylbLG"* Leistungen in entsprechender Anwendung des **SGB XII**, *„wenn sie sich seit 18 Monaten ohne wesentliche Unterbrechung im Bundesgebiet aufhalten und die Dauer des Aufenthalts nicht rechtsmissbräuchlich selbst beeinflusst haben"*. Davor betrug die Wartezeit „nur" 15 Monate und vor dem 1.3.2015 wurde die Wartezeit schrittweise exzessiv von 12 bis 48 Monate ausgeweitet. Nachdem der Gesetzgeber durch die BVerfG-Entscheidung (BVerfG 18.7.2012 – 1 BvL 10/10) kurzzeitig ansatzweise ein „schlechtes Gewissen" bekam, wurde die Wartezeit von 48 auf 15 Monate herabgesetzt. Aber der Gesetzgeber hat sich von dieser „Gewissenssache" zuverlässig wieder erholt, so dass nun 18 Monate gelten und abzuwarten bleibt, ob und wann die Reise wieder in Richtung 48 Monate geht.

143 Art und Umfang der Leistungen nach § 2 AsylbLG richten sich nach dem SGB XII. Dies beinhaltet die Hilfe zum Lebensunterhalt (HzL) nach dem Dritten Kapitel SGB XII und die *„Hilfen in besonderen Lebenslagen"* (Fünftes bis Neuntes Kapitel SGB XII). Für das häufig auftauchende Problem der Passbeschaffungskosten gibt es hier leider keine Chance einer Kostenübernahme (BSG 12.9.2018 – B 4 AS 33/17 R). Auch die **Einkommens- und Vermögensfreibeträge** der Sozialhilfe sind anzuwenden. Unabhängig von ihrer Erwerbsfähigkeit haben Leis-

tungsberechtigte nach § 2 AsylbLG jedoch keinen Anspruch auf Bürgergeld (§ 7 Abs. 1 SGB II). Die Zuweisung in Maßnahmen (§ 5 ff. AsylbLG, → Rn. 83 ff.) sowie die Regelungen des AsylbLG zum Verwaltungsverfahren bleiben anwendbar (§§ 7a-13 AsylbLG; VwVfG anstelle des SGB I/SGB X). Ob auch die Anwendung von § 1a AsylbLG möglich bleibt, ist umstritten (→ Rn. 86 ff.).

144 Leistungsberechtigte nach § 2 AsylbLG erhalten „normale" **Regelsätze** als Geldleistungen, **Mehrbedarfszuschläge**, **Erstausstattungen**, die Kosten für eine **Mietwohnung** und nach § 264 Abs. 2 SGB V eine **Gesundheitskarte** durch eine vom Leistungsberechtigten frei zu wählende Krankenkasse. Mit der Gesundheitskarte erhalten sie die gleichen Leistungen wie gesetzlich Krankenversicherte, jedoch keine Pflegeversicherungsleistungen. Pflegebedürftige haben aber nach § 2 AsylbLG iVm § 61 ff. SGB XII Anspruch auf Pflegesachleistungen und ggf. Pflegegeld vom Sozialamt.

145 Zum 1.9.2019 wurde § 2 Abs. 1 S. 4 Nr. 1 AsylbLG eingeführt. Dadurch erhielten Alleinstehende und Alleinerziehende in Sammelunterkünften auch hier nur 90 Prozent des vollen Regelsatzes (Regelsatzstufe 2; Grundbedarf 2b, → Rn. 55). Diese Norm wurde durch das BVerfG für verfassungswidrig erklärt (BVerfG 19.10.2022 – 1 BvL 3/21). Da die BVerfG-Entscheidung am 24.11.2022 veröffentlicht wurde, ist allen Betroffenen seit dem 24.11.2022 von Amts wegen der Regelsatz 1 zu gewähren. Unter welchen Umständen Betroffene Nachzahlungen für die Zeit vor dem 24.11.2022 erhalten können, ist etwas kompliziert – im Wesentlichen erhielten/erhalten die Nachzahlungen, die rechtzeitig Widerspruch und Klage erhoben haben (dazu: Diakonie, Hinweise zum Beschluss des BVerfG vom 19.10.2022, v. 7.12.2022, abrufbar unter: https://www.as yl.net/fileadmin/user_upload/publikationen/ Arbeitshilfen/2022_12_Diakonie_Handreich ung_BVerfG_AsylbLG.pdf).

146 Viele Behörden ziehen von den Regelleistungen auch hier wieder Geldbeträge ab, weil vermeintlich einzelne Bedarfe schon durch Sachleistungen gedeckt seien. Dazu muss die Behörde aber zunächst überhaupt Sachleistungen bewilligen und das im Ermessenswege ausreichend begründen (§ 2 Abs. 2 AsylbLG). Erst dann kann § 2 AsylbLG in Verbindung mit § 27a Abs. 4 S. 1 Nr. 1 SGB XII angewendet werden: Wenn denn nachgewiesen ist, welche konkreten Sachleistungen welche konkreten Bedarfe decken.

5.1 Rechtsmissbräuchliche Beeinflussung der Aufenthaltsdauer

147 Leistungen nach § 2 AsylbLG sind auch nach 18 Monaten ausgeschlossen, wenn *„die Dauer des Aufenthaltes rechtsmissbräuchlich selbst beeinflusst"* wird (§ 2 Abs. 1 AsylbLG). Das ist zB der Fall, wenn ein*e **ausreisepflichtige*r Ausländer*in** sich geweigert hat, bei der Passbeschaffung mitzuwirken oder falsche Angaben zu seiner*ihrer Identität gemacht hat. Dabei soll auch ein bereits länger zurückliegendes Verhalten zum dauerhaften Verlust des Anspruchs nach § 2 führen (BSG 17.6.2008 – B 8/9b AY 1/07 R). Wir halten eine dauerhafte Kürzung auf das Leistungsniveau der §§ 3–7 AsylbLG jedoch für unvereinbar mit dem AsylbLG-Urteil des BVerfG vom 18.7.2012 (1 BvL 10/10 und 1 BvL 2/11). Es gibt hier auch durchaus Bewegung in der Rechtsprechung, so dass die Frage, ob (vergangenes) rechtsmissbräuchliches Verhalten einen dauerhaften Ausschluss vom Zugang zu „normalen" Existenzsicherungsleistungen gerechtfertigt, als offene Rechtsfrage anzusehen ist (anhängige Revision dazu beim BSG: B 7 AY 2/20 R; LSG Sachsen 26.2.2020 – L 8 AY 5/14).

148 Wenn ein*e geduldete*r Ausländer*in **freiwillig ausreisen könnte**, dies aber nicht tut, ist dies laut BSG (17.6.2008 – B 8/9b AY 1/07 R) **nicht** als rechtsmissbräuchliche Beeinflussung der Aufenthaltsdauer zu werten. Asylbewerber*innen kann in keinem Fall unterstellt werden, dass sie ihre Aufenthaltsdauer rechtsmissbräuchlich beeinflussen, da sie lediglich ihr Recht auf Prüfung des Flüchtlingsschutzes in Anspruch nehmen. Ein rechtsmissbräuchliches Verhalten muss der*die Leistungsberechtigte selbst zu verantworten haben. Ein Verhalten der Eltern kann deshalb **nicht zum Ausschluss ihrer Kinder** von Leistungen nach § 2 AsylbLG führen. Allerdings führt eine **Leistungsein-**

schränkung nach §§ 1a, 5–5b, 11 AsylbLG (→ Rn. 86 ff.) auch zum Ausschluss von Leistungen nach § 2 AsylbLG (vgl. Darstellung des § 1a Abs. 3 AsylbLG, → Rn. 104 ff.).

149 Bis heute gilt als Rechtslage, dass die Verweigerung von Analogleistungen wegen Rechtsmissbrauchs „auf ewig" gilt. Das kann aber nicht richtig sein. Hier wird aufgrund eines bestimmten Verhaltens die Leistungshöhe vermindert – es handelt sich also um eine klassische Sanktion. Sanktionen sind aber zwingend zu befristen, so dass zumindest gefordert werden muss, dass hier § 14 AsylbLG (Befristung von Leistungsminderungen) anzuwenden ist.

5.2 Welche Zeiten angerechnet werden

150 Maßgeblich ist nach § 2 AsylbLG allein die **Aufenthaltsdauer in Deutschland**, nicht die Dauer des Leistungsbezugs nach AsylbLG. Kurzfristige Auslandsaufenthalte zählen nicht als Unterbrechung, ebenso wenig Strafhaft (LSG Bayern 13.4.2015 – L 8 AY 6/15 B ER), Kirchenasyl oder Untertauchen ohne Verlassen der Bundesrepublik.

5.3 Anmieten von Wohnungen

151 Spätestens nach § 2 AsylbLG muss die Anmietung von Wohnungen genehmigt und die Miete (→ 75) nach den für die Sozialhilfe geltenden Maßstäben übernommen werden. Dies gilt auch für die Übernahme von Kautionen (→ 59) und Genossenschaftsanteilen. Ggf. muss zusätzlich bei der Ausländerbehörde beantragt werden, eine eingetragene Auflage zur Wohnsitznahme in einer Sammelunterkunft aufzuheben.

152 Nach all dem kann gesagt werden: **Jeder Bescheid** nach dem AsylbLG, der nicht vollständig die Leistungen gewährt, die der Regelsatz nach SGB II/XII als menschenwürdiges Existenzminimum definiert, ist angreifbar und sollte auch angegriffen werden!

6. Informationen

153 Gerloff, Volker: Das Asylbewerberleistungsgesetz für die Soziale Arbeit, 2023

Classen, Georg (Flüchtlingsrat Berlin / Pro Asyl): Das Asylbewerberleistungsgesetz –

Einschränkungen des Grundrechts auf ein menschenwürdiges Existenzminimum für Geflüchtete. Bedarfsdeckung und Regelsätze nach Asylbewerberleistungsgesetz, Hartz IV und Bürgergeldgesetz (abrufbar unter: https://fluechtlingsrat-berlin.de/wp-content/uploads/doku_asylblg_verfassung.pdf)

Übersichten und Arbeitshilfen der GGUA Flüchtlingshilfe zum AsylbLG (abrufbar unter: https://www.einwanderer.net/uebersichten-und-arbeitshilfen/)

Flüchtlingsrat Berlin, zahlreiche Arbeitshilfen, Ratgeber, Informationen zur Rechtsprechung, abrufbar unter: https://fluechtlingsrat-berlin.de/recht-und-rat/

Beratungsadressen, Asylmagazin, Rechtsprechungsdatenbank etc auf www.asyl.net

Datenbank mit Herkunftsländerinformationen auf www.ecoi.net

Newsletter zu Schnittstellen Sozialrecht/Migrationsrecht, https://www.ra-gerloff.de/newsletter.html, Anmeldung: newsletter@ra-gerloff.de

51 Grundsicherung (GSi)

1. Grundsicherung für ältere und voll erwerbsgeminderte Menschen 1
   1.1 Wer Anspruch auf Grundsicherung hat 2
   1.2 Höhe der Leistungen 5
   1.3 Grundsicherung nur auf Antrag ... 8
   1.4 Eigenes Einkommen und Vermögen 11
      1.4.1 Anrechnung von Einkünften aus zusätzlicher Altersvorsorge 15
      1.4.2 Freibetrag für langjährig Rentenversicherte 16
   1.5 Einkommen und Vermögen in einer „gemischten" Bedarfsgemeinschaft 18
   1.6 Keine Vermutung der Bedarfsdeckung durch andere Personen, wenn Sie in einer Haushaltsgemeinschaft wohnen 19
2. Unterhaltspflicht 20
3. Hilfe zum Lebensunterhalt (HzL) statt Grundsicherung? 22
4. Kritik 24
5. Forderungen 25

51 Grundsicherung (GSi)

1. Grundsicherung für ältere und voll erwerbsgeminderte Menschen

1 Die Grundsicherung nach dem Vierten Kapitel SGB XII geht ursprünglich auf das *„Grundsicherungsgesetz"* zurück, das zum 1.1.2003 in Kraft getreten ist. Sie wurde 2005 im Zuge der Hartz-Reformen mit der Sozialhilfe zum neu geschaffenen SGB XII zusammengefasst. GSi ist Existenzsicherung für Personen, die bestimmte Kriterien erfüllen und deshalb voraussichtlich dauerhaft vom Arbeitsleben ausgeschlossen sind. Dennoch ist es bei Bezug von Grundsicherung nicht verboten zu arbeiten, bei manchen Leistungsberechtigten ist es sogar erwünscht.

1.1 Wer Anspruch auf Grundsicherung hat

2 Personen, die das Regelrentenalter erreicht haben (§ 41 Abs. 2 SGB XII) und Personen über 18 Jahre, die *„voll erwerbsgemindert im Sinne des § 43 Abs. 2 des Sechsten Buches sind und bei denen unwahrscheinlich ist, dass die volle Erwerbsminderung behoben werden kann"* (§ 41 Abs. 3 SGB XII), können auf Antrag Grundsicherung erhalten (→ 45).

Seit 1.1.2020 haben volljährige Personen Anspruch auf GSi, wenn sie

„1. in einer Werkstatt für behinderte Menschen [§ 57 SGB IX] oder bei einem anderen Leistungsanbieter [§ 60 SGB IX] das Eingangsverfahren und den Berufsbildungsbereich durchlaufen oder
2. in einem Ausbildungsverhältnis stehen, für das sie ein Budget für Ausbildung [§ 61a SGB IX] erhalten" (§ 41 Abs. 3a SGB XII).

3 Sie haben Anspruch auf Grundsicherung, wenn Sie

- das **Regelrentenalter** erreicht haben oder
- eine Erwerbsunfähigkeitsrente oder eine volle Erwerbsminderungsrente **auf Dauer** (unbefristet) haben oder
- die gesundheitlichen Voraussetzungen für die dauerhafte volle Erwerbsminderung erfüllen, aber nicht die versicherungsrechtlichen. Das heißt: wenn Sie also in den letzten fünf Jahren vor Eintritt der Erwerbsminderung **keine** drei Jahre pflichtversichert waren sowie insgesamt auch **nicht**

die sogenannte „allgemeine Wartezeit" erfüllt haben (mindestens fünf Jahre pflichtversichert in der gesetzlichen Rentenversicherung). Die bindende Entscheidung trifft der Rentenversicherungsträger (§ 45 Abs. 1 S. 2 SGB XII), nicht ein*e Amtsarzt*Amtsärztin, oder wenn Sie
- im Arbeitsbereich einer **Werkstatt** für Menschen mit Behinderung aufgenommen worden sind (§ 45 S. 3 Nr. 3 SGB XII) und *„wegen Art oder Schwere der Behinderung nicht auf dem allgemeinen Arbeitsmarkt tätig sein können"* (§ 43 Abs. 2 S. 3 Nr. 1 SGB VI),
- in einer **Werkstatt** für Menschen mit Behinderung *„das Eingangsverfahren und den Berufsbildungsbereich durchlaufen"* (§ 41 Abs. 3a Nr. 1 SGB XII) oder
- eine Ausbildung absolvieren, die mit dem **Budget für Ausbildung** gefördert wird (§ 41 Abs. 3a Nr. 2 SGB XII).

4 Anspruch auf Grundsicherung haben Personen *„mit gewöhnlichem Aufenthalt im Inland"* (§ 41 Abs. 1 SGB XII), wenn sie sich nicht länger als 28 Tage im Ausland aufhalten (§ 41a SGB XII). Letzteres wurde zum 1.7.2017 eingeführt. Welche Behörde zuständig ist, lesen Sie unter **Ortsabwesenheit** (→ 84 Rn. 37).

1.2 Höhe der Leistungen

5 Die Höhe der Leistungen entspricht denen der Hilfe zum Lebensunterhalt (HzL) der Sozialhilfe.

Die Grundsicherung umfasst:

- *„die Regelsätze nach den Regelbedarfsstufen"* (→ 89; § 42 Nr. 1 SGB XII). Im Einzelfall kann der Bedarf zum Lebensunterhalt, jetzt *„Regelbedarf"*, abweichend festgelegt werden, wenn er *„erheblich vom durchschnittlichen Bedarf abweicht"* (§ 27a Abs. 4 SGB XII). Dh, er kann sowohl erhöht als auch gekürzt werden,
- den **Mehrbedarf** (→ 74) für Rentner*innen bzw. voll erwerbsgeminderte Menschen, die einen Schwerbehindertenausweis mit dem Merkzeichen „G" bzw. „aG" besitzen, in Höhe von 17 Prozent des maßgebenden Regelbedarfs (§ 42 Nr. 2 iVm § 30 Abs. 1 SGB XII),

401

- eine eventuelle Krankenkostzulage (→ 69; § 42 Nr. 2 iVm § 30 Abs. 5 SGB XII),
- einen eventuellen Mehrbedarf für Menschen mit Behinderung (→ 18), die in einer Werkstatt für behinderte Menschen, bei einem anderen Leistungsanbieter oder im Rahmen anderer tagesstrukturierender Angebote eine gemeinschaftliche Mittagsverpflegung einnehmen (§ 42 Nr. 2 iVm § 42b Abs. 2 SGB XII),
- einen eventuellen Mehrbedarf für Menschen mit Behinderung (→ 18), die Eingliederungshilfen für Schulbildung, schulische Berufsausbildung bzw. Ausbildung zu einer Tätigkeit bekommen (§ 42 Nr. 2 iVm § 42b Abs. 3 SGB XII),
- **einmalige Beihilfen** (→ 40) für Erstausstattungen der Wohnung, einschließlich Haushaltsgeräten, sowie Erstausstattungen für Bekleidung und Erstausstattungen bei Schwangerschaft und Geburt sowie für die Anschaffung von orthopädischen Schuhen und die Reparatur bzw. Miete für therapeutische Geräte und Ausrüstungen (§ 42 Nr. 2 iVm § 31 SGB XII),
- Beiträge für Kranken- und Pflegeversicherung (→ 70; § 42 Nr. 2 iVm § 32 SGB XII),
- Leistungen für Bildung und Teilhabe für **Kinder** im Haushalt (§ 42 Nr. 3 SGB XII),
- angemessene *„Bedarfe"* für **Unterkunft** (→ 75) und Heizung (→ 57) (§ 42 Nr. 4 SGB XII) und
- ergänzende Darlehen, entsprechend den Regeln der HzL der Sozialhilfe (§ 42 Nr. 5 SGB XII; → 40 Rn. 5 ff.).

6 Darüber hinaus haben GSi-Beziehende natürlich auch Anspruch auf alle weiteren Hilfen nach dem SGB XII, also Hilfe zur Pflege, Haushaltshilfe (→ 55), Altenhilfe usw und Anspruch auf Eingliederungshilfe für Menschen mit Behinderung (→ 18), die seit 2020 im Zweiten Teil des SGB IX geregelt ist.

7 **Kritik:** Ab 1924 wurde Klein- und Sozialrentner*innen sowie Erwerbsunfähigen (heute: voll Erwerbsgeminderten) ein Mehrbedarf von 25 Prozent zugestanden. Nach dem Zweiten Weltkrieg wurde er auf 30 Prozent erhöht, zum 1.1.1982 wieder auf 20 Prozent gesenkt. Seit dem 1.7.1996 haben CDU/SPD-Regierungen den Mehrbedarf für Rentner*innen und erwerbsunfähige Menschen faktisch gestrichen, da sie ihn von Gehbehinderungen abhängig gemacht haben. Mit der Einführung der Grundsicherung 2003 gestand man älteren und erwerbsgeminderten Menschen immerhin wieder einen Zuschlag von 15 Prozent zu. Mit der Hartz IV-Reform 2005 und der Eingliederung der Grundsicherung in die Sozialhilfe (SGB XII) hat ihn die rot-grüne Bundesregierung wieder kassiert – inzwischen wurde er ganz vergessen. Die große Koalition der Kürzer hat damit für diesen Personenkreis die Geschichte bis zu der Zeit vor 1924 zurückgedreht.

1.3 Grundsicherung nur auf Antrag

8 Um Grundsicherung zu erhalten, müssen Sie einen Antrag stellen (§ 44 Abs. 1 S. 1 SGB XII). Der Anspruch auf Leistungen geht dann auf den **ersten Tag des Monats** zurück, in dem der Antrag gestellt wurde (§ 44 Abs. 2 S. 1 SGB XII).

Einige Mehrbedarfszuschläge (§ 30 SGB XII), einmalige Beihilfen (§ 31 SGB XII), die Übernahme von Vorsorgebeiträgen (§ 33 SGB XII), Leistungen für Bildung und Teilhabe (§§ 34 ff. SGB XII) und ergänzende Darlehen für vom Regelbedarf umfasste Bedarfe (§ 37 SGB XII) müssen **gesondert** beantragt werden (§ 44 Abs. 1 S. 2 SGB XII).

9 Die laufenden Leistungen der GSi werden regelmäßig **für ein Jahr bewilligt** (§ 44 Abs. 3 Satz 1 SGB XII). Nach Ablauf des Jahres müssen Sie einen **Folgeantrag** stellen. Das Sozialamt muss Ihre Leistungen dennoch weiterzahlen, wenn Sie es vergessen, die Voraussetzungen für GSi aber weiterhin erfüllen (BSG 29.9.2009 – B 8 SO 13/08 R).

Die in Gesetz und Rechtsprechung verankerte Voraussetzung der Kenntnis des Sozialhilfeträgers (§ 18 SGB XII) gilt auch bei der GSi. Allerdings müssen zB **Mehrbedarfszuschläge** (→ 74) oder erhöhte Bedarfe aufgrund von atypischen Bedarfslagen **gesondert beantragt** werden (BSG 22.4.2016 – B 8 SO 5/15 R).

10 Wenn Sie zum **Beginn des Bezugs einer Rente** oder anderer Sozialleistung bereits GSi beziehen oder beantragt haben, müssen Sie zur **Überbrückung des ersten Monats**, in

dem die Rente (oder ein anderes Einkommen) erstmalig zum **Monatsende** ausgezahlt wird, ein Darlehen **beantragen**. Das Darlehen benötigen Sie, weil zum Monatsende zufließende Einkünfte bereits auf Ihre GSi-Leistung, die am **Monatsanfang** ausgezahlt wird, angerechnet werden (→ 37). Für ein solches Überbrückungsdarlehen ist kein Vermögen einzusetzen (§ 37a Abs. 1 SGB XII). Es ist mit fünf Prozent des Regelbedarfes mtl. zu tilgen, jedoch maximal bis zur Hälfte des Eckregelbedarfs (251 EUR, Stand 2023). Übersteigt das Überbrückungsdarlehen diesen Betrag, ist der nicht getilgte Rest zu erlassen (§ 37a Abs. 2 SGB XII).

1.4 Eigenes Einkommen und Vermögen

11 Ihr eigenes Einkommen (→ 37) und Vermögen (→ 119) und das Ihres*r **Partners*Partnerin** werden genauso herangezogen bzw. „geschont" wie in der Sozialhilfe. Sie werden als „Einsatzgemeinschaft" angesehen, weil sie Einkommen und Vermögen füreinander einsetzen müssen. Das trifft auch auf eheähnliche Gemeinschaften (→ 36) und gleichgeschlechtliche Lebenspartnerschaften zu (§ 43 Abs. 1 SGB XII).

Ausnahme: Das **Schonvermögen** beträgt seit 1.1.2023 in der HzL/GSi

- 10.000 EUR für jede volljährige Person der Einsatzgemeinschaft sowie jede **minderjährige alleinstehende** leistungsberechtigte Person und
- 500 EUR für jede weitere (minderjährige) Person im Haushalt, die (von den zuerst genannten Erwachsenen) überwiegend unterhalten wird

(§ 1 Abs. 1 BarBetrV / Verordnung zu § 90 Abs. 2 SGB XII) und

- neben anderen Sachwerten zusätzlich seit dem 1.1.2023 ein angemessenes Kfz (§ 90 Abs. 2 Nr. 10 SGB XII, im Wert von 7.500 EUR).

12 Sind Sie Rentner*in, können Sie von Ihrer **Rente** absetzen:

- Pflichtbeiträge zur **Sozialversicherung** (§ 82 Abs. 2 Nr. 2 SGB XII),
- sowie Beiträge für „*angemessene*" oder „*gesetzlich vorgeschriebene*" Versicherungen (§ 82 Abs. 2 Nr. 3 SGB XII; zB Haft-

pflicht-, Hausrat- oder Kfz-Haftpflichtversicherung),
- **Mitgliedsbeiträge** für den Sozialverband Deutschlands, den Verband der Kriegs- und Wehrdienstopfer (VdK) oder den Verband Volkssolidarität (BVerwG 27.1.1994 – 5 C 29.91, NDV 1994, 388 f.) und
- Gewerkschaftsbeiträge (BVerwG 4.6.1981 – 5 C 46.80, FEVS 29, 441).

Ihre Rente wird um die genannten Beträge bereinigt und erst dann an die Grundsicherung **angerechnet** (Einkommensbereinigung, → 38).

13 Bei Einnahmen aus **Kapitalvermögen** dürfen Sie einen Betrag von **26 EUR pro Jahr** behalten. Alles, was darüber liegt, wird angerechnet (§ 43 Abs. 2 SGB XII). Der Betrag entspricht 0,26 Prozent des maximalen Schonvermögens. Die Bundesregierung geht offensichtlich davon aus, dass Ihre künftigen Zinserträge aus dem wegen der Inflation dahinschmelzenden Schonvermögen Ihre Hilfebedürftigkeit noch verringern können.

14 **Verletztenrente** von Angehörigen der Nationalen Volksarmee (NVA) wird bis zur Höhe der Grundrente nach dem BVG anrechnungsfrei gestellt. Damit werden versehrte ehemalige NVA-Soldat*innen, die eine solche Rente beziehen, versehrten ehemaligen Bundeswehrsoldat*innen gleichgestellt, die stattdessen eine zT anrechnungsfreie Rente nach dem BVG erhalten. Abhängig von der Minderung der Erwerbsfähigkeit (20 Prozent oder 10 Prozent) beträgt die Minderung 2/3 bzw. 1/3 der Mindestgrundrente (§ 43 Abs. 3 SGB XII).

1.4.1 Anrechnung von Einkünften aus zusätzlicher Altersvorsorge

15 Seit dem 1.1.2018 gelten die Neuregelungen des „Betriebsrentenstärkungsgesetzes". Dort wird bestimmt, dass Sie von Einkünften aus einer **freiwilligen zusätzlichen** Altersvorsorge, die mtl. ausgezahlt wird, zunächst **100 EUR** anrechnungsfrei behalten dürfen. Aus dem übersteigenden Einkommen bleiben weitere **30 Prozent** anrechnungsfrei, dieser Betrag ist allerdings auf **50 Prozent** der Regelbedarfsstufe 1 (251 EUR, Stand 2023) beschränkt (§ 82 Abs. 4 u. 5 SGB XII).

Daher kann es sich für Menschen, die später einmal auf Grundsicherung angewiesen sein werden, „lohnen", eine freiwillige zusätzliche Altersvorsorge abzuschließen (→ 5 Rn. 8 ff.).

1.4.2 Freibetrag für langjährig Rentenversicherte

16 Seit dem 1.1.2021 ist das Gesetz für die „Grundrente" für langjährig Versicherte in Kraft. Wer mindestens 33 Jahre lang in der gesetzlichen Rentenversicherung oder einer anderen verpflichtenden Alterssicherung versichert war, hat die Anwartschaftszeit für einen Grundrentenzuschlag erfüllt. Ab 35 Jahren Versicherungszeit wird der Zuschlag in voller Höhe berechnet.

17 Rentner*innen im Bezug von HzL und GSi, die 33 Versicherungsjahre für „Grundrente" angehäuft haben, erhalten unabhängig davon, ob ihnen der Zuschlag tatsächlich zusteht, einen **zusätzlichen Freibetrag** von ihrem **Renteneinkommen** (§ 82a SGB XII). Wie beim Freibetrag für Einkünfte aus freiwilliger zusätzlicher Altersvorsorge (→ Rn. 15) soll von der Rente mtl. ein Grundbetrag in Höhe von **100 EUR** anrechnungsfrei bleiben, zuzüglich **30 Prozent** des diesen Betrag übersteigenden gesetzlichen Renteneinkommens. Auch hier ist der Freibetrag auf max. 50 **Prozent** der Regelbedarfsstufe 1 (251 EUR, Stand 2023) begrenzt. Der ab 2018 eingeführte Freibetrag für eine zusätzliche Altersvorsorge ist **zusätzlich** zu gewähren.

Näheres zu dem Freibetrag für das Renteneinkommen von Rentner*innen mit mindestens 33 Jahren Versicherungszeit unter dem Beitrag Rentenversicherung (→ 91 Rn. 53 ff.).

1.5 Einkommen und Vermögen in einer „gemischten" Bedarfsgemeinschaft

18 Wegen der sich gegenseitig ausschließenden Anspruchsvoraussetzungen für Bürgergeld nach dem SGB II und Grundsicherung nach dem SGB XII kommt es immer wieder vor, dass voll erwerbsgeminderte GSi-Beziehende mit erwerbsfähigen bürgergeldberechtigten Partner*innen (ggf. mit Kindern) in einer „**Mischbedarfsgemeinschaft**" wohnen.

Die „strengeren" Regeln für die Heranziehung von Einkommen und Vermögen nach §§ 82 und 90 SGB XII gelten dann nur für die*den Beziehende*n von GSi.

Das **Bürgergeld des*r Partners*Partnerin** ist zwar aufgrund der unterschiedlichen Regelungen der Einkommensbereinigung (→ 38) unter Umständen etwas höher, es darf aber als zweckidentische existenzsichernde Leistung nicht als Einkommen auf die GSi der Sozialhilfe angerechnet werden (BSG 9.6.2011 – B 8 SO 20/09 R).

Das Gleiche gilt für das höhere **Schonvermögen** von SGB II-Berechtigten. Ihnen muss verbleiben, *„was [ihnen] im Sinne des SGB II nicht genommen werden dürfte"*. Das nach SGB XII-Kriterien anzurechnende Vermögen des*r erwerbsfähigen Partners*Partnerin ist deshalb im Rahmen der **Härtefallregelung** als Schonvermögen anzuerkennen (§ 90 Abs. 3 SGB XII; BSG 20.9.2012 – B 8 SO 13/11 R).

1.6 Keine Vermutung der Bedarfsdeckung durch andere Personen, wenn Sie in einer Haushaltsgemeinschaft wohnen

19 Das Sozialamt darf nicht vermuten, dass Eltern oder andere Mitbewohner*innen von Grundsicherungsbeziehenden deren Miete zahlen oder dass diese für deren Lebensunterhalt aufkommen, wenn das Einkommen und Vermögen der Mitbewohner*innen die Freibeträge übersteigt (§ 43 Abs. 6 SGB XII; Nichtanwendung des § 39 S. 1 SGB XII). Das gilt jedoch nicht, wenn Sie tatsächlich finanzielle Mittel zum Lebensunterhalt von den Mitbewohner*innen Ihrer Haushaltsgemeinschaft (→ 54) erhalten.

2. Unterhaltspflicht

20 Die nicht gesteigerte Unterhaltspflicht wurde schon 2003 bei GSi weitgehend abgeschafft. Das war bis 2020 ihr **wichtigster Vorteil** gegenüber der Sozialhilfe. Seit 2020 werden die privilegierten Unterhaltsregelungen der GSi in der gesamten Sozialhilfe angewendet (§ 94 Abs. 1a SGB XII).

Unterhaltsverpflichtete Personen werden nun lediglich zum Unterhalt herangezogen, wenn ihr Jahreseinkommen **mehr** als

51 Grundsicherung (GSi)

100.000 EUR vor Steuern beträgt (§ 94 Abs. 1a S. 2 SGB XII). Auch bei zusammenlebenden unterhaltsverpflichteten Eltern gilt diese Einkommensgrenze **pro Elternteil** (BSG 25.4.2013 – B 8 SO 21/11 R).

Daraus folgt, dass „normal" verdienende erwachsene Kinder und Eltern regelmäßig **nicht** zum Unterhalt für die erwerbsgeminderten bzw. verrenteten Angehörigen ersten Grades herangezogen werden, wenn diese Grundsicherung (aber auch andere Leistungen der Sozialhilfe, zB Hilfe zu Pflege) beziehen. Das gilt ebenso für Menschen mit Behinderung, die Leistungen der GSi beziehen.

21 Das Sozialamt darf ohne konkrete Hinweise, dass Unterhaltsberechtigte ein Einkommen in Höhe der Einkommensgrenze oder darüber erzielen, nicht routinemäßig **Einkommensnachweise** fordern, sondern nur „*Angaben verlangen, die Rückschlüsse über die Einkommensverhältnisse [...] zulassen*", zB deren berufliche Situation usw. Es gilt nämlich die Vermutung, dass das Einkommen der Unterhaltsberechtigten 100.000 EUR nicht übersteigt (§ 94 Abs. 1a S. 3 u. 4 SGB XII).

Näheres dazu finden Sie unter dem Beitrag Unterhaltspflicht (→ 115 Rn. 48 ff.).

3. Hilfe zum Lebensunterhalt (HzL) statt Grundsicherung?

22 Wer „*seine Bedürftigkeit in den letzten zehn Jahren [...] vorsätzlich oder grob fahrlässig herbeigeführt*" (§ 41 Abs. 4 SGB XII) hat, hat keinen Anspruch auf GSi.

Das trifft zu, wenn Sie Vermögen **verschenken**, das bei der Grundsicherung einzusetzen wäre, zB ein Grundstück, ein nicht selbst bewohntes Haus, eine Ferienwohnung, Geldvermögen usw (→ 96).

Voraussetzung ist aber, dass jemand sein*ihr Vermögen vorsätzlich oder grob fahrlässig verschenkt. Zwischen Schenkung bzw. hohen Ausgaben und der späteren Bedürftigkeit muss ein ursächlicher Zusammenhang bestehen. Das dürfte umso schwerer nachzuweisen sein, je weiter die Angelegenheit zurückliegt. Ein ursächlicher Zusammenhang ist immer dann nicht gegeben, wenn Ihre Altersvorsorge zum Zeitpunkt der Schenkung ausreichend war.

23 **Ausschluss** der Grundsicherung bedeutet, dass der*die davon Betroffene keine GSi, sondern HzL der Sozialhilfe bekommt. Denn hier fallen ein paar kleinere Vorteile weg, die in der Grundsicherung noch immer bestehen.

4. Kritik

24 Die Grundsicherung (GSi) trat am 1.1.2003 mit dem Ziel in Kraft, ältere sowie dauerhaft voll erwerbsgeminderte Menschen „*unabhängig von Sozialhilfe*" zu machen.

Bis Ende 2004 betrug die Grundsicherung 297 EUR plus einer Pauschale von 44,55 EUR (15 Prozent vom Regelbedarf), also 341,55 EUR. Bis Ende 2004 konnten GSi-Beziehende darüber hinaus einmalige Beihilfen der Sozialhilfe beantragen. Auch das war keine Unabhängigkeit von Sozialhilfe.

Seit 2005 sind einmalige Leistungen nicht mehr möglich. Der 15-prozentige Zuschlag ist weggefallen. Man bekommt heute 502 EUR (Stand 2023) – und Schluss. Der Regelbedarf ist unter Berücksichtigung der Preissteigerung heute niedriger als das frühere Leistungsniveau vor 2005.

Durch die Einbeziehung der GSi in das SGB XII wurde von offizieller Seite aufgegeben, Grundsicherungsberechtigte unabhängig von Sozialhilfe zu machen. Grundsicherung ist Sozialhilfe.

5. Forderungen

25 Steuerfinanzierte Mindestrente in Höhe von 1.100 EUR statt GSi als „Fürsorgeleistung" der Sozialhilfe!

52
„Härtefallmehrbedarfe" – Mehrbedarf für laufende und einmalige unabweisbare Bedarfe

1. Härtefallmehrbedarf 1
   1.1 Besonderer Bedarf 6
   1.2 Unabweisbarkeit des Bedarfs 8
   1.3 Laufender Bedarf 11
   1.4 Einmaliger Bedarf 13
2. Regelungen zum laufenden Härtefallmehrbedarf 14
   2.1 Positivliste der BA 15
   2.2 Negativliste der BA 16
   2.3 Was noch alles in den laufenden Härtefallmehrbedarf gehört 20
   2.4 Digitale Endgeräte als einmalig zu beschaffende, aber laufend benötigter Bedarf 21
      2.4.1 Digitale Teilhabe in den Grundsicherungssystemen .. 29
   2.5 Kosten zur Wahrnehmung des Umgangsrechts 34
   2.6 Abweichende Festsetzung/Aufstockung der Regelsätze im SGB XII-Leistungsbereich in München und Mehrbedarf 37
   2.7 Überhöhte Kosten der Haushaltsenergie als Härtefallmehrbedarf ... 38
   2.8 Auslegung des Härtefallmehrbedarfs bzw. abweichende Regelleistungen 49
   2.9 Kein Abzug eines Eigenanteils aus dem Regelbedarf 51
3. Einmalige Bedarfe im Rahmen der Härtefall(mehr)bedarfe im SGB II/SGB XII 52
   3.1 Voraussetzungen für einmalige Leistungen im Rahmen der Härtefall(mehr)bedarfe 56
   3.2 Zur Nichtzumutbarkeit eines Darlehens im SGB II/SGB XII 61
   3.3 Klassische einmalige Bedarfe im SGB II/SGB XII 64
      3.3.1 Elektrogroßgeräte 65
      3.3.2 Computer, Drucker, Tastatur, Maus und Software 70
      3.3.3 Brille oder, bei medizinischer Indikation, Kontaktlinsen ... 74
      3.3.4 Pass- und Passbeschaffungskosten 77
         3.3.4.1 Passbeschaffungskosten im SGB II/SGB XII 79
      3.3.5 Weitere mögliche einmalige Kosten 85

3.4 Nichtzumutbarkeit eines Darlehens, wenn schon andere Darlehen bestehen 87
3.5 Praxisstrategie SGB II/SGB XII 88
4. Antrag und Verfahren bei laufenden Härtefall(mehr)bedarfsleistungen 91
5. Forderungen 94

1. Härtefallmehrbedarf

1 In seinem ersten *„Regelsatzurteil"* vom 9.2.2010 hat das Bundesverfassungsgericht (BVerfG) eine sogenannte *„Härtefallregelung" „zur Sicherstellung eines unabweisbaren, laufenden, nicht nur einmaligen besonderen Bedarfs"* angeordnet. Weil die Regelleistungen pauschaliert sind und für höhere Leistungen außerhalb der pauschalierten Regelleistungen bis dahin keine Anspruchsgrundlage bestand, sei dieser Bedarf *„zur Gewährleistung eines menschenwürdigen Existenzminimums [...] zwingend zu decken"* (BVerfG 9.2.2010 – 1 BvL 1/09, 1 BvL 3/09 und 1 BvL 4/09). Das Gericht hat deshalb mit sofortiger Wirkung angeordnet, *„dass dieser Anspruch [...] unmittelbar aus Art. 1 GG in Verbindung mit Art. 20 Abs. 1 GG zu Lasten des Bundes geltend gemacht werden kann"* (Pressemitteilung BVerfG, 9.2.2010).

Die Sicherung des Anspruchs wurde durch das BVerfG angeordnet und die Bundesregierung hat ihn zum 2.7.2010 fast wortwörtlich ins SGB II übertragen, anstatt eine flexiblere Regelung nach dem Vorbild der Sozialhilfe (§ 27a Abs. 4 SGB XII) zu schaffen. *„Bei erwerbsfähigen Leistungsberechtigten wird ein Mehrbedarf anerkannt, soweit im Einzelfall ein unabweisbarer, laufender, nicht nur einmaliger besonderer Bedarf besteht"* (§ 21 Abs. 6 S. 1 SGB II – alte Rechtslage bis 31.12.2020).

Als „Härtefallregelung" für nicht von den SGB II-Leistungen umfasste Bedarfslagen wurde sie von der BA von vornherein zum Ausnahmezustand deklariert: Der zusätzliche Anspruch ist *„angesichts seiner engen und strikten Tatbestandsmerkmale auf wenige Fälle begrenzt"* (FW 21.36), so die Position der BA.

Richtig wäre gewesen, die Anspruchsvoraussetzungen für einen nicht näher bestimmten Bedarf ergebnisoffen auszulegen. Stattdessen wurde von oben eine restriktive Gewährungspraxis für die neue Leistung angeordnet (vgl. Klerks, info also 2010, 205).

2 Das BVerfG hat in seinem zweiten Urteil zu den Regelsätzen darauf hingewiesen, dass die Regelsätze in einer Höhe festgesetzt wurden, in der sie **kurz vor der Verfassungswidrigkeit sind** (BVerfG 23.7.2014 – 1 BvL10/12). Das BVerfG hat hier verschiedene Änderungsbedarfe eingefordert, so insbesondere in den Bereichen der **Elektrogroßgeräte**, der **Brillen** sowie der **einmaligen Bedarfe** und die Sozialgerichte aufgefordert, die jeweiligen Bedarfe bis zur Schaffung einer Anspruchsgrundlage durch verfassungskonforme Auslegung zu gewähren (BVerfG 23.7.2014 – 1 BvL 10/12, Rn. 116, 120).

Mit den „Schulbuchurteilen" vom Mai 2019 hat das BSG eine solche verfassungskonforme Auslegung vorgenommen, indem es einmalig anzuschaffende, aber laufend benötigte Schulbücher in den Härtefallmehrbedarf nach § 21 Abs. 6 SGB II angeordnet hat, in dem laut Gesetz „einmalige Bedarfe" nicht zulässig waren (BSG 8.5.2019 – B 14 AS 6/18 R und B 14 AS 13/18 R). Grund dafür war, dass bei den klagenden, die Oberstufe besuchenden Geschwistern lediglich 27 Cent/mtl. für Bildung im Regelsatz enthalten waren, es aber Bücher von je 135,65 EUR zu kaufen galt. Hier hat das BSG eine eklatante, nicht vertretbare Unterdeckung gesehen und es als nicht zumutbar betrachtet, bei derart geringen Beträgen ein Darlehen für vom Regelsatz umfassten Bedarf zu gewähren. Zudem wurden die Sozialgerichte vom BVerfG aufgefordert, „verfassungskonform auszulegen". Mit dem Urteil hat das BSG die vom BVerfG geforderte Lücke hinsichtlich einmaliger Bedarfe vom Grundsatz her geschlossen.

Zum 1.1.2021 wurde nun vom Gesetzgeber der Härtefallmehrbedarf auch für einmalige Bedarfe geöffnet. Es heißt nun im Gesetz: *„Bei Leistungsberechtigten wird ein Mehrbedarf anerkannt, soweit im Einzelfall ein unabweisbarer, besonderer Bedarf besteht"* (§ 21 Abs. 6 SGB II).

3 Gleichzeitig wurde der Zugang wieder erschwert, indem noch eingefügt wurde: *„[B]ei einmaligen Bedarfen ist weitere Voraussetzung, dass ein Darlehen nach § 24 Absatz 1 ausnahmsweise nicht zumutbar oder wegen der Art des Bedarfs nicht möglich ist"* (§ 21 Abs. 6 SGB II). In der Praxis bedeutet diese Eingrenzung, dass jetzt wieder umfassende Diskussionen geführt werden müssen, wann ein Darlehen nach § 24 Abs. 1 „ausnahmsweise" zumutbar bzw. nicht zumutbar ist und über die Regelung zu streiten ist, wann der Fall vorliegt, dass ein Darlehen nach 24 Abs. 1 SGB II für vom Regelsatz umfasste Bedarfe nicht möglich ist.

4 Die BA hat im Dezember 2021, also fast ein Jahr nach Gesetzesänderung, eine Weisung zu den Härtefallmehrbedarfen erlassen, in der sie festlegt: *„Bei einmaligen Bedarfen, die vom Regelbedarf erfasst sind, kommt dagegen grundsätzlich ein Darlehen nach § 24 Absatz 1 in Betracht"* (FW 21.40). Mit dieser Weisung versucht die BA die Maßgabe des BVerfG und das Gesetz auszuhebeln, indem Sie sinngemäß sagt: grundsätzlich gibt es keine einmaligen Bedarfe. Das ist offener Rechtsbruch.

Zum 1.1.2023 wurde im Zuge der Änderungen um das Bürgergeldgesetz im SGB XII der Mehrbedarf für **einmalige, unabweisbare, besondere Bedarfe**, bei denen ein Regelsatzdarlehen nach § 37 Abs. 1 nicht zumutbar oder wegen der Art des Bedarfs nicht möglich ist, eingeführt (§ 30 Abs. 10 SGB XII).

5 Angesichts der massiven Unterdeckung der Regelleistungen und systematischen Regelungslücken im SGB II/SGB XII ist die Auseinandersetzung über die Auslegung der Vorschriften über die laufenden und einmaligen Bedarfe von zentraler Bedeutung. Diese Bedeutung besteht aus Betroffensicht, auch wenn das BSG der Auffassung ist, dass die Härtefallmehrbedarfsregelung nicht die Funktion habe, eine (vermeintlich oder tatsächlich) unzureichende Höhe des Regelbedarfs an sich auszugleichen (BSG 20.7.2022 – B 7 AS 83/22 BH; BSG 12.5.2021 – B 4 AS 88/20 R). Hier wird noch viel Streit notwendig sein, um gegen solches, gezielt das Recht ignorierende Handeln eigene Ansprüche auf ein menschenwürdiges Dasein entgegenzustellen.

1.1 Besonderer Bedarf

6 Das Gesetz bestimmt: *„Bei Leistungsberechtigten wird ein Mehrbedarf anerkannt, soweit im Einzelfall ein unabweisbarer, besonderer Bedarf besteht"* (§ 21 Abs. 6 SGB II).

Eine besondere Bedarfslage liegt vor, wenn die Bedarfslage eine andere ist als bei typischen Empfänger*innen von Leistungen zur Sicherung des Lebensunterhaltes und ein Bedarf von dem – auf dem Wege einer statistischen Durchschnittsbetrachtung ermittelten – Regelbedarf nicht erfasst wird oder ein höherer, überdurchschnittlicher Bedarf besteht, der in erheblicher Weise von durchschnittlichen Bedarf abweicht (BSG 11.2.2015 – B 4 AS 27/ R; BSG 18.11.2014 – B 4 AS 4/14 R; BSG 4.6.2014 – B 14 AS 30/13 R) oder wenn die in den Regelleistungen (→ 89) dafür vorgesehenen Beträge zu gering oder die Bedarfe gar nicht darin enthalten sind.

7 Das ist der Fall, wenn die jeweilige Bedarfsposition zwar dem Grunde nach im Regelbedarf berücksichtigt ist, aber aufgrund der atypischen Bedarfslage ein überdurchschnittlicher Bedarf auftritt, der dann nicht mehr ausreichend vom Regelsatz gedeckt ist (zB krankheits- und behindertenbedingte Aufwendungen, Kosten der Umgangswahrnehmung, Fahrtkosten aufgrund besonderer Anlässe; → Rn. 20).

1.2 Unabweisbarkeit des Bedarfs

8 *„Der Mehrbedarf ist unabweisbar, wenn er insbesondere nicht durch die Zuwendungen Dritter sowie unter Berücksichtigung von Einsparmöglichkeiten der Leistungsberechtigten gedeckt ist und seiner Höhe nach erheblich von einem durchschnittlichen Bedarf abweicht"* (§ 21 Abs. 6 S. 2 SGB II).

Das bedeutet, Sie müssen zunächst versuchen, den Bedarf durch **vorrangige Leistungen** anderer Träger, zB Kranken-, Pflegekasse, Rehabilitationsträger oder durch das Blindengeld abzudecken.

Auf freiwillige **Zuwendungen** von Wohlfahrtsorganisationen oder Angehörigen kann man Sie allerdings nicht verweisen, wenn hierzu keine gesetzliche Verpflichtung besteht. Sie müssen sich nicht vorrangig um Almosen bemühen, wenn solche Zuwendungen nicht ohne Ihr Zutun geleistet werden. Zudem hat das BVerfG in seinem Urteil vom 9.2.2010 darauf hingewiesen, dass Hilfebedürftige nicht auf freiwillige Leistungen des Staates oder Dritter verwiesen werden dürfen, deren Erbringung nicht durch ein individuelles Recht des*r Hilfebedürftigen gewährleistet sei (BVerfG 9.2.2010 – 1 BvL 1/09, 1 BvL 3/09, 1 BvL 4/09).

9 Welche **Einsparmöglichkeiten** im Regelbedarf bestehen, ist ausgesprochen strittig. Der Paritätische rechnet vor, dass der Regelsatz 725 EUR statt 502 EUR monatlich betragen müsste um ein menschenwürdiges Dasein sicherzustellen (Pressemitteilung 9.11.2022). Die Inflationsraten zwischen September und November 2002 betrugen jeweils 10 Prozent oder mehr (Statistisches Bundesamt Pressemitteilung Nr. 022 v. 17.1.2023), die Kosten für Haushaltsenergie haben sich seit 2022 teils verdoppelt, hier ist also keinerlei Spielraum für Einsparmöglichkeiten.

Gerade wenn der besondere Bedarf dauerhaft sein soll, kann man Sie langfristig nicht darauf verweisen, den im Regelbedarf enthaltenen **Ansparbetrag** (16 Prozent des Regelbedarfes, im Jahr 2023 somit 80,32 EUR) aufzuwenden, weil damit die Unterdeckung bei unregelmäßig wiederkehrenden Bedarfslagen (Ersatzbeschaffung für Hausrat, Bekleidung, Reparaturen, Dienstleistungen usw) vorprogrammiert ist. Wenn Sie im Bedarfsfall gezwungen sind, dafür ein Darlehen (→ 40 Rn. 19 ff.) aufzunehmen, wird dieses mit zehn Prozent des Regelbedarfs aufgerechnet, ab 1.7.2023 denkt sich dieser Betrag auf 5 Prozent (→ 30 Rn. 14) und der Verteilungsspielraum innerhalb des Regelbedarfs reduziert sich auf null.

Auch der Verweis auf den Einsatz des **Erwerbstätigenfreibetrages** ist **nicht zu rechtfertigen**, wenngleich die BA diese Auffassung vertritt (FW 21.38a). Dieser soll den höheren Bedarf von Erwerbstätigen an Bekleidung, Verpflegung uÄ decken und als Anreiz für die Ausübung einer Beschäftigung dienen (LPK-SGB II § 11b Rn. 61).

10 Unserer Meinung nach ist es ebenfalls nicht zulässig, Sie auf den vorrangigen Einsatz des **Schonvermögens** zu verweisen. Ein

solcher **Vermögens**einsatz (→ 119) würde Sie im Fall einer „*laufenden, nicht nur einmaligen besonderen*" Bedarfslage gegenüber anderen Leistungsberechtigten dauerhaft benachteiligen, denn Leistungen nach dem SGB II sollen ja gerade **nicht** vom Einsatz von Schonvermögen (§ 12 Abs. 2 SGB II) abhängig gemacht werden. Das gilt im Übrigen auch für die anderen **Mehrbedarfszuschläge** (→ 74), die ebenfalls besondere Bedarfslagen abdecken. Allenfalls für Menschen in der Karenzzeit von einem Jahr, die dort den Vermögensbetrag von 40.000 EUR ausschöpfen können (→ 119 Rn. 18 ff.) und diejenigen, deren Vermögen sich oberhalb des regulären Vermögens von 15.000 EUR befindet, könnte der vorrangige Vermögenseinsatz vertretbar sein.

Entscheidend ist, wann das verfassungsrechtlich gebotene **soziokulturelle Existenzminimum** unterschritten wird und Einsparmöglichkeiten in anderen Bedarfspositionen (zB Freizeit, Unterhaltung, Kultur oder Beherbergungs- und Gaststättendienstleistungen) ausgeschöpft sind. Auf der anderen Seite dürfen Sie durch die atypische Bedarfslage auch nicht dauerhaft von der Möglichkeit ausgeschlossen werden, zB soziale Beziehungen zu Ihrer Umwelt zu unterhalten.

1.3 Laufender Bedarf

11 Nach der Urteilsbegründung des BVerfG muss es sich beim Härtefallmehrbedarf um einen regelmäßig wiederkehrenden, dauerhaften, längerfristigen Bedarf handeln. Für die Beurteilung der Regelmäßigkeit sollte laut Gesetzesbegründung auf den Bewilligungszeitraum abgestellt werden (BT-Drs. 17/1465, 9). Um einen laufenden Bedarf handelt es sich, wenn dieser im Bewilligungszeitraum nicht nur einmalig, sondern mehr als einmal auftritt. Allerdings kann ein regelmäßig wiederkehrender Bedarf auch vorliegen, wenn er prognostisch zumindest im nächsten Bewilligungsabschnitt wieder entsteht. Es reicht dabei die prognostische Möglichkeit, dass für die Zukunft für einen bestimmte Sachverhalt vorhergesagt (prognostiziert) wird, dass der Bedarf zumindest im nächsten Bewilligungsabschnitt erneut auftreten wird (Eicher/Luik/Harich SGB II § 21 Rn. 69).

12 Ob eine wiederkehrende Bedarfslage ggf. auch bei größeren Zeitabständen zwischen dem Entstehen des Bedarfs vorliegt, hängt unserer Ansicht nach vor allem von Art und Höhe des jeweiligen Bedarfs ab. Das LSG NRW hat eine solche Bedarfslage bei einer chronischen Augenerkrankung anerkannt, die zu einer kontinuierlichen Verschlechterung der Sehkraft führt und eine häufigere Anpassung der Sehschärfe notwendig macht. Die Anschaffung einer Brille sei in diesem Fall ein regelmäßig wiederkehrender Sonderbedarf, der dann im Rahmen der Härtefallregelung als Zuschuss zu übernehmen ist (LSG NRW 12.6.2013 – L 7 AS 138/13 B).

1.4 Einmaliger Bedarf

13 Seit Januar 2021 können im SGB II und seit Januar 2023 im SGB XII auch einmalige Bedarfe offiziell unter die Härtefallregelung fallen. Näheres finden Sie unter → Rn. 52 ff.

2. Regelungen zum laufenden Härtefallmehrbedarf

14 Im Folgenden wird detaillierter darauf eingegangen, welche Fälle bisher zu den laufenfen Härtefallmehrbedarfen gehörten. Da es sich hierbei um einen unbestimmten Rechtsbegriff handelt und die Gerichte über die einzelnen Anträge entscheiden müssen, entwickeln sich die Bedarfspositionen regelmäßig weiter bzw. werden erweitert.

2.1 Positivliste der BA

15 Da das Bundesministerium für Arbeit und Soziales unter Hubertus Heil eine sehr enge und einschränkende Auslegung der „Härtefallregelung" vorgibt, wurde von der BA eine kurze Liste mit Bedarfslagen erstellt, bei denen **zusätzliche Leistungen** in Frage kommen:

- Pflege- und Hygieneartikel (FW 21.41) bei HIV-Infektion (BSG 19.8.2010 – B 14 AS 13/10 R), Hautpflegemittel bei Neurodermitis (SG Bremen 28.2.2011 – S 22 AS 2474/10 ER),
- Putz-/Haushaltshilfe für körperlich stark beeinträchtigte Personen (FW 21.41) (zB Rollstuhlfahrer*innen), aber auch bei erheblicher Einschränkung nach einer Ope-

ration (SG Stuttgart 7.7.2010 – S 24 AS 3645/10 ER),
- Hilfe zur Weiterführung des Haushalts, zB weil ein alleinerziehender Elternteil wegen Krankheit oder Behinderung hierzu zeitweise nicht mehr in der Lage ist. Die BA führt aus, dass die sog. große Haushaltshilfe nach § 70 SGB XII nicht in Betracht kommt, wenn keiner der Haushaltsangehörigen den Haushalt führen kann und daher der Anspruch nach § 21 Abs. 6 SGB II besteht (FW 21.41), und
- angemessene Kosten zur Wahrnehmung des Umgangsrechts (→ 111) (BSG 4.6.2014 – B 14 AS 30/13 R; BSG 11.2.2015 – B 4 AS 27/14 R; BSG 18.11.2014 – B 4 AS 4/14 R; BSG 20.1.2016 – B 14 AS 8/15 R), vor allem Fahrtkosten, zusätzliche (Fahrt-)Kosten für die Begleitung der Kinder und Kosten für die auswärtige Übernachtung des Elternteils (LSG Niedersachsen-Bremen 9.6.2010 – L 13 AS 147/10 B ER). In → Rn. 34 wird darauf noch näher eingegangen.

Diese Liste ist **nicht abschließend** (FW 21.41).

2.2 Negativliste der BA

16 Damit keine Begehrlichkeiten aufkommen, hat die BA auch eine nicht abschließende Liste von Fallgestaltungen beigefügt, bei denen **keine** zusätzlichen Leistungen zu erbringen sind:
- Schüler*innenfahrkarte,
- Nachhilfeunterricht,
- Bekleidung und Schuhe in Über- bzw. Untergrößen (aA LSG Berlin-Brandenburg → Rn. 85) und
- Kinderbekleidung im Wachstumsalter (FW 21.42).

17 Wenn man sich die Weisung der BA anschaut, kommt man zu dem Ergebnis, dass die BA versucht, die Vorschrift maximal restriktiv auszulegen und jeden erdenkbaren Anspruch auszuschließen. Die Weisung verstößt massiv gegen die Vorgaben des BVerfG, die Rechtsprechung des BSG und sogar gegen die gesetzlichen Regelungen in § 21 Abs. 6 SGB II selbst. Die Weisungen der BA sind zwar kein Gesetz, aber alle Jobcenter werden sich zunächst an dieser Weisung orientieren. Dabei gilt grundsätzlich: Es ist „*sicherzustellen, dass die sozialen Rechte möglichst weitgehend verwirklicht werden*" (§ 2 Abs. 2 SGB I). Die BA regelt mit ihren Weisungen das Gegenteil, **hier geht es um maximalen Leistungsausschluss** und darum, diesen so lange wie möglich zu zementieren.

18 In Bezug auf Schulbücher hat das BSG den Anspruch nicht vom Regelbedarf ausreichend gedeckt angesehen, weil darin für Jugendliche von 14 bis 17 Jahren lediglich 0,23 EUR im Monat (Regelbedarf 2020) für Bildungskosten vorgesehen waren – im RB 2023 wurden die Bildungskosten für 14- bis 17-Jährige auf gewaltige 0,75 EUR im Monat erhöht – und diese auch nicht vom Bildungs- und Teilhabepaket umfasst sind, weswegen das BSG den Anspruch im Rahmen verfassungskonformer Auslegung im Härtefallmehrbedarf nach § 21 Abs. 6 SGB II angesiedelt hat (BSG 8.5.2019 – B 14 AS 6/18 R und B 14 AS 13/18 R). Entsprechend haben verschiedene Sozialgerichte Zuzahlungen und Eigenanteile zu Schulbüchern ebenfalls in diese Anspruchsgrundlage einsortiert (SG Köln 29.5.2019 – S 40 AS 352/19; SG Düsseldorf 5.8.2019 – S 35 AS 3046/19 ER; SG Dessau-Roßlau 20.6.2019 – S 3 AS 1283/18).

Als Folge der BSG-Entscheidung wurde 2021 der Mehrbedarf nach § 21 Abs. 6a SGB II bzw. § 30 Abs. 9 SGB XII eingeführt, der den Anspruch auf Übernahme von Schulbüchern, Zuzahlungen und Eigenanteile zu Schulbüchern beinhaltet, wenn diese „*aufgrund der jeweiligen schulrechtlichen Bestimmungen oder schulischen Vorgaben Aufwendungen zur Anschaffung oder Ausleihe von Schulbüchern oder gleichstehenden Arbeitsheften*" bestehen. Dass dieser Mehrbedarf eingeführt wurde, ist erst einmal zu begrüßen.

19 Systematisch ist er aber völlig verfehlt, da er ins Bildungs- und Teilhabepaket einzusortieren wäre. Über die Platzierung in die Mehrbedarfe im SGB II und SGB XII sind andere Gruppen, die sonst BuT-Leistungen erhalten, davon ausgeschlossen, so zB BuT-Berechtigte im Kinderzuschlag, Wohngeld-Empfänger*innen sowie Geflüchtete, die AsylbLG-Grundleistungen erhalten. Wobei

aus dem Wohngeld ohne Probleme für einen Monat SGB II-/SGB XII-Leistungen beantragt werden können, und auch aus dem KiZ ist das grundsätzlich kein Problem; und bei den AsylbLG-Grundleistungen kann der Anspruch im Rahmen der „sonstigen Bedarfe" nach § 6 Abs. 1 AsylbLG geltend gemacht werden.

2.3 Was noch alles in den laufenden Härtefallmehrbedarf gehört

20 Neben den in der BA-Positivliste aufgeführten Bedarfslagen kommen Mehrbedarfszuschläge **unter anderem** bei folgenden Sonderbedarfen in Betracht (vgl. u.a. Geiger 2022, 336 ff.):

- **Bekleidungsüber- oder Untergrößen:** Laufende Kosten für Bekleidung, Wäsche und Schuhe in Übergröße in Höhe von monatlich 28,36 EUR für Hilfeempfangende nach dem SGB II mit einer Körpergröße von 2,07 m und Schuhgröße 52 lösen einen Mehrbedarf nach § 21 Abs. 6 SGB II aus (LSG Berlin-Brandenburg 7.4.2022 – L 9 AS 400/19); Bekleidung bei Übergröße und/oder -gewicht oder für Rollstuhlfahrer*innen (LSG Berlin-Brandenburg 4.4.2011 – L 15 SO 41/11 NZB; BSG zu vergleichbarer Situation in der Sozialhilfe: 24.2.2016 – B 8 S 13/14 R, aber vergleichbar und entgegen der Ansicht der BA; → Rn. 16),
- **Besuchs- und Reisekosten Inhaftierter** zum Besuch eines **inhaftierten Kindes** (BSG 28.11.2018 – B 14 AS 48/17 R; LSG Bayern 10.7.2012 – L 7 AS 963/10; SG Ulm 23.10.2013 – S 8 AS 3164/13 ER; SG Braunschweig 9.4.2014 – S 49 AS 2184/12; SG Hannover 1.11.2016 – S 54 AS 697/16); eines*r inhaftierten **Ehepartners*Ehepartnerin** (LSG Sachsen-Anhalt 22.6.2016 – L 4 AS 196/15); eines*r inhaftierten **Einstehenspartners*Einstehenspartnerin** (BSG 26.1.2022 – B 4 AS 3/21 R; LSG Sachsen-Anhalt 7.7.2020 – L 2 AS 346/17); eines im Ausland inhaftierten, volljährigen Kind oder eines*r nahen Angehörigen (BSG 28.11.2018 – B 14 AS 48/17 R); zu einem inhaftierten **Elternteil** (SG Reutlingen 27.2.2013 – S 2 AS 1515/12). Dabei können Besuchskosten in die JVA auch zwei Mal im Monat gewährt werden (LSG NRW 27.12.2011 – L 19 AS 1558/11 B),
- **Besuchsfahrten eines Kindes** zu dessen im **Pflegeheim befindlichen Elternteil** sind zwei Mal die Woche zu gewähren. Auch für Erwachsenen können verwandtschaftliche Bindungen von herausgehobener Bedeutung sein und fallen in den Schutzbereich Art. 6 Abs. 2 S. 1 GG (Schutz der Familie) (LSG Baden-Württemberg 4.2.2020 – L 2 AS 3963/19 ER-B),
- **Betreuungskosten** beim Besuch eines*r kranken/inhaftierten Partners*Partnerin,
- Kosten einer **Gehbehinderung**, soweit ein atypischer Bedarf nachgewiesen wird (BSG 18.2.2010 – B 4 AS 29/09 R),
- erhöhter **Energieverbrauch** wegen Waschzwangs (LSG Niedersachsen-Bremen 23.2.2011 – L 13 AS/09); bei Neuregelung im Warmwasserbedarf ist die Übernahme nur noch möglich, wenn diese mit separater Zähleinrichtung erfasst wird. Sind die Kosten trotzdem unabweisbar höher, muss der Differenzbetrag im Rahmen des Härtefallmehrbedarfes übernommen werden,
- **Fahrtkosten** bei **Substitutionsbehandlung** bei Drogenabhängigen (LSG Baden-Württemberg 18.3.2020 – L 3 AS 3212/18: LSG NRW 15.2.2016 – L 7 AS 1881/15; SG Wiesbaden 11.10.2010 – S 23 AS 766/10 ER). Unabweisbar ist ein Bedarf, wenn keine tatsächliche Alternative besteht, also eine wohnortnähere Behandlung oder eine Wegbewältigung zu Fuß, mit dem Fahrrad oder mittels Fahrgemeinschaften nicht möglich ist (SG Gießen 19.8.2010 – S 29 AS 981/10 ER; SG Koblenz 17.3.2015 -S 6 AS 214/15 ER). Der Abzug eines Eigenanteils ist unzulässig (SG Detmold 11.9.2014 – S 23 AS 1971/12),
- Kosten für ein medizinisch **indiziertes Kontaktlinsen-Abo** in Höhe von 68 EUR / mtl. (LSG Hessen 1.12.2021 – L 6 AS 359/19), so wie es in der Vorauflage von uns vertreten worden ist,
- **Kosten für Begleithund** wegen Behinderung, insofern notwendig, um die Autonomie des behinderten Menschen zu stärken (LSG Niedersachen-Bremen 18.2.2020 – L 16 KR 253/18, nach Geiger 2022, 337),

- Fahrtkosten bei außergewöhnlichen Umständen, Fahrtkosten zur Therapie, Besuchskosten bei Krankenhausaufenthalt von Partner*in, Angehörigen oder Kind/ern, Suchtkliniken, Fahrtkosten zu notwendigen Facharztbesuchen bei Traumastörungen (SG Mainz 12.11.2013 – S 15 AS 1324/10); außergewöhnliche Fahrtkosten für Therapien (SG Dresden 12.12.2016 – S-3 AS 5728/14; SG Freiburg 21.6.2016 – S 7 710/13). Im SGB XII wurde entschieden, dass auch Fahrtkosten zu ambulanten Behandlungen (SG Regensburg 05.9.2014 – S 9 SO 61/14 ER), zu Nachsorgeuntersuchungen nach Transplantationen oder zur Bisphosphonattherapie zu tragen sind (LSG Sachsen-Anhalt 17.12.2015 – L 6 KR 31/13 u. 16.5.2015 – L 6 KR 49/14); zudem Fahrtkosten zu Kontrolluntersuchungen nach § 60 SGB V (SG Chemnitz 13.10.2014 – S 26 AS 3947/14 ER),
- zu Fahrtkosten bei Sozialphobie gibt es bisher keine Entscheidung, aber hier wird selbstverständlich nach Darlegung der Umstände, Bestätigung des*r behandelnden Arztes*Ärztin, ggf. Vorlage des medizinischen Gutachtens zur rechtlichen Betreuung und ggf. Stellungnahme des*r Betreuers*Betreuerin ein Übernahmeanspruch möglich sein,
- für spezielle zuzahlungspflichtige unabweisbare Medikamente (LSG NRW 12.6.2010 – L 7 AS 701/10 B ER; LSG Sachsen-Anhalt 21.1.2010 – L 10KR 4/07), nicht dagegen bei kieferorthopädischer Behandlung, wenn die medizinisch notwendige Versorgung durch das Leistungsrecht der gesetzlichen Krankenversicherung sichergestellt ist (BSG 12.12.2013 – B 4 AS 6/13 R),
- mit der Schulausbildung verbundene Kosten, soweit diese nicht von den „Leistungen für Bildung und Teilhabe" (→ 27; § 28 SGB II) umfasst sind, zB vorübergehende Übernahme von Schulgeld, wenn kurz vor dem Abschluss ein Schulwechsel nicht mehr zumutbar ist oder Kostenübernahme für eine*n Schulhelfer*in, falls kein Anspruch auf vorrangige Leistungen der Jugendhilfe besteht (VG Berlin 10.12.2010 – VG 18 L 312.10; LSG NRW 20.12.2013 – L 9 SO 429/13 B ER, nach Geiger 2022, 352),
- Fahrtkosten zum Unterrichtsort eines Nachhilfekurses iHv 0,20 EUR/km können als Mehrbedarfsleistungen berücksichtigt werden (LSG Niedersachsen-Bremen 22.3.2018 – L 11 AS 891/16),
- Leihgebühren für ein Musikinstrument, vorliegend eines Cellos (BSG 10.9.2013 – B 4 AS 12/13 R),
- bei Kosten für Dolmetscher*innen und Übersetzer*innen zur Behandlung bei Ärzt*innen und Therapeut*innen besteht der Anspruch über § 21 Abs. 6 SGB II (LSG Niedersachsen-Bremen 30.1.2018 – L 4 KR 147/14), da gem. § 630e BGB der*die Arzt*Ärztin verpflichtet ist, Patient*innen über Art, Umfang und Risiken der Behandlung aufzuklären, da keine Übernahmeverpflichtung durch die KV besteht (BSG 10.5.1995 – 1 RK 20/94), bei Geflüchteten werden Dolmetscherkosten bei Psychotherapie im Rahmen des abweichender Regelsatzes nach § 27a Abs. 2 Nr. 2 SGB XII übernommen (SG Münster 8.6.2020 – S 20 AY 3/17),
- die Anschaffungskosten für schulnotwendige, spezielle Berufskleidung, im vorliegenden Fall Bekleidung für einen Koch, sind im RB strukturell unzureichend erfasst und müssen durch eine verfassungskonforme Auslegung des § 21 Abs. 6 SGB II abgesichert werden (LSG Niedersachsen-Bremen 26.5.2020 – L 11 AS 793/18).

Dann sind des Weiteren nach unserer Auffassung auch die Kosten für Dauer- bzw. Monatskontaktlinsen, wie nun auch erstmals gerichtlich bestätigt wurde (LSG Hessen 1.12.2021 – L 6 AS 359/19) und deren Reinigungsmittel zu übernehmen, da es für die einmalige Anschaffung von Brillen keine Anspruchsgrundlage gibt, obwohl diese Kosten eindeutig, laufend und unabweisbar sind. SGB II-Beziehende sollten aber trotz systemischem Ausschluss von Brillen aus dem Sozialrecht Anspruch auf menschenwürdiges Dasein mit richtigem Sehen haben.

2.4 Digitale Endgeräte als einmalig zu beschaffende, aber laufend benötigter Bedarf

21 Im Regelsatz 2023 sind

Regelbedarfsstufe	Betrag
RB Stufe 1 (Alleinstehende)	3,87 EUR
RB Stufe 2 (volljährige Partner)	3,48 EUR
RB Stufe 3 (volljährige im Haushalt der Eltern)	3,09 EUR
RB Stufe 4 (Jugendliche zwischen 14–17 Jahren)	keine Angaben in der EVS
RB Stufe 5 (Kinder zwischen 6–13 Jahren)	2,67 EUR
RB Stufe 6 (Kinder zwischen 0–5 Jahren)	3,16 EUR

für **Datenverarbeitungsgeräte und Software** im Monat enthalten (nach Rüdiger Böker, Aufteilung nach EVS-Abteilungen des Regel-Bedarfs 2018–2023, abrufbar unter: https://harald-thome.de/files/pdf/2022/Ruediger-Boeker-Aufteilung-Regel-Bedarf-2018-2019-2020-2021-2022-2023_nach-EVS-Abteilungen.pdf).

22 Der Zugang und die Benutzung von digitalen Endgeräten (Computern) ist von *„zentraler Bedeutung für die Lebensführung"* (BGH 24.1.2013 – III ZR 98/12). Arme Menschen sind vielmals durch fehlenden digitalen Zugang massiv benachteiligt, das betrifft erwachsene Menschen, genauso Schüler*innen, die keinen Internetzugang oder entsprechende Endgeräte zu Hause haben. Ohne digitale Teilhabe keine soziale Teilhabe.

23 Das BVerfG hat ausgeführt: *„Wenn einem Menschen die zur Gewährleistung eines menschenwürdigen Daseins notwendigen materiellen Mittel fehlen, weil er sie weder aus seiner Erwerbstätigkeit, noch aus eigenem Vermögen noch durch Zuwendungen Dritter erhalten kann, ist der Staat im Rahmen seines Auftrages zum Schutz der Menschenwürde und in Ausfüllung seines sozialstaatlichen Gestaltungsauftrages verpflichtet, dafür Sorge zu tragen, dass die materiellen Voraussetzungen dafür dem Hilfebedürftigen zur Verfügung stehen"* (BVerfG 9.2.2010 – 1 BvL 1, 3, 4/09).

24 Bei der Bestimmung des Existenzminimums muss *„sowohl die physische Existenz des Menschen, also Nahrung, Kleidung, Hausrat, Unterkunft, Heizung, Hygiene und Gesundheit"* gewährleistet sein, *„als auch die Sicherung der Möglichkeit zur Pflege zwischenmenschlicher Beziehungen und zu einem Mindestmaß an Teilhabe am gesellschaftlichen, kulturellen und politischen Leben [...], denn der Mensch als Person existiert notwendig in sozialen Bezügen"* (BVerfG 9.2.2010 – 1 BvL 1, 3, 4/09).

25 Das SG Köln führt dazu aus: *„Bei dem Bedarf [beantragter Laptop und Drucker im Wert von 450 EUR] handelt es sich um einen grundsicherungsrechtlich relevanten Bedarf für Bildung- und Teilhabe. Denn die Anschaffung eines Laptop bzw. Drucker ist unabhängig vom hier noch maßgeblichen Präsenzschulbetrieb erforderlich gewesen. Denn selbst wenn hier die schulische Bildung in dieser klassischer analoger Form stattfand und klassische Inhalte vermittelte, verlangte und verlangen die Herausforderungen des digitalen Wandels auch nach einer spezifisch digitalen Bildung. Diese digitale Bildung beinhaltet sowohl die Vermittlung digitaler Kompetenzen, dh der Fähigkeit zur fachkundigen und verantwortungsvollen Nutzung digitaler Medien (digitale Bildung als Lehr- und Lerninhalt) als auch das Lernen mit digitalen Medien (digitale Bildung als Instrument). Digitale Bildung vermittelt dabei Schlüsselkompetenzen für das selbstbestimmte Handeln in der digital geprägten Welt und schafft die Voraussetzungen für gesellschaftliche Teilhabe und bereitet auf die Qualifikationsanforderungen der digital geprägten Arbeitswelt vor. Dabei basiert sie auf dem gleichberechtigten Zugang zu Bildung und zielt darauf ab, eine digitale Spaltung der Lernenden zu verhindern und kann somit auch einen wichtigen Beitrag zu mehr Bildungsgerechtigkeit leisten.*

Die Unabdingbarkeit der Ausstattung auch von Schülern mit Computern/Druckern ist durch die Auswirkungen der Corona-Pandemie auf den Schulbetrieb durch die Notwen-

digkeit eines Unterrichtes über digitale Medien auch von zu Hause aus offenkundig geworden." (SG Köln 11.8.2020 – S 15 AS 456/19, Rn. 23, 24).

26 Das SG Köln stellt ferner fest, dass im Regelsatz **keine Kosten zur Anschaffung von Schulcomputern** enthalten sind, sondern lediglich außerhalb der Bildungskosten Kosten für „Datenverarbeitungsgeräte und Software". „Für die Referenzgruppe der Jugendlichen vom 15. bis zum 18. Lebensjahr [sind] in der aktuellen Fassung Verbrauchsausgaben in der Abteilung 10 (Bildung) von monatlich 0,22 EUR (jährlich = 2,64 EUR) [2023: 0,75 EUR/mtl. bzw. 9 EUR/Jahr] vor[gesehen]" (SG Köln 11.8.2020 – S 15 AS 456/19, Rn. 21; Böker, Aufteilung nach EVS-Abteilungen des Regel-Bedarfs 2018–2023, S. 6).

27 Eine Reihe von Sozialgerichten hat bei Schüler*innen vor und während der Coronapandemie Schulcomputer und Drucker gewährt. Diese wurden als Bedarfe in verfassungskonformer Auslegung nach § 21 Abs. 6 SGB II auf Zuschussbasis gewährt. Das ist die gerichtliche Antwort darauf, dass der Gesetzgeber der klaren Aufforderungen des BVerfG, für weitere einmalige Bedarfe eine Anspruchsgrundlage zu schaffen, bis dahin nicht nachgekommen ist. Es liegt somit eine planwidrige Regelungslücke vor, die nun verfassungskonform durch Auslegung zu füllen ist. Das erfolgt über die Bewilligung im Rahmen der Härtefallregelung, denn so kann eine Anspruchsgrundlage auf Zuschussbasis geschaffen werden. Die Gerichte sagen zwar, dass hohe Anschaffungskosten einmaliger Schulmaterialien nur einmal bezahlt werden müssen, sie erfüllen jedoch einen laufenden Bedarf (SG Gotha 17.8.2018 – S 26 AS 3971/17). Bisher wurden so bewilligt:

- **500 EUR für Computer nebst Zubehör** zur Verwirklichung des Rechtes auf Bildung und Chancengleichheit (LSG Thüringen 8.1.2021 – L 9 AS 862/20 B ER),
- **Ausrüstung mit einem Computer, Betriebssystem und Drucker** in Höhe der Anschaffungskosten (SG Chemnitz 12.11.2020 – S 10 AS 983/20 ER),
- **Schulcomputer in Höhe von 350 EUR** als laufender Bedarf (SG Leipzig 4.11.2020 – S 21 AS 1820/ER),
- **Tablet im Wert von 210 EUR**, denn digitale Endgeräte stellen einen mit Schulbüchern vergleichbaren und damit erforderliches Lernmittel dar und sind deshalb analog zu den BSG-Schulbuchurteilen zu übernehmen (SG Halle 25.8.2020 – S 5 AS 2203/18),
- **Laptop und Drucker** in Höhe von **450 EUR** (SG Köln 11.8.2020 – S 15 AS 456/19),
- **Darlehen als unabweisbarer Bedarf** in Höhe von **500 EUR** für einen Laptop (SG Frankfurt 7.8.2020 – S 16 AS 790/20 ER),
- **500 EUR für Laptop, Drucker und Software** (SG Frankfurt 10.7.2020 – S 16 AS 716/20 ER),
- **450 EUR für Laptop und Drucker** (SG Köln 10.6.2020 – S 8 AS 1817/20 ER),
- **Schulcomputer nebst Drucker** in Höhe von **220 EUR und 240 EUR** als coronabedingter Sonderbedarf nach § 21 Abs. 6 SGB II (SG Köln 10.6.2020 – S 8 AS 1817/20 ER; SG Köln 24.6.2020 – S 32 AS 2150/20 ER),
- **Tablet** als pandemiebedingter „Mehrbedarf" in Höhe von **150 EUR** (LSG NRW 22.5.2020 – L 7 AS 719/20 B ER; L 7 AS 720/20 B ER),
- **Internetfähiger Laptop** inklusive Zubehör für **500 EUR** (SG Cottbus 18.12.2019 – S 29 AS 1540/19 ER),
- **Notebook für 379 EUR** für den Schulbesuch in der 9. Klasse (SG Kiel 25.10.2019 – S 38 AS 348/18),
- ein **gebrauchter PC** bis zu **150 EUR** bei Besuch der Berufsfachschule (SG Mainz 7.10.2019 – S 14 AS 582/19 ER),
- **PC mit Drucker, Software und Einrichtung** für **600 EUR** (LSG Schleswig-Holstein 11.1.2019 – L 6 AS 238/18 B ER),
- **Laptop**, welcher schulisch bedingt benötigt wird, im Wert von **399 EUR** (SG Stade 29.8.2018 – S 39 AS 102/18 ER),
- Kosten für **internetfähigen PC**, nebst notwendigem Zubehör und Serviceleistungen in Höhe von **600 EUR** (SG Gotha 17.8.2018 – S 26 AS 3971/17) und
- **Tablet im Wert von 369 EUR**, welches schulisch bedingt benötigt wird (SG Hannover 6.2.2018 – S 68 AS 344/18 ER).

Der 4. Senat des BSG hat mit Urteil vom 12.5.2021 entschieden, dass es sich bei den

52 „Härtefallmehrbedarfe"

Kosten für den Kauf eines Tablets nicht um einen laufenden, sondern einmaligen Bedarf handele und da es bis Ende 2020 dafür keine Rechtsagrundlage gab, die dahin gehenden Entscheidungen rechtswidrig waren (BSG 12.5.2021 – B 4 AS 88/20 R). Dieses Urteil des 4. Senats steht zu 100 Prozent konträr zum „Schulbuchurteil" vom 14. Senat des BSG, in dem dieser die gewünschte und geforderte verfassungskonforme Auslegung vorgenommen hat (BSG 8.5.2019 – B 14 AS 6/18 R und B 14 AS 13/18 R; → 2).

28 Zum 1.1.2021 wurde auch die Gewährung durch Änderung des § 21 Abs. 6 SGB II eingeführt. Mit Weisung 202102001 zu digitalen Endgeräten in Pandemie-Zeiten hat die BA zum 01.2.2021 erlassen (https://harald-th ome.de/files/pdf/redakteur/BA_FH/FW%20 Digitale%20Endger%C3%A4te%201.2.202 1.pdf), dass ab sofort digitale Endgeräte und Drucker in Höhe von 350 EUR nach § 21 Abs. 6 SGB II auf Zuschussbasis zu gewähren sind. Diese Weisung dürfte dazu geführt haben, dass bundesweit weit mehr als 100.000 Schüler*innen (Autorenschätzung) digitale Geräte bekommen haben, allein in Wuppertal sind rd. 6.000 Digitalgeräte für SGB II-beziehende Haushalte vom Jobcenter gewährt wurden. Die BA Weisung war bis zum 31.12.2022 befristet.

2.4.1 Digitale Teilhabe in den Grundsicherungssystemen

29 Im Regelsatz sind absolut unzureichende Kleinbeträge für digitale Geräte, Software, Drucker und Wartung sowie Reparatur enthalten. Eine gesellschaftliche, schulische und arbeitsmarktbezogene Teilhabe ist damit nicht möglich. Digitale Kompetenzen, die mit dem Bürgergeld gefördert werden sollen, lassen sich so nicht erwerben.

„Das Digitale Existenzminimum ist zunächst eine Frage der technischen Ausstattung. Benötigt wird der Netzzugang (WLAN- oder Kabelzugang), ein ausreichendes Datenvolumen, eine genügende Datenübertragungsgeschwindigkeit sowie nicht zuletzt ein entsprechendes Endgerät mit der gängigen Software samt Drucker mit Toner und Papier. Es handelt sich hier um einen existenziellen Grundbedarf von Menschen jeder Altersgruppe"

(Positionspapier von Diakonie, Armutsnetzwerk und KWA, 6 Forderungen für ein digitales Existenzminimum, November 2022; https://www.kwa-ekd.de/blog/2022/11/press einfo-das-buergergeld-muss-ein-digitales-exis tenzminimum-garantieren/).

30 Das BVerfG hat ausgeführt, dass der Staat zur Gewährleistung eines menschenwürdigen Existenzminimums verpflichtet ist, dafür Sorge zu tragen, dass den Hilfebedürftigen die materiellen Voraussetzungen dafür zur Verfügung stehen (BVerfG 9.2.2010 – 1 BvL 1/09, 1 BvL 3/09 und 1 BvL 4/09). Mit den Geldern ist das nicht möglich.

Zudem gilt ab 1.7.2023, dass *„Nachteile, die erwerbsfähigen Leistungsberechtigten aus einem der in § 1 des Allgemeinen Gleichbehandlungsgesetzes genannten Gründe entstehen können, überwunden werden"* müssen (§ 1 Abs. 3 SGB II). Dazu gehören auch Benachteiligungen aus Gründen „einer Behinderung, des Alters [...]" (§ 1 AGG).

31 Konkret bedeutet das:

- Dass Jugendliche von 14–17 Jahren auf jeden Fall **Anspruch auf digitale Geräte auf Zuschussbasis haben**, denn bei dieser Gruppe sind keine digitalen Geräte und Software im Regelsatz umfasst und deswegen ist *„ein Darlehen nach § 24 Absatz 1 ausnahmsweise nicht zumutbar oder wegen der Art des Bedarfs nicht möglich"* (§ 21 Abs. 6 S. 1 Hs. 2 SGB II; → Rn. 26, 21).

- Dass „alte Menschen" Anspruch auf digitale Geräte haben. Das Altsein dürfte in etwa mit Erreichen der Regelaltersgrenze mit 65 Jahren erreicht sein. Altersbedingte Schwierigkeiten können durchaus in einem früheren Alter einsetzen, insbesondere wenn eine Krankheit oder Behinderung hinzukommt (Grube/Wahrendorf/ Flint SGB XII § 71 Rn. 6). Hier kann aber auch diskutiert werden, ob der Anspruch der „Alten" aus der Altenhilfe nach § 71 SGB XII herleitbar ist.

- Auch haben **Menschen mit Behinderung** Anspruch auf digitale Geräte, denn gerade diese benötigen besondere Hilfe bei der Integration auf dem Arbeitsmarkt und der gesellschaftlichen Teilhabe. Sind es bis zum 31.6.2023 „behinderungsspezifische

415

Nachteile" (§ 1 Abs. 2 Nr. 5 SGB II), auf die „die Leistungen der Grundsicherung [...] auszurichten [sind]" (§ 1 Abs. 2 S. 4 SGB II), sollen ab dem 1.7.2023 „Nachteile, die erwerbsfähigen Leistungsberechtigten aus einem der in § 1 des Allgemeinen Gleichbehandlungsgesetzes genannten Gründe entstehen können, überwunden werden" (§ 1 Abs. 2 Nr. 3 SGB II).

- Alle anderen Bürgergeld beziehenden Menschen, die digitale Geräte, Software und Drucker benötigen, sind dazu aufgefordert, um digitale Teilhabe zu streiten, dahin gehende Anträge zu stellen und in diesen herauszuarbeiten, dass digitale Teilhabe unabdingbar ist: für die Schule, für den Arbeitsmarkt, zur Kommunikation mit nahestehenden Menschen, zur Kommunikation mit Behörden, der örtlichen Stadtverwaltung oder auch zum Erhalt schul- oder kitanotwendiger Mails, für Bewerbungen, Stellenzeigen und für gesellschaftliche Teilhabe.

32 Rechtlich wurde im SGB II und SGB XII die Anspruchsgrundlage geschaffen, nach der zuschussweise Leistungen zu erbringen sind, wenn ein einmaliger, unabweisbarer Bedarf besteht und ein Darlehen nach § 24 Abs. 1 ausnahmsweise wegen der zu geringen Bemessung der Bedarfsposition im Regelsatz nicht zumutbar ist (§ 21 Abs. 6 SGB II, seit 1.1.2023 in § 30 Abs. 10 SGB XII). Mit den genannten Beträgen dürften digitale Geräte, Software, Drucker und Wartung sowie Reparatur nur sehr unzureichend im Regelsatz abgebildet sein.

33 Einzelne Kommunen gewähren als freiwillige soziale Leistungen Computer, hier ist die Stadt München positiv zu erwähnen.

Mehr Informationen finden Sie unter → Rn. 61 ff.

2.5 Kosten zur Wahrnehmung des Umgangsrechts

34 Bei getrennt lebenden Eltern sind die Kosten zur Wahrnehmung des Umgangsrechts (Fahrt- und Übernachtungskosten) im Rahmen der „Sozialüblichkeit" zu übernehmen. Bei Fahrten mit dem PKW sind nach § 5 Abs. 1 BRKG 0,20 EUR pro gefahrenen Kilometer zu übernehmen (LSG NRW 21.3.2013 – L 7 As 1911/12).

Das betrifft auch Kosten zur Umgangswahrnehmung bei **im Ausland** lebenden Kindern – so in Kalifornien (LSG Rheinland-Pfalz 20.6.2012 – L 3 AS 210/12 B ER), Australien (SG Bremen 13.5.2013 – S 23 AS 612/12 ER) oder Indonesien (LSG NRW 17.3. 2014 – L 7 AS 2392/13 B ER) –, jeweils unter der Berücksichtigung von „Sozialüblichkeit" einmal im Jahr. Auch Aufwendungen für Telefonate mit im Ausland lebenden, minderjährigen Kindern sind Umgangskosten (LSG Bayern 11.8.2011 – L 11 AS 511/11 B ER).

Bei Kindern ab ca. 14 Jahren wird davon ausgegangen, dass sie grundsätzlich selbstständig den ÖPNV benutzen können (LSG Bayern 25.6.2010 – L7 AS 404/10 B ER mwN).

Anspruchsinhaber*in ist entweder der den Umgang wahrnehmende, hilfebedürftige Elternteil oder das den Umgang wahrnehmende Kind. In der Zeit des Aufenthaltes im Haushalt des umgangsberechtigten Elternteils begründet das Kind dort eine „temporäre BG" und hat dort bei einem mehr als 12-stündigen Aufenthalt tagesanteilige Leistungsansprüche (BSG 2.7.2009 – B 14 AS 75/08 R; BSG 12.6.2013 – B 14 AS 50/12 R). Eine temporäre BG ist auch mit Kindern, die gewöhnlich im Ausland leben, aber sich temporär am Ort und in der BG des umgangsberechtigten Elternteils aufhalten, möglich (BSG 28.10.2014 – B 14 AS 65/13 R).

35 Bei Vorliegen der „**temporären Bedarfsgemeinschaft**" kann ein Mehrbedarf nach § 21 Abs. 6 SGB II in Betracht kommen, wenn bei der Zugehörigkeit eines Kindes zu zwei Bedarfsgemeinschaften erwiesenermaßen in einem der beiden Haushalte fortlaufend höhere Bedarfe wegen der wechselnden Aufenthalte des Kindes entstehen (BSG 14.12.2021 – B 14 AS 73/20 R).

36 **Tipp:** Das BSG hat den Fall an die Vorinstanz zur Ermittlung des Sachverhalts zurückgegeben, daher liegt bisher (Anfang 2023) noch keine substanziellen Entscheidungslinien vor, es ist aber zu empfehlen, mit Blick auf dieses Verfahren entstehende Kosten zu beziffern und bei der jeweiligen Behörde geltend zu machen.

2.6 Abweichende Festsetzung/Aufstockung der Regelsätze im SGB XII-Leistungsbereich in München und Mehrbedarfe

37 In München Stadt und Landkreis und weiteren Umlandsgemeinden gibt es im SGB XII eine sog. „örtliche Aufstockung" des Regelbedarfs im SGB XII (für HzL: § 29 Abs. 3 XII iVm § 98 Abs. 2 S. 1 AVSG-VO, für GSi: § 43 Abs. 4 SGB XII iVm § 98 Abs. 2 S. 2 AVSG-VO): in München 25 EUR in der RB-Stufe 1; 22 EUR RB Stufe 2; 19 EUR in RB Stufe 3 + 4; 13 EUR in RB Stufe 5 und 12 EUR in der RB Stufe 6 im Jahr 2023. Im SGB II ist eine abweichende Regelsatzfestsetzung wegen des Pauschalierungsgebotes (§ 20 Abs. 1 S. 3 SGB II) ausgeschlossen.

Daher haben unserer Auffassung nach Bürgergeld-Beziehende in München aufgrund des Gleichbehandlungsgrundsatzes einen Ausgleichsanspruch in Höhe des Differenzbetrages nach § 21 Abs. 6 SGB II.

Anmerkung: **Nur in Bayern** gibt es eine spezielle **landesrechtliche Regelsatzverordnung**, die im SGB XII abweichende Regelsätze zulässt. Solch eine abweichende Regelsatzfestsetzungsverordnung gibt es in keinem anderen Bundesland und ist daher ausschließlich in Bayern anzuwenden.

2.7 Überhöhte Kosten der Haushaltsenergie als Härtefallmehrbedarf

38 Im Regelsatz (2023) sind abzüglich der Kosten für Wohnen und Wohninstandhaltung nachfolgende Kosten für **Haushaltsenergie** enthalten:

Regelbedarfsstufe	Betrag
RB Stufe 1 (Alleinstehende)	40,73 EUR
RB Stufe 2 (volljährige Partner)	36,63 EUR
RB Stufe 3 (volljährige im Haushalt der Eltern)	32,60 EUR
RB Stufe 4 (Jugendliche zwischen 14 bis 17 Jahren)	31,32 EUR
RB Stufe 5 (Kinder zwischen 6 und 13 Jahren)	15,43 EUR
RB Stufe 6 (Kinder zwischen 0 und 5 Jahren)	8,99 EUR

(nach Rüdiger Böker, Aufteilung nach EVS-Abteilungen des Regel-Bedarfs 2018–2023, abrufbar unter: https://harald-thome.de/files/pdf/2022/Ruediger-Boeker-Aufteilung-Regel-Bedarfs-2018-2019-2020-2021-2022-2023_nach-EVS-Abteilungen.pdf).

39 Spätestens seit Beginn des Ukraine-Kriegs sind die Stromkosten noch einmal deutlich gestiegen und trotz Gaspreisbremse lagen die Kosten im Januar 2023 um durchschnittlich 60 Prozent höher als im Vorjahresjahr 2021 (vgl. https://www.ndr.de/nachrichten/info/Strompreis-aktuell-So-viel-kosten-die-Kilowattstunden,strompreis182.html). Im Gegensatz dazu haben sich die Stromkosten in den SGB II-/SGB XII-Regelsätzen um lediglich 11,8 Prozent gegenüber dem Vorjahr, also auf 40,73 EUR erhöht. Damit sind die realen Preissteigerungen der Stromkosten nicht einmal im Ansatz ausgeglichen. Eine Vielzahl von SGB II-/SGB XII-Haushalten hat deutlich höhere Stromkosten. Zudem sind bei dezentraler **Warmwasser**versorgung (→ 122) die zu übernehmenden Kosten gedeckelt, eine Erhöhung der dort vorgesehenen Beträge ist wegen der Erfordernis, nur höhere Kosten zu erhalten, wenn diese durch eine separate Zähleinrichtung beziffert werden, faktisch ausgeschlossen (§ 21 Abs. 7 S. 3 SGB II).

40 Das BVerfG hat 2014 zu etwaig zu erwartenden Energiesteigerungen festgestellt: *„Ergibt sich eine offensichtliche und erhebliche Diskrepanz zwischen der tatsächlichen Preisentwicklung und der bei der Fortschreibung der Regelbedarfsstufen berücksichtigten Entwicklung der Preise für regelbedarfsrelevante Güter, muss der Gesetzgeber zeitnah darauf reagieren. So muss die Entwicklung der Preise für Haushaltsstrom berücksichtigt werden [...]. Ist eine existenzgefährdende Unterdeckung durch unvermittelt auftretende, extreme Preissteigerungen nicht auszuschließen, darf der Gesetzgeber dabei nicht auf die reguläre Fortschreibung der Regelbedarfsstufen warten"* (BVerfG 23.7.2014 – 1 BvL 10/12; 1 BvL 12/12; 1 BvR 1691/13; Rn. 144).

41 Das BVerfG führt weiter aus: „*Auf die Gefahr einer Unterdeckung kann der Gesetzgeber durch zusätzliche Ansprüche auf Zuschüsse zur Sicherung des existenznotwendigen Bedarfs reagieren. Fehlt es aufgrund der vorliegend zugrunde gelegten Berechnung des Regelbedarfs an einer Deckung der existenzsichernden Bedarfe, haben die Sozialgerichte Regelungen wie § 24 SGB II über gesondert neben dem Regelbedarf zu erbringende einmalige, als Zuschuss gewährte Leistungen verfassungskonform auszulegen*" (BVerfG 23.7.2014 – 1 BvL 10/12, 1 BvL 12/12; 1 BvR 1691/13; Rn. 116).

42 Diese vom BVerfG beschriebene Situation ist jetzt im Jahr 2023 eingetroffen, denn eine Erhöhung der Haushaltsenergie im Regelbedarf von 11,8 Prozent gegenüber dem Vorjahr, bei einer gleichzeitigen Steigerung der realen Stromkosten, die weit darüber liegt, deckt nicht im Entferntesten die Preisentwicklung ab.

43 Solange der Gesetzgeber hier nicht durch Änderungen der Höhe der Regelleistungen oder Herausnahme der Haushaltsenergie aus den Regelleistungen aktiv wird, muss um eine verfassungskonforme Lösung gestritten werden. Diese kann nur so aussehen, dass die Stromkosten, die sich oberhalb der Beträge bewegen, die dafür im Regelsatz vorgesehen sind, im Rahmen des **Härtefallmehrbedarfs** als unabweisbare laufende Bedarfe nach § 21 Abs. 6 SGB II bzw. abweichende Regelleistungen nach § 27a Abs. 4 SGB XII zu übernehmen sind. Unstrittig dürfte sein, dass es sich bei den Kosten für Haushaltsenergie um unabweisbare Bedarfe handelt. Nicht umsonst hat der Gesetzgeber das Wohnen ohne Energie als eine der Obdachlosigkeit „vergleichbare Notlage" gleichgestellt (§ 22 Abs. 8 SGB II, § 36 Abs. 1 SGB XII).

Die Pflicht der Sicherung der Energieversorgung wurde vom BVerfG als unerlässliches Grundrecht für „physische Existenz und für ein Mindestmaß an Teilhabe am gesellschaftlichen, kulturellen und politischen Leben" eingestuft (BVerfG 9.2.2010 – 1 BvL 1/09, 1 BvL 3/09 und 1 BvL 4/09; BVerfG 18.7.2012 – 1 BvL 10/10, Leitsatz). Dieses Grundrecht ergibt sich auch über den UN-Sozialpakt, der für Deutschland verpflichtend ist. Darin verpflichten sich die Vertragsstaaten, „*das Recht eines jeden Menschen auf einen angemessenen Lebensstandard für sich und seine Familie an, einschließlich ausreichender Ernährung, Bekleidung und Unterbringung, sowie auf eine stetige Verbesserung der Lebensbedingungen*" umzusetzen (Artikel 11 Abs. 1 UN-Sozialpakt). Laut Deutschem Menschenrechtsinstitut bedeutet dies: „*Das Recht auf Wohnen beinhaltet mehr als nur ein Dach über dem Kopf zu haben. Der Wohnraum muss laut dem UN-Sozialpakt angemessen sein. Ob er angemessen ist, bemisst sich an sieben Kriterien: gesetzlicher Schutz der Unterkunft (zum Beispiel durch einen Mietvertrag), Verfügbarkeit von Diensten (unter anderem Trinkwasser, **Energie zum Kochen**, Heizen und Beleuchten) [...]*. (DIMR: https://www.institut-fuer-menschenrechte.de/themen/wirtschaftliche-soziale-und-kulturelle-rechte/recht-auf-wohnen).

44 Die Sicherstellung einer **bezahlbaren Stromversorgung** ist grundlegende Voraussetzung der Daseinsvorsorge und die Teilhabe am gesellschaftlichen Leben ist Grundrecht. Da die Beträge für Haushaltsenergie zu gering im Regelsatz berücksichtigt wurden, muss dieses Grundrecht durch verfassungskonforme Auslegung sichergestellt werden.

45 Einzig mögliche Grundlage ist die Übernahme der gestiegenen Stromkosten im Rahmen des Härtefallmehrbedarfs als unabweisbare laufende Bedarfe nach § 21 Abs. 6 SGB II für die Bürgergeldbeziehenden bzw. im Rahmen der abweichende Regelleistungen nach § 27a Abs. 4 S. 1 SGB XII für die SGB XII-Beziehenden.

46 Bei 1,88 Prozent des Regelsatzes bzw. **7,52 EUR** hat das BSG keinen unabweisbaren Bedarf gesehen, dieser Bedarf sei aus dem Regelsatz zu finanzieren (BSG 26.1.2022 – B 4 AS 81/20 R). Ab welcher Höhe Kosten als sog. unabweisbarer Bedarf anzusehen sind, „*ist anhand der Umstände des Einzelfalls, vor allem unter Berücksichtigung von Höhe, Dauer und Häufigkeit des Auftretens [...] zu bewerten*" (LSG Hamburg 5.8.2021 – L 4 AS 25/20).

Das BSG hat einen Anspruch auf Übernahme monatlicher Aufwendungen für Hygienekosten in Höhe von 20,45 EUR als „unabweisbaren Bedarf" nach § 73 SG B XII gesehen (BSG 19.8.2010 – – B 14 AS 13/10 R; LPK-SGB II § 21 Rn. 44). Das LSG Hamburg hat „*keine Zweifel, dass bei einem regelmäßigen monatlichen Aufwand von – mindestens – 20 Euro ein erhebliches Abweichen von dem durchschnittlichen Bedarf besteht*" (LSG Hamburg 5.8.2021 – L 4 AS 25/20, Rn. 58). In einem anderen Fall hat das BSG entscheiden, dass die Unabweisbarkeit bei 27,20 EUR pro Monat erreicht sei (BSG 4.6.2014 – B 14 AS 30/13 R).

47 Daher vertreten wir die Position: spätestens wenn die laufenden Haushaltsenergiekosten um 20 EUR höher liegen als der dafür im Regelsatz vorgesehene Betrag, entsteht ein unabweisbarer Bedarf iSd § 21 Abs. 6 SGB II bzw. ein Anspruch auf eine abweichende Regelsatzfestsetzung nach § 27a Abs. 4 SGB XII; genau genommen ab Beträgen oberhalb 7,52 EUR (BSG 26.1.2022 – B 4 AS 81/20 R), also **ab 7,53 EUR**.

48 Das BMAS positioniert sich dazu gleich in Bezug auf die Sozialhilfe, durch Weisung an die HzL/GSi-Träger, „*laufende Abschlagszahlungen sowie Nachzahlungen für Haushaltsstrom grundsätzlich aus dem monatlichen Regelbedarf zu finanzieren*" (Weisung BMAS, Informationsschreiben zum Umgang mit den gestiegenen Energiekosten sowie mit den in diesem Zusammenhang gewährten Sonderzahlungen, Schreiben v. 29.11.2022, S. 6, https://tacheles-sozialhilfe.de/files/Weisungen/Sozi/2022/BMAS-22-11-29-BMAS-Informationsschreiben-zum-Umgang-mit-den-gestiegenen-Heiz-und-Stromkosten.pdf, letzter Zugriff: 18.1.2023).

Die BA und das BMAS wurden 2022 vom Verein Tacheles mehrfach angeschrieben, um zur Frage der sich erhöhenden Energiekosten eine Rechtsposition zu erhalten, BMAS und BA haben es jedoch vorgezogen, nicht zu reagieren und stattdessen die genannte Weisung zu erlassen. Es macht dein Eindruck, als hätten die obersten Armutsverwalter im BMAS ihre Freude dran, verfassungsrechtliche Maß- und Vorgaben zu ignorieren und maximal restriktiv auszulegen, obwohl die Grundrechte die vollziehende Gewalt binden (Art. 1 Abs. 3 GG).

2.8 Auslegung des Härtefallmehrbedarfs bzw. abweichende Regelleistungen

49 Eine starre Fixierung auf Gerichtsurteile oder Dienstanweisungen zum Härtefallmehrbedarf ist wenig hilfreich, denn es handelt sich nicht um starre Anspruchsgrundlagen, sondern um einen unbestimmten Rechtsbegriff, der im konkreten Einzelfall und durch mutige Streitende sowie Gerichte ausgelegt werden muss. Die dazu vorliegenden Gerichtsentscheidungen sind daher nur Orientierungswerte. Im Detail geht es immer um die Besonderheiten des Einzelfalls, dass der Bedarf unabweisbar sein muss und darum, ob er laufend und einmalig sowie vom Regelsatz umfasst ist oder eben nicht sowie darum, wie hoch der monatliche oder auch einmalige Bedarf ist. Sie können bei laufenden Bedarfen davon ausgehen, dass die Unabweisbarkeit eigentlich bei ab 7,53 EUR beginnt, spätestens aber bei 20 EUR im Monat (→ Rn. 46 ff.).

Der Bedarf muss herausgearbeitet und beziffert werden und dann in einem Einzelfallantrag gestellt und begründet werden. Eine behördliche Entscheidung **muss** daher immer unter Berücksichtigung der **Besonderheiten des Einzelfalles** getroffen und entsprechend begründet werden (Ermessen, → 44). Mangelt es daran, können Sie gegen einen ablehnenden Bescheid Widerspruch (→ 126) einlegen.

50 Tipp: Angesichts der restriktiven Verwaltungsvorgaben offener Dienstanweisungen zum Rechtsbruch (→ Rn. 48) und eines relativ neuen Leistungsbereichs, über den die Sozialgerichte zu entscheiden haben, kann es aussichtsreich sein, vom Jobcenter abgelehnte Ansprüche mittels Klage (→ 64) durchzusetzen.

2.9 Kein Abzug eines Eigenanteils aus dem Regelbedarf

51 Wird ein laufender und einmaliger unabweisbarer Bedarf festgestellt, ist der Härtefallmehrbedarf ohne Abzug eines Eigenanteils („Anteil aus dem Regelbedarf") anzuerkennen (FW 21.38a; SG Detmold 11.9.2014 – S 23 AS 1971/12). Diese Regelung bezieht sich aufgrund der Pauschalierung der Regel-

leistungen auf das SGB II (§ 20 Abs. 1 S. 3 SGB II).

3. Einmalige Bedarfe im Rahmen der Härtefall(mehr)bedarfe im SGB II/SGB XII

52 Vorgeschichte: Das BVerfG hat 2014 gefordert, dass der Gesetzgeber eine Regelungslage für einmalige Bedarfe zu schaffen hat (BVerfG 23.7.2014 – 1 BvL 10/12, Rn. 116). Diese Forderung ist vom Bundesrat, den Wohl- und Sozialverbänden, zB durch die Tacheles-Kampagne „Schulcomputer sofort", bis hin zum BSG in den Schulbuchurteilen aufgegriffen worden. In seiner Stellungnahme vom 22.8.2022 im Gesetzgebungsverfahren zur Bürgergeldreform hat Tacheles die Einführung der einmaligen Bedarfe eingefordert (https://tacheles-sozialhilfe.de/aktuelles/archiv/tachelesstellungnahme-zum-buergergeldgesetz.html, S. 53). Zum 1.1.2023 wurde daraufhin der Anspruch für unabweisbare einmalige Bedarfe in § 30 Abs. 10 SGB II geschaffen.

Der Bundesrat hat im Oktober 2020 die Position vertreten, „dass die EVS auch für langlebige und kostenintensive Konsumgüter (weiße Ware) keine geeignete Grundlage für die sachgerechte Bedarfsermittlung darstellt. Der in Abteilung 05 angesetzte Betrag für die Anschaffung von Kühlschränken, Gefriertruhen, Waschmaschinen, Wäschetrockner oder Geschirrspülmaschinen ist so gering angesetzt, dass ein Ansparen kaum möglich ist. Regelmäßig wird hier ein Darlehen für die Anschaffung von Elektrogroßgeräten zu beantragen sein" (BT-Drs. 19/23549).

53 Systematisch ist die Einordnung dieser einmaligen Bedarfe in einen eigentlich laufenden Mehrbedarf nicht vertretbar. Richtig wäre, eine weitere Bedarfsposition in der „nicht vom Regelbedarf umfassten Bedarfen" nach § 24 Abs. 3 SGB II bzw. § 31 SGB XII zu eröffnen. Immerhin sind durch diese Eingruppierung die einmaligen Bedarfe auch für die ansonsten aus der Existenzsicherung ausgeschlossenen Studierenden (→ 110) mit einem im Grunde nach bestehenden Anspruch auf BAföG offen (§ 7 Abs. 5 S. 2 SGB II).

54 Das BVerfG hat in seiner Entscheidung aus 2014 darauf hingewiesen, dass die Regelbedarfe in einer Höhe festgesetzt wurden, in der sie kurz vor Verfassungswidrigkeit sind (BVerfG 23.7.2014 – 1 BvL 10/12). Das BVerfG hat in seiner Entscheidung verschiedene Änderungsbedarfe angemerkt:

1. Elektrogroßgeräte: „Nach der vorliegenden Berechnungsweise des Regelbedarfs ergibt sich beispielsweise die Gefahr einer Unterdeckung hinsichtlich der akut existenznotwendigen, aber langlebigen Konsumgüter, die in zeitlichen Abständen von mehreren Jahren angeschafft werden, eine sehr hohe Differenz zwischen statistischem Durchschnittswert und Anschaffungspreis. So wurde für die Anschaffung von Kühlschrank, Gefrierschrank und -truhe, Waschmaschine, Wäschetrockner, Geschirrspül- und Bügelmaschine (Abteilung 05; BT-Drucks 17/3404, S. 56, 140) lediglich ein Wert von unter 3 EUR berücksichtigt" (BVerfG 23.7.2014 – 1 BvL 10/12, Rn. 120).

2. Brillen: „Desgleichen kann eine Unterdeckung entstehen, wenn Gesundheitsleistungen wie Sehhilfen weder im Rahmen des Regelbedarfs gedeckt werden können noch anderweitig gesichert sind" (BVerfG 23.7.2014 – 1 BvL 10/12, Rn. 120).

3. Einmalige Bedarfe: „Auf die Gefahr einer Unterdeckung kann der Gesetzgeber durch zusätzliche Ansprüche [...] auf Zuschüsse zur Sicherung des existenznotwendigen Bedarfs reagieren. Fehlt es aufgrund der vorliegend zugrunde gelegten Berechnung des Regelbedarfs an einer Deckung der existenzsichernden Bedarfe, haben die Sozialgerichte Regelungen wie § 24 SGB II über gesondert neben dem Regelbedarf zu erbringende einmalige, als Zuschuss gewährte Leistungen verfassungskonform auszulegen [...]. Fehlt die Möglichkeit entsprechender Auslegung geltenden Rechts, muss der Gesetzgeber einen Anspruch auf einen Zuschuss neben dem Regelbedarf schaffen. Auf ein nach § 24 Abs. 1 SGB II mögliches Anschaffungsdarlehen, mit dem zwingend eine Reduzierung der Fürsorgeleistung um 10 % durch Aufrechnung [...] ab dem Folgemonat der

Auszahlung verbunden ist, kann nur verwiesen werden, wenn die Regelbedarfsleistung so hoch bemessen ist, dass entsprechende Spielräume für Rückzahlungen bestehen" (BVerfG 23.7.2014 – 1 BvL 10/12, Rn. 116).

55 Die Bundesregierung hat im November 2022 in einer Protokollerklärung darauf hinweisen, dass sie die Einführung eines zusätzlichen einmaligen Bedarfs für die Anschaffung energieeffizienter Haushaltsgroßgeräte, wie zum Beispiel Kühlschränke und Waschmaschinen („Weiße Ware"), prüfen will (Plenarprotokoll 20/71, 8353 f.).

Fast 10 Jahre nach dem letzten diesbezüglichen Urteil des BVerfG könnte sich vonseiten des Gesetzgebers dahin gehend etwas bewegen. Die Sozialgerichte haben sich in ihrem ihnen vom BVerfG zugewiesenen Spielraum eher zurückhaltend bewegt.

3.1 Voraussetzungen für einmalige Leistungen im Rahmen der Härtefall(mehr)bedarfe

56 Die allgemeinen Voraussetzungen für Leistungen im Rahmen der Härtefallregelungen sind: es muss sich um **unabweisbare Bedarfe** (Näheres zur Unabweisbarkeit unter → Rn. 8 ff., 46) und es muss sich um **besondere Bedarfe** handeln. Ein besonderer Bedarf besteht, wenn er erheblich von einem durchschnittlichen Bedarf abweicht oder wenn er atypisch ist und überhaupt nicht im Regelsatz berücksichtigt ist (LPK-SGB II § 21 Rn. 40). Die BA sagt dazu in ihnen Weisungen: *„Ein Bedarf ist ‚besonders', wenn er durch eine außergewöhnliche Lebenssituation veranlasst wurde und er dem Grunde nach nicht bereits in anderen Leistungsnormen – auch außerhalb des SGB II – berücksichtigt wird"* (FW 21.37). Die BA bezieht sich beispielsweise darauf, dass eine außergewöhnliche Lebenssituation dann vorliegt, *„wenn ohne die Bedarfsdeckung verfassungsrechtlich geschützte Güter außerhalb der Existenzminimumsicherung gefährdet wären (z. B. der Schutz von Ehe und Familie nach Artikel 6 des Grundgesetzes – vgl. BSG-Urteil vom 28.11.2018 – B 14 AS 48/17 R)"*, so die BA in FW 21.37.

Außergewöhnliche Situationen können aber in einer Vielzahl anderer Punkte vorliegen, zB bei **digitalen Geräten** (→ Rn. 21 ff.), **Regelleistungen in München und Umland** (→ Rn. 37) oder **Kosten der Haushaltsenergie** (→ Rn. 38 ff.).

57 Im Kern wird es im SGB II und SGB XII immer um die Frage gehen, ob ein Darlehen nach § 24 Abs. 1 SGB II (für das Bürgergeld) und nach § 37 Abs. 1 SGB XII (für das SGB XII) nicht zumutbar ist.

Die Jobcenter haben die Dienstanweisung formuliert, nach der *„bei einmaligen Bedarfen, die vom Regelbedarf erfasst sind, [...] dagegen grundsätzlich ein Darlehen nach § 24 Absatz 1 in Betracht [kommt]"* (FW 21.40). Ein solches Darlehen könne *„aber ausnahmsweise nicht zumutbar sein, insbesondere wenn die leistungsberechtigte Person aufgrund eines nicht absehbaren und nicht selbst zu verantwortenden Notfalls einen außergewöhnlich hohen Finanzbedarf"* habe (FW 21.40). Gleichlautend das BMAS in seiner Weisung zum SGB XII: *„Bei einmaligen Bedarfen, die vom Regelbedarf erfasst sind, kommt grundsätzlich ein Darlehen nach § 37 Absatz 1 in Betracht. Dieses kann aber ausnahmsweise nicht zumutbar sein, insbesondere wenn die leistungsberechtigte Person aufgrund eines nicht absehbaren und nicht selbst zu verantwortenden Notfalls einen außergewöhnlich hohen Finanzbedarf hat"* (Informationsschreiben zum Bürgergeld-Gesetz, Az.: Vb4-50240, 29.11.2022, S. 10, abrufbar unter: https://tacheles-sozialhilfe.de/files/Weisungen/Sozi/2022/BMAS-22-11-29-BMAS-Infomationsschreiben-Buergergeld-Gesetz.pdf, letzter Zugriff: 19.1.2023).

58 Mit diesen Weisungen versuchen BA und BMAS koordiniert, die Maßgaben des BVerfG und das Gesetz auszuhebeln, indem Sie sinngemäß anordnen: „grundsätzlich keine einmaligen Bedarfe". Das ist offener Rechtsbruch.

59 Die Argumentation der BA und des BMAS geht von der Fiktion aus, dass die Regelsätze umfassend und bedarfsdeckend aufgestellt sind und dass höhere Bedarfspositionen durch eine Umverteilung innerhalb der pauschalierten Regelbedarfe durch geringere Ausgaben in einem anderen Lebensbereich

auszugleichen seien (so die Begründung zu § 21 Abs. 6 SGB II, BT-Drs. 17/1465, 6). Für sich sprechend ist eine Stellungnahme der BMAS-Sprecherin Christine Göpner-Reinicke vom 13.1.2021, in der sie zynisch die Üppigkeit und das Ansparkonzept der SGB II-Regelleistungen verteidigt (https://www.facebook.com/watch/?v=12513981945 0791, letzter Zugriff: 19.1.2023).

Dieser Verweis auf die Ansparkonzeption greift jedoch nicht, wenn der betreffende Bedarf bei der Ermittlung des Regelbedarfs schon nicht in strukturell realitätsgerechter Weise zutreffend erfasst worden ist (vgl. auch SG Bremen 18.2.2011 – S 22 AS 2474/10 ER). Das BVerfG hat in seiner letzten Entscheidung zu den Regelbedarfen sehr klar gesagt: *„auf ein Anschaffungsdarlehen [...] kann nur verwiesen werden, wenn die Regelbedarfsleistung so hoch bemessen ist, dass entsprechende Spielräume für Rückzahlungen bestehen"* (BVerfG 23.7.2014 – 1 BvL10/12, Rn. 116).

60 Für die Praxis bedeutet das: Neben der Prüfung des Einzelfalls auf die Notwendigkeit eines Härtefall(mehr)bedarfs wird auch immer zentral zu prüfen sein, **in welcher Höhe Beträge im Regelbedarf** vorhanden sind; wenn diese **zu gering und nicht in einem absehbaren Zeitraum tilgbar sind**, ist der Verweis auf ein Darlehen nach § 24 Abs. 1 SGB II bzw. § 37 Abs. 1 SGB XII nicht zulässig und die Jobcenter/Sozialämter müssen die Leistungen auf Zuschussbasis erbringen.

3.2 Zur Nichtzumutbarkeit eines Darlehens im SGB II/SGB XII

61 *„Auf ein [...] Anschaffungsdarlehen [...]; nach § 24 Abs. 1 SGB II bzw. § 37 Abs. 1 SGB XII] kann nur verwiesen werden, wenn die Regelbedarfsleistung so hoch bemessen ist, dass entsprechende Spielräume für Rückzahlungen bestehen"*, sagt das BVerfG (BVerfG 23.7.2014 – 1 BvL10/12, Rn. 116).

62 Um diese Frage zu stellen, muss als Erstes geschaut werden, was im Detail im Regelbedarf enthalten ist. Dies ist zu finden in der BT-Drs. 19/22750 vom 23.9.2020 (Entwurf eines Gesetzes zur Ermittlung von Regelbedarfen und zur Änderung des Zwölften Buches Sozialgesetzbuch sowie des Asylbewerberleistungsgesetzes). Diese in der Drucksache genannten Beträge müssen aufgrund der Neuberechnung der Regelbedarfe für das Jahr 2023 jeweils um 15,41 Prozent erhöht werden und gelten für alle Produkte, die zu dieser nicht transparenten Sortierung gehören. Was sich im Detail hinter den Codes ergibt, ist im Systematischen Verzeichnis der Einnahmen und Ausgaben der privaten Haushalte ersichtlich (Statistisches Bundesamt 2013, abrufbar unter: https://www.destatis.de/DE/Methoden/Klassifikationen/Private-Haushalte/sea-2013.pdf, letzter Zugriff: 19.1.2023).

63 Tacheles hat im Gesetzgebungsverfahren rund um das Bürgergeldgesetz folgende Position vertreten: Dass einmalige Bedarfe dann unabweisbar sind, wenn diese nicht **binnen 24 Monaten mit den dafür im Regelsatz vorgesehenen Beträgen getilgt werden können** (Tachelesstellungnahme zum Bürgergeldgesetz, 22.8.2022, S. 24, abrufbar unter: https://tacheles-sozialhilfe.de/aktuelles/archiv/tachelesstellungnahme-zum-buergergeldgesetz.html).

3.3 Klassische einmalige Bedarfe im SGB II/SGB XII

64 Alle nachfolgenden Bezüge auf im Regelbedarf (RB) vorhandene Beträge beziehen sich auf die RB Stufe 1, also alleinstehende Erwachsene.

3.3.1 Elektrogroßgeräte

65 Zunächst das BVerfG dazu: *„Nach der vorliegenden Berechnungsweise des Regelbedarfs ergibt sich beispielsweise die Gefahr einer Unterdeckung hinsichtlich der akut existenznotwendigen, aber langlebigen Konsumgüter, die in zeitlichen Abständen von mehreren Jahren angeschafft werden, eine sehr hohe Differenz zwischen statistischem Durchschnittswert und Anschaffungspreis"* (BVerfG 23.7.2014 – 1 BvL10/12, Rn. 120).

66 Im RB sind enthalten: unter Code 0531 100 für Kühlschränke, Gefrierschränke und -truhen 1,67 EUR und unter Code 0531 200 für Waschmaschinen, Wäschetrockner, Geschirrspül- und Bügelmaschinen 1,60 EUR, in der Summe also 3,27 EUR bzw. mit der

Regelsatzerhöhung von 15,41 Prozent 3,76 EUR.

Diese Summe auf 12 Monate ergibt 45,12 EUR Gesamtkosten für „weiße Waren" im RB im Jahr 2023.

67 Wenn jetzt beispielsweise eine defekte Waschmaschine ersetzt werden muss, müssen die Beträge aus dem Code 0531 200 genommen werden (Waschmaschinen, Wäschetrockner, Geschirrspül- und Bügelmaschinen; 1,60 EUR). Da darin vier Geräte beinhaltet sind, wäre der Betrag zu vierteln (1,60 EUR : 4 Geräte = 0,40 EUR), mit der Regelsatzerhöhung von 15,41 Prozent (0,46 EUR) ergeben sich **5,52 EUR im Jahr**.

68 Nehmen wir mal an, es müsste eine Waschmaschine mit Energielabel A angeschafft werden, bei einem bekannten Onlineversandhändlerkostet die günstigste zB 349 EUR zzgl. 34,95 EUR Transport, das ergibt 383,95 EUR. Für eine solche Waschmaschine müsste ein*e Bürgergeld- bzw. HzL-/GSi-Beziehende*r **69,56 Jahre ansparen.**

69 Das BVerfG hat klargestellt, dass ein Verweis auf ein Anschaffungsdarlehen nach § 24 Abs. 1 SGB II bzw. § 37 Abs. 1 SGB XII nur zulässig ist, wenn „*die Regelbedarfsleistung so hoch bemessen ist, dass entsprechende Spielräume für Rückzahlungen bestehen*" (BVerfG 23.7.2014 – 1 BvL 10/12, Rn. 116).

Eine Ansparzeit von **69,56 Jahren** dürfte die eklatante Unterdeckung deutlich machen, so dass daher Elektroweißgeräte grundsätzlich wegen Unzumutbarkeit der Darlehensgewährung auf Zuschussbasis im Rahmen der Härtefall(mehr)bedarfs-Regelung nach § 21 Abs. 6 SGB II bzw. § 30 Abs. 10 SGB XII zu übernehmen sind. So sehen es auch der Bundesrat (BT-Drs. 19/23549 v. 21.10.2020) und die Bundesregierung in einer Protokollerklärung (zur Einführung eines zusätzlichen einmaligen Bedarfs für die Anschaffung energieeffizienter Haushaltsgroßgeräte, Plenarprot. 20/71, 8353 f.).

3.3.2 Computer, Drucker, Tastatur, Maus und Software

70 Computer und „*Internet [sind] auch im Privatleben von zentraler Bedeutung für die Lebensführung und gelten als Lebensgrundlage und sind damit unverzichtbar*", sagt der Bundesgerichtshof (24.1.2013 – III ZR 98/12). Einen Anspruch auf digitale Teilhabe als Menschenrecht, die es Individuen erlaubt, auf digitale Medien zuzugreifen, diese zu nutzen, welche zu kreieren und diese zu publizieren, gibt es aber in Deutschland noch nicht, sehr wohl aber in einzelnen, anderen EU-Ländern.

Gesellschaftliche Teilhabe bezeichnet die Möglichkeit, Fähigkeit und Verantwortung, die Gesellschaft mitzugestalten, in der man lebt. Das BVerfG hat das wie folgt formuliert: „*die Gewährleistung des Existenzminimums notwendige Lebensunterhalt umfasst insbesondere [...] persönlichen Bedürfnissen des täglichen Lebens, dazu gehört in vertretbarem Umfang eine Teilhabe am sozialen und kulturellen Leben in der Gemeinschaft; dies gilt in besonderem Maß für Kinder und Jugendliche. Für Schülerinnen und Schüler umfasst der notwendige Lebensunterhalt auch die erforderlichen Hilfen für den Schulbesuch*" (BVerfG 9.2.2010 – 1 BvL 1/09, 1 BvL 3/09, 1 BvL 4/09, Rn. 135).

71 In Bezug auf digitale Endgeräte bei Schüler*innen gab es auch schon nach der alten Rechtslage eine Reihe von Gerichtsentscheidungen, die diese bejaht haben (→ Rn. 27). Diese wurden nicht nur als pandemischer Bedarf angesehen, sondern grundsätzlich als notwendig. So zB das SG Köln:

„*Bei dem Bedarf handelt es sich um einen grundsicherungsrechtlich relevanten Bedarf für Bildung- und Teilhabe. Denn die Anschaffung eines Laptops bzw. Drucker ist unabhängig vom hier noch maßgeblichen Präsenzschulbetrieb erforderlich gewesen. Denn selbst wenn hier die schulische Bildung in dieser klassischen analogen Form stattfand und klassische Inhalte vermittelte, verlangte und verlangen die Herausforderungen des digitalen Wandels auch nach einer spezifisch digitalen Bildung. Diese digitale Bildung beinhaltet sowohl die Vermittlung digitaler Kompetenz, dh der Fähigkeit zur fachkundigen und verantwortungsvollen Nutzung digitaler Medien (digitale Bildung als Lehr- und Lerninhalt) als auch das Lernen mit digitalen Medien (digitale Bildung als Instrument). Digitale Bildung vermittelt dabei Schlüssel-*

kompetenzen für das selbstbestimmte Handeln in der digital geprägten Welt und schafft die Voraussetzungen für gesellschaftliche Teilhabe und bereitet auf die Qualifikationsanforderungen der digital geprägten Arbeitswelt vor. Dabei basiert sie auf dem gleichberechtigten Zugang zu Bildung und zielt darauf ab, eine digitale Spaltung der Lernenden zu verhindern und kann somit auch einen wichtigen Beitrag zu mehr Bildungsgerechtigkeit leisten" (SG Köln 11.8.2020 – S 15 AS 456/2019).

72 In den Regelsätzen von Schüler*innen von 6 bis 13 Jahren, also RB Stufe 5, sind 2,67 EUR im Monat an Kosten für digitale Geräte, also 32,04 EUR im Jahr, enthalten, in den Regelsätzen der 14- bis 17-Jährigen (RB Stufe 4) sind überhaupt keine Kosten für digitale Geräte enthalten, in der RB Stufe 3, den Volljährigen im Haushalt der Eltern, sind 3,09 EUR Kosten für digitale Geräte im Monat und 37,08 EUR im Jahr enthalten, in der RB Stufe 2, den Partner*innen-Regelsätzen sind 3,48 EUR Kosten für digitale Geräte im Monat bzw. 41,76 EUR im Jahr enthalten und in der RB Stufe 1, den Alleinstehenden, sind 3,87 EUR Kosten für digitale Geräte im Monat und 46,44 EUR im Jahr enthalten.

73 Wenn man sich dann wieder die Anschaffung für Laptop, Drucker, Software, Verbrauchsmaterialien, Austausch und Reparaturen für 500 EUR vorstellt, müssten ein*e Schüler*in von 6 bis 13 Jahren **15,6 Jahre** und ein*e volljähriger Schüler*in/Auszubildender von 18 bis 25 Jahren **13,48 Jahre** auf diese ansparen, ein in Partnerschaft lebender Mensch **11,97 Jahre** und ein alleinstehender Mensch immerhin nur **10,77 Jahre**. Digitale Kompetenzen, Bildungs- und Gesellschaftsteilhabe dürften mit diesen Mangelbeträgen kaum erwerbbar sein (→ Rn. 23 f.).

3.3.3 Brille oder, bei medizinischer Indikation, Kontaktlinsen

74 Brillen sind im RB von Erwachsenen in der Abteilung 06 für Gesundheitspflege unter ‚Code 0613 900 therapeutische Mittel und Geräte (einschl. Eigenanteile)' in Höhe von 2,23 EUR enthalten.

Das BVerfG sagt dazu: „*Desgleichen kann eine Unterdeckung entstehen, wenn Gesundheitsleistungen wie Sehhilfen weder im Rahmen des Regelbedarfs gedeckt werden können noch anderweitig gesichert sind*" (BVerfG 23.7.2014 – 1 BvL10/12, Rn. 120).

Wenn man sich dann wieder die Anschaffung einer **Brille** im Bereich um 250 EUR vorstellt, wären im RB 1 unter dem ‚Code 0613 900 therapeutische Mittel und Geräte (einschl. Eigenanteile)' Gelder in Höhe von 30,89 EUR im Jahr vorgesehen (2,23 EUR x Regelsatzerhöhung 15,41 % = 2,57 EUR; mal 12 Monate). Es wären somit **8,09 Jahre** (im Regelsatz im Jahr 2023) auf eine Brille in dieser Preisklasse anzusparen. Diese offensichtlich eklatante Unterdeckung macht deutlich, dass ein Darlehen nach § 24 Abs. 1 nicht „zumutbar" im Sinne der Härtefallregelung ist und daher ein Anspruch auf Zuschussbasis nach § 21 Abs. 6 SGB II besteht.

75 Inhaltlich ist nur zu diskutieren, ob eine Brille ein **laufender, anlassbezogener, wiederkehrender Bedarf** ist, das wäre im Rahmen einer weiten Auslegung möglich. In diesem Fall ist sie ohne Zweifel auf Zuschussbasis von der jeweiligen Behörde zu erbringen. Wenn man die Anschaffung einer Brille als **einmaligen Bedarf** einstuft, wären nur die äußerst geringen Beträge, die dafür die im Regelsatz vorgesehen sind, zu betrachten und es würde klar, dass hier nicht auf das Ansparkonzept mit Darlehensgewährung verwiesen werden kann.

76 Bei medizinischer Indikation von **Kontaktlinsen** liegt unzweifelhaft ein laufender Bedarf vor, der bei einem **medizinisch indiziertes Kontaktlinsen-Abo** in Höhe von 68 EUR/mtl. übernommen werden muss (LSG Hessen 1.12.2021 – L 6 AS 359/19).

3.3.4 Pass- und Passbeschaffungskosten

77 Im RB sind Kosten für Personalausweise in Höhe von 0,31 EUR pro Monat enthalten. Hier gab es eine Steigerung von 6 Cent (Ausschuss-Drs. 19(11)830, 14), weil ab dem 1.1.2021 die Kosten für Personalausweise von 28,80 EUR auf 37,00 EUR (§ 1 Abs. 1 Nr. 2 PAuswGebV) gestiegen sind.

78 Anders als Deutsche und Unionsbürger*innen, für die ein Personalausweis ausreicht, sind Drittstaatsangehörige nach § 3

AufenthG verpflichtet, einen gültigen Pass oder Passersatz zu besitzen, um sich legal in Deutschland aufzuhalten. Die Kosten für die Fahrt zur Botschaft bzw. zum Konsulat und den Pass betragen oft mehrere hundert Euro. In Einzelfällen sind zur Passbeschaffung auch Reisen in Konsulate in andere Länder oder sogar ins Herkunftsland nötig. Verstöße gegen die Passpflicht sind nach § 95 Abs. 1 Nr. 1 AufenthG strafbar. Da ein Reisepass für Deutsche nicht zum sozialhilferechtlichen Existenzminimum zählt, sind Passkosten nicht im Regelbedarf enthalten – lediglich 31 Cent sind als Teil des Regelbedarfs für die Beschaffung eines Personalausweises vorgesehen.

Passbeschaffungskosten werden als Kosten zur Erfüllung der ausländerrechtlichen Mitwirkungspflicht gesehen. Das vom Gesetz eingeräumte Ermessen ist in diesen Fällen auf null reduziert (Grube/Wahrendorf/Flint AsylbLG § 6 Rn. 24; LSG Nordrhein-Westfalen 10.3.2008 – L 20 AY 16/07).

3.3.4.1 Passbeschaffungskosten im SGB II/SGB XII

79 Der 4. Senat des BSG hat für SGB II-Berechtigte festgestellt, dass Passbeschaffungskosten im Regelbedarf enthalten seien und dass daher weder ein Anspruch im Rahmen der verfassungskonformen Auslegung der Härtefallregelung noch nach sonstigen Bedarfen nach § 73 SGB XII bestehe (BSG 12.9.2018 – B 4 AS 33/17 R). Die in der EVS enthaltenen Kosten von 31 Cent im Monat „ziel[en] gleichermaßen auf die Deckung der entsprechenden Bedarfe von In- und Ausländern hinsichtlich eines Ausweises oder Passes" (BSG 12.9.2018 – B 4 AS 33/17 R, Rn. 24 ff.). Für das SGB XII wurde dieser Tenor vom dafür zuständigen BSG bestätigt (BSG 29.5.2019 – B 8 SO 14/17 R, Rn. 12), das ebenfalls auf die vom Regelsatz umfassten unabweisbaren Bedarfe bzw. ergänzende Darlehen nach § 24 Abs. 1 SGB II bzw. § 37 Abs. 1 SGB XII verwiesen hat.

Soweit die Kosten bei ausländischen Pässen höher liegen, seien diese aufgrund des pauschalierten Systems der Regelbedarfsermittlung und -zahlung durch interne Ausgleiche abzufangen. Des Weiteren könne ein Darlehen nach § 24 Abs. 1 SGB II beantragt werden (BSG 29.5.2019 – B 8 SO 14/17 R, Rn. 37).

80 Es bestehen inhaltlich erhebliche Zweifel an dem BSG-Urteil (BSG 12.9.2018 – B 4 AS 33/17 R), denn das BSG setzt hier die Kosten für einen Personalausweis und einen ausländischen Pass gleich. Spätestens mit der Erhöhung der Kosten für Personalausweise von 25 Cent auf 31 Cent nimmt der Gesetzgeber ausschließlich Bezug auf die gestiegenen Kosten für „Personalausweise" (Ausschuss-Drs. 19(11)830, 14, 15). Es sind also definitiv keine Kosten für Pässe im RB 2023 enthalten. Zudem fallen auch neben den reinen Passkosten auch noch **Passbeschaffungskosten** an, also Reise- und Übernachtungskosten zu den jeweiligen Vertretungen der Länder. Der Verweis auf ein Darlehen wegen unabweisbaren Bedarfs nach § 24 Abs. 1 SGB XII dürfte somit nicht mehr zum Tragen kommen.

81 Die Logik des BSG Urteils:

Im vorliegenden Fall ging es um **217 EUR Passbeschaffungskosten**. Wenn 31 Cent im Monat Passbeschaffungskosten enthalten sind, müsste ein*e Antragstellende*r **58,33 Jahre** für seinen*ihren Pass ansparen, für **500 EUR** Passbeschaffungskosten sogar **134,40 Jahre.**

82 Dem BSG-Urteil hat sich das **SG Köln** entgegengestellt (SG Köln 17.5.2022 – S 15 AS 4356/19). Dieses sagt, die im vorliegenden Fall angefallenen Kosten von insgesamt 383 EUR (139 EUR Reisepass, 136 EUR Ausweis und 108 EUR Fahrtkosten) seien als unabweisbarer, einmaliger Bedarf nach § 21 Abs. 6 SGB II zu übernehmen, denn die fast 400 EUR seien nicht in kurzer Zeit ansparbar, weshalb ein besonderer Bedarf vorläge. Ausweispapiere für unter 14-Jährige seien zudem vom Regelbedarf nicht erfasst. Zwar sähe der Regelbedarf einen Teil für die Beschaffung von Ausweispapieren vor, dieser entspräche aber bei weitem nicht den üblichen Kosten für die Beschaffung ausländischer Ausweispapiere, da die Kosten für die Beschaffung deutscher Papiere zugrunde gelegt worden seien (SG Köln 17.5.2022 – S 15 AS 4356/19).

83 **Tipp:** Passbeschaffungskosten sollten präzise beziffert werden und ein Antrag beim SGB II-/SGB XII-Amt gestellt werden. Das BSG hat mit seinen Urteilen (BSG 12.9.2018 – B 4 AS 33/17 R; BSG 29.5.2019 – B 8 SO 14/17 R) auf jeden Fall einen Übernahmeanspruch auf Darlehensbasis nach § 24 Abs. 1 SGB II bzw. § 37 Abs. 1. SGB XII festgestellt.

Das bedeutet, Jobcenter und Sozialämter müssen hier ein Darlehen erbringen.

84 Das gilt für Pass- und Passbeschaffungskosten bis 217 EUR. Hier vertreten wir die Auffassung, dass ab Kosten von 217,01 EUR der Verweis auf jeden Fall nicht mehr zulässig sein dürfte und hier *„zusätzliche Ansprüche oder die verfassungskonforme Auslegung bestehender Regelungen in Betracht kommen"* (BSG 12.9.2018 – B 4 AS 33/17 R; Rn. 16).

Im Zweifel sollte erst einmal ein Darlehen angenommen werden und hinterher darüber gestritten werden (→ 52 ff.).

Weitere Informationen, auch in Bezug auf das AsylbLG, finden Sie in der Arbeitshilfe der GGUA zur Übernahme der Kosten bei Passbeschaffung (v. 29.7.2021, abrufbar unter: https://www.frnrw.de/fileadmin/frnrw/media/downloads/Themen_a-Z/Aufenthalt/Passbeschaffung_Arbeitshilfe.pdf, letzter Zugriff: 19.1.2023).

3.3.5 Weitere mögliche einmalige Kosten

85 Als weitere mögliche einmalige Kosten kommen in Betracht (die Aufzählung hat keinen Anspruch auf Vollständigkeit):

- **Dolmetscher*innen- und Übersetzer*innenkosten**, bei Ärzt*innen, Behördenangelegenheiten, zur Beratung bei Schwangerschaft, für die Verfahrensbeistände, Erziehungsberatungsstellen, Ausländerbehörde etc.

  Patient*innen bei Ärzt*innen müssen selbst für geeignete Übersetzungen sorgen, der*die Arzt*Ärztin ist verpflichtet, Patient*innen über Art, Umfang und Risiken der Behandlung aufzuklären (§ 630e BGB), daher sind solche einmaligen und laufenden Kosten unabweisbar für die Behandlung und müssen von den Ämtern übernommen werden (SG Münster 8.6.2020 – S 20 AY 3/17, im AsylbLG in Bezug auf Dolmetscherkosten bei Psychotherapie als abweichender Regelbedarf nach § 27a Abs. 2 Nr. 2 SGB XII).

  Rechtlich ist die Übernahme im SGB II für laufende Kosten (mehr als einmal im Bewilligungszeitraum) über den Härtefallmehrbedarf § 21 Abs. 6 SGB II, im SGB XII über die abweichenden Regelleistungen nach § 27a Abs. 4 S. 1 SGB XII und für einmalige **Dolmetscher*innen- und Übersetzer*innenkosten** über die einmaligen Bedarfe nach § 21 Abs. 6 SGB II und § 30 Abs. 10 SGB XII zu übernehmen. Ebenfalls wäre aber auch eine Finanzierung über die Hilfen in sonstigen Lebenslagen nach § 73 SGB XII für laufende und einmalige Bedarfe denkbar, insofern die Gerichte zum Ergebnis kommen, dass diese Kosten nicht vom Regelsatz erfasst sind (BSG 26.5.2011 – B 14 AS 146/10 R; BSG 15.11.2012 – B 8 SO/11 R). Dann gilt der § 73 SGB XII für alle Rechtsgebiete. Welcher Weg gegangen wird, müssen im Ergebnis die Gerichte entscheiden.

  Weitere Informationen: Dana Schneider, Zur sozialrechtlichen Erstattungsfähigkeit von Dolmetscherkosten bei der medizinischen Versorgung, SGb 04/21; sowie unter: https://www.baff-zentren.org/wp-content/uploads/2022/03/Sprachmittlung-in-der-psychotherapeutischen-und-psychosozialen-Versorgung_Ergebnispapier-2022.pdf.

  Im Koalitionsvertrag von SPD, Grünen und FDP wird die Sprachmittlung auch mithilfe digitaler Anwendungen im Kontext notwendiger medizinischer Behandlung als Bestandteil des SGB V bereits genannt. Hier wird es langsam Zeit, diese Regelung umzusetzen!

- **Fahrtkosten zu besonderen Anlässen** wie Heirat, Beerdigung, Pflegeheimbesuch, Erkrankung eines*r Angehörigen (sind im RB enthalten),

- **Kosten zur Beschaffung von Papieren**, Geburtsurkunden, Heiratsfähigkeitsbescheinigungen,

- **Kosten zur Beseitigung von Ungezieferbefall** (sind nicht im RB enthalten), könnten aber auch im Rahmen der § 67 SGB XII-Hilfen oder nach § 73 SGB XII erbracht werden,

- Kosten zur Dokumentenbeschaffung (Beschaffung von Geburtsurkunden, Heiratsfähigkeitsbescheinigungen oder Ehefähigkeitszeugnis) (sind nicht im RB enthalten),
- Kosten für Schlüsseldienst zur Notöffnung der Wohnung (sind mit 0,50 EUR im RB enthalten (BT-Drs. 19/22750, 24: 0432 900)),
- Raumlüfter bei Allergien, sofern nicht von der Krankenkasse übernommen (ist mit 0,85 EUR im RB enthalten (BT-Drs. 19/22750, 25: 0531 901)),
- Perücke bei Krebserkrankung (ist mit 1,24 EUR im RB enthalten (BT-Drs. 19/22750, 33: 1213 010)),
- Kauf von Fernseher (ist mit 1,85 EUR im RB enthalten (BT-Drs. 19/22750, Seite 30: 0911 200)),
- Spirale bei besonderen Gründen (ist mit 2,76 EUR im RB enthalten (BT-Drs. 19/22750, 27: 0612 900); Verhütungsmittel, → 117),
- Kosten für Familienzusammenführung (Kosten für Visum und Flug etc), Kosten für Visum und Flug sind nicht im RB enthalten (Kosten Visum: BT-Drs. 19/22750, 33: aus dem Code-Nummern-Kreis 1270, Kosten Flug: ausweislich BT-Drs. 19/22750, 28),
- Reiseausweise für anerkannte Flüchtlinge, denn nach der Genfer Flüchtlingskonvention und der EU-Richtlinie 2011–95-EU (Art. 25) besteht die staatliche Pflicht zur Ausstellung, aber ohne Pflicht zur Gebührenbefreiung bei Bürgergeld-Bezug, nur Ermessen (§ 53 Abs. 2 Aufenthaltsverordnung) (sind nicht im RB enthalten),
- Kosten für Gebärdendolmetscher*innen, bei Ärzt*in und sonstigen Ämtern (insofern nicht § 19 Abs. 1 S. 2 SGB X greift) (ist nicht im RB enthalten),
- Kosten für sinnvolle und notwendige Vorsorgeuntersuchungen (Nichtübernahmefähige IGeL-Kosten und Heilpraktiker*innen) (sind nicht im RB enthalten),
- Bekleidung und Sportbekleidung bei Kur und Reha oder bei Besuch von Fitnessstudio aus medizinischen Gründen (nicht zu klären, in 0312 100 bzw. 0312 200) oder
- Schuhe bei Besonderheiten und Übergröße am Fuß (sind nicht im RB enthalten), das LSG Berlin-Brandenburg hat Kosten für Bekleidung, Wäsche und Schuhe in Übergröße in Höhe von monatlich 28,36 EUR für einen Leistungsbeziehenden mit einer Körpergröße von 2,07 m und Schuhgröße 52 nach § 21 Abs. 6 SGB II gewährt (LSG Berlin Brandenburg 7.4.2022 – L 9 AS 400/19).

86 Diese Liste ist fortsetzbar. Der Grundsatz der Argumentation sollte lauten: wenn die im RB dafür vorgesehenen Beträge zu gering sind, ist ein Darlehen nicht zumutbar und wenn dadurch eine Ansparung erst in Jahren oder Jahrzehnten möglich ist, besteht ein Anspruch im Rahmen des neuen Härtefallbedarfes. Wo im Detail die Grenzen liegen, wird in der Rechtsprechung zu klären sein.

3.4 Nichtzumutbarkeit eines Darlehens, wenn schon andere Darlehen bestehen

87 Auch dürfte ein Darlehen nach 24 Abs. 1 SGB II bzw. 37 Abs. 1 SGB XII nicht zumutbar sein, wenn noch auf *längere Sicht weitere Darlehen zu tilgen sind*. Im SGB II wird hier bei der Gewährung von Erstausstattungsbedarfen von Nichtleistungsbeziehenden auf **bis zu sechs Monate** des Einbringens des Einkommens oberhalb des sozialrechtlichen Bedarfes abgestellt (§ 24 Abs. 3 S. 3 SGB II). Im SGB XII wird bei den Darlehen für vorübergehenden Notlagen nach § 38 SGB XII ebenfalls auf eine Dauer von **bis zu sechs Monaten** abgestellt (Grube/Wahrendorf/Flint SGB XII § 38 Rn. 5; Schellhorn/Hohm/Scheider/Busse SGB XII § 38 Rn. 8).

Wenn zum Zeitpunkt der Beantragung eines laufenden oder einmaligen unabweisbaren Bedarfes nach § 21 Abs. 6 SGB II bzw. § 30 Abs. 10 SGB XII noch weitere Darlehen getilgt werden und die Tilgung noch **länger als sechs Monate dauert**, wäre unserer Auffassung nach der **Verweis auf weitere Darlehen unzulässig**. Dabei müssen die massive Unterdeckung der Regelleistungen durch Inflation und Haushaltsenergiepreissteigerungen, die fehlende Öffnung des Mehrbedarfes für Warmwasser und auch die ggf. nicht in voller Höhe berücksichtigten Kosten der Unterkunft und Heizung Berücksichtigung finden.

52 „Härtefallmehrbedarfe"

3.5 Praxisstrategie SGB II/SGB XII

88 Vielmals werden die Jobcenter und Sozialämter diese einmaligen Bedarfe nicht gewähren. Die BA und das BMAS positionieren sich hier deutlich: *„Bei einmaligen Bedarfen, die vom Regelbedarf erfasst sind, kommt dagegen grundsätzlich ein Darlehen nach § 24 Absatz 1 in Betracht"* (FW 21.40). Gleichlautend das BMAS in seiner Weisung zum SGB XII: *„Bei einmaligen Bedarfen, die vom Regelbedarf erfasst sind, kommt grundsätzlich ein Darlehen nach § 37 Absatz 1 in Betracht"* (Informationsschreiben zum Bürgergeld-Gesetz, Az.: Vb4-50240, 29.11.2022, S. 10, abrufbar unter: https://tacheles-sozialhilfe.de/files/Weisungen/Sozi/2022/BMAS-22-11-29-BMAS-Infomationsschreiben-Buergergeld-Gesetz.pdf).

Daher werden in einer Vielzahl der Fälle solche Leistungsansprüche zu erstreiten sein.

89 Vom Grundsatz her sind soziale Rechte möglichst weit auszulegen (§ 2 Abs. 2 SGB I). Aus den zitierten Weisungen weht trotz neuer Begriffe wie „Bürgergeld" ein anderer Wind, denn hier wird von oben eine maximal restriktive Auslegung angeordnet. Den Betroffenen und ihren Berater*innen ist daher zu raten, sich nicht von behördlichen Ablehnungen abschrecken zu lassen – denn die werden kommen –, sondern ins Rechtsmittelverfahren zu gehen, dh Widerspruch und Klage und in dringenden, eiligen Fällen in die Eilklage (→ 41).

90 Wenn Ihnen das jeweilige Amt „nur" ein Darlehen (→ 30) nach § 24 Abs. 1 SGB II bzw. ergänzendes Darlehen nach § 37 Abs. 1 SGB XII anbietet, nehmen Sie es erstmal an. Tun sie es nicht, werden Sie ohne die begehrte Leistung dastehen und bekommen diese ggf. Monate bzw. ein bis anderthalb Jahre später.

Da Sie aber häufig dringend auf die Leistungsgewährung angewiesen sind, empfiehlt es sich, zunächst ein solches Darlehensgewährungsangebot anzunehmen, denn damit ist der akute Bedarf gedeckt, und dann nach Erhalt des Geldes gegen die Darlehensgewährung und gegen die Aufrechnung (→ 12) des Darlehens in den Widerspruch zu gehen. Der Widerspruch (→ 126) entfaltet nach § 86a Abs. 1 SGG aufschiebende Wirkung, das bedeutet, die Behörde hat ohne Bestandskraft des Ursprungsbescheides keinen Anspruch gegen Sie und darf in der Folge die Aufrechnung zur Tilgung des Darlehens nicht vollziehen. Sollten Sie einen Zettel unterschrieben haben, mit dem Sie der Aufrechnung zugestimmt haben, ist dies bei Einlegung eines Widerspruchs gegen den Ursprungsbescheid eine Vereinbarung, die wegen fehlender Bestandskraft gegen Rechtsvorschriften verstößt und daher unwirksam ist (§ 53 Abs. 1 S. 1 SGB X). Sie müssen und sollten dann aber das Rechtsmittelverfahren mit fachkundiger Hilfe weiter betreiben.

4. Antrag und Verfahren bei laufenden Härtefall(mehr)bedarfsleistungen

91 Leistungen nach der „Härtefallregelung" sind **vom Grundantrag auf Bürgergeld** erfasst (§ 37 Abs. 1 SGB II; wie zB Betriebskostennachforderungen: BSG 22.3.2010 – B 14 AS 6/09 R), und auch in der GSi sind erhöhte bzw. abweichende Regelbedarfe vom Grundantrag umfasst und müssen auch dort nicht gesondert beantragt werden (§ 44 Abs. 1 SGB XII). In der HzL bedarf es aber einer gesonderten Beantragung (§ 18 Abs. 1 SGB XII). Weil der besondere Bedarf nach Art und Höhe dem Jobcenter/GSi-Amt aber nicht bekannt sein kann, müssen Sie einen Antrag stellen und geeignete Nachweise für die Bedarfslage vorlegen. Bei medizinisch begründetem Mehrbedarf wird ein entsprechendes ärztliches Attest benötigt. Die Übernahme der hierfür entstehenden Kosten können Sie beim Jobcenter beantragen (→ 67 Rn. 11).

92 Der Bedarf kann unter Umständen **rückwirkend** auch für mehrere Bewilligungszeiträume erbracht werden, wenn Sie im Monat der Entstehung eines Anspruchs hilfebedürftig waren und entsprechende Aufwendungen nachweisen können. Außerdem darf Ihnen kein Nachteil entstehen, weil Sie auf dem Antragsformular versäumt haben anzukreuzen, dass ein „unabweisbarer, besonderer Bedarf besteht" (diese Formulierung stellt auf laufende Bedarfe ab), im Bürgergeld-Hauptantrag, ist dies unter 5. zu finden. Hier darf das Jobcenter nicht von einem Verzicht

auf Leistungen ausgehen. Bei dieser Formulierung handelt es sich mithin um einen für „*rechtsunkundige Laien nicht ohne weiteres zu durchschauenden unbestimmten Rechtsbegriff*", den Sie nicht verstehen müssen (LSG NRW 4.3.2014 – L 19 AS 1516/13 B).

Die Mehrbedarfe sind jeweils längstens für einen Bewilligungszeitraum anzuerkennen. Die Bewilligung sollte in der Regel endgültig erfolgen. Wenn die genaue Höhe nicht absehbar ist, ist über die Leistungsanspruch nach § 41a Abs. 1 SGB II vorläufig zu entscheiden (FW 21.43).

Nicht zweckentsprechende Verwendung: Sollten Sie einen ausgezahlten Mehrbedarf nicht zweckentsprechend verwenden haben, ist ein Widerruf oder eine Rückforderung nur möglich, wenn Sie vom Jobcenter auf die Nachweispflicht und die Möglichkeit eines Widerrufs bei der Bewilligung hingewiesen wurden (§ 47 Abs. 2 Nr. 1 SGB X; FW 21.44).

93 Einen nachträglichen Nachweis über die zweckentsprechende Verwendung der Leistung dürfte allerdings nur in begründeten Fällen zu fordern sein. Sie müssen zuvor darauf hingewiesen werden, damit Sie entsprechende Belege sammeln können. Grundsätzlich dürfen Sie nicht unter Generalverdacht gestellt werden.

Auch ist es nicht zulässig, dass die Jobcenter eine Erstattungsregelung einführen. SGB II-Leistungen und die Mehrbedarfe müssen monatlich im Voraus erbracht werden (§ 42 Abs. 1 SGB II). Steht die genaue Höhe des Anspruchs noch nicht fest, dann muss der Bedarf vom Jobcenter realitätsnah prognostiziert werden (§ 41a Abs. 2 S. 3 SGB II) und es hat eine vorläufige Leistungsgewährung erfolgen.

5. Forderungen

94 Herausnahme der Haushaltsenergie aus den Regelleistungen!

Schaffung einer Anspruchsgrundlage für Elektrogeräte und einmalige Bedarfe, insbesondere auch für digitale Endgeräte und Brillen!

53
Hausbeuch

1. Unverletzlichkeit der Wohnung 1
2. Hausbeuch gehört nicht zur Mitwirkungspflicht 3
2.1 Hausbeuch nur, wenn erforderlich 5
2.2 Kein Hausbeuch, wenn nicht erforderlich 9
2.3 Hausbeuche ohne Anlass nicht zulässig 12
2.4 Bundesweiter Rechtsbruch 17
3. Streichung der Leistung bei Ablehnung eines Hausbeuchs 19
4. Durchführung eines Hausbeuchs 24
4.1 Ein*e Behördenmitarbeiter*in/Sozialdetektiv*in steht ohne Anmeldung vor der Tür 25
4.2 Daten sind bei der betroffenen Person zu erheben 28
4.3 Keine Befragung Minderjähriger 30
4.4 Kein Erschleichen des Zugangs zur Wohnung 31
4.5 Angemeldete oder unangemeldete Hausbeuche? 32
4.6 Einsicht in das Protokoll 34
4.7 Fotografieren beim Hausbeuch 35
4.8 Beweisverwertungsverbot illegal ermittelter Daten 36
4.9 Observation und richtige Detektiv*innen 37
4.10 Hausbeuch als Beweismittel 40
5. Richtlinien für Hausbeuche 41
6. Informationen 42

1. Unverletzlichkeit der Wohnung

1 Immer öfter werden von den Jobcentern Hausbeuche durchgeführt, um zu klären, ob die Angaben aus dem Antrag korrekt sind. Um Ausgaben zu senken, haben die damaligen Hartz IV-Parteien beschlossen, dass die Arbeitslosenbehörden *„einen Außendienst zur Bekämpfung von Leistungsmissbrauch einrichten [sollen]"* (§ 6 Abs. 1 S. 2 SGB II). Es ist nicht geplant, dies im „Bürgergeld" zu ändern. Weder das SGB II noch das SGB XII sehen Hausbeuche als zu erduldende (Mitwirkungs-)Pflicht vor (LSG NRW 19.12.2007 – L 7 B 284/07 AS ER). Dem Grundgesetz zufolge ist die Wohnung sogar unverletzlich (Art. 13 Abs. 1 GG). Zudem gibt es das Recht auf informationelle Selbstbestimmung, also das Recht des Einzelnen, selbst über die Preisgabe und Verwendung

429

seiner personenbezogenen Daten zu bestimmen. Die Privat-, Geheim- und Intimsphäre des Menschen wird dadurch geschützt (Art. 1 Abs. 1 iVm Art. 2 Abs. 2 GG). Ein Hausbesuch darf weder routinemäßig noch zur bloßen Ausforschung durchgeführt werden (LSG Bayern 23.7.2009 – L 8 AL 337/06). Genau das aber machen Jobcenter zuhauf.

2 Eine routinemäßige Durchführung von Hausbesuchen zur Feststellung von Leistungsmissbrauch ohne vorherige Indizien ist nicht zulässig. Das Betreten der Wohnung ist nur mit Einverständnis des*der Betroffenen zulässig. Gemäß Art. 7 Abs. 1 DSGVO ist zum Zwecke der Nachweisführung die Einwilligung des*r Betroffenen zu dokumentieren: nach § 67b Abs. 2 S. 1 SGB X soll die Einwilligung schriftlich oder elektronisch erteilt werden (FW 6.16). Daran aber wird sich kaum ein Jobcenter halten. In das Grundrecht auf Unverletzlichkeit der Wohnung darf nur durch richterliche Anordnung eingegriffen werden. Selbst die Polizei darf nur mit einer richterlichen Anordnung „Hausbesuche" machen, es sei denn, es ist „Gefahr im Verzug".

2. Hausbesuch gehört nicht zur Mitwirkungspflicht

3 In den Paragrafen, die die Mitwirkungspflichten (→ 79) regeln (§§ 60–64 SGB I), gibt es keine Pflicht, Hausbesuche im Rahmen der Mitwirkungspflichten zuzulassen (LSG Hessen 30.1.2006 – L 7AS 1/06 ER; LSG NRW 19.12.2007 – L 7 B 284/07 AS ER; LSG Baden-Württemberg 22.1.2008 – L 7 B 284/07 AS ER). Auch für den Landesdatenschutzbeauftragten von NRW „ist [im SGB I] eine Mitwirkungspflicht der betroffenen SozialhilfeempfängerInnen, einen [...] Wohnungsbesuch dulden zu müssen, nicht enthalten" (Stellungnahme vom 7.8.2000, unveröffentlicht). Das sieht auch die BA so (BA, Leitfaden Außendienst, 12/2019, Rn. 6.23). Zudem dürfen „Pflichten nur begründet, festgestellt, geändert oder aufgehoben werden, soweit ein Gesetz es vorschreibt oder zulässt" (§ 31 SGB I).

4 Allerdings muss in diesem Zusammenhang auch beachtet werden: Die anspruchsbegründenden Tatsachen muss der*die Antragsteller*in beweisen (SG Lübeck 14.2.2008 – S 27 AS 106/08 ER); zu dem Beweis kann aber auch unabhängig von der allgemeinen Mitwirkungspflicht eine Duldung eines Hausbesuches gehören, aber nur, wenn massive Zweifel an der Hilfebedürftigkeit bestehen, die Behörde vorher alle anderen Sachverhaltsermittlungsoptionen durchgeführt hat und der Hausbesuch quasi die Ultima Ratio ist, um den Sachverhalt zu ermitteln.

2.1 Hausbesuch nur, wenn erforderlich

5 Zwar kann ein Sozialleistungsträger „den Augenschein einnehmen" (§ 21 Abs. 1 Nr. 4 SGB X). Eine allgemeine Erlaubnis zum Hausbesuch bedeutet das aber nicht (Brühl, info also 1998, 203 ff.). Zudem muss der Hausbesuch „zur Ermittlung des Sachverhalts [...] erforderlich" sein (§ 21 Abs. 1 S. 1 SGB X). Das heißt, er muss nach dem Grundsatz der Verhältnismäßigkeit (Art. 1 Abs. 3, Art. 20 Abs. 3 GG) das geeignete Mittel sein, einen Sachverhalt zu ermitteln.

6 Erforderlich **könnte** ein Hausbesuch sein, um zB Folgendes zu klären:

- den tatsächlichen Aufenthalt,
- ob und in welchem Umfang eine Erstausstattung für die Wohnung benötigt wird,
- die Aufteilung selbstgenutzten Wohneigentums,
- die Aufteilung der Wohnbereiche in einer Wohngemeinschaft (→ 128), falls dies nicht durch einen Untermietvertrag geregelt ist,
- die Vermutung (nicht aber die Feststellung) einer eheähnlichen Lebensgemeinschaft („Einstandsgemeinschaft"; → 36) oder
- den Umfang der Übernahme von Renovierungskosten (→ 90).

7 Ein Hausbesuch könnte auch erforderlich sein, um Zweifel auszuräumen, ob zB verwertbare Vermögensgegenstände vorhanden sind. Hausbesuche sind erforderlich, „wenn im konkreten Einzelfall bereits tatsächliche Anhaltspunkte für Leistungsmissbrauch vorliegen" (der Landesdatenschutzbeauftragte von NRW in einer unveröffentlichten Stellungnahme vom 2.4.2001) **und** der Sachverhalt nicht anders ermittelt werden kann, zB

durch Anhörung (§ 24 SGB X) oder Aufforderung zur Beweismittelvorlage (§ 60 Abs. 1 Nr. 3 SGB I).

8 „Ein Hausbesuch stellt immer einen tiefgehenden Eingriff in die Rechte der Betroffenen dar. Aus diesem Grunde sollte der Hausbesuch nur als letztes Mittel der Sachverhaltsermittlung eingesetzt werden. Die Ziele des Hausbesuches sind hierbei vor der Durchführung zu definieren und zu dokumentieren. Während des Hausbesuchs haben sich die Mitarbeiter auf die nach dem SGB II erforderlichen Aufgaben und zuvor definierten Erkenntnisse zu beschränken. Die während des Hausbesuches erhobenen Daten sind in einem Protokoll festzuhalten. Den Betroffenen sollte am Ende des Hausbesuches eine Durchschrift des Protokolls ausgehändigt werden"* (unveröffentlichte Stellungnahme der Bundesbeauftragten für den Datenschutz und die Informationsfreiheit vom 23.1.2015 anlässlich eines Hausbesuchs des Jobcenters Krefeld).

2.2 Kein Hausbesuch, wenn nicht erforderlich

9 Wenn ein Sachverhalt auch durch Antragsformulare, Beweisdokumente, Nachfragen, Erklärungen oder eine Anhörung des*r Betroffenen aufgeklärt werden kann, ist ein Hausbesuch nicht erforderlich (SG Koblenz 30.5.2007 – S 2 AS 595/06). Hausbesuche dürfen von der Behörde nur als **letztes Mittel** eingesetzt werden.

10 Beispiele:

- Zweifel, ob jemand eine selbstständige Tätigkeit aufgegeben hat, lassen sich nicht durch einen Hausbesuch klären (LSG Hessen 30.1.2006 – L 7 AS 1/06 ER).
- Es ist unmöglich, durch einen Hausbesuch eine eheähnliche Gemeinschaft festzustellen (LSG Sachsen-Anhalt 22.4.2005 – L2 B 9/05 AS ER; LSG Hessen 21.7.2005 – L 7 AS 1/05 ER; SG Düsseldorf 6.2.2006 – S 35 AS 25/06). Die Anwesenheit einer Zahnbürste oder eines Rasierpinsels erlauben keine Aussage darüber, ob jemand seine eigenen Bedürfnisse hinter denen des*r Partners*Partnerin zurückstellt und inwieweit ein*e Partner*in zum Unterhalt bereit ist.

- Um Unterlagen über Vermögen zu bekommen oder die Arbeitsfähigkeit zu überprüfen, sind Hausbesuche nicht erforderlich (VGH Hessen 6.1.2004 – 10 TG 3103/03). Aber: Die Hartz IV-/Bürgergeld-Parteien stört das nicht. Ihrer Meinung nach soll der Außendienst auch überprüfen, ob bei Alg II-/Bürgergeld-Beziehenden *„eigenes Einkommen und Vermögen oder Einkommen und Vermögen von Mitgliedern der Bedarfsgemeinschaft vorhanden ist"* (Begründung zum Gesetzesentwurf des „Fortentwicklungsgesetzes", BT-Drs. 16/1410, 18).
- Bei Zweifeln, ob zB ein*e Beziehende*r von Bürgergeld, HzL/GSi der Sozialhilfe in der angegebenen Wohnung lebt, ist ein Hausbesuch nicht erforderlich. Das gilt für den Fall, dass zum Beweis Mietvertrag, Meldebescheinigung oder die Gasrechnung vorgelegt wird und darüber hinaus ein Vertreter der Behörde den*die Hilfesuchende*n telefonisch in der Wohnung erreicht hat (VG Braunschweig 23.4.1985 – 4 VG D 34/85).
- *„Zur Feststellung einer Verantwortungs- und Einstehensgemeinschaft sind Informationen erforderlich, die nur schwer im Wege eines Hausbesuches geklärt werden können. Aspekte, die für das Vorliegen einer Verantwortungs- und Einstehensgemeinschaft sprechen (§ 7 Absatz 3a), können in der Regel über die Angaben der Anlage VE auch ohne Hausbesuch festgestellt werden. Der Hausbesuch ist allenfalls bei Widerlegung der Vermutung zur Indizienfeststellung erforderlich"* (FW 6.17).

11 Tipp: Sozialdaten, zB auch Informationen über persönliche Verhältnisse, sind zunächst immer bei den Betroffenen selbst zu erheben (→ Rn. 28; § 67a Abs. 2 SGB X).

2.3 Hausbesuche ohne Anlass nicht zulässig

12 Sie haben nur die *„Pflicht zur Angabe von Tatsachen, die für die Leistung erheblich sind"* (§ 60 Abs. 1 Nr. 1 SGB I; Mitwirkungspflicht, → 79). Sie brauchen also einen Hausbesuch nicht zu dulden, der damit begründet wird, man wolle sich Ihre Wohnung einmal anschauen und Sie hätten dazu eine Mitwirkungspflicht. Wenn es nur um die Sammlung von Daten zu einem Zweck geht, den der*die Ermittelnde noch gar nicht

kennt, ist ein Hausbesuch unzulässig. Vorbeugendes Inspizieren ist nicht erforderlich.

13 Ein Hausbesuch zur allgemeinen Überprüfung des Antrags auf Bürgergeld ist ebenfalls nicht zulässig, da Sie schon alle Tatsachen angegeben haben, die für die Leistung erheblich sind. „Anlassunabhängige oder flächendeckende Nachforschungen, die erst zur Verdachtsschöpfung führen, sind [...] unzulässig", so der Landesdatenschutzbeauftrage von NRW in einer (unveröffentlichten) Stellungnahme vom 2.4.2001. Hausbesuche damit zu begründen, dass mit Steuergeldern sparsam umgegangen werden müsse, reicht auch nicht (BVerfG 3.7.2006 – 2 BvR 2030/04).

14 „Vor Durchführung eines Hausbesuchs ist also grundsätzlich [...] zu verlangen, dass er [der Träger] seine berechtigten Zweifel an den jeweiligen Angaben in jedem Einzelfall dem Betroffenen darlegt und auch in Abhängigkeit von den Umständen des jeweiligen Einzelfalls beurteilt, ob der Hausbesuch ein taugliches Mittel zur Feststellung des begehrten Bedarfs ist" (LSG Hessen 30.1.2006 – L 7 AS 1/06 ER; ebenso BVerwG 30.7.1991 – 5 ER 657/91; SG Düsseldorf 22.4.2005 – S 35 AS 119/05). Es muss konkret begründet werden, warum eine bestimmte Mitwirkungshandlung geboten ist (LSG Niedersachsen-Bremen 29.6.2006 – L 9 AS 239/06 ER). „Denn jeder Hausbesuch greift in das Grundrecht auf Unverletzbarkeit der Wohnung nach Art. 13 Abs. 1 GG ein (LSG NRW 13.12.2007 – L n7 B 284/07 AS ER) und liefert dem Jobcenter immer überschüssige Informationen, die nicht für die Gewährung der Leistungen benötigt werden. Die Rechtmäßigkeit eines Hausbesuchs ist daher an hohe verfassungsrechtliche Anforderungen gebunden. Keinesfalls dürfen Hausbesuche routinemäßig oder zur bloßen Ausforschung gemacht werden (LSG Bayern 23.7.2009 – L 8 AL 337/06)" (Geiger, 2022, 1112).

15 **Tipp 1:** Wenn ein Hausbesuch verlangt wird, fragen Sie nach den konkreten Gründen, die angeblich durch „Inaugenscheinnahme" erforscht werden müssen. „Werden Sozialdaten beim Betroffenen erhoben, ist er [...] über die Zweckbestimmungen der Erhebung [...] zu unterrichten" (§ 67a Abs. 3 SGB X). Dann können Sie beurteilen, ob ein Hausbesuch erforderlich ist.

16 **Tipp 2:** Beschweren Sie sich bei Ihrem*r jeweiligen **Datenschutzbeauftragten** (→ 32), wenn ein Hausbesuch verlangt wird, der nicht erforderlich ist.

2.4 Bundesweiter Rechtsbruch

17 Bundesweit wird uns davon berichtet, dass die Arbeitslosenbehörden (aber auch einige Sozialämter) vor allem dann Hausbesuche machen, wenn es um die Beantragung von Erstausstattung für die Wohnung oder das Baby geht. Es soll geprüft werden, ob die beantragten Einrichtungsgegenstände nicht doch vorhanden sind. Indirekt bezichtigen die Arbeitslosenbehörden Sie hier des Betruges. Sie unterstellen Ihnen falsche Angaben, ohne Anhaltspunkte dafür zu haben, und führen auf Grundlage eines Generalverdachts den Hausbesuch durch. Die Arbeitslosenverwaltung weiß genau, dass diese Praxis nicht zulässig ist. Sie verstößt damit gegen die Vorgaben in den Fachlichen Weisungen der BA:

„Eine routinemäßige Durchführung von Hausbesuchen zur Feststellung von Leistungsmissbrauch ohne vorherige Indizien ist nicht zulässig" (FW 6.16).

18 Wir empfehlen, eine solche Praxis öffentlich zu machen, die **Fachaufsicht** (Beschwerde, → 23) oder die*den zuständige*n **Datenschutz**beauftragte*n (→ 32) einzuschalten. Es gibt auch gute Gründe, wegen des Verdachts des Hausfriedensbruches (§ 123 StGB), der Nötigung (§ 240 StGB) und falscher Verdächtigung (§ 164 StGB) die Staatsanwaltschaft einzuschalten. Aber nach unserer Erfahrung werden in Deutschland solche Verfahren gegen eine Sozialbehörde ganz schnell niedergeschlagen.

3. Streichung der Leistung bei Ablehnung eines Hausbesuchs

19 In den überwiegenden Fällen stellt das Amt Sozialleistungen wegen fehlender Mitwirkung ein (§ 66 SGB I), wenn Sie einen Hausbesuch ablehnen. Und das, obwohl die Erduldung eines Hausbesuches **nicht zu den**

Mitwirkungspflichten gehört und folglich Leistungen auch nicht wegen fehlender Mitwirkung ganz oder teilweise versagt werden dürfen (LSG Hessen 30.1.2006 – L 7 AS 1/06 ER und L 7 AS 13/06 ER).

20 Tipp: Sie sollten gegen einen Bescheid, der die Leistung wegen fehlender Mitwirkung versagt, Widerspruch (→ 126) einlegen. Widersprüche gegen Mitwirkungsentziehungsbescheide entfalten im Bereich des SGB II keine aufschiebende Wirkung mehr (§ 39 SGB II), dh, der Bescheid bleibt rechtsgültig, die Leistung wird erst mal nicht gewährt. Sie müssen die Anordnung der aufschiebenden Wirkung durch das Sozialgericht im Rahmen des einstweiligen Rechtsschutzes (→ 41) beantragen. Im Bereich des SGB XII entfaltet dieser (noch) aufschiebende Wirkung (§ 86a Abs. 1 SGG).

Näheres dazu finden Sie unter den Stichworten Mitwirkung (→ 79 Rn. 28) und Widerspruch (→ 126 Rn. 38 ff.).

21 Tipp: Wurden Ihnen die Leistungen vom jeweiligen Sozialleistungsträger wegen fehlender Mitwirkung bzw. Nichterduldung eines Hausbesuches versagt, sollten Sie Widerspruch einlegen, der Behörde eine Frist von ein paar Tagen einräumen und danach Ihre Ansprüche auf dem Weg des einstweiligen Rechtsschutzes (→ 41) durchsetzen.

22 Falls Sie einen erforderlichen Hausbesuch abgelehnt haben und Ihnen das Geld wegen fehlender Mitwirkung gestrichen wurde, „kann der Leistungsträger Sozialleistungen, die er nach § 66 [fehlende Mitwirkung] versagt oder entzogen hat, nachträglich ganz oder teilweise erbringen" (§ 67 SGB I), wenn Sie die von der Behörde verlangte Mitwirkung später noch nachholen. Weil SGB II-/SGB XII-Leistungen das Existenzminimum darstellen, müssen die Sozialleistungen immer nachgezahlt werden, sofern die Voraussetzungen dafür weiter gegeben sind.

23 All das bedeutet: Hausbesuche sind und bleiben rechtswidrig. Sachbearbeiter*innen dürfen sie nur im Ausnahmefall einfordern. Keinesfalls dürfen Sie über einen Kooperationsplan (früher: Eingliederungsvereinbarung; → 35) dazu gezwungen werden, Ihr generelles Einverständnis zur Erduldung von Hausbesuchen zu geben. Eine solche Erklärung ist unwirksam (§§ 32 iVm 31 SGB I).

4. Durchführung eines Hausbesuchs

24 Wenn Sie sich aus welchen Gründen auch immer aber doch mal einem Hausbesuch ausgesetzt sehen, gibt es viele Dinge zu beachten, die im Folgenden dargelegt werden.

4.1 Ein*e Behördenmitarbeiter*in/ Sozialdetektiv*in steht ohne Anmeldung vor der Tür

25 Wenn ein*e Mitarbeiter*in der Behörde klingelt, fragen Sie zunächst, warum diese*r ohne Anmeldung kommt. Wenn ein Hausbesuch unangemeldet oder zu einer nicht vereinbarten Zeit erfolgt, brauchen Sie idR nicht einzuwilligen.

Sozialdetektiv*innen „müssen eindeutig klarstellen, dass er [der*die Hilfeempfänger*in] nicht verpflichtet ist, ihnen Einlass zu gewähren" (Landesdatenschutzbeauftragter Baden-Württemberg, info also 1998, 53 f.).

Fragen Sie immer nach den Gründen, die einen Hausbesuch erforderlich machen. Die Ermittler*innen haben Sie zunächst über die Rechtslage beim Hausbesuch zu informieren, Sie über Ihre **Rechte** und **Pflichten** aufzuklären und den **Zweck** der Ermittlungen mitzuteilen (§ 67a Abs. 3 Nr. 1–3 SGB X). „*Eine routinemäßige Durchsicht der Schränke ist nicht zulässig. Unter Berücksichtigung des Grundsatzes der Verhältnismäßigkeit kann sie jedoch erforderlich sein, wenn eine Sachverhaltsklärung sonst nicht möglich wäre. Hierzu bedarf es jedoch der ausdrücklichen Einwilligung der betroffenen Person*" (FW 6.22).

26 Tipp 1: Wenn der Hausbesuch erforderlich sein sollte und Sie in diesem Moment keinen Hausbesuch zulassen wollen, können Sie angeben, dass Sie eine*n Freund*in oder ein*e Nachbar*in als Beistand (→ 19) hinzuziehen möchten (§ 13 Abs. 4 SGB X). Das ist Ihr gutes Recht. Dann muss der Hausbesuch verschoben werden.

27 Tipp 2: Natürlich kann es auch sein, dass Sie einen Termin haben, es Ihnen aber nicht gut geht, Sie krank sind usw Auch dann muss der Hausbesuch verschoben werden.

Wenn Sie einen erforderlichen Hausbesuch zulassen, haben Ermittler*innen **keine Befugnis**, auch nur irgendein Behältnis, einen Schrank, Kühlschrank oder eine Zimmertür ohne Ihre Erlaubnis zu öffnen. Andernfalls kann das ein Grund für eine Dienstaufsichtsbeschwerde (→ 23) und eine Beschwerde bei dem*r Datenschutzbeauftragten sein.

Die Ermittler*innen dürfen sich auch **nicht** in der ganzen Wohnung umschauen, wenn es nur um das einsturzgefährdete Bett geht, dessen Neuanschaffung Sie nicht aus Ihrem Regelbedarf zahlen können. Es dürfen **nur** Sachverhalte ermittelt werden, die für eine beantragte Leistung erheblich sind.

Ermittler*innen dürfen auch vorhandenen Hausrat nicht schriftlich in Inventarlisten dokumentieren. Für solche Ermittlungen gibt es keine Mitwirkungspflicht.

4.2 Daten sind bei der betroffenen Person zu erheben

28 Die Behörde hat sich zunächst an die*den Betroffene*n zu wenden (§ 67a Abs. 2 S. 1 SGB X). Im SGB II dürfte das der*die Antragsteller*in sein. Ist der*die Antragsteller*in bei einem unangemeldeten Hausbesuch nicht zugegen, darf das Amt nicht die Kinder (→ Rn. 30) oder Mitbewohnende bitten, *„mal eben reinschauen"* zu dürfen. Hier werden die Ermittler*innen noch einmal kommen müssen.

Die Erhebung von Sozialdaten ist vom Grundsatz her auch bei Dritten (Mitbewohner*in, Nachbar*in, Bekannte, Vermieter*in, Hausmeister*in usw) möglich. Dies aber **nur**, wenn die Erhebung bei dem*r Betroffenen einen **unverhältnismäßigen Aufwand** erfordern würde und **keine Anhaltspunkte** dafür bestehen, dass überwiegende **schutzwürdige Interessen** des*r Betroffenen beeinträchtigt werden (§ 67a Abs. 2 S. 2 Nr. 2b SGB X). Ohne Ihre **Zustimmung** besteht unserer Auffassung nach immer die Gefahr, dass Ihre schutzwürdigen Interessen beeinträchtigt werden.

29 *„Wer Sozialleistungen beantragt oder erhält, hat [...] der Erteilung der **erforderlichen** Auskünfte durch Dritte zuzustimmen"* (§ 60 Abs. 1 Nr. 1 SGB I).

Wenn die Behörde Auskünfte bei Dritten einholen will, können Sie auch mit der Behörde darüber reden, was erforderlich ist und wie das Amt unter Wahrung des Sozialgeheimnisses zu den gewünschten Informationen kommt. Es gehört ggf. zu Ihren *„schutzwürdigen Interessen"*, dass Ihre Hilfsbedürftigkeit nicht bekannt wird, weil dadurch Ihr Ruf beeinträchtigt werden könnte, Sie gegenüber dem*r Vermieter*in oder dem Arbeitgeber erpressbar werden könnten oder Ihre Kreditwürdigkeit in Frage gestellt würde.

4.3 Keine Befragung Minderjähriger

30 Eine Befragung Minderjähriger über die persönlichen Verhältnisse eines Dritten ist grundsätzlich unzulässig. Minderjährige dürfen nur befragt werden, wenn sie unmittelbar betroffen sind und das Einverständnis des*r gesetzlichen Vertreters*Vertreterin vorliegt (FW 6.14).

4.4 Kein Erschleichen des Zugangs zur Wohnung

31 Grundsätzlich unzulässig ist es, sich den Zugang zur Wohnung unter Vorspiegelung falscher Tatsachen oder über Dritte zu verschaffen, zB den*die Hausmeister*in oder eine im Haushalt lebende Person, die nicht zur Bedarfsgemeinschaft gehört.

4.5 Angemeldete oder unangemeldete Hausbesuche?

32 Oft wird behauptet, Behörden dürften nur angemeldete Hausbesuche durchführen. Das ist **nicht richtig**. *„Hausbesuche sollten grundsätzlich im Vorfeld angekündigt werden, es sei denn, die Ankündigung würde den Zweck des Hausbesuches vereiteln.*

Die Erforderlichkeit von unangekündigten Hausbesuchen ergibt sich insbesondere bei Verdacht auf Leistungsmissbrauch, zB bei der Ermittlung des tatsächlichen Aufenthaltes. Die Begründung hierzu ist ebenfalls zu dokumentieren" (FW 6.19).

Wenn ein Hausbesuch erforderlich ist, weil alle anderen Ermittlungsmethoden ausgeschöpft wurden, muss die Behörde prüfen, ob sie ihn anmeldet oder nicht. Da ein unangemeldeter Hausbesuch weiter in das Selbstbestimmungsrecht des*r Leistungsbeziehenden eingreift, darf es dazu nur kommen, wenn die Behörde mit überwiegender Wahrscheinlichkeit davon ausgehen kann, dass sie mit einem angemeldeten Besuch den realen Sachverhalt nicht ermitteln kann. Hätte sie aber den Sachverhalt mit einem angemeldeten Hausbesuch ermitteln können und bestand nicht die begründete Gefahr, dass eine Verfälschung der Sachlage vorgenommen wird, ist der unangemeldete Hausbesuch rechtswidrig.

33 **Tipp:** Die Rechtswidrigkeit eines Hausbesuchs kann der*die **Datenschutzbeauftragte** (→ 32), die **Fachaufsicht** (→ 23 Rn. 5 ff.) oder das Sozialgericht im Rahmen einer Feststellungsklage (→ 64; § 55 Abs. 1 SGG) ermitteln.

4.6 Einsicht in das Protokoll

34 *„Während des Hausbesuches ist der Betroffene über die Verfahrensabläufe zu informieren. Er hat das Recht, während des Hausbesuches Einsicht in das Prüfprotokoll zu nehmen"* (FW 6.21). Die Weisung der BA gibt in ihren Weisungen vor, dass es das Recht gibt, „während des Hausbesuches Einsicht in das Prüfprotokoll zu nehmen" und dass *„dem Betroffenen [...] auf Wunsch eine Abschrift des Prüfprotokolls zu überlassen [ist]"* (FW 6.21). Dieses Recht sollten Sie nutzen. Wenn im Prüfprotokoll falsche Angaben gemacht werden, sollten Sie darauf bestehen, dass diese korrigiert werden oder zumindest Ihr Einwand festgehalten wird.

Sie müssen sich davor schützen, dass der Sachverhalt hinterher von den Ermittler*innen ganz anders oder verzerrt dargestellt wird. Stimmen Sie nicht mit dem Protokoll überein, haben Sie das Recht *„nach Abschluss des Hausbesuches eine Gegendarstellung [zu] erstellen"* (FW 6.23).

4.7 Fotografieren beim Hausbesuch

35 Foto- bzw. Videoaufnahmen stellen eine besondere Form der Datenerhebung bzw. Datenspeicherung dar. Auch hier muss der Grundsatz der Erforderlichkeit beachtet werden. Beides führt zur Dokumentation einer Vielzahl von Informationen über die*den Betroffene*n. In den wenigsten Fällen dürfte eine visuelle Datenerhebung bzw. -speicherung erforderlich sein. Es kann daher nur in begründeten Einzelfällen erforderlich und damit zulässig sein (vgl. dazu Hinweise des Unabhängigen Landeszentrums für Datenschutz Schleswig-Holstein zur datenschutzgerechten Ausgestaltung von Hausbesuchen, Stand: 9/2007).

Werden in Ihrer Wohnung Fotos **ohne Ihre Zustimmung** angefertigt, ist das unzulässig und stellt einen Straftatbestand dar: *„Verletzung des höchstpersönlichen Lebensbereichs durch Bildaufnahmen"* (§ 201a Abs. 1 StGB, Strafmaß: bis zu einem Jahr Haft).

4.8 Beweisverwertungsverbot illegal ermittelter Daten

36 Illegal ermittelte Sozialdaten dürfen nicht gegen die*den Ausgeforschte*n verwendet werden (SG Düsseldorf 23.11.2005 – S 35 AS 343/05 ER; LSG Bayern 25.1.2008 – L 7 AS 72/07 oder LSG Bayern 23.7.2009 – L 8 AL 337/06).

Einen informativen Aufsatz zum Beweisverwertungsverbot im Sozialrecht hat Karl Friedrich Köhler geschrieben (ZFSH/SGB 08/2009, 451 ff.).

4.9 Observation und richtige Detektiv*innen

37 Die BA schreibt in ihren aktuellen Weisungen: *„Die Durchführung von Observationen ist unzulässig. Bei Observationen handelt es sich um zielgerichtete Überwachungen von Personen oder Immobilien unabhängig von der Dauer der Überwachung. Für die Durchführung von Observationen und die Erhebung entsprechender Ermittlungsergebnisse zur Vermeidung eines Leistungsmissbrauchs gibt es im SGB II keine Rechtsgrundlage. Die Sachverhaltsaufklärung hat vielmehr durch Inaugenscheinnahme von Beweismitteln zu erfolgen, zB durch Hausbesuche (s. Kapitel 2.1) oder Prüfung von Geschäftsunterlagen"* (FW 6.10).

38 Die BA regelt gleichzeitig die Grenzen der Ermittlungstätigkeit:

„Die Grenzen der Ermittlungstätigkeit des Außendienstes sind in den Grundrechten der Betroffenen, insbesondere deren verfassungs-

mäßig geschützter Persönlichkeitssphäre (gemäß Artikel 1 Absatz 1 iVm Artikel 2 Absatz 1 GG) zu sehen. Dies ist insbesondere bei Befragungen Dritter von Bedeutung. Bei Hausbesuchen ist die Unverletzlichkeit der Wohnung (gem. Artikel 13 GG; siehe Kapitel 2.1) zu beachten. Die Ermittlung von Sachverhalten und Erhebung von Beweisen dürfen zudem nur unter Beachtung sozialdatenschutzrechtlicher Vorschriften (SGB X – Zweites Kapitel; DSGVO) erfolgen. Soweit sich die Ermittlung des Sachverhaltes auf Sozialdaten erstreckt, sind die Bestimmungen des Zweiten Kapitels des SGB X zum Schutz der Sozialdaten vorrangig (§ 37 Satz 3 SGB I)" (FW 6.11).

Leider halten sich Jobcenter (aber auch Sozialämter) oft nicht an diese verbindliche Weisung.

39 **Tipp:** Was (Sozial-)Detektiv*innen über Sie zu Protokoll gegeben haben, können Sie über Ihr Recht auf Akteneinsicht (→ 2) herausfinden.

4.10 Hausbesuch als Beweismittel

40 Ein von der Behörde durchgeführter Hausbesuch ist nicht grundsätzlich verboten und damit eine zulässige Methode, um einen Sachverhalt zu ermitteln, er stellt immer aber einen tiefgehenden Eingriff in die Rechte des*r Leistungsbeziehenden dar. Allerdings trägt die Beweislast über einen Sachverhalt immer der*die Leistungsberechtigte (LSG Rheinland-Pfalz 2.7.2014 – L 3 AS 315/14 B ER), das bedeutet, wird ein Hausbesuch abgelehnt, muss der strittige Sachverhalt anders durch die*den Leistungsberechtigte*n bewiesen werden. Leider wird das in einigen Fällen schwierig, weswegen schon zu überlegen sein, den ein oder anderen Hausbesuch trotz Rechtswidrigkeit erst einmal zu erdulden und ggf. später eine datenschutzrechtliche Prüfung durchzuführen.

5. Richtlinien für Hausbesuche

41 Es gibt mittlerweile verschiedene Richtlinien zu Hausbesuchen, zB von Datenschutzbeauftragten zur datenschutzgerechten Ausgestaltung von Hausbesuchen (vgl. dazu https://www.datenschutzzentrum.de/artikel/1115-.html, letzter Zugriff: 13.1.2023).

Zudem gibt es die Weisungen der BA zu § 6 SGB II und den hier zitierten BA-Leitfaden Außendienst von 12/2019 zum Download (https://harald-thome.de/informationen/sgb-ii-dienstanweisungen.html, letzter Zugriff: 13.1.2023).

6. Informationen

42 www.datenschutz.de

Unabhängiges Landeszentrum für Datenschutz Schleswig-Holstein, Hinweise zur datenschutzrechtlichen Ausgestaltung von Hausbesuchen: https://www.datenschutzzentrum.de/artikel/1115-.html, letzter Zugriff: 13.1.2023

Hammel, Manfred: Möglichkeiten und Grenzen des Einsatzes von „Sozial(hilfe)detektiven" durch Sozialhilfeträger, in: ZFSH, SGB 38, 8 (1999), S. 451–461

54
Haushaltsgemeinschaft

1. Grundsätze der Haushaltsgemeinschaft im Bürgergeld und bei HzL und GSi	1
1.1 Was eine Haushaltsgemeinschaft ist	4
1.2 Verwandte	6
1.3 Verschwägerte	7
1.4 Andere Personen	9
1.5 „Leistungen erhalten"	10
1.5.1 Vom Regelbedarf umfasster Bedarf	11
1.5.2 Unterkunftskosten	14
1.6 Vermutungsregelung	15
1.7 Widerlegung der Vermutung	17
2. Welche Personen zum Unterhalt verpflichtet sind	19
2.1 Haushaltsgemeinschaft mit Unterhaltspflichtigen nach dem BGB	20
2.1.1 Bürgergeld	21
2.1.2 HzL der Sozialhilfe	26
2.1.3 Kostenloses Wohnrecht?	29
2.2 Haushaltsgemeinschaft mit nicht unterhaltspflichtigen Personen	30
2.2.1 Stiefelternunterhalt innerhalb des Haushalts	33
3. Keine Unterstützung durch Mitbewohner*innen	35
3.1 Mangelnde Leistungsfähigkeit widerlegt die Vermutung immer	36

3.2 Tatsächliche Zahlungen entscheidend, nicht die Erwartung......... 38
4. Keine Unterhaltsvermutung im Rahmen der Haushaltsgemeinschaft....... 42
4.1 Wenn schwangere Kinder bzw. alleinerziehende Kinder mit einem Kind bis zu sechs Jahren im Haushalt leben 43
4.2 Zusammen mit behinderten oder pflegebedürftigen Menschen im Haushalt (nur SGB XII) 44
5. Auskunftspflicht 45
6. Kritik................................... 47
7. Forderungen 49

1. Grundsätze der Haushaltsgemeinschaft im Bürgergeld und bei HzL und GSi

1 **Bürgergeld:** *„Leben Hilfebedürftige in Haushaltsgemeinschaft mit Verwandten oder Verschwägerten, so wird vermutet, dass sie von ihnen Leistungen zum Lebensunterhalt erhalten, soweit dies nach deren Einkommen und Vermögen erwartet werden kann"* (§ 9 Abs. 5 SGB II).

Leben Sie „nur" mit Freund*innen zusammen, darf nicht vermutet werden, dass Sie von diesen unterstützt werden. Der Begriff der Haushaltsgemeinschaft ist dem Begriff der Bedarfsgemeinschaft (→ 16) subsidiär. Erfüllen die zusammenlebenden Personen die Voraussetzungen für eine Bedarfsgemeinschaft, gehen die Regeln über die Bedarfsgemeinschaft den Regelungen über die Haushaltsgemeinschaft vor (LPK-SGB II § 9 Rn. 55, 57).

2 **Hilfe zum Lebensunterhalt (HzL) der Sozialhilfe:** *„Lebt eine nachfragende Person [die Sozialhilfe beansprucht] gemeinsam mit anderen Personen in einer Wohnung oder in einer entsprechenden anderen Unterkunft, so wird vermutet, dass sie gemeinsam wirtschaften (Haushaltsgemeinschaft) und dass die nachfragende Person von den anderen Personen Leistungen zum Lebensunterhalt erhält, soweit dies nach ihrem Einkommen und Vermögen erwartet werden kann"* (§ 39 S. 1 SGB XII).

Mit „anderen Personen" sind Eltern, volljährige Kinder, Verwandte und Freund*innen gemeint, nicht aber Ehegatt*innen, Lebenspartner*innen und eheähnliche Partner*innen. Für sie gelten besondere Regeln zur Berücksichtigung von Einkommen und Vermögen, zB § 19 Abs. 3 SGB XII.

3 **Grundsicherung (GSi):** *„§ 39 Satz 1 ist nicht anzuwenden"* (§ 43 Abs. 5 SGB XII).

Bei Beziehenden von Grundsicherung, die mit anderen Personen in einer Haushaltsgemeinschaft leben, wird also nicht geprüft, ob sie Mittel zum Lebensunterhalt von ihnen bekommen.

Insbesondere für dauerhaft voll Erwerbsgeminderte ist das ein Fortschritt. 80 Prozent der behinderten Menschen, die in Werkstätten arbeiten, leben mit ihren Eltern bzw. Verwandten in einem gemeinsamen Haushalt. Ihr eigenständiger Anspruch wird gestärkt.

1.1 Was eine Haushaltsgemeinschaft ist

4 Das bloße Zusammenwohnen reicht nicht aus. Sie müssen *„gemeinsam wirtschaften"* (§ 39 Abs. 1 SGB XII; → 128). Eine gemeinsame Nutzung von Bad, Küche und ggf. Gemeinschaftsräumen reicht allein nicht aus. Auch nicht der in Wohngemeinschaften häufig anzutreffende gemeinsame Einkauf von Grundnahrungsmitteln, Reinigungs- und Sanitärartikeln aus einer Gemeinschaftskasse, in die alle Mitbewohner*innen zu gleichen Teilen einzahlen. Die Personen müssen den Haushalt über die bloße Wohngemeinschaft im Sinne einer Wirtschaftsgemeinschaft gemeinsam führen. Eine Haushaltsgemeinschaft ist also dadurch gekennzeichnet, dass ihre Mitglieder einen gemeinsamen Haushalt in der Weise führen, dass sie aus einem „Topf" wirtschaften (BSG 19.2.2009 – B 4 AS 68/07 R).

5 **Tipp:** Eine Haushaltsgemeinschaft besteht überhaupt nur dann, wenn gemeinsam gewirtschaftet wird. Dies muss das Jobcenter beweisen (BSG 27.1.2009 – B 14 AS 6/08 R).

1.2 Verwandte

6 Verwandte sind Personen, die voneinander abstammen oder von einer bestimmten dritten Person (§ 1589 BGB). Der Grad der Verwandtschaft bestimmt sich nach der Zahl der Geburten, die zwischen den Personen liegen. Eltern im Verhältnis zu ihren Kindern sind Verwandte ersten Grades. Großeltern im Verhältnis zu ihren Enkeln sind Verwand-

te zweiten Grades. Tanten, Onkel, Neffen und Nichten, Cousins und Cousinen sind Verwandte dritten Grades.

1.3 Verschwägerte

7 Verschwägerte sind Verwandte eines*r Ehegatten*Ehegattin oder Partners*Partnerin (§ 1590 BGB), also Schwiegereltern und -kinder, Stiefväter und -mütter bzw. Stiefkinder und Schwägerin oder Schwager.

8 Nur Verwandte ersten Grades sind unterhaltspflichtig (→ 115), müssen also ihr über dem Selbstbehalt liegendes Einkommen einsetzen. Bei allen anderen (u.a. bei Schwiegereltern) kann nur vermutet werden, dass sie etwas zahlen. Sie müssen es aber nicht. Die Bundesregierung hat beim Bürgergeld allerdings mit dem Konstrukt der **Bedarfsgemeinschaft** (→ 16) eine Unterhaltsverpflichtung der Stiefeltern für die im Haushalt lebenden Kinder eingeführt.

1.4 Andere Personen

9 Das SGB XII dehnt die Unterhaltsvermutung auf alle Personen aus, mit denen Sie gemeinsam in einer Wohnung wohnen und wirtschaften (haushalten). Nicht nur Verwandte und Verschwägerte (wie im SGB II und im früheren BSHG), sondern **alle Personen**, mit denen jemand zusammenwohnt, stehen unter dem Verdacht, dem*r Sozialhilfe beziehenden Mitbewohner*in etwas zuzustecken.

1.5 „Leistungen erhalten"

10 Die vermuteten „Leistungen zum Lebensunterhalt", die sie angeblich erhalten sollen, beziehen sich auf vom Regelbedarf umfasste Bedarfe oder auf Unterkunftskosten.

1.5.1 Vom Regelbedarf umfasster Bedarf

11 Erhalten Sie von Ihren Angehörigen ein **Taschengeld**, kann dieses grundsätzlich als Einkommen an die Leistung angerechnet werden. Beziehen Sie **Bürgergeld**, bleiben Sachzuwendungen idR unberücksichtigt. So dürfen kostenlose **Verpflegung** (BSG 18.6.2008 – B 14 AS 46/07 R) oder kostenloser **Strom** (BSG 24.11.2011 – B 14 AS 151/10 R) nicht mehr bedarfsmindernd auf Ihr Bürgergeld angerechnet werden.

12 In der **HzL** oder **Grundsicherung** (GSi) der Sozialhilfe sieht das anders aus. *„Im Einzelfall wird der individuelle Bedarf abweichend vom Regelsatz festgelegt"* (§ 27a Abs. 4 SGB XII). Eine Kürzung der Regelleistung ist demnach erlaubt. Werden Sie von Verwandten **voll verpflegt**, können Ihnen der Ernährungsanteil des Regelbedarfs oder der Anteil einer kostenlosen **Stromnutzung** als abweichender Bedarf in Abzug gebracht werden. Näheres dazu finden Sie unter Regelbedarf (→ 89).

13 Tipp: Wenn Sie gemeinsame Mahlzeiten angeben und plausibel erklären, dass Sie Ihren Angehörigen den finanziellen Gegenwert der Mahlzeiten erstatten, kann Ihnen keine geldwerte Leistung vom Regelbedarf abgezogen werden.

1.5.2 Unterkunftskosten

14 Wenn Sie **kostenlos** bei Ihren Verwandten wohnen, werden Ihnen vom Amt keine Unterkunftskosten geleistet. Beteiligen Sie sich **anteilig** an den Kosten der Unterkunft, wird Ihnen nur der tatsächlich gezahlte Anteil vom Amt erstattet. Sie haben allerdings **Anspruch** darauf, dass Ihnen die angemessenen Kosten der Unterkunft vom Amt erstattet werden, wenn diese Ihrem tatsächlichen Mietanteil entsprechen. Angemessen sind dabei die durch die Kopfzahl der Bewohner*innen geteilten **warmen Unterkunftskosten** (BSG 23.11.2006 – B 11b AS1/06 R; → 75).

1.6 Vermutungsregelung

15 Weitere Voraussetzung ist, dass *„nach deren [der Verwandten oder Verschwägerten] Einkommen und Vermögen erwartet werden kann"* (§ 9 Abs. 5 SGB II), dass Leistungen erbracht werden. Was bedeutet dieses „erwartet werden kann"? Damit wird sowohl festgelegt, wann die Annahme der Vermutung gerechtfertigt ist, als auch, in welchem Umfang die vermuteten Unterstützungsleistungen erbracht werden (BSG 3.9.2020 – B 14 AS 55/19 R). Die Vermutungsregelung hat aber nur eine **beschränkte Wirkung**: Steht fest, dass Unterstützung geleistet wird, bedarf es einer Vermutungsregelung nicht; steht fest, dass keine Unterstützung geleistet

wird, ist die Rechtsvermutung widerlegt (BSG 3.9.2020 – B 14 AS 55/19 R). Es kann aber nicht erwartet werden, dass minderjährige Kinder ihre Eltern von ihrem Vermögen versorgen; Eltern sind zur fremdnützigen Verwaltung des Kindesvermögens verpflichtet, weshalb es als pflichtwidrig anzusehen ist, wenn sie das Geld für eigene Zwecke gebrauchen (BSG 3.9.2020 – B 14 AS 55/19 R). Diese Entscheidung des BSG ist in den Fachlichen Weisungen (nicht aktualisiert seit 13.9.2021) noch nicht berücksichtigt, so dass es sein kann, dass die Jobcenter § 9 Abs. 5 SGB II entgegen der Rechtsprechung des BSG zulasten der erwerbsfähigen leistungsberechtigten Personen zu großzügig auslegen.

16 Nach FW 9.21 tritt die Unterhaltsvermutung in entsprechender Anwendung des § 9 Abs. 3 SGB II nicht ein, wenn das Kind schwanger ist oder ein eigenes Kind betreut, das das sechste Lebensjahr noch nicht vollendet hat.

1.7 Widerlegung der Vermutung

17 In einer Haushaltsgemeinschaft können Personen leben, die einander unterhaltspflichtig sind oder auch nicht. Wenn Sie nach bürgerlichem Recht unterhaltspflichtig sind, werden Sie idR im Rahmen der **Unterhaltspflicht** (→ 115) herangezogen. Werden Sie aufgrund **sozialrechtlicher Vorschriften** zum Unterhalt für Personen herangezogen, die mit Ihnen in einer Haushaltsgemeinschaft wohnen, können Sie die Unterhaltsvermutung widerlegen.

18 Sind Sie **nicht unterhaltspflichtig**, hängt es ausschließlich von Ihrer Bereitschaft ab, ob Sie eine Person in der Haushaltsgemeinschaft unterstützen. Wenn Sie es wollen und tatsächlich tun, vermindert sich der Bedarf des*r Hilfebedürftigen entsprechend Ihrer Unterstützung. Wenn Sie **nicht** unterstützen wollen oder nach Ihrer Meinung nicht können, können Sie die Vermutung der Unterstützung durch eine eidesstattliche Versicherung widerlegen (BVerwG 23.2.1966 – V C 93.64). Das Jobcenter kann dies überprüfen. Ist nachgewiesen, dass Sie tatsächlich keine Leistungen erbringen, ist die Vermutung endgültig widerlegt (BSG 18.2.2010 – B 14 AS 32/08 R; LSG Hamburg 10.9.2021 – L 4 AS 154/20).

2. Welche Personen zum Unterhalt verpflichtet sind

19 Je nachdem, wie sich die Haushaltsgemeinschaft zusammensetzt und je nachdem, welche Leistungen nach welchem Sozialgesetzbuch bezogen werden, gelten unterschiedliche Unterhaltsverpflichtungen.

2.1 Haushaltsgemeinschaft mit Unterhaltspflichtigen nach dem BGB

20 Ob die Vorschriften der § 9 Abs. 5 SGB II, § 39 S. 1 SGB XII im Falle des Zusammenlebens mit Unterhaltspflichtigen nach dem BGB anwendbar sind, kann zweifelhaft sein, weil für unterhaltspflichtige Personen gem. § 33 SGB II, § 94 SGB XII besondere Regelungen hinsichtlich des Übergangs dieser Ansprüche auf den Leistungsträger gelten, die den Vorschriften der § 9 Abs. 5 SGB II, § 39 S. 1 SGB XII vorgehen. Nach FW 9.16 hat dies zur Folge, dass von einer Prüfung der Leistungsfähigkeit nicht abgesehen werden kann. Nach FW 9.17 wird durch § 9 Abs. 5 SGB II in diesen Fallgestaltungen insoweit „vorgegriffen", als Hilfebedürftigkeit durch die Vermutung weiterer Leistungen aufgrund einer gesteigerten Unterhaltspflicht zumindest verringert wird. Diese Frage ist aber gerichtlich – soweit erkennbar – bisher nicht problematisiert worden.

2.1.1 Bürgergeld

21 1. Schritt: Wer ist unterhaltspflichtig?

- **Eltern gegenüber ihren unter 25-jährigen Kindern:**
Bei Bürgergeld-Bezug bzw. der Überprüfung, ob Hilfebedürftigkeit eines*r unter 25-Jährigen nach SGB II vorliegt, werden die Eltern für die unter 25-jährigen Kinder in ihrem Haushalt **gesteigert** in die Unterhaltspflicht genommen. Sie bilden mit den Kindern eine **Bedarfsgemeinschaft** (→ 16; s. auch Jugendliche und junge Erwachsene, → 58),

- **Eltern gegenüber ihren mind. 25-jährigen Kindern:**
Erst wenn die „Kinder" im Haushalt der Eltern das **25. Lebensjahr** vollendet haben,

werden sie nach dem SGB II wie Erwachsene behandelt. Sie bekommen dann den vollen Regelbedarf und die mit ihnen in der **Haushaltsgemeinschaft** wohnenden Eltern sind für sie **nicht gesteigert unterhaltspflichtig**,

- **volljährige Kinder gegenüber ihren Eltern:** Leben volljährige Kinder, die ihren Lebensunterhalt mit eigenem Einkommen bestreiten können, zusammen mit Eltern, die Bürgergeld beziehen, in einem Haushalt, vermutet das Jobcenter eine **Haushaltsgemeinschaft** und geht von einer **nicht gesteigerten** Unterhaltspflicht der Kinder aus.

22 **Tipp:** Von einer Haushaltsgemeinschaft zwischen Eltern und volljährigen „Kindern" kann nur ausgegangen werden, wenn über eine bloße Wohngemeinschaft hinaus der Haushalt in einer Wirtschaftsgemeinschaft geführt wird (BSG 18.2.2010 – B 14 AS 32/08 R, B 4 AS 5/09 R). Hierfür trägt das Jobcenter die Beweislast (BSG 27.1.2009 – B 14 AS 6/08 R).

23 **2. Schritt: In welchem Umfang?**

Liegt tatsächlich eine Haushaltsgemeinschaft mit entsprechender Unterhaltsverpflichtung der Eltern gegenüber mind. 25-jährigen Kindern oder der volljährigen Kinder gegenüber deren Eltern (bzw. einzelner Elternteile) vor, wird gem. § 1 Abs. 2 Bürgergeld-V und FW 9.30 die **Hälfte** des Einkommens der unterhaltsverpflichteten Person zum Unterhalt herangezogen, das **über dem Freibetrag** liegt (vgl. dazu LSG Bayern 28.6.2021 – L 16 AS 197/21 B ER).

Der Freibetrag ergibt sich für die **unterhaltsverpflichtete Person** aus

- dem **doppelten Regelbedarf** (§ 20 Abs. 1 S. 1 SGB II), also 1.004 EUR,
- plus maßgeblicher Regelbedarf (→ 89) für jede weitere mit der unterhaltsverpflichteten Person in einer „Bedarfsgemeinschaft" lebende Person,
- plus ggf. **Mehrbedarfs**zuschläge (→ 74),
- plus Aufwendungen für **Unterkunft** und **Heizung.**

24 Das zu berücksichtigende **Einkommen** (→ 37) muss um die **Absetzbeträge** (§ 11b SGB II) bereinigt werden. Bei Erwerbseinkommen jeder Person ist ein Erwerbstätigenfreibetrag (§ 11b Abs. 3 SGB II) in Abzug zu bringen (§ 1 Abs. 2 Bürgergeld-V; → 38). Da es sich im Rahmen der Haushaltsgemeinschaft um eine „Unterstützungserwartung" handelt, dürfen Sie darüber hinaus jegliche Versicherungsbeiträge, Kosten für Fort- und Weiterbildung, Unterhaltszahlungen, Sonderbedarfe, Zinsen und Tilgungen für Kredite (SG Kassel 3.11.2009 – S 6 AS 733/07) usw vom Einkommen abziehen. Wenn das so ermittelte Einkommen Ihren Freibetrag übersteigt, verlangen die Jobcenter, dass Sie die Hälfte des Differenzbetrages als Unterhalt für Ihre*n Mitbewohner*in im Haushalt zahlen. Eine darüberhinausgehende Unterstützung darf nicht gefordert werden.

25 **Vermögen** (→ 119) der unterhaltsverpflichteten Personen, die mit Hilfebedürftigen eine Haushaltsgemeinschaft bilden, soll in Höhe der Vermögensfreigrenzen nach § 12 SGB II geschützt sein, die auch für hilfebedürftige Personen im Bürgergeld-Bezug gelten (§ 7 Abs. 2 Bürgergeld-V). Das ist im Sinne einer unteren Grenzziehung gemeint. Falls das Jobcenter vermutet, Vermögen sei in der Vergangenheit für den Unterhalt eingesetzt worden, „*lässt sich die fehlende Verwertung jederzeit einfach nachweisen*" (Eicher/Luik/Harich SGB II § 9 Rn. 102). § 7 Abs. 2 Bürgergeld-V verweist noch auf § 12 Abs. 2, 3 SGB II aF. Durch das Bürgergeld-Gesetz ist § 12 SGB II geändert worden, so dass der bisherige § 12 Abs. 2 SGB II jetzt § 12 Abs. 2 SGB II bzw. § 12 Abs. 4 SGB II und der bisherige § 12 Abs. 3 SGB II jetzt § 12 Abs. 1 S. 2 SGB II ist. Bei Anwendung des § 7 Abs. 2 Bürgergeld-V muss daher auch § 12 SGB II nF angewandt werden.

2.1.2 HzL der Sozialhilfe

26 **1. Schritt: Wer ist unterhaltspflichtig?**

- **Eltern** sind ihren volljährigen Kindern gegenüber in der Regel **nicht gesteigert** unterhaltspflichtig. **Ausnahme:** Eltern, in deren Haushalt noch Kinder zwischen 18 und 21 Jahren leben, die sich in der allgemeinen Schulausbildung befinden, sind noch **gesteigert** unterhaltspflichtig. Wohnen Sie also mit Ihrem volljährigen HzL-berechtigten Kind in einer Haushalts-

gemeinschaft zusammen, werden Sie idR gemindert zum Unterhalt herangezogen.
- **Volljährige Kinder gegenüber ihren Eltern:** Leben volljährige Kinder, die ihren Lebensunterhalt mit eigenem Einkommen bestreiten können, zusammen in einem Haushalt mit ihren Eltern (bzw. Elternteilen), die HzL der Sozialhilfe beziehen, vermutet das Sozialamt eine **Haushaltsgemeinschaft** und geht von einer **nicht gesteigerten** Unterhaltspflicht der Kinder aus.

27 **2. Schritt: In welchem Umfang?**
In beiden Fällen sollen nach dem Urteil des BVerwG (1.10.1998 – 5 C 32/97) die Empfehlungen des Deutschen Vereins über die Heranziehung **nicht gesteigert** Unterhaltspflichtiger (vgl. Empfehlungen des Deutschen Vereins NDV 2002, 431) zugrunde gelegt werden. Die Entscheidung bezieht sich auf die Leistungsfähigkeit eines Vaters gegenüber seinem erwachsenen Kind, das mit ihm in Haushaltsgemeinschaft lebt:
- Der angemessene Eigenbedarf von unterhaltspflichtigen **Eltern** gegenüber erwachsenen Kindern beträgt mindestens 1.650 EUR (→ 115 Rn. 55 ff.; Düsseldorfer Tabelle A. 5.).
- Der angemessene Selbstbehalt von unterhaltspflichtigen volljährigen **Kindern** gegenüber ihren Eltern betrug nach der Düsseldorfer Tabelle 2020 D. I. 2.000 EUR; in der Düsseldorfer Tabelle 2023 D. I. ist kein Betrag mehr genannt. Jedoch ist der angemessene Eigenbedarf zu belassen, wobei bei dessen Bemessung Zweck und Rechtsgedanke des Angehörigenentlastungsgesetzes vom 10.12.2019 (BGBl. I 2135) zu beachten sind (vgl. § 94 Abs. 1a SGB XII; → 115 Rn. 58).

Liegt Ihr bereinigtes **Einkommen** darüber, können Sie nur mit der **Hälfte** des übersteigenden Einkommens zum Unterhalt herangezogen werden (→ 38).
Haben Sie als nicht gesteigert unterhaltspflichtiges Mitglied einer Haushaltsgemeinschaft ein zu berücksichtigendes Einkommen unterhalb dieses Selbstbehalts, darf das Sozialamt keine Unterhaltsleistung mehr vermuten.

28 **Vermögen** (→ 119) der unterhaltsverpflichteten Person im Haushalt ist nach den Regeln des bürgerlichen Unterhaltsrechts einzusetzen. Dh, ein Sachvermögen, insbesondere ein Eigenheim, wird regelmäßig nicht herangezogen, während Geldvermögen nur berücksichtigt wird, wenn es 12.500 EUR, in abgeschwächten Unterhaltsverhältnissen 25.000 bis 75.000 EUR (ohne Wohneigentum) nicht übersteigt (LPK-SGB XII § 39 Rn. 18; Näheres: DV, Empfehlungen für die Heranziehung Unterhaltspflichtiger in der Sozialhilfe, DV 35/13 AF III 12.3.2014 – Rn. 98 ff.). Für Bewilligungszeiträume, die in der Zeit vom 1.3.2020 bis zum 31.3.2022 begonnen haben, galt die **Corona-Sonderregelung** des § 141 SGB XII; nach § 141 Abs. 2 SGB XII wurde auch in den Fällen des § 39 SGB XII Vermögen nicht berücksichtigt, es sei denn das Vermögen war „erheblich". Erheblich war das Vermögen in Anlehnung an die Verordnung zu § 21 Nr. 3 WoGG, wenn es die Freibeträge von 60.000 EUR für das erste zu berücksichtigende Haushaltsmitglied und von 30.000 EUR für jedes weitere Haushaltsmitglied überschritt (LPK-SGB XII § 141 Rn. 17).

2.1.3 Kostenloses Wohnrecht?

29 Wenn Sie volljährig/bei Bürgergeld-Bezug mind. 25 Jahre alt sind und im Haushalt Ihrer Eltern wohnen, darf nicht automatisch vermutet werden, dass diese über Ihren Unterhaltsbeitrag hinaus die Miete für Sie bezahlen. *„Vielmehr gehört der auf den Kläger [den Sozialhilfebeziehenden] entfallende Unterkunftsanteil zu dessen Lebensunterhalt"* (BVerwG 1.10.1998 – 5 C 32/97). Das gilt erst recht für Schwiegereltern, die ohnehin einen höheren Freibetrag beanspruchen können, bevor die Vermutung greift (→ Rn. 30 ff.).

2.2 Haushaltsgemeinschaft mit nicht unterhaltspflichtigen Personen

30 Im **Bürgergeld** ist geregelt:

„Ist der/die Angehörige der leistungsberechtigten Person rechtlich nicht zum Unterhalt verpflichtet, so reicht eine entsprechende schriftliche Erklärung der leistungsberechtigten Person darüber, dass sie keine Leistungen bzw. lediglich Leistungen in einem bestimm-

54 Haushaltsgemeinschaft

ten Umfang erhält, des Angehörigen dann aus, wenn keine anderweitigen Erkenntnisse den Wahrheitsgehalt dieser Erklärung in Zweifel ziehen" (FW 9.27).

"Das Vorliegen einer HG [Haushaltsgemeinschaft] wird grundsätzlich durch die Erklärung der leistungsberechtigten Person festgestellt. Bei eigenen Ermittlungen der Grundsicherungsstelle ist die Verhältnismäßigkeit (Persönlichkeitsrechte) zu wahren" (FW 9.10). Sie, und nicht Ihre Verwandten, müssen sich äußern.

31 In der **HzL** der **Sozialhilfe** gilt dasselbe. *"Soweit nicht gemeinsam gewirtschaftet wird oder die nachfragende Person von den Mitgliedern der Haushaltsgemeinschaft keine ausreichenden Leistungen zum Lebensunterhalt erhält, ist ihr Hilfe zum Lebensunterhalt zu gewähren"* (§ 39 S. 2 SGB XII).

Wenn Sie glaubhaft darlegen, dass getrennt gewirtschaftet wird und Sie nicht unterstützt werden, ist die Vermutung widerlegt.

32 Gibt es Zweifel an Ihrer Erklärung, spielt es eine Rolle, ob im Falle einer Anrechnung unterstellter Zahlungen der Familienfrieden zerstört oder die Haushaltsgemeinschaft sogar aufgelöst wird. Dadurch können noch höhere Kosten zB für einen Umzug entstehen. Eine Rolle bei der Entscheidung spielt auch die Intensität der Beziehung zwischen Antragstellendem*r und Angehörigen, die Dauer der Haushaltsgemeinschaft usw.

2.2.1 Stiefelternunterhalt innerhalb des Haushalts

33 Im **Bürgergeld** ist geregelt:

Stiefeltern bilden mit ihren nicht leiblichen unter 25-jährigen Kindern im Haushalt eine Bedarfsgemeinschaft (→ 16). Ihr Einkommen und Vermögen wird **gesteigert** herangezogen. Bei mind. 25-Jährigen entfällt jegliche Unterhaltspflicht der Stiefeltern.

34 In der **HzL** der **Sozialhilfe** gilt:

Stiefeltern sind mit den Kindern ihres*r Partners*Partnerin verschwägert. Sie bilden mit diesen eine Haushaltsgemeinschaft. Der **notwendige Eigenbedarf (Selbstbehalt)** beim **Einkommen** richtet sich nach dem bürgerlichen Unterhaltsrecht von Eltern gegenüber minderjährigen Kindern:

442

- 1.120 EUR für nicht erwerbstätige und
- 1.370 EUR für erwerbstätige Stiefväter und -mütter

(Düsseldorfer Tabelle A. 5.).

Als geschütztes **Vermögen** wird ein Betrag von mindestens 25.000 EUR genannt (LPK-SGB XII § 39 Rn. 18). Dabei wird davon ausgegangen, dass der Einsatz des Vermögens nicht verlangt werden soll, wenn es das Fünffache des maßgeblichen kleinen Barbetrags nicht übersteigt. Der kleine Barbetrag liegt jetzt bei 10.000 EUR (§ 1 Abs. 1 S. 1 Nr. 1 VO zu § 90 Abs. 2 Nr. 9 SGB XII), so dass das geschützte Vermögen dann bei mindestens 50.000 EUR läge.

3. Keine Unterstützung durch Mitbewohner*innen

35 Leben Menschen außerhalb einer Bedarfs- und Haushaltsgemeinschaft zusammen, stellt deren Zusammenleben immer eine „Wohngemeinschaft" dar, hier entfällt jedwede Unterhaltpflicht.

3.1 Mangelnde Leistungsfähigkeit widerlegt die Vermutung immer

36 Nur wenn Einkommen und Vermögen von Verwandten, Verschwägerten oder *„anderen Personen"* es erwarten lassen, dass sie Leistungen erbringen, dürfen Zahlungen überhaupt *„vermutet"* werden.

37 Die Vermutung ist von vornherein widerlegt, wenn Sie **kein** Einkommen haben, das *„deutlich über den Leistungen zur Sicherung des Lebensunterhalts"* liegt (FW 9.32; BVerwG 31.1.1968 – V C 109.66) und Ihr Vermögen **nicht** deutlich über den Vermögensfreigrenzen liegt, dh bei der Sozialhilfe nicht mehr als 25.000 EUR bzw. – bei Geltung des Fünffachen des kleinen Barbetrags – 50.000 EUR (LPK-SGB XII § 39 Rn. 18). Wann die **Jobcenter** die Vermutung immer für widerlegt halten, finden Sie unter → Rn. 21 ff. In der **Sozialhilfe** ist die Vermutung immer widerlegt, wenn Sie mit Ihrem bereinigten Einkommen unterhalb des Selbstbehalts bei nicht gesteigerter Unterhaltspflicht liegen (BVerwG 1.10.1998 – 5 C 32/97; → Rn. 26 ff.). Der Selbstbehalt bei Personen, die nicht unterhaltspflichtig sind,

muss immer höher ausfallen als bei Unterhaltspflichtigen (VGH Baden-Württemberg 10.11.1988 – 6 S 2885/88).

3.2 Tatsächliche Zahlungen entscheidend, nicht die Erwartung

38 Wenn Mitglieder einer Haushaltsgemeinschaft ein ausreichendes Einkommen über dem Selbstbehalt haben, um zum Lebensunterhalt des*r Hilfesuchenden beizutragen, darf die Behörde dennoch die Leistungen zum Lebensunterhalt für die*den Hilfesuchende*n nicht automatisch ablehnen. Entscheidend ist, ob Sie zahlen wollen bzw. tatsächlich zahlen. Häufig wird einfach die Unterstützung verweigert, weil sie erwartet wird, obwohl sie nicht erfolgt. Das ist rechtswidrig.

39 Für das **Bürgergeld** gilt:

„Ist der/die Angehörige der leistungsberechtigten Person rechtlich nicht zum Unterhalt verpflichtet, so reicht eine entsprechende schriftliche Erklärung der leistungsberechtigten Person darüber, dass sie keine Leistungen bzw. lediglich Leistungen in einem bestimmten Umfang erhält, dann aus, wenn keine anderweitigen Erkenntnisse den Wahrheitsgehalt dieser Erklärung in Zweifel ziehen" (FW 9.27).

Aber *„wenn es sich bei dem Angehörigen um einen zum Unterhalt verpflichteten Elternteil der leistungsberechtigten Person handelt"*, reicht eine solche Erklärung nach Auffassung der BA nicht aus. *„Zur Widerlegung der Vermutung müssen weitere nachvollziehbare und überprüfbare Tatsachen vorgetragen werden"* (FW 9.36). Da nur noch die mind. 25-jährigen „Kinder" mit den Eltern eine Haushaltsgemeinschaft bilden (die jüngeren werden ja in die Bedarfsgemeinschaft gezwungen; → 16), besteht keine gesteigerte Unterhaltspflicht. Damit hängt das Ausmaß der Unterstützung für Ihre mind. 25-jährigen Kinder ausschließlich von Ihrem freien Willen ab. Der Unterhalt kann trotz auferlegter Beweislastumkehr nicht von dem Jobcenter erzwungen werden.

40 In der **HzL der Sozialhilfe** gilt: Leistungsberechtigte können die Unterhaltsvermutung widerlegen, wenn sie glaubhaft erklären, dass sie **keinen Unterhalt** von Mitbewohner*innen erhalten. Die Anforderungen an die Glaubhaftmachung *„dürfen nicht zu weit gefasst werden"*. Weil der*die Leistungsberechtigte selbst keine Möglichkeit hat, eine entsprechende Erklärung von den Haushaltsangehörigen zu erzwingen, muss sich der Sozialhilfeträger letztlich mit seiner Erklärung begnügen. Allerdings werden die Anforderungen an die Aussagekräftigkeit einer solchen Erklärung des*r Hilfesuchenden umso höher, *„je höher das Einkommen und Vermögen der Mitbewohner ist"* (LPK-SGB XII § 39 Rn. 19).

Achtung: Der Sozialhilfeträger kann den Unterhalt von Haushaltsangehörigen praktisch erzwingen, indem er beantragte Leistungen nicht bewilligt. Nach der Rechtsprechung des BVerwG wird noch immer davon ausgegangen, dass die Mitbewohner*innen im Haushalt, die in diesem Fall dem*r Leistungsberechtigten „Nothilfe" leisten, ihren Unterhaltspflichten im Rahmen der Haushaltsgemeinschaft nachkommen (BVerwG 25.2.1966 – VII C 72.64). *„Es muss jedoch möglich sein, diese eventuell in der Vergangenheit zutreffende [Unterhalts-]Vermutung für die Zukunft zu widerlegen"* (LPK-SGB XII § 39 Rn. 20).

41 **Tipp:** Der*die Mitbewohner*in im Haushalt sollte in diesem Fall schriftlich erklären, dass er*sie künftig nicht mehr bereit ist, Nothilfe zu leisten und Ihnen Unterhalsleistungen zu gewähren.

4. Keine Unterhaltsvermutung im Rahmen der Haushaltsgemeinschaft

42 Es dürfen keine Unterhaltsvermutungen bzw. -verpflichtungen angenommen werden, wenn schwangere Kinder bzw. Kinder mit jungen eigenen Kindern oder auch behinderte sowie pflegebedürftige Kinder im Haushalt leben.

4.1 Wenn schwangere Kinder bzw. alleinerziehende Kinder mit einem Kind bis zu sechs Jahren im Haushalt leben

43 Die Unterhaltsvermutung im Rahmen der Haushaltsgemeinschaft ist aufgehoben *„für Schwangere oder Personen, die ihr leibliches*

Kind bis zur Vollendung seines sechsten Lebensjahres betreuen und mit ihren Eltern oder einem Elternteil zusammenleben" (§ 39 S. 3 Nr. 1 SGB XII, entsprechend § 9 Abs. 3 SGB II). Einkommen und Vermögen der Eltern sind hier weder im Rahmen der Unterhaltspflicht noch der Haushaltsgemeinschaft anrechenbar.

4.2 Zusammen mit behinderten oder pflegebedürftigen Menschen im Haushalt (nur SGB XII)

44 Ebenso gilt die Befreiung der Mitwohnenden von der Unterhaltsverpflichtung auch, wenn die Leistungsberechtigten *„im Sinne des § 99 SGB IX in Fähigkeit zur Teilhabe an der Gesellschaft in erheblichem Maße eingeschränkt sind oder im Sinne des § 61a pflegebedürftig sind und [...] betreut werden; dies gilt auch, wenn die genannten Voraussetzungen einzutreten drohen und das gemeinsame Wohnen im Wesentlichen zum Zweck der Sicherstellung der Hilfe und Versorgung erfolgt"* (§ 39 S. 3 Nr. 2 SGB XII).

5. Auskunftspflicht

45 *„Auskunftspflichtig [...] sind auch Personen, von denen nach § 39 trotz Aufforderung unwiderlegt vermutet wird, dass sie Leistungen zum Lebensunterhalt an andere Mitglieder der Haushaltsgemeinschaft erbringen. Die Auskunftspflicht der Finanzbehörden [...] erstreckt sich auch auf diese Personen"* (§ 117 Abs. 1 S. 3, 4 SGB XII, sinngemäß auch § 60 Abs. 1 SGB II). Dh, auch das Finanzamt muss den Sozialbehörden bei Bedarf Bericht erstatten.

Bürgergeld-/ HzL-Beziehende haben keine Auskunftspflicht über Einkommen der Mitglieder der Haushaltsgemeinschaft, nur diese selbst. Das kann bedeuten, dass Verwandte oder ggf. Bekannte, mit denen Sie zusammenwohnen, dazu aufgefordert werden, ihre Einkommens- und Vermögensverhältnisse offen zu legen (→ 36 Rn. 64 ff.).

46 **Tipp:** Widerlegen Sie in Ihrem Interesse durch Erklärung die Vermutung, dass Sie Unterhalt zahlen (→ Rn. 38), bevor Sie mit Bußgeldandrohung zur Auskunft über Ihre Einkommens- und Vermögensverhältnisse gezwungen werden.

6. Kritik

47 Zusammenlebende Personen werden immer mehr so behandelt, als ob sie unterhaltspflichtig wären. SGB II und SGB XII dehnen die Vermutung gegenüber dem früheren BSHG erheblich aus. Die Beweislast ist umgekehrt worden (BT-Drs. 15/1514, 61). Sie bzw. Ihre Verwandten müssen nun glaubhaft machen, dass Sie nichts erhalten bzw. dass sie nichts zahlen. Das gilt vor allem dann, wenn Sie in einer Haushaltsgemeinschaft mit Ihren Eltern bzw. erwachsenen Kindern wohnen. Ein bloßer Zweifel oder eine Erwartung der Behörde sollen schon ausreichen, um Ihnen Leistungen zu versagen, wenn Sie den „Gegenbeweis" nicht antreten können. Allerdings muss die Behörde zuerst beweisen, dass eine Haushaltsgemeinschaft besteht und nicht eine bloße Wohngemeinschaft.

48 Während die „Verantwortung" von Unternehmen abnimmt, für die Folgen der von ihnen verursachten Arbeitslosigkeit aufzukommen, werden vom Gesetzgeber private Verpflichtungen konstruiert, um soziale Risiken unter den Haushaltsangehörigen zu verteilen. *„Es wird davon ausgegangen, dass innerhalb einer HG [Haushaltsgemeinschaft] eine sittliche Pflicht, entsprechend dem Gedanken der Familiennotgemeinschaft, zur gegenseitigen Unterstützung besteht"* (FW 9.20). Die 1920er- und 1930er-Jahre lassen grüßen.

7. Forderungen

49 Abschaffung der Unterhaltspflicht innerhalb der Haushaltsgemeinschaft!

Anrechnung nur von Unterhalt, der tatsächlich und freiwillig gezahlt wird!

55 Haushaltshilfe

1. Haushaltshilfen über die Krankenkasse 1
2. Haushaltshilfe über die Rentenversicherung (DRV) 8
3. Haushaltshilfe über das Jugendamt (ambulante Familienpflege) 11

55 Haushaltshilfe

4. Hilfe zur Weiterführung des Haushaltes (§ 70 SGB XII) 14
5. Regelbedarfserhöhung/Mehrbedarf ... 19
6. Haushaltshilfe vom Sozialamt auch für Personen, die keine HzL/GSi beziehen 21
7. Haushaltshilfe für pflegebedürftige Menschen 23
8. Informationen 24

1. Haushaltshilfen über die Krankenkasse

1 Wenn Sie Ihren Haushalt zeitweise nicht weiterführen können, können Sie eine Haushaltshilfe beanspruchen.

Wenn Sie krankenversichert sind, gelten zunächst die Bestimmungen der **Krankenversicherung** über Haushaltshilfen (§ 38 SGB V).

Sollten Sie ins Krankenhaus, in eine Mutter-Kind-Kur oder in eine Reha-Einrichtung gehen, haben Sie Anspruch auf eine Haushaltshilfe.

Voraussetzung ist, dass

- entweder ein Kind mit Behinderungen in Ihrem Haushalt lebt, das deswegen auf Hilfe angewiesen ist oder
- ein Kind, das jünger als 12 Jahre ist, in Ihrem Haushalt lebt und
- keine im Haushalt lebende Person den Haushalt weiterführen kann.

2 Weiterhin bekommen Sie auch dann eine Haushaltshilfe, wenn Ihnen die Weiterführung des Haushalts wegen schwerer **Krankheit** oder wegen akuter Verschlimmerung einer Krankheit, insbesondere nach einem Krankenhausaufenthalt, nach einer ambulanten Operation oder nach einer ambulanten Krankenhausbehandlung nicht möglich ist (§ 38 Abs. 1 SGB V). Das kann zB auch aufgrund eingeschränkter Mobilität (Gips, Rollstuhl etc) sein.

Haushaltshilfen sind auch dann notwendig, wenn die *„haushaltsführende Person"* aus medizinischen Gründen mit ihrem kranken Kind ins Krankenhaus eingewiesen worden ist.

3 Die Leistung ist eine **Sachleistung**, die von dem*r Versicherten vorrangig in Anspruch genommen werden muss. Das bedeutet, dass die Krankenkasse in erster Linie eine Haushaltshilfe stellt. Die Krankenkasse kann geeignete Personen selber anstellen oder über Einrichtungen, mit denen Verträge bestehen, wie zB Sozialstationen oder Wohlfahrtsverbände, vermitteln (§ 132 Abs. 1 SGB V). Wenn die Krankenkasse selbst keine Kraft stellt, können Sie sich eine Haushaltshilfe selber beschaffen. Die Kosten hierfür werden dann von der Krankenkasse erstattet – allerdings nur in **angemessenem Umfang** (§ 38 Abs. 4 SGB V). Daraus ergibt sich, dass vor Inanspruchnahme ein **Antrag** bei der Krankenkasse gestellt werden muss, um dieser die Möglichkeit zu geben, die Leistung als Sachleistung zu erbringen (BSG 26.3.1980 – 3 RK 62/79). Was bedeutet „angemessener Umfang"? Eine tägliche Einsatzzeit von acht Stunden wird maximal für angemessen erachtet, da die Weiterführung des Haushaltes auf jeden Fall in acht Stunden abgesichert werden kann. Dazu gibt es allerdings ein Urteil des BSG (28.1.77 – 15 RKn 32/76), dass es in Einzelfällen nötig sein kann, dass die Einsatzzeit acht Stunden täglich überschreitet.

4 Für **Verwandte** und Verschwägerte bis zum 2. Grad werden keine Kosten erstattet. Die Kasse kann hier die erforderlichen Fahrtkosten und einen eventuellen Verdienstausfall zahlen, wenn das in einem angemessenen Verhältnis zu den Kosten steht, die sonst für eine Haushaltshilfe entstehen würden (§ 38 Abs. 4 SGB V). Für **private Haushaltshilfen** werden von den Kassen bis zu 10,75 EUR die Stunde gezahlt. Leider entspricht dieser Betrag noch nicht einmal dem aktuell geltenden Mindestlohn. Sie müssen nachweisen, dass Sie das Geld vorgestreckt haben. Die Kasse erstattet Ihnen dann die Kosten. Geht die Erstattung auf Ihrem Konto ein, ist es natürlich **kein Einkommen** (→ 37), sondern nur eine Kostenerstattung von aus dem Regelsatz vorgeleisteten Beträgen, die nach § 82 Abs. 1 S. 3 SGB XII und § 11a Abs. 1 Nr. 1 SGB II in den jeweiligen Systemen anrechnungsfrei sind.

5 Eine Haushaltshilfe kommt ggf. auch in anderen Fällen in Frage, wenn Sie nicht in der Lage sind, Ihren Haushalt zu führen und dafür keine andere im Haushalt lebende Person zur Verfügung steht (§ 38 Abs. 2 SGB V). Diese Regelungen kann aber jede Kasse in

445

55 Haushaltshilfe

ihrer Satzung selber festlegen. Die Kassen haben ihre Satzungen im Internet auf ihrer jeweiligen Website veröffentlicht.

6 Ihre Zuzahlung zur Haushaltshilfe beträgt **zehn Prozent pro Tag**. Das sind mindestens 5 EUR und höchstens 10 EUR. Wenn Sie unter 18 Jahre alt sind, fallen keine Zuzahlungen an.

7 Haushaltshilfe gibt es auch bei **Schwangerschaft** und Entbindung (§ 24h SGB V). Voraussetzung ist, dass die Versicherte einen Haushalt hat und diesen auch geführt hat. Ein Anspruch auf Haushaltshilfe besteht sowohl bei stationären als auch bei Hausentbindungen. Bei Schwangerschaft muss diese ursächlich sein (zB verordnete Bettruhe) und nicht eine Krankheit (zB drohende Fehlgeburt, dann würde eine Haushaltshilfe gem. § 38 SGB V greifen). Der Leistungsumfang und die Dauer sind individuell und richten sich nach dem Attest von Arzt*Ärztin bzw. Hebamme. Bei der Haushaltshilfe wegen Schwangerschaft/Entbindung sind keine Zuzahlungen zu leisten.

2. Haushaltshilfe über die Rentenversicherung (DRV)

8 Auch die Rentenversicherung erbringt die Kosten für eine Haushaltshilfe, wenn sie Träger der Maßnahme ist (§ 28 SGB VI iVm § 64 Abs. 1 Nr. 6 und § 74 SGB IX). Anspruch besteht dann, wenn die Rentenversicherung Leistungen zur Teilhabe am Arbeitsleben oder Leistungen zur medizinischen Rehabilitation (das hieß früher Kur) erbringt. Die grundsätzlichen Voraussetzungen sind die gleichen wie bei einer Haushaltshilfe über die Krankenkasse. Auch hier muss unbedingt vorher ein Antrag gestellt werden.

Auch die Rentenversicherung erstattet maximal 10,75 EUR pro Stunde für eine selbstbeschaffte Haushaltshilfe.

9 Besonderheiten: Auf Antrag können anstatt der Haushaltshilfe auch die Kosten für die **Mitaufnahme eines Kindes in der Rehaeinrichtung** übernommen werden. Eine Mitnahme des Kindes ist möglich, wenn

- der*die Leistungsempfänger*in keine andere ausreichende Betreuung des Kindes durch eine nicht oder nicht bis zum 2. Grad verwandte oder verschwägerte Ersatzkraft sicherstellen kann,
- der gemeinsame Aufenthalt des*der Leistungsbeziehenden und des Kindes in der Rehabilitationseinrichtung möglich ist,
- medizinische oder sonstige Gründe nicht entgegenstehen und
- durch die Mitnahme die voraussichtliche Erfolg der Rehabilitation nicht gefährdet wird.

10 Alternativ werden auf Antrag die Kosten für eine **Unterbringung des Kindes außerhalb des Haushalts** bis zur Höhe der Kosten, die sonst für eine Haushaltshilfe übernommen worden wären, übernommen.

3. Haushaltshilfe über das Jugendamt (ambulante Familienpflege)

11 Voraussetzung für diese Leistung des Jugendamtes (§ 20 SGB VIII) ist, dass der Antrag auf Haushaltshilfe von der Krankenkasse abgelehnt wurde oder diese nicht den vollständigen Bedarf deckt. Auf diese Leistung des Jugendamts **besteht seit dem 10.6.2021 ein Rechtsanspruch**. Ambulante Familienpflege soll die Betreuung und Versorgung von Kindern bis zum 14. Geburtstag in Notsituationen sicherstellen. Die Betreuung erfolgt im Haushalt, meist durch professionelle Familienpflegekräfte; das Jugendamt kann auch ehrenamtliche Pat*innen dafür einsetzen.

Die **Voraussetzungen** liegen vor, wenn

1. ein Elternteil, der für die Betreuung des Kindes überwiegend verantwortlich ist, aus gesundheitlichen oder anderen zwingenden Gründen ausfällt,
2. das Wohl des Kindes nicht anderweitig, insbesondere durch Übernahme der Betreuung durch den anderen Elternteil, gewährleistet werden kann,
3. der familiäre Lebensraum für das Kind erhalten bleiben soll und
4. Angebote der Förderung des Kindes in Tageseinrichtungen oder in Kindertagespflege nicht ausreichen.

12 Der zeitliche Umfang der Betreuung und Versorgung des Kindes sollen sich nach dem Bedarf im Einzelfall richten.

13 Die Haushaltshilfe als Leistung der Krankenkasse ist vorrangig. Daher muss, wenn es um gesundheitliche Einschränkungen geht (Kur/Reha, Krankenhaus etc), **zuerst** die **Haushaltshilfe bei der Krankenkasse beantragt** werden.

4. Hilfe zur Weiterführung des Haushaltes (§ 70 SGB XII)

14 Wenn Sie nicht krankenversichert sind, oder krankenversichert sind, aber nach dem SGB V keinen Anspruch auf eine Haushaltshilfe haben, *„sollen"* Sie Hilfe zur Weiterführung des Haushalts bekommen, wenn
- Sie Ihren Haushalt nicht mehr führen können,
- kein*e Haushaltsangehörige*r da ist, der*die ihn weiterführen kann und
- die *„Weiterführung des Haushalts geboten ist"* (§ 70 SGB XII).

15 **Anspruch** auf eine Haushaltshilfe haben Sie zB, wenn
- Sie in Reha, ins Krankenhaus usw gehen,
- Sie aus einem anderen Grund (zB häusliche Gewalt) den Haushalt vorübergehend verlassen müssen **und**
- Ihre Kinder zu Hause versorgt werden müssen **oder**
- Sie nur **vorübergehend** Bedarf an hauswirtschaftlicher Unterstützung haben (LSG NRW 16.9.2005 – L 20 B 9/05 SO ER).

16 Es gilt die entsprechende Einkommensgrenze (→ 39; § 85 SGB XII). Wer darüber liegt, muss einen zumutbaren Eigenanteil leisten. Leistungen der Krankenkasse oder der Kinder- und Jugendhilfe (SGB VIII) sind immer **vorrangig** (§ 2 SGB XII).

Für eine Haushaltshilfe sollen die angemessenen Aufwendungen übernommen werden (§ 70 Abs. 3 SGB XII). Sie können in besonderen Fällen Ihr Kind auch bei Verwandten unterbringen, wenn das *„geboten ist"*. Diese haben dann Anspruch auf *„Übernahme der angemessenen Kosten"* (§ 70 Abs. 4 SGB XII).

17 Wenn Sie zu Hause leben und **dauerhaft** auf eine Hilfe zur Haushaltsführung angewiesen sind, weil einzelne, für den Haushalt wesentliche Aufgaben nicht mehr erfüllt werden können (Einkaufen, Wäsche waschen, Reinigung der Wohnung etc), wird die Haushaltshilfe idR im Rahmen der Regelbedarfserhöhung oder als Mehrbedarf (→ 74 Rn. 5) gewährt werden. In bestimmten Fällen kommen auch Leistungen der „Hilfe zur Pflege" in Betracht (§§ 61 ff. SGB XII; SG Oldenburg 30.5.2005 – S 2 SO 49/05 ER).

18 Allerdings kann bei nicht pflegebedürftigen Personen Hilfe zur Haushaltsführung **auch dauerhaft** erbracht werden, *„wenn durch die Leistungen die Unterbringung in einer stationären Einrichtung [zB Pflegeheim] vermieden oder aufgeschoben werden kann"* (§ 70 Abs. 1 S. 3 SGB XII). Das kann abhängig von Ihrem Einkommen günstiger sein, als die unter → Rn. 14–16 beschriebene Leistung, da Sie einen höheren Selbstbehalt haben, bevor Sie den Eigenanteil finanzieren müssen.

5. Regelbedarfserhöhung/Mehrbedarf

19 In der **HzL/GSi der Sozialhilfe** gilt: Können Sie auf Dauer nicht mehr selbst einkaufen, putzen, Fenster reinigen, kochen usw, aber sonst noch Ihren Haushalt im Wesentlichen selbst führen, kann Ihr **Regelbedarf** (→ 89) erhöht werden. Denn Sie können dann einen Bedarf haben, der *„unausweichlich in mehr als geringem Umfang oberhalb durchschnittlicher Bedarfe liegt"* (§ 27a Abs. 4 SGB XII).

Zum Beispiel wurde einem 80-jährigen Mann, der sich keine warme Mahlzeit zubereiten kann, eine Regelbedarfserhöhung von 150 EUR im Monat abzüglich eines Eigenanteils für *„Essen auf Rädern"* zugesprochen (SG Lüneburg 22.2.2005 – S 23 SO 29/05 ER).

20 Wenn Sie als **Bürgergeld**-Bezieher*in dauerhafte Unterstützung bei der hauswirtschaftlichen Versorgung benötigen, kann Ihnen zur Deckung der Kosten ein Mehrbedarf nach der **Härtefallregelung** (→ 52) gewährt werden. Es besteht dann *„ein unabweisbarer, besonderer Bedarf"* (§ 21 Abs. 6 SGB II). Die BA hat die *„Putz-/Haushaltshilfe für körperlich stark beeinträchtigte Personen"* in ihre Positivliste für Mehrbedarf aufgenommen (→ 52 Rn. 15; FW 21.41).

6. Haushaltshilfe vom Sozialamt auch für Personen, die keine HzL/GSi beziehen

21 *„Hilfe zum Lebensunterhalt kann auch Personen geleistet werden, die ihren notwendigen Lebensunterhalt aus eigenen Mitteln und Kräften bestreiten können, jedoch einzelne im Haushalt erforderliche Tätigkeiten nicht verrichten können"* (§ 27 Abs. 3 S. 1 SGB XII).

Das betrifft vor allem Personen, die ihren Lebensunterhalt mit Rentenleistungen gerade noch decken können, aber durch die Aufwendungen für eine dauerhafte Haushaltshilfe „bedürftig" werden. Mit den *„im Haushalt erforderlichen Tätigkeiten"* ist eindeutig die hauswirtschaftliche Versorgung gemeint, für die Hilfe gebraucht wird.

Diese Regelung erfolgt analog zur Regelbedarfserhöhung von HzL-/GSi-Bezieher*innen, die aufgrund der benötigten Haushaltshilfe einen erhöhten Bedarf haben (→ Rn. 19; § 27a Abs. 4 S. 1 SGB XII).

22 **Tipp:** Stellen Sie beim Sozialamt einen Antrag und lassen Sie sich nicht mit dem Argument abweisen, Sie seien nicht hilfebedürftig.
Alternativ ist immer ein Antrag gem. § 70 SGB XII möglich, wenn Sie unter den Einkommensgrenzen (→ 39) im § 85 SGB XII liegen.

7. Haushaltshilfe für pflegebedürftige Menschen

23 Pflegebedürftige Menschen (→ 86), die Leistungen der Pflegeversicherung oder Hilfe zur Pflege nach dem SGB XII beziehen, werden im Rahmen der häuslichen Pflege auch hauswirtschaftlich versorgt.

8. Informationen

24 AG TuWas: Leitfaden Sozialhilfe für Menschen mit Behinderungen und bei Pflegebedürftigkeit von A-Z, 10. Aufl., Frankfurt 2018

Infos zu Haushaltshilfen vor Ort erhalten Sie über Einrichtungen der Wohlfahrtsverbände, Sozialstationen und örtlichen Pflegestützpunkte.

56
Hausrat

1. Laufender Bedarf und Erstausstattung 1
1.1 Was gehört zur Erstausstattung? .. 3
1.2 Bedarf selbst verschuldet? 11
1.3 Notwendiger Bedarf 13
1.4 Sachleistung oder Geldleistung.... 17
1.5 Pauschalbeträgen 18
1.6 Gebrauchter Hausrat 22
2. Erstausstattung oder Ersatzbedarf? ... 23
3. Kritik................................ 24
4. Forderungen 26

1. Laufender Bedarf und Erstausstattung

1 Der laufende Bedarf für die **Ersatzbeschaffung** von Möbeln, Einrichtungsgegenständen und Hausrat soll für Beziehende von Bürgergeld und HzL/GSi der Sozialhilfe über den Regelbedarf (→ 89) abgedeckt sein, nur die **Erstausstattung** nicht (→ 40 Rn. 2 ff.). Im Eckregelbedarf ist in § 5 Abs. 1 RBEG Abteilung 5 für „Innenausstattung, Haushaltsgeräte und -gegenstände, laufende Haushaltsführung" aufgrund der Einkommens- und Verbrauchsstichprobe für das Jahr 2021 ein Betrag in Höhe von 26,49 EUR enthalten. Für akut existenznotwendige, langlebige Konsumgüter wie Kühlschrank, Gefrierschrank und -truhe, Waschmaschine, Wäschetrockner, Geschirrspül- und Bügelmaschine war im Jahre 2011 lediglich ein Betrag von weniger als 3,00 EUR monatlich berücksichtigt (BVerfG 23.7.2014 – 1 BvL 10/12 u.a. Rn. 120); bis heute hat sich daran nichts (bis auf die jährlichen Erhöhungen) geändert; im Jahr 2023 sind dies etwa 5,37 EUR im RB. Das BVerfG hat darin die Gefahr einer Unterdeckung gesehen und darauf hingewiesen, dass der Gesetzgeber darauf durch zusätzliche Ansprüche auf Zuschüsse zur Sicherung des existenznotwendigen Bedarfs reagieren müsse. Fehle es an einer solchen Regelung, sollen die Sozialgerichte Regelungen wie § 24 SGB II über gesondert neben dem Regelbedarf zu erbringende einmalige, als Zuschuss gewährte Leistungen verfassungskonform auslegen. Sei dies nicht möglich, habe der Gesetzgeber einen Anspruch auf einen Zuschuss neben dem Regelbedarf zu schaffen. Auf ein Darlehen darf danach nur verwiesen werden,

wenn die Regelbedarfsleistung so hoch bemessen ist, dass entsprechende Spielräume für Rückzahlungen bestehen (BVerfG 23.7.2014 – 1 BvL 10/12 u.a. Rn. 116). Eine verfassungskonforme Auslegung des § 24 SGB II ist problematisch, weil dann die gesamte Regelsystematik der Regel-, Mehr- und Sonderbedarfe im SGB II in Frage gestellt werde (Gagel/Bender SGB II § 24 Rn. 5b). Eine verfassungskonforme Auslegung des § 31 SGB XII ist nach der Rechtsprechung nicht erforderlich, weil gem. § 37 Abs. 4 S. 1 SGB XII eine Aufrechnung nach Grund und Höhe im Ermessen des Leistungsträgers steht und damit die vom BVerfG geforderten Auslegungsspielräume für Härtefälle bestehen (BSG 19.5.2022 – B 8 SO 1/21 R). Wenn eine verfassungskonforme Auslegung nicht möglich ist, kann nur die Verfassungswidrigkeit der Regelungen bei dem Bundesverfassungsgericht geltend gemacht werden (LPK-SGB II, 8. Aufl. 2023, Einleitung Rn. 33). Siehe dazu auch im Beitrag Härtefallmehrbedarf (→ 52 Rn. 52 ff.).

2 Für Erstausstattungen und Erstanschaffungen enthält der Regelbedarf keine Mittel. Deshalb müssen sie als **Beihilfe** zusätzlich zum Regelbedarf gezahlt werden.

1.1 Was gehört zur Erstausstattung?

3 *„Nicht vom Regelbedarf [...] umfasst sind Bedarfe für 1. Erstausstattungen für die Wohnung einschließlich Haushaltsgeräten [...]"* (§ 24 Abs. 3 S. 1 Nr. 1 SGB II; sinngemäß: § 31 Abs. 1 Nr. 1 SGB XII).

4 Das BSG (6.8.2014 – B 4 AS 57/13 R; ebenso 19.5.2022 – B 8 SO 1/21 R) hat Regeln aufgestellt, unter denen eine Ersatzbeschaffung einer **Erstanschaffung** gleichzusetzen ist: Der konkrete Bedarf muss durch **außergewöhnliche Umstände** bzw. durch ein **besonderes Ereignis** entstanden und **speziell** sein und es muss ein **ursächlicher Zusammenhang** zwischen den außergewöhnlichen Umständen bzw. dem besonderen Ereignis und dem Bedarf bestehen.

5 Nach der Gesetzesbegründung kommen Erstausstattungen vor allem in Frage
- nach einem Wohnungsbrand (BSG 19.8.2010 – B 14 AS 36/09),
- nach einer Haftentlassung (BSG 11.4.2011 – B 14 AS 53/10 R) oder
- aufgrund von *„außergewöhnlichen Umständen"* (BT-Drs. 15/1514, 60).

Damit soll möglichst der gesamte Einrichtungsbedarf normaler Arbeitslosenhaushalte aus dem Regelbedarf gedeckt werden, es sei denn, die Wohnung brennt ab.

6 Außergewöhnliche Umstände sind nur „von außen" einwirkende Ereignisse, nicht durch die*den Antragstellende*n (mit-)verursachte Ereignisse. Mit diesem Kriterium sollen die „maßgeblichen" Gründe von den „unmaßgeblichen" Gründen (allgemeine Gründe für den Verschleiß oder den Untergang der Gegenstände) abgegrenzt werden (BSG 16.2.2022 – B 8 SO 1/21 R).

7 **Außergewöhnliche Umstände**, die eine Erstausstattung erfordern, sind zB:
- **Änderung der Wohnsituation:**
  – ein Rauswurf von Jugendlichen aus der elterlichen Wohnung,
  – bei Neugründung eines Haushalts nach Auszug bei den Eltern (SG Lüneburg 24.3.2005 – S 29 SO 78/05 ER),
  – bei Neugründung eines Haushalts nach Heirat (SG Gelsenkirchen 18.7.2006 – S 11 AS 75/05 ER; SG Oldenburg 12.1.2006 – S 47 AS 1027/05 ER),
  – bei Zuzug aus dem Ausland (BSG 27.9.2011 – B 4 AS 202/10 R),
  – bei Anmietung einer Wohnung durch Wohnungslose (BSG 23.3.2010 – B 14 AS 81/08 R),
  – nach einer Trennung/Scheidung (BSG 19.9.2008 – B 14 AS 64/07 R; SG Magdeburg 4.6.2021 – S 27 AS 2124/15) bzw. nach Aufenthalt im Frauenhaus (→ 49) (LSG Berlin-Brandenburg 26.10.2006 – L 19 B 516/06 ER),
- **Änderung der persönlichen Situation:**
  – der Ausbruch einer Krankheit, die spezielle Ausstattungsgegenstände, etwa eine Bandscheibenmatratze erfordert (SG Münster 2.4.2007 – S 5 AS 55/07 ER),
- **Änderung des Bedarfs:**
  – bei einem Umzug in eine größere angemessene Wohnung, wenn notwendige Möbelstücke nicht vorhanden sind,

- wenn aufgrund des Umzuges andere Geräte notwendig sind, zB Elektro- statt Gasherd (SG Braunschweig 7.3.2005 – S 18 AS 65/05 ER),
- bei einem Umzug aus einer Wohnung mit Einbauküche bzw. Teil- oder Vollmöblierung in eine Wohnung ohne Einrichtung (SG Aurich 6.12.2005 – S 25 AS 254/05 ER),
- wenn die Geburt eines Kindes die Erstausstattung eines Kinderzimmers erforderlich macht (Schwangerschaft, → 101) oder
- wenn bei Kindern/Jugendlichen ein Erstausstattungsbedarf nicht vom Regelbedarf umfasst ist (BSG 23.5.2013 – B 4 AS 79/12 R, Jugendbett statt Kindergitterbett; → 60 Rn. 11,
- bei Zuzug eines Kindes zB aus dem Heim oder von einer Pflegefamilie,
■ **Verlust oder Unbrauchbarwerden des gesamten oder von Teilen des Hausrats durch:**
- Zerstörung bei einem notwendigen Umzug (BSG 1.7.2009 – B 4 AS 77/08 R) (auch durch einen nicht vom Leistungsträger veranlassten Umzug, SG Neuruppin 30.7.2014 – S 26 AS 1486/14 ER),
- Verlust oder Zerstörung der Möbel durch die betroffene Person selbst infolge einer psychischen Krankheit (BSG 16.2.2022 – B 8 SO 14/20 R),
- Verlust der Möbel nach einem Umzug (SG Reutlingen 14.11.2016 – S 7 AS 449/16),
- ein erfolgloser Suizidversuch, vor dem der Hausrat bereits entsorgt wurde (SG Düsseldorf 6.11.2009 – S 35 AS 206/07),
- Unverwertbarkeit alter Möbel, zB aufgrund ihrer Größe, infolge eines notwendigen Umzuges (LSG NRW 23.2.2010 – L 1 AS 77/08 R); die Beweislast liegt bei dem*r Antragstellenden.

8 Besonders in den Fällen des Verlusts oder Unbrauchbarwerden des gesamten Hausrats wird der Begriff der außergewöhnlichen Umstände eng gesehen. So sind die folgenden Fälle **nicht als außergewöhnliche Umstände anerkannt** worden:

■ Verlust des Hausrats durch eine von dem*r Antragstellenden verschleppte Ungezieferbekämpfung (LSG Hessen 23.6.2017 – L 7 AS 415/16; dies gilt aber nicht, wenn eine Reinigung des Hausrats anstelle der Entsorgung möglich gewesen wäre: LSG Sachsen-Anhalt 27.8.2020 – L 2 AS 361/20 B ER – EuG 2021, 2021),
■ Untergang oder Unbrauchbarwerden des Hausrats durch eine Suchterkrankung (BSG 6.8.2014 – B 4 AS 57/13 R),
■ Vernichtung der nach einer Zwangsräumung eingelagerten Möbel, wenn der*die Antragstellende die angebotene Rücknahme unter Verweis auf den schlechten Zustand der Einrichtung verweigert hat (LSG Baden-Württemberg 12.6.2017 – L 1 AS 1310/17 ER-B),
■ Umzug ins Ausland ohne Kündigung der Wohnung; Verwertung der Möbel durch die vermietende Person (SG Wiesbaden 17.12.2015 – S 33 AS 300/13).

9 Grundsätzlich ist aber der Begriff Erstausstattung für die Wohnung *„nicht zeitlich, sondern bedarfsbezogen zu verstehen"* (BSG 20.8.2009 – B 14 AS 45/08 R; 19.5.2022 – B 8 SO 1/21 R). Voraussetzung ist also nicht, dass etwas zum ersten Mal im Leben angeschafft wird, sondern dass ein entsprechender Anlass besteht.

10 Im Gesetzestext ist auch von Erstausstattung **für die** Wohnung die Rede, nicht von Erstausstattung **der** Wohnung. Erstausstattung **der** Wohnung bedeutet die komplette Erstausstattung nach dem Gesamtverlust der Ausstattung, Erstausstattung **für die** Wohnung schließt aber ein, dass einzelne notwendige Möbel oder Haushaltsgeräte nicht vorhanden sind und erstmalig angeschafft werden müssen. *„Besitzt ein Hilfebedürftiger [...] zum Beispiel noch keine Waschmaschine, besteht insoweit ein bislang noch nicht gedeckter Bedarf, der erstmals zu befriedigen ist"* (Eicher/Luik/Harich/Eicher SGB II § 24 Rn. 91). Das gilt auch, wenn aus freier Entscheidung eine Wohnung bislang weitgehend unmöbliert war (BSG 20.8.2009 – B 14 AS 45/08 R; auch LSG Bayern 28.8.2006 – L 7 B 481/06 AS ER, für den Fall, dass Haushaltsgeräte oder Möbel beim Umzug in eine neue Wohnung nicht vorhanden sind).

1.2 Bedarf selbst verschuldet?

11 Auch wenn Sie den Verlust von vorhandenem Hausrat durch **vorsätzliches** oder **grob fahrlässiges Verhalten** ohne wichtigen Grund verursacht haben, besteht jedenfalls nach der älteren Rechtsprechung ein Anspruch auf Übernahme einer Erstausstattung. Ausschlaggebend ist, dass *„der im SGB II zu deckende Bedarf grundsätzlich aktuell bestehen muss"*, dann ist er auch aktuell zu decken (BSG 27.9.2011 – B 4 AS 202/10 R). Das gilt zB, wenn Sie bei Verlust/Räumung Ihrer Wohnung den Hausrat ohne wichtigen Grund aufgegeben haben.

12 Muss Ihre Wohnungseinrichtung infolge von Handlungen ersetzt werden, die auf Ihre gesundheitliche oder psychische Situation zurückzuführen sind, liegen außergewöhnliche Umstände vor (SG Bremen 2.3.2010 – S 23 AS 257/10 ER, bei Verwahrlosung der Wohnung; SG Düsseldorf 6.11.2009 – S 35 AS 206/07, erfolgloser Suizidversuch; BSG 16.2.2022 – B 8 SO 14/20 R, Entsorgung von Möbeln in der krankheitsbedingten Überzeugung, sie seien „vergiftet" und „verflucht").

1.3 Notwendiger Bedarf

13 Der Begriff Erstausstattung umfasst die *„wohnraumbezogenen Gegenstände [...], die eine geordnete Haushaltsführung und an den herrschenden Lebensgewohnheiten orientiertes Wohnen ermöglichen"* (BSG 16.12.2008 – B 4 AS 49/07 R). Von dem Begriff des Wohnens wird nur die Befriedigung der grundlegenden Bedürfnisse Essen, Schlafen und Aufenthalt umfasst, dagegen nicht Gegenstände, die Beziehungen zur Umwelt, Informationsdeckung und Teilhabe am kulturellen Leben ermöglichen (LSG Nordrhein-Westfalen 19.3.2015 – L 7 AS 2346/13). Vergleichsmaßstab ist die Bevölkerungsschicht im unteren Segment des Einkommensniveaus (BSG 13.4.2011 – B 14 AS 53/10 R).

14 Zum Hausrat gehören u.a. die folgenden Gegenstände:
- Sofa, Stühle, Öfen, Lampen, Gardinen bzw. Rollos (SG Dresden 10.10.2014 – S 20 AS 5639/14 ER),
- Waschmaschine (BSG 19.9.2008 – B 14 AS 64/07 R),
- Kücheneinrichtung (SG Stade 14.7.2009 – S 19 SO 58/09 ER),
- (Küchen-)Schränke (SG Hamburg 24.6.2005 – S 62 AS 406/05 ER),
- (Küchen-)Tisch zur Zubereitung und zum Verzehr von Speisen (SG Berlin 20.11.2013 – S 205 AS 4714/11),
- Herd, Kochtöpfe, Staubsauger, Bügeleisen, Kühlschrank (LSG Nordrhein-Westfalen 29.10.2007 – L 20 AS 12/07),
- Schreibtisch für ein schulpflichtiges Kind (BSG 23.5.2013 – B 4 AS 79/12 R),
- Bettzeug (Decken, Kissen, Bettzeug, Matratze) (BSG 20.8.2009 – B 14 AS 45/08 R),
- Teppich, Teppichboden (SG Gelsenkirchen 11.4.2005 – S 11 AS 25/05 ER).

15 Zu den Kosten gehören auch die Kosten für den Transport und den Aufbau.

16 Der **Fernseher** gehört allerdings nach Ansicht des BSG nicht mehr dazu (24.2.2011 – B 14 AS 75/10 R). Eine Renovierung (→ 90) auch nicht. Ein PC samt Zubehör gehört **nicht** zur Erstausstattung (LSG NRW 23.4.2010 – L 6 AS 297/10 B; LSG NRW 19.3.2015 – L 7 AS 2346/13).

1.4 Sachleistung oder Geldleistung

17 Die Erstausstattung kann als Sach- oder Geldleistung gezahlt werden (§ 24 Abs. 3 S. 5 SGB II). Das gilt auch für Beziehende von HzL/Gsi der Sozialhilfe (§ 10 Abs. 1 SGB XII).

Jedenfalls hat die Geldleistung Vorrang (Eicher/Luik/Harich SGB II § 24 Rn. 60), denn **Sachleistungsgewährung** (→ 94) ist tendenziell diskriminierend (LPK-SGB II § 4 Rn. 9). Auch bei Sozialhilfe gilt: *„Geldleistungen haben Vorrang vor Gutscheinen und Sachleistungen"* (§ 10 Abs. 3 SGB XII).

1.5 Pauschalbeträgen

18 Erstausstattung kann auch mit Pauschalbeträgen abgegolten werden (§ 24 Abs. 3 S. 5 SGB II, ebenso § 31 Abs. 3 SGB XII). Die Pauschalen werden von den einzelnen Jobcentern festgelegt, so dass ein Überblick nur schwer möglich ist. Für eine Erstausstattung

eines Einpersonenhaushalts zahlt etwa Berlin 1.213 EUR, Remscheid 998 EUR, Hamburg 809 EUR und Leipzig 1.367 EUR. Der Bildung der Pauschalen liegen dieselben Rechtsvorschriften zugrunde:

19 *„Bei der Bemessung der Pauschalbeträge sind geeignete Angaben über die erforderlichen Aufwendungen und nachvollziehbare Erfahrungswerte zu berücksichtigen"* (§ 24 Abs. 3 S. 6 SGB II, § 31 Abs. 3 S. 2 SGB XII).

Die geeigneten Angaben müssten öffentlich sein, damit Sie nachvollziehen können, was zugestanden wird. Die Pauschalbeträge müssen tatsächlich ausreichen, um die notwendige Erstausstattung zu kaufen.

20 Die Gerichte können die Festsetzung der Höhe der Pauschalen kontrollieren (BSG 13.4.2011 – B 14 AS 53/10 R; 27.9.2011 – B 4 AS 202/10 R). Dazu gehört auch die Kontrolle, ob die Pauschale auf nachvollziehbaren Erfahrungswerten beruht (BSG 13.4.2011 – B 14 AS 53/10 R; 27.9.2011 – B 4 AS 202/10 R). Der Leistungsträger kann beispielsweise eine Bezugsquelle für alle notwendigen Anschaffungsgegenstände und den tatsächlichen Preis für den Erwerb bei verschiedenen Versandhäusern aufführen (LSG Nordrhein-Westfalen 19.3.2014 – L 7 AS 606/13 B).

21 **Tipp:** Werden in Ihrer Kommune Ihrer Ansicht nach zu geringe Beträge gezahlt, können Sie diese vor Gericht überprüfen lassen. Hierzu müssen Sie zunächst Widerspruch (→ 126) einlegen.

1.6 Gebrauchter Hausrat

22 Der Verweis auf gebrauchten Hausrat ist grundsätzlich zulässig (u.a. LSG Mecklenburg-Vorpommern 12.2.2007 – L 8 B 150/06; → 40 Rn. 26). V.a. bei Möbeln können Preise für gebrauchte Ware berücksichtigt werden (LSG Sachsen-Anhalt 24.11.2011 – L 2 AS 81/08; Geiger 2022, 279). Bei Elektrogeräten halten wir gebrauchte Geräte allerdings nicht für zumutbar. Da ihre Haltbarkeit geringer ist, tritt schneller ein Ersatzbedarf auf, der aus dem Regelbedarf bestritten werden muss, aber kaum bestritten werden kann. Der überdurchschnittlich hohe Energie- und Wasserverbrauch gebrauchter Elektrogeräte führt ebenfalls zu einer indirekten Regelbedarfssenkung.

2. Erstausstattung oder Ersatzbedarf?

23 Erstausstattungen sind immer als **Zuschuss/Beihilfe** zu gewähren. Der Ersatzbedarf aber soll im Regelbedarf enthalten sein. Ist der Bedarf für eine **Ersatzbeschaffung** trotzdem ungedeckt, ist er unter bestimmten Voraussetzungen als **Darlehen** zu übernehmen. Ausführliche Informationen dazu finden Sie im Beitrag Einmalige Beihilfen (→ 40 Rn. 19 ff.).

3. Kritik

24 Was passiert, wenn der Ersatzbedarf nicht oder nicht vollständig mit dem Regelbedarf abgedeckt ist? Der Ersatzbedarf ist immer auf eine bestimmte durchschnittliche Gebrauchsdauer (Abschreibungszeitraum) eines Gegenstandes bezogen, außerdem auf einen als angemessen geltenden Wert. Wenn ein Hausratsgegenstand einen angemessenen Wert von 100 EUR und eine Haltbarkeit (bei Kleidung: Tragezeit) von zB zehn Jahren hat, ist der Ersatzbedarf jährlich 10 EUR oder mtl. 0,84 EUR. Nach Ablauf des vollen Abschreibungszeitraums steht der Ersatzbedarf an, nicht die Erstausstattung. Für den Ersatzbedarf soll man ansparen. Voraussetzung dafür wäre, zu wissen, wie viel und für was. Doch das wird nicht bekannt gegeben.

25 Es gibt keine gesetzliche Verpflichtung, aus dem Regelbedarf eine bestimmte Summe anzusparen. *„Über die Verwendung der [...] Leistung entscheiden die Leistungsberechtigten eigenverantwortlich; [aber!] dabei haben sie das Eintreten unregelmäßig anfallender Bedarfe zu berücksichtigen"* (§ 20 Abs. 1 S. 4 SGB II). Im SGB II sind die betroffenen Personen verpflichtet, ihr Schonvermögen und alles Angesparte vorrangig für den Ersatzbedarf auszugeben (§ 42a Abs. 1 SGB II). Ansonsten gibt es dafür kein Darlehen.

In der Praxis ist es kaum möglich, den für den Ersatzbedarf vorgesehenen Betrag im Regelbedarf ausreichend anzusparen. Wenn ein Ersatzbedarf in Höhe von 100 EUR zwei Jahre nach Antragstellung auftritt, hätten in unserem Beispiel rein rechnerisch nur 24 mal 0,84 Cent, also 20,16 EUR angespart werden können. Der Restbetrag muss als Darlehen gewährt werden. Sie werden gezwungen, in der Zukunft für die Vergangenheit anzusparen. So wird künftige Unterdeckung vorprogrammiert. Das BVerfG (23.7.2014 – 1 BvL 10/12 u.a. Rn. 120) hat ausgeführt, dass im Regelbedarf für die Ansparung langlebiger Konsumgüter ein Betrag in Höhe von 3,00 EUR vorgesehen ist. Es hat den Behörden und Gerichten eine verfassungskonforme Auslegung des § 24 SGB II auferlegt (BVerfG 23.7.2014 – 1 BvL 10/12 ua Rn. 116). Hier bietet sich an, zwar ein Darlehen zu gewähren, die Rückzahlungsrate aber auf den in der Regelleistung enthaltenen Anteil zu beschränken (vgl. SG Magdeburg 24.7.2015 – S 14 AS 1925/15 ER: Rückzahlung eines Darlehens gem. § 22 Abs. 2 SGB II in monatlichen Raten von monatlich 1,91 EUR). Es wird aber auch vertreten, dass eine verfassungskonforme Auslegung nicht möglich ist, weshalb eine Gefährdung des Existenzminimums besteht und der Gesetzgeber handeln muss (Knickrehm FS Kohte, 2016, 721 ff.).

4. Forderungen

26 Offenlegung der für die Gegenstände des notwendigen Bedarfs (Hausrat/Kleidung) anzusparenden Beträge!

Öffnungs- bzw. Härteklausel für Gewährung einmaliger Beihilfen in § 24 SGB II bzw. § 31 SGB XII!

Wiedereinführung von einmaligen Beihilfen für (neuwertige) langlebige Elektrohaushaltsgeräte der Energieeffizienzklasse A+!

Bemessung der Pauschalen und Beträge für Erstausstattungsbedarf orientiert am Wert neuwertiger Möbel und Gebrauchsgüter!

57
Heizkosten

1. Tatsächliche Aufwendung bei Zentralheizung oder Etagenheizung 1
   1.1 Monatliche Vorauszahlungen 5
   1.2 Heizkostennachzahlungen 6
   1.3 Heizkostenguthaben 11

   1.4 Besonderheiten bei anderen Heizarten 15
   1.5 Übernahme von Heizkostenschulden als Darlehen/Beihilfe (§ 36 SGB XII) 16
2. Was sind „angemessene" Heizkosten? 17
3. Unangemessenheit der Heizkosten 21
   3.1 Unangemessenheit bei Unwirtschaftlichkeit: Angemessenheitsfiktion 22
   3.2 Angemessenheitsfiktion während der Coronapandemie 25
   3.3 Unangemessenheit bei zu großer Wohnung 27
   3.4 Unangemessenheit bei Beheizung eines Eigenheims 29
4. Pauschalen und Prüfgrenzen 30
   4.1 Prüfgrenze beim bundesweiten Heizspiegel 31
   4.2 Ermittlung der Prüfgrenze 37
   4.3 Sind Obergrenzen/Pauschalen für Heizkosten erlaubt? 41
5. HzL/GSi der Sozialhilfe: Pauschalen und kommunale Satzung 45
6. Wenn die Heizkosten unangemessen sind – Verwaltungsvoraussetzungen zur Kostensenkung 48
7. Trennung von Haushalts- und Heizenergie 54
8. Tatsächliche Aufwendungen bei Brennstoffbeihilfen (Ofenheizung) 62
9. Brennstoffe und hohe Abschlagszahlungen vor oder nach dem Leistungsbezug 64
10. Höhere Heizungskosten durch nicht genehmigten Umzug 66
11. Forderungen 67

1. Tatsächliche Aufwendung bei Zentralheizung oder Etagenheizung

1 *„Bedarfe für Unterkunft und Heizung werden in Höhe der tatsächlichen Aufwendungen anerkannt, soweit diese angemessen sind"* (§ 22 Abs. 1 S. 1 SGB II, sinngleich für HzL der Sozialhilfe: § 35 Abs. 1 S. 1 SGB XII, § 35 Abs. 2 S. 1 SGB XII, auch in der GSi: § 42 Nr. 4 SGB XII). Mit Einführung des Bürgergeldes werden die Kosten für die Unterkunft für erstmals Beantragende im ersten Jahr vollständig übernommen (→ 75 Rn. 26 ff.). Im Ursprungsentwurf des Bürgergeldgesetzes galt die Karenzzeit auch für die Heizkosten, das wurde jedoch auf Druck der CDU geändert. Inwieweit die Karenzzeit auf Heizungskosten Anwendung findet, lesen Sie → Rn. 16.

2 **Wichtig:** Auch mit der **aktuellen inflationären Preisentwicklung** bei Energiekosten fällt die Angemessenheit nicht weg (vgl. BMAS, Informationsschreiben zum Umgang mit den gestiegenen Energiekosten sowie mit den in diesem Zusammenhang gewährten Sonderzahlungen, 29.11.2022, abrufbar unter: https://www.tacheles-sozialhilfe.de/files/Weisungen/Sozi/2022/BMAS-22-11-29-BMAS-Informationsschreiben-zum-Umgang-mit-den-gestiegenen-Heiz-und-Stromkosten.pdf; vgl. hierzu auch: https://www.energie-hilfe.org/de/infos-fuer-betroffene/beziehende-von-leistungen-der-grundsicherung.html). Lassen Sie sich ggf. nicht mit einem rechtswidrigen Darlehen abspeisen (→ 30 Rn. 57).

Das gilt für alle Heizungsarten, ob Sie nun eine Zentralheizung haben oder Ihre Brennstoffe selbst kaufen.

3 Zu den Heizkosten gehören **laufende** und **einmalige** Kosten der Heizung (BSG 16.5.2007 – B 7b AS 40/06 R). Sie umfassen Vorauszahlungen für Energie- und Fernwärmelieferungen, Kosten für Brennstoffe (zB Öl und Kohle) sowie Wartungs- und Instandhaltungskosten. Zu den Heizkosten gehören auch Nachzahlungen nach Ablauf eines Abrechnungszeitraumes.

Durch die Pauschalierung der Bedarfe von Unterkunft und Heizung (§ 22 Abs. 10 SGB II) und die Novellierung des Wohngeldgesetzes sind die von kommunalen Leistungsträgern regional unterschiedlichen Arbeitsanweisungen, Satzungen oder Verordnungen, insbesondere nach Urteil des BSG (19.1.2019 – B 14 AS 41/18 R), oft mangelhaft umgesetzt und werden gerade auch wegen der inflationären Preisentwicklung weiterhin viele Probleme aufwerfen. Hier kann deshalb nur empfohlen werden, diese Anweisungen, die zumeist im Internet zugänglich sind, zu beschaffen. Die vorliegende Kommentierung kann deshalb nur unter Hinweis auf bundeseinheitliche Rechtsprechungsstandards hin erfolgen.

4 Mit der Bürgergeld-Reform wurde in § 22 Abs. 1 S. 2 SGB II zwar eine Karenzzeit für die Unterkunftskosten von einem Jahr eingeführt (Miete, → 75), für die Heizkosten gilt dies jedoch nicht (→ Rn. 22). Weiterhin erfolgte zum 1.1.2023 gleichzeitig eine Erhöhung des Wohngeldes (→ 127), die Wohngeldämter sind aber derzeit bundesweit weitestgehend überlastet. Es sei vorab darauf hingewiesen, dass es nicht zulässig ist, SGB II- oder SGB XII-Leistungen mit Verweis auf Wohngeld einzustellen. Falls Wohngeld nicht gezahlt wird, **müssen** die Jobcenter oder Sozialämter zunächst leisten, notfalls auch in Vorleistung. Bis zum 30.6.2023 besteht nach § 85 SGB II, § 131 SGB XII keine Pflicht für Altleistungsbeziehende, welche vor dem 1.1.2023 SGB II bezogen haben, Wohngeld zu beantragen. Wichtig ist ebenfalls zu erwähnen, dass nun gem. § 37 Abs. 2 S. 3 SGB II bei Bedürftigkeit von Nichtleistungsbeziehenden wegen hoher Heizkostenjahresabrechnungen Leistungen **bis zu drei Monate vor Antragstellung** gewährt werden (→ Rn. 22), was allerdings nur bis zum 31.12.2023 gilt.

1.1 Monatliche Vorauszahlungen

5 Mietvertraglich vereinbarte Heizkostenvorauszahlungen werden in der von der vermietenden Person veranschlagten Höhe nur anerkannt, wenn diese als „angemessen" im Sinne des § 22 Abs. 1 SGB II beurteilt werden. Das Gleiche gilt für die monatlichen Abschlagszahlungen, die von den Energieversorgungsunternehmen verlangt werden. Höhere Mietkosten können danach aber durch geringere Energie/Heizkosten ausgeglichen werden. Es werden also die Gesamtkosten betrachtet (BSG 18.6.2008 – B 14/7b AS 44/06 R, Rn. 7; LSG Sachsen-Anhalt 31.1.2018 – L 5 AS 201/17; BT-Drs.18/8041, 41 f.; → Rn. 31 ff.).

1.2 Heizkostennachzahlungen

6 Heizkostennachzahlungen sind immer sozialrechtlicher Bedarf im Monat der Fälligkeit (BSG 22.3.2010 – B 4 AS 62/09 R) und in tatsächlicher Höhe zu berücksichtigen, dabei ist unerheblich, ob die Nachforderung aus Zeiten des Nichtleistungsbezugs entstanden ist (BSG 24.11.2011 – B 14 AS 121/10 R). Maßgeblich ist nur, dass Sie die Wohnung **bewohnen** (BSG 25.6.2015 – B 14 AS 40/14 R). Eine Nachzahlung darf auch nicht verweigert werden, wenn diese ohne einen vorherigen Hinweis ergangen ist, dass

die entsprechenden Kosten zu hoch sind, sich diese Tatsache also – wie praktisch meistens – erst mit dem Zugang der Jahresendabrechnung erweist (BSG 19.5.2021 – B 14 AS 57/19 R).

7 Wenn Sie aber für eine **früher bewohnte Wohnung**, in der Sie **als Leistungsbezieher*in** Unterkunftskosten erstattet bekamen, eine Nachzahlungsforderung für einen Abrechnungszeitraum erhalten, ist diese vom Jobcenter/Sozialamt nur dann zu übernehmen, wenn die Behörde Sie zuvor aufgefordert hat, die Kosten der ehemaligen Wohnung durch einen Umzug in eine günstigere Wohnung zu senken (BSG 20.12.2011 – B 4 AS 9/11 R; BSG 25.6.2015 – B 14 AS 40/14 R, Rn. 18). Ebenso ist die Nachzahlung zu übernehmen, wenn die Bedarfsgemeinschaft bei identischer Wohnung nur wegen des Bezuges von Wohngeld, Kinderzuschlag und anderen vorrangigen, bedarfsdeckenden Sozialleistungen aus dem Bürgergeldbezug ausgeschieden ist (BSG 19.5.2021 – B 14 AS 57/19 R, Rn. 18, 19). Zuständig ist immer der Träger, der zum Zeitpunkt der Fälligkeit Leistungen erbringt (BSG 22.3.2010 – B 4 AS 62/09 R).

8 Umgekehrt heißt das aber auch: Wenn Sie aus dem **Bezug ausgeschieden** sind und eine Nebenkostenabrechnung aus dem Zeitraum davor erhalten, haben Sie **keinen Anspruch** auf Übernahme (BSG 7.11.2006 – B 7b AS 8/06 R).

Da die Nachzahlung im Monat ihrer Fälligkeit allerdings in voller Höhe den Unterkunftskosten zuzuordnen ist, ist es möglich, dass Sie **im Monat der Nachforderung** zu geringe Mittel zum Leben haben und einen Neuantrag auf Bürgergeld stellen können. Siehe auch www.energie-hilfe.org, eine Webseite von Tacheles und dem DPWV zur Information von Ansprüchen auf Übernahme von Heiz- und Betriebskostennachzahlungen.

9 **Tipp:** Erhöhen Sie ggf. die Vorauszahlungen wenigstens bis zur anerkannten Obergrenze, so dass möglichst geringe oder gar keine Nachzahlungen anfallen.

10 Nachzahlungen **während eines Bewilligungszeitraums**, die in den Bereich der Unterkunfts- und Heizkosten fallen, sind vom regulären Antrag auf SGB II-Leistungen umfasst (BSG 19.5.2021 – B 14 AS 57/19 R, Rn. 12) und somit **ohne gesonderten Antrag** zu übernehmen. Sie müssen vom Amt darauf hingewiesen werden, dass die Endabrechnung im Rahmen der Mitwirkungspflichten (→ 79) beim Jobcenter/Sozialamt eingereicht werden muss.

1.3 Heizkostenguthaben

11 Diese mindern die tatsächlichen Aufwendungen nach dem Monat, der auf die Rückerstattung des Guthabens folgt (§ 22 Abs. 3 SGB II). Sie werden kopfanteilig auf die Mitglieder der Bedarfsgemeinschaft verteilt und **als Einkommen** bei den Unterkunftskosten des Folgemonats **angerechnet** (Mietnebenkosten, → Rn. 25).

„*Eine Bereinigung des Einkommens nach § 11 Abs. 2 SGB II ist hingegen wegen der ausdrücklichen gesetzlichen Zuordnung zu den Aufwendungen der Unterkunft und Heizung nicht vorzunehmen*" (BSG 24.6.2020 – B 4 AS 8/20 R).

12 Problematisch wird es, wenn ein **Heizkostenguthaben mit früheren Forderungen** der vermietenden Person **verrechnet** und nicht ausgezahlt bzw. nicht der künftigen Miete gutgeschrieben wird. Steht das Guthaben nicht zur Bestreitung der Unterkunftskosten im Folgemonat zur Verfügung, darf die Behörde Ihnen die Leistungen nicht entsprechend **kürzen**. Einkommen darf nur angerechnet werden, wenn es tatsächlich zufließt. Haben Sie die Altforderungen vorsätzlich oder grob fahrlässig verursacht, kann das Amt einen Ersatzanspruch geltend machen (→ 92).

13 Seit 1.8.2016 gilt auch beim Bürgergeld: „*Rückzahlungen, die sich auf die Kosten für Haushaltsenergie oder nicht anerkannte Aufwendungen für Unterkunft und Heizung beziehen, bleiben außer Betracht*" (§ 22 Abs. 3 Hs. 2 SGB II).

Das bezieht sich auf Guthabenanteile, die Sie selbst aus dem Regelbedarf finanziert haben, zB weil das Jobcenter nicht die vollen Heizkostenvorauszahlungen übernommen hat. In diesem Fall dürfen Sie den Anteil behalten, den Sie als „nicht anerkannte Aufwendungen" aus dem Regelbedarf gezahlt haben.

14 Wenn Sie **vor dem Bürgergeld-Bezug** sparsam geheizt haben, so dass aus Ihren (inzwischen vom Jobcenter anerkannten) Vorauszahlungen ein Guthaben entstanden ist, das während des Leistungsbezugs ausgezahlt wird, wird dieses als **Einkommen** auf die Unterkunftskosten **angerechnet**. Für die Anrechnung zählen allein die Verhältnisse zum Zeitpunkt der Berücksichtigung. Das gilt auch, wenn das Guthaben von mehreren Personen „erwirtschaftet" wurde, von denen zum Zeitpunkt der Auszahlung/Gutschrift eine Person ausgezogen ist. Das Guthaben wird in voller Höhe den verbliebenen Personen zugerechnet (BSG 24.6.2020 – B 4 AS 8/20 R).

1.4 Besonderheiten bei anderen Heizarten

15 Heizen Sie mit **Strom** oder benötigen Sie zusätzlich Elektrizität zum Betrieb von Heizungspumpe und Zündung, schlagen Sie unter → Rn. 55 ff. nach. Wenn Sie mit **Öl, Holz** oder **Kohle** heizen, benötigen Sie Brennstoffbeihilfen (→ Rn. 62 f.).

1.5 Übernahme von Heizkostenschulden als Darlehen/Beihilfe (§ 36 SGB XII)

16 Das Bundesministerium für Arbeit und Soziales hat im November 2022 ein Informationsschreiben an die kommunalen Spitzenverbände gesandt, welches als **verbindliche Weisung auszulegen** ist (vgl. BMAS, Informationsschreiben zum Umgang mit den gestiegenen Energiekosten sowie mit den in diesem Zusammenhang gewährten Sonderzahlungen, 29.11.2022, abrufbar unter: https://www.tacheles-sozialhilfe.de/files/Weisungen/Sozi/2022/BMAS-22-11-29-BMAS-Informationsschreiben-zum-Umgang-mit-den-gestiegenen-Heiz-und-Stromkosten.pdf; vgl. hierzu auch: https://www.energie-hilfe.org/de/infos-fuer-betroffene/beziehende-von-leistungen-der-grundsicherung.html). Da darin § 36 SGB XII zur Behebung der Energiekrise erfreulicherweise weit ausgelegt wird, wird ausnahmsweise der gesamte Text zu § 36 SGB XII zitiert. Es ist jedoch davon auszugehen, dass, wie auch in der Vergangenheit, oft versucht wird, daraus abzuleiten, dass laufende Energiekostennachzahlungen als Darlehen zu klassifizieren sind. Bitte beachten Sie, dass nach den in diesem Beitrag beschriebenen Grundsätzen die Darlehensgewährung nur ausnahmsweise zulässig ist und § 36 Abs. 1 S. 3 SGB XII ein Ermessen enthält, das diese Leistungen oft als Zuschuss qualifiziert:

„2. Übernahme von Heizkostenschulden im Wege eines Darlehens oder als Beihilfe nach § 36 SGB XII

2.1 Nachzahlungen aus der Jahresheizkostenabrechnung sowie Rechnungen zur Heizmittelbevorratung der aktuell bewohnten Wohnung können auch bei Personen, die die persönlichen Voraussetzungen für den Leistungsbezug nach dem Vierten Kapitel des SGB XII erfüllen, einen Leistungsanspruch nach § 36 Absatz 1 SGB XII auslösen. Erforderlich ist, dass diese als „Schulden" einzuordnen sind und sich dadurch vom laufenden Bedarf nach §§ 35 Absatz 1 Satz 1, Absatz 4 Satz 1 SGB XII abgrenzen. Die Abgrenzung Seite 4 von 10 hat dabei unabhängig von der zivilrechtlichen Einordnung sowie vom aktuell laufenden Leistungsbezug zu erfolgen. Denkbar sind dabei folgende Fallkonstellationen:

– Fallgruppe 1: Die hilfesuchende Person bezieht bereits Leistungen und die geltend gemachte Forderung wurde als Bedarf nach § 35 Absatz 1 Satz 1 i. V. m. § 35 Absatz 4 Satz 1 SGB XII im Rahmen der laufenden Leistungserbringung berücksichtigt. Die hilfesuchende Person hat die Leistung jedoch anderweitig verwendet.

– Fallgruppe 2: Die hilfesuchende Person bezieht bereits Leistungen, aber die Bedarfe für die Heizung wurden in der Vergangenheit auf die Angemessenheitsgrenze gedeckelt. Der nunmehr geltend gemachte Nachzahlungsbetrag ist nicht oder nur zum Teil von den aufgrund der Energiepreissteigerung zu berücksichtigenden Mehrkosten

57 Heizkosten

bei gleichbleibendem Bedarf gedeckt.
– Fallgruppe 3: Die hilfesuchende Person befindet sich nicht im laufenden Leistungsbezug und stellt einen Antrag auf existenzsichernde Leistungen nach dem Ablauf des Fälligkeitsmonats der jährlichen Heizkostenabrechnung bzw. der Rechnung zur Heizmittelbevorratung.
Die Übernahme von Schulden nach § 36 SGB XII steht bei Vorliegen der Voraussetzungen grundsätzlich im Ermessen des Sozialhilfeträgers. Die Schulden sollen jedoch übernommen werden, wenn dies gerechtfertigt und notwendig ist und sonst Wohnungslosigkeit einzutreten droht.
Nicht gerechtfertigt ist die Schuldenübernahme, wenn die Selbsthilfemöglichkeiten der hilfesuchenden Person nicht ausgeschöpft sind und seine wirtschaftliche Situation und seine Vermögensverhältnisse eine andere Beurteilung zulassen (vgl. beispielsweise BSG, Urteil vom 17. Juni 2010 – B 14 AS 58/09 R –, Rn. 33; Knickrehm/Kreikebohm/Waltermann/Krauß, 7. Aufl. 2021, SGB XII § 36 Rn. 4–6).
Im Ermessen des Sozialhilfeträgers steht auch die Entscheidung, ob die Hilfe nach § 36 SGB XII als Darlehen oder als nicht rückzahlbare Beihilfe erbracht wird. Denkbare Ermessenserwägungen sind dabei z. B. die Wirkung des Darlehens auf die Zukunftsperspektive der / des Betroffenen oder ggf. ein fehlerhaftes Verhalten des Leistungsträgers. Handelt es sich bei den übernommenen Schulden um einen Bedarf, der bereits durch vorangegangene Leistungen der Sozialhilfe an die leistungsberechtigte Person gedeckt worden war (Fallgruppe 1; Fallgruppe 2 bezogen auf den Teil der Nachzahlung, der die Angemessenheitsgrenze übersteigt und von der Energiepreissteigerung nicht gedeckt wird), kommt Seite 5 von 10 in der Regel nur eine Bewilligung in Form eines Darlehens in Betracht (vgl. hierzu auch § 26 Absatz 3 SGB XII). Ein Darlehen kommt auch dann in Betracht, wenn unabhängig von einem laufenden Leistungsbezug aufgrund des zu erwartenden Einkommens und dem ggf. zeitverzögerten Zugriff auf vorhandenes Vermögen eine Rückzahlung des Darlehens in angemessener Zeit möglich ist. Im Umkehrschluss hierzu dürfte eine Bewilligung in Form einer Beihilfe (ggf. anteilig) dann in Betracht kommen, soweit die Tilgung des Darlehens in angemessener Zeit aufgrund des zu erwartenden Einkommens oder mangels verfügbaren Vermögens nicht zu erwarten ist (denkbar bei Fallgruppe 3).
2.2 Auch erwerbsfähige Personen, die dem Grunde nach dem Personenkreis des Zweiten Buches Sozialgesetzbuch (SGB II) zuzuordnen sind, aber nicht im laufenden Leistungsbezug stehen, können einen Leistungsanspruch nach § 36 SGB XII haben (siehe § 21 S. 2 SGB XII). § 22 Absatz 8 SGB II greift in diesen Fällen nicht, da im SGB II die Schuldenübernahme abhängig vom laufenden (aktuellen) Leistungsbezug ist. In diesen Fällen können diese Aufwendungen lediglich als solche der Hilfe zum Lebensunterhalt übernommen werden, da die persönlichen Voraussetzungen zur Eröffnung des Anwendungsbereichs des Vierten Kapitels des SGB XII fehlen.
In diesem Zusammenhang wird darauf hingewiesen, dass das zum 1. Januar 2023 in Kraft tretende Bürgergeld-Gesetz für die Leistungen der Grundsicherung für Arbeitsuchende mit § 37 Absatz 2 S. 3 und 4 SGB II eine Antragsrückwirkung auf drei Monate (ausschließlich) für einmalige Bedarfe für Heizung (Nachzahlung und Heizmittel-

bevorratung) als befristete Übergangsregelung vorsieht. Mit Inkrafttreten dieser Regelung kommt § 36 SGB XII für erwerbsfähige Personen oder die mit ihnen in Bedarfsgemeinschaft lebenden Personen lediglich nach Ablauf der vorgesehenen Rückwirkungsfrist in Betracht" (vgl. BMAS, Informationsschreiben zum Umgang mit den gestiegenen Energiekosten sowie mit den in diesem Zusammenhang gewährten Sonderzahlungen, 29.11.2022, abrufbar unter: https://www.tacheles-sozialhilfe.de/files/Weisungen/Sozi/2022/BMAS-22-11-29-BMAS-Informationsschreiben-zum-Umgang-mit-den-gestiegenen-Heiz-und-Stromkosten.pdf).

2. Was sind „angemessene" Heizkosten?

17 § 22 Abs. 10 SGB II, der die Bildung einer Gesamtangemessenheitsgrenze für die Aufwendungen von Unterkunft und Heizung für zulässig erachtet, wurde trotz der ersichtlichen praktischen Umsetzbarkeitsproblematik der Norm, gerade auch in Hinblick auf die derzeitige Energiekrise, im Bürgergeld nicht novelliert. Er soll aber weiterhin den bisher offenen Begriff der „Angemessenheit" ausfüllen und wird weiterhin zu einer Vielzahl sich auch widersprechender gerichtlicher Entscheidungen darüber führen, welche Heizkosten angemessen sind. Sämtlichen Entscheidungen, die wie bisher die Heizkosten getrennt von den Mietkosten unter Berücksichtigung zB der

- Wärmeisolierung des Gebäudes, der Höhe der Räume,
- Lage der Wohnung (zB Dachgeschoss) und der Räume (Zahl der Außenwände),
- Wohnfläche des Hauses (je größer, desto geringere Heizkosten pro m²),
- des Wirkungsgrads der Heizung und ihrer Wartung,
- der Art der Heizenergie (zB ineffiziente Stromheizungen),
- der Zahl der Heiztage in der Heizperiode,
- der Höhe der Energiepreise usw

beurteilt haben, wurden damit weitestgehend die Grundlage entzogen. In der Entscheidung des BSG (19.1.2019 – B 14 AS 41/18 R) wurde der Angemessenheitsbegriff jedoch als unbestimmter Rechtsbegriff wieder der vollen gerichtlichen Kontrolle unterworfen: und damit auch die regionalen Regelungen zu den Kosten der Unterkunft. Sollte in der Praxis der höchstzulässige Wert überschritten sein, so ist zunächst zu prüfen, ob der Wert schlüssig und zulässig ermittelt wurde. Schon diesbezüglich setzt die Rechtsprechung hohe Hürden, ist darin aber auch uneinheitlich. Einigkeit besteht hingegen darin, dass Leistungsbeziehende zunächst die Gründe darlegen sollten, warum sie diese Höchstgrenzen überschritten haben. Diese sind dazu sogar im Sinne der Beweislast verpflichtet. Die im vorangehenden Absatz genannten Gründe dürften dabei meistens ausschlaggebend sein. Sollte das Amt die Kosten weiterhin als unangemessen betrachten, so kann letztendlich nur ein Gutachten im Sozialgerichtsprozess darüber Aufschluss geben, ob tatsächlich für den individuellen Fall unangemessene Kosten gegeben sind.

18 Da Sie jedoch auf die meisten Faktoren keinen Einfluss haben und insbesondere auch die Angemessenheit im Lichte des Sozialstaatsprinzips grundrechtskonform auszulegen ist, stellen die Sozialgerichte auch weiterhin sehr hohe Anforderungen an die statistische Ermittlung dieser Gesamtangemessenheitsgrenze, das sogenannte schlüssiges Konzept nach §§ 22a, 22b SGB II. Zwar bezieht sich die Rechtsprechung hinsichtlich dieser Verordnungen meist nur auf die Bruttokaltmiete, jedoch sind Vorgaben nach §§ 22a, 22b SGB II auch auf die Heizkosten anzuwenden. So wurde eine entsprechende nach § 22a SGB II erlassene Verordnung des Landes Berlin vom Bundessozialgericht kassiert (BSG 4.6.2014 – B 14 AS 53/13 R). Berlin hat bis heute kein schlüssiges Konzept, das den strengen Maßstäben der Rechtsprechung genügt. Dieses Urteil, das detaillierte Aussagen zu den statistischen Werten trifft, die vom Satzungsgeber zu berücksichtigen sind, ist allerdings durch § 22 Abs. 10 SGB II vom Gesetzgeber wieder korrigiert worden. Es wird jetzt nicht nur auf den Höchstwert des jeweils kostenaufwendigsten Energieträgers abgestellt. Der Gesetzgeber versucht hiermit, die individuellen Klagen und Ermittlungen der Unterkunftskosten zu verhindern (LPK-SGB II § 22 Rn. 274). Weiterhin gilt je-

doch der sozialstaatliche Gewährungsanspruch auf menschenwürdiges Wohnen. Demnach darf durch derartige Satzungen nicht die gesamte bisherige Rechtsprechung infrage gestellt werden. Im Übrigen werden in den meisten uns bekannten diesbezüglichen Ermittlungen auch die Höchstwerte berücksichtigt und damit eher den Forderungen des Bundessozialgerichts als denen des Gesetzgebers genüge getan. Damit wird den nachfolgend geschilderten Grundsätzen weiterhin entsprochen. In der gerichtlichen/behördlichen Praxis setzt sich in letzter Zeit durch, in Ermangelung schlüssiger Konzepte die Höchstbeträge der Wohngeldbeträge zzgl. 10 Prozent zu verwenden (vgl. für die Höchstbeiträge: https://www.smart-rechner.de/wohngeld/ratgeber/hoechstbetraege.php). Das ist nach § 22c Abs. 1 S 2 „hilfsweise" zulässig. Es handelt sich dabei aber nur um eine „hilfsweise" Regel, nicht um einen unmittelbar einklagbaren Anspruch, der besteht nur, wenn die Sozialleistungsträger nicht auf andere Weise die Miet- und Heizkostenoberwerte festgesetzt haben.

19 So muss der Umfang, in dem Haushaltsangehörige auf die Nutzung geheizter Räume angewiesen sind, eine Rolle spielen. Arbeitslose haben zB einen höheren Bedarf an Heizkosten als Berufstätige (SG Duisburg 3.8.2006 – S 23 SO 75/05), Familien mit Kindern einen höheren Bedarf als Familien ohne Kinder. Für ein schulpflichtiges Kind zB ist ein Raum zu berücksichtigen, in dem es Schularbeiten machen kann (OVG Niedersachsen 15.4.1983 – 4 B 5/83).

20 Die Heizkosten hängen auch von Ihrem Alter (LSG NRW 29.6.2007 – L 20 B 90/07 AS) oder Ihrem Gesundheitszustand ab (zB bei Arthrose: OVG Berlin 23.1. 1970 – VI B 53.67), außerdem vom völlig unterschiedlichen subjektiven Temperaturempfinden (SG Aachen 1.2.2006 – S 11 AS 99/05). Bei der Beurteilung der Angemessenheit muss die Behörde all diese besonderen Faktoren berücksichtigen (BSG 20.8.2009 – B 14 AS 65/08 R). Maßgeblich ist der Einzelfall (BSG 7.11.2006 – B 7b AS 18/06 R). Sollten Sie die in ihrem Wohnort geltenden Angemessenheitsregelungen anfechten wollen, so ist anwaltliche Hilfe geboten. Das Bundessozialgericht fordert nun auch, dass tatsächlich solche Wohnungen zur Verfügung stehen müssen, was eigentlich eine Selbstverständlichkeit sein sollte, aber angesichts der Mietsituation und der Inflation in vielen Großstädten zunehmend unmöglich geworden ist. (Schifferdecker info also 2021, 245; BSG 17.9.2020 – B 4 AS 11/20 R).

3. Unangemessenheit der Heizkosten

21 Im Folgenden werden verschiedene Situationen und Gründe für unangemessene Heizkosten und der Umgang damit dargelegt.

3.1 Unangemessenheit bei Unwirtschaftlichkeit: Angemessenheitsfiktion

22 Mit der Bürgergeld-Reform wurde in § 22 Abs. 1 S. 2 SGB II zwar eine **einjährige Karenzzeit** für die Unterkunftskosten (Miete, → 75), jedoch **nicht für die Heizkosten**. Der zweifelhafte Wortlaut des § 22 Abs. 1 S. 2, 7, 8 SGB II bezüglich der Heizkosten kann nur so ausgelegt werden, dass auch hier zumindest vorher eine Kostensenkungsaufforderung erfolgen muss und die zu hohen Energiekosten zumindest in der Regel für sechs Monate zu tragen sind, denn zur Deckung des verfassungsrechtlich geschützten Existenzminimums gehören auch eine Heizung bzw. Energiekosten. Diese können aber nicht einfach fristlos ohne Wissen des*r Beziehenden zum 1.1.2023 abgesenkt werden (→ Rn. 48 ff.). Sollten Leistungsträger seit 1.1.2023 ohne Kostensenkungsaufforderung nur noch angemessene Heizkosten übernehmen wollen, so ist die Klärung dieser Problematik dringend im Rechtsweg zu suchen. Die Kostensenkung ist nach den unter → Rn. 48 ff. dargestellten Grundsätzen durchzuführen.

Positiv wurde novelliert, dass, wenn ein Mitglied der Bedarfsgemeinschaft stirbt und durch die Verringerung der Mitglieder der Bedarfsgemeinschaft die Kosten für Unterkunft und Heizung unangemessen werden, dann eine Kostensenkung für 12 Monate „nicht zumutbar" ist (§ 22 Abs. 1 S. 9 SGB II).

23 Ebenfalls positiv zu bewerten ist die neu geschaffene Erleichterung des § 37 Abs. 2

S. 3 SGB II. Danach können ausnahmsweise, wenn nur für einem Monat wegen unbezahlbarer Energiekostenjahresabrechnungen Bürgergeld-Leistungen beantragt werden, diese Leistungen auch gewährt werden, wenn die Fälligkeit der Jahresabrechnung bis zu drei Monaten vor der Antragsstellung liegt. Hier dürften dann lt. Wortlaut aber nur angemessene Kosten übernommen werden.

Wenn Ihnen die Heizkosten während des Leistungsbezuges gekürzt werden sollen, weil Sie Ihre Wohnung angeblich unwirtschaftlich beheizen, muss die Behörde Sie zuvor zunächst schriftlich anhören und Sie anschließend darüber belehren, wie die Heizkosten gesenkt werden können. Danach sind die unangemessenen Heizkosten auch dann noch vom Leistungsträger zu übernehmen, solange es nicht möglich oder zumutbar ist, diese Kosten zu senken, *„in der Regel jedoch längstens für sechs Monate"* (§ 22 Abs. 1 S. 6 SGB II). Da Heizkosten zum verfassungsrechtlich geschützten Existenzminimum gehören, muss das auch für die Zeit seit dem 1.1.2023 gelten.

24 **Tipp:** Nutzen Sie in diesem Fall die Gelegenheit, Stellung zu nehmen und im Einzelfall darzulegen, welche Faktoren für den erhöhten Heizenergieverbrauch eine Rolle spielen.

3.2 Angemessenheitsfiktion während der Coronapandemie

25 Die Angemessenheitsregelung hatte für den Zeitraum der Coronapandemie gem. § 67 Abs. 3 SGB II und § 141 Abs. 3 SGB XII entscheidende Einschränkungen. Für alle Bewilligungszeiträume die zwischen dem 1.3.2020 und 31.12.2022 begonnen haben, wurden die Heizkosten als Bestandteil der Kosten der Unterkunft als angemessen fingiert. Das betraf/betrifft aber nicht Bewilligungszeiträume, die vor dem 1.3.2020 oder nach dem 31.12.2022 begonnen oder geendet haben.

Auch wenn die Unterkunftskosten bereits vor dem März 2020 per Verwaltungsakt abgesenkt worden sind, greift diese Regelung nicht. Ist aber vor dem März 2020 nur eine Kostensenkungsaufforderung erlassen worden, die noch nicht durch Verwaltungsakt tatsächlich umgesetzt wurde (Absenkung im Leistungsbescheid), dann sind die angemessenen Kosten der Unterkunft für den Zeitraum ungekürzt weiter zu zahlen.

26 **Tipp:** Das bedeutet, dass alle Kostensenkungsverfahren und nachfolgenden Absenkungen wegen zu teuren Heizkosten (und Unterkunftskosten) in der Zeit rechtswidrig waren und durch ein Überprüfungsverfahren angegriffen werden können und sollten. Nähere Informationen und Mustertexte finden Sie unter: https://tacheles-sozialhilfe.de/akt uelles/archiv/angemessenheitsfiktion-in-de n-unterkunftskosten-fuer-das-jahr-2021-un d-2022-jetzt-uebepruefungsantraege-stelle n.html.

3.3 Unangemessenheit bei zu großer Wohnung

27 Die Heizkosten gelten nicht automatisch als unangemessen, wenn die Wohnungsgröße unangemessen ist.

Zwar ist es vom Grundsatz her zulässig, dass die Behörde Heizkosten nur für die als angemessen betrachtete Wohnungsgröße bezahlt und diese in der entsprechenden kommunalen Angemessenheitsvorschrift zugrunde legt. Das bedeutet aber nur, dass bei der Ermittlung der als **maximal** angemessen geltenden Heizkosten von der für Sie angemessenen Wohnungsgröße auszugehen ist (BSG 2.7.2009 – B 14 AS 36/08 R; → Rn. 31 ff.; Miete, → 75 Rn. 15 ff.). Eine **pauschale Kürzung** der Leistungen für die Heizkosten in Höhe des Anteils der überschrittenen Wohnfläche ist unzulässig und auch dahin gehend zu überprüfen, ob die Ausgaben für Miete und Heizung insgesamt die Angemessenheit überschreiten.

Beispiel: Wenn Ihre Wohnung 64 m² groß ist, Ihnen aber nur 45 m² zustehen, darf das Jobcenter nicht pauschal 30 Prozent (der Quadratmeteranteil über 45 m²) der tatsächlichen Heizkosten kürzen. Es muss Ihnen zumindest Heizkosten in der Höhe erstatten, die maximal bei einer 45 m²-Wohnung ungeprüft als angemessen übernommen werden.

28 Wenn das Jobcenter/Sozialamt Ihnen aber den **Umzug** in eine zu große Wohnung genehmigt, ohne Sie darüber aufzuklären,

dass Heizkosten ggf. nicht in voller Höhe übernommen werden, wäre das ein Verstoß gegen die Aufklärungs- und Beratungspflicht. In diesem Fall müssten die tatsächlichen Heizkosten auch dann übernommen werden, wenn Sie unangemessen sind (→ 80 Rn. 3 ff.). Eine Begrenzung der Heizkosten darf nur vorgenommen werden, wenn Sie **ohne Zustimmung** in eine unangemessen große Wohnung gezogen sind, Sie bereits **vor** dem Leistungsbezug dort gewohnt haben oder wenn angemessene Heizkosten sich in unangemessene erhöhen.

3.4 Unangemessenheit bei Beheizung eines Eigenheims

29 Bürgergeld-Beziehenden steht zB bei einem Vierpersonenhaushalt je nach Bundesland eine 85 bis 95 m² große **Mietwohnung** zu. Bei einem freistehenden **Eigenheim** wäre bei vier Personen eine Wohnfläche bis 140 m² und bei Eigentumswohnung von 130 m² als geschütztes **Vermögen** anerkannt (§ 12 Abs. 1 Nr. 5 SGB II).

Aufgrund der vom BSG geforderten **Gleichbehandlung** von Mieter*innen und Eigenheimbesitzer*innen müssen allerdings nur die Heizkosten übernommen werden, die maximal bei einer 85 bis 95 m² großen Mietwohnung ungeprüft als angemessen übernommen werden (BSG 18.9.2014 – B 14 AS 58/13 R).

Da bei freistehenden Eigenheimen mit einer Baufläche unter 100 m² aber nicht auf die vom BSG eingeführten Grenzwerte des **bundesweiten Heizspiegels** (→ Rn. 34 ff.) zurückgegriffen werden kann, sind im Zweifelsfall bei kleineren Gebäuden Wärmegutachten zur Beurteilung der angemessenen Heizkosten zu erstellen (SG Lüneburg 16.2.2010 – S 45 AS 34 10 ER).

4. Pauschalen und Prüfgrenzen

30 Im Folgenden ist immer zu beachten, dass diese Prüfungen bei der derzeitigen Energiekrise nicht auf den Verbrauchspreis, sondern auf den Verbrauch zu beziehen sind.

4.1 Prüfgrenze nach dem bundesweiten Heizspiegel

31 Bei der Erstattung angemessener Heizkosten in **zentral beheizten** Gebäuden geht das **BSG** bisher von einer Prüfgrenze aus, bis zu deren Höhe die jeweiligen Heizkosten unbesehen vom Jobcenter übernommen werden müssen. Diese Grenzen wurden nun weitestgehend in die kommunalen Angemessenheitssatzungen übernommen.

32 Erst wenn Ihre Heizkosten die in den kommunalen Vorschriften festgesetzten **Grenzen übersteigen**, haben Sie dem Jobcenter konkret darzulegen, warum Ihre Heizkosten über dem Grenzwert liegen und dennoch nach der Besonderheit des Einzelfalles angemessen sind. Dabei können alle unter → Rn. 17 dargelegten Kriterien eine Rolle spielen. Wird Ihre Begründung von der Behörde angezweifelt, kommt zur Überprüfung Ihrer Angaben auch eine Besichtigung des Wohnhauses/der Wohnung und ggf. der Heizanlage in Betracht.

33 Auch bei Überschreiten der Prüfgrenze ist also eine generelle Begrenzung der Heizkosten auf die Höhe der Prüfgrenze nicht erlaubt. Tragen Sie Gründe für erhöhte Heizkosten vor, muss eine Ermessensentscheidung im **Einzelfall** getroffen werden (BSG 2.7.2009 – B 14 AS 36/08 R, Rn. 23; BSG 19.10.2010 – B 14 AS 15/09 R und 12.6.2013 – B 14 AS 60/12 R).

34 Bei der Festlegung der Prüfgrenze orientierte sich das BSG an dem **bundesweiten Heizspiegel** (https://www.heizspiegel.de/fileadmin/hs/heizspiegel/heizspiegel-2022/heizspiegel-2022.pdf), der von co2online gGmbH zusammen mit dem Deutschen Mieterbund herausgegeben wird. Dieser Heizspiegel differenziert nach Heizungsart (Öl, Gas und Fernwärme) und Größe des Wohnhauses. Die Verbrauchswerte werden jeweils in kWh pro m² pro Jahr oder EUR pro m² pro Jahr angegeben. Der Heizenergieverbrauch wird in vier Stufen – „niedrig", „mittel", „erhöht" und „zu hoch" – unterteilt. Das BSG sieht für die Ermittlung der Prüfgrenze vor, den jeweiligen Wert der Stufe „zu hoch" einzusetzen, weil davon auszugehen ist, dass Leistungsbeziehende, die auf das untere Preissegment des Wohnungsmark-

tes verwiesen werden, zB aufgrund der regelmäßig schlechteren Bausubstanz und/oder der geringeren Effizienz der Heizanlage überdurchschnittliche Heizkosten haben (BSG 2.7.2009 – B 14 AS 36/08 R). Diese Grenzen dürften auch weitestgehend in der zukünftigen Rechtsprechung relevant bleiben, da ansonsten die Leistungsträger gezwungen wären, ein sogenanntes schlüssiges Konzept zur Ermittlung der Heizkosten selbstständig zu erarbeiten.

35 **Achtung:** Die Angaben im Heizspiegel beziehen sich seit 2014 auf die **Heizkosten inklusive Warmwasserbereitung.** Haben Sie einen Boiler oder einen Durchlauferhitzer, müssen die berechneten Werte pauschal um 24 kWh / 1,70 EUR nach oben angepasst werden (Heizspiegel 2022, 2, abrufbar unter: https://www.heizspiegel.de/fileadmin/hs/heizspiegel/heizspiegel-2022/heizspiegel-2022.pdf).

36 Mit Entscheidung des BSG (19.5.2021 – B 14 AS 57/19) wurde klargestellt, dass dem Heizspiegel zwar Indizien für unangemessene, zu hohe Heizkosten entnommen werden können, diese aber zB mit den unter → Rn. 17 genannten Gründen für den unangemessenen Verbrauch widerlegt werden können. Die Autor*innen des Heizspiegel selbst wenden sich mit gewichtigen Argumenten gegen diese Praxis (vgl. https://www.heizspiegel.de/heizkosten-verstehen/hartz-iv/). Problematisch erweist sich ebenfalls die inflationäre Energiepreisentwicklung insbesondere ab 2022/23, die im hier bei Redaktionsschluss verwendeten Heizkostenspiegel noch keinen Einzug gefunden hat. Ohne der Rechtsprechung vorgreifen zu können, schlagen wir vor: Die durchschnittlichen kW-Beträge entsprechend der jeweiligen Heizungsart, den örtlichen Verhältnissen, dem Einzelfall und der Anzahl der Personen in der Unterkunft zu ermitteln und solange die kW-Verbräuche im Rahmen des durchschnittlichen Verbrauchs liegen, diese in tatsächlicher Höhe zu übernehmen. Heizungskosten preislich zu beziffern, ist in einer derartigen Krise grobfahrlässig. Das ergibt sich auch aus der in → Rn. 16 besprochenen Weisung des BMAS (abrufbar unter: https://www.tacheles-sozialhilfe.de/files/Weisungen/Sozi/2022/BMAS-22-11-29-BMAS-Informationsschreiben-zum-Umgang-mit-den-gestiegenen-Heiz-und-Stromkosten.pdf).

4.2 Ermittlung der Prüfgrenze

37 Zunächst müssen die Gesamtwohnfläche des Wohnhauses geschätzt und die Heizungsart bestimmt werden. Dann kann der Wert aus der jeweiligen Zeile des Heizspiegels (Heizspiegel für 2022 abrufbar unter: https://www.heizspiegel.de/fileadmin/hs/heizspiegel/heizspiegel-2022/heizspiegel-2022.pdf) unter der Stufe „*zu hoch*" abgelesen werden. Dieser Wert wird mit der jeweils für die Haushaltsgröße (Personenzahl) angemessenen Wohnungsgröße in m² multipliziert.

Beispiel: Die vierköpfige Familie Hitzig bewohnt mit 95 m² eine etwas zu große Wohnung in einem Achtfamilienhaus mit einer **Gesamtwohnfläche von 1200 m². Das Haus wird mit Fernwärme beheizt, die Warmwasserversorgung ist zentral und in den Heizkosten enthalten. Der Energieverbrauch liegt bei mtl. 1.500 kWh, die Kosten bei mtl. 137,00 EUR.**

Laut bundesweitem Heizspiegel 2022 (für das Abrechnungsjahr 2021) betragen der maximale Jahresverbrauchswert in diesem Fall pro m² 215 kWh und die Jahreskosten pro m² 20,41 EUR. Die angemessene Wohnfläche für 4 Personen liegt hier bei **90 m²**.

Die Prüfgrenze berechnet sich:

90 m² x 215 kWh bzw. 90 m² x 20,41 EUR

Sie liegt im Jahr bei: 19.350 kWh bzw. 1.836,90 EUR

Sie liegt im Monat bei: 1.612,5 kWh bzw. 153,08 EUR

Die Heizkosten der Hitzigs müssen ohne weitere Prüfung als angemessen anerkannt werden.

Auch ohne Kosten für Warmwasserversorgung sind die Heizspiegelwerte angemessen: 215 kWh – 24 kWh = 191 kWh

20,41 EUR – 1,70 EUR = 18,71 EUR

38 In Ermangelung belastbarer Verbrauchserhebungen wird der Heizspiegel auch zur Ermittlung der Prüfgrenze von dezentralen Heizanlagen, zB **Gasetagenheizungen, Öl- und Gaseinzelöfen** usw herangezogen. In diesem Fall sind immer die Heizspiegel-Werte

der kleinsten Gebäudefläche zugrunde zu legen (BSG 12.6.2013 – B 14 AS 60/12 R): Da diese am höchsten ausfallen, sind die Werte in den meisten Fällen bedarfsdeckend.

Die im Heizspiegel angegebenen Werte beziehen sich auf Gebäudeflächen von mehr als 100 m². Dennoch kann auch bei Wohneinheiten/Eigenheimen mit einer **Fläche unter 100 m²** der Heizspiegel-Wert der kleinsten Gebäudefläche als Prüfmaßstab zugrunde gelegt werden, wenn bei Überschreitung die Prüfung der Heizkosten unter Berücksichtigung der Besonderheiten des Einzelfalles möglich bleibt. Auch bei anderen Heizenergiearten wie **Strom, Holz oder Solarenergie**, die im Heizspiegel nicht gesondert aufgeführt sind, sind die Heizspiegel-Werte des teuersten Energieträgers bei der kleinsten Gebäudefläche zugrunde zu legen (BSG 12.6.2013 – B 14 AS 60/12 R). Bei Überschreitung wäre ebenfalls eine Einzelfallentscheidung durch das Jobcenter/Sozialamt zu treffen.

39 90 Kommunen haben inzwischen einen **kommunalen Heizspiegel** mit regionalen Vergleichswerten veröffentlicht (vgl. https://www.heizspiegel.de/heizkosten-pruefen/kommunaler-heizspiegel/). Diese Werte werden dort zur Berechnung der Prüfgrenze herangezogen, wobei zu prüfen ist, ob diese den strengen Anforderungen des BSG (19.1.2019 – B 14 AS 41/18 R u.a.) entsprechen. In allen anderen Städten und Kreisen wird der bundesweite Heizspiegel herangezogen.

40 Werden die örtlichen Angemessenheitsgrenzen anhand der **Bruttowarmmiete** als „*Gesamtangemessenheitsgrenzen*" bestimmt (§ 22 Abs. 10 S. 1 SGB II; → Rn. 29 ff.; → 75 Rn. 104 ff.), „*kann für die Aufwendungen für Heizung der Wert berücksichtigt werden, der bei einer gesonderten Beurteilung der Angemessenheit der Aufwendungen für Unterkunft und der Aufwendungen für Heizung ohne Prüfung der Angemessenheit im Einzelfall höchstens anzuerkennen wäre*" (§ 22 Abs. 10 S. 2 SGB II, jetzt neu auch im § 35 Abs. 7 SGB XII). Das sind regelmäßig Heizkosten in Höhe der aus dem Heizspiegel ermittelten Prüfgrenzen **plus** die angemessene Bruttokaltmiete. Auch hier ist derzeit aufgrund der Energiekrise nur auf den angemessenen Verbrauch und nicht die erhöhten Kosten abzustellen.

4.3 Sind Obergrenzen/Pauschalen für Heizkosten erlaubt?

41 Viele Behörden zahlen Heizkosten nur bis zu bestimmten Höchstbeträgen. Das führt teilweise zur erheblichen **Senkung der Leistung**, da die übersteigenden Heizkosten aus dem Regelbedarf gedeckt werden müssen (BSG 16.5.2007 – B 7b AS 40/06 R; → Rn. 1 ff.).

42 **Tipp:** Wenn die Behörde Ihre Heizkosten wegen Anwendung rechtswidriger Obergrenzen nicht vollständig übernommen hat, können Sie einen Überprüfungsantrag (→ Rn. 36 f.) stellen (§ 44 SGB X) und die illegal einbehaltenen Beträge zurückverlangen. Rechtswidrige Bescheide sind aber nur rückwirkend bis zum Beginn des Vorjahres aufzuheben (→ 80 Rn. 25 ff.).

43 Seit April 2011 können Kommunen und Landkreise unter bestimmten Voraussetzungen eine eigene, **kommunale Satzung** für die Kosten der Unterkunft und Heizung erlassen, in denen auch Obergrenzen und Pauschalen für die Heizkosten (auch für Betriebskosten oder eine Bruttowarmmiete) festgelegt werden können (§ 22b Abs. 1 SGB II, entsprechend § 35b SGB XII). Dabei sind die strengen Vorgaben der Rechtsprechung zu beachten (→ Rn. 17 ff.; → 75 Rn. 67 ff.).

44 Bezüglich **Obergrenzen/Pauschalen** nach der **Wohngeldverordnung** gilt: Nach der neuen Satzungsregelung können Obergrenzen/Pauschalen für die Angemessenheit der Miete inklusive Nebenkosten (ohne Heizkosten) auch nach der Wohngeldtabelle (§ 12 Abs. 1 WoGG) festgelegt werden, wenn kein geeignetes Datenmaterial vorliegt (§ 22c Abs. 1 S. 2 SGB II). Auf die Festlegung der Heizkosten hat das jedoch keinen Einfluss, da diese vom Wohngeld nur unzureichend erfasst werden.

5. HzL/GSi der Sozialhilfe: Pauschalen und kommunale Satzung

45 „*Bedarfe für Heizung und zentrale Warmwasserversorgung [Warmwasser,*

→ 122] *werden in tatsächlicher Höhe anerkannt, soweit sie angemessen sind. Die Bedarfe können durch eine monatliche Pauschale festgesetzt werden. Bei der Bemessung der Pauschale sind die persönlichen und familiären Verhältnisse, die Größe und Beschaffenheit der Wohnung, die vorhandenen Heizmöglichkeiten und die örtlichen Gegebenheiten zu berücksichtigen"* (§ 35 Abs. 5 SGB XII).

Heizkosten *„können"* pauschaliert werden, müssen aber nicht. IdR wenden Sozialhilfeträger die gleichen Maßstäbe an wie die Jobcenter der Kommune/des Kreises. Durch die Novellierung des SGB II und SGB XII zum 1.1.2023 wurden die diesbezüglichen Vorschriften bei beiden Gesetzen weitestgehend angepasst.

Pauschalen, mit denen angemessene Heizkosten auf Grundlage von Durchschnittswerten eines kommunalen Energieversorgers festgelegt werden, die keine Ermessensentscheidung (→ 44) mehr zulassen, wären jedenfalls rechtswidrig.

Die Pauschalierung von Heizkosten kann daher nur auf einer geeigneten Datengrundlage (zB örtlicher Heizspiegel) erfolgen **und** muss Ermessensspielräume im Einzelfall zulassen. Anderenfalls gelten die Vorgaben des BSG für die Ermittlung einer Prüfgrenze für angemessene Heizkosten (→ Rn. 31 ff.).

46 In das Gesetz aufgenommen wurde: *„Bei der Bemessung der Pauschale sind die tatsächlichen Gegebenheiten des örtlichen Wohnungsmarkts, der örtliche Mietspiegel sowie die familiären Verhältnisse der Leistungsberechtigten, insbesondere Anzahl, Alter und Gesundheitszustand der in der Unterkunft lebenden Personen, zu berücksichtigen"* (§ 35 Abs. 4 S. 2 SGB XII). Hierbei wurden offensichtlich die speziellen Erfordernisse für alte, kranke, behinderte und pflegebedürftige Menschen bei der Angemessenheit der Heiz- und Unterkunftskosten berücksichtigt. Die konkreten Details werden vermutlich in der Rechtsprechung zu klären sein, immerhin aber wurden diese besonderen Bedarfe nunmehr berücksichtigt.

47 Eine **kommunale Satzung** für die Kosten der Unterkunft und Heizung (→ Rn. 45; → 75 Rn. 91), die eine Kommune/ein Landkreis nach dem SGB II erlässt, ist automatisch nach § 35b SGB XII anzuwenden.

6. Wenn die Heizkosten unangemessen sind – Verwaltungsvoraussetzungen zur Kostensenkung

48 Sollten Heizkosten bei **Bürgergeld-** oder **Sozialhilfe-Bezug** im Einzelfall unangemessen hoch sein, *„sind sie nach Ablauf der Karenzzeit als Bedarf solange zu anzuerkennen, wie es […] nicht möglich oder nicht zuzumuten ist, durch einen Wohnungswechsel, durch Vermieten oder auf andere Weise die Aufwendungen zu senken, in der Regel jedoch längstens für sechs Monate"* (§ 22 Abs. 1 S. 7 SGB II, ähnlich § 35 Abs. 3 SGB XII). Im Gegensatz dazu regeln § 22 Abs. 1 S. 2 SGB II und § 35 Abs. 1 S. S. 2 SGB XII die Karenzzeit ausdrücklich nur für die Kosten der Unterkunft: **Das Wort Heizung fehlt** hier.

49 Das Bundesministerium für Arbeit und Soziales hat mit einem weiteren Schreiben vom 29.11.2022 an die obersten Landesbehörden in Bereich des SGB XII bestimmt: *„Der Träger der Sozialhilfe (TdSH) hat nach § 35 Absatz 2 zu Beginn der Karenzzeit die Angemessenheit der Bedarfe für Unterkunft und Heizung zu prüfen und die leistungsberechtigte Person über die Höhe der für sie angemessenen Bedarfe für Unterkunft und Heizung, die Dauer der Karenzzeit sowie über das Verfahren nach Ablauf der Karenzzeit (Kostensenkungsverfahren) zu informieren. Dabei handelt es sich um eine reine Information mit Schutz- und Warnfunktion zum Auskunftsstichtag und nicht um eine vorweggenommene Kostensenkungsaufforderung. Erst zum Ende der Karenzzeit sind die tatsächlichen Aufwendungen abschließend und rechtsverbindlich auf ihre Angemessenheit mit der möglichen Folge eines Kostensenkungsverfahrens zu überprüfen (§ 35 Absatz 3 Satz 2 SGB XII)"* (BMAS, Informationsschreiben zum Bürgergeld-Gesetz, 29.11.2022, S. 3, abrufbar unter: https://www.tacheles-sozialhilfe.de/files/Weisungen/Sozi/2022/BMAS-22-11-29-BMAS-Infomationsschreiben-Buergergeld-Gesetz.pdf).

50 Weiterhin wird verfügt:

„Nur soweit nach Ablauf der Karenzzeit die tatsächlichen Aufwendungen für Unterkunft und Heizung unangemessen sind, kommt das in § 35 Absatz 3 (früher § 35 Absatz 2) geregelte Kostensenkungsverfahren zur Anwendung. Dabei sind künftig nach § 35 Absatz 3 S. 3 bei der Prüfung, ob eine Kostensenkungsmaßnahme zu fordern ist, auch Wirtschaftlichkeitserwägungen zugelassen. Der Träger der Sozialhilfe kann von einer Kostensenkungsaufforderung absehen, wenn die Berücksichtigung der unangemessenen hohen Aufwendungen für Unterkunft und Heizung als Bedarf geringere Aufwendungen verursacht als die im Kontext eines Wohnungswechsels zusätzlich anfallenden Bedarfe (z. B. für eine Mietkaution oder für Aufwendungen für einen Umzugswagen und Helfer) auslösen" (BMAS, Informationsschreiben zum Bürgergeld-Gesetz, 29.11.2022, S. 4).

51 Grundsätzlich ist bei Weisungen zu beachten, dass es sich bei jeder Art von Verwaltungsanweisung um eine norminterpretierende Verwaltungsvorschrift handelt. Solchen Verwaltungsvorschriften, in denen das Recht nach Auffassung der Behörde ausgelegt wird, kommt keine Außenwirkung zu. Sie sind nicht geeignet, die gesetzlichen Regelungen für die rechtsprechende Gewalt verbindlich zu konkretisieren (BSG 3.11.2021 – B 11 AL 2/21 R).

52 Das BMAS sieht eine Anwendung der Karenzeitregelungen eingeschränkt auf das SGB XII auch für die Heizkosten als möglich an. Das Gesetz begrenzt die Karenzzeit ausschließlich auf die Unterkunftskosten. Zu beachten ist aber, dass die gesetzliche Karenzzeit nach § 42a Abs. 1 S. 2 SGB XII nur für „normale" Wohnungen nach § 35 SGB XII gilt (§ 35 Abs. 6 S. 3 SGB XII). Nicht umfasst sind ausdrücklich Mehrpersonenhaushalte, Untermiete, Pflegewohngemeinschaften, Heime und sog. besondere Wohnformen etc (§ 42a Abs. 6 S. 3 SGB XII). Erst danach dürfen unangemessen hohe Heizkosten vom Amt auf den „angemessenen" Betrag gesenkt werden, aber erst nach **Aufklärung, Fristsetzung, konkreter Feststellung und Kostensenkungsaufforderung**. Werden sie gesenkt, müssten Sie sie aus dem Regelbedarf zahlen

und haben weniger zum Leben. Oder Sie müssten zur Kostensenkung im Winter die Heizung noch ein paar Grad herunter drehen und frieren.

Das BSG gibt hierzu folgende Verfahrensschritte vor (12.6.2013 – B 14 AS 60/12 R; zum Kostensenkungsverfahren sehen Sie im Beitrag Miete, → 75 Rn. 3 ff.):

a. Das Jobcenter/Sozialamt muss Sie darüber **aufklären**, welche Heizkosten als angemessen gelten. Dann erhalten Sie zumindest Gelegenheit, **Stellung zu nehmen** und die Faktoren zu benennen, die in Ihrem Fall einen erhöhten Heizenergiebedarf zur Folge haben (→ Rn. 16 f.). Die Behörde muss dann im Rahmen ihrer **Amtsermittlungspflicht** (§ 20 SGB X) prüfen, ob Erhöhungsfaktoren in Frage kommen und ob die Heizkosten **im Einzelfall** angemessen sind.

b. Ist der Träger der Auffassung, Ihre Heizkosten seien unangemessen hoch, muss er Sie darüber in Kenntnis setzen, dass Sie durch **wirtschaftliches Heizen** eine Senkung der Heizkosten auf das angemessene Maß herbeiführen sollen. Er sollte auch andere Möglichkeiten der Kostensenkung durch Untervermietung etc aufzeigen. Sie bekommen hierzu regelmäßig eine **Frist von bis zu einem halben Jahr** gesetzt bzw. bis die kommende Abrechnungsperiode abgelaufen ist. Erst dann kann anhand des tatsächlichen Verbrauchs ermittelt werden, ob eine Kostensenkung durch Energieeinsparung erzielt werden konnte oder ob fortgesetztes unwirtschaftliches Heizverhalten bzw. äußere Faktoren wie mangelhafte Bausubstanz für die unangemessenen Heizkosten verantwortlich sind. Jobcenter/Sozialamt müssen hierzu eine **konkrete Feststellung** treffen.

c. Erst wenn die Behörde festgestellt hat, dass **unwirtschaftliches Heizverhalten** Ursache der hohen Energiekosten ist, dürfen die vom Jobcenter/Sozialamt übernommenen Heizkosten abgesenkt werden. Sind Sie aber der Ansicht, dass **äußere Faktoren** für die hohen Heizkosten verantwortlich sind, müssen Sie gegen den Absenkungsbescheid Widerspruch (→ 126) einlegen.

d. Da aber die Unangemessenheit der Heizkosten in den meisten Fällen auf äußere Faktoren, nämlich die **Beschaffenheit des Wohnhauses** oder **der Heizung**, zurückzuführen sind, können die Kosten letztlich nur durch aufwendige Sanierungsmaßnahmen/Reparaturen oder einen **Wohnungswechsel** auf das angemessene Maß gesenkt werden.

– Kommt eine **Behebung der Mängel** ohne ein zeit- und kostenaufwendiges Klageverfahren gegen die vermietende Person in Betracht, muss Ihnen die Behörde die Fristen zur Kostensenkung einräumen, die nach dem Mietrecht für die Beseitigung von Mängeln gelten.

– Wurde festgestellt, dass für die Kostensenkung ein **Wohnungswechsel** erforderlich ist, muss Ihnen die Behörde einen Übergangszeitraum von **sechs Monaten** gewähren, um die Heizkosten durch einen Umzug (→ 112) in eine andere Wohnung zu senken.

53 Ein Wohnungswechsel soll allerdings nur verlangt werden, wenn dieser zu niedrigeren Gesamtkosten für die Unterkunft führt. Wäre ein **Umzug** insgesamt **unwirtschaftlich**, weil die hohen Heizkosten durch eine niedrige Bruttokaltmiete ausgeglichen werden können oder auf dem Wohnungsmarkt keine günstigen Wohnungen verfügbar sind, soll auf den Umzug verzichtet werden. In diesem Fall sind „unangemessene" Heizkosten weiterhin durch die Behörde zu übernehmen (BSG 12.6.2013 – B 14 AS 60/12 R). Gleiches gilt auch, wenn die Maßnahmen der Kostensenkungsaufforderung trotz Bemühungen unmöglich zu verwirklichen sind.

7. Trennung von Haushalts- und Heizenergie

54 Die Trennung von Haushalts- und Heizenergie gilt nicht nur, wenn ausschließlich mit Strom geheizt wird, sondern auch, wenn die Heizanlage zusätzlich Elektrizität zum Laufen benötigt (zB Wärmepumpe) oder andere Kostenfaktoren beim Heizen ins Spiel kommen (zB Grundgebühren für Gas). Die Prüfgrenze bei Stromheizungen sieht das BSG bei Überschreiten der höchsten Heizspiegel-Werte des teuersten Energieträgers (→ Rn. 31 f.). Darüber liegende Energiekosten sind im Rahmen einer Einzelfallentscheidung auf ihre Angemessenheit zu überprüfen (→ Rn. 17 f.).

55 **Wenn Sie mit Strom heizen**, aber auch Warmwasser (→ 122) bereiten, kochen usw, müssen die Energiekosten sauber getrennt werden:

Im Rahmen der **Kosten für Unterkunft und Heizung** werden bei Bürgergeld, HzL und GSi die im Zusammenhang mit dem Betrieb der **Heizung** stehenden Stromkosten (SG Freiburg 13.2.2006 – S 7 AS 2122/05; SG Hamburg 30.3.2005 – S 59 AS 107/05 ER) und, seit 2011, die Kosten für **Warmwasserbereitung** übernommen. Wenn die Wohnung teilweise mit zusätzlichen Stromgeräten beheizt werden muss, gehören auch diese Kosten zu den Heizkosten.

Der Regelsatzanteil für „Wohnungsmieten, Energie und Wohnungsinstandhaltung" beträgt mtl. 42,55 EUR, die reinen Stromkosten 40,73 EUR (Regelbedarf 2023; → 52 Rn. 38). Diesen müssen Sie aus Ihrem Regelbedarf zahlen. Der Stromgrundpreis soll bereits darin enthalten sein, was bei den derzeitigen Stromkosten geradezu grotesk wirkt (→ 52 Rn. 38 ff.).

56 Ist der Stromverbrauch mangels entsprechender Stromzähler nicht in seine Anteile aufzuschlüsseln, können Sie den Verbrauch zB anhand von Geräteleistung und -laufzeit schätzen oder zB bei Nachtspeicheröfen Erfahrungswerte des Energieversorgers zugrunde legen. Das alles führt aber im Zweifelsfall zu nachteiligen Ergebnissen, da nur angemessene Kosten berücksichtigt werden (bezüglich Warmwasser SG Köln 30.3.2022 – S 40 AS 3279/19).

57 Die einzig „saubere" Lösung wäre der **Abzug der Strompauschale für Haushaltsstrom**. Von den gesamten Stromkosten entfallen bei Alleinstehenden **40,73 EUR** auf den **Regelbedarf** und der **Rest** auf die Kosten für **Heizung und Warmwasser**, die die Behörde zu zahlen hat (zur Berechnung bei Bedarfsgemeinschaften: → 109 Rn. 1 ff.). Anders sind solche Energiekosten auch unter Berücksichtigung des Mehrbedarfs für

Warmwasser (→ 122) nach § 21 Abs. 7 SGB II, § 35 Abs. 5 SGB XII nicht zu trennen. Auch ein Stromtarif, bei dem Haupt- und Nebentarifstrom getrennt berechnet werden, gibt oft keinen Aufschluss über den tatsächlichen Verbrauch von Heiz- und Haushaltsstrom. Er gibt in vielen Fällen nur an, wie viel günstigeren Nacht- und teureren Tagstrom Sie verbraucht haben.

58 Wenn Sie **getrennte Stromzähler für Heizungs- und Haushaltsstrom** haben, können die Heizkosten in tatsächlicher Höhe ermittelt und vom Amt übernommen werden. Nur der Mehrbedarf für Warmwasser muss Ihnen zusätzlich zum Regelbedarf erbracht werden, wenn Sie es dezentral mit Strom bereiten.

59 Ist **Betriebsstrom der Gas- oder Ölheizung** in den Stromkosten enthalten, müssen diese herausgerechnet und den Heizkosten zugerechnet werden. Heizkosten bezahlt das Amt. Der durchschnittliche Gesamtverbrauch einer **Gasetagenheizung** an Strom soll sich nach Auskunft der Firma Viessmann auf 500–700 kWh im Jahr belaufen. Legt man den mittleren Strompreis in 2020 von 30,01 Cent zugrunde, macht das ca. 150 EUR bis 210 EUR aus. Das LSG NRW berechnet fünf Prozent der Gaskosten für den Betriebsstrom einer Gasetagenheizung (26.3.2012 – L 19 AS 2051/11), bei einer **Zentralheizung** beträgt er nach Schätzungen fünf bis acht Prozent der Brennstoffkosten (LSG Baden-Württemberg 5.3.2011 – L 12 AS 2404/08). Das BSG sieht das bei der Heizanlage eines Eigenheims ebenso, lässt aber die Ermittlung des Betrags offen (7.7.2011 – B 14 AS 51/10 R).

Inzwischen haben viele Sozialgerichte einen pauschalen **5-Prozent-Aufschlag** für Betriebsstrom von Heizungen anerkannt, wenn die tatsächlichen Kosten nicht nachgewiesen werden können. Das Bundessozialgericht hat nun entscheiden, dass der Betriebsstrom der Therme einen Mehrbedarf für die dezentrale Warmwassererzeugung auslöst und hat diese Stromosten in voller Höhe den zu übernehmenden Warmwasserkosten zugeordnet (BSG 18.5.2022 – B 7/14 AS 1/21 R).

60 **Tipp:** Mit preiswerten Zwischenzählern lässt sich der Stromverbrauch von Heizanlagen exakt ermitteln. Die Kosten eines Zwischenzählers sind jedoch derzeit nicht übernahmefähig (LSG Niedersachsen-Bremen 27.9.2022 – L 11 AS 415/22 B ER).

61 Für die **Aufteilung der Grundgebühren für Gas** gilt:

Diese sind seit 1990 nicht mehr im Regelbedarf enthalten. Wenn Sie Ihre Haushaltsenergie inklusive Warmwasser vollständig über Strom abdecken, aber **mit Gas heizen**, muss also die Grundgebühr für Gas im Rahmen der Heizkosten erstattet werden (OVG Niedersachsen 12.12.2001 – 4 L 3946/00). Der Mehrbedarf für Warmwasser (→ 122) steht Ihnen dann zusätzlich zum Regelbedarf zu.

Heizen und bereiten Sie Warmwasser mit Gas und benötigen Sie **zusätzlich Gas zum Kochen**, dann entfallen nicht nur die Gas-Grundgebühren auf die Heizkosten, sondern auch das Gas zum Kochen. „Lässt sich ein Bezugspunkt für eine realitätsnahe Schätzung des Energieanteils, der für das Kochen in der Regelleistung enthalten sein soll, nicht finden, hat ein entsprechender Abzug von den Heizkosten [...] zu unterbleiben" (BSG 19.10.2010 – B 14 AS 50/10 R).

8. Tatsächliche Aufwendungen bei Brennstoffbeihilfen (Ofenheizung)

62 Auch hier sind die tatsächlichen Aufwendungen, die Sie für den Kauf von **Öl, Holz oder Kohle** haben, im Rahmen einer Einzelfallentscheidung als angemessen anzuerkennen, auch wenn sie über den Richtwerten der Behörden liegen (SG Würzburg 7.11.2005 – S 16 AS 146/05; SG Berlin 10.1.2006 – S 37 AS 10747/05 ER). Es sei denn, sie wären unwirtschaftlich, weil Sie nachweislich zum Fenster hinaus heizen.

Als Maßstab für die Zahlung der Beihilfe kann der Jahresdurchschnittsverbrauch des Vorjahres oder der Vorjahre gelten. „*In jedem Fall ist die Angemessenheit der Aufwendungen unter Betrachtung eines längeren Zeitraums zu prüfen, in der Regel eines Jahres*" (LSG Niedersachsen-Bremen 2.2.2006 – L 8 AS 439/05 ER).

Die Angemessenheit bestimmt sich nicht in erster Linie nach den Kosten: „*Maßgebend ist vielmehr der Verbrauch*" (LSG Niedersachsen-Bremen 2.2.2006 – L 8 AS 439/05 ER).

63 Im Internet können Sie mit dem „Heiz-Check" der Energieagentur co2online die Heizkosten bei Beheizung mit Öleinzelöfen/Stromöfen ermitteln, wenn Sie Baujahr, Wohnungsgröße, Art und Lage des Hauses, Zahl der Nutzer*innen usw eingeben (https://www.co2online.de/service/energiesparchecks/heizcheck/). Diese Werte können bei Einzelöfen **Anhaltspunkte** auch für die Kosten anderer Brennstoffarten liefern, die als Heizkosten anerkannt werden müssen.

Die tatsächlichen Aufwendungen für den Verbrauch müssen dann erstattet werden, wenn sie auftreten (BSG 16.5.2007 – B 7b AS 40/60 R). Eine monatliche Erstattung in Form von Pauschalen würde zu Regelbedarfssenkungen und/oder Schulden führen, da man in Vorleistung treten muss. Deshalb ist es rechtswidrig, bei der Befüllung eines Heizöltanks mit einer größeren Menge Öl den Bedarf nur mit wenigen Monatspauschalen zu decken (BSG 8.5.2019 – B 14 AS 20/18 R).

9. Brennstoffe und hohe Abschlagszahlungen vor oder nach dem Leistungsbezug

64 Wurden Kohle oder Heizöl schon vor Leistungsbezug angeschafft, werden die Kosten nicht erstattet, auch wenn Sie noch damit heizen. Erst wenn im aktuellen Monat ein Anspruch auf Bürgergeld besteht – auch, weil Brennmaterial nicht mehr vorhanden ist und nicht bezahlt werden kann –, sind die tatsächlichen Aufwendungen für Heizmaterial zu erstatten. *„Aufwendungen für eine jährliche Heizmaterialbevorratung sind im Fälligkeitsmonat auch dann in tatsächlicher Höhe als Bedarf für Heizung anzuerkennen, wenn nicht zu erwarten ist, dass über den gesamten Zeitraum existenzsichernde Leistungen nach dem SGB II bezogen werden"* (BSG 8.5.2019 – B 14 AS 20/18 R). Im Bürgergeld werden nun gem. § 37 Abs. 2 S. 3 SGB II bei Bedürftigkeit wegen überhöhter Heizkostenjahresabrechnungen Leistungen auch **bis zu drei Monate vor Antragstellung** gewährt. Diese Sonderregelung gilt jedoch nur bis zum 31.12.2023.

Wenn Sie mit gefülltem Brennstofftank aus dem Leistungsbezug ausscheiden, ist das Pech fürs Amt. Um das zu vermeiden und weil Kosten nur für den **gegenwärtigen Heizbedarf** übernommen werden müssen, können Brennstofflieferungen für einen längeren Zeitraum auch zunächst als Darlehen zur Verfügung gestellt werden, das bei entsprechendem Brennstoffverbrauch in eine Beihilfe umgewandelt wird (LSG Sachsen-Anhalt 18.9.2009 – L 5 B 593/08 AS ER). Oder die Kosten werden auf die Mengen beschränkt, die voraussichtlich im jeweiligen Bewilligungszeitraum anfallen (LSG Sachsen 30.5.2011 – L 3 AS 342/11 B ER).

65 **Tipp:** Sollte die Behörde Ihren gegenwärtigen Bedarf an Brennstoff nicht decken und Sie frieren lassen, sind Sie gezwungen, im Rahmen des einstweiligen Rechtsschutzes (→ 41) die Kostenübernahme beim Sozialgericht zu beantragen. Hier müssen Sie vor Gericht nachweisen, dass der Brennstoffvorrat erschöpft ist oder nur noch wenige Tage reicht (LSG NRW 15.11.2010 – L 7 AS 1911/10 B ER).

10. Höhere Heizungskosten durch nicht genehmigten Umzug

66 Alles Wichtige zu höheren Heizungskosten bei nicht genehmigten Umzügen finden Sie im Beitrag Umzug (→ 112 Rn. 1 ff.).

11. Forderungen

67 Anerkennung der tatsächlichen Heizkosten!

Übernahme der vollen Umzugskosten, wenn der Umzug zur Reduzierung der Heizkosten erforderlich ist!

Keine Deckelung der Heizkosten eines Eigenheims auf die Kosten kleinerer Mietwohnungen!

58 Jugendliche und junge Erwachsene

1. Verbesserungen durch das Bürgergeld ... 1
2. Regelsatz plus Kosten der Unterkunft ... 4
   2.1 Junge Erwachsene bis zum Alter von 25 Jahren – Unterhaltspflicht der Eltern? ... 7
   2.2 Allgemeines Verbot des Auszugs bis zum Alter von 25 Jahren ... 13
      2.2.1 Wann muss ein Auszug genehmigt werden? ... 16
      2.2.2 Wann muss ein Auszug nicht genehmigt werden? ... 26
3. Eingliederung in Arbeit ... 28
4. Vorrang der Ausbildung ... 35
   4.1 Ausbildungsbegleitende Hilfen/ Assistierte Ausbildung ... 37
   4.2 Berufsausbildung in außerbetrieblichen Einrichtungen ... 38
   4.3 Berufsausbildung für (schwer-)behinderte junge Menschen ... 39
   4.4 Finanzielle Anreize der Weiterbildung ... 42
   4.5 Eingliederungszuschuss für Arbeitslose mit „Vermittlungshemmnissen" ... 47
   4.6 Trainingsmaßnahmen (§ 16 SGB II, 45 SGB III) ... 48
   4.7 Nachholen des Hauptschulabschlusses: jetzt § 53 SGB III ... 49
5. Arbeitsgelegenheiten zur Qualifizierung? ... 50
6. Strafen ... 52
7. Kritik ... 53
8. Forderungen ... 54

1. Verbesserungen durch das Bürgergeld

1 Durch die Einführung des Bürgergeldes wurden die teilweisen Diskriminierungen von Jugendlichen und jungen Erwachsenen durch das SGB II gemildert und auch diesen Beziehenden nun per Gesetz ihre verfassungsrechtlich geschützten Rechte eingeräumt.

2 Dazu gehören:
- die Abschaffung des verschärften Sanktionsrechts für unter 25-Jährige,
- die Einführung eines erhöhten Grundfreibetrags von 520 EUR bei Erwerbseinkommen von Auszubildenden und Freiwilligendienstleistenden (→ 46, → 37 Rn. 42 ff.; § 11b Abs. 2a SGB II),
- die Haftungslimitierung bei der Minderjährigenhaftungsbeschränkung (→ 78; § 40 Abs. 9 SGB II); diese regelt, dass die Haftung eines Kindes bei Eintritt in die Volljährigkeit nur auf denjenigen Teil des Vermögens, der 15.000 EUR übersteigt, beschränkt ist,
- ab 1.7.2023 die Anhebung der Einkommensfreibeträge für unter 25-Jährige und die höhere Prämierung für Weiterbildungen und Qualifizierungen (→ Rn. 46).

3 Zudem dürfte die schon vor dem Bürgergeld nach § 16h SGB II geregelte individuelle Einzelfallförderung verstärkt für unter 25-jährige Beziehende mit entsprechenden Integrationsproblemen erbracht werden, was wirksamer sein dürfte als der ehemals geregelte Arbeitszwang durch den Totalentzug von Leistungen.

§ 16h SGB II (Förderung schwer zu erreichender junger Menschen) regelt:

„Für Leistungsberechtigte, die das 25. Lebensjahr noch nicht vollendet haben, kann die Agentur für Arbeit Leistungen erbringen mit dem Ziel, die aufgrund der individuellen Situation der Leistungsberechtigten bestehenden Schwierigkeiten zu überwinden,

1. eine schulische, ausbildungsbezogene oder berufliche Qualifikation abzuschließen oder anders ins Arbeitsleben einzumünden und

2. Sozialleistungen zu beantragen oder anzunehmen.

Die Förderung umfasst zusätzliche Betreuungs- und Unterstützungsleistungen mit dem Ziel, dass Leistungen der Grundsicherung für Arbeitsuchende in Anspruch genommen werden, erforderliche therapeutische Behandlungen eingeleitet werden und an Regelangebote dieses Buches zur Aktivierung und Stabilisierung und eine frühzeitige intensive berufsorientierte Förderung herangeführt wird".

2. Regelsatz plus Kosten der Unterkunft

4 Ab 15 Jahren gelten Jugendliche als erwerbsfähig (→ 45) und können damit Bür-

469

gergeld beziehen. Das gilt auch, wenn ihre Eltern HzL/GSi der Sozialhilfe empfangen.

Sind Jugendliche ab 15 Jahren nicht erwerbsfähig und leben mit Bürgergeldberechtigten zusammen, bekommen sie Sozialgeld (→ 105).

Jugendliche zwischen 15 und 18 Jahren müssen mit einem Regelsatz in Höhe von 420 EUR (2023) ihren mtl. Bedarf zum Leben decken.

5 Über 18-jährigen, jungen Erwachsenen, die noch im Haushalt ihrer Eltern oder eines Elternteils wohnen, wurde der Regelbedarf im Juli 2006 von 100 Prozent auf 80 Prozent des Eckregelsatzes gekürzt. Sie wurden zurück in die Bedarfsgemeinschaft (→ 16) der Eltern geschickt. Ihr mtl. Regelsatz beträgt 402 EUR (2023).

6 Der Pro-Kopf-Anteil an den Gesamtausgaben des Haushalts für **Unterkunft, Nebenkosten und Heizung** gehört außerdem zum Bedarf von Jugendlichen und jungen Erwachsenen. Schüler*innen (→ 100), Studierende (→ 100) oder Auszubildende (→ 14) haben nur unter bestimmten Bedingungen Anspruch auf Bürgergeld, Näheres dazu finden Sie in den entsprechenden Beiträgen.

2.1 Junge Erwachsene bis zum Alter von 25 Jahren – Unterhaltspflicht der Eltern?

7 Bis zum 1.7.2006 bildeten volljährige Kinder im Haushalt ihrer Eltern eine eigene Bedarfsgemeinschaft. Das entsprach dem Bürgerlichen Gesetzbuch (BGB) und jahrzehntelanger Praxis in der Sozialhilfe. Ihre Eltern mussten für sie in der Regel keinen Unterhalt mehr zahlen. Das war ein Fortschritt gegenüber der alten Sozialhilfe. Nur gegenüber Kindern unter 25 Jahren, die ihre Erstausbildung noch nicht abgeschlossen haben, besteht die nicht gesteigerte Unterhaltspflicht (→ 115) weiter (§ 1610 Abs. 2 BGB).

8 Jetzt bilden Kinder zwischen 18 und 25 Jahren, die noch **bei den Eltern wohnen**, mit ihren Eltern eine Bedarfsgemeinschaft. Eltern sollen mit ihrem gesamten Einkommen und Vermögen oberhalb ihres Bürgergeldbedarfs für ihre volljährigen Kinder einstehen (§ 9 Abs. 2 S. 2 SGB II). Das BSG hält dies für verfassungsgemäß (BSG 19.10.2010 – B 14 AS 51/09 R). Volljährige werden damit minderjährigen Kindern gleichgestellt, für die eine **gesteigerte Unterhaltspflicht** der Eltern besteht.

9 Die **nicht gesteigerte Unterhaltspflicht** der Eltern für ihre unter 25-jährigen Kinder, die **nicht im Haushalt leben**, wirkt im SGB II nur dann, wenn ein volljähriges Kind die Erstausbildung noch nicht abgeschlossen hat (§ 33 Abs. 2 Nr. 2 lit. b SGB II). Unter 25-Jährige, die ihre Ausbildung bereits abgeschlossen haben, müssten ihren Unterhaltsanspruch gegenüber den Eltern schon freiwillig geltend machen und den Unterhalt auch tatsächlich beziehen, damit das Jobcenter ihn bedarfsmindernd auf das Bürgergeld anrechnen kann. Das Jobcenter darf diese aber **nicht dazu zwingen**!

10 **Tipp:** Wenn Ihr unter 25-jähriges Kind bereits einmal eine berufliche Erstausbildung begonnen und aus eigenem Antrieb mit vernünftigen Gründen abgebrochen hat, werden Sie als Eltern aus dieser Unterhaltsverpflichtung entbunden. Sie haben damit ihrer Obliegenheit, dem Kind unterhaltsrechtlich eine Erstausbildung zu ermöglichen, genügt. Sie können dann nicht mehr vom Jobcenter zum Unterhalt für das Kind herangezogen werden (Eicher/Luik/Harich SGB II § 33 Rn. 46).

11 **Kritik:** Die Ausdehnung der Bedarfsgemeinschaft auf das Verhältnis zwischen Eltern und volljährigen „Kindern" unter 25 Jahren, die in ihrem Haushalt leben, bricht das BGB mit voller Absicht. Nach BGB sind Eltern nur *„ihren minderjährigen unverheirateten Kindern gegenüber verpflichtet, alle verfügbaren Mittel zu ihrem und der Kinder Unterhalt gleichmäßig zu verwenden. Den minderjährigen unverheirateten Kindern stehen volljährige unverheiratete Kinder bis zur Vollendung des 21. Lebensjahrs gleich, solange sie im Haushalt der Eltern oder eines Elternteils leben und sich in Schulausbildung befinden"* (§ 1603 Abs. 2 BGB). Für ihre volljährigen Kinder müssen Eltern (mit der genannten Ausnahme) eben **nicht** alle ihre verfügbaren Mittel verwenden.

12 Seit 2006 hat die damalige schwarz-rote Bundesregierung durch eine dem BGB entgegenstehende „Sozialgesetzgebung" dem Staat

finanzielle Vorteile in Höhe von rd. 500 Mio. EUR jährlich verschafft. Damit konnten Unternehmen durch Gewinnsteuersenkungen entlastet werden. Nach dem Motto „*Familie soll für einander einstehen*" (Ex-Arbeitsminister Müntefering) werden Kosten für die hohe Zahl von jungen Erwachsenen, die von Unternehmen nicht gebraucht werden, auf ihre Familien verlagert.

2.2 Allgemeines Verbot des Auszugs bis zum Alter von 25 Jahren

13 „*Sofern Personen, die das 25. Lebensjahr noch nicht vollendet haben, umziehen, werden ihnen Leistungen für Unterkunft und Heizung für die Zeit nach einem Umzug bis zur Vollendung des 25. Lebensjahres nur erbracht, wenn der kommunale Träger dies vor Abschluss des Vertrages über die Unterkunft zugesichert hat*" (§ 22 Abs. 5 SGB II). Damit sich die Eltern dem aufgezwungenen Unterhalt nicht entziehen können, haben die damaligen Hartz IV-Parteien den Auszug Volljähriger unter 25 Jahren aus der elterlichen Wohnung von der Genehmigung der Behörde abhängig gemacht. Auch hierin werden junge Erwachsene Minderjährigen gleichgestellt. Nur dass nicht das Jugendamt, sondern das Jobcenter die Erlaubnis zum Auszug erteilen muss.

14 Ziehen arbeitslose junge Erwachsene **ohne Genehmigung** des Jobcenters aus, erhalten sie bis zur Vollendung des 25. Lebensjahres nur einen Regelsatz von 402 EUR statt 502 EUR (2023) (§ 20 Abs. 3 SGB II). Sie werden so gestellt, als ob sie noch bei ihren Eltern leben würden. Sie erhalten zudem bis zum 25. Geburtstag

- keine Kosten für Unterkunft und Heizung (§ 22 Abs. 5 S. 1 SGB II),
- keine Beihilfe für die Erstausstattung der Wohnung (§ 24 Abs. 6 SGB II) und
- als Schüler*innen/Auszubildende (§ 7 Abs. 5, 6 SGB II) keine aufstockenden Leistungen für Unterkunft und Heizung (§ 22 Abs. 5 S. 1 SGB II) und auch der Regelsatz wird auf 402 EUR begrenzt (§ 20 Abs. 3 SGB II; → Rn. 13 ff.).

15 Wenn junge Erwachsene unter 25 Jahren, die noch keine Bürgergeld-Beziehenden sind, „*vor der Beantragung von Leistungen in der Absicht umziehen, die Voraussetzungen für die Gewährung der Leistungen herbeizuführen*", werden ihnen ebenfalls keine Unterkunfts- und Heizkosten ersetzt (§ 22 Abs. 5 S. 4 SGB II). Im Extremfall kann das dazu führen, dass junge Erwachsene, die mit 18 Jahren „illegal" ausziehen, sieben Jahre lang mit einem gekürzten Regelbedarf ohne Aussicht auf eine eigene Wohnung bleiben. Das sind die härtesten Strafen des „Strafgesetzbuches" SGB II. Sonst laufen Sanktionen (→ 95) in der Regel nach drei Monaten aus.

2.2.1 Wann muss ein Auszug genehmigt werden?

16 Die Behörde ist zur Zusicherung verpflichtet, wenn

„*1. der Betroffene aus schwerwiegenden sozialen Gründen nicht auf die Wohnung der Eltern oder eines Elternteils verwiesen werden kann*" (§ 22 Abs. 5 Nr. 1 SGB II).

17 Schwerwiegende soziale Gründe können sein (vgl. u.a. Geiger 2022, 142):

- eine Eltern-Kind-Beziehung hat nie bestanden oder ist seit längerem nachhaltig und dauerhaft gestört (BVerfG 27.7.2016 – 1 BvR 371/11; SG Hamburg 2.5.2006 – L 5 B 160/06 ER AS),
- Weigerung der Eltern, das Kind materiell und/oder immateriell zu unterstützen (BSG 14.3.2012 – B 14 AS 17/11R),
- Gewaltverhältnisse und Missbrauch (LSG MV 28.5.2002 – L 2 AL 31/00),
- Suchterkrankung der Eltern (LSG MV 28.5.2002 – L 2 AL 31/00; SG Nürnberg 2.11.2006 – S 19 AS 811/06 ER),
- zu erwartende Gefahr für das körperliche, geistige oder seelische Wohl des*r Jungerwachsenen (LSG NRW 22.9.2016 – L 7 AS 162/15),
- tiefgreifende Streitigkeiten mit Stiefelternteil (SG Dresden 3.11.2009 – S 10 AS 5249/09 ER),
- unzumutbare räumliche Unterbringung (LSG Sachsen-Anhalt 19.5.2014 – L 4 AS 169/14 B ER; OLG Düsseldorf 22.3.1993 – 3 Wx 520/92), fehlende Akzeptanz des Freundes der erwachsenen Tochter (Eicher/Luik/Harich SGB II § 22 Rn. 261),

58 Jugendliche und junge Erwachsene

- religiöser Übereifer der Eltern (SG Stade 22.4.2009 – S 28 AS 793/08),
- fortgesetzte Herabsetzung und Gängelei (SG Dortmund 22.4.2009 – S 28 AS 793/08),
- Rausschmiss: Eltern setzen ein volljähriges Kind vor die Tür, zB weil es ihre Bedingungen, eine Ausbildung zu suchen bzw. fortzuführen, nicht erfüllt hat;
- unzumutbare räumliche Unterbringung (SG Berlin 9.11.2007 – S 37 AS 8402/06),
- ein Zusammenleben mit Geschwistern in einer Wohnung, in der Geschlechtertrennung nicht möglich ist (Empfehlungen des DV zu § 22 Abs. 2a SGB II aF, Berlin 12/2006, im Folgenden: DV 2006).

18 **Tipp**: Bei einer dauerhaft gestörten Eltern-Kind-Beziehung, die gerade in vom Existenzminimum lebenden Bedarfsgemeinschaften nicht selten auftritt, fordert das LSG Sachsen-Anhalt (16.6.2010 – L 5 AS 383/09 B ER) zur Leistungserlangung eine vorherige Inanspruchnahme von nicht aussichtslosen Hilfen des Jugendhilfeträgers. Bösartigerweise werden die Wertungen des § 1 Abs. 1 SGB VIII, dass *„[j]eder junge Mensch [...] ein Recht auf Förderung seiner Entwicklung und auf Erziehung zu einer selbstbestimmten, eigenverantwortlichen und gemeinschaftsfähigen Persönlichkeit [hat]"*, gerade nicht als Grund für den Auszug eines*r unter 25-Jährigen akzeptiert. Verfassungsrechtlich u.a. problematisch ist, dass die Gruppe der unter 25-Jährigen eigentlich diskriminiert wird (LPK-SGB II § 22 Rn. 194). Meist akzeptieren Jobcenter dann familiäre Probleme, wenn der*die unter 25-Jährige, insbesondere auch beim Zusammenleben mit Geschwistern, eine Empfehlung des Jugendamtes zum Auszug vorlegen kann. Von daher wird bei berechtigten Auszugswünschen der betroffenen Jugendlichen dringend eine vorherige Inanspruchnahme des Jugendamtes angeraten.

Weiterhin dürfte auch der Wegzug von unter 25-Jährigen aus strukturschwachen, ländlichen Regionen immer mit der besseren Chance der Eingliederung in den Arbeitsmarkt nach § 22 Abs. 5 Nr. 2 SGB II argumentativ zu begründen sein und sollte bei der Beantragung vorgebracht werden.

19 Des Weiteren ist die Behörde zur Zusicherung verpflichtet, wenn

„2. der Bezug der Unterkunft zur Eingliederung in den Arbeitsmarkt erforderlich ist" (§ 22 Abs. 5 Nr. 2 SGB II).

20 Voraussetzung ist, dass

- bei Aufnahme einer Ausbildung eine Fahrtzeit zur Arbeit von zwei Stunden für Hin- und Rückweg (von Haustür zu Haustür) überschritten wird (FW SGB III 60.1.6),
- bei Aufnahme einer (Vollzeit-)Arbeit eine Fahrtzeit von 2 bis 2,5 Stunden überschritten wird oder
- ein längeres Praktikum oder eine Bildungsmaßnahme die Arbeitsaussichten verbessern.

Das gilt unter Umständen auch bei einem Umzug in eine Region mit besseren Chancen auf dem Arbeitsmarkt.

21 Ebenso zur Zusicherung verpflichtet ist die Behörde, wenn

„3. ein sonstiger, ähnlich schwerwiegender Grund vorliegt" (§ 22 Abs. 5 Nr. 3 SGB II).

22 Das ist zB der Fall, wenn

- ein unter 25-jähriger (werdender) Kindsvater mit der Mutter/Schwangeren eine Familie gründen will (DV 2006) oder
- generell, wenn zwei unter 25-Jährige heiraten und eine Familie gründen wollen; aber auch bei einer Schwangerschaft (LSG NRW 22.9.2016 – L 7 AS 162/15), dem Wunsch, mit Kind zusammenleben zu wollen oder der Gründung einer Einstehensgemeinschaft (auf Dauer ausgelegt), zB bei Verlobung oder anstehender Heirat (Eicher/Luik/Harich SGB II § 22 Rn. 263, 262; LSG Baden-Württemberg 28.11.2016 – L 1 AS 4236/16 ER-B). Ob eine Heirat Voraussetzung sein muss, ist allerdings umstritten (LPK-SGB II § 22 Rn. 203 ff.).

23 Unter den oben genannten Voraussetzungen kann unter Umständen von einer Zusicherung der Behörde abgesehen werden, wenn es dem Jugendlichen *„aus wichtigem Grund nicht zumutbar war, die Zusicherung einzuholen"* (§ 22 Abs. 5 S. 3 SGB II). Das wäre ggf. bei einem Auszug wegen schwer-

58 Jugendliche und junge Erwachsene

wiegender sozialer Gründe der Fall, wenn eine akute Bedrohungssituation herrscht.

24 Die Liste ist nicht abschließend. Es gibt kein Verbot für das Jobcenter, weitere Gründe anzuerkennen, zB:
- Ein erwachsenes Kind darf nicht bestraft werden, wenn die Eltern es **vor die Tür setzen**. Hier **muss** ein wichtiger Grund vorliegen. Wenn zB einfach der Wohnungstürschlüssel entzogen wird, ist idR nicht einmal Zeit, die Zusicherung des Jobcenters einzuholen.
- Eine Zusicherung kann auch erteilt werden, wenn die oder der Auszugswillige **demnächst 25** Jahre alt wird (DV 2006) usw.

25 Nach BSG (2.6.2004 – B 7 AL 38/03 R) dürfen an „*schwerwiegende Gründe*" keine strengeren Anforderungen gestellt werden, anderenfalls würde die drohende Leistungskürzung massiv in die Lebensführung der volljährigen Kinder und ihrer Eltern eingreifen.

2.2.2 Wann muss ein Auszug nicht genehmigt werden?

26 Der Wortlaut des Gesetzes in § 22 Abs. 5 SGB II erfasst **alle** Umzüge von unter 25-Jährigen, auch von denen, die längst nicht mehr im Elternhaus wohnen.

Aus der Gesetzesbegründung geht aber eindeutig hervor, dass **nur** der **Erstauszug bei Bezug** oder **zum Bezug** von Bürgergeld gemeint sein kann: „*Ursache hoher Kosten ist unter anderem der Erstbezug einer eigenen Wohnung durch Personen, die entweder bislang wegen Unterstützung innerhalb einer Haushaltsgemeinschaft keinen Anspruch hatten oder als Teil der Bedarfsgemeinschaft niedrigere Leistungen bezogen haben*" (BT-Drs. 16/688, 14).

27 **Kein Auszug** nach § 22 Abs. 5 SGB II liegt vor,
- wenn junge Erwachsene umziehen, die **zuvor** schon eine **eigene Wohnung** hatten. Sie brauchen für einen Umzug nicht die Erlaubnis des Jobcenters einzuholen. Unter 25-Jährige, die selbstständig leben, müssen nicht in den Haushalt ihrer Eltern zurückkehren, wenn sie arbeitslos und Bürgergeld-Beziehende werden,
- wenn unter 25-Jährige ausziehen, die nicht zur Bedarfsgemeinschaft (BG) der Eltern gehörten, weil sie ihren Lebensunterhalt durch **eigenes Einkommen** selbst bestreiten können (§ 7 Abs. 3 Nr. 4 SGB II). Wenn Sie also eine Arbeit finden, von der Sie sich selbst unterhalten können, können Sie ausziehen (vgl. Berlit info also 2/2006, 54),
- wenn eine unter 25-jährige Frau **schwanger** ist oder ein **Kind bis zur Vollendung des sechsten Lebensjahres** betreut. Hier entfällt die Unterhaltspflicht der Eltern (§ 9 Abs. 3 SGB II). Die junge Frau kann also frei wählen, ob sie Unterstützung der Eltern annimmt (SG Berlin 19.6.2006 – S 103 AS 3267/06 ER; LSG Hamburg 2.5.2006 – L 5 B 160/06 ER AS),
- wenn ein unter **25-jähriges Paar**, egal ob verheiratet oder nicht, aus dem Elternhaus des*der einen Partners*Partnerin ausziehen möchte. Das Paar bildet eine eigene BG,
- wenn ein*e unter 25-Jährige*r von einem **getrennt lebenden Elternteil** zum anderen zieht,
- wenn die **Eltern** aus der Wohnung **ausziehen** und ihr unter 25-jähriges Kind in der Wohnung zurücklassen (LSG Schleswig-Holstein 19.3.2007 – L 11 B 13/07 AS ER; LSG Niedersachsen-Bremen 30.3.2007 – L 13 AS 38/07 ER),
- wenn **nicht erwerbsfähige** unter 25-Jährige aus dem Elternhaus ausziehen. Sie wechseln in die Sozialhilfe.

In diesen Fällen darf es **keine** Sanktionen geben!

3. Eingliederung in Arbeit

28 Laut Gesetz sind bei den Leistungen zur Eingliederung in Arbeit Neigung, individuelle Lebenssituation, voraussichtliche Dauer der Hilfebedürftigkeit und die Dauerhaftigkeit der Eingliederung zu berücksichtigen (§ 3 Abs. 1 SGB II). Das gilt auch für Jugendliche und junge Erwachsene.

Nicht wenige Verantwortliche betrachten es jedoch als „Verführung Minderjähriger", wenn junge Menschen überhaupt vom Staat

473

58 Jugendliche und junge Erwachsene

Sozialleistungen bekommen, ohne zu arbeiten. Auch ihnen sind Arbeit und Ausbildung zunächst „nur" unter den allgemein geltenden Bedingungen zumutbar.

Wann und unter welchen Bedingungen Arbeit, Ausbildung oder Maßnahmen zur Eingliederung zumutbar sind, lesen Sie im Beitrag Arbeit (→ 10 Rn. 17 ff.).

29 Trotzdem sollen auch Jugendlichen und jungen Erwachsenen *„bei der Beantragung von Leistungen [...] unverzüglich **Leistungen zur Eingliederung** [...] erbracht werden"* (§ 3 Abs. 2 SGB II).

Das gilt seit 1.8.2016 und ist eine gewisse Verbesserung gegenüber der Vorgängerregelung, die vorsah, unter 25-Jährige *„unverzüglich nach Antragstellung [...] in eine Arbeit, eine Ausbildung oder eine Arbeitsgelegenheit zu vermitteln"* (§ 3 Abs. 2 SGB II alt). Ein solches „Sofortangebot" bestand oft aus Trainingsmaßnahmen oder Arbeitsgelegenheiten (→ 9). Ausbildungsplätze gab es so gut wie keine.

Jetzt stehen unter 25-jährigen Antragsteller*innen immerhin alle *„Leistungen zur Eingliederung"* zur Verfügung, von denen **Arbeitsgelegenheiten** (→ 9) immer **nachrangig** sind. Zudem wurde mit der Bürgergeldnovellierung der **Vermittlungsvorrang** gestrichen: Jetzt steht vielmehr die Förderung von Ausbildung, Weiterbildung und Qualifizierung im Vordergrund (§ 3 Abs. 1 S. 3 SGB II).

30 Werden unter 25-jährigen Antragstellenden *„unverzüglich Leistungen zur Eingliederung"* oder ein Ausbildungsplatz *„erbracht"* und **lehnen sie dies ab**, folgt auch im Bürgergeld eine **Sanktion** (→ 95): Diese allerdings zunächst nur in Höhe von 10 Prozent der Regelleistung für einen Monat.

Weiterhin ist die fachliche Weisung der BA (FW 31.45) etwas missverständlich: Diese beschreibt, dass den Jugendlichen innerhalb des ersten Monats ein Beratungsangebot ohne Sanktionsbelehrung gemacht werden soll, um die Eingliederung zu besprechen, erwähnt aber gleichzeitig, dass die Teilnahme an diesem Beratungsangebot eine nachträgliche Mitwirkung ist, die die Sanktion entfallen lässt. Was nicht geht, da ja das erste Gespräch, wenn es ohne Sanktionsandrohung erfolgt, noch nicht sanktioniert werden darf (§ 31 Abs. 1 SGB II).

31 Daraus ist aber zumindest zu schlussfolgern, dass der verschärfte Zwang, ohne eigenen Wunsch und eigenes Wahlrecht jede Arbeit oder Maßnahme unter Sanktionsandrohung sofort annehmen zu müssen (alte Rechtslage), zumindest im ersten Monat des Bezuges bzw. bis zum zweiten Beratungsangebot (mit Sanktionsandrohung) nicht besteht.

32 **Tipp 1:** Bestehen Sie als Studienabsolvent*in darauf, dass Sie Zeit haben müssen, in Ihrem frisch erworbenen Berufsfeld Arbeit zu suchen. Verlangen Sie dabei Unterstützung durch die Behörde. Alles andere würde bedeuten, dass Ihre Ausbildung für die Katz gewesen sein könnte und Sie Zeit und Geld verschwendet haben.

33 **Tipp 2:** Jugendliche zwischen 15 und 18 Jahren unterliegen zudem noch der Berufsschulpflicht. Arbeit ist also nur eingeschränkt zumutbar und zwar nur, *„wenn sie der Berufsschulpflicht nicht entgegensteht"* (FW 10.26).

34 Stellen Eltern einen Bürgergeld-Antrag, haben alle **erwerbsfähigen Kinder** ab 15 Jahren ebenfalls Ansprüche auf Bürgergeld. Gelten diese als ausbildungs- oder arbeitssuchend, sollen auch ihnen *unverzüglich Leistungen zur Eingliederung"* oder ein Ausbildungsplatz *„erbracht werden".* Welche Leistungen der Eingliederung in Arbeit nach dem SGB II und dem SGB III auch für junge Menschen zur Verfügung stehen, lesen Sie im Beitrag Arbeit (→ 10 Rn. 68 ff.).

4. Vorrang der Ausbildung

35 Der **Vorrang der Vermittlung** und damit der **Ausbildung** wurde zwar mit der Bürgergeld-Reform **gestrichen**. Dennoch ist eine abgeschlossene Ausbildung schon allein wegen des späteren höheren Verdienstes für viele erstrebenswert. Man kann allerdings wie vor keine bestimmte Ausbildung einklagen. Jedoch soll jetzt bei allen interessierten und geeigneten Bezieher*innen die Förderung nach wie vor im Vordergrund stehen, welche natürlich auch weiterhin die Vermitt-

lung und Förderung einer Berufsausbildung umfasst.

36 **Tipp:** Überlegen Sie sich, welche Berufsausbildung Sie machen wollen und warum Sie sich für geeignet halten. Machen Sie Ihrem*r Fallmanager*in bzw. Arbeitsvermittler*in Vorschläge.

Als junge Erwachsene ohne Berufsabschluss gelten übrigens auch solche, die zwar einen Berufsabschluss haben, aber schon mehr als vier Jahre eine an- oder ungelernte Tätigkeit verrichten (BT-Drs. 15/1516, 51). Folgend wird dargestellt (→ Rn. 37–49), welche „Eingliederungsmaßnahmen" zur Förderung der Ausbildung nach § 16 Abs. 1 SGB II in Verbindung mit den jeweiligen Regelungen nach dem SGB III für Jugendliche gewährt werden können.

4.1 Ausbildungsbegleitende Hilfen/ Assistierte Ausbildung

37 Die Ausbildung von lernbeeinträchtigten oder sozial benachteiligten jungen Menschen kann durch ausbildungsbegleitende Hilfen (abH) während der Arbeitszeit gefördert werden. AbH gibt es auch, wenn ohne sie eine Ausbildung nicht begonnen werden kann. Für die Jahre 2020/21 wurden die abH zur „Assistierten Ausbildung" gesetzlich neu novelliert. Dabei werden die bereits bewilligten Maßnahmen fortgeführt. Die assistierte Ausbildung dient dem Abbau von Sprach- und Bildungsdefiziten, der Förderung fachpraktischer und fachtheoretischer Ausbildungsinhalte und der sozialpädagogischen Betreuung (für weitere Informationen: FW § 74 SGB III „Assistierte Ausbildung").

4.2 Berufsausbildung in außerbetrieblichen Einrichtungen

38 Die Berufsausbildung lernbeeinträchtigter oder sozial benachteiligter junger Menschen kann für ein Jahr in einer außerbetrieblichen Einrichtung gefördert werden, wenn diese
- auch mit ausbildungsfördernden Leistungen nicht in eine betriebliche Ausbildung vermittelt werden können **oder**
- nach Auflösung eines betrieblichen Ausbildungsverhältnisses eine Ausbildung nur außerbetrieblich fortsetzen können (§ 76 Abs. 1 SGB III).

4.3 Berufsausbildung für (schwer-)behinderte junge Menschen

39 Arbeitgeber von schwerbehinderten Auszubildenden können regelmäßig 80 Prozent der monatlichen Azubivergütung für das letzte Lehrjahr erstattet bekommen, **wenn die Aus- bzw. Weiterbildung sonst nicht zu erreichen ist**. Bei behinderten Menschen beträgt die Förderung unter denselben Bedingungen idR 60 Prozent.

Wenn schwerbehinderte Menschen nach der Ausbildung übernommen werden, kann für ein Jahr ein Eingliederungszuschuss von 70 Prozent des Arbeitsentgelts gezahlt werden (§ 73 SGB III).

40 **Tipp:** Der Antrag auf Förderung muss vor Abschluss des Ausbildungsvertrages gestellt werden.

41 Arbeitgeber können Zuschüsse für eine **behindertengerechte Ausgestaltung** des Ausbildungsplatzes erhalten, sofern das erforderlich ist, um die dauerhafte Teilhabe am Arbeitsleben zu erreichen (§ 46 Abs. 2 SGB III).

4.4 Finanzielle Anreize der Weiterbildung

42 Positiv ist hervorzuheben, dass ab dem 1.7.2023 durch den neu gefassten § 16j SGB II bei Teilnahme an Maßnahmen, die für eine nachhaltige Integration von besonderer Bedeutung sind, ein Bürgergeldbonus in Höhe von 75 Euro pro Monat (→ 29) zusätzlich gewährt wird:

43 *„Erwerbsfähige Leistungsberechtigte erhalten einen Bonus in Höhe von 75 Euro für jeden Monat der Teilnahme an einer der folgenden Maßnahmen:*

1. Maßnahmen der beruflichen Weiterbildung nach den §§ 81 und 82 des Dritten Buches sowie nach § 49 Absatz 3 Nummer 4 des Neunten Buches mit einer Mindestdauer von acht Wochen, für die kein Weiterbildungsgeld nach § 87a Absatz 2 des Dritten Buches gezahlt wird,

2. berufsvorbereitende Bildungsmaßnahmen nach § 51 des Dritten Buches sowie

nach § 49 Absatz 3 Nummer 2 des Neunten Buches, Maßnahmen in der Vorphase der Assistierten Ausbildung nach § 75a des Dritten Buches in Verbindung mit § 16 Absatz 1 Satz 2 Nummer 3,
3. Maßnahmen zur Förderung schwer zu erreichender junger Menschen nach § 16h Absatz 1".

44 Noch höher wird prämiert, wer die Voraussetzungen des § 87a SGB III (Weiterbildungsprämie und Weiterbildungsgeld) ab 1.7.2023 erfüllt (→ 125):

„(1) Arbeitnehmerinnen und Arbeitnehmer erhalten folgende Prämien, wenn sie an einer nach § 81 geförderten beruflichen Weiterbildung teilnehmen, die zu einem Abschluss in einem Ausbildungsberuf führt, für den nach bundes- oder landesrechtlichen Vorschriften eine Ausbildungsdauer von mindestens zwei Jahren festgelegt ist:
1. nach Bestehen einer in den genannten Vorschriften geregelten Zwischenprüfung oder des ersten Teils einer gestreckten Abschlussprüfung eine Prämie von 1000 Euro und
2. Nach Bestehen einer in den genannten Vorschriften geregelten Abschlussprüfung eine Prämie von 1 500 Euro.

(2) Arbeitslose Arbeitnehmerinnen und Arbeitnehmer erhalten bei Teilnahme an einer Weiterbildung nach Absatz 1 zusätzlich einen monatlichen Zuschuss in Höhe von 150 Euro (Weiterbildungsgeld)".

45 Der Bezug von Weiterbildungsgeld schließt aber den Bezug des Bürgergeldbonus zusätzlich nach § 16j Nr. 1 SGB II aus.

46 Während vorgenannte Boni für alle Bürgergeld-Bezieher*innen gelten, gibt es für die unter 25-Jährigen **ab 1.7.2023** eine **Erhöhung der Einkommensfreibeträge**:

- Zum einen gilt ein Grundfreibetrag von 520 EUR bei Erwerbseinkommen von Schüler*innen, Studierenden, Auszubildenden und Teilnehmenden des Jugend- und Bundesfreiwilligendienstes (§ 11b Abs. 2b S. 1 SGB II, § 82 Abs. 1 Nr. 7 SGB XII). Derzeit, **bis 30.6.2023**, gilt im SGB II ein Absetzbetrag von 100 EUR und ein Erwerbstätigenfreibetrag von 20 Prozent (§ 11b Abs. 2 S. 1 SGB II, § 11b Abs. 1 Nr. 6 SGB II). Im SGB XII wird der höhere Grundfreibetrag für Freiwilligendienste seit 1.1.2023 berücksichtigt.
- Für Schüler*innen unter 25 Jahren, die Einkünfte aus Ferienjobs haben, wurde für die Zeit vom 1.1.2023 bis 30.6.2023 eine Übergangsvorschrift in der Bürgergeld-V geschaffen, nach der diese Einkünfte in Höhe von 2.400 EUR kalenderjährlich anrechnungsfrei sind (§ 1 Abs. 1 Nr. 16 Bürgergeld-V). Für die Zeit **ab 1.7.2023** sind Einkünfte aus Ferienjobs in unbegrenzter Höhe anrechnungsfrei (§ (§ 11a Abs. 7 SGB II, § 82 Abs. 6 S. 1 SGB XII). Im SGB II wirkt diese Ferienjobfreibetragsregelung bis zu drei Monate nach der Schulausbildung nach (§ 11 Abs. 2b Nr. 4 SGB II). Für das SGB XII wurde das leider nicht geregelt.
- Verbessert wurde auch für alle Arbeitslosengeld I-Beziehenden, dass ihr Anspruch ab 1.7.2023 nach einer Weiterbildung für mindestens drei Monate weiter läuft (§ 148 Abs. 3 SGB III).

4.5 Eingliederungszuschuss für Arbeitslose mit „Vermittlungshemmnissen"

47 Die speziellen Qualifizierungs- und Eingliederungszuschüsse für unter 25-Jährige wurden seit 2013 ohne Altersbeschränkung im Arbeitgeberzuschuss für schwer Vermittelbare zusammengefasst.

Personen, *„deren Vermittlung wegen in ihrer Person liegender Gründe erschwert ist"* (§ 88 SGB III), können abhängig von den vorliegenden *„Einschränkungen"* für max. zwölf Monate einen Lohnzuschuss von bis 50 Prozent des Arbeitsentgelts erhalten (§ 89 SGB III) → 10 Rn. 85.

4.6 Trainingsmaßnahmen (§ 16 SGB II, 45 SGB III)

48 Der*die Arbeitsvermittler*in kann unter 25-Jährige auch zu sogenannten *„Maßnahmen zur Aktivierung und beruflichen Eingliederung"* verpflichten. Hierunter fallen u.a. die *„Heranführung an den Ausbildungs- und Arbeitsmarkt"* (zB Bewerbungstraining, Maßnahmen zur Prüfung der Arbeitsbereitschaft) oder die *„Feststellung, Verringerung*

oder Beseitigung von Vermittlungshemmnissen" (zB Training zur Vermittlung von Fertigkeiten und Fähigkeiten, aber auch Potenzialanalyse/"Profiling") (§ 16 f. SGB II). Das Jobcenter hat weiterhin die Fahrtkosten zu zahlen. Näheres hierzu finden Sie im Beitrag Arbeit (→ 10 Rn. 112).

4.7 Nachholen des Hauptschulabschlusses: jetzt § 53 SGB III

49 Bürgergeldberechtigte junge Menschen ohne Schulabschluss haben einen Anspruch auf die Übernahme der Kosten einer Vorbereitung auf den nachträglichen Erwerb des Hauptschulabschlusses im Rahmen einer beruflichen Weiterbildungsmaßnahme (§ 53 SGB III). Der Abschluss soll nach entsprechender Vorbereitung auf einer allgemeinbildenden Schule nachgeholt werden können. Dies wird auch finanziell unterstützt (→ 10 Rn. 119).

5. Arbeitsgelegenheiten zur Qualifizierung?

50 Erst wenn alle Möglichkeiten ausgeschöpft sind, Ausbildung oder Arbeit zu finden, dürfen Arbeitsgelegenheiten/Ein-Euro-Jobs (→ 9; § 16d SGB II) ins Spiel kommen. Zu beachten ist, dass diese als Form der Zwangsbeschäftigung nur nachrangig einzusetzen sind (§ 16d Abs. 5 SGB II).

51 Tipp: Fordern Sie Ihre*n Arbeitsvermittler*in auf darzulegen, welches individuelle Eingliederungskonzept mit einer Ein-Euro-Job-„Maßnahme" verfolgt wird.

6. Strafen

52 Die Strafen für Jugendliche und junge Erwachsene wurden denen für Erwachsene angepasst. Näheres dazu finden Sie im Beitrag Sanktionen (→ 95 Rn. 24).

7. Kritik

53 Grundsätzlich ist der durch die Bürgergeld-Reform vollzogene Ansatz, den Vermittlungsvorrang abzuschaffen, zu begrüßen. Durch diese grundsätzliche Änderung soll von der bisherigen Regelung, der Pflicht zur Annahme jeder noch so prekären und schlecht bezahlten Arbeit (Kern der Agenda 2010), Abstand genommen werden und der Fokus stattdessen auf den Vorrang von Ausbildung und berufsabschlussbezogener Weiterbildung bzw. den unter → Rn. 2 aufgeführten Maßnahmen gelegt werden. Zu kritisieren bleibt, dass Jugendliche weiterhin mit Strafen belegt und gezwungen werden, bis zum 25. Geburtstag im Elternhaus zu leben. Die Regierung bestraft sie mit Sonderregelungen für den Mangel an Interesse an ihrer Arbeitskraft und lässt die eigentlichen Verursacher dieser Situation, die Arbeitgeber, außer Acht. Warum die Eingliederung nach § 16h SGB II der schwer zu erreichenden jungen Menschen nur bis zum 25. Lebensjahr möglich ist, erschließt sich nicht. Vielmehr dürfte es auch im Interesse der Steuerzahlenden liegen, auch ältere Leistungsbeziehende damit effizient aus dem Leistungsbezug zu holen.

8. Forderungen

54 Kein Auszugsverbot für unter 25-Jährige! Die Förderung nach § 16h SGB II sollte nicht altersmäßig beschränkt sein!

59
Kaution

1. Kaution und Genossenschaftsanteile .. 1
   1.1 Übernahme der Kaution 4
   1.2 Generelle Ablehnung von Kautionen? 8
2. Kaution als Darlehen 10
   2.1 Rückzahlung des Kautionsdarlehens im SGB XII 12
   2.2 Rückzahlung des Kautionsdarlehens im SGB II 13
3. Rückzahlung der Kaution während des Bezuges 16
4. Auszahlung der Kaution direkt an den*die Vermieter*in 17
5. Zuständigkeit im SGB II/SGB XII 18
6. Kritik 20

1. Kaution und Genossenschaftsanteile

1 Aufwendungen für eine Mietkaution und Erwerb von Genossenschaftsanteilen können

bei vorheriger Zusicherung durch den am Ort der neuen Unterkunft zuständigen kommunalen Träger als Bedarf anerkannt werden (§ 22 Abs. 6 SGB II, § 35 Abs. 2 SGB XII).

2 **Genossenschaftsanteile** werden **genauso** behandelt wie die Mietkaution, so dass im Folgenden nicht mehr gesondert darauf eingegangen wird. Diejenigen, die Genossenschaftsanteile zahlen, können jederzeit das Wort Kaution durch Genossenschaftsanteil ersetzen, dies wird in § 22 Abs. 6 SGB II ausdrücklich genannt.

3 Das Bürgergeld hat ansonsten keine Änderungen im Gesetz gebracht: Letztendlich ein Beleg dafür, dass, von einigen unstreitigen Verbesserungen abgesehen, im Wesentlichen nur der Name ausgetauscht wurde. Gerade die Dauerbelastung durch das Kautionsdarlehen, dem sich kaum ein*e Leistungsempfänger*in entziehen kann, stellt im Rahmen der aktuell hohen Inflation eine massive Belastung der Leistungsempfänger*innen dar.

1.1 Übernahme der Kaution

4 Die Kaution kann übernommen werden, wenn der Leistungsträger die Zusicherung für die Übernahme erteilt. Die **vorherige Zusicherung** ist letztendlich also Voraussetzung für die Gewährung der Mietkaution. Diese Zusicherung soll entsprechend § 22 Abs. 6 SGB II erteilt werden, wenn die Behörde **zum Umzug auffordert oder ein Umzug „aus anderen Gründen notwendig ist".** Zur Notwendigkeit eines **Umzugs** aus anderen Gründen schauen Sie unter dem eigenen Beitrag (→ 112).

5 Um die Zusicherung zu erhalten, ist es erforderlich,
- dass die neue Miete angemessen ist (→ 75) und,
- bei einem Umzug in einen neuen Zuständigkeitsbereich, dass das am Ort der neuen Unterkunft zuständige Amt der Anmietung und der Übernahme der künftigen Kosten zugestimmt hat,
- denn **ohne vorherige Zusicherung,** haben Sie in der Regel keinen Anspruch auf Übernahme der Kaution.

■ Beachten Sie, eine mündliche Zusicherung hat keine Bindungswirkung, siehe → 22 Rn. 7.

6 Ob die Zusicherung in anderen Fällen zu erteilen ist oder hätte erteilt werden müssen, ist eine Ermessensentscheidung (→ 44) der Behörde, die dabei nicht nur auf die Kosten der Wohnung abstellen darf, sondern alle Erwägungen des **Einzelfalls** berücksichtigen muss (BSG 6.8.2014 – B 4 AS 37/13 R). Bei diesen Ermessensentscheidungen sind u.a. zu berücksichtigen: der örtliche Wohnungsmarkt, gesundheitliche Einschränkungen (SG Berlin 21.1.2022 – S 37 AS 9515/19), die Größe der Bedarfsgemeinschaft, ob jemand alleinerziehend ist, häusliche Beziehungsgewalt und Pflegebedürftigkeit (SG München 14.7.2021 – S 13 AS 483/21).

7 Die Weisungen vieler Kommunen (u.a. Berlin, Gelsenkirchen) gewähren einen Aufschlag von zehn Prozent auf die abstrakt angemessenen Kosten bei Vorliegen von einem oder mehreren der oben genannten Punkte. Da die Kaution jedoch nur darlehensweise gewährt wird, ist nach Ansicht des Verfassers ein Rechtsstreit nur für die Kaution eher nicht lohnenswert. Da aber auch die Umzugskosten (→ 112) auf der gleichen Grundlage entschieden werden, sollte immer geprüft werden, ob eine ordnungsgemäße Einzelfallentscheidung vorliegt, insbesondere bei geringfügiger Überschreitung der abstrakten Angemessenheit.

1.2 Generelle Ablehnung von Kautionen?

8 Wie sich aus § 22 SGB II ergibt, ist die Kaution eine Kann-Leistung, die somit Ermessen voraussetzt. Dies bedeutet, dass auch dann, wenn die Zusicherung erteilt worden ist, die Kaution als nicht notwendig erachtet werden kann. Dies kommt jedoch nur dann in Betracht, wenn ausreichend Wohnraum zur Verfügung steht, bei dem keine Kaution gezahlt werden muss. Im Hinblick darauf, dass es mittlerweile absolut üblich ist, eine Kaution zu verlangen, dürfte eine derartige Ermessensentscheidung rechtswidrig sein. Hier besteht im Regelfall eine Ermessensreduzierung auf null, so dass dann, wenn Zusicherung erteilt worden ist, auch die Kaution gewährt werden muss, sofern die

Kaution sich im Rahmen des § 551 BGB (maximal 3 Monatskaltmieten) bewegt.

9 **Tipp**: Sofern dennoch die Kaution generell abgelehnt wird, fordern Sie eine Aufstellung von freien Wohnungen, die ohne Kaution angemietet werden können, bei Ihrem*r Sachbearbeiter*in an. Sofern solche Wohnungen überhaupt existieren, stellt sich dann die Frage, ob ohne Kaution auch an Leistungsempfänger*innen nach dem SGB II/SGB XII vermietet wird. Dies dürfte regelmäßig nicht der Fall sein.

2. Kaution als Darlehen

10 Kautionen sollen gem. § 22 Abs. 6 SGB II als Darlehen (→ 30 Rn. 3 ff.) erbracht werden. Entsprechend ist eine Rückzahlung des Darlehens aus den Regelleistungen zu erbringen.

11 Die frühere Praxis der Garantieerklärung ist nur noch bei einigen Altfällen vorhanden und spielt in der Praxis kaum noch eine Rolle. Mit Einführung des SGB II/SGB XII waren in beiden Rechtsgebieten Kautionsdarlehen tilgungsfrei. Zum 1.4.2011 wurde in beiden Rechtsgebieten die Tilgung im Leistungsbezug eingeführt. Diese Tilgung wird Aufrechnung (→ 30 Rn. 13 ff.) genannt (§ 42a SGB II, § 35a SGB XII).

2.1 Rückzahlung des Kautionsdarlehens im SGB XII

12 Im SGB XII ist die Aufrechnung eines Kautions- oder Genossenschaftsdarlehens nach § 35a Abs. 2 S. 6 in Höhe von 5 Prozent der maßgebenden Regelbedarfsstufe vorgesehen. In der Regelbedarfsstufe 1 (Stand 2023) sind das monatlich 25,10 EUR, die aufgerechnet werden. Hier ist jedoch eine Ermessensentscheidung notwendig, die entsprechend begründet werden muss.

2.2 Rückzahlung des Kautionsdarlehens im SGB II

13 Im SGB II sind Kautions- oder Genossenschaftsdarlehen bis Juni 2023 in Höhe von 10 Prozent des RB aufzurechnen, ab Juli 2023 senkt sich die Aufrechnungsbefugnis, auch für Altfälle, von 10 Prozent auf 5 Prozent der jeweiligen Regelleistung (→ 30 Rn. 14; § 42a Abs. 2 SGB II).

14 **Hinweis**: Kautionsdarlehen dürfen nur von denjenigen zurückgefordert werden, die auch das Darlehen benötigen. Dies ist im Regelfall nicht die komplette Bedarfsgemeinschaft, sondern die Person bzw. die Personen, die den Mietvertrag unterschrieben hat/haben, also im Regelfall ein oder zwei erwachsene Personen der Bedarfsgemeinschaft. Nur diesen kann das Kautionsdarlehen gewährt werden und nur von diesen kann das Kautionsdarlehen iHv 10 Prozent (ab 1.7.2023: 5 Prozent) der jeweiligen Regelleistung zurückgefordert werden, und zwar durch Aufrechnungsbescheid (zuletzt LSG NRW 19.5.2022 – L 2 AS 662/22 B ER mwN).

15 Jede weitere Aufrechnung ist rechtswidrig und muss dringend mit einem Widerspruch angegriffen werden. Grundsätzlich hat das BSG die 10-prozentige Aufrechnung des Kautionsdarlehen als rechtmäßig angesehen (BSG 28.11.2018 – B 14 AS 31/17 R). Allerdings hat das SG Köln diese Aufrechnung zeitlich auf drei Jahre begrenzt (SG Köln 7.2.2022 – S 45 AS 3461/20 WA), unter Bezugnahme auf die Entscheidung des BSG (BSG 28.11.2018 – B 14 AS 31/17 R) und verfassungskonforme Auslegung. Bei hohen Kautionszahlungen, die somit innerhalb von 3 Jahren nicht getilgt werden könnten, lohnt es sich also, dennoch ein Rechtsmittel gegen die unbefristete Tilgung vorzunehmen (so auch SG Hamburg 2.12.2022 – S 39 AS 11/20). Angesichts steigender Mieten und damit verbundener steigender Kautionsforderungen könnten durchaus eine Reihe von Leistungsempfänger*innen betroffen sein. Dies gilt umso mehr, da ab dem 1.7.2023 die Aufrechnung nur noch in Höhe von 5 Prozent der Regelleistung erfolgen darf, so dass zukünftig kaum eine Kaution innerhalb von 3 Jahren getilgt werden kann. Es **ist** auch **nicht so, dass sich durch die Halbierung des Tilgungsbetrages der zulässige Zeitraum verdoppelt**. Der 3-Jahres-Zeitraum orientiert sich in den obigen Entscheidungen am Rechtsgedanken des § 43 Abs. 4 SGB II, der nicht geändert wurde.

3. Rückzahlung der Kaution während des Bezuges

16 Wird Ihnen aus einer vorherigen Wohnung während des laufenden Leistungsbezuges eine Kaution ausgezahlt, so ist dies kein Einkommen (→ 37), sondern Vermögen (→ 119) und fällt unter die Vermögensfreibetragsregelungen, da kein Wert dazu erhalten wird, der nicht zuvor schon besessen war. Natürlich gilt dies nur in der Höhe, in der Sie das Darlehen bereits getilgt haben. Besteht diesbezüglich noch eine Darlehensforderung des Jobcenters in voller Höhe oder eine Restforderung, ist dieser Betrag an das Jobcenter zu erstatten.

4. Auszahlung der Kaution direkt an den*die Vermieter*in

17 Grundsätzlich sind auch die Kosten der Unterkunft, zu denen auch das Kautionsdarlehen zählt, an den*die Leistungsempfänger*in zu zahlen. Nur dann, wenn Bedenken an der ordnungsgemäßen Verwendung bestehen, ist direkt an den*die Vermieter*in zu zahlen oder wenn Sie dies ausdrücklich wünschen.

5. Zuständigkeit im SGB II/SGB XII

18 Wenn Sie bei **SGB II**-Bezug umziehen, ist das bisher zuständige Jobcenter für die Genehmigung des Umzuges sowie die Übernahme der Umzugs- und Wohnbeschaffungskosten zuständig. Für die Genehmigung und Übernahme der Mietkaution ist jedoch das Jobcenter des künftigen Wohnorts zuständig.

19 Im **SGB XII** ist die Behörde zuständig, in der Sie sich tatsächlich aufhalten. Wird die Kaution also vor Einzug fällig, ist noch die alte Behörde zuständig, ansonsten die neue. Ein Antrag beim falschen Leistungsträger ist jedoch gem. § 18 Abs. 2 SGB XII unschädlich.

6. Kritik

20 Die Gewährung bzw. Nichtgewährung der Kaution stellt für die Jobcenter ein erhebliches Machtmittel dar, um Leistungsempfänger*innen die Umzüge zu verweigern. Daher sollte es eine generelle Regelung dahingehend geben, dass die Kaution grundsätzlich zu gewähren ist und nur im Falle eines Umzugs in eine unangemessene Wohnung eine Tilgung verlangt wird. Allerdings gibt es aufgrund der neuen Rechtsprechung und der geänderten Rechtslage zum 1.7.2023 die Möglichkeit, die Rückzahlung auf einen Zeitraum von 3 Jahren zu begrenzen.

Von dieser Möglichkeit sollte auch unbedingt Gebrauch gemacht werden.

60
Kinder

1. Kinderarmut und Sozialleistungen 1
   1.1 Kinder unter 15 Jahren 2
   1.2 Kinder von 15 bis 17 Jahren 3
   1.3 Kinder ab 18 Jahren 4
   1.4 Kindersofortzuschlag 5
   1.5 Kinder mit eigenem Kind 6
2. Bedarf von Kindern 7
   2.1 Einkommen von Kindern 8
   2.2 Einmalige Beihilfen 11
   2.3 Schulbedarf 12
      2.3.1 Besonderheit digitale Endgeräte 14
   2.4 Leistungen für Bildung und Teilhabe 18
3. Kinder mit Ausbildungsgehalt 19
4. Besuchskosten für Getrenntlebende ... 20
5. Kindergartenbeitrag, Betreuungskosten 21
6. Kosten für gemeinschaftliche Mittagsverpflegung in Schule und Kindergarten 22
7. Schulausflüge, Klassenfahrten, Ausflüge von Kindergartengruppen 23
8. Erkrankung des Kindes 24
9. Kritik 27
10. Forderungen 29

1. Kinderarmut und Sozialleistungen

1 Nach dem neuesten Factsheet „Kinder und Jugendarmut in Deutschland" der Bertelsmann Stiftung ist mehr als jedes fünfte Kind von Armut bedroht. Dies sind ca. 2,9 Mio. Kinder und Jugendliche. Besonders problematisch ist dabei die Feststellung, dass Kinderarmut in Deutschland ein Dauerzustand sei. „*Wer einmal arm ist, bleibt lange arm. Zu wenige Familien können sich aus der Armut befreien*" (Jörg Dräger, Vorstand der Bertelsmann Stiftung, Meldung

60 Kinder

10/2017). Die Folgen davon sind schlechtere Bildung, Ausgrenzung von gesellschaftlichen Leben und dadurch bedingt ein insgesamt ungesunderes Leben. Die Gründe dafür ergeben sich unter anderem aus der **Unterversorgung** der Kinder im Rahmen der Sozialleistungen, die im Folgenden dargestellt werden.

1.1 Kinder unter 15 Jahren

2 Unter 15-jährige Kinder, die mit erwerbsfähigen Leistungsberechtigten in einer **Bedarfsgemeinschaft** (→ 16) leben, bekommen nun auch **Bürgergeld** (§ 23 SGB II), seit 2023 in Höhe von

318,00 EUR	bei 0–5 Jahren
348,00 EUR	bei 6–13 Jahren
420,00 EUR	bei 14–17 Jahren

Kinder unter 15 Jahren, die mit **nichterwerbsfähigen** Hilfebedürftigen in einem Haushalt leben, bekommen **Hilfe zum Lebensunterhalt** (HzL) der Sozialhilfe in derselben Höhe.

1.2 Kinder von 15 bis 17 Jahren

3 15- bis 17-jährige Kinder haben Anspruch auf Bürgergeld, wenn sie **erwerbsfähig** (→ 45) sind (§ 7 Abs. 1 SGB II), unabhängig davon, mit wem sie in einem Haushalt leben. Sie haben aber als sonstige erwerbsfähige Angehörige der Bedarfsgemeinschaft nur einen Anspruch auf Bürgergeld in Höhe der Regelbedarfsstufe IV in Höhe von 420 EUR. Nicht erwerbsfähige Kinder haben einen Anspruch auf „**Bürgergeld für nicht erwerbsfähige Leistungsberechtigte**" nach § 23 SGB II, bis 2022 „Sozialgeld" genannt, wenn sie mit erwerbsfähigen Hilfebedürftigen in Bedarfsgemeinschaft leben, ansonsten erhalten sie HzL der Sozialhilfe.

1.3 Kinder ab 18 Jahren

4 Ab Vollendung des 18. Lebensjahres an bis zur Vollendung des 25. Lebensjahres gehören junge Erwachsene zu der Bedarfsgemeinschaft (→ 16) der Eltern, wenn sie noch in deren Haushalt leben und hilfebedürftig sind (§ 7 Abs. 3 Nr. 2, 4 SGB II). Sie erhalten Leistungen nach der Regelbedarfsstufe III in Höhe von 402 EUR. Vorübergehend erwerbsgeminderte oder nicht erwerbsfähige Kinder erhalten Bürgergeld für nicht erwerbsfähige Leistungsberechtigte in gleicher Höhe. Damit erhalten die über 18-jährigen Kinder in einer Bedarfsgemeinschaft mit ihren Eltern weiterhin weniger Geld als die 14- bis 17-Jährigen. Die geringere Regelleistung kommt daher, dass die 15 EUR Teilhabeleistung nur für Minderjährige (§ 28 Abs. 6 SGB II) gezahlt wird.

1.4 Kindersofortzuschlag

5 Seit dem 1.7.2022 gibt es für jedes Kind ab Geburt bis zum vollendeten 25. Lebensjahr den Kindersofortzuschlag von 20 EUR im Monat. Diesen erhalten **SGB II-, SGB XII-, AsylbLG-, BvB- oder KiZ-**leistungsbeziehende Kinder, Jugendliche und Jungerwachsene oder Kinder, die ohne eigenen SGB II-Anspruch in einem SGB II-Haushalt leben (§ 72 SGB II, § 145 SGB XII, § 16 AsylbLG, § 6a Abs. 2 BKKG, § 88 f BVG).

Wichtig: Kindersofortzuschlag (KsZ) ist nicht in den regulären Bescheiden ersichtlich, muss aber zusätzlich gezahlt werden. In einer Reihe von Fällen wird es vorkommen, dass er nicht gezahlt wird. Wurde er nicht gezahlt, kann er **bis zu 4 Jahre rückwirkend** geltend gemacht werden (§ 45 Abs. 1 SGB I).

1.5 Kinder mit eigenem Kind

6 Jugendliche und junge Erwachsene, die selbst ein Kind haben, bilden hierzu eine **Ausnahme**. Sie bilden eine eigene Bedarfsgemeinschaft und haben entsprechend Anspruch auf die volle Regelleistung und ggfs. Anspruch auf Mehrbedarf für **Alleinerziehende** (→ 3). Dies gilt auch für minderjährige, unverheiratete Kinder, die selbst ein Kind haben. Diese haben keinen Anspruch auf den Kindersofortzuschlag.

2. Bedarf von Kindern

7 Der Bedarf von Kindern setzt sich zusammen aus dem jeweiligen Regelsatz sowie den Kosten für Unterkunft und Heizung (KdU). Hinzu kommen mittlerweile „Leistungen für Bildung und Teilhabe" (→ 27) und ggfs. ein **Mehrbedarf** (→ 74). Die Unterkunftskosten werden auf jede Person im Haushalt **kopfan-**

teilig aufgeteilt (BSG 23.2.2017 – B 11 AS 1/16 R). Hinzu kommt noch, wenn ein Leistungsanspruch besteht, der **Kindersofortzuschlag** (→ Rn. 5).

2.1 Einkommen von Kindern

8 Als Einkommen von Kindern gelten Unterhalt (→ 114), Unterhaltsvorschuss (→ 116), Kindergeld (→ 61), ggfs. Wohngeld (→ 127), BAföG (→ 14, → 110), Ausbildungsgehalt, Erwerbseinkommen aus Nebenjob oder die sonstigen in § 11 SGB II genannten Einkünfte.

9 **Tipp:** Nicht als Einkommen zu berücksichtigen sind Einnahmen von Schüler*innen, die das 25. Lebensjahr noch nicht vollendet haben, aus Erwerbstätigkeit, die in den Schulferien für höchstens 4 Wochen je Kalenderjahr ausgeübt wird, soweit ein Betrag iHv 2400 EUR nicht überschritten wird (§ 1 Abs. 1 Nr. 16 Bürgergeld-V). Das gilt bis 30.6.2023. Ab 1.7.2023 sind Einkünfte aus Ferienjobs vollständig anrechnungsfrei (§ 11a Abs. 7 SGB II).

10 **Ab dem 1.7.2023** ist in den Schulferien erzieltes Einkommen **grundsätzlich anrechnungsfrei** (§ 11a Abs. 7 SGB II). Arbeiten Schüler*innen neben der Schule, gibt es auch den Freibetrag, den Auszubildende genießen, in Höhe von 520 EUR (§ 11b Abs. 2b SGB II) (→ 58 Rn. 46). Erwerbseinkommen außerhalb der Schulferien ist bis 30.6.2023 wie normales Erwerbseinkommen anzurechnen, die ersten 100 EUR bleiben anrechnungsfrei und von dem übersteigenden Betrag weitere 20 Prozent (§ 11b Abs. 2 SGB II, § 11b Abs. 3 SGB II).

2.2 Einmalige Beihilfen

11 Einmalige Beihilfen sind nicht mehr gesondert vorgesehen, sondern sind in den Regelsätzen enthalten und müssen davon angespart werden. **Ausnahme:** Neben der **Erstausstattung** für Neugeborene gibt es nach der Rechtsprechung des BSG vom 23.5.2013 (B 4 AS 79/12 R) auch einen Anspruch auf erstmalige Beschaffung eines Jugendbettes als Erstausstattung → 40 Rn. 2), da dies nicht vom Regelsatz umfasst ist. Nach Ansicht des Autors ist diese Entscheidung auch auf alle anderen erstmalig auftretenden Bedarfe von Kindern übertragbar.

2.3 Schulbedarf

12 Kindern, die eine Schule besuchen, wird Schulbedarf regelmäßig in Höhe von 116 EUR jeweils im August (für das erste Schulhalbjahr) und 58 EUR im Februar (für das zweite Schulhalbjahr) gewährt (§ 28 Abs. 3 SGB II). Zudem soll weiterhin eine prozentuale Anhebung erfolgen.

13 **Tipp:** Als Folge der Schulbuchurteile des BSG (BSG 8.5.2019 – B 14 AS 6/18 R und B 14 AS 13/18 R) wurde nun der § 21 Abs. 6a SGB II eingeführt, wonach Geld für Schulbücher als Mehrbedarf anerkannt werden (ausführlich zu den Schulbuchurteilen im Beitrag Härtefallmehrbedarf, → 52 Rn. 2 ff.). Im SGB XII dürfte die Vorschrift des § 30 Abs. 10 für Schulbücher die entsprechende Anspruchsgrundlage darstellen.

2.3.1 Besonderheit digitale Endgeräte

14 Durch die Coronapandemie ist die Problematik der Ausstattung mit einem internetfähigen PC oder Tablet deutlich in Fahrt gekommen. Zunächst hatte das SG Gotha einen solchen Bedarf anerkannt, der aber von kaum einem Jobcenter akzeptiert wurde. Durch den plötzlichen Distanzunterricht gab es dann einige Eilverfahren. In einem solchen Eilverfahren hatte das LSG NRW (22.5.2020 – L 7 AS 719/20 B ER, L 7 AS 720/20 B) einen Anspruch zur Kostenübernahme für ein Tablet bejaht, wenn es für den digitalen Unterricht erforderlich ist.

15 Das LSG Niedersachsen-Bremen hat hingegen (6.10.2020 – L 7 AS 66/19) die Übernahme der Kosten für ein iPad abgelehnt, da es kein notwendiger Schulbedarf sei. Wenn die Schule so etwas fordere, müsse sie auch für einkommensschwache Schüler*innen Leihgeräte zur Verfügung stellen. Diese Entscheidung wurde durch das BSG bestätigt (BSG 12.5.2021 – B 4 AS 88/20 R). Damit wurde die Chance vertan, in analoger Anwendung des § 21 Abs. 6 SGB II eine einheitliche Regelung zu finden, um sicherzustellen, dass alle Schüler*innen der Zugang zu digitalen Medien gewährt wird. Dies hatte zur Folge, dass ursprünglich recht großzügige

Regelungen einzelner Jobcenter zur Bezuschussung von digitalen Endgeräten wieder zurückgenommen wurden und auch die diesbezügliche Rechtsprechung in Bundesländern mit Lernmittelfreiheit hinfällig ist. Leider hat es auch der Gesetzgeber versäumt, eine entsprechende Regelung analog zu den Schulbüchern aufzunehmen, so dass Leistungsempfänger*innen zukünftig kaum Chancen haben dürften, digitale Medien auf Grundlage des SGB II bezuschusst zu bekommen.

16 Einigkeit besteht, dass digitale Endgeräte **erforderlich** sind. Allerdings wird es, solange keine einheitliche Regelung vorliegt, immer Streit um die Finanzierung geben, letztendlich auf Kosten der Leistungsempfänger*innen. Die Chance, einen Anspruch gegen das Jobcenter durchsetzen zu können, besteht nur dann, wenn die Schule die Erforderlichkeit bescheinigt und es keine Leihgeräte sowie keine alternativen Finanzierungsmöglichkeiten gibt. In Bundesländern mit Lernmittelfreiheit muss der Anspruch somit gegen die Schule bzw. den Schulträger durchgesetzt werden.

17 Spätestens die Coronapandemie mit dem Distanzunterricht hat gezeigt, dass es in einer sich immer weiter digitalisierenden Gesellschaft, in der auch immer mehr (Grund-)Schulen Tablets für den alltäglichen Unterricht anschaffen und nutzen, unabdingbar geworden ist, ein digitales Endgerät zu besitzen, um die gesellschaftliche Teilhabe, aber auch die (spätere) Teilnahme am Arbeitsmarkt zu gewährleisten. Dies wird mit weiteren Argumenten im Beitrag Härtefallmehrbedarfe (→ 52 Rn. 21 ff.) ausgeführt.

2.4 Leistungen für Bildung und Teilhabe

18 Leistungen für Bildung und Teilhabe werden gesondert erbracht (§ 28 SGB II, § 34 SGB XII). Schauen Sie für nähere Informationen hierzu in den Beiträgen Schüler*innen und **Bildung und Teilhabe** (→ 27).

3. Kinder mit Ausbildungsgehalt

19 Kinder, die Ausbildungsgehalt bekommen, werden nur noch bis zum 30.6.2023 einkommensrechtlich sehr ungünstig behandelt. Mit seinem Ausbildungsgehalt muss das Kind nach Abzug der Freibeträge zunächst seinen kompletten Lebensunterhalt sicherstellen und das Kindergeld wird seinen Eltern angerechnet, so dass dem*r Auszubildenden in der Regel nur der Freibetrag als zusätzliches Geld zur Verfügung steht. **Ab 1.7.2023** ändert sich dies **zum Vorteil der Auszubildenden**. Es gilt dann § 11b Abs. 2b SGB II. Demnach haben alle Auszubildenden bis zum Erreichen des 25. Lebensjahres einen generellen Freibetrag in Höhe der Minijobgrenze (2023: 520 EUR).

4. Besuchskosten für Getrenntlebende

20 Für nähere Informationen hierzu schauen Sie im eigenen Beitrag Umgangskosten (→ 111).

5. Kindergartenbeitrag, Betreuungskosten

21 Seit 1.8.2013 gibt es für Kinder ab dem vollendeten ersten Lebensjahr einen Rechtsanspruch auf einen Betreuungsplatz. Betreuungskosten fallen für Bürgergeld-/Sozialhilfe-Beziehende in der Regel nicht an, da sie unter der Einkommensgrenze (→ 39) liegen. Da die Kostentragungspflicht kommunal geregelt wird, kann es hier jedoch in einzelnen Gemeinden Ausnahmen geben.

Kindergartenbeiträge sind als Werbungskosten absetzbar. Die Voraussetzung dafür ist die Erzielung von Erwerbseinkommen, dann fallen Kinderbetreuungskosten unter § 11b Abs. 1 S. 1 Nr. 5 SGB II. Dies gilt im Übrigen für alle Kinderbetreuungskosten bis zum 12. Lebensjahr (BSG 10.7.2003 – B 4 AL 71/02 R).

Für nähere Informationen dazu schauen Sie unter Einkommensbereinigung (→ 38).

6. Kosten für gemeinschaftliche Mittagsverpflegung in Schule und Kindergarten

22 Kosten für die gemeinschaftliche Mittagsverpflegung werden gemäß § 28 Abs. 6 SGB II sowohl für Schüler*innen als auch Kindergartenkinder übernommen.

7. Schulausflüge, Klassenfahrten, Ausflüge von Kindergartengruppen

23 Die tatsächlichen Kosten für eintägige (Schul-)**Ausflüge** und mehrtätige (Klassen-)**Fahrten** für Schüler*innen und Kinder in Kindertageseinrichtungen werden im Rahmen der Leistungen für Bildung und Teilhabe übernommen (§ 28 Abs. 2 SGB II, § 34 Abs. 2 SGB XII). Weitere Informationen dazu finden Sie im Beitrag Bildung und Teilhabe (→ 27).

8. Erkrankung des Kindes

24 Wird ein Kind krank und ein Elternteil muss zu Hause bleiben, so hat jeder Elternteil 10 Arbeitstage, an denen es sich um das Kind kümmern kann, während der Arbeitgeber in der Regel das Entgelt fortzahlen muss. Wichtig ist hier, dass eine entsprechende Bescheinigung durch den*die Kinderarzt*Kinderärztin ausgestellt wird. Alleinerziehende haben entsprechend einen Anspruch auf 20 Arbeitstage (§ 45 Abs. 1, 2 SGB V). Die 10 bzw. 20 Arbeitstage gelten pro Kind, sind jedoch auf 25 Arbeitstage bei Familien und 50 Arbeitstage bei Alleinerziehenden begrenzt (§ 45 Abs. 2 SGB V).

25 **Sonderregelung für 2023:** Hier gilt noch § 45 Abs. 2a SGB V, wonach Sie für jedes Kind längstens für 30 Arbeitstage, als alleinerziehende*r Versicherte*r längstens für 60 Arbeitstage Anspruch auf Krankengeld bei Erkrankung des Kindes haben.

26 Allerdings muss das Kind jünger als 12 Jahre alt sein und keine andere Person kann die Aufsicht und Betreuung übernehmen. Werden Sie selbst krank, kann unter Umständen eine **Haushaltshilfe** (→ 55) beantragt werden § 38 SGB V).

9. Kritik

27 Trotz einiger Verbesserungen führt auch die neue Rechtslage dazu, dass Kinder aus sozial benachteiligten Familien immer größere Schwierigkeiten haben. Dadurch werden Aufstiegschancen erschwert und die Schere zwischen arm und reich wird immer größer. Dies wird sich durch die zunehmende Digitalisierung im Schulbereich noch weiter verschärfen.

28 Positiv zu erwähnen sind aber die verbesserten Freibeträge für Auszubildende, die längst überfällig waren. Jüngere Kinder profitieren davon aber nicht.

10. Forderungen

29 Sozialpass für Kinder aus Familien mit geringem Einkommen zur kostenlosen Nutzung des ÖPNV, der öffentlichen Sport- und Freizeiteinrichtungen sowie der Teilnahme an Ferienfreizeiten!

Einführung eines Sonderbedarfs für die Erstausstattung von Grundschüler*innen!

Vollständige Lernmittelfreiheit!

61 Kindergeld

1. Kindergeld 1
1.1 Wie hoch ist das Kindergeld? 2
1.2 Wer erhält Kindergeld?
 (§ 62 EStG) 3
1.3 Bis wann wird Kindergeld
 gezahlt? 4
1.4 Kindergeld bei Ausbildungseinkommen 7
1.5 Menschen mit Behinderung 8
2. Kindergeld als anzurechnendes Einkommen bei Bürgergeld oder SGB XII 9
3. Kindergeld als Einkommen der Eltern 11
3.1 Einkommensbereinigung 12
4. Besonderheiten für Volljährige 19
4.1 Abzweigungsantrag durch den
 Sozialleistungsträger? 21
5. Kindergeld wird angerechnet, aber
 nicht gezahlt 22
6. Rückforderung von Kindergeld trotz Anrechnung im SGB II 23
6.1 Antrag auf Erlass gemäß
 § 227 AO 24
7. Kindergeld für EU-Bürger*innen 26
8. Kritik 31
9. Informationen 33

1. Kindergeld

1 Kindergeld wird gem. § 11 Abs. 1 SGB II bzw. § 82 SGB XII als Einkommen (→ 37) der Kindergeldberechtigten auf das Bürgergeld, HzL oder auch Grundsicherung angerechnet. Die Anrechnung erfolgt in dem Fall, dass der sozialrechtliche (Einzel-)Bedarf des Kindes nicht gedeckt wird (§ 11 Abs. 1 S. 5

61 Kindergeld

SGB II): Was eigentlich systemwidrig ist, da kindergeldberechtigt im Regelfall ein Elternteil ist. Geregelt ist das Kindergeld im Einkommensteuergesetz bzw. im Bundeskindergeldgesetz.

1.1 Wie hoch ist das Kindergeld?

2 Seit Januar 2023 fallen die Staffelungen bei drei und mehr Kindern weg. Zudem gilt seit dem 1.1.2023 ein einheitliches Kindergeld von 250 EUR pro Kind. Dazu gibt es für Empfänger*innen von Leistungen nach dem SGB II, SGB XII, AsylbLG, BVG oder dem Kinderzuschlag sowie für Kinder ohne eigenen SGB II-Anspruch in einem SGB II-Haushalt aktuell einen monatlichen Sofortzuschlag in Höhe von 20 EUR pro Monat (§ 72 SGB II, § 145 SGB XII, § 16 AsylbLG, § 88f BVG, § 6a Abs. 2 BKKG).

1.2 Wer erhält Kindergeld? (§ 62 EStG)

3 Kindergeld erhalten deutsche Staatsangehörige, die ihren gewöhnlichen Aufenthalt in Deutschland haben oder dort steuerpflichtig sind, des Weiteren freizügigkeitsberechtigte EU-Bürger*innen sowie Asylberechtigte und anerkannte Flüchtlinge. Ferner Ausländer*innen, die eine Niederlassungserlaubnis, eine Aufenthaltserlaubnis zum Zweck der Erwerbstätigkeit oder eine Aufenthaltserlaubnis nach dem Aufenthaltsgesetz oder zum Familiennachzug haben. Kindergeld wird für alle Kinder gezahlt, die in Deutschland oder einem Mitgliedsstaat der EU oder des europäischen Wirtschaftsraums ihren Wohnsitz haben (Familienkasse, Merkblatt Kindergeld, 6 f.). Es gibt jedoch Bestrebungen, das Kindergeld für im Ausland lebende Kinder einzuschränken.

1.3 Bis wann wird Kindergeld gezahlt?

4 Im Regelfall wird Kindergeld bis zur Vollendung des 18. Lebensjahres gezahlt. Ausbildungs- oder arbeitssuchend gemeldete junge Erwachsene können bis zum 21. Lebensjahr Kindergeld bekommen.

5 Bis zur Vollendung des 25. Lebensjahres wird Kindergeld gezahlt,

- während einer schulischen oder betrieblichen Ausbildung oder während des Studiums,
- in einer Übergangszeit von vier Monaten zwischen zwei Ausbildungsabschnitten,
- wenn die Berufsausbildung mangels Ausbildungsplatz nicht fortgesetzt werden kann,
- während eines freiwilligen sozialen oder ökologischen Jahres, der Absolvierung des Bundesfreiwilligendienstes oder eines anderen in § 32 Abs. 4 Nr. 1 EStG genannten Grundes.

6 In den besonderen Fällen des § 32 Abs. 5 EStG kann Kindergeld auch über das 25. Lebensjahr hinaus gewährt werden (→ Rn. 8).

1.4 Kindergeld bei Ausbildungseinkommen

7 Seit 2012 wird Kindergeld während der Ausbildung unabhängig vom Einkommen gezahlt. Während einer Zweitausbildung fällt das Kindergeld jedoch weg, wenn zusätzlich noch eine Erwerbstätigkeit von mehr als 20 Wochenstunden ausgeübt wird.

1.5 Menschen mit Behinderung

8 Menschen mit Behinderung, die sich nicht selbst unterhalten können, bekommen gemäß § 32 Abs. 4 Nr. 3 EStG Kindergeld bis zum Lebensende oder dem Lebensende des letzten Kindergeldberechtigten, wenn die Behinderung vor dem 25. Lebensjahr entstanden ist. Dafür muss eine Behinderung vorliegen, die ursächlich dafür ist, dass sich behinderte Kinder nicht selbst unterhalten können. Im Regelfall ist dies gegeben, wenn ein Schwerbehindertenausweis mit Merkzeichen H vorliegt. Haben volljährige behinderte Kinder Einkommen und übersteigt dieses den Grundfreibetrag von 10.908 EUR im Jahr 2023 und 11.604 EUR im Jahr 2024, entfällt in der Regel der Anspruch auf das Kindergeld, wobei nachgewiesene behinderungsbedingte Ausgaben den Grundfreibetrag erhöhen (vgl. Familienkasse, Merkblatt Kindergeld, 21).

2. Kindergeld als anzurechnendes Einkommen bei Bürgergeld oder SGB XII

9 Kindergeld wird als Einkommen auf die jeweilige Leistung des Kindes angerechnet, für das Kindergeld gezahlt wird. Dies hat das Bundesverfassungsgericht auch so bestätigt

485

(BVerfG 11.3.2010 – 1 BvR 3163/09) und hat sich durch die Einführung des Bürgergeldes gemäß § 11 Abs. 1 S. 5 SGB II nicht geändert.

10 Kindergeld ist zunächst in tatsächlicher Höhe dem jeweiligen Kind zuzuordnen (§ 11 Abs. 1 SGB II). Nicht benötigtes Kindergeld ist dann wieder dem jeweiligen kindergeldberechtigten Elternteil anzurechnen. Durch die Vereinheitlichung des Kindergeldbetrages für alle Kinder auf 250 EUR ist die entsprechende Anrechnung pro Kind nicht weiter problematisch.

3. Kindergeld als Einkommen der Eltern

11 Im Regelfall wird das Kindergeld als Einkommen des jeweiligen Kindes zugerechnet. Da jedoch der*die eigentliche Berechtigte ein Elternteil ist, wird dann, wenn das Kind auch ohne das Kindergeld seinen Lebensunterhalt sicherstellen kann, zB durch Unterhaltszahlungen, Unterhaltsvorschuss, Ausbildungsgehalt usw, das nicht zur Bedarfsdeckung notwendige Kindergeld wieder als Einkommen dem anspruchsberechtigten Elternteil angerechnet (§ 11 Abs. 1 SGB II).

3.1 Einkommensbereinigung

12 Im Bereich des **SGB II** ist entsprechend der Bürgergeld-V bei volljährigen Kindern, die Einkommen erzielen, die Versicherungspauschale zu berücksichtigen,

13 **Tipp:** Achten Sie darauf, dass, sobald Ihr Kind 18 Jahre alt wird und weiter Kindergeld bezieht, diese Versicherungspauschale im Bescheid berücksichtigt ist. Ist dies nicht der Fall, legen Sie umgehend Widerspruch (→ 126) ein. Sollte bei Volljährigen Kindergeld als deren Einkommen angerechnet werden, wäre zusätzlich, wenn vorhanden, die Kfz-, Mofa- und Motorrad-Haftpflichtversicherung vom Kindergeld abzuziehen (§ 11b Abs. 1 Nr. 3 SGB II, § 6 Abs. 1 Nr. 3 Bürgergeld-V).

14 Bei minderjährigen Kindern wird die Versicherungspauschale nur ausgelöst, wenn das Kind selbst über eine notwendige Versicherung verfügt. Da im Regelfall die Versicherungen jedoch über die Eltern laufen, profitieren Minderjährige nur in ausgesprochen seltenen Fällen von der Versicherungspauschale (→ 38 Rn. 10).

15 Wird das Kindergeld, wie in → Rn. 11 beschrieben, den Eltern zugerechnet, ist auch hier die Versicherungspauschale, sofern kein anderes Einkommen erzielt wird, abzuziehen. Auch dies geschieht häufig nicht!

16 **Tipp:** Um von der Versicherungspauschale zu profitieren ist es sinnvoll, dass bei Bedarfsgemeinschaften, die aufstocken, das Kindergeld von dem Elternteil beantragt wird, der regelmäßig kein anderes Einkommen erzielt.

17 Hinweis für **Alleinziehende:** Durch die weitere Erhöhung des Kindergeldes in Verbindung mit Leistungen des Unterhaltsvorschussgesetzes und auch über das Wohngeld scheiden die Kinder häufiger als bisher aus dem Leistungsbezug aus (§ 7 Abs. 3 Nr. 4 SGB II). Der dann entstehende Überschuss wird dem Elternteil angerechnet, allerdings unter Berücksichtigung der Versicherungspauschale, so dass der Bedarfsgemeinschaft dadurch 30 EUR mehr zur Verfügung stehen. Allerdings nur dann, wenn der Elternteil kein anderweitiges Einkommen erzielt. Unter Umständen lohnt auch die Beantragung von Wohngeld (→ 127) **für das Kind,** um damit einen Überschuss zu erzielen, der bei dem Elternteil die Versicherungspauschale auslöst.

18 Im Bereich des **SGB XII** (Grundsicherung/HzL) gibt es diese Einkommensbereinigung nicht, so dass hier das Kindergeld im Regelfall voll angerechnet wird, jedoch um notwenige Versicherungen (Hausrat/Haftpflicht) in **tatsächlicher** Höhe bereinigt werden kann.

4. Besonderheiten für Volljährige

19 Bei volljährigen Kindern gilt Obengenanntes. **Wichtig:** Beachten Sie immer, dass die 30-EUR-Versicherungspauschale berücksichtigt wird. Lebt das volljährige Kind **nicht mehr im Haushalt,** wird das Kindergeld dem Elternteil, dem es auch tatsächlich zufließt, als Einkommen angerechnet. Es ist zwar möglich, durch Überweisungsbelege nachzuweisen, dass das Kindergeld an das Kind weitergeleitet wird, allerdings ist dies müh-

sam und führt regelmäßig zu Kürzungen und damit zu finanziellen Problemen.

20 Sinnvoll ist es hier, einen sogenannten **Abzweigungsantrag** bei der Familienkasse zu stellen (§ 74 EStG). Diesen Antrag kann das Kind erfolgreich stellen, wenn die Eltern keinen Unterhalt zahlen können, was bei Leistungsbezug nach dem SGB II oder SGB XII regelmäßig der Fall sein dürfte. Wird dann nachgewiesenermaßen das Kindergeld direkt durch die Familienkasse an das Kind gezahlt, kann dem berechtigten Elternteil das Kindergeld nicht mehr angerechnet werden.

4.1 Abzweigungsantrag durch den Sozialleistungsträger?

21 Beziehen Sie Kindergeld für ein **volljähriges behindertes Kind**, das **nicht in Ihrem Haushalt** lebt und selbst auf Leistungen der Sozialhilfe angewiesen ist, darf der Anspruch auf Kindergeld nicht ungeprüft auf das Sozialamt übergeleitet werden. Inwieweit ein Anspruch auf Kindergeld übergeht, muss die Familienkasse unter Berücksichtigung der Besonderheiten des Einzelfalls im Rahmen einer **Ermessensentscheidung** (→ 44) feststellen. Dabei sind die tatsächlichen Aufwendungen, die durch die Betreuung des Kindes entstehen, in nachgewiesener Höhe zu berücksichtigen. Haben Sie Aufwendungen in Höhe des Kindergeldes, kommt eine Abzweigung nicht in Betracht (BFH 9.2.2009 – III R 37/07).

5. Kindergeld wird angerechnet, aber nicht gezahlt

22 Kindergeld darf nur dann als Einkommen angerechnet werden, wenn es auch tatsächlich zufließt. Wie die Anrechnung erfolgt, wenn es nachgezahlt wird, finden Sie im Detail im Beitrag Einkommen (→ 37 Rn. 4).

6. Rückforderung von Kindergeld trotz Anrechnung im SGB II

23 Da Kindergeld auf Leistungen nach dem SGB II angerechnet wird, stellt sich die Frage, was passiert, wenn Kindergeld zurückgefordert wird. So kommt es insbesondere bei volljährigen Kindern immer wieder vor, dass Kindergeld gezahlt wird, obwohl der Anspruch nicht mehr besteht (zB Überschreitung der Altersgrenze, Aufnahme einer Beschäftigung, keine Nachweise über Ausbildungsbemühungen usw). In diesen Fällen wird die Familienkasse das Kindergeld zurückfordern, ohne dass dabei ein Verschulden erforderlich ist. Auch Fehler der Familienkasse, zB durch zu lange Bearbeitungszeiten, ändern an der Rechtmäßigkeit der Rückforderung nichts. Ein Einspruch gegen die Rückforderung, bei der die Berechnung grundsätzlich stimmt, hat daher in der Regel keine Aussicht auf Erfolg. Überraschend ist, dass das Jobcenter die Rückforderung aber nicht übernehmen muss. Dies hat das BSG (23.8.2011 – B 14 AS 165/10 R) schon recht früh entschieden. Begründet wird dies damit, dass das Kindergeld zur Bedarfsdeckung zur Verfügung stand und deshalb die Anrechnung zu Recht erfolgte. Eine spätere Rückforderung sei dann nicht mehr Sache des Jobcenters. Vor dem Hintergrund dieser Entscheidung gibt es nur die Möglichkeit über einen **Antrag auf Erlass gem. § 227 AO** (→ Rn. 24).

6.1 Antrag auf Erlass gemäß § 227 AO

24 Um der Zahlungspflicht zu entgehen, besteht daher nur die Möglichkeit, bei der Familienkasse einen **Erlassantrag wegen Unbilligkeit gem. § 227 AO** zu stellen. Unbillig ist die Rückforderung dann, wenn eine Anrechnung bereits stattgefunden hat und die Rückforderung somit einer Doppelbelastung entspricht. Es empfiehlt sich, dem Antrag den entsprechenden Bewilligungsbescheid beizufügen, aus dem die Anrechnung hervorgeht. Die Erfahrung in der Praxis zeigt, dass die Familienkasse bezüglich dieser Anträge bei nachgewiesener Anrechnung ihre Entscheidung gelegentlich revidiert. Allerdings ist nach der Rechtsprechung des BFH die Anrechnung alleine nicht ausreichend, um eine positive Erlassentscheidung zu erhalten. Wichtig ist, dass zumindest alles getan wurde, um die Mitwirkungspflichten zu erfüllen. Dazu genügt es nicht, dass zB das Jobcenter über eine Ausbildungsbeendigung informiert wird. Die Familienkasse muss gesondert informiert werden.

25 **Wichtig:** In jüngster Vergangenheit häufen sich die Fälle, in denen zusätzlich zur Rückforderung ein Steuerstrafverfahren eingeleitet wird. Es ist also von immenser Bedeutung, auch die Familienkasse über alle Änderungen zu informieren.

7. Kindergeld für EU-Bürger*innen

26 Grundsätzlich gilt: Gemäß § 62 EStG hat einen Anspruch auf Kindergeld für seine Kinder, wer seinen Wohnsitz oder gewöhnlichen Aufenthalt in Deutschland hat. Dies gilt grundsätzlich auch für EU-Bürger*innen.

27 **Ausnahme:** Gemäß § 62 Abs. 1a EStG gilt dies für EU-Bürger*innen in den ersten drei Monaten ab Wohnsitznahme nur dann, wenn sie Einkommen aus einem Beschäftigungsverhältnis oder selbstständiger Tätigkeit erzielen. Auch danach wird Kindergeld nur gewährt, wenn die antragstellende Person ein Freizügigkeitsrecht besitzt. Zwar sind EU-Bürger*innen grundsätzlich innerhalb der EU freizügigkeitsberechtigt, allerdings setzt dies voraus, dass der Lebensunterhalt sichergestellt werden kann. Hier steht der Familienkasse ein eigenes Prüfungsrecht zu, so dass ein*e in Deutschland lebende*r EU-Bürger*in mit Kind unter Umständen kein Kindergeld bekommt, wenn die Familienkasse die Voraussetzungen des Freizügigkeitsrechts nicht als gegeben ansieht.

28 Dies entspricht der Regelung im SGB II. Allerdings hat der EuGH (EuGH 1.8.2022 – C 411/20) klargestellt, dass auch in den ersten drei Monaten ein Anspruch auf Kindergeld besteht, wenn der*die Beantragende einen dauerhaften Wohnsitz in Deutschland beabsichtigt, da Kindergeld keine Sozialleistung ist, sondern als Familienlastenausgleich gewährt wird.

29 **Problem:** Der Gesetzgeber will auf diese Art eine Einwanderung in das Sozialsystem begrenzen, verkennt aber, dass eine Ungleichbehandlung zwischen EU-Bürger*innen und deutschen Bürger*innen nur unter sehr engen Voraussetzungen möglich ist, die im EStG nicht erfüllt sind, so dass diese Regelung europarechtswidrig sein dürfte.

30 **Anspruchsvoraussetzungen** auf Kindergeld für EU-Bürger*innen betreffen:
a) **Wohnsitz des Kindes:**
Der Wohnsitz des Kindes in Deutschland ist nicht erforderlich. Gemäß § 63 EStG genügt ein Wohnsitz in der EU,
b) **Wohnsitz des Elternteils:**
Einen Wohnsitz in Deutschland hat, wer eine zu Wohnzwecken benutzbare Wohnung tatsächlich nutzt, beibehält und jederzeit nutzen kann (vgl. FG Münster 19.9.2019 – 5 K 3345/17),
c) **gewöhnlicher Aufenthaltsort:**
Es genügt auch, wenn der gewöhnliche Aufenthaltsort in Deutschland ist. Dies ist nach § 9 Abgabenordnung dann der Fall, wenn man sich länger – mindestens sechs Monate – an einem Ort aufhält, ohne eine eigene Wohnung zu unterhalten.
Problem: Pflegekräfte aus Osteuropa
In der Entscheidung des FG Münster vom 19.9.2019 wurde Kindergeld für eine polnische Pflegekraft abgelehnt, da diese nie sechs Monate am Stück in Deutschland war und die von ihr während des Aufenthalts genutzte Wohnung ab dem Zeitpunkt ihrer Rückreise weitervermietet wurde, so dass sie nach dem in → Rn. 30 genannten Voraussetzungen weder über einen Wohnsitz noch über einen gewöhnlichen Aufenthaltsort in Deutschland verfügte.
d) **kein Einkommen nach 3 Monaten:**
Wer nach 3 Monaten sein Freizügigkeitsrecht allein aus dem Recht zur Arbeitssuche herleiten kann, erhält auch dann kein Kindergeld nach § 62 Abs. 1a EStG,
e) **Erwerbstätigkeit:**
Grundsätzlich ist Erwerbstätigkeit aber keine Voraussetzung für den Bezug von Kindergeld. Wer also bereits gearbeitet hat und dann arbeitslos wird und auch Leistungen nach dem SGB II bezieht, hat dennoch weiter einen Anspruch auf Kindergeld (EUGH 7.2.2019 – C-322/17),
f) **Konkurrenz zu anderen Leistungen:**
Lebt das Kind im EU-Ausland und besteht auch dort ein Anspruch auf Kindergeld, so ist dieser vorrangig zu gewähren. Besteht aber auch ein Anspruch auf deutsches Kindergeld und ist dieses hö-

her als das Kindergeld in dem EU-Land, in dem das Kind lebt, zahlt die Familienkasse die Differenz, bis der Betrag des deutschen Kindergeldes erreicht ist. Für das Kind muss man somit die 250 EUR Kindergeld insgesamt bekommen.
Problem: Derzeit wird geprüft, inwieweit eine Beschränkung dieser Zahlung auf den örtlichen Lebensstandard (sog. Indexierung) zulässig ist. Nach der bisherigen Rechtsprechung des EuGH dürfte dies jedoch unzulässig sein.

8. Kritik

31 Die grundsätzlich positive Entwicklung des Kindergeldes geht leider spurlos an Beziehenden von Sozialleistungen vorbei, da hier eine vollständige Anrechnung des Kindergeldes erfolgt, mit Ausnahme der Versicherungspauschale, die auch nur unter Umständen gewährt wird. Letztendlich hat dies zur Folge, dass jede Kindergelderhöhung die Einkommensschere weiter öffnet und die Benachteiligung von Leistungsempfänger*innen zunimmt.

32 Bei der Gewährung von Kindergeld für EU-Bürger*innen wird deutlich, dass der Gesetzgeber versucht, seine Leistungspflicht soweit wie möglich zu reduzieren. Insgesamt ist erkennbar, dass es für EU-Bürger*innen immer schwieriger wird, wirksam von ihrem Freizügigkeitsrecht Gebrauch zu machen: Das Kindergeld ist letztendlich nur ein Beispiel dafür.

9. Informationen

33 Gesonderte Informationen erhalten Sie bei der Familienkasse im Merkblatt Kindergeld (abrufbar unter: https://www.bmfsfj.de/resource/blob/94320/3e9525bedfe726256d7a558fa51aaaf0/merkblatt-kindergeld-data.pdf), dort sind auch die entsprechenden Anträge zu stellen.

62 Kindergrundsicherung

1 Die Idee einer *Kindergrundsicherung* besteht schon seit einigen Jahren und diverse Parteien, Gewerkschaften und Sozialverbände oder auch das *Bündnis Kindergrundsicherung* haben dazu verschiedene Modelle entwickelt. Grundsätzlich geht es darum, eine Sozialleistung zu schaffen, die auf die Bedürfnisse von Kindern und Jugendlichen bzw. Familien zugeschnitten ist. Je nach Modell soll die Kindergrundsicherung andere soziale Sicherungssysteme und (Steuer-) Vergünstigungen für Familien mit Kindern, wie **Kindergeld** (→ 61) und **Kinderzuschlag** (→ 63), Leistungen für **Bildung und Teilhabe** (→ 27) oder Leistungen für **Kinder** (→ 60) nach SGB II und XII ersetzen bzw. diese zusammenfassen.

2 Konkreter wurden die Pläne zur Umsetzung einer solchen Kindergrundsicherung mit dem Koalitionsvertrag der Ampelregierung aus 2021. Darin heißt es: *„In einem Neustart der Familienförderung wollen wir bisherige finanzielle Unterstützungen – wie Kindergeld, Leistungen aus SGB II/XII für Kinder, Teile des Bildungs- und Teilhabepakets, sowie den Kinderzuschlag – in einer einfachen, automatisiert berechnet und ausgezahlten Förderleistung bündeln. Diese Leistung soll ohne bürokratische Hürden direkt bei den Kindern ankommen und ihr neu zu definierendes soziokulturelles Existenzminimum sichern"* (Koalitionsvertrag 2021–2025, 79).

3 Die Kindergrundsicherung soll laut Koalitionsvertrag aus zwei Teilen bestehen:
1. Einem *„Garantiebetrag"*, der, ähnlich wie das derzeitige Kindergeld, unabhängig vom Einkommen der Eltern ausgezahlt wird und
2. einem *„Zusatzbetrag"*, dessen Höhe je nach Einkommen der Eltern variiert bzw. ganz wegfällt. Also ähnlich wie aktuell die Leistungen für Kinder bei Bezug von „Bürgergeld" bzw. HzL/GSi der Sozialhilfe.

4 Bei der Umsetzung will die Bundesregierung vermehrt auf **Digitalisierung** setzen und

ein digitales „*Kinderchancenportal*" einrichten, über welches künftig die Leistungen für Bildung und Teilhabe zu finden sein sollen. Laut Zeitplan der „Ampel" soll die Kindergrundsicherung im Jahr 2024 kommen. Bis zur Einführung erhalten Familien mit Kindern, die „Bürgergeld", HzL/GSi der Sozialhilfe, Asylbewerberleistungen, Kinderzuschlag oder Leistungen nach dem Bundesversorgungsgesetz erhalten, einen monatlichen **„Sofortzuschlag"** in Höhe von 20 EUR pro Kind (§ 72 SGB II, § 145 SGB XII, § 16 AsylbLG, § 6a Abs. 2 BKKG, § 88f BVG). Dieser Sofortzuschlag wird seit Juli 2022 ausgezahlt. Da die Verwaltungspraxis der Jobcenter und Sozialämter bezüglich des Sofortzuschlags extrem unzuverlässig ist, sollten Sie überprüfen, ob Sie diesen tatsächlich erhalten haben – entweder zusammen mit Ihren laufenden Leistungen oder als zusätzliche monatliche Zahlung. Falls Sie den Sofortzuschlag nicht erhalten haben, fordern Sie das zuständige Amt zur (rückwirkenden) Auszahlung auf. Falls dies nicht zum gewünschten Ergebnis führt, können Sie den Sofortzuschlag durch **Klage** (→ 64) beim Sozialgericht erstreiten.

5 Außer den blumigen, aber recht groben Beschreibungen im Koalitionsvertrag und den nicht weniger vagen Interviewaussagen verschiedener Regierungspolitiker*innen war zum Redaktionsschluss noch nichts Konkretes zur tatsächlichen Umsetzung der Kindergrundsicherung bekannt. Die genaue Ausgestaltung der Kindergrundsicherung wird voraussichtlich im Laufe des Jahres 2023 erfolgen.

6 **Wertung:** Wir befürworten, dass durch die Kindergrundsicherung den besonderen Bedürfnissen von Kindern und Jugendlichen sowie Familien Rechnung getragen werden soll. Positiv zu werten ist außerdem, dass Kinder und Jugendliche aus den repressiven Leistungssystemen der Jobcenter und Sozialämter herausfallen. Denn gerade für Familien mit Kindern bedeuten die diesen Systemen immanenten Kürzungen, Versagungen, Aufrechnungen, Vorladungen und sonstigen Schikanen eine omnipräsente, existenzielle Bedrohung. Eine von Jobcentern und Sozialämtern unabhängige Leistung für die Kinder dieser Familien könnte diese Probleme zumindest abmildern. Auch die mit dem Leistungsbezug einhergehende Stigmatisierung armer Familien und Kinder könnte durch eine Kindergrundsicherung reduziert werden.

7 Abzuwarten bleibt die tatsächliche Umsetzung der Kindergrundsicherung, insbesondere in Bezug auf die Leistungshöhe und die Berechnung des „Existenzminimums" von Kindern und Jugendlichen. Die aktuelle, mehr als fragwürdige Herleitung der **Regelbedarfe** (→ 89) für Kinder und Jugendliche bedarf ohnehin einer grundsätzlichen Reform, die im Rahmen der Ausgestaltung der Kindergrundsicherung umgesetzt werden könnte. Auch die Berücksichtigung des Elterneinkommens wird dabei eine wichtige Rolle spielen. Die aktuelle Debatte um die Kindergrundsicherung lässt jedoch hinsichtlich dieser Aspekte wenig Hoffnung auf eine tatsächliche Verbesserung aufkommen. Das *Bündnis Kindergrundsicherung* hat ein umfangreiches Konzept zur möglichen Ausgestaltung einer Kindergrundsicherung veröffentlicht, an dem sich die „Ampel" orientieren könnte. Dieses und noch mehr Informationen finden Sie auf der Homepage des *Bündnis Kindergrundsicherung* unter www.kinderarmut-hat-folgen.de.

63 Kinderzuschlag

1. Kinderzuschlag 1
1.1 Kinderzuschlag oder Bürgergeld? 3
1.2 Verzicht auf Bürgergeld 7
2. KiZ: Anspruchsberechtigung, Bewilligungspraxis, Einkommen, Vermögen 10
2.1 Anspruch auf Kinderzuschlag 11
2.2 Bewilligung des Kinderzuschlags .. 13
2.3 Keine Erstattung bei Aufhebung der Bewilligung von KiZ 15
2.4 Einkommensermittlung beim KiZ 16
2.5 Berücksichtigung des Vermögens beim KiZ? 18
2.6 Berücksichtigung der Unterkunftskosten 20
3. Berechnung des KiZ 21
3.1 Berechnung in vier Schritten 22
3.2 Beispiel: KiZ für Elternpaar mit zwei Schulkindern 27
3.3 Beispiel: KiZ für Alleinerziehende mit einem Kind 32

4. Weiteres zum KiZ 37
4.1 Leistungen für Bildung und Teilhabe 38
4.2 Befreiung von KiTA-Gebühren 39
4.3 Übergang von Bürgergeld zum KiZ 41
5. Kritik 44
6. Forderungen 47
7. Informationen 48

1. Kinderzuschlag

1 Mit dem SGB II wurde im Zuge der Hartz-Reform auch der Kinderzuschlag (§ 6a BKGG) als **vorrangige** Leistung für Familien eingeführt, die dem Grunde nach leistungsberechtigt nach dem SGB II sind. Der Zuschlag ist für Eltern gedacht, die ihren Bedarf weitgehend mit eigenem Einkommen decken können und „nur" wegen des Bedarfs ihrer Kinder entweder auf SGB II-Leistungen angewiesen wären oder deren Einkommen nur knapp über dem SGB II-Leistungsniveau liegt. Zusammen mit dem **Kindergeld** und ggf. einem **Wohngeld**anspruch (→ 127) sollen der **Kinderzuschlag (KiZ) und** das sonstige Familieneinkommen dazu führen, dass im Monat der KiZ-Antragstellung **kein Anspruch** auf Leistungen nach dem SGB II **besteht.**

2 Der Zuschlag wurde bereits im Juli 2022 inflationsbedingt mit dem **20-EUR-Sofortzuschlag** von maximal 209 EUR auf 229 EUR erhöht. Zum **1.1.2023** wurde er erneut auf maximal **250 EUR** pro Kind angehoben. Er muss bei der **Familienkasse** der zuständigen Agentur für Arbeit beantragt werden und wird jeweils für sechs Monate bewilligt.

Da wegen der komplizierten Regelungen bis 2019 nur relativ wenige Familien den Kinderzuschlag beantragt oder erhalten haben, wurden durch das *„Starke-Familien-Gesetz"* einige wesentliche **Änderungen und Vereinfachungen** beim Kinderzuschlag vorgenommen. Sie traten in zwei Schritten zum **1.7.2019** und zum **1.1.2020** in Kraft. Die Neuerungen erleichtern Familien den Zugang zum KiZ, erhöhen den Einkommensbereich, in dem der Kinderzuschlag beansprucht werden kann und machen ihn insgesamt zu einer verlässlicheren Sozialleistung, die nicht Monat für Monat an geänderte Einkommensverhältnisse angepasst werden muss. Die wesentliche Änderung zum **1.1.2023**, die infolge des Bürgergeldgesetzes vorgenommen wurde, ist die dauerhafte **Anerkennung** eines „erheblichen Vermögens" bei Bezug von KiZ.

1.1 Kinderzuschlag oder Bürgergeld?

3 Der KiZ ist zwar **vorrangig** gegenüber dem SGB II, er schließt aber gleichzeitigen Bezug von Bürgergeld nicht mehr grundsätzlich aus. Seit 2020 soll durch den Kinderzuschlag nicht mehr *„Hilfebedürftigkeit nach § 9 [SGB II; ...] vermieden"* werden (§ 6a Abs. 1 Nr. 4 BKGG aF), sondern *„bei Bezug des Kinderzuschlags keine Hilfebedürftigkeit im Sinne des § 9 [SGB II; ...] besteh[en]"* (§ 6a Abs. 1 Nr. 3 S. 1 BKGG). Das bezieht sich immer auf die **Einkommensverhältnisse im KiZ-Antragsmonat** und es gibt dazu eine Ausnahmeregelung (→ Rn. 7 ff.).

4 Wenn sich das Familieneinkommen in den Folgemonaten verringert und der SGB II-Bedarf unterschritten wird, kann der Kinderzuschlag, der für sechs Monate bewilligt wird, durchaus **mit Bürgergeld aufgestockt** werden. In diesem Fall fällt allerdings bereits bewilligtes Wohngeld weg, das nicht mit SGB II-Leistungen kombiniert werden kann.

Außerdem dürfen Sie vom Jobcenter nur auf den vorrangigen KiZ (ggf. inklusive Wohngeld) verwiesen werden, wenn die Hilfebedürftigkeit Ihrer Bedarfsgemeinschaft *„für einen zusammenhängenden Zeitraum von mindestens drei Monaten beseitigt würde"* (§ 12a Nr. 2 SGB II).

5 Dennoch kann der Kinderzuschlag und mit ihm der Wegfall von Bürgergeld unter Umständen zu finanziellen Einbußen führen, weil zB die **Befreiung von der Rundfunkbeitragspflicht** und der Anspruch auf einen Sozialpass (→ 106) entfallen oder die Befreiungsgrenzen für die **Zuzahlungen** bei der gesetzlichen **Krankenversicherung** viel höher ausfallen.

Bei unverheirateten Paaren kann der Versicherungsschutz bei der gesetzlichen **Krankenversicherung wegfallen,** wenn ein*e Partner*in sozialversicherungspflichtig arbeitet und der*die andere nicht mehr über SGB II-Bezug krankenversichert ist. Dann müssen

Sie beim Jobcenter einen **Zuschuss** zur freiwilligen Krankenversicherung (→ 70) nach § 26 Abs. 1 SGB II beantragen.

6 Wenn kein Mitglied der Bedarfsgemeinschaft Bürgergeld erhält, bleiben bei der Prüfung, ob keine „SGB II-Hilfebedürftigkeit" besteht, „*Bedarfe nach § 28 [SGB II; ...] außer Betracht*" (§ 6a Abs. 1 Nr. 3 BKGG). Da es sich hier um **Leistungen für Bildung und Teilhabe** (→ 27 ff.) handelt, auf die Familien bei Bezug von Kinderzuschlag einen eigenständigen Anspruch haben, entsteht Ihnen hierdurch kein Nachteil.

1.2 Verzicht auf Bürgergeld

7 Bis zum **Juni 2019** konnten Familien zwischen dem SGB II und dem Kinderzuschlag **wählen** und ggf. auf den Zuschlag verzichten. Ein Anspruch entfiel, wenn sie KiZ „*wegen eines damit verbundenen Verlusts von anderen höheren Ansprüchen nicht geltend machen woll[t]en*" (§ 6a Abs. 5 BKGG aF). Dieses „kleine Wahlrecht" wurde mit dem „Starke-Familien-Gesetz" gestrichen und gegen die Option ausgetauscht, auf SGB II-Leistungen zu verzichten.

8 **Seit dem 1.7.2019** besteht abweichend ein Anspruch auf Kinderzuschlag, „*wenn*

1. bei Bezug von Kinderzuschlag Hilfebedürftigkeit besteht, der Bedarfsgemeinschaft zur Vermeidung von Hilfebedürftigkeit aber mit ihrem Einkommen, dem Kinderzuschlag und dem Wohngeld höchstens 100 Euro fehlen,
2. sich bei der Ermittlung des Einkommens der Eltern nach § 11b Absatz 2 bis 3 des Zweiten Buches Sozialgesetzbuch wegen Einkommen aus Erwerbstätigkeit Absetzbeträge in Höhe von mindestens 100 Euro ergeben und
3. kein Mitglied der Bedarfsgemeinschaft Leistungen nach dem Zweiten oder nach dem Zwölften Buch Sozialgesetzbuch erhält oder beantragt hat*" (§ 6a Abs. 1a BKGG).

Sie können demnach KiZ beantragen, wenn Sie mit Ihrem Familieneinkommen und Ihrem voraussichtlichen Anspruch auf Kinderzuschlag (ggf. plus Wohngeld) **max. 100 EUR** unter dem SGB II-Bedarf liegen,

Sie über ein **Erwerbseinkommen** mit den entsprechenden Einkommensfreibeträgen verfügen, um die 100-EUR-Differenz auszugleichen, und wenn Sie und Ihre Familie **freiwillig auf SGB II-Leistungen verzichten**.

Das kann dann für Sie von Vorteil sein, wenn Sie vom SGB II-Bezug und dem „Fördern und Fordern" des Jobcenters „die Nase voll haben".

9 Tipp: Diesen Verzicht können Sie selbstverständlich jederzeit widerrufen und zurück vom Kinderzuschlag in den SGB II-Leistungsbezug wechseln.

2. KiZ: Anspruchsberechtigung, Bewilligungspraxis, Einkommen, Vermögen

10 Im Folgenden finden Sie alle Informationen darüber, die Sie benötigen, wenn Sie KiZ beantragen wollen: wer KiZ-anspruchsberechtigt ist, über die Bewilligungspraxis, welche Freibeträge für Erwerbseinkommen gelten usw.

2.1 Anspruch auf Kinderzuschlag

11 Sie erhalten den KiZ für Ihre im Haushalt lebenden, unverheirateten Kinder unter 25 Jahren, wenn

- Sie für diese Anspruch auf **Kindergeld** haben,
- Sie mit Ausnahme des Wohngeldes **und** des Kindergeldes über ein Einkommen (nach § 11 SGB II) von **mindestens 900 EUR bei Paaren** oder **600 EUR bei Alleinerziehenden** verfügen,
- bei Ihrer Bedarfsgemeinschaft „*bei Bezug des Kinderzuschlags keine Hilfebedürftigkeit im Sinne des § 9 des Zweiten Buches Sozialgesetzbuch besteht [...]. Bei der Prüfung der Hilfebedürftigkeit ist das für den Antragsmonat bewilligte Wohngeld zu berücksichtigen. Wird kein Wohngeld bezogen und könnte mit Wohngeld und Kinderzuschlag Hilfebedürftigkeit vermieden werden, ist bei der Prüfung Wohngeld in der Höhe anzusetzen, in der es voraussichtlich für den Antragsmonat zu bewilligen wäre*" (§ 6a Abs. 1 Nr. 3 BKGG).

12 Der Anspruch auf den KiZ entfällt, „*für Zeiträume, in denen zumutbare Anstrengun-*

gen unterlassen werden, Ansprüche auf Einkommen des Kindes [zB Unterhalt, Unterhaltsvorschuss] geltend zu machen" (§ 6a Abs. 3 S. 4 BKGG).

2.2 Bewilligung des Kinderzuschlags

13 Der KiZ wird jeweils für **sechs Monate** bewilligt, beginnend mit dem Monat der Antragstellung. Bei Folgeanträgen beginnt der der neue Bewilligungszeitraum frühestens nach Ablauf des laufenden KiZ-Anspruchs (§ 6a Abs. 7 S. 1 u. 2 BKGG).

Mit dem *„Starke-Familien-Gesetz"* trat zum 1.7.2019 eine deutliche **Verbesserung der Bewilligungspraxis** in Kraft. *„Änderungen in den tatsächlichen oder rechtlichen Verhältnissen während des laufenden Bewilligungszeitraums sind abweichend von § 48 [SGB X; ...] nicht zu berücksichtigen"* (§ 6a Abs. 7 S. 3 BKGG). Anders als zuvor wird der Kinderzuschlag – ist er einmal bewilligt – bis zum Ende des Bewilligungszeitraums **unverändert weitergezahlt**, auch wenn sich das Einkommen oder der Bedarf der Familie in der Zeit verändert. Wenn sich das Einkommen erhöht, kann der KiZ trotzdem in unverminderter Höhe weiter bezogen werden. Es droht **keine Rückforderung** der bezogenen Leistung. Verringert sich das Einkommen in dem Zeitraum, können die Familien sogar **zusätzlich zum Kinderzuschlag Bürgergeld beantragen**.

14 Eine **Neuberechnung** des Kinderzuschlags im Bewilligungszeitraum erfolgt nur, wenn der Gesetzgeber in der Zeit den **KiZ erhöht** oder sich die **Zusammensetzung der Bedarfsgemeinschaft** ändert. Wenn der Bewilligungsbescheid wegen einer Änderung der Bedarfsgemeinschaft aufgehoben wurde, beginnt ein neuer Bewilligungszeitraum automatisch im Monat, nach dem die Änderungen bei der Bedarfsgemeinschaft (zB Geburt eines Kindes, Auszug einer Person usw) eingetreten sind (§ 6a Abs. 7 S. 3 u. 4 BKGG).

Damit wird der Kinderzuschlag zu einer verlässlicheren Sozialleistung, die sich nicht Monat für Monat ändern kann.

2.3 Keine Erstattung bei Aufhebung der Bewilligung von KiZ

15 Wird der Bewilligungsbescheid aufgehoben, was nur noch bei Änderungen der Bedarfsgemeinschaft zum Nachteil der leistungsberechtigten Familien erfolgen kann, *„sind bereits erbrachte Leistungen abweichend von § 50 [Abs. 1 SGB X; ...] nicht zu erstatten, soweit der Bezug von Kinderzuschlag den Anspruch auf Leistungen nach dem Zweiten Buch Sozialgesetzbuch ausschließt oder mindert"* (§ 11 Abs. 5 BKGG).

2.4 Einkommensermittlung beim KiZ

16 Seit dem 1.7.2019 ist *„[f]ür die Ermittlung des monatlich zu berücksichtigenden Einkommens [sowohl beim KiZ-berechtigten Kind als auch bei seinen Eltern] der Durchschnitt des Einkommens [nach §§ 11 ff. SGB II] aus den **sechs Monaten vor Beginn des Bewilligungszeitraums** maßgeblich"* (§ 6a Abs. 8 S. 1 BKGG). Das nach SGB II-Regeln zu berücksichtigende Einkommen wird also nicht mehr wie zuvor Monat für Monat neu berechnet oder vorläufig für sechs Monate als Durchschnittseinkommen geschätzt, sondern es wird immer das Durchschnittseinkommen ermittelt, das in den letzten sechs Monaten **vor der Antragstellung** erzielt wurde, und bei der Berechnung für den kommenden sechsmonatigen Bewilligungszeitraum zugrunde gelegt.

Das hat zur Folge, dass ein Elternteil bei Neuaufnahme einer Beschäftigung zunächst für mehrere Monate Einkommen erzielen muss, um ein Einkommensniveau zu erreichen, aus dem ein Anspruch auf Kinderzuschlag resultiert. Es bietet aber auch Raum für „kreative" Antragstellung, weil zB mit entsprechend hohem Einkommen der KiZ bereits vier Monate nach Beschäftigungsbeginn (und Einkommenserzielung) beantragt werden kann, weil nach sechs Monaten Einkommenserzielung das Durchschnittseinkommen zu hoch für einen KiZ-Anspruch wäre.

17 Der mit dem Bürgergeldgesetz beschlossene, ab dem **1.7.2023** im SGB II geltende erhöhte **Freibetrag für Erwerbseinkommen** von unter 25-jährigen Auszubildenden/Schüler*innen/Studierenden (§ 11b Abs. 2b S. 1

SGB II) muss auch beim Kinderzuschlag berücksichtigt werden (→ 58 Rn. 56). Dieser Freibetrag steht idR den Kindern zu und kann zum einen zu einem rechnerisch **höheren KiZ-Anspruch** für ein einzelnes Kind führen, zum anderen das zu berücksichtigende **Gesamteinkommen** der Familie so weit **herabsenken**, dass ein Kinderzuschlag nicht mehr zusteht, weil weiterhin Hilfebedürftigkeit nach dem SGB II besteht (→ Rn. 26).

2.5 Berücksichtigung des Vermögens beim KiZ?

18 Das geschützte Vermögen (→ 119) wird **orientiert am Bürgergeld** gemäß § 12 SGB II berücksichtigt. Maßgeblicher Zeitpunkt für die Beurteilung des Vermögens ist der **Beginn des Bewilligungszeitraums** (§ 6a Abs. 8 S. 5 BKGG), dh der erste Tag.

Aufgrund der **Corona-Sonderregelungen** für den erleichterten Zugang zu Sozialleistungen (§ 20 Abs. 6a BKGG iVm § 67 Abs. 2 SGB II; Sozialschutzpaket I) gilt im SGB II und damit auch beim Kinderzuschlag für Bewilligungszeiträume, die vom **1.3.2020 bis zum 31.12.2022** begonnen haben, ein **erhöhtes Schonvermögen**. Für das erste zu berücksichtigende Haushaltsmitglied sind 60.000 EUR als Vermögen geschützt und für jedes weitere zu berücksichtigende Haushaltsmitglied 30.000 EUR (FW 67, Nr. 1.2, mit Verweis auf Verwaltungsvorschrift zu § 21 WoGG, 21.37).

19 Durch das **Bürgergeldgesetz** wurde zum **1.1.2023** der als „*erhebliches Vermögen*" (§ 6a Abs. 3 S. 5 BKGG) geschützte Betrag beim KiZ zwar reduziert, er bleibt allerdings bei länger als einjährigem Leistungsbezug über dem Niveau des „normalen" Bürgergeld-Schonvermögens. Familien in Bezug von Kinderzuschlag profitieren von der **dauerhaften Anerkennung** des geschützten „**erheblichen Vermögens**", das bei Bezug von Bürgergeld nur während der einjährigen **Karenzzeit** anerkannt wird (§ 12 Abs. 3 S. 2 SGB II). Vermögen ist „*erheblich, wenn es in der Summe 40 000 Euro für die leistungsberechtigte Person sowie 15 000 Euro für jede weitere mit dieser in Bedarfsgemeinschaft lebende Person übersteigt*" (§ 7a Abs. 4 S. 1 SGB II).

Eine **vierköpfige Familie** in Bezug von KiZ käme demnach dauerhaft auf ein frei verfügbares geschütztes Vermögen von 85.000 EUR. Derselben Familie in Bezug von Bürgergeld stünde ein Schonvermögen in dieser Höhe nur während der einjährigen **Karenzzeit** zu. Nach deren **Ablauf** wird die Höchstgrenze auf 60.000 EUR (4 x 15.000 EUR) herabgesetzt. Neben dem frei verfügbaren Vermögen können nach § 12 SGB II freilich noch andere Vermögenswerte geschützt sein (zB Altersvorsorgevermögen, ein angemessenes Kfz oder eine selbst genutzte Immobilie; → 119). Das gilt fürs Bürgergeld und den KiZ gleichermaßen.

Durch das dauerhaft höhere Schonvermögen beim Kinderzuschlag ist es demnach möglich, dass Familien in Bezug von Bürgergeld nach Ablauf der Karenzzeit (frühestens am 1.1.2024) in den Kinderzuschlag wechseln müssen, weil ihr Vermögen „zu hoch" ist. Selbst wenn das Familieneinkommen plus Wohngeld und KiZ nicht ausreichen würde, um den SGB II-Bedarf der Familie zu decken, würde „*keine Hilfebedürftigkeit im Sinne des § 9 SGB II*" bestehen, weil der Lebensunterhalt mit dem Vermögen gesichert werden kann, das über dem SGB II-Schonvermögen liegt.

2.6 Berücksichtigung der Unterkunftskosten

20 Bei **Mieter*innen** „*sind als monatliche Bedarfe für Unterkunft und Heizung die [tatsächlichen] laufenden Bedarfe für den ersten Monat des Bewilligungszeitraums zugrunde zu legen*" (§ 6a Abs. 8 S. 2 BKGG). Das bietet deutliche Vorteile gegenüber dem Bürgergeld, weil beim Bezug von Kinderzuschlag dauerhaft die **tatsächlichen Unterkunftskosten** anerkannt werden, und „unangemessene" Aufwendungen nicht – wie im SGB II – nach Ablauf der Karenzzeit zuzüglich idR sechs Monate Kostensenkungsfrist auf das angemessene Maß herabgesenkt werden müssen (→ 75 Rn. 26).

In einzelnen Monaten, in denen KiZ-Familien aufgrund von Heiz- oder Betriebskostennachzahlungen bzw. der Beschaffung von Brennstoffen **unter das SGB II-Niveau** geraten, ist es zudem möglich, **Bürgergeld** zu beantragen und **aufzustocken** (→ 57 Rn. 4). Das gilt auch bei selbst genutztem Wohneigentum.

„Bei Personen, die an dem selbst genutzten Wohnraum Eigentum haben, sind als monatliche Bedarfe für Unterkunft und Heizung die Bedarfe aus den durchschnittlichen Monatswerten des Kalenderjahres vor Beginn des Bewilligungszeitraums zugrunde zu legen" (§ 6a Abs. 8 S. 3 BKGG).

3. Berechnung des KiZ

21 Im Folgenden wird zunächst ausführlich dargelegt, wie der KiZ in vier Schritten berechnet werden kann, und wird dann auch beispielhaft für ein Elternpaar mit zwei Schulkindern sowie für eine Alleinerziehende mit einem Kind angewandt.

3.1 Berechnung in vier Schritten

22 Liegen die unter → Rn. 11 genannten Anspruchsvoraussetzungen für den KiZ vor, wird in vier Schritten vorgegangen.

1. Zuerst wird anhand des **Einkommens und Vermögens** eines jeden Kindes dessen Kinderzuschlag berechnet. Verfügt das Kind über eigens Einkommen (Wohngeld, Kindergeld und der Kinderzuschlag selbst werden hier **nicht** berücksichtigt) und Vermögen, wird der Höchstbetrag für den Kinderzuschlag entsprechend gemindert. Das Einkommen des Kindes wird seit Juli 2019 **nur noch zu 45 Prozent** angerechnet. Der addierte KiZ aller Kinder in einer Bedarfsgemeinschaft nennt sich „*Gesamtkinderzuschlag*".
2. Dann wird der fiktive SGB II-Bedarf der Eltern, die sogenannte *„Bemessungsgrenze"*, ermittelt und dem **Elterneinkommen** (Vermögen) gegenübergestellt.
3. Der Gesamtkinderzuschlag wird um das Elterneinkommen gemindert, das den SGB II-Bedarf der Eltern übersteigt. Allerdings wird das **übersteigende Erwerbseinkommen** der Eltern seit Januar 2020 **nur noch zu 45 Prozent** an den Gesamtkinderzuschlag angerechnet.
4. Zum Schluss muss eine **SGB II-Kontrollberechnung** durchgeführt werden, um zu überprüfen, ob mit dem KiZ im Antragsmonat keine SGB II-Hilfebedürftigkeit besteht.

23 **1. Schritt: Berechnung des KiZ pro Kind und des Gesamtkinderzuschlags**

Der max. Kinderzuschlag pro Kind beträgt 250 EUR (Stand 2023). Seit 1.7.2019 wird das mtl. zu berücksichtigende **Einkommen des Kindes** nur noch zu 45 Prozent an den max. KiZ angerechnet (zuvor verringerte es den Kinderzuschlag um 100 Prozent). **Kindergeld und** der auf das Kind entfallende Anteil des **Wohngeldes** werden als Einkommen **nicht** berücksichtigt.

Als **Vermögen des Kindes** wird „erhebliches Vermögen" zu berücksichtigen sein, was allerdings nach den neuen Vorgaben des SGB II nur als **Familienvermögen** veranschlagt wird (§ 12 Abs. 4 S. 1 SGB II; → Rn. 18 f.). Hier wird seit 1.1.2023 zu prüfen sein, ob Kindervermögen bei Bedarf auf andere Personen in der Bedarfsgemeinschaft übertragen werden kann. Eine einfache Erklärung, dass kein erhebliches Vermögen vorliegt, und eine Selbstauskunft sollten als Glaubhaftmachung beim Antrag für die ganze Familie genügen (§ 12 Abs. 4 S. 3 u. 4 SGB II).

Ist das zu berücksichtigende Vermögen höher als der um das Einkommen bereinigte KiZ im ersten Monat, entfällt der KiZ-Anspruch für dieses Kind vollständig. Ist das Vermögen geringer, wird es im ersten Monat auf den Kinderzuschlag angerechnet und im zweiten Monat wird der KiZ ohne Berücksichtigung von Vermögen berechnet.

Die Differenz zwischen max. KiZ und anzurechnendem Einkommen und Vermögen ist der **individuelle Kinderzuschlag** (§ 6a Abs. 3 BKGG).

Beispiel: Ein vierjähriges Kind erhält einen mtl. **Unterhaltsvorschuss** in Höhe von **187 EUR**. Dieser wird nur noch zu 45 Prozent angerechnet. Vermögen (Kindersparbuch) beträgt 2.650 EUR und ist nicht zu berücksichtigen.

max. Kinderzuschlag	250,00 EUR
Unterhaltsvorschuss (45 %)	− 84,51 EUR
individueller Kinderzuschlag	**165,85 EUR**

Bei **mehreren Kindern** werden die individuellen Kinderzuschläge zum **Gesamtkinderzuschlag** der Familie addiert (§ 6a Abs. 4 BKGG).

24 **2. Schritt: Ermittlung der** *„Bemessungsgrenze"* **und des Elterneinkommens**

Voraussetzung: Elternpaare müssen **mindestens** über 900 EUR und ein alleinerziehender Elternteil muss mindestens 600 EUR Einkommen **erzielen**.

Zur Berechnung des zustehenden Kinderzuschlags wird der elterliche fiktive SGB II-Bedarf, die **Bemessungsgrenze** (§ 6a Abs. 5 BKGG), aus den jeweiligen **Regelbedarfen** (→ 89), **Mehrbedarfszuschlägen** (→ 74) und einem festgelegten **Anteil** der Eltern an den **tatsächlichen**, nicht den „angemessenen" **Kosten der Unterkunft und Heizung (KdU)** ermittelt (BSG 14.3.2012 – B 14 KG 1/11 R). Die Höhe dieser Wohnkostenanteile ist davon abhängig, ob es sich um eine Ein- oder Zweielternfamilie handelt und wie viele Kinder im Haushalt leben. Der Anteil der elterlichen Unterkunftskosten ergibt sich aus dem 12. Bericht der Bundesregierung über die Höhe des Existenzminimums von Erwachsenen und Kindern (§ 6a Abs. 5 S. 3 BKGG), er beträgt bei:

Alleinerziehenden mit	elterlicher KdU-Anteil
1 Kind	76,64 %
2 Kindern	62,13 %
3 Kindern	52,24 %
4 Kindern	45,06 %
5 Kindern	39,62 %
Elternpaaren mit	elterlicher KdU-Anteil
1 Kind	83,16 %
2 Kindern	71,17 %
3 Kindern	62,2 %
4 Kindern	55,24 %
5 Kindern	49,69 %

Beispiel: Bemessungsgrenze der Eltern Fünfköpfige Familie, Elternpaar, 3 Kinder; die warmen Unterkunftskosten betragen 980 EUR

Regelbedarfe der Eltern (2 x 451 EUR) (Stand 2023)	902,00 EUR
Mehrbedarf Warmwasserbereitung (→ 122) (2 x 10,37 EUR)	+ 20,74 EUR
Unterkunftskosten (62,2 % von 980 EUR)	+ 609,56 EUR
Elternbedarf	**1.532,30 EUR**

Das **Elterneinkommen und -vermögen** wird nach den Regelungen der §§ 11–12 SGB II ermittelt und der Bemessungsgrenze gegenübergestellt (Einkommensbereinigung, → 38; Vermögen, → 119). **Wohngeld** wird dabei nicht berücksichtigt.

Das über dem Bedarf liegende Einkommen wird ermittelt. Dabei ist das Einkommen getrennt nach Erwerbseinkommen und anderen Einkommensarten zu ermitteln. Auf den elterlichen Bedarf werden **zuerst andere Einkünfte** und dann **Erwerbseinkommen** angerechnet (§ 6a Abs. 6 BKGG). Übersteigt das Einkommen der Eltern die Bemessungsgrenze, wird auf diese Weise sichergestellt, dass vorhandenes Erwerbseinkommen den übersteigenden Teil des Einkommens bildet. Das ist wegen der Ermittlung des Betrags wichtig, der nicht an den Gesamtkinderzuschlag anzurechnen ist (→ Rn. 25, 3. Schritt).

25 **3. Schritt: Anrechnung Elterneinkommen und -vermögen an den Gesamtkinderzuschlag**

Das mtl. Einkommen und das ggf. einzusetzende Vermögen der Eltern, das die Bemessungsgrenze übersteigt, wird nach einer speziellen Methode an den Gesamtkinderzuschlag angerechnet.

Besteht das Elterneinkommen aus **Erwerbseinkommen** und ggf. anderen Einkünften, bewirkt die unter Schritt 2 genannte vorrangige Anrechnung anderer Einkünfte an den fiktiven Elternbedarf, dass idR das Erwerbseinkommen die Bemessungsgrenze übersteigt. Das übersteigende Erwerbseinkommen wird nämlich nur **zu 45 Prozent an den Gesamtkinderzuschlag** angerechnet (bis zum 31.12.2019 waren es noch 50 Prozent). Der Anspruch auf den KiZ sinkt demnach mit steigendem Erwerbseinkommen nur langsam.

Besteht das Elterneinkommen vorwiegend aus **anderen Einkünften** und übersteigen diese die Bemessungsgrenze, wird der übersteigende Betrag **zu 100 Prozent an den Gesamtkinderzuschlag** angerechnet. Das gleiche gilt für zu berücksichtigendes **Vermögen** (§ 6a Abs. 6 BKGG). In diesem Fall sinkt der KiZ-Anspruch deutlich schneller als bei übersteigendem Erwerbseinkommen. Das soll den Anreiz erhöhen, eine Erwerbstätigkeit auszuüben.

26 **4. Schritt: Kontrollberechnung**

Der SGB II-Bedarf der gesamten **Bedarfsgemeinschaft** muss nun ermittelt werden, um festzustellen, ob mit dem bewilligten KiZ plus aller anderen Familieneinkünfte **Hilfebedürftigkeit** nach dem SGB II **nicht besteht**. Ist das der Fall, wird der errechnete Kinderzuschlag bewilligt. *„Wird kein Wohngeld bezogen und könnte mit Wohngeld und Kinderzuschlag Hilfebedürftigkeit vermieden werden, ist bei der Prüfung Wohngeld in der Höhe anzusetzen, in der es voraussichtlich für den Antragsmonat zu bewilligen wäre"* (§ 6a Abs. 1 Nr. 3 S. 3 BKGG). In diesem Fall müsste das Wohngeld als vorrangiges Einkommen sofort beantragt werden.

3.2 Beispiel: KiZ für Elternpaar mit zwei Schulkindern

27 Frau Kurz hat aus einem Teilzeitjob ein nach SGB II-Regeln bereinigtes **anzurechnendes Erwerbseinkommen von 1.050 EUR** (Durchschnittseinkommen der sechs Monate vor Antragstellung). Herr Kurz bezieht seit acht Monaten 670 EUR **Alg I**, das (abzgl. der 30-EUR-Versicherungspauschale) bereinigt **640 EUR anzurechnendes anderes Einkommen** ergibt. Das Elterneinkommen übersteigt mit **1.690 EUR** das 900-EUR-Mindesteinkommen.

Ihr Sohn Karl (15 Jahre) bezieht aus einem Minijob (300 EUR) konstant ein nach SGB II-Regeln bereinigtes **anzurechnendes Einkommen von 160 EUR** und seine Tochter Petra (12 Jahre) hat **kein** zu berücksichtigendes Einkommen, das den KiZ mindert. Ab dem 1.7.2023 wird der **Freibetrag** für Erwerbseinkommen von unter 25-jährigen Schüler*innen auf **520 EUR** erhöht, dann entfällt bei Karl das anzurechnende Einkommen und er erhält den **vollen Kinderzuschlag**.

Die Warmmiete inkl. Warmwasserbereitung beträgt 870 EUR. Erhebliches Vermögen ist nicht vorhanden.

28 **1. Schritt: Gesamtkinderzuschlag**

KiZ Karl		(ab 1.7.2023:
250 EUR – 72 EUR (45 % v. 160 EUR)	= 178 EUR	250 EUR)
KiZ Petra	= 250 EUR	
Gesamt-KiZ	= 428 EUR	(ab 1.7.2023: 500 EUR)

29 **2. Schritt: Bemessungsgrenze (fiktiver Elternbedarf)**

Die Warmmiete wird bei Eltern mit zwei Kindern zu **71,17 Prozent** angerechnet (Tab. in → Rn. 24, 2. Schritt):

Regelsatz Frau Kurz	451,00 EUR
Regelsatz Herr Kurz	451,00 EUR
71,17 % der Miete	619,18 EUR
Elternbedarf (fiktiv)	**1.521,18 EUR**

30 **3. Schritt: Anrechnung Elterneinkommen an den KiZ**

Das bereinigte Elterneinkommen in Höhe von **1.690 EUR** übersteigt die Bemessungsgrenze **1.521,18 EUR** (2. Schritt) um **168,82 EUR**. Der Gesamtkinderzuschlag (1. Schritt) wird um **45 Prozent** des übersteigenden Erwerbseinkommens gemindert = **75,97 EUR**. Das Alg I von Herrn Kurz wird zuerst an die Bemessungsgrenze angerechnet, dann folgt das Erwerbseinkommen seiner Frau.

Gesamt-KiZ	428,00 EUR	(ab 1.7.2023: 500 EUR)
Minderungs- betrag	75,97 EUR	
KiZ-An- spruch	352,03 EUR	
gerundet	352,00 EUR	(ab 1.7.2023: 424 EUR)

31 **4. Schritt: SGB II-Kontrollrechnung**

SGB II-Bedarf

Regelsatz Eltern (2 x 451 EUR)	902 EUR
Regelsatz Karl (Rb 4)	420 EUR
Regelsatz Petra (Rb 5)	348 EUR
Warmmiete (inkl. WW)	870 EUR
Bedarf	**2.540 EUR**

anzurechnendes Einkommen + KiZ

Gesamteinkommen (Eltern)	1.670 EUR	
Erwerbseinkommen Karl	140 EUR	(ab 1.7.2023: 0 EUR)
Kindergeld Karl	250 EUR	
Kindergeld Petra	250 EUR	
KiZ-Anspruch	352 EUR	
Familieneinkommen	**2.662 EUR**	

Familie Kurz liegt also mit dem Kinderzuschlag 122 EUR über dem SGB II-Bedarf. Die werden zT durch Rundfunkbeiträge und erhöhte Zuzahlungen bei der gesetzlichen Krankenkasse aufgefressen.

Ab dem **1.7.2023** fallen 140 EUR anzurechnendes Erwerbseinkommen bei Karl weg. Weil dann weiterhin SGB II-Hilfebedürftigkeit vorliegen würde, müsste Familie Kurz entweder von der Verzichtsregelung (→ Rn. 7 ff.; § 6a Abs. 1a BKGG) Gebrauch machen, oder zusätzlich Wohngeld beantragen, das regelmäßig die Bedarfsdeckungslücke schließen wird.

3.3 Beispiel: KiZ für Alleinerziehende mit einem Kind

32 Frau Lang, alleinerziehend, erzielt ein nach SGB II-Regeln bereinigtes **anzurechnendes Erwerbseinkommen von 1.060 EUR** (Durchschnittseinkommen der sechs Monate vor Antragstellung). Das Einkommen überschreitet das 600-EUR-Mindesteinkommen. Ihre Tochter Bea, 16 Jahre, erhält mtl. **388 EUR** Unterhaltsvorschussgeld (UVG). Die Warmmiete inkl. Warmwasserbereitung beträgt **680 EUR**. Erhebliches Vermögen ist nicht vorhanden.

33 **1. Schritt: Kinderzuschlag (1 Kind)**

KiZ Bea
250 EUR − 174,60 EUR = **75,40 EUR**
(45 % v. 388 EUR)

34 **2. Schritt: Bemessungsgrenze (fiktiver Elternbedarf)**

Die Warmmiete wird bei Alleinerziehenden mit einem Kind zu **76,64 Prozent** berücksichtigt (Tab. in → Rn. 24, 2. Schritt). Der Mehrbedarf für Alleinerziehende ist hier zu berücksichtigen.

Regelsatz Frau Lang	502,00 EUR
Mehrbedarf Frau Lang	60,24 EUR
76,64 % der Miete	521,15 EUR
Elternbedarf (fiktiv)	**1.083,24 EUR**

35 **3. Schritt: Anrechnung Elterneinkommen an den KiZ**

Frau Lang liegt mit ihren **1.060 EUR** anzurechnendem Erwerbseinkommen **23,24 EUR** unter der Bemessungsgrenze von 1.083,24 EUR (2. Schritt). Übersteigendes Elterneinkommen, das den KiZ mindert, ist nicht vorhanden. Kinderzuschlag (1. Schritt) für Bea wird in Höhe von **75 EUR** (gerundet von 75,40 EUR) gewährt.

36 **4. Schritt: SGB II-Kontrollrechnung**

Bedarf-SGB-II

Regelsatz Frau Lang	502,00 EUR
Mehrbedarf Frau Lang	60,24 EUR
Regelsatz Bea	420,00 EUR
Warmmiete	680,00 EUR
Bedarf	**1.662,24 EUR**

anzurechnendes Einkommen + KiZ

Erwerbseinkommen Frau L.	1.060 EUR
Kindergeld	250 EUR
UVG	388 EUR
KiZ	75 EUR
Familieneinkommen	**1.773 EUR**

Frau Lang und Bea haben mit dem KiZ lt. Kontrollrechnung 110.76 EUR mehr als mit Bürgergeld. Allerdings fallen auch hier ggf. Vergünstigungen durch SGB II-Bezug weg (→ Rn. 5). Ein Antrag auf Wohngeld wird mit großer Wahrscheinlichkeit einen weiteren Zuschlag bescheren. Weil beim KiZ dauerhaft das „erhebliche Vermögen" anerkannt und die tatsächlichen – nicht die angemessenen – Kosten der Unterkunft und Heizung berücksichtigt werden, könnte der Bezug von Kinderzuschlag gegenüber dem SGB II auf Dauer von Vorteil sein.

4. Weiteres zum KiZ

37 Da Jobcenter oder andere **Behörden** gerne mal die ein oder andere Regelung, gerade zum Übergang von Bürgergeld zum KiZ, vergessen oder ihrer **Beratungspflicht** nicht hinreichend nachkommen, wird im Folgenden auf weitere wichtige Aspekte hingewiesen.

4.1 Leistungen für Bildung und Teilhabe

38 Leistungen für Bildung und Teilhabe stehen auch allen kindergeldberechtigten Kindern zu, wenn

- sie in einem Haushalt leben, in dem **für mindestens ein Kind** ein KiZ gezahlt wird oder
- sie in einem Haushalt leben, in dem **Wohngeld** bezogen wird (§ 6b Abs. 1 BKGG).

Näheres dazu unter dem Beitrag Bildung und Teilhabe (→ 27).

4.2 Befreiung von KiTA-Gebühren

39 Familien, die den Kinderzuschlag beziehen, sind seit dem **1.8.2019** von der Zahlung von KiTA-Gebühren befreit („*Gute-Ki-Ta-Gesetz*"). Oft wissen die die Familien nichts von ihrem Glück, weil viele Kommunen nicht über die Vergünstigung aufklären und die Befreiung von einer Antragstellung abhängig ist.

40 **Tipp:** Stellen Sie umgehend einen Antrag beim Jugendamt, das idR zuständig ist oder den Antrag weiterleiten muss.

4.3 Übergang von Bürgergeld zum KiZ

41 „*Ergibt die ggf. überschlägige Prüfung, dass ein KiZ-Anspruch besteht, sind die Antragstellenden bezüglich der erforderlichen Beantragung von KiZ zu beraten. Die konkrete Berechnung des KiZ führt die Familienkasse durch. Im Rahmen der Beratung ist zu ermitteln, ob an der SGB II-Antragstellung festgehalten wird. Ist dies der Fall, sind die antragstellenden Personen zu einer Beantragung der vorrangigen Leistung(en) aufzufordern und ein Erstattungsanspruch anzumelden*" (FW § 12a SGB II 12a.20). Immerhin ist die Bundesagentur für Arbeit von ihrer rechtswidrigen Weisung abgerückt, dass ein Antrag auf SGB II-Leistungen abzulehnen ist, wenn mit „*hinreichender Sicherheit*" ein Anspruch auf Kinderzuschlag besteht. Solange der KiZ zur Bedarfsdeckung nicht zur Verfügung steht, sind Jobcenter nämlich verpflichtet, SGB II-Leistungen neu zu bewilligen oder laufende Leistungen solange weiter zu zahlen, bis die vorrangige Leistung auch tatsächlich zufließt und für den Lebensunterhalt zur Verfügung steht. Vor dem Hintergrund, dass seit 2023 die Bearbeitungszeiten für den Kinderzuschlag und das Wohngeld bis auf Weiteres in unzumutbarer Weise angestiegen sind bzw. ansteigen werden, stehen die Jobcenter in der Pflicht, das Existenzminimum vorerst abzusichern.

42 **Tipp 1:** Verweigert Ihnen das Jobcenter mit Verweis auf den vorrangigen Kinderzuschlag die Annahme eines Antrags auf Bürgergeld, bestehen Sie auf eine Entgegennahme und auf einen rechtsmittelfähigen schriftlichen Bescheid. Wird der Antrag mit Verweis auf den möglichen KiZ-Anspruch abgelehnt, empfehlen wir Widerspruch (→ 126) einzulegen.

43 **Tipp 2:** Werden Sie auf den vorrangigen KiZ verwiesen, weisen Sie im Jobcenter darauf hin, dass bis zur Bewilligung des Zuschlags SGB II-Leistungen in **Vorleistung** zu erbringen sind und das Jobcenter einen Erstattungsanspruch (§ 40a SGB II iVm § 104 SGB X) gegenüber der Familienkasse (ggf. der Wohngeldstelle) geltend machen. „*Gleiches gilt zur Vermeidung von Zahlungsunterbrechungen, sofern sich ein KiZ-Anspruch während des laufenden Bezugs von Leistungen nach dem SGB II ergibt*" (FW 12a.24).

5. Kritik

44 Der 2005 eingeführte Kinderzuschlag soll das Ziel haben, „*Armut von Kindern zu vermindern*" (BT-Drs. 15/1516, 1). Und zwar dadurch, dass Kindergeld plus Zuschlag plus Wohngeldanteil „*den durchschnittlichen Bedarf von Kindern an Arbeitslosengeld II bzw. Sozialgeld abdecken*" (BT-Drs. 15/1516, 3). Regelbedarfe plus einmalige Beihilfen sind aber für die Mehrzahl der Kinder mit der Hartz IV-Reform gesenkt worden. Wie kann ein verringertes Leistungsniveau von Armen die Armut vermindern, bloß weil es in Form von Kindergeld plus Zuschlag plus Wohngeld abgedeckt wird?

Der Kinderzuschlag soll vermeiden, dass Lohnarbeitende „nur" wegen ihrer Kinder auf Bürgergeld angewiesen sind. Er deckt damit auf, dass Löhne nicht einmal ausreichen, um den Nachwuchs von Arbeitskräften zu ernähren.

45 Der Kinderzuschlag wurde vor allem durch den immensen Prüfaufwand bekannt. Nur wenige Familien hatten überhaupt einen Anspruch. Von 2005 bis Ende 2007 wurden 993.787 Anträge auf den Zuschlag gestellt. Von diesen wurden ganze 121.613 bewilligt. 87,1 Prozent der Anträge wanderten in den Papierkorb (BMFSFJ: Dossier Kinderzuschlag, April 2008). Ende 2007 wurden 100.000 Kindern in 36.000 Familien „*erreicht*". Zu wenig für die damalige Familienministerin. Daraufhin wurde der KiZ zum Oktober 2008 „*weiterentwickelt*". Die Anspruchsvoraussetzungen wurden mit dem Ziel erleichtert, weitere 150.000 Kinder aus Hartz IV herauszuholen. Nach Angaben des zuständigen Bundesministeriums für Familie, Senioren, Frauen und Jugend wurden Anfang 2012 durch den Kinderzuschlag „*rund 300.000 Kinder und ihre Eltern erreicht*" (www.bmfsfj.de) – Tendenz in den Folgejahren wieder nachlassend. Nach einer zaghaften Erhöhung des KiZ 2017 wurde klar, dass nur durch eine weitreichendere Reform die Attraktivität des Zuschlags gesteigert werden kann. Die kam mit dem „*Starke Familien-Gesetz*" in zwei Schritten am 1.7.2019 und 1.1.2020 und verschob einerseits die Höhe des KiZ und die Einkommensspanne für die berechtigten Familien deutlich nach oben und führte andererseits zu einigen überfälligen Erleichterungen beim Berechnungs- und Bewilligungsverfahren. 2021 wurde der max. Zuschlag pro Kind schließlich um 20 EUR auf 205 EUR und Anfang 2022 auf 209 EUR sowie sechs Monate später inflationsbedingt auf 229 EUR angehoben. Seit 1.1.2023 beträgt er 250 EUR.

46 Dennoch ist das Berechnungsverfahren beim KiZ für Laien (und leider auch für viele Berater*innen) noch immer kaum nachvollziehbar. Die betroffenen Familien werden vom Jobcenter zur Familienkasse und notgedrungen zur Wohngeldstelle verwiesen, ohne dass wirklich Großes für sie herausspringt. Einziges Motiv, KiZ und Wohngeld zu beantragen, ist häufig, den Schikanen des Jobcenters zu entkommen.

Durch eine vereinfachte Berechnung, den Wegfall der sogenannten „Abbruchkante" und der Tatsache, dass der Kinderzuschlag Hilfebedürftigkeit im SGB II nicht mehr vermeiden muss, haben allerdings seit 2020 auch Familien einen Anspruch, deren Einkommen von vornherein über dem Hartz IV-Niveau liegt. Diese können selbst bei Bezug eines „Mini-KiZ" von damit verbundenen Vergünstigungen wie Leistungen für Bildung und Teilhabe und KiTa-Gebührenbefreiung profitieren. Schade ist nur, dass gerade diese Familien oft nichts von ihrem Anspruch wissen, weil es an Aufklärung fehlt.

Letztlich ist das alles ist nicht der Schlag gegen die Kinderarmut, den man vorgaukelt. Das ist die Bereinigung der Hartz IV-/Bürgergeld-Statistik und die weiterentwickelte Vertuschung der Armut von Familien mit Kindern.

6. Forderungen

47 Bedarfsdeckende Kindergrundsicherung statt Kinderzuschlag!

Ein gesetzlicher Mindestlohn, mindestens 15 EUR pro Stunde – lohnsteuerfrei!

7. Informationen

48 Familienkasse der BA unter www.kinder zuschlag.de

Hierunter findet sich der KiZ-Lotse der Familienkasse, ein animiertes Online-Berechnungsprogramm, mit dem der Anspruch auf den Kinderzuschlag relativ einfach überprüft werden kann: www.arbeitsagentur.de/familie-und-kinder/kiz-lotse

64
Klage

1. Welche Gerichte und Stellen zuständig sind	1
1.1 Verschiedene Formen von Klagen	5
1.2 Voraussetzungen für eine Klage	8
1.3 Ziel der Klage	12
1.4 Gegenstand des Gerichtsverfahrens	13
1.5 Wer darf klagen?	14
2. Gang des Verfahrens	15
2.1 Mündliche Verhandlung	16
2.1.1 Beistand	17
2.1.2 Ablauf der mündlichen Verhandlung	20
2.1.3 Beweisaufnahme/Gutachter*in	23
2.1.4 Protokoll	24
2.2 Urteil	25
2.3 Berufung	26
2.4 Kein Anwaltszwang	28
3. Überlange Verfahren	29
4. Kosten einer Klage	31
5. Jobcenter/Sozialamt zahlt trotz Urteil nicht	33
6. Forderungen	34
7. Informationen	35

1. Welche Gerichte und Stellen zuständig sind

1 Wird Ihr Widerspruch von der Behörde mit einem Widerspruchsbescheid abgelehnt, bleibt Ihnen als nächster Schritt nur eine Klage vor dem Sozialgericht. Im Jahr 2022 wurden in Bezug auf das SGB II 403.856 Widersprüche und 50.883 Klagen bei den 302 Jobcentern in gemeinsamer Einrichtung eingereicht. Das waren 9.733 Widersprüche bzw. 10.489 Klagen weniger als 2021.
In 133.400 Fällen hatten die Widersprüche Erfolg, das ergibt eine **Erfolgsquote von 33 Prozent**, während den Klagen sogar zu rund **35 Prozent** ganz oder teilweise stattgegeben wurde (BA Presseinfo Nr. 3 vom 10.1.2023). Natürlich sind die Erfolge im Klageverfahren zur Gesamterfolgsquote hinzurechnen, was die BA in ihrer Statistik selbstverständlich nicht macht.

Diese Zahlen beziehen sich im Übrigen nur auf die Jobcenter in gemeinsamer Einrichtung, das heißt, sie beziehen sich auf 302 Jobcenter, die Zahlen müssten noch um die Zahlen der 102 kommunalen Jobcenter ergänzt werden. Die realen Zahlen dürften schätzungsweise um ein Drittel höher liegen die in der BA-Pressemitteilung genannten. Weitere Infos finden Sie im Beitrag **Wehren** (→ 123).

2 Sich wehren lohnt sich also durchaus. Die meisten Klagen und Verfahren des einstweiligen Rechtsschutzes (→ 41) wurden übrigens über außergerichtliche Vergleiche erledigt (→ Rn. 20); diese gehen nicht in die offizielle Statistik ein.

3 Für Angelegenheiten bei Alg II bzw. Bürgergeld und HzL/GSi der Sozialhilfe ist das **Sozialgericht** zuständig (§ 51 Abs. 1 Nr. 4a und 6a SGG). Bei einer Klage gegen ein vom Jobcenter verhängtes **Hausverbot** sind die Sozial- und nicht Verwaltungsgerichte zuständig, weil es sich hier auch um eine Bürgergeld-Angelegenheit handelt (BSG 21.7.2014 – B 14 SF 1/14 R). Die Sozialgerichtsbarkeit ist auch zuständig, wenn es sich um ein Hausverbot gegen einen Beistand (→ 19) handelt (SG Dortmund 9.11.2017 – S 30 AS 5263/17 ER). Diese Regelungen dürften auch für HzL/GSi gelten.

Örtlich zuständig ist in der Regel das Sozialgericht, in dessen Bezirk der*die Kläger*in zur Zeit der Klageerhebung seinen*ihren Sitz, Wohnsitz oder Aufenthaltsort hat (die Gerichtsadressen finden Sie unter: https://www.justizadressen.nrw.de/de/justiz/suche).

4 Um die **Klagefrist** zu wahren, können Sie die Klageschrift innerhalb der Frist statt beim zuständigen Sozialgericht auch bei einer anderen inländischen Behörde oder bei einem Versicherungsträger einreichen (§ 91 Abs. 1 SGG). **Hinweis:** Wer Spaß daran hat, könnte seine Klage auch beim Bürgergeld-

und HzL-/GSi-Amt einreichen, damit diese sie an das Gericht weiterreichen müssen.

Bürger*innen aus Staaten der EU, Staaten des EWR und des EU-Wirtschaftsraumes sowie Flüchtlinge in diesen Staaten können Klagen bei einer entsprechenden Behörde, einem Träger oder einem Gericht eines anderen EU-Mitgliedstaats einreichen (§ 30 Abs. 2 SGB I iVm Art. 81 S. 1 VO (EG) 883/2004; → 7 Rn. 37 ff.).

1.1 Verschiedene Formen von Klagen

5 a. **Anfechtungsklage** heißt die Klage, wenn Sie die Aufhebung eines Bescheids durchsetzen wollen, mit dem Ihnen eine Leistung ganz oder teilweise entzogen wird. Sie wendet sich zB gegen Aufrechnungen, Rückforderungen von Darlehen, Kürzungen, Forderungen zur Erstattung zu Unrecht erbrachter Leistungen usw.

b. **Verpflichtungsklage**, oft Untätigkeitsklage genannt, legen Sie ein, wenn die Behörde einen Antrag oder Widerspruch nicht bearbeitet. Eine Verpflichtungsklage ist bei Anträgen nach sechs Monaten Untätigkeit möglich (§ 88 Abs. 1 SGG), bei Widersprüchen nach drei (§ 88 Abs. 2 SGG).

c. **Leistungsklage** heißt die Klage, wenn Sie die Behörde zu einer Leistung verpflichten wollen, die sie rechtswidrig abgelehnt, in zu geringer Höhe oder für zu kurze Zeit bewilligt hat. Die einfachste Form der Leistungsklage wendet sich gegen die Einstellung einer bereits bewilligten Leistung, ohne dass ein entsprechender Aufhebungsbescheid erlassen wurde. In diesem Fall brauchen Sie keinen Widerspruch einzulegen.

d. **Feststellungsklage** heißt die Klage, wenn Sie feststellen lassen wollen, welches Rechtsverhältnis besteht: ob Sie zB erwerbsfähig sind oder nicht, ob Sozialamt oder Jobcenter zuständig sind, ob eine behördliche Forderung wegen eines fehlenden Durchsetzungsverwaltungsaktes nach § 52 Abs. 2 SGB X verjährt ist usw Hier brauchen Sie ebenfalls keinen Widerspruch einzulegen.

e. Ein Antrag auf **Androhung und Festsetzung eines Zwangsgeldes** kommt in Frage, wenn Ihnen aufgrund eines Gerichtsbeschlusses, -urteils oder -vergleichs eine Zahlung der Behörde zusteht, diese aber die Auszahlung verweigert (→ 41 Rn. 41 ff.).

6 Die meisten Klagen sind **kombinierte Klagen**. Häufig sind Anfechtungs- und Leistungsklagen (§ 54 Abs. 4 SGG), aber auch Anfechtungs- und Verpflichtungsklagen (§ 54 Abs. 1 SGG). Sie verlangen hier sowohl die Rücknahme eines Bescheides als auch die Erbringung einer bestimmten Leistung bzw. eine bestimmte Handlung der Behörde.

7 **Tipp:** Klagen Sie ohne Anwalt*Anwältin, müssen Sie die Art der Klage nicht angeben. Das Gericht ist verpflichtet, Sie bei der Ausgestaltung von Klagen zu beraten. Sie müssen nur deutlich machen, gegen was Sie klagen wollen und ob Sie mit Ihrer Klage einen Widerspruchsbescheid anfechten und/oder eine einstweilige Anordnung beantragen. Das Gericht muss Ihre Klage sachgerecht auslegen.

1.2 Voraussetzungen für eine Klage

8 a) Ihre Klage muss folgende **Angaben** enthalten:
 – Wer ist der*die Kläger*in? Unbedingt alle Mitglieder der Bedarfsgemeinschaft angeben!
 – Gegen wen klagen Sie? (Jobcenter, AA, Sozialamt)
 – Gegen was klagen Sie? (Bescheid vom ... [Datum] in der Fassung des Widerspruchsbescheids vom ... [Datum] mit Aktenzeichen)
 – Was beantragen Sie?
 – Unterschrift, Ort und Datum
 – die zur Begründung der Klage erforderlichen Beweismittel sollen angegeben und in Kopie beigefügt werden.

b) Wenn Sie die Klage nicht selbst schreiben wollen, können Sie zur **Rechtsantragsstelle** beim Sozialgericht gehen. Dort nehmen Rechtspfleger*innen die Klage zusammen mit Ihnen auf. Alles Weitere finden Sie unter **einstweiliger Rechtsschutz** (→ 41 Rn. 25 ff.).

c) In den ersten beiden Instanzen herrscht **kein** Anwaltszwang.
d) Ihre Klage muss innerhalb einer **Frist von einem Monat** nach Zugang des Widerspruchsbescheides beim Gericht oder bei einer inländischen (§ 91 Abs. 1 SGG) oder EU-Behörde (→ Rn. 4) eingegangen sein. Wurde bei den HzL/GSi-Behörden versäumt, in der Rechtsmittelbelehrung einen Hinweis auf die Möglichkeit der elektronischen Rechtsmitteleinlegung zu geben und gibt es im jeweiligen Bundesland ein E-Government-Gesetz, dann beträgt die Rechtsmittelfrist **ein Jahr** (§ 66 Abs. 2 SGG). Näheres zu den Fristen finden Sie unter den Beiträgen Bescheid (→ 22 Rn. 23 f.) und Widerspruch (→ 126 Rn. 25 ff.).

9 **Tipp 1:** Um die Frist zu wahren, können Sie die Klage auch ohne Begründung einreichen. Begründungen müssen Sie innerhalb von drei Monaten nachreichen oder wenn das Gericht Sie dazu auffordert, sonst gilt die Klage als zurückgenommen. Sie haben also Zeit, sich Informationen bei Beratungsstellen, einem*r Anwalt/Anwältin (→ 8) usw zu holen (§ 102 Abs. 2 SGG).

10 **Tipp 2:** Die Klage soll in zweifacher Ausfertigung eingereicht werden. Legen Sie immer eine Kopie des entsprechenden Widerspruchsbescheids bei. Für sich selbst brauchen Sie auch eine Kopie.

11 Sie können jederzeit ohne besondere Formalien oder Begründungen eine eingereichte Klage zurückziehen. Es entstehen keine Kosten.

1.3 Ziel der Klage

12 Sie müssen kein Klageziel angeben. Die Klage soll zwar einen bestimmten Antrag enthalten (§ 92 SGG), muss es aber nicht zwingend. Sie müssen also auch noch nicht genau beziffern, in welcher Höhe Sie Geld nachgezahlt bekommen wollen.

Das Gericht soll darauf hinwirken (§§ 106, 112 SGG), dass spätestens bis zur letzten mündlichen Erörterung geklärt ist, welche Klageziele Sie konkret verfolgen.

1.4 Gegenstand des Gerichtsverfahrens

13 Im Klageverfahren geht es **nur** um den **Ursprungsbescheid**. Nachfolgende Bescheide kann man nur dann einbeziehen, wenn diese den angefochtenen Verwaltungsakt abändern oder ersetzen (§ 96 Abs. 1 SGG). Dh, Sie müssen gegen jeden nachfolgenden neuen Bescheid (zB nach Beginn eines neuen Bewilligungszeitraums) erneut **Widerspruch und Klage** einlegen, damit er in die laufende Klage einbezogen wird.

Handelt es sich bei dem angefochtenen Bescheid **nicht** um eine Einzelentscheidung (zB eine Sanktion), kann ein mit dem Klageverfahren verbundener Sachverhalt nur über den **jeweiligen Bewilligungszeitraum** geklärt werden.

1.5 Wer darf klagen?

14 Es sind diejenigen „*befugt*" zu klagen, die in ihren Rechten verletzt sind. Bei einer Bedarfsgemeinschaft **müssen** also **alle** betroffenen BG-Mitglieder klagen. Minderjährige Kinder werden dabei von ihren sorgeberechtigten Eltern vertreten. Wenn der Widerspruchsbescheid nur an die Person gerichtet ist, die in Vertretung der Bedarfsgemeinschaft den Widerspruch eingelegt hat (§ 38 SGB II), reicht es zunächst aus, wenn diese die Klage einreicht. Das Gericht soll Sie beraten, wie Sie die Klage form- und sachgerecht stellen (§ 106 Abs. 1 SGG).

2. Gang des Verfahrens

15 Im Folgenden werden einige grundlegende Informationen zum Klageverfahren dargelegt. Weitere Informationen finden Sie unter dem Beitrag **einstweiliger Rechtsschutz** (→ 41 Rn. 34 ff.).

2.1 Mündliche Verhandlung

16 Bis zur Verhandlung dauert es im Schnitt gut ein Jahr. Es kann aber auch erheblich länger dauern. Wie lange es dauert, hängt u.a. davon ab, wie viele Verfahren das zuständige Gericht abarbeiten muss.

2.1.1 Beistand

17 Zur Verhandlung müssen Sie in der Regel persönlich erscheinen. Sie können einen Bei-

stand (→ 19) oder eine*n **Bevollmächtigte*n** (→ 25) mitbringen und sich von ihm*r vertreten lassen (§ 73 Abs. 5 SGG). Was der Beistand sagt, gilt so, als hätten Sie es gesagt, solange Sie dem nicht widersprechen.

Die Zurückweisung eines Beistandes aus einer Beratungseinrichtung wird nach dem seit 2008 geltenden Rechtsdienstleistungsgesetz nicht mehr erfolgen, da es keine unerlaubte Rechtsdienstleistung mehr darstellt (→ 19 Rn. 11 ff.), Beistand zu sein.

18 Findet in dem Verfahren ein **Erörterungstermin** mit dem*r Richter*in statt, um Sachverhalte zu klären oder die Beweisaufnahme zu besprechen und zu konkretisieren, sind diese Termine nicht öffentlich. Wollen Sie dort mit Beistand erscheinen, sollten Sie das Gericht darüber informieren. Handelt es sich um eine freundschaftliche Begleitung, darf diese nicht abgelehnt werden.

19 **Tipp:** Sollte der Beistand dennoch wegen unerlaubter Rechtsberatung zurückgewiesen werden, können Sie ihn im Flur warten lassen und die Unterbrechung des Verfahrens beantragen, damit Sie sich mit ihm beraten können. Dann wird das Gericht vielleicht von selbst anregen, dass Sie den Beistand offiziell hinzuziehen.

2.1.2 Ablauf der mündlichen Verhandlung

20 Wenn ohne mündliche Verhandlung entschieden werden soll, sollten Sie widersprechen. Denn dann fehlt Ihnen eine Möglichkeit, dem Gericht Ihre Sicht der Dinge darzulegen.

In der mündlichen Verhandlung hat der*die vorsitzende Richter*in, welche*r das Verfahren leitet, darauf hinzuwirken, dass die für den Sachverhalt erheblichen Tatsachen vollständig geklärt sowie angemessene und sachdienliche Anträge gestellt werden (§ 112 SGG).

Das Gericht wird den Sachverhalt vortragen und Ihnen nahelegen, sich außergerichtlich mit der Behörde auf einen **Vergleich** zu einigen. Es sei denn, es will die Klage abweisen.

Oft heißt ein Vergleich auch, dass nur ein Teil Ihrer Forderungen anerkannt wird.

Manche Gerichte wollen auf diesem Weg die Klage vom Tisch haben, damit sie kein Urteil schreiben müssen. Es kommt vor, dass Richter*innen Ihnen sogar mit der Abweisung der Klage drohen, um Sie zur Annahme eines Vergleichs zu bewegen. Es kann aber auch sein, dass das Gericht mit einem Vergleich das Bestmögliche für Sie herausholen und eine Zurückweisung der Klage vermeiden will.

21 Lässt das Gericht erkennen, dass es sich vermutlich zu Ihren Gunsten entscheidet, wird die Behörde ebenfalls versuchen, sich mit Ihnen im Vergleich zu einigen. Urteile zuungunsten der Behörde sind nämlich für sie bindend. Lieber also ein „freiwilliges" Zugeständnis ohne Urteil, welches das Amt nicht in anderen Fällen bindet, als ein erzwungenes „Zugeständnis" mit einem Urteil, das dann bei vergleichbaren Fällen herangezogen werden muss.

22 **Tipp:** Lassen Sie sich auf eine außergerichtliche Einigung nur ein, wenn Sie meinen, kein besseres Ergebnis erzielen zu können.

2.1.3 Beweisaufnahme/Gutachter*in

23 Das Gericht entscheidet in der Regel schon vor der Verhandlung, welche Beweise aufgenommen werden müssen. Es kann zB von Amts wegen ein Sachverständigengutachten einholen, wenn es um ungeklärte Gesundheitsfragen geht. Sie können auch selbst eine*n Gutachter*in Ihrer Wahl benennen. Allerdings müssen Sie die Kosten für den*die Gutachter*in vorlegen, wenn das Gericht die Hinzuziehung eines*r Gutachters*Gutachterin nicht für notwendig erachtet. Gewinnen Sie das Verfahren, sind die Kosten vom Gericht zu übernehmen. In der Verhandlung können Sie Beweisanträge stellen bzw. Zeug*innen mitbringen.

Wenn die Leistungsträger erkennbare und notwendige Ermittlungen unterlassen haben und diese nun im gerichtlichen Verfahren nachgeholt werden müssen, kann das Gericht der Behörde die Kosten ganz oder teilweise auferlegen (§ 192 Abs. 4 SGG).

2.1.4 Protokoll

24 Sachverhalte, die nicht durch die Klageschrift oder den Schriftverkehr dokumentiert sind bzw. die nicht in der mündlichen Verhandlung ins Protokoll aufgenommen wur-

den, gelten im Zweifelsfall als nicht vorgetragen.

Achten Sie also darauf, dass alle für das Verfahren wichtigen Sachverhalte ins Protokoll aufgenommen werden. Sie können einen entsprechenden Antrag stellen.

2.2 Urteil

25 Das Verfahren kann abgeschlossen werden,

- indem ein Vergleich geschlossen wird; dann ergeht kein Urteil (→ Rn. 20 f.),
- indem Sie die Klage zurücknehmen; dann ergeht auch kein Urteil oder
- indem das Gericht ein Urteil verkündet, wenn Sie an der Klage festgehalten und sich nicht mit der Behörde geeinigt haben.

2.3 Berufung

26 Wenn Sie mit dem Urteil nicht einverstanden sind, können Sie Berufung beim Landessozialgericht einlegen (§ 143 SGG). Wenn der Wert des „*Beschwerdegegenstandes*" unter 750 EUR liegt, muss die Berufung vom Sozialgericht zugelassen werden. Bei Beträgen darüber oder wenn es sich um eine wiederkehrende oder laufende Leistung für mehr als ein Jahr handelt oder es um eine Sache von grundsätzlicher Bedeutung geht, bedarf es keiner Zulassung (§ 144 SGG).

27 Tipp: Wenn Sie in Berufung gehen wollen, müssen Sie in der mündlichen Verhandlung anregen, dass das Sozialgericht die Berufung im Urteil zulässt.

2.4 Kein Anwaltszwang

28 Anders als im Verwaltungsrecht besteht auch in der zweiten Instanz vor dem Landessozialgericht kein Zwang, eine*n Anwalt/Anwältin (→ 8) zu einzuschalten. Sie können sich daher auch dort selbst vertreten oder durch einen Beistand oder den*die Rechtssekretär*in Ihrer Gewerkschaft vertreten lassen.

3. Überlange Verfahren

29 Nachdem Deutschland vor dem Europäischen Gerichtshofes für Menschrechte immer wieder wegen überlanger Verfahrensdauern verurteilt wurde, erließ man Ende 2011 das „*Gesetz über den Rechtsschutz bei überlangen Gerichtsverfahren*" (§§ 198–201 GVB), das in mehrere, bestehende Gesetze eingefügt wurde.

30 Es normiert einen **Entschädigungsanspruch** in Höhe von 1.200 EUR für jedes Jahr überlanger Gerichtsverfahrensdauern (§ 198 Abs. 2 GVB). Dieser Betrag kann abweichend festgesetzt werden. Ein Anspruch auf Entschädigung besteht aber nur, wenn das Gericht zuvor eine **Verzögerungsrüge** erhalten hat; diese ist frühestens nach sechs Monaten nach Eingang der Klage möglich (§ 198 Abs. 3 S. 1 GVG). Dann hat das Gericht weitere sechs Monate Zeit, die Klage abschließend zu bearbeiten. Frühestens sechs Monate nach Erhebung der Verfahrensrüge kann die Entschädigungsklage eingelegt werden (§ 198 Abs. 5 GVG).

Der Entschädigungsanspruch ist verschuldensunabhängig. Es kommt also nicht darauf an, ob den Richter*innen, den Gerichts- oder den Landesjustizverwaltungen ein Vorwurf zu machen ist. Neben der neuen Entschädigung sind zusätzlich – wie bisher – **Amtshaftungsansprüche** denkbar, wenn die Verzögerung auf einer schuldhaften Amtspflichtverletzung beruht. Dann kann umfassend Schadensersatz verlangt werden.

Anwendbar sind die Vorschriften in allen Gerichtsbarkeiten, auch in Verfahren auf Beantragung von Prozesskosten- oder Verfahrenskostenhilfe und in einstweiligen Rechtsschutzsachen. Ausgenommen sind lediglich eröffnete Insolvenzverfahren (§ 198 Abs. 6 Nr. 1 GVG).

Die Entschädigungszahlung kann bei einer solchen Klage durchaus höher sein als der Streitwert des Ausgangsverfahrens (BSG 12.2.2015 – B 10 ÜG 11/13 R). Entschädigungsleistungen für überlange Gerichtsverfahren sind anrechnungsfreies Einkommen (BSG 11.11.2021 – B 14 AS 15/20 R).

4. Kosten einer Klage

31 a. **Gerichtskosten** entstehen Beziehenden von Bürgergeld und HzL/GSi der Sozialhilfe keine, selbst wenn sie den Pro-

zess verlieren. Das gilt für alle Sozialgerichtsverfahren (§ 183 SGG).
b. **Anwaltskosten der Behörde** haben Sie nicht zu tragen (§ 193 Abs. 4 iVm § 184 Abs. 1 SGG).
c. **Eigene Anwaltskosten**
Überlegen Sie sich sehr genau, ob Sie eine*n Anwalt*Anwältin einschalten wollen. Sie können Prozesskostenhilfe (→ 87) beantragen, also die Übernahme Ihrer Anwaltskosten durch die Justizbehörden. Bekommen Sie **keine** PKH und verlieren Sie die Klage, fallen Kosten von mehreren Hundert Euro für den*die Anwalt*Anwältin an (→ 8).

32 Eine Verrechnung des Anspruchs auf Erstattung des Anwaltshonorars mit Forderungen des Jobcenters gegen die*den Leistungsberechtigte*n ist rechtswidrig. Die BA hat genau diese Praxis in ihren Dienstanweisungen angewiesen, um so anwaltliche Vertretung von Bürgergeld-Beziehenden zu behindern. Die Jobcenter hatten eine klare Anweisung der Bundesagentur für Arbeit: Bevor die Behörden die Kosten für das Widerspruchsverfahren übernehmen, sollten sie prüfen, ob eine Aufrechnung in Betracht kommt – und zwar auch dann, wenn einerseits der*die Rechtsanwalt*Rechtsanwältin Erstattung seiner*ihrer Kosten verlangt und andererseits der*die Bürgergeld-Empfänger*in dem Jobcenter noch Geld schuldet. Das BSG hat dieser Praxis nun ein Ende gemacht und ein **Aufrechnungsverbot** erlassen (BSG 20.2.2020 – B 14 AS 17/19 R, B 14 AS 4/19 R, B 14 AS 3/19 R).

5. Jobcenter/Sozialamt zahlt trotz Urteil nicht

33 Wenn das Jobcenter/Sozialamt trotz Urteil nicht zahlt, schlagen Sie unter dem Stichwort einstweiliger Rechtsschutz (→ 41 Rn. 41 ff.) nach, wie vorzugehen ist.

6. Forderungen

34 Reduktion des Streitwertes auf 200 EUR!

Keine Einführung von Sozialgerichtsgebühren!

Erhebung von Missbrauchsgebühren von den Leistungsträgern, wenn diese Verfahren mutwillig herbeiführen!

Einführung einer Verpflichtungsklage nach sechs Monaten Untätigkeit des Gerichts!

7. Informationen

35 BA: Praxishandbuch für das Verfahren nach dem Sozialgerichtsgesetz, 4. Aufl., Stand: 09/2020, abrufbar unter: https://harald-thome.de/files/pdf/redakteur/BA_FH/Praxishandbuch-Sozialgerichtsgesetz_9-2020.pdf

BA: Handbuch: Rechtsbehelfsverfahren in der BA – Fachliche Weisungen für Angelegenheiten nach dem SGG, Stand: 1.2.2022, abrufbar unter: https://harald-thome.de/files/pdf/redakteur/BA_FH/210201_FW-SGG.pdf

Hamburger Justiz, Das Verfahren. Die Klage, abrufbar unter: https://justiz.hamburg.de/die-klage/

Eilrechtsschutz und Klageverfahren in der Sozialen Arbeit, Walhalla Verlag, 2011 (inkl. CD, mit Formulierungshilfen)

65 Kleidung

1. Kleidung: Grund- und Ersatzbedarf ... 1
  1.1 Erstausstattung nur bei Totalverlust? 3
  1.2 Erstausstattung auch bei fehlenden Teilen der Grundausstattung 6
  1.3 Was gehört zur Grund- oder Erstausstattung? 8
  1.4 Kinder: Erstausstattungsbedarf wegen Wachstums? 11
  1.5 Grundausstattung außerhalb des Grundsicherungsrecht SGB II/SGB XII 13
2. Sach- oder Geldleistung 14
3. Ersatzbedarf als Darlehen 16
4. Was tun, wenn es nicht reicht? 17
5. Besondere Bekleidungsbedarfe 18

1. Kleidung: Grund- und Ersatzbedarf

1 Der **laufende Bedarf** für Kleidung, Wäsche, Schuhe und ihre Instandhaltung/Reparatur soll im Regelsatz für Bürgergeld und Hzl/GSi der Sozialhilfe enthalten sein (§ 20 Abs. 1 SGB II; § 27a SGB XII; § 42 Nr. 1

SGB XII). Im Regelsatz (2023; → 89 Rn. 13) eines alleinstehenden Erwachsenen von 502 EUR sind 41,65 EUR für Bekleidung und Schuhe enthalten. Das sind 499,80 EUR im Jahr.

2 Bekleidung in den jeweiligen **Regelsatzstufen** (RS):

In RS-Stufe 2 sind das 37,45 EUR, in RS-Stufe 3 sind das 33,33 EUR, in der RS-Stufe 4 sind das 50,20 EUR, in der RS-Stufe 5 sind das 42,19 EUR und in der RS-Stufe 6 sind das 50,87 EUR. Der Regelbedarf soll ebenso wie die alten Kleiderpauschalen nach dem BSHG nur den Ersatzbedarf befriedigen, nicht die Grund- oder Erstausstattung selbst (BT-Drs. 15/1514, 59; Verwaltungsgerichtshof Baden-Württemberg 3.11.1992 – 6 S 2356/92).

1.1 Erstausstattung nur bei Totalverlust?

3 „Nicht vom Regelbedarf nach § 20 umfasst sind Bedarfe für [...] Erstausstattungen für Bekleidung und Erstausstattungen bei Schwangerschaft und Geburt" (§ 24 Abs. 3 Nr. 2 SGB II; entsprechend § 31 Abs. 1 SGB XII).

Laut Gesetzesbegründung soll damit zB ein Bedarf nach dem **Gesamtverlust** der Kleidung durch einen Wohnungsbrand oder aufgrund **außergewöhnlicher Umstände** gemeint sein, wie zB bei starker krankheitsbedingter Gewichtszunahme oder -abnahme (LSG Hamburg 27.10.2011 – L 5 AS 342/10) oder Bekleidungsbedarf nach Haftentlassung (SG Chemnitz 20.9.2012 – S 29 AS 3229/12 ER) bzw. nach Beendigung der Wohnungslosigkeit (BT-Dr. 15/1514, 60; BSG 24.2.2011 – B 14 AS 75/10 R und 19.8.2010 – B 14 AS 36/09 R). Auch Zuzug aus dem Ausland oder eine Flucht aus dem Haushalt wegen ehelicher Gewalt können einen Anspruch hervorrufen (BSG 27.9.2011 – B 4 AS 202/10 R und 23.5.2012 – B 14 AS 156/ 11 R; LSG NRW 13.7.2011 – L 12 AS 2155/10); ebenso Totalverlust nach einer Überschwemmung. Zusammengefasst: immer dann, wenn aufgrund „außergewöhnlicher Umstände" Bekleidung oder auch Hausrat nicht mehr vorhanden sind und wiederholt beschafft werden müssen. Ein fahrlässiges Verhalten im Zusammenhang mit dem Verlust der Erstausstattung steht dem Anspruch aufgrund außergewöhnlicher Umstände nicht entgegen (BSG 27.9.2011 – B 4 AS 202/10 R). Eine Erstausstattung an Bekleidung kann auch durch krankheitsbedingte **große Gewichtszunahme- und -abnahme** entstehen (Eicher/Luik/Harich SGB II § 24 Rn. 105). Laufende Kosten für Bekleidung, **Wäsche und Schuhe in Übergröße** in Höhe von monatlich 28,36 EUR für einen Hilfeempfänger nach dem SGB II mit einer Körpergröße von 2,07 m und Schuhgröße 52 lösen einen Mehrbedarf nach § 21 Abs. 6 SGB II aus (LSG Berlin-Brandenburg 7.4.2022 – L 9 AS 400/19; BSG in vergleichbarer Situation im SGB XII: 24.2.2016 – B 8 S 13/14 R; LSG Berlin-Brandenburg 4.4.2011 – L 15 SO 41/11 NZB).

4 In Frankfurt werden für eine angeblich „ausreichende Grundausstattung" 300 EUR für Personen ab 14 Jahren und 240 EUR für unter 14-jährige Personen zuerkannt. In Wuppertal sind es für Jugendliche und Erwachsene 425 EUR, für 6- bis 14-Jährige 350 EUR und für unter 6-Jährige 290 EUR, während die Behörde in Berlin Frauen (ab 16 Jahren) 379 EUR, Männern (ab 16 Jahren) 357 EUR, 7- bis 15-Jährigen 371 EUR und unter 7-Jährigen 356 EUR für eine Erstausstattung zugesteht (weitere Beträge finden Sie unter: https://harald-thome.de/informatio nen/bundesweite-dienstanweisungen-erstauss tattung.html, letzter Zugriff: 14.1.2023).

5 Geeignete Angaben über Zusammenstellung, geforderte **Qualität** der Kleidungsstücke und zugrunde gelegte Einzelpreise fehlen in den vorliegenden Richtlinien fast durchgehend. Die Unterschiede verdeutlichen, dass es an einheitlichen, nachvollziehbaren Maßstäben fehlt.

Das BSG hielt bei einem haftentlassenen Mann 230 EUR für eine Bekleidungserstausstattung für angemessen (BSG 13.4.2011 – B 14 AS 53/10 R). Dabei kann zT auf den Kauf von Second-Hand-Ware verwiesen werden, da dies inzwischen allgemein üblich sei.

Zur Erstausstattung bei **Schwangerschaft** und **Geburt** schlagen Sie bitte unter dem Beitrag Schwangerschaft (→ 101) nach.

65 Kleidung

1.2 Erstausstattung auch bei fehlenden Teilen der Grundausstattung

6 „*Erstausstattung bedeutet nicht, dass der gesamte Bedarf an Bekleidung fehlte; es muss vielmehr ausreichen, dass wesentliche Teile benötigt werden, die wegen des damit verbundenen finanziellen Aufwandes eben nicht durch den Regelsatz zu decken sind*" (Grube/Wahrendorf/Flint SGB XII § 31 Rn. 9).

Das bedeutet: Kleidungsstücke und Schuhe, die bei der notwendigen Grundausstattung an Bekleidung fehlen, gehören zum Bedarf an Erstausstattung und sind als Beihilfe zu bewilligen.

7 In Bezug auf **Hausrat** (→ 56) gibt es schon einige Entscheidungen, die unsere Auffassung stützen. Das BSG ist der Auffassung, „*dass sich der Anspruch [auf Erstausstattung der Wohnung] auch in diesen Fällen nicht notwendig stets auf eine komplette Ausstattung richtet. Welche Gegenstände benötigt werden, hängt vielmehr jeweils von den Besonderheiten des Einzelfalles ab*" (19.9.2008 – B 14 AS 64/07 R).

„*Der Begriff der ,Erstausstattungen' darf nicht zu eng ausgelegt werden, zumal es an einer Öffnungsklausel für Sondersituationen fehlt und somit die Gefahr steter Bedarfsunterdeckung besteht*" (SG Dresden 29.5.2006 – S 23 AS 802/06 ER). Oder: „*Eine Erstausstattung der Wohnung [ist] sowohl dann gegeben, wenn der entsprechende Bedarf erstmalig auftritt als auch dann, wenn er sich wegen außergewöhnliche Umstände neu ergibt*" (SG Gelsenkirchen 18.7.2005 – S 11 AS 75/05 ER, in Bezug auf die Anschaffung einer Waschmaschine).

Noch ungeklärt ist in diesem Zusammenhang auch, ab welchen Kosten ein Teilausstattungsbedarf für Bekleidung als erheblich anzusehen ist.

1.3 Was gehört zur Grund- oder Erstausstattung?

8 1990 hat der **Deutsche Verein** seine Empfehlungen zur Erstausstattung letztmalig überarbeitet. Die Liste ist zT etwas überholt, gibt aber Anhaltspunkte für eine notwendige Grundausstattung (Verwaltungsgericht Baden-Württemberg 5.7.1989 – 6 S 1242/88).

Grundausstattung an Bekleidung						
	Frauen	Männer	Mädchen/Jungen		Mädchen/Jungen	
(in Klammern: durchschnittliche Tragezeit in Jahren)			7-15 Jahre		2-6 Jahre	
				beide		
Wintermantel/Parka	1 (4)	1 (2)			1 (1)	
Sommermantel bzw. Regenmantel/Anorak	1 (4)	2 (2)			1 (1)	
Regenschirm	1 (5)					
Kleid	2 (3)					
Anzug		1 (4)				
Rock/Hose	6 (2)	4 (2)			6 (2)	8 (1)
Jacke	3 (4)	2 (2)			1 (2)	
Strickjacke	1 (2)	6 (2)			8 (1)	
Pullover	3 (2)	6 (2)			8 (1)	
Bluse	4 (2)	5 (1)			8 (1)	

65 Kleidung

(in Klammern: durchschnittliche Tragezeit in Jahren)	Grundausstattung an Bekleidung				
	Frauen	Männer	Mädchen/ Jungen 7-15 Jahre		Mädchen/ Jungen 2-6 Jahre
			beide		
Ober-/Freizeithemd	5 (1)	5 (1)		8 (1)	
Winterschuhe	1 (4)	1 (1)		1 (1)	
Regenstiefel				1 (5)	
Gummistiefel	1 (1)	1 (1)			
Halbschuhe	2 (2)	2 (1)		2 (2)	
Sandalen/Freizeitschuhe	1 (1)	1 (1)		1 (1)	
Hausschuhe	1 (2)	1 (1)		1 (1)	
Unterhemd/T-Shirt	7 (2)	7 (1)		10 (1)	
Unterhose	7 (1)	7 (1)		10 (1)	
Schlüpfer	7 (1)	7 (1)		7 (1)	
Büstenhalter	2 (1)				
Hüfthalter	2 (2)				
(Woll-)Strumpfhose	2 (2)	2 (1)		4 (1)	
Nachtkleidung	3 (2)	3 (2)		4 (1)	
Turnhose/-hemd				1 (1)	
Turnschuhe	1 (3)	1 (2)		1 (1)	
Badehose/Badeanzug	1 (3)	1 (2)		1 (1)	
Badmütze	1 (3)	1 (2)		1 (1)	
Bademantel	1 (5)		1 (2)		
Trainings-, Gymnastikanzug	1 (3)	1 (4)	1 (2)	1 (1)	
Kittel Reparatur/Reinigung	1 (2)				
(Chemische Reinigung)	6 (1)				

(aus: Bäumerich/Blosser-Reisen: „Bekleidungs- und Heizungsbeihilfen", Kleinere Schriften des Deutschen Vereins Bd. 60, Frankfurt 1990)

9 Frankfurt zahlt nur dann eine Erstausstattung für Bekleidung, wenn jemand für weniger als zwei bis drei Tage Oberbekleidung bzw. für weniger als eine Woche Unterwäsche zum Wechseln zur Verfügung hat. Zweifellos reicht eine Hose für zwei bis drei Tage. Mehr als eine braucht man also nicht zum Leben...

10 Tipp: Prüfen Sie, ob Ihre Grundausstattung an Bekleidung ausreicht, und stellen Sie eventuell einen Antrag auf Erstausstattung mit den Kleidungsstücken, die fehlen.

1.4 Kinder: Erstausstattungsbedarf wegen Wachstums?

11 Kinder haben die natürliche Anlage zu wachsen. Deshalb entsteht nach unserer Meinung nach jedem Wachstumsschub ein neuer, erstmaliger Bekleidungsbedarf.

Das BSG sieht das anders: „*Entscheidend ist bezogen auf die Erstausstattung mit Bekleidung, ob aufgrund eines besonderen Umstandes erstmals ein Bedarf für die Ausstattung mit Bekleidung entsteht. [...] Zwar entsteht mit jedem Wachstumsschritt bei Kindern ein Bedarf für ein bestimmtes Kleidungsstück in einer bestimmten Größe ‚erstmalig'. Gleichwohl gehört gerade bei Kindern die Notwendigkeit, Kleidungsstücke sowohl wegen des Wachstums als auch wegen des erhöhten Verschleißes in kurzen Zeitabschnitten zu ersetzen, zu dem regelmäßigen Bedarf*" (BSG 23.3.2010 – B 14 AS 81/08 R, Rn. 16).

Bei Änderung der Konfektionsgröße aufgrund eines Wachstumsschubes des Kindes liegt demzufolge kein Erstausstattungsbedarf vor. Der Bedarf ist aus dem Regelbedarf zu decken.

12 Das trifft jedoch auf „*außergewöhnliches Größenwachstum*" nicht zu. In solchen Fällen kommt weiterhin die Gewährung einer Erstausstattung in Betracht (BSG 23.3.2010 – B 14 AS 81/08 R, Rn. 16).

1.5 Grundausstattung außerhalb des Grundsicherungsrecht SGB II/SGB XII

13 Im bayrischen „Härtefonds für Notstände durch Elementarereignisse/Härtefondsrichtlinien – HFR" wird unter 6.2. im Fall von vernichtetem Hausrat infolge von Notständen durch Elementarereignisse, in Gestalt von Erdbeben, Erdrutschen, Überschwemmungen und Lawinen, Finanzhilfe für eine Grundausstattung eines Einpersonenhaushalts in Höhe von bis zu 20.000 EUR, für Ehegatten oder den*die Lebenspartner*in in Höhe von 10.000 EUR und 5.000 EUR für jede weitere Person gewährt. Zu dieser Grundausstattung gehören die erforderlichen Möbel, Bekleidungs- und Wäschestücke, hauswirtschaftlichen Geräte sowie Gebrauchselektronik. Wie viel davon für Bekleidung gedacht ist, lässt sich aus den Härtefondsrichtlinien nicht ersehen, es wird aber gewiss mehr sein als die 230 EUR, die das BSG einem haftentlassenen Mann an Bekleidungserstausstattung zugestanden hat (BSG 13.4.2011 – B 14 AS 53/10 R).

2. Sach- oder Geldleistung

14 Wie bei Hausrat (→ 56) können auch bei Erstausstattungen für Bekleidung entweder Sachleistungen (→ 94; idR ein Gutschein) oder Geldleistungen erbracht werden. **Geldleistungen** haben im SGB XII **Vorrang** vor Sachleistungen (§ 10 Abs. 3 SGB XII). Beim Bürgergeld muss eine begründete **Ermessensentscheidung** (→ 44) über die Art der Leistungen getroffen werden (BSG 19.8.2010 – B 14 AS 10/09 R).

Bei der Geldleistung sind **Pauschalen** möglich und die Regel. Hier müssen aber geeignete Angaben über die erforderlichen Aufwendungen (→ Rn. 3) berücksichtigt werden (§ 24 Abs. 3 S. 5 und 6 SGB II; sinngleich § 31 Abs. 3 SGB XII).

Das Jobcenter/Sozialamt hat keine Möglichkeit, die Bewilligung von Erstausstattungsbedarfen bei nicht zwecksprechender Verwendung zu widerrufen. Das Verlangen, Quittungen vorzulegen, ist rechtswidrig (SG Bayreuth 14.8.2019 – S 9 AS 602/18 und S 98 AS 805/18; SG Gießen 6.7.2015 – S 25 AS 607/12).

15 Tipp: Beantragen Sie die Offenlegung der Einzelpositionen, aus denen die Bekleidungspauschale ermittelt wurde. Nur so können Sie nachprüfen, ob der Pauschalbetrag realitätsgerecht bemessen wurde.

3. Ersatzbedarf als Darlehen

16 Wenn Sie rein rechnerisch gar nicht die Möglichkeit hatten, ausreichende Beträge für den Ersatzbedarf an Kleidung und Schuhen anzusparen, wird der nicht durch Ansparungen gedeckte Teil für Kleidung, die Sie zwingend benötigen, idR als **Darlehen** erbracht.

Näheres zu Ansparungen und Darlehen unter Erstausstattungsbedarfe (→ 40 Rn. 8 ff., 15).

In welchen Fällen unter Umständen ein Zuschuss für Erstausstattung gewährt werden muss, lesen Sie unter Hausrat (→ 56 Rn. 23).

4. Was tun, wenn es nicht reicht?

17 Die **sinnvollste Variante** wäre, eine Liste einzureichen, in der alle Kleidungsstücke aufgeführt sind, die Sie konkret benötigen: dh, präzise die Anzahl der Socken, T-Shirts, Pullover, Hemden, Hosen, BHs, Mäntel und auch Schuhe zu beantragen und dann darauf zu bestehen, dass Sie exakt das haben wollen und im Zweifel den Streit um diese Bedarfe durchzufechten. Denn „Bedarfe" sind zusätzlich zu den Regelbedarfen zu gewähren (§ 24 Abs. 3 S. 1 SGB II, § 31 Abs. 1 S. 1 SGB XII). Sofern die Wünsche „gerechtfertigt" sind (§ 33 S. 2 SGB I), sollen sie erfüllt werden. Die Auswahl der Kleidungsstücke richtet sich nach Körpergröße, Körperumfang und Schuhgröße (§ 33 S. 1 SGB I) der Betroffenen. Zudem ist ein Leben in Würde sicherzustellen (§ 1 Abs. 1 SGB II, § 1 S. 1 SGB XII). Die Pflicht der Sicherstellung eines menschenwürdigen Existenzminimums bedeutet auch, dass Leistungsberechtigte aufgrund ihres Leistungsbezuges nicht schlechter gestellt werden dürfen als Menschen der unteren Einkommensgruppen, die selbst keine Leistungsbeziehenden sind. Das wiederum bedeutet, die Erstausstattung muss so bemessen sein, dass sie diskriminierungsfrei ist. Dafür muss im Zweifel gestritten werden.

Die **zweite Variante** ist: Sie legen nach Erhalt der Bekleidungserstausstattung Widerspruch ein und begründen ihn mit Bedarfsunterdeckung. Hier werden Sie aber Quittungen vorlegen müssen, um die fehlende Bedarfsdeckung zu beweisen.

5. Besondere Bekleidungsbedarfe

18 Dazu finden Sie Näheres unter Härtefallmehrbedarfe, Bekleidung bei Übergröße → 52 Rn. 20.

66
Konto

1. Basiskonto: Rechtsanspruch für alle .. 1
  1.1 Antragsberechtigte 2
  1.2 Antrag auf ein Basiskonto 5
  1.3 Wann darf das Basiskonto verwehrt werden? 7
  1.4 Wann darf ein Basiskonto nicht verweigert werden? 8
  1.5 Basiskonto als P-Konto führen .. 12
  1.6 Was muss ein Basiskonto leisten? 14
  1.7 Was darf ein Basiskonto kosten? 16
  1.8 Kritik 17
  1.9 Kündigung des Basiskontos durch die Bank 18
  1.10 Rechtsschutz 20
  1.11 Beschwerdestellen und Informationen 23
2. Konto und Sozialleistungsbezug 24
  2.1 Auszahlung der Leistung 25
  2.1.1 Kostenfreie Auszahlung der Leistung 26
  2.1.2 Anonymisierte Auszahlung der Leistung 31
  2.1.3 Zahlung auf Konto eines Dritten 32
  2.2 Vorlage von Kontoauszügen bei Antragstellung 36
  2.2.1 Einsicht in die Kontoauszüge der letzten drei Monate vor Antragstellung 37
  2.2.2 Kritik 42
  2.2.3 Schwärzung von Kontoauszügen 44
  2.2.4 Direkterhebungsgrundsatz .. 49
  2.2.5 Konten bei Bezahldienstleistern 51
  2.2.6 Blankovollmachten unzulässig 52
  2.2.7 Kostenerstattung für Kontoauszüge 54
  2.2.8 Kontenabruf bei in- und ausländischen Banken 57
  2.2.9 Forderungen 58
3. P-Konto 59

1. Basiskonto: Rechtsanspruch für alle

1 Seit Mitte 2016 gibt es einen Rechtsanspruch auf ein Girokonto für alle (also vor allem: unabhängig von Bonität und Einkommen). Das Konto wird „Basiskonto" genannt und wurde mit dem Zahlungskontengesetz eingeführt (§§ 30–45 ZKG). Jedes Institut, das Zahlungskonten auf dem Markt

anbietet, muss für Verbraucher*innen ein Basiskonto eröffnen. Dazu gehören auch Onlinebanken. Das Recht gilt insbesondere für alle, die bisher kein eigenes Konto haben. Außerdem profitieren davon Personen,

- die nachweisen, dass sie ihr bisheriges Konto im Soll gekündigt haben,
- die eine Kontokündigung abwehren oder Leistungseinschnitte bei ihrem bisherigen Guthabenkonto (zB Verweigerung einer Zahlungskarte) vermeiden wollen und ihr bisheriges Konto als Basiskonto weiterführen möchten.

Verbraucher*innen können die kontoführende Bank frei auswählen. Alle Geldinstitute, die Zahlungskonten für Verbraucher*innen anbieten, müssen auch ein Basiskonto einrichten.

1.1 Antragsberechtigte

2 „*Verbraucher mit rechtmäßigem Aufenthalt in der Europäischen Union einschließlich Personen ohne festen Wohnsitz und Asylsuchende sowie Personen ohne Aufenthaltstitel, die aber aus rechtlichen oder tatsächlichen Gründen nicht abgeschoben werden können*" (§ 31 Abs. 1 S. 2 ZKG), haben Anspruch auf Einrichtung eines Basiskontos. Der rechtmäßige Aufenthalt in der EU bezieht sich ausdrücklich auch auf ausländerrechtlich „Geduldete" (§ 2 Abs. 1 S. 2 ZKG).

Zu den Personen ohne festen Wohnsitz zählen „Obdachlose" sowie Asylsuchende, die nach Registrierung durch die Erstaufnahmeeinrichtung noch keinen festen Wohnsitz haben, sich aber als Asylsuchende rechtmäßig in der EU aufhalten (BT-Drs. 18/7204, 76).

3 Für die Kontoeröffnung genügt die Angabe einer postalischen Anschrift; eine Meldebescheinigung oder -adresse ist nicht erforderlich. Das heißt, die Erreichbarkeit über Angehörige, Freund*innen oder eine Beratungsstelle (zB der Wohnungslosenhilfe) reicht aus (vgl. § 11 Abs. 4 Nr. 1e GwG: „*die postalische Anschrift, unter der der Vertragspartner sowie die gegenüber dem Verpflichteten auftretende Person erreichbar ist*").

4 Stets erforderlich ist aber, dass der*die Antragsteller*in seine*ihre **Identität** nachweist (§§ 11 ff. GwG). Daher können Menschen ohne Ausweisdokumente auch kein Basiskonto erhalten. Ausnahmen davon macht allerdings die Zahlungskonto-Identitätsprüfungsverordnung (ZIdPrüfV). Dort sind weitere Dokumente angeführt, welche die Banken als Identitätsnachweis akzeptieren müssen. Asylsuchende etwa können der Bank den Ankunftsnachweis nach § 63a des Asylgesetzes vorlegen (§ 1 Abs. 2 Nr. 2 ZIdPrüfV). Ebenso genügt eine Bescheinigung über die Aussetzung der Abschiebung nach § 60a Absatz 4 des Aufenthaltsgesetzes gemäß Anlage D2b in Verbindung mit Anlage D2a der Aufenthaltsverordnung (§ 1 Abs. 2 Nr. 1 ZIdPrüfV).

1.2 Antrag auf ein Basiskonto

5 Das Antragsformular zum Abschluss eines Basiskontovertrags ist nach dem Gesetz bundesweit einheitlich und muss von der Bank kostenlos zur Verfügung gestellt werden bzw. ist in elektronischer Form im Internet herunterzuladen (§ 33 Abs. 2 ZKG).

6 Die Bank ist verpflichtet, den Eingang des Antrags unter Beifügung einer Antragskopie zu **bestätigen** (§ 31 Abs. 2 S. 2 ZKG). Damit lassen sich sowohl der Beginn der Bearbeitungsfrist und die Vollständigkeit der Antragsunterlagen belegen (aber auch ggf., dass Unterlagen nicht vollständig eingereicht wurden und der Antrag deshalb noch nicht bearbeitet werden kann).

Den Antrag muss die Bank unverzüglich bearbeiten. Bei Vollständigkeit der Unterlagen müssen Vertragsabschluss und die Freischaltung des Basiskontos spätestens **innerhalb von zehn Geschäftstagen** durchgeführt sein (§ 31 Abs. 2 S. 1 ZKG). Allerdings zählt eine Bedenkzeit, die der*die Antragsteller*in eventuell selbst nach dem Vertragsangebot durch die Bank bis zur eigenen Vertragsannahme benötigt, bei der 10-Tage-Frist nicht mit.

1.3 Wann darf das Basiskonto verwehrt werden?

7 Die Bank darf einen Vertragsabschluss für ein Basiskonto nur aus den im Gesetz genannten Gründen ablehnen. Dazu zählen insbesondere, wenn

- ein Basiskonto oder ein Konto mit vergleichbaren Funktionen vorhanden und tatsächlich nutzbar ist (§ 35 Abs. 1 ZKG),
- der*die Antragsteller*in in der Vergangenheit bereits ein Basiskonto bei dieser Bank hatte, das aber innerhalb des letzten Jahres gekündigt wurde, weil der*die Antragsteller*in die Kontoführungsgebühren über eine Zeit von mehr als drei Monaten nicht zahlte und dieser Zahlungsrückstand mehr als 100 EUR betrug (§ 37 iVm § 42 Abs. 3 Nr. 2 ZKG),
- der*die Antragsteller*in wegen einer früheren vorsätzlichen Straftat gegen das Bankinstitut, dessen Mitarbeiter*innen oder Kund*innen verurteilt worden ist oder Geldwäsche bzw. Terrorismusfinanzierung verhindert werden sollen (§ 36 ZKG).

1.4 Wann darf ein Basiskonto nicht verweigert werden?

8 Eine negative SCHUFA-Auskunft, schlechte Bonität oder drohende Vollstreckungsmaßnahmen sind **kein** Ablehnungsgrund.

9 In der Vergangenheit konnte der Ablehnung eines Basiskontos mit der Begründung, dass schon ein anderes Konto bestehen würde, damit entgegnet werden, dass dies bestehende Konto tatsächlich ohne Nutzungsmöglichkeit war,
- weil es gepfändet wurde und (zB beim Gemeinschaftskonto) keine Umwandlung in ein P-Konto (→ Rn. 12) möglich ist oder
- weil die kontoführende Bank beim P-Konto im Soll eingehende Lohngutschriften mit dem Sollstand verrechnet

(vgl. BT-Drs. 18/7204, 78).

10 Dies dürfte seit dem 1.12.2021 nicht mehr möglich sein. Seitdem ist nämlich auch die Umwandlung von Gemeinschaftskonten in ein P-Konto möglich (§ 850l ZPO; → 85) und die Bank darf auch nicht mehr verrechnen (§ 901 ZPO; → 85 Rn. 32 f.).

11 Allerdings darf die Eröffnung eines Basiskontos nicht abgelehnt werden, *„wenn das [bestehende] Konto gekündigt wurde oder der Berechtigte von der Schließung dieses Zahlungskontos benachrichtigt wurde"* (§ 35 Abs. 1 S. 3 ZKG). Der*die Verbraucher*in muss nicht die tatsächliche Kontoschließung abwarten, sondern es genügt der Zugangsnachweis der eigenen Kündigungserklärung (Rückschein oder Eingangsbestätigung der Bank) bzw. die Kündigung des alten Geldinstituts.

1.5 Basiskonto als P-Konto führen

12 Jedes bestehende Basiskonto muss auf Antrag jederzeit kostenlos in ein P-Konto (→ 85) umgewandelt werden (§ 850k Abs. 1 ZPO).

Außerdem können Sie bereits bei der Eröffnung eines Basiskontos beantragen, dass dieses als Pfändungsschutzkonto geführt wird (§ 33 Abs. 1 S. 3 ZKG). Das geht auch, wenn ihr altes, gekündigtes Konto ein P-Konto war/ist. Da Sie jedoch nur über ein P-Konto verfügen dürfen, müssen Sie per Ermächtigung zur Kontenwechselhilfe (§§ 20 ff. ZKG) einen Stichtag bestimmen, ab dem ausschließlich das neue P-Konto gelten soll.

13 **Tipp:** Durch einen Antrag auf Kontenwechselhilfe (§§ 20 ff. ZKG) können Sie das abgebende Geldinstitut ermächtigen und gleichzeitig verpflichten, keine Gutschriften mehr anzunehmen und zugleich Ihrer neuen kontoführenden Bank die für den laufenden Zahlungsverkehr relevanten Daten mitzuteilen, damit alle durch Sie autorisierten Zahlungsaufträge nach dem Wechsel nahtlos ausgeführt werden können. Gleichzeitig wird die neue kontoführende Bank autorisiert, die P-Konto-Funktion ab dem gewählten Stichtag auf das neue Konto zu übertragen.

1.6 Was muss ein Basiskonto leisten?

14 Das Konto muss Ihnen ermöglichen,
- Ein- und Auszahlungen in bar zu tätigen (auch an Geldautomaten),
- Lastschriften abzuwickeln,
- Überweisungen einschließlich Daueraufträgen auszuführen sowie
- eine Bankkarte als Zahlkarte zu nutzen

(§ 38 Abs. 2 ZKG).

15 Die Anzahl der Zahlungsgeschäfte darf bei Basiskonten nicht beschränkt werden (§ 38 Abs. 4 S. 2 ZKG) und deren Nutzer*innen dürfen bezüglich Bargeldautomaten, Online-Banking usw nicht gegenüber anderen

Kontoinhaber*innen benachteiligt werden (§ 40 ZKG). Aufgrund dieses **Diskriminierungsverbots** darf eine Bank den Verfügungsrahmen eines Basiskontos auch nicht unter das eines „Normalkontos" einschränken (LG Leipzig 13.6.2018 – 05 O 2018/17). Eine **Überziehungsmöglichkeit** kann nur im Einzelvertrag vereinbart werden (§ 39 S. 2 ZKG).

1.7 Was darf ein Basiskonto kosten?

16 Die im Basiskontovertrag getroffenen Vereinbarungen zur Entgelthöhe für einzelne Dienste müssen „**angemessen**" sein (§ 41 Abs. 2 ZKG). Der BGH hat betont, dass bei der Prüfung der Angemessenheit in den Blick zu nehmen sei, dass die Vorschriften über das Basiskonto allen, dh insbesondere auch einkommensarmen Verbrauchern, den Zugang zu einem Zahlungskonto mit grundlegenden Funktionen und damit die Teilhabe am Zahlungsverkehr ermöglichen sollen und **nicht durch zu hohe Entgelte unterlaufen werden dürfen** (BGH 30.6.2020 – XI ZR 119/19). Ein monatlicher Grundpreis von 8,99 EUR plus jeweils 1,50 EUR für diverse Leistungen wie beleghafte Überweisungen wurden vom BGH als zu hoch eingestuft!

1.8 Kritik

17 Die positive BGH-Entscheidung ändert nichts daran, dass das Zahlungskontengesetz zu vage formuliert ist. Es lässt den Geldinstituten Spielraum, die Entgelte eher unattraktiv zu gestalten, da sich an einkommensschwachen Basiskonto-Kund*innen sonst nicht allzu viel verdienen lässt. Ein Reformantrag, dass ein Basiskontos nicht teurer sein darf als das preisgünstigste Angebot des Instituts für ein Konto (BT-Drs. 19/19537; anders LG Köln 23.10.2018 – 21 O 53/17), wurde abgelehnt. Damit hat der Gesetzgeber erneut die sozialpolitische Zielsetzung des Basiskontos klar hinter die Interessen der Banken gestellt und die Preisfindung letztlich dem Markt und dem Gewinnstreben der Kreditinstitute überlassen.

1.9 Kündigung des Basiskontos durch die Bank

18 Es gibt drei Situationen, in denen die Bank das Basiskonto kündigen kann:

a. Das Basiskonto kann **ordentlich mit einer Frist von mindestens zwei Monaten** gekündigt werden, wenn
– über mehr als 24 Monate kein Zahlungsvorgang ausgeführt wurde,
– die persönlichen Voraussetzungen (→ Rn. 2 f.) entfallen sind,
– ein weiteres Zahlungskonto zur Verfügung steht oder
– der*die Kontoinhaber*in eine Änderung des Basiskontovertrags (§ 675 BGB) ablehnt, die das Institut allen Basiskonten-Inhaber*innen wirksam angeboten hatte
(§ 42 Abs. 2 ZKG).

b. Es kann **außerordentlich mit einer Frist von mindestens zwei Monaten** gekündigt werden wegen
– einer vorsätzlichen Straftat zum Nachteil der Bank, ihrer Mitarbeiter*innen oder Kund*innen und
– eines „nicht unerheblichen" Zahlungsrückstands von mehr als 100 EUR, der aus Kontoführungsentgelten oder Kosten über einen Zeitraum von mehr als drei Monaten resultiert. Und wenn gleichzeitig abzusehen ist, dass aus der Führung des Basiskontos weitere Forderungen entstehen werden, deren Erfüllung nicht gesichert ist.
(§ 42 Abs. 3 ZKG).

c. Eine **außerordentliche fristlose Kündigung** des Basiskontovertrages ist möglich, wenn der*die Kontoinhaber*in
– das Konto vorsätzlich zu verbotenen Zwecken wie Geldwäsche oder Finanzbetrug nutzt oder
– unzutreffende Angaben gemacht hat, um den Basiskontovertrag abschließen zu können und bei Vorlage der zutreffenden Angaben ein solcher Vertrag mit ihm nicht geschlossen worden wäre.
(§ 42 Abs. 4 ZKG)

19 Eine Kündigung des Basiskontos durch das Geldinstitut **muss schriftlich erfolgen**,

der Kündigungsgrund ist idR anzugeben. Außerdem sind die Stellen anzugeben, bei denen der*die Kontoinhaber*in Beschwerde gegen die Kündigung einlegen kann (§ 43 ZKG; → Rn. 20 ff.).

1.10 Rechtsschutz

20 Wenn das Geldinstitut Ihnen die Einrichtung eines Basiskontos trotz vollständiger Antragsunterlagen grundlos verweigert oder die Bearbeitung über die zehn Geschäftstage hinaus verzögert, sollten Sie das sogenannte BaFin-Verwaltungsverfahren beantragen (§ 48 Abs. 1 ZKG; Formular auf www.bafin.de oder Anlage 4 des ZKG). Die BaFin kann die Bank Ihrer Wahl zur Kontoeröffnung zwingen und zugleich ein Bußgeld bis 300.000 EUR verhängen. Wird der Basiskonto-Vertrag grundlos gekündigt, werden einzelne Zahlungsdienste verweigert, Inhaber*innen von Basiskonten gegenüber anderen Kund*innen diskriminiert oder stehen die Entgelte für Ihr Konto in keinem Verhältnis zur angebotenen Leistung, sollten Sie dies zunächst schriftlich bei der kontoführenden Bank reklamieren. Erfolgt darauf keine befriedigende Reaktion, ist eine Beschwerde bei der Bundesanstalt für Finanzdienstleistungsaufsicht (BaFin) der Weg, der am meisten Erfolg versprechen dürfte. Die BaFin ist für das Basiskonto im Besonderen und das Zahlungskontengesetz im Allgemeinen als Aufsichtsstelle zuständig (§ 46 Abs. 2 ZKG, → Rn. 23).

21 Neben der BaFin-Beschwerde gibt es drei weitere **Möglichkeiten**, seine Rechte gegenüber dem Geldinstitut durchzusetzen:
a. einstweiligen Rechtsschutz (→ 41) beim Landgericht beantragen (§ 51 Abs. 3 ZKG). Hierzu können Sie ggf. Beratungshilfe (→ 21) und Prozesskostenhilfe (→ 87) in Anspruch nehmen.
b. die Schlichtungsstelle der Deutschen Bundesbank anrufen (§ 14 Abs. 1 Nr. 5 UKlaG) oder
c. die Beschwerdestelle des jeweiligen Bankenverbandes einschalten (→ Rn. 23).

22 **Tipp:** Bevor Sie konkrete Schritte einleiten, sollten Sie sich in zB einer Verbraucherzentrale oder Schuldnerberatungsstelle (→ 99 Rn. 26 ff.) über Ihre Rechte und Rechtsschutzmöglichkeiten als Verbraucher*in aufklären lassen.

1.11 Beschwerdestellen und Informationen

23 ■ https://hilfe.diakonie.de/checkliste-basiskonto/ (auch in Arabisch und Englisch)
■ www.soziale-schuldnerberatung-hamburg.de/basiskonto/
■ Bundesanstalt für Finanzdienstleistungsaufsicht (BaFin), www.bafin.de
■ www.bundesbank.de/de/service/schlichtungsstelle
■ Beschwerdestelle des jeweiligen Bankenverbandes über Die Deutsche Kreditwirtschaft: https://die-dk.de/kontofuehrung/verbraucherschlichtungsstellen/

2. Konto und Sozialleistungsbezug

24 Ein Konto ist unabdingbar, um am gesellschaftlichen Leben teilzunehmen und ist von daher als ein soziales Grundrecht anzusehen.

2.1 Auszahlung der Leistung

25 Sozialleistungen sollen möglichst auf ein Konto überwiesen werden.

2.1.1 Kostenfreie Auszahlung der Leistung

26 Durch das Gesetz vom 12.6.2020 (BGBl. I 1248) wurden dem § 47 Abs. 1 SGB I die Sätze 2 und 3 angefügt. Seit dem 1.12.2021 gilt: *„Werden Geldleistungen an den Wohnsitz oder an den gewöhnlichen Aufenthalt des Empfängers übermittelt, sind die dadurch veranlassten Kosten von den Geldleistungen abzuziehen. Dies gilt nicht, wenn der Empfänger nachweist, dass ihm die Einrichtung eines Kontos bei einem Geldinstitut ohne eigenes Verschulden nicht möglich ist"* (§ 47 SGB 1 Abs. 1 S. 2, 3).

27 Im Klartext: wird die Geldleistung nicht auf ein Konto überwiesen, sondern auf andere Weise ausgezahlt, geschieht dies in der Regel nicht mehr kostenfrei (so auch BT-Drs. 19/17586, 81). Für SGB II-Empfänger*innen war das auch vorher schon der Fall (§ 42 Abs. 3 S. 2 und 3 SGB II aF). Die restriktive SGB II-Regelung wurde also auf die anderen Sozialleistungen ausgeweitet.

28 Daher müssten Sie **nachweisen, dass Sie kein Konto eröffnen können**, wenn Sie keins haben. Dazu verlangt das Jobcenter idR die Bescheinigung mehrerer Banken oder Sparkassen.

Mit Einführung des Basiskontos ist es einem Geldinstitut nur in außergewöhnlichen Fällen noch möglich, den Abschluss eines Vertrages über die Führung eines Basiskontos zu verweigern (→ Rn. 7 ff.). Demnach ist es sehr schwer nachzuweisen, dass die Eröffnung eines Kontos bei einer örtlichen Bank nicht möglich ist. Eine Klage gegen ein Bankinstitut auf Einrichtung eines Kontos darf von Ihnen allerdings nicht verlangt werden (Eicher/Luik/Harich SGB II § 42 Rn. 51 mVwa SG Berlin 14.10.2005 – S 37 AS 4307/05). Hingegen führt allein die Entstehung von **Kontoführungsgebühren** nicht zu einem Anspruch auf kostenfreie Barauszahlung (SG Gießen 30.3.2009 – S 29 AS 801/06).

29 Immerhin nannte der Gesetzgeber ausdrücklich, dass eine unverschuldete Kontolosigkeit in Fällen angenommen werden kann, „in denen älteren Leistungsempfängern zum Beispiel aufgrund unzureichender Infrastruktur oder wegen Mobilitätseinschränkungen eine Kontoeröffnung nicht möglich ist" (BT-Drs. 19/17586, 82).

30 Einige Jobcenter haben eine Zeit lang in dringenden Fällen eine **Barauszahlung am hauseigenen Automaten** ermöglicht. Das ist nun nicht mehr der Fall, stattdessen nutzen die Jobcenter in gemeinsamer Einrichtung seit Sommer 2019 zur Auszahlung von Akutleistungen das sogenannte **Barcode-Verfahren**: Die Berechtigten bekommen einen Auszahlungsschein mit einem Barcode und können sich die dringend begehrten Leistungen an den Kassen von örtlichen **Supermärkten und Drogerieketten** auszahlen lassen. Die Auszahlung erfolgt in der Theorie ohne Kaufzwang. Eine Identitätsprüfung erfolgt nicht bei Auszahlung im Einzelhandel, sondern bei der Ausgabe der Barcodes. Trotzdem ist das Barcode-Verfahren abzulehnen. „*Alltägliche Besuche im Supermarkt müssen ohne Scham möglich sein. Wir fordern die Jobcenter auf, Barauszahlungen stigmatisierungsfrei zu gestalten*", so zurecht das Diakonische Werk Württemberg (PM 9.1.2020).

Außerdem ist die Einbindung eines privaten Zahlungsdienstleisters (Cash Payment Solutions GmbH; www.barzahlen.de) kritisch zu sehen (vgl. BT-Drucksache 19/507).

2.1.2 Anonymisierte Auszahlung der Leistung

31 Der Sozialleistungsbezug ist eine Sozialleistungsinformation, die unbefugt nicht offenbart werden darf (BSG 25.1.2012 – B 14 AS 65/11 R).

Allerdings hat das LSG München entschieden, dass das Jobcenter die Kundennummer bzw. BG-Nummer nach § 51a SGB II sowie die Bezeichnung der leistenden Behörde bei einer Überweisung nutzen darf (LSG Bayern 1.7.2011 – 7 AS 461/11 sowie 17.7.2013 – L 7 AS 48/13). Dies sei zur Erfüllung der gesetzlichen Aufgabe der Erbringung der Leistungen erforderlich. Auch das Bundessozialgericht hält die Nennung der BG-Nummer und der Absenderangabe für zulässig (BSG 23.5.2013 – B 4 AS 294/12 B, Rn. 9 mVwa § 69 Abs. 1 Nr. 1 SGB X).

2.1.3 Zahlung auf Konto eines Dritten

32 Seit der Änderung des § 47 SGB I in 2020 ist klargestellt, dass Sozialleistungen „auf das angegebene Konto" geleistet werden und nicht nur auf „ein Konto des Empfängers" (so die alte Fassung). Damit sind also auch Zahlungen auf das Konto eines Dritten möglich.

33 **Tipp**: Die Nutzung des Kontos eines Dritten sollte allerdings vermieden werden. Mit der Zahlung auf das fremde Konto gilt die Sozialleistung als erbracht. Wenn Sie dann – aus welchen Gründen auch immer – keinen Zugriff auf die dortige Gutschrift haben, geht dies zu Ihren Lasten (vgl. SG Kiel 8.9.2022 – S 31 AS 10161/21). Praktisch wichtig wird dies etwa, wenn das Konto des Dritten gepfändet wird. Dann ist ein Vollstreckungsschutz nur sehr schwer umzusetzen (restriktiv etwa BVerfG 29.5.2015 – 1 BvR 163/15). Wird ein anderes Konto angegeben, auf das eigene Konto gepfändet ist, kann dies uU sogar eine strafbare Vereitelung der Zwangsvollstreckung (§ 288 StGB) bedeuten.

34 Wenn der Dritte allerdings Mitglied der Bedarfsgemeinschaft mit dem*r Berechtigten

ist, trifft vorstehendes freilich nicht zu. Dann hat die Überweisung auf das Konto dieses Dritten vielmehr im Wesentlichen abwicklungstechnischen Charakter (vgl. § 38 Abs. 1 SGB II; LG Berlin 8.4.2019 – 84 T 321/18). Auch kann dann Vollstreckungsschutz durch erhöhte Freibeträge gewährleistet werden (§ 902 S. 1 Nr. 1b ZPO; → 85).

35 **Tipp:** Gelangt die Geldleistung irrtümlich auf das Konto eines Dritten, weil die Behörde einen Fehler gemacht, etwa die Mitteilung einer geänderten Kontoverbindung nicht rechtzeitig verarbeitet hat, muss die Behörde erneut zahlen (SG Koblenz 8.4.2016 – S 1 R 291/16 ER; SG Mainz 13.5.2016 – S 11 AS 1154/16).

2.2 Vorlage von Kontoauszügen bei Antragstellung

36 Stellen Sie einen Erstantrag auf Sozialleistungen, werden Sie meist aufgefordert, die Kontoauszüge der letzten Monate vorzulegen, um Ihre Hilfebedürftigkeit nachzuweisen.

2.2.1 Einsicht in die Kontoauszüge der letzten drei Monate vor Antragstellung

37 Wenn Sie es ablehnen, Ihre Kontoauszüge der letzten Monate vorzulegen, droht man Ihnen, die Sozialleistung wegen „fehlender Mitwirkung" zu versagen.

38 Ihre **Mitwirkungspflicht** (→ 79) besteht darin, alle Tatsachen anzugeben, die für die Leistung „erheblich" sind. Sie sind auch verpflichtet, „auf Verlangen [...] Beweisurkunden vorzulegen oder ihrer Vorlage zuzustimmen" (§ 60 Abs. 1 Nr. 1 und Nr. 3 SGB I). Kontoauszüge sind zweifellos Beweisurkunden. Sie geben Auskunft darüber, ob Sie mittellos sind. Ihre Vorlage kann also für die Leistung erheblich sein.

39 Das BSG hat die Pflicht, Kontoauszüge sogar für die **letzten drei Monate** vor der Antragstellung vorzulegen, für zulässig erklärt (BSG 19.9.2008 – B 14 AS 45/07 R). Die Vorlage von Kontoauszügen zur Einsicht sei eine rechtmäßige Datenerhebung, um „Leistungsmissbrauch" vorzubeugen und eine konkrete Begründung der Behörde sei nicht notwendig (LSG Bayern 21.5.2014 – L 7 AS 347/14 B ER).

40 Auch bei jedem neuen **Weiterbewilligungs-** bzw. **Folgeantrag** darf die Vorlage der Kontoauszüge der vorherigen drei Monate gefordert werden (BSG 19.2.2009 – B 4 AS 10/98 R). In dieser Entscheidung hat das BSG die Möglichkeit, Schwärzungen vorzunehmen für zulässig erklärt.

41 Das BSG hat entschieden, dass die Jobcenter **Kontoauszüge bis zu zehn Jahre speichern** dürfen (BSG 14.5.2020 – B 14 AS 7/19 R). Denn das JC kann bis zu zehn Jahre unter bestimmten Voraussetzungen nachträgliche Bescheidkorrekturen durchführen, daher ist hier die Speicherung der Daten erforderlich und zulässig. Das BSG hat aber auch bestätigt, dass nicht leistungsrelevante Kontodaten geschwärzt werden dürfen, weil diese nicht erforderlich im Sinne von § 67a Abs. 1 S. 1 SGB X sind.

2.2.2 Kritik

42 Das BSG schafft mit dieser Rechtsprechung einen **Generalverdacht gegen alle SGB II-Beziehenden**. Das Recht des*r Einzelnen, grundsätzlich selbst über die Preisgabe und Verwendung seiner*ihrer personenbezogenen Daten zu bestimmen, wird damit eingeschränkt. Trotz BSG-Entscheidung ist es unserer Meinung nach aufgrund der Vorgaben des Datenschutzes nicht zulässig, auf einen allgemeinen Verdacht hin unverhältnismäßig Daten zu erheben. Wozu gibt es dann den erheblich ausgebauten Datenabgleich (→ 31)? Wozu gibt es die Regel, dass bei verschwiegenem Einkommen und Vermögen, wenn es aufgedeckt wird, zu viel gezahlte Leistungen zurückgefordert und aufgerechnet werden und sogar Strafverfolgung möglich ist? Wozu gibt es ferner die Verpflichtung, alle für die Leistung wesentlichen Tatsachen mitzuteilen?

Das BSG hält die Vorlage von lückenlosen Kontoauszügen von sechs Monaten für zulässig, davon für drei Monate rückwirkend. Für Ihren Anspruch auf Leistungen ist allerdings nur Ihre finanzielle Lage zum Zeitpunkt der Antragstellung relevant.

43 Unserer Meinung nach ist die verdachtslose Aufforderung, in erheblichem Umfang

Kontoauszüge vorzulegen, trotz der BSG-Entscheidungen rechtswidrig. „*Das Zweite Kapitel des Zehnten Buches geht dessen Erstem Kapitel vor, soweit sich die Ermittlung des Sachverhaltes auf Sozialdaten erstreckt*" (§ 37 S. 3 SGB I). Hier wird der Vorrang der datenschutzrechtlichen Vorschriften (§ 35 SGB I und §§ 67–85a SGB X) vor den Ermittlungsbefugnissen der Behörde (§§ 20, 21 SGB X) bestimmt. Damit ist der Schutz der Sozialdaten von Betroffenen höherrangig zu werten als das Ermittlungsinteresse der Behörde. Sozialdatenschutz (→ 32) darf nur in begründeten Fällen eingeschränkt werden. Generalverdacht gegen Erwerbslose bei routinemäßigen Abfragen ist nicht begründet (in diese Richtung auch SG Detmold 7.9.2006 – S 21 AS 133/06 ER).

2.2.3 Schwärzung von Kontoauszügen

44 SGB II-Leistungsträger sind verpflichtet, auf die Möglichkeit hinzuweisen, Angaben zu schwärzen (BSG 19.9.2008 – B 14 AS 45/07 R; BSG 19.2.2009 – B 4 AS 10/98 R). Hierzu zählen insbesondere die „besonderen Sozialdaten", die Hinweise über die ethnische Herkunft, politische Meinungen, religiöse oder philosophische Überzeugungen, Gewerkschaftszugehörigkeit oder das Sexualleben geben können (§ 67 Abs. 12 SGB X). Das BSG gesteht hier eine Schwärzung des*r Zahlungsempfängers*Zahlungsempfängerin und des Verwendungszwecks zu. Der Betrag selbst muss aber fürs Amt ersichtlich bleiben. „*Geschützt ist mithin nur die Geheimhaltung des Verwendungszwecks bzw. des Empfängers der Überweisung, nicht deren Höhe. Würde sich aus den insoweit geschwärzten Kontoauszügen eines Leistungsempfängers ergeben, dass in auffälliger Häufung oder Höhe Beträge überwiesen werden, so ist im Nachfolgenden jeweils im Einzelfall zu entscheiden, inwieweit ausnahmsweise nicht doch eine Offenlegung auch des bislang geschwärzten Adressaten gefordert werden kann*" (BSG 19.9.2008 – B 14 AS 45/07 R, Rn. 25, 26; BSG 14.5.2020 – B 14 AS 7/19 R).

45 Der Pflicht, in diesem Rahmen ungeschwärzte Kontoauszüge zur Prüfung des Leistungsanspruchs vorzulegen, können sich selbstständig tätige Leistungsbeziehende nach Ansicht des LSG Sachsen-Anhalt nicht durch eine Berufung auf den gegenüber ihren Kund*innen zu leistenden Datenschutz entziehen (LSG Sachsen-Anhalt 31.8.2022 – L 5 AS 463/22 B ER).Obwohl das Amt laut BSG und Rechtslage (§ 14 Abs. 2 S. 2 SGB II) auf die Möglichkeit hinweisen muss, Angaben zu schwärzen, ist diese Aussage offensichtlich noch nicht bei den Jobcentern angekommen.

46 Kontoauszüge sind nicht nur diejenigen, die Sie am Automaten oder bei der Bank ausgedruckt bekommen, sondern auch die per **Onlinebanking** ausgedruckten Auszüge. Diese nicht zu akzeptieren und zu behaupten, sie könnten gefälscht sein, ist Unsinn. Gefälscht werden kann alles. Wenn Sozialleistungs-Beziehende Onlinebanking als geeignetes Verfahren wählen, ist das ihr gutes Recht. Sie sparen damit wenigstens ein paar Euro.

47 Die Aufforderung von Behörden, generell ungeschwärzte Auszüge vorzulegen, ist ein Verstoß gegen das Grundrecht auf informationale Selbstbestimmung (Datenschutz, → 32).

Der Landesbeauftragte für Datenschutz Bremen hat klargestellt: „*Festzustellen ist, dass die Forderung nach Vorlage lückenlos ungeschwärzter Kontoauszüge grundsätzlich nur dann erforderlich und datenschutzrechtlich zulässig ist, wenn eine konkrete Frage zur Einkommens- und Vermögenssituation nicht anders geklärt werden kann*" (Schreiben vom 25.2.2004 – Az. 45–040–99.04/4; so auch SG Nürnberg 15.2.2006 – S 20 AS 75/06 ER). Unzulässig ist es, (insbesondere massenhaft) die Vorlage von Beweismitteln zu verlangen, die gar nicht zur Kenntnis genommen, sondern nur „abgeheftet" werden sollen (Ziebarth NZS 2015, 569 f.).

48 **Tipp**: Auch wenn Sie es für Ihr gutes Recht halten: es bringt nichts, Kontoauszüge zu schwärzen und gegenüber der Behörde darauf zu beharren. Sie wird Ihnen die Leistung versagen. Bis Sie den Anspruch per Klage durchgesetzt haben, kann einige Zeit vergehen. Daher schalten Sie bei überzogenen Nachweisforderungen lieber die Datenschutzbeauftragten der Länder/des Bundes ein oder klagen Sie nachträglich. Eine Feststellungsklage (→ 64 Rn. 5) kann geführt

werden, um zu klären, ob das Verlangen, ungeschwärzte Kontoauszüge vorzulegen, rechtmäßig ist (§ 55 Abs. 1 Nr. 1 SGG).

2.2.4 Direkterhebungsgrundsatz

49 Sozialdaten sind bei der betroffenen Person zu erheben (§ 67a Abs. 2 S. 1 SGB X). Dies ist die leistungsberechtigte oder antragstellende Person. Eine Ausnahme besteht bei der gesetzlichen Vertretung von minderjährigen Kindern durch ihre Eltern. Möchte eine Behörde von einer Person die Kontoauszüge sehen, hat die Behörde sich an die jeweilige Person zu wenden. Das Jobcenter darf sich nicht an das antragsbevollmächtigte Mitglied einer **Bedarfsgemeinschaft** wenden, wenn es Daten anderer volljähriger Mitglieder anfordert.

50 Der*die **Partner*in** eines*r Antragstellenden ist selbst auskunftspflichtig (§ 60 Abs. 4 SGB II). Deshalb muss sich das Jobcenter an den*die Partner*in selbst wenden, eine ggf. bestehende Mitwirkungspflicht durch einen Verwaltungsakt feststellen und diese Mitwirkung auf dem Weg einer Zwangsvollstreckung durchsetzen (BSG 25.6.2015 – B 14 AS 30/14 R; LSG Schleswig-Holstein 13.6.2013 – L 13 AS 83/10). Von dem*der Partner*in, der*die selbst keine Leistungen beantragt hat (eheähnliche Gemeinschaft, → 36), kann lediglich die Erteilung von Auskünften verlangt werden, nicht aber die Vorlage von Belegen über das Einkommen und Vermögen (§ 60 Abs. 4 S. 1 Nr. 1 SGB II; BSG 24.2.2011 – B 14 AS 87/09 R; zweifelnd allerdings LSG Hessen 4.2.2022 – L 6 AS 551/21 B ER).

2.2.5 Konten bei Bezahldienstleistern

51 Zu den Konteninformationen, die Sie angeben müssen, gehören auch Auszüge von **PayPal, Prepaid-Kreditkarten** und vergleichbaren Bezahldienstkonten (vgl. gerichtliche Verfügung in der Entscheidung LSG NRW 7.7.2021 – L 7 AS 667/21 B ER). Keinesfalls darf das Jobcenter verlangen, dass Sie Ihr PayPal-Passwort oder dergleichen angeben. Da bei PayPal die E-Mailadresse einer Kontonummer gleichgestellt ist, wird diese statt der Kontonummer anzugeben sein. Die Mitteilungspflicht ergibt sich aus der Notwendigkeit, Ihr Einkommen und Vermögen zu überprüfen, um über Ihren Anspruch auf Leistungen zu entscheiden (§ 60 Abs. 1 Nr. 2 SGB I).

Auch bei diesem Konto können idR Angaben bis drei Monate vor der Antragstellung gefordert werden.

2.2.6 Blankovollmachten unzulässig

52 Manche Jobcenter und Sozialämter verlangen bei Antragstellung manchmal Blankovollmachten, über die sie Ihre Kontobewegungen bei Banken direkt einsehen wollen. Sie sind zwar verpflichtet, der „*Erteilung der erforderlichen Auskünfte durch Dritte zuzustimmen*" (§ 60 Abs. 1 Nr. 1 SGB I). Eine Blankovollmacht gegenüber Ihrer Bank gehört **nicht** dazu, weil sie **nicht erforderlich** ist. Erstens sind Sozialdaten bei der betroffenen Person zu erheben (§ 67a Abs. 2 SGB X), Sie können die Kontoauszüge also selbst vorlegen. Zweitens dürfte eine eigene Befugnis zur Auskunftseinholung des Jobcenters/Sozialamtes bei der Bank im Regelfall nicht erforderlich sein und darf daher im Regelfall gar nicht von Ihnen verlangt werden. Liegt ein konkreter Betrugsverdachtsfall vor, muss der Sozialleistungsträger den Fall sowieso an die Strafverfolgungsbehörden abgeben. Der Bank auf diese Weise zu offenbaren, dass Sie Sozialleistungen beziehen, verstößt zudem gegen den Datenschutz (→ 32).

53 **Tipp:** Sollten Behörden solche Blankovollmachten in Anträgen von Ihnen verlangen, können Sie diese bedenkenlos durchstreichen. Sie sollten solche Vorgänge der Öffentlichkeit bekannt machen oder dem*r Bundesdatenschutzbeauftragten melden: dabei am besten entsprechende Formulare in Kopie als Nachweis beilegen.

2.2.7 Kostenerstattung für Kontoauszüge

54 Vom Grundsatz her sind Sie nicht verpflichtet, Kontoauszüge zu sammeln, Sie sollten es aber dennoch tun (→ 36 f.). Wenn Sie sich aufgrund der Aufforderung der Behörde bei Ihrer Bank Kontoauszüge nachträglich besorgen müssen, werden oft höhere Gebühren fällig.

55 Ihre Bank darf aber **keine** 15 EUR für die wiederholte Herausgabe der Kontoauszüge verlangen (BGH 17.12.2013 – XI ZR

66/13). Wenn sie es dennoch tut, sollten Sie auf das Urteil des Bundesgerichtshofs hinweisen und mit der Einschaltung der Bundesanstalt für Finanzdienstleistungsaufsicht (BaFin) oder eines*r Anwaltes*Anwältin drohen.

56 Tipp: Sie können auch versuchen, sich über den kostenfreien Auskunftsanspruch nach Art. 15 Abs. 1 DS-GVO die Kontendaten zu holen. So hat das AG Bonn entschieden, dass vom Auskunftsanspruch auch Kontenbewegungen umfasst sind. Zwar diene dieser an sich der Rechtmäßigkeitskontrolle im Hinblick auf die Verarbeitung der personenbezogenen Daten, doch dürfe der*die Bankkunde*Bankkundin auch andere Zwecke damit verfolgen (AG Bonn 30.7.2020 – 118 C 315/19; ähnlich auch das Österreichische Bundesverwaltungsgericht 10.12.2018 – W211 2188383–1: da sich dort ebenfalls auf die DSGVO bezogen wurde, kann diese Entscheidung herangezogen werden, auch wenn sie von einem ausländischen Gericht getroffen wurde).

2.2.8 Kontenabruf bei in- und ausländischen Banken

57 Sie sollten wissen, dass das Bundeszentralamt für Steuern nach § 93 Abs. 8 AO auch den Sozialbehörden Auskunft über Konten geben können. Dort kann zwar nicht der konkrete Kontenstand abgefragt werden, aber doch die Existenz von Konten (vgl. § 24c KWG). Die Kontenabrufe sind kontinuierlich gestiegen. In 2017 gab es im SGB II-Bereich 9.256 Abrufe und in 2021 über das Doppelte, nämlich 19.668 Abrufe; im SGB XII-Bereich stiegen die Abrufe sogar um das Dreifache von 2.399 in 2017 auf 7.744 im Jahr 2021 (BT-Drs. 20/2751, 3). Nähere Informationen dazu finden Sie unter Datenabgleich (→ 31 Rn. 16 ff.).

2.2.9 Forderungen

58 Keine regelmäßige Vorlage der Kontoauszüge der letzten drei Monate!

Entfernung aller Blankovollmachten aus Antragsformularen!

Kostenlose Barauszahlung auch bei SGB II-Bezug!

3. P-Konto

59 Zahlreiche Sozialleistung oder auch Kindergeld sind entweder gar nicht oder nur unter besonderen Bedingungen pfändbar (→ 85). Da sich diese Leistungen aber durch Gutschrift auf das Konto „neutralisieren", ist auch in diesen Fällen zwingend ein Pfändungsschutzkonto nach § 850k ZPO erforderlich! Weitere Informationen dazu finden Sie unter dem Stichwort Pfändung (→ 85 Rn. 30 ff.).

67 Kostenerstattung

1. Kostenerstattung von Aufwendungen
   bei gewonnenen Widersprüchen 1
   1.1 Übernahme der Kosten Bevollmächtigter 4
   1.2 Verrechnung von Anwaltsgebühren mit Nachzahlungsanspruch ... 5
   1.3 Kostenerstattung bei gewonnenen Einstweiligen Anordnungen und Klagen 6
   1.4 Kostenerstattungsanspruch bei Formfehlern der Behörde 7
   1.5 Notwendige Aufwendungen bei Gericht 8
2. Aufwendungsersatz auch bei Kleinbeträgen 9
3. Aufwendungsersatz bei Mitwirkungspflichten 10
   3.1 Kosten im Rahmen der Pflichten zur Angabe von Tatsachen nach § 60 SGB I 11
   3.2 Kosten im Rahmen der Pflichten zum persönlichen Erscheinen und Untersuchungen nach §§ 61, 62 SGB I 12
   3.3 Übersetzungen 15
   3.4 Kostenvoranschläge 16
4. Kostenfreiheit 17
5. Kosten für Personalausweis 21
6. Anspruch auf Gebührenbefreiung nach Passgesetz 22

1. Kostenerstattung von Aufwendungen bei gewonnenen Widersprüchen

1 Wenn Ihr Widerspruch (→ 126) gegen einen Bescheid der Behörde erfolgreich war, können Sie Kostenersatz geltend machen. *„Soweit der Widerspruch erfolgreich ist, hat der Rechtsträger, dessen Behörde den angefochtenen Verwaltungsakt erlassen hat, dem-*

jenigen, der Widerspruch erhoben hat, die zur zweckentsprechenden Rechtsverfolgung [...] notwendigen Aufwendungen zu erstatten" (§ 63 Abs. 1 SGB X).

Aufwendungen sind zB Kosten zur Urkundenbeschaffung, für ärztliche Atteste, für Beschäftigungsnachweise, für Briefverkehr, für Porto, Abschriften, Fotokopien, Zuzahlungen bei Beratungshilfe, aber auch für Dolmetscher*innen (Schütze SGB X § 63 Rn. 18 f.) sowie für Fahrten zum Amt, zu Ärzt*innen, zu einer Ortsbesichtigung oder zu einem*r Bevollmächtigten (Hauck/Noftz SGB X § 63 Rn. 66), aber auch für Telefon (Hauck/Noftz SGB X § 63 Rn. 65) und sonstige notwendige Aufwendungen.

2 Beratungsstellen wie zB die Verbraucherzentrale oder Sozialverbände verlangen für ihre Unterstützung teilweise Gebühren oder Beiträge. Auch diese Kosten sind, wenn notwendig, als Aufwendungen im Widerspruchsverfahren zu erstatten. Angesichts der Komplexität des Sozialrechtes ist die Unterstützung von einer Beratungsstelle in der Regel auch bei einem einfachen Widerspruch notwendig.

Die Behörde hat in einem Widerspruchsabhilfebescheid gleich eine Kostengrundentscheidung zu treffen, in der geregelt wird, dass auf Antrag Kosten übernommen werden können. Sie müsste erklären, dass geltend gemachte Aufwendungen übernommen werden.

Ein erfolgreicher Überprüfungsantrag nach § 44 SGB X löst **keinen** Kostenerstattungsanspruch (SG Dortmund 19.5.2015 – S 27 AS 2651/11).

3 **Tipp: Fehlt dem Abhilfebescheid – also dem Bescheid, der besagt, dass Ihr Widerspruch erfolgreich war – die Kostenentscheidung, können Sie Widerspruch einlegen. Falls Sie tatsächlich Aufwendungen hatten, sollten Sie diese dann gleich belegen.**

Auch Kleinbeträge können zurückerstattet werden (→ Rn. 9).

1.1 Übernahme der Kosten Bevollmächtigter

4 *„Die Gebühren und Auslagen eines Rechtsanwalts oder eines sonstigen Bevollmächtigten im Vorverfahren sind erstattungsfähig, wenn die Zuziehung eines Bevollmächtigten notwendig war"* (§ 63 Abs. 2 SGB X). Vorverfahren nennt man das dem Gerichtsverfahren vorausgehende Widerspruchsverfahren. Eine*n Rechtsanwalt*Rechtsanwältin hinzuzuziehen kann notwendig sein, wenn es nicht nur darum geht, Sachverhalte richtig zu stellen, sondern auch darum, Sachverhalte rechtlich zu bewerten. Angesichts der Komplexität des Sozialrechtes ist die Hinzuziehung eines*r Anwalts*Anwältin auch bei einem einfachen Widerspruch im Regelfall notwendig (Hauck/Noftz SGB X § 63 Rn. 50).

Auch Vertreter*innen von Gewerkschaften, Sozialverbänden, Rentenberatungen, Wohlfahrtsverbänden, Verbraucherorganisationen und ähnlichen Stellen können Kosten verursachen. Wenn diese als Ihre Bevollmächtigten Gebühren und Auslagen geltend machen, müssen sie vom Amt erstattet werden (§ 63 Abs. 2 SGB X). Über die Notwendigkeit und die Höhe der Kostenerstattung entscheidet die Behörde. Ist der Widerspruch nur teilweise erfolgreich, werden Ihre Kosten nur teilweise zu erstatten. Das Ausmaß des Obsiegens und Unterliegens muss die Behörde in der Kostenentscheidung durch eine Kostenquote zum Ausdruck bringen (LSG Berlin-Brandenburg 29.11.2017 – L 7 KA 64/14).

1.2 Verrechnung von Anwaltsgebühren mit Nachzahlungsanspruch

5 Um anwaltliche Unterstützung soweit wie möglich auszuhebeln, haben die Jobcenter auf Weisung der BA bei gewonnenen Widersprüchen zu prüfen, ob eine Aufrechnung in Betracht kommt – und zwar auch dann, wenn einerseits der*die Rechtsanwalt*Rechtsanwältin Erstattung seiner*ihrer Kosten verlangt und andererseits der*die Bürgergeld-Empfänger*in dem Jobcenter noch Geld schuldet. Das BSG hat dieser unsäglichen Praxis nun ein Ende gemacht und diese **Verrechnung** von behördlichen Ansprüchen mit dem Anspruch auf Übernahme der Anwaltskosten **für rechtwidrig erklärt** und damit ein Aufrechnungsverbot erlassen (BSG 20.2.2020 – B 14 AS 17/19 R, B 14 AS 4/19 R und B 14 AS 3/19 R). Die Pressestelle des BSG erklärte dazu:

67 Kostenerstattung

„Wenn ein Leistungsberechtigter nach dem SGB II im Widerspruchsverfahren gewinnt, muss das Jobcenter die ihm entstandenen Rechtsanwaltskosten übernehmen. Dieser Anspruch darf nicht dadurch entwertet werden, dass das Jobcenter mit Gegenansprüchen aufrechnet" (LTO, 22.3.2020, abrufbar unter https://www.lto.de/recht/juristen/b/bsgb14as1719r-jobcenter-kostenerstattungsanspruch-aufrechnen-rechtsanwaltsgebuehren-63sgbx/, letzter Zugriff: 14.1.2023). Damit ist endlich dieser unsäglichen Verwaltungspraxis zur Beschränkung der anwaltlichen Vertretung ein Ende gesetzt worden, diese Begrenzung hat aber fast 15 Jahre gedauert.

1.3 Kostenerstattungen bei gewonnenen Einstweiligen Anordnungen und Klagen

6 Auch hier haben Sie Anspruch auf Ersatz der Kosten der Rechtsverfolgung, zB der Anwaltskosten und der notwendigen Aufwendungen der Beteiligten (Fahrtkosten, Zeugengelder, Kopien usw; § 193 SGG, → Rn. 8).

1.4 Kostenerstattungsanspruch bei Formfehlern der Behörde

7 Die Behörde ist beim Erlass von Verwaltungsakten an eine Reihe von formalen Vorschriften gebunden. Enthält der Bescheid Formfehler, ist dieser rechtswidrig und im Widerspruchsverfahren aufzuheben. Dabei ist es unerheblich, ob diese Formfehler im Laufe des Verfahrens korrigiert werden können und dadurch unbeachtlich sind (§ 41 Abs. 1 SGB X). Solche Fehler können zB vorliegen, wenn

- eine erforderliche Begründung fehlt oder
- die erforderliche Anhörung versäumt wurde

(§ 41 Abs. 1 S. 1 Nr. 1–6 SGB X).

Im Falle der Nachholung ist der Mangel zwar geheilt, die Behörde muss Ihnen aber trotzdem die Kosten erstatten, die durch den Widerspruch angefallen sind (§ 63 Abs. 1 S. 2 SGB X).

1.5 Notwendige Aufwendungen bei Gericht

8 Notwendige Aufwendungen bei Gericht werden, wie auch bei allen anderen notwendigen Aufwendungen bei gewonnenen Widersprüchen (→ Rn. 1 ff.), übernommen. Hinzu kommen ggf. auch Verdienstausfall und Fahrtkosten, besonders wenn persönliches Erscheinen angeordnet wurde. Sie müssen die Erstattung der Kosten bei der Gegenseite beantragen und Belege einreichen.

2. Aufwendungsersatz auch bei Kleinbeträgen

9 Nach einer Entscheidung des BSG sind auch Fahrtkosten in Höhe von 1,72 EUR für eine*n Leistungsbeziehende*n erhebliche Beträge, die bei einer Meldeaufforderung nach § 59 SGB II zu übernehmen sind. Der Verweis auf Bagatellgrenzen von 6 EUR (die es im SGB III gegeben hat) ist rechtswidrig (BSG 6.12.2007 – B 14/7 b AS 50/06 R). Diese Entscheidung betrifft zwar nicht den Aufwendungsersatz, ist aber richtungweisend dafür, dass grundsätzlich auch kleinere Beträge zu übernehmen sind. Das dürfte auch für die Sozialhilfe gelten.

3. Aufwendungsersatz bei Mitwirkungspflichten

10 Ihnen im Rahmen von Mitwirkungspflichten (→ 79) entstandene Kosten können Sie sich in vielen Fällen erstatten lassen bzw. sind durch die Sozialleistungsträger zu übernehmen.

3.1 Kosten im Rahmen der Pflichten zur Angabe von Tatsachen nach § 60 SGB I

11 Grundsätzlich gilt erst einmal, dass die Kosten zur Erfüllung der Mitwirkungspflichten nach § 60 SGB I die mitwirkungsverpflichtete Person selbst zu tragen hat (FW § 60–67 SGB I Rn. 60.34). Mit Blick auf die wirtschaftlichen Folgen haben Sozialgerichte immer wieder andere Entscheidungen getroffen:

- Die Beschaffung von Kostenvoranschlägen oder Gutachten gehört nicht zu den Mitwirkungspflichten nach § 60 Abs. 1 Nr. 3 SGB I (Mrozynski SGB I §§ 65a Rn. 14, 60 Rn. 24). Diese sind nach § 21 Abs. 3 SGB X vom Sozialleistungsträger zu zahlen.

- Kosten für Atteste sind nach § 65a SGB I vom Jobcenter/Sozialamt zu tragen, entstehen Attestkosten oberhalb der Ärztegebührenverordnung sind diese entsprechend des „Bestellerprinzips" nach § 670 BGB vom Jobcenter zu übernehmen (SG Braunschweig 13.1.2016 – S 17 AS 3211/12).
- Passbeschaffungskosten, dh Gebühren und Fahrkosten, wenn das Jobcenter die Vorlage eines Passes als Voraussetzung zur Leistungsgewährung aufgefordert hat, sind im Rahmen des Mehrbedarfes nach § 21 Abs. 6 SGB II zu übernehmen (SG Köln 17.5.2022 – S 15 AS 4356/19). (→ 79 Rn. 3)

3.2 Kosten im Rahmen der Pflichten zum persönlichen Erscheinen und Untersuchungen nach §§ 61, 62 SGB I

12 „Wer einem Verlangen des zuständigen Leistungsträgers nach den §§ 61 [persönliches Erscheinen] oder 62 [ärztliche oder psychologische Untersuchungen] nachkommt, kann auf Antrag Ersatz seiner notwendigen Auslagen in angemessenem Umfang erhalten. Bei einem Verlangen des zuständigen Leistungsträgers nach § 61 sollen Aufwendungen nur in Härtefällen ersetzt werden" (§ 65a SGB I).

13 Wenn Sie also wegen eines Antrags auf Krankenkostzulage zur Untersuchung in das nächstgelegene Gesundheitsamt fahren müssen, können Sie beim Amt einen Antrag auf Übernahme der entsprechenden Fahrtkosten stellen, auch für notwendige Kosten von Begleitpersonen (§ 309 Abs. 4 SGB III). Das gilt auch, wenn die Behörde mit Verweis auf Ihre Mitwirkungspflichten verlangt, dass Sie wegen der Antragstellung oder sonstiger Leistungsangelegenheiten persönlich erscheinen. Da solche Fahrtkosten nur in Härtefällen übernommen werden sollen, ist die BSG-Entscheidung (→ Rn. 9) hilfreich, nach der auch kleine Beträge als erhebliche Beträge gelten können. Weitere Informationen zu den Kosten für Atteste und Gutachten finden Sie unter **Amtsarzt/Amtsärztin** (→ 79 Rn. 6, → 6 Rn. 21 ff.).

14 Die Kosten können auch nachträglich übernommen werden, *„wenn ein persönliches Erscheinen oder Untersuchen nachträglich als notwendig"* erachtet wird (§ 65a Abs. 2 SGB I). Scheuen Sie sich nicht, Kosten, die im Rahmen der Mitwirkungspflichten entstehen, geltend zu machen.

Zu den hier geltend zu machenden Kosten können auch Transport bzw. Fahrtkosten von Menschen mit hohem Infektionsrisiko, gerade in **Corona**-Zeiten, gehören, seien es Fahrtkosten durch den Transport im PKW von Freund*innen oder, wenn erforderlich, auch mit einem Taxi. Hier wird gewiss ein ärztliches Attest zur Glaubhaftmachung vorzulegen sein und eine klare, nachvollziehbare Erklärung, dass ein Transport mit dem ÖPNV nicht möglich ist.

3.3 Übersetzungen

15 Die Amtssprache ist deutsch (§ 19 Abs. 2 SGB X). Werden Belege, Urkunden und sonstige Dokumente in fremder Sprache vorgelegt, **soll** die Behörde von Ihnen eine Übersetzung verlangen (§ 19 Abs. 2 Satz 1 SGB X). Wie Sie am besten darauf reagieren und welche Kosten übernommen werden, lesen Sie unter **Antragstellung** (→ 7 Rn. 45 ff.).

3.4 Kostenvoranschläge

16 Werden Sie vom Bürgergeld-, HzL- oder GSi-Amt dazu aufgefordert, einen Kostenvoranschlag beispielsweise für einen Umzug, eine Renovierung, Reparatur einer Waschmaschine oder den Anschluss eines Gasherdes vorzulegen, handelt es sich **nicht um eine Mitwirkungspflicht**, da die Beschaffung von Kostenvoranschlägen **nicht** zu den Mitwirkungspflichten nach §§ 60 ff. SGB I gehört. Es handelt sich hierbei um Verfahrenskosten (nach § 20 Abs. 1 SGB X). Da Verfahren im Sozialrecht grundsätzlich kostenfrei sind (§ 64 Abs. 2 S. 1 SGB X; → Rn. 17), müssen Sie also nichts zahlen (Mrozynski SGB I § 65a, Rn. 14). Hat das Amt von Ihnen das Tragen der Kosten verlangt, dann haben Sie einen Rückerstattungsanspruch nach § 21 Abs. 3 Satz 4 SGB X iVm § 670 BGB (SG Braunschweig 13.1.2016 – S 17 AS 3211/12, in Sachen Attestkosten).

4. Kostenfreiheit

17 „*Geschäfte und Verhandlungen, die aus Anlass der Beantragung, Erbringung oder der Erstattung einer Sozialleistung nötig werden, sind kostenfrei. Von Beurkundungs- und Beglaubigungskosten sind Urkunden, die [...] im Sozialhilferecht, im Recht der Grundsicherung für Arbeitssuchende, im Recht der Grundsicherung im Alter und bei Erwerbsminderung [...] aus Anlass der Beantragung, Erbringung oder Erstattung einer nach dem Zwölften, dem Zweiten (Buch) [...] vorgesehenen Leistung benötigt werden [...] befreit"* (§ 64 Abs. 2 SGB X). In nicht sozialrechtlichen Bereichen sind Amtshandlungen in bestimmten Fällen kostenpflichtig. Dies gilt insbesondere für Verwaltungsgebühren, für bestimmte Amtshandlungen oder sonstige Verwaltungstätigkeiten einer öffentlichen Verwaltung, die zB nach kommunalen Gebühren- und Kostensatzungen erhoben werden. Im Gegensatz zum allgemeinen Verwaltungsrecht sind Verfahren im Sozialrecht kostenfrei.

18 Kostenfreiheit bedeutet, dass

- keine Gebühren, also Entgelte für bestimmte Amtshandlungen wie Erteilung eines Bescheides (§ 31 SGB X) und für Beratung/Auskunft (§§ 14, 15 SGB I) erhoben werden,
- keine Auslagen für die Amtshandlungen wie anteilige Personalkosten, Porto- oder Telefonkosten, Reisekosten, Gebühren für Sachverständige usw erhoben werden. Dies gilt auch für Portokosten, die durch eine Aktenübersendung im Widerspruchsverfahren anfallen,
- Gutachten über den Verkehrswert Ihres Hauses oder Grundstücks (FW 12.48) bzw.
- alle Gutachten über Vermögenswerte, deren Einsatz die Behörde verlangt (BVerwG 26.6.1987 – 8 C 70.85), nicht vom Amt verlangt werden dürfen.

19 Kosten, die Sie selbst anlässlich der Beantragung von Sozialleistungen haben, zB für Kontoauszüge, Kopien oder Kosten für Ausweisdokumente, müssen Sie selber tragen, wenn Sie diese ohne Aufforderung des Amts beschaffen. Wenn Sie diese mit Aufforderung des Amtes beschaffen und die Kosten erheblich sind, sollten Sie einen Übernahmeantrag stellen und darüber streiten, dass diese nicht doch vom Amt zu tragen sind. Im Bereich der laufenden und einmaligen Bedarfe nach § 21 Abs. 6 SGB II ist das BSG davon ausgegangen, dass 7,52 EUR keinen unabweisbaren Bedarf darstellen (BSG 26.1.2022 – B 4 AS 81/20 R), bei 27,20 EUR allerdings doch (BSG 4.6.2014 – B 14 AS 30/13 R). In beiden Urteilen ging es um laufende Bedarfe; für einmalige Bedarfe gibt es bisher keine Urteile, hier muss Rechtsprechung geschaffen werden. Dies wäre insbesondere wichtig in Zeiten, in denen die Regelleistungen aufgrund horrender Inflation und Energiekosten nicht im Entferntesten bedarfsdeckend sind.

20 **Tipp:** Wurden Sie im Rahmen der Mitwirkungspflichten nach § 60 ff. SGB I aufgefordert, bestimmte Beweisdokumente vorzulegen, die Sie aus Kostengründen nicht beschaffen können, liegt ein *„wichtiger Grund"* im Sinne von § 65 Abs. 1 Nr. 2 SGB I vor: Sie sind dann per Gesetz von der Mitwirkungspflicht befreit. Teilen Sie der Behörde diesen wichtigen Grund möglichst schriftlich mit und verweisen Sie darauf, dass sich die betreffende Mitwirkungsaufforderung wegen des Vorliegens eines wichtigen Grundes hiermit erledigt hat (§ 65 Abs. 1 Nr. 2 SGB I; → 79 Rn. 11 f.).

5. Kosten für Personalausweis

21 Behörden verlangen bei der Beantragung von Bürgergeld/Sozialhilfe einen gültigen Personalausweis. Wenn Sie **mittellos** sind und Leistungen beantragen, ohne in Besitz eines gültigen Ausweises zu sein, ist Ihnen zunächst vorläufig die Leistung zu gewähren (→ 7 Rn. 74 ff.). Oder man sollte Ihnen einen Vorschuss auszahlen und für die Vorlage des Ausweises im Rahmen der Mitwirkungspflichten eine angemessene Frist einräumen. Falls **Zweifel an Ihrer Identität** bestehen, können diese ggf. mit einer eidesstattlichen Versicherung eines Dritten vorläufig ausgeräumt werden. Das Sozialgericht Berlin hat ein **Darlehen** in Höhe von 10 EUR für die Ausstellung eines vorläufigen Personalausweises zuerkannt, da Antragstellende in einer derartigen Situation nicht vollkommen schutzlos gelassen werden könne (SG Berlin 28.3.2013 – S 149 AS 30511/12 ER).

6. Anspruch auf Gebührenbefreiung nach Passgesetz

22 Wer einen neuen Personalausweis benötigt und mind. 24 Jahre alt ist, muss seit einer Gebührenerhöhung zum 1.1.2021 dafür 37 EUR bezahlen (§ 1 Abs. 1 Nr. 2 PAuswGebV), das ist eine Preissteigerung von fast 30 Prozent. Für antragstellende Personen unter 24 Jahren beträgt die Gebühr 22,80 EUR. Allerdings sagt das Gesetz auch: *„Die Gebühr kann ermäßigt oder von ihrer Erhebung abgesehen werden, wenn die Person, die die Gebühr schuldet, bedürftig ist"* (§ 1 Abs. 6 PAuswGebV). Das Verwaltungsgericht Berlin hat einen solchen Fall entschieden, und klargestellt: *„Als bedürftig im Sinne von § 1 Abs. 6 PAuswGebV ist derjenige anzusehen, der Leistungen nach dem SGB II oder SGB XII bezieht. Ob und inwieweit eine Gebührenermäßigung oder -befreiung für einen in diesem Sinne bedürftigen Gebührenschuldner tatsächlich gewährt oder versagt wird – insbesondere in den Fällen, in denen bedürftige Personen erst einen sehr geringen Teil der Personalausweisgebühr ansparen konnten –, steht im pflichtgemäßen Ermessen der Personalausweisbehörden"* (VG Berlin 21.4.2016 – VG 23 K 329.15). Das VG Berlin hat ausgeführt, dass im RB ein Anteil von monatlich 0,31 EUR (seit 2021) für die Ansparung von Personalausweisgebühren enthalten sei. Wenn der Beginn des Leistungsbezugs erst kurze Zeit zurück liegt, kommt unter Umständen ein vollständiger Gebührenerlass in Betracht (VG Berlin 21.4.2016 – VG 23 K 329.15).

Das OVG Berlin hat dieses Urteil gekippt und folgende Definition entwickelt: *„Die Personalausweisgebührenverordnung definiert den Begriff der Bedürftigkeit nicht. Nach allgemeinem Sprachgebrauch ist derjenige bedürftig, der außerstande ist, sich selbst zu unterhalten (vgl. auch § 1602 Abs. 1 BGB), und auch keine Hilfe von anderen erhält. Ähnlich definiert das Zweite Buch Sozialgesetzbuch den rechtlich eigenständigen Begriff der Hilfebedürftigkeit in § 9 Abs. 1 SGB II (vgl. auch § 27 Abs. 1 SGB XII). Danach ist hilfebedürftig, wer seinen Lebensunterhalt nicht oder nicht ausreichend aus dem zu berücksichtigenden Einkommen oder Vermögen sichern kann und die erforderliche Hilfe nicht von anderen, insbesondere von Angehörigen oder von Trägern anderer Sozialleistungen, erhält. Diese Definition zeigt den Grundsatz des Nachrangs der Sozialhilfe auf; der Träger der Sozialhilfe, welche aus Bundesmitteln bestritten wird (vgl. § 46 Abs. 1 Satz 1 SGB II, § 46a Abs. 1 Nr. 2 SGB XII aF), soll erst dann Leistungen erbringen müssen, wenn nicht vorrangig Angehörige oder Träger anderer Sozialleistungen Hilfe leisten"* (OVG Berlin-Brandenburg 23.11.2017 – OVG 5 B 3.16).

23 Die Argumentation des OVG Berlin-Brandenburg ist angreifbar, denn es kommen zu den Gebühren noch Passfotos in Höhe von mind. 8 EUR dazu. Auch ist nicht jede*r Sozialleistungsbeziehende schon so lange im Sozialleistungsbezug, um die Kosten für einen neuen Personalausweis angespart zu haben. Zudem stellt sich die Frage, für wen eigentlich die Gebührenbefreiung im Rahmen der Härtefallregelung von § 1 Abs. 6 PAuswGebV anzuwenden ist, wenn nicht für Bürgergeld-/SGB XII-Beziehende. **Daher empfehlen wir Ihnen,** wenn Sie aufgrund der zu kurzen Dauer des Bürgergeld-/Sozialhilfe-Bezuges nicht in der Lage waren, Personalausweisgebühren aus Ihrer Regelleistung anzusparen oder wenn es Ihnen aufgrund von Mietkürzungen, längeren Aufrechnungen von Darlehen oder sonstigen Belastungen nicht möglich war, Ihren Anteil für zukünftige Personalausweise anzusparen, einen Erlassantrag zu stellen. Für nähere Informationen zu den Passkosten für Asylbewerber*innen schauen Sie bitte hier nach → 52 Rn. 77 ff., sowie Erstausstattungsbedarfe → 40 Rn. 5. **Wir vertreten die Auffassung,** dass grundsätzlich jede Person, die SGB II/ Sozialhilfeleistungen bezieht, als bedürftig im Sinne der Personalausweisgebührenverordnung anzusehen und ohne Diskussion bei Vorlage eines Leistungsbescheides von den Gebühren zu befreien ist.

68 Kraftfahrzeug

1. Anschaffung eines Kfz 1
   1.1 Laufende Betriebskosten 2
   1.2 Reparaturen 4
   1.3 Führerschein 5
   1.4 Wiedererlangung des Führerscheins 6
2. Kfz als einzusetzendes Vermögen 7
   2.1 Verwertung eines Kfz 10
   2.2 Wertermittlung des Kfz 12
      2.2.1 Verkauf des Kfz-„Vermögens" als Härtefall § 90 Abs. 3 SGB XII 15
      2.2.2 Kein fiktiver Vermögensverbrauch 16
      2.2.3 Glaubwürdigkeit der Finanzierung 18
      2.2.4 Unentgeltliche Überlassung eines Pkw 20
3. Kritik 21

1. Anschaffung eines Kfz

1 Zunächst einmal bestehen keinerlei Bedenken, dass Sie sich aus dem Schonvermögen, unabhängig davon, ob es das Schonvermögen nach dem SGB II oder dem SGB XII ist, ein Kfz anschaffen dürfen. Auch hier ist es unerheblich, ob es sich dabei um einen Pkw, ein Motorrad oder ein anderes Fahrzeug handelt. Eine Übernahme der Anschaffungskosten eines Pkw durch das Jobcenter/Sozialamt erfolgt jedoch in der Regel nicht. Davon gibt es jedoch Ausnahmen:

a. Im Rahmen der **Eingliederungshilfe** für behinderte Menschen kann aus Mitteln der Sozialhilfe ein Pkw finanziert werden, wenn eine wesentliche Behinderung vorliegt und das Kfz dazu beiträgt, einen Beruf oder eine Tätigkeit auszuüben, am Leben in der Gemeinschaft teilzuhaben oder möglichst unabhängig von Pflege zu werden,
b. sofern das Kfz benötigt wird, um eine selbstständige Tätigkeit zu begründen oder auszuüben, können sie einen Zuschuss **oder** ein Darlehen als **Eingliederungsleistung** für Selbstständige (→ 104) erhalten (vgl. FW 16c.34),
c. sofern das Fahrzeug erforderlich ist, um eine Arbeit aufzunehmen oder zu erhalten, kann ein Zuschuss für ein Kfz auch

im Rahmen der „freien Förderung" (§ 16f SGB II) gewährt werden. Letztere Leistungen sind dann möglich, wenn der Arbeitsplatz mit öffentlichen Verkehrsmitteln nicht in zumutbarer Weise erreicht werden kann, zB bei schlechtem ÖPNV, ländlichen Gebieten oder bei Tätigkeitsbeginn oder -ende zu Zeiten, in denen nur wenig ÖPNV verkehrt, zB bei Nachtschichten, Tätigkeiten im Objektschutz usw.

1.1 Laufende Betriebskosten

2 Betriebskosten sind im Eckregelsatz nicht vorgesehen und werden in der Regel auch nicht übernommen.

3 Tipp: Ist das Kfz für die Erwerbstätigkeit erforderlich, können laufende Betriebskosten vom Erwerbseinkommen abgesetzt werden. Wahlweise über die Entfernungskilometerpauschale iHv 0,20 EUR oder bei nachgewiesen höheren Kosten in der Höhe der tatsächlichen Kosten. Hier ist jedoch zu bedenken, dass die Fahrtkosten im Regelfall von der 100-EUR-Freibetragspauschale gedeckt werden, die bei Erwerbseinkommen ohnehin berücksichtigt wird.

1.2 Reparaturen

4 Für Reparaturen gilt im Ergebnis das Gleiche wie für die Anschaffung. Sofern eine der oben genannten Ausnahmen vorliegt, können auch Reparaturen übernommen werden.

1.3 Führerschein

5 Kosten für den Erwerb eines Führerscheins werden in der Regel nicht übernommen. Ist jedoch ein Führerschein erforderlich, um eine Arbeitsaufnahme möglich zu machen, kann der Führerschein im Rahmen der freien Förderung gem. § 16f SGB II zumindest bezuschusst werden. Allerdings handelt es sich um eine Ermessensleistung (→ 10 Rn. 89 ff.).

1.4 Wiedererlangung des Führerscheins

6 Gleiches gilt im Übrigen auch für die Wiedererlangung des Führerscheins, wobei die Hürden im Einzelfall deutlich höher sein werden. Ein Berufskraftfahrer Mitte 50, der einen Aufbaukurs mit anschließender MPU

absolvieren muss, dürfte jedoch zur Wiedererlangung des Führerscheins ebenfalls die Möglichkeit haben, zumindest ein Darlehen (→ 30), unter Umständen auch einen Zuschuss im Rahmen der freien Förderung zu erhalten (→ 10 Rn. 89 ff.).

2. Kfz als einzusetzendes Vermögen

7 Ein Kraftfahrzeug ist grundsätzlich einzusetzendes Vermögen. Dafür ist jedoch zunächst erforderlich, dass Sie Eigentümer*in sind. Dabei ist es unerheblich, wer in der Zulassungsbescheinigung Teil II aufgeführt ist (früher Kfz-Brief). Die Zulassungsbescheinigung ist kein Eigentumsnachweis. Entscheidend ist vielmehr, wer tatsächlich berechtigt ist, in jeder Hinsicht über das Kfz zu verfügen. Stehen Sie zB im Kaufvertrag und nutzen das Kfz, liegt die Vermutung nahe, dass Sie Eigentümer*in sind, selbst dann, wenn eine andere Person in der Zulassungsbescheinigung als Halter*in aufgeführt ist.

8 Ein Kfz ist jedoch nach der Neuregelung des § 12 Abs. 1 Nr. 2 SGB II nicht als Vermögen zu berücksichtigen, sofern es angemessen ist. Bisher war im SGB II die Angemessenheit auf einen Wert von 7.500 EUR begrenzt. Laut Weisung der BA beträgt seit 2023 die neue Angemessenheitsgrenze im Rahmen der Änderungen rund um das Bürgergeld 15.000 EUR (FW 12.13). Von diesem Wert geht die Bundesagentur für Arbeit auch in ihrem Formular Anlage VM aus, weil erst ab diesem Wert genauere Angaben in der Anlage VM vorgenommen werden sollen. Im SGB XII gilt ein Kfz laut Weisung des BMAS nur bis 7.500 EUR als angemessen (→ 119 Rn. 64).

9 Das Jobcenter ist also nicht berechtigt, die Angemessenheit infrage zu stellen, wenn das Fahrzeug bei Antragstellung vorhanden ist und im Antrag ordnungsgemäß aufgeführt und als angemessen bezeichnet wird.

2.1 Verwertung eines Kfz

10 Im Bereich des SGB II ist für jede in der Bedarfsgemeinschaft lebende erwerbsfähige Person ein angemessenes Kraftfahrzeug nicht als Vermögen zu berücksichtigen (§ 12 Abs. 1 Nr. 2 SGB II). Da Erwerbsfähigkeit bereits ab 15 Jahren vorliegt, können auch die Kinder Eigentümer von Kfz sein, die dann nicht als Vermögen zu berücksichtigen sind. Praktisch in Betracht kommen hier dann Mofas oder Motorräder.

11 Wird das Kfz im Antrag bereits genannt, gilt es nun als angemessen und hat keine Auswirkungen auf den weiteren Vermögensfreibetrag. Wird das Kfz im Antrag **nicht** angegeben, aus welchen Gründen auch immer, wird die Angemessenheit hingegen nicht vermutet und es dürften die Grenzwerte gelten, die das BMAS angibt bzw. die den Weisungen der BA entsprechen, mit der Folge, dass ein Kfz nach Weisung der BA bis 15.000 EUR als angemessen gilt (FW 12.13). Da dieser Wert nicht in das Gesetz mit aufgenommen wurde, ist er dann unerheblich, wenn im Antrag das Kfz als angemessen angesehen wurde. Allerdings ist aufgrund der Weisungslage davon auszugehen, dass Kfz mit einem höheren Wert grundsätzlich als unangemessen angesehen werden. In der Vergangenheit hatte das BSG ein „angemessenes Kfz" im Wert von bis zu 7.500 EUR anerkannt (BSG 6.9.2007 – B 14/7b AS 66/06 ER). Hier wird abzuwarten sein, wie sich die Rechtsprechung zur BA-Weisungslage und zur generellen Frage der Angemessenheit positioniert.

2.2 Wertermittlung des Kfz

12 Ein praktisches Problem ist oft die Wertermittlung. Das Jobcenter setzt häufig einen zu hohen Verkaufspreis an, da die Wertermittlung oft durch die Sachbearbeiter*innen des Jobcenters anhand von Verkaufsangeboten über Internetportale ermittelt werden. Im Streitfall ist diese Art der Wertermittlung jedoch nicht ausreichend, sondern das Jobcenter muss dann ein Wertgutachten einholen. Im Zweifelsfall müssen bis zur Vorlage des Gutachtens vorläufig Leistungen erbracht werden (so auch LSG Niedersachsen-Bremen 16.5.2019 – L 11 AS 122/19 B ER).

13 Im Rahmen der HzL und der Grundsicherung gibt es nun in § 90 Abs. 2 Nr. 10 SGB XII endlich auch ein geschütztes angemessenes Kraftfahrzeug. Damit ist der Übergang vom SGB II ins SGB XII erleichtert und auch Leistungsempfänger*innen nach dem

SGB XII ist es möglich, mit einem Pkw mobil zu sein; eine dringend erforderliche und positive Neuerung. Allerdings wird nicht wie im SGB II die Angemessenheit vermutet, so dass nun im SGB XII wohl die alte Regelung des SGB II (7.500 EUR, → 119 Rn. 64).

Aber auch im SGB XII mindert nur der unangemessene Teil den Vermögensfreibetrag, so dass auch ein wertvolleres Auto nicht zwangsläufig verkauft werden muss.

14 **Beispiel:** Beim Übergang in das SGB XII besitzt ein*e Leistungsempfänger*in einen Pkw mit einem festgestellten Wert von 10.000 EUR. Er*Sie hat weiteres Vermögen im Wert von 5.000 EUR. Der Pkw ist in Höhe von 2.500 EUR unangemessen und wird dem Vermögen in dieser Höhe zugerechnet, so dass insgesamt Vermögen in Höhe von 7.500 EUR vorhanden ist.

2.2.1 Verkauf des Kfz-„Vermögens" als Härtefall § 90 Abs. 3 SGB XII

15 In der Regel ist der Verkauf des Pkw keine Härte. Eine Härte kann allenfalls vorliegen, wenn Sie

a. nur vorübergehend Sozialhilfe beziehen werden, da zB eine Lebensversicherung kurzfristig fällig wird oder eine Erbschaft in Kürze ausgezahlt wird,
b. wenn Sie wegen Behinderung auf ein Kfz angewiesen sind,
c. wenn das Kfz aus geschütztem Einkommen oder Vermögen besteht, wie zB ausgezahltem Schmerzensgeld,
d. wenn aufgrund fehlenden öffentlichen Personennahverkehrs auf dem Land ein Kfz erforderlich ist.

2.2.2 Kein fiktiver Vermögensverbrauch

16 Verkaufen Sie das Kfz nicht, obwohl es unangemessen ist und den Vermögensfreibetrag so erhöht, dass er überschritten wird, haben Sie so lange keinen Anspruch auf Leistungen nach dem SGB XII, wie der Wert des Kfz die Freibeträge übersteigt. Es kommt nicht darauf an, dass Sie den über dem Freibetrag liegenden Bedarf angespart haben.

17 **Beispiel:** Sie leben allein und verfügen über eine rückkaufbare Lebensversicherung mit einem Wert in Höhe von 8.500 EUR. Damit liegen Sie unterhalb des neuen Vermögensfreibetrages von 10.000 EUR. Ihr Pkw hat einen Wert von 10.000 EUR und liegt somit 2.500 EUR über dem anerkannten Freibetrag für ein angemessenes Fahrzeug in Höhe von 7.500 EUR. Damit ist der Vermögensfreibetrag um 1.000 EUR überschritten. Mangels ausreichenden anderweitigen Einkommens hätten Sie einen Anspruch auf Leistungen nach dem SGB XII iHv monatlich 250 EUR. Sie entscheiden sich dazu, um das Auto und die Lebensversicherung zu behalten, vier Monate lang extrem einzuschränken und stellen im fünften Monat einen neuerlichen Antrag auf Leistungen nach dem SGB XII. Der Wert des Autos beträgt immer noch 10.000 EUR, der Rückkaufwert weiter 8.500 EUR. Der Antrag wird erneut abgelehnt, da das Vermögen immer noch vorhanden ist. Das vermeintliche Einsparen der SGB XII-Leistungen hilft nicht weiter, weil es nicht auf das bestehende Vermögen angerechnet wird!

2.2.3 Glaubwürdigkeit der Finanzierung

18 Während Sie im SGB II bei bestehendem Einkommen die Kosten eines Pkw absetzen können oder entsprechende Freibeträge haben, haben Sie diese Möglichkeiten im SGB XII nahezu nicht.

19 Sofern Sie einen Pkw unterhalten, ohne dass Sie über anderweitiges Vermögen verfügen, könnte seitens des Sozialamtes der Verdacht entstehen, dass Sie über nicht angegebenes Einkommen verfügen. Um dem vorzubeugen, sollten Sie unter Umständen nachweisen können, wie Sie ihren Lebensunterhalt **und** das Auto finanzieren.

2.2.4 Unentgeltliche Überlassung eines Pkw

20 Die unentgeltliche Überlassung eines Pkw stellt kein Einkommen im Sinne des SGB II oder SGB XII dar: Insofern ist die unentgeltliche Überlassung eines Pkw unproblematisch. Allerdings wird das zuständige Amt sicherlich nachfragen, aus welchem Grund ein Pkw kostenfrei überlassen wird. Erhält ein*e Leistungsempfänger*in von einem Dritten jedoch Zahlungen, um damit laufende Kosten des Pkw zu decken, wie zB Versicherung, Steuer, Benzin usw, ist dies Einkommen und wird entsprechend auf die Leistungen angerechnet.

3. Kritik

21 Grundsätzlich ist die neue Regelung im SGB II positiv zu bewerten, allerdings führt sie zu einer gewissen Rechtsunsicherheit aufgrund der schwammigen Formulierung. Zudem sind für die laufenden Betriebskosten nach wie vor keine Beträge in den Regelsätzen enthalten. Im SGB XII ist es als positiv zu bewerten, dass grundsätzlich ein Fahrzeug nun genutzt werden darf, ohne dass direkt der Vermögensfreibetrag ausgeschöpft wird, allerdings ist die unterschiedliche Regelung zum SGB II immer noch nicht nachvollziehbar und gerade körperlich eingeschränkte Personen, die auf ein Kfz angewiesen sind, sind nach wie vor erheblich benachteiligt.

69
Krankenkostzulage

1. Regelwerte bei Krankenkostzulagen ... 1
    1.1 Nahrungsmittelintoleranzen 5
    1.2 Krankheitsassoziierte Mangelernährung 6
    1.3 Weitere Krankheiten 11
2. Abweichungen von den Empfehlungen 12
    2.1 Andere Erkrankungen 13
    2.2 Abweichungen von den Regelwerten 16
    2.3 Mehrere Krankheiten 17
    2.4 Krankenkostzulagen bei Kindern und Jugendlichen 18
    2.5 Ernährungsberatung 19
3. Antragsverfahren Krankenkostzulage 20
4. Forderungen 26
5. Informationen 27

1. Regelwerte bei Krankenkostzulagen

1 In der **Hilfe zum Lebensunterhalt (HzL)/ Grundsicherung (GSi)** gilt: *„Für Leistungsberechtigte wird ein Mehrbedarf anerkannt, wenn deren Ernährungsbedarf aus medizinischen Gründen von allgemeinen Ernährungsempfehlungen abweicht und die Aufwendungen für die Ernährung deshalb unausweichlich und in mehr als geringem Umfang oberhalb eines durchschnittlichen Bedarfs für Ernährung liegen (ernährungsbedingter Mehrbedarf). Dies gilt entsprechend für aus medizinischen Gründen erforderliche Aufwendungen für Produkte zur erhöhten Versorgung des Stoffwechsels mit bestimmten Nähr- oder Wirkstoffen, soweit hierfür keine vorrangigen Ansprüche bestehen. Die medizinischen Gründe nach den Sätzen 1 und 2 sind auf der Grundlage aktueller medizinischer und ernährungswissenschaftlicher Erkenntnisse zu bestimmen. Dabei sind auch die durchschnittlichen Mehraufwendungen zu ermitteln, die für die Höhe des anzuerkennenden ernährungsbedingten Mehrbedarfs zugrunde zu legen sind, soweit im Einzelfall kein abweichender Bedarf besteht"* (§ 30 Abs. 5 SGB XII, bei GSi iVm § 42 Nr. 2 SGB XII; → 74).

2 Die Sozialämter in Deutschland regeln das Nähere zur Gewährung einer Krankenkostzulage meist über Rundschreiben oder Arbeitsanweisungen. Diese unterscheiden sich deutschlandweit je nach Stadt/Landkreis.

3 Für das **Bürgergeld** ist geregelt: *„Bei Leistungsberechtigten, die aus medizinischen Gründen einer kostenaufwändigen Ernährung bedürfen, wird einen Mehrbedarf in angemessener Höhe anerkannt"* (§ 21 Abs. 5 SGB II).

4 Die Jobcenter regeln die Krankenkostzulage in den fachlichen Weisungen (FW) zum § 21 SGB II. Grundlage für die Festsetzung des Mehrbedarfs sind die 2020 herausgegebenen *„Empfehlungen des Deutschen Vereins zur Gewährung des Mehrbedarfs bei kostenaufwändiger Ernährung gemäß § 30 Abs. 5 SGB XII"* (DV 12/20, abrufbar unter: https://www.deutscher-verein.de/de/uploads/ empfehlungen-stellungnahmen/2020/dv-12-2 0_kostenaufwaendige-ernaehrung.pdf, letzter Zugriff: 13.1.2023).

Die Empfehlungen ersetzen jene aus dem Jahre 2014. Sie beziehen sich namentlich auf den Mehrbedarf bei kostenaufwändiger Ernährung im Bereich des SGB XII (Leistungen des Sozialamtes), können aber auch im Bereich der Grundsicherung für Arbeitsuchende (SGB II) herangezogen werden, da die BA diese Empfehlungen anerkennt (FW 21.25). Eine von den Empfehlungen des Deutschen Vereins (DV) abweichende Entscheidung ist nur im Einzelfall unter Einbeziehung des Ärztlichen Dienstes bzw. des zuständigen Gesundheitsamtes möglich. Dies gilt ebenfalls, sofern ein Mehrbedarf für Erkrankungen geltend gemacht wird, die nicht in den Empfehlungen des DV aufgeführt sind (FW 21.28).

1.1 Nahrungsmittelintoleranzen

5 ■ **Laktoseintoleranz:** idR ist keine kostenaufwendige Ernährung erforderlich (DV 12/20, S. 10). Ausnahmen gelten für Besonderheiten im Einzelfall, beispielsweise bei einem angeborenen Laktasemangel, der einer medizinischen Behandlung bedarf. *„Ein weiterer Ermittlungsbedarf ergibt sich insbesondere dann, wenn Anhaltspunkte vorliegen, die einen höheren Mehrbedarf rechtfertigen könnten. Hierzu zählen zB (krankheitsassoziierte) Mangelernährungszustände im Kindes- und Jugendalter sowie krankheitsbedingte Ernährungseinschränkungen, bei denen der altersspezifische besondere Ernährungsbedarf von Kindern berücksichtigt werden muss, wie etwa eine Laktoseintoleranz im Säuglings- und Kleinkindalter"* (DV 12/20, S. 15). Das SG Berlin hat (5.4.2013 – S 37 AS 13126/12) 13 EUR/mtl. zuerkannt und das SG Dresden (18.9.2012 – S 38 AS 5649/09) 30 EUR/mtl.

■ **Fruktosemalabsorption** (Transportstörung von Fruchtzucker im Dünndarm): Auch hier besteht ein Mehrbedarf idR nicht, *„hiervon abzugrenzen ist die hereditäre [vererbte] Fruktoseintoleranz. Hier muss die Fruktose vollständig vermieden werden, sodass ein Mehrbedarf entstehen kann. Die Ermittlung der Höhe des ggf. bestehenden Mehrbedarfs bei der hereditären Fruktoseintoleranz muss im Einzelfall erfolgen"* (DV 12/20, S. 10 f.).

■ **Histaminunverträglichkeit:** Diese führt regelhaft nicht zu einem Mehrbedarf (DV 12/20, S. 10 f.).

1.2 Krankheitsassoziierte Mangelernährung

6 Mehrbedarf: **50,20 EUR / 10 Prozent** des Eckregelbedarfs (Regelbedarfsstufe 1, Regelbedarf 2023, im Folgenden: RS; DV 12/20, S. 11 ff., Quelle für alle weiteren Mehrbedarfszuschläge)

Genannt werden folgende Erkrankungen:
■ Krebs,
■ Multiple Sklerose,
■ Colitis ulcerosa,
■ Morbus Crohn,
■ COPD,
■ Neurologische Erkrankungen (auch Schluckstörungen),
■ Niereninsuffizienz, insbes. bei Dialyse,
■ Lebererkrankungen (zB alkoholische Steatohepatitis, Leberzirrhose) und
■ weitere Erkrankungen mit gestörter Nährstoffaufnahme bzw. Nährstoffverwertung.

Die aufgezählten Krankheiten führen nicht zwingend in einen Zustand der Mangelernährung. Die Diagnostik einer Mangelernährung erfolgt anhand von bestimmten Kriterien, die ärztlich festgestellt werden müssen.

7 Da auch diese Erkrankungen diätetisch allgemein mit Vollkost zu behandeln sind, erkennt der DV einen krankheitsbedingten Mehrbedarf idR nur *„bei schweren Verläufen"* an, wenn

■ der **BMI** (Body-Mass-Index) unter 20 liegt, wenn Sie unter 70 Jahre alt sind **oder** unter 22 liegt, wenn Sie über 70 Jahre alt sind

oder

■ ein unbeabsichtigter Gewichtsverlust (mehr als fünf Prozent innerhalb der letzten sechs Monate oder mehr als zehn Prozent über sechs Monate) zu verzeichnen ist

oder

■ sich die Muskelmasse stark reduziert hat (gemessen mit gültigen Messmethoden zur Bestimmung der Körperzusammensetzung)

(vgl. DV 12/20, S. 12).

Dass müssen Sie jeweils nachweisen!

8 Der BMI, auch Körpermassenindex genannt, setzt das Körpergewicht ins Verhältnis mit der Körpergröße. Wie er berechnet wird, finden Sie unter: https://www.bzga-esss toerungen.de/habe-ich-eine-essstoerung/body-mass-index-bmi/?L=0.

Normalgewichtige Personen haben einen BMI von 18,5 bis 24,9, Untergewicht besteht bei einem BMI von weniger als 18,5. Ab einem BMI 25,0 bis 29,9 spricht man von Übergewicht; ab einem BMI-Wert über 30 handelt es sich um Adipositas (Fettleibigkeit). Sind Sie übergewichtig (BMI ab 25) und haben eine „verzehrende Erkrankung", muss die Krankheit länger an Ihnen zehren, bis Sie Anspruch auf den Mehrbedarf haben.

9 **Tipp:** Dann müssen Sie Ihren Gewichtsverlust genau kontrollieren und vom Arzt dokumentieren lassen, damit Sie einen „schnellen krankheitsbedingten Gewichtsverlust" überhaupt nachweisen können.

10 **Kritik:** Diese Kriterien sind zynisch, nicht behördentauglich und werden den Bedürfnissen zB von fortgeschrittenen Krebs- oder HIV-Kranken nicht gerecht.

1.3 Weitere Krankheiten

11 ■ **Mukoviszidose**
Mehrbedarf: 150,60 EUR / 30 Prozent d. RB

■ **Niereninsuffizienz mit Dialysediät**
Mehrbedarf: 25,10 EUR / 5 Prozent d. RB

■ **Zöliakie/Sprue**
Mehrbedarf: 100,40 EUR / 20 Prozent d. RB

■ **Schluckstörungen**
Mehrbedarf in Höhe der tatsächlichen Aufwendungen

2. Abweichungen von den Empfehlungen

12 Letzten Endes stellt das Papier des Deutschen Vereins Empfehlungen für den vermeintlichen Normalfall zur Verfügung, in der Realität gestalten sich die konkreten Einzelfälle allerdings oft anders und komplizierter, so dass Überschneidungen und Abweichungen vieler Art möglich sind.

2.1 Andere Erkrankungen

13 Die Liste des Deutschen Vereins ist in Bezug auf die Erkrankungen nicht abschließend. Eine Ablehnung mit der Begründung, die Erkrankung stehe nicht im „Katalog des Deutschen Vereins", ist nicht zulässig (DV 12/20, S. 11).

„Maßgeblich ist stets der Betrag, mit dem der medizinisch begründete, tatsächliche Kostenaufwand für eine Ernährung ausgeglichen werden kann, die von der Regelleistung nicht gedeckt ist [...]. Er ist im Einzelfall im Wege der Amtsermittlung durch Einholung medizinischer und/ oder ernährungswissenschaftlicher Stellungnahmen oder Gutachten zu klären" (BSG 27.2.2008 – B14/7b AS 64/06 R).

Auch bei anderen Erkrankungen, zB bei Allergien (LSG Baden-Württemberg 2.1.2007 – L 13 AS 4100/06 PKH-B), Laktoseintoleranz (BSG 14.2.2013 – B 14 AS 48/12 R), Laktose- und Fruktoseintoleranz (BSG 21.11.13 – B 14 AS 140/13 B; Vorinstanz LSG Hessen 21.3.2013 – L 6 AS 665/10) und Gelenkerkrankungen (SG Aachen 29.12.2005 – S 11 AS 110/05 ER) muss der Anspruch auf Mehrbedarf ergebnisoffen geprüft werden.

14 **Tipp:** Wenn Sie einen Mehrbedarf geltend machen und das durch ein hausärztliches Attest belegen, muss die Behörde „von Amts wegen" ermitteln (BSG 22.11.2011 – B 4 AS 138/10 R; § 20 Abs. 1 SGB X; Beratung, → 20). Sie müssen sich natürlich zu den entsprechenden Untersuchungen bereit erklären.

15 Ein durch **psychische Zwangsstörungen** verursachtes Ernährungsverhalten, das mit dem Einkaufen von teilweise hochpreisigen Lebensmitteln und dem Wegwerfen der zum Teil ungenutzten Nahrungsmittel einhergeht, begründet jedoch **keinen Mehrbedarf**, da ein aus „physiologischen Gründen objektiver Bedarf an einer besonderen Ernährung" fehle (BSG 20.1.2016 – B 14 AS 8/15 R).

2.2 Abweichungen von den Regelwerten

16 Im Einzelfall sind Abweichungen von Regelwerten möglich (zB bei Schluckbeschwerden, Nahrungsmittelunverträglichkeiten, Verdauungsstörungen, häufigem Erbrechen, Durchfall usw). In diesen Fällen muss ggf. ein weiteres ärztliches Attest eingeholt werden.

2.3 Mehrere Krankheiten

17 Liegen die Voraussetzungen für die Gewährung mehrerer Krankenkostzulagen gleichzeitig vor, ist durch ein ärztliches bzw. ernährungswissenschaftliches Gutachten zu klären, welcher ernährungsbedingte Mehrbedarf tatsächlich anfällt.

Wenn mehrere Krankheitsmehrbedarfe bestehen, müssen **die real höheren Kosten**, welche ärztlich festgestellt werden, bezahlt werden (LSG Sachsen 26.1.2006 – L 3 B 299/05 AS-ER). Auch hier muss die Behörde den Sachverhalt von Amts wegen ermitteln. Sie darf Ihnen nicht die Beweislast aufbürden (BSG 22.11.2011 – B 4 AS 138/10 R).

2.4 Krankenkostzulagen bei Kindern und Jugendlichen

18 Die neuen Empfehlungen des DV beziehen sich auf Erwachsene, Kinder und Jugendliche. Weil es sowohl bei mehreren Erwachsenen, die in einem Haushalt zusammenleben, als auch bei Minderjährigen an einer ausreichenden Datenbasis zur Ermittlung der Höhe des Mehrbedarfs fehlt, sind die für einen alleinstehenden Erwachsenen maßgebenden **Euro-Beträge** auch als Richtwerte für alle Erwachsenen **und** Minderjährige anzuerkennen (DV 12/20, S. 15.; FW 21.27). „*Ein weiterer Ermittlungsbedarf ergibt sich insbesondere dann, wenn Anhaltspunkte vorliegen, die einen höheren Mehrbedarf rechtfertigen könnten. Hierzu zählen z.B. (krankheitsassoziierte) Mangelernährungszustände im Kindes- und Jugendalter sowie „krankheitsbedingte Ernährungseinschränkungen, bei denen der altersspezifische besondere Ernährungsbedarf von Kindern berücksichtigt werden muss, wie etwa eine Laktoseintoleranz im Säuglings- und Kleinkindalter"* (DV 12/20, S. 15).

2.5 Ernährungsberatung

19 Die Ernährungsberatung ist in vielen Fällen ein wichtiger Bestandteil der Therapie. Versicherten der GKV kann die Krankenkasse gemäß § 43 Abs. 1 Nr. 2 SGB V Patientenschulungsmaßnahmen genehmigen. Hierzu zählt auch eine Ernährungsberatung durch qualifizierte Personen. Voraussetzung dieser Leistung ist, dass die Patientenschulung aus medizinischen Gründen erforderlich ist. Hierzu kann der*die behandelnde Arzt*Ärztin formlos eine ärztliche Notwendigkeitsbescheinigung ausstellen (DV 12/20, S. 8). Die Ernährungsberatung wird von den Krankenkassen unterschiedlich bezuschusst oder vollständig übernommen. Auf jeden Fall muss bei der Krankenkasse vorab ein Antrag gestellt werden unter Beifügung der ärztlichen Bescheinigung. Manche Ernährungsberatungsstellen haben Verträge mit div. Krankenkassen, bei denen unter Umständen für Sie keine Kosten anfallen.

3. Antragsverfahren Krankenkostzulage

20 Sie sollen bei Erstantragstellung und bei Weiterbewilligung über den Zweck der Krankenkostzulage **aufgeklärt** werden. Der Mehrbedarf ist zwar vom **Antrag** auf Leistungen umfasst, Sie müssen jedoch ein Zusatzformular (Anlage MEB – Anlage zur Gewährung eines Mehrbedarfs für kostenaufwändige Ernährung beim Jobcenter oder, beim Sozialamt, „Antrag auf **Gewährung** eines Mehrbedarfs wegen krankheitsbedingter kostenaufwändiger Ernährung nach dem SGB XII") ausgehändigt bekommen – achten Sie darauf! Dieses Zusatzformular muss der*die behandelnde Arzt*Ärztin ausfüllen. Er*sie muss u.a. die Erkrankung benennen und die Notwendigkeit einer bestimmten Kostform bestätigen (FW 21.29). Die damit verbunden Kosten übernimmt das Jobcenter in „*angemessenem Umfang*", derzeit 5,36 EUR (FW 21.30).

In Zweifelsfällen wird der*die **Amtsarzt*Amtsärztin** (→ 6) eingeschaltet (FW 21.31).

Sind zum Nachweis für eine bestimmte Krankenkost weitergehende **Kosten für ärztliche Gutachten** erforderlich, sei es Reisekosten, BegleiterInnenkosten, KinderbetreuerInnenkosten oder Dolmetscher oder Attestkosten, können diese auf Antrag übernommen werden (→ 6 Rn. 20 ff.; § 65a Abs. 1 SGB I iVm § 62 SGB I).

21 Diätzulagen sind regelmäßig auf zwölf Monate befristet. Dann müssen Sie das Zusatzformular erneut ausfüllen lassen. Einer wiederholten Überprüfung des Erfordernisses einer kostenaufwändigen Ernährung bedarf es nicht, wenn eine unheilbare, aber nicht verzehrende Krankheit vorliegt und der*die behandelnde Arzt*Ärztin sowie der medizinische Dienst der BA zusätzlich die Notwendigkeit einer dauerhaften kostenaufwändigen Ernährung bescheinigen (FW 21.30).

Näheres über **andere medizinische Bedarfe** finden Sie unter dem Beitrag **Krankheit** (→ 71).

22 Kritik:

Krankenkostzulagen sind seit 1.1.1982 keine Leistung der Hilfe in besonderen Lebenslagen mehr, sondern der Hilfe zum Lebensunterhalt. Das war die erste Kürzung. Die zweite kam 1997. Der *„notwendige Aufwand"* für die verschiedenen Typen der Diät war nach den damaligen Untersuchungen des Deutschen Vereins im Verhältnis zum Ernährungsaufwand im Regelbedarf erheblich höher als die Krankenkostzulage, die festgesetzt wurde. Sozialhilfebezieher*innen wurde erstmals ein *„Eigenanteil"* verordnet.

Immerhin gab es u.a. noch 25,56 EUR (bzw. 50 DM) für Vollkost zB bei HIV-Infektion/AIDS, Diabetes mellitus Typ I, Dickdarmschleimhaut-Geschwür, Krebs, Magengeschwür, Multiple Sklerose, Neurodermitis, Zwölffingerdarmgeschwür usw. Eine fortgeschrittene bzw. fortschreitende Erkrankung musste damals noch nicht nachgewiesen werden. Die Gesundheit durfte, zumindest ansatzweise, noch durch gesunde Ernährung erhalten werden.

23 Mit den Empfehlungen vom Oktober 2008 hat der Deutsche Verein (DV) dem *„aktuellen medizinisch-ernährungswissenschaftlichen Erkenntnisstand"* Rechnung getragen und die Krankenkostzulage für Vollwerternährung endgültig abgeschafft. Da einem Erwachsenen mit dem Regelbedarfsanteil für Ernährung von damals 3,85 EUR pro Tag angeblich schon eine gesunde Vollkost ermöglicht wurde, folgerte der DV, dass bei bestimmten Krankheitsbildern, vor allem bei Diabetes mellitus, kein Mehraufwand für kostenaufwändige vollwertige Ernährung mehr anerkannt werden muss.

24 Der Eckregelbedarf von 2023 enthält 5,81 EUR für Ernährung und Getränke pro Tag (ohne Verpflegung außer Haus: 0,44 EUR/Tag). Das sind im Schnitt 2,43 EUR zu wenig, um nach den Angaben des Forschungsinstituts für Kinderernährung mit gesunder Ernährung den Kalorienbedarf eines Erwachsenen sicherzustellen (→ 89). Auch wenn Bundesregierung und DV versuchen, es

schönzurechnen: Erwachsenen fehlen durchschnittlich 73 EUR im Monat für die gesunde, vollwertige, abwechslungsreiche Ernährung, die den Energiebedarf bei mittlerem Aktivitätsniveau deckt.

Diabetiker*innen sollen jetzt ohne Zulage mit dem im Regelbedarf enthaltenen Ernährungsanteil von mtl. 174,18 EUR eine kohlehydrat- und fettreduzierte Kost finanzieren, die zB aus magerem Fleisch, Fisch, Gemüse und Obst besteht. Sie sollen ausreichend Vollkornprodukte kaufen können, die reich an Ballaststoffen, Vitaminen und Mineralien sind. Das ist aber schon *„gesunden Armen"* nicht möglich.

25 Die mit allerlei Aufwand betriebenen Rechenkünste der staatlichen Armuts- und Ernährungsforschung haben vor allem das Ziel, Sozialleistungen zu senken. *„Für die Bemessung des Regelsatzes spielt hingegen der Energiebedarf keine unmittelbare Rolle, da ausschließlich auf die tatsächlichen Ausgaben unterster Einkommensschichten zurückgegriffen wird"* (DV 25/08, III.2). Das stimmt. Der reale Energiebedarf und die Qualität der Ernährung sind gleichgültig. Das Statistik-Modell erfasst nur die tatsächlichen Ausgaben der Armutsbevölkerung für Ernährung. Solange Sozialgerichte diese Beträge zur Gewährleistung einer ausgewogenen, gesunden Vollkost anerkennen, haben Klagen von Diabetiker*innen für Krankenkostzulagen keine Aussicht auf Erfolg (u.a. LSG Rheinland-Pfalz 16.3.2016 – L 6 AS 403/14; LSG Hamburg 19.3.2015 – L 4 AS 333/12; BSG 10.5.2011 – B 4 AS 100/10 R; LSG NRW 15.3.2010 – L 19 20AS 50/09).

4. Forderungen

26 Anerkennung von Diätzulagen bei Diabetes Mellitus und anderen Erkrankungen, die eine ausgewogene Vollwertkost erfordern!

5. Informationen

27 Empfehlungen des Deutschen Vereins zur Gewährung des Mehrbedarfs bei kostenaufwändiger Ernährung gemäß § 30 Abs. 5 SGB XII vom 16.9.20, DV 12/20, abrufbar unter: https://www.deutscher-verein.de/de/up

loads/empfehlungen-stellungnahmen/2020/dv-12-20_kostenaufwaendige-ernaehrung.pdf, letzter Zugriff: 14.1.2023

Die „alten" DV-Empfehlungen von 2008 mit einer Begründung der Streichung des Mehrbedarfs für Vollwerternährung, abrufbar unter: https://www.kallay-fulda.de/Grafiken_lokal/Mehrbedarf_Empfehlungen_DT_Verein.pdf, letzter Zugriff: 14.1.2023

Zur Kritik an den DV-Empfehlungen von 2008: Rainer Roth, „Fördern" durch Mangelernährung, Frankfurt/M 2009, 21 ff., abrufbar unter: https://www.yumpu.com/de/document/read/7847089/hartz-iv-fordern-durch-mangelernahrung-klartext-ev, letzter Zugriff: 14.1.2023

70 Krankenversicherung

1. KV bei Bezug von Bürgergeld	1
1.1 Gesetzliche Krankenversicherung (GKV)	2
1.1.1 Pflichtversicherung in der KV	3
1.1.2 Bei Antragstellung Bürgergeld nicht krankenversichert	6
1.1.3 Anspruch auf Krankengeld bei Bezug von Leistungen nach dem SGB II?	10
1.1.4 Nicht mehr krankenversichert	11
1.1.5 Nicht pflichtversichert	13
1.1.6 Zusatzbeitrag der gesetzlichen KV	18
1.2 Private Krankenversicherung (PKV)	22
1.2.1 Selbstbeteiligung von privat Krankenversicherten an den Gesundheitskosten	32
1.3 Hilfebedürftigkeit allein durch Kranken- und Pflegeversicherungsbeiträge	33
2. KV bei HzL/GSi der Sozialhilfe	36
2.1 Beiträge für die Krankenversicherung	37
2.2 „Hilfen zur Gesundheit"	41
2.3 Eine reguläre Krankenversicherung ist vorrangig gegenüber Krankenhilfeleistungen vom Sozialamt	42
3. Kritik	44
4. Informationen	47
5. Forderungen	48

1. KV bei Bezug von Bürgergeld

1 Grundsätzlich besteht bei Bezug von Bürgergeld Anspruch auf eine gesetzliche Krankenversicherung, jedoch unterscheidet sich die Sachlage, zB je nachdem ob, wie und wo Sie vorab bereits versichert waren.

1.1 Gesetzliche Krankenversicherung (GKV)

2 Für alle Bürgergeld-Beziehenden, die in der Zeit davor nicht privat versichert waren, gelten die nachfolgend dargestellten Regelungen zur Krankenversicherung bei Bezug von Bürgergeld.

1.1.1 Pflichtversicherung in der KV

3 Beziehende von Bürgergeld sind in der GKV pflichtversichert; denn seit 1.1.2016 können nur noch Minderjährige unter 15 Jahren bei Bezug von Leistungen vom Jobcenter in der Familienversicherung mitversichert sein. Der **Beitragssatz** in der KV beträgt 14,0 Prozent, hinzu kommt ein **Zusatzbeitrag**, der je nach Krankenkasse unterschiedlich ist (→ Rn. 18). Der durchschnittliche Zusatzbeitragssatz liegt 2023 bei 1,6 Prozent. Der Beitrag inkl. Zusatzbeitrag wird vom Jobcenter als Pauschalbeitrag (dh egal, wie hoch Ihre Leistungen sind) an das Bundesamt für soziale Sicherung (bis zum 31.12.19: Bundesversicherungsamt) überwiesen, welches die Beiträge dann direkt an die Krankenkassen weiterleitet. Bis zum 31.12.2008 wurden alle Beziehenden von Alg II, die nicht familienversichert waren, in der GKV pflichtversichert. Das wurde zum 1.1.2009 geändert. Nunmehr ist es nicht mehr möglich, aus einer privaten Krankenversicherung (PKV) über den Bezug von Alg II in die GKV zu rutschen (→ Rn. 22 ff.).

4 Der Vorrang der **Familienversicherung** wurde zum 1.1.2016 abgeschafft (§ 5 Abs. 1 Nr. 2a SGB V, § 10 Abs. 1 Nr. 2 SGB V). Beide Ehepartner*innen und/oder die Kinder ab Vollendung des 15. Lebensjahres, die in der Bedarfsgemeinschaft leben, werden durch den **Bürgergeld-Bezug (bis 31.12.22 Alg II)** automatisch **pflichtversichert**. Ehepartner*innen müssen sich dann nicht mehr entscheiden, wer pflicht- und wer familienversichert ist. Trennen sich die Partner*innen, kann das von Vorteil sein. Den größten Vor-

teil dieser Regelung haben allerdings die Krankenversicherungsunternehmen durch höhere Beitragseinnahmen.

5 **Tipp:** Oft verlangen Krankenkassen von allen pflichtversicherten Mitgliedern der Bedarfsgemeinschaft eine individuelle Befreiung von Zuzahlungen im Krankheitsfall. Berufen Sie sich auf § 62 Abs. 2 S. 6 SGB V, der die Anwendung der Obergrenze von 120,48 EUR (2023) für die **gesamte Bedarfsgemeinschaft** vorschreibt (Krankheit, → 71 Rn. 53 ff.).

1.1.2 Bei Antragstellung Bürgergeld nicht krankenversichert

6 Seit 1.4.2007 gilt die **gesetzliche Versicherungspflicht** (Auffang-Pflichtversicherung; § 5 Abs. 1 Nr. 13 SGB V). Rückständige Beiträge für die Auffang-Pflichtversicherung kann die Krankenkasse rückwirkend längstens bis zum 1.4.2007 erheben. Dann greifen aber sofort die Verjährungsregeln (§ 25 SGB IV). Zahlen muss man max. das lfd. Kalenderjahr und die letzten vier Jahre – alle anderen Zeiträume sind verjährt. Inzwischen beachten das die meisten Kassen von alleine – wenn nicht, muss man die Einrede der Verjährung geltend machen, dh einfach schreiben: „Ihre Forderungen für die Zeit ‚vom … bis' sind bereits verjährt". Die nicht verjährten Forderungen der Krankenkassen werden aber idR während des SGB II-Leistungsbezugs gestundet. Selbst wenn Sie deshalb bei der Kasse verschuldet sind, haben Sie während des Bezugs von Bürgergeld Anspruch auf den **vollen KV-Schutz** (§ 16 Abs. 3a S. 2 Hs. 2 SGB V). Das gilt auch für Beziehende von HzL/GSi der Sozialhilfe.

7 **Tipp:** Stellen Sie bei der Kasse vorsichtshalber einen Antrag auf Stundung bzw. Erlass oder Niederschlagung Ihrer Beitragsschulden (§ 76 SGB IV). Sie vermeiden dadurch Tilgungszahlungen und Säumniszuschläge/Mahngebühren.

8 Nichtversicherte, die **zuletzt in ihrem Leben gesetzlich krankenversichert waren**, werden bei Bezug von Bürgergeld idR bei der Krankenkasse Mitglied, bei der sie zuletzt versichert waren (§ 174 Abs. 3, § 175 Abs. 3 SGB V). Sie müssen daher dem Jobcenter mitteilen, bei welcher Krankenkasse Sie zuletzt versichert gewesen sind. Klappt die Anmeldung durch das Jobcenter nicht, müssen Sie das Jobcenter bitten, eine sog. Ersatzanmeldung vorzunehmen (§ 175 Abs. 3 SGB V). Weiterhin verlangen die Jobcenter oft eine sog. Mitgliedsbescheinigung für eine Anmeldung. Die **Mitgliedsbescheinigungen** wurden aber bereits **2021 abgeschafft**.

9 Wer bei der Antragstellung von Bürgergeld unversichert ist und **zuletzt bei einer privaten Krankenkasse versichert gewesen ist**, rutscht durch den Bezug von Bürgergeld nicht in die gesetzliche Pflichtversicherung (§ 5 Abs. 5a SGB V). Diese Personen werden der PKV zugeordnet und müssen sich auch wieder privat versichern (→ Rn. 22 ff.).

1.1.3 Anspruch auf Krankengeld bei Bezug von Leistungen nach dem SGB II?

10 Allein über das SGB II haben Pflichtversicherte **keinen Anspruch auf Krankengeld** (§ 44 Abs. 2 SGB V iVm § 5 Abs. 1 Nr. 2a SGB V; FW 12a.36). Wer nur ergänzendes Bürgergeld zu Alg I oder zu einer sozialversicherungspflichtigen Beschäftigung bezieht (sog. Aufstocker*innen), hat doch Anspruch auf Krankengeld (FW 12a.39 und 12a.40). Hier entsteht dann eine Doppelversicherung, dh sowohl der Arbeitgeber / die Arbeitsagentur (Alg I) als auch das Jobcenter zahlen Beiträge an die Krankenkasse (→ 70 Rn. 3).

1.1.4 Nicht mehr krankenversichert

11 Endet die KV-Pflichtversicherung über das Bürgergeld, sind Sie noch **einen Monat nachversichert** (§ 19 Abs. 2 SGB V). Innerhalb dieses Zeitraums, spätestens aber innerhalb von drei Monaten nach dem letzten Leistungstag von Bürgergeld, müssen Sie sich unbedingt freiwillig weiterversichern (schriftlicher Antrag bei der Krankenkasse), wenn Sie vom Jobcenter ins Sozialamt überwechseln. Das Sozialamt zahlt dann die Beiträge direkt an die Krankenkasse. Wenn Sie aus dem Bezug von Bürgergeld heraus eine sozialversicherungspflichtige Tätigkeit aufnehmen, werden Sie vom Arbeitgeber zur Pflichtversicherung angemeldet. Seit dem 1.8.2013 gibt es die **obligatorische Anschlussversicherung** (OAV, § 188 Abs. 4 SGB V). Dh, die Krankenkasse versichert Sie

freiwillig weiter, auch wenn Sie keinen Antrag stellen und es keine Folgeversicherung gibt (Ausnahme: Wechsel zum Sozialamt, dann greift die OAV nicht). Wenn Sie auf die Briefe der Krankenkasse nicht reagieren, wird Ihr Einkommen „geschätzt" und Sie müssen den Höchstbeitrag (2023 über 950 EUR mtl. für Kranken- und Pflegeversicherung) zahlen. Dann laufen hohe Beitragsschulden auf, die man dann zT auch dann nicht mehr rückgängig machen kann, wenn man Unterlagen nachreicht. Seit dem 1.1.2019 hat man nun zwölf Monate Zeit, um Einkommensunterlagen nachzureichen (§ 240 Abs. 1 SGB V). Die Krankenkasse muss dann die Beiträge auch rückwirkend wieder herabsetzen, wenn man wenig Einkommen hatte. Auch Säumniszuschläge dürfen dann nur auf den korrekten Beitrag von der Krankenkasse erhoben werden.

12 Nicht mehr krankenversichert waren auch Leistungsberechtigte, denen das Alg II (seit 1.1.23 Bürgergeld) zu 100 Prozent gekürzt wurde (inklusive Kosten der Unterkunft). Solch eine Null-Sanktion ist seit dem Urteil des BVerfG vom 5. Nov. 2019 **nicht mehr zulässig** (Sanktionen, → 95). Werden Ihnen aber die Leistungen wegen fehlender Mitwirkung (→ 79) nach § 66 SGB I versagt oder führt das Jobcenter eine vorläufige Zahlungseinstellung nach § 40 Abs. 2 Nr. 4 SGB II iVm § 331 SGB III durch, zahlt das Jobcenter keine KV-Beiträge mehr und die Pflichtversicherung wird unterbrochen. Seit dem 1.8.2013 greift dann die OAV „automatisch". Wenn Sie den Beitrag nicht bezahlen, ruht Ihr Leistungsanspruch, und Sie haben lediglich Anspruch auf eine **Notversorgung**. Nach Ablauf der Sanktion müssen Sie trotzdem die säumigen Beiträge nachzahlen, da Sie durchgehend versichert gewesen sind – wenn auch mit sehr eingeschränktem Leistungsanspruch.

1.1.5 Nicht pflichtversichert

13 Personen, die Bürgergeld gem. § 19 Abs. 1 S. 2 SGB II (bis 31.12.22 **Sozialgeld**) nach dem SGB II beziehen, sind **nicht pflichtversichert**. Besteht kein Anspruch auf Familienversicherung, zB über den*die Partner*in oder bei unter 23-Jährigen über einen Elternteil, sollten diese Leistungsbeziehenden bei der Krankenkasse einen Antrag auf freiwillige Weiterversicherung stellen. Das Jobcenter übernimmt dann die Beiträge für die KV (§ 26 Abs. 1 S. 2 SGB II) und Pflegeversicherung (§ 26 Abs. 3 S. 2 SGB II). Auch hier würde die obligatorische Anschlussversicherung (OAV gem. § 188 Abs. 4 SGB V) greifen, wenn man nichts unternimmt. Auch hier muss man von der Krankenkasse übersandten Einkommensfragebogen unbedingt ausfüllen und zurückschicken, um nicht zum Höchstbeitrag eingestuft zu werden.

14 Nicht pflichtversichert **trotz Bezug von Bürgergeld** sind Personen seit dem 1.1.2009, wenn sie vor dem Leistungsbezug

- privat krankenversichert waren (§ 5 Abs. 5a SGB V),
- weder gesetzlich noch privat krankenversichert waren **und**
  - hauptberuflich selbständig waren (§ 5 Abs. 5, 5a SGB V) **oder**
  - als Arbeiter*in, Angestellte*r, Beamte*Beamtin usw von der Sozialversicherungspflicht befreit waren (§§ 5 Abs. 5a, 6 Abs. 1, 2 SGB V) oder
- über 55 Jahre alt sind **und** in den letzten fünf Jahren nicht gesetzlich krankenversichert waren **und**
  - mindestens in der Hälfte dieser Zeit als Arbeiter*in, Angestellte*r, Beamte*Beamtin usw von der Sozialversicherungspflicht befreit waren **oder**
  - mindestens in der Hälfte dieser Zeit als hauptberuflich Selbständige nicht versicherungspflichtig waren (§§ 5 Abs. 5a, 6 Abs. 3a SGB V).

Diese Personen müssen sich **privat krankenversichern** (→ Rn. 22 ff.).

15 Wer als hauptberuflich Selbständige*r bei Antragstellung nicht krankenversichert und auch ggf. schon länger nicht mehr versichert ist, wird über den Bezug von Bürgergeld gesetzlich pflichtversichert, wenn zuletzt (egal, wie lange das her ist) eine gesetzliche Versicherung bestanden hat (egal, ob es eine Familienversicherung, Pflichtversicherung oder freiwillige Versicherung gewesen ist). Lassen Sie sich von der Krankenkasse nicht mit dem Hinweis, Sie seien ja selbständig, zur PKV abwimmeln!

70 Krankenversicherung

16 Wenn Sie Bürgergeld auf **Darlehens**basis beziehen, sind Sie ebenfalls nicht pflichtversichert. Ebenso, wenn Sie nur einmalige Beihilfen (→ 40) beziehen (§ 5 Abs. 1 Nr. 2a SGB V). Sie müssen sich bei der Krankenkasse freiwillig versichern (am besten einen Antrag stellen). Bei Darlehensbezug können Sie die KV-Beiträge dann ebenfalls im Rahmen des Darlehens erhalten.

17 **Schüler*innen, Auszubildende und Studierende**, die keine Regelleistung, aber einen Mehrbedarfszuschlag oder Zuschuss zu den Unterkunftskosten erhalten, sind nicht über den Bezug von Bürgergeld pflichtversichert. Leistungen für Auszubildende nach § 27 SGB II gelten seit 2011 nicht mehr als Bürgergeld-Leistung (§ 27 Abs. 1 S. 2 SGB II).

1.1.6 Zusatzbeitrag der gesetzlichen KV

18 Seit 2009 gibt es den **Einheitsbeitrag** bei der gesetzlichen KV. Preisunterschiede der Kassen ergeben sich dann über einen **Zusatzbeitrag**, den die Kassen erheben (§ 242 SGB V). Zur Entlastung der Arbeitgeber wurde der Zusatzbeitrag bis zum 31.12.18 nur von den Versicherten gezahlt; seit dem 1.1.2019 wird er hälftig vom Arbeitgeber und hälftig von den Versicherten gezahlt (§ 249 SGB V). Auch Erstattungen der Kassen (Prämien) an die Mitglieder waren von 2009 bis zum 31.12.14 nach dem neuen System möglich, wenn deren Ausgaben niedriger waren.

19 Die **Höchstgrenze** des Zusatzbeitrages ist nicht gesetzlich vorgeschrieben. Seit dem 1.1.2015 wird der Zusatzbeitrag prozentual vom Einkommen erhoben. Ende 2022 erhoben alle bundesweit geöffneten Kassen einen Zusatzbeitrag zwischen 0,9 Prozent (BKK Gildemeister-Seidensticker) bzw. 0,98 Prozent (hkk) und 1,8 Prozent (BKK VBU), regionale Kassen zwischen 0,8 Prozent (AOK Sachsen-Anhalt) und 1,89 Prozent (AOK Nordwest). Der vom Bund ermittelte durchschnittliche Zusatzbeitrag liegt 2023 bei 1,6 Prozent.

20 Für pflichtversicherte Leistungsbeziehende nach dem SGB II dürfen die Krankenkassen seit dem 1.1.2015 lediglich einen Zusatzbeitrag in Höhe des *„durchschnittlichen Zusatzbeitrags"* erheben (§ 242 Abs. 3 Nr. 1 SGB V). Dieser wird durch den Bund übernommen (§ 251 Abs. 4 SGB V) und belastet Sie nicht.

21 **Ausnahme:** Das gilt jedoch nicht, wenn Sie als **Aufstocker*in** sozialversicherungspflichtig beschäftigt sind. Hier können Sie die Erhöhung des Zusatzbeitrags umgehen, indem Sie von Ihrem **Sonderkündigungsrecht** Gebrauch machen und in eine Kasse wechseln, die einen niedrigeren Zusatzbeitrag erhebt (§ 175 Abs. 4 S. 5–7 SGB V). Sie müssen dann vor Ablauf des Monats kündigen, in dem der neue bzw. erhöhte Zusatzbeitrag zum ersten Mal erhoben wird. Die Kasse muss Sie einen Monat vor der Erhöhung über Ihr Kündigungsrecht und die Höhe des durchschnittlichen Zusatzbeitragssatzes aufklären. Für die Zeit vom 1.1.2023 bis 30.6.2023 wurde die Hinweispflicht für die Krankenkassen ausgesetzt (§ 175 Abs. 4a SGB V). Weiterhin muss die Krankenkasse Sie auf die Übersicht des GKV-Spitzenverbandes über die Zusatzbeiträge aller Krankenkassen (https://www.gkv-spitzenverband.de/service/krankenkassenliste/krankenkassen.jsp) hinweisen. Auch wenn Sie das Sonderkündigungsrecht verpasst haben, können Sie jederzeit die Krankenkasse wechseln, wenn Ihr letzter Kassenwechsel mind. zwölf Monate her ist (§ 175 Abs. 4 SGB V). Die ursprüngliche Frist von 18 Monaten wurde zum 1.1.2021 auf zwölf Monate verkürzt (MDK-Reformgesetz).

1.2 Private Krankenversicherung (PKV)

22 Seit dem 1.1.2009 ist für privat Krankenversicherte der Weg in die gesetzliche Krankenversicherung über den Bezug von Bürgergeld versperrt. Das gilt auch für Nicht-Krankenversicherte, die zuletzt privat versichert waren und für Personen, die noch nie in Deutschland oder einem EU-Land versichert waren und hauptberuflich selbstständig sind sowie unter bestimmten Bedingungen auch für unversicherte Menschen über 55 Jahren (§§ 5 Abs. 5a, 6 Abs. 3a SGB V; → Rn. 9). Sie sollten sich deshalb zum sogenannten *„Basistarif"* (§ 152 VAG) weiter privat krankenversichern bzw. die Aufnahme in den Basistarif der privaten Krankenversicherungen beantragen (§ 193 VVG). Die private Kran-

537

kenkasse können Sie sich bei einer Neu- oder Wiederversicherung aussuchen.

23 **Tipp**: Prüfen Sie, ob Sie Ihre Kinder unter 15 Jahren in der gesetzlichen KV familienversichern können. Bei Leistungsbezug vom Sozialamt wäre ggf. eine Familienversicherung über den*die Ehepartner*in möglich.

24 Der Höchstbeitrag im Basistarif, der bei allen PKV-Kassen gleich ist, beträgt 2023 807,98 EUR KV plus 142,12 EUR PV. Für Bezieher*innen von Bürgergeld und Leistungen vom **Sozialamt** wird nur die **Hälfte des Höchstbeitrags im Basistarif**, also max. 403,99 EUR KV erhoben. Hinzu kommen die halbierten Beiträge für die private Pflegeversicherung (2023 iHv 76,06 EUR). Von der Halbierung der Beiträge profitieren auch Personen, die über Einkommen verfügen und nur aufgrund des Beitrages der privaten Krankenversicherung hilfebedürftig werden (→ Rn. 33, 34).

25 Sind Sie privat versichert und auf Bürgergeld angewiesen, ist mit Wirkung zum 1.1.2017 geregelt, dass das Jobcenter einen Zuschuss zu Ihren Beiträgen zahlt. *„Der Zuschuss ist begrenzt auf die Höhe des nach § 152 Absatz 4 des Versicherungsaufsichtsgesetzes halbierten Beitrags für den Basistarif in der privaten Krankenversicherung, den Hilfsbedürftige zu leisten haben"* (§ 26 Abs. 1 S. 1 Hs. 2 SGB II). Die vor dem 1.1.2017 existierende Deckungslücke für die Beiträge zur privaten Kranken- und Pflegeversicherung wurde damit beseitigt, ein entsprechendes Urteil des Bundessozialgerichts vom 18.1.2011 (B 4 AS 108/10 R) gesetzlich umgesetzt. Damit deckt der Zuschuss vom Jobcenter bei PKV-Versicherung im Basistarif den gesamten zu zahlenden Beitrag ab.

26 **Achtung:** Nur wenn Sie im Basistarif privat versichert sind, wird Ihr Beitrag bei Hilfebedürftigkeit nach dem SGB II (Jobcenter) oder SGB XII (Sozialamt) halbiert! Sind Sie in einem sog. Normaltarif oder im Standardtarif versichert, erfolgt keine Halbierung. Übersteigt der von Ihnen zu zahlende Beitrag dann den maximalen Zuschussbeitrag, entsteht eine Deckungslücke. Dieser Deckungslücke können Sie entgehen, wenn Sie in den Basistarif wechseln. Bei Bezug von Bürgergeld oder Sozialhilfe/Grundsicherung vom Sozialamt können Sie jederzeit wechseln (§ 193 Abs. 5 VVG; § 152 Abs. 2 VAG).

Das Jobcenter überweist den Beitrag direkt an Ihre PKV-Kasse (§ 26 Abs. 5 SGB II).

27 **Tipp:** Sind vor dem BSG-Urteil im Zeitraum vom 1.1.2009 bis 17.1.2011 aufgrund der Deckungslücke Beitragsschulden bei der privaten KV aufgelaufen, müssen Sie beim Versicherungsunternehmen einen Antrag auf Erlass bzw. Niederschlagung dieser Forderung stellen.

28 Haben Sie **Beitragsschulden** bei der privaten KV, erfolgt nach zwei Monaten Rückstand die Ruhendstellung Ihres regulären Vertrages und die Umwandlung Ihres Vertrages in den sog. **Notlagentarif (NLT;** § 193 Abs. 6 VVG), damit Sie die Schulden schneller zurückzahlen können (der NLT kostet – unterschiedlich je nach privater Krankenkasse – nur zwischen 75 und 100 EUR mtl.). Sie sind dann weiterhin versichert, haben jedoch nur Anspruch auf eine Notversorgung im Krankheitsfall (§ 153 VAG). Sobald Sie Bürgergeld oder HzL/GSi der Sozialhilfe beziehen, endet das Ruhen, Ihr ursprünglicher Vertrag lebt wieder auf und Sie haben **vollen KV-Schutz** (§ 193 Abs. 6 VVG). Allerdings sind damit die Beitragsschulden nicht verschwunden, und das PKV-Unternehmen wird weiterhin versuchen, die Rückstände von Ihnen zu bekommen.

29 Sind Sie in einem **anderen Tarif** privat versichert und wechseln bei Bezug von Bürgergeld nicht in den Basistarif, muss das Jobcenter zumindest die Kosten in Höhe des Betrages übernehmen, den Sie im halbierten Basistarif zu zahlen hätten (LSG Bayern 19.7.2011 – L 8 SO 26/10; vgl. § 26 Abs. 1 S. 1 Hs. 2 SGB II). Sie müssen dazu eine Bescheinigung des PKV-Unternehmens beim Jobcenter einreichen, auf der genau steht, wie viel Sie im Basistarif zu zahlen hätten.

30 Über dem halben Basistarif liegende Beiträge der privaten KV/PV können nicht vom Erwerbseinkommen abgesetzt werden (FW 11.132, *„in angemessener Höhe […] z.B. halber Basistarif"*; → 38 Rn. 5). Auch das Bundessozialgericht hat entschieden, dass die über den halben Basistarif hinausgehenden Kosten einer privaten Krankenversicherung

nicht als angemessene Kosten einer Versicherung nach § 11b Abs. 1 S. 1 Nr. 3 SGB vom Einkommen eines*r Bürgergeld-Beziehenden abgesetzt werden (BSG 16.10.2012 – B 14 AS 11/12 R).

31 **Tipp: Regelung bis 14.3.20:** Waren Sie nur vorübergehend auf Alg II angewiesen, mussten Sie sich gut überlegen, ob Sie als Privatversicherte*r von einem ggf. günstigeren Normaltarif in den teuren Basistarif wechseln. Entfiel die Hilfebedürftigkeit, zahlten Sie einen Krankenversicherungsbeitrag von bis zu 735,94 EUR mtl. – ein Wechsel in Ihren alten, günstigeren Tarif war dann idR nicht mehr möglich.

Regelung seit 15.3.20: Sind Sie nach dem 15.3.20 aufgrund des Bezuges von Bürgergeld/Alg II oder HzL/Grundsicherung in den Basistarif gewechselt und endet Ihre Hilfebedürftigkeit innerhalb von zwei Jahren nach dem Wechsel, können Sie innerhalb von drei Monaten nach dem Ende der Hilfebedürftigkeit schriftlich bei Ihrer Privatkasse die Rückkehr in Ihren Ursprungstarif beantragen, also in den Tarif, in dem Sie bis zum Wechsel in den Basistarif versichert waren. Ab dem 1. Tag des übernächsten Monats nach der Antragstellung sind Sie dann wieder in Ihrem alten Tarif versichert – ohne neue Gesundheitsprüfung, etwaiger Risikozuschläge etc Ebenso bleiben Ihre Altersrückstellungen erhalten. Sie müssen das Ende Ihrer Hilfebedürftigkeit schriftlich bei der Privatkasse nachweisen, per Bescheid oder Bescheinigung vom Jobcenter (§ 204 Abs. 2 VVG).

Bitte beachten Sie bei der Überlegung, ob Sie in den Basistarif wechseln, auch die ggf. von Ihnen zu übernehmende Selbstbeteiligung im bisherigen Tarif und den gewählten Leistungsumfang. Oft schließen die günstigen Tarife in den Normaltarifen viele Leistungen aus, die dann im Basistarif enthalten sind. Der Basistarif ist mit und ohne Selbstbeteiligung gleich teuer; daher sollten Sie bei einem Wechsel unbedingt den Basistarif ohne Selbstbeteiligung beantragen.

1.2.1 Selbstbeteiligung von privat Krankenversicherten an den Gesundheitskosten

32 Grundsätzlich ist es Bürgergeld-Beziehenden, die privat krankenversichert sind, zuzumuten, **in den Basistarif** der PKV zu wechseln, um ohne Selbstbeteiligung eine Versorgung im Krankheitsfall sicherzustellen, die dem Leistungsumfang der gesetzlichen KV entspricht. Solange Sie jedoch nicht durch das Jobcenter über die **Möglichkeit eines Wechsels** und die Folgen eines Verbleibs in Ihrem alten Tarif **beraten** wurden, kann ein Anspruch auf Übernahme der Zuzahlungen im Rahmen der Selbstbeteiligung bestehen. Eine Übernahme von Krankenbehandlungskosten ist dann im Rahmen der Härtefallregelung (→ 52; § 21 Abs. 6 SGB II) möglich, wenn diese auch durch eine gesetzliche KV übernommen worden wären (BSG 29.4.2015 – B 14 AS 8/14 R). **Achtung:** Aufgrund der Regelungen in § 193 Abs. 5 VVG und § 152 Abs. 2 VAG ist ein Wechsel rechtlich immer möglich. Die meisten Jobcenter lassen inzwischen die Betroffenen Merkblätter unterschreiben, in denen die Modalitäten genau beschrieben sind und kommen damit ihrer Beratungspflicht nach.

1.3 Hilfebedürftigkeit allein durch Kranken- und Pflegeversicherungsbeiträge

33 Für Personen, die in der gesetzlichen KV **pflichtversichert** oder **freiwillig versichert** sind *„und die allein durch die Zahlung des Beitrags hilfebedürftig würden, wird ein Zuschuss zum Beitrag in Höhe des Betrages geleistet, der notwendig ist, um die Hilfebedürftigkeit zu vermeiden"* (§ 26 Abs. 2 S. 1 Nr. 1 SGB II). Das gilt auch, wenn Sie **privat krankenversichert** sind (§ 26 Abs. 2 S. 1 Nr. 2 SGB II). Außerdem werden die Beiträge für die gesetzliche oder private **Pflegeversicherung** übernommen, falls diese Zahlung Sie unter das Existenzminimum drückt (§ 26 Abs. 4 SGB II).

34 Der Zuschuss *„kann auch den Zusatzbeitrag zur gesetzlichen Krankenversicherung nach § 242 SGB V in der erforderlichen Höhe umfassen"* (BT-Drs. 18/8041, 43).

35 **Beispiel:** Ein unverheiratetes Paar gilt als eheähnliche Gemeinschaft (→ 36). Der Partner verliert nach dem Bezug von Alg I den Krankenversicherungsschutz über die Pflichtversicherung durch die Arbeitsagentur. Sein Antrag auf Bürgergeld wird mit der Begründung abgelehnt, die erwerbstätige Partnerin

müsse im Rahmen der Bedarfsgemeinschaft (→ 16) mit ihrem Einkommen für den arbeitslosen Partner aufkommen. Der Anspruch auf Bürgergeld fällt bereits weg, wenn das Einkommen der Partnerin geringfügig über dem Gesamtbedarf liegt (Bedarfsberechnung, → 15). Da bei unverheirateten Paaren kein Anspruch auf Familienversicherung besteht, muss der arbeitslose Partner sich freiwillig kranken- und pflegeversichern bzw. kommt auch ohne Antrag in die obligatorische Anschlussversicherung (OAV; § 188 Abs. 4 SGB V). Die beiden laufen Gefahr, durch die Beitragszahlungen unter das Existenzminimum zu rutschen. Der Zuschuss zur KV/PV soll das Paar oberhalb des Bürgergeld-Bedarfs halten und Hilfebedürftigkeit vermeiden.

2. KV bei HzL/GSi der Sozialhilfe

36 Sozialhilfe- und GSi-Bezieher*innen sind über den Leistungsbezug SGB XII grundsätzlich **nicht pflichtversichert** (kein Versicherungstatbestand im § 5 SGB V). Eine Versicherung „über das Sozialamt" gibt es nicht; das Sozialamt kann bei Unversicherten, die keinen Zugang zu einer Versicherung haben, lediglich Krankenhilfe leisten (Ausgabe von Krankenscheinen oder Anmeldung zu einer Auftragsversorgung gem. § 264 SGB V). Es ist daher wichtig, dass Sie sich bei Beginn von Leistungen nach dem SGB XII um Ihre Krankenversicherung kümmern; dies insbes. beim Übergang vom Jobcenter ins Sozialamt (→ Rn. 11, 39 Tipp)!

2.1 Beiträge für die Krankenversicherung

37 Das Sozialamt übernimmt bei einer bestehenden Krankenversicherung die KV/PV-Beiträge bei

- gesetzlich Versicherten, die über eigenes **Einkommen** verfügen **und** nur aufgrund der Beiträge für die Kranken- und Pflegeversicherung **hilfebedürftig** nach dem Dritten und Vierten Kapitel SGB XII werden, wenn die KV-Beiträge direkt an diese gezahlt werden (§ 32 Abs. 1, § 42 Nr. 2 SGB XII),
- Pflichtversicherten in der Auffang-Pflichtversicherung gem. § 5 Abs. 1 Nr. 13 SGB V, die in dieser Versicherung verbleiben können, wenn die Bedürftigkeit erst nach dem Beginn dieser Mitgliedschaft einsetzt (§ 190 Abs. 13 S. 2 SGB V),
- Personen, die einen **Rentenantrag** stellen und sich bis zur endgültigen Entscheidung über die Rente in einer Krankenkasse pflichtversichern müssen (§ 189 SGB V).

38 Außerdem werden in zwei weiteren Fällen KV-Beiträge vom Sozialamt übernommen:

a. Bei freiwilliger Weiterversicherung von aus der Pflichtversicherung oder Familienversicherung ausgeschiedenen Personen als Pflichtleistung (§ 32 Abs. 2 SGB XII iVm § 9 Abs. 1 SGB V). Das ist der Fall, wenn Sie die letzten zwölf Monate vor dem Ausscheiden ununterbrochen pflichtversichert und/oder familienversichert waren (oder 24 Monate in den letzten fünf Jahren mit Lücken) und sich innerhalb von drei Monaten freiwillig in der gesetzlichen KV weiterversichern. Der zu zahlende Beitrag in der GKV gilt als angemessen (§ 32 Abs. 2 SGB XII). Das gilt auch dann, wenn Sie vor dem Leistungsbezug über die obligatorische Anschlussversicherung (OAV; § 188 Abs. 4 SGB V) in die freiwillige Versicherung aufgenommen wurden und dann erst zu einem späteren Zeitpunkt der Leistungsbezug beim Sozialamt beginnt.

b. Bei privat Versicherten werden idR die „*angemessenen*" Aufwendungen übernommen, dh Beiträge in Höhe des halben Basistarifs der privaten KV (§ 32 Abs. 4 S. 1 und 2 SGB XII; → Rn. 22). Ein höherer Beitrag kann als angemessen anerkannt werden, wenn Sie voraussichtlich nur für einen Zeitraum von bis zu drei Monaten Leistungen vom Sozialamt benötigen. Im begründeten Ausnahmefall kann auf Antrag ein höherer Beitrag auch im Fall einer Leistungsberechtigung für einen Zeitraum von bis zu sechs Monaten als angemessen anerkannt werden. Nämlich dann, wenn vor Ablauf der drei Monate oder bereits bei Antragstellung davon auszugehen ist, dass Ihre Leistungsberechtigung beim Sozialamt für einen begrenzten, aber mehr als drei Monate andauernden Zeitraum bestehen wird (§ 32 Abs. 4 S. 3 und 4 SGB XII).

39 **Tipp:** Um den Anspruch auf die freiwillige Weiterversicherung zu wahren, müssen Sie den Antrag zwingend innerhalb von drei Monaten nach Beendigung der letzten KV stellen (§ 9 Abs. 2 SGB V). Lassen Sie die Frist verstreichen, steht Ihnen ggf. nur noch eine Auftragsversorgung über das Sozialamt zu (→ Rn. 41; § 264 SGB V). Sie können dann die Kasse nicht mehr wechseln, haben keinen Anspruch auf Leistungen aus der Pflegeversicherung über die Kasse und bekommen eine besondere Krankenkassenkarte (ohne die Möglichkeit der Behandlung im EU-Ausland [keine EHIC]). Eine reguläre Versicherungsmöglichkeit besteht dann nur bei Ausscheiden aus dem Leistungsbezug SGB XII.

40 Werden die Beiträge für die gesetzliche oder private KV vom Sozialhilfeträger übernommen, werden auch die damit zusammenhängenden Beiträge der **Pflegeversicherung** gezahlt (§ 32 Abs. 5 SGB XII). Fallen bei gesetzlich Versicherten **Zusatzbeiträge** (→ Rn. 18–21) an, sind auch diese in voller Höhe vom Sozialamt zu übernehmen (§ 32 Abs. 3 SGB XII).

2.2 „Hilfen zur Gesundheit"

41 Beziehende von HzL/ GSi der Sozialhilfe, die **nicht** in einer Krankenversicherung versichert sind (→ Rn. 36) und die sich auch nicht gesetzlich oder privat versichern können (Ausschluss, zB § 5 Abs. 8a SGB V), wählen beim Sozialamt eine Krankenkasse, die ihre Versorgung übernehmen soll und erhalten von dieser eine „**Gesundheitskarte**". Diese Auftragskrankenkasse rechnet alle erbrachten Leistungen der Gesundheitsversorgung und -vorsorge plus fünf Prozent Verwaltungszuschlag quartalsweise mit dem Sozialamt ab. Die Kosten werden als „Hilfen zur Gesundheit" übernommen (Fünftes Kapitel SGB XII). Das nennt sich „**Quasiversicherung**" nach § 264 SGB V. Die Kassen bekommen auf diese Weise die tatsächlichen Kosten für „teure", weil leistungsgeminderte und ältere Sozialhilfebeziehende erstattet. Die Leistungen der Hilfen zur Gesundheit entsprechen idR dem Leistungskatalog der gesetzlichen Krankenkassen. Es besteht freie Arztwahl. Zuzahlungen und Zuzahlungsbefreiungen greifen wie bei regulär Versicherten, doch es gibt auch Nachteile (→ Rn. 39 Tipp).

2.3 Eine reguläre Krankenversicherung ist vorrangig gegenüber Krankenhilfeleistungen vom Sozialamt

42 Durch die Einführung der Auffang-Pflichtversicherung gem. § 5 Abs. 1 Nr. 13 SGB V für zuletzt gesetzlich versicherte Unversicherte seit 1.4.2007 und die Pflicht zur Versicherung im § 193 VVG für zuletzt privat versicherte Unversicherte seit 1.1.2009 gibt es für die meisten in Deutschland lebenden Menschen einen Zugang zu einer regulären Krankenversicherung. Bei Bezug von Leistungen nach dem SGB XII ist eine reguläre Krankenversicherung (auch wenn sie ggf. mit Nachzahlungen für zurückliegende Zeiträume verbunden ist), vorrangig vor Krankenhilfeleistungen nach dem SGB XII (§ 2 SGB XII, Nachrang der Sozialhilfe). Das Sozialamt wird Sie daher auffordern, sich um eine reguläre Krankenversicherung zu kümmern. Leider versuchen sowohl die gesetzlichen als auch die privaten Krankenkassen, die Aufnahme von (langjährig) Unversicherten durch Falschauskünfte (und zT auch fehlerhafte Ablehnungsbescheide) zu verhindern.

43 **Hilfe und Unterstützung bei einer Neu- oder Wiederversicherung** erhalten Sie von den div. sog. Clearingstellen Krankenversicherung, die es inzwischen in vielen Bundesländern gibt. Die Hilfe dort erfolgt kostenlos. Eine Liste finden Sie auf der Website der EU-Gleichbehandlungsstelle (Stand 05/21, abrufbar unter: https://www.eu-gleichbehandlungsstelle.de/resource/blob/203274/1594458/49cd7b962c4bd4701c329ed50025dad2/verzeichnis-clearingstellen-2020-data.pdf, letzter Zugriff: 14.1.2023).

Auf der Website der „Bundesarbeitsgemeinschaft Clearingstellen und anonymer Krankenschein (BACK) finden Sie ebenfalls eine Liste der Beratungsstellen, die unversicherten Menschen helfen: https://anonymer-behandlungsschein.de/, (letzter Zugriff 5.5.2023)

Auch die Unabhängige Patientenberatung Deutschland (UPD) kann Ihnen oft helfen (https://www.patientenberatung.de/de).

Kommen Sie aus einem EU-Land und waren dort bislang krankenversichert, können diese Zeiten für eine Weiterversicherung in Deutschland angerechnet werden. Sind Sie noch in einem EU-Land versichert, ist in vielen Fällen eine Behandlung in Deutschland über die noch bestehende Versicherung möglich. In diesen Fällen können Ihnen ggf. die Nationalen Kontaktstellen (https://www.eu-patienten.de/) helfen oder die europäische Kommission Solvit (vgl. dazu http://www.bmwi.de/Redaktion/DE/Publikationen/Europa/leben-in-europa-solvit.pdf, letzter Zugriff: 14.1.2023).

3. Kritik

44 Die „Gesundheitsreform" 2007 hatte zum Ziel, alle Nichtversicherten in die gesetzliche oder private Krankenversicherung zurückzuholen. Beziehende von Alg II (seit 1.1.23 Bürgergeld) und Sozialhilfe, denen seit 2009 der Weg zurück in die gesetzliche KV verschlossen blieb, mussten deshalb bis zur Entscheidung des BSG (→ Rn. 25) mtl. mehr als ein Drittel ihres Regelsatzes für private KV-/PV-Beitrage zuzahlen, anstatt damit ihren Lebensunterhalt zu bestreiten. Obwohl das höchste Gericht die Behörden im Januar 2011 zur Zahlung der vollen Beiträge verpflichtete, hat die große Koalition die gesetzliche Regelungslücke bei der Übernahme der privaten Versicherungsbeiträge erst mit Wirkung zum 1.1.2017 geschlossen. Rechtssicherheit von Leistungsberechtigten hat keine Priorität.

45 Nicht krankenversicherte Personen, denen der Weg in die gesetzliche KV eröffnet wird, haben nicht verjährte rückständige Beiträge für Zeiten der Nichtversicherung (Beginn der Mitgliedschaft frühestens ab 1.4.2007) nachzuzahlen (bis zu max. fünf Jahre rückwirkend). Für die Eintrittskarte in die KV müssen sie sich oft hoch verschulden. Die Beitragsschulden entstehen idR, weil die Versicherungspflicht für rückliegende Zeiträume nachgezahlt werden muss. Deshalb sollen die Kassen die Beiträge für die Zeit seit dem Eintritt der Versicherungspflicht angemessen ermäßigen. Säumniszuschläge sind vollständig zu erlassen (§ 256a SGB V). Die Ermäßigung auf einen mtl. Betrag in Höhe von rund 66 EUR (seit 1.1.2023, in den Jahren davor jeweils etwas weniger) ist aber nur möglich, wenn im Nachzahlungszeitraum keine Leistungen in Anspruch genommen wurden bzw. auf eine Erstattung verzichtet wird (Abgabe einer Verzichtserklärung). Das vollständige Erlassen der Beiträge (Beitragsamnestie) wurde nur über einen kurzen Zeitraum gewährt und endete zum 31.12.2013. Dieser Erlass sollte unbegrenzt und dauerhaft wirken.

46 Die meisten Personen, die keine lfd. Leistungen vom Sozialamt erhalten, sind von den *„Hilfen zur Gesundheit"* der Sozialhilfe (Fünftes Kapitel SGB XII) ausgeschlossen, da seit dem 1.8.2013 durch die obligatorische Anschlussversicherung (OAV gem. § 188 Abs. 4) eine „automatische Folgeversicherung" gewährleistet wird, dies gilt aber auch bei Leistungsversagung wegen fehlender Mitwirkung durch das Jobcenter.

4. Informationen

47 Claudia Mehlhorn, Beitragsschulden im Krankenkassenrecht, http://www.kv-schulung.de/wp-content/uploads/2022/12/Fachaufsatz-Beitragsschulden-in-der-Krankenversicherung-Stand-3.12.22.pdf, letzter Zugriff: 14.1.2023.

Ein immer wiederkehrendes Problem aus der Sozialberatung: Zahnersatz http://www.kv-schulung.de/wp-content/uploads/2019/07/Fachaufsatz-Zahnersatz-incl.-Implantate-Stand-14.5.18.pdf, letzter Zugriff: 14.1.2023.

5. Forderungen

48 Pflichtversicherung in der KV für alle Beziehenden von Bürgergeld und HzL/GSi der Sozialhilfe!

Erlass rückständiger Beiträge bei Wiedereintritt in die gesetzliche KV!

71
Krankheit

1. Krankheit im Bürgergeld 1
1.1 Anzeigepflicht 2

71 Krankheit

1.2 Arbeitsunfähigkeit 9
2. Krankengeld 11
3. Sozialamt – Hilfen zur Gesundheit 12
4. Kassenleistungen bei Bezug von Bürgergeld/Sozialhilfe/Grundsicherung vom Sozialamt 14
  4.1 Arztwahl 15
  4.2 Versorgung mit Medikamenten, Verband-, Heil- und Hilfsmitteln 17
    4.2.1 Kosten einer neuen Brille? .. 25
  4.3 Krankenhausbehandlung 37
    4.3.1 Bürgergeld 38
    4.3.2 HzL/GSi 40
  4.4 Zuzahlungen 41
  4.5 Fahrkosten 46
  4.6 Zahnersatz 48
  4.7 Zuzahlungen für orthopädische Schuhe 50
  4.8 Therapeutische Geräte und Ausrüstung 51
5. Begrenzung der Zuzahlungen und Darlehen für Zuzahlung 52
  5.1 Begrenzung der Zuzahlungen 52
  5.2 Darlehen für den jährlichen Zuzahlungsbetrag 59
6. Selbstbeteiligung von privat Krankenversicherten an den Kosten 61
7. Auslagen für Untersuchungen 62
8. Kritik 63
9. Forderungen 65
10. Informationen 66

1. Krankheit im Bürgergeld

1 Wenn Sie als Bürgergeld-Beziehende*r krank werden, sind Sie arbeitsunfähig. Damit wird Bürgergeld weitergezahlt, unabhängig davon, ob Sie pflicht- oder privatversichert sind.

1.1 Anzeigepflicht

2 Sie müssen dem Jobcenter *„unverzüglich"*, dh ohne schuldhaftes Zögern anzeigen, dass und wie lange Sie voraussichtlich krank sind (§ 56 Abs. 1 S. 1 Nr. 1 SGB II). IdR wäre das am ersten Tag der Krankheit, wenn Sie dazu in der Lage sind. Die Krankmeldung kann auch telefonisch erfolgen. Den Befund brauchen Sie dem Amt nicht zu nennen. Solange Ihre Arbeitsunfähigkeit nicht angezeigt ist, können Sie voll zur Vermittlung bzw. Eingliederung über Maßnahmen herangezogen werden.

3 Spätestens vor Ablauf des dritten Tages Ihrer Krankheit **müssen** Sie über die Arbeitsunfähigkeit und deren voraussichtliche Dauer eine **ärztliche Bescheinigung** vorlegen („Krankschreibung") (§ 56 Abs. 1 S. 1 Nr. 2 SGB II). Sind Sie nach Ablauf der bescheinigten Krankheitsdauer immer noch krank, müssen Sie eine neue Arbeitsunfähigkeitsbescheinigung vorlegen. Beziehende von Bürgergeld gem. § 19 Abs. 1 S. 2 SGB II (nicht Erwerbsfähige) sind nicht anzeigepflichtig.

Fällt das Ende der Abgabefrist auf das Wochenende oder einen Feiertag, endet die Frist mit Ablauf des nächsten Werktages.

4 Regelung bis 30.6.2023: Seit August 2016 soll die Pflicht, eine Arbeitsunfähigkeit unverzüglich anzuzeigen und spätestens am dritten Krankheitstag eine Arbeitsunfähigkeitsbescheinigung vorzulegen, in Ihrem Kooperationsplan (früher: Eingliederungsvereinbarung, → 35; § 15 SGB II) festgelegt werden. Eine **Sanktionierung** nach § 31 Abs. 1 SGB II **darf allerdings nicht erfolgen**, wenn Sie dieser Verpflichtung nicht oder nicht rechtzeitig nachkommen (§ 56 Abs. 1 S. 2 SGB II). Dafür entfällt die allgemeine Anzeige- und Bescheinigungspflicht bei Arbeitsunfähigkeit für alle Bürgergeld-Beziehenden. Sie müssen sich also nur beim Jobcenter krankmelden, wenn das in dem **Kooperationsplan** festgelegt wurde (→ 35 Rn. 19 ff.).

5 Regelung ab 1.7.23: Eingliederungsvereinbarungen werden ab 1.7.23 in „**Potentialanalyse und Kooperationsplan**" umbenannt (weiterhin § 15 SGB II). Der Kooperationsplan löst die Eingliederungsvereinbarung schrittweise bis zum 31.12.23 ab. Er wird zwischen der leistungsberechtigten Person und dem Jobcenter als rechtlich unverbindlicher Plan vereinbart. Ab 1.7.2023 gibt es Leistungskürzungen (ehemals = Sanktionen) nur gegen **per Verwaltungsakt** auferlegte Pflichten, nicht aber allein aufgrund von Versäumnissen aus einem Kooperationsplan.

Um die *„Missbrauchsmöglichkeiten im Zusammenhang mit dem Ausstellen einer Arbeitsunfähigkeitsbescheinigung"* einzuschränken, ist das Jobcenter *„berechtigt"*, von Ihnen zu verlangen, die ärztliche Bescheinigung auch bei Erkrankungen vorzulegen, die kürzer als drei Tage andauern (§ 56 Abs. S. 2 SGB II; FW 56.5). Das Jobcenter müsste Sie allerdings innerhalb dieses kurzen

543

Zeitraums entsprechend aufklären und über die Rechtsfolgen belehren.

6 Wenn Sie die Arbeitsunfähigkeit nicht anzeigen, liegt **keine** Ordnungswidrigkeit nach § 63 SGB II (Bußgeldvorschriften) oder **keine** Pflichtverletzung (§ 31 SGB II) vor, die eine Leistungsminderung (bis 31.12.2022 Sanktion; → 95) nach § 31a SGB II zur Folge haben kann.

Weil Sie aber Ihren **Mitwirkungspflichten** nicht nachgekommen sind, kann Ihnen die Leistung bis zur Nachholung der Mitwirkung ganz oder teilweise versagt oder entzogen werden (§§ 60 ff. SGB I). Zuvor müssen Sie aber schriftlich auf die Folgen fehlender Mitwirkung hingewiesen werden und das Jobcenter muss Ihnen eine Frist zur Einreichung der Krankmeldung einräumen. Mit dem Urteil des Bundesverfassungsgerichtes vom 5.11.2019 (1 BvL 7/16) wurden die **Sanktionsmöglichkeiten** (seit 1.1.2023 Möglichkeiten zur Leistungsminderung) des Jobcenters allerdings **stark eingeschränkt.** Das Gericht hat Sanktionen für mit dem Grundgesetz unvereinbar erklärt, soweit die Minderung nach wiederholten Pflichtverletzungen innerhalb eines Jahres die Höhe von 30 Prozent des maßgebenden Regelbedarfs übersteigt oder gar zu einem vollständigen Wegfall der Leistungen führt. Auch eine regelhafte Dauer der Sanktion von drei Monaten sieht das Gericht nicht als korrekt an. Lassen Sie sich daher auf jeden Fall bei einer Beratungsstelle beraten, wenn das Jobcenter gegen Sie eine Sanktion (seit 1.1.2023 Leistungsminderung) verhängt hat.

7 Wenn das Jobcenter Zweifel an der Richtigkeit Ihrer ärztlichen Bescheinigung hat, weil Sie zB mit Verweis auf eine Krankheit wiederholt nicht zu Meldeterminen oder Vorstellungsgesprächen erschienen sind, kann es den Medizinischen Dienst (MD, bis 30.6.21 Medizinischer Dienst der Krankenkasse [MDK]) mit einer Überprüfung Ihrer Arbeitsunfähigkeit beauftragen (§ 56 Abs. 1 S. 6 SGB II iVm § 275 Abs. 1 Nr. 3b und Abs. 1a SGB V). Sie müssen sich dann ggf. einer Untersuchung durch den MD unterziehen.

Allein die Arbeitsunfähigkeitsbescheinigung begründet nach Ansicht des BSG keinen Nachweis eines gesundheitlichen Unvermögens, zu einem Meldetermin zu erscheinen (BSG 9.11.2010 – B 4 AS 27/10). Nicht zulässig ist es in solchen Fällen dagegen, die Vorlage einer sogenannten „Bettlägerigkeitsbescheinigung" zu verlangen.

8 Übrigens: Arbeitsunfähige Arbeitslose fallen aus der Arbeitslosenstatistik heraus, da sie dem Arbeitsmarkt nicht zur Verfügung stehen. Allein im August 2022 waren das 122.000 Personen (BA Monatsbericht 8/2022).

Wenn Sie krank und arbeitsunfähig werden, „bekämpfen" Sie also die Arbeitslosigkeit.

1.2 Arbeitsunfähigkeit

9 Seit Juli 2012 gilt: „*Erwerbsfähige Leistungsberechtigte, die Leistungen zur Sicherung des Lebensunterhalts nach dem SGB II [...] beantragt haben oder beziehen, sind arbeitsunfähig, wenn sie krankheitsbedingt nicht in der Lage sind, mindestens drei Stunden täglich zu arbeiten oder an einer Eingliederungsmaßnahme teilzunehmen*" (§ 2 Abs. 3a Arbeitsunfähigkeits-Richtlinie). Der Gemeinsame Bundesausschuss – bestehend aus Kassenärztlicher- und Kassenzahnärztlicher Bundesvereinigung, Deutscher Krankenhausgesellschaft und GKV-Spitzenverband – sowie das BMAS sind der Meinung, dass für Bürgergeld-Beziehende bei der Bewertung der Arbeitsunfähigkeit andere Maßstäbe gelten müssen als für Beziehende von Alg I oder für Beschäftigte ohne ergänzenden Bürgergeld-Bezug.

10 **Kritik:**

Mit dieser Änderung wird der*die Hausarzt*Hausärztin Ihres Vertrauens zum verlängerten Arm des Jobcenters. Er*sie muss bei jeder Krankmeldung den Bewertungsmaßstab der vollen Erwerbsunfähigkeit (→ 45) zugrunde legen oder bestens im Bilde sein, was Ihnen im Rahmen einer Eingliederungsmaßnahme (seit 1.7.2023 eines Kooperationsplanes) alles abverlangt wird. Er*sie muss wissen, wie fit Sie sein müssen für ein Vorstellungsgespräch, die Erfüllung Ihrer Bewerbungsauflagen oder für ein Gespräch mit dem*r Arbeitsvermittler*in vom Amt. Ärztliche Entscheidungsfreiheit wird ohne

Not eingeschränkt, das Vertrauen zwischen Arzt*Ärztin und Patient*in wird belastet und Beziehende von Bürgergeld werden zu Patient*innen zweiter Klasse gestempelt.

Das alles entscheiden Spitzenfunktionäre des Gesundheitssystems gemeinsam mit dem Gesundheitsministerium hinter verschlossenen Türen unter dem Vorwand des „gefühlten Leistungsmissbrauchs". Dabei gibt es keine Belege, dass Beziehende von Bürgergeld Krankmeldungen in auffälligem Maß nutzen, um sich Eingliederungspflichten zu entziehen. Ein „Bauchgefühl" genügt offensichtlich, um die Rechtsposition von Arbeitslosen in einem sensiblen Bereich einzuschränken.

2. Krankengeld

11 Pflichtversicherte Beziehende von Bürgergeld haben bei Arbeitsunfähigkeit keinen Anspruch auf Krankengeld (§ 44 Abs. 2 Nr. 1 SGB V). Das gilt auch für Beziehende von HzL/GSi der Sozialhilfe.

Ausnahme: Sie sind Aufstocker*in als versicherungspflichtig Beschäftigte*r bzw. beziehen Alg I und aufstockend Bürgergeld. Dann entsteht aus Ihrer Beschäftigung bzw. Ihrem Alg I-Bezug ein Anspruch auf Krankengeld. Vor dem 1.1.2022 mussten Sie Ihre Krankschreibung (Arbeitsunfähigkeitsbescheinigung, AU) idR selber an die Krankenkasse schicken. Verpflichtend seit 1.1.2023 müssen nunmehr Ärzt*innen die AU direkt an die Krankenkasse übermitteln (elektronische Übermittlung der AU, eAU [§ 295 Abs. 1 S. 10 SGB V]). Erst wenn die AU dort vorliegt, bewilligt die Kasse das Krankengeld (§ 49 Abs. 1 Nr. 5 SGB V). **Ganz wichtig:** Sie müssen sehr darauf achten, dass Sie bei fortdauernder Erkrankung nahtlose Krankschreibungen Ihres*r Arztes*Ärztin holen. Eine Lücke bei den Krankschreibungen kann zum vollständigen Verlust des Krankengeldanspruchs führen (§ 46 SGB V)!

3. Sozialamt – Hilfen zur Gesundheit

12 Bei Bezug von Bürgergeld sind Sie entweder gesetzlich pflichtversichert oder privat versichert bzw. müssen sich neu privat versichern, wenn Sie unversichert sind und zuletzt privat versichert waren (→ 70).

13 Sind Sie **nicht krankenversichert** und beziehen laufende Leistungen nach dem SGB XII vom Sozialamt, haben Sie unter Umständen Anspruch auf Hilfen zur Gesundheit (§§ 47–52 SGB XII). Da seit 2007 Versicherungspflicht in der Krankenversicherung besteht, lässt sich meistens eine rückwirkende Versicherung herstellen. Ist dies nicht der Fall, wird das Sozialamt Sie bei einer Kasse Ihrer Wahl zur Auftragsversorgung gem. § 264 SGB V anmelden. Diese „Hilfen zur Gesundheit" als Auftragsversorgung gem. § 264 SGB V entsprechen den Leistungen der gesetzlichen Krankenversicherung (§ 52 Abs. 1 SGB XII iVm § 264 Abs. 4 SGB V); diese erhalten auch Beziehende von Hilfe zum Lebensunterhalt und Grundsicherung der Sozialhilfe, die von der Krankenversicherungspflicht ausgeschlossen sind (§ 5 Abs. 8a SGB V) und weder in der gesetzlichen Krankenversicherung freiwillig (§ 9 SGB V), familien- (§ 10 SGB V) noch privat krankenversichert sind (Krankenversicherung, → 70 Rn. 41–43).

4. Kassenleistungen bei Bezug von Bürgergeld/Sozialhilfe/Grundsicherung vom Sozialamt

14 Beziehen Sie Bürgergeld, HzL oder GSi der Sozialhilfe und sind gesetzlich versichert, haben Sie den gleichen Zugang zu Kassenleistungen wie gesetzlich Versicherte ohne Leistungsbezug.

4.1 Arztwahl

15 Sie haben freie Arztwahl unter den Ärzt*innen, die Verträge mit den Kassen abgeschlossen haben (sog. Vertragsärzt*innen). Reine Privatpraxen ohne Kassenzulassung können Sie nur dann aufsuchen, wenn Sie privat in einem sog. Normaltarif versichert sind (nicht bei Vertrag im Basistarif). Möglich sind auch psychotherapeutische Behandlungen durch dafür zugelassene Psychotherapeut*innen oder Vertragsärzt*innen (§ 28 Abs. 3 S. 1 SGB V).

16 Die **Praxisgebühr** wurde zum Januar 2013 abgeschafft. Sie können die 19,15 EUR, die Ihnen (seit 1.1.2023) für *Gesundheitspflege* im Regelsatz (→ 89) zur Verfügung stehen, nun für andere Bedar-

fe aus diesem Bereich ausgeben, zB für nicht verschreibungspflichtige Arzneimittel.

Vergünstigungen bei Ihrer Krankenkasse bekommen Sie ggf., wenn Sie sich zuerst von ihrem*r Hausarzt*Hausärztin behandeln lassen (sog. Hausarzttarif).

4.2 Versorgung mit Medikamenten, Verband-, Heil- und Hilfsmitteln

17 Von der Kasse werden nur Kosten für verschreibungspflichtige Medikamente und ärztlich verordnete Verbandmittel erstattet. Rezeptfreie Medikamente müssen Sie selbst bezahlen, auch wenn sie notwendig sind. **Ausnahme:** Kinder unter 12 und Jugendliche zwischen 12 und 18 Jahren mit Entwicklungsstörungen. Diese bekommen auch nicht verschreibungspflichtige Medikamente als Kassenleistung, wenn sie ärztlich verordnet wurden (§ 34 SGB V). Es führt also faktisch zu einer Regelbedarfskürzung, wenn Sie ein bestimmtes rezeptfreies Medikament, zB gegen Allergien, brauchen und dafür im Monat mehr als die im Regelbedarf vorgesehenen 19,15 EUR mtl. (Betrag seit 1.1.23) benötigen.

Bei Arznei- und Verbandmitteln werden zehn Prozent der Kosten als Zuzahlung verlangt, höchstens 10 EUR, mindestens aber 5 EUR. Liegt der Preis unter 5 EUR, muss er voll bezahlt werden (§ 31 Abs. 3 SGB V). Kinder und Jugendliche unter 18 Jahren sind von Zuzahlungen befreit (Ausnahme: Fahrkosten nach § 60 SGB V).

18 Bei Bezug von **Bürgergeld** sind von einem*r Arzt*Ärztin verordnete, aber nicht von der Krankenkasse übernommene Arznei- oder Heilmittel als Mehrbedarf für laufende, unabweisbare Bedarfe nach § 21 Abs. 6 SGB II zu übernehmen.

Schon die Gesetzesbegründung weist darauf hin, dass diese vom Härtefallmehrbedarf (→ 52 Rn. 20) umfasst sind (BT-Drs. 17/1465, 9). Auch eine Reihe von Gerichten hat das mittlerweile so entschieden (so zB LSG NRW 4.6.2014 – L 7 AS 357/13 B; LSG Bayern 25.6.2010 – L 7 AS 1432/08; LSG Sachsen-Anhalt 23.6.2011 – L5 AS 129/11 B ER; SG Bremen 18.2.2011 – S 22 AS 2474/10 ER; SG Gießen 19.8.2010 – S 29 AS 981/10 ER).

19 In der **HzL/GSi** gibt es keinen Mehrbedarf für laufende unabweisbare besondere Bedarfe, hier wären die Medikamentenkosten als im Einzelfall **abweichende Regelsatzfestsetzung** nach § 27a Abs. 4 SGB XII behördlicherseits zu berücksichtigen. Das BSG hat die Härtefallregelung in Bezug auf den Bedarf an rezeptfreien Medikamenten allerdings auf wenige Sonderfälle beschränkt (zB Neurodermitis oder HIV-Erkrankungen (→ 1) mit besonderem Bedarf), da die gesetzlichen Krankenkassen in der Pflicht seien, das gesundheitliche Existenzminimum abzusichern (BSG 25.6.2011 – B 14 AS 146/10 R). Seitdem hat aber auch eine Reihe von Gerichten solche Medikamentenmehrbedarfe gegen die BSG-Entscheidung zuerkannt. Das Gericht geht davon aus, dass rezeptfreie Arzneimittel, die bei schweren Erkrankungen Therapiestandard seien, von der gesetzlichen Krankenversicherung übernommen werden. Sie müssen dann künftig die Kasse verklagen, nicht das Jobcenter.

20 Zum 1.1.2023 wurde im SGB XII im § 30 Abs. 10 SGB XII zumindest ein Mehrbedarf für einmalige unabweisbare Bedarfe geschaffen. Inhaltlich wird dazu die Mehrbedarfsregelung für den sogenannten „Härtefallmehrbedarf" aus § 21 Abs. 6 SGB II teilweise übernommen. Somit wird für **einmalige, unabweisbare, besondere Bedarfe**, sofern ein Regelsatzdarlehen nach § 37 Abs. 1 SGB XII nicht zumutbar oder wegen der Art des Bedarfs nicht möglich ist, ein einmaliger Mehrbedarf gewährt.

21 Tipp 1: Manchmal gibt es für ein nicht verschreibungspflichtiges Medikament eine verschreibungspflichtige Alternative. Besprechen Sie das mit Ihrem*r Arzt*Ärztin. Zuzahlungen für günstige Medikamente werden halbiert oder fallen weg, wenn ihr Preis 30 Prozent niedriger ist als der von den Kassen festgelegte Höchstpreis (zB wenn Ihre Kasse Rabattverträge mit Arzneimittelherstellen abgeschlossen hat). Wurde für ein Medikament ein Festbetrag festgesetzt, so bezahlt Ihre Kasse auch nur diesen Betrag, auch wenn das vorordnete Medikament teurer ist. Fragen Sie Ihre*n Arzt*Ärztin oder Apotheker*in nach wirkungsgleichen Alternativen: Sie müssen sonst den Differenzbetrag selbst bezahlen.

71 Krankheit

22 **Tipp 2:** Leiden Sie unter einer chronischen Erkrankung, die laufende und erhebliche Ausgaben, zB für notwendige Medikamente, Verbandmittel oder Hautpflegeprodukte erfordert, können Sie einen Mehrbedarf (→ 74) geltend machen. Besteht ein „unabweisbarer, laufender, nicht nur einmaliger besonderer Bedarf", der erheblich ist, ist Ihnen im Rahmen des **Härtefallmehrbedarfs** (→ 52 Rn. 20) ein Zuschlag zur Regelleistung zu gewähren (§ 21 Abs. 6 SGB II).

23 Unter Heilmitteln versteht man Physiotherapie, Ergotherapie, Logopädie, Podologie und Ernährungstherapie. Bei **Heilmitteln**, zB Massage oder Krankengymnastik, müssen Sie zehn Prozent der Kosten selbst tragen, plus 10 EUR pro Verordnung.

24 **Tipp:** Lassen Sie sich eine möglichst große Anzahl auf einmal verordnen. Leider sind die Ärzt*innen bei der Verordnung an die Heilmittelrichtlinien und den Heilmittelkatalog gebunden und können daher nicht eigenständig von den Vorschriften abweichen.

4.2.1 Kosten einer neuen Brille?

25 Hilfsmittel wie Brillen trägt die Kasse für Versicherte über 18 Jahre bis auf Einzelfälle (schwerwiegende Sehbeeinträchtigungen; § 33 Abs. 2 Nr. 1 und 2 SGB V) nicht (wenn, dann nur die Gläser, Gestelle niemals; § 33 Abs. 2 S. 4 SGB V). Sie müssen demnach auch von Leistungsbeziehenden selbst gezahlt werden.

26 **Ausnahme:** Sie sind stark sehbehindert oder minderjährig (§ 33 Abs. 2 SGB V). Zum 1.1.2021 wurde hier das Gesetz geändert, Näheres zum nunmehr doch möglichen Anspruch finden Sie unter dem Beitrag Härtefallmehrbedarf (→ 52 Rn. 54, 74).

27 **Kritik:** Das Problem ist schon lange bekannt. *„Der Gesetzgeber belastet [...] die Regelsätze mit Anteilen einmaliger Leistungen der Krankenhilfe und hat keinerlei Regelungen über eine etwaige Anpassung der Regelsätze getroffen"* (VGH Bayern 2.9.2004 – 12 CE 04.979). Das Bundesverfassungsgericht hat Handlungsbedarf reklamiert, wenn es feststellt, dass *„eine Unterdeckung entstehen [kann], wenn Gesundheitsleistungen wie Sehhilfen weder im Rahmen des Regelbedarfs gedeckt werden können noch anderweitig gesichert sind"* (BVerfG 23.7.2014 – 1 BvL 10/12, Rn. 120).

28 **Einige Beispiele:**
- Die Kosten für eine Brille und für Brillengläser sind (angeblich) im **Regelbedarf** (→ 89) enthalten (LSG NRW 17.5.2005 – L 9 SO 10/05 B ER; → 52 Rn. 54, 74; → Rn. 30, Tipp 1 weiter unten).
- Auch als **Leistung zur Teilhabe** behinderter Menschen am Arbeitsleben (§ 16 Abs. 1 SGB II iVm §§ 97 ff. SGB III) kommt nach Ansicht des LSG Rheinland-Pfalz die Kostenübernahme einer Brille zur Ausübung einer Beschäftigung nicht in Betracht, wenn die Sehhilfe *„nicht nur für den Beruf, sondern auch im täglichen Leben zur Befriedigung elementarer Grundbedürfnisse benötigt"* wird (LSG Rheinland-Pfalz 6.12.2008 – L 5 AS 422/08 B; → Rn. 32, Tipp 3 unten).
- Das Sozialgericht Frankfurt legte jüngst die Anspruchsgrundlage weiter aus und verurteilte das Jobcenter zur Übernahme der Kosten für eine **Gleitsichtbrille** im Rahmen der Förderung aus dem Vermittlungsbudget (§ 16 SGB II iVm § 44 SGB III). Erwerbsfähige Hilfebedürftige müssten uneingeschränkt für den allgemeinen Arbeitsmarkt zur Verfügung stehen und *„eine ausreichende Sehfähigkeit auch für die Ferne [ist] erforderlich, um unnötige Gefährdung für sich und andere nach Möglichkeit auszuschließen."* Im vorliegenden Fall sei das Ermessen auf null reduziert, weil die für die dauerhafte Eingliederung in das Erwerbsleben *„notwendige Sehhilfeversorgung"* nicht abgelehnt werden dürfe (SG Frankfurt 19.3.2016 – S 19 AS 141/13; → Rn. 31, Tipp 2 unten).
- Nach Ansicht des LSG NRW kommt bei wiederkehrendem Bedarf die Übernahme der Kosten für eine Sehhilfe auch im Rahmen der **Härtefallregelung** nach § 21 Abs. 6 SGB II in Betracht (LSG NRW 12.6.2013 – L 7 AS 138/13 B; → Rn. 33, Tipp 4 unten).

29 Nach einem Urteil des LSG Rheinland-Pfalz muss der **Sozialhilfe**träger grundsätzlich nicht für die Kosten einer Gleitsichtbrille aufkommen. Das LSG hob hier die Entscheidung der Vorinstanz auf, die einem *Grundsicherungsbezieher* eine Beihilfe für die Anschaffung einer Gleitsichtbrille bewilligt hat-

te. Sozialhilfebeziehenden sei es zuzumuten, nach Bedarf eine günstigere Fern- und Nahbrille im Wechsel zu nutzen. Auch ein Darlehen für die Gleitsichtbrille scheide aus, da es sich nicht um einen unabweisbaren Bedarf handele (LSG Rheinland-Pfalz 23.7.2015 – L 5 SO 25/15).

30 **Tipp 1:** Wenn Sie die Kosten für eine neue Brille nicht tragen können, können Sie regelmäßig ein **Darlehen** für einen von der Regelleistung umfassten unabweisbaren Bedarf beantragen (LSG NRW 12.6.2013 – L 7 AS 138/13 B, Anschaffung Gleitsichtbrille; → 40). Dieses wird dann mtl. mit zehn Prozent des Regelbedarfs getilgt, ab 1.7.2023 senkt sich die Tilgungsrate auf fünf Prozent.

31 **Tipp 2:** Wenn Sie eine Brille benötigen, weil Sie ohne Sehhilfe aufgrund Ihres eingeschränkten Sehvermögens auf dem **allgemeinen Arbeitsmarkt** keine Beschäftigung finden können, beantragen Sie die Übernahme der Kosten aus dem **Vermittlungsbudget** (§ 16 SGB II iVm § 44 SGB III; SG Frankfurt 19.3.2016 – S 19 AS 141/13). Weitere Informationen dazu finden Sie unter dem Beitrag Härtefallbedarfe (→ 52 Rn. 54, 74).

32 **Tipp 3:** Wenn Sie eine Brille oder sonstige Hilfsmittel ausschließlich zur Aufnahme oder Fortsetzung einer Arbeit, Ausbildung oder AGH benötigen, kann die Kostenübernahme im Rahmen der **Teilhabeleistungen** (§ 16 Abs. 1 SGB II iVm §§ 97 ff. SGB III; LSG Rheinland-Pfalz 23.7.2015 – L 5 SO 25/15) oder aus dem Vermittlungsbudget (§ 16 SGB II iVm § 44 SGB III; SG Frankfurt 19.3.2016 – S 19 AS 141/13) in Frage kommen.

33 **Tipp 4:** Wenn Sie unter einer chronischen Augenerkrankung leiden, die zu einer kontinuierlichen Verschlechterung der Sehkraft führt, kann eine häufigere Anpassung der Sehschärfe notwendig sein. Die Anschaffung einer Brille ist dann ein regelmäßig wiederkehrender Sonderbedarf, der im Rahmen des Härtefallmehrbedarfs (→ 52) nach § 21 Abs. 6 SGB II als Zuschuss zu übernehmen ist (LSG NRW 12.6.2013 – L 7 AS 138/13 B).

34 **Tipp 5:** Beschaffen Sie sich Monatskontaktlinsen. Diese stellen laufende, unabweisbare Kosten dar und müssen bei Beziehenden von Bürgergeld im Rahmen des Härtefallmehrbedarfes (→ 52) nach § 21 Abs. 6 SGB II übernommen werden. Bei der HzL/GSi müssen die Kosten als abweichende Regelsatzfestsetzung nach § 27a Abs. 4 SGB XII übernommen werden.

35 Zum 1.1.2021 trat aber nun im **SGB II** zumindest hinsichtlich der Ansprüche auf einen Mehrbedarf eine Änderung in Kraft (§ 21 Abs. 6 SGB II): nunmehr wird ein neuer Mehrbedarf anerkannt, *„soweit im Einzelfall ein unabweisbarer, besonderer Bedarf besteht; bei einmaligem Bedarfen ist weitere Voraussetzung, dass ein Darlehen nach § 24 Absatz 1 ausnahmsweise nicht zumutbar oder wegen der Art des Bedarfs nicht möglich ist."* Das bedeutet, dass seit dem 1.1.2021 zumindest bei Bezug von Bürgergeld Anträge bei den Jobcentern zB auf Übernahme der Kosten für Brillen(gestelle) gestellt werden können. Allerdings muss dann noch dargelegt werden, dass ein Darlehen entweder nicht zumutbar oder nicht möglich ist. Bislang gab es Mehrbedarfe nur für laufende unabweisbare Bedarfe, nicht aber für einmalige unabweisbare Bedarfe (Härtefallmehrbedarf, → 52 Rn. 54, 74).

36 Zum 1.1.2023 trat nun auch eine vergleichbare Regelung im § 30 Abs. 10 **SGB XII** in Kraft: *„Für Leistungsberechtigte wird ein Mehrbedarf anerkannt, soweit im Einzelfall ein **einmaliger**, unabweisbarer, besonderer Bedarf besteht, der auf keine andere Weise gedeckt werden kann, und ein Darlehen nach § 37 Absatz 1 ausnahmsweise nicht zumutbar oder wegen der Art des Bedarfs nicht möglich ist."* Dabei ist genauso vorzugehen wie bei Anträgen bei den Jobcentern für das SGB II. Wir dürfen gespannt sein, wie sich die Rechtsprechung zum „Dauerthema" Brille weiterentwickeln wird.

4.3 Krankenhausbehandlung

37 Sie haben die freie Wahl unter den Krankenhäusern, die von den Kassen zugelassen sind (§ 39 iVm § 108 SGB V). Als Krankenhäuser zählen stationäre Einrichtungen mit ständiger medizinischer und pflegerischer Versorgung. Vorsorge- und Rehabilitationseinrichtungen sind Kliniken, in denen Kuren sowie Mutter-/Vater-Kind-Kuren durchgeführt werden (§ 107 SGB V). Hier haben Sie

nur einen bedingten Einfluss auf die Wahl (→ 72).

4.3.1 Bürgergeld

38 „Wer voraussichtlich für weniger als sechs Monate in einem Krankenhaus [...] untergebracht ist" (§ 7 Abs. 4 SGB II), erhält weiter Leistungen nach dem SGB II.

Wenn also das Krankenhaus nach Ihrer Aufnahme feststellt, dass Sie voraussichtlich länger als sechs Monate untergebracht sein werden, haben Sie nach Erstellung der Prognose nur Anspruch auf Hilfe zum Lebensunterhalt (HzL) vom Sozialamt (SGB XII). Ändert sich die Prognose während des Krankenhausaufenthalts zu Ihren Gunsten, können erneut Leistungen nach dem SGB II beantragt werden (BSG 6.9.2007 – B 14/7b AS 60/06 R).

Gibt es keine Prognose, können Sie nach sechsmonatiger Krankenhausbehandlung in die HzL zum Sozialamt geschoben werden. Davon sollte aber im Einzelfall abgesehen werden, wenn der Aufenthalt nur unerheblich länger ist.

Dauert die Krankenhausbehandlung über den Zeitraum der ursprünglichen Prognose hinaus an, sollen bereits bewilligte Bürgergeld-Leistungen weiter bis zum Ende des Bewilligungszeitraums erbracht werden (BSG 6.9.2007 – B 14/7b AS 60/06 R).

39 Wenn weiterhin ein Bürgergeld-Anspruch besteht, wird der volle Regelbedarf weitergezahlt. Eine Kürzung der Regelleistung aufgrund der Ersparnis durch Krankenhausverköstigung ist rechtswidrig (BSG 18.6.2008 – B 14 AS 46/07 R).

4.3.2 HzL/GSi

40 Eine Kürzung des Regelbedarfs ist nicht mehr möglich! Während des Kuraufenthalts kann Ihnen der Regelbedarf (→ 89) zum Lebensunterhalt nicht mehr gekürzt werden, weil „ein Bedarf ganz oder teilweise anderweitig gedeckt ist" (§ 27a Abs. 4 S. 1 SGB XII, BSG 23.2.2010 – B 8 SO 17/09 R). Eine Kürzung der Regelleistung aufgrund der Ersparnis durch Krankenhausverköstigung ist rechtswidrig.

4.4 Zuzahlungen

41 Jede*r volljährige Patient*in muss bei Klinikaufenthalten eine Zuzahlung („Eigenanteil") von 10 EUR pro Tag für maximal 28 Tage im Kalenderjahr bezahlen (§ 39 Abs. 4 SGB V). Theoretisch müssten Sie bei der Entlassung bzw. bei Eingang der Zuzahlungsrechnung mit bis zu 280 EUR in Vorleistung treten. Das frisst Ihren Regelbedarf größtenteils auf. Die Befristung auf 28 Tage gilt für Krankenhausbehandlungen und Maßnahmen der Anschlussheilbehandlung.

In der stationären Rehabilitation über die Rentenversicherung (DRV) sind die 10-Euro-Zuzahlungen für bis zu 42 Tage zu leisten, bei einer Anschlussheilbehandlung (AHB) ist diese Zuzahlung allerdings auf max. 14 Tage begrenzt (§ 32 SGB VI). Bei ambulanten Rehabilitationen über die DRV sind keine Zuzahlungen zu leisten; bei ambulanten Rehabilitationen über die Krankenkasse fallen die 10 EUR pro Tag an. Die DRV befreit alle Beziehenden von Bürgergeld und Leistungen des Sozialamtes von allen Zuzahlungen. Eine Übersicht findet man unter: http://reha-atlas.de/zuzahlungen/.

Im Kalenderjahr bereits geleistete Zuzahlungen (zB für eine Krankenhausbehandlung) sind anzurechnen. Die Zuzahlungsbefreiung der Krankenversicherung gilt gegenüber der DRV nicht, da die DRV eigene Befreiungsvorschriften hat (zu finden unter: https://www.deutsche-rentenversicherung.de/DRV/DE/Reha/Warum-Reha/zuzahlung.html).

Bei Rehabilitationsleistungen über die Unfallversicherung sind keine Zuzahlungen zu leisten.

42 Bezieher*innen von Bürgergeld, HzL und GSi werden auf Antrag von der Zuzahlung der Krankenkasse befreit, wenn die sog. Belastungsgrenze erreicht ist.

43 **Tipp 1:** Stellen Sie sofort einen Befreiungsantrag bei Ihrer Krankenkasse. Zahlen Sie Zuzahlungen nur bis zur Höhe der Belastungsgrenze (→ Rn. 52 ff.).

44 **Tipp 2:** Bezieher*innen von Leistungen des Sozialamtes (SGB XII) können bei Aufnahme in eine stationäre Einrichtung (Heim) die darlehensweise Übernahme der Zuzah-

lungen bis zur Belastungsgrenze beantragen (→ Rn. 59).

45 **Tipp 3:** Beantragen Sie bei einer medizinischen Rehabilitation über die Rentenversicherung eine Befreiung. Das Formular „G160" sollte Ihren Reha-Unterlagen beiliegen (zu finden unter: https://www.deutsche-rentenversicherung.de/SharedDocs/Formulare/DE/_pdf/G0160.html?groupName_str=formulare).

4.5 Fahrkosten

46 Fahrkosten für Krankentransporte von und zu Krankenhäusern sind Kassenleistungen. Sie müssen für jede Fahrt zehn Prozent der Kosten, höchstens 10 EUR, aber mindestens 5 EUR zuzahlen. Das gilt auch für Kinder und Jugendliche (§ 60 SGB V).

Fahrten zu einer **ambulanten Behandlung** werden nur nach vorheriger Genehmigung und ärztlicher Verordnung in besonderen Ausnahmefällen (§ 8 KrTRL) übernommen. Dazu gehören u.a. Fahrten zur Dialysebehandlung oder zur onkologischen Strahlen- bzw. Chemotherapie. Auch Fahrten zur vor- und nachstationären Behandlung werden übernommen, wenn dadurch eine an sich gebotene stationäre Krankenhausbehandlung (§ 39 SGB V) vermieden oder verkürzt wird oder diese nicht ausführbar ist (vgl. dazu https://www.gkv-spitzenverband.de/krankenversicherung/ambulante_leistungen/fahrkosten_krankentransport/fahrkosten_krankentransport.jsp). Weitere Infos zu Fahrkosten finden Sie im Beitrag Härtefallmehrbedarf (→ 52 Rn. 20 ff.).

47 Liegt keine Dialyse, Strahlenbehandlung oder Chemotherapie vor, werden die Kosten nur übernommen, wenn

- der*die Patient*in mit einem durch die Grunderkrankung vorgegebenen Therapieschema behandelt wird, das eine **hohe Behandlungsfrequenz** über einen längeren Zeitraum aufweist *oder*
- wenn diese Behandlung oder der zu dieser Behandlung führende Krankheitsverlauf den*die Patient*in in einer Weise beeinträchtigt, dass eine Beförderung zur Vermeidung von Schaden an Leib und Leben unerlässlich ist *oder*

- wenn der*die Versicherte einen Schwerbehindertenausweis mit den Merkzeichen „aG" (außergewöhnliche Gehbehinderung), „Bl" (blind) oder „H" (hilflos) besitzt *oder*
- wenn der*die Versicherte eine Einstufung in den Pflegegrad 3, 4 oder 5 nachweisen kann. Bei der Einstufung in den Pflegegrad 3 muss zugleich eine dauerhafte Beeinträchtigung der Mobilität vorliegen, die einen Bedarf an einer Beförderung zur Folge hat. Die Verordnungsvoraussetzungen sind auch bei Versicherten erfüllt, die bis zum 31.12.2016 in die Pflegestufe 2 eingestuft waren und seit 1.1.2017 mindestens in den Pflegegrad 3 eingestuft sind.

4.6 Zahnersatz

48 Zahnersatz bedeutet den Ersatz von Zähnen durch Kronen, Brücken, Prothesen sowie Implantaten. Die Kosten werden seit 1.1.2005 über Festzuschüsse der Krankenkasse getragen, die je nach Eintrag im Bonusheft 60 bis 75 Prozent der Kosten einer Regelversorgung abdecken (§ 55 SGB V, bis zum 30.9.2020 waren es nur 50 bis 65 Prozent der Kosten). Füllungen sind kein Zahnersatz. Sie werden zu 100 Prozent finanziert.

Beziehende von Bürgergeld und HzL/GSi des Sozialamtes (SGB XII) erhalten im Rahmen der Härtefallregelung der KV für Zahnersatz Leistungen bis zur Höhe des doppelten Festzuschusses (§ 55 Abs. 2 SGB V). Damit sind die Kosten für die Regelversorgung (Zahnersatz nur aus Nichtedelmetall-Legierungen) in jedem Fall abgedeckt. Das Gleiche gilt u.a. auch für BAföG-/BAB-Bezieher*innen oder Geringverdienende, deren mtl. Bruttoeinkommen 1.358 EUR bzw. bei einem Angehörigen 1.867,25 EUR plus 339,50 EUR für jeden weiteren Angehörigen (alle Werte seit 1.1.2023) nicht überschreitet (§ 62 SGB V).

Wählen Sie eine teurere Behandlung, müssen Ihnen zumindest die für die Regelversorgung bewilligten doppelten Festzuschüsse gewährt werden.

49 **Tipp:** Fragen Sie Ihre*n Zahnarzt*Zahnärztin, ob Ihre Versorgung die von der Kasse anerkannte Regelversorgung übersteigt. Unterschreiben Sie keine Privatverträge über zusätzliche Zahnarztleistungen, bevor Sie

nicht bei der Kasse nachgefragt und deren Zustimmung eingeholt haben.

4.7 Zuzahlungen für orthopädische Schuhe

50 Bei orthopädischen Schuhen muss zwischen der Zuzahlung und dem zu leistenden Eigenanteil unterschieden werden. Die Zuzahlung (zehn Prozent, maximal 10 EUR, mind. 5 EUR) müssen Sie leisten, wenn Sie in dem Kalenderjahr noch nicht von den Zuzahlungen befreit sind (→ Rn. 52 ff.). Der Eigenanteil stellt den Betrag dar, den Sie auch für „normale" Schuhe ausgeben müssten. Das ist ein fiktiver Betrag, der bei allen Kassen gleich hoch ist, unterteilt in die verschiedenen Schuharten (Winterschuhe, Sandalen etc). Dieser Eigenanteil muss sowohl bei Bezug von Bürgergeld als auch bei Leistungen vom Sozialamt seit 1.1.2011 als einmalige Beihilfe übernommen werden (§ 24 Abs. 3 Nr. 3 SGB II bei Bezug von Bürgergeld und § 31 Abs. 1 Nr. 3 SGB XII bei Leistungen vom Sozialamt).

4.8 Therapeutische Geräte und Ausrüstung

51 Hier sind Reparaturkosten bzw. Mietkosten therapeutischer Geräte und Ausrüstung als **einmalige Beihilfe** (→ 40 Rn. 36 ff.) zu übernehmen (§ 24 Abs. 3 Nr. 3 SGB II bei Bezug von Bürgergeld und § 31 Abs. 1 Nr. 3 SGB XII bei Leistungen vom Sozialamt).

5. Begrenzung der Zuzahlungen und Darlehen für Zuzahlung

5.1 Begrenzung der Zuzahlungen

52 Zuzahlungen sind auf **zwei Prozent** der jährlichen Bruttoeinnahmen begrenzt. Bei einem Bruttoeinkommen von zB 1.200 EUR mtl. oder 14.400 EUR jährlich müssen Sie bis zu 288 EUR zuzahlen. Die Härtefallgrenze, unterhalb derer man vollständig von Zuzahlungen befreit war, wurde abgeschafft.

53 Auch Beziehende von Bürgergeld und HzL/GSi des Sozialamtes (SGB XII) müssen zuzahlen. Für sie gilt der Regelsatz von 502 EUR (seit 1.1.2023) als *„Bruttoeinnahme"*. Diese *„Belastungsgrenze"* für Zuzahlungen gilt für *„die gesamte Bedarfsgemeinschaft"* (§ 62 Abs. 2 S. 6 SGB V), nicht für jede einzelne Person. Die Grenze gilt auch, wenn **mehrere pflichtversicherte Personen** in einer Bedarfsgemeinschaft leben, denn seit dem 1.1.2016 sind alle volljährigen Familienmitglieder im Bezug von Bürgergeld einzeln pflichtversichert.

Und sie gilt für alle *„Versicherten, die Leistungen zur Sicherung des Lebensunterhalts nach dem Zweiten Buch erhalten"* (§ 62 Abs. 2 S. 6 SGB V), also auch für alle, die zusätzlich zum Erwerbseinkommen noch ergänzendes Bürgergeld beziehen.

54 **Chronisch Kranke**, die unter die „Chronikerregelung" der Krankenversicherung fallen, zahlen nur **ein Prozent** des Bruttoeinkommens bzw. des Eckregelsatzes. Die chronische Erkrankung muss von dem*r Arzt*Ärztin auf einem speziellen Formular bescheinigt werden (Muster 55, zu finden unter: https://www.kbv.de/media/sp/02_M ustersammlung.pdf [in der Mustersammlung der KBV]).

55 Beziehende von Bürgergeld / Leistungen des Sozialamtes müssen also generell 120,48 EUR bzw. 60,24 EUR (Werte seit 1.1.2023) pro Jahr vorstrecken, bevor sie bei ihrer Kasse einen Antrag auf Befreiung stellen können. Im schlechtesten Fall werden Sie innerhalb eines Monats mit 120,48 EUR oder 24 Prozent Ihres Regelbedarfs belastet.

56 **Tipp 1:** Heben Sie alle Quittungen über Zuzahlungen auf. Wenn Sie Belege verlieren, erhöhen sich Ihre Zuzahlungen. Rechnen Sie die Belege zusammen, damit Sie wissen, wann die Belastungsgrenze erreicht ist. Stellen Sie sofort, wenn diese erreicht ist, bei Ihrer Kasse einen Befreiungsantrag. Zahlungen über die Belastungsgrenze hinaus werden rückerstattet.

57 **Tipp 2:** Oft verlangen Krankenkassen von allen pflichtversicherten Mitgliedern der Bedarfsgemeinschaft eine individuelle Befreiung von den Zuzahlungen und jeweils das Erreichen der Belastungsgrenze. Berufen Sie sich auf § 62 Abs. 2 S. 6 SGB V, der die Anwendung der Obergrenze von 120,48 EUR (Wert 2023) für die gesamte Bedarfsgemeinschaft vorschreibt.

58 **Tipp 3:** Sollten Sie von der Krankenkasse Rückerstattungen wegen höherer Zuzahlungen als die Belastungsgrenze erhalten, sind

diese nicht als Einkommen zu werten, bei der HzL/GSi ist das klar geregelt (§ 82 Abs. 1 S. 2 SGB XII), im Bürgergeld gibt es eine solche klare Regelung nicht, hier geht es nur über den Einkommensbegriff: Einkommen ist wertmäßiger Zuerhalt (BSG 30.7.2008 – B 14 AS 26/07 R, Rn. 23; BSG 30.9.2008 – B 4 AS 29/07 R, Rn. 18) – da hier nur zurückerstattet wird, hat kein Zuerhalt stattgefunden.

5.2 Darlehen für den jährlichen Zuzahlungsbetrag

59 Ein Darlehen für den jährlichen Zuzahlungsbeitrag erhalten Sie per Gesetz nur noch, wenn Sie Leistungen des Sozialamtes (HzL/GSi) in einer stationären Einrichtung, zB in einem Heim, beziehen. Das Sozialamt zahlt dann darlehensweise den jährlichen Zuzahlungsbetrag direkt an die Krankenkasse und Sie werden sofort von allen Zuzahlungen befreit. Das Amt tilgt das Darlehen, indem es Ihnen mtl. ein Zwölftel des jährlichen Zuzahlungsbetrages vom Regelbedarf bzw. Barbetrag abzieht (§ 37 Abs. 2–4 SGB XII).

Auf diese Möglichkeit hat das BSG auch bei Bürgergeld-Bezug verwiesen (BSG 22.4.2008 – B 1 KR 10/07 R; Darlehen nach § 24 Abs. 1. SGB II). Das sollte auch für alle Beziehenden von Leistungen des Sozialamtes (SGB XII) gelten, die sich nicht in einer stationären Einrichtung / in einem Krankenhaus befinden (Darlehen nach § 37 Abs. 1 SGB XII).

60 **Tipp:** Stellen Sie entsprechende Anträge, wenn innerhalb kürzester Zeit hohe Zuzahlungen anfallen.

6. Selbstbeteiligung von privat Krankenversicherten an den Kosten

61 Zur Selbstbeteiligung von privat Krankenversicherten lesen Sie unter dem entsprechenden Kapitel im Beitrag Krankenversicherung (→ 70 Rn. 32).

7. Auslagen für Untersuchungen

62 Wenn Sie Auslagen haben für ärztliche oder psychologische Untersuchungen, die die Behörde von Ihnen verlangt, können Sie sich auf Antrag „notwendige Auslagen" (zB Attestkosten, Fahrkosten zum Arzt*zur Ärztin, Kopierkosten usw) sowie einen eventuellen Verdienstausfall in angemessenem Umfang ersetzen lassen (§ 65a SGB I).

8. Kritik

63 Langzeitarbeitslose sind etwa doppelt so oft krank wie vergleichbare Beschäftigte, was als direkte Folge von den Arbeits- und Lebensbedingungen auftritt, durch die Körper und Psyche vermehrt belastet werden. Laut einer Untersuchung des Leopoldina-Forums beläuft sich die Differenz in der Lebenserwartung zwischen Menschen aus der jeweils niedrigsten und höchsten Einkommensgruppe bei Männern auf 8,6 und bei Frauen auf 4,4 Jahre (Leopoldina-Forum, Gesundheitliche Ungleichheit im Lebensverlauf, 2019, S. 4 ff.: https://www.leopoldina.org/uploads/tx_leopublication/2019_Leo_Forum_02_Gesundheitliche_Ungleichheit_01.pdf, letzter Zugriff: 14.1.2023).

An Menschen mit geringem Einkommen geht der demographische Trend des Immer-Älter-Werdens weitgehend vorbei: sie sind Menschen zweiter Klasse.

64 Gleichzeitig wurde der Leistungskatalog der gesetzlichen Krankenkassen schrittweise zurückgefahren und Zuzahlungen wurden erhöht. Die Zwei-Klassen-Medizin ist längst eingezogen in die Arztpraxen und Krankenhäuser. Die schlechtere Gesundheit der Armutsbevölkerung wird mehr und mehr zu deren Privatsache, damit Arbeitgeberbeiträge zur Sozialversicherung gesenkt oder wenigstens stabil gehalten und staatliche Ausgaben damit reduziert werden können.

9. Forderungen

65 Keine Zuzahlungen für Beziehende von Bürgergeld und HzL/GSi des Sozialamtes! Wiedereinführung einer Härtefallregelung, die das Existenzminimum freilässt!

Jobcenter/Sozialämter müssen bei Zuzahlungen in Vorlage treten, damit nur maximal zwei bzw. ein Prozent des Regelsatzes in jedem Monat für Zuzahlungen aufgebracht werden müssen!

10. Informationen

66 Unabhängige Patientenberatung Deutschland (UPD), Tel. (kostenfrei): 0800 - 011 77–22, Mo-Fr 8 bis 20 Uhr, Sa bis 16 Uhr (Türkisch -23; Russisch -24, Arabisch -25; Mo-Sa 8–18 Uhr, arabisch Di 11–13 und Do 17–19), https://www.patientenber atung.de/de

Weiterhin gibt es eine*n **Patientenbeauftragte*n** der Bundesregierung (https://www.patie ntenbeauftragter.de/).

Kontakt zur*m Bundesbeauftragten: nur **Postanschrift:** Bundesministerium für Gesundheit, 11055 Berlin. Telefon: 030/18 441–1067, Telefax: 030/18 441–4499, E-Mail: patientenrechte@bmg.bund.de

Eine Liste von zuzahlungsfreien Arzneimitteln findet man unter https://www.gkv-spitze nverband.de/krankenversicherung/arzneimitt el/zuzahlungsbefreiung/zuzahlungsbefreiung. jsp

Claudia Mehlhorn, Beitragsschulden im Krankenkassenrecht, http://www.kv-schulu ng.de/wp-content/uploads/2022/12/Fachaufs atz-Beitragsschulden-in-der-Krankenversiche rung-Stand-3.12.22.pdf

Liste Anwält*innen: http://www.kv-schulung .de/wp-content/uploads/2021/12/Beitragssch ulden-Liste-Anwa%CC%88lt_innen.pdf

Claudia Mehlhorn, Ein immer wiederkehrendes Problem aus der Sozialberatung: Zahnersatz: http://www.kv-schulung.de/wp -content/uploads/2019/07/Fachaufsatz-Zah nersatz-incl.-Implantate-Stand-14.5.18.pdf, letzter Zugriff: 14.1.2023

72
Kur

1. Medizinische Rehabilitation	1
1.1 Mütter-/Väter-Kuren bzw. Mutter-Vater-Kind-Kuren	2
1.2 Kuren allgemein	3
2. Kuraufenthalt bei Bezug von Bürgergeld	6
2.1 Abzug des Verpflegungsanteils vom Regelsatz	7
3. Kuraufenthalt bei Leistungen vom Sozialamt	8
3.1 Kürzung des Regelbedarfs nicht mehr möglich	10
3.2 Unterkunftskosten	11
4. Zuzahlungen	12
5. Haushaltshilfe	16
6. Antrag	17
7. Privatversicherte	18
8. Kritik	19
9. Informationen	20

1. Medizinische Rehabilitation

1 Der Fachbegriff für Kur heißt **medizinische Rehabilitation**.

Für eine Kur gibt es in Deutschland verschiedene Kostenträger: Für erwerbsfähige Menschen, die noch keine Rente beziehen bzw. noch nicht im Rentenalter sind, ist die Rentenkasse (DRV) im Regelfall Kostenträger (SGB VI). Nur wenn der Voraussetzungen bei der Rentenkasse nicht vorliegen, wird die Krankenkasse zuständig.

Für Menschen, die nicht mehr erwerbsfähig sind bzw. eine Altersrente beziehen, ist im Regelfall die Krankenkasse Kostenträger (SGB V). Damit wird bei Bezug von Bürgergeld meist die Rentenkasse, bei Leistungen vom Sozialamt (SGB XII) meist die Krankenkasse Kostenträger sein; Ausnahmen bilden nur Mütter-/Väter-Kuren bzw. Mutter-Vater-Kind-Kuren (→ Rn. 2).

1.1 Mütter-/Väter-Kuren bzw. Mutter-Vater-Kind-Kuren

2 Hier sind **immer die Krankenkassen Kostenträger:** Mütter haben gegenüber der Krankenversicherung Anspruch auf eine Müttergenesungskur und Väter auf Vater-Kind-Maßnahmen, wenn sie aus medizinischen Gründen erforderlich sind (§§ 24, 41 SGB V). Sie gelten als Vorsorgekur oder im Krankheitsfall als Reha-Kur. Mutter-Kind-Kuren sind zwar Kuren für Mütter, Kinder dürfen aber mitfahren. Wenn auch für das Kind/die Kinder ein ärztliches Attest vorliegt, werden sie zusätzlich entsprechend ihrer Indikation behandelt. Es gibt von diversen Trägern Beratungsstellen des Müttergenesungswerkes, die bei der Antragstellung helfen (https://www.muettergenesungswerk.de/kur-fuer-mich/beratung). Sie brauchen ein Attest

Ihres*r Hausarztes*Hausärztin auf einem gesonderten Formular (https://www.muetter genesungswerk.de/experten/aerztinnen/pr axen). In manchen Fällen ist die Zustimmung des Medizinischen Dienstes (MD, ehemals med. Dienst der Krankenkasse) nötig.

1.2 Kuren allgemein

3 Die Rentenkassen, die die Kosten tragen, erbringen Leistungen gem. § 15 SGB VI. Die Kuren dauern im Regelfall drei Wochen (mit Verlängerung vier Wochen; § 15 Abs. 3 bei der DRV, § 40 Abs. 3 S. 13, 14 bei der Krankenkasse) und können auch nur alle vier Jahre in Anspruch genommen werden (§ 12 Abs. 2 SGB VI bei der DRV, § 40 Abs. 3 S. 16 SGB V bei der Krankenkasse). Ausnahme ist die sog. Anschlussheilbehandlung (AHB) direkt nach einem Krankenhausaufenthalt (→ 91).

4 Krankenkassen erbringen entweder Vorsorgekuren (§ 23 SGB V) oder Rehabilitationskuren (§ 40 SGB V). Es gilt inzwischen: ambulant vor stationär, dh, Kuren in anerkannten Kurkliniken werden nur dann bewilligt, wenn ambulante Maßnahmen am Wohnort nicht ausreichen.

Eine Ausnahme bilden Mutter-/Vater-Kind-Kuren: Hier gilt die Regel ambulant vor stationär nicht, ebenfalls nicht bei Kuren für pflegende Angehörige.

5 **Tipp: Alle Versicherten**, ob erwerbstätig oder arbeitslos, haben Anspruch auf eine Kur (*„Medizinische Vorsorgeleistung"* nach § 23 SGB V). Sie ist zB notwendig, wenn eine *„Schwächung der Gesundheit, die in absehbarer Zeit voraussichtlich zu einer Krankheit führen würde, beseitigt wird"* oder wenn *„Krankheiten durch sie verhütet oder ihre Verschlimmerung vermieden werden kann"* (§ 23 Abs. 1 Nr. 1, 3 SGB V).

Wenn Sie unter gesundheitlichen Einschränkungen leiden oder davon bedroht sind, fragen Sie am besten Ihre*n Ärztin*Arzt, ob eine Kur für Sie infrage kommt.

2. Kuraufenthalt bei Bezug von Bürgergeld

6 Kostenträger ist in erster Linie die Rentenkasse (DRV), und nur wenn dort die Voraussetzungen nicht erfüllt sind (zB wenn man nicht lange genug dort eingezahlt hat), ist die Krankenkasse Kostenträger. Seit August 2006 sind Alg II-Leistungen (seit 1.1.2023 Bürgergeld-Leistungen) für diejenigen ausgeschlossen, die in einer stationären Einrichtung untergebracht sind (§ 7 Abs. 4 S. 1 SGB II). **Aber:** *„Abweichend von Satz 1 erhält Leistungen nach diesem Buch, 1. wer voraussichtlich für weniger als sechs Monate in einem Krankenhaus (§ 107 des Fünften Buches) untergebracht ist"* (§ 7 Abs. 4 S. 3 SGB II; → 71 Rn. 38).

§ 107 SGB V definiert, was unter Krankenhäusern (§ 107 Abs. 1 SGB V) und was unter Vorsorge- und Rehabilitationseinrichtungen (§ 107 Abs. 2 SGB V) zu verstehen ist. Kurheime und Kuranstalten fallen unter Letzteres. *„Der Verweis [...] auf den gesamten § 107 SGB V stellt klar, dass ein Aufenthalt in einer Vorsorge- oder Rehabilitationseinrichtung [...] ebenfalls von dieser Ausnahmevorschrift erfasst wird"* (FW 7.109).

2.1 Abzug des Verpflegungsanteils vom Regelsatz

7 Eine **solche Kürzung wäre rechtswidrig**, weil im Bürgergeld die Regelbedarfe als Pauschale erbracht werden (§ 20 Abs. 1 S. 3 SGB II; → 37 Rn. 6; vorher BSG 18.6.2008 – B 14 AS 46/07 R). Falls das Jobcenter Ihre Leistungen trotzdem kürzt, erheben Sie Widerspruch (→ 126).

3. Kuraufenthalt bei Leistungen vom Sozialamt

8 Sind Sie Bezieher*in von HzL oder GSi und **nicht krankenversichert**, wird das Sozialamt Sie bei einer Krankenkasse zur Auftragsversorgung anmelden (§ 264 SGB V). Sie werden dort zwar nicht reguläres Mitglied, erhalten aber eine Gesundheitskarte und alle Leistungen wie Versicherte. Die Krankenkasse legt die Kosten aus und schickt dem Sozialamt dann quartalsweise die Rechnungen über die erbrachten Leistungen. Daher werden die Kosten der Kur bei nicht krankenversicherten Sozialhilfebeziehenden nur noch im Ausnahmefall über die *„vorbeugende Gesundheitshilfe"* (§ 47 SGB XII) vom Sozialamt getragen. Eine Kur wird nur bewilligt, wenn *„ohne diese nach ärztlichem Urteil*

eine Erkrankung oder ein sonstiger Gesundheitsschaden einzutreten droht" (§ 47 S. 2 SGB XII). Alternativ kommt bei Krankheit dann eine Reha-Kur infrage (§ 48 SGB XII, Hilfe bei Krankheit). Die Bewilligung erfolgt nur, wenn die Kur nötig ist, um eine Krankheit zu erkennen, zu heilen, ihre Verschlimmerung zu verhüten oder Krankheitsbeschwerden zu lindern.

9 Beziehen Sie HzL oder GSi und sind in einer gesetzlichen Krankenkasse **versichert** (es ist egal, ob Sie freiwillig, pflicht- oder familienversichert sind), werden die Kosten der Kur idR von der Krankenversicherung getragen. Geht die Krankenkasse davon aus, dass die Rentenkasse zuständig ist, wird sie Ihren Antrag dorthin weiterleiten (§ 14 SGB IX).

3.1 Kürzung des Regelbedarfs nicht mehr möglich

10 Während des Kuraufenthalts kann Ihnen der Regelbedarf (→ 89) zum Lebensunterhalt nicht mehr gekürzt werden, weil *„ein Bedarf ganz oder teilweise anderweitig gedeckt ist"* (§ 27a Abs. 4 S. 1 SGB XII), das hat das BSG schon seit 2010 entschieden (BSG 23.2.2010 – B 8 SO 17/09 R). Näheres dazu finden Sie im Beitrag Krankheit (→ 71 Rn. 40).

3.2 Unterkunftskosten

11 Während der Kur müssen die Kosten für Unterkunft und Heizung (KdU) durch das Sozialamt weitergezahlt werden.

4. Zuzahlungen

12 Ist die **Krankenkasse Kostenträger**, so ist sowohl bei einer ambulanten als auch bei einer stationären Kur eine Zuzahlung von tgl. 10 EUR zu entrichten (§ 40 Abs. 5 SGB V bzw. bei stationärer Vorsorge-Reha § 23 Abs. 6 SGB V). Das gilt auch für Beziehende von Bürgergeld und Sozialhilfe. Die Härtefallregelung wurde abgeschafft. Menschen unter 18 Jahren zahlen nichts dazu (Kinderrehabilitation). Eine zeitliche Begrenzung der Zuzahlungen gibt es nicht. Dauert eine ambulante Kur aus medizinischen Gründen jedoch länger als 42 Tage, ist die Zuzahlung auf normalerweise 28 Tage im Kalenderjahr begrenzt. Das gleiche gilt für eine stationäre Kur, die länger als sechs Wochen dauert. Dabei werden Zuzahlungen zu ambulanten und stationären Kuren sowie zu Krankenhausaufenthalten angerechnet, die bereits im selben Kalenderjahr an den Rentenversicherungsträger oder die Krankenkasse geleistet wurden.

Eine gute Übersicht findet man online unter http://reha-atlas.de/zuzahlungen/. Bei einer **Anschlussheilbehandlung (AHB) als Leistung der Krankenkasse** ist die Zuzahlung in der Regel auf 28 Tage innerhalb eines Kalenderjahres begrenzt (§ 40 Abs. 6 SGB V) und es gibt die Möglichkeit der Befreiung bei Überschreiten der Belastungsgrenze.

13 Beziehende von Bürgergeld oder HzL/GSi vom Sozialamt müssen also bei einem dreiwöchigen Aufenthalt 210 EUR, bei einem vierwöchigem 280 EUR vorstrecken. Aber nur dann, wenn Sie mit Ihren Zuzahlungen zu den Krankheitskosten die Belastungsgrenze von zwei Prozent des jährlichen Regelbedarfs (120,48 EUR seit 1.1.2023) noch nicht überschritten haben und die Kasse noch keine Bescheinigung über die Befreiung von Zuzahlungen ausgestellt hat (§§ 61, 62 SGB V). Liegt eine chronische Erkrankung vor (das bescheinigt der*die Arzt*Ärztin auf einem besonderen Formular der Krankenkasse), muss nur ein Prozent des jährlichen Regelsatzes an Zuzahlungen geleistet werden (seit 1.1.2023 60,24 EUR). Zu viel geleistete Zuzahlungen werden von der Kasse erstattet, wenn man die Original-Quittungen einreicht.

14 Bei Rehamaßnahmen über die **Rentenversicherung** müssen ebenfalls 10 EUR pro Tag an Zuzahlungen geleistet werden, nur bei einer AHB gibt es die abweichende Regelung für die Zuzahlung, dass diese auf max. 14 Tage begrenzt ist (§ 32 SGB VI). Wurden bereits Reha- oder Krankenhausleistungen erbracht, werden die Zuzahlungen (auch bei einem anderen Kostenträger) angerechnet. Bei geringem Einkommen besteht die Möglichkeit der Befreiung der Zuzahlung. Eine Tabelle der Einkommensgrenzen finden Sie online (abrufbar unter: https://www.deutsch

e-rentenversicherung.de/DRV/DE/Reha/War um-Reha/zuzahlung.html).

Bei ambulanter Reha über die DRV ist keine Zuzahlung zu entrichten.

15 **Tipp:** Versuchen Sie, erst dann in Kur zu fahren, wenn Sie bereits eine Bescheinigung über die Befreiung haben. Da abzusehen ist, dass Sie mit den Zuzahlungen für die Kur die Belastungsgrenze überschreiten, sollten Sie sich von Ihrer Krankenkasse schon vor der Kur eine Befreiungskarte ausstellen lassen. Hierzu müssen Sie vorab Ihren noch offenen Eigenanteil bis zum Erreichen der Belastungsgrenze einbezahlen.

5. Haushaltshilfe

16 Wenn Sie ohne ihre Kinder in Kur fahren müssen, können Sie für diese unter Umständen eine Haushaltshilfe (→ 55) beantragen.

6. Antrag

17 Kuren sollten sehr früh beantragt werden. Wenn Sie sicher sein wollen, dass es klappt, empfiehlt es sich, zwischen August und Oktober den Antrag für das folgende Jahr zu stellen. Hinsichtlich des Ortes und des Zeitraums haben Sie sowohl bei der Rentenkasse als auch bei der Krankenkasse ein Mitspracherecht (sog. Wunsch- und Wahlrecht, § 8 Abs. 1 SGB IX). Natürlich muss die Rehaklinik Ihre Krankheit/en behandeln können und auch einen Vertrag mit dem Kostenträger haben, aber Sie können auf jeden Fall konkrete Wünsche angeben.

7. Privatversicherte

18 Seit dem 1.1.2009 ist die Rückkehr aus der privaten Krankenversicherung (PKV) in die gesetzliche Krankenversicherung (GKV) über den Bezug von Bürgergeld versperrt (→ 70 Rn. 22). Wer bei Antragstellung privat versichert ist oder unversichert und zuletzt privat versichert war, der bleibt in der PKV bzw. muss einen Vertrag bei der PKV abschließen. Auch bei Leistungen vom Sozialamt (SGB XII) rutscht man nicht zurück in die GKV.

Wer privat versichert ist, hat in seinem Vertrag oft keinen Kurtarif abgeschlossen. Ist die DRV Kostenträger, werden die Kosten auch bei Privatversicherten von der DRV übernommen. Ist aber die Krankenkasse Kostenträger, so bleibt nur ein schneller Wechsel in den sog. Basistarif (BT; § 193 VVG, § 152 VAG), der auf jeden Fall Kuren vorsieht. Meist erfolgt ein Wechsel in den BT ja schon mit Beginn des Bezuges von Bürgergeld oder Leistungen des Sozialamtes (SGB XII).

8. Kritik

19 Seit 2007 ist die medizinische Rehabilitation, also die Kur, eine Pflichtleistung der gesetzlichen Krankenversicherung. Seitdem sind die Bewilligungszahlen auch der Mutter-Vater-Kind-Kuren wieder etwas im Aufwärtstrend. Dennoch ist die Bewilligungspraxis der Kassen bei Kuren allgemein sehr zurückhaltend. Informationen darüber sind eher rar gesät. Kuren sind kein Urlaub, sondern dienen dazu, Erschöpfungszustände aus Kindererziehung, Hausarbeit oder Berufstätigkeit zu beheben, Krankheiten vorzubeugen bzw. zu lindern und Patient*innen nach einer Krankenhausbehandlung wieder in das berufliche und gesellschaftliche Leben einzugliedern (hier kennt sich der Sozialdienst der Klinik idR bestens aus und stellt auch den Antrag bei der DRV bzw. der Krankenkasse).

Sollte Ihr Kurantrag von der DRV oder von der Krankenkasse abgelehnt werden, erheben Sie am besten Widerspruch. Stellen Sie weitere Anträge, wenn der vorige abgelehnt wurde. 2021 hatten ca. 50 Prozent derjenigen, die Widerspruch erhoben haben, damit Erfolg (Bundesarbeitsgemeinschaft für Rehabilitation, Teilhabeverfahrensbericht, abrufbar unter: https://www.bar-frankfurt.de/th emen/teilhabeverfahrensbericht/teilhabeverf ahrensberichte.html). Die Träger von Kuren bzw. die entsprechenden Beratungsstellen unterstützen Sie dabei.

9. Informationen

20 Beratungsstellen des Müttergenesungswerkes, die bei der Antragstellung und ggf. bei Widersprüchen helfen: https://www.mue ttergenesungswerk.de/kur-fuer-mich/beratu ng/

73 Lebensversicherung

Deutscher Arbeitskreis für Familienhilfe eV, Informationen, Vermittlung von Kuren für Mütter/Väter/Kinder: www.ak-familienhilfe.de

Informationen über Mutter-Vater-Kind-Kuren / Familienkuren und Anlaufstellen in Deutschland: https://www.kur.org/

Die Techniker Krankenkasse gibt einen brauchbaren Überblick zu den unterschiedlichen Arten von Kuren und zum Thema Kuren allgemein: https://www.tk.de/techniker/leistungen-und-mitgliedschaft/informationen-versicherte/leistungen/weitere-leistungen/reha-massnahmen-und-vorsorge-kuren/kuren-2050698

Die Deutsche Rentenversicherung gibt einen Überblick über alles rund um das Thema Medizinische Rehabilitationen: https://www.deutsche-rentenversicherung.de/DRV/DE/Reha/Medizinische-Reha/medizinische-reha_node.html

Unter folgendem Link gibt es die Antragsformulare für eine Kur, wenn die DRV der Kostenträger ist. Die Formulare sind bei allen Rentenversicherungen identisch: https://www.deutsche-rentenversicherung.de/SharedDocs/Formulare/DE/Formularpakete/01_versicherte/reha/_DRV_Paket_Rehabilitation_Med_Rehabilitation.html?groupName_str=formulare

73
Lebensversicherung

1. Mit Riester geförderte Lebensversicherungen geschützt 1
2. Nicht Riester geförderte Lebensversicherungen beim Bürgergeld 2
   2.1 Die Lebensversicherung ist nicht für die Altersvorsorge bestimmt bzw. gekündigt 3
   2.2 Die Lebensversicherung ist für die Altersvorsorge bestimmt 4
3. Leistungen der Sozialhilfe 7
   3.1 Schutz von Lebensversicherungen ... 8
4. Wert der Lebensversicherungen gleich Rückkaufswert 12
   4.1 Bürgergeld: Rückkaufswert 13
   4.2 Verwertung einer nicht geschützten Lebensversicherung 14

5. Beiträge zu Lebensversicherungen vom Einkommen absetzbar? 15
6. Kritik 16
7. Forderungen 18

1. Mit Riester geförderte Lebensversicherungen geschützt

1 Durch das Bürgergeld-Gesetz sind die Regelungen über den Einsatz des Vermögens (§ 12 SGB II) und auch die Regelungen über Lebensversicherungen (§ 12 Abs. 1 S. 2 Nr. 3 SGB II) geändert worden.

Mit Riester geförderte Lebensversicherungen sind nach Bundesrecht ausdrücklich weiter als Altersvorsorge gefördert geschützt; dies gilt für Leistungen nach dem Bürgergeld und für Leistungen der Sozialhilfe gleichermaßen (→ 5 Rn. 2 ff.).

2. Nicht Riester geförderte Lebensversicherungen beim Bürgergeld

2 Gem. § 12 Abs. 1 S. 2 Nr. 3 SGB II sind für die Altersvorsorge bestimmte Versicherungsverträge nicht als Einkommen zu berücksichtigen. Damit ist für den Schutz danach zu unterscheiden, ob der Versicherungsvertrag nicht für die Altersvorsorge bestimmt bzw. gekündigt worden ist (→ Rn. 3) oder ob der Versicherungsvertrag für die Altersvorsorge bestimmt ist (→ Rn. 4).

2.1 Die Lebensversicherung ist nicht für die Altersvorsorge bestimmt bzw. gekündigt

3 Wenn Lebensversicherungen nicht für die Altersvorsorge bestimmt sind oder gekündigt werden, sind sie nur im Rahmen des allgemeinen Grundfreibetrags (für die leistungsberechtigte Person in der Karenzzeit 40.000 EUR, § 12 Abs. 4 S. 1 SGB II; außerhalb der Karenzzeit 15.000 EUR, § 12 Abs. 2 S. 1 SGB II; → 119 Rn. 20 ff.). Ihre Verwertung kann aber eine besondere Härte darstellen, wenn Sie sie kurz vor dem Rentenalter einsetzen müssten, obwohl Ihre Rente nicht ausreicht (so zum alten Recht in BT-Drs. 15/1749, 32; Eicher/Luik/Harich SGB II § 12 Rn. 115). § 12 Abs. 1 S. 2 Nr. 7 SGB II (besondere Härte) gilt weiter; nur der zweite Fall des § 12 Abs. 1 S. 2 Nr. 7 SGB II (offensichtliche Unwirtschaftlichkeit) ist entfallen.

557

2.2 Die Lebensversicherung ist für die Altersvorsorge bestimmt

4 Nach bisheriger Rechtslage (§ 12 Abs. 2 S. 1 Nr. 3 SGB II aF) konnte die **Verwertung** einer Lebensversicherung, also die Möglichkeit einer Kündigung vor Eintritt in den Ruhestand, durch einen **Vertrag mit dem Versicherungsunternehmen** (§ 168 Abs. 3 Versicherungsvertragsgesetz aF) **ausgeschlossen** werden; in diesem Fall war **zusätzlich** ein Rückkaufswert in Höhe von bis 750 EUR pro Lebensjahr geschützt (→ 5 Rn. 8 ff.). Diese Vorschrift ist durch § 12 Abs. 1 S. 2 Nr. 3 SGB II geändert worden. Danach sind *„für die Altersvorsorge bestimmte Versicherungsverträge"* nicht zu berücksichtigen. Damit sind diese Versicherungsverträge vollständig von der Vermögensberücksichtigung ausgenommen (BT-Drs. 20/3873, 78 f.), ohne dass eine bestimmte Höchstgrenze festgelegt wird. Dementsprechend ist auch § 168 Abs. 3 Versicherungsvertragsgesetz geändert worden. Weder im Gesetz noch in der Gesetzesbegründung wird erläutert, wann ein Versicherungsvertrag für die Altersvorsorge „*bestimmt"* ist. Es ist davon auszugehen, dass an die „*Bestimmung"* **keine hohen Anforderungen** zu stellen sind, so dass es reicht, wenn Sie mitteilen, dass die Versicherung für Ihre Altersvorsorge gedacht ist. Hilfreich ist dabei aber, wenn der Auszahlungszeitpunkt dem Zeitpunkt entspricht, zu dem Sie die Beantragung Ihrer Altersrente planen.

5 Eine § 12 Abs. 2 S. 1 Nr. 3 SGB II aF, § 168 Abs. 3 VVG aF entsprechende Regelung fehlt im SGB XII. Das BSG geht in solchen Fällen von der Unverwertbarkeit aus, da die Verwertung prognostisch innerhalb von zwölf Monaten nach Beginn der Bewilligung erfolgen müsse (BSG 2.9.2021 – B 8 SO 4/20 R). Der Einsatz kann aber eine Härte im Sinne des § 90 Abs. 3 SGB XII bedeuten (LPK-SGB XII § 90 Rn. 102, → Rn. 8).

6 Für Personen, die nicht der Rentenversicherungspflicht unterliegen (Selbstständige in diversen Berufsgruppen), enthält § 12 Abs. 1 S. 2 Nr. 4 SGB II eine Sonderregelung (→ 5 Rn. 11).

3. Leistungen der Sozialhilfe

7 Lebensversicherungen sind für das Sozialamt Vermögen (→ 119), das grundsätzlich verwertet werden muss, sofern es die kümmerlichen Vermögensfreibeträge übersteigt (Ausnahme: Riester-Vermögen; → 5 Rn. 2).

3.1 Schutz von Lebensversicherungen

8 Lebensversicherungen sind nur **geschützt**,
- **bei Unverwertbarkeit:**
Wenn das Altersvorsorgevermögen durch Ausschluss der Kündigung innerhalb eines Jahres nach Leistungsbeginn nicht verwertbar ist (BSG 2.9.2021 – B 8 SO 4/20 R) oder
- **als Härtefall:**
Wenn die Auflösung einer Altersvorsorge-Lebensversicherung eine Härte wäre (§ 90 Abs. 3 SGB XII), ist sie geschützt.

„Dies ist bei der Leistung nach dem Fünften bis Neunten Kapitel [= Hilfen zur Gesundheit, Hilfe zur Pflege, Hilfe zur Überwindung besonderer sozialer Schwierigkeiten, Hilfe in anderen Lebenslagen] insbesondere der Fall, soweit [...] die Aufrechterhaltung einer angemessenen Alterssicherung wesentlich erschwert würde" (§ 90 Abs. 3 S. 2 SGB XII).

Obwohl nicht ausdrücklich erwähnt, kann eine Härte auch bei Hilfe zum Lebensunterhalt vorliegen. Bei ehemals Selbstständigen, die eine Lebensversicherung als Alterssicherung abgeschlossen haben, müsste sie als Härtefall geschützt sein. Die Alterssicherung würde durch die Auflösung *„wesentlich erschwert"*. Es wäre widersinnig, einerseits die Absetzbarkeit der Beiträge vom Einkommen anzuerkennen (→ Rn. 15), andererseits aber die Verwertung als Vermögen zu verlangen.

9 Es gilt nicht als Härte, wenn nur allgemeine Einwendungen gegen die Verwertung der Lebensversicherung vorgebracht werden; vielmehr müssen atypische Gründe vorgetragen werden (zB langjährige Selbstständige, die von der Versicherungspflicht in der gesetzlichen Rentenversicherung befreit sind und selbst für ihr Alter vorsorgen müssen, eine Häufung belastender Umstände wie Versorgungslücken, Behinderung, gesundheitliche Leistungsfähigkeit, Lebensalter, Ausbil-

dung, atypische Erwerbsbiographie) (BSG 25.8.2011 – B 8 SO 19/10 R); für Bürgergeld-Beziehende schauen Sie unter → Rn. 13.

10 Tipp: Wenn die sofortige Verwertung Ihrer Lebensversicherung nicht möglich ist oder eine Härte darstellt, soll Sozialhilfe auf Darlehensbasis (→ 30; § 91 SGB XII) gezahlt werden. Beantragen Sie ggf. ein solches Darlehen, um die vorzeitige Auflösung Ihrer Lebensversicherung abzuwenden.

11 Eine Härte ist zB gegeben, wenn Teilauszahlungen der Lebensversicherung in absehbarer Zeit anstehen (VGH Bayern 23.2.2000 – 12 C 99.1422). Bekommen Sie vom Sozialamt darlehensweise Leistungen bis zur Höhe des Rückkaufswerts, können Sie ggf. die vorzeitige Verwertung der Versicherung und die damit verbundenen enormen Verluste vermeiden.

4. Wert der Lebensversicherungen gleich Rückkaufswert

12 Ob eine Lebensversicherung die Freibeträge übersteigt und angerechnet wird, hängt von ihrem Rückkaufswert ab. Der Rückkaufswert ist die Summe, die Ihnen die Versicherung nach Kündigung des Vertrages auszahlt. Den Rückkaufswert können Sie bei Ihrer Versicherung erfragen.

4.1 Bürgergeld: Rückkaufswert

13 Nach bisheriger Rechtslage (§ 12 Abs. 3 S. 1 Nr. 6 SGB II) war ein Vermögen nicht zu berücksichtigen, *„soweit ihre Verwertung offensichtlich unwirtschaftlich"* war. Wenn der Rückkaufswert nur geringfügig – in der Regel bis zehn Prozent – unter der von Ihnen eingezahlten Summe lag, war eine Verwertung der Lebensversicherung für Bürgergeld-Beziehende *„nicht offensichtlich unwirtschaftlich"*. Das Tatbestandsmerkmal der offensichtlichen Unwirtschaftlichkeit ist in § 12 Abs. 1 S. 2 Nr. 7 SGB II nF weggefallen. Grund hierfür ist, dass die für die Altersvorsorge bestimmten Versicherungsverträge (§ 12 Abs. 2 S. 1 Nr. 3 SGB II) nunmehr vollständig von der Vermögensberücksichtigung ausgenommen sind (BT-Drs. 20/3873, 78 f.).

4.2 Verwertung einer nicht geschützten Lebensversicherung

14 Wenn Sie **kein Bürgergeld** bekommen, weil Ihre Lebensversicherung (ausnahmsweise) als verwertbares Vermögen gilt, können Sie einen höheren Erlös als den Rückkaufswert erzielen, wenn Sie Ihre Lebensversicherung an eine private Gesellschaft verkaufen, die die Versicherung übernimmt, weiter bedient und am Ende der Prämien usw kassiert (sog. Zweitmarkt für Lebensversicherungen). Sie können sich die Lebensversicherung zB auch von Verwandten abkaufen lassen.

Sie können dann das Vermögen als „Nichtleistungsbeziehende*r" verbrauchen und sich noch ein bisschen was vom Leben gönnen (→ 119 Rn. 56). Sie müssen sich dann allerdings freiwillig kranken- und pflegeversichern.

5. Beiträge zu Lebensversicherungen vom Einkommen absetzbar?

15 Näheres finden Sie unter Einkommensbereinigung (→ 38 Rn. 15).

6. Kritik

16 Mehr als die Hälfte der Lebensversicherungsverträge werden nach Angabe des Bundes der Versicherten vor ihrem regulären Ablauf gekündigt; nicht zuletzt dank Lohnsenkungen, Arbeitslosigkeit und vorrangiger Verwertung bei Bürgergeld/Sozialhilfe. Lebensversicherungen werden häufig mit Verlust aufgelöst. Man hat dann nur für die Profitzwecke von Allianz und Co. eingezahlt. Es geht um Milliarden, da sich die Rückkaufswerte schon 2003 auf 12,4 Mrd. EUR beliefen. Lebensversicherungen lohnen sich kaum. Der Garantiezins wird seit dem Jahr 2000 kontinuierlich gesenkt und beträgt seit 2022 0,25 Prozent; er fällt nur auf den Umfang der eingezahlten Beiträge an, nachdem Verwaltungskosten, Gebühren, Vertreterprovisionen und Rückstellungen für den Fall des vorzeitigen Todes usw abgezogen sind. Der effektive Jahreszins liegt daher deutlich unter dem Garantiezins. Für arme Leute sind Lebensversicherungen sinnlos, wenn die Gesamtrente später niedriger ist als das Einkommen aus Grundsicherung im Alter. Dann

sparen Sie nur für den Staat. Das ist auch ein Zweck der privaten Altersvorsorge. Denn mit der privaten Altersvorsorge soll die Belastung der öffentlichen Hand nach Möglichkeit vermieden werden (BVerwG 27.6.2002 – 5 C 43/01).

17 Allianz und Co. halten für eine vernünftige private Altersvorsorge 1.500 bis 2.000 EUR pro Lebensjahr für notwendig. Sie sind daran interessiert, die gesetzliche Rente weiter abzusenken, damit das für sie profitable Produkt „private Altersvorsorge" seinen Markt erweitern kann. Besser als eine mickrige private Vorsorge aus sinkenden Löhnen und Grundsicherung für die Aufstockung sinkender Renten wäre eine gesetzliche Mindestrente, die deutlich über dem Sozialhilfeniveau liegt (vgl. jetzt die Grundrente nach dem Grundrentengesetz vom 12.8.2020, BGBl. I 1879). Die Mindestrente müsste jede Person beanspruchen können, unabhängig davon, wie lange sie gearbeitet hat. Private Vorsorge wäre dann nur notwendig, wenn man dieses Niveau überschreiten will, aber nicht, um es überhaupt zu erreichen. Ein erster Einstieg hierfür ist die Anrechnungsfreiheit einer zusätzlichen privaten Altersvorsorge, von der zunächst ein „Grundfreibetrag" von 100 EUR und aus den übersteigenden Einkünften weitere 30 Prozent anrechnungsfrei sind, maximal gedeckelt auf die Hälfte des Eckregelbedarfs von derzeit 251 EUR (§ 82 Abs. 4, 5 SGB XII; Regelbedarf 2023).

7. Forderungen

18 Gleicher Schutz von Lebensversicherungen für Bürgergeld- und Sozialhilfebeziehende!

Gesetzliche Mindestrente in Höhe von 1000 EUR!

74 Mehrbedarfe

1. Mehrbedarfszuschlag	1
2. Härtefallmehrbedarfsregelung	3
3. Höhe des Mehrbedarfs	4
4. Rückwirkende Gewährung der Mehrbedarfe	6

1. Mehrbedarfszuschlag

1 Folgende Gruppen bekommen Mehrbedarfszuschläge:

- alte Menschen im Rentenalter
(§ 30 Abs. 1 Nr. 1 SGB XII; Grundsicherung, → 51),
- voll Erwerbsgeminderte (→ 46) über 18 Jahre und unter 65 Jahren,
die Bürgergeld vom Jobcenter (§ 23 Nr. 4 SGB II) oder HzL/GSi der Sozialhilfe beziehen (§ 30 Abs. 1 Nr. 2 SGB XII). Die Erwerbsminderung muss durch die Rentenversicherung festgestellt sein.
Den Zuschlag bekommen Sie aber **nur**, wenn Sie **gehbehindert** sind und einen Schwerbehindertenausweis mit dem Merkzeichen „G" oder „aG" (nach § 152 Abs. 5 SGB IX) als Nachweis für die Behinderung vorlegen,
- werdende Mütter
ab der 13. **Schwangerschafts**woche (→ 101; § 21 Abs. 2 SGB II; § 30 Abs. 2 SGB XII). Seit 1.1.2021 ist dieser Schwangerenmehrbedarf nicht mehr bis zum Tag der Entbindung, sondern bis **Ende des Monats der Entbindung** zu gewähren,
- Alleinerziehende (→ 3),
die mit einem Kind unter 7 Jahren und/oder zwei oder drei Kindern unter 16 Jahren **oder** mit Kindern unter 18 Jahren zusammenleben und alleine für deren Pflege und Erziehung sorgen (§ 21 Abs. 3 SGB II; § 30 Abs. 3 SGB XII),
- erwerbsfähige (→ 45) behinderte Menschen,
die Bürgergeld **und** Hilfen für die Erlangung eines geeigneten Platzes im Arbeitsleben (nach § 49 SGB IX mit Ausnahme der Leistungen nach § 49 Abs. 3 Nr. 2 und 5 SGB IX) **oder** Leistungen zur Teilhabe an Bildung (§ 112 XII) erhalten.

Der Mehrbedarf **kann** „*auch nach Beendigung der [...] genannten Maßnahmen während einer angemessenen Übergangszeit, vor allem einer Einarbeitungszeit, angewendet werden*" (§ 21 Abs. 4 S. 2 SGB II). Die Dauer soll drei Monate nicht übersteigen (FW 21.23).

74 Mehrbedarfe

Wer „nur" Bürgergeld bezieht, behindert ist und arbeitet, bekommt keinen Mehrbedarf.

2 Für Beziehende von **HzL/Gsi der Sozialhilfe** und nicht erwerbsfähigen Beziehende von Bürgergeld nach dem SGB II gibt es den Mehrbedarf, wenn sie Eingliederungshilfe für behinderte Menschen (§ 54 Abs. 1 S. 1 Nr. 1 bis 3 SGB XII) erhalten (§ 42b Abs. 3 SGB XII; § 23 Nr. 2 und 3 SGB II),

- **kranke, genesende, behinderte oder von einer Krankheit oder Behinderung bedrohte Menschen,** wenn sie „aus medizinischen Gründen einer kostenaufwendigen Ernährung bedürfen" (§ 21 Abs. 5 SGB II, § 30 Abs. 5 SGB XII). Näheres finden Sie unter dem Beitrag **Krankenkostzulage** (→ 69) und
- **Haushalte mit dezentraler Warmwassererzeugung** (→ 122),

denn seit 2011 ist Warmwasser in den Unterkunftskosten enthalten. Den Mehrbedarfszuschlag gibt es idR bei Warmwassererzeugung mittels Haushaltsstrom. Die Höhe ist abhängig von den Personen in der Bedarfsgemeinschaft und deren Regelbedarfen (§ 21 Abs. 7 SGB II, § 30 Abs. 7 SGB XII). Die Mehrbedarfe werden trotz Energiekrise nicht in der Bürgergeldreform angepasst, obwohl die Beträge grade zu „ins Blaue" festgesetzt wurden.

2. Härtefallmehrbedarfsregelung

3 Personen, bei denen „*im Einzelfall ein unabweisbarer, besonderer Bedarf besteht; bei einmaligen Bedarfen ist weitere Voraussetzung, dass ein Darlehen nach § 24 Absatz 1 ausnahmsweise nicht zumutbar oder wegen der Art des Bedarfs nicht möglich ist*" (§ 21 Abs. 6 SGB II). Diese Härtefallmehrbedarfsregelung ist zum 1.1.2021 reformiert worden und von laufenden auch auf einmalige Bedarfe ausgeweitet worden. Damit wurde vom Gesetzgeber endlich der Forderung des BVerfG, des Bundesrates, der Sozial- und Wohlfahrtsverbände und insbesondere auch Tacheles entsprochen. Allerdings wird wieder einmal versucht, den Anspruch maximal kleinzuhalten. Eine Weisung der BA zu § 21 Abs. 6 SGB II versucht die Ansprüche maximal auszuschließen. Im SGB XII ist eine solche Öffnung für einmalige Bedarfe – trotz klarer Forderung vom BVerfG – nicht vorgesehen. Hier können einmalige Bedarfe nur als ergänzende Darlehen nach § 37 Abs. 1 SGB XII, bei gleichzeitigem dauerhaftem Verzicht auf die Einbehaltung nach § 37 Abs. 4 SGB XII gewährt werden (entsprechender der Weisung des BMAS zu digitalen Endgeräten vom 9.2.2021 – Az.: Vb1–50114, abrufbar unter: https://tacheles-sozialhilfe.de/files/redakteur/DA_Sozi_Wpt/210209_Digitale_Endgeraete_SGB_XII_Infoschreiben_an_Lander.pdf, letzter Zugriff: 14.1.2023)

Näheres finden Sie unter dem Beitrag **Härtefallmehrbedarfe** (→ 52).

3. Höhe des Mehrbedarfs

4 Wie hoch die Mehrbedarfszuschläge sind, lesen Sie unter den jeweiligen Stichworten. Mehrbedarfszuschläge sind mit Ausnahme der „Härtefallbedarfe", des Mehrbedarfs für Krankenkost und des Warmwassermehrbedarfs Prozentanteile des maßgebenden Regelbedarfs. Alle Mehrbedarfszuschläge werden nebeneinander gewährt.

5 Die Gesamtsumme der unter → Rn. 1 genannten Mehrbedarfszuschläge darf 100 Prozent des maßgebenden Regelbedarfs nicht überschreiten (§ 21 Abs. 8 SGB II; § 30 Abs. 6 SGB XII).

4. Rückwirkende Gewährung der Mehrbedarfe

6 Im Bürgergeld und der GSi sind die Mehrbedarfe auch rückwirkend zu gewähren, weil der Bürgergeld-/GSi-Antrag alle Leistungen umfasst, somit auch die Mehrbedarfe (§ 37 Abs. 1 S. 1 SGB II, § 44 Abs. 1 S. 1 SGB XII). Die rückwirkende Erbringung in Leistungsbezug geht höchstens bis Januar des jeweiligen Vorjahres (§ 48 Abs. 1 S. 2 Nr. 1 SGB X und § 44 Abs. 1 S. 1 SGB X iVm § 40 Abs. 1 Nr. 1 SGB II; bzw. § 116a Abs. 1 Nr. 1 SGB XII).

Die rückwirkende Erbringung gilt nicht für den Mehrbedarf wegen kostenaufwändiger Ernährung nach § 21 Abs. 5 SGB II. Hier sagt das BSG, dieser müsse gesondert bean-

75 Miete (Kosten der Unterkunft [KdU])

tragt werden bzw. es gibt ihn erst ab Vorlage einer ärztlichen Bescheinigung, was wie eine gesonderte Beantragung zu verstehen ist (BSG 20.2.2014 – B 14 AS 65/12 R); diese Regelungslage wird auch bei der GSi anzuwenden sein.

In der HzL muss nicht nur der Bedarf bestehen, sondern auch das Sozialamt Kenntnis vom Bedarf haben. Ohne Kenntnis, die in der Regel mit einem Antrag gleichzusetzen ist, gibt es keine Leistungen (§ 18 Abs. 1 SGB XII). Die Kenntnis wirkt in der HzL auch nicht auf den Monat zurück, sondern genau auf den Tag, an dem Sie den Bedarf anmelden. Das bedeutet, wenn Sie einen Bedarf am 15. eines Monats anmelden, gibt es 15/30 von dem Mehrbedarf in diesem Monat.

75 Miete (Kosten der Unterkunft [KdU])

1. Was gehört zu den Kosten der Unterkunft? 1
   1.1 Zunächst: Miete in Höhe der tatsächlichen Aufwendungen 3
       1.1.1 Leistungen für die Unterkunft 6
       1.1.2 Garage 8
       1.1.3 Tatsächliche Aufwendungen 9
       1.1.4 Kondulenzkarenz............ 11
   1.2 Anteilige Unterkunftskosten 12
   1.3 Untervermietung 13
   1.4 Kosten bei Wohneigentum 14
2. Wann sind Mieten „angemessen"? 15
   2.1 Corona-Sonderregeln für Bewilligungszeiträume, die bis zum 31.12.2022 begonnen haben 20
   2.2 Bürgergeldgesetz (seit 1.1.2023) .. 26
   2.3 Angemessene Wohnungsgrößen ... 44
   2.4 Wohnstandard 52
       2.4.1 Örtlicher Mietspiegel 53
       2.4.2 Mietpreisspiegel 56
       2.4.3 Mietobergrenzen laut Wohngeldtabelle? 57
       2.4.4 Mietobergrenzen in benachbarten Wohnorten? 64
   2.5 Festlegung der angemessenen Miete (Produktmethode) 66
       2.5.1 BSG: angemessene Miete gleich angemessener Quadratmeterpreis mal angemessene Wohnfläche 67

2.5.2 Beispiele für die Produktmethode 78
2.6 Verfügbarkeit von Wohnungen – Maßstab für die Festsetzung der „Angemessenheitsgrenzen" 82
2.7 Wer legt die „Angemessenheit" der Miete fest? 89
   2.7.1 Kommunale Satzung für Unterkunftskosten 91
   2.7.1.1 Bürgergeld................. 92
   2.7.1.2 HzL/GSi der Sozialhilfe ... 101
   2.7.2 Pauschalierung der Kosten der Unterkunft möglich? 102
   2.7.3 Gesamtangemessenheitsgrenzen unter Einbeziehung der Heizkosten 104
3. Möglichkeiten der Senkung einer unangemessenen Miete auf das „angemessene" Maß 107
   3.1 Mietpreisüberhöhung 108
   3.2 Mietwucher 110
   3.3 Mieterhöhung über den Mietspiegel hinaus 112
   3.4 Mietminderung wegen Mängeln der Wohnung 114
   3.5 Andere Einstufung des Baujahrs .. 116
   3.6 Untervermietung................. 117
   3.7 Wohnungswechsel 118
4. Senkung der Kosten 122
   4.1 Ein halbes Jahr Frist, um unangemessene Mieten zu senken 123
   4.2 Nachweis der Wohnungssuche 128
   4.3 Bei langen Kündigungsfristen Umzug nicht möglich 130
   4.4 Mieterhöhung aufgrund von Modernisierung löst neue Sechsmonatsfrist aus 134
5. Einstellung/Senkung der Mietzahlung durch Jobcenter/Sozialamt 135
   5.1 Kann die Mietzahlung eingestellt werden, wenn Sie eine „angemessene" Wohnung nicht nehmen? ... 136
   5.2 Differenz zwischen „angemessener" und unangemessener Miete selbst aufbringen 137
6. Antragsgrundsatz (§ 37 SGB II, § 44 Abs. 1 S. 1 SGB XII) bzw. Kenntnisgrundsatz (§ 18 Abs. 1 SGB XII) bei der Miete (KdU) und Direktzahlung an Vermieter*in 141
   6.1 Mietübernahme bei Antragstellung 142
   6.2 Miete direkt an Vermieter*in? 143
7. Beiträge für einen Mieterschutzbund .. 145
8. Nur in Wohnungen mit „angemessener" Miete umziehen? 147
   8.1 HzL/GSi der Sozialhilfe 148
   8.2 Bürgergeld 154
   8.3 Nicht erforderlicher Umzug in eine teurere Wohnung 155

75 Miete (Kosten der Unterkunft [KdU])

9. Kritik 162
10. Forderungen 163
11. Informationen 164

1. Was gehört zu den Kosten der Unterkunft?

1 Eine Anfrage im Bundestag hat ergeben, dass im Jahr 2021 bundesweit bei jeder Bedarfsgemeinschaft, deren tatsächliche Miete nicht in vollem Umfang übernommen wurde, durchschnittlich 91 EUR monatlich (1.092 EUR jährlich) an Miete nicht vom Jobcenter übernommen wurden (BT-Drs. 20/3018, 5, Antwort 9). Damit wurden insgesamt 437 Millionen EUR nicht von Jobcentern übernommen, im Jahr 2011 waren es sogar 692 Millionen EUR (BT-Drs. 19/13029, 11, Tabelle 1).

2 Diese Zahlen machen deutlich, in welchem Umfang Unterkunftskosten von den SGB II-Leistungsträgern nicht übernommen werden und wie die Tricksereien bei den angemessenen Unterkunftskosten zur Sanierung der kommunalen Kassen verwendet werden. Sie machen auch deutlich, dass hier dringend etwas passieren muss.

1.1 Zunächst: Miete in Höhe der tatsächlichen Aufwendungen

3 „Bedarfe der Unterkunft und Heizung werden in Höhe der tatsächlichen Aufwendungen anerkannt, soweit diese angemessen sind" (§ 22 Abs. 1 S. 1 SGB II, § 35 Abs. 1 S. 1 SGB XII, für GSi § 42 Nr. 4 SGB XII, § 42a SGB XII).

4 Hierbei ist zu beachten, dass nach ständiger Rechtsprechung des BSG die Ablehnung der Übernahme unangemessener Unterkunfts- und Heizkosten grundsätzlich die Durchführung eines Kostensenkungsverfahrens durch das Jobcenter bzw. durch das Sozialamt voraussetzt, das die*den Leistungsberechtigte*n erst in die Lage versetzt, ihrer*seiner vom Gesetz vorgesehenen Kostensenkungsobliegenheit gemäß § 22 Abs. 1 S. 7 SGB II bzw. § 35 Abs. 3 S. 1, 2 SGB XII nachkommen (BSG 12.6.2013 – B 14 AS 60/12 R). Dies hat zur Folge, dass grundsätzlich auch unangemessene Unterkunfts- und Heizkosten solange übernommen werden müssen, bis von der Behörde das notwendige Kostensenkungsverfahren durchgeführt wurde. Auch bei Heizkosten, welche die Grenzwerte des „Bundesweiten Heizspiegels" überschreiten und daher ein Anhaltspunkt für ein unwirtschaftliches bzw. unangemessenes Heizverhalten (→ 57) sein können, ist die Durchführung eines Kostensenkungsverfahrens durch die Behörde wegen der damit verbundenen und grundsätzlich notwendigen Warn- und Aufklärungsfunktion für die*den Leistungsberechtigte*n notwendig (BSG 19.5.2021 – B 14 AS 57/19 R).

5 Durch das Bundesteilhabegesetz (BTHG) und die Änderungen bei der Eingliederungshilfe nach dem SGB IX müssen leistungsberechtigte Menschen mit Behinderung, die seit dem 1.1.2020 in einer „sonstigen Wohnform" (ehemals stationäre Einrichtung) untergebracht sind, einen Kostenbeitrag für das Wohnen aus ihren Leistungen zum Lebensunterhalt erbringen. Hierfür ist ein Teil des Regelbedarfs aufzuwenden. Die Unterkunftskosten werden vom Amt in Höhe der „durchschnittlichen angemessenen tatsächlichen Aufwendungen für die Warmmiete von Einpersonenhaushalten" im Zuständigkeitsbereich des örtlichen Trägers erbracht. Sie können für zusätzliche Wohn-, Wohnnebenund sonstige Nutzungskosten (Strom, TV, Kommunikation usw) um bis zu 25 Prozent erhöht werden, wenn diese Kosten in einem Vertrag mit dem Wohnraumgeber gesondert ausgewiesen sind (§ 42a Abs. 5 SGB XII iVm 45a SGB XII). Erwerbsgeminderte und behinderte Sozialhilfebeziehende können trotz eines mietfreien Wohnens bei Angehörigen vom Sozialhilfeträger die Erstattung pauschaler Unterkunftskosten gemäß § 42a Abs. 3 SGB XII verlangen. Es kommt weder auf die tatsächlichen Unterkunftskosten noch darauf an, ob die Angehörigen ihr Wohneigentum bereits abbezahlt haben (BSG 23.3.2021 – B 8 SO 14/19 R).

1.1.1 Leistungen für die Unterkunft

6 Eine Unterkunft im Sinne des SGB II/SGB XII ist eine Einrichtung oder Anlage, die geeignet ist, vor den Unbilden des Wetters bzw. der Witterung zu schützen und eine gewisse Privatsphäre gewährleistet (BSG 17.6.2010 – B 14 AS 79/09 R). Leistungen für die Unterkunft sind daher nicht nur Mie-

ten oder die Kosten eines Eigenheims, sondern alle laufenden und einmaligen Aufwendungen für eine Unterkunft (BSG 8.5.2019 – B 14 AS 20/18 R; BSG 19.9.2008 – B 14 AS 54/07 R), welche anlässlich der Nutzung einer Unterkunft anfallen oder sich aus dem Mietvertrag bzw. einer sonstigen getroffenen Vereinbarung über die Unterkunft ergeben (BSG 23.5.2013 – B 4 AS 67/12 R). Darunter fallen somit auch:

- reale Unterbringungskosten bei Dritten,
- Unterbringungskosten in einem Frauenhaus (→ 49; § 36a SGB II beachten),
- Hotel- oder Pensionszimmer, wenn nicht sofort eine Wohnung erhältlich ist (Eicher/Luik/Harich SGB II § 22 Rn. 41; LSG NRW 9.10.2019 – L 7 AS 922/18; SG Reutlingen 13.12.2007 – S 3 AS 3532/07; SG Augsburg 23.3.2009 – S 9 AS 187/09),
- Nutzungsentgelte jeglicher Art (SG Oldenburg 29.9.2005 – S 47 AS 757/05 ER),
- Untermietsverhältnisse (LSG Niedersachsen-Bremen 22.6.2006 – L 8 AS 165/06 ER),
- mietvertragsähnliche Nutzungen (SG Berlin 28.11.2005 – S 37 AS 10613/05 ER),
- Unterhaltskosten für Wohnmobil wie Kfz-Steuer, Versicherung, Heizgas, Diesel, Wartung (BSG 17.6.2010 – B 14 AS 79/09 R),
- Kosten für die Anschaffung und Installation eines Gasheizofens als einmaliger Bedarf iSv § 22 Abs. 1 S. 1 SGB II, wenn der*die Vermieter*in mietvertraglich nicht verpflichtet ist, gebrauchsfähigen Heizkörper zur Verfügung zu stellen (LSG NRW 5.5.2022 – L 19 AS 1736/21),
- während Sanierungsarbeiten genutzte Wohnung, wenn diese Schutz vor Witterung und Privatsphäre bietet; Unterkunftskosten sind grds. auch dann für (vorrangig genutzte) Unterkunft anzuerkennen, wenn der*die Leistungsberechtigte zugleich auch eine weitere Wohnung zum Abstellen von persönlichen Dingen und zum Aufenthalt nutzen kann (LSG Sachsen-Anhalt 23.6.2022 – L 4 AS 413/19),
- Bau- und Wohnwagen (LSG Hessen 28.10.2009 – L 7 AS 326/09 B ER),
- Stellplatzkosten für einen Wohnwagen (VGH Hessen 3.9.1991 – 9 TG 3588/9),
- Schiffe und Hausboote (Eicher/Luik/Harich SGB II § 22 Rn. 40),
- Gartenhaus oder Gartenlaube (LSG Berlin-Brandenburg 8.3.2006 – L 19 B 42/06 AS ER),
- Miet- und Pachtkosten für einen Schrebergarten (vgl. KdU-Richtlinien der Stadt Krefeld, abrufbar unter: https://harald-thome.de/files/pdf/redakteur/KdU_Ordner/KdU%20Krefeld%20-%201.4.2021.pdf),
- Gebühren in Obdachlosenunterkunft oder Zimmer in Obdachlosenunterkunft und Lagerraum für persönliche Gegenstände (→ 130; BSG 16.12.2008 – B 4 AS 1/08 R),
- Einlagerungskosten (BSG 16.12.2008 – B 4 AS 1/08 R; BSG 2.9.2021 – B 8 SO 13/19 R; LSG NRW 26.1.2017 – L 7 AS 2508/16 B ER),
- Kosten für Campingplatz (BSG 17.6.2010 – B 14 AS 79/09 R) und für Zelt auf Campingplatz (LSG NRW 10.2.2022 – L 19 AS 1201/21),
- Kosten zum Betreiben eines Camping-Gasheizstrahlers von Obdachlosen in einem Zelt außerhalb eines Campingplatzes (SG Freiburg 13.1.2022 – S 9 AS 84/22 ER),
- Doppelmieten, auch von nicht bewohnten Unterkünften, wenn sie tatsächlich anfallen und unvermeidbar sind (Wohnungsbeschaffungskosten, → Rn. 129; BSG 30.10.2019 – B 14 AS 2/19 R; LSG NRW 21.6.2022 – L 2 AS 371/22 B) oder
- Gebühren für Flüchtlingsunterkunft bzw. für Gemeinschaftsunterkünfte, die nachträglich geltend gemacht werden: Diese sind als sozialrechtlicher Bedarf im Monat der Fälligkeit zu übernehmen, auch wenn sie nicht mehr bewohnt werden (BSG 19.5.2021 – B 14 AS 19/20 R; LSG NRW 9.10.2019 – L 7 AS 922/18).

7 Für die Übernahme kommt es nicht auf die ordnungsrechtliche Legalität der Nutzung an, sondern darauf, dass die Kosten durch vertragliche Regelung oder anlässlich der Nutzung konkret anfallen (Eicher/Luik/Harich SGB II § 22 Rn. 39; LSG Bayern 15.3.2007 – L 7 AS 134/06; SG Neuruppin 29.7.2010 – S 26 AS 1032/10 ER). Zu übernehmen sind also alle Aufwendungen, die mit der Nutzung einer Unterkunft in Zusammenhang stehen.

1.1.2 Garage

8 Die Kosten einer Garage werden nur als Unterkunftskosten anerkannt, wenn sie unvermeidbar sind. Das sind sie, wenn im Mietvertrag steht, dass nur Sie die Garage nutzen dürfen und niemand sonst und der*die Vermieter*in sich weigert, eine Teilkündigung vorzunehmen (LSG Bayern 29.4.2020 – L 11 AS 656/19; LSG Baden-Württemberg 4.5.2020 – L 1 AS 2007/19). In diesem Fall zählen sie zu den laufenden Kosten der Unterkunft (BSG 7.11.2006 – B 7b AS 10/06 R; vgl. hierzu BSG 19.5.2009 – B 4 AS 48/08 R, zu Kabelgebühren, wenn mietvertraglich geregelt; Rundfunkgebühren, → 93).

Die Miete inklusive Garage ist also zunächst vollständig zu berücksichtigen, bevor im zweiten Schritt die „angemessenen" Unterkunftskosten bestimmt werden (→ Rn. 15 ff.). Nach Auffassung des LSG Bayern und des LSG BW ist ein*e Leistungsempfänger*in nicht verpflichtet, seine*ihre Garage bzw. seinen*ihren Kfz-Stellplatz unterzuvermieten, um die Unterkunftskosten zu senken, wenn seine*ihre Kosten der Unterkunft auch unter Berücksichtigung der Kosten für die Garage insgesamt angemessen sind (LSG Bayern 29.4.2020 – L 11 AS 656/19; LSG Baden-Württemberg 4.5.2020 – L 1 AS 2007/19). Dies wurde durch das BSG (19.5.2021 – B 14 AS 39/20 R) bestätigt. Das BSG hat hier darauf hingewiesen, dass Aufwendungen für einen Stellplatz oder eine Garage als Bedarf für die Unterkunft und Heizung anzuerkennen sind, wenn Wohnung und Stellplatz Bestandteile eines einheitlichen Mietverhältnisses sind, mit der Folge, dass der Mietvertrag nur insgesamt, aber nicht nur hinsichtlich des Stellplatzes oder der Garage kündbar ist (BGH 12.10.2011 – VIII ZR 251/10) und die Gesamtmiete angemessen ist. Eine Obliegenheit zur Kostensenkung, zB durch Untervermietung des Stellplatzes, besteht unter diesen Voraussetzungen nicht (BSG 19.5.2021 – B 14 AS 39/20 R). Es kommt daher entscheidend auf die fehlende Abtrennbarkeit des Stellplatzes bzw. der Garage an, also darauf, dass die Wohnung und Stellplatz nicht anmietbar ist und der Stellplatz auch nicht separat gekündigt werden kann.

1.1.3 Tatsächliche Aufwendungen

9 Tatsächliche Aufwendungen in § 22 Abs. 1 S. 1 SGB II, § 35 Abs. 1 S. 1 SGB XII bedeutet, dass nicht nur Mieten, sondern allgemein die tatsächlichen Kosten einer Unterkunft, also alle laufenden und einmaligen Aufwendungen, welche anlässlich deren Nutzung anfallen oder sich aus dem Mietvertrag bzw. einer sonstigen getroffenen Vereinbarung über die Unterkunft ergeben (BSG 23.5.2013 – B 4 AS 67/12 R; BSG 8.5.2019 – B 14 AS 20/18 R; BSG 19.9.2008 – B 14 AS 54/07 R), getragen werden müssen. Es kommt auch nicht darauf an, ob Sie dort polizeilich gemeldet sind oder überhaupt einen Miet- oder Nutzungsvertrag vorweisen können. In einer Unterkunft fallen auch ohne Mietvertrag Kosten an. Die tatsächlichen Aufwendungen sind entscheidend. Diese müssen Sie natürlich nachweisen. Wenn nicht über den Mietvertrag, dann mit aktuellen Überweisungsbelegen (→ 66 Rn. 36 ff.) oder Quittungen.

10 Die Miete muss zunächst immer in voller Höhe übernommen werden (§ 22 Abs. 1 S. 7 SGB II, § 35 Abs. 3 S. 2 SGB XII, für GSi § 42 Nr. 4 SGB XII, § 42a SGB XII), wenn

- Sie zum ersten Mal Bürgergeld bzw. HzL/GSi der Sozialhilfe beantragen und Ihre Wohnung über den Angemessenheitsgrenzen liegt (→ Rn. 15 ff.),
- Sie erst kurz vor dem Leistungsbezug in eine „unangemessen" teure Wohnung gezogen sind (BSG 17.12.2009 – B 4 AS 19/09 R),
- Sie zB nach einer Trennung plötzlich allein in einer 100 m² großen, zu teuren Wohnung leben oder
- Ihre angemessene Miete sich in eine unangemessene Miete verwandelt, weil ein Kind ausgezogen, ein*e Haushaltsangehörige*r verstorben oder die Miete erhöht worden ist.

1.1.4 Kondulenzkarenz

11 Nach der Regelung des Bürgergeldgesetzes (→ Rn. 26 ff.) gilt seit 1.1.2023, dass bei dem Tod eines Mitglieds einer Bedarfs- oder Haushaltsgemeinschaft unter der Voraussetzung, dass die Kosten der Unterkunft und Heizung (KdU) vorher angemessen waren, eine Reduzierung der KdU aufgrund der da-

mit verbundenen kleineren Bedarfs- bzw. Haushaltsgemeinschaft für die weiterhin bewohnte Wohnung für die Dauer von mindestens zwölf Monaten nach dem Sterbemonat nicht zumutbar ist (§ 22 Abs. 1 S. 9 SGB II, § 35 Abs. 3 S. 4 SGB XII). Dies hat zur Folge, dass innerhalb dieses Zeitraums kein Kostensenkungsverfahren eingeleitet werden darf. Ein Kostensenkungsverfahren ist daher in diesem Fall frühestens nach Ablauf von zwölf Monaten nach dem Sterbemonat zulässig und hat dann zusätzlich die Schonfrist von sechs Monaten zur Folge, innerhalb derer die KdU nicht herabgesetzt werden dürfen (§ 22 Abs. 1 S. 9 SGB II iVm § 22 Abs. 1 S. 7 SGB II; BT-Drs. 456/22, 95: „Nach Ablauf der Frist von 12 Monaten gilt die Regelung des § 22 Abs. 1 S. 3 SGB II (ab 1.1.2023: § 22 Abs. 1 S. 7 SGB II)"; aA Berlit info also 2023, 17 (20)).

1.2 Anteilige Unterkunftskosten

12 Wenn nur ein Teil der in einer Wohnung lebenden Personen Bürgergeld/Sozialhilfe beansprucht, werden die Kosten der Unterkunft in der Regel durch die Zahl der Bewohner*innen geteilt, um die tatsächlichen Aufwendungen jeder einzelnen Person zu ermitteln (BSG 23.6.2006 – B 11b AS 1/06 R). Das ist die sogenannte **Kopfanteilsmethode**.

Eine Aufteilung der Miete nach der Quadratmeterzahl der genutzten Räume kann zB bei **Wohngemeinschaften** durch einen Untermietvertrag geregelt sein. Dann gilt die **vereinbarte Miethöhe**, soweit sie angemessen ist (BSG 22.8.2013 – B 14 AS 85/12 R). Es wird oft verlangt, dass Sie den Hauptmietvertrag vorlegen. Wenn die Untermiete sowieso „angemessen" ist, ist das überflüssig. Wenn Ihr*e Vermieter*in sich weigert, Ihnen als Untermieter*in oder der Behörde den Mietvertrag vorzulegen, dürfen Ihnen daraus keine Nachteile erwachsen. Sie haben Ihre Mitwirkungspflicht nicht verletzt, weil die Vorlage des Hauptmietvertrags ja von der Mitwirkung eines anderen abhängt und Ihnen nicht mehr Pflichten auferlegt werden dürfen, als Sie selbst erfüllen können.

1.3 Untervermietung

13 Wenn Sie selbst Bürgergeld beziehen und eine*n Untermieter*in haben, gilt: „Einnahmen aus Untervermietung mindern die Kosten der Unterkunft" (FW 11.72). Das gilt auch für HzL/GSi der Sozialhilfe (OVG Niedersachsen 26.6.2002 – 4 LB 133/02). Wenn Sie sich die Wohnung mit einem*r Untermieter*in teilen, ist es falsch, Ihnen nur die halbe Miete als Bedarf anzuerkennen, und gleichzeitig die Untermiete als Einkommen anzurechnen. Denn Sie haben ja gerade durch „*Vermieten*" die Anforderung des Amts erfüllt, „*die Aufwendungen [für die Unterkunft] zu senken*" (§ 22 Abs. 1 S. 7 SGB II, § 35 Abs. 3 S. 2 SGB XII), damit sie als „angemessen" anerkannt werden. Als Einkünfte aus der Vermietung von möblierten Wohnungen und von Zimmern sind als „*Einkünfte aus Vermietung*" bei möblierten Zimmern 70 Prozent, bei möblierten Wohnungen 80 Prozent und bei Leerzimmern 90 Prozent der Roheinnahmen als Einkommen anzurechnen, wobei Sie die Möglichkeit haben, geringere Einkünfte nachzuweisen (§ 7 Abs. 4 der VO zu § 82 SGB XII). Das berücksichtigt, dass Sie als Vermieter*in auch für den Austausch und Ersatz defekter Möbel zuständig sind (→ 38).

1.4 Kosten bei Wohneigentum

14 Hierzu finden Sie nähere Erläuterungen im Beitrag Eigenheim (→ 34).

2. Wann sind Mieten „angemessen"?

15 Im SGB II und SGB XII selbst **steht dazu nichts**. Die Ermittlung der angemessenen Miete hat nach BSG in zwei Schritten zu erfolgen:

Zunächst sind die *abstrakt* angemessenen Aufwendungen für die Unterkunft, bestehend aus Nettokaltmiete und kalten Betriebskosten (= Bruttokaltmiete), zu ermitteln; dann ist die *konkrete (= subjektive)* Angemessenheit dieser Aufwendungen im Vergleich mit den tatsächlichen Aufwendungen, insbesondere auch im Hinblick auf die Zumutbarkeit der notwendigen Einsparungen, einschließlich eines Umzugs, zu prüfen (BSG 7.11.2006 – B 7b AS 18/06 R; 30.1.2019 – B 14 AS 24/18 R). Nach ständiger Rechtsprechung des BSG wird die abstrakt angemessene Miete wie folgt ermittelt: angemessene Miete = angemessene Wohnungsgröße x an-

75 Miete (Kosten der Unterkunft [KdU])

gemessener Quadratmeterpreis + Betriebskosten (BSG 7.11.2006 – B 7b AS 18/06 R; 25.4.2018 – B 14 AS 14/17 R; 30.1.2019 – B 14 AS 24/18 R, sog. Produkttheorie; → Rn. 67).

16 Die angemessene Wohnungsgröße bestimmt sich nach den jeweiligen Werten der Wohnraumförderbestimmungen der Länder (→ Rn. 44 ff.).

Als angemessener Quadratmeterpreis ist grundsätzlich der örtliche Mietpreis (unteres Preissegment des lokalen Mietniveaus, → Rn. 52 ff.) zu berücksichtigen.

17 Das BSG hat in einer wichtigen Entscheidung (25.4.2018 – B 14 AS 14/17 R) noch einmal klargestellt, dass sich die Bestimmung der angemessenen Wohnungsgröße und somit auch der Angemessenheit der Miete nicht nach der Zahl der Bewohner*innen, sondern allein nach der Zahl der Mitglieder der Bedarfsgemeinschaft (BG) richtet, auch wenn alle Bewohner*innen einer Familie angehören (BSG 18.2.2010 – B 14 AS 73/08 R; 25.4.2018 – B 14 AS 14/17 R). Fällt daher zum Beispiel das einzige Kind einer alleinerziehenden Mutter wegen bedarfsdeckenden Einkommens des Kindes gemäß § 7 Abs. 3 Nr. 4 SGB II aus der Bedarfsgemeinschaft, ist für die Prüfung, ob die tatsächlichen – nach der Kopfanteilsmethode ermittelten – hälftigen Unterkunftskosten der Mutter angemessen sind, die jeweilige örtliche Angemessenheitsgrenze für einen Ein-Personen-Haushalt heranzuziehen – und nicht die Hälfte der örtlichen Angemessenheitsgrenze für einen Zwei-Personen-Haushalt (für Beispielberechnung → Rn. 78).

18 Aus der Produkttheorie des BSG folgt, dass die Aufwendungen (Bruttokaltmiete) für eine Unterkunft dann angemessen sind, wenn sie innerhalb des Wertes liegen, der sich ergibt, wenn man die angemessene Wohnungsgröße mit dem angemessenen Quadratmeterpreis multipliziert. Eine isolierte Angemessenheitsprüfung einzelner Faktoren, wie Wohnungsgröße oder Höhe der Betriebskosten, durch die Behörde ist daher unzulässig. Seit **1.8.2016** ist „*zur Beurteilung der Angemessenheit der Aufwendungen für Unterkunft und Heizung [...] die Bildung einer Gesamtangemessenheitsgrenze zulässig*" (§ 22 Abs. 10 SGB II; → 57 Rn. 40 ff.).

19 **Tipp:** Als Folge der Produkttheorie des BSG haben Sie daher einen Spielraum bei der Auswahl angemessenen Wohnraums: Sie können zum Beispiel eine Wohnung anmieten, die kleiner ist, als Ihnen zugestanden wird, aber einen höheren Quadratmeterpreis aufweist. Umgekehrt können Sie auch eine größere Wohnung mit geringem Quadratmeterpreis wählen; Ferner können Sie hohe Betriebskosten mit einer geringeren Kaltmiete ausgleichen und umgekehrt (Beispielberechnung → Rn. 80).

2.1 Corona-Sonderregeln für Bewilligungszeiträume, die bis zum 31.12.2022 begonnen haben

20 Wegen der Auswirkungen der **Coronapandemie** wurden durch die Sozialschutz-Pakete auch ergänzende Regelungen im SGB II und SGB XII aufgenommen (§§ 67, 68 SGB II aF, §§ 141, 142 SGB XII), welche u.a. die Frage der **Angemessenheit der Kosten der Unterkunft und Heizung** regeln (§ 67 Abs. 3 SGB II, § 141 Abs. 3 SGB XII).

21 Diese Regelungen gelten für alle Bewilligungszeiträume, die in der Zeit von **März 2020 bis Dezember 2022** begonnen haben (§ 67 Abs. 1 SGB II bzw. § 68 Abs. 1 S. 1 SGB II iVm Art. 4 Nr. 6 lit. a RBEGAnpG 2021 bzw. Art. 4 Nr. 7 RBEGAnpG 2021, § 141 Abs. 1 SGB XII bzw. § 142 Abs. 1 SGB XII iVm Art. 2 Nr. 3b lit. a RBEGAnpG 2021 bzw. Nr. 3c lit. a RBEGAnpG 2021 sowie jeweils iVm § 1 Abs. VZVV bzw. § 1 Abs. 2 VZVV). Erfasst sind daher sowohl Erstbewilligungen als auch in dieser Zeit beginnende Weiterbewilligungszeiträume, unabhängig davon, ob die Hilfebedürftigkeit durch die Coronapandemie eingetreten ist (LSG Niedersachsen-Bremen 29.9.2020 – L 11 AS 508/20 B ER; LSG Bayern 28.7.2021 – L 16 AS 311/21 B ER; LSG NRW 13.9.2021 – L 19 AS 1295/21 B ER; LSG Schleswig-Holstein 11.11.2020 – L 6 AS 153/20 B ER; LSG Sachsen-Anhalt 7.3.2022 – L 4 AS 40/22 B ER; LSG Hessen 21.2.2022 – L 6 AS 585/21 B ER; für das SGB XII: LSG Baden-Württemberg 13.4.2022 – L 2 SO 3201/21).

22 Für Bewilligungszeiträume die zwischen März 2020 und Dezember 2022 begonnen haben, gelten die Unterkunftskosten (KdU) für sechs Monate als angemessen (§ 67 Abs. 3 SGB II, § 141 Abs. 3 SGB XII iVm § 1 Abs. 1 VZVV). Dies bedeutet, dass erst nach Ablauf des Sechs-Monats-Zeitraums die regulären Vorschriften über die Angemessenheit von Kosten für Unterkunft und Heizung anwendbar sind.

23 Voraussetzung ist, dass die KdU im vorangegangen Bewilligungszeitraum nicht schon wegen Unangemessenheit durch ein wirksames Kostensenkungsverfahren abgesenkt worden sind (§ 67 Abs. 3 S. 3 SGB II, § 141 Abs. 3 S. 3 SGB XII).

24 In der Praxis bedeutet bzw. bedeutete dies: Dass eine vor März 2020 erfolgte Kostensenkungsaufforderung, die vor März 2020 noch nicht zu einer Absenkung der KdU geführt hat, durch die gesetzlich geregelte Angemessenheitsfiktion für sechs Monate nicht wirksam geworden ist und nicht umgesetzt werden darf bzw. durfte (LPK-SGB II § 67 Rn. 37; SG Berlin 20.5.2020 – S 179 AS 3426/20 ER). Nach Ablauf der vorgenannten Angemessenheitsfrist von sechs Monaten beginnt der sechsmonatige Zeitraum zur Wohnungssuche unter Fortführung der vollen Mietkostenübernahme im Sinne der Kostensenkungsaufforderung gem. § 22 Abs. 1 S. 3 SGB II in der bis 31.12.2022 gültigen Fassung (zu Senkung der Kosten → Rn. 122 ff.). Eine erneute Kostensenkungsaufforderung durch das Jobcenter ist grundsätzlich nicht erforderlich, es sei denn, die Sachlage hat sich verändert (zB Eintritt einer schweren Erkrankung, Einzug eines*r Angehörigen; LPK-SGB II § 67 Rn. 37). Dies hat zur Folge, dass die Behörde die KdU für diesen Zeitraum übernehmen müssen, auch wenn diese an sich über der Mietobergrenze (MOG) liegen und daher unangemessen sind. Nach Ablauf der sechs Monate muss die Behörde die tatsächlichen Kosten, auch wenn diese nicht angemessen sind und die MOG überschreiten, so lange übernehmen, wie die Behörde kein Kostensenkungsverfahren gemäß § 22 Abs. 1 S. 3 SGB II in der bis 31.12.2022 gültigen Fassung (ab 1.1.2023: § 22 Abs. 1 S. 7 SGB II bzw. § 35 Abs. 3 S. 1, 2 SGB XII) durchgeführt hat.

25 Im Anwendungsbereich der Corona-Sonderregelungen und der damit verbundenen Angemessenheitsfiktion ist gemäß § 67 Abs. 3 SGB II nach überwiegender Rechtsprechung bei einem **nicht erforderlichen Umzug** eine Deckelung auf die bisherige Miete nach § 22 Abs. 1 S. 2 SGB II in der bis 31.12.2022 gültigen Fassung (ab 1.1.2023: § 22 Abs. 1 S. 6 SGB II) nicht zulässig, da dies dem Zweck des § 67 Abs. 3 SGB II widersprechen würde, wonach sich SGB II-Leistungsbeziehende in der Zeit der Pandemie „nicht auch noch um ihren Wohnraum sorgen müssen" (vgl. Gesetzesbegründung, BT-Drs. 10/18107, 25). Ließe man nach einem tatsächlich erfolgten Umzug die Deckelung der KdU-Leistungen auf die Höhe der KdU für die bisherige Wohnung zu, würde dies zu einer Deckungslücke zwischen den tatsächlichen KdU einerseits und den vom Jobcenter gewährten KdU-Leistungen andererseits führen, mit der Folge, dass die aktuell bewohnte Wohnung bedroht wäre. Diese Bedrohung soll nach § 67 Abs. 3 SGB II zumindest vorübergehend, nämlich für die ersten sechs Monate, vermieden werden (LSG Sachsen-Anhalt 7.3.2022 – L 4 AS 40/22 B ER; LSG Niedersachsen-Bremen 29.9.2020 – L 11 AS 508/ 20 B ER; LSG Baden-Württemberg 11.3.2021 – L 9 AS 233/21 ER-B; LSG Bayern 28.7.2021 – L 16 AS 311/21 B ER; aA LSG Niedersachsen-Bremen 26.2.2021 – L 9 AS 662/20 B ER; LSG Schleswig-Holstein 23.3.2022 – L 6 AS 28/22 B ER; LSG Berlin-Brandenburg 20.8.2021 – L 18 AS 984/21 B ER). Zu beachten ist, dass diese Regelung (§ 67 Abs. 3 SGB II) nicht gilt, wenn bei unter 25-Jährigen bei nicht erforderlichen Erstauszügen gemäß § 22 Abs. 5 SGB II kein Anspruch auf KdU besteht.

2.2 Bürgergeldgesetz (seit 1.1.2023)

26 In diesem Zusammenhang ist auch die seit 1.1.2023 mit Erlass des Bürgergeldgesetzes im SGB II und im SGB XII eingeführte Regelung einer Karenzzeit für u.a. die Anerkennung der Bedarfe für Unterkunft – nicht für Heizung –, also der Bruttokaltmiete (Grundmiete und kalte Nebenkosten), zu berücksichtigen (§ 22 Abs. 1 S. 2, 3 SGB II nF, wortgleich: § 35 Abs. 1 S. 2, 3 SGB XII nF).

27 Die Folge der **Karenzzeit** ist, dass in diesem Zeitraum die Bedarfe für Unterkunft (Bruttokaltmiete) in **tatsächlicher Höhe** unabhängig von einer Angemessenheitsprüfung anerkannt werden (§ 22 Abs. 1 S. 3 SGB II, § 35 Abs. 1 S. 3 SGB XII). Dies gilt nicht, wenn in einem der **vorangegangenen Bewilligungszeiträume** für die aktuell bewohnte Unterkunft der Unterkunftsbedarf schon bisher **nur abgesenkt in Höhe der angemessenen** und **nicht** der **tatsächlichen** Aufwendungen anerkannt wurde (§ 65 Abs. 6 SGB II).

28 Der **Sinn** der Einführung einer **Karenzzeit** bei den Kosten der Unterkunft besteht darin, die bei Beginn des Leistungsbezuges vorhandene Wohnung für die Dauer der Karenzzeit zu erhalten und es der leistungsberechtigten Person so zu ermöglichen, nicht erst ihr gegebenenfalls erspartes Vermögen – zB für die Altersvorsorge – aufbrauchen zu müssen, um die Kosten der Unterkunft decken zu können. Gleichzeitig dient die Karenzzeit dazu, dass sich erwerbsfähige leistungsberechtigte Personen besser darauf konzentrieren können, den Weg zurück in Arbeit zu finden, statt zeitgleich mit dem Leistungsbezug eine neue Wohnung suchen, Vermögen verwerten und das Leben zum Teil neu ordnen zu müssen. Ferner soll die Karenzzeit für mehr Rechtssicherheit sorgen, da die Beurteilung der Angemessenheit der Unterkunftskosten in der Vergangenheit in der Praxis oft umstritten war und daher zu einer Vielzahl von Widerspruchs- und Klageverfahren geführt hat, wenn die tatsächlichen Kosten der Unterkunft und Heizung von der Behörde nicht vollständig anerkannt wurden. Diese Unsicherheit bzw. die damit verbundene Belastung für die leistungsberechtigte Person soll zumindest für die Dauer der Karenzzeit vermieden werden (BR-Drs. 456/22, 48, 80, 94 f.; Herbe/Palsherm Neues Bürgergeld § 8 Rn. 271).

29 Die **Karenzzeit** beträgt **ein Jahr ab** Beginn des Monats, für den erstmals Leistungen nach dem SGB II bzw. SGB XII bezogen werden (§ 22 Abs. 1 S. 2 SGB II, § 35 Abs. 1 S. 2 SGB XII). Insoweit ist zu berücksichtigen, dass Zeiten des Leistungsbezugs nach dem SGB II bzw. SGB XII vor dem 1.1.2023 bei der Karenzzeit unbeachtlich bleiben (§ 65 Abs. 3 SGB II, § 140 Abs. 1 SGB XII), sodass das Karenzjahr frühestens zum 1.1.2023 mit Inkrafttreten des Bürgergeldgesetzes beginnen kann. Dies hat zur Folge, dass auch alle Personen erfasst sind, die zum Zeitpunkt des Inkrafttretens (aufstockende) Leistungen nach dem SGB II bzw. SGB XII bezogen haben (Berlit info also 2023, 17 (18)).

30 Bei der Corona-Sonderregelung des § 67 Abs. 3 SGB II bzw. des § 141 Abs. 3 SGB XII war noch umstritten, ob diese Regelung nur auf Erstbewilligungen oder auch auf Weiterbewilligungsanträge Anwendung findet (überwiegende Rechtsprechung für Anwendung auch auf Weiterbewilligungsanträge, → Rn. 21). Im Rahmen der Regelungen des Bürgergeldgesetzes wird mit der Nichtberücksichtigung von Zeiten bis zum 31.12.2022 (§ 65 Abs. 3 SGB II, § 140 Abs. 1 SGB XII) nunmehr klargestellt, dass jedenfalls alle Leistungsberechtigten, bei denen am 31.12.2022 die tatsächlichen Aufwendungen der KdU als Bedarf anerkannt worden sind (Umkehrschluss aus § 65 Abs. 6 SGB II, § 140 Abs. 2 SGB XII), von der Karenzregelung erfasst werden. Da die Karenzzeit mit dem erstmaligen Leistungsbezug in Gang gesetzt wird, ist unerheblich, ob dies auf einem **Erst-** oder einem **Weiterbewilligungsbescheid** beruht (Berlit info also 2023, 17 (18)).

31 Zu beachten ist, dass auf Personen, bei denen **vor** dem **31.12.2022** der Leistungsträger bereits eine (**bestandskräftige**) **Leistungsabsenkung** auf das **angemessene** Niveau vorgenommen hat, die **Karenzregelung keine Anwendung** findet (§ 65 Abs. 6 SGB II, § 140 Abs. 2 SGB XII). Ist diese Absenkung auf die angemessenen Kosten noch nicht bestandskräftig geworden und erweist sich die Absenkung vor dem 31.12.2022 als rechtswidrig, ist diese Absenkung mit einem Widerspruch bzw. einem Überprüfungsantrag gemäß § 44 SGB X anzugreifen, mit der Folge, dass dann der Karenzzeitanspruch wieder auflebt und die Kosten der Unterkunft in tatsächlicher Höhe nachzuzahlen sind (Berlit info also 2023, 17 (18)). Wie bereits erwähnt, werden innerhalb der Karenzzeit die Bedarfe für Unterkunft (Grundmiete und kalte Nebenkosten) in Höhe der tatsächlichen Aufwendungen anerkannt (§ 22 Abs. 1 S. 2 ff. SGB II,

§ 22 Abs. 4 S. 2 SGB II, § 65 Abs. 3, 6 SGB II, § 35 Abs. 1 S. 2 ff. SGB XII, § 35 Abs. 2 SGB II, § 35a Abs. 2 S. 4 SGB XII, § 140 SGB XII). Unerheblich ist hierbei, ob zu diesem Zeitpunkt die tatsächlichen bereits die angemessenen Unterkunftskosten überschritten haben (Berlit info also 2023, 17 (18)).

32 Dies hat zur Folge, dass die Einleitung eines **Kostensenkungsverfahrens** für Kosten der Unterkunft (**Bruttokaltmiete**) – nicht für Heizung – im Jahr 2023 auch für Bestandsfälle **unzulässig** ist (§ 65 Abs. 3 SGB II, § 140 Abs. 1 SGB XII), **sofern nicht** vorher schon wegen Unangemessenheit abgesenkt wurde (§ 65 Abs. 6 SGB II, § 140 Abs. 2 SGB XII).

33 Zwar gilt die **Karenzzeitregelung** ausdrücklich nicht für die Heizkosten (§ 22 Abs. 1 S. 1 SGB II: „Bedarfe für Unterkunft und Heizung", § 22 Abs. 1 S. 2 SGB II aber eben nur: „Bedarfe für Unterkunft"). Sie hat aber **mittelbar** auch **Auswirkungen** auf die **Heizkosten**, wenn in der Karenzzeit die Unterkunftsbedarfe in tatsächlicher und nicht nur angemessener Höhe anerkannt werden. Denn in diesem Fall wird die Angemessenheit der Heizkosten aufgrund der tatsächlichen Größe der bewohnten Wohnung ermittelt und nicht lediglich anhand der angemessenen Größe. So müssen die Heizkosten innerhalb der Karenzzeit zB bei einer einzelnen Person, wenn diese in einer 100 m² großen Wohnung wohnt, nicht nach der an sich für eine Person angemessenen Wohnungsgröße von 45 bis 50 m² (→ Rn. 44 f.), sondern anhand der tatsächlichen Größe von 100 m² ermittelt werden (BT-Drs. 20/4360, 34).

34 Bei **Unterbrechungen** des Leistungsbezugs von mehr als einem Monat **verlängert** sich die **Karenzzeit** um volle Monate ohne Leistungsbezug (§ 22 Abs. 1 S. 4 SGB II, § 35 Abs. 1 S. 4 SGB XII). Eine **neue Karenzzeit** von einem Jahr beginnt, **wenn** zuvor mindestens drei Jahre keine Leistungen nach dem SGB II oder SGB XII bezogen worden sind (§ 22 Abs. 1 S. 5 SGB II, § 35 Abs. 1 S. 5 SGB XII). Bei Personen, die in den letzten zwei Jahren vor dem Bezug von Leistungen nach dem Dritten oder Vierten Kapitel des SGB XII Leistungen nach dem SGB II (Bürgergeld) bezogen haben, wird die **Karenzzeit**, welche sie bereits während des Bezuges von **Bürgergeld** nach § 22 Abs. 1 S. 2 bis 4 SGB II in Anspruch genommen haben, **auf die Karenzzeit** nach dem **SGB XII angerechnet**, sodass sich die Karenzzeit nach § 35 Abs. 1 S. 2–5 SGB XII entsprechend verkürzt (§ 35 Abs. 1 S. 6 SGB XII).

35 Auch in der Karenzzeit wird bei einem **nicht erforderlichen Umzug** in eine teurere Wohnung die Höhe der Übernahme der Unterkunftskosten auf die bisherigen beschränkt (§ 22 Abs. 1 S. 3 Hs. 2 SGB II iVm § 22 Abs. 1 S. 6 SGB II). Wie vor dem Erlass des **Bürgergeldgesetzes** darf diese Regelung nur bei Umzügen innerhalb eines Vergleichsraums, auf den sich die Mietobergrenze bezieht, angewendet werden (für **HzL/Gsi** der Sozialhilfe bei einem **Umzug** vgl. § 35a Abs. 2 SGB XII).

36 Nach überwiegender Auffassung hat die Zusicherung des Jobcenters gemäß § 22 Abs. 4 S. 1 SGB II, dass die Miete für die neue Wohnung in Ordnung ist, **nur Informations- und Warnfunktion**, aber keine rechtlichen Folgen (anders als bei § 22 Abs. 6 SGB II).

37 Bei einem **Umzug** in den Zuständigkeitsbereich eines anderen Jobcenters während der **Karenzzeit** hat die fehlende **Zusicherung** jedoch nachteilige Rechtsfolgen. Denn gemäß § 22 Abs. 1 S. 2 SGB II erfolgt bei einem derartigem Umzug innerhalb der Karenzzeit zwar keine Deckelung auf die bisherigen Unterkunftskosten, jedoch werden höhere als angemessene Aufwendungen für die neue Wohnung nur als Bedarf anerkannt, wenn der für die neue Wohnung örtlich zuständige Träger die Anerkennung der höheren Aufwendungen vorab zusichert (beachte: Schriftform der Zusicherung, § 34 Abs. 1 S. 1 SGB X; für HzL/GSi der Sozialhilfe vgl. § 35a Abs. 2 S. 4 SGB XII).

38 Bei selbstgenutztem **Wohneigentum** sind (einmalige) Bedarfe für unabweisbare Aufwendungen für **Instandhaltung und Reparatur** von der Karenzzeitregelung ausgenommen (§ 22 Abs. 2 S. 3 SGB II, § 35a Abs. 1 SGB XII).

39 § 22 Abs. 1 S. 8 SGB II stellt klar, dass bei unangemessen hohen Unterkunftskosten die

Kostensenkungsobliegenheiten, die regelmäßig an eine entsprechende Kostensenkungsaufforderung anknüpfen, nicht unmittelbar mit dem Ablauf der Karenzzeit einsetzen. Aus der Nichtanrechnung der Karenzzeit auf die Frist, die § 22 Abs. 1 S. 7 SGB II für die Kostensenkungsbemühungen gewährt, folgt, dass die Bemühungen zur Kostensenkung durch Wohnungswechsel oder auf andere Weise auch dann erst zu diesem Zeitpunkt einsetzen müssen, wenn die Überschreitung der Angemessenheitsgrenze zuvor mitgeteilt worden oder offensichtlich ist, und die Regelfrist von sechs Monaten hierdurch nicht verkürzt wird (Berlit info also 2023, 17 (19)).

40 Die Einführung der **Karenzzeit** und der mit ihr verfolgte Zweck ist zu begrüßen. Bereits jetzt ist jedoch abzusehen, dass sich in der täglichen Praxis **problematische Fallkonstellationen** ergeben werden, die durch die Regelung des Bürgergeldgesetzes jedenfalls nicht eindeutig gelöst wurden, sodass insoweit Auseinandersetzungen zwischen der Behörde und den leistungsberechtigten Personen entstehen werden. So stellt sich zB die Frage, was ist, wenn ein Kind in eine Bedarfsgemeinschaft hineingeboren wird oder in einen Nichtkarenzhaushalt eine Person mit individuellem Karenzanspruch einzieht. Zur Lösung dieser Probleme ist mE zunächst vom Sinn und Zweck der Karenzzeitregelung auszugehen, der leistungsberechtigten Person die bei Beginn des Leistungsbezuges vorhandene Wohnung für die Dauer der Karenzzeit zu erhalten. Ferner ist hier zu berücksichtigen, dass aufgrund des Individualitätsprinzips die Karenzzeit für die Unterkunft für jede Person einzeln zu bestimmen ist (AMS des Bay. StMAS vom 19.12.2022, 3, abrufbar unter: www.stmas.bayern.de/imperia/md/content/stmas/stmas_inet/grundsicherung/221219_ams_kdu_inkrafttreten_buergergeld.pdf).

41 Dies muss dann aber zur Folge haben, dass eine Kostensenkungsaufforderung durch die Behörde mit der Folge der Reduzierung der tatsächlichen Kosten der Unterkunft und Heizung auf die angemessene Höhe erst dann zulässig ist, wenn bei der letzten Person – hier zB das neugeborene Kind – die Karenzzeit abgelaufen ist. Denn würde man bei den anderen Mitgliedern der Bedarfsgemeinschaft, deren Karenzzeit entweder bei der Geburt des Kindes schon abgelaufen oder nach der Geburt aber vor der Karenzzeit des neugeborenen Kindes abgelaufen ist, bereits eine Kostensenkungsaufforderung und somit Kostensenkung zulassen, entstünde die Situation, dass diesen Personen nicht mehr anteilig die tatsächlichen Kosten, sondern nur noch die angemessenen Kosten der Unterkunft und Heizung gewährt werden würden, mit denen dann aber die tatsächlichen Kosten der Unterkunft und Heizung nicht gedeckt werden könnten und somit die Gefahr des Verlustes der Wohnung bestünde. Dies hätte dann aber zur Folge, dass der Sinn der Karenzregelung für das neugeborene Kind, nämlich der Schutz der aktuellen Wohnung während der laufenden Karenzzeit, nicht mehr erreicht werden könnte, was eindeutig dem Willen des Gesetzgebers zuwiderliefe. Sollte der Gesetzgeber hier nicht nachbessern, müsste die Klärung dieser Rechtsfragen durch die Rechtsprechung erfolgen bzw. abgewartet werden.

42 Bei den Unterkunftsbedarfen in der **Grundsicherung im Alter** und bei **Erwerbsminderung** ist zu berücksichtigen, dass die Karenzzeitregelung (§ 35 Abs. 1 S. 2–6 SGB XII) keine Anwendung findet, deren Unterkunftsbedarf nach § 42a SGB XII zu bemessen ist (§ 35 Abs. 6 S. 3 SGB XII). Es handelt sich hierbei um die Fälle, in denen der*die Leistungsberechtigte mit Verwandten in einer Wohnung zusammen lebt, ohne dass den*die Leistungsberechtigten eine (miet-)vertragliche Verpflichtung zum Tragen von KdU trifft (§ 42a Abs. 3 SGB XII) sowie um Leistungsberechtigte, die nicht in einer Wohnung, sondern in einer Wohngemeinschaft, einer besonderen Wohnform oder einer sonstigen Unterkunft leben (§ 42a Abs. 5 – 7 SGB XII; Berlit info also 2023, 17 (21)). Von der Definition der „Wohnung" im Sinne des § 42a Abs. 2 S. 2 SGB XII ist auch das selbst genutzte Eigenheim erfasst, selbst wenn es im Eigentum der Eltern steht, die der schwerbehinderte Antragstellende (GdB: 100; Zuerkennung des Merkzeichens „B") im 30 m² großen Wohnbereich des Dachgeschosses dieses

Hauses in einem Mehrpersonenhaushalt entsprechend § 42a Abs. 3 Nr. 1 SGB XII lebt. Von ausschlaggebender Bedeutung für die Abgrenzung zu einer Wohngemeinschaft nach § 42a Abs. 4 SGB XII ist hier, dass dieser behinderte Mensch keinen vom Haushalt seiner Eltern vollkommen unabhängigen, eigenen Haushalt führt (BSG 23.3.2021 – B 8 SO 14/19 R).

43 Im SGB XII ist – anders als im SGB II – der Sozialhilfeträger verpflichtet, zu Beginn der Karenzzeit die Angemessenheit der Aufwendungen für Unterkunft und Heizung zu prüfen, dies bei Unangemessenheit der leistungsberechtigten Person mit dem ersten Bewilligungsbescheid mitzuteilen und diese über die Dauer der Karenzzeit sowie das Kostensenkungsverfahren nach deren Ablauf zu unterrichten (§ 35 Abs. 2 SGB XII; Berlit info also 2023, 17 (20)).

2.3 Angemessene Wohnungsgrößen

44 „*Bei der Wohnungsgröße ist die für Wohnberechtigte im sozialen Mietwohnungsbau anerkannte Wohnraumgröße zu Grunde zu legen [...]. Nach Aufhebung des Wohnungsbindungsgesetzes ist dabei auf die Wohnungsgrößen, die sich aus § 10 des Gesetzes über die soziale Wohnraumförderung vom 13. September 2001 (WoFG, BGBl. I 2376) ergeben, abzustellen*" (BSG 7.11.2006 – B 7b AS 18/06 R, Rn. 19; entsprechend u.a. 22.9.2009 – B 4 AS 18/08 R).

45 Diese betragen (mit leichten Unterschieden in den einzelnen Bundesländern):

45–50 m² für eine Person
60–65 m² für zwei Personen (2 Zi.-Whg.)
72–80 m² für drei Personen (3 Zi.-Whg.)
84–95 m² für vier Personen (4 Zi.-Whg.)
und
10–15 m² für jede weitere Person.

46 Für diese Bestimmung ist nicht die Zahl der Bewohner*innen, sondern allein die Zahl der Mitglieder der BG (Bedarfsgemeinschaft, → 16) entscheidend; auch dann, wenn alle Bewohner*innen einer Familie angehören (BSG 18.2.2010 – B 14 AS 73/08 R; 25.4.2018 – B 14 AS 14/17 R).

47 Die vorgenannten Werte sind **Regelgrößen** nach den **Länderverordnungen** zur Durchführung der sozialen Wohnraumförderung. Sie erhöhen sich im Einzelfall bei Pflegebedürftigkeit, Behinderung, chronischer Krankheit (§ 5 WoBindG iVm § 27 WoFG, § 5a WoBindG), aber auch unter Umständen nach **Einzelfallprüfung** bei Alleinerziehenden (BSG 16.4.2013 – B 14 AS 28/12 R), bei zukünftigem Wohnraumbedarf, zB bei Schwangeren (LSG Niedersachsen Bremen 17.10.2006 – L 6 AS 556/06 ER; LPK SGB II § 22 Rn. 45), Eltern, die ihr Umgangsrecht wahrnehmen und ihre Kinder häufig zu Besuch haben (BSG 17.2.2016 – B 4 AS 2/15 R; BSG 29.8.2019 – B 14 AS 43/18 R) oder Haushalten mit erwachsenen Kindern, die über ein bedarfsdeckendes Einkommen verfügen (SG Oldenburg 31.10.2005 – S 47 AS 256/05 ER). Ob bei der Ausübung des Umgangsrechts ein erhöhter Wohnbedarf zu bejahen ist, ist nach BSG eine Frage des jeweiligen Einzelfalles, bei der Faktoren wie die Anzahl der zu betreuenden Kinder, die Häufigkeit und die Zeitdauer des Umgangs, das Lebensalter und die Lebenssituation der Kinder wie die der umgangsberechtigten Person, ihr Verhältnis zum Kind, dem Verhältnis zwischen den getrenntlebenden Elternteilen und die konkreten Wohnverhältnissen zu beachten sind (BSG 29.8.2019 – B 14 AS 43/18 R). Eine derartige Einzelfallprüfung ist nicht notwendig, wenn die getrenntlebenden Eltern ihr Kind gleichmäßig betreuen und somit ein familienrechtliches Wechselmodell („50/50") besteht. In diesem Fall bejaht das BSG einen erhöhten Wohnbedarf und das Kind hat dann einen rechtlich anzuerkennenden Wohnungsbedarf in den Wohnungen beider Eltern, welcher von dem Jobcenter zu berücksichtigen ist (BSG 11.7.2019 – B 14 AS 23/18 R). Weiter ist zu berücksichtigen, dass im Fall des hälftigen Wechselmodells bei der Kinderbetreuung die KdU für (minderjährige) Kinder nicht nur für die Zeiten ihres tatsächlichen Aufenthalts in der Wohnung ihres Vaters zu gewähren sind (so aber LSG Berlin-Brandenburg 14.10.2020 – L 32 AS 1255/18); vielmehr sind sie grundsicherungsrechtlich als weiteres Haushaltsmitglied mit der Folge zu berücksichtigen, dass bei ihnen ein kopfteiliger Bedarf in Höhe der hälftigen tatsächlichen Kosten anzuerkennen ist (LSG Berlin-Brandenburg 11.5.2022 – L 18 AS

1632/21). Der Umgang mit einem behinderten früheren Pflegekind kann bei Bürgergeld-Beziehenden einen Anspruch auf eine größere Wohnung begründen (BSG 21.7.2021 – B 14 AS 31/20 R).

48 Ein Wohnflächen-Mehrbedarf kann sich aus Bestimmungen des sozialen Wohnungsbaus oder aus beruflichen oder persönlichen Umständen eines BG-Mitglieds ergeben. Eine Satzung nach § 22a SGB II muss Regelungen für einen Flächenmehrbedarf vorsehen (§ 22b Abs. 3 SGB II). Die BA erkennt Regelwohnungsgrößen als angemessen an. Immer mehr Kommunen versuchen jedoch, die „angemessenen" Wohnflächen nach unten zu definieren. Hier will man zulasten von Erwerbslosen Geld einsparen (→ Rn. 91 ff.).

49 **Tipp:** Einige dieser Erhöhungstatbestände für angemessenen Wohnraum, zB bei der Wahrnehmung des Umgangsrechts, werden regelmäßig von den Jobcentern/Sozialämtern nicht anerkannt. Sie müssen sie ggf. mit Widerspruch und Klage durchsetzen.

50 Auch **Kinder** unter **drei Jahren sind** entgegen der Meinung erfinderischer Ämter Personen und benötigen Wohnraum. Ob ein Umzug erforderlich ist, wird aber oft im Einzelfall unter Berücksichtigung von Schnitt und Größe der bisherigen Wohnung entscheiden.

51 In **Wohngemeinschaften** orientiert sich die angemessene Wohnungsgröße jedes*r Bewohners*Bewohnerin an der Größe für Alleinstehende und nicht am Kopfanteil einer entsprechenden Bedarfsgemeinschaft (BSG 18.6.2008 – B 14/11b AS 61/06 R).

2.4 Wohnstandard

52 *„Angemessen sind die Aufwendungen für eine Wohnung nur dann, wenn diese nach Ausstattung, Lage und Bausubstanz einfachen und grundlegenden Bedürfnissen genügt und keinen gehobenen Wohnstandard aufweist"* (BSG 7.11.2006 – B 7b AS 18/06 R, Rn. 20). Eine erste Orientierung über die am Wohnort marktüblichen Wohnungsmieten geben örtliche Mietspiegel.

2.4.1 Örtlicher Mietspiegel

53 Örtliche Mietspiegel sind der vorrangige Maßstab für die Frage, ob eine Miete angemessen ist (BSG 7.11.2006 – B 7b AS 18/06 R, Rn. 23; LSG Hessen 8.3.2006 – L 9 AS 59/05 ER; LSG Niedersachsen-Bremen 15.12.2005 – L 8 AS 427/05 ER; LSG Thüringen 7.7.2005 – L 7 AS 334/05 ER). Die Mietspiegel weisen die ortsüblichen Quadratmeterpreise aus, je nach Baualter des Hauses oder der Wohnung. Die für Sie zutreffende Grundmiete (Miete ohne Nebenkosten) richtet sich nach dem Baujahr Ihres Miethauses.

Nicht alle Kommunen führen Mietspiegel und nicht alle Mietspiegel erfüllen die qualitativen Voraussetzungen: Ein qualifizierter Mietspiegel (§ 558d Abs. 1 BGB) muss zB alle zwei Jahre angepasst werden (§ 558d Abs. 2 S. 1 BGB) und erhält seine Glaubwürdigkeit durch die Beteiligung unterschiedlicher Interessenvertreter des Wohnungsmarktes an seiner Erstellung (SG Frankfurt/Oder 2.9.2010 – S 21 AS 375/10). Außerdem muss der gesamte zu bewertende Wohnungsmarkt abgebildet sein. Daten großer Wohnungsgesellschaften dürfen nicht überproportional vertreten sein.

54 **Tipp 1:** Falls an Ihrem Ort verfügbar, erhalten Sie den geltenden Mietspiegel bei der zuständigen Wohnungsbehörde, bei Meldestellen und Mietervereinen. Lokale Mietspiegel finden Sie auch im Internet über Suchmaschinen.

55 **Tipp 2:** Ob Ihre Mietkosten angemessen sind, können Sie von den Mitarbeiter*innen der örtlichen Wohnungsbehörde überprüfen lassen, aber auch von Mietervereinen und Sozialberatungsstellen.

2.4.2 Mietpreisspiegel

56 Fehlt ein Mietspiegel, kann der Preisspiegel des Verbandes Deutscher Makler ein *„gewichtiger Anhaltspunkt"* sein (VGH Baden-Württemberg 21.3.1996 – 6 S 1342/93).

2.4.3 Mietobergrenzen laut Wohngeldtabelle?

57 *„Nur soweit Erkenntnismöglichkeiten im lokalen Bereich nicht weiter führen, kann ein Rückgriff auf die Tabelle zu § 8 WoGG [jetzt § 12] [...] in Betracht kommen. Bei einem Rückgriff auf Tabellen [...] wird zu erwägen sein, ob zu Gunsten des Leistungsempfän-*

gers ein mögliche Unbilligkeiten der Pauschalierung ausgleichender **Zuschlag** *(etwa von 10 % zu den Tabellenwerten [...]) in Betracht kommt"* (BSG 7.11.2006 – B 7b AS 18/06 R, Rn. 23; BSG 30.1.2019 – B 14 AS 24/18 R). Das entbindet allerdings das Gericht nicht davon, *„zunächst die angemessenen Unterkunftskosten anhand eines vorrangigen schlüssigen Konzepts zu ermitteln"*, denn erst bei *„Ausfall von lokalen Erkenntnismöglichkeiten"* ist die Wohngeldtabelle **plus Sicherheitszuschlag** zugrunde zu legen (BSG 12.12.2013 – B 4 AS 87/12 R; → Rn. 90).

58 Die Werte der Wohngeldtabelle beziehen sich auf die kalte **Miete** zuzüglich **Nebenkosten** und sind kein absoluter Maßstab, sondern allenfalls ein **Anhaltspunkt** (BSG 18.6.2008 – B 14/7b AS 44/06). Sie haben in erster Linie den Zweck, die staatlichen Ausgaben für Wohngeld zu regulieren und sind nicht dafür vorgesehen, die tatsächliche Lage auf dem Wohnungsmarkt abzubilden. Deswegen sind sie auch von 2001 bis 2008 nicht erhöht worden, während die Mieten in selben Zeitraum um 10,6 Prozent angestiegen sind (Monatsberichte der Bundesbank, Juni 2008, 66; Stat. Taschenbuch 2007, Tab. 6.2). Erst mit der Wohngeldreform 2009 wurden die Tabellenwerte um acht Prozent erhöht. Das OVG Niedersachsen hielt wegen Nichtberücksichtigung der Mietsteigerung einen allgemeinen Aufschlag von zehn Prozent für notwendig (OVG Niedersachsen 25.10.2001 – 4 MB 1798/01). Für das Rhein-Main-Gebiet erkannte der VGH Hessen die Werte der Wohngeldtabelle plus 25 Prozent noch als *„angemessen"* an (VGH Hessen 22.8.1995 – 9 UE 2210/93). *„Der Sicherheitszuschlag ist auch im Rahmen von § 12 WoGG erforderlich, da die in § 12 WoGG festgeschriebenen Werte ebenso wenig wie die in § 8 WoGG aF den Anspruch erheben, die realen Verhältnisse auf dem Markt zutreffend abzubilden"* (BSG 12.12.2013 – B 4 AS 87/12 R). Zum 1.1.2020 wurde infolge der Wohngeldreform das Wohngeld nach Angaben der Regierung um ca. 30 Prozent erhöht. Zudem wurde eine neue siebte Mietstufe in die Tabelle nach § 12 WoGG eingeführt, die den extrem hohen Mieten in einigen deutschen Ballungsgebieten Rechnung tragen und dort den Wohngeldanspruch zusätzlich erhöhen soll.

59 Vor diesem Hintergrund ist der vom BSG eingeführte **Sicherheitszuschlag von zehn Prozent** auch nach der Erhöhung 2016 bzw. 2020 als Richtwert für die Anhebung der Wohngeldtabellenwerte anzusehen (LSG Bayern 18.1.2016 – L 7 AS 869/15 B ER; LSG NRW 12.12.2016 – L 19 AS 1457/16; BSG 30.1.2019 – B 14 AS 24/18 R u. 3.9.2020 – B 14 AS 34/19 R).

Mietobergrenzen
Miete nach § 12 Wohngeldgesetz in EUR*

In einem Haushalt mit	In Gemeinden mit Mieten der Stufe	ab 1.1.2020	In Gemeinden mit Mieten der Stufe	ab 1.1.2022
einer Person	I	338	I	347
	II	381	II	392
	III	426	III	438
	IV	478	IV	491
	V	525	V	540
	VI	575	VI	591
	VII	633	VII	651
zwei Personen	I	409	I	420
	II	461	II	474
	III	516	III	530
	IV	579	IV	595
	V	636	V	654
	VI	697	VI	716
	VII	767	VII	788
drei Personen	I	487	I	501
	II	549	II	564
	III	614	III	631

75 Miete (Kosten der Unterkunft [KdU])

In einem Haushalt mit	In Gemeinden mit Mieten der Stufe ab 1.1.2020		In Gemeinden mit Mieten der Stufe ab 1.1.2022	
	IV	689	IV	708
	V	757	V	778
	VI	830	VI	853
	VII	912	VII	937
vier Personen	I	568	I	584
	II	641	II	659
	III	716	III	736
	IV	803	IV	825
	V	884	V	909
	VI	968	VI	995
	VII	1.065	VII	1.095
fünf Personen	I	649	I	667
	II	732	II	752
	III	818	III	841
	IV	918	IV	944
	V	1.010	V	1.038
	VI	1.106	VI	1.137
	VII	1.217	VII	1.251
Mehrbetrag für jedes weitere Haushaltsmitglied				
	I	77	I	79
	II	88	II	90
	III	99	III	102
	IV	111	IV	114
	V	121	V	124
	VI	139	VI	143
	VII	153	VII	157

* inklusive kalter Nebenkosten (Wohngeld)

60 In diesem Zusammenhang ist zu berücksichtigen, dass die Bundesregierung am 9.10.2019 das Klimaschutzprogramm 2030 zur Umsetzung des Klimaschutzplans 2050 beschlossen hat, mit der Folge, dass für 2021 eine CO_2-Bepreisung für die Sektoren Verkehr und Wärme eingeführt worden ist. Um dementsprechend Wohngeldempfänger*innen bei den Heizkosten zu entlasten, wurde eine nach der Haushaltsgröße gestaffelte CO_2-Komponente eingeführt. Zur Berechnung der CO_2-Komponente wurde die durchschnittliche Wohnfläche in Abhängigkeit von der Anzahl der Haushaltsmitglieder zugrunde gelegt (sog. Richtfläche in der Systematik des Wohngeldes). Für einen Ein-Personen-Haushalt waren bzw. sind dies 48 m², für einen Zwei-Personen-Haushalt 62 m² und für jede weitere Person 12 m². Der Zuschlag betrug bzw. beträgt 0,30 EUR je m² Richtfläche pro Monat. Als monatliche Beträge zur Entlastung bei den Heizkosten (CO_2-Komponente) ergaben bzw. ergeben sich somit folgende Werte für die jeweilige Haushaltsgröße:

Anzahl der zu berücksichtigenden Haushaltsmitglieder	Betrag zur Entlastung bei den Heizkosten in EUR
1	14,40
2	18,60
3	22,20
4	25,80
5	29,40
Mehrbetrag für jedes weitere zu berücksichtigende Haushaltsmitglied	3,60

61 Durch das am 1.1.2023 in Kraft getretene Wohngeld-Plus-Gesetz wird der Wohngeldanspruch und hiermit der Kreis der Anspruchsberechtigten erheblich ausgeweitet. So steigt das Wohngeld von durchschnittlich 190 EUR/mtl. auf rd. 370 EUR/mtl. Der Kreis der Anspruchsberechtigten hat sich von rd. 600.000 auf rd. 2,1 Mio mehr als verdreifacht. Ferner wird eine Heizkosten- (§ 12 Abs. 6 WoGG) und Klimakomponente (§ 12 Abs. 7 WoGG) eingeführt (→ 127).

75 Miete (Kosten der Unterkunft [KdU])

Anzahl der zu berücksichtigenden Haushaltsmitglieder	Betrag zur Entlastung bei den Heizkosten auf Grund der CO_2-Bepreisung in EUR	Betrag der dauerhaften Heizkostenkomponente in EUR	Gesamtbetrag zur Entlastung bei den Heizkosten in EUR
1	14,40	96	110,40
2	18,60	124	142,60
3	22,20	148	170,20
4	25,80	172	197,80
5	29,40	196	225,40
Mehrbetrag für jedes weitere zu berücksichtigende Haushaltsmitglied	3,60	24	27,60

62 **Klimakomponente** gemäß § 12 Abs. 7 WoGG:

Anzahl der zu berücksichtigenden Haushaltsmitglieder	Als Klimakomponente zu berücksichtigender Zuschlag zu den Höchstbeträgen nach § 12 Abs. 1 WoGG in EUR
1	19,20
2	24,80
3	29,60
4	34,40
5	39,20
Mehrbetrag für jedes weitere berücksichtigende Haushaltsmitglied	4,80

63 Im Verhältnis von Bürgergeld nach dem SGB II bzw. HzL/GSi nach dem SGB XII zum Wohngeld nach dem WoGG ist zu berücksichtigen, dass SGB II- bzw. SGB XII-Leistungsbeziehende für vor dem 31.12.2022 laufende Bewilligungszeiträume oder für Bewilligungszeiträume, die in der Zeit vom 1.1.2023 bis 30.6.2023 beginnen/begonnen haben, nicht verpflichtet sind, Wohngeld nach dem Wohngeldgesetz zu beantragen und in Anspruch zu nehmen (§ 85 SGB II, § 131 Abs. 1 SGB XII).

2.4.4 Mietobergrenzen in benachbarten Wohnorten?

64 Manche Bürgergeld-Träger verweisen auf Gemeinden mit günstigerem Mietniveau und ausreichendem Leerstand. Maßstab für die Angemessenheit ist *„in erster Linie"* der Mietpreis des Wohnortes (BSG 7.11.2006 – B 7b AS 18/06 R, Rn. 21). Die Behörde darf Sie idR nicht einfach zum Umzug in einen umliegenden Wohnort oder gar Landkreis mit günstigerem Mietniveau auffordern. Ausnahmen können bei kleineren Gemeinden bestehen.

65 *„Bei der Bildung des räumlichen Vergleichsmaßstabs kann es – insbesondere im ländlichen Raum – geboten sein, größere Gebiete als Vergleichsgebiete zusammenzufassen, während in größeren Städten andererseits eine Unterteilung in mehrere kleinere Vergleichsgebiete […] geboten sein kann"* (BSG 7.11.2006 – B 7b AS 18/06 R).

Städte wie Augsburg, Freiburg, Kiel, Wilhelmshaven und Zweibrücken werden als einheitlicher Wohnungsmarkt (räumlicher Vergleichsmaßstab) gewertet; aber auch Großstädte wie Berlin (LSG Berlin-Brandenburg 30.2.2010 – L 28 AS 1266/08), Dresden (SG Dresden 29.6.2010 – S 40 AS 390/09) und Essen (BSG 17.12.2009 – B 4 AS 27/09 R).

2.5 Festlegung der angemessenen Miete (Produktmethode)

66 Nachfolgend wird die sog. Produktmethode ausführlich erklärt und anhand von Beispielen verdeutlicht.

2.5.1 BSG: angemessene Miete gleich angemessener Quadratmeterpreis mal angemessene Wohnfläche

67 Die Aufwendungen (Bruttokaltmiete) für eine Unterkunft sind angemessen, wenn sie innerhalb des Produkts liegen, das sich ergibt, wenn der angemessene **Quadratmeterpreis** (Wohnstandard) bezogen auf einen räumlichen **Vergleichsmaßstab** (zB das gesamte Stadtgebiet) mit der angemessenen **Wohnfläche** (nach den Wohnraumförderbestimmungen der Länder) multipliziert wird (BSG 7.11.2006 – B 7b AS 18/06 R, Rn. 20). Das ist die sogenannte **Produktmethode**.

68 Den Quadratmeterpreis ermittelt das BSG je nach vorliegendem **Datenmaterial**:

- Liegen der Erhebung nur die Daten einfacher Wohnungen des Vergleichsraums zugrunde, soll die Angemessenheitsgrenze am oberen Wert der Mietpreisspanne festgelegt werden (BSG 22.9.2009 – B 4 AS 18/09 R).
- Erfasst die Erhebung den Gesamtwohnungsbestand, muss eine schlüssige Methode angewendet werden, mit der ein Quadratmeterpreis im unteren Preissegment (einfache Ausstattung, Lage und Bausubstanz) ermittelt wird, der gewährleistet, dass im konkreten Vergleichsraum eine angemessene Wohnung dieses Standards **tatsächlich anzumieten ist** (BSG 22.9.2009 – B 4 AS 18/09 R; BSG 7.11.2006 – B 7b AS 18/06 R).

69 Auch wenn das BSG unterschiedliche Ermittlungsmethoden zulässt, die zum beschriebenen Ergebnis kommen sollen, verlangt es vom Leistungsträger für ein *„schlüssiges Konzept"* (BSG 22.9.2009 – B 4 AS 18/09 R):

- „Die Datenerhebung darf ausschließlich in dem genau eingegrenzten Vergleichsraum und muss über den gesamten Vergleichsraum erfolgen (keine Ghettobildung),
- es bedarf einer nachvollziehbaren Definition des Gegenstandes der Beobachtung, zB welche Art von Wohnungen,
- Differenzierung nach Standard der Wohnungen, Brutto- und Nettomiete (Vergleichbarkeit), Differenzierung nach Wohnungsgröße,
- Angaben über den Beobachtungszeitraum,
- Festlegung der Art und Weise der Datenerhebung (Erkenntnisquellen, zB Mietspiegel),
- Repräsentativität des Umfangs der eingezogenen Daten,
- Validität der Datenerhebung,
- Einhaltung anerkannter mathematisch-statistischer Grundsätze der Datenauswertung und
- Angaben über die gezogenen Schlüsse (zB Spannoberwert oder Kappungsgrenze)".

70 Viele Kommunen und Landkreise haben ihre angemessenen Unterkunftskosten nicht nach einem *„schlüssigen Konzept"* ermittelt, das einer Prüfung der Sozialgerichte standhält (u.a. LSG NRW 23.6.2022 – L 6 AS 120/17, Märkischer Kreis; BSG 16.6.2015 – B 4 AS 44/14 R, Breisgau-Hochschwarzwald; 22.3.2012 – B 4 AS 16/11 R, Rn. 15 f., Träger in Baden-Württemberg; BSG 20.12.2011 – B 4 AS 19/11 R, Rn. 21 u. BSG 17.9.2020 – B 4 AS 11/20 R, Duisburg; BSG 23.8.2011 – B 14 AS 91/10 R, Rn. 24, Cuxhaven; BSG 22.9.2009 – B 4 AS 18/09 R, Rn. 18, Wilhelmshaven; BSG 18.6.2008 – B 14/7b AS 44/06 R, Rn. 7, BSG 19.10.2010 – B 14 AS 50/10 R, BSG 3.9.2020 – B 14 AS 40/19 R u. B 14 AS 37/19 R, Berlin; BSG 17.9.2020 – B 4 AS 22/20 R, Gelsenkirchen; BSG 3.9.2020 – B 14 AS 34/19 R, Stadt Hof). Weitere Beispiele sind: Insel Sylt, da Rückgriff auf Tabellenwerte des WoGG nicht zu angemessenen Ergebnissen führt, ausnahmsweise Anspruch auf Berücksichtigung der tatsächlichen Unterkunftskosten (LSG Mecklenburg-Vorpommern 23.6.2021 – L 9 SO 43/15); Kreis Pinneberg: kein schlüssiges Konzept trotz Nachbesserung der Jobcenters (LSG Schleswig-Holstein 12.8.2021 – L 6 AS 126/18); Kreis Nordfriesland (SG Schleswig 4.5.2021 – S 33 AS 592/19).

71 Der Vergleichsraum ist ein ausgehend vom Wohnort der leistungsberechtigten Person bestimmter ausreichend großer Raum der Wohnbebauung, der aufgrund räumlicher Nähe, Infrastruktur und insbesondere verkehrstechnischer Verbundenheit einen insgesamt betrachtet homogenen Lebens- und Wohnbereich bildet (BSG 30.1.2019 – B 14 AS 24/18 R).

72 Ist die Ermittlung dieses abstrakten Angemessenheitswerts („schlüssiges Konzept") vom Gericht rechtlich zu beanstanden, ist dem Jobcenter Gelegenheit zu geben, diese Beanstandungen durch Stellungnahmen, ggf. nach weiteren eigenen Ermittlungen, auszuräumen (BSG 30.1.2019 – B 14 AS 24/18 R). Gelingt es dem Jobcenter nicht, die Beanstandungen des Gerichts auszuräumen, ist das Gericht nicht befugt, selbst eine eigene Vergleichsraumfestlegung vorzunehmen oder ein schlüssiges Konzept – ggf. mit Hilfe von Sachverständigen – zu erstellen (BSG 30.1.2019 – B 14 AS 24/18 R). Die Rückschreibung eines Konzepts zur Bestimmung der angemessenen Aufwendungen für die Unterkunft in die Zeit vor der Aufstellung des Konzepts ist unzulässig (BSG 30.1.2019 – B 14 AS 11/18 R).

73 Ein wirksames schlüssiges Konzept zur Ermittlung der Mietobergrenze (MOG) und somit auch der Angemessenheit der Nebenkosten setzt nach BSG voraus, dass auch die Nebenkosten schlüssig ermittelt wurden, was dann nicht der Fall ist, wenn hierbei nur die durchschnittlichen Nebenkosten der Bürgergeld-Haushalte berücksichtigt wurden, um die angemessenen Nebenkosten für die MOG zu ermitteln (BSG 17.9.2020 – B 4 AS 22/20 R). Richtigerweise muss zur Ermittlung der angemessenen Nebenkosten der gesamte Wohnungsmarkt des Vergleichsraums und nicht nur die Wohnungen mit einfachem Standard einbezogen werden (BSG 17.9.2020 – B 4 AS 22/20 R). Die Wirksamkeit eines schlüssigen Konzepts scheitert nicht daran, dass es auf Angebotsmieten beruht. Bei der Prüfung des Angemessenheitsbegriffs ist letztlich entscheidend, ob der*die jeweilige Kläger*in im konkreten Vergleichsraum eine „angemessene" Wohnung anmieten kann. Insofern können Angebotsmietenkonzepte ein geeignetes Verfahren darstellen, um ein wohnungsbezogenes Existenzminimum zu ermitteln, auch wenn keine Bestandsmieten erhoben werden (BSG 17.9.2020 – B 4 AS 22/20 R).

Wird der Wohnungsmarkt nicht deutlich überwiegend oder nahezu ausschließlich durch große Wohnungsunternehmen und Genossenschaften geprägt, bedarf es zur repräsentativen Abbildung des Wohnungsmarktes der Sicherstellung, dass auch ausreichend Daten von kleineren Vermieter*innen in die Erhebung einfließen, was nicht der Fall ist, wenn lediglich 35 Datenpunkten von privaten Vermieter*innen im Verhältnis zu 1.030 Datenpunkten von Wohnungsunternehmen erfasst wurden und auswertungsrelevant letztlich nur 24 Datenpunkte privater Vermieter*innen (Anteil 2,63 Prozent) im Vergleich zu 887 von Wohnungsunternehmen (Anteil 97,37 Prozent) waren (BSG 3.9.2020 – B 14 AS 34/19 R; LSG Bayern 28.3.2018 – L 11 AS 52/16).

74 Die Angemessenheitsbestimmung ist besonders schwierig im heterogen besiedelten ländlichen Raum. Dem war teils durch eine Methode begegnet worden, die innerhalb des Landkreises als Vergleichsraum mehrere Wohnungsmarkttypen mit ähnlichen Wohnungsmarkt- und Mietpreisstrukturen bildete, denen dann die einzelnen Gemeinden oder Gemeindeteile innerhalb des Landkreises zugeordnet wurden, ohne dass es auf einen räumlich-infrastrukturellen Zusammenhang ankam (sog. Clusteranalyse).

Das BSG hat die Clusteranalyse als unzulässig verworfen, da dort die Voraussetzung nicht eingehalten wird, dass der einzelne Wohnungsmarkttyp, um auch als Vergleichsraum gelten zu können, einen aufgrund räumlicher Nähe, Infrastruktur und insbesondere verkehrstechnische Verbundenheit insgesamt betrachtet homogenen Lebens- und Wohnbereich darstellen muss (BSG 30.1.2019 – B 14 AS 24/18 R).

Die gebotene Aussagekraft für den Wohnungsmarkt im Vergleichsraum fehlt den Daten sowie dem hierauf aufbauenden Konzept, wenn nach den eigenen Ermittlungen des Leistungsträgers lediglich 2,73 Prozent der Wohnungsinserate für den gesamten Vergleichsraum bzw. ein Prozent für die Kreisstadt eindeutig innerhalb der vom Leistungsträger festgelegten Mietobergrenze liegen (LSG Niedersachen-Bremen 4.4.2019 – L 11 AS 72/19).

75 Für ein schlüssiges Konzept muss die Datengrundlage u.a. in ihrer Gesamtheit hinreichend repräsentativ und aktuell sein; bei einem angespannten Wohnungsmarkt kön-

nen Wohnungsdaten, die zum Zeitpunkt des Inkrafttretens eines schlüssigen Konzepts bereits mehrere Jahre alt sind, nicht herangezogen werden (SG Leipzig 13.12.2019 – S 16 AS 2257/18). Der „Wohnungsmix" ist bei einem ländlichen Vergleichsraum unzureichend berücksichtigt, wenn Daten von Wohnungen in Ein- und Zweifamilienhäusern nicht erhoben worden sind; der (lokale) Mietwohnungsmarkt ist in seiner Struktur und in der Struktur der relevanten Merkmale wirklichkeitsgetreu abzubilden (LSG Sachsen-Anhalt 27.8.2019 – L 4 AS 343/18).

76 Das BSG hat für die Stadt Duisburg entschieden, dass auch unter Berücksichtigung der sogenannten „Schürkes-Liste" die Heranziehung der Werte des vorliegenden Konzepts ohne dessen abschließende Beurteilung nicht den methodischen Anforderungen entspricht. Das BSG hat bereits entschieden, dass die Werte der „Schürkes-Liste" selbst nicht planmäßig ermittelt worden sind. Diese Datensammlung grenzt den Gegenstand der Beobachtung nicht ausreichend ein und erfasst wesentliche Faktoren, wie zB den Wohnungsstandard, nicht in der gebotenen Weise (BSG 17.9.2020 – B 4 AS 11/20 R, Stadt Duisburg).

77 Die angemessene Wohnungsgröße und somit auch die Angemessenheit der Miete richten sich nicht nach der Zahl der Bewohner*innen, sondern allein nach der Zahl der Mitglieder der BG (Bedarfsgemeinschaft), auch wenn alle Bewohner einer Familie angehören (BSG 18.2.2010 – B 14 AS 73/08 R; 25.4.2018 – B 14 AS 14/17 R). Dies gilt auch, wenn ein minderjähriges Kind seinen Bedarf durch eigenes Einkommen decken kann und somit gemäß § 7 Abs. 3 Nr. 4 SGB II aus der Bedarfsgemeinschaft ausscheidet (BSG 25.4.2018 – B14 AS 14/17 R). In diesem Fall ist für die Prüfung der angemessenen Miete der alleinerziehenden Mutter die örtliche Angemessenheitsgrenze für eine Ein-Personen-Bedarfsgemeinschaft heranzuziehen und nicht die Hälfte der örtlichen Angemessenheitsgrenze für eine Zwei-Personen-Bedarfsgemeinschaft. Welche Auswirkungen diese Rechtsprechung hat, zeigt folgendes Beispiel, bei dem davon ausgegangen wird, dass die Regelung der Karenzzeit (§ 22

Abs. 1 S. 2, 3 SGB II nF, wortgleich: § 35 Abs. 1 S. 2, 3 SGB XII nF) nicht gilt und daher die Mietobergrenze (MOG) für die Gemeinde, in der die leistungsberechtigte Person wohnt, bei der Bestimmung der angemessenen Kosten der Unterkunft und Heizung heranzuziehen ist.

2.5.2 Beispiele für die Produktmethode

78 Frau A wohnt mit ihrer minderjährigen Tochter in Nürnberg in einer **60 m²-Wohnung**, für die eine Bruttokaltmiete von **700 EUR** sowie Heizkosten von **200 EUR** monatlich zu zahlen sind. Es wird unterstellt, dass die Heizkosten angemessen sind. Ihre Tochter hat bedarfsdeckendes Einkommen und fällt gem. § 7 Abs. 3 Nr. 4 SGB II aus der Bedarfsgemeinschaft. In der Stadt Nürnberg betragen entsprechend der unterstellten wirksamen MOG die angemessene Bruttokaltmiete für eine Ein-Personen-BG 515 EUR und für eine Zwei-Personen-BG 639 EUR sowie die angemessenen Heizkosten für eine Ein-Personen-BG 134 EUR und für eine Zwei-Personen-BG 180 EUR. Nun sind folgende Schritte zu vollziehen:

1. tatsächliche Mietkosten pro Person nach Kopfanteilsmethode

Bruttokaltmiete: 350 EUR (700 EUR : 2)
Heizkosten: 100 EUR (200 EUR : 2)
Frau A muss somit eine Bruttokaltmiete von 350 EUR und Heizkosten in Höhe von 100 EUR monatlich zahlen.

2. angemessene Bruttokaltmiete nach Zahl der BG-Mitglieder

2a. falsche Ermittlung der angemessenen Miete:
639 EUR (2-Personen-BG) : 2 = 319,50 EUR. Hiernach wäre von der Bruttokaltmiete ein Betrag von 30,50 EUR (350 EUR – 319,50 EUR) offen, den Frau A selbst tragen müsste.

2b. richtige Ermittlung der angemessenen Bruttokaltmiete:
Für Frau A ist richtigerweise als angemessene Bruttokaltmiete ein Betrag von **515 EUR (Ein-Personen-BG)** anzusetzen. Denn ihre Tochter ist wegen des bedarfsdeckenden Einkommens aus der BG ausgeschieden. Frau A bildet somit nur noch eine Ein-Personen-BG. Da ihre

tatsächliche Bruttokaltmiete von 350 EUR niedriger ist als 515 EUR, muss die Behörde die tatsächlichen Mietkosten übernehmen.
2c. **Zwischenergebnis:**
Frau A erhält bei richtiger Berechnung der Bruttokaltmiete daher 30,50 EUR monatlich mehr von der Behörde.
3. angemessene Heizkosten nach Zahl der BG-Mitglieder
3a. **falsche Ermittlung** der angemessenen Heizkosten:
180 EUR (2-Personen-BG) : 2 = 90 EUR. Hiernach wäre von den Heizkosten ein Betrag von 10 EUR (100 EUR – 90 EUR) offen, den Frau A selbst tragen müsste.
3b. **richtige Ermittlung** der angemessenen Heizkosten:
Für Frau A ist richtigerweise als angemessene Heizkosten ein Betrag von 134 EUR (Ein-Personen-BG) anzusetzen. Denn ihre Tochter ist wegen des bedarfsdeckenden Einkommens aus der BG ausgeschieden. Frau A bildet somit nur noch eine Ein-Personen-BG. Da ihre tatsächlichen Heizkosten von 100 EUR niedriger sind als 134 EUR, muss die Behörde die tatsächlichen Mietkosten übernehmen.
3c. **Zwischenergebnis:**
Frau A erhält bei richtiger Berechnung der Heizkosten daher 10 EUR monatlich mehr von der Behörde.
4. **Gesamtergebnis:**
Frau A erhält bei richtiger Berechnung daher 40,50 EUR monatlich mehr von der Behörde (Bruttokaltmiete: 30,50 EUR + Heizkosten: 10 EUR).

79 **Tipp:** Wenn die Behörde Ihre Unterkunftskosten nicht als angemessen anerkennt, ist es unter Umständen erfolgversprechend, sich mit Widerspruch (→ 126) und Klage (→ 64) zu wehren. Informieren Sie sich bei örtlichen **Beratungs**stellen oder Anwält*innen (→ 8), ob es in Ihrer Kommune oder Ihrem Landkreis ein anerkanntes und schlüssiges Konzept zur Ermittlung der angemessenen Miete gibt.

80 **Ein weiteres Beispiel:**
2a. Herr A. wohnt in einer 60 m²-Wohnung. Der angemessene Quadratmeterpreis (Bruttokaltmiete) im Vergleichsraum beträgt nach dem Mietspiegel 7,59 EUR. Da für eine Person nur eine Fläche von 45 m² angemessen sein soll, gilt für die Wohnung eine Miete von 341,55 EUR als angemessen (7,59 EUR x 45 m²).
Da die Wohnung 60 m² groß ist, darf die Quadratmetermiete (inkl. Nebenkosten) max. 5,69 EUR betragen, um die angemessene Miete von 341,55 EUR nicht zu überschreiten.
2b. Würde Herr A. in einer 35 m²-Wohnung wohnen, würde sich die angemessene Miete nicht verändern. Sie beruht nicht auf der konkreten Wohnfläche, sondern auf der allgemein als angemessen anerkannten Wohnfläche (45 m²; BSG 7.11.2006 – B 7b AS 18/06 R). Bei 35 m² dürfte der Quadratmeterpreis also bis zu 9,75 EUR betragen, um noch innerhalb der angemessenen Bruttokaltmiete von max. 341,55 EUR zu bleiben. Je kleiner die Wohnung ist, desto mehr kann der Quadratmeterpreis den „abstrakt" angemessenen Wert übersteigen (BSG 7.11.2006 – B 7b AS 18/06 R; BVerwG 28.4.2005 – 5 C 15.04).

81 **Fazit:**
- Ist Ihre **Wohnungsgröße** unangemessen, können die Unterkunftskosten dennoch angemessen sein, wenn der Quadratmeterpreis geringer ist als angemessen. Das Problem könnte dann die Angemessenheit der Mietnebenkosten werden, vor allem die der Heizkosten (→ 57). Auch sie werden nach der angemessenen Wohnungsgröße bemessen.
- Ist Ihr Quadratmeterpreis unangemessen hoch, können die Unterkunftskosten dennoch angemessen sein, wenn die Wohnungsgröße unterhalb der angemessenen Fläche liegt.

2.6 Verfügbarkeit von Wohnungen – Maßstab für die Festsetzung der „Angemessenheitsgrenzen"

82 *„Schließlich wird zu überprüfen sein, ob nach der Struktur des Wohnungsmarktes am*

75 Miete (Kosten der Unterkunft [KdU])

Wohnort D. die Kläger tatsächlich auch die konkrete Möglichkeit haben, eine abstrakt als angemessen eingestufte Wohnung konkret auf dem Wohnungsmarkt anmieten zu können" (BSG 7.11.2006 – B 7b AS 18/06 R, Rn. 22; BVerwG 28.4.2005 – 5 C 15.04). Höhere als die als angemessen geltenden Mieten sind dann anzuerkennen, wenn es im öffentlich geförderten Wohnraum solche Wohnungen nicht gibt (SG Köln 30.1.2006 – S 14 AS 41/05 ER). Die Angemessenheit bestimmt sich letztlich daran, dass alle örtlichen Bürgergeld-Beziehenden zu diesem Preis auch eine bedarfsgerechte und menschenwürdige Wohnung bekommen bzw. finden könnten. So hat das LSG Thüringen (7.7.2005 – L 7 AS 334/05 ER) ausgeführt: *„Für die Angemessenheitsbetrachtung ist auf das örtliche Mietzinsniveau und dort jeweils auf den unteren Bereich der marktüblichen Wohnungsmieten für nach Größe und Wohnstandard zu berücksichtigende Wohnungen abzustellen. Die Niveaufestlegung muss gewährleisten, dass auch der Struktur des örtlichen Wohnungsbestandes alle Hilfeempfänger am Ort tatsächlich die Möglichkeit haben, mit den als angemessen bestimmten Beträgen eine bedarfsgerechte, menschenwürdige Unterkunft anmieten zu können; zu diesem Preis muss auf dem örtlichen Wohnungsmarkt eine Wohnung verfügbar sein"*.

83 **Mietspiegel** erfassen aber nur Mieten bestehender Mietverhältnisse, **nicht** Mieten bei Neuvermietungen. Bei **Neuvermietung** sind die Mieten häufig höher als die Bestandsmieten. *„Es ist zu berücksichtigen, dass bei der Anmietung einer Wohnung der örtliche Mietspiegel in der Regel vom Vermieter überschritten wird"* (VGH BW 5.7.1989 – 6 S 1242/88). Deshalb erkannte zB das OVG Lüneburg einen Aufschlag von zehn Prozent an, um die üblichen Aufschläge bei Neuvermietungen aufzufangen (OVG Lüneburg 21.8.2002 – 4 ME 305/02).

84 Das Mietniveau von Neuvermietungen kann man zB anhand von Immobilienanzeigen feststellen, aber auch von freien Wohnungen bei Wohnungsbaugesellschaften. Wenn Wohnungen inseriert werden oder frei sind, bedeutet das aber noch lange nicht, dass Arbeitslose, Sozialhilfebeziehende und Rentner*innen sie auch tatsächlich anmieten können. Arbeitslose können nicht die geforderten Gehaltsnachweise vorlegen, sind häufig in der Schufa negativ verzeichnet und werden in stärkerem Maß durch Vorurteile belastet als Beschäftigte. Genauso wie bei der Arbeitssuche stehen Langzeitarbeitslose auch bei der Wohnungssuche hinten an. Von zehn freien *„angemessenen"* Wohnungen sind vielleicht nur drei für Bürgergeld-Beziehende konkret verfügbar.

85 **Tipp:** Führen Sie bei der Wohnungssuche ein Protokoll, um nachzuweisen, dass preiswerter Wohnraum, der die Angemessenheit entspricht, für Sie nicht verfügbar ist.

86 Wohlfahrtsverbände könnten sich nützlich machen, indem sie örtlich Marktpreise von Mieten ermitteln. Lokale **Initiativen** wie Tacheles eV (noch zu BSHG-Zeiten) und 2006 der Runde Tisch (zu den Auswirkungen der Hartz-Gesetze in Freiburg) haben es geschafft, mit den Ergebnissen ihrer lokalen **Wohnungsmarktanalysen** erfolgreich Druck zur Erhöhung der örtlichen Angemessenheitsgrenzen auszuüben.

87 Das SG Düsseldorf hat ein **Sachverständigengutachten** darüber angefordert, wie viele Wohnungen konkret für Alg II- bzw. Bürgergeld-/Sozialhilfebeziehende verfügbar wären, wenn künftig nur noch Quadratmetermieten von 6,40 EUR inkl. Nebenkosten angemessen sein sollen (SG Düsseldorf 12.12.2005 – S 35 AS 349/05). Es sollte auch erhoben werden, wie viele Bewerber*innen es für solche Wohnungen gibt. Sofort nachdem die Ergebnisse des Gutachtens bekannt wurden, wurden in Düsseldorf ab 1.5.2006 die Miethöchstsätze von 6,40 EUR inkl. Betriebskosten auf 7,35 EUR erhöht (inzwischen betragen sie 10,56 EUR bis max. 11,57 EUR; Stand: 1.11.2022; abrufbar unter: https://www.duesseldorf.de/sozial es/sozialhilfe/miete-unterkunftskosten.html).

88 **Aus all dem folgt,** dass letztlich weder die Mietobergrenzen nach dem Wohngeldgesetz noch örtliche Mietspiegel oder Mietpreisübersichten der Maklerverbände oder Auswertungen von Wohnungsangeboten in lokalen Zeitungen maßgeblich sind. Sie alle geben keinerlei Auskunft darüber, wie viele Wohnungen bei welchen Angemessenheits-

grenzen für Bürgergeld-/Sozialhilfehaushalte frei und tatsächlich verfügbar sind. Das aber ist der entscheidende Maßstab (Putz info also 2006, 129 ff.).

2.7 Wer legt die „Angemessenheit" der Miete fest?

89 Die kreisfreien Städte und die Landkreise sind für die Leistungen der Unterkunft und Heizung für Bürgergeld-Beziehende und damit auch für die entsprechenden Richtlinien zuständig (§ 6 Abs. 1 S. 1 Nr. 2 SGB II). Dasselbe gilt für HzL/GSi der Sozialhilfe.

90 *„Die umfassende Ermittlung der Daten sowie die Auswertung im Sinne der Erstellung eines schlüssigen Konzepts ist Angelegenheit des Grundsicherungsträgers und bereits für die sachgerechte Entscheidung im Verwaltungsverfahren notwendig"* (BSG 17.12.2009 – B 4 AS 50/09 R). Darin müssen Kommunen und Kreise nachvollziehbar erläutern und belegen, dass geltende angemessene Mietgrenzen in Bezug auf Vergleichsräume, Wohnungsgröße, Wohnstandard und Verfügbarkeit ausreichend bemessen sind. Vor Gericht tragen sie die Beweislast.

Erst wenn wegen *„Erkenntnisausfalls"* kein schlüssiges Konzept ermittelt werden kann, *„ist zur Bestimmung der angemessenen Nettokaltmiete zuzüglich der kalten Betriebskosten [...] auf den jeweiligen Höchstbetrag der Tabelle [nach § 8 WoGG aF, jetzt Anlage 1 zu § 12 WoGG], also die rechte Spalte, zurückzugreifen und ein "Sicherheitszuschlag" [in Höhe von 10 Prozent] einzubeziehen"* (BSG 22.3.2012 – B 4 AS 16/11 R; 30.1.2019 – B 14 AS 24/18 R u. 3.9.2020 – B 14 AS 34/19 R).

2.7.1 Kommunale Satzung für Unterkunftskosten

91 In Bezug auf die kommunalen Satzungen für die Unterkunftskosten muss zwischen Bürgergeld und HzL/GSi der Sozialhilfe differenziert werden.

2.7.1.1 Bürgergeld

92 Mit dem „Regelbedarfsermittlungsgesetz" wurde im April 2011 die Möglichkeit für Kommunen und Landkreise geschaffen, unter bestimmten Voraussetzungen eine Satzung zu erlassen, in der die Höhe der Kosten der Unterkunft und Heizung geregelt wird.

„Die Länder können die Kreise und kreisfreien Städte durch Gesetz ermächtigen oder verpflichten, durch Satzung zu bestimmen, in welcher Höhe Aufwendungen für Unterkunft und Heizung in ihrem Gebiet angemessen sind" (§ 22a Abs. 1 S. 1 SGB II).

93 Hier besteht sogar die Möglichkeit, **Pauschalen** für die Unterkunftskosten zu erlassen, wenn Regelungen vorgesehen sind, die verhindern sollen, *„dass die Pauschalierung im Einzelfall zu unzumutbaren Ergebnissen führt"* (§ 22a Abs. 2 SGB II).

„Die Bestimmung der angemessenen Aufwendungen für Unterkunft und Heizung soll die Verhältnisse des einfachen Standards auf dem örtlichen Wohnungsmarkt abbilden" und die Auswirkungen auf dem örtlichen Wohnungsmarkt berücksichtigen (§ 22a Abs. 3 SGB II).

94 In der Satzung ist zu bestimmen:
- *„welche Wohnfläche [...] als angemessen anerkannt wird und*
- *in welcher Höhe die Aufwendungen für die Unterkunft als angemessen anerkannt werden"* (§ 22b Abs. 1 S. 1 SGB II).

Darunter fallen neben der Pauschalierung auch Angemessenheitsgrenzen für **Heiz- und Mietnebenkosten**, Quadratmeterhöchstmieten und „Gesamtangemessenheitsgrenzen" (Bruttowarmmietenkonzept; → Rn. 104 ff.).

„Um die Verhältnisse des einfachen Standards auf dem örtlichen Wohnungsmarkt realitätsgerecht abzubilden, können die Kreise und kreisfreien Städte ihr Gebiet in mehrere Vergleichsräume unterteilen, für die sie jeweils eigene Angemessenheitswerte bestimmen" (§ 22b Abs. 1 S. 4 SGB II).

95 Für Personen mit einem **besonderen Bedarf** für Unterkunft und Heizung **sollen** Sonderregelungen getroffen werden. Dies gilt insbesondere für Personen, die wegen einer Behinderung oder der Ausübung ihres Umgangsrechts einen erhöhten Raumbedarf haben (§ 22b Abs. 3 SGB II).

96 Bei der **Ermittlung** von Obergrenzen bzw. Pauschalen muss die Kommune/der

Kreis auf qualifizierte Mietspiegel und Mietdatenbanken sowie geeignete örtliche statistische Datenerhebungen und -auswertungen zurückgreifen. *„Hilfsweise können auch die monatlichen Höchstbeträge [...] des Wohngeldgesetzes berücksichtigt werden."*

Die Methodik der Datengrundlage soll in die Begründung der Satzung einfließen. Die Werte sollen alle zwei Jahre überprüft und ggf. angepasst werden (§ 22c SGB II).

97 Die neue Satzungsregelung tritt **nur in Kraft**, wenn die **Bundesländer** ihre Kommunen und Kreise per Gesetz ermächtigen, Satzungen zu erlassen. Hessen hat als erstes Bundesland im Juni 2011 ein entsprechendes Landesgesetz verabschiedet, **Berlin** folgte kurz danach und **Schleswig-Holstein** 2012. Für die **Überprüfung der kommunalen Satzungen** gilt:

Erlässt eine Kommune/ein Landkreis eine Satzung für Unterkunfts- und Heizkosten, kann jede*r davon betroffene Leistungsberechtigte einen **Normenkontrollantrag** beim zuständigen LSG stellen. Das Gericht prüft die kommunalen Regelungen dann auf ihre Gültigkeit und kann sie ggf. für unwirksam erklären. Diese Entscheidung gilt dann für alle vergleichbaren Fälle in dem Bereich, wo die Satzung gilt (§ 55a SGG).

98 Das LSG Berlin-Brandenburg zB hat die Berliner *„Wohnaufwendungenverordnung"* (WAV) vom 3.4.2012 und die dort vorgesehenen „Gesamtangemessenheitsgrenzen" in zwei Entscheidungen für unwirksam erklärt (LSG Berlin-Brandenburg 25.4.2013 – L 36 AS 2095/12 NK und 4.9.2013 – L 36 AS 1414/12 NK). Die Ungültigkeit der WAV wurde inzwischen vom BSG bestätigt (BSG 4.6.2014 – B 14 AS 53/13 R).

99 **Kritik**: Mit der Möglichkeit, Satzungen zu erlassen, bekommen klamme Kommunen und Kreise ein neues Instrument in die Hand, um im Bereich der Unterkunftskosten zusätzliche Kürzungen vorzunehmen. Denn es besteht die Gefahr einer indirekten Regelbedarfskürzung, wenn Leistungsbeziehende gezwungen werden, Teile der Miete, Heiz- oder Nebenkosten aus dem Regelbedarf zu zahlen. Es ist davon auszugehen, dass zB bei den „angemessenen" Wohnraumgrenzen oder den Obergrenzen für bestimmte Verbrauchswerte bestehende, durch BSG-Entscheidungen gefestigte Mindeststandards unterschritten werden und sich die Betroffenen mittels Normenkontrollantrag beim Landessozialgericht dagegen wehren müssen.

100 Unserer Auffassung nach haben die unter → Rn. 15 ff. beschriebenen **Mindestanforderungen** für die Bestimmung von angemessenen Mieten und Verbrauchswerten (Heiz- und Mietnebenkosten) auch für Satzungen Gültigkeit. Das BSG fordert für die Ermittlung der Angemessenheitsgrenzen ein *„schlüssiges Konzept"* (→ Rn. 69 ff.). Bei der Überprüfung der Satzungen durch die LSG müssen die hier gewonnenen Erkenntnisse und Standards angewendet und weiterentwickelt werden, um bei Beziehenden von Bürgergeld und HzL/GSi der Sozialhilfe dauerhafte Bedarfsunterdeckung, Ghettobildung usw auszuschließen.

2.7.1.2 HzL/GSi der Sozialhilfe

101 *„Hat ein Kreis oder eine kreisfreie Stadt eine Satzung nach den §§ 22a bis 22c des Zweiten Buches erlassen, so gilt sie für Leistungen für die Unterkunft nach § 35 Absatz 1 und 2 des zuständigen Trägers der Sozialhilfe entsprechend, sofern darin [...] Sonderregelungen für Personen mit einem besonderen Bedarf für Unterkunft und Heizung getroffen werden und dabei zusätzlich auch die Bedarfe älterer Menschen berücksichtigt werden"* (§ 35b S. 1 SGB XII).

Eine Satzung, die eine Kommune/ein Landkreis nach dem SGB II erlässt, wird demnach **auf das SGB XII übertragen**, sofern sie auf die persönlichen Verhältnisse älterer Menschen abgestimmt ist. Das sollte auch für die besonderen Bedürfnisse von behinderten und kranken Menschen gelten, die häufig auf Leistungen der Sozialhilfe angewiesen sind. Bei der Berliner WAV vom 3.4.2012 waren solche besonderen Wohnbedarfe nicht konkret ausgeführt, daher wurde sie für das SGB XII für ungültig erklärt (BSG 17.10.2013 – B 14 AS 70/12 R).

2.7.2 Pauschalierung der Kosten der Unterkunft möglich?

102 Für die **HzL/GSi** der Sozialhilfe gilt: „*Der Träger der Sozialhilfe kann für seinen Bereich die Leistungen für die Unterkunft durch eine monatliche Pauschale abgelten, wenn auf dem örtlichen Wohnungsmarkt hinreichend angemessener freier Wohnraum verfügbar und in Einzelfällen die Pauschalierung nicht unzumutbar ist. Bei der Bemessung der Pauschale sind die tatsächlichen Gegebenheiten des örtlichen Wohnungsmarkts, der örtliche Mietspiegel sowie die familiären Verhältnisse der Leistungsberechtigten zu berücksichtigen*" (§ 35 Abs. 4 SGB XII).

Eine Pauschalierung der Unterkunftskosten in der Sozialhilfe war und ist **möglich**. Im **Bürgergeld** ist geregelt: Mietpauschalen im SGB II waren bislang nicht möglich, weil das BMAS keine entsprechende Rechtsverordnung erlassen hatte (§ 27 Nr. 1 SGB II aF).

103 Mit der **kommunalen Satzung** ist es seit April 2011 möglich – sofern eine Kommune/ein Kreis davon gebraucht macht –, eine Pauschalierung von Unterkunftskosten zu regeln. Eine Pauschale ist jedoch ein **Festbetrag**, der für die jeweilige angemessene Wohnungsgröße (abhängig von den Personen im Haushalt) **an alle gezahlt werden und immer den Bedarf des größten Teils** der Leistungsberechtigten **decken muss**. Deshalb ist es fraglich, ob Leistungsträger überhaupt pauschalieren werden. Immerhin müssten sie dann auch allen Bürgergeld-Beziehenden mit geringeren Kosten für die Unterkunft den jeweils höheren Pauschbetrag für die Wohnung auszahlen. Das kann teuer werden. Die Festlegung von **Obergrenzen** für Miete, Heiz- und Nebenkosten wäre für die Träger lukrativer. Auf der anderen Seite bedeutet eine Pauschalierung auch immer eine Vereinfachung der gerade im Bereich der Unterkunftskosten sehr arbeitsintensiven **Verwaltung**. Auch das bedeutet Kürzungen, allerdings zunächst einmal für die Verwaltung. Tendenzen in Richtung Pauschalierung sind bislang nicht zu erkennen.

2.7.3 Gesamtangemessenheitsgrenzen unter Einbeziehung der Heizkosten

104 Mit Inkrafttreten des Neunten SGB II-Änderungsgesetzes **zum 1.8.2016** ist „*zur Beurteilung der Angemessenheit der Aufwendungen für Unterkunft und Heizung [...] die Bildung einer Gesamtangemessenheitsgrenze zulässig*" (§ 22 Abs. 10 SGB II; → 57 Rn. 40 ff.). Jede/r Kommune/Landkreis kann nun auch **ohne** Erlass einer kommunalen Satzung selbst entscheiden, ob von der Möglichkeit Gebrauch gemacht wird.

105 Ist das in Ihrer Stadt/Ihrem Landkreis der Fall, dann wäre es Mieter*innen und Wohneigentümer*innen möglich, höhere Heizkosten durch niedrigere sonstige laufende Unterkunftskosten auszugleichen und umgekehrt. Die Gesamtkosten für das Eigenheim würden sich dann an der Bruttowarmmiete für eine angemessene Mietwohnung orientieren, die der Haushaltsgröße (Personenzahl) entspricht. Das war bislang aufgrund der strikten Trennung von Unterkunfts- und Heizkosten bei der Beurteilung der angemessenen Kosten nicht möglich.

106 Seit dem 1.1.2023 besteht auch im SGB XII die Möglichkeit der Bildung einer Gesamtangemessenheitsgrenze zur Beurteilung der Angemessenheit der Aufwendungen für Unterkunft und Heizung (§ 35 Abs. 7 SGB XII). Für die Zeit vor dem 1.1.2023 hat das LSG Hessen (19.1.2022 – L 4 SO 143/19) entschieden, dass § 22 Abs. 10 SGB II auf die Bildung der Angemessenheitsgrenze für Kosten der Unterkunft und Heizung nach dem SGB XII analog anzuwenden ist, soweit die Regelungen hierfür im Übrigen im SGB II und SGB XII inhaltsgleich sind (hier bejaht bei Kosten der Unterkunft und Heizung für Mietwohnraum des allgemeinen Wohnungsmarktes).

3. Möglichkeiten der Senkung einer unangemessenen Miete auf das „angemessene" Maß

107 Nachfolgend erhalten Sie einen Überblick über die Möglichkeiten der Senkung einer unangemessenen Miete.

3.1 Mietpreisüberhöhung

108 „*Unangemessen hoch sind Entgelte, die [...] die üblichen Entgelte um mehr als 20 vom Hundert übersteigen, die in der Gemeinde oder in vergleichbaren Gemeinden*

[...] vereinbart [...] worden sind" (§ 5 Abs. 2 Wirtschaftsstrafgesetz). Mieten von mehr als 20 Prozent über den ortsüblichen Mieten zu verlangen, ist eine Ordnungswidrigkeit, die mit einer Geldbuße bis zu 50.000 EUR geahndet werden kann. Sie können den Teil der Miete einbehalten, der mehr als 20 Prozent über der ortsüblichen Vergleichsmiete liegt. Der*die Vermieter*in muss die Miete reduzieren und kann gezwungen werden, den Unterschiedsbetrag zurückzuerstatten.

109 **Tipp:** Sind Sie gerade in eine Wohnung eingezogen, können Sie prüfen, ob die Miete bei Wiedervermietung zehn Prozent über das Niveau der ortsüblichen Vergleichsmiete angehoben wurde. In festgelegten Regionen mit angespanntem Wohnungsmarkt soll dann die „Mietpreisbremse" wirken. Eine Erhöhung der Miete über dieses Niveau wäre unwirksam (§§ 556d ff. BGB; Informationen unter: https://www.mieterverein-hamburg.de/export/sites/default/.content/dokumente/infoblaetter/info55-Mietpreisbremse.pdf sowie unter www.mieterbund.de/politik/mietpreisbremse.html).

3.2 Mietwucher

110 Mietwucher liegt nach der herrschenden Rechtsprechung vor, wenn die gezahlte Miete um mehr als 50 Prozent über der ortsüblichen Vergleichsmiete liegt. Mietwucherer*innen können mit einer Freiheitsstrafe bis zu drei Jahren bestraft werden.

111 **Tipp:** Wenn die Sozialbehörde Sie trotz Verdacht auf Mietpreisüberhöhung oder Mietwucher wegen der Miethöhe unter Druck setzt, sollten Sie sich an die zuständige Wohnungsbehörde wenden.

3.3 Mieterhöhung über den Mietspiegel hinaus

112 Ihre Miete kann sich durch Mieterhöhungen aus einer angemessenen in eine unangemessene Miete verwandeln. Wenn Ihr*e Vermieter*in Ihre Miete erhöhen will, geben Sie Ihre Zustimmung nicht sofort. Prüfen Sie vorher, ob die geforderte Miete dem Mietspiegel entspricht oder ob die Mieterhöhung andere gesetzliche Anforderungen nicht erfüllt (§§ 557 ff. BGB). Sie müssen ggf. nur bis zur Höhe des Mietspiegels zahlen (§§ 558 ff. BGB). Sie sollten das Mieterhöhungsverlangen, bevor Sie diesem zustimmen, der Behörde übersenden und einen Antrag auf Übernahme der erhöhten Miete stellen. Denn hat die Behörde in diesem Fall keine Einwände gegen die Wirksamkeit der Mieterhöhung geäußert, kann sie sich im Nachhinein nicht auf die Unwirksamkeit der Mieterhöhung berufen und muss die erhöhte Miete übernehmen (BSG 6.10.2011 – B 14 AS 66/11 R; dort ist zwar die Frage der Übernahme von Schönheitsreparaturen streitig, die dortigen Ausführungen sind aber auf die Fälle der Mieterhöhung übertragbar). Sollte die erhöhte Miete die Mietobergrenze (MOG) überschreiten, muss die Behörde diese so lange übernehmen, bis vonseiten der Behörde ein wirksames Kostensenkungsverfahren gemäß § 22 Abs. 1 S. 3 SGB II bzw. § 35 Abs. 3 S. 1, 2 SGB XII durchgeführt wurde.

113 Äußert die Behörde Zweifel an der Wirksamkeit des Mieterhöhungsverlangens, darf sich die Behörde nicht einfach darauf beschränken, Ihren Antrag auf Übernahme der erhöhten Miete abzulehnen. Die Behörde muss Ihnen darlegen, warum sie die Mieterhöhung für unwirksam hält und Ihnen zeigen, wie Sie gegen den*die Vermieter*in vorgehen können, um Ihre Rechte zu wahren (BSG 24.11.2011 – B 14 AS 15/11 R).

3.4 Mietminderung wegen Mängeln der Wohnung

114 Da Ihnen die Behörde nur die tatsächlichen Aufwendungen zahlt, vermindern sich diese auch, wenn Sie wegen Wohnungsmängeln die Miete mindern. Kommt es zu einem Prozess, den Sie verlieren, müsste die Behörde dann die Rückzahlung der Mietminderung als tatsächliche Kosten der Unterkunft übernehmen (§ 44 Abs. 1 Nr. 1 SGB X). Lassen Sie sich das vorsorglich schriftlich bestätigen.

115 **Tipp:** Lassen Sie sich zu → Rn. 108 ff. beim örtlichen Mieterverein über mögliche Schritte beraten. Verständliche Informationen erhalten Sie im Internet unter: https://www.berliner-mieterverein.de/mietrecht/infoblaetter.htm.

3.5 Andere Einstufung des Baujahrs

116 Wenn Modernisierungen mit entsprechenden Mieterhöhungen stattgefunden haben, das Baujahr aber bleibt, wird unter Umständen auch die Angemessenheit Ihrer Miete zu niedrig eingestuft. Prüfen Sie, ob es Modernisierungen gab, die die Einstufung beeinflussen. Es gibt Kommunen/Kreise, die bei den Angemessenheitsgrenzen nach Baujahresklassen des Hauses differenzieren.

3.6 Untervermietung

117 Wenn Ihre Wohnung groß genug und Untervermietung möglich (durch Erlaubnis des*r Vermieters*Vermieterin) und zumutbar ist (§ 553 BGB), können Sie untervermieten, wenn Sie die Wohnung nicht wechseln wollen (OVG Hamburg 13.7.1993 – Bs IV 142/93).

3.7 Wohnungswechsel

118 Eine unangemessene Miete wird meist nur übernommen, um Ihnen Zeit zu geben, eine angemessene Wohnung zu finden (Näheres dazu im Beitrag Umzug, → 112).

119 Nach Kriterien, die in den Richtlinien der Kommunen für Unterkunftskosten oder von der Rechtsprechung entwickelt wurden, kann das der Fall sein, wenn

- Sie nachweislich (innerhalb der gesetzten Frist) keine angemessene Wohnung finden konnten,
- Ihre Miete nur geringfügig über der Angemessenheitsgrenze liegt, zB um 65 EUR bei einem Dreipersonenhaushalt (SG Oldenburg 5.7.2006 – S 49 AS 734/05),
- Sie schwer krank, behindert, pflegebedürftig oder psychisch krank sind (u.a. LSG Berlin-Brandenburg 27.3.2009 – L 14 AS 274/09 B ER: psychische Erkrankung),
- Sie unter Platzangst leiden (LSG NRW 20.7.2009 – L 7 B 182/09 AS),
- Sie suizidgefährdet sind (BVerfG 27.6.2005 – 1 BvR 224/05),
- Sie zB blind sind und sich in Ihrer bisherigen Umgebung sehr gut auskennen,
- das Ende des Leistungsbezugs zB aufgrund der Verrentung bevorsteht (LSG NRW 17.4.2009 – L 19 B 75/09 AS ER),
- Sie schwanger sind (LSG Mecklenburg-Vorpommern 7.5.2009 – L 8 AS 57/08),
- Sie in Elternzeit sind,
- die sozialen Beziehungen Ihrer Kinder im Einzelfall gefährdet wären (SG Oldenburg 6.7.2006 – S 49 AS 734/05), diese mögliche Schulprobleme bekommen oder die Erziehungsprobleme größer werden,
- Sie nur einmalige Leistungen bzw. geringfügige Leistungen (10 bis 12,50 EUR mtl.) von der Behörde bekommen,
- die Einsparungen an Miete in keinem angemessenen Verhältnis zu den Mehrkosten für Umzug, Renovierung, Kaution, Maklergebühren, Doppelmieten, Neuanschaffungen usw stehen (§ 22 Abs. 1 S. 10 SGB II bzw. § 35 Abs. 3 S. 3 SGB XII; BSG 19.2.2009 – B 4 AS 30/08 R und 15.6.2016 – B 4 AS 36/15 R),
- wenn Sie Bürgergeld auf Darlehensbasis beziehen,
- wenn eine Vielzahl von Leistungsberechtigten einer Siedlung umziehen müsste.

120 **Tipp 1:** Wenn wenige Euro Mietersparnis mit hohen zusätzlichen Kosten für Umzug, Auszugs- und Einzugsrenovierung, Kaution, doppelte Mietzahlungen, Wohnungssuche usw verbunden sind, handelt die Behörde unwirtschaftlich. *„Eine Absenkung der [...] unangemessenen Aufwendungen muss nicht gefordert werden, wenn diese unter Berücksichtigung der bei einem Wohnungswechsel zu erbringenden Leistungen unwirtschaftlich wäre"* (§ 22 Abs. 1 S. 10 SGB II bzw. § 35 Abs. 3 S. 3 SGB XII).

121 **Tipp 2:** Die Behörde würde auch Sie zur Unwirtschaftlichkeit zwingen, denn Sie haben beim Umzug Mehrausgaben. Außerdem stören sinnlose Umzüge Sie dabei, den Zweck der Grundsicherung für Arbeitsuchende zu erfüllen, nämlich Arbeit zu suchen (§ 1 Abs. 2 S. 2 SGB II).

4. Senkung der Kosten

122 Im Folgenden werden wichtige Gesichtspunkte im Rahmen der Senkung der Kosten der KdU erläutert, wobei in diesem Zusammenhang die oben bereits dargestellten Sonderregeln wegen der Coronapandemie (→ Rn. 22 ff.) und die zum 1.1.2023 in Kraft getretenen Karenzzeitregelungen des Bürgergeldgesetzes (→ Rn. 27 ff.) zu berücksichtigen sind.

4.1 Ein halbes Jahr Frist, um unangemessene Mieten zu senken

123 „Soweit die Aufwendungen für die Unterkunft den der Besonderheit des Einzelfalles angemessenen Umfang übersteigen, sind sie als Bedarf des allein stehenden Hilfebedürftigen oder der Bedarfsgemeinschaft solange zu berücksichtigen, wie es allein stehenden Hilfebedürftigen oder der Bedarfsgemeinschaft nicht möglich oder nicht zuzumuten ist, durch einen Wohnungswechsel, durch Vermieten oder auf andere Weise die Aufwendungen zu senken, in der Regel jedoch längstens für sechs Monate" (§ 22 Abs. 1 S. 7 SGB II, entsprechend: § 35 Abs. 3 S. 1, 2 SGB XII).

124 Die **Sechsmonatsfrist** zur Senkung der Unterkunftskosten auf das angemessene Maß muss durch eine hinreichende **Aufklärung** der Behörde in Gang gesetzt werden. Darin ist darzulegen, „in welcher Weise und in welcher Intensität sie [die Leistungsbeziehenden] nach einer billigeren Unterkunft suchen [müssen] und welche Nachweise sie dafür zu erbringen" haben (LSG Bayern 26.10.2006 – L 7 AS 90/06; ebenso: LSG Baden-Württemberg 30.1.2007 – L 8 AS 5755/06; LSG Rheinland-Pfalz 5.10.2006 – L 3 ER 187/06 AS). Schließlich können Sie nicht wissen, dass Sie Ihre Kosten senken sollen, wie und bis wann das von Ihnen verlangt wird und wie Sie das der Behörde gegenüber dokumentieren sollen.

Auch wenn die **Kostensenkungsaufforderung** kein Verwaltungsakt ist, der mit einem Widerspruch angegriffen werden kann, hat sie eine „Aufklärungs- und Warnfunktion" (BSG 7.11.2006 – B 7b AS 10/06 R). Es sind gewisse Anforderungen zu erfüllen, damit zumindest klar wird, was genau von Ihnen gefordert wird. Das BSG stellt allerdings keine erhöhten inhaltlichen oder formellen Anforderungen an das Aufforderungsschreiben (BSG 7.11.2006 – B 7b AS 10/06 R).

125 Hält die Behörde diese Vorgaben des BSG nicht ein und vermittelt Ihnen nicht hinreichend genug, was von Ihnen gefordert wird, kommt die Behörde ihrer Aufklärungspflicht nicht nach. Das hat zur Folge, dass Sie keine Maßnahmen zur Kostensenkung ergreifen können; die tatsächliche Miete ist deshalb von der Behörde weiter zu übernehmen (LSG NRW 6.10.2010 – L 12 AS 35/08; LSG Niedersachsen-Bremen 27.11.2014 – L 8 SO 112/11; BSG 17.12.2009 – B 4 AS 19/09 R; BSG 19.5.2021 – B 14 AS 57/19 R).

126 Da vermietbare Wohnungen in der Regel zu Preisen oberhalb des Mietspiegels angeboten werden, ist es durchaus möglich, dass Sie im geforderten Zeitraum keine angemessene Wohnung finden. Laut Gesetzestext sollen unangemessene Mieten so lange übernommen werden, wie es Ihnen nicht möglich ist, die Aufwendungen zu senken. Wenn es Ihnen trotz „ernsthafter und intensiver Bemühungen" (Eicher/Luik/Harich SGB II § 22 Rn. 201; BVerwG 30.5.1996 – 5 C 4.95) nicht gelingt, in sechs Monaten eine billigere Wohnung zu finden, muss Ihre Miete weiter übernommen werden (BVerwG 11.9.2000 – 5 C 9/2000). Fragt sich nur, wie viele Monate sie ernsthaft und intensiv suchen müssen. Muss nicht irgendwann Schluss sein mit der Suche nach einer Wohnung, die unter den vorgegebenen Konditionen nicht zu finden ist?

127 **Tipp:** Wenn Sie sich nachweislich intensiv, aber erfolglos um eine neue Wohnung bemüht haben und Ihr*e Sachbearbeiter*in Ihnen nach einem halben Jahr trotzdem die Miete kürzt, sollten Sie Widerspruch einlegen und einstweiligen Rechtsschutz (→ 41) beantragen.

4.2 Nachweis der Wohnungssuche

128 Sie sollten sich beim Wohnungsamt als wohnungssuchend melden. Fragen Sie Ihre*n Sachbearbeiter*in, wie viele Wohnungssuchnachweise er*sie von Ihnen verlangt und in welcher Form er*sie anerkennt. Legen Sie unbedingt ein „**Wohnungssuchprotokoll**" an, in dem Sie Ihre Suche dokumentieren (entsprechend der Bewerbungsnachweise; Bewerbungen, → 26).

Da drei bis zehn Bewerbungen um Arbeit im Monat zumutbar sind, gehen wir davon aus, dass je nach Wohnungsmarkt fünf bis zehn Nachweise zur Wohnungssuche genügen sollten.

Erklären Sie, keine Wohnung zu finden, kann die Behörde den Gegenbeweis antreten, indem sie Ihnen eine einzige billigere und verfügbare Wohnung anbietet (BVerwG 30.5.1996 – 5 C 4.95). Die muss allerdings auch tatsächlich an Sie vermietet werden können.

129 **Tipp:** Beantragen Sie Wohnungsbeschaffungskosten, noch bevor die Kosten anfallen (Fahrtkosten, je nach Wohnungsmarkt Maklerkosten, Kosten für Zeitungen, Inserat usw; Umzug, → 112).

4.3 Bei langen Kündigungsfristen Umzug nicht möglich

130 Bei Mietverhältnissen, die vor dem 1.9.2001 geschlossen wurden, können aufgrund von **Sondervereinbarungen** mit dem*r Vermieter*in für die Mietpartei längere Kündigungsfristen von bis zu einem Jahr gelten. Liegt keine solche Vereinbarung vor, gilt für die Mietpartei die nach dem 1.9.2001 gültige Kündigungsfrist von drei Monaten (§ 573 c Abs. 1 S. 1 BGB).

131 Nehmen wir an, Sie haben für Ihre alte Wohnung eine Kündigungsfrist von einem Jahr. Vier Monate nach der Aufforderung durch das Amt finden Sie eine angemessene Wohnung, die Sie in zwei Monaten beziehen können. Wenn Sie sofort kündigen, haften Sie für alle Verluste, die dem*r Vermieter*in aus Ihrem vorzeitigen Auszug entstehen. Um das zu umgehen, müssten Sie sich mit Ihrem*r Vermieter*in einigen, ob er*sie Sie früher aus dem Vertrag entlässt, wenn Sie zB eine*n Nachmieter*in stellen. Der*die Vermieter*in ist aber in seiner*ihrer Entscheidung frei. Er*Sie kann auf der Einhaltung des Mietvertrags bestehen. Die Sechsmonatsfrist der Behörde wäre in diesem Fall hinfällig.

132 Auch wenn die Kündigungsfrist nur drei Monate beträgt, können Sie jedoch erst dann kündigen, wenn Sie eine neue Wohnung tatsächlich anmieten können. Offensichtlich geht die Bundesregierung bei ihrer Sechsmonatsfrist davon aus, dass Sie ohne Probleme innerhalb von drei Monaten eine neue Wohnung anmieten können und die geringstmögliche Kündigungsfrist haben. Die Frist von sechs Monaten ist lebensfremd und stellt Leistungsbeziehende, die umziehen müssen, vor große Schwierigkeiten.

133 **Tipp:** Es gibt kein Sonderkündigungsrecht für Bürgergeld-Beziehende und kein Recht auf Vertragsbruch. Bestehen Sie also auf die Zusage, dass die doppelte Miete übernommen wird, falls Sie vor Ablauf der Kündigungsfrist umziehen müssen. Wird diese Zusage nicht erteilt, scheitert die Anmietung der neuen Wohnung, da sie gezwungen wären, die Doppelmiete aus dem Regelbedarf zu zahlen. Das BSG hat entschieden, wenn Doppelmieten beispielsweise wegen Renovierung tatsächlich anfallen und unvermeidbar sind, sind diese vom Jobcenter als KdU gemäß § 22 Abs. 1 S. 1 SGB II zu übernehmen, wenn Sie beide Wohnungen auch tatsächlich nutzen (BSG 30.10.2019 – B 14 AS 2/19 R). Das ist zwar zunächst nur eine SGB II-Entscheidung, wird aber genauso auf das SGB XII übertragbar sein. Sie werden aber nachweisen müssen, dass Sie sich bemüht haben, die Kosten zu vermeiden und dass Sie versucht haben, den*die Vermieter*in dazu zu bewegen, Ihnen für die Zeit der Renovierung die Wohnung kostenfrei zu überlassen.

Näheres dazu finden Sie im Beitrag Wohnungsbeschaffungskosten (→ 129).

4.4 Mieterhöhung aufgrund von Modernisierung löst neue Sechsmonatsfrist aus

134 Erhöht sich nach einer Modernisierungsmaßnahme die Miete, ist sie im Rahmen der Unterkunftskosten **in tatsächlicher Höhe** zu übernehmen (BSG 19.10.2010 – B 14 AS 2/10 R). Wird durch den Modernisierungszuschlag die Angemessenheitsgrenze überschritten, wird die sechsmonatige Frist zur Kostensenkung neu ausgelöst, allerdings nur, wenn ein Umzug mit Blick auf die entstehenden Kosten überhaupt „wirtschaftlich" ist (§ 22 Abs. 1 S. 10 SGB II, § 35 Abs. 3 S. 3 SGB XII). Die Modernisierungsvereinbarung muss nicht vom Jobcenter, das die Mieterhöhung übernimmt, genehmigt werden (BSG 23.8.2012 – B 4 AS 32/12 R).

5. Einstellung/Senkung der Mietzahlung durch Jobcenter/Sozialamt

135 Nachfolgend wird erläutert, ob die Behörde die Möglichkeit hat, die Mietzahlung in voller Höhe einzustellen, wenn Sie hin-

sichtlich der Höhe der Kosten der Unterkunft und Heizung (KdU) eine unangemessene Wohnung nehmen, und ob es Ihnen erlaubt ist, den unangemessenen Teil der KdU selbst zu tragen.

5.1 Kann die Mietzahlung eingestellt werden, wenn Sie eine „angemessene" Wohnung nicht nehmen?

136 Die Mietzahlung kann nicht eingestellt werden, wenn sie den Umzug in eine „angemessene" Wohnung ablehnen. Es muss wenigstens die als angemessen betrachtete Miete gezahlt werden. Denn: *„Leistungen für die Unterkunft [...] werden in Höhe der tatsächlichen Aufwendungen erbracht, soweit sie angemessen sind"* (§ 22 Abs. 1 S. 1 SGB II, § 35 Abs. 1 S. 1 SGB XII). Wenn jemand **nicht** aus einer unangemessenen in eine angemessene Unterkunft umzieht, obwohl er die Möglichkeit dazu hätte, müssen wenigstens die angemessenen Unterkunftskosten weitergezahlt werden. Sie können auch ohne Zusicherung der Behörde von einer Wohnung mit unangemessener Miete in eine Wohnung mit geringerer, aber immer noch unangemessen hoher Miete umziehen. Der angemessene Teil ist **immer** zu übernehmen (§ 22 Abs. 1 S. 1 SGB II, § 35a Abs. 2 S. 2, 4 SGB XII; BVerwG 1.10.1998 – 5 C 6.98).

5.2 Differenz zwischen „angemessener" und unangemessener Miete selbst aufbringen

137 Sie können über die Verwendung Ihres Regelbedarfs selbst bestimmen. Sie sind frei, auch den unangemessenen Teil der Miete daraus zu decken (SG Düsseldorf 25.2.2006 – S 35 AS 360/05 ER). Die bundesweite durchschnittliche Differenz belief sich im Jahr 2021 auf 91 EUR pro gekürzten Haushalt, im Landkreis Ebersberg aber auf 234,84 EUR, in München auf 213,13 EUR und in Dachau belief sich das Negativ-Ranking auf 198,47 EUR (SZ 19.8.2021).

138 **Tipp:** Bedenken Sie aber, dass die Bezuschussung der Miete oft dauerhaft nötig ist und dass Sie sich dabei nicht finanziell übernehmen.

139 Es kann aber auch **jemand anderes** die Differenz zahlen. Ein Zuschuss der Eltern in Höhe von 200 EUR zu dem Zweck, den unangemessenen Teil der Miete zu decken, *„beeinflusst die Lage der Klägerin nicht so günstig, dass daneben Leistungen nach dem SGB II nicht gerechtfertigt wären"* (LSG Rheinland-Pfalz 6.11.2009 – L 5 AS 221/09). Er darf daher nicht als Einkommen angerechnet werden.

140 **Tipp:** Damit solche Zuwendungen vom Jobcenter nicht als anzurechnendes Einkommen gewertet werden, ist es sinnvoll, dass die Summe von dem*r „Spender*in" direkt und zweckbestimmt an den*die Vermieter*in gezahlt wird. Das LSG Rheinland-Pfalz (LSG Rheinland-Pfalz 6.11.2009 – L 5 AS 221/09) hatte der Klägerin zwar die volle Verfügung über den Zuschuss der Eltern zugebilligt, aber man kann nie wissen, wie andere Gerichte urteilen.

6. Antragsgrundsatz (§ 37 SGB II, § 44 Abs. 1 S. 1 SGB XII) bzw. Kenntnisgrundsatz (§ 18 Abs. 1 SGB XII) bei der Miete (KdU) und Direktzahlung an Vermieter*in

141 Im Folgenden werden der Unterschied und die Auswirkungen des Antragsgrundsatzes und des Kenntnisgrundsatzes auf die Übernahme der KdU durch die Behörde sowie der Problemkreis der Direktzahlung an den*die Vermieter*in erläutert.

6.1 Mietübernahme bei Antragstellung

142 Seit dem 1.4.2011 wirkt der Antrag auf Leistungen beim **Bürgergeld** (früher Alg II) – bei der GSi (§ 44 Abs. 1 S. 1 SGB XII, § 44 Abs. 2 S. 1 SGB XII) schon vorher – im Monat der Antragstellung auf den **Ersten eines Monats** zurück (§ 37 Abs. 2 S. 2 SGB II). Die Miete für diesen Monat ist dann voll zu berücksichtigen, wie auch alle Einkommen, die Sie im Monat erzielen.

Bei **HzL der Sozialhilfe** beginnt der Anspruch auf Leistungen erst ab dem Tag, ab dem das Sozialamt von Ihrer Hilfebedürftigkeit erfährt (Kenntnisgrundsatz: § 18 Abs. 1 SGB XII). Die Miete muss dann nur anteilig für den Monat erbracht werden.

6.2 Miete direkt an Vermieter*in?

143 „*Soweit Arbeitslosengeld II für den Bedarf für Unterkunft und Heizung geleistet wird, ist es auf Antrag der leistungsberechtigten Person möglich, an den Vermieter oder andere Empfangsberechtigte zu zahlen.*

Es soll an den Vermieter oder andere Empfangsberechtigte gezahlt werden, wenn die zweckentsprechende Verwendung durch die leistungsberechtigte Person nicht sichergestellt ist.

Das ist insbesondere der Fall, wenn
1. *Mietrückstände bestehen, die zu einer außerordentlichen Kündigung des Mietverhältnisses berechtigen,*
2. *Energiekostenrückstände bestehen, die zu einer Unterbrechung der Energieversorgung berechtigen,*
3. *konkrete Anhaltspunkte für ein krankheits- oder suchtbedingtes Unvermögen der leistungsberechtigten Person bestehen, die Mittel zweckentsprechend zu verwenden, oder*
4. *konkrete Anhaltspunkte dafür bestehen, dass die im Schuldnerverzeichnis eingetragene leistungsberechtigte Person die Mittel nicht zweckentsprechend verwendet"* (§ 22 Abs. 7 SGB II; entsprechend § 35a Abs. 3 SGB XII).

144 **Tipp:** Sie sollten im Normalfall darauf bestehen, dass Sie die Unterkunftskosten ausgezahlt bekommen und eigenverantwortlich an den*die Vermieter*in überweisen. Dann haben Sie selbst die Kontrolle über Ihre Zahlungen und merken, wenn etwas schiefläuft. Dies ist deshalb wichtig, da nach dem BGH eine Kündigung des*r Vermieters*Vermieterin grundsätzlich auch möglich ist, wenn Sie zwar alles richtig gemacht haben, die Miete von der Behörde dem*r Vermieter*in aber nicht oder verspätet überwiesen wurde (→ 77 Rn. 48).

7. Beiträge für einen Mieterschutzbund

145 Wenn Sie sich gegen überhöhte Mieten oder Mietnebenkosten wehren, setzen Sie sich für die Interessen der Behörde ein. Haben Sie Erfolg, muss diese weniger zahlen. Das gilt auch für die Durchsetzung notwendiger Reparaturen und Maßnahmen zur Instandhaltung der Wohnung gegenüber Ihrem*r Vermieter*in. Können Sie damit die Bewohnbarkeit Ihrer Wohnung dauerhaft sicherstellen, entfallen die mit dem Wohnungswechsel verbundenen Kosten.

146 **Tipp:** Beantragen Sie in diesen Fällen die Übernahme des Beitrags zu einem Mieterverein durch die Behörde. Wenn ein Beitritt sich für diese lohnt, zahlt sie ihn auch (so zB in Wiesbaden oder Hamburg). Das Sozialamt Darmstadt hatte zB mit dem Mieterverein eine Sondermitgliedschaft für Sozialhilfebeziehende vereinbart.

8. Nur in Wohnungen mit „angemessener" Miete umziehen?

147 Wenn Ihnen keine andere Wahl mehr bleibt, als umzuziehen, müssen Sie im Anwendungsbereich des SGB XII (HzL/GSi) bzw. des SGB II (Bürgergeld) nachfolgend dargestellte Regelungen beachten, wobei auch hier die oben bereits dargestellten Sonderregeln wegen der Coronapandemie (→ Rn. 22 ff.) und die seit 1.1.2023 geltenden Karenzzeitregelungen des Bürgergeldgesetzes (→ Rn. 27 ff.) zu berücksichtigen sind.

8.1 HzL/GSi der Sozialhilfe

148 „*Vor Abschluss eines Vertrages über eine neue Unterkunft haben Leistungsberechtigte den dort zuständigen Träger der Sozialhilfe über die nach § 35 Abs. 3 S. 1 und 2 maßgeblichen Umstände in Kenntnis zu setzen. Sind die Aufwendungen für Unterkunft und Heizung für die neue Unterkunft unangemessen hoch, sind diese nur in Höhe angemessener Aufwendungen als Bedarf anzuerkennen, es sei denn, der zuständige Träger der Sozialhilfe hat den darüber hinausgehenden Aufwendungen vorher zugestimmt*" (§ 35a Abs. 2 S. 1, 2 SGB XII).

149 Sie müssen also **keine** vorherige Zustimmung zum Umzug selbst einholen, sondern nur das Sozialamt des Ortes, an den Sie ziehen wollen, vom geplanten Umzug „*in Kenntnis setzen*". Das sollten Sie auch wirklich tun. Denn nur so können Sie erfahren, ob das neue Sozialamt die Unterkunftskosten für angemessen hält (→ Rn. 15 ff.).

Wenn Sie allerdings **Umzugs**kosten bzw. Wohnungsbeschaffungskosten erstattet bekommen wollen, müssen Sie zuvor beim Sozialamt, das bis zum Umzug zuständig ist, einen Antrag auf vorherige Zustimmung stellen (§ 35a Abs. 2 S. 5, 6 SGB XII).

150 **Tipp:** Verlassen Sie sich nicht darauf, dass das Sozialamt Ihres Herkunftsortes die Miete Ihrer Wohnung im Bereich eines anderen Sozialamts für angemessen erklärt und Ihre Umzugskosten übernimmt. Beantragen Sie die Übernahme der Kosten immer vorher. Lassen Sie sich alles schriftlich geben!

Hält das Sozialamt des Ortes, in den Sie ziehen, die Miete für unangemessen und Sie ziehen trotzdem um, muss es nur die angemessene Miete zahlen.

Das gilt auch, wenn Sie das neue Sozialamt vor dem Umzug nicht informiert haben. Der angemessene Teil muss selbst dann berücksichtigt werden, wenn Sie die Differenz zur Gesamtmiete nicht dauerhaft tragen können (BVerwG 1.10.1998 – 5 C 6.98).

151 Wenn Sie nicht in der Lage sind, die Differenz zur tatsächlichen Miete zu zahlen, können **Mietschulden** (→ 77) auflaufen. Diese werden nicht übernommen, wenn die Miete unangemessen ist. Irgendwann könnten Sie also geräumt werden (→ 88).

152 Der Umzug in eine unangemessen teure Wohnung kann zulässig sein, wenn der Umzug unausweichlich und damit unaufschiebbar war, zB wenn Wohnungslosigkeit drohte und keine Alternativen bestanden (LPK-SGB XII § 35 Rn. 89, 96 ff.; BVerwG 30.5.1996 – 5 C 4. 95, Rn. 15). Gründe können Feuchtigkeit, Kälte, Erkrankungen aufgrund der Beschaffenheit der alten Wohnung sowie Druck der Mitmieter*innen sein. Sie müssten allerdings nachweisen, dass Sie trotz intensiver Bemühungen keine günstigere Wohnung finden konnten.

153 **Tipp:** Auch hier gilt: Lieber vorher die Zustimmung einholen, denn nur dann ist die Behörde auch verpflichtet, die unangemessene Miete zu tragen (§ 35a Abs. 2 S. 2 SGB XII; LPK-SGB XII § 35 Rn. 90).

8.2 Bürgergeld

154 *„Vor Abschluss eines Vertrages über eine neue Unterkunft soll die leistungsberechtigte Person die Zusicherung des für die neue Unterkunft örtlich zuständigen kommunalen Trägers zur Berücksichtigung der Aufwendungen für die neue Unterkunft einholen. Innerhalb der Karenzzeit nach Abs. 1 Satz 2 bis 5 werden nach einem Umzug höhere als angemessene Aufwendungen nur dann als Bedarf anerkannt, wenn der nach Satz 1 zuständige Träger die Anerkennung vorab zugesichert hat. Der kommunale Träger ist zur Zusicherung verpflichtet, wenn die Aufwendungen für die neue Unterkunft angemessen sind"* (§ 22 Abs. 4 SGB II).

Das gilt seit **1.8.2016** und ist eine deutliche Verbesserung gegenüber der Vorgängerregelung. Demnach müssen Sie die Übernahme der künftigen Unterkunftskosten von dem Jobcenter **genehmigen** lassen, das **am Ort der neuen Wohnung** zuständig ist. Das ergibt Sinn. Bis zum 31.7.2016 war das Jobcenter am alten Wohnort für diese Genehmigung zuständig. Außerdem **entfällt die Erforderlichkeit** des Umzuges als **Voraussetzung** für die Zusicherung der Übernahme künftiger Mietzahlungen. Es handelt sich lediglich um eine Vorsichtsmaßnahme um sicherzustellen, dass die Kosten der neuen Wohnung auch tatsächlich angemessen sind und in voller Höhe übernommen werden. Auch für die Übernahme der **Kaution** (Genossenschaftsanteile) müssen Sie beim **neuen** Jobcenter die Zusicherung einholen (§ 22 Abs. 6 S. 1 Hs. 2 SGB II). Für die Genehmigung der mit dem **Wohnungswechsel/Umzug** verbundenen Kosten ist, wie bisher, das **alte** Jobcenter zuständig. Voraussetzung für die Übernahme dieser Kosten ist aber, dass der **Umzug erforderlich** ist (§ 22 Abs. 6 SGB II).

8.3 Nicht erforderlicher Umzug in eine teurere Wohnung

155 Ist ein Umzug **nicht erforderlich**, die neue Miete zwar angemessen, aber höher als die frühere Miete, werden Miete und Heizung **nur in Höhe der früheren Aufwendungen gezahlt** (§ 22 Abs. 1 S. 6 SGB II). Das gilt auch, wenn Sie ohne Erlaubnis in eine unangemessene Wohnung umziehen. Der Maßstab für Angemessenheit wird gerade für diejenigen gesenkt, die in den billigsten und schlechtesten Wohnungen leben. Arbeitslose sollen sich nicht einmal im Rahmen ange-

messener Unterkunfts- und Heizkosten verbessern dürfen. Diese „Mietpreisbremse" für SGB II-Leistungsbeziehende gibt es schon seit August 2006 und sie gilt für die Dauer des Leistungsbezugs.

156 **Tipp 1:** Wenn Sie in einer unzumutbaren, billigen Wohnung wohnen, beantragen Sie die Anerkennung der **Erforderlichkeit** Ihres Umzuges (mögliche Gründe im Beitrag Umzug, → 112 Rn. 14 ff.). Wenn das Amt die Notwendigkeit anerkennt, haben Sie Anspruch auf den angemessenen Mietpreis und die Übernahme der Umzugskosten.

157 **Tipp 2:** Die Beschränkung der Unterkunftskosten bei nicht erforderlichem Umzug auf die früheren Miet- und Heizkosten entfällt, sobald Sie aufgrund von Einkommenszufluss den Leistungsbezug für mindestens einen Monat unterbrechen (BSG 9.4.2014 – B 14 AS 23/13 R).

158 Das **Bundessozialgericht** hat die „lebenslange" Begrenzung der Unterkunftskosten allerdings eingeschränkt: Sie greift nur dann, wenn zum Zeitpunkt des nicht erforderlichen Umzugs **rechtmäßig ermittelte kommunale Angemessenheitsgrenzen** existiert haben, die auf Grundlage eines schlüssigen Konzepts festgelegt worden sind (BSG 29.4.2015 – B 14 AS 6/14 R). Ist das der Fall, dürfen die Leistungen für Unterkunft und Heizung nicht statisch auf die alten Aufwendungen zum Zeitpunkt **vor** dem Umzug begrenzt werden. Es hat vielmehr eine Dynamisierung zu erfolgen, die sich an den Veränderungen der kommunalen Angemessenheitsgrenzen seit dem Vergleichszeitpunkt orientiert und die berücksichtigt, *„dass sich zeitlich nachfolgende Anhebungen dieser Angemessenheitsgrenzen auf die Deckelung auswirken"* (BSG 17.2.2016 – B 4 AS 12/15 R).

159 **Tipp 3:** Überprüfen Sie, ob die örtlichen Angemessenheitsgrenzen anhand eines schlüssigen Konzepts ermittelt wurden (→ Rn. 69 ff.). Wenn nicht, wäre die Deckelung von Beginn an rechtswidrig. Sie können den entsprechenden Kürzungsbescheid mit Hilfe eines Überprüfungsantrags bis zu vier Jahre rückwirkend angreifen (→ 80 Rn. 19 ff.).

160 **Tipp 4:** Ist die Deckelung rechtmäßig, machen Sie Ihre*n Sachbearbeiter*in auf die erforderliche Dynamisierung Ihrer begrenzten Unterkunftskosten aufmerksam.

161 Ziehen Sie aber auf eigenen Wunsch, ohne Erforderlichkeit und Zusicherung der Behörde in einen **anderen Wohnort** um, der einem Wohnungsmarkt mit anderem Mietpreisniveau unterliegt (anderer Vergleichsraum), können Sie auch in eine Wohnung ziehen, die teurer ist als die alte. Sie haben in diesem Fall Anspruch auf eine Wohnung nach den **Angemessenheitskriterien des neuen Wohnortes** (BSG 1.6.2010 – B 4 AS 60/09R u. 30.1.2019 – B 14 AS 10/18 R: denn die Deckelung der anzuerkennenden Bedarfe für Unterkunft und Heizung bei einem nicht erforderlichen Umzug auf die Aufwendungen für die bisherige Wohnung (§ 22 Abs. 1 S. 6 SGB II) ist auf den Fall des innerhalb eines Vergleichsraums durchgeführten Umzugs beschränkt).

9. Kritik

162 Der Staat trägt zum hohen Mietpreisniveau bei, indem er sich weitgehend aus dem Sozialen Wohnungsbau zurückgezogen hat. Der Bestand an Sozialwohnungen ist in Deutschland von knapp 3 Mio. Wohnungen 1992 (BT-Drs. 12/2825) über ca. 2,1 Mio. im Jahr 2006 auf nicht einmal mehr 1,1 Mio. Wohnungen Ende 2022 (Tagesschau, Millionen Sozialwohnungen fehlen, 12.1.2023, abrufbar unter: www.tagesschau.de/wirtschaft/sozialwohnungen-bau-mangel-101.html) zurückgegangen. Seitdem schrumpft der Bestand jährlich um mehrere zehntausend Wohnungen. Außerdem verkauft der Staat viele Wohnungen aus seinem Bestand an private Fonds, die damit ihre Rendite steigern wollen. All das treibt die Mieten nach oben. Weil Kommunen ein Großteil der Unterkunftskosten für Bürgergeld- und HzL-Beziehende aufbringen müssen, haben sie ein Interesse, die Kosten zu senken. Deshalb werden die Angemessenheitskriterien nach unten geschraubt.

10. Forderungen

163 Die Angemessenheitsgrenzen müssen je nach Wohnungsmarkt um einem „Verfügbarkeitszuschlag" angehoben werden!

Bemessung der angemessenen Unterkunftskosten auf der Basis der bei Neuvermietungen zu zahlenden Mieten! Deutlich höhere Investitionen in den sozialen Wohnungsbau!

11. Informationen

164 Udo Geiger, Unterkunftskosten nach dem SGB II, 7. Aufl. 2021

Deutscher Mieterbund, Das Mieterlexikon, Ausgabe 2022/2023

Örtliche Mietervereine und Verbraucherzentralen

Sozialberatungsstellen und Erwerbsloseninitiativen kennen sich idR gut aus mit Unterkunftsproblemen von Leistungsbeziehenden

Bundesweites Adressverzeichnis für Beratungsstellen der Mietervereine, abrufbar unter: www.mieterbund.de

76 Mietnebenkosten

1. Was gehört zu den Nebenkosten (Betriebskosten) 1
2. Angemessenheit von Nebenkosten und Betriebskostenspiegel 4
   2.1 Angemessene Nebenkosten 5
      2.1.1 Allgemeines 6
      2.1.2 Corona-Sonderregeln für Bewilligungszeiträume, die vor dem 1.1.2023 begonnen haben 10
      2.1.3 Bürgergeldgesetz (seit 1.1.2023) 14
   2.2 Betriebskostenspiegel 20
   2.3 Angemessenheit der Wasserkosten 25
3. Nachzahlungsverpflichtung bzw. Guthaben aufgrund einer Betriebskostenabrechnung 28
   3.1 Nachzahlungen am Ende des Abrechnungszeitraums 29
   3.2 Guthaben am Ende des Abrechnungszeitraums 40
4. Forderung 43

1. Was gehört zu den Nebenkosten (Betriebskosten)

1 Mietnebenkosten (Betriebskosten) gehören zu den Leistungen für die Unterkunft (§ 22 Abs. 1 S. 1 SGB II, § 35 Abs. 1 S. 1 SGB XII).

Die Mietpartei muss nur die Mietnebenkosten/Betriebskosten tragen, die im Mietvertrag aufgeführt sind, wobei ein Verweis auf „alle Kosten nach der Betriebskostenverordnung (BetrKV)" genügt (§§ 556 ff. BGB, BetrKV).

2 Zu den Nebenkosten, die von der vermietenden Person auf die Mietpartei umgelegt werden können, zählen die laut Betriebskostenverordnung (BetrKV, Stand: 23.6.2021) zu zahlenden Betriebskosten, zB für Fahrstuhl, Gartenpflege, Gebäude-, Fußweg- und Schornsteinreinigung, Gemeinschaftsantenne oder Kosten der mtl. Grundgebühren für Breitbandanschlüsse, Grundsteuer, Hausbeleuchtung, Hausreinigung, Hausmeister*in, Reinigung und Wartung der Heizungsanlage, Müllabfuhr, Sach- und Haftpflichtversicherung der vermietenden Person, Straßenreinigung, Ungezieferbekämpfung und sonstige Betriebskosten. Die Kosten für **Wasser** und **Abwasser** gehören auch zu den Nebenkosten und sind als Unterkunftskosten zu übernehmen.

Nebenkosten und mtl. Abschlags- bzw. Vorauszahlungen sind **im Mietvertrag vereinbart**. Da sie **unvermeidbar** sind, müssen sie übernommen werden, auch wenn einzelne Kosten nach SGB II oder SGB XII nicht als notwendig angesehen werden (LSG Niedersachsen-Bremen 15.12.2005 – L 8 AS 427/05 ER; LSG Sachsen-Anhalt 10.11.2010 – L 2 AS 182/10 B ER; SG Hannover 18.8.2005 – S 47 264/05; in Bezug auf **Kabelanschluss**: BVerwG 28.11.2001 – 5 C 9.01; BSG 19.2.2009 – B 4 AS 48/08 R, keine Übernahme, wenn nicht mietvertraglich geschuldet).

3 Reparaturkosten (Instandhaltungs- und Instandsetzungskosten) und Verwaltungskosten sind **keine** umlagefähigen Nebenkosten iSd Betriebskostenverordnung (§ 1 Abs. 2 BetrKV) und daher nicht von der Mietpartei, sondern von der vermietenden Person zu zahlen.

Stromkosten (→ 109) sind schon im Regelbedarf (→ 89) enthalten. **Heizkosten** (→ 57) werden gesondert abgerechnet. **Warmwasserkosten** (→ 122) werden im Rahmen der Unterkunfts- und Heizkosten erstattet oder gesondert als Mehrbedarf (→ 74) erbracht.

2. Angemessenheit von Nebenkosten und Betriebskostenspiegel

4 Nachfolgend erhalten Sie einen Überblick über die Angemessenheit von Nebenkosten und den in diesem Zusammenhang relevanten Betriebskostenspiegel.

2.1 Angemessene Nebenkosten

5 Nebenkosten müssen in tatsächlicher Höhe übernommen werden, *„soweit diese angemessen sind"* (§ 22 Abs. S. 1 SGB II, sinngleich: § 35 Abs. 1 S. 1 SGB XII, § 35 Abs. 3 S. 1 SGB XII).

2.1.1 Allgemeines

6 Regelmäßig bilden die **durchschnittlichen „kalten" Nebenkosten** zusammen mit der **Grundmiete** den Maßstab für die angemessenen Unterkunftskosten und **nicht** die jeweiligen Einzelbestandteile (BSG 20.11.2011 – B 4 AS 19/11 R). Liegt Ihre tatsächliche **Bruttokaltmiete** deutlich darüber, sollen Sie diese auf das angemessene Maß absenken (→ Rn. 23). Zu beachten ist hierbei jedoch, dass bei Bezug von Leistungen nach dem SGB II bzw. SGB XII Unterkunfts- und Heizkosten (KdU) zunächst in tatsächlicher Höhe zu berücksichtigen sind (§ 22 Abs. 1 S. 1 SGB II, § 35 Abs. 1 S. 1 SGB XII).

7 Denn nach ständiger Rechtsprechung des BSG setzt die Ablehnung der Übernahme unangemessener Unterkunfts- und Heizkosten grundsätzlich die Durchführung eines Kostensenkungsverfahrens durch das Jobcenter voraus, das die*den Leistungsberechtigte*n erst in die Lage versetzt, ihrer*seiner vom Gesetz vorgesehenen Kostensenkungsobliegenheit gemäß § 22 Abs. 1 S. 7 SGB II bzw. § 35 Abs. 3 S. 1, 2 SGB XII nachzukommen (BSG 12.6.2013 – B 14 AS 60/12 R). Dies hat zur Folge, dass grundsätzlich auch unangemessene Unterkunfts- und Heizkosten solange übernommen werden müssen, bis vom Jobcenter das notwendige Kostensenkungsverfahren durchgeführt wurde. Auch bei Heizkosten, welche die Grenzwerte des „Bundesweiten Heizspiegels" überschreiten und daher ein Anhaltspunkt für ein unwirtschaftliches bzw. unangemessenes Heizverhalten sein können, ist die Durchführung eines Kostensenkungsverfahrens durch das Jobcenter wegen der damit verbundenen und grundsätzlich notwendigen Warn- und Aufklärungsfunktion für die*den Leistungsberechtigte*n notwendig (BSG 19.5.2021 – B 14 AS 57/19 R). Die meisten Bestandteile der Mietnebenkosten können in ihrer Höhe von der Mietpartei nicht beeinflusst werden. Sie müssen also zunächst in der von der vermietenden Person geforderten Höhe anerkannt werden.

8 **Tipp 1:** Bei deutlich erhöhten Abrechnungswerten ist es sinnvoll, Ihre vermietende Person schriftlich zur Überprüfung der Abrechnung und Verbrauchswerte aufzufordern und ggf. einen Mieterverein einzuschalten (→ 75 Rn. 145 f.). So können Sie gegenüber der Behörde nachweisen, dass Sie nicht untätig sind und einem Kostensenkungsverfahren entgegenwirken.

9 **Tipp 2:** Im Hinblick auf die enorm gestiegenen Energiepreise wurde von mehreren gemeinnützigen Organisationen die Energiehilfekampagne gegründet. Sie finden auf deren Internetseite (www.energie-hilfe.org) umfangreiche Informationen, Musterschreiben und FAQ der Rechtshilfe für Anspruchsberechtigte und Berater*innen.

2.1.2 Corona-Sonderregeln für Bewilligungszeiträume, die vor dem 1.1.2023 begonnen haben

10 Wegen der Auswirkungen der **Coronapandemie** wurden durch die verabschiedeten Sozialschutz-Pakete auch ergänzende Regelungen im SGB II und SGB XII aufgenommen (§§ 67, 68 SGB II aF, §§ 141, 142 SGB XII), welche u.a. die Frage der *Angemessenheit der Kosten der Unterkunft und Heizung* und somit auch die Frage der Angemessenheit der Nebenkosten regeln (§ 67 Abs. 3 SGB II, § 141 Abs. 3 SGB XII).

11 Diese Regelungen gelten für alle **Bewilligungszeiträume, die in der Zeit von März 2020 bis Dezember 2022 begonnen** haben (§ 67 Abs. 1 SGB II bzw. § 68 Abs. 1 S. 1 SGB II iVm Art. 4 Nr. 6 lit. a bzw. Art. 4 Nr. 7 RBEGAnpG 2021, § 141 Abs. 1 SGB XII bzw. § 142 Abs. 1 SGB XII iVm Art. 2 Nr. 3b lit. a RBEGAnpG 2021 bzw. Art. 2 Nr. 3c lit. a RBEGAnpG 2021 sowie jeweils iVm § 1 Abs. 1 VZVV bzw. § 1

Abs. 2 VZVV). Erfasst sind daher sowohl Erstbewilligungen als auch in dieser Zeit beginnende Weiterbewilligungszeiträume (LSG Niedersachsen-Bremen 29.9.2020 – L 11 AS 508/20 B ER; LSG Bayern 28.7.2021 – L 16 AS 311/21 B ER; LSG NRW 13.9.2021 – L 19 AS 1295/21 B ER; LSG Schleswig-Holstein 11.11.2020 – L 6 AS 153/ 20 B ER; LSG Sachsen-Anhalt 7.3.2022 – L 4 AS 40/22 B ER; LSG Hessen 21.2.2022 – L 6 AS 585/21 B ER).

12 Für Bewilligungszeiträume, die zwischen März 2020 und Dezember 2022 begonnen haben, **gelten die Unterkunftskosten (KdU) und somit auch die Nebenkosten für sechs Monate als angemessen** (§ 67 Abs. 3 SGB II, § 141 Abs. 3 SGB XII ivm § 1 Abs. 1 VZVV). Voraussetzung ist, dass die KdU im vorangegangenen Bewilligungszeitraum nicht schon wegen Unangemessenheit durch ein wirksames Kostensenkungsverfahren abgesenkt wurden. Dies bedeutet, dass die Behörde die KdU für diesen Zeitraum übernehmen muss, auch wenn diese an sich über der Mietobergrenze (MOG) liegen und daher unangemessen sind. Nach Ablauf der sechs Monate muss die Behörde die tatsächlichen Kosten, auch wenn diese nicht angemessen sind und die MOG überschreiten, so lange übernehmen, bis die Behörde kein Kostensenkungsverfahren gemäß § 22 Abs. 1 S. 3 SGB II in der bis 31.12.2022 gültigen Fassung (ab 1.1.2023: § 22 Abs. 1 S. 7 SGB II bzw. § 35 Abs. 3 S. 1, 2 SGB XII) durchgeführt hat.

13 Im Anwendungsbereich der Corona-Sonderregelungen und der damit verbundenen Angemessenheitsfiktion ist gemäß § 67 Abs. 3 SGB II nach überwiegender Rechtsprechung bei einem **nicht erforderlichem Umzug** eine Deckelung auf die bisherige Miete nach § 22 Abs. 1 S. 2 SGB II in der bis 31.12.2022 gültigen Fassung (ab 1.1.2023: § 22 Abs. 1 S. 6 SGB II) nicht zulässig, da dies dem Zweck des § 67 Abs. 3 SGB II widersprechen würde, dass sich SGB II-Leistungsbeziehende in der Zeit der Pandemie „*nicht auch noch um ihren Wohnraum sorgen müssen*" (BT-Drs. 10/18107, 25). Ließe man nach einem tatsächlich erfolgten Umzug die Deckelung der KdU-Leistungen auf die Höhe der KdU für die bisherige Wohnung zu, würde dies zu einer Deckungslücke zwischen den tatsächlichen KdU einerseits und den vom Jobcenter gewährten KdU-Leistungen andererseits führen, mit der Folge, dass die aktuell bewohnte Wohnung bedroht wäre. Diese Bedrohung soll nach § 67 Abs. 3 SGB II zumindest vorübergehend, nämlich **für die ersten sechs Monate**, vermieden werden (LSG Sachsen-Anhalt 7.3.2022 – L 4 AS 40/22 B ER; LSG Niedersachsen-Bremen 29.9.2020 – L 11 AS 508/ 20 B ER; LSG Baden-Württemberg 11.3.2021 – L 9 AS 233/21 ER-B; LSG Bayern 28.7.2021 – L 16 AS 311/21 B ER; aA LSG Niedersachsen-Bremen 26.2.2021 – L 9 AS 662/20 B ER). Zu beachten ist, dass diese Regelung (§ 67 Abs. 3 SGB II) nicht gilt, wenn bei unter 25-Jährigen bei nicht erforderlichen Erstauszügen gemäß § 22 Abs. 5 SGB II kein Anspruch auf KdU besteht.

2.1.3 Bürgergeldgesetz (seit 1.1.2023)

14 In diesem Zusammenhang ist auch die zum 1.1.2023 mit dem Erlass des Bürgergeldgesetzes im SGB II und im SGB XII eingeführte Regelung einer Karenzzeit für u.a. die Anerkennung der Bedarfe für Unterkunft – nicht für Heizung –, also der Bruttokaltmiete (Grundmiete und kalte Nebenkosten), zu berücksichtigen (§ 22 Abs. 1 S. 2, 3 SGB II nF, wortgleich: § 35 Abs. 1 S. 2, 3 SGB XII nF).

Folge dieser **Karenzzeit** ist, dass in diesem Zeitraum die Bedarfe für Unterkunft (**Bruttokaltmiete**) in tatsächlicher Höhe unabhängig von einer Angemessenheitsprüfung anerkannt werden (§ 22 Abs. 1 S. 3 SGB II).

15 Diese **Karenzzeit** beträgt **ein Jahr ab** Beginn des Monats, für den erstmals Leistungen nach dem SGB II bezogen werden (§ 22 Abs. 1 S. 2 SGB II). Zeiten des Leistungsbezugs nach dem SGB II bzw. SGB XII vor dem 1.1.2023 bleiben bei der Karenzzeit unbeachtlich (§ 65 Abs. 3 SGB II, § 140 SGB XII). Innerhalb dieser Karenzzeit werden die Bedarfe für Unterkunft (Grundmiete und kalte Nebenkosten) in Höhe der tatsächlichen Aufwendungen anerkannt (§ 22 Abs. 1 S. 2 ff. SGB II, § 22 Abs. 4 S. 2 SGB II, § 65 Abs. 3, 6 SGB II). Dies **gilt nicht, wenn** in

einem der **vorangegangenen Bewilligungszeiträume** für die aktuell bewohnte Unterkunft der Unterkunftsbedarf schon bisher **nur abgesenkt in Höhe der angemessenen und nicht der tatsächlichen** Aufwendungen anerkannt wurde (§ 65 Abs. 6 SGB II).

16 Dies hat zur Folge, dass die Einleitung eines **Kostensenkungsverfahrens** für Kosten der Unterkunft (**Bruttokaltmiete**) – nicht für Heizung – **im Jahr 2023** auch für Bestandsfälle **unzulässig** ist (§ 65 Abs. 3 SGB II), sofern nicht vorher schon wegen Unangemessenheit abgesenkt wurde (§ 65 Abs. 6 SGB II).

17 Bei Unterbrechungen des Leistungsbezugs von mehr als einen Monat verlängert sich die Karenzzeit um volle Monate ohne Leistungsbezug (§ 22 Abs. 1 S. 4 SGB II). Eine **neue Karenzzeit** von einem Jahr beginnt, wenn zuvor mindestens drei Jahre keine Leistungen nach dem SGB II oder SGB XII bezogen worden sind (§ 22 Abs. 1 S. 5 SGB II).

18 Auch in der Karenzzeit wird bei einem **nicht erforderlichen Umzug** in eine teurere Wohnung die Höhe der Übernahme der Unterkunftskosten auf die bisherigen beschränkt (§ 22 Abs. 1 S. 3 Hs. 2 SGB II iVm § 22 Abs. 1 S. 6 SGB II). Wie vor dem Erlass des Bürgergeldgesetzes darf diese Regelung nur bei Umzügen innerhalb eines Vergleichsraums, auf den sich die Mietobergrenze bezieht, angewendet werden. Nach überwiegender Auffassung hat die Zusicherung des Jobcenters gemäß § 22 Abs. 4 S. 1 SGB II, dass die Miete für die neue Wohnung in Ordnung ist, nur Informations- und Warnfunktion, aber keine rechtlichen Folgen (anders als bei § 22 Abs. 6 SGB II).

19 Bei einem Umzug in der Karenzzeit hat die fehlende Zusicherung jedoch nachteilige Rechtsfolgen. Denn gemäß § 22 Abs. 1 S. 2 SGB II werden bei einem Umzug innerhalb der Karenzzeit höhere als angemessene Aufwendungen für die neue Wohnung nur als Bedarf anerkannt, wenn der für die neue Wohnung örtlich zuständige Träger die Anerkennung der höheren Aufwendungen vorab zusichert. **Achtung:** Die **Zusicherung bedarf der Schriftform** (§ 34 Abs. 1 S. 1 SGB X).

Ausführliche Informationen hierzu finden Sie im Beitrag Miete (→ 75 Rn. 37).

2.2 Betriebskostenspiegel

20 Zur Ermittlung „angemessener" Nebenkosten soll auf **regionale** bzw. **örtliche Betriebskostenübersichten** und die sich daraus ergebenden **Durchschnittswerte** zurückgegriffen werden. Ein wirksames, schlüssiges Konzept zur Ermittlung der Mietobergrenze (MOG) und somit auch der Angemessenheit der Nebenkosten setzt nach BSG jedoch voraus, dass auch die Nebenkosten schlüssig ermittelt wurden, was dann nicht der Fall ist, wenn hierbei nur die durchschnittlichen Nebenkosten der Alg II- bzw. Bürgergeld-Haushalte berücksichtigt wurden, um die angemessenen Nebenkosten für die MOG zu ermitteln (BSG 17.9.2020 – B 4 AS 22/20 R). Richtigerweise müssen zur Ermittlung der angemessenen Nebenkosten der gesamte Wohnungsmarkt des Vergleichsraums und nicht nur die Wohnungen mit einfachem Standard einbezogen werden (BSG 17.9.2020 – B 4 AS 22/20 R).

21 **Tipp:** Es ist davon auszugehen, dass viele schlüssige Konzepte an diesem Mangel leiden und daher kein Maßstab für die Angemessenheit der Miete und der Nebenkosten sein können. Sie sollten daher Widerspruch bzw. einen Überprüfungsantrag gem. § 44 SGB X einreichen, falls Ihre tatsächlichen KdU von der Behörde nicht übernommen werden.

22 Ergeben sich jedoch konkrete Anhaltspunkte, *„dass die vom Deutschen Mieterbund für das gesamte Bundesgebiet aufgestellten Übersichten (Betriebskostenspiegel) das örtliche Niveau besser abbilden, kann auf diese zurückgegriffen werden"* (BSG 19.10.2010 – B 14 AS 50/10 R). Der 2020 erschienene 14. **bundesweite Betriebskostenspiegel des Mieterbundes** (https://www.mieterbund.de/service/betriebskostenspiegel.html; differenziert nach West/Ost) aus dem Auswertungsjahr 2018 zeigt, dass bundesweit die „kalten" Mietnebenkosten mtl. im Schnitt bei 2,17 EUR/m² liegen (3,20 EUR abzüglich 1,03 EUR Heiz- und Warmwasserkosten). Dieser „kalte" Durchschnittswert, der sämtliche Betriebskosten umfasst, hat als angemessen zu gelten, auch wenn bestimmte

Kostenarten (zB Aufzug) bei Ihnen gar nicht anfallen.

23 Übersteigen Ihre Nebenkosten diesen Durchschnittswert, heißt das aber noch nicht, dass sie nicht mehr übernommen werden. In bestimmten Fällen ist es möglich, im **Einzelfall** höhere Nebenkosten anzuerkennen, zB bei krankheitsbedingt erhöhtem Wasserbedarf. Außerdem bilden die kalten Nebenkosten **zusammen** mit der Grundmiete als **Bruttokaltmiete** den Betrag, nach dem die **Angemessenheit** der Unterkunftskosten **bewertet** wird. Höhere Nebenkosten können somit durch eine geringere Grundmiete ausgeglichen werden und umgekehrt. Erst wenn der Gesamtbetrag die örtlich zulässige **Angemessenheitsgrenze** überschreitet, kann man Sie grundsätzlich zur Senkung der Unterkunftskosten auffordern (§ 22 Abs. 1 S. 7 SGB II, § 35 Abs. 3 S. 1, 2 SGB XII). Sie bekommen dafür einen Übergangszeitraum von **sechs Monaten** eingeräumt. Näheres dazu finden Sie in den Beiträgen Miete (→ 75 Rn. 123) und Heizkosten (→ 57 Rn. 48 ff.).

24 Seit 2011 ist es den Kommunen und Kreisen erlaubt, im Rahmen einer kommunalen **Satzung** für Kosten der Unterkunft und Heizung Höchstwerte auch für die Nebenkosten festzulegen (§§ 22a-22c SGB II, 35b SGB XII). Aber auch hier müssen die oben beschriebenen Standards zur Ermittlung eines Durchschnittswerts eingehalten werden. Weitere Informationen zur kommunalen Satzung finden Sie im Beitrag Miete (→ 75 Rn. 91). Zudem ist es **seit 1.8.2016** möglich, die Angemessenheit auf Grundlage der Bruttowarmmiete als *„Gesamtangemessenheitsgrenze"* zu bestimmen, in der die angemessene Bruttokaltmiete und angemessenen Heizkosten zusammengefasst werden (§ 22 Abs. 10 SGB II, § 35 Abs. 7 SGB XII; → 75 Rn. 104; → 57 Rn. 17).

2.3 Angemessenheit der Wasserkosten

25 Die Höhe des Wassergelds ist vom individuellen Verbrauch abhängig. Die Angemessenheit muss sich am Durchschnittsverbrauch orientieren. Dieser lag 2021 in Deutschland laut Angaben des Bundesverband der Energie- und Wasserwirtschaft (BDEW) bei durchschnittlich 127 Liter pro Tag und Kopf oder 3,875 m³ im Monat bzw. 46,5 m³ im Jahr (www.co2online.de/energie-sparen/heizenergie-sparen/warmwasser/durchschnittlicher-wasserverbrauch/).

26 Besonders in älteren Wohnhäusern werden die Kosten für Wasser/Abwasser nicht auf die einzelnen Wohneinheiten umgelegt, weil es noch keine getrennten Wasseruhren gibt. Ist das der Fall, können Sie nicht für einen überdurchschnittlichen Wasserverbrauch in Ihrem Wohnhaus verantwortlich gemacht werden. Sie können noch so viel Wasser sparen, wenn ein*e Nachbar*in seinen*ihren Wasserhahn niemals zudreht. Es muss bei den Wasserkosten – wie regelmäßig bei allen anderen Betriebskosten – immer Toleranzwerte geben, weil Durchschnittswerte dem **Einzelfall** nicht gerecht werden können.

Nicht zulässig ist es, wenn Behörden Wasserkosten isoliert auf ihre Angemessenheit hin überprüfen und ggf. kürzen. Vielmehr sollen die auf regionaler bzw. bundesweiter Datengrundlage ermittelten **durchschnittlichen** „kalten" Nebenkosten insgesamt zusammen mit der **Grundmiete** als **Maßstab für die angemessenen Unterkunftskosten** dienen, nicht einzelne Faktoren.

27 Manche Stadtwerke fordern bei Vertragsbeginn oder zu Beginn des Jahres einen höheren **Abschlag** für Wasser- oder auch Müllkosten in Höhe von mehreren hundert Euro. Die Behörde hat hier den gesamten Betrag zu übernehmen, unabhängig davon, wie lange Sie noch Hilfeempfänger*in sind. Maßgeblich ist der Zeitpunkt, an dem der Betrag fällig ist, nicht der Zeitraum, für den im Voraus zu zahlen ist (BSG 8.5.2019 – B 14 AS 20/18 R, zwar Entscheidung für Heizung, aber auf Wasserkosten übertragbar).

3. Nachzahlungsverpflichtung bzw. Guthaben aufgrund einer Betriebskostenabrechnung

28 Nachfolgend wird im Einzelnen darauf eingegangen, wie im SGB II bzw. SGB XII mit einer Nachzahlungsverpflichtung bzw. einem Guthaben aufgrund einer Betriebskostenabrechnung zu verfahren ist.

3.1 Nachzahlungen am Ende des Abrechnungszeitraums

29 Diese gehören ebenso wie die **Vorauszahlungen** zu den Kosten der Unterkunft (BSG 22.3.2010 – B 4 AS 62/09 R) und müssen im Monat der Fälligkeit übernommen werden (BSG 22.3.2010 – B 4 AS 62/09 R; SG Lüneburg 15.3.2005 – S 23 S 75/05 ER).

30 Auch Nachzahlungen, die **Zeiträume vor dem Bezug** von Alg II bzw. Bürgergeld/Sozialhilfe betreffen, aber während des Leistungsbezugs eingehen, müssen idR übernommen werden. Allerdings nur, wenn Sie noch in derselben Wohnung wohnen, für die die Nachzahlung fällig wird. Ist das **Mietverhältnis** bereits **beendet**, gehört die betreffende Nachzahlung für einen Abrechnungszeitraum vor dem Bezug von Leistungen nicht zu den übernahmefähigen Unterkunftskosten (BSG 25.6.2015 – B 14 AS 40/14 R).

31 Eine Nachforderung, die eine **ehemalige Wohnung** betrifft, kann nach Rechtsprechung des BSG ausnahmsweise dann übernommen werden, wenn Sie sowohl im Zeitpunkt der Entstehung der Kosten als auch im Zeitpunkt ihrer Fälligkeit **im Bezug von Bürgergeld standen**. Außerdem muss die Aufgabe der betreffenden Wohnung im Rahmen einer **Kostensenkungsaufforderung** durch das Jobcenter erfolgt sein und der Nachzahlbetrag darf noch nicht gedeckt sein (BSG 20.12.2011 – B 4 AS 9/11 R). Das sollte jedoch auch gelten, wenn der Umzug während Ihres Leistungsbezuges erfolgte und er aus anderen, nicht von Ihnen zu vertretenden Gründen **erforderlich** war (zB Krankheit, Behinderung, Vergrößerung der Bedarfsgemeinschaft usw). Eine Nachforderung, die eine ehemalige Wohnung betrifft, ist auch dann zu übernehmen, wenn ein durchgehender Leistungsbezug vom Zeitpunkt der Entstehung der Nachforderung (Abrechnungszeitraum) bis zu deren Fälligkeit bestand und eine Zusicherung hinsichtlich des Umzugs vorlag (BSG 30.3.2017 – B 14 AS 13/16 R; BSG 13.7.2017 – B 4 AS 12/16 R).

32 Nach Auffassung mehrerer LSG ist Voraussetzung für die Übernahme einer fälligen Nebenkostennachforderung für eine nicht mehr bewohnte Wohnung lediglich, dass ein durchgehender Leistungsbezug vom Zeitpunkt der Entstehung der Nachforderung (Abrechnungszeitraum) bis zu deren Fälligkeit bestand. Auf eine Kostensenkungsaufforderung oder eine Zusicherung eines Umzuges durch die Behörde kommt es nicht an (LSG NRW 23.5.2019 – L 7 AS 1440/18; LSG Berlin-Brandenburg 30.4.2020 – L 19 AS 2352/19). Denn der **durchgehende Leistungsbezug** bewirkt bereits die vom BSG geforderte **existenzsicherungsrechtlich relevante Verknüpfung** der Nebenkostennachforderung für die in der Vergangenheit bewohnte Wohnung mit dem aktuellen unterkunftsbezogenen Bedarf. Die vom BSG gebildeten Fallgruppen, die eine Übernahme von Kosten für eine nicht mehr bewohnte Wohnung ermöglichen (Erfüllung einer Kostensenkungsobliegenheit bzw. Zusicherung hinsichtlich des Umzugs), sind auch nicht als abschließend anzusehen, was bereits das Wort „jedenfalls" im Urteil des BSG vom 30.3.2017 (B 14 AS 13/16 R) verdeutlicht, das weitere Fallkonstellationen zulässt (LSG NRW 23.5.2019 – L 7 AS 1440/18). Schließlich ist zweifelhaft, ob die Anforderung „Zusicherung hinsichtlich des Umzuges" ein sachgerechtes Kriterium für den Übernahmeanspruch sein kann, da sich die Zusicherung nur auf Kosten der künftigen Wohnung bezieht und Kosten der bisherigen Wohnung gerade nicht beeinflusst (LSG NRW 23.5.2019 – L 7 AS 1440/18).

33 Diese vom BSG getroffene Systematik ist insbesondere unter Berücksichtigung der neuen LSG-Entscheidungen deutlich zu kritisieren. Den Zeitpunkt, wann die vermietende Person eine Betriebskostenabrechnung für eine nicht mehr bewohnte Wohnung vorlegt, können die Mietpartei bzw. Bürgergeld-Beziehenden schwer bis gar nicht steuern. BK-Nachforderungen für nicht mehr bewohnte Wohnungen sind eindeutig Unterkunftskosten, die vertraglich im Leistungsbezug fällig werden. Sie wären daher vom Jobcenter als tatsächliche Unterkunftskosten zu übernehmen. Hier wird die Auffassung vertreten, dass die genannten LSG-Entscheidungen zutreffend sind und ein Übernahmeanspruch bereits besteht, wenn ein durchgehender Leistungsbezug vom Zeitpunkt der Entstehung der Nachforderung (Abrechnungszeitraum) bis zu deren Fälligkeit bestand. Da

nicht auszuschließen ist, dass Jobcenter dazu neigen, einen Übernahmeanspruch nur zu bejahen, wenn die Fallgruppen der BSG-Urteile vorliegen, muss gerade im Hinblick auf die neuen LSG-Entscheidungen die Diskussion weitergeführt werden, indem immer wieder Anträge gestellt und durch die Gerichte gebracht werden. Die BSG-Entscheidung ist auch systematisch falsch, denn KdU sind KdU, wenn sie im Leistungsbezug fällig gestellt werden. Die Alternative dazu wäre: Sie sind Schulden und der*die SGB II-Beziehende muss sich deshalb gegenüber seinem*r alten Vermieter*in verschulden, weil er*sie diese Forderung aus seinen*ihren Hungerregelleistungen nicht zahlen kann.

34 Nachzahlungen, die **nach dem Ende des Bezugs** eingehen, aber Zeiten des Bezugs betreffen, werden nicht übernommen (→ 57 Rn. 6 f.). Wenn Sie aber im **Monat der Fälligkeit** einen **Leistungsantrag** stellen, muss als Bürgergeld- bzw. SGB II-/Sozialhilfe-Bedarf der normale sozialrechtliche Bedarf (RB, Mehrbedarfe, laufende KdU) zzgl. des jeweiligen Nachzahlbetrags dazugerechnet werden. So haben frühere Leistungsbezieher*innen, die erfolgreich in den Niedriglohn vermittelt wurden, immer noch einen ganz oder teilweisen Übernahmeanspruch auf BK-Abrechnungen aus noch bewohnten Wohnungen. Ein Übernahmeanspruch heißt: Das Jobcenter/Sozialamt muss diese als tatsächliche Unterkunftskosten auf Zuschussbasis übernehmen (§ 22 Abs. 1 S. 1 SGB II, § 35 Abs. 1 S. 1 SGB XII). Das bezieht sich auf BK-Abrechnungen und Heizkostennachforderungen des Energieversorgers. Ferner sind einmalige unterkunftsbezogene Aufwendungen (hier: Beschaffung von jährlichem Heizmaterial, zB Öl, Gas, Pellets, Holz, Kohle oder sonstige Brennstoffe) als aktueller Bedarf im Monat der Fälligkeit gemäß § 22 Abs. 1 S. 1 SGB II auch dann zu übernehmen, wenn durch die Bevorratung mit Heizmaterial allein im Monat der Fälligkeit Hilfebedürftigkeit entsteht und der*die Antragsteller*in gerade nicht für längere Zeit im Leistungsbezug ist (BSG 8.5.2019 – B 14 AS 20/18 R; Folge des insoweit geltenden Monatsprinzips). Eine **Verteilung der Kosten auf mehrere Monate** durch das Jobcenter eines in einem bestimmten Monat anfallenden Bedarfs für Heizmaterial, das für einen längeren Zeitraum gekauft worden ist, ist **nicht zulässig**, da hierfür im SGB II keine Rechtsgrundlage existiert (BSG 8.5.2019 – B 14 AS 20/18 R).

35 Die vorgenannte Möglichkeit, einmalige SGB II-Leistungen geltend zu machen, um Betriebskosten- und Heizkostennachzahlungen sowie den Bedarf an Heizmaterialbevorratungskosten erfüllen zu können, haben neben Nichtleistungsbeziehenden auch Personen, die den Kinderzuschlag (§ 6a Abs. 7 S. 3 BKGG) oder Wohngeld erhalten (vgl. Durchführungserlass BMI vom 4.8.2020, Az.: SW II 4 – 72307/2#29). Wenn Sie aber nach dem Monat der Fälligkeit den Antrag stellen, sind es Schulden: Dann besteht kein Übernahmeanspruch mehr.

36 Hierzu wurde mit dem Bürgergeldgesetz für **Heizkosten** die **Sonderregelung** des § 37 Abs. 2. S. 2 SGB II geschaffen, wonach Anträge auf Übernahme von Heizkosten **drei Monate zurückwirken** und somit nicht zwingend im Monat der Fälligkeit beim Jobcenter gestellt werden müssen. Nach § 37 Abs. 2 S. 2 SGB II gilt: „*Wird ein Antrag auf Leistungen zur Sicherung des Lebensunterhalts für einen einzelnen Monat gestellt, in dem aus Jahresabrechnungen von Heizenergiekosten [nicht: Betriebskosten] oder aus der angemessenen Bevorratung mit Heizmitteln resultierende Aufwendungen für die Heizung fällig sind, wirkt dieser Antrag, wenn er bis zum Ablauf des dritten Monats nach dem Fälligkeitsmonat gestellt wird, auf den Ersten des Fälligkeitsmonats zurück*". Zu beachten ist, dass dies nur für Anträge gilt, die **bis zum 31.12.2023** gestellt werden (§ 37 Abs. 2 S. 3 SGB II) und dass im **SGB XII keine entsprechende Regelung** existiert.

37 Bei Personen **im laufenden Leistungsbezug** müssen Nachforderungen für Nebenkosten auch übernommen werden, wenn sie **später bei der Behörde** eingereicht werden. Auch eine neun Wochen verspätete „*Geltendmachung*" führt nicht dazu, dass aus der Forderung der vermieteten Person Schulden werden, für deren Übernahme strengere Voraussetzungen gelten (LSG Baden-Württemberg 15.3.2007 – L 12 AS 618/07; LSG Sachsen 3.4.2008 – L 3 AS 164/07, Jobcenter muss

auch nach einem halben Jahr noch übernehmen).

Nachforderungen während eines Bewilligungszeitraums, die in den Bereich der Unterkunfts- und Heizkosten fallen, sind vom regulären **Antrag** auf SGB II-Leistungen erfasst (BSG 22.3.2010 – B 4 AS 62/09 R). Sie müssen sie nicht gesondert beantragen. Die Behörde muss demnach die **Endabrechnung als Nachweis** für die tatsächlichen Aufwendungen für Unterkunft und Heizung routinemäßig von Ihnen einfordern. Sie muss eine Nachzahlung auch übernehmen, wenn Sie sie schon an die vermietende Person gezahlt haben, bevor sie dem Jobcenter/Sozialamt vorgelegt wird (SG Frankfurt/M 18.8.2008 – S 26 AS 1333/07).

38 **Tipp 1:** Mithilfe eines Überprüfungsantrages (→ 80 Rn. 19 ff.) können Nachforderungen aus zurückliegenden Bewilligungszeiträumen bis zu einem Jahr rückwirkend geltend gemacht werden, auch wenn sie schon Schulden geworden sind (LSG Sachsen 3.4.2008 – L 3 AS 164/07).

39 **Tipp 2:** Achten Sie darauf, dass
- die zu übernehmenden Vorauszahlungen im Rahmen der Angemessenheitskriterien so hoch sind, dass möglichst keine Nachzahlungen entstehen und
- Sie nur Endabrechnungen bezahlen, die innerhalb einer **Frist von zwölf Monaten** eingegangen sind. Nach diesem Zeitraum ist eine Betriebskostennachforderung der vermietenden Person unwirksam (§ 556 Abs. 3 S. 3 BGB). Wenn Sie sie schon bezahlt haben sollten, können Sie sie bis zu drei Jahre danach von der vermietenden Person zurückverlangen (BGH 18.1.2006 – VIII ZR 94/05).

3.2 Guthaben am Ende des Abrechnungszeitraums

40 Guthaben aus Endabrechnungen sind **Einkommen** und werden angerechnet. Sie mindern die Unterkunftskosten in dem Monat **nach** der Rückzahlung (§ 22 Abs. 3 SGB II). Das gilt auch, wenn das Guthaben aus einem Zeitraum **vor dem Leistungsbezug** stammt (BSG 22.3.2012 – B 4 AS 139/11 R; BSG 24.6.2020 – B 4 AS 7/20 R; → 57 Rn. 11 f.). Übersteigt das zurückgezahlte Guthaben die KdU dieses Monats, erfolgt keine gleichmäßige Verteilung des Guthabens auf sechs Monate nach § 11 Abs. 3 SGB II, sondern das Guthaben wird ab dem Folgemonat des Zuflusses solange auf die KdU angerechnet, bis das Guthaben verbraucht ist, da § 22 Abs. 3 Hs. 1 SGB II als Sonderregel dem § 11 Abs. 3 SGB II vorgeht (BSG 24.6.2020 – B 4 AS 8/20 R).

41 **Zum 1.8.2016** wurde mit dem Neunten SGB II-Änderungsgesetz eine Rechtsauslegung des BSG ausnahmsweise zugunsten von Alg II-Beziehenden korrigiert: *„Rückzahlungen, die sich auf die Kosten für Haushaltsenergie oder* **nicht anerkannte Aufwendungen** *für Unterkunft und Heizung beziehen, bleiben außer Betracht"* (§ 22 Abs. 3 Hs. 2 SGB II).

Das bezieht sich auf Guthabenanteile, die Sie selbst aus dem Regelbedarf finanziert haben, zB weil das Jobcenter nicht die volle Bruttokaltmiete übernommen hat. In diesem Fall dürfen Sie den Anteil behalten, den Sie als „nicht anerkannte Aufwendungen" aus dem Regelbedarf gezahlt haben. Das BSG hat am 24.6.2020 entschieden, dass ein Guthaben aus einem Zeitraum vor dem Leistungsbezug nicht mit „nicht anerkannten Aufwendungen" im Sinne des § 22 Abs. 3 Hs. 2 SGB II gleichzusetzen ist und daher voll anzurechnen ist nach § 22 Abs. 3 SGB II (BSG 24.6.2020 – B 4 AS 7/20 R). Zu Guthaben, die sich auf Haushaltsenergie beziehen, lesen Sie im Beitrag **Strom** (→ 109 Rn. 12).

42 Wird ein Betriebskostenguthaben von der vermietenden Person **gegen Mietrückstände aufgerechnet** und kann deshalb von der Mietpartei nicht oder nicht ohne Weiteres auf rechtliche Weise realisiert werden, dürfen die *„existenznotwendigen Aufwendungen der Unterkunft und Heizung"* vom Jobcenter nicht gekürzt werden (BSG 16.5.2012 – B 4 AS 132/11 R).

4. Forderung

43 Übernahme der Mietnebenkosten einschließlich des Wassergelds in tatsächlicher Höhe!

77
Mietschulden

1. Kündigung durch bzw. Einigungslösung mit vermietender Partei 1
 1.1 Kündigung durch die vermietende Person bei Mietschulden 2
 1.2 Sich mit der vermietenden Person arrangieren 8
2. Heilungsmöglichkeit bei fristloser Kündigung durch vermietende Partei und Räumungsklage 9
 2.1 Unwirksamwerden der fristlosen Kündigung 10
 2.2 Räumungsklage mit schriftlichem Vorverfahren 13
3. Übernahme der Mietschulden durch Behörde 17
 3.1 Wann ist die Übernahme von Mietschulden durch die Behörde möglich? 18
 3.2 Schonvermögen vorrangig einsetzen? 22
 3.3 Wann ist die Übernahme gerechtfertigt? 25
 3.4 Notwendigkeit der Übernahme ... 27
 3.5 Verpflichtung zur Übernahme? 29
 3.6 Unterrichtung der zuständigen Behörde über den Eingang einer Räumungsklage 37
4. Übernahme der Mietschulden als Beihilfe oder Darlehen 39
 4.1 Beihilfe oder Darlehen 40
 4.2 Aufrechnung von Mietschulden-Darlehen mit HzL/GSi der Sozialhilfe 43
 4.3 Aufrechnung von Mietschulden-Darlehen mit Bürgergeld 45
5. Direktüberweisung an die vermietende Partei und Folgen bei Verursachung der Schulden durch die Behörde 46
 5.1 Direktüberweisung der Miete durch die Behörde 47
 5.2 Mietschulden, verursacht durch die Behörde? 48
6. Kosten einer Räumung 49
7. Kritik 51
8. Forderungen 53

1. Kündigung durch bzw. Einigungslösung mit vermietender Partei

1 Mietschulden und daraus resultierende Wohnungsräumungen sind der häufigste Grund für Obdachlosigkeit. Nachfolgend erfahren Sie, unter welchen Voraussetzungen eine fristlose Kündigung rechtens ist.

1.1 Kündigung durch die vermietende Person bei Mietschulden

2 Die vermietende Person kann Ihnen fristlos kündigen, wenn ein wichtiger Grund vorliegt (§ 543 Abs. 1 BGB). Ein wichtiger Grund liegt insbesondere vor, wenn

- Sie in zwei aufeinander folgenden Monaten die Miete entweder gar nicht zahlen oder insgesamt mehr als eine Monatsmiete schuldig bleiben (§ 543 Abs. 2 S. 1 Nr. 3 lit. a BGB iVm § 569 Abs. 3 Nr. 1 BGB),
- Sie in einem Zeitraum, der sich über mehr als zwei Monate erstreckt, die Miete teilweise nicht zahlen und der Mietrückstand mindestens zwei Monatsmieten erreicht (§ 543 Abs. 2 S. 1 Nr. 3 lit. b BGB) oder
- Sie die Kaution nicht zahlen oder bei Teilzahlungen mit der Kautionszahlung in Höhe von zwei Monatsmieten in Verzug sind (§ 569 Abs. 2a BGB).

3 Unter Miete ist die monatliche Warmmiete zu verstehen, also Kaltmiete plus Nebenkostenvorauszahlungen. Rückständige Nebenkostennachzahlungen im Rahmen der Jahresendabrechnung berechtigen nicht zu einer fristlosen Kündigung (Grüneberg BGB § 543 Rn. 23; aA LG Berlin 20.2.2015 – 63 S 202/14). Wenn die Kündigung wirksam wird, erlischt das Mietverhältnis. Statt der früheren Miete müssen Sie eine Nutzungsentschädigung mindestens in Höhe der vereinbarten Miete zahlen (§ 546a BGB).

4 **Sonderregeln aus Anlass der Coronapandemie** (Art. 5 Gesetz zur Abmilderung der Folgen der COVID-19-Pandemie im Zivil-, Insolvenz- und Strafverfahrensrecht v. 27.3.2020 iVm Art. 240 § 2 Einführungsgesetz zum Bürgerlichen Gesetzbuch (EGBGB / Kündigungsbeschränkung wg. Zahlungsverzugs)):

Die Coronapandemie ist bzw. war für viele Personen mit erheblichen Einkommensverlusten verbunden. Aus diesem Grund wurde mit Wirkung zum 1.4.2020 geregelt, dass eine vermietende Person ein Mietverhältnis nicht allein aus dem Grund kündigen kann, dass die Mietpartei im Zeitraum vom 1.4.2020 bis 30.6.2020 trotz Fälligkeit die Miete nicht gezahlt hat, sofern die Nichtzahlung der Miete auf den Auswirkungen der Corona-Pandemie beruht (Art. 240 § 2

Abs. 1 S. 1 EGBGB). Den Zusammenhang von Corona-Pandemie und Nichtzahlung der Miete musste die Mietpartei im Streitfall nachweisen bzw. glaubhaft machen (zB durch Antrag auf staatl. Leistungen, Bescheinigung des Arbeitgebers, der Arbeitsagentur etc; Art. 240 § 2 Abs. 1 S. 2 EGBGB).

5 Die Kündigungsmöglichkeit der vermietenden Person wegen anderer Kündigungsgründe (zB Eigenbedarf oder aufgrund erheblicher Pflichtverletzung der Mietpartei gegenüber der vermietenden Person) blieb in diesem Zeitraum jedoch bestehen (Art. 240 § 2 Abs. 1 S. 3 EGBGB).

6 Da der besondere Kündigungsschutz wegen Zahlungsverzuges nur für Zahlungsrückstände für die Monate April 2020 bis einschließlich Juni 2020 galt, konnte das Mietverhältnis wegen Zahlungsrückständen gekündigt werden, die ab dem 1.7.2020 entstanden – auch in Kombination mit eventuellen früheren Zahlungsrückständen aus der Zeit vor April 2020 –, wenn die Mietpartei insgesamt mit mehr als einer Monatsmiete in Verzug geriet.

7 Wichtig: Der vorgenannte Kündigungsausschluss bestand bis zum 30.6.2022 (Art. 240 § 2 Abs. 4 EGBGB). Dies bedeutet, dass der Rückstand für die Monate April 2020 bis Juni 2020 spätestens bis zum 30.6.2022 ausgeglichen werden musste. Denn ab 1.7.2022 konnte die vermietende Person die Kündigung erklären, wenn der Rückstand bis dahin nicht vollständig beglichen wurde und die Voraussetzungen des § 543 Abs. 2 S. 1 Nr. 3 BGB erfüllt waren. Art. 240 EGBGB und somit auch die vorgenannte Regelung des Art. 240 § 2 Abs. 4 EGBGB ist am 30.9.2022 außer Kraft getreten (Art. 6 Abs. 6 COVFAG).

1.2 Sich mit der vermietenden Person arrangieren

8 Auch wenn Sie die Miete nicht aufbringen können, kann die vermietende Person von ihrem Recht auf fristlose Kündigung absehen. Sie sollten die Hintergründe klarmachen, eine Tilgungsperspektive entwickeln und aufzeigen, dass künftige Mietzahlungen gesichert sind. Räumungen sind auch für vermietende Personen ein Ärgernis, bedeuten Stress und Kosten. Sie haben deswegen in der Regel ein Interesse an einer einvernehmlichen, gütlichen Regelung (→ 88 Rn. 8).

2. Heilungsmöglichkeit bei fristloser Kündigung durch vermietende Partei und Räumungsklage

9 Unter bestimmten Umständen kann eine fristlose Kündigung unwirksam sein bzw. werden. Sollte dies nicht der Fall sein und eine Räumungsklage erhoben worden sein, gibt es wichtige Fristen, die beachtet werden müssen.

2.1 Unwirksamwerden der fristlosen Kündigung

10 Die fristlose Kündigung ist/wird unwirksam,

- wenn Sie den Mietrückstand vor dem Erhalt der Kündigung zahlen (§ 543 Abs. 2 S. 2 BGB iVm § 543 Abs. 2 S. 1 Nr. 3 BGB),
- wenn Sie den Mietrückstand **innerhalb von zwei Monaten** zahlen, nachdem die Räumungsklage *„rechtshängig"* ist, dh nach der ordnungsgemäßen Zustellung der Klageschrift an Sie durch das Gericht oder
- wenn Sie in diesem Zeitraum der vermietenden Person eine Erklärung einer öffentlichen Stelle (Sozialamt, Jobcenter) vorlegen, dass die rückständige Miete übernommen wird (§ 569 Abs. 3 Nr. 2 S. 1 BGB).

Die Zusage muss sich auf die gesamten Mietrückstände beziehen, nicht auf künftige Mieten.

11 Vorsicht!

- Wenn Sie innerhalb der letzten zwei Jahre schon einmal wegen Mietschulden fristlos gekündigt wurden, bleibt trotz Nachzahlung eine **erneute** fristlose Kündigung wirksam (§ 569 Abs. 3 Nr. 2 S. 2 BGB).
- Bei einer zweiten fristlosen Kündigung innerhalb von zwei Jahren kann der Mietrückstand durch das Amt **nur** übernommen werden, wenn das Mietverhältnis nachweislich fortgesetzt und somit die Unterkunft gesichert werden kann (§ 22

Abs. 8 SGB II entsprechend § 36 Abs. 1 SGB XII).

- Wenn Ihre vermietende Person die fristlose Kündigung mit einer fristgerechten verbindet, kann durch die vollständige Zahlung der säumigen Miete innerhalb von zwei Monaten **nur** die fristlose Kündigung geheilt werden, **nicht** aber die fristgerechte (BGH 16.2.2005 – VII ZR 6/04; BGH 23.2.2016 – VIII ZR 321/14, Rn. 4).

12 **Tipp: Stecken Sie nicht den Kopf in den Sand, wenn Mietschulden auflaufen. Sie können eine Räumung (→ 88) vermeiden.** Wenn Sie nach einer Räumungsklage von der **Wohnraumsicherungsstelle** des Sozialamts angeschrieben werden, sprechen Sie unbedingt dort vor, wenn Sie eine Räumung verhindern wollen. Melden Sie sich nicht, geht das Amt davon aus, dass Sie sich selbst helfen.

2.2 Räumungsklage mit schriftlichem Vorverfahren

13 Hat das Gericht bei einer Räumungsklage das schriftliche Vorverfahren (§ 276 ZPO) und nicht einen frühen ersten Termin zur mündlichen Verhandlung angeordnet, müssen Sie die vom Gericht gesetzte Fristen beachten, um sich die Möglichkeit zu erhalten, die Räumungsklage durch Zahlung der Miete innerhalb von zwei Monaten abzuwenden.

14 Denn beim schriftlichem Vorverfahren werden Sie mit Zustellung der Räumungsklage aufgefordert, dem Gericht innerhalb einer Frist von zwei Wochen nach Zustellung der Klage schriftlich mitzuteilen, **ob** Sie sich gegen die Räumungsklage verteidigen wollen und innerhalb einer Frist von mindestens zwei weiteren Wochen mitzuteilen, **wie** Sie sich gegen die Räumungsklage verteidigen wollen, also Ihre Argumente zu übermitteln (§ 276 Abs. 1 ZPO).

15 Teilen Sie Ihre Verteidigungsbereitschaft dem Gericht nicht innerhalb der ersten zwei Wochen schriftlich mit, wird ein „*Versäumnisurteil*" erlassen, wenn der*die Kläger*in dies beantragt (§ 331 Abs. 3 S. 1 ZPO), was idR bei einer anwaltlich erstellten Klageschrift der Fall ist. Die nachteilige Folge eines Versäumnisurteils für den Beklagten ist u.a., dass das Gericht die Ausführungen des*r Klägers*Klägerin in der Klage als wahr unterstellt (§ 331 Abs. 3 S. 1 ZPO iVm § 331 Abs. 1 S. 1 ZPO) und dass das Versäumnisurteil vorläufig vollstreckbar ist (§ 708 Nr. 2 ZPO). Dies bedeutet, dass der*die Kläger*in nicht wie bei anderen Urteilen erst nach der Rechtskraft, sondern sofort die Zwangsvollstreckung betreiben und ein*e Gerichtsvollzieher*in mit der Räumung beauftragen werden kann. Für die Mitteilung der Verteidigungsbereitschaft genügt, dass Sie dem Gericht schriftlich mitteilen, dass Sie sich gegen die Klage verteidigen möchten. Bitte beachten Sie hierbei, dass die zwei Wochenfrist zu Anzeige der Verteidigungsbereitschaft eine Notfrist ist und daher nicht verlängert werden kann. Die zweite Frist zur Übermittlung Ihrer Argumente an das Gericht kann verlängert werden; der Verlängerungsantrag muss aber vor Ablauf der Frist bei Gericht eingehen und die Gründe benennen, warum Sie eine Fristverlängerung beantragen (zB Krankheit).

16 Bei einem schriftlichen Vorverfahren haben Sie nur dann die Möglichkeit, die Räumungsklage durch Zahlung der Miete innerhalb von zwei Monaten abzuwenden, wenn Sie Ihre Verteidigungsbereitschaft dem Gericht innerhalb von zwei Wochen nach Zustellung der Räumungsklage schriftlich mitteilen.

3. Übernahme der Mietschulden durch Behörde

17 Im Folgenden wird dargelegt, wann eine Übernahme der Mietschulden durch die zuständige Behörde erfolgen kann bzw. zu erfolgen hat.

3.1 Wann ist die Übernahme von Mietschulden durch die Behörde möglich?

18 „*Sofern Bürgergeld für den Bedarf für Unterkunft […] erbracht wird, können auch Schulden übernommen werden, soweit dies zur Sicherung der Unterkunft […] gerechtfertigt ist. Sie sollen übernommen werden, wenn dies gerechtfertigt und notwendig ist und sonst Wohnungslosigkeit einzutreten droht*" (§ 22 Abs. 8 S. 1, 2 SGB II, entsprechend § 36 Abs. 1 SGB XII).

19 Mietschulden von Bürgergeld-Beziehenden, Auszubildenden und Schüler*innen, die ergänzende SGB II-Leistungen beziehen, werden vom **Jobcenter** übernommen (§ 22 Abs. 8 SGB II).

20 Nach neuerer Rechtsprechung des BSG ist für die Übernahme von Mietschulden iSd § 22 Abs. 8 SGB II kein gesonderter Antrag gem. § 37 Abs. 1 S. 2 SGB II erforderlich, es reicht vielmehr die Kenntnis des Jobcenters und somit die dortige Anzeige des Bedarfs (offene Mieten und angedrohte Kündigung der vermietenden Person), die das Jobcenter in die Lage versetzt, mit der Prüfung einer Übernahme von Mietschulden zu beginnen. Dies begründet das BSG damit, dass § 22 Abs. 8 SGB II nicht in § 37 Abs. 1 S. 2 SGB II aufgeführt ist, der die Fälle regelt, bei denen gesonderte Anträge zu stellen sind (BSG 13.7.2022 – B 7/14 AS 52/21 R).

§ 22 Abs. 8 SGB II erfasst nicht nur Schulden gegenüber der vermietenden Person, sondern nach neuerer Rechtsprechung des BSG auch Schulden bzw. Darlehen, welche die leistungsberechtigte Person bei Dritten aufgenommen hat, um die Schulden bei der vermietenden Person begleichen zu können, um so die Wohnung zu erhalten. Dies setzt nach dem BSG voraus, dass zum Zeitpunkt der Aufnahme des Darlehens bei dem Dritten die Voraussetzungen für die Gewährung eines Mietschuldendarlehens durch das Jobcenter nach dem § 22 Abs. 8 SGB II vorlagen, insbesondere die leistungsberechtigte Person vor der Darlehensaufnahme bei dem Dritten einen Antrag beim Jobcenter gestellt hat bzw. dem Jobcenter mitgeteilt hat, dass Mietschulden bestehen und der Bestand des Mietverhältnisses gefährdet sei, diese Mietschulden nach ermessensfehlerfreier Entscheidung durch das Jobcenter zu übernehmen gewesen wären und das Jobcenter die Gelegenheit zur Entscheidung gehabt hat, da es von der leistungsberechtigten Person entsprechend informiert wurde (BSG 13.7.2022 – B 7/14 AS 52/21 R).

21 Für erwerbsfähige Personen, die **keine** Bürgergeld-Leistungen beziehen, weil ihr Einkommen geringfügig oberhalb des Bürgergeld- bzw. SGB II-Bedarfs liegt (§ 21 S. 2 SGB XII), für voll Erwerbsgeminderte und Altersrentner*innen mit Renteneinkommen knapp oberhalb des Sozialhilfebedarfs sowie für Beziehende von HzL/GSi der Sozialhilfe ist das **Sozialamt** zuständig (§ 36 Abs. 1 SGB XII). Auch für Auszubildende, Schüler*innen und Studierende, die keine laufenden Leistungen nach dem SGB II beziehen, ist das Sozialamt für die Mietschuldenübernahme zuständig (infolge der Streichung von § 27 Abs. 5 SGB II aF, der auf § 22 Abs. 8 SGB II verwiesen hatte).

3.2 Schonvermögen vorrangig einsetzen?

22 Bei Bezug von **Bürgergeld** müssen Sie seit 2011 Ihr komplettes Schonvermögen (→ 119) und nach dem Wortlaut des Gesetzes sogar das Kinderschonvermögen vorrangig für die Mietschulden einsetzen (§ 22 Abs. 8 S. 3 SGB II iVm § 42a Abs. 1 SGB II; → 30 Rn. 5 f.).

23 **Tipp:** Mietschulden werden vom Jobcenter darlehensweise übernommen. Das BSG hat entschieden, dass nur der*die mietvertraglich verantwortliche*n Schuldner*in für diese Leistung ist (BSG 18.11.2014 – B 4 AS 3/14 R; → Rn. 45). Andere Mitglieder der Bedarfsgemeinschaft, allen voran die Kinder, können nicht als Darlehensnehmer*innen herangezogen werden. Folglich ist nur das Schonvermögen des*r Darlehensnehmers*Darlehensnehmerin einzusetzen, dasjenige der restlichen Bedarfsgemeinschaft bleibt geschützt.

24 Wenn das **Sozialamt** Ihre Mietschulden übernimmt, weil Sie sozialhilfeberechtigt oder Geringverdiener*in ohne Bürgergeld-Anspruch sind, hat das Sozialamt eine Ermessensentscheidung (→ 44 Rn. 57) dahin gehend zu treffen, ob die Übernahme der Mietschulden als Beihilfe oder Darlehen übernommen wird (§ 36 Abs. 1 S. 3 SGB XII). Im SGB XII ist umstritten, ob hier – wie beim Bezug von Bürgergeld – das komplette Schonvermögen vorrangig für die Mietschulden eingesetzt werden muss (§ 22 Abs. 8 S. 3 SGB II iVm § 42a Abs. 1 SGB II) oder ob die berechtigte Person im SGB XII das Vermögen für Mietschulden erst dann heranziehen muss, wenn der Vermögensfreibetrag (seit 1.1.2023: 10.000 EUR, vorher: 5.000 EUR) überschritten wird. Da der Ge-

setzgeber im SGB XII eine dem § 42a Abs. 1 S. 1 SGB II entsprechende Vorschrift, welche den vorrangigen Einsatz des Schonvermögens im Bürgergeld regelt, nicht aufgenommen hat, sprechen die überzeugenderen Argumente dafür, dass das Vermögen der berechtigten Person für Mietschulden erst dann einzusetzen ist, wenn der Vermögensfreibetrag überschritten wurde. Zur Mietschuldentilgung ist dann auch nur der den Vermögensfreibetrag überschreitende Betrag heranzuziehen (LPK-SGB XII § 37 Rn. 6). Hierfür spricht auch, dass der Freibetrag im SGB XII im Verhältnis zum SGB II erheblich geringer ist und bei diesem zB ein Freibetrag für angesparte Beträge zur Beschaffung von Haushaltsgeräten oder Bekleidung im Gegensatz zum SGB II nicht vorgesehen und somit eine weitere Einschränkung des ohnehin gering bemessenen Schonvermögens im SGB XII nicht hinnehmbar ist (GK-SRB/Busse SGB XII § 37 Rn. 4).

3.3 Wann ist die Übernahme gerechtfertigt?

25 Voraussetzung für die Schuldenübernahme ist, dass Wohnungsgröße und Miete angemessen sind (→ 75 Rn. 15 ff.).

Die Schuldenübernahme ist gerechtfertigt, wenn sie einen wichtigen Grund dafür vorweisen können, zB
- wegen Einkommensarmut oder einer akuten Überschuldungssituation,
- wenn besondere Problemlagen vorliegen, zB *„Isolation, psychische Störungen, Suchtproblematik, Krankheit, schwieriges häusliches Umfeld"* (Empfehlungen des Deutschen Vereins (DV) zur Übernahme von Mietschulden und Energiekostenrückständen im SGB II und SGB XII, 11.3.2015, 11, im Folgenden: DV 17/14),
- wenn Sie eine Familie mit (kleinen) Kindern haben,
- wenn Ihnen aufgrund von Krankheit, Behinderung oder wegen des hohen Alters ein Umzug in eine andere Wohnung nicht zuzumuten ist,
- wenn die Verschuldungssituation auf eine vorübergehende (ggf. krankheitsbedingte) Krisensituation zurückzuführen ist oder
- wenn aufgrund einer Sanktion (→ 95) Mietschulden aufgelaufen sind.

26 **Nicht gerechtfertigt** ist dagegen die Schuldenübernahme,
- wenn bereits **wiederholt Mietschulden** entstanden sind. Das reduziert zumindest die Aussichten auf Schuldenübernahme durch die Behörde (OVG NRW 9.5.1985 – 8 B 2185/84). In diesem Fall könnte man Ihnen *„sozialwidriges Verhalten"* unterstellen. Um das zu widerlegen, müssten Sie schon plausible Gründe dafür anführen, warum es künftig zu keinem weiteren Mietrückstand mehr kommt (zB Therapie gegen Spielsucht, laufende Budgetberatung im Rahmen der Schuldnerberatung usw) oder
- wenn Sie zB ausreichende Einkünfte hatten, um die Miete zu zahlen, sie aber dennoch nicht gezahlt haben (OVG Hamburg 14.9.1990 – Bf IV 88/89).

Bei **Bürgergeld-Bezug** ist die Übernahme nicht gerechtfertigt,
- wenn es um die Sicherung einer unangemessen teuren Wohnung geht (LSG Berlin-Brandenburg 22.4.2008 – L 5 B 510/08 AS ER).

3.4 Notwendigkeit der Übernahme

27 **Notwendig** ist die Übernahme, solange die Räumung durch die vermietende Person noch abgewendet werden kann (LSG Hessen 26.10.2005 – L 7 AS 65705 ER), bei deren Vollziehung jedoch Wohnungslosigkeit entstehen würde, dh,
- wenn eine Räumungsklage eingereicht ist oder konkret beabsichtigt ist bzw.
- wenn die Räumung vollstreckt werden soll.

„Wegen der erheblichen Folgen eines drohenden Wohnungsverlustes ist das gesetzlich eingeräumte Ermessen des Leistungsträgers in diesen Fällen regelmäßig auf null reduziert; eine Schuldenübernahme kann nur in atypischen Ausnahmefällen abgelehnt werden" (DV 17/14, 23; BSG 17.6.2010 – B 14 AS 58/09 R).

28 **Nicht notwendig** wäre die Übernahme, wenn Sie die Wohnung schon **verloren** haben oder wenn die Wohnung durch die Schuldenübernahme nicht **dauerhaft** gesichert werden kann (zB bei Abriss des Wohnhauses; eine

zulässige fristgerechte Kündigung wurde parallel zur fristlosen Kündigung eingereicht und die vermietende Person verzichtet nicht darauf).

3.5 Verpflichtung zur Übernahme?

29 Wenn die Übernahme „nur" gerechtfertigt ist (→ Rn. 25), „*können*" Mietschulden übernommen werden. Hierüber hat die Behörde nach pflichtgemäßem Ermessen (→ 44) zu entscheiden und dies schriftlich zu begründen.

30 Wenn sie **gerechtfertigt und es zur Vermeidung der Wohnungslosigkeit notwendig** ist (→ Rn. 27), „*sollen*" Mietschulden übernommen werden. Die Voraussetzung des § 22 Abs. 8 SGB II „*zur Sicherung der Unterkunft*" ist erfüllt, wenn die vermietende Person die Kündigung der Unterkunft konkret angedroht hat und die Voraussetzungen für eine Kündigung gegeben sind; nicht erforderlich ist dagegen, dass die Wohnung bereits gekündigt oder Räumungsklage erhoben worden ist (BSG 13.7.2022 – B 7/14 AS 52/21 R).

31 Das Ermessen (→ 44) ist also im letzteren Fall regelmäßig „*auf null*" reduziert, dh, nur in begründeten Ausnahmen, zB bei „sozialwidrigem Verhalten", kann die Übernahme der Schulden abgelehnt werden.

„*Die Möglichkeit zur Unterbringung in einer Not- oder Obdachlosenunterkunft lässt das Tatbestandsmerkmal der drohenden Wohnungslosigkeit nicht entfallen*" (DV 17/14, 21; BSG 17.6.2010 – B 14 AS 58/09 R, dort insbes. Rn. 28).

32 Bei drohendem Verlust der Wohnung steht häufig keine konkret anmietbare Ersatzwohnung zur Verfügung, so dass eine eilige Entscheidung der Behörde erforderlich ist, ob die Mietschulden von dieser übernommen werden. Lehnt die Behörde die Übernahme der Mietschulden ab, so ist ein Antrag auf Eilverfahren bei dem Sozialgericht einzureichen (einstweiliger Rechtsschutz, → 41). Bisher wurde der hierfür notwendige Anordnungsgrund (dringende Notlage bzw. Eilbedürftigkeit) meist verneint, wenn „nur" fristlos gekündigt worden war und von der vermietenden Person noch keine Räumungsklage eingereicht wurde. Das Bundesverfassungsgericht (BVerfG) hat nun klargestellt, dass diese Auffassung nicht richtig ist und das Grundrecht auf effektiven Rechtsschutz gem. Art. 19 Abs. 4 S. 1 GG verletzt, da zu diesem Zeitpunkt eine erhebliche Rechtsbeeinträchtigung des*r Betroffenen bereits eingetreten ist (BVerfG 1.8.2017 – 1 BvR 1910/12). Das BVerfG verlangt, dass statt einer schematischen Beurteilung des Anordnungsgrundes („Räumungsklage ja oder nein") eine einzelfallbezogene Prüfung zu erfolgen hat. Und zwar dahin gehend, welche negativen Folgen finanzieller, sozialer, gesundheitlicher oder sonstiger Art ein Verlust gerade dieser konkreten Wohnung für die*den Betroffene*n hätte. Relevante Nachteile können daher nicht nur in einer Wohnungs- oder Obdachlosigkeit liegen, sondern auch in der Kostenbelastung, welche eine eingereichte Räumungsklage mit sich bringt.

33 Somit kann daher bei Vorliegen einer Kündigung und vor Einreichung der Räumungsklage durch die vermietende Person ein Anordnungsgrund für einstweiligen Rechtsschutz (→ 41) bestehen.

34 **Tipp 1:** Wenn Sie Ihre Miete nicht mehr zahlen können bzw. Mietschulden anfallen, sollten Sie sofort zur zuständigen Behörde gehen. Mietschulden „*können*" auch schon übernommen werden, **bevor** die fristlose Kündigung ausgesprochen bzw. die Räumungsklage eingereicht wird. Lassen Sie es lieber nicht darauf ankommen.

35 **Tipp 2:** Wenn die **Kosten** für Umzug und ggf. Neueinrichtung einer neuen Wohnung höher sind als die Übernahme der Mietschulden, ist das ein gewichtiges Argument für die Übernahme.

36 **Tipp 3:** Legen Sie dar, warum die Übernahme der Mietschulden zur **dauerhaften** Sicherung der Unterkunft gerechtfertigt ist und kurzfristig die Anmietung einer anderen Wohnung für Sie nicht möglich ist, zB aufgrund des angespannten Wohnungsmarktes oder eines negativen SCHUFA-Eintrages.

3.6 Unterrichtung der zuständigen Behörde über den Eingang einer Räumungsklage

37 Geht bei einem Amtsgericht eine Räumungsklage ein, teilt dieses dem zuständigen Träger (Jobcenter/Sozialamt) oder der beauftragten kommunalen Stelle, idR die **Wohnungssicherungsstelle**, den Eingang der Klage, Namen und Anschrift der beteiligten Parteien, die Höhe der laufenden Miete und der Mietschulden sowie den Termin der mündlichen Verhandlung mit (§ 22 Abs. 9 SGB II, § 36 Abs. 2 SGB XII).

38 Dass die Voraussetzungen für die Übernahme von Mietschulden vorliegen, kann nach einer Unterrichtung durch das Amtsgericht von der Behörde selbst festgestellt werden. Es ist daher nicht zulässig, Sie wegen nicht nachgewiesener Notlage abzuweisen oder zusätzliche Nachweise zu verlangen, dass Ihre Wohnungslosigkeit tatsächlich einzutreten droht. Vielmehr eröffnet die Meldepflicht für die Behörden die Option, präventiv tätig zu werden, betroffene Personen anzuschreiben und über eine mögliche Antragstellung auf Übernahme der Mietschulden aufzuklären (DV 17/14, 17).

4. Übernahme der Mietschulden als Beihilfe oder Darlehen

39 Je nachdem, ob Sie Bürgergeld oder HzL/GSi beziehen, kann die Übernahme der Mietschulden als Darlehen oder als Beihilfe gewährt werden. Die Aufrechnung von Mietschulden-Darlehen im SGB II wird zum 1.7.2023 auf nunmehr 5 Prozent des entsprechenden Regelsatzes begrenzt (→ 30 Rn. 89).

4.1 Beihilfe oder Darlehen

40 Für **Bürgergeld-Beziehende** sollen Mietschulden als **Darlehen** (→ 30) übernommen werden (§ 22 Abs. 8 S. 4 SGB II). Erwerbslose werden vorrangig auf Darlehen verwiesen. Beihilfen sind aber zB in Härtefällen nicht völlig ausgeschlossen. So hat das BSG entschieden, dass eine Leistung für Mietschulden vom Jobcenter als Zuschuss zu übernehmen ist, wenn die Behörde durch ihr fehlerhaftes Verhalten wesentlich an der Entstehung der Mietschulden mitgewirkt hat (BSG 18.11.2014 – B 4 AS 3/14 R).

41 Für **HzL-/GSi-Beziehende** dagegen können Mietschulden als **Beihilfe** oder als **Darlehen** übernommen werden (§ 36 Abs. 1 S. 3 SGB XII). In der Praxis bewilligen Sozialämter regelmäßig Darlehen und üben bei der Entscheidung immer seltener ihr Ermessen pflichtgemäß aus. Dabei ist zu beachten: *„Eine Darlehensvergabe ist in der Regel nur bei einer realistischen Rückzahlungsperspektive ermessensgerecht. Das zentrale Ziel der Sozialhilfe, von ihr unabhängig leben zu können (§ 1 Satz 2 SGB XII), darf durch die Darlehensgewährung nicht gefährdet sein"* (DV 17/14, 25). Bei der Entscheidung ist demnach zu berücksichtigen, *„ob den Leistungsberechtigten die Rückzahlung in absehbarer Zeit nach Darlehensvergabe und innerhalb eines überschaubaren Zeitraumes tatsächlich möglich sein wird"* (DV 17/14, 25).

42 **Tipp:** Legen Sie Widerspruch (→ 126) ein, wenn das Sozialamt Ihnen ohne weitere Begründung zur Begleichung der Mietschulden ein Darlehen statt einer Beihilfe gewährt. Ziel dieses Verfahrens ist die Umwandlung des Darlehens in eine Beihilfe, wenn die Wohnung bereits gesichert ist.

4.2 Aufrechnung von Mietschulden-Darlehen mit HzL/GSi der Sozialhilfe

43 Wenn Sie die laufende Miete vom **Sozialamt** bekommen, sie aber nicht an die vermietende Person weitergeleitet haben, **können** vom Sozialamt übernommene Mietschulden mit den laufenden Leistungen aufgerechnet, dh verrechnet werden (§ 26 Abs. 3 SGB XII; → 44). Das wäre aber nur dann gerechtfertigt, wenn Sie eine zweckwidrige Verwendung der Unterkunftskosten tatsächlich durch vorsätzliches oder grob fahrlässiges Handeln vereitelt, dh die Mietschulden schuldhaft herbeigeführt hätten. Besondere Problemlagen (zB Spielsucht oder andere Suchterkrankungen) sind bei der Entscheidung zu berücksichtigen. Außerdem muss in Betracht gezogen werden, dass das Sozialamt selbst das Auflaufen von Mietschulden durch Direktüberweisung an die vermietende Person hätte verhindern sollen, wenn aufgrund besonderer Umstände Zweifel an der zweck-

entsprechenden Verwendung der Unterkunftskosten bestehen (§ 35a Abs. 3 S. 2, 3 SGB XII; → 75 Rn. 143).

44 Bis zum 31.12.2022 galt nach § 26 Abs. 2 SGB XII aF, dass bei schuldhaftem Verhalten die Sozialhilfe bis auf das *„zum Lebensunterhalt Unerlässliche"* gekürzt werden sollte. Als unerlässlich wurde idR ein um bis zu 25 Prozent geminderter Regelbedarf angesehen. Was jedoch im Einzelfall für den Lebensunterhalt unerlässlich war, war auch in der Vergangenheit unter Berücksichtigung der besonderen Lebenslage zu überprüfen. Bei alten, kranken oder behinderten Menschen konnte dies auch bedeuten, dass gar nichts oder nur 10 EUR einbehalten werden durften. Zum 1.1.2023 wurde § 26 SGB XII dahin gehend neu gefasst, dass künftig nur die Möglichkeit einer Einschränkung für Geldleistungen besteht und die Höhe der Leistungseinschränkung bzw. einer Aufrechnung auf maximal 30 Prozent der Regelbedarfsstufe 1 begrenzt ist. Da es sich auch hierbei um eine Ermessensentscheidung der Behörde handelt, sind die Ermessenserwägungen der vorherigen Regelung weiterhin anwendbar, so dass dies auch bei der seit 1.1.2023 gültigen Fassung des § 26 SGB XII insbesondere bei alten, kranken und behinderten Menschen bedeuten kann, dass gar nichts oder ein Betrag deutlich unter 30 Prozent der Regelbedarfsstufe 1 einbehalten werden darf. Hier ist auch zu berücksichtigen, dass nach den Regelungen des SGB II für Darlehen zur Übernahme von Mietschulden eine Aufrechnung nur mit zehn Prozent des Regelsatzes und ab 1.7.2023 nur noch mit fünf Prozent des Regelsatzes zulässig ist (→ Rn. 45). Da mit dem Bürgergeld-Gesetz die Regelungen des SGB XII für Bedarfe der Unterkunft und Heizung denen des SGB II angeglichen wurde, spricht viel dafür, die Darlehen für Mietschulden im SGB XII die Aufrechnung gem. § 26 SGB XII auch auf fünf Prozent zu begrenzen. Insoweit muss die Rechtsprechung hierzu abgewartet werden.

4.3 Aufrechnung von Mietschulden-Darlehen mit Bürgergeld

45 Bei dem (früheren) Alg II-Bezug waren jegliche Darlehen ab 2011 mit **zehn Prozent** des Regelsatzes aufzurechnen (§ 42a Abs. 2 SGB II in der Fassung bis 20.6.2023). Das galt auch für Darlehen zur Übernahme von Mietschulden. Zuvor gab es dafür im SGB II keine gesetzliche Grundlage. Für das Bürgergeld gilt in der Zeit vom 1.1.2023 bis zum 30.6.2023, dass Darlehen, wie vorher, mit 10 Prozent des jeweiligen Regelsatzes aufgerechnet werden. **Ab 1.7.2023** dürfen Rückzahlungsansprüche aus Darlehen von der Behörde durch monatliche Aufrechnung lediglich in Höhe von **5 Prozent** des jeweiligen Regelsatzes getilgt werden (§ 42a Abs. 2 S. 2 SGB II).

Allerdings ist die Aufrechnung des Darlehens nicht bei allen Personen der Bedarfsgemeinschaft vorzunehmen, sondern nur bei der Person bzw. den Personen, die aus dem Mietvertrag gegenüber der vermietenden Person zu Mietzahlung verpflichtet ist/sind (BSG 18.11.2014 – B 4 AS 3/14 R). Mit dem Regelbedarf der Kinder einer Bedarfsgemeinschaft darf ein solches Darlehen folglich nicht aufgerechnet werden (→ 30 Rn. 10 ff.).

5. Direktüberweisung an die vermietende Partei und Folgen bei Verursachung der Schulden durch die Behörde

46 In bestimmten Situationen erfolgt eine Direktüberweisung der Miete durch die Behörde. Dies kann dazu führen, dass Sie als Mietpartei nicht haftbar gemacht werden können – allerdings nicht in jedem Fall.

5.1 Direktüberweisung der Miete durch die Behörde

47 Näheres dazu finden Sie unter dem Beitrag Miete (→ 75 Rn. 143).

5.2 Mietschulden, verursacht durch die Behörde?

48 Hat ein*e Mietschuldner*in rechtzeitig einen Antrag auf Übernahme der Unterkunftskosten bei dem zuständigen Träger gestellt und sind die zur Mietzahlung erforderlichen Unterkunftskosten nicht rechtzeitig bewilligt worden, kann die vermietende Person dennoch einen Mietvertrag wirksam kündigen. Der Bundesgerichtshof hat entscheiden, dass bei einem Zahlungs-

verzug von sechs Monatsmieten eine Kündigung selbst dann rechtmäßig ist, wenn die Mietpartei den Sozialhilfeträger bereits auf dem Wege des einstweiligen Rechtsschutzes (→ 41) zur Zahlung hat verpflichten lassen. Demnach befreien bei Geldschulden die wirtschaftlichen Schwierigkeiten des*r Schuldners*Schuldnerin auch dann nicht von den Folgen verspäteter Zahlung, wenn sie der*die Schuldner*in selbst nicht zu verantworten hat (BGH 4.2.2015 – VIII ZR 175/14; BGH 29.6.2016 – VIII ZR 173/15).

Liegt allerdings bereits eine Zusicherung der Mietschuldenübernahme durch das Sozialamt vor, muss sich die vermietende Person bei Zahlungsverzug zunächst an das Sozialamt wenden und darf nicht die Mietpartei haftbar machen (Rechtsgedanke aus § 569 Abs. 3 Nr. 2 S. 1 Alt. 2 BGB; LG Karlsruhe 14.7.1989 – 9 S 57/89; gilt auch im SGB II).

6. Kosten einer Räumung

49 Wenn Sie sich nicht um die Begleichung der Mietschulden in der Zweimonatsfrist kümmern, kommen erhebliche Kosten auf Sie zu (→ 88 Rn. 15 ff.). Gesamtforderungen von 3.000 bis 5.000 EUR sind keine Seltenheit.

50 Entstehen Mietschulden, weil SGB II- bzw. SGB XII-Leistungen von der Behörde unberechtigt versagt bzw. abgelehnt wurden, und erhebt die vermietende Person deshalb eine (Räumungs-)Klage, sind auch die der leistungsberechtigten Person auferlegten Rechts- bzw. Gerichtskosten sowie ggf. Gerichtsvollzieherkosten als einmalig anfallender Bedarf im Fälligkeitsmonat für die Unterkunft zu berücksichtigen und von der Behörde zu tragen (LSG Baden-Württemberg 27.6.2014 – L 9 AS 1742/14; LSG Bayern 30.1.2014 – L 7 AS 676/13 bzw. 18.1.2021 – L 16 AS 654/20 B ER; LSG Berlin-Brandenburg 21.2.2022 – – L 32 AS 139/22 B ER WA).

7. Kritik

51 Mietrückstände sind unfreiwillige Schulden der Mietpartei bei dem*r Wohnungsbesitzer*in. Nirgendwo gibt es so schnell eine so hohe Sanktionierung (die drohende Wohnungslosigkeit) für das Nichterfüllen einer Zahlungsverpflichtung.

52 Die Verhinderung der Wohnungslosigkeit von einem Antrag beim Jobcenter/Sozialamt abhängig zu machen, ist in der Realität problematisch. Einige der Gekündigten erreichen diese Hilfe nicht, weil sie nichts davon wissen. Ein anderer Teil der Betroffenen dringt mit dem Antrag auf Mietschuldenübernahme beim Amt gar nicht, nicht rechtzeitig oder nur mit mangelnder Unterstützung durch. Solange viele Behörden mauern, sich taub stellen oder freihändig Obergrenzen setzen, bis zu denen Mietschulden überhaupt übernommen werden, läuft sozialstaatlicher Schutz vor Wohnungslosigkeit ins Leere.

8. Forderungen

53 Verbesserung des Kündigungsschutzes von Mieter*innen statt Erweiterung der Kündigungsrechte von vermietenden Personen!

Einheitliche Mindeststandards zur schnelleren Übernahme von Mietschulden durch Jobcenter und Sozialämter!

78
Minderjährigenhaftungsbeschränkung

1. Rückforderungen gegenüber Minderjährigen 1
2. Beschränkung der Minderjährigenhaftung: alte Regelung 4
3. Neue Regelung mit dem Bürgergeld ... 5

1. Rückforderungen gegenüber Minderjährigen

1 Im Sozialrecht kommt es infolge der sozialrechtlichen Einzelansprüche jeder Person in der Bedarfsgemeinschaft beim Bürgergeld immer wieder zu Überzahlungen von zu Unrecht erbrachten Leistungen und damit Rückforderungen auch gegen Minderjährige, sowie zu einer gänzlichen oder anteiligen Gewährung von Darlehen gegen Minderjährige. Überzahlungen von Seiten der Jobcenter erfolgen schnell, wenn zB Nebenjobs oder ein Ausbildungsbeginn der minderjährigen Ju-

gendlichen nicht rechtzeitig mitgeteilt werden oder Angehörige zu Weihnachten, Geburtstag oder sonstigen Anlässen einmal größere Geldbeträge geschenkt haben oder die bisher gezahlten SGB II-Leistungen wegen Überschreitung der Schonvermögensgrenze zurückgefordert werden.

2 Auch kommt es immer wieder vor, dass gerade beim Erstantrag oder bei einem erneuten Antrag auf Bürgergeld noch Unterlagen fehlen (zB vom vorherigen Arbeitgeber, Vermieter*in etc). In diesem Fall gewährt das Jobcenter Bürgergeld zunächst vorläufig. Im Nachhinein stellt sich dann heraus, dass zu viel Bürgergeld bezahlt wurde. Ebenso kommt es vor, dass Jobcenter Kautions-, Miet- oder Energieschuldendarlehen auch gegen Minderjährige gewähren. Solche Darlehensgewährung gegen Minderjährige sind aufgrund des Minderjährigenschutzes (→ Rn. 10) rechtswidrig, kommen aber regelmäßig vonseiten der Jobcenter vor.

3 Die **Minderjährigenhaftungsbeschränkung war bis zum 31.12**.2022 eine Einrede, welche besagte, dass Volljährige für Verbindlichkeiten, welche sie als Minderjährige eingegangen sind, nur mit ihrem Vermögen in Höhe der Summe haften müssen, welche sie beim Eintritt der Volljährigkeit besessen haben (§ 1629a Abs. 1 S. 1 BGB; BSG 7.7.2011 – B 14 AS 153/10 R). Das galt auch, wenn die Forderung durch die*den ehemals Minderjährige*n selbst verursacht wurde. Es war dabei unerheblich, ob das Jobcenter den Rückforderungsbescheid vor oder nach dem Eintritt der Volljährigkeit erlassen hat. Das Bundessozialgericht urteilte in einer Entscheidung, dass es vielmehr darauf ankomme, wann die Forderung durch Überzahlung entstanden ist (BSG 18.11.2014 – B 4 AS 12/14 R; BSG 28.11.2018 – B 4 AS 43/17 R). Wie die alte Regelung ausgehen hat, finden Sie nachfolgend in → Rn. 4, **die neue Regelung zum Bürgergeld** wird in → Rn. 5 dargestellt.

2. Beschränkung der Minderjährigenhaftung: alte Regelung

4 § 1629a BGB schützt Minderjährige, indem er diese davor bewahrt, mit Erreichen der Volljährigkeit für das Handeln ihrer gesetzlichen Vertreter*innen haftbar gemacht werden zu können. Es ist dabei unerheblich, ob dieses Verhalten verschuldet oder unverschuldet war. Ist die Volljährigkeit erreicht, bestand bis 31.12.2022 die Möglichkeit, diese Haftung im Rahmen der Beschränkung der Minderjährigenhaftung auf das vorhandene Vermögen zu begrenzen. Um zu verhindern, dass Minderjährige mit Schulden in die Volljährigkeit gehen, war per Gesetz eine sogenannte Einrede nach § 1629a Abs. 1 S. 2 BGB möglich. Daran musste sich das Jobcenter halten (vgl. BSG vom 7.7.2011 – B 14 AS 153/10 R), denn eine Einrede verhinderte die Durchsetzbarkeit eines Anspruchs (hier Anspruch des Jobcenters auf die scheinbare komplette Überzahlung unabhängig der Vermögensprüfung des*r Minderjährigen).

Es spielt keine Rolle, aus welchem Grund es zu einer Überzahlung kam (zB falsche oder zu verspätete Angaben oder Abgaben von Unterlagen durch die gesetzlichen Vertreter*innen, falsche Berechnungen vonseiten des Jobcenters) und ob die Leistungen des Jobcenters in der Vergangenheit aufgrund eines vorläufigen oder eines endgültigen Bewilligungsbescheides erfolgten. Bisher galt bei der Minderjährigenhaftungsbeschränkung, dass Volljährige für Verbindlichkeiten, welche sie oder ihre gesetzlichen Vertreter*innen in ihrem Namen eingegangen sind, mit dem Vermögen haften, das sie mit Eintritt der Volljährigkeit besessen haben. Dazu zählte das Guthaben (Barvermögen) auf Sparkonten und Girokonten.

3. Neue Regelung mit dem Bürgergeld

5 Mit dem Bürgergeldgesetz trat zum 1.1.2023 eine **neue Regelung** in Kraft. Nach § 40 Abs. 9 SGB II wurde die Minderjährigenhaftung deutlich beschränkt: *„1629a des Bürgerlichen Gesetzbuches gilt mit der Maßgabe, dass sich die Haftung eines Kindes auf das Vermögen beschränkt, das bei Eintritt der Volljährigkeit den Betrag von 15.000 Euro übersteigt"*. Das heißt: Nun haftet das volljährige Kind nicht mehr mit seinem vollen (Bar)-Vermögen auf seinem Giro- und/oder Sparkonto, welches bei Eintritt der Volljährigkeit vorhanden ist, sondern zu-

künftig nur noch mit einem Vermögensbetrag, der 15.000 EUR übersteigt.

6 **Beispiel:** Ein*e Minderjährige*r hat bei Eintritt seiner*ihrer Volljährigkeit Schulden beim Jobcenter in Höhe von 5.000 EUR. Auf dem Sparkonto befinden sich 3.000 EUR.

7 **Altes Recht bis 31.12.2022:** Hier hätte das gesamte Guthaben in Höhe von 3.000 EUR vom Sparkonto eingesetzt werden müssen. Die Differenz von 2.000 EUR wären entfallen.

Neues Recht seit 1.1.2023: Das Guthaben vom Sparkonto muss nicht zur Schuldentilgung beim Jobcenter eingesetzt werden, da es **unter der Grenze von 15.000 EUR** liegt. Die Forderung des Jobcenters verfällt. Der*die Minderjährige wäre gegenüber dem Jobcenter schuldenfrei.

8 **Hinweis:** Die Beschränkung der Minderjährigenhaftung muss auch weiterhin gegenüber der rückfordernden Behörde (idR Jobcenter, Inkassobüro der Bundesagentur für Arbeit) geltend gemacht werden. Dies kann formlos (schriftlich oder vor Ort) mit entsprechenden Nachweisen über das vorhandene Vermögen erfolgen.

9 Im April 2021 teilte die Bundesagentur für Arbeit mit, dass gegenüber 572.153 Minderjährigen aus den Rechtskreisen des SGB II, SGB III und des Bundeskindergeldgesetzes (Familienkasse) offene Forderungen in Höhe von über 192 Millionen EUR bestanden (BT-Drs. 19/28338, 73, Frage 100). Das waren Forderungen, die die Minderjährigen selbst nicht verursacht hatten und damit dennoch mit Beginn ihrer Volljährigkeit belastet wurden. Eine Chancengleichheit wurde damit zerstört. Stattdessen begannen diese jungen Menschen in diesem Fall ihre Volljährigkeit mit Schulden. Das neue Bürgergeldgesetz schiebt hier mit dem neuen Vermögensbetrag nun einen Riegel vor. Damit dürften sich die Rückforderungen vonseiten der Behörde in der praktischen Anwendung „erledigt" haben.

79 Mitwirkungspflichten

1. Mitwirkungspflichten der Leistungsberechtigten 1
  1.1 Die acht Mitwirkungspflichten 2
  1.2 Beratung zu Mitwirkungspflichten 10
2. Grenzen der Mitwirkung (§ 65 SGB I) 11
3. Was gehört nicht zu den Mitwirkungspflichten? 13
  3.1 Arbeitssuche und Teilnahme an Eingliederungsmaßnahmen nach dem SGB II 14
  3.2 Beantragung vorrangiger Sozialleistungen (bei Bezug von Bürgergeld) 15
  3.3 Allgemeine Auskunftsermächtigung 17
  3.4 Auskunft über Einkommen und Vermögen Dritter 19
  3.5 Telefonabfragen 20
4. Folgen fehlender Mitwirkung: Versagung/Entzug der Sozialleistung 22
  4.1 Keine Sippenhaftung bei fehlender Mitwirkung 26
5. Nachholen der Mitwirkung 27
6. Widerspruch gegen die Versagung oder Nachholung der Mitwirkung? ... 28
7. Keine Verwirkung eines Antrages 29
8. Systematische Leistungsversagung oder -verzögerung über Mitwirkungspflichten 30
9. Kosten von Mitwirkungshandlungen .. 33

1. Mitwirkungspflichten der Leistungsberechtigten

1 Wenn Sie Sozialleistungen beantragen, sind diese in der Regel an bestimmte Voraussetzungen geknüpft. Die Sozialbehörden überprüfen deshalb, ob Sie die jeweiligen Voraussetzungen erfüllen, ob ein Leistungsanspruch besteht und falls ja, in welcher Höhe. Gemäß dem **Amtsermittlungsgrundsatz** muss die Behörde *„den Sachverhalt von Amts wegen"* (§ 20 SGB X) ermitteln und dabei *„alle für den Einzelfall bedeutsamen, auch die für die Beteiligten günstigen Umstände"* berücksichtigen (§ 20 Abs. 2 SGB X). Sie kann dazu Auskünfte einholen, Personen anhören, Urkunden und Akten beiziehen und Dinge in Augenschein nehmen (§ 21 Abs. 1 SGB X). Sie bestimmt Art und Umfang der Ermittlungen (§ 20 Abs. 1 S. 2 SGB X). Die gesetzliche Grundlage dafür fin-

det sich in den sogenannten *Mitwirkungspflichten* in den §§ 60 bis 64 SGB I. Die Mitwirkungspflichten sollen Sie dazu anhalten, die Behörde bei der Ermittlung des Sachverhalts von Amts wegen zu unterstützen. Nicht mehr, aber auch nicht weniger. *"Die Beteiligten sollen bei der Ermittlung des Sachverhalts mitwirken. Sie sollen insbesondere ihnen bekannte Tatsachen und Beweismittel angeben"* (§ 21 Abs. 2 SGB X).

Die §§ 60–64 SGB I bestimmen **acht Mitwirkungspflichten**, die für alle gelten, die Sozialleistungen erhalten oder beantragen und im Folgenden näher erläutert werden.

1.1 Die acht Mitwirkungspflichten

2 (1) **Angabe von Tatsachen**
"Wer Sozialleistungen beantragt oder erhält, hat alle Tatsachen anzugeben, die für die Leistung erheblich sind" (§ 60 Abs. 1 Nr. 1 SGB I).

Sie müssen also zB Auskunft über Einkommen, Vermögen, Alter, Familienverhältnisse, unterhaltspflichtige Personen, eheähnliche Gemeinschaften, Haushaltsgemeinschaften usw geben.

Sie müssen keine Angaben zu Tatsachen machen, die für die Bewilligung der Leistung nicht *"erheblich"* sind. Sollten Sie dennoch vom Jobcenter oder Sozialamt im Rahmen der Mitwirkungspflichten dazu aufgefordert werden, Angaben zu machen, die für die Leistungen nicht erheblich sind, besteht keine Pflicht, diesen Aufforderungen Folge zu leisten.

Nicht erheblich sind idR zB:
- die Erlaubnis Ihres*r Vermieters*Vermieterin zur Untervermietung durch den*die Hauptmieter*in (LSG Niedersachsen-Bremen 22.6.2006 – L 8 AS 165/06 ER; SG Schleswig 6.10.2011 – S 1 AS 137/11 ER),
- der Einkommensnachweis der Eltern von Schwangeren oder jungen Eltern, die ihr Kind bis zur Vollendung des sechsten Lebensjahres innerhalb und außerhalb des Elternhauses betreuen (§ 9 Abs. 3 SGB II, § 33 Abs. 2 Nr. 3 SGB II),
- Ihre Telefonnummer oder E-Mail-Adresse usw.

3 (2) **Auskünfte durch Dritte**
"Wer Sozialleistungen beantragt oder erhält, hat [...] auf Verlangen des zuständigen Leistungsträgers der Erteilung der erforderlichen Auskünfte durch Dritte zuzustimmen" (§ 60 Abs. 1 Nr. 1 2. Hs. SGB I).

Beispiele dafür sind:
- die Entbindung eines*r Arztes*Ärztin von der Schweigepflicht,
- die Zustimmung zur Weitergabe der Krankenakte oder auch
- die Zustimmung dazu, bei anderen Sozialleistungsträgern Auskünfte einzuholen.

Diese Pflicht ist aber begrenzt durch den sogenannten *"Direkterhebungsgrundsatz"*. Der besagt, dass Sozialdaten zunächst immer und ausschließlich bei den Betroffenen, also bei Ihnen, zu erheben sind (§ 67a Abs. 2 S. 1 SGB X). Nur wenn dies nicht möglich ist, kann Ihnen die Behörde diese Art der Mitwirkung auferlegen.

4 (3) **Mitteilung von Änderungen**
"Wer Sozialleistungen beantragt oder erhält, hat [...] Änderungen in den Verhältnissen, die für die Leistung erheblich sind, [...] unverzüglich mitzuteilen" (§ 60 Abs. 1 Nr. 2 SGB I).

Das bezieht sich zB auf den Ein- oder Auszug von Personen in Ihrem Haushalt, auf Änderungen bei Einkommen und Vermögen, auf den Beginn oder das Ende einer Arbeitsunfähigkeit, auf die Aufnahme einer Arbeit und andere leistungsrelevante Sachverhalte.

Es gehört nicht zu den Mitwirkungspflichten, im laufenden Bezug einen neuen Erstantrag oder Weiterbewilligungsantrag auszufüllen, obwohl es keine Änderung in Ihren Verhältnissen gibt (→ 7 Rn. 100 f.). Wenn sich in den Verhältnissen, die für die Leistung erheblich sind, nichts geändert hat, haben Sie Ihre Mitwirkungspflichten erfüllt. Allerdings müssen Sie einen Weiterbewilligungsantrag stellen, um rechtzeitig nach Ablauf eines Bewilligungszeitraumes Ihre Leistungen weiter zu erhalten.

Angaben zu Verhältnissen, die sich erst in Zukunft ändern, gehören nicht zu den Mitwirkungspflichten, da sie für die Leistung nicht erheblich sind. Sie müssen zB nicht angeben, dass Sie irgendwann ein Erbe in

Aussicht haben. Sie müssen es erst angeben, wenn Sie den Erbschein in den Händen halten.

Ebenso wenig ist es erheblich, Einnahmen anzugeben, wenn Sie innerhalb eines Kalendermonats zehn Euro nicht übersteigen (§ 1 Abs. 1 Nr. 1 Bürgergeld-V). Es dürfte auch nicht erheblich sein, Erwerbseinkommen unter 100 EUR mtl. anzugeben, da es anrechnungsfrei ist. Die Nichtangabe stellt dennoch eine Ordnungswidrigkeit dar, die aber laut Weisung der Bundesagentur für Arbeit nicht verfolgt werden soll (FW 63.62).

5 **(4) Beweismittel bezeichnen und vorlegen**
„Wer Sozialleistungen beantragt oder erhält, hat [...] Beweismittel zu bezeichnen und auf Verlangen des zuständigen Leistungsträgers Beweisurkunden vorzulegen oder ihrer Vorlage zuzustimmen" (§ 60 Abs. 1 Nr. 3 SGB II).

Dazu gehören zB Belege über Einkommen oder Vermögen zB in Form von **Kontoauszügen** (→ 66) oder Lohnabrechnungen, Nachweise zu den Kosten der Unterkunft, Wohnungsgröße, Heizkosten zB in Form eines Mietvertrags, einer Vermieter*innenbescheinigung oder einer Verbrauchsabrechnung usw. Diese Nachweise müssen vorgelegt werden, damit Bürgergeld oder HzL/GSi der Sozialhilfe berechnet werden kann.

Es ist aber unmöglich, ein Beweismittel vorzulegen, dass man **kein** Einkommen hat oder Nachweise, dass man **keine** Erwerbstätigkeit ausübt. An diesen Negativnachweis dürfen keine zu hohen Anforderungen gestellt werden (BVerfG 12.5.2005 – BvR 569/05). In der Regel genügt in diesen Fällen das Einreichen von Kontoauszügen, aus denen ersichtlich wird, dass kein Einkommen zugeflossen ist.

Die Behörde muss die Sachverhalte von Amts wegen ermitteln (Untersuchungsgrundsatz nach § 20 SGB X). Wenn Sie erklären, kein Einkommen zu haben und keine Anhaltspunkte dagegen sprechen, ist der Sachverhalt geklärt. Es gibt keine Beweislastumkehr in dem Sinne, dass Ihnen Einkommen unterstellt wird, solange Sie nicht beweisen können, dass Sie kein Einkommen erzielen.

6 **(5) Persönliches Erscheinen**
„Wer Sozialleistungen beantragt oder erhält, soll [...] auf Verlangen [...] persönlich erscheinen" (§ 61 SGB I).

Im Rahmen der Mitwirkungspflichten kann ein Verstoß gegen die Aufforderung, sich zu melden, nur sanktioniert werden, wenn Sie vorher schriftlich zur Mitwirkung aufgefordert, über die Folgen fehlender Mitwirkung belehrt wurden und Ihre Abwesenheit die Aufklärung eines Sachverhalts erheblich erschwert (→ Rn. 22).

Sind Sie aus medizinischen Gründen nicht in der Lage, persönlich zu erscheinen, liegt ein *„wichtiger Grund"* vor, der diese Mitwirkungspflicht aufhebt (§ 65 Abs. 1 Nr. 2 SGB I).

Davon zu unterscheiden ist die Meldeaufforderung unter Androhung von **Sanktionen** (→ 95) bei Bezug von Bürgergeld (§ 32 SGB II).

7 **(6) Ärztliche Untersuchungen**
„Wer Sozialleistungen beantragt oder erhält, soll sich auf Verlangen [...] ärztlichen und psychologischen Untersuchungen unterziehen, soweit diese für die Entscheidung über die Leistung erforderlich sind" (§ 62 SGB I).

Näheres dazu unter **Amtsarzt*Amtsärztin** (→ 6 Rn. 10).

8 **(7) Heilbehandlung**
„Wer wegen Krankheit oder Behinderung Sozialleistungen beantragt oder erhält, soll sich auf Verlangen [...] einer Heilbehandlung unterziehen" (§ 63 SGB I).

Diese Mitwirkungspflicht hat, im Gegensatz zu den vorher genannten Pflichten, nicht allein den Zweck, einen Sachverhalt aufzuklären, sondern sie stellt eine **präventive Pflicht** dar, die den*die Leistungsbeziehende*n bzw. Antragsstellende*n ein bestimmtes **Verhalten auferlegt**, mit dem Zweck, dem Bezug von Sozialleistungen entgegenzuwirken bzw. Dauer und Umfang der Leistungen zu reduzieren. Sie spielt deshalb insbesondere bei Leistungen der Renten-, Kranken- und Pflegekassen eine wichtige Rolle.

Der Begriff der Heilbehandlung ist weit zu fassen, denn er schließt alle Maßnahmen ein, mit denen im Sinne einer Behebung, Besserung oder Stabilisierung eines körperlichen, geistigen oder seelischen Krankheitszustands eingewirkt wird (vgl. jurisPK-SGB I § 63 Rn. 25).

9 **(8) Teilnahme an „Leistungen zur Teilhabe am Arbeitsleben"**
„Wer wegen Minderung der Erwerbsfähigkeit, anerkannten Schädigungsfolgen oder wegen Arbeitslosigkeit Sozialleistungen beantragt oder erhält, soll auf Verlangen [...] an Leistungen zur Teilhabe am Arbeitsleben teilnehmen, wenn bei angemessener Berücksichtigung seiner beruflichen Neigung und seiner Leistungsfähigkeit zu erwarten ist, daß sie seine Erwerbs- oder Vermittlungsfähigkeit auf Dauer fördern oder erhalten werden" (§ 64 SGB I).

Auch diese Mitwirkungspflicht hat, wie die vorherige, nicht den Zweck der Ermittlung von Sachverhalten, sondern der aktiven Vermeidung von Sozialleistungsbezügen. Durch die erfolgreiche Teilnahme an der *Leistung zur Teilhabe* sollen Voraussetzungen für die beantragte oder gewährte Leistung entfallen.

„Das zulässige Verlangen ist an die positive Prognose („zu erwarten') geknüpft, dass die Leistungen zur Teilhabe, an denen der Mitwirkungspflichtige teilnehmen soll, dessen Erwerbs- oder Vermittlungsfähigkeit auf Dauer fördern oder erhalten ‚werden'" (Hauck/Noftz SGB I § 64 Rn. 14). Diese Regelung richtet sich insbesondere an Menschen mit Behinderung bzw. Menschen mit einer festgestellten Erwerbsminderung.

1.2 Beratung zu Mitwirkungspflichten

10 Im Rahmen der **Berat**ungspflichten (→ 20 Rn. 1 ff.) muss Ihnen die Behörde detailliert aufzeigen, welche Sachverhalte Sie aufklären müssen, damit Bürgergeld oder HzL/GSi der Sozialhilfe geleistet werden kann (BVerfG 12.5.2005 – 1 BvR 569/05).

Sie darf Ihnen also die Leistungen nicht bloß deswegen streichen, weil sie meint, dass Sie nicht die Wahrheit sagen oder Dinge verschweigen (OVG Berlin 28.3.1990 – 6 S 121.89, FEVS 1991, 57; in Bezug auf SGB II-Leistungen: SG Düsseldorf 1.2.2005 – SA 35 SO 9/05 ER 1/2).

Für Beziehende von Bürgergeld ergibt sich sogar eine erweiterter Beratungsanspruch, der vom Jobcenter zu erfüllen ist (→ 20 Rn. 32 ff.). Dieser umfasst auch explizit Beratung zu Mitwirkungspflichten (§ 14 Abs. 2 S. 3 SGB II). Diese Beratung hat zunächst auf Antrag zu erfolgen, aber auch dann, wenn sich aufgrund der Fallgestaltung der Behörde die Beratungsnotwendigkeit erschließt (= Spontanberatung; → 20 Rn. 22 f.).

2. Grenzen der Mitwirkung (§ 65 SGB I)

11 Die Mitwirkungspflicht entfällt, wenn ...

a) sie *„nicht in einem angemessenen Verhältnis zu der in Anspruch genommenen Sozialleistung"* steht (§ 65 Abs. 1 Nr. 1 SGB I).

b) Dabei sind grundsätzlich **objektive** Kriterien wie der **finanzielle, zeitliche und körperliche Aufwand** der Mitwirkung maßgeblich. Unzumutbar könnte die Mitwirkung auch sein, wenn die Beschaffung einer Urkunde mit hohen Kosten verbunden ist, die infrage stehende Sozialleistung aber gering ist. Oder wenn das persönliche Erscheinen eine lange und/oder beschwerliche Anreise voraussetzt, die beantragte oder in Anspruch genommene Sozialleistung jedoch wirtschaftlich unbedeutend ist.

c) sie *„dem Betroffenen aus einem wichtigen Grund nicht zugemutet werden kann"* (§ 65 Abs. 1 Nr. 2 SGB I). Wichtige Gründe können zB sein: Krankheit oder Behinderung, Urlaub, hohes Alter, Inhaftierung. Oder auch, wenn die Mitwirkung von der Bereitschaft Dritter, wie ehemalige Arbeitgeber*innen, Vermieter*innen, Ex-Partner*innen usw abhängig wäre. Deswegen können bestimmte Mitwirkungspflichten jedenfalls für bestimmte Zeit unzumutbar sein.

d) *„der Leistungsträger sich durch einen geringeren Aufwand als der Antragsteller [...] die erforderlichen Kenntnisse selbst beschaffen kann"* (§ 65 Abs. 1 Nr. 3 SGB I).

79 Mitwirkungspflichten

e) So kann zB der Bezug von Kindergeld (mit Ihrer Erlaubnis) auch per Anruf von der Familienkasse der Arbeitsagentur bestätigt werden. Die Familienkasse ist zur Auskunft im Rahmen der **Amtshilfe** verpflichtet (§§ 3 ff. SGB X).
f) *„Behandlungen und Untersuchungen,*
   1. *bei denen [...] ein Schaden für Leben oder Gesundheit nicht mit hoher Wahrscheinlichkeit ausgeschlossen werden kann,*
   2. *die mit erheblichen Schmerzen verbunden sind oder*
   3. *die einen erheblichen Eingriff in körperliche Unversehrtheit bedeuten, können abgelehnt werden"* (§ 65 Abs. 2 SGB I).
g) *„Angaben, die dem Antragsteller, dem Leistungsberechtigten oder ihnen nahestehende Personen (§ 383 Abs. 1 Nr. 1 bis 3 ZPO) die Gefahr zuziehen würde, wegen einer Straftat oder einer Ordnungswidrigkeit verfolgt zu werden, können verweigert werden"* (§ 65 Abs. 3 SGB I).

12 Ebenfalls entfällt die Mitwirkungspflicht, *„wenn die erstrebte Sachentscheidung – aus anderen Gründen – bereits möglich ist"* (BVerwG 17.1.1985 – 5 C 133/81).

Das bedeutet zB: Sie müssen nicht zulassen, dass die gesamte Einrichtung Ihrer Wohnung mittels Hausbesuchs erfasst wird, wenn Ihnen nur ein Kühlschrank fehlt. Sie müssen sich auch nicht rechtfertigen, warum Sie ein Handy, einen Computer oder Internetzugang haben, um Bürgergeld zu erhalten. Davon hängt die Sachentscheidung nicht ab.

Alle Mitwirkungspflichten, die dazu dienen, Informationen über Sie einzuholen oder das Einholen von Ihnen zu verlangen, stehen unter dem Vorbehalt, dass die **Erhebung der Daten** *„erforderlich"* sein muss (§ 67a Abs. 1 S. 1 SGB X).

„Eine Pflicht, vorsorglich alles der Behörde mitzuteilen, was möglicherweise irgendwann relevant werden kann, lässt sich aus § 60 Abs. 1 SGB I nicht entnehmen" (VGH Baden-Württemberg 12.3.1997 – 7 S 1084/95; → 32).

3. Was gehört nicht zu den Mitwirkungspflichten?

13 Nicht zu den Mitwirkungspflichten gehört alles, was nicht durch die gesetzlichen Vorschriften der §§ 60–64 SGB I erfasst ist (→ Rn. 6 f.), außerdem alles, was durch die Grenzen der Mitwirkung entfällt (→ Rn. 11 f.). Keine Mitwirkungspflichten sind zB:

3.1 Arbeitssuche und Teilnahme an Eingliederungsmaßnahmen nach dem SGB II

14 Die Mitwirkungspflichten der §§ 60–62 SGB I – also ausgenommen die Pflichten zur Heilbehandlung und zur Teilnahme an Leistungen zur Teilhabe am Arbeitsleben (§§ 63, 64 SGB I) – beziehen sich ausschließlich auf die **Aufklärung von Sachverhalten**. Sie umfassen **nicht** ein *„dem Antragsteller aufgegebenes Verhalten"*, zB sich beim Arbeitsamt als Arbeitssuchende*r zu melden oder sich um Arbeit zu bemühen (BVerwG 17.5.1995 – 5 C 20/93).

Arbeits- (→ 10) und **Bewerbung**spflichten (→ 26) sind Pflichten, die aufgrund spezieller Regelungen zum Bürgergeld nach dem SGB II oder auch bei Bezug von Alg 1 nach dem SGB III greifen. Mehr dazu können Sie im Kapitel Sanktionen/Leistungsminderungen (→ 95) lesen. Bei Verletzung der Mitwirkungspflichten nach den §§ 60–64 SGB I, um die es hier geht, sind hingegen keine *Leistungsminderungen/Sanktionen* nach §§ 31 ff. SGB II möglich, sondern die unter → Rn. 22 f. beschriebenen *„Folgen fehlender Mitwirkung"* gem. § 66 SGB I.

3.2 Beantragung vorrangiger Sozialleistungen (bei Bezug von Bürgergeld)

15 Die Beantragung vorrangiger Sozialleistungen, gehört **nicht** zu den Mitwirkungspflichten. Wird dies dennoch unter der Androhung, die Leistung zu versagen, von Ihnen verlangt, ist das rechtswidrig.

Die Verpflichtung zur Beantragung vorrangiger Sozialleistungen ergibt sich für Bürgergeld-Beziehende jedoch aus § 12a SGB II. Nach derzeitiger Rechtslage ist ein Verstoß gegen diese Verpflichtung aber **ohne Rechtsfolgen**, da das Jobcenter vorrangige Sozialleistungen an Ihrer Stelle selbst beantragen kann (§ 5 Abs. 3 S. 1 SGB II).

Allerdings darf das Jobcenter SGB II-Leistungen **ganz oder teilweise versagen**, wenn es an Ihrer Stelle einen Antrag gestellt hat, Sie jedoch gegenüber dem **vorrangigen Leistungsträger** Ihren Mitwirkungspflichten nicht nachkommen und die vorrangige Leistung deshalb **bestandskräftig entzogen oder versagt** wird. Erst wenn Sie Ihre Mitwirkung beim vorrangigen Träger nachholen, muss das Jobcenter Ihnen wieder Leistungen gewähren:

„Wird die Mitwirkung gegenüber dem anderen Träger nachgeholt, ist die Versagung oder Entziehung rückwirkend aufzuheben" (§ 5 Abs. 3 S. 3 bis 5 SGB II; zur Nachholung der Mitwirkung → Rn. 27 f.).

Eine Einschränkung der Leistung ist aber nur möglich, wenn Sie von der Behörde im Vorfeld über die Folgen fehlender Mitwirkung aufgeklärt wurden (→ Rn. 22).

16 Die Befugnis des Jobcenters, Ihre Leistungen zu streichen, **gilt nicht** für Mitwirkungspflichten gegenüber dem Rentenversicherungsträger im Rahmen der Beantragung einer **vorzeitigen Altersrente** mit Abschlägen (§ 5 Abs. 3 S. 6 SGB II). Bis Dezember 2026 zählt eine vorzeitige Altersrente außerdem nicht als vorrangige Sozialleistung (§ 12a S. 3 SGB II). Sie sind so lange also auch nicht dazu verpflichtet, diese zu beantragen. Ebenso wenig darf das Jobcenter den Antrag für Sie stellen.

3.3 Allgemeine Auskunftsermächtigung

17 Eine allgemeine Auskunftspflicht verstößt gegen den (Sozial-)**Datenschutz** (→ 32), ist nirgendwo vorgesehen und gehört nicht zu den Mitwirkungspflichten.

Wenn in einem Antrag ohne konkreten Grund eine allgemeine Auskunftsermächtigung von Ihnen verlangt wird, um im ganzen Stadtgebiet/Bundesland etc nach Ihren Konten fahnden zu können, dann ist das aus denselben Gründen rechtswidrig wie eine allgemeine Konteneinsicht (→ 66 Rn. 42).

Wenn in Ihrem Antragsformular oder anderen Formularen eine pauschale Aufhebung der ärztlichen Schweigepflicht verlangt wird, können Sie sich bei dem*r **Datenschutzbeauftragten** (→ 32) des Bundes oder Ihres jeweiligen Bundeslandes beschweren. Die Aufhebung der ärztlichen Schweigepflicht ist nur *„im Einzelfall"* möglich (§ 100 Abs. 1 SGB X). Sie darf zB verlangt werden, wenn dies für die Prüfung der Voraussetzungen einer konkreten Sozialleistung (zB Mehrbedarf für Krankenkost) erforderlich ist.

18 **Tipp:** Achten Sie darauf, dass in der Einwilligung (die übrigens schriftlich erfolgen muss: § 100 Abs. 1 S. 2 SGB X) präzise dargestellt wird, warum Auskünfte eingeholt werden sollen und die Personen und Stellen, bei denen nachgefragt werden soll, einzeln benannt werden.

3.4 Auskunft über Einkommen und Vermögen Dritter

19 Es gehört nicht zu Ihren Mitwirkungspflichten, Auskunft über Einkommen und Vermögen Dritter, zB **Unterhaltspflicht**iger (→ 115), Lebenspartner*innen, Mitbewohnenden usw zu geben (BVerfG 2.9.2004 – BvR 1962/04). Ihre Mitwirkungspflicht bezieht sich nur auf Ihre eigenen Einkommens- und Vermögensverhältnisse.

Aufgrund des *Direkterhebungsgrundsatzes* kann und soll die Behörde sich direkt an die entsprechenden Personen wenden (→ Rn. 19). Wenn Dritte nicht mitwirken (zB eine Bescheinigung nicht ausstellen), darf Ihnen deswegen nicht die Sozialleistung verweigert werden. Es liegt dann ein *„wichtiger Grund"* vor, der die Mitwirkungspflicht aufhebt (§ 65 Abs. 1 Nr. 2 SGB I; → Rn. 19).

3.5 Telefonabfragen

20 Seit dem 1.8.2006 ist es privaten Call-Centern erlaubt, Telefonabfragen im Auftrag der Arbeitslosenverwaltung durchzuführen, um *„Leistungsmissbrauch zu bekämpfen"* (§ 51 SGB II).

Sie müssen dieser Sorte von „Ermittler*innen", die Sie zwischen 8 und 20 Uhr zu Hause anrufen, **keine Auskünfte** erteilen. Die Beantwortung ihrer Fragen gehört nicht zu den Mitwirkungspflichten.

Sie sind sowieso verpflichtet, alle erforderlichen Angaben zu Änderungen zu machen. Dazu braucht es kein Call-Center. Die Telefonabfragen dienen ausschließlich dazu, Ihnen den Bezug von Bürgergeld zu verleiden und Sie zu verunsichern. Den Auftraggebern dienen Telefonabfragen vermutlich nur dazu, falsche Zahlen über „Leistungsmissbrauch" zu verbreiten, zB weil Sie die Teilnahme an der Abfrage ablehnen oder nicht zu Hause erreicht wurden.

21 **Tipp:** Um Belästigungen zu vermeiden, müssen Sie beim Amt **keine Telefonnummer oder E-Mailadresse** angeben. Sie können auch die Löschung dieser Daten beantragen.

4. Folgen fehlender Mitwirkung: Versagung/Entzug der Sozialleistung

22 *„Kommt derjenige, der eine Sozialleistung beantragt oder erhält, seinen Mitwirkungspflichten [...] nicht nach und wird hierdurch die Aufklärung des Sachverhalts erheblich erschwert, kann der Leistungsträger ohne weitere Ermittlungen die Leistung bis zur Nachholung der Mitwirkung ganz oder teilweise versagen oder entziehen"* (§ 66 Abs. 1 SGB I).

Sozialleistungen können also nicht wegen jeder Kleinigkeit gestrichen werden. Die Aufklärung eines Sachverhalts muss **erheblich** erschwert werden. Wenn Sie zB eine Bescheinigung nicht rechtzeitig beibringen, darf das kein Grund für die Verweigerung der Leistung sein. Die behördliche Maßnahme muss *geeignet, erforderlich* und *verhältnismäßig* sein. Es muss genau bezeichnet werden, in welcher Angelegenheit Sie in welcher Weise mitwirken sollen.

Es dürfen auch nicht die kompletten Leistungen entzogen oder versagt werden, wenn von Ihrer Mitwirkung nur ein Teil der Leistungen abhängt. Wenn Sie zB Ihre aktuellen Heizkosten nicht nachweisen, dürfen nicht die Leistungen für den Regelbedarf oder für die übrigen Kosten der Unterkunft entzogen oder versagt werden.

„Sozialleistungen dürfen wegen fehlender Mitwirkung nur versagt oder entzogen werden, nachdem der Leistungsberechtigte auf diese Folge schriftlich hingewiesen worden ist und seiner Mitwirkungspflicht nicht innerhalb einer ihm gesetzten angemessenen Frist nachgekommen ist" (§ 66 Abs. 3 SGB I).

Vor jeder Streichung müssen Sie also

a) **schriftlich darauf hingewiesen worden sein.**

Es reicht nicht aus, auf ein allgemeines Merkblatt hinzuweisen, dass Sie irgendwann einmal unterschrieben haben; und

b) **eine Ihnen gesetzte angemessene Frist nicht eingehalten haben.**

In der Regel gilt eine Frist von zwei Wochen als angemessen. Wenn es zB um Unterlagen geht, die schwierig zu besorgen sind, auch länger.

Werden diese Bedingungen nicht eingehalten, ist die Leistungsversagung rechtswidrig.

23 **Tipp 1:** Nicht selten hängt Ihre Mitwirkung von anderen ab, zB von Arbeitgebern, die einfach keinen Gehaltsnachweis ausstellen, oder von Vermieter*innen, die gerade im Urlaub sind. Teilen Sie das der Behörde mit und kündigen Sie an, dass Sie die Behörde in Kenntnis setzen, wenn sich die Sachlage ändert.

24 **Tipp 2:** Haben Sie ein entsprechendes Mitwirkungsschreiben nicht erhalten, muss die Behörde den Zugang beweisen (§ 37 Abs. 2 S. 3 SGB X). Kann sie das nicht, fehlt die schriftliche Belehrung und eine Versagung der Leistungen ist rechtswidrig.

25 Die Leistungsversagung wegen fehlender Mitwirkung stellt einen **Verwaltungsakt** dar (→ 22), gegen den Sie Widerspruch einlegen können (→ 126 Rn. 40).

4.1 Keine Sippenhaftung bei fehlender Mitwirkung

26 Die Leistungsversagung kann natürlich nur gegen die Person erfolgen, die ihren Mitwirkungspflichten nicht nachkommt. Zwar vertreten Eltern ihre **Kinder** als gesetzliche Vertreter, aber der Grundsatz *„Vertreterhandeln wirkt gegen den Vertretenen"* dürfte im Regelfall nicht gegen minderjährige Kinder anzuwenden sein.

Die Versagung der Leistung ist eine **Ermessensentscheidung** (→ 44). Bei der pflichtge-

mäßen Ausübung des Ermessens wird zu berücksichtigen sein, dass Kinder nicht unter den Folgen fehlender Mitwirkung der Eltern zu leiden haben.
Gleiches gilt nach dem Grundsatz, Sippenhaftung auszuschließen, für die Partner*innen (BSG 2.12.2014 – B 14 AS 50/13 R; LSG NRW 22.3.2012 – L 6 AS 1589/10; in Bezug auf Sanktionen: BSG 23.5.2013 – B 4 AS 67/12 R).

5. Nachholen der Mitwirkung

27 *„Wird die Mitwirkung nachgeholt und liegen die Leistungsvoraussetzungen vor, kann der Leistungsträger Sozialleistungen, die er nach § 66 versagt oder entzogen hat, nachträglich ganz oder teilweise erbringen"* (§ 67 SGB I).

Bei den Sozialleistungen Bürgergeld und HzL/GSi der Sozialhilfe geht es regelmäßig darum, akute Notlagen zu verhindern oder zu beseitigen und das **Existenzminimum** sicherzustellen. Hier wird die Ermessensentscheidung der Behörde (*„kann … erbringen"*) **auf null** reduziert. Die Leistungsträger müssen daher bei nachgeholter Mitwirkung nachzahlen.

6. Widerspruch gegen die Versagung oder Nachholung der Mitwirkung?

28 Der **Widerspruch** (→ 126) gegen einen Versagungs-/Entziehungsbescheid wegen fehlender Mitwirkung (§ 66 SGB I) entfaltet **im allgemeinen Sozialrecht**, so auch bei HzL/GSi der Sozialhilfe, **aufschiebende Wirkung** (§ 86a Abs. 1 SGG), dh, der Bescheid ist bis zur Klärung nicht wirksam.
In Folge des Neunten SGB II-Änderungsgesetzes ist seit dem 1.8.2016 die aufschiebende Wirkung von Widerspruch und Anfechtungsklage auch bei Entziehungsbescheiden wegen fehlender Mitwirkung im SGB II abgeschafft worden (§ 39 SGB II). Die aufschiebende Wirkung des Widerspruchs kann nur noch über einen Antrag auf **einstweiligen Rechtsschutz** (→ 41) durch das Gericht angeordnet werden (§ 86b Abs. 1 Nr. 2 SGG; → 41 Rn. 31 f.).
Angesichts der akuten Notlage, die durch eine Versagung/Entziehung existenzsichern-

der Sozialleistungen entstehen, müssen sich betroffene Bürgergeld-Beziehende die Frage stellen, ob es nicht einfacher bzw. zielführender ist, die **Mitwirkung nachzuholen** anstatt Widerspruch gegen einen (möglicherweise) rechtswidrigen Versagung-/Entziehungsbescheid einzulegen. Denn Widerspruchsverfahren können mitunter mehrere Monate dauern und auch eine einstweilige Anordnung durch ein Gericht dauert gerne mal länger oder wird Ihnen verwehrt. Hier gilt es also abzuwägen, welcher Weg der bessere ist. Beachten Sie dabei auch die unter → Rn. 30 f. genannten Tipps zum Umgang bei „Mitwirkungsschikanen" der Jobcenter.

7. Keine Verwirkung eines Antrages

29 Immer wieder behaupten Behörden, dass ein gestellter Antrag verwirkt sei, wenn die Mitwirkungspflichten innerhalb von drei Wochen, einem Monat oder zwei Monaten nicht erfüllt würden. Das BSG hat das verneint: Es gibt keine Verwirkung eines Antrages (BSG 28.10.2009 – B 14 AS 56/08 R). Das Jobcenter ist zur Entscheidung über einen **Antrag** (→ 7) verpflichtet.

8. Systematische Leistungsversagung oder -verzögerung über Mitwirkungspflichten

30 Einige Jobcenter versuchen, Leistungsansprüche systematisch durch ständige Mitwirkungsaufforderungen auszuhebeln. Zunächst werden einige Unterlagen eingefordert, gerne mit einer Fristsetzung von zwei Wochen. Wenn diese dann beigebracht werden, werden die nächsten Unterlagen eingefordert, wieder mit einer Fristsetzung von zwei Wochen. Dann stellt die Behörde fest, dass die zunächst angeforderten Unterlagen „nicht mehr vorhanden" seien und diese werden nochmals angefordert. Da der Antrag nun bereits Wochen her ist, werden auch noch die aktuellen Kontoauszüge der letzten Wochen angefordert und es wird eine Erklärung gefordert, wie und wovon denn die letzten Wochen gelebt wurde. Zwischenzeitlich sind Mietschulden angelaufen, vielleicht ist sogar fristlos gekündigt worden, die Energieversorgung eingestellt, die Krankenversicherung ruht. Gerne wird zwischenzeitlich auch noch

wegen fehlender Mitwirkung Leistung versagt. Es gibt Jobcenter, da läuft eine solche Verwaltungspraxis systematisch, während in offiziellen Verlautbarungen des Jobcenters von einer Bearbeitungszeit für Neuanträge von zwei Wochen die Rede ist – natürlich gezählt ab Eingang aller Unterlagen.

31 **Was können Sie tun?** Zunächst sollte ein Antrag auf eine **vorläufige Leistungsentscheidung** (→ 121) nach § 41a Abs. 1 S. 1 Nr. 1 SGB II / § 44a Abs. 1 SGB XII gestellt werden. Das Gesetz sagt ganz klar, es **ist** vorläufig zu entscheiden – also ohne Ermessensspielraum der Behörde.

32 Die Bundesagentur für Arbeit (BA) konkretisiert den Anspruch auf eine vorläufige Entscheidung in ihren Fachlichen Weisungen zu § 41a SGB II: *"Vorläufig zu entscheiden (ohne Ermessensspielraum) ist, wenn sich die Antragsbearbeitung voraussichtlich längere Zeit hinziehen wird oder wenn zum Entscheidungszeitpunkt über den Leistungsantrag keine abschließende Entscheidung möglich ist"* (FW 41a.2). *"Der Anspruch auf die Geld- oder Sachleistung muss mit hinreichender Wahrscheinlichkeit vorliegen"* (FW 41a.11f.). Die BA geht in ihren Weisungen noch weiter und sagt, ob vorläufig zu gewähren ist, *"ist nach § 20 Sozialgesetzbuch Zehntes Buch (SGB X) von Amts wegen zu prüfen. Der Antrag der leistungsberechtigten Person muss sich daher nicht explizit auf vorläufige Leistungen erstrecken"* (FW 41a.3). Die Vorläufigkeit erstreckt sich auf alle mit einem Bescheid bewilligten Leistungen (Regelbedarfe, Mehrbedarfe und Bedarfe für Unterkunft und Heizung, Zuschüsse zur Kranken- und Pflegeversicherung, Bedarfe für Bildung und Teilhabe, einmalige Bedarfe und die Leistungen nach § 27 Abs. 2 in Höhe der Mehrbedarfe). Die vorläufige Leistungserbringung ist für diese Leistungen einheitlich auszusprechen (FW 41a.5).

Der Antrag auf vorläufige Leistungserbringung muss also nicht gestellt werden, wir empfehlen es aber. In Akutfällen auch direkt mit der Erstantragstellung zusammen.

Sollte die Behörde nicht rechtzeitig reagieren, gibt es die Möglichkeit eine **Beschwerde** (→ 23) einzulegen oder ins **Eilverfahren** (→ 41) zu gehen. Und lassen Sie sich nicht abwimmeln, dokumentieren Sie jede Vorsprache und besorgen Sie sich Eingangsbestätigungen für Ihren **Antrag**, → 7).

9. Kosten von Mitwirkungshandlungen

33 Möglichkeiten zur Erstattung von Kosten Ihrer Mitwirkungshandlungen finden Sie in verschiedenen anderen Kapiteln:

- Erstattung von Kosten im Rahmen der ärztlichen Begutachtung:
  → 6 Rn. 20 f.
- Erstattung von Kosten für Übersetzungen und Dolmetscher*innen:
  → 7 Rn. 45 ff.; → 52 Rn. 85, 20.
- Erstattung von sonstigen Auslagen im Rahmen der Mitwirkungspflichten:
  → 67 Rn. 11 ff.

80 Nachzahlung (vorenthaltener Leistungen)

1. Sie stellen keinen Antrag, weil die Behörde Sie falsch berät – sozialrechtlicher Herstellungsanspruch 1
1.1 Ausbleibende oder fehlerhafte Beratung 3
1.2 Schadensersatz 8
1.3 Problem: Nachweis des Herstellungsanspruchs 10
2. Sie stellen einen Antrag und die Behörde zahlt zu wenig – Beschwerde bzw. Widerspruch..................... 13
3. Rücknahme eines rechtswidrigen Bescheides, der zu Ihrem Nachteil ist/ Überprüfungsantrag 16
3.1 Der Bescheid ist bestandskräftig, und Sie merken, dass Ihnen zu wenig gezahlt wurde.............. 17
3.2 Überprüfungsantrag 19
3.3 Zeitraum für Nachzahlungen, wenn Leistungen nicht erbracht wurden.......................... 23
3.3.1 Ausnahmen für kürzere Zeiträume 25
3.3.2 Rückwirkende Korrekturen in Bürgergeld/HzL/GSi der Sozialhilfe: vier Jahre 27
3.3.3 Verkürzte Rücknahme- und Korrekturfrist 29
3.4 Überprüfungsantrag bei HzL/GSi der Sozialhilfe 30

80 Nachzahlung (vorenthaltener Leistungen)

3.4.1 Regelungen im 3. Kapitel
SGB XII: HzL 31
3.4.2 Regelungen im 4. Kapitel
SGB XII: GSi 34
3.4.3 Überprüfungsantrag gegen Bescheide, in denen Beiträge zu Unrecht erhoben wurden 35
4. Anspruch auf Verzinsung von Nachzahlungen 37
5. Nachzahlungen nach falschem Antrag 40
5.1 SGB II-/SGB XII-Nachzahlungen sind nicht als Einkommen anzurechnen 41
5.2 Rückerstattung von Vorauszahlungen 42
5.3 Einmalig ausgezahlte Nachzahlungen aus einem laufenden Anspruch bei Bürgergeld/Alg II ... 44
5.4 Kritik 46
6. HzL/GSi der Sozialhilfe 48
7. Forderungen 49

1. Sie stellen keinen Antrag, weil die Behörde Sie falsch berät – sozialrechtlicher Herstellungsanspruch

1 Die Behörde hat eine umfassende Beratungs-, Informations- und Betreuungspflicht (§§ 13–17 SGB I). *„Die Leistungsträger sind verpflichtet, darauf hinzuwirken, dass unverzüglich klare und sachdienliche Anträge gestellt [...] werden"* (§ 16 Abs. 3 SGB I; BSG 28.10.2009 – B 14 AS 56/08 ER; → 20 Rn. 1 ff.; Beratung als Amtspflicht → 20 Rn. 1).

Die Behörde ist also verpflichtet, entweder **von Amts wegen** einen Antrag zu ergänzen oder Sie auf unvollständige Angaben hinzuweisen und Sie zur Ergänzung aufzufordern. Wenn falsch oder unvollständig beraten wurde oder die Behörde nicht auf naheliegende Gestaltungsmöglichkeiten hingewiesen hat und Sie dadurch einen Nachteil haben, ist die Behörde zur Korrektur verpflichtet (Eicher/Luik/Harich SGB II § 4 Rn. 9). Das nennt sich **sozialrechtlicher Herstellungsanspruch** (→ 7 Rn. 15; → 20 Rn. 43 ff.).

2 Der Nachteil des*r Betroffenen muss mit der Verletzung der Beratungspflicht in ursächlichem Zusammenhang stehen und durch eine zulässige Amtshandlung beseitigt werden können (BSG 18.1.2011 – B 4 AS 99/10 R).

Wenn Sachbearbeiter*innen Sie mit falschen Auskünften daran hindern, einen Antrag zu stellen, zB mit aus der Luft gegriffenen Behauptungen, wie:

- *„Gehen Sie arbeiten. Jeder, der arbeiten will, findet Arbeit"*,
- *„Ihr Freund muss für Sie aufkommen, nicht wir"*,
- *„Erst nach einem Umzug in eine billigere Wohnung werden Leistungen gezahlt"*,
- *„Ohne Abmeldung Ihres Gewerbes keine Leistung"*,
- *„Für Auszubildende gibt es grundsätzlich kein Hartz IV"*

oder vielen anderen mehr (Antragstellung, → 7 Rn. 15 ff.; Beratung als Amtspflicht → 20 Rn. 1), **und** sich im Nachhinein herausstellt, dass Ihnen dadurch Leistungen vorenthalten wurden, haben Sie einen Anspruch auf Korrektur im Rahmen der normalen Rechtsmittel (Widerspruch und Überprüfungsantrag). Wenn diese jedoch nicht mehr greifen, zB weil Sie tatsächlich keinen Antrag gestellt haben, können Sie die Korrektur im Rahmen des sozialrechtlichen Herstellungsanspruchs durchsetzen (BSG 19.10.2010 – B 14 AS 16/09 R).

1.1 Ausbleibende oder fehlerhafte Beratung

3 Der sozialrechtliche Herstellungsanspruch greift insbesondere, wenn ein Verlust entsteht, weil der Leistungsträger seiner *„Nebenpflicht zur Auskunft, Beratung und verständnisvollen Förderung"* nicht nachgekommen ist, weil er sie *„nicht oder nicht ausreichend erfüllt hat"*. Das ist typischerweise immer dann der Fall, wenn der (Versicherungsbzw.) Sozialleistungsträger die*den Sozialleistungsberechtigte*n *„nicht auf solche Gestaltungsmöglichkeiten hingewiesen hat, die klar zutage liegen und deren Wahrnehmung offensichtlich zweckmäßig erscheint, dass sie jeder verständige Versicherte [bzw. Leistungsberechtigte] mutmaßlich nutzen würde"* (BSG 29.9.1987 – 7 RAr 23/86).

4 Die Beratung erfolgt entweder aufgrund eines auch formlos geäußerten Beratungsbegehrens, also auf Antrag, oder von Amts wegen. Von Amts wegen immer dann, wenn sich der Behörde die Beratungsnotwendigkeit aufgrund der Fallgestaltung erschließt, das nennt man dann **Spontanberatung**. Spontanberatung bedeutet: die Verpflichtung der Be-

620

80 Nachzahlung (vorenthaltener Leistungen)

hörde, auf die aus dem Einzelfall sich ergebende, rechtliche für die*den Leistungsberechtigte*n günstige und auch nachteilige Fallgestaltung von Amts wegen hinzuweisen zu müssen (ständige Rspr.: BSG 4.9.2013 – B 12 AL 2/12 R; BSG 18.1.2011 – B 4 AS 29/10 R; BGH 2.8.2018 – III ZR 466/16).

5 Der BGH hat mit seiner Amtshaftungsentscheidung (BGH 2.8.2018 – III ZR 466/16) den beklagten Sozialhilfeträger verurteilt, als Ausgleich des Schadens eines Bürgers für unterlassene Beratung im Amt 58.000 EUR im Rahmen der Amtshaftung nachzuzahlen. Dazu hat der BGH in seiner Presserklärung ausgeführt: *„Im Sozialrecht bestehen für die Sozialleistungsträger besondere Beratungs- und Betreuungspflichten. Eine umfassende Beratung des [Leistungsberechtigten] ist die Grundlage für das Funktionieren des immer komplizierter werdenden sozialen Leistungssystems. Im Vordergrund steht dabei nicht mehr nur die Beantwortung von Fragen oder Bitten um Beratung, sondern die verständnisvolle Förderung des [Leistungsberechtigten], das heißt die aufmerksame Prüfung durch den Sachbearbeiter, ob Anlass besteht, den [Leistungsberechtigten] auch von Amts wegen auf Gestaltungsmöglichkeiten oder Nachteile hinzuweisen, die sich mit seinem Anliegen verbinden"* (Pressemitteilung BGH Nr. 130/2018).

6 Die Sozialleistungsträger haben bei der Erfüllung ihrer Aufgaben sicherzustellen, dass die sozialen Rechte möglichst weitgehend verwirklicht werden (§ 2 Abs. 2 SGB I). Dies gilt besonders für Bürgergeld-**Beziehende**, weil mit dem Neunten SGB II-Änderungsgesetz **seit 1.8.2016** der Anspruch auf Beratung deutlich aufgewertet wurde. Zum einen wurde **Beratung** ausdrücklich **zur Leistung** der Grundsicherung für Arbeitsuchende **erklärt** (§ 1 Abs. 3 S. 1 Nr. 1 SGB II) und zudem wurde sie unter § 14 SGB II *„Grundsatz des Förderns"* konkretisiert: *„Leistungsberechtigte Personen erhalten Beratung. Aufgabe der Beratung ist insbesondere die Erteilung von Auskunft und Rat zu Selbsthilfeobliegenheiten und Mitwirkungspflichten, zur Berechnung der Leistungen zur Sicherung des Lebensunterhalts und zur Auswahl der Leistungen im Rahmen des Eingliederungsprozesses. Art und Umfang der Beratung richten sich nach dem Beratungsbedarf der leistungsberechtigten Person"* (§ 14 Abs. 2 SGB II; vgl. umfassend dazu Antragstellung, Beratung als Amtspflicht → 20 Rn. 1; → 7 Rn. 21 ff.).

7 **Verpflichtung zur Beratung** setzt immer voraus, dass dafür nach den Umständen des Einzelfalls besonderer Anlass besteht. Diesen Anlass kann der*die Leistungsberechtigte durch eine Anfrage bzw. einen Antrag selbst herbeiführen, er kann sich aber auch aus den Umständen ergeben.

Wenn Sie zB

- dem Jobcenter mitteilen, dass Ihr Kind in den Sommerferien eine Kinderfreizeit besucht, müssen Sie auf die Möglichkeit der Kostenübernahme im Rahmen des Teilhabepakets (→ 27 100 Rn. 21) hingewiesen werden,
- schwanger sind, muss man Sie darüber aufklären, dass Sie einen Anspruch auf den Mehrbedarf bei Schwangerschaft (→ 101) und eine Erstausstattung bei Schwangerschaft und Geburt haben,
- SGB II-Leistungen als Darlehen erhalten, weil Sie ein derzeit nicht verwertbares Vermögen (→ 119) besitzen, müssen Sie darauf hingewiesen werden, dass Sie ggf. Anspruch auf Wohngeld (→ 127) haben, mit dem Sie das Darlehen beim Jobcenter deutlich reduzieren können (§ 7 Abs. 1 S. 3 Nr. 1 WoGG),
- von der Arbeitsagentur wissen wollen, bis wann Sie Ihren Antrag auf Alg I stellen müssen, hat diese Sie klar und deutlich auf die gesetzlichen Fristen hinzuweisen (SG Gießen 8.7.2015 – S 14 AL 13/15, Verurteilung der BA zur Zahlung von Alg I trotz verspäteter Antragstellung).

Werden Sie in den genannten und vergleichbaren Fällen gar nicht oder fehlerhaft beraten und aufgeklärt und entstehen Ihnen daraus **Nachteile**, weil Sie versäumt haben, entsprechende Anträge zu stellen, besteht unter Umständen ein Korrekturanspruch im Rahmen des sozialrechtlichen Herstellungsanspruchs: das müssen Sie aber erst einmal nachweisen (→ Rn. 43 ff.).

621

1.2 Schadensersatz

8 Vom sozialrechtlichen Herstellungsanspruch sind auch Schadensersatzansprüche umfasst, wenn die Behörde Fehler macht, zB weil

- aufgrund einer Computerpanne Leistungen zum Lebensunterhalt nicht rechtzeitig ausgezahlt werden und Ihnen dadurch Mahnkosten, Rückbuchungsgebühren usw entstehen,
- das Jobcenter bereits eine Woche vor Ablauf einer Mitwirkungsfrist Ihre Leistungen versagt hat und Ihnen dadurch wirtschaftliche Schäden entstehen oder
- weil das Jobcenter nach einem Wohnungswechsel die Miete versehentlich an den*die alte*n statt an den*die neue*n Vermieter*in gezahlt hat und Ihnen dadurch Mahnkosten oder gegnerische Anwaltskosten entstehen. Das gilt natürlich auch für die Korrektur der Fehlbuchung und die unverzügliche Nachzahlung auf das Konto des*r richtigen Empfängers*Empfängerin (SG Koblenz 8.4.2016 – S 1 R 291/16 ER).

In diesen oder ähnlichen Fällen entsteht Ihnen ein Schadensersatzanspruch im Rahmen des sozialrechtlichen Herstellungsanspruchs (→ Rn. 43 ff.; → 7 Rn. 27).

9 Die herrschende Rechtsmeinung vertritt die Auffassung, dass ein Korrekturanspruch nach dem sozialrechtlichen Herstellungsanspruch **vier Jahre rückwirkend** besteht, ausgehend vom Beginn des Jahres, in dem der Anspruch geltend gemacht wurde (analog der Regelung des § 44 Abs. 4 SGB X; jurisPK-SGB X § 44 Rn. 126).

1.3 Problem: Nachweis des Herstellungsanspruchs

10 Sie können nur dann gegen die falsche oder unterlassene Beratung vorgehen, wenn **Sie nachweisen** können, dass die Beratungspflicht durch das Amt verletzt wurde und Ihnen daraus ein wirtschaftlicher Nachteil entstanden ist (BSG 29.10.2002 – B 4 RA 6/02 R). Das ist in der Praxis nur mit Zeug*innen oder einem schriftlichen Beleg der Behörde möglich.

Informieren Sie sich umfassend dazu unter dem Beitrag Beratung (→ 20 Rn. 19 ff.).

11 **Tipp 1:** Gehen Sie gegenüber Jobcentern und Sozialämtern auf Nummer sicher. Machen Sie von den Gesprächen dort Gesprächsnotizen. Lassen Sie sich die Ablehnung der Antragstellung stets schriftlich als Bescheid (→ 22) begründen, damit Sie dagegen vorgehen können. Sie haben ein Recht darauf (§ 33 Abs. 2 S. 2 SGB X).

12 **Tipp 2:** Gehen Sie möglichst mit einem Beistand (→ 19) als Zeuge*Zeugin aufs Amt.

2. Sie stellen einen Antrag und die Behörde zahlt zu wenig – Beschwerde bzw. Widerspruch

13 Die Bescheide derjenigen Behörden, die Bürgergeld oder HzL/GSi der Sozialhilfe auszahlen, enthalten immer wieder zahlreiche Fehler, die oft zu Ihren Lasten gehen. Zum Beispiel:

- Mieten, Heizkosten oder Warmwasser werden nicht in voller Höhe übernommen,
- Einkommen oder Vermögen werden zu Unrecht angerechnet,
- Personen, die nicht unterhaltspflichtig sind, werden voll zum Unterhalt herangezogen (Bedarfsgemeinschaft, → 16),
- eheähnliche Gemeinschaften (→ 36) werden unterstellt, die keine sind,
- Mehrbedarfe (→ 52) oder sogar leistungsberechtigte Personen werden vergessen usw.

Mangelnde Schulung, Gesetzes- und Richtlinienchaos, die unüberschaubare Flut von Weisungen, Zeitdruck und schlecht funktionierende Datenverarbeitungsprogramme tragen zu diesem Chaos bei.

14 **Tipp:** Um zu verhindern, dass Ihre Unterstützung unter das offizielle Existenzminimum fällt, sollten Sie alle Ihre Bescheide (→ 22) sorgfältig prüfen oder überprüfen lassen.

Wenn Sie feststellen, dass die Leistung falsch berechnet wurde, weisen Sie sofort Ihre*n Sachbearbeiter*in darauf hin. Wenn diese*r daraufhin unverzüglich den Bescheid korrigiert, müssen Sie keinen Widerspruch einlegen. Das ist der einfachste Weg und manchmal ist es auch der schnellste.

Wenn er*sie den Bescheid nicht korrigiert, legen Sie **Widerspruch** (→ 126) ein. Beachten

Sie dabei unbedingt die Fristen. Wenn Sie die Frist einhalten, ist eine Nachzahlung für die entsprechenden Zeiträume möglich, entweder über das Widerspruchsverfahren oder eine Klage (→ 64).

15 Wenn eine leistungsrelevante „*Änderung zugunsten des Betroffenen erfolgt*", soll ein bestandskräftiger Bescheid rückwirkend zum Zeitpunkt der Änderung erhoben werden (§ 48 Abs. 1 S. 2 Nr. 1 SGB X). In Bezug auf das SGB II ist das „soll" als „ist" umzusetzen, also zwingend (§ 40 Abs. 2 Nr. 3 SGB II). Seit 2011 ist dies bei Bürgergeld und HzL/GSi der Sozialhilfe aber nur noch **ein Jahr** rückwirkend möglich, allerdings von Beginn des Jahres an gerechnet, in dem der Antrag auf Korrektur gestellt wird (§ 40 Abs. 1 S. 2 Nr. 2 SGB II bzw. § 116a S. 1 Nr. 2 SGB XII iVm § 48 Abs. 4 SGB X iVm § 44 Abs. 4 SGB X). Im allgemeinen Sozialrecht gilt eine Rücknahmefrist von **vier Jahren**.

3. Rücknahme eines rechtswidrigen Bescheides, der zu Ihrem Nachteil ist/ Überprüfungsantrag

16 Im Folgenden werden einige Grundregeln zur nachträglichen Korrektur eines bestandskräftigen, rechtswidrigen Bescheides dargestellt.

3.1 Der Bescheid ist bestandskräftig, und Sie merken, dass Ihnen zu wenig gezahlt wurde

17 Wenn Sie die Widerspruchsfrist nicht einhalten, wird der Verwaltungsakt „*bestandskräftig*", also gültig. Das kann leicht passieren, wenn Ihnen ein Fehler der Behörde erst zu spät auffällt.

Dann müssen Sie einen **Überprüfungsantrag** stellen (§ 44 Abs. 1 SGB X; → Rn. 19 ff.).

18 „*Soweit sich im Einzelfall ergibt, dass bei Erlass eines Verwaltungsaktes das Recht unrichtig angewandt oder von einem Sachverhalt ausgegangen worden ist, der sich als unrichtig erweist, und soweit deshalb Sozialleistungen zu Unrecht nicht erbracht oder Beiträge zu Unrecht erhoben worden sind, ist der Verwaltungsakt, auch nachdem er unanfechtbar geworden ist, mit Wirkung für die Vergangenheit zurückzunehmen*" (§ 44 Abs. 1 SGB X: Rücknahme eines rechtswidrigen, nicht begünstigenden Verwaltungsaktes).

Bürgergeld-Beziehende haben in diesen Fällen Anspruch auf Nachzahlung, auch wenn ein Bescheid bestandskräftig geworden ist, weil Sie keinen Widerspruch eingelegt haben. Denn: „*Für das Verfahren [...; im SGB II] gilt das Zehnte Buch*" (§ 40 Abs. 1 S. 1 SGB II; BSG 7.11.2006 – B 7b AS 8/06 R und 19.3.2008 – B 11b AS 23/06 R).

3.2 Überprüfungsantrag

19 Wenn das Recht unrichtig angewandt oder falsche Sachverhalte unterstellt wurden, müssen Sie das Jobcenter mit einem Überprüfungsantrag auffordern, den „*rechtswidrigen, nicht begünstigenden Verwaltungsakt*" zurückzunehmen.

20 Tipp: Auch wenn Sie einen Widerspruch zu spät eingelegt haben, muss die Behörde ihn automatisch als Überprüfungsantrag auslegen. Im Zweifel machen Sie das Jobcenter schriftlich darauf aufmerksam. Der Anspruch auf Überprüfung ist nicht von einem Antrag abhängig, denn im Gesetz steht: „*Soweit sich im Einzelfall ergibt [...]*" (§ 44 Abs. 1 S. 1 SGB X).

Ein Verwaltungsakt ist **rechtswidrig**, wenn

- die Tatsachen, die ihn rechtfertigen, bei seinem Erlass gar nicht vorgelegen haben (BVerwG 25.3.1964 – VI C 150.62),
- oder das Recht **falsch angewandt** wurde und die Behörde einfach anders hätte entscheiden müssen.

21 Ein Verwaltungsakt ist **nicht begünstigend**, wenn Sie durch ihn benachteiligt werden, zB weil

- Sie zu Unrecht **zu wenig bekommen** oder
- die Behörde zu Unrecht **Beiträge** bei Ihnen erhoben hat, dh zu viel zurückgefordert oder Ihnen anstatt eines Zuschusses ein Darlehen gewährt hat.

Nach Ansicht des Gesetzgebers können Sie von einer Behörde nicht betrogen, sondern nur „*nicht begünstigt*" werden.

22 Das Jobcenter muss auf Ihren Antrag hin den ursprünglichen Bescheid prüfen.

Wird dem **Antrag stattgegeben**, muss der alte Verwaltungsakt mit einem Rücknahmebescheid zurückgenommen und/oder mit einem Änderungsbescheid rückwirkend korrigiert werden. Das gilt dann natürlich auch für die Zukunft, selbst wenn der falsche Bescheid für zwölf Monate erlassen wurde. Bei Bedarf müssen auch Bescheide, die davor erlassen wurden, rückwirkend korrigiert werden.

Wird Ihr **Antrag abgelehnt**, muss ein (begründeter) Ablehnungsbescheid ergehen. Gegen diesen können Sie dann Widerspruch (→ 126) einlegen bzw. klagen.

3.3 Zeitraum für Nachzahlungen, wenn Leistungen nicht erbracht wurden

23 Das SGB X erklärt: *„Ist ein Verwaltungsakt mit Wirkung für die Vergangenheit zurückgenommen worden, werden Sozialleistungen [...] längstens für einen Zeitraum bis zu vier Jahren vor der Rücknahme erbracht"* (§ 44 Abs. 4 S. 1 SGB X).

24 Für das SGB II und SGB XII wurde für zu Unrecht nicht erbrachte Leistungen ein Sonderrecht eingeführt und der Zeitraum **auf ein Jahr rückwirkend verkürzt**, allerdings rückwirkend **vom Beginn des Jahres** an gerechnet, in dem der Antrag auf Überprüfung gestellt wird (§ 40 Abs. 1 S. 2 Nr. 2 SGB II iVm § 44 Abs. 4 SGB X; § 116a S. 1 Nr. 2 SGB XII iVm § 44 Abs. 4 SGB X).

3.3.1 Ausnahmen für kürzere Zeiträume

25 **Bürgergeld:**

a. Wenn das Bundesverfassungsgericht oder das Bundessozialgericht eine Rechtsvorschrift oder die Rechtsauslegung **einer Behörde** für rechtswidrig bzw. verfassungswidrig erklärt **oder** dies in „ständiger Rechtsprechung" der Gerichte festgestellt wird, besteht **seit 1.8.2016** nur noch ein Korrekturanspruch für den Zeitraum **ab der Entscheidung** des BVerfG, BSG bzw. ab der Herausbildung der ständigen Rechtsprechung (§ 40 Abs. 3 S. 1 Nr. 2 SGB II).
Bisher musste eine von der Rechtsprechung abweichende **Rechtsauslegung von allen Jobcentern vertreten** werden sein (einheitliche Verwaltungspraxis), um Ansprüche Betroffener nach § 44 SGB X auf die Zeiträume nach der korrigierenden Rechtsprechung zu beschränken.
Seit 1.8.2016 gilt: Werden SGB II-Beziehenden zu geringe Leistungen gewährt, gibt es bei Entstehen einer höchstrichterlichen oder ständigen Rechtsprechung nur noch rückwirkend Leistungen, wenn die Betroffenen vorher bereits Widerspruch eingelegt hatten. Das BSG hatte 2011 noch festgestellt, dass der Ausschluss von rückwirkenden Korrekturen nur gilt, wenn es eine bundeseinheitliche Rechtsauslegung **aller** Jobcenter gibt (BSG 21.6.2011 – B 14 AS 118/10 R). Da eine einheitliche Rechtsauslegung aller Jobcenter in strittigen Fragen sehr unwahrscheinlich ist, der Gesetzgeber aber trotzdem Leistungsansprüche von SGB II-Beziehenden verkürzen will, reicht nach der neuen Regelung nur noch die abweichende **Rechtsauslegung** des *„zuständigen Trägers der Grundsicherung für Arbeitsuchende"* (§ 40 Abs. 3 S. 1 Nr. 2 SGB II) aus, dh eines einzigen Jobcenters, um die Rückwirkung des Nachzahlungsanspruchs zu hemmen. Damit wurde das Urteil des BSG zulasten der Betroffenen ausgehebelt.

b. **Bürgergeld-Beziehende**, die mit Blick auf eine (anstehende) Obergerichtsentscheidung einen Überprüfungsantrag gegen die Höhe in einer kommunalen Satzung festgesetzten Unterkunfts- und Heizkosten beantragen (§§ 22a SGB II ff.), sollen erst ab der betreffenden Entscheidung des Landes- oder Bundessozialgerichts höhere Leistungen für Unterkunfts- und Heizkosten rückwirkend erhalten; nicht aber für Zeiten vor dem Gerichtsurteil (§ 40 Abs. 3 S. 1 Nr. 2 SGB II). Durch Überprüfungsanträge durchgesetzte Nachzahlungen für Zeiträume vor der Gerichtsentscheidung werden damit ausgeschlossen.

26 In beiden Fällen wurde das Recht seit 1.8.2016 deutlich zuungunsten der Leistungsberechtigten verschlechtert. Jobcenter können, ohne eine rückwirkende Korrektur befürchten zu müssen, durch „eigenwillige Rechtsauslegung" SGB II-Berechtigten rechts-

widrig Leistungen vorenthalten. Diese Ausnahmen gelten (noch) nicht bei HzL/GSi.

3.3.2 Rückwirkende Korrekturen in Bürgergeld/HzL/GSi der Sozialhilfe: vier Jahre

27 Die Jahresfrist gilt nur für die rückwirkende Erstattung von Sozialleistungen. Ein Überprüfungsantrag reicht aber weiter zurück.

28 **Beispiel Darlehen:** Sie sind 25 Jahre alt, bekommen Bürgergeld und ziehen aus Ihrem Elternhaus erstmals in eine eigene Wohnung. Das Jobcenter hat Ihnen nach dem Auszug ein **Darlehen** für die Erstausstattung der Wohnung bewilligt. Das Darlehen ist inzwischen bis auf 200 EUR getilgt. Sie erfahren nach drei Jahren, dass Ihnen für die Erstausstattung eine **Beihilfe** zugestanden hätte (§ 24 Abs. 3 Nr. 1 SGB II, entsprechend § 31 Abs. 1 Nr. 1 SGB XII). Die Darlehensgewährung war demnach rechtswidrig.

Wenn Sie jetzt einen Überprüfungsantrag stellen, ist der drei Jahre alte Bescheid, der die Darlehensgewährung bestimmt hat, durch das Jobcenter zu überprüfen und zu korrigieren. Sie müssen also in Zukunft nichts mehr tilgen. Außerdem bekommen Sie die bereits zu Unrecht getilgten Beträge mit Zinsen zurückerstattet. In diesem Fall der Nachzahlung ist es unerheblich, ob der Vorgang schon ein, zwei oder mehr Jahre zurückliegt. Denn hier handelt es sich **nicht** um zu Unrecht vorenthaltene Leistungen, sondern um „**zu Unrecht erhobene Beiträge**", also aufgerechnete Tilgungsbeträge.

Gleiches gilt zB auch für zu Unrecht erhobene **Rückforderungen** wegen angeblicher Überzahlungen, die es tatsächlich nicht gegeben hat, oder zu Unrecht erhobene **Ersatzansprüche** für angeblich sozialwidriges Verhalten, das sich nachträglich als ganz normal herausstellt usw (Rückforderung, → 92).

Wären Ihnen stattdessen **Leistungen zu Unrecht vorenthalten** worden, wäre der Zeitraum für die Nachzahlung auf die **Jahresfrist** beschränkt.

3.3.3 Verkürzte Rücknahme- und Korrekturfrist

29 Sowohl für Beziehende von Bürgergeld als auch von **HzL/GSi der Sozialhilfe** und von Leistungen nach dem **AsylbLG** gilt seit 1.8.2016 eine Verkürzung der Rücknahme- und Korrekturfrist: Der rückwirkende Zeitraum, innerhalb dem ein rechtswidriger, nicht begünstigender Bescheid zurückgenommen und korrigiert werden muss, wird auf **vier Jahre beschränkt** (§ 40 Abs. 1 S. 2 Nr. 1 SGB II; § 116a S. 1 Nr. 1 SGB XII; § 9 Abs. 4 S. 2 AsylbLG). Das wird ebenfalls von Beginn des Jahres angerechnet, in dem der Überprüfungsantrag gestellt wird.

Die Frist zur Beantragung einer nachträglichen Korrektur und Erstattung zu Unrecht erhobener Beiträge wird damit von 30 Jahren auf vier Jahre verkürzt.

Unter dem Motto „*Rechtsvereinfachung*" betreibt die Bundesregierung den Abbau von Korrekturansprüchen von Leistungsberechtigten.

3.4 Überprüfungsantrag bei HzL/GSi der Sozialhilfe

30 Lange war strittig, ob Überprüfungsanträge nach § 44 SGB X auch bei Sozialhilfeleistungen gestellt werden können. Spätestens mit der Einführung des Sonderrechts, mit dem der Zeitraum für die Nachzahlung auf ein Jahr verkürzt wurde, ist klar, dass auch im SGB XII ein **Anspruch** auf Überprüfung besteht.

3.4.1 Regelungen im 3. Kapitel SGB XII: HzL

31 Das BSG hat klargestellt, dass das SGB X **ohne Einschränkung** auch auf das SGB XII anzuwenden ist, solange im SGB XII keine abweichenden Regelungen genannt sind (§ 37 S. 1 SGB I; BSG 16.10.2007 – B 8/9b SO 8/06 R: für die GSi). Mit der Entscheidung, dass § 44 SGB X auch auf Leistungen nach dem AsylbLG anzuwenden ist (BSG 29.9.2009 – B 8 SO 16/08 R), waren alle Zweifel beseitigt, ob Überprüfungsanträge auch bei der HzL möglich sind. Für das Verfahren gelten – mit gekennzeichneten Ausnahmen – ebenfalls die unter → Rn. 17 ff. erläuterten Regeln.

32 Bei der HzL setzt der Anspruch auf Leistungen ein, „*sobald dem Träger der Sozialhilfe […] bekannt wird, dass die Voraussetzungen für die Leistung vorliegen*" (§ 18

Abs. 1 SGB XII). Anders als beim Bürgergeld gibt es in der Sozialhilfe das sogenannte „Gegenwärtigkeitsprinzip", nach dem keine Hilfe für die Vergangenheit geleistet wird. Erst ab Kenntnis des Bedarfs/der Notlage setzt die HzL der Sozialhilfe ein.

War der Grundbedarf allerdings bekannt, beispielsweise Unterkunfts- und Heizkosten, und erfolgt daraufhin eine Betriebskosten- oder Heizkostennachzahlung, stellt dies eine Änderung zugunsten des*r Leistungsberechtigten dar, im Sinne des § 48 Abs. 1. S. 2 Nr. 1 SGB X, die auch rückwirkend erfolgen soll. Hier kann das Sozialamt nicht sagen: nicht rechtzeitig beantragt oder zur Kenntnis gegen, deswegen gibt es nichts.

Für eine rückwirkende Korrektur und Nachzahlung von Leistungen bedarf es daher

- eines **anspruchsbegründenden Tatbestandes**, zB einer Mieterhöhung **und**
- der **Kenntnis des Sozialamts** von der Erhöhung der Unterkunftskosten.

33 Tipp: Zeigen Sie leistungsrelevante Änderungen trotzdem unverzüglich und beweissicher dem Sozialamt an.

3.4.2 Regelungen im 4. Kapitel SGB XII: GSi

34 Bei der Grundsicherung im Alter und bei Erwerbsminderung ging man schon länger von der Möglichkeit der Überprüfung nach § 44 SGB X aus, da diese Leistung auf Dauer (idR für ein Jahr) bewilligt wird. Hier gelten die unter → Rn. 17 ff. beschriebenen Regeln fürs Bürgergeld, wenn nicht ausdrücklich auf Abweichungen hingewiesen wird.

3.4.3 Überprüfungsantrag gegen Bescheide, in denen Beiträge zu Unrecht erhoben wurden

35 Der Überprüfungsantrag ist auch gegen Bescheide möglich, in denen Beiträge zu Unrecht von den jeweiligen Sozialleistungsträgern erhoben wurden (§ 44 Abs. 1 S. 1 SGB X). Im normalen Sozialrecht haben diese Bescheide eine 30-jährige Bestandskraft, daher können sie rückwirkend durch einen Überprüfungsantrag auch so lange angefochten werden (§ 52 Abs. 2 SGB X).

Diese rückwirkende Anfechtung von Bescheiden wurde mit dem 9. SGB II-Änderungsgesetz vom 1.8.2016 auf **vier Jahre** verkürzt (§ 40 Abs. 1 S. 2 Nr. 1 SGB II; § 116a S. 1 Nr. 1 SGB XII).

Bescheide, in denen Beiträge zu Unrecht erhoben wurden, sind allen voran Aufhebungs- und Erstattungsbescheide sowie Ersatzansprüche. Das BSG hat entschieden, dass die auf vier Jahre verkürzte Frist bei zu Unrecht erhobenen Beiträgen nur für Bescheide gilt, die seit der Rechtsänderung am 1.8.2016 erlassen wurden. Sind die Bescheide vorher erlassen worden, gilt weiterhin die 30-Jahres-Regel (BSG 14.5.2020 – B 14 AS 10/19 R).

Allerdings hat das BSG entschieden, dass Erstattungsforderungen nach § 50 SGB X nach vier Jahren verjähren (nach § 52 Abs. 4 SGB X). Die Behörde muss zur Hemmung der Verjährung erst einen weiteren Durchsetzungsverwaltungsakt nach § 52 Abs. 2 SGB X erlassen. Mahngebührenbescheide oder Zahlungsaufforderungen sind keine Durchsetzungsverwaltungsakt im Sinne des § 52 Abs. 2 SGB X (BSG 4.3.2021 – B 11 AL 5/20 R; Schütze SGB X § 52 Rn. 26).

36 Praxis: Diese Regelung bezieht sich nur auf Erstattungsbescheide nach § 50 SGB X, sie bezieht sich nicht auf Bescheide über Darlehensforderungen oder sonstige Ersatzansprüche. In der Beratungsrealität ist uns noch kein einziger Durchsetzungsverwaltungsakt untergekommen, das heißt, dieser Anspruch ist nach vier Jahren verjährt. Mahnungen und sogar Aufrechnungen hemmen diese Verjährung nicht, denn sie sind kein Durchsetzungsverwaltungsakt im Sinne der BSG-Rechtsprechung. Rechtsmittel wäre die Einrede der Verjährung zu machen und diese im Zweifel mit einer Feststellungsklage (→ 64) durchzusetzen.

4. Anspruch auf Verzinsung von Nachzahlungen

37 War die nachgezahlte Sozialleistung rückwirkend für länger als **sechs Monate** fällig und waren alle für den Antrag auf Leistungen erforderlichen Unterlagen eingereicht, muss der nachzuzahlende Betrag **mit vier Prozent verzinst** werden (§ 44 Abs. 1 SGB I; BSG 3.7.2020 – B 8 SO 15/19 R). Das spielt eine Rolle, wenn zB für einen längeren

Zeitraum Mehrbedarf nachgezahlt wird oder höhere Unterkunftskosten rückwirkend anerkannt werden oder die Sozialleistungen zu Unrecht abgelehnt wurden. Das BSG-Urteil hat nochmal klargestellt, dass die Verzinsung zu erfolgen hat und dass es auch keines gesonderten Antrages bedarf.

38 **Tipp:** Die Verzinsung wird von den Behörden gerne vergessen, von den Gerichten ebenfalls. Machen Sie Ihren Anspruch am besten schriftlich beim Amt oder direkt vor Gericht geltend.

39 Im Bereich des AsylbLG besteht kein Anspruch auf Verzinsung nach § 44 Abs. 1 SGB I, da das SGB I dort keine Anwendung findet. Es besteht aber ein Anspruch nach § 291 BGB in Höhe von **fünf Prozent** (BSG 25.10.2018 – B 7 AY 2/18 R).

5. Nachzahlungen nach falschem Antrag

40 Nachzahlungen, auch wenn Sie den falschen Antrag gestellt haben, können Sie rückwirkend bis zu einem Jahr geltend machen, wenn dieser im allgemeinen Sozialrecht innerhalb von sechs Monaten bis Ende des Monats der Bestandskraft des Bescheides beantragt wurde (§ 28 SGB X). Wenn Sie rückwirkend statt des falsch gestellten Antrages Bürgergeld-Leistungen benötigen, muss dieser Antrag bis Ende des Monats, in dem der Versagungsbescheid bestandskräftig geworden ist, gestellt worden sein (§ 40 Abs. 7 SGB II). Nähere Informationen dazu finden Sie im Beitrag Antragstellung (→ 7 Rn. 29 ff.).

5.1 SGB II-/SGB XII-Nachzahlungen sind nicht als Einkommen anzurechnen

41 Auch Nachzahlungen aus der jeweils anderen Fürsorgeleistung (Bürgergeld, HzL und GSi), die „*auf der verfassungsrechtlichen Fundierung im Grundrecht auf Gewährleistung eines menschenwürdigen Existenzminimums [...] beruhen*", dürfen nicht angerechnet werden, sonst würde durch die Nachzahlung einer „*rechtswidrige[n] Vorenthaltung von Leistungen*" der jeweils andere Leistungsträger belohnt (BSG 25.6.2015 – B 14 AS 17/14 R). Das gilt auch für eine Nachzahlung für Leistungen nach dem AsylbLG, die während des Bürgergeld-/Sozialhilfebezuges zufließt (→ 37 Rn. 29).

5.2 Rückerstattung von Vorauszahlungen

42 Seit 2011 sind bei HzL/GSi „*Einkünfte aus Rückerstattungen, die auf Vorauszahlungen beruhen, die Leistungsberechtigte aus dem Regelsatz erbracht haben*", kein Einkommen mehr (§ 82 Abs. 1 S. 2 SGB XII).

43 Das ist zwar eine SGB XII-Regelung, sie kann aber auf das SGB II übertragen werden. Damit sind u.a. Stromrückzahlungen (→ 109) gemeint, die auch beim Bürgergeld nicht angerechnet werden. Erweitert wurde diese Regelung zum 1.8.2016 um „*Rückzahlungen, die sich auf [...] nicht anerkannte Aufwendungen für Unterkunft und Heizung beziehen*" (§ 22 Abs. 3 SGB II). Damit sind Guthaben aus Vorauszahlungen für Heiz- und Nebenkosten gemeint, die Sie aus dem Regelbedarf gezahlt haben, weil das Jobcenter sie nicht anerkennt.

Aber auch Rückerstattungen aus abgeschlossenen Zahnbehandlungsversicherungen oder sogenannten „Cash-statt-Handy-Geschäften" fallen darunter – anstelle der subventionierten Handy-Kaufoption erfolgt eine Sofortauszahlung bei Abschluss eines Handy-Vertrages (LSG Hessen 15.4.2015 – L 6 AS 828/12).

5.3 Einmalig ausgezahlte Nachzahlungen aus einem laufenden Anspruch bei Bürgergeld/Alg II

44 Bis 31.7.2016 galt: Nachzahlungen von Einnahmen, die aus einem laufenden Anspruch entstanden sind und im Bewilligungszeitraum ausgezahlt wurden, waren nicht wie einmalige Einnahmen, sondern wie laufendes Einkommen zu behandeln und anzurechnen. Daraus folgte, dass diese Einnahme ausschließlich im Zuflussmonat anzurechnen war. Der nicht verbrauchte Teil der Einnahmen wurde im Folgemonat zu Vermögen (→ 119) und war im Rahmen der Vermögensfreigrenzen anrechnungsfrei zu stellen (BSG 24.4.2015 – B 4 AS 32/14 R und 21.12.2009 – B 14 AS 46/08 R). Das betraf vor allem Einnahmen aus laufenden Sozialleistungen, die keine SGB II-, SGB XII- und AsylbLG-Leistungen waren (zB Renten,

Arbeitslosen-, Kinder-, Krankengeld usw), aber auch aus Lohnnachzahlungen, die während des Alg II-/Bürgergeld-Bezuges zugeflossen sind (BSG 5.6.2014 – B 4 AS 49/13 R). Voraussetzung für die Auszahlung an die Leistungsberechtigten war, dass das Jobcenter keinen Erstattungsanspruch gegenüber dem betreffenden Sozialleistungsträger geltend gemacht hatte (§§ 102 ff. SGB X).

45 Mit dem seit 1.8.2016 geltenden SGB II-Änderungsgesetz hat die Bundesregierung diese Regelung aufgehoben und solche Nachzahlungen zu einmaligen Einnahmen umdeklariert. Das hat zur Folge, dass eine einmalige Einnahme, wenn sie höher ist als der monatliche Bedarf, dann auf sechs Monate verteilt angerechnet wird (§ 11 Abs. 3 S. 2 SGB II). Diese Regelung ist trotz heftiger Kritik (von Tacheles) im Rahmen der Verbändeanhörung zum Bürgergeld nicht geändert worden. Die Bundesregierung will weiterhin das Elend und Armut im Bereich Bürgergeld zementieren (→ 37 Rn. 64).

5.4 Kritik

46 Handelt es sich bei der Nachzahlung um eine *„rechtswidrige Vorenthaltung von Leistungen"* eines anderen Leistungsträgers, ist die Neuregelung verfassungsrechtlich bedenklich,

- weil durch die Nachzahlung zu Unrecht vorenthaltener Leistungen anderer Sozialleistungsträger das Jobcenter „belohnt" wird (BSG 25.6.2015 – B 14 AS 17/14 R) und
- aufgrund der Anrechnung von Nachzahlungen aus Rechtsmittelverfahren, also der Anfechtung einer gerichtlichen Entscheidung, der Anspruch auf rechtsstaatliche Korrekturen für Bürgergeld-Beziehende faktisch außer Kraft gesetzt wird.

47 Diese einseitige Benachteiligung von SGB II-Leistungsberechtigten muss einer verfassungsgerichtlichen Prüfung unterzogen werden. Materiell ist diese Regelung **gesetzlich angeordneter Vermögensraub**, Bürgergeld-Beziehenden soll noch der letzte Cent aus den Taschen gezogen werden, um sie in Niedriglohn und Zwangsarbeit zu hungern. Die Abschaffung dieser Regelung gehört ganz oben auf die politische Agenda.

6. HzL/GSi der Sozialhilfe

48 Hier gibt es (noch) keine entsprechenden gesetzlichen Einschränkungen wie beim Bürgergeld. Daher vertreten wir die Auffassung, dass die bis zum 31.7.2016 für das SGB II gültige BSG-Rechtsprechung auch im SGB XII anzuwenden ist.

7. Forderungen

49 Abschaffung aller Sonderregelungen für Überprüfungsanträge im SGB II und SGB XII!

Nichtanrechnung zu Unrecht vorenthaltener Sozialleistungen und Löhne, wenn sie im Leistungsbezug nachgezahlt werden!

81
Nicht-deutsche Staatsangehörige (Drittstaatsangehörige und Unionsbürger*innen)

1. Drittstaatsangehörige mit einem Aufenthaltsrecht nach AufenthG 1
1.1 Bürgergeld nach SGB II 5
   1.1.1 Gewöhnlicher Aufenthalt? .. 7
   1.1.2 Ausländerrechtliche Erwerbsfähigkeit 10
   1.1.3 Ausschluss bei Leistungsberechtigung nach dem Asylbewerberleistungsgesetz 12
   1.1.4 Ausschluss in den ersten drei Monaten ab Einreise 14
   1.1.5 Ausschluss bei einem Aufenthaltsrecht „allein zur Arbeitsuche" 17
   1.1.6 Kein Ausschluss mehr nach fünf Jahren Aufenthalt 20
   1.1.7 Überbrückungsleistungen ... 21
   1.1.8 Wohnsitzregelung und Wohnsitzauflagen 22
1.2 Leistungen der Sozialhilfe (SGB XII) 32
   1.2.1 Ausschluss bei Leistungsberechtigung nach dem Asylbewerberleistungsgesetz 36
   1.2.2 Ausschluss in den ersten drei Monaten ab Einreise 38

81 Nicht-deutsche Staatsangehörige (Drittstaatsangehörige/Unionsbürger*innen)

1.2.3 Nicht-deutsche Staatsangehörige, deren „Aufenthaltsrecht sich allein aus dem Zweck der Arbeitssuche ergibt"	41
1.2.4 Kein Ausschluss mehr nach fünf Jahren Aufenthalt	46
1.2.5 Anspruch nach dem Europäischen Fürsorgeabkommen: Sonderregelung für türkische Staatsangehörige	47
1.2.6 Überbrückungsleistungen	49
1.2.7 Wohnsitzregelung und Wohnsitzauflagen	50
1.3 Nichtverlängerung der Aufenthaltserlaubnis bei Inanspruchnahme öffentlicher Mittel?	51
1.3.1 Ermessen bei der Aufenthaltsverlängerung für Drittstaatsangehörige	55
1.3.2 Arbeitnehmer*innen aus der Türkei	56
1.3.3 Drittstaatsangehörige mit Aufenthaltserlaubnis	57
1.3.4 Eigenständiges Aufenthaltsrecht der Ehepartner*innen	58
1.3.5 Eigenständiges Aufenthaltsrecht der Kinder	59
1.3.6 Flüchtlinge und Drittstaatsangehörige mit Aufenthaltserlaubnis aus humanitären Gründen	60
1.3.7 Aufenthaltserlaubnis für Drittstaatsangehörige zum Studium oder zur Erwerbstätigkeit	61
1.3.8 Auflösende Bedingungen	62
2. Unionsbürger*innen und ihre Familienangehörigen mit einem Aufenthaltsrecht nach dem FreizügG	63
2.1 Freizügigkeitsrechte mit uneingeschränktem SGB II- und SGB XII-Anspruch	68
2.1.1 Als Arbeitnehmer*in oder zur betrieblichen Berufsausbildung	69
2.1.2 Bei Aufrechterhaltung des Freizügigkeitsrechts als Arbeitnehmer*in bei unfreiwilliger Arbeitslosigkeit	73
2.1.3 Als Selbstständige	76
2.1.4 Bei Aufrechterhaltung des Aufenthaltsrechts als Selbstständige bei Aufgabe der selbstständigen Tätigkeit	78
2.1.5 Als Familienangehörige	81
2.1.6 Bei Aufrechterhaltung des Aufenthaltsrechts als Familienangehörige*r	85
2.1.7 Aufenthaltsrecht für unverheiratete Elternteile minderjähriger Kinder	86
2.1.8 Personen mit Daueraufenthaltsrecht	87
2.1.9 Aufenthaltsrechte nach Art. 10 VO (EU) Nr. 492/2011	90
2.1.10 Aufenthaltsrechte aus dem Aufenthaltsgesetz	93
2.2 Leistungsausschlüsse im SGB II	95
2.2.1 In den ersten drei Monaten	97
2.2.2 Aufenthaltsrecht allein zum Zweck der Arbeitsuche	98
2.2.3 Unionsbürger*innen „ohne Aufenthaltsrecht"	99
2.2.4 Leistungsberechtigte nach AsylbLG	102
2.2.5 Sonderregelung für österreichische Staatsangehörige	103
2.2.6 Kein Ausschluss mehr nach fünf Jahren Aufenthalt	105
2.2.7 Überbrückungsleistungen	109
2.3 Leistungen der Sozialhilfe (SGB XII)	110
2.3.1 Kein Ausschluss nach fünf Jahren Aufenthalt	112
2.3.2 Staatsangehörige der Staaten des Europäischen Fürsorgeabkommens	113
2.4 Verlust des Freizügigkeitsrechts	115
3. Überbrückungsleistungen und Härtefallleistungen	125
3.1 In Ausnahmefällen: Auch andere Leistungen nach dem SGB XII	129
3.2 In Ausnahmefällen: Auch länger als einen Monat Überbrückungsleistungen	130
3.3 Rechtsprechung: Dauerhafte Überbrückungsleistungen für die gesamte Zeit des Aufenthalts	131
3.4 Kein gesonderter Antrag auf Überbrückungsleistungen erforderlich	132
3.5 Erklärung eines „Ausreisewillens" nicht Voraussetzung für die Überbrückungsleistungen	133
4. Die Meldepflicht	135
5. Dolmetscher- und Übersetzungsleistungen	139
6. Passkosten	142
7. Verpflichtungserklärung	144
8. Informationen	149

1. Drittstaatsangehörige mit einem Aufenthaltsrecht nach AufenthG

1 Der Anspruch auf existenzsichernde Leistungen für Menschen ohne deutsche Staatsangehörigkeit hängt vom **jeweiligen Aufenthaltsstatus** ab. Mit einigen Aufenthaltspapie-

ren besteht ein Anspruch nur auf Leistungen nach dem AsylbLG und nicht nach dem SGB II/SGB XII (Geflüchtete, → 50), für manche Personengruppen (insbesondere arbeitsuchende Unionsbürger*innen) besteht ein Leistungsausschluss von den regulären Leistungen nach SGB II/SGB XII und nur ein Anspruch auf sogenannte Überbrückungsleistungen gem. § 23 Abs. 3 S. 3 ff. SGB XII. Diese Sonderregelungen und Leistungseinschränkungen führen dazu, dass es in der Praxis manchmal sehr schwierig ist, das Grundrecht auf ein menschenwürdiges Existenzminimum durchzusetzen, es handelt sich gleichsam um „Grundrechte hinter Stacheldraht" (Rosenow, 14.7.2021, abrufbar unter: https://sozialrecht-rosenow.de/files/alle/Veroeffentlichungen_ab_2016/2021-07-14_Rosenow_Grundrechte_hinter_Stacheldraht.pdf).

2 Entscheidend ist jedoch, dass das menschenwürdige Existenzminimum auch für alle Menschen ohne deutsche Staatsangehörigkeit stets und zu jeder Zeit gewährleistet werden muss: *„Als Menschenrecht steht dieses Grundrecht deutschen und ausländischen Staatsangehörigen, die sich in der Bundesrepublik Deutschland aufhalten, gleichermaßen zu"* (BVerfG 18.7.2012 – 1 BvL 10/10 und 1 BvL 2/11, Rn. 63). Das gesamte Existenzminimum muss daher durchgehend, abhängig vom Aufenthaltsstatus, nach einem der jeweiligen Leistungssysteme (SGB II, Hilfe zum Lebensunterhalt nach SGB XII, Grundsicherung nach SGB XII, Überbrückungsleistungen nach SGB XII oder AsylbLG) gewährleistet werden (vgl. auch: LSG Hessen 31.10.2022 – L 4 SO 133/22 B ER). Ein Ausschluss von jeglichen existenzsichernden Leistungen aufgrund des Aufenthaltsstatus ist offenkundig verfassungswidrig und sollte daher durch Rechtsmittel (Widerspruch, Klage und Eilantrag) angegriffen werden.

3 Im Folgenden sollen die jeweiligen Aufenthaltsstatus in Verbindung mit den Leistungsansprüchen dargestellt werden. Dabei unterscheiden sich die Ansprüche von drittstaatsangehörigen Personen, die dem Aufenthaltsgesetz unterliegen, erheblich von den Ansprüchen von Unionsbürger*innen und ihren Familienangehörigen, die dem Freizügigkeitsgesetz unterliegen.

4 Das Aufenthaltsrecht von „Drittstaatsangehörigen" (Menschen ohne deutsche Staatsangehörigkeit aus Nicht-EU-Ländern) einschließlich ausländischer Familienangehöriger von Deutschen richtet sich normalerweise nach dem Aufenthaltsgesetz (AufenthG). Für einen Aufenthalt in Deutschland ist dann in der Regel ein „Aufenthaltstitel" (zB eine Aufenthaltserlaubnis oder Niederlassungserlaubnis) von der Ausländerbehörde erforderlich. Nur bei Familienangehörigen von Unionsbürger*innen richtet sich der Aufenthalt nach dem Freizügigkeitsgesetz und es ist kein Aufenthaltstitel erforderlich (→ Rn. 81 ff.). Die Angaben im Aufenthaltstitel (Titel, Paragraf, erlaubte Erwerbstätigkeit, ggf. Auflage zum Wohnort) sind wichtig für die Prüfung Ihrer Ansprüche auf Sozialleistungen. Der Zugang zu existenzsichernden Sozialleistungen ist in einigen Fällen eingeschränkt und es gibt Sonderregelungen, die aufgrund des Aufenthaltsstatus zu beachten sind. Im Folgenden sollen die **ausländerrechtlichen Sonderregelungen und Leistungsausschlüsse** dargestellt werden, zunächst für den Rechtskreis des SGB II, dann für das SGB XII.

1.1 Bürgergeld nach SGB II

5 Grundsätzlich haben nicht-deutsche Staatsangehörige den gleichen Anspruch auf Bürgergeld wie Deutsche. Sie müssen im Alter zwischen 15 Jahren und dem Rentenalter sowie erwerbsfähig und hilfebedürftig sein und ihren „gewöhnlichen Aufenthalt" in Deutschland haben. Auslandsaufenthalte bis zu drei Wochen im Jahr mit Leistungsanspruch sind mit Zustimmung des Jobcenters möglich (bis 30.6.2023: § 7 Abs. 4a SGB II, ab 1.7.2023: § 7b Abs. 3 SGB II; → 84).

6 Nicht-deutsche Staatsangehörige, die diese allgemeinen Voraussetzungen zwar erfüllen, sind in bestimmten Fällen dennoch ggf. vom Bürgergeld ausgeschlossen. Dies trifft in erster Linie Unionsbürger*innen. In seltenen Fällen können aber auch Drittstaatsangehörige von diesen Leistungsausschlüssen betroffen sein, wenn sie „nur zum Zweck der Arbeitsuche" in Deutschland sind. Der Gesetzgeber sieht für diese Gruppen dann lediglich

zeitlich befristete und stark eingeschränkte „Überbrückungsleistungen" und „Härtefallleistungen" nach dem SGB XII bis zur Ausreise vor. Diese weitgehenden Leistungsausschlüsse sind politisch und juristisch sehr umstritten. Nach unserer Auffassung widersprechen sie dem Grundgesetz (Anspruch auf Gewährleistung eines menschenwürdigen Existenzminimums aus Art. 1 Abs. 1 GG und Art. 20 Abs. 1 GG) sowie internationalen Menschenrechtsabkommen und Verträgen (Europäisches Fürsorgeabkommen, Internationaler Pakt über wirtschaftliche, soziale und kulturelle Rechte, Europäische Sozialcharta, UN-Kinderrechtskonvention, Charta der Grundrechte der Europäischen Union). Auch das Bundesverfassungsgericht hat grundsätzlich immer wieder die staatliche Pflicht zur Gewährleistung eines menschenwürdigen Existenzminimums, bestehend aus dem physischen und dem sozialen Existenzminimum, festgestellt.

1.1.1 Gewöhnlicher Aufenthalt?

7 Die Voraussetzung des „gewöhnlichen Aufenthalts" (§ 7 Abs. 1 S. 1 Nr. 4 SGB II) ist bei allen legal hier längerfristig lebenden nicht-deutschen Staatsangehörigen in aller Regel erfüllt. Der gewöhnliche Aufenthalt liegt dort, wo sich die betreffende Person unter Umständen aufhält, die erkennen lassen, dass er oder sie an diesem Ort oder in diesem Gebiet nicht nur vorübergehend verweilt (§ 30 Abs. 3 SGB I). Entscheidend ist dabei, ob der örtliche Schwerpunkt der Lebensverhältnisse faktisch dauerhaft im Inland ist. Dauerhaft ist ein solcher Aufenthalt, wenn und solange er nicht auf Beendigung angelegt, also **zukunftsoffen** ist. Hierbei kommt es in erster Linie auf die subjektive Absicht und deren objektive Verwirklichung an, in Deutschland den Lebensmittelpunkt zu nehmen, und weniger auf das Vorliegen eines bestimmten Aufenthaltsstatus. Das BSG hat dazu entschieden: *„Jedenfalls für den Bereich des SGB II läuft es der Vereinheitlichung des Begriffs des gewöhnlichen Aufenthalts zuwider, wenn [...] dem Gesetzeswortlaut nicht zu entnehmende Tatbestandsmerkmale im Sinne von rechtlichen Erfordernissen zum Aufenthaltsstatus aufgestellt werden [...] und damit einzelnen Personengruppen der Zugang zu existenzsichernden Leistungen zur Sicherung des Lebensunterhalts versperrt wird. [...] Ein [...] zu dem gewöhnlichen Aufenthalt hinzutretendes Anspruchsmerkmal im Sinne des Innehabens einer bestimmten Freizügigkeitsberechtigung nach dem Freizügig/EU" bzw. eines bestimmten Aufenthaltstitels nach dem AufenthG" fehlt im SGB II"* (BSG 30.1.2013 – B 4 AS 54/12 R, Rn. 19).

8 Ausreichend ist somit zB auch ein nationales Visum zum Familiennachzug, als aufgenommene*r Geflüchtete*r oder für andere längerfristige Zwecke eine „Fiktionsbescheinigung" (§ 81 Abs. 3 AufenthG oder § 81 Abs. 4 AufenthG, wenn der Aufenthalt laut Bescheinigung als „erlaubt" gilt) oder grundsätzlich jeder andere befristete Aufenthaltstitel. Auch ein Touristenvisum oder ein visumfreier Aufenthalt können den gewöhnlichen Aufenthalt begründen, wenn die subjektive Absicht besteht, dass der Lebensmittelpunkt in Deutschland längerfristig begründet werden soll und dies auch objektiv nicht ausgeschlossen ist – etwa, weil Familienangehörige in Deutschland leben oder humanitäre Gründe erfüllt sind. Auch von vornherein befristete und zweckgebundene Aufenthaltstitel, zB für einen Aufenthalt zum Zwecke der Anerkennung einer ausländischen Berufsqualifikation (§ 16d AufenthG), zum Zweck der Ausbildung oder des Studiums (§§ 16a, 16b AufenthG) oder für die Arbeitsuche (§ 20 AufenthG) begründen den gewöhnlichen Aufenthalt, zumal grundsätzlich jeder befristete Aufenthaltstitel einer Verlängerung oder dem Wechsel in einen anderen Aufenthaltszweck offensteht (§ 39 Nr. 1 AufenthV).

9 Vom Bürgergeld **ausgeschlossen aufgrund des fehlenden gewöhnlichen Aufenthalts** sind damit normalerweise allein in manchen Fällen ausländische **Tourist*innen** (visumsfrei oder mit Touristenvisum) und in manchen Fällen **Saisonarbeitnehmer*innen**. Sie erfüllen die Voraussetzung des „gewöhnlichen Aufenthalts" normalerweise nicht, können unter Umständen aber Leistungen nach SGB XII (→ Rn. 32 ff.) oder die „Überbrückungsleistungen" nach SGB XII (→ Rn. 125 ff.) beanspruchen.

1.1.2 Ausländerrechtliche Erwerbsfähigkeit

10 Der Besitz einer Arbeitserlaubnis ist für den Bürgergeld-Anspruch nicht erforderlich. Als erwerbsfähig gelten Ausländer*innen, wenn ihnen die Aufnahme einer Beschäftigung erlaubt ist oder **erlaubt werden könnte**. Dabei ist die rechtliche Möglichkeit, eine Beschäftigung vorbehaltlich einer Zustimmung der Agentur für Arbeit und der Erlaubnis durch die Ausländerbehörde aufzunehmen, ausreichend (§ 8 Abs. 2 SGB II; FW zu § 8 SGB II). Somit reicht auch ein **nachrangiger Zugang** zum Arbeitsmarkt: Wenn also für die Erteilung einer Beschäftigungserlaubnis vorausgesetzt wird, dass für den Job keine bevorrechtigten (deutschen, EU-angehörigen bzw. sonstigen drittstaatsangehörigen) Arbeitsuchenden zur Verfügung stehen. Drittstaatsangehörige mit **Aufenthaltserlaubnis** haben nach dem Aufenthaltsgesetz fast immer die Berechtigung zu jeder Erwerbstätigkeit oder einen begrenzten Arbeitsmarktzugang (zB für eine bestimmte Tätigkeit mit einem gewissen Stundenumfang). § 8 Abs. 2 SGB II schließt auch sie nicht vom Bürgergeld aus. Auch mit einem Stundenumfang von 90 bzw. 120 Tagen pro Jahr ist eine ausländerrechtliche Erwerbsfähigkeit gegeben (LSG Sachsen 31.1.2015 – L 3 AS 148/15 B ER; LSG Rheinland-Pfalz 12.2.2010 – L 1 SO 84/09 B ER). Drittstaatsangehörige mit **Visum** zum Familiennachzug oder zur Aufnahme als Geflüchtete*r können einen Aufenthaltstitel mit Berechtigung zur Erwerbstätigkeit beanspruchen. Sie haben daher – anders als zB Ausländer*innen mit Touristenvisum („*Schengenvisum*") – ebenfalls stets die rechtliche Möglichkeit, zu arbeiten. Für Familienangehörige von erwerbsfähigen Leistungsberechtigten, die mit diesen in einer Bedarfsgemeinschaft leben, ist die ausländerrechtliche Erwerbsfähigkeit **keine Voraussetzung** für den Leistungsanspruch; sie können unabhängig davon Bürgergeld als nicht erwerbsfähige Person in Bedarfsgemeinschaft beanspruchen (§ 7 Abs. 2 SGB II; FW 7.94; LSG Hessen 6.9.2011 – L 7 AS 334/11 B ER).

11 Ausgeschlossen aufgrund der fehlenden ausländerrechtlichen Erwerbsfähigkeit sind somit nur nicht-deutsche Staatsangehörige mit **absolutem Arbeitsverbot**, die nicht in Bedarfsgemeinschaft mit erwerbsfähigen Leistungsberechtigten leben. Das sind – neben manchen ohnehin unter das AsylbLG fallenden Personen – vor allem **Tourist*innen** aus Drittstaaten sowie Personen mit einer Fiktionsbescheinigung ohne Erwerbstätigkeitserlaubnis. In akuten Notfällen können diese Personen aber unter Umständen Leistungen nach SGB XII (→ Rn. 32 ff.) oder die „Überbrückungsleistungen" und „Härtefallleistungen" nach SGB XII (→ Rn. 125 ff.) beanspruchen.

1.1.3 Ausschluss bei Leistungsberechtigung nach dem Asylbewerberleistungsgesetz

12 Kein Bürgergeld erhalten nicht-deutsche Staatsangehörige, die aufgrund ihres Aufenthaltsstatus unter das AsylbLG fallen. Das betrifft vor allem Asylsuchende mit einer Aufenthaltsgestattung oder einem Ankunftsnachweis, geduldete und „illegal" hier lebende Personen (→ 50). Dieser Ausschluss gilt auch dann, wenn sie mit erwerbsfähigen Leistungsberechtigten in Bedarfsgemeinschaft leben (BSG 21.12.2009 – B 14 AS 66/08 R).

13 Anerkannte Flüchtlinge und Personen mit subsidiärem Schutzstatus haben **ab Zustellung des BAMF-Anerkennungsbescheids** Anspruch auf Bürgergeld und nicht erst ab Ausstellung des Aufenthaltstitels. Dies gilt auch dann, wenn sie gegen einen ablehnenden Teil des BAMF-Bescheids noch vor dem Verwaltungsgericht klagen (FW 7.58; Geflüchtete, → 50). Auch in Deutschland geborene Kinder, deren Eltern bereits einen Flüchtlingsstatus haben oder aus anderen Gründen eine Aufenthaltserlaubnis, Niederlassungserlaubnis oder eine Erlaubnis zum Daueraufenthalt-EU besitzen, haben ab Geburt Anspruch auf Bürgergeld nach SGB II – unabhängig davon, ob die Ausländerbehörde bereits einen Aufenthaltstitel erteilt hat oder nicht (FW 7.60a). **Geflüchtete aus der Ukraine**, die den vorübergehenden Schutz beantragt haben, haben bereits vor Ausstellung des Aufenthaltstitels einen Anspruch auf Bürgergeld nach dem SGB II und nicht nach dem AsylbLG, wenn sie im Besitz einer Fiktionsbescheinigung sind und erkennungs-

81 Nicht-deutsche Staatsangehörige (Drittstaatsangehörige/Unionsbürger*innen)

dienstlich behandelt worden sind (§ 74 SGB II).

1.1.4 Ausschluss in den ersten drei Monaten ab Einreise

14 Für bestimmte nicht-deutsche Staatsangehörige gilt innerhalb der ersten drei Monate des Aufenthalts ein Ausschluss vom Bürgergeld. Dieser Ausschluss gem. § 7 Abs. 1 S. 2 Nr. 1 SGB II sollte laut Gesetzesbegründung eigentlich nur Unionsbürger*innen ausschließen, die sich bis zu drei Monate ohne weitere Voraussetzungen hier aufhalten dürfen. Der Ausschluss gilt nach seinem Wortlaut allerdings **auch für Drittstaatsangehörige**. Maßgeblich für die Dreimonatsfrist ist der (ggf. durch Tickets, eidesstattliche Versicherung usw nachzuweisende) Tag der **tatsächlichen Einreise**, nicht die Vorsprache bei der Meldestelle, Ausländer-, Sozialbehörde usw.

15 Der Ausschluss gilt nach seinem Wortlaut aber **nicht**
- für nicht-deutsche Staatsangehörige, die bereits eine **Erwerbstätigkeit** ausüben,
- für **Familienangehörige** von Personen, die eine Erwerbstätigkeit ausüben, sowie
- für aufgenommene bzw. anerkannte **Flüchtlinge mit Aufenthaltserlaubnis aus humanitären, völkerrechtlichen oder politischen Gründen** („*Kapitel 2, Abschnitt 5 des Aufenthaltsgesetzes*", das sind die §§ 22–26 AufenthG; § 7 Abs. 1 S. 3 SGB II).

16 Der Ausschluss gilt auch nicht für zu Flüchtlingen mit Aufenthaltserlaubnis nach §§ 22–26 AufenthG **nachgezogene Familienangehörige**. Hat die Bezugsperson einen Aufenthaltstitel nach §§ 22–26 AufenthG, sind auch ihre Angehörigen mit Visum zum Familiennachzug oder Aufenthaltserlaubnis aus familiären Gründen nicht vom Leistungsausschluss innerhalb der ersten drei Monate erfasst, da sich der Anspruch der Familienangehörigen insoweit vom Recht der Bezugsperson ableitet (FW 7.48 f.; LSG Niedersachsen-Bremen 19.9.2014 – L 11 AS 502/14 B ER; SG Berlin 16.7.2015 – S 175 AS 13627/15 ER). Der Ausschluss gilt auch nicht für zu **Deutschen nachgezogene Familienangehörige** (FW 7.22; BSG 30.1.2013 – B 4 AS 37/12 R). Der Ausschluss gilt auch nicht für Geflüchtete aus der Ukraine mit Fiktionsbescheinigung nach einem Antrag auf den vorübergehenden Schutz (§ 74 Abs. 1 SGB II).

1.1.5 Ausschluss bei einem Aufenthaltsrecht „allein zur Arbeitsuche"

17 Gem. § 7 Abs. 1 S. 2 Nr. 2 lit. b SGB II sind nicht-deutsche Staatsangehörige von Leistungen des SGB II ausgeschlossen, wenn sich ihr Aufenthaltsrecht allein aus dem Zweck der Arbeitsuche ergibt. Auch diese Regelung wurde ursprünglich in erster Linie eingeführt, um arbeitsuchende Unionsbürger*innen vom Leistungsanspruch auszuschließen. Allerdings kann dieser Leistungsausschluss in einigen wenigen Fällen auch Drittstaatsangehörige mit einem Aufenthaltstitel nach AufenthG betreffen. Der Leistungsausschluss ist jedoch nur dann anwendbar, wenn das Aufenthaltsrecht sich **allein** auf den Zweck der Arbeitsuche begründet. Der Ausschluss ist daher nicht anwendbar, wenn jemand zwar (auch) Arbeit sucht, aber über einen Aufenthaltstitel zu einem anderen Zweck verfügt (zB als Familienangehörige*r, zum Zwecke der Beschäftigung oder aus humanitären Gründen).

18 Allein zum Zweck der Arbeitsuche sieht das Aufenthaltsgesetz ausschließlich die Aufenthaltserlaubnisse des § 20 AufenthG vor. In keinem anderen Fall kann bei Drittstaatsangehörigen mit einem Aufenthaltsrecht nach dem Aufenthaltsgesetz dieser Leistungsausschluss angewandt werden. Auch die Aufenthaltserlaubnis nach § 17 AufenthG unterliegt nicht diesem Ausschluss, denn diese wird für den Zweck der Ausbildungsplatzsuche erteilt und nicht für den Zweck der Arbeitsuche.

Achtung: Ein Gesetzentwurf zur Weiterentwicklung der Fachkräfteeinwanderung sieht eine Ausweitung der Leistungsausschlüsse auf das Aufenthaltsrecht zur Ausbildungsplatzsuche gem. § 17 AufenthG, sowie mit der geplanten „Chancenkarte" gem. § 20a AufenthG vor. Es ist zu erwarten, dass Gesetzesänderungen Anfang 2024 in Kraft treten werden.

19 Der weitere Leistungsausschluss in § 7 Abs. 1 S. 2 Nr. 2 lit. a SGB II („*die kein Aufenthaltsrecht besitzen*") ist nur für Unionsbürger*innen und deren Familienangehörige anwendbar. Er spielt für Drittstaatsangehörige normalerweise keine Rolle, denn Drittstaatsangehörige, die über kein Aufenthaltsrecht verfügen, sind (vollziehbar) ausreisepflichtig und unterliegen daher ohnehin dem AsylbLG.

1.1.6 Kein Ausschluss mehr nach fünf Jahren Aufenthalt

20 Falls sich die betreffenden Personen, die einem Leistungsausschluss insbesondere wegen des „*Aufenthalts allein zum Zweck der Arbeitsuche*" unterliegen, bereits fünf Jahre in Deutschland aufhalten (zB während des Zeitraums der Arbeitsuche im Anschluss an einen vorangegangenen mehrjährigen Studienaufenthalt, nachgewiesen durch eine Meldebestätigung), ist der Leistungsausschluss nicht mehr anwendbar (§ 7 Abs. 1 S. 4 SGB II). Auch mit einem Aufenthaltsrecht allein zum Zweck der Arbeitsuche besteht dann ein Leistungsanspruch. Dieser kann jedoch das Aufenthaltsrecht gefährden (→ Rn. 51 ff.). Der Fünfjahreszeitraum beginnt mit der erstmaligen Anmeldung bei der Meldebehörde, Zeiten eines „nicht rechtmäßigen Aufenthalts", in denen eine Ausreisepflicht bestand (zB mit einer Duldung), werden nicht mitgerechnet.

1.1.7 Überbrückungsleistungen

21 Statt der Leistungen nach dem SGB II ist für ausgeschlossene Personen mit Aufenthaltsrecht allein zur Arbeitsuche bzw. in den ersten drei Monaten des Aufenthalts ein Anspruch auf „Überbrückungsleistungen" und „Härtefallleistungen" im System des SGB XII eingeführt worden, die zeitlich regelmäßig auf einen Monat beschränkt sind und sogar das rein physische Existenzminimum deutlich unterschreiten, in besonderen Fällen aber alle Leistungen des SGB XII erfassen und auch über einen Monat hinaus erbracht werden müssen (→ Rn. 125 ff.).

1.1.8 Wohnsitzregelung und Wohnsitzauflagen

22 Es gibt eine „**Wohnsitzregelung**" nach § 12a AufenthG für Geflüchtete, die als **Asylberechtigte, Flüchtlinge** oder **subsidiär Schutzberechtigte anerkannt** werden (Aufenthaltserlaubnis nach § 25 Abs. 1, 2 AufenthG) oder die nach §§ 22–24 AufenthG oder § 25 Abs. 3 AufenthG erstmals eine Aufenthaltserlaubnis erhalten.

23 Diese Flüchtlinge werden – angeblich zum Zweck ihrer besseren „Integration" – für maximal drei Jahre, gerechnet ab dem Tag ihrer Anerkennung oder erstmaligen Erteilung der Aufenthaltserlaubnis, verpflichtet, in dem Bundesland ihren Wohnsitz zu nehmen, dem sie für das Asylverfahren oder Aufnahmeverfahren zugewiesen wurden. Die Verpflichtung gilt bis zum Ablauf der für den Flüchtling geltenden Frist auch für nachziehende Familienangehörige. Diese auf ein Bundesland bezogene Wohnsitzauflage entsteht zum Zeitpunkt der Anerkennung oder Erteilung der Aufenthaltserlaubnis in allen Bundesländern kraft Gesetzes, ein Verwaltungsakt ist hierfür nicht erforderlich.

Die Bundesländer können darüber hinaus innerhalb des Bundeslands eine kommunale Wohnsitzauflage gem. § 12a Abs. 2–4 AufenthG verhängen. Diese „gemeindescharfe" Zuweisung entsteht nur durch einen Verwaltungsakt als **Ermessensentscheidung**. Nicht alle Bundesländer wenden diese kommunale Wohnsitzregelung an (zB NRW, Bayern, Baden-Württemberg, Sachsen).

24 Eine **Wohnsitzauflage** nach § 12a AufenthG entsteht nicht bzw. sie ist **auf Antrag aufzuheben,**

- wenn Angehörige der Kernfamilie an einem anderen Ort wohnen, oder wenn die betreffende Person, ihr*e Ehepartner*in oder ihr minderjähriges Kind
- eine **sozialversicherte Beschäftigung** mit mindestens 15 Stunden wöchentlich und einem Einkommen von mindestens dem durchschnittlichen Miet- und Regelbedarf (aktuell: 986,50 EUR netto pro Monat) an einem anderen Ort aufnimmt, oder
- ein **Ausbildungs- oder Studienplatz** an einem anderen Ort zur Verfügung steht, oder

- ein **Integrationskurs**, ein berufsbezogener **Deutschsprachkurs**, eine berufliche **Qualifizierungsmaßnahme** zur Anerkennung eines ausländischen Berufsabschlusses von mindestens drei Monaten oder eine **berufliche Weiterbildungsmaßnahme** an einem anderen Ort zeitnah zur Verfügung stehen, oder
- ein **Einkommen** zur Verfügung steht, das den Lebensunterhalt **überwiegend** sichert (also zu mindestens 50 Prozent, zB aus einer geringfügigen Beschäftigung).

Die Verpflichtung ist dann für die ganze Familie (Ehepartner*in und minderjährige Kinder) aufzuheben (§ 12a Abs. 1, 5 AufenthG).

25 Eine Wohnsitzregelung ist darüber hinaus gemäß § 12a Abs. 5 AufenthG auf Antrag zur **Vermeidung einer Härte** zu ändern, wenn nach Einschätzung des Jugendamtes Maßnahmen der Jugendhilfe nach SGB VIII beeinträchtigt würden (zB Kita, Hort, Einzelfallhilfe nach SGB VIII), aus dringenden persönlichen Gründen die Übernahme durch ein anderes Land zugesagt wurde oder aus **sonstigen Gründen** vergleichbare unzumutbare Einschränkungen entstehen (zB aufgrund Pflegebedürftigkeit, häuslicher Gewalt, Frauenhausaufenthalt oÄ).

26 Bezüglich eines **Anspruchs auf Bürgergeld** gilt:

Örtlich **zuständig** ist der Träger nach dem SGB II, in dessen Gebiet der*die Leistungsberechtigte nach § 12a AufenthG **seinen*ihren Wohnsitz zu nehmen hat** (§ 36 Abs. 2 SGB II). Falls ein Umzug in einen anderen Ort entgegen einer Wohnsitzauflage gem. § 12a AufenthG stattfindet, bleibt das bisherige Jobcenter weiterhin zuständig und muss dennoch Leistungen erbringen, wenn der neue Wohnort noch im „zeit- und ortsnahen Bereich" liegt. Ab 1.7.2023 gilt hierfür gem. § 7b SGB II eine neue Definition, die den „näheren Bereich" erweiternd auslegt (Ortsabwesenheit, → 84), so dass dann in mehr Fällen als bisher das „alte" Jobcenter trotz Umzugs weiterhin leistungsverpflichtet sein wird.

27 In der Praxis verweigern die Jobcenter die Leistungen, wenn eine Person entgegen einer bestehenden Wohnsitzregelung an einen anderen Ort umgezogen ist und verlangen, dass man an den vorgeschriebenen Ort zurückzieht und beim dortigen Jobcenter Leistungen beantragt. Das Jobcenter des neuen Wohnortes ist jedoch verpflichtet, den Antrag entgegenzunehmen, an das vermeintlich zuständige Jobcenter weiterzuleiten und für normalerweise sechs Wochen vorläufige Leistungen zu erbringen (analog § 43 SGB I; vgl. BA, Fachliche Weisungen für die Bearbeitung von Anträgen auf Leistungen nach dem Zweiten Buch Sozialgesetzbuch (Loseblattsammlung), Rn. 2.2.2, abrufbar unter: https://harald-thome.de/files/pdf/media/sgb-ii-hinweise/FH-Antrag-28.10.2016.pdf). Falls das neue Jobcenter die Leistung verweigert, sollten daher umgehend Rechtsmittel (Eilantrag beim Sozialgericht) eingelegt und Gründe vorgetragen werden, warum ein „Rückzug" nicht möglich oder jedenfalls integrationshemmend wäre. Außerdem sollte natürlich möglichst vor einem Umzug ein Antrag auf Streichung oder Änderung der Wohnsitzauflage gestellt werden. In vielen Fällen besteht ein Rechtsanspruch auf Streichung der Wohnsitzauflage.

28 **Kritik:** Es ist umstritten, ob die Wohnsitzregelung nach dem neuen § 12a AufenthG mit **internationalem Recht** (Genfer Flüchtlingskonvention, EU-Qualifikationsrichtlinie) vereinbar ist, zumal sehr zweifelhaft ist, ob das laut EuGH ggf. zulässige Ziel einer besseren „Integration" durch die Regelung überhaupt erreicht wird (EuGH 1.3.2016 – C-443/14, C-444/14). Erst die freie Wohnsitzwahl ermöglicht es, sich dort niederzulassen, wo etwa Verwandte Wohnung oder Job vermitteln können. Studien zeigen, dass die ersten Jahre des Aufenthalts für die nachhaltige Integration in den Arbeitsmarkt entscheidend sind. Zwingt man die Menschen zum Verbleib in Regionen mit hoher Arbeitslosigkeit, ist dies integrationspolitisch kontraproduktiv. Dies gilt erst recht, wenn sie an einem anderen Ort bereits Wohnung und (geringfügige) Arbeit gefunden haben oder andere „Integrationserfolge" nachweisen können. In diesen Fällen würde der Zwang zum Zurückziehen das offizielle Ziel der Wohnsitzregelung ad absurdum führen. Außerdem widerspricht die Wohnsitzregelung Art. 12 des UN-Zivilpakts, nach dem

alle Personen mit rechtmäßigem Aufenthalt in Deutschland das Recht haben, ihren Wohnsitz frei zu wählen.

29 Die Ausländerbehörden verbieten **Ausländer*innen mit anderen Aufenthaltserlaubnissen aus humanitären Gründen** (zB §§ 23a, 25 Abs. 4, 5 AufenthG) oft durch „**Wohnsitzauflagen**" gemäß § 12 AufenthG den Umzug an einen anderen Ort, solange sie auf Sozialleistungen nach SGB II, SGB XII oder AsylbLG angewiesen sind (BMI, Allgemeine Verwaltungsvorschrift zum AufenthG zu § 12 AufenthG, Rn. 12.2.5.2). Die Wohnsitzauflage ist **aufzuheben**, wenn die Person woanders eine Arbeit findet, die ein Einkommen ohne Leistungen nach SGB II, SGB XII oder AsylbLG absehbar dauerhaft sichert. Für die Umzugserlaubnis sind ein Arbeitsvertrag und die Zustimmung der Ausländerbehörde am neuen Wohnort nötig. Ein Leistungsbezug von maximal zehn Prozent des Lebensunterhalts für die Bedarfsgemeinschaft wird laut den Allgemeinen Verwaltungsvorschriften hingenommen. Sie ist unabhängig von Arbeit und Einkommen auch dann aufzuheben, wenn der Umzug zur Herstellung der Familieneinheit (Ehegatte*Ehegattin und minderjährige Kinder), aus Gründen einer Pflegebedürftigkeit oder wegen Bedrohung durch den*die (Ex-)Partner*in erforderlich ist.

30 Beim **Bürgergeld** gilt in diesem Fall keine Beschränkung. Maßgeblich ist – anders als bei der Wohnsitzregelung des § 12a AufenthG – allein der gewöhnliche (nach erfolgtem Umzug also der neue) Aufenthaltsort (§ 36 Abs. 1 SGB II; LSG NRW 25.2.2016 – L 7 AS 1391/14). Das neue Jobcenter darf daher die Leistung nicht mit Verweis auf eine Wohnsitzauflage nach § 12 AufenthG ablehnen. Dies sieht auch die Bundesagentur für Arbeit so (FW 36.14).

31 **Tipp:** Die Wohnsitzauflagen können Sie rechtlich anfechten (vor dem Verwaltungsgericht, ggf. mit einem Antrag auf Erlass einer einstweiligen Anordnung). Gute Aussichten haben Sie, wenn Sie anderswo eine nur teilweise existenzsichernde Arbeit, Ausbildung oder Qualifizierung finden oder Ihre Familienangehörigen dort leben.

1.2 Leistungen der Sozialhilfe (SGB XII)

32 Nicht-deutsche Staatsangehörige, die sich tatsächlich im Inland aufhalten, haben Anspruch auf **Hilfe zum Lebensunterhalt (HzL)** der Sozialhilfe, **Krankenhilfe** einschließlich Hilfe bei Schwangerschaft sowie **Hilfe zur Pflege** (§ 23 Abs. 1 S. 1 SGB XII). Da der tatsächliche Inlandsaufenthalt reicht und ein „gewöhnlicher Aufenthalt" (→ Rn. 7 ff.) nicht gefordert ist, ist in bestimmten Fällen zB auch Krankenhilfe an Tourist*innen in unvorhergesehenen Notlagen zu gewähren, zumindest im Rahmen der „Überbrückungsleistungen" (→ Rn. 125). Da ausreisepflichtige Ausländer*innen unter das AsylbLG fallen (→ 50), ist allerdings ein rechtmäßiger Aufenthalt gefordert. Die Leistungen des SGB XII können auch für nicht-deutsche Staatsangehörige beansprucht werden, die zwar gesundheitlich erwerbsfähig sind, die aber aufgrund einer fehlenden Beschäftigungserlaubnis rechtlich (noch) nicht erwerbsfähig sind (zB drittstaatsangehörige Geflüchtete aus der Ukraine mit rechtmäßigem Aufenthalt, aber ohne Beschäftigungserlaubnis, vgl. LSG Hessen 2.11.2022 – L 4 SO 124/22 B ER).

33 Nicht-deutsche Staatsangehörige, die sich mit einem (befristeten oder unbefristeten) Aufenthaltstitel **absehbar auf Dauer in Deutschland** aufhalten werden, können über HzL, Krankenhilfe und Hilfe bei Schwangerschaft sowie Hilfe zur Pflege hinaus sämtliche Hilfearten der **Sozialhilfe in besonderen Lebenslagen** nach Fünftem bis Neuntem Kapitel **SGB XII** beanspruchen, zB Hilfe zur Überwindung besonderer sozialer Schwierigkeiten, Hilfe in sonstigen Lebenslagen, Bestattungskosten usw (§ 23 Abs. 1 S. 4 SGB XII). Ein absehbarer Daueraufenthalt ist ausländerrechtlich der Regelfall. Ausländer*innen ohne absehbaren Daueraufenthalt, wie zB Tourist*innen oder mit Erwerbsaufenthalten nach § 19c AufenthG, erhalten, wenn nach der Beschäftigungsverordnung (BeschV) eine Verlängerung ausgeschlossen ist (zB Au-pairs, Saisonarbeitnehmer*innen), über § 23 Abs. 1 S. 1 SGB XII hinausgehende Hilfen nur als Ermessensleistungen. Insbesondere bei der Eingliederungshilfe für Kinder mit Behinderungen (§ 100 SGB IX), beim

Frauenhausaufenthalt (→ 49) und den Bestattungskosten (→ 24) dürfte jedoch das Ermessen regelmäßig auf null reduziert sein.

34 Anspruch auf **Grundsicherung im Alter und bei Erwerbsminderung** haben nichtdeutsche Staatsangehörige mit „*gewöhnlichem Aufenthalt*" im Inland. Diese Voraussetzung ist gegeben, wenn sie sich absehbar auf Dauer in Deutschland aufhalten. Steht der „*gewöhnliche Aufenthalt*" in Frage, ist zumindest Sozialhilfe nach dem Dritten Kapitel SGB XII zu leisten. Da nach § 41 SGB XII (anders als bei der HzL nach § 23 Abs. 1 SGB XII) der gewöhnliche (überwiegende) Inlandsaufenthalt ausreicht, kann die Grundsicherung bei vorübergehendem Auslandsaufenthalt weiterbezogen werden (SG Duisburg 12.8.2011 – S 2 SO 175/09; Ortsabwesenheit, → 84).

35 **Keine Sozialhilfe** erhalten nicht-deutsche Staatsangehörige in bestimmten Fällen innerhalb der ersten drei Monate des Aufenthalts, mit einem Aufenthaltsrecht **nur zur Arbeitsuche**, als Leistungsberechtigte nach dem AsylbLG sowie wenn das prägende Einreisemotiv der Sozialhilfebezug gewesen ist. In diesen Fällen müssen jedoch zumindest Überbrückungsleistungen erbracht werden.

1.2.1 Ausschluss bei Leistungsberechtigung nach dem Asylbewerberleistungsgesetz

36 Unter das AsylbLG fallende nicht-deutsche Staatsangehörige sind vom SGB XII ausgeschlossen. Hierbei handelt es sich in erster Linie um Asylsuchende mit einer Aufenthaltsgestattung oder einem Ankunftsnachweis sowie geduldete oder heimlich (also „illegal") hier lebende Personen. Sie können zwar unter bestimmten Voraussetzungen **nach 18 Monaten** Aufenthaltsdauer gemäß § 2 AsylbLG Leistungen **im Umfang der HzL** des SGB XII eine vollwertige Krankenversichertenkarte nach § 264 Abs. 2 SGB V und bei Bedarf Sozialhilfe in besonderen Lebenslagen nach SGB XII erhalten (→ 50). Auch wenn kein Daueraufenthalt absehbar ist, sind ggf. Eingliederungshilfe für Menschen mit Behinderung nach SGB IX und Hilfe zur Überwindung besonderer sozialer Schwierigkeiten als **Ermessensleistungen** zu prüfen. Bei diesen sogenannten „Analogleistungen" handelt es sich jedoch nicht um Leistungen **nach** dem SGB XII, sondern nur „analog" der Regelungen des SGB XII.

37 Geflüchtete aus der Ukraine sind auch vor Erteilung des Aufenthaltstitels bzw. der Fiktionsbescheinigung und ohne Beschäftigungserlaubnis entgegen der Rechtsauffassung der Bundesregierung nicht leistungsberechtigt nach dem AsylbLG, sondern nach dem SGB XII (vgl. LSG Hessen 2.11.2022 – L 4 SO 124/22 B ER).

1.2.2 Ausschluss in den ersten drei Monaten ab Einreise

38 Nach **§ 23 Abs. 3 S. 1 Nr. 1 SGB XII** erhalten nicht-deutsche Staatsangehörige innerhalb der ersten drei Monate des Aufenthalts unter bestimmten Bedingungen keine Sozialhilfe nach dem SGB XII. Maßgeblich für die Dreimonatsfrist ist der (ggf. durch Tickets, eidesstattliche Versicherung usw nachzuweisende) Tag der **tatsächlichen Einreise**, nicht die Vorsprache bei der Meldestelle, Ausländer-, Sozialbehörde usw.

39 **Der Ausschluss gilt** nach seinem Wortlaut **nicht für**

- nicht-deutsche Staatsangehörige, die bereits in den ersten drei Monaten eine Erwerbstätigkeit ausüben (auch eine geringfügige Tätigkeit reicht hierfür aus),
- **Familienangehörige** von Personen, die eine Erwerbstätigkeit ausüben, sowie
- aufgenommene bzw. anerkannte **Flüchtlinge** mit Aufenthaltserlaubnis aus **humanitären Gründen** (§§ 22–26 AufenthG, § 23 Abs. 3 S. 2 SGB XII).

40 Der Ausschluss dürfte auch nicht für zu Flüchtlingen mit Aufenthaltserlaubnis nach §§ 22–26 AufenthG **nachgezogene Familienangehörige** gelten. Hat die Bezugsperson einen Aufenthaltstitel nach §§ 22–26 AufenthG, sind auch ihre Angehörigen mit Visum zum Familiennachzug oder Aufenthaltserlaubnis aus familiären Gründen nicht vom Leistungsausschluss für die ersten drei Monate erfasst. Hier ist die Rechtsauffassung der Bundesagentur für Arbeit zum identischen Leistungsausschluss in § 7 SGB II auf den Rechtskreis des SGB XII übertragbar (→ Rn. 14). Der Ausschluss gilt auch nicht

für zu **Deutschen nachgezogene Familienangehörige** (BSG 30.1.2013 – B 4 AS 37/12 R). Die Argumentation des BSG-Urteils ist auf den Rechtskreis des SGB XII übertragbar.

1.2.3 Nicht-deutsche Staatsangehörige, deren „Aufenthaltsrecht sich allein aus dem Zweck der Arbeitssuche ergibt"

41 Nicht-deutsche Staatsangehörige, deren Aufenthaltsrecht sich **allein aus dem Zweck der Arbeitsuche** ergibt, erhalten keine Leistungen des SGB XII (auch nicht in Form einer Ermessensleistung). Der Leistungsausschluss ist nur dann anwendbar, wenn das Aufenthaltsrecht sich rechtlich **allein** auf den Zweck der Arbeitsuche begründet und greift daher nicht, wenn jemand zwar (auch) Arbeit sucht, aber über einen Aufenthaltstitel zu einem anderen Zweck verfügt (zB als Familienangehörige*r, zum Zwecke der Beschäftigung oder aus humanitären Gründen). Allein zum Zweck der Arbeitsuche sieht das Aufenthaltsgesetz (AufenthG) **ausschließlich die Aufenthaltserlaubnisse des § 20 AufenthG** vor. Dieser Ausschluss von den Leistungen des SGB XII dürfte für Drittstaatsangehörige nur eine geringe Bedeutung haben, zumal es sich in aller Regel um erwerbsfähige Personen handelt.

42 Nicht-deutsche Staatsangehörige, die nach Deutschland eingereist sind, **um hier Sozialhilfe zu erlangen**, erhalten keine reguläre Sozialhilfe nach dem SGB XII, sondern allenfalls „Überbrückungsleistungen" und „Härtefallleistungen" (→ Rn. 125 ff.). Der Leistungsausschluss gilt jedoch nicht für Personen mit einer humanitären Aufenthaltserlaubnis (§§ 22–26 AufenthG, § 23 Abs. 3 S. 2 SGB XII). Auch deren Familienangehörige dürfen nicht von den Leistungen aus diesem Grund ausgeschlossen werden.

43 Voraussetzung für die Anwendung des Leistungsausschlusses ist, dass der Sozialhilfebezug für den **Einreiseentschluss prägend** war. Es reicht nicht, dass der Sozialhilfebezug nur billigend in Kauf genommen wurde. Die Regelung ist vor allem auf **Tourist*innen** anwendbar (die aber bereits wegen des Ausschlusses innerhalb der ersten drei Monate des Aufenthalts normalerweise ohnehin keine Leistungen erhalten). Ist die Einreise erfolgt, um Sozialhilfe zu erhalten, besteht zumindest Anspruch auf die sogenannten Überbrückungsleistungen und Härtefallleistungen.

44 Das Sozialamt ist für das Vorliegen einer **missbräuchlichen Einreiseabsicht** beweispflichtig. Der*die Antragsteller*in hat aber die prägenden Motive seiner*ihrer Einreise darzulegen. Ist jemand vor allem wegen **Gefahr für Leib und Leben** im Heimatland, zur Herstellung der **familiären Gemeinschaft** in Deutschland oder wegen einer **Arbeitsplatzzusage** eingereist, greift der Ausschluss nicht. War der Lebensunterhalt im Herkunftsland gesichert oder ist die Notlage **unvorhergesehen** (zB durch einen Unfall) bzw. erst einige Zeit nach Einreise eingetreten, spricht auch dies gegen eine missbräuchliche Einreiseabsicht.

45 Nicht-deutsche Staatsangehörige, die sich zur **Behandlung einer Krankheit** nach Deutschland begeben haben, erhalten Krankenhilfe nur zur Behebung eines akut lebensbedrohlichen Zustandes oder für eine unaufschiebbare und unabweisbar gebotene Behandlung einer schweren oder ansteckenden Erkrankung (§ 23 Abs. 3 S. 2 SGB XII).

1.2.4 Kein Ausschluss mehr nach fünf Jahren Aufenthalt

46 Falls sich die betreffenden Personen, die einem Leistungsausschluss unterliegen, bereits fünf Jahre in Deutschland aufhalten (zB während des Zeitraums der Arbeitsuche nach einem vorangegangenen mehrjährigen Studienaufenthalt), ist der Leistungsausschluss nicht mehr anwendbar (§ 23 Abs. 3 S. 6 SGB XII). Dann müssen sämtliche Leistungen des § 23 Abs. 1 S. 1, 2 SGB XII erbracht werden. Dies sind die Hilfe zum Lebensunterhalt, Hilfe zur Pflege, Hilfe bei Krankheit und Hilfe bei Schwangerschaft und Mutterschaft. Auf Hilfe in besonderen sozialen Schwierigkeiten besteht auch nach fünf Jahren kein Anspruch. Auch mit einem Aufenthaltsrecht allein zum Zweck der Arbeitsuche besteht dann Leistungsanspruch. Dieser kann jedoch das Aufenthaltsrecht gefährden (→ Rn. 51 ff.). Der Fünfjahreszeitraum beginnt mit der erstmaligen Anmel-

dung bei der Meldebehörde. Zeiten eines „nicht rechtmäßigen Aufenthalts", in denen eine Ausreisepflicht bestand (zB mit einer Duldung), werden nicht mitgerechnet.

1.2.5 Anspruch nach dem Europäischen Fürsorgeabkommen: Sonderregelung für türkische Staatsangehörige

47 Entgegen dem Gesetzeswortlaut besteht eine Besonderheit für bestimmte Staatsangehörige: Für Staatsangehörige, für die das Europäische Fürsorgeabkommen (EFA) gilt und die einen „erlaubten" Aufenthalt haben, sind die oben genannten Leistungsausschlüsse nicht anwendbar. Sie haben regulären Anspruch auf Hilfe zum Lebensunterhalt oder Grundsicherung nach dem SGB XII. Auch auf andere Leistungen des SGB XII (zB Krankenhilfe, Bildungs- und Teilhabepaket usw) besteht Anspruch, da das Fürsorgeabkommen ausdrücklich auch die „Gesundheitsfürsorge" einbezieht. Unter „Fürsorge" ist darüber hinaus alles zu verstehen, das den „Lebensbedarf sowie die Betreuung" umfasst, „die ihre Lage erfordert". Eine Ausnahme gilt nur für die Hilfe bei besonderen sozialen Schwierigkeiten (§§ 67 ff. SGB XII), die im Europäischen Fürsorgeabkommen ausdrücklich ausgenommen worden sind. Über Leistungen nach § 67 ff. muss in diesen Fällen nach Ermessen entschieden werden.

48 Das EFA gilt ganz überwiegend für Staatsangehörige der „alten" EU-Staaten (→ Rn. 63 ff.), ist aber auch auf türkische Staatsangehörige anwendbar. Türkischen Staatsangehörigen ist daher, wenn sie sich in Deutschland *erlaubt aufhalten und nicht über ausreichende Mittel verfügen, in gleicher Weise wie seinen eigenen Staatsangehörigen und unter den gleichen Bedingungen die Leistungen der sozialen und Gesundheitsfürsorge [...] zu gewähren"* (Art. 1 EFA). Auf türkische Staatsangehörige mit Aufenthaltserlaubnis, Visum, einem anderen Aufenthaltstitel oder einer Fiktionsbescheinigung (dh einem „erlaubten Aufenthalt") sind daher die Ausschlüsse des § 23 Abs. 3 SGB XII nicht anwendbar: Auch innerhalb der ersten drei Monate oder bei einem Aufenthalt allein zum Zweck der Arbeitsuche besteht nach dem EFA ein Anspruch auf Sozialhilfe nach dem SGB XII. Auch der Vorwurf einer „Einreise zum Zwecke des Sozialhilfebezugs" führt nach dem EFA nicht zu einem Leistungsausschluss. Dies hat das Bundessozialgericht bereits im Jahr 2010 klargestellt (BSG 19.10.2010 – B 14 AS 23/10 R).

1.2.6 Überbrückungsleistungen

49 Statt der regulären Leistungen zur Sicherung des Lebensunterhalts ist für von den regulären Leistungen ausgeschlossene Personen (auch Drittstaatsangehörige) ein Anspruch auf „Überbrückungsleistungen" und „Härtefallleistungen" im System des SGB XII eingeführt worden, die zeitlich regelmäßig auf einen Monat beschränkt sind und sogar das rein physische Existenzminimum deutlich unterschreiten, in besonderen Fällen aber alle Leistungen des SGB XII erfassen und auch über einen Monat hinaus erbracht werden müssen (→ Rn. 125 ff.).

1.2.7 Wohnsitzregelung und Wohnsitzauflagen

50 Ziehen nicht-deutsche Staatsangehörige entgegen einer Wohnsitzregelung oder Wohnsitzauflage nach § 12 AufenthG oder § 12a AufenthG (→ Rn. 22 ff.) um, darf der am tatsächlichen Aufenthaltsort zuständige Sozialhilfeträger nur die nach den Umständen des Einzelfalls gebotene Leistung erbringen (§ 23 Abs. 5 SGB XII). Unabweisbar geboten ist regelmäßig eine Reisebeihilfe an den zugewiesenen Wohnort. Nur wenn besondere Umstände (zum Beispiel Reiseunfähigkeit) vorliegen, sind weitergehende Leistungen zu gewähren, zB auch Krankenhilfe.

1.3 Nichtverlängerung der Aufenthaltserlaubnis bei Inanspruchnahme öffentlicher Mittel?

51 Bereits ein **Anspruch** auf Sozialleistungen nach SGB II, SGB XII oder AsylbLG kann für **Drittstaatsangehörige** negative aufenthaltsrechtliche Folgen haben. Von Nachteil ist bereits die Bedürftigkeit. Darauf, ob die Sozialleistungen auch tatsächlich bezogen werden, kommt es in der Regel nicht an. Bei unzureichender Lebensunterhaltssicherung ist die Ablehnung eines besseren Aufenthaltsrechts oder die Nichtverlängerung einer Auf-

enthaltserlaubnis möglich. Hingegen ist die Voraussetzung der Lebensunterhaltssicherung erfüllt, wenn das anrechenbare, bereinigte Einkommen mindestens den SGB-II-Bedarf deckt.

„Der Lebensunterhalt eines Ausländers ist gesichert, wenn er ihn einschließlich ausreichenden Krankenversicherungsschutzes ohne Inanspruchnahme öffentlicher Mittel bestreiten kann" (§ 2 Abs. 3 S. 1 AufenthG).

52 Nicht als Inanspruchnahme öffentlicher Mittel gelten dabei der Bezug von **Kindergeld, Kinderzuschlag, Elterngeld, Ausbildungsförderung** nach SGB III, BAföG oder „Meister-BAföG", öffentlichen Mitteln, die auf Beitragsleistungen beruhen (Rente, Alg I, Krankengeld) oder die gewährt werden, um den Aufenthalt im Bundesgebiet zu ermöglichen (Stipendien) sowie Leistungen nach dem **Unterhaltsvorschussgesetz** (§ 2 Abs. 3 S. 2 AufenthG). Leistungen nach SGB II, SGB XII und AsylbLG gelten hingegen als **aufenthaltsrechtlich schädlich**, da sie nicht auf Beiträgen beruhen.

53 Umstritten ist, ob die **Freibeträge** für Erwerbstätige im SGB II (§ 11b SGB II) das erforderliche Einkommen erhöhen. Laut BVerwG bleiben für **Aufenthaltserlaubnisse aus familiären Gründen** die Freibeträge nach § 11b SGB II außer Betracht (BVerwG 16.11.2010 – 1 C 20.09). Für Werbungskosten kann auf Nachweis ein geringerer Betrag als der 100-EUR-Grundfreibetrag angesetzt werden.

Der Bezug von **Wohngeld** ist aufenthaltsrechtlich jedenfalls dann von Nachteil, wenn der Lebensunterhalt im Sinne des SGB II/SGB XII ohne diese Leistung nicht gesichert wäre (BVerwG 29.11.2012 – 10 C 4.2012). Wenn hingegen der Lebensunterhalt im Sinne des SGB II bereits ohne das Wohngeld gesichert ist und das Wohngeld nur „zusätzlich" erbracht wird, darf es nicht als ausländerrechtlich schädlich eingestuft werden.

54 **Tipp:** Das AufenthG sieht zahlreiche Ausnahmen vor, die trotz Inanspruchnahme öffentlicher Mittel die Erteilung oder Verlängerung Ihres Aufenthaltsrechts ermöglichen. Wenden Sie sich ggf. an eine Migrations- oder Flüchtlingsberatungsstelle, da die Regelungen hier nicht umfassend dargestellt werden können und teils auch regional unterschiedlich ausgelegt werden.

1.3.1 Ermessen bei der Aufenthaltsverlängerung für Drittstaatsangehörige

55 Grundsätzlich ist Ermessen auszuüben, wenn ein Aufenthaltstitel verlängert werden soll. Gegen eine Nichtverlängerung spricht

- ein voraussichtlich nur kurzer Bezug von Leistungen,
- die Inanspruchnahme von nur einmaligen Beihilfen,
- der Bezug lediglich von Leistungen nach dem Fünften bis Neunten Kapitel SGB XII, da diese Leistungen anders als Bürgergeld, HzL und GSi nicht der „Lebensunterhaltssicherung" dienen.

Bei der Verlängerung kommt es vor allem auf die künftig zu erwartende Situation an (Prognose).

1.3.2 Arbeitnehmer*innen aus der Türkei

56 **Arbeitnehmer*innen** aus der Türkei sind nach dem **Assoziationsabkommen ARB 1/80 EWG-Türkei** vor Nichtverlängerung ihrer Aufenthaltserlaubnis geschützt, wenn sie in Deutschland mindestens vier Jahre regulär als Arbeitnehmer*in beschäftigt waren und weiter Arbeitnehmer*in sind. Dafür reicht eine regelmäßige, nicht völlig unbedeutende Beschäftigung (zB ein Minijob mit acht Stunden pro Woche). Auch nicht erwerbstätige Kinder unter 21 Jahren und der*die Ehepartner*in des*der Arbeitnehmers*Arbeitnehmerin sind durch den ARB 1/80 EWG-Türkei vor Nichtverlängerung ihrer Aufenthaltserlaubnis geschützt, ältere Kinder nur, wenn diesen Unterhalt gewährt wird. Solange der Schutz nach ARB 1/80 besteht, ist Sozialleistungsbezug aufenthaltsrechtlich unschädlich. Keine Gefahr der Nichtverlängerung besteht nach dem **Europäischen Fürsorgeabkommen (EFA)** (→ Rn. 47) für türkische Staatsbürger*innen, die vor dem 55. Lebensjahr eingereist sind und mehr als fünf Jahre in Deutschland leben bzw. nach dem 55. Lebensjahr eingereist sind und mehr als zehn Jahre hier leben.

1.3.3 Drittstaatsangehörige mit Aufenthaltserlaubnis

57 Unabhängig vom Sozialleistungsbezug verlängert werden Aufenthaltserlaubnisse von nicht-deutschen Staatsangehörigen, die

- mit einem*r deutschen Ehepartner*in und/oder ihrem deutschen minderjährigen Kind zusammenleben (§ 28 Abs. 1 AufenthG),
- als minderjähriges Kind bei den Eltern leben, wenn beide Eltern oder der allein sorgeberechtigte Elternteil sich mit Aufenthaltserlaubnis oder Niederlassungserlaubnis bzw. Erlaubnis zum Daueraufenthalt EU in Deutschland aufhalten (§ 34 Abs. 1 AufenthG), oder
- als Flüchtling einen Aufenthaltstitel nach §§ 24, 25 Abs. 1, 2, 3, 4a, 4b AufenthG besitzen oder beanspruchen können (§ 5 Abs. 3 AufenthG).

1.3.4 Eigenständiges Aufenthaltsrecht der Ehepartner*innen

58 Die Verlängerung der Aufenthaltserlaubnis der Ehepartner*innen von Drittstaatsangehörigen steht bei Bedürftigkeit nach SGB II/SGB XII im Ermessen (§ 30 Abs. 3 AufenthG). Sind gemeinsame Kinder vorhanden, deren Aufenthalt nicht wegen Sozialleistungsbezugs beendet werden kann, oder hat der*die andere Partner*in eine Niederlassungserlaubnis bzw. Erlaubnis zum Daueraufenthalt EU, fällt die Ermessensentscheidung idR zugunsten einer befristeten Verlängerung aus. Maßgeblich ist, ob der*die nachgezogene Ehepartner*in durch Erwerbstätigkeit zum Familieneinkommen beiträgt. Nach einer Trennung wird die Aufenthaltserlaubnis des*r Ehepartners*Ehepartnerin von Drittstaatsangehörigen oder Deutschen für mindestens ein Jahr trotz Sozialleistungsbezugs verlängert, wenn das Aufenthaltsrecht seit mindestens drei Jahren bestanden hat (§ 31 AufenthG).

1.3.5 Eigenständiges Aufenthaltsrecht der Kinder

59 Die Aufenthaltserlaubnis für Kinder von Drittstaatsangehörigen ist trotz Sozialleistungsbezugs zu verlängern, solange ein personensorgeberechtigter Elternteil eine Aufenthaltserlaubnis, Niederlassungserlaubnis oder Erlaubnis zum Daueraufenthalt EG/EU besitzt und das Kind mit ihm in familiärer Lebensgemeinschaft lebt. Kinder können trotz Sozialleistungsbezugs eine unbefristete Niederlassungserlaubnis beanspruchen, wenn sie zum Zeitpunkt ihres 16. Geburtstags seit fünf Jahren eine Aufenthaltserlaubnis besitzen. Das Gleiche gilt, wenn sie volljährig sind, seit fünf Jahren eine Aufenthaltserlaubnis besitzen, über ausreichende Deutschkenntnisse (A2) verfügen und sich in einer anerkannten Schul- oder Berufsausbildung befinden. Solange die genannten Voraussetzungen nicht erfüllt sind, steht die Verlängerung der Aufenthaltserlaubnis bei Sozialleistungsbezug im Ermessen der Ausländerbehörde (§§ 34, 35 AufenthG).

1.3.6 Flüchtlinge und Drittstaatsangehörige mit Aufenthaltserlaubnis aus humanitären Gründen

60 Aufenthaltserlaubnisse nach §§ 24, 25 Abs. 1–3 AufenthG, § 25 Abs. 4a, 4b AufenthG werden gemäß § 5 Abs. 3 AufenthG **unabhängig** von der Bedürftigkeit nach SGB II/SGB XII erteilt und verlängert. Die Erteilung und Verlängerung einer Aufenthaltserlaubnis nach §§ 22, 23, 23a, 25 Abs. 4, 5 AufenthG, §§ 25a, 25b AufenthG steht bei Bedürftigkeit nach SGB II/SGB XII oder AsylbLG **im Ermessen** der Ausländerbehörde (§ 5 Abs. 3 AufenthG). Für die Verlängerung gilt grundsätzlich der gleiche Maßstab wie bei der Erteilung. Keine Gefahr der Nichtverlängerung besteht, wenn ein dauerhafter Sozialleistungsbezug von der Ausländerbehörde hingenommen wurde (zB Bleiberecht nach § 25b Abs. 3 AufenthG für alte, kranke oder Menschen mit Behinderung). Eine Verlängerung kann ausgeschlossen sein, wenn Voraussetzung der Aufenthaltserlaubnis die künftige eigenständige Sicherung des Lebensunterhaltes war. Dies betrifft viele Altfallregelungen für ehemals Asylsuchende und Geduldete. Nach § 25b AufenthG (Aufenthaltsgewährung bei nachhaltiger Integration) ist in der Regel eine **intensive Arbeitsuche** nachzuweisen. Die neue Aufenthaltserlaubnis nach § 104c AufenthG (Chancen-Aufenthaltsrecht) muss unabhängig von der Lebensunterhaltssicherung für 18 Monate er-

teilt werden. Eine Verlängerung ist nur über §§ 25a, 25b AufenthG möglich. Hierfür muss dann der Lebensunterhalt überwiegend durch Erwerbstätigkeit gesichert sein (Ausnahmen bei Ausbildung, Familien mit minderjährigen Kindern, Krankheit, Behinderung oder Altersgründen).

1.3.7 Aufenthaltserlaubnis für Drittstaatsangehörige zum Studium oder zur Erwerbstätigkeit

61 Bei Aufenthaltserlaubnissen nach §§ 16a-21, 38a AufenthG droht grundsätzlich eine **Nichtverlängerung bei Bedürftigkeit**. Dies gilt auch bei Sozialleistungsbezug für Angehörige, zB Kinder ausländischer Studierender. Allerdings kann die Ausländerbehörde in besonderen Ausnahmefällen auch hier auf die (vollständige) Lebensunterhaltssicherung als Voraussetzung verzichten (§ 5 Abs. 1 AufenthG; die Voraussetzung der Lebensunterhaltssicherung besteht nur „in der Regel"). Im Hinblick auf den verfassungsrechtlichen Schutz des ungeborenen Lebens sind aufenthaltsrechtliche Sanktionen während der Schwangerschaft und der Betreuung kleiner Kinder umstritten. Ein kurzzeitiger Sozialleistungsbezug und der Bezug einmaliger Leistungen anlässlich von Schwangerschaft und Geburt sollten nicht zur Aufenthaltsbeendigung führen (BMI, Allgemeine Verwaltungsvorschrift zum AufenthG, Rn. 2.3.1.1).

1.3.8 Auflösende Bedingungen

62 In manchen Aufenthaltserlaubnissen vermerken die Ausländerbehörden sogenannte „Auflösende Bedingungen" (etwa: „Erlischt beim Bezug von SGB II-/XII-Leistungen" oder „Erlischt bei Verlust des Arbeitsplatzes"). Derartige auflösende Bedingungen halten wir für rechtswidrig, da sie pauschal und ohne Ausübung von Ermessen zum Verlust des Aufenthaltstitels führen, wenn Leistungen beantragt werden oder der Arbeitsplatz verloren geht (vgl. VGH Baden-Württemberg 11.12.2013 – 11 S 2077/13; NK-AuslR/ Müller AufenthG § 12 Rn. 6). Denn durch eine solche auflösende Bedingung wird die gesetzlich vorgesehene Pflicht zur Einzelfallprüfung, ob ein atypischer Ausnahmefall vorliegt oder ob der Lebensunterhalt prognostisch (wieder) gesichert werden kann, ausgehebelt (vgl. BMI, Allgemeine Verwaltungsvorschriften zum AufenthG, Rn. 12.2.3). Es sollte daher ein Antrag bei der Ausländerbehörde auf Streichung der auflösenden Bedingungen gestellt und gegen eine Ablehnung Klage und Eilantrag beim Verwaltungsgericht eingelegt werden. Falls das Jobcenter oder Sozialamt mit Verweis auf die auflösende Bedingung Leistungen ablehnen sollte, empfiehlt sich ein Eilantrag beim Sozialgericht.

2. Unionsbürger*innen und ihre Familienangehörigen mit einem Aufenthaltsrecht nach dem FreizügG

63 Das Aufenthaltsrecht der Unionsbürger*innen (EU-Angehörige) und ihrer (auch aus Drittstaaten stammenden) Familienangehörigen richtet sich normalerweise nach dem Freizügigkeitsgesetz/EU (FreizügG). Unionsbürger*innen benötigen keinen Aufenthaltstitel. Sie besitzen automatisch ein Aufenthaltsrecht, wenn sie einen der im Folgenden erläuterten Freizügigkeitstatbestände erfüllen. Sie erhalten – genauso wie Deutsche – nur eine normale **Anmeldebescheinigung** von der Meldebehörde. Die frühere „*Freizügigkeitsbescheinigung*" ist seit Jahren abgeschafft. Bestätigungen über das Aufenthaltsrecht werden nicht mehr erteilt (Ausnahme: das in der Regel nach fünf Jahren erworbene Daueraufenthaltsrecht wird auf Antrag bescheinigt, → Rn. 87 ff.). Im Zweifel ist daher zu prüfen, ob und welches Aufenthaltsrecht sich aus den tatsächlichen Lebensumständen des*der Unionsbürgers*Unionsbürgerin ergibt.

64 **Familienangehörige** von hier lebenden Unionsbürger*innen haben auch als Drittstaatsangehörige ein Aufenthaltsrecht nach dem FreizügG/EU (zB die kenianische Ehefrau des kroatischen Minijobbers). Aus Drittstaaten kommende Familienangehörige von Unionsbürger*innen erhalten auf Antrag eine „*Aufenthaltskarte nach FreizügG/ EU*". Aufenthaltsrecht und Leistungsansprüche können auch ohne dieses Dokument bestehen, das Jobcenter muss dann prüfen, ob die „materiellen" Voraussetzungen erfüllt sind.

81 Nicht-deutsche Staatsangehörige (Drittstaatsangehörige/Unionsbürger*innen)

Die hier erläuterten Aufenthaltsrechte der Unionsbürger*innen gelten für alle Angehörigen **aller EU-Staaten** und gleichermaßen auch für Personen mit der Staatsangehörigkeit von **Norwegen, Island, Liechtenstein** und der **Schweiz**. Britische Staatsangehörige behalten ihr Recht auf Freizügigkeit, wenn sie sich bereits vor dem 1.1.2021 freizügigkeitsberechtigt in Deutschland aufgehalten haben. Sie erhalten dann ein „Aufenthaltsdokument-GB". Britische Staatsbürger*innen, die seit dem 1.1.2021 *erstmals* nach Deutschland einreisen, unterliegen hingegen nicht mehr dem FreizügG, sondern werden wie andere Drittstaatsangehörige nach dem AufenthG behandelt.

65 Ein Freizügigkeitsrecht besteht für Unionsbürger*innen u. a. für folgende Zwecke:

- Für drei Monate voraussetzungslos, und danach:
- zum Zweck der Arbeitsuche,
- als Arbeitnehmer*in oder für eine Berufsausbildung,
- als selbstständig Erwerbstätige,
- als Nicht-Erwerbstätige,
- als Familienangehörige oder
- mit Daueraufenthaltsrecht nach fünfjährigem rechtmäßigen Aufenthalt.

66 Als eigenständiges Aufenthaltsrecht, das weder im FreizügG noch in der Unionsbürgerrichtlinie (RL 2004/38/EG) geregelt ist, besteht darüber hinaus ein spezielles Aufenthaltsrecht für **Kinder ehemaliger EU-Arbeitnehmer*innen nach Art. 10 der EU-Verordnung 492/2011** bis zum Abschluss ihrer Schul- oder Berufsausbildung. Dieses Aufenthaltsrecht erstreckt sich auch auf die Eltern, die die Personensorge tatsächlich ausüben. Zudem kann in Ausnahmefällen auch die Voraussetzung für die **Erteilung eines Aufenthaltstitels nach dem AufenthG** erfüllt sein, wenn dies eine bessere Rechtstellung bedeuten sollte (Besserstellungsgebot nach § 11 Abs. 14 FreizügG).

67 Es wird schnell deutlich, dass prinzipiell jede*r Unionsbürger*in in eine dieser Kategorien hineinpasst und insofern auch grundsätzlich immer das Recht auf Freizügigkeit bestehen dürfte. Allerdings sind die Voraussetzungen, die für die jeweilige Kategorie erfüllt werden müssen, unterschiedlich. Und auch die Folgen sind in den verschiedenen Kategorien unterschiedlich – gerade, was den Anspruch auf Leistungen nach dem SGB II oder SGB XII angeht. Daher ist es in der Beratung sehr wichtig zu prüfen, welches die passende „Schublade" ist – insbesondere deshalb, weil durchaus eine Hierarchie unter den Schubladen besteht: Es gibt gute und weniger gute, was die soziale und ausländerrechtliche Absicherung angeht. Welche Kategorie die passende ist, hängt immer von den tatsächlichen Gegebenheiten ab und ist auch nur temporär gültig. Das heißt: Man kann während eines Aufenthalts durchaus mehrfach zwischen den Kategorien wechseln, wenn sich die Lebenssituation ändert.

2.1 Freizügigkeitsrechte mit uneingeschränktem SGB II- und SGB XII-Anspruch

68 Für das Prüfen eines Leistungsanspruchs sowohl nach dem SGB II als auch nach SGB XII ist es sinnvoll, zunächst zu prüfen, ob ein Freizügigkeitsrecht vorliegt, mit dem ein unbeschränkter Leistungsanspruch besteht. Dies ist bei folgenden Gruppen der Fall:

- als Arbeitnehmer*in, oder für eine Berufsausbildung,
- als selbstständig Erwerbstätige*r,
- als Familienangehörige*r dieser Gruppen,
- mit Daueraufenthaltsrecht nach fünfjährigem rechtmäßigen Aufenthalt,
- mit einem (fiktiven) Aufenthaltsrecht nach dem Aufenthaltsgesetz oder
- mit einem Aufenthaltsrecht für Kinder in der Schule mit unionsangehörigen Elternteilen, die früher einmal Arbeitnehmer*innen waren, nach Art. 10 VO (EU) Nr. 492/2011.

2.1.1 Als Arbeitnehmer*in oder zur betrieblichen Berufsausbildung

69 Es ist nicht Voraussetzung, dass die Arbeit existenzsichernd ist. Auch eine Tätigkeit mit einem Monatseinkommen von 175 EUR bei einem Umfang von 5,5 Wochenstunden kann den Arbeitnehmer*innenstatus begründen (EUGH 4.2.2010 – C-14/09 Genc; BVerwG 19.4.2012 – 1 C 10.11). Das Bundessozialgericht hat in einer jüngeren Ent-

scheidung den Arbeitnehmer*innenstatus bei einem Einkommen von zunächst 100 EUR und später 250 EUR für gegeben gehalten (BSG 12.9.2018 – B 14 AS 18/17 R). Wichtig sind dabei aber immer die Umstände des Einzelfalls (Dauer des Arbeitsverhältnisses, Arbeitsvertrag mit Regelungen zur Lohnfortzahlung im Krankheitsfall und Urlaubsansprüchen). Auch Studierende oder Schüler*innen, die neben dem Studium/Schule einen Nebenjob ausüben, können als Arbeitnehmer*innen gelten und somit die für Studierende/Schüler*innen vorgesehenen Leistungen des SGB II beanspruchen (EuGH 21.2.2013 – C 46/12).

70 Das Landessozialgericht NRW hat ein monatliches Einkommen von 172 bis 156 EUR als ausreichend gewertet (LSG NRW 16.12.2016 – L 12 AS 1420/16 B ER). Nach anderen Entscheidungen reicht auch ein monatliches Einkommen, das über der Freibetragsgrenze des § 11b Abs. 2 SGB II in Höhe von 100 EUR liegt (LSG NRW 7.10.2016 – L 12 AS 965/16 B ER), eine Tätigkeit von fünf Wochenstunden und 187 EUR Monatseinkommen (LSG Bayern 6.2.2017 – L 11 AS 887/16 B ER) oder fünf Wochenstunden und 180 EUR Einkommen (LSG Berlin-Brandenburg 27.2.2017 – L 18 AS 2884/16).

71 Auch ein (rechtswidriger) arbeitsvertraglicher Ausschluss der Lohnfortzahlung im Krankheitsfall spricht nicht gegen einen Arbeitnehmer*innenstatus. Das dürfte ebenso gelten, wenn rechtswidrig der Mindestlohn nicht gezahlt wird oder wenn nur ein mündlicher Arbeitsvertrag geschlossen worden ist. Eine betriebliche Berufsausbildung ist einer Arbeitnehmer*innentätigkeit gleich gestellt. Seit dem Jahr 2016 haben Auszubildende, die keine oder zu niedrige Berufsausbildungsbeihilfe (BAB) erhalten, Anspruch auf aufstockende Leistungen nach dem SGB II vom Jobcenter.

72 Für Arbeitnehmer*innen und betrieblich Auszubildende gilt: Es besteht **Anspruch auf Leistungen** nach dem SGB II sowie ggf. sämtliche Leistungen des SGB XII (zB Hilfe zur Pflege, Hilfe nach § 67 ff. SGB XII).

2.1.2 Bei Aufrechterhaltung des Freizügigkeitsrechts als Arbeitnehmer*in bei unfreiwilliger Arbeitslosigkeit

73 Es besteht eine Schutzregelung, nach der nach einer **unfreiwilligen** Arbeitslosigkeit trotz Verlusts des Arbeitsplatzes weiterhin der Status „Arbeitnehmer*in" erhalten bleibt.

74 Unfreiwillig ist der Verlust, wenn die Person *„die Gründe, die zur Beendigung des Arbeitsverhältnisses (Kündigung, Aufhebungsvertrag) geführt haben, nicht zu vertreten hat"*; Voraussetzung ist, dass die Person sich arbeitslos bei der Arbeitsagentur meldet, *„den Vermittlungsbemühungen der zuständigen Arbeitsagentur zur Verfügung steht und sich selbst bemüht, [ihre] Arbeitslosigkeit zu beenden"* (BMI, Allgemeine Verwaltungsvorschrift zum FreizügG, Rn. 2.3.1.2):

- Bei unverschuldeter Kündigung **nach weniger als einem Jahr** Erwerbstätigkeit oder einem auf weniger als ein Jahr befristeten Arbeitsvertrag: Der Arbeitnehmer*innenstatus bleibt **für sechs Monate** bestehen (§ 2 Abs. 3 Nr. 2 FreizügG).
- Bei unverschuldeter Kündigung **nach genau einem Jahr** Erwerbstätigkeit oder länger oder einem auf mindestens ein Jahr befristeten Arbeitsvertrag bleibt der Arbeitnehmer*innenstatus **unbefristet bestehen** (und damit jeweils auch der Leistungsanspruch) (§ 2 Abs. 3 Nr. 3 FreizügG). Nach Auffassung des Bundessozialgerichts müssen für die Berechnung der Jahresfrist Beschäftigungszeiten **auch dann zusammengerechnet** werden, wenn dazwischen Unterbrechungszeiten liegen (BSG 13.7.2017 – B 4 AS 17/16 R). Dies gilt jedenfalls dann, wenn die Unterbrechungszeiten „kurz" sind. Die Bundesagentur für Arbeit hält die Unterbrechungszeiten in der Regel für „kurz", wenn sie höchstens fünf Prozent der Gesamtbeschäftigungszeit betragen (FW 7.17).
- Bei **vorübergehender Arbeitsunfähigkeit** infolge Krankheit oder Unfall – in diesem Fall bleibt der Arbeitnehmer*innenstatus ohne eine zeitliche Befristung erhalten. Dies gilt auch für eine Frau, die *„ihre Erwerbstätigkeit oder Arbeitsuche wegen*

der körperlichen Belastungen im Spätstadium ihrer Schwangerschaft und nach der Geburt des Kindes aufgibt" (...) sofern sie innerhalb eines angemessenen Zeitraums nach der Geburt ihres Kindes ihre Beschäftigung wieder aufnimmt oder eine andere Stelle findet" (EuGH 19.6.2014 – C-507/12 – Saint Prix gg. United Kingdom; § 2 Abs. 3 Nr. 1 FreizügG).

- Bei Aufnahme einer **Berufsausbildung** bleibt der Arbeitnehmer*innenstatus auch dann erhalten, wenn eine vorangegangene Beschäftigung freiwillig aufgegeben worden ist, sofern zwischen der Ausbildung und der früheren Erwerbstätigkeit ein inhaltlicher Zusammenhang besteht (§ 2 Abs. 3 Nr. 3 FreizügG).

Wichtig ist dabei, dass die Person sich **umgehend** bei der Agentur für Arbeit **arbeitsuchend bzw. arbeitslos meldet**. Die alleinige Meldung beim Jobcenter soll hingegen nicht ausreichen, um die Unfreiwilligkeit der Arbeitslosigkeit zu belegen. Zudem muss nicht nur der Eintritt der Arbeitslosigkeit unfreiwillig erfolgt sein, sondern auch anschließend muss die Arbeitslosigkeit unfreiwillig bleiben – das heißt, es müssen kontinuierlich Eigenbemühungen zur Überwindung der Arbeitslosigkeit erbracht werden.

75 Für Personen, bei denen der Arbeitnehmer*innenstatus erhalten bleibt, gilt: Es besteht **Anspruch auf Leistungen** nach dem SGB II sowie ggf. sämtliche Leistungen des SGB XII (zB Hilfe zur Pflege, Hilfe nach § 67 ff. SGB XII).

2.1.3 Als Selbstständige

76 Auch wenn mit der Selbstständigkeit (noch) kein Gewinn erwirtschaftet wird und nur wenige Aufträge eingegangen sind, kann der Selbstständigenstatus gegeben sein. Es reicht allerdings nicht, sich nur einen Gewerbeschein ausstellen zu lassen, sondern die Tätigkeit muss auch tatsächlich in Deutschland ausgeübt werden (zB in Form von Werbung, Auftragsakquise, Anschaffung von Produktionsmitteln usw). Auch eine freiberufliche Tätigkeit (zB Dolmetscher*in oder Übersetzer*in) zählt als Selbstständigkeit. Auch die selbstständige Tätigkeit als Prostituierte*r kann das Freizügigkeitsrecht zum Zwecke der Ausübung einer selbstständigen Tätigkeit begründen. Wenn wegen der wirtschaftlichen Lage oder aufgrund eines vorübergehenden Tätigkeitsverbots (zB im Zuge der Pandemiebekämpfung) die selbstständige Tätigkeit vorübergehend nicht ausgeübt werden kann, besteht der **Selbstständigenstatus fort**.

77 Die selbstständige Tätigkeit darf wie bei Arbeitnehmer*innen nicht völlig untergeordnet und unwesentlich sein und es muss zumindest das Ziel bestehen, perspektivisch einen Gewinn zu erwirtschaften. Bei der erforderlichen Höhe des Einkommens sollte man sich an den Eckpunkten für Arbeitnehmer*innen orientieren können (§ 2 Abs. 2 Nr. 2 FreizügG). Das Landessozialgericht Sachsen-Anhalt hat **monatliche Einnahmen aus selbstständiger Tätigkeit** als Schrottsammler in Höhe von rund **188 EUR** als ausreichend angesehen (LSG Sachsen-Anhalt 5.4.2016 – L 2 AS 102/16 B ER). Das Landessozialgericht Berlin-Brandenburg hat Gesamteinnahmen von 520 EUR innerhalb von zwei Monaten aus einer selbstständigen Tätigkeit der Sperrmüllentsorgung als ausreichend beurteilt (LSG Berlin-Brandenburg 20.12.2016 – L 25 AS 2611/16 B ER). Für Selbstständige gilt: Es besteht **Anspruch auf Leistungen** nach dem SGB II sowie ggf. sämtliche Leistungen des SGB XII (zB Hilfe zur Pflege, Hilfe nach § 67 ff. SGB XII).

2.1.4 Bei Aufrechterhaltung des Aufenthaltsrechts als Selbstständige bei Aufgabe der selbstständigen Tätigkeit

78 Für Selbstständige, die ihre selbstständige Tätigkeit **unfreiwillig** aufgeben müssen, gelten bezüglich der Aufrechterhaltung des Selbstständigenstatus weitgehend dieselben Regelungen wie bei Arbeitnehmer*innen (Art. 7 Abs. 3 RL 2004/38/EG; BMI, Allgemeine Verwaltungsvorschrift zum FreizügG, Rn. 2.3.1.2).

79 Unfreiwillig ist die Aufgabe einer selbstständigen Tätigkeit, „wenn die – ggf. auch nur vorübergehende – Einstellung der selbstständigen Tätigkeit in Umständen begründet liegt, auf die der Selbständige keinen Einfluss hatte. Das kann z. B. bei einer unverschulde-

81 Nicht-deutsche Staatsangehörige (Drittstaatsangehörige/Unionsbürger*innen)

ten Geschäftsaufgabe aus gesundheitlichen Gründen der Fall sein oder wenn eine Geschäftsaufgabe während des gesetzlichen Mutterschutzes erfolgt" (Allgemeine Verwaltungsvorschrift zum FreizügG, Rn. 2.3.1.2). Unfreiwillig ist die Aufgabe der selbstständigen Tätigkeit zum Beispiel wegen Schwangerschaft oder Krankheit, wegen Insolvenz, wegen eines Scheiterns der ursprünglichen Geschäftsidee usw. Die Arbeitslosigkeit ist solange unfreiwillig, wie der*die Betroffene weiterhin Bemühungen unternimmt, die Arbeitslosigkeit zu überwinden, dh die Anforderungen des Jobcenters oder der Agentur für Arbeit erfüllt.

- Wenn die Selbstständigkeit zuvor **mindestens ein Jahr** ausgeübt worden ist, bleibt der Status des*r Selbstständigen unbefristet erhalten, solange die Arbeitslosigkeit unfreiwillig ist.
- Wenn die Selbstständigkeit **weniger als ein Jahr** ausgeübt worden ist, bleibt der Status des*r Selbstständigen für sechs Monate bestehen (§ 2 Abs. 3 FreizügG iVm Art. 7 Abs. 3 RL 2004/38/EG).
- Bei vorübergehender Erwerbsunfähigkeit wegen **einer Krankheit oder eines Unfalls** bleibt der Selbstständigenstatus ohne Frist erhalten
- Wenn der*die Selbstständige seine*ihre selbstständige Tätigkeit freiwillig aufgibt, weil er*sie eine **Berufsausbildung** aufnimmt, die mit der früheren Tätigkeit in einem Zusammenhang steht, bleibt der Selbstständigenstatus ebenfalls erhalten.

80 Für Personen, deren Selbstständigenstatus erhalten bleibt, gilt: Es besteht **Anspruch auf Leistungen** nach dem SGB II sowie ggf. sämtliche Leistungen des SGB XII (zB Hilfe zur Pflege, Hilfe nach § 67 ff. SGB XII).

2.1.5 Als Familienangehörige

81 Familienangehörige von freizügigkeitsberechtigten Unionsbürger*innen verfügen ebenfalls über ein Freizügigkeitsrecht – unabhängig davon, ob sie selbst EU-Angehörige sind oder Drittstaatsangehörige sind. Freizügigkeitsberechtigte Familienangehörige aus Drittstaaten erhalten von der Ausländerbehörde eine „**Aufenthaltskarte**". Der Familiennachzug im Sinne des Freizügigkeitsgeset-

zes beinhaltet sowohl den tatsächlichen Nachzug (dh der*die Unionsbürger*in lebt bereits in Deutschland) als auch die gleichzeitige Einreise. Unerheblich ist auch, ob die Ehe bzw. Lebenspartnerschaft in Deutschland geschlossen wird oder bereits vor der Einreise bestanden hat. Freizügigkeitsberechtigte Familienangehörige haben immer einen freien Zugang zum Arbeitsmarkt (Art. 23 RL 2004/38/EG). Der Begriff des*r Familienangehörigen ist in § 3 FreizügG sowie in Art. 2 Nr. 2 RL 2004/38/EG geregelt.

82 Danach besteht ein Freizügigkeitsrecht für

- den*die **Ehegatten*Ehegattin** (auch wenn sie dauernd getrennt leben),
- den*die **eingetragene*n** (gleichgeschlechtliche) **Lebenspartner*in** (auch wenn sie dauernd getrennt leben) – nicht erfasst sind davon eheähnliche Gemeinschaften,
- die **Verwandten in gerader absteigender Linie** des*r freizügigkeitsberechtigten Unionsbürgers*Unionsbürgerin (also Kinder, Enkel usw) oder des*r Ehepartners*Ehepartnerin (also Stiefkinder, Stiefenkel usw) **bis zu einem Alter von einschließlich 20 Jahren**,
- die **Verwandten in gerader absteigender Linie** des*r freizügigkeitsberechtigten Unionsbürgers*Unionsbürgerin (also Kinder, Enkel usw) oder des*r Ehepartners*Ehepartnerin (also Stiefkinder, Stiefenkel usw) **ab einem Alter von 21 Jahren** – in diesem Fall unter der Voraussetzung, dass ihnen ein Teil des Unterhalts gewährt wird,
- **Verwandte in gerader aufsteigender Linie** des*r Unionsbürgers*Unionsbürgerin (also Eltern, Großeltern usw) oder des*r Ehepartners*in (also Schwiegereltern usw) – in diesem Fall ebenfalls unter der Voraussetzung, dass ihnen ein Teil des Unterhalts gewährt wird.

83 Der Unterhalt für die beiden letztgenannten Gruppen muss einen **Teil des Bedarfs** abdecken und muss keineswegs existenzsichernd sein. Auch Naturalunterhalt (Betreuung, Pflege, kostenloses Wohnrecht usw) wird als Unterhaltsleistung gewertet. Ergänzend zum Unterhalt kann ein Anspruch auf **Sozialleistungen** bestehen.

81 Nicht-deutsche Staatsangehörige (Drittstaatsangehörige/Unionsbürger*innen)

Das Landessozialgericht NRW hat etwa in einem Fall entschieden, dass auch ein Unterhalt in Höhe **von 100 EUR ausreichen kann,** um die Eigenschaft als Familienangehörige*r geltend machen zu können (LSG NRW 28.5.2015 – L 7 AS 372/15 B ER und L 7 AS 373/15 B; vergleiche auch: LSG NRW 15.4.2015 – L 7 AS 428/15 B ER). Der Status als Familienangehörige*r ist nicht auf eine bestimmte Altersspanne beschränkt; also *nicht* etwa auf Kinder bis zum 25. Geburtstag: Jemand kann im Sinne des Freizügigkeitsrechts Familienangehörige*r sein, obwohl er*sie nach den Regelungen des SGB II nicht mehr Teil der Bedarfsgemeinschaft ist.

84 Für **Familienangehörige von Arbeitnehmer*innen** sowie Selbstständigen und Daueraufenthaltsberechtigten besteht **Anspruch auf Leistungen** nach dem SGB II sowie ggf. sämtliche Leistungen des SGB XII (zB Hilfe zur Pflege, Hilfe nach § 67 ff. SGB XII).

2.1.6 Bei Aufrechterhaltung des Aufenthaltsrechts als Familienangehörige*r

85 Die Familienangehörigen behalten auch nach dem Tod oder Wegzug des*r Unionsbürgers*Unionsbürgerin oder bei einer Scheidung unter bestimmten Voraussetzungen ein eigenständiges Aufenthaltsrecht mit Leistungsanspruch:

- Beim **Tod** des*r Unionsbürgers*Unionsbürgerin behalten Familienangehörige ein **eigenständiges Recht auf Aufenthalt,** wenn sie sich vor dem Tod des*r Unionsbürgers*Unionsbürgerin mindestens ein Jahr als ihre Familienangehörigen im Bundesgebiet aufgehalten haben.
- Bei **Scheidung** bleibt ein Freizügigkeitsrecht als Familienangehörige*r bestehen, wenn die Ehe mindestens drei Jahre bestanden hatte, davon mindestens ein Jahr im Bundesgebiet. Es kommt hierbei nicht auf den Zeitpunkt der Trennung an, sondern auf den Zeitpunkt der „Einleitung des gerichtlichen Scheidungsverfahrens" (§ 3 Abs. 5 Nr. 1 FreizügG). In diesen beiden Fällen ist es allerdings zudem erforderlich, dass in eigener Person eine der Freizügigkeitsvoraussetzungen aus § 2 Abs. 2 FreizügG erfüllt wird (also zB als

Arbeitnehmer*in oder Selbstständige*r bzw. Arbeitsuchende*r) (§ 3 Abs. 3 FreizügG).

- **Minderjährige Kinder in Schul- oder Berufsausbildung** und ihr Elternteil behalten ein familiäres Aufenthaltsrecht, wenn ein EU-angehöriger Elternteil verstirbt oder wegzieht. Die Kinder von Unionsbürger*innen und der Elternteil, der die elterliche Sorge tatsächlich ausübt, haben immer und uneingeschränkt ein Aufenthaltsrecht und damit einen Anspruch auf sozialrechtliche Gleichbehandlung, wenn sie sich in einer Ausbildung befinden (Grundschule bis Berufsausbildung bzw. Studium) **und** wenn ein EU-angehöriger Elternteil verstirbt oder wegzieht (§ 3 Abs. 4 FreizügG). Auch das LSG NRW hat bestätigt, dass in einem solchen Fall sowohl das Freizügigkeitsrecht (unabhängig von der Lebensunterhaltssicherung) als auch ein Anspruch auf Leistungen nach dem SGB II oder SGB XII fortbestehen (LSG NRW 27.12.2016 – L 7 AS 2148/16 B ER).

2.1.7 Aufenthaltsrecht für unverheiratete Elternteile minderjähriger Kinder

86 Der Lebenswirklichkeit von „Patchwork-Familien" wird zwar der Wortlaut des Freizügigkeitsrechts nicht immer gerecht, aber durch die Rechtsprechung des Bundessozialgerichts (BSG 30.1.2013 – B 4 AS 54/12 R) sollte klar sein, dass auch für derartige Konstellationen ein **Aufenthaltsrecht unabhängig von der Arbeitsuche** besteht. Dies gilt auch schon vor der Geburt des Kindes. Aus dieser Rechtsprechung ergibt sich ein **weiterer Aufenthaltszweck** aus familiären Gründen, der aus dem Zusammenleben der Partner*innen mit einem gemeinsamen Kind oder dem Kind eines*r Partners*Partnerin folgt. Diese Personengruppen bilden jeweils eine Familie im Sinne des Art. 6 GG und der § 27 Abs. 1 AufenthG, § 28 Abs. 1 AufenthG, §§ 29, 32 AufenthG und können sich auch auf den Schutz aus Art. 8 der Europäischen Menschenrechtskonvention berufen. Dies gilt nach den Ausführungen des BSG **ausdrücklich auch für unverheiratete Paare mit Kind.**

2.1.8 Personen mit Daueraufenthaltsrecht

87 Unionsbürger*innen sowie ihre freizügigkeitsberechtigten Familienangehörigen haben nach fünf Jahren ein zweckungebundenes Daueraufenthaltsrecht (§ 4a FreizügG). Für das Daueraufenthaltsrecht wird nicht lediglich ein fünfjähriger tatsächlicher Aufenthalt in Deutschland vorausgesetzt, sondern der Aufenthalt muss **durchgehend einen Freizügigkeitsgrund nach dem Freizügigkeitsgesetz** erfüllt haben. Es zählen also Zeiten,

- in denen die Personen Arbeitsuchende (idR für sechs Monate),
- Arbeitnehmer*innen oder
- Selbstständige oder deren Familienangehörige waren.

Auch Zeiten, in denen der Arbeitnehmer*innenstatus oder Selbstständigenstatus wegen unfreiwilligem Verlust der Arbeit fortbestanden hat (für sechs Monate oder dauerhaft), zählen hierfür mit (→ Rn. 73 f.); genauso auch Zeiten, in denen nicht-erwerbstätige Personen selbst über ausreichende Existenzmittel verfügt haben.

88 In einigen Fällen entsteht das Daueraufenthaltsrecht auch schon nach weniger als fünf Jahren, insbesondere, wenn die Unionsbürger*in mit Erreichen des Rentenalters oder im Rahmen einer Vorruhestandsregelung eine Erwerbstätigkeit aufgeben (§ 4a Abs. 2 FreizügG). Über das Bestehen des Daueraufenthaltsrechts stellt die Ausländerbehörde eine **Bescheinigung** aus, drittstaatsangehörige Familienangehörige erhalten eine unbefristete „Daueraufenthaltskarte".

89 Personen mit Daueraufenthaltsrecht und ihre Familienangehörigen haben immer einen **regulären Anspruch** auf alle Leistungen nach dem SGB II/SGB XII sowie auf sämtliche Zusatzleistungen des SGB XII (zB Hilfe zur Pflege, Hilfe nach §§ 67 ff.).

2.1.9 Aufenthaltsrechte nach Art. 10 VO (EU) Nr. 492/2011

90 Nach Art. 10 VO (EU) Nr. 492/2011 (Freizügigkeitsverordnung) haben **die Kinder** eines*r Unionsbürgers*Unionsbürgerin, der*die in Deutschland beschäftigt oder früher beschäftigt gewesen ist, das Recht, *„unter den gleichen Bedingungen wie die Staats-* *angehörigen dieses Mitgliedstaats am allgemeinen Unterricht sowie an der Lehrlings- und Berufsausbildung teil(zu)nehmen"*. Dies gilt auch dann, wenn die Elternteil die Arbeitnehmer*inneneigenschaft mittlerweile verloren hat (etwa, weil er*sie länger als sechs Monate arbeitslos war oder die Arbeit nicht „unfreiwillig" aufgegeben hat).

91 Aus diesem „Schulbesuchsrecht" der Kinder ergibt sich nach ständiger Rechtsprechung des EuGH zwingend auch ein autonomes Recht auf Aufenthalt, das unabhängig von einem gesicherten Lebensunterhalt besteht (EuGH 23.2.2010 – C-310/08 – Ibrahim; EuGH 23.2.2010 – C-480/08 – Teixeira). Dieses Aufenthaltsrecht überträgt sich nach der Rechtsprechung des EuGH auch auf den Elternteil (oder beide Elternteile), *„der die elterliche Sorge für dieses Kind tatsächlich wahrnimmt"* (Art. 12 Abs. 3 Richtlinie 2004/38/EG). Dabei spielt es keine Rolle, ob der Elternteil, der die Personensorge tatsächlich ausübt, selbst EU-Bürger*in oder Drittstaatsangehörige*r ist. Auch die Staatsangehörigkeit der Kinder ist unerheblich. Es spielt auch keine Rolle, ob die Eltern miteinander verheiratet sind. Der Schulbesuch muss nicht zwingend schon dann vorgelegen haben, als der EU-angehörige Elternteil noch Arbeitnehmer*in war. Entscheidend ist jedoch, dass der Elternteil, der früher einmal gearbeitet hat, EU-Bürger*in ist und dass ein Kind die Schule besucht. Der EuGH hat entschieden, dass in den Fällen eines Aufenthaltsrecht nach Art. 10 der Freizügigkeitsverordnung auch ein Anspruch auf Leistungen nach SGB II/SGB XII besteht (EuGH 6.10.2020 – C-181/19 – J.D. gegen Jobcenter Krefeld).

92 Personen mit einem Aufenthaltsrecht nach Art. 10 VO (EU) Nr. 492/2011 haben immer einen **regulären Anspruch auf alle** Leistungen nach dem SGB II/SGB XII sowie auf sämtliche Zusatzleistungen des SGB XII (zB Hilfe zur Pflege, Hilfe nach §§ 67 ff. SGB XII).

2.1.10 Aufenthaltsrechte aus dem Aufenthaltsgesetz

93 Das Aufenthaltsgesetz ist ausnahmsweise auch auf Unionsbürger*innen anwendbar,

wenn es einen besseren Status zur Folge hat, als ihn das FreizügG vorsieht (§ 11 Abs. 14 FreizügG). Beispiele hierfür sind Opfer von Menschenhandel, Frauen während der Schwangerschaft oder ein Aufenthaltsrecht aus humanitären oder familiären Gründen, das im Freizügigkeitsgesetz nicht vorgesehen ist – etwa bei schweren Erkrankungen oder für unverheiratete Paare mit gemeinsamen Kindern (hier sind insbesondere § 25 Abs. 4 S. 2 AufenthG, § 25 Abs. 4a AufenthG, §§ 7, 28 AufenthG zu nennen).

94 Da die Ausländerbehörde in derartigen Fällen mit Verweis auf die ohnehin bestehende Freizügigkeit oft keine formale Aufenthaltserlaubnis erteilt, muss das Vorliegen eines **fiktiven Erteilungsgrundes** nach dem AufenthG auch vom Jobcenter geprüft werden, um zu klären, ob es ein Aufenthaltsrecht unabhängig von der Arbeitsuche geben könnte. Das Bundesverfassungsgericht hat mittlerweile bestätigt, dass diese Pflicht zur fiktiven Prüfung nicht von vornherein verweigert werden darf (BVerfG 8.7.2020 – 1 BvR 1094/20). In diesen Fällen besteht daher ein **regulärer Anspruch auf reguläre Leistungen** nach dem SGB II / XII sowie auf sämtliche Zusatzleistungen des SGB XII (zB Eingliederungshilfe, Hilfe zur Pflege, Hilfe nach § 67 ff. SGB XII).

2.2 Leistungsausschlüsse im SGB II

95 Grundsätzlich haben alle Unionsbürger*innen – sofern sie die allgemeinen Voraussetzungen wie Hilfebedürftigkeit, gewöhnlicher Aufenthalt, Erwerbsfähigkeit usw erfüllen – einen Anspruch auf Leistungen nach dem SGB II. Allerdings gibt es eine **Reihe von Leistungsausschlüssen**, nach denen bestimmte Unionsbürger*innen dennoch von SGB II-Leistungen ausgeschlossen werden sollen. Es handelt sich dabei um folgende Gruppen:

- in den ersten drei Monaten des Aufenthalts (es sei denn, sie sind bereits in dieser Zeit Arbeitnehmer*innen, Selbstständige oder deren Familienangehörige) oder
- die nur über ein **Aufenthaltsrecht zur Arbeitsuche** verfügen oder
- die über **kein materielles Aufenthaltsrecht** verfügen (Nicht-Erwerbstätige ohne ausreichende Existenzmittel) sowie
- Leistungsberechtigte nach dem **Asylbewerberleistungsgesetz**.

96 Die Praxis zeigt, dass die Jobcenter immer häufiger rechtswidrig Leistungen verweigern, und dies zum Beispiel damit begründen, dass nur mit einer existenzsichernden Arbeit die Freizügigkeit bestehen würde oder dass das Einkommen mindestens sozialversicherungspflichtig sein müsse. Auch das Argument, dass die Aufnahme einer nur geringfügigen Tätigkeit und der daraus folgende Leistungsanspruch „rechtsmissbräuchlich" seien, wird von den Jobcentern immer häufiger herangezogen. Dies geht auch auf eine aktuelle interne Weisung der Bundesagentur für Arbeit zurück, in der die Jobcenter aufgefordert werden, „zur Bekämpfung von Missbrauch" bürgergeldbeantragende Unionsbürger*innen gleichsam unter einen Generalverdacht zu stellen (BA, Arbeitshilfe „Bekämpfung von bandenmäßigem Leistungsmissbrauch im spezifischen Zusammenhang mit der EU-Freizügigkeit", Januar 2022, nur für den Dienstgebrauch, abrufbar unter: https://tacheles-sozialhilfe.de/files/Aktuelles/2022/Arbeitshilfe-Leistungsmissbrauch-EU-Buerger-Jan22.pdf). In den allermeisten Fällen sind die Leistungsverweigerungen jedoch rechtswidrig. Das Landessozialgericht Hessen etwa hat entschieden, dass für den Vorwurf des „Rechtsmissbrauchs" hohe Hürden anzulegen seien und die Tatsache zu berücksichtigen sei, dass ein prekäres Beschäftigungsverhältnis unter Missachtung gesetzlich vorgesehener Arbeitnehmerschutzvorschriften keinesfalls für einen „Missbrauch" spreche (LSG Hessen 7.12.2018 – L 6 AS 503/18 B ER).

Ein Leistungsausschluss besteht nur für folgende Gruppen (→ Rn. 97 bis 102):

2.2.1 In den ersten drei Monaten

97 Unionsbürger*innen unterliegen einem **Leistungsausschluss in den ersten drei Monaten des Aufenthalts**. Der Leistungsausschluss gilt jedoch vom Wortlaut her **nicht**,

- für Unionsbürger*innen, die bereits in den ersten drei Monaten des Aufenthalts eine (geringfügige) **Erwerbstätigkeit** ausüben,

- für Unionsbürger*innen, die ihre **Arbeit in den ersten drei Monaten unfreiwillig verloren haben** sowie
- für **Familienangehörige** von Personen, die eine Erwerbstätigkeit ausüben.

2.2.2 Aufenthaltsrecht allein zum Zweck der Arbeitsuche

98 Für normalerweise sechs Monate haben Unionsbürger*innen sowie ihre Familienangehörigen ein Freizügigkeitsrecht nach § 2 Abs. 2 Nr. 1a FreizügG **für die Arbeitsuche**. Nach mehr als sechs Monaten besteht dieses Freizügigkeitsrecht nur, wenn sie nachweisen können, dass sie weiterhin Arbeit suchen und begründete Aussicht haben, eingestellt zu werden. Während dieser Zeit unterliegen sie einem Leistungsausschluss – jedoch nur dann, wenn tatsächlich kein anderes, unter → Rn. 68 ff. genanntes Freizügigkeitsrecht vorliegt, zB die Fortgeltung des Arbeitnehmer*innenstatus nach unfreiwilligem Verlust der Arbeit, aus familiären Gründen oder nach Art. 10 VO (EU) Nr. 492/2011.

2.2.3 Unionsbürger*innen „ohne Aufenthaltsrecht"

99 Unionsbürger*innen sowie ihre drittstaatsangehörigen Familienangehörigen, die **keinen der oben genannten Freizügigkeitsgründe** erfüllen, gelten als „Nicht-Erwerbstätige" und sind damit nur dann materiell freizügigkeitsberechtigt, wenn sie über „ausreichende Existenzmittel" und einen ausreichenden Krankenversicherungsschutz verfügen. Unter Nicht-Erwerbstätigen sind somit diejenigen zu verstehen, die weder erwerbstätig sind noch Arbeit suchen (oder schon länger als sechs Monate erfolglos Arbeit gesucht haben) oder aus sonstigen Gründen freizügigkeitsberechtigt sind. In der Praxis handelt es sich in erster Linie um Rentner*innen, Studierende (sofern diese keine Nebenbeschäftigung ausüben), dauerhaft erwerbsunfähige Personen oder auch Personen, die keine Verbindung mit dem deutschen Arbeitsmarkt haben und hier zum Beispiel obdachlos sind.

100 Bei den Nicht-Erwerbstätigen und ihren Familienangehörigen handelt es sich um die **einzige Gruppe im Freizügigkeitsgesetz, die** als Voraussetzung ihrer Freizügigkeit über ausreichende Existenzmittel und einen ausreichenden Krankenversicherungsschutz verfügen müssen (§ 4 FreizügG). Die Gruppe der Nicht-Erwerbstätigen ist daher streng von der Gruppe der Arbeitsuchenden oder denjenigen, die aus anderen Gründen über ein Freizügigkeitsrecht verfügen, zu unterscheiden. Nur wenn kein anderer oben genannter Freizügigkeitsgrund passt, handelt es sich um Nicht-Erwerbstätige. Als ausreichende Existenzmittel dürften in diesem Zusammenhang eigene Mittel in Höhe des Regelbedarfs nach dem SGB XII zuzüglich der Warmmiete gelten. Die Freibeträge dürfen dabei ebenso wenig berücksichtigt werden wie die Leistungen der Sozialhilfe, die nicht der Sicherung des Lebensunterhalts dienen (etwa Hilfe zur Pflege, Hilfe zur Überwindung besonderer sozialer Schwierigkeiten, Eingliederungshilfe usw).

101 Ein Anspruch auf Leistungen nach dem SGB II oder SGB XII besteht nach dem Gesetzeswortlaut *nicht* für Nicht-Erwerbstätige, die nicht die **materiellen Voraussetzungen der ausreichenden Existenzmittel** und auch keinen anderen Freizügigkeitsgrund erfüllen.

2.2.4 Leistungsberechtigte nach AsylbLG

102 Personen, die nach dem **Asylbewerberleistungsgesetz** leistungsberechtigt sind, erhalten keine Leistungen nach dem SGB II, sondern nach dem AsylbLG. Dies kann auch für Unionsbürger*innen relevant sein. Nach einer Feststellung über den Verlust oder das Nichtbestehen des Freizügigkeitsrechts durch die Ausländerbehörde sind die Betroffenen leistungsberechtigt nach dem Asylbewerberleistungsgesetz – entweder nach § 1 Abs. 1 Nr. 4 AsylbLG (wenn die Ausländerbehörde eine Duldung ausstellt) oder nach § 1 Abs. 1 Nr. 5 AsylbLG (wenn die Ausländerbehörde keine Duldung ausstellt) (vgl. LSG NRW 16.3.2020 – L 19 AS 2035/19 B ER; LSG Hessen 7.4.2015 – L 6 AS 62/15 B ER; LSG NRW 14.11.2018 – L 19 AS 1434/18 B ER).

2.2.5 Sonderregelung für österreichische Staatsangehörige

103 Für österreichische Staatsangehörige in Deutschland (wie auch für Deutsche in

Österreich) gilt ein spezielles „Deutsch-Österreichisches Fürsorgeabkommen". Zum Deutsch-Österreichischen Fürsorgeabkommen hat die Bundesregierung bislang keinen Vorbehalt bezogen auf das SGB II erklärt, so dass österreichische Staatsangehörige aufgrund dieses Abkommens unabhängig vom Grund des Aufenthalts und unabhängig von der Freizügigkeitskategorie stets einen regulären SGB II- bzw. SGB XII-Anspruch haben dürften.

104 Das Sozialgericht München hat dazu geurteilt:

„Weil der Kläger als österreichischer Staatsangehöriger gemäß Art. 2 Abs. 1 DÖFA (Deutsch-Österreichisches Fürsorgeabkommen) einen Anspruch auf Gleichbehandlung bei Fürsorgeleistungen hat, Leistungen zur Sicherung des Lebensunterhalts nach SGB II Fürsorgeleistungen gemäß Art. 1 Nr. 4 DÖFA sind [...] und kein Ausschlusstatbestand nach dem Schlussprotokoll zum Abkommen vorliegt [...], ist § 7 Abs. 1 S. 2 SGB II auf ihn nicht anwendbar. Er hat Anspruch auf Arbeitslosengeld II wie ein deutscher Staatsbürger" (SG München 10.2.2017 – S 46 AS 204/15). Ähnlich entschieden hat auch das Landessozialgericht Mecklenburg-Vorpommern (7.3.2012 – L 8 B 489/10 ER) sowie das LSG Berlin Brandenburg (11.5.2020 – L 18 AS 1812/19; 8.6.2020 – L 18 AS 1641/19).

2.2.6 Kein Ausschluss mehr nach fünf Jahren Aufenthalt

105 Für Personen, die in Deutschland seit fünf Jahren ihren gewöhnlichen Aufenthalt (einen „verfestigten Aufenthalt") haben und dies durch eine erstmalige behördliche Anmeldung nachweisen können, besteht seit Ende Dezember 2016 in jedem Fall ein regulärer SGB II-Anspruch – auch wenn sie nicht die gesamten fünf Jahre einen formalen Freizügigkeitsgrund erfüllt und somit noch kein Daueraufenthaltsrecht haben. Der Leistungsbezug kann in diesem Fall jedoch das Freizügigkeitsrecht gefährden. Für die fünf Jahre werden nur Zeiten berücksichtigt, für die die Ausländerbehörde nicht formal die Ausreisepflicht festgestellt hat – also keine formale Feststellung über den Verlust oder das Nichtbestehen des Freizügigkeitsrechts getroffen hat.

106 Nach Gesetzeswortlaut ist für den Nachweis des Fünfjahreszeitraums das Vorliegen einer **erstmaligen** Wohnsitzanmeldung erforderlich. Die Frage ob eine **durchgehende** Wohnsitzanmeldung verlangt werden darf, ist anhängig beim Bundessozialgericht (BSG – B 4 AS 8/22 R). Falls die Leistungen wegen der fehlenden Wohnsitzanmeldung abgelehnt werden sollten, der gewöhnliche Aufenthalt aber anderweitig glaubhaft gemacht werden kann (zB durch eidesstattlichen Versicherungen, Bescheinigungen von Einrichtungen der Wohnungslosenhilfe, Kontoauszüge), sollten dagegen Rechtsmittel eingelegt werden. Das Landessozialgericht Berlin-Brandenburg hat entschieden, dass auch ohne Wohnsitzanmeldung der Fünfjahreszeitraum nachweisbar ist und andere Mittel zur Glaubhaftmachung ausreichen:

„Zwar ist nach dem Wortlaut des Gesetzes für den Beginn der Fünfjahresfrist eine melderechtliche Anmeldung erforderlich. Wie der Senat zur Parallelregelung des § 7 Abs. 1 Sätze 4 und 5 Sozialgesetzbuch/Zweites Buch (SGB II) bereits entschieden hat, kann die Dauer des Aufenthalts aber auch auf andere Weise als durch eine melderechtliche Anmeldung belegt und glaubhaft gemacht werden (und muss es unter Umständen sogar, Beschluss vom 5. April 2017 – L 15 SO 353/16 B ER –, veröffentlicht). Keine Bedeutung für die Bemessung des Fünfjahreszeitraums hat außerdem, ob die Antragstellerin tatsächlich über ein materielles Freizügigkeitsrecht als EU-Bürgerin verfügt. Solange der Verlust bzw. das Nichtbestehen eines Freizügigkeitsrechts nicht durch die Ausländerbehörde festgestellt ist, ist ihr Aufenthalt im Inland nicht rechtswidrig im Sinne des § 23 Abs. 3 S. 9 SGB XII" (LSG Berlin-Brandenburg 6.6.2017 – L 15 SO 112/17 B ER). Ähnlich hatte das Gericht bereits in einem anderen Fall entschieden (LSG Berlin-Brandenburg 5.4.2017 – L 15 SO 353/16 B ER).

107 Das Landessozialgericht NRW hat zudem entschieden, dass auch die Fünfjahresfrist erfüllt sein kann, wenn der Aufenthalt in Deutschland nicht durchgehend bestanden hat, sondern kurzfristig unterbro-

chen war. In diesem Fall war eine polnische Frau über mehrere Monate zur Pflege ihrer Mutter zwischen Deutschland und Polen gependelt und hatte sich in diesem Zeitraum für etwa vier Monate in Polen aufgehalten. Das LSG hat ihr dennoch einen SGB II-Anspruch aufgrund eines insgesamt fünfjährigen Aufenthalts zugesprochen; die Unterbrechungen seien nur „unwesentlich" (LSG NRW 15.3.2017 – L 19 AS 32/17 B ER).

108 **Auch nach fünf Jahren kann eine Verlustfeststellung durch die Ausländerbehörde drohen**, wenn die Voraussetzungen des Daueraufenthaltsrechts nicht erfüllt sind und auch kein anderer Freizügigkeitsgrund erfüllt ist.

2.2.7 Überbrückungsleistungen

109 Für von den regulären Leistungen ausgeschlossene Personen ist ein Anspruch auf innerhalb von zwei Jahren nur einmalig zu gewährende „Überbrückungsleistungen" im System des SGB XII eingeführt worden, die zeitlich regelmäßig auf einen Monat beschränkt sind und sogar das rein physische Existenzminimum deutlich unterschreiten.

Dennoch können diese Überbrückungsleistungen gemeinsam mit den „Härtefallleistungen" eine Möglichkeit sein, das Existenzminimum in prekären Fällen zu sichern (→ Rn. 125 ff.).

2.3 Leistungen der Sozialhilfe (SGB XII)

110 Die Hilfe zum Lebensunterhalt bzw. die Grundsicherung für nicht erwerbsfähige Personen nach dem SGB XII wird normalerweise nur an Personen erbracht, die die Altersgrenze überschritten haben oder längere Zeit voll erwerbsgemindert sind (Erwerbsminderung, → 46). Zusätzlich gibt es spezielle Leistungen des SGB XII (wie etwa die Hilfe zur Pflege, Leistungen bei besonderen sozialen Schwierigkeiten usw) sowie die Eingliederungshilfe nach dem SGB IX, die auch zusätzlich zu Leistungen des SGB II erbracht werden müssen.

Normalerweise haben alle Unionsbürger*innen – sofern sie die allgemeinen Voraussetzungen erfüllen – einen Anspruch auf sämtliche Leistungen nach dem SGB XII, auch auf Krankenhilfe, Hilfe zur Pflege und Hilfe zur Überwindung besonderer sozialer Schwierigkeiten. Die Einschränkung auf Ermessensleistungen nach § 23 Abs. 1 S. 3 SGB XII dürfte für Unionsbürger*innen nicht anwendbar sein, da bei nicht als Freizügigkeitsberechtigten ebenso wie bei Drittstaatsangehörigen mit einem längerfristigen Aufenthaltstitel stets von einem voraussichtlich dauerhaften Aufenthalt ausgegangen werden muss (§ 23 Abs. 1 S. 4 SGB XII).

111 Ausgenommen von sämtlichen Leistungen des SGB XII (außer „Überbrückungsleistungen"; → Rn. 125 ff.) sind jedoch – ähnlich wie im SGB II – diejenigen Unionsbürger*innen,

- die „**eingereist sind, um Sozialhilfe zu erlangen**",
- in den **ersten drei Monaten** des Aufenthalts (es sei denn, sie sind bereits in dieser Zeit Arbeitnehmer*innen, Selbstständige oder deren Familienangehörige),
- die nur über ein **Aufenthaltsrecht allein zur Arbeitsuche** verfügen oder
- die über **kein materielles Aufenthaltsrecht** verfügen (Nicht-Erwerbstätige ohne ausreichende Existenzmittel) (§ 23 Abs. 2, 3 SGB XII) oder
- mit Leistungsberechtigung nach **AsylbLG** (nach Verlustfeststellung).

Die detaillierteren Regelungen für diese Gruppen sind in → Rn. 97–102 dargestellt.

2.3.1 Kein Ausschluss nach fünf Jahren Aufenthalt

112 Ähnlich wie im SGB II besteht jedoch auch für diese eigentlich ausgeschlossenen Gruppen ein Anspruch auf die meisten Leistungen des SGB XII (Hilfe zum Lebensunterhalt, Hilfe bei Schwangerschaft und Geburt, Hilfe zur Pflege und Hilfe bei Krankheit), wenn Unionsbürger*innen bereits seit fünf Jahren in Deutschland leben, ohne (durchgängig) einen materiellen Freizügigkeitsgrund erfüllt zu haben (§ 23 Abs. 3 S. 7 SGB XII). Das Freizügigkeitsrecht darf jedoch noch nicht entzogen worden sein. Vorausgesetzt wird darüber hinaus eine (erstmalige) Wohnsitzanmeldung.

2.3.2 Staatsangehörige der Staaten des Europäischen Fürsorgeabkommens

113 Entgegen dem Gesetzeswortlaut besteht eine Besonderheit für bestimmte Staatsangehörige: Staatsangehörige, für die das Europäische Fürsorgeabkommen (EFA) gilt und deren Aufenthaltsrecht sich allein aus dem Zweck der Arbeitsuche ergibt, und die deswegen „dem Grunde nach" keinen SGB II-Anspruch besitzen, haben nach der Rechtsprechung des Bundessozialgerichts Anspruch auf die normale Hilfe zum Lebensunterhalt nach dem SGB XII, obwohl sie gesundheitlich erwerbsfähig sind (u.a. BSG 3.12.2015 – B 4 AS 59/13 R; LSG Baden-Württemberg 31.7.2017 – L 7 SO 2557/17 ER-B). Der Regelbedarf ist derselbe wie im SGB II. Der Leistungsbezug gefährdet das Freizügigkeitsrecht nicht.

Auch auf andere Leistungen des SGB XII (zB Krankenhilfe, Bildungs- und Teilhabepaket usw) besteht Anspruch, da das EFA ausdrücklich auch die „Gesundheitsfürsorge" einbezieht. Unter „Fürsorge" ist darüber hinaus alles zu verstehen, das den „Lebensbedarf sowie die Betreuung" umfasst, „die ihre Lage erfordert". Eine Ausnahme gilt nur für die Hilfe bei besonderen sozialen Schwierigkeiten (§§ 67 ff. SGB XII), die im Europäischen Fürsorgeabkommen ausdrücklich ausgenommen worden sind. Über Leistungen nach §§ 67 ff. SGB XII muss in diesen Fällen nach Ermessen entschieden werden.

Das EFA gilt für Staatsangehörige aus folgenden Staaten: Belgien, Dänemark, Estland, Frankreich, Griechenland, Irland, Island, Italien, Luxemburg, Malta, Niederlande, Norwegen, Portugal, Schweden, Spanien, Türkei, Großbritannien.

Die Bundesregierung hat zwar einen Vorbehalt für die Gültigkeit des EFA für das System des SGB II erklärt, jedoch nicht für das System der Sozialhilfe nach dem SGB XII. Daher hat das Bundessozialgericht entschieden, dass Sozialhilfe nach dem SGB XII den EFA-Staatsangehörigen erbracht werden muss, auch wenn sie erwerbsfähig sind und damit eigentlich dem SGB II unterliegen würden. Dieser Anspruch ist auch durch die jüngeren Gesetzesverschärfungen nicht eingeschränkt worden.

Für die Geltung des Gleichbehandlungsanspruchs aus dem EFA ist Voraussetzung, dass die Person über einen „erlaubten Aufenthalt" verfügen, so dass etwa ein Aufenthaltsrecht zur Arbeitsuche materiell vorliegen muss. Das bedingungslose Aufenthaltsrecht während der ersten drei Monate des Aufenthalts soll hierfür nach der BSG-Rechtsprechung nicht ausreichen.

Von einem „erlaubten Aufenthalt" dürfte nach der jüngsten Rechtsprechung des Bundessozialgerichts dann nicht auszugehen sein, wenn die Freizügigkeit zwar noch nicht formal entzogen wurde, aber auch kein materielles Freizügigkeitsrecht erfüllt ist (BSG 9.8.2018 – B 14 AS 32/17 R). Eine gegenteilige Auffassung vertritt das LSG Berlin-Brandenburg, das davon ausgeht, dass der Aufenthalt „erlaubt" ist, solange die Ausländerbehörde keine Verlustfeststellung getroffen hat (LSG Berlin-Brandenburg 14.3.2019 – L 15 SO 15/19 B ER).

114 **Für Personen, die unter das EFA fallen, gilt:**

- **kein Ausschluss in den ersten drei Monaten:**
Auch innerhalb der ersten drei Monate des Aufenthalts besteht nach dem EFA ein Anspruch auf Sozialhilfe nach dem SGB XII. Der Leistungsausschluss innerhalb der ersten drei Monate ist in diesem Fall nicht anwendbar;

- **kein Ausschluss wegen „Einreise zum Sozialhilfebezug":**
Der Vorwurf einer „Einreise zum Zwecke des Sozialhilfebezugs" führt nach dem EFA nicht zu einem Leistungsausschluss. Dies hat das Bundessozialgericht bereits im Jahr 2010 klargestellt (BSG 19.10.2010 – B 14 AS 23/10 R).

2.4 Verlust des Freizügigkeitsrechts

115 Innerhalb der ersten fünf Jahre des Aufenthalts kann die Ausländerbehörde aus besonderem Anlass das Fortbestehen des Rechts auf Freizügigkeit überprüfen. Als besonderer Anlass gilt zum Beispiel der Antrag auf Leistungen nach dem SGB II oder SGB XII. Die Folge einer solchen Überprüfung kann unter bestimmten Voraussetzungen die Feststellung über das Nicht-Bestehen

81 Nicht-deutsche Staatsangehörige (Drittstaatsangehörige/Unionsbürger*innen)

eines Freizügigkeitsrechts sein. Wegen der Inanspruchnahme von Sozialhilfeleistungen kann nur im folgenden Fall eine Verlustfeststellung des Rechts auf Freizügigkeit getroffen werden: bei Unionsbürger*innen in der Kategorie „Nicht-Erwerbstätige" und ihren Familienangehörigen, die *„unangemessene"* Sozialhilfeleistungen beziehen.

116 **Bei allen anderen Gruppen besteht das Freizügigkeitsrecht immer unabhängig vom Vorliegen ausreichender Existenzmittel.** Bei ihnen kann aus Gründen der Sozialhilfebedürftigkeit also in keinem Fall eine Verlustfeststellung getroffen werden. Dies betrifft vor allem:

- Arbeitnehmer*innen oder Selbstständige, die ergänzende Leistungen nach dem SGB II beziehen, und ihre Familienangehörigen,
- Arbeitnehmer*innen oder Selbstständige, deren Status bei unfreiwilliger Arbeitslosigkeit für sechs Monate oder sogar unbefristet fortbesteht, und ihre Familienangehörigen,
- Arbeitsuchende: Bei ihnen kann allerdings der Verlust des Freizügigkeitsrechts festgestellt werden, wenn nach sechs Monaten der Arbeitsuche objektiv keine Aussicht mehr besteht, dass eine Arbeitsstelle gefunden wird oder tatsächlich keine Arbeitssuche stattfindet,
- Personen mit einem Aufenthaltsrecht nach Art. 10 VO (EU) Nr. 492/2011 (Kinder in der Schule und ihre Eltern, wenn ein EU-angehöriger Elternteil früher eine Beschäftigung ausgeübt hat) und
- Personen mit einem Daueraufenthaltsrecht.

117 Das Freizügigkeitsrecht endet nie automatisch, sondern nur durch eine Ermessensentscheidung (begründeter Bescheid) der Ausländerbehörde. Gegen einen solchen Verwaltungsakt können Rechtsmittel eingelegt werden (in manchen Bundesländern Widerspruch, ansonsten Klage vor dem Verwaltungsgericht; ggf. auch ein „Antrag auf einstweilige Anordnung" nach § 80 Abs. 5 Verwaltungsgerichtsordnung – VwGO). Nach einem Aufenthalt von fünf Jahren, in denen durchgehend ein materieller Freizügigkeitsgrund erfüllt war, kann keine Verlustfeststellung mehr getroffen werden, denn dann besteht das **Daueraufenthaltsrecht**.

118 Die Verlustfeststellung führt zwar zum Eintreten einer Ausreisepflicht (§ 7 FreizügG), es besteht aber normalerweise keine Wiedereinreisesperre. Daher lebt das Freizügigkeitsrecht auch nach einer Ausreise wieder neu auf. Auch ohne Ausreise lebt das Freizügigkeitsrecht sofort und automatisch wieder auf, wenn sich ein neuer Freizügigkeitsgrund ergibt (zB durch Annahme eines Jobs).

119 Nach einer Verlustfeststellung durch die Ausländerbehörde entsteht die Ausreisepflicht. Falls keine Ausreise erfolgt und die Ausländerbehörde auch keine Abschiebung durchführt, gilt die Person als „geduldet". Es besteht dann auch für Unionsbürger*innen Anspruch auf Erteilung einer Duldung nach § 60a AufenthG. Die Duldung ist nämlich eine deklaratorische Bescheinigung, die von Amts wegen auszustellen ist, solange eine Abschiebung aus rechtlichen oder tatsächlichen Gründen nicht möglich ist (§ 60a Abs. 2 S. 1 AufenthG) oder aufgrund einer Ermessensentscheidung vorübergehend nicht durchgeführt werden soll (§ 60a Abs. 2 S. 3 AufenthG).

120 Personen, bei denen eine formale Verlustfeststellung durch die Ausländerbehörde erfolgt ist, haben Anspruch auf Leistungen nach dem Asylbewerberleistungsgesetz (§ 1 Abs. 1 Nr. 4, 5 AsylbLG; vgl. LSG NRW 16.3.2020 – L 19 AS 2035/19 B ER; LSG Hessen 7.4.2015 – L 6 AS 62/15 B ER; LSG NRW 14.11.2018 – L 19 AS 1434/18 B ER).

121 **Kritik:**

Die vollständigen Leistungsausschlüsse für Unionsbürger*innen mit dem „falschen Freizügigkeitsgrund" sind mit dem Grundgesetz unvereinbar. Sie führen zu Verelendung, zu einer massiven Ausbeutbarkeit und zur Herausbildung einer neuen Klasse von „modernen Arbeitssklav*innen", die unter dem Damoklesschwert des vollständigen Aushungerns gezwungen sind, jede Arbeit anzunehmen. Insbesondere besonders schutzbedürftige Gruppen leiden unter diesen anachronistischen und eines sozialen Rechtsstaats unwürdigen Regelungen.

81 Nicht-deutsche Staatsangehörige (Drittstaatsangehörige/Unionsbürger*innen)

Es sollte unstrittig sein, dass Menschen, die faktisch (und ganz überwiegend sogar rechtmäßig) in Deutschland leben, einen Anspruch auf Sicherstellung ihres menschenwürdigen Existenzminimums haben und nicht durch ein „Aushungern" gezwungen werden dürfen, Deutschland zu verlassen – obwohl sie gar nicht ausreisepflichtig sind.

122 Das Bundesverfassungsgericht (18.7.2012 – 1 BvL 10/10 und 1 BvL 2/11; 5.11.2019 – 1 BvL 7/16) hat mehrfach festgestellt, dass das Grundgesetz *„ein Grundrecht auf Gewährleistung eines menschenwürdigen Existenzminimums"* garantiere. Bei diesem Anspruch handele es sich um ein Menschenrecht. *„Er umfasst sowohl die physische Existenz des Menschen als auch die Sicherung der Möglichkeit zur Pflege zwischenmenschlicher Beziehungen und ein Mindestmaß an Teilhabe am gesellschaftlichen, kulturellen und politischen Leben. Das Grundrecht steht deutschen und ausländischen Staatsangehörigen, die sich in der Bundesrepublik Deutschland aufhalten, gleichermaßen zu"* (BVerfG 18.7.2012 – 1 BvL 10/10 und 1 BvL 2/11).

123 Das Bundesverfassungsgericht hat entschieden, dass die Gewährleistung eines menschenwürdigen Existenzminimums nur von Mitwirkungspflichten abhängig gemacht werden darf, die geeignet sind, die Hilfebedürftigkeit konkret zu überwinden und die zumutbar, geeignet und verhältnismäßig sind und einen legitimen Zweck verfolgen. Das gesetzgeberische Ziel, den Ausreisedruck zu erhöhen, zählt jedoch nicht zu diesen legitimen Zwecken. Das Bundessozialgericht hatte hierzu entschieden: *„Auf die Möglichkeit einer Heimkehr des Ausländers in sein Herkunftsland kommt es in diesem Zusammenhang nicht an. Diese Möglichkeit ist im Hinblick auf die Ausgestaltung des genannten Grundrechts als Menschenrecht schon verfassungsrechtlich jedenfalls solange unbeachtlich, wie der tatsächliche Aufenthalt in Deutschland von den zuständigen Behörden faktisch geduldet wird"* (BSG 20.1.2016 – B 14 AS 35/15 R).

124 Die Sozialleistungsausschlüsse, die in erster Linie und ausdrücklich aus migrationspolitischen Erwägungen erfolgt sind, sind insofern mit dem Grundgesetz und höchstrichterlicher Rechtsprechung nicht zu vereinbaren.

3. Überbrückungsleistungen und Härtefallleistungen

125 Statt der regulären Leistungen zur Sicherung des Lebensunterhalts ist für von den regulären Leistungen ausgeschlossene Personen (sowohl Unionsbürger*innen als auch Drittstaatsangehörige) in § 23 Abs. 3 S. 3 ff. SGB XII ein Anspruch auf innerhalb von zwei Jahren nur einmalig zu gewährende „Überbrückungsleistungen" im System des SGB XII eingeführt worden, die zeitlich regelmäßig auf einen Monat beschränkt sind und sogar das rein physische Existenzminimum deutlich unterschreiten.

126 Die Überbrückungsleistungen haben folgenden Umfang:

- Ernährung (in Regelbedarfsstufe 1 betragen diese im Jahr 2023: 174,18 EUR)
- Körperpflege (ca. 34 EUR)
- Gesundheitspflege (19,15 EUR).

Dies ergibt einen **Anspruch auf Überbrückungsleistungen von etwa 227 EUR** in Regelbedarfsstufe 1 und damit weit weniger als die Hälfte des normalen Regelbedarfs. Das reguläre physische Existenzminimum in Regelbedarfsstufe 1 beläuft sich dagegen bereits auf rund 290 EUR.

127 Teil der „Überbrückungsleistungen" sind zudem Kosten für Unterkunft und Heizung sowie die Gesundheitsversorgung bei akuten oder schmerzhaften Erkrankungen und Hilfe bei Schwangerschaft und Mutterschaft. Zusätzlich besteht auf Antrag Anspruch auf darlehensweise Gewährung der angemessenen Rückreisekosten (§ 23 Abs. 3a SGB XII).

128 Ausgeschlossen sind damit regelmäßig unter anderem Leistungen für:

- Kleidung,
- Hausrat, Haushaltsgegenstände,
- Strom,
- Bildungs- und Teilhabepaket,
- Behandlung chronischer Erkrankungen,
- das gesamte soziale Existenzminimum (Fahrtkosten, Telefonkosten usw) und

- sämtliche sonstigen Leistungen des SGB XII (Hilfe zur Pflege, Leistungen zur Überwindung besonderer sozialer Schwierigkeiten usw).

3.1 In Ausnahmefällen: Auch andere Leistungen nach dem SGB XII

129 Nur soweit „dies im Einzelfall besondere Umstände erfordern", besteht „zur Überwindung einer besonderen Härte" Anspruch auf andere Leistungen im Sinne von § 23 Abs. 1 SGB XII – also die gesamten Leistungen zur Sicherung des Lebensunterhalts sowie sämtliche übrigen Leistungen des SGB XII, die über § 23 Abs. 1 S. 1–3 SGB XII eröffnet sind. Die Gesetzesbegründung nennt beispielhaft lediglich Leistungen für Kleidung, es kann sich aber etwa auch um Leistungen bei besonderen sozialen Schwierigkeiten (§ 67 ff. SGB XII) handeln. Das LSG NRW hat die Erbringung von Überbrückungsleistungen in Höhe der regulären Hilfe zum Lebensunterhalt des SGB XII für einen heroinabhängigen und wohnungslosen litauischen Staatsbürger angeordnet (LSG NRW 28.3.2018 – L 7 AS 115/18 B ER). Ebenso hat das LSG Baden-Württemberg für eine dialysebedürftige Unionsbürgerin Überbrückungsleistungen in voller Regelbedarfshöhe angeordnet (LSG Baden-Württemberg 28.3.2018 – L 7 AS 430/18 ER-B), ebenso das LSG Berlin-Brandenburg (8.3.2018 – L 25 AS 337/18 B ER).

3.2 In Ausnahmefällen: Auch länger als einen Monat Überbrückungsleistungen

130 Über den Zeitraum von einem Monat hinaus besteht nur dann Anspruch, „soweit dies im Einzelfall auf Grund besonderer Umstände zur Überwindung einer besonderen Härte und zur Deckung einer zeitlich befristeten Bedarfslage geboten ist" (§ 23 Abs. 3 S. 6 SGB XII). Die Gesetzesbegründung nennt hierzu beispielhaft eine amtsärztlich festgestellte Reiseunfähigkeit. Das LSG NRW hat in einem Fall Überbrückungsleistungen für zunächst sechs Monate angeordnet (28.3.2018 – L 7 AS 115/18 B ER), das LSG Baden-Württemberg hat ebenfalls die Leistungen für mehr als einen Monat angeordnet (28.3.2018 – L 7 AS 430/18 ER-B), ebenso das LSG Hessen (13.6.2017 – L 4 SO 79/17 B ER), das LSG Berlin-Brandenburg hat in einem Fall sogar zeitlich unbefristete Überbrückungsleistungen angeordnet (8.3.2018 – L 25 AS 337/18 B ER).

3.3 Rechtsprechung: Dauerhafte Überbrückungsleistungen für die gesamte Zeit des Aufenthalts

131 Es gibt mittlerweile mehrere obergerichtliche Entscheidungen von Landessozialgerichten, die in verfassungskonformer Auslegung angeordnet haben, dass die Überbrückungs- bzw. Härtefallleistungen stets dauerhaft für die gesamte Zeit des tatsächlichen Aufenthalts in Deutschland erbracht werden müssen. Nur so sei nämlich die grundgesetzliche Pflicht zur Gewährleistung eines menschenwürdigen Existenzminimums erfüllt. Der Anspruch auf Überbrückungsleistungen endet danach erst mit einer Verlustfeststellung durch die Ausländerbehörde oder mit dem Beginn eines regulären Leistungsanspruchs, etwa wegen Aufnahme einer Arbeit (LSG Hessen 1.7.2020 – L 4 SO 120/18; LSG Berlin-Brandenburg 11.7.2019 – L 15 SO 181/18; LSG Hessen 31.10.2022 – L 4 SO 133/22 B ER). Während das LSG Berlin-Brandenburg nur eingeschränkte Leistungen vorsieht, hat das LSG Hessen entschieden, dass während dieser Zeit **das gesamte physische und soziale Existenzminimum** sichergestellt werden muss. Allerdings sieht es für die Leistungen des sozialen Existenzminimums keine Pauschalierung vor, sondern die Bedarfe müssen im Einzelfall glaubhaft gemacht werden.

3.4 Kein gesonderter Antrag auf Überbrückungsleistungen erforderlich

132 Für die Erbringung der Überbrückungsleistungen besteht kein Antragserfordernis. Der Antrag auf Leistungen des SGB II bzw. reguläre Leistungen nach dem SGB XII muss vom Jobcenter an das Sozialamt weitergeleitet werden bzw. vom Sozialamt als Antrag auf Überbrückungsleistungen gewertet werden (LSG Hessen 1.7.2020 – L 4 SO 120/18; LSG Berlin-Brandenburg 2.2.2018 – L 26 AS 24/18 B-ER). Da die Praxis jedoch anders aussieht, sollten die Überbrückungsleistungen ausdrücklich beantragt werden.

3.5 Erklärung eines „Ausreisewillens" nicht Voraussetzung für die Überbrückungsleistungen

133 Anders als dies viele Sozialämter handhaben, ist die Erklärung eines Ausreisewillens dem klaren Wortlaut nach keine Voraussetzung für die Erbringung von Überbrückungsleistungen (LSG Hessen 1.7.2020 – L 4 SO 120/18; LSG Berlin-Brandenburg 11.7.2019 – L 15 SO 181/18; LSG Hamburg 21.2. 2018 – L 4 SO 10/18 B ER; LSG NRW 28.3.2018 – L 7 AS 115/18 B ER). Auch die Bundesregierung hat diese Rechtsauffassung ausdrücklich bestätigt (BT-Drs. 19/26032, 61, Antwort auf Frage 352).

134 Bei der Beantragung von Überbrückungs- und Härtefallleistungen dürften in vielen Fällen Rechtsmittel gegen die Entscheidung der Sozialämter eingelegt werden müssen, da diese erfahrungsgemäß sehr restriktiv entscheiden. Im Widerspruch und im Eilantrag beim Sozialgericht sollten dann die Gründe vorgetragen werden, warum im Einzelfall bestimmte zusätzliche Leistungen erforderlich sind (zB Kleidung, Behandlung chronischer Erkrankungen, Leistungen zur sozialen Teilhabe wie Fahrtkosten, Telefonkosten, Hilfe zur Pflege, Hilfe zur Überwindung besonderer sozialer Schwierigkeiten usw) und warum diese auch länger als einen Monat erbracht werden müssen (zB bei Krankheit, wenn Kinder in der Familie leben, bei Behinderung, bei Schwangerschaft usw).

4. Die Meldepflicht

135 Es gibt eine Meldepflicht aller Behörden (außer Schulen uÄ), wenn diese Kenntnis haben von Leistungsanträgen nach SGB II oder SGB XII von Ausländer*innen, die

- über kein (unionsrechtliches) Aufenthaltsrecht verfügen,
- über ein Aufenthaltsrecht nur zum Zweck der Arbeitsuche verfügen oder
- nur einen fünfjährigen gewöhnlichen Aufenthalt, aber kein Daueraufenthaltsrecht haben.

136 Auch bei Anträgen auf die „Überbrückungsleistungen" nach § 23 Abs. 3 S. 3 ff. SGB XII besteht eine Meldepflicht an die Ausländerbehörde (§ 87 Abs. 2 Nr. 2a AufenthG).

137 Darüber hinaus besteht eine Meldepflicht der Jobcenter und Sozialämter an die Ausländerbehörde,

- wenn Drittstaatsangehörige einen Antrag auf Leistungen nach dem SGB II oder SGB XII stellen, die von diesen Leistungen ausgeschlossen sind, weil sie über ein Aufenthaltsrecht allein zum Zweck der Arbeitsuche verfügen,
- wenn Drittstaatsangehörige mit einer Aufenthaltserlaubnis zum Zweck der Ausbildung, des Studiums oder der Erwerbstätigkeit (dies sind nur die Aufenthaltserlaubnisse nach §§ 16–21 AufenthG) Leistungen nach dem SGB II oder SGB XII beantragen (§ 87 Abs. 2 S. 3 AufenthG).

138 In anderen, hier nicht genannten Fällen ist eine Meldung des Jobcenters/Sozialamts an die Ausländerbehörde nicht nur nicht vorgeschrieben, sondern unzulässig. Die Mitteilung heißt jedoch nicht, dass dann automatisch das Aufenthaltsrecht nachträglich verkürzt oder eine Verlängerung abgelehnt bzw. eine Verlustfeststellung des Freizügigkeitsrechts getroffen werden darf. Hierfür muss die Ausländerbehörde stets eine Einzelfallentscheidung treffen.

5. Dolmetscher- und Übersetzungsleistungen

139 Für alle Staatsangehörigen eines EU-Staates, alle anerkannten Flüchtlinge, alle Staatenlosen und alle Drittstaatsangehörigen in einer „grenzüberschreitenden Situation" (dh, die ihren rechtmäßigen Lebensmittelpunkt von einem EU-Staat in einen anderen verlagern) besteht nach der EU-Verordnung VO (EG) Nr. 883/2004 („Koordinierungsverordnung") ein Anspruch auf Gleichbehandlung. Dieser Anspruch erstreckt sich auch darauf, dass Sprachschwierigkeiten keine Hürden bei der Inanspruchnahme von Leistungen sein dürfen, die in der genannten Verordnung geregelt sind. Unter anderem gilt dies für Familienleistungen, Rente, Arbeitsförderung, aber auch für die sogenannten „besonderen beitragsunabhängigen Geldleistungen" gem. Art. 70 der Koordinierungsver-

81 Nicht-deutsche Staatsangehörige (Drittstaatsangehörige/Unionsbürger*innen)

ordnung – das sind die Leistungen des SGB II. Im Klartext: Das Jobcenter muss Übersetzungen vornehmen lassen oder Dolmetscher*innen stellen und bezahlen, wenn es keine andere vernünftige Möglichkeit gibt. Geregelt ist dies ausdrücklich in einer Weisung der Bundesagentur für Arbeit (BA, Handbuch Interner Dienstbetrieb: 14. Übersetzungsdienste und Kommunikationshilfen, September 2021, abrufbar hier: https://harald-thome.de/files/pdf/redakteur/Harald_2021/%C3%9Cbersetzungshilfen%20und%20Kommunikationshilfen%20-%20Sept.%202021.pdf).

140 Hierin ist eine Rangfolge der Inanspruchnahme von Sprachmittler*innen geregelt: In erster Linie sollen Kund*innen der Jobcenter (und Arbeitsagenturen oder Familienkassen) mit Sprachschwierigkeiten eine Person mit entsprechenden Sprachkenntnissen mitbringen.

„Stehen diese Möglichkeiten nicht zur Verfügung, ist die BA verpflichtet, Übersetzungen vorzunehmen und Dolmetscherdienste anzubieten. Gemäß der Verordnung (EG) Nr. 883/2004 des Europäischen Parlaments und des Rates zur Koordinierung der Systeme der sozialen Sicherheit sowie nach entsprechenden Regelungen in zwischenstaatlichen Abkommen und Übereinkommen über Soziale Sicherheit und Kindergeld darf die Bundesagentur für Arbeit bzw. das jeweilige Jobcenter Kundinnen und Kunden aus EU-Mitgliedsstaaten nicht benachteiligen. Dies gilt insbesondere für die Übersetzung der Anträge von Personen, die vom persönlichen Geltungsbereich dieser Verordnung sowie der zwischenstaatlichen Abkommen und Übereinkommen erfasst werden. Bei Erstkontakten (schriftlich und mündlich) werden notwendige Übersetzungen bzw. Dolmetscherdienste in jedem Fall veranlasst" (BA, Handbuch Interner Dienstbetrieb: 14. Übersetzungsdienste und Kommunikationshilfen, 5 f.).

141 Die Weisung sieht ausdrücklich vor, dass für Unionsbürger*innen *„die Kosten für Übersetzungen von Schriftstücken und für Dolmetscherdienste [...] bei allen Kontakten von Amts wegen übernommen"* (BA, Handbuch, 8) werden müssen. Dies gilt also auch für die eigentliche Antragstellung: Es ist nicht zulässig, die Antragsannahme oder Vorsprache zu verweigern, weil Sprachschwierigkeiten bestehen.

6. Passkosten

142 Anders als Deutsche und Unionsbürger*innen, für die ein Personalausweis ausreicht, sind Drittstaatsangehörige nach § 3 AufenthG verpflichtet, einen gültigen Pass zu besitzen, um sich legal in Deutschland aufzuhalten. Die Kosten für die Fahrt zu Botschaft bzw. Konsulat und den Pass betragen oft mehrere hundert Euro. In Einzelfällen sind zur Passbeschaffung auch Reisen ins Herkunftsland nötig. Verstöße gegen die Passpflicht sind nach § 95 Abs. 1 Nr. 1 AufenthG strafbar. Da ein Reisepass für Deutsche nicht zum sozialhilferechtlichen Existenzminimum zählt (Härtefallmehrbedarf, → 52 Rn. 77 ff.), sind Passkosten nicht im Regelbedarf enthalten – lediglich 25 Cent sind für die Beschaffung eines Personalausweises in die Regelbedarfsermittlung eingeflossen. Dennoch hat das Bundessozialgericht entschieden, dass jedenfalls im Falle von „nicht extrem hohen" Passkosten allenfalls ein Anspruch auf ein Darlehen nach § 24 Abs. 1 SGB II im Rahmen eines unabweisbaren Bedarfs bestehe (BSG 12.9.2018 – B 4 AS 33/17 R; BSG 29.5.2019 – B 8 SO 14/17 R).

143 Seit dem 1.1.2021 dürften Passkosten hingegen über die neuen einmaligen Beihilfen des § 21 Abs. 6 SGB II bzw. § 30 Abs. 10 SGB XII als einmalige unabweisbare, besondere Bedarfe erbracht werden müssen (Härtefallmehrbedarf, → 52). Für Personen in stationären Einrichtungen der Eingliederungshilfe muss das Sozialamt die Kosten für die Passbeschaffung als Zuschuss gem. § 27b Abs. 1, 2 S. 1 SGB XII erbringen (BSG 8.12.2022 – B 8 SO 11/20 R).

7. Verpflichtungserklärung

144 In manchen Fällen verlangen die Ausländerbehörden bzw. die deutschen Botschaften für die Erteilung eines Aufenthaltstitels eine Bürgschaft über möglicherweise in Anspruch genommene Sozialhilfekosten. Rechtsgrundlage für eine solche „Verpflich-

tungserklärung" sind §§ 68, 68a AufenthG. Mit der Abgabe einer Verpflichtungserklärung verpflichten sich Privatpersonen oder auch Institutionen (zB Kirchengemeinden, Vereine oder wissenschaftliche Einrichtungen), *„sämtliche öffentlichen Mittel zu erstatten, die für den Lebensunterhalt des Ausländers einschließlich der Versorgung mit Wohnraum sowie der Versorgung im Krankheitsfalle und bei Pflegebedürftigkeit aufgewendet werden, auch soweit die Aufwendungen auf einem gesetzlichen Anspruch des Ausländers beruhen"* (§ 68 Abs. 1 AufenthG). Sozialleistungen, die auf einer Beitragsleistung beruhen (zB Rentenzahlungen, Krankengeld), dürfen jedoch nicht zur Erstattung herangezogen werden.

145 Anders als dies oft von Sozialbehörden geäußert wird, ersetzt eine „Verpflichtungserklärung" jedoch keineswegs den individuellen Anspruch auf Sozialleistungen. Falls eine betroffene Person ihren Lebensunterhalt nicht anderweitig sichern kann (etwa, weil die „Bürgen" nicht mehr zahlen können oder wollen), besteht ein regulärer Anspruch auf Leistungen nach SGB II oder SGB XII (je nach Aufenthaltsstatus eventuell auch auf AsylbLG). Die Sozialbehörde muss Leistungen erbringen (FW 7.50). Allerdings wird das Jobcenter oder Sozialamt in der Folge den Bürgen (den*die sogenannte „Verpflichtungsgeber*in") per Bescheid zur Kostenerstattung auffordern. Hierbei muss die Behörde in atypischen Fällen (plötzliche Erkrankung, unvorhergesehene wirtschaftliche Notlage) Ermessen ausüben und gegebenenfalls auf die Erstattung verzichten oder sie reduzieren.

146 Die Verpflichtungserklärung gilt normalerweise für fünf Jahre ab Einreise. Sie erlischt auch schon vor Ablauf dieses Zeitraums mit der Ausreise oder der „Erteilung eines Aufenthaltstitels für einen anderen Aufenthaltszweck" (BMI, „Bundeseinheitliches Merkblatt zur Verwendung des bundeseinheitlichen Formulars der Verpflichtungserklärung", Az.: M3-21002/20#7). Dies wäre etwa dann der Fall, wenn nach der Einreise als Tourist*in eine Aufenthaltserlaubnis wegen der Heirat mit einem*r deutschen Staatsbürger*in erteilt würde.

147 Die Verpflichtungserklärung erlischt jedoch nicht vor Ablauf von fünf Jahren, wenn ein Asylantrag gestellt wurde und das Asylverfahren noch läuft (BVerwG 13.2.2014 – 1 C 4.13). Sie erlischt auch nicht, wenn der Asylantrag anerkannt wird oder eine andere Aufenthaltserlaubnis aus humanitären Gründen erteilt worden ist (§ 68 Abs. 1 S. 4 AufenthG).

148 Für Personen, die im Rahmen humanitärer Landesaufnahmeprogramme (idR Familienangehörige aus Syrien) aufgenommen wurden, soll in bestimmten Fällen auf die Heranziehung zur Erstattung verzichtet werden (BA, Weisung 201903003 v. 1.3.2019).

8. Informationen

149 GGUA Flüchtlingshilfe: Übersichten und Arbeitshilfen unter www.einwander er.net. Hier gibt es eine unter anderem eine ausführliche Arbeitshilfe „**Ausgeschlossen oder privilegiert? Zur aufenthalts- und sozialrechtlichen Situation von Unionsbürgern und ihren Familienangehörigen**" sowie eine fortlaufend aktualisierte **Rechtsprechungsübersicht** mit Entscheidungen der Sozialgerichte zu Leistungsansprüchen von Unionsbürger*innen sowie eine ausführliche Arbeitshilfe „**Soziale Rechte für Flüchtlinge**".

82
Nothelfer

1. Nothelferregelung 1
2. Voraussetzungen für Eilfall 5
3. Beweislast 9
4. Fristgemäßer Kostenübernahmeantrag 10
5. Keine anderweitige Absicherung für den Krankheitsfall 11
6. Leistungen im angemessenen Umfang 12
7. Personenkreis für Nothelferleistungen 13
8. Regelung der Geschäftsführung ohne Auftrag (GoA) 14
9. Informationen 16

1. Nothelferregelung

1 Nach § 25 SGB XII und § 6a AsylbLG haben Nothelfer, in den meisten Fällen dürften das Kliniken sein, aber auch Ärzt*innen oder einzelne Personen, einen **Anspruch** auf Er-

stattung ihrer „*Aufwendungen in gebotenem Umfang*", wenn sie „*in einem Eilfall einem Anderen Leistungen erbracht*" haben, „*die bei rechtzeitigem Einsetzen von Sozialhilfe nicht zu erbringen gewesen wären*" und „*wenn er sie nicht aufgrund rechtlicher oder sittlicher Pflicht selbst zu tragen hat*" (§ 25 SGB XII). Dies gilt nur, wenn die Erstattung innerhalb einer angemessener Frist beim zuständigen Sozialhilfeträger beantragt wird.

2 Der Anspruch eines Nothelfers besteht aber nur dann, wenn der Sozialhilfeträger **keine Kenntnis** vom Leistungsfall hat, denn § 25 S. 1 SGB XII setzt die Unkenntnis des Sozialhilfeträgers voraus. Sobald der Sozialhilfeträger Kenntnis von der Hilfebedürftigkeit hat, setzt nach § 18 Abs. 1 SGB XII der Anspruch des*r Hilfebedürftigen ein, der dann den Anspruch des Nothelfers ausschließt.

3 Ein Anspruch eines Nothelfers besteht nur dann, wenn eine **rechtzeitige Leistung** des Sozialhilfeträgers **objektiv nicht möglich** war. Diese Voraussetzung liegen im Regelfall nur dann vor, wenn der Sozialhilfeträger wegen fehlender Dienstbereitschaft nicht erreichbar ist, also am Wochenende, an Feiertagen, in den Abend- und Nachtstunden oder generell außerhalb der Öffnungszeiten. Der in der Regel private Dritte erfüllt damit ausnahmsweise (auch) eine öffentliche Aufgabe (BSG 12.12.2013 – B 8 SO 13/12 R).

4 **Anspruchsberechtigt** nach § 25 SGB XII sind grundsätzlich Personen, die nicht über ausreichendes und tatsächlich verfügbares Einkommen oder Vermögen sowie über keinen Krankenversicherungsschutz verfügen und insofern leistungsberechtigt nach dem SGB XII wären. Dies betrifft auch mittellose legale Drittstaatsangehörige ohne asylrechtlichen Aufenthaltsstatus oder mittellose EU-Bürger*innen ohne Versicherung im Herkunftsland.

2. Voraussetzungen für Eilfall

5 Der Erstattungsanspruch des sog. Nothelfers nach § 25 SGB XII setzt zum einen bei dem*r Nothilfeempfänger*in einen unabwendbaren Bedarf voraus, welcher ein sofortiges Einschreiten des Nothelfers erforderlich

macht, zum anderen muss ein Eilfall im sozialhilferechtlichen Sinn vorliegen, wonach eine rechtzeitige Hilfe des Sozialhilfeträgers nicht zu erlangen ist (LSG Hamburg 28.4.2022 – L 4 SO 30/21, Rn. 39).

6 Dann muss auch ein **Eilfall** im sozialhilferechtlichen Sinn vorliegen, was voraussetzt, dass eine rechtzeitige Hilfe des Sozialhilfeträgers objektiv nicht zu erlangen ist. Verbleibt Zeit zur Unterrichtung des zuständigen Sozialhilfeträgers, so liegt daher kein Eilfall vor. Aus den Informationen über die Aufnahme des*r Patienten*Patienten ergibt sich regelmäßig, dass hier eine umgehende medizinische Behandlung mit den Mitteln eines Krankenhauses nötig war und somit ein Einfall vorliegt.

7 Darüber hinaus muss aber auch ein Eilfall im sozialhilferechtlichen Sinn vorliegen, was voraussetzt, dass eine rechtzeitige Hilfe des Sozialhilfeträgers objektiv nicht zu erlangen ist. Verbleibt Zeit zur Unterrichtung des zuständigen Sozialhilfeträgers, so liegt daher kein Eilfall vor. Ein Eilfall besteht nur für den Zeitraum, in dem der Sozialhilfeträger nicht erreichbar ist oder der Nothelfer ohne Verletzung eigener Obliegenheiten davon ausgehen durfte, den Sozialhilfeträger nicht einschalten zu müssen (BSG 23.8.2013 – B 8 SO 19/12 R; BSG 18.11.2014 – B 8 SO 9/13 R). Dabei wird die Obliegenheit eines Krankenhauses, den Sozialhilfeträger zu unterrichten, regelmäßig dann ausgelöst, wenn der*die Patient*in einen Krankenversicherungsschutz nicht durch Vorlage einer Versichertenkarte nachweisen kann und sich auch ansonsten keine Umstände ergeben, aus denen die notwendige Kostensicherheit für das Krankenhaus hervorgeht (BSG 18.11.2014 – B 8 SO 9/13 R; LSG Hamburg 28.4.2022 – L 4 SO 30/21).

8 Ein Eilfall liegt damit nicht vor, wenn Zeit zur Unterrichtung des zuständigen Sozialhilfeträgers verbleibt (BSG 18.11.2014 – B 8 SO 9/13 R). Die Kenntnis des Sozialhilfeträgers bildet damit die Zäsur für die sich gegenseitig ausschließenden Ansprüche des Nothelfers einerseits und des*r Hilfebedürftigen andererseits (BSG 12.12.2013 – B 8 SO 13/12 R). Bei Einlieferung eines*r Patienten*Patientin mit Verdacht auf einen Herzin-

farkt musste eine Behandlung sofort erfolgen (LSG NRW 7.4.2022 – L 9 SO 295/20, Rn. 29).

3. Beweislast

9 Der Nothelfer trägt die Beweislast dafür, dass ein Eilfall vorgelegen hat. Bei stationären Behandlungen ist zu beachten, dass ein Eilfall demnach nur besteht, solange im Anschluss an die notfallmäßige Aufnahme ein stationärer Behandlungsbedarf andauert und die Entlassung in die ambulante Behandlung aus medizinischen Gründen ausscheidet (BSG 12.12.2013 – B 8 SO 13/12 R; BSG 18.11.2014 – B 8 SO 9/13).

4. Fristgemäßer Kostenübernahmeantrag

10 Der eigentliche Antrag auf Erstattung ist innerhalb einer **angemessenen Frist** – im Regelfall innerhalb eines Monats – nach Ende des Eilfalles zu stellen.

Das BSG hält eine Frist von einem Monat für angemessen, die regelmäßig mit dem Ende des Eilfalls, also mit Entlassung aus der Klinik beginnt (BSG 23.8.2013 – B 8 SO 19/12 R). Auch die Antragstellung bei einem an sich zB örtlich unzuständigen Leistungsträgers ist geeignet, die Monatsfrist zu wahren (BSG 13.2.2014 – B 8 SO 58/13 B; LSG NRW 25.8.2014 – L 20 SO 411/12).

5. Keine anderweitige Absicherung für den Krankheitsfall

11 Eine **Kostenübernahme** der Sozialleistungsträger nach den § 25 SGB XII und § 6a AsylbLG kommt unter anderem nicht in Betracht:
- bei einer Mitgliedschaft in einer inländischen oder ausländischen gesetzlichen oder privaten Krankenversicherung (BSG 18.11.2014 – B 8 SO 9/13 R),
- bei Krankenversicherungspflichtigen nach § 5 Abs. 1 SGB V, selbst wenn diese ihre Versicherung noch nicht realisiert haben (BSG 23.8.2013 – B 8 SO 19/12 R),
- bei Personen, die nach § 264 SGB V von einer Krankenkasse betreut werden oder wenn konkrete und realisierbare Ansprüche auf Kostenübernahme gegenüber anderen Sozialleistungsträgern bestehen.

6. Leistungen im angemessenen Umfang

12 § 25 SGB XII spricht dem Nothelfer die Erstattung der Aufwendungen nicht in Höhe der tatsächlichen Aufwendungen, sondern lediglich „in gebotenem Umfang" zu. Maßstab sind die Kosten, die der zuständige Sozialhilfeträger bei rechtzeitiger Kenntnis hätte aufwenden müssen (BSG 23.8.2013 – B 8 SO 19/12 R).

7. Personenkreis für Nothelferleistungen

13 Anspruchsberechtigte Personenkreise für Nothelferleistungen sind bzw. können sein:
- **SGB XII und § 6a AsylbLG**
Anspruchsberechtigt nach § 25 SGB XII sind grundsätzlich Personen, die nicht über ausreichendes und tatsächlich verfügbares Einkommen oder Vermögen sowie über keinen Krankenversicherungsschutz verfügen und insofern leistungsberechtigt nach dem SGB XII wären. Dies betrifft auch mittellose legale Drittstaatsangehörige ohne asylrechtlichen Aufenthaltsstatus oder mittellose EU-Bürger ohne Versicherung im Herkunftsland.
- **SGB II**
Anspruchsberechtigt können auch Personen sein, die in den Rechtskreis der erwerbsfähigen Leistungsberechtigten nach dem SGB II gehören. Die Nichtstellung eines SGB II-Antrages steht der Nothelferregelung nicht entgegen (BSG 19.5.2009 – B 8 SO 4/08 R).

8. Regelung der Geschäftsführung ohne Auftrag (GoA)

14 Die Nothelferregel ist eine sozialhilferechtlich ausgeprägte Geschäftsführung ohne Auftrag (GoA; §§ 677–687 BGB). Im SGB II gibt es keine Nothelferregel. Es könnte aber jemand anderes ohne unmittelbaren Auftrag vorübergehend für die*den Betroffene*n und Berechtigte*n handeln. Das nennt man Geschäftsführung ohne Auftrag. Eine GoA liegt vor, wenn jemand ein Geschäft für eine andere Person besorgt, ohne durch einen Auftrag oder einen sonstigen Grund hierzu berechtigt zu sein. Der Begriff des Geschäfts ist hierbei weit zu verstehen und umfasst jede Tätigkeit, die dem*r anderen dient. Dazu

gehört der Abschluss eines Rechtsgeschäfts oder die Stellung eines Antrages auf Sozialleistungen, etwa auf Sachleistungen für Personen, denen die finanzielle Unterstützung vom Amt gestrichen wurde. Die GoA ist vorläufig, also „schwebend" unwirksam, wird aber wirksam, wenn der*die „Andere" diese nachträglich bestätigt und gutheißt.

15 In der Praxis bedeutet dies: Sie, als Privatperson oder als Beratungsstelle, bekommen mit, dass jemand aus medizinischen oder persönlichen Gründen verhindert ist, einen Weiterbewilligungsantrag zu stellen oder einen Widerspruch einzulegen und führen diese Handlung als iA (im Auftrag) durch: dann ist dies eine GoA-Handlung. Wird dies nachträglich von dem*r Betreffenden als ihm*r dienlich angesehen, dann wird die GoA-Handlung wirksam.

9. Informationen

16 Deutschen Krankenhausgesellschaft, Das Krankenhaus als Nothelfer. Hinweise zur Umsetzung des § 25 SGB XII bzw. § 6a AsylbLG, abrufbar unter: https://www.slaek. de/media/dokumente/06/faq/Das_Krankenhaus_als_Nothelfer_DKG_Umsetzung_des_§6a _AsylbLG.pdf, letzter Zugriff: 31.1.2023.

Arbeitspapier der Bundesarbeitsgruppe Gesundheit/Illegalität, Notfallhilfe im Krankenhaus für Menschen ohne Papiere, Aug. 2019, abrufbar unter: https://www.aerztederwelt.o rg/sites/default/files/BAG%20Gesundheit_Ill egalit%C3%A4t_Arbeitspapier%20Notfallh ilfe%20im%20Krankenhaus_August%2020 19_Web.pdf, letzter Zugriff: 31.1.2023.

Interne Arbeitshinweise SGB XII – Kreis Kleve zu § 25 Erstattung von Aufwendungen Anderer – Nothelferanspruch, Fassung vom 4.11.2020, abrufbar unter: https://www.krei s-kleve.de/www/hbsweb.nsf/files/%C2%A7 %2025%20Nothelfer;%20Stand%2016.12. 2020/$file/025-Erstattung%20von%20Aufw endungen%20Anderer%20-%20Nothelfera nspruch%2004.11.2020.doc.pdf, letzter Zugriff: 31.1.2023.

83
Öffentlich-rechtlicher Vertrag

1. Öffentlich-rechtlicher Vertrag: Unterschied zu Verwaltungsakt 1
1.1 Welche Inhalte geregelt werden ... 2
1.2 Vertragsgrundlagen 6
2. Möglichkeit der Anpassung des Vertrags 11

1. Öffentlich-rechtlicher Vertrag: Unterschied zu Verwaltungsakt

1 Die Behörde kann ihr Handeln durch einen Verwaltungsakt (→ 22) oder durch einen öffentlich-rechtlichen Vertrag regeln. Die Rechtsgrundlagen für den öffentlich-rechtlichen Vertrag sind die §§ 53 ff. SGB X. **Voraussetzungen** für den öffentlich-rechtlichen Vertrag:

- Regelungen, die in einem öffentlich-rechtlichen Vertrag getroffen werden, müssen **rechtmäßig** sein (§ 53 Abs. 1 SGB X).
- Ein öffentlich-rechtlicher Vertrag kann nur bei **Ermessen**sentscheidungen (→ 44) geschlossen werden (§ 53 Abs. 2 SGB X).
- Zu seiner Wirksamkeit bedarf es der **Schriftform** (§ 56 SGB X).
- Wenn ein öffentlich-rechtlicher Vertrag in Rechte **Dritter** eingreift, also auch Dinge anderer Mitglieder der Bedarfsgemeinschaft regelt, wird er erst wirksam, wenn diese schriftlich zustimmen (§ 57 Abs. 1 SGB X).

1.1 Welche Inhalte geregelt werden

2 Beim **Bürgergeld** wird der öffentlich-rechtliche Vertrag zB rechtmäßig angewendet, wenn

- zwischen Ihnen und der Forderungsabteilung der Behörde eine Vereinbarung über die Rückzahlung von Erstattungs- und Ersatzansprüchen oder Darlehnsansprüchen getroffen wird (→ 30 Rn. 20, 32),
- Sie mit dem Forderungseinzug der Behörde, zB Regionaldirektion, Zoll oder Stadtkasse, Vereinbarungen über Rückzahlungen treffen,
- zwischen Ihnen und dem jeweiligen Amt vor Gericht Vergleiche geschlossen werden: zB die Behörde bietet Ihnen den Be-

trag X an, wenn Sie sich im Gegenzug bereit erklären, eine Klage zurückzunehmen (§ 101 SGG) oder
- ein*e Unterhaltsberechtigte*r aufgrund von ausbleibenden Unterhaltszahlungen hilfebedürftig wird, der Unterhaltsanspruch auf das Jobcenter übergegangen ist (§ 33 Abs. 1 SGB II) und das Jobcenter mit Ihnen eine Vereinbarung trifft, den Unterhaltsanspruch gerichtlich durchzusetzen (§ 33 Abs. 4 SGB II).

3 Bis 30.6.2023 war im Alg II bzw. Bürgergeld die damalige Eingliederungsvereinbarung ein öffentlich-rechtlicher Vertrag, durch die Neuregelung im Bürgergeldgesetz tritt an die Stelle der Eingliederungsvereinbarung ab 1.7.2023 der **Kooperationsplan** (→ 35) als ein **nicht rechtsverbindlicher Plan zur Verbesserung der Teilhabe**. Gem. § 65 Abs. 4 SGB II ist § 15 SGB II aF bis zur erstmaligen Erstellung eines Kooperationsplans nach § 15 SGB II, spätestens bis zum Ablauf des 31.12.2023 weiter anzuwenden. Ähnlich wie der Eingliederungsplan und der Teilhabeplan im SGB IX und die Leistungsabsprache des SGB XII ist der Kooperationsplan kein öffentlich-rechtlicher Vertrag im Sinne der §§ 53 ff. SGB X (BT-Drs. 20/3873, 82). Die Änderung der Rechtsform ist eine Reaktion auf die Rechtsprechung des BSG, die die Eingliederungsvereinbarung als öffentlich-rechtlichen Austauschvertrag eingeordnet hat. Damit wurden die Rechtsanforderungen in einem Ausmaß erhöht, dass in der Praxis eine Vielzahl von Fällen nicht mehr rechtssicher umsetzbar war und zu einer „Überforderung aller Beteiligten" führte; zugleich erschwert die „geltende „Funktionenvielfalt der Eingliederungsvereinbarung" die Handhabe. Der Kooperationsplan wird auf seine „wesentliche Funktion als Instrument zur kooperativen Planung des Integrationsprozesses" konzentriert, die die *„vertrauensvolle Zusammenarbeit auf Augenhöhe"* erleichtert (BT-Drs. 20/3873 S. 83).

4 Mit der Formulierung, dass in diesem festzulegen sei, *„welche Leistungen zur Eingliederung in Ausbildung oder Arbeit nach diesem Abschnitt in Betracht kommen"* (§ 15 Abs. 2 Nr. 1 SGB II), werden keine verbindlichen Vereinbarungen getroffen, sondern nur noch vage Erwägungen verschriftlicht. Das ist kein Vertrag, sondern ein in Erwägung ziehen (→ 35).

5 Bei **HzL/GSi der Sozialhilfe** wird der öffentlich-rechtliche Vertrag zB angewendet, wenn
- Ansprüche der Behörde bis auf das *„zum Lebensunterhalt Unerlässliche"* aufgerechnet werden (§ 26 Abs. 1 u. 2 SGB XII),
- Darlehensforderungen vom Sozialamt wegen vom Regelsatz umfasster Bedarfe nach § 37 Abs. 1 SGB XII, diese sind in Höhe von „bis zu" 5 Prozent des Regelsatzes in der ersten Stufe aufzurechnen (§ 37 Abs. 4 SGB XII). Bis zu heißt ermessen, dies kann auch in einer Vereinbarung bzw öffentlich-rechtlichem Vertrag geregelt werden,
- mit Ihnen eine Vereinbarung über den Höchstbetrag der Rückzahlung für ein Darlehen bis am Monatsende fälligen Einkünften nach § 37a SGB XII getroffen wird (→ 30 Rn. 20, 32) von
- Vereinbarungen über Rückzahlungsraten mit dem Forderungseinzug der örtlichen Stadtverwaltung getroffen werden.

1.2 Vertragsgrundlagen

6 Die Behörde darf mit Ihnen, **anstatt** einen **Verwaltungsakt** zu erlassen, auch einen öffentlich-rechtlichen Vertrag abschließen. Dieser ist an die gleichen Adressaten zu richten, an die das Amt sonst den Verwaltungsakt zu richten hat (§ 53 Abs. 1 S. 2 SGB X). Die Regelungen, die in einem öffentlich-rechtlichen Vertrag getroffen werden, müssen rechtmäßig sein (§ 53 Abs. 1 SGB X). Ein öffentlich-rechtlicher Vertrag ist nur zulässig, soweit die Erbringung der Sozialleistung im Ermessen des Leistungsträgers steht (§ 53 Abs. 2 SGB X).

7 Zu seiner **Wirksamkeit** bedarf der Vertrag der Schriftform (§ 56 SGB X). Es muss nicht immer „Vertrag" darüberstehen. Auch eine Gesprächsnotiz, die festhält, dass zB zu viel gezahlte Beträge monatlich in Höhe von X EUR aufgerechnet werden sollen, stellt einen öffentlich-rechtlichen **Vertrag** dar, wenn beide Seiten diese **unterschrieben** haben.

8 Wenn ein öffentlich-rechtlicher Vertrag in **Rechte Dritter** eingreift, wird er erst wirk-

sam, wenn diese schriftlich zustimmen (§ 57 Abs. 1 SGB X). Wurden zB Leistungen einer Bedarfsgemeinschaft zu viel gezahlt, richtet sich die Rückforderung immer gegen alle Mitglieder der Bedarfsgemeinschaft. Wird eine Aufrechnungserklärung nur von einer Person unterzeichnet, ist der Vertrag unwirksam, weil es sich um einen Anspruch des Jobcenters gegen **alle** Mitglieder der Bedarfsgemeinschaft handelt.

9 Seit 2011 ist beim Bürgergeld/Alg II bei einer **Aufrechnung** (→ 2) von **Darlehensforderungen** eine vertragliche Regelung nicht mehr zulässig, da die Höhe der Aufrechnung nicht mehr im **Ermessen** der Behörde steht, denn Darlehen sind aus dem Regelbedarf aufzurechnen (§ 42a Abs. 2 SGB II). Forderungen aufgrund von **Erstattungs- und Ersatzansprüchen** kann das Jobcenter aufrechnen (§ 43 SGB II), also statt einem aufrechnungsverfügenden Bescheid auch eine „freiwillige" Rückzahlungsvereinbarung mit Ihnen schließen. Das wäre dann eine zulässige **Verzichtserklärung** (§ 46 Abs. 1 SGB I). In diesem Fall können Sie wenigstens eine moderatere Tilgungsrate mit dem Jobcenter vereinbaren oder solche Rückzahlungsvereinbarungen jederzeit **zurückziehen** bzw. die Höhe der Tilgung **ändern**.

10 Im Gegensatz zu einer Verzichtserklärung sind ein rechtmäßig abgeschlossener öffentlich-rechtlicher Vertrag und dessen Inhalte vom Grundsatz **unabänderlich**, auch wenn sie Ihnen später nicht mehr passen.

2. Möglichkeit der Anpassung des Vertrags

11 Haben sich nach Vertragsabschluss die Umstände derart geändert, dass Ihnen die Einhaltung des Vertrages **nicht mehr zumutbar** ist, können Sie bei der Behörde eine Anpassung beantragen. Verweigert das Amt unter solchen Umständen die Anpassung, können Sie den Vertrag **kündigen** (§ 59 Abs. 1 SGB X).

12 **Beispiel:** Wenn Sie in der Eingliederungsvereinbarung/dem Kooperationsplan (→ 35) zugestimmt haben, 20 Bewerbungen (→ 26) im Monat vorzulegen und nun einen Halbtagsjob gefunden haben, ist die Vereinbarung nicht mehr zumutbar. Sie müssen nun beim Jobcenter eine Änderung des Vertrages beantragen – am besten schriftlich.

13 Kommt es zum Streit, ob Sie oder das Amt den Vertrag einseitig kündigen können, kann im Zweifel beim Sozialgericht eine **Feststellungsklage** (→ 64 Rn. 5) eingereicht werden (§ 55 Abs. 1 Nr. 1 SGG).

84
Ortsabwesenheit

1. Verfügbarkeit bei Bürgergeld-Bezug (bis 30.6.2023)	1
1.1 Pflichten im Rahmen der Ortsabwesenheit	4
1.1.1 Zustimmung zur Ortsabwesenheit ohne wichtigen Grund	7
1.1.2 Zustimmung zur Ortsabwesenheit mit wichtigem Grund	9
1.2 Was bedeutet zeit- und ortsnah?	11
1.3 Für wen gilt § 7 Abs. 4a SGB II?	12
1.4 Meldung der Abwesenheit	13
1.5 Folgen unerlaubter Abwesenheit	15
1.6 Sanktionen	23
2. Erreichbarkeit beim Bürgergeldbezug (ab 1.7.2023)	26
2.1 Betroffener Personenkreis	27
2.2 Grundsatz: Erreichbarkeit	28
2.3 Ausnahme von der Erreichbarkeit I: Vorliegen eines wichtigen Grunds und Zustimmung des Jobcenters	31
2.4 Ausnahme von der Erreichbarkeit II: Fehlen eines wichtigen Grunds und Zustimmung des Jobcenters	32
2.5 Rechtsfolgen bei Nichterreichbarkeit ohne Zustimmung	33
3. Keine Verfügbarkeit bei Sozialhilfebezug	34
3.1 Hilfe zum Lebensunterhalt	35
3.2 Grundsicherung	37
3.3 GSi: Landesrechtliche Zuständigkeitsregelungen	39
4. Urlaub als Leistung von Bürgergeld/Sozialhilfe?	40
4.1 Urlaub für alte und behinderte Menschen?	42
4.2 Familienerholung	43

1. Verfügbarkeit bei Bürgergeld-Bezug (bis 30.6.2023)

1 Beziehen Sie Bürgergeld, unterliegen Sie einer Art Residenzpflicht. Für die Zeit

bis 30.6.2023 müssen Sie sich im „*zeit- und ortsnahen Bereich*" aufhalten und dürfen nur mit Genehmigung Ihres Jobcenters verreisen. Für die Zeit ab 1.7.2023 gilt statt des zeit- und ortsnahen Bereichs der „nähere Bereich" (→ Rn. 26 ff.). Für Beziehende von HzL und GSi der Sozialhilfe sind die Regelungen zur Erreichbarkeit weniger streng (→ Rn. 34 ff.).

2 Beziehende von Bürgergeld dürfen wie Alg I-Beziehende drei Wochen / 21 Kalendertage (im Kalenderjahr) in den „Urlaub" fahren. Für Alg I-Beziehende heißt das „*Freistellung von der Verfügbarkeit*" (BSG 10.8.2000 – B 11 AL 101/99 R), weil die Verfügbarkeit zum sog. Stammrecht auf Alg I gehört (§ 138 Abs. 1 Nr. 3 SGB III, § 138 Abs. 5 Nr. 2 SGB III). Für Bürgergeld-Beziehende wird der Begriff der Verfügbarkeit aus dem SGB III übernommen; dies führt zu Problemen bei der Auslegung, welche Rechtsvorschriften im Einzelnen gelten sollen. Drei Wochen schließen auch Sonntage, Feiertage und Samstage mit ein. Geregelt ist das in der **Erreichbarkeits-Anordnung** (EAO) der BA vom 23.10.1997, zuletzt geändert durch AO vom 26.9.2008. Im SGB II gilt eine differenzierte Regelung. Seit dem 1.8.2006 verweist das Gesetz auf die damals geltende Erreichbarkeits-Anordnung:

„*Leistungen nach diesem Buch erhält nicht, wer sich ohne Zustimmung des persönlichen Ansprechpartners außerhalb des in der Erreichbarkeitsanordnung vom 23. Oktober 1997 (ANBA 1997, 1685), geändert durch die Anordnung vom 16. November 2001 (ANBA 2001, 1476) definierten zeit- und ortsnahen Bereichs aufhält; die übrigen Bestimmungen dieser Anordnung gelten entsprechend*" (§ 7 Abs. 4a SGB II aF).

3 Diese Regelung ist bereits zum 1.4.2011 durch eine neue ersetzt worden. **Sie gilt aber so lange weiter**, bis das BMAS in einer **Rechtsverordnung** „*nähere Bestimmungen zum zeit- und ortsnahen Bereich*" erlässt und dort regelt, „*wie lange unter welchen Voraussetzungen sich [...] Leistungsberechtigte außerhalb des zeit- und ortsnahen Bereichs aufhalten dürfen, ohne den Anspruch auf Leistungen [...] zu verlieren*" (§ 13 Abs. 3 SGB II iVm § 77 Abs. 1 SGB II). Allerdings ist § 77 Abs. 1 SGB II durch Gesetz vom 16.12.2022 (BGBl. I 2328) mit Wirkung zum 1.1.2023 aufgehoben worden. Damit gilt § 7 Abs. 4a SGB II in der bis zum 31.12.2010 geltenden Fassung, der Verweis auf die Erreichbarkeits-Anordnung hingegen nicht mehr. Es gilt jetzt für die Zeit vom 1.1.2023 **bis zum 30.6.2023** § 7 Abs. 4a SGB II in der Fassung vom 1.1.2011 und **ab 1.7.2023** § 7b SGB II.

1.1 Pflichten im Rahmen der Ortsabwesenheit

4 Gem. § 7 Abs. 4a S. 1 SGB II in der Fassung vom 1.1.2011 erhalten erwerbsfähige Leistungsberechtigte keine Leistungen, „*wenn sie sich ohne Zustimmung des zuständigen Trägers [...] außerhalb des zeit- und ortsnahen Bereichs aufhalten und deshalb nicht für die Eingliederung in Arbeit zur Verfügung stehen*". Durch die Abschaffung des § 7 Abs. 4a SGB II in der Fassung bis 31.12.2010 ist auch der Verweis auf die Erreichbarkeits-Anordnung entfallen. Bisher war umstritten, inwieweit die Erreichbarkeits-Anordnung überhaupt angewendet werden kann. Zum Teil wurde nur die Pflicht der leistungsberechtigten Personen angewandt, sich im zeit- und ortsnahen Bereich aufzuhalten (Eicher/Luik/Harich SGB II § 7 Rn. 171; → Rn. 11). Die BA hatte die Erreichbarkeits-Anordnung in den alten Fachlichen Weisungen weitreichend angewandt. In den neuen Fachlichen Weisungen (FW 7.128 ff.) bezeichnet die BA den Zweck des Erreichbarkeitserfordernisses „*nach Wegfall des § 77 Absatz 1 SGB II [...], dem Vorrang der Vermittlung in Arbeit (§§ 1, 2 SGB II) vor der Gewährung von Leistungen Geltung zu verschaffen. Erwerbsfähige Leistungsberechtigte sollen grundsätzlich nur dann Leistungen erhalten, wenn sie jeder Art der beruflichen Eingliederung (Aufnahme einer zumutbaren Beschäftigung, Teilnahme an einer Maßnahme der Eingliederung sowie jedwede andere Vermittlungsbemühung) zeit- und ortsnah Folge leisten können*" (FW 7.128). Die BA verwendet die Erreichbarkeits-Anordnung nur noch **zur Bestimmung des zeit- und ortsnahen Bereichs** (FW 7.131).

5 Tipp: Wenn Sie also Ihren gewöhnlichen Aufenthaltsort gar nicht verlassen haben,

84 Ortsabwesenheit

kann man Ihnen die Leistung nicht komplett streichen. Wenn Sie sich nicht um die Post gekümmert haben und deshalb einen Meldetermin versäumen, kommt allenfalls eine zehnprozentige Sanktion (→ 95) in Frage.

6 „Ein Aufenthalt außerhalb des zeit- und ortsnahen Bereichs ist nur mit Zustimmung des zuständigen Trägers [...] erlaubt" (FW 7.134).

Sie dürfen sich von Ihrem „Wohnsitz oder gewöhnlichen Aufenthalt" nur entfernen, wenn

- Sie auch an diesem Aufenthaltsort die obigen Anforderungen erfüllen können und
- Sie sich im Nahbereich der Behörde aufhalten, wobei der räumliche Nahbereich nicht auf das Inland beschränkt ist (FW 7.132). „Entscheidend ist, dass der Leistungsberechtigte in der Lage sein muss, innerhalb einer zumutbaren Pendelzeit den Träger täglich zu erreichen. Grundsätzlich kann es sachgerecht sein, von der Zeitgrenze nach § 140 Abs. 4 SGB III auszugehen. Ein unschädlicher auswärtiger Aufenthalt kann damit noch vorliegen, wenn der Leistungsberechtigte für die Vorsprach beim Träger insgesamt 2,5 Stunden für den Hin- und Rückweg aufwenden muss" (FW 7.133). Abweichungen hiervon können individuell in einer Eingliederungsvereinbarung / einem Kooperationsplan (→ 35) festgelegt werden (FW 7.133).

1.1.1 Zustimmung zur Ortsabwesenheit ohne wichtigen Grund

7 Sie sind für 21 Kalendertage (drei Wochen) von diesen Verpflichtungen freigestellt, wenn das Jobcenter vorher seine Zustimmung erteilt hat (FW 7.134; → Rn. 13). Diese wird nur erteilt, wenn Ihre berufliche Eingliederung dadurch nicht beeinträchtigt wird:

- Sie soll in den ersten drei Monaten der Arbeitslosigkeit nur in begründeten Ausnahmefällen (FW 7.135) erteilt werden, weil die „Vermittlungschancen in dieser Zeit erfahrungsgemäß am aussichtsreichsten" sind. Wohlgemerkt: der Arbeitslosigkeit, nicht des Bürgergeld-Bezugs. Wenn Sie aus dem Alg I-Bezug kommen, gilt die Urlaubssperre nicht.

Ausnahmen sind möglich, zB Schulferien Ihrer Kinder, Urlaubsplanung des*r Partners*Partnerin, bereits gebuchte Reisen sowie insgesamt die individuelle und familiäre Situation.

- Sie soll auch nicht erteilt werden, „wenn in der Zeit der vorgesehenen Ortsabwesenheit eine Eingliederung des Leistungsberechtigten zu erwarten ist. Es ist eine Prognoseentscheidung zu treffen. Saisonale Bedingungen (z. B. im Hotel- und Gaststättengewerbe) oder regionale Großereignisse (z. B. Messen) aufgrund derer ein Arbeitskräftemangel herrscht und eine Vermittlung in Betracht kommt, sind zu berücksichtigen" (FW 7.135).

8 Diese Zeit kann sich im Fall einer **außergewöhnlichen Härte** bis zu drei Tage (FW 7.138) verlängern. „Der Leistungsanspruch besteht weiter, wenn die oder der Leistungsberechtigte so schwer erkrankt ist, dass eine Arbeitsunfähigkeit besteht und aufgrund dieser eine Heimreise nicht zumutbar möglich ist. Dies ist bei Nichttransportfähigkeit der Fall, diese ist in geeigneter Form nachzuweisen. An den Nachweis sind strenge Anforderungen zu stellen" (FW 7.139). Diese Verlängerungsmöglichkeit ist aber zu eng. „Das SGB II als für [die leistungsberechtigten Personen] unterstes soziales Netz muss daher auch bei erzwungener Verlängerung der Ortsabwesenheit von mehr als drei Tagen Leistungsansprüche geben [...], um verfassungswidrige Notlagen abzuwenden" (LPK-SGB II § 7 Rn. 170).

Eine **Verlängerung durch Vereinbarung** ist **bis zu sechs Wochen** möglich, allerdings erhalten Sie dann für drei Wochen keine Leistungen. „Will eine Leistungsberechtigte oder ein Leistungsberechtigter sich länger als drei, aber nicht mehr als sechs Wochen außerhalb des zeit- und ortsnahen Bereiches aufhalten, ist die Zustimmung des Jobcenters auch ohne wichtigen Grund hierzu möglich. Für den drei Wochen überschreitenden Zeitraum (also Woche 4 bis 6) ist die Leistungsgewährung aufzuheben" (FW 7.140).

„Eine Zustimmung zu einem Aufenthalt außerhalb des zeit- und ortsnahen Bereichs von zusammenhängend länger als sechs Wochen ist im Hinblick auf das Ziel der Eingliede-

rung in Arbeit grundsätzlich nicht möglich" (FW 7.141).

1.1.2 Zustimmung zur Ortsabwesenheit mit wichtigem Grund

9 Liegt ein wichtiger Grund vor, kann dem Aufenthalt außerhalb des zeit- und ortsnahen Bereichs zugestimmt werden. Solche wichtigen Gründe können vorliegen, wenn es um die Teilnahme an folgenden Veranstaltungen geht (FW 7.137):

- an ärztlich verordneten Vorsorge- oder Reha-Maßnahmen (→ 72),
- an Veranstaltungen, die staatspolitischen, kirchlichen oder gewerkschaftlichen Zwecken dienen oder sonst im öffentlichen Interesse liegen. Sie müssen allerdings auch hier werktags persönlich unter der neuen Anschrift erreichbar sein und *„die Teilnahme jederzeit abbrechen können und sich vor der Teilnahme für den Fall der Eingliederung glaubhaft zum jederzeitigen Abbruch bereit erklärt haben"* oder
- ehrenamtliche Tätigkeiten.

Über diese Fälle hinaus kann auch dann ein wichtiger Grund bestehen, wenn Sie

- ortsabwesend sind, weil Sie sich im In- und Ausland um eine Arbeit bemühen oder eine Beschäftigung auf Probe mit unklarer Einstellungsaussicht begonnen haben, oder
- Ihr Kind für einen längeren Zeitraum zu einer stationären Kinderrehabilitation begleiten (LSG Sachsen-Anhalt 17.9.2012 – L 5 AS 378/10 B ER, hier: sechs Wochen).

Zu Möglichkeiten der Verlängerung der Dauer der Ortsabwesenheit schauen Sie unter → Rn. 8.

10 Daraus folgt:

- Sie dürfen sich ohne Erlaubnis des Jobcenters im **Nahbereich** bewegen (damit ist mit heutigen Verkehrsmitteln durchaus ein Großraum, zB das Ruhrgebiet oder größer gemeint). Wenn Sie Konflikte vermeiden wollen, sollten Sie täglich nach Ihrer Post sehen.
- Wenn Sie in den **Nachbarort** zum Einkaufen fahren, müssen Sie die Behörde nicht darüber informieren.
- Es gibt keinen vernünftigen Grund, warum Sie nicht samstags auch ohne Erlaubnis wegfahren können, wenn Sie Sonntagabend wieder zurück sind und in den Briefkasten schauen. Warum sollen Bürgergeld-Beziehende nicht am **Wochenende** verreisen dürfen? Dies hat nichts mit *„missbräuchlicher Inanspruchnahme"* von Fürsorgeleistungen (BT-Drs. 16/1696) während der Ortsabwesenheit zu tun (LPK-SGB II § 7 Rn. 166).

1.2 Was bedeutet zeit- und ortsnah?

11 Die BA meint damit in der Regel einen Bereich, der innerhalb der zumutbaren **Pendelzeit von 2,5 Stunden** für Hin- und Rückweg zum Amt abzudecken ist (FW 7.133). Damit wird auf den Maßstab in § 140 Abs. 4 SGB III abgestellt. Im SGB II ist eine gesetzliche Grundlage *„für diese Daumenregel [...] allerdings nicht erkennbar"* (Eicher/Luik/ Harich SGB II § 7 Rn. 172). In § 2 Nr. 3 EAO ist von dem *„Nahbereich [...] in der Umgebung des Arbeitsamtes"* die Rede, nicht von dem Ort. Wenn Sie in einem 500-Seelen-Dorf wohnen, müssen Sie nicht jedes Verlassen des Dorfs vorher genehmigen lassen. Es gibt allerdings immer noch viele Sachbearbeiter*innen, die meinen, ein Aufenthalt außerhalb Ihres Wohnortes wäre zu melden. Die EAO soll dazu dienen, Sie mit unsinnigen Auflagen zu schikanieren. Am **Wochenende** können Sie zB im gesamten Bundesgebiet (oder benachbarten Ausland) unterwegs sein, ohne dass Ihre Vermittlungsfähigkeit an Werktagen eingeschränkt wäre. Was soll diese Einschränkung der grundgesetzlich garantierten Freizügigkeit (Art. 11 GG)?

1.3 Für wen gilt § 7 Abs. 4a SGB II?

12 *„Die Regelung gilt nach ihrem Wortlaut nur für erwerbsfähige Leistungsberechtigte"* (FW 7.129). Die BA schränkt diese Regelung aber ein: *„Für die Zustimmung zu Ortsabwesenheiten solcher Personen, die vorübergehend nicht eingliederbar sind oder bei denen eine Eingliederung unwahrscheinlich ist (Beispiel: Alleinerziehende, der eine Arbeitsaufnahme vorübergehend nicht zumutbar ist, nichterwerbsfähige Bürgergeldbezieherinnen und Bürgergeldbezieher allgemein), ist im Einzelfall zu entscheiden, ob die Anwendung*

des Erreichbarkeitserfordernisses sinnvoll ist. Dies kann im Interesse der Vermeidung von Leistungsmissbrauch zu bejahen sein" (FW 7.129).

- Ausgenommen sind alle **Personen unter 15 Jahren**, weil sie nicht erwerbsfähige Leistungsberechtigte sind (§ 7 Abs. 1 S. 1 Nr. 1 SGB II; vgl. auch LSG Baden-Württemberg 14.7.2010 – L 3 AS 3552/09).
- **Schüler*innen über 15 Jahre** dagegen brauchen die amtliche Zustimmung zur Ortsabwesenheit. Warum, wo doch Schule Vorrang vor der Arbeitspflicht hat? Die Ortsabwesenheit sollte Ihnen aber zumindest, zB bei längerer Abwesenheit in den Ferien, nicht verweigert werden.
- Für *„erwerbsfähige Leistungsberechtigte, die nicht arbeitslos sind (zB bei bestehender sozialversicherungspflichtiger Beschäftigung oder während Maßnahmen zur Eingliederung in Arbeit)"* gelten die Regelungen eingeschränkt. Für sie ist es *„zweckmäßig, während der Teilnahme an Maßnahmen zur Eingliederung die voraussichtliche Dauer der Abwesenheit zu erheben, da auch während einer solchen Maßnahme die Eingliederung in den allgemeinen Arbeitsmarkt grundsätzlich möglich ist"* (FW 7.130).
- Personen, die in Ausübung des **Umgangsrechts** mit ihren getrennt lebenden Kindern von Freitagsmittag bis Sonntagsabend ortsabwesend sind, müssen sich nicht abmelden (FW 7.136).

1.4 Meldung der Abwesenheit

13 Die Ortsabwesenheit bedarf der Zustimmung der persönlichen Ansprechpartner*in (FW 7.134). Dies setzt idR voraus, dass die Information vor der Ortsabwesenheit erfolgt. Die Notwendigkeit einer Ortsabwesenheit kann sich auch plötzlich ergeben. Wenn Sie telefonisch nicht durchkommen, keine Zeit haben, sich einen Termin zu holen oder stundenlang auf eine Vorsprache zu warten, haben sie einen wichtigen Grund, ohne Zustimmung abzureisen. Ist die Behörde nicht erreichbar, können Sie Ihre Abwesenheit auch nicht vorher beantragen. Nach FW 7.134 ist eine Genehmigung nur zu erteilen, wenn Sie glaubhaft darlegen, dass es Ihnen nicht möglich oder zumutbar war, die Zustimmung vorher einzuholen.

14 **Tipp:** Wenn Sie Probleme mit dem Jobcenter vermeiden wollen, sollten Sie das schikanöse Abmeldespiel lieber mitspielen. Lassen Sie sich Ihre Ortsabwesenheit schriftlich bestätigen.

1.5 Folgen unerlaubter Abwesenheit

15 Wer die jeweils genehmigte Ortsabwesenheit von idR längstens drei Wochen überschreitet, hat **keinen Anspruch** mehr **auf Bürgergeld** (FW 7.141, Ausnahmen → Rn. 8). Ist das Bürgergeld bereits bewilligt worden, muss dies durch Aufhebung des Bewilligungsbescheids (wenn die Ortsabwesenheit nach Erlass des Bewilligungsbescheids eingetreten ist, vgl. LSG Nordrhein-Westfalen 15.11.2021 – L 7 AS 350/21) oder durch Rücknahme des Bewilligungsbescheids (wenn die Ortsabwesenheit bei Erlass des Bewilligungsbescheids bereits bestand, vgl. LSG Bayern 1.7.2014 – L 11 AS 334/14 B PKH) umgesetzt werden (FW 7.141). Das Jobcenter muss Sie im Rahmen seiner Beratungspflicht auf die Regelung des § 7 Abs. 4a SGB II, insbesondere auf die Rechtsfolgen einer verspäteten Rückkehr hinweisen (FW 7.144).

16 Wenn Sie eine Ortsabwesenheit nicht gemeldet haben **und** dabei erwischt werden, müssen Sie damit rechnen, dass die Leistung für die gesamte Zeit der Ortsabwesenheit gestrichen wird. Das gleiche gilt für die Zeit, in der Sie länger vom Ort abwesend sind als erlaubt oder wenn Sie sich trotz verweigerter Zustimmung des*r Arbeitsvermittlers*Arbeitsvermittlerin aus Ihrem Ort entfernen. Dann müssen Sie die für diese Tage **gezahlten Beträge** (Regelsatz, Kosten der Unterkunft, Heizung, Mehrbedarf usw) wegen unerlaubten Fehlens **zurückzahlen**.

17 Für diese Zeit entfällt rückwirkend auch der normale **Kranken**versicherungsschutz (→ 70). Nach Einstellung der Leistung haben Sie allerdings noch einen Monat Anspruch auf Leistungen der Krankenkasse (§ 19 Abs. 2 S. 1 SGB V); dies gilt jedoch nur, wenn bei „prognostischer Betrachtung" davon auszugehen ist, dass Sie spätestens nach Ablauf eines Monats eine anderweitige Absi-

cherung im Krankheitsfall erlangen werden (BSG 4.3.2014 – B 1 KR 68/12 R). Ansonsten bzw. nach Ablauf des Monats sind Sie gem. § 188 Abs. 4 SGB V freiwillig oder gem. § 10 SGB V familienversichert (FW 7.143). Im Falle der freiwilligen Versicherung schulden Sie die Zahlung der Beiträge (§ 250 Abs. 2 SGB V). Es ist aber möglich, dass Sie gegenüber dem Jobcenter gem. § 26 SGB II einen Anspruch auf Zuschuss zu den Beiträgen haben können. Entfällt der Krankenversicherungsschutz rückwirkend, müssen Sie auch die von dem Jobcenter gezahlten Beiträge zur Kranken- und Pflegeversicherung erstatten. Gem. § 40 Abs. 2 Nr. 5 SGB II ist die Regelung des § 335 Abs. 1, 2, 5 SGB III über die Erstattung von Beiträgen u.a. zur Kranken- und Pflegeversicherung im SGB II entsprechend anwendbar. Dies gilt aber nicht, *„wenn in einem Kalendermonat für mindestens einen Tag rechtmäßig Bürgergeld nach § 19 Abs. 1 Satz 1 [SGB II] gewährt wurde"* (§ 40 Abs. 2 Nr. 5 SGB II).

Ab dem Zeitpunkt, an dem Sie sich wieder an Ihrem gewöhnlichen Aufenthaltsort befinden, haben Sie wieder Anspruch auf **alle** SGB II-Leistungen. Dann sind Sie auch wieder in der Krankenversicherung pflichtversichert.

18 **Tipp 1: Sie sollten sich schnellstmöglich beim Jobcenter persönlich zurückmelden, damit Sie nachweisen können, ab wann Sie wieder Anspruch auf Leistungen haben.**

19 **Tipp 2: Auch wenn Sie sich später beim Jobcenter melden, können Sie Ihre Rückreise und Erreichbarkeit am Wohnort ggf. mit einem Flug- oder Bahnticket belegen.**

20 **Tipp 3: Haben Sie während Ihrer Abwesenheit Post vom Jobcenter erhalten, schauen Sie nach, ob Sie Meldetermine beim Amt wahrnehmen müssen.**

21 **Tipp 4: Sie sollten dann auch vorsorglich einen Antrag auf Übernahme der Beiträge zur Kranken- und Pflegeversicherung stellen.**

Die nicht genehmigte Ortsabwesenheit wird ohne Vorwarnung mit einer **100-Prozent-Kürzung** für den Zeitraum der Abwesenheit bestraft. Die Höhe der Strafe hängt demnach von der Dauer der **bekannt gewordenen** ungenehmigten Abwesenheit ab.

22 **Tipp 5: Sind nicht alle Personen einer Bedarfsgemeinschaft ungenehmigt ortsabwesend, müssen die Bedarfsanteile der Abwesenden an den Unterkunftskosten auf die zu Hause verbleibenden Personen umgelegt werden, da (zumindest vorübergehend) deren eigener Wohnbedarf in voller Höhe gedeckt werden muss (BSG 19.10.2010 – B 14 AS 50/10 R).**

Da die Leistung idR bereits ausgezahlt wurde, wird die Ortsabwesenheit im Nachhinein durch einen **Aufhebungsbescheid** sanktioniert. Der überzahlte Betrag wird dann mit der laufenden Bürgergeld-Zahlungen in **Höhe von 30 Prozent** der maßgebenden Regelleistung **aufgerechnet** (§ 43 Abs. 2 S. 1 SGB II). Wird eine längere Ortsabwesenheit bekannt, können auch bereits bewilligte laufende Leistungen eingestellt werden.

1.6 Sanktionen

23 Wenn Sie aufgrund einer Ortsabwesenheit einen Meldetermin, die Bewerbung auf eine angebotene Stelle usw verpassen, greifen die üblichen Sanktionen bzw. Leistungsminderungen (→ 95).

24 Es gibt aber im § 7 Abs. 4a SGB II, der die Ortsanwesenheit regelt, keinen Verweis auf die Sanktionen nach § 31 SGB II und in diesem Paragrafen wiederum keinen Hinweis, dass Sanktionen bei unerlaubter Ortsabwesenheit in Kraft treten.

Wenn die ohnehin gesetzlich vorgeschriebene Ortsanwesenheit als Pflicht in Ihrem Kooperationsplan (Eingliederungsvereinbarung) (EinV) bis 30.6.2023, danach gelten die Regelungen über den Kooperationsplan, → 35) festgeschrieben ist, darf es bei Nichterfüllung keine zusätzliche Sanktion geben. Eine Doppelbestrafung wäre rechtswidrig.

25 **Tipp: Bestehen Sie deshalb darauf, dass die Erreichbarkeit nicht noch einmal als Pflicht in Ihren Kooperationsplan / Ihre EinV aufgenommen wird. Sie steht schon im SGB II selbst und gilt bereits für Sie. Sollten Sie aufgrund einer Ortsabwesenheit doppelt bestraft werden, müssen Sie Widerspruch (→ 126) und Klage (→ 64) erheben.**

2. Erreichbarkeit beim Bürgergeldbezug (ab 1.7.2023)

26 Für die Zeit ab 1.7.2023 gilt die Regelung des § 7b SGB II, die durch eine Rechtsverordnung ergänzt wird. Dafür wird das Bundesministerium für Arbeit und Soziales ermächtigt, *„nähere Bestimmungen zum näheren Bereich im Sinne des § 7b Absatz 1 Satz 2"* und dazu zu treffen, *„für welchen Zeitraum und unter welchen Voraussetzungen erwerbsfähige Leistungsberechtigte bei einem Aufenthalt außerhalb des näheren Bereichs einen Leistungsanspruch haben können, ohne erreichbar zu sein"* (§ 13 Abs. 3 SGB II). Dazu sollen u.a. die Fragen gehören, wann ein unzumutbarer Aufwand für die Anreise zum Jobcenter vorliegt und aus welchen Gründen eine Zustimmung zur Nichterreichbarkeit erteilt werden kann; gleichfalls können nähere Regelungen zur Länge des Zeitraums einer Nichterreichbarkeit gehören (BT-Drs. 20/3873, 82).

2.1 Betroffener Personenkreis

27 Erfasst sind wie nach bisheriger Rechtslage „[e]rwerbsfähige Leistungsberechtigte" (§ 13 Abs. 3 SGB II). Damit wird auf die gesetzliche Definition der erwerbsfähigen Leistungsberechtigten gem. § 7 Abs. 1 S. 1 SGB II Bezug genommen. Da Ziel des § 7b SGB II die schnelle Eingliederung in Ausbildung oder Arbeit bzw. Verminderung oder Beseitigung der Hilfebedürftigkeit ist, gilt die Vorschrift nicht für nicht erwerbsfähige leistungsberechtigte Personen; sie sind *„über die zur Bildung einer Bedarfsgemeinschaft erforderliche leistungsberechtigte Person erreichbar"* und das Ziel der Vorschrift (Eingliederung in Arbeit) kann bei ihnen nicht erreicht werden (BT-Drs. 20/3873, 73).

2.2 Grundsatz: Erreichbarkeit

28 *„Erwerbsfähige Leistungsberechtigte erhalten Leistungen, wenn sie erreichbar sind"* (§ 7b Abs. 1 S. 1 SGB II). Zentral ist der Begriff der Erreichbarkeit, der mit den Tatbestandsmerkmalen **Aufenthalt im näheren Bereich** und **Möglichkeit, die Mitteilungen und Aufforderungen zur Kenntnis zu nehmen**, konkretisiert wird: *„Erreichbar sind erwerbsfähige Leistungsberechtigte, wenn sie sich im näheren Bereich des zuständigen Jobcenters aufhalten und werktäglich dessen Mitteilungen und Aufforderungen zur Kenntnis nehmen können"* (§ 7b Abs. 1 S. 2 SGB II).

29 Dabei wird der **Aufenthalt im näheren Bereich** weiter konkretisiert: *„Ein Aufenthalt im näheren Bereich liegt vor, wenn es den erwerbsfähigen Leistungsberechtigten möglich ist, eine Dienststelle des zuständigen Jobcenters, einen möglichen Arbeitgeber oder den Durchführungsort einer Integrationsmaßnahme im örtlichen Zuständigkeitsbereich des Jobcenters in einer für den Vermittlungsprozess angemessenen Zeitspanne ohne unzumutbaren oder die Eigenleistungsfähigkeit übersteigenden Aufwand aufzusuchen. Der nähere Bereich schließt auch einen Bereich im grenznahen Ausland ein"* (§ 7b Abs. 1 S. 3, 4 SGB II). Die näheren Festlegungen, was eine für den Vermittlungsprozess angemessene Zeitspanne ist und wie der unzumutbar oder die Eigenleistungsfähigkeit übersteigenden Aufwand ermittelt wird, soll durch die Rechtsverordnung zu § 7b SGB II festgelegt werden (BT-Drs. 20/3873, 73). Denkbar ist, dass eine für den Vermittlungsprozess angemessene Zeitspanne dann vorliegt, wenn das Jobcenter etwa zur Bewerbung auf ein Vermittlungsangebot eine Frist setzt und die erwerbsfähige leistungsberechtigte Person in der Lage ist, die Bewerbung bis zum letzten Tag der Frist durchzuführen.

30 Die **Möglichkeit, werktäglich Mitteilungen und Aufforderungen des Jobcenters zur Kenntnis zu nehmen**, ist dagegen im Gesetz nicht konkretisiert. Sie besteht – anders als nach dem bis zum 30.6.2023 geltenden Recht – nicht nur, wenn sie sich auf die persönliche Kenntnisnahme von Briefpost bezieht. Nach der Gesetzesbegründung reicht auch die Möglichkeit der Kenntnisnahme durch Nutzung moderner Kommunikationsmittel in dem datenschutzrechtlich möglichen Umfang und durch die Beauftragung Dritter mit der Sichtung der eigenen Briefpost (BT-Drs. 20/3873, 74).

2.3 Ausnahme von der Erreichbarkeit I: Vorliegen eines wichtigen Grunds und Zustimmung des Jobcenters

31 Liegt ein Fall der Nichterreichbarkeit vor, ist *„grundsätzlich die Zustimmung des Jobcenters erforderlich"* (BT-Drs. 20/3873, 74). Sie ist gem. § 7b Abs. 2 S. 3 SGB II **nicht** erforderlich, wenn die Abwesenheit außerhalb des näheren Bereichs **aufgrund der Ausübung einer Erwerbstätigkeit** erfolgt. § 7b Abs. 2 SGB II regelt die Fälle der Zustimmung bei Vorliegen eines wichtigen Grundes. Der Katalog der wichtigen Gründe in § 7b Abs. 2 S. 2 SGB II ist nicht abschließend („insbesondere") und entspricht im Wesentlichen dem bis zum 30.6.2023 geltenden Recht (→ Rn. 9 f.):

- *„Teilnahme an einer ärztlich verordneten Maßnahme der medizinischen Vorsorge oder Rehabilitation"* (§ 7b Abs. 2 S. 2 Nr. 1 SGB II),
- *„Teilnahme an einer Veranstaltung, die kirchlichen oder gewerkschaftlichen Zwecken dient oder im öffentlichen Interesse liegt"* (§ 7b Abs. 2 S. 2 Nr. 2 SGB II; in § 7 Abs. 4a S. 3 Nr. 2 SGB II waren auch Veranstaltungen, die staatspolitischen Interessen dienen, erfasst; die Streichung wird nicht erläutert;
- *„Aufenthalte außerhalb des näheren Bereichs, die überwiegend der Eingliederung in Ausbildung oder Arbeit dienen"* (§ 7b Abs. 2 S. 2 Nr. 3 SGB II) oder
- *„Ausübung einer ehrenamtlichen Tätigkeit, wenn die Eingliederung in Ausbildung oder Arbeit nicht wesentlich beeinträchtigt wird"* (§ 7b Abs. 2 S. 2 Nr. 4 SGB II; in § 7 Abs. 4a S. 3 Nr. 3 SGB II war nur die „Ausübung einer ehrenamtlichen Tätigkeit" erfasst).

Die Dauer der Ausnahme von der Erreichbarkeit in den Fällen des § 7b Abs. 2 SGB II ist nicht ausdrücklich geregelt. Sie muss mindestens so lange dauern wie der Anlass, für den die Zustimmung erteilt wird. Es sollte auch eine Verlängerung in einem Härtefall anerkannt werden, wenn die Rückkehr von einer Veranstaltung bis zum vorgesehenen Zeitpunkt aus einem besonderen Grund nicht möglich ist (→ Rn. 8). Es bleibt abzuwarten, ob dies in der Verordnung zu § 7b SGB II geregelt wird.

2.4 Ausnahme von der Erreichbarkeit II: Fehlen eines wichtigen Grunds und Zustimmung des Jobcenters

32 Liegt ein wichtiger Grund nicht vor, können gleichwohl Leistungen erbracht werden, wenn die Voraussetzungen des § 7b Abs. 3 S. 1 SGB II vorliegen und die Zustimmung des Jobcenters erteilt wird. Dazu muss das Jobcenter prüfen und feststellen, ob die Eingliederung in Arbeit nicht wesentlich beeinträchtigt werden. Die Zustimmung zu Abwesenheiten ohne wichtigen Grund sollen wie nach bisheriger Rechtslage *„in der Regel für insgesamt längstens drei Wochen im Kalenderjahr erteilt werden"* (§ 7b Abs. 3 S. 2 SGB II). Es bleibt auch hier abzuwarten, ob in der Verordnung auch eine Verlängerung in Härtefällen ermöglicht wird. Sind erwerbsfähige leistungsberechtigte Personen weder arbeitslos noch erwerbstätig, ist die Beeinträchtigung der Eingliederung ausgeschlossen. Diese Personengruppe hat gem. § 7b Abs. 3 S. 3 SGB II einen *„Rechtsanspruch auf die Zustimmung zur Nichterreichbarkeit für den in Satz 2 genannten Zeitraum"* (BT-Drs. 20/3873, 74).

2.5 Rechtsfolgen bei Nichterreichbarkeit ohne Zustimmung

33 Zu den Rechtsfolgen gelten die Ausführungen zum bis zum 30.6.2023 geltenden Recht (→ Rn. 15).

3. Keine Verfügbarkeit bei Sozialhilfebezug

34 Beziehende von HzL und GSi können wegfahren, wie sie wollen und können. Sie müssen keine Ortsabwesenheit anmelden. Sie stehen dem Arbeitsmarkt nicht voll, sondern allenfalls nur eingeschränkt zur Verfügung (→ 45).

3.1 Hilfe zum Lebensunterhalt

35 Das Bundesverwaltungsgericht geht *„entsprechend der üblichen Sozialhilfepraxis davon aus, dass kurzfristige Abwesenheiten während des Bewilligungszeitraums von regelmäßig einem Monat die Zuständigkeit des Sozialhilfeträgers unberührt lassen"* (BVerwG 22.12.1998 – 5 C 21.97; vgl. auch BVerwG 23.6.1994 – 5 C 26/92; vgl. auch

84 Ortsabwesenheit

BSG 25.4.2018 – B 8 SO 20/16, zu § 23 Abs. 1 SGB XII, das allerdings offenlässt, ob die Monatsfrist auch für § 98 SGB XII gilt). Diese „übliche Sozialhilfepraxis" wurde von manchen Trägern auf drei Wochen verkürzt.

36 Bei einer längeren Abwesenheit als einem Monat endet der zugestandene Urlaubs- und Erholungsbedarf. Dann **entfällt die Zuständigkeit** des bisherigen Sozialhilfeträgers. *„Für die Sozialhilfe örtlich zuständig ist der Träger der Sozialhilfe, in dessen Bereich sich die Leistungsberechtigten tatsächlich aufhalten"* (§ 98 Abs. 1 SGB XII). Das Sozialamt an Ihrem Wohnort kann dann von Ihnen den Ersatz seiner Kosten fordern (OVG NRW 15.3.2004 – 12 A 3993/02). Wenn Sie sich zu lange vorübergehend im Bereich eines anderen Trägers oder im Ausland aufhalten, kann nur der Regelsatz gestrichen werden. Das bisherige Sozialamt bleibt weiterhin für die Kosten der Unterkunft zuständig. Allerdings nur, wenn die Wohnung unter Abwägung der bei Verlust der Wohnung entstehenden Kosten erhalten werden muss. Auch Krankenversicherungsbeiträge sind zunächst weiterzuzahlen. Bei Auslandsaufenthalten aber nur, wenn auch Krankheitskosten im Ausland übernommen werden oder durch die Beitragsübernahme der Anspruch auf Weiterversicherung in der gesetzlichen KV gesichert wird (BVerwG 22.12.1998 – 5 C 21/97).

3.2 Grundsicherung

37 **Anspruch** auf Grundsicherung haben Personen *„mit gewöhnlichem Aufenthalt im Inland"* (§ 41 Abs. 1 SGB XII). Seit dem 1.7.2017 gilt aber § 41a SGB XII, wonach Leistungsberechtigte, die sich länger als vier Wochen / 28 Tage ununterbrochen im Ausland aufhalten, nach Ablauf der vierten Woche bis zu ihrer nachgewiesenen Rückkehr ins Inland keine Leistungen erhalten. Demnach müssten Sie nach 28 Tagen einmal einen Fuß auf deutschen Boden setzen – nachgewiesen durch eine Bescheinigung des Zolls oder eine Bordkarte im Flieger. *„Ausreichend hierfür ist die Einreise ins Inland; nicht erforderlich ist die Rückkehr zum gewöhnlichen Aufenthaltsort. Das Datum der Rückkehr ins Inland kann beispielsweise durch Reiseunterlagen nachgewiesen werden"* (BMAS, Rundschreiben 2018/2 – Umsetzung von § 41a des Zwölften Buches Sozialgesetzbuch (Vorübergehender Auslandsaufenthalt), 28.6.2018, Az. Vb1–50235, S. 2); darüber hinaus: *„Eine Zusammenrechnung mehrerer Auslandsaufenthalte ist unzulässig, auch wenn diese in Summe einen Gesamtzeitraum von mehr als vier Wochen ergeben. Zudem normiert § 41a SGB XII auch keine für eine Zusammenrechnung von mehreren Auslandsaufenthalten erforderliche Rahmenfrist. Vielmehr ist jeder einzelne Auslandsaufenthalt gesondert zu prüfen. Demzufolge zieht jede Unterbrechung eines Auslandsaufenthalts eine neue Berechnungsfrist nach sich"* (BMAS, Az. Vb1–50235, S. 3). Dieser Erlass wurde zwar später laut Aussage des MAGS NRW aufgehoben (MAGS NRW, Schreiben v. 6. Nov. 2020, Aktenzeichen VI A 4 -6225 (https://tacheles-sozialhilfe.de/files/redakteur/DA_Sozi_Wpt/20-11-06_Erlass_MAGS_Anwendung_Rundschreiben___4141a45_SGB_XII.pdf), die dort festgestellten Regelungen entsprechen weiterhin der Rechtslage und sind daher anzuwenden.

38 Zusammengefasst: Wenn Sie nur einmal kurz ins Inland zurückkehren, können Sie weitere vier Wochen wieder im Ausland verweilen. Hierbei ist aber zu prüfen, ob die Wiedereinreise so stark ist, dass sie einen neuen Vier-Wochen-Zeitraum begründet. Dies sollten Sie mit dem Sozialamt absprechen. Beachtlich ist, dass der Gesetzgeber keine Härtefallklausel eingefügt hat. Wenn Sie nämlich wegen Fluglotsenstreik, Streik des Motors Ihres Autos oder Erkrankung mit Reiseunfähigkeit im Ausland stranden, müssten Sie den Leistungsanspruch in den Tagen oberhalb der vier Wochen verlieren. Hier vertreten wir die Auffassung, dass dann die Regelung verfassungskonform ausgelegt werden muss. Wenn Sie nachweisen können, dass ein solches unausweichliches Hindernis vorlag, muss Ihnen das GSi-/HzL-Amt weiter Leistungen gewähren (so auch SHSL SGB XII § 41a Rn. 13).

3.3 GSi: Landesrechtliche Zuständigkeitsregelungen

39 Dass für die GSi der örtliche Sozialhilfeträger **zuständig** ist, *„in dessen Bereich der*

672

gewöhnliche Aufenthaltsort des Leistungsberechtigten liegt" (§ 98 Abs. 1 S. 2 SGB XII aF), ist aus dem SGB XII gestrichen worden. Seit dem 1.1.2013 soll dies in den Landesausführungsgesetzen zum SGB XII geregelt werden (§ 46b Abs. 1 SGB XII). Die meisten Bundesländer haben eine sinngleiche Regelung in ihr SGB XII-Ausführungsgesetz aufgenommen. Sie können regeln, welche Behörden zuständig sind; sie können aber nicht regeln, unter welchen Voraussetzungen ein Anspruch auf die Leistungen besteht. Dies richtet sich nach dem gewöhnlichen Aufenthalt der betroffenen Person.

4. Urlaub als Leistung von Bürgergeld/Sozialhilfe?

40 Urlaub, bezahlt durch die Behörde, gibt es für „normale" Beziehende von Bürgergeld, HzL/GSi der Sozialhilfe nicht. Urlaubsreisen sind Luxus (zB VGH Hessen 26.10.1993 – 9 UE 1656/9).

41 Wenn Ihnen die Abwesenheit erlaubt ist und Sie in den Urlaub fahren, kann die Behörde misstrauisch werden. Es können nicht angegebene Einkommen vermutet werden. Wenn Sie aber zB bei Freund*innen oder Verwandten gewohnt haben oder von ihnen irgendwohin mitgenommen worden sind, können Sie das zerstreuen. So wie Sie an Ihrem Heimatort leben, können Sie auch an jedem anderen Ort leben, vielleicht sogar billiger.

4.1 Urlaub für alte und behinderte Menschen?

42 Für ältere Menschen (→ 4) können die Kosten einer Seniorenfahrt oder eines Besuchs nahestehender Verwandten im Rahmen der Altenhilfe übernommen werden (§ 71 Abs. 2 Nr. 5, 6 SGB XII). Für behinderte Menschen (→ 18) sind Ferienaufenthalte als „Hilfe zur Teilhabe am Leben in der Gemeinschaft" im Rahmen der Eingliederungshilfe möglich.

4.2 Familienerholung

43 Jedes Bundesland hat eigene Richtlinien zur Förderung der Familienerholung, sofern die Zuschüsse noch nicht gestrichen sind.

Informationen über Landesförderungen sowie Angebote können Sie finden unter www.urlaub-mit-der-familie.de.

Ferienfreizeiten können ebenfalls bezuschusst werden (→ 60).

85 Pfändung/P-Konto

1. Grundsatz: keine Pfändung ohne Titel ... 1
2. Pfändung von Sozialleistungen 2
   2.1 Unpfändbare Leistungen 5
   2.2 Pfändbare Leistungen 9
3. Pfändung von Arbeitseinkommen direkt beim Arbeitgeber (Lohnpfändung) 10
   3.1 Unpfändbare Anteile des Arbeitseinkommens 11
   3.2 Pfändbare Anteile des Arbeitseinkommens/Pfändungsfreigrenzen .. 12
   3.2.1 Pfändungstabelle 13
   3.2.2 Ausnahmen von der Pfändungstabelle 15
   3.2.3 Eigenes Einkommen von unterhaltsberechtigten Personen 16
   3.3 Erhöhung der Pfändungsfreigrenzen auf den Bedarf von SGB II/Sozialhilfe 19
   3.4 Individuelle Erhöhung der Pfändungsfreigrenzen 22
   3.5 Abtretung 25
   3.6 Lohnpfändung oder -abtretung bei Bezug von (aufstockender) Sozialleistung 26
4. (Un-)Pfändbarkeit weiterer Leistungen 28
5. Pfändungsschutz auf dem Konto nur noch mit P-Konto 30
   5.1 Warum ist ein Pfändungsschutzkonto (P-Konto) erforderlich? 31
   5.2 Wer kann ein P-Konto nach § 850k ZPO einrichten? 34
   5.3 Was ist auf dem P-Konto geschützt? 39
   5.3.1 Freibeträge seit 1.7.2023 in Zahlen 40
   5.3.2 Nachweis für die Freibetragserhöhung (P-Konto-Bescheinigung) 42
   5.3.3 Abweichende individuelle Bestimmung des „P-Konto-Freibetrages" (§ 906 ZPO).. 44
   5.3.4 Übertrag nicht verbrauchten Guthabens 46
   5.3.5 Nachzahlung von Geldleistungen 47

5.3.6 Was kostet das P-Konto? 48
5.3.7 Befristete Unpfändbarkeit des Kontos durch Anordnung des Gerichts 51
5.3.8 Pfändung von Arbeitseinkommen auf Ihrem Konto .. 52
6. Pfändungs- und Überweisungsverfügung durch eine Behörde 54
7. Anlaufstellen/Information 55
8. Forderungen 57

1. Grundsatz: keine Pfändung ohne Titel

1 Ein Gläubiger darf nicht ohne Weiteres eine (Lohn-)Pfändung vornehmen! Vielmehr braucht er dafür einen sog. **Vollstreckungstitel** – meist einen Vollstreckungsbescheid, ein Urteil oder ein notarielles Schuldanerkenntnis. Nur dann kann er beim Vollstreckungsgericht beantragen, dass Ihr Einkommen gepfändet wird.

2. Pfändung von Sozialleistungen

2 Es besteht vielfach die Vorstellung, dass Sozialleistungen stets unpfändbar sind. Das ist aber (leider) nicht immer der Fall. Vielmehr geht gilt dies nur bei „Ansprüchen auf Dienst- und Sachleistungen" (§ 54 Abs. 1 SGB I).

3 Bei Geldleistungen wird zwischen laufenden Geldleistungen und einmaligen Geldleistungen unterschieden. Letztere können nur gepfändet werden, *„soweit nach den Umständen des Falles, insbesondere nach den Einkommens- und Vermögensverhältnissen des Leistungsberechtigten, der Art des beizutreibenden Anspruchs sowie der Höhe und der Zweckbestimmung der Geldleistung, die Pfändung der Billigkeit entspricht"* (§ 54 Abs. 2 SGB I). Bei den laufenden Geldleistungen ist jeweils zu unterscheiden (→ Rn. 5 ff. und 9 ff.).

4 Wurden Ihre Sozialleistungen bereits auf Ihr Konto überwiesen, sind Sie nur noch **auf einem P-Konto** geschützt (→ Rn. 30 f.). Nachstehende Auflistung ist also unmittelbar nur bedeutsam, wenn ein Gläubiger schon vorher, direkt beim Leistungsträger, pfändet.

2.1 Unpfändbare Leistungen

5 Der Anspruch auf **Sozialhilfe**, insbesondere die Hilfe zum Lebensunterhalt sowie der Anspruch auf Grundsicherung im Alter und bei Erwerbsminderung ist nicht pfändbar (§ 17 Abs. 1 S. 2 SGB XII). Das heißt, das Sozialamt darf Ihre laufende Sozialhilfe nicht an einen pfändenden Gläubiger abführen.

Im SGB II gibt es dieses gesetzliche Pfändungsverbot von Leistungen zum Lebensunterhalt erst seit dem 1.8.2016 (§ 42 Abs. 4 SGB II).

Außerdem kann ein pfändbarer Betrag bei Bezug von HzL/GSi und Bürgergeld regelmäßig nicht entstehen, da diese Leistungen unter den Pfändungsfreigrenzen (→ Rn. 12) liegen.

6 Weitere unpfändbare Sozialleistungen sind nach § 54 Abs. 3 SGB I unter anderem:
- **Elterngeld** (bis max. 300 EUR mtl.; 150 EUR mtl. Bei verlängertem Bezug, ElterngeldPlus),
- **Mutterschaftsgeld**, bis zur Höhe des Elterngeldes und den gleichen Pfändungsgrenzen wie dort (Ausnahme: Mutterschaftsgeld, das aus einer Teilzeitbeschäftigung während der Elternzeit [vgl. § 15 Abs. 4 BEEG] herrührt),
- **Wohngeld** (Ausnahme: bei aktuellen Mietforderungen des*r gegenwärtigen Vermieters*Vermieterin) oder
- Geldleistungen, die dafür bestimmt sind, den durch einen Körper- oder Gesundheitsschaden bedingten Mehraufwand auszugleichen, zB Pflegegeld nach § 37 SGB XI, Grundrenten nach dem Bundesversorgungsgesetz (§ 31 BVG), nicht aber Erwerbsminderungs-/Verletztenrente, da diese dem Ausgleich von Einkommensverlusten dienen (vgl. BT-Drs. 12/5187, 29).

7 Außerdem sind unpfändbar:
- **Kindergeld** (Ausnahme: bei gesetzlichen Unterhaltsansprüchen eines Kindes, bei der Festsetzung des Kindergeldes berücksichtigt wird: § 76 EStG),
- **Pflegegeld** im Rahmen der Kinder- und Jugendhilfe (§ 39 SGB VIII; § 850a Nr. 6 ZPO; LG Essen 25.5.2016 – 10 T 110/16).

8 Des Weiteren hat der Bundesfinanzhof entschieden, dass es sich bei der **Corona-Soforthilfe** aufgrund ihrer Zweckbindung um eine regelmäßig nicht pfändbare Forderung

handelt (BFH 9.7.2020, VII S 23/20 (AdV) unter Verweis auf § 851 Abs. 1 ZPO iVm § 399 Alt. 1 BGB).

2.2 Pfändbare Leistungen

9 Sozialleistungen, die eher Lohnersatzfunktion haben, wie zB Arbeitslosengeld, Krankengeld, Unterhaltsgeld, Renten usw sind pfändbar. Hierbei sind jedoch von dem Sozialleistungsträger automatisch die **Pfändungsfreigrenzen** der aktuellen Pfändungstabelle zu berücksichtigen (→ Rn. 12 f.). Das heißt, nur der oberhalb des persönlichen Pfändungsfreibetrages liegende Anteil der Sozialleistung darf an den pfändenden Gläubiger abgeführt werden.

3. Pfändung von Arbeitseinkommen direkt beim Arbeitgeber (Lohnpfändung)

10 Bis auf wenige Ausnahmen sind fast alle Formen von Arbeitseinkommen grundsätzlich pfändbar. Dabei gilt es jedoch die Pfändungsfreigrenzen sowie **zahlreiche Ausnahmen** zu beachten.

3.1 Unpfändbare Anteile des Arbeitseinkommens

11 Nicht alles, was Sie vom Arbeitgeber erhalten, ist auch pfändbar. Folgende Bestandteile etwa sind nicht oder nur anteilig pfändbar (vgl. § 850a ZPO):

- Urlaubsgeld (Zuschuss zum urlaubsbedingten Mehraufwand),
- 50 Prozent der Netto-Überstundenvergütung,
- Weihnachtsgeld (bis aktuell max. 670 EUR), dazu kann auch eine Sondervergütung für erbrachte Arbeit gehören, sofern sie aus Anlass des Weihnachtsfests gezahlt wird (BAG 14.3.2012 – 10 AZR 778/10) sowie
- Auslöse, Reisekostenerstattungen, Aufwandsentschädigungen, Erschwerniszulagen usw.

3.2 Pfändbare Anteile des Arbeitseinkommens/ Pfändungsfreigrenzen

12 Alle anderen Formen von Arbeitseinkommen sind grundsätzlich pfändbar. Allerdings hat der Arbeitgeber dabei „automatisch" die Pfändungsfreigrenze (§ 850c ZPO) zu beachten. Einkommen unterhalb dieser Grenzen ist nicht pfändbar!

Die Pfändungsfreigrenzen für **Nettoarbeitseinkommen** betragen seit dem 1.7.2023 (gemäß Anhang zur Pfändungsfreigrenzenbekanntmachung 2023, BGBl. 2023 I Nr. 79; erlassen nach § 850c Abs. 4 ZPO):

bis 1.409,99 EUR für eine Person ohne Unterhaltspflicht
bis 1.939,99 EUR bei Unterhaltspflicht für eine Person
bis 2.229,99 EUR bei Unterhaltspflicht für zwei Personen
bis 2.519,99 EUR bei Unterhaltspflicht für drei Personen
bis 2.819,99 EUR bei Unterhaltspflicht für vier Personen
bis 3.109,99 EUR bei Unterhaltspflicht für fünf Personen

Die Pfändungsfreigrenzen werden jedes Jahr jeweils zum 1. Juli entsprechend der Steigerung des Grundfreibetrags bei der Einkommensteuer erhöht (§ 850c Abs. 4 ZPO). Die nächste Erhöhung erfolgt zum **1.7.2024**.

3.2.1 Pfändungstabelle

13 Wenn Sie netto mehr als den Pfändungsfreibetrag verdienen, dann wird dieser **Mehrbetrag nicht vollständig an den Gläubiger abgeführt**, sondern zwischen Ihnen und dem Gläubiger **aufgeteilt**. Von jedem Euro, den Sie mehr verdienen, dürfen Sie 30 Cent für sich selbst und bei Unterhaltspflichten – je nach deren Anzahl – bis zu weitere 60 Cent behalten (§ 850c Abs. 3 ZPO).

14 Damit dies in der Praxis leichter errechnet werden kann, ist der jährlichen Pfändungsfreigrenzenbekanntmachung stets die sogenannte **Pfändungstabelle** beigefügt. Dieser können Sie leicht den pfändbaren Anteil entnehmen (bspw. unter: www.soziale-schuldnerberatung-hamburg.de/lohnpfaendung/).

3.2.2 Ausnahmen von der Pfändungstabelle

15 Achtung: Die Pfändungstabelle gilt allerdings **nicht** bei Unterhaltsgläubigern oder wenn die Unterhaltsvorschusskasse pfändet

(§ 850d ZPO). Ebenso entfällt der Schutz bei Forderungen „aus einer vorsätzlich begangenen unerlaubten Handlung" (§ 850f Abs. 2 ZPO), worunter etwa Straftaten zu verstehen sind. In diesen Fällen kann der Gläubiger in den sog. „Vorrechtsbereich" pfänden und dem*r Schuldner*in verbleibt – stark vereinfacht – nur der Sozialhilfebedarf (vgl. BGH 5.7.2018 – VII ZB 40/17).

3.2.3 Eigenes Einkommen von unterhaltsberechtigten Personen

16 Erzielt der*die Ehepartner*in oder eine sonst unterhaltsberechtigte Person des*r Schuldners*Schuldnerin auch eigenes Einkommen, wird dieses bei Anwendung der Pfändungstabelle nicht einfach auf das Einkommen des*r Schuldners*Schuldnerin addiert. Vielmehr muss der Gläubiger extra beim Vollstreckungsgericht beantragen, dass der*die Ehepartner*in nicht oder nur noch teilweise als unterhaltsberechtigte Person berücksichtigt wird (§ 850c Abs. 6 ZPO). Diesen Antrag kann der Gläubiger aber nur stellen, wenn er das Einkommen des*r Partners*Partnerin kennt.

17 **Tipp:** Daher gilt die Regel: niemals dem Gläubiger das Einkommen des*r Partners*Partnerin mitteilen!

18 Dabei wird auch nicht jedes Einkommen herangezogen. So bleiben etwa das Kindergeld, Betreuungsleistungen und das Mindestelterngeld unberücksichtigt (BGH 19.12.19 – IX ZB 83/18; BGH 23.2.2022 – VII ZB 41/21). Lassen Sie sich ggf. von einer Schuldnerberatungsstelle (→ 98 Rn. 26 ff.) beraten!

3.3 Erhöhung der Pfändungsfreigrenzen auf den Bedarf von SGB II/Sozialhilfe

19 Ist bei Anwendung der Pfändungsfreigrenzen der notwendige Lebensunterhalt im Sinne des SGB II/XII nicht (mehr) gedeckt, kann das Vollstreckungsgericht den unpfändbaren Betrag erhöhen (§ 850f Abs. 1 Nr. 1 ZPO). Wegen der Dynamisierung der Pfändungstabelle ist dies in der Praxis kaum noch relevant, weil dieser regelmäßig niedriger ist als die Pfändungsfreibeträge.

Sollte jedoch zB aufgrund von krankheitsbedingtem Mehrbedarf, bei hohen Mietbelastungen, Unterhaltsverpflichtungen gegenüber getrennt lebenden Kindern oder bei hohen Aufwendungen infolge eines Härtefalles (→ 52) ggf. ein entsprechend erhöhter SGB II-/Sozialhilfebedarf bestehen, müssen Sie das mithilfe einer Bedarfsberechnung (→ 15) überprüfen. Wenn Ihr Bedarf Ihre Pfändungsfreigrenzen tatsächlich **übersteigt**, können Sie sich vom Jobcenter/Sozialamt oder einer Schuldnerberatungsstelle eine entsprechende **Bescheinigung** über Ihr Existenzminimum ausstellen lassen und eine Erhöhung der Pfändungsfreigrenzen bei Gericht beantragen.

20 In der Vergangenheit konnte auf diese Weise auch die „**faktische Unterhaltspflicht**", die nach dem SGB II gegenüber einem*r Partner*in besteht, auch wenn man nicht verheiratet ist (sog. „Einstandspflicht" nach § 7 Abs. 3 Nr. 3c SGB II), im Pfändungsrecht berücksichtigt werden (LG Bielefeld 28.1.2020 – 23 T 38/20). Ob diese Möglichkeit auch noch nach dem 1.12.2021 besteht, weil zu diesem Zeitpunkt der § 850f Abs. 1 Nr. 1 ZPO geändert wurde („gesetzlich zum Unterhalt verpflichtet"), ist zu hoffen, aber unsicher.

21 Solange die Erhöhung der Pfändungsfreigrenzen noch nicht vom Vollstreckungsgericht beschlossen ist, steht Ihnen das gepfändete Einkommen nicht zur Verfügung. Es darf dann aber auch nicht vom Amt angerechnet werden, da es kein „bereites Mittel" ist (BVerwG 15.7.1977 – V C 35.77; BSG 8.2.2017 – B 14 AS 22/16 R; → 37 Rn. 18).

3.4 Individuelle Erhöhung der Pfändungsfreigrenzen

22 In der Praxis ist es allerdings idR **einfacher**, direkt eine **individuelle Erhöhung** der Pfändungsfreigrenzen beim Vollstreckungsgericht zu beantragen. Diese können Sie mit den „*besondere[n] Bedürfnisse[n] des Schuldners*" entweder aus „*persönlichen*" (zB außergewöhnlich hohe Mietbelastung, hohe Nebenkostennachzahlung, besondere Krankheitskosten, Kosten des Umgangsrechts usw) *oder „beruflichen Gründen"* (zB Hortkosten, hohe Fahrtkosten, doppelte Haushaltsführung, notwendige Fortbildungskosten usw) begründen (§ 850f Abs. 1 Nr. 2

ZPO). Nur damit und beim Nachweis von mehr als fünf gesetzlichen Unterhaltspflichten (§ 850f Abs. 1 Nr. 3 ZPO) werden Sie letztlich einen Erhöhungsbedarf durchsetzen können.

23 **Tipp 1:** Vor einer rechtskräftigen Entscheidung des Amtsgerichts sollten Sie bei dem*r Rechtspfleger*in die einstweilige Einstellung der Zwangsvollstreckung und die vorläufige Auszahlung zB des Lohns in Höhe des SGB II-Bedarfs beantragen.

24 **Tipp 2:** Sind Sie mit der Entscheidung des Amtsgerichts nicht einverstanden, können Sie – ohne Rechtsanwalt*Rechtsanwältin (→ 8) – beim Amtsgericht das Rechtsmittel der „sofortigen Beschwerde" einlegen, über die das Landgericht entscheiden wird.

3.5 Abtretung

25 Bei einer Lohn- und Gehaltsabtretung gelten zwar auch die gesetzlichen Pfändungsfreigrenzen, Sie können aber **keinen Antrag** auf individuelle Erhöhung der Pfändungsfreigrenze aufgrund besonderer persönlicher oder beruflicher Bedürfnisse stellen (ohne Pfändung ist kein Vollstreckungsgericht zuständig). Aber Sie können beim zuständigen Amtsgericht am Wohnsitz des pfändenden Gläubigers mit einer **negativen Feststellungsklage** gegen den Gläubiger klären lassen, in welcher Höhe Ihr Einkommen vor Abtretungen geschützt ist. Auch Eilverfahren sind möglich. Da nur pfändbare Beträge abgetreten werden dürfen, wird das Gericht den pfändbaren Betrag um Ihre notwendigen Bedürfnisse reduzieren (→ Rn. 19 f.).

3.6 Lohnpfändung oder -abtretung bei Bezug von (aufstockender) Sozialleistung

26 Beziehende von Sozialleistungen müssen Einkommen immer zuerst für den Lebensunterhalt einsetzen. Wird das Einkommen trotzdem zur Schuldentilgung eingesetzt, wird die Zahlung deshalb nicht einkommensmindernd anerkannt (→ 99 Rn. 9 ff.). Ebenso verhält es sich bei der Pfändung bzw. Abtretung. Der gepfändete Betrag kann nicht generell von dem Einkommen abgezogen werden (gesetzliche Ausnahme: Unterhaltstitel; vgl. § 11b Abs. 1 S. 1 Nr. 7 SGB II).

27 An dieser Stelle ist bedeutsam, dass das Bundessozialgericht allerdings anerkannt hat, dass gepfändetes Einkommen jedenfalls dann bei der Einkommensberechnung nach dem SGB II unberücksichtigt bleibt, *„wenn der im laufenden SGB II-Bezug stehende Berechtigte die Rückgängigmachung der Pfändung aus Rechtsgründen überhaupt nicht oder nicht ohne Weiteres realisieren kann […], weil ihm dann bereite Mittel zur Bedarfsdeckung nicht zur Verfügung stehen"* (BSG 10.5.2011 – B 4 KG 1/10 R). Auch in anderen Fällen wird es darauf ankommen, dass Einkommen tatsächlich als „bereite Mittel" zu Verfügung stehen (→ 37 Rn. 18; → 98).

4. (Un-)Pfändbarkeit weiterer Leistungen

28 Es gibt Leistungen, bei den die Pfändbarkeit strittig ist, weil nicht ausdrücklich gesetzlich geregelt ist, so dass die Rechtsprechung darüber entscheiden muss. Beispiele:

- Zahlt ein Arbeitgeber, der nicht dem Pflegebereich angehört, freiwillig an seine Beschäftigten eine Corona-Prämie, ist diese Leistung als Erschwerniszulage nach § 850a Nr. 3 ZPO unpfändbar, wenn ihr Zweck in der Kompensation einer tatsächlichen Erschwernis bei der Arbeitsleistung liegt, soweit die Prämie den Rahmen des Üblichen nicht übersteigt (BAG 25.8.2022 – 8 AZR 14/22).
- Des Weiteren hat der Bundesfinanzhof entschieden, dass es sich bei der Corona-Soforthilfe aufgrund ihrer Zweckbindung um eine regelmäßig nicht pfändbare Forderung handelt (BFH 9.7.2020 – VII S 23/20 (AdV) mVwa § 851 Abs. 1 ZPO iVm § 399 Alt. 1 BGB). Der BGH hat sich dem angeschlossen (BGH 10.3.2021 – VII ZB 24/20).
- Die Energiepreispauschale gem. §§ 112 ff. EStG (EPP) ist nach § 122 S. 2 EStG unpfändbar. Diese Regelung wurde erst nachträglich durch das Jahressteuergesetz 2022 vom 20.12.2022 (BGBl. I 2294, 2357 f.) eingeführt. Bis dahin war die EPP nach Ansicht einiger Amtsgerichte pfändbar (AG Norderstedt 15.9.2022 – 66 IN 90/19; AG Aschaffenburg 7.11.2022 –

654 IK 298/21; AG Osnabrück 10.10.2022 – 27 IK 6/22).
- Das AG Lüneburg hat der EPP aber nach § 765a ZPO wegen besonderer Härte Vollstreckungsschutz gewährt, wenn der*die Schuldner*in einkommensschwach ist, was im Insolvenzverfahren der Fall sei (AG Lüneburg 15.9.2022 – 46 IK 75/18).
- In § 4 Abs. 2 Rentenbeziehende-Energiepreispauschalengesetz (RentEPPG) ist hingegen die Unpfändbarkeit festgelegt.
- Ebenso besteht Unpfändbarkeit nach § 4 Abs. 2 Studierenden-Energiepreispauschalengesetz (EPPSG).

29 **Tipp:** Vorstehende Beispiele zeigen, dass es sich lohnt, einzelne Leistungen auf die (Un-)Pfändbarkeit zu prüfen. Lassen Sie sich von einer Schuldnerberatungsstelle (→ 98 Rn. 26 ff.) beraten!

5. Pfändungsschutz auf dem Konto nur noch mit P-Konto

30 Die einzige Möglichkeit, das eigene Kontoguthaben vor Pfändungen und Aufrechnungen – selbst bei an sich unpfändbaren Sozialleistungen – zu schützen, ist ein Pfändungsschutzkonto, das sog. P-Konto.

5.1 Warum ist ein Pfändungsschutzkonto (P-Konto) erforderlich?

31 Überweist der Träger die Sozialleistung auf das Konto des*r Sozialleistungsbeziehenden geschieht zweierlei: erstens hat damit der Sozialleistungsträger seine Leistung erbracht. Dies soll selbst dann gelten, wenn der*die Leistungsberechtigte zwar ein Konto angegeben, aber inzwischen darauf keinen Zugriff mehr hat (SG Kiel 8.9.2022 – S 31 AS 10161/21; Konto, → 66). Zweitens entsteht durch die Kontengutschrift ein Auszahlungsanspruch des*r Leistungsempfängers*Leistungsempfängerin gegen seine*ihre Bank. Dieser Anspruch gilt allerdings – und das ist der hier entscheidende Gedanke – als ein „neutraler" Zahlungsanspruch, der von seiner Herkunft als Sozialleistung losgelöst und daher grundsätzlich pfändbar ist!

32 Deshalb brauchen Sie, auch wenn eine an sich unpfändbare Sozialleistung oder auch Kindergeld auf ein gepfändetes Konto überwiesen wird, zwingend ein **Pfändungsschutzkonto** nach § 850k ZPO, das sog. P-Konto! Nur dann besteht ein Schutz von **Kontoguthaben** vor Pfändungen sowie vor Aufrechnungen durch die kontoführende Bank mit eingehenden **Sozialleistungen** und **Kindergeld**.

Seit dem 1.12.2021 besteht zudem ein Aufrechnungs-/Verrechnungsschutz (§ 901 ZPO; eingeführt durch das Pfändungsschutzkonto-Fortentwicklungsgesetz (PKoFoG) v. 22.11.2020 (BGBl. I 2466))!

33 **Tipp:** Falls die Bank trotzdem verrechnet, kann die Androhung rechtlicher Schritte oder ein Anruf Ihrer Behörde bzw. der Schuldnerberatung bei der Bank helfen. Helfen diese Schritte nicht, müssen Sie beim Amtsgericht Leistungsklage auf Auszahlung erheben.

5.2 Wer kann ein P-Konto nach § 850k ZPO einrichten?

34 Jede natürliche **Person**, dh jeder geschäftsfähige Mensch, darf jeweils ein P-Konto führen, Gemeinschaftskonten müssen also in Einzelkonten **unterteilt** werden. Auf diese Aufteilung besteht seit dem 1.12.2021 ein Anspruch, wobei der gesetzliche Regelfall die Aufteilung nach Köpfen ist (§ 850l ZPO).

35 Jede*r Kontoinhaber*in hat **Anspruch** auf die **Umwandlung** seines*ihres Kontos in ein P-Konto. Die Bank hat die Umwandlung innerhalb von drei Geschäftstagen zu vollziehen. Der Anspruch besteht auch ohne sog. P-Konto-Bescheinigung (→ Rn. 43).

36 Wenn Sie **kein eigenes Konto** führen, haben Sie seit dem 2016 einen Rechtsanspruch auf ein **Basiskonto**. Das Basiskonto ist ein Guthabenkonto für jedermann, das Sie bei einer Privatkundenbank Ihrer Wahl beantragen können. Die Bank hat innerhalb von zehn Tagen über Ihren Antrag zu entscheiden. Wenn Sie kein weiteres aktives Konto führen, wird die Bank Ihrem Antrag entsprechen und Ihnen ein Guthabenkonto einrichten müssen.

Ein Basiskonto kann auf Antrag jederzeit kostenlos in ein **P-Konto umgewandelt** werden (§ 850k Abs. 1 ZPO). Sie können auch gleich mit dem Antrag auf ein Basiskonto die Führung als P-Konto beantragen, so dass Ihr Basiskonto von Anfang an als P-Konto geführt wird (§ 33 Abs. 1 S. 3 ZKG).

Näheres zum Basiskonto finden Sie unter dem Beitrag **Konto** (→ 66).

37 Auch **bereits gepfändete Konten** können umgewandelt werden. Der Pfändungsschutz besteht dann auch rückwirkend, wenn die Umwandlung in ein P-Konto innerhalb einer Frist von einem Monat ab Zustellung der Pfändung bei der Bank (Moratorium) vollzogen wird (§ 835 Abs. 3 ZPO). Erst nach Ablauf des Moratoriums würde das Kontoguthaben an den pfändenden Gläubiger abgeführt.

38 **Tipp:** Hierbei müssen Sie drei Bearbeitungstage berücksichtigen, dh Ihr Konto ist ab dem vierten Tag nach dem Antrag auf Umwandlung geschützt (vgl. § 850k Abs. 2 ZPO).

5.3 Was ist auf dem P-Konto geschützt?

39
- Der gesetzliche **Sockelfreibetrag** von 1.440 EUR (Stand: 1.7.2023; der Freibetrag erhöht sich jedes Jahr) ist automatisch geschützt, egal wie sich das Guthaben zusammensetzt.
- **Zusätzliche Freibeträge** gibt es für höchstens fünf gesetzlich unterhaltsberechtigte Personen, denen der*die Kontoinhaber*in Unterhalt leistet bzw. für höchstens fünf Mitglieder der Bedarfsgemeinschaft, für die der*die Kontoinhaber*in Leistungen nach SGB II oder SGB XII bezieht. Seit dem 1.12.2021 gilt dies auch für Schuldner*innen, die Geldleistungen nach dem Asylbewerberleistungsgesetz für Personen entgegennehmen, mit denen sie in einem gemeinsamen Haushalt zusammenleben (§ 902 Nr. 1 ZPO).

5.3.1 Freibeträge seit 1.7.2023 in Zahlen

40
- **1.440 EUR** Gesetzlicher **Sockelfreibetrag**
- **1.967,76 EUR** bei einer Unterhaltspflicht (+ 527,76 EUR)
- **2.261,78 EUR** bei zwei Unterhaltspflichten (+ 294,02 EUR)
- **2.555,80 EUR** bei drei Unterhaltspflichten (+ 294,02 EUR)
- **2.849,82 EUR** bei vier Unterhaltspflichten (+ 294,02 EUR)
- **3.143,84 EUR** bei fünf/mehr Unterhaltspflichten (+ 94,02 EUR)

(gültig bis zum 30.6.2024; vgl. § 850c Abs. 4 ZPO)

41 Die **Freibeträge** können **erhöht** werden, wenn auf dem gepfändeten Konto folgende Leistungen eingehen (§ 902 ZPO):
- **Kindergeld,**
- **Kinderzuschlag** (§ 6a BKGG),
- **Sozialleistungen bei Körper-** oder **Gesundheitsschaden** (Schwerstbeschädigtenzulage, Pflegegeld) oder
- **einmalige Sozialleistungen**, zB Kosten für eine **Klassenfahrt, Erstausstattung** und **Umgangskosten,**
- seit 1.12.2021: Leistungen nach dem **Asylbewerberleistungsgesetz** und der **Stiftung „Mutter und Kind"** oder
- **unpfändbare Leistungen**, wenn die Unpfändbarkeit in demselben Gesetz geregelt ist, nach dem die Leistung gewährt wird (wozu das Wohngeld etwa nicht gehört, BT-Drs. 19/19850, 38; aber die Energiepreispauschale → Rn. 28).

5.3.2 Nachweis für die Freibetragserhöhung (P-Konto-Bescheinigung)

42 Diese erhöhten Freibeträge sowie die für die Unterhaltspflichten werden vom Geldinstitut aber **nur berücksichtigt**, wenn die Voraussetzungen
- durch **Bescheinigungen bestimmter Stellen** oder **Personen** belegt werden können (§ 903 ZPO), zB
  - Arbeitgeber (aussagekräftige Lohnabrechnung),
  - Familienkassen (Kindergeldbescheid),
  - Sozialleistungsträger,
  - Rechtsanwält*innen/Steuerberater*innen (verlangen idR eine Vergütung dafür) oder
  - anerkannte Schuldnerberatungsstellen nach § 305 Abs. 1 Nr. 1 InsO oder hilfsweise
- durch das **Vollstreckungsgericht** (§ 905 ZPO)

festgestellt werden. Letzteres ist allerdings in der Praxis schwer durchzusetzen, da viele Gerichte „mauern" und sich darauf berufen, dass die Betroffenen erst bei den anderen Bescheinigungsstellen vergeblich vorgesprochen haben muss.

Seit dem 1.12.2021 sind die Familienkasse und Sozialleistungsträger verpflichtet, eine Bescheinigung zu erstellen (§ 903 Abs. 3 ZPO).

Die Bescheinigung ist seit 2021 nur noch zwei Jahre gültig.

43 **Tipp:** Manche Banken versuchen, die Umwandlung eines Kontos in ein P-Konto mit der Behauptung zu erschweren, dass zuvor eine P-Konten-Bescheinigung erforderlich sei. Das ist unzutreffend! Der Grundfreibetrag von 1.440 EUR ist sofort nach der Umwandlung geschützt und die Umwandlung sollte daher umgehend verlangt werden. Nur wenn Sie wegen Unterhaltsgewährung oder aus den oben genannten Gründen überhaupt einen anerkannten Bedarf für eine Freibetragserhöhung haben, können und sollten Sie die P-Konten-Bescheinigung vorlegen.

5.3.3 Abweichende individuelle Bestimmung des „P-Konto-Freibetrages" (§ 906 ZPO)

44 Zudem kann beim Vollstreckungsgericht beantragt werden,

- den **Pfändungsfreibetrag** auf dem Konto individuell nach der Pfändungsfreigrenze laut Pfändungstabelle zu bestimmen (→ Rn. 13),
- dem*r Schuldner*in wegen besonderer **persönlicher Bedürfnisse** zusätzliche Anteile des eigentlich pfändbaren Betrages zu belassen (zB bei kostenaufwendiger Ernährung, Kosten für Wahrnehmung des Umgangsrechts),
- den Freibetrag individuell zu erhöhen oder
- bestimme Leistungen, die unpfändbar sind, zu schützen, wie Corona-Sonderzahlung (→ Rn. 28),
  - wegen besonderer **beruflicher Bedürfnisse** (zB Kinderbetreuungskosten, hohe Fahrtkosten zur Arbeitsstelle),
  - bei **mehr als fünf Unterhaltspflichten** oder

- wenn die **Nachzahlung** von Arbeitseinkommen den Betrag von 500 EUR übersteigt.

45 **Beispiel: individuelle Bestimmung der Pfändungsfreigrenze laut Pfändungstabelle** Ein*e alleinstehende*r Arbeitnehmer*in verdient mtl. 1.500 EUR netto. Ein Antrag auf einen individuellen Freigabeantrag ist notwendig, wenn

a. der Lohn bereits an der Quelle gepfändet wurde (Lohnpfändung) und der laut Tabelle unpfändbare Lohnrest von 1.431,60 EUR dem Konto gutgeschrieben wird. Denn auf dem P-Konto ist nur der Sockelbetrag von 1.440 EUR geschützt; auf die Differenz von 31,60 EUR muss der*die Schuldner*in nicht verzichten (sog. Blankettbeschluss: BGH 10.11.2011 – VII ZB 64/10),
b. nur das Konto gepfändet ist und die 1.500 EUR dort eingehen. Auch hier muss das Vollstreckungsgericht die laut Pfändungstabelle unpfändbaren 1.431,60 EUR individuell freigeben, damit der volle Betrag geschützt ist.

5.3.4 Übertrag nicht verbrauchten Guthabens

46 Seit dem 1.12.2021 gibt es Verbesserungen: § 899 Abs. 2 ZPO bestimmt, dass ein nicht verbrauchter Freibetrag in den **drei nachfolgenden Kalendermonaten** zusätzlich genutzt, also übertragen werden kann. Damit diesbezüglich keine Unklarheiten bestehen, sind die Banken verpflichtet, über das im laufenden Kalendermonat noch verfügbare, von der Pfändung nicht erfasste Guthaben zu informieren (§ 908 Abs. 2 ZPO). In der Regel geschieht dies über den Kontoauszug; sollte dies nicht der Fall sein, fragen Sie bei Ihrer Bank nach!

5.3.5 Nachzahlung von Geldleistungen

47 Werden laufende Geldleistungen zu einem späteren Zeitpunkt als dem Monat, auf den sich die Leistungen beziehen, ausbezahlt (→ 80), werden diese nicht von der Pfändung erfasst (§ 904 ZPO). Sie müssen dazu aber der Bank eine entsprechende Bescheinigung vorlegen; insoweit gelten dieselben Regeln wie unter → Rn. 42 dargestellt. Für Arbeitseinkommen ist dies aber nur bis

zu einem Betrag in Höhe von 500 EUR möglich. Ist die Nachzahlung höher, ist ein Antrag beim Vollstreckungsgericht erforderlich.

5.3.6 Was kostet das P-Konto?

48 Die **Gebühren** für das P-Konto sind nicht gesetzlich geregelt, dürfen jedoch nach aktueller Rechtsprechung **nicht höher** sein als für das entsprechende Girokonto ohne P-Konto-Funktion (BGH 13.11.2012 – XI ZR 500/11 und XI ZR 145/12; 16.7.2013 – XI ZR 260/12; 10.2.2015 – XI ZR 187/13). Regeln die Geschäftsbedingungen Ihrer Bank zum Pfändungsschutzkonto höhere Kontoführungsgebühren, sind diese unwirksam.

49 Erstattet Ihre Bank zu Unrecht geltend gemachte Extragebühren für ein P-Konto, darf der Erstattungsbetrag nicht auf Ihre Sozialleistung angerechnet werden, weil Sie die Gebühren aus der Regelleistung gezahlt haben (§ 82 Abs. 1 S. 2 SGB XII). Das gilt auch im SGB II.

Das **reguläre Kontoführungsentgelt** darf die Bank allerdings von den auf Ihrem P-Konto eingehenden Sozialleistungen bzw. vom Freibetrag **einbehalten.**

50 Tipp: Musterschreiben zur Rückforderung erhöhter Entgelte beim P-Konto sowie Widerspruch gegen Leistungseinschränkungen finden Sie auf der Seite der Verbraucherzentrale (https://www.verbraucherzentrale. nrw/wissen/geld-versicherungen/kredit-sch ulden-insolvenz/unzulaessigen-zuS.entgelte n-und-leistungseinschraenkungen-widerspr echen-6478, letzter Zugriff: 31.12.2022).

5.3.7 Befristete Unpfändbarkeit des Kontos durch Anordnung des Gerichts

51 Das Vollstreckungsgericht „kann" eine befristete Unpfändbarkeit des Kontoguthabens für bis zu zwölf Monate anordnen. Das ist möglich, wenn der*die Schuldner*in nachweist, *„dass dem Konto in den letzten sechs Monaten vor Antragstellung ganz überwiegend nur unpfändbare Beträge gutgeschrieben worden sind"*, und er*sie glaubhaft macht, *„dass auch innerhalb der nächsten sechs Monate ganz überwiegend nur die Gutschrift unpfändbarer Beiträge zu erwarten"* ist (§ 907 Abs. 1 Nr. 1 und 2 ZPO). Diese Anordnung entlastet Sie als Schuldner*in, aber auch Ihre Bank und das Gericht.

5.3.8 Pfändung von Arbeitseinkommen auf Ihrem Konto

52 Wird Ihr Arbeitseinkommen Ihrem Konto gutgeschrieben, ist auch diese Gutschrift nur auf einem P-Konto geschützt und auch zunächst nur in Höhe des Sockelfreibetrages von 1.440 EUR bzw. des erhöhten Pfändungsschutzes auf Grundlage von Bescheinigungen/ Bescheiden (→ Rn. 40 ff.).

Liegt Ihr Arbeitseinkommen **über** den Pfändungsfreibeträgen (→ Rn. 12), müssen Sie einen **individuellen Freigabeantrag** an das Vollstreckungsgericht stellen, damit Ihnen im Fall einer **Doppelpfändung** von Lohn und Konto der **unpfändbare Lohnanteil** zu 100 Prozent verbleibt, der auf dem P-Konto eingeht. Und damit, wenn allein das Konto gepfändet ist, genauso viel von Ihrem Lohn vom Vollstreckungsgericht freigegeben wird, wie Ihnen auch bei der Pfändung an der Quelle (beim Arbeitgeber) laut Pfändungstabelle verbleiben würde.

53 Tipp: Der Arbeitgeber muss die Pfändungstabelle automatisch anwenden. Bei der Pfändung auf Ihrem P-Konto müssen Sie aktiv werden und den individuellen Freigabeantrag beim Vollstreckungsgericht nach § 906 ZPO stellen (→ Rn. 44 f. mit Beispiel b).

6. Pfändungs- und Überweisungsverfügung durch eine Behörde

54 Wird eine Zwangsvollstreckung zB vom Finanzamt, Ordnungsamt oder vom Jobcenter verfügt und von der Vollstreckungsstelle, der Stadtkasse oder von dem Hauptzollamt vollzogen, müssen Sie Ihren Antrag auf Vollstreckungsschutz direkt an die Vollstreckungsbehörde (Vollstreckungsstelle, Stadtkasse, Hauptzollamt) richten, die die Pfändungsverfügung erlassen hat; also nicht an die Stelle/Behörde, die den Bescheid erlassen hat. Für die individuelle P-Konto-Freigabe ist ebenfalls die Vollstreckungsstelle zuständig und nicht das Vollstreckungsgericht zuständig (vgl. dazu www.agsbv.de/2017/10/information-zur-kontenpfaendung-durch-oeffentliche-glaeubiger/, letzter Zugriff: 31.12.2022).

7. Anlaufstellen/Information

55 Sind Sie von einer Pfändung betroffen, wenden Sie sich umgehend an eine Schuldnerberatungsstelle, eine Verbraucherzentrale oder (mit **Beratungshilfeschein**, → 20) an eine*n Anwalt*Anwältin (→ 8).

56 Weitere Informationen erhalten Sie unter
- LAG Schuldnerberatung: www.soziale-sch uldnerberatung-hamburg.de/p-konto und https://www.soziale-schuldnerberatung-ha mburg.de/lohnpfaendung/
- dem Beitrag Schulden (→ 98)

8. Forderungen

57 Ausdrückliche gesetzliche Regelung der Unpfändbarkeit von gesonderten Leistungen und der Erhöhung der Pfändungsfreigrenzen bei „faktischen Unterhaltspflichten"!

86 Pflegebedürftige

1 Leistungen bei Pflegebedürftigkeit sind im Elften Sozialgesetzbuch (SGB XI) geregelt. Es gibt Leistungen für die*den Pflegebedürftige*n selbst und Leistungen für Menschen, die Pflegebedürftige pflegen. Beides kann sowohl bei Leistungsbezug vom Jobcenter als auch bei Leistungsbezug vom Sozialamt vorkommen.

Ein Anspruch auf Bürgergeld entfällt nicht automatisch, wenn jemand Pflegeleistungen benötigt. Das Jobcenter prüft die Erwerbsfähigkeit. Diese kann auch gegeben sein, wenn jemand Pflegeleistungen bekommt (zB im Rollstuhl sitzt, aber noch arbeiten kann). Allerdings haben Menschen, die in einem Pflegeheim leben, unabhängig vom Alter keinen Anspruch auf Bürgergeld, sondern ausschließlich auf Leistungen vom Sozialamt (§ 7 Abs. 4 SGB II).

2 **Gesetzlich krankenversicherte** (→ 70) **Bürgergeld-Beziehende** sind automatisch auch gesetzlich **pflegeversichert** (Beitrag seit 1.1.2023 mtl. 23,46 EUR). Der Beitrag wird zusammen mit dem KV-Beitrag vom Jobcenter direkt überwiesen. **Privat krankenversicherte** Bürgergeld-Beziehende sind automatisch in der privaten Pflegeversicherung versichert (§ 110 SGB XI). Wer im Basistarif versichert ist, zahlt mtl. maximal 76,06 EUR (Beitragshöhe seit 1.1.2023), da der Beitrag hier begrenzt ist. Dieser Betrag wird auch vom Jobcenter übernommen und direkt an die PKV überwiesen.

3 **Bezieher*innen von HzL und GSi des Sozialamtes** sind pflegeversichert, wenn sie in der Krankenversicherung pflichtversichert, freiwillig versichert, familienversichert oder Mitglied einer privaten Krankenversicherung sind (Krankenversicherung, → 70 Rn. 36 ff.). Das Sozialamt übernimmt die angemessenen Beiträge zur Pflegeversicherung und überweist sie direkt an die Krankenkasse (§ 32 SGB XII). Angemessen sind die Beiträge in der gesetzlichen Pflegeversicherung und bei einer privaten Versicherung maximal in Höhe des halbierten Höchstbeitrags in der sozialen Pflegeversicherung (seit 1.1.2023 mtl. 76,06 EUR).

4 Der **Beitragssatz** der gesetzlichen Pflegeversicherung beträgt seit 1.1.2023 3,05 **Prozent**. Kinderlose, die über 23 Jahre alt sind, müssen seit 2005 einen Zuschlag an die Pflegeversicherung zahlen, seit 1.1.2023 3,4 Prozent (§ 55 SGB XI). Anmerkung: Auch Arbeitgeber sind kranken- und pflegeversichert und müssen den Zuschlag zahlen. Wer arbeitet, trägt den Zuschlag für Kinderlose alleine, denn der Arbeitgeber muss davon nicht die Hälfte übernehmen (§ 58 Abs. 1 S. 3 SGB XI). Kinderlose Bürgergeld-Beziehende und Menschen, die vor dem 1.1.1940 geboren wurden, sind von dem Beitragszuschlag ausgenommen (§ 55 Abs. 3 S. 7 SGB XI).

5 Wer Leistungen aus der Pflegeversicherung benötigt, braucht die Feststellung eines Pflegegrades. Es gibt die Pflegegrade 1 bis 5 und je nach Pflegegrad Leistungen in unterschiedlicher Höhe. Wer nicht regulär gesetzlich oder privat krankenversichert ist (→ 70), sondern zB über das Sozialamt gem. § 264 SGB V von einer Krankenkasse auftragsversorgt wird, muss alle Pflegeleistungen beim Sozialamt im Rahmen der Hilfe zu Pflege beantragen (§§ 61 ff. SGB XII).

6 Pflegebedürftige Menschen, die privat zu Hause zB von Angehörigen gepflegt werden, bekommen von der Pflegekasse ab einem Pflegegrad 2 ein Pflegegeld (§ 37 SGB XI)

um die pflegenden Angehörigen zu bezahlen. Das Pflegegeld ist weder bei SGB XII- noch bei SGB II-Bezug des*r Pflegebedürftigen bei diesem*r anzurechnen (§§ 82, 83 SGB XII iVm § 64a SGB XII). Auch im Bürgergeld ist dies als zweckbestimmte Einnahme nicht als zu berücksichtigendes Einkommen zu werten (§ 1 Abs. 1 Nr. 4 Bürgergeld-V; FW 11.109).

7 Die Pflegekasse entrichtet unter bestimmten Bedingungen und ab einem Mindestpflegeumfang für die pflegenden Personen Rentenversicherungsbeiträge.

8 Beziehen **Freund*innen** und Bekannte Pflegegeld für die Pflege und beziehen gleichzeitig Bürgergeld oder Leistungen des Sozialamtes (SGB XII), so wird dieses **Pflegegeld als Einkommen angerechnet.** Bei pflegenden Angehörigen ist dieses nicht der Fall. Nach der herrschenden Rechtsprechung ist das Pflegegeld für den Angehörigen kein Einkommen iSd § 82 SGB XII, dh, es wird nicht auf HzL bzw. GSi vom Sozialamt angerechnet (VGH Hessen 7.12.1995 – 9 TG 3060/95, Entscheidung zum alten § 76 BSHG). Die herrschende Rechtsprechung begründet es damit, dass ansonsten der Sinn des Pflegegeldes, nämlich die Erhaltung der Pflegebereitschaft der Pflegeperson, nicht erreicht werden würde.

9 Für das Bürgergeld (§ 19 Abs. 1 S. 2 SGB II) gilt ebenso, dass es nicht angerechnet werden darf. Im § 1 Abs. 1 Nr. 4 Bürgergeld-V wird ausdrücklich geregelt, dass nicht steuerpflichtige Einnahmen einer Pflegeperson für Leistungen der Grundpflege und der hauswirtschaftlichen Versorgung nicht als berücksichtigungsfähiges Einkommen gelten.

10 Informationen
- Bei den örtlichen Pflegestützpunkten. Eine Übersicht für alle Bundesländer finden Sie hier: http://gesundheits-und-pflegeberatung.de/pflegestutzpunkte/pflegestutzpunkte.html
- AG TuWas, Leitfaden Sozialhilfe für Menschen mit Behinderungen und bei Pflegebedürftigkeit von A-Z, 10. Aufl. 2018, Frankfurt
- Weitere Informationen über Pflegebedürftigkeit, Hilfe zur Pflege, Pflegegeld, Pflegekräfte, Pflegeversicherung usw erhalten Sie auf der Website des Bundesministeriums für Gesundheit unter: https://www.bundesgesundheitsministerium.de/themen/pflege/online-ratgeber-pflege.html

87 Prozesskostenhilfe

1. Was Sie vor einem Prozess überlegen sollten 1
2. Wann Sie eine*n Anwältin*Anwalt im Gerichtsverfahren brauchen 3
3. Voraussetzungen für Prozesskostenhilfe 4
   3.1 Geringe Einkommens- und Vermögensverhältnisse 5
   3.1.1 Geringe Einkommensverhältnisse 6
   3.1.2 Geringe Vermögensverhältnisse 7
   3.2 Hinreichende Erfolgsaussicht 8
   3.3 Keine Mutwilligkeit 10
   3.4 Keine anderweitige Vertretungsmöglichkeit 12
4. Nachträgliche Änderung der PKH-Bewilligung 13
5. Aufhebung der Bewilligung 15

1. Was Sie vor einem Prozess überlegen sollten

1 Verfügen Sie über ein nur geringes Einkommen (→ 37) und Vermögen (→ 119), können Sie zur Bestreitung von Prozesskosten Prozesskostenhilfe (PKH) in Anspruch nehmen. Dann werden die Kosten Ihrer Prozessführung ganz oder teilweise vom Staat getragen. Da das Verfahren vor den Sozialgerichten für Leistungsberechtigte u.a. nach dem SGB II, SGB III und SGB XII gerichtskostenfrei ist (§ 183 SGG) und sich die Behörde durch ihre eigenen Mitarbeiter*innen vertritt, können Ihnen allenfalls Kosten durch die Beauftragung eines*r eigenen Rechtsanwalts*Rechtsanwältin (→ 8) entstehen, die über die Prozesskostenhilfe übernommen werden können.

2 Bevor Sie eine Klage (→ 64) oder einen Antrag auf einstweiligen Rechtsschutz (Eilantrag; → 41) bei einem Sozialgericht einreichen, sollten Sie unbedingt prüfen, ob die beabsichtigte Rechtsverfolgung Aussicht auf Erfolg hat (→ Rn. 8). Für die Prüfung der Er-

683

folgsaussichten sollten Sie ggf. eine*n Anwältin*Anwalt hinzuziehen. Für eine anwaltliche Beratung vor Klageerhebung kann Ihnen Beratungshilfe (→ 21) gewährt werden.

2. Wann Sie eine*n Anwältin*Anwalt im Gerichtsverfahren brauchen

3 Vor dem Sozialgericht und dem Landessozialgericht besteht kein Anwaltszwang, dh, Sie können einen Prozess auch selbst führen (§ 73 Abs. 1 SGG). Trauen Sie sich die Prozessführung selbst zu, müssen Sie deswegen keine*n Anwältin*Anwalt beauftragen. Sie sollten aber immer bedenken, dass aufseiten der Behörden im Regelfall ausgebildete Jurist*innen den Prozess führen. Deswegen kann es jedenfalls in schwieriger gelagerten Fällen sinnvoll sein, wenn Sie sich ebenfalls rechtlichen Beistand suchen. Vor dem Bundessozialgericht (BSG) müssen Sie sich – außer für das Prozesskostenhilfeverfahren – durch einen Prozessbevollmächtigten (idR eine*n Rechtsanwältin*Rechtsanwalt) vertreten lassen (§ 73 Abs. 4 SGG).

3. Voraussetzungen für Prozesskostenhilfe

4 Können Sie nach Ihren persönlichen und wirtschaftlichen Verhältnissen die Anwaltskosten nicht aufbringen, können Sie Prozesskostenhilfe erhalten, wenn die beabsichtigte Rechtsverfolgung oder Rechtsverteidigung hinreichende **Aussicht auf Erfolg** bietet und nicht mutwillig erscheint (§ 114 Abs. 1 ZPO) sowie die Vertretung durch eine*n **Anwältin*Anwalt erforderlich** ist (§ 121 Abs. 2 ZPO). Bei Vorliegen der finanziellen Voraussetzungen wird Ihnen ohne weitere Prüfung der Erfolgsaussichten ein*e Anwalt*Anwältin beigeordnet, wenn eine anwaltliche Vertretung vorgeschrieben ist (vor dem BSG; → Rn. 3) oder die Behörde das Rechtsmittel (Berufung, Revision) eingelegt hat (§ 73a SGG iVm § 119 Abs. 1 S. 2 ZPO). Entscheiden Sie sich für eine*n nicht ortsansässige*n Rechtsanwältin*Rechtsanwalt, müssen Sie deren*dessen Fahrtkosten und ggf. Kosten ihrer*seiner Ortsabwesenheit selbst tragen (§ 121 Abs. 3 ZPO).

3.1 Geringe Einkommens- und Vermögensverhältnisse

5 Ob Ihre Einkommensverhältnisse (→ 37) die Bewilligung von Prozesskostenhilfe erlauben, richtet sich nach § 115 Abs. 1 ZPO. Die Vermögensgrenzen (→ 119) orientieren sich am Schonvermögen der Sozialhilfe (§ 115 Abs. 3 ZPO iVm § 90 SGB XII). Maßgeblich sind Ihre Einkommens- und Vermögensverhältnisse zum Zeitpunkt der PKH-Bewilligung, nicht der Antragstellung (§ 115 Abs. 1 S. 4 ZPO). Das Gericht kann von Ihnen verlangen, dass Sie Ihre Angaben durch Vorlage von Urkunden oder die Abgabe einer eidesstattlichen Versicherung glaubhaft machen (§ 118 Abs. 2 S. 1 ZPO).

3.1.1 Geringe Einkommensverhältnisse

6 Beziehen Sie lediglich Leistungen nach dem SGB II oder SGB XII, steht die Höhe Ihres Einkommens einer PKH-Bewilligung nicht entgegen. Anders kann es sich verhalten, wenn Sie Bürgergeld aufstocken oder etwa Wohngeld beziehen. In diesem Fall muss eine genaue Berechnung vorgenommen werden.

In einem ersten Schritt sind alle Einkünfte (Netto-Arbeitseinkommen, Sozialleistungen, Zinseinkünfte etc) zu addieren. Von dem Gesamteinkommen sind sodann die **Beiträge** nach § 115 Abs. 1 S. 3 ZPO abzusetzen. Hierzu gehören angemessene Prämien zu Versicherungen, Mindestbeiträge zur Riester-Rente, Werbungskosten sowie die Freibeträge nach § 115 Abs. 1 S. 3 Nr. 2, 1 lit. b ZPO (Stand: 2023):

- 552 EUR für die*den Rechtsuchende*n, zusätzlich 251 EUR bei (ggf. zusätzlicher) Erwerbstätigkeit,
- weitere 552 EUR für die*die Ehepartner*in oder Lebenspartner*in,
- 442 EUR für jede*n erwachsene*n Unterhaltspflichtige*n, der*m Unterhalt – auch Naturalunterhalt – geleistet wird,
- 462 EUR für 14- bis 17-jährige Unterhaltspflichtige,
- 383 EUR für 6- bis 13-jährige Unterhaltspflichtige und
- 350 EUR für unterhaltspflichtige Kinder bis 5 Jahre.

Abzusetzen sind weiter die Unterkunftskosten einschließlich Neben- und Heizkosten (ohne Strom), Mehrbedarfe (§§ 21, 23 SGB II bzw. §§ 30, 42b SGB XII) sowie besondere Belastungen (idR 32,50 EUR je Schüler*in unter 18 Jahren, Kosten für ein Schülerticket, Nachhilfekosten, Ratenzahlungen aus Abzahlungskäufen, Zuzahlungen bei Ärzt*innen, Kita- oder Kindergartenbeiträge, die der berufstätige Elternteil selbst aufbringt etc).

Das Einkommen abzüglich der Absatzbeträge ergibt das sogenannte *„einzusetzende Einkommen"*. Liegt dieses **unter 20 EUR** (bis 19,99 EUR), wird Ihnen **ratenfreie Prozesskostenhilfe** bewilligt. Andernfalls werden Raten in Höhe Ihres hälftigen monatlichen Einkommens festgesetzt. Ein guter Rechenbogen wird von Prof. Dr. Dieter Zimmermann von der EH Darmstadt jährlich aktuell im Internet veröffentlicht (leicht zu finden mit den Stichworten „Rechenbogen PKH Zimmermann" mit jeder Suchmaschine).

3.1.2 Geringe Vermögensverhältnisse

7 Ferner muss auch Ihr Vermögen innerhalb der Vermögensfreigrenzen liegen (§ 115 Abs. 3 ZPO iVm § 90 Abs. 2 Nr. 9 SGB XII iVm § 1 BarBetrVO v. 16.12.2022):

Geschützt sind seit 1.1.2023 für jede volljährige Person sowie für jede alleinstehende minderjährige Person **10.000 EUR** sowie **500 EUR** für jede weitere Person, der Unterhalt gezahlt wird.

Volle PKH ist auch zu bewilligen, wenn Sie Ihre Anwaltskosten nur zum Teil aus ihrem einzusetzenden Barvermögen aufbringen können (§ 114 Abs. 1 S. 1 ZPO). Welche Vermögensgegenstände nicht zu berücksichtigen sind, ist in § 90 SGB XII geregelt (→ 119 Rn. 30, 33).

3.2 Hinreichende Erfolgsaussicht

8 Weiter muss für die von Ihnen angestrebte Rechtsverfolgung hinreichende Erfolgsaussicht bestehen. Dies ist nach der Rechtsprechung der Fall, wenn das Gericht Ihren Rechtsstandpunkt aufgrund Ihrer Sachverhaltsschilderung und der vorliegenden Unterlagen für zutreffend oder zumindest für vertretbar hält und in tatsächlicher Hinsicht von der Möglichkeit der Beweisführung überzeugt ist.

Aus Gründen der Waffengleichheit zwischen den Beteiligten sind an die Erfolgsaussicht **keine überspannten Anforderungen** zu stellen (BVerfG 7.4.2000 – 1 BvR 81/00). Die Gewährung von PKH kommt jedoch dann nicht in Betracht, wenn ein Erfolg in der Hauptsache zwar nicht gänzlich ausgeschlossen ist, die Erfolgschance aber nur eine entfernte ist (BSG 17.2.1998 – B 13 RJ 83/97 R). In Klageverfahren werden von den Sozialgerichten idR keine überhöhten Anforderungen an die Erfolgsaussichten gestellt und auch dann PKH bewilligt, wenn die Klage ggf. später abgelehnt wird. Verfolgen Sie mit Ihrer Klage mehrere Anliegen, genügt es, wenn eines Ihrer Anliegen Aussicht auf Erfolg hat. Verschlechtern sich die Erfolgsaussichten während des PKH-Verfahrens durch pflichtwidrige Verzögerung der Bewilligungsentscheidung durch das Gericht, sind die Erfolgsaussichten zum Zeitpunkt der PKH-Antragstellung maßgeblich (Zöller/Philippi, 22. Aufl. 2001, ZPO § 119 Rn. 45 f.).

9 Anders als in Hauptsacheverfahren stellt sich die Praxis der Gerichte in **sozialgerichtlichen Eilverfahren** (→ 41) dar. Regelmäßig wird von den Sozialgerichten im Gleichklang mit der Entscheidung in der Sache auch über den PKH-Antrag entschieden: Hat der Antrag auf einstweiligen Rechtsschutz in der Sache Erfolg, wird auch PKH bewilligt, wird der Sachantrag dagegen abgelehnt, ereilt den PKH-Antrag regelmäßig dasselbe Schicksal. Diese Praxis ist zu **kritisieren**. Zur Gewährleistung eines effektiven Rechtsschutzes kann es geboten sein, die Wahrscheinlichkeitsbetrachtung bei der PKH-Bewilligung großzügiger auszugestalten als im Bereich der Sachentscheidung (Groth NJW 2007, 2294 (2297)).

3.3 Keine Mutwilligkeit

10 Mutwillig ist die Rechtsverfolgung oder Rechtsverteidigung, wenn eine Partei, die keine PKH beanspruchen kann, bei verständiger Würdigung aller Umstände von der Führung eines Prozesses absehen würde, obwohl eine hinreichende Erfolgsaussicht be-

steht (§ 114 Abs. 2 ZPO). Mutwilligkeit wurde in der Rechtsprechung etwa angenommen, wenn durch ein Urteil für den*die Kläger*in keine Vorteile zu erwarten sind, die Nachteile überwiegen, es einen kostengünstigeren außergerichtlichen Weg gegeben hätte oder sinnvollerweise die Entscheidung in einem Parallelfall hätte abgewartet und ein Widerspruchsverfahren so lange hätte ruhend gestellt werden können (LSG Schleswig-Holstein 26.11.2014 – L 6 AS 271/14 B PKH).

11 **Tipp:** Wollen Sie sicher gehen, dass keine Anwaltskosten entstehen, erheben Sie selbst fristwahrend zu Protokoll der Geschäftsstelle des Sozialgerichts Klage, stellen Sie den PKH-Antrag (§ 117 Abs. 1 ZPO) und beantragen Sie die Beiordnung Ihres*r Rechtsanwalts*Rechtsanwältin. Das Gericht wird dann in der Regel kurzfristig über den von Ihnen gestellten PKH-Antrag entscheiden. Bewilligt das Gericht keine PKH und wendet sich weiter an Sie, können Sie dem Gericht mitteilen, dass Sie sich zur Prozessführung nicht in der Lage sehen und an die PKH-Bewilligung erinnern. Sie haben einen Anspruch auf Entscheidung über Ihren PKH-Antrag.

3.4 Keine anderweitige Vertretungsmöglichkeit

12 Prozesskostenhilfe wird Ihnen auch dann nicht bewilligt, wenn Sie sich anderweitig vertreten lassen können (§ 73a Abs. 2 SGG), etwa als Gewerkschaftsmitglied durch Ihre Gewerkschaft oder die „DGB Rechtsschutz GmbH" oder als Mitglied eines Sozialverbandes durch Ihren Verband (BSG 8.10.2009 – B 8 SO 35/09 B).

4. Nachträgliche Änderung der PKH-Bewilligung

13 Wurde Ihnen PKH unter Ratenzahlung bewilligt und haben sich Ihre wirtschaftlichen Verhältnisse so **verschlechtert**, dass nunmehr keine Monatsraten mehr zu zahlen sind, kann das Gericht auf Ihren **Antrag** hin die Entscheidung über die zu leistenden Zahlungen ändern (§ 120a Abs. 1 ZPO).

14 **Verbessern** sich Ihre wirtschaftlichen Verhältnisse innerhalb von vier Jahren nach Abschluss des Verfahrens, kann das Gericht die PKH-Entscheidung ebenfalls ändern (§ 120a Abs. 1 S. 4 ZPO). Wesentliche Verbesserungen Ihrer wirtschaftlichen Verhältnisse **müssen Sie dem Gericht unverzüglich mitteilen** (→ Rn. 15 ff.). Einkommenssteigerungen sind „wesentlich", wenn diese nicht nur einmalig 100 EUR brutto übersteigen. Gleiches gilt für den Wegfall abzugsfähiger Belastungen (§ 120a Abs. 2 ZPO). Eine wesentliche Verbesserung Ihrer wirtschaftlichen Verhältnisse kann auch dadurch eintreten, dass Sie durch den Gerichtsprozess etwas erlangen. Dies prüft das Gericht von sich aus. Eine Änderung der PKH-Bewilligung ist allerdings ausgeschlossen, soweit Sie bei rechtzeitiger Leistung des durch den Prozess Erlangten ratenfreie PKH erhalten hätten.

Beispiel: Zahlt Ihnen der Grundsicherungsträger über Jahre vorenthaltende Leistungen für die Unterkunft in Höhe von 3.500 EUR nach, müssen Sie die PKH nicht zurückzahlen, denn bei rechtzeitiger Leistung hätten sie PKH erhalten.

5. Aufhebung der Bewilligung

15 Das Gericht kann die Bewilligung von PKH auch nachträglich ganz aufheben (§ 124 ZPO). Die Voraussetzungen hierfür sind zum 1.1.2014 erheblich verschärft worden:

- Sie haben durch **unrichtige Darstellung** des Streitverhältnisses die für die PKH-Bewilligung maßgeblichen Voraussetzungen vorgetäuscht (§ 124 Abs. 1 Nr. 1 ZPO).
- Sie haben absichtlich oder aus grober Nachlässigkeit **unrichtige Angaben** zu Ihren persönlichen und wirtschaftlichen Verhältnissen gemacht oder auf Verlangen des Gerichts Änderungen nicht oder ungenügend angegeben (§ 124 Abs. 1 Nr. 2 ZPO).
- Die PKH-Voraussetzungen haben **nicht vorgelegen**. Die Aufhebung ist dann innerhalb der Frist von vier Jahren nach Beendigung des Gerichtsverfahrens möglich (§ 124 Abs. 1 Nr. 3 ZPO).
- Sie haben wesentliche **Verbesserungen** in Ihren Einkommens- oder Vermögensverhältnissen oder Änderungen Ihrer **Anschrift** absichtlich oder aus grober Nach-

lässigkeit unrichtig oder **nicht unverzüglich mitgeteilt** (§ 124 Abs. 1 Nr. 4 ZPO).
- Sie befinden sich länger als drei Monate mit der **Zahlung** einer Monatsrate oder eines sonstigen Betrages **im Rückstand** (§ 124 Abs. 1 Nr. 5 ZPO).
- Sie haben eine Beweiserhebung (Zeugenvernehmung, Anforderung von Beweisurkunden) beantragt, die aus Gründen, die bei der PKH-Bewilligung noch nicht berücksichtig werden konnten, keine hinreichende Erfolgsaussicht geboten hat oder der Beweisantritt erscheint nachträglich mutwillig (§ 124 Abs. 2 ZPO).

16 Mit diesen **Verschärfungen** sind den Gerichten Tür und Tor für eine Aufhebung der PKH-Bewilligung geöffnet. So kann schon die fehlerhafte oder nicht unverzügliche (dh ohne schuldhaftes Zögern) Mitteilung der **Anschriftsänderung** bis zu **vier Jahre** nach Verfahrensbeendigung die Aufhebung der PKH-Bewilligung nach sich ziehen. Kaum ein*e Kläger*in wird – nachdem er*sie Jahre auf seinen Verhandlungstermin bei einem Sozialgericht gewartet hat – vier Jahre nach Beendigung des Gerichtsverfahrens überhaupt noch daran denken, dem Gericht Mitteilungen zu machen, schon gar nicht „unverzüglich" bei Änderung der Anschrift. Es steht zu befürchten, dass einige Gerichte die neuen gesetzlichen Regelungen als Einfallstore für die Aufhebung der PKH-Bewilligung nutzen werden.

17 **Tipp:** Achten Sie nach einer PKH-Bewilligung darauf, Ihre gesetzlichen Verpflichtungen penibel und für Sie nachweisbar einzuhalten (zB per Fax mit Sendebericht).

88
Räumung

1. Räumungsklage	1
1.1 Mietrechtsänderung schwächt Mieterposition	2
1.2 Räumung per einstweiliger Verfügung	3
2. Möglichkeiten, die Räumung aufzuschieben	4
2.1 Räumungsfrist beantragen	5
2.2 Vollstreckungsschutz	6
2.3 Nach einvernehmlicher Lösung suchen	8
3. Welche Unterkunftsangebote zumutbar sind	10
3.1 Billigste Wohnung oder Unterkunft?	11
3.2 Unterbringung nach der Räumung	13
3.3 Wohnungsvermittlung	14
4. Kosten der Räumung	15
4.1 Lagerung und Lagerkosten	16
4.2 „Berliner Räumung"	18
5. Beratung	19

1. Räumungsklage

1 Wenn beim Amtsgericht eine Räumungsklage eingeht, muss dieses dem Jobcenter bzw. dem Sozialamt oder einer von diesen Behörden beauftragten Stelle davon *„unverzüglich"* Mitteilung machen (§ 22 Abs. 9 SGB II; § 36 Abs. 2 SGB XII).

Das Gericht muss den Tag des Eingangs der Klage, den Namen des*r Mietschuldners*Mietschuldnerin und des*r Vermieters*Vermieterin, die Höhe der Miete und der Mietrückstände sowie den Termin der Verhandlung mitteilen. Die Behörde ist verpflichtet, Kontakt zu den von Wohnungsverlust bedrohten Haushalten aufzunehmen, um zu prüfen, ob die Räumung durch die Übernahme der Mietschulden (→ 77) abgewendet werden kann.

1.1 Mietrechtsänderung schwächt Mieterposition

2 Die im Mai 2013 in Kraft getretene Änderung erleichtert **fristlose Kündigungen** (→ 77) und Räumungen für Vermieter*innen.

1.2 Räumung per einstweiliger Verfügung

3 Streiten sich Mieter*in und Vermieter*in in einem Räumungsprozess über Mieten, Mietrückstände oder Mietminderungen, kann das Gericht auf Antrag des*r Vermieters*Vermieterin anordnen, dass der*die Mieter*in den strittigen Betrag bzw. eine entsprechende Nutzungsentschädigung (→ Rn. 15) in der Höhe hinterlegt, die bis zur gerichtlichen Klärung anfällt (§ 283a ZPO). Zahlt oder reagiert der*die Mieter*in auf diese **Sicherungsanordnung** nicht, kann

das Gericht die Räumung der Wohnung mithilfe des einstweiligen Rechtsschutzes (→ 41) anordnen (§ 940a Abs. 3 ZPO). Die Wohnung wäre dann verloren, noch bevor das Gericht über die eigentliche Räumungsklage entschieden hat.

2. Möglichkeiten, die Räumung aufzuschieben

4 Es gibt unter bestimmten Bedingungen Wege und Möglichkeiten, eine Räumung bzw. ein Vollstreckungsverfahren aufzuschieben.

2.1 Räumungsfrist beantragen

5 Sie können beim Amtsgericht einen Antrag stellen, die Räumung aufzuschieben (§ 721 ZPO). Dieser Antrag muss vor dem Schluss der letzten mündlichen Verhandlung, auf die das Urteil ergeht, gestellt werden (§ 721 Abs. 1 S. 2 ZPO). Sie sollten ausführlich erklären, warum Sie bisher keine Ersatzwohnung finden konnten. Üblicherweise beträgt die vom Gericht zugestandene Räumungsfrist drei bis sechs Monate. Die Frist kann bis zwei Wochen vor Ablauf auf Antrag verlängert werden (§ 721 Abs. 3 S. 2 ZPO), darf aber insgesamt ein Jahr nicht überschreiten (§ 721 Abs. 5 S. 1 ZPO).

Eine Räumungsfrist zu bewilligen, liegt im Ermessen des Gerichtes. Voraussetzung ist, dass Sie sich nachweisbar hinreichend um Ersatzwohnraum bemüht haben und die Zahlung der laufenden Nutzungsentschädigung gewährleistet ist. Zudem wird vorausgesetzt, dass in absehbarer Zeit Wohnraum zur Verfügung steht oder eine Härte vorliegt (→ Rn. 7).

2.2 Vollstreckungsschutz

6 Wenn Sie keine Räumungsfrist erhalten oder die Frist abgelaufen ist, beauftragt der*die Vermieter*in den*die Gerichtsvollzieher*in mit der Zwangsräumung. Diesen Räumungstermin kündigt der*die Gerichtsvollzieher*in Ihnen gegenüber an. Zwischen dem Tag, an dem Ihnen die Mitteilung des Räumungstermins von dem*der Gerichtsvollzieher*in zugestellt worden ist, und dem Tag der Räumung müssen mindestens drei Wochen liegen (§ 128 Abs. 2 S. 5 Geschäftsanweisung für Gerichtsvollzieher (GVGA); www.jvv.nrw.de/anzeigeText.jsp?daten= 1050, letzter Zugriff: 8.1.2023).

Jetzt können Sie nur noch Vollstreckungsschutz (§ 765a ZPO) beantragen. Der Antrag muss in der Regel spätestens zwei Wochen vor dem Räumungstermin bei Gericht vorliegen (§ 765a Abs. 3 ZPO).

7 **Ausnahme:** Ein Härtefall tritt kurzfristig – also später als zwei Wochen vor dem Räumungstermin – auf, zB wenn Sie akut erkrankt sind. Das Vollstreckungsgericht kann die Räumung ausnahmsweise untersagen, wenn sie *„unter voller Würdigung des Schutzbedürfnisses des Gläubigers wegen ganz besonderer Umstände eine Härte"* bedeuten würde, *„die mit den guten Sitten nicht vereinbar ist"* (§ 765a Abs. 1 S. 1 ZPO). Das ist zB der Fall, wenn Sie kurz vor der Entbindung stehen, schwer krank sind oder eine akute Suizidgefahr droht (BVerfG 15.10.2020 – 2 BvR 1786/20). Der Vollstreckungsschutz schützt auch diejenigen, die schon einen Mietvertrag für eine neue Wohnung haben, aber durch die Räumung vorübergehend obdachlos würden.

Allein die Tatsache, dass Ersatzwohnraum fehlt, ist aber **kein** Grund für Vollstreckungsschutz.

2.3 Nach einvernehmlicher Lösung suchen

8 Auch während des Vollstreckungsverfahrens sind einvernehmliche Lösungen noch möglich. Wohnungsbaugesellschaften sind mitunter bereit, das Mietverhältnis fortzuführen, wenn Mietschulden und Verfahrenskosten nachträglich von der Behörde (Wohnungssicherungsstelle) übernommen werden. Die Kooperationsbereitschaft steigt, wenn kostspielige Renovierungsmaßnahmen anstehen, die der*die Altmieter*in nicht zahlen kann und die der*die Vermieter*in sonst für Neumieter*innen aufwenden müsste oder wenn eine Stabilisierung der persönlichen oder sozialen Verhältnisse des*r Altmieters*Altmieterin zu erwarten ist (laufende Sozialberatung/Therapie, Zahlungen rückständiger Miete usw).

Vermieter*innen haben auch Interesse an einer einvernehmlichen Lösung, weil sie die

Kosten des Räumungsverfahrens vorstrecken müssen. Mit Räumungskosten, Gerichtskosten, ggf. Einlagerungskosten usw kommen schnell Beträge von bis zu 5.000 EUR zusammen.

Solange aber der alte Mietvertrag nicht wieder in Kraft gesetzt bzw. kein neuer abgeschlossen wurde, nutzen Sie die Wohnung ohne mietrechtliche Grundlage und können bei der geringsten Regelwidrigkeit erneut geräumt werden.

9 **Tipp:** Achten Sie darauf, dass die mit dem*r Vermieter*in getroffene einvernehmliche Lösung auch eine Regelung über das Wiederaufleben des alten Mietvertrages enthält oder dass ein neuer Mietvertrag abgeschlossen wird!

3. Welche Unterkunftsangebote zumutbar sind

10 Wenn Sie von einer Räumung betroffen und deswegen auf der Suche nach einer neuen Wohnung sind, gibt es teilweise Übergangslösungen und gesonderte Karenzregelungen.

3.1 Billigste Wohnung oder Unterkunft?

11 Wenn Sie auf Übernahme der künftigen Unterkunftskosten durch das Jobcenter/Sozialamt angewiesen sind, müssen Sie sich bereits bei der Wohnungssuche auf eine nach den Vorgaben der Behörden „angemessene" Wohnung beschränken (→ 75).

In diesem Zusammenhang ist auch die seit 1.1.2023 mit dem Erlass des **Bürgergeldgesetzes** im SGB II und im SGB XII eingeführte Regelung einer **Karenzzeit** für u.a. die Anerkennung der Bedarfe für Unterkunft – nicht für Heizung – zu berücksichtigen (§ 22 Abs. 1 S. 2 u. 3 SGB II, wortgleich: § 35 Abs. 1 S. 2 u. 3 SGB XII). Diese Karenzzeit beträgt ein Jahr ab Beginn des Monats, für den erstmals Leistungen nach dem SGB II bezogen werden. Innerhalb dieser Karenzzeit werden die Bedarfe für Unterkunft in Höhe der tatsächlichen Aufwendungen anerkannt (§§ 22 Abs. 1 S. 2 ff., Abs. 4 S. 2, 65 Abs. 3 u. 6 SGB II). Dies gilt nicht in den Fällen, in denen in einem der vorangegangenen Bewilligungszeiträume für die aktuell bewohnte Unterkunft der Unterkunftsbedarf schon bisher nur abgesenkt in Höhe der angemessenen und nicht der tatsächlichen Aufwendungen anerkannt wurde (§ 65 Abs. 6 SGB II). Ausführliche Informationen hierzu finden Sie im Beitrag Miete (→ 75).

12 **Tipp:** Informieren Sie sich, welche Höchstmieten durch die Behörden übernommen werden.

Sollten Sie aufgrund der kurzen Zeit, die Ihnen zur Wohnungssuche bleibt, keine zumutbare Wohnung mit einer nach den örtlichen Vorgaben angemessenen Miete finden, kann Ihnen (vorübergehend) auch eine Wohnung mit deutlich geringerem Standard und/oder wesentlich geringeren Mietkosten zugemutet werden. Unter solchen Umständen kann der Unterkunftsbedarf eines*r Alleinstehenden schon durch ein möbliertes Zimmer oder ein Zimmer in Untermiete gedeckt sein.

3.2 Unterbringung nach der Räumung

13 Finden Sie selbst keine Wohnung bzw. keine Aufnahme bei Verwandten oder Bekannten, können Sie in Wohnheimen oder anderen Obdachlosenunterkünften, in anderen kommunalen Notunterkünften oder im Hotel untergebracht werden. Letzteres kommt vor allem für Arbeitende mit Einkommen, Familien oder Personen mit Kindern oder Menschen mit schwerwiegenden Behinderungen oder Erkrankungen in Frage.

3.3 Wohnungsvermittlung

14 Sollen Sie die Wohnung räumen, können Sie sich dann beim Wohnungsamt wohnungsuchend melden, wenn Sie sich langfristig am Ort aufhalten und über ein geringes Einkommen verfügen. Hier erhalten Sie ggf. bevorzugt Vermittlungsangebote.

4. Kosten der Räumung

15 Das Räumungsurteil verpflichtet Sie neben der Räumung der gekündigten Wohnung regelmäßig zur
- Zahlung des Mietrückstandes,
- Zahlung ausstehender **Nutzungsentschädigungen** (§ 546a BGB),

- Erstattung der Verfahrenskosten (u.a. der Gerichts- und Anwaltskosten des*r Vermieters*Vermieterin),
- zur Erstattung der Vollstreckungskosten, zB der Kosten für den*die Gerichtsvollzieher*in und der Kosten der Räumung durch eine Spedition (für die aber zunächst der*die Vermieter*in Vorschuss leisten muss) sowie
- zur Zahlung von Verzugszinsen für die oben genannten Beträge, auch für die, die der*die Vermieter*in vorstrecken musste.

4.1 Lagerung und Lagerkosten

16 Wenn Ihre Habe bei einer Spedition eingelagert werden muss, hat der*die Vermieter*in noch die Lagerkosten **für einen Monat** (§ 885 Abs. 4 ZPO) vorzuschießen. Die Lagerfrist kann länger sein, wenn Sie die Gebühren zahlen. Danach werden Ihre Sachen entweder verwertet oder vernichtet. Jedoch müssen Ihnen Ihre eingelagerten unpfändbaren Hausratsgegenstände und Haustiere (§§ 811 Abs. 1, 811c ZPO) sowie Ihre **persönlichen Papiere** auf Ihr Verlangen hin ausgehändigt werden. Und zwar, **ohne dass auf Kostenersatz für die Zeit der Einlagerung** bestanden werden kann. Dies gilt grundsätzlich auch für von dem*der Vermieter*in im Wege des Vermieterpfandrechtes einbehaltene Sachen.

17 **Tipp:** Sie sollten versuchen, vor der Räumung den Auszug selbst zu organisieren oder zumindest möglichst viele **Sachen anderswo unterzustellen.** Vor allem sollten Sie **Ihre Papiere** und **wichtigen Unterlagen** sichern.

Lagerkosten können vorübergehend vom Jobcenter/Sozialamt übernommen werden, entweder als Leistungen für Unterkunft (§ 22 Abs. 1 SGB II, § 35 Abs. 1 SGB XII; vgl. BSG 16.12.2008 – B 4 AS 1/08 R; LSG NRW 26.1.2017 – L 2 AS 2508/16 B ER) oder im Rahmen der Wohnraumsicherung (§ 22 Abs. 8 SGB II, § 36 Abs. 1 SGB XII; ggf. auch im Rahmen der Hilfe zur Überwindung besonderer sozialer Schwierigkeiten nach §§ 67 ff. SGB XII. Auch Inhaftierte haben einen Anspruch darauf (→ 108 Rn. 33).

4.2 „Berliner Räumung"

18 Hat ein*e Vermieter*in die Räumung vor Gericht durchgesetzt, kann er*sie dem*r Gerichtsvollzieher*in einen beschränkten Vollstreckungsauftrag erteilen. Der*die muss dann nur noch die **Rückgabe der Wohnung** veranlassen, also den*die Mieter*in vor die Tür setzen.

Der*die Vermieter*in ist in diesem Fall verpflichtet, das Räumungsgut für einen Monat zu verwahren (§ 885a Abs. 4 ZPO). Auch in diesem Fall hat der*die Eigentümer*in einen Herausgabeanspruch auf alle seine*ihre unpfändbaren Gegenstände ohne Kostenerstattungspflicht (→ Rn. 16).

5. Beratung

19 Bei Mietschulden oder drohender Zwangsräumung sollten Sie sich umgehend an eine Beratungsstelle (→ 20) oder eine*n Anwalt/Anwältin (→ 8) wenden.

89
Regelbedarf (Regelsatz)

1. Regelbedarfsstufe 1: 502 EUR 1
   1.1 Bürgergeld 3
   1.2 HzL/GSi der Sozialhilfe: Regelbedarf für Menschen mit Behinderung und bei Unterbringung in einer stationären Einrichtung 4
2. Zur Bemessung des Regelbedarfs 9
   2.1 Wie wird die Regelbedarfsstufe 1 festgesetzt? 10
   2.2 Was soll mit Regelbedarfsstufe 1 abgedeckt sein? 11
   2.3 Regelbedarfsrelevante (Verbrauchs-)Ausgaben (Bedarfsabteilungen der EVS 2008 einzeln erläutert) 14
   2.4 EVS – ungeeignet für die Festsetzung des sozialen Existenzminimums 34
   2.5 Bürgergeld-Beziehende leben schlechter als die untersten 20 Prozent 39
3. Bezugsgruppe (Referenzgruppe) zur Bemessung der Regelsätze 40
   3.1 Bezugsgruppe mit oder ohne „Dunkelziffer" 42
   3.2 Bezugsgruppe: überwiegend Rentner*innen 43

4. Kinderregelsätze 45
4.1 „Kinder sind keine kleinen Erwachsenen" 47
4.2 Ermittlung der Familienausgaben auf Grundlage der EVS 53
4.3 Mangelernährung bei Kindern 54
5. Regelbedarfe: Festsetzung, Fortschreibung, Inflation, Verfassungskonformität 56
5.1 Festsetzung der Regelbedarfe 57
5.2 Die Regelsatzfortschreibung vor und nach der „Preisexplosion" 58
5.2.1 Fortschreibung der Regelbedarfe bis 2021 59
5.2.2 Regelsatzfortschreibung unter Inflationsbedingungen 60
5.3 Regelsätze verfassungswidrig? 63
6. Sozialrechtliche Aspekte 64
6.1 Individuelle Erhöhung der Regelbedarfe 65
6.2 Individuelle Senkung der Regelbedarfe bei geringerem Bedarf 68
6.3 Dispositionsfreiheit (Verfügungsfreiheit) 71
6.4 Barbetrag/Taschengeld bei stationärer Unterbringung 72
7. Kritik................................... 77
8. Forderungen 80

1. Regelbedarfsstufe 1: 502 EUR

1 Regelsätze heißen seit 2011 „Regelbedarfe", so das Regelbedarfsermittlungsgesetz (RBEG) der damaligen schwarz-gelben Bundesregierung. Dabei ist Regelbedarf eine Beschönigung. Es handelt sich nicht um Bedarfe, sondern um Ausgaben von Armutshaushalten – und nicht einmal die werden voll beim Regelbedarf berücksichtigt. Das SGB XII verwendet zum großen Teil noch den alten Begriff Regelsatz (zB §§ 11, 27a, 29, 31, 42 SGB XII), der auch in der öffentlichen Debatte meist zum Zug kommt. Wir verwenden beide Begriffe.

2 Tabelle 1: SGB II-/SGB XII-Regelbedarfe ab 1.1.2023 in EUR

Rbs* 1	Rbs 2	Rbs 3	Rbs 4	Rbs 5	Rbs 6
Alleinstehende	Ehe-/Lebens-/ Partner*innen**	junge Erwachsene ab 18 Jahren***	Kinder 14–17 Jahre	Kinder 6–13 Jahre	Kinder unter 6 Jahren
502	451	402	420	348	318

* Rbs = Regelbedarfsstufe
** Im SGB XII wird Rbs 2 außerdem auf Pers. angewendet, die in einer besonderen Wohnform für Menschen mit Behinderung leben.
*** in der Bedarfsgemeinschaft der Eltern lebend; gilt nur für das SGB II, im SGB XII beziffert Rbs 3 den Bedarf zum Lebensunterhalt einer Pers., die in einer stationären Einrichtung untergebracht ist.

1.1 Bürgergeld

3 Der Begriff Eckregelsatz ist durch den Begriff „Regelbedarfsstufe 1" (Rbs 1) ersetzt worden. Der Regelbedarf eines*r Alleinstehenden hat immer noch die Wirkung des früheren Eckregelsatzes. Die Regelbedarfe von Partner*innen leiten sich mit 90 Prozent und die Regelbedarfe von 18- bis 24-jährigen Haushaltsangehörigen, die keinen eigenen Haushalt führen, leiten sich mit 80 Prozent von ihm ab. Die Regelbedarfe für minderjährige Kinder werden nicht mehr in Prozentsätzen von der Regelbedarfsstufe 1 abgeleitet. Der Regelsatz der Rbs 1 von **502 EUR** wird an Alleinstehende und Alleinerziehende gezahlt, ferner auch an Personen, deren Partner*in minderjährig ist (§ 20 Abs. 2 SGB II). Leben Ehegatt*innen, Lebenspartner*innen und eheähnliche Partner*innen (→ 36) zusammen, bekommt jede*r Ehegatte*Ehegattin oder Partner*in in je 90 Prozent der Rbs 1, also **451 EUR** (Rbs 2; § 20 Abs. 4 SGB II).

Seit dem 1.7.2006 erhalten volljährige Kinder unter 25 Jahren, die im Haushalt ihrer Eltern oder eines Elternteils wohnen und keinen eigenen Haushalt führen, nicht mehr noch 80 Prozent davon, also **402 EUR** (Rbs 3). Leben volljährige Kinder allerdings im Haushalt der Eltern oder eines Elternteils mit einem*r minderjährigen Lebenspartner*in zusammen oder sind alleinerziehend, erhalten sie weiterhin den Regelbedarf von 502 EUR. Kinder über 25 Jahre, die noch im Haushalt der Eltern wohnen, erhalten ebenfalls den Regelbedarf von 502 EUR, da sie nicht mehr zur Bedarfsgemeinschaft (→ 16) der Eltern gehören (§ 7 Abs. 3 Nr. 4 SGB II).

1.2 HzL/GSi der Sozialhilfe: Regelbedarf für Menschen mit Behinderung und bei Unterbringung in einer stationären Einrichtung

4 Das SGB XII hat dieselbe Regelbedarfsstufen wie das SGB II. Mit dem RBEG und der Neubemessung der Regelsätze auf Grundlage der EVS 2013 (BT-Drs. 18/9984) wurden **zum Januar 2017** erstmals die Vorgaben der herrschenden BSG-Rechtsprechung zur Anerkennung der Regelbedarfsstufe 1 für erwachsene Menschen mit Behinderung in das Gesetz aufgenommen und gelten offiziell gleichermaßen für die HzL nach dem Dritten und GSi nach dem Vierten Kapitel SGB XII.

Demnach beläuft sich der Regelbedarf „in der **Regelbedarfsstufe 1** auf [502 EUR, Stand 2023] für jede erwachsene Person, die in einer Wohnung lebt und für die nicht Nummer 2 gilt [dh Rbs 2], [...] in der Regelbedarfsstufe 3 auf [402 EUR, Stand 2023] für eine erwachsene Person, deren notwendiger Lebensunterhalt sich nach § 27b des Zwölften Buches Sozialgesetzbuch bestimmt (Unterbringung in einer stationären Einrichtung)" (RBEG, BT-Drs. 18/9984, 10 f.). Das gilt auch nach der aktuellen Neubemessung der Regelsätze auf Grundlage der **EVS 2018** durch das „Gesetz zur Ermittlung der Regelbedarfe und zur Änderung des Zwölften Buches Sozialgesetzbuch sowie weiterer Gesetze" (kurz: Regelbedarfsermittlungsgesetz/RBEG, Entwurf vom 23.9.2020, BT-Drs. 19/22750), das am **1.1.2021** in Kraft getreten ist. Damit steht **allen erwachsenen Leistungsberechtigten** der HzL und GSi, die ohne Partner*in in einer Wohngemeinschaft (mit Ausnahme von besonderen Wohnformen) oder im Haushalt zusammen mit Eltern oder Angehörigen **in einer Wohnung leben**, der Regelsatz der Rbs 1 zu. Das betrifft auch ohne Ausnahme behinderte, pflegebedürftige oder erwerbsgeminderte Menschen.

5 Eine Ausnahme bilden alleinstehende Bewohner*innen von „besonderen Wohnformen", die im Rahmen der Eingliederungshilfe für Menschen mit Behinderung (mit)finanziert werden (§ 42a Abs. 2 Nr. 2 SGB XII). Für sie gilt die **Rbs 2** in Höhe von **451 EUR**. Rbs 2 wird gezahlt, „für jede erwachsene Person, wenn sie [...] nicht in einer Wohnung lebt, weil ihr allein oder mit einer weiteren Person ein **persönlicher Wohnraum** und mit weiteren Personen zusätzliche Räumlichkeiten nach § 42a Absatz 2 Satz 3 zur gemeinschaftlichen Nutzung überlassen sind" (Rbs 2, Anlage zu § 28 SGB XII). Unterkünfte, in denen „persönlicher Wohnraum" zur Verfügung gestellt wird, hat sich in der Fachwelt die Bezeichnung „besondere Wohnformen" etabliert (in Anlehnung an § 113 Abs. 5 SGB IX). Hierunter fallen die ehemaligen „Heime" oder ganzheitlich betreute Wohngemeinschaften für Menschen mit Behinderung, die infolge des Bundesteilhabegesetzes nicht mehr als stationäre Einrichtungen bezeichnet werden (sollen). Daher bekommen die Bewohner*innen einer „besonderen Wohnform" seit 1.1.2020 auch nicht mehr den Barbetrag bei Unterbringung in einer stationären Einrichtung, sondern den Regelbedarf in Höhe der Rbs 2 ausgezahlt. Davon müssen jedoch **monatliche Abgaben** an den Träger der „besonderen Wohnform" geleistet werden, weil hier Nahrung, Möbel, Strom, Kommunikationsmittel, Hygienebedarf usw zur Verfügung gestellt werden.

6 Lediglich bei erwachsenen Personen, die **in einer stationären Einrichtung untergebracht** sind und keine eigene Wohnung (mehr) unterhalten, wird der Regelbedarf in Höhe der Rbs 3 zugrunde gelegt. Dabei hat die Rbs 3 vor allem Bedeutung für die Höhe der Kostenerstattung von Leistungen zum Lebensunterhalt in einer stationären Einrichtung durch den Sozialhilfeträger. Personen, die in einer stationären Einrichtung untergebracht sind, erhalten idR nämlich den sogenannten Barbetrag nach § 27b SGB XII, ein Taschengeld in Höhe von 135,54 EUR (Stand 2023; → Rn. 72 ff.).

89 Regelbedarf (Regelsatz)

7 **Exkurs – Alte Rechtslage bis zum 31.12.2016:**
Bis Ende 2016 wurde in der Anlage zu § 28 SGB XII die Regelbedarfsstufe 3 mit damals 324 EUR auf alle *„erwachsenen leistungsberechtigten Personen"* angewendet, die weder einen eigenen, noch als Ehegatt*innen, Lebens- oder eheähnliche Partner*innen einen gemeinsamen Haushalt führen. Auch alle Personen über 25 Jahre bekamen im Gegensatz zum SGB II den Regelsatz von 324 EUR statt 404 EUR, wenn sie mit anderen Personen in einem Haushalt lebten. Nach gefestigter Rechtsprechung des BSG war die Regelung aber völkerrechts- und verfassungswidrig, weil sie gegen den Gleichbehandlungsgrundsatz (Art. 3 Abs. 1 GG) verstößt: *„[B]ezogen auf die Minderung des Regelsatzes [...] wegen Annahme einer Haushaltsersparnis [sind] für eine unterschiedliche Behandlung zwischen der Personengruppe der SGB-XII- und SGB-II-Leistungsempfänger im Hinblick auf die identische sozialrechtliche Funktion beider Leistungen (Sicherstellung des Existenzminimums) keine sachlichen Gründe erkennbar"* (BSG 9.6.2011 – B 8 SO 11/10 R; entsprechend: B 8 SO 1/10 R; 23.3.2010 – B 8 SO 17/09 R; 19.5.2009 – B 8 SO 8/08 R). Das galt im SGB XII für alle Volljährigen, die im Haushalt mit Angehörigen gewohnt hatten, und betraf häufig behinderte und pflegebedürftige Menschen, die bei Ihren Eltern gelebt hatten.

Das BSG hat diese Rechtsprechung 2014 und 2015 weiterentwickelt. Demnach sei es für den Anspruch auf Regelbedarfsstufe 1 nicht entscheidend, dass ein eigener Haushalt vollständig oder teilweise geführt wird. Es genüge, wenn eine leistungsberechtigte Person einen eigenen Haushalt gemeinsam mit weiteren Personen – ggf. mit Eltern, einem Elternteil oder Mitbewohner*innen in einer Wohngemeinschaft – führt, die nicht ihre Partner*innen sind. Nur wenn *„keinerlei eigene Haushaltsführung"* beim Zusammenleben festgestellt werden kann, sei die Anwendung der Regelbedarfsstufe 3 denkbar (BSG 23.7.2014 – B 8 SO 14/13 R; B 8 SO 31/12 R; B 8 SO 12/13 R). Beim Zusammenleben einer behinderten Person mit den Eltern oder einem Elternteil bestehe aber eine gesetzliche Vermutung einer gemeinsamen und damit auch **eigenen**, nicht fremden Haushaltsführung. Demnach könnnen Träger nur mittels *„qualifiziertem Sachvortrag"*, dass keine eigene Haushaltführung vorliege, die vermutete Haushaltsführung widerlegen (BSG 24.3.2015 – B 8 SO 5/14 R und B 8 SO 9/14 R).

8 Erst ab dem **31.3.2015** hatte das Bundesministerium für Arbeit und Soziales (BMAS) in Form einer Weisung die BSG-Rechtsprechung zur Regelbedarfsstufe 3 bei der GSi nach dem Vierten Kapitel SGB XII angewendet. Demnach sollten erwachsene Leistungsberechtigte, die außerhalb von stationären Einrichtungen bei ihren Angehörigen oder in einer WG leben, zwar weiterhin formell der Regelbedarfsstufe 3 zugeordnet werden, der Regelbedarf und etwaige Mehrbedarfe sollten aber **abweichend nach Stufe 1** festgesetzt werden. Beide Regelungen waren **rückwirkend zum 1.1.2013** anzuwenden, alte Bescheide entsprechend zu korrigieren und zu Unrecht vorenthaltene Leistungen nachzuzahlen. Für die HzL mussten Leistungsberechtigte die Stufe 1 oft auf der Grundlage der BSG-Rechtsprechung mit Widerspruch und Klage durchsetzen, weil die zuständigen kommunalen Träger nicht bereit waren, die Weisung des BAMS ohne Weiteres auf das Dritte Kapitel SGB XII anzuwenden, erst recht nicht rückwirkend.

2. Zur Bemessung des Regelbedarfs

9 Seit 1993 wird der Regelsatz mit dem sogenannten **Statistikmodell** auf Basis der Verbrauchsausgaben von Hauhalten mit niedrigen Einkommen festgesetzt. Zuvor war der Regelsatz der damaligen Sozialhilfe auf der Grundlage eines **„Warenkorbs"** aus regelsatzrelevanten Gütern und Dienstleistungen, die mit aktuellen Preisen versehen wurden, ermittelt worden. Das Statistikmodell steht in der Kritik, weil die Verbrauchsausgaben an sich keine Garantie dafür bieten würden, dass mit diesen Mitteln auch ein konkreter, lebensnotwendiger Bedarf tatsächlich befriedigt werden kann. Diese Methode ermögliche keine Bedarfsdeckungskontrolle. Dieser *„Bedarfsdeckungs-TÜV"* könne nur mithilfe des Warenkorbmodells plausibel nachgewiesen werden.

2.1 Wie wird die Regelbedarfsstufe 1 festgesetzt?

10 Grundlage sind Sonderauswertungen der Einkommens- und Verbrauchsstichprobe (§ 1 RBEG). Die Einkommens- und Verbrauchsstichprobe (EVS) umfasst knapp 60.000 Personen. Diese dokumentieren auf freiwilliger Basis ihre gesamten Einnahmen und Ausgaben, über das Jahr verteilt jeweils ein Viertel der Haushalte für jeweils drei Monate. Die EVS wird alle fünf Jahre erhoben. Die letzte stammt aus dem Jahr 2018. Sie ist die Grundlage des Regelbedarfs seit 2021. Zugrunde gelegt werden die Verbrauchsausgaben einer Bezugsgruppe aus den untersten Verbrauchergruppen der Einpersonenhaushalte (→ Rn. 42 ff.).

2.2 Was soll mit Regelbedarfsstufe 1 abgedeckt sein?

11 Von 502 EUR (Stand: 2023) müssen Sie auch in Zeiten hoher Inflation alle Ausgaben, insbesondere für Ernährung, Körperpflege, Haushaltsenergie (ohne Heizung (→ 57) und Warmwasser (→ 122)) und Bedarfe des täglichen Lebens bestreiten. Dazu gehört *„in vertretbarem Umfang eine Teilnahme am sozialen und kulturellen Leben in der Gemeinschaft"* (§ 27a Abs. 1 SGB XII, § 20 Abs. 1 SGB II). Ausgaben für Kleidung (→ 65) und Hausrat (→ 56) sind seit 2005 im Regelbedarf enthalten, mit Ausnahme der Erstausstattungen für Wohnung und Bekleidung (→ 40).

12 Die nachfolgende Tabelle stellt die Zusammensetzung der Regelbedarfsstufe (Rbs) 1, früher *„Eckregelsatz"*, dar, die aus den zwölf **Ausgabenabteilungen** der EVS (Einkommens- und Verbrauchsstichprobe) mit ihren jeweiligen **Einzelpositionen** besteht. Die statistische Datengrundlage der Regelbedarfe wird in den Gesetzesmaterialien nur unvollständig dokumentiert, weshalb bei der Rekonstruktion von Einzelpositionen oder bestimmter Bedarfsgruppen oft Differenzen entstehen, die als „Fehlbetrag" gekennzeichnet sind.

Die in ihre Bestandteile aufgeschlüsselte Regelbedarfsstufe 1 des Jahres **2023**, die wegen der hohen Inflationsrate um einen zusätzlichen Faktor angehoben wurde, wird der Rbs 1 aus **2021** gegenübergestellt, die erstmals auf Grundlage der EVS **2018** ermittelt wurde. Daneben stehen die RBS 1 von **2019** auf Basis der EVS **2013** und die Rbs 1 von **2016**, die noch auf Basis der EVS **2008** ermittelt wurde.

13 Tabelle 2: Ausgabenpositionen der EVS in der Regelbedarfsstufe 1

EVS-Abteilung/en (Ausgabenpositionen)	Rbs 1 2023 EVS 2018	Rbs 1 2021 EVS 2018	Rbs 1 2019 EVS 2013	Rbs 1 2016 EVS 2008
	502,00 €	446,00 €	424,00 €	404,00 €
Ernährung gesamt	187,33 €	166,43 €	158,37 €	151,43 €
01/02 Nahrungsmittel/Getränke	174,22 €	154,78 €	147,83 €	143,44 €
Nahrungsmittel	155,71 €	138,34 €	128,91 €	125,19 €
alkoholfreie Getränke	14,89 €	13,23 €	15,02 €	14,91 €
12 Liter Mineralwasser statt alkoholischer Getränke	3,61 €	3,21 €	3,90 €	3,34 €
Tabakwaren	-	-	-	-
11 Verpflegungsdienstleistung (früher: Verzehr außer Haus)	13,11 €	11,65 €	10,55 €	7,99 €
03 Bekleidung und Schuhe	41,66 €	37,01 €	37,16 €	33,94 €
Bekleidung, Stoffe, Zubehör	30,81 €	27,37 €	27,48 €	25,10 €

89 Regelbedarf (Regelsatz)

EVS-Abteilung/en (Ausgabenpositionen)	Rbs 1 2023 EVS 2018	Rbs 1 2021 EVS 2018	Rbs 1 2019 EVS 2013	Rbs 1 2016 EVS 2008
Änd., Reparaturen und Miete von Bekleidung (o. Reinigung)	0,50 €	0,44 €	0,43 €	0,41 €
Schuhe, Zubehör	10,03 €	8,91 €	8,86 €	7,93 €
Schuhreparatur	0,32 €	0,29 €	0,39 €	0,50 €
04 Wohnen, Energie, Wohnungsinstandhaltung	42,56 €	37,81 €	37,60 €	33,77 €
Strom	40,75 €	36,20 €	35,77 €	31,40 €
davon: Strom Mieter	40,75 €	36,20 €	35,77 €	29,93 €
Strom Eigentümer	-	-	-	1,47 €
Instandhaltung Wohnung, Reparaturen und Schönheitsreparaturen	1,64 €	1,46 €	1,44 €	2,14 €
	(Fehlbetrag)	*(Fehlbetrag)*	*(Fehlbetrag)*	
05 Innenausstattung Haushaltsgeräte und -gegenstände	30,58 €	27,17 €	26,14 €	30,61 €
Möbel/Einrichtungsgegenstände	7,77 €	6,90 €	6,41 €	11,29 €
Lieferung, Installation; Verlegung	-	-	-	0,27 €
Teppiche/Bodenbeläge	0,81 €	0,72 €	0,62 €	1,34 €
Kühl- und Gefriergeräte	1,93 €	1,71 €	1,77 €	1,24 €
Waschmaschinen etc	1,85 €	1,64 €	1,70 €	1,30 €
andere Haushaltsgroßgeräte	0,98 €	0,87 €	1,19 €	1,61 €
Reparaturen, Miete Haushaltsgeräte	0,32 €	0,29 €	0,29 €	0,41 €
Heimtextilien	2,72 €	2,42 €	2,42 €	2,62 €
Verbrauchsgüter Haushaltsführung	5,00 €	4,44 €	3,90 €	3,61 €
Restbedarf inkl. Reparaturen	8,85 €	7,87 €	7,22 €	6,59 €
	(Fehlbetrag)	*(Fehlbetrag)*	*(Fehlbetrag)*	
06 Gesundheitspflege	19,16 €	17,02 €	16,11 €	17,36 €
pharmazeutische Erzeugnisse	12,65 €	11,24 €	10,17 €	12,48 €
*davon: mit Rezept, Zuzahlung (2016 *inkl. Praxisgebühren)*	4,28 €	3,80 €	3,82 €	*6,82 €
ohne Rezept	8,37 €	7,44 €	6,35 €	5,66 €
andere med. Erzeugnisse mit u. ohne Rezept	3,94 €	3,50 €	3,04 €	2,36 €
therapeutische Mittel u. Geräte	2,57 €	2,29 €	2,90 €	2,52 €
07 Verkehr	45,03 €	40,01 €	35,33 €	25,44 €
Kaufpreis f. Fahrräder	1,51 €	1,34 €	-	0,94 €
Fahrradzubehör u. -teile	1,86 €	1,65 €	1,42 €	1,07 €
Fahrräder: Wartung/Reparatur	1,07 €	0,95 €	1,25 €	0,64 €

89 Regelbedarf (Regelsatz)

EVS-Abteilung/en (Ausgabenpositionen)	Rbs 1 2023 EVS 2018	Rbs 1 2021 EVS 2018	Rbs 1 2019 EVS 2013	Rbs 1 2016 EVS 2008
fremde Verkehrsdienstleistung	40,58 €	36,06 €	31,80 €	22,79 €
davon: Öffentlicher Nahverkehr	-	-	28,39 €	20,56 €
(Fern-) Reisen	-	-	3,40 €	2,23 €
			(Fehlbetrag)	
08 Nachrichtenübermittlung	44,89 €	39,88 €	37,92 €	35,69 €
Kauf u. Reparaturen von Festnetztel. (seit 2017 inkl. Mobiltel.)	3,34 €	2,96 €	2,46 €	1,31 €
Post- und Paketdienstleist.	2,95 €	2,63 €	2,94 €	3,86 €
Kommunikationsdienstleistungen	38,61 €	34,30 €	32,52 €	30,52 €
davon: Internet/Onlinedienste	-	-	-	2,55 €
Gebühren Telefon/Fax (seit 2017 inkl. Internet/Mobiltel.)	-	-	-	27,97 €
	(Fehlbetrag)	(Fehlbetrag)		
09 Freizeit, Unterhaltung, Kultur	48,99 €	43,52 €	40,68 €	44,62 €
Radio- (Audio-) u. Fernsehgeräte	2,83 €	2,51 €	2,39 €	3,45 €
Datenverarbeitung inkl. Software (ab 2017 inkl. Downloads)	3,88 €	3,45 €	2,71 €	3,84 €
Bild-, Daten- und Tonträger (ab 2017 inkl. Downloads)	2,26 €	2,01 €	2,35 €	2,89 €
Spielwaren, Sportartikel, Sport- und Hobbykurse	6,67 €	5,93 €	4,89 €	4,39 €
sonstige Gebrauchsgüter für Büro, Freizeit u. Reparaturen	3,86 €	3,43 €	2,90 €	3,15 €
Gartenpflege, Blumen	-	-	-	-
Sport-, Freizeit- und Kulturveranstaltungen	11,84 €	10,52 €	8,99 €	8,58 €
Zeitungen/Zeitschriften (2017 inkl. Downloads)	6,19 €	5,50 €	5,85 €	7,29 €
Bücher, Broschüren	4,25 €	3,77 €	4,95 €	5,74 €
Schreibwaren	3,19 €	2,83 €	2,61 €	2,69 €
sonstige Freizeitdienstleist. (inkl. Kultur. u. Fotodienstleist.)	2,77 €	2,46 €	1,86 €	1,65 €
Leihgebühren/Miete Bücher usw Freizeit u. Sport	1,11 €	0,98 €	0,97 €	0,95 €
	(Fehlbetrag)	(Fehlbetrag)	(Fehlbetrag)	
10 Bildungswesen	1,81 €	1,61 €	1,08 €	1,55 €
Kursgebühren	1,81 €	1,61 €	1,08 €	1,55 €
11 Beherbergungs- und Gaststättendienstleist.			unter Abteilung 01	

89 Regelbedarf (Regelsatz)

EVS-Abteilung/en (Ausgabenpositionen)	Rbs 1 2023 EVS 2018	Rbs 1 2021 EVS 2018	Rbs 1 2019 EVS 2013	Rbs 1 2016 EVS 2008
12 Andere Waren und Dienstleistungen	40,00 €	35,53 €	33,62 €	29,59 €
Körperpflege gesamt	30,589 €	27,18 €	25,56 €	24,95 €
davon: Friseur*innen u. andere Dienstleist. f. Körperpflege	12,52 €	11,13 €	10,86 €	9,84 €
Artikel f. Körperpflege	18,06 €	16,05 €	14,70 €	15,11 €
Finanzdienstleistungen	2,86 €	2,54 €	2,07 €	2,21 €
sonst. Dienstleist.; nur Personalausweis	0,29 €	0,26 €	0,27 €	0,28 €
Mitgliedsbeiträge	5,29 €	4,73 €	4,47 €	1,34 €
Uhren	0,97 €	0,87 €	0,69 €	0,59 €
			(Fehlbetrag)	
Gesamt:	502,00 €	446,00 €	424,00 €	404,00 €

Rbs 1 2023 / 2021 – EVS 2018: Entwurf des Regelbedarfsermittlungsgesetz (RBEG) vom 23.9.2020, BT-Drs. 19/22750, 21 ff., und Änderungen durch die Beschlussempfehlung vom 4.11.2020, BT-Drs. 19/24034; Anlage zum RBEG, Sonderauswertung der EVS 2018; eigene Berechnung.

Rbs 1 2019 – EVS 2013: Entwurf des RBEG vom 17.10.2016, BT-Drs. 18/9984, 35 ff., 109 ff.; eigene Berechnung.

Rbs 1 2016 – EVS 2008: Entwurf des RBEG vom 26.10.2010, BT-Drs. 17/3404, 53 ff.; Der Paritätische, Die Regelsatzberechnungen der Bundesregierung nach der Einigung im Vermittlungsausschuss sowie der Vorschlag des Paritätischen Gesamtverbandes für bedarfsdeckende Regelsätze, 10.3.2011; eigene Berechnung.

Die Geldbeträge der „**Bedarfsabteilungen**" und **Einzelpositionen** werden jeweils als Prozentanteile der zugrundeliegenden EVS berechnet und auf die nach dem Gesetz fortgeschriebenen Regelbedarfe des jeweiligen Jahres angewendet.

2.3 Regelbedarfsrelevante (Verbrauchs-)Ausgaben (Bedarfsabteilungen der EVS 2008 einzeln erläutert)

14 Die Bezugsgruppe (→ Rn. 42 ff.) der EVS 2018 besteht aus 2.311 Einpersonenhaushalten (EVS 2013: 2.023 Haushalte, EVS 2008: 1.678 Haushalte). Die Bezugsgruppe der letzten drei EVS hatte insgesamt folgende Verbrauchsausgaben.

15 Tabelle 3: durchschnittliche Verbrauchsausgaben der EVS-Bezugsgruppe

	EVS 2018	EVS 2013	EVS 2008
Verbrauchsausgaben	989,63 €	903,55 €	843,09 €
Minus Bedarf f. Miete und Heizung	393,22 €	371,19 €	371,19 €
Konsumausgaben	596.41 €	532,36 €	503,08 €

(BT-Drs. 19/22750, 20; Sonderauswertung der EVS 2018, BT-Drs. 18/9984, 35, 109 f.; BT-Drs. 17/3404, 139; Der Paritätische 2011; eigene Berechnung)

16 Nur die „*regelbedarfsrelevanten*", nicht die gesamten Verbrauchsausgaben der Bezugsgruppe, gehen in den Regelbedarf der Rbs 1 ein. Als relevant gelten in erster Linie nur Ausgaben, die „existenzsichernd" sind, nicht das soziokulturelle Existenzminimum.

Miete und Heizung werden gesondert übernommen. Die Konsumausgaben von 596,41 EUR wurden 2018 auf die Rbs 1 von 435 EUR herunter gerechnet. Dieses Werk verrichten unbekannte Mitarbeiter*innen des Bundesministeriums für Arbeit und Soziales (BAMS) in nichtöffentlichen Sitzungen. Sie stützen sich auf Sonderauswertungen des Statistischen Bundesamtes, die nicht vollständig veröffentlicht werden.

17 **01/02 Nahrungsmittel/Getränke/Tabak:** Die Regelbedarfsanteile für Nahrungsmittel und nicht alkoholische Getränke sind 2023 um 43,78 EUR höher als 2004 im Regelsatz des Jahres vor Hartz IV (130,44 EUR). Die Preise für Nahrungsmittel und nicht alkoholische Getränke sind von Dezember 2003 bis Dezember 2022 allerdings um 72,4 Prozent gestiegen. Ein*e Alleinstehende*r müsste im Januar 2023 ca. 225 EUR mtl. für Nahrungsmittel ausgeben, um sich das leisten zu können, was man ihm*r zu Beginn des Jahres 2004 zugestand, hat dafür aber 2023 nur 174,22 EUR. Die Bundesregierung hat Hartz IV-/Bürgergeld-Beziehenden in 19 Jahren rund 22,6 Prozent der Mittel für Nahrung entzogen.

18 1990 gingen noch zwei Drittel der Ausgaben für Tabakwaren in den früheren Eckregelsatz ein, mit Einführung von Hartz IV noch 50 Prozent, seit 2011 dann gar nicht mehr. Die Armutspädagog*innen der Bundesregierung haben rund 11 EUR aus dem Regelsatz 2023 gestrichen. Dabei raucht nicht einmal jede*r Fünfte der untersten Verbrauchergruppen (Sonderauswertung der EVS 2018). Dafür fallen 55,19 EUR pro Monat an. Durch den Wegfall von 11 EUR lässt sich niemand vom Rauchen abhalten. Den Nichtraucher*innen jedoch entzieht man einfach nur Geld zum Leben, damit sie gesund bleiben.

Ausgaben für alkoholische Getränke gingen früher zu 100 Prozent in den Regelbedarf ein, seit 2011 nicht mehr. 38 Prozent der Personen der Bezugsgruppe der EVS 2018 trinken gar keinen Alkohol. 62 Prozent „versaufen" pro Tag 52 Cent (15,60 EUR mtl.). Alkohol hat als *„gesundheitsgefährdendes Genussgift"* (Sonderauswertung der EVS 2018) ihre Gesundheit erheblich gefährdet. Die *„Pauschale fürs Saufen"* (FTD 10.2.2010) musste gestrichen werden. Die Armutsforscher*innen der Bundesregierung bereinigten die durchschnittlichen Kosten für alkoholische Getränke von 9,47 EUR um den Anteil der Spirituosen (die dienen nicht zur Flüssigkeitsaufnahme) und unterstellen, dass man mit den verbleibenden 7,50 EUR 24 Flaschen 0,5er-Bier für je 0,31 EUR kaufen kann. Diesen Flüssigkeitsbedarf von 12 l erkennen sie 2023 in Form von Mineralwasser für 3,61 EUR mtl. an.

19 5,81 EUR stehen einem*r Alleinstehenden pro Tag für Essen und Trinken zu. Je 40 Prozent davon entfallen auf Mittag- bzw. Abendessen (je 2,32 EUR). 20 Prozent oder 1,16 EUR entfallen auf Frühstück. Zwischenmahlzeiten wie Obst, Kaffee und Kuchen entfallen.

20 Der *„Verzehr außer Haus"* ist in Abteilung 11 (→ Rn. 32) geregelt.

21 **Kritik: – Mangelernährung mit Bürgergeld/Hartz IV – 84,60 EUR fehlen** (vgl. auch → Rn. 54 f.): Erwachsene im Alter von 19 bis 64 Jahren brauchen im Schnitt 2.550 kcal pro Tag, um ihren Energiebedarf zu decken. Dieser besteht aus dem Grundumsatz, mit dem alle körperlichen Funktionen im Ruhezustand aufrechterhalten werden, und dem Energiebedarf für körperliche Aktivitäten.

Der Grundumsatz, bezogen auf heutige Durchschnittsmenschen, beträgt 1.700 kcal. Der Energiebedarf für ausreichende körperliche Aktivitäten auf der Grundlage des tatsächlichen Durchschnittsgewichts wird mit 50 Prozent des Grundumsatzes bewertet bzw. 850 kcal (vgl. Roth, „Fördern" durch Mangelernährung, 2009, 15–18, abrufbar unter: https://www.klartext-info.de/alt/broschueren/foerdern-durch-mangelernaehrung-5.pdf). Minderjährige Kinder verschiedener Altersstufen haben einen jeweils verschiedenen Kalorienbedarf.

Das Forschungsinstitut für Kinderernährung (FKE) in Dortmund hat ausgerechnet, wie viel Geld ein Mensch pro 1.000 kcal braucht, um sich gesund zu ernähren. Es kam auf der Basis von Mittelwerten für Preise bei Discountern und Supermärkten (ohne

Bioläden) für Mai 2007 auf einen Wert von 2,16 EUR pro 1.000 kcal, der für alle Altersgruppen gilt (Kersting/Clausen Ernährungs Umschau 9/2007, 509 f.). Von Mai 2007 bis Dezember 2022 sind die Preise für Nahrungsmittel um 69,2 Prozent gestiegen. Allein im Dezember 2022 waren die Preise für Nahrungsmittel schon um 20,7 Prozent höher als im Vorjahresmonat. Pro 1.000 kcal mussten also im Mai 2020 3,65 EUR aufgewandt werden.

Das FKE unterstellte, dass der Energiewert der Lebensmittel zu 100 Prozent verwertet wird. Das entspricht nicht der Realität. Nehmen wir, wie in der Sozialhilfe der 80er-Jahre, für *„Schwund und Verderb"* acht Prozent an, brauchte man im Dezember 2022 bei gesunder Ernährung für 1.000 kcal 3,94 EUR, also insgesamt 10,05 EUR pro Tag. Im Regelsatz sind aber nur 5,81 EUR pro Tag enthalten. Davon kann man 1.592 kcal mit gesunder Ernährung bestreiten, gegenüber dem Bedarf von 2.550 kcal rund 960 kcal zu wenig. Tag für Tag fehlen also 3,78 EUR, im Monat rund 113,40 EUR. Weil zur gesunden Ernährung aber eine Erhöhung des Anteils um 65 Prozent nötig wäre, bedeutet(e) Bürgergeld/Hartz IV Mangelernährung.

22 Der Wissenschaftliche Beirat beim Bundesministerium für Ernährung und Landwirtschaft kommt im Juni 2020 in seinem Gutachten „Politik für eine nachhaltigere Ernährung" zu dem Befund, *„dass die derzeitige Grundsicherung ohne weitere Unterstützungsressourcen nicht ausreicht, um eine gesundheitsfördernde Ernährung zu realisieren. Folgerichtig sind im Sinne einer den Nachhaltigkeitszielen verschriebenen Politik die Berechnungsgrundlagen und -methoden der Regelbedarfsermittlung zu überprüfen"* (WBAE 2020, 108). Eine deutliche Erhöhung des Regelsatzanteils für Ernährung ist deshalb notwendig. Auf Grundlage der EVS geht das aber nicht.

23 **03 Bekleidung und Schuhe:** 2005 wurden mit 34,26 EUR nur 90 Prozent der Ausgaben anerkannt, um den Hartz IV-Bezug den Kauf von Pelzmänteln und Maßkleidung zu unterbinden, seit 2006 sind wieder 100 Prozent relevant. Dafür gibt es 2023 mit 41,66 EUR mtl. knapp 22 Prozent mehr

89 Regelbedarf (Regelsatz)

als 2005 mit einem auf 90 Prozent gekürzten Regelbedarfsanteil. Übrigens: Alleinstehende Bundesbürger*innen gaben 2008 im Schnitt rund 60 EUR im Monat für Kleidung aus (Destatis Fachserie 15, Heft 4, Wiesbaden 2011, 28), unter Berücksichtigung der Preissteigerungsrate etwa 67 Prozent mehr als heute den Berechtigten von Bürgergeld und Sozialhilfe per Gesetz zusteht.

24 **04 Wohnung, Strom:** Die Ausgaben für Strom (→ 109) werden seit 2011 zu 100 Prozent statt nur zu 85 Prozent anerkannt. Das Bundesverfassungsgericht (BVerfG) hatte den Abschlag von 15 Prozent für Stromheizungen als *„nicht empirisch belegt"* erklärt (BVerfG 9.2.2010 – 1 BvL 1/09, 1 BvL 3/09 und 1 BvL 4/09, Rn. 177). In der EVS 2018 wurden allerdings nur noch die Stromausgaben aller Mieterhaushalte zugrunde gelegt, die nicht mit Strom heizen. Diese wurden jedoch auf alle stromverbrauchenden Haushalte hochgerechnet. Die deutlich höheren Haushaltsenergieausgaben von 102 Eigentümerhaushalten in der Bezugsgruppe bleiben unberücksichtigt (Sonderauswertung der EVS 2018), was zu einer leichten Reduzierung der regelbedarfsrelevanten Stromausgaben führt. Zudem wurden die Durchschnittsausgaben auf eine größere Bezugsgruppe hochgerechnet, was nochmals zu einer Kürzung von mtl. 2,65 EUR führt. Es ist daher nicht verwunderlich, dass der Stromanteil im Regelsatz 2021 auf Grundlage der EVS 2018 mit mtl. 36,20 EUR um 26 Cent niedriger ausfällt als der Stromanteil von 2020 auf Grundlage der EVS 2013. Der gegenüber 2021 um rund zwölf Prozent fortgeschriebene Regelbedarfsanteil für Strom beträgt 2023 40,75 EUR. Zum Vergleich: Der Preisindex für Strom ist von Januar 2021 bis Dezember 2022 dagegen um 33 Prozent gestiegen. Auch die anerkannten Ausgaben für Instandhaltung **und** Schönheitsreparaturen sanken basierend auf der EVS 2018 zum wiederholten Mal. Sie liegen 2023 bei 1,64 EUR mtl.

25 **Kritik:** 2023 gesteht der Bürgergeld-Regelsatz Alleinstehenden 489 EUR/Jahr für Strom zu. Bei einem durchschnittlichen kWh-Preis von 48,20 Cent (inkl. Grundgebühren, Durchschnitt Januar 2023) ist

ein Jahresverbrauch von 1.015 kWh möglich. Das liegt jedoch deutlich unter dem Durchschnittsverbrauch eines Einpersonenhaushalts von 1.300 kWh (stromspiegel.de, ohne Warmwasserbereitung, ohne Bewohner*innen Einfamilienhaus). Diese Bedarfsunterdeckung führt in vielen Fällen zu einer erheblichen indirekten Regelsatzsenkung, nicht selten zu Energieschulden und -sperren.

Ausgaben für die Instandhaltung der Wohnung sind seit 2005 im Regelbedarf enthalten, seit 2011 auch die Kosten für Schönheitsreparaturen mit Centbeträgen, obwohl es sich hier unserer Meinung nach um Unterkunftskosten handelt (→ 90).

26 **05 Möbel, Einrichtungsgegenstände und Haushaltsgeräte:**
Die Ausgaben für Möbel werden zu 100 Prozent anerkannt, nicht mehr nur zu 80 Prozent wie zu Zeiten der EVS 2003. Den Transport zur Wohnung, der Aufbau, die Verlegung von Teppichböden etc müssen Sie aber selbst zum Nulltarif erledigen, obwohl Ihnen keine Mittel für ein Kfz gewährt werden. Auch die Kosten für fremde Installationen von Haushaltsgroßgeräten oder anfallende Möbelreparaturen tauchen in der EVS 2018 gar nicht auf, dh, sie werden nicht berücksichtigt oder sind mit ein paar Cent im Fehlbetrag enthalten.

27 **06 Gesundheitspflege:**
Ausgaben für Gesundheitspflege in Höhe von 16,60 EUR (2023) werden nun zu 60 Prozent anerkannt. In der EVS 2013 waren es noch 62 Prozent. Das wird damit begründet, dass Leistungsberechtigte durch Gebührenbefreiung, Vollkostenzuschuss bei Zahnersatz und einmalige Beihilfen für orthopädische Schuhe sowie Miete und Reparatur von therapeutischen Geräten finanziell entlastet werden. Leistungen wie Arzt- bzw. Zahnarztleistungen, Versorgung und Dienstleistungen in Krankenhäusern oder außerhalb, die die Kassen seit der „Gesundheitsreform" 2004 nicht oder nicht mehr voll anerkennen, gelten nicht mehr als regelbedarfsrelevant. Überdurchschnittlich viele Bürgergeld-Beziehende sind aber gesundheitlich angeschlagen und haben solche Zusatzkosten zu tragen. Das führt zu einer realen Senkung ihres Regelsatzes. Brillen und Brillengläser, Hörgeräte usw müssen arme Menschen nach wie vor selbst zahlen, Verhütungsmittel (→ 117) auch.

Eigene Zahlungen für nicht verschreibungspflichtige Medikamente (zB Schmerzmittel) sowie für andere medizinische Erzeugnisse, die es nicht auf Rezept gibt, wurden 2023 immerhin mit 8,37 EUR in den Regelbedarf aufgenommen. Für chronisch Kranke, die zB homöopathische Mittel finanzieren müssen oder Medikamente, die von den Kassenleistungen nicht umfasst sind, sind diese Beträge aber völlig unzureichend.

28 **07 Verkehr:**
Pkw sind nicht „*existenzsichernd*" und damit kein regelbedarfsrelevanter Grundbedarf (BT-Drs. 19/22750, 28). Erwerbslose dürfen seit Hartz IV zwar ein angemessenes Kfz (→ 68) besitzen – zwecks Eingliederung in Arbeit –, alle Pkw-Kosten müssen sie aber eigenverantwortlich selbst tragen. Sie können ihren Pkw nur nutzen, wenn sie zB bei der Ernährung sparen.

Die Bezugsgruppen der EVS 2008, 2013 und 2018 decken ihren Mobilitätsbedarf von den Kosten her überwiegend mit Pkw. Der Pkw ersetzt bis zu einem gewissen Grad die „*fremden Verkehrsdienstleistungen*". Deshalb legt die Bundesregierung jetzt als regelbedarfsrelevant nur die Verbrauchsausgaben der Personen zugrunde, die keine Ausgaben für Kraftstoffe und Schmiermittel haben. Außerdem wurde die Gruppe der ÖPNV-Nutzer fiktiv vergrößert (→ Rn. 35). Dadurch steigen die anerkannten Ausgaben für die „*fremden Verkehrsdienstleistungen*" (ohne Luftverkehr) 2023 auf 40,58 EUR oder 1,35 EUR pro Tag. Die EVS 2018 differenziert im Gegensatz zu den früheren EVS nicht mehr in Reisekosten mit und ohne Übernachtung, was eine annähernde Bestimmung der Ausgaben für den ÖPNV bzw. Fernverkehr unmöglich macht. Knapp 20 Prozent der Bezugsgruppe hatten allerdings überhaupt keine Ausgaben für Mobilität. Würde man auch sie herausrechnen, käme man auf über 48 EUR mtl. für „fremden Verkehrsdienstleistungen".

Auch wenn der Betrag mit der EVS 2018 angehoben wurde, ist es aktuell noch immer nahezu unmöglich, dafür ein „Sozialticket" zu kaufen (wenn es denn eines gibt: Sozialpass, → 106). Das galt nicht für den Zeitraum Juni bis August 2022 in dem das „Neun-Euro-Ticket" zu haben war. In diesen Monaten konnte man sehen, wie groß der Mobilitätsbedarf von Menschen mit geringen Einkommen tatsächlich ist.

29 **08 Nachrichtenübermittlung:**
Ausgaben für Telefon und Fax werden seit 2006 zu 100 Prozent anerkannt, vorher zu 60 Prozent.

Während in der EVS 2013 entweder die Ausgaben für Festnetz plus Internet oder die Ausgaben für Mobilfunk plus Internet berücksichtigt wurden, sind in der EVS 2018 unter der Rubrik *„Kommunikationsdienstleistungen"* alle Ausgaben möglicher Gebührenkombinationen eingeflossen und werden zu 100 Prozent anerkannt. Für Telefon- und Internetgebühren sowie die Gebühren für Mobiltelefone und Faxgeräte in unterschiedlicher Kombination mit anderen Telekommunikationsdienstleistungen sind 2023 mtl. 38,61 EUR im Regelbedarf enthalten. Der Gesamtbetrag in dieser Bedarfsposition stieg auf mtl. 44,89 EUR.

30 **09 Freizeit, Unterhaltung, Kultur:**
Die Ausgaben unterer Verbrauchergruppen für Freizeit, Unterhaltung und Kultur sind seit 2005 von rund 95 EUR auf 85 EUR (EVS 2018) gesunken. Die regelbedarfsrelevanten Ausgaben konnten deshalb ab der EVS 2008 zu 100 Prozent anerkannt werden, deren Höhe beträgt vor allem aufgrund der inflationsbedingten Fortschreibung 2023 48,99 EUR gegenüber 39,48 EUR im Jahr 2005. Im Vergleich zur EVS 2013 sind die Verbrauchsausgaben dieser Abteilung in der EVS 2018 zwar etwas gestiegen, das kann aber auf die mittlere Preissteigerung von Gebrauchsgütern und Dienstleistungen in diesem Zeitraum zurückgeführt werden.

Nicht regelbedarfsrelevant sind nach Auffassung der Bundesregierung eine ganze Reihe von Ausgaben, *„da es sich hier nicht um Bedarfe des physischen Existenzminimums handelt"* (Sonderauswertung der EVS 2018). Die Gartenpflege (4,76 EUR) wurde schon lange aus dem Regelsatz gestrichen. 2011 sind auch Zimmerpflanzen und Schnittblumen (2,95 EUR) als nicht „existenzsichernd"

herausgefallen. Die vormals nicht relevanten Bild-, Daten- und Tonträger (2,35 EUR) gelten seit 2011 wieder als „existenzsichernd". Computer ohne Datenträger? Das ließ sich nicht aufrechterhalten. Seit 2016 werden zusätzliche Downloadgebühren für Software, Filme, E-Books und bei Onlinemedien berücksichtigt, was insgesamt jedoch nicht zur Erhöhung, sondern teilweise zur Senkung bei den entsprechenden Ausgabenposition führte. E-Books sind billiger als Bücher.

Fotoapparate (0,74 EUR) sind nach wie vor nicht relevant. Ausgaben für Haustiere (6,19 EUR) sind nicht notwendig. Einsamkeit muss anders ertragen werden. Pauschalreisen (12,44 EUR) sind nicht lebensnotwendig, Ortsabwesenheit (→ 84) ist nicht erwünscht. Glücksspiele (Lotto, 3,61 EUR) sind nicht relevant, da Bürgergeld/Hartz IV von Haus aus glücklich macht!

31 **10 Bildungswesen:**
Auf Grundlage der EVS 2018 werden 2021 ganze 1,81 EUR für Kursgebühren als relevant anerkannt; Studien- und Prüfungsgebühren an Schulen und Universitäten (7,48 EUR) natürlich nicht. In der Abteilung 09 wurden ferner 2,14 EUR mtl. für außerschulischen (Musik-)Unterricht und Sport-/Hobbykurse aufgenommen.

32 **11 Verzehr außer Haus:**
Verzehr außer Haus wird grundsätzlich nicht gefördert, da *„auswärtige Verpflegung [...] nicht zum physischen Existenzminimum zählt"* (BT-Drs. 19/22750, 32). Dass Bürgergeld-Beziehende in Cafés herumsitzen, an Imbissbuden stehen oder sich in Kneipen herumtreiben, geht zu weit. Sie sollen gefälligst zu Hause bleiben. Dort dürfen sie den Gegenwert oder auch *„Wareneinsatz"* der Produkte konsumieren, die die Bezugsgruppe in Kneipen, Cafés usw zu sich nimmt.

Das Statistische Bundesamt geht im Gastgewerbe von einem *„Wareneinsatz"* von 34,1 Prozent aus. So kommt man aktuell auf 13,11 EUR oder 0,44 EUR pro Tag.

33 **12 Andere Waren und Dienstleistungen:**
Ausgaben für Uhren, früher *„erkennbar nicht regelbedarfsrelevant"*, sind es seit einigen Jahren doch. Macht aktuell mtl. 0,97 EUR. Schmuck (1,07 EUR mtl.) dagegen brauchen arme Menschen nicht.

701

Ausgaben für Finanzdienstleistungen werden jetzt zu 100 Prozent statt zu 25 Prozent anerkannt. Von den 2,86 EUR kann man aber meistens nicht einmal die Kontoführungsgebühren zahlen. Die Jobcenter/Sozialämter setzen den Besitz eines Kontos voraus. Kontogebühren für Einkommensbeziehende unter 3.000 EUR betragen bei der Postbank 5,90 EUR bzw. 1,90 EUR für ein Online-Girokonto. Auftragsentgegennahme in einer Bankfiliale und weitere Dienstleistungen kosten zusätzlich. Vor allem Menschen, die Probleme im Umgang mit digitalen Medien haben, zahlen deutlich mehr. Wer kein Konto hat, hat einen gekürzten Regelsatz, weil Gebühren für Verrechnungsschecks und andere Geldtransfers fällig werden. Wer eins hat, kommt mit dem anerkannten Betrag meist nicht hin.

Haftpflicht- und Hausratversicherung in Höhe von 8,03 EUR mtl. gehören nicht, wie vor 2005, zum anzuerkennenden Bedarf. Zahlen Sie dafür Beiträge, führt das zur direkten Senkung des Regelsatzes.

2.4 EVS – ungeeignet für die Festsetzung des sozialen Existenzminimums

34 Der EVS ist aus vielen Gründen nicht für die Festsetzung des sozialen Existenzminimums geeignet:

35 a. Durchschnittsausgaben statt Grundbedarf

Die Regelsätze orientieren sich daran, was sich arme Leute bei real sinkenden Ausgaben noch leisten können. Was sich arme Leute nicht mehr leisten können, zählt nicht mehr zum Existenzminimum.
Statt eines Grundbedarfs zählen idR die Durchschnittsausgaben, die aber in vielen Fällen statistisch nicht repräsentativ sind. Für *„fremden Verkehrsdienstleistungen"* stehen in der EVS 2018 zB 35,16 EUR zur Verfügung (hochgerechnet auf 2021 ergibt das 40,58 EUR). Dieser Wert entspricht nicht den Durchschnittsausgaben der 2.311 Einpersonenhaushalte der Bezugsgruppe, denn nur 1061 Personen hatten tatsächlich Ausgaben für den ÖPNV und gaben 2018 mtl. 47,01 EUR dafür aus. Würde man hier nur die Durchschnittsausgaben der ganzen Bezugsgruppe berücksichtigen, müsste der Regelbedarfsanteil für Verkehrsdienstleistungen 21,58 EUR betragen. Dieses Verfahren hatte das BVerfG am 23.6.2014 bei der Regelsatzbemessung auf Grundlage der EVS 2008 bemängelt und die Bundesregierung zur Korrektur aufgefordert (BVerfG 23.7.2014 – 1 BvL 10/12, 1 BvL 12/12, 1 BvR 1691/13, Rn. 114).

Damit die Ausgaben der Minderheit nicht von der Mehrheit der Bezugsgruppe gänzlich nach unten gedrückt werden, haben die Regesatzjongleure im BAMS sich folgende Berechnung ausgedacht: In einer fiktiven Hochrechnung werden alle Haushalte, die nicht regelbedarfsrelevante Ausgaben für Kfz-Kraft- und Schmierstoffe haben, der Gruppe der ÖPNV-Nutzer zugeordnet, die gleichzeitig keine Ausgaben für ein Kfz haben. Damit wurde die ÖPNV-Nutzergruppe künstlich um gut zwei Fünftel erhöht. Diesem Personenkreis wurden mtl. Pro-Kopf-Ausgaben in Höhe von 47,01 EUR unterstellt und aus der Summe dieser hochgerechneten Ausgaben wurde wiederum der Durchschnittswert aller Personen der Bezugsgruppe gebildet (38,19 EUR). Von diesem Wert wurden schließlich die hochgerechneten Kosten für den Luftverkehr (3,03 EUR) als nicht regelbedarfsrelevant in Abzug gebracht. Mithilfe dieses Berechnungstricks konnten die „Durchschnittsausgaben" aus der EVS 2018 für *„fremden Verkehrsdienstleistungen"* von 21,58 EUR auf 35,16 EUR angehoben werden.
Wer jedoch ausschließlich öffentliche Verkehrsmittel nutzt, kann auch mit den auf 2023 fortgeschriebenen 40,58 EUR seine realen Ausgaben nicht decken. Der reale Regelsatz ist noch zu niedrig, um ein Sozialticket mit Begrenzung auf ein Tarifgebiet zu finanzieren (Ausnahmen: u.a. Berlin, Bonn, Nürnberg und der Sommer

2022 mit Neun-Euro-Ticket). Würden Grundbedürfnisse zählen, müsste ein Durchschnittsbetrag für eine Monatskarte im Regelsatz der Rbs 1 enthalten sein, plus Zuschläge für Fahrten ins benachbarte Tarifgebiet und gelegentliche Fahrkarten für den Fernverkehr. Eine Feststellung des Grundbedarfs mit der EVS-Methode nach dem Prinzip „Durchschnittsausgaben gleich Bedarf" ist unzulässig.

36 Um aufzuzeigen, welche Auswirkungen diese Methode auf die Höhe des Regelbedarfs hat, einige Beispiele aus der EVS 2018 (Sonderauswertung der unteren 15 Prozent der nach dem Haushaltsnettoeinkommen geschichteten Einpersonenhaushalten ohne SGB II-/XII-Bezug):
– 15 Prozent der Haushalte kauften weder Kleidung noch Schuhe. Das reduziert die Durchschnittsausgaben um rund 7 EUR.
– 7,5 Prozent der Haushalte hatten 2018 keine Ausgaben für Strom – wie das? Die Durchschnittsausgaben sinken um ca. 2,50 EUR.
– 20 Prozent hatten keinerlei Ausgaben für Möbel, Hausrat und Gebrauchsgüter der Haushaltsführung. Macht 7,50 EUR weniger.
– 9 Prozent nahmen keine Freizeit- und Kulturdienstleistungen in Anspruch. Macht knapp 4 EUR weniger.
– 22 Prozent saßen nie im Café oder einer Kneipe. Das macht beim Wareneinsatz, der in den Regelbedarf eingeht, ca. 3 EUR weniger.
– Unglaubliche 3,5 Prozent gaben für Körperpflegemittel und -geräte keinen Cent aus. Macht rund 0,80 EUR weniger usw.
Verzicht aus Armut, zT auch aus Gründen des Alters, ist die Grundlage der Festsetzung des *Regelbedarfs*. Mit diesem Verfahren können Grundbedarfe nicht gedeckt werden. Der Bürgergeld-Satz liegt deshalb weit unter dem soziokulturellen Existenzminimum.

37 Die Ausgaben für Telefon und Internet, für öffentliche Verkehrsmittel bzw. Fahrräder und Strom wurden auf Grundlage der EVS 2008 zum ersten Mal durch Sonderauswertungen ermittelt, in denen nur die Haushalte berücksichtigt wurden, die keine Ausgaben für Mobilfunk, für Benzin/Öl bzw. Stromheizung hatten. Da sich dadurch die Bezugsgruppe verkleinert, erhöhen sich die Durchschnittsausgaben. Ohne die Sonderauswertungen würde der Regelsatz noch niedriger ausfallen. Warum werden nicht bei allen Verbrauchsabteilungen die Haushalte herausgenommen, die Ausgaben für nicht regelbedarfsrelevante Dinge haben, wie Alkohol, Tabak, bestimmte medizinische Leistungen, Pauschalreisen, Haustiere, Glücksspiele, Studiengebühren usw?

38 **b. Durchschnittsausgaben, gedeckt durch „Vermögen" und Kredite**
Die Bundesregierung hält die Einkommen der für den Regelbedarf maßgeblichen Bezugsgruppe geheim. Ein nicht unwesentlicher Teil der regelbedarfsrelevanten Ausgaben dürfte nur möglich sein, weil Ersparnisse aufgelöst oder Kredite aufgenommen wurden. *„Die Einbeziehung [...] von Personen, die ihre Ausgaben nicht nur aus eigenem Einkommen, sondern auch durch Auflösung von Vermögen und Zuwendungen Dritter tätigen („versteckte Armut") in das unterste Quintil würde in der Tat die Datenbasis verfälschen"* (BVerfG 9.2.2010 – 1 BvL 1/09, 1 BvL 3/09 und 1 BvL 4/09, Rn. 169).
Haushalte Alleinlebender in der EVS 2013 mit einem Nettoeinkommen zwischen 659 und 951 EUR mtl. hatten im Schnitt ein Haushaltsnettoeinkommen von 776 EUR. Ihre Konsumausgaben in den Abteilungen 01 bis 12 betrugen jedoch 888 EUR (Becker, Regelbedarfsbemessung: Gutachten zum Gesetzesentwurf 2016 für die Diakonie Deutschland, 11.11.2016, 10, abrufbar ist: https://nbi.sankt-georgen.de/assets/typo3/redakteure/Dokumente/2016/Regelbeda

rfsbemessung-Gutachten.pdf; Becker, Regelbedarfsbemessung. Kurzexpertise für die Fraktion DIE LINKE. im Bundestag, 09/2016, 15, abrufbar unter: https://www.linksfraktion.de/filea dmin/user_upload/160929_Expertise_ Regelbedarfsbemessung_AK_I.pdf). Die Differenz beträgt 112 EUR oder 14,4 Prozent. Sie wird gedeckt u.a. durch Einnahmen aus der Auflösung von Geldvermögen und Aufnahme von Krediten (Statistisches Bundesamt, Einkommens- und Verbrauchsstichprobe, Einnahmen und Ausgaben privater Haushalte, Fachserie 15, Heft 4, Wiesbaden 2010, 128 f.). Wären die Reserven aufgelöst, würden alle Verbrauchsausgaben um über 14 Prozent fallen. Die Datenbasis ist also erheblich verfälscht. Was folgt daraus? Müssten nicht alle Haushalte, deren Einkommen nicht ausreicht, die Ausgaben zu finanzieren, aus der Bezugsgruppe herausgerechnet werden?

2.5 Bürgergeld-Beziehende leben schlechter als die untersten 20 Prozent

39 Grundprinzip der Regelsatzfestsetzung soll sein, dass Bürgergeld- und Sozialhilfebeziehende ähnlich leben wie Nicht-Sozialhilfebeziehende der untersten Verbrauchergruppen. Warum wurden dann in der EVS 2013 26,3 Prozent oder etwa 127 EUR der Konsumausgaben dieser Bezugsgruppe nicht als regelbedarfsrelevant eingestuft (Becker, Regelbedarfsbemessung: Gutachten zum Gesetzesentwurf 2016 für die Diakonie Deutschland, 11.11.2016, 19, abrufbar unter: https:/ /nbi.sankt-georgen.de/assets/typo3/redakteur e/Dokumente/2016/Regelbedarfsbemessung-Gutachten.pdf). Bürgergeld-/Sozialhilfebeziehende leben nicht „ähnlich" wie die untersten Verbrauchergruppen, sondern erheblich schlechter. 2013 betrug die Armutsschwelle von Einpersonenhaushalten 979 EUR (https: //www.destatis.de/DE/Themen/Gesellschaft-Umwelt/Einkommen-Konsum-Lebensbeding ungen/Lebensbedingungen-Armutsgefaehrdu ng/Tabellen/armutsschwelle-gefaehrdung-silc .html). Schon die EVS-Bezugsgruppe lag mit ihrer Einkommensobergrenze von 951 EUR deutlich darunter.

In der EVS 2018 wurde die entsprechende Einkommensgrenze auf 1.086 EUR angehoben. Gleichzeitig hat sich die Summe der nicht regelsatzrelevanten Konsumausgaben der Bezugsgruppe auf mtl. 159,85 Euro erhöht (Diakonie Deutschland, Regelsatz: willkürliche Abzüge im Gesetzentwurf 2020, 08/2020, 4).

Wenn man die Freiheit armer Leute akzeptieren könnte, ihr Geld nach ihrem Geschmack auszugeben, könnten auf der Grundlage der EVS 2018 etwa 546 EUR der 596 EUR für Konsumausgaben als regelbedarfsrelevant eingestuft werden. Rund 50 EUR wären als „zwingende Abschläge" herauszurechnen, da sie über Gebührenbefreiung bzw. andere Leistungen gedeckt werden könnten. Darunter fallen zB 18,36 EUR für Rundfunk- und Fernsehgebühren, Einsparungen durch Sozialtickets und andere Vergünstigungen, Ausgaben für Haushaltshilfe, orthopädische Schuhe, Materialkosten Zahnarzt*Zahnärztin, Reparatur und Miete therapeutischer Geräte sowie Nachhilfe.

3. Bezugsgruppe (Referenzgruppe) zur Bemessung der Regelsätze

40 Rechtliche Grundlage für die Bestimmung der Bezugsgruppe war bis Ende 2010 die Regelsatzverordnung (RSV). „Zu Grunde zu legen sind die Verbrauchsausgaben der untersten 20 vom Hundert der nach ihrem Nettoeinkommen geschichteten Haushalte der Einkommens- und Verbrauchsstichprobe nach Herausnahme der Empfänger von Leistungen der Sozialhilfe" (§ 2 Abs. 3 RSV vom 2.3.2009).

Mit Haushalten sind Einpersonenhaushalte gemeint, da die Regelbedarfsstufe 1 der Regelsatz von Alleinstehenden ist (BVerfG 9.2.2010 – 1 BvL 1/09, 1 BvL 3/09 und 1 BvL 4/09, Rn. 168). Das Sozialhilfeniveau auf der Basis von Sozialhilfe-Haushalten festzusetzen, wäre ein „Zirkelschluss".

Die Frage ist nur, ob Sozialhilfebeziehende vor oder nach der Bildung der Bezugsgruppe der untersten 20 Prozent herausgenommen werden müssen? „Aus der gesetzlichen Formulierung ergibt sich [...] [das] nicht eindeutig" (Becker, Bedarfsgerechtigkeit und soziokulturelles Existenzminimum, März 2006, 3, abrufbar unter: https://www.boeckler.de/pdf _fof/91963.pdf). Bei Einführung von Hartz IV galt: *„Die untersten 20 % der [...] Haushalte werden aus der EVS separiert, in einem zweiten Schritt werden aus dieser Gruppe die Sozialhilfebezieher herausgenommen – die verbleibenden Personen bilden dann die zu betrachtende Referenzgruppe"* (Der Paritätische, „Zum Leben zu wenig ...", 2004, 11, abrufbar unter: http://www.infothek.paritaet .org/pid/fachinfos.nsf/084d1e2d27926991c1 2569f900700d64/0be8c7081d662e39c1256f 850037edb1/$FILE/Expertise-Broschuere .pdf). Das BVerfG stellt mit Bezug darauf fest: *„Die Auswahl der Referenzgruppe ist verfassungsrechtlich nicht zu beanstanden"* (BVerfG 9.2.2010 – 1 BvL 1/09, 1 BvL 3/09 und 1 BvL 4/09, Rn. 168). Es spricht davon, dass die untersten 20 Prozent *„mit Ausnahme der Einpersonenhaushalte im Sozialhilfebezug heranzuziehen"* seien (BVerfG 9.2.2010 – 1 BvL 1/09, 1 BvL 3/09 und 1 BvL 4/09, Rn. 55). Die Leistungsbezieher*innen sind laut BVerfG eindeutig nach Bestimmung der untersten 20 Prozent herauszunehmen.

In der Auswertung der EVS 2003 wurden aus den untersten 20,4 Prozent der Einpersonenhaushalte 0,5 Prozent Sozialhilfebeziehende herausgenommen. In der Auswertung der EVS 2013 wurden aus 21,8 Prozent der Einpersonenhaushalte acht Prozent SGB II- und Sozialhilfebeziehende herausgenommen. Die verbleibenden 13,8 Prozent wurden auf die untersten 15 Prozent hochgerechnet. Deshalb ist seit 2011 im RBEG mit den untersten 15 Prozent der Einpersonenhaushalte der Prozentsatz **nach**, nicht mehr der vor Herausnahme von SGB II- und HzL-/GSi-Beziehenden festgeschrieben worden (§ 4 Nr. 1 RBEG).

Der Unterschied, ob SGB II-/Sozialhilfebeziehende **vor oder nach** der Berechnung der „ärmsten" EVS-Haushalte herausgenommen werden, wird an einem Rechenbeispiel mit EVS 2008 deutlich: Die untersten 15 Prozent der Einpersonenhaushalte haben hier ein Durchschnittseinkommen von 843,09 EUR, die untersten 20 Prozent von 875,47 EUR. Ihre Konsumausgaben sind höher, folglich auch die regelbedarfsrelevanten Ausgaben. Wären entgegen des BVerfG die Ausgaben der untersten 20 Prozent herangezogen worden, hätte der Regelbedarf der Rbs 1 schon 2011 über 382 EUR statt 364 EUR betragen müssen (Der Paritätische, Expertise. Fortschreibung der Regelsätze, 2016, 21, abrufbar unter: https://www.paritaet-hessen.org/fi leadmin/redaktion/Texte/Publikationen/GV/ Expertise_Regelsatz-2015_web.pdf).

41 Die Vorgehensweise der Bundesregierung bei der Festsetzung der Bezugsgruppe ist vom BVerfG gedeckt. Nur der Umfang der herausgerechneten SGB II- und Sozialhilfehaushalte ist erheblich höher als früher, u.a. wegen der Verwandlung von Berechtigten der Arbeitslosenhilfe, die früher nicht herausgerechnet wurden, in Alg II-Beziehende (heute Beziehende von Bürgergeld), die herauszurechnen sind. Der Vorgabe des BVerfG, dass die verbleibenden Haushalte *„zuverlässig über der Sozialhilfeschwelle"* liegen müssen, ist bei SGB II-/Sozialhilfebeziehenden mit Einkommen aus Erwerbstätigkeit angeblich erfüllt. Sie werden seit der EVS 2013 nicht aus der Bezugsgruppe der Haushalte herausgenommen (§ 3 Abs. 2 RBEG), weil sie wegen ihrer Erwerbstätigenfreibeträge oberhalb der Sozialhilfeschwelle liegen würden.

3.1 Bezugsgruppe mit oder ohne „Dunkelziffer"

42 Das BVerfG hat im Februar 2010 in Bezug auf das Regelsatzniveau von 2005 erklärt, der Verzicht auf die Schätzung der Dunkelziffer sei damals vertretbar gewesen. Aber: *„Der Gesetzgeber bleibt freilich [...] verpflichtet, bei der Auswertung künftiger Einkommens- und Verbrauchsstichproben darauf zu achten, dass Haushalte, deren Nettoeinkommen unter dem Niveau der Leistungen nach dem Sozialgesetzbuch Zweites Buch und dem Sozialgesetzbuch Zwölftes Buch inklusive der Leistungen für Unterkunft und Heizung liegt, aus der Referenzgruppe ausgeschieden werden"* (BVerfG 9.2.2010 – 1 BvL 1/09, 1 BvL 3/09 und 1 BvL 4/09, Rn. 169). Die EVS 2008, 2013 und 2018 sind bezogen auf 2005 *„künftige"* Einkommens- und Verbrauchsproben. Die

Bundesregierung hat diese Verpflichtung missachtet. In der Bezugsgruppe befinden sich Personen, die einen Anspruch auf Bürgergeld bzw. HzL/GSi der Sozialhilfe haben, ohne ihn geltend zu machen. Irene Becker beziffert auf der Basis unterschiedlicher methodischer Ansätze und Datenquellen die Quote dieser verdeckten Armut zwischen knapp 40 und 67 Prozent der potenziell Leistungsberechtigten (Becker, Bewertung der Neuregelungen des SGB II – Methodische Gesichtspunkte der Bedarfsbemessung vor dem Hintergrund des »Hartz-IV-Urteils« des Bundesverfassungsgerichts, Soziale Sicherheit extra September 2011, 21). Bezogen auf die Bürgergeld-Berechtigten nach dem SGB II im Januar 2023 ergibt die Annahme einer moderaten Dunkelziffer von 40 Prozent etwa 3,6 Millionen Personen, die ihre Ansprüche nicht wahrnehmen. Alle Haushalte mit einem Einkommen unterhalb ihres Hartz IV-Niveaus hätten demzufolge herausgerechnet werden müssen, um die regelbedarfsrelevanten Ausgaben der Bezugsgruppe zu erhöhen. Mit der Festlegung einer Mindesteinkommensgrenze oberhalb des Hartz IV-Niveaus hätte man nicht realisierte Ansprüche feststellen und die betreffenden Haushalte aus der Referenzgruppe herausnehmen können. Daran hatte die Bundesregierung kein Interesse. Das gilt in Bezug auf die EVS 2018 noch heute.

3.2 Bezugsgruppe: überwiegend Rentner*innen

43 Nach wie vor hält die Bundesregierung detaillierte Angaben über Einkommen, soziale Zusammensetzung, Altersklassen usw der Bezugsgruppe geheim. 2010 ließ sie sich jedoch entlocken, dass 37,7 Prozent Rentner*innen seien, 18,3 Prozent Nicht-Erwerbstätige, 20,2 Prozent Erwerbslose, 19,6 Prozent Beschäftigte und 4,1 Prozent Selbstständige (DIE LINKE, Existenzminimum kleingerechnet, Alternative Berechnungen zu Hartz IV-Regelsätzen, 2010, abrufbar unter: https://www.matthias-w-birkwald.de/de/article/161.existenzminimum-kleingerechnet-alternative-berechnungen-zu-hartz-iv-regelsaetzen.html, 4).

44 Drei Viertel der Einkommen von Einpersonenhaushalten Nicht-Erwerbstätiger mit einem Einkommen unter 900 EUR waren laut EVS 2008 Renten (Statistisches Bundesamt, Einkommens- und Verbrauchsstichprobe, Einnahmen und Ausgaben privater Haushalte, Fachserie 15, Heft 4, Wiesbaden 2010, 112). Da Rentner*innen ebenfalls erwerbstätig sein können, könnte die Mehrheit der Bezugsgruppe aus Rentner*innen bestehen. Der Regelbedarf nach Rbs 1 ist – salopp gesagt – ein Senior*innen-Regelsatz. Das ist er schon, seit die EVS 1990 Grundlage der Regelsatzbemessung wurde. Die EVS 1983 wies damals den Anteil über 65-Jähriger an der Bezugsgruppe mit über 60 Prozent aus (Statistisches Bundesamt, Fachserie 15, EVS 1983, Heft 5, Tab. 1.4.01.03). Die Fachhochschulprofessoren Hanesch, Stahlmann und Weth schlossen deshalb damals auf *„die grundsätzliche Ungeeignetheit des vorgeschlagenen Statistikmodells für die Regelsatzbemessung"* (info also 1/88, 5). Das gilt noch heute. Die Ausgaben von Rentner*innen sind in wichtigen Ausgabenbereichen bei gleichem Einkommen niedriger als die von erwerbsfähigen Personen. Das drückt den Regelbedarf nach unten. Daten über das unterschiedliche Ausgabeverhalten werden geheim gehalten.

4. Kinderregelsätze

45 Das BVerfG beklagte, dass nicht schon bei Einführung von Hartz IV eine Sonderauswertung der EVS 1998 über die Verbrauchsausgaben von minderjährigen Kindern vorgenommen wurde (BVerfG 9.2.2010 – 1 BvL 1/09, 1 BvL 3/09 und 1 BvL 4/09, Rn. 198). Ein entsprechender Verteilungsschlüssel (→ Rn. 50 ff.; Münnich Wirtschaft und Statistik 12/2002, 1084) habe vorgelegen. Dieses Versäumnis habe seit 2005 zu überhöhten Kinderregelsätzen geführt. 2008 nahm die Bundesregierung die geforderte Sonderauswertung der EVS 2003 vor. Sie ergab einen Regelbedarf von 191,23 EUR für Kinder unter 6 Jahren – statt 207 EUR –, 240 EUR für Kinder zwischen 6 und 13 Jahren – statt 207 EUR – und 257,66 EUR statt 276 EUR für Kinder von 14 bis 17 Jahren (BVerfG 9.2.2010 – 1 BvL 1/09, 1 BvL 3/09 und 1 BvL 4/09, Rn. 74). Die Regelsätze waren also ab 1.7.2006 für zwei Altersgruppen erheblich höher.

89 Regelbedarf (Regelsatz)

Die Sonderauswertung zeigte auch, dass Kinder von 6 bis 13 Jahren erheblich mehr brauchen als Vorschulkinder. Eine Binsenweisheit, die SPD/Grüne und CDU/CSU/FDP jahrelang abgestritten hatten. Hatten sie doch ab 2005 Schulkindern gemeinschaftlich sowohl den Wachstums- und Entwicklungsbedarf als auch jeglichen Schulbedarf aberkannt. Zu diesem Zweck senkten sie den Regelbedarf von Schulkindern unter 14 Jahren (bislang 70 Prozent des früheren Eckregelsatzes) auf das Niveau des Regelsatzes für Kinder im Vorschulalter ab (60 Prozent), den von Jugendlichen von 14 bis 17 Jahren auf das Niveau von erwachsenen Haushaltsangehörigen (80 statt bisheriger 90 Prozent). Das stieß auf erheblichen Widerstand. Ohne den vielfältigen Druck zur Erhöhung der Kinderregelregesätze und zur Wiederanerkennung des Schulbedarfs wäre es weder zur Sonderauswertung noch ab 1.7.2009 zur Rücknahme der Kürzung des Regelsatzes für Kinder im Alter von 6 bis 13 Jahren gekommen. Von da an erhielten diese 251 statt 215 EUR (bzw. 70 statt 60 Prozent des früheren Eckregelsatzes).

Das höchste Gericht sah zwar ein, dass *"sich der Bedarf eines schulpflichtigen Kindes in der Pubertät offensichtlich von dem Bedarf eines Säuglings oder eines Kleinkindes unterscheidet"* (BVerfG 9.2.2010 – 1 BvL 1/09, 1 BvL 3/09 und 1 BvL 4/09, Rn. 196). Es verteidigte aber zäh das Gegenteil. Es *"ist nicht ersichtlich, dass der Betrag von 207 EUR nicht ausreicht, um das physische Existenzminimum, insbesondere den Ernährungsbedarf, von Kindern im Alter bis zur Vollendung des 14. Lebensjahres zu decken. In Anbetracht des weiten gesetzgeberischen Gestaltungsspielraums hinsichtlich der Frage, in welchem Umfang Leistungen zur Sicherung des Existenzminimums eine Teilhabe am gesellschaftlichen Leben ermöglichen müssen, kann deshalb nicht festgestellt werden, dass der Gesamtbetrag von 207 EUR das zur Sicherung des Existenzminimums Notwendige offensichtlich unterschreitet"* (BVerfG 9.2.2010 – 1 BvL 1/09, 1 BvL 3/09 und 1 BvL 4/09, Rn. 157).

13-Jährige vom Geldbedarf mit Säuglingen gleichzusetzen, ist nicht *"offensichtlich unzureichend"*? Beiden standen 78 EUR für Essen und Trinken zu, obwohl 7- bis 13-Jährige für gesunde Ernährung und Bewegung mit 2.045 kcal doppelt so viele Kilokalorien brauchen wie Vorschulkinder (Roth, Zur Aberkennung des Wachstumsbedarfs von Schulkindern und Jugendlichen mit Einführung von Hartz IV, Mai 2008, 16, abrufbar unter: https://www.erwerbslos.de/images/stories/dokumente/kampagnenseite/materialien/brosch_roth2.pdf). Das BVerfG legte das physische Existenzminimum als Maßstab an. So war wirklich *"nicht ersichtlich"*, dass Schulkinder mit diesem Betrag nicht mehr physisch existieren können. Folge dieses Urteils: Der kinderfeindliche Regelbedarf von 211 EUR musste nicht rückwirkend aufgehoben werden. Die Kritik des BVerfG zeigte Wirkung. Die Kinderregelsätze wurden abgesenkt: 213 EUR statt 215 EUR, 242 EUR statt 251 EUR und 275 EUR statt 287 EUR sollten sie ab 2011 betragen (§ 8 Abs. 1 RBEG). Die Bundesregierung hatte aber ein Einsehen. Sie entschied, die Kürzung schrittweise umzusetzen. Solange sich durch die Fortschreibung ab 1.1.2012 kein höherer Regelbedarf ergeben würde, würden die alten Regelsätze bestehen bleiben (§ 77 Abs. 4 SGB II). Inzwischen hat die Fortschreibung der Kinderregelsätze dazu geführt, dass sie alle deutlich über dem Stand von 2011 liegen.

46 Tabelle 4: Regelbedarfe für Kinder und Jugendliche – Leistungsniveau

Kinder und Jugendliche	2023	2021	2019	2016	2011	2008
	Regelbedarfe in EUR					
unter 6 Jahren	318	283	245	237	215 (213)	211
6–13 Jahre	348	309	302	270	251 (242)	211
14–17 Jahre	420	373	322	306	287 (275)	281

4.1 „Kinder sind keine kleinen Erwachsenen"

47 Eine Weisheit von überwältigender Schlichtheit. Das BVerfG kritisierte damit den Abschlag von 40 Prozent beim Regelbedarf für Kinder unter 14 Jahren, der *"auf einer freihändigen Setzung ohne irgendeine empirische und methodische Fundierung"*

beruhe (BVerfG 9.2.2010 - 1 BvL 1/09, 1 BvL 3/09 und 1 BvL 4/09, Rn. 191). In der Tat hatte die Kürzung des Bedarfs von Schulkindern auf den von Vorschulkindern, die 4,5 Jahre galt, keinerlei *„empirische Fundierung"*. Ebenso wenig die Aberkennung des Schulbedarfs. Die seit 1990 geltenden früheren Prozentsätze der Kinderregelsätze waren jedoch keineswegs ohne empirische Fundierung. Sie beruhten aber noch nicht auf den untersten 20 Prozent der Haushalte der EVS. Grundlage war eine fiktive *„Sozialhilfeschwelle"* (Regelsatz plus 15 Prozent für einmalige Beihilfen plus Mehrbedarf und Warmmiete). Diese Schwelle konnte von den Referenzhaushalten bis zu 25 Prozent überschritten werden. Auf dieser Basis wurden mit Daten der EVS 1983 zwei Bezugsgruppen gebildet, eine von Paarhaushalten ohne und eine von Paarhaushalten mit einem Kind unter 18 Jahren. Die Differenz der Ausgaben wurde den Kindern zugerechnet. Mit Ausnahme des Verzehrs außer Haus wurden sie zu 100 Prozent anerkannt. Kinder mit relativ gleichen Ausgaben wurden in Altersgruppen zusammengefasst. Daraus entstanden die Prozentsätze im Verhältnis zum früheren Eckregelsatz, die bis 2004 beibehalten wurden.

48 Tabelle 5: „Kindesbedarf" 2023 in EUR (Die Geldbeträge der „Bedarfsabteilungen" werden jeweils als Prozentanteile der EVS 2018 berechnet und auf die nach dem Gesetz fortgeschriebenen Regelbedarfe von 2023 angewendet)

Bedarfsabteilung	*Kinder/Jugendliche*		
	unter 6 Jahren	*6–13 Jahre*	*14–17 Jahre*
1 u. 2 Nahrungsmittel u. alkoholfreie Getränke	104,35 €	136,37 €	185,32 €
3 Bekleidung/ Schuhe	50,90 €	42,16 €	50,13 €
4 Wohnen, Energie, Wohnungsinstandhaltung	9,95 €	16,06 €	22,80 €
darunter: Strom	8,99 €	15,43 €	21,30 €
5 Innenausstattung/Haushaltsgeräte usw	18,25 €	14,89 €	19,17 €
6 Gesundheitspflege	9,29 €	9,17 €	12,40 €
7 Verkehr	29,27 €	27,72 €	26,48 €
8 Nachrichtenübermittlung	27,83 €	30,16 €	30,10 €
9 Freizeit, Unterhaltung, Kultur	50,91 €	49,84 €	44,13 €
10 Bildung	1,72 €	1,80 €	0,74 €
11 Beherb./Gaststätten	3,59 €	7,87 €	11,86 €
12 Andere Dienstleist.	11,95 €	11,95 €	16,87 €
Gesamt	318,00 €	348,00 €	420,00 €
Im Vergleich dazu, alte Berechnung in Prozent d. Rbs 1	(60%) 301,20 €	(70%) 351,40 €	(80%) 401,60 €

Auch nach der Neuberechnung des *„Kindesbedarfs"* wird Kindern faktisch ein Prozentsatz des Alleinstehenden-Regelbedarfs (Rbs 1) zugestanden. Auf Grundlage der EVS 2018 fällt dieser Prozentanteil in zwei von drei Altersgruppen erstmals etwas höher aus (63 statt 60 Prozent; 69 statt 70 Prozent und 84 statt 80 Prozent). Kinder bleiben auch weiterhin (formal) *„kleine Erwachsene"*.

49 **Ausgaben für Schulbesuch** sind nach wie vor nicht im Regelsatz enthalten, obwohl sie von der Einschulung bis zum Schulabschluss regelmäßig anfallen und nicht nur einmalig sind. Das BVerfG kritisierte 2010, die geplante einmalige Beihilfe für Schulbedarf von 100 EUR im Jahr sei nicht empirisch ermittelt, sondern nur als *„sozialpolitisch angemessen"* begründet worden (BVerfG 9.2.2010 - 1 BvL 1/09, 1 BvL 3/09 und 1 BvL 4/09, Rn. 80). Es stellte fest: *„Notwendige Aufwendungen zur Erfüllung schulischer Pflichten gehören zu ihrem [der Kinder] existentiellen Bedarf"* (BVerfG 9.2.2010 - 1 BvL 1/09, 1 BvL 3/09 und 1 BvL 4/09, Rn. 192). Es erklärte aber nicht, dass dieser Bedarf über den Regelbedarf abzudecken sei, sondern verwies auf das Sozialgeld. Der Regelbedarf stellt nur einen Teil des Bürgergel-

des (vor 2023 Alg II/Sozialgeld) dar (§ 19 Abs. 1 SGB II).

SGB II-Leistungen wurden 2011 um die zusätzlichen „Leistungen für Bildung und Teilhabe" ergänzt (§ 19 Abs. 2 SGB II; Näheres: Bildung und Teilhabe, → 27). Seit August 2019 wurden zudem die hier enthaltenen Beihilfen für den persönlichen Schulbedarf um gut 50 Prozent erhöht (2023 liegen sie bei 174 EUR pro Jahr). Nach wie vor fehlt es jedoch an einer empirischen Grundlage für die Bemessung der Leistung. Die „sozialpolitisch angemessene" Beihilfe wird aber immerhin seit 2021 gemäß der Regelbedarfsfortschreibung prozentual angepasst. Wir vertreten dagegen die Auffassung, dass der normale Schulbedarf in den Regelsatz gehört und dieser, laut BVerfG, empirisch ermittelt werden muss. Ausgaben für KiTa- und Klassenausflüge, mehrtägige Klassenfahrten, Nachhilfe, Lernmittelbedarf, wenn die Lernmittelfreiheit nicht umgesetzt wird, atypische Fahrtkosten, Mehraufwendungen für KiTa- und Schulmittagessen, Vereinsbeiträge, Musikunterricht usw werden ab 1.1.2011 gesondert erbracht – vor allem in Form von Gutscheinen und Direktzahlungen an den Erbringer der Leistungen. Die Bundesregierung und die damalige Ministerin von der Leyen wehrten sich mit Händen und Füßen dagegen, den Bedarf konkret zu beziffern und in Form höherer Regelleistungen an die Kinder bzw. deren Eltern auszuzahlen, damit diese die Mittel eigenverantwortlich einsetzen können. Höhere Kinderregelsätze führen eben zu höheren Leistungsansprüchen und verschieben die Einkommensgrenze für „Aufstocker"-Familien mit Anspruch auf SGB II-Leistungen insgesamt nach oben. Dies gilt es offensichtlich zu vermeiden.

50 Die Regelbedarfsbeträge für Kinder der drei Altersstufen werden aus den privaten **Konsumausgaben von Dreipersonenhaushalten** (Paare mit einem Kind) der untersten 20 Prozent der nach Einkommen geschichteten Verbrauchergruppen berechnet. Diese **Bezugsgruppen** bilden in der EVS 2018 tatsächlich die untersten 20,5 bis 21,1 Prozent der nach Einkommen geschichteten Verbrauchsgruppen ab. Weniger als ein Prozent wurden als SGB II- und SGB XII-Haushalte aus diesen Bezugsgruppen herausgerechnet. Sie lagen mithin über der gesetzlichen Höchstgrenze von 20 Prozent. Die Bezugsgruppen zur Ermittlung der Kinderregelsätze sind dennoch deutlich kleiner als beim Erwachsenenregelbedarf (2.311 Haushalte): Bei den Kinderregelsätzen der unter 6-Jährigen umfassen sie 278, bei den der 6- bis 13-Jährigen 144 und bei den der 14- bis 17-Jährigen 105 Haushalte. Je kleiner eine Bezugsgruppe ist, desto höher ist allerdings die statistische Fehlerquote der Datenerhebung.

51 Tabelle 6: Ausgaben der untersten 20 Prozent der Dreipersonenhaushalte mit einem Kind

	EVS 2018 in EUR		
Kinder/ Jugendliche	*unter 6 Jahren*	*6–13 Jahre*	*14–17 Jahre*
Private Verbrauchsausgaben	2.239	2.344	2.408
davon Warmmiete	656	670	720
Konsumausgaben Kinder*	365	393	466
Konsumausgaben Eltern*	1.218	1281	1.222

* ohne Warmmiete (Sonderauswertung der EVS 2018, eigene Berechnung)

52 Mit der Geburt von Kindern erhöht sich das Einkommen nicht im selben Maße wie die Ausgaben. „*Damit bleibt die Möglichkeit, dass Erwachsene nach der Geburt von Kindern ihr Konsumniveau beibehalten können, eher die Ausnahme*" (Münnich Wirtschaft und Statistik 6/2006, 646). Je älter die Kinder werden, desto mehr steigen ihre Kosten. Vor allem die Ausgaben für Kinder ab dem Schulalter werden mit Konsumverzicht der Eltern bezahlt (Tab. 6 → Rn. 51). „*Dass Mütter und Väter bei den Ausgaben für den privaten Konsum zuerst an ihrer eigenen Lebenshaltung Abstriche machen und Wohlstandsverluste hinnehmen, ehe sie Ausgaben für ihre Kinder reduzieren*" (Münnich Wirtschaft und Statistik 6/2006, 666), trifft am

meisten auf die untersten Verbrauchergruppen zu.

4.2 Ermittlung der Familienausgaben auf Grundlage der EVS

53 Die EVS ist aus vielen Gründen als Basis für die Festsetzung des Existenzminimums nicht brauchbar:

- Familien der untersten Verbrauchergruppen decken in starkem Maße private Konsumausgaben mit Schulden. Für die untersten zehn Prozent gibt Münnich auf der Basis der EVS 2003 ein Haushaltsnettoeinkommen von 1.357 EUR und private Konsumausgaben von 1.555 EUR an (Münnich Wirtschaft und Statistik 6/2006, 658). Die Differenz wurde nicht aus Vermögen gedeckt, da keines vorhanden war, sondern über Kredite. Bei den unteren 20 Prozent dürfte es ähnlich sein (→ Rn. 38). Das ist eine *„Verfälschung der Datenbasis"* (BVerfG 9.2.2010 – 1 BvL 1/09, 1 BvL 3/09 und 1 BvL 4/09).
- Je höher der Anteil Erwerbstätiger aus dem Niedriglohnbereich, deren Nettoeinkommen real sinkt, desto größer der Druck auf die Regelsätze der Kinder.
- Haushalte, die Ansprüche auf Hartz IV/Bürgergeld haben, ohne sie wahrzunehmen, sind entgegen dem Urteil des BVerfG nicht aus der Bezugsgruppe herausgerechnet worden (→ Rn. 42).
- Je höher Ausgaben für private Altersvorsorge, Versicherungen, Schuldendienst usw sind, desto geringer sind private Konsumausgaben und damit die Ausgaben, die in die Kinderregelsätze eingehen können.
- Die 20-Prozent-Stichprobe umfasst nur eine sehr geringe Zahl an Haushalten. Bei Dreipersonenhaushalten sind es je nach Altersstufe zwischen 278 und 105 Haushalten (→ Rn. 50). Viele Beträge der Ausgabepositionen, die in die Regelbedarfe eingehen, werden nicht einmal veröffentlicht, da sie aus Ausgaben von weniger als 25 Haushalten ermittelt wurden. Was im Einzelnen in den Regelbedarfen enthalten ist, ist häufig unbekannt. Zum Beispiel gibt es bei Kindern von 6 bis 17 Jahren keine Angaben über die Ausgaben für Fahrräder, Leihgebühren von Büchern und Zeitschriften sowie Campingartikel.

4.3 Mangelernährung bei Kindern

54 Tabelle 7: Tagesbedarf für Essen und Trinken in den Kinderregelbedarfen 2023 in EUR

Angaben zu den erwünschten Mengen an Kilokalorien für gesunde Ernährung von Mathilde Kersting (eigene Umrechnung auf das aktuelle Preisniveau, entsprechend der Berechnung unter → Rn. 21: 3,94 EUR pro 1.000 kcal im Dezember 2022; Methode: vgl. Kersting/Clausen Ernährungs Umschau 9/2007, 509 f.)

	Essen	Trinken	Nahrungsm. u. Getränke	für gesunde Ernährung sind notwendig
	Kinder unter 6 Jahren			
Monatsbedarf	*95,03 €	9,33 €	104,35 €	143,10 €
Tagesbedarf	3,17 €	0,31 €	3,48 €	4,77 €
Frühstück	0,63 €	0,06 €	0,70 €	für 1.210 kcal/Tag Ernährungsbedarf
Mittag-/Abendessen	1,27 €	0,12 €	1,39 €	

89 Regelbedarf (Regelsatz)

	Essen	Trinken	Nahrungsm. u. Getränke	für gesunde Ernährung sind notwendig
	Kinder von 6–13 Jahren			
Monatsbedarf	*124,45 €	11,92 €	136,37 €	232,50 €
Tagesbedarf	4,15 €	0,40 €	4,55 €	7,75 €
Frühstück	0,83 €	0,08 €	0,91 €	für 1.968 kcal/Tag Ernährungsbedarf
Mittag-/Abendessen	1,66 €	0,16 €	1,82 €	
	Jugendliche von 14–17 Jahren			
Monatsbedarf	*163,39 €	21,94 €	185,32 €	319,20 €
Tagesbedarf	5,45 €	0,73 €	6,18 €	10,64 €
Frühstück	1,09 €	0,15 €	1,24 €	für 2.700 kcal/Tag Ernährungsbedarf
Mittag-/Abendessen	2,18 €	0,29 €	2,47 €	

* Der Betrag für Nahrungsmittel (Essen) enthält einen „Korrekturbetrag". Er beträgt auf 2023 fortgeschrieben bei unter 6-Jährigen mtl. 8,27 EUR, bei 6- bis 13-Jährigen 20,74 EUR und bei 14- bis 17-Jährigen 14,22 EUR. Der Korrekturbetrag wird pikanterweise nach unterschiedlichen Methoden aus den Verbrauchsausgaben der Bezugsgruppen für alkoholische Getränke und Tabakwaren berechnet (BT-Drs. 19/22750, 35, 53). Weil die EVS als Grundlage für die Regelbedarfsermittlung nicht geeignet ist, versuchen die „Regelsatzjongleure" des BAMS, mit zweifelhafter Rechenakrobatik Bedarfsdeckungslücken zu verdecken.

55 Schulkindern wird kein Vormittagssnack oder Pausenbrot zugestanden. Die von Ernährungsexperten vorgeschlagenen fünf Mahlzeiten am Tag gibt es nicht. Fünf Mahlzeiten würden den im Regelbedarf enthaltenen Anteil fürs Mittag- und Abendessen senken. Der Befund, dass die Regelsätze – insbesondere die der Kinder und Jugendlichen – nicht reichen, um eine gesunde Ernährung zu finanzieren (vgl. Tab. 8 → Rn. 54), wird durch neuere Studien bestätigt. Im Zusammenhang mit den Ursachen und Folgen der COVID-19-Pandemie hat der Ernährungswissenschaftler Konrad Biesalski die Ernährungsarmut bei Kindern untersucht. Er kommt zu dem Schluss, dass „*[eine] gesunde Ernährung, wie sie Kinder vor allem in den Entwicklungsphasen brauchen, [...] mit den verfügbaren Mitteln des ALGII nicht finanziert werden [kann]. [...] Die Folgen sind auch in Deutschland sichtbar, Wachstumsverzögerung und eingeschränkte kognitive Entwicklung. Ursache sind fehlende Mikronährstoffe (Eisen, Zink, Jod, Vitamin D), die für die körperliche und kognitive Entwicklung gebraucht werden*" (Biesalski Aktuelle Ernährungsmedizin 05/2021, 317). Nach der Gießener Vollwert-Ernährungsstudie, die nur an (erwachsenen) Frauen durgeführt wurden, betrügen die Lebensmittelkosten für eine Vollwertkost 227 EUR oder eine gesunde Mischkost 259 pro Monat (Biesalski Aktuelle Ernährungsmedizin 05/2021, 319). Unter Berücksichtigung der Zusammenstellung und Kosten für gesunde Ernährung, die aus aktuellen Ernährungsstudien aus den Vereinigten Staaten und aus Großbritannien auf die Situation in Deutschland übertragen wurden, geht Biesalski davon aus, „*dass für eine gesunde Ernährung im Sinne der DGE-Empfehlungen im Durchschnitt für Kinder unter 5 Jahren mindestens 4,50 € (Regelsatz 2,82 €), für die Altersgruppe 6–17 Jahre mindestens 5,50 € (Regelsatz 4,01–4,98 €) und für Erwachsene (ohne Berücksichtigung des Kalorienverbrauchs) mindestens 7,50 € (Regelsatz 3,89–4,86 €) pro Tag anzusetzen sind*" (Biesalski Aktuelle Ernährungsmedizin 05/2021, 320; hier wurden abweichend von Tab. 8 die Lebensmittelpreise vor Einsetzen der drastischen Preissteigerung im zweiten Halbjahr 2021 berücksichtigt und den Regelbedarfsanteilen von 2019 gegenübergestellt).

5. Regelbedarfe: Festsetzung, Fortschreibung, Inflation, Verfassungskonformität

56 Im Folgenden werden die Regularien der Regelbedarfsfestsetzung und die Methode der jährlichen Fortschreibung der Regelsätze in Zeiten moderater und galoppierender Inflation erläutert. Schließlich geht es um die Frage, ob die die Methode der Festsetzung der Regelbedarfe verfassungskonform ist.

5.1 Festsetzung der Regelbedarfe

57 Die Höhe der Regelbedarfsstufen wird durch die Bundesregierung festgesetzt. Es sei denn, einzelne Bundesländer weichen davon ab, indem sie auf der Basis der bundeseinheitlichen Vorgaben eigene regionale Auswertungen der EVS vornehmen. Die Länder können regionale Sozialhilfeträger ermächtigen, regionale Regelsätze aufgrund regionaler Auswertungen der EVS vorzunehmen (§ 29 Abs. 1 – 3 SGB XII). Das ist allerdings theoretisch nur noch für die HzL der Sozialhilfe möglich, da für die GSi seit 2013 wie beim Bürgergeld bundeseinheitliche Regelsätze gelten (§ 42 Nr. 1 iVm § 29 Abs. 1 S. 1 SGB XII).

Nach unserer Kenntnis macht eine Reihe von Sozialhilfeträgern in **Oberbayern** von der Regelung mit der Begründung Gebrauch, die Lebenshaltungskosten dort lägen deutlich über dem Bundesdurchschnitt. Alle SGB XII-Beziehende erhalten einen höheren Regelsatz. Die Kommune/der Kreis erhöht den Regelsatz bei der HzL und stockt zur Sicherstellung des Gleichbehandlungsgrundsatzes für Beziehende von GSi die Leistungen freiwillig auf. Für die Regelbedarfsstufe 1 gewähren die **Stadt München** 527 EUR, der **Landkreis München** 517 EUR sowie die **Landkreise Fürstenfeldbruck** und **Starnberg** jeweils 529 EUR (Stand 2023). Das sind Zuschläge von 25 EUR, 15 EUR bzw. 27 EUR auf die Regelbedarfsstufe 1 von 502 EUR. Auch die anderen Regelbedarfsstufen werden entsprechend anteilig erhöht.

5.2 Die Regelsatzfortschreibung vor und nach der „Preisexplosion"

58 Die reguläre Regelsatzfortschreibung orientiert sich an der Veränderungsrate der Löhne und Preise in Deutschland. Seit Herbst 2021, beschleunigt durch den russischen Angriffskrieg auf die Ukraine, ist die Inflation derart angestiegen, dass es notwendig wurde, die bestehende Methode zu modifizieren und um eine zusätzliche Veränderungsrate zu ergänzen.

5.2.1 Fortschreibung der Regelbedarfe bis 2021

59 Die Regelbedarfe werden jeweils zum 1. Januar des Jahres neu festgesetzt. Sie werden seit 1.1.2012 mit einem „*Mischindex*" fortgeschrieben, der sich zu 70 Prozent aus der Entwicklung der Durchschnittspreise der regelbedarfsrelevanten Verbrauchsausgaben und zu 30 Prozent aus der Entwicklung des durchschnittlichen Nettolohns je beschäftigter Arbeitnehmer*in ergibt (§ 28a Abs. 2 SGB XII).

Der durchschnittliche Nettolohn je beschäftigter Arbeitnehmer*in stieg von 2007 bis 2019 um 36,4 Prozent (Statistisches Bundesamt 2020, Volkswirtschaftliche Gesamtrechnungen, Fachserie 18, Reihe 1.4). Er lag in diesem Zeitraum deutlich über der Inflationsrate von 17,5 Prozent. Der „*Mischindex*" ist ein Fortschritt gegenüber der Regelung von 1993 bis 2010, durch die die Regelsätze mit dem Prozentsatz erhöht wurden, in dem sich der Rentenwert erhöht hat. Der Rentenwert ist die Monatsrente, die ein*e Versicherte*r mit einem durchschnittlichen Bruttojahresentgelt nach einem Jahr Beitragszahlung erhält. Die Riester-Rente und das Verhältnis zwischen Beitragszahlenden und Rentner*innen vermindern den Rentenwert. Das BVerfG stellte fest, dass der Rentenwert *„keinen Bezug zum Existenzminimum auf[weist]. [...] Er ist deshalb zur realitätsgerechten Fortschreibung des Existenzminimums nicht tauglich"* (BVerfG 9.2.2010 – 1 BvL 1/09, 1 BvL 3/09 und 1 BvL 4/09, Rn. 184).

Seit die Regelsätze 1990 zum ersten Mal auf der Basis der EVS festgesetzt wurden, lag der Anstieg der Verbraucherpreise bis 2010 zehn bis 15 Prozentpunkte über der Anpassung des Leistungsniveaus (Regelsatz plus einmalige Beihilfen). Hartz IV- bzw. Bürgergeld-Beziehende haben heute real deutlich weniger als 1990. Wären ausgehend vom Regelbedarf nach Rbs 1 von 345 EUR (2005) die Preissteigerungen von 2004 bis 2020 berücksichtigt worden, hätte der Regelbedarf 2021 430 EUR statt 446 EUR betragen. Der Mischindex und die Lohnerhöhungen der letzten Jahre führten seit 2019 dazu, dass die reale Regelsatzerhöhung seit 2005 erstmals über der Preissteigerungsrate lagt – jedoch weiterhin deutlich unter der Entwicklung der Löhne in Deutschland.

5.2.2 Regelsatzfortschreibung unter Inflationsbedingungen

60 Die Fortschreibung mit dem Mischindex zu Beginn eines Jahres orientiert sich an der Entwicklung der Löhne und Preise vom 1. Juli des Vorvorjahres bis zum 30. Juni des Vorjahres (§ 28a Abs. 3 S. 3 SGB XII). Für die Regelsatzfortschreibung zum Januar 2022 zB wurde demnach der Zeitraum 1.7.2020 bis 30.6.2021 berücksichtigt. In Zeiten konstanter und moderater Preis- und Lohnsteigerung mag dieser weit zurückliegende Referenzzeitraum zu vertretbaren Ergebnissen führen. In Zeiten einer galoppierenden Inflation führt er jedoch zu einem nicht mehr tragbaren Kaufkraftverlust und zur faktischen Herabsetzung des Existenzminimums. Bezugnehmend auf den Referenzzeitraum wurde für die Regelsatzfortschreibung 2022 ein Erhöhungswert von 0,76 Prozent ermittelt (§ 1 Regelbedarfsstufen-Fortschreibungsverordnung/RBSFV 2022). Die infolge der Coronapandemie stagnierende Preisentwicklung, die außerdem eine spürbare Lohnzurückhaltung nach sich zog, hatte nach der Sommerpause 2021 jedoch ein jähes Ende. Bereits im Spätsommer und Herbst stiegen die Preise vor allem für Energie und Lebensmittel ungewöhnlich an. Die neuen Steigerungsraten wurden allerdings bei der Fortentwicklung der Regelsätze nicht mehr berücksichtigt. Während zum Januar 2022 die Rbs 1 um 0,76 Prozent von 446 auf 449 EUR angehoben wurde, lag die Veränderung der Verbraucherpreise gegenüber dem Vorjahr schon bei 4,9 Prozent, um dann – angetrieben durch den russischen Angriff auf die Ukraine – im Oktober 2022 auf das vorläufige Hoch von 10,4 Prozent auszusteigen. Auch die im Sommer 2022 für Leistungsberechtigte gewährten Einmalzahlungen (200 EUR Erwachsene, 100 EUR Kinder) und der Sofortzuschlag für Kinder von 20 EUR mtl. vermochten den dramatischen Kaufkraftverlust nicht zu stoppen. Irene Becker beziffert in einer aktuellen Expertise für den DGB den inflationsbedingten Verlust der Kaufkraft von Beziehenden von Grundsicherungsleistungen im Jahr 2021 auf knapp 170 EUR bei Alleinlebenden und gut 580 EUR bei Paaren mit zwei Kindern im Alter von 14 bis unter 18 Jahren. Im Jahr 2022 summieren sich die Verluste auf etwa 470 EUR beim Einpersonenhaushalt und etwa 1.600 EUR bei der vierköpfigen Beispielfamilie. (Becker, Ermittlung eines angemessenen Inflationsausgleichs 2021 und 2022 für Grundsicherungsbeziehende, 25.11.2022, 31, abrufbar unter: https://www.dgb.de/-/TwQ).

61 Dass der Regelsatz nicht mehr in der Lage war, das soziokulturelle Existenzminimum sicherzustellen, war auch dem BAMS bekannt. Neben Erwerbslosengruppen hatten sich u.a. Wohlfahrtsverbände und die Landesarbeitsgemeinschaft der Jobcenter-Leitungen NRW – Letztere bereits am 16.2.2022 in einem offenen Brief – an Arbeits- und Sozialminister Hubertus Heil gewandt und eine außerplanmäßige Erhöhung und Anpassung der Regelbedarfe an die Preisentwicklung gefordert. Offensichtlich wollten die Verantwortlichen dort diese Option unter allen Umständen vermeiden und setzten stattdessen auf die beruhigende Wirkung der in Aussicht gestellten Einmalzahlungen, die sich jedoch nicht nur aus der Retrospektive als Tropfen auf den heißen Stein erwiesen.

Stattdessen wurde eine angemessene und turnusgemäße Erhöhung der Regelsätze zum Januar 2023 angekündigt, die **Regelbedarfsfortschreibung** als Bestandteil des Bürgergeldgesetzes neu geregelt und vorübergehend, bis zur nächsten turnusgemäßen Neuermittlung der Regelbedarfe im Jahr 2026 (auf Grundlage der EVS 2023), ein in § 28a Abs. 4 SGB XII formulierter **ergänzender Fortschreibungsfaktor** hinzugefügt. Nach dieser modifizierten Vorgabe sind die Regelbedarfe im Jahr 2023 zunächst nach der Veränderungsrate des bekannten Mischindex fortzuschreiben (Basisfortschreibung) und das nicht gerundete Ergebnis ist wiederum mit der sich nach § 28a Abs. 4 SGB XII ergebenden Veränderungsrate fortzuschreiben („ergänzende Fortschreibung"). In den Jahren 2024 und 2025 wird dann abweichend vorgegangen und das nicht gerundete Ergebnis, das sich aus der **Basisfortschreibung des Vorjahres** ergeben hat, zunächst mit der aktuellen Veränderungsrate aus dem Mischindex fortgeschrieben (Basisfortschreibung 2024/2025) und dann mit der Veränderungsrate der ergänzenden Fortschreibung (§ 28a Abs. 2 SGB XII nF). Maßgeblich für die Veränderungsrate der „ergänzenden Fortschreibung" ist jeweils die Entwicklung der Preise für **regelbedarfsrelevante** Güter und Dienstleistungen in dem Quartal vom 1. April bis zum 30. Juni des Vorjahres gegenüber dem gleichen Quartalszeitraum des Vorvorjahres. Das Ergebnis dieser Rechenoperationen ist in § 134 SGB XII nF festgehalten worden: Eine Erhöhung der Regelsätze zum 1.1.2023 um **11,75 Prozent.**

62 Die entsprechende Anpassung der Regelbedarfsstufe 1 um 53 EUR von 449 EUR 2022 auf 502 EUR ab Januar 2023 ist deutlich höher ausgefallen als alle bisherigen Regelsatzfortschreibungen. Bei genauerer Betrachtung der Regelung und ihrer praktischen Wirkungen fallen jedoch zwei Dinge auf: Erstens, die „ergänzende Fortschreibung" sorgt in der Tat für eine Erhöhung der Veränderungsrate gegenüber dem Vorjahr. Diese leitet sich jedoch an der Preisentwicklung der regelbedarfsrelevanten Güter und Dienstleistungen in einem relativ weit zurückliegenden Zeitraum ab und kann in Zeiten mit hohen, stark schwankenden Inflationsraten den Fortschreibungsfaktor nach dem Zufallsprinzip nur annähernd an die reale Preisentwicklung annähern. Dass im Ergebnis das Existenzminimum durch die Veränderungsrate auch tatsächlich abgebildet wird, kann die neue Regelung allerdings nicht sicherstellen. Zum Zweiten entpuppt sich die üppige Regelsatzerhöhung zum Januar 2023 als unzureichend, wenn die tatsächliche Preisentwicklung der regelbedarfsrelevanten Güter und Dienstleistungen in den Blick genommen wird. So wurde die Lücke, die durch eine zu niedrige Fortschreibung zum Januar 2021 entstanden ist, nicht geschlossen, der entstandene Kaufkraftverlust mithin ins nächste Jahr fortgeschrieben. Zudem lagen die Indexwerte für die Entwicklung der regelbedarfsrelevanten Preise im Oktober 2022 bereits bei 11,9 Prozent und im November gar bei 12,4 Prozent, gegenüber einer Regelsatzfortschreibungsrate zum Januar 2023 von 11,75 Prozent (Antwort der Bundesregierung, BT-Drs. 20/5129, 35).

5.3 Regelsätze verfassungswidrig?

63 Das BVerfG hat die früheren Regelsätze von 1982 bis 1984 als verfassungs- und sozialstaatsgemäß eingestuft, obwohl sie real gesenkt worden waren (BVerfG 3.6.1986 – 1 BvR 1124/85), ebenso diejenigen von 1986 bis 1988 (BVerfG 25.9.1992 – 2 BvL 5/91, 2 BvL 14/91, 2 BvL 8/91). Das Bundesverwaltungsgericht stellte die Rechtmäßigkeit der damaligen Regelsatzfestsetzung mithilfe des Statistikmodells zum 1.7.1990 fest (NDV 1997, 196). 2010 urteilte das BVerfG über Hartz IV: *„Der Gesetzgeber hat [...] durch die Regelleistung zur Sicherung des Lebensunterhalts [...] das Ziel, ein menschenwürdiges Existenzminimum zu gewährleisten, dem Grunde nach zutreffend definiert"* (BVerfG 9.2.2010 – 1 BvL 1/09, 1 BvL 3/09 und 1 BvL 4/09, Rn. 146). Auch die Aberkennung des Wachstumsbedarfs von Schulkindern war menschenwürdig. Die Regelbedarfe seien nicht *„evident unzureichend"*. Nur das Verfahren zu ihrer Festsetzung wurde wegen mangelhafter Ermittlungen als verfassungswidrig bezeichnet. Die reale bzw. absolute Senkung von Armutsunterstützungen befindet sich in voller Übereinstimmung mit dem Grundgesetz. Die Verfassungswidrigkeit der Regelsätze kann nicht daraus abgeleitet werden, dass die Höhe der Regelsätze mit den jeweils eigenen Vorstellungen von *„Menschenwürde"* nicht übereinstimmt. Was verfassungswidrig ist und was nicht, entscheidet laut Grundgesetz letztlich nur das BVerfG (Art. 93 ff GG), das aus von CDU, SPD, Grünen und FDP bestellten Richter*innen besteht. Aus dem Urteil des BVerfG ergab sich keineswegs die Notwendigkeit einer deutlichen Anhebung.

Über die ab 2011 geltenden, nach dem RBEG festgesetzten Regelbedarfe befand das BVerfG 2014, dass deren Festsetzung „*verfassungsrechtlich nicht zu beanstanden*", also mit dem Grundgesetz „*derzeit noch vereinbar*" ist (23.7.2014 – 1 BvL 10/12, Rn. 73, 89, 92). Allerdings käme „*der Gesetzgeber jedoch an die Grenze dessen, was zur Sicherung des Existenzminimums verfassungsrechtlich gefordert ist*" (23.7.2014 – 1 BvL 10/12, Rn. 121). Zwar sieht das BVerfG Prüfungsbedarf in den Bereichen Mobilität, Preisentwicklung beim Strom, einmaligen Ersatzbeschaffungen von höherem Wert (zB Brille, Waschmaschine, Kühlschrank), der Bedarfsdeckung bei Familien mit Kindern und bei Fahrtkosten im Zusammenhang mit Teilhabeleistungen für Kinder (→ 27 Rn. 26), es lasse sich trotzdem „*nicht feststellen, dass die Leistungen evident unzureichend festgesetzt sind*" (23.7.2014 – 1 BvL 10/12, Rn. 86). Die Regelsätze stellen das sozialrechtliche Existenzminimum dar, das immerhin eine menschenwürdige Existenz sicherstellen muss. Die „Vier minus", die der Gesetzgeber vom BVerfG für die Ermittlung der Regelbedarfe erhalten hat, enthält gleichzeitig die Aufforderung, die Bedarfsermittlung mittels EVS, orientiert am Ausgabenverhalten von Armutshaushalten, fortzusetzen. Mit der EVS stütze dieser sich „*auf geeignete empirische Daten*", und auch wenn „*durch die Herausnahme und durch Kürzungen einzelner Positionen abgewichen wird, bestehen [...] keine durchgreifenden verfassungsrechtlichen Bedenken.*" Lediglich die „*damit einhergehenden spezifischen Risiken der Unterdeckung müssen [...] im Rahmen der nächsten Aktualisierung der Regelbedarfe bewältigt werden*" (23.7.2014 – 1 BvL 10/12, Rn. 89).

Diese nächste Aktualisierung auf Grundlage der EVS 2013 wurde nicht planmäßig zum Januar 2016 durchgeführt, sondern mit Verspätung zum Januar 2017. Hier wurden in den vom BVerfG monierten Bereichen die vollen Ausgaben der Bezugsgruppe anerkannt oder der Bedarf wurde anhand von Sonderauswertungen ermittelt. Hierdurch konnten die im Regelsatz anerkannten Bedarfe für Mobilität, Haushaltsstrom und Ersatzbeschaffung von Waschmaschine, Kühlschrank usw etwas erhöht werden, gleichzeitig wurde aber in anderen Bereichen, etwa bei Möbeln und Einrichtungsgegenständen, der Gesundheitspflege und im Bereich Freizeit, Unterhaltung und Kultur deutlich gekürzt. Der Schein der Verfassungsmäßigkeit des Regelsatzes wird mithilfe von Rechentricks von der Bundesregierung mit Mühe und Not aufrechterhalten. Diese Verschleierungstaktik wurde auch bei der Ermittlung der Regelbedarfe auf Grundlage der EVS 2018, die seit 2021 gültig sind, fortgeführt.

6. Sozialrechtliche Aspekte

64 In diesem Kapitel werden sozialrechtliche Vorschriften erläutert, die eine von festen Regelbedarfsstufen abweichende Erbringung der Leistungen zum Lebensunterhalt in Sonderfällen regeln oder sich mit der Verwendung der Leistung auseinandersetzen.

6.1 Individuelle Erhöhung der Regelbedarfe

65 Im **Bürgergeld/SGB II** gilt:
Eine solche Erhöhung des Regelbedarfs ist nicht möglich: „*Die nach diesem Buch vorgesehenen Leistungen decken den Bedarf*" (§ 3 Abs. 5 S. 2 SGB II).

40,75 EUR für Strom decken den Bedarf, auch wenn damit nur 1.015 kWh Verbrauch im Jahr finanzierbar sind usw. Wenn ein „*unabweisbarer*" Bedarf auftritt, der zwar im Regelbedarf enthalten ist, für den Sie aber nicht genug Rücklagen aus dem Regelbedarf gebildet haben, wird idR ein **Darlehen** (→ 30) zugestanden und von den folgenden Regelbedarfszahlungen wieder abgezogen. „*Weitergehende Leistungen sind ausgeschlossen*" (§ 24 Abs. 1 S. 3 SGB II). Um die Kritik des BVerfG am starren Regelsatz auszuräumen, wurde 2011 der **Mehrbedarf** (→ 74) für im Einzelfall unabweisbare **besondere Bedarfslagen** geschaffen, der „*seiner Höhe nach erheblich von einem durchschnittlichen Bedarf abweicht*" (§ 21 Abs. 6 SGB II). Erheblich sind mehr als fünf Prozent vom Regelbedarf, zurzeit also rund 25 EUR (BVerwG 30.12.1996 – 5 B 47.96). Das BSG hat allerdings klargestellt, dass es **keine** allgemeingültige **Geringfügigkeitsgrenze** gibt, um einen solchen Anspruch auszulösen (BSG

4.6.2014 – B 14 AS 30/13 R). Dh, die Entscheidung hat unter Berücksichtigung der Besonderheiten des Einzelfalles zu erfolgen. Näheres dazu finden Sie in den Beiträgen **Härtefallmehrbedarf** (→ 52) und **Umgangskosten** (→ 111).

66 Für die **HzL/Gsi der Sozialhilfe** ist geregelt:

Im alten BSHG waren Regelsätze zu erhöhen, „*soweit dies nach der Besonderheit des Einzelfalles geboten*" war (§ 22 Abs. 1 S. 2 BSHG). Heute muss der Bedarf „*nicht nur einmalig, sondern für eine Dauer von voraussichtlich mehr als einem Monat [...] unausweichlich in mehr als geringem Umfang oberhalb durchschnittlicher Bedarfe lieg[en] [...] und die dadurch bedingten Mehraufwendungen begründbar nicht anderweitig ausgeglichen werden können*" (§ 27a Abs. 4 S. 1 Nr. 2 SGB XII). Was als durchschnittlicher Bedarf gilt, orientiert sich an „*den bei der Ermittlung der Regelbedarfe zugrundeliegenden durchschnittlichen Verbrauchsausgaben*" (§ 27a Abs. 4 S. 1 Nr. 2 SGB XII). Das kann zB zutreffen bei Aids-Kranken (→ 1 Rn. 2 ff.), alten oder behinderten Menschen (Haushaltshilfe, → 55 Rn. 14 ff.), regelmäßig notwendigen Fahrtkosten, unabweisbar hohen Stromkosten, Umgangskosten (→ 111), digitalen Endgeräte für die Schule oder sonstigen Härtefällen (→ 52). Solche Regelsatzerhöhungen dürfen nicht auf Darlehensbasis vorgenommen werden.

67 Da atypische Bedarfe über eine Erhöhung des Regelsatzes im SGB XII nur übernommen werden können, wenn sie „*nicht nur einmalig*", dh auf Dauer bestehen, gab es im SGB XII eine Regelungslücke, wenn ein unabweisbarer besonderer Bedarf einmalig aufgetreten ist. Diese Lücke wurde zum **1.1.2023** mit der Einführung eines **Mehrbedarfszuschlag** (→ 74) für einmalige Bedarfslagen geschlossen. Die Regelung orientiert sich an den Voraussetzungen für einmalige Bedarfe nach der Härtefallregelung gem. § 21 Abs. 6 SGB II (§ 30 Abs. 9 SGB XII nF).

6.2 Individuelle Senkung der Regelbedarfe bei geringerem Bedarf

68 In der **HzL/Gsi der Sozialhilfe** gilt:

„*Im Einzelfall wird der Regelsatz abweichend von der maßgebenden Regelbedarfsstufe festgesetzt [...], wenn ein durch die Regelbedarfe abgedeckter Bedarf nicht nur einmalig, sondern für eine Dauer von voraussichtlich mehr als einem Monat nachweisbar vollständig oder teilweise anderweitig gedeckt ist*" (§ 27a Abs. 4 S. 1 Nr. 1 SGB XII). Wenn Sie zB in einem Hotel/Wohnheim leben und die Stromkosten dadurch abgedeckt sind oder Sie vorübergehend, voraussichtlich aber länger als einen Monat im Krankenhaus sind und dort keine Verpflegungskosten haben, können die Regelsätze um entsprechende Anteile vermindert werden. Mit der Gesetzesänderung **zum Januar 2017** wurde klargestellt, dass die vorübergehend anderweitige Deckung der Bedarfe „*voraussichtlich mehr [länger] als einen Monat*" dauern muss.

69 **Tipp:** Einige Sozialämter kürzen den Regelsatz bereits bei deutlich kürzeren Krankenhausaufenthalten. Legen Sie gegen entsprechende Bescheide Widerspruch (→ 126) ein!

70 Für das **Bürgergeld** gilt:

Im SGB II gibt es bislang keinen Paragrafen, der im Einzelfall eine Regelsatzkürzung zulässt, wenn der Bedarf anderweitig gedeckt ist. Verpflegung während eines Krankenhausaufenthalts und einer Kur usw dürfen **nicht als häusliche Ersparnis** berücksichtigt und vom Regelsatz abgezogen werden. Das Gleiche gilt für Verpflegung durch Eltern, Verwandte oder Freund*innen. Das BSG hatte am 18.6.2008 in zwei Urteilen (B 14 AS 22/07 ER und B 14 AS 46/07 ER) die Rechtswidrigkeit der jahrelangen Anrechnungspraxis festgestellt. Verpflegung darf mit Ausnahme der im Rahmen einer Erwerbstätigkeit bereitgestellten Verpflegung auch nicht als Sacheinnahme an das Bürgergeld angerechnet werden (§ 1 Nr. 11 Bürgergeld-V).

6.3 Dispositionsfreiheit (Verfügungsfreiheit)

71 Ihnen steht frei, wie Sie den Regelsatz verwenden (§ 20 Abs. 1 SGB II): Sie müssen nur *„das Eintreten unregelmäßig anfallender Bedarfe [...] berücksichtigen".* Der Regelsatz kann **nicht** gekürzt werden, wenn Sie Geld für Dinge ausgeben, die die Bundesregierung nicht für notwendig hält, zB für Zigaretten, Bier, Blumen, ein Haustier, ein Pedelec, ein Kfz, Urlaub usw. Ebenfalls nicht, wenn Sie weniger Strom verbrauchen als im Regelbedarf vorgesehen, kein Geld für Fahrtkosten aufwenden usw.

6.4 Barbetrag/Taschengeld bei stationärer Unterbringung

72 In der **HzL/Gsi der Sozialhilfe** gilt:

Wenn Sie in einer **stationären Einrichtung** untergebracht sind und keine eigene Wohnung mehr unterhalten (müssen), wird nur noch ein Barbetrag/Taschengeld ausgezahlt, der sogenannte *„weitere notwendige Lebensunterhalt".* Der *„notwendige Lebensunterhalt in Einrichtungen"* berücksichtigt alle in der stationären Einrichtung erbrachten Leistungen zum Lebensunterhalt und lediglich der darüberhinausgehende *„weitere notwendige Lebensunterhalt"* wird mtl. als Geldleistung erbracht. *„Der notwendige Lebensunterhalt in stationären Einrichtungen entspricht dem Umfang der Leistungen der Grundsicherung nach § 42 Nummer 1, 2 und 4"* (§ 27b Abs. 1 SGB XII). Die Bundesregierung geht demnach davon aus, dass durch die Einrichtung neben dem Großteil des Regelbedarfs auch die **Mehrbedarfszuschläge** (→ 74) und Bedarfe für **einmalige Beihilfen** (→ 52) gedeckt werden. Diese Leistungen werden in einer stationären Einrichtung nicht mehr zusätzlich gewährt.

73 *„Der weitere notwendige Lebensunterhalt umfasst insbesondere **Kleidung** und einen angemessenen **Barbetrag** zur persönlichen Verfügung"* (§ 27b Abs. 2 S. 1 SGB XII). Der angemessene Barbetrag beträgt für volljährige Leistungsberechtigte 27 Prozent des Regelsatzes für Rbs 1 von 502 EUR, also **135,54 EUR** (§ 27b Abs. 2 S. 2 SGB XII; Stand 2023). Für minderjährige Heimbewohner*innen wird der Barbetrag durch die zuständigen Landesbehörden oder die überörtlichen Träger der Sozialhilfe festgesetzt (§ 27b Abs. 2 S. 3 SGB XII). *„Der Barbetrag wird gemindert, soweit dessen bestimmungsgemäße Verwendung durch oder für die Leistungsberechtigten nicht möglich ist"* (§ 27b Abs. 2 S. 4 SGB XII). Das ist zB der Fall, wenn ein*e Schwerstpflegebedürftige*r das Bett nicht mehr verlassen kann und ausschließlich durch die Einrichtung versorgt wird. Nicht aber, wenn eine Person zB in U-Haft in einer JVA inhaftiert ist und einen Anspruch auf den Barbetrag beim Sozialamt geltend macht (Strafgefangene, → 108).

Es heißt, der *„weitere notwendige Lebensunterhalt"* umfasst *„insbesondere"* den Bedarf für Kleidung und den Barbetrag/das Taschengeld. Dh, neben den aufgeführten Leistungen können individuell **zusätzliche Bedarfe**, zB für Mobilität, in tatsächlicher Höhe beantragt werden. Der Bedarf für Kleidung wird idR durch eine Bekleidungspauschale gedeckt, die mtl. oder halbjährlich ausgezahlt wird.

74 **Tipp 1:** Zusätzliche Bedarfe, zB regelmäßige anfallende Reisekosten, werden gerne mit dem Argument abgelehnt, sie seien bereits im Barbetrag/Taschengeld enthalten. Das ist falsch! Hier muss Ermessen (→ 44) ausgeübt werden. Legen Sie gegen ablehnende Entscheidungen Widerspruch (→ 126) ein.

75 **Tipp 2:** Die Bekleidungspauschale wird von den zuständigen Sozialhilfeträgern oft in unterschiedlicher Höhe festgesetzt. Der Bedarf in einer stationären Einrichtung bemisst sich nach der Regelbedarfsstufe 3 (80-Prozent-Regelsatz). Achten Sie darauf, dass Beträge auch tatsächlich dem im Regelbedarf für *„Bekleidung und Schuhe"* (→ Rn. 13, Tab. 2, Abteilung 03, davon 80 Prozent) vorgesehenen Betrag entsprechen (das SG Stade verpflichtete den zuständigen Sozialhilfeträger die Bekleidungspauschale entsprechend zu erhöhen: 20.3.2013 – S 19 SO 58/11). Das sind bei Erwachsenen mtl. **35,73 EUR** (Stand: 2023). Einige Sozialhilfeträger zahlen inzwischen auch höhere Leistungen aus, was dem Grundsatz der individuellen Bedarfsdeckung Rechnung trägt. Werden niedrigere Pauschalen ausgezahlt, sollten Sie sich wehren!

76 **Ausnahme:** Alleinstehende Bewohner*innen von „besonderen Wohnformen", die im Rahmen der Eingliederungshilfe für Menschen mit Behinderung (mit)finanziert werden (§ 42a Abs. 2 Nr. 2 SGB XII), gelten seit 1.1.2020 nicht mehr als stationär untergebracht. Sie erhalten wegen der Änderungen durch das Bundesteilhabegesetz nicht mehr Barbetrag und Kleidergeld, sondern bekommen die Regelbedarfsstufe 2 (90-Prozent-Regelsatz) ausgezahlt (→ Rn. 5), ggf. auch Mehrbedarfszuschläge.

7. Kritik

77 Die Festsetzung der Höhe der Regelsätze, die von der Bundesregierung seit 2011 euphemistisch Regelbedarfe genannt werden, wird oft als willkürlich bzw. freihändig bezeichnet oder als politisch gewollt. Das trifft nicht den Kern. Alle Bundesregierungen folgten dem ökonomischen Interesse der Unternehmerverbände, das Leistungsniveau für Erwachsene und vor allem für Kinder möglichst niedrig anzusetzen, um Arbeit für Armutslöhne „*attraktiver*" zu machen.

Bürgergeld erkennt immerhin noch Unterhaltskosten für Kinder an. Deshalb ist das gegenwärtige Bürgergeld-Niveau den Arbeitgebern ein Dorn im Auge. Deren Vertreter*innen beschweren sich bitter darüber, dass der Bürgergeld-Bedarf von Paaren mit zwei Kindern vielfach höher ist als das Lohnniveau von Alleinverdienenden plus Kindergeld. Millionenfach werden Löhne gezahlt, die keinerlei oder zu wenig Kosten für den Nachwuchs an Arbeitskräften enthalten. Arbeitgeberverbände, ihre Wissenschaftler*innen und Politiker*innen fordern seit langem eine deutliche Senkung der Regelsätze um 25 bis 30 Prozent, die Halbierung oder sogar die völlige Streichung, wie zB die Bertelsmann-Stiftung und Hans-Werner Sinn. Nur so würde sich Arbeit (für Löhne unterhalb des Existenzminimums) wieder lohnen. Ansonsten säßen Erwerbslose, vor allem die mit Kindern, in der „Hartz IV-/Bürgergeld-Falle", aus der sie nie wieder herauskämen. Dass mehr als ein Viertel der erwerbsfähigen Bürgergeld-Beziehenden arbeitet, Eltern mit Kindern häufiger noch als Alleinstehende, wird gerne verschwiegen.

Für das Unternehmerlager ist die von Angebot und Nachfrage nach Arbeitskraft abhängige Lohnhöhe absoluter Maßstab für die Höhe des Bürgergeld-Existenzminimums. Lohnarbeiter*innen jedoch messen das offizielle Existenzminimum daran, ob damit Grundbedürfnisse von Alleinstehenden und Familien befriedigt werden können. Sie halten in der Regel Bürgergeld für viel zu niedrig.

Alle Bundesregierungen stehen in der Zwickmühle, diese entgegengesetzten Interessen zu „*versöhnen*", um nicht bei Wahlen abgestraft zu werden. Sie handeln nach der taktischen Richtlinie der Deutschen Bank: „*Das Niveau der Lohnersatzleistungen muss reduziert oder es müssen die Bedingungen für den Anspruch auf diese Leistungen verschärft werden*" (Chefvolkswirt der Deutschen Bank, Walter, in Passauer Neue Presse 2.8.2006). Am besten beides. Minimalziel ist, das Regelbedarfsniveau wenigstens real zu senken.

78 Im Folgenden nur einige Beispiele, wie der Regelsatz über viele Jahre immer wieder direkt oder indirekt gekürzt wurde:

- Wenn 2005 das 1990 angewandte Verfahren beibehalten worden wäre, fast alle regelbedarfsrelevanten Ausgabepositionen zu 100 Prozent anzuerkennen, hätte der frühere Eckregelsatz 2005 nicht 345 EUR, sondern 398 EUR betragen müssen (eigene Berechnung nach Der Paritätische, „Zum Leben zu wenig …", 2004, 22–27, abrufbar unter: http://www.infothek.parit aet.org/pid/fachinfos.nsf/084d1e2d279269 91c12569f900700d64/0be8c7081d662e3 9c1256f850037edb1/$FILE/Expertise-Broschuere.pdf). Mit Hartz IV wurde dann eine Erhöhung verhindert und damit der Eckregelsatz indirekt gesenkt. Die Abschaffung der Arbeitslosenhilfe war dagegen eine direkte Kürzung, ebenso die Kürzung der Regelsätze für Kinder von 7 bis 17 Jahren.
- 2006 wurde auf der Basis der EVS 2003 ein gesamtdeutscher Eckregelsatz eingeführt. Einkommen und damit auch Ausgaben waren in Ostdeutschland niedriger als in Westdeutschland. Wären die damaligen regelsatzrelevanten Ausgaben nach den

Kriterien der Auswertung der EVS 1998 festgesetzt worden, hätte der gesamtdeutsche Regelsatz auf 331 EUR festgesetzt, der westdeutsche Regelsatz also gekürzt werden müssen. Um das zu vermeiden, wurden verschiedene Abschläge reduziert. So ergab sich ein neues statistisches Wunder. 345 EUR blieben 345 EUR. In Ostdeutschland wurde der Eckregelsatz erhöht, in Westdeutschland real gesenkt.
- 2011 wurde der Regelsatz nach Rbs 1 auf der Basis der EVS 2008 erneut real gesenkt. Eine direkte Kürzung wurde vermieden. Nur die Regelsätze der Kinder wurden absolut gesenkt. Leistungen für Bildung, die mit Hartz IV 2005 komplett abgeschafft worden waren, wurden mit dem Bildungspaket nach jahrelanger erbitterter Verweigerung wieder eingeführt. Nachhilfeunterricht, Schulbedarf (seit 1.7.2009), Mittagessen in Kitas und Schulen sowie atypische Fahrtkosten von Schüler*innen (→ 100) müssen ab 1.1.2011 nicht mehr aus den Kinderregelsätzen beglichen werden. Auch eintägige Schulausflüge werden jetzt gesondert bezahlt. Was arme Kinder vor 16 Jahren verloren hatten, bekamen sie vor 10 Jahren wieder. Ein bedeutender Teil der wieder eingeführten Leistungen hätte jedoch in Form höherer Regelsätze für Kinder gezahlt werden müssen. Das aber hätte den Druck auf Lohnerhöhungen verstärkt. Das Interesse an Regelsatzsenkungen für Kinder wird beim Bildungspaket besonders deutlich.
- 2016 hätte die nächste Regelsatzbemessung anhand der EVS 2013 erfolgen sollen. Diese wurde auf 2017 verschoben, weil das Datenmaterial nicht rechtzeitig vorlag. Bei der Neubemessung sollten die Vorgaben des BVerfG-Urteils von 2014 eingelöst werden, um den *„derzeit noch"* mit dem Grundgesetz zu vereinbarenden Regelbedarf dauerhaft verfassungsgemäß auszugestalten (23.7.2014 – 1 BvL 10/12; → Rn. 63). Die Regelsatzjongleure der Bundesregierung haben daher die vom BVerfG als zu niedrig kritisierten Bedarfe angehoben und die Beträge bei anderen Bedarfspositionen wieder zusammengestrichen. Das erklärt die geringe Erhöhung

der Regelsätze nach der Neuberechnung: Von 2016 auf 2017 wurde die Regelbedarfsstufe 1 lediglich um 5 EUR auf 409 EUR erhöht. Damit war nach Auffassung der damals schwarz-roten Bundesregierung die Verfassungsmäßigkeit des Regelbedarfs gewährleistet.
- 2021 fiel die Erhöhung der Regelbedarfsstufe 1 mit 16 EUR gegenüber 2020 etwas höher aus. Das ist jedoch vor allem auf den Anstieg von Löhnen und in geringerem Maße der Preise zurückzuführen. Die strukturellen Mängel der Regelsatzbemessung wurden fortgeschrieben. In einigen Abteilungen der EVS 2018 führte das beim Regelbedarf 2021 sogar zur Kürzung der Beträge gegenüber 2020, wie zB bei alkoholfreien Getränken, Bekleidung und Schuhen oder dem Anteil für Haushaltsstrom. An andere Stelle wurde dagegen etwas zugelegt, wie bei Nahrungsmitteln, Mobilitätskosten (Verkehr), Nachrichtenübermittlung oder Freizeit, Unterhaltung oder Kultur. Beibehalten wurde auch die Kürzung der Bedarfe aus dem Regelsatz, die als nicht regelbedarfsrelevant erachtet werden. Diese beliefen sich bei der EVS 2018 auf rund 160 EUR bei Alleinstehenden (→ Rn. 39).
- Die Coronapandemie hat das starke Interesse der damaligen schwarz-roten Regierungsparteien an der Beibehaltung des bestehenden Regelsatzsystems noch einmal deutlich gemacht. Von März bis Dezember 2020 wurden die Forderungen nach einer (vorübergehenden) Anhebung der Regelbedarfe im SGB II, SGB XII und AsylbLG wegen pandemiebedingter Zusatzkosten (zB Masken, Hygienebedarf etc) ignoriert. Erst als sich zum Jahresbeginn 2021 eine weitere Verlängerung der strikten Kontaktbeschränkungen abzeichnete, wurde zwecks Kompensation neben den Hilfen für Unternehmen und einem einmaligen Kinderbonus von 150 EUR pro Kind auch ein einmaliger „Corona-Zuschlag" in Höhe von 150 EUR für erwachsene Berechtigte von Alg II, Hzl und GSi beschlossen. Anstatt die Regelsätze dauerhaft anzuheben, versucht die Regierung, den öffentlichen Druck durch eine Einmalzahlung zu senken. Aus ihrer Sicht würde auch nur

ein vorübergehendes Abweichen von den bestehenden starren Regelsätzen die Schwächen des Systems offenlegen und weitere Begehrlichkeiten wecken.

- Als die Inflation 2021/22 an Fahrt aufgenommen hatte, wurde der Regebedarf zum Januar 2022 ohne Berücksichtigung der realen Preissteigerung fortgeschrieben, was zur indirekten Senkung führte. Auch 2022 wurden die Forderungen von unterschiedlichen Akteuren nach einer außerplanmäßigen Erhöhung der Regesätze ignoriert, die Regierung versuchte stattdessen den öffentlichen Druck durch die Einmalzahlung, den Sofortzuschlag für Kinder und Jugendliche sowie einer Reihe von Entlastungsmaßnahmen abzubauen. Die mit dem „Bürgergeldgesetz" zusammengelegte Regelbedarfsfortschreibung (→ Rn. 60 ff.) wurde geschickt als Regelsatzerhöhung verkauft, eine Erzählung, die von vielen Medien unhinterfragt wiedergegeben wurde. Weil die Veränderungsraten bei der Regelsatzfortschreibung aber hinter der realen Preissteigerung liegen, führte auch diese „Fortschreibung" zu einer indirekten Senkung der Regelsätze.

79 Das Leistungsniveau des Bürgergeldes hat die Funktion eines Mindestlohns. Je niedriger es ist, desto eher scheinen Armutslöhne gerechtfertigt.

Auch unter dem neuen Namen Bürgergeld ist das SGB II eine Armutslohnmaschine. Deshalb sollten Lohnarbeiter*innen ein objektives Interesse an einer deutlichen Erhöhung des Regelsatzes haben. Die Arbeitgeberverbände dagegen versuchen, ihnen ein Interesse an der Senkung des offiziellen Existenzminimums und damit der Regelsätze schmackhaft zu machen. Fürs „Nichtstun" dürfe es nicht mehr geben als für Lohnarbeit. Alles andere sei ungerecht. Als ungerecht gilt dagegen nicht, dass man von seinem Lohn nicht leben kann.

Die EVS, die das Existenzminimum daran koppelt, was sich arme Leute leisten können, ist für die Bestimmung des soziokulturellen Existenzminimums untauglich, auch wenn alle Verbrauchsausgaben zu 100 Prozent in den Regelbedarf nach Rbs 1 einfließen. Das zeigt sich deutlich, wenn zB bei Nahrungsmitteln der wirkliche Bedarf für gesunde Ernährung ermittelt wird. Das soziokulturelle Existenzminimum von Erwachsenen und Kindern muss es im Durchschnitt möglich machen, Grundbedürfnisse ausreichend zu befriedigen. Die Warenkorb-Methode, die sich am realen Bedarf orientiert, muss das „Statistikmodell", das die Ausgaben der Armutsbevölkerung abbildet, vollständig ersetzen. Diese Aufgabe steht an. Die Unterversorgung zB beim Grundbedarf für Ernährung, Strom und Mobilität muss deshalb als Schritt dahin mehr in das Bewusstsein gerückt werden!

Eine bedarfsorientierte Erhöhung des Regelsatzes muss aber auch immer im Einklang mit der Erhöhung des Mindestlohns gedacht werden. Auch ein „niedriges" Erwerbseinkommen muss immer ausreichen, um damit die Grundbedürfnisse des täglichen Lebens decken zu können.

8. Forderungen

80 Regelbedarfsstufe 1 in Höhe von mindestens 725 EUR!

Mindestlohn in Höhe von 15 EUR!

Bedarfsdeckende Kindergrundsicherung statt unzureichender Kinderregelsätze!

Aufnahme des durchschnittlichen Schul- und Teilhabebedarfs von Kindern, Jugendlichen und jungen Erwachsenen in die Regelbedarfe!

Voller Regelsatz für volljährige Kinder!

Regelsatzbemessung anhand der Warenkorb-Methode!

90 Renovierung

1. Renovierungen: Mietvertrag 1
2. Schönheitsreparaturen 5
3. Instandhaltung/Kleinreparatur 9
4. Renovierungskosten insbesondere für Schönheitsreparaturen bei Ein- und Auszug 15
5. Höhe der Renovierungskosten und mögliche Schadensersatzansprüche 39

1. Renovierungen: Mietvertrag

1 In diesem Beitrag werden die zwei Themen Schönheitsreparaturen und Instandhaltung/Kleinreparaturen behandelt. **Schönheitsreparaturen und Instandhaltung** sind eigentlich Sache der vermietenden Person, da diese gemäß § 535 Abs. 1 S. 2 BGB verpflichtet ist, die Wohnung der Mietpartei in einem bewohnbaren Zustand zu übergeben und während der Mietzeit in diesem Zustand zu erhalten. Ferner ist gemäß § 538 BGB die Beseitigung von Beeinträchtigungen der Mietsache, die auf allgemeiner Abnutzung (allgemeiner Wohngebrauch) beruhen, Sache der vermietenden Person und nicht der Mietpartei. Das gilt dann nicht, wenn die vermietende Person im Mietvertrag die Pflicht zur Ausführung dieser Arbeiten wirksam auf die Mietpartei übertragen hat. Dies kann durch vorformulierte Standardklauseln (sog. Allgemeine Geschäftsbedingungen (AGB)) in dem Mietvertrag oder durch individuelle Vereinbarung zwischen vermietender Person und Mietpartei geschehen.

2 **Allgemeine Geschäftsbedingungen** sind alle für eine Vielzahl von Verträgen vorformulierte Vertragsbedingungen, die eine Vertragspartei (Verwender) der anderen Vertragspartei bei Abschluss eines Vertrages stellt (§ 305 Abs. 1 S. 1 BGB).

3 Da die Mietpartei bei Verwendung von Standardklauseln (AGB) im Mietvertrag keine Möglichkeit hat, den Inhalt dieser AGB zu beeinflussen, diese also der vermietenden Person einseitig gestellt werden, haben der Gesetzgeber (§§ 305 ff. BGB) und die Rechtsprechung zum Schutz der Mietpartei hohe Anforderungen an die Wirksamkeit dieser AGB gestellt.

Dieser Schutz gilt grundsätzlich nicht, wenn keine AGB, sondern eine individuelle Vereinbarung zwischen der Mietpartei und der vermietenden Person vorliegt, da bei dieser die Mietpartei den Inhalt der Regelung beeinflussen kann und daher weniger schutzbedürftig ist (§§ 305 Abs. 1 S. 3, 305b BGB).

4 Um den Schutz der Mietpartei nicht zu umgehen, liegt eine **individuelle Vereinbarung** nur dann vor, wenn die vermietende Person der Mietpartei die Möglichkeit gibt, tatsächlich Einfluss auf den Inhalt der Regelung zu nehmen und diesen zu gestalten. Die Vertragsbedingungen werden somit im Einzelnen zwischen den Vertragsparteien ausgehandelt und gerade nicht einseitig vom Verwender der AGB gestellt. **Merke:** Aushandeln bedeutet mehr als bloßes Verhandeln (BGH 20.3.2014 – VII ZR 248/13)! Ein wirkliches **Aushandeln** in diesem Sinne setzt voraus, dass der Verwender der AGB den Inhalt ernstlich zur Disposition stellt und dem anderen Teil Gestaltungsfreiheit zur Wahrung eigener Interessen einräumt. Der andere Teil muss daher die reale Möglichkeit haben, den Inhalt der Vertragsbedingungen zu beeinflussen und zu gestalten (Grüneberg BGB § 305 Rn. 20). Wird lediglich eine allgemeine Klausel handschriftlich dem Vertrag zugefügt, ist das keine Individualvereinbarung (BGH 27.5. 2009 – VIII ZR 302/07). Formularmäßigen Bestätigungsklauseln mit dem Inhalt, die Vertragsbedingung sei im Einzelnen ausgehandelt worden, kommt keine Beweiskraft zu. Im Zweifel muss die vermietende Person beweisen, dass die Klausel individuell mit der Mietpartei ausgehandelt wurde (BGH 19.3.2019 – XI ZR 9/18; Grüneberg BGB § 305 Rn. 23).

2. Schönheitsreparaturen

5 Dies sind alle Arbeiten, die der Beseitigung typischer Gebrauchsspuren dienen. Sie umfassen Tapezieren, Streichen von Wänden und Decken, Fußböden, Heizkörpern, Innentüren, Fenstern und Außentüren von innen (§ 28 Abs. 4 S. 2 Berechnungsverordnung), also das, was man im Volksmund als Renovierung bezeichnet.

Die Kosten für mietvertraglich vereinbarte Schönheitsreparaturen **gehörten** bis 2010 wie die Miete und die Betriebskostenzahlung zu den „*Leistungen für Unterkunft*" nach § 22 Abs. 1 SGB II und § 35 Abs. 1 SGB XII (BSG 19.3.2008 – B 11b AS 31/06 R).

In der zum Januar 2005 in Kraft getretenen Regelsatzverordnung kommen Schönheitsreparaturen nicht vor. In ihrer Begründung ist lediglich die Rede von „*Ausgaben für Reparatur und Instandhaltung der Wohnung*", die im Regelbedarf „*voll anerkannt*" wären (BR-Drs. 206/04, 7 f.). Und zwar damals im Umfang von 5,19 EUR. **Ab 2011** sollen Schönheitsreparaturen im **Regelbedarf** (→ 89) berücksichtigt sein. In der Begründung zum Regelbedarfs-Ermittlungsgesetz (RBEG) vom 26.10.2010 ist in der Bedarfsposition 04 „*Wohnen, Energie und Wohnungsinstandhaltung*" von „*Ausgaben für Instandhaltung und Schönheitsreparaturen*" die Rede (BT-Drs. 17/3404, 55). 2016 steht dafür hochgerechnet ein Betrag von mtl. **2,15 EUR** zur Verfügung. Das ist eine direkte Kürzung des Regelbedarfs gegenüber 2005 (5,19 EUR) und 2010 (2,85 EUR). Im Regelbedarf 2021 standen zB nur noch 1,42 EUR zur Verfügung (BT-Drs. 19/22750), im **Regelbedarf 2023** sind **1,64 EUR** enthalten (→ 89 Rn. 25).

6 Unabhängig davon hat die Rechtsprechung in der Zeit nach 2011 jedoch entschieden, dass die Kosten für wirksam auf die Mietpartei übertragenen Schönheitsreparaturen nach wie vor als **Kosten der Unterkunft** im Sinne des § 22 Abs. 1 SGB II / § 35 Abs. 1 SGB XII zu behandeln und daher von den Behörden zu übernehmen sind (LSG Berlin-Brandenburg 12.2.2014 – L 18 AS 2908/12 und 21.4.2016 – L 15 SO 165/12; Geiger, Unterkunfts- und Heizkosten nach dem SGB II, 7. Aufl. 2021, S. 195, 202 f.). Voraussetzung für die Übernahme der Kosten durch die Behörde ist daher, dass die Mietpartei durch eine wirksame Regelung im Mietvertrag verpflichtet wird, die Schönheitsreparaturen durchzuführen.

7 Hierbei ist zu berücksichtigen, dass die Prüfung sehr komplex ist, ob eine Standardklausel (AGB) wirksam ist, welche die Mietpartei zu Schönheitsreparaturen verpflichtet, da es immer auf den jeweiligen Einzelfall bzw. die im Mietvertrag jeweils verwendete Formulierung ankommt. Aus diesem Grund ist die Rechtsprechung zu der Frage, unter welchen Voraussetzungen eine Übertragung der Schönheitsreparaturen im Mietvertrag auf die Mietpartei wirksam bzw. unwirksam ist, mittlerweile sehr umfangreich und kaum noch überschaubar. Daher sollten Sie bei Kosten für Schönheitsreparaturen rechtzeitig einen **Antrag auf Übernahme dieser Kosten** bei der Behörde stellen und ihr die entsprechende Regelung des Mietvertrages zu den Schönheitsreparaturen vorlegen. Denn hat die Behörde in diesem Fall keine Einwände gegen die Wirksamkeit der Schönheitsreparaturklausel geäußert, kann sie sich im Nachhinein nicht auf die Unwirksamkeit der Schönheitsreparaturklausel berufen und muss die entsprechenden angemessenen Kosten übernehmen (BSG 6.10.2011 – B 14 AS 66/11 R).

8 Äußert die Behörde Zweifel an Ihrer Verpflichtung zur Übernahme von Schönheitsreparaturen, weil sie die Schönheitsreparaturklausel des Mietvertrages für unwirksam hält, darf sich die Behörde nicht einfach darauf beschränken, Ihren Antrag auf Kostenübernahme abzulehnen. Die Behörde muss Ihnen **darlegen**, warum es die Klausel für unwirksam hält und Ihnen zeigen, wie Sie gegen die vermietende Person vorgehen können, um Ihre Rechte zu wahren (BSG 24.11.2011 – B 14 AS 15/11 R; Eicher/Luik/Harich SGB II § 22 Rn. 57 f). Unterbleibt eine solche Unterstützung der Behörde, ist sie zur Übernahme der angemessenen Kosten für Schönheitsreparaturen verpflichtet, wenn Sie die Maßnahmen durchführen, um eine gerichtliche Auseinandersetzung mit der vermietenden Person zu vermeiden, oder diese die Maßnahmen selbst durchführt und Ihnen in Rechnung stellt (BSG 24.11.2011 – B 14 AS 15/11 R; LSG Berlin-Brandenburg 12.2.2014 – L 18 AS 2908/12).

3. Instandhaltung/Kleinreparatur

9 Dies umfasst das Beheben **kleinerer Schäden** an den Installationsgeräten für Elektrizität, Wasser und Gas, Heiz- und Kocheinrichtungen sowie Verschlüssen von Fenstern, Türen und Fensterläden (§ 28 Abs. 3 S. 2 Berechnungsverordnung), die von der Mietpartei häufig benutzt werden und durch den normalen Wohngebrauch entstanden sind. Nicht hierunter fallen daher Schäden, die Mietpartei pflichtwidrig verursacht haben und nicht Folge des normalen Wohngebrauchs sind.

10 Da die Kosten für solche Reparaturen vom Regelbedarf umfasst sind, kommt zur Übernahme dieser Kosten bestenfalls ein Darlehen in Frage (§ 24 Abs. 1 SGB II, § 37 Abs. 1 SGB XII; LSG NRW 14.11.2016 – L

19 AS 1375/15; LSG Baden-Württemberg 20.1.2009 – L 7 SO 5864/08; SG Köln 29.7.2010 – S 32 AS 2091/10). Aus diesem Grund ist es besonders wichtig zu prüfen bzw. prüfen zu lassen, ob Sie überhaupt verpflichtet sind, derartige Kosten zu tragen. Wie bereits erwähnt, ist die Mietpartei nur verpflichtet, diese Kosten zu tragen, wenn das im Mietvertrag durch Klausel (sog. Kleinreparaturklausel/AGB) oder Individualvereinbarung wirksam geregelt wurde.

11 Eine wirksame Regelung durch **AGB** setzt u.a. voraus, dass zwei Obergrenzen für die Kosten der Mietpartei festgelegt sind. Und zwar eine Obergrenze für die einzelne Reparatur (100–150 EUR: AG Braunschweig 17.3.2005 – 116 C 196/05 bzw. AG Berlin-Mitte 5.2.2020 – 15 C 256/19) und eine Obergrenze für mehrere in einem Kalenderjahr anfallende Reparaturen (6 Prozent der Jahresbruttomiete: BGH 6.5.1992 – VIII ZR 129/91, teilweise werden auch 8 Prozent als zulässig angesehen: AG Berlin-Mitte 5.2.2020 – 15 C 256/19). Ferner darf sich die Klausel nur auf solche Teile der Mietwohnung beziehen, die dem direkten und häufigen Zugriff der Mietpartei ausgesetzt sind (BGH 6.5.1992 – VIII ZR 129/91).

12 Die Mietpartei trifft bei einer wirksamen Kleinreparaturklausel nur eine Kostentragungspflicht, aber keine Vornahmepflicht (BGH 6.5.1992 – VIII ZR 129/91). Das bedeutet, dass die Mietpartei nicht verpflichtet ist, die Reparaturen selbst vorzunehmen bzw. eine*n Handwerker*in mit diesen Arbeiten zu beauftragen. Eine Klausel, welche die Mietpartei verpflichtet, diese Arbeiten selbst vorzunehmen oder in Auftrag zu geben, ist unwirksam. Diese Arbeiten muss immer die vermietende Person in Auftrag geben. Dies ist deshalb wichtig, da die geregelte Obergrenze für die einzelne Reparatur – zB 100 EUR – zur Folge hat, dass die Mietpartei nur für eine Reparatur zahlen muss, die höchstens 100 EUR kostet. Eine Verpflichtung, dass die Mietpartei bei jeder Reparatur – also auch teureren als 100 EUR – anteilig maximal 100 EUR zahlen muss, ist unwirksam (BGH 7.6.1989 – VIII ZR 91/88)!

13 **Tipp 1:** Sind die Reparaturkosten für die einzelne Reparatur also höher als die zulässig vereinbarte Obergrenze, müssen Sie als Mietpartei gar nichts zahlen – auch nicht anteilig (BGH 7.6.1989 – VIII ZR 91/88; OLG Düsseldorf 11.6.2002 – I 24 U 183/01)! Lassen Sie sich daher bei jeder Reparatur, die unter die Kleinreparaturklausel fällt, von der vermietenden Person die Rechnung vorlegen, um prüfen zu können, ob Sie überhaupt etwas zahlen müssen.

14 **Tipp 2:** Wenn eine Schönheitsreparatur/Renovierung Ihrer Wohnung dringend notwendig ist, beantragen Sie einfach schriftlich die Übernahme der Kosten als Beihilfe und begründen Sie deren Notwendigkeit. Manche Jobcenter/Sozialämter übernehmen die Kosten noch immer. Wird der Antrag abgelehnt oder ein Darlehen bewilligt, müssen Sie ggf. Widerspruch (→ 126) einlegen.

4. Renovierungskosten insbesondere für Schönheitsreparaturen bei Ein- und Auszug

15 Diese Kosten dienen weder der Instandhaltung einer bestehenden Wohnung, noch sind es Kosten, die dem Wortlaut nach der Wohnungsbeschaffung oder dem Umzug (§ 22 Abs. 6 SGB II) zuzuordnen sind. Sie *„sind vielmehr Bestandteil der Kosten der Unterkunft nach § 22 Abs. 1 SGB II"* (ebenso: § 35 Abs. 1 SGB XII).

16 Wie bereits erwähnt, ist die Rechtsprechung zu den Schönheitsreparaturklauseln sehr umfangreich und kaum noch zu überschauen. Der Rechtsprechung können jedoch folgende **Grundsätze** für die Wirksamkeit einer Schönheitsreparaturklausel entnommen werden:

Die Mietpartei muss nur Schönheitsreparaturen für die Abnutzungen vornehmen, die sie selbst „abgewohnt" hat. Ist diese Voraussetzung erfüllt, muss die Mietpartei auch nur dann Schönheitsreparaturen vornehmen, wenn auch die vermietende Person diese vornehmen müsste. Dafür ist nicht der Ablauf von irgendwelchen Fristen entscheidend, sondern der Zustand der Wohnung, der Schönheitsreparaturen notwendig macht. Denn andernfalls müsste die Mietpartei früher Maßnahmen durchführen als die vermietende Person, was eine unangemessene Benachteiligung der Mietpartei darstellt.

17 Hieran anknüpfend nachfolgend einige **Grundsätze** aus der **Rechtsprechung:**

18 Eine Abwälzung von Schönheitsreparaturen auf die Mietpartei durch AGB ist nur zulässig, wenn die vermietende Person der Mietpartei eine renovierte Wohnung überlassen hat. War die Wohnung unrenoviert, sind sämtliche Klauseln zu Schönheitsreparaturen unwirksam. Eine Ausnahme besteht nur, wenn die vermietende Person der Mietpartei für den Renovierungsaufwand einen angemessenen Ausgleich gewährt hat (BGH 18.3.2015 – VIII ZR 185/14).

19 Eine Regelung durch AGB zulasten der Mietpartei, eine unrenovierte Wohnung zu Mietbeginn oder kurz danach zu renovieren, ist daher ohne entsprechende Ausgleichszahlung unwirksam, denn die Mietpartei würde sich damit verpflichten, die Abnutzungen ihrer Vorgängerpartei zu beseitigen (BGH 18.3.2015 – VIII ZR 185/14).

20 Höchstrichterlich ist geklärt, dass die Vermieterpartei auch bei einer zu Beginn des Mietverhältnisses unrenoviert übergebenen Wohnung und nicht vereinbarter oder unwirksamer Schönheitsreparaturklauseln zur Durchführung von Schönheitsreparaturen verpflichtet ist (BGH 8.7.2020 – VIII ZR 163/18 bzw. VIII ZR 270/18). Bis zu der vorgenannten Entscheidung des BGH wurde jedoch überwiegend vertreten, dass die Vermieterpartei aufgrund der unrenoviert oder renovierungsbedürftig angemieteten und somit insoweit auch vertragsgemäßen Wohnung gemäß § 535 Abs. 1 S. 2 BGB lediglich verpflichtet sei, eben nur diesen Zustand auch im laufenden Mietverhältnis zu erhalten und wegen der unrenoviert übergebenen Wohnung bzw. unwirksamen Schönheitsreparaturklauseln die Mietpartei insoweit keine Kosten treffen. Der BGH hat in der vorgenannten Entscheidung nunmehr aber die sehr umstrittene Folgerung gezogen, dass die Vermieterpartei die Wohnung auch vollständig renovieren könne und in diesem Fall von der Mieterpartei einen anteiligen – idR hälftigen – Kostenersatz verlangen könne, da es für die Vermieterpartei nicht praktikabel, zumindest aber wirtschaftlich nicht sinnvoll sei, eine nur anteilige Renovierung bis zur Erreichung des bei Anmietung vorhandenen und somit vertraglich geschuldeten Zustandes vorzunehmen, und die Mieterpartei profitiere auch, da sie eine bessere Wohnung erhalte (BGH 8.7.2020 – VIII ZR 163/18 bzw. VIII ZR 270/18).

21 Diese Entscheidung wird in der mietrechtlichen Fachliteratur heftig kritisiert, da eine an sich unzulässige einseitige Vertragsänderung vorgenommen wird und der Mietpartei Kosten aufgedrängt werden, welche sie nicht aufwenden wollte und die auch nicht in ihrem Interesse liegen. Denn hätte sie die Renovierung über den vertragsgemäßen Zustand hinaus vornehmen wollen, hätte sie sie durchgeführt: und das idR mit geringerem finanziellem Aufwand als die Vermieterpartei, welche meist Fachhandwerker*innen beauftragt. Weiter übersehe der BGH die Problematik bei der Übernahme derartiger Kosten durch die Jobcenter bzw. Sozialbehörden, welche idR nur Kosten übernehmen, zu denen die Mietpartei mietvertraglich verpflichtet ist und die sich aus dem Mietvertrag ergeben. Auch besteht insoweit das Problem der Angemessenheit der Kosten iSd § 22 Abs. 1 S. 1 SGB II (Langenberg/Zehelein Schönheitsreparaturen Kap. 1 Rn. 379c).

22 Unter Berücksichtigung des geltenden Grundsatzes, dass Schönheitsreparaturen bzw. die damit verbundenen Kosten nur dann vom Jobcenter/Sozialamt übernommen werden müssen, wenn sie von der Mietpartei wirksam verlangt werden können (BVerfG 25.11.2009 – 1 BvR 2515/09), und des Umstandes, dass es sich hierbei um eine höchstrichterliche Entscheidung des BGH handelt, in der eine entsprechende Verpflichtung der Mietpartei begründet wird, spricht viel dafür, diese Situation so zu behandeln, wie wenn sich diese Verpflichtung der Mietpartei aus dem Mietvertrag ergeben würde, mit der Folge, dass es sich hierbei um Kosten für Schönheitsreparaturen handelt, die jedenfalls dem Grunde nach vom Jobcenter als Kosten der Unterkunft und Heizung zu übernehmen sind. Insoweit muss abgewartet werden, welche Folgerungen die sozialrechtliche Rechtsprechung aus dieser BGH-Entschei-

dung zieht. Sollten Sie daher in eine Situation geraten, dass die Vermieterpartei von Ihnen derartige Kosten erstattet verlangt, sollten Sie diese Zahlungsaufforderung dem Jobcenter bzw. der Sozialbehörde umgehend vorlegen und die Kostenübernahme beantragen. Denn hat die Behörde in diesem Fall keine Einwände gegen die geltend gemachte Forderung geäußert, kann sie sich im Nachhinein nicht auf die Unwirksamkeit der geltend gemachten Forderung der Vermieterpartei berufen und muss die entsprechenden angemessenen Kosten übernehmen (BSG 6.10.2011 – B 14 AS 66/11 R).

23 Äußert die Behörde Zweifel an Ihrer Verpflichtung zur Übernahme der geltend gemachten Forderung der Vermieterpartei, weil sie diese für unwirksam bzw. unbegründet hält, darf sich die Behörde nicht einfach darauf beschränken, Ihren Antrag auf Kostenübernahme abzulehnen. Die Behörde muss Ihnen darlegen, warum es die Forderung für unwirksam hält und Ihnen zeigen, wie Sie gegen die vermietende Person vorgehen können, um Ihre Rechte zu wahren (BSG 24.11.2011 – B 14 AS 15/11 R; Eicher/Luik/ Harich SGB II § 22 Rn. 57 f.). Unterbleibt eine solche Unterstützung der Behörde, ist sie zur Übernahme der geltend gemachten Forderung in angemessener Höhe verpflichtet (BSG 24.11.2011 – B 14 AS 15/11 R; LSG Berlin-Brandenburg 12.2.2014 – L 18 AS 2908/12).

24 Auch wenn keine Verpflichtung zur Einzugsrenovierung besteht, sind solche Kosten von der Behörde zu übernehmen, wenn sie angemessen sind (BSG 16.12.2008 – B 4 AS 49/07 R; LSG Berlin-Brandenburg 29.1.2018 – L 18 AS 126/18 B ER).

25 Da **Einzugsrenovierungen** nicht von der Regelleistung umfasst sind, ist weder eine Übernahme als Darlehen (→ 30; § 24 Abs. 1 SGB II, § 37 Abs. 1 SGB XII) noch eine Übernahme im Rahmen der Erstausstattung (→ 40; § 24 Abs. 3 Nr. 1 SGB II, § 31 Abs. 1 Nr. 1 SGB XII) möglich (BSG 16.12.2008 – B 4 AS 49/07 R, Rn. 11). Die Kosten sind als Beihilfe zu übernehmen.

26 Wenn die Kosten der Einzugsrenovierung nach § 22 Abs. 1 SGB II (§ 35 Abs. 1 SGB XII) als Bedarfe für Unterkunft und Heizung und nicht nach § 22 Abs. 6 SGB II (§ 35a Abs. 2 S. 4 SGB XII) als Wohnungsbeschaffungs- bzw. Umzugskosten übernommen werden, entfällt grundsätzlich die Notwendigkeit, die vorherige **Zusicherung** vom Leistungsträger iSd § 22 Abs. 6 SGB II (§ 35a Abs. 2 S. 4 SGB XII) einzuholen.

„Angemessene" Kosten müssen demnach anerkannt werden, wenn der Umzug (→ 112) notwendig (BVerwG 30.4.1992 – 5 C 26.88) und die Miete der neuen Wohnung angemessen ist.

Unabhängig davon müssen die Kosten der Renovierung auf ihre **Angemessenheit** hin überprüft werden:

„*Angemessen sind die Kosten einer Einzugsrenovierung dann,*

a) *wenn die Maßnahme/ Renovierung erforderlich ist, um die Bewohnbarkeit der Wohnung herzustellen,*

b) *die Einzugsrenovierung ortsüblich ist, weil keine renovierten Wohnungen im unteren Wohnsegment in nennenswertem Umfang zur Verfügung stehen und*

c) *soweit sie der Höhe nach zur Herstellung des Standards einer Wohnung im unteren Wohnsegment erforderlich ist"* (BSG 16.12.2008 – B 4 AS 49/07 R, Rn. 28 ff.). Treffen diese Kriterien im konkreten Fall zu, ist auch ein Fußbodenbelag zu übernehmen (BSG 16.12.2008 – B 4 AS 49/07 R; LSG NRW 28.9.2018 – L 21 AS 51/18 B; LSG Berlin-Brandenburg 29.1.2018 – L 18 AS 126/18 B ER).

27 Die Behörde hat auch wirksam mietvertraglich geregelte **und** erforderliche **Auszugsrenovierungen** zu übernehmen (BSG 6.10.2011 – B 14 AS 66/11 R). Allerdings gelten allgemeine Klauseln in Standardmietverträgen (AGB), die eine Auszugsrenovierung nur vorschreiben, wenn die Wohnung von der Mietpartei – wie erwähnt – komplett renoviert übernommen wurde.

28 Viele Mietverträge enthalten eine sog. Quotenklausel. Danach müsste die Mietpartei, wenn die maßgeblichen Fristen für die Durchführung von Schönheitsreparaturen noch nicht abgelaufen sind, zwar nicht renovieren, aber einen anteiligen Betrag

90 Renovierung

auf der Grundlage eines Kostenvoranschlags an die vermietende Person zahlen. Diese **Quotenklauseln sind immer ungültig** (BGH 18.3.2015 – VIII 242/13); anders bei preisgebundenem Wohnraum (BGH 24.3.2010 – VIII ZR 177/09).

29 Schuldet die Mietpartei keine Schönheitsreparaturen, da die vertragliche Regelung der Schönheitsreparaturen nach den obigen Grundsätzen unwirksam ist, kann diese die hierfür aufgewendeten Kosten von der vermietenden Person wegen ungerechtfertigter Bereicherung gem. § 812 BGB zurückverlangen. Diese Ansprüche verjähren jedoch bereits sechs Monate nach Ende des Mietverhältnisses (§ 548 Abs. 2 BGB; BGH 31.1.2012 – VIII ZR 141/11). Soweit die Behörde diese Kosten übernommen hat, steht dieser der Erstattungsanspruch gegenüber der vermietenden Person zu (§ 33 SGB II).

30 Wurde für die Mietpartei eine wirksame Pflicht zur Vornahme von Schönheitsreparaturen bzw. zur Instandhaltung/Kleinreparatur begründet, ist zu beachten, dass die Ansprüche der vermietenden Person hieraus bereits sechs Monate nach Zurückerhaltung der Wohnung verjähren (§ 548 Abs. 1 BGB). Denn nach dieser Vorschrift verjähren alle Ersatzansprüche der vermietenden Person wegen Veränderungen und Verschlechterungen der Mietsache sechs Monate nach Rückgabe der Mietsache an diese.

31 Die von der Rechtsprechung für AGB zum Schutz der Mietpartei entwickelten Grundsätze gelten wie bereits erwähnt nicht, wenn Sie eine individuelle Vereinbarung mit der vermietenden Person schließen (§ 305 Abs. 1 S. 3 BGB). Verpflichtend ist eine Auszugsrenovierung also dann, wenn sie ausdrücklich individuell mietvertraglich vereinbart wurde und eben nicht einseitig von der vermietenden Person als AGB gestellt wurde – einen Standardtext gibt es nicht (BGH 18.3.2015 – VIII ZR 185/14, VIII 242/13)!

32 So liegt zB eine zulässige, individuelle Vereinbarung vor, wenn die Mietpartei auf eigenen Wunsch und mit Zustimmung der vermietenden Person die von dem*r Vormieter*in geschuldeten Auszugs-Schönheitsreparaturen übernimmt (hierzu BGH 22.8.2018 – VIII ZR 277/16). Die Behörde muss diese Kosten jedoch nicht übernehmen, da die Mietpartei hierzu gesetzlich nicht verpflichtet ist, sondern diese Pflicht freiwillig durch Vertrag begründet hat. Sie sollten daher derartige Vereinbarungen nicht abschließen bzw. sich vorab von der Behörde schriftlich (!) zusichern lassen (§ 34 Abs. 1 S. 1 SGB X), dass von dieser die Kosten hierfür übernommen werden.

33 Eine individuell mit der vermietenden Person getroffene Vereinbarung, zB über eine Auszugsrenovierung im Sinne des § 305 Abs. 1 S. 3 BGB, kann selbst dann wirksam sein, wenn der Mietvertrag eine unwirksame Klausel (AGB) zur Auszugsrenovierung enthält (BGH 14.1.2009 – VIII ZR 717/08).

34 **Tipp:** Aus diesem Grund sollten Sie keine Vereinbarung unterzeichnen, wenn die vermietende Person am Ende des Mietverhältnisses im Zusammenhang mit der Abnahme der Wohnung auf eine schriftliche Verpflichtung zu Reparaturen oder auf eine Quotenabgeltung drängt. Dies ist in der Regel für Sie nur nachteilig und Sie sind hierzu auch nicht verpflichtet.

35 Hat die Mietpartei die Wohnung zu Mietbeginn in neutralen Farben übernommen und die Wände anschließend **farbig gestrichen,** muss sie diese am Ende des Mietverhältnisses wieder in neutralen Farben streichen, auch wenn sie an sich keine Schönheitsreparaturen bei Auszug vornehmen muss (BGH 6.11.2013 – VIII ZR 416/12).

36 **Tipp:** Es handelt sich hierbei um Kosten der Auszugsrenovierung, welche die Behörde als Kosten der Unterkunft nach § 22 Abs. 1 SGB II / § 35 Abs. 1 SGB XII übernehmen muss. Denn Sie können sich während des Mietverhältnisses die Farben und Materialien grundsätzlich nach ihrem Geschmack aussuchen und sind nicht an Vorgaben der vermietenden Person gebunden (BGH 18.6.2008 – VIII ZR 224/07).

37 **Zuständig** für die Renovierungskosten bei Umzug waren nach bisheriger Auffassung bei Alg II/Bürgergeld das bisherige Jobcenter (§ 22 Abs. 1 S. 7 SGB II) und bei HzL-/GSi-Bezug das Sozialamt, in dessen Zuständigkeitsbereich Sie sich zum Zeitpunkt der Antragstellung befinden (LSG Ba-

den-Württemberg 23.11.2006 – L 7 SO 4415/05).

38 **Doppelmieten wegen Renovierung:** Das BSG hat entschieden, wenn Doppelmieten beispielsweise wegen Renovierung tatsächlich anfallen und unvermeidbar sind, sind diese vom Jobcenter als KdU zu übernehmen (BSG 30.10.2019 – B 14 AS 2/19 R). Das ist zwar zunächst nur eine SGB II-Entscheidung, wird aber genauso auf das SGB XII übertragbar sein. Sie werden aber nachweisen müssen, dass Sie sich bemüht haben, die Kosten zu vermeiden und dass Sie versucht haben, die vermietende Person dazu zu bewegen, Ihnen für die Zeit der Renovierung die Wohnung kostenfrei zu überlassen.

5. Höhe der Renovierungskosten und mögliche Schadensersatzansprüche

39 Renovierungskosten sind in tatsächlicher Höhe zu übernehmen. Dazu gehören die **Materialkosten**. Es empfiehlt sich, den Bedarf möglichst umfassend zu beantragen: ob für Tapete, Kleister, Farbe, Abdeckfolie, Kreppband, Schmirgelpapier, Farbrollen, Pinsel, Bürste, Zollstock, Spachtel, Abstreichgitter usw.

Die Behörde kann Ihnen eine Quadratmeterpauschale anbieten. Hier sollten Sie genau nachrechnen. Reicht die Pauschale nicht aus, müssen die notwendigen tatsächlichen nachgewiesenen Kosten für eine „angemessene" Renovierung bewilligt werden.

40 Es ist zulässig, Sie beim Renovieren auf **Selbsthilfe** zu verweisen. Sind Sie aus persönlichen Gründen (Krankheit, Behinderung, Alter usw) dazu nicht in der Lage und können auch Freund*innen, Bekannte oder Verwandte diese Arbeiten nicht übernehmen, müssen auch Entgelte für nachbarschaftliche Hilfe bezahlt werden. Möglich sind Aufwandsentschädigungen bis zu 7,50 EUR die Stunde. Möglich sind aber auch private oder gewerbliche Anbieter. Dann müssten Sie vor der Bewilligung Kostenvoranschläge vorlegen. Wie der Renovierungsbedarf befriedigt wird, **hängt vom Einzelfall ab**. Pauschale Regelungen der Behörde sind nicht zulässig, wenn sie keine Ausnahmen vorsehen.

41 Hat das Jobcenter/Sozialamt einen Antrag auf Übernahme der Kosten für Schönheitsreparaturen nicht oder sehr schleppend bearbeitet und sind Sie deshalb in Vorleistung getreten, muss das Jobcenter/Sozialamt nicht nur die Schönheitsreparaturkosten übernehmen, sondern auch die Kosten wegen einer Kontoüberziehung der für ein zu marktüblichen Konditionen notwendig gewordenes Darlehen (BSG 6.10.2011 – B 14 AS 66/11 R). Haben Freunde oder Verwandte bei den Schönheitsreparaturen geholfen, entfällt der Kostenübernahmeanspruch gegen das Jobcenter/Sozialamt nicht, wenn feststeht, dass den Helfer*innen im Falle der Durchsetzung des Anspruchs die aufgewandten Leistungen (zB Kosten für Farbe, Pinsel, Tapete) zurückerstattet werden (BSG 6.10.2011 – B 14 AS 66/11 R).

42 Werden von der Mietpartei geschuldete Schönheitsreparaturen nicht oder verzögert durchgeführt, weil das Jobcenter/Sozialamt einen Antrag auf Kostenübernahme nicht sachgemäß bearbeitet hat, muss es die daraus entstehenden Folgekosten (zB Mahngebühren, Anwaltskosten, **Schadensersatzansprüche** wegen verzögerter Weitervermietung der Wohnung) als Unterkunftskosten, die untrennbar mit der Nutzung der Wohnung zusammenhängen, übernehmen (LSG Baden-Württemberg 23.11.2006 – L 7 SO 4415/05; BSG 24.11.2011 – B 14 AS 15/11 R; LSG Bayern 18.1.2021 – L 16 AS 654/20 B ER; Eicher/Luik/Harich SGB II § 22 Rn. 58).

43 **Tipp:** Beantragen Sie die Übernahme von Renovierungskosten immer, **bevor** die Kosten entstehen.

91 Rentenversicherung

1. Bürgergeld 1
1.1 Wer begründet Rentenansprüche? 2
1.2 Rentenansprüche neben dem Bürgergeld begründen 6
1.2.1 Minijob (= geringfügige Beschäftigung iSd §§ 8, 8a SGB IV) und Rentenansprüche 7
1.3 Von der Versicherungspflicht in der gesetzlichen Rentenversicherung befreite Bürgergeld-Beziehende 19

1.4 Zwang zur Beantragung einer vorzeitigen Altersrente und deren Hinzuverdienstgrenzen 20
1.5 Übergang Bürgergeld in die Rente 22
2. Arbeitslose ohne Anspruch auf Arbeitslosengeld 23
3. HzL/GSi der Sozialhilfe 24
4. Erwerbsminderungsrente (EM-Rente § 43 SGB VI) 26
5. Rehabilitation bzw. Leistungen zur Teilhabe (§§ 9–32 SGB VI) 39
5.1 Medizinische Rehabilitation (Reha) (§§ 15, 15a SGB VI, §§ 42 ff. SGB IX) 41
5.2 Berufliche Rehabilitation (Reha) (§ 16 SGB VI, §§ 49 ff. SGB IX) ... 46
6. Erziehungsrente (§ 47 SGB VI) 50
7. Grundrente (seit 1.7.2021) 53
8. Sonderregelungen wegen der Coronapandemie 65
9. Beratung/Informationen 68
10. Kritik 71

1. Bürgergeld

1 Im Folgenden wird dargelegt, wie sich der Bezug von Bürgergeld auf Rentenansprüche, Rentenversicherung im Mini-Job, Zwang in die vorzeitige Altersrente usw auswirken kann.

1.1 Wer begründet Rentenansprüche?

2 Beziehende von Alg II (seit 1.1.2023: Bürgergeld) waren bis Ende 2010 in der gesetzlichen Rentenversicherung pflichtversichert. Auch wenn sie mit den geringen Beitragszahlungen, die für sie abgeführt wurden, nach einem Jahr Leistungsbezug nur einen Anspruch auf eine Mini-Rente von 2,09 EUR mtl. erwarben, galt der damalige Alg II-Bezug wenigstens als **Beitragszeit**.

3 Zum 1.1.**2011** wurden für Alg II-Beziehende (seit 1.1.2023: Bürgergeld-Beziehende) die Rentenzahlungen ersatzlos gestrichen. Der Mini-Rentenanspruch fällt weg und Leistungsbezug begründet fortan nur noch eine **Anrechnungszeit** in der gesetzlichen Rentenversicherung (§ 58 Abs. 1 S. 1 Nr. 6 SGB VI). Die Anrechnungszeiten stellen sicher, dass über die Rentenversicherungspflicht erworbene Anwartschaften (für Rehabilitationsmaßnahmen oder Erwerbsminderungsrenten) nicht verloren gehen (vgl. nur § 3 S. 1 Nr. 3 Hs. 2 SGB VI, § 11 Abs. 2 S. 3 SGB VI, § 43 Abs. 4 Nr. 1 SGB VI). Somit bleiben während des Alg II-Bezugs bzw. seit 1.1.2023 Bürgergeld-Bezugs bestehende Ansprüche auf

- Rehabilitationsleistungen der Rentenversicherung (§§ 9, 11 Abs. 2 S. 3 SGB VI, § 58 Abs. 1 S. 1 Nr. 6 SGB VI; → Rn. 39) und auf
- Erwerbsminderungsrente (§ 43 Abs. 4 Nr. 1 SGB VI, § 58 Abs. 1 S. 1 Nr. 6 SGB VI; → Rn. 26)

erhalten.

4 ■ Bei der **Regelaltersrente** (§§ 35, 50 Abs. 1 S. 1 Nr. 1 SGB VI) werden Ansprüche nur aufgrund von mindesten fünf Beitragsjahren innerhalb des Erwerbslebens begründet (allgemeine Wartezeit, § 50 Abs. 1 S. 1 Nr. 1 SGB VI). Bürgergeld-Bezugszeiten bringen hier nichts mehr.

■ Bei der (Alters-)**Rente für langjährig Versicherte** (§ 36 SGB VI) und für **schwerbehinderte Menschen** (§ 37 SGB VI) werden die Zeiten des Bürgergeld-Bezuges lediglich auf die **Wartezeiten** (Mindestversicherungszeiten) angerechnet, die einen Anspruch auf eine Rente begründen (§ 36 S. 1 Nr. 2 bzw. § 37 S. 1 Nr. 3 SGB VI iVm § 50 Abs. 4 SGB VI, § 51 Abs. 3 SGB VI, § 54 Abs. 1 Nr. 2 SGB VI iVm § 54 Abs. 4 SGB VI). Das Beitragskonto füllt sich nicht mehr.

5 Alle, die keinen bestehenden Anspruch auf Leistungen der Rentenversicherung haben, können fortan durch den Bürgergeld-Bezug keinen neuen Anspruch mehr begründen.

Achtung: Wenn Sie nur noch aufgrund von Anrechnungszeiten Ihren Anspruch aufrechterhalten, müssen Sie darauf achten, dass diese nicht unterbrochen werden, zB weil Sie Ihren Folgeantrag zu spät eingereicht haben. Selbst wenn Sie nur vorübergehend aus dem Bezug fallen und damit keine Anrechnungszeit mehr begründen, kann unter Umständen nicht mehr auf die anspruchsbegründenden früheren Beitragszeiten zurückgegriffen werden.

1.2 Rentenansprüche neben dem Bürgergeld begründen

6 Prüfen Sie, ob Beitragszeiten für die Rentenversicherung (vgl. hierzu Aufzählung in § 3 SGB VI) bestehen, die neben dem Bezug von Bürgergeldmöglich sind. Hierzu zählen

- Zeiten der **Kindererziehung** ab Geburt des Kindes drei Jahre lang (§ 3 S. 1 Nr. 1 SGB VI, §§ 56, 55 Abs. 1 S. 3 SGB VI, § 54 Abs. 1 Nr. 1 SGB VI),
- Zeiten als **Pflegeperson**, in denen Sie Angehörige nicht erwerbsmäßig pflegen (§ 3 S. 1 Nr. 1a iVm S. 2, 3 SGB VI),
- Zeiten, in denen Sie neben dem Leistungsbezug eine sozialversicherungspflichtige **Beschäftigung** ausüben (§ 1 S. 1 Nr. 1 SGB VI) und
- Zeiten, in denen Sie einen **Minijob** ausüben, der versicherungspflichtig ist (seit 1.1.2013: § 1 S. 1 Nr. 1 SGB VI, § 5 Abs. 2 S. 1 Nr. 1 SGB VI, § 6 Abs. 1b SGB VI, § 229 Abs. 5 SGB VI iVm § 8 Abs. 1 Nr. 1 oder § 8a iVm § 8 Abs. 1 Nr. 1 SGB IV) oder bei dem Sie auf die Versicherungsfreiheit verzichten (gilt für Minijobs nach altem Recht, die bis zum 31.12.2012 begonnen wurden; § 230 Abs. 8 SGB VI).

1.2.1 Minijob (= geringfügige Beschäftigung iSd §§ 8, 8a SGB IV) und Rentenansprüche

7 Eine Beschäftigung kann als geringfügig eingeordnet werden, entweder weil der Lohn (= Entgelt) besonders niedrig ist (Entgeltgeringfügigkeit) oder weil der*die Beschäftigte nur wenig Zeit auf sie verwendet (Zeitgeringfügigkeit). Die Entgeltgeringfügigkeitsgrenze lag zuletzt bis 30.9.2022 bei 450 EUR monatlich und wurde zum 1.10.2022 an den auf 12 EUR je Stunde gestiegenen Mindestlohn angepasst und auf 520 EUR monatlich erhöht. Damit soll Minijobber*innen eine Beschäftigung mit Mindestlohnvergütung bis zu 10 Wochenstunden ermöglicht werden. Zukünftige Mindestlohnerhöhungen führen automatisch zu einer entsprechenden Erhöhung der Geringfügigkeitsgrenze. Minijobber*innen mit einer Mindestlohnvergütung müssen damit bei steigendem Mindestlohn nicht mehr ihre Arbeitszeit reduzieren, um die Geringfügigkeitsgrenze weiterhin einzuhalten.

8 Entsprechend der gesetzlichen Regelung des § 8 SGB IV ist somit zwischen zwei Arten von Minijobs bzw. geringfügiger Beschäftigung zu unterscheiden:

- einen **auf Dauer** angelegten, geringfügig entlohnten, bei dem das Arbeitsentgelt in der Regel die **Geringfügigkeitsgrenze** (§ 8 Abs. 1a SGB IV), welche seit dem 1.10.2022 bei 520 EUR monatlich liegt, nicht übersteigt („520-Euro-Minijob", § 8 Abs. 1 Nr. 1a SGB IV) bzw. die **Entgeltgeringfügigkeit**, wobei ein unvorhersehbares Überschreiten der Geringfügigkeitsgrenze in bis zu zwei Monaten um jeweils einen Betrag bis zur Höhe der Geringfügigkeitsgrenze unschädlich ist (§ 8 Abs. 1b SGB IV) und
- einen von der Höhe des Lohnes unabhängigen, aber **kurzfristigen**, von vornherein zeitlich begrenzten, bei dem die Beschäftigung innerhalb eines Jahres beschränkt ist auf längstens drei Monate oder 70 Arbeitstage (§ 8 Abs. 1 Nr. 2 SGB IV, Zeitgeringfügigkeit).

9 Für geringfügige **Beschäftigungen in Privathaushalten** gem. § 8a SGB IV gelten u.a. hinsichtlich der Frage, wer welchen Beitrag zur Rentenversicherung zu tragen hat, teilweise spezielle Regeln (näher hierzu → Rn. 15).

10 Geringfügige Beschäftigungen sind grundsätzlich für den*die Arbeitnehmer*in versicherungsfrei, mit der Folge, dass er*sie keine Sozialversicherungsbeiträge zur Kranken-, Pflege- und Arbeitslosenversicherung zahlen muss (§ 7 Abs. 1 SGB V, § 20 Abs. 1 S. 1 SGB XI, § 27 Abs. 2 S. 1 SGB III), aus ihnen aber auch keinen eigenen Sozialversicherungsschutz ableiten kann und somit keine Ansprüche hat.

11 Die zeitgeringfügigen Beschäftigungen im Sinne des § 8 Abs. 1 Nr. 2 SGB IV sind auch von der Rentenversicherungspflicht befreit (§ 5 Abs. 2 Nr. 1 SGB VI).

12 Seit 1.1.2013 besteht für die entgeltgeringfügigen Beschäftigungen, sog. **520-Euro-Minijobs** (§ 8 Abs. 1 Nr. 1 iVm Abs. 1a SGB IV), Versicherungspflicht in der gesetzlichen Rentenversicherung und somit auch Beitragspflicht; von der man aber auf Antrag

befreit werden kann (§ 6 Abs. 1b iVm § 229 Abs. 5 SGB VI). Nur bei den **520-Euro-Minijobs** im Sinne des § 8 Abs. 1 Nr. 1 SGB IV besteht somit die Möglichkeit Rentenansprüche zu erwerben, indem Sie nur minimal an der Beitragspflicht beteiligt sind, da der Arbeitgeber grundsätzlich den größten Anteil an dem Rentenversicherungsbeitrag leisten muss.

13 Sind Sie Minijobber*in in einem 520-Euro-Minijob und haben bereits Rentenansprüche aus früherer Beschäftigung erworben oder wollen Sie Ansprüche auf Erwerbsminderungsrente oder Rehabilitationsleistungen neu erwerben, können Sie bei Jobs, die **vor dem 1.1.2013** begonnen haben, durch **Verzicht auf die Versicherungsfreiheit** für kleines Geld Rentenbeitragszeiten neu begründen (§ 230 Abs. 8 S. 2 SGB VI). Geringfügige Beschäftigungen wegen Entgeltgeringfügigkeit (heute: 520-Euro-Minijobs), die **ab dem 1.1.2013** begonnen wurden, sind, wie bereits erwähnt, **generell rentenversicherungspflichtig.**

14 Seit 2013 müssen Sie als Minijobber*in in einem 520-Euro-Minijob einen **Antrag** stellen, wenn Sie sich von der Rentenversicherungspflicht **befreien** lassen wollen. Dieser Antrag ist beim Arbeitgeber zu stellen (zu den Einzelheiten: § 6 Abs. 1 b SGB VI).

15 Haben Sie eine geringfügige Beschäftigung, bei welcher der Lohn die aktuelle Geringfügigkeitsgrenze nicht übersteigt (derzeit: 520-Euro-Minijob, § 8 Abs. 1 Nr. 1 iVm Abs. 1a S. 1 SGB IV) bzw. hatten Sie bei vor 2013 begründeten 520-Euro-Minijobverhältnissen auf die Versicherungsfreiheit verzichtet, gilt bei der **Beitragszahlung** Folgendes zu beachten (Stand: 1.1.2023):

- Üben Sie einen 520-Euro-Minijob im Sinne des § 8 Abs. 1 Nr. 1 iVm Abs. 1a SGB IV aus, zahlt Ihr Arbeitgeber Rentenbeiträge in Höhe eines Pauschalbetrages von 15 Prozent des Arbeitsentgelts an die gesetzliche Rentenversicherung (§ 168 Abs. 1 Nr. 1b bzw. § 172 Abs. 3 S. 1 SGB VI). Bleibt es bei der Versicherungspflicht – wird also kein Antrag auf Befreiung von der Rentenversicherungspflicht nach § 6 Abs. 1 lit. b SGB VI gestellt – müssen Sie neben der Zahlung des Arbeitgebers die Differenz zwischen dem aktuellen Beitragssatz zur gesetzlichen Rentenversicherung von zurzeit 3,6 Prozent (allgemeiner Beitragssatz 2023: 18,6 Prozent) selbst tragen.
- Bei einem **520-Euro-Minijob** in **Privathaushalten** gemäß § 8a SGB IV profitiert der Arbeitgeber vom sogenannten „Haushälter*innen-Bonus". Er zahlt **Rentenbeiträge** nur in Höhe von fünf Prozent des Arbeitsentgelts (§ 168 Abs. 1 Nr. 1c bzw. § 172 Abs. 3a SGB VI). Im Fall der Versicherungspflicht – es wird also kein Antrag auf Befreiung nach § § 6 Abs. 1 lit. b SGB VI gestellt – beträgt der Arbeitnehmer-Aufstockungsbeitrag somit zurzeit 13,6 Prozent.
- Bei einem 520-Euro-Minijob ist als Beitragsbemessungsgrundlage für den Rentenversicherungsbeitrag mindestens ein Arbeitsentgelt von 175 EUR anzusetzen, auch wenn das tatsächliche Arbeitsentgelt niedriger ist (§ 163 Abs. 8 SGB VI). Bei einem niedrigen Arbeitsentgelt von unter 175 EUR mtl. muss daher ein Mindestzahlbetrag von 32,55 EUR (18,6 Prozent von 175 EUR) bei der Rentenversicherung eingezahlt werden. Sie müssen bei einem monatlichen Lohn, der niedriger ist als 175 EUR (zB 100 EUR), nicht die 3,6 Prozent von 100 EUR, also 3,60 EUR, bzw. 13,6 Prozent von 100 EUR, also 13,60 EUR, aufbringen, sondern den Differenzbetrag zwischen 32,55 EUR und dem tatsächlichen Arbeitgeberanteil, bei 3,6 Prozent also 6,30 EUR bzw. bei 13,6 Prozent also 23,80 EUR.
- Durch Beitragsaufstockung können auch 520-Euro-Minijobber*innen mit Altverträgen jederzeit vollwertige Ansprüche in der Rentenversicherung erwerben.

16 **Tipp:** Wenn Sie unsicher sind, ob es sich für Sie lohnt, in Ihrem 520-Euro-Minijob Beiträge zur Rentenversicherung zu leisten, sollten Sie sich durch die Rentenversicherung beraten lassen. Wegen der zum 1.1.2021 in Kraft getretenen Grundrente (→ Rn. 53) ist es in der Regel sinnvoll, sich nicht von der Rentenversicherungspflicht befreien zu lassen. Denn für die Grundrente sind mindestens 33 Jahre Grundrentenzeiten erforderlich und die Zeiten des Minijobs mit Rentenversi-

cherungspflicht zählen zu diesen Grundrentenzeiten und werden daher bei der Prüfung, ob die Grundrentenzeiten erfüllt sind, mitgezählt. Minijobber*innen dürfen sich also nicht von der Versicherungspflicht zur Rentenversicherung befreien lassen, wenn die Arbeitszeit im Minijob zur Grundrentenzeit zählen soll.

17 **Tipp 1:** Sollten Sie sich jedoch die Möglichkeit der Rehabilitation durch die Rentenversicherung aufbauen wollen, lohnt es sich unter Umständen, die Beiträge zu entrichten.

18 **Tipp 2:** Für Fragen rund um das Thema Minijob können Sie sich auch an die Minijob-Zentrale der Deutschen Rentenversicherung Knappschaft-Bahn-See unter der Telefonnummer 0355 2902-70799 (Service-Center) und im Internet unter www.minijob-zentrale.de wenden.

1.3 Von der Versicherungspflicht in der gesetzlichen Rentenversicherung befreite Bürgergeld-Beziehende

19 Bürgergeld-Beziehende, die von der Versicherungspflicht in der ges. Rentenversicherung befreit sind, also zB Selbstständige, bekamen den Zuschuss zu ihren freiwilligen Beiträgen ebenfalls ab Januar 2011 gestrichen (§ 26 SGB II). Freiwillig zu zahlende Beiträge für die Altersvorsorge können Selbstständige (→ 104) nur noch von ihrem Einkommen absetzen (§ 11b Abs. 1 S. 1 Nr. 3 lit. b SGB II; → 38 Rn. 5, 15).

1.4 Zwang zur Beantragung einer vorzeitigen Altersrente und deren Hinzuverdienstgrenzen

20 Bis zum 31.12.2022 konnte der*die Arbeitsvermittler*in Sie ab dem 63. Lebensjahr auffordern, die vorzeitige Rente mit Abschlägen zu beantragen (§ 12a S. 2 Nr. 1 SGB II; hierbei war zu berücksichtigen: § 13 Abs. 2 SGB II iVm Unbilligkeitsverordnung). Ferner konnte das Jobcenter bis zum 31.12.2022 den Antrag auf vorzeitige Altersrente für Sie beim Rentenversicherungsträger stellen, wenn Sie trotz Aufforderung durch das Jobcenter einen entsprechenden Antrag nicht gestellt hatten (§ 5 Abs. 3 S. 1 SGB II). Hierbei war jedoch auch die Entscheidung des BSG vom 9.8.2018 (B 14 AS 1/18 R) zu beachten,

wonach der Verweis auf die Inanspruchnahme der Altersrente mit Abschlägen unbillig ist, wenn zwischen abschlagsbehafteter und abschlagsfreier Altersrente ein Abstand von vier Monaten liegt, weil in diesem Fall die Möglichkeit der Altersrente ohne Abschläge „in nächster Zukunft" (im Sinne des § 13 Abs. 2 SGB II iVm § 3 Unbilligkeitsverordnung) besteht. Aufgrund der Regelungen des Bürgergeldgesetzes darf das Jobcenter Sie in der Zeit **vom 1.1.2023 bis einschließlich zum 31.12.2026 nicht mehr auffordern**, die vorzeitige Altersrente zu beantragen, da Sie in dieser Zeit nicht verpflichtet sind, eine Rente wegen Alters vorzeitig in Anspruch zu nehmen (§ 12a S. 3 SGB II). In diesem Zusammenhang wurde durch das Bürgergeldgesetz weiter geregelt, dass, sofern das Jobcenter Sie vor dem 1.1.2023 nach § 5 Abs. 3 S. 1 SGB II aufgefordert hat, eine Rente wegen Alters vorzeitig in Anspruch zu nehmen, und Sie dieser Aufforderung nicht nachgekommen sind, das Jobcenter nach dem 31.12.2022 nicht mehr berechtigt ist, selbst einen entsprechenden Antrag bei dem zuständigen Rentenversicherungsträger zu stellen. Ein entsprechender Antrag durch das Jobcenter ist unzulässig (§ 65 Abs. 2 SGB II) Näheres zur Zwangsverrentung von Bürgergeld-Beziehenden finden Sie unter **Ältere Menschen** (→ 4 Rn. 13 ff.).

21 Durch das 8. SGB IV-Änderungsgesetz wurde mit Wirkung **zum 1.1.2023** geregelt, dass die bisher geltende **Hinzuverdienstgrenze** für **vorgezogene Altersrenten** (2022: 46.060 EUR) gänzlich **aufgehoben** wird, so dass seit 1.1.2023 unabhängig von der Höhe des Hinzuverdienstes die vorgezogene Altersrente in voller Höhe bezogen wird, da keine Anrechnung des Einkommens mehr auf die Rente vorgenommen wird. Diese Regelung ist für alle Rentner*innen von vorgezogenen Altersrenten unabhängig vom Zeitpunkt des Rentenbeginns gültig. Weiter gilt dies in den alten und neuen Bundesländern gleichermaßen (www.deutsche-rentenversicherung.de/DRV/DE/Rente/Allgemeine-Informationen/Wissenswertes-zur-Rente/FAQs/Rente/Hinzuverdienst_und_Einkommensanrechnung/aenderungen_hinzuverdienst_liste.html, letzter Zugriff: 9.1.2023).

1.5 Übergang Bürgergeld in die Rente

22 Zur Bedarfsdeckungslücke beim Übergang zur Rente sehen Sie unter **Ältere Menschen** (→ 4 Rn. 9 ff.).

2. Arbeitslose ohne Anspruch auf Arbeitslosengeld

23 Arbeitslose ohne Anspruch auf Arbeitslosengeld, die zudem **keinen Bürgergeld-Anspruch** haben, weil sie aufgrund von eigenem Einkommen, Partner*inneneinkommen oder Vermögen oberhalb der Freibeträge nicht bedürftig sind, sollten sich bei der Bundesagentur für Arbeit **arbeitslos melden**. Auch wenn Sie kein Arbeitslosengeld/ Bürgergeld mehr beziehen, zählen Zeiten der gemeldeten Arbeitslosigkeit (gem. § 16 SGB III) als Anrechnungszeiten für Ihre Rente (§ 58 Abs. 1 S. 1 Nr. 3, § 58 Abs. 2 SGB VI).

3. HzL/GSi der Sozialhilfe

24 Nichterwerbsfähige HzL- und Gsi-Beziehende sind nach wie vor **nicht** pflichtversichert.

Aber: *„Um die Voraussetzungen eines Anspruchs auf eine angemessene Alterssicherung zu erfüllen, können die erforderlichen Aufwendungen als Bedarf berücksichtigt werden, soweit sie nicht [...] vom Einkommen abgesetzt werden"* (§ 33 Abs. 1 SGB XII).

Diese Regelung hat das Ziel, durch Beitragszahlungen Sozialhilfebedürftigkeit im Alter zu vermeiden oder zu verringern. Die Übernahme von Renten- und privaten Altersvorsorgebeiträgen durch das Amt ist aber nur dann zu erwarten, wenn entsprechende Wartezeiten bzw. Versicherungsverträge kurz vor der Erfüllung stehen und der zu erwartende Ertrag künftige Aufwendungen des Sozialhilfeträgers voraussichtlich mindert.

25 Seit 2003 haben arme Rentner*innen Anspruch auf **Grundsicherung** (→ 51) im Alter in Höhe der Sozialhilfe und evtl. Anspruch auf Grundrente (→ Rn. 53).

4. Erwerbsminderungsrente (EM-Rente § 43 SGB VI)

26 Sind Sie gesundheitlich eingeschränkt und liegt ihr „Restleistungsvermögen" unter sechs Stunden Arbeitsleistung unter den Bedingungen des Arbeitsmarktes (Erwerbsminderung, → 46), haben Sie ggf. einen Anspruch auf EM-Rente. Bei einem Restleistungsvermögen von unter drei Stunden am Tag ist dies die volle EM-Rente (volle Rentenhöhe, § 43 Abs. 2 SGB VI) und bei einem Restleistungsvermögen von drei bis unter sechs Stunden ist dies die teilweise EM-Rente (halbe Rentenhöhe, § 43 Abs. 1 SGB VI). Bei einem Restleistungsvermögen von sechs und mehr Stunden gibt es einige Ausnahmetatbestände für eine teilweise Erwerbsminderung bei Berufsunfähigkeit für vor dem 2.1.1961 geborene Versicherte (§ 240 SGB VI).

27 Voraussetzung für EM-Rente, ist dass
- Sie die **allgemeine Wartezeit** (§ 50 SGB VI) von **fünf Beitragsjahren** erfüllen **und**
- Sie in den letzten fünf Jahren vor dem Eintritt der Erwerbsminderung **drei Jahre** mit **Pflichtbeitragszeiten** der Rentenversicherung belegt haben. Falls innerhalb der letzten fünf Jahre nicht drei Jahre mit Pflichtbeiträgen belegt sind, kann sich der Fünfjahreszeitraum um bestimmte Zeiten verlängern (vgl. hierzu § 43 Abs. 4 SGB VI, §§ 57, 58 SGB VI), zB um Anrechnungszeiten durch Bürgergeld-Bezug oder Kindererziehungszeiten.

28 Der **Mindestversicherungszeitraum** (allgemeine Wartezeit) von fünf Jahren kann unter den Voraussetzungen des § 53 SGB VI auch **verkürzt** werden. So ist gemäß § 53 Abs. 1 und 3 SGB VI die allgemeine Wartezeit vorzeitig erfüllt, wenn die **teilweise Erwerbsminderung** auf einen **Arbeitsunfall** oder eine **Berufskrankheit**, auf eine **Wehrdienst- oder Zivildienstbeschädigung** oder auf den **Gewahrsam** im Sinne des **Häftlingshilfegesetzes** zurückzuführen ist. Bei Vorliegen eines Arbeitsunfalles oder einer Berufskrankheit ist weitere Voraussetzung, dass Sie bei Eintritt des Arbeitsunfalls oder der Berufskrankheit versicherungspflichtig waren oder in den letzten zwei Jahren davor mindestens ein Jahr Pflichtbeiträge für eine versicherte Beschäftigung oder Tätigkeit hatten

(näher hierzu § 53 Abs. 1, 3 SGB VI). Die allgemeine Wartezeit ist gemäß § 53 Abs. 2, 3 SGB VI auch dann vorzeitig erfüllt, wenn bei Ihnen eine **volle Erwerbsminderung** innerhalb von **sechs Jahren nach** Beendigung einer **Ausbildung** eingetreten ist. Voraussetzung hierfür ist, dass Sie in den letzten zwei Jahren vorher mindestens ein Jahr Pflichtbeiträge für eine versicherte Beschäftigung oder Tätigkeit hatten. Der Zeitraum von zwei Jahren vor Eintritt der vollen Erwerbsminderung verlängert sich um Zeiten einer schulischen Ausbildung nach Vollendung des 17. Lebensjahres bis zu sieben Jahren (näher hierzu § 53 Abs. 2, 3 SGB VI).

29 Das BSG hat entschieden, dass Bestandsrentner*innen keinen Anspruch darauf haben, dass ihre Rente wegen voller Erwerbsminderung ab dem 1.1.2019 unter Berücksichtigung der ab diesem Zeitpunkt für neue Rentner*innen maßgeblichen längeren Zurechnungszeit neu festgesetzt wird (BSG 10.11.2022 – B 5 R 29/21; B 5 R 31/21 R).

30 Durch das 8. SGB IV-Änderungsgesetz wurden mit Wirkung **zum 1.1.2023** die **Hinzuverdienstgrenzen** bei Erwerbsminderungsrenten deutlich angehoben. Erwerbsminderungsrenten können seit 1.1.2023 unter Beachtung dynamischer Hinzuverdienstgrenzen bezogen werden. Beim Bezug einer Rente wegen **teilweiser** Erwerbsminderung ergibt sich 2023 eine Hinzuverdienstgrenze von rund **35.650 EUR** (2022: mindestens 15.989 EUR), bei Renten wegen **voller** Erwerbsminderung von rund **17.820 EUR** (2022: 6.300 EUR). Hierbei ist zu beachten, dass für Erwerbsminderungsrenten weiterhin gilt, dass eine Beschäftigung oder selbstständige Tätigkeit nur im Rahmen des festgestellten Leistungsvermögens (von drei bis sechs Stunden am Tag (teilweise EM) bzw. unter drei Stunden am Tag (volle EM)) ausgeübt werden darf, welches Grundlage für die Erwerbsminderungsrente ist. Andernfalls kann der Anspruch auf die Rente trotz Einhaltung der Hinzuverdienstgrenzen entfallen, da dann keine teilweise Erwerbsminderung gemäß § 43 Abs. 1 S. 2 SGB VI bzw. keine volle Erwerbsminderung gemäß § 43 Abs. 2 S. 2 SGB VI vorliegt und somit diese Anspruchsvoraussetzung fehlt. Diese Regelung ist für alle Rentner*innen von Erwerbsminderungsrenten unabhängig vom Zeitpunkt des Rentenbeginns gültig. Weiter gilt dies in den alten und neuen Bundesländern gleichermaßen (vgl. www.deutsche-rentenversicherung.de/D RV/DE/Rente/Allgemeine-Informationen/Wis senswertes-zur-Rente/FAQs/Rente/Hinzuver dienst_und_Einkommensanrechnung/aender ungen_hinzuverdienst_liste.html, letzter Zugriff: 9.1.2023).

31 Einen **Antrag** auf EM-Rente müssen Sie ggf. auch stellen, weil Sie vom Jobcenter, dem Sozialamt oder der Bundesagentur usw dazu aufgefordert werden. Hier dient die Entscheidung der Rentenversicherung über Ihre Arbeits- und Leistungsfähigkeit zur Feststellung, welcher Träger für die Erbringung einer Sozialleistung zuständig ist (§ 44a Abs. 2 SGB II). EM-Rente ist eine vorrangige Leistung gegenüber dem Bürgergeld sowie der Sozialhilfe und entlastet deren Träger.

32 Besteht zwischen mehreren Leistungsträgern (Jobcenter, Sozialhilfeträger, Rentenversicherungsträger und Krankenkasse) Streit über Ihre Erwerbsfähigkeit, ist das Jobcenter bis zur rechtskräftigen Entscheidung über Ihre Erwerbsfähigkeit/Erwerbsunfähigkeit bzw. bis zu dem Zeitpunkt, in dem der eigentlich zuständige Sozialleistungsträger Ihnen Leistungen gewährt, gemäß § 44a Abs. 1 S. 7 SGB II verpflichtet, Ihnen Bürgergeld Leistungen zu gewähren (BSG 7.11.2006 – B 7b AS 10/06 R, Rn. 19 f.; 2.4.2014 – B 4 AS 26/13 R; LSG Baden-Württemberg 27.6.2017 – L 9 AS 1742/14).

33 Hieraus ergibt sich, dass auch während eines länger dauernden Rentenverfahrens wegen einer Erwerbsminderungsrente, zB nach Auslaufen oder zur Aufstockung des Krankengeldes oder eventuell auch des Anspruches auf Arbeitslosengeld I, Bürgergeld vom Jobcenter zu zahlen ist. Zwar setzt auch Bürgergeld voraus, dass die berechtigte Person erwerbsfähig und daher ein Leistungsvermögen von mindestens drei Stunden am Tag hat, was eine volle Erwerbsminderung an sich gerade ausschließt. Das Jobcenter hat aber eigenständig zu prüfen, ob eine Erwerbsfähigkeit besteht (§ 44a SGB II). Eine Weiterzahlung von Bürgergeld ist erst dann ausgeschlossen, wenn von dem Rentenversi-

cherungsträger unanfechtbar volle Erwerbsminderung festgestellt wurde (§ 44a Abs. 1 S. 7 SGB II; Wertung des § 44a Abs. 2 SGB II).

34 Selbst wenn das Sozialgericht in der ersten Instanz eine volle Erwerbsminderungsrente zugesprochen hat, der Rentenversicherungsträger jedoch gegen diese Entscheidung Berufung eingelegt hat, muss das Jobcenter Bürgergeld bis zu einer abschließenden Entscheidung im Rentenverfahren weiterzahlen (LSG Berlin-Brandenburg 22.2.2008 – L 20 B 947/08). Dies gilt, wie bereits erwähnt, auch dann, wenn sich die beteiligten Sozialleistungsträger (Jobcenter, Sozialhilfeträger, Rentenversicherungsträger und Krankenkasse) um ihre Zuständigkeit und das Vorliegen einer vollen Erwerbsminderung streiten. Das Jobcenter muss hier eine gutachterliche Stellungnahme des Rentenversicherungsträgers über die Erwerbsfähigkeit einholen (§ 44a Abs. 1 S. 4 ff. SGB VI iVm § 109a Abs. 3 SGB VI).

35 Der Antrag auf Bürgergeld bringt keine Nachteile im Rentenverfahren. Denn der Rentenversicherungsträger ist an die Feststellung der Erwerbsfähigkeit bzw. Erwerbsminderung durch das Jobcenter nicht gebunden. Auch vor den Sozialgerichten ist mit keinen Nachteilen zu rechnen. Denn diese sehen in der Gewährung von Bürgergeld regelmäßig kein Indiz für eine Erwerbsfähigkeit, da das Bürgergeld lediglich den Lebensunterhalt während der Dauer des Rentenverfahrens sicherstellen soll (BSG 7.11.2006 – B 7b AS 10/06 R, Rn. 19 f. und 2.4.2014 – B 4 AS 26/13 R; LSG Baden-Württemberg 27.6.2017 – L 9 AS 1742/14).

36 **Tipp 1:** Während der Dauer eines laufenden Rentenverfahrens sollte daher grundsätzlich immer ein Antrag auf Bürgergeld gestellt werden und nicht ein Antrag auf Grundsicherung bei Erwerbsminderung nach §§ 41 ff. SGB XII. Denn die Prüfung der Bedürftigkeit ist hier strenger als beim Bürgergeld. Insbesondere wird das Vermögen im Rahmen der Grundsicherung nach dem SGB XII viel strenger herangezogen. Ein weiterer Vorteil ist, dass der Bezug von Bürgergeld in der gesetzlichen Rentenversicherung als Anrechnungszeit anerkannt wird.

37 **Tipp 2:** Wenn Sie jedes Jahr eine Renteninformation von der Deutschen Rentenversicherung erhalten, ist das ein Beleg dafür, dass Sie die allgemeine Wartezeit von fünf Jahren erfüllt haben. Sie haben die weiteren versicherungsrechtlichen Voraussetzungen der Erwerbsminderungsrente erfüllt, wenn die Renteninformation für die Rente wegen Erwerbsminderung einen Betrag angibt. Zeigt die jährliche Renteninformation bei Ihnen keine Rente wegen Erwerbsminderung an, sollten Sie die Ursache hierfür bei der Deutschen Rentenversicherung abklären und sich beraten lassen, wie Sie den Versicherungsschutz der Erwerbsminderungsrente wieder erreichen können.

38 Lediglich 49,73 Prozent der Anträge auf EM-Rente wurden 2021 bewilligt. Die durchschnittliche Rentenhöhe aller neu bewilligten EM-Renten betrug im gleichen Jahr mtl. 917 EUR. Bei voller Erwerbsminderung beträgt der Durchschnitt mtl. 972 EUR und liegt damit unter dem pfändungsfreien Existenzminimum des § 850c ZPO, welches für einen Alleinstehenden im Jahr 2021 1.178,59 EUR betrug und seit 1.7.2021 1.252,64 EUR mtl. beträgt. 47,10 Prozent der EM-Renten wurde befristet für ein bis drei Jahre bewilligt (Deutsche Rentenversicherung, Erwerbsminderungsrenten im Zeitablauf, Stand: 2022; https://www.deutsche-rentenversicherung.de/DRV/DE/Experten/Zahlen-und-Fakten/Statistiken-und-Berichte/statiken-und-berichte_node.html, letzter Zugriff: 9.1.2023).

5. Rehabilitation bzw. Leistungen zur Teilhabe (§§ 9–32 SGB VI)

39 Die Aufgabe der gesetzlichen Rentenversicherung besteht nicht nur darin, Renten an die Versicherten zu leisten. Ihre Aufgabe ist auch die Erhaltung, Besserung und Wiederherstellung der Erwerbsfähigkeit der Versicherten (Rehabilitationsleistungen bzw. Leistungen zur Teilhabe, § 9 SGB VI). Diese Leistungen haben Vorrang vor Rentenleistungen (§ 9 Abs. 1 S. 3 SGB VI; „Reha vor Rente"). Grundsätzlich werden Leistungen zur Teilhabe nur auf Antrag erbracht (§ 19 S. 1 SGB IV, § 115 Abs. 1 SGB VI). Der Antrag auf Leistungen zur medizinischen Rehabilitation oder zur Teilhabe am Arbeitsleben gilt unter

91 Rentenversicherung

bestimmten Voraussetzungen auch als Antrag auf Rente wegen Erwerbsminderung (§ 116 Abs. 2 SGB VI). Die persönlichen Voraussetzungen sind in § 10 SGB VI und die versicherungsrechtlichen in § 11 SGB VI geregelt.

40 **Achtung:** Wenn Sie von der Krankenkasse Krankengeld beziehen und bei Ihnen aufgrund eines ärztlichen Gutachtens die Erwerbsfähigkeit erheblich gefährdet oder gemindert ist, kann die Krankenkasse Ihnen eine Frist von zehn Wochen setzen, innerhalb derer Sie einen Antrag auf Leistungen zur medizinischen Rehabilitation und zur Teilhabe am Arbeitsleben stellen müssen. Stellen Sie diesen Antrag innerhalb der Frist nicht, entfällt der Anspruch auf Krankengeld mit Ablauf der Frist (§ 51 Abs. 1, 3 SGB V).

5.1 Medizinische Rehabilitation (Reha) (§§ 15, 15a SGB VI, §§ 42 ff. SGB IX)

41 Die Reha nach § 9 SGB VI soll Ihnen helfen, wenn chronische Erkrankungen von mehr als sechsmonatiger Dauer Ihre Teilhabe am gesellschaftlichen Leben einschränken. Außerdem sollen drohende Einschränkungen der Erwerbsfähigkeit und Pflegebedürftigkeit vermieden, überwunden oder gemindert werden. Letztlich soll mit der Reha auch der Bezug von Sozialleistungen vermieden oder reduziert werden (§ 42 Abs. 1 Nr. 2 SGB IX).

42 **Anspruch auf Reha** haben Sie u.a., wenn Sie eine **Wartezeit von 15 Versicherungsjahren** erfüllt haben, oder eine EM-Rente beziehen **oder**

- in den letzten **zwei Jahren vor Antragstellung sechs Monate Pflichtbeiträge** im Rahmen einer sozialversicherungspflichtigen **Beschäftigung** gezahlt wurden,
- wenn innerhalb von **zwei Jahren nach** einer **Ausbildung** bis zur Antragstellung eine sozialversicherungspflichtige **Beschäftigung** oder Selbstständigkeit **ausgeübt** wurde oder wenn man nach dieser Beschäftigung arbeitsunfähig oder arbeitslos war oder
- wenn eine Wartezeit von **fünf Jahren** erfüllt wurde und eine **Erwerbsminderung** (nicht unbedingt eine EM-Rente) vorliegt oder dieser Zustand einzutreten droht (§ 11 SGB VI).

43 Die Zweijahresfrist, innerhalb derer Pflichtbeiträge für mindestens sechs Monaten gezahlt sein müssen, verlängert sich durch die Anrechnungszeit beim Bezug von Bürgergeld (§ 11 Abs. 2 S. 3 SGB VI). Haben Sie also bereits Anspruch auf eine Reha erworben, bleibt dieser erhalten, wenn Sie nahtlos ins Bürgergeld fallen.

44 Als **Formen medizinischer Reha** (§§ 15, 15a SGB VI, §§ 42 ff. SGB IX) kommen in Betracht:

- Reha stationär in einer Klinik (→ 72) oder ambulant in Wohnortnähe,
- Anschlussrehabilitation (AHB) nach einer Krankenhaus-Akutbehandlung,
- Leistungen wegen psychischer Erkrankungen oder
- Entwöhnungsbehandlung bei Suchterkrankungen.

45 **Tipp:** Erfüllen Sie nicht die rentenversicherungsrechtlichen Voraussetzungen für eine medizinische Reha, soll die Leistung von der gesetzlichen Krankenversicherung erbracht werden, wenn die Maßnahme medizinisch notwendig ist. Stellen Sie einen entsprechenden Antrag bei der Krankenkasse.

5.2 Berufliche Rehabilitation (Reha) (§ 16 SGB VI, §§ 49 ff. SGB IX)

46 Leistungen zur Teilhabe am Arbeitsleben (berufliche Reha) können aus medizinischen Gründen durch den Rentenversicherungsträger erbracht werden. Diese umfassen alle Hilfen, die erforderlich sind, um Ihre Erwerbsfähigkeit zu bessern oder wiederherzustellen und eine berufliche Wiedereingliederung auf Dauer zu ermöglichen. Der Erhalt eines bestehenden Arbeitsplatzes hat dabei Vorrang.

47 Als **Leistungen** kommen u.a. in Betracht (§ 49 SGB IX):

- Hilfen zur Erhaltung oder Erlangung eines Arbeitsplatzes inkl. Kraftfahrzeughilfen, um trotz Einschränkungen den Arbeitsplatz erreichen zu können,
- Berufsvorbereitung einschließlich der wegen Behinderung notwendigen Grundausbildung,
- berufliche Anpassung, Ausbildung und Weiterbildung, wie zB Umschulungen,

- Gründungszuschuss bei Aufnahme einer selbstständigen Tätigkeit,
- Eingliederungszuschüsse an Arbeitgeber usw.

48 Die **persönlichen Voraussetzungen** für eine berufliche Reha bestehen, wenn
- bei erheblich gefährdeter Erwerbsfähigkeit eine drohende Erwerbsminderung abgewendet werden kann,
- die bereits geminderte Erwerbsfähigkeit wesentlich gebessert, wiederhergestellt oder eine wesentliche Verschlechterung abgewendet werden kann oder
- bei teilweise geminderter Erwerbsfähigkeit ohne Aussicht auf wesentliche Besserung der Arbeitsplatz erhalten werden kann (§§ 10–16 SGB VI, § 49 SGB IX).

49 Als **versicherungsrechtliche** Voraussetzung gilt, dass ohne berufliche Reha eine EM-Rente gezahlt wird (§ 11 Abs. 1 Nr. 2 SGB VI) oder ohne Leistungen zur Teilhabe am Arbeitsleben eine EM-Rente gezahlt werden müsste (§ 11 Abs. 2a Nr. 1 SGB VI) **oder** eine Wartezeit von mind. 15 Versicherungsjahren erfüllt wurde (§ 11 Abs. 1 Nr. 1 SGB VI). Außerdem kann eine berufliche Reha auch bewilligt werden, wenn sie für den erfolgreichen Abschluss der medizinischen Reha notwendig ist. Aus einer medizinischen Rehabilitation heraus kann demnach eine berufliche Reha angeregt werden, wenn die versicherungsrechtliche Wartezeit noch nicht erfüllt worden ist (§ 11 Abs. 2a Nr. 2 SGB VI). Hierfür ist Voraussetzung, dass die berufliche Reha für eine voraussichtlich erfolgreiche medizinische Reha des Rentenversicherungsträgers unmittelbar im Anschluss an diese erforderlich ist (§ 11 Abs. 2a Nr. 2 SGB VI). Die Rentenversicherungsträger sehen den unmittelbaren Anschluss und die Zuständigkeit der gesetzlichen Rentenversicherung als gegeben, wenn der Antrag auf berufliche Reha (Leistungen zur Teilhabe am Arbeitsleben) innerhalb von sechs Monaten nach Abschluss einer medizinischen Leistung gestellt wird (LPK-SGB VI/Steigner SGB VI § 11 Rn. 10). So kann die Wartezeit für berufliche Reha auf sechs Monate Pflichtbeitragszeiten in den letzten zwei Jahren reduziert werden. Das gilt aber nur, wenn die berufliche Reha ebenfalls in Trägerschaft der Rentenversicherung erfolgt.

6. Erziehungsrente (§ 47 SGB VI)

50 Alleinerziehende (→ 3) haben es finanziell oft nicht leicht. Stirbt der*die Ehepartner*in plötzlich, und die monatlichen Unterhaltszahlungen fallen deshalb aus, können Geschiedene mit Kindern dadurch erst recht in eine schwierige Situation geraten. Hier kann die Erziehungsrente gemäß § 47 SGB VI helfen. Die Erziehungsrente gehört zu den Renten wegen Todes. Sie soll den Unterhalt des*der verstorbenen Partners*Partnerin ersetzen und so die Erziehung des Kindes ermöglichen. Anders als etwa die Witwenrente wird die Erziehungsrente aus der Versicherung des*r Überlebenden gezahlt.

Gemäß § 47 Abs. 1 SGB VI haben daher Versicherte bis zum Erreichen der Regelaltersgrenze Anspruch auf Erziehungsrente, wenn
- ihre Ehe nach dem 30.6.1977 geschieden wurde und der*die geschiedene Ehegatte*Ehegattin gestorben ist, und
- sie ein eigenes Kind oder ein Kind des*r geschiedenen Ehegatten*Ehegattin, welches das 18. Lebensjahr noch nicht vollendet hat, erziehen und
- der*die überlebende Ehegatte*Ehegattin nicht wieder geheiratet hat und
- der*die überlebende Ehegatte*Ehegattin beim Tod des*r geschiedenen Ehegatten*Ehegattin die allgemeine Wartezeit (§ 50 Abs. 1 SGB VI) erfüllt hat.

51 Bei Scheidungen vor dem 1.7.1977 sind die Vorschriften der §§ 243, 243a SGB VI zu beachten. Ehen, die für nichtig erklärt oder aufgehoben wurden, stehen geschiedenen Ehen gleich (§ 47 Abs. 2 SGB VI). Die Voraussetzungen für einen Anspruch auf Erziehungsrente bei einem durchgeführten Rentensplitting regelt § 47 Abs. 3 SGB VI. Die Erziehungsrente gilt auch für Lebenspartnerschaften im Sinne des Lebenspartnerschaftsgesetzes (LPartG) (§ 47 Abs. 4 SGB VI).

52 Die Erziehungsrente muss beim zuständigen Rentenversicherungsträger **beantragt** werden. Bezogen werden kann sie bis zum 18. Geburtstag des Kindes. Eigenes Einkommen oberhalb eines bestimmten Freibetrags

wird zu 40 Prozent auf die Höhe der Rente angerechnet (§ 97 SGB VI).

7. Grundrente (seit 1.7.2021)

53 Im Folgenden wird ein Überblick über die Voraussetzungen und Folgen der Grundrente vermittelt (zu weiteren Informationen und Berechnungsbeispielen vgl. Deutsche Rentenversicherung, Info-Broschüre Grundrente: Zuschlag zur Rente, 6/2021, www.deutsche-rentenversicherung.de/SharedDocs/Downloads/DE/Broschueren/national/grundrente_zuschlag_zur_rente.html, letzter Zugriff: 30.1.2023)

54 Zum 1.1.2021 sind die Regelungen zur Grundrente in Kraft getreten. Ziel des Grundrentengesetzes war es, jahrzehntelange Arbeit zu unterdurchschnittlichen Löhnen, Zeiten der Kindererziehung und Pflege angemessen in der gesetzlichen Rentenversicherung zu würdigen und bei der Bestimmung der Höhe der Rente angemessen zu berücksichtigen, indem ein **Zuschlag an Entgeltpunkten** für langjährig Versicherte gemäß § 76g SGB VI gewährt wird, was zur Erhöhung der Rente führt.

55 Die Grundrente ist keine eigenständige Rente, sondern wird als Zuschlag bei allen Renten (Altersrenten, Erwerbsminderungsrenten, Erziehungsrenten und Hinterbliebenenrenten) berücksichtigt. Hierbei ist zu berücksichtigen, dass insoweit **kein Antrag** erforderlich ist, da der Rentenversicherungsträger die Grundrente automatisch prüft und auszahlt.

56 **Voraussetzung** für die Gewährung einer Grundrente ist, dass mindestens 33 Jahre Grundrentenzeiten vorliegen (§ 76g Abs. 1 SGB VI). Gemäß § 76g Abs. 2 SGB VI gehören zu den **Grundrentenzeiten** u.a. Pflichtbeitragszeiten von Beschäftigten und selbstständig Erwerbstätigen, Zeiten der Kindererziehung (für ab dem 1.1.1992 geborene Kinder bis zu 36 Monate, für vor 1992 geborene Kinder bis zu 30 Monate) und Zeiten der Pflege. Weiter sind insoweit relevant: Berücksichtigungszeiten wegen Kindererziehung bis zum 10. Lebensjahr des Kindes und Berücksichtigungszeiten wegen Pflege, die es vom 1.1.1992 bis zum 31.3.1995 gab, sowie Zeiten, in denen während Krankheit oder Rehabilitation eine Leistung bezogen wurde. Nicht berücksichtigt werden jedoch Zeiten, für die freiwillig Beiträge gezahlt wurden, Zeiten der Arbeitslosigkeit und die Zurechnungszeit.

57 Die **Höhe** des Zuschlages der Grundrente ist abhängig von der Dauer der Grundrentenzeiten gestaffelt. Bei 35 Jahren Grundrentenzeiten wird die volle Höhe erreicht (§ 76g Abs. 4 S. 5 SGB VI). Wie bereits ausgeführt, ist für die Höhe des Grundrentenzuschlages bzw. dessen Berechnung von den Entgeltpunkten auszugehen, die sich auf dem Rentenkonto befinden.

58 Der versicherten Person wird ein Entgeltpunkt auf das Rentenkonto gutgeschrieben, wenn deren versicherungspflichtiger Verdienst genauso hoch war wie der für das jeweilige Jahr festgelegte Durchschnittsverdienst (2022: 38.901 EUR). Wenn in dem entsprechenden Jahr mehr oder weniger von der versicherten Person verdient wurde, wird entsprechend mehr oder weniger als ein Entgeltpunkt angesetzt.

59 Um eine Grundrente erhalten zu können, ist notwendig, dass das während des gesamten Berufslebens im Durchschnitt erreichte Einkommen eine bestimmte Obergrenze (80 Prozent des monatlichen Durchschnittsverdienstes) nicht überschreitet. Wenn in dem maßgeblichen Zeitraum die vorgeschriebene Untergrenze von 30 Prozent des monatlichen Durchschnittsverdienstes zeitweise unterschritten wird, bleiben diese Zeiträume für die Berechnung des Durchschnittswertes zur Ermittlung des Grundrentenzuschlages außer Betracht (§ 76g Abs. 3 SGB VI).

60 Bei Vorliegen der Voraussetzungen der Grundrente wird der Zuschlag dergestalt ermittelt, dass der Durchschnittswert aus den zu berücksichtigenden Grundrentenzeiten verdoppelt wird. Der so ermittelte Durchschnittswert ist allerdings nur dann der weiteren Ermittlung des Grundrentenzuschlags an Entgeltpunkten zugrunde zu legen, sofern das Doppelte dieses Durchschnittswertes einen bestimmten Entgeltpunktehöchstwert nicht überschreitet. Dieser Höchstwert wird auf maximal 80 Prozent des Durchschnittsverdienstes festgesetzt. Wird der maßgebliche

Entgeltpunktehöchstwert überschritten, ist nur die Differenz zwischen Höchstwert und Durchschnittswert bei der Ermittlung zu berücksichtigen. Der so errechnete Wert wird sodann um 12,5 Prozent gekürzt und anschließend mit der Anzahl der Kalendermonate mit Grundrentenbewertungszeiten multipliziert – max. jedoch mit 420 Kalendermonaten (35 Jahre x 12 Monate; § 76g Abs. 4 SGB VI). Für Berechnungsbeispiele siehe Deutsche Rentenversicherung, Info-Broschüre Grundrente: Zuschlag zur Rente, 6/2021, www.deutsche-rentenversicherung.de/SharedDocs/Downloads/DE/Broschueren/national/grundrente_zuschlag_zur_rente.html, letzter Zugriff: 30.1.2023.

61 Auf die Grundrente wird **Einkommen angerechnet** (§ 97a Abs. 1 SGB VI), wobei auch Freibeträge gewährt werden (§ 97a Abs. 4 SGB VI). Es handelt sich hierbei um **dynamische Freibeträge**, da diese anhand des aktuellen Rentenwertes des jeweiligen Jahres ermittelt und die jeweiligen Rentenwerte typischerweise jährlich erhöht werden. Das hat zur Folge, dass die Grundrente in voller Höhe nur diejenigen Rentner*innen erhalten, welche im Jahr 2021 als Alleinstehende ein Monatseinkommen von bis zu 1.250 EUR (aktueller Rentenwert seit 1.7.2021: 34,19 EUR x 36,56, § 97a Abs. 4 S. 1, 2 SGB VI) oder als Ehepaar von bis zu 1.950 EUR (aktueller Rentenwert seit 1.7.2021: 34,19 EUR x 57,03, § 97a Abs. 4 S. 1, 4 SGB VI) zur Verfügung hatten. Ist das entsprechende Einkommen höher, wird es zu 60 Prozent auf die Grundrente angerechnet (§ 97a Abs. 4 S. 2 SGB VI). Gemäß § 97a Abs. 4 S. 3 SGB VI wurde im Jahr 2021 ab einem Monatseinkommen von 1.600 EUR bzw. 2.300 EUR bei Ehepaaren das Einkommen zu 100 Prozent angerechnet. Seit dem 1.7.2022 beträgt der aktuelle Rentenwert West 36,02 EUR, so dass sich der Betrag bei Alleinstehenden von 1.250 EUR auf 1.317 EUR (36,02 EUR x 36,56 ergibt gerundet auf volle EUR: 1.317 EUR) und bei Ehepaaren von 1.950 EUR auf 2.054 EUR (36,02 EUR x 57,03 ergibt gerundet auf volle EUR: 2.054 EUR) erhöht hat. Als anzurechnendes Einkommen ist grundsätzlich maßgebend das Einkommen des vorvergangenen Kalenderjahres, im Falle des Jahres 2021 somit das Einkommen des Jahres 2019 (§ 97a Abs. 2 S. 2 SGB VI).

62 Für die Frage einer Meldepflicht von Einkommen an den Rentenversicherungsträger ist wie folgt zu unterscheiden: Mit Ausnahme der Kapitalerträge oberhalb der Sparerfreibeträge und für Einkünfte von im Ausland lebenden Rentner*innen, welche dem Rentenversicherungsträger gemeldet werden müssen, besteht hinsichtlich des sonstigen auf die Grundrente anzurechnenden Einkommens grundsätzlich keine Meldepflicht der Rentner*innen, da die entsprechenden Informationen zu diesen Einkommen zwischen den Finanzbehörden und dem Rentenversicherungsträger automatisch ausgetauscht werden (einerseits § 97a Abs. 2 S. 1 Nr. 1, 2 iVm S. 2 SGB VI und andererseits § 97a Abs. 2 S. 1 Nr. 3 SGB VI).

63 Die Grundrente wird auf **Bürgergeld** nach dem SGB II, **Hilfe zum Lebensunterhalt** bzw. **Grundsicherung** nach dem SGB XII und **Wohngeld** nach dem WoGG als vorrangige Leistung angerechnet, wobei **Freibeträge** bei Bezug von Bürgergeld gemäß § 11b Abs. 2a SGB iVm §§ 82a SGB XII, 69 SGB II, bei Bezug von Hilfe zum Lebensunterhalt bzw. Grundsicherung gemäß §§ 82a, 143 SGB XII und bei Bezug von Wohngeld gemäß § 17a WoGG gewährt werden. Gemäß § 11b Abs. 2a SGB iVm §§ 82a SGB XII, 69 SGB II bzw. §§ 82a, 143 SGB XII gilt hiernach: Wurden mindestens 33 Jahre an Grundrentenzeiten erreicht, wird ein Betrag in Höhe von 100 EUR der monatlichen Bruttorente zzgl. 30 Prozent der darüber liegenden Rente nicht angerechnet. Dieser Freibetrag wird jedoch auf 50 Prozent des jeweiligen Regelbedarfs zur Grundsicherung begrenzt. Der Freibetrag liegt somit im Jahr 2023 bei maximal 251 EUR (502 EUR : 2).

64 **Beispiel:** Ausgehend von mindestens 33 Jahren Grundrentenzeiten und einer monatlichen Bruttorente von 650 EUR ergibt sich der anrechenbare Grundrentenbetrag wie folgt:

Anrechnungsfrei sind 100 EUR. Von den verbleibenden 550 EUR werden 30 Prozent angerechnet. 30 Prozent von 500 EUR betragen 165 EUR. Es ergibt sich ein nicht anzurechnendes Einkommen von 265 EUR. Mit die-

91 Rentenversicherung

sem Betrag werden 50 Prozent des Regelbedarfs zur Grundsicherung überschritten. Der Freibetrag für die Grundsicherung ist daher im Jahr 2023 auf 251 EUR begrenzt. Das bedeutet von der angesetzten Rente in Höhe von 650 EUR werden nur 399 EUR (650 EUR − 251 EUR) auf die Grundsicherung angerechnet.

8. Sonderregelungen wegen der Coronapandemie

65 Da die Coronapandemie sowohl im Jahr 2021 und auch noch im Jahr 2022 anhielt, galten in beiden Jahren deutlich höhere **Hinzuverdienstgrenzen** für **vorgezogene Altersrenten** als in den Vorjahren. Im Jahr 2021 und im Jahr 2022 betrug sie 46.060 EUR (§ 34 Abs. 2 ff. SGB VI [aF] iVm § 302 Abs. 8 SGB VI) gegenüber 44.590 EUR in 2020. Jahreseinkünfte bis zu dieser Höhe kürzten somit nicht eine vorgezogene Altersrente.

66 Für 2020 war die ursprüngliche Hinzuverdienstgrenze von 6.300 EUR im März auf 44.590 EUR erhöht worden – dies als Reaktion auf den durch die Coronapandemie gestiegenen Bedarf an medizinischem Personal und die durch Erkrankungen oder Quarantäneanordnungen ausgelösten Personalengpässe in anderen Wirtschaftsbereichen. Mit der Regelung sollte die Weiterarbeit oder Wiederaufnahme einer Beschäftigung nach Renteneintritt erleichtert werden.

Die höhere Hinzuverdienstgrenze galt für alle, die eine Altersrente vor der Regelaltersgrenze bezogen, gleich, ob sie schon eine Altersrente bezogen oder erst im Jahr 2022 in Rente gehen wollten. Keine Änderungen gab es hingegen bei den Hinzuverdienstregelungen für Renten wegen verminderter Erwerbsfähigkeit und bei der Anrechnung von Einkommen auf Hinterbliebenenrenten.

67 Ein Anspruch auf **Waisenrente** gemäß § 48 SGB VI bestand auch dann, wenn wegen der durch das Coronavirus verursachten epidemischen Lage von nationaler Tragweite eine Schul- oder Berufsausbildung oder ein freiwilliger Dienst im Sinne des § 48 Abs. 4 S. 1 Nr. 2 lit. a, c SGB VI nicht angetreten werden konnte oder die Übergangszeit nach § 48 Abs. 4 S. 1 Nr. 2b SGB VI überschritten wurde (§ 304 Abs. 2 SGB VI).

9. Beratung/Informationen

68 Um Ihren Rentenverlauf prüfen oder sich zB bei drohender Erwerbsminderung über Rehabilitationsansprüche aufklären zu lassen, sollten Sie wegen der schwierigen Materie, die hier nicht abschließend dargestellt werden kann, möglichst eine kompetente Beratungsstelle aufsuchen. Um einschätzen zu können, wie hoch Ihre künftige Rente sein wird, können Sie einen Antrag auf „Kontenklärung" direkt beim zuständigen Rentenversicherungsträger stellen.

Trägerinfos: Deutsche Rentenversicherung, www.deutsche-rentenversicherung.de (hier finden Sie auch die Anschriften der anderen RV-Träger), kostenloses Servicetelefon: 0800–10004800 (Mo bis Do 7.30 bis 19.30, Fr 7.30 bis 15.30)

69 **Tipp 1:** Um Ihre rentenrechtliche Situation zu klären, sollten Sie sich an die Deutsche Rentenversicherung wenden und dort eine Kontenklärung mit Rentenauskunft beantragen. Die alljährliche Renteninformation ist insoweit nicht ausreichend. In diesem Zusammenhang sollte auch ein Versicherungsverlauf (= Kontoauszug) von der Deutschen Rentenversicherung angefordert werden

70 **Tipp 2:** Auf der Internetseite der Deutschen Rentenversicherung finden Sie eine Reihe gut verständlicher Broschüren zu allen Fragen der Rentenversicherung (https://www.deutsche-rentenversicherung.de/DRV/DE/Ueber-uns-und-Presse/Mediathek/Broschueren/broschueren_node.html, letzter Zugriff: 9.1.2023).

10. Kritik

71 Frühere Beziehende von Arbeitslosenhilfe waren bis 1999 noch auf der Basis von 80 Prozent ihres letzten Nettogehaltes rentenversichert, seit 2000 nur noch auf der Basis ihrer Arbeitslosenhilfe. Bei früheren erwerbsfähigen Sozialhilfebeziehenden galten bis zum Jahr 2000 Zeiten der Arbeitslosigkeit als beitragsfreie Zeiten, in denen sie Rentenansprüche in Höhe der durchschnittlichen Rentenansprüche (Entgeltpunkte) er-

warben, die sie im bisherigen Erwerbsleben erarbeitet hatten. Das wurde auf Wunsch der Arbeitgeberverbände zum 1.1.2001 abgeschafft. Rentenzahlungen sollten gebremst werden, damit die Arbeitgeberbeiträge sinken und die Gewinne steigen können.

Ab 2005 wurde die Rentenversicherung bei Alg II-Bezug auch für die früheren Sozialhilfebeziehenden wieder eingeführt, aber auf niedrigerem Niveau als noch im Jahr 2000. Für ehemalige Arbeitslosenhilfebeziehende wurden mit Hartz IV die Beitragszahlungen erneut gesenkt. Die minimale Rücknahme einer deutlichen Verschlechterung bei der Sozialhilfe wurde als großartige Verbesserung verkauft. Ein Fall von politischer Bilanzfälschung.

Doch dieser Zustand war nur von kurzer Dauer: 2007 wurden die Rentenbeiträge für Alg II-Beziehende halbiert und zum Januar 2011 ersatzlos gestrichen. Insgesamt sollte der Wegfall der Rentenversicherung beim Alg II zu Einsparungen von über 1,8 Mrd. EUR pro Jahr führen – Einnahmeausfälle, die die Rentenversicherung zu verkraften hat. Ein propagandistisches Lockmittel für die *„Hartz IV-Reform"* wurde nach sechs Jahren abgeschafft.

Durch die Bewertung von Alg II bzw. Bürgergeld-Bezugszeiten als Anrechnungszeiten bei der gesetzlichen Rentenversicherung können Beziehende von SGB II-Leistungen zumindest bereits erworbene Ansprüche auf Erwerbsminderungsrente und Rehabilitation, zB Kuren, erhalten. Neue Ansprüche können idR während des Leistungsbezugs allerdings nicht mehr erworben werden. Es bleibt abzuwarten, wann diese letzte Verbindung zur Rentenversicherung für einen kleiner werdenden Kreis von Bürgergeld-Beziehenden ganz gekappt wird.

92 Rückforderung (von Leistungen)

1. Überzahlung und Rückforderung 1
1.1 Bescheid war von Anfang an falsch: „anfängliche Unrichtigkeit" 4
1.2 Bescheid wurde nach Erlass rechtswidrig: „nachträgliche Unrichtigkeit" 7
2. Verfahren der Rückforderung 13
2.1 Aufhebung des rechtswidrigen Bescheides 14
2.1.1 Falsche Angaben bei „anfänglicher Unrichtigkeit" 15
2.1.2 Fehlende Änderungsmitteilung bei „nachträglicher Unrichtigkeit" 17
2.1.3 Jahresfrist 18
2.1.4 Vertrauensschutz 25
2.1.5 Hinreichende Bestimmtheit des Rückforderungsbescheides 28
2.1.6 Bekanntgabe des Rückforderungsbescheides 29
2.1.7 Ausschluss der Umdeutung? 31
2.1.8 Bagatellgrenze 33
2.2 Rücknahme/Aufhebung und Erstattung 34
2.2.1 Korrekturbescheid 35
2.2.2 Aufhebung und Erstattung in Kombination möglich 36
2.3 Anhörungen 38
2.4 Widerspruch gegen den Rückforderungsbescheid 40
2.4.1 Aufschiebende Wirkung 41
2.5 Die Beschränkung der Haftung Minderjähriger 45
3. Kostenersatzanspruch bei „sozialwidrigem Verhalten" 49
3.1 Erweiterter Ersatzanspruch bei „sozialwidrigem Verhalten" 50
3.2 Voraussetzungen für die Ersatzpflicht 51
3.3 Was heißt Sozialwidrigkeit? 54
3.3.1 Was heißt Herbeiführung der Hilfebedürftigkeit? 55
3.3.2 „Sozialwidriges Verhalten", das Hilfebedürftigkeit erhöht, aufrechterhält oder nicht verringert 58
3.3.3 Prüfung von wichtigen Gründen 59
3.3.4 Was heißt Vorsatz und grobe Fahrlässigkeit? 63

92 Rückforderung (von Leistungen)

3.4 Höhe und Dauer des Ersatzanspruchs, Verfahren 65
3.4.1 Ursache bestimmt die Höhe des Anspruchs 66
3.4.2 Dauer des Ersatzanspruchs 71
3.4.3 Unterbrechung der Hilfebedürftigkeit: Wegfall der Ersatzpflicht 72
3.4.4 Keine Ersatzpflicht bei Vorliegen einer Härte 73
3.4.5 Verfahren zur Geltendmachung des Ersatzanspruchs .. 76
3.4.5.1 Ersatzanspruch kraft Gesetzes 77
3.4.5.2 Anhörungspflicht 78
3.4.5.3 Grundlagen- und Leistungsbescheid 81
3.4.5.4 Begründung des Grundlagen- und Leistungsbescheids 84
3.4.5.5 Widerspruch und Anfechtungsklage 86
3.4.5.6 Haftung der Erben für den Ersatzanspruch 87
3.4.5.7 Überprüfungsantrag bei rechtswidrigem Ersatzanspruch 88
3.5 Kostenersatzregelungen im SGB XII 90
3.5.1 Kostenersatz bei „schuldhaftem" Verhalten 91
3.5.2 Ersatzpflicht für zu Unrecht erbrachte Leistungen 95
3.5.3 Verfahrensregeln 96
4. Bürgergeld: Ersatzansprüche für rechtswidrig erbrachte Leistungen 98
4.1 Eintritt der Ersatzpflicht 99
4.2 Ersatzanspruch nach § 34a SGB II auch gegen Minderjährige? 102
4.3 Umfang des Ersatzanspruchs 103
4.4 Feststellung und Geltendmachung des Ersatzanspruchs 104
4.5 Aufschiebende Wirkung des Widerspruchs 105
4.6 Verjährung des Ersatzanspruchs .. 106
5. Bürgergeld: Erstattungsanspruch bei Doppelleistungen 108
6. Bürgergeld: Rückforderung bei vorläufiger Entscheidung und Verstoß gegen die Mitwirkungspflicht 110
7. Bürgergeld: Rückforderung bei Tod des*r Leistungsberechtigten 111
8. Forderungen 113

1. Überzahlung und Rückforderung

1 Es kommt oft vor, dass die Behörde zu viel gezahlt hat. Im Amtsdeutschen spricht man von „Überzahlung". Bei der Aufhebung von Bescheiden und Rückforderung der überzahlten Leistungen werden häufig Fehler gemacht. Etwa **ein Drittel** aller Rückforderungsbescheide ist **fehlerhaft**. Es lohnt sich also, Rückforderungsansprüche der Behörde genau zu prüfen. Bewilligungsbescheide können nur unter besonderen Voraussetzungen aufgehoben bzw. zurückgenommen werden. Die wichtigsten Vorschriften sind die Rücknahme rechtswidriger begünstigender Verwaltungsakte, die zum Zeitpunkt des Erlasses schon rechtswidrig waren (§ 45 SGB X), und die Aufhebung von Verwaltungsakten mit Dauerwirkung bei Eintritt einer wesentlichen Änderung. Also solche, die nach Erlass rechtswidrig geworden sind (§ 48 SGB X). Sie werden durch § 40 Abs. 2 Nr. 3 SGB II, § 330 Abs. 2, 3 S. 1 SGB III, § 330 Abs. 4 SGB III modifiziert (Ausschluss der Ermessensregelungen in §§ 45, 48 SGB X, Einführung einer gebundenen Entscheidung). Das Aufhebungsverfahren ist mehraktig ausgestaltet:

2 ▪ Mit dem Ursprungs-Verwaltungsakt wird eine Leistung bewilligt. Es handelt sich dabei sozusagen um das Versprechen einer Leistung durch den Leistungsträger; mit der Erbringung der Leistung erfüllt der Leistungsträger sein Versprechen.

▪ Will der Leistungsträger dies rückgängig machen, so muss er zunächst das Versprechen aufheben (zB durch Rücknahme oder Aufhebung, → Rn. 14) und er muss die Leistung zurückverlangen (→ Rn. 34), die in Erfüllung des Versprechens erbrachte.

3 Besonderheiten gelten für vorläufige Leistungen. Der Bescheid über vorläufige Leistungen wird durch eine abschließende Entscheidung ersetzt. Hat der*die Bürger*in zu hohe Leistungen erhalten, hat er*sie diese Leistungen zu erstatten (§ 41a Abs. 3, 5 SGB II; → 121).

1.1 Bescheid war von Anfang an falsch: „anfängliche Unrichtigkeit"

4 War der Bescheid von Anfang an falsch, kann er nur unter den Voraussetzungen von § 45 SGB X zurückgenommen werden. Das Gesetz verwendet den Begriff **„begünstigender Verwaltungsakt"**, also ein Verwaltungs-

akt, „*der ein Recht oder einen rechtlich erheblichen Vorteil begründet oder bestätigt hat*" (§ 48 Abs. 1 S. 2 VwVfG). Dies sind solche Entscheidungen, in denen die Behörde eine Leistung bewilligt hat, obwohl kein Anspruch auf eine Leistung bestand, oder in denen sie eine höhere Leistung als wirklich zustehend bewilligt hat (etwa, weil sich die Behörde zu Ihren Gunsten verrechnet hat). § 45 SGB X ist nur anwendbar, wenn der Bescheid bei seinem Erlass, also bei Zugang bei dem*r Bürger*in, rechtswidrig war. In den Fällen der Rücknahme eines rechtswidrigen begünstigenden Verwaltungsakts gibt es einen weitreichenden Vertrauensschutz.

„*Ein rechtswidriger, begünstigender Verwaltungsakt darf nicht zurückgenommen werden, soweit der Begünstigte auf den Bestand des Verwaltungsaktes vertraut hat und sein Vertrauen unter Abwägung mit dem öffentlichen Interesse an einer Rücknahme schutzwürdig ist*" (§ 45 Abs. 2 S. 1 SGB X). Für die Abwägung zwischen dem **öffentlichen Interesse der Behörde** an der Rücknahme des Bescheids und dem **privaten Interesse an dem Weiterbestand des Bescheids** gilt Folgendes:

- Die Behörde hat immer ein Interesse an der Rücknahme des Bescheids.
- Der*die Bürger*in kann aber geltend machen, dass er*sie auf den **Bestand des Verwaltungsakts** vertraut hat und sein*ihr Vertrauen unter Abwägung mit dem öffentlichen Interesse an der Rücknahme schutzwürdig ist (§ 45 Abs. 2 S. 1 SGB X).
- „*Das Vertrauen ist in der Regel schutzwürdig, wenn der Begünstigte erbrachte Leistungen verbraucht […] hat*" (§ 45 Abs. 2 S. 2 SGB X).
- Der*die Leistungsberechtigte kann sich aber in den Fällen des § 45 Abs. 2 S. 3 SGB X nicht auf Vertrauen berufen.

Dies ist der Fall, soweit

- „*er den Verwaltungsakt durch arglistige Täuschung, Drohung oder Bestechung erwirkt hat*" (§ 45 Abs. 2 Nr. 1 SGB X),
- „*der Verwaltungsakt auf Angaben beruht, die der Begünstigte vorsätzlich oder grob fahrlässig in wesentlicher Beziehung unrichtig oder unvollständig gemacht hat*" (§ 45 Abs. 2 Nr. 2 SGB X) oder

- „*er die Rechtswidrigkeit des Verwaltungsaktes kannte oder in Folge grober Fahrlässigkeit nicht kannte*" (§ 45 Abs. 2 Nr. 3 SGB X).

5 Die unrichtige oder unvollständige Angabe von Tatsachen (§ 45 Abs. 2 S. 3 Nr. 2 SGB X) führt zum Ausschluss des Vertrauens. Sie handeln vor allem dann (mindestens) grob fahrlässig, wenn Sie Hinweise in Merkblättern nicht beachten oder in einem Antragsformular gezielte Fragen nicht richtig beantworten. Ein Kennen oder grob fahrlässiges Nichtkennen der Rechtswidrigkeit (§ 45 Abs. 2 S. 3 Nr. 3 SGB X) kann die Behörde nicht ohne Weiteres unterstellen, denn **grobe Fahrlässigkeit** liegt erst dann vor, wenn der*die Begünstigte die **erforderliche Sorgfalt in besonders schwerem Maße verletzt** hat. Es kommt auf Ihre individuellen Kenntnisse und Fähigkeiten an (→ Rn. 25). Sie müssen sich aber nicht besser auskennen als Ihr*e Sachbearbeiter*in. Im Regelfall sind „*die wesentlichen, tatsächlichen Gründe, die die Behörde zu ihrer Entscheidung bewogen haben*" (§ 35 Abs. 1 SGB X), in den Bescheiden nicht nachvollziehbar dargelegt. Der Vorwurf der groben Fahrlässigkeit ist erst dann berechtigt, wenn sich der Fehler aus dem Bescheid selbst oder aus anderen Umständen ergibt und zudem für Sie ohne Weiteres erkennbar war, also bei Sie augenfälligen Fehlern.

6 **Tipp:** Wenn der Bescheid von Beginn an rechtswidrig war, die Behörde die Überzahlung selbst verschuldet hat und das für Sie nicht ersichtlich war, darf der Bescheid nicht zurückgenommen werden. Legen Sie Widerspruch (→ 126) ein.

1.2 Bescheid wurde nach Erlass rechtswidrig: „nachträgliche Unrichtigkeit"

7 Wird ein Verwaltungsakt mit Dauerwirkung (also zB ein Bescheid über Bürgergeld für mehrere Monate) durch „*wesentliche Änderung der Verhältnisse*" rechtswidrig, ist der Vertrauensschutz sehr stark eingeschränkt.

„*Soweit in den tatsächlichen oder rechtlichen Verhältnissen, die beim Erlass eines Verwaltungsaktes mit Dauerwirkung vorgelegen ha-*

ben, eine wesentliche Änderung eintritt, ist der Verwaltungsakt mit Wirkung für die Zukunft aufzuheben" (§ 48 Abs. 1 S. 1 SGB X).

Der Bescheid darf nach Bekanntwerden der Änderung (zB Zuzug, Umzug usw) nur mit **Wirkung für die Zukunft** geändert werden.

8 Mit Wirkung für die Vergangenheit, dh rückwirkend ist der Bescheid aufzuheben, wenn

- „die Änderungen zugunsten des Betroffenen erfolgt" (§ 48 Abs. 1 S. 2 Nr. 1 SGB X),
- der Betroffene „der Pflicht zur Mitteilung wesentlicher für ihn nachteiliger Änderungen der Verhältnisse vorsätzlich oder grob fahrlässig nicht nachgekommen ist" (§ 48 Abs. 1 S. 2 Nr. 2 SGB X),
- Einkommen oder Vermögen erzielt wird (§ 48 Abs. 1 S. 2 Nr. 3 SGB X) oder
- der Betroffene wusste oder durch besonders schweren Verstoß gegen die Sorgfaltspflicht nicht wusste, dass der Anspruch ganz oder teilweise weggefallen ist (§ 48 Abs. 1 S. 2 Nr. 4 SGB X).

9 Der Zeitraum für die Änderung zugunsten des*r Betroffenen (§ 48 Abs. 1 S. 2 Nr. 1 SGB X) ist beim Bürgergeld und der Sozialhilfe **auf ein Jahr begrenzt**. Gerechnet wird ab Beginn des Jahres, in dem die Korrektur beantragt oder vorgenommen wird (§ 40 Abs. 1 S. 2 Nr. 2 SGB II, § 116a Nr. 2 SGB XII iVm § 48 Abs. 4 S. 1 SGB X iVm § 44 Abs. 4 SGB X). Sie bekommen demnach maximal für diesen Zeitraum Leistungen nachgezahlt.

10 Das vorsätzliche oder grob fahrlässige Unterlassen der Mitteilung wesentlicher für Sie nachteiliger Änderungen (zB Erzielung von Einkommen oÄ) (§ 48 Abs. 1 S. 2 Nr. 2 SGB X) berechtigt die Behörde zu einer rückwirkenden Aufhebung des Bescheids. Wenn Sie nachweisen können, dass Sie leistungsrelevante Änderungen der Behörde mitgeteilt haben, diese aber nicht beachtet wurden oder verloren gegangen sind, darf der Bescheid nicht rückwirkend aufgehoben werden, wenn das zu Ihren Ungunsten wäre. Das ist zB der Fall, wenn sich anteilige Unterkunftskosten reduzieren, weil jemand in Ihre Wohnung eingezogen ist. Da Sie Ihren Mitwirkungspflichten nachgekommen sind, darf nur mit Wirkung für die Zukunft aufgehoben werden.

11 Zu Aufhebungen wegen der Erzielung von (höherem) Einkommen oder Vermögen (§ 48 Abs. 1 S. 2 Nr. 3 SGB X) lesen Sie unter → Rn. 8. Schwierig zu verstehen ist die Aufhebung mit der Begründung, dass Sie wussten oder grob fahrlässig nicht wussten, dass der sich aus dem Verwaltungsakt ergebende Anspruch kraft Gesetzes zum Ruhen gekommen oder ganz oder teilweise weggefallen ist (§ 48 Abs. 1 S. 2 Nr. 4 SGB X). Damit ist die Kenntnis oder grob fahrlässige Unkenntnis gemeint, dass der Verwaltungsakt im Widerspruch zur materiellen Rechtslage steht; dies kann nur in besonderen Einzelfällen angenommen werden (BeckOGK § 48 SGB X Rn. 53a).

12 **Tipp:** Teilen Sie Änderungen Ihrer Verhältnisse umgehend mit und achten Sie darauf, dass Sie den Eingang der Änderungsmitteilungen entweder durch eine*n Zeugin*Zeugen oder eine Eingangsbestätigung, zB einen Eingangsstempel der Behörde, nachweisen können. Näheres finden Sie unter Widerspruch (→ 126 Rn. 21).

2. Verfahren der Rückforderung

13 Nachfolgend finden Sie Prüfschritte, die bei der Aufhebung von Bescheiden zu beachten sind. Werden diese berücksichtigt, können Sie herausfinden, ob ein Aufhebungs- und Erstattungsbescheid ggf. schon aus formellen Gründen angreifbar ist, selbst wenn er inhaltlich richtig ist.

2.1 Aufhebung des rechtswidrigen Bescheides

14 Zunächst wird ein Verwaltungsakt mit dem Inhalt wirksam, mit dem er bekannt gegeben wurde. Er bleibt so lange wirksam, wie er nicht aufgehoben wurde (§ 39 Abs. 1, 2 SGB X). Wird der Verwaltungsakt rechtswidrig, darf/muss er aufgehoben werden (§§ 45, 48 SGB X). Wird er nicht aufgehoben, darf nicht zurückgefordert werden (BVerwG 20.11.1997 – 5 16/97). Für die Aufhebung eines Bescheides müssen einige formale Voraussetzungen erfüllt sein. Sind

diese nicht erfüllt, ist eine Aufhebung nicht möglich, die Behörde darf überzahlte Leistungen dann nicht zurückfordern.

2.1.1 Falsche Angaben bei „anfänglicher Unrichtigkeit"

15 Haben Sie bei einem Bescheid, der schon zum Zeitpunkt seines Erlasses fehlerhaft war, falsche Angaben gemacht oder beruht der Bescheid auf **Angaben, die** durch **arglistige Täuschung, Drohung oder Bestechung** erwirkt wurden (§ 45 Abs. 2 Nr. 1, 2 SGB X), ist der Bescheid auch **mit Wirkung für die Vergangenheit** zurückzunehmen.

Die Aufhebung des Bescheides ist nur möglich, wenn der*die Antragstellende „gelogen und betrogen" hat oder die Rechtswidrigkeit des Bescheides kannte. Diese Voraussetzung muss individuell bei jedem*r von der Überzahlung betroffenen Leistungsbeziehenden vorliegen. Wurden zB der*die Partner*in des*r Antragstellenden und andere volljährige Mitglieder der Bedarfsgemeinschaft aufgrund von vorsätzlichen Falschangaben des*r Antragstellenden überzahlt, ist idR keine Aufhebung gegen diese Personen möglich, wenn sie die Überzahlung nicht mit zu verantworten hatten und nichts von ihr wussten. Dies kann aber anders sein, wenn die Person, die die Falschangaben gemacht hat, die andere Person mit der Vertretung beauftragt hat (LSG Sachsen-Anhalt 9.5.2012 – L 5 AS 234/09).

Minderjährige Kinder werden von ihren Eltern vertreten und das Vertreterhandeln wirkt gegen die vertretenen Kinder. Die Aufhebung gegen minderjährige Kinder ist folglich zulässig. Zum Ausgleich wird aber die so entstandene Schuld bei Eintritt der Volljährigkeit gem. § 1629a BGB iVm § 40 Abs. 9 SGB II auf das Vermögen begrenzt, welches das Kind bei Eintritt der Volljährigkeit hat und das bei Eintritt der Volljährigkeit den Betrag von 15.000 EUR übersteigt (→ Rn. 45; → 78 Rn. 5). Eine Übertragung der Aufhebung vom Stiefelternteil auf das Stiefkind ist hingegen nicht möglich, es sei denn, das Kind wurde adoptiert (BA, Arbeitshilfe „Individuelle Ansprüche in der Bedarfsgemeinschaft", 06/2011, 11).

Nach unserer Einschätzung dürfte ein erheblicher Teil der Bescheide, die wegen „an-fänglicher Unrichtigkeit" aufgehoben werden, zumindest in Bezug auf die Überzahlungen bei Mitgliedern der Bedarfsgemeinschaft rechtswidrig sein.

Allerdings können Jobcenter seit 2011 einen Ersatzanspruch gegen den*die Verursacher*in einer Überzahlung, idR den*die Antragstellende, geltend machen (§ 34a SGB II; → Rn. 98 ff.).

16 Solche rechtswidrigen Rückforderungsbescheide können mit einem Überprüfungsantrag angegriffen und zu Unrecht zurückgeforderte Leistungen müssen Ihnen nachgezahlt werden (§ 44 Abs. 1 SGB X). Näheres finden Sie unter Nachzahlung (→ 80 Rn. 19 ff.).

Bei Bürgergeld, HzL/Gsi der Sozialhilfe und beim AsylbLG gab es, wie im Sozialrecht üblich, bis 30.7.2016 für die rückwirkende Überprüfung und Korrektur solcher Bescheide keine Begrenzung.

Mit dem Neunten SGB II-Änderungsgesetz wurde zum 1.8.2016 die Rückwirkung solcher Anträge auf vier Jahre begrenzt (§ 40 Abs. 1 S. 2 Nr. 1 SGB II, § 116a S. 1 Nr. 1 SGB XII, § 9 Abs. 4 S. 2 Nr. 1 AsylbLG). Mit dieser Rechtsänderung werden die rechtlichen Mittel für Leistungsberechtigte zur rückwirkenden Korrektur stark eingeschränkt und im System der Fürsorgeleistungen ein Sozialverfahrensrecht zweiter Klasse etabliert.

2.1.2 Fehlende Änderungsmitteilung bei „nachträglicher Unrichtigkeit"

17 Haben Sie nach Erlass eines Bewilligungsbescheides eine **Veränderung**, die Ihren Leistungsanspruch mindert, **nicht mitgeteilt**, ist der Bescheid auch für die Vergangenheit zurückzunehmen (§ 48 Abs. 1 S. 2 Nr. 2, 3 SGB X). Nach der Rechtsprechung des BSG müssen Sie jede leistungsrelevante Änderung mitteilen (BSG 28.3.2013 – B 4 AS 42/12 R). Hier kommt es dann darauf an, ob Sie wussten oder grob fahrlässig nicht wussten, dass diese Änderung für den Sachverhalt „relevant" war. Das wäre zB der Fall, wenn Sie Einkommen aus einer neu aufgenommenen Beschäftigung erzielen oder andere Geldzahlungen wie eine Erbschaft (vgl. aber ab

1.7.2023: § 11a Abs. 1 Nr. 7 SGB II bzw. seit 1.1.2023: § 82 Abs. 1 S. 1 Nr. 9 SGB XII, wonach die Erbschaft nicht anrechnungsfähiges Einkommen ist; → 43 Rn. 21), eine Steuernachzahlung oÄ erhalten.

2.1.3 Jahresfrist

18 Die jeweilige Behörde kann den rechtswidrigen Bescheid **nur innerhalb eines Jahres** aufheben, auch wenn er durch schuldhaftes Verhalten des*r Leistungsbeziehenden zustande gekommen ist. Nach Ablauf dieser Frist ist die Aufhebung nicht mehr möglich (§ 45 Abs. 4 S. 2 SGB X, § 48 Abs. 4 S. 1 SGB X).

19 Allerdings beginnt die Frist erst „seit Kenntnis der Tatsachen [...], welche die Rücknahme [...] rechtfertigen" (§ 45 Abs. 4 S. 2 SGB X, § 48 Abs. 4 S. 1 SGB X). Das ist der Zeitpunkt, ab dem alle entscheidungsrelevanten Sachverhalte dem Amt bekannt sind.

Jobcenter/Sozialämter gehen oft davon aus, dass die Jahresfrist mit der Anhörung (→ Rn. 38) beginnt. Häufig verfügt die Behörde aber schon deutlich früher über alle für den Sachverhalt erheblichen Informationen. Die Kenntnis besteht schon dann, wenn die Behörde eine hinreichend sichere Informationsgrundlage bezüglich sämtlicher für eine Rücknahmeentscheidung notwendiger Tatsachen hat (BSG 26.7.2016 – B 4 AS 47/15 R). Ist diese Jahresfrist abgelaufen, kann ein Bescheid weder bei anfänglicher noch bei nachträglicher Unrichtigkeit aufgehoben werden. Rückforderungen sind dann nicht mehr möglich.

20 Das spielt zB eine Rolle, wenn
- der Aufhebungsbescheid sich nur an eine Person richtet, etwa den*die Vertreter*in, nicht aber an alle von der Aufhebung betroffenen Personen in der Bedarfsgemeinschaft,
- der Aufhebungs- und Rückforderungsbescheid nicht hinreichend bestimmt ist,
- über § 48 SGB X aufgehoben wurde (gebundene Entscheidung), obwohl er über § 45 SGB X (mit Ermessen) hätte aufgehoben werden müssen. Hier ist eine nachträgliche Ermessensausübung nicht mehr möglich (§ 43 Abs. 3 SGB X); allerdings

dürfen die Jobcenter gem. § 40 Abs. 2 Nr. 3 SGB II, § 330 Abs. 2 SGB III kein Ermessen ausüben (→ Rn. 32) und nach Ablauf der Jahresfrist ist eine Korrektur des Ursprungsbescheides durch Erlass neuer Bescheide nicht mehr möglich.

21 Es sollte also zuerst geprüft werden, ob die Jahresfrist bereits abgelaufen ist bzw. wann sie endet. Oft steht in den Aufhebungsbescheiden „mir ist am ... bekannt geworden". Diese Angabe muss nicht stimmen. Sie kann aber ein erster Anhaltspunkt sein. Unter Umständen kann eine Akteneinsicht (→ 2) hilfreich sein, um anhand der dort vorhandenen Unterlagen den Zeitpunkt der Kenntnisnahme zu prüfen. Jobcenter übersehen manchmal, dass sie schon länger über alle für eine Rücknahme erforderlichen Unterlagen verfügen.

22 **Tipp 1:** Wenn im Aufhebungsbescheid kein Datum der Kenntnisnahme angegeben ist, kann das ein Hinweis dafür sein, dass die Jahresfrist bereits abgelaufen ist. Hier sollten Sie genau prüfen, wann genau die Behörde Kenntnis von den Tatsachen hatte, auf die sich die Rückforderung stützt.

23 **Tipp 2:** Bedenken Sie, dass die Behörde die Möglichkeit der Korrektur hat, wenn Sie sie vor Ablauf der Jahresfrist auf einen Fehler aufmerksam machen (zB Aufhebung nach § 48 statt nach § 45 SGB X).

24 **Tipp 3:** Es kommt immer wieder vor, dass das Amt behauptet, der Aufhebungsbescheid sei innerhalb der Jahresfrist zugegangen. Die Behauptung zählt nicht, im Zweifelsfall muss der Zugang des Bescheides durch die Behörde bewiesen werden (§ 37 Abs. 2 S. 3 SGB X).

2.1.4 Vertrauensschutz

25 Wie unter → Rn. 4 ausgeführt, kann es einen Vertrauensschutz geben, wenn sich die Behörde zu Ihren Gunsten verrechnet hat. Allerdings können Sie sich, auch wenn die überzahlten Leistungen schon ausgegeben sind, nicht darauf berufen, wenn Sie *„die Rechtswidrigkeit des Verwaltungsaktes kannte[n] oder infolge grober Fahrlässigkeit nicht kannte[n]; grobe Fahrlässigkeit liegt vor, wenn der Begünstigte die erforderliche Sorgfalt in besonders schwerem Maße ver-*

letzt hat" (§ 45 Abs. 2 S. 3 Nr. 3 SGB X). Der*die Betroffene muss demnach versäumt haben, die **einfachsten, nahe liegenden Überlegungen** anzustellen. Das ist dann der Fall, wenn nicht beachtet wird, *„was im gegebenen Fall jedem einleuchten musste"* (BSG 31.8.1976 – 7 RAr 112/74). Etwa, wenn ungewöhnlich hohe Leistungen auf das Konto überwiesen wurden. Dabei muss die **individuelle Einsichts- und Urteilsfähigkeit** des*r Leistungsempfängers*Leistungsempfängerin berücksichtigt werden (BSG 8.2.2001 – B 11 AL 21/00 R; Schütze SGB X § 45 Rn. 69 f.).

Können Bürgergeld-Beziehende anhand der Bewilligungsbescheide nicht ohne Weiteres erkennen, dass Einkommen falsch angerechnet wurde, darf die Behörde Überzahlungen für zurückliegende Zeiträume nicht zurückverlangen (SG Dortmund 22.7.2009 – S 28 AS 228/08).

26 Wenn Sie bei der Antragstellung richtige Angaben gemacht haben, besteht zunächst kein Anlass und keine Verpflichtung, einen Bescheid genau auf seine Richtigkeit zu prüfen. Andernfalls würde das Risiko der rechtmäßigen Umsetzung korrekter Angaben in Sozialleistungen von der Behörde auf Sie abgewälzt (BSG 8.2.2001 – B 11 AL 21/00 R).

Bei komplizierten Berechnungen und maschineller Verschlüsselung kann man nur dann von grober Fahrlässigkeit ausgehen, wenn die Berechnungen durch einen erklärenden Text hinreichend verständlich gemacht wurden.

„Einem Leistungsempfänger, der die fehlerhafte Zuordnung von Tatsachen nicht aus der Bescheidbegründung selbst erkennen kann, [ist] eine grobe Fahrlässigkeit nur dann vorzuwerfen, wenn ihm der Fehler mit seinen subjektiven Erkenntnismöglichkeiten oder aus anderen Gründen geradezu ‚in die Augen springt'" (SG Würzburg 15.11.2006 – S 10 AS 117/06; BSG 8.2.2001 – B 11 AL 21/00 R; Schütze SGB X § 45 Rn. 68).

27 Im SGB II ist es seit 1.8.2016 die Aufgabe der Jobcenter, *„Auskunft und Rat […] zur Berechnung der Leistungen zur Sicherung des Lebensunterhalts"* zu erteilen (§ 14 Abs. 2 S. 3 SGB II). Diese Beratungsdienstleistung wird es nur auf Antrag geben, da kein Jobcenter von sich aus den Leistungsberechtigten die Erklärung der Bewilligungsbescheide anbieten wird. Zudem werden sie nach unserer Einschätzung dazu auch personell und fachlich nicht in der Lage sein. Aus dem Anspruch auf Beratung (→ 20) ergibt sich andererseits keine Pflicht, diese auch in Anspruch nehmen zu müssen. Sich den Bescheid vom Jobcenter nicht erklären zu lassen, ist gewiss keine „grobe Fahrlässigkeit" (§ 45 Abs. 2 S. 3 Nr. 3 SGB X).

2.1.5 Hinreichende Bestimmtheit des Rückforderungsbescheides

28 Aufhebungs- und Rückforderungsbescheide müssen hinreichend bestimmt sein (§ 33 Abs. 1 SGB X). Der*die Adressat*in muss in der Lage sein, das von ihm*r Geforderte zu erkennen. Es muss zunächst erkennbar sein, wer Adressat*in des Verwaltungsakts ist (BSG 29.4.2015 – B 14 AS 10/14 R), wobei sich dies aber auch durch den Verfügungssatz oder die Begründung des Verwaltungsakts ergeben kann (BSG 4.6.2014 – B 14 AS 2/13 R). Bei Bedarfsgemeinschaften hat jedes Mitglied der Gemeinschaft einen eigenen Leistungsanspruch. Daher muss sich aus dem Rückforderungsbescheid ergeben, wer **betroffene*r Adressat*in** ist und ob diese Personen als Gesamtschuldner oder nach Bruchteilen in Anspruch genommen werden (BSG 16.5.2012 – B 4 AS 154/11R). Daneben muss auch der **Verfügungssatz bestimmt** sein. Es muss für die Beteiligten **vollständig, klar und unzweideutig** erkennbar sein, was die Behörde will. Sie müssen ihr Verhalten danach ausrichten können (BSG 10.9.2013 – B 4 AS 89/12 R) und der Verfügungssatz muss in sich widerspruchsfrei sein (BSG 15.12.2010 – B 14 AS 92/09 R). Allerdings kann der Verfügungssatz ausgelegt werden. Dazu können die Begründung des Verwaltungsakts, Anlagen zum Verwaltungsakt oder Anhörungsschreiben und vorherige Bewilligungsbescheide herangezogen werden (BSG 10.9.2013 – B 4 AS 89/12 R). Es müssen nicht einmal alle aufzuhebenden Bescheide genannt werden, wenn sich durch Auslegung ergibt, dass die Rückforderung auch diese Bescheide betrifft (BSG 25.10.2017 – B 1 AS 9/17 R). Mangelnde Bestimmtheit kann nicht rückwirkend nach § 41 Abs. 2 SGB X

geheilt werden (BSG 13.7.2006 – B 7a AL 24/05 R).

2.1.6 Bekanntgabe des Rückforderungsbescheides

29 Im SGB II gibt es keinen Anspruch der Bedarfsgemeinschaft. Anspruchsinhaber*innen der Leistungen zum Lebensunterhalt sind auch im Rahmen einer Bedarfsgemeinschaft immer die jeweiligen Mitglieder (BSG 7.11.2006 – B 7b AS 8/06 R, Rn. 12). Da die Rücknahmeentscheidung letztendlich das Spiegelbild der Leistungsbewilligung darstellt, muss die Rückabwicklung in jeweiligen individuellen Leistungsverhältnis erfolgen (SG Koblenz 16.6.2006 – S 11 AS 305/05). Die Rücknahme kann daher grundsätzlich nur gegenüber dem*r Begünstigten ergehen. Der Leistungsträger muss demnach die Rücknahme und Erstattung überzahlter Leistungen in Bezug auf die Bedarfsgemeinschaft gegenüber jedem einzelnen Mitglied geltend machen. Dazu muss der Verwaltungsakt gem. § 37 Abs. 1 SGB X bekannt gegeben werden. Dies setzt den **Zugang bei dem*r Adressaten*Adressatin** voraus. Bei Minderjährigen genügt für eine Bekanntgabe die Bekanntgabe an einen Elternteil (BSG 4.6.2014 – B 14 AS 2/13 R). Eine Bekanntgabe gegenüber Erwachsenen ist nach allgemeinen Grundsätzen möglich. So soll die Bekanntgabe an eine*n Partner*in reichen, wenn die Behörde auch gegenüber dem*r anderen Partner*in einen Willen zur Bekanntgabe hatte und diese*r Partner*in die Möglichkeit der Kenntnisnahme hat (BSG 29.4.2015 – B 14 AS 2/13 R). Siehe dazu auch unter Bescheid (→ 22 Rn. 23 ff.).

30 **Tipp:** Wenn nicht gegen jede*n Leistungsbeziehende*n ein Aufhebungs- und Erstattungsbescheid ergangen und die Jahresfrist abgelaufen ist, ist eine Korrektur nicht mehr möglich; wird gleichwohl ein Bescheid erlassen und bekanntgegeben, sollten Sie dagegen Widerspruch erheben.

2.1.7 Ausschluss der Umdeutung?

31 Für die **HzL/GSi der Sozialhilfe** ist geregelt:
Aufhebungen nach § 48 SGB X aufgrund von nachträglichen Änderungen sind gebundene Entscheidungen, dh, der rechtswidrige Bescheid „ist" aufzuheben (§ 48 Abs. 1 S. 2 SGB X). Von Anfang an falsche, also anfänglich unrichtige Bescheide „dürfen" aufgehoben werden (§ 45 SGB X). Hier ist eine Ermessensentscheidung (→ 44) notwendig.

Rückwirkend ist die Umdeutung einer „gebundenen" Entscheidung in eine „Ermessensentscheidung" nicht möglich. Wird eine gebundene Entscheidung umgedeutet, kommt es zur nachgeschobenen Ermessensausübung. Das ist nicht zulässig (§ 43 Abs. 3 SGB X).

Die Umdeutung eines fehlerhaften Bescheides ist dem Sozialamt nur dann erlaubt, wenn sie auf das gleiche Ziel ausgerichtet ist und wenn die Behörde den durch Umdeutung korrigierten Bescheid „in der geschehenen Verfahrensweise und Form rechtmäßig hätte erlassen [...] können und [...] die Voraussetzungen für den Erlass des Bescheides erfüllt sind" (§ 43 Abs. 1 SGB X). Daraus folgt, dass eine Ermessensentscheidung nach § 45 SGB X in eine gebundene Entscheidung nach § 48 SGB X umgedeutet werden kann, wenn sie das gleiche Ziel verfolgt, aber **nicht umgekehrt**.

32 Im **Bürgergeld** gilt:
Hier wurde die Ermessensentscheidung bei der Rücknahme eines Bescheides nach § 45 SGB X abgeschafft (§ 40 Abs. 2 Nr. 3 SGB II iVm § 330 Abs. 2, 3 S. 1 SGB III). Eine Umdeutung ist daher möglich (vgl. BSG 15.6.2016 – B 4 AS 41/15 R).

2.1.8 Bagatellgrenze

33 § 40 Abs. 1 S. 3–5 SGB II enthält (ebenso wie § 41a Abs. 6 S. 3; vorläufige Entscheidung, → 121 Rn. 85) seit 1.1.2023 (§ 67 Abs. 7 S. 1 SGB II) die Sonderregelung, dass die Aufhebung nicht erfolgt, wenn sich die Erstattungsforderung auf **weniger als 50 EUR** für die Gesamtheit der Mitglieder der Bedarfsgemeinschaft beläuft. Diese sog. Bagatellgrenze ist aus Gründen der Verwal-

tungsvereinfachung und der Kostenersparnis eingeführt worden, da der Verwaltungsaufwand in solchen Fällen höher sein kann als die Erstattungsforderung (BT-Drs. 20/3883, 95).

2.2 Rücknahme/Aufhebung und Erstattung

34 Wenn bei einer Überzahlung zurückgefordert wird, muss im ersten Schritt der Ursprungsbescheid zurückgenommen (§ 45 SGB X; „anfängliche Unrichtigkeit") bzw. aufgehoben (§ 48 SGB X; „Änderung der Verhältnisse") werden. Wir nennen beide Verwaltungsakte der Einfachheit halber **Aufhebungsbescheide**. Aufhebungsbescheide müssen alle Sachverhalte benennen, die der Entscheidung zugrunde liegen.

Im zweiten Schritt muss über eine **Erstattung der Leistungen** entschieden werden (§ 50 SGB X). Der Erstattungsbescheid muss alle Angaben enthalten, von welchem*r Leistungsbeziehenden welche Leistung zurückgefordert wird. Er muss dementsprechend hinreichend bestimmt sein (→ Rn. 28).

2.2.1 Korrekturbescheid

35 Die Behörde ist verpflichtet, nicht nur den alten, rechtswidrigen Bescheid zurückzunehmen bzw. aufzuheben, sondern ihn auch durch einen rechtmäßigen, neuen Bescheid zu ersetzen. Der **Aufhebungs- und Korrekturbescheid** wird idR in Kombination erlassen. In der SGB II-Praxis heißt die Korrektur Änderungsbescheid. Diesen sollten Sie auf ihre Richtigkeit hin überprüfen.

2.2.2 Aufhebung und Erstattung in Kombination möglich

36 Ein Aufhebungs- und Erstattungsbescheid soll idR miteinander verbunden werden (§ 50 Abs. 3 S. 2 SGB X). Diesen kombinierten Vorgang nennen wir Rückforderung von Leistungen, den kombinierten Bescheid nennen wir folglich Aufhebungs- und Erstattungsbescheid oder vereinfacht „*Rückforderungsbescheid*".

Sind die Bescheide nicht kombiniert, muss der Erstattungsbescheid innerhalb von vier Jahren nach der Aufhebung gestellt werden, sonst verjährt der Anspruch (§ 50 Abs. 4 SGB X).

Ist der Erstattungsanspruch durch Bescheid geregelt und unanfechtbar, verjährt er erst nach 30 Jahren (§ 52 Abs. 2 SGB X).

37 Möglich ist auch, dass Jobcenter **dreifach kombinierte Aufhebungs-, Erstattungs- und Aufrechnungsbescheide** erlassen. Die Behörde regelt so die Aufrechnung (→ 12) der Rückzahlungsansprüche im laufenden Leistungsbezug. Seit April 2011 sind Jobcenter mit umfassenden Aufrechnungsmöglichkeiten im Leistungsbezug ausgestattet. Die Aufrechnung ist der leistungsberechtigten Person durch Verwaltungsakt zu erklären (§ 43 Abs. 4 S. 1 SGB II).

Aus dem Verfügungssatz am Anfang des Bescheides muss ersichtlich werden, dass zwei bzw. drei Sachverhalte in einem Bescheid geregelt werden, also die Aufhebung (nach §§ 45, 48 SGB X), die Erstattung (nach § 50 SGB X) und ggf. die Aufrechnung (nach § 43 SGB II). Bezieht sich die Rückforderung auf alle Mitglieder, muss für jede*n Einzelne*n ein Rückforderungsbescheid erlassen werden (BSG 7.11.2006 – B 7b AS 8/06 R).

2.3 Anhörungen

38 Vor der Rücknahme eines begünstigenden Bescheides muss es eine Anhörung geben (§ 24 SGB X). Sie müssen aufgefordert werden, sich zu den Gründen zu äußern, die die Behörde für die Rückforderung anführt. Sind mehrere Personen von einer Rücknahme betroffen, sind sie alle anzuhören. Bei Minderjährigen reicht die Anhörung eines Elternteils als Vertreter (§ 1629 Absatz 1 S. 3 BGB; BSG 4.6.2014 – B 14 AS 2/13 R). Das bedeutet nicht, dass Sie der Anhörung nachkommen müssen. Eine **fehlende Anhörung** kann **nachgeholt** werden (§ 41 Abs. 2 SGB X). Im gerichtlichen Verfahren ist eine Nachholung ebenfalls noch möglich, allerdings nur in Form eines formalisierten Verwaltungsverfahrens (BSG 26.7.2016 – B 4 AS 47/15 R). Dazu ist idR eine Aussetzung des Verfahrens erforderlich (§ 114 Abs. 2 S. 2 SGG). Dem Aussetzungsantrag kann das Gericht nach seinem Ermessen stattgeben, muss dies aber nicht (BSG 26.7.2016 – B 4 AS 47/15 R).

39 **Tipp:** Bei fehlender Anhörung muss die Behörde immer Anwaltskosten tragen (§ 63

Abs. 1 S. 2 SGB X), damit kann man nachlässige Ämter ordentlich nerven.

2.4 Widerspruch gegen den Rückforderungsbescheid

40 Sind die oben dargestellten Voraussetzungen für einen Rückforderungsbescheid nicht erfüllt oder ist er aus sonstigen Gründen rechtswidrig, können Sie Widerspruch (→ 126) einlegen.

2.4.1 Aufschiebende Wirkung

41 Ein Widerspruch gegen einen Aufhebungs- und Erstattungsbescheid entfaltet **aufschiebende Wirkung** (§ 86a Abs. 1 SGG). Die Regelung des Rückforderungsbescheides, gegen den Sie Widerspruch eingelegt haben, darf bis zur endgültigen Bestandskraft des Bescheides vom Leistungsträger nicht vollzogen werden. Denn die aufschiebende Wirkung eines Widerspruchs gegen den Aufhebungsbescheids ist zwar gem. § 39 Nr. 1 SGB II ausgeschlossen, dies betrifft aber nicht den Erstattungsbescheid. Das gilt im SGB II und im SGB XII. Beachten Sie aber, dass im SGB XII ein Widerspruch und die Anfechtungsklage grundsätzlich immer aufschiebende Wirkung haben (§ 86a Abs. 1 SGG). Näheres dazu finden Sie unter Widerspruch (→ 126 Rn. 38 ff.).

42 **Tipp 1:** Wenn Sie gegen einen Rückforderungsbescheid Widerspruch einlegen, sollten Sie vorsorglich darauf hinweisen, dass der Widerspruch nach § 86a SGG aufschiebende Wirkung entfaltet. Fordern Sie das Jobcenter auf, dies auch der Forderungseinzugsstelle (zB Regionaldirektion der BA / Stadt- bzw. Kreiskasse) mitzuteilen.

43 **Tipp 2:** Im Schreiben an die Regionaldirektion bzw. Stadt- oder Kreiskasse sollten Sie ebenfalls darauf hinweisen, dass gegen den Rückforderungsbescheid Widerspruch eingelegt wurde und dass dieser eine aufschiebende Wirkung entfaltet. Bitten Sie darum, bis zur endgültigen Bestandskraft der Forderung von allen Vollstreckungsmaßnahmen Abstand zu nehmen.

44 Ignoriert die Behörde die aufschiebende Wirkung Ihres Widerspruchs und rechnet rechtswidrig auf, sollten Sie ihr eine Frist von wenigen Tagen setzen (zB eine Woche mit konkretem Ablaufdatum). Wird nach Ablauf der Frist weiter aufgerechnet, sollten Sie entweder über eine*n Rechtsanwältin*Rechtsanwalt (→ 8) oder selbst mithilfe des einstweiligen Rechtsschutzes (→ 41) vom Sozialgericht die aufschiebende Wirkung des Widerspruchs anordnen lassen.

2.5 Die Beschränkung der Haftung Minderjähriger

45 Für die volljährig gewordenen Kinder gilt die sogenannte Minderjährigenhaftungsbeschränkung (→ 78; § 1629a BGB). Danach ist die Haftung einer volljährigen Person für Verbindlichkeiten, die die gesetzlichen Vertreter (idR die Eltern bzw. ein Elternteil) mit Wirkung für die Person begründet haben, als diese noch minderjährig war, beschränkt auf den Vermögensbestand des*r Minderjährigen bei Vollendung der Volljährigkeit (§ 1629a Abs. 1 S. 1 BGB; BSG 7.7.2011 – B 14 AS 153/10 R). Seit dem 1.1.2023 gilt § 40 Abs. 9 SGB II, wonach Kinder bei Eintritt der Volljährigkeit nur das Vermögen einzusetzen haben, das den **Betrag von 15.000 EUR** übersteigt. Damit werden die durch § 11a Abs. 7 SGB II, § 11b Abs. 2b Nr. 3 SGB II für junge erwerbstätige Personen (Einkommensbereinigung, → 38) geschaffenen Anreize auch auf das geschützte Vermögen übertragen (BT-Drs. 20/4360, 36). § 1629a BGB ist auch anwendbar, wenn die Forderung durch die*den ehemals Minderjährige*n selbst verursacht wurde. Es ist dabei unerheblich, ob das Jobcenter den Rückforderungsbescheid vor oder nach dem Eintritt der Volljährigkeit erlassen hat. Es kommt vielmehr darauf an, wann die Forderung durch Überzahlung entstanden ist (BSG 18.11.2014 – B 4 AS 12/14 R).

46 **Tipp:** Besitzt das Kind vor dem 18. Geburtstag Vermögen (→ 119) von mehr als 15.000 EUR, sollte ggf. darüber nachgedacht werden, welche sinnvollen Investitionen vor Vollendung der Volljährigkeit getätigt werden können. Vermögensverbrauch ist nicht sozialwidrig.

47 Die Beschränkung der Haftung Minderjähriger wird von den Sozialleistungsträgern häufiger ignoriert. Rechtlich stellt die Vollendung der Volljährigkeit eine „Änderung

zugunsten des Betroffenen" dar, weswegen das Jobcenter von Amts wegen die Korrektur durchführen muss (§ 48 Abs. 1 S. 2 Nr. 1 SGB X). Das heißt, es müsste feststellen, dass die Forderung aus Zeiten der Minderjährigkeit entsprechend der Vermögensverhältnisse bei Vollendung des 18. Lebensjahres angepasst wird. Eine Aufrechnung müsste storniert werden.

48 **Tipp:** Hat der Sozialleistungsträger nach Ihrem 18. Geburtstag weiter alte Rückforderungsansprüche aufgerechnet, müssen Sie einen Überprüfungsantrag (§ 44 Abs. 1 SGB X) stellen. Die zu Unrecht zurückgeforderten Leistungen müssen in voller Höhe zurückgezahlt werden. Sie müssen die rückwirkende Korrektur innerhalb von vier Jahren beantragen. Näheres finden Sie unter Nachzahlung (→ 80 Rn. 19 ff.; insbes. → 80 Rn. 27 f.).

3. Kostenersatzanspruch bei „sozialwidrigem Verhalten"

49 Grundsätzlich sind existenzsichernde und bedarfsabhängige Leistungen, auf die ein Rechtsanspruch besteht, unabhängig von der Ursache der entstandenen Notlage und einem vorwerfbaren Verhalten in der Vergangenheit zu leisten (BVerfG 12.5.2005 – 1 BvR 569/05). Von diesem Grundsatz einer „verschuldensfreien" Deckung des Existenzminimums soll durch die ausgeweitete Ersatzpflicht infolge der Änderungen durch das Neunte SGB II-Änderungsgesetz seit 1.8.2016 abgewichen werden (vgl. zu den Voraussetzungen und Folgen näher Klerks info also 2021, 3 ff., 56 ff.).

3.1 Erweiterter Ersatzanspruch bei „sozialwidrigem Verhalten"

50 Kostenersatz nach dem „Verursacherprinzip" gab es in der alten Sozialhilfe und gibt es auch im SGB II; die Regelungen sind im Zuge der Gesetzesänderung seit 1.8.2016 erweitert worden:

„Wer nach Vollendung des 18. Lebensjahres vorsätzlich oder grob fahrlässig die Voraussetzungen für die Gewährung von Leistungen nach diesem Buch an sich oder an Personen, die mit ihr oder ihm in einer Bedarfsgemeinschaft leben, ohne wichtigen Grund herbeigeführt hat, ist zum Ersatz der deswegen gezahlten Leistungen erbrachten Geld- und Sachleistungen verpflichtet. Als Herbeiführung im Sinne des S.es 1 gilt auch, wenn die Hilfebedürftigkeit erhöht, aufrechterhalten oder nicht verringert wurde. Sachleistungen sind, auch wenn sie in Form eines Gutscheins erbracht worden sein, in Geld zu ersetzen" (§ 34 Abs. 1 SGB II).

3.2 Voraussetzungen für die Ersatzpflicht

51 Die Ersatzpflicht nach § 34 ist eine Ausnahme von dem Grundsatz, dass existenzsichernde Leistungen regelmäßig unabhängig von der Ursache der Notlage und dem vorwerfbaren Verhalten in der Vergangenheit zu leisten sind. Um diesen Grundsatz nicht völlig zu ignorieren, ist die Ersatzpflicht nur „auf begründete und eng zu fassende **Ausnahmefälle begrenzt**" (FW 34.1).

52 Die Voraussetzungen für eine Ersatzpflicht sind:

- Die ersatzpflichtige Person muss das 18. Lebensjahr vollendet haben,
- sie muss die Voraussetzungen für die Gewährung von Leistungen nach dem SGB II an sich oder an Personen der eigenen Bedarfsgemeinschaft herbeigeführt haben; als Herbeiführung gilt gem. § 34 Abs. 1 S. 2 SGB II auch, wenn die Hilfebedürftigkeit erhöht, aufrechterhalten, oder nicht verringert wurde,
- die ersatzpflichtige Person muss vorsätzlich oder grob fahrlässig handeln,
- sie muss auch „sozialwidrig" handeln,
- sie darf für ihr Verhalten keinen wichtigen Grund haben und
- ihr Verhalten muss ursächlich für den Leistungsbezug sein.

53 Der Ersatzpflicht unterliegt der*die Verursacher*in, der*die die Hilfebedürftigkeit herbeigeführt hat. Sie umfasst alle verursachten SGB II-Leistungen für die gesamte Bedarfsgemeinschaft. Deren Fortbestehen dafür nicht erforderlich (LSG Bayern 26.4.1012 – L7 AS 453/109). Eine Ersatzpflicht darf dagegen nicht gefordert werden für Leistungen des*r Partners*Partnerin, mit dem der*die Verursacher*in (noch) nicht in

einer Bedarfsgemeinschaft, sondern in einer Wohngemeinschaft zusammenwohnt (→ 36).

3.3 Was heißt Sozialwidrigkeit?

54 Mit dem ungeschriebenen Tatbestandsmerkmal der Sozialwidrigkeit (es ist nur in der amtlichen Überschrift des § 34 SGB II genannt) soll die Ersatzpflicht nur auf besondere Fälle des Verhaltens einer leistungsberechtigten Person beschränkt werden, wobei die folgenden Abwägungsgesichtspunkte zu berücksichtigen sind (BSG 2.11.2012 – B 4 AS 39/12 R):

- Der Staat hat das gem. Art. 1 Abs. 1 GG iVm Art. 20 Abs. 1 GG geschützte Existenzminimum auch dann sicherzustellen, wenn die Hilfebedürftigkeit schuldhaft herbeigeführt worden ist.
- Es gibt Situationen, in denen es unbillig erscheint, gänzlich auf die Rückforderung von Aufwendungen zu verzichten; in Abwägung der Interessen der betroffenen Person mit denen der Allgemeinheit soll nur das sozialwidrige Verhalten zu einem Ersatzanspruch führen.

In vielen Jobcentern besteht eine Tendenz, dass die Kostenersatzpflicht weit ausgelegt wird, zB auf Arbeitnehmer*innen, die ihre Arbeitslosigkeit angeblich selbst verschuldet haben, oder auf Personen, die, anstatt zu arbeiten, eine Ausbildung begonnen oder Schritte unterlassen haben, mit denen die Hilfebedürftigkeit von Familienangehörigen hätte vermieden werden können (zB Stellenwechsel usw). Nach der Rechtsprechung des BSG wird ein Ersatzanspruch bei *„sozialwidrigem Verhalten"* nur durch *„ein Verhalten mit spezifischem Bezug, dh ‚innerem Zusammenhang', zur Herbeiführung der Hilfebedürftigkeit bzw. Leistungserbringung"* ausgelöst und es muss in seiner Handlungstendenz *„auf die Einschränkung bzw. den Wegfall der Erwerbsfähigkeit oder -möglichkeit bzw. die Herbeiführung von Bedürftigkeit gerichtet [sein]"* oder einen spezifischen Bezug zu anderen nach den Wertungen des SGB II zu missbilligenden Verhaltensweisen (zB §§ 2, 9, 31 SGB II) aufweisen (BSG 2.11.2012 – B 4 AS 39/12; BSG 16.4.2013 – B 14 AS 55/12 R; BSG 3.9.2020 – B 14 AS 43/19 R; BSG 3.7.2020 – B 8 SO 2/19 R).

Neben der Ursächlichkeit der Handlung muss immer auch zweistufig geprüft werden, ob noch ein wichtiger Grund für das Verhalten vorlag (Eicher/Luik/Harich SGB II § 34 Rn. 25 ff.).

3.3.1 Was heißt Herbeiführung der Hilfebedürftigkeit?

55 Eine Herbeiführung liegt nur bei einem Verhalten vor, das dazu führt, dass die Voraussetzungen für die Leistungen geschaffen bzw. bewirkt werden (BSG 8.2.2017 – B 14 AS 3/16 R). Zusätzlich muss das Verhalten noch „sozialwidrig" (→ Rn. 54) sein. Das BSG fordert im Rahmen der Sozialwidrigkeit einen gesteigerten Verschuldensvorwurf, der in seiner Handlungstendenz auf die Herbeiführung der Hilfebedürftigkeit gerichtet und aus Sicht der Solidargemeinschaft zu missbilligen ist. Im Wesentlichen können zwei Fallgruppen gebildet werden, nämlich der (angeblich zu schnelle) Verbrauch von Einkommen und Vermögen sowie die Nichtnutzung einer Erwerbstätigkeit und -möglichkeit:

56 Zum **angeblich zu schnellen Verbrauch von Einkommen und Vermögen** ist zu beachten, dass gem. § 32 Abs. 2 Nr. 1 SGB II eine Leistungsminderung nur erfolgen kann, wenn die Verminderung des Einkommens oder Vermögens in der **„Absicht"** erfolgt, die **Voraussetzungen für die Gewährung oder Erhöhung des Bürgergelds** herbeizuführen, und eine Leistungsminderung gem. § 31 Abs. 2 Nr. 2 SGB II die **Fortsetzung des unwirtschaftlichen Verhaltens trotz Belehrung über die Rechtsfolgen** oder deren Kenntnis voraussetzt. Diese Wertungen sind auch bei der Frage der Sozialwidrigkeit zu beachten; das Verhalten muss einen gesteigerten Verschuldensvorwurf beinhalten (BSG 29.8.2019 – B 14 AS 49/18 R). Hier sind etwa die folgenden Entscheidungen getroffen worden:

- Die Ausgabe zur Begründung eines geschützten Vermögens (hier § 12 Abs. 3 S. 1 Nr. 4 SGB II aF = § 12 Abs. 1 S. 2 Nr. 5 SGB II [selbst genutztes Hausgrundstück von angemessener Größe]) ist nicht sozialwidrig (SG Potsdam 19.10.2012 – S 38 AS 400/10; LSG Berlin-Brandenburg 10.7.2007 – L 5 B 410/07 AS ER),
- die Ausgabe eines Betrags in Höhe von rund 40.000 EUR in rund neun Monaten

ist nicht ohne Weiteres sozialwidrig, wenn die Ausgaben nicht für Luxus, sondern für Anschaffungen anfallen, die zu einem durchschnittlichen, über dem Existenzminimum liegenden Lebensstandard gehören (LSG Rheinland-Pfalz 20.9.2022 – L 3 AS 208/21),
- der Verbrauch einer Erbschaft in Höhe von fast 200.000 EUR innerhalb von zwei Jahren ist sozialwidrig, wenn die betroffene Person nicht arbeitet und nicht arbeiten will und deshalb absehbar ist, dass sie nach Verbrauch wieder Leistungen in Anspruch nehmen muss; dann muss sie das Vermögen entsprechend dem durchschnittlichen Ausgabeverhalten vergleichbarer Personen verbrauchen (LSG Niedersachsen-Bremen 12.12.2018 – L 13 AS 111/17).

57 Zu den Fällen der **Nichtnutzung einer Erwerbstätigkeit und -möglichkeit** sind die Wertungen des § 31 Abs. 1 S. 1 Nr. 2 SGB II, § 31 Abs. 2 Nr. 3, 4 SGB II zu beachten:

- Die Nichtaufnahme einer Erwerbstätigkeit kann nur dann sozialwidrig sein, wenn die in den Tatbeständen des § 31 SGB II ausgedrückten Verhaltenserwartungen in besonders hohem Maß verletzt worden sind, da nach § 34 SGB II nur ein deliktsähnliches Verhalten sanktioniert wird (BSG 29.8.2019 – B 14 AS 49/18 R; BSG 3.9.2020 – B 14 AS 43/19),
- die Beendigung einer Tätigkeit durch die betroffene Person kann sozialwidrig sein, wenn sie ohne Aussicht auf eine Anschlussbeschäftigung erfolgt (LSG Niedersachsen-Bremen 12.12.2018 – L 13 AS 5/17; LSG Hamburg 30.9.2019 – L 4 AS 95/17),
- ausnahmsweise ist sie nicht sozialwidrig, wenn hierfür ein plausibler Grund vorliegt, wie etwa die Aufgabe einer ungelernten Tätigkeit zur Aufnahme einer Berufsausbildung mit dem Ziel, die wirtschaftliche Stellung zu verbessern (SG Gießen 30.11.2015 – S 27 AS 274/13), zur Pflege eines*r Angehörigen (LSG Niedersachsen-Bremen 12.12.2018 – L 13 AS 162/17) oder bei einem beabsichtigten Wechsel in ein neues Arbeitsverhältnis (SG Mainz 9.6.2015 – S 14 AS 790/14),

- die Kündigung des Arbeitsverhältnisses durch den Arbeitgeber kann sozialwidrig sein, wenn sie aufgrund eines Verhaltens der betroffenen Person erfolgte, das einer vorsätzlichen Herbeiführung von Hilfebedürftigkeit wertungsmäßig gleichsteht (BSG 3.9.2020 – B 14 AS 43/19),
- das unentschuldigte Fernbleiben von der Arbeit mit der Folge der fristlosen Kündigung kann sozialwidrig sein (LSG Berlin-Brandenburg 19.1.2017 – L 31 AS 1858/16; LSG Bayern 21.3.2012 – L 16 AS 616/10: Abmahnung erforderlich),
- ein Verhalten in der Freizeit, das zum Verlust des Arbeitsplatzes führt (Trunkenheitsfahrt in der Freizeit mit Führerscheinentziehung), hat keinen spezifischen Bezug zur Herbeiführung der Hilfebedürftigkeit (LSG Niedersachsen-Bremen 5.7.2018 – L 6 AS 80/17; SG Aurich 21.3.2012 – S 15 AS 302/09).

3.3.2 „Sozialwidriges Verhalten", das Hilfebedürftigkeit erhöht, aufrechterhält oder nicht verringert

58 „Sozialwidriges Verhalten", das Hilfebedürftigkeit erhöht, aufrechterhält oder nicht verringert, ist zum 1.8.2016 als weiterer Tatbestand für die Ersatzpflicht aufgenommen worden. Für die Beurteilung dieses Verhaltens als sozialwidrig ist auf die Ausführungen unter → Rn. 55 ff. zu verweisen.

3.3.3 Prüfung von wichtigen Gründen

59 Ein wichtiger Grund liegt vor, wenn unter Berücksichtigung aller Besonderheiten des Einzelfalls Umstände vorliegen, bei denen den Interessen des*r Einzelnen bei Abwägung mit den Interessen der Allgemeinheit Vorrang einzuräumen ist (Grote-Seifert SGb 2013, 658 (659)). Die BA handelt nach den folgenden Grundsätzen:

„Ein wichtiger Grund [...] ist zu bejahen, wenn [...] vernünftige und aus der Sicht eines objektiven Dritten nachvollziehbare Erwägungen zu dem konkreten Verhalten [vorgelegen haben]. Ein wichtiger Grund ist auch dann zu bejahen, wenn die Verursacherin oder der Verursacher eine an sich unzumutbare Beschäftigung zunächst aufgenommen und später wieder aufgegeben hat. [...]

Ein wichtiger Grund liegt regelmäßig vor, wenn das Verhalten durch andere gesetzliche Vorschriften gebilligt oder gefördert wird (z. B. Inanspruchnahme der Elternzeit nach § 15 Bundeselterngeld- und Elternzeitgesetz)" (FW 34.9).

60 Ein wichtiger Grund kann bestehen bei dem Verbrauch von Vermögen zur außerplanmäßigen Tilgung einer Darlehensverbindlichkeit (BSG 16.5.2007 – B 11b AS 37/06 R), bei Aufgabe einer ungelernten Tätigkeit mit dem Ziel, durch den Abschluss einer Berufsausbildung den eigenen Lebensunterhalt zu sichern oder zu verbessern (SG Freiburg 7.12.2009 – S 14 AS 4212/08) oder bei Aufgabe der bisherigen Tätigkeit nach Anfeindungen durch Kolleg*innen (LSG Rheinland-Pfalz 26.6.2012 – L 3 AS 159/12 R).

61 **Tipp:** Auch der Kauf eines Autos aus zu berücksichtigendem Einkommen könnte einen wichtigen Grund darstellen, da ein Kfz (→ 68) im SGB II als Vermögen geschont ist und zur Ermöglichung der Mobilität sogar gefördert werden kann. Ebenso stellen Investitionen in Hausrat, eine Brille oder Bekleidung einen wichtigen Grund für den Verbrauch von Einkommen oder Vermögen dar.

62 Das Vorliegen eines wichtigen Grundes ist von Amts wegen zu prüfen (§ 20 Abs. 1 S. 1 SGB X). Liegt ein für die*den Leistungsberechtigte*n günstiger Umstand vor, ist er vom Jobcenter zu berücksichtigen. Anders als im Sanktionsrecht gibt es in den Regelungen zum Ersatzanspruch keine Darlegungs- und Nachweispflichten des*r Leistungsberechtigten. Gleichwohl können Sie solche Pflichten haben, nämlich dann, wenn die Tatsachen für den wichtigen Grund in Ihrer Sphäre oder in Ihrem Verantwortungsbereich liegen, und bei der Verletzung von Mitwirkungs- und Mitteilungspflichten (Eicher/Luik/Harich SGB II § 34 Rn. 32).

3.3.4 Was heißt Vorsatz und grobe Fahrlässigkeit?

63 *„Vorsätzlich handelt, wer die durch sein sozialwidriges Handeln entstandene Leistungspflicht entweder mit Wissen oder Wollen herbeigeführt hat (direkter Vorsatz) oder sie für möglich hält und sie billigend in Kauf nimmt (bedingter Vorsatz)"* (FW 34.8).

Grobe Fahrlässigkeit liegt dagegen vor, wenn der*die Leistungsberechtigte *„die erforderliche Sorgfalt in besonders schwerem Maße verletzt hat"* (§ 45 Abs. 2 S. 3 Nr. 3 SGB X). Näheres dazu siehe unter → Rn. 25 f.

64 In einigen Fällen ist aber weder Vorsatz noch grobe Fahrlässigkeit ausreichend, dann schadet nur das **absichtliche Handeln**; dies ist insbesondere bei dem vorzeitigen Verbrauch von Einkommen und Vermögen der Fall, weil § 31 Abs. 2 Nr. 1 SGB II als Wertungsmaßstab (→ Rn. 54) nur ein absichtliches Verhalten sanktioniert. Ein Ersatzanspruch ist nach hier vertretener Auffassung nur möglich, wenn es gerade darauf ankam, einen Leistungsanspruch nach dem SGB II zu erlangen (so LSG Mecklenburg-Vorpommern 7.5.2019 – L 10 AS 632/16). (Einfach) fahrlässiges Verhalten führt dagegen nicht zur Ersatzpflicht.

3.4 Höhe und Dauer des Ersatzanspruchs, Verfahren

65 Im Folgenden wird dargelegt, wie sich etwaige Ersatzansprüche zusammensetzen und wie der genaue Verfahrensgang zur Geltendmachung des Ersatzanspruchs aussieht.

3.4.1 Ursache bestimmt die Höhe des Anspruchs

66 Zwischen dem sozialwidrigen Verhalten und dem „Schaden", der für das Jobcenter entstanden ist, muss ein **„Kausalzusammenhang"** bestehen: *„zum Ersatz der deswegen erbrachten Geld- und Sachleistungen"* (§ 34 Abs. 1 S. 1 SGB II).

Die Ersatzpflicht darf sich demnach ausschließlich auf die durch das „sozialwidrige Verhalten" verursachten Leistungen nach dem SGB II erstrecken.

67 **Beispiel:** Wurde ein 520-Euro-Job ohne wichtigen Grund abgebrochen, kann sich die Ersatzpflicht – wenn überhaupt – nur auf das anrechenbare, also bereinigte Einkommen im Sinne des SGB II beziehen. Das wären in diesem Fall regelmäßig 336 EUR mtl.

68 Wird Bürgergeld ganz oder teilweise auf Darlehensbasis gewährt, entfällt die Ersatzpflicht für das Darlehen (GK-SGB II/Groth SGB II § 34, Rn. 13). Seit 1.8.2016 kann

auch für gewährte Sachleistungen ein Ersatzanspruch geltend gemacht werden, zB bei der abweichenden Erbringung von Leistungen (§ 24 Abs. 3 S. 5 SGB II) oder bei Leistungen für Bildung und Teilhabe (§ 29 Abs. 1 S. 1 Nr. 1 SGB II).

69 Macht das Jobcenter einen Kostenersatzanspruch geltend, muss zunächst geklärt werden, ob der Anspruch überhaupt berechtigt ist. Im zweiten Schritt ist zu prüfen, ob die Höhe der geltend gemachten Ansprüche zulässig ist. Alle laufenden und einmaligen Leistungen zum Lebensunterhalt können unter den Anspruch fallen: Bürgergeld (Regelbedarf, Mehrbedarfe, Bedarfe für Unterkunft und Heizung), Leistungen für Bildung und Teilhabe (§ 28 SGB II), einmalige Leistungen (§ 24 Abs. 3 SGB II), Zuschuss zu den Versicherungsbeiträge (§ 26 SGB II), Leistungen für Auszubildende (§ 7 Abs. 5, 6 SGB II, § 27 SGB II) und Beiträge zur Kranken- und Pflegeversicherung.

Darüber hinaus vertritt die BA die Auffassung, auch für Leistungen zur Eingliederung in Arbeit könnten Ersatzansprüche geltend gemacht werden (FW 34.12). Das wird jedoch in der Kommentarliteratur zum Teil ausgeschlossen (GK-SGB II/Groth SGB II § 34 Rn. 13). Wir vertreten die Auffassung, dass Eingliederungsleistungen, die Ihnen unter Androhung von Sanktionen (→ 95) „gewährt" werden, nicht vom Ersatzanspruch umfasst sein können.

70 **Tipp:** Die Höhe des Ersatzanspruchs muss begründet sein. Gerade bei abgebrochenen oder nicht aufgenommenen Beschäftigungsverhältnissen, bei denen ein regelmäßiges Einkommen noch nicht vorhersehbar war, wird es dem Jobcenter schwerfallen, fiktive Einkommen nachvollziehbar zu begründen. Legen Sie gegen entsprechende Bescheide Widerspruch (→ 126) ein.

3.4.2 Dauer des Ersatzanspruchs

71 Eine Begrenzung des Ersatzanspruchs der Höhe nach ist nicht vorgesehen (FW 34.17). Die BA möchte einen Ersatzanspruch so lange geltend machen, bis er nach dem Gesetz erloschen ist. „Der Ersatzanspruch erlischt drei Jahre nach Ablauf des Jahres, für die die Leistung erbracht worden ist" (§ 34 Abs. 3 SGB II). Die lange Dauer des Ersatzanspruchs soll offenbar als zusätzlicher Anreiz dienen, die Hilfebedürftigkeit aus eigenen Kräften zu beenden.

Unserer Ansicht nach muss die Laufzeit des Anspruchs mit Blick auf seine Ursache festgelegt werden. Haben Sie nur einen auf sechs Monate befristeten Job abgelehnt, kann der Ersatzanspruch nicht für drei Jahre und länger geltend gemacht werden. Zur Begrenzung der Dauer des Ersatzanspruchs kann auch auf die Härtefallregelung des § 34 Abs. 1 S. 6 SGB II zurückgegriffen werden (LPK-SGB II § 34 Rn. 27; zur Härtefallmehrbedarfsregelung → Rn. 73). Sollten Sie aber etwa einen Vollzeitjob „sozialwidrig" verloren haben und danach keine Arbeit mehr finden, ist es nach dem Gesetzestext denkbar, dass die Ersatzpflicht bis zum Beginn der Rente reicht. In solchen Fällen muss überlegt werden, wie der Ersatzanspruch der Dauer nach begrenzt werden kann. Hierzu könnte etwa auf den Bewilligungszeitraum (ein Jahr oder sechs Monate, § 41 Abs. 3 SGB II) oder auf den Minderungszeitraum (drei Monate, § 31b Abs. 1 S. 3 SGB II) abgestellt werden. Eine Begrenzung könnte aber auch dadurch – wie im Recht der Sanktionen – erfolgen, dass sich die leistungsberechtigte Person bereit erklärt, nunmehr ihre Pflichten zu erfüllen (vgl. BVerfG 5.11.2019 – 1 BvL 7/16, Rn. 133); auf diese Begrenzungsmöglichkeit müsste das Jobcenter gem. § 14 Abs. 2 S. 2 SGB II hinweisen.

3.4.3 Unterbrechung der Hilfebedürftigkeit: Wegfall der Ersatzpflicht

72 Wird die Hilfebedürftigkeit **unterbrochen**, für die der Ersatzanspruch geltend gemacht wird, *„entfällt die Ersatzpflicht für Zeiten des Leistungsbezuges nach dem Unterbrechungszeitpunkt"* (FW 34.17). Während der Unterbrechung muss der Bedarf zum Lebensunterhalt mindestens für einen Monat durch eigene Finanzierung (idR Erwerbseinkommen) und nicht durch Rückgriff auf das Schonvermögen oder Finanzierung Dritter sichergestellt sein (BSG 30.9.2008 – B4 AS 29/07 R, in Bezug auf Einkommensanrechnung; BSG 9.4.2014 – B 14 AS 23/13 R, in Bezug auf Begrenzung der

3.4.4 Keine Ersatzpflicht bei Vorliegen einer Härte

73 Sind die Voraussetzungen für die Ersatzpflicht erfüllt, ist von Amts wegen zu prüfen, ob die Geltendmachung des Ersatzanspruchs für die*den Betroffene*n eine Härte – „nur" eine einfache, keine besondere Härte – bedeuten würde. Liegt diese vor, ist von der Geltendmachung des Ersatzanspruchs abzusehen. Das Jobcenter hat hier kein Ermessen (§ 34 Abs. 1 S. 6 SGB II).

„Liegt eine Härte vor, bedeutet das nicht, dass die Ersatzpflicht nicht eingetreten ist oder entfällt. Es ist lediglich für die Zeit, in der die Härte besteht, von der Geltendmachung des Anspruchs abzusehen. [...] Bei Wegfall der Härte kann der Ersatzanspruch wieder geltend gemacht werden" (FW 34.20). Das ergibt sich aus der Formulierung: *„soweit sie eine Härte bedeuten würde"* (§ 34 Abs. 1 S. 6 SGB II).

74 *„Ein Härtefall kann in persönlichen und wirtschaftlichen Umständen der ersatzpflichtigen Person begründet sein"* (FW 34.19). Solche Härtefallgründe könnten unserer Ansicht nach vorliegen:

- bei besonderen Belastungen der Person/Familie, wenn die Geltendmachung des Anspruchs Auswirkungen zB auf im Haushalt lebende Kinder hätte,
- wenn die ersatzpflichtige Person eine neue Bedarfsgemeinschaft begründet und die neuen Mitglieder der Bedarfsgemeinschaft durch die Höhe der Aufrechnung beeinträchtigt wären,
- bei besonderen medizinischen Belastungen oder Tilgungslasten wegen Zahnersatz,
- bei erforderlichen Schulkosten, die nicht vom Jobcenter übernommen werden,
- bei Gefährdung laufender Schuldentilgung,
- bei hohen Abschlägen oder Schuldentilgung beim Energieversorger,
- bei nicht anerkannten Unterkunftskosten usw.

Er kann auch erfüllt sein, wenn der Ersatzanspruch höher ist als der Vermögensfreibetrag und der nach § 43 SGB II höchstmöglich aufrechenbare Betrag (SG Berlin 8.12.2020 – S 179 AS 6137/17).

75 Ein Härtefall ist ein unbestimmter Rechtsbegriff, dessen Auslegung uneingeschränkt gerichtlicher Kontrolle unterliegt. *„Gemeint sind atypische Fallgestaltungen, in denen die Wiederherstellung der Nachrangigkeit der Leistungen nach dem SGB II unzumutbar oder unbillig erscheint. Das Vorliegen eines Härtefalls ist nach den Umständen des Einzelfalles zu beurteilen. Hierbei ist zu berücksichtigen, dass es vorrangiges Ziel der Härtefallregelung ist, die nachhaltige Integration und Unabhängigkeit von öffentlichen Leistungen nicht zu gefährden"* (FW 34.19).

3.4.5 Verfahren zur Geltendmachung des Ersatzanspruchs

76 Erhebt das Jobcenter Ihnen gegenüber einen Ersatzanspruch, sollten Sie folgende Aspekte über den Verfahrensgang beachten.

3.4.5.1 Ersatzanspruch kraft Gesetzes

77 Grundsätzlich besteht der Ersatzanspruch kraft Gesetzes, denn der*die Betroffene *„ist zum Ersatz verpflichtet"* (§ 34 Abs. 1 S. 1 SGB II).

Dieser Anspruch muss aber vom Jobcenter mittels Grundlagen- oder Leistungsbescheid geltend gemacht werden. Der Ersatzanspruch erlischt drei Jahre nach Ablauf des Kalenderjahres, in dem die zu ersetzenden Leistungen erbracht worden sind (§ 34 Abs. 3 SGB II).

3.4.5.2 Anhörungspflicht

78 Werden dem Jobcenter *„Tatsachen bekannt, die einen Ersatzanspruch begründen könnten, ist die oder der vermutlich Ersatzpflichtige zum Sachverhalt anzuhören (§ 24 SGB X)"* (FW 34.32).

Gegen eine solche Anhörung ist kein Widerspruch möglich. Sie sollten aber überlegen, ob das Ihnen vorgeworfene Verhalten wirklich sozialwidrig war, wie vom Jobcenter behauptet. Überlegen Sie, welche Argumente Ihr Verhalten begründen und wie Sie diese belegen können. Solche Belege könnten sein: ärztliche Stellungnahmen, Stundenzettel vom Betrieb, Arbeitsverträge, Stellungnahmen anderer Stellen und Institutionen, Zeugenaussagen Dritter. Schreiben Sie Ihre Sicht der Dinge auf und fügen Sie Belege bei. Fertigen Sie Kopien für Ihre Akten an und reichen Sie die Unterlagen dem Amt ein.

79 **Tipp 1:** Wir raten davon ab, die Anhörung mündlich durchzuführen und Ihr Verhalten in der Behörde zu erörtern. Nicht selten werden Sachbearbeiter*innen geschult, solche Kostenersatzansprüche geltend zu machen und Ihre Argumente gegen Sie auszulegen.

80 **Tipp 2:** Suchen Sie im Zweifel eine Beratungsstelle auf. Gehen Sie lieber (noch) nicht zu einem*r Anwalt*Anwältin (→ 8), weil Sie für eine Beratung anlässlich einer Anhörung keine Beratungshilfe (→ 21) bekommen und auch das Amt den*die Anwalt*Anwältin nicht bezahlt. Erst wenn das Amt Ihre Ausführungen als nicht relevant abtut und einen Bescheid über den Ersatzanspruch erlässt, ist Widerspruch – ggf. unter Hinzuziehung anwaltlicher Hilfe – erforderlich.

3.4.5.3 Grundlagen- und Leistungsbescheid

81 Um einen Kostenersatzanspruch zu erhalten, muss das Jobcenter einen Bescheid zur Feststellung bzw. Geltendmachung von Ersatzansprüchen erlassen. Im ersten Schritt muss ein **Grundlagenbescheid** über den Kostenersatz (Feststellung allein der Frage, ob Ihr Verhalten sozialwidrig war) und im zweiten ein **(Rück-)Leistungsbescheid** (Höhe des Ersatzes) erlassen werden. Das kann getrennt oder kombiniert erfolgen.

Näheres finden Sie unter Bescheid (→ 22 Rn. 12 ff.).

82 Das BSG hält die Aufspaltung in einen Grundlagen- und einen Leistungsbescheid für statthaft (BSG 29.8.2019 – B 14 AS 50/18 R). Dies ist dann **besonders gefährlich**, wenn Sie **gegen den Grundlagenbescheid keinen Widerspruch** erheben. Auch wenn in diesem Bescheid (zunächst) nichts von Ihnen gefordert wird, wird damit die „Grundlage" für eine Forderung gegen Sie geschaffen. Ist der Grundlagenbescheid bestandskräftig, können Sie im Verfahren gegen den Leistungsbescheid nicht einwenden, Ihr Verhalten sei nicht sozialwidrig gewesen. Dies steht dann bestandskräftig fest, und Sie müssen dann hinsichtlich des Grundlagenbescheids einen Überprüfungsantrag nach § 44 SGB X (→ Rn. 88) stellen.

83 **Tipp:** Erlässt das Jobcenter einen Grundlagenbescheid (nur isolierte Feststellung, dass Sie sozialwidrig gehandelt haben), legen Sie dagegen unbedingt Widerspruch ein.

3.4.5.4 Begründung des Grundlagen- und Leistungsbescheids

84 Macht das Jobcenter im Rahmen eines Grundlagen- oder eines Leistungsbescheids einen Ersatzanspruch gegen Sie geltend, muss es auch schon **im Bescheid darlegen**, warum es Ihr Verhalten als sozialwidrig beurteilt. Ein Verweis etwa auf eine Sperrzeit oder eine Minderung reicht nicht aus. Fehlt es an einer Darlegung, ist der Bescheid rechtswidrig und das Jobcenter kann die Begründung im Klageverfahren nicht nachholen (LSG Baden-Württemberg 5.6.2018 – L 7 AS 178/16; BSG 29.8.2019 – B 14 AS 49/18 R).

85 **Tipp:** Sehen Sie sich die Begründung im Bescheid bzw. im Widerspruchsbescheid genau an. Ist das Jahr, in dem das sozialwidrige Verhalten geschehen sein soll, abgelaufen und sind seitdem drei Jahre vergangen (§ 34 Abs. 3 SGB II), kann das Jobcenter den Begründungsmangel auch nicht mehr in einem neuen Bescheid nachholen.

3.4.5.5 Widerspruch und Anfechtungsklage

86 Sowohl Widerspruch als auch Anfechtungsklage gegen einen (Rück-)Leistungsbescheid entfalten aufschiebende Wirkung (§ 86a Abs. 1 SGG), die Ausnahmeregelungen im Bürgergeld-Sonderrecht des § 39 SGB II finden hier keine Anwendung (FW 34.38). Die Forderung kann demnach nicht vollzogen werden. Sollte dies wider Erwarten doch geschehen, müssen Sie das Jobcenter auf die aufschiebende Wirkung des Widerspruchs hinweisen. Wird dies ignoriert, müssen Sie die aufschiebende Wirkung durch einstweiligen Rechtsschutz (→ 41) vom Sozialgericht anordnen lassen.

3.4.5.6 Haftung der Erben für den Ersatzanspruch

87 Eine zu Lebzeiten des*r Verursachenden entstandene Verpflichtung zum Kostenersatz

geht auf den*die Erben*Erbin über. *„Sie ist auf den Nachlasswert zum Zeitpunkt des Erbfalls begrenzt"* (§ 34 Abs. 2 SGB II). Bei „sozialwidrigem Verhalten" wird offensichtlich an der Erbenhaftung festgehalten (→ 43).

3.4.5.7 Überprüfungsantrag bei rechtswidrigem Ersatzanspruch

88 Aufgrund der vagen, teilweise subjektiven Kriterien, die bei der Feststellung eines Ersatzanspruchs wegen *„sozialwidrigen Verhaltens"* zum Tragen kommen, wird ein erheblicher Anteil der Feststellungsbescheide rechtswidrig sein. In diesem Fall werden Beiträge *„zu Unrecht erhoben"*. Ist die Widerspruchsfrist abgelaufen, sollten Sie einen Überprüfungsantrag stellen (§ 44 Abs. 1 SGB X), um die betreffenden Entscheidungen korrigieren zu lassen.

Näheres finden Sie unter Nachzahlung (→ 80 Rn. 19 ff.).

Zum 1.8.2016 wurde die Frist für die rückwirkende Korrektur bei *„zu Unrecht erhobenen Leistungen"* allerdings auf **vier Jahre** verkürzt (§ 40 Abs. 1 S. 2 Nr. 1 SGB II).

89 **Kritik:**

Durch die ausgeweitete Ersatzpflicht im SGB II besteht neben den Leistungsminderungen gem. §§ 31, 31a, 31b SGB II ein weiteres Sanktionsregime.

Neben den Leistungsminderungen durch Sanktionen werden durch die Ausweitung der Ersatzansprüche neue und viel härtere Sanktionsinstrumente in Stellung gebracht. Während der „Sozialstaat" Sanktionen für Bürgergeld-Beziehende (noch) auf bis zu drei Monate beschränkt, können mittels Kostenersatzanspruch wegen „sozialwidrigen Verhaltens" und dessen Aufrechnung Leistungen für drei Jahre (und länger) um 30 Prozent des Regelbedarfs gekürzt werden (§ 43 Abs. 4 S. 3 SGB II). So werden Arbeitslose durch systematisches Aushungern in den Niedriglohn hineingepresst.

3.5 Kostenersatzregelungen im SGB XII

90 Die Kostenersatzregelung im SGB XII ist ähnlich angelegt wie im SGB II, dennoch gibt es entscheidende Unterschiede in der Weite der Auslegung.

3.5.1 Kostenersatz bei „schuldhaftem" Verhalten

91 *„Zum Ersatz der Kosten der Sozialhilfe ist verpflichtet, wer nach Vollendung des 18. Lebensjahres für sich oder andere durch vorsätzliches oder grob fahrlässiges Verhalten die Voraussetzungen für die Leistungen der Sozialhilfe herbeigeführt hat"* (§ 103 Abs. 1 SGB XII). Im SGB II heißt es *„sozialwidriges Verhalten"*, bei HzL/GSi *„schuldhaftes Verhalten"*. Gemeint ist ungefähr das Gleiche: In beiden Fällen geht es um die Wiederherstellung des *„Nachrangs"* der Fürsorgeleistungen (BVerwG 23.9.1999 – 5 C 22/99). Das BSG wendet denselben Sozialwidrigkeitsbegriff wie in § 34 SGB II an (BSG 3.7.2020 – B 8 SO 2/19 R).

Im Unterschied zum SGB II bezieht sich die SGB XII-Regel nicht nur auf Leistungsbeziehende, sondern auch auf sonstige Dritte, die Verursachende des Leistungsbezuges sind. Ausgeweitet ist die Regel auch auf Vertreter*innen, dh Bevollmächtigte bzw. Betreuer*innen, sofern der*die Vertreter*in die Rechtswidrigkeit kannte oder sie infolge grober Fahrlässigkeit nicht kannte (§ 103 Abs. 1 S. 2 SGB XII).

92 Der *„Tatvorwurf"* kann sein, dass

- Einkommen oder Vermögen in der Absicht gemindert wurde, die Voraussetzungen der Hilfebedürftigkeit herbeizuführen,
- der*die Leistungsberechtigte sich trotz Belehrung fortgesetzt unwirtschaftlich verhält oder
- ein Arbeitsplatz leichtfertig aufgegeben wurde (OVG Niedersachsen 12.1.1994 – 4 L 2342/93, in Bezug auf das BSHG).

Zwischen dem Handeln des*r Leistungsberechtigten und der daraus entstehenden Hilfebedürftigkeit muss ein kausaler Zusammenhang bestehen und es muss „schuldhaftes" Verhalten, dh vorsätzliches oder grob fahrlässiges Verhalten vorliegen (→ Rn. 25 f.).

93 Die Zahlungspflicht ist zunächst unbegrenzt, sie wird aber durch die Härtefallregelung des § 103 Abs. 1 S. 3 SGB XII als Er-

messensentscheidung eingegrenzt. Die Härtefallregelung erfordert „nur" eine (einfache) Härte, keine besondere Härte. Der Ersatzspruch kann im SGB XII bis auf das „zum Lebensunterhalt Unerlässliche" aufgerechnet werden (§ 26 Abs. 2 S. 1 SGB XII). Nach neuem Recht seit 1.1.2023 kann das ein Betrag bis zu 30 Prozent der Regelbedarfsstufe 1 sein (§ 26 Abs. 1 S. 2 SGB XII, § 26 Abs. 2 SGB XII). Es muss aber möglich sein, die Höhe mit Blick auf Behinderung, Alter und gesundheitliche Einschränkungen deutlich niedriger zu bemessen. Die Dauer der Aufrechnung ist auf maximal drei Jahre beschränkt (§ 26 Abs. 2 S. 3 SGB XII).

94 Beim Erlass des Bescheids ist zu entscheiden, ob ein Ersatzanspruch in welcher Höhe vorliegt sowie wie lange und in welcher Höhe er aufgerechnet wird. Dabei ist der Sachverhalt insgesamt zu betrachten, die Schwere der vorgeworfenen Verfehlung sowie die individuelle und familiäre Situation. Der Widerspruch (→ 126) gegen den die Aufrechnung verfügenden Bescheid entfaltet aufschiebende Wirkung (§ 86a Abs. 1 SGG).

3.5.2 Ersatzpflicht für zu Unrecht erbrachte Leistungen

95 „Zum Ersatz der Kosten für zu Unrecht erbrachte Leistungen der Sozialhilfe ist [...] verpflichtet, wer die Leistungen durch vorsätzliches oder grob fahrlässiges Verhalten herbeigeführt hat" (§ 104 SGB XII). Mit dieser Vorschrift wird der Ersatzanspruch des § 103 SGB XII dem Grunde nach auf Personen ausgedehnt, die nicht hilfebedürftig sind bzw. zur Einsatzgemeinschaft des*r Hilfebedürftigen gehören und auch keine Vertretenden der leistungsberechtigten Person sind. Ansonsten gelten die gleichen Voraussetzungen.

3.5.3 Verfahrensregeln

96 Für die Kostenersatzregelungen im SGB XII gelten im Wesentlichen die gleichen Regeln zum Verfahren, zum Erlöschen des Anspruchs und zur Härtefallregelung wie im SGB II (→ Rn. 65 ff.).

97 Die Verpflichtung zum Kostenersatz geht auf die Erb*innen über und ist aus dem Nachlass des*r Leistungsbeziehenden zu bestreiten (§ 103 Abs. 2 SGB XII). Sie ist auf den Wert des zum Zeitpunkt des Erbfalls vorhandenen Nachlasses begrenzt (§ 103 Abs. 2 S. 2 SGB XII iVm § 102 Abs. 2 S. 2 SGB XII). Näheres finden Sie unter Erbe (→ 43).

4. Bürgergeld: Ersatzansprüche für rechtswidrig erbrachte Leistungen

98 Mit der Vorschrift des § 34a SGB II wird dem Jobcenter ermöglicht, Forderungen gegen den*die Verursacher*in von rechtswidrig erbrachten Sozialleistungen geltend zu machen. Das ist zB dann für die Behörde von Interesse, wenn ein Leistungsbescheid nicht mehr aufgehoben werden kann.

Während § 34 SGB II die Erstattung rechtmäßig erbrachter Leistungen aufgrund sozialwidrigen Verhaltens regelt, nimmt § 34a die Verursacher*innen rechtswidriger Leistungszahlungen an Dritte in die Verantwortung. Ergänzend zu den Vorschriften des SGB X werden diese zum Ersatz derjenigen Leistungen verpflichtet, die durch ihr Verschulden anderen Personen erbracht wurden. Hierbei ist aber auch ein eventuelles Fehlverhalten der Behörde mit bei der Frage zu berücksichtigen, ob ein Ersatzanspruch geltend gemacht werden kann (BSG 12.5.2021 – B 4 AS 66/20 R).

4.1 Eintritt der Ersatzpflicht

99 Ersatzpflichtig im Sinne des § 34a ist, wer

- vorsätzlich oder grob fahrlässig, dh in schuldhafter Weise
- dafür gesorgt hat, dass
- rechtswidrig Leistungen an Dritte erbracht wurden.

100 Der Eintritt der Ersatzpflicht steht nicht im Ermessen des Jobcenters.

„Voraussetzung für den Eintritt der Ersatzpflicht ist ein Kausalzusammenhang zwischen der Handlung der Verursacherin/ des Verursachers und der rechtswidrigen Leistungserbringung. Die Handlung kann ein Tun (z. B. falsche Angaben bei der Antragstellung) oder ein Unterlassen (z.B. Einkommen aus Erwerbstätigkeit wird nicht angezeigt) sein" (FW 34a.5).

Die Person, welche die Ersatzpflicht auslöst, muss nicht selbst Leistungsbezieher*in oder Mitglied der Bedarfsgemeinschaft sein. Es kann sich zB auch um Arbeitgeber, Vermieter*innen oder Angehörige handeln, die falsche Angaben gemacht haben.

101 Wann vorsätzliches Verhalten oder grobe Fahrlässigkeit vorliegt, lesen Sie unter → Rn. 63 und → Rn. 25 f.

Lediglich fahrlässiges Handeln führt nicht zur Ersatzpflicht.

4.2 Ersatzanspruch nach § 34a SGB II auch gegen Minderjährige?

102 Im Gegensatz zum Ersatzanspruch wegen „sozialwidrigen Verhaltens" ist der Ersatzanspruch nach § 34a SGB II „nicht auf Personen begrenzt, die das 18. Lebensjahr vollendet haben" (FW 34a.9). Ist eine minderjährige Person Verursacher*in einer rechtswidrigen Leistungsgewährung, die nicht nach dem normalen Verwaltungsrecht zurückgefordert werden kann, ist ein Ersatzanspruch nach § 34a SGB II geltend zu machen. Noch unklar ist, ob § 1629a BGB (Haftungsbeschränkung Minderjähriger, → Rn. 45) im Rahmen des § 34a SGB II anwendbar ist; für den Fall, dass diese Norm nicht anwendbar ist, wird die Anwendung eines Erlasses der Forderung gem. § 44 SGB II erwogen (Eicher/Luik/Harich SGB II § 34a Rn. 15).

4.3 Umfang des Ersatzanspruchs

103 Der Ersatzanspruch umfasst wie der Ersatzanspruch gem. § 34 SGB II alle Leistungen nach dem SGB II. Die Ersatzpflicht beschränkt sich damit nicht auf die gesamten SGB II-Leistungen zum Lebensunterhalt, sondern umfasst auch Eingliederungsleistungen und die übernommenen Sozialversicherungsbeiträge (FW 34a.13).

4.4 Feststellung und Geltendmachung des Ersatzanspruchs

104 „Grundsätzlich ist zwischen dem Eintritt und der Geltendmachung des Ersatzanspruchs zu unterscheiden. Ein Ersatzanspruch nach § 34a SGB II entsteht kraft Gesetzes. Die Durchsetzung des Anspruchs erfolgt mittels Leistungsbescheid" (FW 34a.18).

Im zweiten Schritt hat das Jobcenter zu entscheiden, wie der Ersatzanspruch gegenüber dem*r Ersatzpflichtigen geltend gemacht werden kann. Da § 34a SGB II keine Härtefallregelung enthält, spielen die wirtschaftlichen Verhältnisse des*r Ersatzpflichtigen keine Rolle (FW 34a.19).

4.5 Aufschiebende Wirkung des Widerspruchs

105 Ersatzansprüche nach § 34a SGB II können im Leistungsbezug des*r Verursachenden aufgerechnet werden (§ 43 Abs. 1 S. 1 Nr. 2 SGB II). „Die Aufrechnung kann erst erfolgen, wenn der Leistungsbescheid bestandskräftig ist" (FW 34a.20). Die Höhe der Aufrechnung beträgt 30 Prozent des maßgebenden Regelsatzes. Der Widerspruch gegen den Bescheid, der den Ersatzanspruch festsetzt, und den Bescheid, der die Aufrechnung verfügt, entfaltet jeweils aufschiebende Wirkung (§ 86a Abs. 1 SGG; → 126 Rn. 38 ff.).

Für Näheres zum Vorgehen bei rechtswidrigen, aber bestandskräftigen Bescheiden über Ersatzansprüche schauen Sie unter → Rn. 88.

4.6 Verjährung des Ersatzanspruchs

106 „Der Anspruch nach § 34a erlischt nicht wie der Ersatzanspruch nach § 34 [nach drei Jahren], sondern unterliegt der Verjährung" (FW 34a.32). Das Jobcenter hat die Verjährung von Amts wegen zu beachten.

107 Es gibt zwei Stufen:

- „Bei Rücknahme bzw. Aufhebung der Entscheidung verjährt der Ersatzanspruch in vier Jahren nach Ablauf des Kalenderjahres, in dem der Verwaltungsakt, mit dem die Erstattung nach § 50 SGB X festgesetzt worden ist, unanfechtbar geworden ist. Damit gelten für den Ersatzanspruch gegen die verursachende Person die gleichen Verjährungsfristen wie für den Erstattungsanspruch gegen die oder den Leistungsberechtigten nach § 50 SGB X" (FW 34a.34).

- „Ist der Verwaltungsakt, mit dem der Ersatzanspruch nach § 34a SGB II durchge-

92 Rückforderung (von Leistungen)

setzt worden ist, unanfechtbar geworden, beträgt die Verjährungsfrist 30 Jahre (§ 52 Abs. 2 SGB X)" (FW 34a.36).

5. Bürgergeld: Erstattungsanspruch bei Doppelleistungen

108 „Hat ein vorrangig verpflichteter Leistungsträger in Unkenntnis der Leistung durch Träger nach diesem Buch an eine leistungsberechtigte Person geleistet, ist diese zur Erstattung der Leistung des vorrangigen Trägers an die Träger nach diesem Buch verpflichtet" (§ 34b SGB II; mit „Träger nach diesem Buch" sind Jobcenter gemeint).

Dieser neue „Herausgabeanspruch" des Jobcenters wurde mit dem Neunten SGB II-Änderungsgesetz geschaffen und gilt seit 1.8.2016. Er greift, wenn ein vorrangiger Leistungsträger Leistungen noch nicht erbracht hat (weil zB die Entscheidung über den Antrag ein Jahr oder länger benötigt), während das Jobcenter bereits SGB II-Leistungen gewährte, den Anspruch auf die vorrangige Leistung jedoch nicht übergeleitet hat (§ 104 SGB X). Er gilt auch, wenn trotz übergeleiteten Erstattungsanspruchs der Nachzahlbetrag versehentlich an die*den Leistungsberechtigte*n ausgezahlt wurde. Damit wird eine letzte Lücke für die Geltendmachung von Ersatzansprüchen geschlossen und Jobcenter werden in die Lage versetzt, den Erstattungsanspruch in voller Höhe durchzusetzen, obwohl andere Maßnahmen, den Anspruch geltend zu machen, durch die Sozialverwaltung selbst versäumt bzw. vereitelt wurden.

109 Der Erstattungsanspruch des Jobcenters kann mit 30 Prozent des Regelsatzes mtl. aufgerechnet werden (§ 43 Abs. 1 Nr. 2 SGB II, § 42 Abs. 2 S. 1 SGB II). Der Widerspruch gegen den Bescheid, der die Erstattung festsetzt, und den Bescheid zur Aufrechnung des Anspruchs entfaltet aufschiebende Wirkung (→ 126 Rn. 38 ff.).

6. Bürgergeld: Rückforderung bei vorläufiger Entscheidung und Verstoß gegen die Mitwirkungspflicht

110 Für nähere Informationen zur Rückforderung bei vorläufiger Entscheidung und Verstoß gegen die Mitwirkungspflicht schauen Sie unter dem Beitrag vorläufige Entscheidung (→ 121 Rn. 62).

7. Bürgergeld: Rückforderung bei Tod des*r Leistungsberechtigten

111 Verstirbt ein Mitglied einer Bedarfsgemeinschaft, besteht vom Grundsatz her ein Rückforderungsanspruch gegenüber den Hinterbliebenen für Leistungen, die für den Zeitraum nach dem Tod bereits erbracht wurden. Weil eine Änderung eingetreten ist, wären entsprechende Leistungen zurückzuerstatten. Mit dem Neunten SGB II-Änderungsgesetz wurde zum 1.8.2016 geregelt, dass für den Sterbemonat keine Leistungen an das Jobcenter zurückerstattet werden müssen (§ 40 Abs. 5 S. 1 SGB II).

112 Für den Zeitraum nach dem Monat des Todes gilt, dass „die für die Zeit nach dem Tod des Berechtigten auf ein Konto bei einem Geldinstitut [...] eingehenden Überweisungen [...] als unter Vorbehalt erbracht" gelten (§ 40 Abs. 5 S. 2 SGB II iVm § 118 Abs. 3–4a SGB IV). Das Geldinstitut hat die Beträge dem Jobcenter zurückzuzahlen, wenn es diese als „zu Unrecht erbracht" zurückfordert. Eine Verpflichtung zur Erstattung besteht nicht, soweit über den entsprechenden Betrag bei Eingang der Rückforderung bereits anderweitig verfügt wurde. Es sei denn, die Rückforderung kann aus dem Kontoguthaben bestritten werden (§ 118 Abs. 3 SGB IV). Mit dieser Neuregelung wurde der unsäglichen Rückforderungspraxis für Leistungen im Todesmonat endlich ein Ende gesetzt. Das sollte ebenso für HzL/GSi und Leistungen nach dem AsylbLG geregelt werden.

8. Forderungen

113 Abschaffung des Kostensatzes für „sozialwidriges" und „schuldhaftes" Verhalten!

Keine Aufrechnung von Forderungen während des Leistungsbezugs!

Keine Rückforderung von Leistungen für den Todesmonat bei HzL/GSi der Sozialhilfe und bei Leistungen nach dem AsylbLG!

93 Rundfunkbeitrag

1. Rundfunkbeitrag pro Wohnung unabhängig von tatsächlicher Nutzung 1
1.1 Befreiung und Ermäßigung vom Rundfunkbeitrag 2
1.2 Antragstellung 8
1.3 Wann beginnt die Befreiung/Ermäßigung? 10
2. Gebühren für Kabelfernsehen 12
3. Forderungen 16
4. Informationen 17

1. Rundfunkbeitrag pro Wohnung unabhängig von tatsächlicher Nutzung

1 2013 wurde die alte Rundfunkgebühr („GEZ-Gebühr") vom „Rundfunkbeitrag" abgelöst. Seitdem ist der Beitrag grundsätzlich pro Wohnung zu zahlen, unabhängig davon, ob man ein Rundfunkgerät oder einen Fernseher zum Empfang bereithält oder nicht. Der Rundfunkbeitrag beträgt seit 20.7.2021 monatlich 18,36 EUR (BVerfG 20.7.2021 – 1 BvR 2756/20, 2775/20 und 2777/20). 2019 und 2020 wurden je über 7,8 Milliarden EUR an Rundfunkbeiträgen eingenommen (23. KEF-Bericht, S. 228, abrufbar unter: https://kef-online.de/fileadmin/KEF/Dateien/Berichte/23._Bericht.pdf, letzter Zugriff: 15.1.2023). Die Beitragshöhe ist in § 8 Rundfunkfinanzierungsstaatsvertrag geregelt. Die Regelungen zur Befreiung bzw. Ermäßigung finden sich im **Rundfunkbeitragsstaatsvertrag (RBStV)**. Der Beitrag ist nach Ansicht des Bundesverfassungsgerichts mit dem Grundgesetz vereinbar (BVerfG 18.7.2018 – 1 BvR 1675/16, 1 BvR 981/17, 1 BvR 836/17, 1 BvR 745/17). Auch der Europäische Gerichtshof hat entschieden, dass der Wechsel zum Beitragssystem europarechtlich nicht zu beanstanden ist (EuGH 3.12.2018 – C 492/17).

1.1 Befreiung und Ermäßigung vom Rundfunkbeitrag

2 Die Befreiung und Ermäßigung vom Rundfunkbeitrag stell keine Leistung der Sozialbehörde dar, sondern der Rundfunkanstalten. 2020 waren 8,21 Prozent der Wohnungsinhabenden von der Beitragszahlung befreit (23. KEF-Bericht, 228). Der Anteil der befreiten und teilbefreiten Wohnungen an den angemeldeten Wohnungen (sog. „Befreiungsquote") soll 2021–2024 bei fast 10 Prozent liegen (23. KEF-Bericht, 231).

3 **Auf Antrag sind u.a. zu befreien** (§ 4 Abs. 1 RBStV):

- Beziehende von HzL/GSi der Sozialhilfe,
- Beziehende von Bürgergeld einschließlich der Leistungen nach § 22 SGB II,
- Beziehende von Leistungen nach dem AsylbLG,
- Beziehende von Hilfe zur Pflege,
- Auszubildende, die nicht bei ihren Eltern wohnen **und** BAföG, BAB oder Ausbildungsgeld für behinderte Menschen beziehen,
- taubblinde Menschen und Berechtigte von Blindenhilfe nach § 72 SGB XII.

4 Einen **ermäßigten Beitrag von monatlich 6,12 EUR** können behinderte Personen beantragen, denen das Merkzeichen „RF" zuerkannt wurde (§ 4 Abs. 2 RBStV). Das sind

- blinde oder dauerhaft wesentlich sehbehinderte Menschen, mit einem Grad der Behinderung von wenigstens 60 allein wegen der Sehbehinderung,
- gehörlose oder schwer hörgeschädigte Menschen, denen eine ausreichende Verständigung über das Gehör auch mit Hörhilfen nicht möglich ist und
- behinderte Menschen mit einem Grad der Behinderung von wenigstens 80, die deswegen ständig nicht an öffentlichen Veranstaltungen teilnehmen können.

Diese Personengruppe „RF" war vor 2013 noch von den Rundfunkgebühren befreit.

5 **Erstreckung der Befreiung oder Ermäßigung auf andere Bewohner*innen der Wohnung:**

Die Befreiung oder Ermäßigung erstreckt sich innerhalb der Wohnung nur auf

- Ehegatt*innen und den*die eingetragene Lebenspartner*in,
- auf Kinder bis zur Vollendung des 25. Lebensjahres und
- auf andere Mitbewohner*innen, deren Einkommen und Vermögen bei der Ge-

währung einer zur Befreiung führenden Sozialleistung berücksichtigt worden sind.

6 **Härtefallregelung:** Wer keine der in § 4 Abs. 1 RBStV genannten Sozialleistungen erhält, kann gesondert eine Befreiung als besonderer Härtefall beantragen. Ein Härtefall liegt insbesondere vor, wenn eine Sozialleistung in einem Bescheid mit der Begründung versagt wurde, dass die Einkünfte die jeweilige Bedarfsgrenze um weniger als die Höhe des Rundfunkbeitrags (18,36 EUR) überschreiten (§ 4 Abs. 6 RBStV; Bedarfsberechnung, → 15). Aber auch wer von den für die Rundfunkbeitragsbefreiung einschlägigen Sozialleistungen ganz ausgeschlossen ist (zB Studierende, die nicht bei den Eltern wohnen und kein BAföG bekommen, Aufenthalt außerhalb des zeit- und ortsnahen Bereichs ohne Zustimmung [§ 7 Abs. 4a SGB II bis 30.6.2022, § 7b SGB II ab 1.7.2023]) oder auf diese verzichtet hat, kann bei niedrigem Einkommen befreit werden. Der **Begriff** des besonderen Härtefalls erfasst vor allem die Fälle, in denen der*die Beitragsschuldner*in eine mit Empfänger*innen von Hilfe zum Lebensunterhalt nach dem SGB XII vergleichbare Bedürftigkeit nachweisen kann. Hierzu zählen einkommensschwache Beitragsschuldner*innen, die nach Abzug ihrer Wohnkosten weniger Einkommen zur Verfügung haben als Beziehende von derartigen Leistungen und auch kein verwertbares Vermögen haben.

7 Gründe der Verwaltungsvereinfachung rechtfertigen es nicht, einkommensschwachen Personen, die mit ihrem Einkommen unter den sozialhilferechtlichen Regelbedarfen liegen und dieses zur Deckung ihres Lebensbedarfs benötigen, eine Befreiung zu versagen, während die Empfänger*innen von Hilfe zum Lebensunterhalt nicht auf ihr Einkommen zur Entrichtung des Rundfunkbeitrags zurückgreifen müssen. Die Rundfunkanstalten müssen in solchen Fällen anhand der von der beitragspflichtigen Person vorzulegenden Nachweise das Vorliegen einer vergleichbaren Bedürftigkeit prüfen (BVerwG 30.10.2019 – 6 C 10.18). Die Rechtsprechung, auch in diesen Fällen vorrangig einen Antrag auf die für die Rundfunkbeitragsbefreiung einschlägige Sozialleistung oder ein Härtefalldarlehen (§ 27 Abs. 3 S. 1 SGB II) zu verlangen, damit das System der bescheidgebundenen Befreiung nicht unterlaufen werde (OVG Lüneburg 21.1.2020 – 4 LA 286/19; OVG NRW 17.9.2020 – 2 E 239/20; VG Göttingen 2.10.2020 – 2 A 276/18; OVG Berlin-Brandenburg 30.11.2020 – OVG 11 N 24.19), hat das Bundesverfassungsgericht für verfassungswidrig befunden. Maßgeblich ist allein, dass nur über ein den sozialrechtlichen Regelsätzen entsprechendes oder sie unterschreitendes Einkommen verfügt wird und nicht auf Vermögen zurückgegriffen werden kann (BVerfG 19.1.2022 – 1 BvR 1089/18).

1.2 Antragstellung

8 Sie müssen den Antrag auf Befreiung beim „Beitragsservice" von ARD/ZDF/Deutschlandradio (der früheren GEZ) schriftlich stellen. Das Antragsformular erhalten Sie in den jeweiligen Sozialbehörden, der Stadt-/Gemeindeverwaltung oder online (https://www.rundfunkbeitrag.de/buergerinnen_und_buerger/formulare/befreiung_oder_ermaessigung_beantragen/index_ger.html). Den unterschriebenen Antrag, der automatisch auch die Anmeldung enthält, senden Sie mit entsprechenden Nachweisen an: ARD ZDF Deutschlandradio, Beitragsservice, 50656 Köln.

Den **Nachweis** über die bescheidgebundene Befreiungsberechtigung erbringen Sie durch

- eine Bescheinigung der leistungsgewährenden Behörde (in den Bürgergeld- und BAföG-Bewilligungsbescheiden finden Sie mittlerweile einen entsprechenden **Vordruck zur Gebührenbefreiung**) oder den Bewilligungsbescheid in gut lesbarer Kopie oder
- den Schwerbehindertenausweis (Vorder- und Rückseite) in gut lesbarer Kopie.

Nur bei Taubblindheit reicht ein aktuelles ärztliches Attest oder eine amtliche Bescheinigung in Kopie. Wer auf eine Sozialleistung verzichtet (§ 46 Abs. 1 SGB I), muss neben dem Bewilligungsbescheid der Sozialbehörde auch die schriftliche Verzichtserklärung einreichen. Zum Nachweis eines Einkommens unter dem sozialhilferechtlichen Regelbedarf gibt es keine Hinweise auf der Rundfunk-

Website, so dass bei Ausschluss von Sozialleistungen die Vorlage von Kontoauszugskopien und einer schriftlichen Versicherung, dass daneben kein verwertbares Vermögen vorhanden ist, ratsam sein dürfte.

9 **Tipp:** Schicken Sie dem Beitragsservice am besten die Bescheinigung der Behörde über den Sozialleistungsbezug, aber niemals einen Originalbescheid. Wenn Sie den aus der Hand geben, können Sie schlechter Widerspruch (→ 126) einlegen. Eine gut lesbare vollständige Kopie genügt.

1.3 Wann beginnt die Befreiung/Ermäßigung?

10 Seit 2017 ist eine **bis zu drei Jahren rückwirkende** Befreiung/Ermäßigung möglich! § 4 Abs. 4 RBStV lautet:

„Die Dauer der Befreiung oder Ermäßigung richtet sich nach dem Gültigkeitszeitraum des Nachweises nach Abs. 7 Satz 2 [zB des Bürgergeld-Bescheides]. Sie beginnt mit dem Ersten des Monats, in dem der Gültigkeitszeitraum beginnt, frühestens jedoch drei Jahre vor dem Ersten des Monats, in dem die Befreiung oder Ermäßigung beantragt wird."

11 **Tipp:** Denken Sie daran, nach Erhalt eines Bescheides für jeden neuen Bewilligungszeitraum erneut einen Befreiungsantrag zu stellen.

2. Gebühren für Kabelfernsehen

12 Eventuell anfallende Gebühren für Kabelfernsehen sind Ihr Privatvergnügen. Sie zählen nicht zum notwendigen Lebensunterhalt (BSG 19.2.2009 – B 4 AS 48/08 R, 414; OVG Niedersachsen 26.11.1997 – 4 L 7031/96).

13 **Ausnahme:** Sie werden im Einzelfall übernommen, wenn

- am Wohnsitz keine normalen Bedingungen für den Empfang über Antennen bestehen (OVG Niedersachsen 26.11.1997 – 4 L 7031/96),
- Sie **mietvertraglich** zur Zahlung **verpflichtet** sind und die Gebühren unabhängig vom Willen des*r Bürgergeld-/Sozialhilfebeziehenden entstehen, zB weil der*die Vermieter*in nicht bereit ist, den An-

schluss durch Einbau einer Sperrdose stillzulegen. In solchen Fällen gehören Kabelgebühren zu den laufenden Kosten der Unterkunft (BSG 19.2.2009 – B 4 AS 48/08 R; BVerwG 28.11.2001 – 5 C 9.01, 5 PKH 39.01).

14 **Tipp:** Wenn die Gebühren für Kabelfernsehen aus den Kosten der Unterkunft herausgerechnet werden, obwohl Sie diese Kosten nicht vermeiden können, sollten Sie Widerspruch (→ 126) einlegen.

15 Kosten für Kabel-TV können aber nur übernommen werden, wenn die Unterkunftskosten einschließlich der Grundgebühr für den Kabelanschluss angemessen sind (BSG 19.2.2009 – B 4 AS 48/08 R; Miete, → 75 Rn. 8).

3. Forderungen

16 Anhebung der Einkommensgrenze für die Gebührenbefreiung auf den anderthalbfachen Regelbedarf!

Alle Befreiungsberechtigten sollten ohne gesonderten Antrag während des Leistungsbezuges automatisch vom Rundfunkbeitrag befreit werden. Organisatorisch kann das über eine Pflichtbefreiungsmeldung des jeweiligen Leistungsträgers abgewickelt werden.

4. Informationen

17 Informationen in anderen Sprachen: www.rundfunkbeitrag.de/welcome/index_ger.html

Text Rundfunkbeitragsstaatsvertrag: www.rundfunkbeitrag.de/e175/e4794/Rundfunkbeitragsstaatsvertrag.pdf

94
Sachleistungen

1. Vorrang von Geldleistungen 1
 1.1 Vorrang auch bei Mittellosigkeit .. 5
2. Zulässigkeit von Sachleistungen im Bürgergeld 9
 2.1 Nicht bestimmungsgemäße Verwendung des Regelbedarfs 10
 2.2 Antrag auf Erstausstattung 11
 2.3 „Unabweisbarer" Bedarf 14

763

2.4 Leistungen für Bildung und Teilhabe 15
2.5 Vorläufige Entscheidung über Leistungen 16
3. Sachleistung zwecks Kostensenkung .. 17
4. Sich wehren gegen Sachleistungen 19

1. Vorrang von Geldleistungen

1 Sachleistungen sind eine Form von Sozialleistungen (§ 11 SGB I). Es sind Leistungen, die nicht in Geld oder als Dienstleistungen erbracht werden, sondern sie werden als „Sachen" zur Verfügung gestellt. Gutscheine gehören auch zu den Sachleistungen (§ 4 Abs. 1 Nr. 3 SGB II, § 10 Abs. 1 Nr. 3 SGB XII).

Zu den Sachleistungen zählen neben Gutscheinen (Wertgutscheinen, Lebensmittelgutscheinen, Berechtigungsscheinen) auch: Essensausgabe, zur Verfügung gestellte Hausratsgegenstände, Kleidung, Kinderwagen, die Bedarfsdeckung über Möbellager, Kleiderkammern usw Die Direktzahlung an Anbieter von Bildungs- und Teilhabeleistungen (§ 29 Abs. 1 SGB II, § 34a Abs. 2 SGB XII) stellt auch eine Form der Sachleistungsgewährung dar. In der Vergangenheit waren ergänzende Sachleistungen bei Sanktionen oberhalb von 30 Prozent möglich und bei minderjährigen Kindern im Haushalt verpflichtend, mit Urteil des BVerfG (5.11.2019 – 1 BvL 7/16) wurden Sanktionen oberhalb von 30 Prozent derweilen abgeschafft, daher sind derzeit an dieser Front keine Sachleistungen möglich.

2 Sozialleistungen können als Dienstleistungen (zB persönliche Hilfe, Beratung), Geldleistung oder als Sachleistung erbracht werden (§ 4 Abs. 1 SGB II, § 10 Abs. 1 SGB XII). Das Bildungs- und Teilhabepaket soll „insbesondere in Form von personalisierten Gutscheinen und Direktzahlungen" an die entsprechenden Anbieter erbracht werden (§ 29 Abs. 1 SGB II, § 34a Abs. 2 SGB XII). Seit dem 1.8.2019 können diese auch als Geldleistung direkt an die Leistungsberechtigten erbracht werden (§ 29 Abs. 1 S. 1 Nr. 3 SGB II). Vor dem 1.4.2011 sollten SGB II-Leistungen, „insbesondere" der Lebensunterhalt, mit Geldleistungen erbracht werden. Jetzt stehen Geld- und Sachleistungen gleichberechtigt nebeneinander (§ 4 Abs. 1 SGB II).

3 Vom Grundsatz her haben Geldleistungen aber Vorrang. Regelbedarfe müssen in Geld ausgezahlt werden. Im SGB XII wird der Vorrang der Geldleistung sogar ausdrücklich betont: „Geldleistungen haben Vorrang vor Gutscheinen oder Sachleistungen" (§ 10 Abs. 3 SGB XII). Auch im SGB II besteht dieser Vorrang (Eicher/Luik/Harich SGB II § 4 Rn. 13; LPK-SGB II § 4 Rn. 9), denn Sachleistungen haben einen „tendenziell diskriminierenden Charakter" (LPK-SGB II § 4 Rn. 9).

4 Vorrang der Geldleistung bedeutet, dass nach pflichtgemäßem Ermessen (→ 44) entschieden werden muss, ob Geld- oder Sachleistungen vergeben werden. „Über Art und Maß der Leistungserbringung ist nach pflichtgemäßem Ermessen zu entscheiden" (§ 17 Abs. 2 S. 1 SGB XII). Wenn Sachleistungen ohne spezielle Rechtsgrundlage vergeben werden, ist das willkürlich und rechtswidrig.

1.1 Vorrang auch bei Mittellosigkeit

5 Wenn Sie nichts mehr zu Essen haben, brauchen Sie sofort Unterstützung. „Dem Hilfesuchenden kann [...] nicht zugemutet werden, bis zum Abschluss der Ermittlungen („vorübergehend") auf das für den Lebensunterhalt Notwendige zu verzichten" (BVerwG 23.6.1994 – 5 C 26/92; → 7).

6 Der Regelbedarf muss auch dann im Normalfall über Geld gedeckt werden. Mit Lebensmittelgutscheinen können Sie keine Tabakwaren, Fahrkarten oder Handykarten kaufen und keine Medikamentenzuzahlungen leisten. Restgeld wird nicht ausgezahlt. Sie werden vor anderen Kund*innen und den Verkäufer*innen als Empfänger*in von „Stütze" gebrandmarkt. Das verstößt gegen den Datenschutz (→ 32; so der Hessische Datenschutzbeauftragte, info also 1989, 134) und verletzt die Menschenwürde (VGH Baden-Württemberg 8.9.1993 – 6 S 1467/91).

7 Tipp: Wenn Bürgergeld, HzL/GSi der Sozialhilfe – aus welchem Grund auch immer – nicht auf Ihrem Konto eingegangen ist, dürfen Sie ebenfalls nicht mit einem Lebensmittelgutschein abgefertigt werden. Die Geldleistung als Vorschuss in Form von Bargeld

oder einem Scheck hat Vorrang – sofort und ohne Aufschub. Bewilligte Sozialhilfeleistungen sind so rechtzeitig zur Auszahlung zu bringen, dass sie dem*r Hilfeempfänger*in zur Bedarfsdeckung zur Verfügung stehen. Besteht die Notlage wegen verzögerten Zahlungszugangs fort, muss der Leistungsträger geeignete Maßnahmen ergreifen, um der Notlage zu begegnen. Auf die Überziehung seines*ihres Kontos kann ein*e Empfänger*in von Hilfe zum Lebensunterhalt nicht verwiesen werden (VGH Baden-Württemberg 7.1.2005 – 7 S 2525/04; → 7 Rn. 73).

8 Seit Januar 2019 ist es in Jobcentern in gemeinsamer Einrichtung und Arbeitsagenturen möglich, die Auszahlungen von Leistungen über Supermarktkassen sicherzustellen. Mit neutral gehaltenen Zetteln, auf die ein Barcode aufgedruckt ist und die an Supermarktkassen vorgelegt werden können, kann der angezeigte Betrag sofort ausgezahlt werden. Ein Datenschutzverstoß findet dabei nicht statt.

2. Zulässigkeit von Sachleistungen im Bürgergeld

9 Sachleistungen sind im SGB II nur da zulässig, wo sie ausdrücklich gesetzlich bestimmt sind (LPK-SGB II § 4 Rn. 8).

2.1 Nicht bestimmungsgemäße Verwendung des Regelbedarfs

10 Im Bürgergeld sind Sachleistungen statt Regelbedarf nur zulässig, wenn Sie Ihren Regelbedarf nicht bestimmungsgemäß verwenden, sondern ihn zB für Alkohol oder Drogen verbraucht haben.

„Solange sich der Hilfebedürftige, insbesondere bei Drogen- oder Alkoholabhängigkeit sowie im Falle unwirtschaftlichen Verhaltens, als ungeeignet erweist, mit der Regelleistung [...] seinen Bedarf zu decken, kann die Regelleistung in voller Höhe oder anteilig als Sachleistung erbracht werden" (§ 24 Abs. 2 SGB II).

Allen Drogenabhängigen deswegen nur noch Sachleistungen „auszuzahlen", ist rechtlich **nicht zulässig** (LPK-SGB II § 4 Rn. 9). Es muss immer im Einzelfall entschieden werden, und es müssen Erfahrungen vorliegen, die für ein *„ungeeignetes"* Verwenden der Mittel sprechen.

2.2 Antrag auf Erstausstattung

11 Erstausstattungen für die Wohnung, einschließlich Haushaltsgeräten, Erstausstattungen für Bekleidung und Erstausstattungen bei Schwangerschaft und Geburt *„können als Sachleistung oder Geldleistung [...] erbracht werden"* (§ 24 Abs. 3 S. 5 SGB II).

Geld muss auch hier Vorrang vor Sachleistungen haben (Eicher/Luick/Harich SGB II § 24 Rn. 60). Denn das SGB II soll ja gerade die Eigenverantwortung fördern (§ 20 Abs. 1 S. 4 SGB II). Nicht zuletzt deswegen werden die meisten früheren einmaligen Beihilfen pauschal mit dem Regelbedarf als Geldleistung abgegolten. Eine Erstausstattung ohne eine auf den Einzelfall bezogene, nachvollziehbare Begründung als Sachleistung zu erbringen, wäre reine Schikane.

12 **Tipp:** Wurde bei der Entscheidung über eine Sachleistung kein Ermessen ausgeübt, können Sie dagegen mit Widerspruch (→ 126) und Klage (→ 64) vorgehen.

13 Schon zu Zeiten des BSHG wurde überwiegend die Meinung vertreten, dass die Erstausstattung als Geldleistung zu erbringen sei. Neuwertige Ware kaufen zu können ist auch deshalb so wichtig, weil Leistungsbeziehende für die Ersatzbeschaffung dieser Güter aus ihrem Regelbedarf ansparen müssen. Je schlechter die Qualität der Erstausstattung, desto eher muss aus dem Regelbedarf Ersatz beschafft werden. Das führt indirekt zur Senkung des Regelbedarfs.

2.3 „Unabweisbarer" Bedarf

14 Mit wenigen Ausnahmen sind alle früheren einmaligen Beihilfen (→ 40) im Regelbedarf enthalten. Wenn Sie nicht in der Lage sind, den Bedarf zB für größere Anschaffungen zu decken, können Sie unter **engen Voraussetzungen** ein Darlehen (→ 30) auch in Form einer Sachleistung erhalten (§ 24 Abs. 1 S. 1 und 2 SGB II). Sie können ebenfalls auf Sachleistungen in Möbellagern oder Kleiderkammern verwiesen werden. Näheres dazu finden Sie unter einmalige Beihilfen (→ 40 Rn. 26 ff.).

2.4 Leistungen für Bildung und Teilhabe

15 Weil „Hartz IV-/Bürgergeld-Eltern" von Seiten der „Hartz IV-/ Bürgergeld-Parteien" die Verantwortung abgesprochen wird, Leistungen für Bildung, Schule und Kita sowie für gesellschaftliche Teilhabe an ihre Kinder weiterzuleiten, wurde ins **SGB II** aufgenommen, dass diese Leistungen des Bildungs- und Teilhabepakets in Form eines *„personalisierten Gutscheins oder Direktzahlung"* an die entsprechenden Anbieter zu erbringen sind (§ 29 Abs. 1 S. SGB II). Seit dem 1.8.2019 können diese auch als Geldleistung direkt an die Leistungsberechtigten erbracht werden (§ 29 Abs. 1 S. 1 Nr. 3 SGB II).

Analog dazu werden auch für **Sozialhilfebeziehende** (§ 34 f. SGB XII) und für Beziehende des **Kinderzuschlags** (→ 63) und/oder **Wohngelds** (→ 127; § 6b Abs. 1 BKGG) Bildungs- und Teilhabeleistungen als Gutscheine oder Direktzahlung an den Anbieter gewährt.

Näheres und Ausnahmen dazu finden Sie unter Bildung und Teilhabe (→ 27).

2.5 Vorläufige Entscheidung über Leistungen

16 Seit dem 1.8.2016 besteht die Gefahr, dass in Folge des Neunten SGB II-Änderungsgesetzes Sachleistungen bei den vorläufigen Leistungserbringungen durch die Hintertür ausgeweitet werden. Im Regelfall sind nach wie vor Geldleistungen zu erbringen. Dennoch wird in der Vorschrift zur vorläufigen Entscheidung über Leistungen vorangestellt: *„Über die Erbringung von Geld- und Sachleistungen ist vorläufig zu entscheiden [...]"* (§ 41a Abs. 1 S. 1 SGB II; → 7 Rn. 74 ff.). Sofern sich das lediglich auf Leistungen für Bildung- und Teilhabe bezieht (§ 28 SGB II), ist die Nennung der Sachleistung rechtlich nicht zu beanstanden. Wenn Jobcenter diese Nennung aber als Aufforderung verstehen, bei vorläufiger Leistungsgewährung zunächst Lebensmittelgutscheine auszugeben, wäre das ebenso **rechtswidrig** wie in allen anderen Fällen, bei denen nicht ausdrücklich eine Ausnahme geregelt ist (→ Rn. 10, 12).

3. Sachleistung zwecks Kostensenkung

17 HzL/und GSi der Sozialhilfe: *„Geldleistungen haben Vorrang vor Gutscheinen oder Sachleistungen, soweit dieses Buch nicht etwas anderes bestimmt oder mit [...] Sachleistungen das Ziel der Sozialhilfe erheblich besser oder wirtschaftlicher erreicht werden kann oder die Leistungsberechtigten es wünschen"* (§ 10 Abs. 3 SGB XII). Das SGB XII stößt die Tür weit auf, um Sachleistungen den Geldleistungen dann vorzuziehen, wenn sie billiger sind.

18 Es kann aber auch ein Eigentor sein. Für Sie selbst kann es zweifellos billiger sein, sich im Möbellager oder in Kleiderkammern zu versorgen, aber nicht unbedingt für das Sozialamt. Die Gesamtkosten für den Betrieb solcher Warenlager, umgelegt auf die Waren, die tatsächlich an Leistungsberechtigte ausgegeben werden, können höher sein, als wenn diese ihren Bedarf im Einzelhandel decken würden. Das Ziel der Sozialhilfe, nämlich den notwendigen Lebensunterhalt sicherzustellen, wäre dann unwirtschaftlicher erreicht, nicht wirtschaftlicher.

Bei der Begründung ihrer Entscheidung müssen die Sozialhilfeträger jetzt **offenlegen**, ob die Sachleistung in einem Möbellager tatsächlich *„erheblich wirtschaftlicher"* ist, als wenn Sie sich die Sachen selbst besorgen. Möbellager und Kleiderkammern halten wir nur dann für sinnvoll, wenn es allen Leuten freigestellt ist, dort billige Möbel oder Kleidung zu kaufen. Die zwangsweise Anordnung, sich dort zu versorgen, ist abzulehnen.

4. Sich wehren gegen Sachleistungen

19 Werden Ihnen Geld- statt Sachleistungen erbracht, können Sie gegen entsprechende Bescheide **Widerspruch** (→ 126) einlegen und bei dessen Ablehnung klagen. Sie werden idR jedoch gegen die Gewährung von Sachleistungen nichts ausrichten können, weil ein Anordnungsgrund für **einstweiligen Rechtsschutz** (→ 41) nicht vorliegt und eine normale Klage (→ 64) viel zu lange dauert.

Nur wenn eine Sachleistungsgewährung aus einem **wichtigen Grund** nicht zumutbar oder sachdienlich ist, kann eine einstweilige Anordnung Aussicht auf Erfolg haben.

95 Sanktionen

Wenn Sie sich über Ihren Fall hinaus wehren wollen, können Sie auch eine **Feststellungsklage** (→ 64 Rn. 5) einlegen, damit wird – vom einzelnen Fall abgetrennt – geklärt, ob das Handeln der Verwaltung zulässig war oder nicht (§ 55 SGG). Die Feststellungsklage ist **ein wichtiges Mittel**, wenigstens hinterher etwaiges rechtswidriges Behördenhandeln vom Gericht feststellen zu lassen.

95 Sanktionen

1. Sanktionen im Bürgergeld 1
  1.1 Verstoß gegen Pflichten des Kooperationsplans/der Eingliederungsvereinbarung 4
  1.2 Weitere Verstöße SGB II/SGB XII 11
    1.2.1 Vorsätzliches Herbeiführen der Hilfebedürftigkeit, unwirtschaftliches Verhalten 12
    1.2.2 Keine Sanktionierung bei Maßnahmen- und Arbeitsunwilligkeit im SGB XII 18
    1.2.3 Strafkatalog bei nicht erwerbsfähigen Sozialgeld-Beziehenden (§ 31a Abs. 5 SGB II) 19
    1.2.4 Sperrzeiten bei Alg I-Bezug 20
    1.2.5 Meldeverstöße im SGB II: Der Regelbedarf wird um zehn Prozent gekürzt 21
    1.2.6 Strafenkatalog bei Jugendlichen und jungen Erwachsenen unter 25 Jahren gestrichen 24
2. Dauer und Höhe der Kürzung 25
  2.1 Sanktionsbeendigung durch Mitwirkung(spflicht) 26
  2.2 Keine Kürzung der Unterkunfts- und Heizungskosten 27
  2.3 Beginn, Dauer und Höhe der Sanktionierung 29
  2.4 Sanktionen treffen auf Aufrechnungen 36
  2.5 SGB XII: Umfang der Strafen bei HzL/GSi der Sozialhilfe 38
3. Bei allen Sanktionen zu beachten – strenge Formalien 40
  3.1 Belehrung und Anhörung müssen sein 41
  3.2 Wichtiger Grund 49
  3.3 Sanktionierungshindernis – Außergewöhnliche Härte 54
  3.4 Sanktionsbeendigung durch Mitwirkungspflicht 55
4. Sich gegen Sanktionen wehren 56
5. Kritik 58
6. Forderungen 59

1. Sanktionen im Bürgergeld

1 Seit jeher sollte man meinen, bei den Regelbedarfen kann nichts mehr gekürzt werden, dennoch wird auch im Bürgergeld weiter gekürzt (werden). Zwar ist die Praxis des Arbeitszwanges durch Aushungern und Totalentzug der Sozialleistungen seit der Sanktions-Entscheidung des Bundesverfassungsgerichts (5.11.2019 – 1 BvL 7/16) endlich eingeschränkt worden: Die Sanktionen wurden auf höchstens 30 Prozent der Regelleistungen begrenzt. Dennoch wird bei den sanktionierten Personen wegen der unzureichenden Regelleistungen Not herrschen. Die dürfte aber hinsichtlich des Existenzminimums verfassungsrechtlich vorerst geklärt sein. Dass die Überschrift des SGB II-Abschnitts seit 1.1.2023 nun statt „Sanktionen" „Leistungsminderungen" heißt, verbessert für die Betroffenen nichts. Man möge es dem Autor nachsehen, dass er im Folgenden weiterhin von sanktionierten Bezieher*innen spricht. Die Worte „leistungsgeminderte Bezieher*innen" dürften insbesondere im Hinblick auf das SGB IX (Rehabilitation und Teilhabe von Menschen mit Behinderungen) missverständlich sein.

2 Ein Teil der Neufassungen der §§ 31 ff SGB II tritt erst zum 1.7.2023 in Kraft. Jedoch hat die Bundesagentur bereits neue Weisungen für den Zeitraum seit 1.1.2023 erlassen (FW zu §§ 31, 31a, 31b SGB II). Vom 1.7.2022 bis ursprünglich zum 1.7.2023 sollte ein Sanktionsmoratorium gelten, welches lediglich eine 10-Prozent-Kürzung des Regelsatzes für drei Monate ab dem zweiten Meldeversäumnis innerhalb eines Jahres gem. § 32 SGB II vorsah (§ 84 SGB II). Auf Druck der Union wurde dieses im Vermittlungsausschuss zur Zustimmung zum Bürgergeldgesetz auf ein halbes Jahr verkürzt. Somit darf seit 1.1.2023 wieder sanktioniert werden. Eine nachträgliche Sanktionierung im Jahr 2023 für Zeiträume bis zum Ablauf des Sanktionsmoratoriums oberhalb der bis dahin geltenden vorbeschriebenen Regelungen verstößt gegen das

Rückwirkungsverbot, nachdem niemand für eine Tat bestraft werden darf, wenn die Tat zum Tatzeitpunkt nicht strafbar war (Art. 103 Abs. 2 GG; BVerfG 24.10.1996 – 2 BvR 1851/94).

3 Der Sanktionsparagraf 31 SGB II beschreibt die **Pflichtverletzungen**, § 31a SGB II die **Sanktionsfolgen** und § 31b SGB II regelt deren **Dauer**. In § 32 SGB II sind separat die **Meldeverstöße** geregelt. Wenn Bürgergeld gekürzt wird, haben Sie **keinen** Anspruch auf ergänzende Sozialhilfe (§ 31b Abs. 2 SGB II aF bis 30.6.2023, § 31b Abs. 3 SGB II ab 1.7.2023).

1.1 Verstoß gegen Pflichten des Kooperationsplans/der Eingliederungsvereinbarung

4 Der Regelbedarf wird in einer ersten Stufe um **10 Prozent** gekürzt (§ 31a Abs. 1 S. 1 SGB II), wenn Sie *„trotz schriftlicher Belehrung über die Rechtsfolgen oder deren Kenntnis"* (bis zum 30.6.2023) sich weigern:

- „in der Eingliederungsvereinbarung oder in dem diese ersetzenden Verwaltungsakt nach § 15 Absatz 3 Satz 3 festgelegte Pflichten zu erfüllen, insbesondere in ausreichendem Umfang Eigenbemühungen nachzuweisen" (§ 31 Abs. 1 S. 1 Nr. 1 SGB II aF bis 30.6.2023) bzw. „einer Aufforderung gemäß § 15 Absatz 5 oder Absatz 6 nachzukommen" (§ 31 Abs. 1 S. 1 Nr. 1 SGB II **ab 1.7.2023**),
- „eine zumutbare Arbeit, Ausbildung, Arbeitsgelegenheit nach § 16d oder ein nach § 16e gefördertes Arbeitsverhältnis aufzunehmen, fortzuführen oder deren Anbahnung durch ihr Verhalten verhindern" (§ 31 Abs. 1 S. 1 Nr. 2 SGB II), oder wenn Sie
- „eine zumutbare Maßnahme zur Eingliederung in Arbeit nicht antreten, abbrechen oder Anlass für den Abbruch gegeben haben„ (§ 31 Abs. 1 S. 1 Nr. 3 SGB II).

Die **Eingliederungsvereinbarung** (EinV) gibt es nur bis 30.6.2023. Danach heißt diese **Kooperationsplan** (→ 35). Da hier auf § 15 Abs. 4, 5 SGB II (gültig ab 1.7.2023) verwiesen wird, welche wiederum auf die Leistungen zur Eingliederung nach §§ 16, 16d SGB II verweisen, betrifft das auch *„die übri-*

gen Leistungen der Beratung und Vermittlung nach dem Ersten Abschnitt mit Ausnahme der [Meldeversäumnisse] nach § 31a [Abs. 1 S 7 SGB II]" (§ 16 Abs. 1 S. 1 Nr. 1), die nach § 32 SGB II unabhängig davon mit jeweils 10 Prozent sanktioniert werden.

5 Sanktionierbare Leistungen zur Eingliederung in Arbeit sind:

- „Leistungen zur Aktivierung und beruflichen Eingliederung nach dem Zweiten Abschnitt" (§ 16 Abs. 1 S. Nr. 2 SGB II),
- „Leistungen zur Berufsausbildung nach dem Vierten Unterabschnitt des Dritten Abschnitts und Leistungen nach § 54a Absatz 1 bis 5" (§ 16 Abs. 1 S. Nr. 3 SGB II),
- „Leistungen zur beruflichen Weiterbildung nach dem Vierten Abschnitt mit Ausnahme von Leistungen nach § 82 Absatz 6, und Leistungen nach den §§ 131a und 131b" (§ 16 Abs. 1 S. Nr. 4 SGB II),
- „Leistungen zur Aufnahme einer sozialversicherungspflichtigen Beschäftigung nach dem Ersten Unterabschnitt des Fünften Abschnitts" (§ 16 Abs. 1 S. Nr. 5 SGB II).

6 Bei den Sanktionsgründen hat sich nur wenig geändert, gestrichen wurde, dass zu sanktionieren ist, wer eine „in der **Eingliederungsvereinbarung oder in dem diese ersetzenden Verwaltungsakt nach § 15 Abs. 3 S. 3 SGB II festgelegte Pflichten** [nicht] erfüll[t]" (§ 31 Abs. 1 S. 1 Nr. 1 SGB II aF bis 30.6.2023). Dies wurde durch die zu sanktionierende Weigerung ersetzt, „einer **Aufforderung gemäß § 15 Abs. 5** [Maßnahme zur Ausbildung, Tätigkeiten oder Tätigkeitsbereiche die erwerbsfähige leistungsberechtigte Person vermittelt werden soll] **oder Abs. 6 SGB II** [Maßnahme zur beruflichen oder medizinischen Rehabilitation] nachzukommen" (§ 31 Abs. 1 S. 1 Nr. 1 SGB II ab 1.7.2023).

7 Zudem wird das **Nichtbefolgen von Mitwirkungshandlungen** der in § 16d SGB II geregelten **Arbeitsgelegenheiten** (→ 9) auch weiterhin sanktioniert. Dass diese Sanktionierung im Wortlaut des § 31 Abs. 1 Nr. 3 SGB II nun gestrichen wurde, ist nur eine redaktionelle Anpassung (BT-Drs. 20/3873, 92), da diese Verstöße in § 31 Abs. 1 S. 1 Nr. 3 SGB II mit umfasst sind. Im Vergleich zu der vor dem Bürgergeld geregelten Sank-

tionierung bei Verstoß gegen in einem entsprechenden **Eingliederungsverwaltungsakt** festgelegte Pflichten oder bei nicht **ausreichenden Eigenbemühungen** etc (→ 26) dürfte sich praktisch nichts verbessern.

Zu beachten ist, dass auch Pflichtverletzungen, bei denen erwerbsfähige leistungsberechtigte Personen durch ihr – negatives – Verhalten eine Einstellung oder die Maßnahmen durch ihr sonstiges Verhalten vereiteln, sanktioniert werden (FW 31.8; LSG Baden-Württemberg 21.6.2012 – L 7 AS 4298/11). Wobei hier zB nicht jeder Bewerbungsfehler sanktioniert werden darf, der*die Bewerber*in musste die Absicht haben, die Bewerbung zu vereiteln. Es ist ein qualifizierter Pflichtverstoß erforderlich (LPK-SGB II § 31 Rn. 27, 28).

8 **Ausnahmsweise** wird die Weigerung, das neu eingeführte **Coaching** nach § 16k SGB II anzunehmen, **nicht** sanktioniert (§ 16k Abs. 4 SGB II), weil damit das für das Coaching erforderliche Vertrauensverhältnis beeinträchtigt wäre. Hier ist zu beachten, dass man Angebote, die im häuslichen Bereich stattfinden, auch wegen der grundrechtlichen geschützten Wohnung nicht annehmen muss (→ 20 Rn. 41 ff.).

Ebenfalls darf weiterhin nicht sanktioniert werden, wenn man sich **weigert**, eine/n Eingliederungsvereinbarung/Kooperationsplan (→ 35) abzuschließen. In diesem Fall werden die Pflichten dann per Verwaltungsakt festgelegt, aus dem dann ggf. sanktioniert wird (FW 31.3).

9 Positiv ist hervorzuheben, dass bei **Weigerungen, eine Ausbildung** aufzunehmen oder fortzuführen, das Grundrecht der freien Berufswahl in den Weisungen ausdrücklich genannt wird. „*Eine Pflichtverletzung liegt nur vor, wenn die angebotene Ausbildungsstelle den Berufswünschen der leistungsberechtigten Person entsprochen hat. Sofern nichts darauf hindeutet, dass eine generelle Weigerungshaltung besteht, sind die Angaben zum wichtigen Grund großzügig zu beurteilen*" (FW 31.6).

10 Insgesamt sind an Sanktionen wegen Verstößen gegen die Eingliederungsvereinbarung/den Kooperationsplan strenge Maßstäbe anzusetzen (BSG 23.6.2016 – B 14 AS 30/15 R). „*Sie muss individuelle, konkrete und verbindliche Leistungsangebote zur Eingliederung in Arbeit enthalten. [...] die in der EinV [bzw. ab 1.7.2023 dem Kooperationsplan] bestimmten Pflichten [müssen] in einem angemessenen Verhältnis zu den vom Jobcenter zu übernehmenden Leistungsverpflichtungen stehen*" (FW 31.2).

1.2 Weitere Verstöße SGB II/SGB XII

11 Neben den Verstößen gegen die Pflichten der EinV bzw. des Kooperationsplans hat sich der Gesetzgeber viele weitere Möglichkeiten ausgedacht, in denen Leistungsbeziehende sanktioniert werden können.

1.2.1 Vorsätzliches Herbeiführen der Hilfebedürftigkeit, unwirtschaftliches Verhalten

12 Im Bürgergeld gilt:
Nach § 31 Abs. 2 SGB II sind weitere Sanktionstatbestände, wenn anzunehmen ist, dass erwerbsfähige Leistungsberechtigte:

- „*nach Vollendung des 18. Lebensjahres ihr Einkommen oder Vermögen in der Absicht vermindert haben, die Voraussetzungen für die Gewährung oder Erhöhung des Bürgergeldes nach § 19 Absatz 1 Satz 1 SGB II herbeizuführen*" (§ 31 Abs. 2 Nr. 1 SGB II),
- „*trotz Belehrung über die Rechtsfolgen oder deren Kenntnis ihr unwirtschaftliches Verhalten fortsetzen*" (§ 31 Abs. 2 Nr. 2 SGB II).

13 Es muss ein „*unmittelbarer Vorsatz*" vorhanden gewesen sein, grobe Fahrlässigkeit reicht nicht aus. Vorsatz bedeutet Absicht, mit Wissen und Wollen. „*Nimmt die leistungsberechtigte Person den Bezug oder die Erhöhung des Bürgergeldes nach § 19 Absatz 1 Satz 1 billigend in Kauf – d. h. als Nebenfolge eines aus anderen Gründen erfolgten Handelns (z. B. etwa durch Unterlassung beruflicher Umschulungsmaßnahmen) – ist keine Absicht gegeben. Auch verantwortungsloses Handeln genügt für die Absicht nicht*" (FW 31.18). Und dieser Vorsatz muss vom Amt nachgewiesen werden.

Die BA versteht darunter, dass jemand „*bei allen oder einzelnen seiner Handlungen jede* wirtschaftlich vernünftige Betrachtungsweise vermissen lässt und dadurch weitere Hilfebedürftigkeit auslöst" (FW 31.21).

14 Fragt sich nur, wann das der Fall ist: Wenn Ihre Telefonrechnung doppelt so hoch ist wie im Regelbedarf vorgesehen? Wenn Sie ein Kfz fahren, obwohl die Benzinkosten im Regelbedarf nicht berücksichtigt sind? Das kann **kein Grund** für eine Sanktion sein, solange Sie dadurch nicht offensichtlich weitere Hilfebedürftigkeit auslösen. Einen solchen Grund müsste das Jobcenter erst einmal finden und begründen (→ Rn. 49 ff.). Weiterhin wird immer noch davon ausgegangen, dass wenn ein*e Bürgergeldbeziehende*r eine bestehende, weniger als 15 Stunden wöchentlich umfassende Beschäftigung aufgibt, weil dieser Hinzuverdienst unter den Anrechnungsbedingungen des § 11b SGB II nicht mehr lohnend erscheint, diese Kündigung deswegen erfolgt, um die Voraussetzungen für eine Erhöhung des Bürgergeldes herbeizuführen (FW 31.19). Es ist in diesen Fällen dringend geboten, im Rahmen der Anhörung bzw. des Widerspruchs darzulegen, dass diese Kündigung gerade nicht mit diesem Vorsatz erfolgte, sondern andere Gründe vorlagen, zB familiäre, gesundheitliche oder ein Zerwürfnis mit dem Arbeitgeber. Dann dürfte auch nach den verbesserten FW die Sanktionierung entfallen (FW 31.18 ff.).

Sind Suchterkrankungen, psychische Erkrankungen oder sonstige persönliche Gründe Ursache für „unwirtschaftliches Verhalten", wäre eine Kürzung der Leistung durch das Jobcenter jedenfalls unzulässig und als „Hilfsangebot" fehl am Platz.

Der Verdacht des „unwirtschaftlichen Verhaltens" durch Besitz eines Kfz wurde durch die ausdrückliche Freistellung eines „angemessenen" Kfz und Erhöhung des Schonvermögens auf 15.000 EUR in der Bürgergeld-Reform beseitigt (→ 68 Rn. 8, 11).

Ansonsten müssen klare Nachweise für ein solches Verhalten vorliegen. Krankhafte Ursachen zB müssen ausgeschlossen sein, bevor eine Strafe verhängt wird.

15 Für **HzL/GSi der Sozialhilfe** ist geregelt: Sanktioniert werden sollen Leistungsberechtigte, *„die nach Vollendung des 18. Lebensjahres ihr Einkommen oder Vermögen vermindert haben in der Absicht, die Voraussetzungen für die Gewährung oder Erhöhung der Leistung herbeizuführen"* (§ 26 Abs. 1 S. 1 Nr. 1 SGB XII) und/oder *„trotz Belehrung ihr unwirtschaftliches Verhalten fortsetzen"* (§ 26 Abs. 1 S. 1 Nr. 2 SGB XII, sinngleich § 31 Abs. 2 Nr. 2 SGB II). Hier erfolgt zwar eine ermessenshafte Absenkung in Höhe von bis zu 30 Prozent des Regelsatzes, wie in § 31 Abs. 2 Nr. 1 SGB II geregelt ist. Jedoch dürfte wegen der Änderung zum 1.1.2023 nach Ermessensausübung beim ersten Mal ebenfalls nur eine 10-prozentige Absenkung erfolgen. Die Rechtsfolgen des SGB XII sind nach Erachten des Autors seit dem 1.1.2023 nunmehr weitestgehend denen des SGB II angeglichen (→ Rn. 38 ff.).

16 Das wäre der Fall,
- wenn Sie zB ein Erbe, einen Lottogewinn oÄ absichtlich **„verjubeln"**, um möglichst bald wieder in den Leistungsbezug zu kommen,
- wenn Sie ein Erbe für die Begleichung von **Altschulden** verwenden (LSG Schleswig-Holstein 25.8.2005 – L 6 B 200/05 AS ER, unter bestimmten Voraussetzungen ist das jedoch möglich: → 119 Rn. 50 ff.),
- wenn Sie Ihr Vermögen (Auto, Geld, Haus usw) **verschenken**, um Bürgergeld/Sozialhilfe zu bekommen, aber auch,
- wenn Sie eine **Arbeit ohne Grund aufgeben** oder
- einen **Minijob aufgeben**, der sich wegen der hohen Abzüge nicht rechnet.

17 Es muss ein *„unmittelbarer Vorsatz"* vorhanden gewesen sein, grobe Fahrlässigkeit reicht nicht aus (→ Rn. 13). Die Grundsätze des Vorsatzes beim SGB II sind wegen des Gleichbehandlungsgrundsatzes aus Art. 3 GG auch bei Sanktionierungen im SGB XII anwendbar.

1.2.2 Keine Sanktionierung bei Maßnahmen- oder Arbeitsunwilligkeit im SGB XII

18 § 39a SGB XII aF, der geregelt hatte, dass Leistungsberechtigte bei Ablehnung von Vorbereitungsmaßnahmen oder Arbeit sanktioniert wurden, ist im Rahmen der Bürgergeld-

Reform gestrichen worden, was zu begrüßen ist.

1.2.3 Strafkatalog bei nicht erwerbsfähigen Sozialgeld-Beziehenden (§ 31a Abs. 5 SGB II)

19 Bei Meldeverstößen, „Unwirtschaftlichkeit" oder selbst verursachtem Leistungsbezug usw (→ Rn. 12 ff.) gilt derselbe Strafkatalog wie bei Bürgergeld-Beziehenden (nunmehr maximale 30-prozentige Sanktion).

1.2.4 Sperrzeiten bei Alg I-Bezug

20 Während einer Sperrzeit bei Alg I können Sie **auf Antrag** zur Sicherung des Lebensunterhalts Bürgergeld beziehen, aber zur Strafe ebenfalls um bis zu 30 Prozent gekürzt. Als **Aufstockende*r** von **Bürgergeld** nehmen Sie Ihre SGB III-Sperrzeit genauso ins SGB II mit wie bei einem Bürgergeld-Bezug, der direkt **nach** Ablauf des Alg I-Anspruchs folgt. Ebenfalls werden Sie nach § 31 Abs. 2 Nr. 4 SGB II sanktioniert, wenn Sie die Voraussetzungen zum Bezug von Alg I zum Beispiel wegen mangelnder Anwartschaftszeit nicht erfüllen, aber die Pflichten nach § 159 Abs. 1 Nr. 1 SGB III (Arbeitsaufgabe) verletzt haben. Der Grund des § 159 Abs. 1 Nr. 1 SGB III ist aber ausschließlich und die weiteren Gründe, § 159 Abs. 1 Nr. 2–7 SGB III, können nicht zu einer Sanktionierung nach dieser Norm führen (FW 31.22 ff.). Bei Sanktionierungen wegen Meldeversäumnissen beim Arbeitsamt darf aber lediglich die 10-prozentige Sanktionierung des § 32 SGB II erfolgen (§ 31 Abs. 2 Nr. 3, 4 SGB II; → 11 Rn. 12 f.).

Auch hier ist die maximale Absenkung des Regelsatzes um 30 Prozent zu beachten.

1.2.5 Meldeverstöße im SGB II: Der Regelbedarf wird um zehn Prozent gekürzt

21 Jeweils eine 10-prozentige Kürzung der Regelleistung erhalten Sie, wenn Sie sich ohne *„wichtigen Grund"* und *„trotz schriftlicher Belehrung über die Rechtsfolgen oder deren Kenntnis"* zB nicht bei Ihrer Behörde melden oder nicht zu einem ärztlichen oder psychologischen Untersuchungstermin erscheinen (§ 32 Abs. 1 SGB II). Zehn Prozent von 502 EUR sind 50,20 EUR. Das gilt auch für Meldeversäumnisse beim Arbeitsamt, diese sind nicht nach § 31 Abs. 2 Nr. 4 SGB II, sondern nach § 31a Abs. 1 Nr. 7 SGB II zu sanktionieren. Dass Sie *„schriftlich"* belehrt worden sind, hat die Behörde nachzuweisen (LSG Berlin-Brandenburg 12.3.2007 – L 28 B 153/07 AS ER). Das BSG hat entschieden: Bestellen Jobcenter alle paar Tage Bürgergeld-Beziehende erfolglos zum Meldetermin in die Behörde ein, dürfen sie das nicht jedes Mal mit einer zehnprozentigen Kürzung des Bürgergelds ahnden. Werden innerhalb von acht Wochen sieben gleichlautende Meldeaufforderungen an die*den Hilfebedürftige*n versandt, sind die nach dem dritten Meldeversäumnis festgesetzten Sanktionen rechtswidrig (BSG 29.4.2015 – B 14 AS 19/14 R und B 14 AS 20/14 R).

22 Zu den Voraussetzungen der Sanktionierung hat das BSG ausgeführt: *„Die Voraussetzungen für die Feststellung eines Meldeversäumnisses nach § 32 Abs. 1 SGB II sind: Eine leistungsberechtigte Person muss eine Aufforderung des zuständigen Jobcenters, sich bei ihm zu melden oder bei einem Untersuchungstermin zu erscheinen, erhalten haben (Meldeaufforderung), mit der ein zulässiger Meldezweck verfolgt wurde (§ 59 SGB II, § 309 Abs. 2 SGB III); die Person muss eine schriftliche Belehrung über die Rechtsfolgen erhalten oder von diesen Kenntnis haben und ohne wichtigen Grund der Meldeaufforderung schuldhaft nicht nachgekommen sein"* (BSG 29.4.2015 – B 14 AS 19/14 R und B 14 AS 20/14 R).

23 Im Zuge der **coronapandemiebedingten Praxis** erfolgte die Aufforderung, Meldetermine nun telefonisch durchzuführen. Eine verpasste Meldeaufforderung zu einem Telefontermin war nicht sanktionsfähig, da § 309 Abs. 1 S. 1 SGB III als Pflicht vorschreibt, „zu erscheinen". Eine Nichterfüllung eines Telefontermins ist kein Nichterscheinen und deshalb auch **nicht sanktionsfähig**.

95 Sanktionen

1.2.6 Strafenkatalog bei Jugendlichen und jungen Erwachsenen unter 25 Jahren gestrichen

24 Der Gesetzgeber hat aus dem Verfassungsgerichtsurteil (BVerfG 5.11.2019 – 1 BvL 7/16) richtig geschlussfolgert, dass die drastischere Bestrafung von unter 25-Jährigen mit sofortigem Leistungsentzug rechtswidrig war und hat diese nun mit den anderen Leistungsbeziehenden gleichgestellt. Im § 31a SGB II ist nun für diese Personengruppe geregelt, dass diese nach Feststellung einer Leistungsminderung ein Beratungsangebot zur Prüfung und Fortschreibung des Kooperationsplanes (→ 35) erhalten sollen. Wird das Beratungsangebot angenommen, so ist eine Leistungsminderung aufzuheben (→ Rn. 46; FW 31.45).

2. Dauer und Höhe der Kürzung

25 Die Kürzung oder Streichung des Regelsatzes ist durch die Bürgergeld-Reform zum 1.1.2023 gem. § 31b SGB II gestaffelt worden:

- bei der **ersten Pflichtverletzung 10 Prozent einen Monat** lang, ab dem Folgemonat des Sanktionsbescheides (§ 31b Abs. 2 Nr. 1 SGB II),
- bei der bei **zweiten Pflichtverletzung 20 Prozent zwei Monate** lang, ab dem Folgemonat des Sanktionsbescheides (§ 31b Abs. 2 Nr. 2 SGB II),
- bei der **dritten Pflichtverletzung 30 Prozent drei Monate** lang, ab dem Folgemonat des Sanktionsbescheides (§ 31b Abs. 2 Nr. 3 SGB II).
- Die Sanktionierung ist jetzt jedoch auf **höchstens drei Monate und 30 Prozent** der Regeleistung gedeckelt (§ 31a Abs. 4 S. 1 SGB II).

2.1 Sanktionsbeendigung durch Mitwirkung(spflicht)

26 Sofern der*die Leistungsberechtigte seine*ihre Mitwirkungspflicht nachträglich erfüllt oder sich ernsthaft und nachhaltig hierzu bereit erklärt, sind die Minderungen nach § 31a Abs. 1 S. 1, 3 aufzuheben. Damit wurde die zentrale Forderung des Verfassungsgerichts endlich im Gesetz aufgenommen (vgl. BVerfG 5.11.19 – 1 BvL 7/16).

Die FW kommentieren dazu: *„Die Milderung der Leistungsminderung kann nicht davon abhängig gemacht werden, ob der Pflichtverstoß noch geheilt werden kann oder nicht. Auch wenn die erwerbsfähige leistungsberechtigte Person bereits in der Vergangenheit seine Pflichten nach dem SGB II verletzt und bereits eine entsprechende Erklärung abgegeben hat, ist eine Milderung nicht von vornherein ausgeschlossen. Es sind dann ggf. jeweils höhere Anforderungen an die Ernsthaftigkeit und Glaubwürdigkeit zu stellen"* (FW 31.42). Weiterhin bestimmt die Weisung, dass die Minderung bei einer einmonatigen Sanktionierung dann unverzüglich zu beenden ist. Beträgt der Minderungszeitraum mehr als einen Monat, ist die Minderung nach Ablauf des Monats aufzuheben, in dem die Pflicht erfüllt worden ist oder die Bereitschaft zur Pflichterfüllung erklärt worden ist (FW 31.42).

2.2 Keine Kürzung der Unterkunfts- und Heizungskosten

27 Sollten Sie zB Einkommen erzielen, Bürgergeld aufstocken und keinen oder nur einen geringen Regelbedarf beziehen, dürfen mit den Kürzungen des Regelbedarfs die sich rechnerisch ergebenden Zahlbeträge für Unterkunft und Heizung nicht verringert werden: *„Dies kann dazu führen, dass keine Minderung der Leistungen nach dem SGB II eintritt, wenn durch Einkommen nur ein ergänzender Leistungsanspruch besteht"* (§ 31a Abs. 4 S. 2 SGB II; FW 31.32). Das ist eine Verbesserung durch das Bürgergeld.

Im Einzelnen ist dazu bei Bezieher*innen mit ergänzendem Einkommen zu beachten, dass nach § 19 Abs. 3 S. 2 SGB II anzurechnendes Einkommen zunächst auf die Regel- und Mehrbedarfe und erst dann auf die Kosten der Unterkunft angerechnet wird. Wenn also lediglich ergänzend SGB II-Leistungen auf die Kosten der Unterkunft geleistet werden und das anzurechnende Einkommen so hoch ist, dass die Regel- und Mehrbedarfe und diese Einkommen gedeckt sind, **darf nicht sanktioniert werden**. Ist also Ihr Bürgergeldbezug geringer als Ihre Kosten der Unterkunft, so ist eine Sanktion nicht möglich (→ 37; → 75).

95 Sanktionen

Wenn nur ein geringer Teil der Regelbedarfe über die Kosten der Unterkunft geleistet wird, dann ist nur eine Sanktionierung in Höhe dieser geleisteten Regelbedarfe möglich.

Das ist bei Einzelbeziehenden einfach herauszufinden. In Bedarfsgemeinschaften oder bei Kindern mit anzurechnendem Kindergeld oder Unterhaltszahlungen ist es schon etwas komplizierter. Das anzurechnende Einkommen wird nach Bedarfsanteilen innerhalb der Bedarfsgemeinschaft verteilt.

28 **Beispiel:** Hierbei werden die neuen Anrechnungsregelungen des § 11b SGB II ab 1.7.2023 beachtet, bis dahin gelten die alten Beträge (→ 37).
Ein Ehepaar lebt in Bedarfsgemeinschaft. Die Ehefrau arbeitet halbtags zu 1500 EUR brutto bzw. 1.200 EUR netto. Die zu zahlenden Kosten der Unterkunft betragen 800 EUR.

Hier wäre wie folgt zu rechnen: Der Bedarf der beiden beträgt jeweils 451 EUR, die anteiligen Wohnkosten jeweils 400 EUR. Es ergibt sich ein Bedarf von 851 EUR je Person. Nun ist vom Nettoeinkommen in Höhe von 1.200 EUR der Freibetrag nach § 11b SGB II in Höhe von 348 EUR vom Nettolohn abzuziehen. Es ergibt sich bei der Einkommensverteilung für beide ein anzurechnendes Einkommen von 852 EUR, also von jeweils 426 EUR. Dieser wird vom jeweiligen Bedarf in Höhe von 851 EUR abgezogen. Damit ergibt sich jeweils ein Leistungsanspruch von 425 EUR. Dieser liegt 25 EUR über den anteiligen Wohnkosten. Das Jobcenter darf jeweils maximal in Höhe von 25 EUR monatlich sanktionieren.

2.3 Beginn, Dauer und Höhe der Sanktionierung

29 Eine Sanktion **beginnt** mit dem Monat, der auf den Monat folgt, in dem Ihnen der Sanktionsbescheid zugeht (§ 31b Abs. 1 S. 1 SGB II). Wirksam wird der Bescheid, wenn er Ihnen mit der Zustellung bekannt wird (→ 22 Rn. 12).

30 **Beispiel:** Am 15. Februar wird die Kürzung verfügt, am 18. Februar geht Ihnen der dahin gehende Bescheid zu, dann darf die Sanktion am 1. März beginnen und dauert bis zum 31. März.

Eine sofortige Sanktion noch im Februar ist rechtswidrig, ebenso eine Sanktion ohne einen Ihnen zugegangenen **Sanktionsbescheid**.

31 Ein Sanktionsbescheid muss **innerhalb von sechs Monaten** ab dem Zeitpunkt der Pflichtverletzung erlassen werden (§ 31b Abs. 1 S. 3 SGB II). Diese lange Frist schützt Jobcenter davor, dass zu spät erlassene Sanktionen von den Gerichten einkassiert werden. In mehreren Entscheidungen hatten Sozialgerichte gefordert, dass der Sanktionsbescheid innerhalb einer Frist von **drei Monaten** nach Bekanntwerden der Pflichtverletzung erlassen werden muss (u.a. SG Hamburg 9.11.2007 – S 62 AS 1701/06; SG Freiburg 27.11.2007 – S 4 AS 151/07). Rechtsverstöße der Behörden werden durch einseitige Gesetzgebung der Bundesregierung legalisiert. Wurde durch einen Sanktionsbescheid die Kürzung kalendermäßig festgelegt, bedarf es zusätzlich auch eines neuen Leistungsbescheides (BSG 17.12.2009 – B 4 AS 30/09); auch um dann ggf. die Kürzung um weitere 10 Prozent oder um einen oder zwei Monate bei einer weiteren Sanktion zu verlängern.

32 Mehrere zeitgleiche Pflichtverletzungen berechtigen das Jobcenter **nicht** zu mehreren Kürzungen. Auch wenn Sie mehrere Angebote gleichzeitig ablehnen, ist allenfalls eine 10-prozentige Kürzung gerechtfertigt (LSG Berlin-Brandenburg 12.5.2006 – L 10 B 191/06 AS ER). Erneute Kürzungen kann es erst nach einem erneuten Sanktionsbescheid geben (BSG 9.11.2010 – B 4 AS 27/10 R). Der Gesetzgeber hat verstanden: *„Eine wiederholte Pflichtverletzung liegt nur vor, wenn bereits zuvor eine Minderung festgestellt wurde"* (§ 31a Abs. 1 S. 4 SGB II).

33 Wenn Sie **innerhalb eines Jahres** (§ 31a Abs. 1 S. 5 SGB II) nach dem Beginn einer Sanktion zum zweiten Mal eine der in → Rn. 4 ff. genannten Auflagen der Behörde nicht befolgen, werden **20 Prozent** des jeweiligen Regelbedarfs für zwei Monate gekürzt (§ 31a Abs. 1 S. 2 SGB II, § 31b Abs. 2 Nr. 2 SGB II). Meldeversäumnisse nach § 32 SGB II werden dagegen starr jeweils mit 10 Prozent sanktioniert (→ Rn. 21).

34 **Beispiel:** Sie können bei einem Termin mit dem*r Arbeitsvermittler*in am 14. Mai

nicht die in der Kooperationsvereinbarung festgelegten Bewerbungsnachweise erbringen. Ihr Bürgergeld wird für Juni um 10 Prozent Ihres Regelbedarfs gekürzt.

Am 12. September lehnen Sie einen Ein-Euro-Job ab. Ihr Bürgergeld wird ab dem 1. Oktober bis Ende November um 20 Prozent Ihres Regelbedarfs gekürzt.

35 Beim dritten Verstoß gegen die in → Rn. 4 ff. genannten Auflagen **innerhalb eines Jahres** wird die Regelleistung um 30 Prozent für drei Monate gekürzt (31a Abs. 1 S. 2 SGB II, § 31b Abs. 1 S. 3 SGB II). Die Jahresfrist beginnt bei jeder Minderung neu zu laufen. Die Höhe bemisst sich nach der letzten Minderung, so dass insgesamt auch über ein Jahr gemindert werden kann. Unterbrechungen des Leistungsbezuges wirken aber nicht fristverlängernd (FW 31.30 ff.).

Das kumulative Aufschlagen von 10-Prozent-Kürzungen wegen Meldeversäumnissen ist bei einer 30-prozentigen Kürzung dann aber nicht mehr möglich, da die Kürzung nach § 31a Abs. 4 SGB II auf maximal 30 Prozent der Regelleistung gedeckelt ist. Sonstige Sanktionen, auch solche wegen Meldeversäumnissen nach § 32 SGB II, können kumuliert werden, jedoch ist bei einer 30-prozentigen Kürzung im letzten Bescheid klarzustellen, dass sich die Minderung bezüglich der letzten Minderungsbescheide nicht auswirkt (LPK-SGB II § 31b Rn. 34).

2.4 Sanktionen treffen auf Aufrechnungen

36 Seit **1.8.2016** gilt: „*Eine Aufrechnung ist nicht zulässig für Zeiträume, in denen der Auszahlungsanspruch [...] [aufgrund von Sanktionen] um mindestens 30 Prozent des maßgebenden Regelbedarfs gemindert ist. Ist die Minderung des Auszahlungsanspruchs geringer, ist die Höhe der Aufrechnung auf die Differenz zwischen dem Minderungsbetrag und 30 Prozent des maßgebenden Regelbedarfs begrenzt*" (§ 43 Abs. 3 SGB II). Das Zusammentreffen einer Aufrechnung mit dem Regelbedarf **und** Sanktionen führt dazu, dass die Aufrechnung entsprechend abgesenkt bzw. der Regelsatz maximal um insgesamt 30 Prozent abgesenkt werden kann (→ 30; → 12). Das gilt auch für die Aufrechnungen von Darlehen (§ 42a Abs. 2 S. 2 SGB II).

Selbstverständlich verlängert sich die verbleibende Aufrechnung um den Zeitraum der Aussetzung, Sie kriegen als Sanktionierte*r nichts geschenkt.

37 **Tipp:** Machen Sie Ihre*n Sachbearbeiter*in ggf. auf die Beschränkung bzw. Aussetzung der Aufrechnung aufmerksam.

2.5 SGB XII: Umfang der Strafen bei HzL/GSi der Sozialhilfe

38 Das Sozialamt „kann" (§ 26 Abs. 1 SGB XII) den Regelsatz bis zu 30 Prozent kürzen. In der Praxis hat das idR eine 20-prozentige Kürzung bedeutet (LPK-SGB XII § 26 Rn. 9). Durch das Sanktionsurteil des BVerfG (5.11.2019 – 1 BvL 7/16) und die Implementierung im Rahmen des Bürgergeldes ist nunmehr auch hier klargestellt, dass eine 30-prozentige Sanktion als äußerste Grenze bei besonders schweren Verstößen gilt.

39 **Die Dauer** der Sanktionen ist in diesem Fall nicht ausdrücklich begrenzt. Hier **muss** eine Ermessensentscheidung unter Berücksichtigung der Besonderheiten des Einzelfalles getroffen werden. Zeigt die Sanktion keine Wirkung auf das Verhalten der betroffenen Person, muss ggf. zu anderen Mitteln (zB wöchentliche Auszahlung der Leistung etc) gegriffen werden. In jedem Fall sollte eine Leistungskürzung auch in der Sozialhilfe auf **höchstens drei Monate** befristet werden (LPK-SGB XII § 26 Rn. 10). Da die Sanktionierung der Bürgergeld-Berechtigten seit dem 1.1.2023 erheblich eingeschränkt worden sind, dürfte eine härtere Sanktionierung der SGB XII-Beziehenden als bei den SGB II-Beziehenden gegen Art. 3 GG verstoßen. Derartige Argumente hat das Sozialamt im Sinne einer ermessensfehlerfreien Entscheidung zu beachten. Von daher dürften bezüglich des Umfanges und der Dauer die Bürgergeld-Regelungen auch auf das SGB XII Anwendung finden. Eine Ungleichbehandlung von wesentlich gleichen Sachverhalten ist nach Art. 3 Abs. 1 GG verfassungswidrig. In der Praxis dürfte wegen der Änderung zum 1.1.2023 nach Ermessensausübung beim ersten Mal ebenfalls nur eine 10-prozentige Absenkung erfolgen.

3. Bei allen Sanktionen zu beachten – strenge Formalien

40 Unabhängig davon, welche Verstöße Ihnen vorgeworfen werden: Bei allen Sanktionen sind strenge Formalien zu beachten, damit diese auch wirksam sind.

3.1 Belehrung und Anhörung müssen sein

41 Voraussetzung einer Kürzung des Regelbedarfs im SGB II ist, dass Sie **vorher** in **schriftlicher** und bei Bedarf zusätzlich in **mündlicher** Form über die Rechtsfolgen **belehrt** wurden **oder** dass Sie *„Kenntnis"* der Rechtsfolgen hatten (§ 31 Abs. 1 S. 1 SGB II).

42 Die Belehrung muss Ihnen zeitlich vor der Sanktion *„konkret, verständlich, richtig und vollständig"* erläutern, was von Ihnen verlangt wird und welche Auswirkungen abweichendes Verhalten ggf. nach sich ziehen kann (BSG 15.12.2010 – B 14 AS 92/09 R; LSG Niedersachsen-Bremen 31.7.2007 – L 8 AS 605/06 ER). Bei **jedem** Beschäftigungsangebot muss die Behörde Sie **einzeln** darüber belehren, welche Folgen eine Ablehnung des Angebots hat, zumindest aber muss die Belehrung in einem **engen zeitlichen Zusammenhang** zu dem geforderten Verhalten stehen. Sie können **nicht** auf eine allgemeine Rechtsfolgenbelehrung in einer zuvor abgeschlossenen Eingliederungsvereinbarung verwiesen werden (LSG Hessen 26.3.2007 – L 9 AS 38/07 ER; zur Rechtslage ab 1.4.2011: SG Landshut 16.8.2011 – S 10 AS 536/11 ER). Nicht eindeutige Formulierungen wie „negatives Bewerbungsverhalten" reichen nicht aus (SG Cottbus 15.1.2021 – S 41 AS 1469/18). Eine schriftliche Rechtsfolgenbelehrung allein reicht jedoch nicht aus, wenn davon auszugehen ist, dass Sie zB aufgrund von Sprachschwierigkeiten oder Analphabetismus deren Inhalt nicht verstanden haben (Berlit info also 2/2011, 55).

43 Eine zeitnah erfolgte schriftliche Rechtsfolgenbelehrung ist nur zulässig, wenn die konkrete **Pflichtverletzung**, der exakte **Minderungssatz** (auch bei wiederholter Pflichtverletzung) und der **Zeitraum** der Sanktion genannt werden. Sie ist bereits rechtswidrig, wenn statt auf eine 60-prozentige Minderung (wie sie früher noch möglich war) der Leistung auf den Wegfall des Bürgergeldes hingewiesen wird (LSG Bayern 23.4.2014 – L 11 AS 512/13).

44 Die seit 1.4.2011 geltende Regelung, dass eine *„Kenntnis"* der **Rechtsfolgen**, welche auch im Bürgergeld in § 31 Abs. 1 SGB II, § 32 SGB II übernommen wurden, genügt, um von einer Pflichtverletzung auszugehen, wirft viele Fragen auf. Die Bundesagentur lässt diese in ihren fachlichen Weisungen dann zu, wenn kurz zuvor sanktioniert wurde, hält aber grundsätzlich die schriftliche, einzelfallbezogenen Belehrung weiterhin für geboten (FW 31.14). Von daher gilt weiterhin: Aufgrund ihrer Warn- und Signalfunktion muss die Rechtsfolgenbelehrung einzelfallbezogen auf einen bestimmten möglichen Pflichtverstoß hin erfolgen, damit eine *„positive, aktuelle Kenntnis"* der Folgen bei dem*r Betroffenen vorausgesetzt werden kann (Berlit info also 2/2011, 55). Ein bloßes „kennen müssen" oder „kennen können" reicht hier nicht aus.

45 Es genügt unserer Ansicht nach **nicht**, wenn

- man Ihnen zum Leistungsbeginn eine (abstrakt gefasste) Infobroschüre in die Hand drückt, wo alles drinstehen soll (BSG 18.2.2010 – B 14 AS 53/08 R),
- Sie vor Jahren schon einmal wegen eines ähnlichen Pflichtverstoßes sanktioniert wurden,
- der*die Arbeitsvermittler*in Sie beim Verabschieden zwischen Tür und Angel mündlich auf die Folgen einer Pflichtverletzung hinweist oder
- alle möglichen Sanktionstatbestände kleingedruckt in Form von Gesetzestexten an eine Eingliederungsvereinbarung angehängt werden (BSG 18.2.2010 – B 14 AS 53/08 R).

Bei der Prüfung, ob eine Kenntnis der jeweiligen Rechtsfolgen vorgelegen hat, kommt es auf den Einzelfall an. *„Die – differenzierte – Kenntnis ist vom Leistungsträger nachzuweisen und ggf. zu beweisen"* (Berlit info also 2/2011, 56).

Auch das Bundesverfassungsgericht verlangt eine ausdrückliche Prüfung der vorherigen Belehrung/Kenntnis (BVerfG 5.11.2019 – 1 BvL 7/16).

46 Außerdem müssen Sie vor dem Erlass des Kürzungsbescheides **angehört** werden. Das ist nach § 24 SGB X zwingend notwendig und gilt für SGB II und SGB XII gleichermaßen. Neu geregelt ist, dass nach § 31a Abs. 2 SGB II die Anhörung auf Verlangen persönlich durchzuführen ist. Auch bei wiederholten Pflichtverletzungen oder Meldeversäumnissen soll diese persönlich erfolgen. Ebenfalls ist **für unter 25-Jährige** im § 31a Abs. 6 SGB II eine Beratungsangebot nach Feststellung einer Leistungsminderung **neu geregelt**. Nehmen diese das Beratungsangebot an, so ist eine Leistungsminderung aufzuheben Da der Gesetzgeber hier ein strenges Ermessen mit dem Wort „soll" normiert, dürften diesbezüglich unterbliebene oder fehlerhafte Beratungen, zumindest wenn die Sanktionsgründe mit der Beratung nicht eingetreten wären, rechtswidrig sein (FW 31.45). Wird das nicht eingehalten, ist die Kürzung rechtswidrig (SG Berlin 27.3.2006 – S 104 AS 2272/06; SG Osnabrück 22.6.2005 – S 10 AS 68/05 ER). Das wurde ebenfalls vom Bundesverfassungsgericht als zwingende Vorraussetzung der Rechtmäßigkeit qualifiziert (BVerfG 5.11.2019 – 1 BvL 7/16, Rn. 143). Sie müssen vor Erlass eines Sanktionsbescheids angehört werden, ob Sie einen wichtigen Grund (→ Rn. 49 ff.) vortragen können (§ 31 Abs. 1 S. 2 SGB II).

47 **Tipp 1:** Entspricht die Rechtsfolgenbelehrung nicht den hier genannten Voraussetzungen oder wurde keine Anhörung durchgeführt, können Sie gegen einen Sanktionsbescheid Widerspruch einlegen und klagen. Das Jobcenter muss die Rechtmäßigkeit der Belehrung nachweisen (SG Gießen 14.1.2013 – S 29 AS 676/11). Sie müssen allerdings die Einsetzung der aufschiebenden Wirkung des Widerspruchs beantragen (→ Rn. 57).

48 **Tipp 2:** Sanktionsbescheide können auch nach Ablauf der Widerspruchsfrist mit einem Überprüfungsantrag (→ 80 Rn. 19 ff.) angegriffen werden (SG Berlin 14.7.2008 – S 37 AS 19402/08 ER).

3.2 Wichtiger Grund

49 Eine Sanktion ist **nicht** zulässig, wenn Sie einen *„wichtigen Grund"* für Ihr Verhalten nachweisen (§ 31 Abs. 1 S. 1 SGB II). An die Prüfung, ob ein wichtiger Grund besteht, wird ein *„strenger Maßstab"* angelegt (FW 31.16). **Ab 1.7.2023** gilt mit dem neuen Kooperationsplan (→ 35): Sollten Sie mit dem Inhalt eines Kooperationsplans nicht einverstanden sein, so kann die Sanktionierung umgangen werden, wenn ein Schlichtungsverfahren nach § 15a SGB II von Ihnen verlangt wird. Nach § 15a Abs. 3 SGB II führt die Verletzung von Pflichten nach § 31 SGB II nicht zu Leistungsminderungen. Allerdings endet das Schlichtungsverfahren mit Einigung oder spätestens nach vier Wochen ab Beginn (§ 15a Abs. 4 SGB II).

50 Das ist zB der Fall, wenn

- Sie einen Ein-Euro-Job abgebrochen haben, weil die *„Maßnahme"* nicht zumutbar war (Arbeitsgelegenheiten, → 9) oder weil Sie stattdessen einen Minijob angefangen haben, selbst wenn dieser nur eine ungewisse Aussicht auf eine sozialversicherungspflichtige Beschäftigung bietet (VG Bremen 12.6.2008 – S 3 V 1605/08),
- Sie sich weigern, einen Job anzunehmen, dessen Bezahlung sittenwidrig ist (SG Düsseldorf 2.2.2009 – S 31 AS 317/07; → 10 Rn. 33 ff.),
- Sie die Bewerbungs- und Fahrtkosten für auferlegte Bewerbungen nicht zahlen können und das Jobcenter hierzu keine Übernahmeregelung angeboten hat (LSG NRW 5.12.2011 – L 19 AS 1870/11),
- Sie eine Eingliederungsmaßnahme ablehnen, für die Ihnen das Jobcenter nicht einmal die Übernahme der damit verbundenen Kosten zugesichert hat (LSG Niedersachsen-Bremen 17.6.2013 – L 7 AS 332/13 B ER),
- Sie die in Ihrer Eingliederungsvereinbarung festgelegten Bewerbungsbemühungen nicht erfüllen, weil das Jobcenter Ihnen darin keine Bewerbungskostenerstattung angeboten hat und Ihre Pflichten in einem unangemessenen Verhältnis zu den Leistungsverpflichtungen der Behörde stehen (BSG 23.6.2016 – B 14 AS 30/15 R),
- überzogene Bewerbungsbemühungen von Ihnen verlangt werden (→ 26),
- Sie alleinerziehend sind und ein Job/eine Maßnahme die Erziehung und Betreuung Ihrer Kinder gefährden würde (SG Bremen

7.1.2013 – S 21 AS 2221/12 ER; → 10 Rn. 47 ff.),
- Sie eine Sanktion erhalten, weil Sie sich nicht auf ein Arbeitsangebot des Jobcenters gemeldet haben, das Sie postalisch niemals erreicht hat,
- Sie gesundheitlich nicht in der Lage sind, eine angebotene Arbeit oder Maßnahme auszuführen,
- dem Job familiäre oder persönliche Gründe (zB religiöse oder Gewissensgründe) entgegenstehen oder
- Sie in einem Frauenhaus (→ 49) leben (FW 31.17).

Weitere wichtige Gründe, die der **Arbeitsaufnahme** entgegenstehen, finden Sie im Beitrag Arbeit (→ 10 Rn. 66; außerdem Geiger 2022, „*Wichtiger Grund von A – Z*", 970), und auch die BA hat auch ein internes „Das A-Z des wichtigen Grundes" (abrufbar unter: https://harald-thome.de/files/pdf/redakteur/Harald_2018/Sanktionen-A-Z.pdf).

51 Wenn Sie einen wichtigen Grund vorbringen, tragen Sie dafür die **Beweislast**, wenn dieser auf persönlichen, familiären, gesundheitlichen oder sonstigen Gründen beruht, die in Ihren Verantwortungsbereich fallen. Das Jobcenter trägt die Beweislast für Tatsachen, die in den hauseigenen Verantwortungsbereich fallen, zB den postalischen **Zugang von Schreiben** (BSG 3.6.2003 – B 11 AL 71/03R, in Bezug auf Alg I; § 37 Abs. 2 S. 3 SGB X). Wenn Sie die in der EinV bzw. ab 1.7.2023 im Kooperationsplan festgelegten Bewerbungsauflagen nicht erfüllt haben, tragen Sie die Beweislast für den wichtigen Grund, der dies rechtfertigt (LSG NRW 18.6.2008 – L 7 B 12 1/08 AS ER).

52 Es sei denn, die Übernahme der Bewerbungskosten wurde nicht darin vereinbart (BSG 23.6.2016 – B 14 AS 30/15 R; → 35 Rn. 46; → 26 Rn. 20). Weiterhin müssen die angeordneten Maßnahmen rechtmäßig und zumutbar sein. So entschied das SG Braunschweig, dass ein nicht schulfähiger junger Erwachsener, der bereits vielfach Maßnahmen abgebrochen hat und in stationärer Jugendhilfe lebt, ohne eine Prüfung der Maßnahmenfähigkeit durch das Jobcenter zusammen mit dem Jugendhilfeträger nicht sanktionierbar ist (SG Braunschweig 5.12.2014 – S 33 AS 653/14 ER). Intellektuelle oder körperliche Überforderung der Maßnahme machen die diese unrechtmäßig und unzumutbar (LPK-SGB II § 31 Rn. 64). Auch bei der Sanktionierung wegen der Aufgabe von Arbeitsverhältnissen darf nicht einfach auf durch arbeitsgerichtliche Urteile festgeschriebene Gründe zurückgegriffen werden, sondern diese sind vom Jobcenter selbst zu überprüfen (LSG Schleswig-Holstein 24.2.22 – L 6 AS 89/19). Insgesamt ist festzustellen, dass die Rechtsprechung an die Rechtmäßigkeit von Eingliederungsvereinbarungen/Kooperationsplänen bzw. diese ersetzende Verwaltungsakte hohe Anforderungen stellt und man damit letztendlich oft Sanktionen erfolgreich angreifen kann (→ 35).

53 **Tipp**: Wenn Sie eine Maßnahme/ein Arbeitsangebot des Jobcenters aus wichtigem Grund ablehnen bzw. abbrechen, sollten Sie diesen immer unaufgefordert und zeitnah dem*r Fallmanager*in (schriftlich) erläutern. Je länger ein Sachverhalt zurückliegt, desto schwerer lässt er sich im Nachhinein beweisen.

3.3 Sanktionierungshindernis – Außergewöhnliche Härte

54 Eine Sanktionierung hat außerdem zu unterbleiben, wenn eine außergewöhnliche Härte vorliegt. Das wurde auch vom Verfassungsgericht gefordert und ist nun in § 31a Abs. 3 SGB II geregelt. Danach ist eine außergewöhnliche Härte dann gegeben, wenn eine Ausnahmesituation vorliegt, in der man zwar die Mitwirkungspflicht erfüllen konnte, es aber aufgrund besonderer Umstände unzumutbar wäre, die Nichterfüllung mit Leistungsminderung zu sanktionieren (BVerfG 5.11.2019 – 1 BvL 7/16).

Hieran sind hohe Anforderungen zu stellen. Eine solche Härte soll aber dann gegeben sein, wenn die Sanktionierung zB kontraproduktiv für die Eingliederung in den Arbeitsmarkt ist, weil der*die Betroffene zB aufgrund von komplexen Vermittlungs- und Integrationslagen besonders der motivierenden Unterstützung bedarf (LPK-SGB II § 31a Rn. 34 ff.; FW 31.40). Die besondere Härte sollte aber von Ihnen, wenn möglich, bereits im Vorfeld dem*r Sachbearbeiter*in von Anfang an möglichst schriftlich dargelegt werden.

3.4 Sanktionsbeendigung durch Mitwirkungspflicht

55 Sofern der*die Leistungsberechtigte seine*ihre Mitwirkungspflicht nachträglich erfüllt oder sich ernsthaft und nachhaltig hierzu bereit erklärt, sind die Minderungen nach § 31a Abs. 1 S. 1, 3 SGB II aufzuheben. Damit wurde eine zentrale Forderung des Verfassungsgerichts endlich im Gesetz aufgenommen (BVerfG 5.11.2019 – 1 BvL 7/16). „Die Milderung der Leistungsminderung kann nicht davon abhängig gemacht werden, ob der Pflichtverstoß noch geheilt werden kann oder nicht. Auch wenn die erwerbsfähige leistungsberechtige Person bereits in der Vergangenheit seine Pflichten nach dem SGB II verletzt und bereits eine entsprechende Erklärung abgegeben hat, ist eine Milderung nicht von vornherein ausgeschlossen. Es sind dann ggf. jeweils höhere Anforderungen an die Ernsthaftigkeit und Glaubwürdigkeit zu stellen" (FW 31.42). Weiterhin bestimmt die Weisung, dass die Minderung bei einer einmonatigen Sanktionierung dann unverzüglich zu beenden ist. Beträgt der Minderungszeitraum mehr als einen Monat, ist die Minderung nach Ablauf des Monats aufzuheben, in dem die Pflicht erfüllt worden ist oder die Bereitschaft zur Pflichterfüllung erklärt worden ist (FW 31.42).

4. Sich gegen Sanktionen wehren

56 Gegen einen Sanktionsbescheid können Sie Widerspruch (→ 126) einlegen und ggf. klagen (→ 64), wenn

- die in diesem Beitrag beschriebenen **Mindestvoraussetzungen** (→ Rn. 40 ff.) für den Vollzug einer Sanktion **nicht erfüllt** sind,
- die **Pflichtverletzungen**, mit denen die Sanktion begründet wird, **nicht zutreffen** bzw. die Umstände verzerrt/einseitig dargestellt werden oder
- Sie einen **wichtigen Grund hatten** oder **eine außergewöhnliche Härte** vorlag (→ Rn. 49 ff.).

57 Da Widerspruch und Klage gegen einen Bescheid, „der die Pflichtverletzung und die *Minderung des Auszahlungsanspruchs feststellt*", **keine aufschiebende Wirkung** haben (§ 39 Abs. 1 Nr. 1 SGB II), sollten Sie bereits in Ihrem Widerspruch beantragen, die aufschiebende Wirkung desselben durch das Jobcenter anordnen zu lassen. Hierauf wird jedoch idR keine Reaktion erfolgen. Wollen Sie den sofortigen Vollzug der Kürzung wirksam vermeiden, müssen Sie die **Einsetzung der aufschiebenden Wirkung** von Widerspruch und Klage im Rahmen einer **einstweiligen Anordnung** (→ 41) beim Sozialgericht beantragen. Im Eilverfahren kann das Gericht anordnen, den Vollzug der Sanktion auszusetzen. Eine einstweilige Anordnung ist allerdings nur erfolgversprechend, wenn die Existenz durch die gekürzte Bürgergeld-Leistung nicht mehr ausreichend sichergestellt werden kann. Diese Vorrausetzung ist bei einer **30-prozentigen Sanktion** erfüllt (LSG NRW 25.3.2015 – L 6 AS 332/15 B ER und L 6 AS 332/15 B). In der HzL/GSi der Sozialhilfe entfalten Widerspruch und Klage gegen einen Sanktionsbescheid noch aufschiebende Wirkung.

5. Kritik

58 Sanktionen haben den Zweck, eine Verhaltensänderung hinsichtlich der Mitwirkung zur Integration in den Arbeitsmarkt herbeizuführen. Dieser Zweck wurde vom Bundesverfassungsgericht als verfassungskonform beurteilt. Tacheles eV wurde aufgrund jahrelanger valider Kritik, dass Sanktionen nicht dazu geeignet sind, motivierend und positiv auf die gewünschten Verhaltensänderungen einzuwirken, sondern ganz im Gegenteil oftmals eine Verschlimmerung der Gesamtsituation herbeiführen, am Verfahren in Karlsruhe beteiligt. Diese Einwände wurden auch im Urteil zur Kenntnis genommen und dahin gehend gewürdigt, dass tatsächlich keine empirischen Erhebungen für die Wirkung von Sanktionen existieren würden. Dennoch wurde die Sanktionierung grundsätzlich als legitimes verfassungskonformes Verfahren des Gesetzgebers angesehen und lediglich der Eingriff in die Grundrechte auf Menschwürde, Leben und körperliche Unversehrtheit durch Sanktionierungen von über 30 Prozent der Regelleis-

tung sowie die starre Dauer von drei Monaten als übermäßiger Grundrechtseingriff kritisiert. Ausnahmsweise hat die Sanktionierung zu unterbleiben, wenn eine ausgewöhnliche Härte vorliegt, wobei die Bezieher*innen weiterhin die Beweislast haben. Die verfassungskonforme Umsetzung im Bürgergeldgesetz ist jedoch zu begrüßen. Dass die weitergehenden, ursprünglich im Referentenentwurf vorgesehenen Vertrauenserleichterungen auf Druck von CDU und Arbeitgeberverband im Vermittlungsausschuss gestrichen wurden, beweist die unsoziale und damit auch unchristliche sozialpolitische Einstellung dieser Akteure.

6. Forderungen

59 Ersatzlose Streichung der Sanktionsparagrafen §§ 31 ff. SGB II und im SGB III!

Sinnvolle Qualifizierungs- und Arbeitsangebote statt ungeeignete Strafen!

96
Schenkungen

1. Was eine Schenkung ist	1
1.1 Herausgabe einer Schenkung	4
1.2 Durchsetzbarkeit einer Rückforderung	7
2. Wann ein Geschenk nicht zurückverlangt werden darf	8
2.1 Verjährung	9
2.2 Schenkungen als geschütztes Vermögen	10
2.3 Das Geschenk ist nicht mehr vorhanden	11
2.4 Der Unterhalt des*r Beschenkten ist gefährdet	12
2.5 Sittliche Verpflichtung	13
2.6 Nach Trennung	14
2.7 Geschenk als Gegenleistung	15
2.8 Anstandsschenkungen	16
2.9 Besondere Härte	17
2.10 Bedürftigkeit durch Fehlverhalten	18
3. Höhe des Herausgabeanspruchs	19
4. Geldstrafen und Kostenersatz	20
5. Schenkungen an Leistungsbeziehende	23
5.1 Geldschenkungen	24
5.2 Sachschenkungen	25
6. Kritik	27
7. Forderung	28
8. Information	29

1. Was eine Schenkung ist

1 *„Eine Zuwendung, durch die jemand aus seinem Vermögen einen anderen bereichert, ist Schenkung, wenn beide Teile darüber einig sind, dass die Zuwendung unentgeltlich erfolgt"* (§ 516 BGB).

Ebenfalls als Schenkung zählen u.a.

- der Verzicht auf eine Forderung (Schuldenerlass) oder die Ausübung eines Rechtes (zB Wohnrecht),
- ein Scheingeschäft (BFH 7.11.2006 – IX R 4/06) und
- ein Scheindarlehen (SG Aachen 10.9.2013 – S 11 AS 481/13; nach Geiger 2022, 718, mit weiteren Nennungen).

2 Eine Schenkung kann auch dann bestehen, wenn ein extremes Missverhältnis zwischen Leistung und Gegenleistung bei einem Kaufvertrag oder bei einer Vermögensübertragung besteht. Wenn also zB ein Haus erheblich unter Wert verkauft wurde oder der Schenkung eines Hauses nicht vergleichbare Pflegeleistungen bzw. Werte von Wohnrechten gegenüberstehen.

Sie können

- selbst der*die **Schenker*in** sein (→ Rn. 5 ff.) oder
- als **Beschenkte*r** Schenkungen erhalten (→ Rn. 23 ff.).

3 Wenn Sie **keine** Leistungen wie Bürgergeld, Hilfe zum Lebensunterhalt (HzL) oder GSi der Sozialhilfe beziehen, können Sie Ihr Haus, Geldbeträge und vieles mehr verschenken, spenden oder auf andere Personen übertragen, wie Sie es wollen.

1.1 Herausgabe einer Schenkung

4 Probleme gibt es jedoch, wenn Sie innerhalb von **zehn Jahren** nach der Schenkung Bürgergeld, HzL-, oder GSi-Bezieher*in werden. Für Ihre Behörde sind Sie dann ein*e „verarmte*r Schenker*in". Sie kann von Ihnen verlangen, die Schenkung rückgängig zu machen. Dabei stört sich niemand daran, dass nach Meinung der Bundesregierung jemand, der Bürgergeld, HzL oder GSi der Sozialhilfe bezieht, gar nicht arm ist, weil *„der Sozialstaat wirkt"* (Pressemitteilung BMAS, 25.6.2008).

„*Soweit der Schenker nach Vollziehung der Schenkung außerstande ist, seinen angemessenen Unterhalt zu bestreiten [...], kann er von den Beschenkten die Herausgabe des Geschenkes nach den Vorschriften über die Herausgabe einer ungerechtfertigten Bereicherung fordern*" (§ 528 BGB).

5 **Bei SGB II-Bezug** besteht ein Herausgabeanspruch wegen Verarmung des*r Schenkers*in gemäß § 528 BGB. Wenn wegen der Weigerung des Herausgabeanspruchs SGB II-Hilfebedürftigkeit entsteht, geht der Anspruch nach § 33 Abs. 1 S. 1 SGB II auf das Jobcenter über.

Bei den Leistungen der **Sozialhilfe** geht derselbe Herausgabeanspruch gemäß § 93 SGB XII auf den Sozialhilfeträger über.

6 Die Herausgabe des Geschenks wird selbst dann verlangt,

- wenn der*die Beschenkte das Geschenk schon an einen Dritten weiterverschenkt hat (BGH 10.2.2004 – X ZR 117/02),
- wenn der*die „*verarmte Schenker*in*" verstirbt (BGH 16.9.1993 – V ZR 246/92) oder
- wenn der*die Beschenkte Erbe*Erbin des*r verstorbenen „*Schenkers*in*" geworden ist – auch wenn das Erbe ausgeschlagen wurde (BGH 25.4.2001 – X ZR 205/99 u. X ZR 229/99).

Den **Nachweis** der Schenkung hat die Behörde zu führen (OLG Köln 12.1.2001 – 19 U 134/00).

1.2 Durchsetzbarkeit einer Rückforderung

7 Wenn der Rückforderungsanspruch einer Schenkung nicht sofort durchsetzbar ist, fehlen Ihnen die bereiten Mittel, um Ihren Lebensunterhalt zu bestreiten. Die Behörde muss dann in Vorleistung treten (LSG Berlin-Brandenburg 10.10.2007 – L 23 B 146/07 SO ER; LSG NRW 17.7.2008 – L 20 B 32/08 AS ER; nach Geiger 2022, 719). Wurden bereits Leistungen erbracht, kann der Träger den Rückforderungsanspruch bei dem*r Beschenkten selbst eintreiben (LSG Thüringen 30.7.2009 – L 9 AS 1159/08 ER; nach Geiger 2022, 719).

2. Wann ein Geschenk nicht zurückverlangt werden darf

8 Allerdings gibt es zahlreiche Ausnahmen, die ein Zurückverlangen des Geschenks nicht erlauben bzw. unmöglich machen.

2.1 Verjährung

9 Wenn vom Zeitpunkt der Schenkung an bis zum „*Eintritt der Bedürftigkeit*" zehn Jahre verstrichen sind, ist der Rückforderungsanspruch verjährt (§ 529 Abs. 1 BGB). Die Bedürftigkeit tritt ein, wenn Sie Bürgergeld/HzL/GSi beantragen.

Niemand kann Sie zwingen, für zehn Jahre rückwirkend Ihre gesamten Kontobewegungen offenzulegen oder die Sparbücher der letzten zehn Jahre zugänglich zu machen. „*Nur wenn eine Schenkung bejaht oder Anhaltspunkte dafür vorliegen, dass die Angaben unvollständig oder gar falsch sind, sollten entsprechende Nachweise gefordert werden*" (Gutachten Deutscher Verein 4.8.1992, NDV 1992, 302).

2.2 Schenkungen als geschütztes Vermögen

10 Wenn Ihre frühere Schenkung sich im Rahmen Ihrer heutigen Vermögensfreibeträge hält, gilt sie als geschütztes Vermögen. Wenn Sie zB ein als Vermögen geschütztes Barbetrag oder ein Kfz im Rahmen der Freibeträge verschenkt haben, kann das Geschenk nicht zurückgefordert werden. Die Rückforderung würde an Ihrer Hilfsbedürftigkeit nichts ändern (LPK-SGB II § 33 Rn. 29, aA Eicher/Luik/Harich SGB II § 33 Rn. 33, bei Abwendung der Rückforderung in Form von Unterhaltszahlung; → Rn. 19).

2.3 Das Geschenk ist nicht mehr vorhanden

11 „*Die Verpflichtung zur Herausgabe oder zum Ersatz des Wertes ist ausgeschlossen, soweit der Empfänger nicht mehr bereichert ist*" (§ 818 Abs. 3 BGB, zum Umfang des Bereicherungsanspruchs).

Das bedeutet, wenn der*die Beschenkte zB das Geschenk verkauft und den Geldbetrag für Dinge **ausgegeben** hat, die er*sie normalerweise nicht hätte leisten können (Weltreise, Luxusausgaben, Hebung des Lebensstandards), kann das Geschenk nicht zurückverlangt werden. Es kann nur zurückverlangt werden, wenn es in Form eines Geldbetrages oder in anderer Form (zB als Immobilie) noch existiert, wenn also der*die Beschenkte entsprechend „reicher" ist als vor der Schenkung. Ist es noch vorhanden, kann der*die Beschenkte die Herausgabe durch Zahlung des für den Unterhalt erforderlichen Betrages abwenden (§ 528 Abs. 1 BGB).

2.4 Der Unterhalt des*r Beschenkten ist gefährdet

12 „Der Anspruch auf Herausgabe des Geschenks ist ausgeschlossen, [...] soweit der Beschenkte bei Berücksichtigung seiner sonstigen Verpflichtungen außerstande ist, das Geschenk herauszugeben, ohne dass sein standesgemäßer Unterhalt oder die Erfüllung der ihm kraft Gesetzes obliegenden Unterhaltspflichten gefährdet wird" (§ 529 Abs. 2 BGB).

Der standesgemäße Unterhalt ist auf jeden Fall nicht gegeben, wenn Sie durch die Herausgabe selbst SGB II- oder sozialhilfebedürftig würden. Je nach Lebensstandard ist das Standesgemäße aber auch höher anzusetzen.

Die Gefährdung der Unterhaltspflicht liegt immer dann vor, wenn Sie durch die Herausgabe einer Unterhaltspflicht (→ 115) gemäß Düsseldorfer Tabelle nicht mehr nachkommen könnten (BGH 11.7.2000 – X ZR 126/98).

2.5 Sittliche Verpflichtung

13 „Schenkungen, durch die einer sittlichen Pflicht oder einer auf den Anstand zu nehmenden Rücksicht entsprochen wird, unterliegen nicht der Rückforderung" (§ 534 BGB).

Eine sittliche Pflicht besteht dann, wenn es anstößig wäre, nichts zu schenken. Zum Beispiel als Ausgleich dafür, dass eine Pflegeperson schwere persönliche Opfer gebracht hat und dadurch in eine Notlage geraten ist (BGH 9.4.1986 – IVa ZR 125/84). Wenn aber die Pflegeperson in geordneten wirtschaftlichen Verhältnissen lebt, entspringt die Schenkung an sie nur einer verwandtschaftlichen Verbundenheit, nicht einer sittlichen Pflicht, so der BGH. Schenkungen an Kinder beruhen in der Regel nicht auf einer sittlichen Pflicht. Sie gelten als „belohnende Schenkung", die man zurückfordern kann.

2.6 Nach Trennung

14 Schenkungen zwischen **Ehegatt*innen**, Lebenspartner*innen oder eheähnlichen Partner*innen können nach einer Trennung nicht von der Behörde zurückverlangt werden.

2.7 Geschenk als Gegenleistung

15 Wenn die Schenkung mit der **Verpflichtung zu Gegenleistungen** verbunden ist, kann sie nur in Höhe des Teils zurückgefordert werden, der keiner Gegenleistung entspricht. Wenn die Beschenkten Pflege- oder Unterhaltsleistungen (zB ein lebenslanges Wohnrecht, das in Geld bewertet werden muss) oder Umbauten, Schuldentilgung, Sanierungen als volle Gegenleistung erbracht haben, handelt es sich nicht um eine Schenkung, die zurückgefordert werden kann (VGH Hessen 28.8.1990 – 9 UE 1522/87).
Bei einer Schenkung als Gegenleistung für Pflegeleistungen werden die Anforderungen an die Leistungsbereitschaft der Pflegeperson jedoch sehr hoch anzulegen sein, da die Rechtsprechung die Auffassung vertritt, es bestehe zwar eine sittliche Verpflichtung zur Pflege von nahen Angehörigen, jedoch keine sittliche Verpflichtung, solche Pflegeleistungen durch eine Schenkung zu belohnen. Daher „bleibt für eine Pflichtschenkung nur in Grenzfällen Raum, wo der Pflegende schwerwiegende persönliche Opfer erbringt und deswegen selbst in eine Notlage gerät". (Geiger 2022, 729, zu: BGH 9.4.1986 – IVa ZR 125/84).

2.8 Anstandsschenkungen

16 **Geburtstags-, Weihnachts- oder Hochzeitsgeschenke** sind gebräuchliche Anstandsschenkungen. Sie dürfen nicht zurückverlangt werden.

2.9 Besondere Härte

17 Eine besondere Härte liegt zB vor, wenn der*die Beschenkte nicht bereit

ist, die Schenkung zurückzugeben und es dem*r Schenker*in aufgrund familiärer Nähe nicht zugemutet werden kann, den Rückforderungsanspruch über eine Klage gegen den*die Beschenkte*n durchzusetzen (OVG NRW 14.10.2008 – 16 A 1409/07, nach Geiger 2022, 729).

2.10 Bedürftigkeit durch Fehlverhalten

18 *„Der Anspruch auf Herausgabe des Geschenkes ist ausgeschlossen, wenn der Schenker seine Bedürftigkeit vorsätzlich oder durch grobe Fahrlässigkeit herbeigeführt hat"* (§ 529 Abs. 1 BGB). Ein*e Beschenkte*r soll nicht für späteres Fehlverhalten des*r Schenkers*Schenkerin büßen müssen.

3. Höhe des Herausgabeanspruchs

19 Der*die Beschenkte muss „nur" die benötigten Mittel für den **Unterhalts**bedarf des*r Schenkers*Schenkerin und der mit diesem*r in einer Bedarfsgemeinschaft Lebenden herausgeben. Bei laufendem Unterhaltsbedarf so lange, bis der **Wert** des Geschenks **erschöpft** ist.

4. Geldstrafen und Kostenersatz

20 Wenn Sie mit der Schenkung die Absicht hatten, *„die Voraussetzungen für die Gewährung"* von Bürgergeld oder HzL/GSi der Sozialhilfe herbeizuführen, wird Ihr Regelbedarf durch eine **Sanktion** (→ 95) um 30 bzw. bis zu 30 Prozent gekürzt. Wenn Sie „vorsätzlich oder grob fahrlässig" die Voraussetzungen für die eigene oder die Hilfebedürftigkeit von anderen herbeigeführt haben, sind Sie gleichzeitig auch zum **Kostenersatz** verpflichtet (→ 92).

21 **Voraussetzung** von Sanktion und Kostenersatz ist, dass Ihnen vom Amt Absicht, Vorsatz oder wenigstens grobe Fahrlässigkeit nachgewiesen werden kann. Das ist umso schwieriger, je länger die Schenkung zurückliegt.

22 Für die **Grundsicherung im Alter und bei Erwerbsminderung** (GSi) gilt, *„wer in den letzten zehn Jahren die Bedürftigkeit vorsätzlich oder grob fahrlässig herbeigeführt hat"*, hat **keinen Anspruch** (§ 41 Abs. 4 SGB XII).

Hier sind vor allem Schenkungen von Vermögen gemeint, das bei der Grundsicherung einzusetzen wäre, zB ein Grundstück, ein nicht selbst bewohntes Haus, eine Ferienwohnung, Geldvermögen usw.

Die Betroffenen sollen statt auf GSi auf HzL der Sozialhilfe verwiesen werden. Durch das Angehörigenentlastungsgesetz und die Vereinheitlichung der Unterhaltspflicht innerhalb der Sozialhilfe ab 2020 führt diese Regelung jedoch nicht mehr zu den erwünschten Konsequenzen. Früher konnte man bei der HzL die Angehörigen über den Unterhalt nach dem BGB schneller zum Kostenersatz heranziehen. Jetzt gelten in der GSi und der HzL dieselben „großzügigen" Einkommensfreibeträge für Unterhaltsverpflichtete, die nur noch in seltenen Fällen herangezogen werden.

5. Schenkungen an Leistungsbeziehende

23 Ob Leistungsbeziehende Schenkungen an sie behalten dürfen, ist abhängig davon, ob es eine Geld- oder Sachschenkungen sind, in welchem Umfang sich diese bewegen oder ob sie Bürgergeld oder HzL/GSi der Sozialhilfe beziehen.

5.1 Geldschenkungen

24 Wenn Leistungsbeziehende Geld geschenkt bekommen, wird das idR als einmaliges **Einkommen** (→ 37) an Ihre Leistung angerechnet. Der*die Schenker*in sollte sich das vorher gut überlegen. Für kleine Geschenke und Zuwendungen Dritter gibt es Ausnahmen (→ 37 Rn. 49 ff.).

5.2 Sachschenkungen

25 **Bürgergeld**: Hier gilt seit dem **1.8.2016**, dass Sachgeschenke als *„Einnahmen in Geldeswert"* nicht als Einkommen angerechnet werden (§ 11 Abs. 1 S. 1 SGB II; Streichung der Wörter *„oder Geldeswert"*). Das trifft auch auf eine Schenkung in Geldeswert zu, etwa eine Immobilie oder ein Kfz. Eine Ausnahme in Geldeswert ist im Folgemonat Vermögen (→ 119) und muss dann ggf. verwertet und vorrangig zum Lebensunterhalt eingesetzt werden. Gehört das Geschenk aber als selbst genutztes **Eigenheim** (→ 34) oder

Kraftfahrzeug (→ 68) zu Ihrem **Schonvermögen**, ist es vor dem Zugriff des Jobcenters geschützt. Auch **Hausrat** können Sie im üblichen Rahmen geschenkt bekommen, ohne dass dies leistungsrechtliche Probleme aufwirft.

26 **HzL/GSi der Sozialhilfe:** Hier sind Einkünfte in Geldeswert also auch Sachgeschenke weiterhin als **Einkommen** (→ 37) zu berücksichtigen (§ 82 Abs. 1 S. 1 SGB XII).

6. Kritik

27 Inhaber*innen von Unternehmen können ohne Sorgen ihr Vermögen auf Partner*in und Kinder übertragen. Im Konkursfall müssen solche Schenkungen nicht rückgängig gemacht werden, auch wenn der*die Schenker*in die Pleite vorsätzlich herbeigeführt hat. Das gibt es nur bei Bürgergeld, HzL und GSi der Sozialhilfe.

7. Forderung

28 Reduzierung der Rückforderungsfrist von Schenkungen auf ein Jahr vor dem Leistungsbezug!

8. Information

29 Umfassende Darstellung: Geiger 2022, S. 719 ff.

97 Schlichtungsverfahren

1. Neues Schlichtungsverfahren 1
2. Leistungsminderungen während des Schlichtungsverfahrens 4
3. Die Dauer eines Schlichtungsverfahrens.................................. 6
4. Das bisherige Ombudsverfahren 8
5. Forderungen 9

1. Neues Schlichtungsverfahren

1 Die neuen Regelungen rund um das Schlichtungsverfahren nach § 15a SGB II treten am **1.7.2023** in Kraft. „*Ist die Erstellung, oder die Fortschreibung eines Kooperationsplans aufgrund von Meinungsverschiedenheiten zwischen Agentur für Arbeit oder kommunalem Träger und leistungsberechtigter Person nicht möglich, so soll auf Verlangen einer oder beider Seiten ein Schlichtungsverfahren eingeleitet werden*" (§ 15a Abs. 1 S. 1 SGB II, ab 1.7.2023).

2 In dem Schlichtungsverfahren soll es mit der leistungsberechtigten Person und dem Jobcenter bei Unklarheiten oder Uneinigkeiten, welche den Kooperationsplan und dessen Pflichten betreffen, zu einer gemeinsamen **Lösung** kommen (§ 15a Abs. 2 S. 1 SGB II). Dabei wird eine **außenstehende unbeteiligte dritte Person** hinzugezogen: „*Die Agentur für Arbeit schafft im Einvernehmen mit dem kommunalen Träger die Voraussetzungen für einen Schlichtungsmechanismus unter Hinzuziehung einer bisher unbeteiligten und insofern nicht weisungsgebundenen Person innerhalb oder außerhalb der Dienststelle*" (§ 15a Abs. 1 S. 2 SGB II).

3 Ein Schlichtungsverfahren in den Jobcentern ist nicht neu. Neu ist aber, dass es nun im SGB II gemäß § 15a aufgenommen wurde und damit rechtmäßig jeder Person auf Verlangen zugestanden wird. Bisher nannte sich dieses Schlichtungsverfahren „*Unabhängige Ombudsstellen für SGB II-Leistungsbeziehende*". Diese gab es bisher zB in Berlin, im Kreis Lippe, Landkreis Darmstadt-Dieburg, Jobcenter Rhein-Berg oder Jobcenter Pirmasens. „*Die Ombudsstellen haben einen Ermittlungs-, Schlichtungs- oder Befriedungsauftrag für Jobcenterproblem. Sie ersetzen keine Rechtsmittel oder Beratungsstellen, sondern sollen i.d.R. als neutrale, unparteiische Stellen Anregungen, Kritik und Beschwerden von betroffenen Leistungsberechtigten entgegennehmen, in Streitfällen unbürokratisch vermitteln sowie ihre Tätigkeiten auswerten, darüber berichten und Änderungen bei den Jobcentern anregen*" (Drucksache 19/15687 vom 3.12.2019, Bundestagsfraktion DIE LINKE). Unabhängige Ombudsstellen werden seit Jahren von Sozial-, und Wohlfahrtsverbänden, von Erwerbsloseninitiativen und von den Leistungsberechtigten selbst gefordert. Dass ein Schlichtungsverfahren nun im SGB II verankert ist, kann somit als Fortschritt gewertet werden. Die Umsetzung sollte jedoch anschließend evaluiert werden.

2. Leistungsminderungen während des Schlichtungsverfahrens

4 „Während des Schlichtungsverfahrens führt die Verletzung von Pflichten nach § 31 nicht zu Leistungsminderungen" (§ 15a Abs. 3 SGB II). Das bedeutet, dass während dieser Zeit **keine Geldkürzungen des Regelbedarfes** erfolgen darf. Das erklärt sich von selbst, da das Schlichtungsverfahren eingeleitet wird, weil es Unstimmigkeiten aufgrund des Kooperationsplans geben kann.

5 **Tipp:** Sollten Sie trotzdem eine Sanktion/Leistungsminderung (→ 95), also eine Kürzung Ihres Regelbedarfes erhalten, weil Ihre Integrationsfachkraft der Meinung ist, Sie verstoßen gegen eine Pflicht des Kooperationsplans, so dass dieser nicht (fort)-geschrieben werden kann, so machen Sie darauf aufmerksam, dass ein Schlichtungsverfahren eingeleitet werden soll und eine Leistungsminderung in diesem Fall rechtswidrig ist. Legen Sie schriftlichen Widerspruch gegen die Leistungsminderung ein.

3. Die Dauer eines Schlichtungsverfahrens

6 Ein eingeleitetes Schlichtungsverfahren endet durch eine gemeinsame Einigung oder spätestens nach vier Wochen ab Beginn des Verfahrens. „*Das Schlichtungsverfahren endet durch eine Einigung oder spätestens mit Ablauf von vier Wochen ab Beginn*" (§ 15a Abs. 4 SGB II).

7 **Tipp:** Vier Wochen sind schnell vorbei. Machen Sie sich selbst Gedanken, was Sie erreichen wollen. Schreiben Sie sich diese Gedanken auf und formulieren Sie diese Ziele mit Ihrer Ombudsfrau oder Ihrem Ombudsmann. Das Ziel ist immer eine gemeinsame Einigung mit Ihrem Jobcenter; die Sie aber versuchen sollten, in Ihrem Sinne zu lenken. Das funktioniert nur, wenn Sie Ihre Wünsche, Vorstellungen und Ziele genau kennen und formulieren können.

4. Das bisherige Ombudsverfahren

8 In einer Stellungnahme des Instituts für Arbeitsmarkt- und Berufsforschung (IAB) im Auftrag der Fraktion DIE LINKE. in der Hamburger Bürgerschaft aus dem Jahr 2021 wertet das IAB u.a. die Arbeit einer Ombudsstelle für ein Berliner Jobcenter aus. In Berlin Friedrichshain-Kreuzberg besteht seit 2013 eine ehrenamtliche Ombudsstelle. Sie solle „*als neutrale und unparteiische Instanz, [...] unbürokratisch zwischen den beteiligten Parteien vermitteln*" (IAB-Stellungnahme 7/2021, „Zur Einrichtung von unabhängigen Ombudsstellen für Erwerbslosen im SGB-II-Bezug", S. 8, abrufbar unter: https://doku.iab.de/stellungnahme/2021/sn0721.pdf, letzter Zugriff: 15.1.2023). Neben den Rückforderungen von Leistungen, Leistungen zur Eingliederung oder Berechtigungen von SGB II-Leistungen notierte sich der Ombudsman auch Aussagen von Ratsuchenden, die daraufhin deuten, dass diese „*von den Mitarbeitenden des Jobcenters zu wenig Beachtung und teilweise eine zu geringe Wertschätzung erfahren*" haben (IAB-Stellungnahme 7/2021, S. 9). Der Ombudsman sieht seine eigene Stelle als Gewinn für alle Seiten an. Sie diene als Instrument der Qualitätssicherung, auch könne sie zu einer verbesserten Wahrnehmung des Jobcenters in der Öffentlichkeit beitragen und eine Art Frühwarnsystem für mögliche Defizite bei der Fallbearbeitung bilden. Weiterhin reduzieren sich Widerspruchsverfahren und Klagen. Das IAB weist daraufhin, dass es selbst keine Forschungsergebnisse zu Ombudsstellen hat, die diese begründen oder zurückweisen. Andere Studien weisen aber darauf hin, dass „*eine Stärkung der Position der Leistungsberechtigten gegenüber den Jobcentern sinnvoll sein könnte*" (IAB-Stellungnahme 7/2021, S. 10). Und hier sieht das IAB Probleme bei Menschen mit „*schweren psychischen Problemen, beispielsweise Depressionen oder Angststörungen*", denn diese „*dürften jedoch Schwierigkeiten haben, diese Leistung in Anspruch zu nehmen*" (IAB-Stellungnahme 7/2021, S. 10). 2015 lehnte die Bundesagentur für Arbeit in einer Stellungnahme die Einrichtung von unabhängigen Ombudsstellen übrigens ab (Deutscher Bundestag, Ausschuss für Arbeit und Soziales, Ausschussdrucksache 18(11)406, vom 26.6.2015, S. 8).

5. Forderungen

9 Evaluierung des Schlichtungsverfahren nach zwölf Monaten

Sicherstellung des Schlichtungsverfahrens durch eine unabhängige, unparteiische und neutrale dritte Person

Hilfestellung beim Aufsuchen der Schlichtungsstelle vor Ort (Infobroschüren, Flyer)

Kostenübernahme über das Vermittlungsbudget für Fahrtkosten zur Schlichtungsstelle

98 Schmerzensgeld

1. Kein Einkommen

1 Schmerzensgeld ist eine Entschädigung, die eine Person erhält, weil sie einen immateriellen Schaden erlitten hat, zB eine Körperverletzung bei einem Verkehrsunfall. Mit dem Schmerzensgeld soll ein Ausgleich zB für dabei erlittene Schmerzen und Genugtuung für die verletzte Person erreicht werden. Da das Schmerzensgeld daher, anders als Bürgergeld, HzL und GSi, nicht der Sicherung des Lebensunterhaltes dient, ist es grundsätzlich nicht auf diese Leistungen anzurechnen.

Wird Entschädigung in Form von Schmerzensgeld „*wegen einer Verletzung des Körpers, der Gesundheit, der Freiheit oder der sexuellen Selbstbestimmung*" (§ 253 Abs. 2 BGB) gezahlt, ist es bei Bürgergeld-, HzL- und GSi-Bezieher*innen grundsätzlich „*nicht als Einkommen zu berücksichtigen*" (§ 11a Abs. 2 SGB II, § 83 Abs. 2 SGB XII; FW 11.82).

2. Kein Vermögen

2 Das Schmerzensgeld ist – unabhängig von seiner Höhe – auch **als Vermögen geschützt**. Stammt das Vermögen zumindest überwiegend aus einer Schmerzensgeldzahlung, stellt dessen Verwertung einen Härtefall dar, der bei Bezug von Bürgergeld/Sozialhilfe die Anrechnung ausschließt (BVerwG 18.5.1995 – 5 C 22.93; BSG 15.4.2008 – B 14/7b AS 6/07 R).

3 Diese Härtefallregelungen gibt es in § 90 Abs. 3 SGB XII und § 12 Abs. 1 Nr. 7 SGB II. Wenn Schmerzensgeld als Einkommen geschützt ist, gilt das auch beim Vermögen. Daher bleibt das Schmerzensgeld auch geschützt, wenn es aus einer laufenden Zahlung angespart wird oder wenn es als Einmalbetrag, zB nach einem lang andauernden Rechtsstreit, ausgezahlt wird. Anders als die Behörden oft meinen, ist dies auch nicht zeitnah und zwecksprechend auszugeben (BSG 15.4.2008 – B 14/7b AS 6/07 R). Wichtig ist jedoch, dass Sie darlegen können, dass ein Guthaben noch aus der Zahlung von Schmerzensgeld stammt. Deshalb bietet es sich einerseits an, dass zB bei einer Vereinbarung zur Zahlung von Schmerzensgeld und Schadensersatz beides **getrennt ausgewiesen** wird, denn Schadensersatz wird ggf. angerechnet (vgl. BSG 9.8.2018 – B 14 AS 20/17 R: zur Anrechnungsfreiheit bei Wiederherstellung einer früheren Vermögenslage). Andererseits ist es sinnvoll, das Schmerzensgeld getrennt von anderen Geldern anzulegen.

Ergeben sich aus der Anlage des Schmerzensgeldes **Zinsen**, sind diese jedoch **als Einkommen anrechenbar** (BSG 22.8.2012 – B 14 AS 103/11 R).

99 Schulden

1. Überschuldung kann alle treffen	1
2. Schulden und Sozialleistungsbezug	2
2.1 Schulden vor dem Sozialleistungsbezug	3
2.2 Schulden während des Sozialleistungsbezugs	9
2.3 Schulden, weil die Behörde nicht geleistet hat	12
2.4 Miet- und Stromschulden	16
2.5 Schulden auf Eigenheimen/Eigentumswohnungen	17
2.6 Schulden bei der Behörde	18
3. Entschuldung – wie?	19
3.1 Ruhe bewahren, Schwerpunkte setzen, eigene Existenz sichern	20
3.2 Vergleichsverhandlungen/Forderungserlass	21
3.3 Insolvenzverfahren und Restschuldbefreiung	22
3.4 Schuldnerberatung	26

3.4.1 Kosten der Beratung 28
3.4.2 Bürgergeld/SGB II 29
3.4.3 HzL/GSi der Sozialhilfe 31
4. Anlaufstellen/Informationen 32
5. Kritik 33
6. Forderungen 35

1. Überschuldung kann alle treffen

1 Personen, die sich in finanziellen Schwierigkeiten befinden oder sogar von Überschuldung betroffen sind, sind keine Einzelfälle! Allein in 2021 haben sich über 570.000 Personen durch eine Schuldnerberatungsstelle beraten lassen und es wurden über 88.500 Verbraucherinsolvenzen eröffnet. Etwa 31.000 EUR betrugen im Schnitt die Schulden dieser Ratsuchenden. Noch immer ist die häufigste Ursache für Überschuldung die **Arbeitslosigkeit**. Bei jedem*r fünften, nämlich in 19,9 Prozent der Fälle, war die Arbeitslosigkeit der Hauptauslöser der Überschuldung. Aber auch Trennung, Scheidung oder Tod des*r Partners*Partnerin, Krankheit, Sucht oder ein Unfall sind häufige Auslöser. Niedrigeinkommen sind mit all diesen Ursachen verbunden (Statistisches Bundesamt, www.genesis.destatis.de, GENESIS-Tabelle 63511-0001).

2. Schulden und Sozialleistungsbezug

2 Schulden sind nicht gleich Schulden und können die unterschiedlichsten Ursprünge aufweisen, die jeweils ganz eigene Handlungs- und Umgangsoptionen erforderlich machen.

2.1 Schulden vor dem Sozialleistungsbezug

3 Wenn Sie **vor dem Bezug** von Sozialleistungen mit Ihrem Vermögen Schulden abzahlen, kann Ihnen nicht vorgeworfen werden, dass Sie dies tun, um in den „Genuss" der Sozialleistung zu kommen (SG Düsseldorf 31.8.2015 – S 35 AS 257/15 mVwa BVerfG 12.5.2005 – 1 BvR 569/05). Wenn Sie zB fälligen Zahlungsverpflichtungen nachkommen und damit Pfändungsbeschlüssen vorbeugen, können Sie Vermögen immer zur Schuldentilgung verwenden (BSG 21.11.2002 – B 11 AL 10/02 R).

4 Das Bundessozialgericht hat zudem entschieden (BSG 20.2.2020 – B 14 AS 52/18 R), dass Vermögen zur Schuldentilgung eingesetzt werden darf und **ab dem Tag des Vermögensverbrauchs** ein SGB II-Leistungsanspruch bestehen kann. Denn abweichend von der Einkommensberücksichtigung (vgl. § 11 Abs. 2, 3 SGB II) gibt es bei der Berücksichtigung von Vermögen im SGB II keine normative Grundlage für ein Monatsprinzip, so dass auch Leistungen ab Monatsmitte bzw. bei Eintritt der Hilfebedürftigkeit zu gewähren sein können.

5 **Tipp 1:** Wenn Sie **vor der Antragstellung** Ihr Einkommen oder Vermögen schmälern, *„um die von [Ihnen] eingegangenen rechtlichen Verpflichtungen zu erfüllen"*, darf deshalb später der **Regelsatz** nicht gekürzt werden (VG Sigmaringen 7.12.2001 – 7 K 1647/01; → 95).

6 **Tipp 2:** Sollten Sie bis auf Miete, Energie und ggf. Telekommunikation Ihre Tilgungsraten nicht mehr aufbringen können, stellen Sie diese Zahlungen ein. Wenn es dann noch immer nicht zum Leben reicht, können Sie Sozialleistungen beantragen.

7 **Tipp 3:** Wenn Ihre Gläubiger Forderungen eintreiben, indem sie Ihr Konto pfänden, müssen Sie ein P-Konto (→ 85) einrichten, um den Pfändungsfreibetrag auf Ihrem Konto zu schützen.

8 Im Beitrag **Pfändung/P-Konto** finden Sie nähere Informationen zur Lohn- und Kontenpfändung (→ 85 Rn. 10 ff. und 30 ff.).

2.2 Schulden während des Sozialleistungsbezugs

9 Wenn Sie Sozialleistungen beziehen, können Sie in aller Regel Ihre Schulden nicht mehr bedienen. Sie sollten dies auch nicht unter dem Druck von Schreiben der Gläubiger tun, die Ihnen mit Pfändungen drohen. Sozialhilfeleistungen dürfen nicht gepfändet werden (§ 17 Abs. 1 S. 2 SGB XII). Das gilt auch für das Bürgergeld bezüglich der Leistungen zur Sicherung des Lebensunterhaltes (§ 42 Abs. 4 SGB II). Beide Leistungen sind idR so niedrig, dass sie unter den **Pfändungsschutz** (→ 85) fallen.

10 Auch wenn Sie während des Leistungsbezuges ein einmaliges Einkommen (→ 37; zB Steuererstattung, Abfindungen usw) erzielen,

sollten Sie dies **nicht** zur Schuldentilgung verwenden. Beziehende von Sozialleistungen müssen Einkommen immer zuerst für den **Lebensunterhalt** einsetzen. Dies gilt selbst dann, wenn es dadurch nicht mehr möglich ist, bestehende vertragliche Verpflichtungen zu erfüllen. Offene Schulden sind nämlich nicht vom Einkommen abzusetzen. Wird das Einkommen trotzdem zur Schuldentilgung eingesetzt, wird die Zahlung deshalb nicht einkommensmindernd anerkannt (BSG 8.2.2017 – B 14 AS 22/16 R, Rn. 25). Dies gilt auch für eine Zahlung für Rückstände von titulierten, also rechtmäßig verlangten Unterhaltsforderungen (BSG 20.2.2014 – B 14 AS 53/12 R). Lediglich laufende gesetzliche Unterhaltszahlungen, insofern tituliert, sind vom Einkommen abzuziehen (§ 11b Abs. 1 Nr. 7 SGB II). Das sind auch keine Schulden, sondern Verpflichtungen. Schulden sind es erst, wenn der*die Schuldner*in sie in dem jeweiligen Monat nicht gezahlt hat. Im SGB II ist eine solche einmalige Einnahme ab 1.7.2023 nur noch im Zuflussmonat anzurechnen, ein etwaiger Rest wird im Folgemonat zu Vermögen (§ 11 Abs. 2 SGB II, → 37 Rn. 64). Für HzL und GSi gilt diese Regel ab 1.1.2023 (§ 82 Abs. 7 SGB XII; → 37 Rn. 75).

11 Zahlungen einer **Restschuldversicherung** sind kein anrechenbares Einkommen im Sinne des § 11 SGB II, auch wenn dies zu einer Darlehenstilgung führt. Denn die Versicherungsleistungen gehen direkt auf das Darlehenskonto und stellen für den*die Schuldner*in keine „bereite Mittel" dar (BSG 29.8.2019 – B 14 AS 42/18 R).

2.3 Schulden, weil die Behörde nicht geleistet hat

12 Wenn die Behörde eine notwendige Leistung nicht oder nicht rechtzeitig erbringt, kann eine Notlage entstehen, in der Sie einstweiligen Rechtsschutz (→ 41) beim Sozialgericht beantragen sollten. Es kann aber auch möglich sein, dass Sie Schulden bei einem*r Nothelfer*in (→ 82) machen, um der Notlage zu entkommen. Das ändert aber nichts daran, dass die Behörde leisten muss, wenn sie die Notlage kannte und die übrigen Voraussetzungen der Leistungen vorlagen (vgl.

BVerwG 30.4.1992 – C 12/87; zur nicht rechtzeitigen Mietschuldenübernahme: BSG 17.6.2010 – B 14 AS 55/09 R und BSG 13.7.2022 – B 7/14 AS 52/21 R).

13 **Beispiel:** Ein Antrag auf Bewilligung von Umzugskosten wird genehmigt. Das Geld wird aber vor dem Umzug nicht rechtzeitig ausgezahlt und Sie müssen es sich deshalb von Bekannten leihen. Die Behörde darf nicht damit argumentieren, es bestünde kein Bedarf mehr, da Sie die Umzugskosten in Selbsthilfe mit einem Notdarlehen gedeckt hätten.

14 **Tipp 1:** Sie haben Anspruch auf Erstattung der Kosten und können davon das Notdarlehen zurückzahlen (→ 82).

15 **Tipp 2:** Schließen Sie für ein Notdarlehen einen schriftlichen **Darlehensvertrag** ab, in dem die Zweckbindung des Darlehens (zB hilfsweise und vorübergehende Finanzierung der Umzugskosten) sowie die Rückzahlung nach Erhalt der beantragten und zustehenden Leistungen (in unserem Beispiel: für die Umzugskosten) geregelt sind. Lassen Sie sich das Darlehen nicht in bar auszahlen, sondern auf Ihr Konto überweisen.

2.4 Miet- und Stromschulden

16 Näheres finden Sie unter den Beiträgen Mietschulden (→ 77) und Strom (→ 109 Rn. 14 ff.).

2.5 Schulden auf Eigenheimen/ Eigentumswohnungen

17 Wenn Sie ein **Eigenheim** besitzen, auf dem Grundschulden bzw. Hypotheken liegen, erkennt die Behörde die **Schuldzinsen** als notwendige Kosten der Unterkunft an, in der Regel aber nicht die Tilgung (→ 34 Rn. 29 ff.).

2.6 Schulden bei der Behörde

18 Nicht verschwiegen soll sein, dass zahlreiche Personen auch Schulden bei Behörden selbst haben. Das kann die unterschiedlichsten Ursachen haben. Im Juni 2022 hat es etwa 200.955 offene Darlehen „gemeinsamer Einrichtungen" im Bereich des SGB II gegeben, die sich auf die Summe von rund 87,3 Millionen Euro beliefen (BT-Drs. 20/3089, zu Frage 2). Mehr dazu – vor allem, was Sie

tun können – unter den Beiträgen Aufrechnung (→ 12), Darlehen (→ 30) und Rückforderung (→ 92). An dieser Stelle nur so viel: auch Forderungen der (Sozial-)Behörden sind grundsätzlich von einer Restschuldbefreiung nach der Insolvenzordnung (→ 22 ff.) erfasst.

3. Entschuldung – wie?

19 Auf dem Weg, sich der eigenen Schulden zu entledigen, gibt es viele Aspekte, die beachtet werden sollten und die den Prozess für Sie vereinfachen können, insbesondere die Inanspruchnahme einer **Schuldnerberatung** (→ 26 ff.).

3.1 Ruhe bewahren, Schwerpunkte setzen, eigene Existenz sichern

20 Gläubiger drohen oftmals massiv mithilfe von Inkassounternehmen oder Rechtsanwält*innen. Auch wenn es daher schwerfällt: es ist gerade in diesem Moment wichtig, Ruhe zu bewahren. Sie sollten zum Beispiel versuchen, möglichst nüchtern zu entscheiden: Welche Forderungen sind wichtig (zB Miet-/Energieschulden) und welche nicht? Was kann realistisch an (Raten-)Zahlungen geleistet werden, ohne den Anspruch auf eine menschenwürdige Existenz zu gefährden? Um keine „Angstraten" zu zahlen, die einzig den Gläubigern nützen, ist es sinnvoll, sich über die Vollstreckungsschutzmöglichkeiten zu informieren (→ 85).

3.2 Vergleichsverhandlungen/ Forderungserlass

21 Sie können mit den Gläubigern Verhandlungen mit dem Ziel führen, nur einen Teil der Forderung(en) zu zahlen und dann den Forderungsrest erlassen zu bekommen. Mustertexte von Einzelvergleichen finden Sie unter www.butenob.de/linkliste (Nummer 30). In aller Regel aber ist es besser, sich **Hilfe von einer Schuldnerberatungsstelle** (→ Rn. 26 ff.) zu holen, um den Fallstricken der Vertragsverhandlungen zu entgehen! Schuldnerberatung bedeutet nicht automatisch die Beantragung eines Insolvenzverfahrens: In 2021 haben die Beratungsstellen in über 20 Prozent der Fälle die Schulden außergerichtlich regulieren können (Statistisches Bundesamt, www-genesis.destatis.de, Tabelle 63511–0016).

3.3 Insolvenzverfahren und Restschuldbefreiung

22 Seit 1999 gibt es für zahlungsunfähige und von Zahlungsunfähigkeit bedrohte Privatpersonen sowie für aktive und ehemalige Selbstständige die Möglichkeit, ein (Verbraucher-)Insolvenzverfahren sowie die Restschuldbefreiung zu beantragen. Seit 1.12.2001 können sämtliche anfallenden Kosten des Verfahrens auf Antrag gestundet werden, wenn das Vermögen des*r Schuldners*Schuldnerin „voraussichtlich nicht ausreichen wird, um diese Kosten zu decken" (§ 4a Abs. 1 InsO). Damit ist eine wichtige Zugangshürde gefallen.

Im Jahr 1999 gab es 3.300 beantragte Verbraucherinsolvenzen, 2005 waren es schon knapp 74.000. In 2010 gab es mit über 114.000 die bislang meisten Verbraucherpleiten und auch 2021 waren es fast 90.000. Seit Einführung des Verbraucherinsolvenzverfahrens 1999 wurden bis einschließlich 2021 über 1,6 Millionen Privatinsolvenzverfahren beantragt und davon 97 Prozent eröffnet (www.destatis.de, GENESIS-Tabelle: 52411–0009; eigene Berechnung).

23 Auch Sozialleistungsbeziehende können am Insolvenzverfahren teilnehmen und eine **Restschuldbefreiung** erhalten. Die Insolvenzordnung schreibt keine Mindestquote zur Befriedigung der Gläubiger vor. Auch wenn Sie kein Geld haben, um Gläubigern etwas zu zahlen, können Sie **drei Jahre** nach Verfahrenseröffnung schuldenfrei sein – vorausgesetzt, Sie halten sich an die Spielregeln des Insolvenz-/Restschuldbefreiungsverfahrens. Sie müssen zB den pfändbaren Anteil Ihres Einkommens (→ 85 Rn. 3 ff.) abgeben, sich aktiv bemühen, eine Arbeitsstelle zu finden, dürfen keine zumutbare Arbeit ablehnen und müssen das ggf. nachweisen. Sie müssen Ihre Einkommens- und Vermögensverhältnisse offenlegen und mitteilen, wenn sich Ihre Einkommenssituation ändert. Auch einen Umzug oder Wechsel Ihres Beschäftigungsverhältnisses müssen Sie dem Insolvenzverwalter/Treuhänder und dem „Insolvenzgericht" (dem örtlichen Amtsgericht) melden.

99 Schulden

24 Die Restschuldbefreiung wirkt grundsätzlich umfassend, dh es sind alle Forderungen nicht mehr durchsetzbar, die zum Zeitpunkt der Insolvenzeröffnung begründet waren (§§ 301, 308 InsO). Die häufig anzutreffende Vorstellung, dass Forderungen der Behörden privilegiert seien und auch nach Erteilung der Restschuldbefreiung noch weiter bestehen würden, ist so allgemein formuliert unzutreffend. Richtig ist vielmehr, dass nur spezielle Forderungen von der Restschuldbefreiung ausgenommen sind, etwa Geldstrafen, Geldbußen, Ordnungsgelder und Zwangsgelder sowie Forderungen „aus einer vorsätzlich begangenen unerlaubten Handlung" (§ 302 InsO). Zu letzteren gehören (Schadensersatz-)Forderungen wegen Betrugs. Konkret bedeutet dies, dass etwa Rückforderungen von Sozialbehörden nur dann privilegiert sind, wenn die Leistungen zuvor auf betrügerische Weise „erschwindelt" wurden. Stets aber haften Sie nach der Restschuldbefreiung allerdings noch weitere **48 Monate für die gestundeten Verfahrenskosten** nach den Grundsätzen der Prozesskostenhilfe (→ 87).

25 Bis 30.9.2020 dauerte das Restschuldbefreiungsverfahren sechs Jahre. Dies wurde Ende 2020 auf die aktuell geltenden drei Jahre verkürzt. Gegner einer kurzen Restschuldbefreiungszeit behaupten gerne, dass Verbraucher*innen dadurch zu einer sorgenbefreiten oder gar missbräuchlichen Überschuldung verleitet werden würden. Zu Recht bewertet Ex-BGH-Richter Pape dies als ein Argument *„aus der Mottenkiste"* und stellt fest: *„Dieses Argument ist durch die inzwischen mehr als zwanzigjährige Anwendungszeit der InsO widerlegt. Eine frivole Schuldenmacherei im Hinblick auf die Möglichkeit der Restschuldbefreiung hat es nie gegeben."* (ZInsO 2020, 1347).

3.4 Schuldnerberatung

26 Wollen Sie Ihre Schulden über ein Insolvenzverfahren regeln, dann sollten Sie sich wegen der vielen Fallstricke des Verfahrens vorher fachkundigen Rat von einer anerkannten Schuldner- und Insolvenzberatungsstelle einholen. Sie kann Ihnen bei der Aufarbeitung Ihrer Verschuldungssituation helfen.

27 **Tipp:** Hüten Sie sich vor gewerblichen „Schuldenregulierern", die aus Ihrer Notlage Profit schlagen wollen, und vor Umschuldungen, insbesondere durch „Kredithaie" sowie vor SCHUFA-freien Krediten.

3.4.1 Kosten der Beratung

28 Seriöse und soziale Schuldnerberatungen sind zumindest für Personen, die ein geringes Einkommen haben, **kostenlos** und werden von Wohlfahrtsverbänden, Kommunen oder auch Verbraucherzentralen getragen. Manche Stellen verlangen eine Beratungsgebühr; fragen Sie vorher danach.

3.4.2 Bürgergeld/SGB II

29 Wenn Sie Bürgergeld beziehen, kann das Jobcenter die Schuldnerberatung selbst leisten bzw. Sie an eine Schuldnerberatungsstelle verweisen, wenn es *„für die Eingliederung der oder des erwerbsfähigen Leistungsberechtigten in das Erwerbsleben erforderlich ist"* (§ 16a Nr. 2 SGB II).

30 Das Bundessozialgericht hat dazu klargestellt, dass die Schuldnerberatung zu den Leistungen gehört, welche die Aufnahme einer Erwerbstätigkeit erst vorbereiten oder flankierend unterstützen. Daher ist eine Schuldnerberatung nicht nur dann erforderlich, wenn ihr prognostisch unmittelbar eine Arbeitsaufnahme folgt oder sie die einzige Möglichkeit zur Zielerreichung (berufliche Eingliederung) ist. Es reicht aus, wenn die Schuldnerberatung zumindest mittelbar zur Eingliederung in Arbeit erforderlich ist (BSG 21.7.2021 – B 14 AS 18/20 R; dazu auch Weil/Igelmann, info also 2022, 254). Davon kann in aller Regel ausgegangen werden, da Schulden und Pfändungen (→ 85) die (Wieder-) Einstellung von Arbeitslosen wesentlich erschweren.

3.4.3 HzL/GSi der Sozialhilfe

31 *„Ist die weitere Beratung durch eine Schuldnerberatungsstelle [...] geboten, ist auf Ihre Inanspruchnahme hinzuwirken. Angemessene Kosten einer Beratung [...] sollen übernommen werden, wenn eine Lebenslage, die Leistungen der Hilfe zum Lebensunterhalt erforderlich macht oder erwarten lässt, sonst nicht überwunden werden kann"* (§ 11

789

Abs. 5 S. 2 und 3 SGB XII). Fragen Sie beim Sozialamt nach entsprechenden Hilfsangeboten.

4. Anlaufstellen/Informationen

32 Seriöse Beratungsstellen können Sie finden über: www.meine-schulden.de/beratungsstellen

Ein sehr guter und zudem günstiger Ratgeber ist die 64-seitige Broschüre der Bundesarbeitsgemeinschaft Schuldnerberatung (BAG SB) mit dem Titel „Schulden erfolgreich bewältigen – Von der Pfändung bis zur Privatinsolvenz" (2. Auflage 2022, ISBN 978–3–406–76326–7; 6,90 EUR)

Sowohl aktuelle Informationen als auch Grundlagen sind zu finden auf der Webseite der Landesarbeitsgemeinschaft Schuldnerberatung Hamburg: www.soziale-schuldnerberatung-hamburg.de/

5. Kritik

33 Es gibt in Deutschland nicht genügend Schuldnerberatungsstellen. Sie sollten sich daher frühzeitig um einen Erstberatungstermin bei einer Schuldnerberatung bemühen und dabei nicht selten mit langen Wartezeiten bis zum Beginn der Schuldenbestandsaufnahme/-regulierung rechnen. In existenziellen **Krisen** (zB bei Kontosperre, Haftandrohung oder fristloser Kündigung wegen Mietschulden) kann aber meist auf Akutsprechstunden/Notfallberatung zurückgegriffen werden.

34 Das Insolvenzverfahren/Restschuldbefreiungsverfahren ist **zu kompliziert** aufgebaut. Überschuldung ist häufig noch mit einem **Stigma** verbunden, dabei kann es jede*n treffen! Schuldenprävention bedeutet daher nicht nur, die individuelle Finanzkompetenz der Einzelnen zu erhöhen, sondern vor allem, den Sozialstaat grundsätzlich zu stärken und die (Einkommens-)Armut zu bekämpfen.

6. Forderungen

35 Unkompliziertes und kostenfreies Insolvenzverfahren für Menschen in Armut!

Ausbau der unabhängigen und kostenfreien Schuldnerberatung!

Einklagbarer Rechtsanspruch auf Schuldnerberatung!

Regelung und Begrenzung von Inkassokosten und Stärkung der Aufsicht über die Inkassounternehmen!

Regulierung von Einträgen in Auskunfteien wie der SCHUFA!

100 Schüler*innen

1. Ansprüche der Schüler*innen, die eine dem Grunde nach BAföG-förderfähige Ausbildung absolvieren 1
1.1 BAföG-Anspruch 6
1.2 Höhe des BAföG 9
1.3 „Leistungen für Auszubildende" nach § 27 SGB II 12
1.3.1 Anspruch auf Mehrbedarfszuschläge 14
1.3.2 Anspruch auf einmalige Beihilfen 15
1.3.3 Anspruch SGB II-Leistungen bei Härtefällen 16
1.3.4 SGB II-Darlehen bei Ausbildungsaufnahme 18
1.4 Weitere zusätzliche Leistungen für Schüler*innen 20
1.4.1 Leistungen für Bildung und Teilhabe 21
1.4.2 Schuldenübernahme zur Wohnraumsicherung 22
1.4.3 Anspruch auf Sozialhilfe in besonderen Lebenslagen 23
2. Anspruch auf Bürgergeld für Schüler*innen 24
2.1 Schüler*innen, die unter die „Rückausnahmen" fallen 25
2.2 Schüler*innen ohne BAföG-Anspruch 29
3. Leistungen bei Bezug von Bürgergeld 30
3.1 Höhe des Bürgergelds 31
3.2 Anspruch auf Mehrbedarfe 32
4. Pflichten bei Bürgergeld-Bezug 34
4.1 Arbeitsverpflichtung für Schüler*innen, die das 15. Lebensjahr vollendet haben? 35
4.2 Ortsabwesenheit während der Schulferien 36
4.3 Vorlage der Schulzeugnisse verpflichtend? 38
5. Forderungen 39

1. Ansprüche der Schüler*innen, die eine dem Grunde nach BAföG-förderfähige Ausbildung absolvieren

1 Schüler*innen sind mit Vollendung des 15. Lebensjahres in der Regel erwerbsfähig (→ 45): Somit haben sie Anspruch auf Bürgergeld (§ 7 Abs. 1 S. 1 Nr. 1 SGB II). Sind Schüler*innen nicht erwerbsfähig, haben sie Anspruch auf Bürgergeld (→ 28), wenn sie zu einer SGB II-Bedarfsgemeinschaft gehören und sonst auf Sozialhilfe nach dem SGB XII angewiesen sind; sind sie volljährig, besteht möglicherweise ein Anspruch auf Grundsicherung für dauerhaft voll Erwerbsgeminderte.

Schüler*innen unter 15 Jahren haben

- Anspruch auf Sozialgeld (→ 105), wenn ihre Eltern Anspruch auf Bürgergeld haben oder
- Anspruch auf Sozialhilfe, wenn ihre Eltern Anspruch auf Sozialhilfe haben.

Bürgergeld macht alles nicht einfacher.

2 Schüler*innen, die das 15. Lebensjahr vollendet haben, haben aber regelmäßig **nur dann** Anspruch auf Bürgergeld, wenn sie entweder *„dem Grunde nach"* **keinen Anspruch auf BAföG** haben oder wenn sie BAföG beantragt haben, BAföG erhalten oder nur wegen der Vorschriften zur Berücksichtigung von Einkommen und Vermögen nicht erhalten (→ Rn. 4). Seit 2011 haben Schüler*innen und minderjährige Kinder Anspruch auf gesonderte Leistungen für **Bildung und Teilhabe** (→ 27).

3 Zum 1.8.2016 wurde der Anspruch für Schüler*innen auf SGB II-Leistungen neu geregelt. Dadurch ist manches komplizierter, aber auch einiges besser geworden.

Zwar heißt es weiterhin:

„Auszubildende, deren Ausbildung im Rahmen des Bundesausbildungsförderungsgesetzes dem Grunde nach förderungsfähig ist, haben über die Leistungen nach § 27 hinaus keinen Anspruch auf Leistungen zur Sicherung des Lebensunterhalts" (§ 7 Abs. 5 S. 1 SGB II).

Was genau *„dem Grunde nach förderungsfähig"* bedeutet, finden Sie im Beitrag Studierende (→ 110 Rn. 1 ff.).

Welche *„Leistungen nach § 27 [SGB II]"* Schüler*innen regelmäßig zustehen, lesen Sie unter → Rn. 12 ff.

4 Dieser Ausschluss von Schüler*innen und Studierenden von SGB II-Leistungen wird durch drei sogenannte „Rückausnahmen" in § 7 Abs. 6 SGB II eingeschränkt, dh „durch die Hintertür" wird ihnen der SGB II-Leistungsbezug in einigen Fällen doch ermöglicht:

„Absatz 5 Satz 1 ist nicht anzuwenden auf Auszubildende",

„1. die aufgrund von § 2 Absatz 1a des Bundesausbildungsförderungsgesetzes keinen Anspruch auf Ausbildungsförderung haben": diese **erste Rückausnahme** betrifft Schüler*innen, die in begründeten Fällen nicht auf die Wohnung der Eltern verwiesen werden können (→ Rn. 7),

„2. deren Bedarf sich nach §§ 12, 13 Absatz 1 in Verbindung mit Absatz 2 Nummer 1 oder nach § 13 Absatz 1 Nummer 2 in Verbindung mit Absatz 2 Nummer 2 des Bundesausbildungsförderungsgesetzes bemisst und die Leistungen nach dem Bundesausbildungsförderungsgesetz
a) erhalten oder nur wegen der Vorschriften zur Berücksichtigung von Einkommen und Vermögen nicht erhalten oder
b) beantragt haben und über deren Antrag das zuständige Amt für Ausbildungsförderung noch nicht entschieden hat; lehnt das zuständige Amt für Ausbildungsförderung die Leistungen ab, findet Absatz 5 mit Beginn des folgenden Monats Anwendung":

Diese weitreichende **zweite Rückausnahme** ermöglicht es Schüler*innen, die eine dem Grunde nach BAföG-förderfähige Ausbildung absolvieren, in den meisten Fällen aufstockend SGB II-Leistungen zu beanspruchen (Einschränkungen gelten fortan noch für viele Studierende), oder

„3. die eine Abendhauptschule, eine Abendrealschule oder ein Abendgymnasium besuchen, sofern sie aufgrund von § 10 Absatz 3 des Bundesausbildungsförde-

rungsgesetzes keinen Anspruch auf Ausbildungsförderung haben": Diese **dritte Rückausnahme** betrifft Schüler*innen, die eine Abendschule besuchen und wegen ihres Alters von über 45 Jahren idR keinen Anspruch auf BAföG haben (§ 7 Abs. 6 SGB II).

5 Die **erweiterte zweite Rückausnahme** ermöglicht Schüler*innen, die nach § 7 Abs. 5 S. 1 SGB II eigentlich von SGB II-Leistungen ausgeschlossen sind,

- SGB II-Leistungen **aufstockend** in Anspruch zu nehmen, wenn deren Bedarf zum Lebensunterhalt nicht durch BAföG, Kindergeld oder andere Einkommen gedeckt ist oder
- auch „nur" **übergangsweise Bürgergeld zu beziehen**, wenn sie BAföG zwar beantragt haben, aber über den Antrag noch nicht entschieden ist.

Der BAföG-Antrag kann auch beim Jobcenter gestellt werden, das verpflichtet ist, ihn an das BAföG-Amt weiterzuleiten (§ 16 Abs. 2 SGB I) und zumindest bis zur Entscheidung des BAföG-Amts Schüler*innen SGB II-Leistungen bewilligen muss, wenn deren Bedarf nicht gedeckt ist. Näheres dazu finden Sie unter → Rn. 25.

1.1 BAföG-Anspruch

6 Grundsätzlich Anspruch auf BAföG haben Besuchende von

- Berufsfachschulklassen und Fachschulklassen, deren Besuch keine abgeschlossene Berufsausbildung voraussetzt und die in einem mindestens zweijährigen Bildungsgang einen berufsqualifizierenden Abschluss vermitteln,
- Fach- und Fachoberschulklassen, deren Besuch eine abgeschlossene Berufsausbildung voraussetzt,
- Abendhauptschulen, Berufsaufbauschulen, Abendrealschulen, Abendgymnasien und Kollegs,
- Höheren Fachschulen und Akademien sowie
- Hochschulen

(§ 2 Abs. 1 Nr. 2–6 BAföG).

7 Darüber hinaus besteht ein **BAföG-Anspruch für Schüler*innen** an Schulen im Sinne von § 2 Abs. 1 Nr. 1 BAföG, also Schüler*innen

- an weiterführenden allgemeinbildenden Schulen (zB Gesamtschule, Gymnasium, Realschule, Stadtteilschule) ab Klasse 10,
- an Schulen beruflicher Grundbildung ab Klasse 10,
- an Berufsfachschulen ab Klasse 10 (wenn sie nicht unter § 2 Abs. 1 Nr. 2 BAföG fallen) und
- an Fach- und Fachoberschulen, deren Besuch keine abgeschlossene Berufsausbildung voraussetzt (wenn die Fachschule nicht unter § 2 Abs. 1 Nr. 2 BAföG fällt),

wenn sie nicht bei ihren Eltern wohnen und

- deren Ausbildungsstätte von der Wohnung der Eltern aus nicht erreichbar ist (dh eine tägliche Hin- und Rückfahrt von zusammen mehr als zwei Stunden) **oder**
- die einen eigenen Haushalt führen und verheiratet sind **oder**
- einen eigenen Haushalt führen und mit mindestens einem Kind zusammenleben (§ 2 Abs. 1a BAföG).

Die Schüler*innen an diesen Schulen, die nicht diese speziellen Voraussetzungen nach § 2 Abs. 1a BAföG erfüllen, haben einen normalen Anspruch auf Bürgergeld (§ 7 Abs. 6 Nr. 1 SGB II) bzw. Sozialhilfe (§ 22 Abs. 2 Nr. 1 SGB XII).

Schüler*innen bis zur Klasse 9 können kein BAföG bekommen und haben daher in der Regel Anspruch auf Sozialgeld bzw. ab Vollendung des 15. Lebensjahrs auf Bürgergeld.

8 Wenn Schüler*innen **infolge von Erkrankung** oder **Schwangerschaft** (→ 101) gehindert sind, die Ausbildung durchzuführen, wird über das Ende des dritten Kalendermonats hinaus keine Ausbildungsförderung geleistet (§ 15 Abs. 2a BAföG). **Ab dem 4. Kalendermonat** liegt keine dem Grunde nach förderungsfähige Ausbildung mehr vor, so dass ab dann im SGB II und SGB XII **kein Leistungsausschluss** mehr besteht.

1.2 Höhe des BAföG

9 Die Höhe der vorrangigen Ausbildungsförderung ist abhängig vom eigenen Einkommen und Vermögen sowie vom Einkommen der Eltern und des*r Ehegatten*Ehegattin,

wobei das BAföG unterschiedliche Freibeträge vorsieht. Die Bedarfe werden im BAföG, je nach Schulform und Wohnsituation, folgendermaßen gruppiert:
a. Schüler*innen,
   - die bei ihren Eltern wohnen und
   - eine Berufsfachschule oder **Fachschule** besuchen, deren Besuch **keine** abgeschlossene Berufsausbildung voraussetzt (§ 12 Abs. 1 Nr. 1 BAföG), haben einen BAföG-Anspruch von **262 EUR**,
b. Schüler*innen, die eine Berufsfach-, Fach- oder Fachoberschule besuchen, deren Besuch **keine** abgeschlossene Berufsausbildung voraussetzt **und die nicht bei ihren Eltern wohnen**, haben einen BAföG-Anspruch von **632 EUR** (§ 12 Abs. 2 Nr. 1 BAföG),
c. Schüler*innen, die eine Abendhauptschule, Berufsaufbauschule, Abendrealschule oder Fachoberschule besuchen, deren Besuch eine abgeschlossene Berufsausbildung voraussetzt und
   - die **bei ihren Eltern wohnen**, haben einen BAföG-Anspruch von **474 EUR** (§ 12 Abs. 1 Nr. 2 BAföG),
   - die **nicht bei ihren Eltern wohnen**, haben einen BAföG-Anspruch von **736 EUR** (§ 12 Abs. 2 Nr. 2 BAföG),
d. Schüler*innen, die eine Fachschulklasse, deren Besuch eine abgeschlossene Berufsausbildung voraussetzt, ein Abendgymnasium oder ein Kolleg besuchen und
   - die **bei ihren Eltern wohnen**, haben einen Anspruch auf BAföG von **421 EUR plus 59 EUR** für die Unterkunftskosten (§ 13 Abs. 1 Nr. 1 BAföG, § 13 Abs. 2 Nr. 1 BAföG),
   - die **nicht bei ihren Eltern wohnen**, haben einen Anspruch auf BAföG von **421 EUR plus 360 EUR** für die Unterkunftskosten (§ 13 Abs. 1 Nr. 1 BAföG, § 13 Abs. 2 Nr. 2 BAföG),
e. Studierende/Schüler*innen, die eine Höhere Fachschule, Akademie oder Hochschule besuchen **und**
   - die **bei ihren Eltern wohnen**, haben einen Anspruch auf BAföG von **452 EUR plus 59 EUR** für die Unterkunftskosten (§ 13 Abs. 1 Nr. 2 BAföG, § 13 Abs. 2 Nr. 1 BAföG);
   - die **nicht bei ihren Eltern wohnen**, haben einen Anspruch auf BAföG von **452 EUR plus 360 EUR** für die Unterkunftskosten (§ 13 Abs. 1 Nr. 2 BAföG, § 13 Abs. 2 Nr. 2 BAföG).

10 Sind Schüler*innen in der **Kranken- und Pflegeversicherung** nicht familienversichert, sondern selbst beitragspflichtig versichert, kommen mtl. 122 EUR für Versicherungsbeiträge hinzu, was aber nur gilt, wenn keine Versicherungspflicht über den SGB II-Bezug besteht; für über 30 Jahre alte, freiwillig krankenversicherte Schüler*innen werden 206 EUR als Kranken- und Pflegeversicherungsbedarf berücksichtigt (§ 13a BAföG). Für Schüler*innen, die selbst Eltern sind, gibt es zusätzlich einen **Kinderbetreuungszuschlag** von 160 EUR je eigenes Kind unter 14 Jahren (§ 14b BAföG).

11 Diese BAföG-Beträge liegen fast immer unterhalb des Existenzminimums, das als Bürgergeld bzw. Sozialhilfe im SGB II und SGB XII vorgesehen ist. Deshalb musste die Bundesregierung **zum 1.8.2016** die zweite Rückausnahme des § 7 Abs. 6 Nr. 2 SGB II deutlich erweitern. Das ermöglicht Schüler*innen in BAföG-förderfähigen Ausbildungen in den meisten Fällen, aufstockende SGB II-Leistungen zu beantragen, wenn ihr Bedarf zum Lebensunterhalt nicht gedeckt ist (→ Rn. 24 ff.).

1.3 „Leistungen für Auszubildende" nach § 27 SGB II

12 Schüler*innen, die keinen Anspruch auf aufstockendes Bürgergeld haben, weil ihr BAföG-Antrag aus anderen Gründen als den Vorschriften zur Berücksichtigung von Einkommen und Vermögen abgelehnt wurde (zB wegen einer nicht nach § 7 Abs. 2 BAföG geförderten Zweitausbildung, wegen Überschreitens der Altersgrenze nach § 10 Abs. 3 BAföG, nach einem nicht nach § 7 Abs. 3

BAföG genehmigten Fachrichtungswechsel oder Ausbildungsabbruch, oder Menschen ohne deutschen Pass, die die Voraussetzungen nach § 8 BAföG nicht erfüllen), können nach § 27 SGB II zusätzliche Leistungen nach dem SGB II für **nicht ausbildungsgeprägte Bedarfe** beanspruchen, die nicht in den BAföG-Sätzen berücksichtigt sind. Darüber hinaus stehen unter Umständen Härtefall- und Überbrückungsdarlehen zur Verfügung.

13 Alle Leistungen für Auszubildende und Schüler*innen nach § 27 SGB II „*gelten nicht als Bürgergeld*" (§ 27 Abs. 1 S. 2 SGB II). Sie begründen demnach u.a. keinen Krankenversicherungsschutz und keinen Anspruch auf Miet- und Energieschuldenübernahme durch das Jobcenter (→ Rn. 26 ff.).

1.3.1 Anspruch auf Mehrbedarfszuschläge

14 Es besteht ein Anspruch auf Mehrbedarfszuschläge (→ 74) für Schwangere (→ 101), Alleinerziehende (→ 3), bei kostenaufwendiger Krankenkost (→ 69) und den Härtefallmehrbedarf (→ 52) für laufende und einmalige unabweisbare Bedarfe (§ 27 Abs. 2 SGB II). Nähere Informationen finden Sie unter Studierende (→ 110 Rn. 13). Zu den Härtefallmehrbedarfen können auch Kosten für digitale Endgeräte, also Computer und Drucker, gehören (→ 52 Rn. 21 ff.).

1.3.2 Anspruch auf einmalige Beihilfen

15 Es besteht ein Anspruch auf einmalige Beihilfen (→ 40) für **Erstausstattungen** für Bekleidung sowie bei Schwangerschaft und Geburt (→ 101; § 27 Abs. 2 SGB II). Näheres dazu finden Sie im Beitrag Studierende (→ Rn. 13 ff.).

1.3.3 Anspruch SGB II-Leistungen bei Härtefällen

16 SGB II-Leistungen (Regelbedarf, Unterkunfts- und Heizungskosten, Warmwassermehrbedarf, Kranken- und Pflegeversicherungsbeiträge, Bedarfe für Bildung und Teilhabe) können für Schüler*innen, Auszubildende oder Studierende als **Darlehen** erbracht werden, „*sofern der Leistungsausschluss [...] eine besondere Härte bedeutet*" (§ 27 Abs. 3 S. 1 SGB II). Das dürfte bei Schüler*innen auf nur wenige Ausnahmesituationen beschränkt sein, da wegen der oben beschriebenen „*Rückausnahmen*" (→ Rn. 25 ff.) meist die Möglichkeit besteht, SGB II-Leistungen aufzustocken. Näheres zum Härtefalldarlehen finden Sie im Beitrag Studierende (→ 110 Rn. 15 ff.).

17 Außerdem gibt es einen **Härtefalltatbestand** für alle Schüler*innen – nicht jedoch für Studierende –, die aufgrund der Vollendung des 45. Lebensjahres keinen Anspruch auf **BAföG** haben, wenn deren „*Ausbildung im Einzelfall für die Eingliederung der oder des Auszubildenden in das Erwerbsleben zwingend erforderlich ist und ohne die Erbringung von Leistungen zum Lebensunterhalt der Abbruch der Ausbildung droht: in diesem Fall sind Leistungen als Zuschuss zu erbringen*" (§ 27 Abs. 3 S. 2 SGB II).

1.3.4 SGB II-Darlehen bei Ausbildungsaufnahme

18 „*Für den Monat der Aufnahme einer Ausbildung können Leistungen [...] [als Darlehen] erbracht werden*" (§ 27 Abs. 3 S. 3 SGB II).

Dieses Darlehen können auch Schüler*innen **zur Überbrückung** bei Beginn der Ausbildung beantragen, wenn der BAföG-Antrag bereits aus anderen Gründen als wegen des anzurechnenden Einkommens und Vermögens abgelehnt wurde und bis zum Monatsende voraussichtlich ein Einkommen zu erwarten ist, wozu auch (weitergeleitetes) Kindergeld gehören kann.

19 Tipp: Wenn Sie nicht genau wissen, ob Ihre Einkünfte am Monatsende zufließen und ausreichen, um den SGB II-Bedarf tatsächlich zu decken, können Sie als Schüler*in zur Überbrückung **vorsorglich aufstockendes Bürgergeld** beantragen. Zufließende Einkommen werden dann im Zuflussmonat angerechnet.

Näheres dazu finden Sie unter Studierende (→ 110 Rn. 27 f.).

1.4 Weitere zusätzliche Leistungen für Schüler*innen

20 Über die bereits dargestellten Ansprüche hinaus können Schüler*innen in bestimmten

1.4.1 Leistungen für Bildung und Teilhabe

21 Schüler*innen haben zusätzlich Anspruch auf Bedarfe für Bildung und Teilhabe (→ 27). Wenn sie ausnahmsweise vom Leistungsausschluss erfasst werden, können diese als Darlehen erbracht werden, *„sofern der Leistungsausschluss [...] eine besondere Härte bedeutet"* (§ 27 Abs. 3 S. 1 SGB II).

1.4.2 Schuldenübernahme zur Wohnraumsicherung

22 Bei Schüler*innen, die aufstockend Leistungen nach dem SGB II beziehen (→ Rn. 24 f.), kommt eine Übernahme von Miet- und Energieschulden durch das Jobcenter in Betracht, wenn es sich nicht um die Schulden der Eltern handelt. Bei Schüler*innen, die kein aufstockendes Bürgergeld beziehen, ist die Übernahme von **Miet- und Energieschulden** unter bestimmten Voraussetzungen durch das Sozialamt möglich (§ 36 SGB XII). Näheres dazu finden Sie unter Auszubildende (→ 14 Rn. 32 ff.).

1.4.3 Anspruch auf Sozialhilfe in besonderen Lebenslagen

23 Schüler*innen sind bei der Sozialhilfe nur von Leistungen zur Sicherung des Lebensunterhalts ausgeschlossen, nicht aber von Hilfe zur Pflege, Hilfe zur Überwindung sozialer Schwierigkeiten und Hilfe in anderen Lebenslagen, zB zur Weiterführung des Haushalts, Blindenhilfe, Hilfe in sonstigen Lebenslagen und für Bestattungskosten (Fünftes bis Neuntes Kapitel SGB XII). Außerdem haben sie Anspruch auf Eingliederungshilfe für behinderte Menschen (§§ 90 ff. SGB IX).

2. Anspruch auf Bürgergeld für Schüler*innen

24 Im Folgenden wird dargelegt, wann und unter welchen Bedingungen Anspruch auf Bürgergeld für Schüler*innen besteht.

2.1 Schüler*innen, die unter die „Rückausnahmen" fallen

25 Die unter § 7 Abs. 6 SGB II fallenden Schüler*innen bilden die Gruppe der Rückausnahmen aus dem SGB II-Leistungsausschluss und können (aufstockend) **Bürgergeld** beanspruchen, wenn ihr Bedarf zum Lebensunterhalt nicht durch BAföG, Kindergeld, ggf. Unterhaltszahlungen der Eltern, Stipendien oder zusätzlichem Erwerbseinkommen gedeckt ist. Bevor BAföG, Kindergeld und andere Einkünfte auf den SGB II-Bedarf angerechnet werden, muss das **Einkommen bereinigt werden** (→ 38), wobei es für Schüler*innen einige **Besonderheiten** gibt:

26 Einnahmen von Schüler*innen allgemein- oder berufsbildender Schulen, die das 25. Lebensjahr noch nicht vollendet haben, aus **Erwerbstätigkeiten**, die **in den Schulferien** ausgeübt werden, werden nicht angerechnet; das gilt nicht, wenn sie Anspruch auf Ausbildungsvergütung haben (§ 11a Abs. 7 SGB II). **Achtung:** Bis zum 30.6.2023 gilt diese Nichtanrechnung von Einkommen aus solchen Ferienjobs nur bis zu 2.400 EUR kalenderjährlich (§ 1 Abs. 1 Nr. 16 Bürgergeld-V).

27 Ab 1.7.2023 ist vom Einkommen aus Erwerbstätigkeit ein Betrag in Höhe der Minijobgrenze anrechnungsfrei (2023: 520 EUR), wenn die leistungsberechtigte Person als Schüler*in allgemein- oder berufsbildender Schulen außerhalb der Schulferien erwerbstätig ist und unter 25 Jahre alt ist; dies gilt nach dem Besuch allgemeinbildender Schulen auch bis zum Ablauf des dritten auf das Ende der Schulausbildung folgenden Monats (§ 11b Abs. 2b S. 1 Nr. 4 SGB II). In den Monaten während des Schulbesuchs, in denen kein Erwerbseinkommen erzielt wird, sind vom BAföG **mindestens 100 EUR** abzusetzen (§ 11b Abs. 2 S. 5 SGB II aF bis 30.6.2023, § 11b Abs. 2b S. 4 SGB II nF ab 1.7.2023) und werden daher nicht als Einkommen angerechnet. Erfasst werden von diesem Mindestbetrag, der auch für Schüler*innen ab 25 Jahren gilt, die Absetzbeträge nach § 11b Abs. 1 S. 1 Nr. 3–5 SGB II, so dass es sich ggf. lohnen kann, höhere Aufwendungen beim Jobcenter geltend

zu machen. Das ergibt immer Sinn, wenn in einem Monat neben der 30-EUR-Versicherungspauschale zusammen mehr als 70 EUR (zB für eine Kfz-Haftpflichtversicherung, eine Riesterrente, Fahrkosten zum Schulbesuch oÄ) anfallen.

28 Für **Schulgeld** wurde die Absetzbarkeit nach der bis 31.7.2016 geltenden Rechtslage verneint (BSG 17.3.2009 – B 14 AS 61/07 R; 62/07 R und 63/07 R). Die Verfassungsbeschwerde gegen diese BSG-Entscheidungen wurde abgewiesen (BVerfG 7.7.2010 – 1 BvR 2556/09). Da die Ausbildungsförderung nach dem BAföG im SGB II seit 1.8.2016 nicht mehr als (teilweise) zweckbestimmte Leistung angesehen wird (§ 11a Abs. 3 S. 2 Nr. 3 SGB II), werden die Ausgaben für Schulgeld der Art nach nicht bereits bei der Ermittlung des Einkommens wegen einer besonderen Zweckbestimmung berücksichtigt, so dass durch die Gesetzesänderung der BSG-Argumentation die Grundlage entzogen wurde. Außer dem Kinderbetreuungszuschlag (§ 14b BAföG) ist kein Teil der Ausbildungsförderung nach dem BAföG noch als zweckgebundene Einnahme bei der SGB II-Einkommensermittlung privilegiert. Wenn ohne die Zahlung von Schulgeld die Ausbildung nicht betrieben werden kann, handelt es sich um einen Bedarf, der ausschließlich wegen der Tatsache der Ausbildung besteht und der mit der Ausbildung unmittelbar zusammenhängt, so dass diese Ausgaben als notwendig mit der Erzielung des Einkommens BAföG verbunden (§ 11b Abs. 1 S. 1 Nr. 5 SGB II) absetzbar anerkannt werden können (LSG Hamburg 18.6.2019 – L 4 AS 155/19 B ER). Näheres zur Bedarfsberechnung, Einkommensanrechnung und Anspruchsvoraussetzungen lesen Sie unter **Auszubildende** (→ 14 Rn. 13 ff.; dabei ist BAföG der Berufsausbildungsbeihilfe [BAB] gleichzusetzen).

2.2 Schüler*innen ohne BAföG-Anspruch

29 Schüler*innen auf
- weiterführenden allgemeinbildenden Schulen (zB Realschule, Gesamtschule, Gymnasium, Stadtteilschule) ab Klasse 10,
- Schulen beruflicher Grundbildung ab Klasse 10,
- Berufsfachschulen ab Klasse 10 und
- Fach- und Fachoberschulen, deren Besuch keine abgeschlossene Berufsausbildung voraussetzt (§ 2 Abs. 1 Nr. 1 BAföG),

haben Anspruch auf Bürgergeld, wenn sie
- bei den Eltern wohnen oder
- nicht bei den Eltern wohnen, aufgrund der Entfernung des Elternhauses zur Schule jedoch **bei ihnen wohnen könnten** (tägliche Hin- und Rückfahrt unter zwei Stunden) und daher keine Ausbildungsförderung bekommen (§ 2 Abs. 1a S. 1 Nr. 1 BAföG).

3. Leistungen bei Bezug von Bürgergeld

30 Besteht ein Bürgergeld-Anspruch für Schüler*innen, ist der Regelbedarf abhängig vom Alter; darüber hinaus können Mehrbedarfe geltend gemacht werden.

3.1 Höhe des Bürgergelds

31 Schüler*innen, die **bei den Eltern wohnen**, erhalten 2023
- im Alter von **6 bis 13** Jahren 348 EUR,
- im Alter von **14 bis 17** Jahren 420 EUR und
- im Alter von **18 bis 24** Jahren 402 EUR

als Regelbedarf (→ 89).

Wohnen Schüler*innen **nicht bei ihren Eltern** und sind alleinstehend, erhalten sie idR 502 EUR. Zusätzlich wird der Anteil der **Kosten für Unterkunft und Heizung** übernommen, der auf den*die Schüler*in entfällt (Miete, → 75; Mietnebenkosten, → 76; Heizkosten, → 57). Näheres über den Anspruch auf Leistungen von Schüler*innen, die „ungenehmigt" **aus dem Elternhaus ausgezogen** sind, lesen Sie im Beitrag Jugendliche (→ 58 Rn. 13 ff.).

3.2 Anspruch auf Mehrbedarfe

32 Hier bestehen dieselben Ansprüche wie unter → Rn. 14 beschrieben; hinzu kommt ggf. ein Anspruch auf einen Mehrbedarf für die Bereitung von Warmwasser (→ 122) und ggf. ein Anspruch auf Erstausstattungen für die Wohnung einschließlich Haushaltsgeräten sowie für Anschaffung und Reparaturen von orthopädischen Schuhen, Reparaturen von therapeutischen Geräten und Ausrüstun-

gen sowie die Miete von therapeutischen Geräten.

33 Soweit ein*e Schüler*in aufgrund der jeweiligen schulrechtlichen Bestimmungen oder schulischen Vorgaben Aufwendungen zur Anschaffung oder Ausleihe von **Schulbüchern** oder gleichstehenden Arbeitsheften hat, sind sie als Mehrbedarf anzuerkennen (§ 21 Abs. 6a SGB II). Das ist in allen Bundesländern relevant, die keine (vollständige) Lernmittelfreiheit vorsehen.

4. Pflichten bei Bürgergeld-Bezug

34 Ob und welchen Pflichten bürgergeldbeziehende Schüler*innen unterliegen, wird nachfolgend dargestellt.

4.1 Arbeitsverpflichtung für Schüler*innen, die das 15. Lebensjahr vollendet haben?

35 Das SGB II nennt sich Grundsicherung für Arbeitsuchende. Jedem*r erwerbsfähigen Hilfebedürftigen ist demzufolge „*jede Arbeit zumutbar*" (§ 10 Abs. 1 SGB II). Sie ist allerdings nicht zumutbar, wenn „*der Ausübung der Arbeit ein sonstiger wichtiger Grund entgegensteht*" (§ 10 Abs. 1 Nr. 5 SGB II; Arbeit, → 10). Das wird von der Bundesagentur für Arbeit bei Schüler*innen beim Besuch einer allgemeinbildenden Schule und einer berufsvorbereitenden Bildungsmaßnahme anerkannt, außerdem auch während der Erstausbildung, „*d.h. wenn die/der Leistungsberechtigte nicht über einen Berufsabschluss verfügt, der nach bundes- oder landesrechtlichen Vorschriften mit einer Ausbildungsdauer von mindestens 2 Jahren festgelegt ist*" und für die Beendigung einer Ausbildung, wenn durch die (sofortige) Arbeitsaufnahme der angestrebte Abschluss nicht erreicht wird und die Gefahr droht, ohne den Abschluss langfristig von Leistungen nach dem SGB II abhängig zu sein (FW 10.26). „*Nach Beendigung der Schulpflicht, die nach den Schulgesetzen der Länder 9 oder 10 Jahre beträgt, unterliegen die Jugendlichen bis zur Vollendung des 18. Lebensjahres der Berufsschulpflicht. Da die Berufsschulpflicht nur eine Teilschulpflicht darstellt, steht sie, wenn kein Ausbildungsverhältnis besteht, der Aufnahme einer Tätigkeit nicht grundsätzlich entgegen*" (FW 10.27).

Das Vorliegen des sonstigen wichtigen Grundes kann nach Abwägung der Umstände des Einzelfalles auch bei Aufnahme einer Zweitausbildung bzw. eines Bildungsganges im zweiten Bildungsweg anerkannt werden, soweit dies der mit der Integrationsfachkraft festgelegten Integrationsstrategie entspricht (FW 10.28).

4.2 Ortsabwesenheit während der Schulferien

36 Schüler*innen unter 15 Jahren sind nicht erwerbsfähig. „*Deshalb ist die Erteilung einer Zustimmung zu Ortsabwesenheiten von Personen, die das 15. Lebensjahr noch nicht vollendet haben, entbehrlich*" (FW 7.123 aF v. 2.3.2021). Wie gnädig!

37 „*Einem erwerbsfähigen Schüler beispielsweise eine längere Ortsabwesenheit während der Sommerferien zu verweigern, entspräche nicht dem Grundsatz der Verhältnismäßigkeit und wäre rechtswidrig*" (FW 7.58 aF v. 20.12.2013). Deswegen sollte auch die Ortsabwesenheit (→ 84) von 15-jährigen und älteren Schüler*innen nicht von der Genehmigung durch das Jobcenter abhängig gemacht werden. Immerhin ist **ab 1.7.2023** bei erwerbsfähigen Leistungsberechtigten, die weder arbeitslos noch erwerbstätig sind, die Zustimmung zur Ortsabwesenheit zu erteilen (§ 7b Abs. 3 S. 3 SGB II). Wenn die Verweigerung „*rechtswidrig*" wäre, muss man das Jobcenter überhaupt um Erlaubnis zu bitten? Pro forma ja. Lassen Sie aber nicht zu, dass der*die Arbeitsvermittler*in ihrem (erwerbsfähigen) Schulkind zeitliche Einschränkungen auferlegt.

4.3 Vorlage der Schulzeugnisse verpflichtend?

38 Weil Schüler*innen frühzeitig vor der Schulentlassung durch den*die Fallmanager*in bei Berufsorientierung und -beratung sowie Bewerbungs- und Vermittlungsbemühungen unterstützt werden sollen, möchten diese oft Zeugnisse sehen. Das gehört zwar zu den Mitwirkungspflichten zur Vorlage von Unterlagen nach § 38 Abs. 3 SGB III, kann aber im SGB II nicht durch Sanktionen bzw. Leistungsminderungen (→ 95) bestraft werden. Daher kann die Vorlage der Zeug-

nisse auch nicht verpflichtend in einem Kooperationsplan (bis 30.6.2023 Eingliederungsvereinbarung; → 35 Rn. 27) festgehalten werden (BA Wissensdatenbank SGB II, § 15 Nr. 150007). Aber Achtung: Wer nicht zur „freiwilligen" Selbstauskunft bereit ist, dem droht Schikane durch den Psychologischen Dienst. Das versteht die BA unter Freiwilligkeit.

5. Forderungen

39 BAföG immer in Höhe des SGB II-Existenzminimums plus Lernmittel und Fahrtkosten!

Abschaffung des Leistungsausschlusses für Schüler*innen, deren BAföG-Antrag abgelehnt wurde, weil sie eine Ausbildung abgebrochen haben oder weil es sich um eine weitere Ausbildung handelt!

101
Schwangerschaft (Geburt)

1. Mehrbedarfszuschlag	1
1.1 Rückwirkende Gewährung	4
1.2 Datenschutz bei der Schwangerschaft	5
2. Schwangerenbedarfe und Erstausstattungen	6
2.1 Schwangerschaftskleidung: Grundausstattung	7
2.1.1 Besonderheit des Einzelfalles	8
2.1.2 Wiederholter Schwangerschaftsbedarf	10
2.2 Erstausstattungen bei Geburt	13
2.2.1 Erstausstattung bei Geburt im Einzelnen	15
2.2.2 Erstausstattung bei Geburt in Pauschalen	17
2.2.3 Zeitpunkt der Gewährung	22
2.2.4 Schwangerenbedarfe für Nichtleistungsbezieherinnen	24
2.3 Auszubildende und Schwangerschaft	25
3. Krankenversicherung bei Schwangerschaft und Mutterschaft (§ 50 SGB XII)	28
3.1 Krankenversicherung während der Schwangerschaft	29
3.2 Ruhen der Versicherung wegen Beitragsrückständen	30
3.3 Krankenversicherung bei Hilfebedürftigkeit	31
4. Schwangere, die bei ihren Eltern wohnen	32
5. Mutter und Kind-Stiftung	36
6. Information	40

1. Mehrbedarfszuschlag

1 Werdende Mütter, die Bürgergeld oder HzL/GSi der Sozialhilfe beziehen, bekommen vom Beginn der 13. Schwangerschaftswoche an einen Mehrbedarfszuschlag von **17 Prozent** des jeweiligen **Regelbedarfs** (→ 89; § 21 Abs. 2 SGB II, § 30 Abs. 2 SGB XII). Die 13. Schwangerschaftswoche ist mit dem 85. Tag der Schwangerschaft erreicht. Seit dem 1.1.2021 ist der Mehrbedarf **bis Ende des Monats der Entbindung** zu erbringen ist (§ 21 Abs. 2 SGB II, § 30 Abs. 2 SGB XII). 17 Prozent vom Eckregelsatz in Höhe von 502 EUR sind **85,34 EUR**. Bei einer Bedarfsgemeinschaft mit Ehepartner*in/eheähnlichem*r Partner*in (→ 36) sind es 17 Prozent von 451 EUR, also **76,67 EUR** (Regelleistungen 2023). Schwangeren Studierenden (→ 110), Auszubildenden (→ 14) oder Schülerinnen (→ 100) steht der Mehrbedarf ebenfalls zu, insofern sie hilfsbedürftig iSd Bürgergelds/Sozialhilfe sind.

2 Bei schwangeren Empfängerinnen von Sozialhilfe kann der Mehrbedarf *„im Einzelfall"* erhöht oder gesenkt werden, wenn individuell *„ein abweichender Bedarf besteht"* (§ 30 Abs. 2 SGB XII), bei Bezug von Bürgergeld gilt das nicht. Eine solche Erhöhung oder auch Kürzung im SGB XII ist den Autor*innen nicht bekannt. Die Schwangerschaft ist von einem*r Arzt*Ärztin zu bestätigen. Der Mehrbedarf wird nun bis Ende des Monats der Entbindung erbracht. Bei Alleinerziehenden ist nun eine Überschneidung des Schwangeren- und des Alleinerziehendenmehrbedarfs (→ 3) bis Ende des Entbindungsmonats möglich.

3 Das BSG hat am entschieden (BSG 25.10.2018 – B 7 AY/1/18 R), dass Grundleistungsbeziehende nach § 3 AsylbLG keinen pauschalen Mehrbedarf für Alleinerziehende (entsprechend § 30 Abs. 3 SGB XII) beanspruchen können. Vielmehr müsse ein tatsächlicher Mehraufwand stets konkret-individuell nachgewiesen und geltend gemacht werden. Es ist zu erwarten, dass das BSG

diesen lebensfernen Unsinn auch bezüglich des Schwangerschaftsmehrbedarfs bei Geflüchteten beschließen wird. Das LSG Hessen hat in einem beachtenswerten Urteil entschieden, dass vom SGB II ausgeschlossene EU-Bürger*innen ohne materielles Aufenthaltsrecht einen Leistungsanspruch zu jeder Zeit während eines tatsächlichen Aufenthalts in Deutschland haben und dass die Begrenzung auf einen Monat unzulässig ist (LSG Hessen 18.4.2018 – L 4 SO 120/18). Auch die Beschränkung auf gekürzte Leistungen des gesamten soziokulturellen Bedarfs ist nach Ansicht des LSG verfassungsrechtlich unzulässig. Allerdings sollen nach dem Urteil die soziokulturellen Bedarfe (also für Fahrtkosten, Telekommunikation, Freizeit, Unterhaltung, Kultur, Bildung usw) gegebenenfalls individuell geltend gemacht werden müssen. Analog müssten auch schwangerschaftsbedingte Bedarfe individuell geltend gemacht werden. Mit den Schwangerschaftsmehrbedarfen sind abgegolten: die besonderen Kosten, die mit einer Schwangerschaft anfallen, zu nennen sind hier beispielsweise Ernährung, Reinigung der Wäsche, Körperpflege, Fahrtkosten und erhöhter Informationsbedarf (Eicher/Luik/Harich SGB II § 21 Rn. 20).

1.1 Rückwirkende Gewährung

4 Im Bürgergeld und in der GSi sind Schwangerenmehrbedarfe **rückwirkend zu gewähren**, auch wenn sie erst im vierten oder gar sechsten Monat dem Amt bekannt gegeben werden. Der Mehrbedarf ist eine Änderung „zugunsten" von Ihnen und er wird Ihnen höchstens bis zu Beginn des jeweiligen Vorjahres gewährt (§ 48 Abs. 1 S. 2 Nr. 1 SGB X).

In der HzL besteht **kein Anspruch auf eine rückwirkende Leistungsgewährung**, da hier ein Leistungsanspruch erst mit behördlicher Kenntnis der Notlage beginnt. Das bedeutet: Das Sozialamt erbringt erst dann Leistungen, wenn es Kenntnis von der Notlage hat. Diese hat es, wenn Sie die Schwangerschaft dem Sozialamt bekannt geben. Dann besteht in der HzL ab diesem Tag der Leistungsanspruch auf den Mehrbedarf (§ 18 Abs. 1 SGB XII).

1.2 Datenschutz bei der Schwangerschaft

5 Oftmals machen die Bürgergeld- oder HzL-/GSi-Leistungsträger die Gewährung des Schwangerenmehrbedarfs von der Vorlage eines Mutterpasses abhängig. Aber: Sie müssen den Mutterpass nicht vorlegen! Als Nachweis hierfür ist eine ärztliche Bescheinigung ausreichend. Der Mutterpass selbst enthält eine Vielzahl von medizinischen Daten, die nicht erforderlich sind. Er darf vom Grundsatz her nicht in Kopie zur Akte genommen werden (Hinweise der Bürgerbeauftragten für Soziale Angelegenheiten und des Unabhängigen Landeszentrums für Datenschutz Schleswig-Holstein (ULD) zum Antragsvordruck ALG II, Stand 1.1.2004). Auch die Weisungen der BA sagen, dass bei der Vorlage des Mutterpasses keine Kopie zur Akte genommen werden darf (Handbuch der Leistungssachbearbeitung (HaLeiSa), August 2011, 134, abrufbar unter: http://harald-thome.de/files/pdf/media/ah-ba/AH-SGB-2-Arbeitshilfe-HaLeiSa-06.2012.pdf).

Sollte eine Kopie des Mutterpasses zur Akte genommen worden sein, haben Sie einen Anspruch auf Löschung (→ 32 Rn. 42).

2. Schwangerenbedarfe und Erstausstattungen

6 Sowohl während der Schwangerschaft als auch bei der Geburt besteht ein Anspruch auf eine Erstausstattung der jeweiligen spezifischen Bedarfe, die mit dieser Situation entstehen. Auf diese wird nachfolgend im Einzelnen eingegangen.

2.1 Schwangerschaftskleidung: Grundausstattung

7 Bezieherinnen von Bürgergeld oder HzL/GSi der Sozialhilfe haben Anspruch auf „*Erstausstattungen bei Schwangerschaft*" (§ 24 Abs. 3 Nr. 2 SGB II, § 31 Abs. 1 Nr. 2 SGB XII). Der Deutsche Verein hat 1990 als Bedarf an Schwangerschaftskleidung empfohlen:

1 Mantel/Jacke, 1 Umstandskleid, 1 Freizeit-/Jogginganzug, 2 Umstandshosen, 2 Umstandsblusen, 2 Pullover/Sweatshirts, 1 Paar Schuhe. Ferner 2 Unterhemden, 7

Schlüpfer, 1 Umstandsmieder, 2 Umstands-Büstenhalter, 2 Still-Büstenhalter, 2 Umstands-Strumpfhosen, 4 Nachthemden sowie 1 Bademantel/Morgenrock, 1 Gymnastik-Anzug, 1 Umstands-Badeanzug sowie sechsmal Reinigungsbedarf (Bäumerich/Blosser-Reisen, Bekleidungs- und Heizungsbeihilfen, Kl. Schriften des DV, Bd. 60, Frankfurt 1990, 29).

2.1.1 Besonderheit des Einzelfalles

8 Der Bedarf muss nach der **Besonderheit des Einzelfalles** bestimmt werden (zB Übergrößen, erhöhter Wäsche- und Bekleidungsbedarf, Schuhe usw).

In Frankfurt wird nach Vorlage des Mutterpasses oder sonstigen Bescheinigung zum Nachweis der Schwangerschaft eine einmalige Beihilfe in Höhe von 190 EUR gezahlt, in Essen ab der 12. SSW 210 EUR. Im Landkreis Dahme-Spreewald sind es (einschließlich Klinikbedarf) 300 EUR, der Landkreis Potsdam-Mittelmark zahlt im Sommer 248 EUR und im Winter 278 EUR, in Berlin sind es ganzjährig 206 EUR, in Wuppertal und im Landkreis Rügen 160 EUR, in den schleswig-holsteinischen Landkreisen einheitlich 135 EUR, in Bochum und Hannover sind es 130 EUR, gefolgt von München mit „*mindestens*" 128 EUR und Bremen mit ganzen 100 EUR. Diese und die unter → Rn. 17 f. aufgeführten Beträge sind den jeweiligen örtlichen Verwaltungsrichtlinien zur Erstausstattung der Wohnung mit Hausrat, Bekleidung und bei Bedarfen bei Schwangerschaft und Geburt zu entnehmen (abrufbar unter: https://harald-thome.de/informationen/bundesweite-dienstanweisungen-erstausstattung.html).

9 150 EUR Bekleidungspauschale führen laut SG Wiesbaden zur strukturellen Bedarfsunterdeckung (19.10.2006 – S 12 AS 427/06). Das SG Oldenburg kommt für 1 Umstandskleid, 2 Umstandshosen, 2 Umstandsblusen und 2 Still-BH auf 158,93 EUR (SG Oldenburg 14.3.2008 – S 44 AS 1419/07). Fallen nicht handelsübliche Übergrößen an, sind die Beträge entsprechend anzupassen. Das LSG Bayern hielt einen zusätzlichen Betrag von 250 EUR (zur Pauschale von 128 EUR) für bedarfsgerecht, der aber nur als Darlehen gewährt wurde (19.10.2006 – L 7 AS 94/05 ER). Das LSG Mecklenburg-Vorpommern hielt eine Pauschale von 100 EUR für ausreichend, da auf gebrauchte Ware verwiesen werden könne (21.12.2007 – L 8 B 301/07ER).

2.1.2 Wiederholter Schwangerschaftsbedarf

10 Bei einer **zweiten Schwangerschaft** innerhalb kürzerer Zeit werden bei vielen Jobcentern/Sozialämtern die Pauschalen für Schwangerenbekleidung herabgesetzt oder halbiert. Dem ist entgegenzutreten: Die Erstausstattung bei Schwangerschaft und Geburt ist als ein bedarfs- und anlassbezogener Bedarf auszulegen. Der Anspruch besteht anlässlich jeder Schwangerschaft und Geburt. Fristenpläne der Behörde, Schwangerschaftsbekleidung und Kinderbedarfe hätten beispielsweise für zwei, drei oder vier Jahre aufbewahrt zu werden, sind rechtswidrig. Sind aus vorheriger Schwangerschaft noch Gegenstände vorhanden, besteht **kein Bedarf**; sind sie nicht vorhanden, dann **muss das jeweilige Amt diese Bedarfe als Erstausstattung auf Zuschussbasis erbringen** (§ 24 Abs. 3 Nr. 2 SGB II, § 31 Abs. 1 Nr. 2 SGB XII).

11 Darüber hinaus bewilligt der Landkreis Dahme-Spreewald für die Teilnahme und Fahrtkosten des **Volkshochschulkurses** „*Starke Eltern, Starke Kinder*" eine Beihilfe von 50 EUR je Teilnehmer*in bei Vorlage der Anmeldebestätigung. „*Das Jobcenter soll auf die Inanspruchnahme des Angebots durch möglichst beide Elternteile hinwirken*" (abrufbar unter: https://harald-thome.de/files/pdf/redakteur/KdU_Ordner/AE_Ordner/AE%20Dahme-Spreewald%20LK-%2001.01.2013%20N.pdf, S. 4).

12 **Kritik:** Wenn der notwendige Bedarf in der Schwangerschaft nicht mit der Pauschale abgedeckt werden kann, müssen die weiteren Kosten ebenfalls als Beihilfe übernommen werden. Dass der Bedarf nicht durch gebrauchte Bekleidung gedeckt werden kann, ist eine Selbstverständlichkeit. Außerdem hängt der Bedarf auch von der Jahreszeit ab. Der Verweis auf den Ansparbetrag im Regelsatz ist rechtswidrig, weil er nur für im Regelsatz enthaltene Bedarfe in Anspruch ge-

nommen werden muss. Die Reduzierung des Betrags bei einer erneuten Schwangerschaft innerhalb von zwei Jahren setzt voraus, dass die Schwangerschaftskleidung noch vorhanden bzw. noch einwandfrei ist und auch passt. Ist das nicht der Fall, sollten Sie das begründen und Widerspruch (→ 126) einlegen. Wurden Sie zB bereits bei der ersten Schwangerschaft auf gebrauchte Bekleidung verwiesen, muss von einer eher begrenzten Haltbarkeit ausgegangen werden.

2.2 Erstausstattungen bei Geburt

13 „*Erstausstattungen bei [...] Geburt*" (§ 24 Abs. 3 Nr. 2 SGB II, § 31 Abs. 1 Nr. 2 SGB XII) sind ebenfalls zusätzlich zum Regelsatz zu zahlen. Hierzu gehört die Erstlingsausstattung an Bekleidung sowie die Erstausstattung mit Möbeln (Kinderbett, Schrank usw) und Gebrauchsgegenständen für Kleinkinder (Wickeltisch, Wickelauflage, Hygienebedarf, Kinderwagen usw). Die Hilfe muss **vor der Geburt** geleistet werden (BVerwG 18.10.1990 – 5 C 51/86) – und zwar etwa acht bis zwölf Wochen vorher (OVG Rheinland-Pfalz 30.3.2000 – 12 A 11660/99).

14 **Tipp:** Stellen Sie den Antrag rechtzeitig vor der Geburt Ihres Kindes, damit Sie sich die Sachen in Ruhe kaufen können. Lassen Sie sich nicht mit der Unverschämtheit abwimmeln, Ihr Kind könnte ja tot zur Welt kommen.

2.2.1 Erstausstattung bei Geburt im Einzelnen

15 Zur „Erstausstattung anlässlich Geburt" gehört die **komplette Ausstattung** (vgl. BT-Drs. 16/140, 24) **für neugeborene Kinder**, zu der sowohl **Babykleidung** (vor allem Hemden, Jäckchen, Strampelanzüge, Gummihosen und Mützen) gehören als auch **Möbel** (zB **Wickelkommode**: LSG Rheinland-Pfalz 12.7.2005 – L 3 ER 45/05; LSG Berlin-Brandenburg 3.3.2006 – L 10B 106/06 AS ER), **Kinderhochstuhl, Kinderwagen mit Zubehör, Matratze, Badewanne** (SG Hannover 18.10.2011 – S 7 AS 3009/11; LSG Berlin-Brandenburg 3.3.2006 – L 10 B 106/06 AS ER; ausführlich SG Hamburg 23.3.2005 – S 57 AS 125/05 ER; SG Lüneburg 20.6.2005 – S 25 AS 231/05 ER; SG Speyer 13.6.2005 – S 16 ER 100/05 ER), eine **Babytragetasche** (SG Lüneburg 22.4.2005 – S 30 AS 107/05 ER) und ein **Windeleimer**. Sind ein sachgerechtes und gefahrloses Baden und Wickeln eines Kleinkindes anderweitig nicht möglich, so umfasst der notwendige Bedarf für ein Wickelkind auch eine **Bade-Wickel-Kombination** (SG Lüneburg 22.4.2005 – S 30 AS 107/05 ER). Bei entsprechendem Bedarf kann auch ein **Babyautositz** zum Erstausstattungsbedarf gehören und aus hygienischen Gründen ein **zweiter Satz Babybettwäsche** (SG Heilbronn 28.7.2015 – S 11 AS 44/15). Ebenso ein **Kinderwagen** (LSG Rheinland-Pfalz 12.7.2005 – L 3 ER 45/05) und **weiteres Zubehör** wie zB Decken für den Kinderwagen, Fellsack für den Kinderwagen, Bettzeug für das Kinderbett, Wickelauflage, Fläschchen, Fläschchenwärmer, Babybadewanne, Badethermometer, Schnuller, Windeleimer etc (SG München 22.1.2008 – S 51 AS 217/08).

16 Entsteht durch das Heranwachsen des Kindes der Bedarf an größeren Möbeln wie einem Kinder- und Jugendbett, oder wird ein Schreibtisch benötigt, sind diese im Rahmen der Erstausstattung für die Wohnung (§ 24 Abs. 3 Nr. 1 SGB II, § 31 Abs. 1 Nr. 1 SGB XII) auf Zuschussbasis zu gewähren (BSG 23.5.2013 – B 4 AS 79/12 R, in Bezug auf ein Jugendbett).

2.2.2 Erstausstattung bei Geburt in Pauschalen

17 Die Kosten für die notwendige Ausstattung können in Form von Pauschalbeträgen erbracht werden. Bei der Bemessung der Pauschalbeträge sind geeignete Angaben über die erforderlichen Aufwendungen und nachvollziehbare Erfahrungswerte zu berücksichtigen (§ 24 Abs. 3 S. 5 SGB II). In Frankfurt gibt es ca. einen Monat vor der Geburt des Kindes eine Pauschale von 250 EUR für die Bekleidungserstausstattung, für einen gebrauchten Kinderwagen 75 EUR, ein komplettes Kleinkinderbett 100 EUR, einen zweitürigen Kleiderschrank 100 EUR und eine Wickelauflage 25 EUR, zusammen 550 EUR. In Hamburg gibt es dafür eine Pauschale von 500 EUR. In Wuppertal sind Beihilfen für Bekleidung, Hygiene- und Ge-

brauchsgegenstände und Einrichtung in Höhe von insgesamt 445 EUR vorgesehen, in Essen gibt es ab der 22. SSW 550 EUR, in Würzburg sind es gerade einmal völlig unzureichende 387 EUR. In München wird dafür eine Pauschale von 700 EUR gewährt, im Landkreis Potsdam-Mittelmark sind es 550 EUR, in Berlin immerhin 526 EUR, während die schleswig-holsteinischen Landkreise 480 EUR dafür gewähren (Beträge abrufbar unter: https://harald-thome.de/inform ationen/bundesweite-dienstanweisungen-erst ausstattung.html). Das LSG Berlin-Brandenburg hält ca. 500 EUR für ausreichend (3.3.2006 – L 10 B 106/06 AS ER), das SG Oldenburg kommt auf 468,57 EUR (14.3.2008 – S 44 AS 1419/07, mit detaillierter Auflistung).

18 Sind weitere Anschaffungen nötig, werden Sie auf Ansparen aus dem Regelsatz bzw. geschütztes Vermögen und Elterngeld verwiesen. Was aber ist mit Bettwäsche, Kopfkissen und Bettdecke (Hausrat, → 56)? Früher wurden auch noch 1 Gummiunterlage für Kinderbett/Kinderwagen, 1 Wolldecke, 4 Frottiertücher oder 2 Badetücher, 1 Topf mit Deckel zum Auskochen der Flaschen und 1 Plastikbadewanne für notwendig gehalten. Ist das jetzt alles im Regelsatz (→ 89 Rn. 10 f.) enthalten?

19 Wenn die Geburt des vorherigen Kindes nicht länger als zwei Jahre zurückliegt, werden zB in Frankfurt nur noch 275 EUR gezahlt. Die schleswig-holsteinischen Landkreise zahlen sogar *„bei nachfolgenden Kindern – bis zu einem Zeitraum von drei Jahren"* nur 240 EUR. Sie müssen also alles aufheben. Die Formulierung *„Erstausstattung bei Geburt"* bedeutet, dass Anschaffungen, die nicht direkt nach der Geburt benötigt werden, nicht zur Erstausstattung zählen, sondern als *„Ersatzbeschaffung"* aus dem Regelsatz zu bestreiten sind, zB Laufstall, Kinderhochstuhl, das nächstgrößere Kinderbett usw. In einigen kommunalen Erstausstattungspauschalen sind die hier genannten Bedarfe teilweise schon berücksichtigt (zB 15 EUR für einen Hochstuhl im Betrag von 526 EUR in Berlin; 88,98 EUR für eine *„Säuglingszweitausstattung"* im Betrag von 500 EUR in Dortmund).

20 **Tipp:** Reichen die Pauschalen nicht aus, müssen Sie das begründen und die Erhöhung der Pauschale im Rahmen einer Einzelfallentscheidung beantragen.

21 **Kritik:** Häufig wird die Erstausstattung bei enger Schwangerschaftsfolge reduziert. Für eine pauschale Begrenzung der Erstausstattung gibt es keine Rechtsgrundlage. Keine Frau im „gebährfähigen Alter" hat eine Schwangerenausstattungsaufbewahrungspflicht. Wenn Schwangerenbedarfe nicht oder nicht mehr vorhanden sind, müssen diese auch bei engerer Schwangerschaftsfolge gewährt werden, weil „Bedarfe" zu gewähren sind (§ 24 Abs. 3 S. 1 SGB II, § 31 Abs. 1 S. 1 SGB XII).

2.2.3 Zeitpunkt der Gewährung

22 In der Regel gewähren die meisten Jobcenter **irgendwann nach der 13. Schwangerschaftswoche (SSW)** die Schwangerschaftsbekleidung. Bedenken Sie dabei, dass im Bürgergeld und in der GSi diese Bedarfe gesondert beantragt werden müssen (§ 37 Abs. 1 S. 2 SGB II, § 44 Abs. 1 SGB XII) und dass bei der HzL der Anspruch erst ab Kenntnis besteht (§ 18 Abs. 1 SGB XII), was materiell ein gesonderter Antrag ist.

Der LK Hildesheim sagt in seiner Richtlinie, die **Erstausstattung anlässlich der Geburt kann ab der 13. SSW erfolgen** (LK Hildesheim, GA Erstausstattung, Stand 1.11.2016).

23 Grundsätzlich gilt, dass die Bedarfe anlässlich der Geburt **rechtzeitig zu gewähren sind**, so dass sie ohne Schwierigkeiten vor der Geburt beschafft werden können, etwa im sechsten **Monat der Schwangerschaft** (Eicher/Luik/Harich SGB II § 24 Rn. 111). Die „rechtzeitige Gewährung" ist natürlich auf den Einzelfall bezogen. Das heißt, es soll berücksichtigt werden, ob Schwangerschaftskomplikationen vorliegen, ob die Schwangere ein Auto besitzt oder auf ÖPNV angewiesen ist. Handelt es sich um die erste Schwangerschaft, unterstützt eine rechtzeitige Leistungsgewährung das menschenwürdige Einfinden in die neue Situation. Denn *„soziale Rechte sind weit auszulegen"*, so § 2 Abs. 2 SGB I, der auch aufgrund § 37 S. 1 SGB I im Bürgergeld, HzL und GSi zu gelten hat. Im Übrigen werden Kinder manchmal auch un-

erwartet und deutlich vor dem errechneten Entbindungstermin geboren. Daher ist hier der **Standpunkt** zu vertreten: **Gewährung ab 13. Schwangerschaftswoche** für die Bedarfe anlässlich der Geburt.

2.2.4 Schwangerenbedarfe für Nichtleistungsbezieherinnen

24 Die Schwangerenbekleidung und Erstausstattung anlässlich der Geburt (und auch die Erstausstattung für Hausrat) sind auch für Menschen zu gewähren, die keine laufenden Bürgergeld- bzw. HzL- und GSi-Leistungen beziehen, aber dennoch Geringverdiener sind (§ 24 Abs. 3 S. 4, 5 SGB II, § 31 Abs. 2 SGB XII). Dabei können die Bürgergeld-/Sozialhilfeämter das Einkommen berücksichtigen, welches Sie innerhalb eines Zeitraumes von bis zu sechs Monaten nach Ablauf des Monats erwerben, in dem über die Hilfe entschieden wurde (Entscheidungsmonat und sechs Folgemonate ergeben insgesamt sieben Heranziehungsmonate). Ob und ggf. für welchen Zeitraum das jeweilige Amt diese Ansparregel anwendet, hat es nach pflichtgemäßem Ermessen (→ 44) zu entscheiden.

2.3 Auszubildende und Schwangerschaft

25 Vom Grundsatz her gibt es zunächst einen allgemeinen Leistungsausschluss für Auszubildende für Bürgergeld, HzL und GSi (§ 7 Abs. 5 Hs. 1 SGB II, § 22 Abs. 1 SGB XII). In den jeweiligen Gesetzen steht aber weiter, dass dies nicht für die Leistungen nach § 27 SGB II gilt (§ 7 Abs. 5 Hs. 2 SGB II). Im § 27 SGB II steht dann, dass der Schwangerschaftsmehrbedarf und die Schwangerenbekleidung sowie Babyerstausstattung doch zu gewähren sind (§ 27 Abs. 2 SGB II). In der HzL/GSi besteht keine derartige gesetzlich geregelte Rückausnahme für die nichtausbildungsgeprägten Bedarfe (wie § 27 SGB II). Hier ist der Sachverhalt durch die Rechtsprechung im Vorgängergesetz des BSHG geregelt und als allgemein herrschende Meinung anerkannt: *„[D]er sog. nichtausbildungsgeprägte Bedarf ist nicht vom Leistungsausschluss umfasst"* (Grube/Wahrendorf/Flint SGB XII § 22 Rn. 8).

26 Seit dem 1.8.2016 gilt im Bürgergeld, dass auch Auszubildende, die BAföG und BAB bekommen oder dies nicht aufgrund der Vorschriften zur Anrechnung von Einkommen und Vermögen der Eltern erhalten, einen vollen SGB II-Anspruch haben. Das bedeutet: Normale Leistungen zum Lebensunterhalt und natürlich auch die schwangerschaftsbedingten Bedarfe (§ 7 Abs. 6 Nr. 2 SGB II). Dieser volle Leistungsanspruch bezieht sich auf alle Auszubildenden – bis auf Studierende –, die außerhalb des Elternhauses wohnen. Der Leistungsausschluss auf Lebensunterhalt nach § 7 Abs. 5 SGB II besteht stets bei Studierenden an Höheren Fachschulen, Akademien und Hochschulen, die nicht bei den Eltern wohnen. Dieser Personenkreis hat einen Bedarf nach § 13 Abs. 1 Nr. 2 BAföG iVm § 13 Abs. 2 Nr. 2 BAföG.

27 **Zur Info:** Es besteht **kein allgemeiner Leistungsausschluss bei einer Teilzeitausbildung**. Ein Anspruch auf Ausbildungsförderung nach dem BAföG besteht für Studierende nur dann, wenn das Studium die Arbeitskraft des*r Studierenden im Allgemeinen voll in Anspruch nimmt (§ 2 Abs. 5 BAföG). Dies wird bei einer Vollzeitausbildung an einer Hochschule unterstellt (Tz. 2.5.3 der BAföG-VwV). Für ein Teilzeitstudium besteht demnach kein Anspruch auf Ausbildungsförderung. Der Ausschlusstatbestand des § 7 Abs. 5 SGB II greift in diesen Fällen nicht (FW 7.155). Alle weiteren Informationen dazu finden Sie in den Beiträgen Auszubildende (→ 14) und Studierende (→ 100).

3. Krankenversicherung bei Schwangerschaft und Mutterschaft (§ 50 SGB XII)

28 Grundsätzlich genießen Sie bei Schwangerschaft und Mutterschaft einen besonderen Anspruch auf Krankenversicherung oder Kassenleistungen, die in unmittelbarem Bezug zu Ihrer Schwangerschaft oder Mutterschaft stehen.

3.1 Krankenversicherung während der Schwangerschaft

29 Während der Schwangerschaft haben **Sozialhilfebezieherinnen**, die nicht krankenversichert sind, Anspruch auf alle Kassenleistungen wie ärztliche Behandlung und Betreuung sowie Hebammenhilfe, Versorgung mit Arznei-, Verband- und Heilmitteln, Pflege in

einer stationären Einrichtung sowie häusliche Pflegeleistungen (§ 50 SGB XII).

3.2 Ruhen der Versicherung wegen Beitragsrückständen

30 Sind Sie mehr als zwei Monate im Verzug und hat ihre gesetzliche Krankenkasse Sie gemahnt, ruht die Krankenversicherung (§ 16 Abs. 3a S. 2 SGB V), aber: *„[v]om Ruhen ausgenommen sind Untersuchungen zur Früherkennung von Krankheiten [...] sowie bei Schwangerschaft und Mutterschaft"* (§ 16 Abs. 3a S. 2 SGB V).

3.3 Krankenversicherung bei Hilfebedürftigkeit

31 *„Das Ruhen tritt nicht ein oder endet, wenn Versicherte hilfebedürftig im Sinne des Zweiten oder Zwölften Buches sind oder werden"* (§ 16 Abs. 3a S. 4 SGB V). Das bedeutet: Beantragen Sie Bürgergeld, HzL oder GSi, *„werden"* Sie hilfebedürftig. Bekommen Sie diese Leistungen, *„sind"* Sie hilfebedürftig. Durch den Bürgergeld-, HzL- oder GSi-Bezug haben beitragsrückständige Menschen zumindest ihr Problem, dass die Krankenversorgung ruht, gelöst. Das ist ein Umstand, auf den die Krankenkassen im Rahmen ihrer Beratungspflicht nicht unbedingt hinweisen. Nähere Informationen dazu finden Sie im Beitrag Krankenversicherung (→ 70).

4. Schwangere, die bei ihren Eltern wohnen

32 Sind Sie schwanger und wohnen bei Ihren Eltern, müssen Ihnen Leistungen bewilligt werden, ohne das Einkommen und Vermögen der Eltern zu berücksichtigen sind. Das gilt auch, wenn Ihr Kind von den (Groß-)Eltern betreut wird (Bedarfsgemeinschaft, → 16). Das Jobcenter/Sozialamt darf in diesem Fall nicht auf eine Unterhaltspflicht der Eltern verweisen, da ab Schwangerschaft die Unterhaltspflicht entfällt (§ 9 Abs. 3 SGB II, § 19 Abs. 4 SGB XII). In der Folge darf das Jobcenter/Sozialamt auch nicht Unterlagen über Einkommen und Vermögen der Eltern verlangen, denn sobald die Unterhaltspflicht entfällt, gibt es auch keine Befugnis mehr, die Vorlage dieser Unterlagen zu verlangen (§ 67a Abs. 1 S. 1 SGB X).

33 Schwangerschaft kann bei **unter 25-Jährigen** neben familiären oder sozialen Problemlagen auch einen **Auszug** aus der elterlichen Wohnung begründen. Weil Eltern *„aus familienpolitischen Gründen"* aus der Unterhaltsverpflichtung herausgenommen werden, können Schwangere frei entscheiden, ob sie bei den Eltern wohnen wollen oder nicht (SG Gießen 15.5.2009 – S 26 AS 490/09 ER; nach Geiger 2022, 140). Auch **beengte Verhältnisse** und (nach der Geburt) Säuglingslärm können Auszugsgründe sein (OVG Bremen 27.7.2007 – S 2 B 299/07).

34 Bei **Konfliktsituationen** reicht es aus, an Eides statt zu versichern, dass ein Vater-/Mutter-Kind-Konflikt vorliegt. Die Anforderungen an eine Glaubhaftmachung werden überspannt, *„wenn man nur handfeste Beweise in Form von tätlichen Auseinandersetzungen bis hin zu Polizeieinsätzen gelten ließe"* (LSG Hamburg 2.5.2006 – L 5 B 160/06 ER AS; Jugendliche/junge Erwachsene, → 58).

35 **Tipp:** Das Jobcenter (Sozialamt) muss zuvor dem Auszug zustimmen und neben den künftigen laufenden Kosten für die eigene Wohnung auch die Umzugskosten (→ 111) und Erstausstattung (→ 56) übernehmen.

5. Mutter und Kind-Stiftung

36 Die Bundesstiftung *Mutter und Kind – Schutz des ungeborenen Lebens* gibt schwangeren Frauen Geld, damit sie nicht aufgrund finanzieller Notlagen abtreiben. Auf Zuteilung und Höhe der Mittel aus dem Stiftungstopf haben Sie **keinen Rechtsanspruch**.

37 Frauen bzw. Familien mit einem Einkommen in Höhe von Bürgergeld/Sozialhilfe haben vom Grundsatz her immer Anspruch auf Gelder der Mutter und Kind-Stiftung. Diese werden nicht auf Bürgergeld/Sozialhilfe angerechnet (§ 5 Abs. 2 MukiStiftG iVm § 11a Abs. 3 SGB II; SG Magdeburg 17.3.2015 – S 21 AS 3987/11).

38 Sie können Beihilfen für die Erstausstattung Ihres Kindes, die Weiterführung des Haushalts, für Wohnung und Einrichtung und die Betreuung Ihres Kindes bekommen, wenn Sie keine ausreichenden Mittel dafür haben. *„Leistungen aus Mitteln der Stiftung*

dürfen nur gewährt [...] werden, wenn die Hilfe auf andere Weise nicht oder nicht rechtzeitig möglich ist oder nicht ausreicht" (§ 4 Abs. 2 des Gesetzes zur Errichtung einer Stiftung Mutter und Kind). Das dürfte mit den geringen Pauschalen bei Bürgergeld/Sozialhilfe heute häufiger der Fall sein. Sie dürfen jedoch nicht von Jobcentern/Sozialämtern darauf verwiesen werden, zuerst die Stiftungsgelder in Anspruch zu nehmen.

39 Anträge stellen Sie zB bei Schwangerschaftskonfliktberatungsstellen, beim Diakonischen Werk, der Caritas oder dem Sozialdienst Katholischer Frauen. Die Konfession spielt dabei keine Rolle.

6. Information

40 www.bundesstiftung-mutter-und-kind.de

102 Schwangerschaftsabbruch

1. Paragraf 218 1
2. Indikationen 2
3. Fristenlösung/soziale Indikation 3
4. Schwangerschaftsabbruch über die Krankenkasse 4
5. Unterhaltspflicht 9
6. Beratung/Informationen 10

1. Paragraf 218

1 2021 gab es 94.596 registrierte Schwangerschaftsabbrüche (https://www.destatis.de/DE/Themen/Gesellschaft-Umwelt/Gesundheit/Schwangerschaftsabbrueche/_inhalt.html). Nach wie vor ist ein Schwangerschaftsabbruch nach § 218 Strafgesetzbuch (StGB) strafbar. Im § 218a StGB ist geregelt, unter welchen Umständen ein Schwangerschaftsabbruch straflos ist.

2. Indikationen

2 Ein Abbruch ist rechtmäßig, wenn medizinische Gründe vorliegen, dh Gefahr für das Leben oder für die körperliche oder seelische Gesundheit besteht (§ 218a Abs. 2 StGB, medizinische Indikation). Ebenso ist der Abbruch rechtmäßig, wenn Sie sexuell missbraucht, genötigt oder vergewaltigt wurden

(§ 218a Abs. 3 StGB, kriminologische Indikation). Diese beiden Voraussetzungen lagen 2021 bei ca. vier Prozent der Abbrüche vor. In beiden Fällen zahlen die Kassen der Betroffenen/des Opfers.

3. Fristenlösung/soziale Indikation

3 Ein Abbruch ist rechtswidrig, aber straffrei (§ 218a Abs. 1 StGB, soziale Indikation),
- wenn Sie sich für einen Abbruch entscheiden, weil es Sie in unzumutbarer Weise belasten würde, das Kind auszutragen und zur Welt zu bringen. Die Entscheidung darüber treffen **nur Sie**;
- wenn Sie sich von einer anerkannten **Beratungsstelle** mindestens vier Tage vor dem Eingriff beraten lassen. Darüber müssen Sie dem*r Arzt*Ärztin, der*die den Abbruch vornimmt, eine schriftliche Bestätigung vorlegen;
- **und** wenn der Abbruch bis zum Ende der zwölften **Woche** nach der Empfängnis von einem*r Arzt*Ärztin vorgenommen wird.

Das betraf 2021 ca. 96 Prozent der registrierten Schwangerschaftsabbrüche.

4. Schwangerschaftsabbruch über die Krankenkasse

4 Wenn eine **soziale Indikation** vorliegt, übernehmen die Kassen lediglich für folgende Leistungen (Grundkosten) die Kosten und stellen entsprechende Berechtigungsscheine aus:
- für Kosten zur Feststellung der Schwangerschaft und Behandlung während der Schwangerschaft,
- für Kosten der ärztlichen Beratung über Erhalt und Abbruch der Schwangerschaft,
- für ärztliche Behandlung bei Komplikationen während und nach dem erfolgten Abbruch,
- für medizinisch notwendige, stationäre Behandlungen im Krankenhaus für die Tage vor und nach dem Abbruch, nicht aber für den Tag des Abbruchs selbst (§ 24b Abs. 3, 4 SGB V).

5 Dies gilt auch für privat krankenversicherte Frauen (Übernahme der Grundkosten). Alle anderen Kosten, die sog. abbruchbe-

dingten Kosten, müssen „normal verdienende" Frauen selbst zahlen.

6 Für Frauen mit **geringem** oder **ohne Einkommen** gelten andere Regelungen (§ 19 SchKG, Gesetz zur Vermeidung und Bewältigung von Schwangerschaftskonflikten). Die Einkommensgrenze im § 19 SchKG wird **jährlich angepasst**, die letzte Anpassung für die Beträge ist vom 1.7.2022 (BAnz. AT 17.6.2022 B7, abrufbar unter: https://www.bmfsfj.de/resource/blob/156874/fc69f265575987888be05ccf1e97cbd5/bekanntmachung-schwangerschaftskonfliktgesetz-data.pdf). Erzielen Sie Einkommen, ist die Übernahme der Kosten an eine **Einkommensgrenze** gebunden. Dabei wird das Einkommen oder Vermögen des*r Ehepartners*Ehepartnerin oder der Eltern **nicht** berücksichtigt. Die **Grenze** ist an den Rentenwert der gesetzlichen Rentenversicherung gekoppelt und beträgt (Stand: 1.7.2022) **1.325 EUR** für Sie, plus **314 EUR** für **jedes** minderjährige im Haushalt lebende **Kind**. Zusätzlich werden für den Teil der **Unterkunftskosten (Miete)**, der 388 EUR übersteigt, max. 388 EUR aufgeschlagen (BAnz. AT 17.6.2022 B7). Es wird geprüft, ob Sie kurzfristig verwertbares Vermögen haben.

7 Bedürftigkeit wird ohne weitere Berechnungen bei allen Frauen unterstellt, die **Bürgergeld** oder **Leistungen vom Sozialamt (SGB XII)** beziehen, weiterhin bei Bezieherinnen von BAföG, BAB, Arbeits- und Berufsförderungsleistungen für behinderte Menschen, Leistungen nach dem AsylbLG und Frauen in Einrichtungen, die von der Sozial- oder Jugendhilfe getragen werden (§ 19 Abs. 3 SchKG).

8 Erfüllen Sie diese Voraussetzungen und sind gesetzlich krankenversichert, übernimmt Ihre Krankenkasse die abbruchbedingten Kosten als sog. Übertragungsaufgabe, dh, die Bundesländer erstatten den Kassen diese Kosten (§ 22 SchKG). Sind Sie nicht gesetzlich krankenversichert, müssen Sie eine Kasse am Ort Ihres Wohnsitzes wählen und dort einen Antrag auf Übernahme der Kosten für Abbruch, Beratung und Behandlung stellen. Die Kasse schießt dann die Kosten vor und bekommt sie ebenfalls von den Bundesländern erstattet.

5. Unterhaltspflicht

9 Die Unterhaltspflicht der Familienangehörigen und des Vaters des Kindes für einen Schwangerschaftsabbruch wurde 1992 abgeschafft.

6. Beratung/Informationen

10 Bundesverband Pro Familia, Mainzer Landstr. 250–254, 60326 Frankfurt, Tel. 069/ 26 95 77 90, Fax: 069 26 95 77 930, Email: info[at]profamilia.de

bundesweite Beratungsstellen https://www.profamilia.de//

Broschüre (in div. Sprachen):
https://www.profamilia.de/publikationen/themen/schwangerschaftsabbruch.html

Broschüre (ausführlich) in Deutsch:
www.profamilia.de/fileadmin/publikationen/Reihe_Koerper_und_Sexualtiaet/schwangerschaftsabbruch.pdf

103 „Schwarzarbeit"

1. „Schwarzarbeit" und zu niedrige Regelsätze 1
2. Rückforderung und juristische Konsequenzen 2
3. Datenabgleich 6
4. Kritik 8

1. „Schwarzarbeit" und zu niedrige Regelsätze

1 Die Leistungen des Bürgergeldes oder der HzL/GSi der Sozialhilfe reichen oft nicht bis zum Monatsende, weil sie politisch kleingerechnet werden. Die Bundesregierung räumte dazu gegenüber dem Fernsehmagazin *Monitor* ein, die Frage nach der Höhe des Regelbedarfs und des soziokulturellen Existenzminimums sei *„nicht vorrangig eine Frage des Berechnungsverfahrens – sie muss politisch beantwortet werden"* (tagesschau.de 17.5.2018). Der Regelbedarf einer alleinstehenden Person beträgt derzeit **502 EUR** (RB 2023) zum Leben. Der RB müsste nach Ansicht der Paritätischen Forschungsstelle eigentlich 223 EUR mehr betragen, nämlich

725 EUR, wenn er nicht politisch kleingerechnet worden wäre (Paritätische Forschungsstelle, Regelbedarfe 2023: Fortschreibung der Paritätischen Regelbedarfsforderung, abrufbar unter: https://www.der-parita etische.de/fileadmin/user_upload/Seiten/Press e/docs/Kurzexpertise_PariForschungsstelle_R egelbedarfsermittlung2023.pdf, letzter Zugriff: 31.1.2023). Außerdem muss die „Wohnkostenlücke" beachtet werden, im Jahr 2021 haben 15,4 Prozent aller Bedarfsgemeinschaften nicht die tatsächlichen Ausgaben für Unterkunft und Heizung von den Jobcentern erstattet bekommen. Die davon Betroffenen mussten durchschnittlich rund 91 EUR im Monat selbst zahlen (BT-Drs. 20/3018, 5). Die kleinlichen Anrechnungsvorschriften bei Erwerbstätigkeit begünstigen Schwarzarbeit.

2. Rückforderung und juristische Konsequenzen

2 Wenn Sie arbeiten, ohne Ihr Einkommen oder Ihr volles Einkommen anzugeben, fordert die Behörde bei Bekanntwerden die überzahlte Summe zurück (§ 50 SGB X). Sie haben vorsätzlich falsche Angaben über Ihr Einkommen gemacht. Die Rückforderung (→ 92) wurde vom Bundessozialgericht als rechts- und verfassungskonform beurteilt (BSG 9.3.2016 – B 14 AS 20/15 R) und darf mit der Bürgergeld- bzw. Sozialhilfeleistung aufgerechnet werden, allerdings nur bis zu 30 Prozent des Regelsatzes bei Bürgergeld (§ 43 Abs. 2 SGB II) bzw. mit etwa 20 bis 30 Prozent (als äußerste Grenze) bei Sozialhilfe (§ 26 Abs. 2 SGB XII; LPK-SGB XII § 26 Rn. 9: 20 Prozent), und das maximal für drei Jahre (→ 12). Zu den juristischen Voraussetzungen hat der Wissenschaftliche Dienst des Bundestages eine Ausarbeitung vorgelegt (WD 7 – 156/06). Ebenfalls kann die für den internen Dienstgebrauch angedachte Arbeitshilfe der Bundesagentur für Arbeit zu den Verfahrensweisen bei Verdacht auf Leistungsmissbrauch online eingesehen werden (abrufbar unter: https://harald-thome.de/files /pdf/redakteur/BA_FH/Arbeitshilfe_zu_EU-F reizuegigkeit%202-2021.pdf, letzter Abruf: 31.1.2023).

3 Wenn Sie Ihr Einkommen nicht angegeben haben, kann ein **Bußgeld** wegen fehlender Mitwirkung verhängt werden. Die Verletzung der Mitwirkungspflichten (→ 79) ist eine Ordnungswidrigkeit. Wenn die nicht angegebenen Einnahmen eine bestimmte Höhe überschreiten, kann es zudem zu einem **Strafverfahren** kommen. Das kann bei sehr hohen Beträgen auch mit einer Gefängnisstrafe enden. Achten Sie von daher peinlichst darauf, sämtliche zusätzlichen Einnahmen, die selbstverständlich nicht aus „Schwarzarbeit" stammen sollten, dem Leistungsträger unaufgefordert anzuzeigen. Es gibt leider nicht wenige Sachbearbeiter*innen, die sämtlichen Verdacht auf Leistungsbetrug sofort an die Staatsanwaltschaft weiterreichen und mit den entsprechenden Staatsanwaltschaften eine Kriminalisierung des Sozialleistungsbezuges erreichen möchten. Insgesamt wurde 2021 134.400-mal Leistungsbetrug von SGB II-Beziehenden aufgedeckt (vgl. https://h arald-thome.de/files/pdf/media/sgb-ii-hinweis e/Jahresbilanz_2021.pdf, letzter Zugriff: 31.1.2023).

4 Um die Höhe der Rückforderung festzustellen, muss nachträglich eine Neuberechnung dergestalt gemacht werden, als ob Ihr Arbeitslohn bekannt gewesen wäre. Der Arbeitslohn muss um Freibetrag, Werbungskosten usw bereinigt werden. Sollten Sie im Rahmen einer Anhörung diesbezüglich vom Leistungsträger mündlich oder schriftlich zur Stellungnahme aufgefordert werden, so beachten Sie unbedingt, dass Sie sich nicht selbst belasten müssen. Nehmen Sie gerade bei drohenden strafrechtlichen Sanktionen rechtzeitig anwaltliche Hilfe in Anspruch und nehmen Sie erst nach Akteneinsicht Stellung.

5 Tipp: Achten Sie darauf, dass bei einer Überzahlung nur Bürgergeld/Sozialhilfe in Höhe Ihres tatsächlich anzurechnenden Einkommens zurückgezahlt wird.

3. Datenabgleich

6 Über einen automatisierten Datenabgleich (→ 31) wird spätestens alle drei Monate überprüft, ob Sie geringfügig oder versicherungspflichtig beschäftigt sind (§ 52 Abs. 1 S. 1 Nr. 2 SGB II, § 118 Abs. 1 Nr. 2 SGB XII). Beim Bürgergeld **können** Jobcenter

104 Selbstständige

seit 1.8.2016 den Datenabgleich auch mtl. durchführen, wenn Ihnen der Dreimonatszeitraum nicht genügt (§ 52 Abs. 1 S. 3 SGB II). Arbeitgeber müssen geringfügige und versicherungspflichtige Beschäftigungsverhältnisse bei der Minijob-Zentrale (Knappschaft) melden. Sie können **nicht** davon ausgehen, dass die Behörde „das schon nicht mitbekommen wird".

7 Arbeitgeber haben eine **Auskunftspflicht** (§ 60 SGB II), ebenso die **Finanzbehörden**, soweit Behörden es verlangen (§ 21 Abs. 4 SGB X). „*Die für die Bekämpfung von Leistungsmissbrauch und illegaler Beschäftigung zuständigen Stellen*" sollen Daten an die Sozialleistungsbehörden übermitteln (§ 50 Abs. 1 SGB II). Damit ist vor allem die Zollverwaltung gemeint, die dafür zuständig ist, „Schwarzarbeit" aufzudecken. Umgekehrt sollen die Sozialleistungsbehörden im Bedarfsfall ebenfalls Daten an die Zollverwaltung übermitteln.

4. Kritik

8 Wenn es keine Unternehmen geben würde, die aus Profitgründen Schwarzarbeiter*innen einsetzen und keine Auftraggeber (Unternehmen und Behörden), die mit Dumpingpreisen Unternehmen zum Einsatz von Schwarzarbeiter*innen zwingen, gäbe es den Großteil der Schwarzarbeit nicht. Alle bisherigen Ergebnisse von Datenabgleichen zeigten, dass allenfalls ein bis zwei Prozent der Sozialhilfehaushalte nicht angegebene Arbeitseinkommen haben, meist mit einem Zusatzeinkommen von etwa 100 EUR im Monat. Das unterbietet die Summe, um die der Regelsatz (→ 89) unseres Erachtens nach **mindestens** erhöht werden müsste. Ursachen waren nach Auskunft von Sachbearbeiter*innen in der Mehrheit dieser Fälle Unkenntnis und fehlender Überblick. Bewusster Missbrauch wurde nur für ein Viertel der Fälle als Grund genannt (vgl. Roth, Sozialhilfemissbrauch: Wer missbraucht hier eigentlich wen?, 2004, S. 19).

104 Selbstständige

1. Selbstständige und Einkommensschätzung 1
 1.1 Vorläufige EKS 2
 1.2 Endgültige EKS 4
2. Einkommen Selbstständiger 5
 2.1 Berechnungszeitraum 7
 2.2 Einkommensermittlung für die EKS 9
  2.2.1 Einnahmen 10
  2.2.2 Betriebsausgaben 16
  2.2.2.1 Problem: Sachanschaffungen und Investitionen 17
  2.2.2.2 Problem: Personalkosten .. 20
  2.2.2.3 Problem: Arbeitszimmer .. 22
3. Abgabe der abschließenden EKS 26
4. Bereinigung des Einkommens 34
5. Vorsorge-/Versicherungsbeiträge 35
6. Durchschnittseinkommen 36
7. Selbstständigkeit aufgeben 37
8. Geringfügige Tätigkeit 39
9. Übungsleiterpauschale 41
10. Künstler*innen im Bürgergeldbezug .. 42
11. Unterstützung zur Existenzgründung .. 43
12. Vermögen 44
13. Kosten der Unterkunft 45
14. Private Krankenversicherung 46
15. Sonderregelungen wegen Corona 48
16. Corona-Soforthilfe 49
17. Kritik 51

1. Selbstständige und Einkommensschätzung

1 Auch selbstständig Tätige haben einen Anspruch auf Bürgergeld nach dem SGB II bzw. auf Grundsicherung und Sozialhilfe nach dem SGB XII, wenn ihr Einkommen und Vermögen nicht ausreichen, um ihren Lebensunterhalt zu bestreiten. Hierzu ist jedoch vorweg zu schicken, dass das System nicht darauf ausgerichtet ist, Selbstständige zu unterstützen, so dass diese in der Regel dadurch benachteiligt werden, dass Sie entweder zu wenig Leistungen zum Leben erhalten oder sich Rückforderungszahlungen ausgesetzt sehen. So ist es aus Sicht des Autors nur sehr schwer möglich, über einen längeren Zeitraum eine ernsthafte Selbstständigkeit zu betreiben, die dazu führen soll, dauerhaft aus dem Leistungsbezug auszuscheiden. Eine ergänzende selbstständige oder freiberufliche Tätigkeit kann jedoch sinnvoll

sein, um die Freibeträge bei Einkommen aus Erwerbstätigkeit auszuschöpfen.

1.1 Vorläufige EKS

2 Die Jobcenter benutzen das Formular EKS (Einkommen aus selbstständiger Tätigkeit), um den Gewinn zu ermitteln. Das Problem dabei ist, dass die Leistungen nach dem SGB II gewährt werden, bevor der tatsächliche Gewinn überhaupt feststeht. Also ist es erforderlich, das Einkommen aus selbstständiger Tätigkeit vorläufig zu schätzen, was dem*r Selbstständigen obliegt. Hier beginnen bereits die Probleme. Schätzen die Selbstständigen das Einkommen zu optimistisch ein, erhalten sie für den gesamten vorläufigen Bewilligungszeitraum von sechs Monaten (§ 41 Abs. 3 S. 2 Nr. 1 SGB II) nicht einmal das Existenzminimum. Schätzen die Selbstständigen das Einkommen zu gering ein, müssen sie, sobald das Einkommen endgültig festgesetzt ist, mit einer erheblichen Nachzahlung rechnen. Die endgültige Festsetzung kann aus verschiedenen Gründen teilweise sehr lange dauern. Erst nach Ablauf eines Jahres nach Ablauf des Bewilligungszeitraumes liegt gemäß § 41 Abs. 5 SGB II eine sogenannte Endgültigkeitsfiktion vor, dh, der vorläufige Bescheid gilt dann auch als endgültiger Bescheid und kann nicht mehr zulasten des*r Leistungsempfängers*Leistungsempfängerin geändert werden, auch dann nicht, wenn der eigentliche Anspruch niedriger gewesen wäre. Bei einer Rückforderung (→ 92) ist es aber während des Bezuges von Leistungen nach dem SGB II schwierig, in dieser Zeit dafür Rücklagen zu bilden. Kann dann die Rückforderung nicht gezahlt werden, wird mit den kommenden Leistungen aufgerechnet, so dass dann wieder eine Unterdeckung vorliegt. Das Dilemma ist offensichtlich.

3 Allerdings sieht § 41a Abs. 2 SGB II einen Unterdeckungsschutz vor, so dass anhand der vorliegenden Prognosen mindestens die Mindestbeträge (KdU, Regelsatz, Mehrbedarfe und der Grundfreibetrag) in voller Höhe zur Verfügung stehen müssen. Erfüllt der Bescheid diese Voraussetzungen nicht, ist auch ein **Widerspruch** (→ 126) gegen den vorläufigen Bescheid möglich, insbesondere wird das Rechtsschutzbedürfnis durch die Möglichkeit einer endgültigen Entscheidung nicht beseitigt (LSG NRW 10.4.2015 – L 19 AS 288/15 B). Nicht zweckmäßig ist es hingegen, bei Fristversäumnis einen Überprüfungsantrag zu stellen, da die Bearbeitungsfrist hier sechs Monate beträgt. Dann bleibt ein Antrag auf endgültige Festsetzung als Möglichkeit, den fehlerhaften Bescheid zu korrigieren. Zudem muss es möglich sein, wenn die erwarteten Einnahmen nicht der Prognose entsprechen, eine Änderung der vorläufigen Entscheidung zu erreichen (LPK-SGB II § 41a Rn. 38).

1.2 Endgültige EKS

4 Nach Abschluss des Bewilligungszeitraums fordert das Jobcenter eine endgültige EKS, in der dann die tatsächlichen Zahlen aus dem Bewilligungszeitraum ausgewertet werden. Dies führt dann zu der folgenden dargestellten Gewinnermittlung auf Grundlage der § 11 SGB II und § 3 Bürgergeld-V.

2. Einkommen Selbstständiger

5 Zur Berechnung des Einkommens sind von den Betriebseinnahmen die im Bewilligungszeitraum tatsächlich geleisteten **notwendigen** Ausgaben ohne Rücksicht auf steuerrechtliche Vorteile abzusetzen (§ 3 Bürgergeld-V).

6 Hier wird deutlich, dass
1. steuerrechtliche Abschreibungen nicht automatisch auch für den Leistungsbezug nach dem SGB II gelten und
2. nur **notwendige** Ausgaben überhaupt abgesetzt werden können. Was notwendig ist, entscheidet jedoch das Jobcenter.

2.1 Berechnungszeitraum

7 Bewilligt wird in der Regel bei Selbstständigen für einen Zeitraum von sechs Monaten. Dabei wird entsprechend der Bürgergeld-V der erzielte Gewinn gleichmäßig auf sechs Monate verteilt. Zwar kann in besonderen Fällen auch bei Selbstständigen der Bewilligungszeitraum auf zwölf Monate ausgeweitet werden (zB besondere Saisonarbeiten). Allerdings ist dies die absolute Ausnahme. Deshalb ist zu beachten, dass Einnah-

men und Ausgaben in den Bewilligungszeiträumen so verteilt werden sollten, dass nicht in einem Bewilligungszeitraum plötzlich Verluste entstehen.

Denn ein **Ausgleich von Verlusten findet nicht statt!**

8 **Beispiel:** Sie haben einen kleinen Handwerksbetrieb und beziehen ergänzend Leistungen nach dem SGB II. Der Bewilligungszeitraum läuft von Januar bis Juni. Im Mai erhalten Sie einen großen Auftrag. Sie kaufen dafür Material in erheblichem Umfang, so dass Sie im Bewilligungszeitraum sogar Verluste machen. Dies bedeutet, dass Sie im Rahmen der abschließenden EKS die vollen Leistungen nach dem SGB II erhalten, allerdings überhaupt keine Freibeträge, da Sie ja keinen Gewinn erzielt haben. Im August liefern Sie dann aus und erhalten umgehend auch die Rechnung in voller Höhe bezahlt. Die Einnahmen sind nun so hoch, dass Sie im zweiten Bewilligungszeitraum überhaupt keinen Anspruch mehr auf Leistungen nach dem SGB II haben. Dies aber nur deshalb, weil der Wareneinkauf aus dem ersten Zeitraum und der damit verbundene Verlust nicht in den zweiten Zeitraum übertragen wird. Steuerrechtlich ist dies kein Problem, da alles im gleichen Geschäftsjahr erfolgt ist, so dass Sie dahin gehend keinen Nachteil haben. Dieses Beispiel zeigt jedoch, wie stark die Benachteiligung bei Selbstständigen ist, da diese mehrere Zeiträume bei ihren Kalkulationen berücksichtigen müssen.

2.2 Einkommensermittlung für die EKS

9 Das Einkommen ist Ihr Saldo aus Einnahmen und Ausgaben.

2.2.1 Einnahmen

10 Einnahmen sind die Einkünfte in Geld, aber auch die Entnahme von Waren und die Nutzung von Betriebsmitteln, zB private Kfz (→ 68) oder Telefonnutzung.

11 **Beispiel Kfz:** Wird ein Kfz überwiegend betrieblich genutzt, sind die tatsächlich geleisteten notwendigen Ausgaben für dieses Kraftfahrzeug als betriebliche Ausgaben abzusetzen. Dies ist der Fall, wenn Sie es für mehr als 50 Prozent der Fahrten gewerblich nutzen. Private Fahrten werden dann iHv 0,10 EUR pro Kilometer als Einnahme abgezogen (§ 3 Abs. 7 Bürgergeld-V). Nutzen Sie das Kfz überwiegend gewerblich, können aber sämtliche damit verbundenen Ausgaben, wie Steuern, Versicherung, Benzin, Reparaturen und sonstige Kosten, die mit dem Kfz verbunden sind, als Ausgaben abgesetzt werden. Dies ist im Regelfall von Vorteil. Nutzen Sie das Kfz überwiegend privat, können Sie für jeden betrieblich gefahrenen Kilometer nur 0,10 EUR als Ausgabe absetzen und auch nur dann, wenn Sie dies durch ein Fahrtenbuch nachweisen.

12 **Tipp:** Dokumentieren Sie Ihre Kfz-Kosten und gefahrenen Kilometer. Wenn möglich, sparen Sie private Kilometer, um das Kfz als betriebliches Fahrzeug geltend machen zu können, damit die laufenden Betriebskosten abgedeckt sind.

13 Weitere Einnahmen sind u.a.

- betriebliche Zinseinnahmen,
- erstattete Umsatzsteuer,
- zurückerstattete Betriebsausgaben oder
- betriebliche Einlagen.

14 Betriebliche Einlagen sind Bareinzahlungen, die dem Betrieb zugeführt werden, um die laufenden Betriebskosten zu decken. Sie erhöhen jedoch Ihre Betriebseinnahmen und mindern damit die Bürgergeldleistungen.

15 **Tipp:** Vermeiden Sie nach Möglichkeit betriebliche Einlagen, da diese immer nur zu Ihrem Nachteil berücksichtigt werden.

2.2.2 Betriebsausgaben

16 Betriebsausgaben sind gemäß § 3 Abs. 2 Bürgergeld-V belegte und notwendige betriebliche Aufwendungen ohne Rücksicht auf steuerrechtliche Vorschriften. Im Einzelnen gemäß FW 11.139:

- die tatsächlichen Kfz-Kosten (→ Rn. 11), bei nachgewiesen überwiegend betrieblicher Nutzung **oder**
- 0,10 EUR für jeden gefahrenen Kilometer für nachgewiesene betriebliche Fahrten bei überwiegend privat genutztem Kfz,
- Vorauszahlungen und Nachzahlungen von Umsatzsteuer (Mehrwertsteuer),
- Werbungskosten, Steuerberaterkosten, Büromaterialien und sonstige Materialien,
- Mietkosten,
- Versicherungen,

- Beiträge für berufsständische Vereinigungen (zB Handwerkskammer),
- IT-Kosten und Telefonkosten,
- Weiterbildungskosten und Fachliteratur usw.

Die oben genannten Kosten werden in der Regel als Ausgaben durch das Jobcenter akzeptiert, wenn sie nicht auffallend hoch sind und in keinem Missverhältnis zum Einkommen stehen.

2.2.2.1 Problem: Sachanschaffungen und Investitionen

17 Sachanschaffungen und Investitionen erkennen Jobcenter häufig nicht an, insbesondere dann nicht, wenn sie vorher nicht die Zustimmung dazu ereilt haben. Diese vorherige Zustimmung dient jedoch lediglich der eigenen Sicherheit und ist nicht zwingende Voraussetzung für eine Investition.

18 **Beispiel:** Sie benötigen einen neuen Computer für Ihre selbstständige Tätigkeit. Sie erwerben ihn zum Preis von 500 EUR, ohne vorher die Zustimmung des Jobcenters eingeholt zu haben. Das Jobcenter verweigert nur wegen der fehlenden Zustimmung die Berücksichtigung als Betriebsausgabe, obwohl es den Computer eigentlich auch als notwendig erachtet. Diese Vorgehensweise ist nicht zulässig. Gemäß § 3 Abs. 3 Bürgergeld-V sind Ausgaben nur dann nicht zu berücksichtigen, wenn diese offensichtlich nicht den Lebensumständen eines*r Leistungsempfängers*Leistungsempfängerin entsprechen oder ganz bzw. teilweise vermeidbar waren. Damit soll im Ergebnis Missbrauch vermieden werden, vorrangig sind jedoch die unternehmerischen Entscheidungen zu respektieren (BSG 5.6.2014 – B 4 AS 31/13 R). Gerade die Anschaffung eines Computers ist oft kurzfristig erforderlich und unvermeidbar, da der Betrieb ohne einen solchen nicht weitergeführt werden kann. Hier können Sie nicht abwarten, bis das Jobcenter entschieden hat. Allerdings tragen Sie regelmäßig das Risiko, dass erst in einem Klageverfahren vor dem Sozialgericht die Ausgabe anerkannt wird.

19 **Tipp:** Überlegen Sie gründlich, ob die Investition notwendig ist und reichen Sie im Zweifel teurere Gegenangebote ein, um zu belegen, dass Sie hier die preisgünstigste Alternative gewählt haben.

2.2.2.2 Problem: Personalkosten

20 Wenn die Erträge aus einem Unternehmen nicht ausreichen, um den eigenen Lebensunterhalt sicherzustellen, ist es oftmals schwierig, wenn noch Angestellte beschäftigt werden. Allerdings ist dies teilweise unvermeidbar, zB, wenn eine selbstständige Tätigkeit ausgeübt wird, die körperlich sehr schwer ist und für die bereits deshalb eine zweite Person benötigt wird.

21 **Tipp:** Lassen Sie sich bei Neueinstellungen während des Leistungsbezuges daher immer die vorherige Zustimmung des Jobcenters geben.

2.2.2.3 Problem: Arbeitszimmer

22 Wird die selbstständige Tätigkeit von Zuhause aus ausgeübt, zB Büroservice, Ebay-Shop oder Ähnliches, möchte das Jobcenter regelmäßig, dass ein Arbeitszimmer angegeben wird. Dies ist zwar grundsätzlich unproblematisch, führt aber gerade bei Beginn einer Selbstständigkeit oft zu Problemen. Das Arbeitszimmer wird nämlich von den Kosten der Unterkunft (→ 75) abgezogen (BSG 23.11.2006 – B 11b AS 3/05 R). Diese Kosten sind dann zwar Betriebsausgaben, die jedoch nur etwas bringen, wenn auch entsprechende Einnahmen vorhanden sind. Gerade zu Beginn hat man Ausgaben, aber noch fehlende Kund*innen und oftmals keine oder nur geringe Einkünfte, so dass dann auch noch ein Teil der Unterkunftskosten selbst gezahlt werden müsste.

23 **Tipp:** Vermeiden Sie zu Beginn der Selbstständigkeit die Angabe eines Arbeitszimmers. Sollten Sie regelmäßige Einkünfte erzielen, können Sie zu einem späteren Zeitpunkt immer noch angeben, dass Sie nun ein Arbeitszimmer benötigen.

24 Nicht zu den Betriebsausgaben zählen Aufwendungen, die ganz oder teilweise vermeidbar sind,

- da sie offensichtlich nicht den Lebensumständen während des Bezuges der Leistungen entsprechen,

- wenn das Verhältnis der Ausgaben zu den jeweiligen Einnahmen in einem auffälligen Missverhältnis steht oder
- wenn Ausgaben getätigt werden, für die ein Zuschuss oder Darlehen vom Jobcenter zur Förderung der Existenzgründung erhalten wurde (§ 3 Abs. 3 Bürgergeld-V).

25 Anhand der nicht eindeutig gewählten Formulierungen wird deutlich, dass hier den Sachbearbeiter*innen sehr viel Spielraum zugestanden wird, ohne dass die tatsächliche Kompetenz im Regelfall vorhanden ist. Nur in seltenen Fällen gibt es qualifizierte Selbstständigenteams in den Jobcentern. Es sollte gerade bei größeren Investitionen vorab versucht werden zu klären, inwieweit diese Anerkennung finden. Gerichtliche Auseinandersetzungen sollten vermieden werden, da selbst im Erfolgsfall erst nach Jahren die notwendigen Aufwendungen anerkannt werden.

3. Abgabe der abschließenden EKS

26 Der § 41a Abs. 3 SGB II stellt ein **großes Problem** dar: Die Regelung war im Rahmen der Corona-Sonderregelungen etwas in Vergessenheit geraten, da das Jobcenter nicht mehr die Möglichkeit hatte, eine endgültige Festsetzung vorzunehmen, sondern dies geschah nur auf Antrag des*r Leistungsempfängers*Leistungsempfängerin (§ 67 Abs. 4 SGB II). Dies galt entsprechend § 67 Abs. 4 SGB II für alle Bewilligungszeiträume, die bis zum 31.3.2021 begonnen haben. Danach war die abschließende Entscheidung auch wieder für die Jobcenter möglich und seitdem fordern diese wieder zur Abgabe der für die endgültigen Festsetzung erforderlichen Unterlagen auf. Dies hat sich auch durch das neue Bürgergeld nicht geändert.

27 Der Gesetzgeber hat mit § 41a Abs. 3 SGB II eine Regelung eingeführt, die es den Jobcentern ermöglicht, Druck insbesondere auf Selbstständige, aber auch auf nichtselbstständige Leistungsbeziehende mit schwankendem Einkommen auszuüben und hat diesen ein Mittel in die Hand gegeben, dass unter Umständen verheerende Folgen haben kann.

28 Nach § 41a SGB II besteht die Verpflichtung, die leistungserheblichen Tatsachen, die vom Leistungsträger gefordert werden, innerhalb einer angemessenen Fristsetzung nachzuweisen. Eine angemessene Fristsetzung in diesem Fall sind in jedem Fall drei Monate (SG Augsburg 12.3.2018 – S 8 AS 95/18; LSG Bayern 11.8.2020 – L 11 AS 419/19). Darüber hinaus können die Mitwirkungshandlungen ohne Nachteil für den*die Leistungsempfänger*in bis zum Abschluss des Widerspruchverfahrens nachgeholt werden (BSG 12.9.2018 – B14 AS 4/18 R).

29 Wird dieser Aufforderung nicht innerhalb der Frist nachgekommen, setzt das Jobcenter die Leistungen in der nachgewiesenen Höhe fest. Für Selbstständige bedeutet dies, dass dann, wenn die abschließende EKS nicht innerhalb der gesetzten Frist oder bis zum Abschluss des Verwaltungsverfahrens abgegeben wird, **alle** für den bewilligten Zeitraum erbrachten Leistungen zurückgefordert werden und zwar für **alle** Mitglieder der Bedarfsgemeinschaft.

30 Das Problem entsteht vor allen Dingen dann, wenn Steuerberater*innen beauftragt werden, auch die abschließende EKS anzufertigen und diese dies aus pragmatischen Gründen erst mit Ende des Geschäftsjahres erledigen wollen. Wird hier die entsprechende Frist dadurch versäumt, dass der*die Steuerberater*in die EKS nicht erledigt, muss mit den oben genannten Folgen gekämpft werden.

31 Hier besteht nämlich noch ein zweites Problem: Die Pflicht zur Mitwirkung kann im Gegensatz zu vielen anderen Fällen im Rahmen des SGB II **nicht** nachgeholt werden. Jedenfalls nicht nach Klageerhebung (SG Duisburg 2.1.2018 – S 49 AS 3349/17). Eine Nachholung der Mitwirkung vor Ablauf des Widerspruchverfahrens ist jedoch möglich (BSG 12.9.2018 – B 4 AS 39/17 R; B 14 AS 4/18 R).

32 Im Hinblick auf die weitreichenden Folgen ist ein besonderes Augenmerk auf die Rechtsmittelbelehrung zu legen, die regelmäßig unzureichend sein dürfte. Wenn jedoch Entscheidungen vorliegen, werden die Jobcenter ihre Rechtsmittelbelehrungen anpassen, so dass dann tatsächlich die Rückforderung aller Leistungen droht.

33 **Tipp:** Kommen Sie unbedingt der Aufforderung des Jobcenters nach, innerhalb der gesetzten Frist die abschließende EKS vorzulegen. Sollte dies nicht möglich sein, muss jedenfalls im Widerspruchsverfahren die abschließende EKS vorgelegt werden.

4. Bereinigung des Einkommens

34 Auch selbstständige Tätigkeit ist natürlich Erwerbstätigkeit (→ 47), so dass auch hier die Freibetragsberechnungen gemäß § 11b SGB II wie bei sozialversicherungspflichtigem Einkommen gelten.

5. Vorsorge-/Versicherungsbeiträge

35 Sofern Sie im Rahmen der selbstständigen Tätigkeit privat krankenversichert sind, können hier die Beiträge bis zur Höhe des hälftigen Basistarifs der Krankenkasse übernommen werden (§ 26 SGB II). Rentenversicherungsbeiträge, auch für eine private Rentenversicherung, können ebenfalls abgesetzt werden (§ 11b Abs. 1 SGB II).

6. Durchschnittseinkommen

36 Das BSG hat nochmals deutlich gemacht, dass bei der abschließenden Entscheidung unter den Voraussetzungen des § 41a Abs. 4 SGB II ein Durchschnittseinkommen aus allen Einkommensarten (dazu zählen neben dem Einkommen aus selbstständiger Tätigkeit auch andere Einkünfte, zB Einnahme aus Vermietung und Verpachtung, Lohn und Lohnersatzleistungen, aber auch Kindergeld) zu bilden ist (BSG 11.7.2019 – B 14 AS 44/18 R). Dies kann durchaus positiv sein, da dadurch eine Ausschöpfung der Freibeträge über den gesamten Zeitraum möglich ist. Viele Jobcenter rechnen jedoch Einkünfte in Teilabschnitten ab. Dies ist rechtswidrig.

7. Selbstständigkeit aufgeben

37 Selbstständige können nicht verpflichtet werden, Ihre Selbstständigkeit zu beenden. Allerdings können sie verpflichtet werden, sich um eine sozialversicherungspflichtige Beschäftigung zu bemühen, wenn absehbar ist, dass sie mit ihrer selbstständigen Tätigkeit nicht dauerhaft aus dem Leistungsbezug ausscheiden können.

38 Nach Auffassung des Verfassers kann jedoch niemand verpflichtet werden, eine Maßnahme mitzumachen, die dazu führt, dass faktisch die Selbstständigkeit nicht mehr ausgeübt werden kann und diese Maßnahme nicht zu einem höheren Einkommen führt.

8. Geringfügige Tätigkeit

39 Sofern jemand nur geringfügig selbstständig oder freiberuflich tätig ist, sollten darauf geachtet werden, zumindest im Bewilligungszeitraum einen Gewinn von 600 EUR zu erzielen, um die Freibeträge maximal ausschöpfen zu können.

40 **Achtung!** Es gibt Jobcenter, die eine solche Tätigkeit als „Hobby" deklarieren und dann lediglich die Versicherungspauschale iHv 30 EUR abziehen. Dies ist nicht zulässig, auch wenn nur in geringem Umfang Einkommen erzielt wird, ist es Einkommen aus Erwerbstätigkeit (SG Halle 18.10.2016 – S 17 AS 1033/14).

9. Übungsleiterpauschale

41 Handelt es sich bei der selbstständigen Tätigkeit um eine Tätigkeit durch Unterricht oder als Künstler*in oder Ähnliches, die unter die Übungsleiterpauschale fällt, besteht auch hier die Möglichkeit, iSd § 11b Abs. 2 Nr. 1 SGB II den erhöhten Freibetrag von 250 EUR monatlich geltend zu machen. Für eine Übungsleitertätigkeit gilt diese Rechtslage bis 30.6.2023. Ab 1.7.2023 gilt ein anrechnungsfreies Übungsleiterjahreseinkommen von 3000 EUR im Jahr (§ 11a Abs. 1 Nr. 5 SGB II).

10. Künstler*innen im Bürgergeldbezug

42 Die Tätigkeit von Künstler*innen wird oft nicht als Erwerbstätigkeit anerkannt. Sofern Selbstständige hier gezwungen werden sollen, die Tätigkeit aufzugeben, sollte auf keinen Fall die Eingliederungsvereinbarung bzw. ab 1.7.2023 der Kooperationsplan (→ 35) unterschrieben werden.

11. Unterstützung zur Existenzgründung

43 Da grundsätzlich der Gesetzgeber eine sozialversicherungspflichtige Tätigkeit bevorzugt, sind die Mittel zur Existenzgründung bei Selbstständigen relativ beschränkt. In Betracht kommen

- Beratungen durch geeignete Dritte,
- Trainingsmaßnahmen zur Heranführung einer selbstständigen Tätigkeit,
- Darlehen und/oder Zuschüsse bis zu 5.000 EUR für Betriebsinvestitionen (§ 16c Abs. 1 SGB II) und
- als interessantestes Mittel: das Einstiegsgeld gemäß § 16b SGB II. Dies ist deshalb besonders interessant, da es entgegen dem Gründungszuschuss nach dem SGB III für Alg I-Beziehende **nicht** auf die SGB II-Leistungen angerechnet wird.

12. Vermögen

44 Es gelten die allgemeinen Regeln zu Vermögen (→ 119) und Vermögensfreibeträgen. Allerdings haben Selbstständige, die nicht in die Rentenversicherung, eine andere öffentlich-rechtliche Versicherungseinrichtung oder in eine berufsständische Versorgungseinrichtung einzahlen, einen besonderen Vermögensfreibetrag zur Altersvorsorge. Die Art der Anlage ist dabei beliebig. Die Anlage muss lediglich als Altersvorsorge bezeichnet werden und darf aktuell einen Wert von 8.000 EUR für jedes hauptberufliche selbstständige Beschäftigungsjahr nicht übersteigen (§ 12 Abs. 1 Nr. 4 SGB II).

13. Kosten der Unterkunft

45 Auch für Selbstständige gelten die allgemeinen Regelungen zu den KdU (→ 75) inklusive der neuen Karenzzeit gemäß § 22 Abs. 1 SGB II.

14. Private Krankenversicherung

46 Privat Krankenversicherte erhalten einen Zuschuss zur PKV in Höhe von maximal dem halben Basistarif. Liegt der eigene Beitrag darunter, wird dieser in voller Höhe übernommen. Liegt der Betrag darüber, kann in den Basistarif gewechselt werden, der dann voll übernommen wird. Der Basistarif bietet in etwa die gleichen Leistungen wie die GKV, ist aber bei Ärzt*innen unbeliebt und führt immer wieder zu Problemen bei der Abrechnung, da diese nach wie vor privat erfolgt. Der Basistarif ist außerhalb des Bezuges von Leistungen extrem teuer, da er dem Maximalbetrag der freiwilligen GKV entspricht (2023: 807,98 EUR zzgl. Pflegeversicherung). Im Falle eines Wechsels in den Basistarif ist ein Wechsel in den alten Tarif ohne Gesundheitsprüfung innerhalb von zwei Jahren auf Antrag möglich.

47 **Achtung:** Ein Wechsel in den Basistarif sollte gut überlegt sein, da die Leistungen erheblich reduziert sind und bei Versäumung der 2-Jahres-Frist und Ausscheiden aus dem Leistungsbezug erhebliche Mehrkosten entstehen. Deshalb sollte aus Sicherheitsgründen, wenn ein grundsätzlicher Wechsel in die GKV nicht möglich ist, an dem bestehenden Tarif festgehalten werden.

Keinesfalls darf das Jobcenter Sie zwingen, in den Basistarif zu wechseln.

15. Sonderregelungen wegen Corona

48 Durch Corona sind viele Selbstständige in finanzielle Nöte geraten und mussten Leistungen nach dem SGB II beantragen, da teilweise das gesamte Einkommen weggebrochen ist. Diese Regelungen sind im Wesentlichen aufgehoben und teilweise in das neue Bürgergeldgesetz mit eingeflossen.

16. Corona-Soforthilfe

49 Zur Überbrückung von Liquiditätsengpässen wurden von einigen Bundesländern Soforthilfen in unterschiedlicher Höhe zur Verfügung gestellt. Dabei handelte es sich um zweckbestimmte Zuschüsse zu den Betriebskosten und nicht um Betriebseinnahmen (LSG Berlin-Brandenburg 15.9.2021 – L 18 AS 884/21; LSG Sachsen 26.1.2021 – L 8 AS 748/20 B ER; SG Hamburg 19.10.2020 – S 13 AS 2583/20 ER; SG Leipzig 27.5.2020 – S 24 AS 817/20 ER).

50 Da viele, die die Leistungen erhalten haben, gar keine Betriebskosten in dieser Höhe hatten, ist insbesondere die im Raum stehende Frage der Rückerstattung für viele unge-

105 Sozialgeld – jetzt: „Bürgergeld für nichterwerbsfähige Leistungsberechtigte"

1. Gesetzesänderung: aus Sozialgeld wird Bürgergeld 1
2. Nichterwerbsfähige Personen 2
3. Regelbedarfe 4
4. Spezielle Mehrbedarfe 5

1. Gesetzesänderung: aus Sozialgeld wird Bürgergeld

1 Mit dem Bürgergeldgesetz wurden zum 1.1.2023 die Begriffe *Arbeitslosengeld II* (Alg II) und *Sozialgeld* aus dem SGB II gestrichen und durch *Bürgergeld* (→ 28) ersetzt. So hat die Ampelregierung „Hartz IV" abgeschafft.

„*Bis zum Ablauf des 30. Juni 2023 kann von den zuständigen Behörden für den Begriff Bürgergeld auch der Begriff Arbeitslosengeld II oder Sozialgeld verwendet werden*" (§ 65 Abs. 9 SGB II). So lange haben Jobcenter Zeit, ihre Bescheide, Schreiben und sonstigen öffentlichen Dokumente umzustellen. Sozialgeld war bis zum 31.12.2022 das Äquivalent zum Arbeitslosengeld II für Nichterwerbsfähige. Ab 1.1.2023 heißt es „Bürgergeld für nichterwerbsfähige Leistungsberechtigte" (§ 23 SGB II).

2. Nichterwerbsfähige Personen

2 „*Nichterwerbsfähige Leistungsberechtigte, die mit erwerbsfähigen Leistungsberechtigten in einer Bedarfsgemeinschaft leben, erhalten Bürgergeld, soweit sie keinen Anspruch nach dem Vierten Kapitel des Zwölften Buches [dh auf Grundsicherung im Alter und bei Erwerbsminderung/GSi] haben*" (§ 19 Abs. 1 S. 2 SGB II).

Leben nicht erwerbsfähige Personen im Alter ab 15 Jahren mit erwerbsfähigen Personen zusammen, erhalten sie **Bürgergeld** (für Nichterwerbsfähige). Sind sie alleinstehend oder leben sie mit anderen nichterwerbsfähigen Personen bzw. Altersrentner*innen zu-

wiss. Entsprechend ist auch die Anrechnung auf SGB II-Leistungen im Moment noch nicht abschließend geklärt. Nach einer aktuellen Entscheidung des SG Berlin wird eine Anrechnung der Corona-Soforthilfe auf die Monate beschränkt, für die die Soforthilfe bestimmt war. Wörtlich heißt es: „*Vielmehr gebietet die starke Zweckbindung der Corona-Soforthilfe eine strikte monatsweise Betrachtung, die allein zur Deckung der Betriebsausgaben in dem Zeitraum führt, für den die Hilfen im Einzelfall bestimmt sind; das im SGB II grundsätzlich geltende Zuflussprinzip findet auf die Corona-Soforthilfen keine Anwendung*" (SG Berlin 4.7.2022 – S 123 AS 8864/20). Demnach können in den Monaten, für die die Corona-Soforthilfen bestimmt waren, keine Betriebskosten abgesetzt werden, in den übrigen Monaten hingegen schon, wobei gleichzeitig eine Anrechnung als Einkommen des überschießenden Betrages entfallen soll. Diese Entscheidung ist deshalb zutreffend, da in vielen Fällen Teile der Corona-Soforthilfe erstattet werden müssen und eine Verteilung auf den gesamten Bewilligungszeitraum zu einer unangemessenen Härte führen würde.

17. Kritik

51 Selbstständigkeit ist nicht erwünscht, erst recht nicht im Bereich des SGB II. Der Gesetzgeber fördert lieber Zeitarbeit zu Dumpingpreisen durch aufstockende Leistungen als selbstständige Tätigkeit von SGB II-Empfänger*innen. Eine Änderung dieser Praxis ist nicht in Sicht. Vielmehr wird deutlich, dass es Selbstständigen durch immer neue Gesetzesverschärfungen immer schwerer gemacht wird, Selbstständigkeit im Bereich des SGB II aufrecht zu erhalten.

Der Grund mag sein, dass es einige Selbstständige gibt, die die Selbstständigkeit ausnutzen, um Leistungen zu erhalten, ohne tatsächlich viel arbeiten zu müssen oder zu wollen. Dies rechtfertigt jedoch nicht die Drangsalierung der großen Mehrheit der selbstständig Tätigen, die mit hohem persönlichem Einsatz versuchen, ihren Leistungsbezug zu verhindern und durch Abführung von Umsatzsteuern und weiteren Abgaben sogar Teil des Wachstums sind.

105 Sozialgeld – jetzt: „Bürgergeld für nichterwerbsfähige Leistungsberechtigte"

sammen, bekommen sie **Hilfe zum Lebensunterhalt** (HzL) der Sozialhilfe. Sind volljährige Personen im Haushalt **dauerhaft** nicht erwerbsfähig, erhalten sie **Grundsicherung** (GSi; → 51). Das nennt sich „Hilfe aus einer Hand". Näheres dazu finden Sie unter dem Beitrag Erwerbsminderung (→ 46).

3 Im Rahmen der SGB II-Leistung „**Grundsicherung für Arbeitssuchende**" werden nicht nur die Leistungen zum Lebensunterhalt von erwerbsfähigen Leistungsberechtigten übernommen, sondern auch die ihrer nichterwerbsfähigen Haushaltsangehörigen, die mit ihnen in einer **Bedarfsgemeinschaft** leben.

Das sind zB

- Kinder bis 14 Jahre (die bei weitem größte Gruppe),
- voll erwerbsgeminderte Jugendliche im Alter von 15 bis 17 Jahren,
- vorübergehend voll erwerbsgeminderte junge Erwachsene im Alter von 18 Jahren bis zur Vollendung des 25. Lebensjahres,
- vorübergehend voll erwerbsgeminderte Partner*innen im Alter von 18 Jahren bis zur Rente oder
- vorübergehend voll erwerbsgeminderte Eltern bzw. Elternteile, die mit einem 15- bis 24-jährigen erwerbsfähigen Kind in einer Bedarfsgemeinschaft leben.

Bei über 18-jährigen erwerbsgeminderten Personen ist der Anspruch auf **GSi vorrangig** vor dem Anspruch auf Bürgergeld.

Nichterwerbsfähige über 25-jährige Kinder, die im Haushalt der Eltern wohnen, gehören nicht mehr zur elterlichen Bedarfsgemeinschaft, erhalten also kein Bürgergeld, sondern ggf. HzL/GSi der Sozialhilfe.

3. Regelbedarfe

4 Das Bürgergeld für Nichterwerbsfähige ist genauso hoch wie die entsprechenden **Regelbedarfe** (→ 89) im SGB II / in der Sozialhilfe. Es beträgt (Stand 2023):

- bei Kindern **unter 6 Jahren 318 EUR**,
- bei **6- bis 13-jährigen** Kindern **348 EUR**,
- bei ab **14-jährigen** Jugendlichen **402 EUR** (§ 23 Nr. 1 SGB II).

Für alle älteren, nicht erwerbsfähigen Leistungsberechtigten gelten im Bürgergeld dieselben Regelbedarfe wie für die erwerbsfähigen Leistungsberechtigten (§ 20 Abs. 2 u. 4 SGB II).

Eine Regelungslücke, die in der Praxis bislang nur wenig bekannt ist, entsteht durch die Tatsache, dass die Regebedarfsstufen 3 (18–24-Jährige) und 4 (15–17-Jährige) nur für „*sonstige erwerbsfähige Angehörige der Bedarfsgemeinschaft*" (§ 20 Abs. 2 S. 2 SGB II), nicht aber für die nichterwerbsfähigen Jugendlichen und jungen Erwachsenen dieser Altersgruppe geregelt sind. Solange Letztere nicht die Voraussetzungen für Leistungen nach dem Vierten Kapitel SGB XII erfüllen und bis zur Vollendung des 25. Lebensjahres der Bedarfsgemeinschaft der Eltern oder eines Elternteils zugeordnet werden, sind einer dem Gesetzeszweck folgenden Auslegung die Regelbedarfsstufen 3 bzw. 4 auch als **Bürgergeld für nichterwerbsfähige Leistungsberechtigte** anzuwenden (vgl. Eicher/Luik/Harich SGB II § 20 Rn. 33).

4. Spezielle Mehrbedarfe

5 ■ Ein Mehrbedarf (nach § 21 Abs. 4 SGB II) in Höhe von **35 Prozent** des maßgeblichen Regelbedarfs steht **über 15-jährigen** (nicht erwerbsfähigen) Menschen mit Behinderung zu, wenn diese eine **Leistung der Teilhabe zur Bildung** der Eingliederungshilfe (§ 112 SGB IX) in Anspruch nehmen (§ 23 Nr. 2 u. 3 SGB II).

■ **Voll erwerbsgeminderte** und zugleich **gehbehinderte** Beziehende von Bürgergeld bekommen einen Mehrbedarf in Höhe von **17 Prozent** des maßgeblichen Regelbedarfs, wenn sie Inhaber*in eines **Schwerbehindertenausweises** mit dem Merkzeichen „G" oder „aG" sind (§ 23 Nr. 4 SGB II).

Näheres dazu finden Sie unter dem Beitrag Behinderte Menschen (→ 18).

106 Sozialpass

1. Ermäßigungen und Sozialticket für den Nahverkehr 1
2. Anspruchsberechtigte 3
3. Durchsetzung 4
4. Forderungen 5

1. Ermäßigungen und Sozialticket für den Nahverkehr

1 In vielen Städten und Landkreisen gibt es Sozialpässe, mit denen man **Ermäßigungen** bei Eintrittspreisen für **kommunale Einrichtungen** bzw. das Recht auf deren **kostenlose** Benutzung bekommt. Erkundigen Sie sich danach bei Ihrer Stadt- oder Gemeindeverwaltung, beim Sozialamt oder Jobcenter.

Die Vergünstigungen können zB für Museen, Theater, kommunale Kinos, Zoos, botanische Gärten, Ausstellungen, Schwimmbäder, Volkshochschulen usw gelten. Für **Kinder** (→ 60) gibt es ggf. zusätzliche Freizeit-, Sport- oder Bildungsangebote u.a. für die Ferien.

2 Außerdem erhalten Sie vielerorts ein ermäßigtes, regelmäßig nicht übertragbares **Sozialticket** für den öffentlichen **Personennahverkehr** (ÖPNV).

Das Anfang 2008 in Dortmund eingeführte Sozialticket für 15 EUR war für kurze Zeit das einzige Monatsticket bundesweit, das sich annähernd an dem im Regelbedarf (→ 89 Rn. 28) enthaltenen Anteil für *„fremde Verkehrsdienstleistungen"* von 14,26 EUR (Stand 2008) orientierte. Bis 2023 wurde der Anteil für alle fremden Verkehrsdienstleistungen (Nah- und Fernverkehr) im Regelbedarf auf 40,58 EUR angehoben und der Preis für das in Dortmund geltende „Sozialticket" des Verkehrsverbunds Rhein-Ruhr auf stolze 41,20 EUR. Nach der Verdopplung des Preises 2010 sind in Dortmund über ein Drittel der Nutzer*innen abgesprungen.

Auch andernorts werden Monatstickets als Sozialtickets zu unterschiedlichen Preisen angeboten. Das Sozialticket kostet für Erwachsene zB im VRS im Kölner Raum 45,80 EUR / im Abo 37,10 EUR, oder in Hannover 39,40 EUR für eine deutlich kleinere Tarifzone. Das Berliner „Ticket S" für mtl. 27,50 EUR ist eines der wenigen Beispiele für ein Sozialticket, das rechnerisch aus dem Regelbedarf finanziert werden kann (Stand 2023). Auch Frankfurt gehört neuerdings dazu. Hier wurde der Preis für das Monatsticket mit Sozialpass von 67,25 EUR in 2022 auf 26,95 EUR gesenkt.

2. Anspruchsberechtigte

3 Anspruchsberechtigt sind in jedem Fall Beziehende von **Bürgergeld** und **Hzl/GSi** der Sozialhilfe sowie Beziehende von Leistungen nach dem Bundesversorgungsgesetz, AsylbLG und idR der „wirtschaftlichen Jugendhilfe". In manchen Städten werden auch Personen einbezogen, deren Einkommen oberhalb des Sozialhilfe-/SGB II-Bedarfs liegt, zB Beziehende von Wohngeld. In Frankfurt sind Einpersonenhaushalte mit pauschal bis zu 976 EUR Nettoeinkommen anspruchsberechtigt. Für jede weitere Person im Haushalt erhöht sich das Einkommen idR zusätzlich um 288 EUR (Kindergeld gehört nicht zum anzurechnenden Einkommen, Stand 2023).

3. Durchsetzung

4 Gerade weil von vielen Kommunen und Landkreisen die Angebote für Sozialpässe/Sozialtickets drastisch zusammengestrichen wurden oder Ermäßigungen so gering sind, dass sie keinen Gebrauchswert bieten, kämpft eine Reihe von kommunalpolitischen Initiativen und Bündnissen für Sozialpässe/Sozialtickets, deren Erhalt oder Verbesserung. Informationen dazu finden Sie unter: http://agora.free.de/sofodo/themen/do-spez-1/sozialticket.

Das 9-Euro-Ticket im Sommer 2022 hat gezeigt, wie groß der tatsächliche Mobilitätsbedarf von Menschen mit geringem Einkommen ist. In Ergänzung zum bundesweit gültigen 49-Euro-Nahverkehrsmonatsticket, das seit Mai 2023 verfügbar ist, fordern Mobilitätsinitiativen deshalb eine Sozialticket-Variante für max. 29 EUR/Monat. Einige Bundesländer bieten ein verbilligtes Sozialticket bereits an, bei anderen war es bei Redaktionsschluss in Planung.

4. Forderungen

5 Bundesweit Sozialpässe für alle Menschen mit geringem Einkommen!

Orientierung an der Einkommensgrenze des Pfändungsschutzkontos (→ 85), dh 2022/2023: 1.340 EUR netto plus 500,62 EUR für die zweite und 278,90 EUR für jede weitere unterhaltsberechtigte Person!

Orientierung des Preises für regional gültige Sozialtickets an den Bedarfssätzen für ÖPNV im Regelbedarf!

Mindestens 50 Prozent Ermäßigung auf alle Eintrittspreise im Bildungs-, Kultur- und Sportbereich!

107 Sterbegeldversicherung/ Bestattungsvorsorge

1. Übernahme der Beiträge 1
   1.1 HzL/GSi der Sozialhilfe 2
   1.2 Bürgergeld 6
2. Abzug der Beiträge vom Einkommen ... 7
3. Vermögen als Rücklage für den Todesfall.................................... 8
   3.1 Sozialhilfe 9
   3.2 Bürgergeld 12
4. Information 14
5. Forderung 15

1. Übernahme der Beiträge

1 In der gesetzlichen Krankenversicherung wird seit 1.1.2004 kein Sterbegeld mehr gezahlt. Der Tod ist ja keine Krankheit. Geld für Tote ist eine „versicherungsfremde" Leistung. Beziehen Sie aber HzL/GSi der Sozialhilfe können Sie in bestimmten Fällen Ansprüche auf Übernahme einer Sterbegeldversicherung geltend machen. Beim Bürgergeld ist ein Sterbegeld lediglich als Vermögen geschützt (→ 119 Rn. 46 f.).

1.1 HzL/GSi der Sozialhilfe

2 Weisen Sie dem Sozialamt „*Aufwendungen zur Erlangung eines Anspruchs auf ein angemessenes Sterbegeld vor Beginn der Leistungsberechtigung nach, so werden diese in angemessener Höhe als Bedarf anerkannt,*" soweit sie nicht [...] vom Einkommen abgesetzt werden" können (§ 33 Abs. 2 SGB XII; bei der GSi iVm § 42 Nr. 2 SGB XII). Die Regelung wurde zum 1.7.2017 neu gefasst und betont den Anspruch auf Übernahme einer Sterbegeldversicherung, wenn diese bereits vor dem Bezug von Sozialhilfe abgeschlossen war. Das sollte auch für Bestattungsvorsorgeverträge gelten. Diese Beiträge sollen nach der neuen Regelung auch übernommen werden, wenn die zur Übernahme der Bestattungskosten (→ 24) verpflichteten Angehörigen in der Lage wären, diese zu zahlen.

3 Nach Meinung des OVG NRW (11.7.2001 – 12 A 2727/00) sind Beiträge nur in Ausnahmefällen zu übernehmen, wenn Sie die Versicherung während des Sozialhilfebezugs abschließen. Diejenigen, die es in besseren Tagen versäumt haben, eine solche Versicherung abzuschließen, dürfen in schlechteren Tagen nicht bessergestellt werden. Die Regelung ist also regelmäßig auf bereits bestehende Verträge anzuwenden.

4 Tipp: Achten Sie beim Abschluss der Sterbegeldversicherung darauf, dass eine zweckentsprechende Verwendung der Versicherungssumme vertraglich geregelt ist. Wenn die Versicherung vorzeitig aufgelöst und für andere Zwecke verwendet werden kann, werden die Beiträge nicht als Bedarf übernommen.

5 Angemessen müsste ein Sterbegeld immer sein, wenn es die ortsüblichen Kosten für eine einfache, aber würdige Bestattung nicht übersteigt. Obere Richtschnur sind wohl aber die im Bundesdurchschnitt liegenden Kosten (OVG NRW 16.11.2009 – 12 A 1363/09), laut Stiftung Warentest etwa 6.000 EUR (Stand 2013).

1.2 Bürgergeld

6 Im Rahmen des SGB II-Bezugs werden solche Beiträge nicht übernommen.

2. Abzug der Beiträge vom Einkommen

7 Inwieweit die Beiträge vom Einkommen abgezogen werden, finden Sie detaillierter im Beitrag Einkommensbereinigung (→ 38 Rn. 13) dargestellt.

3. Vermögen als Rücklage für den Todesfall

8 Finanzielle Vorsorgen für den Todesfall, also zB Sterbegeldversicherungen und Bestattungsvorsorgeverträge, können unter bestimmten Bedingungen als Vermögen geschützt werden.

3.1 Sozialhilfe

9 Laut Bundesverwaltungsgericht ist eine angemessene finanzielle Vorsorge für den Todesfall im Rahmen der Härtefallregelung als Vermögen (→ 119 Rn. 51) geschützt (BVerwG 11.12.2003 – 5 C 84.02). Selbst wenn ein*e Sozialhilfebeziehende*r einen Grabpflegevertrag kündigen kann, muss wenigstens eine angemessene **Grabpflege** erhalten bleiben (BVerwG 11.12.2003 – 5 C 84.02).

„Die Sozialhilfe darf ferner nicht vom Einsatz oder von der Verwertung von Vermögen abhängig gemacht werden, soweit dies für den [Betroffenen] [...] und seine unterhaltsberechtigten Angehörigen eine Härte bedeuten würde" (§ 90 Abs. 3 S. 1 SGB XII).

„Dem Wunsch des Menschen für die Zeit nach seinem Tode durch eine angemessene Bestattung und Grabpflege vorzusorgen", hat das BVerwG Rechnung getragen und *„Vermögen aus einem Bestattungsvorsorgevertrag sowohl für eine angemessene Bestattung als auch für eine angemessene Grabpflege als Schonvermögen in Sinne der Härtefallregelung angesehen"* (BSG 18.3.2008 – B 8/9 b SO 9/06 R; vgl. BT-Drs. 16/239, 10, 15, 17).

Das verfassungsrechtlich geschützte allgemeine Persönlichkeitsrecht umfasst auch das Recht, über die eigene Bestattung zu bestimmen (Art. 2 Abs. 1 GG; LPK-SGB XII § 90 Rn. 81).

10 Damit eine **Zweckbindung** des Vermögens sichergestellt ist, ist regelmäßig eine zweckgebundene Sterbegeldversicherung oder ein Bestattungsvorsorgevertrag einer allgemein verwertbaren Sterbegeldversicherung vorzuziehen. Solche Vermögensverträge *„sind auch dann geschützt, wenn die Zweckbindung erst kurz vor Entstehen des Sozialhilfebedarfs vorgenommen wurde"* (LPK-SGB XII § 90 Rn. 81; vgl. BSG 18.3.2008 – B 8/9 b SO 9/06 R).

11 Für die Vorsorge sind auch Beträge angemessen, die über den Kosten einer *„Sozialamtsbestattung"* liegen. Das SG Düsseldorf hat zusammengestellt, was *„instanzgerichtlich"* als angemessenes Bestattungsvorsorgevermögen anerkannt wurde: Die Beträge liegen zwischen 3.200 EUR und 7.000 EUR (SG Düsseldorf 23.3.2011 – S 17 SO 57/10). Das OVG NRW (19.12.2003 – 16 B 2078/03) bewertete zB Bestattungsvorsorgeverträge in Höhe von 7.000 EUR für ein Familiengrab, das LSG Sachsen (7.9.2006 – L 3 AS 11/06) eine Versicherungssumme von 5.000 EUR, das SG Frankfurt (8.5.2018 – S 27 SO 274/15) von 8.500 EUR und das LSG Bayern (25.9.2008 – L 11 SO 32/07) einen Betrag in Höhe von 3.200 EUR *„jedenfalls"* als angemessenen.

Das SG Gießen erkannte Sterbegeldversicherungen mit Rückkaufswert in Höhe von 5.398,43 EUR für Eheleute im Rahmen der Härtefallregelung als angemessen an, obwohl die Versicherungen jederzeit hätten gekündigt werden können, also mithin verwertbar waren. Sterbegeldversicherungen und Bestattungsvorsorge- ebenso wie -treuhandverträge genügten dem SG zufolge dem Grundsatz der strikten Zweckbindung (SG Gießen 14.8.2018 – S 18 SO 65/16).

3.2 Bürgergeld

12 *„Vermögensrückstellungen für eine würdige Beerdigung und für Grabpflege (Bestattungssparbuch, Treuhandvermögen oder Dauerpflegevertrag)"* können geschützt sein, weil deren Verwertung *„eine besondere Härte bedeuten würde"* (FW 12.29; § 12 Abs. 3 Nr. 7 SGB II). Das kann zB der Fall sein, wenn Sie kurz vor dem Rentenalter stehen.

13 Tipp: Die Ämter behandeln Vorsorgeverträge für den Todesfall oft als normales Vermögen und kassieren es ein. Achten Sie darauf, dass es als „Härtefall" gesondert freigestellt ist.

4. Information

14 Aeternitas – Verbraucherinitiative Bestattungskultur, Keldenich/Viola/Schmitt, Finan-

zielle Bestattungsvorsorge – Wie weit reicht der Schutz vor dem Zugriff des Sozialhilfeträgers, 2022, siehe dazu unter http://www.a eternitas.de/downloads, „Bestattungsvorsorge und Sozialamt" (Nennung weiterer Urteile)

5. Forderung

15 Angemessene Rücklagen für Beerdigungen müssen immer geschütztes Vermögen sein!

108 Strafgefangene

1. Regelmäßig kein SGB II-Anspruch	1
1.1 Ansprüche der Angehörigen von Inhaftierten	6
1.2 Freigänger*innen in Arbeit	11
1.3 Arbeitslose Freigänger*innen	12
2. Während der Haft: idR Sozialhilfeanspruch	14
2.1 Taschengeld	15
2.2 Übernahme der Unterkunftskosten während der Haft	17
2.2.1 Nach welcher Rechtsnorm kann die Wohnung gesichert werden?	18
2.2.2 Für welche Haftdauer?	19
2.2.3 In welchen Lebenslagen?	22
2.2.4 Als Beihilfe oder Darlehen?	28
2.3 Lagerkosten von Hausrat während der Haft	33
2.4 Angemessenheit der Unterkunftskosten	35
2.5 Mietschulden	37
2.6 Übernahme der Besuchskosten Angehöriger	38
3. Nach der Haftentlassung	40
3.1 Wohnungsbeschaffungskosten	41
3.2 Erstausstattung	42
3.2.1 Wohnung	43
3.2.2 Bekleidung	45
3.3 Überbrückungsgeld (Entlassungsgeld)	46
3.3.1 Ü-Geld: Einkommen oder Vermögen?	47
3.3.2 Für wie lange wird Ü-Geld als Einkommen angerechnet?	53
3.3.3 Ü-Geld verbraucht – Anspruch auf Leistungen? ..	55
3.4 Krankenversicherungsschutz nach der Entlassung	58
3.5 Strafhaft: kein Kostenersatz wegen sozialwidrigen Verhaltens ..	60
4. Informationen	61

1. Regelmäßig kein SGB II-Anspruch

1 Strafgefangene und **Untersuchungshäftlinge** sind vom Bezug von Bürgergeld nach dem SGB II ausgeschlossen, da sie im Gefängnis untergebracht sind. *„Dem Aufenthalt in einer stationären Einrichtung ist der Aufenthalt in einer Einrichtung zum Vollzug richterlich angeordneter Freiheitsentziehung gleichgestellt"* (§ 7 Abs. 4 S. 2 SGB II; zum Einrichtungsbegriff und der zugehörigen Rechtsprechung siehe auch im Beitrag Wohnungslose, → 130 Rn. 18 f.). Das gilt auch bei Ersatzzwanghaft (§ 890 ZPO), Beugehaft (§ 70 StPO), Maßregelvollzug (§§ 63, 64 StGB), einstweiliger Unterbringung im Krankenhaus (§ 126a StPO), stationärer Drogenentwöhnungstherapie bei Zurückstellung der Strafvollstreckung (§§ 35, 36 BtMG; BSG 5.8.2021 – B 4 AS 58/20 R), Gefährder*innennhaft nach den Polizeigesetzen der Länder, Unterbringung psychisch Kranker und Suchtkranker nach den Unterbringungsgesetzen der Länder, zivilgerichtlich genehmigten Freiheitsentziehungen (§ 1631b BGB: Unterbringung eines Kindes zu dessen Wohl, § 1906 BGB: Unterbringung im Rahmen einer Betreuung) und Ersatzfreiheitsstrafe (§ 43 StGB; BSG 24.2.2011 – B 14 AS 81/09 R).

2 Die Verbüßung eines Jugendarrests hingegen führt nicht zum Leistungsausschluss, weil die Jugendlichen dort für Integrationsbemühungen zur Eingliederung in Arbeit ausreichend zur Verfügung stehen (§ 16 JGG; LSG Thüringen 30.6.2022 – L 7 AS 747/20; LSG Sachsen-Anhalt 24.9.2014 – L 4 AS 318/13; SG Dresden 27.1.2014 – S 7 AS 2328/13; SG Gießen 1.3.2010 – S 29 AS 1053/09; aA FW 7.98: ein Leistungsausschluss besteht).

3 Inhaftierte sind aber auch bei längerer Haftdauer noch immer **Teil der Bedarfsgemeinschaft**, wenn an einer Ehe oder Lebenspartnerschaft festgehalten wird. Sie müssen also mit ihrem Einkommen und Vermögen voll für zurückbleibende Partner*innen und ggf. Kinder im Leistungsbezug aufkommen

(BSG 18.2.2010 – B 4 AS 49/09). Allerdings sind die Geldbeträge, die Inhaftierten im Gefängnis zur Verfügung stehen (Hausgeld/Taschengeld) kein anrechenbares Einkommen. Zudem sind aus dem Arbeitseinkommen in einer Haftanstalt vorrangig der **Haftkostenbeitrag** (§ 50 StVollzG, § 39 StVollzG NRW), der Ansparbetrag für das **Überbrückungsgeld** (§ 51 StVollzG, § 37 StVollzG NRW; nicht in allen Bundesländern) und ggf. titulierte **Unterhaltsansprüche** zu leisten. Erst wenn darüber hinaus noch Einkommen übrig bleibt, steht es der Bedarfsgemeinschaft zur Verfügung und kann auf deren Leistung angerechnet werden.

4 **Hinweis:** Im Zuge der Föderalismusreform 2006 wurde den Bundesländern u.a. die Zuständigkeit für die Strafvollzugsgesetzgebung übertragen. Daher wurden neben dem (Bundes-)Strafvollzugsgesetz (StVollzG) im Laufe der Jahre die Strafvollzugsgesetze der Länder verabschiedet. Solange diese noch nicht in Kraft getreten waren, wurde das StVollzG angewendet. Hier sind beispielhaft die entsprechenden Regelungen aus dem Gesetz zur Regelung des Vollzuges der Freiheitsstrafe in Nordrhein-Westfalen (StVollzG NRW) vom 13.1.2015 genannt.

5 Da während der Haft **keine Wirtschaftsgemeinschaft** mit den früheren Haushaltsangehörigen mehr besteht, müssen alleinlebende bzw. alleinerziehende Partner*innen Inhaftierter immer den vollen Regelbedarf von 502 EUR bekommen, nicht den von Paaren in einer Bedarfsgemeinschaft. Bei Freigänger*innen ist der Mischregelbedarf von 451 EUR zulässig (SG Berlin 4.7.2005 – S 37 AS 4325/05 ER).

1.1 Ansprüche der Angehörigen von Inhaftierten

6 Dem*r „zu Hause gebliebenen" Partner*in ist ein **Mehrbedarf wegen Alleinerziehung** zu gewähren, sobald tatsächlich die Pflege und Erziehung durch den*die inhaftierte*n Partner*in für ein minderjähriges Kind nicht mehr möglich ist (SG Trier 25.6.2012 – S 4 AS 239/12 ER).

7 **Minderjährige Kinder** eines*r Inhaftierten haben weiter Anspruch auf **Umgang mit dem inhaftierten Elternteil**. Daher sind Fahrtkosten für Besuchsfahrten als unabweisbarer Härtefallmehrbedarf (→ 52) zu bewilligen (§ 21 Abs. 6 SGB II). Das gilt auch für den Umgang mit einem Stiefelternteil, wenn dieser den leiblichen Elternteil tatsächlich ersetzt (SG Hannover 1.11.2016 – S 54 AS 697/16: wöchentliche Besuche für einen 8-Jährigen bei seinem inhaftierten Stiefvater sind angemessen).

8 Diese Grundsätze sind nicht auf **volljährige Kinder** übertragbar. In Sonderfällen jedoch „gilt [dies] – unter Beachtung der Unterschiede zur Ausübung des Umgangsrechts – ebenso für intensive Familienbindungen jenseits der umgangsrechtlichen Eltern-Kind-Beziehung. Auch zwischen Erwachsenen oder im Großeltern-Kind-Verhältnis können verwandtschaftliche Bindungen für die personale Existenz von herausgehobener Bedeutung sein, wie deren besonderer Schutz durch Art. 6 Abs. 1 GG belegt" (BSG 28.11.2018 – B 14 AS 48/17 R: mehrfache Besuche der leistungsberechtigten Mutter bei ihrer Tochter, die in Ungarn inhaftiert war und u.a. aufgrund fehlender Sprachkenntnisse dringend eines Beistands bedürfe; das Verfahren wurde zur genaueren Prüfung der Ausnahmesituation, insbesondere der Umstände der Inhaftierung und deren Auswirkungen auf die Tochter, an das LSG zurückverwiesen).

9 **Eheleuten** steht nach bisheriger Rechtsprechung keine Kostenerstattung für eigene Besuchsfahrten zu. Nur als **Begleitung des Kindes** steht ein entsprechender Mehrbedarf zu. Kosten, die zur Aufrechterhaltung des persönlichen Kontakts von Eheleuten dienen, seien jedoch nicht durch Sozialleistungen zu decken (LSG Hessen 6.7.2012 – L 7 AS 275/12 B ER; SG Hannover 1.11.2016 – S 54 AS 697/16). Dagegen kann jedoch angeführt werden, dass die Ehe unter dem besonderen Schutz von Art. 6 GG steht und der persönliche Kontakt zwischen Ehegatt*innen zum Grundbedürfnis des täglichen Lebens zählt (OVG NRW 28.3.1984 – 8 A 1886/83). Das LSG Sachsen-Anhalt hat daher bei einer dauerhaften Trennung nicht getrennt lebender Eheleute einen als erheblich anzusehenden Wunsch nach kontinuierlicher Begegnung anerkannt, der einen Mehrbedarf begründet (22.6.2016 – L 4 AS 196/15: re-

gelmäßige Besuche des in einer stationären Einrichtung untergebrachten Ehemanns). Auch das BSG hält die Übernahme von Besuchskosten für den Besuch des*r Ehegatten*Ehegattin zumindest dann für gerechtfertigt, wenn der Schutz der Familieneinheit auf keine andere Weise gesichert werden kann (zB durch Brief, Telefon oder Internetdienste) und wenn persönlicher Kontakt allein von der Kostenübernahme durch das Jobcenter abhängt (28.11.2018 – B 14 AS 47/17 R: zum Anspruch auf Übernahme der Kosten für den Besuch des Ehegatten im Ausland).

10 **Partner*innen** eines*r dauerhaft Inhaftierten haben Anspruch auf den **Regelbedarf von Alleinstehenden** (Regelbedarfsstufe 1), obwohl die Bedarfsgemeinschaft durch die Haft nicht aufgelöst wird (BSG 16.4.2013 – B 14 AS 71/12 R: für Trennung durch Unterbringung des Ehepartners im Pflegeheim). Wenn es sich jedoch „nur" um eine vorübergehende Haft – in der Regel Untersuchungshaft – handelt, dann soll weiter der Partner-Regelbedarf (Regelbedarfsstufe 2) anwendbar sein (SG Trier 25.6.2012 – S 4 AS 239/12 ER: 2-monatige U-Haft). Überzeugend ist das nicht! Wenn der*die Partner*in in Haft ist, fallen die – ohnehin schon sehr fragwürdigen – Einsparmöglichkeiten weg, die angeblich bei einem Paarhaushalt entstehen. Das SG Trier meint, dass für die Dauer des Bestehens der Bedarfsgemeinschaft und für nur vorübergehende Haftzeiten auch der Partnerregelbedarf gelten müsse. Vorübergehend ist aber eine Haft bis zu sechs Monate (zB LSG Berlin-Brandenburg 4.8.2011 – L 25 AS 1035/09) und das ist eine lange Zeit, die faktische Regelbedarfskürzungen nicht hinnehmbar macht.

Wir vertreten die Auffassung, dass die oben aufgeführte Rechtsprechung des BSG trotz Fortführung der Bedarfsgemeinschaft immer auch auf die Partner*innen von Strafgefangenen anzuwenden ist (BSG 16.4.2013 – B 14 AS 71/12 R). Das Konstrukt der Bedarfsgemeinschaft nach dem SGB II ist zu statisch und trifft nicht die Lebensrealität. In der Anlage zu § 28 SGB XII ist der Sachverhalt klarer beschrieben: Die Regelbedarfsstufe 2 wird lediglich auf eine erwachsene Person angewendet, *„wenn sie in einer Wohnung [...] mit einem Ehegatten oder Lebenspartner oder in eheähnlicher oder lebenspartnerschaftsähnlicher Gemeinsaft mit einem Partner zusammenlebt".*

1.2 Freigänger*innen in Arbeit

11 Freigänger*innen (§ 53 Abs. 2 Nr. 4 StVollzG NRW) in Arbeit sind **nicht** von Bürgergeld ausgeschlossen, wenn sie mindestens **15 Wochenstunden** in einem **freien Beschäftigungsverhältnis** (§ 31 StVollzG NRW) auf dem **allgemeinen Arbeitsmarkt** stehen oder als Selbständige außerhalb der Anstalt tätig sind (§ 7 Abs. 4 S. 3 Nr. 2 SGB II). Davon ausgenommen sind Arbeiten außerhalb der Vollzugsanstalt, die unter besonderer Aufsicht stehen, oder auswärtige gemeinnützige Arbeiten, da diese nicht unter den Bedingungen des allgemeinen Arbeitsmarktes erbracht werden. Verfügt ein*e Freigänger*in über eine eigene Wohnung, sind auch die angemessenen Unterkunftskosten zu übernehmen (LSG Berlin-Brandenburg 2.2.2006 – L 14 B 1307/05 AS ER). Wird der Regelbedarf (→ 89) allerdings um den Verpflegungsanteil gemindert, der von der Haftanstalt geleistet wird, hat das im SGB II keine gesetzliche Grundlage (LSG NRW 3.12.2007 – L 20 AS 2/07).

1.3 Arbeitslose Freigänger*innen

12 Arbeitslose Freigänger*innen, die **ohne Auflagen** einer Beschäftigung auf dem allgemeinen Arbeitsmarkt nachgehen **können**, sind zwar arbeitsuchend, haben aber **keinen** Anspruch auf Bürgergeld.

13 Das BSG befand, der Gesetzgeber verfolge das Ziel, Inhaftierte *„generalisiert"* vom SGB II-Bezug auszuschließen (BT-Drs. 16/1410, 20). *„Es kommt folglich bei den Einrichtungen zum Vollzug richterlich angeordneter Freiheitsentziehungen nicht mehr darauf an, ob sie nach ihrer Art die Aufnahme einer mindestens dreistündigen täglichen Erwerbstätigkeit auf dem allgemeinen Arbeitsmarkt von vornherein ausschließen"* (24.2.2011 – B 14 AS 81/09 R: Korrektur der vertretenen Meinung vom 7.5.2009 – B 14 AS 16/08). Arbeitsuchenden Freigänger*innen stehen demzufolge **keine Leistun-**

gen zur Eingliederung in Arbeit nach dem SGB II zur Verfügung, was sich nachteilig auf die Chancen einer Integration auf dem Arbeitsmarkt auswirken kann.

2. Während der Haft: idR Sozialhilfeanspruch

14 Strafgefangene und Untersuchungshäftlinge haben Anspruch auf Sozialhilfe. Sie gehören seit 2006 nicht mehr zu den *„Personen, die nach dem Zweiten Buch als Erwerbsfähige oder als Angehörige dem Grunde nach leistungsberechtigt sind"* und erhalten daher **bei Bedarf** Hilfe zum Lebensunterhalt der Sozialhilfe (§ 21 S. 1 SGB XII). Da der Lebensunterhalt, die Unterkunft und auch die medizinische Versorgung in Haft idR durch die Justizvollzugsanstalt abgedeckt werden, kommen nur noch bestimmte Leistungen der Sozialhilfe in Frage.

2.1 Taschengeld

15 **Untersuchungshäftlinge** haben Anspruch auf Taschengeld (BSG 14.12.2017 – B 8 SO 16/16 R). Das müssen Sie beim Sozialamt beantragen, wenn Sie während der U-Haft **mittellos** sind. Das gilt aber nur, wenn in den Untersuchungshaftvollzugsgesetzen der Bundesländer keine entsprechenden Taschengeldzahlungen oder diese nur für eine begrenzte Dauer vorgesehen sind. Nehmen Sie für die Antragstellung ggf. Hilfe des Sozialdiensts der Haftanstalt in Anspruch. Sie bekommen dann einen idR geminderten *„Barbetrag zur persönlichen Verfügung"* ausgezahlt (§ 27 Abs. 2 S. 1 SGB XII).

Auch wenn die Höhe des Barbetrags im Einzelfall abweichend festgelegt werden kann (was früher bei Untersuchungshaft oft der Fall war), hat das BSG entschieden, dass für Untersuchungshäftlinge der **ungeminderte Betrag** in Höhe von 27 Prozent der Regelbedarfsstufe 1 ausgezahlt werden muss, also 135,54 EUR (Stand 2023; § 27b Abs. 2 S. 2 SGB XII; BSG 14.12.2017 – B 8 SO 16/16 R, Rn. 25 f.).

16 **Tipp:** Legen Sie mit Verweis auf das BSG-Urteil bei Bedarf Widerspruch gegen den Bescheid über das Taschengeld ein.

2.2 Übernahme der Unterkunftskosten während der Haft

17 Im Folgenden wird dargelegt, unter welchen Umständen eine Übernahme der Unterkunftskosten auch während der Haft möglich ist.

2.2.1 Nach welcher Rechtsnorm kann die Wohnung gesichert werden?

18 Mietkosten während der Inhaftierung können **nicht** als laufende Unterkunftskosten nach § 35 SGB XII übernommen werden, wenn die Wohnung von dem*r Strafgefangenen mangels Vollzugslockerungen nicht selbst bewohnt werden kann (BSG 12.12.2013 – B 8 SO 24/12 R, Rn. 20). Daher kommt zur Sicherung des Wohnraums eine vorübergehende Übernahme der Unterkunftskosten im Rahmen der *„Hilfe zur Überwindung besonderer sozialer Schwierigkeiten"* in Betracht (§§ 67 ff. SGB XII). Der *„drohende Wohnungsverlust nach der Haftentlassung gehört danach im Grundsatz zu den ‚besonderen Lebensumständen mit sozialen Schwierigkeiten' im Sinne des § 67 SGB XII, weil der Verlust der Wohnung [...] für einen Haftentlassenen deutlich schwerer zu kompensieren ist als für andere Bürger"* (BSG 12.12.2013 – B 8 SO 24/12 R, Rn. 17; § 1 Abs. 2 DVO iVm § 4 DVO, § 69 SGB XII: Entlassung aus einer geschlossenen Einrichtung und fehlender bzw. nicht ausreichender Wohnraum begründen besondere soziale Schwierigkeiten; anders: LSG NRW 14.1.2015 – L 20 SO 503/14 B ER: drohender Wohnungsverlust durch Haft allein genügt nicht; es ging um eine fünfmonatige Haft).

2.2.2 Für welche Haftdauer?

19 Die Miete **kann** regelmäßig nur bei einer **begrenzten Haftdauer** übergangsweise vom Sozialamt übernommen werden. Viele Sozialämter erkennen den Anspruch nur an, wenn die Dauer der Haft **sechs Monate** nicht überschreitet. Diese starre Auffassung ist vom Gesetz nicht zwingend gedeckt. So kommt die Übernahme der Miete im Einzelfall auch für einen längeren Zeitraum in Betracht, solange keine Dauerleistung begründet wird (LSG Bayern 17.9.2009 – L 18 SO 111/09 B ER: Übernahme der Unter-

kunftskosten für sieben Monate bei zusätzlichen familiären Problemlagen; LSG Bayern 22.8.2014 – L 8 SO 117/14 B ER: im Regelfall nur für einen Zeitraum von bis zu einem Jahr).

20 *„Ein möglicher Anspruch scheitert jedenfalls nicht von vornherein an der Haftdauer"* – eine Dauer zB **von einem Jahr** etwa bildet, rechtlich beurteilt, **keine Obergrenze** für die Übernahmefähigkeit der Kosten. *„Je näher [aber] die Haftentlassung bevorsteht, desto konkreter kann sich die Notwendigkeit von Geldleistungen anstelle sonstiger Hilfen ergeben"* (BSG 12.12.2013 – B 8 SO 24/12 R, Rn. 19).

Die Rechtsprechung bleibt allerdings bei der Beurteilung der Haftdauer als Voraussetzung für den Anspruch auf Leistungen eher vage. Letztendlich müssen nämlich **weitere Kriterien** erfüllt sein, die für die Überwindung besonderer sozialer Schwierigkeiten zusätzlich von Bedeutung sind, und es müssen **alle Aspekte** zusammengenommen bei der Einzelfallentscheidung abgewogen werden.

21 **Tipp:** Mit Blick auf die eher restriktive Praxis der Sozialämter sollten Sie bei voraussehbar **deutlich längerer** Haftdauer als sechs Monaten möglichst Ihre Wohnung sofort kündigen. Eine Übernahme der Kosten durch das Sozialamt wird immer unwahrscheinlicher, je länger die Haft dauert. Nur so können hohe Mietschulden effektiv vermieden werden.

2.2.3 In welchen Lebenslagen?

22 Über die Übernahme der Unterkunftskosten muss immer unter Berücksichtigung der **Besonderheiten des Einzelfalles** entschieden werden, wobei sich die Entscheidung *„insbesondere nach der Art des Bedarfs, den örtlichen Verhältnissen, den eigenen Kräften und Mitteln der Person"* zu richten hat (§ 9 Abs. 1 SGB XII).

23 *„Personen, bei denen besondere Lebensverhältnisse mit sozialen Schwierigkeiten verbunden sind, sind Leistungen zur Überwindung dieser Schwierigkeiten zu erbringen, wenn sie aus eigener Kraft hierzu nicht fähig sind"* (LSG NRW 30.6.2005 – L 20 B 2/05 SO ER: Übernahme der Unterkunftskosten bei Haftstrafen unter sechs Monaten; zur Anwendbarkeit von §§ 67 ff. SGB XII). Im Rahmen einer **Prognose** muss im Einzelfall *„im Hinblick auf die zu erwartende Situation bei Haftentlassung"* entschieden werden, *„ob besondere Lebensumstände 'verbunden mit ‚sozialen Schwierigkeiten'"* vorliegen (BSG 12.12.2013 – B 8 SO 24/12 R, Rn. 19).

24 Folgende Aspekte werden bei einer solchen **Ermessensentscheidung** zu berücksichtigen sein:

- die Gesundheit, vor allem die psychische Konstitution des*r Inhaftierten,
- das soziale Umfeld (familiäre/partnerschaftliche Beziehungen, existierende Beschäftigungsaussichten nach der Haft) und die damit verbundenen Selbsthilfemöglichkeiten,
- der Status und die Ausstattung der bestehenden Wohnung, zB, ob diese bereits aus Sozialleistungen finanziert wurde,
- die Einlagerungsmöglichkeiten des existierenden, erhaltungswürdigen Hausrats und
- die mit einer Wohnungssuche, Neuanmietung und Ausstattung einer angemessenen Wohnung nach der Inhaftierung verbunden Kosten **im Verhältnis** zu den Kosten, die bei einer Sicherung der Unterkunft während der Haft entstehen (vgl. Hammel, Wohnraumverlust während der Haft verhindern, BAG-S Informationsdienst Straffälligenhilfe 1/2015, 12).

25 Weitere wichtige Argumente für eine Sicherung der Wohnung während der Haft können sein:

- eine unsichere Sozialprognose,
- die Verschuldungssituation des*r Inhaftierten (zB negativer SCHUFA-Eintrag), die seine*ihre Akzeptanz auf dem Wohnungsmarkt beeinträchtigt (SG Berlin 20.3.2017 – S 126 AS 20196/14: keine realistische Wohnungssuche u.a. wegen Schufa-Eintrag) und
- eine angespannte Situation auf dem örtlichen Wohnungsmarkt, welche den mit der Wohnungssuche und Neuanmietung verbundenen Unterstützungsbedarf und die voraussichtlich entstehenden Kosten entscheidend beeinflussen.

26 **Tipp 1: Beantragen** Sie die Übernahme der Kosten frühzeitig zu Beginn der Inhaf-

tierung und legen Sie die Gründe für eine Kostenübernahme in Bezug auf Ihre „*besonderen Lebensumstände*" nach der Haftentlassung schriftlich und möglichst ausführlich dar. Nehmen Sie dabei ggf. Hilfe des Sozialdiensts der Haftanstalt in Anspruch.

27 Tipp 2: Bringen Sie frühzeitig Belege bei, dass die Wohnung tatsächlich gefährdet ist (zB Mahn- bzw. Kündigungsschreiben des*r Vermieters*Vermieterin) und nicht durch darlehensweise Übernahme der Kosten, etwa durch Verwandte oder Bekannte, für die Dauer der Haft gesichert werden kann.

2.2.4 Als Beihilfe oder Darlehen?

28 Wird die Unterkunft im Rahmen der „*Hilfe zu Überwindung besonderer sozialer Schwierigkeiten*" (§ 67 SGB XII) gesichert, hat das Sozialamt die Kosten idR als **Beihilfe** zu übernehmen. Schulden beim Amt würden schließlich zusätzliche „*Schwierigkeiten*" mit sich bringen.

29 Viele Sozialhilfeträger bearbeiten **Anträge** auf Übernahme der Unterkunftskosten während der Haft nur schleppend oder lehnen sie zunächst ab. Sie versuchen, die Leistungsgewährung **bis zum Ende der Haft auszusitzen.** Wenn die Wohnung bis dahin noch nicht geräumt wurde, hat sich diese Strategie bewährt: Die Wohnung kann nämlich fortan durch Übernahme der Mietschulden (→ 77 Rn. 17 ff.) zur Vermeidung von Wohnungslosigkeit (§ 22 Abs. 8 SGB II, § 36 SGB XII) gesichert werden. Dies erfolgt regelmäßig als **Darlehen** (→ 30).

30 Tipp: Bei Ablehnung des Antrages müssen Sie Widerspruch (→ 126) einlegen. Droht die Räumung der Wohnung während der Haft, können Sie die rechtzeitige Übernahme der Unterkunftskosten als Beihilfe nur noch per einstweiligem Rechtsschutz (→ 41) beim Sozialgericht durchsetzen.

31 Kritik: Das BSG erkennt an, dass der Wohnungsverlust für Haftentlassene „*deutlich schwerer zu kompensieren ist als für andere Bürger*" (BSG 12.12.2013 - B 8 SO 24/12 R, Rn. 19). Dennoch liegen in der Praxis die Hürden für die Anerkennung „besonderer sozialer Schwierigkeiten" zum Zeitpunkt der Haftentlassung sehr hoch. Nicht zuletzt die UN-Mindestgrundsätze für die Behandlung von Gefangenen stellen klar, dass „wirksame soziale Hilfe" in Verbindung mit einer Haftentlassung zu den allgemein anerkannten Grundsätzen gehört (60.2, 61 UN-Grundsätze). Neben dem absehbar bevorstehenden Entlassungstermin muss die **Wohnung** nachweislich **gefährdet** sein und es muss prognostisch plausibel dargelegt werdenden, dass bei der Entlassung voraussichtlich „*besondere soziale Schwierigkeiten*" vorliegen werden. Das stellt hohe Anforderungen an die Antragsbegründung und die Nachweise, die der*die Antragsteller*in aus der Haft heraus erbringen muss. In einer solchen Situation kann die Gewährung von Leistungen bereits durch das Verhalten Dritter beeinträchtigt werden, wenn diese zB die Kontaktaufnahme verweigern oder benötigte Nachweise nur zögerlich erbringen. Auch sind einige der oben genannten Kriterien idR durch handfeste Belege nicht nachzuweisen.

32 Das eröffnet dem Sozialhilfeträger wiederum zahlreiche Einfallstore, eine Entscheidung ggf. zu verzögern und im Fall eines zwischenzeitlich eingetretenen Wohnungsverlusts Fakten zu schaffen. Tatsächlich werden hohe Anforderungen auch an die Ermessensentscheidung der Behörde gestellt, die gefordert ist, eine individuelle Prognose zu treffen und sensibel zu sein für die Folgen eines Wohnungsverlusts für die*den noch Inhaftierte*n zum Zeitpunkt der Haftentlassung. Mit Blick auf die eher restriktive Gewährungspraxis der Sozialämter wird es Betroffenen regelmäßig schwerfallen, bestehende Ansprüche ohne kompetente Unterstützung von außen oder durch den Sozialdienst der Haftanstalt, ggf. auch durch das Mittel des einstweiligen Rechtsschutzes (→ 41) vor Gericht durchzusetzen.

2.3 Lagerkosten von Hausrat während der Haft

33 Wenn Sie Ihre Wohnung verloren haben und zeitweise Möbel und Hausrat einlagern müssen, wertete das BVerwG das als „*Kosten der Unterkunft*" (BVerwG 12.12.1995 – 5 C 28.93), die das Sozialamt zu übernehmen habe. „*Zur Sicherung der Unterkunft gehört [...] auch eine Sicherstellung von Ein-*

108 Strafgefangene

richtungsgegenständen und sonstiger Habe des Häftlings (in angemessenem Umfang) während der Haft" (OVG Niedersachsen 4.12.2000 – 4 M 3681/00). Das gilt auch im Fall der Wohnungslosigkeit (VGH Bayern 14.5.2004 – 12 C 04.296).

34 „Allerdings muss die Höhe der Einlagerungskosten gemessen an den eingelagerten Gegenständen wirtschaftlich und angemessen sein" (BSG 16.12.2008 – B 4 AS1/08 R; Hammel ZfF 2017, 53–58). Die Angemessenheit kann freilich auch daran gemessen werden, ob die Bewilligung einer Wohnungsersteinrichtung nach Haftentlassung nicht kostspieliger wäre als die Übernahme der Einlagerungskosten (VG Bremen 24.9.2009 – S 5 K 3709/08). Als Anspruchsgrundlage für die Übernahme der Lagerkosten „kommt neben § 34 [jetzt § 36] Abs. 1 SGB XII [...] auch ein unmittelbarer Rückgriff auf § 29 [jetzt § 35] SGB XII [...] in Betracht, sofern man die Einlagerung von Haushaltsgegenständen unmittelbar den Unterkunftskosten zuordnet [...]. Daneben ist [...] ein Anspruch nach §§ 67 ff. SGB XII i.V. mit § 1 Abs. 2, § 4 der ‚Verordnung zur Durchführung der Hilfe zur Überwindung besonderer sozialer Schwierigkeiten' in Betracht zu ziehen" (LSG NRW 11.9.2006 – L 20 SO 36/06). Wir vertreten die Auffassung, dass auch die Einlagerungskosten entsprechend der Übernahme von Unterkunftskosten während der Haft als „Hilfen zur Überwindung besonderer sozialer Schwierigkeiten" nach § 67 SGB XII zu übernehmen sind. Zur Antragsbegründung und zu Problemen, die im Rahmen der Leistungsgewährung auftreten können, lesen Sie bitte unter → Rn. 18 ff.

2.4 Angemessenheit der Unterkunftskosten

35 Wenn Sie in einer **Bedarfs- bzw. Einstandsgemeinschaft mit Partner*in und Kindern** Leistungen bezogen haben, vermindert sich mit Ihrer Inhaftierung die Zahl der Haushaltsangehörigen. Dadurch können die Unterkunftskosten für den **Rest-Haushalt** unangemessen hoch werden (→ 75 Rn. 122 ff.). Sind Sie lediglich für einen Zeitraum von unter **sechs Monaten** inhaftiert, ändert sich nichts, denn die Aufforderung, eine Wohnung mit angemessener Miete zu suchen, lässt Ihrer Familie eine Frist von sechs Monaten (BSG 19.10.2010 – 14 AS 50/10 R). Diese **Frist** kann durch die Karenzzeitregelung und mit Blick auf die besonderen Umstände **verlängert** werden. Es wäre unsinnig, wenn Ihre Familie sechs Monate nach Ihrem Strafantritt in eine kleinere Wohnung umzieht, Sie aber sechs Monate später entlassen werden und dann wieder eine größere Wohnung suchen dürfen. Die Absenkung der Unterkunftskosten „muss nicht gefordert werden, wenn diese unter Berücksichtigung der bei einem Wohnungswechsel zu erbringenden Leistungen unwirtschaftlich wäre" (§ 22 Abs. 1 S. 4 SGB II, § 35 Abs. 3 S. 3 SGB XII).

36 **Tipp:** Liegt Ihre Haftstrafe zwischen sechs bis 18 Monaten, sollte Ihr*e Partner*in schriftlich eine Verlängerung der Frist zur Kostensenkung beantragen, weil ein Umzug unter Berücksichtigung des Einzelfalles unwirtschaftlich und idR der Familie nicht zuzumuten ist.

2.5 Mietschulden

37 Wenn Mietschulden (→ 77) während der Haft aufgelaufen sind und der **Verlust der Wohnung** droht, können Sie die Übernahme der Mietschulden beim zuständigen **Sozialamt** beantragen. Mietschuldenübernahme nach § 36 SGB XII ist als **Darlehen oder** als **Beihilfe** möglich. Schuldenübernahme kommt besonders bei kurzer Haftdauer in Frage, wenn der Wohnungsverlust dadurch noch abgewendet werden kann.

Ist Ihre **Haft** bereits **beendet und** beziehen Sie **Bürgergeld** beim Jobcenter, müssen Sie die Übernahme der Mietschulden dort beantragen (§ 22 Abs. 8 SGB II). In diesem Fall gibt es regelmäßig nur ein **Darlehen**.

2.6 Übernahme der Besuchskosten Angehöriger

38 Beim regelmäßigen Besuch SGB II-leistungsberechtigter Angehöriger in entfernt gelegenen Haftanstalten, können erhebliche **Fahrtkosten** anfallen, die aus deren Regelbedarfen (→ 89) nicht mehr gedeckt werden können. In diesem Fall sollte die Übernahme der Besuchskosten im Rahmen der **Härtefallmehrbedarfsregelung** (→ 52) beantragt wer-

den, da ein „*unabweisbarer, laufender, nicht nur einmaliger besonderer Bedarf besteht*" (§ 21 Abs. 6 SGB II). Das SG Braunschweig hat den Bedarf anerkannt und sah die Besuchsfahrten der Eltern zu Ihrem in Jugendhaft genommenen Sohn zwei Mal mtl. als erforderlich an, „*um den Familienzusammenhalt aufrecht zu erhalten und für die soziale Integration nach Ende der Haft vorzusorgen*" (9.4.2014 – S 49 AS 2184/12). Das gilt auch für den regelmäßigen Besuch von (Ehe-)Partner*innen mit Kindern Strafgefangener in der Haftanstalt und es sollte auch für Partner*innen von Strafgefangenen ohne Kinder gelten (→ Rn. 9).

39 Für Beziehende von HzL und GSi der Sozialhilfe können die entsprechenden Besuchskosten durch die individuelle Erhöhung des Regelbedarfs gedeckt werden, da der Bedarf „*unabweisbar seiner Höhe nach erheblich von einem durchschnittlichen Bedarf abweicht*" (§ 27a Abs. 4 S. 1 SGB XII; → 52 Rn. 20).

3. Nach der Haftentlassung

40 Nach der Haftentlassung gelten für Sie im **Bürgergeld und der Sozialhilfe** nachfolgend dargestellte Regelungen.

3.1 Wohnungsbeschaffungskosten

41 Kurz vor Haftende bzw. nach der Haftentlassung können Sie die Übernahme der „*Wohnungsbeschaffungskosten*" (→ 129) für eine neue Wohnung beantragen. Ein Antrag ist allerdings nur möglich, wenn Sie beim Jobcenter ein **konkretes Wohnungsangebot** vorlegen. Der Mietvertrag sollte dann noch **nicht** abgeschlossen sein.

Unter Wohnungsbeschaffungskosten fallen
- **Kaution** (→ 59), evtl. Genossenschaftsanteile,
- Kosten für den **Umzug** (→ 112) und
- Kosten für die **Renovierung** (→ 90) (nach Haftentlassung: LSG Sachsen-Anhalt 14.2.2007 – L 2 B 261/06 AS ER).

3.2 Erstausstattung

42 Nach der Haftentlassung haben sie je nach Situation Anspruch auf eine Erstausstattung.

3.2.1 Wohnung

43 Es können Kosten für eine Erstausstattung der Wohnung übernommen werden, wenn Möbel während der Haft nicht eingelagert werden konnten (BSG 11.4.2011 – B 14 AS 53/10 R; SG Bremen 2.7.2009 – S 23 AS 894/09 ER). Näheres finden Sie unter Hausrat (→ 56).

44 Tipp: Erkundigen Sie sich, welche Behörde nach der Haft für Sie zuständig ist. Bei Personen ohne Anspruch auf Arbeitslosengeld I (zuständig ist die Arbeitsagentur) ist es das örtliche oder bei einem Umzug an einen anderen Ort das dortige Jobcenter bzw. das Sozialamt (→ 131).

3.2.2 Bekleidung

45 Fehlen einem*r Haftentlassenen wesentliche Elemente der **Bekleidungsgrundausstattung**, kann eine Erstausstattung für Bekleidung beantragt werden. Das ist auch noch neun Monate nach Haftentlassung möglich. „*Die Grundausstattung an Bekleidung muss dem Hilfebedürftigen ein mehrfaches Wechseln der Kleidung innerhalb einer Woche und zwar entsprechend der Witterungsverhältnisse ermöglichen*" (SG Chemnitz 20.9.2012 – S 29 AS 3229/12 ER: hier fehlten Winter- und Übergangskleidung sowie Leibwäsche). Näheres dazu finden Sie unter Kleidung (→ 65).

3.3 Überbrückungsgeld (Entlassungsgeld)

46 Überbrückungsgeld/**Ü-Geld** soll den notwendigen Lebensunterhalt für Sie und Ihre unterhaltsberechtigten Angehörigen für die ersten **vier Wochen** nach der Entlassung sichern (§ 51 Abs. 1 StVollzG, § 37 Abs. 1 StVollzG NRW). Ü-Geld ist inzwischen nicht mehr in allen Strafvollzugsgesetzen der Bundesländer vorgesehen, in Rheinland-Pfalz und dem Saarland wurde es zB abgeschafft.

3.3.1 Ü-Geld: Einkommen oder Vermögen?

47 Im Bürgergeld gilt:

Beantragen Sie direkt nach der Haft Bürgergeld, wird das am Tag der Entlassung ausgezahlte Ü-Geld seit dem **1.7.2021** nicht mehr als Einkommen berücksichtigt. Sie dürfen es **immer** im Rahmen Ihres geschützten Vermögens (→ 119) behalten. „*Überbrückungsgeld nach § 51 des Strafvollzugsgesetzes oder vergleichbare Leistungen nach landesrechtlichen Regelungen sind nicht als Einkommen zu berücksichtigen*" (§ 11a Abs. 6 SGB II) Diese Regelung wurde 2021 mit dem Ziel eingeführt, die Anrechnung des Ü-Geldes als Einkommen zu beenden und damit Hürden für den nahtlosen Übergang von der Haft in den Bezug von Bürgergeld zu beseitigen.

48 Für die **HzL/GSi der Sozialhilfe** ist geregelt:

Für ältere oder leistungsgeminderte Personen verfolgt der Gesetzgeber offensichtlich nicht das Ziel, Hürden zum Bezug von Sozialleistungen zu beseitigen. Beantragen diese nach der Haftentlassung HzL oder GSi der Sozialhilfe, kann das Ü-Geld nach dem sogenannten Zuflussprinzip entweder als **Einkommen** (→ 37) gewertet und auf Ihre Leistung angerechnet werden **oder** es kann wie beim Bürgergeld beschrieben als **Vermögen** (→ 119) gewertet und im Rahmen der Vermögensfreigrenzen anrechnungsfrei gestellt werden. Maßgeblich dafür sind immer der **Zeitpunkt des Zuflusses** und der **Zeitpunkt der Antragstellung** (BSG 6.10.2011 – B 14 AS 94/10 R, in Bezug auf die SGB II-Rechtslage bis zum 30.6.2021, die damals mit dem SGB XII vergleichbar war; → 37 Rn. 64 ff.). Anmerkung von Mai 2023: es liegt ein Gesetzesentwurf vor (SGB XII- und SGB XIV-Anpassungsgesetz), nach dem in § 82 Abs. 1 Nr. 10 SGB XII Überbrückungsgeld nach § 51 des Strafvollzugsgesetz anrechnungsfrei gestellt werden soll. Es ist davon auszugehen, dass diese Vorschrift dieses Jahr noch zur Umsetzung kommt.

49 Der für die Abgrenzung zwischen Einkommen und Vermögen entscheidende **Antrag auf Leistungen zur Sicherung des Lebensunterhalts** wirkt bei der **GSi** auf den **ersten Tag des Antragsmonats** zurück (BSG 28.10.2014 – B 14 AS 36/13 R, ebenfalls in Bezug auf die SGB II-Rechtslage bis zum 30.6.2021, die damals mit dem SGB XII vergleichbar war; → Rn. 1 ff.). Aufgrund der **Rückwirkung des Antrages** auf den Monatsersten stellt das **im Monat der Antragstellung** zugeflossene Ü-Geld **Einkommen** dar und ist leistungsmindernd anzurechnen (BSG 28.10.2014 – B 14 AS 36/13 R). Fließt das Überbrückungsgeld aber **im Monat vor der Antragstellung** zu, ist es zum Zeitpunkt der Antragstellung **Vermögen** (BSG 6.10.2011 – B 14 AS 94/10 R).

50 Bei **HzL der Sozialhilfe** entsteht der Anspruch auf Leistungen erst mit dem Tag des Bekanntwerdens der Hilfebedürftigkeit – der Antrag wirkt **nicht** auf den Monatsersten zurück. Auch hier gilt das Zuflussprinzip, wonach Einnahmen zum Zeitpunkt des Zuflusses als Einkommen zu bewerten sind. Da aber das Ü-Geld dann **vor** dem Bedarfszeitraum zufließt, wenn der Antrag auf HzL erst **am Tag nach der Entlassung** gestellt wird, es kein Einkommen, sondern Vermögen. Als Einkommen ist eine Einnahme zu bewerten, wenn sie **innerhalb** des Bedarfszeitraums zufließt (BVerwG 18.2.1999 – 5 C 35/97, Rn. 14, 15). Der Antrag auf HzL müsste demnach noch **am Tag der Entlassung** gestellt werden.

51 In der **GSi der Sozialhilfe** ist zu beachten: Wenn Ihr Ü-Geld vollständig im Rahmen des Schonvermögens anrechnungsfrei gestellt werden soll, müssen Sie Ihren Antrag auf Leistungen **im Monat nach der Entlassung** stellen. In diesem Fall müssen Sie sich **freiwillig krankenversichern** (→ Rn. 59) und ihren Lebensunterhalt aus dem Ü-Geld bestreiten. Das ist regelmäßig von Vorteil, wenn der Tag der Haftentlassung am Monatsende liegt.

52 **Tipp:** Übersteigt das Ü-Geld Ihren Bedarf zum Lebensunterhalt für den Restmonat zuzüglich Ihrer Beiträge für die freiwillige Krankenversicherung (→ 70), kann es ebenfalls sinnvoll sein, den Antrag erst im Folgemonat zu stellen.

Aber Achtung: Die Verschiebung der Antragstellung auf den Folgemonat ergibt nur Sinn, wenn Sie nicht auf Übernahme der Kosten durch das Sozialamt angewiesen sind, die in Verbindung mit der **Anmietung und Bezug** einer neuen **Wohnung** stehen (→ Rn. 41 ff.). Hier ist es oft günstiger, die Unterstützung der Behörde bereits im Entlassungsmonat in Anspruch zu nehmen.

3.3.2 Für wie lange wird Ü-Geld als Einkommen angerechnet?

53 Da beim **Bürgergeld** Ü-Geld seit 1.7.2021 nicht mehr als Einkommen berücksichtigt wird, stellt sich diese Frage nicht.

Für **HzL und GSi der Sozialhilfe** hingegen gilt:
Wie nach der alten Rechtslage bis zum 30.6.2021 im SGB II und nach der Rechtsprechung des BSG zum SGB II ist Ü-Geld für den **Zeitraum von vier Wochen** nach der Haftentlassung anzurechnen, falls es Einkommen und nicht Vermögen ist. Das leitet das BSG aus der Zweckbindung des Ü-Geldes gemäß § 51 Abs. 1 Strafvollzugsgesetz (§ 37 Abs. 1 StVollzG NRW) ab (BSG 28.10.2014 – B 14 AS 36/13 R, in Bezug auf die SGB II-Rechtslage bis zum 30.6.2021, die damals mit dem SGB XII vergleichbar war). Das sollte auch bei HzL und GSi gelten. Allerdings ist eine zum Sozialhilferecht ergangene, das Überbrückungsgeld betreffende Rechtsprechung nicht bekannt. In den zT veralteten kommunalen Verwaltungsrichtlinien zum SGB XII trifft man daher noch auf die Rechtsauffassung, dass Ü-Geld als Einkommen zu berücksichtigen ist (zB Stadt Hamburg, Sozialbehörde, Infoline-Archiv 2010: Konkretisierung zu § 82 SGB XII, 2.5.3). Demnach wäre auch Ü-Geld als einmaliges Einkommen auf sechs Monate verteilt anzurechnen, wenn der Anspruch auf Leistungen im Zuflussmonat ganz entfallen würde (§ 82 Abs. 7 S. 3 SGB XII).

54 **Tipp:** Legen Sie daher bei Bedarf Widerspruch ein, denn eine Verteilung der Einkommensanrechnung auf sechs Monate führt regelmäßig zur höheren Anrechnungsbeträgen.

3.3.3 Ü-Geld verbraucht – Anspruch auf Leistungen?

55 In der **HzL/GSi der Sozialhilfe** gilt: Wenn Sie Sozialhilfe im Monat der Haftentlassung beantragen müssen, weil Sie Ihr **Überbrückungsgeld** ausgegeben haben, kommt es darauf an, wofür Sie es ausgegeben haben und ob Sie wissen konnten, dass Sie es **vorrangig** zum Lebensunterhalt hätten verwenden müssen. Grundsätzlich müssen Ihnen Leistungen zum Lebensunterhalt gewährt werden, wenn

108 Strafgefangene

keine bereiten Mittel zum Leben mehr vorhanden sind (BSG 12.12.2013 – B 14 AS 76/12 R, in Bezug auf SGB II und eine vorzeitig verbrauchte Erbschaft).

56 Will das Sozialamt in solchen Fällen von Ihnen einen „*Kostenersatz bei schuldhaftem Verhalten*" (§ 103 SGB XII) fordern, weil Sie die einmalige Einnahme Überbrückungsgeld vorzeitig verbraucht haben und dadurch Ihre Hilfebedürftigkeit vorsätzlich oder herbeigeführt haben, könnte dies rechtswidrig sein, wenn Ihnen zuvor niemand gesagt hat, wie lange Ihr Ü-Geld hätte reichen müssen und wann es vorzeitig verbraucht wäre.

Einen **vollen Leistungsanspruch** haben Sie allerdings nur, wenn Sie mit dem Überbrückungsgeld **gutgläubig** zB Schulden getilgt, als gehbehinderte*r Haftentlassene*r eine Kfz-Reparatur gezahlt (LSG NRW 23.12.2009 – L 12 B 147/09 AS ER) oder andere wirtschaftlich sinnvollen Ausgaben getätigt haben. Sie müssen dann nachweisen, dass Sie das Geld nicht unwirtschaftlich „verprasst" haben. Haben Sie das Geld **vorsätzlich** oder **grob fahrlässig** unwirtschaftlich ausgegeben, um den HzL-/GSi-Bezug herbeizuführen, kann das Sozialamt den **Kostenersatz** fordern (→ 92 Rn. 50 ff.). Sie haben zwar Anspruch auf Sicherung der Existenz, müssen aber die „zu Unrecht" erhaltenen Leistungen durch **Aufrechnung** (→ 12) von bis zu **30 Prozent** des Regelbedarfs zurückzahlen (§ 26 Abs. 2 SGB XII).

57 **Tipp:** Sie können Ihr Überbrückungsgeld aber auch bereits während der Haft ausgeben, wenn die Ausgaben der Wiedereingliederung nach der Entlassung dienen und die Anstaltsleitung dies genehmigt (§ 51 Abs. 3 StVollzG, § 37 Abs. 4 StVollzG NRW). Das Sozialamt erhält keine Auskunft über bereits ausgegebenes Überbrückungsgeld, sondern nur über den ausgezahlten Betrag am Entlassungstag.

3.4 Krankenversicherungsschutz nach der Entlassung

58 Waren Sie vor der Haft pflichtversichert und beziehen Sie nach der Haft nahtlos Bürgergeld/Sozialhilfe, werden Sie wieder in die Krankenversicherung (→ 70) aufgenommen (für Sozialhilfebezug: SG Lübeck 9.2.2009

829

– S 14 KR 1006/08 ER; SG Augsburg 2.6.2009 – S 12 KR 161/09 ER). Das ist auch der Fall, wenn Sie unter dieser Voraussetzung nahtlos in eine sozialversicherungspflichtige Beschäftigung übergehen. Sie genießen dann ebenfalls den Schutz der gesetzlichen Kranken- und Pflegeversicherung.

59 Wenn Sie keinen Antrag auf Leistungen stellen, müssen Sie direkt nach der Entlassung bei einer Krankenkasse Ihrer Wahl (am besten Ihrer alten KV) eine freiwillige Weiterversicherung beantragen. **Achtung:** Wenn Haftentlassene bei einer Kasse um Krankenversicherungsschutz nachsuchen, kommt es vor, dass deren **Aufnahme verweigert** wird, da das Versicherungsverhältnis durch die Haft für einen längeren Zeitraum unterbrochen war. Das ist **rechtswidrig**. Das Tatbestandsmerkmal *„zuletzt gesetzlich krankenversichert"* als Voraussetzung für die Wiederaufnahme in die gesetzliche Krankenversicherung ist erfüllt, wenn Sie vor der Inhaftierung bei einer Kasse versichert waren. Die zwangsweise Unterbrechung durch die Gesundheitsfürsorge im Strafvollzug ist für diese Voraussetzung unschädlich (LSG Baden-Württemberg 25.2.2009 – L 11 KR 497/09 ER-B; SG Aachen 15.5.2009 – S 13 KR 71/09 ER). Die Regelung für den Krankenversicherungsschutz gilt entsprechend für Personen, die vor der Haft bei einer privaten Kasse krankenversichert waren.

3.5 Strafhaft: kein Kostenersatz wegen sozialwidrigen Verhaltens

60 Nur weil Sie straffällig geworden sind und aufgrund der Haftstrafe für sich und ggf. Ihre Bedarfsgemeinschaft auf Sozialleistungen angewiesen sind, darf das Jobcenter keinen Kostenersatz von Ihnen fordern. Die Erstattungspflicht (§ 34 SGB II) erfasst *„nur ein Verhalten mit spezifischem Bezug, dh ‚innerem Zusammenhang', zur Herbeiführung der Hilfebedürftigkeit bzw. Leistungserbringung"*. Das mit einer Straftat und Inhaftierung verbundene Verhalten ist in seiner Handlungstendenz aber regelmäßig nicht *„auf die Einschränkung bzw. den Wegfall der Erwerbsfähigkeit oder -möglichkeit bzw. die Herbeiführung von Bedürftigkeit gerichtet"* (BSG 2.11.2012 – B 4 AS 39/12 R). Eine Kostenersatzforderung der Behörde wäre demnach rechtswidrig.

4. Informationen

61 BAG für Straffälligenhilfe eV, Wegweiser für Inhaftierte, Entlassene und deren Familien, 19. Aufl. 2019, https://www.bag-s.de/materialien/wegweiser (in Deutsch, Englisch, Russisch und Arabisch; als Broschüre dort zu bestellen oder als PDF-Datei zum Herunterladen)

109 Strom

1. Haushaltsenergie im Regelbedarf / Inflationäre Entwicklung 2023 1
2. Stromkosten oberhalb der Regelbedarfsanteile 8
2.1 Stromkosten unterhalb der Regelbedarfsanteile – Regelbedarfssenkung? 10
2.2 Nachforderung nach Endabrechnung 11
2.3 Guthaben nach Endabrechnung ... 12
3. Stromschulden (Energieschulden) 14
3.1 Rückzahlungsvereinbarung mit dem Energieversorger 18
3.2 Darlehen für einen unabweisbaren vom Regelbedarf umfassten Bedarf 20
3.3 Wann liegt ein vom Regelbedarf umfasster Bedarf vor, wann sind es Stromschulden? 21
3.4 Unverhältnismäßigkeit der Sperre 23
3.5 Übernahme von Stromschulden zur „Sicherung der Unterkunft" 27
3.6 Vorrangige Selbsthilfemöglichkeiten 28
3.7 Selbsthilfemöglichkeiten ausgeschöpft – Stromschuldenübernahme durch die Behörde 33
3.8 Wer wo Anspruch auf Übernahme der Energieschulden hat .. 39
3.9 Beihilfe oder Darlehen 42
3.10 Aufrechnung von Darlehen 47
3.11 Direktüberweisungen von Stromkosten an Energieunternehmen .. 50
4. Nach der Stromschuldenbegleichung .. 52
5. Wann der Energieversorger kündigen darf 53
6. Kritik 54
7. Forderung 56
8. Informationen 57

1. Haushaltsenergie im Regelbedarf / Inflationäre Entwicklung 2023

1 *„Der Regelbedarf [...] umfasst insbesondere [...] Haushaltsenergie ohne die auf die Heizung und Erzeugung von Warmwasser entfallenden Anteile"* (§ 20 Abs. 1 S. 1 SGB II). Dasselbe gilt für Beziehende von Hilfe zum Lebensunterhalt (HzL) und Grundsicherung (GSi) der Sozialhilfe (§ 27a Abs. 1 S. 1 SGB XII).

Haushaltsenergie, dh Strom für Beleuchtung, elektrische Geräte und Gas für Kochfeuerung, sind also im Regelbedarf enthalten. Die Kosten für die Bereitung von Warmwasser (→ 122) sind seit Januar 2011 nicht mehr vom Regelbedarf umfasst und werden im Rahmen der Kosten für Unterkunft und Heizung übernommen.

Nachzahlungen für Strom aufgrund einer Endabrechnung sind folglich ebenfalls im Regelbedarf enthalten, ob Sie das Geld haben oder nicht. Aufgelaufene Stromschulden (→ Rn. 18 f.) sollen Sie möglichst eigenverantwortlich durch Ratenzahlung an den Energieversorger abtragen (LSG Niedersachsen-Bremen 19.8.2005 – L 7 AS 182/05 ER).

2 **Tipp:** Achten Sie darauf, dass die Kosten für Haushaltsenergie und Heizung/Warmwasserbereitung sauber getrennt werden. Heizkosten (→ 57) und Warmwasserkosten (→ 122) sind von der Behörde zu übernehmen, auch als Nachzahlungen, bei dezentraler Wasserversorgung als Mehrbedarf § 21 Abs. 7 SGB II (→ 122 Rn. 13).

3 Im Eckregelbedarf von 1998 waren 26,31 EUR für Haushaltsenergie enthalten, in dem von 2023 sind es 40,73 EUR. Laut Verivox beträgt der durchschnittliche Stromverbrauch eines Single-Haushalts in einem Mehrfamilienhaus 1.500 kWh (2.000 kWh mit elektrischer Warmwasserbereitung). Ausgehend von einem Kilowattstundenpreis von rund 50 Cent liegen die jährlichen Stromkosten in einem Single-Haushalt etwa zwischen 750 EUR und 1.250 EUR (Verivox: https://www.verivox.de/strom/stromverbrauch-1-person/, letzter Zugriff: 30.1.2023). Die Kosten für 1.500 kWh Strom betragen bei einem Preis von 50 Cent/KWh 750 EUR, im Regelsatz enthalten sind aber nur 488,76 EUR.

4 Mit dem Regelbedarfsanteil für Haushaltsenergie sollen auch der Grundpreis für Gas und der Gasverbrauch für Kochfeuerung gedeckt sein. Der Grundpreis für Gas allerdings nur, wenn nicht gleichzeitig mit Gas geheizt wird (→ 57). Wenn Sie **Warmwasser mit Strom** bereiten, bekommen Sie zusätzlich zum Regelbedarf einen Mehrbedarf (→ 74) für dezentrale Warmwasserbereitung (§ 21 Abs. 7 SGB II, § 30 Abs. 7 SGB XII; → 122 Rn. 13).

5 Anteil für Haushaltsenergie pro Person

	2023	2022	2021	2020	2019
Alleinstehende, Alleinerziehende	40,73 EUR	36,43 EUR	36,19 EUR	36,39 EUR	35,05 EUR
Partner*innen	36,63 EUR	32,81 EUR	32,57 EUR	32,78 EUR	32,19 EUR
Haushaltsangehöriger ab 18	32,60 EUR	29,19 EUR	28,95 EUR	29.09 EUR	28,58 EUR
14- bis 17-jährige „Kinder"	21,32 EUR	19,09 EUR	18,94 EUR	19,48 EUR	19,12 EUR
6- bis 13-jährige Kinder	15,43 EUR	13,79 EUR	14,09 EUR	13,82 EUR	13,82 EUR
0- bis 5-jährige Kinder	8.99 EUR	8,06 EUR	8,00 EUR	8,77EUR	8,59 EUR

6 Die Strompreise könnten im Jahr 2023 zwischen 60–130 Prozent gegenüber dem Vorkrisenjahr 2021 steigen. Selbst wenn die Stromkosten seit März 2023 durch die Strompreisbremse auf 40 Cent pro kWh gedeckelt sind, sind das immer noch 600 EUR Stromkosten im Jahr, bei 488,76 EUR Stromkosten im Regelsatz. Das sind alles Stromkosten ohne Warmwasser.

7 Die Deckelung wird allerdings nur in Höhe von 80 Prozent des Vorjahresverbrauchs übernommen. Bei höherem Verbrauch muss zum regulären teureren Preis gezahlt werden. Weitere Informationen dazu, wie mit höhe-

ren Stromkosten umgegangen werden kann, finden Sie im Beitrag Härtefallmehrbedarf (→ 52 Rn. 38 ff.).

Wenn Sie als Bürgergeld-Bezieher*in Miete oder Unterbringungskosten **inklusive Strom** zahlen, zB in einer Wohngemeinschaft, Gemeinschaftsunterkunft für Geflüchtete, im Betreuten Wohnen in einer Trägerwohnung usw, darf Ihnen das Jobcenter die Stromkosten **nicht** vom Regelbedarf abziehen, da es sich im SGB II um **pauschalierte Regelbedarfe** (§ 20 Abs. 1 S. 3 SGB II) handelt (BSG 24.11.2011 – B 14 AS 151/10 R). Bei HzL- und GSi-Bezug ist ein solcher Abzug gem. § 27a Abs. 4 S. 1 SGB XII in Höhe von mtl. 40,73 EUR (RB Alleinstehende im Jahr 2023) möglich.

2. Stromkosten oberhalb der Regelbedarfsanteile

8 In der HzL und GSi der Sozialhilfe gilt:

„Im Einzelfall wird der Regelsatz abweichend von der maßgebenden Regelbedarfsstufe festgesetzt (abweichende Regelsatzfestsetzung), wenn ein durch die Regelbedarfe abgedeckter Bedarf nicht nur einmalig, sondern für eine Dauer von voraussichtlich mehr als einem Monat […] unausweichlich in mehr als geringem Umfang oberhalb durchschnittlicher Bedarfe liegt" (§ 27a Abs. 4 S. 1 SGB XII). Wenn Ihr erhöhter Strombedarf unausweislich ist und in mehr als geringem Umfang von Ihrem im Regelbedarf anerkannten Bedarf abweicht, sollten Sie eine Regelbedarfserhöhung beantragen. Das ist nur bei Sozialhilfebezug möglich.

Ein Bedarf, der unausweislich in mehr als geringem Umfang oberhalb durchschnittlicher Bedarfe angesiedelt ist, kann unter besonderen Umständen vorliegen, vor allem bei krankheitsbedingtem Stromverbrauch, zB aufgrund medizinischer Apparaturen und Hilfsmitteln wie einem E-Rollstuhl etc.

9 **Tipp**: In solchen Fällen müssen Sie vorrangig einen Zuschuss zu den Stromkosten bei der **Krankenkasse** beantragen (BSG 6.2.1997 – 3 RK 12/96).

2.1 Stromkosten unterhalb der Regelbedarfsanteile – Regelbedarfssenkung?

10 Es ist unzulässig, Ihnen den Regelbedarf (→ 89) zu kürzen, weil Sie weniger Strom verbrauchen als vorgesehen. Nur wenn Sie HzL oder GSi der Sozialhilfe zB in einer **Einrichtung** beziehen und dort keine Stromkosten haben, kann der Regelbedarf entsprechend gekürzt werden (*„Barbetrag"* nach § 27b Abs. 2 S. 1 SGB XII), nicht aber bei Bürgergeldbezug.

2.2 Nachforderung nach Endabrechnung

11 Wenn Sie am Ende der Jahresabrechnung eine Nachforderung für Stromkosten erhalten, müssen Sie diese aus dem Regelbedarf oder vorhandenem Vermögen zahlen. Wenn Sie den Betrag nicht aufbringen können, müssen Sie ein **Darlehen** beantragen (→ 52 Rn. 38 ff.). Es handelt sich hier um einen *„vom Regelbedarf umfassten und nach den Umständen unabweisbaren Bedarf"* (§ 24 Abs. 1 SGB II; sinngleich: § 37 Abs. 1 SGB XII). Das Darlehen (→ 30) wird ab dem 1.7.2023 mit **5 Prozent** (§ 42a Abs. 2 SGB II, § 37 Abs. 4 SGB XII) mit dem künftigen Regelbedarf aufgerechnet, bis 31.6.2023 sind es noch 10 Prozent.

2.3 Guthaben nach Endabrechnung

12 Beim **Bürgergeld** gilt: Ist nach dem Abrechnungszeitraum aus den Vorauszahlungen für Strom ein Guthaben entstanden, darf dieses nicht als Einkommen (→ 37) angerechnet werden. Sie haben es schließlich aus dem Regelbedarf bezahlt. *„Rückzahlungen, die sich auf die Kosten für Haushaltsenergie […] beziehen, bleiben außer Betracht"* (§ 22 Abs. 3 Hs. 2 SGB II).

13 Für die HzL und GSi der Sozialhilfe gilt: *„Einkünfte aus Rückerstattungen, die auf Vorauszahlungen beruhen, die Leistungsberechtigte aus dem Regelsatz erbracht haben, sind kein Einkommen"* (§ 82 Abs. 1 S. 3 SGB XII). Den Sozialämtern müsste mittlerweile bekannt sein, dass Stromguthaben nicht mehr angerechnet werden dürfen.

3. Stromschulden (Energieschulden)

14 Vor der Coronapandemie wurden jährlich stets über 300.000 Stromsperrungen durchgeführt (BT-Drs. 19/7966, 2). Der Bundesregierung lägen keine statistischen Daten zur Struktur der Personengruppen vor, die von Stromsperrungen betroffen sind (BT-Drs. 19/1604). Allerdings verweist die Bundesregierung auf eine Studie, nach der **etwa die Hälfte aller von Stromsperren** betroffenen Haushalte Leistungen der Grundsicherung (SGB II oder SGB XII) bezieht (BT-Drs. 19/1604, 3). Mahngebühren, Inkasso-Gebühren, Gebühren für die Stromsperre selbst und Wiederaufnahmegebühren werden auf die reinen Stromschulden aufgeschlagen. Ein Stromsperrungsmoratorium ist zum Juli 2022 aufgehoben worden.

15 Nach der Stromgrundversorgungsverordnung (§ 19 StromGVV), die für alle nach dem 12.7.2005 abgeschlossene Versorgungsverträge gilt, darf die **Stromlieferung gesperrt** werden, wenn

- es eine Zahlungsaufforderung gegeben hat,
- die Stromforderung **mindestens 100 EUR** beträgt (wenn Sie keinen Monatsabschlag vereinbart haben, dann muss der Zahlungsverzug mindestens 1/6 des Jahresverbrauchs ausmachen),
- die Liefersperre angedroht wurde (das erfolgt idR mit der Mahnung),
- eine Nachfrist von vier Wochen nach Zugang der Sperrandrohung verstrichen ist, ohne dass die Forderung beglichen wurde, der Lieferant über Hilfsangebote zur Versorgungsunterbrechung, Vorauszahlungssysteme, Informationen zu Energieaudits und zu Energieberatungsdiensten und Hinweise auf staatliche Unterstützungsmöglichkeiten der sozialen Mindestsicherung und bei welcher Behörde diese beantragt werden kann sowie auf eine anerkannte Schuldner- und Verbraucherberatung hingewiesen hat,
- **drei Wochentage** vor der Sperre eine schriftliche Ankündigung zugeht,
- die Stromsperre keine **unverhältnismäßigen Folgen** hat.

Forderungen, die form- und fristgerecht sowie schlüssig begründet beanstandet wurden, bleiben dabei außer Betracht

16 Weiterhin ist in § 19 StromGVV geregelt: *„Dies gilt nicht, wenn die Folgen der Unterbrechung außer Verhältnis zur Schwere der Zuwiderhandlung stehen oder der Kunde darlegt, dass hinreichende Aussicht besteht, dass er seinen Verpflichtungen nachkommt. Im Fall einer Androhung nach Satz 1 hat der Grundversorger den Kunden einfach verständlich zu informieren, wie er dem Grundversorger das Vorliegen von Voraussetzungen nach Satz 5 in Textform mitteilen kann. Der Grundversorger hat dem Kunden die Kontaktadresse anzugeben, an die der Kunde die Mitteilung zu übermitteln hat. Die Verhältnismäßigkeit ist insbesondere dann nicht gewahrt, wenn infolge der Unterbrechung eine konkrete Gefahr für Leib oder Leben der dadurch Betroffenen zu besorgen ist"* (§ 19 StromGVV; für Gas gilt entsprechend die GasGVV).

Die Bundesnetzagentur hat ein Papier veröffentlicht, in dem darauf hingewiesen wird, was Sie tun können, wenn Sie von einer Strom- oder Gassperre bedroht sind (https:/ /www.bundesnetzagentur.de/SharedDocs/Downloads/DE/Sachgebiete/Energie/Verbraucher/Hinweis_Sperre_WasTun.pdf?__blob=publicationFile&v=2.).

17 Für Versorgungsverträge, die vor dem 12.7.2005 abgeschlossen wurden, gelten die Allgemeinen Versorgungsbedingungen Elektrizität (AVBEltV) mit entsprechendem Inhalt. Die Nachfrist nach Zugang der Sperrandrohung ist hier allerdings auf **zwei Wochen** begrenzt (§ 33 Abs. 2 S. 1 AVBV). Für Fernwärme gilt entsprechend die AVBFernwämeV. **Ist die Strom-/Energiesperre angedroht**, gibt es mehrere Möglichkeiten diese abzuwenden (→ Rn. 18 ff.):

3.1 Rückzahlungsvereinbarung mit dem Energieversorger

18 Sie können die Sperre verhindern, wenn **hinreichende Aussicht** besteht, dass Sie Ihren Verpflichtungen nachkommen, zB indem Sie

- dem Energieversorger eine plausible Ratenzahlung anbieten,
- eine möglichst zinslose Stundung und die Zahlung aus einer zukünftigen Einnahme (Steuererstattung usw) vereinbaren,
- die Abschlagszahlungen per Dauerauftrag sicherstellen; eventuell auch höhere Abschlagszahlungen, um den Rückstand aufzuholen bzw. erneute Nachforderungen zu vermeiden oder
- auf Drittmittel wie Verwandten- oder Arbeitgeberdarlehen zurückgreifen.

19 **Tipp:** Achten Sie bei Ihrem Rückzahlungsangebot darauf, dass Energieschulden mit Ratenzahlungen üblicherweise vor der nächsten Jahresverbrauchsabrechnung beglichen sein müssen, sonst lässt sich der Energieversorger nicht darauf ein.

3.2 Darlehen für einen unabweisbaren vom Regelbedarf umfassten Bedarf

20 Kommt eine Zahlungsvereinbarung nicht zustande, können Sie immer noch versuchen, bei der Behörde ein **Darlehen** (→ 30 Rn. 57 ff., → 40 Rn. 15 ff.) für einen unabweisbaren Bedarf zu beantragen. Unabweisbar ist ein Bedarf zB, wenn die Stromsperre in einem Haushalt mit Kindern droht und ein Ansparen während des Leistungsbezugs nicht möglich war (§ 24 Abs. 1 SGB II iVm § 42a SGB II, § 37 Abs. 1 SGB XII).

„Voraussetzung hierfür ist, dass ein im Einzelfall unabweisbarer Bedarf nicht auf andere Weise (z.B. durch eine Ratenzahlungsvereinbarung mit dem Energieversorgungsunternehmen) gedeckt werden kann. Die Unabweisbarkeit des Bedarfs ist bei einer drohenden Stromsperre gegeben" (Empfehlungen des Deutschen Vereins (DV) zur Übernahme von Mietschulden und Energiekostenrückständen im SGB II und SGB XII, 11.3.2015, S. 9, im Folgenden: DV 17/14).

3.3 Wann liegt ein vom Regelbedarf umfasster Bedarf vor, wann sind es Stromschulden?

21 Für die Übernahme der Energieforderungen als Darlehen nach § 24 Abs. 1 SGB II oder 37 Abs. 1 SGB XII ist **Voraussetzung**, dass es sich hier um einen **vom Regelbedarf umfassten, unabweisbaren Bedarf** handelt

und **nicht** um **Altschulden**. *„Monatliche Abschläge sind ebenso wie aufgrund der Jahresabrechnung erforderliche Nachzahlungen grundsätzlich aus dem laufenden Regelbedarf zu zahlen. Schulden, die während des Bezugs von Arbeitslosengeld II [bzw. Bürgergeld] oder Sozialhilfe neu entstehen, können nicht nach § 22 Abs. 8 SGB II bzw. § 36 Abs. 1 SGB XII übernommen werden"* (DV 17/14, 7). Folgt man dieser Auffassung, fallen sämtliche während des laufenden Bezugs von SGB II-/ SGB XII-Leistungen entstandenen Energieforderungen unter diese Darlehensregelung, die für den vom Regelbedarf umfassten, unabweisbaren Bedarf gilt. Das ist von Bedeutung, da hier die Schwelle zur Leistungsgewährung niedriger liegt, als bei der Übernahme von Energieschulden zur Wohnraumsicherung (§ 22 Abs. 8 SGB II, § 36 Abs. 1 SGB XII). Sollte der Leistungsträger die Übernahme verweigern, so sollte Eilantrag beim Sozialgericht eingelegt werden, da das Wohnen ohne Strom nicht der Menschenwürde entspricht (BSG 18.11.2014 – B 4 AS 3/14 R).

Lediglich für Energieforderungen, die **vor dem Bezug** von Leistungen **entstanden** sind, und bei Heizstrom kommt demnach die Schuldenübernahme *„zur Sicherung der Unterkunft"* in Betracht (FW 24.3). Weiterhin ist zu beachten, dass bei unverschuldeten ungedeckten Stromforderungen Darlehnsleistungen zu erbringen sind, bei vom Jobcenter mitverschuldeten, zB wegen unberechtigten Nichtauszahlungen, als Zuschuss (LSG Sachsen-Anhalt 17.6.2020 – L 4 AS 712/15 Rn. 35 ff.). Ebenfalls wurde ausgeurteilt, dass bei einer regelmäßig anrechnungsfreien zufließenden Rente kein Darlehen gewährt werden dürfe, sondern diese Leistungen trotz des (nichtanrechenbaren) vorhanden Einkommens als Zuschuss zu gewähren sind (LSG NRW 3.12.2020 – L 6 AS 1651/17).

22 **Tipp:** Auch wenn diese Auffassung umstritten ist, sollten Sie sich bei der Antragstellung auf die Empfehlungen des Deutschen Vereins beziehen und die richtigen Paragrafen nennen (§ 24 Abs. 1 SGB II oder 37 Abs. 1 SGB XII).

3.4 Unverhältnismäßigkeit der Sperre

23 Sie können die Sperre auch verhindern, wenn sie unverhältnismäßig zur Schwere der „*Zuwiderhandlung*" wäre (§ 19 Abs. 2 S. 2 StromGVV).

Das kann der Fall sein, wenn Sie zum ersten Mal in Verzug sind, die ausstehenden Zahlungen gering sind und Sie glaubhaft machen können, die Schuld zu tilgen. Das kann auch der Fall sein, wenn die Sperre für Kleinkinder, Kranke, Behinderte, alte Menschen usw schwerwiegende Folgen hätte, zB drohende Gesundheitsschäden mangels Heizung oder wegen fehlender Versorgung durch elektrische Geräte. Unverhältnismäßig wäre eine Sperre auch, wenn dadurch die Einkommenserzielung durch Heimarbeit unmöglich gemacht würde oder erhebliche Einbußen durch Verderb des Tiefkühltruheninhalts entstünden.

24 Sie können beim **Amtsgericht einstweiligen Rechtsschutz** (→ 41) auf Weiterversorgung beantragen, wenn die Stromsperre unverhältnismäßig ist. Das Amtsgericht kann die Sperre verbieten oder aufheben. Das hat Aussicht auf Erfolg,

- wenn die Forderung anerkannt und um Stundung gebeten wurde und bereits regelmäßige Zahlungen eingehen (AG München 19.9.2007 – 242 C 4590/07; AG Bad Homburg 26.4.1996 – 2 C 4116/95–15),
- wenn bereits zumutbare Schritte zur Begleichung der Schulden, zB durch Klage gegenüber dem Sozialleistungsträger auf ein Darlehen, unternommen wurden (LG Düsseldorf 11.1.1995 – 313 C 93/04 23 S 286/94),
- wenn ein Alleinerziehende mit Kleinkindern vor dem Insolvenzverfahren stehen und keine Aussicht besteht, dass die Stromrückstände beglichen werden können (AG Darmstadt 29.4.2004 – 313 C 93/04) oder
- wenn die Forderung eher niedrig ist (hier: 284 EUR) und eine geordnete Haushaltsführung von Mutter und Kleinkindern praktisch unmöglich gemacht wird (AG Würzburg 13.2.2007) und
- bei drohenden schweren gesundheitlichen Schäden (SG Berlin 8.10.2009 – S 121AS 32195/09 ER; hier vorrangig gegenüber

der Schuldenübernahme durch den Träger; → Rn. 21 f.).

25 Ob eine Sperre unverhältnismäßig ist, hängt immer von der persönlichen Situation der Betroffenen **und** der Höhe der Forderungen ab. Die **Chancen**, eine Stromsperre mit einer Eilentscheidung vom Amtsgericht abzuwenden, sind aber eher bescheiden. Die Materie ist für Laien schwer verständlich und die Erfolgsaussichten sind kaum abzuschätzen. Häufig scheitern solche Versuche auf einstweiligen Rechtsschutz schon daran, dass sich die Rechtspfleger*innen beim Amtsgericht weigern, entsprechende Anträge aufzunehmen.

26 **Tipp:** Schalten Sie über Beratungs- und Prozesskostenhilfe (→ 87) eine*n Anwalt*Anwältin (→ 8) ein und lassen Sie sich über die Erfolgsaussichten des einstweiligen Rechtsschutzes beraten. Verlieren Sie einen Zivilprozess, tragen Sie trotz der Gewährung von Prozesskostenhilfe im Zivilverfahren ein beträchtliches **Kostenrisiko**, nämlich die Kosten der gegnerischen Anwalt*innen.

3.5 Übernahme von Stromschulden zur „Sicherung der Unterkunft"

27 Dass die Übernahme der Stromschulden nach § 22 Abs. 8 SGB II bzw. § 36 SGB XII nur in Betracht käme, wenn die Sperre nicht durch **Selbsthilfe** vermieden werden kann, stellt immer noch eine Mindermeinung dar. Dabei darf das Jobcenter/Sozialamt nur auf Hilfemöglichkeiten verweisen, die dazu geeignet und zumutbar sind, die Sperre zu verhindern (Gotzen, Unverhältnismäßigkeit einer Stromsperre nach StromGVV und Anträge auf Übernahme von Stromschulden im SGB II/ XII, ZfF 2009, 107). Eine Wohnung ohne Strom ist mit Obdachlosigkeit zu vergleichen (LPK-SGB II § 22 Rn. 254).

3.6 Vorrangige Selbsthilfemöglichkeiten

28 Bürgergeld-Beziehende müssen vorrangig ihr **Schonvermögen** (→ 119) einsetzen. Bei Beziehenden von HzL und GSi der Sozialhilfe ist die Verwertungsobliegenheit manchmal nicht so streng geregelt (Darlehen, → 30 Rn. 39 f.).

29 Solange Sie die Forderung in **Raten zurückzahlen** können (→ Rn. 18 f.), übernimmt

das Sozialamt/Jobcenter nichts, sondern erst dann, wenn Sie die Schulden nicht aufbringen können (OVG Nordrhein-Westfalen 28.4.1999 – 24 A 4785/97).

30 Nur selten bestehen reelle Chancen, eine Sperre mithilfe des **einstweiligen Rechtsschutzes beim Amtsgericht** abzuwenden (→ Rn. 30). Als vorrangige Selbsthilfemöglichkeit wird ein Eilverfahren gegen den Energieversorger daher regelmäßig nicht zumutbar sein. Ist eine Sperre jedoch offensichtlich unverhältnismäßig und verweist der Sozialleistungsträger auf zivilrechtlichen Eilrechtsschutz, hat er die*den Antragstellende*n bei der gerichtlichen Durchsetzung durch „flankierende Beratung" zu unterstützen (LSG NRW 2.4.2008 – L 7 B 251/07 AS ER).

31 Es ist jedoch fraglich, ob das in der Praxis tatsächlich funktioniert. Nach Meinung des LSG Berlin-Brandenburg ist die „vorrangige Anstrengung eines solchen Verfahrens vor Inanspruchnahme möglicher darlehensweiser Leistungen durch den Grundsicherungsträger im Regelfall nicht zumutbar", Denn das Jobcenter darf nämlich nur die Mitwirkung abverlangen, „die objektiv und subjektiv zumutbar ist" (14.9.2012 – L 18 AS 2308/12 B ER). Deshalb dürfen Leistungsbeziehende, denen es „regelmäßig an Erfahrung auf dem Gebiet des zivilgerichtlichen Eilrechtsschutzes fehlt, [nicht] pauschal und ohne das Angebot von (ggf. auch rechtsanwaltlicher) Beratung und Hilfestellung auf diese besondere Form des gerichtlichen Rechtsschutzes" verwiesen werden (LSG NRW 15.10.2012 – L 7 AS 1730/12 B ER, L 7 AS 1731/12 B).

32 Ein einmaliger **Anbieterwechsel** kommt als vorrangige Selbsthilfemöglichkeit eher selten in Betracht. Meist wird der Wechsel schon dadurch vereitelt, dass nicht genug Zeit bis zur Sperre verbleibt. Außerdem werden **verschuldete Energiekund*innen** vom neuen Anbieter meist nicht angenommen. Eine entsprechende Klausel findet sich bestimmt auch in dem Versorgungsvertrag, den Sie mit dem neuen Energieversorger abschließen müssen. Schon deshalb ist von (wiederholtem) „Lieferanten-Hopping" abzuraten, weil bei bestehenden Energieschulden aufgrund des Verdachts auf „Eingehungsbetrugs" strafrechtliche Verfolgung droht.

3.7 Selbsthilfemöglichkeiten ausgeschöpft – Stromschuldenübernahme durch die Behörde

33 Sowohl im **Bürgergeld** als auch in der **HzL und GSi der Sozialhilfe** gilt:

„Schulden können nur übernommen werden, wenn dies zur Sicherung der Unterkunft oder zur Behebung einer vergleichbaren Notlage gerechtfertigt ist" (§ 36 Abs. 1 SGB XII; sinngleich mit Einschränkung auf Bürgergeld-Beziehende und Auszubildende: § 22 Abs. 8 SGB II).

„Die Nichtversorgung mit Energie stellt eine der Obdachlosigkeit vergleichbare Notlage dar" (SG Köln 15.11.2005 – S 10 SO 24/05).

34 **Stromschulden** können also übernommen werden, wenn sie zur Stromsperre führen würden (LSG Niedersachsen-Bremen 28.5.2009 – L 7 AS 546/09 B ER; LSG NRW 12.12.2008 – L 7 B 384/08 AS; LSG Bayern 7.12.2005 – L 11 B 530/05 SO ER).

35 „Die Entscheidung, ob Schulden übernommen werden, liegt regelmäßig im pflichtgemäßen Ermessen der Verwaltung. [...] Bei der Ermessensentscheidung sind die „besonderen Umstände des Einzelfalls in Betracht zu ziehen" sowie „alle entscheidungserheblichen Belange in eine[r] umfassende[n] Gesamtschau" (DV 17/14, 22).

Hierbei ist zB zu berücksichtigen, „ob besonders schutzbedürftige Personen (zB Kleinkinder, Menschen mit körperlichen Einschränkungen) von einer etwaigen [...] Energiesperre mit betroffen wären. Zu erwägen ist auch, ob Zahlungsrückstände erstmals oder wiederholt aufgetreten sind, ob ein Wille zur Verhaltensänderung erkennbar ist und welche Bemühungen zum Ausgleich der Rückstände gezeigt werden" (DV, 22).

36 Bei **Familien mit minderjährigen Kindern**, bei **Schwangeren** oder bei **alten bzw. bettlägerigen Menschen** sowie bei **erstmaligen Stromschulden** dürfte die Übernahme immer dann gerechtfertigt sein, wenn einstweiliger Rechtsschutz gegen den Energiever-

sorger nicht zuzumuten ist (→ Rn. 24). Dann geht das Ermessen (→ 44) auf null.

37 Stromschulden müssen auch übernommen werden, „*um eine Stromsperre zu beenden*" (SG Köln 15.11.2005 – S 10 SO 24/05). Mit der Stromsperre wird die Wohnung „*faktisch unbewohnbar*", erklärt das Gericht. Damit sei „*eine dem sozialhilferechtlichen Mindeststandard genügende Unterkunft nicht mehr vorhanden*" (SG Köln 15.11.2005 – S 10 SO 24/05, 36; ebenso SG Aachen 14.6.2005 – S 20 SO 53/05 ER).

38 Allerdings scheidet eine Übernahme „*von Schulden [...] grundsätzlich auch dann als nicht gerechtfertigt aus, wenn es wiederholt zu Rückständen gekommen ist und ein Wille des Hilfebedürftigen, sein Verhalten zu ändern, nicht erkennbar sei*" (LSG Baden-Württemberg 30.4.2009 – L 12 AS 2296/09 ER B; ansonsten bejahend). Ebenso bei „*sozialwidrigem Verhalten*", wenn im Vertrauen auf ein späteres Darlehen die Abschläge an den Energieversorger nicht gezahlt wurden (LSG Rheinland-Pfalz 27.12.2010 – L 3 AS 557/10 B ER).

3.8 Wer wo Anspruch auf Übernahme der Energieschulden hat

39 Der Sozialhilfeträger übernimmt die Schulden nach § 36 SGB XII
- bei Leistungsbeziehenden von HzL und GSi der Sozialhilfe,
- bei erwerbsfähigen Personen mit niedrigem Einkommen, die keinen Anspruch auf Bürgergeld haben (§ 21 S. 2, § 36 SGB XII),
- bei nicht erwerbsfähigen Personen, deren Einkommen knapp **über** der Sozialhilfegrenze liegt und die deshalb **keinen** Anspruch auf HzL/GSi haben und
- bei **Auszubildenden, Schüler*innen** und **Studierenden**, da kein Bürgergeldbezug „*für den Bedarf für Unterkunft und Heizung*" (§ 22 Abs. 8 S. 1 SGB II) vorliegt.

40 **Das Jobcenter** ist für die Übernahme der Stromschulden nach § 22 Abs. 8 SGB II bei Beziehenden von Bürgergeld „*für den Bedarf für Unterkunft und Heizung*" zuständig.

41 **Tipp:** In vielen Städten/Landkreisen gibt es gemeinsame Stellen für Wohnungssicherung. Diese sind idR bei drohender Sperre auch für die Übernahme der Energieschulden zuständig bzw. beratungspflichtig.

3.9 Beihilfe oder Darlehen

42 „*Geldleistungen können als Beihilfe oder als Darlehen erbracht werden*" (§ 36 Abs. 1 S. 3 SGB XII). In der Sozialhilfe waren bis 1993 Darlehen nur bei vorübergehender Notlage statthaft. Das gilt vom Grundsatz noch immer: „*Eine Darlehensvergabe ist in der Regel nur bei einer realistischen Rückzahlungsperspektive ermessensgerecht. Das zentrale Ziel der Sozialhilfe, von ihr unabhängig leben zu können (§ 1 Satz 2 SGB XII), darf durch die Darlehensgewährung nicht gefährdet sein*" (DV 17/14, 25). Bei der Entscheidung ist demnach zu berücksichtigen, „*ob den Leistungsberechtigten die Rückzahlung in absehbarer Zeit nach Darlehensvergabe und innerhalb eines überschaubaren Zeitraumes tatsächlich möglich sein wird*" (DV 17/14, 25).

43 In der Sozialhilfepraxis werden **Beihilfen** jedoch **nur noch selten** gewährt. Das ist rechtswidrig, eine Ermessensausübung muss bei der Entscheidung klar erkennbar sein. Auch die teilweise Gewährung von Darlehen wäre zB möglich (DV 17/14, 25).

44 **Tipp:** Legen Sie Widerspruch (→ 126) ein, wenn das Amt Ihnen pauschal ein Darlehen andrehen will.

45 Energieschulden **erwerbsfähiger Personen**, die keine Bürgergeldansprüche haben, weil ihr Einkommen geringfügig oberhalb des Bürgergeldbedarfs liegt, „*können*" nach § 36 SGB XII ebenfalls vom Sozialamt als Beihilfe oder Darlehen übernommen werden (§ 21 S. 2 SGB XII iVm § 36 Abs. 1 S. 3 SGB XII). Darlehensvergabe ist hier jedoch die Regel.

46 Die Energieschulden von **Bürgergeld-Beziehenden sollen** als Darlehen übernommen werden (§ 22 Abs. 8 S. 4 SGB II). Eine Beihilfe oder ein Erlass der Schulden kommen nur in atypischen Fällen in Betracht. Bei einer regelmäßig anrechnungsfreien zufließenden Rente darf kein Darlehen gewährt werden, vielmehr ist diese Leistungen trotz des (nichtanrechenbaren) vorhandenen Einkommens als

Zuschuss zu gewähren sind (LSG NRW 3.12.2020 – L 6 AS 1651/17)

3.10 Aufrechnung von Darlehen

47 Mit den Stromschulden übernimmt das Sozialamt einen Bedarf, der schon mit dem im Regelbedarf enthaltenen Anteil für Strom abgedeckt gewesen sein sollte. Weil es gewissermaßen zweimal für ein und denselben Bedarf zahlt, kann es Stromdarlehen mit der laufenden HzL/GSi aufrechnen (§ 26 Abs. 3 SGB XII).

48 **Tipp:** Vereinbaren Sie möglichst eine mtl. Aufrechnung, diese umfasst ab 2023 immer fünf Prozent des Regelsatzes, bis 2022 waren es max. fünf Prozent des Regelbedarfs (25,10 EUR 2023) (§ 37 Abs. 4 SGB XII).

49 Bei Bürgergeld-Beziehenden ist die Aufrechnung von Darlehen für Energieschulden (§ 22 Abs. 8 SGB II) in Höhe von **fünf Prozent** des maßgebenden Regelbedarfs ab 1.7.2023 festgelegt (§ 42a Abs. 2 SGB II, vorher 10 Prozent). Auch Darlehen für einen vom Regelbedarf umfassten, unabweisbaren Bedarf werden in Höhe von fünf Prozent mit dem Regelbedarf aufgerechnet (→ 30 Rn. 14).

3.11 Direktüberweisungen von Stromkosten an Energieunternehmen

50 Um zukünftige Stromschulden und Finanzierungsengpässe zu vermeiden, kann die Behörde Vorauszahlungen für Strom von Ihren Leistungen abzweigen und direkt an das Energieunternehmen überweisen. Es muss den*die Beziehrer*in darüber informieren (§ 22 Abs. 7 S. 4 SGB II, § 35a Abs. 3 SGB XII).

51 **Tipp:** Sprechen Sie diese bei Bedarf darauf an.

4. Nach der Stromschuldenbegleichung

52 Werden die Stromschulden inklusive Ein- und Ausschaltkosten vom Jobcenter/Sozialamt übernommen, **muss** der Energieversorger eine Stromsperre aufheben (LSG NRW 15.7.2005 – L 1B 7/05 SO ER). Um künftige Stromschulden zu vermeiden, werden von einigen Stromversorgern Vorauskasse-Automaten eingebaut. Diese sogenannten „Prepaid"-Zähler liefern nur den Strom, den Sie vorher bezahlt haben. Das Verbrauchsguthaben ist zwar jederzeit ablesbar und teures Sperren und Wiedereinschalten wird so vermieden, aber Energiearmut, Verschuldung bzw. Mangel an anderer Stelle und soziale Ausgrenzung bleiben erhalten. Letztendlich sperren die Energiekund*innen sich damit ihren Strom bei Mittellosigkeit eigenverantwortlich ab.

5. Wann der Energieversorger kündigen darf

53 Bei **schweren Verstößen** gegen die Nutzungsbedingungen, besonders bei Manipulation und Umgehung von Energiezählern, kann der Versorger den Strom sofort sperren und im Wiederholungsfall den Versorgungsvertrag fristlos kündigen.

Bei **wiederholtem Zahlungsverzug** kann der Vertrag innerhalb von zwei Wochen gekündigt werden, wenn dies zuvor schriftlich angedroht wurde (§ 21 StromGVV).

6. Kritik

54 Der Regelsatzanteil für Strom ist auch nach der Bürgergeldreform, gerade in Anbetracht der derzeitigen Energieinflation, mehr als unzureichend. Unter Beachtung der Tatsache, dass auch Strom zum verfassungsrechtlich geschützten Existenzminimum gehört (BVerfG 23.7.2014 – 1 BvL 10/12; 1 BvL 12/12; 1 BvR 1691/13, Rn. 144), ist diese Tatsache nicht verfassungskonform. Spätestens dann, wenn die Kosten um mehr als 20 EUR/mtl. den Betrag übersteigen, der für Haushaltsenergie im Regelsatz vorgesehen ist, besteht ein Mehrbedarfsanspruch nach § 21 Abs. 6 SGB II in voller Höhe für den regelsatzübersteigenden Betrag. Bei derart eklatanten Preissteigerungen und selbst mit der 2023 anderen Berechnung der Regelleistungen im „Bürgerhartz"-Gesetz, ist es nicht mehr zumutbar, einen höheren Bedarf in einem Lebensbereich durch geringere Ausgaben in einem anderen Lebensbereich auszugleichen. Entsprechend bedarf es einer individuellen Regelsatzerhöhung nach § 27a Abs. 4 SGB XII oder einer Anpassung der

Regelbedarfe entsprechend der für das SGB XII geplanten Einführung einer Härtefallregelung nach § 30 Abs. 9 SGB XII.

55 Damit sind die Sozialgerichte gefordert, nicht ständig alle Anträge auf höhere Regelleistungen aus formellen Gründen abzulehnen, sondern im Zweifel den Sachverhalt von Gerichtswegen zu ermitteln und den Arbeitsauftrag des BVerfG zur verfassungskonformen Auslegung ernst zu nehmen.

7. Forderung

56 Wegen der praktisch nicht zu realisierenden Pauschalisierung von Strom – ähnlich wie Haushaltsenergiekosten – sollten diese genauso wie die Kosten der Unterkunft ebenfalls bedarfsdeckend neben dem Regelbedarf geleistet werden!

Rechtsansprüche zur Übernahme von Energieforderungen nach dem SGB II und SGB XII stärken!

Gesetzliche Maßnahmen zur Vermeidung von Stromsperren!

Einführung einer garantierten Grundenergiemenge für jede*n Verbraucher*in!

8. Informationen

57 Informationen sowohl für Betroffene als auch Beratende: https://www.energie-hilfe.org/de

Empfehlungen des Deutschen Vereins zur Übernahme von Mietschulden und Energiekostenrückständen im SGB II und SGB XII, (DV 17/14), 11.3.2015, www.deutscher-verein.de/de/empfehlungenstellungnahmen-2015-1859.html

Bündnis für ein menschenwürdiges Existenzminimum, Bezahlbare Energie für Alle!, www.menschenwuerdiges-existenzminimum.org/wp-content/uploads/forderung_bezahlbare_energie.pdf

110 Studierende

1. Dem Grunde nach förderungsfähig? .. 1
1.1 Höhe des BAföG 3
1.2 Urlaubssemester 4
1.3 Hinderung am Studium infolge von Krankheit oder Schwangerschaft 5
1.4 Teilzeitstudium 6
1.5 Promotionsstudiengänge 7
1.6 „Freischuss" 8
1.7 Ende des Studiums – Beginn des Bürgergeld-Anspruchs 9
2. Welche Studierenden haben Anspruch auf Bürgergeld? 10
3. SGB II-Leistungen für Studierende 12
3.1 Anspruch auf Mehrbedarfszuschläge 13
3.2 Anspruch auf einmalige Beihilfen 14
3.3 Anspruch auf Darlehen bei besonderen Härtefällen 15
3.3.1 Alleinerziehende 19
3.3.2 Bei Erziehung eines Kindes unter drei Jahren 20
3.3.3 Unmittelbar bevorstehender Abschluss der Ausbildung .. 21
3.3.4 Wegfall einer finanziellen Grundlage 22
3.3.5 Schwerbehinderte 24
3.3.6 Verzögerung wegen Krankheit, Behinderung, Geburt .. 25
3.3.7 Auszubildende im BAföG-Rechtsstreit 26
3.4 SGB II-Darlehen zu Beginn des Studiums 27
3.5 Überbrückungsleistung für Studierende mit SGB II-Anspruch 30
3.6 Schuldenübernahme zur Wohnraumsicherung 31
3.7 Anspruch auf Sozialhilfe in besonderen Lebenslagen 32
4. SGB II-Leistungen für Familienangehörige Studierender 33
5. BAföG als Einkommen im SGB II? 34
6. Wohngeld 41
7. Kritik 43
8. Forderungen 44

1. Dem Grunde nach förderungsfähig?

1 *„Auszubildende, deren Ausbildung im Rahmen des Bundesausbildungsförderungsgesetzes [BAföG] dem Grunde nach förderungsfähig ist, haben über die Leistungen nach § 27 hinaus keinen Anspruch auf Leistungen zur Sicherung des Lebensunterhalts"* (§ 7 Abs. 5 S. 1 SGB II).

2 Diese Formulierung bedeutet **nicht**, dass Studierende tatsächlich gefördert werden, sondern nur, dass das Studium grundsätzlich nach dem BAföG gefördert werden könnte (BVerwG 14.10.1993 – 5 C 1/91). Das

839

Bundesverwaltungsgericht sah den allgemeinen Ausschluss von Studierenden aus der Sozialhilfe als verfassungsgemäß an, weil Studierende Selbsthilfemöglichkeiten durch Nebentätigkeiten hätten. Sie sind auch heute idR vom Bürgergeld ausgeschlossen, bei dem Ausschluss kommt es auf die „abstrakte Förderfähigkeit" an (BSG 6.9.2007 – B 14/7b AS 36/06 R).

Nur in den Fällen, in denen ein Studium ausnahmsweise nicht BAföG-förderfähig ist, besteht grundsätzlich ein Bürgergeld-Anspruch.

Aber: Ein Studium, das nicht BAföG-förderfähig ist, gilt als „abstrakt" förderfähig, wenn die gleiche Ausbildung an einer anderen (öffentlichen) Ausbildungsstätte BAföG-förderungsfähig wäre (LSG Berlin-Brandenburg 6.5.2008 – L 14 B 571/08 AS ER; LSG Sachsen 22.3.2011 – L 7 AS 217/09 B ER). Die Flucht an eine private Hochschule ist keine Lösung.

1.1 Höhe des BAföG

3 Der jeweilige individuelle BAföG-Satz ist abhängig von verschiedenen Faktoren: dem eigenen Einkommen und Vermögen, dem Einkommen (nicht aber dem Vermögen) der Eltern oder des*r Ehegatten*Ehegattin sowie der eigenen Wohnsituation. Alle notwendigen Details und die Höhe des BAföG finden Sie detailliert im Beitrag Schüler*innen (→ 100 Rn. 9 ff.).

1.2 Urlaubssemester

4 Studierende sind nach Auffassung des Bundessozialgerichts während eines Urlaubssemesters dann nicht von Leistungen zur Sicherung des Lebensunterhalts gemäß § 7 Abs. 5 SGB II ausgeschlossen, wenn sie das Studium tatsächlich nicht betreiben. Wer dagegen während der Beurlaubung ein studienrelevantes Praktikum macht, die Zeit für intensive häusliche Prüfungsvorbereitungen nutzt oder an Wiederholungsprüfungen teilnimmt, soll keinen SGB II-Anspruch haben (BSG 22.3.2012 – B 4 AS 102/11 R), obwohl nach der Rechtsprechung zum BAföG während eines Urlaubssemesters kein Anspruch auf Ausbildungsförderung besteht (BverwG 25.6.2015 – 5 C 15/14). Damit droht die Gefahr, während einer Beurlaubung keinerlei Sozialleistung zu bekommen (FW 7.156). Oder es kann passieren, dass nur im Rahmen der Härtefallregelung ein Darlehen in Betracht kommt (LSG Sachsen 30.11.2010 – L 3 AS 649/10 B ER; → Rn. 15 ff.).

1.3 Hinderung am Studium infolge von Krankheit oder Schwangerschaft

5 Wenn Auszubildende infolge von Erkrankung oder Schwangerschaft gehindert sind, die Ausbildung durchzuführen, wird über das Ende des dritten Kalendermonats hinaus keine Ausbildungsförderung geleistet (§ 15 Abs. 2a BAföG, § 69 Abs. 2 SGB III); daher liegt ab dem 4. Kalendermonat keine dem Grunde nach förderungsfähige Ausbildung vor, so dass **ab dann kein Leistungsausschluss mehr** besteht (SG Augsburg 31.5.2016 – S 8 AS 416/16; FW 7.153, 7.157).

1.4 Teilzeitstudium

6 Wenn Sie zB aufgrund von Kinderbetreuung, Behinderung, Erkrankung oder Erwerbstätigkeit offiziell ein Teilzeitstudium absolvieren, haben Sie **Anspruch** auf Bürgergeld, denn es handelt sich „nicht um eine Ausbildung, die im Rahmen des BAföG dem Grunde nach förderungsfähig ist" (§ 2 Abs. 5 S. 1 BAföG; LSG Thüringen 15.1.2007 – L 7 AS 1130/06 ER; FW 7.158).

1.5 Promotionsstudiengänge

7 „Promotionsstudiengänge gehören grundsätzlich nicht zu den BAföG förderungsfähigen Ausbildungen, da sie nicht zu einem berufsqualifizierenden Abschluss führen" (FW 7.159). Sie haben den Bürgergeld-Anspruch, unabhängig davon, ob Sie immatrikuliert sind oder nicht (FW 7.159; LSG Sachsen-Anhalt 3.4.2008 – L 2 AS 71/06).

1.6 „Freischuss"

8 Einige Prüfungsordnungen sehen die Möglichkeit einer **Wiederholungsprüfung zur Notenverbesserung** vor. Während der Vorbereitung hierauf besteht die Immatrikulation zwar weiter, es handelt sich aber nicht mehr um eine dem Grunde nach förderungsfähige Ausbildung, so dass ein Bürgergeld-

Anspruch besteht (LSG Berlin-Brandenburg 24.6.2008 – L 14 AS 117/07).

1.7 Ende des Studiums – Beginn des Bürgergeld-Anspruchs

9 Ausbildungsförderungsrechtlich endet eine Hochschulausbildung mit Ablauf des Monats, in dem der erfolgreiche Abschluss des Ausbildungsabschnitts dem*r Auszubildenden erstmals bekanntgegeben ist, spätestens jedoch mit Ablauf des zweiten Monats nach dem Monat, in dem der letzte Prüfungsteil abgelegt wurde (§ 15b Abs. 3 S. 3 BAföG; FW 7.179). Ab dem Monat danach, im Falle einer Exmatrikulation auch früher (WDB-Beitrag Nr. 070083), beginnt der SGB II-Anspruch. Für schulische Ausbildungen ist das Datum des Zeugnisses maßgebend; wird ein solches nicht erteilt, endet die förderungsfähige Ausbildung mit Ablauf des Monats, in dem die Abschlussprüfung bestanden wurde, oder, wenn eine solche nicht vorgesehen ist, mit Ablauf des Monats, in dem der Ausbildungsabschnitt tatsächlich planmäßig geendet hat (§ 15 Abs. 3 S. 1, 2 BAföG).

2. Welche Studierenden haben Anspruch auf Bürgergeld?

10 Keinen Anspruch auf Bürgergeld bedeutet: Ansprüche auf *„Leistungen zur Sicherung des Lebensunterhalts"*, also auf Regelbedarfe, einmalige Beihilfen und Kosten der Unterkunft bestehen für Studierende in einem nach dem BAföG förderungsfähigen Studiengang **im Regelfall** nicht.

11 Dieser Leistungsausschluss ist allerdings **oft nicht anzuwenden auf Studierende, die bei ihren Eltern wohnen** oder in einer Wohnung, die im Eigentum der Eltern steht. Diese haben Anspruch auf (aufstockende) Leistungen nach dem SGB II, **wenn** sie Leistungen nach dem BAföG
a) erhalten oder nur wegen der Vorschriften zur Berücksichtigung von Einkommen und Vermögen nicht erhalten oder
b) beantragt haben und über deren Antrag das zuständige BAföG-Amt noch nicht entschieden hat. Lehnt das zuständige BAföG-Amt den BAföG-Antrag ab, findet der Leistungsausschluss nach § 7 Abs. 5 SGB II mit Beginn des folgenden Monats Anwendung (§ 7 Abs. 6 Nr. 2 SGB II). Diese Ausnahme gilt außerdem für Schüler*innen (→ 100), die eine nach dem BAföG förderfähige Ausbildung absolvieren, unabhängig davon, ob sie im Haushalt der Eltern oder im eigenen Haushalt wohnen (dazu gehören auch Auszubildende am Studienkolleg, die ausbildungsförderungsrechtlich wie Schüler*innen zu behandeln sind, auch wenn sie an einer Hochschule eingeschrieben sind (FW 7.163)). Beide genannten Gruppen können (aufstockend) Bürgergeld beanspruchen, wenn ihr Bedarf zum Lebensunterhalt nicht durch BAföG, Kindergeld, ggf. Unterhaltszahlungen der Eltern, Stipendien oder zusätzlichem Erwerbseinkommen gedeckt ist. Der BAföG-Antrag kann auch beim Jobcenter gestellt werden, das verpflichtet ist, ihn an das BAföG-Amt weiterzuleiten (§ 16 Abs. 2 SGB I). Das Jobcenter muss zumindest bis zur Entscheidung des BAföG-Amts SGB II-Leistungen bewilligen, wenn der Bedarf nicht gedeckt ist.

Näheres zur Bedarfsberechnung, Einkommensanrechnung und Anspruchsvoraussetzungen lesen Sie unter **Auszubildende** (→ 14 Rn. 13 ff.): Dabei ist BAföG der Berufsausbildungsbeihilfe (BAB) gleichzusetzen.

3. SGB II-Leistungen für Studierende

12 SGB II-Leistungen für Studierende, die vom Leistungsausschluss nach § 7 Abs. 5 SGB II erfasst werden, sind in § 27 SGB II zusammengefasst.

Bürgergeld kann Studierenden nur für die Leistungen versagt werden, bei denen ein *„ausschließlich ausbildungsgeprägter Bedarf"* (BVerwG 17.1.1985 – 5 C 29/84) vorliegt. Das sind alle Leistungen, mit denen ausschließlich der Lebensunterhalt von Studierenden bestritten wird. Die Leistungen für Auszubildende nach § 27 SGB II (Ausnahme → Rn. 10 ff.) *„gelten nicht als Arbeitslosengeld II"* (§ 27 Abs. 1 S. 2 SGB II). Sie begründen demnach u.a. keinen Krankenversicherungsschutz, keinen Anspruch auf Miet- und Energieschuldenübernahme durch das Jobcenter und keinen Anspruch auf Befreiung von der Rundfunkbeitragspflicht (OVG Münster 6.9.2018 – 2 A 1829/15). Allerdings erfolgt auch keine Anrechnung als Einkommen beim Wohngeld (14.31 Nr. 16 WoGVwV).

3.1 Anspruch auf Mehrbedarfszuschläge

13 *„Leistungen werden in Höhe der Mehrbedarfe nach § 21 Absätze 2, 3, 5 und 6 [...] erbracht, soweit die Mehrbedarfe nicht durch zu berücksichtigendes Einkommen oder Vermögen gedeckt sind"* (§ 27 Abs. 2 S. 1 SGB II). Studierende haben deshalb Anspruch auf Mehrbedarfe (→ 74) für

- Alleinerziehende (→ 3),
- Schwangere (→ 101),
- Krankenkostzulage (→ 69) und
- einen nach dem Einzelfall laufenden und einmaligen unabweisbaren Bedarf (Härtefallregelung, → 52).

Diese Mehrbedarfe ergeben sich nicht durch den Lebensunterhalt für die Ausbildung, sie sind also nicht ausbildungsgeprägt. Studierende erhalten sie, wenn sie hilfebedürftig sind. Um das festzustellen, wird eine Bedarfsberechnung (→ 15) vorgenommen und das Einkommen und ggfs. Vermögen angerechnet (FW 27.5).

3.2 Anspruch auf einmalige Beihilfen

14 **Erstausstattungen** für Bekleidung sowie bei **Schwangerschaft** und **Geburt** (§ 24 Abs. 3 Nr. 2 SGB II) sind ebenfalls nicht ausbildungsgeprägt und werden auf gesonderten Antrag erbracht, wenn Sie hilfebedürftig sind (§ 27 Abs. 2 SGB II; → 40 Rn. 41 ff.). Warum die damalige schwarz-gelbe Bundesregierung Auszubildenden und Studierenden nicht andere einmalige Beihilfen, zB für Erstausstattung der Wohnung oder für Anschaffung und Reparaturen von orthopädischen Schuhen, Reparaturen von therapeutischen Geräten usw zugestehen wollte, geht aus der Gesetzesbegründung nicht hervor (vgl. BT-Drs. 17/3404, 103). Auch diese sind **nicht** ausbildungsgeprägt.

3.3 Anspruch auf Darlehen bei besonderen Härtefällen

15 *„Leistungen können für Regelbedarfe, den Mehrbedarf nach § 21 Absatz 7, Bedarfe für Unterkunft und Heizung, Bedarfe für Bildung und Teilhabe und notwendige Beiträge zur Kranken- und Pflegeversicherung als Darlehen erbracht werden, sofern der Leistungsausschluss [...] eine besondere Härte bedeutet"* (§ 27 Abs. 3 S. 1 SGB II).

16 Bei besonderen Härtefällen kann für erwerbsfähige Studierende, die unter den Leistungsausschluss fallen, vom Jobcenter nur ein Darlehen gezahlt werden, keine Beihilfe. Das Darlehen kann aber unter besonders widrigen Umständen erlassen werden (→ 30 Rn. 58 ff.). Erwerbsunfähige Studierende können dagegen in Härtefällen **Sozialhilfe** zum Lebensunterhalt als Beihilfe **oder** als Darlehen bekommen (§ 22 Abs. 1 S. 2 SGB XII). Der Sozialhilfeträger hat das Auswahlermessen im Einzelfall zu begründen.

17 Ein Härtefall besteht **nicht** schon darin, dass das Studium abgebrochen werden müsste oder Studierende unterhalb des Existenzminimums leben müssten (BVerwG 20.1.1988 – 5 B 102.87). Auch die BA geht davon aus, *„dass z.B. die bloße Unterschreitung des Lebensniveaus eines Beziehers von Leistungen nach dem SGB II/ SGB XII [...] noch keine besondere Härte in diesem Sinne darstellt"*: Jungen, belastbaren Menschen ohne einengende, persönliche Verpflichtungen sei regelmäßig ein Nebenjob zumutbar (FW 27.9). Eine besondere Härte ist grundsätzlich nur bei atypischen Fällen gegeben. Dabei ist aufgrund der Zielsetzung des SGB II zu beachten, dass alle Entscheidungen unter dem Gesichtspunkt getroffen werden müssen, ob sie die Eingliederung in Arbeit fördern. Insofern sind die Anforderungen an die Härte im Verhältnis zur alten Sozialhilfe etwas gelockert worden. Ob die Möglichkeit der verfassungskonformen Auslegung des Leistungsausschlusses in Verbindung mit der Anwendung der Härtefallvorschrift besteht, muss in jedem Einzelfall geprüft werden (BVerfG 17.12.2019 – 1 BvL 6/16).

18 Sich mit Arbeit die notwendigen Lebenshaltungskosten zu verdienen, ist denen *„nicht eröffnet, denen eine Arbeit nicht zu-*

mutbar ist. [...] Es bestehen keine Bedenken, in diesen Fällen das Vorliegen eines Härtefalls anzunehmen" (FW 27.10). Wann das zB der Fall sein kann, wird in den folgenden Unterkapiteln (→ Rn. 19–26) skizziert.

3.3.1 Alleinerziehende

19 Nach Auffassung der BA *„wird Alleinerziehenden neben dem Studium eine Erwerbstätigkeit in der Regel nicht möglich sein, ohne ihr Kind zu vernachlässigen"* (FW 27.10; SG Oldenburg 15.2.2005 – S 46 AS 44/05 ER).

3.3.2 Bei Erziehung eines Kindes unter drei Jahren

20 Bei Erziehung eines Kindes unter drei Jahren ist Arbeit nicht zumutbar (OVG Lüneburg 29.9.1995 – 4 M 5332/95).

3.3.3 Unmittelbar bevorstehender Abschluss der Ausbildung

21 Im Prüfungssemester ist Studierenden Arbeit nicht mehr zumutbar, da sie sich auf die Abschlussarbeit bzw. die Abschlussprüfungen konzentrieren müssen (vgl. LSG Sachsen-Anhalt 21.12.2005 – L 2 B 72/05 AS ER; SG Hamburg 6.6.2005 – S 51 AS 312/05 ER; OVG Berlin 11.6.1982 – 6 S 52.82).

3.3.4 Wegfall einer finanziellen Grundlage

22 Ebenfalls ein Härtefall anzunehmen ist bei Wegfall einer zuvor gesicherten **finanziellen Grundlage**, ohne dass dies von dem*r Hilfesuchenden zu vertreten ist, und wenn die Ausbildung schon fortgeschritten ist **und** der*die Hilfesuchende begründete Aussicht hat, danach eine Erwerbstätigkeit ausüben zu können (LSG Hessen 11.8.2005 – L 9 AS 14/05 ER 1/6; LSG Sachsen-Anhalt 15.4.2005 – L 2 B 7/05 AS ER; LSG Hamburg 24.11.2005 – L 5 256/05 ER AS).

23 Eine Voraussetzung genügt nicht! Nach dem BSG gilt ein drohender Abbruch der Ausbildung dann als Härte, wenn **nachweislich** Aussichten bestehen, dass der Abschluss der Ausbildung **in absehbarer Zeit** erfolgt **und** *„wenn der Lebensunterhalt während der Ausbildung durch [...] BAföG/SGB III-Leistungen oder [mit] anderen fi*nanziellen Mittel[n] [...] gesichert war, die kurz vor Abschluss der Ausbildung entfallen" (BSG 6.9.2007 – B 14/7b AS 28/06 R). Wenn also zB BAföG ausläuft, ein Nebenjob aufgegeben werden muss sowie Lebenspartner*in oder Eltern keinen Unterhalt mehr zahlen können.

3.3.5 Schwerbehinderte

24 Besondere Härtefälle liegen weiterhin vor bei Schwerbehinderten, denen es bei Abbruch der Ausbildung langfristig nicht möglich wäre, ihren Lebensunterhalt durch Erwerbstätigkeit ausreichend zu sichern (VGH Hessen 4.6.1992 – 9 TG 2812/91; OVG Lüneburg 29.9.1995 – 4 M 5332/95; LSG NRW 3.8.2005 – L 20 B 5/05 SO ER; LSG Hamburg 31.8.2005 – L 5 B 185/05 ER AS). Das trifft auch auf erheblich psychisch Erkrankte zu (SG Hamburg 6.6.2005 – S 51 AS 312/05 ER).

3.3.6 Verzögerung wegen Krankheit, Behinderung, Geburt

25 Ebenfalls Härtefälle stellen Personen dar, deren Studium sich wegen **Krankheit** oder **Behinderung** oder wegen der **Geburt eines Kindes** über die BAföG-Förderungshöchstdauer verlängert hat (BSG 6.9.2007 – B 14/7b AS 28/06 R; LSG Berlin-Brandenburg 26.1.2006 – L 5 1351/05 AS ER).

3.3.7 Auszubildende im BAföG-Rechtsstreit

26 Darüber hinaus sind Auszubildende Härtefälle, die sich in einem Rechtsstreit mit dem BAföG-Amt befinden. Eine besondere Härte wurde wegen der Ausschlusswirkung des § 7 Abs. 5 SGB II bis zum Abschluss eines einstweiligen Rechtsschutzverfahrens vor dem Verwaltungsgericht um BAföG-Leistungen bejaht (LSG Berlin-Brandenburg 15.6.2020 – L 31 AS 585/20 B ER).

3.4 SGB II-Darlehen zu Beginn des Studiums

27 SGB II-Darlehen zu Beginn des Studiums können Studierende, die nicht bei ihren Eltern wohnen, im ersten Ausbildungsmonat **nur** bekommen, wenn bis zum Monatsende noch eigenes Einkommen zu erwarten ist (§ 27 Abs. 3 S. 3 SGB II). Für den Fall, dass Sie BAföG beantragt haben und auf die erste

Zahlung warten, kommt ein solches Darlehen meist nur in Betracht, wenn Sie (weitergeleitetes) Kindergeld bekommen oder anderes Einkommen, zB aus einem Job, voraussichtlich anfällt. Bis neu beantragtes BAföG ausgezahlt wird, vergehen oft acht bis zwölf Wochen. Teilweise dauert es noch länger, da die BAföG-Ämter ein EDV-Programm benutzen, das eine Zahlung zum Monatsende mit einem erheblichen Vorlauf für die Eingabe vorsieht. Für einen solchen Zeitraum besteht kein regulärer Anspruch auf ein überbrückendes SGB II-Darlehen.

28 **Tipp 1:** Ist über den ersten BAföG-Antrag sechs Kalenderwochen nach Antragstellung noch nicht entschieden oder kann die Leistung nicht binnen zehn Kalenderwochen gezahlt werden, hat die BAföG-Stelle einen **Vorschuss in Höhe von bis zu vier Fünftel des zustehenden BAföG-Satzes auszuzahlen.** Ausgehend vom Höchstsatz für Studierende beträgt der mtl. Vorschuss bis zu 649,60 EUR (§ 51 Abs. 2 BAföG).

29 **Tipp 2:** Stehen zu Beginn des Studiums keine Mittel zum Lebensunterhalt zur Verfügung und kann der Vorschuss durch die BAföG-Stelle aufgrund der Fristen noch nicht beansprucht werden, *„kann in Einzelfällen das Vorliegen eines besonderen Härtefalles anerkannt werden"* (so früher FW 27.11 Stand: 20.1.2016; SG Bremen 2.9.2009 – S 26 AS 1516/09 ER; → Rn. 15 ff.). Ist Ihr Studium aufgrund von Mittellosigkeit gefährdet, beantragen Sie beim Jobcenter ein Darlehen für Regelbedarfe, Unterkunftskosten und Beiträge zur Kranken- und Pflegeversicherung. Die Härtefallregelung darf nicht erst am Ende der Ausbildung greifen!

3.5 Überbrückungsleistung für Studierende mit SGB II-Anspruch

30 Wohnen Studierende bei den Eltern und beginnen ein BAföG-förderfähiges Studium, haben Sie Anspruch auf **aufstockendes Bürgergeld** (→ Rn. 10). In diesem Fall kann das **Jobcenter problemlos in Vorleistung treten,** wenn das BAföG noch nicht bewilligt und ausgezahlt ist. Das Jobcenter kann dann einen Anspruch auf das zu erwartende BAföG beim Amt für Ausbildungsförderung auf sich überleiten. Das nachgezahlte BAföG wird dann direkt an das Jobcenter gezahlt (→ 14 Rn. 19 ff.).

Keinen Anspruch auf diese Überbrückungsleistung haben Studierende, die **nicht** bei ihren Eltern wohnen.

3.6 Schuldenübernahme zur Wohnraumsicherung

31 Ob eine Schuldenübernahme für Studierende möglich ist, wenn Mietschulden aufgelaufen sind und der Verlust der Wohnung droht (ebenso unter bestimmten Voraussetzungen bei Energieschulden und einer bevorstehenden Energiesperre), ist seit dem 1.8.2016 unklar (Streichung § 27 Abs. 5 SGB II aF). Solche Schulden werden idR darlehensweise übernommen. Zuständig hierfür ist bei den meisten Studierenden nicht das Jobcenter, sondern das Sozialamt (§ 36 SGB XII). Lediglich für Studierende, die bei ihren Eltern wohnen **und** (aufstockende) Leistungen nach dem SGB II beziehen (→ Rn. 10), kommt eine Übernahme von Miet- und Energieschulden durch das Jobcenter in Betracht. Aber nur, wenn es sich nicht um die Schulden der Eltern handelt. Näheres finden Sie in den Beiträgen Auszubildende (→ 14 Rn. 7 ff.), Mietschulden (→ 77) und Strom (→ 109).

3.7 Anspruch auf Sozialhilfe in besonderen Lebenslagen

32 Studierende sind bei der Sozialhilfe nur von Leistungen zur Sicherung des Lebensunterhalts ausgeschlossen, nicht aber von Hilfe zur Pflege, Hilfe zur Überwindung sozialer Schwierigkeiten und Hilfe in anderen Lebenslagen, zB zur Weiterführung des Haushalts, Blindenhilfe, Hilfe in sonstigen Lebenslagen und für Bestattungskosten (Fünftes bis Neuntes Kapitel SGB XII). Außerdem haben sie Anspruch auf Eingliederungshilfe für behinderte Menschen (§§ 90 ff. SGB IX).

4. SGB II-Leistungen für Familienangehörige Studierender

33 Da Studierende in der Regel erwerbsfähig sind, fallen sie mitsamt ihren Kindern in den Geltungsbereich des SGB II (SG Oldenburg 24.1.2005 – S 46 AS 24/05 ER). **Kinder**

von Studierenden haben Anspruch auf **Bürgergeld** (→ 28), einmalige Beihilfen und anteilige Kosten für Unterkunft und Heizung (FW 7.180) sowie, soweit sie das 25. Lebensjahr noch nicht vollendet haben, auf Leistungen für Bildung und Teilhabe (§ 28 SGB II; → 27).

Kindergeld (→ 61) für minderjährige Kinder ist idR kein Einkommen des studierenden Elternteils, sondern Einkommen des Kindes, soweit es zur Sicherung von dessen Lebensunterhalt benötigt wird (§ 11 Abs. 1 S. 5 SGB II).

5. BAföG als Einkommen im SGB II?

34 Wenn geprüft wird, ob Sie (und ggf. Ihre Familie) Anspruch auf Leistungen nach dem SGB II haben, wird eine fiktive **Bedarfsberechnung** (→ 15) durchgeführt (BSG 22.3.2010 – B 4 AS 69/09 R). Dabei wird auch Ihr Kindergeld und das BAföG als **Einkommen** (→ 37) sowie ggf. ein vorhandenes Erwerbseinkommen auf den fiktiven Bedarf zum Lebensunterhalt angerechnet. Falls Sie aufgrund von **Elternunterhalt** kein BAföG erhalten, wird bei der Prüfung der Anspruchsvoraussetzungen statt des BAföG der Elternunterhalt als Einkommen angerechnet (→ 14 Rn. 13).

35 Vor der BAföG-/Unterhaltsanrechnung ist jedoch eine **Einkommensbereinigung** (→ 38) durchzuführen. Vom BAföG/Unterhalt ist bis 30.6.2023 ein Betrag von „mindestens" 100 EUR für Versicherungsbeiträge, geförderte Altersvorsorge und die mit der Erzielung des Einkommens verbundenen notwendigen Ausgaben abzusetzen. Nachgewiesene höhere Kosten können in tatsächlicher Höhe berücksichtigt werden (§ 11b Abs. 2 S. 4 SGB II). Allerdings werden beim Nachweis höherer Ausbildungskosten **Studiengebühren** nach bisheriger BSG-Rechtsprechung nicht anerkannt (siehe aber Schüler*innen, → Rn. 25), wohl aber der Semesterbeitrag, der im Monat der Fälligkeit (= Zahlung) zu berücksichtigen ist. Das kann zumindest für diesen Monat zu einem höheren SGB II-Anspruch führen, wenn neben der 30-EUR-Versicherungspauschale mehr als 70 EUR nachgewiesen werden. Auch die Beiträge für eine freiwillige Krankenversicherung fallen unter die Absetzung für Versicherungsbeiträge. Erzielen Studierende zusätzlich Erwerbseinkommen, werden diese Absetzbeträge stattdessen nur vom Erwerbseinkommen abgesetzt (→ 47 Rn. 7 ff., Rn. 29 ff.).

36 Der **100-EUR-Pauschbetrag** reduziert die möglichen Absetzbeträge Studierender gegenüber der bis 31.7.2016 geltenden 20-Prozent-Absetzregelung erheblich. Diese Schlechterstellung für Studierende, Schüler*innen und Auszubildende begründete die Bundesregierung mit der Vereinfachung des Rechts für die Jobcenter.

37 Ab 1.7.2023 wird bei der Einkommensanrechnung nach dem Alter differenziert: Wer noch nicht den 25. Geburtstag feiern konnte, für den*die ist vom Einkommen aus Erwerbstätigkeit ein Betrag in Höhe der Minijobgrenze anrechnungsfrei (2023: 520 EUR), wenn die leistungsberechtigte Person

1. eine nach dem BAföG dem Grunde nach förderungsfähige Ausbildung durchführt,
2. eine nach § 57 Abs. 1 SGB III dem Grunde nach förderungsfähige Ausbildung, eine nach § 51 SGB III dem Grunde nach förderungsfähige berufsvorbereitende Bildungsmaßnahme oder eine nach § 54a SGB III geförderte Einstiegsqualifizierung durchführt,
3. einem Freiwilligendienst nach dem Bundesfreiwilligendienstgesetz oder dem Jugendfreiwilligendienstgesetz nachgeht oder
4. als Schüler*in allgemein- oder berufsbildender Schulen außerhalb der Schulferien erwerbstätig ist; dies gilt nach dem Besuch allgemeinbildender Schulen auch bis zum Ablauf des dritten auf das Ende der Schulausbildung folgenden Monats (§ 11b Abs. 2b SGB II nF).

38 Nicht als Einkommen zu berücksichtigen sind Einnahmen von Schüler*innen allgemein- oder berufsbildender Schulen, die das 25. Lebensjahr noch nicht vollendet haben, aus Erwerbstätigkeiten, die in den Schulferien ausgeübt werden; das gilt aber nicht für eine Ausbildungsvergütung, auf die ein*e

Schüler*in Anspruch hat (§ 11a Abs. 7 SGB II, bis 30.6.2023 sind nach § 1 Abs. 1 Nr. 16 Bürgergeld-V nur 2.400 EUR kalenderjährlich anrechnungsfrei).

39 Diese Freistellung von Einkommen für unter 25-Jährige gilt aber nur für Einkommen aus Erwerbstätigkeit. In den Monaten während des Studiums oder Schulbesuchs, in denen kein solches Erwerbseinkommen erzielt wird, gilt auch ab dem 1.7.2023 die bisherige Regelung über den Mindestabsetzbetrag von 100 EUR, die auch für alle Leistungsberechtigten gilt, die das 25. Lebensjahr vollendet haben → Rn. 35. Der **Kinderbetreuungszuschlag** (§ 14b BAföG) ist gar nicht als Einkommen zu berücksichtigen (§ 11a Abs. 3 S. 2 Nr. 3 SGB II).

40 Wer ausschließlich **BAföG** bezieht, liegt nach Abzug der Absetzbeträge regelmäßig **unter dem fiktiven SGB II-Bedarf**. Wohnen Sie bei den Eltern, haben Sie ggf. Anspruch auf aufstockendes Bürgergeld oder müssen mit Ihrem BAföG nicht für Ihre*n Partner*in oder Ihre Kinder aufkommen, wenn diese SGB II-Leistungen beziehen.

6. Wohngeld

41 Studierende, die *„dem Grunde nach"* Anspruch auf BAföG haben, sind vom Wohngeld (→ 127) ausgeschlossen (§ 20 Abs. 2 WoGG). Diese Wohngeldnorm ist allerdings nicht so umfassend auszulegen, wie der entsprechende Leistungsausschluss für Auszubildende im SGB II, der kaum Ausnahmen zulässt.

Deshalb können Studierende für die **eigene** Wohnung Wohngeld erhalten, wenn kein Anspruch auf BAföG vorliegt, zB wenn

- eine nach dem BAföG nicht mehr **förderungsfähige** weitere Ausbildung absolviert wird (§ 7 Abs. 2 BAföG),
- die **Förderungshöchstdauer** des BAföG abgelaufen ist (§ 15a BAföG) und kein Verlängerungsgrund anerkannt wird (§ 15 Abs. 3 BAföG),
- der BAföG-Anspruch aufgrund des **Abbruchs der Ausbildung** oder eines **Fachrichtungswechsels** ohne wichtigen bzw. unabweisbaren Grund entfallen ist (§ 7 Abs. 3 BAföG),
- die entsprechenden **Leistungsnachweise** im Studium nicht erbracht wurden, die nötig sind, um ab dem 5. Fachsemester BAföG zu bekommen (§ 48 BAföG),
- die **Altersgrenze** für einen BAföG-Anspruch überschritten wurde (§ 10 BAföG),
- wegen eines Stipendiums kein BAföG-Anspruch besteht (§ 2 Abs. 6 Nr. 2 BAföG),
- die Ausbildungsförderung ausschließlich als **Darlehen** gewährt wird, was bei der Studienabschlusshilfe (§ 15 Abs. 3a BAföG) und in den letzten Semestern der Förderungshöchstdauer, wenn das zweite Mal nur mit wichtigem Grund eine Fachrichtungswechsel zu einer anderen Ausbildung erfolgte, der Fall ist oder
- bei **Ausländer*innen** die speziellen Leistungsvoraussetzungen (§ 8 BAföG) nicht erfüllt werden.

In diesen Fällen könnten Sie sich zB mit einem Minijob und Wohngeld durchschlagen.

42 Wohngeld können Studierende auch bekommen, wenn sie **in einem Haushalt** leben, **der nicht nur aus Auszubildenden besteht**. In § 20 Abs. 2 WoGG wird der Ausschluss von der Bedingung abhängig gemacht, dass alle Haushaltsmitglieder in einer Ausbildung sind, für die es BAföG oder Berufsausbildungsbeihilfe geben kann. Ist nur eine Person ohne Ausbildungsstatus, ist der gesamte Wohngeldhaushalt von der Ausschlussregelung des § 20 Abs. 2 WoGG nicht erfasst. Das betrifft

- Auszubildende mit Kindern,
- Auszubildende, die mit Verwandten zusammenwohnen, die selbst nicht Auszubildende sind (zB Eltern oder Geschwister), und
- Auszubildende, die mit Ehegatt*innen, eingetragenen Lebenspartner*innen oder eheähnlichen Partner*innen (→ 36) zusammenwohnen, die selbst nicht Auszubildende sind.

7. Kritik

43 1976 wurden Studierende vom Sozialhilfebezug ausgeschlossen, 1982 vom Bezug von Ausbildungshilfe. Seither müssen sie zusehen, wie sie mit den traurigen BAföG-Sät-

zen zurechtkommen, die unter dem SGB II-Bedarf liegen. Auch nach der letzten Anhebung der BAföG-Sätze zum 1.8.2022 wird das Existenzminimum deutlich unterschritten, weil darin die Ausbildungskosten bereits vollständig enthalten sein sollen und im Höchstsatz nur 360 EUR für die Unterkunftskosten berücksichtigt werden. Das Bundesverfassungsgericht will 2023 über den Vorlagebeschluss des Bundesverwaltungsgerichts vom 20.5.2021 zur Verfassungswidrigkeit des BAföG-Bedarfssatzes für Studierende 2014/2015 entscheiden. Studierende, die im Haushalt der Eltern wohnen, können immerhin seit 1.8.2016 in vielen Fällen aufstockend Bürgergeld beziehen, wenn das BAföG nicht reicht. Studierende mit eigenem Haushalt sind weiterhin von dieser Möglichkeit ausgeschlossen, außer wenn sie in einer Wohnung leben, die im Eigentum ihrer Eltern steht.

Lange BAföG-Bewilligungszeiten sowie straffe und verschulte Studiengänge mit kurzen Zeitvorgaben führen dazu, dass immer mehr Studierende am Anfang und am Ende der Studienzeit ohne BAföG-Mittel dastehen. Die wenigsten von ihnen können als Bürgergeld-Aufstockende überbrücken oder im Rahmen der Härtefallregelung beim Jobcenter ein SGB II-Darlehen ergattern. Ohne zusätzliches Geld von Eltern, Bekannten oder mithilfe eines Privatkredits sind aber für viele die Übergänge kaum zu schultern. Zum Studienbeginn muss der Semesterbeitrag, der an vielen Hochschulen mittlerweile über 300 EUR liegt, in einer Summe gezahlt werden. Das stellt für junge Menschen ohne Geld eine erhebliche Belastung und Hürde dar.

Ein Schuldenberg am Ende des Studiums schafft heute scheinbar die richtige Einstellung für den erfolgreichen Einstieg ins Berufsleben. Auch Studiengebühren tragen dazu bei, noch mehr Kinder aus armen Familien vom Studium auszuschließen und die Hochschulen für die Kinder der Besserverdienenden zu reservieren. Zumal die Gebühren nicht einmal bei der SGB II-Einkommensbereinigung als ausbildungsbedingte Bedarfe vom Einkommen BAföG absetzbar sein sollen. Bildung für alle ist schon lange out, aber nicht einmal „Chancengleichheit" ist erwünscht.

8. Forderungen

44 Kein Ausschluss von Studierenden von Bürgergeld bzw. Sozialhilfe, zumindest solange es keine existenzsichernde Ausbildungsförderung gibt!

BAföG-Höchstsatz mindestens in Höhe des Bürgergeld-Bedarfs plus Ausbildungsbedarf!

Die BAföG-Förderungshöchstdauer muss über die Regelstudienzeit hinaus um zwei Semester ausgeweitet werden, zumindest aber wieder ein Semester zur freien Studiengestaltung umfassen!

Der Ausbildungsanteil vom BAföG muss von der Anrechnung als Einkommen beim Bürgergeld freigestellt werden!

Sonderbedarf für den Semesterbeitrag zum Studienbeginn!

111 Umgangskosten

1. Fahrtkosten zum Besuch Ihrer Kinder ... 1
1.1 Bürgergeld 4
1.2 HzL/GSi der Sozialhilfe 11
2. Verpflegungskosten Ihrer Kinder 12
2.1 Der Aufenthalt Ihres Kindes dauert länger als zwölf Stunden 13
2.2 Der Aufenthalt Ihres Kindes dauert kürzer als zwölf Stunden 20
3. Unterbringung der Kinder 21
3.1 Größere Wohnung erforderlich ... 21
3.2 Wer hat Anspruch auf Wohnkosten? 25
3.3 Übernahme von Übernachtungskosten 27
4. Zahl der Besuche 28
4.1 Heranziehung des anderen Elternteils? 29
4.2 Beide Elternteile beziehen Leistungen nach SGB II/SGB XII 32
4.3 Finanzierung des Umgangs durch Reduzierung des Unterhalts? 35
5. Ungenehmigte Ortsabwesenheit bei Ausübung des Umgangsrechts ist unschädlich 38
6. Mehrbedarfszuschlag für Alleinerziehende 40
7. Kritik 41
8. Forderungen 42

111 Umgangskosten

1. Fahrtkosten zum Besuch Ihrer Kinder

1 Laut Bundesverwaltungsgericht sind *„die Ausübung des Umgangsrechts durch den nicht-sorgeberechtigten Elternteil ein persönliches Grundbedürfnis seines täglichen Lebens [...] und hieraus entstehende Kosten [...] Teil des notwendigen Lebensunterhalts"* (BVerwG 22.8.1995 – 5 C 15.94). Laut Bundesverfassungsgericht ist die Ausübung des Umgangsrechts ein **Grundrecht**. *„Pflege und Erziehung der Kinder sind das natürliche Recht der Eltern und die zuvörderst ihnen obliegende Pflicht"* (Art. 6 Abs. 2 S. 1 GG). Das zu verhindern, ist verfassungswidrig (BVerfG 25.10.1994 – 1 BvR 1197/93).

2 Selbst wenn die **Eltern** verheiratet sind, jedoch **dauernd getrennt** leben, ist die Übernahme der Umgangskosten nicht von vornherein ausgeschlossen. Nämlich dann, wenn ein wichtiger Grund, vorliegt, warum die Wohnsitze getrennt sind. Das wäre zB der Fall, wenn ein ausländischer Elternteil eine Beschäftigung in seinem Heimatland annimmt (BSG 11.2.2015 – B 4 AS 27/14 R; beantragt war die Übernahme der Reisekosten zum Besuch der zehnjährigen Tochter in Rumänien).

3 Das Grundrecht auf Ausübung des Umgangsrechts bedeutet in erster Linie, dass Sie ein Recht haben, den Umgang mit Ihrem Kind wahrzunehmen. Die finanzielle Ermöglichung des Umgangs ist bei Bezug von Bürgergeld und HzL/GSi der Sozialhilfe unterschiedlich geregelt.

1.1 Bürgergeld

4 Wenn Sie SGB II-Leistungen beziehen und Ihre Kinder besuchen wollen, die nach Ihrer Scheidung/Trennung beim anderen Elternteil wohnen, fallen Fahrtkosten an. Diese sind nicht in den 40,58 EUR des Regelbedarfs enthalten, die für *„fremde Verkehrsdienstleistungen"* (ÖPNV, Reisen; Stand 2023) vorgesehen sind. Im Regelbedarf sind nur **typische** Ausgaben erfasst – und die nicht einmal in voller Höhe.

5 Vor Hartz IV war die Übernahme der Fahrtkosten über die Sozialhilfe als einmalige Beihilfe üblich. Das SGB II jedoch sieht einmalige Beihilfen, die als Zuschuss gezahlt werden, für solche Sonderbedarfe nicht mehr vor (§ 24 Abs. 3 SGB II).

Bis zum Urteil des **Bundesverfassungsgerichts** über die Verfassungsmäßigkeit des Regelbedarfs vom 9.2.2010 (BVerfG – 1 BvL 1/09, 1 BvL 3/09 und 1 BvL 4/09) herrschte Unklarheit darüber, wie die Kosten für die Wahrnehmung des Umgangsrechts im SGB II abgedeckt werden können. Die Verfassungsrichter*innen ordneten deshalb an:

„Der Gesetzgeber hat bei der Neuregelung [des SGB II] auch einen Anspruch auf Leistungen zur Sicherung eines unabweisbaren, laufenden, nicht nur einmaligen besonderen Bedarfs für die nach § 7 SGB II Leistungsberechtigten vorzusehen, der bisher nicht von den Leistungen nach § 20 ff. SGB II erfasst wird, zur Gewährleistung eines menschenwürdigen Existenzminimums jedoch zwingend zu decken ist" (BVerfG 9.2.2010 – 1 BvL 1/09, 1 BvL 3/09 und 1 BvL 4/09)

6 Unter diese vom Regelbedarf nicht erfassten Bedarfe fallen auch die Umgangskosten. Die Bundesregierung ist der Aufforderung des BVerfG gefolgt und hat u.a. die Erstattung der mit dem Umgangsrecht verbundenen Kosten ab Juli 2010 in Form eines **Mehrbedarfszuschlags** (→ 74) in § 21 Abs. 6 SGB II geregelt (→ 52 Rn. 34 ff.).

7 Werden die Fahrtkosten der Kinder nicht durch das Einkommen des anderen Elternteils bestritten, muss der umgangsberechtigte Elternteil einen **Antrag** auf Übernahme der Kosten beim Jobcenter stellen. *„Bei Nutzung öffentlicher Verkehrsmittel können die tatsächlich entstandenen Aufwendungen bis zu den in der niedrigsten Klasse anfallenden Kosten übernommen werden; Fahrpreisermäßigungen (z.B. Spartarife der DB) sind möglichst in Anspruch zu nehmen"* (FW 21.41). Nutzen Sie Ihr **privates Kfz** (→ 68), können 0,30 EUR **für jeden gefahrenen Kilometer** (§ 5 BRKG) übernommen werden (BSG 4.6.2014 – B 14 AS 30/13 R; FW 21.41, mit Angabe des veralteten Werts 0,20 EUR/km).

8 Tipp: Stellen Sie die Anträge auf Fahrtkostenübernahme vor Antritt Ihrer Reise.

9 Zur Vermeidung von Fahrtkosten kann unter Umständen geprüft werden, ob zB *„das Kind alt genug ist, um den umgangsbe-

rechtigten Elternteil ohne (dessen) Begleitung besuchen zu können" (FW 21.41). Ob eine unbegleitete Bahnfahrt des Kindes allerdings möglich ist, hängt auch von der Zustimmung des sorgeberechtigten Elternteils ab.

10 **Keine Bagatellgrenze:** Es spielt keine Rolle, wie niedrig die Kosten sind, die im Rahmen der **Härtefallregelung** (→ 52) im Allgemeinen und der Umgangskosten im Besonderen anfallen. Eine allgemeine Geringfügigkeitsgrenze in Höhe von zehn Prozent des Regelbedarfs, die erst überschritten werden muss, um überhaupt einen Anspruch auf Leistungen zu rechtfertigen, gibt es nicht. 27,20 EUR Fahrtkosten mit dem Kfz, die nach einer Kilometerpauschale nach dem Bundesreisekostengesetz ermittelt wurden, sind zB zu übernehmen (BSG 4.6.2014 – B 14 AS 30/13 R), ggf. auch niedrigere Kosten.

1.2 HzL/GSi der Sozialhilfe

11 Für nicht erwerbsfähige Beziehende von HzL und GSi wurde im SGB XII die rechtliche Grundlage beibehalten, die Umgangskosten durch Anpassung der Regelbedarfe zu übernehmen. Hier ist eine individuelle Erhöhung des Regelbedarfs möglich, wenn ein Bedarf erwiesenermaßen erheblich von einem durchschnittlichen Bedarf abweicht (§ 27a Abs. 4 Nr. 2 SGB XII). Das ist bei Fahrtkosten im Rahmen des Umgangsrechts meist der Fall (LSG Baden-Württemberg 17.8.2005 – L 7 SO 2117/05 ER-B).

2. Verpflegungskosten Ihrer Kinder

12 Zu den Umgangskosten gehören außer Fahrtkosten vor allem Verpflegungskosten für die Kinder. Diese wurden zB im Jahr 2005 auf 4,50 EUR pro Tag und Kind eingestuft (SG Duisburg 11.7.2005 – S 27 AS 233/05 ER; LSG Baden-Württemberg 17.8.2005 – L 7 SO 2117/05 ER-B: 4,40 EUR/Tag). Die Bedürfnisse eines Kindes lassen sich aber nicht auf Essen und Trinken beschränken. Der Betrag ist entsprechend der Veränderungsraten des Verbraucherpreisindex fortzuschreiben.

2.1 Der Aufenthalt Ihres Kindes dauert länger als zwölf Stunden

13 Dann bilden Sie mit Ihrem Kind eine sogenannte „temporäre (zeitweise) **Bedarfsgemeinschaft**" und haben Anspruch auf die Zahlung des Kinderregelbedarfs für den Zeitraum des Kindesaufenthalts.

14 **Tipp:** Beantragen Sie rechtzeitig die Übernahme des anteiligen Regelbedarfs für Ihr Kind beim Jobcenter bzw. Sozialamt.

15 Für das **Bürgergeld** hat das BSG hat mit seinem Urteil vom 7.11.2006 deutlich gemacht, dass auch die zusätzlichen Lebenshaltungskosten während der Besuche der Kinder zu übernehmen sind. Deshalb ist „*die Annahme einer zeitweisen Bedarfsgemeinschaft im Sinne des § 7 Abs. 3 Nr. 4 SGB II [...] gerechtfertigt*" (BSG 7.11.2006 – B 7b AS 14/06 R). Dh, dass dieser Teil der Umgangskosten **durch die Behörde** zu übernehmen ist. Auch hierbei ist zu beachten, dass den Kindern selbst die Leistungen zustehen, selbst wenn diese nur tageweise dem Haushalt des Bürgergeld beziehenden Elternteils angehören (BSG 7.11.2006 – B 7b AS 14/06 R, Rn. 8; SG Aachen 19.11.2007 – S 14 AS 80/07).

16 Die temporäre Bedarfsgemeinschaft besteht für jeden Tag, an dem sich das Kind **länger als zwölf Stunden** beim umgangsberechtigten Elternteil aufhält (BSG 2.7.2009 – B 14 AS 75/08 R). „*Für Leistungen an Kinder im Rahmen der Ausübung des Umgangsrechts hat die umgangsberechtigte Person die Befugnis, Leistungen nach diesem Buch zu beantragen und entgegenzunehmen, soweit das Kind dem Haushalt angehört*" (§ 38 Abs. 2 SGB II).

17 Wird der anteilige Regelbedarf des Kindes für die zeitweise Bedarfsgemeinschaft gewährt, darf dort das anteilige **Kindergeld** (→ 61) nicht in Abzug gebracht werden. Dies steht dem sorgeberechtigten Elternteil als kindergeldberechtigter Person zu (BSG 2.7.2009 – B 14 AS 75/08 R). Dem umgangsberechtigten Elternteil steht es dagegen zur Deckung von Umgangsbedarfen nicht zur Verfügung.

18 Ob der anteilige **Unterhaltsvorschuss** (→ 116) nach Unterhaltsvorschussgesetz

(UVG), den der Elternteil ggf. ausgezahlt bekommt, bei dem das Kind wohnt, als Einkommen gilt und deshalb vom Regelbedarf des Kindes abgezogen werden kann, ist umstritten. Das BSG sagt ja, denn Zahlungen nach dem UVG seien Einkommen des Kindes (BSG 2.7.2009 – B 14 AS 54/08 R). Das SG Mainz sagt nein – zu Recht! Denn Geld nach dem UVG sei zwar Einkommen des Kindes, stehe aber zur Bedarfsdeckung während der Umgangszeit tatsächlich gar nicht zur Verfügung (5.4.2012 – S 3 AS 321/11). Es wäre wünschenswert, das BSG würde seine Auffassung diesbezüglich korrigieren. Näheres zur temporären **Bedarfsgemeinschaft** finden Sie unter dem genannten Beitrag (→ 16 Rn. 26, 30).

19 Für die HzL/GSi der Sozialhilfe gilt: Hält sich Ihr Kind nach einer Trennung oder Scheidung an Wochenenden oder in den Ferien vorübergehend länger als zwölf Stunden bei Ihnen auf, muss der anteilige Regelbedarf des Kindes auf Tagessätze umgerechnet und an Sie ausgezahlt werden. Zuständig ist das Sozialamt des Ortes, an dem Sie wohnen (BVerwG 18.2.1993 – 5 C 30.89). Das gilt noch heute.

2.2 Der Aufenthalt Ihres Kindes dauert kürzer als zwölf Stunden

20 Entstehen bei Besuchszeiten unter zwölf Stunden Kosten für die Versorgung der Kinder, kann ggf. ein Mehrbedarf nach § 21 Abs. 6 SGB II geltend gemacht werden, wenn der Bedarf nicht durch Unterhaltsverpflichtungen des anderen Elternteils gedeckt werden kann (LSG Sachsen 14.12.2016 – L 7 AS 1202/14; → Rn. 29 ff.). Den Nachweis über die Versorgungskosten müssen Sie erbringen. Das Gleiche gilt bei HzL/GSi der Sozialhilfe, nur dass der Bedarf durch Anpassung der Regelbedarfe (§ 27a Abs. 4 Nr. 2 SGB XII) zu decken ist.

3. Unterbringung der Kinder

3.1 Größere Wohnung erforderlich

21 Wenn Sie regelmäßig Ihr Umgangsrecht wahrnehmen und Ihr*e Kind/er häufiger bei Ihnen übernachten, ist eine größere Wohnung erforderlich. Das Jobcenter kann Sie dann nicht mehr auf die Wohnungsgröße für Alleinstehende (45–50 m²) verweisen. Bei mehreren Kindern hielt das SG Aachen zB 60 m² statt 45 m² für angemessen (SG Aachen 19.11.2007 – S 14 AS 80/07). „*In der Satzung [die Kommunen/Kreise für die Regelung der Unterkunftskosten erlassen können] soll für Personen mit einem besonderen Bedarf für die Unterkunft und Heizung eine Sonderregelung getroffen werden. Dies gilt [...] für Personen, die einen erhöhten Raumbedarf haben wegen [...] der Ausübung des Umgangsrechts*" (§ 22b Abs. 3 SGB II). Dh, eine größere Wohnung hat der Gesetzgeber in diesem Fall ausdrücklich vorgesehen.

22 Da es keine konkreten **gesetzlichen Vorgaben** für erhöhten Wohnraumbedarf von umgangsberechtigten Eltern gibt, kann davon ausgegangen werden, dass ein zusätzliches (Kinder-)Zimmer benötigt wird. Dessen Größe richtet sich nach der Anzahl der Kinder, die regelmäßig gemeinsam zu Besuch kommen. Ihre Wohnung muss für die zeitweise Unterbringung Ihrer Kinder **geeignet** sein.

23 **Tipp:** Ist ein Umzug erforderlich, um das Umgangsrecht zu ermöglichen, müssen Sie der Behörde nach Größe und Aufteilung geeignete Wohnungsangebote vorlegen und die Kostenübernahme aushandeln. Jobcenter/Sozialamt haben nach den Besonderheiten des Einzelfalles zu entscheiden.

24 Besteht bei **Schüler*innen, Studierenden und Auszubildenden** mit eigenen Kindern infolge der Wahrnehmung des Umgangsrechts ein zusätzlicher Wohnraumbedarf, kann auch dieser im Rahmen höherer Bedarfe für Unterkunfts- und Heizkosten aufgestockt werden SGB II-Leistungen (§ 7 Abs. 5 und 6 SGB II) oder beim Härtefalldarlehen (§ 27 Abs. 3 SGB II) berücksichtigt werden (BSG 17.2.2016 – B 4 AS 2/15 R zu den entsprechenden Leistungen nach § 27 Abs. 3 und 4 SGB II – alt).

3.2 Wer hat Anspruch auf Wohnkosten?

25 Höhere Wohnkosten, die einem umgangsberechtigten Elternteil entstehen, stellen immer einen **Bedarf des leistungsberechtigten Elternteils**, nicht des Kindes dar.

Das Kind hat schließlich seinen Lebensmittelpunkt beim anderen Elternteil (BSG 17.2.2017 – B 4 AS 2/15 R). Folglich ist beim Bestehen einer temporären Bedarfsgemeinschaft, also wenn ein Kind zeitweilig beim umgangsberechtigten Elternteil lebt, ein **Abzug** der anteiligen Unterkunftskosten **beim anderen Elternteil nicht zulässig** (LSG Sachsen 14.12.2016 – L 7 AS 1202/14).

26 Beim sogenannten „*Nest-Modell*", bei dem die Kinder fest in der Wohnung wohnen und von je einem Elternteil im Wochenwechsel dort betreut werden, sind die hälftigen Mieten für die Familienwohnung und das zusätzliche WG-Zimmer des leistungs- und umgangsberechtigten Elternteils zu übernehmen (LSG Niedersachsen-Bremen 19.5.2017 – L 11 AS 245/17).

3.3 Übernahme von Übernachtungskosten

27 Übernachtungskosten müssen getragen werden, wenn der umgangsberechtigte Elternteil sein Kind andernfalls nicht besuchen kann (SG Stuttgart 22.9.2005 – S 17 AS 5846/05 ER). Der Bedarf ist wie die Fahrtkosten nach der Härtefallregelung (§ 21 Abs. 6 SGB II; → Rn. 6 ff.) zu übernehmen.

4. Zahl der Besuche

28 Das Bundesverfassungsgericht hält die **Einschränkung der Besuche** auf ein Wochenende im Monat für **verfassungswidrig**. Die Grenze sei erst da zu ziehen, wo „*konkrete Anhaltspunkte*" dafür vorliegen, dass Unterhaltskosten missbräuchlich auf das Sozialamt abgeschoben werden (BVerfG 25.10.1994 – 1 BvR 1197/93). Die Zahl der zu finanzierenden Besuche hängt ab von „*Alter, Entwicklung und Zahl der Kinder, Intensität ihrer Bindung zum Umgangsberechtigten, Einstellung des anderen Elternteils zum Umgangsrecht, insoweit vom Vorliegen und Inhalt einverständlicher Regelungen, Entfernung der jeweiligen Wohnorte und Art der Verkehrsverbindungen*" (BVerwG 22.8.1995 – 5 C 15.94). Das gilt auch bei Bezug von Bürgergeld. Regelmäßige Besuche an jedem zweiten Wochenende sollten **im Inland** angemessen sein. Das Sozialgericht Bremen hat einem SGB II-Beziehenden zugestanden, seine Tochter einmal im Jahr für sieben Tage in Australien zu besuchen, und dafür 1.362 EUR als angemessen angesehen (13.5.2013 – S 23 AS 612/13 ER).

4.1 Heranziehung des anderen Elternteils?

29 Fahrt- und Übernachtungskosten **der Kinder** werden nur übernommen, wenn „*diese nicht aus evtl. vorhandenem Einkommen, der Regelleistung oder Leistungen Dritter bestritten werden*" können (FW 21.41). Daraus folgt, dass geprüft werden kann, ob der andere Elternteil über seine **Unterhaltspflicht** (→ 115) für die Erstattung der Kosten herangezogen werden kann, wenn er über ein entsprechendes Einkommen verfügt.

30 Das heißt aber nicht, dass Jobcenter die Leistungen für Kinder einfach versagen können, wenn unklar ist, ob der andere Elternteil „*leistungsfähig*" ist. Sollten Unterhaltsansprüche bestehen, gehen sie nach § 33 SGB II automatisch auf den SGB II-Träger über (BSG 2.7.2009 – B 14 AS 75/08 R, Rn. 22).

31 Das Jobcenter kann den auf sich übergegangenen Anspruch später eigenständig bei dem*r Unterhaltsverpflichteten einfordern. Dafür muss es ihm*r zuvor in Form einer Rechtswahrungsanzeige darlegen, dass es den Unterhalt statt des*r Verpflichteten erbringt (§ 33 Abs. 3 S. 1 SGB II). Da der Elternteil, bei dem sich das Kind überwiegend aufhält, jedoch seiner Unterhaltsverpflichtung gegenüber dem Kind bereits nachkommt, wird ein vom Jobcenter geltend gemachter Anspruch im Regelfall ins Leere laufen.

4.2 Beide Elternteile beziehen Leistungen nach SGB II/SGB XII

32 Dann wird dem Elternteil, bei dem sich das Kind überwiegend aufhält, der **Regelbedarf** der Kinder **anteilig gekürzt**. Und zwar **für den Zeitraum**, in dem sich diese beim umgangsberechtigten Elternteil in einer temporären Bedarfsgemeinschaft aufhalten und dort Leistungen beziehen. Denn bei den Leistungen nach dem SGB II handelt es sich um einen individuellen Anspruch jedes Kindes (BSG 7.11.2006 – B 7b AS 14/06 R). Und der Regelbedarf einer Person kann für einen Zeitraum nur einmal ausgezahlt werden. Mit

der Bildung einer zeitweisen Bedarfsgemeinschaft und Leistungskürzungen beim anderen Elternhaushalt sind Spannungen vorprogrammiert, weil im Regelbedarf zB Anteile für Kleidung oder Hausrat enthalten sind, die vom Elternteil angespart werden müssen, bei dem sich das Kind für gewöhnlich aufhält.

33 Wenn jedoch das Umgangskind seinen gewöhnlichen Aufenthaltsort im **Zuständigkeitsbereich eines anderen Jobcenters** hat, und dieses trotz Kenntnis dessen für den Zeitraum der Wahrnehmung des Umgangsrechts den Regelbedarf des Kindes ungekürzt weiterzahlt, darf dies nicht zum Nachteil des umgangsberechtigten Elternteils am anderen Ort geschehen. Das am Umgangsort zuständige Jobcenter muss dann den **Kinderregelbedarf** für die temporäre Bedarfsgemeinschaft **in voller Höhe erbringen** und es darf diese Leistung auch nicht versagen oder nachträglich zurückfordern, wenn es später von der Zahlung des anderen Jobcenters erfährt. Denn unabhängig von der „fehlerhaften" Zahlung des Jobcenters am gewöhnlichen Aufenthaltsort des Kindes besteht bei dem anderen, am Umgangsort zuständigen Jobcenter ein Anspruch auf Gewährung des Kinderregelbedarfs für den Zeitraum der temporären Bedarfsgemeinschaft in voller Höhe weiter (BSG 12.6.2013 – B 14 AS 50/12 R).

34 Um die mit der Aufteilung der Regelbedarfe verbundenen **Konfliktsituationen** zu vermeiden und den Elternteil, bei dem sich das Kind überwiegend aufhält, nicht zu benachteiligen, hat das Sozialgericht Dresden entgegen der Rechtsprechung des BSG entschieden, dass die sorgeberechtigte Mutter **Anspruch auf den ungekürzten Regelbedarf der Kinder** hat, obwohl das Kind teilweise beim Vater lebt. Denn die zeitweise Bedarfsgemeinschaft beim Vater führt nicht dazu, „*dass es im Haushalt der Mutter [...] zu entsprechenden Einsparungen kommen würde*" (SG Dresden 26.3.2012 – S 20 AS 5508/10; → Rn. 41).

4.3 Finanzierung des Umgangs durch Reduzierung des Unterhalts?

35 „*Sofern das Kind bzw. der mit ihm in Bedarfsgemeinschaft lebende Elternteil keine Leistungen nach dem SGB II bezieht und die umgangsberechtigte Person aufgrund eines Unterhaltstitels Unterhalt zahlt, kann zur Eigenfinanzierung der Fahrtkosten auch eine Aufforderung zur Abänderung des Unterhaltstitels (Erhöhung des Selbstbehalts bzw. Minderung des unterhaltsrechtlich relevanten Einkommens) in Betracht kommen*" (FW 21.41). Sollten Sie als Bürgergeld-Aufstocker*in tatsächlich titulierte Unterhaltszahlungen von Ihrem Erwerbseinkommen absetzen, könnte das Jobcenter Sie mit Blick auf die zitierte Weisung dazu auffordern, Ihre titulierten Unterhaltszahlungen reduzieren zu lassen, weil die umgangsbedingten Kosten Ihr unterhaltsrechtlich relevantes Einkommen verringern. Eine **solche Aufforderung** durch das Jobcenter zur Abänderung des Unterhaltstitels ist nach Auffassung des BSG jedoch **unzulässig**, da die Entscheidung über die Festsetzung eines solchen Titels unter die Verantwortung der Jugendämter fällt und nur Mitarbeiter*innen mit dezidierten familienrechtlichen Kenntnissen übertragen werden darf (BSG 9.11.2010 – B 4 AS 78/10 R).

36 Durch eine solche Unterhaltskürzung würden zudem Konflikte mit dem anderen Elternteil provoziert und die im Zusammenhang mit dem Umgang nötigen Vereinbarungen und Absprachen erschwert. Angesicht zweifelhafter Einsparpotenziale und unverhältnismäßiger negativer Auswirkungen auf die Ausübung des Umgangsrechts halten wir solche Vorgaben für unzumutbar. Zudem bestehen Zweifel, ob Familiengerichte oder beurkundende Jugendämter ohne konkrete Veränderung der Einkommensverhältnisse einer Abänderung des Unterhaltstitels überhaupt zustimmen würden.

37 **Tipp:** Werden Sie vom Jobcenter zur Abänderung des Unterhaltstitels aufgefordert, legen Sie schriftlich dar, warum diese Maßnahme für Sie unverhältnismäßig und nicht zumutbar ist.

5. Ungenehmigte Ortsabwesenheit bei Ausübung des Umgangsrechts ist unschädlich

38 Halten sich Bürgergeld-Beziehende „*zur Ausübung des Umgangsrechts [...] in der Zeit von Freitagmittag bis Sonntagabend au-*

ßerhalb des zeit- und ortsnahen Bereiches auf, ist dieser Aufenthalt [...] in der Regel nicht genehmigungspflichtig" (FW 7.130). Wie gnädig! Wochenendtage, an denen Sie Ihre Kinder besuchen, werden Ihnen auch nicht von Ihrem 21-tägigen Anspruch auf Ortsabwesenheit (→ 84) abgezogen.

39 Ab 1.7.2023 tritt die durch das Bürgergeldgesetz geänderte **Erreichbarkeitsregelung** in Kraft. Hier wird definiert, dass erwerbsfähige Leistungsberechtigte erreichbar sind, *„wenn sie sich im näheren Bereich des zuständigen Jobcenters aufhalten und werktäglich dessen Mitteilungen und Aufforderungen zur Kenntnis nehmen können"* (§ 7b Abs. 1 S. 2 SGB II). Wir gehen davon aus, dass auch diese vage formulierte Regelung nichts an der bestehenden Praxis bezüglich der Ausübung des Umgangsrechts ändern wird. Eine die Erreichbarkeit betreffende Verordnung des Bundesministeriums für Arbeit und Soziales, die nähere Bestimmungen zum Aufenthalt außerhalb des näheren Bereichs regelt (§ 13 Abs. 2 SGB II), lag bei Redaktionsschluss nicht vor.

6. Mehrbedarfszuschlag für Alleinerziehende

40 Zu den Mehrbedarfszuschlägen für Alleinerziehende finden Sie nähere Informationen unter dem entsprechenden Beitrag (→ 3).

7. Kritik

41 Die Wahrnehmung des Umgangsrechts ist in Bezug auf den Bedarf des Kindes kein Nullsummenspiel. Es liegt auf der Hand, dass mit der tagesgenauen Aufteilung des Kindregelbedarfs auf zwei Bedarfsgemeinschaften der Lebensunterhalt des Kindes in den Haushalten der getrennt lebenden Eltern nicht sichergestellt werden kann. Die Notlösung der „temporären Bedarfsgemeinschaft" ist mit großem Nachweis- und Prüfaufwand verbunden und provoziert familiäre Spannungen, die die Wahrnehmung des Umgangsrechts mit dem getrennt lebenden Kind insgesamt beeinträchtigen können. Eine unbürokratische und realitätsgerechte Lösung wäre, dem alleinerziehenden Elternteil, bei dem sich das Kind überwiegend aufhält, den vollen Kinderregelbedarf weiterhin auszuzahlen und darüber hinaus dem umgangsberechtigten Elternteil – sofern es SGB II-leistungsberechtigt ist – einen zusätzlichen Mehrbedarf für die Wahrnehmung des Umgangsrechts zu gewähren. Die tagesgenaue, das Umgangsrecht hemmende Aufteilung des Regelbedarfs würde entfallen und der tatsächliche Mehrbedarf des Kindes, der durch den Aufenthalt in zwei Haushalten entsteht, wäre bei entsprechender Ausgestaltung der Leistung gedeckt. Bei der Ausübung des sogenannten „Wechselmodells" mit Aufteilung von Kinderbetreuung und Sorgerecht zu gleichen Teilen könnten Kinderregelbedarf und Mehrbedarfszuschlag hälftig auf beide hilfebedürftigen Elternhaushalte aufgeteilt werden.

8. Forderungen

42 Einführung eines bedarfsdeckenden Mehrbedarfs für das Umgangsrecht statt Bildung von temporären Bedarfsgemeinschaften!

Anerkennung der angemessenen Fahrt- und Unterhaltskosten ohne Heranziehung des anderen Elternteils!

Keine Anrechnung der anteiligen UVG-Zahlungen für die Umgangszeit auf den Bedarf des Kindes!

112 Umzug

1. Unterkunftskosten nach einem Umzug 1
1.1 Bürgergeld 2
1.2 HzL/GSi der Sozialhilfe 6
2. Voraussetzungen für die Übernahme der Umzugskosten 7
2.1 Erforderlichkeit des Umzugs 8
2.2 Besonderheit während der Corona-Pandemie – Angemessenheitsfiktion für die Unterkunftskosten 11
2.3 Anzuerkennende Umzugsgründe .. 14
2.4 Notwendiger Umzug bei Beziehenden von Bürgergeld 15
3. Umzugskosten 17
4. Weitere Kosten im Zusammenhang mit dem Umzug 21
5. Zuständigkeiten 24

1. Unterkunftskosten nach einem Umzug

1 Bezieher*innen von Bürgergeld und HzL/ GSi der Sozialhilfe können grundsätzlich umziehen, wohin Sie wollen. Dies ist unabhängig davon, ob eine Behörde den Umzug als notwendig ansieht. Für alle leistungsberechtigte Personen gilt das Grundrecht auf Freizügigkeit nach Art. 11 GG (vgl. LSG Berlin-Brandenburg 28.7.2016 – L 32 AS 1945/14).

1.1 Bürgergeld

2 Wenn ein Umzug **vom Amt nicht als erforderlich anerkannt wird** und die Kostenübernahme der neuen Wohnung **nicht zugesichert** wurde, müssen bei Bürgergeld-Bezug Unterkunftskosten nur **in bisheriger Höhe** übernommen werden (§ 22 Abs. 1 S. 2 SGB II). Das bezieht sich auf die Summe der Kosten, gilt also auch, wenn die Kostensteigerung lediglich durch höhere **Heizkosten** verursacht wird (LPK-SGB II § 22 Rn. 117). Die Unterkunftskosten dürfen dann aber nicht dauerhaft auf diesem Niveau gedeckelt werden, das Jobcenter muss sie zumindest entsprechend der Mietpreissteigerung anpassen. Maßstab hierfür „*ist die Dynamisierung der nach dem schlüssigen Konzept ermittelten Angemessenheitsgrenzen*" (BSG 17.2.2016 – B 4 AS 12/15 R; → 75). Es ist also erforderlich, dass es überhaupt eine wirksame Richtlinie für angemessene Kosten der Unterkunft an dem Ort gibt.

3 Eine solche Deckelung der Unterkunftskosten trifft diejenigen am härtesten, die vor dem Umzug in einer billigen und oft schlechten Unterkunft gewohnt haben: wenn dadurch nämlich die Kosten der alten Wohnung deutlich unter den Unterkunftskosten liegen, die das Jobcenter im Normalfall als **angemessen** anerkennt. Damit die Differenz nicht aus dem Regelsatz finanziert werden muss, ist es in solchen Fällen wichtig, dass Sie die Erforderlichkeit oder zumindest einen anzuerkennenden plausiblen Grund für den Umzug darlegen (→ 75 Rn. 188 ff.).

4 Ziehen Sie an einen **anderen Wohnort**, müssen dort die neuen Unterkunftskosten vom Jobcenter anerkannt werden, wenn sie innerhalb der **dort gültigen** Angemessenheitsgrenzen liegen (BSG 1.6.2010 – B 4 AS 60/09 R). Wann die Begrenzung der Unterkunftskosten noch **entfällt**, lesen Sie unter Miete (→ 75 Rn. 155). Wie die Zuständigkeiten der jeweiligen Jobcenter verteilt sind, finden Sie unter → Rn. 24.

5 **Tipp:** Wenn Sie als Bürgergeld-Bezieher*in vor dem Abschluss des Mietvertrages zur Sicherheit die schriftliche Zusicherung für die Übernahme der künftigen Miete einholen, haben Sie einen Anspruch auf die Übernahme der neuen Mietkosten. Bekommen Sie aus welchen Gründen auch immer diese Zusicherung nicht, bedeutet dies jedoch nicht, dass Sie nicht umziehen dürfen, denn niemand muss das Jobcenter um Erlaubnis bitten, umziehen zu dürfen. Allerdings kann dies bedeuten, dass Sie sich die Übernahme der neuen höheren Miete erst erstreiten müssen.

1.2 HzL/GSi der Sozialhilfe

6 Bei Sozialhilfebezug sind nach einem Umzug **immer** die **angemessenen** Kosten der Unterkunft zu übernehmen (§ 35 Abs. 2 S. 4, § 42a Nr. 4 SGB XII).

2. Voraussetzungen für die Übernahme der Umzugskosten

7 Werden die neuen Unterkunftskosten nicht als angemessen anerkannt, trägt die Behörde im **Normalfall** auch nicht die Umzugskosten (BSG 24.11.2011 – B 14 AS 107/10 R). Ist der Umzug nicht erforderlich, gilt das ebenso. In beiden Fällen **können** aber die Kosten durchaus übernommen werden. Das ist durch kein Gesetz ausgeschlossen. „*Umzugskosten können bei vorheriger Zusicherung durch den bis zum Umzug zuständigen kommunalen Träger als Bedarf anerkannt werden. [...] Die Zusicherung soll erteilt werden, wenn der Umzug durch den kommunalen Träger veranlasst oder aus anderen Gründen notwendig ist und wenn ohne die Zusicherung eine Unterkunft in einem angemessenen Zeitraum nicht gefunden werden kann*" (§ 22 Abs. 6 SGB II, sinngleich § 35 Abs. 2 S. 5 SGB XII).

Die Behörde wird also die Umzugskosten regelmäßig nur übernehmen, wenn

- der Umzug erforderlich ist oder von der Behörde veranlasst wurde,
- die Miete der neuen Wohnung angemessen ist und
- vor dem Umzug der Antrag auf Zusicherung (bzw. im SGB XII Zustimmung) zur Umzugskostenübernahme gestellt wurde

2.1 Erforderlichkeit des Umzugs

8 Wenn der Antrag rechtzeitig gestellt wurde, die Behörde die Bearbeitung aber treuwidrig verzögert, muss ausnahmsweise die vorherige Zusicherung/Zustimmung nicht vorliegen (BSG 6.5.2010 – B 14 AS 7/09 R). Ein Umzug ist notwendig, wenn ein plausibler, nachvollziehbarer und verständlicher Grund dafür vorliegt, von dem sich auch ein*e Nichtleistungsberechtigte*r hätte leiten lassen und der auf andere Weise nicht beseitigt werden kann (BSG 24.11.2011 – B 14 AS 107/10 R; → Rn. 14). Ist ein Umzug **notwendig**, die neue Miete aber **unangemessen**, werden viele Behörden die Übernahme der Umzugskosten einfach verweigern (BSG 6.8.2014 – B 4 AS 37/13 R). Die Angemessenheit der neuen Wohnung ist aber keine zwingende Voraussetzung für die Übernahme der Umzugskosten. Das ist nur die Notwendigkeit des Umzuges. Die Umzugskosten können zB übernommen werden, wenn der*die Betroffene sich zuvor bereit erklärt, die überschießenden Unterkunftskosten selbst zu tragen (SG Duisburg 13.9.2007 – S 7 AS 77/05; LPK-SGB II § 22 Rn. 222).

9 Ist ein Umzug **nicht notwendig**, die neue Miete aber **angemessen, kann** die Behörde die Umzugskosten dennoch übernehmen. Sie muss auch in einem solchen Fall einen Antrag prüfen und bescheiden. Je gewichtiger die Gründe sind (zB schlechte sanitäre Verhältnisse, mangelnde Heizbarkeit, schlechter Zuschnitt usw) und je geringer die Mehrkosten bei einem Umzug sind, desto eher muss die Entscheidung positiv ausfallen.

10 Umzugskosten gehören zu den Kosten der Unterkunft (LPK-SGB II § 22 Rn. 216). Sie sind also nicht im Regelbedarf enthalten.

2.2 Besonderheit während der Corona-Pandemie – Angemessenheitsfiktion für die Unterkunftskosten

11 Mit § 67 SGB II und § 141 SGB XII existieren Regelungen für ein vereinfachtes Verfahren zum Zugang zu sozialer Sicherung aus Anlass der Corona-Pandemie. Danach gelten jeweils nach Abs. 3 der Vorschrift die tatsächlichen Aufwendungen für Unterkunft und Heizung für die Dauer von sechs Monaten als angemessen. Die Übergangsvorschriften gelten für alle Bewilligungszeiträume, deren **Beginn** in die Zeit ab März 2020 bis Dezember 2022 fällt, unabhängig davon, ob dies Erstanträge oder Weiterbewilligungsanträge sind (§ 67 Abs. 2 SGB II, § 141 Abs. 2 SGB XII, § 1 Abs. 1 VZVV). Bewilligungszeiträume, die schon vor März 2020 begonnen haben, fallen nicht hierunter, ebenso wenig solche, die erst nach dem Dezember 2022 beginnen. Es gelten also jegliche Unterkunftskosten als angemessen und müssen daher von der Behörde übernommen werden, ohne dass diese auch nur die Angemessenheit zu prüfen hat. Voraussetzung ist jedoch, dass die Unterkunftskosten nicht bereits vorher wegen Unangemessenheit abgesenkt worden waren, also bereits vor März 2020 nur noch die angemessenen Aufwendungen übernommen wurden (SG Berlin 20.5.2020 – S 179 AS 3426/20 ER). Beachten Sie bitte, dass eine schon ausgesprochenen Kostensenkungsaufforderung, die noch nicht umgesetzt wurde – also wenn die Unterkunftskosten noch nicht abgesenkt wurden –, wegen der Corona-Sonderreglung keine Wirkung entfalten kann und nicht umgesetzt werden darf.

12 Während des Sechs-Monats-Zeitraumes darf es auch keine (erneute) Kostensenkungsaufforderung geben, denn diese setzt voraus, dass die Kosten der Unterkunft unangemessen sind, was jedoch wegen der gesetzlichen Fiktion der Angemessenheit nicht der Fall ist. Damit sind auch Nachzahlungen aus Nebenkostenabrechnungen zu übernehmen, die in den genannten Zeitraum fallen, selbst wenn sich daraus ergibt, dass die Unterkunfts- und Heizkosten die Angemessenheitsgrenzen übersteigen. Dabei ist auch nicht relevant, dass die Nebenkosten in

einem Zeitraum vor März 2020 verursacht worden sind.

13 Nach § 22 Abs. 2 S. 3 SGB II und § 35 Abs. 2 S. 2 SGB XII sind unangemessene Kosten für Unterkunft und Heizung solange zu übernehmen, wie eine Senkung der Kosten nicht möglich oder nicht zumutbar ist, längstens in der Regel jedoch für sechs Monate. Auf diese Frist von sechs Monaten wird die Frist aus der Corona-Sonderregelung nicht angerechnet, wirkt sich also nicht mindernd aus. Diese Regelungen bedeuten letztlich, dass Menschen während der Geltung der Corona-Sondervorschriften Wohnungen anmieten können, auch wenn diese nicht den sonst anzuwendenden Angemessenheitsrichtlinien entsprechen und die Behörde die höheren Kosten übernehmen muss. Erst nach Beendigung der Geltung dieser Regelungen kann ein Kostensenkungsverfahren durchgeführt werden, bei dem dann zunächst die Sechs-Monats-Frist aus § 22 Abs. 1 S. 3 SGB II bzw. § 35 Abs. 2 S. 2 SGB XII einzuhalten ist. Sollte die Behörde Ihnen einen Antrag auf Zusicherung zu den künftigen Unterkunftskosten nach § 22 Abs. 4 SGB II wegen (vermeintlicher) Unangemessenheit abgelehnt haben, ist dies während der Geltung der Corona-Sonderregelung rechtswidrig. Sie können dagegen mit einem Widerspruch oder bei Ablauf der Widerspruchsfrist mit einem Überprüfungsantrag vorgehen. Sie können aber auch ohne die Zusicherung umziehen, denn wegen der Fiktion der Angemessenheit muss die Behörde jegliche Unterkunftskosten übernehmen. **Aber:** Die Regelung bedeutet nicht, dass Sie die vollen KdU bekommen, wenn der Umzug nicht erforderlich war und daher die Miete auf die bisherige Höhe der Miete nach § 22 Abs. 1 S. 2 SGB II begrenzt wird. Gleichfalls können unter 25-Jährige nach nicht erforderlichen Erstauszügen bei den Eltern hierüber nicht die vollen KdU erhalten.

2.3 Anzuerkennende Umzugsgründe

14 Ein Umzugsgrund liegt vor, wenn

- *„der Umzug durch den kommunalen Träger [bzw. Träger der Sozialhilfe] veranlasst wird"* (§ 22 Abs. 6 S. 2 SGB II, § 35 Abs. 2 S. 6 SGB XII), um die Unterkunftskosten zu senken bzw.

- *„der Umzug [...] aus anderen Gründen notwendig ist"* (§ 22 Abs. 6 S. 2 SGB II, § 35 Abs. 2 S. 6 SGB XII).

Dies ist u. a. der Fall, wenn

- ein rechtskräftiges **Räumungsurteil** vorliegt (LSG Berlin Brandenburg 15.2.2010 – L 25 AS 35/10 B ER); bei selbst verschuldeter Kündigung können die neuen Unterkunftskosten allerdings auf die Höhe der bisherigen Kosten begrenzt werden (SG Berlin 16.7.2010 – S 82 AS 7352/09),
- Ihre bisherige Wohnung **zu klein** ist, u.a. weil Sie ein **Kind** bekommen haben (LSG Berlin Brandenburg 20.3.2014 – L 25 AS 2038/10; LSG Mecklenburg-Vorpommern 7.5.2009 – L 8 AS 87/08; Geiger 2021, S. 434 ff.) oder weil sie das **Umgangsrecht** (→ 111) mit einem getrennt lebenden Kind wahrnehmen wollen (SG Bremen 31.5.2010 – S 23 AS 987/10 ER),
- Ihre bisherige Wohnung **zu groß** ist,
- Ihre bisherige Wohnung **zu klein** ist, zB 19,38 m² für eine*n Alleinstehende*n (SG Stade 8.10.2010 – S 28 AS 724/10 ER; LSG Hessen 12.3.2007 – L 9 AS 260/06: deutet an, dass weniger als 35 m² für eine Person unzumutbar ist),
- die Wohnung **bauliche Mängel** hat, zB zu feucht ist und die Mängel nicht in angemessener Frist zu beheben sind (OVG Lüneburg 10.9.1996 – 12 M 4916/96),
- die Wohnung in **gesundheitsgefährdendem** Ausmaß mit Schimmel befallen ist (SG Bremen 19.3.2009 – S 23 AS 485/09 ER: abzuwarten, ob die Mängel durch den*die Vermieter*in beseitigt werden, ist dann nicht hinnehmbar; dazu siehe auch: Geiger 2021 434 ff.),
- die Wohnung **keine Badewanne** hat, obwohl ein Kleinkind im Haushalt lebt (OVG Niedersachsen-Schleswig-Holstein 10.2.1987 – 4 B 283/86),
- die **sanitären Verhältnisse** schlecht sind (LSG Sachsen-Anhalt 31.3.2011 – L 5 AS 359/10 B ER; SG Dortmund 22.12.2005 – S 31 AS 562/05 ER; SG Berlin 4.11.2005 – S 37 AS 10013/05 ER),
- **Anschlüsse** für Licht, Herd oder Heizung fehlen,
- **Wasserversorgung**, Abort, Schallschutz, ausreichender **Wärmeschutz**, ausreichen-

des **Tageslicht** oder ausreichende **Luftzufuhr fehlen** oder Aufenthaltsräume weniger als zwei Meter hoch sind,
- Ihre Wohnung **nicht behinderten-, gesundheits- oder altersgerecht** ist (zB kein Aufzug usw),
- Sie **gehbehindert** sind und die Treppen in Ihre Wohnung nicht mehr bewältigen können (SG Gießen 10.1.2013 – S 25 AS 832/12 ER),
- das **Wohnumfeld** zB aufgrund von Bedrohung, Verwahrlosung, Lärmbelästigung usw unzumutbar ist (LSG Sachsen 21.6.2012 – L 3 AS 828/11 und 24.2.2009 – L 3 B 650/08 AS PKH; LSG Berlin-Brandenburg 31.3.2008 – L 29 B 296/08 AS ER),
- die Wohnung **ungünstig geschnitten** und schlecht beheizbar ist (LSG Baden-Württemberg 11.8.2011 – L 12 AS 3144/11 ER-B; SG Berlin 16.12.2005 – S 37 AS 11501/05 ER),
- Beheizung mit Kohle aus **gesundheitlichen Gründen** unzumutbar ist (LSG Berlin-Brandenburg 25.3.2009 – L 25 AS 470/09 B ER),
- sich Eheleute oder unverheiratete Paare **trennen** (LSG Mecklenburg-Vorpommern 30.4.2008 – L 10 B 134/07, bei gescheiterter Ehe bereits vor Ablauf des Trennungsjahres erforderlich, zitiert nach: Geiger 2021, 350),
- Sie mit einem*r Partner*in **zusammenziehen** oder diese*n heiraten wollen,
- es **Konflikte** in einer WG gibt (SG Lüneburg 19.8.2005 – S 24 AS 472/05 ER),
- Sie durch geringere Unterkunftskosten **von Unterstützung unabhängig** werden können oder
- Sie einen anderen **wichtigen Grund** haben.

2.4 Notwendiger Umzug bei Beziehenden von Bürgergeld

15 Wenn Sie Bürgergeld beziehen, gilt zudem, dass der Umzug notwendig ist, wenn
- Sie den **Arbeitsplatz** wechseln,
- der bisherige Wohnort **zu weit von** Ihrer **Arbeitsstelle** entfernt war oder
- Sie an einen Ort ziehen, an dem Sie **Arbeit gefunden** haben oder eher **Arbeit finden** können.

16 Je weiter die neue Unterkunft von der alten entfernt ist, desto höher werden die Umzugskosten sein. Solange aber der Umzug notwendig ist bzw. die Mehrkosten nicht unverhältnismäßig sind, müssen die Behörden Umzugskosten übernehmen.

3. Umzugskosten

17 Zu den notwendigen Umzugskosten gehören Kosten, die im Zusammenhang mit dem Umzug und wegen des Umzugs anfallen. Darunter fallen zB
- die Kosten fürs **Packen** (Umzugskartons; LSG Niedersachsen-Bremen 28.1.2008 – L 9 AS 647/07 ER),
- **Transport**, Versicherungen, Benzin, die Anmietung eines vollkaskoversicherten Fahrzeugs (BSG 6.10.2011 – B 14 AS 152/10 R), **nicht aber** die Schadensersatzforderungen des*r Autovermietenden aufgrund einer Beschädigung des Mietfahrzeugs (BSG 6.10.2011 – B 14 AS 152/10 R),
- die Aufwendungen für die erforderliche **Versorgung der Umzugshelfer*innen** (übliche Getränke- und Verpflegungskosten; LSG Sachsen 26.10.2010 – L 3 B 768/08 SO ER; SG Dresden 15.8.2005 – S 23 AS 692/05 ER): es kann schlecht verlangt werden, dass Ihre ansonsten unbezahlten Umzugshelfer*innen sich selbst verköstigen,
- eine **Haftpflichtversicherung** bei privaten Umzugshelfer*innen. Diese ist notwendig, weil diese nicht für die Beschädigung oder den Verlust Ihrer Wohnungseinrichtung und Ihrer Besitztümer haften (SG Düsseldorf 18.5.2005 – S 3 SO 118/05 ER),
- **Sperrmüll**gebühren (SG Hamburg 29.3.2006 – S 59 AS 503/06 ER),
- **Wiederbeschaffung**skosten von Hausrat und Möbeln, die aufgrund des Umzugs funktionsuntüchtig geworden sind (BSG 1.7.2009 – B 4 AS 77/08 R; LSG Niedersachsen-Bremen 21.2.2006 – L 9 B 37/06 AS) und
- ein **Postnachsende**antrag sowie Kosten für die Bereitstellung des neuen **Telefon- und Internetanschlusses**. Diese sind bei einem durch die Behörde veranlassten oder sonst notwendigen Umzug als Umzugskosten

bei vorheriger Zusicherung zu übernehmen (BSG 10.8.2016 – B 14 AS 58/15 R).

18 **Umzugspauschalen** für den Umzugswagen, Helfer*innen etc sind idR zulässig, zB
- 200 EUR für einen Zweipersonenhaushalt (LSG Berlin-Brandenburg 5.2.2008 – L 10 B 2193/07 AS ER),
- 1056 EUR für einen Dreipersonenhaushalt (SG Dresden 15.8.2005 – S 23 AS 692/05 ER).

19 Sie sollen den Umzug grundsätzlich in **Selbsthilfe** mit Freund*innen, Bekannten oder Verwandten organisieren (BSG 6.5.2010 – B 14 AS 7/09 R). Wenn Sie das nicht können, weil sie zB zu **alt, behindert oder krank** sind und keine Helfer*innen vorhanden sind, müssen die Kosten für ein **gewerbliches Unternehmen** übernommen werden (BSG 6.5.2010 – B 14 AS 7/09 R; LSG Hamburg 29.3.2006 – L 5 B 111/06 ER AS; SG Dresden 15.8.2005 – S 23 AS 692/05 ER) bzw. für gewerbliche Helfer*innen (OVG Berlin 26.11.2004 – 6S 426/04).

20 Verlangt das Amt von Ihnen die Vorlage von **Kostenvoranschlägen für Umzugsunternehmen**, ist das unserer Rechtsauffassung nach unzulässig. Besonders, da das jeweilige Amt dies über eine Mitwirkungsaufforderung begründet. Die Beschaffung von Kostenvoranschlägen gehört aber nicht zu den Mitwirkungspflichten nach §§ 60 ff. SGB I (→ 67 Rn. 11 ff.). Die Ermittlung der Kosten für den Umzug gehört nach unserer Auffassung zu den behördlichen Amtsermittlungspflichten. Wenn das Amt dies auf Sie abschiebt und Ihnen dadurch Kosten entstehen, ist unserer Auffassung nach das beauftragende Amt nach § 21 Abs. 3 S. 4 SGB X iVm § 670 BGB zur Übernahme der Kosten verpflichtet (vgl. SG Braunschweig 13.1.2016 – S 17 AS 3211/12: in Sachen Attestkosten). Sollten Sie einen Versagungs- oder Entziehungsbescheid wegen der vermeintlichen Verletzung von Mitwirkungspflichten erhalten, können Sie dagegen Widerspruch einlegen. Sie können das damit begründen, dass eine Verletzung von Mitwirkungspflichten nicht vorliegt, da das Einholen von Kostenvoranschlägen zur Aufgabe der Behörde gehört.

4. Weitere Kosten im Zusammenhang mit dem Umzug

21 Die angemessenen Kosten für **Räumung und Entsorgung von Möbeln und Gebrauchsgütern** können auch bei einem Umzug in ein Pflegeheim übernommen werden (BSG 15.11.2012 – B 8 SO 25/11 R: wenn der Hausrat nicht vollständig mitgenommen werden kann).

22 Wenn Sie umziehen, können eine Auszugsrenovierung in der alten sowie eine Einzugsrenovierung in der neuen Wohnung anfallen (→ 90). Wenn Sie umziehen müssen, fallen **Wohnungsbeschaffungskosten** (→ 129) an, um die neue Wohnung zu suchen und anmieten zu können. Hierzu zählen auch die **Kaution** (→ 59) und **Genossenschaftsanteile** (→ 30 Rn. 3; → Rn. 25). Wenn Sie umziehen, fallen auch Bereitstellungskosten von Telefon- und Internetanschluss sowie Nachsendeantrag an, diese können als Umzugskosten übernommen werden (BSG 10.8.2016 – B 14 AS 58/15 R). Des Weiteren können bei einem Umzug **doppelte Mietzahlungen** anfallen, die übernommen werden (→ 129 Rn. 6). Zudem sollten Sie bei einem Umzug die Zusicherung der künftig zuständigen Behörde für die Übernahme der Kosten der neuen Wohnung einholen (→ 75 Rn. 147 ff.). Für einen nicht erforderlichen Umzug in eine teurere Wohnung bedürfen Sie keiner Zusicherung (→ 75 Rn. 149).

23 **Tipp:** Alle Umzugskosten und Wohnungsbeschaffungskosten müssen im Voraus beantragt werden. Unterschreiben Sie einen Vertrag zB mit einem Umzugsunternehmen oder einer Mietwagenfirma immer erst nach schriftlicher Kostenzusage der Behörde (LSG NRW 26.2.2013 – L 9 SO 437/12 B)!

5. Zuständigkeiten

24 Zuständig für die Übernahme der Umzugskosten ist für Beziehende von Bürgergeld die Behörde **des Ortes, aus dem Sie wegziehen** (§ 22 Abs. 6 SGB II). Im SGB XII (§ 35 Abs. 2 S. 4 und 5 SGB XII) ist das noch nicht entsprechend geregelt, muss aber genauso gehandhabt werden wie im SGB II (LSG Baden-Württemberg 23.11.2006 – L 7 SO 4415/05).

25 Für die darlehensweise Übernahme einer Kaution (→ 59) bzw. von Genossenschaftsanteilen ist das Jobcenter **am Ort der neuen Unterkunft** zuständig (§ 22 Abs. 6 S. 1 SGB II). Dort bekommen Sie auch Auskunft darüber, ob Ihre neue Wohnung angemessen ist (§ 22 Abs. 4 SGB II). Das Gleiche gilt für die Sozialhilfe (§ 35 Abs. 2 S. 3 SGB XII).

113 Untätigkeit der Behörde/ Vorschuss

1. Langsame Bearbeitung 1
2. Reaktion auf Untätigkeit: drei Wege .. 4
  2.1 Rechtliche Mittel 5
  2.2 Unterstützung durch einen Beistand, Einschalten von Beratungsstellen 12
  2.3 Vorgesetzte einschalten, Beschwerdeweg 14
  2.4 Weitere Möglichkeiten, sich ohne Rechtsmittel durchzusetzen 15
  2.5 Strategie festlegen – Wahl der Mittel 16
3. Untätigkeitsklage bei Nichtbearbeitung eines Antrags 18
4. Untätigkeitsklage bei Nichtbearbeitung eines Widerspruchs 19
5. Kritik 20
6. Forderungen 23

1. Langsame Bearbeitung

1 Auf die Leistungen zum Lebensunterhalt, Bürgergeld und HzL/GSi der Sozialhilfe, besteht ein **Rechtsanspruch** (§ 38 SGB I), wenn Hilfsbedürftigkeit vorliegt und ein Antrag gestellt wurde. In allen drei Bereichen besteht kein Ermessen, ob überhaupt Leistungen gewährt werden. Die Ämter trifft vielmehr eine **unmittelbare Gewährleistungspflicht**, dh, die Sozialleistungsträger müssen dafür sorgen, dass jede*r Berechtigte die ihm*r zustehenden Leistungen in zeitgemäßer Weise, umfassend und zügig erhält (§ 17 Abs. 1 Nr. 1 SGB I).
Ansprüche auf Sozialleistungen **entstehen mit der Antragstellung** (§ 40 SGB I; → Rn. 2) und werden **mit der Antragstellung** fällig (§ 41 SGB I).

2 Häufig jedoch lässt man Ihre Anträge und Anfragen über Monate liegen. Eine 2010 vom Erwerbslosenverein Tacheles in Wuppertal vorgenommene Untersuchung über die dortige SGB II-Gewährungspraxis stützt diesen Befund. Die Wuppertaler Erwerbslosen beurteilten die zeitnahe Bearbeitung von Anträgen mit durchschnittlich 4,6 (nach Schulnoten 1 bis 6; abrufbar unter www.frank-jaeger.info/fachinformationen/Bericht-Umfrage.pdf, letzter Zugriff: 29.1.2023). Vergleichbare Umfragen des Sozialbündnisses in Krefeld oder des Diakonischen Werks in Hamburg kommen zu ähnlichen Ergebnissen.

3 Die BAG-Wohlfahrtspflege hat im Sommer 2022 eine Umfrage zur Erreichbarkeit der Jobcenter und Arbeitsagenturen während der Coronapandemie durchgeführt. Im Ergebnis wurde deutlich, dass die Erreichbarkeit von Jobcentern und Arbeitsagenturen und der Zugang zu diesen Behörden häufig eingeschränkt ist – mit (zum Teil erheblichen) Folgen für Leistungsberechtigte und Hilfesuchende. 73,5 Prozent der Befragten geben an, dass persönliche Beratung im Jobcenter vor Ort nur mit Termin möglich ist. 7,9 Prozent sagen, dass persönliche Beratung vor Ort in ihrem Jobcenter gar nicht möglich ist, auch nicht mit Termin. 30,9 Prozent der Befragten geben an, dass es keine frei zugängliche Eingangszone im Jobcenter gibt, so dass zB eine persönliche Abgabe von Unterlagen gegen Empfangsbestätigung nicht möglich ist. Rund 28 Prozent weisen darauf hin, dass das Jobcenter keine regulären Öffnungszeiten hat. Die BAG fordert mehr Bürgerfreundlichkeit und weniger Bürokratie. Aus Sicht der Wohlfahrtsverbände müssen deshalb persönliche Zugangswege in der Behörde denselben Stellenwert wie digitale Kontaktmöglichkeiten erhalten und in jedem Fall ein ausreichendes Maß an persönlichen Kontaktmöglichkeiten gemessen an den Bedürfnissen und Möglichkeiten der Leistungsberechtigten und Hilfesuchenden vorhanden sein. Die Umfrageergebnisse sind hier abrufbar: https://www.bagfw.de/veroeffentlichungen/pressemitteilungen/detail/umfrage-sozialer-beratungsstellen-zeigt (letzter Zugriff: 29.1.2023).

2. Reaktion auf Untätigkeit: drei Wege

4 Sie haben im Wesentlichen drei Möglichkeiten, zu Ihrem Recht zu kommen. Grund-

sätzlich gilt: Die Sozialbehörden müssen ein menschenwürdiges Leben sicherstellen. Das ist eine verfassungsrechtliche Verpflichtung des Staates, die unabhängig von den Gründen der Hilfebedürftigkeit besteht (BVerfG 12.5.2005 – 1 BvR 569/0). Demnach sichere ein „*Grundrecht auf Gewährleistung eines menschenwürdigen Existenzminimums*" jedem*r Hilfebedürftigen diejenigen materiellen Voraussetzungen zu, „*die für seine physische Existenz und für ein Mindestmaß an Teilhabe am gesellschaftlichen, kulturellen und politischen Leben unerlässlich sind*" (Art. 1 Abs. 1 GG iVm Art. 20 Abs. 1 GG; BVerfG 9.2.2010 – 1 BvL 1/09). Dieses „*Grundrecht auf Gewährleistung eines menschenwürdigen Existenzminimums*" muss nur noch Einzug in die Amtsstuben halten. Sachbearbeiter*innen sollten wissen, dass es für Bürgergeld-/Sozialhilfeberechtigte eine Katastrophe darstellt, eine Woche ohne Geld leben zu müssen und dass sie verpflichtet sind, entsprechend zügig zu reagieren.

2.1 Rechtliche Mittel

5 Zum 1.8.2016 wurden im SGB II und zum 1.7.2017 im SGB XII bei der GSi neue Regelungen zur **vorläufigen Entscheidung über Leistungen** (→ 121; → 7 Rn. 74 ff.) eingeführt (§ 41a SGB II, § 44a Abs. 1 Nr. 2 SGB XII). Nach Ansicht der Bundesregierung werden infolgedessen „*Vorschuss und vorläufige Entscheidung [...] für den Bereich der Grundsicherung für Arbeitsuchende spezialgesetzlich in einer Vorschrift zusammengefasst*" (BT-Drs. 18/8041, 52). Daher verdrängen diese neu eingeführten Regelungen der vorläufigen Leistungsgewährung des § 41a Abs. 1 S. 1 Nr. 2 SGB II bzw. § 44a Abs. 1 Nr. 2 SGB XII als spezielle Regelung für den Bereich des Bürgergelds und seit 1.7.2017 auch in der GSi die Vorschussregelung des § 42 SGB I. Nach der alten Regelung kann der zuständige Leistungsträger nach pflichtgemäßem Ermessen (→ 44) Vorschüsse in einer bestimmten Höhe gewähren, muss es gegebenenfalls sogar: nämlich dann, wenn ein Anspruch auf Geldleistung besteht, aber zur Feststellung seiner Höhe voraussichtlich längere Zeit erforderlich ist. Die Regelungen im SGB II/SGB XII gehen inhaltlich über die allgemeine Vorschussregelung nach

§ 42 SGB I hinaus, weil die vorläufige Entscheidung nach § 41a SGB II / § 44a SGB XII auch greift, wenn **noch nicht abschließend feststeht**, ob der Anspruch dem Grunde nach besteht und es vielmehr genügen lässt, dass der Anspruch mit **hinreichender Wahrscheinlichkeit** besteht, und ausdrücklich als „**Muss-Regelung**" ausgestaltet ist. Der große Nachteil: Im Gesetz ist jeweils kein Zeitpunkt genannt, bis wann die Leistung bewilligt werden muss.

6 Allerdings wurde die Vorschussregelung im SGB II in Bezug auf das SGB II/SGB XII bzw. GSi **nicht per Gesetz abgeschafft**. Nach wie vor regelt § 37 S. 1 SGB I, dass hier das SGB I anzuwenden ist. Deshalb ist unserer Auffassung nach die **Vorschussregelung** auch **weiterhin anzuwenden**, insbesondere bei Mittellosigkeit, wenn einen Monat nach Antragstellung weder Leistungen bewilligt noch erbracht wurden (→ 7 Rn. 74 ff.). Der ursprüngliche Zweck der vorläufigen Leistungsgewährung ist eine vorläufige und dadurch schnellere Entscheidung zur existenziellen Sicherung des Lebensunterhaltes und Befriedigung eines bereits vor abschließender Leistungsfeststellung bestehenden Bedarfes, obwohl zum Entscheidungszeitpunkt **noch nicht alle leistungserheblichen Tatsachen feststehen** (FW 41a.1).

7 Da in der **HzL** keine Regelung für die vorläufige Leistungsgewährung getroffen wurde, **gilt dort definitiv die Vorschussregelung des SGB I**, nach der Leistungen spätestens einen Monat nach Eingang eines gesonderten Antrages zu erbringen sind (§ 42 Abs. 1 S. 2 SGB I). Wenn es sich um einen Erst- oder Folgeantrag handelt, **kann** das Amt Ihnen einen **Vorschuss** zahlen. Im Fall akuter Bedürftigkeit **muss** es sofort zahlen, ansonsten spätestens **nach einem Monat**, vorausgesetzt, Sie machen Ihren Anspruch geltend (§ 42 Abs. 1 S. 2 SGB I).

8 Beim **Bürgergeld** ist **vorläufig zu entscheiden**, wenn zur Feststellung der Voraussetzungen des Anspruchs auf Geld- und Sachleistungen voraussichtlich längere Zeit erforderlich ist und die Voraussetzungen für den Anspruch mit hinreichender Wahrscheinlichkeit vorliegen (§ 41a Abs. 1 S. Nr. 1 SGB II). Es ist **nur dann** nicht vorläufig zu entscheiden,

"wenn Leistungsberechtigte die Umstände, die einer sofortigen abschließenden Entscheidung entgegenstehen, zu vertreten haben" (§ 41a Abs. 1 S. 2 SGB II).

9 Im Gegensatz zur Vorschussregel, lässt die vorläufige Entscheidung auch eine **Sachleistungsgewährung** zu. Regelbedarfe sind im SGB II in Geld zu erbringen (Geldleistungsprinzip), davon ist nur abzuweichen, wenn ein ungeeigneter Umgang im Sinne des § 24 Abs. 2 SGB II vorliegt, wenn Sie aus Ihren „üppigen" Regelleistungen es nicht geschafft haben für zukünftige Bedarfe anzusparen und nun ein Darlehen erbracht werden muss (§ 24 Abs. 1 SGB II) (→ 94 Rn. 1). Wenn Sie aber zB Möbel zur Erstausstattung akut und sofort benötigen und das Jobcenter nur Sachleistungen gewährt, sind diese nur über die vorläufige Leistungsgewährung möglich. Für mehr Informationen zur vorläufigen Leistungsgewährung schauen Sie in den Beiträgen Antrag (→ 7 Rn. 74 ff.) und vorläufige Leistungsgewährung (→ 121).

10 **Erster Schritt:** Bei akuter Hilfebedürftigkeit sollten Sie bei der HzL der Sozialhilfe einen **Vorschuss** (→ 7 Rn. 72, 74 ff.) und bei Bürgergeld/GSi die **vorläufige Leistungsgewährung** (→ 121 Rn. 6 ff.) beantragen. Der Antrag sollte möglichst **schriftlich** gestellt werden. Er kann aber auch im Rahmen eines persönlichen Gesprächs geltend gemacht werden. In Fällen akuter Bedürftigkeit sollte dies nachweislich – also schriftlich per Brief, Fax oder im Beisein von Zeug*innen – dem Amt mitgeteilt werden. Legen Sie dem*r Sachbearbeiter*in plausibel dar, dass Sie **mittellos** sind, nichts zu essen haben, Miete und Strom nicht zahlen können, während die Mahnungen bereits ins Haus flattern usw. Legen Sie möglichst **Belege** vor, zB Kontoauszüge, Mahnschreiben, Sperrandrohungen etc. Es ist zu empfehlen, der Behörde eine kurze **Frist** zur Zahlung des Vorschusses bzw. zur vorläufigen Entscheidung zu setzen und weitere rechtliche Schritte, zB einstweiligen Rechtsschutz (→ 41) beim Sozialgericht anzukündigen. Aussagen, dass die Bearbeitung eines Antrages grundsätzlich mind. zwei oder drei Wochen dauern würde, zählen nicht. Hier sagt das Gesetz etwas anderes, nämlich, dass Leistungen zu gewähren sind und zwar bedarfsdeckend (§ 41a Abs. 2 S. 2 SGB II), und eine vorläufige Entscheidung nur dann nicht ergeht, wenn Sie *„die Umstände, die einer sofortigen abschließenden Entscheidung entgegenstehen, zu vertreten haben"* (§ 41a Abs. 1 S. 3 SGB II), das heißt, bei bewusster und kalkulierter Verschleierung von leistungserheblichen Tatsachen.

11 **Zweiter Schritt:** Lässt die Behörde die Frist verstreichen, sollten Sie **einstweiligen Rechtsschutz** (→ 41) beim zuständigen Sozialgericht beantragen. Dafür müssen Sie gewisse formelle und materielle Voraussetzungen erfüllen.

2.2 Unterstützung durch einen Beistand, Einschalten von Beratungsstellen

12 Ein anderer Weg kann sein, nicht alleine zum Amt zu gehen, also einen **Beistand** (→ 19) mitzunehmen. Erfahrungsgemäß verhalten sich Sachbearbeiter*innen dann um ein Vielfaches freundlicher. Fehlverhalten und Missstände werden „öffentlich", und es gibt bei Bedarf eine*n Zeugen*Zeugin, der*die gegenüber Vorgesetzten, Richter*innen etc bestätigen kann, was dort ab- und ggf. schiefgelaufen ist. Unserer Erfahrung nach ist das ein sehr einfacher und effektiver Weg, Ansprüche durchzusetzen.

13 Auch das Einschalten von **Beratungsstellen** kann helfen. Allein der Anruf einer Beratungsstelle beim Amt kann Wunder bewirken – falls Ihr*e Sachbearbeiter*in erreichbar ist. Ebenso die Übersendung des eigenen Schriftstückes über das Faxgerät der Beratungsstelle. Hier wird signalisiert, dass Sie fachkundige Dritte eingeschaltet haben, die hinter Ihrem Anliegen stehen. Eine Beratungsstelle kann auch helfen, Missverständnisse zu vermeiden sowie schnell und zielgerichtet einen Antrag zu formulieren. Näheres finden Sie in den Beiträgen Beratung (→ 20), **Anwalt*Anwältin** (→ 8) und **einstweiliger Rechtsschutz** (→ 41).

2.3 Vorgesetzte einschalten, Beschwerdeweg

14 Um den Konflikt auf eine andere Ebene zu heben, kann es sinnvoll sein, **Vorgesetzte** einzuschalten. Jede*r Sachbearbeiter*in hat eine*n Dienst- und Fachvorgeset-

te*n. Ein konstruktiver Dialog an dieser Stelle kann neue Lösungswege eröffnen, weil der*die Vorgesetzte oft mehr Entscheidungsspielraum hat oder ein Fehlverhalten des*r Sachbearbeiters*Sachbearbeiterin bereits bekannt ist. Wenn der Dialog nicht weiterführt, können Sie den offiziellen **Beschwerdeweg** einschlagen und, möglichst **schriftlich**, eine **Dienst- oder Fachaufsichtsbeschwerde** (→ 23) einlegen.

2.4 Weitere Möglichkeiten, sich ohne Rechtsmittel durchzusetzen

15 Wie Sie darüber hinausgehend vorgehen sollten, um auch ohne Rechtsmittel ihre Rechte durchzusetzen, finden Sie im Beitrag **Wehren** (→ 123).

2.5 Strategie festlegen – Wahl der Mittel

16 Sie müssen sich genau überlegen, welche der dargestellten Möglichkeiten der geeignete Weg zur Durchsetzung Ihres Rechtsanspruchs ist. Jedes Mittel hat seine Vor- und Nachteile, und die Auswahl hängt von den Gegebenheiten vor Ort ab. Sie sollten auch abwägen, welche Konsequenzen sowohl die Wahl der Mittel als auch Ihr Auftreten auf dem Amt haben können.

17 **Tipp:** Egal, für welche Möglichkeit Sie sich entscheiden, seien Sie im Umgang immer besonnen und lassen Sie sich nicht aus der Reserve locken.

3. Untätigkeitsklage bei Nichtbearbeitung eines Antrags

18 Bei Anträgen können Sie erst nach **sechs (!) Monaten** der Untätigkeit eine Untätigkeitsklage beim zuständigen Sozialgericht einreichen (§ 88 Abs. 1 SGG). Bei den Verwaltungsgerichten, die früher für die Sozialhilfe zuständig waren und jetzt für das Wohngeld, ging das immerhin schon nach drei Monaten. Da Sie bei Mittellosigkeit keine sechs Monate warten können, ist es besser, andere Wege zu nutzen (→ Rn. 4 ff.). Es lohnt kaum, bei der Verschleppung von Anträgen auf eine Untätigkeitsklage zu setzen. Verlangen Sie lieber einen Vorschuss (→ 7 Rn. 71 ff.).

4. Untätigkeitsklage bei Nichtbearbeitung eines Widerspruchs

19 Wenn über einen Widerspruch (→ 126 Rn. 45) nicht entschieden wird, können Sie „schon" nach **drei Monaten** eine Untätigkeitsklage einreichen (§ 88 Abs. 2 SGG). Sie können die Behörde schon nach zwei Monaten ermahnen, innerhalb der nächsten vier Wochen tätig zu werden. Drohen Sie ruhig mir einer Klage, falls die Frist abläuft. Das übt Druck aus. Denn wenn Sie eine*n Rechtsanwalt*Rechtsanwältin (→ 8) beauftragen, die Untätigkeitsklage einzulegen, ist das Amt regelmäßig um 150 EUR bis 200 EUR für Ihre Anwaltskosten „ärmer", da solche Klagen meist gewonnen werden. Das beschleunigt idR auch das künftige Arbeitstempo der Behörde.

5. Kritik

20 Es ist paradox, dass ausgerechnet die Arbeitslosenverwaltung, die ja angeblich das Ziel hat, Sie zu „aktivieren", mangels (gut ausgebildetem) Personal selbst nicht schnell genug handelt und von Ihnen aktiviert werden muss. Bürgergeld-/Sozialhilfebeziehenden wird ständig vorgehalten, sie hätten kein Recht auf Faulheit. Arbeitsämter/Jobcenter/Sozialämter dagegen können Brutstätten vorsätzlicher oder grob fahrlässiger „Faulheit" sein. Und wenn Sie nicht in dem Sinne, dass Ihre Sachbearbeiter*innen/Arbeitsvermittler*innen oder Fallmanager*innen persönlich faul wären, sondern: Wenn

- zu wenig Personal eingestellt wird und
- das Personal mit immer neuen Gesetzen, Verordnungen und Richtlinien überschüttet wird,
- das Personal nicht ausreichend geschult und
- außerdem vielfach nur befristet eingestellt und schlecht bezahlt wird und
- ständig umorganisiert wird, um die Ineffektivität der Eingliederung von Arbeitslosen in den allgemeinen Arbeitsmarkt zu „verbessern",

sind die Verschleppung und der Verlust von Anträgen und Dokumenten vorprogrammiert. Da können Sachbearbeiter*innen usw noch so fleißig sein und ihren guten Willen zeigen – das Gleiche gilt auch für die Gerichte und ihre Richter*innen.

21 Die Langsamkeit der Bürgergeld-Behörden wird durch ein schlechtes Gesetz gefördert, das selbst voller Rechtsbrüche, sinnloser Schikanen und Fehler steckt und damit ständigen Klärungsbedarf, Widersprüche und Gerichtsverfahren provoziert. Die „kundenunfreundliche" Organisation der Behörde zeigt, dass Arbeitslose trotz allen Geredes von Aktivierung und Eingliederung von Wirtschaft und Staat in Wirklichkeit überwiegend abgeschrieben werden.

22 In der Zeit des coronabedingten Lockdowns im Jahr 2020 haben die Sozialbehörden in weiten Teilen bewiesen, dass sie effizient und weitgehend unbürokratisch arbeiten können, wenn sie denn nur wollen. Es ist zu wünschen, dass die Sozialleistungsträger diese Arbeitsweise ausbauen und beibehalten.

6. Forderungen

23 Ausreichende Finanzmittel und Personalausstattung für die Sozialbehörden!

Feste gesetzliche Fristen zur Bearbeitung von Anträgen und Widersprüchen!

Einführung einer **Genehmigungsfiktion** von drei Wochen! Bedeutet: Entscheidet die Sozialbehörde nicht binnen drei Wochen, gilt die beantragte Leistung als genehmigt.

Förderung unabhängiger Sozialberatung!

114 Unterhalt für Kinder

1. Unterhaltszahlungen für Kinder 1
   1.1 Unterhaltszahlungen bei Bürgergeld/Sozialhilfebedürftigkeit aussetzen 2
   1.2 Unterhaltszahlungen vom Einkommen absetzbar 4
      1.2.1 Bürgergeld 5
      1.2.2 Sozialhilfe 7
2. Höhe des Selbstbehalts 9
   2.1 Halbes Kindergeld abziehen 11
   2.2 Verteilung der Unterhaltszahlung auf mehrere Kinder 12
3. Kritik 14
4. Forderungen 15
5. Informationen 16

1. Unterhaltszahlungen für Kinder

1 Die Höhe des zu zahlenden Kindesunterhalts ergibt sich aus der Düsseldorfer Tabelle und den Unterhaltsleitlinien der Oberlandesgerichte der jeweiligen Bundesländer. Wenn Sie Unterhalt an Kinder zahlen und zum*r Bezieher*in von Bürgergeld/Sozialhilfe werden, können Sie idR den Unterhalt nicht mehr aufbringen.

Es gibt **zwei** Möglichkeiten:

- Sie setzen den Unterhalt aus (→ Rn. 3) oder
- Sie zahlen den Unterhalt weiter, weil Sie Einkommen erzielen. Dieses wird dann um den Unterhalt bereinigt, bevor es auf die Bürgergeld-Leistung angerechnet wird (→ Rn. 5).

1.1 Unterhaltszahlungen bei Bürgergeld/Sozialhilfebedürftigkeit aussetzen

2 *„Unterhaltspflichtig ist nicht, wer bei Berücksichtigung seiner sonstigen Verpflichtungen außerstande ist, ohne Gefährdung seines angemessenen Unterhalts den Unterhalt zu gewähren"* (§ 1603 BGB).

Unterhaltszahlungen sind idR nicht zuzumuten, wenn man dadurch zum*r Sozialhilfebezieher*in wird (BVerwG 27.1.1965 – V C 32.64).

3 Sie können beim Familiengericht einen **Antrag auf Herabsetzung des Unterhalts** oder **Aussetzen der Unterhaltspflicht** stellen, wenn Sie durch den Unterhalt unter die Bedarfsgrenze von Bürgergeld/Sozialhilfe rutschen. Laufende Unterhaltsverpflichtungen können dann mangels Einkünften auf null reduziert werden. Besteht allerdings ein **Unterhaltstitel** und wird dieser nicht abgeändert, laufen in der Zeit der Reduzierung der Unterhaltszahlungen **Schulden** auf.

1.2 Unterhaltszahlungen vom Einkommen absetzbar

4 Ob und wie Sie Unterhaltszahlungen vom Einkommen absetzen können, unterscheidet sich je nachdem, ob Sie Bürgergeld oder Sozialhilfe beziehen.

863

1.2.1 Bürgergeld

5 „*Vom Einkommen abzusetzen sind [...] 7. Aufwendungen zur Erfüllung gesetzlicher Unterhaltsverpflichtungen bis zu dem in einem Unterhaltstitel oder in einer notariell bekundeten Unterhaltsvereinbarung festgelegten Betrag*" (§ 11b Abs. 1 S. 1 Nr. 7 SGB II).

6 **Tipp:** Beschaffen Sie sich einen Unterhaltstitel kostenfrei, zB beim Jugendamt (§ 59 Abs. 1 S. 1 Nr. 3–4, § 60 SGB VIII).

1.2.2 Sozialhilfe

7 Bei **Hilfe zum Lebensunterhalt** (HzL) und **Grundsicherung** (GSi) der Sozialhilfe können Unterhaltszahlungen nicht vom Einkommen abgesetzt werden (BVerwG 2.7.1993 – 5 B 158.92). **Ausnahme:** Der Unterhalt wird gepfändet. Dann muss der Unterhalt vom Einkommen abgezogen werden (BVerwG 15.12.1977 – 5 C 35.77; VGH Baden-Württemberg 12.6.1996 – 6 S 1678/95). Das Sozialamt fordert Sie jedoch auf, beim zuständigen Gericht Einwendung gegen die Art und Weise der Zwangsvollstreckung zu erheben (§ 766 ZPO), denn Sozialhilfe darf nicht gepfändet werden (→ 85).

8 Mehr und mehr verbreitet sich die Auffassung, dass der „notwendige Unterhalt" (§ 850d Abs. 1 S. 2 ZPO), der Ihnen verbleiben soll, von vornherein mit dem sozialhilferechtlichen Bedarf gleichzusetzen ist. Bei Pfändung wegen Unterhaltsansprüchen muss Ihnen dann wenigstens der Sozialhilfebedarf bleiben. Wenn der Unterhalt bei Ihnen nicht gepfändet wird und Ihr Einkommen durch den Unterhalt unter Ihren Sozialhilfebedarf fällt, verlangt das Sozialamt von Ihnen, die Unterhaltszahlungen einzustellen oder zu reduzieren (→ Rn. 3).

Beziehen Sie oder ein Mitglied der im Haushalt lebenden Familie jedoch Leistungen nach dem **Fünften bis Neunten Kapitel SGB XII** („Sozialhilfe in unterschiedlichen Lebenslagen"), können Unterhaltsverpflichtungen als besondere Belastungen vom Einkommen abgesetzt werden (§ 87 Abs. 1 S. 2 SGB XII; LPK-SGB XII § 87 Rn. 12).

2. Höhe des Selbstbehalts

9 Nach der **Düsseldorfer Tabelle** (Stand: 1.1.2023, gültig für alle Bundesländer) müssen einem*r Nichterwerbstätigen mit einem bereinigtem Nettoeinkommen bis zu 1.900 EUR nach Erfüllung der Unterhaltspflicht für minderjährige Kinder wenigstens 1.120 EUR bleiben, einem*r Erwerbstätigen 1.370 EUR. Hierin sind bis 520 EUR für Unterkunft einschließlich umlagefähiger Nebenkosten und Heizung (Warmmiete) enthalten (https://www.olg-duesseldorf.nrw.de/infos/Duesseldorfer_Tabelle/Tabelle-2023/Duesseldorfer-Tabelle-2023.pdf, letzter Zugriff: 15.1.2023).

10 Personen, die gegenüber minderjährigen und privilegiert volljährigen Kindern unterhaltsverpflichtet sind, unterliegen jedoch einer **gesteigerten Erwerbsobliegenheit.** Das bedeutet, dass sie ggf. zu Mehrarbeit verpflichtet sind, um den Unterhalt aufzubringen, zudem werden bei Arbeitslosen hohe Anforderungen an die Eigenbemühungen (Bewerbungen) gestellt. Näheres dazu finden Sie unter gesteigerte **Unterhaltspflicht** (→ 115 Rn. 16).

2.1 Halbes Kindergeld abziehen

11 Die Höhe des Kindesunterhalts wird so ermittelt, dass von den Beträgen der Düsseldorfer Tabelle noch das halbe Kindergeld abgezogen wird (§ 1612b BGB). Das ist bei dem seit 2008 geltenden Unterhaltsrecht für alle Einkommensstufen möglich. Seit dem 1.1.2021 betrug das Kindergeld für das erste und zweite Kind 219 EUR, für das dritte Kind 225 EUR und ab dem vierten Kind 250 EUR. Zum 1.1.2023 erhöhte sich das Kindergeld auf 250 EUR für jedes Kind. Die sich nach Abzug des halben Kindergeldes ergebenden Zahlbeträge können Sie auch der Düsseldorfer Tabelle entnehmen (https://www.olg-duesseldorf.nrw.de/infos/Duesseldorfer_Tabelle/Tabelle-2023/Duesseldorfer-Tabelle-2023.pdf, letzter Zugriff: 15.11.2023, S. 6 Anhang: Tabelle Zahlbeträge).

2.2 Verteilung der Unterhaltszahlung auf mehrere Kinder

12 Übersteigt der Kindesunterhalt die Differenz von bereinigtem Nettoeinkommen

und Selbstbehalt, muss nur bis zur Höhe des Selbstbehalts Unterhalt gezahlt werden, wenn ein Einkommensverlust nicht schuldhaft herbeigeführt wurde. Trifft dies zu, kann der **Selbstbehalt** auch unterschritten werden.

13 Ist der Unterhalt auf mehrere unterhaltsberechtigte Kinder zu verteilen, wird der verbleibende Verteilungsbetrag gleichmäßig auf jedes Kind im Verhältnis des nach der Altersstufe zustehenden Betrages verteilt. Das nennt man **Mangelfallberechnung**. Eine Beispielsberechnung finden Sie in der Düsseldorfer Tabelle (https://www.olg-duesseldorf. nrw.de/infos/Duesseldorfer_Tabelle/Tabelle-2023/Duesseldorfer-Tabelle-2023.pdf, S. 4 f.: C. Mangelfälle).

Wenn der unterhaltsverpflichtete Elternteil nicht zahlt, gibt es **Unterhaltsvorschuss** (→ 116).

3. Kritik

14 Die gegenwärtige Höhe des Selbstbehalts führt zu „Unterhaltsflüchtlingen". Unterhaltszahlungen drücken zahlreiche Menschen unter das Bürgergeld-/Sozialhilfeniveau, auch wenn sie arbeiten.

4. Forderungen

15 Volle Abzugsfähigkeit der Unterhaltszahlungen vom Einkommen, auch wenn der Unterhalt nicht tituliert ist!

Unterstützungsangebote außerhalb von SGB II/SGB XII, wenn Unterhaltszahlungen ausbleiben!

5. Informationen

16 Müller/Wersig, Der Rückgriff gegen Angehörige von Sozialleistungsempfängern, 7. Aufl. 2016, Baden-Baden

Düsseldorfer Tabelle mit Leitlinien: https://www.olg-duesseldorf.nrw.de/infos/Duesseldorfer_Tabelle/Tabelle-2023/index.php, letzter Zugriff: 15.1.2023

Unterhaltsleitlinien der Oberlandesgerichte: www.famrz.de/arbeitshilfen/unterhaltsleitlinien.html, letzter Zugriff: 15.1.2023

115 Unterhaltspflicht

1. Überblick Unterhaltspflicht nach dem BGB und dem SGB II/SGB XII 1
1.1 Unterhaltspflicht nach dem BGB .. 8
1.2 Unterhaltspflicht nach dem SGB II und SGB XII 10
2. Gesteigerte Unterhaltspflicht (BGB und SGB II/SGB XII) 12
2.1 Gesteigerte Unterhaltspflicht nach dem BGB 13
2.2 Gesteigerte Unterhaltspflicht SGB II/SGB XII bei Zusammenlebenden 18
2.3 Gesteigerte Unterhaltspflicht bei Getrenntlebenden 20
2.3.1 Unterhaltsrechtlicher Selbstbehalt 21
2.3.2 Unterhaltsrechtlich anzurechnendes Einkommen 25
2.3.2.1 Bereinigung des Nettoeinkommens 34
2.3.2.2 Was nicht zum Einkommen zählt 36
2.3.3 Höhe des gesteigerten Unterhalts nach bürgerlichem Recht 37
2.3.4 Rangfolge der Unterhaltspflicht 38
2.3.5 „Sozialhilferechtlicher" Eigenbedarf – Untergrenze .. 40
2.3.6 Kein Unterhalt bei Unterhaltsverzicht? 41
3. Fälle nicht gesteigerter Unterhaltspflicht 43
3.1 Bei Leistungen nach dem SGB II (Bürgergeld) 44
3.1.1 Fälle, in denen das Jobcenter kein Unterhalt fordern darf 45
3.1.2 Fälle, in denen das Jobcenter Unterhalt fordern kann 47
3.2 Bei Leistungen nach dem SGB XII (HzL der Sozialhilfe, Grundsicherung (GSi), Hilfe zur Pflege etc) ... 48
3.3 Weitere Fälle, in denen das Sozialamt keinen Unterhalt fordern darf 53
3.3.1 Selbstbehalt bei nicht gesteigerter Unterhaltspflicht 54
3.3.2 Selbstbehalt von Eltern gegenüber ihren nicht privilegierten volljährigen Kindern 55
3.3.3 Selbstbehalt volljähriger Kinder gegenüber ihren Eltern (Elternunterhalt) 58
3.3.4 Einkommen bei nicht gesteigerter Unterhaltspflicht 67

3.3.4.1 Bereinigung des Einkommens um besondere Belastungen 68
3.3.4.2 Schuldverpflichtungen, auch Tilgung für Hypotheken 69
3.3.4.3 Bildung von Rücklagen ... 70
3.3.4.4 Ausgaben für den Lebensbedarf 71
3.3.4.5 Kosten für Fort- und Weiterbildung 72
3.3.4.6 Ausgaben für Familienereignisse 73
3.3.4.7 Besondere Belastungen 74
3.3.4.8 Angemessene Altersvorsorge 76
4. Unterhaltspflicht von Eltern gegenüber volljährigen behinderten oder pflegebedürftigen Kindern 77
5. Keine Unterhaltspflicht bei „unbilliger Härte" 79
6. Einsatz des Vermögens der Unterhaltsverpflichteten 82
6.1 Barvermögen bei gesteigerter Unterhaltspflicht................... 84
6.1.1 Barvermögen bei nicht gesteigerter Unterhaltspflicht 85
6.2 Sachvermögen: Hausbesitz 97
6.3 Kraftfahrzeug 99
6.4 Keine Unterhaltspflicht, wenn der*die Unterhaltsberechtigte Vermögen hat, das nach Bürgergeld/ Sozialhilfe geschützt ist, nicht aber nach dem BGB 100
7. Besondere Unterhaltsverpflichtungen („Schwiegerkindhaftung" und Unterhaltspflicht gegenüber Müttern/ Vätern bei nichtehelichen Kindern) 103
7.1 Unterhalt vom Unterhalt bzw. „verdeckte Schwiegerkindhaftung" 104
7.2 Unterhaltspflicht gegenüber der Mutter bzw. dem Vater eines nichtehelichen Kindes 105
8. Darf eine Behörde Sie abweisen, wenn Ihnen Unterhalt zusteht? 107
8.1 Automatischer Übergang des Unterhaltsanspruchs auf die Behörde 108
8.1.1 Bürgergeld/HzL der Sozialhilfe 109
8.1.2 GSi 111
8.2 Widerspruch und Klage? 112
9. Auskunftspflicht 115
9.1 Auskunftspflicht des*r Unterhaltspflichtigen 118
9.2 Auskunftspflicht der nicht unterhaltspflichtigen Personen 119
9.3 Auskunftspflicht des Arbeitgebers 121
9.4 Auskunftspflicht der Finanzämter 122

9.5 Wenn Sie keine Auskunft geben – was dann? 123
10. Ab wann müssen Unterhaltsverpflichtete Unterhalt zahlen? 125
11. Verjährung und Verwirkung 126
12. Forderungen 129
13. Informationen 130

1. Überblick Unterhaltspflicht nach dem BGB und dem SGB II/SGB XII

1 Unterhaltspflichten können aufgrund unterschiedlicher Rechtsgrundlagen entstehen. Die häufigste Grundlage für Unterhaltspflichten ist das **BGB** (Bürgerliches Gesetzbuch). Abweichend davon können Angehörige oder **Mitglieder einer Bedarfs-** (→ 16) bzw. **Haushaltsgemeinschaft** (→ 54) auch über das SGB II und SGB XII zum sozialrechtlichen Unterhalt herangezogen werden. Hier werden Art und Umfang der Verpflichtung idR in entsprechenden Vorschriften des BGB orientiert festgelegt. Richtwerte zur Ermittlung von Unterhaltspflichten nach dem BGB findet man in der *„Düsseldorfer Tabelle"* und den *Unterhaltsleitlinien* der Oberlandesgerichte des jeweiligen Bundeslandes (online abrufbar unter: www.famrz.de/arbeitshilfen.html). Die *„Düsseldorfer Tabelle"* enthält Empfehlungen des Oberlandesgerichts Düsseldorf, die keine rechtliche Bindung haben, aber bundesweit als **Orientierung** zur Ermittlung des Unterhaltsanspruchs bzw. der -verpflichtung herangezogen werden. Das bedeutet, dass die Höhe von Unterhaltszahlungen nach dem BGB idR immer **individuell** ermittelt werden muss und nicht einfach aus der Tabelle abgelesen werden kann.

2 Unterhaltspflichten, die auf Grundlage des BGB bestehen, sind **grundsätzlich vorrangig** gegenüber Unterhaltspflichten auf Grundlage des SGB II/SGB XII, wobei hier die zum 1.1.2020 in Kraft getretenen Änderungen des „Angehörigen-Entlastungsgesetz" zu berücksichtigen sind, welche Auswirkungen auf die „unterhaltsrechtlichen" Regelungen des SGB XII und auf das Unterhaltsrecht nach dem BGB haben.

3 Durch das „Angehörigen-Entlastungsgesetz" und die damit verbundene Einfügung des Abs. 1a in § 94 SGB XII werden die privilegierten Regelungen der Unterhaltsverpflichtung von Angehörigen nach dem BGB,

die im Vierten Kapitel SGB XII (GSi) geregelt waren (§ 43 Abs. 5 SGB XII aF), auf das gesamte SGB XII übertragen (§ 94 Abs. 1a SGB XII), ausgenommen hiervon ist lediglich die Unterhaltsverpflichtung gegenüber minderjährigen Kindern, die Leistungen nach dem 3. Kapitel des SGB XII (HzL) beziehen (§ 94 Abs. 1a S. 6 SGB XII). Die Vorschrift des § 43 Abs. 5 SGB XII aF wurde daher aufgehoben. Der Gesetzgeber wollte hiermit u.a. Kinder sozialhilfebedürftiger Eltern wirtschaftlich entlasten und nur wirklich einkommensstarke Personen für Sozialhilfeaufwendungen an ihre Angehörigen haften lassen (BT-Drs. 19/13399, 1).

4 § 94 Abs. 1a SGB XII regelt, dass Unterhaltsansprüche von SGB XII-Leistungsbeziehenden gegenüber Kindern und Eltern bei der Gewährung von Leistungen nach dem SGB XII nicht zu berücksichtigen sind, es sei denn das jährliche Gesamteinkommen iSd § 16 SGB IV iVm § 2 Abs. 2 EStG der Kinder und Eltern als Unterhaltsverpflichteten beträgt jeweils mehr als 100.000 EUR (Jahreseinkommensgrenze). Die Jahreseinkommensgrenze stellt auf steuerliche Gesamtbruttoeinkommen gem. § 2 Abs. 2 EStG ab. Dabei handelt es sich um den Gewinn vor Steuern aus Einkünften eines*r Steuerpflichtigen aus der Land- und Forstwirtschaft, aus Gewerbebetrieb und aus selbstständiger Arbeit. Bei den übrigen Einkunftsarten bestehen die Einkünfte aus dem Überschuss der Einnahmen über die Werbungskosten, bei Arbeitnehmer*innen also aus ihrem lediglich um steuerlich anzuerkennende, berufsbedingte Aufwendungen bereinigten Bruttoeinkommen. Auch Einnahmen in Geldeswert, wie zB eine kostenlose Dienstwohnung, Waren oder private Nutzung eines Dienstwagens zählen dazu (§ 8 EStG). Werbungskosten, die von den Einnahmen abzuziehen sind, sind die Aufwendungen zur Erwerbung, Sicherung und Erhaltung der Einnahmen (§§ 9, 9a EStG). Unberücksichtigt bleiben daher steuerfreie Einnahmen und Bezüge (§ 3 EStG), Steuern, Vorsorgeaufwendungen, eigene Unterhaltsansprüche zB gegenüber dem*r Ehegatten*Ehegattin bzw. vorrangige Unterhaltslasten des*r Pflichtigen und unterhaltsrechtlich gegebenenfalls berücksichtigungsfähige Schulden, ebenso der Vermögensstamm, Erbschaften Schenkungen und ersparte Aufwendungen wie der Wohnvorteil (→ Rn. 25 ff., 29) (Grüneberg/von Pückler BGB § 1601 Rn. 17a).

5 Der Übergang von Ansprüchen nach § 94 SGB XII ist somit ausgeschlossen, sofern Unterhaltsansprüche nach § 94 Abs. 1a SGB XII nicht zu berücksichtigen sind. Es wird vermutet, dass das Einkommen der Unterhaltsverpflichteten die Jahreseinkommensgrenze nicht überschreitet. Zur Widerlegung der Vermutung kann der zuständige Träger von den Leistungsberechtigten Angaben verlangen, die Rückschlüsse auf die Einkommensverhältnisse der Unterhaltspflichtigen zulassen. Liegen im Einzelfall hinreichende Anhaltspunkte für ein Überschreiten der Jahreseinkommensgrenze vor, gilt die Auskunftspflicht nach § 117 SGB XII (§ 94 Abs. 1a S. 1–5 SGB XII). Da die Vorschrift des § 94 Abs. 1a SGB XII nur auf die Höhe des Einkommens abstellt und eine Berücksichtigung des Vermögens von eventuell unterhaltspflichtigen Kindern und Eltern nicht vorsieht, wirkt sich das Vermögen der Kinder und Eltern auf den Leistungsanspruch des*r Hilfebedürftigen nicht aus. Insoweit ist belanglos, ob Vermögen vorhanden und wie hoch es ist. Für die Anwendbarkeit des § 94 Abs. 1a SGB XII ist allein entscheidend, ob die 100.000 EUR-Einkommensgrenze überschritten wird oder nicht (LPK-SGB XII § 94 Rn. 36).

6 Obwohl der Gesetzgeber im Unterhaltsrecht des BGB nichts verändert hat, haben das „Angehörigen-Entlastungsgesetz" bzw. die Regelung in § 94 Abs. 1a SGB XII auch Auswirkungen auf das Unterhaltsrecht des BGB und dort insbesondere auf den Elternunterhalt (Unterhaltspflicht von Kindern gegenüber ihren Eltern). Denn wenn der Gesetzgeber aufgrund der Regelung des § 94 Abs. 1a SGB XII unterhaltspflichtige Kinder im Anwendungsbereich des SGB XII nur dann zum Unterhalt heranziehen will, wenn diese ein Einkommen von mehr als 100.000 EUR brutto im Jahr verdienen, was je nach Beschäftigungsart ein Nettoeinkommen zwischen 3.700 EUR und 5.000 EUR monatlich bedeutet, zeigt dies, dass der Gesetzgeber die bisherigen Selbstbehaltsätze im Elternunterhalt von 1.800 EUR (Düsseldorfer Tabelle (DT)

2019 B VI 1c)) bzw. seit 2020 2.000 EUR (DT 2020 B VI 1c)) nicht für angemessen hält. Zur Ermittlung des angemessenen Selbstbehalts werden mehrere Wege diskutiert. So wird vorgeschlagen, den Selbstbehalt eines*r Alleinstehenden auf den bis 2021 höchsten Einkommensbetrag der 10. Einkommensstufe der Düsseldorfer Tabelle von 5.500 EUR anzuheben oder sich an dem Nettobetrag zu orientieren, der sich aus einem Jahresbruttoeinkommen von 100.000 EUR nach Abzug von Steuern und Sozialabgaben ergibt (Grüneberg/von Pückler BGB § 1601 Rn. 14). Es wird auch vorgeschlagen, den Selbstbehalt für Alleinstehende auf 5.000 EUR und bei Zusammenleben mit einem*r Ehegatten*Ehegattin auf 8.100 EUR bis 9.000 EUR anzuheben (Hauß Elternunterhalt Rn. 5, 89). Dass eine Anpassung der Selbstbehaltssätze beim Elternunterhalt wegen der 100.000-EUR-Einkommensgrenze des § 94 Abs. 1a SGB XII zu erfolgen hat, ergibt sich nun seit 1.1.2021 auch aus der Düsseldorfer Tabelle und den hierzu ergangenen Leitlinien. In der Düsseldorfer Tabelle 2023 (Stand: 1.1.2023) wird unter D. I. ausgeführt: *„Angemessener Selbstbehalt gegenüber den Eltern: Dem Unterhaltspflichtigen ist der angemessene Eigenbedarf zu belassen. Bei dessen Bemessung sind Zweck und Rechtsgedanken des Gesetzes zur Entlastung unterhaltspflichtiger Angehöriger in der Sozialhilfe und in der Eingliederungshilfe (Angehörigenentlastungsgesetz) vom 10. Dezember 2019 (BGBl. I S. 2135) zu beachten"*.

In den entsprechenden Leitlinien hierzu wird unter 21.3.3 ausgeführt: *„Der Selbstbehalt gegenüber Eltern beträgt gemäß D.1 der Düsseldorfer Tabelle derzeit mindestens 2.000 €. Eine Erhöhung kommt insbesondere mit Rücksicht auf die Regelungen des Gesetzes zur Entlastung unterhaltspflichtiger Angehöriger in der Sozialhilfe und in der Eingliederungshilfe in Betracht"* (https://www.olg-duesseldorf.nrw.de/infos/Duesseldorfer_Tabelle/Tabelle-2022/Duesseldorfer-Leitlinien-2022.pdf).

Insoweit muss auch die zukünftige Entwicklung der unterhaltsrechtlichen Rechtsprechung beobachtet werden (Näheres unter → Rn. 58 ff.).

7 Die Neuregelung führt somit zu einer deutlichen Entlastung unterhaltsverpflichteter Angehöriger von Leistungsberechtigten v.a. der HzL und der Hilfe zur Pflege (Kostenerstattung Pflegeheim). Auch bei der seit 1.1.2020 im Zweiten Teil des SGB IX geregelten Eingliederungshilfe für Menschen mit Behinderung wurde die Unterhaltsverpflichtung der Angehörigen abgeschafft (hier traf es meist die Eltern, vgl. auch § 94 Abs. 2 SGB XII).

1.1 Unterhaltspflicht nach dem BGB

8 Nach dem BGB sind unterhaltspflichtig:

a. **Ehegatt*innen** untereinander, ebenso gleichgeschlechtliche Partner*innen in einer eingetragenen Lebenspartnerschaft bzw. in einer seit 1.10.2017 möglichen gleichgeschlechtlichen Ehe (gem. § 20a LPartG können Lebenspartner*innen ihre Lebenspartnerschaft auf Antrag seit 1.10.2017 in eine Ehe umwandeln) (§§ 1360, 1361 BGB), unter bestimmten Voraussetzungen auch geschiedene Ehegatt*innen (§§ 1569 ff. BGB) und

b. **Eltern** im Verhältnis zu ihren minderjährigen und volljährigen Kindern **und** umgekehrt (§§ 1601, 1589 Abs. 1 S. 1 BGB),

c. **Großeltern** im Verhältnis zu ihren minderjährigen und volljährigen Enkeln **und** umgekehrt, wenn die Eltern der Enkel nicht leistungsfähig sind (§ 1606 Abs. 3, § 1607 Abs. 1 BGB),

d. **Väter** gegenüber den nichtehelichen Müttern ihrer Kinder in der Zeit von vier Monaten vor und bis zu drei Jahren nach der Geburt, wenn die Mutter wegen Pflege und Erziehung des Kindes nicht erwerbstätig ist (§ 1615l BGB; → Rn. 105 f.); und umgekehrt, wenn der Vater das Kind betreut (§ 1615l Abs. 4 BGB).

9 Nicht unterhaltspflichtig nach dem BGB sind

a. Geschwister untereinander,
b. Tanten/Onkel gegenüber Nichten und Neffen und umgekehrt,
c. nicht eingetragene Lebenspartner*innen,
d. Partner*innen eheähnlicher Gemeinschaften (→ 36) (sog. nichteheliche Lebensgemeinschaft),

e. Schwiegereltern gegenüber Schwiegerkindern und umgekehrt sowie
f. Stiefeltern gegenüber Stiefkindern und umgekehrt.

1.2 Unterhaltspflicht nach dem SGB II und SGB XII

10 Nach SGB II/SGB XII sind unterhaltspflichtig:
a. wie unter → Rn. 8,
b. Partner*innen, die länger als ein Jahr zusammenleben und eine eheähnliche Gemeinschaft (→ 36) bilden (§ 7 Abs. 3 Nr. 3 lit. c SGB II iVm § 7 Abs. 3a SGB II) (keine konkrete Fristsetzung im SGB XII (§§ 20, 39, 43 Abs. 5 SGB XII)) und
c. Stiefeltern gegenüber Stiefkindern (nur SGB II; → 16; → 54).

11 Zahlungen von nach dem BGB nicht unterhaltspflichtigen Personen, die mit Hilfebedürftigen in einem Haushalt zusammenleben, hängen im Wesentlichen von deren Bereitschaft zum Unterhalt ab und sind **nicht verpflichtend oder einklagbar** (→ 54).

2. Gesteigerte Unterhaltspflicht (BGB und SGB II/SGB XII)

12 Sowohl im BGB als auch im SGB II/SGB XII findet sich eine gesteigerte Unterhaltspflicht.

2.1 Gesteigerte Unterhaltspflicht nach dem BGB

13 Gesteigert unterhaltspflichtig sind **Ehegatt*innen** (seit 1.10.2017: auch gleichgeschlechtliche Ehegatt*innen) und eingetragene Lebenspartner*innen untereinander (§§ 1360 ff. BGB) sowie **Eltern** im Verhältnis zu ihren **minderjährigen Kindern** (§§ 1601 ff. BGB). Sie müssen sich mehr, also gesteigert, darum bemühen, Unterhalt zu zahlen.

14 Eltern, die in einem Haushalt mit **volljährigen unverheirateten Kindern unter 21 Jahren** zusammenleben, die sich in der allgemeinen Schulausbildung befinden, sind ebenfalls gesteigert unterhaltspflichtig (= privilegierte volljährige Kinder, § 1603 Abs. 2 BGB; → Rn. 15).

15 Eine **besondere Rolle** nimmt die Unterhaltspflicht gegenüber minderjährigen und privilegierten volljährigen Kindern ein. Hier gelten durch die gesteigerte Unterhaltspflicht und aufgrund des Umstandes, dass diese Kinder besonders schutzbedürftig sind, strengere Regeln. Die Eltern müssen quasi ihr letztes Hemd mit den Kindern teilen (§ 1603 Abs. 2 S. 1 BGB: „[...] sind verpflichtet alle verfügbaren Mittel zur ihrem und der Kinder Unterhalt **gleichmäßig** zu verwenden").

16 Zur Erfüllung ihrer Unterhaltspflichten unterliegen Verpflichtete einer „*gesteigerten Erwerbsobliegenheit*" (Arbeitsverpflichtung). Verpflichtete werden dazu angehalten, ihre Unterhaltspflicht entweder durch **Mehrarbeit** (bis zu 48 Stunden/Woche, angelehnt an § 3 ArbZG (8 Std. x 6 Werktage)) oder durch erhöhte Bewerbungsauflagen zu erfüllen. Kommen Verpflichtete der „*gesteigerten Erwerbsobliegenheit*" nicht nach, können Unterhaltsverpflichtungen nach einem fiktiven Einkommen berechnet werden. Außerdem kann eine **Strafanzeige** gestellt werden (§ 170 StGB – Verletzung der Unterhaltspflicht).

17 Die festgelegte Unterhaltspflicht ändert sich nicht automatisch. Haben sich Ihre **Verhältnisse geändert** und können Sie den Unterhalt nicht mehr in voller Höhe zahlen, müssen Sie mit der zuständigen Behörde oder dem*r Unterhaltsberechtigten Kontakt aufnehmen und eine Herabsetzung bzw. Stundung vereinbaren. Oder es muss eine Herabsetzungsklage (sog. Abänderungsantrag, §§ 238, 239 FamFG) angestrebt werden. Wenn Sie **Unterhaltszahlungen** einfach **herabsetzen/einstellen**, verletzen Sie Ihre Unterhaltspflicht und es laufen **Schulden** auf.

2.2 Gesteigerte Unterhaltspflicht SGB II/SGB XII bei Zusammenlebenden

18 Leben Ehegatt*innen, eingetragene Lebenspartner*innen bzw. eheähnliche Partner*innen, die Leistungen beziehen, mit minderjährigen (beim Bürgergeld: unter 25-jährigen) Kindern zusammen, wird ihre Unterhaltspflicht über den Einsatz von Einkommen und Vermögen im Rahmen der Bedarfsgemeinschaft (→ 16) / Einstandsgemeinschaft erfüllt (§ 33 Abs. 2 S. 1 Nr. 1 SGB II;

entsprechend für HzL/GSi der Sozialhilfe § 94 Abs. 1 S. 3 SGB XII iVm § 19 SGB XII). Sie müssen Ihr gesamtes **Einkommen** (→ 37) und **Vermögen** (→ 119) oberhalb Ihres Bedarfs an Bürgergeld, HzL/GSi der Sozialhilfe bzw. oberhalb der jeweiligen Vermögensfreigrenzen einsetzen. Das gilt aber nur für die **Partner*innen untereinander** und für die **Eltern** und ihre Partner*innen **gegenüber den Kindern**, nicht aber umgekehrt.

19 Diese Regelung trifft vor allem diejenigen, die **nach einer Trennung** von dem*r Partner*in mit einem leiblichen Kind zusammenleben, das aus dieser Partnerschaft hervorgegangen ist. Beide Elternteile haften gemeinschaftlich für die Unterhaltsansprüche des Kindes. Während dem vom Kind getrennt lebendem Elternteil aber ein „*Selbstbehalt*" zugestanden wird (→ Rn. 20 ff.), haftet diejenige Person, die mit dem Kind zusammenlebt, mit ihrem gesamten Einkommen und Vermögen. Beim Unterschreiten des sozialhilferechtlichen Existenzminimums kann diese Bürgergeld, HzL oder GSi beantragen. Da die Regelbedarfe (→ 89) für Kinder jedoch nicht bedarfsdeckend sind, wird der mit dem Kind zusammenlebende Elternteil darüber hinaus aus seinem Regelbedarf Deckungslücken zu kompensieren haben.

2.3 Gesteigerte Unterhaltspflicht bei Getrenntlebenden

20 „*Unterhaltspflichtig ist nicht, wer bei Berücksichtigung seiner sonstigen Verpflichtungen außerstande ist, ohne Gefährdung seines angemessenen Unterhalts den Unterhalt zu gewähren*" (§ 1603 BGB).

Unterhaltspflichtigen wird ein „*Selbstbehalt*" zugestanden. Die Höhe des Unterhalts hängt ab
- von der Höhe des Selbstbehalts (→ Rn. 21 ff.) und
- der Höhe des anzurechnenden Einkommens (→ Rn. 25 ff.).

2.3.1 Unterhaltsrechtlicher Selbstbehalt

21 Das BGB macht keine Angaben über den notwendigen bzw. angemessenen Selbstbehalt (Eigenbedarf). Deshalb haben Oberlandesgerichte unterhaltsrechtliche Leitlinien entwickelt, insbesondere das OLG Düsseldorf (Düsseldorfer Tabelle (DT) 2023, https://www.olg-duesseldorf.nrw.de/infos/Duesseldorfer_Tabelle/Tabelle-2023/Duesseldorfer-Tabelle-2023.pdf). Die **Düsseldorfer Tabelle** wird seit 2008 im gesamten Bundesgebiet als Orientierung verwendet. Danach gilt beim Kindesunterhalt für minderjährige unverheiratete Kinder und für volljährige unverheiratete Kinder bis zur Vollendung des 21. Lebensjahres, die im Haushalt der Eltern oder eines Elternteils leben und sich in der allgemeinen Schulausbildung befinden, für Erwerbstätige ein **Mindestselbstbehalt** (notwendiger Eigenbedarf) von 1.370 EUR und für Nicht-Erwerbstätige von 1.120 EUR. Darin sind bis zu 520 EUR für die Bruttowarmmiete enthalten. „*Der Selbstbehalt soll erhöht werden, wenn die Wohnkosten (Warmmiete) den ausgewiesenen Betrag überschreiten und nicht unangemessen sind*" (DT 2023, A. 5.).

22 Die **Düsseldorfer Tabelle** sowie die „*Leitlinien zum Unterhalt*" finden Sie unter https://www.olg-duesseldorf.nrw.de/infos/Duesseldorfer_Tabelle/index.php und die Unterhaltsleitlinien der Oberlandesgerichte der anderen Bundesländer unter www.famrz.de/arbeitshilfen.html.

23 **Achtung:** Die Düsseldorfer Tabelle und die Unterhaltsleitlinien der anderen Oberlandesgerichte haben **keine rechtliche Bindung**, sondern stellen nur einen **Richtwert** für individuell zu ermittelnde Verpflichtungen oder Bedarfe dar. So kann der Selbstbehalt im Einzelfall (zB bei besonderen Belastungen) angehoben oder gesenkt werden.

24 **Tipp:** Wenn sich mit der jährlichen Angleichung der Düsseldorfer Tabelle Ihr Selbstbehalt erhöht, sollten Sie eine Neuberechnung des Unterhalts beantragen. Behörden berücksichtigen das nicht automatisch.

2.3.2 Unterhaltsrechtlich anzurechnendes Einkommen

25 Ob bei **gesteigertem** oder **nicht gesteigertem** Unterhalt: Einkommen im Sinne des Unterhaltsrechts ist so gut wie alles. Im Folgenden werden die bei beiden Unterhaltsformen gleichen Bestimmungen aufgeführt. Bei der nicht gesteigerten Unterhaltspflicht ist die

Einkommensanrechnung weniger scharf (→ Rn. 54, → Rn. 67 ff.).

26 Zu den anzurechnenden Einkommen gehören zB (vgl. hierzu im Einzelnen Leitlinien zum Unterhalt zur Düsseldorfer Tabelle, Stand: 1.1.2022, https://www.olg-duesseldorf.nrw.de/infos/Duesseldorfer_Tabelle/Tabelle-2022/Duesseldorfer-Leitlinien-2022.pdf, letzter Zugriff: 29.1.2023):

27 ▪ **Nettoerwerbseinkommen**
Zu dessen Ermittlung ist zunächst von dem Jahresbruttoeinkommen einschließlich Weihnachts- und Urlaubsgeld sowie sonstiger Zuwendungen, wie zB Tantiemen und Gewinnbeteiligungen, auszugehen, hiervon sind Steuern, Sozialabgaben und/oder Vorsorgeaufwendungen abzusetzen (Nettoeinkommen), außerdem Lohnsteuerjahresausgleich, Einkünfte aus Nebentätigkeiten, Krankengeld, Lohnfortzahlung, Arbeitslosengeld, Wohngeld (soweit es nicht Aufwendungen oberhalb des Wohnkosten-Betrags im Selbstbehalt und somit erhöhte Wohnkosten abdeckt), Miet- und Pachteinnahmen, Pensionen, Renten, Vermögenserträge usw.

28 ▪ **Fiktive Einkünfte**
Kommt eine zu Unterhalt verpflichtete Person ihrer Arbeitsverpflichtung (Erwerbsobliegenheit) nicht nach, wird ihr Einkommen danach ermittelt, was sie verdienen könnte, wenn sie einer Erwerbstätigkeit nachgehen würde, die ihrer Ausbildung oder Erwerbsmöglichkeit entspricht.

29 ▪ **Wohnwert von Wohneigentum**
Wenn Sie mietfrei in Ihrem Eigenheim wohnen, wird der Wohnwert abzüglich der Belastungen und umlagefähigen Kosten als Einkommen (sog. Wohnvorteil) zugrunde gelegt. Hierbei ist zu beachten, dass die Nebenkosten, die gemäß § 2 Betriebskostenverordnung (BetrKV) auf die Mietpartei umgelegt werden könnten, vom Wohnwert nicht abgezogen werden können.

30 Bei gesteigerter Unterhaltspflicht wird nach der Scheidung der objektive bzw. volle Wohnwert herangezogen, dh der auf dem Markt zu erzielende Mietpreis für das Eigenheim. Vor der Scheidung bzw. bis zur Zustellung des Scheidungsantrages ist es der subjektive bzw. angemessene Wohnwert, dh die in Bezug auf persönliche und wirtschaftliche Verhältnisse angemessene Miete (Leitlinien zur DT, 5.). Der subjektive Wohnwert ist natürlich niedriger. Bei nicht gesteigerter Unterhaltspflicht (Elternunterhalt) wird nur der subjektive Wohnwert zugrunde gelegt. Bei den Belastungen werden nach neuerer Rechtsprechung bei Darlehen neben Zinsleistungen auch Tilgungsleistungen bis zur Höhe des Wohnwertes anerkannt (BGH 18.1.2017 – XII ZB 118/16 und 15.12.2021 – XII ZB 557/20). Bis zur Höhe des Wohnwertes können die Kreditraten daher nicht nur mit dem Zinsanteil, sondern auch mit dem Tilgungsanteil abgezogen werden. Der BGH hat im Jahr 2022 nun entschieden, dass dies grundsätzlich in gleicher Weise auch für den Kindesunterhalt gilt. Überschreitet die Darlehenstilgung zwar nicht den Wohnvorteil, ist aber der Mindestunterhalt minderjähriger Kinder gefährdet, hat der BGH darauf hingewiesen, dass dem*r gesteigerter Unterhaltspflichtigen zwar nicht eine vollständige Aussetzung der Tilgung, wohl aber nach den Umständen des jeweiligen Einzelfalles ausnahmsweise eine **Tilgungsstreckung** zugemutet werden kann (BGH 9.3.2022 – XII ZB 233/21).

31 In der Vergangenheit wurde der Barunterhaltsanspruch des Kindes um 20 Prozent wegen ersparter Wohnkosten gekürzt, wenn das Kind in der Wohnung des barunterhaltspflichtigen Elternteils mietfrei wohnen konnte. Der BGH hat jedoch im Jahr 2022 entschieden, dass das mietfreie Wohnen (Wohnvorteil) des Kindes nicht die Höhe des Kindesunterhalts beeinflusst. Die kostenfreie Zurverfügungstellung von Wohnraum wird vorrangig in dem unterhaltsrechtlichen Verhältnis zwischen den Eltern im Rahmen des Trennungs- oder Scheidungsunterhalts ausgeglichen. Ein unterhaltsrechtlicher Ausgleich kann auch darin bestehen, dass der Betreuungselternteil keinen Anspruch auf Trennungsunterhalt geltend machen kann, weil nach der Zurechnung des vollen Wohnwertes keine auszugleichende Einkommens-

differenz zwischen den Eltern mehr besteht (BGH 18.5.2022 – XII ZB 325/20).

32 Wird aufgrund der 100.000-EUR-Einkommensgrenze des § 94 Abs. 1a SGB XII der Selbstbehalt beim Elternunterhalt seit 1.1.2020 mit 4.400 EUR bis 4.700 EUR angesetzt, beeinflusst ein Wohnvorteil die unterhaltsrechtliche Leistungsfähigkeit des Kindes nur noch unwesentlich, weil auch in diesem Fall nur ein angemessener Wohnvorteil zu berücksichtigen ist (Hauß Elternunterhalt Rn. 327).

33 ▪ **Ersparnis aufgrund gemeinsamer Haushaltsführung**
Der Bundesgerichtshof begründet die höheren **Eigenbedarfssätze (Selbstbehalt)** von Alleinstehenden gegenüber Unterhaltsverpflichteten, die in der Haushaltsgemeinschaft leben, mit einer „*Ersparnis*" aufgrund gemeinsamer Haushaltsführung. Dies erhöhe das Einkommen und sei somit zu berücksichtigen (BGH 28.7.2010 – XII ZR 140/07). Der BGH beziffert die Höhe dieser häuslichen Ersparnis mit zehn Prozent (abgeleitet aus der bis zum 31.12.2010 gültigen Fassung des § 20 Abs. 3 SGB II) und reduziert entsprechend die Selbstbehalte von in Haushalt lebenden Unterhaltsverpflichteten (BGH 28.7.2010 – XII ZR 140/07; 5.2.2014 – XII ZB 25/13). Bei Unterhaltsansprüchen von nachrangigen, geschiedenen Ehegatt*innen beträgt der Selbstbehalt eines*r mit dem*r Unterhaltspflichtigen (dessen*deren Selbstbehalt, wenn erwerbstätig: 1.510 EUR) zusammenlebenden Ehegatten*Ehegattin, der*die erwerbstätig ist, daher nur 1.208 EUR, denn es ist eine Ersparnis von 302 EUR zu berücksichtigen (10 Prozent von 1.510 EUR = 151 EUR x 2; DT 1/2023, B. III. und V.).

2.3.2.1 Bereinigung des Nettoeinkommens

34 Das Nettoeinkommen ist zu bereinigen um:
▪ **Berufsbedingte Aufwendungen:**
Diese sind in Höhe von fünf Prozent des Nettoerwerbseinkommens ohne Nachweis (einige OLGs verlangen in ihren Unterhaltsleitlinien konkrete Nachweise, zB OLG Bremen) abzusetzen (mindestens 50 EUR, bei geringfügiger Teilzeitarbeit auch weniger, höchstens 150 EUR), bei höheren Aufwendungen mit Nachweis (zB 0,42 EUR pro gefahrenen Kilometer bei beruflicher Nutzung des Autos; ab dem 31. Kilometer nur noch 0,28 EUR/km);
▪ **Kinderbetreuungskosten:**
Diese sind abzuziehen, soweit sie wegen Berufstätigkeit erforderlich sind;
▪ **Schulden:**
Diese können nach den Umständen des Einzelfalls als „*sonstige Verpflichtung*" (§ 1603 BGB) geltend gemacht werden, dh, nicht alle Schulden sind anrechnungsfähig;
▪ **Unterhaltszahlungen:**
Nicht an im Haushalt lebende Unterhaltsberechtigte werden abgezogen;
▪ mit der Ausübung des **Umgangsrechts** verbundene Kosten

(OLG Düsseldorf, Leitlinien zum Unterhalt, 1.1.2022, 10.7).

35 Bei **nicht gesteigertem** Unterhalt ist die Einkommensbereinigung etwas **großzügiger** gestaltet (→ Rn. 67 ff.).

2.3.2.2 Was nicht zum Einkommen zählt

36 Nicht zum Einkommen zählen Elterngeld (bis 300 EUR), Pflegegeld (nach § 13 Abs. 6 SGB XI), Sozialhilfe, Unterhaltsvorschuss, Schmerzensgeld und Kindergeld (Unterhalt für Kinder, → 114 Rn. 11) (OLG Düsseldorf, Leitlinien zum Unterhalt, 1.1.2022, 2.1 – 2.11, 3.).

2.3.3 Höhe des gesteigerten Unterhalts nach bürgerlichem Recht

37 Übersteigt das anzurechnende Einkommen den Selbstbehalt laut DT 2023, A.5., B.III.–V. und D., wird die Differenz in voller Höhe herangezogen.

2.3.4 Rangfolge der Unterhaltspflicht

38 Wenn wegen mangelnder Leistungsfähigkeit nicht allen Unterhaltsberechtigten Unterhalt gezahlt werden kann, gilt seit 1.1.2008 gem. § 1609 BGB folgende Rangfolge:

„1. minderjährige Kinder und Kinder im Sinne des § 1603 Abs. 2 Satz 2 [dh Kinder bis zur Vollendung des 21. Lebensjahres, wenn sie im Haushalt der Eltern / eines Elternteils leben, unverheiratet sind und sich in der allgemeinen Schulausbildung befinden],
2. Elternteile, die wegen der Betreuung eines Kindes unterhaltsberechtigt sind oder im Fall einer Scheidung wären, sowie Ehegatten und geschiedene Ehegatten bei einer Ehe von langer Dauer [...],
3. Ehegatten und geschiedene Ehegatten, die nicht unter Nummer 2 fallen,
4. Kinder, die nicht unter Nummer 1 fallen,
5. Enkelkinder und weitere Abkömmlinge,
6. Eltern,
7. weitere Verwandte der aufsteigenden Linie; unter ihnen gehen die Näheren den Entfernteren vor".

39 Wenn der*die Unterhaltspflichtige zwar Unterhalt zahlen kann, dieser aber nicht ausreicht, wird der Unterhalt, der geleistet werden kann, im Verhältnis des jeweiligen Unterhaltsbedarfs auf die Unterhaltsberechtigten der jeweiligen Stufe aufgeteilt *(„Mangelfallberechnung",* vgl. Beispielberechnung DT 2023, C.).

2.3.5 „Sozialhilferechtlicher" Eigenbedarf – Untergrenze

40 Grundsätzlich kann nur der Unterhaltsanspruch übergehen, der nach dem BGB besteht, dh, beim Einkommen müssen die dort festgelegten **Selbstbehalte** berücksichtigt werden. Allerdings ist die Einkommensberechnung im Unterhaltsrecht anders als im Sozialrecht. Deshalb sind Fälle denkbar, bei denen Nichtleistungsbeziehenden aufgrund der ungünstigeren Berücksichtigung von Einkommen weniger bleibt als Beziehenden von Bürgergeld, HzL/GSi der Sozialhilfe. Dieser Bedarf gilt letztlich als notwendiger Lebensunterhalt, der nicht unterschritten werden darf (§ 33 Abs. 2 S. 3 SGB II, § 94 Abs. 3 S. 1 Nr. 1 SGB XII). „*Unterhaltsrechtlich leistungsfähig ist nicht, wer selbst sozialhilfebedürftig ist oder es durch Erfüllung des Unterhaltsanspruchs werden würde"* (Deutscher Verein für öffentliche und private Fürsorge, Empfehlungen für die Heranziehung Unterhaltspflichtiger in der Sozialhilfe, März 2014, im Folgenden: DV 35/13 AF III, Rn. 80; https://www.deutscher-verein.de/de/u ploads/empfehlungen-stellungnahmen/2013/ dv-35-13-heranziehung-unterhaltspflichtiger-nicht-druckbar.pdf). Der **Vergleich** des unterhaltsrechtlichen Selbstbehalts mit dem Bürgergeld-/ Sozialhilfebedarf soll sicherstellen, dass das sozialhilferechtliche Existenzminimum durch Unterhaltszahlungen **nicht** unterschritten wird.

2.3.6 Kein Unterhalt bei Unterhaltsverzicht?

41 Ehegatt*innen können seit 1977 für die Zeit nach der Scheidung auf gegenseitige Unterhaltsansprüche verzichten (§ 1585c BGB). Der Verzicht ist unwirksam, wenn ein*e Ehegatte*Ehegattin verzichtet, obwohl abzusehen war, dass dies zur Hilfebedürftigkeit nach dem SGB II/SGB XII führen würde (§ 138 Abs. 1 BGB). Das verstößt gegen *„die guten Sitten".* Der Verzicht wird auch unwirksam, wenn gemeinsame, minderjährige Kinder zu versorgen sind und der*die geschiedene Ehegatte*Ehegattin den Unterhalt braucht, um das Kind betreuen zu können (BVerfG 6.2.2001 – 1 BvR 12/92). Er wird nach der Rechtsprechung des BGH aus dem Jahr 2004 teilweise unwirksam, wenn ein*e Partner*in gemeinsame Kinder betreut und deshalb den eigenen Beruf zeitweise oder ganz aufgegeben hat (Grundsatzurteil BGH 11.2.2004 – XII ZR 265/02 – Kernbereichslehre und Wirksamkeits- und Ausübungskontrolle). Hiernach ist der Vertrag zwischen den Ehegatt*innen zunächst einer Wirksamkeitskontrolle nach § 138 BGB bezogen auf den Zeitpunkt des Vertragsschlusses zu unterziehen und wenn der Vertrag hiernach nicht bereits (teilweise) unwirksam ist, auch einer Ausübungskontrolle nach § 242 BGB zu unterwerfen, ob der Vertrag auch noch im Zeitpunkt, in dem sich einer der Ehegatt*innen darauf beruft, angemessen und nicht unwirksam ist. Nur wenn zum Zeitpunkt des Vertragsschlusses nicht abzusehen war, dass ein*e Ehegatte*Ehegattin nach der Scheidung hilfebedürftig wird, ist der vereinbarte Unterhaltsverzicht idR wirksam, kann aber aufgrund der nach den vorgenannten Vorgaben des BGH noch durchzuführenden Ausübungskontrolle dennoch unwirksam sein.

42 Allerdings kann auch bei Einkommen oberhalb des sozialhilferechtlichen Bedarfs ein unwirksamer Unterhaltsverzicht vorliegen, wenn zB von beiden Partner*innen einvernehmlich ein Höchstbetrag für den Trennungsunterhalt vereinbart wurde, der in der zweijährigen Trennungszeit den gesetzlich vorgesehenen Unterhalt um mehr als ein Drittel unterschreitet (BGH 30.9.2015 – XII ZB 1/15). Hierbei ist auch zu berücksichtigen, dass auf zukünftig zu zahlenden Trennungsunterhalt an sich nicht wirksam verzichtet werden kann (§ 1361 Abs. 4 S. 4 BGB, § 1360a Abs. 3 iVm § 1614 Abs. 1 BGB).

3. Fälle nicht gesteigerter Unterhaltspflicht

43 Nicht gesteigert unterhaltspflichtig sind:
- Eltern gegenüber ihren volljährigen Kindern (Ausnahme: unverheiratete, im Haushalt eines Elternteils lebende Kinder bis zu 21 Jahren in Schulausbildung, dort gilt die gesteigerte Unterhaltspflicht) und umgekehrt (Elternunterhalt, vgl. Einschränkungen aufgrund § 94 Abs. 1a SGB XII; DT 2023 D. I.)
oder
- Unterhaltsverpflichtete gegenüber ihren nachrangig geschiedenen/getrennt lebenden Ehegatt*innen (§ 1609 BGB Nr. 3; → Rn. 38; Näheres zum nicht gesteigerten Unterhalt bei nichtehelicher Vaterschaft → Rn. 105 f.).

Die Heranziehung nicht gesteigert Unterhaltsverpflichteter bei Sozialleistungen ist in den letzten Jahren stark eingeschränkt worden. Sie wirkt im Wesentlichen noch in der Sozialhilfe, seltener bei Bürgergeld und GSi. Die Unterhaltspflicht besteht hier zwar noch weiter, eine Reihe von Ansprüchen darf aber nicht mehr auf die Behörde übergehen.

3.1 Bei Leistungen nach dem SGB II (Bürgergeld)

44 Nachfolgend wird dargestellt, in welchen Fällen das Jobcenter nicht berechtigt ist, Unterhalt geltend zu machen, und wann das Jobcenter Unterhalt fordern darf.

3.1.1 Fälle, in denen das Jobcenter kein Unterhalt fordern darf

45 Das Jobcenter darf keinen Unterhalt fordern (§ 33 Abs. 2 SGB II):
- von Eltern, deren Bürgergeld-bedürftige Kinder mind. 25 Jahre alt sind,
- von Eltern, deren Bürgergeld-bedürftige Kinder unter 25 Jahre alt sind, die nicht in der Bedarfsgemeinschaft leben und
  – entweder eine **Erstausbildung** schon abgeschlossen
  – oder sie selbstverschuldet abgebrochen, mithin ihre Ausbildungsobliegenheit „*nachhaltig verletzt*" haben (Eicher/Luik/Harich SGB II § 33 Rn. 46 aE; dann besteht idR bereits kein Unterhaltsanspruch mehr, der auf das Jobcenter übergehen könnte),
  – oder die aller Voraussicht nach **keine Erstausbildung** schulischer Art oder nach dem Berufsbildungsgesetz absolvieren werden (§ 33 Abs. 2 Nr. 2 lit. b SGB II; LPK-SGB II § 33 Rn. 34, zur Art der Ausbildung),
- von Eltern, deren Tochter **schwanger** ist oder die ihr „*leibliches Kind*" bis zur Vollendung des sechsten Lebensjahres betreut (§ 33 Abs. 2 Nr. 3 lit. a, b SGB II). Das gilt auch für minderjährige Töchter, Letzteres sogar für Söhne.

Aber auch nicht
- von Kindern, deren Eltern **selbst** Bürgergeld beziehen, wenn diese nicht mit ihnen zusammen in einer Haushaltsgemeinschaft (→ 54) wohnen.

46 **Tipp:** Wenn Sie einen Unterhaltsanspruch nach dem BGB gegen eine*n Unterhaltsverpflichtete*n in den oben genannten Fällen nicht geltend machen, kann das Jobcenter Sie **nicht** dazu verpflichten (§ 33 Abs. 2 Nr. 2 SGB II). Haben Sie aber in einem oben genannten Fall Ansprüche „freiwillig" geltend gemacht, dann kann das Jobcenter diesen Unterhalt von dem*r Verpflichteten einfordern. Allerdings sind auch Fälle bekannt geworden, bei denen Leistungsberechtigte vom Jobcenter **unter Druck** gesetzt wurden, damit sie „freiwillig" Unterhaltsansprüche bei Verwandten geltend machen. Lassen Sie sich nicht darauf ein!

3.1.2 Fälle, in denen das Jobcenter Unterhalt fordern kann

47 Umgekehrt darf das Jobcenter Unterhalt nur fordern:

- von Eltern gegenüber minderjährigen Kindern, die nicht in der Bedarfsgemeinschaft, zB bei Pflegeeltern leben (gesteigert),
- von Eltern gegenüber volljährigen Kindern unter 25 Jahren, die die Erstausbildung (→ Rn. 43) noch nicht abgeschlossen haben (nicht gesteigert),
- von Eltern gegenüber volljährigen Kindern unter 21 Jahren, die im Haushalt der Eltern oder eines Elternteils leben, unverheiratet sind und sich in allgemeiner Schulausbildung befinden (§ 1603 Abs. 2 BGB, gesteigert) und
- von Verwandten, denen gegenüber „freiwillig" Unterhaltsansprüche geltend gemacht wurden (nicht gesteigert) (§ 33 Abs. 2 SGB II).

Bei **mind. 25-jährigen Personen** in SGB II-Leistungsbezug werden nicht gesteigert Unterhaltspflichtige (→ Rn. 53 ff.) **nicht** zum Unterhalt herangezogen.

3.2 Bei Leistungen nach dem SGB XII (HzL der Sozialhilfe, Grundsicherung (GSi), Hilfe zur Pflege etc)

48 Aufgrund der seit 1.1.2020 gültigen Regelung des § 94 Abs. 1a SGB XII ist die Unterhaltspflicht bei Leistungen nach dem SGB XII stark eingeschränkt. Hiernach gilt:

„Unterhaltsansprüche der Leistungsberechtigten gegenüber ihren Kindern und Eltern sind nicht zu berücksichtigen, es sei denn deren jährliches **Gesamteinkommen [*]** im Sinne des § 16 des Vierten Buches beträgt jeweils mehr als 100.000 Euro (Jahreseinkommensgrenze). Der Übergang von Ansprüchen der Leistungsberechtigten ist ausgeschlossen, sofern Unterhaltsansprüche nach Satz 1 nicht zu berücksichtigen sind. Es wird vermutet, dass das Einkommen der unterhaltsverpflichteten Personen nach Satz 1 die Jahreseinkommensgrenze nicht überschreitet. Zur Widerlegung der Vermutung nach Satz 3 kann der jeweils für die Ausführung des Gesetzes zuständige Träger von den Leistungsberechtigten Angaben verlangen, die Rückschlüsse auf die Einkommensverhältnisse der Unterhaltspflichtigen nach Satz 1 zulassen. Liegen im Einzelfall hinreichende Anhaltspunkte für ein Überschreiten der Jahreseinkommensgrenze vor, so ist § 117 anzuwenden. Die Sätze 1 bis 5 gelten nicht bei Leistungen nach dem Dritten Kapitel an minderjährige Kinder" (§ 94 Abs. 1a SGB XII).

*„**Gesamteinkommen**" ist die Summe der Einkünfte im Sinne des Einkommensteuerrechts gemäß § 2 Abs. 2 EStG (bei Land- und Forstwirtschaft, Gewerbebetrieb und selbstständiger Arbeit der Gewinn: §§ 4–7k, 13a EStG; und bei den anderen Einkunftsarten der Überschuss der Einnahmen über die Werbungskosten: §§ 8–9a EStG).

„*Es umfasst insbesondere das Arbeitsentgelt und das Arbeitseinkommen*" (§ 16 SGB IV). **Gesamteinkommen** ist wegen des Verweises auf das SGB IV das Bruttoeinkommen abzüglich berufsbedingter Aufwendungen, nicht das Nettoeinkommen. Der Begriff des „*Gesamteinkommens*" stellt auf die Summe aller Einkünfte ab, die eine **Einzelperson** bezieht.

49 Das Sozialamt darf wegen § 94 Abs. 1a SGB XII insbesondere bei Gewährung von HzL, GSi und Hilfe zur Pflege keinen Unterhalt fordern

- von **Kindern,** deren Gesamteinkommen jeweils unter 100.000 EUR liegt, wenn deren Vater und/oder Mutter Grundsicherung beziehen,
- von **Elternteilen,** deren Gesamteinkommen jeweils unter 100.000 EUR liegt (BSG 25.4.2013 – B 8 SO 21/11 R), wenn dauerhaft voll erwerbsgeminderte Kinder Grundsicherung beziehen.

Das **Vermögen** von Kindern und Eltern spielt bei Anwendung des § 94 Abs. 1a SGB XII keine Rolle (LPK-SGB XII § 94 Rn. 36).

50 Gemäß der gesetzlichen Regelung wird zunächst vermutet, dass die Einkommen der Eltern und Kinder die 100.000-EUR-Einkommensgrenze des § 94 Abs. 1a S. 1 SGB XII nicht überschreitet (§ 94 Abs. 1a S. 3 SGB XII). Das Sozialamt ist zunächst an diese Vermutung gebunden.

„*Zur Widerlegung der Vermutung nach Satz 3 kann der jeweils für die Ausführung des Gesetzes zuständige Träger von den Leistungsberechtigten Angaben verlangen, die Rückschlüsse auf die Einkommensverhältnisse der Unterhaltspflichtigen nach Satz 1 zulassen. Liegen im Einzelfall hinreichende Anhaltspunkte für ein Überschreiten der Jahreseinkommensgrenze vor, so sind die Kinder oder Eltern der Leistungsberechtigten gegenüber dem Träger der Sozialhilfe verpflichtet, über ihre Einkommensverhältnisse Auskunft zu geben, soweit die Durchführung dieses Buches es erfordert"* (§ 94 Abs. 1a S. 4, 5 ivm § 117 SGB XII).

51 Rückschlüsse können sich ergeben, wenn zum Beispiel nach der beruflichen Stellung der Unterhaltsverpflichteten gefragt wird oder der Quelle ihrer Einkommen. Ist Ihr Kind zB Chefarzt*Chefärztin, liegt ein Anhaltspunkt vor, der dazu führen kann, dass das Sozialamt Auskunft über die Einkommensverhältnisse verlangt. Andererseits werden potenziell unterhaltsverpflichtete Personen idR darüber **informiert**, dass sie bei hohen Einkünften zum Unterhalt herangezogen werden. Diese wären dann **verpflichtet**, dem Sozialamt zu melden, wenn ihr Gesamteinkommen 100.000 EUR vor Steuern überschreitet.

52 **Tipp:** Sie sind nicht verpflichtet, Auskunft über die Einkommensverhältnisse Ihrer unterhaltspflichtigen Angehörigen zu geben. Sie kennen diese in aller Regel auch nicht. Schreiben Sie, falls im Antrag danach gefragt wird, dass Sie es nicht wissen.

3.3 Weitere Fälle, in denen das Sozialamt keinen Unterhalt fordern darf

53 Das Sozialamt **darf ferner keinen Unterhalt fordern**

- von **getrennt lebenden** Ehegatt*innen oder eingetragenen Lebenspartner*innen, wenn ihre Partner*innen Grundsicherung beziehen (§ 43 Abs. 1 SGB XII),
- von **Verwandten zweiten Grades** (§ 94 Abs. 1 S. 3 SGB XII; seit 1974) und
- von Eltern, deren Tochter schwanger ist oder ihr leibliches Kind bis zur Vollendung des sechsten Lebensjahres betreut (§ 94 Abs. 1 S. 4 SGB XII).

3.3.1 Selbstbehalt bei nicht gesteigerter Unterhaltspflicht

54 Die Selbstbehalte sind höher als bei gesteigerter Unterhaltspflicht. Gemäß der Regelung des § 94 Abs. 1a SGB XII (100.000 EUR-Einkommensgrenze) wird ein Selbstbehalt in Höhe von 5000 EUR bis 5500 EUR monatlich diskutiert (vgl. → Rn. 6 / Einleitung Ausführungen zum Angehörigen-Entlastungsgesetz).

Dabei wird Eltern gegenüber ihren volljährigen Kindern eine stärkere Pflicht zum Unterhalt auferlegt als umgekehrt; u.a. deswegen, weil erwachsene Kinder die Generation der Eltern schon über ihre Rentenversicherungsbeiträge versorgen.

Auch die Bereinigung des Einkommens ist bei der nicht gesteigerten Unterhaltspflicht *„großzügiger"*.

3.3.2 Selbstbehalt von Eltern gegenüber ihren nicht privilegierten volljährigen Kindern

55 In der Regel beträgt er mindestens 1.650 EUR mtl., unabhängig davon, ob man erwerbstätig ist oder nicht (DT 2023, A. 5.). In den 1.650 EUR sind bis 650 EUR Warmmiete enthalten,

- plus 1.320 EUR für den*die Ehegatten*Ehegattin (DT 2023, B. V. 2. b))
- plus Wohnkosten, die den Anteil im Selbstbehalt erheblich überschreiten und nicht vermeidbar sind.

56 Der Selbstbehalt darf nicht gesenkt werden, wenn Ihre Mietkosten geringer sind (BGH 25.6.2003 – XII ZR 63/00).

57 Leben **gesteigert** unterhaltsberechtigte minderjährige, unverheiratete **Kinder** oder volljährige Kinder in Schulausbildung (bis zum Alter von 21 Jahren) im Haushalt der unterhaltspflichtigen Eltern, sind diese **vorrangigen** Unterhaltsansprüche **zuerst** vom Einkommen abzusetzen. Für unterhaltsberechtigte **studierende Kinder** mit eigenem Haushalt kann ein Betrag in Höhe von 930 EUR (darin enthalten 410 EUR für Warmmiete) vorrangig abgesetzt werden (DT 2023, A. 7.). Erst vom **Restbetrag** wird der Selbstbehalt der Eltern gebildet. Bleibt dann noch etwas von deren

Einkommen übrig, kann es zur Hälfte bzw. bei Paarhaushalten zu 55 Prozent zum Unterhalt für das volljährige Kind herangezogen werden (Berücksichtigung vorrangiger Unterhaltspflichten, → Rn. 63).

3.3.3 Selbstbehalt volljähriger Kinder gegenüber ihren Eltern (Elternunterhalt)

58 Wie bereits in → Rn. 2 ff. dargestellt wurde, haben das zum 1.1.2020 in Kraft getretene Angehörigen-Entlastungsgesetz und der damit eingeführte § 94 Abs. 1a SGB XII nicht nur erhebliche Auswirkungen auf das Recht des SGB XII, sondern auch auf das Unterhaltsrecht des BGB und dort insbesondere auf den Elternunterhalt.

59 Um die Problematik besser verstehen zu können, wird nachfolgend zunächst kurz die Rechtslage bzw. Rechtsentwicklung bis zum Inkrafttreten des Angehörigen-Entlastungsgesetz dargestellt, bevor auf die Auswirkungen des § 94 Abs. 1a SGB XII für das Unterhaltsrecht ab 1.1.2020 eingegangen wird.

60 Der Unterhaltsanspruch von Eltern gegenüber ihren volljährigen Kindern (sog. Elternunterhalt) ist ein Fremdkörper im deutschen Recht und hat aus diesem Grund vom Gesetzgeber auch nur eine schwache Stellung erhalten (vorletzte Position in der Rangfolge der möglichen Unterhaltsberechtigten, § 1609 Nr. 6 BGB). Aus diesem Grund und weil man als Kind nicht damit rechnet und sich daher auch nicht darauf einstellt, irgendwann seinen Eltern Unterhalt zahlen zu müssen, hat die Rechtsprechung schon früh entschieden, dass die Kinder vor der Inanspruchnahme auf Elternunterhalt besonders zu schützen sind (BGH 26.2.1992 – XII ZR 93/91). Dies auch deshalb, da die Kinder oft in einem Alter (Durchschnittsalter: 55 Jahre) für Elternunterhalt herangezogen werden, in dem sie schon einen Lebensstandard entwickelt und sich entsprechend eingerichtet haben. Die Schutzbedürftigkeit ergibt sich auch daraus, dass diese Kinder oft zu der „sog. Sandwichgeneration" gehören. Das heißt, sie finanzieren über ihre Rentenversicherungsbeiträge die aktuelle Rentnergeneration – folglich auch ihre Eltern und haben meist selbst Kinder, denen sie vorrangig Unterhalt schulden.

61 Der BGH hat daher bereits im Jahr 2002 entschieden:

Ein seinen Eltern unterhaltspflichtiges Kind braucht durch den Elternunterhalt keine spürbare und dauerhafte Senkung seines berufs- und einkommenstypischen Lebensniveaus hinzunehmen, sofern es nicht einen unangemessenen Aufwand betreibt und nicht im Luxus lebt (sog. **Lebensstandardgarantie**, BGH 23.10.2002). Diese Lebensstandardgarantie hatte auch Auswirkungen auf die Ausgaben, welche vom Einkommen abgezogen werden konnten. Denn sie erlaubte Abzüge vom Einkommen in größerem Umfang als im übrigen Unterhaltsrecht.

62 Weiter wurde der Schutz der Kinder dadurch erreicht, dass ihnen hohe Selbstbehalte für das Einkommen und ein hohes Schonvermögen (Altersvorsorgevermögen, Vorsorgevermögen, Notgroschenvermögen, Ausbildungsvermögen, geschützte, angemessene selbstgenutzte Immobilie), das nicht für den Elternunterhalt eingesetzt werden muss, gewährt werden.

63 Für eine*n Alleinstehende*n betrug der Selbstbehalt im Jahr 2019 mindestens **1.800 EUR** mtl. (einschließlich 480 EUR Warmmiete) **zuzüglich der Hälfte** des darüber hinausgehenden Einkommens; bei Vorteilen des Zusammenlebens mit einer anderen Person in der Regel 45 Prozent des darüber hinausgehenden Einkommens (DT 2019, B VI 1c)), so dass dann 55 Prozent des über dem Selbstbehalt liegenden Einkommens zum Unterhalt herangezogen werden konnten. Im Jahr 2020 erhöhte sich dieser Selbstbehalt laut der DT 2020 auf 2.000 EUR (DT 2020, B VI 1c)).

64 Der Umstand, dass trotz des Angehörigen-Entlastungsgesetzes und der 100.000 EUR-Einkommensgrenze der Selbstbehalt in der DT für das Jahr 2020 nur 2.000 EUR beträgt, beruht darauf, dass die DT für das Jahr 2020 bekannt gegeben worden ist, bevor das Angehörigen-Entlastungsgesetz verabschiedet wurde.

65 In der neuen DT für das Jahr 2023 heißt es hierzu unter D. I. nun: „*Angemessener Selbstbehalt gegenüber den Eltern: Dem Unterhaltspflichtigen ist der angemessene Ei-*

genbedarf zu belassen. Bei dessen Bemessung sind Zweck und Rechtsgedanken des Gesetzes zur Entlastungunterhaltspflichtiger Angehöriger in der Sozialhilfe und in der Eingliederungshilfe (Angehörigenentlastungsgesetz) vom 10. Dezember 2019 (BGBl. I S. 2135) zu beachten". Der Selbstbehalt erhöhte sich um mindestens 1440 EUR für eine*n Ehegatten*Ehegattin.

66 Aufgrund der seit 1.1.2020 geltenden 100.000 EUR- Einkommensgrenze des § 94 Abs. 1a SGB XII muss der Selbstbehalt daher deutlich erhöht werden. Es wird daher u.a. vorgeschlagen, den **Selbstbehalt** für **Alleinstehende** auf 5.000 EUR und bei Zusammenleben **mit einem*r Ehegatten*Ehegattin** auf 9.000 EUR anzuheben (Hauß Elternunterhalt Rn. 5, 89; Grüneberg/von Pückler BGB § 1601 Rn. 14). Dies wird auch dadurch gestützt, dass der BGH in mehreren Entscheidungen zum Ehegattenunterhalt erklärt hat, dass davon auszugehen ist, dass Ehegatt*innen ein Einkommen bis zum doppelten des damaligen Höchstsatzes der DT (Höchstsatz 5500 EUR) für ihren Lebensunterhalt verbrauchen (BGH 25.9.2019 – XII ZB 25/19). Nach dieser Rechtsprechung darf man also davon ausgehen, dass es nicht ungewöhnlich ist, einen Betrag von 5.500 EUR monatlich für den Lebensunterhalt zu verbrauchen, ohne Rücklagen bilden zu können. Wenn man aber das Bekenntnis des BGH zur Lebensstandardgarantie im Elternunterhalt ernst nimmt, ist ein Selbstbehalt in Höhe von 5.000 EUR bzw. 9.000 EUR die logische Folge dieser Rechtsprechung (Hauß Elternunterhalt Rn. 89).

3.3.4 Einkommen bei nicht gesteigerter Unterhaltspflicht

67 Für die Auslegung des Unterhaltsrechts nach dem BGB nach Inkrafttreten des Angehörigen-Entlastungsgesetzes gibt es, soweit ersichtlich, noch keine einschlägigen Gerichtsentscheidungen des BGH. Insbesondere im Hinblick auf die in der Literatur vorgeschlagenen deutlich erhöhten Selbstbehalte ist fraglich, ob dann noch für die von der Rechtsprechung bis zum 31.12.2019 angewendeten großzügigen Einkommensbereinigungen Raum ist. Gleichzeitig ist jedoch zu berücksichtigen, dass der Gesetzgeber in Kenntnis der Lebensstandardgarantie-Rechtsprechung des BGH, welche Unterhaltspflichtige beim Elternunterhalt schützen sollte, „zusätzlich" das Angehörigen-Entlastungsgesetz geschaffen hat. Es spricht daher viel dafür, bei Überschreiten der 100.000-EUR-Einkommensgrenze des*r Unterhaltspflichtigen die Grundsätze der Lebensstandardgarantie-Rechtsprechung des BGH bei der Prüfung heranzuziehen, ob und in welchem Umfang Unterhalt gezahlt werden muss. Dennoch bleibt abzuwarten, ob die nachfolgenden Ausführungen auch in Zukunft anwendbar sind und wie die Gerichte insoweit entscheiden werden. Ihr Einkommen wird berechnet und bereinigt wie bei gesteigerter Unterhaltspflicht (→ Rn. 25 ff.). **Aber:** Sie können Ihr Einkommen in höherem Umfang um **besondere Belastungen** bereinigen (vgl. hierzu im Einzelnen: Grüneberg/von Pückler BGB § 1601 Rn. 5 ff., insbes. Rn. 8 ff., 17a).

3.3.4.1 Bereinigung des Einkommens um besondere Belastungen

68 *„Hier müssten als angemessen grundsätzlich alle Ausgaben anerkannt werden, die sich bei dem zur Verfügung stehenden Familieneinkommen im Rahmen einer objektiv vernünftigen Lebensführung hielten"* (BGH 26.2.1992 – XII ZR 93/91). Dies ist auch Folge der Lebensstandardgarantie-Rechtsprechung des BGH. Da Sie beim Elternunterhalt – anders als beim Kindesunterhalt – nicht damit rechnen und sich auch nicht darauf einstellen mussten, ihren Eltern einmal Unterhalt zahlen zu müssen, sind grundsätzlich alle Ausgaben zu berücksichtigen, welche Sie schon hatten, bevor Sie wussten, dass Sie eventuell Elternunterhalt zahlen müssen. Denn diese Ausgaben haben Ihren bisherigen Lebensstandard geprägt. Jedoch ist zu berücksichtigen, dass bestimmte Ausgaben bereits im Selbstbehalt enthalten sind, und daher in jedem Einzelfall zu prüfen ist, ob die Ausgabe neben der Berücksichtigung des Selbstbehaltes noch von Ihrem Einkommen abgezogen werden kann.

Das sind zB folgende Ausgaben:

3.3.4.2 Schuldverpflichtungen, auch Tilgung für Hypotheken

69 „*Schulden können je nach den Umständen des Einzelfalls (Art, Grund und Zeitpunkt des Entstehens) das anrechenbare Einkommen vermindern*" (OLG Düsseldorf, Leitlinien zum Unterhalt, 1.1.2022, 10.4).
„*In Fällen des Kindes- und Ehegattenunterhalts kann es angemessen sein, Schulden nur im Verhältnis zum Ehegatten oder zum [...; nicht-gesteigert] Unterhaltsberechtigten anzuerkennen, nicht aber gegenüber [gesteigert unterhaltsberechtigten] minderjährigen Kindern*" (DV 35/13 AF III, Rn. 93).

Die mit „*Anschaffungen wie dem Erwerb eines Eigenheims oder eines Kraftfahrzeugs verbundenen langfristigen Belastungen*" gelten als angemessen (BGH 26.2.1992 – XII ZR 93/91). Das gilt besonders für bereits bestehende Belastungen: „*Schuldverpflichtungen, die vor Kenntnis der Unterhaltsbedürftigkeit des Berechtigten eingegangen worden sind, sind i.d.R. vom unterhaltsrelevanten Einkommen abzusetzen*" (DV 35/13 AF III, Rn. 94).

3.3.4.3 Bildung von Rücklagen

70 Rücklagen, die der Aufrechterhaltung des bisherigen Lebensstandards dienen, sind geschützt, wie zB Rücklagen für Reparaturen am Eigenheim, Ersatzbeschaffung für langlebige Konsumgüter einschließlich eines Kfz, Aufwendungen für eine zusätzliche Altersvorsorge, Rücklagen für Notlagen oder übliche Familienausgaben wie die Kosten eines Urlaubs (BGH 26.2.1992 – XII ZR 93/91, 795–797). Wenn Sie keine Rücklagen bilden dürften, wären Sie gezwungen, sich im Bedarfsfall zu verschulden. Auch Rücklagen für eventuelle Notlagen sind anzuerkennen.

3.3.4.4 Ausgaben für den Lebensbedarf

71 Das heißt zB „*für größere einmalige Anschaffungen oder [...] den Familienurlaub*" (BGH 26.2.1992 – XII ZR 93/91). Wenn Schulden bzw. Rücklagen für solche Zwecke anerkannt werden, dann auch die entsprechenden Ausgaben, die nicht aus abzugsfähigen Rücklagen oder Schulden getätigt wurden.

3.3.4.5 Kosten für Fort- und Weiterbildung

72 Diese gelten als nachgewiesene berufsbedingte Ausgaben, wenn dadurch die Pauschale von höchstens 150 EUR mtl. überschritten wird (DT 2023, A. 3.).

3.3.4.6 Ausgaben für Familienereignisse

73 Das können sein: Geburt, Kommunion/Konfirmation/Jugendweihe, Heirat, Tod usw.

3.3.4.7 Besondere Belastungen

74 Was vor 1995 laut § 84 BSHG dazu gehörte, ist auch heute noch ein Anhaltspunkt:
- Fahrtkosten für den Besuch von Angehörigen in Heimen usw,
- Aufwendungen für Kranke, Pflegebedürftige und Behinderte,
- vorrangige Unterhaltsleistungen,
- Aufwendungen für die Sicherung der Wohnung (Mietschulden, Umzug, Renovierung, Tilgungsbeträge, Baukostenzuschüsse) oder
- Anwalts- und Gerichtskosten (DV NDV 1992, 37).

75 Ferner:
- Schul- und Kindergartenbeiträge (VGH Hessen 18.2.1992 – 9 UE 3473/88),
- Versicherungen, die bei der Bereinigung des Einkommens nicht anerkannt wurden, zB eine Rechtsschutzversicherung (OVG Niedersachsen-Schleswig-Holstein 29.11.1989 – 4 A 205/88),
- Kfz-Versicherung (BVerwG 4.6.1981 – 5 C 12.80) und Kfz-Steuer (OVG Niedersachsen-Schleswig-Holstein 29.11.1989 – 4 A 205/88), wenn das Auto für den Weg zur Arbeit notwendig ist.

3.3.4.8 Angemessene Altersvorsorge

76 Der BGH hat entschieden, dass Personen, die der gesetzlichen Rentenversicherung nicht unterliegen, für ihre Altersvorsorge einen Prozentsatz ihres Bruttoeinkommens aufwenden können, der dem jeweiligen Beitragssatz zur gesetzlichen Rentenversicherung entspricht (2023: 18,6 Prozent). Für eine zusätzliche Altersvorsorge können sie ebenso wie gesetzlich Rentenversicherte weitere 4 Prozent (bei Elternunterhalt 5 Prozent) ihres Bruttoeinkommens einsetzen. Über-

115 Unterhaltspflicht

steigt das Einkommen von an sich der gesetzlichen Rentenversicherung unterliegenden Personen die Beitragsbemessungsgrenze der gesetzlichen Rentenversicherung (Beitragsbemessungsgrenze 2023: 7.300 EUR mtl.), kann für diesen übersteigenden Betrag wie bei den von der Rentenversicherung ausgeschlossenen Personen eine zusätzliche Altersvorsorge in Höhe des jeweiligen Beitragssatzes zur gesetzlichen Rentenversicherung erfolgen (BGH 14.1.2004 – XII ZR 149/01; DT Leitlinien 1.1.2022 10.1.2). Die eigene Altersvorsorge hat Vorrang vor dem (Eltern-)Unterhalt.

4. Unterhaltspflicht von Eltern gegenüber volljährigen behinderten oder pflegebedürftigen Kindern

77 Wenn Kinder in erheblichem Maße zur Teilhabe an der Gesellschaft eingeschränkt (§ 99 SGB IX) oder pflegebedürftig im Sinne von § 61a SGB XII sind, ist die Unterhaltspflicht der Eltern erheblich eingeschränkt. Für Hilfe zur Pflege müssen unabhängig von Einkommen und Vermögen nur bis zu 36,97 EUR mtl. gezahlt werden. Für Hilfe zum Lebensunterhalt (3. Kapitel SGB XII) und Grundsicherung im Alter und bei Erwerbsminderung (4. Kapitel SGB XII) nur bis zu 28,44 EUR mtl. (§ 94 Abs. 2 S. 1 SGB XII; Fortschreibung der Beträge seit 2005; Stand: 2022). Die Beträge erhöhen sich um den Prozentsatz, um den das Kindergeld erhöht wird (§ 94 Abs. 2 S. 3 SGB XII). Dabei **vermutet** das Sozialamt, dass Sie die Beträge zahlen können (§ 94 Abs. 2 S. 2 SGB XII).

78 **Tipp:** Haben Sie nur ein niedriges Einkommen, rechnen Sie nach, ob Sie damit unter dem für Sie maßgeblichen Selbstbehalt der nicht gesteigerten Unterhaltspflicht liegen. Wenn ja, beantragen Sie, dass der pauschale Unterhaltsbeitrag nicht erhoben wird.

5. Keine Unterhaltspflicht bei „unbilliger Härte"

79 Unterhaltsansprüche können nicht auf das Sozialamt übergehen, wenn dies *„eine unbillige Härte bedeuten würde"* (§ 94 Abs. 3 S. 1 Nr. 2 SGB XII). Nicht einfach nur Härte, sondern *„unbillige Härte"*.

80 Eine *„unbillige Härte"* liegt zB vor, wenn
- Sie für Eltern bzw. Kinder zahlen sollen, denen Sie völlig entfremdet sind (LPK-SGB XII § 94 Rn. 60; zB aufgrund einer psychischen Erkrankung BGH 21.4.2004 – XII ZR 251/01),
- Sie durch sie vernachlässigt, missbraucht oder grob schlecht behandelt wurden (das müssen Sie allerdings glaubhaft machen),
- Sie als Kind im Heim aufgewachsen sind,
- Ihre Eltern ihrer Unterhaltspflicht gegenüber Ihnen als minderjähriges Kind nicht nachgekommen sind,
- die Höhe der Unterhaltszahlung in keinem Verhältnis zu einer *„zu befürchtenden nachhaltigen Störung des Familienfriedens"* steht (DV 35/13 AF III, Rn. 13) oder Ihren Verbleib im Haushalt des Unterhaltspflichtigen gefährden könnte,
- die Unterhaltspflicht *„mit Rücksicht auf die Höhe und Dauer des Bedarfs zu einer nachhaltigen und unzumutbaren Beeinträchtigung des Unterhaltspflichtigen und der übrigen Familienmitglieder führen würde"* (DV 35/13 AF III, Rn. 13),
- Sie *„vor Eintreten der Sozialhilfe über das Maß [...; Ihrer] zumutbaren Unterhaltsverpflichtung hinaus die leistungsberechtigte Person gepflegt und betreut"* haben (DV 35/13 AF III, Rn. 13; LPK-SGB XII § 94, Rn. 60; BGH 23.7.2003 – XII ZR 339/00) oder noch immer *„einen wesentlichen Teil des Pflege- und sonstigen Unterhaltsbedarfs [...] in Natur leisten"* (DV 35/13 AF III, Rn. 13) oder
- die Zielsetzung der Leistungen in einem Frauenhaus durch die Heranziehung des gewalttätigen Partners gefährdet ist oder eine von der schutzsuchenden Frau angestrebte Versöhnung dadurch vereitelt würde (→ 49 Rn. 31 ff.) (DV 35/13 AF III, Rn. 13).

81 Allerdings hat der Bundesgerichtshof zuletzt 2014 klargestellt, dass nur bei einer **schweren Verfehlung** des unterhaltsberechtigten Elternteils eine teilweise oder völlige Verwirkung von Unterhaltsansprüchen in Betracht kommt. Ein **langanhaltender Kontaktbruch** stelle zwar eine Verfehlung dar, jedoch

führe nur ausnahmsweise das Hinzukommen weiterer erschwerender Umstände dazu, dass eine Unterhaltsleistung eine unbillige Härte darstellen würde (BGH 12.2.2014 – XII ZB 607/12).

6. Einsatz des Vermögens der Unterhaltsverpflichteten

82 Unterhaltsverpflichtete werden auch mit ihrem Vermögen zum Unterhalt herangezogen, wenn ihr Einkommen nicht zur Abdeckung der Unterhaltspflichten ausreicht. Das Vermögen ist dabei „*bis zur vollen Deckung des monatlichen Unterhaltsbedarfs des Berechtigten einzusetzen*" (DV 35/13 AF III, Rn. 99; Umkehrschluss aus § 1602 Abs. 2 BGB: nur bei minderjährigen Kindern ist der Vermögensstamm geschützt und muss nicht für den Unterhalt herangezogen werden). Aber: „*Unterhaltspflichtig ist nicht, wer bei Berücksichtigung seiner sonstigen Verpflichtungen außerstande ist, ohne Gefährdung seines angemessenen Unterhalts den Unterhalt zu gewähren*" (§ 1603 Abs. 1 BGB; OLG Karlsruhe 27.3.2003 – 2 UF 23/02).

83 Von Vermögensschutz ist hier nicht die Rede. Der Vermögenseinsatz wird nur dadurch eingeschränkt, dass er den „*angemessenen Unterhalt*" nicht gefährden soll. Wenn Sie fortlaufende Einkommen aus Vermögen zur Bestreitung Ihres eigenen Unterhalts brauchen, bleibt das Vermögen verschont. Nur die verfügbaren Vermögenserträge werden angerechnet (DV 35/13 AF III, Rn. 98).

6.1 Barvermögen bei gesteigerter Unterhaltspflicht

84 Als angemessener Unterhalt wird beim Barvermögen zumindest ein „Notgroschen" als Vermögensreserve gewertet. Der Notgroschen entspricht in der Regel dem Schonvermögen nach SGB XII, das seit 1.1.2023 10.000 EUR für volljährige Personen beträgt (früher: ab 1.4.2017: 5.000 EUR für volljährige Personen und davor 1.600/2.600 EUR und 614 EUR für Partner*in) (BGH 17.12.2003 – XII ZR 224/00, in Bezug auf das Schonvermögen nach dem alten BSHG; DV 2008, Rn. 102). Übersteigendes Vermögen muss voll eingesetzt werden.

6.1.1 Barvermögen bei nicht gesteigerter Unterhaltspflicht

85 Das Angehörigen-Entlastungsgesetz bzw. § 94 Abs. 1a SGB XII stellen für die unterhaltsrechtliche Heranziehung ausschließlich auf das Einkommen ab. Hieraus kann für die Unterhaltspflicht nach dem BGB jedoch nicht geschlossen werden, dass das Vermögen unterhaltspflichtiger Kinder vollständig unberücksichtigt bleibt (Hauß Elternunterhalt Rn. 95). Da durch das Angehörigen-Entlastungsgesetz insbesondere die Kinder, deren Eltern Sozialhilfe beziehen, entlastet werden sollten, sind jedenfalls die nachfolgenden Regeln, die der BGH zum Schutz von Kindern bei Inanspruchnahme auf Elternunterhalt bereits vor dem 1.1.2020 aufgestellt hat, auch weiterhin anzuwenden.

86 Nicht gesteigert Unterhaltspflichtige müssen zwar grundsätzlich auch ihren Vermögensstamm einsetzen (§ 1603 Abs. 1 BGB). Bei nicht gesteigerter Unterhaltspflicht muss der*die Unterhaltsverpflichtete den Stamm seines*ihres Vermögens jedoch nicht einsetzen, wenn er*sie das Vermögen und die daraus erzielten Einkünfte für seinen*ihren „*Lebensbedarf einschließlich seiner Altersversorgung*" für sich, den*die Ehegatten*Ehegattin sowie „*zur Erfüllung berücksichtigungsfähiger Verbindlichkeiten einschließlich seiner [weiteren] Unterhaltspflichten*" benötigt. Die Heranziehung des Vermögens erfolgt „*unter Berücksichtigung seiner voraussichtlichen Lebensdauer*", „*seiner künftigen Erwerbsmöglichkeiten*" und der „*Lebensstellung*" (DV 35/13 AF III, Rn. 100).

87 Der BGH hat infolge seiner Lebensstandardgarantie-Rechtsprechung und des damit beabsichtigten Schutzes der Kinder vor Inanspruchnahme auf Elternunterhalt Grundsätze entwickelt, die den Kindern ein hohes Schonvermögen gewähren. Hierbei sind als mögliches Schonvermögen insbesondere das Altersvorsorgevermögen, das Vorsorgevermögen (zB Ansparungen für konkret zu benennende Immobilieninstandsetzungsmaßnahmen), Notgroschenvermögen (zur Sicherung vor Notlagen durch unvorhersehbare Krankheiten, eventuelle Reparaturen und Ersatzbeschaffungen) und Ausbildungsvermö-

115 Unterhaltspflicht

gen (zur Sicherung der Ausbildung von Kindern) zu nennen.

88 Insbesondere die Berechnung des geschützten **Altersvorsorgeschonvermögens** als Vorsorge für ein angemessenes Alterseinkommen nach den Vorgaben des BGH gewährt dem Kind sehr hohe Freibeträge. Zur Berechnung dieses Schonvermögens wird wie folgt vorgegangen: Für die Ermittlung wird von dem Einkommen ausgegangen, welches das Kind zum Zeitpunkt der Inanspruchnahme auf Elternunterhalt hat. Hiernach werden fünf Prozent des letzten den Lebensstandard prägenden Einkommens plus 24 Prozent des nicht sozialversicherungspflichtigen Einkommens (BGH 28.7.2010 – XII ZR 140/07) aufgezinst mit vier Prozent über die Lebensarbeitszeit (Renteneintrittsalter) ab dem 18. Lebensjahr (arg. aus § 851c ZPO) (BGH 30.8.2006 – XII ZR 98/04) angesetzt. Hierbei ist auch zu berücksichtigen, dass die Art der zusätzlichen Altersvorsorge unerheblich ist, soweit sie überhaupt zur Altersvorsorge geeignet ist. Es kann sich etwa um Bar- und Bankvermögen, Wertpapiervermögen, Kapitalwerte aus Lebensversicherungen oder Sachvermögenswerte (fremdgenutzte Immobilien) handeln (BGH 19.2.2003 – XII ZR 67/00).

89 Bei Beamt*innen kann eine Begrenzung des Altersvorsorgeschonvermögens dahin gehend vorgenommen werden, dass deren Einkommen ohne eine Beitragsbemessungsgrenze altersversorgungsbildend ist. Dies hat zur Folge, dass bei der Bestimmung des Altersvorsorgeschonvermögens lediglich der Ansatz von fünf Prozent des letzten den Lebensstandard prägenden Einkommens, berechnet über die Lebensarbeitszeit, berechtigt ist. Dies hat seinen Grund in der Besonderheit der beamtenrechtlichen Versorgungskonstruktion.

90 **Beispielsberechnung Altersvorsorgeschonvermögen:** Herr K. soll im Alter von 55 Jahren Elternunterhalt zahlen. Sein monatliches Bruttoeinkommen beträgt 2.500 EUR. Er hat ein Bankguthaben in Höhe von 40.000 EUR und eine Lebensversicherung im Wert von 60.000 EUR.

Alter im Zeitpunkt der Inanspruchnahme:	55 Jahre
Versorgung > Ansparphase daher:	37 Jahre (55 - 18)
Jahresbruttoeinkommen/ Monatsbrutto:	30.000 EUR / 2.500 EUR
Einkommen unter Beitragsbemessungsgrenze (West 2023: 7.300 EUR)	
daher: Versorgungsrücklage (5 Prozent von 2.500 EUR)	mtl. 125 EUR
Altersvorsorgerücklage, verzinst mit 4 Prozent über 37 × 12 Monate =	444 Monate
Altersvorsorgeschonvermögen daher:	122.553 EUR (!)

91 Da grundsätzlich jede Art von zusätzlicher Altersvorsorge anerkannt ist und das Vermögen des Herrn K in Höhe von 100.000 EUR nicht über dem Altersvorsorgeschonvermögens Betrag in Höhe von 122.553 EUR liegt, ist er nicht leistungsfähig und muss keinen Elternunterhalt zahlen.

92 Hierbei ist zu berücksichtigen, dass nach der Rechtsprechung das geschützte Altersvorsorgeschonvermögen dem Kind eine angemessene Altersvorsorge ermöglichen soll. Hier wurde vor Erlass des Angehörigen-Entlastungsgesetzes am 1.1.2020 diskutiert, dass jedenfalls eine monatliche Rente von 1.800 EUR angelehnt an den Selbstbehalt eines*r Alleinstehenden beim Elternunterhalt anzusetzen ist (Hauß Elternunterhalt Rn. 374 ff.). Im Hinblick auf die unterschiedlichen Erwerbsbiografien kann daher auch ein höheres Altersvorsorgeschonvermögen geltend gemacht werden, wenn dies notwendig ist, um die angemessene Rente zu erzielen.

93 Nimmt man als Angemessenheitsmaßstab für eine zukünftige Rente den Selbstbehalt der unterhaltspflichtigen Person an, wäre zB im Jahr 2020 für eine 50-jährige unterhaltspflichtige Person – ausgehend von einem Selbstbehalt von 5.000 EUR und einem Bruttojahreseinkommen von 100.000 EUR – ein Altersvorsorgevermögen in Höhe von 725.594 EUR als Altersvorsorgeschonvermögen geschützt (Hauß Elternunterhalt Rn. 638).

94 Hiernach ergibt sich, dass infolge der pauschalisierenden Berechnung des Schonvermögens teilweise ein sehr hohes Altersvorsorgeschonvermögen ist. Ob die Rechtsprechung aus diesem Grund zukünftig ab einem bestimmten Betrag eine Begrenzung des Altersvorsorgeschonvermögens vornehmen wird, ist derzeit nicht abzusehen, würde aber der Lebensstandardgarantie-Rechtsprechung des BGH und dem sich aus der 100.000-EUR-Einkommensgrenze (§ 94 Abs. 1a SGB XII; DT 2023 D. I.) ergebenden, vorgeschlagenen Selbstbehalt von 5.000 EUR widersprechen.

95 Es ist daher unzutreffend, wenn in der Vergangenheit manche Sozialbehörden nur feste Beträge als geschütztes Altersvorsorgeschonvermögen anerkannten.

Die **selbstgenutzte Wohnung oder das Haus** sind neben dem Altersvorsorgeschonvermögen geschützt. Entgegen der Auffassung mancher Sozialbehörden reduziert die selbstgenutzte Immobilie daher nicht die Höhe des Altersvorsorgeschonvermögens (BGH 7.8.2013 – XII ZB 269/12).

96 Neben dem Altersvorsorgeschonvermögen und der geschützten selbstgenutzten Immobilie ist u.a. auch das **Notbedarfsvermögen** geschützt. Dieses Vermögen dient u.a. zur Reparatur oder dem Ersatz von Haushaltsgeräten oder eines Pkw und soll bei Krankheit und anderen unverhofften Einnahmeausfällen die laufenden Zahlungen und den Unterhalt der Familie sicherstellen. Hierbei geht der BGH grundsätzlich von einem geschützten Betrag in Höhe von drei Monatsnettoeinkommen aus. Der BGH hat jedoch auch darauf hingewiesen, dass bei einem niedrigen Nettoeinkommen das Notbedarfsvermögen entsprechend höher sein muss, da bei einem niedrigen Einkommen kein Spielraum für Rückstellungen besteht. So hat der BGH bei einem Nettoeinkommen in Höhe von 1.400 EUR ein Notbedarfsvermögen in Höhe von 10.000 EUR angesetzt (BGH 7.8.2013 – XII ZB 269/12).

6.2 Sachvermögen: Hausbesitz

97 Auch bei gesteigerter Unterhaltspflicht darf in der Regel die Veräußerung eines selbst genutzten Familienheims nicht verlangt werden (DV 35/13 AF III, Rn. 100).

Bei nicht gesteigerter Unterhaltspflicht ist ein selbstbewohntes Haus mit nicht mehr als zwei Wohnungen oder eine selbstbewohnte Eigentumswohnung geschützt (DV 35/13 AF III, Rn. 100). Eine Obergrenze hat der DV nicht angegeben. Das Bundesverfassungsgericht hat entschieden, dass erwachsene Kinder für die Begleichung der Sozialhilfekosten ihrer pflegebedürftigen Eltern kein Darlehen auf ihr selbstbewohntes Haus aufnehmen müssen (BVerfG 7.6.2005 – 1 – BvR 1508/96).

98 Wenn Sie unterhaltspflichtig sind und den Besitz eines Hauses angeben, das Sie **nicht** selbst bewohnen, kann die Verwertung im Rahmen der Unterhaltspflicht verlangt werden (in Bezug auf ein Ferienhaus: BGH 23.10.1985 – VIII ZR 231/84). Bei nicht selbst genutzten, vermieteten Eigentumswohnungen oder Einfamilienhäusern können die Mieteinnahmen bzw. das Vermögen aber auch als angemessene Alterssicherung betrachtet werden (Hauß Elternunterhalt Rn. 639 aE, 681; BGH 30.8.2006 – XII ZR 98/04).

6.3 Kraftfahrzeug

99 Selbstgenutzte Kfz (→ 68) sind bei nicht gesteigerter Unterhaltspflicht geschützt.

6.4 Keine Unterhaltspflicht, wenn der*die Unterhaltsberechtigte Vermögen hat, das nach Bürgergeld/Sozialhilfe geschützt ist, nicht aber nach dem BGB

100 Die Unterhaltspflicht ist im Bürgerlichen Gesetzbuch von 1900 geregelt. *„Unterhaltsberechtigt ist nur, wer außerstande ist, sich selbst zu unterhalten"* (§ 1602). Ein*e Unterhaltsberechtigte*r muss also sein*ihr gesamtes Vermögen ohne Einschränkungen einsetzen, bevor er*sie einen Anspruch auf Unterhalt hat. *„Im Unterschied zum SGB XII gibt es im bürgerlichen Recht beim Berechtigten keine Schutzvorschriften zugunsten bestimmter Vermögensteile. Das kann zur Folge haben, dass der Unterhaltsberechtigte zwar Anspruch auf Sozialhilfe hat, aber nicht oder nicht voll bedürftig im Sinne des BGB ist"* (DV 35/13 AF III, Rn. 74). Das Gleiche gilt auch für sein*ihr Einkommen und seine*ihre Arbeitskraft.

101 SGB XII und SGB II kennen aber anrechnungsfreies Vermögen und Einkommen und schränken auch die Zumutbarkeit der Arbeit ein. Wenn also Unterhaltsberechtigte Vermögen besitzen, das bei Bürgergeld/Sozialhilfe geschützt ist, aber nach den bürgerlich-rechtlichen Unterhaltsbestimmungen nicht, muss die Unterhaltspflicht entfallen. Das erkennt auch der Deutsche Verein an: *„Grundsätzlich hat ein dem Grunde nach Unterhaltsberechtigter auch den Stamm seines Vermögens, unabhängig von dessen Art, für seinen eigenen Unterhalt einzusetzen, bevor er von einem ihm dem Grunde nach Unterhaltsverpflichteten Unterhalt verlangen kann"* (DV 35/13 AF III, Rn. 72). *„Diese Möglichkeit kann zB bestehen, wenn der Berechtigte nach § 90 Abs. 2 SGB XII geschütztes Vermögen besitzt"* (DV 35/13 AF III, Rn. 74). Die Unterhaltspflicht entfiel schon vor der Einführung des SGB II, wenn Beziehende von Arbeitslosenhilfe **Schonvermögen** besaßen. Das geschützte Vermögen (→ 119) in der ehemaligen Arbeitslosenhilfe und jetzt im SGB II liegt deutlich über dem, was als „Notgroschen" (Vermögensstamm) anerkannt ist. Auch ein nach SGB II/SGB XII geschütztes Eigenheim eines*r Unterhaltsberechtigten müsste demnach zuerst verwertet werden, bevor die Unterhaltspflicht nach dem BGB greift.

102 Ob eine Verwertung des Vermögens unterhalb des sozialhilferechtlichen Schonvermögens zuzumuten ist, damit der Anspruch auf Unterhalt überhaupt erst entsteht, muss der Sozialhilfeträger **im Einzelfall prüfen**. Dabei sind dem*r Unterhaltsberechtigten seit 1.1.2023 idR ein Barbetrag für volljährige Personen in Höhe von 10.000 EUR (vorher: 5000 EUR) sowie *„geringwertige Gegenstände"* freizustellen (DV 35/13 AF III, Rn. 74).

7. Besondere Unterhaltsverpflichtungen („Schwiegerkindhaftung" und Unterhaltspflicht gegenüber Müttern/ Vätern bei nichtehelichen Kindern)

103 Für die sogenannte Schwiegerkindhaftung sowie die Unterhaltspflicht gegenüber dem anderen Elternteil bei nichtehelichen Kindern galten bzw. gelten teils besondere Regelungen.

7.1 Unterhalt vom Unterhalt bzw. „verdeckte Schwiegerkindhaftung"

104 Nach Inkrafttreten des Angehörigen-Entlastungsgesetzes und des § 94 Abs. 1a SGB XII sowie der sich danach ergebenden, vorgeschlagenen Erhöhung der Selbstbehalte (Alleinstehende*r: 5.000 EUR und bei Zusammenleben mit Ehegatten*Ehegattin: 8.100 – 9.000 EUR (Hauß Elternunterhalt Rn. 5, 89; Grüneberg/von Pückler BGB § 1601 Rn. 14)) dürfte die Problematik der verdeckten Schwiegerkindhaftung weitestgehend an Bedeutung verloren haben.

7.2 Unterhaltspflicht gegenüber der Mutter bzw. dem Vater eines nichtehelichen Kindes

105 Die Mutter eines nichtehelichen Kindes hat seit 1995 gegenüber dem Vater des Kindes einen Unterhaltsanspruch für die Dauer von sechs Wochen vor und acht Wochen nach der Geburt. Auch die Kosten infolge Entbindung und Schwangerschaft sind vom Vater zu übernehmen (§ 1615 l Abs. 1 BGB). Wenn die Mutter infolge der Schwangerschaft nicht erwerbstätig ist und nach der Geburt wegen **Pflege und Erziehung** des Kindes keine Erwerbstätigkeit erwartet werden kann, muss der Vater ihr vier Monate vor bis zu drei Jahre nach der Entbindung Unterhalt zahlen (§ 1615 l Abs. 2 BGB). Für eine Verlängerung dieses Betreuungsunterhalts über drei Jahre hinaus können neben Gründen des Kindeswohls (§ 1615 l Abs. 2 S. 4, 5 BGB) *„auch elternbezogene Gründe"* ausschlaggebend sein. Das ist umso eher der Fall, je mehr die Beziehung der Eltern mit *„einer Ehe vergleichbar war"* (BGH 16.7.2008 – XII ZR 109/05). Der **Selbstbehalt** des Vaters beträgt bei Erwerbstätigkeit 1.510 EUR und, wenn er nicht erwerbstätig ist, 1.385 EUR (hierin enthalten jeweils: 580 EUR Warmmiete) (DT 2023, D. III.).

106 Wenn der **Vater** wegen Erziehung und Pflege seines nichtehelichen Kindes nicht erwerbstätig sein kann, hat auch er umgekehrt gegen die Mutter einen Unterhaltsanspruch von bis zu drei Jahren nach der Geburt (§ 1615 l Abs. 4 BGB).

8. Darf eine Behörde Sie abweisen, wenn Ihnen Unterhalt zusteht?

107 Nein, denn Sie haben einen unmittelbaren Bedarf in der Gegenwart, der nicht durch den Verweis auf eine zukünftige Bedarfsdeckung abgewiesen werden darf. Die Behörde muss also **vorleisten**. Nur wenn der Unterhaltsanspruch **sofort** realisiert werden kann, ist es zulässig, vorrangig auf Unterhaltspflichtige zu verweisen.

8.1 Automatischer Übergang des Unterhaltsanspruchs auf die Behörde

108 Beziehen Sie Bürgergeld oder HzL/GSi der Sozialhilfe, gehen etwaige Unterhaltsansprüche fast immer auf die entsprechende Behörde über.

8.1.1 Bürgergeld/HzL der Sozialhilfe

109 „Hat die leistungsberechtigte Person für die Zeit, für die Leistungen erbracht werden, nach bürgerlichem Recht einen Unterhaltsanspruch, geht dieser bis zur Höhe der geleisteten Aufwendungen [...] auf den Träger der Sozialhilfe über" (§ 94 Abs. 1 S. 1 SGB XII; sinngleich: § 33 Abs. 1 SGB II), es sei denn, die Voraussetzungen des § 94 Abs. 1a SGB XII liegen vor, die den Übergang des Unterhaltsanspruches ausschließen. Auch Unterhaltsansprüche von Bürgergeld-Beziehenden gehen jetzt automatisch auf die Behörde über.

Allerdings muss die unterhaltspflichtige Person vom Sozialamt/Jobcenter **schriftlich** auf ihre mögliche Unterhaltspflicht hingewiesen werden (→ Rn. 125).

110 Bleiben Unterhaltszahlungen trotz Verpflichtung aus, muss sich die Behörde darum kümmern. Im Einvernehmen kann die Behörde Unterhaltsansprüche aber auf Sie **rückübertragen** (§ 94 Abs. 5 S. 1 SGB XII; sinngleich: § 33 Abs. 4 SGB II). Dies hat zur Folge, dass die gerichtlichen Auseinandersetzungen nicht mehr durch die Behörde geführt werden, sondern durch die*den Unterhaltsberechtigte*n selbst. Allerdings geht das nur „im Einvernehmen mit dem Empfänger der Leistungen" (§ 94 Abs. 5 S. 1 SGB XII). Einer Rückübertragung müssen Sie **nicht** zustimmen, denn es können erhebliche Kosten und Mühen entstehen und der erstrittene Unterhalt wird Ihnen ohnehin als Einkommen angerechnet. Sollten Sie sich trotzdem darauf einlassen, gilt: „Kosten, mit denen die leistungsberechtigte Person dadurch selbst belastet wird, sind zu übernehmen" (§ 94 Abs. 5 S. 2 SGB XII; sinngleich § 33 Abs. 4 S. 2 SGB II).

8.1.2 GSi

111 Da die Unterhaltspflicht bei GSi wegen § 94 Abs. 1a SGB XII weitgehend entfallen ist, geht auch der Unterhaltsanspruch **nicht** automatisch auf die Behörde über (DV 35/13 AF III, Rn. 8).

8.2 Widerspruch und Klage?

112 Bürgergeld-/Sozialhilfebeziehende können sich aufgrund des gesetzlichen Anspruchsübergangs nicht mehr mit Widerspruch und Klage gegen die Unterhaltspflicht von Angehörigen wehren. Es handelt sich beim Anspruchsübergang nicht um einen Verwaltungsakt. Auch die Unterhaltspflichtigen können weder Widerspruch einlegen noch klagen. Sie können aber zu den Unterhaltsberechnungen **Stellung nehmen** (DV 35/13 AF III, Rn. 228) und sollten das auch tun. Gegebenenfalls können sie auch eine **Herabsetzungsklage** (sog. Abänderungsantrag) beim Familiengericht anstreben. **Achtung**, dieses Verfahren ist, anders als beim Sozialgericht, kostenpflichtig!

113 Wenn Sie den festgesetzten Unterhalt nicht zahlen wollen oder können, dann zahlen Sie einfach nur das, was Sie für richtig halten. Sie lassen es dann darauf ankommen, dass die Behörde einen Mahnbescheid schickt und die Zwangsvollstreckung betreibt. Wenn Sie dem Mahnbescheid widersprechen, kommt es zum Prozess vor dem Familiengericht, bei dem die tatsächlichen Unterhaltsverpflichtungen geklärt werden (§ 94 Abs. 5 S. 3 SGB XII). Hier tragen Sie allerdings das Risiko, auf den **Kosten des Mahn- und Zwangsvollstreckungsverfahrens** sitzen zu bleiben, wenn Sie vor Gericht verlieren.

114 Tipp: Lassen Sie sich vorher von einem*r Anwalt*Anwältin beraten.

115 Unterhaltspflicht

9. Auskunftspflicht

115 *„Verwandte in gerader Linie sind einander verpflichtet, auf Verlangen über ihre Einkünfte und ihr Vermögen Auskunft zu erteilen, soweit dies zur Feststellung eines Unterhaltsanspruchs oder einer Unterhaltsverpflichtung erforderlich ist"* (§ 1605 Abs. 1 BGB). Mit dem Unterhaltsanspruch leitet die Behörde auch den Auskunftsanspruch auf sich über (§ 94 Abs. 1 S. 1 SGB XII, § 33 SGB II). Der Auskunftsanspruch schließt auch die Vorlage von **Beweisurkunden** ein.

116 Wenn Sie also Bürgergeld/Sozialhilfe beantragen, werden Sie nach den Adressen unterhaltspflichtiger Eltern, Kinder, Ehegatt*innen usw gefragt bzw. nach der Anschrift von deren Arbeitgebern. Sie sind zwar zur Auskunft verpflichtet, aber **nicht** gezwungen, über alle gewünschten Informationen zu verfügen. Was Sie nicht wissen, können Sie nicht weitergeben. Bei Bürgergeld sind Sie **nicht** zur Auskunft über Personen verpflichtet, die nach dem SGB II gar nicht zum Unterhalt für Sie herangezogen werden können.

Sie sind außerdem **nicht** zur Auskunft über die Einkommens- und Vermögensverhältnisse Ihrer unterhaltspflichtigen Angehörigen verpflichtet (Datenschutz, → 32 Rn. 10 ff.).

117 **Tipp:** Wenn allerdings bei Unterhaltspflichtigen offensichtlich nichts zu holen ist, sollten Sie das glaubhaft machen, um ein Anschreiben des Amts an die Angehörigen zu vermeiden.

9.1 Auskunftspflicht des*r Unterhaltspflichtigen

118 Der*die Unterhaltspflichtige ist zur Auskunft und zur Vorlage von **Belegen** verpflichtet (§ 60 Abs. 2 SGB II, § 117 Abs. 1 SGB XII), allerdings nur dann, wenn Unterhaltszahlungen **nicht** offensichtlich **ausgeschlossen** sind (BVerwG 21.1.1993 – 5 C 22.90). Das wäre der Fall, wenn der*die Verpflichtete selbst Bürgergeld/Sozialhilfe bezieht. Wenn Unterhalt in Betracht kommt, besteht die Auskunftspflicht unabhängig davon, ob am Ende tatsächlich Unterhalt gezahlt werden muss. *„Die Rechtmäßigkeit des Auskunftsverlangens […] setzt nicht voraus, dass der […] Unterhaltsanspruch besteht"*

(BVerwG 21.1.1993 – 5 C 22.90). Weigern sich unterhaltspflichtige Ehegatt*innen, Eltern oder Kinder, Angaben zu machen bzw. Unterhalt zu zahlen, **muss** Bürgergeld/Sozialhilfe **weitergezahlt werden**. Die Behörde muss sich dann selbst mit dem*r Unterhaltsverpflichteten herumärgern.

9.2 Auskunftspflicht der nicht unterhaltspflichtigen Personen

119 Auch *„nicht getrenntlebende Ehegatten"*, die nicht unterhaltspflichtig sind (zB gegenüber der Schwiegermutter), müssen Auskünfte über ihre Einkommens- und Vermögensverhältnisse geben (§ 117 Abs. 1 SGB XII). Hat ein*e Ehegatte*Ehegattin eigenes Einkommen, dann könnte er*sie damit ggf. nicht nur sich selbst, sondern auch die unterhaltspflichtige Person und die gemeinsamen Kinder unterhalten. Das kann zu höheren Unterhaltszahlungen der unterhaltspflichtigen Person führen (→ Rn. 104).

120 Die Unterhaltspflichtigen selbst sind **nicht** zur Auskunft über die Einkommens- und Vermögensverhältnisse ihrer (nicht unterhaltspflichtigen) Ehegatt*innen verpflichtet, nur diese selbst (BVerwG 21.1.1993 – 5 C 22/90).

9.3 Auskunftspflicht des Arbeitgebers

121 Arbeitgeber sind verpflichtet, Auskunft über Art und Dauer der Beschäftigung und den Arbeitsverdienst von Unterhaltspflichtigen und deren nicht getrennt lebenden Ehegatt*innen oder Lebenspartner*innen zu geben (§ 117 Abs. 4 SGB XII, § 60 Abs. 3 SGB II).

9.4 Auskunftspflicht der Finanzämter

122 Diese sind zur Auskunft über die Einkommensverhältnisse von Unterhaltspflichtigen (aber auch von Hilfebeziehenden) verpflichtet, soweit es erforderlich ist (§ 21 Abs. 4 SGB X).

9.5 Wenn Sie keine Auskunft geben – was dann?

123 Die Behörde kann wegen des gemäß § 33 Abs. 1 S. 4 SGB II bzw. § 94 Abs. 1 S. 1 SGB XII auf die Behörde übergegangenen zi-

vilrechtlichen Auskunftsanspruchs nach § 1605 BGB **vor dem Familiengericht** auf Auskunft **klagen.** Einen solchen Prozess werden Sie höchstwahrscheinlich verlieren. Und Sie zahlen noch Gerichts- und Anwaltskosten.

124 Der sozialrechtliche Auskunftsanspruch der Behörde gemäß § 60 Abs. 2 SGB II bzw. § 117 Abs. 1 SGB XII kann auch im Rahmen eines **Verwaltungszwangsverfahrens** durchgesetzt werden. Das Auskunftsverlangen ist ein Verwaltungsakt (BVerwG 21.1.1993 – 5 C 22/90). Das Sozialamt/Jobcenter kann dann ein **Zwangsgeld** androhen, festsetzen und beitreiben; bei Erfolglosigkeit kann ein Amtsgericht sogar auf Antrag **Ersatzzwanghaft** anordnen. Zwangsgelder können auch mehrfach festgesetzt werden. Sie sind nicht mit Bußgeldern aufgrund einer Ordnungswidrigkeit gleichzusetzen.

10. Ab wann müssen Unterhaltsverpflichtete Unterhalt zahlen?

125 Im **Bürgergeld** und der **HzL** der Sozialhilfe gilt:

„*Für die Vergangenheit kann der Träger der Sozialhilfe den übergegangenen Unterhalt [...] nur von der Zeit an fordern, zu welcher er dem Unterhaltspflichtigen die Erbringung der Leistung schriftlich mitgeteilt hat*" (§ 94 Abs. 4 SGB XII; ähnlich § 33 Abs. 3 SGB II).

Die Unterhaltspflicht setzt nicht mit dem Tag ein, an dem Bürgergeld/Sozialhilfe gezahlt wird, sondern mit dem Tag, an dem Ihnen die Behörde **schriftlich anzeigt**, dass eine unterhaltsberechtigte Person Sozialleistungen erhält und Sie ggf. unterhaltspflichtig sind.

11. Verjährung und Verwirkung

126 Laufende Unterhaltsansprüche verjähren drei Jahre nach dem Ende des Jahres, in dem der Anspruch entstanden ist und der Gläubiger vom Anspruch Kenntnis erlangt hat (§§ 195, 199 Abs. 1 BGB). Die Unterhaltsansprüche können verwirkt werden, wenn der*die Unterhaltsberechtigte (hier stellvertretend die Behörde) den Unterhaltsanspruch längere Zeit nicht geltend gemacht hat und der*die Verpflichtete sich darauf einrichten konnte, dass das auch so bleibt. Laut Deutschem Verein ist das bei mehr als einjähriger Untätigkeit der Fall (DV 35/13 AF III, Rn. 36; BGH 23.10.2002 – XII ZR 266/99). Da Unterhaltsrückstände immer höher werden, wenn der Anspruch nicht verfolgt wird, verfällt der Anspruch für Zeiträume, die länger als ein Jahr zurückliegen, wenn die Voraussetzungen der Verwirkung erfüllt sind. Wenn auch auf eine Rückfrage nicht geantwortet wurde, konnten Sie auf jeden Fall darauf vertrauen, dass Sie nicht in Anspruch genommen werden (BGH 23.10.2002 – XII ZR 266/99).

127 **Ausnahme:** Sollten Sie aufgrund eines gerichtlichen **Vergleichs** oder **Urteils** bzw. Beschlusses zu Unterhaltszahlungen verpflichtet worden sein, dann verlängert sich die Frist für die fälligen Unterhaltsansprüche, die zum Zeitpunkt des Abschlusses des Vergleiches bzw. des Erlasses des Urteils bzw. Beschlusses bereits entstanden sind, auf 30 Jahre (§ 197 Abs. 1 Nr. 3, 4 BGB). Ist in dem Vergleich bzw. dem Urteil auch eine Verpflichtung zur Zahlung von monatlichem Unterhalt enthalten, der erst zukünftig, also erst nach Abschluss des Vergleichs bzw. Erlass des Urteils bzw. Beschlusses fällig ist, gilt für diese die regelmäßige Verjährungsfrist von drei Jahren (§ 197 Abs. 2 BGB).

128 Je weiter die „nicht gesteigerte" Unterhaltspflicht zurückgenommen wird, desto offener treten sozialrechtlich konstruierte „gesteigerte" Unterhaltsverpflichtungen zwischen Ehegatt*innen, Partner*innen, Freund*innen und ihren volljährigen Kindern an ihre Stelle. Die Risiken der Existenzsicherung werden zunehmend auf Beziehungen von Menschen übertragen, die in einem Haushalt zusammenleben. Diese Form der Zwangshaftung schafft neuartige Unterhaltspflichten, die es nach der Logik des BGB nicht gibt. Mithilfe angeblicher Bedarfsgemeinschaften (→ 16) sollen im SGB II Personen voll füreinander einstehen, auch wenn sie es zivilrechtlich gar nicht müssen und im richtigen Leben gar nicht tun.

12. Forderungen

129 Keine Anrechnung fiktiver Einkommen als Grundlage für Unterhaltszahlungen! Unterhaltspflicht des Kapitals für die von ihm Freigesetzten! Erhöhung der Regelbedarfe für Arbeitslose, Erwerbsgeminderte und Rentner*innen auf mindestens 724 EUR plus „angemessener" Miete!

13. Informationen

130 Jörn Hauß, Elternunterhalt: Grundlagen und Strategien, 6. Aufl., Bielefeld 2020

Christian Müller / Maria Wersig, Der Rückgriff gegen Angehörige von Sozialleistungsempfängern, 7. Aufl., Baden-Baden 2016

Düsseldorfer Tabelle mit Erläuterungen: www.olg-duesseldorf.nrw.de/infos/Duesseldorfer_tabelle/index.php

Die Leitlinien der Oberlandesgerichte zur Bemessung des Unterhalts und weiterführende Infos finden Sie beim Deutschen Familiengerichtstag unter www.dfgt.de bzw. unter https://www.famrz.de/arbeitshilfen/unterhaltsleitlinien.html

116 Unterhaltsvorschuss

1. Anspruch 1
   1.1 Unterhaltsvorschuss: vorrangiges Einkommen bei Sozialleistungsbezug 3
   1.2 Höhe des Unterhaltsvorschusses .. 4
2. Rückzahlung des Unterhaltsvorschusses 5
3. Den Namen des Vaters nicht nennen – was dann? 6
4. Kritik 9
5. Informationen 11

1. Anspruch

1 Zahlt der andere Elternteil Ihres Kindes zB nach Trennung oder Scheidung zu wenig oder keinen Unterhalt, können Alleinerziehende (→ 3) – und auch Verwitwete -Unterhaltsvorschuss bei der Unterhaltsvorschusskasse des Jugendamtes beantragen. Der Anspruch entfällt, wenn Sie (wieder) heiraten.

2 Anspruch haben nichteheliche und eheliche Kinder grundsätzlich unabhängig von deren Einkommen und Vermögen (nur bei Kindern, die keine allgemeinbildende Schule mehr besuchen, erfolgt eine Einkommensanrechnung nach § 2 Abs. 4 UVG). Für Kinder mit ausländischer Staatsangehörigkeit gibt es in bestimmten Fällen keinen Anspruch (§ 1 Abs. 2a UVG). Der Unterhaltsvorschuss wird für Kinder gezahlt, die das zwölfte **Lebensjahr** noch nicht vollendet haben. Die vor dem 1.7.2017 geltende Befristung auf höchstens sechs Jahre Unterhaltsvorschuss wurde abgeschafft. Außerdem gibt es seitdem Unterhaltsvorschuss auch für ältere Kinder bis zur Vollendung des 18. Lebensjahres, wenn

- das Kind keine Leistungen nach dem SGB II bezieht oder
- durch den Unterhaltsvorschuss die Hilfebedürftigkeit nach § 9 SGB II des Kindes vermieden wird oder
- der alleinerziehende Elternteil im SGB II-Bezug mindestens 600 EUR brutto verdient.

1.1 Unterhaltsvorschuss: vorrangiges Einkommen bei Sozialleistungsbezug

3 Bei Bezug von Bürgergeld und HzL/GSi der Sozialhilfe wird der Unterhaltsvorschuss als **Einkommen** des Kindes **angerechnet**. Deshalb sind Sie verpflichtet, einen Antrag zu stellen. Wenn Sie den Antrag auf den vorrangigen Unterhaltsvorschuss nicht stellen, kann das Jobcenter den Antrag für Sie stellen (§ 5 Abs. 3 SGB II). Wenn Sie dann gegenüber dem Jugendamt Ihren **Mitwirkungspflichten** nicht nachkommen und Angaben zB über den Vater des Kindes verweigern und deswegen der Vorschuss bestandskräftig abgelehnt wird, darf das Jobcenter die Leistungen für das Kind nicht ganz oder teilweise nach § 5 Abs. 3 S. 3 SGB II versagen (FW 5.14; SG Duisburg 12.2.2019 – S 49 AS 5042/18 ER).

1.2 Höhe des Unterhaltsvorschusses

4 Kinder alleinstehender Mütter und Väter erhalten einen Vorschuss gemäß der untersten Stufe der sog. Düsseldorfer Tabelle (→ 115 Rn. 21 ff.), abzüglich des Kindergelds (§ 2 Abs. 1, 2 UVG). Für Kinder unter sechs Jahren werden **187 EUR**, für Kinder

von sechs bis elf Jahren **252 EUR** und für Kinder von zwölf bis 17 Jahren **338 EUR** mtl. gezahlt (Stand 2023, https://www.bmfsfj.de/bmfsfj/themen/familie/familienleistungen/unterhaltsvorschuss/unterhaltsvorschuss-73558). Dieser Betrag reduziert sich um tatsächliche Unterhaltszahlungen und Waisenbezüge (§ 2 Abs. 3 UVG) und bei Kindern, die keine allgemeinbildende Schule mehr besuchen, um deren Einkommen (§ 2 Abs. 4 UVG).

2. Rückzahlung des Unterhaltsvorschusses

5 Die **Unterhaltspflichtigen** müssen den Vorschuss zurückzahlen. Deshalb will das Jugendamt den Namen des anderen Elternteils wissen und Sie haben eine entsprechende Auskunftspflicht (§ 1 Abs. 3 UVG). Durch das „*Unterhaltsvorschussentbürokratisierungsgesetz*" wurde im Zuge eines erweiterten Datenabgleichs den Jugendämtern seit dem 1.7.2013 der Rückgriff auf Unterhaltsschuldner*innen erleichtert.

3. Den Namen des Vaters nicht nennen – was dann?

6 Wenn Sie den Vater nicht kennen, können Sie auch seinen Namen nicht angeben. Es gibt eine regelrechte „*One-Night-Stand*"-Rechtsprechung, die von der Mutter fordert, plausibel und widerspruchsfrei nicht nur die Umstände zu schildern, wie es zu der gemeinsam verbrachten Nacht gekommen ist, sondern auch, warum sie sich getrennt haben, ohne Adressen auszutauschen, und welche Bemühungen sie unternommen hat, den Vater ausfindig zu machen, nachdem sie die Schwangerschaft festgestellt hat. Es wird eine gesteigerte Mitwirkungspflicht „*im Rahmen des Möglichen und Zumutbaren*" angenommen. Wenn die Mutter sich weigert, die Auskünfte zu erteilen oder bei der Feststellung der Vaterschaft oder des Aufenthalts des anderen Elternteils mitzuwirken, soll kein Anspruch bestehen (VG Gelsenkirchen 5.1.2004 – 19 K 3731/02; VGH Baden-Württemberg 17.10.2018 – 12 S 773/18).

7 Wenn Sie den Vater kennen, sind Sie nur dann berechtigt, den Namen **nicht** mitzuteilen, wenn Sie eine „*beachtliche anerkennenswerte Konfliktlage*" schildern (BVerwG 26.6.1968 – V C 145/67; OVG NRW 8.11.1983 – 8 A 2606/81; VGH Baden-Württemberg 15.4.1992 – 6 S 634/90). Das kann zB die Furcht vor Gewaltübergriffen oder anderen Repressalien sein. Eine Konfliktlage besteht auch dann, wenn der Vater des Kindes zB von Scheidung bedroht wäre, selbst noch minderjährige Kinder hat und sowieso wahrscheinlich nichts zahlen könnte (VGH Baden-Württemberg 15.4.1992 – 6 S 634/90). Das Bundesverfassungsgericht hat erklärt, die Mutter habe ein Grundrecht auf Schutz ihrer Intimsphäre. Dieser müsse gegenüber dem Recht des Kindes auf Kenntnis über seinen Vater abgewogen werden (BVerfG 6.5.1997 – 1 BvR 409/90).

8 Wenn Sie den Vater kennen, seinen Namen nicht nennen und **kein** glaubhafter Konflikt vorliegt, **entfällt der Anspruch** auf Unterhaltsvorschuss (§ 1 Abs. 3 UVG). Das Jobcenter kann dann bis zur **Nachholung der Mitwirkung** Leistungen versagen (→ 79 Rn. 27 ff.). Zur Nachholung müssten Sie den Antrag beim Jugendamt erneut stellen und den Vater angeben. Alternativ wäre es möglich, Sie zum Ersatz der Kosten zu verpflichten, da Sie Ihr Kind bzw. sich selbst vorsätzlich hilfebedürftig gemacht haben (→ 92 Rn. 49 ff.).

4. Kritik

9 Zum 31.12.2021 wurde für 833.222 Kinder Unterhaltsvorschuss gezahlt (BMFSFJ, UVG Statistik 2021, 213 – 2627 – 05/000). Bei 70 bis 80 Prozent der Kinder wurde 2009 der Vorschuss mit immensem Verwaltungsaufwand auf SGB II-Leistungen angerechnet, ohne dass die Kinder davon etwas hatten (BT-Drs. 17/10322, 4). Lediglich die Statistik der Kinderarmut wurde dadurch frisiert. Daran hat auch die Verbesserung des Unterhaltsvorschussgesetzes zum 1.7.2017 kaum etwas geändert.

10 Unterhalt (→ 114) bleibt aus, weil nichts zu holen ist (ein Drittel), weil die Unterhaltspflichtigen unauffindbar sind (ein weiteres Drittel) oder weil sie Zahlungen verweigern (ein Fünftel).

Die Zahlungsbereitschaft hängt auch von der Höhe des Selbstbehalts ab. Der liegt 2023 bei 1.370 EUR bei Erwerbstätigen (mit einem Nettoeinkommen bis 1.900 EUR), bei Nichterwerbstätigen bei 1.120 EUR. Bundesweit wurden nur 18 Prozent der Unterhaltsvorschüsse 2010 zurückgezahlt, 2015 waren es 23 Prozent (BT-Drs.18/5888), 2018 betrug die Rückgriffsquote (Einnahmen/ Ausgaben) 13 Prozent und 2019 17 Prozent (BT-Drs. 19/21368), 2022 stieg sie auf 20 Prozent (vgl. https://www.bmfsfj.de/bmfsfj/aktuelles/alle-meldungen/staat-holt-sich-deutlich-mehr-unterhaltsvorschuss-zahlungen-zuruck-214300), wobei es je nach Bundesland erhebliche Unterschiede gibt.

Gegenüber Minderjährigen besteht eine erhöhte Leistungsverpflichtung, d.h. alle verfügbaren Mittel müssen zur Erfüllung der Unterhaltsschuld eingesetzt und alle zumutbaren Maßnahmen unternommen werden, um ein ausreichendes Einkommen zu erzielen. Hat der unterhaltspflichtige Elternteil ausreichende Bemühungen nicht dargelegt, beispielsweise in Form einer ausreichenden Anzahl von Bewerbungen mit Absagen, wird von den Gerichten bei Arbeitsfähigkeit ein fiktives Einkommen angesetzt, durch das zumindest der Unterhaltsvorschuss gesichert wird. Die Zurechnung fiktiver Einkünfte setzt zum einen voraus, dass subjektiv Erwerbsbemühungen des barunterhaltspflichtigen Elternteils fehlen. Zum anderen müssen die zur Erfüllung der Unterhaltspflichten erforderlichen Einkünfte für den barunterhaltspflichtigen Elternteil objektiv erzielbar sein, was von seinen persönlichen Voraussetzungen wie beispielsweise Alter, beruflicher Qualifikation, Erwerbsbiographie und Gesundheitszustand und dem Vorhandensein entsprechender Arbeitsstellen abhängt (BVerfG 18.6.2012 – 1 BvR 2867/11). Der Unterhaltsvorschuss läuft als Schuld des*r Unterhaltspflichtigen auf, auch wenn diese*r aktuell nicht zahlungsfähig ist. Solange der unterhaltspflichtige Elternteil im SGB II-Bezug ist und über kein eigenes Einkommen im Sinne von § 11 Abs. 1 S. 1 SGB II verfügt, wird der übergegangene Unterhaltsanspruch nicht verfolgt (§ 7a UVG), was nur bedeutet, dass keine Zwangsvollstreckung erfolgt. Aber eine für die Vergangenheit titulierte Schuld verjährt erst nach 30 Jahren und die Bundesregierung arbeitet daran, solche Schulden in Zukunft verstärkt einzutreiben. Wirtschaftlichkeitserwägungen dahin gehend, ob sich der Rückgriff bei einem Vergleich der voraussichtlichen Einnahmen mit den voraussichtlichen Verwaltungskosten „lohnt", sind grundsätzlich unerheblich (UVG-RL zu § 7). In vielen Fällen hilft nur eine Stundung, für die nach den landesrechtlichen Haushaltsvorschriften teilweise auch noch Zinsen verlangt werden.

5. Informationen

11 Bundesministerium für Familie, Senioren, Frauen und Jugend (BMFSFJ), Der Unterhaltsvorschuss, 11. Aufl. Februar 2020, abrufbar unter: https://www.bmfsfj.de/bmfsfj/service/publikationen/der-unterhaltsvorschuss-73764

Für Informationen zum UVG für Ausländer*innen: Gemeinnützige Gesellschaft zur Unterstützung Asylsuchender (GGUA): https://www.einwanderer.net/fileadmin/downloads/tabellen_und_uebersichten/unterhaltsvorschuss.pdf

Richtlinien des BMFSFJ zur Durchführung des Unterhaltsvorschussgesetzes (UVG-RL), Stand: 1.1.2023, abrufbar unter: https://tacheles-sozialhilfe.de/files/Aktuelles/2023/UVG-RL-2023.pdf

117 Verhütungsmittel

1. Verhütungsmittel für Frauen 1
   1.1 Kosten für Verhütung sind im Regelbedarf enthalten 4
   1.2 Modellprojekt „biko" in sieben Städten 5
   1.3 Kondome 6
   1.4 Gefahr einer HIV-Infektion 7
2. Sterilisation 8
3. Kritik 9
4. Forderung 10
5. Praxis 11
6. Informationen 12

1. Verhütungsmittel für Frauen

1 „Die Kosten für empfängnisverhütende Mittel werden übernommen, wenn diese ärztlich verordnet worden sind" (§ 49 SGB XII).

117 Verhütungsmittel

Dies muss aber entsprechend den Bestimmungen der Krankenkassen geschehen (§ 52 Abs. 1 S. 1 SGB XII). Diese sehen vor, dass Verhütungsmittel nur noch bis zum vollendeten 22. Lebensjahr finanziert werden (§ 24a Abs. 2 SGB V). Bis 2004 gab es keine Altersbegrenzung. Ab 18 Jahren müssen Sie die gesetzliche Zuzahlung in Höhe von zehn Prozent des Verkaufspreises, mindestens fünf Euro und höchstens zehn Euro leisten. In besonderen Fällen, zB bei Menschen mit geistiger Behinderung, müssen Sozialämter auch bei Personen, die die vorgesehene Altersgrenze überschreiten, noch für Verhütungsmittel aufkommen (SG Duisburg 9.9.2008 – S 7 SO 10/07).

Sozialämter/Jobcenter können weiterhin die Kosten für die Pille, aber auch für die Spirale als **freiwillige Leistung** übernehmen. So sehen zB Berlin oder München die Kostenübernahme von Verhütungsmitteln für über 21-Jährige in Bezug von SGB II-/SGB XII-Leistungen vor, ebenso eine steigende Anzahl von Kommunen und Landkreisen.

2 **Tipp: Fragen Sie nach, ob Ihr Jobcenter/Sozialamt oder Ihre Stadtverwaltung die Kosten für Verhütungsmittel übernehmen oder wenden Sie sich an die örtlichen Schwangerschaftsberatungsstellen.**

3 Zum 1.1.2021 wurde der Härtefallmehrbedarf nach § 21 Abs. 6 SGB II auch für einmalige Bedarfe geöffnet. Dies soll zwar nur möglich sein, wenn es nicht zumutbar ist, auf ein Darlehen zurückzugreifen. Immerhin sind nun aber auch die Kosten für eine Spirale vorstellbar. Dies wird im Einzelfall noch zu erstreiten sein, aber der Weg dahin ist jetzt grundsätzlich offen. Näheres dazu unter **Härtefallmehrbedarf** (→ 52 Rn. 85).

1.1 Kosten für Verhütung sind im Regelbedarf enthalten

4 Im Regelsatz 2023 sind Kosten für Gesundheitspflege incl. Verhütungsmittel 16,59 EUR enthalten (0611 020, 0612 100, https://www.destatis.de/DE/Methoden/Klassifikationen/Private-Haushalte/sea-2013.pdf). Es besteht nach Ansicht des BSG kein zusätzlicher Anspruch auf Hilfe zur Gesundheit nach §§ 48 ff. SGB XII (BSG 15.11.2012 – B 8 SO 6/11R). Die 16,59 EUR auf den gesamten Bereich der Gesundheitspflege, also neben Verhütungsmitteln auch auf anderen Gesundheitsbedarf wie Zuzahlungen für Medikamente, Nasenspray, Pflaster, Kopfschmerztabletten und andere Hilfsmittel.

Der Medizinische Arbeitskreis pro familia NRW gibt in regelmäßigen Abständen Kostenaufstellungen zu Verhütungsmittelkosten heraus, zuletzt im Juli 2022. Demnach belaufen sich die monatlichen Kosten für die Pille auf 3,67 EUR bis 22,40 EUR, für Verhütungsringe auf 18,60 EUR bis ca. 23,29 EUR und für Hormonpflaster auf 22,03 EUR (https://www.profamilia.de/fileadmin/beratungsstellen/muenster/Verhuetung_-_Aktuelle_Preise_MAK_pro_familia_NRW_2022.pdf, letzter Zugriff: 28.5.2023). Es ist offensichtlich, dass die Kosten für Verhütungsmittel nicht bedarfsgerecht im Regelbedarf abgegolten sind und eine deutliche Bedarfsunterdeckung vorliegt.

In einem aktuellen Aufsatz schlagen die Professorinnen Maria Wersig und Susanne Dern folgende Lösungen vor: Entweder ist zur Überbrückung von Ansparzeiten ein Darlehen wegen eines unabweisbaren Bedarfs nach § 24 Abs. 1 SGB II zu gewähren oder es sind für alle Kosten oberhalb des hälftigen Betrages der Kosten für Gesundheitspflege von 16,42 EUR (des damaligen Regelbedarfs von 2020), also 8,21 EUR, die Kosten für Verhütungsmittel im Rahmen des Härtefallmehrbedarfs nach § 21 Abs. 6 SGB II auf Zuschussbasis zu übernehmen (Wersig/Dern info also 2/2020, 56–60).

1.2 Modellprojekt „biko" in sieben Städten

5 Mit dem vom Bundesfrauenministerium geförderten Projekt „biko" erprobte der pro familia Bundesverband in sieben Städten über einen Zeitraum von drei Jahren den Zugang zur Kostenübernahme verschreibungspflichtiger Verhütungsmittel für Frauen mit geringem Einkommen. Während der Kernlaufzeit des Projekts von Juli 2017 bis Juni 2018 gab es insgesamt rund 6100 Anfragen für Kostenübernahmen, davon wurden rund 4500 bewilligt. Zudem wurden rund 4750 Beratungsgespräche geführt. In einer Befragung gab die Hälfte der Frauen an, dass sie ohne die finanzielle Unterstüt-

zung des Projekts entweder gar nicht oder zumindest deutlich unsicherer verhütet hätten. In der Folge des biko-Projekts wurde die Altersgrenze für die Kostenübernahme verschreibungspflichtiger Verhütungsmittel bei der GKV zum 29.3.2019 vom vollendeten 20. auf das vollendete 22. Lebensjahr angehoben. Darüber hinausgehende Regelungen wurden allerdings nicht getroffen.

Auf der Konferenz der Gleichstellungs- und Frauenministerinnen und -minister, Senatorinnen und Senatoren der Länder (GFMK) vom 30. Juni bis 1.7.2022 wurde die Forderung nach kostenfreien und leicht zugänglichen Verhütungsmitteln für einkommensschwache Frauen über 22 Jahren gestellt.

1.3 Kondome

6 Kondome können von der Krankenkasse bei unter 20-jährigen Männern nur übernommen werden, wenn sie *„ärztlich verordnet"* sind (§ 24a SGB V). Vereinzelt gibt es sie bei Gesundheitsämtern zur kostenlosen Mitnahme.

1.4 Gefahr einer HIV-Infektion

7 Genaueres zu dem Thema Aids bzw. HIV finden Sie unter dem Stichwort **Aids** (→ 1).

2. Sterilisation

8 Bis 2004 wurden alle nicht rechtswidrigen Sterilisationen vom Sozialamt getragen. Mittlerweile werden in Anlehnung an die Leistungen der gesetzlichen Krankenkassen nur noch Kosten für eine Sterilisation übernommen, die aufgrund einer Krankheit medizinisch notwendig ist (§ 51 SGB XII).

3. Kritik

9 Das Europäische Parlament forderte die Regierungen der Mitgliedsstaaten auf, darauf hinzuwirken, *„dass kostenlose oder kostengünstige Verhütungsmittel [...] für unterversorgte Gruppen [...] bereitgestellt werden"* (pro familia laut BAG-SHI Rundbrief Dezember 2004, 32). Die Bundesregierung verschob jedoch die Verhütungsmittel in einen Regelbedarf, in dem sie nur ungenügend berücksichtigt sind, u.a. weil eine wesentliche Grundlage für die Festsetzung des Regelbedarfs (→ 89) die Verbrauchsausgaben von Rentner*innen bilden. Die Verschiebung von Verhütungsmitteln vom Krankenkassenrecht in die Regelbedarfe ist eine Form der indirekten Regelbedarfssenkung, in diesem Fall um mtl. zehn bis 16 EUR. Nach einer Umfrage von pro familia aus Köln ist die Zahl der regelmäßig verhütenden Alg II-Beziehenden dort im Zeitraum von 2005 bis 2010 von 67 auf 30 Prozent gesunken (SZ, 23.12.2010).

Wenn Länder und Kommunen bei der Kostenübernahme für Verhütungsmittel einspringen, wie Berlin 2008 mit 2,6 Mio. EUR, dann jedoch nicht aus reiner Nächstenliebe. Berlin zB konnte damit die Zahl der Schwangerschaftsabbrüche (→ 102), die mit jeweils ca. 500 EUR eine kostspielige Angelegenheit sind, um vier Prozent gegenüber dem Vorjahr senken (SZ, 23.12.2010).

Familienplanung ist ein Menschenrecht. Die Möglichkeit zur Verhütung, das heißt selbstbestimmt über Zeitpunkt und Anzahl von Kindern entscheiden zu können, ist eine wesentliche Voraussetzung zum Erhalt der sexuellen und reproduktiven Gesundheit und zählt seit der UN-Konferenz für Bevölkerung und Entwicklung in Kairo im Jahr 1995 zu den Menschenrechten.

„Entsprechend" wurde in Deutschland mit Inkrafttreten des „Gesundheitsmodernisierungsgesetzes" 2004 die Übernahme von Verhütungsmitteln aus Krankenkassenmitteln gestrichen. Menschrechte gibt es nur für Menschen, die sich diese leisten können.

4. Forderung

10 Weil Familienplanung ein Menschenrecht ist, müssen alle anfallenden Kosten für Verhütungsmittel für Beziehende von Sozialleistungen sowie Menschen mit geringem Einkommen im Rahmen des Krankenkassenrechts übernommen werden, der § 24a Abs. 2 SGB V ist entsprechend zu modifizieren! Als Zwischenlösung sollte ein rechtlich verankerter Übernahmeanspruch im Rahmen der Mehrbedarfe oder der nicht vom Regelbedarf umfassten Bedarfe geschaffen werden.

5. Praxis

11 Bis dahin können und sollten **laufende Verhütungsmittel** beim Jobcenter/Sozialamt geltend gemacht werden. Laufende unabweisbare Kosten sind im Rahmen des Härtefallmehrbedarfs nach § 21 Abs. 6 SGB II und als abweichende Regelleistungserhöhung nach § 27a Abs. 4 S. 1 SGB XII geltend machbar (→ 52 Rn. 52, Rn. 12).

Einmalige unabweisbare Verhütungsmittel, können im Rahmen der einmalige Härtefallbedarfe nach § 21 Abs. 6 SGB II und im SGB XII nach § 30 Abs. 10 SGB XII geltend gemacht werden (→ 52 Rn. 52 ff.). Unabweisbar sind sie dann, wenn sie ärztlich verordnet sind und ein Darlehen nicht zumutbar ist (→ 52 Rn. 38 ff., insbes. Rn. 52).

Durch die Rechtsänderung im Härtefallbedarf können zumindest seit Januar 2021 im SGB II laufende und **einmalige Kosten** für Verhütungsmittel geltend gemacht werden (→ 52 Rn. 85).

6. Informationen

12 www.profamilia.de und profamilia-Materialen zum biko-Kurzbericht: Selbstbestimmt verhüten! Unter: https://www.profamilia.de/fileadmin/beratungsstellen/muenster/Verhuetung_-_Aktuelle_Preise_MAK_pro_familia_NRW_2022.pdf,

Position zu Familienplanung ist Menschrecht: https://www.frauenberatung-verden.de/images/pdf/2011-05-26_PariMenschenrecht.pdf

118 Verjährung/Ausschlussfristen

1. Ihre Ansprüche gegen die Behörde 1
1.1 Ansprüche, die die Behörde nicht per Bescheid abgelehnt hat 2
1.2 Ansprüche, die von der Behörde rechtswidrig per Bescheid abgelehnt wurden 5
2. Ansprüche der Behörde gegen Sie 6
2.1 Geltendmachung von Erstattungsansprüche der Behörde aufgrund von Überzahlungen 7
2.2 Bereits durch Bescheid festgestellte Erstattungsansprüche............. 9
2.2.1 Erstattungsansprüche nach § 50 SGB X 10
2.2.2 Erstattungsansprüche wegen Überzahlung aufgrund vorläufiger Entscheidung 14
2.2.3 Keine Vollstreckung von verjährten Forderungen (Vollstreckungsschutz) 16
2.3 Sonstige Ansprüche 18

1. Ihre Ansprüche gegen die Behörde

1 Wollen Sie vergangene, nicht erbrachte Leistungsansprüche auf Sozialleistungen gegenüber den Behörden geltend machen, kann – wenn schon einige Zeit seit dem Entstehen des Anspruchs vergangen ist – die Frage nach Verjährungsfristen entscheidend sein.

1.1 Ansprüche, die die Behörde nicht per Bescheid abgelehnt hat

2 Grundsätzlich gilt: *„Ansprüche auf Sozialleistungen verjähren in vier Jahren nach Ablauf des Kalenderjahres, in dem sie entstanden sind"* (§ 45 Abs. 1 SGB I).

Das bedeutet, dass Sie einen Anspruch infolge des Zeitablaufs nicht mehr durchsetzen können. Die Behörde ist berechtigt, die Leistung zu verweigern (vgl. § 214 BGB).

3 **Beispiel:** Bestand ein Anspruch im laufenden Leistungsbezug, zB auf das Schulbedarfspaket (also die 58 EUR und 116 EUR [im Jahr 2023] zum Februar und August), welcher nicht extra beantragt werden muss (§ 28 Abs. 3 SGB II, § 34 Abs. 3, 3a SGB XII und Anlage zu § 34) und das Jobcenter hat diese nicht erbracht, dann gilt hier die Vierjahresfrist der Verjährung, denn eine Nichtentscheidung über einen Anspruch ist kein Bescheid.

4 Wurde eine Leistung schriftlich beantragt und hat die Behörde über den Antrag nicht entschieden, wird nach § 45 Abs. 2 SGB I die Verjährung durch den Antrag gehemmt. **Hemmung** bedeutet, dass der Zeitraum, während dem die Verjährung gehemmt ist, in die Verjährungsfrist nicht eingerechnet wird (vgl. § 209 BGB). Dies führt dazu, dass Leistungen, die sich auf einen unbearbeitet gelassenen oder gar nicht erkannten Antrag beziehen, daher in den Grenzen der Verwirkung unbeschränkt eingefordert werden können (Geiger, info also 2014, 147 (150); zur Ver-

893

wirkung: BSG 28.10.2009 – B 14 AS 56/08 R und LSG Baden-Württemberg 10.12.2021 – L 4 KR 3344/17).

1.2 Ansprüche, die von der Behörde rechtswidrig per Bescheid abgelehnt wurden

5 Wurde Ihnen eine Sozialleistung schon rechtswidrig durch Ablehnungsbescheid vorenthalten, und verlangen Sie durch Überprüfungsantrag (§ 44 SGB X) eine Nachzahlung (→ 80 Rn. 19 ff.), gilt die Vierjahresfrist nicht. Der Zeitraum, für den rückwirkend Leistungen nachgezahlt werden, ist in diesem Fall **auf ein Jahr verkürzt** (§ 40 Abs. 1 S. 2 Nr. 2 SGB II; § 116a S. 1. Nr. 2 SGB XII). Allerdings wird die Jahresfrist immer von Beginn des Jahres an gerechnet, in dem der Überprüfungsantrag gestellt wurde. Der **Ablehnungsbescheid ist also durch den Überprüfungsantrag im Ergebnis nur bis Beginn des jeweiligen Vorjahres angreifbar.**

2. Ansprüche der Behörde gegen Sie

6 Geht es um Ansprüche von Behörden Ihnen gegenüber, gelten je nach Umstand unterschiedliche, freilich deutlich längere Verjährungs- und Ausschlussfristen.

2.1 Geltendmachung von Erstattungsansprüche der Behörde aufgrund von Überzahlungen

7 Kommt es während des Bezugs von Sozialleistungen zur Überzahlung, haben Sie also mehr Geld erhalten als Ihnen zustand, kann die Behörde „zu Unrecht" erbrachte Leistungen per Bescheid (→ 22) zurückfordern (→ 92 Rn. 34 ff.). Hier gib es **unterschiedliche Verjährungs- bzw. Ausschlussfristen** für die Rücknahme des ursprünglichen Bescheids und den Erlass des Erstattungsbescheides.

a. Ein von Anfang an unrichtiger **oder** nachträglich unrichtig gewordener Bescheid muss **innerhalb eines Jahres** aufgehoben werden, nachdem die Behörde Kenntnis von der Rechtswidrigkeit erlangt hat (§ 39 Abs. 1 SGB X iVm § 45 Abs. 4 SGB X oder § 48 Abs. 4 SGB X).

b. Handelt es sich **schon bei Erlass** um einen rechtswidrigen, begünstigenden Verwaltungsakt mit Dauerwirkung, ist dieser, auch wenn die Behörde keine Kenntnis hatte, nur innerhalb einer Frist von **zwei Jahren** nach **Bekanntgabe des Bescheides** zurückzunehmen (§ 45 Abs. 3 S. 1 SGB X).

c. Wenn nach a. und b. eine Überzahlung u.a. durch **arglistige Täuschung, vorsätzliche oder grob fahrlässige Falschangaben** entstanden ist, kann der Bescheid idR innerhalb einer Frist von **zehn Jahren** nach **Bekanntgabe des Bescheides** zurückgenommen werden (§ 45 Abs. 2 S. 3 u. Abs. 3 S. 3 oder § 48 Abs. 4 SGB X).

d. Ähnliches wie c. gilt, wenn Leistungen wie Bürgergeld und GSi **vorläufig gewährt** wurden – zum Beispiel nach § 67 SGB II: Vereinfachtes Verfahren aus Anlass der COVID-19-Pandemie – und der Leistungsanspruch als abschließend festgesetzt gilt. Wurden pflichtwidrig leistungserhebliche Tatsachen verschwiegen oder leistungserhebliche Veränderungen in den Lebensverhältnissen nicht anzeigt und erhält das jeweilige Amt Kenntnis von Tatsachen, die ergeben, dass der Leistungsanspruch nicht oder nur in geringerer Höhe als die endgültig festgesetzten Leistungen bestand, kann das Amt bis **zehn Jahre** über die neuen Tatsachen entscheiden und eine Forderung geltend machen (§ 41a Abs. 5 S. 2 Nr. 2 SGB II / § 44a Abs. 6 S. 2 Nr. 2 SGB XII).

8 Unter Umständen kann ein Rückforderungsanspruch auch schon vor Ablauf der Verjährungsfrist **verwirkt** sein, so dass der Anspruch ebenfalls nicht mehr geltend gemacht werden kann. Ein derartiger besonderer Umstand kann gegeben sein, wenn der Leistungsträger auf einen Widerspruch gegen einen Aufhebungs- und Erstattungsbescheid über Jahre hinweg untätig bleibt und sogar erneut Leistungen erbringt (SG Gießen 9.5.2017 – S 18 SO 14/15).

2.2 Bereits durch Bescheid festgestellte Erstattungsansprüche

9 Für Erstattungsansprüche, die bereits durch einen Bescheid festgestellt wurden, gelten je nach Sachlage noch einmal andere Regelungen.

2.2.1 Erstattungsansprüche nach § 50 SGB X

10 Im Regelfall gilt der Merksatz „Verwaltungsakt = Titel = 30-jährige Verjährungsfrist" (vgl. § 52 Abs. 2 SGB X). Bei Erstattungsansprüchen nach § 50 SGB X greift allerdings die Sonderregelung nach dessen Abs. 4 S. 1 SGB X: *„Der Erstattungsanspruch verjährt in vier Jahren nach Ablauf des Kalenderjahres, in dem der Verwaltungsakt nach Absatz 3 [= der Erstattungsbescheid] unanfechtbar geworden ist"*!

11 Entsprechend hat das Bundessozialgericht entschieden: *„Ein Erstattungsanspruch nach Aufhebung eines Verwaltungsakts verjährt nur dann erst nach 30 Jahren, wenn ein weiterer Verwaltungsakt zur Feststellung oder Durchsetzung des Anspruchs während einer bereits laufenden Verjährung dieses Anspruchs bindend wird"* (Leitsatz des Gerichts BSG 4.3.2021 – B 11 AL 5/20 R; Bestätigung LSG Baden-Württemberg 26.6.2020 – L 8 AL 3185/19).

12 **Achtung:** Das BSG hat klargestellt, dass gesonderte Aufrechnungs- oder Verrechnungsbescheide (§§ 51, 52 SGB I) die 30-jährige Verjährungsfrist des § 52 Abs. 2 SGB X bewirken können. Gleiches dürfte für einen Aufrechnungsbescheid nach § 43 SGB II gelten, wenn dieser innerhalb der vierjährigen Frist erfolgt ist. Zwar kann die Aufrechnung nach § 43 SGB II „nur" drei Jahre lang erfolgen (→ 12 Rn. 17, 29), doch endet damit nur die Aufrechnungsmöglichkeit, nicht aber der Bestand der Forderung. Eine bloße **Mahnung** oder Festsetzung einer Mahngebühr stellt hingegen keinen weiteren, die 30-jährige Verjährungsfrist begründenden Verwaltungsakt dar (BSG 4.3.2021 – B 11 AL 5/20 R).

13 Schließlich ist gut zu wissen, dass auch ein **Überprüfungsantrag** (§ 44 SGB X; → 80 Rn. 19 ff.) nicht zur Hemmung der Verjährung führt. Das Überprüfungsverfahren ist in diesem Kontext allein der Abwehr einer Forderung der Behörde, die Gläubigerin dieser Forderung ist und diese aufgrund des bestandskräftigen Bescheides bereits vollstrecken kann, und mithin des Schutzes des § 204 Abs. 1 BGB nicht bedarf (LSB Berlin-Brandenburg 6.4.2022 – L 8 AS 18/22 B ER).

2.2.2 Erstattungsansprüche wegen Überzahlung aufgrund vorläufiger Entscheidung

14 Wurden Leistungen vorläufig erbracht, kann die abschließende Entscheidung ergeben, dass eine Überzahlung vorliegt, die zu erstatten ist (vgl. § 41a Abs. 6 S. 3 SGB II; § 44a Abs. 7 S. 3 SGB XII; → 121 Rn. 85 f.).

15 Dazu hat das LSG Berlin-Brandenburg die Entscheidung des BSG vom 4.3.2021 aufgegriffen und festgestellt, dass auch bezüglich solcher Erstattungsansprüche eine vierjährige Verjährungsfrist gilt (LSG Berlin-Brandenburg 30.3.2022 – L 9 AS 216/22 B ER). Das Gericht hat ausgeführt:

„Die vierjährige Verjährung analog § 50 Abs. 4 Satz 1 SGB X beginnt nicht bereits mit dem Erlass des endgültigen Leistungsbescheids zu laufen, sondern erst nach Ablauf des Kalenderjahres, in dem der Bescheid über die abschließende Bewilligung der Geldleistung unanfechtbar geworden ist [...]. Mit Blick darauf dürfte eine mit dem Bescheid über die endgültige Festsetzung verbundene oder eine noch am gleichen Tage davon äußerlich getrennt erlassene Erstattungsregelung kein „weiterer" Bescheid iSd § 52 SGB X sein [...]".

2.2.3 Keine Vollstreckung von verjährten Forderungen (Vollstreckungsschutz)

16 Was ist, wenn Streit über den Eintritt der Verjährung besteht und die Behörde (dennoch) den ja bestehenden (Erstattungs-)Verwaltungsakt vollstreckt? Hier kann für die Forderungen der Jobcenter – gemeinsame Einrichtungen – auf die Paragrafenkette § 40 Abs. 8 SGB II, § 5 VwVG (Bund) auf § 258 AO und für die kommunalen Jobcenter über § 40 Abs. 8 SGB II und § 66 Abs. 3 SGB X auf die jeweiligen landesrechtlichen Vorschriften über das Verwaltungsvollstreckungsverfahren verwiesen werden.

§ 258 AO bestimmt: *„Soweit im Einzelfall die Vollstreckung unbillig ist, kann die Vollstreckungsbehörde sie einstweilen einstellen oder beschränken oder eine Vollstreckungsmaßnahme aufheben"*. Auch die landesrechtlichen Verwaltungsvollstreckungsgesetze stellen auf die Unbilligkeit ab (Beispiel: § 14 VwVGBbg für Brandenburg).

17 Durch die Verjährung erlischt der mit dem Verwaltungsakt geltend gemachte Anspruch zwar nicht, jedoch gibt die Verjährung ein Leistungsverweigerungsrecht und die fehlende Durchsetzbarkeit der Forderung führt dazu, dass die Vollstreckung einzustellen ist, weil die Vollstreckung in einem solchen Fall unbillig ist. Die Einstellung der Vollstreckung kann sodann ggf. auch im Wege des einstweiligen Rechtsschutzes (→ 41) verlangt werden (LSG Berlin-Brandenburg 6.4.2022 – L 8 AS 18/22 B ER; LSG Baden-Württemberg 27.5.2020 – L 3 AS 1168/20 ER-B).

2.3 Sonstige Ansprüche

18
- Ansprüche auf Kostenersatz bei „sozialwidrigem Verhalten"
  Diese Ansprüche verjähren **drei Jahre** nach Ablauf des Jahres, in dem die Leistung erbracht wurde (§ 103 Abs. 3 SGB XII; entsprechend § 34 Abs. 3 SGB II; → 92 Rn. 106).
- Ersatzansprüche für rechtswidrig erhaltene Leistungen
  Ansprüche gegen **Verursacher** von zu Unrecht erbrachten Leistungen an **Dritte** (§ 34a Abs. 1 SGB II) verjähren **vier Jahren** nach Ablauf des Jahres, in dem der Erstattungsbescheid bestandskräftig geworden ist (§ 34a Abs. 2 SGB II; → 92 Rn. 98 ff.).
- Erstattungsanspruch bei Doppelleistungen
  Hat ein vorrangig verpflichteter Leistungsträger in Unkenntnis des SGB II-Bezuges Leistungen an eine*n SGB II-Beziehende*n erbracht, muss diese*r die Leistung des vorrangigen Trägers dem Jobcenter erstatten (§ 34b SGB II). Der Anspruch verjährt vier Jahre nach Ablauf des Kalenderjahres, in dem der vorrangig verpflichtete Leistungsträger die Leistung erbracht hat (§ 34b Abs. 3 SGB II).
- Rückzahlung eines Darlehens
  Ansprüche auf Rückzahlung von Darlehen, die lediglich auf Grundlage eines öffentlich-rechtlichen Vertrags (→ 83; zB einer Darlehens- oder Tilgungserklärung) bestehen, verjähren **drei Jahre** nach dem Ende des Jahres, in dem der Anspruch entstanden ist und das Amt von den Tatsachen Kenntnis erlangt hat oder hätte erlangen müssen, die die Ansprüche begründen (§§ 195, 199 BGB; → 30 Rn. 32).
  Hat der Sozialleistungsträger seinen Darlehensanspruch **durch Rückforderungsbescheid** geltend gemacht, greift eine **30-jährige** Verjährungsfrist (§ 52 Abs. 1 SGB X).
  Der Rückforderungsanspruch kann allerdings verwirkt sein, wenn die Behörde ihn über längere Zeit nicht ausgeübt hat und man auf den Nichtgebrauch des Rückforderungsrechts vertrauen konnte (näher BSG 29.1.1997 – 5 RJ 52/94 und BSG 21.4.2015 – B 1 KR 7/15 R).
- Ersatzansprüche gegen Erb*innen
  Mit Wirkung **zum 1.8.2016** ist der Ersatzanspruch gegen Erb*innen von SGB II-Beziehenden ersatzlos gestrichen worden. Zuvor verjährten solche Ansprüche **drei Jahre** nach dem Tode des*r Leistungsberechtigten (§ 35 Abs. 3 SGB II alt).
  Hat jemand **Leistungen der Sozialhilfe** bezogen, beträgt die Verjährungsfrist ebenfalls **drei Jahre**, nachdem diese*r bzw. sein*ihre Ehegatt*in/Lebenspartner*in gestorben ist (§ 102 Abs. 4 SGB XII). Bei Leistungen nach dem Vierten Kapitel des SGB XII (Grundsicherung im Alter und bei Erwerbsminderung) bleiben die Erb*innen von Ersatzansprüchen allerdings verschont (§ 102 Abs. 5 SGB XII).

119 Vermögen

1. Unterschied zwischen Einkommen und Vermögen 1
2. Was zum Vermögen gehört 4
3. Verwertbares Vermögen 6
4. Wert des Vermögens 7

119 Vermögen

5. Tatsächliche Verwertbarkeit 12
6. Karenzzeit (§ 12 Abs. 3 SGB II): Sonderregelung für Neuempfänger*innen und Bestandskund*innen im ersten Jahr 18
   6.1 Höherer Freibetrag in der Karenzzeit 19
   6.2 Erhebliches Vermögen in der Karenzzeit 20
   6.3 Verlängerung der Karenzzeit 21
   6.4 Neubeginn 22
   6.5 Bestandskunden 23
   6.6 Karenzzeit im SGB XII 24
7. Geschütztes Vermögen 25
   7.1 Barvermögen 26
     7.1.1 Barvermögen im SGB II 26
     7.1.2 Barvermögen in der GSi/HzL 29
   7.2 Sachvermögen 32
   7.3 Altersvorsorge im SGB II 36
   7.4 Altersvorsorge für Selbständige ... 39
   7.5 Sonderfall Sterbeversicherung 45
8. Verwertung 48
   8.1 Verwertung als besondere Härte .. 49
   8.2 Verwertung geschützten Vermögens 53
   8.3 Verwertung nicht geschützten Vermögens 54
   8.4 Vermögen verschleudert 56
   8.5 Kein fiktiver Verbrauch von Vermögen 58
9. Unterschiede zwischen SGB XII und SGB II 61
   9.1 Vermögensfreibetrag 62
   9.2 Angemessenes Kfz 63
   9.3 Angemessenes Hausgrundstück ... 65
   9.4 Sonderfall Schenkungsrückforderungsanspruch gemäß § 528 BGB 67

1. Unterschied zwischen Einkommen und Vermögen

1 Vermögen ist grundsätzlich zur Bestreitung des Lebensunterhaltes einzusetzen. Dies gilt sowohl für den Bereich des SGB II (Bürgergeld) als auch für das SGB XII (HzL und GSi). Es gibt jedoch Freibeträge und geschützte Vermögenswerte, die nicht eingesetzt werden müssen. Zunächst einmal ist der Unterschied zwischen Einkommen und Vermögen zu klären. Hier gilt der Grundsatz, dass **Einkommen** "alles das [ist], was jemand in der [...] Bedarfszeit wertmäßig dazu erhält" und **Vermögen** „das, was er in der Bedarfszeit bereits hat" (BSG 30.7.2008 – B 14 AS 26/07 R; BSG 30.9.2008 – B 4 AS 29/07 R).

2 Ausnahme im Bereich des SGB II:

Seit 2016 ist Einkommen nur eine Einnahme in Geld und **nicht mehr in Sachwerten**. Sachwerte werden damit unmittelbar dem Vermögen und den damit verbundenen Freibeträgen und Beschränkungen zugeführt. Dies betrifft insbesondere Schenkungen und Erbschaften und kann von erheblicher wirtschaftlicher Bedeutung sein.

Zum 1.7.2023 gibt es zudem erhebliche Änderungen, die von großer Bedeutung sind und die einmaligen Einnahmen und Erbschaften betreffen. Gemäß § 11a Abs. 1 Nr. 7 SGB II gelten ab dem 1.7.2023 Erbschaften (→ 43 Rn. 21) gar nicht mehr als Einkommen, sondern sind direkt dem Vermögen zuzurechnen, mit der Folge, dass bei Erbschaften nun unmittelbar von den Vermögensfreibeträgen profitiert werden kann. Sollte durch die Erbschaft allerdings der Vermögensfreibetrag überschritten werden, entfällt bis zum entsprechenden Verbrauch der Anspruch auf Leistungen nach dem SGB II.

3 Einmalige Einnahmen sind ab dem 1.7.2023 nur noch im Zuflussmonat als Einnahmen zu berücksichtigen und gelten ab dem Folgemonat dann ebenfalls als Vermögen (§ 11 Abs. 2 SGB II). Ausnahme: Dies gilt jedoch nicht für Nachzahlungen aus Zeiten vor dem Zufluss. Diese sind weiterhin, wenn die Nachzahlung den Leistungsanspruch übertrifft, auf sechs Monate aufzuteilen (§ 11 Abs. 3 SGB II). **Achtung:** Diese Sonderregelung gilt (derweilen – Rechtsstand Mai 2023) nicht für Leistungsbeziehende nach dem SGB XII. Hier werden die Sachwerte weiterhin als Einkommen berücksichtigt. Eine dahingehende Änderung ist in Planung und wird vermutlich ab Jahresmitte 2023 in § 82 Abs. 7 SGB XII – N in Kraft treten.

2. Was zum Vermögen gehört

4 Zum Vermögen gehört alles, was einen wirtschaftlichen Wert hat und sich deshalb „zu Geld machen lässt". Dazu gehören Geldvermögen, Konten, Sparbücher, Bausparverträge, Lebensversicherungen und Sachvermögen, wie zB Wohneigentum, Grundstücke,

897

Hausrat, Erbstücke, Schmuck, Kfz usw Zum Vermögen können aber auch Rechte gehören. So kann bei eintretender Vermögenslosigkeit auch eine Schenkung innerhalb der letzten zehn Jahre zurückgefordert werden. Sofern das Jobcenter Kenntnis davon erlangt, kann es von dem*r Leistungsempfänger*in verlangen, dass diese*r versucht, die Schenkung zurückzufordern. Dieses Recht muss jedoch durchsetzbar sein.

5 **Beispiel:** Sie haben vor dem Leistungsbezug Ihren Eltern im Ausland Geld überwiesen, um diese finanziell zu unterstützen. Dies stellt das Jobcenter bei Prüfung der Kontoauszüge fest und fordert nun, dass Sie die Schenkung zurückfordern. Haben Ihre Eltern das Geld jedoch verbraucht und ist die rechtliche Durchsetzung im Ausland schwierig bis unmöglich, kann das Jobcenter dies nicht als Vermögen berücksichtigen.

3. Verwertbares Vermögen

6 Einzusetzen ist das gesamte verwertbare Vermögen. Verwertbares Vermögen im Sinne des § 12 SGB II ist, wenn die Vermögensgegenstände verbraucht, übertragen (verkauft) oder belastet werden können (BSG 24.5.2017 – B 14 AS 16/16 R). **Nicht verwertbar** sind Vermögensgegenstände, wenn der*die Inhaber*in in der Verfügung über den Gegenstand beschränkt ist und die Aufhebung der Beschränkung nicht erreichen kann. Auch ist Vermögen nur dann verwertbar, wenn der Vermögensinhaber über das Vermögen innerhalb von 12 Monaten verfügen kann und das Vermögen übertragen oder belastet werden kann, ist das nicht der Fall, ist es kein verfügbares Vermögen (BSG 2.9.2021 – B 8 SO 4/20 R).

Dies sind zB:

- Ansprüche auf Betriebsrenten,
- Sparbücher, die zB von Großeltern unter dem Namen der Enkel eingerichtet werden, so dass diese erst bei Volljährigkeit darüber verfügen können (LSG Hamburg 25.8.2011 – L 5 AS 33/08),
- Geldbeträge, die treuhänderisch übergeben wurden und mit einer Verfügungsbeschränkung versehen sind (zB Beerdigungskosten für die Eltern).

Achtung: Diese Verfügungsbeschränkung muss eindeutig sein und im Zweifel nachgewiesen werden,

- Grundstücke mit lebenslangem Nutzungs- bzw. Nießbrauchsrecht,
- Vermögen, das Teil der Insolvenzmasse in einem Insolvenzverfahren ist,
- Abtretung von Vermögen, zB an eine Bank **vor** dem Leistungsbezug.

4. Wert des Vermögens

7 Der Wert des Vermögens richtet sich nach dem tatsächlichen Marktwert zum Zeitpunkt der Antragstellung (§ 12 Abs. 5 SGB II) unter ausnahmsweiser Berücksichtigung der mit diesem Vermögensgegenstand verknüpften Schulden.

8 **Beispiel:** Die Eigentumswohnung im Wert von 50.000 EUR ist noch mit 45.000 EUR belastet. Da Sie die Schulden praktisch mitverkaufen müssten, beträgt hier der tatsächliche Marktwert 5.000 EUR.

9 Dies gilt nicht für unabhängige Schulden, die weiter unberücksichtigt bleiben. Verfügen Sie über ein Barvermögen iHv 10.000 EUR bei gleichzeitigem Bestehen eines Verbraucherdarlehens über 5.000 EUR, werden diese nicht miteinander verrechnet, sondern der Leistungsträger geht ausschließlich von einem Vermögen von 10.000 EUR aus.

10 Keinen Marktwert haben Vermögenswerte, die abgetreten sind, zB eine Lebensversicherung, die zur Tilgung eines Baudarlehens bereits an den Finanzierer abgetreten ist. **Achtung:** Hier muss die Abtretung allerdings vor dem Leistungsbezug erfolgen und darf auch ersichtlich nicht dazu dienen, sich bedürftig zu machen.

11 Kommt es während des Leistungsbezuges zu einem Vermögenserwerb (zB einer Erbschaft, → 43) gilt dieser Zeitpunkt für die Berechnung des Verkehrswertes (§ 12 Abs. 5 S. 2 SGB II).

5. Tatsächliche Verwertbarkeit

12 Aufgrund wechselnder Marktlagen kann der Verwertung eine tatsächliche Komponente im Wege stehen, nämlich dann, wenn Gegenstände nicht (mehr) marktgängig sind

oder sie, wie Grundstücke infolge sinkender Immobilienpreise, über den Marktwert hinaus belastet sind (BSG 24.5.2017 – B 14 AS 16/16 R).

13 **Beispiel 1:** Sie erben ein vermeintlich wertvolles Bild, dass einmal für 30.000 DM gekauft worden ist. Motiv oder Maler*in sind derzeit jedoch überhaupt nicht gefragt, so dass Sie keine Möglichkeit haben, das Bild zu verkaufen. Damit ist eine tatsächliche Verwertbarkeit nicht gegeben.

14 **Beispiel 2:** Ihnen gehört ein Grundstück in einer ländlichen Gegend, in der die Immobilienpreise seit Jahren fallen. Dadurch ist das Grundstück nun so stark belastet, dass die Belastung über den tatsächlichen Verkaufserlös gehen würde. Auch hier ist eine tatsächliche Verwertbarkeit nicht gegeben.

15 Ist das Vermögen nur **kurzfristig nicht verwertbar**, da zB ein Immobilienverkauf einige Zeit in Anspruch nimmt, müssen SGB II-Leistungen als **Darlehen** (→ Rn. 35) gewährt werden (§ 24 Abs. 5 SGB II). Sozialhilfe **soll** als Darlehen vergeben werden. Entsprechend der genannten Vorschrift können die Leistungsträger (in der Regel bei Grundstücken) die Erteilung einer Sicherheit im Grundbuch verlangen.

16 Ist dagegen Vermögen **auf absehbare Zeit nicht verwertbar**, dürfen SGB II-/SGB XII-Leistungen **nicht** als Darlehen gewährt werden. Nach der Rechtsprechung des BSG (BSG 2.9.2021 – B 8 SO 4/20 R) ist maßgeblich, ob eine **Verwertbarkeit innerhalb von zwölf Monaten** möglich ist. Ist dies wahrscheinlich nicht der Fall, sind Leistungen als Zuschuss und nicht als Darlehen zu gewähren. Hier ist jedoch maßgeblich, dass Sie Verwertungsbemühungen nachweisen. So müssen Sie zB eine*n Makler*in beauftragen oder andere Bemühungen vorlegen können, um die fehlende Verwertbarkeit trotz Bemühungen nachweisen zu können.

17 **Tipp:** Ist eine Vermögensverwertung auf absehbare Zeit nicht wahrscheinlich, müssen Ihnen die Leistungen als Beihilfe, die nicht zurückzuzahlen ist, gewährt werden. Daher sollten Sie gegen alle Darlehensbescheide, die in einem solchen Fall ergehen können, Widerspruch (→ 126) einlegen.

6. **Karenzzeit (§ 12 Abs. 3 SGB II): Sonderregelung für Neuempfänger*innen und Bestandskund*innen im ersten Jahr**

18 Für erstmalig Bürgergeld Beantragende gibt es eine **Karenzregelung** für das erste Jahr des Leistungsbezuges (§ 12 Abs. 3 S. 1 Hs. 2 SGB II). Die Karenzzeit von einem Jahr gilt für alle Bürgergeldempfänger*innen, unabhängig davon, ob sie vor Inkrafttreten des Bürgergeldes bereits Alg II-Leistungen bezogen haben. Zeiten mit staatlicher Unterstützung vor dem 31.12.2022 bleiben für die neue Karenzzeit unberücksichtigt (§ 65 Abs. 3 SGB II). Das bedeutet, für das Jahr 2023 gilt auch eine Karenzzeit für Bestandsfälle.

6.1 **Höherer Freibetrag in der Karenzzeit**

19 In dieser Karenzzeit gibt es einen erhöhten Freibetrag für die leistungsberechtigte Person von 40.000 EUR und dann weitere 15.000 EUR für jede weitere Person der Bedarfsgemeinschaft (§ 12 Abs. 3, 4 SGB II). In einer Bedarfsgemeinschaft sind aber in der Regel mehrere Personen leistungsberechtigt, so dass die Formulierung in § 12 Abs. 4 SGB II etwas verwirrend ist. Da aber auch hier die Freibeträge addiert werden können, führt die Karenzzeit letztlich zu einem erhöhten Vermögensfreibetrag von 25.000 EUR. Hier ist dem Gesetz anzumerken, dass ursprünglich eine andere Version geplant war: Nämlich eine Regelung wie während der Coronazeit, in der sich erhebliches Vermögen – wie im Wohngeldgesetz – auf 60.000 EUR für die erste und weitere 30.000 EUR für jede weitere Person belief. Aufgrund politischen Widerstandes wurde dann für das SGB II das Schonvermögen von ursprünglich 60.000 EUR auf 40.000 EUR gesenkt.

6.2 **Erhebliches Vermögen in der Karenzzeit**

20 Erhebliches Vermögen im Sinne des § 12 Abs. 3 SGB II ist gemäß § 12 Abs. 4 S. 1 SGB II ein Betrag von 40.000 EUR zuzüglich 15.000 EUR für jede weitere Person in der Bedarfsgemeinschaft. Für eine zB 4-köpfige Bedarfsgemeinschaft somit 85.000 EUR. Ob erhebliches Vermögen vorliegt, ist im Antrag zu erklären. Der Erklärung ist eine Selbstaus-

kunft beizufügen. Eine Nachweispflicht besteht jedoch nicht, allerdings kann das Jobcenter Nachweise verlangen (§ 12 Abs. 4 S. 5 SGB II). Während der Karenzzeit bleibt **selbstgenutztes Wohneigentum**, unabhängig von der Größe der Immobilie, vollkommen unberücksichtigt.

6.3 Verlängerung der Karenzzeit

21 Die Karenzzeit verlängert sich um jeden Monat, in dem keine Leistungen bezogen werden und bleibt unberücksichtigt, wenn nur für einen Monat Leistungen bezogen werden (§ 12 Abs. 3 SGB II).

6.4 Neubeginn

22 Die Karenzzeit kann erneut in Anspruch genommen werden, wenn drei Jahre keine Leistungen nach dem SGB II oder SGB XII bezogen worden sind (§ 12 Abs. 3 S. 4 SGB II).

6.5 Bestandskunden

23 Diese neu eingeführte Karenzzeit, die dem*r Leistungsempfänger*in ein höheres Vermögen im SGB II zugesteht, gilt im Übrigen **auch für Bestandskund*innen**. Während für neue Leistungsempfänger*innen der Zeitpunkt der erstmaligen Bewilligung gilt, gilt für Bestandskund*innen der 1.1.2023, unabhängig vom Bewilligungszeitraum als Beginn der Karenzzeit (§ 65 Abs. 3 SGB II).

6.6 Karenzzeit im SGB XII

24 Im SGB XII ist eine Vermögenskarenzzeit nicht vorgesehen, dh, dass, wenn bei einem Wechsel vom SGB II ins SGB XII der Vermögensfreibetrag von 10.000 EUR überschritten wird, was im SGB II unschädlich wäre, dies zu einer Leistungseinstellung der Leistungen nach dem SGB XII führte. Beim Wechsel ist also darauf zu achten, dass der Vermögensfreibetrag eingehalten wird.

7. Geschütztes Vermögen

25 Hier hat die Gesetzesreform zum 1.1.2023 weitgehende Veränderungen gebracht, die für die Leistungsbeziehenden positiv sind.

7.1 Barvermögen

7.1.1 Barvermögen im SGB II

26 Leistungsbeziehende nach dem SGB II haben nun grundsätzlich einen Freibetrag von 15.000 EUR pro Person. Die bisherige Unterscheidung nach Lebensjahren und Minderjährigen entfällt. Jedes einzelne Mitglied der Bedarfsgemeinschaft hat gemäß § 12 Abs. 2 S. 1 SGB II nun diesen Freibetrag in **Höhe von 15.000 EUR.**

27 Diese Frage, ob ein gemeinsamer Vermögensfreibetrag oder ein individueller Vermögensfreibetrag anzuwenden ist, die vorher in Teilen von den Gerichten geklärt wurde, ist nun in § 12 Abs. 2 S. 2 SGB II eindeutig geklärt: Freibeträge, die ausgeschöpft sind, können auf andere Mitglieder der Bedarfsgemeinschaft übertragen werden.

28 Beispiel: In einer 4-köpfigen Bedarfsgemeinschaft verfügt Person 1 über Vermögen in Höhe von 35.000 EUR. Die Personen 2–4 haben kein zu berücksichtigendes Vermögen. Nach altem Recht wäre hier Person 1 zunächst verpflichtet gewesen, das eigene persönliche Vermögen bis zum Freibetrag zu verbrauchen. Jetzt gilt dies nicht mehr, sondern es ist der **Gesamtvermögensfreibetrag** (4 x 15.000 EUR = 60.000 EUR) zugrunde zu legen. Damit liegt nach neuem Recht kein anrechenbares Vermögen mehr vor.

7.1.2 Barvermögen in der GSi/HzL

29 Durch die Änderung der Verordnungsdurchführung des § 90 Abs. 2 Nr. 9 SGB XII haben sich die Vermögensfreibeträge im Bereich des SGB XII deutlich verbessert. Nun gilt ein Vermögensfreibetrag für jede erwachsene Person oder für jede alleinstehende minderjährige Person iHv 10.000 EUR. Für jede Person, die unterhalten wird, gilt ein Vermögensfreibetrag iHv 500 EUR.

30 Beispiel: Eine Einstehensgemeinschaft mit zwei Erwachsenen und einem minderjährigen Kind, das unterhaltspflichtig ist, hat einen Vermögensfreibetrag von insgesamt 20.500 EUR (10.000 EUR + 10.000 EUR + 500 EUR).

31 Barvermögen, das darüber hinausgeht, muss verwertet werden.

7.2 Sachvermögen

32 Zum geschützten Sachvermögen gehören:
- angemessener Hausrat (§ 12 Abs. 1. Nr. 1 SGB II),
- ein als angemessen angegebenes Kfz (§ 12 Abs. 1 Nr. 2 SGB II),
- die für die Altersvorsorge bestimmten Versicherungsverträge (§ 12 Abs. 1 Nr. 3 SGB II) und Rückstellungen für das Alter für hauptberuflich selbstständige Tätigkeit (§ 12 Abs. 1 Nr. 4 SGB II) und
- ein selbstgenutztes Wohneigentum (§ 12 Abs. 1 Nr. 5 SGB II) und das dafür vorgesehene Ersparte (§ 12 Abs. 1 Nr. 6 SGB II).

33 Bezüglich des Wohneigentums gibt es nun eine eindeutig gesetzliche Regelung. Geschütztes Wohneigentum liegt bei Bedarfsgemeinschaften mit 1–4 Personen nun vor, wenn eine Eigentumswohnung 130 m² Wohnfläche nicht überschreitet und ein Wohnhaus 140 m² Wohnfläche nicht überschreitet. Diese Vorschrift ist besonders praxisrelevant für Eltern oder alleinstehende Personen, wenn die Kinder aus dem Haus sind. Bisher führte dies, auch durch das BSG bestätigt (BSG 12.10.2016 – B 4 AS 4/16 R), häufig dazu, dass das bisherige Familienheim verwertet werden musste. Durch die Neuregelung wurde der geschützte Bereich deutlich ausgeweitet. Für jede weitere Person, die dort wohnt, erhöht sich die Quadratmeterzahl um jeweils 20. Ein Haus, in dem 6 Personen leben, ist also mit einer Wohnfläche von 180 m² noch angemessen. Die bisherige Rechtsprechung, dass geringfügige Überschreitungen von bis zu 10 Prozent dabei keine Rolle spielen (BSG 18.9.2014 – B 14 AS 58/13 R), dürfte weiterhin Bestand haben.

34 Laut der Fachlichen Weisung der BA (FW 12.21) sind zudem höhere Wohnflächen anzuerkennen, wenn die Berücksichtigung als Vermögen eine besondere Härte bedeuten würde. Hier ist jeweils der Einzelfall zu prüfen. Diese besonderen Lebensumstände können sein:
- noch nicht abgeschlossene Familienplanung,
- die Dauer der Hilfebedürftigkeit ist voraussichtlich kurz oder absehbar,
- langjährige sozialversicherungspflichte Beschäftigung oder selbstständige Tätigkeit,
- besondere Verhältnisse am Wohnort (ländlicher Raum oder regionale Besonderheiten, insbesondere wenn im ländlichen Gebieten eher großflächige Immobilien bestehen) oder
- behinderungsbedingte Gründe, insbesondere dann, wenn die selbstgenutzte Immobilie behindertengerecht umgebaut wurde.

35 Weitere Kriterien sind bezüglich der Angemessenheit der Immobilie nicht zu prüfen.

7.3 Altersvorsorge im SGB II

36 Bisher waren ausdrücklich nur **Versicherungen** für die Altersvorsorge besonders geschützt, die auch tatsächlich erst mit Beginn des Rentenalters fällig wurden. Viele als Altersvorsorge dienende **Lebens- oder Rentenversicherungen** fielen aber nicht darunter, da diese rückkaufbar waren und daher aus Sicht der Jobcenter verwertbares Vermögen darstellten. Außerdem waren die Vorsorgen wertmäßig begrenzt (750 EUR pro Lebensjahr) Dies **ändert sich mit dem neuen Recht**. Nach dem Wortlaut des Gesetzes genügt es nun, wenn der entsprechende **Versicherungsvertrag** ausdrücklich als Altersvorsorge gekennzeichnet ist (§ 12 Abs. 1 Nr. 3 SGB II). Es bedarf damit weder einer späten Fälligkeit noch eines Verwertungsausschlusses. Ob dies durch die Jobcenter so akzeptiert wird, ist jedoch fraglich. Zudem gibt es keine Deckelung auf einen bestimmten Wert mehr.

37 **Tipp:** Vor jeder Verwertungsaufforderung von Versicherungsverträgen, die zur Altersvorsorge bestimmt sind, sollte rechtlicher Rat hinzugezogen werden, um etwaige Vermögensschäden abzuwenden.

38 Anrechnungsfrei sind in jedem Fall die staatlichen Riester- und Rürup-Renten (→ 5 Rn. 2 ff., 5 ff.).

7.4 Altersvorsorge für Selbständige

39 Neu ist die Regelung des § 12 Abs. 1 Nr. 4 SGB II. Diese ermöglicht hauptberuflich Selbstständigen zusätzliche Vermögensfreibeträge, wenn sie die Vermögenswerte als Altersvorsorge bezeichnen, sofern sie keine Beiträge an die Rentenversicherung oder ver-

gleichbare öffentlich-rechtliche Einrichtungen (zB Versorgungswerke) entrichten.

40 **Beispiel:** Eine Selbstständige, die keiner Rentenversicherungspflicht unterliegt, erwirbt zur Altersvorsorge eine Eigentumswohnung, die sie vermietet. Der Wert der Wohnung beträgt 75.000 EUR. Nach altem Recht hätte sie im Bedarfsfall diese Eigentumswohnung als ungeschütztes Vermögen verwerten müssen. Jetzt kann sie angeben, dass dieses Vermögen der Altersvorsorge dient, da die Anlageform ausdrücklich beliebig sein kann. Die Wohnung muss nicht mehr verwertet werden.

41 **Achtung:** Der Wert der Wohnung darf nicht zu hoch sein. In § 12 Abs. 1 Nr. 4 SGB II ist im Rahmen einer recht komplizierten Formel geregelt, welcher Wert mit der Anzahl der Jahre der Tätigkeit multipliziert wird. Dieser Faktor beträgt aktuell 8.000 EUR (FW 12.18), Tendenz steigend.

42 **Fortsetzung Beispiel:** Wird die Selbstständigkeit erst seit acht Jahren ausgeübt, entfällt der Altersvorsorgeschutz, da der Wert von 75.000 EUR oberhalb des Freibetrages liegt (8 Jahre x 8000 EUR = 64.000 EUR). Bei zehn Jahren ausgeübter Tätigkeit ist die Wohnung hingegen geschützt.

43 Unklare Rechtsfolgen bei ungeschütztem Vermögen:

Nicht geregelt ist, was passiert, wenn das Vermögen aufgrund der Höhe nicht geschützt ist. Ist dann nur der überschießende Betrag zu verwerten oder muss die gesamte Anlage verwertet werden?

44 **Fortsetzung Beispiel:** Bei 8-jähriger Selbstständigkeit ist der Vermögensfreibetrag um 11.000 EUR überschritten und kann auch nicht anderweitig aufgefangen werden. Nach Meinung des Verfassers genügt es, die Vermögensanlage um den entsprechenden Wert zu beleihen und diesen zunächst einzusetzen. Eine vollständige Verwertung kann nicht verlangt werden, wenn die Anlage nicht teilbar ist.

7.5 Sonderfall Sterbeversicherung

45 Eine angemessene Sterbeversicherung ist grundsätzlich geschütztes Vermögen (BSG 18.3.2008 – B 8/9b SO 9/06 R). Hier ist das Problem, dass Sterbeversicherungen oft „verkappte" Lebensversicherungen sind, die zu einem bestimmten Zeitpunkt auch regulär fällig werden und nicht nur im Falle des Todes des*r Versicherungsnehmenden. Ist dies der Fall, so handelt es sich dabei um eine rückkaufbare Lebensversicherung, die dann wieder nicht anrechnungsfrei ist (LSG Baden-Württemberg 22.6.2022 – L 2 SO 126/20).

46 Aber auch eine Sterbeversicherung muss angemessen sein. So dürfte eine Sterbeversicherung mit einem Wert von 20.000 EUR nicht angemessen sein und müsste selbst bei einem Verwertungsausschluss bis zur Angemessenheitsgrenze wohl beliehen werden. Allerdings dürfte ein Betrag für ein Begräbnis bis 7.000 EUR angemessen sein (→ 107 Rn. 8 ff.).

47 **Tipp:** Achten Sie bei Abschluss eines solchen Vertrags unbedingt darauf, dass die Fälligkeit nur mit dem Tod eintritt. Vereinbaren Sie unbedingt einen **Verwertungsausschluss**.

8. Verwertung

48 Bei der Verwertung oder Nicht-Verwertung von geschütztem und nicht geschütztem Vermögen gibt es einiges zu beachten, was im Folgenden dargelegt wird.

8.1 Verwertung als besondere Härte

49 Im Rahmen des **SGB II** liegt eine besondere Härte dann vor, wenn Vermögen aus Schmerzensgeld verwertet werden soll. Dieses ist somit nicht zu verwerten (BSG 15.4.2008 – B 14/7 B AS 6/07 R).

50 Im Bereich der **Sozialhilfe** kann eine besondere Härte daneben nur in besonderen Einzelfällen angenommen werden, zB bei nur vorübergehendem Bezug von Sozialhilfe oder wenn nach Eintritt ins Rentenalter der Lebensunterhalt im wesentlichen Umfang aus dem Vermögen bestritten werden muss. Hinzukommen unter Berücksichtigung von § 12 Abs. 1 S. 2 Nr. 7 SGB II, in Verbindung mit der Weisung der BA (FW 12.29), noch besondere Vermögenswerte, deren Verwertung eine **besondere Härte** darstellen. Dies ist dann der Fall, wenn die Verwertung des Vermögens ein besonders großes Opfer darstellt (natürlich ist jede Vermögensverwer-

tung ein Opfer, für eine besondere Härte ist ein besonders großes Opfer erforderlich). Von der Verwertung ausgeschlossen sind deshalb:

- besondere Familien- und Erbstücke,
- Verwertung einer unangemessenen selbstbewohnten Immobilie (→ Rn. 32 ff.) oder
- mit der Bestattung verbundene Vermögensrückstellungen.

51 Keine Härte ist jedoch zB die Verwertung von angespartem Sozialgeld, sofern dies überhaupt möglich ist. Laut Weisung der BA (FW 12.30) können jedoch angesparte Beträge aus folgenden Einnahmen eine besondere Härte darstellen:

- Zahlungen des Bundes für Opfer extremistischer oder terroristischer Gewalt,
- Leistungen aus dem zweiten Hilfsfond der Love-Parade-Katastrophe,
- Blinden- oder Gehörlosengeld,
- Schmerzensgeld oder
- Leistungen der Fonds „Heimerziehung West", „Heimerziehung in der DDR" sowie der Stiftung „Anerkennung und Hilfe".

52 In diesen Fällen ist aber zu beachten, dass aus diesem Vermögen erzielte Einkünfte (zB Zinsen) als Einkommen zu berücksichtigen sind.

8.2 Verwertung geschützten Vermögens

53 Was passiert, wenn geschütztes Vermögen, wie zB die selbstgenutzte Eigentumswohnung, aufgrund eines günstigen Angebots verwertet wird? Sobald das vollzogen und der Erlös vorhanden ist, ist dieser nicht mehr geschützt und wird voll als Vermögen angerechnet. Da dadurch ein Ausscheiden aus dem Leistungsbezug im Regelfall erfolgen dürfte, kann dann das vorhandene Vermögen aber wieder so verwendet werden, dass zB eine neue geschützte Eigentumswohnung angeschafft wird.

8.3 Verwertung nicht geschützten Vermögens

54 Sofern vor dem Leistungsbezug über Vermögen verfügt wird, das die Freibeträge übersteigt, oder zB durch eine Erbschaft im laufenden Leistungsbezug ungeschütztes Vermögen hinzukommt, das verwertet werden muss, so teilt der Leistungsträger im Regelfall mit, ab wann überhaupt erst wieder eine Antragstellung erfolgen darf. Dabei wird der ermittelte Bedarf hochgerechnet. Dies ist **unzulässig**. Vor dem Leistungsbezug darf über das Vermögen frei verfügt werden, sofern das Vermögen nicht verschleudert wird, sondern alle Anschaffungen nachweislich wirtschaftlich sind, zB neue Elektrogeräte, ein „normaler" Urlaub, Kfz-Reparaturen, Kleidung, Brille, Zahnsanierung usw. So darf das Vermögen auch auf diese Art und Weise verbraucht werden, ohne dass fiktives Vermögen unterstellt werden kann. Wird das Vermögen jedoch verschleudert, so besteht unter Umständen ein Kostenersatzanspruch gemäß § 34 SGB II. Nach Ansicht des Verfassers darf das Vermögen auch zur Schuldentilgung verwendet werden, insbesondere dann, wenn die Schulden nicht mehr getilgt werden können, sobald der Leistungsbezug vorliegt.

55 **Tipp:** Hier ist jedoch darauf zu achten, dass auch tatsächlich nachweislich die Schulden zurückgezahlt werden müssen. Dies kann problematisch sein, wenn ein Darlehensvertrag mit Verwandten geschlossen worden ist, ohne dass hier eine Rückzahlungsvereinbarung getroffen wurde.

8.4 Vermögen verschleudert

56 Ist das Vermögen tatsächlich verschleudert (sog. sozialwidriges Verhalten) worden, besteht dennoch einen Anspruch auf Leistungen nach dem SGB II und auch nach dem SGB XII, da niemand, der über keinerlei Vermögen mehr verfügt, ohne finanzielle Hilfe gelassen werden darf.

57 Allerdings besteht hier die Gefahr des Kostenersatzes (§ 34 SGB II) bzw. der **Rückforderung** (→ 92).

8.5 Kein fiktiver Verbrauch von Vermögen

58 Sofern über Vermögen verfügt wird, dies aber nicht verwertet werden soll und kurzfristig der Lebensunterhalt anders sichergestellt wird, gilt dieses Vermögen dann nicht als verbraucht, selbst wenn theoretisch das Vermögen verbraucht worden wäre.

59 Beispiel: Sie haben einen Vermögensfreibetrag von 15.000 EUR. Ihr Bedarf liegt

bei 800 EUR. Sie verfügen über Vermögen von 15.500 EUR, das aus Ihrer Sicht gut angelegt ist, weshalb Sie es nicht aufgeben wollen. Wenn Sie nun einen Monat keine Leistungen in Anspruch nehmen, hätten Sie fiktiv 800 EUR Bedarf verbraucht. Ihr Vermögen würde theoretisch auf 14.700 EUR sinken und läge damit unterhalb Ihres Freibetrages. Da es jedoch noch vorhanden ist, gilt es nicht als vermindert, so dass Sie auch im Folgemonat keinen Anspruch auf Leistungen nach dem SGB II haben.

60 **Achtung:** Dies kann unter Umständen zu erheblichen Folgen führen. So hat das BSG entschieden, dass ein Leistungsempfänger, der ein Sparkonto nicht angegeben hatte und somit über ein Vermögen von ca. 15.000 EUR verfügte, für den gesamten Zeitraum, in dem er Leistungen erhalten hat, diese erstatten muss, obwohl diese mit ca. 31.000 EUR das Vermögen deutlich überstiegen (BSG 25.4.2018 – B 4 AS 29/17 R). Die Entscheidung erfolgte noch auf Basis der alten Freibeträge, aber der grundsätzliche Gedanke hat weiterhin Bestand.

9. Unterschiede zwischen SGB XII und SGB II

61 Im Folgenden werden explizit wichtige Unterschiede in den (v.a. neuen) Vermögensregelungen im SGB XII im Vergleich zum SGB II dargestellt.

9.1 Vermögensfreibetrag

62 Zwar ist der Vermögensfreibetrag im SGB XII für jede volljährige Person auf 10.000 EUR gestiegen (→ Rn. 29 f.), so dass eine deutlichere Verbesserung vorgenommen wurde, allerdings liegen die Freibeträge immer noch deutlich unterhalb der Freibeträge des SGB II.

9.2 Angemessenes Kfz

63 Neu als nicht einzusetzendes Vermögen eingeführt worden ist ein angemessenes Kfz (→ 68 Rn. 8 ff.; § 90 Abs. 2 Nr. 10 SGB XII). Im SGB II geht die BA in Abstimmung mit dem BMAS in Ihren Weisungen und aktuellen Formular VM von einem Angemessenheitswert von 15.000 EUR aus (FW 12.13). Im SGB XII geht das BMAS von einem Wert von bis zu 7.500 EUR als angemessen aus und nur der übersteigende Wert dem anzurechnenden Vermögen zugeführt wird (MAGS, Informationsschreiben zum Bürgergeld-Gesetz v. 29.11.2022, Az.: Vb4–50240, 2.6, abrufbar unter: https://tacheles-sozialhilfe.de/files/Weisungen/Sozi/2022/BMAS-22-11-29-BMAS-Infomationsschreiben-Buergergeld-Gesetz.pdf) (→ 68 Rn. 8).

64 **Tipp:** Da diese Regelung für die Sozialämter neu ist, wird es hier wahrscheinlich zu einer Wiederholung der früheren Fehler im SGB II kommen, so dass sich bei Problemen eine rechtliche Beratung sicher lohnt.

9.3 Angemessenes Hausgrundstück

65 Während im SGB II eine verhältnismäßig klare Regelung zu der angemessenen Größe von Hausgrundstücken getroffen wurde, bleibt dies nach § 80 Abs. 2 Nr. 8 SGB XII weiter vage. Weiterhin gelten alle möglichen Kriterien, um die Angemessenheit festzustellen, die aber allesamt unbestimmt sind (Größe, Zuschnitt, Wert, Bedarf usw). Selbst bei der Größe hat der Gesetzgeber darauf verzichtet, die Werte des SGB II zu übernehmen. Dies führt zu erheblicher Rechtsunsicherheit.

66 **Beispiel:** Nach dem Tod des Ehemanns und dem Auszug der Kinder bewohnt die Witwe alleine ein Haus mit einer Wohnfläche von 120 m². Sie musste Leistungen nach dem SGB II beantragen und erhielt diese, ohne dass das Haus für das Vermögen relevant war, entsprechend § 12 Abs. 1 Nr. 5 SGB II. Nun wechselt sie in den SGB XII-Bezug. Die Behörde sagt nun, dass das Haus unangemessen sei und fordert die Leistungsempfängerin zur Verwertung auf. Rechtlich ist dies möglich, da § 90 SGB XII vage bleibt.

Allerdings kann eine rechtlich saubere Lösung nur dahin gehend erfolgen, dass die Quadratmeterwerte des SGB II auch für das SGB XII gelten. Ob dies so sein wird, wird letztendlich vor den Gerichten geklärt werden, da nicht davon auszugehen ist, dass alle Sozialämter sich diesem Gedanken anschließen.

9.4 Sonderfall Schenkungsrückforderungsanspruch gemäß § 528 BGB

67 Sowohl bei Leistungsbezug nach dem SGB II als auch dem SGB XII kann die Be-

hörde auf § 528 BGB verweisen. Diese Regelung besagt, dass jemand, der in den letzten zehn Jahren etwas verschenkt hat, dies von dem*r Beschenkten zurückfordern kann, wenn er seinen Lebensunterhalt nicht mehr alleine bestreiten kann.

68 Praxisrelevant ist dieser Fall insbesondere im SGB XII, wenn die antragstellende Person Hilfe zur Pflege im Alten- oder Pflegeheim benötigt und vorher das Eigenheim den Kindern überschrieben hat. Es gibt auch andere Fallkonstellationen, aber dies ist wahrscheinlich die häufigste. In diesem Fall wird vom Sozialamt nicht nur die Rückforderung der Schenkung gefordert, sondern dieser Anspruch oftmals auch als Vermögenswert angesehen, mit der Folge, dass regelmäßig unter Hinweis auf den Schenkungsrückforderungsanspruch Leistungen wegen bestehendem Vermögen verweigert werden. Diese Vorgehensweise ist nach Ansicht des Verfassers fehlerhaft, insbesondere dann, wenn der*die Beschenkte nicht nach einmaliger Aufforderung bereit ist zu zahlen. Nur diese einmalige Aufforderung kann die Behörde verlangen. Danach ist der mögliche Anspruch aber **kein Vermögenswert**, der einer Leistungsbewilligung im Wege steht. Werden dennoch Leistungen abgelehnt, sollte unverzüglich rechtliche Hilfe in Anspruch genommen werden.

120 Verwaltungsrichtlinien

1. Anspruch nach dem Informationsfreiheitsgesetz (IFG) des Bundes 1
1.1 IFG-Bund – gilt seit 2011 für alle SGB II-Leistungen 3
1.2 Landesinformationsfreiheitsgesetze 9
2. Kosten und Gebühren 12
3. Auskunftserteilung innerhalb eines Monats 14
4. Rolle von Verwaltungsrichtlinien 16
5. Kritik 17
6. Forderung 18
7. Informationen 19

1. Anspruch nach dem Informationsfreiheitsgesetz (IFG) des Bundes

1 Was es in den meisten westeuropäischen Staaten (in Schweden seit 1766, Finnland seit 1919) und in den USA (seit 1966) schon lange gibt, besteht in Deutschland erst seit 2006, das Recht der Bürger*innen auf freien Zugang zu den in Behörden des Bundes dokumentierten Informationen, die die Grundlage für Entscheidungen öffentlicher Stellen sind (→ 20 Rn. 26 ff.).

2 Nach dem IFG des Bundes kann jede natürliche oder juristische Person einen **Antrag auf Herausgabe** von behördeninternen Informationen stellen. Der Auskunftsanspruch besteht nicht für Informationen im Entwurfsstadium, für die „Staatssicherheit gefährdende" Informationen und für persönliche Daten.

1.1 IFG-Bund – gilt seit 2011 für alle SGB II-Leistungen

3 Seit 2011 gilt das IFG des Bundes idR auch für SGB II-Leistungen, einschließlich kommunaler Leistungen (§ 50 Abs. 4 SGB II). Nach dem Informationsfreiheitsgesetz des Bundes sollen Bundesbehörden seit 2006 ihre Verwaltungsanweisungen veröffentlichen, in der Regel im Internet (§ 1 iVm § 11 IFG). Da die BA dem nicht nachkam, hat der **Erwerbslosenverein Tacheles** sie in einer Klage dazu gezwungen. Im Juni 2006 hat sich die BA vor Gericht vertraglich verpflichtet, alle **Dienstanweisungen** im Netz zu veröffentlichen. Dem kommt sie allerdings nur begrenzt nach und verlegt immer mehr ins Intranet, um so relevante Informationen intransparent zu machen.

4 Das Verwaltungsgericht Leipzig hat entschieden (VG Leipzig 10.1.2013 – 5 K 981/1), dass der Informationsanspruch nach dem IFG des Bundes auch den Anspruch auf Herausgabe der internen **Telefonlisten der Jobcenter** umfasst und die dienstlichen Telefonnummern nicht dem persönlichen Datenschutz des*r einzelnen Mitarbeiters*Mitarbeiterin unterliegen. Das Leipziger Urteil ist infolgedessen von einer Vielzahl von Verwaltungsgerichten bestätigt worden. Das Bundesverwaltungsgericht hat das Urteil kassiert und 2016 entschieden, dass die Jobcen-

ter die Mitarbeiter*innentelefonlisten nicht herausgeben müssten, da eine „Gefährdung der öffentlichen Sicherheit und Ordnung" bestehe. Das BVerwG führte in seiner Entscheidung aus: „Sie besteht namentlich in nachteiligen Auswirkungen auf die effiziente und zügige Aufgabenerfüllung der Jobcenter, die infolge von direkten Anrufen bei den Bediensteten eintreten können" (BVerwG 20.10.2016 – 7 C 20.15). Erwerbslose und Beratungsstellen von Erwerbslosen, die zeitnah ihre*n Sachbearbeiter*in erreichen müssen, und deswegen die Telefonnummer ihrer Fallmanager*innen einfordern, **werden** mit dieser skandalösen Rechtsprechung **zum Sicherheitsrisiko** erklärt.

5 Mittlerweile „verstecken" einige Sozialbehörden sogar ihre **Faxnummern**: Diese werden von Briefköpfen genommen oder von Webseiten gelöscht, um beweisbare Zugänge von Anträgen und Widersprüchen zu erschweren. Solange aber Faxgeräte noch zu den Kommunikationsmitteln von Jobcentern gehören, wird die Herausgabe von Faxnummern im Rahmen von IFG-Anträgen möglich sein.

6 Das IFG des Bundes gilt aber nur für die 302 Jobcenter in gemeinsamen Einrichtungen und nicht für die 104 Jobcenter, die unter der Leitung eines zugelassenen kommunalen Trägers stehen (den sogenannten Optionskommunen). Für diese sind – soweit vorhanden – die Informationsfreiheitsgesetze der Bundesländer gültig (→ Rn. 9).

7 Zu begrüßen ist die Ausweitung des IFG des Bundes auf die kommunalen SGB II-Leistungen (im Wesentlichen: KdU, BuT und Erstausstattung). Nun kann jede*r Bürger*in durch IFG-Anträge Licht in den behördlichen Verwaltungsrichtliniendschungel bringen. Auch die Jobcenter der südlichen Bundesländer, die zT noch immer nicht über eigene Landes-Informationsfreiheitsgesetze verfügen, sind nun gezwungen, ihre Verwaltungsanweisungen für das SGB II offenzulegen.

8 Hat eine Kommune oder ein Landkreis im Bereich des SGB II eine **Satzung zu den Unterkunftskosten** erlassen, ist die Verwaltung verpflichtet, diese zu veröffentlichen (§ 22b Abs. 2 SGB II).

1.2 Landesinformationsfreiheitsgesetze

9 In Baden-Württemberg, Berlin, Brandenburg, Bremen, Hamburg, Hessen, Mecklenburg-Vorpommern, NRW, Rheinland-Pfalz, Saarland, Sachsen, Sachsen-Anhalt, Schleswig-Holstein und Thüringen gibt es inzwischen Landesinformationsfreiheitsgesetze (Landes-IFG). Quelle: https://netzwerkrecherche.org/informationsfreiheit-und-auskunftsrechte/ifg-landesgesetze/, letzter Abruf: 26.1.2023. Bisher haben vierzehn Bundesländer für ihren Zuständigkeitsbereich jeweils eigene ähnliche Gesetze erlassen. In **Bayern und Niedersachsen** existiert hingegen kein Landes-Informationsfreiheitsgesetz.

10 In Ländern ohne eigenes IFG gibt es in einigen Städten „Informationsfreiheitssatzungen", nach denen die kommunalen Behörden zur Auskunftserteilung verpflichtet sind. Danach hat jede*r Bürger*in einen Anspruch auf die Herausgabe von landesspezifischen oder kommunalen Informationen, zB örtlichen Richtlinien/Satzungen zur Gewährung von Unterkunftskosten, Erstausstattung, zum Bildungs- und Teilhabepaket oder Berechnungsgrundlagen für Sozialpässe usw.

11 **Keinen Anspruch** auf Informationsweitergabe kommunaler Informationen haben Bürger*innen der Bundesländer, in denen kein Landes-IFG existiert. Allerdings sind für einige SGB XII-Leistungen die im SGB II entwickelten Maßstäbe relevant. Im Bereich der Unterkunftskosten ist es sogar vorgeschrieben, dass eine Satzung für SGB II-Unterkunftskosten auch für das SGB XII gilt. So können Sie unter Umständen auch über den Umweg über das Bundes-IFG zu den entsprechenden Informationen gelangen, die für das SGB XII relevant sind. In bestimmten Fällen kann eine Pflicht zur Herausgabe der begehrten Informationen auch über eine Akteneinsicht (→ 2) nach § 25 SGB X entstehen.

2. Kosten und Gebühren

12 Für das Auskunftsersuchen nach den IFG (Land und Bund) können Gebühren erhoben werden. **Bagatellauskünfte sind kostenfrei.** Für größere Recherchen können Gebühren bis zu 500 EUR verlangt werden, auch wenn

davon Einzelanfragen umfasst sind. Max. 500 EUR für Gebühren, Auslagen und Kopien sah das BVerwG als zulässig an (BVerwG 20.120.2016 – 7 C 6.15). Wenn Sie die Herausgabe einer Richtlinie zu den Unterkunftskosten beantragen, wird es sich immer um eine Bagatellsache handeln. Außerdem können solche Gebühren auch erlassen werden, weil deren Zahlung SGB II-/ SGB XII-Beziehenden nicht zuzumuten ist. Um Kopierkosten zu vermeiden, können Sie die Herausgabe der begehrten Informationen auch als Datei verlangen.

13 Oft wird von Behörden versucht, Bürger*innen durch **überhöhte Gebühren** davon abzuschrecken, IFG-Anträge zu stellen. Die Kostenbescheide sind gerichtlich überprüfbar. In einigen Fällen waren solche Gerichtsverfahren bereits erfolgreich. Das VG Berlin hat einen Gebührenbescheid des Bundesinnenministeriums (BMI) mit deutlichen Worten aufgehoben und die Behörde verurteilt, die Gebühren in dem entschiedenen Fall deutlich zu senken. Dabei wollte das Ministerium für die Herausgabe weniger Seiten zur Vorbereitung eines Besuchs des damaligen Ministers Thomas de Maizière (CDU) in der Berliner Niederlassung von Facebook 235 EUR kassieren. Die Gebühr sei rechtswidrig und verstoße gegen das gesetzliche Verbot abschreckender Gebühren in § 10 Abs. 2 IFG, heißt es in dem Urteil (VG Berlin 29.3.2019 – VG 2 K 95.17).

3. Auskunftserteilung innerhalb eines Monats

14 Auskunftsanträge nach allen IFG müssen unverzüglich, spätestens aber nach einem Monat von der Behörde entschieden werden. Bei Schwierigkeiten oder Ablehnung können Sie sich an die Beauftragten für die Informationsfreiheit wenden, die bei den jeweiligen Landesdatenschutzbeauftragten bzw. auf Bundesebene bei dem*r Bundesdatenschutzbeauftragten angesiedelt sind. Diese beraten und unterstützen Sie kostenlos.

15 **Tipp:** Die*den Beauftragte*n für Datenschutz und Informationsfreiheit einzuschalten, kann ein Widerspruchs- oder Klageverfahren nicht ersetzen.

4. Rolle von Verwaltungsrichtlinien

16 Bei jeder Art von Verwaltungsanweisung handelt sich ohnehin nur um eine norminterpretierende Verwaltungsvorschrift. Solchen Verwaltungsvorschriften, in denen das Recht nach Auffassung der Behörde ausgelegt wird, um einen einheitlichen Verwaltungsvollzug sicherzustellen, komme keine Außenwirkung zu. Sie sind nicht geeignet, die gesetzlichen Regelungen für die rechtsprechende Gewalt verbindlich zu konkretisieren. Denn die Gerichte seien bei der Überprüfung des Verwaltungshandelns (nur) an das Gesetz gebunden (Art. 20 Abs. 3 GG, Art. 97 Abs. 1 GG), so das BSG zu einer Verwaltungsanweisung im SGB III (BSG 3.11.2021 – B 11 AL 2/21 R).

5. Kritik

17 Im alten BSHG gab es § 114, nach dem vor dem Erlass allgemeiner Verwaltungsvorschriften sozial erfahrene Personen zu hören waren, besonders aus Vereinigungen, die Bedürftige betreuen, oder aus Vereinigungen von Sozialleistungsbeziehenden. Das ist ersatzlos gestrichen worden. Beteiligung der Betroffenenvertreter ist nicht mehr erwünscht.

6. Forderung

18 Schaffung von Beiräten, die vor dem Erlass von Verwaltungsrichtlinien zu beteiligen sind!

7. Informationen

19 Die Verwaltungsanweisungen der BA zum SGB II werden von Tacheles eV im Internet veröffentlicht unter: https://harald-thome.de/informationen/sgb-ii-dienstanweisungen.html

Die Durchführungshinweise zum SGB III sind außerdem zu finden unter: https://www.arbeitsagentur.de/ueber-uns/veroeffentlichungen/gesetze-und-weisungen/sgbii-grundsicherung

Bundesweite kommunale Richtlinien zu Unterkunftskosten, Erstausstattung und Bildung und Teilhabe unter https://harald-thome.de/informationen.html

Broschüre des Bundesbeauftragten für Datenschutz: Informationsfreiheit – IFG und UIG des Bundes, Texte und Erläuterungen, Stand: Mai 2022, Download: https://www.bfdi.bund.de/SharedDocs/Downloads/DE/Broschueren/INFO2.html?nn=5217204

121
Vorläufige Entscheidung

1. Struktur der vorläufigen Entscheidung	1
2. Die vorläufige Entscheidung	6
2.1 Vorläufige Entscheidung bei ungewissem Sachverhalt	7
2.1.1 Voraussichtlich längere Zeit/ Hinreichende Wahrscheinlichkeit	15
2.1.2 Kein Vertretenmüssen	18
2.1.3 Sonderproblem: Vorläufige Entscheidung bei Bestehen einer Bedarfsgemeinschaft	20
2.1.4 Grund der Vorläufigkeit	22
2.1.5 Höhe der vorläufigen Entscheidung	23
2.1.6 Unterdeckungsschutz bei vorläufiger Leistungsgewährung	25
2.1.7 Dauer der vorläufigen Entscheidung	30
2.2 Vorläufige Entscheidung bei rechtlicher Ungewissheit	32
2.3 Änderung der vorläufigen Entscheidung während der Laufzeit	34
2.4 Was gilt, wenn die vorläufige Entscheidung rechtswidrig ist?	39
3. Die abschließende Entscheidung	40
3.1 Initiative zur abschließenden Entscheidung	47
3.1.1 Antrag der leistungsberechtigten Person	48
3.1.2 Initiative des Jobcenters	49
3.1.3 Fiktive abschließende Entscheidung	51
3.1.3.1 Regel	52
3.1.3.2 Ausnahme von der Regel	53
3.2 Zeitpunkt der abschließenden Entscheidung	59
3.3 Mitwirkungspflichten und ihre Folgen	62
3.3.1 Voraussetzungen	63
3.3.2 Folgen	71
3.3.3 Nachholung der Mitwirkung	73
3.4 Höhe der Leistung	74
3.4.1 Durchschnittseinkommen (§ 41a Abs. 3 SGB II aF): alte Rechtslage	75
3.4.2 Ausnahme vom Durchschnittseinkommen	77
3.4.2.1 Nullfestsetzung	78
3.4.2.2 Einkommen in einem Monat höher als der Bedarf	79
3.4.2.3 Antrag der leistungsberechtigten Person auf Grundlage des monatlichen Einkommens	80
3.4.3 Rechtslage ab 1.4.2021	81
4. Folgen der abschließenden Entscheidung	82
4.1 Nachzahlung von Leistungen	84
4.2 Erstattung von Leistungen	85
5. Verfahren	89
5.1 Verfahren der vorläufigen Entscheidung	90
5.2 Verfahren der abschließenden Entscheidung	91
5.3 Verfahren der Erstattungsentscheidung	92
5.3.1 Abschließende Entscheidung und Erstattungsentscheidung sind miteinander verbunden	93
5.3.2 Erstattungsentscheidung wird nach Bestandskraft der abschließenden Entscheidung erlassen	94

1. Struktur der vorläufigen Entscheidung

1 In der Regel ist der Sachverhalt und/oder die Rechtslage klar, weshalb eine **endgültige Entscheidung** als Bescheid (→ 22) ergeht. Dieser kann nur unter den Voraussetzungen der §§ 45, 48 SGB X abgeändert werden (→ 92). In vielen Fällen ist der Sachverhalt aber unklar. So können der Bedarf (zB ist es nicht klar, wie häufig Kinder zu Besuch kommen; → 111 Rn. 12 ff.) oder wenn die Höhe des zu erwartenden Einkommens bzw. Vermögens ungewiss sein (zB Erwerbseinkommen in schwankender Höhe). Es muss aber trotz dieser Ungewissheit eine Entscheidung getroffen werden; dazu ist die **vorläufige Entscheidung** nach § 41a SGB II da, die seit dem 1.8.2016 an die Stelle der alten Vorschriften der § 40 Abs. 1 Nr. 1 SGB II aF, § 328 SGB III getreten ist. Sie wurde durch die (mit Wirkung zum 1.1.2023 außer Kraft getretene) Übergangsvorschrift des § 80 Abs. 2 SGB II ergänzt, mit der die Altfälle von vor 2016 geregelt wurden. § 41a SGB II ist mehrfach geändert worden, so § 41a Abs. 4 SGB II (Durchschnittseinkommen bei ab-

schließender Entscheidung) durch Gesetz vom 10.3.2021 (BGBl. I 335) und § 41a Abs. 2 S. 2 SGB II (Bemessung der vorläufigen Leistungen) sowie § 41a Abs. 6 S. 3 SGB II (Ausschluss der Erstattung in Bagatellfällen) durch Gesetz vom 16.12.2022 (BGBl. I 2328).

2 Für die Leistungen der Grundsicherung nach dem Vierten Kapitel des SGB XII (§§ 41 ff. SGB XII) gilt mit § 44a SGB XII eine ähnliche Vorschrift, die allerdings nicht völlig identisch ist. § 44a SGB XII ist durch Gesetz vom 2.6.2021 (BGBl. I 1387) geändert worden (Änderung des § 44a Abs. 6 S. 2 SGB XII). Die Regelung gilt nicht für Leistungen der Hilfe zum Lebensunterhalt (HzL-Leistungen) nach dem Dritten Kapitel des SGB XII (§§ 27 ff. SGB XII), was nicht nachvollziehbar ist. Hier muss weiterhin eine monatliche Anpassung vorgenommen werden. Auch hier müssen Sie alle Einkommensnachweise aufheben und rechtzeitig einreichen.

3 Die vorläufige Entscheidung wird in der Regel später überprüft, und eventuell entstandene Überzahlungen sind dann zu erstatten (→ Rn. 85), ohne dass Sie einwenden können, Sie hätten darauf vertraut, dass Ihnen die vorläufig bewilligten Leistungen endgültig zustehen (**kein Vertrauensschutz**); dazu muss aber die vorläufige Entscheidung rechtmäßig sein (→ Rn. 39). Inzwischen erlassen die Jobcenter die meisten Entscheidungen vorläufig. Die Vorschrift ist kompliziert, weil sich die Entscheidung über den Leistungsanspruch mehrfach ändern kann. Sie müssen daher immer genau prüfen, in welchem Stadium sich die vorläufige Entscheidung gerade befindet. Dazu sind die folgenden „Phasen" zu unterscheiden:

- Es ergeht eine vorläufige Entscheidung entweder als originäre vorläufige Entscheidung (die Vorläufigkeit steht von Anfang an fest) oder als umgewandelte endgültige Entscheidung, zB weil im laufenden Bewilligungszeitraum nunmehr schwankendes Einkommen erzielt wird (§ 41a Abs. 1, 2 S. 1–3 SGB II; → Rn. 6 ff.)
- Innerhalb des Bewilligungszeitraums der vorläufigen Entscheidung ändert sich etwas, so dass die vorläufige Entscheidung für die Zukunft zu ändern ist (§ 41a Abs. 2 S. 4, 5 SGB II; → Rn. 34 ff.)
- Nach Ablauf des Bewilligungszeitraums wird eine abschließende Entscheidung getroffen (§ 41a Abs. 3–5 SGB II; → Rn. 40 ff.)
- Die vorläufig und die abschließend gewährten Leistungen sind zu vergleichen; der Differenzbetrag ist nachzuzahlen oder zu erstatten (§ 41a Abs. 6 SGB II; → Rn. 82 ff.)

4 Die vorläufige Entscheidung ist daher **nicht eine punktuelle Entscheidung**, sondern stellt einen **Prozess über einen relativ langen Zeitraum** dar, in dem viele Besonderheiten zu beachten sind; dies ist der Hauptgrund dafür, dass die Kontrolle vorläufiger Entscheidungen schwierig und zeitaufwendig ist. Deshalb werden auch einige Hinweise zum Verfahren gegeben (→ Rn. 89 ff.).

5 Wegen der **Corona**pandemie galten für die vorläufige Entscheidung Sonderregeln (§ 67 Abs. 4, 5 SGB II, § 141 Abs. 4, 5 SGB XII), deren Anwendung durch Gesetz vom 9.12.2020 (BGBl. I 2855) bis zum 31.3.2021 verlängert worden ist, wobei aber die Regelungen der § 67 Abs. 5 SGB II, § 141 Abs. 5 SGB XII mit Wirkung zum 31.8.2020 aufgehoben worden sind. Die Sonderregeln betreffen die Bewilligung der Leistungen in Form einer vorläufigen Entscheidung (§ 67 Abs. 5 S. 4 SGB II aF, § 44a Abs. 5 S. 2 SGB XII aF; → Rn. 6), den Bewilligungszeitraum (§ 67 Abs. 4 S. 1, § 67 Abs. 5 S. 4 SGB II aF, § 44a Abs. 5 S. 3 SGB XII aF; → Rn. 30, 34), und den Ausschluss der abschließenden Entscheidung von Amts wegen (§ 67 Abs. 4 S. 2 SGB II, § 44a Abs. 4 SGB XII; → Rn. 50).

2. Die vorläufige Entscheidung

6 Eine vorläufige Entscheidung ist möglich, wenn entweder der **Sachverhalt** (→ Rn. 7 ff.) oder die **Rechtslage** (→ Rn. 32 f.) ungewiss ist. Bis zum 31.8.2020 galt die Sonderregelung des § 67 Abs. 5 S. 4 SGB II (und § 141 Abs. 5 S. 3 SGB XII), wonach für den Folgezeitraum weiter eine vorläufige Entscheidung ergehen sollte, wenn für den vorhergehenden Zeitraum bereits eine vorläufige Entscheidung getroffen worden war. Dies galt „*abweichend von Satz 3*" (bzw. in § 141 Abs. 5 S. 3 SGB XII abweichend von Satz 2). Dabei wich § 67 Abs. 5 S. 4 SGB II (bzw. § 141

Abs. 5 S. 3 SGB XII) nur von § 67 Abs. 5 S. 3 SGB II (bzw. § 141 Abs. 5 S. 2 SGB XII) insoweit ab, als es um die Dauer des Bewilligungszeitraums ging (sechs Monate statt zwölf Monate). Die Abweichung bezog sich aber nicht auf die weitere Voraussetzung des § 67 Abs. 5 S. 3 SGB II (bzw. § 141 Abs. 5 S. 2 SGB XII): *„unter Annahme unveränderter Umstände".*

2.1 Vorläufige Entscheidung bei ungewissem Sachverhalt

7 Das Gesetz unterscheidet **zwei Fälle** der tatsächlichen Ungewissheit: Im ersten Fall ist für die Feststellung der Voraussetzungen des Anspruchs auf Geld- und Sachleistung voraussichtlich längere Zeit erforderlich und die Voraussetzungen für den Anspruch liegen mit hinreichender Wahrscheinlichkeit vor (§ 41a Abs. 1 S. 1 Nr. 1 SGB II). Im zweiten Fall besteht der Anspruch auf Geld- und Sachleistungen dem Grunde nach und zur Feststellung seiner Höhe ist voraussichtlich längere Zeit erforderlich (§ 41a Abs. 1 S. 1 Nr. 2 SGB II; → Rn. 15). Im ersten Fall ist **der Anspruch dem Grunde und der Höhe nach noch ungeklärt,** im zweiten Fall **besteht der Anspruch dem Grunde nach, der Anspruch der Höhe nach ist aber noch ungeklärt.** In den meisten Fällen wird nicht genau unterschieden, welcher Fall konkret vorliegt.

8 Beispiele für die Ungewissheit des Bestehens eines Anspruchs dem Grunde nach:
- Es ist unklar, ob Sie bedürftig sind, weil unklar ist, ob Sie über ein hohes (verwertbares) Vermögen (→ 119) verfügen.
- Es ist unklar, ob ein Leistungsausschluss besteht (§ 7 Abs. 1 S. 2 ff., § 7 Abs. 4, 4a [bzw. ab 1.7.2023 § 7b SGB II], 5 SGB II).

9 Beispiele für die Ungewissheit der Höhe des Anspruchs (FW 41a.15):
- Die Höhe des zukünftigen Bedarfs ist unklar, so zB bei einer temporären Bedarfsgemeinschaft (→ 111); stehen allerdings die Umgangszeiten – etwa aufgrund einer Umgangsvereinbarung – fest, ist über Leistungen endgültig zu entscheiden (BSG 14.12.2021 – B 14 AS 73/20 R).
- Die Höhe des zukünftigen Einkommens ist unklar, so zB bei schwankendem Einkommen aus Beschäftigung (BSG 29.11.2012 – B 14 AS 6/12 R) oder bei Einkommen aus selbstständiger Tätigkeit (→ 104 Rn. 2 ff.).

10 Dagegen ist eine vorläufige Entscheidung nicht statthaft, wenn Veränderungen noch nicht absehbar sind oder die nur vage Möglichkeit besteht, dass sich etwas ändern könnte, so zB bei möglichen Regelbedarfs- und Mehrbedarfserhöhungen zum Jahreswechsel oder erwarteten Betriebskostenabrechnungen mit Guthaben oder Nachzahlungen (FW 41a.10).

11 Eine vorläufige Ablehnung von Leistungen ist nicht erlaubt, da § 41a SGB II nur eine Bewilligung ermöglicht und nur durch eine Bewilligung das Existenzminimum gesichert werden kann. Will das Jobcenter die Bewilligung ablehnen, muss es dies mit einer endgültigen Entscheidung tun.

12 Ist der Sachverhalt tatsächlich ungewiss und liegen die Voraussetzungen für einen Anspruch mit hinreichender Wahrscheinlichkeit vor, **muss** das Jobcenter einen vorläufigen Bescheid erlassen (zur Höhe → Rn. 23 f.). Nach früherem, bis zum 31.7.2016 geltenden Recht stand die Entscheidung noch im Ermessen des Jobcenters.

13 Die vorläufige Entscheidung kommt in Betracht, wenn es um die Erbringung von Geldleistungen (§ 4 Abs. 1 Nr. 2 SGB II), also zB von Bürgergeld, oder um Sachleistungen (§ 4 Abs. 1 Nr. 3 SGB II, → 94) geht. Damit ist es möglich, Leistungen zur Sicherung des Lebensunterhalts, Eingliederungsleistungen und Leistungen für Bildung und Teilhabe entweder in Form einer Geldleistung oder (wenn das nach dem Gesetz möglich ist) einer Sachleistung vorläufig zu bewilligen.

14 § 44a Abs. 1 SGB XII enthält eine ähnliche Regelung; im Unterschied zu § 41a SGB II betrifft § 44a SGB XII nur Ansprüche auf Geldleistungen.

2.1.1 Voraussichtlich längere Zeit/ Hinreichende Wahrscheinlichkeit

15 Zur Feststellung der Voraussetzungen muss *„voraussichtlich längere Zeit erforderlich"* sein (§ 41a Abs. 1 S. 1 SGB II, § 44a Abs. 1 SGB XII). Eine absolute zeitliche Grenze ist damit nicht gemeint. Es kommt

auf den Zeitraum zwischen dem Antrag auf Leistungen (→ 7 Rn. 74 ff.) und dem Erlass des Bescheids (Bescheid, → 22 Rn. 16 ff.) an, wobei das Gebot des § 17 Abs. 1 Nr. 1 SGB I zu beachten ist, dass Leistungen **zügig zu erbringen sind**. Die BA entscheidet unter Beachtung des konkreten Einzelfalls situationsabhängig, *„wobei die Sicherstellung des Existenzminimums der antragstellenden Person(en) stets im Vordergrund steht"*; die abschließende Entscheidung ist *„spätestens nach Ablauf des Kalendermonates, in dem der Antrag gestellt wurde"* zu treffen (FW 41a.13).

16 Neben der zeitlichen Dimension ist auch eine qualitative Dimension erforderlich. Die Voraussetzungen müssen *„mit hinreichender Wahrscheinlichkeit vorliegen"* (§ 41a Abs. 1 S. 1 Nr. 1 SGB II, § 44a Abs. 1 Nr. 1 SGB XII). Dies gilt nur in dem Fall, nicht im Fall § 41a Abs. 1 S. 1 Nr. 2 SGB II. Nach Meinung der BA ist die *„bloße Möglichkeit des Bestehens [...] nicht ausreichend. Vielmehr muss bei vernünftiger Abwägung und objektiver Betrachtung aller Umstände des Einzelfalls ein deutliches Übergewicht für das Bestehen eines Leistungsanspruchs vorliegen"* (FW 41.12). Dieser Maßstab ist zu eng. Vielmehr reicht unter dem Aspekt der Sicherung einer menschenwürdigen Existenz gem. Art. 1 Abs. 1 GG iVm Art. 20 Abs. 1 GG, dass das Bestehen eines Anspruchs als möglich erscheint (BVerfG 12.5.2005 – 1 BvR 569/05).

17 Der Maßstab der hinreichenden Wahrscheinlichkeit gilt nur im Fall, dass der Anspruch dem Grunde und der Höhe nach ungewiss ist (§ 41a Abs. 1 S. 1 Nr. 1 SGB II, § 44a Abs. 1 Nr. 1 SGB XII). Er gilt aber nicht in dem Fall des § 41a Abs. 1 S. 1 Nr. 2 SGB II, § 44a Abs. 1 Nr. 2 SGB XII. Hier muss der Leistungsanspruch dem Grunde nach sicher vorliegen, und allein für die Feststellung des Anspruchs seiner Höhe nach muss voraussichtlich längere Zeit erforderlich sein.

2.1.2 Kein Vertretenmüssen

18 *„Eine vorläufige Entscheidung ergeht nicht, wenn Leistungsberechtigte die Umstände, die einer sofortigen abschließenden Entscheidung entgegenstehen, zu vertreten haben"* (§ 41a Abs. 1 S. 3 SGB II, ähnlich § 44a Abs. 2 S. 2 SGB XII). Nach der Gesetzesbegründung (BT-Drs. 18/8041, 52) soll verhindert werden, dass leistungsberechtigte Personen eine vorläufige Entscheidung durch Verschleierung leistungserheblicher Tatsachen missbräuchlich herbeiführen. Daneben sind aber auch die allgemeinen Mitwirkungspflichten der §§ 60 ff. SGB I anwendbar (FW 41a.6). Die Umstände sind erst dann von Ihnen „zu vertreten", wenn Sie ein Verschulden daran trifft, dass Sie die Unterlagen nicht vorlegen. Dazu ist aber erforderlich, dass das Jobcenter genau mitteilt, welche Unterlagen es für die Entscheidung benötigt, und Sie darauf nicht reagieren, obwohl Sie hätten reagieren können.

19 Nach Auffassung der BA reicht es, wenn ein anderes Mitglied der Bedarfsgemeinschaft schuldhaft handelt, um eine Entscheidung für alle Mitglieder der Bedarfsgemeinschaft nicht zu erlassen: *„Bei einer Mehr-Personen-BG sind sie [die Umstände] zu vertreten, wenn eine Person ihren Mitwirkungspflichten nicht nachkommt"* (FW 41a.6). Dies geht aber zu weit und berücksichtigt nicht die Tatsache, dass jedes Mitglied der Bedarfsgemeinschaft einen eigenen Anspruch auf Leistungen hat (vgl. → Rn. 20 f.). Dies bedeutet, dass Sie ein fremdes Verschulden nur trifft, wenn das Gesetz dies vorsieht (zB §§ 278, 1629 BGB, § 38 Abs. 2 SGB II).

2.1.3 Sonderproblem: Vorläufige Entscheidung bei Bestehen einer Bedarfsgemeinschaft

20 *„Besteht eine Bedarfsgemeinschaft aus mehreren Personen, ist unter den Voraussetzungen des Satzes 1 über den Leistungsanspruch aller Mitglieder der Bedarfsgemeinschaft vorläufig zu entscheiden"* (§ 41a Abs. 1 S. 2 SGB II, eine entsprechende Regelung fehlt in § 44a SGB XII). Nach Meinung der BA ist in jedem Fall vorläufig zu entscheiden, wenn nur für ein Mitglied der Bedarfsgemeinschaft eine vorläufige Entscheidung getroffen werden muss (FW 41a.7; BT-Drs. 18/8041, 52). Dadurch wird für die nicht betroffenen Mitglieder der Bedarfsgemeinschaft der Vertrauensschutz unterlaufen. Eine vorläufige Entscheidung darf auch

nach § 41a Abs. 1 S. 2 SGB II nur *„unter den Voraussetzungen des [§ 41a Abs. 1] Satzes 1"* getroffen werden. Dies ist so zu verstehen, dass für jedes einzelne Mitglied der Bedarfsgemeinschaft ein Vorläufigkeitsgrund vorliegen muss. Liegt er nicht vor, muss insoweit eine endgültige Entscheidung getroffen werden. Diese Fälle sind eher selten. Im Normalfall erzielt etwa ein Elternteil schwankendes Einkommen, so dass es nach der Verteilungsregel des § 9 Abs. 2 SGB II auf alle Mitglieder der Bedarfsgemeinschaft zu verteilen ist (→ 16). Es sind aber auch Ausnahmefälle denkbar:

21 Beispiele (LPK-SGB II, 8. Aufl. 2023, § 41a Rn. 20):

- Es ist nur der Mehrbedarf eines Mitglieds der Bedarfsgemeinschaft ungewiss.
- Nur das Kind erzielt schwankendes Erwerbseinkommen, aber in einer so geringen Höhe, dass nicht zu erwarten ist, dass das Kindergeld auf die Eltern zu verteilen ist (§ 11 Abs. 1 S. 5 SGB II).

2.1.4 Grund der Vorläufigkeit

22 *„Der Grund der Vorläufigkeit ist anzugeben"* (§ 41a Abs. 2 S. 1 SGB II, ähnlich § 44a Abs. 2 S. 1 SGB XII). Aus dem Bescheid muss sich ergeben, aus welchem Grund Leistungen zur Sicherung des Lebensunterhalts nur vorläufig bewilligt wurden (BSG 23.8.2012 – B 4 AS 169/11 R). Dies kann sich daraus ergeben, dass das Wort „vorläufig" verwendet und ausgeführt wird, welche Tatsachen noch ungeklärt sind, aber auch daraus, dass sich die Vorläufigkeit aus dem Zusammenhang (etwa durch ein Erläuterungsschreiben) ergibt (BSG 6.4.2011 – B 4 AS 119/10 R; dagegen LSG Hessen 23.4.2018 – L 6 AS 109/18 B ER: Hinweis muss im Verfügungssatz des Bescheids auftauchen). Wird der Grund der Vorläufigkeit nicht genannt, liegt nur eine unzureichende Begründung vor, wenn sich die Vorläufigkeit der Regelung sonst aus dem Bescheid ergibt (LSG NRW 31.8.2018 – L 19 AS 616/18 B); fehlt sie dagegen, kann der Bescheid rechtswidrig sein (LSG Hessen 23.4.2018 – L 6 AS 109/18 B ER).

2.1.5 Höhe der vorläufigen Entscheidung

23 Liegen die Voraussetzungen für eine vorläufige Entscheidung vor, muss das Jobcenter eine vorläufige Entscheidung erlassen (→ Rn. 12). Auch hinsichtlich der Höhe der Leistungen ist das Jobcenter nicht frei: Diese hängt idR von der Höhe des Bedarfs und von der Höhe des anzurechnenden Einkommens ab. Der **Bedarf** muss grundsätzlich in **tatsächlicher Höhe** berücksichtigt werden; ein Abschlag wegen der Vorläufigkeit scheidet regelmäßig aus (BSG 6.4.2011 – B 4 AS 119/10 R). Hinsichtlich der **Höhe des Einkommens** enthält § 41a Abs. 2 SGB II (§ 41a Abs. 2 S. 2 SGB II ist mit Wirkung zum 1.1.2023 durch Gesetz v. 16.12.2022 (BGBl. I 2328) geändert worden) (anders als § 44a SGB XII) wichtige Vorgaben für die Bemessung der Leistungen (nur) zur Sicherung des Lebensunterhalts (bei selbstständig tätigen Personen gilt § 3 Bürgergeld-V; LSG Bayern 16.7.2019 – L 11 AS 52/19):

24 Bei der Ermittlung der Höhe sind *„die im Zeitpunkt der Entscheidung bekannten und prognostizierten Verhältnisse zugrunde zu legen"* (§ 41a Abs. 2 S. 3 SGB II). Es ist eine Prognoseentscheidung zu treffen, bei der (auch) die Erkenntnisse der Vergangenheit zu berücksichtigen sind. Die Grundlage für die Prognose muss richtig festgestellt werden und das Jobcenter muss alle in Betracht kommenden Umstände hinreichend und sachgerecht würdigen. Ist dies nicht der Fall, ist die vorläufige Entscheidung rechtswidrig. Ist die Prognose richtig erfolgt, ändert sich dann aber (es vermindert sich zB Ihr monatliches Einkommen), kann für die Zukunft eine neue Entscheidung getroffen werden (→ Rn. 34 ff.).

2.1.6 Unterdeckungsschutz bei vorläufiger Leistungsgewährung

25 *„Die vorläufige Leistung ist so zu bemessen, dass der monatliche Bedarf zur Sicherung des Lebensunterhalts gedeckt wird"* (§ 41a Abs. 2 S. 2 Hs. 1 SGB II). Dies bedeutet, dass das Einkommen nicht zu hoch angesetzt werden darf; die Zahlung muss noch ausreichend hoch sein.

26 Nach dem neuen § 41a Abs. 2 S. 2 Hs. 2 SGB II ist davon „auszugehen", dass der Be-

darf der Leistungsberechtigten gedeckt ist, *„wenn das vorläufig berücksichtigte Einkommen voraussichtlich höchstens in Höhe des Absetzbetrages nach § 11b Abs. 1 S. 1 Nummer 6 von dem nach S. 3 zugrunde zu legenden Einkommen abweicht"*. Bis zur abschließenden Entscheidung soll es „unschädlich" sein, wenn das tatsächliche Einkommen (ohne Abzüge) niedriger ist als das vorläufig ermittelte Einkommen mit den Freibeträgen nach § 11b Abs. 1 S. 1 Nr. 6 SGB II (BT-Drs. 20/3873, 95).

27 **Tipp 1:** Machen Sie Ihre Sachbearbeiter*innen darauf aufmerksam, wenn Schwankungen mit niedrigem Einkommen zu erwarten sind und achten Sie darauf, dass die tatsächlichen Einkommensverhältnisse berücksichtigt werden. Setzt das Jobcenter ein Einkommen an, das Sie voraussichtlich niemals erzielen werden, erheben Sie gegen den Bescheid Widerspruch.

28 **Tipp 2:** Stellt sich im Laufe des Bewilligungszeitraums heraus, dass das Einkommen niedriger als prognostiziert ist, können Sie bei dem Jobcenter die **Anpassung des vorläufigen Bescheids für die Zukunft** beantragen (§ 41a Abs. 2 S. 4 SGB II; → Rn. 34 ff.). Ansonsten kann die Höhe des Einkommens nur im Rahmen der abschließenden Entscheidung beantragt werden (→ Rn. 40 ff.)

29 **Tipp 3:** Gem. § 41a Abs. 4 SGB II „soll" die abschließende Entscheidung nach Ablauf des Bewilligungszeitraums erfolgen. Dies bedeutet, dass ausnahmsweise auch eine abschließende Entscheidung vor Ablauf des Bewilligungszeitraums erfolgen kann. Sie sollten daher nach Ablauf des jeweiligen Monats die abschließende Entscheidung beantragen, wenn Ihr tatsächliches Einkommen niedriger ist als das im vorläufigen Bescheid angesetzte Einkommen und Sie deshalb einen Anspruch auf Nachzahlung höherer Leistungen haben können (→ Rn. 59 ff.).

2.1.7 Dauer der vorläufigen Entscheidung

30 Der Bewilligungszeitraum für die vorläufige Entscheidung beläuft sich regelmäßig nur auf sechs Monate statt auf zwölf Monate (§ 41 Abs. 3 S. 2 Nr. 1 SGB II). Er „soll" auf sechs Monate verkürzt werden, dh, es gibt auch atypische Situationen, in denen der Bewilligungszeitraum länger oder kürzer sein kann als sechs Monate. Sinn der Verkürzung ist, dass der Leistungsanspruch schneller erfolgen kann (BT-Drs. 18/8041, 51). Eine Verkürzung auf drei Monate ohne sachlichen Grund ist rechtswidrig (LSG Niedersachsen-Bremen 11.6.2020 – L 15 AS 255/18).

31 **Corona-Regelungen:** Durch die Corona-Regelungen (§ 67 SGB II, § 141 SGB XII) sind hinsichtlich der Dauer der vorläufigen Entscheidung Sonderregelungen getroffen worden: Für die Zeit vom 1.3.2020 bis zum 31.3.2022 war zwingend für sechs Monate zu entscheiden (§ 67 Abs. 4 S. 1 SGB II, § 141 Abs. 5 S. 3 XII); für Leistungen, deren Bewilligungszeitraum in der Zeit vom 31.3.2020 bis vor dem 31.8.2020 endete, galt § 41a Abs. 5 S. 4 SGB II (ähnlich § 141 Abs. 5 S. 3 SGB XII): *„Soweit bereits die vorausgegangene Bewilligung nach § 41a vorläufig erfolgte, ergeht [...] auch die Weiterbewilligungsentscheidung nach § 41a aus demselben Grund für sechs Monate vorläufig"*. § 41a Abs. 5 SGB II, § 141 Abs. 5 SGB XII sind mit Wirkung zum 1.1.2021 aufgehoben worden, weil der Zeitraum abgelaufen ist (BGBl. I 2855, vgl. BT-Drs. 19/24034, 37).

2.2 Vorläufige Entscheidung bei rechtlicher Ungewissheit

32 Liegt ein Fall der rechtlichen Ungewissheit nach § 41a Abs. 7 SGB II vor, kann das Jobcenter einen vorläufigen Bescheid erlassen. Dies ist der Fall, wenn

- es um eine Vorschrift des SGB II geht, deren Vereinbarkeit mit höherrangigem Recht vom BVerfG oder EuGH geprüft wird oder
- eine entscheidungserhebliche und grundsätzliche Rechtsfrage beim BSG anhängig ist.

33 Anders als bei tatsächlicher Ungewissheit (→ Rn. 7 ff.) steht dem Jobcenter also Ermessen (→ 44) zu. Es genügt auch nicht jede rechtliche Ungewissheit, sondern nur die Ungewissheit, dass es um eine Rechtsnorm geht, deren Rechtmäßigkeit vor dem Bundesverfassungsgericht oder dem Europäischen Gerichtshof geprüft wird, oder dass es um eine entscheidungserhebliche Rechtsfrage von grundsätzlicher Bedeutung geht, die vor dem

Bundessozialgericht geprüft wird. In § 44a SGB XII fehlt eine entsprechende Regelung.

2.3 Änderung der vorläufigen Entscheidung während der Laufzeit

34 „Soweit die vorläufige Entscheidung nach Absatz 1 rechtswidrig ist, ist sie für die Zukunft zurückzunehmen" (§ 41a Abs. 2 S. 4 SGB II, ähnlich § 44a Abs. 3 SGB XII). Damit sind alle Umstände erfasst, die dazu führen, dass die bisherige vorläufige Bewilligung so nicht mehr richtig ist:

- Das bisherige vorläufig angerechnete Einkommen erhöht oder vermindert sich (neue vorläufige Entscheidung mit neuer Einkommensprognose).
- Das bisher vorläufig angerechnete Einkommen fällt weg (abschließende Entscheidung statt vorläufiger Entscheidung).
- Es wird eine Minderung nach §§ 31, 32 SGB II festgestellt, wodurch sich der Leistungsanspruch verändert.

35 Es kommen die folgenden neuen Entscheidungen in Betracht:

- Es wird eine neue vorläufige Entscheidung getroffen (wenn der Sachverhalt weiter ungewiss ist).
- Es wird eine neue endgültige Entscheidung getroffen (wenn der Sachverhalt gewiss ist).

36 Diese Entscheidungen wirken aber nur „für die Zukunft". Stellt sich heraus, dass die vorläufige Entscheidung von Anfang an rechtswidrig war, kann dies nur im Rahmen einer abschließenden Entscheidung umgesetzt werden. Ausnahmsweise kann schon nach Ablauf des Monats der Bewilligung, aber vor Ablauf des gesamten Bewilligungszeitraums die abschließende Entscheidung beantragt werden (→ Rn. 29 Tipp 3).

37 **Anders** als in § 41a SGB II ist es in § 44a SGB XII geregelt: *„Steht während des Bewilligungszeitraums fest, dass für Monate, für die noch keine vorläufig bewilligten Leistungen erbracht wurden, kein Anspruch besteht oder steht die Höhe des Anspruchs für die Monate endgültig fest, für die bereits vorläufig Geldleistungen erbracht worden sind, kann der ausführende Träger für den gesamten Bewilligungszeitraum eine ab-* *schließende Entscheidung bereits vor dessen Ablauf treffen".*

38 **Corona-Regelungen:** Nach § 67 Abs. 4 S. 1 SGB II (diese Vorschrift gilt für Leistungen der Bewilligungszeiträume, die in der Zeit vom 1.3.2020 bis zum 31.3.2022 begannen, § 67 Abs. 1 SGB II) waren vorläufige Leistungen zwingend für sechs Monate zu bewilligen. Dies bedeutete nach der Gesetzesbegründung (BT-Drs. 19/18107, 26), dass auch die vorläufige Entscheidung nicht verändert werden sollte: Sie sollten bis zum Ablauf des Bewilligungszeitraums warten und konnten dann eine abschließende Entscheidung beantragen. Damit wäre aber unter Umständen für eine lange Zeit das Existenzminimum nicht gesichert (Beispiel: Ihnen sind Leistungen für die Monate März 2020 bis August 2020 bewilligt worden, wobei ein Einkommen in Höhe von 400 EUR zugrunde gelegt worden ist; ab April 2020 reduziert sich das Einkommen auf 100 EUR; Ihr Anspruch ändert sich ab April 2020, eine abschließende Entscheidung kann aber erst nach Ablauf des Monats August 2020 beantragt werden); dies war unzumutbar, weshalb § 67 Abs. 4 S. 1 SGB II zu Ihren Ungunsten nicht anwendbar war (LPK-SGB II, 8. Aufl. 2023, § 41a Rn. 38).

2.4 Was gilt, wenn die vorläufige Entscheidung rechtswidrig ist?

39 Das BSG unterscheidet genau zwischen einer vorläufigen und einer endgültigen Entscheidung; beide Entscheidungsformen stellen ein „Aliud", also etwas anderes dar (BSG 12.9.2018 – B 4 AS 39/17 R). Daher führt die Wahl einer falschen Entscheidungsform dazu, dass der Bescheid rechtswidrig ist. Erlässt das Jobcenter eine endgültige Entscheidung, obwohl es eine vorläufige Entscheidung hätte treffen müssen, fehlt der Grund der Vorläufigkeit gem. § 41a Abs. 2 S. 1 SGB II (→ Rn. 22), ist der Bewilligungszeitraum zu kurz oder zu lang (→ Rn. 30 f.), kann diese Entscheidung zu Ihren Lasten nur unter den Voraussetzungen des § 45 SGB X abgeändert werden, also nur dann, wenn Sie nicht bösgläubig waren (BSG 29.11.2012 – B 14 AS 6/12 R; zur Bösgläubigkeit → 92 Rn. 4); diese Bösgläubigkeit kann aber schon

bestehen, wenn Sie von früheren Entscheidungen gewusst haben, dass Ihnen die Leistung noch nicht endgültig zusteht; die Kenntnis oder grob fahrlässige Unkenntnis muss sich auf die konkrete Möglichkeit beziehen, dass sich der Leistungsanspruch noch zu Ihren Lasten verändern kann (BSG 24.6.2020 – B 4 AS 10/20 R).

3. Die abschließende Entscheidung

40 Die abschließende Entscheidung ergeht in der Zeit nach Ablauf des Bewilligungszeitraums; dies ist nur innerhalb eines Jahres nach Ablauf des Bewilligungszeitraums (§ 41a Abs. 5 S. 1 SGB II, § 44a Abs. 6 S. 1 SGB XII) möglich.

41 **Beispiel:** Das Jobcenter hat Leistungen für die Zeit vom 1.1.2023 bis zum 30.6.2023 bewilligt. Die abschließende Entscheidung kann vom 1.7.2023 an ergehen. Nach dem 1.7.2024 (ein Jahr nach Ablauf des Bewilligungszeitraums) kann keine abschließende Entscheidung mehr ergehen.

42 Es gelten unterschiedliche Fristen je nachdem, ob Sie oder das Jobcenter eine abschließende Entscheidung haben wollen:

- Sie können den Antrag auf abschließende Festsetzung schon vor Ablauf des Bewilligungszeitraums, aber nur bis zum Ablauf eines Jahres nach Ablauf des Bewilligungszeitraums stellen.
- Für das Jobcenter gilt, dass eine abschließende Festsetzung „ergeht" (§ 41a Abs. 5 S. 1 SGB II). Dh, die abschließende Festsetzung muss nach Ablauf des Bewilligungszeitraums erstellt und Ihnen bis zum Ablauf eines Jahres nach dessen Ablauf wirksam geworden (= bekanntgegeben) sein (§ 39 Abs. 1 SGB X; LPK-SGB II, 8. Aufl. 2023, § 41a Rn. 76).

43 Das Jobcenter entscheidet abschließend über den monatlichen Leistungsanspruch, *„sofern die vorläufig bewilligte Leistung nicht der abschließend festzustellenden entspricht oder die leistungsberechtigte Person eine abschließende Entscheidung beantragt"* (§ 41a Abs. 3 S. 1 SGB II, § 44a Abs. 5 S. 1, 2 SGB XII). *„Ergeht innerhalb eines Jahres nach Ablauf des Bewilligungszeitraums keine abschließende Entscheidung nach Absatz 3,* *gelten die vorläufig bewilligten Leistungen als abschließend festgesetzt"* (§ 41a Abs. 5 S. 1 SGB II, § 44a Abs. 6 S. 1 SGB XII). Das bedeutet Folgendes: Entweder beantragen Sie die abschließende Entscheidung oder das Jobcenter trifft die abschließende Entscheidung von Amts wegen. Sollte ausnahmsweise weder Ihr Antrag noch eine Tätigkeit des Jobcenters vorliegen, werden vorläufige Entscheidungen zu abschließenden Entscheidungen, dh sie *„gelten [...] als abschließend festgesetzt"* (§ 41a Abs. 5 S. 1 SGB II, § 44a Abs. 6 S. 1 SGB XII).

44 Gegenüber der bisherigen Rechtslage ist die Beschränkung der Überprüfbarkeit auf ein Jahr nach Ablauf des Bewilligungszeitraums eine Erleichterung; nach altem Recht konnte praktisch unbefristet rückwirkend eine abschließende Entscheidung getroffen werden (vgl. etwa LSG Sachsen-Anhalt 6.6.2019 – L 4 AS 272/17: abschließende Festsetzung und Erstattung von Leistungen aus dem Jahre 2007 mit Bescheid vom 18.6.2013). Dies war mit zum Teil hohen Erstattungsforderungen verbunden; auch werden nicht immer alle Unterlagen aufbewahrt, so dass eine eingehende inhaltliche Auseinandersetzung schwierig sein konnte.

45 Die abschließende Entscheidung wird in der Regel mit der Erstattungs- oder Nachzahlungsentscheidung getroffen (→ Rn. 82 ff.). Es kommt aber auch vor, dass die abschließende Entscheidung zunächst isoliert ergeht und erst später die Erstattungs- oder Nachzahlungsentscheidung erfolgt, nachdem die abschließende Entscheidung bestandskräftig geworden ist. Dadurch kommt es zu Problemen, wenn Sie Leistungen erstatten müssen, weil die Jobcenter und die Gerichte davon ausgehen müssen, dass die abschließende Entscheidung rechtmäßig war; Sie müssen dann einen Überprüfungsantrag gem. § 44 SGB X stellen (→ 80 Rn. 19 ff.).

46 **Tipp:** Prüfen Sie bei jeder abschließenden Entscheidung, ob sie rechtmäßig ist; Sie sollten vorsorglich einen Widerspruch erheben, bis geklärt ist, ob und welche Beträge Sie erstatten müssen oder ob und welche Beträge Ihnen nachgezahlt werden.

3.1 Initiative zur abschließenden Entscheidung

47 Die abschließende Entscheidung kann nur innerhalb eines Jahres nach Ablauf des Bewilligungszeitraums (→ Rn. 40) erfolgen; ansonsten wird die vorläufige Entscheidung zur abschließenden Entscheidung (→ Rn. 51 ff.). In der Regel kümmert sich das Jobcenter um die abschließende Entscheidung (→ Rn. 49 f.); Sie können aber auch selbst einen Antrag stellen (→ Rn. 48).

3.1.1 Antrag der leistungsberechtigten Person

48 Sie können einen Antrag auf abschließende Entscheidung stellen (§ 41a Abs. 3 S. 1 Hs. 2 SGB II, § 44a Abs. 5 S. 2 SGB XII). Ein solcher Antrag ist dann sinnvoll, wenn Sie eine Nachzahlung erwarten, etwa weil das zu berücksichtigende Einkommen niedriger ist als vorläufig festgesetzt. Durch einen schnellen Antrag verkürzen Sie uU den Zeitraum bis zur abschließenden Entscheidung gegenüber dem Zeitraum, den das Jobcenter benötigt, um aus eigener Initiative (→ Rn. 49 f.) zu entscheiden. Der Antrag ist aber auch dann sinnvoll, wenn damit eine sog. fiktive abschließende Entscheidung ausgeschlossen werden kann; denn solche Entscheidungen können noch zu Ihren Ungunsten aufgehoben werden (→ Rn. 53).

3.1.2 Initiative des Jobcenters

49 Das Jobcenter entscheidet abschließend über den monatlichen Leistungsanspruch, *„sofern die vorläufig bewilligte Leistung nicht der abschließend festzustellenden entspricht"* (§ 41a Abs. 3 S. 1 Hs. 1 SGB II, ähnlich § 44a Abs. 5 S. 1 SGB XII).

50 Für Bewilligungszeiträume, die in der Zeit vom 1.3.2020 bis zum 31.3.2021 begonnen haben (§ 67 Abs. 1 SGB II, § 141 Abs. 1 SGB XII), galt coronabedingt § 67 Abs. 4 S. 2 SGB II: *„In den Fällen des Satzes 1 [vorläufige Entscheidung nach § 41a Abs. 1 S. 1 SGB II] entscheiden die Träger der Grundsicherung für Arbeitsuchende abweichend von § 41a Abs. 3 nur auf Antrag abschließend über den monatlichen Leistungsanspruch"* (ähnlich § 44a Abs. 4 S. 2 SGB XII). Dies bedeutet, dass Sie allein es in der Hand hatten, die bisherige vorläufige Entscheidung zu verändern oder nicht. Die Veränderung war nur durch Ihren Antrag statthaft (→ Rn. 48).

3.1.3 Fiktive abschließende Entscheidung

51 § 41a Abs. 5 SGB II regelt den Fall, dass innerhalb eines Jahres nach Ablauf des Bewilligungszeitraums weder die leistungsberechtigte Person einen Antrag auf abschließende Entscheidung stellt noch das Jobcenter abschließend über den Leistungsanspruch entscheidet.

3.1.3.1 Regel

52 Im Regelfall *„gelten die vorläufig bewilligten Leistungen als abschließend festgesetzt"* (§ 41a Abs. 5 S. 2, § 44a Abs. 6 S. 2 SGB XII). Diese Wirkung tritt nicht durch Verwaltungsakt ein (vgl. BSG 18.5.2022 – B 7/14 AS 1/21 R). Vielmehr verlieren Sie das Recht, eine abschließende Entscheidung zu beantragen. Die Wirkung des § 41a Abs. 5 S. 1 SGB II ist unterschiedlich, je nachdem, ob gegen die vorläufige Entscheidung ein Widerspruchs- oder Klageverfahren läuft oder nicht:

- Läuft das Widerspruchs- oder Klageverfahren gegen die vorläufige Entscheidung und tritt währenddessen die Wirkung des § 41a Abs. 5 S. 1 SGB II ein, ist eine Prüfung Ihrer Einwendungen weiter möglich. Dies folgt aus den Gründen der Prozessökonomie und des Interesses der Beteiligten an einer möglichst baldigen, endgültigen Klärung ihrer Rechtsbeziehung (BSG 18.5.2022 – B 7/14 AS 1/21).

- Ist die vorläufige Entscheidung bestandskräftig geworden und tritt die Wirkung des § 41a Abs. 5 S. 1 SGB II ein, ist eine Prüfung der vorläufigen Entscheidung nicht mehr möglich. Sie können dann weder eine Nachzahlung fordern noch müssen Sie die Erstattung fürchten.

3.1.3.2 Ausnahme von der Regel

53 Von dieser Regel gibt es eine Ausnahme nur zugunsten des Leistungsträgers: Eine abschließende Festsetzung gilt nicht, wenn *„[...] der Leistungsanspruch aus einem anderen als dem nach Absatz 2 Satz 1 anzu-*

gebenden Grund nicht oder nur in geringerer Höhe als die vorläufigen Leistungen besteht und der Träger der Grundsicherung für Arbeitsuchende über den Leistungsanspruch innerhalb eines Jahres seit Kenntnis von diesen Tatsachen, spätestens aber nach Ablauf von zehn Jahren nach der Bekanntgabe der vorläufigen Entscheidung, abschließend entscheidet" (§ 41a Abs. 5 S. 2 Nr. 2 SGB II, ähnlich § 44a Abs. 6 S. 2 Nr. 2 SGB XII).

54 **Beispiel: Ihnen werden für die Zeit vom 1.1.2022 bis zum 30.6.2022 vorläufig Leistungen wegen schwankenden Erwerbseinkommens bewilligt. Nach Ablauf des Bewilligungszeitraums erfolgt keine abschließende Festsetzung, so dass die vorläufige Bewilligung für die Zeit ab 1.7.2023 als abschließend festgesetzt gilt (§ 41a Abs. 5 S. 1 SGB II). Am 1.8.2023 erfährt das Jobcenter, dass Sie über bedarfsdeckendes Vermögen verfügt haben, und verlangt die Erstattung aller Leistungen für die Zeit vom 1.1.2022 bis zum 30.6.2022.**

55
- Der Leistungsanspruch besteht (nach Auffassung des Jobcenters) *„aus einem anderen als dem in Absatz 2 Satz 1 anzugebenden Grund"* (es geht nicht um das schwankende Erwerbseinkommen) nicht.
- Das Jobcenter darf jetzt innerhalb eines Jahres nach Kenntnis der Tatsachen, spätestens aber nach Ablauf von zehn Jahren nach Bekanntgabe der vorläufigen Entscheidung abschließend entscheiden.
- Vertrauensschutzgründe können nicht geltend gemacht werden.

56 Damit steht dem Jobcenter die Möglichkeit der Erstattung über einen sehr langen Zeitraum (bis zu zehn Jahren später) zu, ohne dass Sie durch Vertrauensschutzregelungen geschützt sind (nach der Gesetzesbegründung soll dies nur bei pflichtwidrigem Verhalten gelten (BT-Drs. 18/8041, 54), diese Rechtsfolge ergibt sich aber nicht aus dem Wortlaut des Gesetzes).

57 Hiergegen gibt es nur die Möglichkeit, dass Sie selbst die abschließende Entscheidung beantragen (§ 41a Abs. 3 S. 1 Hs. 2 SGB II, § 44a Abs. 5 S. 1 Hs. 2 SGB XII); dann gibt es eine „echte" abschließende Ent-

scheidung und nicht eine „fiktive" abschließende Entscheidung, die durch § 41a Abs. 5 S. 2 Nr. 2 SGB II, § 44a Abs. 6 S. 2 Nr. 2 SGB XII wieder „ausgehebelt" werden kann. Im SGB XII gilt dies zusätzlich dann nicht, *„wenn der für die Ausführung des Gesetzes […] zuständige Träger die Unkenntnis von den entscheidungserheblichen Tatsachen zu vertreten hat"* (§ 44a Abs. 6 S. 3 SGB XII). Eine solche Regelung fehlt im SGB II.

58 § 41a Abs. 5 S. 2 Nr. 2 SGB II, § 44a Abs. 6 S. 2 Nr. 2 SGB XII müssen gestrichen werden; mindestens muss ergänzend aufgenommen werden, dass eine abschließende Entscheidung in solchen Fällen nur möglich ist, wenn die leistungsberechtigte Person vorsätzlich oder grob fahrlässig gehandelt hat.

3.2 Zeitpunkt der abschließenden Entscheidung

59 Hinsichtlich des Zeitpunkts der abschließenden Entscheidungen sind die folgenden Vorgaben zu beachten:

- Gem. § 41a Abs. 4 SGB II „soll" die abschließende Entscheidung nach Ablauf des Bewilligungszeitraums ergehen (eine entsprechende Vorschrift fehlt in § 44a SGB XII).
- Die Mitwirkungspflichten im Rahmen der abschließenden Entscheidung gem. § 41a Abs. 3 S. 2 SGB II bzw. § 44a Abs. 5 S. 3 SGB XII beginnen erst nach Ablauf des Bewilligungszeitraums.
- Ergeht innerhalb eines Jahres nach Ablauf des Bewilligungszeitraums keine abschließende Entscheidung, gelten die vorläufig bewilligten Leistungen gem. § 41a Abs. 5 S. 1 SGB II bzw. § 44a Abs. 6 S. 1 SGB XII als abschließend festgesetzt (vgl. → Rn. 51 ff.).

60 Daraus ergibt sich, dass die abschließende Entscheidung in der Regel in der Zeit **zwischen dem Tag nach Ablauf des Bewilligungszeitraums bis zu einem Jahr nach Ablauf des Bewilligungszeitraums** ergehen muss, dh die leistungsberechtigte Person beantragt die abschließende Entscheidung oder das Jobcenter erlässt die abschließende Entscheidung (→ Rn. 48 ff.).

61 Durch § 41a Abs. 4 SGB II in der Fassung seit 1.4.2021 ist aber klargestellt, dass in

"Ausnahmefällen" (BT-Drs. 19/26542, 18) eine abschließende Entscheidung auch schon vor Ablauf des Bewilligungszeitraums statthaft ist, wenn sie „erforderlich" (BT-Drs. 19/26542, 18) ist. Solche Ausnahmefälle können vorliegen, wenn

- sich bei der vorläufigen Bewilligung eine Änderung ergibt und an Stelle einer weiteren vorläufigen Entscheidung eine abschließende Entscheidung getroffen werden kann (zB fällt das bisher schwankende Einkommen weg oder an die Stelle des schwankenden Einkommens tritt ein festes Einkommen) oder
- sich ein höherer Leistungsanspruch der erwerbsfähigen leistungsberechtigten Person ergibt (→ Rn. 29 Tipp 3)

3.3 Mitwirkungspflichten und ihre Folgen

62 Im Rahmen der abschließenden Festsetzung treffen Sie gem. § 41a Abs. 3 S. 2–4 SGB II bzw. gem. § 44a Abs. 5 S. 3–5 SGB XII besondere Mitwirkungspflichten (→ 104 Rn. 26 ff.); verletzen Sie die Mitwirkungspflichten, ist das Jobcenter bzw. das Sozialamt befugt festzustellen, dass Sie keinen Anspruch auf Leistungen hatten (§ 44a Abs. 3 S. 4 SGB II, § 44a Abs. 5 S. 5 SGB XII). Dann müssen Sie alle Leistungen erstatten.

3.3.1 Voraussetzungen

63 Sie müssen „die geforderten leistungserheblichen Tatsachen" (§ 41a Abs. 3 S. 2 SGB II, § 44a Abs. 5 S. 3 SGB XII) nachweisen, dh, das Jobcenter bzw. das Sozialamt müssen genau mitteilen, welche Informationen sie von Ihnen haben wollen. Diese Informationen sollten Sie aber auch vorlegen.

64 **Tipp 1:** Heben Sie alle Nachweise (insbesondere Kontoauszüge, Lohnabrechnungen, Ausgaben etc) auf und reichen Sie diese rechtzeitig ein.

65 **Tipp 2:** Reichen Sie immer nur eine Kopie – niemals das Original! – ein und lassen Sie sich für eingereichte Unterlagen immer eine Eingangsbestätigung geben.

66 **Tipp 3:** Die Mitwirkungspflichten verdrängen nicht die Pflicht des Jobcenters, den Sachverhalt von Amts wegen zu ermitteln

(BSG 12.9.2018 – B 4 AS 39/17 R). Sollten Sie Probleme haben, Nachweise vorzulegen (zB gibt der Arbeitgeber keine Lohnbescheinigungen, und Sie haben sie nicht mehr), müssen Sie das Jobcenter bitten, die Unterlagen selbst bei den Personen oder Institutionen anzufordern; sie sind gegenüber dem Jobcenter unter Umständen zur Auskunft verpflichtet (vgl. § 57 SGB II: Auskunftspflicht von Arbeitgebern; § 60 Abs. 2 SGB II: Auskunftspflicht von Personen oder Institutionen, die für Sie ein Guthaben führen oder Vermögensgegenstände verwahren). Davon sollten Sie aber nur im Ausnahmefall Gebrauch machen, weil das Jobcenter dies häufig nicht tut und Ihnen dann anlastet, Sie hätten Ihre Mitwirkungspflicht nicht erfüllt. Sollte Ihnen das Jobcenter dies anlasten, können Sie aber gegen eine Entscheidung nach § 41a Abs. 3 S. 3, 4 SGB II einwenden, dass eine Mitwirkungspflicht nicht bestand, weil das Jobcenter zur Amtsermittlung verpflichtet war.

67 Es muss Ihnen eine *angemessene Frist* zur Vorlage der Unterlagen (§ 41a Abs. 3 S. 3 SGB II, § 44a Abs. 5 S. 4 SGB XII) gesetzt werden (vgl. SG Augsburg 3.7.2017 – S 8 AS 400/17; SG Berlin 25.9.2017 – S 179 AS 6737/17; SG Dresden 11.1.2018 – S 52 AS 4382/17; SG Osnabrück 29.1.2018 – S 24 AS 586/17). Ob die Frist angemessen ist, ist eine Frage des Einzelfalls. Eine Frist von weniger als einem Monat ist in der Regel zu kurz; bei Vorliegen besonderer Umstände (geht es zB um die Vorlage von Unterlagen bei selbstständiger Tätigkeit) sollte die Frist mindestens zwei Monate betragen (FW 41a.23). Ist die Frist nicht angemessen, kann der Leistungsträger eine endgültige Entscheidung zulasten des*r erwerbsfähigen Leistungsberechtigten selbst dann nicht treffen, wenn sich der*die erwerbsfähige Leistungsberechtigte nicht geäußert hat (SG Augsburg 12.3.2018 – S 8 AS 95/18). Von der angemessenen Frist zu unterscheiden ist die Frage, bis zu welchem Zeitpunkt Sie die Unterlagen noch vorlegen können. Nach dem Gesetz ist dies „*bis zur abschließenden Entscheidung*" (§ 41a Abs. 3 S. 3 SGB II, § 44a Abs. 5 S. 4 SGB XII), also bis zur letzten Verwaltungsentscheidung möglich, nämlich bis zum Erlass des Widerspruchsbescheids (vgl. BSG 12.9.2018 – B 4 AS 39/17 R). Das Wi-

derspruchsverfahren ist mit Zugang des Widerspruchsbescheides isd § 37 Abs. 2 SGB X abgeschlossen.

68 **Beispiel:** Das Jobcenter fordert Sie mit Schreiben vom 6.1.2023 auf, die Unterlagen für die Monate Juli 2022 bis Dezember 2022 bis zum 9.3.2023 vorzulegen. Mit Bescheid vom 16.3.2023 entscheidet es abschließend über Ihren Leistungsanspruch in der Weise, dass Ihnen keine Leistungen zustehen. Sie legen dagegen mit Schreiben vom 2.4.2023 Widerspruch ein und legen die geforderten Unterlagen vor. Das Jobcenter weist den Widerspruch mit Widerspruchsbescheid vom 15.5.2023 zurück, weil die Unterlagen zu spät eingereicht worden sind. Dies ist rechtswidrig, weil die Unterlagen noch vor der abschließenden Entscheidung (Widerspruchsbescheid) vorlagen (vgl. zur Möglichkeit der Nachholung der Mitwirkung → Rn. 73).

69 Es muss eine „*schriftliche [..] Belehrung über die Rechtsfolgen*" erfolgen (§ 41a Abs. 3 S. 3 SGB II, § 44a Abs. 5 S. 4 SGB XII). Nach der bisherigen Rechtsprechung muss die Rechtsfolgenbelehrung insbesondere Hinweise auf diese Rechtsfolgen einer Verletzung der Mitwirkungspflicht enthalten:

- das nur teilweise Bestehen oder Nichtbestehen des Anspruchs auf Leistungen (SG Osnabrück 16.4.2019 – S 16 AS 245/18),
- der damit verbundene endgültige Verlust des Leistungsanspruchs (SG Duisburg 2.1.2018 – S 49 AS 3349/17),
- die Pflicht zur Erstattung der erhaltenen Leistungen (SG Berlin 25.9.2017 – S 179 AS 6737/17) und
- die korrekte Information über die letzte Möglichkeit zur Einreichung der geforderten Unterlagen (LSG Berlin-Brandenburg 9.4.2019 – L 32 AS 816/18 B PKH).

Das BSG (29.11.2022 – B 4 AS 64/21 R) ist demgegenüber der Auffassung, dass dies nicht notwendig ist. Es reiche vielmehr der Hinweis darauf, dass kein Leistungsanspruch besteht, wenn die leistungsberechtigte Person nicht innerhalb der gesetzten Frist ihrer Nachweis- und Auskunftspflicht nachkommt und die erforderlichen Unterlagen nicht oder nicht vollständig einreicht.

70 **Tipp:** Die Rechtsfolgenbelehrung berücksichtigt in der Regel nicht, dass Unterlagen nicht nur bis zum Ablauf der vom Jobcenter gesetzten Frist, sondern bis zum Erlass des Widerspruchsbescheids vorgelegt werden können. Sie sollten sich aber bemühen, die Unterlagen wenigstens bis dahin vorzulegen; erforderlichenfalls sollten Sie eine Fristverlängerung beantragen.

3.3.2 Folgen

71 Das Gesetz sieht mehrere Rechtsfolgen vor, wenn die Unterlagen nicht rechtzeitig vorgelegt werden: Die Leistungen werden nur in der Höhe abschließend festgesetzt, „*in welcher seine Voraussetzungen ganz oder teilweise nachgewiesen wurden*" (§ 41a Abs. 3 S. 3 SGB II) bzw. „*soweit der Leistungsanspruch nachgewiesen ist*" (§ 44a Abs. 5 S. 4 SGB XII). Für die übrigen Monate wird festgestellt, „*dass ein Leistungsanspruch nicht bestand*" (§ 41a Abs. 3 S. 4 SGB II, § 44a Abs. 5 S. 5 SGB XII, sog. Nullfestsetzung). Hierbei ist aus Gründen der Verhältnismäßigkeit zu prüfen, ob der Anspruch trotz der fehlenden Unterlagen wenigstens teilweise festgestellt werden kann, bevor die Nullfestsetzung erfolgt.

72 Die vorläufig erbrachten Leistungen werden dann zurückgefordert (§ 41a Abs. 6 S. 3 SGB II, § 44a Abs. 7 S. 3 SGB XII) und bei laufendem Leistungsbezug aufgerechnet (§ 43 Abs. 1 Nr. 4 SGB II [nur Erstattungsansprüche gem. § 41a Abs. 6 S. 3 SGB II, nicht Erstattungsansprüche nach § 41 Abs. 6 S. 4 SGB II], § 44b SGB XII). Die Höhe beläuft sich auf zehn Prozent des Regelbedarfs (§ 43 Abs. 2 S. 1 SGB II) bzw. auf fünf Prozent der Regelbedarfsstufe (§ 44b Abs. 2 SGB XII). Der Widerspruch gegen den Erstattungsbescheid und den die Aufrechnung verfügenden Bescheid entfaltet aufschiebende Wirkung (§ 86a Abs. 1 SGG; → 126 Rn. 38 ff.).

3.3.3 Nachholung der Mitwirkung

73 Aus dem Gesetz ergibt sich nicht klar, ob und bis wann die unterlassene Mitwirkung nachgeholt werden kann. Dies ist inzwischen durch die Rechtsprechung geklärt:

- im **Verwaltungs- und Widerspruchsverfahren** kann die Mitwirkung gem. § 41a Abs. 3 S. 3 SGB II bzw. § 44a Abs. 5 S. 4

SGB XII „bis zur abschließenden Entscheidung" nachgeholt werden; dies ist der Zeitpunkt, in dem der Leistungsträger den Widerspruchsbescheid erlässt (BSG 12.9.2018 – B 4 AS 39/17 R), im **Klageverfahren** kann die Mitwirkung ebenfalls noch nachgeholt werden, weil § 41a Abs. 3 S. 3 SGB II nach seinem Wortlaut nach von anderen typischen Präklusionsvorschriften wie etwa § 106a Abs. 3 SGG, § 87 VwGO, § 79b FGO oder § 296 ZPO abweicht und für die Zulässigkeit der Nachholung auch spricht, dass der Leistungsträger damit in die Lage versetzt wird, die Leistung im Rahmen seiner Amtsermittlungspflicht richtig zu berechnen (BSG 29.11.2022 – B 4 AS 64/21 R).

3.4 Höhe der Leistung

74 Liegen alle geforderten Unterlagen vor, kann die abschließende Entscheidung getroffen werden. Dabei werden dann der Bedarf und das eventuell anzurechnende Einkommen und Vermögen ermittelt. Dabei gelten für das Einkommen Sonderregelungen (→ Rn. 63 ff.).

3.4.1 Durchschnittseinkommen (§ 41a Abs. 4 SGB II aF): alte Rechtslage

75 § 41a Abs. 4 SGB II enthielt für die Zeit bis zum 31.3.2021 eine Sonderregelung zur Ermittlung des Einkommens als Durchschnittseinkommen (zu § 41a Abs. 4 SGB II ab 1.4.2021 → Rn. 61):

„Bei der abschließenden Feststellung des Leistungsanspruches nach Absatz 3 ist als Einkommen ein monatliches Durchschnittseinkommen zugrunde zu legen" (§ 41a Abs. 4 S. 1 SGB II). *„Als monatliches Durchschnittseinkommen ist für jeden Kalendermonat im Bewilligungszeitraum der Teil des Einkommens zu berücksichtigen, der sich bei der Teilung des Gesamteinkommens im Bewilligungszeitraum durch die Anzahl der Monate im Bewilligungszeitraum ergibt"* (§ 41a Abs. 4 S. 3 SGB II). Entsprechende Vorschriften gab und gibt es in § 44a SGB XII nicht.

76 Für die Berechnung des Durchschnittseinkommens galten die folgenden Grundsätze (vgl. BSG 11.7.2019 – B 14 AS 44/18 R; 18.5.2022 – B 7/14 AS 9/21 R):

- Es werden alle Einkommensarten für alle Monate eines Bewilligungszeitraums einbezogen, egal ob es sich dabei um schwankendes Einkommen oder festes Einkommen handelt.
- Aus jeder Einkommensart muss gesondert ein Durchschnittseinkommen gebildet werden; dazu kann wie folgt unterschieden werden (LPK-SGB II § 41a Rn. 66):
- Laufende Einnahmen nach § 11 Abs. 2 SGB II mit Absetzbeträgen,
- bei Erwerbstätigkeit (§ 11b Abs. 2 S. 1, 2 SGB II) (→ 47 Rn. 7 ff.; Einkommensbereinigung, → 38),
- aus steuerprivilegierten Einnahmen (§ 11b Abs. 2 S. 3 SGB II) (Einkommensbereinigung, → 38),
- aus sonstigen Einnahmen (§ 11b Abs. 1 S. 1 Nr. 3 SGB II, § 6 Abs. 1 Nr. 1 Bürgergeld-V) (→ 38 Rn. 6 ff.).
- Einmalige Einnahmen nach § 11 Abs. 3 SGB II mit Absetzbeträgen nach § 11b Abs. 1 S. 2 SGB II,
- Einkommen in Form eines Betriebskostenguthabens gem. § 22 Abs. 3 SGB II (SG Hannover 11.6.2020 – S 43 AS 3130/19).
- Das Einkommen im Bewilligungszeitraum wird – getrennt nach Einkommensarten – addiert und durch die Anzahl der Monate im Bewilligungszeitraum geteilt; die monatlichen Beträge werden um die Absetzbeträge nach § 11b SGB II bereinigt und dem Bedarf gegenübergestellt.

3.4.2 Ausnahme vom Durchschnittseinkommen

77 „Satz 1 [Bildung des Durchschnittseinkommens] gilt nicht

1. in den Fällen des Absatzes 3 Satz 4,
2. soweit der Leistungsanspruch in mindestens einem Monat des Bewilligungszeitraums durch das zum Zeitpunkt der abschließenden Feststellung nachgewiesene zu berücksichtigende Einkommen entfällt oder
3. wenn die leistungsberechtigte Person vor der abschließenden Feststellung des Leistungsanspruches eine Entscheidung auf der Grundlage des tatsächlichen monat-

lichen Einkommens beantragt" (§ 41a Abs. 4 S. 2 SGB II).

In drei Fällen konnte kein Durchschnittseinkommen gebildet werden:

- bei der Nullfestsetzung (→ Rn. 78),
- wenn das Einkommen in einem Monat höher ist als der Bedarf (→ Rn. 79),
- wenn Sie dies beantragt haben (→ Rn. 80).

Die Ausnahmen vom Durchschnittseinkommen galten in einer Bedarfsgemeinschaft nur für das Mitglied der Bedarfsgemeinschaft, bei dem der Ausnahmefall vorliegt (SG Berlin 12.8.2020 – S 142 AS 918/20), dagegen nicht für das Einkommen aus selbstständiger Tätigkeit (→ 104 Rn. 5); hier galt und gilt § 3 Abs. 4 Bürgergeld-V (LSG Bayern 16.7.2019 – L 11 AS 52/19, SG Berlin 12.8.2020 – S 142 AS 445/19; FW 41a.29).

3.4.2.1 Nullfestsetzung

78 Im Fall der sog. Nullfestsetzung gem. § 41a Abs. 3 S. 4 SGB II (→ Rn. 71) konnte kein Durchschnittseinkommen gebildet werden, da dann keine (vollständigen) Unterlagen vorlagen, die Grundlage für eine solche Bildung sein könnten (BT-Drs. 18/8041, 53 f.).

3.4.2.2 Einkommen in einem Monat höher als der Bedarf

79 War das tatsächliche Einkommen in einem Monat höher als der Bedarf in diesem Monat, war die Berechnung eines Durchschnittseinkommens nicht statthaft. Hierzu wurde dem Bedarf das tatsächlich zugeflossene Einkommen in diesem Monat gegenübergestellt. Bei einem Einmaleinkommen musste aber auch die Zuflussregel des § 11 Abs. 3 S. 3 SGB II aF berücksichtigt werden.

3.4.2.3 Antrag der leistungsberechtigten Person auf Grundlage des monatlichen Einkommens

80 Die leistungsberechtigte Person musste die abschließende Feststellung des Leistungsanspruchs auf der Grundlage des tatsächlichen monatlichen Einkommens *„vor der abschließenden Feststellung des Leistungsanspruches"* beantragen. Dies bedeutete, dass eine Entscheidung nicht mehr möglich war, wenn bereits eine abschließende Feststellung des Leistungsanspruchs erfolgte.

3.4.3 Rechtslage ab 1.4.2021

81 Für die Zeit seit 1.4.2021 gelten die Regelungen zum Durchschnittseinkommen nicht mehr. § 41a Abs. 4 SGB II trifft keine Regelungen zum Einkommen mehr, sondern nur noch zum Zeitpunkt, wann eine abschließende Entscheidung zu ergehen hat (→ Rn. 59). Im Rahmen der abschließenden Entscheidung gelten für die Ermittlung des Einkommens die allgemeinen Regeln.

4. Folgen der abschließenden Entscheidung

82 Die vorläufig gezahlten Leistungen werden hinsichtlich der Höhe mit der Höhe der abschließend festgesetzten Leistungen verglichen. Die vorläufig erbrachten Leistungen werden auf den Anspruch auf abschließend festgesetzte Leistungen angerechnet. Eine Besonderheit ist, dass der Vergleich nicht monatsweise erfolgt, sondern der gesamte Bewilligungszeitraum und der „Saldo" verglichen werden: *„Soweit im Bewilligungszeitraum in einzelnen Kalendermonaten vorläufig zu hohe Leistungen erbracht wurden, sind die sich daraus ergebenden Überzahlungen auf die abschließend bewilligten Leistungen anzurechnen, die für andere Kalendermonate dieses Bewilligungszeitraums nachzuzahlen wären"* (§ 44a Abs. 6 S. 2 SGB II, § 44a Abs. 7 S. 2 SGB XII). Damit soll ein aufwendiges Erstattungsverfahren vermieden werden (BT-Drs. 18/8041, 55).

83 Haben Sie insgesamt vorläufig weniger Leistungen erhalten als abschließend festgesetzt, erhalten Sie eine Nachzahlung. Haben Sie mehr Leistungen als abschließend festgesetzt erhalten, müssen Sie die Überzahlung erstatten (§ 44a Abs. 6 SGB II, § 44a Abs. 7 SGB XII).

4.1 Nachzahlung von Leistungen

84 Ergibt sich bei der Saldierung ein Nachzahlungsanspruch, ist er zu leisten. Im Gesetz ist dieser Fall nicht ausdrücklich geregelt. Der Anspruch ergibt sich aber aus § 41a Abs. 3 S. 1 SGB II bzw. § 44 Abs. 5 S. 1 SGB XII iVm dem Bescheid, mit dem ab-

schließend über den Leistungsanspruch entschieden wird.

4.2 Erstattung von Leistungen

85 *„Überzahlungen, die nach der Anrechnung fortbestehen, sind zu erstatten"* (§ 41a Abs. 6 S. 3 SGB II, § 44a Abs. 7 S. 3 SGB XII). Das bedeutet, dass das Jobcenter bzw. der Sozialhilfeträger nur die bisher (vorläufig) festgestellten Leistungen mit der Höhe der abschließend festgesetzten Leistungen vergleichen und die Differenz errechnen muss; haben Sie zu viel erhalten, müssen Sie die Differenz erstatten. Damit kann eine überzahlte Leistung ohne aufwendiges Verfahren zurückgefordert werden; ein **Vertrauensschutz steht Ihnen nicht zu**, dh, Sie können nicht einwenden, dass Sie gedacht haben, Sie könnten alle Leistungen behalten. Von der Erstattung gibt es **zwei Ausnahmen**:

- Der Sofortzuschlag kann gem. § 72 Abs. 2 S. 2 SGB II nicht erstattet werden; eine entsprechende Regelung fehlt im SGB XII.
- Eine Erstattung erfolgt gem. § 41a Abs. 6 S. 3 SGB II nicht, wenn sie insgesamt weniger als 50 EUR für die Gesamtheit der Mitglieder der Bedarfsgemeinschaft beträgt (sog. Bagatellgrenze, zur Berechnung Nr. 40.14 FW, §§ 40, 41a SGB II); eine entsprechende Regelung fehlt im SGB XII.

86 Die Erstattung betrifft nicht die Erstattung von Kranken- und Pflegeversicherungsbeiträgen, da ein Verweis auf § 335 Abs. 1, 2, 5 SGB III nicht erfolgt ist; dagegen sollen Zuschüsse zu solchen Beiträgen gem. § 26 SGB II erstattet werden können (FW 41a.36). Eine solche Ungleichbehandlung ist nicht verständlich. Deshalb sollten auch Zuschüsse gem. § 26 SGB II nicht der Erstattung unterliegen.

87 Sachleistungen können nicht erstattet werden, weil dies in § 41a SGB II, § 44a SGB XII nicht geregelt ist (LPK-SGB II, 8. Aufl. 2023, § 41a Rn. 86).

88 Das Jobcenter darf mit Erstattungsansprüchen gem. § 41a Abs. 6 S. 3 SGB II gegen Ansprüche auf laufende Leistungen aufrechnen (§ 43 Abs. 1 Nr. 4 SGB II); dies gilt nicht für Erstattungsansprüche gem. § 41a Abs. 6 S. 4 SGB II (Aufrechnung, → 12 Rn. 4 ff.;

LPK-SGB II, 8. Aufl. 2023, § 41a Rn. 87, § 43 Rn. 13). Das Sozialamt kann mit bestandskräftigen Erstattungsansprüchen gem. § 44a Abs. 7 S. 3 SGB XII gegen Ansprüche auf laufende Leistungen mit fünf Prozent der maßgebenden Regelbedarfsstufe aufrechnen (§ 44b Abs. 1, 2 SGB XII).

5. Verfahren

89 Das Verfahren besteht aus zwei Verfahren (Verfahren der vorläufigen Entscheidung, Verfahren der abschließenden Entscheidung).

5.1 Verfahren der vorläufigen Entscheidung

90 Gegen eine vorläufige Entscheidung sind Widerspruch und Klage statthaft. Ein solches Verfahren ist aber kaum effektiv, weil eine abschließende Entscheidung, die für diesen Zeitraum ergeht, dazu führt, dass die vorläufige Entscheidung erledigt ist (§ 39 Abs. 2 SGB X) und die abschließende Entscheidung gem. § 86 SGG bzw. § 96 SGG an die Stelle der vorläufigen Entscheidung tritt (vgl. BSG 5.7.2017 – B 14 AS 36/16 R). Um zu einer schnellen Entscheidung zu kommen, muss hier geprüft werden, ob nicht ein Antrag auf Erlass einer einstweiligen Anordnung gem. § 86b SGG in Betracht kommt. Ist **nur die vorläufige Entscheidung angefochten** worden, aber innerhalb der Frist des § 41a Abs. 5 S. 1 SGB II keine abschließende weitere Entscheidung ergangen, ist gleichwohl zu prüfen, ob die Leistungen rechtmäßig bewilligt worden sind (→ Rn. 52). Ist die **vorläufige Entscheidung nicht angefochten** worden, ist eine **Überprüfung** gem. § 44 SGB X noch innerhalb eines Jahres nach Ablauf des Bewilligungszeitraums (§ 41a Abs. 5 S. 1 SGB II) statthaft. Ist der Zeitraum gem. § 41a Abs. 5 S. 1 SGB II abgelaufen, ist eine Überprüfung gem. § 44 SGB X nicht mehr statthaft.

5.2 Verfahren der abschließenden Entscheidung

91 Gegen eine abschließende Entscheidung sind Widerspruch und Klage statthaft. Ist gegen die abschließende Entscheidung nicht Widerspruch bzw. Klage erhoben worden, ist eine Überprüfung gem. § 44 SGB X statthaft. Dazu muss die abschließende Entscheidung

rechtswidrig sein. Dies ist etwa der Fall, wenn die **Leistungen falsch berechnet** worden sind oder wenn die **Voraussetzungen für eine vorläufige Entscheidung** wegen Fehlens eines ungewissen Sachverhalts nicht vorlagen und deshalb auch keine abschließende Entscheidung ergehen konnte. Besonderheiten sind zu beachten, wenn es auch um eine Erstattungsentscheidung geht (→ Rn. 92).

5.3 Verfahren der Erstattungsentscheidung

92 Hinsichtlich der Erstattungsentscheidung sind die Fälle zu unterscheiden, in denen die Erstattungsentscheidung mit der abschließenden Entscheidung verbunden ist und die Fälle, in denen zunächst die abschließende Entscheidung ergeht und nach Eintritt der Bestandskraft die Erstattungsentscheidung.

5.3.1 Abschließende Entscheidung und Erstattungsentscheidung sind miteinander verbunden

93 In der Regel wird die abschließende Entscheidung mit der Erstattungsentscheidung verbunden. In diesem Fall bilden sie eine rechtliche Einheit (BSG 13.7.2022 – B 7/14 AS 57/21 R), dh der Widerspruch bzw. die Klage richten sich gegen beide Entscheidungen.

5.3.2 Erstattungsentscheidung wird nach Bestandskraft der abschließenden Entscheidung erlassen

94 Es kann aber auch vorkommen, dass erst die abschließende Entscheidung ergeht und erst nach deren Bestandskraft die Erstattungsentscheidung. Die zeitliche Trennung ist nicht untersagt, eine Verbindung nach § 50 Abs. 3 S. 2 SGB X ist nicht zwingend vorgeschrieben. In diesem Fall bilden der abschließende Bescheid und der Erstattungsbescheid keine rechtliche Einheit (BSG 13.7.2022 – B 7/14 AS 57/21). Damit ist die Erstattungsentscheidung rechtmäßig, weil die abschließende Entscheidung für die Berechnung des Erstattungsanspruchs **Tatbestandswirkung** hat (LSG NRW 30.1.2019 – L 19 AS 180/18 B).

95 Um diese Tatbestandswirkung zu beseitigen, muss hinsichtlich der abschließenden Entscheidung ein Überprüfungsantrag gem.

§ 44 SGB X gestellt werden. Für diese Überprüfung gilt nicht die Jahresfrist gem. § 40 Abs. 1 S. 2 Nr. 2 SGB II, wenn das Ziel der Überprüfung ist, die sich aus der Differenz zwischen der vorläufigen Entscheidung und der abschließenden Entscheidung ergebende Erstattung zu reduzieren oder auszuschließen. Vielmehr gilt dann die **Vier-Jahres-Frist** gem. § 40 Abs. 1 S. 2 Nr. 1 SGB II (BSG 13.7.2022 – B 7/14 AS 57/21 R).

96 Sowohl bei der abschließenden Entscheidung als auch bei der Erstattungsentscheidung ist § 1629a BGB (→ 92 Rn. 45 ff.) zu beachten (BSG 28.11.2018 – B 14 AS 34/17 R; LSG NRW 30.1.2019 – L 19 AS 180/18 B). Es kann auch ein Antrag auf Erlass gem. § 44 SGB II gestellt werden (vgl. BSG 28.11.2018 – B 14 AS 34/17 R).

122 Warmwasser

1. Warmwasser zählt zu den Unterkunftskosten 1
2. Wer trägt die Warmwasserkosten? 6
   2.1 Warmwasser in den Heizungskosten 6
      2.1.1 Angemessene Warmwasserkosten 8
   2.2 Warmwasserbereitung dezentral mit Strom 13
      2.2.1 Kaum Konsequenzen für die Praxis 20
      2.2.2 Dezentrale Warmwasserbereitung mit anderer Energie 21
      2.2.3 Nachgewiesene höhere Kosten 22
   2.3 Dezentrale und zentrale Warmwasserbereitung 23
3. Nachzahlungen und Guthaben 25
   3.1 Nachzahlungen aufgrund von Warmwasserverbrauch 25
   3.2 Guthaben aufgrund von Vorauszahlungen für Warmwasserbereitung 26
4. Wartung von Gasboilern 27
5. Kritik 28
6. Forderungen 30

1. Warmwasser zählt zu den Unterkunftskosten

1 Grundsätzlich wurde auch mit der Bürgergeld-Reform die verfassungsrechtlich gebote-

ne Übernahme von tatsächlich anfallenden Warmwasserkosten nicht ausreichend geregelt. Es müssen gerade bei der derzeitigen Inflation der Energiepreise die berechtigten Ansprüchen der Betroffenen auch auf dem Rechtsweg durchgesetzt werden (→ 57).

2 Mit der Bürgergeld-Reform wurden im SGB XII die Leistungen für eine **zentrale Warmwasserversorgung** neu geregelt: *„Bedarfe für Heizung umfassen auch Aufwendungen für zentrale Warmwasserversorgung. Die Bedarfe können durch eine monatliche Pauschale festgesetzt werden. Bei der Bemessung der Pauschale sind die persönlichen und familiären Verhältnisse, insbesondere Anzahl, Alter und Gesundheitszustand der in der Unterkunft lebenden Personen, die Größe und Beschaffenheit der Wohnung, die vorhandenen Heizmöglichkeiten und die örtlichen Gegebenheiten zu berücksichtigen"* (§ 35 Abs. 5 SGB XII).

3 Zum 1.4.2011 trat das *„Regelbedarfsermittlungsgesetz"* in Kraft und gilt rückwirkend seit 1.1.2011. Die Kosten für Warmwasserbereitung sind also seit 2011 nicht mehr im Regelbedarf enthalten. Sie werden im Rahmen der Unterkunftskosten gesondert erbracht.

4 Das **gilt auch** beim Bürgergeld, obwohl es hier unklarer geregelt ist. Im SGB II finden wir an anderer Stelle zwei deutliche Hinweise für die Übernahme der Warmwasserkosten:

- In § 20 Abs. S. 1 SGB II steht, dass der Regelbedarf *„Haushaltsenergie ohne die auf Heizung und auf die Erzeugung von Warmwasser entfallenden Anteile"* umfasst.

- In § 21 Abs. 7 SGB II wird ein **Mehrbedarf** für dezentrale Warmwassererzeugung anerkannt, *„soweit Warmwasser durch in der Unterkunft installierte Vorrichtungen erzeugt wird […] und deshalb keine Bedarfe für zentral bereitgestelltes Warmwasser nach § 22 anerkannt werden"* (ebenso: § 30 Abs. 5 SGB XII; zur Bedeutung der Regelung → Rn. 13). § 21 Abs. 7 SGB II ist rechtlich unklar gefasst, er ist nach seinem Wortlaut nicht eindeutig auf die durch § 22 SGB II zu übernehmenden Heizkosten abstellt. Richtig müsste es heißen: *„soweit Warmwasser separat von der Heizung durch Haushaltsenergie erzeugt wird"* (LPK-SGB II § 21 Rn. 55).

Die hier zu übernehmenden Kosten sind unter → Rn. 13 f. beschrieben.

5 Tipp: Prüfen Sie, ob die Kosten für Warmwasser bei Ihren Leistungen entweder bei den Unterkunftskosten oder als Mehrbedarf „Warmwasser" berücksichtigt wurden. Mittels Überprüfungsantrag (→ 80 Rn. 19 ff.) können Sie vergangene Leistungszeiträume überprüfen, rückwirkend korrigieren und sich vorenthaltene Leistungen nachzahlen lassen.

2. Wer trägt die Warmwasserkosten?

2.1 Warmwasser in den Heizungskosten

6 Wenn Warmwasserkosten in den Heizkosten (→ 57) enthalten sind, sind sie *„in tatsächlicher Höhe erbracht, soweit sie angemessen sind"* (§ 22 Abs. 1 SGB II, § 35 Abs. 1 SGB XII). Das ist bei *„zentraler Warmwasserversorgung"* natürlich der Fall. Wenn Warmwasser also durch eine **zentrale Heizanlage** bereitet wird und Sie die Kosten der Warmwasserbereitung in Form von mtl. Vorauszahlung und ggf. Nachzahlungen an die vermietende Person oder den Energieerzeuger zahlen, sind sie als Unterkunftskosten zu übernehmen. Das trifft erst recht auf größere Wohnhäuser mit Zentralheizung/Fernwärme zu, in denen die Warmwasserkosten pro Wohneinheit häufig getrennt abgelesen und berechnet werden.

7 Das gilt selbstverständlich auch, wenn **Warmwasser mittels Heizenergie „zentral"** in Ihrer Wohnung bereitet wird. Das ist idR der Fall, wenn Sie zB eine **Gasetagenheizung** mit einem integrierten Durchlauferhitzer betreiben. Aufgrund der Neuregelung ist es nicht mehr nötig, die Kosten für Heizung und Warmwasser getrennt zu berechnen. Die Gesamtkosten für Heizgas müssen nun im Rahmen der Unterkunftskosten vollständig übernommen werden.

2.1.1 Angemessene Warmwasserkosten

8 Nach der gesetzlichen Regelung zur Erstattung der Unterkunftskosten sind zunächst die **tatsächlichen** Warmwasserkosten zu berücksichtigen, soweit sie angemessen

sind. Im Regelfall muss die Behörde also tatsächliche Vorauszahlungen und ggf. Nachzahlungen für Warmwasserkosten übernehmen (→ 57 Rn. 5 ff.).

9 Rechtswidrig, aber oft praktiziert ist es, die unter → Rn. 9 aufgeführten mtl. Pauschalbeträge für den Mehrbedarfszuschlag bei dezentraler Warmwasserbereitung (§ 21 Abs. 7 SGB II, § 30 Abs. 7 SGB XII) als Obergrenze für angemessene Kosten zentraler Warmwasserbereitung heranzuziehen (LSG NRW 28.5.2013 – B – L9 AS 541/13 B; ähnlich: Brehm/Schifferdecker SGb 7/2021, 421–425). Ein Mehrbedarf nach § 21 Abs. 7 S. 3 SGB II kann aber nur geleistet werden, wenn eine Messeinrichtung vorhanden ist. Die Rechtsprechung vertritt dagegen den Standpunkt, dass § 21 Abs. 7 SGB II zwar nicht abschließend sei, jedoch nur angemessene Kosten nach § 22 Abs. 1 SGB II zu begleichen seien (SG Köln 30.3.2022 – S 40 AS 3279/19). Zur Bestimmung der Angemessenheit schauen Sie unter Heizkosten (→ 57 Rn. 17 ff.).

10 Auch die **Durchschnittswerte** des Heizspiegels (https://www.heizspiegel.de/fileadmin/hs/heizspiegel/heizspiegel-2022/heizspiegel-2022.pdf, S. 4) dürfen **nicht als Obergrenze** für angemessene Warmwasserkosten herangezogen werden. Mit Entscheidung des BSG (9.5.2021 – B 14 AS 57/19) wurde klargestellt, dass dem Heizspiegel zwar Indizien für unangemessene, zu hohe Heizkosten entnommen werden können, diese aber zB aus vielerlei Gründen für den unangemessenen Verbrauch widerlegt werden können (für nähere Informationen: Heizkosten, → 57 Rn. 17 ff.). Die Autor*innen des Heizspiegel selbst wenden sich mit gewichtigen Argumenten gegen diese Praxis (vgl. dazu: https://www.heizspiegel.de/heizkosten-verstehen/hartz-iv/). Da beim Heizspiegel meistens die **Kosten für Warmwasser und Heizung** addiert werden oder aber nur die angemessenen gesamten Betriebskosten festgelegt werden, sollte bei der Prüfung immer beachtet werden, dass hier nie einfach die Durchschnittswerte, sondern die **Höchstwerte** zu übernehmen sind. Da aber die durchschnittlichen Betriebskosten nach Heizkostenspiegel bei einer Gasheizung in einem Mehrfamilienhaus (mit 501–1000 m²) im Abrechnungsjahr 2021 beispielsweise bei 149 kWh/m² lagen – und der Höchstwert bei 237 kWh/m² (https://www.heizspiegel.de/fileadmin/hs/heizspiegel/heizspiegel-2022/heizspiegel-2022.pdf, S. 4) –, sollte beachtet werden, dass nach Rechtsprechung zu den Kosten der Unterkunft die jeweiligen Höchstwerte und nicht die Durchschnittswerte zugrunde zu legen sind. Man sollte bei einer entsprechenden Kostensenkungsaufforderung oder Nichtübernahme der Kosten Widerspruch (→ 126) und Klage (→ 64) einlegen. Im Übrigen wird bei der strengen Beachtung der Durchschnittswerte, welche meist durch den Durchschnittsverbrauch des letzten Jahres gebildet werden, und der Nichtbeachtung der Höchstwerte meist missachtet, dass diese Werte stark von der Witterung des Vorjahrs als Vergleichsparameter abhängig sind. Sollte also Ihre Kommune unter strenger Anwendung des neuen § 22 Abs. 10 SGB II bei einem strengen Winter die Kosten nicht übernehmen wollen, so dürften Widerspruch und Klage erfolgreich sein. Da die Regelungsmaterie komplex ist, können keine Vorgaben für eine bundeseinheitliche Behördenpraxis genannt werden. Warmwasserpauschalen, die den Bedarf nicht annähernd decken, sind aber unzulässig. In atypischen Fällen (zB bei bestimmten Erkrankungen) muss eine Entscheidung **nach der Besonderheit des Einzelfalles** immer möglich sein.

11 Seit 2011 dürfen Landkreise und Kommunen unter bestimmten Voraussetzungen „*Satzungen*" erlassen (§§ 22a-22c SGB II), in denen u.a. regionale Pauschalen und Höchstwerte für Unterkunftskosten festgelegt werden. Hierunter fallen auch die Warmwasserkosten. Alle hier festgelegten Werte müssen auf qualifizierten Datenerhebungen basieren und regelmäßig überprüft werden. Nähere Informationen finden Sie in den Beiträgen Miete (→ 75) und Heizkosten (→ 57).

12 Tipp: Fallen die örtlichen Verbrauchsgrenzen in den kommunalen Satzungen zu niedrig aus, können Sie diese im Rahmen einer Normenkontrollklage vor dem LSG überprüfen lassen. Nur eine Handvoll Kommunen bundesweit arbeitet aber überhaupt

mit einer Satzung zur Regelung der Kosten der Unterkunft (KdU). Meist existieren nur Verwaltungsanweisungen zu den KdU. Die Normenkontrollklage ist aber nur in Kommunen mit Satzungen möglich.

2.2 Warmwasserbereitung dezentral mit Strom

13 Wird Warmwasser dezentral mittels eines elektrischen Durchlauferhitzers oder Boilers erwärmt, sind die tatsächlichen Kosten für die Warmwasserbereitung kaum zu beziffern. Sie zahlen diese versteckten Kosten mit der monatlichen Stromrechnung aus dem Regelbedarf. In diesem Fall wird ein **Mehrbedarfszuschlag** (→ 74) für Warmwasserkosten anerkannt, der nach Art und Anzahl der Personen Ihrer Bedarfsgemeinschaft berechnet wird (§ 21 Abs. 7 SGB II, § 30 Abs. 7 SGB XII). Mit dieser Pauschale **soll** Ihr Warmwasserbedarf gedeckt sein, es sei denn, Sie können **höhere Kosten** oder einen besonderen Bedarf **nachweisen**.

14 Mehrbedarf: Kosten der Warmwasserbereitung

Stand: 2023	Zahlbetrag in EUR	Prozent- anteil der RB-Stufe*
Alleinstehende, Alleinerziehende	11,55	2,3 %
Partner*innen	10,37	2,3 %
Haushaltsangehörige ab 18 Jahren	9,25	2,3 %
14- bis 17-jährige „Kinder"	5,88	1,4 %
6- bis 13-jährige Kinder	4,18	1,2 %
0- bis 5-jährige Kinder	2,54	0,8 %

* ergibt 30 Prozent des Haushaltsenergieanteils der jeweiligen Regelbedarfsstufe

15 Die Pauschalen für Warmwasser gehen auf eine Empfehlung des „Deutschen Vereins für öffentliche und private Fürsorge" aus dem Jahr 1991 zurück. Hiernach entfallen in Haushalten mit dezentraler Warmwasserversorgung 30 Prozent der Haushaltsenergie (Strom) auf die Warmwasserversorgung. Den 30-prozentigen Anteil haben die Armutsforschenden der Bundesregierung aus den in der jeweiligen Regelbedarfsstufe enthaltenen Beträgen für Haushaltsenergie gebildet. Das Ergebnis wurde schließlich als Prozentanteil des jeweiligen Regelbedarfs in § 21 Abs. 7 SGB II bzw. § 30 Abs. 7 SGB XII dargestellt (vgl. Tabelle → Rn. 14 /Tabelle letzte Spalte).

16 Das Bundessozialgericht hat entschieden (BSG 7.12.2017 – B 14 AS 6/17 R), dass ein höherer, von den Pauschalen abweichender Bedarf nicht mittels technischer Einrichtung nachgewiesen werden muss. Der Verweis auf den pauschalierten Warmwassermehrbedarf dürfe nur erfolgen, wenn gerichtlich ermittelt wurde, dass das sozialrechtliche Existenzminimum sichergestellt sei, so das BSG. Wie das aber umzusetzen ist, hat uns das BSG in dem Urteil allerdings nicht verraten und das Problem der Ermittlung eines abweichenden Bedarfes den unteren Gerichtsinstanzen überlassen.

Darüber hinaus wurde diese Rechtsprechung vom Gesetz ausgehöhlt, indem diese technische Messeinrichtung im § 21 Abs. 7 SGB II gefordert wird. Seit 1.1.2021 ist § 21 Abs. 7 S. 3 SGB II dahin gehend novelliert, dass nunmehr nur noch Mehrkosten über die Mehrbedarfs-Pauschalen gewährt werden, wenn diese durch eine separate Messeinrichtung nachgewiesen werden. Vorher war geregelt, dass Mehrbedarfe von der Behörde nach Prüfung anerkannt werden. Dieser Praxis, durch das Gesetz das Existenzminimum zu unterlaufen, wurde auch durch die Bürgergeldnovellierung nicht abgeholfen. Stattdessen dürfte nunmehr wegen der Preisexplosion durch die ergänzende Anwendung von § 21 Abs. 6 SGB II diese Regelung unterlaufen sein (Brehm/Schifferdecker SGb 7/2021, 421–425).

17 Gesetzlich ist einer tatsächlichen Gewährung durch Anerkennung des höheren Bedarfs, wenn beispielsweise krankheitsbedingt hoher Warmwasserverbrauch entsteht, seit 2021 ohne separate Messeinrichtung der Weg versperrt. Leider regelt das neue Gesetz aber keinen Anspruch auf Kostenübernahme für eine solche separate Messeinrichtung. In der Vorauflage dieses Buches wur-

de empfohlen, dass die Kosten einer solchen Messeinrichtung vom Amt zu übernehmen seien. Dieser Auffassung wurde durch das LSG Niedersachsen (22.7.2022 – L 11 AS 415/22 B ER) mangels Anspruchsgrundlage widersprochen.

18 Es stellt sich daher die Frage, inwieweit die Sperrwirkung des § 21 Abs. 7 SGB II gerade mangels Regelung zur Übernahme der Kosten für die Installation einer Messeinrichtung verfassungskonform anwendbar ist (jurisPK-SGB II § 21 Rn. 137.3). Entgegen der Regelung sollten die Mehrkosten des Warmwassers geschätzt werden dürfen. Auch weil weder die Kosten für die Leistungsberechtigten tragbar sind noch der*die Vermieter*in idR die Zustimmung zum Einbau gibt, genauso angesichts der sowieso deutlich unterdeckten Stromkosten in den Regelleistungen. Verfassungsrechtlich ist die Begrenzung der Warmwasserkosten nicht haltbar. Deswegen muss der Gesetzgeber diese Regelung ändern oder die Sozialgerichte müssen die Regelung verfassungskonform auslegen.

19 Hier sollte aber weiter gestritten werden, denn normativ wird gesagt: Es gibt nur höhere Warmwasserkosten bei separater Zähleinrichtung, die dahin gehenden Kosten können Leistungsberechtigte aber nicht zahlen (und die Kostenübernahme wird zumindest vom LSG Niedersachsen-Bremen abgelehnt) oder dem Einbau einer separaten Messeinrichtung wird von dem*r Vermieter*in nicht zugestimmt. Damit entsteht bei einer gleichzeitigen, potenziell bis zu 100-prozentigen Steigerung der **Strom**preise (→ 109) im Jahr 2023 eine verfassungsrechtlich nicht haltbare Warmwasserpauschale, die faktisch nicht erhöht werden kann. Deswegen muss der Gesetzgeber diese Regelung dringend ändern und die Sozialgerichte sollten angehalten sein, diese verfassungskonform auszulegen. Dennoch sollten Sie einen solchen Zähler einbauen, um dann präzise bezifferbare abweichende Warmwasserkosten, die das Jobcenter oder Sozialamt in tatsächlicher Höhe zu übernehmen hat, rechtssicher darlegen zu können.

2.2.1 Kaum Konsequenzen für die Praxis

20 Bei der gesetzlichen Festsetzung der Warmwasserpauschale wurden gravierende Berechnungsfehler gemacht, die aber nicht einfach durch Gerichtsbeschluss korrigiert werden können. Um eine gesetzliche Regelung zu kassieren, müsste ein Sozialgericht verfassungsrechtliche Zweifel anmelden und beim Bundesverfassungsgericht (BVerfG) einen Vorlagebeschluss zur Überprüfung des Warmwassermehrbedarfs erlassen. Das ist bislang noch nicht geschehen. Und selbst wenn es geschehen sollte, dürften nicht allzu große Erwartungen in das BVerfG gesetzt werden. Beim Regelbedarfsurteil vom 23.7.2014 hat das höchste Gericht die Bemessungsmethoden der Regelbedarfe (auch des Energieanteils) auf den Prüfstand gestellt und befunden, dass der Gesetzgeber zwar „an die Grenze dessen [komme], was zur Sicherung des Existenzminimums verfassungsrechtlich gefordert ist", im Ergebnis aber sei die Höhe der Regelbedarfe „nicht zu beanstanden" und mit dem Grundgesetz „derzeit noch vereinbar" (BVerfG 23.7.2014 – 1 BvL 10/12, 1 BvL 12/12, 1 BvR 1691/13). An dieser Auffassung wird sich unserer Einschätzung nach so bald nichts ändern.

2.2.2 Dezentrale Warmwasserbereitung mit anderer Energie

21 Bereiten Sie Warmwasser zB über einen mit Gas betriebenen Durchlauferhitzer, der **ausschließlich** der Warmwasserbereitung dient, konnten Sie bislang die hier entstehenden Kosten für Gas in voller nachgewiesener Höhe geltend machen. Das war der Fall, wenn Warmwasser mit Gas und die Heizung mit einem anderen Brennstoff, zB Kohle oder Öl, betrieben wird. Auch nach der Änderung von 2021, die eine separate Messeinrichtung fordert, dürfte die verfassungsrechtliche Auslegung ergeben, dass beispielsweise an eine 20-Liter-Propangasflasche zum Nachweis des tatsächlichen Verbrauchs kein extra Gaszähler angeschraubt werden muss, was aber nach reiner Wortlautauslegung nunmehr so vorgeschrieben ist.

2.2.3 Nachgewiesene höhere Kosten

22 Können Sie tatsächliche Kosten der dezentralen Warmwasserbereitung, die über den in → Rn. 14 genannten Pauschalbeträgen liegen, aufgrund gesonderter Zählung

und Abrechnung nachweisen, müssen diese in voller Höhe übernommen werden. Es ist allerdings auch durch die Gesetzesnovellierung nicht geklärt, ob es genügt, wenn Sie einen handelsüblichen Stromzähler vor dem Durchlauferhitzer installieren, oder ob es ein Zähler des Energieversorgers sein muss. Letzteres wäre mit erheblichen Gebühren verbunden und wahrscheinlich unrentabel.

2.3 Dezentrale und zentrale Warmwasserbereitung

23 Wird ein Teil der Warmwasserversorgung dezentral bereitet, zB in der Küche durch einen Wasserboiler/Durchlauferhitzer, und der andere Teil (zB im Bad) durch zentrale Warmwasserbereitung, *„sind die Anteile beider Warmwasserquellen zu ermitteln und entsprechend die Kosten auf Nebenkosten [für Unterkunft] [...] und Mehrbedarf aufzuteilen"* (Anlage 3, Regelungsvorschlag für den Vermittlungsausschuss zu BT-Drs. 17/3404, 6.2.2011, S. 5).

24 Tipp: Hier kann nur geschätzt werden. Achten Sie darauf, dass das Jobcenter die Ermittlung auf der Grundlage realistischer Verbrauchsangaben vornimmt, sonst legen Sie drauf.

3. Nachzahlungen und Guthaben

3.1 Nachzahlungen aufgrund von Warmwasserverbrauch

25 Fallen Nachzahlungen für den Warmwasserverbrauch an, sind diese im Rahmen der Unterkunftskosten zu übernehmen, wenn die Gesamtkosten angemessen sind (→ Rn. 8 ff.).

3.2 Guthaben aufgrund von Vorauszahlungen für Warmwasserbereitung

26 Etwaiges Guthaben aufgrund von Vorauszahlungen ist idR als Einkommen an die Unterkunftskosten des Folgemonats anzurechnen. Näheres finden Sie unter Heizkosten (→ 57 Rn. 11).

4. Wartung von Gasboilern

27 Die Wartung von Gasboilern oder -durchlauferhitzern gehört, wenn die Mietpartei sie laut Mietvertrag selbst zu zahlen hat, zu den Kosten der Unterkunft und Heizung nach § 22 Abs. 1 SGB II. Weil sie im Regelbedarf nicht enthalten sind, sind solche Wartungskosten **auf Antrag** vom Jobcenter/Sozialamt zu übernehmen.

5. Kritik

28 Auf Grundlage der Sonderauswertung für Familienhaushalte der Einkommens- und Verbrauchsstichprobe (EVS) 2008 ergeben sich vor allem für Kinder sehr niedrige Haushaltsenergieanteile (→ 109 Rn. 5). Daraus werden mit dem 30-prozentigen Anteil sehr niedrige Beträge für Warmwasserenergie errechnet (vgl. Tabelle → Rn. 14), die durch Erfahrungswerte nicht bestätigt werden. In allen drei Kategorien liegen allein die bei der Körperhygiene anfallenden Energiekosten zur Warmwasserbereitung deutlich über den Pauschalbeträgen. Um die Validität des 30-prozentigen Warmwasseranteils zu belegen, werden in einer internen Erläuterung des Vermittlungsausschusses zu den Änderungen bei den Warmwasserkosten nur Haushaltsenergiekosten von Einpersonenhaushalten als aktuelle Datengrundlage herangezogen (Anlage 3, Regelungsvorschlag für den Vermittlungsausschuss zu BT-Drs. 17/3404, 6.2.2011, S. 4). Nach dem Urteil des BVerfG (9.2.2010 – 1 BvL 1/09) darf der Kinderbedarf jedoch nicht einfach vom Erwachsenenbedarf abgeleitet werden. Das gilt auch für den Energieanteil für Warmwasserbereitung.

29 Die „Regelbedarfsermittelnden" der Bundesregierung haben die Bedarfsanteile für Warmwasserenergie als 30-prozentige Anteile aus eben den Positionen für Haushaltsenergie gebildet, aus denen sie zuvor die Warmwasserkosten schon herausgerechnet hatten. Wenn im Eckregelbedarf ein Betrag von 40,73 EUR für Haushaltsenergie (Strom) vorgesehen ist, in dem die Kosten für Warmwasserbereitung gar nicht mehr berücksichtigt sind, kann dieser Betrag nicht für die Berechnung des Mehrbedarfszuschlags für Warmwasser zugrunde gelegt

werden. Vielmehr müssen die Kosten für Haushaltsenergie von Haushalten zugrunde gelegt werden, die ihr Warmwasser dezentral mit Strom bereiten. Daraus muss der 30-prozentige Anteil für Warmwasser berechnet werden. Nach den Ausführungen der Bundesregierung betragen die um Warmwasserbereitung bereinigten Kosten für Haushaltsenergie nur 70 Prozent der Energiekosten, die die Warmwasserkosten enthalten. Der Energiebetrag, der zur Ermittlung der Warmwasserkosten bei Alleinstehenden und Alleinerziehenden zugrunde gelegt werden müsste, hätte 2020 ca. 52 EUR (Strom) statt 38,32 EUR betragen.

In der Stellungnahme zum Bürgergeldgesetz hat Tacheles e.V. gefordert: *„Insofern nicht unserer Anregung auf Herausnahme der Stromkosten aus dem Regelsatz gefolgt wird, wird angeregt, den Mehrbedarf für dezentrales Warmwasser nach § 21 Abs. 7 SGB II angemessen zu erhöhen. Diese Erhöhung sollte bei 5 % der jeweiligen Regelbedarfsstufe liegen. Für eine prozentuale Abstufung in den jeweiligen Regelbedarfsstufen ist nicht nachvollziehbar und empirisch nicht belegt"* (abrufbar unter: https://www.tacheles-sozialhilfe.de/files/Aktuelles/2022/Tacheles-Stellungnahme-zum-Buergergeldgesetz-Final-22-08-2022-E.pdf).

6. Forderungen

30 Auch die Kostenübernahme durch den Leistungsträger für die nun seit 2021 geforderten separaten Messeinrichtungen gesetzlich zu verankern!

Keine Deckelung der Kosten für zentrale Warmwasserbereitung!

Ein bedarfsgerechtes und transparentes Verfahren zur Ermittlung von Warmwasserpauschalen bei dezentraler Bereitung mit Strom!

123
(Sich) Wehren

1. Sich Wehren: der Rechtsweg	1
1.1 Widerspruchs- und Klagequoten ..	2
1.2 Wer sich nicht wehrt, lebt verkehrt!	4

1.3 Kombination von Rechtsweg und anderen Formen, sich zu wehren ..	14

1. Sich Wehren: der Rechtsweg

1 Der Rechtsweg **Widerspruch**, → 126 und **Klage**, → 64 ist steinig, und viele trauen sich nicht, ihn zu beschreiten. Nur wenige Bürgergeld-Beziehende und noch viel weniger Beziehende von HzL/GSi der Sozialhilfe legen Widerspruch ein oder klagen vor Gericht. Für die meisten, die es tun, lohnt es sich aber.

1.1 Widerspruchs- und Klagequoten

2 Im Jahr 2022 wurden in Bezug auf das SGB II 403.856 Widersprüche und 50.883 Klagen sowie 13.666 Eilklagen bei den 302 Jobcentern in gemeinsamer Einrichtung eingereicht. Das waren 9.733 Widersprüche bzw. 10.489 Klagen weniger als 2021. In 133.400 Fällen hatten die Widersprüche Erfolg, das ist eine **Erfolgsquote von 33 Prozent**. Den 50.883 eingereichten Klagen wurde zu rund 35 Prozent ganz oder teilweise stattgegeben (BA-Presseinfo Nr. 3 v. 10.1.2023). Natürlich sind die Erfolge im Klageverfahren zur Gesamterfolgsquote hinzurechnen, was die BA in ihrer Statistik selbstverständlich nicht macht. Diese Zahlen beziehen sich im Übrigen nur auf die Jobcenter in gemeinsamer Einrichtung, das heißt, sie beziehen sich auf 302 Jobcenter und Zahlen müssten noch um die Zahlen der 102 kommunalen Jobcenter ergänzt werden. Die absoluten Zahlen dürften sich schätzungsweise um ca. ein Drittel gegenüber den in der BA-Pressemitteilung genannten Zahlen erhöhen.

3 Die „Erfolgsquote beim Wehren" ist **in der Realität noch viel höher**, da in dieser Statistik nur die „Erfolge" bei Widersprüchen und Klagen verzeichnet sind, über den **Erfolg von Überprüfungsanträgen** nach § 44 SGB X gibt es keine Statistik. Aus der Beratungspraxis im Tacheles ist festzuhalten, dass rund die Hälfte der von Tacheles eingelegten Rechtsmittel Überprüfungsanträge sind. Davon wird dem allergrößten Teil, ca. 90 Prozent, abgeholfen. Das bedeutet: zu den im Jahr 2022 rund 403.856 Widersprüchen, die es in den Jobcentern in gemeinsamer Einrichtung

gegeben hat, von denen alleine 33 Prozent erfolgreich waren und zzgl. der zunächst nicht erfolgreichen Widersprüche, die dann im Klageverfahren doch erfolgreich waren, gesellen sich noch eine annähernd vergleichbare Anzahl an Überprüfungsanträgen, mit einer vermutlich ähnlich hohen Erfolgsquote. Somit ist der **tatsächliche Erfolg von Rechtsmitteln erheblich höher**, als es auf den ersten Blick erscheint.

1.2 Wer sich nicht wehrt, lebt verkehrt!

4 Andere Bürgergeld-Betroffene bemühen nicht die Gerichtsmühlen, sondern üben den Gegendruck auf andere Weise aus. Das geht einfacher und ist oft schneller. Dazu brauchen Sie vor allem die Fähigkeit, Ihre Meinung zu sagen und Ihre Interessen zu vertreten. Hartnäckigkeit kann sich auszahlen, weil sie die Behörde in Bewegung bringt.

Bevor Sie den Rechtsweg einschlagen Widerspruch, → 126; einstweiliger Rechtsschutz, → 41; Klage, → 64, **prüfen Sie also zuerst, ob Sie nicht mit einfacheren Mitteln zum Ziel kommen.** Besonders dann, wenn offensichtlich gegen geltendes Recht verstoßen wird, geht das meist schneller. Sich nicht wegschicken zu lassen, hilft in diesen Fällen manchmal. Fordern Sie den*die Behördenvertreter*in auf, Ihnen die Rechtsgrundlagen darzulegen. Sie haben ein **Auskunftsrecht** (→ 13). In Bezug auf das SGB II können Sie die internen Dienstanweisungen der BA, die Fachlichen Weisungen (https://harald-thome. de/informationen/sgb-ii-dienstanweisungen. html), oder die örtlichen Richtlinien zu Unterkunftskosten (https://harald-thome.de/info rmationen/bundesweite-dienstanweisungen-k du.html) einsehen und so die Verwaltung anhand ihrer eigenen Vorschriften überprüfen.

5 Sie können zB mit einem **Beistand** (→ 19) noch mal Ihr Glück bei einer persönlichen Vorsprache versuchen. Das kann ein*e Bekannte*r sein, der*die sich auskennt, oder ein Mitglied einer **Erwerbslosen- oder Sozialhilfegruppe**. Sie können auch eine Beratungsstelle einschalten. Sie können sich zB auch an unmittelbare **Vorgesetzte** wenden bzw. an die Teamleitung, die Leitung der Dienststelle oder der jeweiligen Behörde.

6 Manche Sozial- und Arbeitslosenverwaltungen haben auch ein besonderes **Beschwerdemanagement**. Das können nicht in die Behörde integrierte, also „unabhängige" Bürgerbeauftragte sein, aber auch die behördeninternen Beschwerdestellen (zB „*Kundenreaktionsmanagement*" der BA; → 23 Rn. 15 ff.).

7 Sie können sich auch an die jeweilige **Dienst- und Fachaufsicht** wenden (→ 23 Rn. 1 ff., 5 ff.). In den Behörden, die die Dienst- und Fachaufsicht durchführen, gibt es meist Mitarbeiter*innen, die die Aufgabe haben, Beschwerden von Bürger*innen nachzugehen. Das kann man nutzen, auch wenn hier oft abgewiegelt wird.

8 In vielen Kommunen und Kreisen gibt es **Bürgerbeauftragte, Ombudsleute, Frauenbeauftragte, Ausländerbeiräte** und Beauftragte für **Behinderte** oder **Datenschutz** (→ 32). Diese können sich ebenfalls für Sie einsetzen (→ 23 Rn. 16 ff.).

9 Oder Sie wenden sich an **Stadt- oder Kreisverordnete**. Diese können im Einzelfall die Sozialverwaltung kontrollieren. Stadtverordnete können Akteneinsicht nehmen und Sachbearbeiter*innen befragen. Das Gleiche gilt für **Landtags- und Bundestagsabgeordnete**. Sie beschäftigen meistens Mitarbeiter*innen, die sich auch um Einzelbelange kümmern.

10 Bei Landtagen und beim Bundestag gibt es **Petitionsausschüsse**, an die Sie sich wenden können. Die arbeiten langsam, so dass Sie sich keine sofortige Abhilfe versprechen können. Dafür sind sie aber oft wirkungsvoll. Sie müssen Ihre Anfragen präzise formulieren und Sachverhalte gut dokumentieren.

11 Meist ist es nützlich, sich an eine **Beratungsstelle** zu wenden, die sich für Sie einsetzen kann. Adressen können Sie finden unter https://my-sozialberatung.de/adressen und www.sozialportal.net.

12 Sie können sich auch direkt an **örtliche Medien**, Rundfunk oder Fernsehen wenden. Der Anruf eines*r Journalisten*Journalistin bei Arbeitsagentur/Jobcenter/Sozialamt kann Wunder bewirken, erst recht eine Veröffentlichung. Ämter haben kein Interesse an Ne-

gativschlagzeilen, da sie als „kundenfreundlich" dastehen wollen. **Vorsicht vor Medien, die Ihr Schicksal für ihre wirtschaftlichen Zwecke ausschlachten und Sie als Sozialschmarotzer*in präsentieren wollen.**

13 Sie können aber auch – und das ist **langfristig das Wichtigste** – Ihre Kraft dadurch stärken, dass Sie sich einer **Gruppe von Erwerbslosen und/oder Sozialhilfebeziehenden** anschließen oder selbst eine gründen. Bei ver.di gibt es lokale Erwerbslosenausschüsse, vereinzelt auch in anderen Gewerkschaften. Sie finden häufig auch unabhängige Initiativen.

An einigen Orten gibt es Bündnisse gegen Sozial- und Lohnabbau, Sozialforen/-initiativen oder Ähnliches, die sich für die Interessen von Erwerbslosen und Armen einsetzen. Wenn Sie den Mut und die Geduld aufbringen, in solchen Gruppen mitzuarbeiten, haben Sie mehr Möglichkeiten, Druck zu machen und Ihren Interessen gemeinsam mit anderen Gehör zu verschaffen. Vielleicht können Sie auch mithelfen, eine **„Begleitschutz-AG"** aufzubauen, die Erwerbslose bei Ämterterminen unterstützt (→ 19). All diese Schritte können die Haltung von Sachbearbeiter*innen beeinflussen und dazu führen, dass sie sich entschließen, Entscheidungen zu ändern.

1.3 Kombination von Rechtsweg und anderen Formen, sich zu wehren

14 Häufig ist es notwendig, die verschiedenen Ebenen miteinander zu verknüpfen. Sie können mit Widerspruch und einstweiliger Anordnung drohen und gleichzeitig mit den oben genannten Mitteln Druck machen. Das Gleiche ist auch während eines Verfahrens möglich (→ 113).

15 Wie stark Sie in die Konfrontation gehen, hängt von den Kräfteverhältnissen ab. Es ist nicht zweckmäßig, aus einer schwachen Position heraus aufs Ganze zu gehen oder sich in zahllosen Widersprüchen und im behördlichen Kleinkrieg völlig zu verausgaben. Da Erwerbslose und Sozialhilfebeziehende eine **schwache Rechtsposition** haben, müssen sie notgedrungen auch Niederlagen einstecken oder sich mit Teilerfolgen zufriedengeben. Es ist besser, sich auf die Auseinandersetzungen

zu konzentrieren, in denen die Erfolgsaussichten am größten sind. Denn **Erfolge** hat man **bitter nötig**. Es ist auch sinnvoll, einen Teil seiner Energie darauf zu verwenden, **sich zusammen mit anderen zu organisieren**, statt als Einzelne*r gegen Windmühlen zu kämpfen, sich abzukapseln und am Ende resigniert aufzugeben. Wichtige weitere Adressen finden Sie im Anhang.

124 Weiterbildung (berufliche)

1. Veränderte Grundhaltung und Zieldefinition 1
2. Ermessensleistungen 6
3. Vermittlungsgrundsätze 12
4. Formen der Weiterbildung 16
5. Leistungen zur beruflichen Weiterbildung von Arbeitslosen und Erwerbstätigen mit unter 15 Wochenstunden 19
   5.1 Allgemeine Voraussetzungen 20
   5.2 Nachträglicher Erwerb des Hauptschulabschlusses 21
   5.3 Erwerb von Grundkompetenzen .. 24
   5.4 Nachträglicher Erwerb eines Berufsabschlusses (Umschulung/Teilqualifikation) ... 26
   5.5 Zuständigkeit für berufliche Weiterbildungen 30
6. Leistungen zur beruflichen Weiterbildung von Erwerbstätigen 31
   6.1 Fördervoraussetzungen 32
   6.2 Übernahme der Lehrgangskosten ... 35
   6.3 Arbeitsentgeltzuschuss 37
7. Bildungsgutschein 40
8. Kostenübernahme 45
   8.1 Lehrgangskosten (§ 84 SGB III) ... 46
   8.2 Pendelfahrten (§ 85 SGB III iVm § 63 Abs. 1, 3 SGB III) 48
   8.3 Auswärtige Unterbringung (§§ 86, 85 SGB III iVm § 63 Abs. 1, 3 SGB III) 49
   8.4 Deckelung der Fahrtkosten (§ 85 SGB III iVm § 63 Abs. 1 SGB III) .. 53
   8.5 Berechnung und Auszahlung der Fahrtkosten 55
   8.6 Kosten für die Kinderbetreuung (§ 87 SGB III) 56
   8.7 Lebensunterhalt 58
   8.8 Weiterbildungsgeld, Prämien und Bürgergeldbonus 59
9. Förderung bei gleichzeitiger Förderbarkeit durch AFBG („Aufstiegs-BAföG") 60
   9.1 Höhe der Leistungen nach dem AFBG 62

9.2 Anrechnung im Bürgergeld 65
9.3 Anrechnung beim Wohngeld 71
9.4 Anrechnung beim Kinderzuschlag 72
10. Sprachkurs 74
11. Leistungen zur Teilhabe am Arbeitsleben 77
12. Leistungen im Zusammenhang mit beruflicher Erstausbildung 87
    12.1 Maßnahmen zur Berufsvorbereitung 88
    12.2 Maßnahmen zur Unterstützung der Berufsausbildung.............. 89
    12.3 Individuelle Unterstützung vor und während der Ausbildung/EQ: Assistierte Ausbildung (§§ 74–75a SGB III) 90

1. Veränderte Grundhaltung und Zieldefinition

1 Mit der Einführung des Bürgergelds erfolgt im Bereich der Qualifizierung ein Paradigmenwechsel. Statt einer schnellen Vermittlung rücken nun die dauerhafte Integration und dafür notwendige Qualifizierungen in den Fokus. Bis Ende 2022 stand stets die schnelle Integration im Vordergrund (Vermittlungsvorrang) – Umschulungen und Qualifizierungen waren nur bei zwingender Erforderlichkeit ein Thema.

2 Seit Anfang 2023 ist jedoch eine dauerhafte Eingliederung in den Fokus gerückt – der Vermittlungsvorrang fällt weg. Die Aufnahme einer dualen oder schulischen Ausbildung auf dem allgemeinen Ausbildungsmarkt wird zum gleichwertigen Ziel neben der Arbeitsaufnahme. Wenn aber eine andere Maßnahme (zB eine berufsabschlussbezogene Weiterbildung, Teil- oder Anpassungsqualifizierung) notwendig ist, um die dauerhafte Integration zu erreichen (oder abzusichern), dann ist diese nun vorrangig vor der schnellen Vermittlung in eine Beschäftigung.

3 Dies stellt einen kompletten Kurswechsel dar, durch den Langzeitarbeitslose die Chance bekommen sollen, mit einer „frischen" Qualifikation als Fachkraft auf dem Arbeitsmarkt dauerhaft Fuß zu fassen, anstatt gezwungen zu sein, sich ohne Zukunftsperspektive von einer kurzfristigen unqualifizierten Beschäftigung in die nächste vermitteln zu lassen (§ 3 Abs. 2 S. 3–5 SGB II). Diese veränderte Grundhaltung kommt auch in

§ 14 Abs. 1 S. 1 SGB II (nF ab 1.7.2023) zum Ausdruck:

„*Die Träger der Leistungen nach diesem Buch unterstützen erwerbsfähige Leistungsberechtigte umfassend und **nachhaltig** mit dem Ziel der Eingliederung in Arbeit und Überwindung der Hilfebedürftigkeit*".

4 Hier wird der nun langfristige Förderansatz deutlich. Die Überwindung der Hilfebedürftigkeit ist in teuren Regionen mit unqualifizierten Tätigkeiten bzw. Mindestlohn aber kaum noch erreichbar.

5 Grundsätzlich hat berufliche Weiterbildung zum Ziel, Arbeitslosigkeit zu beenden oder zu verhindern. Dazu gibt es Maßnahmen, in denen

- berufliche Fähigkeiten und Kenntnisse erhalten oder erweitert werden,
- ein beruflicher Aufstieg ermöglicht werden soll,
- ein erster oder neuer beruflicher Abschluss das Ziel ist,
- grundlegende Kompetenzen vermittelt werden.

2. Ermessensleistungen

6 In § 16 Abs. 1 S. 2 SGB II werden verschiedene Eingliederungsleistungen aus dem SGB III übernommen. Diese sind allerdings als Ermessensleistungen ausgestaltet *(„die Agentur für Arbeit [...] kann")*. Somit besteht zwar kein einklagbarer Rechtsanspruch auf eine berufliche Weiterbildung, es besteht aber Anspruch auf eine ermessensfehlerfreie Entscheidung (§ 39 Abs. 1 SGB I).

7 Von dem*r Vermittler*in des Jobcenters müssen dabei zwei verschiedene Ermessensentscheidung getroffen werden: Zum einen muss er*sie darüber entscheiden, ob eine Eingliederungsleistung erforderlich ist (Entschließungsermessen) und zum anderen muss er*sie das Auswahlermessen ausüben (dh welche Eingliederungsleistung und welcher Leistungsumfang).

8 Bei der Ausübung des Ermessens kann es zu folgenden Fehlern kommen:

- Ermessensnichtgebrauch: Wenn das Jobcenter gar kein Ermessen ausübt, sondern einfach ohne nachvoll-

ziehbare Ermessensbegründung eine Leistung ablehnt,
- Ermessensüberschreitung:
Wenn das Jobcenter eine Ermessensleistung bewilligt, obwohl es keine Anhaltspunkte für ihre Notwendigkeit gibt,
- Ermessensfehlgebrauch:
Wenn sich das Jobcenter von zweckfremden Erwägungen (zB Haushaltslage, vorrangig eingekaufte Maßnahmen ‚voll machen', Statistik) leiten lässt, die keinen Bezug zum Einzelfall haben oder wenn eine monatelange Suche nach einem betrieblichen Umschulungsplatz zur Bedingung für die Bewilligung einer überbetrieblichen Umschulung gemacht wird.

9 Außerdem gibt es noch die ‚Ermessensreduzierung auf null'. Wenn die Umstände eindeutig für oder gegen eine Maßnahme sprechen, gibt es keinen Ermessensspielraum mehr.

10 Diese Grundsätze gelten für beide hier zu treffenden Ermessensentscheidungen. Wenn der*die Vermittler*in die Entscheidung getroffen hat, dass eine Eingliederungsleistung zu gewähren ist (Entschließungsermessen), dann folgt die Entscheidung darüber, welche Eingliederungsleistung erforderlich ist. Bei diesem Auswahlermessen sind die nachfolgend erklärten Vermittlungsgrundsätze (→ Rn. 12) und angemessenen Wünsche des*r Leistungsberechtigten (§ 33 S. 2 SGB II) zu beachten.

11 Tipp: Wenn das Jobcenter eine gewünschte berufliche Weiterbildung nicht gewähren will, kann mit einem (schriftlichen) Antrag auf eine Leistung zur beruflichen Weiterbildung eine begründete Entscheidung erzwungen werden. Bei mündlicher Ablehnung sollte man eine Verschriftlichung nach § 33 Abs. 2 SGB X fordern. Der*die Vermittler*in muss dann seine*ihre Entscheidung begründen und dabei auch die wesentlichen Faktoren bei der Ausübung des Ermessens dokumentieren (§ 35 Abs. 1 SGB X) – die dann erforderliche tiefere Auseinandersetzung mit dem Einzelfall kann schon zu einem Umdenken führen. Gegen diesen Verwaltungsakt sind dann die üblichen Rechtsmittel (→ 126; → 64) möglich.

3. Vermittlungsgrundsätze

12 In § 3 Abs. 1 S. 2 SGB II sind die Vermittlungsgrundsätze definiert. Diese haben sich durch das Bürgergeld nicht grundlegend verändert und sind auch bei der Entscheidung über den passenden nächsten Schritt zur beruflichen Integration zu beachten. Es müssen die Eignung des*r erwerbsfähigen Leistungsberechtigten für die jeweilige Maßnahme und die Tätigkeit nach deren Abschluss, die individuelle Lebenssituation (insbesondere familiär), die voraussichtliche Dauer der Hilfebedürftigkeit und die Dauerhaftigkeit der Eingliederung berücksichtigt werden.

13 Nach der Gesetzesbegründung zu § 3 Abs. 1 SGB II (BT-Drs. 20/3873, 72) ist dann von einer Dauerhaftigkeit auszugehen, wenn eine Erwerbstätigkeit mindestens sechs Monate andauert. Eine Vermittlung in kurzfristigere Jobs entspricht nicht den Zielen des Bürgergelds und kann daher nur auf besonderen Wunsch des*r Leistungsberechtigten erfolgen. Dies stellt insbesondere keine sinnvolle Maßnahme zur dauerhaften Integration dar und ist daher nicht vorrangig vor einer Qualifikation und darf nicht als Argument gegen einen Antrag auf eine berufliche Weiterbildung genutzt werden.

14 Von der Notwendigkeit einer Eingliederungsleistung ist nach § 3 Abs. 1 S. 4 SGB II insbesondere dann auszugehen, wenn Personen ohne Berufsabschluss Leistungen zur Unterstützung zur einer Ausbildung nach dem SGB II, SGB III oder auf einer anderen rechtlichen Grundlage bzw. Leistungen der beruflichen Weiterbildung erhalten (werden).

15 Grundsätzlich wird zwischen der Förderung von Beschäftigten mit mindestens 15 Wochenstunden nach § 82 SGB III und der Förderung von Arbeitslosen nach § 81 SGB III unterschieden. „Arbeitslose" meint im SGB III stets auch Erwerbstätige mit weniger als 15 Wochenstunden (§ 138 Abs. 1 Nr. 1 SGB III iVm § 138 Abs. 3 SGB III).

4. Formen der Weiterbildung

16 Es gibt verschiedene Formen der beruflichen Weiterbildung nach §§ 81, 82 SGB III,

die je nach Ziel und Ausgestaltung der Maßnahme sehr unterschiedlich sein können.

- **Umschulungen** (§ 81 Abs. 2 SGB II):
  Ziel ist der Erwerb eines neuen Berufsabschlusses:
  - Betriebliche Einzelumschulung: Die Umschulung wird direkt bei einem Arbeitgeber quasi wie eine Ausbildung durchgeführt und enthält neben der Arbeit beim Arbeitgeber auch überbetriebliche Anteile, entsprechend einer Berufsschule. Häufig wird eine Ausbildungsvergütung gezahlt.
  - Überbetriebliche Umschulung: Die Umschulung wird im Gruppenverband bei einem Maßnahmeträger durchgeführt, bei dem sowohl Theorie- als auch Praxisunterricht stattfinden.
- **Vorbereitung zur Externenprüfung** (§ 81 Abs. 2 SGB II):
  - Wer Berufspraxis in bestimmten Bereichen mitbringt, kann sich um eine Externenprüfung bemühen. Da solche Personen zwar häufig über viel praktisches Erfahrungswissen verfügen, ihnen aber theoretische Hintergründe fehlen, gibt es die Möglichkeit, diese im Rahmen von Vorbereitungsmaßnahmen zu erwerben und so nach Bestehen der Externenprüfung einen vollwertigen Berufsabschluss zu haben.
  - Voraussetzung ist häufig eine Vollzeit-Berufstätigkeitsdauer von 150 Prozent der Regelausbildungsdauer (bei Teilzeit entsprechend länger) – beispielsweise 4,5 Jahre Vollzeit oder 9 Jahre halbtags bei Berufen mit 3-jähriger Regelausbildungszeit.
- **Teilqualifizierungen** (§ 81 Abs. 2 SGB II; vgl. FW zur „Förderung der beruflichen Weiterbildung nach § 16 Abs. 1 SGB II iVm §§ 81 ff. SGB III"):
  - Teilqualifizierungen wurden für verschiedene Berufe entwickelt und bieten die Möglichkeit, niedrigschwellig mehrere Zertifikate zu erlangen, die in ihrer Gesamtheit dann dem angestrebten Berufsabschluss entsprechen.
  - So gibt es zB Teilqualifizierungen im Bereich
    - Logistik (zB Fachlagerist*in, Berufskraftfahrer*in),
    - Baubereich (zB Hoch- und Tiefbau),
    - Handel (zB Verkäufer*in, Einzelhandelskaufmann*Einzelhandelskauffrau),
    - der gewerblich-technischen Berufe (zB Industriemechaniker*in, Elektriker*in),
    - Gastronomie (zB Koch*Köchin, Restaurantfachmann*Restaurantfachfrau).
  - Oft besuchen Maßnahmeteilnehmende aber gar nicht alle Module, sondern verzichten auf den anerkannten Abschluss und steigen lieber nach Absolvierung der von Arbeitgebern geforderten Teile direkt in den Beruf ein. Teilqualifikationen bieten aber insbesondere auch erwerbstätigen Arbeitnehmer*innen im Helferbereich eine Möglichkeit, eine formale Qualifikation zu erwerben.
- **Maßnahmen zur Entwicklung von Grundkompetenzen** (§ 81 Abs. 3a SGB III): Personen mit Schwierigkeiten in den Bereichen Lesen, Schreiben, Mathematik oder im Umgang mit IT haben häufig Probleme, auf dem Arbeitsmarkt Fuß zu fassen. Im Rahmen dieser Maßnahmen werden solche Defizite typischerweise aufgearbeitet.
- **Weiterbildung zur Verbesserung der Beschäftigungsfähigkeit von Arbeitslosen** (§ 81 Abs. 1a SGB III): Wenn eine berufliche Weiterbildung die Chancen bei der Suche nach einer Arbeitsstelle verbessert, wird von einer Notwendigkeit der Qualifizierung ausgegangen.
- **Weiterbildungen zur Anpassung an den Strukturwandel bzw. Fortentwicklung beruflicher Kompetenzen für Berufstätige** (§ 82 Abs. 1 SGB III): Diese Maßnahmen gibt es in allen möglichen Ausprägungen und jeglichem Umfang, denn sie sind so vielfältig wie die Berufswelt.

17 Im Allgemeinen können Maßnahmen in sehr verschiedenen Formen durchgeführt werden:

- Vollzeit- oder Teilzeitunterricht,
- Präsenz- oder Fernunterricht (meist mit teilweisen Präsenzphasen),

- Maßnahmen, in denen mit Unterrichtsmaterialien die Inhalte selbstständig erarbeitet werden, meist kombiniert mit Unterrichtsanteilen und Prüfungen,
- Vorbereitungskurse auf den Hauptschulabschluss,
- Praktika im Rahmen einer Maßnahme oder
- Einzel- oder Gruppenunterricht.

18 Dies macht die Auswahl einer beruflichen Weiterbildung nicht einfacher, stellt aber sicher, dass für viele Bedarfe eine entsprechende Maßnahme angeboten werden kann.

5. Leistungen zur beruflichen Weiterbildung von Arbeitslosen und Erwerbstätigen mit unter 15 Wochenstunden

19 Das SGB II selbst enthält keine Leistungen zur beruflichen Weiterbildung, diese werden durch § 16 SGB II aus dem SGB III übernommen – es handelt sich dabei insbesondere um §§ 81–87 SGB III. Dies führt dazu, dass neben den Voraussetzungen des SGB II auch die Voraussetzungen der Leistungen aus dem SGB III erfüllt sein müssen (§ 16 Abs. 2 S. 1 SGB II).

5.1 Allgemeine Voraussetzungen

20 Diese Voraussetzungen sind nach § 81 Abs. 1 SGB III allgemein:

1. Erwerbsfähige Leistungsberechtigte:
Der Begriff ‚Arbeitnehmer'/‚Arbeitnehmerin' in § 81 Abs. 1 S. 1 SGB III meint bei der Übertragung ins SGB II jede*n erwerbsfähige*n Leistungsberechtigte*n. Leistungsberechtigte sind auch Personen, denen Bürgergeld nur darlehensweise gewährt wird.
2. Antragsstellung:
Nach § 37 Abs. 1 S. 1 SGB II ist für Eingliederungsleistungen ein spezieller Antrag erforderlich. Da ohne diese Antragsstellung eine Förderung nicht möglich ist, kann für Zeiten vor der Antragsstellung selbst bei an sich förderbaren Weiterbildungen keine rückwirkende Kostenübernahme erfolgen.
Die Antragsstellung kann aber nicht nur schriftlich, sondern auch mündlich, telefonisch, per Mail oder durch Zustimmung zu einem Vorschlag des*r Vermittlers*Vermittlerin erfolgen.
3. Berufliche Weiterbildung:
Es gibt verschiedene berufliche Weiterbildungen, diese müssen nicht zwingend einen Berufsabschluss zum Ziel haben.
4. Beratung:
Voraussetzung ist, dass vor Beginn der Maßnahme eine Beratung durch das Jobcenter erfolgt.
5. Notwendigkeit:
Eine Maßnahme muss zum Ziel haben, die Arbeitslosigkeit zu beenden oder eine drohende Arbeitslosigkeit abzuwenden. Die reine Arbeitslosigkeit reicht zur Begründung der Notwendigkeit nicht aus – es müssen Qualifikationsdefizite vorliegen, die durch die berufliche Weiterbildung abgebaut werden. Hierdurch müssen sich die Vermittlungschancen verbessern.
Die Notwendigkeit ist seit 1.1.2019 nach § 81 Abs. 1a SGB III aber auch anzuerkennen, wenn durch die Weiterbildung zusätzliche oder ergänzende Qualifikationen erworben werden, die zu einer Verbesserung der Beschäftigungsmöglichkeiten führen – ein Defizit ist also nicht mehr zwingend erforderlich.
6. Zulassung:
Der Träger und auch die einzelne berufliche Weiterbildung brauchen eine Zertifizierung nach §§ 176 ff. SGB III iVm AZAV (meist nur AZAV-Zulassung genannt).

5.2 Nachträglicher Erwerb des Hauptschulabschlusses

21 Bei Förderungen zum nachträglichen Erwerb des Hauptschulabschlusses oder eines gleichwertigen Schulabschlusses (§ 81 Abs. 3 SGB III) handelt es sich um die einzige „berufliche Weiterbildung", die keine Ermessensleistung ist – dies wird in der Formulierung „werden durch Übernahme der Weitbildungskosten zum nachträglichen Erwerb des Hauptschulabschlusses gefördert" deutlich.

124 Weiterbildung (berufliche)

22 Die Leistung ist demnach zu erbringen, wenn
- die allgemeinen Voraussetzungen nach § 81 Abs. 1 SGB III (→ Rn. 20) inkl. Notwendigkeit erfüllt sind,
- der erfolgreiche Abschluss der Maßnahme realistisch ist,
- der*die Antragsstellende schon drei Jahre beruflich tätig war. Dies dient vor allem zur Abgrenzung zur normalen Schule und zur berufsvorbereitenden Bildungsmaßnahme (BvB → Rn. 88). Ausnahmen aus personenbezogenen Gründen sind aber möglich (→ Rn. 27).

23 In der Regel soll die Förderung zum nachträglichen Erwerb des Hauptschulabschlusses mit einer berufsabschlussbezogenen Weiterbildung verknüpft werden. Erscheint dies aber zB wegen drohender Überforderung nicht sinnvoll, kann auch eine separate Förderung zum Erwerb des Schulabschlusses in Frage kommen.

5.3 Erwerb von Grundkompetenzen

24 Bei den Maßnahmen zum Erwerb von Grundkompetenzen (§ 81 Abs. 3a SGB III) geht es vor allem um den Ausgleich von Defiziten in Mathematik, Schreiben, Lesen und im Umgang mit Computern. Es kann sich dabei sowohl um Gruppen- als auch um Einzelförderung handeln.

25 Die Zugangsvoraussetzungen, um Leistungen zum Erwerb von Grundkompetenzen zu erhalten, werden im Rahmen der Bürgergeldreform zum 1.7.2023 deutlich vereinfacht. Bisher war Bedingung, dass damit die Hemmnisse in Bezug auf eine berufsabschlussbezogene Weiterbildung abgebaut werden und anschließend eine erfolgreiche Teilnahme erwartet werden kann. Nun aber ist diese Anforderung entfallen. Die Maßnahme zum Erwerb von Grundkompetenzen kann nun im Vorfeld jeder beruflichen Weiterbildung eingesetzt werden, aber auch um allgemein die Beschäftigungsfähigkeit zu verbessern. Weiterhin müssen aber die allgemeinen Voraussetzungen und Bedingungen (→ Rn. 20) eingehalten werden.

5.4 Nachträglicher Erwerb eines Berufsabschlusses (Umschulung/Teilqualifikation)

26 Maßnahmen zum nachträglichen Erwerb eines Berufsabschlusses (§ 81 Abs. 2 SGB III) führen zu einem Abschluss in einem anerkannten Ausbildungsberuf. Maßnahmen zum nachträglichen Erwerb eines Berufsabschlusses gibt es in Form der klassischen Umschulung und der betrieblichen Einzelumschulung in einen anerkannten Ausbildungsberuf oder in Form von Teilqualifizierungen und Vorbereitungskursen auf eine Externenprüfung.

27 Die Weiterbildungskosten für berufliche Weiterbildungen (§ 81 Abs. 2 SGB III) mit dem Ziel, einen beruflichen Abschluss zu erreichen, können für erwerbsfähige Leistungsberechtigte übernommen werden, wenn folgende Bedingungen erfüllt sind:

1. Der*die **Antragsstellende verfügt nicht über einen Berufsabschluss**, für den nach rechtlichen Vorschriften eine Ausbildungsdauer von mindestens zwei Jahren festgelegt ist. Eine Liste der anerkannten Ausbildungsberufe ist beim Bundesinstitut für Berufsbildung (BBiG) zu finden. In Deutschland nicht (voll) anerkannte oder verwertbare Ausbildungsabschlüsse führen somit nicht zu einem Förderausschluss;

oder:

Wenn mehr als vier Jahre in an- oder ungelernten Tätigkeiten gearbeitet wurde und der*die Antragsstellende sich damit „berufsentfremdet" hat und voraussichtlich nicht mehr im gelernten Bereich Fuß fassen kann (Prognoseentscheidung). Zeiten der Arbeitslosigkeit, der Kindererziehung und der Pflege von Menschen mit mindestens Pflegegrad 2 können dabei in die Berechnung der vier Jahre einbezogen werden.

Beispiel:
Ein arbeitsloser Maurer mit Bandscheibenvorfall hat versucht, sich umzuorientieren und ein Jahr als ungelernter Verkäufer im Baumarkt gearbeitet, dann seine Tätigkeit aufgegeben, um zwei Jahre lang seine Mutter zu pflegen. Nach ihrem Tod fand er ein weiteres Jahr lang

keine sozialversicherungspflichtige Stelle, sondern übte nur einen Minijob als Hausmeister aus. Durch die Zusammenrechnung dieser Zeiten sind die vier Jahre erfüllt. Durch seine Rückenprobleme ist eine dauerhafte Wiedereingliederung im gelernten Beruf nicht zu erwarten. Somit erfüllt er die Voraussetzung nach § 81 Abs. 2 Nr. 1 SGB III.
2. **Eignung** für den angestrebten Beruf liegt vor. Für eine Eignung können beispielsweise bereits ausgeübte ungelernte Tätigkeiten, Ehrenämter, Praktika, Eignungstests, Freiwilligendienste oder auch persönliche Interessen und Hobbys sprechen. Argumente gegen eine Eignung können körperliche Anforderungen sein, die nicht realistisch erfüllbar sind. So wird man eine Person, die ihren alten Beruf aufgrund von Knieproblemen nicht mehr ausüben konnte, aufgrund mangelnder körperlicher Eignung nicht für eine Umschulung zur Fachkraft für Lagerlogistik zulassen. Auch ein*e trockene*r Alkoholiker*in ist wohl kaum für eine Umschulung zum Restaurantfachmann*Restaurantfachfrau geeignet. Auch kognitive Faktoren, Softskills wie Zuverlässigkeit (auch in der Wahrnehmung von Terminen beim Jobcenter), Motivation, die Prognose des Durchhaltevermögens und ähnliche Faktoren können bei der Einschätzung durch das Amt eine Rolle spielen. Stellt der*die Sachbearbeiter*in die Eignung für die gewünschte Umschulung in Frage, ist zu empfehlen, mit ihm*r besprechen, welche Schritte nötig wären, um ihn*sie von der persönlichen Eignung zu überzeugen.
3. Ein **erfolgreicher Abschluss** der Maßnahme **erscheint realistisch** (Prognose).
4. Der angestrebte Beruf **verbessert die Beschäftigungschancen**.
5. Der*die Arbeitnehmer*in war mehr als **drei Jahre beruflich tätig**. Diese Bedingung hat den Zweck, zwischen beruflicher Weiterbildung und Erstausbildung eine Abgrenzung zu schaffen. Bei der Prüfung dieser drei Jahre werden alle beruflichen Tätigkeiten mit mindestens 15 Wochenstunden einbezogen, aber auch Zeiten einer nicht abgeschlossenen Berufsausbildung oder eines Studiums, Wehr- oder Zivildienstes und Zeiten einer Tätigkeit im eigenen Haushalt mit mindestens zwei Personen mitgerechnet. Ausnahmen von dieser 3-Jahres-Regelung sind möglich, wenn es „in der Person liegende Gründe" gibt, die eine normale Berufsausbildung oder eine BvB (→ Rn. 88) unmöglich oder unzumutbar machen. In der Person liegende Gründe können zB das Alter oder familiäre Rahmenbedingungen (zB Alleinverdiener*in mit Familie) sein. Außerdem kann von dieser Bedingung abgewichen werden, wenn die berufliche Weiterbildung zum Abschluss in einem Engpassberuf führt. Welche Berufe als solche gelten, kann der Webseite der Bundesagentur entnommen werden (abrufbar unter: https://statistik.arbeitsagentur.de/DE/Navigation/Statistiken/Themen-im-Fokus/Fachkraeftebedarf/Fachkraeftebedarf-Nav.html).
6. **Beratung durch das Jobcenter** ist erfolgt.
7. Der **Träger und die Maßnahme** sind für die Förderung **zugelassen**. Der Träger und auch die einzelne berufliche Weiterbildung brauchen eine Zertifizierung nach §§ 176 ff. SGB III iVm AZAV (meist nur AZAV-Zulassung genannt). In Einzelfällen kann einem Träger aber nach § 177 Abs. 5 SGB III eine Einzelfallzulassung erteilt werden – dies ist insbesondere bei betrieblichen Einzelumschulungen relevant.

28 Die Notwendigkeit für die Eingliederung ist bei berufsabschlussbezogenen Maßnahmen keine Bedingung (§ 81 Abs. 2 S. 4 SGB III verweist explizit nicht auf § 81 Abs. 1 Nr. 1 SGB III). Auch nach § 3 Abs. 1 S. 4 SGB II ist von der Erforderlichkeit für eine dauerhafte Eingliederung bei Menschen ohne Berufsabschluss immer auszugehen.

29 Eine weitere wesentliche Veränderung in Bezug auf Umschulungen ergibt sich durch die Bürgergeld-Reform zum 1.7.2023 und ist in der Veränderung des § 180 Abs. 4 SGB III versteckt. Bislang mussten nach dieser Vorschrift berufsabschlussbezogene Weiterbildungen zwingend um ein Drittel gegenüber einer „normalen" Ausbildung verkürzt sein, eine Ausnahme gab es nur für Pflegeberufe.

Es bleibt zwar dabei, dass Umschulungen normalerweise um ein Drittel verkürzt sein sollen, aber es gibt eine Ausnahme für Maßnahmen, die auf Teilnehmende ausgerichtet sind, bei denen aufgrund ihrer Eignung (zB Lernen nicht mehr gewohnt) oder persönlichen Verhältnisse nur bei einer nicht verkürzten Dauer eine erfolgreiche Teilnahme erwartet werden kann. Das kann gerade auch in Berufen im industriellen oder gewerblich-technischen Bereich mit hohen Anforderungen generell erwartbar der Fall sein. Außerdem wird die Ausnahme, die bisher nur für Pflegeberufe galt, auf alle Ausbildungsberufe mit einer nach Bundes- oder Landesrecht nicht verkürzbaren Ausbildungszeit erweitert. Damit sind nun auch Umschulungen beispielsweise im Bereich Erzieher*in, Logopädie oder Ergo- und Physiotherapie ohne Schwierigkeiten unverkürzt möglich. Speziell in diesen Bereichen von Bedeutung, dass Umschulungen generell kostenfrei sind. Das ist bei klassischen Ausbildungen, zB in Bereichen wie Ergo- und Physiotherapie, an vielen Schulen leider noch nicht der Fall.

5.5 Zuständigkeit für berufliche Weiterbildungen

30 Für die berufliche Weiterbildung von Arbeitslosen und Erwerbstätigen, die Bürgergeld empfangen, ist das Jobcenter zuständig. Werden aber auch Alg I oder gar keine Leistungen bezogen, ist sowohl für die Beratung als auch für die Erbringung von Eingliederungsleistungen ausschließlich die Agentur für Arbeit zuständig, die grundsätzlich die gleichen Leistungen erbringt (§ 5 Abs. 4 SGB II bzw. § 22 Abs. 4 S. 5 SGB III). Ist eine berufsabschlussbezogene Maßnahme aus gesundheitlichen Gründen erforderlich, können auch andere Träger, wie Renten- oder Krankenversicherung, zuständig sein (→ Rn. 77). Dies abzuklären, ist Aufgabe des Jobcenters oder der Agentur für Arbeit.

6. Leistungen zur beruflichen Weiterbildung von Erwerbstätigen

31 Auch Beschäftigte mit mehr als 15 Wochenstunden können Anspruch auf Unterstützung einer beruflichen Weiterbildung haben. Diese besteht aus zwei Komponenten: der Übernahme der Weiterbildungs- und Folgekosten und einem Arbeitsentgeltzuschuss. Erwerbstätige, die aufstockende Leistungen vom Jobcenter beziehen, wenden sich dafür ans Jobcenter, aber auch wer keinerlei Sozialleistungen bekommt, kann Anspruch haben – er wendet sich dann an die Agentur für Arbeit.

6.1 Fördervoraussetzungen

32 Für Erwerbstätige mit mindestens 15 Wochenstunden gelten normalerweise andere Voraussetzungen als für Arbeitslose (§ 82 Abs. 1 SGB III):

1. Vermittlung von Fertigkeiten, Kenntnissen und Fähigkeiten, die über ausschließlich arbeitsplatzbezogene, kurzfristige Anpassungsfortbildungen hinausgehen. Maßnahmen, die ganz oder teilweise am Arbeitsplatz stattfinden, arbeitsplatzbezogene, firmeninterne Qualifizierungen beinhalten oder zur Aufrechterhaltung des Betriebs zwingend erforderlich sind, sollen nicht gefördert werden. Die Einarbeitung eines*r Mitarbeiters*Mitarbeiterin in den Umgang mit einer modernisierten oder ausgetauschten Maschine würde diese Anforderung nicht erfüllen – hier geht es um die Vermeidung von Mitnahmeeffekten durch Betriebe.
2. Der Erwerb des Berufsabschlusses muss in der Regel mindestens vier Jahre zurückliegen:
   a. Es muss ein Berufsabschluss in einem anerkannten Ausbildungsberuf mit einer mindestens 2-jährigen Ausbildungsdauer vorliegen.
   b. Zwischen Antragsstellung und dem Ende dieser Ausbildung müssen mindestens vier Jahre liegen. In begründeten Einzelfällen kann von dieser Frist abgewichen werden.
3. Keine berufliche Weiterbildung nach § 82 SGB III (nach § 81 SGB III ist nicht relevant) in den letzten vier Jahren.
4. Die Maßnahme muss außerhalb des Betriebs oder von einem zugelassenen Träger innerhalb des Betriebs durchgeführt werden und mehr als 120 Stunden dauern.

5. Die Maßnahme und der Träger der Maßnahme müssen für die Förderung zugelassen sein.

33 Weitere Bedingungen, die aber nicht für alle gelten:

- Es sollen Arbeitnehmer*innen weitergebildet werden, die berufliche Tätigkeiten ausüben, die durch Technologie ersetzt werden können oder in anderer Weise vom Strukturwandel betroffen sind. Diese sollen durch die berufliche Weiterbildung darin gefördert werden, ihre beruflichen Kompetenzen so anzupassen oder weiterzuentwickeln, dass sie im Strukturwandel bessere berufliche Chancen haben.
- Es sollen Arbeitnehmer*innen gefördert werden, die einen Abschluss in einem Engpassberuf anstreben.

34 Diese beiden Bedingungen gelten nicht für Arbeitnehmer*innen in Betrieben mit weniger als 250 Beschäftigten, die mindestens 45 Jahre alt oder schwerbehindert sind.

6.2 Übernahme der Lehrgangskosten

35 Die Lehrgangskosten werden je nach Betriebsgröße von 15 Prozent bis 100 Prozent übernommen, wenn der Arbeitgeber sich angemessen an den Kosten beteiligt.

Es werden folgende Beteiligungen erwartet:
- Betriebe mit unter 10 Beschäftigten: 0 Prozent,
- Betriebe mit 10 bis unter 250 Beschäftigten: mind. 50 Prozent.

Wenn der*die Beschäftigte mindestens 45 Jahre alt oder schwerbehindert ist, können auch 0 Prozent akzeptiert werden,
– Betriebe mit 250 bis unter 2500 Beschäftigten: mind. 75 Prozent,
– Betriebe mit 2500 und mehr Beschäftigten: mind. 85 Prozent.

36 Aber keine Regel ohne Ausnahme – für Umschulungen/Teilqualifikationen von Erwerbstätigen ohne Berufsabschluss oder berufsentfremdete Arbeitnehmer*innen nach § 81 Abs. 2 Nr. 1 SGB III (→ Rn. 27) gelten für die Übernahme der Weiterbildungskosten nicht die unter → Rn. 32 beschriebenen Regelungen, sondern ausschließlich die nach § 81 Abs. 2 SGB III (→ Rn. 27). Für die Übernahme der Lehrgangskosten ist eine Beratung des*r Beschäftigten vor Beginn der Maßnahme zwingende Voraussetzung.

6.3 Arbeitsentgeltzuschuss

37 Der Arbeitsentgeltzuschuss kann erbracht werden, wenn berufliche Weiterbildungen innerhalb eines bestehenden Arbeitsverhältnisses absolviert werden, wegen der Teilnahme an der Maßnahme Arbeitsleistungen ganz oder teilweise nicht erbracht werden können und der Arbeitgeber den*die Arbeitnehmer*in unter Weiterzahlung des Lohns freistellt. Voraussetzung für den Zuschuss ist, dass der Vertrag mindestens über die gesamte Dauer der Maßnahme läuft.

38 Das Arbeitsentgelt wird in Abhängigkeit von der Betriebsgröße anteilig vom Bruttoeinkommen inkl. pauschalem Gesamtsozialversicherungszuschlag übernommen. Es werden zwischen 25 Prozent und 75 Prozent gezahlt – die genauen Grenzen sind in § 82 Abs. 3 SGB III festgehalten. Die übernommenen Anteile können aber nach § 82 Abs. 4, 5 SGB III abweichen.

39 Auch hier gibt es Besonderheiten für beschäftigte Erwerbstätige ohne Berufsabschluss, die an einer berufsabschlussbezogenen Weiterbildung teilnehmen, zu beachten. Bei Ihnen müssen die Bedingungen nach § 82 Abs. 1 SGB III für die Zahlung des Arbeitsentgeltzuschusses nicht erfüllt sein und dieser kann bis zu 100 Prozent der Vollzeitlohnkosten betragen.

7. Bildungsgutschein

40 Wenn das Jobcenter eine berufliche Weiterbildung als erforderlich ansieht (→ Rn. 6), stellt es einen Bildungsgutschein nach § 81 Abs. 4 SGB III aus. Dieser berechtigt die*den Leistungsberechtigte*n zur eigenständigen Auswahl einer entsprechenden Maßnahme.

41 Zur Recherche nach möglichen Maßnahmen ist das KURSNET der Bundesagentur für Arbeit empfehlenswert, dort eine riesige Anzahl von Umschulungen, Teilqualifizierungen, beruflichen Weiterbildungen und Ähnlichem zu finden. Hier ist auch prüfbar, ob die einzelnen Maßnahmen die notwendige Zertifizierung haben („Zulassung zur Förderung mit Bildungsgutschein").

124 Weiterbildung (berufliche)

42 Da es sich beim Bildungsgutschein um eine Zusicherung nach § 34 SGB X handelt, ist es eine Zusage, einen Verwaltungsakt später zu erlassen. Mit seiner Ausstellung wird das Vorliegen der Fördervoraussetzungen für die Dauer der Gültigkeit bestätigt. Das Jobcenter hat aber die Möglichkeit, den Verwaltungsakt (den der Bildungsgutschein darstellt) wieder zurücknehmen – zB bei Wegfall der Hilfebedürftigkeit.

43 Damit entsteht mit der Aushändigung des Bildungsgutscheins ein Rechtsanspruch auf die zugesagte Leistung. Diese Zusage darf allerdings mit Bedingungen und Einschränkungen versehen werden. Typischerweise werden auf dem Bildungsgutschein Inhalt und Dauer der Maßnahme festgelegt. Auch regionale Einschränkungen sind möglich. Ein Bildungsgutschein hat keine gesetzlich festgelegte Gültigkeitsdauer. Diese wird folglich auf dem einzelnen Bildungsgutschein vermerkt, meist werden diese mit einer Gültigkeitsdauer von drei Monaten ausgestellt – dies bedeutet, dass der erste Maßnahme-Tag innerhalb dieses Zeitraums liegen muss. Ist eine Maßnahme ausgewählt, wird der Bildungsgutschein an den Träger der Maßnahme weitergegeben und von diesem beim Amt eingereicht. Damit ist der Bildungsgutschein eingelöst und der Träger kann direkt mit dem Jobcenter abrechnen. Fallen nach dem Beginn der Maßnahme Fördervoraussetzungen (zB Hilfebedürftigkeit nach dem SGB II) weg, dann kann die Maßnahme trotzdem vom Jobcenter finanziert abgeschlossen werden.

44 Auf einen Bildungsgutschein kann im Einverständnis von Arbeitgeber und Arbeitnehmer*in bei vom Arbeitgeber für mehrere Beschäftigte gestellten Sammelanträgen nach § 82 Abs. 6 SGB III verzichtet werden. Für deren Bearbeitung ist unabhängig von der normalen Zuständigkeit immer die Agentur für Arbeit verantwortlich. Eine Beratung durch die Agentur für Arbeit muss aber trotzdem erfolgen.

8. Kostenübernahme

45 Während der Teilnahme an beruflichen Weiterbildungen entstehen Kosten für die Maßnahme (und daraus folgende Aufwendungen) und weiterhin die üblichen Lebenshaltungskosten.

8.1 Lehrgangskosten (§ 84 SGB III)

46 Als Lehrgangskosten werden die eigentlichen Gebühren für die berufliche Weiterbildung übernommen, aber auch

- Kosten für erforderliche Materialien,
- Arbeitskleidung,
- Prüfungsstücke,
- Prüfungsgebühren,
- Kosten für die Eignungsfeststellung,
- Kosten für eine notwendige sozialpädagogische Betreuung.

47 Diese Kosten rechnet zumeist der Maßnahmeträger auf Grundlage des Bildungsgutscheins direkt mit dem Amt ab. Bei betrieblichen Einzelmaßnahmen sind auch Kosten für die überbetriebliche Unterweisung, Berufsschulgebühren und Kosten für umschulungsbegleitende Hilfen zu übernehmen.

8.2 Pendelfahrten
(§ 85 SGB III iVm § 63 Abs. 1, 3 SGB III)

48 Als Fahrtkosten werden die Kosten für notwendige Fahrten zwischen Unterkunft, Bildungsstätte und Arbeitsstelle übernommen, wenn diese unterhalb des Kostendeckels (→ Rn. 54) bleiben. Es werden jeweils die Kosten übernommen, die für eine zweckmäßige Fahrt mit dem ÖPNV anfallen. Bei Nutzung eines motorbetriebenen Fahrzeugs (Auto, Motorrad, Boot, versicherungspflichtiges E-Bike) werden 0,20 EUR je Kilometer zurückgelegte Strecke (Hin- und Rückfahrt) übernommen. Es wird also folgendermaßen gerechnet: Kilometerzahl der Pendelstrecke (Hin- und Rückfahrt) x 0,20 EUR/km x Zahl der Unterrichtstage = übernommene Kosten. Bei Nutzung eines Fahrrads (auch nicht versicherungspflichtiges E-Bike/Pedelecs) werden 5 EUR/Monat übernommen, wenn mindestens einmal im Monat mit dem Rad gefahren wird. Entstehen unzumutbare Pausenzeiten zwischen Unterrichtseinheiten, kann auch mehr als eine Pendelfahrt täglich übernommen werden.

8.3 Auswärtige Unterbringung (§§ 86, 85 SGB III iVm § 63 Abs. 1, 3 SGB III)

49 Eine auswärtige Unterbringung wird als erforderlich angesehen, wenn der Maßnahmenort so weit vom Wohnort entfernt liegt, dass täglich Pendelzeiten von mehr als 2,5 Stunden (bei mehr als 6 Stunden Weiterbildungszeit) oder 2 Stunden (unter 6 Stunden Weiterbildungszeit) anfallen würden. Ist dies der Fall, ist der*die Teilnehmende an der beruflichen Weiterbildung berechtigt, am Maßnahmenort oder in dessen Tagespendelbereich eine zusätzliche Unterkunft zu nutzen, deren Kosten vom Jobcenter übernommen werden. Allerdings sind die Kosten bei 60 EUR/Tag (max. 420 EUR/Monat) für die Unterkunft und 24 EUR/Tag (max. 168 EUR/Monat) gedeckelt. Die Kosten für die auswärtige Unterkunft werden auch für Ferien und Fehlzeiten in voller Höhe der Pauschalen übernommen. Die Kosten für die Verpflegung werden aber gemindert, wenn nicht an mindestens acht Tagen an der Maßnahme am auswärtigen Ort teilgenommen wurde.

50 Ein Nachweis über die Kosten für Unterkunft und Verpflegung am auswärtigen Ort ist nicht erforderlich, da es sich dabei um Pauschalen handelt. Wer also günstiger unterkommt, hat das Geld zur freien Verfügung. Es kann sogar eine weitere Unterbringung über diese Vorschrift finanziert werden. Dies ist beispielsweise der Fall, wenn eine Maßnahme außerhalb des Tagespendelbereiches besucht wird (Unterkunft am Maßnahmenort) und eine betriebliche Lernphase wiederum außerhalb des Tagespendelbereiches sowohl des Wohn- als auch des Maßnahmenortes absolviert wird.

51 Bei einer erforderlichen auswärtigen Unterbringung werden neben den Pendelfahrten (→ Rn. 48) aber auch die Fahrtkosten für eine monatliche Familienheimfahrt für jeden vollen Kalendermonat der Teilnahme übernommen. Als „Heimfahrt" werden auch die Kosten übernommen, die ein Familienmitglied hat, wenn es zu Besuch kommt.

52 Muss bei einer auswärtigen Unterbringung aber zwingend häufiger als einmal monatlich gependelt werden (zB Maßnahmendurchführung in Abschnitten, Praktika mit notwendiger Übernachtung oder berufsbegleitende Maßnahme mit Unterricht Fr-Sa außerhalb des Tagespendelbereichs), dann werden selbstverständlich auch diese Kosten übernommen, da es sich nicht um Heimfahrten, sondern um erforderliche Fahrten handelt.

8.4 Deckelung der Fahrtkosten (§ 85 SGB III iVm § 63 Abs. 1 SGB III)

53 Bei der Deckelung der Fahrtkosten wird zwischen Fahrten mit dem ÖPNV und mit einem Kraftfahrzeug unterschieden. Bei den Fahrtkosten mit einem anderen Verkehrsmittel als dem ÖPNV gibt es eine Höchstgrenze von 130 EUR (§ 5 Abs. 1 Bundesreisekostengesetz). Diese gilt allerdings nicht für die Summe der monatlich insgesamt anfallenden Fahrtkosten, sondern jeweils für:

- Familienheimfahrten (Summe von Hin- und Rückfahrt),
- Anreise,
- Rückreise,
- tägliche Pendelfahrt (Hin- und Rückfahrt an einem Tag).

54 Die Fahrtkosten für Pendelfahrten mit dem ÖPNV und auch anderen Verkehrsmitteln sind allerdings auf die Summe gedeckelt, die bei einer auswärtigen Unterbringung für Unterkunft und Verpflegung anfallen würde – aktuell 588 EUR. Normalerweise gilt dieser Grenzwert monatlich – es werden dann maximal 588 EUR/Monat für Pendelfahrten übernommen.

8.5 Berechnung und Auszahlung der Fahrtkosten

55 Die Fahrtkosten werden monatlich gleichbleibend ausgezahlt. Dazu werden zu Beginn der Maßnahme die während der Gesamtdauer anfallenden Fahrtkosten ermittelt und dann diese Summe in Raten auf die Gesamtdauer verteilt überwiesen. Gibt es Fahrpreiserhöhungen des ÖPNV, erfolgt eine Anpassung nur, wenn die Kosten sich um monatlich mindestens 5 EUR erhöht haben.

8.6 Kosten für die Kinderbetreuung (§ 87 SGB III)

56 Kinderbetreuungskosten werden je Kind pauschal in Höhe von 160 EUR/Monat für

aufsichtsbedürftige Kinder, normalerweise bis zum 15. Geburtstag, übernommen. Da es sich um eine Pauschale handelt, entfällt die Notwendigkeit, deren Höhe nachzuweisen – es muss aber das Anfallen von Kosten nachgewiesen werden. Es kann sich dabei u.a. um Kosten für Kindergarten/Hort, Kosten für eine Tagesmutter, Mehraufwendungen für die Betreuung bei Verwandten bzw. Nachbar*innen oder um Verpflegungskosten in Tageseinrichtungen (LSG Berlin 23.10.2014 – L 8 AL 342/11) handeln. Da für Leistungsberechtigte im SGB II aufgrund der Gebührenbefreiung für die Kinderbetreuung keine Kosten für Kindergarten/Hort und auch keine Kosten für Verpflegung in den Einrichtungen (Bildungs- und Teilhabepaket) anfallen, bleiben nicht viele Möglichkeiten des Nachweises. Im Zweifel reicht die Quittung eines*r „Babysitters*Babysitterin" für die Kinder.

57 Bei der Kostenübernahme ist nicht relevant, ob die Kinderbetreuungskosten bereits vor Maßnahmenbeginn angefallen sind oder neu hinzukommen. Die Kosten müssen nicht von der Maßnahme ausgelöst worden sein (BSG 16.9.1998 – B 11 AL 19/98 R).

8.7 Lebensunterhalt

58 Das Jobcenter zahlt während der Teilnahme an einer beruflichen Weiterbildung weiter Bürgergeld nach den allgemein geltenden Regelungen.

8.8 Weiterbildungsgeld, Prämien und Bürgergeldbonus

59 Wer an einer beruflichen Weiterbildung teilnimmt, hat ab 1.7.2023 häufig Anspruch auf 150 EUR Weiterbildungsgeld und Prämien nach § 87a SGB III (bis 1.7.2023 Prämien nach § 131a SGB III) oder auf 75 EUR Bürgergeldbonus (→ 29; → 125).

9. Förderung bei gleichzeitiger Förderbarkeit durch AFBG („Aufstiegs-BAföG")

60 Hier ist klar zwischen Beschäftigten (mit mindestens 15 Wochenstunden) und Arbeitslosen (bzw. Beschäftigten mit weniger als 15 Wochenstunden) zu unterscheiden. Kann eine berufliche Weiterbildung von Beschäftigten auch durch Leistungen nach dem AFBG – üblicherweise Aufstiegs-BAföG genannt – gefördert werden, ist eine Förderung als Maßnahme zur beruflichen Weiterbildung ausgeschlossen (§ 16 Abs. 2 S. 3 SGB II). Dieser Ausschluss gilt aber nicht für Arbeitslose und Beschäftigte mit weniger als 15 Wochenstunden – sie können sogar beide Förderungen parallel erhalten. Somit können mit AFBG und mit Bildungsgutschein förderbare Fortbildungen für diese Gruppe sogar besonders attraktiv sein.

61 Nach dem AFBG förderbar sind vor allem Techniker-, Fachwirt- und Meisterausbildungen, aber auch Fortbildungen zB zum*r Erzieher*in. Insgesamt sind aktuell über 700 Fortbildungsabschlüsse umfasst. Zumeist ist eine abgeschlossene Berufsausbildung Voraussetzung, aber auch für Menschen mit abgebrochenem Studium ist ein Zugang zu dieser Leistung möglich.

9.1 Höhe der Leistungen nach dem AFBG

62 Das AFBG enthält bei Vollzeitmaßnahmen einen monatlichen Vollzuschuss zum Lebensunterhalt von aktuell 963 EUR für Alleinstehende. Die Summe erhöht sich um 235 EUR für den*die jeweilige*n Partner*in bzw. Ehegatten*Ehegattin und um 235 EUR je Kind. Zusätzlich gibt es für Alleinerziehende mit Kindern bis zum 14. Geburtstag einen Kinderbetreuungszuschlag von 150 EUR (§ 10 Abs. 3 AFBG). Einkommen wirkt sich allerdings oberhalb von Freibeträgen senkend auf den Zuschuss zum Lebensunterhalt des AFBG aus.

63 Diese Leistungen werden als Zuschussleistungen nicht zurückgefordert, selbst wenn die Fortbildung abgebrochen werden sollte. Lehrgangs- und Prüfungsgebühren (inkl. Meisterstück) werden zu 50 Prozent übernommen, für den Rest gibt es ein Darlehen der KfW (§ 12 Abs. 1 AFBG). Bei bestandener Prüfung werden vom Darlehensanteil noch einmal 50 Prozent erlassen, so dass nur noch 25 Prozent der Lehrgangs- und Prüfungsgebühren als Restschuld bleiben (§ 13 Abs. 1 AFBG). Bei hauptberuflicher Existenzgründung innerhalb von drei Jahren nach Abschluss der nach AFBG geför-

derten Fortbildung wird das Darlehen vollständig erlassen (§ 13 Abs. 2 AFBG).

64 Sollte der Zuschuss zum Lebensunterhalt nicht zum Leben ausreichen, ist eine Ergänzung des AFBG durch andere Sozialleistungen möglich. Selbstverständlich handelt es sich beim AFBG um Einkommen, das bei den anderen Leistungen angerechnet wird.

9.2 Anrechnung im Bürgergeld

65 Wer AFBG-Leistungen bezieht, ist zumeist nicht aus dem SGB II ausgeschlossen. Ist die berufliche Fortbildung, so wie die meisten mit AFBG förderbaren Weiterbildungen, grundsätzlich nicht mit BAföG förderbar, besteht auch kein Leistungsausschluss (§ 7 Abs. 5 SGB II; FW 7.162). Ist die Ausbildung grundsätzlich förderbar, besteht in den meisten Fällen kein Ausschluss nach § 7 Abs. 6 Nr. 2 lit. b SGB II. Das AFBG ist grundsätzlich auf BAföG anrechenbares Einkommen und wenn nur aus diesem Grund (kein anderer Leistungsausschluss aus dem BAföG) kein BAföG fließt, besteht kein Leistungsausschluss (FW 7.165).

66 Angerechnet werden nach FW 11.96 als Leistungen zur Ausbildungsförderung nach § 11a Abs. 3 Nr. 3 SGB II nur der Zuschuss zum Lebensunterhalt inkl. der Anteile für Partner*in und Kind/er als Einkommen des beziehenden Elternteils. Nicht angerechnet wird der Kinderbetreuungszuschlag für Alleinerziehende und der Maßnahmenbeitrag, da es sich um Leistungen für einen anderen Zweck handelt. Auf die angerechnete Summe gibt es einen Freibetrag von mindestens 100 EUR, wenn nicht die Absetzbeträge nach § 11b Abs. 1 S. 1 Nr. 3–5 SGB II einen höheren Betrag ergeben. Dieser Freibetrag entfällt, wenn der*die AFBG-Beziehende parallel auch noch erwerbstätig ist (§ 11b Abs. 2 S. 5 SGB II).

67 Handelt es sich bei dem*r Fortbildungsteilnehmenden um einen Elternteil oder eine*n Partner*in, wird das AFBG innerhalb der Bedarfsgemeinschaft nach den allgemeinen Regeln verteilt, handelt es sich aber um ein Kind unter 25 Jahren, das noch Teil der Bedarfsgemeinschaft ist, wird der Unterhaltsbeitrag nur bei diesem als Einkommen angerechnet.

68 Bürgergeld kann für AFBG-Beziehende attraktiv sein, denn das Jobcenter übernimmt immer auch die Kosten für die Kranken- und Pflegeversicherung, die außerhalb der Familienversicherung im Rahmen der freiwilligen Krankenversicherung anfallen würden. Außerdem werden nach individueller Berechnung ggf. auch höhere Kosten der Unterkunft, Mehrbedarfe und Einmalleistungen gewährt.

69 Des Weiteren kann das Jobcenter dem Dokument „Häufig gestellte Fragen zur Aufstiegsfortbildung im SGB II" der Bundesagentur für Arbeit vom 22.12.2021 zufolge (abrufbar unter: https://harald-thome.de/files/pdf/redakteur/BA_FH/faq-aufstiegsfortbildungen-im-sgb-ii_ba147294.pdf) für Arbeitslose und Beschäftigte mit weniger als 15 Wochenstunden (Förderung nach § 81 SGB III) ergänzend folgende Kosten übernehmen, wenn die Maßnahme und der Träger AZAV-zertifiziert sind:

- Fahrkosten,
- Kosten für auswärtige Unterbringung,
- Übernahme der nicht vom AFBG-Zuschuss abgedeckten Anteile an den Maßnahmenkosten,
- Kosten für Eignungsfeststellung,
- Kosten für Prüfungsobjekte,
- Materialkosten,
- Weiterbildungsgeld und Prämien (→ 125),
- sozialpädagogische Begleitung – sofern im Einzelfall erforderlich –,
- Kinderbetreuungskosten.

70 Damit steht die durch AFBG geförderte Maßnahme in Kombination mit einem Bildungsgutschein am Ende mindestens so gut da wie eine nur durch einen Bildungsgutschein geförderte Maßnahme.

9.3 Anrechnung beim Wohngeld

71 Häufig ist Wohngeld für Beziehende von Aufstiegs-BAföG wesentlich attraktiver als Bürgergeld. Beim Wohngeld wird nur die Hälfte des Zuschusses zum Lebensunterhalt (963 EUR + je 235 EUR für Partner*in/Kind) als Einkommen angerechnet, der Kinderbetreuungszuschlag und auch der Maßnahmenbeitrag werden wie im Bürgergeld gar nicht angerechnet (§ 14 Abs. 2 Nr. 27 lit. e WOGG).

Dies führt dazu, dass das Wohngeld verhältnismäßig hoch ausfällt: Ist es höher als das Bürgergeld, ist es vorrangig. Ist die Summe des Wohngelds (ggf. inkl. Kinderzuschlag) aber weniger höher als der Beitrag zur freiwilligen Krankenversicherung, ergibt sich ein Anspruch auf einen Zuschuss zu den Krankenversicherungsbeiträgen nach § 26 Abs. 1 SGB II und das Jobcenter ist zuständig.

9.4 Anrechnung beim Kinderzuschlag

72 Für Eltern die eine AFBG-Fortbildung absolvieren, ist auch ein paralleler Bezug von Kinderzuschlag möglich, dieser liegt aktuell bei maximal 250 EUR je kindergeldberechtigtes Kind. Das AFBG wird dort wie im SGB II als Elterneinkommen angerechnet (→ Rn. 66) und bereinigt. Liegt das bereinigte Elterneinkommen über dem Elternbedarf, mindert es (genauso wie bereinigtes Kindereinkommen außer Kindergeld) den maximalen Kinderzuschlag um 45 Prozent. Die Summe aus Kinderzuschlag und Wohngeld kann wesentlich höher liegen als ein Anspruch auf Bürgergeld und ist dann auch vorrangig.

73 **Tipp:** Wer arbeitslos oder unter 15 Stunden erwerbstätig ist, Anspruch auf eine Förderung mit Aufstiegs-BAföG und mit Bildungsgutschein hat und eine berufliche Weiterbildung besuchen will, kann dies geschickt nutzen. Er*sie klärt dies mit dem Jobcenter ab und bekommt einen Bildungsgutschein, parallel beantragt er*sie eine Förderung nach dem AFBG. Ist der Gutschein eingelöst und die Förderung durch das Jobcenter und das Aufstiegs-BAföG bewilligt, ist die Übernahme der durch das AFBG nicht übernommenen Weiterbildungskosten durch das Jobcenter gesichert (§§ 83–87 SGB III; → Rn. 46–57). Diese Kostenübernahme bleibt auch bestehen, wenn der*die Weiterbildungsteilnehmende nach Antritt der Maßnahme keine Leistungen mehr durchs Jobcenter bezieht (Leistungen des Jobcenters gelten mit Bewilligungsbescheid nach Einlösung des Bildungsgutscheins schon als erbracht, auch wenn eine spätere Auszahlung geschieht). Zwar werden in diesen Fällen ein Weiterbildungsgeld und die Prämien für einen Verbleib im SGB II sprechen, aber häufig machen insbesondere bei längeren Maßnahmen die wesentlich höheren Leistungen

des Wohngelds (→ Rn. 71) und ggf. des Kinderzuschlags einen Wechsel dennoch attraktiv – das Amt wird dies in den meisten Fällen so nicht im Blick haben und auf die eigentlich vorrangigen Leistungen verweisen.

10. Sprachkurs

74 Der Sprachkurs ist an sich keine Maßnahme zur beruflichen Weiterbildung, hat aber einen starken beruflichen Bezug, da nicht vorhandene oder schlechte Sprachkenntnisse zu wesentlich schlechteren Chancen auf dem Arbeitsmarkt führen. Daher soll das Jobcenter nach § 3 Abs. 4 SGB II vorrangig vor der Unterstützung zur Vermittlung in Arbeit – es wird davon ausgegangen, dass der Sprachkurs für eine dauerhafte Vermittlung erforderlich ist – das Ziel verfolgen, dass Sprachkurse besucht werden.

75 Bei nicht ausreichenden Deutschkenntnissen soll das Jobcenter auf Teilnahme am Integrationskurs nach § 43 AufenthG hinwirken. Dessen Ziel ist die Vermittlung allgemeiner Sprachkompetenz auf dem Niveau B1 sowie die Vermittlung von Kenntnissen über die Rechtsordnung, Kultur und Geschichte Deutschlands. Sprachlich sollen die Teilnehmenden nach Abschluss des Kurses in der Lage sein, sich im Alltag selbstständig zurechtzufinden, Gespräche zu führen und schriftlich kommunizieren zu können. Sind für eine Integration in den Arbeitsmarkt über das Niveau B1 hinausgehende sprachliche Kompetenzen erforderlich, soll das Jobcenter darauf hinwirken, dass weiterführende Berufssprachkurse nach § 45a AufenthG besucht werden, die dem Erwerb arbeitsweltlicher sprachlicher Kompetenzen dienen.

76 Bezüglich der Teilnahmeberechtigung für den bzw. Verpflichtung zum Integrationskurs gelten die Regelungen der §§ 44, 44a AufenthG, für berufsbezogene Sprachkurse des § 45a AufenthG, sowie die entsprechenden Verordnungen.

11. Leistungen zur Teilhabe am Arbeitsleben

77 Behinderte oder von Behinderung bedrohte Menschen können Anspruch auf Leistungen zur Teilhabe am Arbeitsleben haben:

Diese sollen hierdurch soweit wie möglich ebenso erwerbs- und konkurrenzfähig werden wie eine nicht behinderte Person. Anspruch auf diese Leistungen haben behinderte Menschen nach § 2 SGB IX. Die Behinderung muss aber für einen Anspruch auf Leistungen zur Teilhabe am Arbeitsleben noch nicht eingetreten sein – es reicht aus, wenn diese mit ausreichend hoher Wahrscheinlichkeit eintreten wird (§ 19 Abs. 2 SGB III).

78 Für diese Gruppe gibt es mit den Leistungen zur Teilhabe am Arbeitsleben ein großes Paket an Unterstützungsmöglichkeiten, das sich aus allgemeinen Leistungen, die auch Nichtbehinderte in Anspruch nehmen können, und besonderen Leistungen zusammensetzt (§ 113 SGB III).

79 Für Reha-Leistungen kann aber nicht nur die Agentur für Arbeit als Rehabilitationsträger zuständig sein, sondern auch andere, vor allem die Renten- und Krankenversicherungen. Eine vollständige Liste der Träger findet sich in § 6 SGB IX. Um den Betroffenen Zuständigkeitsstreitigkeiten zu ersparen, erhalten sie alle Leistungen zur Teilhabe „aus einer Hand". Sie stellen ihren Antrag bei einem der Rehabilitationsträger und diese klären dann intern in einem raschen Verfahren (2–3 Wochen) ab, welcher Träger als Ansprechpartner für alle diesbezüglichen Leistungen zuständig ist (§§ 14 ff. SGB IX, § 25 SGB IX).

80 Tipp: Bereits im Antrag sollte möglichst klar beschrieben sein, welche Leistungen beantragt werden. Wichtig ist, alle notwendigen vorhandenen Unterlagen (zB Gutachten, Arztberichte) gleich mit einzureichen. Erst, wenn alle erheblichen Unterlagen vorliegen, beginnt die Frist zur Klärung der Zuständigkeit zu laufen.

81 Ist die Zuständigkeit geklärt, wird im nächsten Schritt der Rehabilitationsbedarf ermittelt (§ 13 SGB IX). Diese Bedarfsermittlung umfasst insbesondere die Abklärung, ob eine Behinderung vorliegt oder droht, welche Auswirkungen die Behinderung auf die Teilhabe am Arbeitsleben hat, welche Ziele mit Leistungen zur Teilhabe erreicht werden sollen und welche Leistungen dafür voraussichtlich erfolgreich sein werden.

Ergeben sich später noch weitere Teilhabebedarfe, soll der Rehabilitations-Träger aktiv auf eine Antragsstellung hinwirken (§ 9 Abs. 1 S. 3 SGB IX, § 12 Abs. 1 S. 1 SGB IX). Die Ergebnisse der Bedarfsfeststellung werden nach deren Abschluss dem*r Betroffenen schriftlich mitgeteilt. Hierfür gibt es klar einzuhaltende Fristen (§ 14 Abs. 2 SGB IX).

82 Sind für die Rehabilitation Leistungen verschiedener Träger oder verschiedener Leistungsgruppen erforderlich oder wünscht der*die Betroffene dies, wird ein Teilhabeplan erstellt (§ 19 SGB IX). Handelt es sich um komplexe Fälle, kann der zuständige Rehabilitationsträger mit Einverständnis des*r Betroffenen eine Teilhabeplankonferenz einberufen (§ 20 SGB IX).

83 Im Folgenden beschränken sich die Hinweise rein auf die Leistungen zur beruflichen Weiterbildung. Diese werden bei Leistungen durch die Agentur für Arbeit in Form von allgemeinen und besonderen Leistungen erbracht. Zu den allgemeinen Leistungen gehören auch die bereits oben vorgestellten Leistungen zur beruflichen Weiterbildung, die auch Nichtbehinderte in Anspruch nehmen können. Hier gibt es aber zum Teil spezielle Erleichterungen für behinderte Menschen – diese sind vor allem in § 116 SGB III festgehalten. Das sind unter anderem:

- Es können berufliche Weiterbildungen auch gefördert werden, wenn behinderte Menschen nicht arbeitslos sind oder noch keine drei Jahre erwerbstätig waren (§ 116 Abs. 6 SGB III).
- Die Förderungsdauer kann länger sein als bei nicht behinderten Menschen, auch eine wiederholte Teilnahme ist möglich (§ 116 Abs. 6 Nr. 3 SGB III).
- Es können auch Aus- und Weiterbildungen gefördert werden, die nicht zu einem normalen anerkannten Ausbildungsabschluss führen (§ 116 Abs. 2 SGB III).
- Die Förderung kann weiterlaufen, auch wenn Ausbildungen länger dauern als bei nicht behinderten Menschen oder eine teilweise oder vollständige Wiederholung erforderlich ist (§ 116 Abs. 5 SGB III).
- Eine berufliche Weiterbildung für schwerbehinderte Beschäftigte ist nach § 82 Abs. 1 S. 4 SGB III auch möglich, wenn es

124 Weiterbildung (berufliche)

nicht um eine Weiterbildung in einen Engpassberuf oder um eine vom Strukturwandel betroffene Tätigkeit geht. Es müssen nur die Bedingungen von § 82 Abs. 1 S. 1 SGB III eingehalten werden.

84 Die besonderen Leistungen zur Teilhabe am Arbeitsleben (§ 118 SGB III) sind:
- Übergangsgeld (§§ 119–121 SGB III):
Übergangsgeld wird typischerweise während der beruflichen Rehabilitation gezahlt, wenn der*die Betroffene mindestens 12 Monate innerhalb der letzten drei Jahre sozialversicherungspflichtig tätig war – Ausnahmen sind möglich – oder Alg I erhalten hat.
- Ausbildungsgeld (§§ 122–126 SGB III):
Wird Übergangsgeld aus verschiedenen Gründen nicht gezahlt, ist für Menschen in Ausbildung, einer betrieblichen Qualifizierung im Rahmen der unterstützten Beschäftigung, in berufsvorbereitenden Bildungsmaßnahmen, einer Grundausbildung oder im Eingangs-/Berufsbildungsbereich einer Werkstatt für behinderte Menschen die Zahlung von Ausbildungsgeld möglich.
- Übernahme der Teilnahmekosten für eine Maßnahme und sonstige Hilfen (§§ 127–128 SGB III):
Sind spezielle Maßnahmen zur Teilhabe am Arbeitsleben erforderlich, werden diese Kosten anhand der Regelungen aus dem SGB IX übernommen. Diese können insbesondere Lehrgangskosten, Lernmittel, Arbeitsausrüstung, Unterkunft und Verpflegung, Reisekosten, Kosten einer Haushaltshilfe, Kinderbetreuungskosten, einschränkungsausgleichende Kosten wie zB die Kosten für eine*n Gebärdensprachendolmetscher*in für den Berufsschulunterricht, Kraftfahrzeughilfe (Anschaffung und Umrüstung eines Fahrzeugs und Führerschein), Arbeitsassistenz für bis zu drei Jahre, Hilfsmittel und technische Arbeitshilfen (Rampen, aber auch Hörgeräte, wenn für die Berufsausübung erforderlich) und Leistungen für Unterkunft und Verpflegung bei auswärtiger Unterbringung umfassen.

85 Vom Jobcenter werden die meisten dieser Leistungen übernommen – welche genau dies sind, ist in § 16 Abs. 1 S. 3 SGB II geregelt. Übergangsgeld und Ausbildungsgeld sind jedoch als Leistungen durch das Jobcenter nicht möglich.

86 Da es sich bei den Leistungen zur Teilhabe am Arbeitsleben um sehr vielfältige Hilfen handelt, ist für Betroffene und ihre Angehörigen eine Beratung bei einer unabhängigen Teilhabeberatungsstelle (§ 32 SGB IX) absolut zu empfehlen. Beratungsstellen sind online im Beratungsatlas der EUTB (Ergänzende Unabhängige Teilhabe-Beratung) zu finden (abrufbar unter: www.teilhabeberatung. de/beratung/beratungsangebote-der-eutb; einen guten Überblick über Teilhabe- und Inklusionsleistungen finden Sie unter: www.re hadat.de).

12. Leistungen im Zusammenhang mit beruflicher Erstausbildung

87 Da es sich bei den Leistungen im Zusammenhang mit beruflicher Erstausbildung nicht um berufliche Weiterbildungen handelt, aber um Unterstützungen zur Erlangung eines Berufsabschlusses, sollen diese hier kurz erwähnt werden. Sie können eine Option sein, wenn eine berufliche Weiterbildung noch nicht möglich ist, da die Mindesterwerbstätigkeit von drei Jahren noch nicht erfüllt ist.

12.1 Maßnahmen zur Berufsvorbereitung

88 - Berufsvorbereitende Bildungsmaßnahmen – „BvB" (§ 51 SGB III):
Diese Maßnahmen für junge Menschen nach Erfüllung der Schulpflicht haben den Zweck, auf die Aufnahme einer Berufsausbildung vorzubereiten oder, wenn eine Berufsausbildung aus persönlichen Gründen aktuell nicht möglich ist, einen Einstieg in ein Arbeitsverhältnis zu erleichtern. Eine BvB kann dabei auch die Nachholung des Hauptschulabschlusses enthalten. Neben der klassischen BvB gibt es mit BvB-Pro eine Sonderform mit produktionsorientiertem Ansatz. Diese richtet sich speziell an junge Menschen mit vielfältigen Hemmnissen (insbesondere Schulmüdigkeit), die noch nicht

ausbildungs- und berufsgeeignet sind. Während dieser Maßnahmen ist ein Anspruch auf Berufsausbildungsbeihilfe gegeben (→ Rn. 89).

- **Einstiegsqualifizierung – „EQ"** (§ 54a SGB III):
Einstiegsqualifizierungen sind eine Art betriebliches Langzeitpraktikum von 6–12 Monaten, welches zur Vermittlung von Grundlagen beruflicher Tätigkeiten dienen soll. Dieses soll im Idealfall die Inhalte des ersten Ausbildungsjahres abbilden und zu einer direkten Übernahme in eine betriebliche Ausbildung führen. In der Zeit der EQ wird der Arbeitgeber mit einem Vergütungszuschuss von maximal 262 EUR und den Gesamtsozialversicherungskosten unterstützt.

12.2 Maßnahmen zur Unterstützung der Berufsausbildung

89 ■ **Berufsausbildungsbeihilfe – „BAB"** (§§ 56–72 SGB III):
Diese finanzielle Leistung zum Lebensunterhalt und für Bedarfe durch die Ausbildung soll Azubis in einer Ausbildung oder einer BvB unterstützen.
Diese Leistung wird üblicherweise nur für die duale berufliche Erstausbildung gezahlt, wenn der*die Auszubildende nicht bei seinen*ihren Eltern wohnt (Ausnahme für Behinderte: § 116 Abs. 3 SGB III). Bei der Teilnahme an einer BvB gilt diese Bedingung aber nicht.
Azubis können ihren Anspruch mit dem BAB-Rechner grob ermitteln (abrufbar unter: www.babrechner.arbeitsagentur.de).

- **Außerbetriebliche Berufsausbildung – „BaE"** (§ 76 SGB III):
Die BaE dient dem Ziel, jungen Menschen, die aus diversen Gründen nicht in der Lage sind, eine reguläre betriebliche Ausbildung zu absolvieren, eine Ausbildung zu ermöglichen. Dies können unter anderem lernbeeinträchtigte, verhaltensauffällige und psychisch beeinträchtigte junge Menschen sein,

aber auch Ausbildungsabbrechende einer betrieblichen Ausbildung.

- **Zuschüsse zur Ausbildungsvergütung behinderter Menschen (§ 73 SGB III):**
Arbeitgeber, die Menschen mit Behinderung aus- oder weiterbilden, können Zuschüsse zu deren Ausbildungsvergütung erhalten.

12.3 Individuelle Unterstützung vor und während der Ausbildung/EQ: Assistierte Ausbildung (§§ 74–75a SGB III)

90 Die Assistierte Ausbildung soll junge Menschen unterstützen, die ohne Hilfe keine Berufsausbildung aufnehmen, fortsetzen oder erfolgreich abschließen können.
Sie kann eingesetzt werden, um

- die Aufnahme einer betrieblichen Ausbildung/EQ zu unterstützen (Vorphase),
- die betriebliche Ausbildung/EQ zu stabilisieren (begleitende Phase),
- nach Abbruch einer betrieblichen Ausbildung bis zur Aufnahme einer neuen Ausbildung zu unterstützen (begleitende Phase).

91 Es sind über die Assistierte Ausbildung für Betriebe und Auszubildende in der begleitenden Phase verschiedene Unterstützungsleistungen möglich:

- individuelle und kontinuierliche sozialpädagogische Unterstützung,
- Maßnahmen zur Stabilisierung der Ausbildung/EQ,
- Bildungs- und Stützunterricht:
Dieser kann sowohl allgemeinbildende Inhalte, Sprachkompetenz, aber auch fachtheoretische Themen beinhalten. Fachpraxis kann in diesem Rahmen nicht vermittelt werden. Es ist sowohl Einzel- auch Gruppenunterricht möglich; sowie
- Unterstützung für die ausbildenden Betriebe (§ 75 Abs. 7 SGB III).

92 Die Vorphase der Assistierten Ausbildung richtet sich an junge Menschen, die ihre berufliche Wahl schon getroffen haben. Im Rahmen dieser Vorphase (max. 6–8 Monate) werden Unterstützungsleistungen zur Aufnahme einer Berufsausbildung als Ziel erbracht. Dies können zB Profiling, Be-

werbungstraining, Praktika, aber auch Unterstützung von Betrieben bei der Erledigung von Formalitäten und beim Vertragsabschluss sein.

125 Weiterbildungsgeld und -prämie

1. Weiterbildungsgeld und -prämie....... 1
1.1 Weiterbildungsprämie 2
1.2 Weiterbildungsgeld 5

1. Weiterbildungsgeld und -prämie

1 Wer eine abschlussbezogene berufliche Weiterbildung (→124 Rn. 26) absolviert, bekommt ab 1.7.2023 Weiterbildungsgeld in Höhe von 150 EUR und Prämien für bestandene Prüfungen. Für Maßnahmen, die diesen Anforderungen nicht genügen, kann für Bürgergeldempfänger*innen bei Vorliegen der entsprechenden Voraussetzungen ein Bürgergeldbonus (→ 29) gezahlt werden.

1.1 Weiterbildungsprämie

2 Die Weiterbildungsprämie in Höhe von
- 1000 EUR für die bestandene Zwischenprüfung und
- 1500 EUR für erfolgreich abgelegte Abschlussprüfung

bei Teilnahme an einer berufsabschlussbezogenen Weiterbildung nach § 81 SGB III ist keine neue Leistung. Diese ist nun aber von § 131a Abs. 3 SGB III nach § 87a Abs. 1 SGB III verschoben worden und wurde dabei etwas konkretisiert und entfristet – ansonsten wäre sie Ende 2023 ausgelaufen. Die neue Regelung gilt für alle Fortbildungen, die ab 1.7.2023 beginnen. Die alte Regelung des § 131a Abs. 3 SGB III gilt aber nach § 456 Abs. 2 SGB III für alle weiter, die ihre Fortbildung vor dem 1.7.2023 beginnen werden oder begonnen haben.

3 Voraussetzung in beiden Fassungen ist allerdings:
- die Teilnahme an einer Maßnahme, die zu einem anerkannten Ausbildungsabschluss führt, für den nach bundes- oder landesrechtlichen Vorschriften eine Mindestausbildungsdauer von mindestens zwei Jahren festgelegt ist.

Das bedeutet explizit nicht, dass die berufliche Weiterbildung auch zwei Jahre dauern müsste. Es kann sich beispielsweise um Umschulungen, Vorbereitungslehrgänge auf Externen- bzw. Nichtschülerprüfungen und Teilqualifikationen handeln, sowie

- das Bestehen der jeweiligen Prüfung:
Es werden nur Prämien für Prüfungen gezahlt, die nach ausbildungsrechtlichen Vorschriften vorgesehen sind.

Achtung: Bei Umschulungen, bei denen keine Zwischenprüfung vorgesehen ist, kann dennoch eine solche Prämie gezahlt werden, wenn eine bisher erfolgreiche Teilnahme bestätigt wird.

Unter Zwischenprüfung ist auch der bestandene erste Teil einer gestreckten Abschlussprüfung nach § 44 BBiG bzw. Gesellenprüfung nach § 36a HwO zu verstehen, die in einigen Berufen verwendet wird, um auch die Leistungen in der „Zwischenprüfung" in die Endnote einbeziehen zu können. Eine bestandene Externenprüfung ist als bestandene Abschlussprüfung zu sehen.

4 Nach § 11a Abs. 3 SGB II sind diese Prämien **nicht als Einkommen** im SGB II anzurechnen.

1.2 Weiterbildungsgeld

5 Das Weiterbildungsgeld in Höhe von 150 EUR nach § 87a Abs. 2 SGB III ist eine neue Leistung aus der Bürgergeld-Reform, die **zum 1.7.2023** in Kraft tritt. Für Maßnahmen, die den Anforderungen der Weiterbildungsprämie genügen (→ Rn. 3), gibt es monatlich 150 EUR Weiterbildungsgeld. Diese Leistung gibt es nach § 456 Abs. 1 SGB III nicht nur für Teilnehmende, die ab 1.7.2023 eine entsprechende Maßnahme aufnehmen werden, sondern auch für diejenigen, die dann bereits an einer teilnehmen.

6 Diese Regelung wird nach § 16 Abs. 3b SGB II ab 1.7.2023 nicht nur auf Erwerbslose (wie im SGB III) angewandt, sondern auch auf Bürgergeldempfänger*innen, die ihr Erwerbseinkommen mit Bürgergeld ergänzen

und parallel eine Maßnahme absolvieren. Sie bekommen das nach § 11a Abs. 3 SGB III anrechnungsfreie Weiterbildungsgeld folglich zusätzlich zu den Freibeträgen auf das Erwerbseinkommen.

126 Widerspruch

1. Widerspruch gegen Verwaltungsakte .. 1
1.1 Grundlagen 1
1.2 Widerspruch gegen die Vorbereitung eines Verwaltungsakts? 7
2. Widerspruchsverfahren 8
2.1 Zuständigkeit bei Widersprüchen 9
2.2 Wie ein Widerspruch einzulegen ist 15
2.3 Schriftliche Form notwendig/ Verfristung 18
2.4 Wo ein Widerspruch einzulegen ist 23
3. Fristen 25
3.1 Bei Bescheiden mit Rechtsmittelbelehrung 26
3.2 Bei Bescheiden ohne Rechtsmittelbelehrung 30
3.3 Zugang des Widerspruchs beweisen 31
3.4 Wiedereinsetzung in den vorherigen Stand 35
4. Der Bescheid ist bestandskräftig 36
4.1 Widerspruch verfristet: Umdeutung als Überprüfungsantrag 37
5. Aufschiebende Wirkung eines Widerspruchs 38
5.1 Ausnahmerecht für Bürgergeldbeziehende 39
5.2 HzL/GSi der Sozialhilfe 42
5.3 Wiederherstellung der aufschiebenden Wirkung 43
6. Bearbeitungsfristen von Widersprüchen 45
7. Widerspruchsbescheid und Klage 46
8. Anwaltliche Beratungshilfe für das Widerspruchsverfahren und Kostenerstattung 48
9. Forderung 49
10. Informationen 50

1. Widerspruch gegen Verwaltungsakte

1.1 Grundlagen

1 Gegen Verwaltungsakte ist Widerspruch möglich und zulässig (§ 62 SGB X, § 84 SGG). Ein Verwaltungsakt ist jede Verfügung, Entscheidung oder andere hoheitliche Maßnahme, die eine Behörde zur Regelung eines Einzelfalles auf dem Gebiet des öffentlichen Rechts trifft und die auf **unmittelbare Rechtswirkung** nach außen (Behörde – Bürger*in) gerichtet ist (§ 31 SGB X). Auch mündliche Ablehnungen sind Verwaltungsakte (§ 31 SGB X; → 22 Rn. 3 ff.). Um Widerspruch einzulegen, müssen Sie nicht warten, bis Sie einen Bescheid haben. Allerdings empfiehlt es sich im Regelfall, auf einen schriftlichen Bescheid/Verwaltungsakt mit einem Widerspruch entgegenzutreten, denn sonst kann es sein, dass das Amt bestreitet, dass es überhaupt eine mündliche Ablehnung gab. Hier liegt die Beweislast bei Ihnen und Sie werden, außer wenn Zeug*innen dabei gewesen sind, ein Beweisproblem haben. Ansonsten gilt: Ein mündlicher Verwaltungsakt muss bei unverzüglichem Verlangen schriftlich vom Amt bestätigt werden (§ 33 Abs. 2 SGB X). Sie können auch gegen jede **Handlung** einer Behörde mit **Außenwirkung** Widerspruch einlegen, wenn Sie damit nicht einverstanden sind.

2 Vorsicht: So sind Eingliederungsvereinbarungen, ab 1.7.2023: Kooperationsplan, → 35 öffentlich-rechtliche Verträge (→ 83), da diese zweiseitig sind. Erklärungen, Anhörungsverlangen, Ankündigungen zu später zu erlassenden Verwaltungsakten (→ 12), Kostensenkungsaufforderungen bezüglich der Unterkunftskosten u.a. sind keine Verwaltungsakte, da diese nur über eine später eintretende, „unmittelbare Rechtswirkung nach außen" informieren (BSG 15.5.2016 – B 4 AS 36/15 R). Dagegen können Sie keinen Widerspruch einlegen. Hier hilft es aber gerade bei den Kostensenkungsaufforderungen einen Antrag auf Feststellung einzulegen. Schreiben Sie einfach beim Widerspruch hinzu: „Hilfsweise wird beantragt festzustellen, dass zB die Kostensenkung rechtswidrig ist".

3 Wenn Sie einen Verwaltungsakt der Behörde für falsch halten, sollten Sie innerhalb eines Monats Widerspruch einlegen. Richtet sich dieser gegen einen schriftlichen Bescheid, können Sie damit verhindern, der Bescheid **bestandskräftig** wird und Bindungswirkung entfaltet (§ 77 SGG). Mit dem Widerspruch fängt der Rechtsweg an. Das Widerspruchsverfahren wird auch **Vorver-**

fahren genannt, dh das Verfahren vor der Klage (→ 64).

4 Wenn die Behörde Ihrem Widerspruch „stattgibt", erhalten Sie die zu Unrecht vorenthaltene Leistung nachgezahlt. Die Nachzahlung darf nicht als Einkommen (→ 37) auf Ihre laufende Leistung angerechnet werden (§ 11a Abs. 1 Nr. 1 SGB II, § 82 Abs. 1 Satz 1 SGB XII).

5 Der vermehrt auch durch behördlich und gerichtliche Entscheidung geförderte „Trick", Widersprüche für unzulässig zu erklären oder abzuweisen, da ja der Verwaltungsakt nur vorläufig war und gem. § 41 Abs. 5 SGB II zwischenzeitlich durch Ablauf der Jahresfrist endgültig geworden ist, wurde durch BSG (BSG 18.5.2022 – B 7/14 AS 1/21 R, Rn. 15 ff.) für unzulässig erklärt.

6 Zusammenfassend ist anzumerken, dass die Vorgehensweise von Behörden, Widersprüche als unzulässig zu werten, in der Rechtsprechung oft keinen Bestand hat. Wegen des Gebotes, dass ihre Schreiben nach Günstigkeitsprinzip und nicht nach verfahrensrechtlicher Paragrafenreiterei zu werten sind, gilt der Grundsatz: „Wer schreibt, der bleibt".

1.2 Widerspruch gegen die Vorbereitung eines Verwaltungsakts?

7 Sie müssen trennen zwischen einem Verwaltungsakt, der mit einem Bescheid (→ 22) abgeschlossen wird und den Handlungen der Behörde, die einen Verwaltungsakt erst vorbereiten. Wenn Sie zB aufgefordert werden, Ihre Unterkunftskosten zu senken (→ 75 Rn. 4 ff.), weil diese angeblich zu hoch sind, oder wenn Ihnen eine unzumutbare Stelle angeboten wird, können Sie dagegen noch keinen Widerspruch einlegen (BSG 7.11.2006 – B 7b AS 10/06 R). Es handelt sich noch nicht um einen Verwaltungsakt, weil diese Aufforderungen noch keine Rechtswirkung nach außen entfalten, wie der darauffolgende Bescheid, der dann die Kürzung der Miete oder eine Sanktion (→ 95) festsetzt. Wenn das Jobcenter Ihren Einwendungen gegen die Kostensenkungsaufforderung nicht folgt und ablehnt, ist, wenn das Jobcenter durch Bescheid den Rechtsweg eröffnet, ein Widerspruch möglich. Ebenso ist hier ausnahmsweise (weil ja noch nichts passiert ist) mit einer Feststellungsklage vor Absenkung der Leistung gegen die JC-Kostensenkungsaufforderung vorzugehen (BSG 15.6.2016 – B 4 AS 36/15 R).

2. Widerspruchsverfahren

8 Für einen formgerechten Widerspruch gibt es einige Aspekte zu beachten, die im Folgenden dargelegt werden.

2.1 Zuständigkeit bei Widersprüchen

9 Widersprüche werden im Regelfall zunächst von der gleichen zuständigen Stelle bearbeitet, die den zugrunde liegenden Bescheid erlassen hat. Will der*die Sachbearbeiter*in dem Widerspruch nicht stattgeben, muss er*sie idR die Zustimmung des*r Vorgesetzten einholen. Will auch diese*r nicht stattgeben, kommt der Widerspruch idR zur Rechts- bzw. Widerspruchsstelle.

10 Bevor der Widerspruch dorthin weitergeleitet wird, werden Sie oft zu einer schriftlichen **Anhörung** aufgefordert (§ 24 SGB X). Diese dient lediglich dazu, Sie umzustimmen, den Widerspruch „freiwillig" zurückzuziehen. In vielen Fällen werden Widerspruchsführer*innen sogar zum persönlichen Termin aufs Jobcenter geladen, um sie zu überreden oder unter Druck zu setzen, den Widerspruch zurückzuziehen. Darauf dürfen Sie sich keinesfalls einlassen. Sie haben einen Rechtsanspruch auf einen regulären, begründeten **Widerspruchsbescheid**. Im Jahr 2021 wurden 439.800 Widersprüche und 48.800 Klagen eingelegt, von denen jeweils ca. **35 Prozent erfolgreich** waren (abrufbar unter: https://www.haufe.de/sozialwesen/sgb-rechtkommunal/jobcenter-widersprueche-und-klagen_238_534016.html). Deshalb ziehen viele Jobcenter sämtliche Register, um Sie in Ihren Rechtsmitteln einzuschränken, anstatt dafür zu sorgen, dass das Recht richtig umgesetzt wird.

11 Die Widerspruchsstelle kann den*die Sachbearbeiter*in anweisen, den Sachverhalt auf eine bestimmte Weise umzusetzen und dem Widerspruch **ganz oder teilweise** stattzugeben. Bleibt die Behörde bei ihrer Entscheidung, wird mit Erlass des Wider-

spruchsbescheides das **Vorverfahren** abgeschlossen. Gegen diesen Bescheid können Sie nur noch beim Sozialgericht **klagen**. Dann beginnt das Hauptsacheverfahren.

12 Da die Widerspruchsstellen Teil der Behörde sind, gegen die sich der Widerspruch richtet, handeln sie oft nach den Vorgaben „von oben". Sie neigen dazu, Widersprüche auch dann abzulehnen, wenn die Verwaltung gegen Gesetze oder herrschende Rechtsprechung verstößt. Überprüfen Sie also auch die Ausführungen der Rechtsstellen!

13 **Tipp 1:** Bis über einen abgelehnten Widerspruch in der ersten Gerichtsinstanz entschieden ist, können leider mehrere Jahre vergehen. Versuchen Sie deshalb, je nach Lage des Falles, den Sachverhalt zuerst im Rahmen eines Gesprächs mit dem*r Sachbearbeiter*in zu klären (→ 123 Rn. 4 ff.). Das kann schneller gehen.

14 **Tipp 2:** Wenn die Behörde nicht von ihrem Standpunkt abweicht und es sich um eine dringende Notlage handelt, weil Ihnen Leistungen gekürzt oder gestrichen wurden, sollten Sie ggf. beim Sozialgericht einen Antrag auf einen einstweiligen Rechtsschutz (→ 41) stellen. Voraussetzung dafür ist, dass bereits Widerspruch eingelegt wurde. Weiterhin können Sie in diesem Fall auch einen Vorschuss gem. § 42 SGB II beantragen. Zum Konflikt, ob ein Vorschuss bei Bürgergeld/HzL/GSi möglich ist, sehen Sie unter **Antragstellung** (→ 7 Rn. 84 ff.).

2.2 Wie ein Widerspruch einzulegen ist

15 Sie können bei Ihrem*r Sachbearbeiter*in **mündlich** Widerspruch einlegen. Er*sie ist **zur** „*Niederschrift"* verpflichtet (§ 84 Abs. 1 S. 1 SGG). Sie können ihn auch bei der Widerspruchsstelle der Behörde protokollieren lassen. Wird der Widerspruch aufgenommen, überprüfen Sie den Text, bevor Sie unterschreiben und lassen Sie sich eine Kopie geben.

16 Besser ist es allerdings, den Widerspruch selbst zu formulieren und **schriftlich** einzureichen. Es muss klar werden, gegen **welche Entscheidung** Sie sich wehren (Datum des Bescheids, um welchen Sachverhalt geht es) und **welche Gründe** Sie dafür haben. Wenn Sie sich unsicher sind, wie Sie Ihren Widerspruch begründen wollen, können Sie den Widerspruch zunächst „*fristwahrend"* ohne Begründung einreichen. Teilen Sie der Behörde mit, dass Sie die Begründung nachreichen. Sie gewinnen dann genug Zeit, um sich schlau zu machen oder eine **Beratungsstelle** (→ 20) aufzusuchen. Eine sorgfältige Vorbereitung ist wichtig, denn für die richtige Begründung ist für den Erfolg des Widerspruchs entscheidend.

17 Meistens fordert die Behörde Sie auf, den Widerspruch innerhalb von zwei bis drei Wochen zu begründen. Nicht zulässig ist es, Sie damit unter Druck zu setzen, dass man davon ausgehe, Sie würden den Widerspruch zurückziehen, wenn bis dahin keine Begründung eingegangen sei. Das ist genauso unzulässig, wie Sie im Rahmen Ihrer Mitwirkungspflichten (→ 79) zur Widerspruchsbegründung aufzufordern und mit Versagung der Leistungen zu drohen. Teilen Sie dem Amt bei Bedarf schriftlich mit, dass Sie noch Zeit brauchen und dass Sie den Widerspruch aufrechterhalten.

2.3 Schriftliche Form notwendig/ Verfristung

18 Widersprüche sind „*schriftlich"* einzulegen (§ 84 Abs. 1 S. 1 SGG) und den Zugang haben im Zweifelsfall Sie zu beweisen. Eine E-Mail ohne amtliche Beglaubigung erfüllt die geforderte Schriftform nicht. Die BA ist zwar in ihrem Praxishandbuch großzügig: „*Ein fristgerecht per E-Mail eingehender Widerspruch gilt als formgerecht eingelegt, wenn die/der WF ihre/seine Urheberschaft auf Anforderung schriftlich bestätigt"* (BA, Praxishandbuch für das Verfahren nach dem Sozialgerichtsgesetz, 6/2022, Seite 14, nachfolgend zitiert als BA Praxishandbuch SGG). Allerdings nur, wenn diese Bestätigung innerhalb der Widerspruchsfrist eingeht. In der Regel erfolgt aber bei Widersprüchen per E-Mail die Abweisung pünktlich nach Ablauf der Widerspruchsfrist. „*Ein per einfacher E-Mail eingelegter Widerspruch gegen einen mit einer ordnungsgemäßen Rechtsbehelfsbelehrung versehenen Bescheid genügt den zur Widerspruchseinlegung erforderlichen Formerfordernissen nicht"* (LSG Berlin-Brandenburg 28.9.2010 – L 18 AL 76/10).

Sozialämter folgen hier meistens der strengen Rechtsprechung, weisen aber im Kleingedruckten meist darauf hin, dass Widersprüche per E-Mail unzulässig sind.

19 **Tipp: Verlassen Sie sich lieber nicht auf die Aussage des Praxishandbuchs und legen Sie Ihren Widerspruch immer schriftlich per Brief oder Fax ein.**

20 Auf die Bezeichnung des Rechtsbehelfs als Widerspruch kommt es nicht an. Es genügt, dass das Vorbringen als Widerspruch angesehen werden kann (BA, Fachliche Weisungen für Angelegenheiten nach dem SGG, 06.2022, S. 27, abrufbar unter: https://harald-thome.de/files/pdf/redakteur/BA_FH/Praxishandbuch-Sozialgerichtsgesetz6-2022.pdf).

21 Für den **Zugang** des Widerspruchs bei der Behörde trägt der*die Widerspruchsführende die Beweislast (Meyer-Ladewig/Keller/Leitherer/Schmidt SGG § 84 Rn. 5b). Ein übersandtes **Fax mit Sendebericht** und Verkleinerung des übersandten Schriftstückes (Faksimile) gilt als **bewiesener Zugang** (BSG 20.10.2009 – B 5 R 84/09 B).

Die BA hat mit Datum vom 20.6.2018 bestimmt (Weisung 201806011): *„Die BA befürwortet die Ausstellung von Eingangsbestätigungen durch Jobcenter trotz fehlender gesetzlicher Verpflichtung auf ausdrücklichen Wunsch der Leistungsberechtigten sowie für fristwahrende Schreiben wie Widersprüche und Anträge."* Mit *„auf ausdrücklichen Wunsch der Leistungsberechtigten"* meint die BA in allen anderen Angelegenheiten, bspw. bei Änderungsmitteilungen und einzureichenden Unterlagen nach Mitwirkungsaufforderungen. Immerhin ein Schritt in die richtige Richtung!

22 Lehnt die Behörde Ihren Widerspruch **ab**,
- weil er nicht der erforderlichen Schriftform entspricht, ohne Sie darauf hinzuweisen, oder
- wegen dem Überschreiten einer Frist, die Sie nicht zu verantworten haben,
- haben Sie eine Frist von zwei **Wochen**, um
  a. einen Antrag auf Wiedereinsetzung in den vorherigen Stand zu stellen und
  b. innerhalb dieser Frist den Widerspruch frist- und formgerecht nachzuholen

(§ 27 Abs. 2 SGB X; BSG 6.10.2011 – B 14 AS 63/11 B; LSG NRW 20.1.2011 – L 7 AS 887/10 B).

Siehe für Informationen dazu auch im Rechtsportal der Deutschen Rentenversicherung (https://rvrecht.deutsche-rentenversicherung.de/SharedDocs/rvRecht/01_GRA_SGB/10_SGB_X/pp_0026_50/gra_sgb010_p_0027.html). Ansonsten ist ein verfristeter Widerspruch von Amts wegen als **Überprüfungsantrag** auszulegen (→ Rn. 36 ff.; → 80 Rn. 19 ff.).

2.4 Wo ein Widerspruch einzulegen ist

23 Widerspruch ist bei der Stelle einzulegen, die den Verwaltungsakt erlassen hat. Erst wenn diese Stelle dem Widerspruch nicht abhelfen will, wird er von dort an die Widerspruchsstelle weitergeleitet. Der Widerspruch kann notfalls auch bei jeder *„anderen inländischen Behörde"* in schriftlicher Form abgegeben werden (§ 84 Abs. 2 S. 1 SGG). Bürger*innen aus Staaten der EU, Staaten der EWR und des EU-Wirtschaftsraumes sowie Flüchtlinge in diesen Staaten können u.a. Widersprüche bei jeder Behörde mit vergleichbarem Aufgabenbereich, einem Träger oder einem Gericht eines anderen EU-Mitgliedstaats einreichen (§ 30 Abs. 2 SGB I iVm Art. 81 S. 1 VO (EG) 883/2004; → 7 Rn. 37). Die Widerspruchsfrist gilt dann als gewahrt. Die nicht zuständige Behörde **muss** die *„Widerspruchsschrift"* unverzüglich weiterleiten (§ 84 Abs. 2 S. 2 SGG).

24 **Tipp: Sie können zur fristgerechten Abgabe zB zum Amtsgericht, zur Stadtverwaltung oder zur AOK gehen, wenn die Zeit zu knapp wird, um die Frist auf dem Postweg einzuhalten.**

3. Fristen

25 Je nach Form des Bescheides gelten unterschiedliche Fristen, die Sie zu beachten haben.

3.1 Bei Bescheiden mit Rechtsmittelbelehrung

26 Hier muss der Widerspruch innerhalb eines **Monats** nach Zugang des Bescheids bei der zuständigen Behörde eingegangen sein

(§ 84 Abs. 1 SGG). Die Frist beginnt nach der **Zustellung** der *„Bekanntgabe"*, nicht nach dem Datum des Bescheids. Den genauen Tag der Bekanntgabe kann das Amt konkret nur nachweisen, wenn der Bescheid durch Postzustellungsurkunde verschickt wurde.

27 Ein schriftlicher Verwaltungsakt gilt idR am dritten **Tag nach der Aufgabe zur Post** als bekannt gegeben (§ 37 Abs. 2 S. 1 SGB X); das nennt man **Zugangsfiktion**. Der Tag, an dem der Brief zur Post gegeben wird, wird bei der Frist nicht mitgezählt (§ 26 Abs. 1 SGB X). Die Fiktion der Bekanntgabe greift auch dann, wenn der für die Bekanntgabe maßgebende dritte Tag nach Aufgabe auf einen Samstag, Sonntag oder Feiertag fällt (BSG 6.5.2010 – B 14 AS 12/09 R). Das gilt allerdings nur, wenn Ihnen der Bescheid **tatsächlich zugegangen ist**. Ist er nicht bei Ihnen angekommen, muss im Zweifel die Behörde den Zugang beweisen. Ohne konkreten Nachweis gilt der von Ihnen behauptete und glaubhaft gemachte Zeitpunkt der Zustellung (§ 37 Abs. 2 S. 3 SGB X).

28 **Tipp: Wenn Sie einen Briefumschlag mit Poststempel erhalten, sollten Sie den Umschlag aufheben.**

29 In der Praxis ergibt sich oft folgendes Problem: Der*die Bezieher*in äußert sich schon vor dem Erlass des Verwaltungsaktes im Rahmen einer Anhörung über dessen voraussichtliche Rechtswidrigkeit. Wenn danach bei Zugang des belastenden Verwaltungsaktes kein Widerspruch von ihm*r mehr eingelegt wird, da er glaubt, seine*ihre abweichende Rechtsauffassung schon schriftlich dargelegt zu haben, wurde kein Widerspruch eingelegt. In derartigen Fällen muss er*sie also beim Zugang des Bescheides mit der Widerspruchsbelehrung „nochmals" fristgerecht und schriftlich Widerspruch einlegen. Es reicht aus, auf die bereits mündlich dargelegte abweichende Rechtsauffassung mit einem Satz hinzuweisen.

3.2 Bei Bescheiden ohne Rechtsmittelbelehrung

30 Bei Bescheiden mit unrichtiger oder fehlender Rechtsmittelbelehrung und bei mündlichen Ablehnungen (Verwaltungsakten) haben Sie **ein Jahr** Zeit, um Widerspruch einzulegen (§ 66 Abs. 2 SGG). Das ist vor allem wichtig bei Nachzahlungen (→ 80).

Wenn die Rechtsbehelfsbelehrung rechtmäßig deshalb fehlt, weil es kein Verwaltungsakt ist, sondern zB lediglich eine Aufforderung (→ Rn. 2), dann sollte trotzdem ein Schreiben gefertigt werden, in dem man sich zB gegen die Kostensenkungsaufforderung wehrt. Das ist dann im gerichtlichen Verfahren als Feststellungsantrag zu werten.

3.3 Zugang des Widerspruchs beweisen

31 In der Praxis behaupten Jobcenter oft tatsachenwidrig, sogar vor dem Sozialgericht, den Widerspruch nicht erhalten zu haben. Im Zweifelsfall müssen Sie den fristgerechten Zugang Ihres Widerspruchs bei der Behörde nachweisen. Die Übersendung per Einschreiben mit Rückschein ist reine Geldverschwendung und beweist im Zweifelsfall nur, dass Sie irgendein Schriftstück zum Amt geschickt haben, aber nicht welches. Es sei denn, der Widerspruch wurde im Beisein eines*r Zeugen*Zeugin in den Briefumschlag gesteckt. Nur so können Sie im Bestreitensfall den Zugang des Widerspruchs beweisen. Eine E-Mail reicht wegen der erforderlichen Formerfordernisse nicht aus (LSG Hessen 31.7.2007 – L 9 AS 161/07; → Rn. 18).

32 **Tipp 1: Sie können den Widerspruch vorab per Fax (mit Sendebericht und Verkleinerung des übersandten Schriftstückes) zur Fristwahrung übersenden und dann (mit Originalunterschrift) mit der Post hinterhersenden.**

33 **Tipp 2: Sie geben den Widerspruch persönlich bei der Behörde ab und lassen sich auf einer Kopie den Eingang des Schreibens gegenzeichnen und abstempeln. Jeder Sozialleistungsträger und jede Behörde sind zur Annahme verpflichtet (§ 20 Abs. 3 SGB X). Weigern sich die Mitarbeiter*innen, den Eingang zu bestätigen, können Sie Druck machen und mit den Vorgesetzten reden. Hat das keinen Erfolg, können Sie den Widerspruch zur** *„Niederschrift"* **beim Amt mündlich einlegen (§ 84 Abs. 1 SGG).**

34 **Tipp 3: Sie beweisen den Zugang durch eine*n Zeugen*Zeugin, der*die beim Eintüten des Schreibens und beim Einwurf in**

den Behördenbriefkasten zugegen war. Machen Sie für Ihre Akten möglichst einen Postzugangsvermerk mit Unterschrift des*r Zeugen*Zeugin.

3.4 Wiedereinsetzung in den vorherigen Stand

35 Haben Sie die Frist **unverschuldet** versäumt, können Sie die Wiedereinsetzung in den vorherigen Stand beantragen (§ 27 Abs. 1 SGB X). Diese Regelung bezieht sich nur auf gesetzliche Fristen, wie zB Widerspruchs- und Klagefristen. Sie müssen **innerhalb von zwei Wochen** nach dem Wegfall eines Hinderungsgrundes, der die fristgerechte Einlegung des Rechtsmittels verhindert hat, die Wiedereinsetzung in den vorherigen Stand **beantragen**. Die Gründe dafür müssen Sie gegenüber der Behörde nachweisen. Dann können Sie die Einlegung des Rechtsmittels fristgerecht nachholen. Das können **Gründe für einen Wiedereinsetzungsantrag** sein: zum Fristablauf ein akuter Krankenhausaufenthalt, eine akute Erkrankung mit Bettlägerigkeit (durch Eidesstattliche Versicherung des*r Betroffenen oder Pflegers*Pflegerin zu beweisen), eine Inhaftierung, der Zugang des Bescheides und der Fristablauf während einer urlaubsbedingten Abwesenheit usw.

4. Der Bescheid ist bestandskräftig

36 Nach Ablauf der Widerspruchsfrist sind auch rechtswidrige Bescheide bestandskräftig. Dagegen können Sie sich nur noch mit einem Überprüfungsantrag wehren (§ 44 SGB X; → 80 Rn. 19 ff.).

4.1 Widerspruch verfristet: Umdeutung als Überprüfungsantrag

37 Ist der Widerspruch verfristet, ergibt sich regelmäßig bei seiner Durchsicht, dass möglicherweise *„das Recht unrichtig angewandt wurde oder von einem Sachverhalt ausgegangen wurde, der sich als unrichtig erweist"* (§ 44 Abs. 1 S. 1 SGB X). In diesem Fall hat die Behörde einen verfristeten Widerspruch **von Amts wegen** als Überprüfungsantrag **umzudeuten** (§ 44 Abs. 1 SGB X) (BA Praxishandbuch SGG, 7). Das gilt gleichermaßen für Bürgergeld und HzL/GSi der Sozialhilfe.

Kommt die Behörde dieser Verpflichtung nicht nach, sollten Sie sie schriftlich auf die Umdeutung des Widerspruchs hinweisen und auf den Erlass eines „Überprüfungsbescheides" bestehen. Wird der umgedeutete Überprüfungsantrag nicht innerhalb von sechs Monaten bearbeitet, können Sie mit einer **Untätigkeitsklage** (→ 113 Rn. 18) drohen und diese bei Bedarf einlegen (§ 88 Abs. 1 SGG).

5. Aufschiebende Wirkung eines Widerspruchs

38 Widerspruch und Anfechtungsklage gegen einen belastenden, für Sie ungünstigen Bescheid haben **grundsätzlich** aufschiebende Wirkung (§ 86a Abs. 1 SGG). Die Behörde darf dann den angegriffenen Bescheid nicht vollstrecken und Sie müssen ihm nicht Folge leisten. Wenn es zB angeblich eine Überzahlung gab und das Amt Ihnen deshalb mtl. 100 EUR aufrechnen will, können Sie die Aufrechnung mit einem Widerspruch solange „aufschieben", bis über den Widerspruch entschieden worden ist.

5.1 Ausnahmerecht für Bürgergeldbeziehende

39 *„Keine aufschiebende Wirkung haben Widerspruch und Anfechtungsklage gegen einen Verwaltungsakt,*

1. *der Leistungen der Grundsicherung für Arbeitsuchende aufhebt, zurücknimmt, widerruft, entzieht, die Pflichtverletzung und die Minderung des Auszahlungsanspruchs feststellt oder Leistungen zur Eingliederung in Arbeit oder Pflichten erwerbsfähiger Leistungsberechtigter bei der Eingliederung in Arbeit regelt,*
2. *mit dem zur Beantragung einer vorrangigen Leistung aufgefordert wird oder*
3. *mit dem [...] zur persönlichen Meldung bei der Agentur für Arbeit aufgefordert wird."* (§ 39 SGB II).

40 Keine aufschiebende Wirkung haben zB Widersprüche gegen
- Bescheide über Anrechnung und Berücksichtigung von Einkommen,
- Kürzungen der Regelsätze durch Sanktionen bei Pflichtverletzungen und Meldeversäumnissen,
- Heranziehungsbescheide zu Arbeitsgelegenheiten usw,
- einen den Kooperationsplan (früher: Eingliederungsvereinbarung; → 35) ersetzenden Verwaltungsakt,
- den Bescheid, mit dem Sie aufgefordert werden, die vorgezogene Altersrente zu beantragen und
- gegen Entziehungsbescheide, zB wegen fehlender Mitwirkung.

41 **Aufschiebende Wirkung** haben zB Widersprüche
- gegen **Rückforderungs**bescheide wegen zu Unrecht erbrachter Leistungen (§§ 45, 48, 50 SGB X; LSG NRW 29.11.2007 – L 9 B 101/07 AS ER) **und** Rückforderungsbescheide aufgrund von Erstattungsansprüchen
  - bei *„sozialwidrigem"* Verhalten (§ 34 SGB II; → 92 Rn. 50 ff.),
  - bei *„rechtswidrig erbrachten Leistungen"* (§ 34a SGB II; → 92 Rn. 98 ff.),
  - bei *„Doppelleistungen"* (§ 34b SGB II; → 92 Rn. 108 ff.),
  - nach *„sonstigen Vorschriften"* (§ 34c SGB II; → 92 Rn. 108 f.),
  - nach § 50 SGB X, wenn nach vorläufiger Leistungserbringung festgestellt wurde, dass ein Leistungsanspruch nicht bestand (§ 41a Abs. 3 SGB II, Bescheid; → 22 Rn. 108 ff.),
  - zu Beiträgen der Kranken-, Renten- und Pflegeversicherung (§ 40 Abs. 2 Nr. 5 SGB II) **und**
- gegen **Absenkungs**bescheide wegen Aufrechnung (→ 12) von Darlehen (→ 30) oder Rückforderungsansprüchen (§§ 42a, 43 SGB II; LSG Sachsen-Anhalt 27.12.2011 – L 5 AS 473/11 B ER; SG Stuttgart 8.2.2012 – S 14 AS 595/12 ER; SG Berlin 30.9.2011 – S 37 AS 24431/11 ER; LSG Hamburg 8.2.2008 – L 5 B 542/07 ER).

Näheres erfahren Sie unter https://www.haufe.de/oeffentlicher-dienst/tvoed-office-professional/sauer-sgbii-39-sofortige-vollziehbarkeit-21-leistungen-der-grundsicherung-nr1_idesk_PI13994_HI2675132.html und den entsprechenden Beiträgen.

5.2 HzL/GSi der Sozialhilfe

42 Hier haben Widersprüche und Anfechtungsklagen **grundsätzlich** aufschiebende Wirkung. Einen dem § 39 SGB II vergleichbaren Paragrafen findet man dort nicht. **Ausnahmen** gibt es nur *„in Fällen, in denen die sofortige Vollziehung im öffentlichen Interesse oder im überwiegenden Interesse eines der Beteiligten ist und die Stelle, die den Verwaltungsakt erlassen oder über den Widerspruch zu entscheiden hat, die sofortige Vollziehung mit schriftlicher Begründung des besonderen Interesses an der sofortigen Vollziehung anordnet"* (§ 86 Abs. 2 Nr. 5 SGG). Die Anordnung ist kein Bescheid, gegen den man vorgehen kann. Die sofortige Vollziehung muss aber schriftlich begründet sein.

5.3 Wiederherstellung der aufschiebenden Wirkung

43 Sie können bei der Behörde beantragen, die aufschiebende Wirkung Ihres Widerspruchs wiederherzustellen (§ 86a Abs. 3 S. 1 SGG). Die Behörde hat sechs Monate Zeit, darüber zu entscheiden. Wird Ihr Antrag abgelehnt oder können Sie nicht warten, können Sie beim Sozialgericht **einstweiligen Rechtsschutz** (→ 41) zur Herstellung der aufschiebenden Wirkung beantragen (§ 86b Abs. 1 Nr. 2 SGG). Das Sozialgericht wird positiv entscheiden, wenn *„ernstliche Zweifel an der Rechtmäßigkeit des angegriffenen Verwaltungsaktes bestehen"* oder wenn die *„Vollziehung [...] eine unbillige, nicht durch überwiegende öffentliche Interessen gebotene Härte zur Folge hätte"* (§ 86a Abs. 3 SGG).

44 **Tipp:** Wenn der Widerspruch keine aufschiebende Wirkung hat und die Kürzung bzw. Streichung von Bürgergeld eine dringende **Notlage** erzeugt, sind Sie gezwungen, gleichzeitig mit dem Widerspruch einstweiligen Rechtsschutz (→ 41) beim Sozialgericht zu beantragen.

6. Bearbeitungsfristen von Widersprüchen

45 Die Behörde muss über einen Widerspruch **innerhalb von drei Monaten** entscheiden (§ 88 Abs. 2 SGG). Wenn sich die Behörde nicht daranhält, finden Sie Informationen für ein mögliches Vorgehen im Beitrag **Untätigkeit** (→ 113 Rn. 19). Wenn Ihnen die dreimonatige Frist nicht zuzumuten ist und Sie dringend auf Leistungen angewiesen sind, können Sie einstweiligen Rechtsschutz (→ 41) oder einen Vorschuss gem. § 42 Abs. 1 SGB I beantragen.

7. Widerspruchsbescheid und Klage

46 Hilft die Behörde Ihrem Widerspruch nicht ab, muss sie einen Widerspruchsbescheid erlassen. Dieser ist umfassend zu begründen und mit einer Rechtsmittelbelehrung zu versehen (§ 85 Abs. 3 SGG). Der Widerspruchsbescheid wird oft per Postzustellungsurkunde zugeschickt.

47 Wenn die Behörde dem Widerspruch nur zum Teil abhilft oder ihn ablehnt, dann müssen Sie klagen, um Ihr Recht durchzusetzen. Sie haben dann eine Frist (→ Rn. 25 ff.) von einem Monat, um gegen den Widerspruchsbescheid beim zuständigen Gericht Klage (→ 64) einzureichen.

8. Anwaltliche Beratungshilfe für das Widerspruchsverfahren und Kostenerstattung

48 Wird Ihrem Widerspruch ganz oder teilweise stattgegeben, bekommen Sie auf Antrag die notwendigen Aufwendungen erstattet (→ 67 Rn. 1 ff.). Oft ist es empfehlenswert, sich schon für das Widerspruchsverfahren anwaltlich vertreten zu lassen. Die Kosten sind bei Sozialleistungsbeziehenden in der Regel über die Beratungshilfe (→ 20) zu erlangen. Das Bundesverfassungsgericht hat geurteilt, dass es keine zumutbare Selbsthilfemöglichkeit und damit kein Versagungsgrund für die Beratungshilfe ist, auf die Beratung durch die den Bescheid erlassende Behörde zu verweisen (BVerfG 4.4.2022 – BvR 1370/21).

9. Forderung

49 Wiederherstellung der aufschiebenden Wirkung von Widersprüchen im SGB II!

10. Informationen

50 BA, Praxishandbuch für das Verfahren nach dem Sozialgerichtsgesetz, abrufbar unter: https://harald-thome.de/files/pdf/redakteur/BA_FH/Praxishandbuch-Sozialgerichtsgesetz6-2022.pdf, letzter Zugriff: 29.5.2023.

127
Wohngeld „Wohngeld Plus"

1. Grundsätzliches/Entwicklung 1
2. Die Höhe des Wohngeldes nach dem WoGG 4
2.1 Leistungsausschluss oder nicht? ... 11
2.2 Bürgergeld, HzL/GSi der Sozialhilfe oder Wohngeldanspruch? 14
2.2.1 Übergangregelung: kein Verweis auf vorrangiges „Wohngeld-Plus" 21
2.2.2 Verzicht auf nachrangige SGB II-/SGB XII-Leistung ... 22
2.3 Wohngeld für Personen im Haushalt, die keinen Anspruch auf Bürgergeld und HzL/GSi der Sozialhilfe haben 24
2.4 Wohngeld in Haushaltsgemeinschaften 29
2.5 Wohngeld für Studierende und Auszubildende 31
2.6 Zusätzliche Leistungen für Kinder und Schüler*innen 35
3. Wohngeld bei Überschreiten des Bürgergeld-, HzL-/GSi-Schonvermögens .. 37
4. Neue Verfahrensregen durch das Wohngeld-Plus-Gesetz 38
4.1 Anspruch auf vorläufige WoGG-Entscheidung 39
4.2 Veränderte Bagatellgrenzen bei Änderung der Verhältnisse 41
4.3 Erprobung einer Bagatellgrenze bei Rückforderungen 42
5. Kritik 43
6. Forderungen 46
7. Informationen 47

1. Grundsätzliches/Entwicklung

1 *„Das Wohngeld dient der wirtschaftlichen Sicherung angemessenen und familiengerechten Wohnens"* (§ 1 Abs. 1 WoGG). Es wird

gezahlt als Mietzuschuss für **Mieter*innen** von Wohnungen/Zimmern (unter Umständen auch als *„Pflegewohngeld"* für Heimbewohner*innen) oder als Lastenzuschuss für **Eigentümer*innen** von Eigenheimen/Eigentumswohnungen (→ 34).

2 Aufgrund gestiegener Heizenergiekosten hatte die Bundesregierung 2009 einen Zuschuss für Heizkosten im Wohngeld eingeführt. Zum Januar 2011 wurde dieser dann wieder abgeschafft. Haushaltskonsolidierung war offenbar wichtiger als Unterstützung armer Haushalte. 2016 wurde das Wohngeld nach sieben Jahren erstmalig wieder erhöht. 2020 folgte mit dem *„Wohngeldstärkungsgesetz"* eine deutlichere Anpassung an gestiegene Einkommensverhältnisse und Mietpreise und zum **1.1.2021** erfolgte durch das *„CO2-Bepreisungsentlastungsgesetz"* eine leichte Erhöhung, die steigende Heizkosten infolge der CO2-Bepreisung ausgleichen soll. Nach Angaben der Bundesregierung hat die Reform von 2020 eine **Wohngelderhöhung** von durchschnittlich **30 Prozent** bewirkt, rund 180.000 Haushalten erstmals einen Anspruch auf Wohngeld „beschert" und die Gesamtzahl der Wohngeldhaushalte auf ca. 660.000 erhöht (BMI, Pressemitteilung 16.12.2019). Die CO2-Komponente hat den Wohngeldanspruch eines Zweipersonenhaushalts 2021 um rund 12 EUR angehoben (BMI, Pressemitteilung 29.12.2020). Ab 2022 wird das Wohngeld alle zwei Jahre dynamisch an die Miet- und Einkommensentwicklung angepasst (§ 43 WOGG). Mit der Dynamisierung will die Bundesregierung das Wohngeld offensichtlich als „verlässliche" Leistung oberhalb des Grundsicherungssystems positionieren und Wanderbewegungen zwischen den Systemen reduzieren.

3 Als Reaktion auf explodierende Energiepreise hat die Bundesregierung im Herbst 2022 das *„Wohngeld-Plus-Gesetz"* verabschiedet, das zum **1.1.2023** in Kraft getreten ist. Damit soll nach Angabe der Bundesregierung das Wohngeld um durchschnittlich 190 EUR/mtl. angehoben werden, was im Schnitt 370 EUR Wohngeldanspruch pro Monat und Haushalt ergeben soll. Nach Angaben der Bundesregierung verdreifachen sich die Wohngeldhaushalte ab 2023 sich von 600.000 auf rund 2 Mio. Haushalte. Fraglich ist allerdings, ob die versprochenen Leistungen rechtzeitig bei den Berechtigten ankommen, weil die zuständigen Wohngeldstellen personell und von der Ausstattung her gar nicht in der Lage sind, die prognostizierte Antragsflut zu bewältigen. Durch die Wohngeld-Plus-Erhöhung zum 1.1.2023 verschiebt sich die nächste gesetzliche Anpassung des Wohngeldes auf den **1.1.2025** (→ Rn. 43 f.).

2. Die Höhe des Wohngeldes nach dem WoGG

4 Die Berechnung des Wohngeldes erfolgt nach einer recht komplizierten Formel (§ 19 WoGG). Die Höhe hängt ab von der **Anzahl der Haushaltsmitglieder**, der Höhe des zu berücksichtigenden **Einkommens**, der möglichen **Absetzbeträge** und der Höhe der zu berücksichtigenden angemessenen **Miete** bzw. **Belastung**.

5 Das Einkommen wird als **Jahreseinkommen** aus dem Gesamteinkommen aller Haushaltsmitglieder berechnet und nach den besonderen Regeln des WoGG um *„Abzugsbeträge"* und *„Freibeträge"* bereinigt (§§ 13 ff. WoGG). Insbesondere für Haushalte mit Pflegebedürftigen und Menschen mit Behinderung wurden 2020 die Freibeträge deutlich angehoben.

6 Die **angemessene Miete** bzw. **Belastung**, die bei der Wohngeldberechnung berücksichtigt wird, ist in der Anlage 1 zu § 12 Abs. 1 WoGG (ehemalige Wohngeldtabelle; → 75 Rn. 59 ff.) festgesetzt. Nach Mietstufen und Haushaltsgrößen zugeordnet werden hier die Höchstbeträge für die zu berücksichtigende Miete oder Belastung als Rechengrößen angegeben. Jede Gemeinde in Deutschland ist einer solchen Mietstufe zugeordnet. Mit dem „Wohngeldstärkungsgesetz" wurde 2020 eine **siebte Mietstufe** neu eingeführt, die auf Regionen mit besonders teurem Wohnungsmarkt angewendet wird (aktuell München und umgebende Landkreise).

7 Seit **1.1.2023** wird als sogenannte **Klimakomponente** ein nach Anzahl der zu berücksichtigenden Haushaltsmitglieder bemessener Zuschlag zu den Höchstbeträgen nach § 12 Abs. 1 WoGG berücksichtigt, der die maxi-

mal zu berücksichtigende Miete und Belastung entsprechend anhebt (§ 12 Abs. 7 WoGG). Dabei ist es unerheblich, ob das betreffende Wohngebäude einen niedrigen Energieverbrauchskennwert ausweist oder nicht. Als weiterer Faktor zur Erhöhung des Wohngeldes wurde eine nach Anzahl der zu berücksichtigenden Haushaltsmitglieder bemessene **Heizkostenkomponente** geschaffen, die mit dem CO_2-Zuschlag addiert und auf die zu berücksichtigende Miete bzw. Belastung aufgeschlagen wird. Von dieser Erhöhung, die bei einem Einpersonenhaushalt 110,40 EUR beträgt (2 Pers.: 142,60 EUR, plus 27,60 EUR für jede weitere Person), profitieren alle Wohngeldhaushalte.

8 Durch deutlich erhöhte Rechenwerte für Miete/Belastung, die seit dem 1.1.2023 bei der Berechnung des Wohngeldes berücksichtigt werden, verschiebt sich ein potenzieller Wohngeldanspruch insgesamt in einen höheren Einkommensbereich. Daraus resultiert der prognostizierte Zuwachs der Wohngeldhaushalte insgesamt. Das höhere Wohngeld hat nach Angaben der Bundesregierung außerdem zur Folge, dass 380.000 Menschen künftig nicht mehr auf Sozialhilfe oder Bürgergeld angewiesen sein würden, ihren Lebensunterhalt also mit der vorrangigen Leistung Wohngeld decken könnten. Diese Angaben sind jedoch mit Vorsicht zu genießen (→ Rn. 14 ff.).

9 Am Stichtag **31.12.2021** bezogen **595.295 Haushalte** Wohngeld, rund vier Prozent weniger als Ende 2020 (https://www.destatis.de /DE/Themen/Gesellschaft-Umwelt/Soziales/ Wohngeld/_inhalt.html, auch Quelle der folgenden Angaben, aktuellere Zahlen lagen bei Redaktionsschluss nicht vor). Der durchschnittliche monatliche Wohngeldanspruch lag am **31.12.2021** bei **reinen** Wohngeldhaushalten bundesweit bei **192 EUR** pro Haushalt. Der durchschnittliche Wohngeldanspruch lag **Ende 2021** in Gemeinden der **Mietstufe VII** bei **251 EUR**, in Gemeinden der **Mietstufe IV** bei **202 EUR** und in Gemeinden der **Mietstufe II** bei **172 EUR**. Diese Angaben können angesichts der Erhöhung zum Januar 2023 und der von der Bundesregierung angekündigten annähernden Verdopplung des Wohngeldanspruchs nur grobe Orientierungswerte sein. Bei den statistischen Daten ist ebenfalls zu beachten, dass dort Einpersonenhaushalte am häufigsten vertreten sind, was die Durchschnittswerte nach unten drückt. Weil die Höhe des jeweiligen Wohngeldanspruchs ohnehin sehr stark von der Haushaltsgröße, dem Haushaltseinkommen und der örtlich zu berücksichtigenden Miete/Belastung abhängt, ist die konkrete Wohngeldhöhe nur durch eine individuelle Berechnung zu ermitteln.

10 **Tipp:** Eine recht einfache und relativ genaue Berechnung Ihres Wohngeldanspruchs können Sie mithilfe von Wohngeldrechnern im Internet durchführen (zB unter https://w ww.bmwsb.bund.de/Webs/BMWSB/DE/th emen/stadt-wohnen/wohnraumfoerderun g/wohngeld/wohngeldrechner-2023-artik el.html; www.wohngeldrechner.nrw.de, für weitere Bundesländer).

2.1 Leistungsausschluss oder nicht?

11 Beziehende von Bürgergeld, HzL/GSi der Sozialhilfe sind idR vom Wohngeld ausgeschlossen (§ 7 Abs. 1 S. 1 WoGG). Beziehen Sie aber SGB II- oder HzL-Leistungen als **Darlehen**, haben Sie Anspruch auf Wohngeld (§ 7 Abs. 1 S. 3 Nr. 1 WoGG). Das reduziert zumindest Ihre Darlehenslast. Umgekehrt können Sie als Beziehende*r von Wohngeld vorübergehend idR **für einen Monat** beim Jobcenter/Sozialamt SGB II-/SGB XII-Leistungen in Anspruch nehmen, weil Sie zB eine höhere **Nachzahlung für Heizkosten** oder eine einmalige **Brennstoffbeschaffung** (zB Heizöl) finanzieren müssen. Der erhöhte Bedarf an Heizkosten löst **im Monat der Fälligkeit** Hilfebedürftigkeit aus. Der Weisung des Bundesministeriums des Inneren vom 4.8.2020 (Az.: SW II 4 – 72307/2#29; https:/ /tacheles-sozialhilfe.de/files/redakteur/Aktuel les/Durchfuehrungserlass_BMI_vom_04.08.2 020_-_Aktz._SW_II_4-_72307-2_29_WoGG .pdf) zufolge können einmalige SGB II-/SGB XII-Leistungen mit Wohngeld kombiniert werden, selbst wenn es sich hierbei um die Bedarfe der Kosten der Unterkunft und Heizung handelt.

12 Sobald Sie dauerhaft Bürgergeld oder HzL/GSi der Sozialhilfe beziehen, gilt der **Wohngeldausschluss**. Nehmen Sie Ihren An-

trag auf Leistungen zurück, wird er abgelehnt oder wird eine bereits bewilligte Leistung versagt, entzogen oder nur noch als Darlehen gewährt, „gilt der Ausschluss als nicht erfolgt" (§ 8 Abs. 1 S. 3 WoGG). Dh, Sie haben **rückwirkend Anspruch** auf Wohngeld, wenn Sie den **Antrag** innerhalb von sechs Monaten nach Ablauf des Monats stellen, in dem die andere Leistung rechtskräftig abgelehnt wurde. Die Antragsfrist verlängert sich um das Widerspruchsverfahren (§ 28 SGB X; → 7 Rn. 29 ff.).

13 **Tipp:** Wohngeld wird nur auf Antrag erbracht. Stellen Sie im Zweifel den Wohngeldantrag parallel oder beantragen Sie es rechtzeitig nach Ablehnung der anderen Leistung.

2.2 Bürgergeld, HzL/GSi der Sozialhilfe oder Wohngeldanspruch?

14 Haben Sie einen Anspruch auf Leistungen nach SGB II oder XII, der geringer ist als die Summe aus Ihrem anzurechnenden Einkommen **und** dem zustehenden Wohngeld, dann müssen Sie idR Wohngeld beantragen, weil es **vorrangig** ist (§ 12a S. 1 SGB II, § 2 Abs. 1 SGB XII).

15 Bei Bezug von **Bürgergeld** müssen Sie das aber **nicht** tun, wenn damit nicht die Hilfebedürftigkeit **aller** Mitglieder der Bedarfsgemeinschaft für **mindestens drei Monate** entfällt (§ 12a S. 2 Nr. 2 SGB II). Das „Müssen" ist zudem relativ, weil das Jobcenter Sie nämlich nicht sofort durch Sanktionen oder Leistungsversagung zur Beantragung von Wohngeld zwingen kann. Beantragen Sie die vorrangige Sozialleistung nicht, „muss" das Jobcenter diese zunächst an Ihrer Stelle beantragen (§ 5 Abs. 3 SGB II). Erst wenn das vorrangige Wohngeld wegen Ihrer **fehlenden Mitwirkung** versagt wurde, kann das Jobcenter Ihnen das Bürgergeld „ganz oder teilweise so lange entziehen oder versagen", bis Sie Ihre Mitwirkung beim Wohngeldamt nachgeholt haben (§ 5 Abs. 3 S. 3 SGB II).

16 Bei Bezug von **HzL/GSi der Sozialhilfe** ist die Vorrangigkeit des Wohngeldes nach Ansicht des **BSG** eher programmatischer Natur. Mit Bezug auf den aus § 2 Abs. 1 SGB XII hervorgehenden **Nachranggrundsatz** der Sozialhilfe dürften Leistungsberechtigte **nicht** von Leistungen der HzL/GSi **ausgeschlossen**

werden, weil (wohl) ein Wohngeldanspruch in einer den ungedeckten Bedarf übersteigenden Höhe bestehe. Dafür maßgeblich sei nicht, ob eine bedürftige Person gegen Dritte einen durchsetzbaren Anspruch geltend machen könne, sondern ob ein zu berücksichtigendes Einkommen oder Vermögen vorhanden sei, oder sie die Leistung von anderen (tatsächlich) erhalten würden (BSG 23.3.2021 – B 8 SO 2/20 R). Sie können es sich demnach aussuchen, ob Sie lieber Wohngeld beantragen oder weiterhin beim Sozialamt Leistungen beziehen wollen; das Sozialamt kann Sie dahin gehend beraten. Anderseits darf Sie die **Wohngeldstelle** bzw. das **Wohnungsamt**, wenn Sie dort Wohngeld beantragen möchten, nicht einfach wegschicken und auf den anderen Sozialleistungsträger verweisen.

17 **Tipp:** Lassen Sie sich Ihren Anspruch am besten von beiden infrage kommenden Behörden ausrechnen.

18 Wenn Sie den Antrag auf vorrangiges Wohngeld stellen, müssen Ihre SGB II-, HzL-/GSi-Leistungen **gewährt** und so lange **weitergezahlt** werden, bis das Wohngeld rückwirkend bewilligt und ausgezahlt wird. Der Leistungsausschluss gilt nicht, *„wenn durch Wohngeld die Hilfebedürftigkeit im Sinne des § 9 des Zweiten Buches Sozialgesetzbuch, des § 19 Abs. 1 und 2 des Zwölften Buches Sozialgesetzbuch oder des § 27a des Bundesversorgungsgesetzes vermieden oder beseitigt werden kann und*

a) die Leistungen nach Satz 1 Nr. 1 bis 7 [u.a. Bürgergeld II, HzL/GSi] während der Dauer des Verwaltungsverfahrens zur Feststellung von Grund und Höhe dieser Leistungen noch nicht erbracht worden sind oder

b) der zuständige Träger eine der in Satz 1 Nr. 1 bis 7 genannten Leistungen als nachrangig verpflichteter Leistungsträger nach § 104 des Zehnten Buches Sozialgesetzbuch erbringt" (§ 7 Abs. 1 S. 3 Nr. 2 WoGG).

Das Jobcenter/Sozialamt muss dann für den Zeitraum, in dem es in Vorleistung tritt, einen **Erstattungsanspruch** beim Wohngeldamt geltend machen (§ 40a SGB II, § 104 SGB X). Dadurch soll der nahtlose Leistungsbezug beim Wechsel in den Wohngeldbezug sichergestellt werden, denn es dauert nicht selten acht bis zwölf Wochen (künftig wahrscheinlich noch deutlich länger), bis das beantragte Wohngeld bewilligt wird.

19 **Tipp: Um zu vermeiden, dass das Jobcenter/Sozialamt Ihre Leistungen vorzeitig einstellt, sollten Sie die Behörde auf die entsprechenden Vorschriften hinweisen** (→ Rn. 18). Sollte es dennoch vorkommen legen Sie gegen den Aufhebungsbescheid Widerspruch (→ 126) ein.

20 Der **Kinderzuschlag** (→ 63) ist vorrangig gegenüber Wohngeld, wird aber idR einen Wohngeldanspruch nicht ausschließen. Kombinieren Familien mit Kindern beide Leistungen, erhöht sich das Familieneinkommen ggf. deutlich über SGB II-Niveau.

2.2.1 Übergangregelung: kein Verweis auf vorrangiges „Wohngeld-Plus"

21 Das Wohngeld-Plus-Gesetzes hat **zum 1.1.2023 zu einer Ausweitung der Wohngeldansprüche und einer entsprechenden Antragsflut geführt. Wohngeldstellen und -ämter werden dieser Belastung nicht gewachsen sein. Mit Bearbeitungszeiten von Wohngeldanträgen von sechs Monat und länger ist zu rechnen.** Daher hat die Bundesregierung eine Übergangregelung verabschiedet, die zumindest vorübergehend verhindern soll, dass Jobcenter oder Sozialämter auf das vorrangige Wohngeld verweisen. *„Abweichend von § 12a S. 1 [SGB II] sind Leistungsberechtigte für am 31. Dezember 2022 laufende Bewilligungszeiträume oder Bewilligungszeiträume, die in der Zeit vom 1. Januar 2023 bis 30. Juni 2023 beginnen, nicht verpflichtet, Wohngeld nach dem Wohngeldgesetz in Anspruch zu nehmen"* (§ 85 SGB II, sinngleich: § 131 SGB XII). Nach den Vorgaben des BSG (BSG 23.3.2021 – B 8 SO 2/20 R; → Rn. 16) kann im SGB XII von einer Verpflichtung ohnehin nicht ausgegangen werden.

2.2.2 Verzicht auf nachrangige SGB II-/SGB XII-Leistung

22 Anderseits können Sie auch **freiwillig auf ergänzendes Bürgergeld verzichten, wenn** Ihr Einkommen plus Wohngeld nur geringfügig unter dem SGB II-Bedarf liegt (§ 8 Abs. 2 WoGG). Dann haben Sie zwar ein paar Euro weniger zum Leben, wären aber wenigstens die Betreuung durch das Jobcenter und die „SGB II-Mühle" los. Das gilt auch für HzL/GSi nach dem SGB XII.

23 Ein Wohngeldantrag kann dann gestellt werden, wenn das verfügbare Einkommen mindestens **80 Prozent des mtl. Bedarfs zum Lebensunterhalt** abdeckt. Dabei ist die Anwendung der 80-Prozent-Regelung auf den Regelbedarf begrenzt, die Wohnkosten müssen zu 100 Prozent abgedeckt sein. Liegt das tatsächliche Einkommen unter dem SGB II-/SGB XII-Bedarf, kann das Wohngeldamt Sie allerdings schriftliche anhören. Sie müssen dann plausible Angaben über Ihre monatlichen Kosten machen (Gesundheits- und Hygienebedarfe, Rundfunkgebühren, Handyrechnungen oder Nahrungsmittel und Getränke rechnen) und den tatsächlichen Einnahmen gegenüberstellen. Die Abfrage hat den Zweck, die Glaubwürdigkeit der Angaben zu überprüfen und „Missbrauch" zu vermeiden.

2.3 Wohngeld für Personen im Haushalt, die keinen Anspruch auf Bürgergeld und HzL/GSi der Sozialhilfe haben

24 Wenn Sie keine dieser Leistungen beziehen, haben Sie ggf. auch dann einen Wohngeldanspruch, wenn Sie mit Beziehenden von Bürgergeld und GSi/HzL der Sozialhilfe zusammen in einer Wohnung wohnen. Als Miete gilt dann Ihre anteilige Miete. Die anteilige Miete besteht aus der **Kaltmiete** plus Nebenkosten, geteilt durch die Zahl der Personen, die im Haushalt leben (§ 11 Abs. 3 WoGG).

25 Seit 2008 prüfen Jobcenter, ob **unter 25-jährige „Kinder"** in einer Bedarfsgemeinschaft mit **eigenem Einkommen**, zB Unterhaltsleistungen, Kindergeld und dem ggf. zustehenden Wohngeld, aus dem Leistungsbezug herausfallen könnten. Das betrifft vor allem Kinder von **Alleinerziehenden** (→ 3). Auf diese Weise werden über 100.000 Kinder und junge Erwachsene aus dem SGB II- in den Wohngeld-Bezug verschoben: das verschönert die Hartz IV-/Bürgergeld-Statistik. Um dieses Phänomen zu umschreiben, hat

sich bereits der Begriff „Kinderwohngeld" etabliert.

26 In diesem Fall können Eltern (ggf. erwachsene Kinder) aufgefordert werden, vorrangiges Wohngeld zu beantragen. Bei Weigerung kann die Behörde das Wohngeld auch anstelle der Eltern beantragen (§ 5 Abs. 3 S. 1 SGB II). Kommen die Eltern dann gegenüber dem Wohngeldamt ihren Mitwirkungspflichten nicht nach, zB weil sie geforderte Unterlagen nicht einreichen, und wird deshalb Wohngeld wegen fehlender Mitwirkung rechtskräftig abgelehnt, kann auch das Jobcenter wegen fehlender Mitwirkung Leistungen so lange entziehen oder versagen, bis die Eltern ihre Mitwirkung bei der Beantragung von Wohngeld nachholen (§ 5 Abs. 3 S. 3–5 SGB II). Zum Glück wirken nicht alle Jobcenter aktiv bei diesem Verschiebebahnhof mit.

27 Es ist nicht zulässig, Eltern zur Wohngeldstelle zu schicken, um einen Antrag zu stellen, und gleichzeitig die SGB II-Leistungen ihrer Kinder einzustellen. Das Jobcenter hat die Leistung so lange zu erbringen, bis die Wohngeldstelle zahlt. Da Wohngeld ab Antragstellung erbracht wird, leitet das Jobcenter Wohngeldansprüche für den zurückliegenden Zeitraum idR auf sich über (→ Rn. 18).

28 **Tipp: Lassen Sie sich über den übergeleiteten und nachträglich angerechneten Wohngeldbetrag vom Jobcenter einen Bescheid ausstellen. Nur so können Sie überprüfen (lassen), ob das Jobcenter die Wohngeldnachzahlung richtig angerechnet hat oder Ihnen ggf. noch ein Rest davon zusteht.**

2.4 Wohngeld in Haushaltsgemeinschaften

29 Seit 2008 kann nach dem Muster der Hartz IV-Bedarfsgemeinschaft das Einkommen aller im Haushalt lebenden **verwandten** oder **verschwägerten** Personen sowie der eheähnlichen **Partner*innen** herangezogen werden, um den Wohngeldanspruch zu reduzieren oder zu versagen.

„Haushaltsmitglied ist die wohngeldberechtigte Person, wenn der Wohnraum, für den sie Wohngeld beantragt, der Mittelpunkt ihrer Lebensbeziehungen ist. Haushaltsmitglied ist auch, wer

1. *als Ehegatte eines Haushaltsmitgliedes von diesem nicht dauernd getrennt lebt,*
2. *als Lebenspartner oder Lebenspartnerin eines Haushaltsmitgliedes von diesem nicht dauernd getrennt lebt,*
3. *mit einem Haushaltsmitglied so zusammenlebt, dass nach verständiger Würdigung der wechselseitige Wille anzunehmen ist, Verantwortung füreinander zu tragen und füreinander einzustehen,*
4. *mit einem Haushaltsmitglied in gerader Linie oder zweiten oder dritten Grades in der Seitenlinie verwandt oder verschwägert ist,*
5. *ohne Rücksicht auf das Alter Pflegekind eines Haushaltsmitgliedes ist,*
6. *Pflegemutter oder Pflegevater eines Haushaltsmitgliedes ist*

und mit der wohngeldberechtigten Person den Wohnraum, für den Wohngeld beantragt wird, gemeinsam bewohnt, wenn dieser Wohnraum der jeweilige Mittelpunkt der Lebensbeziehungen ist" (§ 5 Abs. 1 WoGG).

30 Den restriktiven Begriff der *„Einstehensgemeinschaft"* hat man eins zu eins aus dem SGB II ins WoGG übernommen (§ 5 Abs. 2 WoGG mVwa § 7 Abs. 3a SGB II; → 36). Ebenso die Übertragung von Unterhaltsverpflichtungen innerhalb der Haushaltsgemeinschaft (→ 54). Immerhin wurde 2016 der Begriff der *„Wohn- und Wirtschaftsgemeinschaft"* und die Vermutung, dass bei Wohngemeinschaften eine solche vorliege, aus dem § 5 WoGG gestrichen. Dieser Umstand hatte in der Praxis meist dazu geführt, dass sämtliche Wohngemeinschaften als Haushaltsgemeinschaft angesehen und deren Mitglieder füreinander zum Unterhalt herangezogen wurden. Das ist nun ausgeschlossen.

2.5 Wohngeld für Studierende und Auszubildende

31 Studierende und Auszubildende, die *„dem Grunde nach"* Anspruch auf BAB und BAföG haben, bekommen **kein** Wohngeld (§ 20 Abs. 2 WoGG). Das gilt auch für Schüler*innen und Azubis, die einen Anspruch auf aufstockende Leistungen nach dem SGB II haben (→ 14). Die Kosten für die Wohnung sollen mit diesen Leistungen abgedeckt sein. Der Begriff *„dem Grunde nach"*

ist allerdings nicht so umfassend auszulegen wie der entsprechende Leistungsausschluss für Auszubildende im SGB II, der kaum Ausnahmen zulässt.

32 Schüler*innen, Azubis und Studierende, die BAföG/BAB als Darlehen oder einen Studienkredit beziehen und solche, die **keinen Anspruch auf oben genannte Leistungen haben**, weil sie etwa die Regelstudienzeit oder die Altershöchstgrenze überschritten haben oder eine Zweitausbildung absolvieren, können unter Umständen Wohngeld beantragen. Anspruchs**voraussetzung** ist, dass sie eine eigene Wohnung haben **und** nicht nur vorübergehend, dh für die Zeit der Ausbildung, vom Haushalt der Eltern abwesend sind. Außerdem gilt auch hier, dass die Unterkunftskosten und 80 Prozent des Regelbedarfs mit eigenen Mitteln plus Wohngeld abgedeckt werden können (→ Rn. 22 f.).

33 **Tipp: Sollte die Wohngeldstelle anderes vermuten, müssen Sie dies glaubhaft widerlegen.**

34 Wohngeld können Schüler*innen, Azubis und Studierende außerdem beanspruchen, wenn

- sie im Haushalt zusammen mit ihren Bürgergeld/Sozialhilfe (→ 28) beziehenden Eltern oder Elternteil wohnen **und** kein BAföG/BAB mehr erhalten oder
- sie mit anderen Personen zusammen im Haushalt wohnen, die keinen Anspruch auf BAföG/BAB haben. So können zB studierende Paare, die mit ihren Kindern zusammen im Haushalt wohnen, ggf. Wohngeld für diese beantragen.

Zu den weiteren Ausnahmen schauen Sie in den Beitrag **Studierende** (→ 110).

2.6 Zusätzliche Leistungen für Kinder und Schüler*innen

35 Für Kinder von Wohngeldbeziehenden und Kinder, die Wohngeld beziehen und zusammen mit Bürgergeld und HzL/GSi beziehenden Elternteilen wohnen, werden seit 2011 *„Leistungen für Bildung und Teilhabe"* erbracht (§ 6b Abs. 1 Nr. 2 BKGG). Näheres zum Leistungskatalog finden Sie im Beitrag **Schüler*innen** (→ 100).

36 **Tipp: Diese Leistungen müssen gesondert beantragt werden. Fragen Sie beim Wohngeldamt oder im Rathaus nach, welche Behörde vor Ort zuständig ist.**

3. Wohngeld bei Überschreiten des Bürgergeld-, HzL-/GSi-Schonvermögens

37 Wurde Ihnen Bürgergeld bzw. HzL/GSi abgelehnt, weil Ihr Vermögen (→ 119) das nach SGB II/SGB XII geschützte Schonvermögen übersteigt, haben Sie regelmäßig zumindest rückwirkend Anspruch auf Wohngeld (→ Rn. 12). Das Schonvermögen beträgt beim Wohngeld 60.000 EUR für das antragstellende Haushaltsmitglied und 30.000 EUR für jedes weitere zu berücksichtigende Haushaltsmitglied. Diese Werte werden in den Verwaltungsvorschriften zum § 21 WoGG festgesetzt. Nach einer Entscheidung des BVerwG sind diese Grenzen, die sich am nicht mehr geltenden Vermögenssteuergesetz orientierten, allerdings nur als grobe Richtwerte anzusehen. Im Einzelfall kann auch bei höhere (Geld-)Vermögenswerten ein Anspruch auf Wohngeld bestehen (BVerwG 18.4.2013 – 5 C 21.12). Wenn Ihr sonstiges Einkommen plus Wohngeld nicht reicht, um den Bedarf zum Lebensunterhalt abzudecken (→ Rn. 22 f.), wird in dieser Konstellation davon ausgegangen, dass eine Bedarfsdeckung unter **Rückgriff auf das Schonvermögen** gewährleistet werden kann.

4. Neue Verfahrensregen durch das Wohngeld-Plus-Gesetz

38 An den wesentlichen Regelungen zur Gewährung von Wohngeld bleibt alles beim Alten: Wohngeld wird idR **für zwölf Monate** bewilligt. Allerdings kann *„[der] Bewilligungszeitraum [...] unter Berücksichtigung der zu erwartenden maßgeblichen Verhältnisse verkürzt, geteilt oder bei voraussichtlich gleichbleibenden Verhältnissen auf bis zu 24 Monate verlängert werden"* (§ 25 Abs. 1 S. 2 WoGG). Letzteres wäre eine wirksame Maßnahme, um die zu erwartende Antragsflut nach der Einführung des Wohngeld Plus einzudämmen. Der Antrag auf Wohngeld wirkt auf den ersten Tag des Antragsmonats zurück (§ 25 Abs. 2 WoGG).

4.1 Anspruch auf vorläufige WoGG-Entscheidung

39 Mit dem Wohngeld Plus trat zum 1.1.2023 ein Anspruch auf vorläufige Zahlung des Wohngeldes in Kraft. *„Eine vorläufige Zahlung des Wohngeldes kann erfolgen, wenn zur Feststellung des Wohngeldanspruchs voraussichtlich längere Zeit erforderlich ist und mit hinreichender Wahrscheinlichkeit ein Anspruch auf Wohngeld besteht"* (§ 26a Abs. 1 WoGG) Die vorläufige Entscheidung *„steht unter dem Vorbehalt der endgültigen Entscheidung"* (§ 26a Abs. 2 WoGG). Das Verfahren orientiert sich an den Grundzügen der **vorläufigen Leistungsgewährung** (→ 113 Rn. 5) im SGB II.

40 Tipp: Mit Blick auf die oben beschriebenen langen Antragsbearbeitungszeiten infolge der Wohngeld-Plus-Einführung empfehlen wir, einen Wohngeldantrag (auch den Weiterbewilligungsantrag) kombiniert mit einem Antrag auf vorläufige Entscheidung zu stellen und bei Eilbedürftigkeit nach drei Monaten eine Untätigkeitsklage nach § 75 S. 2 VwGO einzulegen.

4.2 Veränderte Bagatellgrenzen bei Änderung der Verhältnisse

41 Wenn sich seit dem **1.1.2023** während des laufenden Bewilligungszeitraums von Wohngeld die Verhältnisse so verändert haben, dass Ihnen ein höheres Wohngeld zusteht, müssen Sie einen **Antrag auf Anpassung und Neubewilligung stellen**. Das ist gegeben, wenn sich die Anzahl der **Haushaltsmitglieder** erhöht, sich **Miete oder Belastung** um mehr als **10 Prozent erhöhen** (zuvor 15 Prozent) oder sich das **Gesamteinkommen** um mehr als **10 Prozent verringert** (zuvor 15 Prozent; § 27 Abs. 1 WoGG).

Andererseits ist seit dem **1.1.2023** das Wohngeld unverändert von Amts wegen aufzuheben und neu zu bewilligen, wenn sich während eines Bewilligungszeitraums die Zahl der Haushaltsmitglieder verringert, sich Miete oder Belastung um mehr als **15 Prozent verringern** oder sich das Gesamteinkommen um mehr als **15 Prozent erhöht**. Bei Veränderungen, die einen geringeren Wohngeld zur Folge haben, gelten weiterhin die höheren Bagatellgrenzen. Werden diese überschritten, müssen Sie das dem Wohngeldamt mitteilen (§ 27 Abs. 2 u. 3 WoGG).

4.3 Erprobung einer Bagatellgrenze bei Rückforderungen

42 Während der Erprobungsphase vom 1.1.2023 bis zum 31.12.2024 *„wird nach Aufhebung der Bewilligung oder Feststellung der Unwirksamkeit eines Wohngeldbescheides durch die Wohngeldbehörde bis zu einer Höhe von 50 Euro von einer Erstattung überzahlten Wohngeldes abgesehen. Dies gilt auch in Fällen einer Aufrechnung oder Verrechnung"* (§ 30a WoGG).

5. Kritik

43 Mithilfe des Wohngelds sollen Mieten bezahlt werden, die im Verhältnis zum Einkommen aus Löhnen oder Renten zu hoch sind. Es ist eine indirekte Subvention für Unternehmen, die Armutslöhne zahlen, denen wiederum Armutsrenten folgen und sorgt zunehmend dafür, Personen mit geringen Einkommen knapp über Hartz IV-/Bürgergeld-Niveau zu halten.

44 Auch die Wohngelderhöhungen 2016, 2020 und 2021 haben das reale Wohngeldniveau nicht erhöht, sondern es nicht einmal an die gestiegenen Mietpreise und die Einkommensentwicklung angepasst. Die Wirkung des Ende 2019 sozial angepriesenen *„Wohngeldstärkungsgesetzes"* bezifferte die Bundesregierung mit einem Plus von 180.000 Wohngeldhaushalten. Dabei lagen die vom Innenministerium veröffentlichten Prognosen von 660.000 Wohngeldhaushalten im Jahr 2020 deutlich hinter den eigenen Versprechungen zurück und bereits im Jahr 2021 sank die Zahl der Wohngeldhauhalte erneut. Solange das Wohngeld nicht deutlich angehoben und in einen höheren Einkommensbereich verschoben wurde, führten die „Wohngeldreförmchen" der vergangenen Jahre vor allem zu einer (vorübergehenden) Reduzierung der Beziehenden von SGB II- und SGB XII-Leistungen. Der Großteil der „zusätzlichen" Wohngeldausgaben wurde an anderer Stelle eingespart und in einem Abwasch die (Hartz IV-)**Armutsstatistik** geschönt. Dabei stehen viele Haushalte, die mit Wohngeld zwar formal ein Einkommen

knapp oberhalb des Bürgergeld-/Hartz IV-Bedarfs erzielen, durch den Wegfall von Vergünstigungen an anderer Stelle wie Rundfunkgebührenbefreiung, Anspruch auf Sozialpass (→ 106) und -ticket sowie höhere Zuzahlungen im Krankheitsfall am Ende sogar mit weniger Geld da als im Bezug von Bürgergeld oder Sozialhilfe zuzüglich Vergünstigungen.

45 Mit dem „**Wohngeld-Plus**" verfolgt die Bundesregierung eine andere, kurzfristige Zielsetzung. Die deutliche Erhöhung des Wohngeldes zum Januar 2023 und die Wiedereinführung eines Heizkostenzuschusses (den es 2010/2011 schon einmal gab), sollen bei Haushalten mit geringem Einkommen oberhalb des SGB II-/SGB XI-Niveaus die Folgen der Rekordinflation – insbesondere der Energiepreissteigerung – abfedern und die **Armut** oberhalb der offiziellen Armutsgrenze **bekämpfen**. Das ist bitter nötig, weil Löhne und Lohnersatzleistungen im unteren Einkommensbereich und vielfach auch die Renten nicht mehr ausreichen, um gestiegene Lebenshaltungskosten zu decken, und die Strategie der Einmalzahlungen des Jahres 2022 nicht geeignet ist, um Kaufkraftverluste einer großen Zahl wirtschaftlich benachteiligter Haushalte dauerhaft auszugleichen. Das Wohngeld-Plus ist mithin ein dringend benötigtes **zusätzliches soziales Netz**, das eilig gespannt wurde, um betroffene Haushalte in die Lage zu versetzen, sich weiterhin mit dem Nötigsten zu versorgen, die Wohnung zu erhalten und die Energieversorgung sicherzustellen. Hier rächt sich, dass die zuständigen Wohngeldbehörden jahrelang auf Sparflamme gekocht haben, technisch wie personell unzureichend ausgestattet und schon in „normalen" Zeiten ihren Aufgaben nicht mehr gewachsen sind. Mit dem Wohngeld-Plus soll sich die Zahl der wohngeldberechtigten Haushalte ab 2023 schlagartig mehr als verdreifachen, ohne dass Wohngeldämter sich darauf vorbereiten konnten. Vor der Reform dauerte es bereits mehrere Monate, bis beantragtes Wohngeld bewilligt wurde. Nach der Reform wird es nötig sein, alle Hebel in Bewegung zu setzen, damit Wohngeld-Plus schnell bei den Menschen ankommt, die dringend auf existenzielle Unterstützung angewiesen sind.

6. Forderungen

46 Vorläufige und vereinfachte Entscheidung über Wohngeld-Plus-Anträge und Verzicht auf endgültige Festsetzung am Ende des Bewilligungszeitraums, damit die Verwaltung effizienter arbeiten und das Wohngeld schneller auszahlen kann!

Wahlrecht zum Verzicht auf Wohngeld, wenn Bürgergeld oder Sozialhilfe plus weitere Vergünstigungen höher sind als das zustehende Wohngeld!

7. Informationen

47 Die Tabelle mit Mietobergrenzen nach § 12 WoGG vor und nach der Wohngeldreform finden Sie unter Miete (→ 75 Rn. 59). Informationsseite des Bundesministeriums für Wohnen, Stadtentwicklung und Bauwesen zum Wohngeld Plus (inkl. Berechnungsbeispielen) mit Links zu den Infoseiten der Bundesländer (https://www.bmwsb.bund.de, unter „Themen", unter „Wohngeld-Reform")

128 Wohngemeinschaft

1. Was eine Wohngemeinschaft ist 1
   1.1 HzL der Sozialhilfe 5
   1.2 Bürgergeld 7
   1.3 Eheähnliche Gemeinschaft 8
2. Haushalts- und Wirtschaftsgemeinschaft 9
3. Höhe der Leistungen 11

1. Was eine Wohngemeinschaft ist

1 Leben Sie als Bezieher*in von **Hilfe zum Lebensunterhalt** (HzL) der Sozialhilfe in einer Wohngemeinschaft (WG) mit anderen Personen, vermutet das Sozialamt, dass Sie als **Haushaltsgemeinschaft** (→ 54) gemeinsam wirtschaften und von Ihren Mitbewohner*innen unterstützt werden (§ 39 S. 1 SGB XII).

2 Beziehen Sie **Bürgergeld**, darf sich diese Vermutung **nur** auf Verwandte und Verschwägerte in einer Haushaltsgemeinschaft erstrecken (§ 9 Abs. 5 SGB II), nicht auf weitere Personen. Haushaltsgemeinschaft bedeu-

tet, dass man nicht nur zusammen wohnt, sondern auch **zusammen wirtschaftet**.

3 Bekommen Sie **Grundsicherung** (GSi), darf eine solche Vermutung nicht angestellt werden, egal mit wem Sie in einer WG wohnen (§ 43 Abs. 1 SGB XII). Es besteht idR keine Haushaltsgemeinschaft.

4 Grundsätzlich spricht man von einer WG, wenn mehrere Personen zusammen in einer Wohnung wohnen und dabei bestimmte Räume wie zB Küche und Bad gemeinsam genutzt werden. Im rechtlichen Sinn ist die reine WG von der Haushaltsgemeinschaft (→ 54) und der Bedarfsgemeinschaft (→ 16) zu trennen.

1.1 HzL der Sozialhilfe

5 Die Haushaltsgemeinschaft (→ 54) unterscheidet sich von der reinen Wohngemeinschaft durch das gemeinsame Wirtschaften aus einem Topf. Allein das Zusammenleben in einer Wohnung und die gemeinschaftliche Nutzung von Räumen, zB Küche und Bad, oder das Vorhandensein von Gemeinschaftsräumen reicht nicht für die Annahme einer Haushaltsgemeinschaft. Eine reine Wohngemeinschaft setzt voraus, dass die Bewohner*innen selbstständig und **getrennt wirtschaften**. Dies ist zB anzunehmen, wenn jede Person für sich kocht, ihre Lebensmittel selbst einkauft und ihr eigenes Konto hat. Auch wenn Sie nur **eine** Küche haben und gelegentlich gemeinsam kochen und Lebensmittel oder Reinigungsartikel aus einer gemeinsamen Haushaltskasse finanzieren, können Sie trotzdem getrennt wirtschaften und einen eigenen Haushalt führen (BSG 27.1.2009 – B 14 AS 6/08 R). Nur wenn Sie gemeinsam „aus einem (Haushalts-)Topf" wirtschaften, liegt keine WG, sondern eine Haushaltsgemeinschaft vor.

6 Dass alle Mieter*innen einer Wohngemeinschaft im Mietvertrag eingetragen sind, bedeutet nicht automatisch, dass sie gemeinsam wirtschaften. Sie haben die Wohnung gemeinsam gemietet, um gemeinsam wohnen zu können und haften der vermietenden Person gegenüber gegenseitig für alle Verpflichtungen aus dem Mietverhältnis. Mehr nicht. Die Vermutung, dass bei gemeinsamem Wohnen auch gemeinsam gewirtschaftet wird, kann durch eine Erklärung der Mitbewohner*innen widerlegt werden.

1.2 Bürgergeld

7 Hier hat es keine Bedeutung, ob Sie zusammen kochen, putzen, waschen, einkaufen und sich gegenseitig unterstützen, also eine Haushalts- und Wirtschaftsgemeinschaft (→ Rn. 9) bilden. Vorausgesetzt, Sie sind nicht **verwandt oder verschwägert**. Erst dann ist die Vermutung zulässig, dass Ihnen als Bürgergeld-Bezieher*in von verwandten oder verschwägerten Mitbewohner*innen Leistungen zum Lebensunterhalt erbracht werden. Das können Sie widerlegen. „*Der Begriff ist [auch bei Verwandten und Verschwägerten] eng auszulegen. [...] Eine HG [Haushaltsgemeinschaft] in diesem Sinne liegt **nicht** vor, wenn zwar eine Wohnung gemeinsam bewohnt, jedoch selbständig und getrennt gewirtschaftet wird*" (FW 9.9).

„*Bei Untermietverhältnissen [...] wird in der Regel keine HG bestehen*" (FW 9.9), sondern eine WG mit Angehörigen.

1.3 Eheähnliche Gemeinschaft

8 **Wohnen** zwei Personen zusammen, könnte das allerdings als „*eheähnliche Gemeinschaft*" (→ 36) oder gleichgeschlechtliche „*lebenspartnerschaftsähnliche Gemeinschaft*" gewertet werden, wenn zwischen den Personen eine Partnerschaft besteht. Wenn „*Partner länger als ein Jahr zusammenleben*" (§ 7 Abs. 3a SGB II), **vermuten** Jobcenter oft eine Einstehensgemeinschaft (→ 16 Rn. 6), in der jede*r sein*ihr gesamtes Einkommen und Vermögen für den*die andere*n einsetzen muss (§ 7 Abs. 3 Nr. 3c und Abs. 3a SGB II). Das Vorliegen einer eheähnlichen Gemeinschaft müssen Sie dann ggf. widerlegen. Aber: Allein die Nutzung einer gemeinsamen Wohnung berechtigt nicht dazu, die Privatsphäre der Mitbewohner*in auszuforschen (BVerfG 2.9.2004 – 1 BvR 1962/04). Zusammenleben setzt **Wirtschaften aus einem Topf** voraus. Näheres lesen Sie unter dem Beitrag eheähnliche Gemeinschaft (→ 36).

2. Haushalts- und Wirtschaftsgemeinschaft

9 Der Begriff der Haushaltsgemeinschaft (→ 54) ist gegenüber demjenigen der Wohngemeinschaft dadurch gekennzeichnet, dass ihre Mitglieder nicht nur vorübergehend in einer Wohnung zusammenleben, sondern einen Haushalt in der Weise führen, dass sie aus einem Topf wirtschaften (vgl. BSG 18.2.2010 – B 4 AS 5/09 R). Das heißt, wenn eine Person den anderen gelegentlich etwas mitbringt oder für sie mit kocht, ist das noch lange kein gemeinsames Wirtschaften. Auch eine gelegentliche finanzielle Unterstützung in geringem Umfang in Erwartung der Rückzahlung führt nicht zu einer Wirtschaftsgemeinschaft und damit auch nicht zu einer Haushalts- oder gar Einstehensgemeinschaft. Es liegt dann nur eine WG vor (SG Freiburg 21.7.2006 – S 9 AS 3120/06 ER). Für das Vorliegen einer Haushalts- und Wirtschaftsgemeinschaft mit Verwandten und Verschwägerten **trägt das Jobcenter die Beweislast** (BSG 27.1.2009 – B 14 AS 6/08 R).

10 Tipp: Zum Nachweis, dass keine Haushaltsgemeinschaft vorliegt *„reicht eine entsprechende schriftliche Erklärung der Angehörigen [...] aus"*, wenn keine anderweitigen Erkenntnisse bestehen (FW 9.35).

3. Höhe der Leistungen

11 Mitglieder einer WG, die Leistungen beziehen, gelten als alleinstehend und bekommen den vollen **Regelbedarf** (→ 89) von 502 EUR (Stand 2023).

12 Die Miete (→ 75) wird anteilig **nach Kopfzahl aufgeteilt**. Dabei hat jede Person Anspruch auf die „angemessenen" Unterkunftskosten für Alleinstehende. Es ist rechtswidrig, von den Kriterien für Mehrpersonenhaushalte auszugehen (BSG 18.6.2008 – B 14/11b AS 61/06 R).Es ist möglich, bei der Aufteilung der Unterkunftskosten einer WG vom *„Kopfteilprinzip"* (dh die Kosten der Unterkunft werden entsprechend der Anzahl der in der Wohnung lebenden Personen aufgeteilt) abzuweichen, wenn es eine wirksame **vertragliche Vereinbarung** über die andere, ungleiche Aufteilung der Wohnung gibt (BSG 22.8.2013 – B14 AS 85/12 R).

13 Alleinerziehende sorgen überwiegend allein für Pflege und Erziehung ihres Kindes (→ 60) und haben Anspruch auf einen Mehrbedarfszuschlag (→ 3 ff.). Das gilt auch, wenn sie in einer Wohn- oder Haushaltsgemeinschaft leben (BSG 23.8.2012 – B 4 AS 167/11 R).

14 Tipp: Im Antrag müssen Sie keinerlei Angaben über die nicht hilfebedürftigen Mitbewohner*innen Ihrer Wohngemeinschaft (*„andere im Haushalt lebende Personen"*) machen, nur Angaben über deren Mietanteil bzw. die Höhe der Untermiete (BVerfG 2.9.2004 – 1 BvR 1962/04).

129 Wohnungsbeschaffungs- und Umzugskosten

1. Vorherige Zusicherung/Zustimmung .. 1
2. Wohnungsbeschaffungskosten 3
   2.1 Maklergebühren 4
   2.2 Doppelte Mietzahlungen 6
   2.3 Kosten der Wohnungssuche 10
   2.4 Genossenschaftsanteile 12
   2.5 Einzugsrenovierungen 14
   2.6 Abstandszahlungen 15
   2.7 Reisekosten 16
3. Zuständigkeit 17

1. Vorherige Zusicherung/Zustimmung

1 Die im Zusammenhang mit einem **Umzug** (→ 112) entstehenden Kosten können für Bürgergeld- und HzL-/GSi-Beziehende durch die Behörde übernommen werden. Es handelt sich entweder um Umzugskosten oder um Wohnungsbeschaffungskosten. Sie **müssen die Kostenübernahme jedoch vorher**, dh vor Entstehung der Kosten, beantragen, zB bevor Sie den Vertrag mit dem*r Makler*in abschließen. Die Übernahme entsprechender Kosten muss grundsätzlich **vor** dem Entstehen vom Amt **zugesichert** worden sein (§ 22 Abs. 6 S. 1 SGB II). Im SGB XII spricht das Gesetz zwar von vorheriger **Zustimmung**, meint aber letztlich dasselbe (§ 35 Abs. 2 S. 5 SGB XII). Haben Sie die Zusicherung so rechtzeitig beantragt, dass die Behörde hierüber fristgerecht hätte entscheiden können, wird diese aber treuwidrig verzögert, dann ist eine vorherige Zusicherung für die Kos-

tenübernahme (BSG 6.5.2010 – B 14 AS 7/09 R) nicht erforderlich. Wird Ihnen die Übernahme der Wohnungsbeschaffungskosten oder Umzugskosten in rechtswidriger Weise abgelehnt und müssen Sie die Kosten daher auslegen, haben Sie einen Anspruch auf Kostenerstattung gegen die Behörde (BSG 6.8.2014 – B 4 AS 37/13).

2 Es handelt sich um Ermessensleistungen („Kann-Leistungen"). Für die Zusicherung/Zustimmung nennt das Gesetz jedoch Gründe, bei denen sie erteilt werden **soll**:

- wenn ein Umzug durch die Behörde veranlasst wurde,
- wenn ein Umzug aus anderen Gründen notwendig ist, zB wegen Arbeitsaufnahme oder drohendem Wohnungsverlust **und**
- wenn ohne Zusicherung eine Wohnung in einem angemessenen Zeitraum nicht gefunden werden kann

(§ 22 Abs. 6 SGB II; entsprechend § 35a Abs. 2 SGB XII, für GSi iVm § 42a SGB XII).

Was ein angemessener Zeitraum ist, hängt vor allem davon ab, wie dringlich eine Wohnung beschafft werden muss. Bei drohender Obdachlosigkeit ist die Dringlichkeit am größten.

Wichtige Gründe in diesem Sinn liegen vor, wenn der Umzug notwendig (→ 122 Rn. 14) ist.

2. Wohnungsbeschaffungskosten

3 Zu den **Wohnungsbeschaffungskosten** zählen alle Aufwendungen, die mit dem Finden und Anmieten einer Wohnung verbunden sind (BSG 16.12.2008 – B 4 AS 49/07 R).

2.1 Maklergebühren

4 Vor allem in Ballungszentren ist es oft unmöglich, Wohnungen zu bekommen, die nicht von Makler*innen vermittelt werden. Bei angespanntem Wohnungsmarkt gehört daher auch die Übernahme der Maklerkosten zu den Wohnungsbeschaffungskosten (BSG 18.2.2010 – B 4 AS 28/09 R; LSG NRW 2.4.2009 – L 7 B 33/09 AS ER). Wenn Maklergebühren nicht zugesichert werden, ist Leistungsbeziehenden ein bedeutender Teil des Wohnungsmarkts verschlossen. Deswegen ist es in diesem Fall nicht zulässig, nach sechs Monaten eine unangemessene Miete auf das als angemessen betrachtete Niveau zu senken (SG Frankfurt 31.3.2006 – S 48 AS 123/06 ER). Die Zusicherung zur Übernahme dieser Kosten kommt aber nur in Betracht, wenn ein konkretes Wohnungsangebot von einem*r Makler*in vorliegt (LSG Baden-Württemberg 30.7.2008 – L 7 AS 2809/08 ER-B). Sind genug Wohnungen ohne Makler*innen verfügbar, besteht kein Anspruch. Die Behörde muss das nachweisen.

5 Auf dem Wohnungsmarkt für Mietwohnungen gilt das **Bestellprinzip**: Derjenige, der den*die Makler*in beauftragt, muss für die Gebühren aufkommen. Wohnungssuchende können demnach bei Anmietung der Wohnung nicht mehr die Maklergebühren für die neue Wohnung auferlegt bekommen. Ob aber umgekehrt auf angespannten Wohnungsmärkten von Leistungsberechtigten selbst ein*e Makler*in eingeschaltet und bezahlt werden muss, um überhaupt eine Chance auf eine angemessene Wohnung zu erhalten, wird sich dort zeigen. Sollte das der Fall sein, sind die Maklerkosten weiterhin als Wohnungsbeschaffungskosten anzuerkennen.

2.2 Doppelte Mietzahlungen

6 Wenn Umzüge notwendig sind, entstehen nicht selten doppelte Mietzahlungen. Mieter*innen können unbefristete Mietverträge mit einer Frist von drei Monaten kündigen, es sei denn, eine andere Kündigungsfrist ist wirksam vereinbart worden. Sie können aber erst dann kündigen, wenn Ihnen eine neue Wohnung sicher ist und wenn die Behörde ggf. die Zusicherung zur Übernahme der künftigen Unterkunftskosten erteilt hat (§ 22 Abs. 4 SGB II). Dabei kommt es vor, dass Sie schon in die neue Wohnung einziehen müssen, obwohl Sie für die alte Wohnung noch Miete zahlen müssen. Auch eine mietvertraglich vereinbarte Schlussrenovierung nach Auszug kann zu einer doppelten Mietzahlung führen. Wenn doppelte Mieten hinreichend begründet und **unvermeidbar** sind, sind diese zu übernehmen. Dasselbe gilt im SGB XII für die Überschneidungskosten,

wenn hier ebenfalls der Auszug aus der alten Wohnung und Einzug in die neue Wohnung aus unvermeidbaren Gründen nicht nahtlos aufeinander abgestimmt werden können (SG Aachen 24.2.2015 – S 20 SO 6/08). Dies ist zB häufig der Fall, wenn aus gesundheitlichen Gründen ein Umzug in ein Pflegeheim stattfindet und dieser unverzüglich wegen des Gesundheitszustandes oder der Verfügbarkeit des Heimplatzes erfolgen muss. In einer Entscheidung des BSG (BSG 30.10.2019 – B 14 AS 2/19) wurde angenommen, dass es sich bei der doppelten Miete um Unterkunftskosten und nicht um Wohnungsbeschaffungskosten handelt, weil beide Wohnungen im Auszugsmonat genutzt worden waren (BSG 30.10.2019 – B 14 AS 2/19). Sofern jedoch eine zeitliche Überschneidung nur hinsichtlich der vertraglichen Verpflichtung stattfindet, ohne dass die eine der Wohnungen genutzt wird, handelt es sich hingegen um Wohnungsbeschaffungskosten. Hierfür muss dann die vorherige Zusicherung eingeholt werden.

7 Allerdings müssen Sie die Kosten so niedrig wie möglich halten und dazu alles Mögliche und Zumutbare getan haben, zB durch die Suche einer Nachmieterpartei (LSG NRW 18.2.2010 – L 9 SO 6/08) oder indem Sie bei der neuen bzw. alten vermietenden Person um die Gewährung einer mietfreien Übergangsfrist bitten. Verzögerungen, die unvermeidbar sind, sind jedoch unschädlich. Dies ist etwa für die betreuungsgerichtliche Genehmigung der Wohnungskündigung anzunehmen (LSG Berlin-Brandenburg 10.3.2011 – L 15 SO 23/09). Der*die Betreuer*in hat auf die Dauer des Genehmigungsverfahrens beim Betreuungsgericht keinen Einfluss.

8 **Tipp:** Sie sollten frühzeitig die Übernahme doppelter Mieten bei der Behörde als **Wohnungsbeschaffungskosten** beantragen und die Unvermeidbarkeit gut begründen. Ist diese nicht damit einverstanden, ist die Anmietung der in Aussicht stehenden Wohnung für Sie nicht zumutbar. In diesem Fall muss Ihnen die Frist zur Kostensenkung (→ 75 Rn. 123 ff.) verlängert werden.

9 Sie brauchen regelmäßig die Zusicherung/Zustimmung, **bevor** Sie den Mietvertrag unterschreiben und kündigen, sonst bleiben Sie eventuell auf den doppelten Mietkosten sitzen.

2.3 Kosten der Wohnungssuche

10 Wenn die Behörde Sie auffordert, in eine billigere Wohnung umzuziehen, zwingt sie Sie, eine neue Wohnung zu suchen. Das aber kostet Sie ggf. zusätzliches Geld. Sie müssen Zeitungen kaufen, telefonieren, eine Anzeige aufgeben, haben Fahrtkosten zu Wohnungsbesichtigungen usw. Das alles sind Wohnungsbeschaffungskosten.

11 **Tipp:** Beantragen Sie die Kostenübernahme vorher. Dokumentieren und begründen Sie entstandene Kosten und stellen Sie sie der Behörde in Rechnung.

2.4 Genossenschaftsanteile

12 Genossenschaftsanteile werden einer **Mietkaution** rechtlich gleichgestellt. Diese soll nach vorheriger Zusicherung durch den **am Ort der neuen Unterkunft zuständigen** Träger **als Darlehen** erbracht werden (§ 22 Abs. 6 S. 1 und 3 SGB II). Näheres finden Sie im Beitrag **Kaution** (→ 59).

13 Auch in der Sozialhilfe werden Genossenschaftsanteile den Wohnungsbeschaffungskosten zugeordnet (OVG Niedersachsen 25.7.2002 – 4 LA 145/02). Hier gibt es jedoch keine gesetzliche Vorgabe der Zuständigkeit (→ 59 Rn. 18 ff.). Hier gelten die normalen Regeln der Zuständigkeit (→ 131 Rn. 6 ff.).

2.5 Einzugsrenovierungen

14 Kosten die dadurch entstehen, dass die Wohnung vor dem Einzug erst noch renoviert werden muss, gehören unter Umständen zu den Unterkunftskosten (→ 90 Rn. 24 f.).

2.6 Abstandszahlungen

15 Angemessene Abstandszahlungen an die Vormieterpartei können unter Umständen übernommen werden (VGH Baden-Württemberg 8.11.1995 – 6 S 3140/94). Allerdings werden diese idR nur dann übernommen, wenn der Wohnungsmarkt angespannt und keine alternative Wohnung ohne Ab-

standszahlungen anmietbar ist. Zu berücksichtigen ist auch, ob durch die Zahlung an die Vormieterpartei ggf. Kosten für Erstausstattung gemindert werden.

2.7 Reisekosten

16 Wollen oder müssen Sie in eine andere Stadt umziehen (zB wegen Arbeitsaufnahme) und hat die Behörde dem Umzug zugestimmt, haben Sie Anspruch auf Reise- und ggf. Übernachtungskosten für Wohnungsbesichtigungen.

3. Zuständigkeit

17 Bei **Bürgergeld**-Bezug hängt die Übernahme von Wohnungsbeschaffungskosten idR von der vorherigen Zusicherung durch **den bis zum Umzug zuständigen Träger** ab, der sie dann auch zu übernehmen hat. Bei Kautionen (→ 59) oder Genossenschaftsanteilen müssen Sie allerdings das am Ort der neuen Unterkunft zuständige Jobcenter zwecks Zusicherung anfragen (§ 22 Abs. 6 S. 1 SGB II).

18 Bei **HzL/GSi der Sozialhilfe** sieht das LSG Baden-Württemberg die Verteilung der Zuständigkeiten wie beim Bürgergeld (23.11.2006 – L7 SO 4415/05), obwohl es hierzu keine gesetzliche Regelung gibt.

19 **Vorsicht!** Die Behörden missachten häufig folgende Unterscheidung: Vor Abschluss eines Mietvertrags soll eine Zusicherung zu den künftigen Unterkunfts- und Heizkosten eingeholt werden (§ 22 Abs. 1 SGB II). Im SGB XII muss sogar die Behörde nur über die maßgeblichen Umstände in Kenntnis gesetzt werden (§ 35 Abs. 2 S. 3 und 4 SGB XII). Grundsätzlich ist es also möglich, auch ohne diese Voraussetzungen einen Mietvertrag abzuschließen und die angemessenen Unterkunftskosten zu erhalten (→ 75 Rn. 147 ff.). Eine Zusicherung/Zustimmung für die Wohnungsbeschaffungskosten ist jedoch zwingend erforderlich. Ohne diese können Sie grundsätzlich keine Wohnungsbeschaffungskosten erhalten (§ 22 Abs. 6 SGB II, § 35 Abs. 2 S. 5 SGB XII).

130 Wohnungslose

1. Anspruch auf Bürgergeld/HzL/GSi der Sozialhilfe 1
1.1 Regelbedarf 2
1.2 Kürzung des Regelbedarfs 4
2. Einmalige Beihilfen 5
3. Kosten der Unterkunft 6
4. Aufenthaltsort und Erreichbarkeit 7
4.1 Gewöhnlicher Aufenthalt 8
4.2 Erreichbarkeit 10
5. Antrag und Leistungsgewährung 12
6. Stationärer Aufenthalt 14
6.1 Objektive Möglichkeit der Erwerbstätigkeit begründet Anspruch auf Bürgergeld 17
6.2 Kostenersatz bei Leistungen in stationären Einrichtungen 21
7. Anspruch auf SGB II plus Leistungen nach § 67 SGB XII 22
8. Informationen 23

1. Anspruch auf Bürgergeld/HzL/GSi der Sozialhilfe

1 Wenn Sie erwerbsfähig sind, haben Sie Anspruch auf Bürgergeld nach dem SGB II. Wenn Sie nicht erwerbsfähig sind, entweder auf Hilfe zum Lebensunterhalt (HzL) oder Grundsicherung (GSi) der Sozialhilfe (→ 51).

1.1 Regelbedarf

2 Auch wenn Sie kein Telefon, keine Möbel und keine Haushaltsgeräte besitzen und eventuell keine Stromkosten usw für Sie anfallen, haben Sie Anspruch auf den vollen Regelbedarf von 502 EUR (Stand 2023; → 89). Der Regelbedarf darf nicht gekürzt werden, weil Sie bestimmte Ausgaben nicht haben (SG Berlin 31.3.2005 – S 37 AS 919/05 ER; SG Kassel 1.2.2005 – S 20 AS 3/05 ER).

Grundsätzlich gilt: Der Bürgergeld-Regelbedarf wird als Pauschale erbracht, daher ist eine abweichende Bedarfsfestsetzung weder nach oben noch nach unten möglich (§ 20 Abs. 1 S. 3 SGB II). Sollte also das Jobcenter bei Wohnungslosen mit dem Argument kommen „Sie haben ja als Wohnungslose*r keinen Strom, daher kürzen wir den Regelbedarf um den dafür vorgesehenen Betrag", dann wäre das rechtswidrig. Wenn Sie nur

130 Wohnungslose

auf der Durchreise sind, haben Sie beim Bürgergeld und der Sozialhilfe Anspruch auf die entsprechenden ungekürzten Tagessätze (knapp 17 EUR pro Tag).

3 Tipp: Sollte die Behörde Ihnen nicht den vollen Regelbedarf/Tagessatz auszahlen, wenden Sie sich an eine Beratungsstelle.

1.2 Kürzung des Regelbedarfs

4 In der **Sozialhilfe** darf der Regelbedarf nur gekürzt werden, wenn er *„für eine Dauer von voraussichtlich mehr als einem Monat [...] nachweisbar vollständig oder teilweise anderweitig gedeckt ist"* (§ 27a Abs. 4 SGB XII). Das wäre bei Wohnungslosen nur der Fall, wenn sie auf Dauer im **Wohnheim kostenlos verköstigt** würden (→ Rn. 18 f.).

2. Einmalige Beihilfen

5 Einmalige Beihilfen (→ 40) gibt es nur noch in wenigen **Ausnahmefällen:**
- als **Darlehen** (→ 30) bei einem unabweisbaren Bedarf (§ 24 Abs. 1 SGB II, § 37 Abs. 1 SGB II). Dazu können auch Bekleidung, zB ein Wintermantel, feste Schuhe oder ein Schlafsack gehören, wenn es sich nicht um Erstausstattung handelt,
- wenn Sie eine Wohnung finden und beziehen, haben Sie Anspruch auf eine **Erstausstattung** für **Hausrat** (→ 56) und Möbel. Dafür gibt es regelmäßig eine Pauschale von ca. 1.300 EUR (+/- 500 EUR, für einen Einpersonenhaushalt), wenn Sie aus der Wohnungslosigkeit dort einziehen. Sie wird reduziert, sollten noch eigene Möbel vorhanden sein. In einigen Kommunen werden stattdessen noch Gutscheine für Möbellager oder Sozialkaufhäuser ausgegeben, um den Bedarf für die Erstausstattung zu decken,
- wenn Sie nicht über ausreichende bzw. brauchbare Bekleidung verfügen, können Sie einen Antrag auf eine Erstausstattung für **Kleidung** (→ 65) stellen.

(§ 24 Abs. 3 Nr. 1 u. 2 SGB II, § 31 Abs. 1 Nr. 1 u. 2 SGB XII)

3. Kosten der Unterkunft

6 Wenn Sie wohnungslos geworden sind, können dennoch Kosten der Unterkunft anfallen, die von der Behörde übernommen werden müssen (→ 75).

Zum Beispiel, wenn
- Sie bei Freunden oder Bekannten übernachten und diesen dadurch Kosten entstehen, die sie von Ihnen einfordern,
- Sie vorübergehend in einer Pension/einem Hostel leben müssen (SG Reutlingen 13.12.2007 – S 3 AS 3532/07),
- Sie auf einem Campingplatz oder in einem Wohnwagen wohnen,
- Sie in einer Obdachlosenunterkunft unterkommen usw.

4. Aufenthaltsort und Erreichbarkeit

7 Je nachdem, ob Sie Bürgergeld/HzL/GSi der Sozialhilfe beziehen wollen, werden unterschiedliche Ansprüche an Ihren Aufenthaltsort und Ihre Erreichbarkeit gestellt.

4.1 Gewöhnlicher Aufenthalt

8 Einen Wohnsitz zu haben, ist keine Voraussetzung für den Bezug von Bürgergeld/HzL der Sozialhilfe. Sie müssen sich allerdings in Deutschland aufhalten, um Anspruch zu haben (§ 7 Abs. 1 Nr. 4 SGB II). Nur für die GSi der Sozialhilfe benötigen Sie einen *„gewöhnlichen Aufenthalt im Inland"* (§ 41 Abs. 1 SGB XII). Ihren örtlichen Aufenthalt haben Sie immer dann nachgewiesen, wenn Sie über eine Betreuungs- oder Beratungseinrichtung für die Behörde erreichbar sind. Kann man einen gewöhnlichen Aufenthalt im Sinne des § 33 Abs. 3 SGB I nicht feststellen, ist immer das Jobcenter zuständig, in dessen Zuständigkeitsbereich Sie **tatsächlich aufhalten** (§ 36 S. 4 SGB II; FW 36.7). Das gilt für die HzL der Sozialhilfe entsprechend (§ 98 Abs. 1 SGB XII). Entscheidend ist nicht, ob und wo Sie **polizeilich** gemeldet sind. Auch eine vorübergehende Unterkunft bei einem*r Bekannten, auf einem Campingplatz usw lässt den Bezug von Bürgergeld/HzL/GSi zu. (→ 131 Rn. 5 ff.)

9 Tipp: Lassen Sie sich also nicht abwimmeln, wenn Sie zB zur Arbeitssuche aus

einem anderen Ort kommen und noch keine neue Wohnung an Ihrem neuen Aufenthaltsort haben.

4.2 Erreichbarkeit

10 **Bürgergeld:** Sie müssen täglich auf dem Postweg, zB über die Adresse eines*r Bekannten, erreichbar sein, damit man Ihnen ein Arbeits- oder Maßnahmenangebot unterbreiten oder Sie persönlich einladen kann. Für die BA gelten Sie auch als erreichbar, wenn Sie sich **an jedem Werktag** bei einer Einrichtung der Wohnungslosenhilfe melden (FW 7.145). Dazu müssen Sie ein Formular mit Bestätigung der jeweiligen Einrichtung beim Jobcenter einreichen. Tun Sie das nicht, entfällt ggf. der Leistungsanspruch (→ 84). **Vorsicht!** Wenn Ihr Anspruch auf Bürgergeld wegen Nichterreichbarkeit entfällt, haben Sie **keinen** Sozialhilfeanspruch (§ 21 Abs. 1 SGB XII).

11 **HzL und GSi der Sozialhilfe:** Eine tägliche Erreichbarkeit wird hier nicht gefordert. Schließlich gelten Sie als nicht erwerbsfähig, denn HzL/GSi erhalten Sie nur,

- wenn eine volle Erwerbsminderung (→ 46) vom medizinischen Dienst der Arbeitsagentur oder von der Rentenversicherung festgestellt wurde oder
- unter Umständen, wenn Sie fest in einer stationären Einrichtung leben (zu den Nachteilen → Rn. 14 ff.).

GSi erhalten Sie außerdem, wenn Sie das Regelrentenalter erreicht haben und dem Arbeitsmarkt nicht mehr zur Verfügung stehen müssen.

5. Antrag und Leistungsgewährung

12 Um Bürgergeld/GSi zu beziehen, müssen Sie einen **Antrag** (→ 7) stellen, der formlos sein darf. Der Anspruch gilt ab dem ersten Tag des Monats, in dem Sie den Antrag stellen. Lassen Sie sich den Eingang des Antrags durch die Behörde bestätigen, damit Sie bei Bedarf einen Nachweis vorlegen können. Im Gegensatz dazu setzt HzL der Sozialhilfe ein, wenn die Behörde **Kenntnis** von Ihrer Notlage hat, zB weil sie von der Wohnungsloseneinrichtung verständigt wurde. Auch in diesem Fall raten wir, einen Nachweis zu führen, dass das Sozialamt verständigt wurde, zB eine Kopie des Fax-Sendeprotokolls oder einen Ausdruck einer Bestätigungs-E-Mail der Behörde.

13 Mit der **Zielsetzung einer Vereinheitlichung** der bundesweit unterschiedlichen Praktiken **bei der Leistungsgewährung** und der Sicherstellung eines durchgehenden Kranken- und Pflegeversicherungsschutzes bei wohnungslosen Leistungsberechtigten hat die BA am 27.8.2021 eine Weisung herausgegeben (BA, Weisung Nr. 202108006, https://www.arbeitsagentur.de/datei/weisung-202108006_ba147135.pdf). Demnach seien die Bewilligungszeiträume mit Blick auf Besonderheiten des Einzelfalles auf maximal sechs Monate zu verkürzen und Leistungen, wenn möglich, für einen ganzen Monat auszuzahlen. *„Eine regelmäßige Auszahlung der Leistungen erfolgt insbesondere bei Vorhandensein eines Bankkontos oder bei vorhandener Betreuung durch eine karitative Einrichtung"* (BA, Weisung Nr. 202108006, 3.3). Erweise sich eine monatliche Auszahlung als ungeeignet, könnten kürzere Auszahlungszeiträume gewählt werden. Dann sei zu überprüfen, ob Leistungen bei einem anderen Jobcenter bezogen wurden. Ziel des individuellen Lösungsansätzes sei stets, dass Bürgergeld möglichst für einen Monat durchgängig und in Folge nahtlos bewilligt werde und eine Meldung an die Krankenversicherung erfolge, damit der Versicherungsschutz gewährleistet sei.

6. Stationärer Aufenthalt

14 Wohnungslose, die *„in einer stationären Einrichtung untergebracht"* sind (§ 7 Abs. 4 SGB II), haben nach dem Wortlaut des Gesetzes **keinen Anspruch auf Bürgergeld** nach dem SGB II. Nach strenger Lesart hätten *„untergebrachte"* Wohnungslose nur einen Anspruch HzL der Sozialhilfe.

15 **Kritik:** Die Hartz IV-/Bürgergeld-Parteien unterstellen im Gesetz pauschal, dass erwerbslose Wohnungslose in stationären Einrichtungen nicht erwerbsfähig sind. Aber ausgerechnet diejenigen, die auf der Straße leben, haben als erwerbsfähige Personen volle Ansprüche auf Bürgergeld. Dabei sind nach Angaben der BAG Wohnungslosenhilfe

eV zwei Drittel der 50.000 Wohnungslosen in Heimen genauso erwerbsfähig. Der Grund für diese Haltung ist klar: Die Kosten sollen den Kommunen als Sozialhilfeträger untergejubelt werden, und wohnungslose Menschen sollen aus der Arbeitslosenstatistik herausfallen. Deshalb haben die diversen Bundesregierungen der vergangenen 17 Jahre das Gesetz bis heute nicht an die praktischen Anforderungen der Lebensrealität von Wohnungslosen angepasst, obwohl das Bundessozialgericht (BSG) schon 2007 und wiederholt 2014 konkretere Vorgaben für den Leistungsausschluss formuliert hat.

16 Die BA bezieht sich vage auf die Rechtsprechung des BSG und schreibt in ihren Fachlichen Weisungen: *„Im Einzelfall zählen auch Mütterhäuser und Einrichtungen der Wohnungslosenhilfe nach §§ 67 – 69 SGB XII"* zu den stationären Einrichtungen (FW 7.94).

Im Einzelfall bedeutet, dass **weitere Aspekte** bei der Beurteilung berücksichtigt werden müssen.

6.1 Objektive Möglichkeit zur Erwerbstätigkeit begründet Anspruch auf Bürgergeld

17 Bürgergeld erhält **nach dem Gesetz**, *„wer in einer stationären Einrichtung untergebracht und unter den üblichen Bedingungen des Arbeitsmarkts mindestens* **15 Stunden wöchentlich** *erwerbstätig ist"* (§ 7 Abs. 4 S. 3 Nr. 2 SGB II). Arbeiten Sie, haben Sie als Bewohner*in einer Einrichtung den „Erwerbstätigkeitsbeweis" erbracht und bekommen nach dem Gesetz Ihr Erwerbseinkommen mit Bürgergeld aufgestockt.

18 Neben der gesetzlichen Norm **hat das BSG erweiterte Vorgaben entwickelt**, wonach in stationären Einrichtungen **Anspruch auf Bürgergeld** besteht: Das ist bei Personen der Fall, die zwar in einer Einrichtung stationäre Leistungen erhalten **und** dort auch formell aufgenommen, **jedoch nicht** im „engeren Sinne" untergebracht sind. Eine **stationäre Unterbringung** besteht erst, *„wenn der Träger der Einrichtung nach Maßgabe seines Konzeptes die Gesamtverantwortung für die tägliche Lebensführung und die Integration des Hilfebedürftigen übernimmt"* (BSG 5.6.2014 – B 4 AS 32/13 R, Rn. 28). Das ist idR bei Einrichtungen für Wohnungslose nicht der Fall. Eine stationäre Einrichtung begründet den Leistungsausschluss erst, *„wenn diese so strukturiert und gestaltet ist, dass es dem dort Untergebrachten nicht möglich ist, aus der Einrichtung heraus mindestens drei Stunden täglich erwerbstätig zu sein"* (BSG 6.9.2007 – B 14/7b AS 16/07 R). Nach den Fachlichen Weisungen der BA ist demnach im Einzelfall zu prüfen, ob es sich um eine stationäre Einrichtung handelt, die einen Ausschluss vom Bürgergeld begründet.

19 Das BSG fasst die **neuen Kriterien** wie folgt zusammen:

„Steht der Untergebrachte aufgrund einer Gesamtverantwortung des Trägers der Einrichtung für dessen tägliche Lebensführung und seiner Integration dem allgemeinen Arbeitsmarkt nicht zur Verfügung, ist er dem Regelungsbereich des SGB XII zuzuordnen.

Besteht keine derart umfassende Verantwortung mit der Folge, dass der Leistungsberechtigte in den Arbeitsmarkt integriert werden kann, ist er [...] entsprechend dem mit dem SGB II verfolgten Leitbild einer auf dem Grundsatz der Eigenverantwortung beruhenden Eingliederung in den Arbeitsmarkt diesem Leistungssystem zuzuordnen." (BSG 5.6.2014 – B 4 AS 32/13 R, Rn. 33).

20 Anspruch auf Bürgergeld (Leistungen nach dem SGB II) bedeutet zum einen Anspruch auf den ungekürzten Regelbedarf (→ 89) und Zugang zu Eingliederungsleistungen. Es bedeutet aber auch *„Fördern und Fordern"*, zB Bewerbungsbemühungen, Arbeitsangebote und bei „Pflichtverletzungen" Sanktionen (→ 95).

6.2 Kostenersatz bei Leistungen in stationären Einrichtungen

21 Wohnen Sie in einem Wohnheim, in dem Leistungen zum Lebensunterhalt erbracht werden, kann die Einrichtung von Ihnen eine Zahlung aus dem Regelbedarf als Kostensatz verlangen (zB Essens- oder Stromgeld). Hierfür gibt es keine bundesgesetzliche Regelung. Diese Praxis beruht oft auf Vereinbarungen, die Träger der Wohnungslosenhilfe mit Kostenträgern in den einzelnen Bundesländern getroffen haben.

7. Anspruch auf SGB II plus Leistungen nach § 67 SGB XII

22 Leistungen des SGB II und Leistungen der Wohnungslosenhilfe als „Hilfe zur Überwindung besonderer sozialer Schwierigkeiten" nach dem Achten Kapitel des SGB XII schließen sich nicht aus. Es handelt sich hierbei nicht um Hilfen zum Lebensunterhalt (SG Stralsund 12.5.2005 – S 9 SO 37/05 ER). Sie können also Bürgergeld beziehen und zusätzlich über das Sozialamt Leistungen für ein Übergangswohnheim, Unterstützung bei der Wohnungssuche oder durch die Wohnungslosenhilfe „betreutes" Wohnen erhalten.

8. Informationen

23 Webseite mit nützlichen Infos rund um die Wohnungslosigkeit:

https://www.caritas.de/hilfeundberatung/ratgeber/wohnungslosigkeit/lebenaufderstrasse

Johannes Münder, Stationäre Einrichtungen im Sinne des § 7 Abs. 4 SGB II, 2006,

http://www.frank-jaeger.info/fachinformationen/stat-Einrichtung-Gutachten-Muender.pdf

131
Zuständigkeit

1. Was tun, wenn keine Behörde zuständig sein will?	1
1.1 Vorläufige Leistungsgewährung	2
2. Gewöhnlicher bzw. tatsächlicher Aufenthalt	5
2.1 Bürgergeld	6
2.2 Zuständigkeit in HzL und GSi	10
2.3 Auslandsaufenthalte	13
2.4 Auslandsaufenthalte bei GSi-Berechtigten	15
2.5 HzL/GSi der Sozialhilfe und stationäre Leistungen	17
3. Zuständigkeit bei Ortswechsel	18
4. Feststellung der Erwerbsfähigkeit	20
5. Anmeldung am neuen Aufenthaltsort	21
6. Kritik	25

1. Was tun, wenn keine Behörde zuständig sein will?

1 Die Leistungsträger *„sind verpflichtet, über alle sozialen Angelegenheiten nach diesem Gesetzbuch Auskünfte zu erteilen"* (§ 15 Abs. 1 SGB I). Und: *„Die Auskunftspflicht erstreckt sich **auf die Benennung der für die Sozialleistungen zuständigen Leistungsträger** sowie auf alle Sach- und Rechtsfragen, die für die Auskunftsuchenden von Bedeutung sein können und zu deren Beantwortung die Auskunftsstelle imstande ist"* (§ 15 Abs. 2 SGB I). *„Besteht ein Anspruch auf Sozialleistungen und ist zwischen mehreren Sozialleistungsträgern streitig, wer zur Leistung verpflichtet ist, kann der unter ihnen zuerst angegangene Leistungsträger vorläufig Leistungen erbringen, deren Umfang er nach pflichtmäßigem Ermessen bestimmt. **Er hat Leistungen nach Satz 1 zu erbringen, wenn der Berechtigte es [gesondert] beantragt."*** (§ 43 Abs. 1 S. 2 SGB I).

1.1 Vorläufige Leistungsgewährung

2 Schieben Jobcenter und Sozialamt Sie hin und her, dann haben Sie dem Jobcenter gegenüber einen Anspruch auf *„vorläufige Leistungen"* nach § 43 Abs. 1 SGB I, wenn Sie den Antrag dort zuerst gestellt und vorläufige Leistungsgewährung beantragt haben (SG Düsseldorf 21.10.2005 -S 35 AS 323/05 ER). Wenn Sie schon ahnen, dass es zu einem Streit um die Zuständigkeit kommen könnte und dem Sozialamt zutrauen, dass Sie dort schneller Leistungen bewilligt bekommen, können Sie auch dort zuerst den Antrag stellen.

3 Wenn Sie einen vorläufigen Antrag stellen, **muss** der zuerst angegangene Sozialleistungsträger **spätestens** nach einem Monat die Leistungen erbringen (§ 43 Abs. 1 S. 2 SGB I). Vorher steht die Leistungsgewährung im Ermessen (→ 44). Wenn Sie begründen, dass Sie akut hilfebedürftig sind und unmittelbar Leistungen benötigen, dann **reduziert sich das Ermessen „auf null"**, und der Leistungsträger **muss sofort Leistungen erbringen**. Lebensmittelgutscheine sind bei Akutleistungen rechtswidrig, insofern Sie nicht Ihr Geld unsachgemäß ausgegeben haben (→ 94 Rn. 3 ff.; → 7 Rn. 36 ff.).

4 „Klärt der zuerst angegangene Leistungsträger entgegen seiner Beratungspflicht gemäß § 14 SGB I und der Pflicht zur effektiven Leistungsgewährung aus § 17 Abs. 1 Nr. 1 SGB I den Antragsteller nicht darüber auf, dass auf seinen Antrag er die [vorläufigen] Leistung nach § 43 Abs. 1 Satz 2 SGB I zu erbringen hat, reduziert sich sein Ermessen nach § 43 Abs. 1 Satz 1 SGB I darauf, auch ohne ausdrücklichen Antrag die [vorläufigen] Leistung zu erbringen" (LSG Hessen 9.9.2011 – L 7 SO 190/11 B ER). Diese vom LSG Hessen dargestellte allgemeine Beratungspflicht (→ 20 Rn. 11) ist durch die spezielle im SGB II zum 8/2016 eingeführte Beratungspflicht deutlich verstärkt worden. Diese hat sich sogar am „Empfängerhorizont" zu orientieren (§ 14 Abs. 2 S. 3 SGB II), also daran, wie gut der*die Betreffende die rechtliche Sachlage versteht. Das Amt, bei dem zuerst der Antrag gestellt wurde, hat bei Unterlassen dieser Beratung keinen Ermessensspielraum mehr, sondern muss vorläufig Leistungen erbringen (→ 7 Rn. 36 ff.).

2. Gewöhnlicher bzw. tatsächlicher Aufenthalt

5 Sowohl die Frage nach der Leistungsberechtigung als auch nach der Zuständigkeit welches Leistungsträgers ist von Ihrem gewöhnlichen bzw. tatsächlichen Aufenthalt abhängig. Für Bürgergeld und HzL/GSi der Sozialhilfe gelten jeweils eigene Regelungen.

2.1 Bürgergeld

6 „Leistungen nach diesem Buch erhalten Personen, die [...] ihren gewöhnlichen Aufenthalt in der Bundesrepublik Deutschland haben" (§ 7 Abs. 1 S. 1 SGB II). Für die Leistung der Grundsicherung ist die Behörde „zuständig, in deren Bezirk die erwerbsfähige leistungsberechtigte Person ihren gewöhnlichen Aufenthalt hat" (§ 36 Abs. 1 S. 1 SGB II).

„Den gewöhnlichen Aufenthalt hat jemand dort, wo er sich unter Umständen aufhält, die erkennen lassen, dass er an diesem Ort oder in diesem Gebiet nicht nur vorübergehend verweilt" (§ 30 Abs. 3 SGB I). Kann ein gewöhnliche Aufenthalt nicht festgestellt werden, zB bei **Wohnungslosen** (→ 130), die ständig den Ort wechseln, ist der Träger zuständig, in dessen Bereich sich der*die Leistungsberechtigte tatsächlich aufhält (§ 36 Abs. 1 S. 4 SGB II).

7 Wenn Sie in ein **Frauenhaus** (→ 49) gehen müssen, erstattet der zuständige Träger Ihres bisherigen Aufenthaltsorts dem zuständigen Träger Ihres neuen Aufenthaltsorts die Kosten (§ 36a SGB II; → 49 Rn. 26). Müssen während des Aufenthalts im Frauenhaus die Kosten für die Miete der alten Wohnung übernommen werden, ist ebenfalls **das Amt des bisherigen Ortes** dafür zuständig (→ 49 Rn. 20). Es kann aber auch die Miete dem Träger des neuen Aufenthaltsorts erstatten, falls dieser bereits dafür aufkommt.

8 Sind Erwerbsfähige in **stationären Einrichtungen** untergebracht, verlieren sie vom Grundsatz her ihren Bürgergeld-Anspruch vom ersten Tag an und werden zum Sozialamt verwiesen. Bei Kliniken und Reha-Einrichtungen gilt dies aber nur, wenn Sie **prognostisch länger als sechs Monate** dort sind oder die Sechsmonatsgrenze bereits überschritten haben (§ 7 Abs. 4 S. 3 Nr. 1 SGB II). Näheres finden Sie unter den Beiträgen Krankheit (→ 71 Rn. 38 ff.), Strafgefangene (→ 108 Rn. 1), Wohnungslose (→ 130 Rn. 14) und Kur (→ 72 Rn. 6).

9 Leistungsvoraussetzung für Bürgergeld ist ein **tatsächlicher Aufenthalt**. Dafür bedarf es keiner polizeilichen Meldung. Ein tatsächlicher Aufenthalt kann auch über Wohnen bei Bekannten begründet werden (LSG Schleswig-Holstein 19.12.2007 – L 11 AS 9/07). Sie müssen allerdings postalisch erreichbar sein (§ 7 Abs. 4a SGB II; → 84 Rn. 28 ff.).

2.2 Zuständigkeit in HzL und GSi

10 „Für die Sozialhilfe örtlich zuständig ist der Träger der Sozialhilfe, in dessen Bereich sich die Leistungsberechtigten tatsächlich aufhalten. Diese Zuständigkeit bleibt bis zur Beendigung der Leistung auch dann bestehen, wenn die Leistung außerhalb seines Bereichs erbracht wird." (§ 98 Abs. 1 SGB XII). Tatsächlicher und gewöhnlicher Aufenthalt sind etwas völlig Verschiedenes. Menschen haben in der Regel einen Lebensmittelpunkt, dh einen gewöhnlichen Aufenthalt, können

sich aber tatsächlich an wechselnden Orten aufhalten. Jedes Entfernen vom normalen Wohnort begründet nach dem Gesetzeswortlaut eine neue Zuständigkeit für Sozialhilfe.

11 Haben Sie einen festen Wohnort, dürfte das Sozialamt Ihnen theoretisch bei Verlassen des Ortes weder die Miete weiterzahlen noch die Heizkosten. Das würde Sie dazu zwingen, täglich an Ihren Wohnort zurückzukehren. Gerichte und Ämter handhaben das in der Praxis etwas lockerer: Wenn die Sozialhilfe schon für den Bedarfsmonat ausgezahlt ist, muss sie bei Auswärtsbesuchen nicht tageweise zurückgezahlt und tageweise anderswo beantragt werden (BVerwG 8.2.1973 – V C 106.72). Aus Gründen der *„Verwaltungsrationalität"* endet die Zuständigkeit des bisherigen Trägers auch bei kurzen **Urlaubs**reisen nicht (BVerwG 5.3.1998 – 5 C 12/97; → 84 Rn. 37 ff.; → 33 Rn. 7 ff.).

12 Unerheblich ist, warum sich ein*e Hilfesuchende*r an einem bestimmten Ort aufhält. Diese*r kann sich dort erlaubt oder unerlaubt aufhalten, dauernd oder vorübergehend, zufällig oder absichtlich, freiwillig oder unfreiwillig. Er*sie kann dort polizeilich gemeldet sein oder nicht, eine Unterkunft haben oder obdachlos sein (LPK-SGB XII § 98 Rn. 6).

2.3 Auslandsaufenthalte

13 Auch Auslandsaufenthalte werfen Zuständigkeitsprobleme auf. Bei HzL-Beziehenden, also Sozialhilfe nach dem 3. Kapitel, ist ein kurzzeitiger Auslandsaufenthalt von **bis zu einem Monat Dauer** kein Problem (VGH München 18.1.2007 – 12 ZB 06.442; LSG NRW 18.2.2016 – L 9 SO 175/15; großzügiger: SG Hamburg 12.10.2007 – S 56 SO 350/06). Mit Einfügung des § 41a SGB XII für GSi-Leistungen wurde der Monat auf **vier Wochen verkürzt**. Auch bei einem unverschuldeten längeren Auslandsaufenthalt geben Sie Ihren gewöhnlichen Aufenthalt nicht auf, hier wären normal Leistungen weiter zu zahlen (→ Rn. 15; → 33 Rn. 7 ff.).

14 Von der Vierwochenfrist kann im Einzelfall nur abgewichen werden, soweit dies wegen einer außergewöhnlichen Notlage unabweisbar ist und zugleich nachgewiesen wird, dass eine Rückkehr in das Inland wegen der *„Pflege und Erziehung eines Kindes, das aus rechtlichen Gründen im Ausland bleiben muss"* oder *„längerfristige[r] stationäre[r] Betreuung in einer Einrichtung oder Schwere der Pflegebedürftigkeit"* oder wegen *„hoheitliche[r] Gewalt"* nicht möglich ist (§ 24 Abs. 1 SGB XII). In diesem Fall bemisst sich die Höhe dieser Leistungen nach den im Aufenthaltsstaat in vergleichbaren Lebensumständen üblichen Leistungen (§ 133 Abs. 1 SGB XII).

2.4 Auslandsaufenthalte bei GSi-Berechtigten

15 Bis Sommer 2017 galt der gewöhnliche Aufenthalt nach § 40 Abs. 1 SGB XII (aF), das heißt, GSi-Berechtigte konnten sich bis zu drei Monate im Ausland aufhalten, ohne ihre Leistungen gestrichen zu bekommen. Dies wurde mit Rechtsänderung zum 1.7.2017 drastisch geändert. Seitdem besteht nur noch ein Leistungsanspruch für vier Wochen bei einem Auslandsaufenthalt, dann erst wieder nach einer *„nachgewiesenen Rückkehr ins Inland"*. Das bedeutet nicht „Rapport" bei dem*r Sachbearbeiter*in, sondern lediglich Rückkehr ins Inland. Allerdings muss diese Rückkehr „nachgewiesen" werden. **Unser Vorschlag dazu:** Bei der Einreise vom Zoll eine *„Einreisebestätigung"* verlangen. Wenn diese vorhanden ist, können Sie sich weitere vier Wochen im Ausland aufhalten. Der Nachweis kann auch durch ein Flugticket und Boardingkarte erfolgen (Hauck/Noftz SGB XII § 41a Rn. 11).

16 Neben der sinnlosen und schikanösen Verkürzung des Auslandsaufenthalts ist besonders kritisch, dass die Regelung keine Ausnahmeregelung ermöglicht. Also für den Fall, dass die Bahn, die Fluglotsen oder der Motor Ihres Autos streiken, Sie reiseunfähig krank im Ausland sind oder coronabedingt nicht ausreisen dürften und Sie deshalb nicht zum „Rapport beim Zoll" erscheinen können. Hier sind wir der Meinung, dass die Rechtslage verfassungskonform ausgelegt werden muss und dass Sie weiterhin einen GSi-Leistungsanspruch haben, wenn Sie **unverschuldet** länger im Ausland bleiben müssen. Die zweite Alternative wäre, dass Sie in der Zeit einen Anspruch auf HzL-Leistungen

haben. Unsere Prognose dazu: Das werden die Gerichte zu klären haben, weil hier der Gesetzgeber leider unsauber gearbeitet hat und die Gerichte den einzelnen Fall verfassungskonform auslegen müssen.

2.5 HzL/GSi der Sozialhilfe und stationäre Leistungen

17 „*Für die stationäre Leistung ist der Träger der Sozialhilfe örtlich zuständig, in dessen Bereich die Leistungsberechtigten ihren gewöhnlichen Aufenthalt im Zeitpunkt der Aufnahme in die Einrichtung haben oder in zwei Monaten vor der Aufnahme zuletzt gehabt haben.*" (§ 98 Abs. 2 S. 1 SGB XII).

3. Zuständigkeit bei Ortswechsel

18 „*Hat die örtliche Zuständigkeit gewechselt, muss die bisher zuständige Behörde die Leistungen noch solange erbringen, bis sie von der nunmehr zuständigen Behörde fortgesetzt werden*" (§ 2 Abs. 3 SGB X). „*Mit Blick darauf, dass mit dem Wechsel der örtlichen Zuständigkeit regelmäßig die Gefahr der Unterbrechung des Leistungsbezugs einhergeht, soll die Norm sicherstellen, dass während eines Zuständigkeitswechsels eine Unterbrechung der Leistungen nicht eintritt.*" (BT-Drs. 8/2034, 30). Diese Regelung gilt für das gesamte Sozialrecht.

19 Laut Weisungen der BA soll die Zuständigkeit eines Jobcenters bei einem Ortswechsel nur für maximal 30 Tage fortbestehen (FW 36.18). Diese BA-Weisung ist allerdings **rechtswidrig**, wenn der neue Leistungsträger länger zur Leistungsgewährung benötigt: Das vorher zuständige Jobcenter **hat** so lange vorläufig Leistungen nach dem SGB II zu erbringen, bis das durch den Ortswechsel zuständig gewordene Jobcenter Leistungen bewilligt (§ 2 Abs. 3 SGB X; SG Berlin 11.9.2014 – S 147 AS 20920/14 ER). Die in § 2 Abs. 3 SGB X normierte Leistungspflicht der ursprünglich örtlich zuständigen Behörde endet mit dem Erlass eines ablehnenden Bescheides der örtlich zuständig gewordenen Behörde (LSG Berlin-Brandenburg 31.7.2019 – L 15 SO 133/19 B ER). Zur Frage, welches Amt bei einem Umzug für die Übernahme der jeweiligen Unterkunftskosten, Umzugskosten, Mietkaution oder ggf. Doppelmieten zuständig ist, schlagen Sie nach unter Umzug (→ 112).

4. Feststellung der Erwerbsfähigkeit

20 Zuständig für die Feststellung der Erwerbsfähigkeit (→ 45) ist die Arbeitsagentur (§ 44a SGB II). Wenn Übereinstimmung besteht, dass Erwerbsunfähigkeit vorliegt, wechselt die Zuständigkeit zum Sozialamt. Besteht keine Übereinstimmung, siehe unter → Rn. 1.

5. Anmeldung am neuen Aufenthaltsort

21 Das **seit 1.11.2015** geltende Bundesmeldegesetz (BMG) schreibt vor, dass sich jede*r Bürger*in innerhalb von zwei Wochen anoder ummelden muss (§ 17 Abs. 1 u. 2 BMG). Wer dieser Verpflichtung nicht nachkommt, handelt ordnungswidrig, und das Vergehen kann mit bis zu 1.000 EUR bestraft werden (§ 54 Abs. 2 Nr. 2 u. 3 BMG). Um sich anzumelden, bedarf es einer **Bescheinigung des Wohnungsgebers**, die sogenannte „*Wohnungsgeberbescheinigung*" (§ 19 BMG). Die Bescheinigung muss laut Meldegesetz von dem*r Wohnungsgeber ausgestellt werden. Das muss **nicht** zwangsweise die vermietende Person oder eine Immobilienverwaltung sein, sondern kann auch ein Familienmitglied oder ein*e Freund*in sein, bei dem*r jemand eine Unterkunft gefunden hat (§ 19 Abs. 1 S. BMG). Füllt ein*e Wohnungsgeber*in vorsätzlich oder fahrlässig eine falsche Wohnungsgeberbescheinigung aus, kann er*sie mit einem Bußgeld von bis zu 50.000 EUR bestraft werden (§ 54 Abs. 3 BMG).

22 Bisher konnten sich **Wohnungslose** bei entsprechenden Stellen der Wohlfahrtspflege anmelden und ihre postalische Erreichbarkeit sicherstellen (§ 7 Abs. 4a SGB II iVm § 77 Abs. 1 SGB II). Das neue Meldegesetz verbietet den Wohnungsloseneinrichtungen, dort verkehrenden Wohnungslosen eine Wohnungsgeberbescheinigung auszuhändigen und somit deren Anmeldung zu ermöglichen.

23 Viele Jobcenter vertreten nun die Auffassung, **ohne Anmeldung** wären sie **nicht** zuständig und es **gebe keine SGB II-Leistungen**.

Diese Auffassung ist rechtswidrig. Ein*e erwerbsfähige*r Leistungsberechtigte*r muss sich gewöhnlich oder tatsächlich an einem Ort aufhalten (§ 36 S. 3 u. 4 SGB II), damit dort ein Anspruch auf SGB II-Leistungen entsteht. Er*sie muss jedoch nicht an diesem Ort gemeldet sein. Insbesondere dann nicht, wenn er*sie keine*n Wohnungsgeber*in findet, der*die für die polizeiliche Anmeldung beim Einwohnermeldeamt bestätigt, dass er*sie dort wohnt. Er*sie muss zwar **postalisch erreichbar** sein, das ist aber auch über eine c/o-Adresse bei einem*r Bekannten, einer Beratungsstelle oder einem Café möglich. Eine Verpflichtung zur polizeilichen Meldung kann aus dem SGB II nicht abgeleitet werden.

24 Rechtswidrig ist außerdem, wenn das Jobcenter die Forderung nach einem **Meldestatus „OFW"** (ohne festen Wohnsitz) stellt. Nach der Personalausweisverwaltungsvorschrift (PAuswVwV), in Kraft getreten am 23.1.2020, ist geregelt, dass es keinen OFW-Eintrag mehr im Personalausweis zu geben hat, sondern dass vielmehr Wohnungslose nur noch mit einer Postleitzahl im Personalausweis zu versehen sind (§ 5 Abs. 2 PAuswVwV).

6. Kritik

25 Die bereits 2013 beschlossenen und im Herbst 2015 in Kraft getretenen restriktiven Regelungen des Bundesmeldegesetzes haben vor allem das Ziel, Zuwanderung von Arbeits- und Armutsmigrant*innen zu erschweren bzw. zu steuern. Sie treffen aber auch SGB II-Beziehende, die ihren Wohnsitz wechseln, sowie Wohnungslose und Geflüchtete und machen sie nicht selten zu hilflosen Opfern der Bürokratie, die sich für nicht zuständig erklärt. Freizügigkeit gilt nur noch für diejenigen, die sich den Wechsel des Aufenthaltsortes und den Bezug einer Wohnung leisten können.

Bürgergeld/Sozialhilfe und Recht im Internet

1. Allgemeines über Bürgergeld und Sozialhilfe

www.tacheles-sozialhilfe.de – auf der Homepage von Tacheles e.V. finden Sie umfassende Informationen rund um das Bürgergeld und Sozialhilfe. U.a. ein Diskussionsforum, ein **Adressverzeichnis** von Initiativen, Beratungsstellen und AnwältInnen, aktuelle Fachveröffentlichungen, interne **Dienstanweisungen** der BA, bundesweite Richtlinien zu Leistungen für Unterkunft und Heizung, Bürgergeld-Rechner und vieles mehr.

www.erwerbslos.de – die Homepage der Koordinierungsstelle gewerkschaftlicher Arbeitslosengruppen. Sie bietet wichtige Infos über Erwerbslosigkeit und Rechtsdurchsetzung.

www.elo-forum.org – Internetseite des Erwerbslosenforums, mit Informationen rund um Bürgergeld, Ausgrenzung und sozialem Widerstand.

www.harald-thome.de – Harald Thomé bietet auf seiner Homepage neben einem ausführlichen Foliensatz zum SGB II und der Möglichkeit, per Email einen Newsletter mit aktuellen Informationen zum SGB II zu abonnieren, alle möglichen Informationen rund um das SGB II und SGB XII, geplante Gesetzesvorhaben, vertrauliche Dokumente aus den zuständigen Behörden und Ministerien, Fachbeiträge und vieles mehr.

www.sozialrecht-justament.de – eine von Bernd Eckhardt herausgegebene Online-Zeitschrift für existenzsichernde Sozialberatung.

www.portal-sozialpolitik.de – ein Portal-Sozialpolitik ist Dr. Johannes Steffen, Berlin.

www.alg-ratgeber.de/index.php – viele wichtige Infos rund um Hartz IV; Hilfe zur Selbsthilfe.

www.sozialpolitik-aktuell.de – Uni Duisburg-Essen, Institut für Soziologie.

https://aktuelle-sozialpolitik.de – Informationen, Analysen und Kommentare aus den Tiefen und Untiefen der Sozialpolitik von Prof. Stefan Sell.

https://bastaberlin.de – über die Erwerbsloseninitiative Basta in Berlin, die dazu auffordert, mitzumachen, das Leben erwerbsloser, verarmter und prekär lebender Menschen leichter zu machen!

2. Gesetze und Gesetzgebungsverfahren

www.buzer.de – gute Gesetzessammlung mit hilfreichen Zusatzfunktionen

www.gesetze-im-internet.de/aktuell.html – alle Bundesgesetze und Verordnungen in aktueller Fassung

www.bmas.de/DE/Service/Gesetze-und-Gesetzesvorhaben/gesetze-und-gesetzesvorhaben.html – hier sind die aktuellen geplanten Gesetze und Verordnungen in der Zuständigkeit des BMAS vom ersten Referentenentwurf, mit Stellungnahmen und Endfassung zu finden.

3. Online-Rechner

Zum SGB II, geschweige denn zum SGB XII, gibt es keinen 100% brauchbaren Online-Rechner. Wir empfehlen daher unseren Excel Rechner zum Download: https://tacheles-sozialhilfe.de/startseite/sgb-ii-rechner. Ein solches Berechnungsprogramm kann nicht eine persönliche Beratung ersetzen, es kann aber einen ersten Überblick geben, ob möglicherweise ein bestimmter Sozialleistungsanspruch besteht.

3.1 Bürgergeld Rechner

https://tacheles-sozialhilfe.de/informationen/sgb-ii-und-wogg-rechner.html

3.2 Wohngeld
www.wohngeldrechner.nrw.de

3.3 Kinderzuschlagsrechner
https://www.arbeitsagentur.de/familie-und-kinder/kinderzuschlag-verstehen/kiz-lotse

3.4 Elterngeld Rechner
www.bmfsfj.de/Elterngeldrechner

3.5 Bafög Rechner
www.bafoeg-rechner.de/Rechner

3.6 Arbeitslosengeldrechner
https://www.pub.arbeitsagentur.de/start.html

4. Materialen der BA
- Fachliche Weisungen der BA auf deren Seiten:
https://www.arbeitsagentur.de/veroeffentlichungen/weisungen
- Fachliche Weisungen Hinweise der BA auf unseren Seiten:
https://harald-thome.de/informationen/sgb-ii-dienstanweisungen.html
- Wissensdatenbank der BA:
https://www.arbeitsagentur.de/veroeffentlichungen/wissensdatenbank-sgbii
- Hinweise zum SGB III:
https://www.arbeitsagentur.de/veroeffentlichungen/weisungen > weisungen nach Rechtsnorm > SGB III
- Praxishandbuch für das Verfahren nach dem Sozialgerichtsgesetz:
https://harald-thome.de/files/pdf/redakteur/BA_FH/Praxishandbuch-Sozialgerichtsgesetz6-2022.pdf

5. Sozialgerichtsbarkeit
www.sozialgerichtsbarkeit.de – hier finden Sie **Entscheidungen der Sozialgerichte**

https://tacheles-sozialhilfe.de/newsticker.html – **wöchentlicher Rechtsprechungsticker** von Tacheles

https://www.justizadressen.nrw.de/de/justiz/suche – hier finden Sie das für Sie **zuständige Gericht**

6. Diskussionsforen zu Alg II/ Sozialhilfe
www.elo-forum.org – Erwerbslosenforum

www.123recht.net/forum_forum.asp?forum_id=42 – Rechtsforum 123 recht

https://www.facebook.com/Hartz4Nachrichten – Aktuelle Hartz IV bzw. Bürgergeld – Nachrichten aus Leipzig

7. Weitere Internetseiten zu Arbeit, Arbeitslosigkeit und Armut
www.labournet.de – Treffpunkt für Ungehorsame, mit und ohne Job, basisnah, gesellschaftskritisch. Informationen zur Einschätzung aktueller Fragen, die die Interessen der ArbeitnehmerInnen betreffen sowie ihren Widerstand gegen Sozialabbau, Lohnkürzungen, usw.

Bürgergeld/Sozialhilfe und Recht im Internet

www.soziale-schuldnerberatung-hamburg.de – die Kollegen von der LAG Schuldnerberatung Hamburg geben einen aktuellen, übersichtlichen Infoticker zum Bereich Existenzsicherung, SGB II, Sozialrecht allgemein und Schuldnerberatung heraus.

www.infodienst-schuldnerberatung.de – der Infodienst Schuldnerberatung ist ein Informationsdienst für Schuldnerberater mit aktuellen Meldungen, Arbeitshilfen, Gesetzesmaterialien und Infos zur Rechtsprechung.

https://www.erwerbslos.de/ – Koordinierungsstelle gewerkschaftlicher Arbeitslosengruppen (KOS), die KOS arbeitet an der Vernetzung inner- und außergewerkschaftlicher Strukturen der Erwerbslosenarbeit. Als Scharnier zwischen Gewerkschaften und Erwerbsloseninitiativen bieten wir allen Aktiven unsere Unterstützung an.

https://netzwerk-sozialrecht.net/ – Das Netzwerk Sozialrecht ist ein Netzwerk von Jurist*innen, die dem Sozialstaat verbunden sind, und sich zusammengefunden haben, um für die Idee des Sozialstaats zu wirken.

8. Flüchtlings- und Ausländerrecht

https://www.ggua.de – Die GGUA Flüchtlingshilfe ist ein eingetragener Verein, der soziale und aufenthaltsrechtliche Beratung für Flüchtlinge anbietet. Daneben bestehen weitere Projekte zur Verbesserung der Lebensbedingungen und der Inklusion von Flüchtlingen und anderen Migrant*innen.

www.fluechtlingsrat-berlin.de – hier finden Sie zahlreiche Materialien zum Ausländerrecht und über Sozialleistungen für Ausländer.

www.einwanderer.net – Informationen zum Migrations- und Sozialrecht, Übersichten und Arbeitshilfen zum Thema von der GGUA Flüchtlingshilfe e.V.

9. Diskussionsforen zu anderen Rechtsgebieten

In allen hier angegebenen Diskussionsforen können Sie Fragen stellen. Sie werden in der Regel von kompetenten NutzerInnen der Foren beantwortet.

www.forum-schuldnerberatung.de – Forum zum Thema Schuldnerberatung und einiges mehr

www.info4alien.de – Forum zum Thema Ausländerrecht

https://www.studis-online.de/Fragen-Brett/ – Forum zum Thema BAföG

www.meine-schulden.de – alles rund um Schulden

10. Suchmaschinen

Hier nennen wir keine Namen, es gibt genug davon.

Wenn Sie irgendetwas suchen, geben Sie den/die entsprechenden Suchbegriffe ein. (Das funktioniert sogar mit Aktenzeichen der Sozialgerichte. Oft erhalten Sie einen Link zur entsprechenden Gerichtsentscheidung.) „Google" ist die umfangreichste und schnellste Suchmaschine. Die Suchergebnisse sind nach der Häufigkeit der Zugriffe geordnet. Aber: Die Internetkrake „Google" sammelt von all seinen NutzerInnen riesige Datenmengen. Das gilt auch für Suchanfragen. Was mit den Daten geschieht oder irgendwann mal geschehen wird, ist das Geheimnis von Google. Soviel ist sicher: Man kann damit viel Geld verdienen.

Tipp: Über https://startpage.com ist es möglich, anonym und ohne Datenspuren zu googlen.

Bürgergeld- und Sozialhilfe-Beratung

Es gibt nur wenige zentrale, bundesweit arbeitende Beratungsstellen. Diese müssen derzeit noch bei den einzelnen Anbietern mit erheblichem Aufwand zusammengesucht werden. Die umfassendste Zusammenstellung zu bundesweiten Beratungsstrukturen mit Verzeichnissen für Beratungsstellen und Anwält*innen finden Sie online unter: https://tacheles-sozialhilfe.de/berat ung/beratungsangebot-bundesweit.html.

Dauerhaft wird unter der Webadresse https://www.sozialportal.net eine umfassende Datenbank von Beratungsstellen und Anwält*innen zu finden sein, die in der Existenzsicherung und weiteren Beratungsfeldern aktiv sind. Das Sozialportal.net fungiert dann als die Nachfolgedatenbank des von Tacheles betriebenen Adressverzeichnisses, welches unter www.my-sozialberat ung.de zu finden ist.

Sozialberatung für Wuppertal und nähere Umgebung durch Tacheles e.V.: Dienstag und Mittwoch/ Telefonische Fallaufnahme von 10 bis 13 Uhr unter: 0202/31 84 41. Die Berater*innen rufen Sie dann zurück.

Bundesweite Sozialberatung durch Tacheles e.V.:
Donnerstag von 14 bis 17 Uhr unter: 0202/31 84 41

Die jeweils aktuellen Modalitäten finden Sie immer hier:
https://tacheles-sozialhilfe.de/beratung/unterstuetzung-durch-tacheles.html

Tacheles e.V.
Rudolfstraße 125 (im ehemaligen Loher Bahnhof)
42285 Wuppertal
Telefon: 0202/31 84 41

Ansonsten geben Sie in bekannten Internetsuchmaschinen unter Hinzuziehung Ihres Ortes und „Beratung", ggf. in Verknüpfung mit den weiteren Stichworten wie Sozialberatung, dem speziellen Rechtsgebiet oder der spezifischen Fragestellung ein, dann dürften Sie in der Regel recht schnell rechtlichen Support finden.

Beraten werden können Sie auch durch Internetforen, so beispielsweise unter:
www.elo-forum.org – Erwerbslosenforum
www.123recht.net/forum_forum.asp?forum_id=42 – Rechtsforum 123 recht
https://www.facebook.com/Hartz4Nachrichten/ – Aktuelle Bürgergeld-Nachrichten aus Leipzig

Literaturverzeichnis

Kommentare/Literatur

Bieritz-Harder/Conradis/Thie u.a. (Hrsg.), Lehr- und Praxiskommentar SGB XII, 12. Aufl., Baden-Baden 2020, zitiert als **LPK-SGB XII**

Diering/Timme/Stähler (Hrsg.), Lehr- und Praxis Kommentar zum SGB X, 5. Aufl., Baden-Baden 2019, zitiert als **LPK-SGB X**

Düsseldorfer Tabelle (DT) (Hrsg. Oberlandesgericht Düsseldorf), jährlich herausgegebene Empfehlungen, DT für 2023, zitiert als **DT**

Ehmann/Karmanski/Kuhn-Zuber (Hrsg.), Gesamtkommentar Sozialrechtsberatung, 3. Aufl., Baden-Baden 2022, zitiert als **GK-SRB**

Eicher/Luik/Harich (Hrsg.), Kommentar zum SGB II, 5. Aufl., München 2021, zitiert als **Eicher/Luik/Harich SGB II**

Alexander **Gagel**, Kommentar zum SGB III und SGB II, München, Loseblattsammlung, zitiert als **Gagel, Kom. SGB II**

Giese/Krahmer, Kommentar zum Sozialgesetzbuch I und X, Köln, Loseblattsammlung

Grube/Wahrendorf/Flint (Hrsg.), Kommentar zum SGB XII – Sozialhilfe, 7. Aufl., München 2020, zitiert als **Grube/Wahrendorf/Flint SGB XII**

Grüneberg (Hrsg.), Kommentar zum BGB, 82. Aufl., München 2023, zitiert als **Grünberg, BGB**

Hauck/Noftz (Hrsg.), Kommentar zum **SGB II**, Berlin, Loseblattsammlung, zitiert als **Hauck/Noftz SGB II**

Hauck/Noftz (Hrsg.), Kommentar zum **SGB X**, Berlin, Loseblattsammlung, zitiert als **Hauck/Noftz SGB X**

Hauck/Noftz (Hrsg.), Kommentar zum **SGB XII**, Berlin, Loseblattsammlung, zitiert als **Hauck/Noftz SGB XII**

Hauß (Hrsg.), Elternunterhalt: Grundlagen und Strategien, 6. Aufl., 2020, zitiert als **Hauß Elternunterhalt**

Herbe/Palsherm (Hrsg.), Das neue Bürgergeld, Praxisliteratur, Baden-Baden 2023, zitiert als **Herbe/Palsherm Neues Bürgergeld**

Karl-Heinz **Hohm**, Kommentar zum SGB II, Köln, Loseblattsammlung, zitiert als **Hohm/Groth GK SGB II**

Kasseler Kommentar Sozialversicherungsrecht, Kommentar Sozialversicherungsrecht, Loseblattsammlung, München 2021, zitiert als **Kasseler Kommentar**

Langenberg/Zehelein, Schönheitsreparaturen, Instandsetzung und Rückbau, 6. Aufl., München 2021, zitiert als **Langenberg/Zehelein**

Meyer-Ladewig/Keller/Leitherer/Schmidt, Kommentar zum SGG, 13. Aufl., München 2020, zitiert als **Meyer-Ladewig/Keller/Leitherer/Schmidt**

Mrozynski (Hrsg.), Kommentar zum **SGB I**, 6. Aufl., München 2019, zitiert als **Mrozynski, SGB I**

Münder/Geiger (Hrsg.), Lehr- und Praxiskommentar zum SGB II, 7. Aufl., Baden-Baden 2021, zitiert als **LPK-SGB II**

Literaturverzeichnis

Rancke (Hrsg.), Handkommentar zum Mutterschutz/Elterngeld/Elternzeit/Betreuungsgeld, 6. Aufl., Baden-Baden 2022, zitiert als **Hk-MuSchG/BEEG**

Reinhardt/Silber (Hrsg.), Lehr- und Praxiskommentar SGB VI, 5. Aufl., Baden-Baden 2021, zitiert als **LPK-SGB VI**

Rothkegel (Hrsg.), Sozialhilferecht, Existenzsicherung, Grundsicherung, Baden-Baden 2005, zitiert als **Rothkegel 2005**

Schellhorn/Hohm/Schneider/Busse, Kommentar zum SGB XII, 21. Aufl., Neuwied 2023, zitiert als **Schellhorn/Hohm/Schneider/Busse**

Schlegel/Voelzke (Hrsg.), Kommentar zum SGB X, Saarbrücken 2013, zitiert als **juris PK-SGB X**

Schütze (Hrsg.), Kommentar zum SGB X, 9. Aufl., München 2020, zitiert als **Schütze, SGB X**

Siefert (Hrsg.), Asylbewerberleistungsgesetz: AsylbLG, 2. Aufl., München 2020, zitiert als **Siefert**

Bundesagentur für Arbeit (BA), Fachliche Weisungen zum SGB II, Zitationsstand: April 2023, zitiert als **FH** plus Randziffern (z.B. FW 11.23), einzusehen über https://harald-thome.de/informationen/sgb-ii-dienstanweisungen.html

BA Praxishandbuch SGG, Der Rechtsschutz im SGB II-Praxishandbuch für das Verfahren nach dem Sozialgerichtsgesetz, BA-Zentrale, Stand: 06/2022, Download: https://harald-thome.de/files/pdf/redakteur/BA_FH/Praxishandbuch-Sozialgerichtsgesetz6-2022.pdf

Handbuch: Rechtsbehelfsverfahren in der BA – Fachliche Weisungen für Angelegenheiten nach dem SGG, BA Zentrale, Stand: 2/2021, Download: https://harald-thome.de/files/pdf/redakteur/BA_FH/210201_FW-SGG.pdf

Leitfadenliteratur

Arbeitslosenprojekt TuWas, Leitfaden für Arbeitslose – Der Rechtsratgeber zum SGB III, Stand: 2022, zitiert als **Leitfaden für Arbeitslose 2022**

Arbeitslosenprojekt TuWas, Leitfaden zum Arbeitslosengeld II, 16. Aufl., Stand: 2022, zitiert als **Geiger 2022**

Arbeitslosenprojekt TuWas, Unterkunfts- und Heizkosten nach dem SGB II, 7. Aufl., Stand: 2021, Frankfurt 2021, zitiert als **Geiger KdU 2021**

Gesetzestexte

www.buzer.de und

www.gesetze-im-internet.de

Zeitschriften auf Papier und Online

info also, Informationen zum Arbeitslosenrecht und Sozialhilferecht, Fachmagazin (Fachaufsätze, Rechtsprechung und Zeitungsschau), Informationen unter www.info-also.nomos.de

sozialrecht justament – eine von Bernd Eckhardt herausgegebene Online-Zeitschrift für existenzsichernde Sozialberatung unter: www.sozialrecht-justament.de

Stichwortverzeichnis

Fette Zahlen bezeichnen die Schlagworte, magere die Randnummern.

§ 16e SGB II **9** 64, 10 82
§ 16i SGB II **9** 65, 10 82
§ 218 **102** 1 ff.
§ 264 SGB V **70** 36, 41

Abendgymnasium **100** 4
Abendschule **100** 4
Ablehnung
– Widerspruch **10** 15
Abschließende Entscheidung **121** 40 ff.
– Antrag auf abschließende Entscheidung (vorzeitig) **121** 61
– Antrag der leistungsberechtigten Person **121** 48
– Coronaregelungen **121** 50
– durch die Behörde **121** 49 ff.
– Durchschnittseinkommen (bis 31.3.2021) **121** 75 ff.
– fiktive **121** 51 ff.
– Folgen **121** 82 ff.
– Folgen (Aufrechnung) **121** 88
– Folgen (Bagatellgrenze) **121** 85
– Folgen (Erstattung) **121** 85 ff.
– Folgen (Nachzahlung) **121** 84
– Frist bei Antrag durch die erwerbsfähige leistungsberechtigte Person **121** 42
– Frist bei Entscheidung durch die Behörde **121** 42
– Höhe der Leistung **121** 74 ff.
– Höhe der Leistung ab 1.4.2021 **121** 81 ff.
– Mitwirkungspflichten **121** 62 ff.
– Mitwirkungspflichten (Folgen) **121** 71 f.
– Mitwirkungspflichten (Nachholung) **121** 73
– Mitwirkungspflichten (Rechtsfolgenbelehrung) **121** 69
– Mitwirkungspflichten (Voraussetzungen) **121** 63 ff.
– Nullfestsetzung **121** 71
– und Erstattungs- oder Nachzahlungsentscheidung **121** 45
– Verfahren **121** 91
– Voraussetzungen **121** 43
– Zeitpunkt **121** 59 ff., 81
Abschlussprämie **125** 2 ff.
– Anrechnung **125** 4

Abschlussprüfung **110** 9
Abstandszahlung **129** 15
Abtretung **85** 25
– Einkommensberechnung **85** 26
Abweichende RB-Festsetzung SGB XII **52** 37
Abzweigung
– Kindergeld **14** 37
Abzweigungsantrag **61** 20 f.
Agentur für Arbeit **11** 10
– Arbeitslosmeldung **11** 1
AGH
– § 16d SGB II **9** 4
– nachrangig **9** 4
AGH-MAE
– Arbeitsverhältnis **9** 10
Akten
– medizinische **6** 13
Akteneinsicht **2** 1 ff.
– Antrag **2** 4
– Aufbewahrungsfrist **2** 18
– bei Überprüfungsantrag **2** 1
– Beistände **2** 3
– Bevollmächtigte **2** 3
– Bewerberangebotskartei **2** 14
– Corona **2** 7
– Denunziantenschutz **2** 20
– elektronische Akte **2** 10
– elektronische Übersendung **2** 19
– elektronischer Download **2** 7
– im Einstweiligen Rechtsschutz **41** 38
– in der Behörde **2** 19
– Informantenschutz **2** 20 f.
– Kontenübersicht **2** 6
– Kopien **2** 4
– Kosten **2** 16
– kostenfrei **2** 16
– medizinische Gutachten **2** 11
– Potenzialanalyse **2** 13
– Profiling-Daten **2** 13
– Rechtsanspruch **2** 1
– Rechtsweg **2** 22
– schlüssige Konzepte **2** 5
– Umfang **2** 5
– Wahrheitspflicht **2** 8 f.
– Zahlliste **2** 6

985

Stichwortverzeichnis

Aktivleistungen 124 1
– Begriff „Arbeitslosigkeit" 124 15
– Vermittlungsgrundsätze 124 12 ff.
Alleinerziehende
– Auszubildende 110 19
– Mehrbedarf 3 15 ff.
– Pflege und Erziehung der Kinder 3 2 ff.
– Pflegemutter 3 12
– Regelbedarf 3 14
– Studierende 110 19
Alleinerziehendenmehrbedarf
– Auszubildende 110 13
– Studierende 110 13
Altenhilfe 4 39 ff., 20 17
Ältere Menschen
– Überbrückungsdarlehen bei Renteneintritt 4 9 ff.
– Unbilligkeitsverordnung 4 17 ff.
– vorgezogene Altersrente 4 13
– Zwangsverrentung älterer Arbeitsloser 4 15 ff.
Altersvorsorge 119 36 f.
– bei Selbständigkeit 5 11 f.
– Betriebsrente 5 13
– geschütztes Altersvorsorgevermögen 5 8 ff.
– Leibrente 5 26 ff.
– Riester-Rente 5 2 ff.
– Rürup-Rente 5 5
– Selbstständige 104 44, 119 39 f.
Amtsarzt 6 1 ff.
– Attestkosten 6 21 ff.
– Beistand 6 12 ff.
– Dolmetscherkosten 6 20
– erforderliche Untersuchung 6 4
– Erforderlichkeit der Untersuchung 6 1 ff.
– Erstattung von Kosten 6 20 ff.
– Fahrtkosten 6 20
– fehlende Mitwirkung 6 16 ff.
– Kinderbetreuungskosten 6 20
– medizinische Akten 6 13 ff.
– Meldeaufforderung 6 18 ff.
– Mitwirkungspflicht 6 5 ff., 16
– nicht erforderliche Untersuchung 6 3
– Sanktion 6 18
– Sozialdatenschutz 6 1
– Untersuchungstermin 6 1
– Unzulässigkeit Widerspruch 6 8 ff., 15 ff.

Amtsgericht
– Beratung 20 63
Amtshaftung 20 49
– bei fehlender Beratung 80 5
Amtssprache 7 45
Anerkannte Flüchtlinge 81 13
Anfechtungsklage 64 5
Angabe von Tatsachen
– als Mitwirkungspflicht 79 2
Anhörung
– fehlende 67 7
Anordnungsanspruch
– Eilklage 41 6
Anordnungsgrund
– Eilklage 41 8
Anpassung eines öffentlich-rechtlichen Vertrages 83 11
Anspruch auf Kopien 13 15
Anstandsschenkungen 96 16
Antrag
– Anspruch auf Vorschuss 7 72
– Bewilligungszeitraum 7 5
– Eingangsbestätigung 7 87
– gesondert zu beantragen 7 19
– keine gesonderte Antragstellung bei Mietschulden 7 28
– keine Verwirkung 7 20
– Rückwirkung 7 15
– vorzeitige Erbringung 7 78 ff.
– zum ... 7 8
Antrag auf Sozialleistungen
– Auskunftspflicht Partner 66 50
– Direkterhebungsgrundsatz 66 49 f.
– Kontoauszüge 66 36 ff.
Antragsfiktion
– innerhalb BG 7 43 ff.
Antragsformular
– allgemeinverständlich 7 13
Antragstellung
– Amtssprache Deutsch 7 45 ff.
– Bestattungskosten 7 62
– Beweissicherer Zugang 7 91
– Bewilligungszeiträume 7 97
– Dolmetscherkosten 7 45 ff.
– Eingangsbestätigung 7 11
– E-Mail 7 89
– Formlosigkeit 7 11
– für jemand anderen 82 14 ff.

986

Stichwortverzeichnis

- Geschäftsführung ohne Auftrag 82 14 ff.
- gesonderte Antragstellung GSi 7 67
- Grundsätze der 7 7
- Meistbegünstigtengrundsatz 7 34
- Rückwirkung auf Monatsbeginn 7 101
- Rückwirkung bei Ablehnung 7 29
- Rückwirkung bei Heizkosten 7 17
- sozialrechtlicher Herstellungsanspruch 7 21 ff.
- Spontanberatung 7 24 ff.
- Übersetzungskosten 7 45 ff.
- Unterlagenverluste 7 91
- unzuständiger Leistungsträger 7 36 ff.
- Vorleistungspflicht auf Antrag 7 70
- Weiterbewilligungsantrag 7 100
- wiederholte 7 29
- Wunschrecht 7 7

Anwält*innen 8 1 ff.
- Ablehnung eines Auftrages 8 25
- Ablehnung eines Beratungshilfemandats 8 15 ff.
- Akteneinsicht durch den*die Anwalt*Anwältin 8 35
- Anwalt*Anwältin vor Ort 8 4
- Anwaltsvergütung bei Selbstzahlern 8 28
- Berechtigungsschein 8 10
- Distanzmandat 8 4
- erforderliche Unterlagen 8 7
- Fachanwalt/Fachanwältin für Sozialrecht 8 2
- Grundpflichten 8 23
- Handakten 8 31
- Höhe der Anwaltskosten 8 29 f.
- Höhe der Beratungshilfe 8 8
- keine Aufrechnung des Jobcenters gegen den anwaltlichen Vergütungsanspruch 8 12 ff.
- Kenntnis der Behördenpraxis 8 5
- Kostentragung durch Behörde 8 8
- persönlichen Kontakt 8 5
- Pflicht zum Hinweis auf Beratungs- und Prozesskostenhilfe 8 34
- Pflicht zur Übernahme von Beratungshilfe 8 27
- Pflichten des PKH-Anwalts 8 26
- Rechte und Pflichten im Mandatsverhältnis 8 21
- Selbstbeteiligung von 15 EUR 8 8
- unabhängiges Organ der Rechtspflege 8 22
- Unterrichtung bei Mandatswechsel 8 33
- Unterrichtungspflicht 8 32
- vorab Kostenfrage klären 8 6
- Vorlage eines Berechtigungsscheins? 8 18
- wenn Beratungshilfe abgelehnt 8 11
- widerstreitenden Interessen 8 24

Anwaltskammer
- Beratung 20 63

Anwaltszwang
- kein, bei Gericht 87 3

Arbeit
- Eingliederungsleistungen 10 68
- Eingliederungsmaßnahmen 10 68
- Erziehungszeit 10 47
- Kinder 10 47
- Kinderbetreuung 10 48
- Kinderbetreuung Alter 10 49
- Mindestlohn 10 30
- Niedriglohn 10 29
- Pflege von Angehörigen 10 61 ff.
- Pflege von Angehörigen Pflegegrad 10 62
- sittenwidrig ablehnen 10 34 f.
- unzumutbar 10 46 f.

Arbeitgeber
- Eingliederungszuschuss 10 85 f.

Arbeitnehmerstatus 81 69 ff.

Arbeitsaufnahme
- Kind ab 3 Jahre 10 52

Arbeitseinkommen
- (Un-)Pfändbarkeit 85 10 ff.

Arbeitserlaubnis 81 10 f.

Arbeitsgelegenheiten 9 1, 6, 9
- Anrechnung Einkommen 9 24
- Anzahl 9 57
- Arbeit, Vorrang 9 5, 11
- Art der Maßnahme 9 20
- Beschäftigungsfähigkeit 9 13
- Bilanz 9 57
- Dauer 9 19 ff.
- Eingliederungsquote 9 58
- Entgelthöhe 9 21
- Entschädigung 9 22
- Kooperationsplan 9 2
- mit Mehraufwandsentschädigung 9 3
- Pflicht 9 5
- Qualifizierung 9 25
- rechtswidrig 9 12
- Urlaub 9 10

987

Stichwortverzeichnis

- Zuweisung 9 48 f.
Arbeitslos
- Bewerbungen 10 13
- freie Förderung 10 89
Arbeitslose
- Vermittlungshemmnisse 10 86
Arbeitslosengeld
- (Un-)Pfändbarkeit 85 9
Arbeitslosengeld I
- Anspruch 11 5 f.
- Anspruchsvoraussetzungen 11 4
- Anwartschaftszeit 11 3
- aufstockendes Bürgergeld 10 4
- Bemessungsrahmen 11 6
- Bemessungszeitraum 11 6
- Bürgergeld aufstockend 11 9
- Dauer 11 5
- Kritik 11 8
- Sperrzeiten 11 12
Arbeitslosengeld II
- Zeitarbeit 10 23
Arbeitslosengruppen 11 21
Arbeitslosenversicherung
- Ansprüche 11 2
Arbeitslosenzahlen 11 15
Arbeitsuche
- SGB II 81 17 ff.
- SGB XII 81 41 ff.
Arbeitsunfähigkeit 35 22 f.
- Nachweis 35 20
Arbeitsverbot 81 11
Arbeitsverhältnis
- Ein-Euro-Job 9 46
Arbeitsvermittlung
- Jobcenter 10 103
Arbeitszimmer 104 22
Art. 10 VO 492/2011 81 90 ff.
Ärztliche Untersuchungen
- als Mitwirkungspflicht 79 7
Assistierte Ausbildung 124 90 ff.
Assoziationsabkommen ARB 1/80 81 56
Asylbewerber
- Pfändungsschutzkonto 85 41
Asylbewerberleistungsgesetz 50 1 ff., 81 12, 36 f.
- Analogleistungen 50 142 ff.
- Anwendungsbereich 50 25 ff.
- Arbeitsmaßnahmen 50 83 ff.

- Beschäftigungserlaubnis 50 16 f.
- Beschäftigungsverbote 50 18 ff.
- Einkommens- und Vermögensanrechnung 50 78 ff.
- Gemischte Bedarfsgemeinschaft 50 31 f.
- Grundleistungen 50 33 ff.
- Informationen 50 153
- Integrationskurs, Verpflichtung zum 50 84 f.
- Leistungsausschluss bei internationalem Schutz in EU-Staat 50 136
- medizinische Versorgung, Grundleistungen 50 61 ff.
- Rechtskreiswechsel 50 27 ff.
- Residenzpflicht und Wohnsitzauflagen 50 15
- Sanktionen 50 86 ff.
- Sanktionen, Befristung 50 137 ff.
- sonstige Leistungen 50 74 ff.
- Unterbringung 50 11 ff.
- Unterkunftskosten 50 58 ff.
- verfassungsrechtliche Grundsätze 50 2 ff.
- Wohnsitzauflage 50 132
- Zwangsverpartnerung 50 55 ff.
Asylsuchende
- Konto 66 2
Aufbau
- Erstausstattung 56 15
Aufenthaltsgesetz 81 1 ff.
Aufenthaltskarte 81 81 ff.
Aufenthaltsstatus 81 1 ff.
Aufenthaltstitel 81 1 ff.
Aufklärungspflicht 20 25 ff.
Auflösende Bedingung 81 62
Aufrechnung Bürgergeld 12 1 ff.
- Aufhebungs- und Erstattungsbescheid 12 4
- Aufrechnungserklärung 12 2, 10
- Aufrechnungslage 12 2
- Darlehen 12 3
- Dauer 12 17 f.
- Ermessen 12 11 f., 21
- Erstattungsanspruch nach § 41a Abs. 6 S. 4 SGB II 12 5
- Erstattungsansprüche 12 3
- Erstattungsansprüche des Sozialhilfeträgers 12 22
- Höhe (allgemein) 12 3
- Höhe 30 Prozent 12 8

988

Stichwortverzeichnis

- Höhe zehn bzw. fünf Prozent 12 7
- Vereinbarung über die freiwillige Rückzahlung 12 13
- Widerspruch gegen den Aufhebungs- und Erstattungsbescheid 12 6
- Widerspruch gegen den Aufrechnungsbescheid 12 14

Aufrechnung HzL/GSi
- Aufhebungs- und Erstattungsbescheid 12 25
- Aufrechnungslage 12 23
- Dauer 12 29
- Einschränkung 12 26
- Ermessen 12 28
- Ersatzanspruch sozialwidriges Verhalten 12 33
- Fälle 12 24
- Höhe 12 23, 27
- Widerspruch 12 30

Aufrechterhaltung des Arbeitnehmerstatus 81 73 ff.
Aufrechterhaltung des Selbstständigenstatus 81 78 ff.
Aufschiebende Wirkung 6 9
- im ER-Verfahren 41 31
Aufstiegs-BAföG 124 60 ff.
- Anrechnung im SGB II 124 65 ff.
- Kinderzuschlag 124 72
- Kombination mit Bildungsgutschein 124 69 f.
- Leistungen 124 62 ff.
- Wohngeld 124 71
Aufsuchende 20 41
Aufwandsentschädigungen 37 38
Aufwendungsersatz
- Amtsarzt 67 13
- bei pers. Erscheinen 67 12
- bei Tatsachenangabe 67 11
- Mitwirkungspflichten 67 10 ff.
Ausbildung 124 1 ff., 87 ff.
- assistierte 124 90 ff.
- außerbetriebliche 124 89
- Berufsausbildungsbeihilfe (BAB) 124 89
- Berufsvorbereitende Bildungsmaßnahme (BvB) 124 88
- Berufsvorbereitung 124 88
- Einstiegsqualifizierung (EQ) 124 88
- Unterstützung 124 89
- Zuschüsse Ausbildungsvergütung 124 89

Ausbildungsabbruch 110 17
Ausbildungsaufnahme
- überbrückende SGB II-Leistungen 14 19
Ausbildungsgehalt 60 19
Ausbildungsgeld 14 1 ff., 6
Ausbildungsvergütung 14 1, 14
- nicht zum Unterhalt der Eltern einzusetzen 14 36
Ausführung von Sozialleistungen 7 82
Auskünfte durch Dritte
- als Mitwirkungspflicht 79 3
Auskunftsanspruch
- allumfassend 13 2
Auskunftserteilung
- in einem Monat 120 14 ff.
Auskunftspflicht
- Bedarfsgemeinschaft 36 64 ff.
- der Behörde 13 1
- eheähnliche Gemeinschaft 36 64 ff.
- fehlende Mitwirkung 36 71 ff.
Auskunftsrecht
- Auskunftspflicht 13 5
- Berichtigungsrecht 13 17
- der Behörde 13 1
- Folgen falscher Auskünfte 13 6
- Frist zur Auskunftserteilung 13 16
- Kostenfreiheit 13 11
- Löschungsrecht 13 17
- nach DSGVO 13 13
- Rechtsanspruch 13 4
- sozialrechtlicher Herstellungsanspruch 13 6
- über gespeicherte Daten 13 7
- Umfang des Auskunftsrechts 13 14
- Zuständigkeit 13 3
Ausländer*innen
- Passkosten 81 142 f.
Auslandsrente 4 8
Ausschluss
- Arbeitsuche 81 98
- erste drei Monate 81 97 ff.
Auszahlung Sozialleistung
- Barauszahlung 66 26 ff.
- Barcode-Verfahren 66 30
- Datenschutz 66 31
- Konto eines Dritten 66 32 ff.
Auszubildende
- Abbruch der Ausbildung 110 17
- Abschluss der Ausbildung 110 21

989

Stichwortverzeichnis

- Alleinerziehende 110 19
- Alleinerziehendenmehrbedarf 110 13
- Babypauschale 110 14
- BAföG-Rechtsstreit 110 26
- Bekleidungserstausstattung 110 14
- besondere Härtefälle 14 25, 110 15 ff.
- Bestattungskosten 14 31, 110 32
- Blindenhilfe 14 31, 110 32
- Darlehen 110 15 ff.
- Darlehen für Monat der Ausbildungsaufnahme 14 29
- Eingliederungshilfe 110 32
- Energieschulden 110 31
- Ernährungsmehrbedarf 110 13
- Härtefalldarlehen 110 15 ff.
- Haushaltshilfe 110 32
- Hilfe in sonstigen Lebenslagen 110 32
- Hilfe zur Pflege 14 31, 110 32
- Hilfe zur Überwindung besonderer sozialer Schwierigkeiten 14 31
- Hilfe zur Überwindung sozialer Schwierigkeiten 110 32
- Hilfe zur Weiterführung des Haushalts 14 31
- Kind 110 33
- Krankenkostzulage 110 13
- Mehrbedarfszuschläge 14 22 ff., 110 13
- Mietschulden 14 32 f., 110 31
- Mindestabsetzbetrag 14 15
- mit Kind unter 3 Jahren 110 20
- orthopädische Schuhe 110 14
- Rückzahlung Härtefalldarlehen 14 28
- Rundfunkbeitragsbefreiung 93 3
- Schwangerschaftsbedarfe 101 25
- Schwangerschaftserstattung 110 14
- Schwangerschaftsmehrbedarf 110 13
- Schwerbehinderung 110 24
- unabweisbarer Mehrbedarf 110 13
- Wegfall der Finanzgrundlage 110 22
- Wohnraumsicherung 110 31
- Wohnungserstausstattung 110 14

Auszug Elternhaus
- Erstausstattung 56 7

Auszugsrenovierung 112 22

BAB 14 3

Babypauschale
- Auszubildende 110 14
- Studierende 110 14

BAföG
- Antrag abgelehnt 110 11

- Bedarfssatz verfassungswidrig? 110 43
- Einkommensanrechnung im SGB II 110 34
- förderungsfähige Ausbildung 110 1 ff.
- Förderungshöchstdauer 110 41, 44
- für Schüler 100 6 ff.
- Höhe 100 9
- Kinderbetreuungszuschlag 100 10, 110 39
- Kranken- und Pflegeversicherung 100 10
- Vorschuss 110 28

Barbetrag 89 72 ff.

Barcodeauszahlung 94 8

Barcode-Verfahren 66 30

Barvermögen 119 26 ff.
- Bürgergeld 119 26
- Grundsicherung 119 29

Basiskonto 66 1 ff.
- Ablehnungsgründe 66 7 ff.
- Kosten 66 16
- Kündigung 66 18 f.
- Rechtsschutz 66 20 ff.

Basistarif 104 46
- PKV 70 22 ff.
- PKV Wechsel aus dem Basistarif 70 31
- PKV Wechsel in den Basistarif 70 31
- PKV-Beitrag Einkommensabsetzung 70 30
- Wechsel 104 47

Bedarf
- ausbildungsgeprägter Bedarf 110 12
- Kinder 60 7
- nicht ausbildungsgeprägter Bedarf 110 12

Bedarfsberechnung
- Bedarfsgemeinschaft, horizontale Anrechnungsmethode 15 11
- Bedarfsgemeinschaft, vertikale Anrechnungsmethode (fiktiv) 15 8 ff.
- Bürgergeld 15 6 ff.
- Gemischte Bedarfsgemeinschaft 15 18 ff.
- getrennt lebende Ehegatten 15 26
- HzL, GSi 15 1 ff.
- Kinder 15 21 ff.

Bedarfsdeckung
- vor Antrag 7 104

Bedarfsgemeinschaft 16 1 ff.
- Amtsermittlung 16 7

Stichwortverzeichnis

- Auskunftspflicht 36 64 ff.
- Beweislast 16 14
- eheähnliche Gemeinschaft 16 5, 36 1 ff.
- eingetragene Lebenspartnerschaft 36 63 f.
- Einstehensgemeinschaft 16 5 ff., 36 1 ff.
- gemeinsamer Haushalt 16 16
- gemischte 16 3, 45 18
- gesteigerte Unterhaltsverpflichtung 16 11
- Getrenntleben 16 8
- Haushaltsgemeinschaft 16 10
- lebenspartnerschaftsähnliche Gemeinschaft 36 63 f.
- Mitglieder 16 2
- Partner*innen 16 22
- Partnerschaft 16 14
- Personen ohne Anspruch 16 4
- schwangeres Kind unter 25 Jahren 16 9
- Stiefeltern 16 17 ff.
- temporäre 16 26
- Unterhaltspflicht 16 17 ff.
- Unterhaltszahlung 16 19
- Vertretung 16 24
- vorläufige Entscheidung 121 19 ff.
- Wohngemeinschaft 16 12 f.
- zwischen Eltern und volljährigen, unverheirateten Kindern 16 15

Befangenheit 17 1 ff.
- Befangenheitsantrag 17 6
- Dienstaufsichtsbeschwerde 17 10
- Fachaufsichtsbeschwerde 17 10
- per Gesetz 17 2
- Verhaltenskodex 17 5
- vorschnelle Festlegung 17 3

Begleitung
- zu Behörden 123 13
- zum Amt 19 1 ff.

Behinderte
- im Haushalt SGB XII 54 44

Behindertentestament 43 38

Behinderung 18 1
- Beratung 20 18
- geschütztes Vermögen 18 21 ff.
- Informationen 18 27
- Kindergeld 18 20, 61 8
- Mehrbedarf 18 7

Beihilfen, einmalige
- Kinder 60 11

Beistand 6 12, 19 1 ff., 64 17
- Amtsarzt 19 10
- Anzahl 19 7
- Ausweispflicht 19 8 f.
- Beratungsstelle 19 17
- Corona 19 14 f.
- Eingliederungsvereinbarung 19 3
- Erwerbsloseninitiative 19 17
- Kooperationsplan 19 3, 35 59
- medizinischer Dienst 19 10
- Untersuchung, ärztliche 19 10
- Zurückweisung 19 11 ff.

Beiträge zur Arbeitsförderung
- Einkommensbereinigung 38 5

Beiträge zur freiwilligen Altersvorsorge
- Einkommensbereinigung 38 15

Bekleidung
- außergewöhnliche Umstände 65 3
- bei Übergröße 65 3
- Erstausstattung 65 3
- Kosten bei Übergrößen 52 20
- Schwangerschaft 101 7

Bekleidungserstausstattung
- Auszubildende 110 14
- Studierende 110 14

Beratung 11 17, 20 1 ff.
- als Amtspflicht 80 3 ff.
- Ältere Menschen 20 17
- Beratungspflicht 20 1 ff.
- Berechnung der Leistungen 20 40
- Eingliederung in Arbeit 20 12, 40
- Familienplanung 20 14
- Jobcenter 20 32 ff.
- Mitwirkungspflichten 20 40
- Pflege 20 15
- Sozialrechtsfähigkeit 7 9
- Spontanberatung 20 3 f., 19 ff.
- Sterilisation 20 14

Beratungsfehler 20 43 ff.

Beratungshilfe
- (anwaltliche*r) Berufsbetreuer*in 21 14
- Amtsgericht 21 2 f.
- Anspruch auf förmlichen Beschluss 21 26
- Bagatellforderung 21 23
- Bedarfsgemeinschaften 21 17
- Beratungsorganisation 21 8
- Berechtigungsschein 21 2 f.
- Büros der Bürgerbeauftragten 21 11
- Erfolgshonorar 21 15

991

Stichwortverzeichnis

- Erhöhungsgebühr 21 18
- Erinnerung gegen Ablehnung Beratungshilfe 21 27
- für Vertretung im Verwaltungsverfahren 21 19 ff.
- für Widerspruchsverfahren 21 22
- Gewerkschaften 21 9
- Höhe der Beratungshilfevergütung 21 32
- im Anhörungsverfahren 21 19
- Mieterverein 21 8
- Mutwilligkeit 21 16 ff.
- Nachweise 21 4
- Öffentliche Rechtsberatung (ÖRA) 21 12
- „pro Bono" 21 15
- Rechtsschutz bei Ablehnung 21 25
- Rechtsschutzversicherung 21 10
- Schuldnerberatungsstellen 21 13
- Sozialrecht 21 16
- Sozialverband 21 8
- Verfassungsbeschwerde gegen Ablehnung 21 28 ff.
- Vermögensfreigrenzen 21 6
- Voraussetzungen 21 5 ff.
- Voraussetzungen Anwaltswechsel 21 31
- weitere Einzelfälle 21 24

Beratungshilfegebühr 21 1

Beratungspflicht
- Jobcenter 20 11 f.
- Sozialamt 20 13 ff.

Beratungsstellen 20 50 ff.

Berliner Testament 43 36

Berufliche Eingliederung
- Schuldnerberatung 99 30

Berufsausbildung 14 1

Berufsausbildungsbeihilfe (BAB) 14 1 ff., 124 89

Berufsberatung
- Jobcenter 10 102

Berufstätigkeit
- Erkrankung des Kindes 60 24 f.

Berufsvorbereitende Bildungsmaßnahme (BvB) 124 88

Berufsvorbereitende Maßnahme 14 2

Berufung 64 26

Beschäftigungsfähigkeit 9 14

Bescheid
- hinreichende Bestimmung 22 9 ff.

- Verwaltungsakt 22 1 ff.
- Widerspruchsfrist 22 23
- Wirksamkeit 22 12
- Zugangsfiktion 22 17 ff.
- Zusicherung 22 7

Bescheinigung über das Daueraufenthaltsrecht 81 88

Beschenkte*r 96 23

Beschwerde
- Anspruch auf Bearbeitung 23 9 ff.
- Dienstaufsichtsbeschwerde 23 1 ff.
- Fachaufsichtsbeschwerde 23 5 ff.
- Kundenreaktionsmanagement 23 15 ff.

Besonderer Härtefall
- Auszubildende 110 15 ff.
- Beihilfe für erwerbsunfähige Studierende 110 15 ff.
- Darlehen für Auszubildende 110 15 ff.
- Darlehen für Studierende 110 15 ff.
- Studierende 110 15 ff.

Bestattungskosten 24 1 ff., 107 9 ff.
- Armenbegräbnis 24 13
- Auszubildende 14 31, 110 32
- Grabstein 24 14
- Kostenersatz 24 5
- Kostentragungspflicht 24 1
- Schüler*innen 14 31
- Studierende 14 31, 110 32

Bestattungskostenübernahme 24 1 ff.
- angemessene Kosten 24 16
- Anspruchsberechtigte 24 2
- Antrag 24 24
- Armenbegräbnis 24 21
- Bestattungsvorsorgevertrag 24 26 f.
- Einkommens- und Vermögenseinsatz 24 9
- Erbausschlagung 24 3
- Erben 24 2
- Grabpflegekosten 24 19
- Höhe der Kosten 24 15
- Nachlass 24 7
- nachträgliche Antragstellung 24 24
- nahe Verwandte 24 11
- öffentlich-rechtliche Bestattungspflicht 24 2 f.
- ohne Bestattungspflicht 24 4
- ortsübliche Kosten 24 12 ff.
- Sterbegeldversicherung 24 7 ff.
- Todesanzeige 24 17
- Trauerkleidung 24 20

Stichwortverzeichnis

- Überführungskosten 24 18
- unzumutbare Kostentragung 24 6, 10 f.
- vorrangige Ausgleichsansprüche 24 8
- Zuständigkeit 24 23

Bestattungsvorsorge 24 27 ff., 107 1 ff.

Bestattungsvorsorgevertrag 24 26 ff.

Besuchskosten 108 38 f.

Betreuung Kinder
- Alleinerziehende 10 60
- Arbeit 10 57 f.
- Kinder mit Behinderung 10 58

Betreuungskosten 60 21

Betriebsausgaben 104 16 f.
- vermeidbare 104 25

Betriebsrat
- Prüfung Ein-Euro-Jobs 9 55

Betriebsräte
- Mitbestimmung 9 56

Bevollmächtigte 25 1 ff.
- in Bedarfsgemeinschaft 25 12 ff.
- Zurückweisung 25 8 ff.

Bevollmächtigungsfiktion 25 12 ff.
- Darlehen 25 19 ff.
- Klage 25 17 f.
- Widerspruch 25 17 f.

Beweisaufnahme 64 23

Beweismittel bezeichnen und vorlegen
- als Mitwirkungspflicht 79 5

Beweisverwertungsverbot
- Hausbesuch 53 36

Bewerbungen 26 1 ff.
- Anzahl 26 2
- doppelte Haushaltsführung 26 12
- Führerschein 26 12
- kein Geld 26 23
- keine Übernahme Bewerbungskosten 26 24
- Menschen mit Behinderung 26 3
- Midi-Job 26 11
- Minijob 26 11
- monatlich 26 5
- Nachweis 26 18
- Nachweis, Vordruck 26 19
- pauschal 26 5
- PKW 26 12
- Sanktion 26 22 f.
- Umzug 26 12

Bewerbungskosten 26 7
- Einkommensbereinigung 26 14

- Erstattung 26 13
- Höhe 26 9
- Kooperationsplan 26 8
- Kooperationsplan, verbindlich 26 10 ff.
- ÖPNV 26 17
- Pauschale 26 9
- Vermittlungsbudget 26 15 f.

Bewerbungstraining 26 26

Bewilligungszeitraum 7 5

Bildung und Teilhabe 27 1 ff., 60 18
- Antragstellung 27 27
- Fahrtkosten 27 26
- Ferienfreizeiten 27 21
- Klassenfahrten 27 7 ff.
- Kunstkurse 27 21
- Lernförderung 27 5
- Mitgliedsbeiträge 27 21
- Musikinstrument 27 22
- Musikunterricht 27 21
- Nachhilfe 27 5
- Schulausflüge 27 7 ff.
- Schulbedarfspauschale 27 12
- Schülerbeförderungskosten 27 17
- Teilhabe am sozialen und kulturellen Leben 27 21

Bildungsgutschein 124 40

Blankovollmacht 66 52 f.

Blindenhilfe
- Auszubildende 14 31, 110 32
- Rundfunkbeitragsbefreiung 93 3
- Schüler*innen 14 31
- Studierende 14 31, 110 32

Brille 52 74 ff., 71 25 f.
- Antrag Vermittlungsbudget 71 31 f.
- chronische Augenerkrankung 71 33
- Darlehen Bürgergeld 71 30
- Gerichtsentscheidungen 71 28 ff.
- Kassenleistung 71 26
- Mehrbedarf Bürgergeld 71 35
- Mehrbedarf Sozialamt 71 36
- Monatskontaktlinsen 71 34
- Teilhabeleistung 71 32

Brillenreparaturen 40 37

Bundes- und Jugendfreiwilligendienst
- Taschengeld als Einkommen 37 41 ff.

Bundesfreiwilligen- und Jugenddienst 47 44 ff.

Bundesinformationsfreiheitsgesetz 120 3

993

Stichwortverzeichnis

Bürgergeld 11 7
- Ablehnung 10 14
- Anspruch 11 11
- Arbeit 10 28 f.
- Arbeit suchen 10 5
- Arbeit unzumutbar 10 18 ff.
- Arbeit zumutbare 10 17
- Arbeitsgelegenheiten 10 81
- Arbeitsort 10 26
- aufstockend 11 10
- Ausbildung Einkommen 10 24
- Bedarfsberechnung 11 11
- Ein-Euro-Jobs 10 81
- Einstiegsgeld 10 72 ff.
- Ferienjob 10 24
- Grundfreibeträge Auszubildende 10 24
- Kinderbetreuung 10 50 f.
- kommunale Eingliederungsleistungen 10 71
- Leistungen Selbstständige Darlehen 10 80 ff.
- Leistungen Selbstständige Zuschuss 10 80 ff.
- Leistungen Selbstständigkeit 10 77
- Leistungen Selbstständigkeit Darlehen 10 78
- Leistungen Selbstständigkeit Zuschuss 10 78
- Leistungsberechtigte 10 2
- Lohnwucher 10 42
- Midi-Job 10 28
- Mini-Job 10 28
- Pendelzeiten zumutbare 10 26
- Pflichten Kooperationsplan 10 6
- Sanktionen 11 13
- Schlichtungsverfahren 97 1
- Schüler Einkommen 10 24
- Studierende 110 10 ff.
- Umzug 10 27
- Vermögen 11 11
- Vorschuss Bewerbungskosten 10 107
Bürgergeldbonus 29 1 ff.
Bürgergeldgesetz 28 1, 7 ff.
- Änderungen auf einen Blick 28 17 ff.
- Inkrafttreten 28 13 ff.
- Kritik 28 27 ff.
Coaching 20 41
Computer 52 21 ff.
Corona
- Sonderregelung 104 48

Corona-Pandemie
- Beratungshilfe 8 20
Corona-Prämie
- (Un-)Pfändbarkeit 85 28
Corona-Soforthilfe 104 49
- (Un-)Pfändbarkeit 85 8, 28

Darlehen 30 1 ff., 37 25
- 12-Monatsfrist 30 39
- Aufrechnung 30 13
- Aufrechnungsdauer Existenzminimum 30 24 ff.
- Aufrechnungserklärung 30 20 f.
- aufschiebende Wirkung Widerspruch 30 17 ff.
- Auszubildende 110 15 ff.
- Begrenzung 30 16
- bei Ausbildungsbeginn 30 61
- bei Kurzzeitbezug 30 53 ff.
- bei Miet- und Energieschulden 30 57
- bei nicht verwertbarem Vermögen 30 35 ff.
- bei vorzeitigem Verbrauch 30 52
- Bestandskraft 30 19
- Darlehen statt Zuschuss 30 22 f.
- Darlehnsnehmer*innen 30 7 ff.
- Darlehnstilgung 30 13 ff.
- Dauer der Aufrechnung 30 1
- Forderungseinzug 30 63 ff.
- für Auszubildende 30 58 ff.
- Härtefall bei Auszubildenden 30 60
- Höhe der Aufrechnung 30 14
- HzL/GSi 30 29 f.
- keine Aufrechnung 30 16
- Liste von Darlehnsarten 30 3 f.
- Minderjährige 30 10 ff.
- Minderjährigenschutz 30 7 ff.
- Sach- oder Geldleistung 30 31
- Studierende 110 15 ff.
- Stundung und Erlass 30 26 ff., 67 f.
- Tilgungserklärung 30 32 ff.
- Verjährung 118 18
- Vermögenseinsatz 30 5 ff.
- zur Überbrückung 30 44 ff.
Datenabgleich 31 1 ff.
- Abgleichungszeiträume 31 9 ff.
- Einkommen 37 94
- Kfz 31 10 ff.
- Kontenabrufverfahren 31 16 ff.
Datenschutz 32 1 ff.
- Arbeitsvertrag 32 9

Stichwortverzeichnis

- Auszahlung Sozialleistung 66 31
- Berichtigungsanspruch 32 43
- Datenschutzbeauftragte 32 47
- Direkterhebungsgrundsatz 32 10, 66 49 f.
- Erforderlichkeit der Erhebung 32 4
- Erhebung bei Betroffenen 32 10
- Erhebung bei Dritten 32 11
- Gehaltsnachweis 32 12 ff.
- Informationspflichten 32 16 ff.
- Kontoauszüge 32 15
- Löschung von Daten 32 42
- medizinische Daten 32 30
- Sozialgeheimnis 32 2
- Speicherung Kontoauszüge 66 41
- Strafen bei Verstößen 32 37 ff.
- Vermieternamen 32 8 f.
- Widerspruchsrecht 32 44 ff.

Datenschutzbeauftragte 32 47
Daueraufenthaltsrecht 81 87 ff.
Dauerhafte volle Erwerbsminderung 51 3
Detektive 53 37
Deutsche im Ausland
- Alg I 33 1 ff.
- Bürgergeld 33 3 ff.
- Erreichbarkeit 33 4
- HzL/GSi 33 7 ff.

Deutschkurs 124 74 ff.
Deutsch-Österreichisches Fürsorgeabkommen 81 103 f.
Dienstaufsichtsbeschwerde 23 1 f.
Digitale Endgeräte 52 21 ff.
Digitale Teilhabe
- in der Grundsicherung 52 29 ff.

Digitales Endgerät 60 14 f.
Direkterhebungsgrundsatz 53 11
Doktorand*innen 110 7
Dokumentenbeschaffung
- Kosten bei 52 85

Dolmetscher- und Übersetzerkosten 52 85 ff.
Dolmetscher*innenkosten 52 20, 81 139 ff.
Drittstaatsangehörige 81 1 ff.
- ausländerrechtliche Erwerbsfähigkeit 81 10 f.
- gewöhnlicher Aufenthalt 81 7 ff.
- SGB II 81 5 ff.
- SGB XII 81 32 ff.

Drucker 52 70
Durchschnittseinkommen 104 36
Eheähnliche Gemeinschaft 16 1, 5 ff., 36 1 ff.
- Auskunftspflicht 36 64 ff.
- Befragung Dritter 36 76 ff.
- Beweislast 36 46 ff.
- Füreinandereinstehen 36 22 ff.
- gemeinsame Wohnung 36 12 f.
- gemeinsames Konto 36 15 f.
- gemeinsames Wirtschaften 36 14 f.
- getrennt lebende Eheleute 36 3
- Hausbesuch 36 74 ff.
- Haushaltsgemeinschaft 36 58 ff.
- Indizien 36 18 ff.
- innere Bindung 36 22 ff.
- langjähriges Zusammenleben 36 25 ff.
- Partnerschaft 36 8 f.
- Sozialhilfe 36 40 f.
- Trennung 36 20 f.
- Verantwortungs- und Einstehensgemeinschaft 36 18 ff.
- Verfügen über Einkommen und Vermögen 36 32 ff.
- Versorgung von Angehörigen 36 29 ff.
- Wohn- und Wirtschaftsgemeinschaft 36 11 ff.
- Zusammenleben mit gemeinsamem Kind 36 28 f.

Eigenbemühungen
- Arbeit 35 13
- soziale Maßnahmen 35 14

Eigenheim 34 1 ff.
- angemessene Kosten 34 5 ff.
- angemessene Wohnfläche 34 53 ff.
- anzuerkennende Kosten 34 14 ff.
- Verkehrswert 34 68 ff.
- Vermögen 34 44 ff.
- Verwertung 34 72 ff.
- Zinsen und Tilgung 34 29 ff.

Eigentum
- Karenzzeit 34 2 ff.

Eigentumswohnung 34 1 ff.
Eilklage 41 1 ff.
Ein-Euro-Job 10 12
- Abbruch 9 36
- Arbeitsunfähigkeitsbescheinigung 9 51
- Arbeitsweg 9 18
- Arbeitszeit 9 16 ff.
- Beschäftigungsfähigkeit 9 59

Stichwortverzeichnis

- Beschäftigungsträger 9 62
- Erstattung für Maßnahmeträger 9 23
- Festeinstellung 9 45
- Geld Krankheit 9 50
- Geld Urlaub 9 50
- kein Arbeitsverhältnis 9 40
- Kritik 9 30, 60
- Leistungsminderungen 9 35
- öffentliches Interesse 9 29
- Pauschale 9 62
- Personalrat 9 53
- Recht durchsetzen 9 37
- rechtswidrig 9 49
- Schlichtungsverfahren 9 37
- Wertersatz 9 41
- Wettbewerbsneutral 9 28
- Wettbewerbsneutralität 9 31
- zusätzlich 9 26
- Zusätzlichkeit 9 27

Eingangsbestätigung
- Anspruch auf 7 87

Eingliederung in Arbeit
- Kooperationsplan 35 11

Eingliederungshilfe 18 3 ff.
- Auszubildende 110 32
- Studierende 110 32

Eingliederungsleistungen 35 23
- Ablehnung, Sanktion 10 126
- SGB III 10 99 ff.

Eingliederungsmaßnahmen 9 7

Eingliederungsvereinbarung 35 1 ff.
- Abschluss 35 3
- als Verwaltungsakt 35 4
- altes Recht 35 2
- Änderung 35 69
- Arbeitsunfähigkeit 35 19
- Beistand 35 62
- Bewerbung 35 63
- Dauer 10 7, 35 67
- kein Schadensersatz 35 17
- keine Einigung 35 73
- Leistungsanspruch verbindlich 35 71
- Mindeststandard 35 44
- öffentlich-rechtlicher Vertrag 35 60
- Pflichten 35 12
- Potenzialanalyse 35 3, 39 ff.
- Rechte 35 89
- Sanktion 35 83
- Übergangsregelung 35 12
- verhandelbar 35 46
- Verwaltungsakt 35 74 ff.

- Verzicht 35 36
- Voraussetzungen 35 82
- Widerspruch 35 64, 80

Eingliederungszuschuss
- Ältere, 50+ 10 87
- Bedingung 10 88
- Dauer 10 87
- Höhe 10 87
- Jobcenter 10 121 f.
- Menschen mit Behinderung 10 87

Einkommen 37 1 ff.
- Abgrenzung zu Vermögen 37 87 ff.
- Abgrenzung zu Vermögen (Bürgergeld) 37 88 ff.
- Abgrenzung zu Vermögen (GSi) 37 92
- anrechenbares 37 13 ff.
- anrechenbares (abgetretene Einkünfte) 37 20
- anrechenbares (gepfändetes Einkommen) 37 18
- anrechenbares (künftiges Einkommen) 37 15 f.
- anrechenbares (titulierte Unterhaltszahlungen) 37 19
- anrechenbares (Unterhaltsansprüche) 37 14
- anrechenbares (Vermögenswirksame Leistungen) 37 17
- anrechenbares (Verrechnung mit Bankforderung) 37 23
- anrechenbares (vorzeitiger Verbrauch) 37 21 ff.
- aufgehobene Sozialleistungen 37 26
- aus Straftaten 37 27
- BAföG 110 34
- Darlehen 37 25
- Datenabgleich 37 94
- einmaliges (Bezug neben laufendem) 37 85 f.
- Einnahmen in Geld 37 3 ff.
- Einnahmen in Geldeswert 37 2
- Einnahmen in Geldeswert (Bürgergeld) 37 6 ff.
- Einnahmen in Geldeswert (HzL, GSi) 37 11
- endgültiges Zur-Verfügung-Stehen 37 24 ff.
- Gemische Bedarfsgemeinschaft 37 93
- kein, Erbschaft 119 2
- Kinder 60 8 f.
- nicht anrechenbares 37 28 ff.

Stichwortverzeichnis

- Restschuldversicherung 99 11
- Schmerzensgeld 98 1
- Schüler 60 10

Einkommensbereinigung 38 1 ff., 104 34
- Beiträge zur Arbeitsförderung 38 5
- Beiträge zur freiwilligen Altersvorsorge 38 15
- Bürgergeld 47 8 ff.
- Bürgergeld-Beziehende unter 15 Jahren 47 34
- Erwerbstätigenfreibetrag Bürgergeld 47 29 ff.
- Fahrtkosten 47 16 ff.
- Freibetrag HzL/GSi 47 35 ff.
- Gewerkschaftsbeitrag 38 21
- HzL/GSi 47 28 f.
- Kindergeld 61 12 f.
- Pflichtbeiträge zur Sozialversicherung 38 5
- Schülereinkommen 47 34
- Sozialverbände, Mitgliedsbeitrag 38 21
- Werbungskosten 38 22, 47 10 ff.

Einkommensfreigrenze 10 25

Einkommensgrenzen 39 1 ff.

Einkommensschätzung
- vorläufige 104 2

Einlagen 104 14

Einmalige Leistungen
- Brillenreparaturen 40 37
- für Kranke und Behinderte 40 33
- für Nichtleistungsbeziehende 40 41
- im BSHG 40 5
- in atypischen Lebenslagen 40 38
- orthopädische Schuhe 40 34
- therapeutische Geräte 40 35

Einnahmen
- als Nachzahlung zufließende 37 66 ff., 73 ff.
- einmalige 37 64 ff., 119 3
- einmalige (HzL, GSi) 37 75 ff.
- einmalige (vorzeitiger Verbrauch) 37 78 ff.
- laufende 37 59 ff.

Einreise zum Zweck des Sozialhilfebezugs 81 42 ff.

Einsatzgemeinschaft 16 27 ff.
- Beweislast 16 29
- Mitglied 16 27 f.

Einsicht in Protokolle
- Hausbesuch 53 34

Einstehensgemeinschaft 16 1, 5 ff., 36 1 ff.
- Beweislast 16 6 f.
- gemeinsamer Haushalt 16 6
- Partnerschaft 16 6
- Vermutungskriterien 16 6 ff.
- Widerlegungsmöglichkeit 16 6
- Wohngemeinschaft 16 6

Einstiegsgeld
- Dauer 10 74, 76 f.
- Höhe 10 74

Einstiegsqualifizierung (EQ) 124 88

Einstweiliger Rechtsschutz 41 1 ff.
- Akteneinsicht 41 38
- Anordnung der aufschiebenden Wirkung 41 31
- Anordnung der vorläufigen Leistungsgewährung 41 33
- Anordnungsanspruch 41 6
- Anordnungsgrund 41 8
- bei Eingliederungsleistungen 41 11
- Beschwerde 41 45
- dringende Notlage 41 12
- Kosten 41 46
- überlange Verfahren 41 48
- Unterkunftskosten 41 18
- zuständiges Gericht 41 47
- Zwangsgeld 41 41

Einzugsrenovierung 112 22, 129 14

EKS
- abschließende 104 26 f.
- abschließende, Fristsetzung 104 28
- endgültige 104 4
- Mitwirkungspflicht 104 29
- vorläufige 104 2

Elektrogroßgeräte 52 54 ff.

Elektronische Akte 2 10

Eltern
- Studierende 110 11

Elterngeld 42 1 ff.
- (Un-)Pfändbarkeit 85 6
- Adoptivkinder 42 8
- Alleinerziehende 42 3, 17
- anrechenbare Einnahmen 42 11
- Anrechnung als Einkommen 37 33
- Anrechnung auf Bürgergeld 42 19 f.
- Anrechnung auf Sozialhilfe 42 19 f.
- Antrag 42 37
- Aufenthaltstitel 42 6 f.
- Ausländerinnen 42 5 ff.

997

Stichwortverzeichnis

- Auszahlung von Elterngeldstelle an Jobcenter 42 40
- Basiselterngeld 42 1
- bayerisches Familiengeld 42 31 ff.
- bayerisches Krippengeld 42 34 ff.
- Befreiung Elternbeiträge 42 36
- bei Teilzeitbeschäftigung 42 30
- Berechtigte 42 3
- Bezugsdauer 42 12 ff.
- Bezugsdauer bei Frühchen 42 14
- Bezugsdauer Elterngeld Plus 42 15 ff.
- Bezugsdauer Partnerschaftsbonus 42 16 ff.
- Coronapandemie 42 24 ff.
- Dauer 42 9
- ElterngeldPlus 42 1
- Elternzeit 42 27 ff.
- Erstattung 42 40
- Erstattung zwischen Behörden 42 40
- Formvorschriften Antrag 42 37
- Freibetrag 42 20 ff.
- Geschwisterbonus 42 10
- Getrennterziehende 42 3
- Höhe 42 9 ff.
- Informationsquellen 42 43
- Mehrlingsgeburten 42 10
- Mutterschaftsgeld 42 11
- Partnerschaftsbonus 42 1
- Rückwirkung 42 37
- Stiefkinder 42 8
- Teilzeit 42 15
- Voraussetzungen 42 4 ff.
- Zuständigkeit 42 39

Elternzeit 42 27 ff.

E-Mail
- im Umgang mit Behörden 7 89

Energiepreis 127 2 f.

Energiepreispauschale
- (Un-)Pfändbarkeit 85 28

Energieschulden
- Auszubildende 110 31
- Studierende 110 31

Entschädigung bei überlangen Verfahren 64 30

Entschädigungsanspruch bei überlanger Verfahrensdauer
- kein anrechnungsfähiges Einkommen 37 32, 45

Erbe
- Bestattungskostenübernahme 24 1 ff.

- Kostenersatz 43 1 ff.
- Kostenersatz SGB II 43 2
- Kostenersatz SGB XII 43 3 ff.

Erbschaft SGB II
- Behindertentestament 43 38 ff.
- Berliner Testament 43 36
- geerbte Sachwerte 43 30 ff.
- nicht zu berücksichtigendes Einkommen 43 21
- Pflichtteilsanspruch 43 33
- Pflichtteilsverzicht 43 37
- Vermögen 43 21
- vorzeitiger Verbrauch (1.1.2017 bis 30.6.2023) 43 25 ff.
- vorzeitiger Verbrauch (ab 1.1.2023) 43 29
- vorzeitiger Verbrauch (bis 31.12.2016) 43 23

Erbschaft SGB II/SGB XII
- Anrechnung als Einkommen oder Vermögen (alte Rechtslage) 43 16 ff.
- Anrechnung als Einkommen oder Vermögen (neue Rechtslage) 43 21 ff.

Erbschaft SGB XII
- Behindertentestament 43 38 fff.
- Berliner Testament 43 36
- Geerbte Immobilie 43 32
- nicht zu berücksichtigendes Einkommen 43 22
- Pflichtteilsanspruch 43 33
- Pflichtteilsverzicht 43 37
- Vermögen 43 22
- vorzeitiger Verbrauch (ab 1.7.2023) 43 29
- vorzeitiger Verbrauch (bis 31.12.2022) 43 24

Erforderlichkeit der Erhebung von Daten 32 4

Ergänzungspflicht
- von Anträgen 80 1

Erhöhte Einkommensfreibeträge 58 46

Erkrankung
- Schüler*innen 100 8

Erlassantrag
- Kindergeld 61 24

Ermessen 44 1 ff., 124 6 ff.
- Begründung der Ermessensentscheidung 44 7
- Ermessensausübung 44 2 ff.
- Ermessensfehler 124 8 f.

- Ermessensfehlgebrauch 44 12
- Ermessensnichtgebrauch/Ermessensunterschreitung 44 10
- Ermessensüberschreitung 44 11
- Überprüfung der Ermessensentscheidung 44 9 ff.

Ernährungsberatung 69 19

Ernährungsmehrbedarf
- Auszubildende 110 13
- Studierende 110 13

Erreichbarkeit
- Bürgergeld (Ausnahme I: wichtiger Grund und Zustimmung des Jobcenters) 84 31
- Bürgergeld (Ausnahme II: Fehlen eines wichtigen Grunds und Zustimmung des Jobcenters) 84 32
- Bürgergeld (Begriff) 84 28 ff.
- Bürgergeld (betroffener Personenkreis) 84 27
- Bürgergeld (näherer Bereich) 84 28 ff.
- Bürgergeld (Rechtsfolgen bei fehlender Zustimmung) 84 33
- Bürgergeldbezug 84 26 ff.
- GSi 84 37 f.
- HzL 84 35 f.

Ersatzanspruch
- rechtswidrig erbrachte Leistungen, SGB II 92 98 ff.
- SGB II 92 49 ff.
- „sozialwidriges Verhalten" 92 49 ff.
- Verjährung 118 18

Ersatzregelungen
- SGB XII 92 90 ff.

Erschwerniszulage
- (Un-)Pfändbarkeit 85 11

Ersparnisse
- Sozialgeld 119 51

Erstanschaffungsbedarfe 56 4

Erstattungsanspruch
- bei Doppelleistungen 92 108 ff.
- Verjährung 118 10

Erstattungsentscheidung
- Verfahren 121 92 ff.

Erstausstattung
- außergewöhnliche Umstände 56 7
- bedarfsbezogene Betrachtung 56 9
- bei Geburt 101 15 ff.
- Gewährungszeitpunkt 101 22
- notwendiger Bedarf 56 13
- Pfändungsschutzkonto 85 41

- Sachleistung 56 17

Erstausstattungsbedarfe 40 1 ff.
- Brillen 40 1
- Darlehen unabweisbarer Bedarf 40 19
- einmalige Bedarfe 40 1
- Haushaltsgeräte 40 1
- nicht vom RB umfasst 40 2
- Nichtleistungsbeziehende 40 16
- unabweisbarer Bedarf 40 15 ff.
- Verweis auf ansparen 40 10
- Weißgeräte 40 1

Erste drei Monate
- SGB II 81 14 ff.
- SGB XII 81 38 ff.

Erster Lohn 10 16

Erwerbsfähigkeit 45 1 ff.
- Abgrenzung der Leistungen nach SGB II/SGB XII 45 18
- Begriff 45 1 ff.
- bei Aufenthalt in stationären Einrichtungen 45 6 ff.
- Beschäftigte in Werkstätten für behinderte Menschen 45 4, 15 f.
- Beschäftigungsverbot 45 9
- Bürgergeld 45 1 ff.
- Feststellung der Erwerbsminderung Bürgergeld 45 12 f.
- Feststellung der Erwerbsminderung HzL/GSi 45 14 f.
- gemischte Bedarfsgemeinschaft 45 18 f.
- GSi 45 11
- HzL 45 10
- Kostenträger 45 16

Erwerbsminderung 46 1 ff.
- Arbeitsmarktrente 46 8 ff.
- Gutachten des Ärztlichen Dienstes der BA 46 3
- Mehrbedarf 46 6
- Rente 46 7 ff.
- Teilhabe am Arbeitsleben 79 9
- teilweise 46 5

Erwerbsminderungsrente
- (Un-)Pfändbarkeit 85 6

Erwerbstätige
- anderes Einkommen 47 38
- Anzahl 10 128
- Begriff 47 1
- ehrenamtliche Tätigkeit 47 3
- Einkommen aus Lohnarbeit 47 5 f.

- Einkommen aus nichtselbstständiger Arbeit 47 7
- Einkommensbereinigung, Bürgergeld 47 8 ff.
- Einkommensbereinigung, Hzl/GSi 47 28 f.
- Fahrtkosten 47 16 ff.
- Jugend- und Bundesfreiwilligendienst 47 44 ff.
- Schwankendes Erwerbseinkommen 47 37
- Übungsleiterpauschale 47 39 ff.
- Werbungskosten 47 10 ff.

Erziehungszeit
- Sanktionen 10 51

Europäisches Fürsorgeabkommen 81 47 f., 113 f.

Examenssemester 110 21

Existenzgründung 104 43

Fachaufsichtsbeschwerde 23 5 ff.

Fahrtkosten 48 1, 71 46 ff.
- Altenhilfe 48 3
- bei außergewöhnlichen Umständen 52 20
- besondere Voraussetzungen 71 47
- Bildung und Teilhabe 27 26, 48 4
- Fahrtenbuch 47 25
- öffentliche Verkehrsmittel 47 26 f.
- PKW 47 16 ff.
- Umgangswahrnehmung 48 5
- zur Behörde 48 9 ff.
- Zuzahlung 71 46

Familienangehörige 81 81 ff.

Familienkasse
- Kindergeld 61 23

Familienplanung
- Mensch(en)recht 117 10

Fehlende Anhörung
- Kostenerstattungsanspruch 67 7

Fehlende Begründung
- Kostenerstattungsanspruch 67 7

Ferienfreizeit 27 10, 21

Ferienjob 100 26
- Einkommensanrechnung 37 52 f.

Fernseher
- keine Erstausstattung 56 16

Festsetzung
- endgültige 104 26 f.

Feststellungsklage 64 5

Fiktives Aufenthaltsrecht 81 93

Folgeantrag 7 100

Fördern und Fordern
- Bürgergeld 10 1

Förderung
- Junge Menschen 10 91 ff.
- ohne Antrag 10 93

Forderungen
- Schlichtungsverfahren 97 9

Förderungshöchstdauer
- Wohngeld 110 41

Formlosigkeit
- von Anträgen 7 11

Frauenhaus 49 1 ff.
- 67er Hilfen 49 7 ff.
- Arbeitspflicht 49 30 ff.
- Auszubildende 49 15 ff.
- Doppelmieten 49 18 ff.
- Drittstaatlerinnen 49 7
- EU-Bürgerinnen 49 7 ff.
- Härtefallregelung 49 15
- Hausrat 49 25 ff.
- Männerhäuser 49 36 ff.
- Mehrbedarf Alleinerziehende 49 5 ff.
- Psychosoziale Betreuung 49 24 ff.
- Selbstzahlerinnen 49 11 ff.
- Stromkosten 49 3 ff.
- Unterbringungskosten 49 6 ff.
- Unterhalspflicht 49 31 ff.
- Vermögen 49 12 ff.
- Wohngeld 49 14 ff.
- Zuständigkeit 49 26 ff.
- Zuständigkeit bei Doppelmieten 49 20 ff.

Freischuss(prüfung) 110 8

Freizügigkeitsgesetz 81 63 ff.

Freizügigkeitsrecht 81 68 ff., 112 1
- Anwendung des AufenthG 81 93 f.
- Arbeitnehmer*innen 81 69 ff.
- Art. 10 VO 492/2011 81 90 ff.
- Daueraufenthaltsrecht 81 87 ff.
- Familienangehörige 81 81 ff.
- Fortgeltung des Arbeitnehmerstatus 81 73 ff.
- Fortgeltung des Selbstständigenstatus 81 78 ff.
- Kinder in Schulausbildung 81 90 ff.
- Nicht-Erwerbstätige 81 99 ff.
- Selbstständige 81 76 ff.
- unfreiwillige Arbeitslosigkeit 81 74 f.

Stichwortverzeichnis

- unverheiratete Elternteile 81 86
Frist zur Klageeinreichung 64 4
Fristsetzung
- Rechtsmittelbelehrung 104 32
Führerschein 68 5
- Wiedererlangung 68 6
Gebühren
- für Personalausweis 67 22 ff.
Geerbte Immobilie 43 32
Geflüchtete aus der Ukraine 81 13
- SGB XII 81 37
Geförderte Beiträge zur Altersvorsorge
- Einkommensbereinigung 38 17
Geldleistungen
- haben Vorrang 94 3 f.
- unabweisbarer Bedarf 40 26
Gemeinschaftskonto 66 10
Gemischte Bedarfsgemeinschaft 16 3, 45 18
- Bedarfsberechnung 15 18 ff.
- bei Leistungen für erwerbsfähige und erwerbsgeminderte Personen 45 18 f.
Genossenschaftsanteile 59 1 ff., 112 25, 129 12 f.
Gerichtskostenfreiheit 87 1 f.
Gerichtsverfahren
- Befangenheit 17 13
Geringfügige Beschäftigung 10 41
Geschäftsführung ohne Auftrag
- im Sozialrecht 82 14 ff.
Gesetzlich vorgeschriebene Versicherungen 38 7
- Einkommensbereinigung 38 12
Gewährleistungspflicht
- unmittelbarer 113 1 f.
Gewerkschaften 20 62
Gewerkschaftsbeitrag
- Einkommensbereinigung 38 21
Gewöhnlicher Aufenthalt 130 8 f.
GEZ 93 1
Grabpflegekosten 24 19
Grabstein 24 14
Grenzen der Mitwirkung 79 11
Grundrenten
- kein anrechnungsfähiges Einkommen 37 30

Grundsicherung
- eingeschränkte Unterhaltspflicht 51 20 f.
- Einkommen und Vermögen 51 11 ff.
- Erwerbsminderung 10 127
- nur auf Antrag 51 8
- Sozialhilfe 10 127
Gründungszuschuss 10 100
Gutachter*in 64 23
Gutscheine 94 1
Haftentlassung 108 40 ff.
- Erstausstattung 56 5
Härtefallbedarf 52 1 ff.
Härtefalldarlehen
- Auszubildende 110 15 ff.
- Studierende 110 15 ff.
Härtefallleistungen 81 125 ff., 129 ff.
Härtefallmehrbedarf 1 3 ff., 52 1 ff.
- abweichende RB-Festsetzung SGB XII 52 37
- besonderer Bedarf 52 6
- Brillen 52 74 ff.
- digitale Endgeräte 52 21 ff.
- digitale Teilhabe 52 29 ff.
- Dolmetscher- und Übersetzerkosten 52 85 ff.
- einmaliger Bedarf 52 13 ff.
- Elektrogroßgeräte 52 54 ff., 65 ff.
- Fahrtkosten zu besonderen Anlässen 52 85
- gestiegene Kosten Haushaltsenergie 52 39 ff.
- Haushaltsenergie 52 38 ff.
- Haushaltshilfe 1 4 f.
- Hygienebedarf 1 4 f.
- Kosten zur Beschaffung von Papieren 52 85
- Kosten zur Beseitigung von Ungezieferbefall 52 85
- Kosten zur Dokumentenbeschaffung 52 85
- laufender Bedarf 52 11 ff.
- Liste laufender Ansprüche 52 20
- Negativliste der BA 52 16
- Passbeschaffungskosten 52 77 ff.
- Positivliste der BA 52 15
- RB München und Umland 52 37
- Unabweisbarkeit 52 8, 47
- Unzumutbarkeit Darlehn 52 61 ff.

1001

Stichwortverzeichnis

- Unzumutbarkeit der Darlehensgewährung 52 87
Hartz IV 28 1 ff.
- Hartz IV überwinden 28 2
- Hartz-Gesetze 28 2
- Sanktion 35 84
Hausbesuch 36 74 ff., 53 1 ff.
- als Beweismittel 53 40
- angemeldet 53 32
- bei Erforderlichkeit 53 5 ff.
- Einsicht in Protokolle 53 34
- Einwilligungsvorbehalt 53 2
- Fotos 53 35
- keine Befragung von Kindern 53 30
- keine Mitwirkungspflicht 53 3
- Leistungsstreichung 53 19
- Observation 53 37
- unangemeldet 53 32
Haushaltsenergie
- Beträge im RB 52 38
Haushaltsgemeinschaft 36 58 ff., 54 1 ff., 128 9
- Auskunftspflicht 36 70 f.
- Beweislast 128 9
- Bürgergeld 36 59 f.
- Definition 54 4
- gemeinsam wirtschaften 54 4
- gemeinsamer Mietvertrag 128 6
- gemeinsames Wirtschaften 128 1 ff.
- gesetzliche Vermutung 128 3 ff.
- Hilfe zum Lebensunterhalt 36 60 f.
- in HzL 54 26
- Sozialhilfe 36 61 f.
- Unterkunftskosten 54 14
- Verwandte 54 6
Haushaltshilfe 1 21 f., 55 1 ff.
- Auszubildende 110 32
- bei Kur/Reha 55 1
- bei Schwangerschaft und Entbindung 55 7
- bei schwerer Krankheit 55 2
- Jobcenter Mehrbedarf 55 20
- Kostenerstattung 55 3 f.
- Leistung Jugendamt 55 11 ff.
- Leistung Krankenkasse 55 1 ff.
- Leistung Pflegekasse 55 23
- Leistung Rentenversicherung (DRV) 55 8 ff.
- Leistung Sozialamt 55 14 ff.
- Mitaufnahme Kind Reha 55 9
- nach ambulanter OP/Behandlung 55 2

- nach Krankenhaus 55 2
- private Haushaltshilfe 55 4
- Reha 55 8 f.
- Sachleistung 55 3
- Satzungen der Kassen 55 5
- Sozialamt Anspruch 55 15
- Sozialamt Einkommensgrenze 55 16
- Sozialamt ohne lfd. Leistung 55 21
- Sozialamt Regelbedarf 55 19
- Studierende 110 32
- Verwandte/Verschwägerte 55 4
- Zuzahlung 55 6
Häusliche Gemeinschaft 36 12 f.
Hausrat 56 1 ff.
Heilbehandlung
- als Mitwirkungspflicht 79 8
Heizkosten 57 1 ff.
- Abschlagszahlungen 57 5 f.
- Angemessenheit 57 17 ff., 27 ff.
- Angemessenheitsfiktion Coronapandemie 57 25 f.
- Berechnung Prüfgrenze 57 37 ff.
- Betriebsstrom Heizanlage 57 59 ff.
- Energiekrise 57 16
- Ermessen 57 45 ff.
- Gesamtangemessenheitsgrenze 57 40 f.
- getrennte Stromzähler 57 58 ff.
- Grundgebühren Gas 57 61
- Guthaben 57 11 ff.
- Heizkostennachzahlung 57 6 ff.
- Heizspiegel 57 31 ff.
- Karenzzeit 57 22, 48 ff.
- Karenzzeit, rückwirkende Zahlung 57 4
- keine Karenzzeit 57 1
- kommunale Satzung 57 43 ff.
- Kostensenkung 57 48 ff.
- Kostensenkungsvoraussetzungen 57 52
- laufende und einmalige Kosten 57 3
- Ofenheizung 57 62 ff.
- Öl, Holz oder Kohle 57 15
- Pauschale 57 45 ff.
- rückwirkendend 57 23
- Rückwirkung eines Antrages 7 17
- Trennung Haushaltsenergie 57 54 ff.
- Umfang 57 2 ff.
- Verbrauchspreis 57 30
- vor und nach Leistungsbezug 57 64 f.
- Warmwasser 57 35
- Wohngeld 57 44
- Wohnungswechsel 57 53

Stichwortverzeichnis

Heizkostenkomponente
- bei Wohngeld 127 8

Herausgabeanspruch
- Schenkung 96 5 ff.

Herstellungsanspruch, sozialrechtlicher 20 43 ff.

Hilfe in sonstigen Lebenslagen
- Auszubildende 110 32
- Studierende 110 32

Hilfe zur Erziehung
- Schularbeitenhilfe 27 43

Hilfe zur Pflege
- Auszubildende 14 31, 110 32
- Schüler*innen 14 31
- Studierende 14 31, 110 32

Hilfe zur Überwindung besonderer sozialer Schwierigkeiten
- Auszubildende 14 31
- Schüler*innen 14 31
- Studierende 14 31

Hilfe zur Überwindung sozialer Schwierigkeiten
- Auszubildende 110 32
- Studierende 110 32

Hilfe zur Weiterführung des Haushalts
- Auszubildende 14 31
- Schüler*innen 14 31
- Studierende 14 31

Identitätsnachweis 66 4

IFG-Antrag
- Beschwerde bei Beauftragten für die Informationsfreiheit 120 14

IFG-Bund 120 3
- Telefonlisten 120 4

Inflation 89 60 ff.

Informationelle Selbstbestimmung, Recht auf 32 1

Informations- und Betreuungspflichten durch Behörde 80 1

Informationsfreiheitsgesetz 120 1 ff.

Informationsfreiheitssatzungen 120 10

Informationspflicht 20 25 ff.
- Dienstanweisungen 20 26 ff.
- Informationsfreiheitsgesetz 20 26 ff.
- Verwaltungsweisungen 20 26 ff.

Inkasso 99 20

Insolvenzverfahren 99 22 ff.

Instandhaltungskosten 34 18 ff.
- Erhaltungspauschale 34 24 f.

Integrationskurs 124 74 ff.

Internet
- Beratung u. Information 20 65

Investitionen 104 17 f.

Jobcenter
- Bewerbungen 26 2
- Bewerbungskosten 10 106, 111
- Maßnahmen, Teilnehmer 11 16
- private Arbeitsvermittlung 10 109
- Stellensuche 10 104
- Trainingsmaßnahmen 10 112 ff.
- Trainingsmaßnahmen, Qualität 10 115
- Trainingsmaßnahmen unzumutbar 10 116
- Umzugskosten 10 106
- Vermittlungsbudget 10 104
- Vorschuss Bewerbungskosten 10 107

Jugend- und Bundesfreiwilligendienst 47 44 ff.
- Taschengeld als Einkommen 37 41 ff.

Jugendbett
- Erstausstattung 56 7

Jugendliche und junge Erwachsene
- Aktivierung 58 48
- Arbeitsgelegenheiten 58 50 f.
- Auszugsgenehmigung aus Bedarfsgemeinschaft 58 13 ff.
- Eingliederungsleistungen 58 28 ff.
- finanzielle Förderung der Maßnahmen 58 42 ff.
- in der Bedarfsgemeinschaft 58 4 ff.
- Nachholen des Schulabschlusses 58 49
- Sanktionen 58 52
- Unterhaltpflicht 58 7 ff.
- Verbesserungen ab 2023 58 1 ff.
- Vermittlung in Ausbildung 58 35 ff.

Kabelfernsehen
- Kosten der Unterkunft 93 12 ff.

Karenzzeit
- Vermögen 119 18 f.

Karenzzeit 2023
- für Bestandsfälle 75 32

Kaution 59 1 ff., 112 25
- Ablehnung 59 8
- angemessene Wohnung 59 6
- Darlehen 59 10 f.
- Rückzahlung 59 16

1003

Stichwortverzeichnis

- Übernahme 59 4
- Zusicherung 59 5 f.
- Zuständigkeit 59 18 f.
Kautionsdarlehen 59 10 ff.
- Begrenzung der Aufrechnung 59 15
Kautionsübernahme 59 4
Kenntnisgrundsatz 7 57
Kind drei Jahre
- Betreuung 10 55 f.
Kind drei Jahre und älter
- Betreuung Ablehnung 10 56
Kinder 60 1 ff.
- Ausbildungsgehalt 60 19
- Bedarf 60 7
- Bürgergeld 60 2 f.
- eigenes Kind 60 6
- Einkommen 60 8 f.
- Erkrankung 60 24 f.
- Erstausstattung 60 11
- keine Darlehen 30 7 ff.
- Kinderarmut 60 1
- Kinderkrankentage 60 24
- Schulbedarf 60 12 ff.
Kinderbetreuungszuschlag
- BAföG 100 10
Kindergartenbeitrag 60 21
Kindergeld 61 1 ff.
- (Un-)Pfändbarkeit 85 7
- Abzweigung 14 37
- Abzweigungsantrag 61 20 f.
- Anrechnung 61 9 f.
- Ausbildungsvergütung 61 7
- Behinderung 61 8
- Berechtigte 61 3
- Bezugsdauer 61 4
- Bürgergeld 61 9 f.
- Einkommen 61 7
- Einkommensbereinigung 61 12 f.
- EU-Bürger*innen 61 26 ff.
- für Kind von Auszubildenden 110 33
- für Kind von Studierenden 110 33
- Grundsicherung 61 9 f., 18
- Höhe 61 2
- Pfändung 85 18
- Pfändungsschutzkonto 85 41
- Rückforderung 61 23
- tatsächlicher Zufluss 61 22
- Versicherungspauschale 61 12 f., 17
- volljährige Kinder 61 19
- Weiterleitung an nicht im Haushalt lebendes Kind 14 37

- Wohngeld 61 17
Kindergeldberechtigte 61 3
Kindergeldhöhe 61 2
Kindergeldrückforderung 61 23
- Erlass 61 24 f.
Kindergrundsicherung 62 1 ff.
Kinderkrankentage 60 24
Kinderregelbedarf 89 45 ff.
- Ausgabenpositionen 89 48
- Zusammensetzung 89 48
Kindersofortzuschlag 60 5
Kindertageseinrichtung
- Mittagsverpflegung 27 20
Kinderwohngeld 127 25 ff.
Kinderzuschlag 11 9, 63 1 ff.
- Anspruchsvoraussetzungen 63 11 ff.
- Berechnung 63 21 ff.
- Bildung und Teilhabe 27 2
- Einkommen und Vermögen 63 16 ff.
- finanzielle Einbußen 63 5
- Kosten der Unterkunft 63 20
- Leistungen für Bildung und Teilhabe 63 38
- Verzicht auf Bürgergeld 63 7 ff.
Kita/Kiga
- Unzumutbarkeit Arbeit 10 53
Kita/Kindergarten ablehnen
- Aufenthaltsbestimmungsrecht 10 54
KiTa-Beiträge 3 30 f.
KiTa-Gebührenbefreiung 63 39 f.
Klage 64 1 ff.
- Erfolgsquoten 64 1
- Protokoll 64 24
Klageziel 64 12
Klassenfahrten 27 7 ff., 60 23
Kleiderkammern 94 18
Kleidung 65 1 ff.
Kleinreparatur 90 9 ff.
Koalitionsvertrag 28 5
Kondulenzkarenz 75 11
Kontenabruf 66 57
Kontenabrufverfahren 31 16 ff.
Kontenpfändung 85 30 ff.
- Arbeitseinkommen 85 52
- Basiskonto 85 36
- Behörde 85 54
- Bescheinigung 85 42 ff.

1004

Stichwortverzeichnis

- Freibetrag 85 39
Konto 66 1 ff.
- Auskunftsanspruch 66 56
- Auszahlung Sozialleistung 66 26 ff.
- Basiskonto 66 16
- befristete Unpfändbarkeit 85 51
- Blankovollmacht 66 52 f.
- Datenschutz 66 56
- Gemeinschaftskonto 66 10
- Identitätsnachweis 66 4
- Kontenabruf 66 57
- Kontenwechselhilfe 66 13
- Kündigung 66 1
- PayPal 66 51
Kontoauszüge 66 36 ff.
- Datenschutz 66 41
- Schwärzung 66 44 f.
Kontoüberziehung
- Verweis auf, nicht zulässig 94 7
Kooperationsplan 35 1 ff.
- Anzahl Bewerbungen 35 35 f.
- Arbeit 10 8
- Arbeitsgelegenheit 9 11
- Ausbildung 10 8
- Ausnahmen 35 25 ff., 58 f.
- Bedarfsgemeinschaft 35 8 ff., 30, 58
- Bedingungen 35 6
- Bemühungen 10 6
- berufliche Fähigkeiten 10 21
- Dauer 10 7, 35 70 f.
- Eingliederungsleistungen 10 70 f.
- Eingliederungsmaßnahmen 10 69 f.
- erforderliche Leistungen für die Eingliederung 35 56
- Erwerbstätigkeit 10 3, 35 32
- Integrationskurs 35 16
- keine Einigung, Schlichtungsverfahren 35 75
- Kinderbetreuung 10 50
- Kooperationszeit 35 51 f.
- Leistungsminderung 35 66, 79 f.
- Minderjährige 35 28
- Mindeststandard 35 49
- öffentlich-rechtlicher Vertrag? 35 66
- Pflichten 35 5
- Potenzialanalyse 10 8, 35 34 f.
- Qualifikation 10 20
- Qualifizierung 10 8
- Rechte 35 90
- Rechtsfolgebelehrungen 35 72
- Rechtsfolgen 10 8

- Sanktion 35 83
- Schlichtungsverfahren 35 79
- Schüler 35 27
- Sprachkurs 35 16
- Vereinbarungen 35 7
- verhandelbar 35 50 f.
- Vermittlungsvorrang 10 8
- Vertragspartner 35 53
- Voraussetzungen 35 82
- Weiterbildung 10 8
- wer schließt den ab 35 55
Kosten der Unterkunft
- Kabelfernsehen 93 12
Kosten einer Klage 64 31
Kostenaufwändige Ernährung 69 1 ff.
Kostenersatz 96 20 ff., 119 57
- Bagatellgrenze 43 8
- Erbe 43 1 ff.
- Erbe SGB II 43 2
- Erbe SGB XII 43 3 ff.
- Frist zur Geltendmachung 43 11
- gegen Erb*innen 43 12, 15
- Härtefall 43 13 ff.
- Kosten der Sozialhilfe 43 4
- Kosten innerhalb der letzten zehn Jahr 43 7
- Nachlass 43 9 f.
- SGB II 92 49 ff.
Kostenersatzanspruch „sozialwidriges Verhalten" 92 49 ff.
- Absicht 92 64
- Begriff der Sozialwidrigkeit 92 54
- Dauer des Ersatzanspruchs 92 71 f.
- Erhöhung, Aufrechterhalten, Nicht-Verringern der Hilfebedürftigkeit 92 58
- Grundlagen- und Leistungsbescheid 92 81 ff.
- Haftung der Erben 92 87
- Herbeiführung der Hilfebedürftigkeit 92 55 ff.
- Höhe des Ersatzanspruchs 92 66 ff.
- Überprüfungsantrag 92 88
- Unterbrechung der Hilfebedürftigkeit 92 72
- Verfahren zur Geltendmachung des Anspruchs 92 76 ff.
- Voraussetzungen 92 51 ff.
- Vorliegen einer Härte 92 73 ff.
- Vorsatz, grobe Fahrlässigkeit 92 63 f.
- wichtiger Grund 92 59 ff.

1005

Kostenersatzregelungen
- SGB XII   92   90 ff.

Kostenerstattung
- bei behördlichen Formfehlern   67   7
- bei Gericht   67   8
- bei Meldeaufforderung   67   9
- einstweiliger Rechtsschutz   67   6
- keine Bagatellgrenze   67   9
- Klagen   67   6

Kostenfreiheit
- im Sozialverwaltungsverfahren   67   17

Kraftfahrzeug   68   1 ff., 119   63
- angemessenes Kfz   68   8 f.
- Anschaffung   68   1
- betriebliche Kosten   104   13
- betriebliche Nutzung   104   11
- fiktiver Vermögensverbrauch   68   16 f.
- Finanzierung   68   18
- laufende Kosten   68   2 f.
- private Nutzung   104   11
- Reparaturen   68   4
- unentgeltliche Überlassung   68   20
- Vermögen   68   7 f.
- Verwertung   68   10
- Wertermittlung   68   12

Krankengeld
- (Un-)Pfändbarkeit   85   9

Krankenhaus   71   37
- -behandlung und Bürgergeld   71   38 f.
- -behandlung und Regelbedarf   71   40
- Bürgergeld   71   39
- Zuzahlungen   71   41 ff.

Krankenkost   1   9 ff.
- Mehrbedarf für kostenaufwendige Ernährung   1   9 ff.

Krankenkostzulage   69   1 ff.
- Antragsverfahren   69   20 f.
- Auszubildende   110   13
- Befristung   69   21
- bei Kindern und Jugendlichen   69   18
- bei mehreren Krankheiten   69   17
- bei psychischen Zwangsstörungen   69   15
- BMI   69   8 ff.
- Bürgergeld fachliche Weisungen   69   4
- Energiebedarf   69   25
- Ernährungsberatung   69   19
- Informationen   69   27
- kostenaufwändige Ernährung   69   1 ff.
- Mangelernährung bei Krankheiten   69   6 f.

- Mangelernährung bei schwerem Krankheitsverlauf   69   7
- Mehrbedarf bei weiteren Krankheiten   69   11 ff.
- Mehrbedarf Bürgergeld   69   3 ff.
- Mehrbedarf im Einzelfall   69   13 ff.
- Mehrbedarf Sozialamt   69   1 f.
- Nahrungsmittelintoleranzen   69   5
- Regelbedarf   69   24 f.
- Studierende   110   13
- Vollwerternährung   69   23 ff.

Krankenversicherung   70   1 ff.
- bei Bürgergeld (ehem. Sozialgeld)   70   13
- bei Bürgergeldbezug   70   1 ff., 71   12
- bei SGB XII-Bezug   70   36
- bei Versagung Bürgergeld   70   12
- bei vorläufiger Zahlungseinstellung Bürgergeld   70   12
- Beitragsschulden   70   7, 45
- Beitragsschulden PKV   70   28
- Beitragsübernahme Pflegeversicherung   70   40
- Beitragsübernahme Sozialamt   70   37 f.
- Beratung und Hilfen für Unversicherte   70   43
- Bürgergeld Beitragszuschuss   70   25 f.
- Bürgergeld Beitragszuschuss im Basistarif   70   26
- Bürgergeld darlehensweise   70   16
- Bürgergeld einmalige Beihilfen   70   16
- Deckungslücke   70   44
- Familienversicherung   70   23
- Familienversicherung bei Bürgergeldbezug   70   4
- Frist Weiterversicherung   70   39
- gesetzliche, bei Bürgergeldbezug   70   2 ff.
- hilfebedürftig durch den KV-Beitrag   70   33
- Hilfen zur Gesundheit   70   41 f.
- Informationen   70   47
- keine Pflichtversicherung bei Bürgergeldbezug   70   14
- Krankengeldanspruch bei Bürgergeldbezug   70   10
- nach Ende Bürgergeldbezug   70   11
- Nachrang der Sozialhilfe   70   42
- obligatorische Anschlussversicherung (OAV)   70   46
- Paragraf 264 SGB V   70   41
- Pflichtversicherung bei Bürgergeldbezug   70   3

Stichwortverzeichnis

- PKV 70 22 ff.
- PKV Basistarif 70 22 ff.
- PKV Basistarif Beitrag 70 24
- PKV Deckungslücke 70 27
- PKV Normaltarif 70 29
- PKV Selbstbeteiligung 70 32
- private 104 46
- unversichert bei Antragstellung Bürgergeld 70 6
- Versicherungspflicht in Deutschland 70 42
- zuletzt gesetzlich versichert 70 8, 15
- zuletzt privat versichert 70 9
- Zusatzbeitrag 70 18 ff.
- Zuzahlungsbefreiung bei Bürgergeldbezug 70 5

Krankenversicherungsbeiträge 104 35

Krankheit
- Arbeitsunfähigkeit 71 9 f.
- Arztwahl 71 15
- Attestkosten 71 62
- Auslagen für Untersuchungen 71 62
- Fahrkosten 71 46 ff.
- Heilmittel 71 17, 23 f.
- Heilmittel Verordnung 71 24
- Hilfen zur Gesundheit Sozialamt 71 13
- Hilfsmittel 71 17, 25 ff.
- Hinderung am Studium 110 5
- Informationen 71 66
- Krankengeld 71 11
- Krankenhaus 71 37
- Krankheit bei Bürgergeldbezug 71 1 ff.
- Medikamente 71 17
- orthopädische Schuhe 71 50
- PKV Selbstbeteiligung 71 61
- Praxisgebühr 71 16
- therapeutische Geräte und Ausrüstung 71 51
- Verbandmittel 71 17
- Zahnersatz 71 48 f.
- Zugang zu Kassenleistungen 71 14 ff.
- Zuzahlung 71 52 ff.

Krankheit bei Bürgergeldbezug 71 1 ff.
- Anzeigepflicht 71 2
- Arbeitslosenstatistik 71 8
- Arbeitsunfähigkeit 71 9 f.
- Arbeitsunfähigkeitsbescheinigung 71 3 ff.
- Eingliederungsvereinbarung-Kooperationsplan 71 4
- Krankengeldanspruch 71 11

- medizinischer Dienst 71 7
- Mehrbedarf für Arzneimittel 71 18
- Mitwirkungspflichten 71 6
- Potentialanalyse und Kooperationsplan 71 5

Krankheit bei Sozialamtsleistungen
- einmaliger Mehrbedarf 71 20
- Mehrbedarf Arzneimittel 71 19

Kundenzufriedenheitsumfragen
- „von Unten" 113 2 f.

Künstler*innen 104 42

Kur 72 1 ff.
- ambulant oder stationär 72 4
- Antragstellung 72 17
- bei Bürgergeldbezug 72 6 f.
- bei Leistungen Sozialamt 72 8 ff.
- Bürgergeldbezug Regelsatzabzug 72 7
- Dauer, Abstand 72 3
- Haushaltshilfe 72 16
- Informationen und Beratung 72 20
- med. Rehabilitation 72 1 ff.
- Mutter-Vater-Kind-Kur 72 2
- Privatversicherte 72 18
- Sozialamt KdU 72 11
- Sozialamt Regelsatzkürzung 72 10
- Zuständigkeiten Kostenträger 72 1
- Zuzahlung Belastungsgrenze 72 13
- Zuzahlungen 72 12 ff.
- Zuzahlungen DRV 72 14 f.

Landes-IFG 120 7
Landesinformationsfreiheitsgesetze 120 9
Langzeitarbeitslose
- Coaching 10 82
- Eingliederung 10 82
- Teilhabe am Arbeitsleben 10 96 ff.
- Teilhabe am Arbeitsmarkt 9 63
- Zuschüsse Arbeitgeber 10 82

Laufender unabweisbarer Bedarf 52 1 ff.
Lebensgemeinschaft 36 1 ff.
Lebensmittelgutscheine 94 1
Lebenspartnerschaftsähnliche Gemeinschaft 36 1 ff.
Lebensunterhaltssicherung als Erteilungsvoraussetzung 81 51
Lebensversicherung 119 36
- Bürgergeld (für die Altersvorsorge bestimmt) 73 4 ff.
- Bürgergeld (nicht für die Altersvorsorge bestimmt/gekündigt) 73 3

1007

Stichwortverzeichnis

- Bürgergeld (Riester) **73** 1
- Rückkaufswert **73** 12 ff.
- Rückkaufswert (Bürgergeld) **73** 13
- Rückkaufswert (Zweitmarkt) **73** 14
- Sozialhilfe **73** 7 ff.
- Sozialhilfe (Schutz) **73** 8 ff.

Legasthenie **27** 43

Leiharbeit
- unzumutbar **10** 45
- Zumutbarkeit **10** 44

Leistungen
- Wegfall der Hilfebedürftigkeit **10** 90

Leistungen zur Eingliederung **18** 9 ff.
- Teilhabe am Arbeitsleben **18** 11

Leistungen zur Teilhabe
- Mehrbedarf **18** 12 ff.

Leistungen zur Teilhabe am Arbeitsleben **124** 77 ff.
- Rehabilitationsträger **124** 79 ff.
- Weiterbildung **124** 83 ff.

Leistungsentziehung
- fehlende Mitwirkung **79** 22

Leistungsklage **64** 5

Leistungsminderung **35** 85
- außergewöhnliche Härte **35** 88
- Bewerbung **26** 22
- wichtiger Grund **35** 86 ff.

Lernförderung **27** 5, 18 f.
- besonderer Antrag **27** 27

Lernmittelfreiheit **27** 14
- Eigenanteil **27** 35

Lohn
- sittenwidrig **10** 33, 35 ff.

Lohnzuschuss
- Dauer **10** 122
- Höhe **10** 122
- junge Menschen **10** 123
- Kritik **10** 125
- Menschen mit Behinderung **10** 124

Löschanspruch **32** 42

Maklergebühren **129** 4 f.
- Bestellprinzip **129** 5

Medizinische Daten
- Datenschutz **32** 30

Medizinische Gutachten **2** 11

Medizinische Rehabilitation
- Kur **72** 1 ff.

Mehrbedarf **74** 1 ff.
- Begrenzung **74** 5
- bei Gehbehinderung **1** 8
- für Alleinerziehende **3** 15 ff.
- Schwangerschaft **101** 1

Meistbegünstigtengrundsatz **7** 34

Meldepflicht an Ausländerbehörde **81** 135 ff.

Mensch(en)rechte
- verteidigen **123** 1

Merkzeichen RF
- Rundfunkbeitragsermäßigung **93** 4

Miete **75** 1 ff.
- Änderung des Baujahrs bei Modernisierungen **75** 116
- Angemessenheit der Miete **75** 15 ff.
- Angemessenheit der Miete Bestimmung nach Bedarfsgemeinschaft **75** 17
- Angemessenheit der Miete nach Mitgliederzahl der Bedarfsgemeinschaft **75** 77
- Anspruch auf Übernahme tatsächlicher Unterkunftskosten **75** 3 f.
- Antragsgrundsatz **75** 142
- behördliche Anerkennung Erforderlichkeit des Umzugs **75** 156
- Bürgergeldgesetz **75** 26 ff.
- Corona-Sonderregeln, Angemessenheitsfiktion bei Umzug **75** 25
- Corona-Sonderregeln Angemessenheitsfiktion Dauer **75** 22 f.
- Corona-Sonderregeln, Angemessenheitsfiktion und Kostensenkungsaufforderung **75** 24
- Corona-Sonderregeln Geltungszeitraum **75** 21
- Corona-Sonderregeln und Angemessenheitsfiktion der Unterkunftskosten **75** 20 ff.
- Direktzahlung an Vermieter*in **75** 143 f.
- Doppelmieten wegen Renovierung **75** 133
- doppelte Mietzahlung **129** 6 ff.
- Eigenheim **75** 14
- Einstellung der Mietzahlung durch Behörde **75** 135 f.
- Ermittlung der angemessenen Miete **75** 66 ff.
- Ermittlung des angemessenen Quadratmeterpreises **75** 68 ff.
- Garage und Stellplatz **75** 8

Stichwortverzeichnis

- Genossenschaftsanteile im SGB II 75 154
- Gesamtangemessenheitsgrenze 75 18
- Gesamtangemessenheitsgrenze im Bürgergeld 75 104 f.
- Gesamtangemessenheitsgrenze im SGB XII 75 106
- Gesamtangemessenheitsgrenze mit Heizkosten 75 104 ff.
- Heizkostenkomponente im Wohngeld 75 61
- Kappungsgrenze bei nicht erforderlichem Umzug 75 155
- Kappungsgrenze bei nicht erforderlichem Umzug Ausschluss bei anderem Vergleichsraum 75 161
- Kappungsgrenze bei nicht erforderlichem Umzug Einschränkung 75 158
- Kappungsgrenze bei nicht erforderlichem Umzug Vergleichsraum 75 161
- Kappungsgrenze bei nicht erforderlichem Umzug Wegfall 75 157
- Karenzzeit 75 26 ff.
- Karenzzeit Angemessenheitsfiktion 75 27
- Karenzzeit Anrechnung Dauer SGB II auf SGB XII 75 34
- Karenzzeit Ausschluss 75 31
- Karenzzeit Dauer 75 29
- Karenzzeit Ein- und Austritt von Personen in Bedarfsgemeinschaften 75 40 f.
- Karenzzeit Geburt eines Kindes 75 40 f.
- Karenzzeit Grundsicherung im Alter und bei Erwerbsminderung 75 42
- Karenzzeit Neubeginn 75 34
- Karenzzeit und Heizkosten 75 33
- Karenzzeit und Kostensenkungsaufforderung 75 32, 39
- Karenzzeit und Reparaturkosten Wohneigentum 75 38
- Karenzzeit und Umzug 75 35 ff.
- Karenzzeit und Weiterbewilligung 75 30
- Karenzzeit Verlängerung 75 34
- Karenzzeit Wirkung 75 27
- Kaution im SGB II 75 154
- Kaution im SGB XII 75 149
- Kenntnisgrundsatz 75 142
- Klimakomponente im Wohngeld 75 61 f.
- kommunale Satzungen Bürgergeld 75 92 ff.
- kommunale Satzungen für Unterkunftskosten 75 91 ff.
- kommunale Satzungen Sozialhilfe und Grundsicherung 75 101
- Kondulenzkarenz 75 11
- Kopfanteilsmethode 75 12
- Kostensenkungsaufforderung bei Mieterhöhung wegen Modernisierung 75 134
- Kostensenkungsaufforderung bei unwirtschaftlichem Umzug 75 120 f.
- Kostensenkungsaufforderung durch Behörde 75 124 f.
- Kostensenkungsverfahren 75 123 ff.
- lange Kündigungsfristen und Umzug 75 130 ff.
- Menschen mit Behinderung 75 5
- Mieterhöhung oberhalb des Mietspiegels 75 112 f.
- Mieterschutzbundbeiträge 75 145 f.
- Miethöhe angemessene 75 52 ff.
- Mietminderung wegen Mängel 75 114
- Mietobergrenze Ermittlung bei benachbarten Orten 75 64
- Mietpreisbremse 75 109
- Mietpreisspiegel 75 56
- Mietpreisüberhöhung 75 108
- Mietspiegel örtlicher 75 53 ff.
- Mietwucher 75 110
- Pauschalierung der Unterkunftskosten 75 102 f.
- Produktmethode Berechnungsbeispiel 75 78, 80
- Produkttheorie 75 15
- Produkttheorie bzw. Produktmethode 75 67
- Quadratmeterpreis angemessener 75 16
- schlüssiges Konzept Clusteranalyse 75 74
- schlüssiges Konzept Fälle fehlerhafter 75 70 f.
- schlüssiges Konzept für angemessene Miete 75 69 ff.
- schlüssiges Konzept Nebenkosten 75 73
- schlüssiges Konzept Vergleichsraum 75 71
- schlüssiges Konzept Voraussetzungen 75 73
- Selbstzahlung von Differenz zwischen angemessener und unangemessenere Miete 75 137 f.
- Senkung der Mietzahlung durch Behörde 75 137 f.

Stichwortverzeichnis

- Senkung der Unterkunftskosten 75 122 ff.
- Senkungsmöglichkeiten einer unangemessenen Miete 75 107 ff.
- Sozialschutz-Pakete 75 20
- tatsächliche Aufwendungen für Unterkunft Anspruch auf Übernahme 75 10
- tatsächliche Aufwendungen für Unterkunft Definition 75 9
- Tod eines Mitglieds der Bedarfs- oder Haushaltsgemeinschaft 75 11
- Umzug 75 147 ff.
- Umzug im SGB II 75 154
- Umzug im SGB XII 75 148
- Umzug nicht erforderlicher 75 155
- Umzug und Karenzzeit 75 154
- Umzugskosten im SGB II 75 154
- Umzugskosten im SGB XII 75 149
- Unterkunft Arten 75 6
- Unterkunft Definition 75 6
- Unterkunft Leistungen für 75 6
- Untervermietung 75 13, 117
- Verfügbarkeit von Wohnung als Maßstab für Mietobergrenzen 75 82 ff.
- Verhältnis Bürgergeld und Wohngeld 75 63
- Verhältnis Sozialhilfe und Wohngeld 75 63
- Wohnbedarf in Wohngemeinschaft 75 51
- Wohneigentum 75 14
- Wohnflächenmehrbedarf 75 47 f.
- Wohnflächen-Mehrbedarf Satzung 75 48
- Wohngeld-Plus-Gesetz 75 61
- Wohngeldtabelle als Mietobergrenze 75 57 ff.
- Wohngeldtabelle CO_2-Komponente und Heizkosten 75 60
- Wohnstandard und Quadratmeterpreis 75 52 ff.
- Wohnungsbeschaffungskosten im SGB II 75 154
- Wohnungsbeschaffungskosten im SGB XII 75 149
- Wohnungsgröße Alleinerziehender 75 47
- Wohnungsgröße angemessene 75 16, 44 ff.
- Wohnungsgröße Behinderung und chronischer Krankheit 75 47
- Wohnungsgröße nach Länderverordnungen 75 47

- Wohnungsgröße Pflegebedürftigkeit 75 47
- Wohnungsgröße Umgangsrecht 75 47
- Wohnungssuchbemühungen 75 128
- Wohnungssuchprotokoll 75 85, 128
- Wohnungswechsel 75 118
- Zuständige Behörde für Mietobergrenzen 75 89

Mieter
- Mietervereinbeitrag 75 146

Mietkaution 129 12 f.

Mietnebenkosten 76 1 ff.
- Abrechnungs- bzw. Ausschlussfrist für Vermieter*in 76 39
- Angemessenheit 76 4 ff.
- Angemessenheit Bruttokaltmiete 76 6
- Angemessenheit Bruttowarmmiete 76 24
- Angemessenheit kommunale Satzung 76 24
- Angemessenheit Maßstab 76 6
- Betriebskosten 76 1
- Betriebskostenspiegel 76 4, 20
- Betriebskostenspiegel und Angemessenheit 76 22
- Betriebskostenverordnung 76 1
- Bürgergeldgesetz 76 14 ff.
- Corona-Sonderregeln, Angemessenheitsfiktion bei Umzug 76 13
- Corona-Sonderregeln und Angemessenheitsfiktion der Unterkunftskosten 76 10 ff.
- einmalige Bevorratungskosten Öl, Gas, Pellets, Holz, Kohle etc 76 34
- Einschaltung Mieterverein 76 8
- Energiehilfekampagne Informationsquellen 76 9
- Gesamtangemessenheitsgrenze 76 24
- Guthaben 76 28, 40 ff.
- Guthaben aus Haushaltsenergie 76 41
- Guthaben aus nicht anerkannten Aufwendungen für Unterkunfts- oder Heizkosten 76 41
- Heizkosten 76 3
- Instandhaltungs- und Instandsetzungskosten 76 3
- Karenzzeit 76 14
- Karenzzeit Angemessenheitsfiktion 76 14
- Karenzzeit Dauer 76 15
- Karenzzeit Neubeginn 76 17

- Karenzzeit und Kostensenkungsverfahren 76 16
- Karenzzeit und Umzug 76 18 f.
- Karenzzeit Verlängerung 76 17
- Karenzzeit Wirkung 76 14
- Mietobergrenze (MOG) 76 20
- Nachzahlung 76 28 ff.
- Nachzahlung für ehemalige Wohnung 76 31 ff.
- Nachzahlung nach Ende des Leistungsbezugs 76 34
- Nebenkosten Arten 76 2
- rückwirkende Übernahme von Heizkosten beim Bürgergeld 76 36
- SGB II-Leistungen und Wohngeld 76 35
- SGB II-Leistungen und Kinderzuschlag 76 35
- Sozialschutz-Pakete 76 10
- Stromkosten 76 3
- Übernahme durch Behörde 76 5, 7 ff.
- Verwaltungskosten 76 3
- Warmwasserkosten 76 3
- Wasserkosten 76 25
- Wasserkosten Abschlag 76 27
- Wasserkosten Angemessenheit 76 25 ff.

Mietschulden
- Anspruch auf Übernahme 77 29 ff.
- Aufrechnung Darlehen Bürgergeld 77 45
- Aufrechnung Darlehen Sozialhilfe 77 43 f.
- Auszubildende 14 32, 110 31
- Direktzahlung an Vermieter 77 46 f.
- Einsatz von Schönvermögen 77 22 ff.
- Fehler der Behörde 77 48
- fristlose Kündigung 77 2 f.
- gerichtliches Eilverfahren 77 32 ff.
- gerichtliches Verfahren bei Räumungsklage 77 13 ff.
- Haftung der Behörde 77 50
- Kündigung Sonderregeln Coronapandemie 77 4 ff.
- Notwendigkeit der Übernahme 77 27 f.
- Räumungsklage Versäumnisurteil 77 15
- Räumungskosten 77 49
- Schüler*innen 14 32
- Studierende 14 32, 110 31
- Übernahme als Beihilfe 77 39 ff.
- Übernahme als Darlehen 77 39 ff.
- Übernahme durch Behörde 77 17 ff.
- Übernahmevoraussetzungen 77 25 ff.
- Unwirksamwerden fristloser Kündigung 77 10 ff.

Mietvertrag
- Zusicherung 129 9
- Zustimmung 129 9

Minderjährige
- Darlehensforderungen 78 1 ff.
- Erstattungsforderungen 78 1 ff.
- Geburtstag 78 2
- Geschenke 78 2
- Haftung 78 3
- Rückforderungen 78 1 ff.
- Überzahlungen 78 2

Minderjährigenhaftung
- ab 15.000 EUR Vermögen 78 5
- beschränkt auf vorhandenes Vermögen 78 4

Minderjährigenhaftungsbeschränkung 78 1 ff., 92 45 ff.

Minderjährigenschutz
- bei Darlehen 30 7 ff.

Minderungen 95 1 ff.

Mindestelterngeld
- Pfändung 85 18

Mindestlohn
- Ausnahmen 10 40
- Höhe 10 31

Minijob 10 41

Mittagessen 60 22

Mittagsverpflegung 27 4, 20, 60 22

Mitteilung von Änderungen
- als Mitwirkungspflicht 79 4

Mitwirkung 79 1 ff.
- Auskunft über Dritte 79 19
- Auskunftsermächtigung 79 17 f.
- Beantragung anderer Sozialleistungen 79 15
- Beantragung vorzeitiger Altersrente 79 16
- Entzug von Leistungen 79 22 ff., 30 ff.
- Folgen fehlender Mitwirkung 79 22 ff.
- Grenzen der 6 5
- Kostenerstattung 79 33
- Nachholen der Mitwirkung 79 27 f.
- Nachholung 104 31
- Versagung von Leistungen 79 22 ff., 30 ff.

Mitwirkungspflichten 79 1 ff.
- Beratung 79 10

1011

Stichwortverzeichnis

– Grenzen der Mitwirkung 79 11 f.
– Kontoauszüge 66 38 ff.
Möbellager 94 18
Mündliche Verhandlung 64 16, 20
Musikinstrument 27 22 f.
– Leihgebühren 52 20
Musikunterricht 27 21
Mutter-Kind-Stiftung 101 36 f.
Mutterpass
– Datenschutz 101 5
Mutterschaftsgeld
– (Un-)Pfändbarkeit 85 6
– Anrechnung als Einkommen 37 33
Mutwilligkeit
– keine, bei Prozesskostenhilfe 87 10

Nachhilfe 27 5, 18 f.
Negative Feststellungsklage 85 25
Nicht verwertbares Vermögen 30 35
Nichterwerbsfähige 105 1 ff.
Nichtleistungsbeziehende
– Erstausstattungsbedarfe 40 16
Nichtverlängerung des Aufenthaltstitels 81 51 ff.
Norminterpretierende Verwaltungsvorschrift
– sind bindend 120 16
Notenverbesserung, Prüfung zur 110 8
Nothelfer 82 1 ff.
– Eilfall 82 5
Notwendige Ausgaben
– Einkommensbereinigung 38 20

Obdachlose 130 1 ff.
Observation
– durch Sozialbehörden 53 37
Öffentlichen oder privaten Versicherungen
– Einkommensbereinigung 38 6
Öffentlich-rechtlicher Vertrag 83 1 ff.
– Anpassung 83 11
– Eingriff in Rechte Dritter 83 8
– Kooperationsplan als nicht rechtverbindliche Vereinbarung 83 3
– Kooperationsvertrag 83 4
– Schriftformerfordernis 83 7
– Vertragsgrundlagen 83 6
– Voraussetzungen 83 1
Ombudsverfahren
– Jobcenter 97 8
Onlinebewerbung 26 9

Orthopädische Schuhe 40 34
– Auszubildende 110 14
– Studierende 110 14
– Zuzahlung und Eigenanteil 71 50
Ortsabwesenheit
– Aufenthalt außerhalb des zeit- und ortsnahen Bereichs 84 4 ff., 11
– Bürgergeld, anwendbares Recht 1.1.2023 bis 30.6.2023 84 3
– Bürgergeld, anwendbares Recht ab 1.7.2023 84 1, 3
– Bürgergeld, anwendbares Recht bis 30.6.2023 84 1
– Folgen bei unerlaubter Abwesenheit 84 15 ff.
– HzL, GSi 84 1
– Leistungsminderungen 84 23 ff.
– Meldung 84 13
– Sanktionen 84 23 ff.
– Schüler*innen 100 36
– verpflichtete Personen 84 12
– Zustimmung 84 13
– Zustimmung mit wichtigem Grund 84 9 f.
– Zustimmung ohne wichtigen Grund 84 7 f.
Ortswechsel
– Weiterleistungspflicht 7 83

Partner*in 36 1 ff.
Passbeschaffungskosten 52 77 ff.
Passkosten 81 142 f.
Pauschalbeträge
– Erstausstattung 56 18
PayPal 66 51
PC
– keine Erstausstattung 56 16
Personalausweis
– bei Antragstellung 67 21
Personalausweisgebühren
– Befreiung 67 22 ff.
Personalkosten 104 20
Personalrat 9 54
– Mitbestimmung 9 56
Personenbezogene Daten 13 7
Persönlicher Ansprechpartner 20 37
Persönliches Erscheinen
– als Mitwirkungspflicht 79 6
Petitionsausschüsse 123 10

Stichwortverzeichnis

Petitionsrecht 23 1 f.
Pfändung
- Arbeitseinkommen 85 10 ff.
- Bedarfsberechnung 85 19
- Einkommensberechnung 85 26 f.
- gegen Jobcenter 41 43
- Pfändungsfreigrenzen 85 12 ff.
- Sozialleistung 85 2 ff.
Pfändungsfreigrenzen 85 12 ff.
- Erhöhung 85 19 ff.
Pfändungsschutzkonto 85 30 ff.
- Aufrechnung 85 32
- Basiskonto 66 12 ff., 85 36
- Bescheinigung 85 42 ff.
- Erhöhung Freibetrag 85 41 ff.
- Freibetrag 85 39 ff.
- Gebühren 85 48
- Gemeinschaftskonto 85 34
- Nachzahlung 85 44, 47
- persönliche Bedürfnisse 85 44
- Rechtsanspruch 85 35
- Rückwirkung 85 37
- Übertrag 85 46
- Verrechnung 85 32
Pfändungstabelle 85 12 ff.
- unerlaubte Handlung 85 15
- Unterhaltsgläubiger 85 15
Pflege 1 18
Pflegebedürftige 1 18, 86 1 ff.
- Anspruch auf Bürgergeld 86 1
- Haushaltshilfe 55 23
- im Haushalt SGB XII 54 44
Pflegegeld
- (Un-)Pfändbarkeit 85 6 f.
- kein anrechnungsfähiges Einkommen 37 50
- Pfändungsschutzkonto 85 41
Pflegekinder
- Aufwendungsersatz und Erziehungsbeitrag als Einkommen 37 39 f.
Pflegeversicherung 86 2 ff.
- bei Leistungen vom Sozialamt 86 3
- Beitrag 86 2 ff.
- Beitragshöhe 86 4
- Informationen und Beratung 86 10
- Pflegegeld 86 6
- Pflegegeld bei Sozialleistungsbezug 86 8 f.
- Pflegegrad 86 5 f.
- RV-Beitrag 86 7

Pflicht
- Anträge zu ergänzen 80 1
- zur Beantragung vorrangiger Leistungen 37 12
Pflichtbeiträge zur Sozialversicherung
- Einkommensbereinigung 38 5
Pflichtteilsanspruch 43 33
Pflichtteilsverzicht 43 37
Postnachsendeantrag 112 17
Private Arbeitsvermittlung
- Kritik 10 110
Private Krankenversicherung (PKV) 70 22 ff.
Promotion 110 7
Prozesskostenhilfe 87 1 ff.
- Absatzbeträge 87 6
- Anforderungen für Eilverfahren 87 9
- Anforderungen für Klageverfahren 87 8
- Aufhebung der Bewilligung 87 15 ff.
- Einkommensberechnung 87 6
- Einkommensverhältnisse 87 5 ff.
- Erfolgsaussichten 87 2, 4
- hinreichende Erfolgsaussicht 87 8
- isolierter PKH-Antrag 87 11
- kein Anwaltszwang 87 3
- keine anderweitige Vertretungsmöglichkeit 87 12
- keine Mutwilligkeit 87 10
- nachträgliche Änderung der PKH-Bewilligung 87 13 f.
- Vermögensgrenzen 87 5 ff.
- Vermögensverhältnisse 87 7
- Voraussetzungen 87 4
Prüfung zur Notenverbesserung 110 8
Prüfungssemester 110 21

Qualifikation 124 1

Räumung
- Abwendungsmöglichkeiten 88 4
- Berliner Räumung 88 18
- durch einstweilige Verfügung 88 3
- Ersatzunterkunft 88 13
- fristlose Kündigung 88 2
- gerichtliche Räumungsfrist 88 5
- Härtefall 88 7
- Karenzzeit 88 11
- Kosten 88 15 ff.
- Lagerkosten 88 16

1013

Stichwortverzeichnis

- nicht verwertbare persönliche Sachen, Herausgabeanspruch 88 16
- Räumungsklage 88 1
- Übernahme Mietschulden 88 1
- Vereinbarung mit Vermieter*in 88 8
- Vermieterpfandrecht 88 16
- Verwertung von Sachen 88 16
- Vollstreckungsschutz 88 6
- wegen Sicherungsanordnung 88 3
- Wohnungsvermittlung 88 14
- zumutbare Ersatzwohnung 88 10 ff.

Rechtliches Gehör 2 2

Rechtsanspruch
- Konto 66 1 ff.

Rechtsdienstleistungsgesetz 20 53 ff.

Rechtskreiswechsel 81 13

Rechtsschutz
- Basiskonto 66 20 ff.

Rechtsverfolgungskosten
- Widerspruch 67 1 ff.

Regelaltersrente 4 3 ff.

Regelbedarf
- Anteil für Bildung 89 31
- Anteil für Ernährung 89 17 ff.
- Anteil für Mobilität 89 28
- Anteil für Strom 89 24 f.
- Ausgabenpositionen 89 12 ff.
- Basisfortschreibung 89 61 f.
- Bezugsgruppe 89 40 ff.
- ergänzende Fortschreibung 89 61 f.
- EVS-Abteilungen 89 12 ff.
- Festsetzung 89 9 ff., 57
- Fortschreibung 89 58 ff.
- individuelle Erhöhung 89 65 ff.
- individuelle Senkung 89 68 ff.
- Mangelernährung 89 21 f., 54 f.
- Menschen mit Behinderung 89 4 ff.
- Regelsatzsenkung direkt und indirekt 89 78

Regelbedarfserhöhung
- abweichende Festsetzung des Regelbedarfs 1 2
- Haushaltshilfe 1 2
- Hygienebedarf 1 2

Regelbedarfsstufe 89 3 ff.

Regelsatz
- digitale Endgeräte 52 21 f.

Regress
- Unterhaltsvorschuss 116 5, 10

Renovierung
- Allgemeine Geschäftsbedingungen, AGB 90 2 f.
- Auszugsrenovierung 90 27
- Doppelmiete 90 38
- Einzugsrenovierung 90 24 ff.
- Einzugsrenovierung Angemessenheit der Kosten 90 26
- Höhe zu übernehmender Renovierungskosten 90 39
- Individualvereinbarung 90 31 ff.
- individuelle Vereinbarung 90 4
- Instandhaltung, Kleinreparatur 90 9 ff.
- Instandhaltung, Kleinreparatur, Regelbedarf 90 10
- Instandhaltung, Kleinreparaturen 90 1
- Kleinreparaturklausel im Mietvertrag 90 10 ff.
- kurze Verjährung für Vermieter 90 30
- Quotenklausel 90 28
- Schadensersatz gegenüber Behörde 90 41 f.
- Schönheitsreparatur, Kostenersatz gegen Vermieter 90 29
- Schönheitsreparaturen 90 1
- Schönheitsreparaturen, Antrag auf Kostenübernahme 90 7 f.
- Schönheitsreparaturen, Definition 90 5
- Schönheitsreparaturen, Kosten der Unterkunft 90 5 ff.
- Schönheitsreparaturen Kostenübernahme durch Behörde 90 22 f.
- Schönheitsreparaturklauseln, Grundsätze der Rechtsprechung 90 18 ff.
- Schönheitsreparaturklauseln, Wirksamkeitsvoraussetzungen 90 16 ff.
- Selbsthilfe 90 40
- Zuständige Behörde 90 37

Renovierungskosten 129 14

Renten (Entschädigung)
- kein anrechnungsfähiges Einkommen 37 31

Rentenerhöhung aufgrund Kindererziehungsleistung
- kein anrechnungsfähiges Einkommen 37 35

Rentenversicherung 91 1 ff., 119 36
- 520-Euro-Minijob Höhe der Rentenbeiträge 91 15
- 520-Euro-Minijob Rentenversicherungspflicht 91 12 f.

1014

Stichwortverzeichnis

- 520-Euro-Minijob und Grundrente 91 16
- allgemeine Wartezeit 91 27 f.
- Altersrente vorzeitige Inanspruchnahme 91 20
- Anrechnungszeiten 91 3 ff.
- Arbeitslosigkeit als Anrechnungszeit 91 23
- Beitragszeiten 91 2
- Beratungsstellen und Informationsquellen 91 68
- berufliche Rehabilitation 91 46 ff.
- Bürgergeld 91 1 ff.
- Bürgergeldbezug als Anrechnungszeit 91 3
- Coronapandemie 91 65 ff.
- Erwerb von Beitragszeiten 91 6
- Erwerbsminderungsrente 91 26 ff.
- Erwerbsminderungsrente Antrag 91 31
- Erwerbsminderungsrente Hinzuverdienstgrenze 91 30
- Erwerbsminderungsrente Voraussetzungen 91 27 ff.
- Erwerbsminderungsrente – Streit zwischen Behörden über Erwerbsfähigkeit 91 32 ff.
- Erwerbsminderungsrente – Verhältnis Rentenverfahren zu Bürgergeld 91 32 ff.
- Erziehungsrente 91 50 ff.
- Grundrente 91 53 ff.
- Grundrente Höhe 91 57 ff.
- Grundrente – Einkommensanrechnung 91 61
- Grundrente – Einkommensfreibeträge 91 61
- Grundrente – Verhältnis zu Bürgergeld 91 63
- Grundrente – Verhältnis zu Sozialhilfe und Grundsicherung 91 63
- Grundrente – Verhältnis zu Wohngeld 91 63
- Grundrentenzeiten 91 56
- Grundsicherung im Alter und bei Erwerbsminderung 91 25
- Hinzuverdienstgrenze vorgezogener Altersrente 91 21
- medizinische Rehabilitation 91 41 ff.
- Minijob 91 7 ff.
- Minijob in Privathaushalten 91 9
- Minijob und Sozialversicherung 91 10 ff.
- Minijob-Zentrale 91 18

- Reha vor Rente 91 39
- Rehabilitation bzw. Leistungen zur Teilhabe 91 39 ff.
- Sozialhilfe 91 24
- Übergang Bürgergeld in Rente 91 22
- Unbilligkeitsverordnung 91 20
- Verkürzung allgemeine Wartezeit 91 28
- von Rentenversicherung befreite Bürgergeld-Beziehende 91 19
- Zwangsverrentung 91 20

Rentenversicherungsbeiträge 104 35

Rentenversicheurng
- 520-Euro-Minijob Befreiung von Rentenversicherungspflicht 91 14

Restschuldbefreiung 99 22 ff.
- Forderungen von Behörden 99 24
- Geldstrafen 99 24
- Pflichten 99 23
- Sozialleistungsbezug 99 23

Restschuldversicherung 99 11

Riesterrente 119 38

Rückforderung 92 1 ff.
- anfänglich unrichtiger Bescheid 92 4 ff., 14 ff.
- anfänglich unrichtiger Bescheid (Bekanntgabe des Rückforderungsbescheids) 92 29
- anfänglich unrichtiger Bescheid (Bestimmtheit des Rückforderungsbescheids) 92 28
- anfänglich unrichtiger Bescheid (Falschangaben) 92 15 f.
- anfänglich unrichtiger Bescheid (Jahresfrist) 92 18 f.
- anfänglich unrichtiger Bescheid (Nichtmitteilung einer Veränderung) 92 17 f.
- anfänglich unrichtiger Bescheid (Umdeutung) 92 31 f.
- anfänglich unrichtiger Bescheid (Vertrauensschutz) 92 25 ff.
- Anhörung 92 38
- Aufhebung, Erstattung, Aufrechnung 92 37
- Aufhebung und Erstattung 92 34 ff.
- Bagatellgrenze 92 33
- Erzielung von Einkommen/Vermögen 92 11
- für die Vergangenheit 92 8
- für die Zukunft 92 7

1015

Stichwortverzeichnis

- Minderjährigenhaftungsbeschränkung 92 45 ff.
- nachträglich unrichtiger Bescheid 92 7 ff.
- Verfahren 92 13 ff.
- Verjährung 118 7
- wesentliche Änderung der Verhältnisse 92 7 ff.
- Widerspruch 92 40 ff.

Rückforderung bei Tod des*r Leistungsberechtigten 92 111 f.

Rundfunkbeitrag 93 1 ff.
- Antrag auf Befreiung 93 8
- Befreiung 93 2 f.
- Befreiungswirkung bei Mitbewohnern 93 5
- Ermäßigung 93 4
- Härtefallbefreiung 93 6 f.
- rückwirkende Befreiung 93 10

Rundfunkgebühr 93 1

Rüruprente 119 38

Sachanschaffungen 104 17

Sachleistungen 94 1 ff.
- bei Mittellosigkeit 94 5 ff.
- Datenschutzverstoß 94 6
- Geldleistungen Vorrang 94 11 ff.
- Kleiderkammer 94 18
- Möbellager 94 18
- nicht bestimmungsgemäße Verwendung 94 10 ff.
- sich wehren 94 19
- unabweisbarer Bedarf 40 26, 94 14
- Vorrang von Geldleistungen 94 1

Sachvermögen 119 32

Sanktionen 95 1 ff.
- Anrechnung Einkommen 95 27 f.
- Arbeitslosengeld I 95 20
- außergewöhnliche Härte 95 54
- bei Verstoß gegen den Kooperationsplans/die Eingliederungsvereinbarung 95 4 ff.
- Belehrung und Anhörung 95 41 ff.
- Beweislast 95 51
- Bewerbungen 26 21
- Dauer und Höhe 95 25 ff., 29 ff.
- Formalien 95 40 ff.
- Herbeiführen der Hilfebedürftigkeit 95 12 ff.
- Kooperationsplan 95 4
- Kumulation 95 31 ff.
- Meldeversäumnis 95 21 ff.
- Mitwirkung 95 26
- Mitwirkungspflicht 95 55
- Rückwirkungsverbot 95 2
- Sozialhilfe 95 38 f.
- und Aufrechnung 95 36 f.
- Unterkunfts- und Heizungskosten 95 27 f.
- unwirtschaftliches Verhalten 95 12 ff.
- Verwirkung 95 31 ff.
- Vorsatz 95 13 f.
- wichtiger Grund 95 49 ff.
- Widerspruch 11 14

Sanktionsmoratorium 95 2

Schadensersatz
- durch Behörde 80 8
- kein bei Eingliederungsmaßnahmen 35 17

Schenker*in 96 4 ff.

Schenkung 96 1 ff.
- Rückabwicklung bei Verarmung 96 4
- Scheindarlehen 96 1
- Scheingeschäft 96 1
- Verzicht auf Forderung 96 1

Schenkungsrückforderung 119 67

Schlichtungsverfahren 35 75
- Dauer 97 6
- Ende 97 7
- Geldkürzung 97 5
- Jobcenter 97 3
- Kooperationsplan 97 2
- Leistungsminderung 97 4 ff.
- Sanktion 97 4

Schmerzensgeld 98 1 ff., 119 49
- anrechnungsfreie Einnahme 98 1
- Ansparung 98 3
- Einmalzahlung 98 3
- geschütztes Vermögen 98 2
- Zinsen 98 3

Schnelle Bearbeitung von Anträgen 7 71

Schönheitsreparaturen 90 5 ff.

Schriftformerfordernis
- bei öffentlich-rechtlichem Vertrag 83 7

Schufa
- Konto 66 8

Schularbeitenhilfe 27 43

Schulausflüge 27 7 ff., 60 23

Schulbedarf 60 12 ff.
- Tablet 60 14 f.

1016

Stichwortverzeichnis

Schulbedarfspauschale 27 12
Schulbücher 27 14, 100 33
Schulcomputer
– Rechtsprechung 52 27 f.
Schulden 99 1 ff.
– Forderungen von Behörden 99 18, 24
– Insolvenzverfahren 99 22 ff.
– Nothilfe 99 12 ff.
– Schuldnerberatung 99 26 ff.
– Sozialleistungsbezug 99 3 ff., 9 ff.
– Unterhaltszahlung 99 10
– Vergleich 99 21
Schuldentilgung
– Einkommen 99 10
Schuldnerberatung 99 26 ff.
– berufliche Eingliederung 99 30
– Kosten 99 28
Schüler*innen 100 1 ff.
– Abschlussprüfung 110 9
– Arbeitsverpflichtung? 100 35
– besondere Härtefälle 14 25
– Bestattungskosten 14 31
– Bildung und Teilhabe 100 21
– Blindenhilfe 14 31
– Darlehen für Monat der Ausbildungsaufnahme 14 29
– Erkrankung 100 8
– Erwerbstätigkeit außerhalb der Schulferien 100 27
– Ferienjob 100 26
– Härtefalldarlehen 100 16
– Hilfe zur Pflege 14 31
– Hilfe zur Überwindung besonderer sozialer Schwierigkeiten 14 31
– Hilfe zur Weiterführung des Haushalts 14 31
– Mehrbedarfszuschläge 14 22 ff.
– Mietschulden 14 32 f.
– Ortsabwesenheit 100 36 f.
– Rückzahlung Härtefalldarlehen 14 28
– Schulbücher 100 33
– Schulferienjob 110 38
– Schulgeld 100 28
– Schwangerschaft 100 8
– über 45 Jahre alt 100 17
– Wohnraumsicherung 100 22
– Zeugnis 100 38
– Zeugnis(datum) 110 9
Schüleraustausch 27 8
Schülerbeförderung 27 37

Schülerbeförderungskosten 27 17
Schülereinkommen 47 34
Schülerferienjob
– Einkommensanrechnung 37 52 f.
Schulferien
– Erwerbstätigkeit in den 14 14, 100 26, 110 38
– Ortsabwesenheit 100 36 f.
Schulgeld 100 28
Schulkosten
– Darlehen 27 33
Schwangerschaft
– Datenschutz 101 5 ff.
– Erstausstattung bei Geburt 101 13 ff.
– Erstaustattungspauschalen 101 17 ff.
– Hinderung am Studium 110 5
– Krankenversicherung 101 29
– Mehrbedarf wegen 101 1 ff.
– Mutter-Kind-Stiftung 101 36 ff.
– Mutterpass 101 5
– rückwirkende Gewährung 101 4 ff.
– Schülerin 100 8
– Schwangerschaftsbekleidung 101 7 ff.
– wiederholter Schwangerschaftsbedarf 101 10 ff.
Schwangerschaftsabbruch
– Antrag auf Kostenübernahme 102 8
– Beratung/Information 102 10
– Beratungsstellen § 218 102 3
– Einkommensgrenzen bei Kostenübernahme 102 6
– Indikationen 102 2 f.
– Kostenübernahme bei geringem Einkommen 102 6 ff.
– Kostenübernahme bei sozialer Indikation 102 4
– Kostenübernahme bei Sozialleistungen 102 7
– Paragraf 218 102 1 ff.
– soziale Indikation 102 3
– Unterhaltspflicht 102 9
Schwangerschaftsbedarfe
– Auszubildende 101 25
– für Nichtleistungsbeziehende 101 24 ff.
Schwangerschaftserstattung
– Auszubildende 110 14
– Studierende 110 14
Schwangerschaftsmehrbedarf
– Auszubildende 110 13
– Studierende 110 13

1017

Stichwortverzeichnis

Schwarzarbeit 103 1 ff.
- Datenabgleich 103 6 f.
- Konsequenzen 103 2 ff.
- Kriminalisierung 103 3
- Schweigerecht 103 4
Schwärzung
- Kontoauszüge 66 44
Schweigepflichtentbindung 35 15
Schwerbehinderung
- Auszubildende 110 24
- Studierende 110 24
Selbstbeteiligung
- PKV 70 32
Selbstständige 104 1 ff.
- Bewilligungszeitraum 104 7
- Einkommen 104 5
- Einkommensermittlung 104 9
- Gewinnermittlung 104 6
- KdU 104 45
- Vermögen 104 44
Selbstständigenstatus 81 76
Selbstständigkeit 104 1 ff.
- Aufgabe 104 37
- Beendigung 104 37
- Geringfügigkeit 104 39
- Hobby 104 40
Semesterbeitrag 110 35, 43
Sicherstellung
- der weiten Auslegung sozialer Rechte 80 6
Sofortangebote 10 9
Sofortzuschlag für Kinder 62 4
Software 52 70
Sozialdaten 32 2 ff.
- Datenpool der BA 32 32 ff.
- Direkterhebungsgrundsatz 31 1
Sozialdatenschutz 6 1
Soziale Indikation
- Fristenlösung 102 3
Sozialgeheimnis 32 1 ff.
- Antragsformular bei Bürgergeld 32 5 ff.
- Geheimhaltungspflicht des Leistungsbezugs nach außen 32 21 ff.
Sozialgericht 64 3
Sozialhilfe
- Kenntnis der Notlage 7 57
Sozialleistung
- Pfändbarkeit 85 2 ff.

- Verjährung 118 2
- vorrangige, Mitwirkung 79 15 f.
Sozialpass 106 1 ff.
Sozialrechtliche Handlungsfähigkeit 25 14
Sozialrechtlicher Herstellungsanspruch 7 21 ff., 20 44
Sozialrechtsfähigkeit 7 9
Sozialticket 106 2 ff.
Sozialverbände 20 62
- Mitgliedsbeitrag, Einkommensbereinigung 38 21
Sozialversicherungsbeiträge
- Zuschüsse Arbeitgeber 10 83
Sperrmüll 112 17
Spontanberatung 7 24 ff., 20 19, 23, 80 7
Sprachkurs 124 74 ff.
Sprachmittlung 81 139 ff.
Stationäre Einrichtung 130 14 ff.
Stationärer Aufenthalt 130 14 ff.
Stellenangebot
- Prostitution 10 38
Sterbegeldversicherung 24 7 ff., 28
Sterbeversicherung 119 45
- Angemessenheit 119 46
Stiefeltern 16 17 ff.
Stiefelternunterhaltspflicht
- gesteigerte 54 33
- nicht gesteigert in der HzL 54 34
Stiftung „Mutter und Kind"
- Pfändungsschutzkonto 85 41
Stipendium
- Wohngeld 110 41
Strafgefangene 108 1 ff.
- Ansprüche der Angehörigen 108 6 ff.
- Kosten der Unterkunft 108 17 ff.
- Krankenversicherung 108 58 f.
- Taschengeld 108 15 ff.
Straftaten
- Anrechnung der Beute als Einkommen 37 27
Streitwert 64 27
Strom
- Anbieterwechsel 109 32
- Darlehen 109 20 ff.
- Direktüberweisung 109 50 ff.
- Energieschulden 109 39 ff.

Stichwortverzeichnis

- Guthaben 109 12 f.
- Kündigung 109 53
- Nachforderung 109 11
- Regelbedarf 109 1 ff.
- Schulden, Sperrung 109 14 ff.
- Sperre 109 23 ff.

Studienabbruch 110 17

Studienabschlusshilfe
- Wohngeld 110 41

Studienbeginn
- BAföG-Vorschuss 110 28
- Darlehen für Monat des 110 27
- Härtefalldarlehen 110 29

Studiengebühren 110 35

Studierende
- Abbruch des Studiums 110 17
- Abschluss der Ausbildung 110 21
- Abschlussprüfung 110 9
- Alleinerziehende 110 19
- Alleinerziehendenmehrbedarf 110 13
- Anspruch auf Bürgergeld 110 10 ff.
- ausbildungsgeprägter Bedarf 110 12
- Babypauschale 110 14
- BAföG-Antrag gestellt 110 11
- BAföG-Höhe 110 3
- BAföG-Rechtsstreit 110 26
- bei Eltern wohnende 110 11
- Beitrag freiwillige Krankenversicherung 110 35
- Bekleidungserstausstattung 110 14
- besondere Härtefälle 14 25, 110 15 ff.
- Bestattungskosten 14 31, 110 32
- Beurlaubung 110 4
- Blindenhilfe 14 31, 110 32
- Darlehen 110 15 ff.
- Darlehen für Monat der Ausbildungsaufnahme 14 29
- Eingliederungshilfe 110 32
- Einkommensanrechnung im SGB II 110 35 ff.
- Ende des Studiums 110 9
- Energieschulden 110 31
- Ernährungsmehrbedarf 110 13
- Examenssemester 110 21
- Freischuss(prüfung) 110 8
- Härtefalldarlehen 110 15 ff.
- Haushaltshilfe 110 32
- Hilfe in sonstigen Lebenslagen 110 32
- Hilfe zur Pflege 14 31, 110 32
- Hilfe zur Überwindung besonderer sozialer Schwierigkeiten 14 31

- Hilfe zur Überwindung sozialer Schwierigkeiten 110 32
- Hilfe zur Weiterführung des Haushalts 14 31
- Kind 110 33
- Krankenkostzulage 110 13
- Krankheit 110 5
- Leistungsausschluss 110 1 ff., 12
- Mehrbedarfszuschläge 14 22 ff., 110 13
- Mietschulden 14 32 f., 110 31
- minderjährig 27 3
- mit Kind unter drei Jahren 110 20
- nicht ausbildungsgeprägter Bedarf 110 12
- Notenverbesserung, Prüfung zur 110 8
- orthopädische Schuhe 110 14
- Prüfung zur Notenverbesserung 110 8
- Prüfungssemester 110 21
- Rückzahlung Härtefalldarlehen 14 28
- Rundfunkbeitragsbefreiung 93 3
- Schwangerschaft 110 5
- Schwangerschaftserstattung 110 14
- Schwangerschaftsmehrbedarf 110 13
- Schwerbehinderung 110 24
- Semesterbeitrag 110 35
- Studienbeginnmonatsdarlehen 110 27
- Studiengebühren 110 35
- Studiumsverlängerung 110 25
- Teilzeitstudium 110 6
- Überbrückung für bei Eltern wohnende 110 30
- unabweisbarer Mehrbedarf 110 13
- Urlaubssemester 110 4
- Wegfall der Finanzgrundlage 110 22
- Wohngeld 110 41 ff.
- Wohnraumsicherung 110 31
- Wohnung bei Eltern 110 11
- Wohnungserstausstattung 110 14

Stundung
- Unterhaltsvorschuss 116 10

Subsidiärer Schutz 81 13

Substitutionsbehandlung Fahrtkosten 52 20

Tariflohn
- sittenwidrig 10 36

Tarifwidrige Löhne
- Entschädigung 10 39

Taschengeld 89 72 ff.

1019

Stichwortverzeichnis

Teilhabe am Arbeitsleben
- als Mitwirkungspflicht 79 9
- Bemessungsgrundlage 10 98
- coaching 9 67
- Dauer 10 97
- Höhe 10 97
- Mindestlohn 9 66

Teilhabe am sozialen und kulturellen Leben 27 21

Teilweise Erwerbsminderung 46 5

Teilzeitstudium 110 6

Telefon- und Internetanschluss
- bei Umzug 112 22

Telefonabfragen 79 20 f.

Therapeutische Geräte 40 35

Tilgungsvereinbarung
- Darlehn 30 32

Titel 85 1

Todesanzeige 24 17

Trainingsmaßnahme 10 12
- Dauer 10 113
- Widerspruch 10 118

Transportkosten
- Erstausstattung 56 15

Trauerkleidung 24 20

Trinkgeld
- Einkommensanrechnung 37 47, 54

Überbrückungsdarlehen 4 9 ff.
- bei Arbeitsaufnahme 30 44 f.

Überbrückungsgeld 108 46 ff.

Überbrückungsleistungen 81 21, 49, 109 ff., 125 ff.
- Antragserfordernis 81 132
- Ausreisewille 81 133
- dauerhaft 81 131

Überführungskosten 24 18

Überlange Verfahren 64 29

Überleitungspauschale 104 41

Übermittlung an Ausländerbehörde 81 135 ff.

Überprüfungsantrag 80 19 ff.
- bei AsylbLG 80 32
- bei Höchstgerichtlicher Rechtsprechung 80 25
- Rückwirkungszeitraum 80 23
- Verjährung 118 5, 13

Überschuldung 99 1 ff.

Übersetzerkosten
- durch Vermittlungsbudget 7 54

Übersetzungen/Dolmetscher
- bei Geflüchteten 7 53
- EU-Bürger 7 49

Übersetzungskosten 81 139 ff.
- bei Arzt 7 55

Überstundenvergütung
- (Un-)Pfändbarkeit 85 11

Übungsleiterpauschale 47 39 ff.

Umgangskosten
- Fahrtkosten 111 1 ff.
- Unterbringung der Kinder 111 21 ff.
- Unterhalt der Kinder 111 13 ff.

Umzug 112 1 ff.
- andere Gemeinde 112 4
- Angemessenheitsfiktion 112 11 ff.
- bisherige Unterkunftskosten 112 2 f.
- Corona-Pandemie 112 11 ff.
- Erforderlichkeit 112 7 ff., 14 f.
- Freizügigkeitsrecht 112 1
- Kostendeckelung 112 2 f.
- Zusicherung 112 5 ff.

Umzugsgründe 112 14 f.

Umzugshelfer 112 17

Umzugskosten 112 17 ff., 129 1 ff.
- Auszugsrenovierung 112 22
- doppelte Mietzahlung 129 6 ff.
- Einzugsrenovierung 112 22
- Kaution 112 25
- Kostenerstattung 129 1
- Kostenvoranschlag 112 20
- Sperrmüll 112 17
- Umzugshelfer 112 17
- Umzugsunternehmen 112 19 f.
- Umzugswagen 112 17
- vorheriger Antrag 112 23
- Zusicherung 129 1 f.
- Zuständigkeit 112 24, 129 17 f.
- Zustimmung 129 1 f.

Unabweisbarer Bedarf 40 15, 19
- Darlehenstilgung 40 29
- Geld- oder Sachleistung 40 26
- wer ist Darlehensnehmer 40 31
- Zuwendungen Wohlfahrtspflege 40 27 ff.

Unabweisbarer Mehrbedarf
- Auszubildende 110 13
- Studierende 110 13

1020

Stichwortverzeichnis

Unangemeldeter Hausbesuch 53 32
Ungezieferbefall
- Kosten bei 52 85
Unionsbürger*innen 81 63 ff.
- Arbeitsuche 81 98
- AsylbLG 81 102
- erste drei Monate 81 97 ff.
- kein Aufenthaltsrecht 81 99 ff.
- SGB XII 81 110 ff.
- SGB-II-Ausschlüsse 81 95 ff.
- verfestigter Aufenthalt 81 105 ff., 112
- Verlust des Freizügigkeitsrechts 81 115 ff.
Untätigkeit
- Beschwerden 113 14
- der Behörde 113 1 ff.
- Fachaufsicht 113 14
- rechtliche Mittel 113 5
- Strategien 113 4
- Untätigkeitsklage 113 18 ff.
- Unterstützung durch Dritte 113 12
Untätigkeitsklage 64 5
Unterdeckung
- in Regelsatz 52 2
Unterdeckungsschutz 104 3
Unterhalt
- Informationsquellen 114 16
Unterhalt für Kinder 114 1 ff.
- Absetzbarkeit vom Einkommen bei Bürgergeld bzw. Sozialhilfe 114 4 ff.
- Änderung von Unterhaltstiteln 114 3
- Berücksichtigung von Kindergeld 114 11
- Düsseldorfer Tabelle 114 1
- gesteigerte Erwerbsobliegenheit 114 10
- Leistungsfähigkeit 114 2
- Mangelfallberechnung 114 13
- Selbstbehalt Höhe 114 9
- Unterhaltsleitlinien der OLGs 114 1
- Unterhaltsvorschuss 114 13
- Unterschreiten des Selbstbehalts 114 12
Unterhaltsgeld
- (Un-)Pfändbarkeit 85 9
Unterhaltsgläubiger
- Pfändungstabelle 85 15
Unterhaltspflicht 115 1 ff.
- 100.000 Euro-Jahreseinkommensgrenze des § 94 Abs. 1a SGB XII 115 48
- Altersvorsorgeschonvermögen bei Elternunterhalt 115 88 f.

- Altersvorsorgeschonvermögen beim Elternunterhalt 115 87
- Angehörigen-Entlastungsgesetz 115 3 ff.
- Angehörigen-Entlastungsgesetz 100.000 EUR-Jahreseinkommensgrenze 115 4 ff.
- Angehörigen-Entlastungsgesetz und Elternunterhalt 115 6
- Angehörigen-Entlastungsgesetz und Vermögen 115 5
- Angehörigen-Entlastungsgesetz und § 94 Abs. 1a SGB XII 115 3 ff.
- angemessene Altersvorsorge 115 76
- Ausbildungsschonvermögen beim Elternunterhalt 115 87
- Ausgaben bei nicht gesteigerter Unterhaltspflicht 115 68 ff.
- Auskunftspflicht 115 115 ff.
- Auskunftspflicht des Arbeitgebers 115 121
- Auskunftspflicht des Finanzamts 115 122
- Auskunftspflicht nicht unterhaltspflichtiger Personen 115 119
- Auskunftspflicht Unterhaltspflichtigen 115 118
- Beispielsberechnung Altersvorsorgeschonvermögen bei Elternunterhalt 115 90
- Bereinigung Einkommen bei nicht gesteigerter Unterhaltspflicht 115 68 ff.
- Düsseldorfer Tabelle 115 1
- Ehegatt*innen 115 8
- Einkommen 115 25 ff.
- Einkommen bei nicht gesteigerter Unterhaltspflicht 115 67 ff.
- Einkommen Bereinigung des Nettoeinkommens 115 34 ff.
- Einkommen fiktive Einkünfte 115 28
- Einkommen Nettoerwerbseinkommen 115 27
- Einkommen unterhaltsrelevante Ausgaben 115 34 f.
- Einkommen Wohnwert von Wohneigentum 115 29 ff.
- Einschränkung der Unterhaltspflicht im SGB XII 115 48
- Eltern gegenüber Kindern 115 8
- Eltern gegenüber volljährigen behinderten oder pflegebedürftigen Kindern 115 77 f.
- Elternunterhalt 115 6, 58 ff.
- Elternunterhalt Lebensstandardgarantie nach BGH 115 61

1021

Stichwortverzeichnis

- Elternunterhalt Schonvermögen 115 62
- Elternunterhalt Selbstbehalt 115 6, 63 ff.
- Elternunterhalt Selbstbehalt nach Erlass Angehörigen-Entlastungsgesetz 115 66
- Enkeln gegenüber Großeltern 115 8
- gesetzlicher Übergang von Unterhaltsansprüchen auf Behörde nach SGB II/SGB XII 115 108 ff.
- gesteigerte Unterhaltspflicht 115 12
- gesteigerte Unterhaltspflicht nach BGB 115 13 ff.
- gesteigerte Unterhaltspflicht nach BGB Anforderungen an Verpflichteten 115 15 f.
- gesteigerte Unterhaltspflicht nach BGB Berechtigte 115 13 f.
- gesteigerte Unterhaltspflicht nach BGB gesteigerte Erwerbsobliegenheit 115 16
- gesteigerte Unterhaltspflicht SGB II/SGB XII bei Zusammenlebenden 115 18 ff.
- gleichgeschlechtliche Partner*innen 115 8
- Großeltern gegenüber Enkeln 115 8
- Grundlagen 115 1 ff.
- Informationsquellen 115 130
- kein Übergang auf Sozialamt bei unbilliger Härte 115 79 ff.
- kein unterhaltsrelevantes Einkommen 115 36
- Kinder gegenüber Eltern 115 8
- Kraftfahrzeug 115 99
- Mangelfallberechnung 115 39
- nicht gesteigerte Unterhaltspflicht 115 43 ff.
- nicht gesteigerte Unterhaltspflicht Beispiele 115 43
- nicht gesteigerte Unterhaltspflicht Elternunterhalt 115 43
- nichteheliche Eltern untereinander 115 8
- Notgroschenschonvermögen beim Elternunterhalt 115 87
- Rangfolge bei mehreren Unterhaltsberechtigten 115 38
- Rechtsfolgen bei verweigerter Auskunft 115 123 f.
- rückwirkender Unterhalt 115 125
- Schonvermögen bei gesteigerter Unterhaltspflicht 115 84
- Schonvermögen bei nicht gesteigerter Unterhaltspflicht 115 85 ff.
- Schwiegerkindhaftung 115 103 f.
- selbst genutzte Wohnung/Haus 115 97
- Selbstbehalt 115 20 ff.
- Selbstbehalt angemessener 115 21
- Selbstbehalt bei nicht gesteigerter Unterhaltspflicht 115 54
- Selbstbehalt Düsseldorfer Tabelle 115 21 ff.
- Selbstbehalt Eltern gegenüber nicht privilegierten volljährigen Kindern 115 55
- Selbstbehalt, notwendiger 115 21
- selbstgenutzte Wohnung oder Haus beim Elternunterhalt 115 95
- sozialhilferechtlicher Selbstbehalt 115 40
- sozialrechtlicher Unterhalt nach SGB II und SGB XII 115 1, 10
- Übergang von Unterhaltsansprüchen auf Jobcenter 115 44 ff.
- Übergang von Unterhaltsansprüchen auf Sozialamt 115 48 ff.
- Übergang von Unterhaltsansprüchen auf Sozialamt Ausschlussfälle 115 53
- Übergang von Unterhaltsansprüchen auf Sozialbehörden 115 43 ff.
- Unterhalt für Elternteil eines nichtehelichen Kindes 115 105 f.
- Unterhaltsberechtigte nach BGB 115 8 f.
- Unterhaltsleitlinien der Oberlandesgerichte 115 1
- Unterhaltspflicht nach BGB 115 1, 8 ff.
- Unterhaltsverpflichtete nach BGB 115 8 f.
- Unterhaltsverzicht 115 41 f.
- Verhältnis Unterhaltspflicht BGB zu SGB II/SGB XII 115 2, 107
- Verjährung 115 126 ff.
- Vermögen und 100.000 Euro-Jahreseinkommensgrenze des § 94 Abs. 1a SGB XII 115 49
- Vermögenseinsatz des Unterhaltsverpflichteten 115 82 ff.
- Verwirkung 115 126
- Vorsorgeschonvermögen beim Elternunterhalt 115 87

Unterhaltsvermutung
- in Haushaltsgemeinschaft 54 15
- keine bei behinderten Kindern 54 42
- keine bei Schwangerschaft 54 42

Stichwortverzeichnis

Unterhaltsvorschuss **116** 1 ff.
- Einkommen des Kindes **116** 3
- Höhe **116** 4
- Mitwirkungspflichten zur Feststellung des Vaters **116** 6 ff.
- Regress **116** 5, 10
- Stundung **116** 10
- Unterhaltspflicht **116** 5, 10

Unterkunftskosten
- in Haushaltsgemeinschaft **54** 14
- keine Kürzung bei Sanktionen **95** 27
- nach Umzug **112** 1 ff.

Unterstützung
- Arbeitslose **11** 17

Unwirksamkeit
- von Verzichtserklärungen **7** 118

Unzuständiger Leistungsträger **7** 36 ff.

Urlaub
- Bürgergeld, HzL, GSi **84** 40 ff.

Urlaubsgeld
- (Un-)Pfändbarkeit **85** 11

Urteil **64** 25

Verantwortungs- und Einstehensgemeinschaft
- Angaben im Antrag **36** 50 ff.
- Beweislast **36** 46 ff., 56 f.
- gesetzliche Vermutung **36** 18 ff.
- Vermutungskriterien **36** 43 ff.

Verantwortungsgemeinschaft **16** 6 ff.

Verfestigter Aufenthalt **81** 20, 105 ff.
- SGB XII **81** 46

Verhaltenskodex **17** 5

Verhütungsmittel **117** 1 ff.
- freiwillige soziale Leistung **117** 1
- Härtefallmehrbedarf **117** 1
- im Regelsatz **117** 4 ff.
- Kondome **117** 6 ff.
- Krankenkasse **117** 1
- Modellprojekt „biko" **117** 5

Verjährung **118** 1 ff.
- Begriff **118** 2
- Erstattungsanspruch **118** 10
- Hemmung **118** 4
- Mahnung **118** 12
- Sozialleistung **118** 2
- Überprüfungsantrag **118** 13
- Verwirkung **118** 8
- Vollstreckungsschutz **118** 16 f.
- vorläufige Entscheidung **118** 15

Verlust des Aufenthaltstitels **81** 51 ff.

Verlustfeststellung **81** 115 ff.

Vermietername **32** 8

Vermittlung
- Dauerhaftigkeit **124** 13
- Grundsätze **124** 12 ff.

Vermittlungsbudget **26** 7
- Leistungen **10** 106
- Übernahme Kosten **10** 105

Vermittlungsvorrang **10** 22, **124** 1 ff.

Vermögen **119** 1 ff.
- Abgrenzung zu Einkommen **37** 87 ff.
- Abgrenzung zu Einkommen (Bürgergeld) **37** 88 ff.
- Abgrenzung zu Einkommen (GSi) **37** 92
- Definition **119** 4
- Erbschaft **119** 2
- erhebliches Vermögen **119** 20
- fiktiver Verbrauch **119** 58 f.
- Forderung **119** 5
- Gemischte Bedarfsgemeinschaft **37** 93
- geschütztes Vermögen **119** 25 f.
- Kraftfahrzeug **68** 7 f.
- Schmerzensgeldzahlung **98** 2
- Schuldentilgung **99** 4
- ungeschütztes Vermögen **119** 43
- unverwertbar **119** 16
- Verschwendung **119** 54
- verwertbares Vermögen **119** 6
- Verwertung **119** 48 f.

Vermögensfreibetrag **119** 19
- gemeinsam **119** 27
- individuell **119** 27
- SGB XII **119** 62

Vermögensverbrauch, fiktiv **68** 16 f.

Vermögenswert **119** 7 f.

Verpflichtungserklärung **81** 144 ff.

Verpflichtungsklage **64** 5

Verschwägerte
- in Haushaltsgemeinschaft **54** 7

Versicherungspauschale **38** 8

Verwaltungsakt **22** 1 ff.
- ist zu bestätigen **22** 3

Verwaltungsrichtlinien **120** 1 ff.
- Höchstkosten IFG Anträge **120** 12
- Informationsfreiheitsgesetz **120** 1 ff., 9 ff.
- Kosten u. Gebühren **120** 12 ff.
- Kostenfreiheit IFG Anträge **120** 12

1023

Stichwortverzeichnis

- sind norminterpretierende Verwaltungsvorschrift 120 16
- Telefonlisten 120 9
- Veröffentlichungspflicht von KdU – Satzungen 120 9

Verwandte
- in Haushaltsgemeinschaft 54 6

Verwertbarkeit 119 12 f.

Verwertung 119 53 f.
- besondere Härte 119 50
- Leistungsausschluss 119 54

Verwertungsaufforderung 119 37

Verwirkung von Antrag
- keine 7 20

Verzicht
- auf Sozialleistungen 7 116
- Schriftformerfordernis 7 119

Verzinsung
- von nachgezahlten Leistungen 80 37 ff.

Vollmacht 25 1 ff.
- Mustervollmacht 25 7
- Schriftform 25 3
- Widerruf 25 4

Vollstreckungsbescheid 85 1

Vollstreckungstitel 85 1

Vorläufige Entscheidung 121 1 ff.
- Änderung der Verhältnisse 121 24, 28, 34 ff.
- Antrag auf abschließende Entscheidung (vorzeitig) 121 29
- Bedarfsgemeinschaft 121 19 ff.
- Bürgergeld 121 1
- Coronaregelungen 121 5, 31, 38
- Dauer 121 30 ff.
- GrSi 121 2, 14
- Grund der Vorläufigkeit 121 22
- hinreichende Wahrscheinlichkeit 121 16 f.
- Höhe der Leistung 121 23 ff.
- HzL 121 2
- kein Vertretenmüssen 121 18 f.
- Phasen 121 3 f.
- Prognose 121 24
- rechtliche Ungewissheit 121 32 f.
- Rechtswidrigkeit 121 39
- Rückforderung 92 110
- Struktur 121 1 ff.
- ungewisser Sachverhalt 121 7 ff.
- Verfahren 121 90
- Verjährung 118 15

- voraussichtlich längere Zeit 121 15
- vorläufige Bewilligung 121 6 ff.

Vorläufige Leistungen 79 31 f.

Vorläufiger Rechtsschutz 41 1

Vorrang Geldleistungen 94 1 ff.

Vorrangige Leistungen
- Pflicht zur Beantragung 37 12

Vorschuss
- auf Antrag 7 72 ff.

Vorzeitige Erbringung 7 78 ff.

Wahrheitspflicht
- von Behörden 2 8 f.

Warmwasser
- Angemessenheit 122 8 ff.
- aus Gas u.a. 122 21
- elektrisch erzeugt 122 13 ff.
- Heizungskosten 122 6 f.
- Kosten der separaten Messeinrichtung 122 16 ff.
- Kosten der Unterkunft 122 1 ff.
- Kostenübernahme 122 22
- Mehrbedarf 122 4 f.
- Nachzahlungen/Guthaben 122 25 f.
- verfassungswidrig 122 20
- Wartungskosten 122 27

Wechselmodell 3 9 f.

Wehren (sich) 123 1 ff.
- Erfolgsquoten Widersprüche 123 2
- Klagen 2021 123 2
- Petitionsausschüsse 123 10
- Überprüfungsanträge 123 2
- Widersprüche 2022 123 2

Weihnachtsgeld
- (Un-)Pfändbarkeit 85 11

Weite Auslegung
- sozialer Rechte 80 6

Weiterbewilligungsantrag 7 100

Weiterbildung 14 9

Weiterbildung, berufliche 10 119, 124 1
- Abschlussprämien 125 2 ff.
- Anpassung an Strukturwandel 124 16
- Aufstiegs-BAföG 124 60 ff.
- Behinderte 124 83 ff.
- Berufsabschluss 124 26 ff.
- Bildungsgutschein 124 40 ff.
- Bürgergeldbonus 29 1 ff., 124 59
- Ermessensleistungen 124 6 ff.

1024

Stichwortverzeichnis

- Erwerb von Grundkompetenzen 124 16, 24 f.
- Erwerbstätige über 15 Wochenstunden 124 31 ff.
- Externenprüfung 124 16
- Fahrtkosten 124 48, 51 ff., 55
- Folgekosten 124 46 f.
- Fortentwicklung beruflicher Kompetenzen 124 16
- für Arbeitslose 124 19 ff.
- für Erwerbstätige unter 15 Wochenstunden 124 19 ff.
- Kinderbetreuung 124 56 f.
- Lebensunterhalt 124 58
- Lehrgangskosten 124 46 f.
- Leistungen zur Teilhabe am Arbeitsleben 124 83 ff.
- Maßnahmeformen 124 17
- Nachholen Hauptschulabschluss 124 21 ff.
- Notwendigkeit 124 12
- Recherche 124 41
- Teilqualifikation 124 26 ff.
- Teilqualifizierungen 124 16
- Umschulung 124 16, 26 ff.
- Verbesserung Beschäftigungsfähigkeit 124 16
- Verkürzung 124 29
- Vermittlungsgrundsätze 124 12
- Voraussetzungen 124 20
- Weiterbildungsgeld 124 59, 125 1 ff., 5 f.
- Ziel 124 1 ff.
- Zuständigkeit 124 30
- Zweitwohnsitz 124 49 ff.

Weiterbildung für Erwerbstätige 124 31 ff.
- Abschlussprämien 125 2 ff.
- Berufsabschluss 124 36, 39
- Berufsentfremdet 124 36, 39
- Bürgergeldbonus 29 1 ff., 124 59
- Fahrtkosten 124 48, 51 ff., 55
- Folgekosten 124 46
- Fördervoraussetzungen 124 32 ff.
- Kinderbetreuung 124 56 f.
- Lebensunterhalt 124 58
- Lehrgangskosten 124 35 f.
- Lohnkostenzuschuss 124 37 ff.
- Schwerbehinderte 124 34
- Weiterbildungsgeld 124 59, 125 1 ff., 5 f.
- Zweitwohnsitz 124 49 ff.

Weiterbildungsgeld 58 44

Weiterbildungsprämie 58 44, 125 2 ff.
- Anrechnung 125 4

Weiterführung des Haushaltes 55 14

Weiterleitungspflicht
- bei Ortswechsel 7 83

Werbungskosten 47 10 ff.
- Einkommensbereinigung 38 22

Werkstatt für behinderte Menschen 51 2 f.
- Berufsbildungsbereich 14 2

Widerlegung der Unterhaltsvermutung in Haushaltsgemeinschaft 54 17, 30

Widerruf Bevollmächtigungsfiktion 25 15

Widerspruch 126 1 ff.
- Ablehnung 126 22 ff.
- aufschiebende Wirkung 126 38 ff.
- Bearbeitungszeit/Untätigkeit 126 45
- Beiträge Sozialverbände 67 4
- Beratungshilfe 126 48
- Feststellungsantrag 126 2
- Form 126 15 ff.
- Frist 126 25 ff.
- keine aufschiebende Wirkung 6 9, 35 80
- keine Verrechnung Nachzahlung/Ra-Kosten 67 5
- Klagefrist 126 46 f.
- Kosten Anwalt/in 67 4
- Rechtsverfolgungskosten 67 1 ff.
- Rentenberater 67 4
- Überprüfungsantrag 126 36 f.
- Unzulässigkeit 126 2 ff.
- vorbereitender Nichtverwaltungsakt 126 7
- Wiedereinsetzung 126 35 f.
- Zugangsbeweis 126 21, 31 ff.
- Zulässigkeit 126 1
- Zuständigkeit 126 23 f.
- Zuständigkeit, Verfahren 126 9 ff.

Widerspruchsfrist 22 23

Widerspruchsrecht
- Datenerhebung 32 44

Wiederholte Antragstellung 7 29

Wirksamkeit
- E-Mail Antrag 7 89

Wirtschaftsgemeinschaft 36 11 ff., 128 1 ff., 9

Wohneigentum 119 32 f.
- Härte 119 34
- SGB XII 119 65 f.

1025

Wohngeld 127 1 ff.
- (Un-)Pfändbarkeit 85 6
- Auszubildende, die mit Verwandten zusammenwohnen 110 42
- Bildung und Teilhabe 27 2, 127 35 f.
- Gemeinschafstypen 127 29 f.
- Höhe des Wohngeldes 127 4 ff.
- Mietstufen 127 6 ff.
- Schonvermögen 127 37
- Stipendium 110 41
- Studienabschlusshilfe 110 41
- Studierende 110 41 ff.
- Studierende mit Kind 110 42
- Studierende/Auszubildende 127 31 ff.
- Verfahren 127 38 ff.
- Verzicht auf nachrangige Leistung 127 22 f.
- vorrangige Leistung 127 14
Wohngeld-Plus-Gesetz 127 3
Wohngeldtabelle 127 6
Wohngemeinschaft 16 6, 12 f., 36 11 ff., 128 1 ff.
- Haushaltsgemeinschaft 128 1 ff.
- Höhe der Mietkosten 128 12
- Mehrbedarf für Alleinerziehende 128 13
Wohnraumsicherung
- Auszubildende 110 31
- Schüler*innen 100 22
- Studierende 110 31
Wohnrecht
- kostenloses 54 29
Wohnsitzauflage
- SGB II 81 22 ff.
- SGB XII 81 50 ff.
Wohnsitzregelung
- SGB II 81 22 ff.
- SGB XII 81 50 ff.
Wohnung
- Studierende 110 11
Wohnungsbeschaffungskosten 129 1 ff.
- Abstandszahlung 129 15
- Einzugsrenovierung 129 14
- Genossenschaftsanteile 129 12 f.
- Maklergebühren 129 4 f.
- Mietkaution 129 12 f.
- Reisekosten 129 16
- vorheriger Antrag 112 23
- Wohnungssuche 129 10 f.
- Zuständigkeit 129 17 f.

Wohnungserstausstattung
- Auszubildende 110 14
- Schülerschreibtisch 27 40
- Studierende 110 14
Wohnungslose 130 1 ff.
- Erreichbarkeit 130 10
Zahnersatz
- Kassenleistung 71 48
- Regelversorgung 71 49
Zeitarbeit
- Entgelt 10 32
- Höhe 10 32
- Zumutbarkeit 10 44
Zeugnis 100 38
Zeugnis(datum) 110 9
Zinsen
- Schmerzensgeld 98 3
Zuflusstheorie 37 87
Zugangsfiktion
- Bescheid 22 17 ff.
Zumutbare Arbeit
- wichtiger Grund 10 65 ff.
Zumutbarkeit 9 15
- § 10 SGB II 9 8
- Arbeit Kindererziehung 10 47
Zusatzbeitrag 70 18 ff., 34
- bei Bürgergeldbezug 70 20 f.
- Bürgergeld Aufstocker*innen 70 21
Zusicherung 22 7, 59 5 f.
- Bindungswirkung 22 7
- keine Bindungswirkung 7 108
Zuständigkeit 131 2 ff.
- Auskunftsanspruch 131 1
- Auslandsaufenthalte 131 13 ff.
- gewöhnlicher Aufenthalt 131 5 ff.
- Ortswechsel 131 19
Zuständigkeitsregeln 131 1 ff.
Zuwendungen anderer
- Einkommensanrechnung 37 47
Zuwendungen der freien Wohlfahrtspflege
- kein anrechnungsfähiges Einkommen 37 46
Zuzahlung 71 41 ff., 72 12 ff.
- Bedarfsgemeinschaft 71 57
- Befreiung Reha DRV 71 45
- Befreiungsantrag 71 43, 56
- Befreiungsregelung 71 42
- Begrenzung 71 52 ff.

Stichwortverzeichnis

- bei Bürgergeldbezug **71** 53, 55
- bei Sozialamtsleistungen **71** 53, 55
- Belastungsgrenze **71** 53
- chronisch Kranke **71** 54
- Darlehen Jobcenter **71** 59 f.
- Darlehen Sozialamt **71** 44, 59 f.
- Haushaltshilfe **55** 6
- Kur **72** 12 ff.
- Quittungen **71** 56

- Rückerstattung Krankenkasse **71** 58

Zwangsgeld **64** 5

Zwangsvollstreckung
- gegen Jobcenter **41** 43

Zweckbestimmte Leistungen
- kein anrechnungsfähiges Einkommen **37** 36

Zweitausbildung **14** 1